Großkommentare der Praxis

Löwe-Rosenberg

Die Strafprozeßordnung und das Gerichtsverfassungsgesetz

Großkommentar

25., neubearbeitete Auflage

herausgegeben von

Peter Rieß

Vierter Band

§§ 213–295

Bearbeiter:

§§ 213-295: Walter Gollwitzer

2001

Walter de Gruyter · Berlin · New York

Erscheinungsdaten der Lieferungen:

§§ 213–237	(4. Lieferung):	Oktober 1997
§§ 238–246a	(8. Lieferung):	Dezember 1998
§§ 247–261	(14. Lieferung):	März 2000
§§ 262–295	(17. Lieferung):	September 2001

Die Deutsche Bibliothek – CIP-Einheitsaufnahme

Die Strafprozessordnung und das Gerichtsverfassungsgesetz: StPO; Grosskommentar /
Löwe-Rosenberg. Hrsg. von Peter Rieß. – Berlin; New York: de Gruyter.
(Grosskommentare der Praxis)

Bd. 4. §§ 213 – 295 / Bearb.: Walter Gollwitzer. – 25., neubearb. Aufl. – 2001
ISBN 3-11-017292-5

Satz: WERKSATZ Schmidt & Schulz, D-06773 Gräfenhainichen
Druck: Druckerei H. Heenemann GmbH, 12103 Berlin
Binderarbeiten: Lüderitz & Bauer GmbH, 10963 Berlin
Printed in Germany

Die Bearbeiter der 25. Auflage

Dr. **Werner Beulke**, Professor an der Universität Passau

Dr. **Reinhard Böttcher**, Präsident des Oberlandesgerichts Bamberg, Honorarprofessor an der Universität München

Olaf Boll, Präsident des Landgerichts Konstanz

Ottmar Breidling, Vors. Richter am Oberlandesgericht Düsseldorf

Dr. **Hans Dahs**, Rechtsanwalt, Honorarprofessor an der Universität Bonn

Dr. **Ulrich Franke**, Oberstaatsanwalt beim Bundesgerichtshof

Dr. **Karl Heinz Gössel**, Professor an der Universität Erlangen-Nürnberg, Richter am Bayerischen Obersten Landesgericht a. D., München

Dr. **Walter Gollwitzer**, Ministerialdirigent im Bayerischen Staatsministerium der Justiz a. D., München

Dr. **Kirsten Graalmann-Scheerer**, Leitende Oberstaatsanwältin in Bremen, Honorarprofessorin an der Hochschule für öffentliche Verwaltung in Bremen

Dr. **Ernst-Walter Hanack**, Professor an der Universität Mainz

Dr. **Hans Hilger**, Ministerialdirektor im Bundesministerium der Justiz a. D.

Dr. **Daniel M. Krause**, LL.M., Rechtsanwalt in Berlin

Dr. **Klaus Lüderssen**, Professor an der Universität Frankfurt am Main

Dr. **Peter Rieß**, Ministerialdirektor im Bundesministerium der Justiz a. D., Honorarprofessor an der Universität Göttingen

Dr. **Gerhard Schäfer**, Vors. Richter am Bundesgerichtshof

Dr. **Wolfgang Siolek**, Vors. Richter am Landgericht Hildesheim

Günter Wendisch, Generalstaatsanwalt a. D. in Bremen

Thomas Wickern, Oberstaatsanwalt in Düsseldorf

Inhaltsübersicht

ZWEITES BUCH

Verfahren im ersten Rechtszug

FÜNFTER ABSCHNITT

Vorbereitung der Hauptverhandlung

Schrifttum

Allgemeines: *Grossmann* Die Aufhebung des Eröffnungsbeschlusses und der Anspruch des Angeklagten auf Freispruch, Diss. Tübingen 1986; *Hahn* Staatsanwaltschaftliche Ermittlungstätigkeit während des Hauptverfahrens, GA **1978** 331; *Hülle* Die technische Vorbereitung der Hauptverhandlung in Strafsachen durch den Vorsitzenden, DRiZ **1956** 148; *Meyer-Goßner* Die Zulässigkeit richterlicher Beweiserhebungen im Strafprozeß nach Zulassung der Anklage, NJW **1970** 415; *Middendorf* Legale und illegale Methoden der Prozeßvereitelung, Kriminalstrategie und Kriminaltaktik **1993** 363 ff; *Nagler* Das Zwischenverfahren, GerS **111** (1938) 343; *Odenthal* Ermittlungen der Staatsanwaltschaft nach Eröffnung des Hauptverfahrens, StV **1991** 441; *Schellenberg* Die Hauptverhandlung im Strafverfahren (1996); *Schlothauer* Vorbereitung der Hauptverhandlung durch den Verteidiger (1988); *Schlüchter* Wider die Verwirkung der Verfahrensrügen im Strafprozeß, GedS Meyer 445; *Schwenk* Das Recht des Beschuldigten auf alsbaldige Hauptverhandlung, ZStW **79** (1967) 721; *Stein/Schumann/Winter* Organisatorische Probleme des Strafprozesses, Der Prozeß der Kriminalisierung (1973) 112 ff; *Strate* Zur Kompetenzordnung im Hauptverfahren, StV **1985** 337; *Vogler* Die Spruchpraxis der Europäischen Kommission und des Europäischen Gerichtshofs für Menschenrechte und ihre Bedeutung für das deutsche Straf- und Verfahrensrecht, ZStW **82** (1970) 743 ff; **89** (1977) 761; *Warda* Dogmatische Grundlagen des richterlichen Ermessens im Strafrecht (1962); *Weiland* Das Hauptverfahren in Strafsachen, JuS **1986** 290.

Zur Verfahrensbeschleunigung: *Barton* Rechtstatsachen zur Dauer von Strafverfahren und zu deren Gründen, StV **1996** 690; *Benz* Möglichkeiten und Grenzen einer Beschleunigung des Strafverfahrens, NJW **1982** 731; *Gössel* Überlegungen zur Beschleunigung des Strafverfahrens, GA **1979** 241; *Hanack* Prozeßhindernis des überlangen Strafverfahrens? JZ **1971** 705; *Huber* Möglichkeiten der Beschleunigung von Wirtschaftsstrafverfahren, NStZ **1996** 530; *Katzorke* Die Verwirkung des staatlichen Strafanspruchs (1989); *Kloepfer* Verfahrensdauer und Verfassungsrecht, JZ **1979** 209; *Kohlmann* „Überlange Strafverfahren" – bekannt, bedenklich aber nicht zu vermeiden? FS Pfeiffer 203; *Peters* Beschleunigung des Strafverfahrens und die Grenzen der Verfahrensbeschleunigung, in: Schreiber, Strafprozeß und Reform (1971) 82; *Peukert* Die überlange Verfahrensdauer (Art. 6 Abs. 1 EMRK) in der Rechtsprechung der Straßburger Instanzen, EuGRZ **1979** 261; *Pfeiffer* Das strafrechtliche Beschleunigungsgebot, FS Baumann 329; *Priebe* Die Dauer von Gerichtsverfahren im Lichte der Europäischen Menschenrechtskonvention und des Grundgesetzes, FS v. Simson 287; *I. Roxin* Die Rechtsfolgen schwerwiegender Rechtsstaatsverstöße in der Strafrechtspflege[2] (1996); *Sack* Beschleunigung des Strafverfahrens durch Aufteilung und Beschränkung des Prozeßstoffes, NJW **1976** 604; *Scheffler* Die überlange Dauer von Strafverfahren (1991); *Scheffler* Rechtsstaatswidrigkeit und Einstellung von Strafverfahren, JZ **1992** 131; *Schroth* Strafrechtliche und strafprozessuale Konsequenzen aus der Überlänge von Strafverfahren, NJW **1990** 29; *Schwenk* Das Recht des Beschuldigten auf alsbaldige Hauptverhandlung, ZStW **79** (1967) 721; *Ulsamer* Art. 6 MRK und die Dauer von Strafverfahren, FS Faller 373; *Ulsenheimer* Zur Problematik überlanger Verfahrensdauer und richterlicher Aufklärungspflicht im Strafprozeß sowie zur Frage der Steuerhinterziehung durch Steuerumgehung, wistra **1983** 12; *Weiler* Irreparable Verletzung des Rechts des Beschuldigten auf ein faires Verfahren als Verfahrenshindernis, GA **1994** 561; *Wohlers* Rechtsfolgen prozeßordnungswidriger Untätigkeit von Strafverfolgungsorganen JR **1994** 138. Vgl. ferner die Gutachten, Verhandlungen und Aufsätze zum 60. DJT (Münster 1994). Weitere Nachweise finden sich bei den Erläuterungen zu Art. 6 Abs. 1 MRK (Art. 14 Abs. 1 IPBPR).

Walter Gollwitzer

Übersicht

Alphabetische Übersicht

1   **1. Inhalt des Abschnitts.** Der Ausdruck „Vorbereitung der Hauptverhandlung" umfaßt nach den Motiven (176) den Inbegriff der Handlungen des Gerichts, des Staatsanwalts und des Angeklagten, die in den Zeitraum zwischen dem Erlaß des Eröffnungsbeschlusses und dem Beginn der Hauptverhandlung fallen. Der Abschnitt enthält aber keine abschließende Regelung. So handeln auch die §§ 205, 206 a, 230 Abs. 2, § 231 a, § 232 Abs. 1 und §§ 233, 236, 237 von der Vorbereitung der Hauptverhandlung.

2   **2. Rechtshängigkeit und Erledigung der Sache.** Durch den Eröffnungsbeschluß (§ 203) ist die Sache so bei Gericht anhängig geworden, daß diesem von nun ab die Entscheidung über das weitere Schicksal des Verfahrens zusteht[1]. Die Staatsanwaltschaft kann, von Ausnahmen abgesehen (vgl. etwa § 411 Abs. 3, § 71 OWiG), nicht mehr allein über das Verfahren verfügen, vor allem die Klage nicht mehr zurücknehmen (§ 156)[2]. Der Angeklagte hat grundsätzlich ein Recht darauf, daß der in der zugelassenen Anklage aufrechterhaltene Verdacht in öffentlicher Hauptverhandlung geklärt wird[3]. Die Vereinfa-

---

[1] Vgl. Einleitung und bei § 206 a.
[2] Vgl. OLG Frankfurt StV **1986** 330 mit abl. Anm. *Temming*, ferner bei § 156.
[3] Die Zulässigkeit der Einstellung wegen Änderung der Beweislage, so LG Nürnberg-Fürth NJW **1983**

584 = JR **1983** 257 mit abl. Anm. *Meyer* wird überwiegend abgelehnt, etwa LG Lüneburg NStZ **1985** 41; *Hohendorf* NStZ **1985** 399; *Rieß* NStZ **1983** 247; *Ulsenheimer* NStZ **1984** 440; vgl. bei § 207.

chung des Prozeßstoffes durch Ausscheiden nicht beträchtlich ins Gewicht fallender Taten, Tatteile oder Gesetzesverletzungen (§§ 154, 154 a) wird dadurch nicht ausgeschlossen, desgleichen nicht die Ahndung durch Strafbefehl in den Fällen des § 408 a. Der nachträgliche Übergang in das beschleunigte Verfahren (§§ 417 ff) dürfte weiterhin nicht zulässig sein[4].

Zur **Erledigung des Verfahrens** bedarf es in der Regel eines auf Grund der Hauptver- **3** handlung ergehenden Urteils, das aber nicht notwendig (vgl. die Verweisungsmöglichkeiten nach §§ 225 a, 270, 328) von dem Spruchkörper erlassen werden muß, vor dem das Verfahren zunächst eröffnet worden ist. Unter gewissen Umständen kann das Verfahren auch außerhalb der Hauptverhandlung durch einen Beschluß eingestellt werden (vgl. etwa § 153 Abs. 2, § 153 a Abs. 2; § 153 b Abs. 2. Vgl. § 199, 5).

Der **Tod des Angeklagten** beendet das Verfahren. Eine Sachentscheidung des **4** Gerichts gegen ihn ist nicht mehr möglich. Ob es einer die formale Erledigung feststellenden Entscheidung des Gerichts bedarf, ist strittig[5]. Der Tod eines Mitangeklagten hindert den Fortgang des Verfahrens gegen die anderen nicht.

Die **dauernde Verhandlungsunfähigkeit** des Angeklagten[6] führt, da eine Prozeßvor- **5** aussetzung fehlt, außerhalb der Hauptverhandlung zur Einstellung nach § 206 a, sonst zur Einstellung nach § 260 Abs. 3. Bei drohender Gefahr einer irreparablen schweren gesundheitlichen Schädigung oder des Todes des Angeklagten steht dem Strafverfolgungsanspruch des Staates unter Umständen die Schutzpflicht aus Art. 1, Art. 2 GG entgegen[7].

Bei **vorübergehender Verhandlungsunfähigkeit** oder bei Vorliegen eines sonstigen **6** zeitlich begrenzten Verfahrenshindernisses stellt das Gericht das Verfahren vorläufig ein (§ 205) oder setzt die Hauptverhandlung aus[8]; sofern es nicht ausnahmsweise ohne den Angeklagten verhandeln darf (§ 231 Abs. 2; § 231 a).

3. Grundsätzliches zur Vorbereitung der Hauptverhandlung. Die sorgfältige und **7** überlegte Vorbereitung der Hauptverhandlung ist eine der wichtigsten Voraussetzungen dafür, daß sie später konzentriert und ohne vermeidbare Belastungen für alle Beteiligten zügig durchgeführt werden kann und daß von der Wahrheitsfindung ablenkende Störungen und Unterbrechungen möglichst vermieden werden[9]. Der Vorsitzende, gegebenenfalls auch der von ihm bestellte Berichterstatter[10], müssen die Akten gründlich kennen. Sie müssen darüber hinaus den dort gesammelten Prozeßstoff unter Berücksichtigung des Vortrags in einer eingereichten Verteidigungsschrift[11] und des sonstigen bekannt gewordenen oder nach der Sachlage zu erwartenden Vorbringens so ordnen und aufbereiten, daß einer zügigen Durchführung der Hauptverhandlung nichts im Wege steht. Dies setzt ein möglichst realistisches Bild von Dauer und voraussichtlichem Verlauf der Hauptverhandlung voraus, auf dem auch die bei größeren Verfahren notwendigen **Zeit- und Ladungspläne** (§ 214 Abs. 2) aufbauen müssen. Diese sind späteren Veränderungen anzupassen, etwa wenn die Ladung weiterer Zeugen (§§ 220, 222) oder die Verhinderung eines Zeugen oder Sachverständigen an einem bestimmten Verhandlungstag mitgeteilt wird. Vorhersehbare Hindernisse für den reibungslosen Ablauf der Verhandlung sind nach Möglichkeit vorher auszuräumen. Dazu müssen die zu erwartenden Sach- und Beweispro-

---

[4] BayObLGSt **1987** 55 = MDR **1988** 77 (zu den früheren §§ 212 ff).

[5] Vgl. bei § 206 a (24. Aufl. Rdn. 53 ff) mit Nachweisen.

[6] Dazu näher bei § 205.

[7] BVerfGE **51** 343; wegen weit. Nachw. vgl. bei § 205. Vgl. aber auch BGH NJW **1995** 1973; BVerfG (Kammer) NJW **1995** 1951.

[8] Dazu bei § 205.

[9] *Eb. Schmidt* Vor § 213, 7; § 213, 5; 9. Zu den Vorüberlegungen des Vorsitzenden vgl. *Schellenberg* 2 ff.

[10] RGSt **40** 155; zum Zusammenwirken, vgl. KK-*Treier* 4.

[11] Dazu ausführlich etwa AK-*Schlothauer* Vor § 213, 131 ff.

bleme rechtlich durchdacht und die technische Verfahrensabwicklung und die dabei möglicherweise auftauchenden Friktionen und ihr zusätzlicher Zeitbedarf realistisch eingeschätzt werden.

8   Die **Maßnahmen**, die zur Vorbereitung der Hauptverhandlung rechtlich zulässig sind, werden in den Vorschriften dieses Abschnitts **nicht erschöpfend** umschrieben. Sie ergeben sich auch aus anderen Verfahrensvorschriften sowie auch daraus, daß sich die StPO mit der Regelung einiger wichtiger Einzelfragen begnügt und es im übrigen schon wegen der sehr unterschiedlichen Erfordernisse der einzelnen Verfahren dem Vorsitzenden überläßt, auf welchem Weg er seine Aufgabe, die Hauptverhandlung zweckmäßig vorzubereiten, erfüllen will. So sind zum Beispiel die Voraussetzungen für die **Verwendbarkeit der Beweismittel** möglichst schon vor der Hauptverhandlung zu klären. Liegen z. B. verlesbare Urkunden in Abschriften vor, so muß geprüft werden, ob die Beiziehung des Originals oder einer beglaubigten Abschrift notwendig ist (§ 249). Bei Zeugen, die im **Ausland** wohnen, ist zu klären, ob und unter welchen Voraussetzungen (ev. sicheres Geleit nach § 295; Hinweis auf freies Geleit nach den Rechtshilfeübereinkommen usw.) sie bereit sind, zur Hauptverhandlung zu erscheinen. Wenn zu befürchten ist, daß benötigte Zeugen in der Hauptverhandlung möglicherweise nicht zur Verfügung stehen, ist die Anordnung ihrer **kommissarischen Einvernahme** nach §§ 223, 224 durch das Gericht in die Wege zu leiten, desgleichen bei Bedarf ein **Augenschein** nach § 225. Benötigt ein Zeuge eine **Aussagegenehmigung**, ist festzustellen, ob diese erteilt wird. Bei ihrer Verweigerung nach § 54 müssen unter Umständen deren Gründe hinterfragt werden, gegebenenfalls auch, ob ein solcher Zeuge nicht wenigstens für eine kommissarische Vernehmung zur Verfügung gestellt werden kann. Zu prüfen ist auch, ob aufgrund der sich fortentwickelnden Verfahrenslage, insbesondere bei Berücksichtigung des Vortrags in einer Verteidigungsschrift oder angekündigter Anträge, weitere Zeugen oder Sachverständige oder sächliche Beweismittel (§ 221) zuzuziehen sind, sowie, ob ein **Dolmetscher** zu bestellen ist. Zu prüfen ist ferner, ob und gegebenenfalls welche Maßnahmen zum Schutz geladener Zeugen und zur **Sicherung der Hauptverhandlung** vor Störungen getroffen werden müssen. Maßnahmen der Sitzungspolizei sind rechtzeitig anzuordnen, ihr Vollzug und sonstige eventuell erforderliche Vorkehrungen sind mit der Justizverwaltung und der Polizei abzusprechen[12].

9   **Der Verkehr mit den Verfahrensbeteiligten**, vor allem Staatsanwaltschaft, Verteidiger, Angeklagten, Zeugen und Sachverständigen, ist dem Vorsitzenden nicht verwehrt. Er oder auf seine Weisung die Geschäftsstelle darf mit ihnen in Verbindung treten[13], um Einzelheiten des **technischen Verfahrensablaufes** abzuklären, so etwaige Verhinderungen oder die neue Anschrift verzogener Zeugen oder sonstige für die Verhandlungsplanung wichtige Umstände. Rechtzeitig zu klären ist auch, ob ein **Reisekostenvorschuß** vom Gericht nach § 14 ZuSEG für mittellose Zeugen oder nach den einschlägigen Verwaltungsvorschriften für einen mittellosen Angeklagten bewilligt werden muß[14]. Alle für die Gestaltung der Hauptverhandlung wichtige **Verfahrensfragen** können vorweg angesprochen werden, so, ob voraussichtlich das Einverständnis mit der Verlesung von Niederschriften usw. erklärt werden wird oder ob mit der Ausübung eines Zeugnisverweigerungsrechtes zu rechnen ist. Zulässig ist auch die Frage nach eventuell vorhandenen Unterlagen verbunden mit der Anregung, diese mitzubringen. Werden in der Hauptver-

---

12 Vgl. etwa BGHSt **24** 239; **27** 13; **28** 341; **30** 350; OLG Karlsruhe JR **1976** 383; OLG Koblenz NJW **1975** 1333; OLG Schleswig bei *Ernesti/Jürgensen* SchlHA **1979** 203; KK-*Treier* 5; KMR-*Paulus* 19; ferner bei § 176 GVG.

13 BGH NStZ **1985** 37; StV **1996** 354; bei *Miebach* NStZ **1989** 14; *Peters* JR **1979** 40; ferner etwa *Kleinknecht/Meyer-Goßner* 1; KMR-*Paulus* 16; *Meyer-Goßner* NJW **1970** 415.

14 KK-*Treier* 6; *Kleinknecht/Meyer-Goßner* 4; SK-*Schlüchter* 7.

handlung zu klärende Sachfragen angesprochen, sollte dies unter dem **Hinweis auf die Vorläufigkeit** mit der gebotenen Zurückhaltung geschehen, um jedem Anschein einer Voreingenommenheit vorzubeugen. Die Offenheit für das Ergebnis der Hauptverhandlung darf nicht durch vorzeitige Festlegungen in Frage gestellt werden[15]. Denn eine **Grenze für alle Maßnahmen** ergibt sich daraus, daß in diesem Verfahrensabschnitt grundsätzlich nichts geschehen darf, was dem Wesen nach in die Hauptverhandlung gehört[16]. Wieweit zur Verkürzung der Hauptverhandlung auch **Absprachen über sachliche Inhalte** zulässig sind und welche Formen dabei eingehalten werden müssen, wird an anderer Stelle erörtert (Einl. G III 3).

4. Eigene Ermittlungen des Vorsitzenden. Mit Zulassung der Anklage hat das **10** Gericht das Hauptverfahren eröffnet mit der Folge, daß die Entscheidung über Schuld oder Unschuld des Angeklagten nunmehr grundsätzlich in der Hauptverhandlung unter Beachtung der dafür geltenden Prinzipien (Unmittelbarkeit, Mündlichkeit usw.) und unter Wahrung der dafür vorgeschriebenen Formen zu treffen ist. Im vorangehenden Verfahrensabschnitt ist es Aufgabe des Vorsitzenden, die Hauptverhandlung vorzubereiten, nicht aber, einer der Hauptverhandlung vorbehaltenen Meinungsbildung des Gerichts über Schuld und Unschuld des Angeklagten durch Beweiserhebungen vorzugreifen[17]. Nur für **im Gesetz festgelegte Ausnahmefälle** ist eine an besondere Formen gebundene Vorwegnahme eines eigentlich in die Hauptverhandlung gehörenden Verfahrensteils vorgesehen, wie etwa die Vernehmung des an der Hauptverhandlung nicht teilnehmenden Angeklagten zur Sache (§§ 231 a, 233 Abs. 2) oder die Einvernahme einer verhinderten Beweisperson (§§ 223, 224) oder die Einnahme des Augenscheins (§ 225).

Im übrigen ist eine **eigene Beweiserhebung** durch das erkennende Gericht oder den **11** Vorsitzenden in diesem Verfahrensabschnitt nicht vorgesehen, was auch schon daraus erhellt, daß eine dem § 202 entsprechende Vorschrift hier fehlt und daß nur bei Abgabe nach § 225 a Abs. 2, § 270 Abs. 2 die Anordnung einzelner Beweiserhebungen vorgesehen ist. Alle dem Strengbeweisrecht unterliegenden Beweismittel, also alle Beweismittel, die die Schuldfrage und die daran anknüpfenden Rechtsfolgen betreffen, müssen **in der Hauptverhandlung** dem Gericht in seiner Gesamtheit zur Kenntnis gebracht werden. Es ist unzulässig, gleichsam im Vorgriff auf die Hauptverhandlung einen aus ihr herausgebrochenen Verhandlungsteil vor dem gesamten erkennenden Gericht vorwegzunehmen und so unter Verletzung der Konzentrationsmaxime die für die Hauptverhandlung gültigen Vorschriften zu unterlaufen[18].

Nur in ganz besonders gelagerten **Ausnahmefällen** läßt die **Rechtsprechung** die Ver- **12** nehmung von Beweispersonen oder die Anhörung des Angeklagten zur Sache durch den Vorsitzenden oder durch Mitglieder des erkennenden Gerichts zu. Voraussetzung ist immer, daß diese ungewöhnlichen Maßnahmen durch außergewöhnliche Umstände (etwa nachträglich unklar gewordener oder widersprüchlicher Sachverhalt) gerechtfertigt werden[19] und daß sie auf das unbedingt notwendige Maß beschränkt bleiben, das unerläßlich ist, um dem Vorsitzenden den Überblick und die Kenntnis zu beschaffen, deren er bedarf, um die Hauptverhandlung so vorzubereiten, daß in ihr alles dargeboten wird, was zur Erforschung der Wahrheit beitragen kann.

---

[15] Der die Verfahrensbeschleunigung bezweckende Vorschlag von *Dencker* StV **1994** 503, daß der Vorsitzende in einem Bericht die unstreitigen Tatsachen zusammenfaßt und den Verfahrensbeteiligten mitteilt, würde eine teilweise Abkehr von diesem Grundsatz bedeuten. Vgl. auch *Kleinknecht/ Meyer-Goßner* 3.

[16] RG HRR **1939** Nr. 667.
[17] Vgl. *Niethammer* JZ **1951** 652.
[18] RG HRR **1939** Nr. 667; *Meyer-Goßner* NJW **1970** 415.
[19] RGSt **65** 322 unter Ablehnung von RGSt **60** 336; BGH MDR **1966** 427; OLG Hamm MDR **1974** 419.

13   Erweist sich, was nur in besonders gelagerten Ausnahmefällen vertretbar erscheint, eine **Anhörung des Angeklagten** zur Sache als unerläßlich, so darf sie nur unter Wahrung aller Rechte des Angeklagten, insbesondere auch seines Rechtes auf Zuziehung eines Verteidigers, durchgeführt werden[20].

14   Der Vorsitzende muß sich stets bewußt sein, daß eigene Ermittlungen leicht den **Anschein der Befangenheit** erwecken. Schon deshalb hat er sie auf das unbedingt Notwendige zu beschränken und im übrigen etwa erforderliche Maßnahmen der Staatsanwaltschaft zu überlassen[21]. Er darf diese grundsätzlich auch um die Vermittlung polizeilicher Erhebungen ersuchen[22].

15   Dies schließt eine **informelle Besichtigung** des Tatorts oder der Beweisgegenstände durch ein oder mehrere Mitglieder des Gerichts[23] nicht aus. Die hierdurch erworbene private Sachkenntnis erleichtert die Entscheidung über die spätere Beweisverwendung im Wege des förmlichen Augenscheins und eine sachkundige Verhandlungsführung auch durch Vorhalte, sie ist aber selbst kein Beweismittel, das als Grundlage des Urteils herangezogen werden darf (vgl. § 225, 9).

16   Für die Klärung von Verfahrensfragen und **Prozeßvoraussetzungen**, die nicht dem Strengbeweisrecht unterliegen (§§ 244; 251) gelten diese Einschränkungen nicht. Es ist zweckmäßig und mitunter zur Entlastung der Hauptverhandlung unerläßlich, die erforderlichen Feststellungen vor der Hauptverhandlung zu treffen. Der Vorsitzende ist nicht gehindert, hier eigene Erhebungen anzuordnen oder auch selbst vorzunehmen, etwa um festzustellen, ob ein Zeuge unerreichbar ist oder ob die Verhinderung eines Zeugen tatsächlich gegeben ist oder ob ein Angeklagter verhandlungsfähig ist.

17   **5. Ermittlungen der Staatsanwaltschaft** zur Beweissammlung und Sicherung sind auch nach Eröffnung des Hauptverfahrens zulässig. Der Übergang der Verfahrensherrschaft auf das Gericht entbindet sie nicht von ihrer Aufgabe, weiterhin auf die bestmögliche Sachaufklärung hinzuwirken und allen ihr nachträglich bekannt werdenden Anhaltspunkten nachzugehen, die neue Beweismittel oder aber Erkenntnisse über den Wert bereits benannter Beweismittel (vgl. § 246 Abs. 2) erwarten lassen. So muß sie etwa auch Hinweisen nachgehen, die aus Anlaß des Prozesses an sie herangetragen werden. Ebenso wie auch der Verteidiger[24] übt sie diese Befugnisse unabhängig vom Gericht aus. Sie kann Personen selbst vernehmen oder von der Polizei vernehmen lassen, um festzustellen, ob sie ein Sachwissen haben, das ihre Benennung als Zeugen für die Hauptverhandlung erfordert. Die ihr primär, und nicht etwa ausschließlich nur zur Vorbereitung der Entscheidung über die Anklage verliehenen Eingriffsbefugnisse, bestehen mit den nachstehend erörterten Modifikationen[25] grundsätzlich fort, nicht nur zur Beweissicherung in Eilfällen.

18   **Einschränkungen** der staatsanwaltschaftlichen Ermittlungsbefugnis ergeben sich aus der Verfahrensherrschaft des Gerichts der Hauptsache. Diesem sind — abgesehen von Eilfällen — alle erforderlich werdenden **gerichtlichen Entscheidungen** vorbehalten[26]. Die

---

20 OLG Hamm MDR **1974** 419.
21 Vgl. KG JR **1966** 231 mit Anm. *Kleinknecht; Dallinger* zu BGH MDR **1966** 427.
22 LG Münster JR **1979** 40 mit zust. Anm. *Peters*; vgl. *Odenthal* StV **1991** 444; § 221, 6; bei § 244 und bei § 150 GVG.
23 Auch des ganzen Gerichts, vgl. *Kleinknecht/Meyer-Goßner* § 86, 6; KMR-*Paulus* 8, SK-*Schlüchter* § 225, 3; 6.
24 Zu dessen Befugnis zu eigenen Ermittlungen vgl. AK-*Schlothauer* Vor § 213, 51; *Dahs* Hdb. 166; 379; 381.

25 OLG Stuttgart MDR **1983** 955; LG Münster JR **1979** 40 mit Anm. *Peters*, ferner mit Einschränkungen *Odenthal* StV **1991** 441; enger *Hahn* GA **1981** 331; *Strate* StV **1991** 441 (keine generelle gesetzliche Ermächtigung, ausgenommen §§ 222, 246 und bei drohendem Beweisverlust, § 160 Abs. 2).
26 OLG Stuttgart MDR **1983** 955; LG Coburg MDR **1953** 120 mit zust. Anm. *Kleinknecht; Eb. Schmidt* 9 h. M.

Staatsanwaltschaft muß ferner auf das anhängige gerichtliche Verfahren Rücksicht nehmen, dessen Verfahrensgang nicht gestört werden darf[27]. So ist es im Regelfall unzulässig, daß sie einer vom Gericht vorgesehenen Einvernahme eines Zeugen in der Hauptverhandlung durch dessen vorheriger Befragung zur Sache vorgreift[28]. Etwas anderes mag für eine informatorische Frage nach anderen Beweismitteln gelten oder aber für eine Befragung, die klären soll, ob die nochmalige Einvernahme des bereits in der Hauptverhandlung vernommenen Zeugen beantragt werden muß[29]. Um alle Friktionen zu vermeiden, soll die Staatsanwaltschaft tunlichst alle Ermittlungsmaßnahmen im Einvernehmen mit dem Gericht anordnen. Sie und ihr Ergebnis sind diesem ohnehin offenzulegen[30], und zwar selbst dann, wenn die Staatsanwaltschaft der Ansicht ist, daß sie ergebnislos verlaufen sind, weil dadurch weder neue Beweismittel noch ein sonstiger Aufklärungsgewinn gewonnen wurde. Das Gebot eines fairen Verfahrens erfordert zumindest in der Regel auch die Unterrichtung der Verteidigung[31].

6. Verteilung der Geschäfte zwischen Gericht und Vorsitzendem. Die Maßnah- **19** men, die im Abschnitt zwischen der Eröffnung des Hauptverfahrens und dem Beginn der Hauptverhandlung zu treffen sind, stehen teils dem Vorsitzenden zu, der insoweit selbständig kraft eigenen Rechts, aber für den gesamten Spruchkörper entscheidet[32], teils sind sie dem erkennenden Gericht vorbehalten. Es bedarf nach den §§ 223, 225 stets eines **Gerichtsbeschlusses**, um eine Beweisaufnahme herbeizuführen, deren Ergebnis in der Hauptverhandlung verwertet werden soll, oder um eine Hauptverhandlung ohne den Angeklagten zuzulassen (§§ 231 a, 233). Ein Gerichtsbeschluß ist auch erforderlich, wenn das Verfahren vorläufig oder endgültig eingestellt (§§ 205, 206 a, 153 ff) oder der Verfahrensstoff beschränkt (§ 154 a) werden soll. Gleiches gilt für die Abgabe an ein anderes Gericht (§ 225 a) oder wenn sich das Gericht auf Grund des Einwands des Angeklagten für sachlich oder örtlich unzuständig erklären will (§§ 6 a, 16). Wegen der Aufteilung der Zuständigkeit bei Haftentscheidungen vgl. §§ 125, 126, bei Beschlagnahme von Sachen § 98, bei Bestellung des Verteidigers vgl. § 141 und die Erl. dazu. Der **Vorsitzende** kann andererseits Beweiserhebungen über Tatsachen, von denen die Zulässigkeit oder Durchführbarkeit des Verfahrens abhängt, also insbesondere über die Verhandlungsfähigkeit des Angeklagten, ohne Gerichtsbeschluß anordnen[33]. Reicht das im Wege des Freibeweises zu würdigende Ergebnis dieser Ermittlungen nicht aus, um alle Zweifel hinsichtlich des Vorliegens der Verfahrensvoraussetzungen zu beseitigen, so führt der Vorsitzende die Entscheidung des Gerichts herbei. Im übrigen ist die Tätigkeit des Vorsitzenden im Gesetz nur insoweit geregelt, als sie die Terminbestimmung (§ 213), die Ladung der Verfahrensbeteiligten, vor allem des Angeklagten und seines Verteidigers, sowie der Zeugen und Sachverständigen (§§ 214, 216 bis 218), die Anordnung der erforderlichen Mitteilungen und Zustellungen (§§ 222, 222 a, 224), die Entscheidung über Beweisanträge nach § 219 und die Herbeischaffung der Beweismittel (§ 221) betrifft. Darüber hinaus muß er von sich aus alles tun, was ihm zur Vorbereitung der Hauptverhandlung und zur Förderung der Wahrheitsfindung in dieser angezeigt erscheint.

7. Beschleunigung des Verfahrens. Es ist ein wichtiges kriminalpolitisches Anliegen, **20** daß die Strafe der Tat auf dem Fuße folgen soll. Das Rechtsstaatsprinzip verlangt zur Bestätigung der Rechtsordnung eine effektive Durchsetzung des Rechts, andernfalls kann

---

[27] OLG Stuttgart MDR **1983** 955; *Hahn* GA **1978** 331; *Odenthal* StV **1991** 441.
[28] *Odenthal* StV **1991** 445 (auch nicht mit Billigung des Gerichts).
[29] *Odenthal* StV **1991** 445.
[30] Vgl. BGH StV **1990** 49; *Odenthal* StV **1991** 446.
[31] Vgl. BGH NJW **1990** 584; *Odenthal* StV **1991** 441; LR[24] Art. 6 MRK, 74.
[32] KMR-*Paulus* Vor § 213, 11.
[33] KMR-*Paulus* 14; *Beling* 370.

Walter Gollwitzer

die Rechtspflege die ihr von der Verfassung zugewiesenen Aufgaben der Bewahrung der Rechtsordnung, der Gewährleistung der Gerechtigkeit und des Rechtsfriedens nur ungenügend erfüllen. Es gehört daher zu den schon im öffentlichen Interesse[34] gebotenen Erfordernissen einer geordneten Rechtspflege, daß gerichtliche Verfahren zügig und ohne jede vermeidbare Verzögerung durchgeführt werden. Auch die Beeinträchtigungen, die die Wahrheitserforschung durch einen längeren Zeitablauf erleidet, sind sonst mitunter nicht mehr auszugleichen[35]. Für die Strafrechtspflege gilt dies im besonderen Maße. Dem Angeklagten erwächst aus seinem Recht auf ein faires, rechtsstaatliches Verfahren der **subjektive verfassungsrechtliche Anspruch** darauf, daß dieses ohne vermeidbare Verzögerungen durchgeführt wird[36]. Die Achtung seiner Menschenwürde und der Schutz seiner Grundrechte erfordert, daß die Eingriffe und Belastungen, die für ihn mit einem Strafverfahren verbunden sind, so kurz wie möglich gehalten werden[37]. Art. 6 Abs. 1 MRK[38] garantiert ausdrücklich als Menschenrecht[39], daß das Strafverfahren in **angemessener Frist** von der Bekanntgabe des Schuldvorwurfes bis zur Rechtskraft[40] abgeschlossen wird, damit er nicht während eines zu langen Zeitraums unter der Last der Beschuldigung bleibt[41]. In **Haftsachen** erlangt das Beschleunigungsgebot wegen des zusätzlichen Eingriffs in das Grundrecht des Art. 2 Abs. 2 Satz 2 GG verstärkte Bedeutung[42]. Art. 5 Abs. 3 MRK; Art. 9 Abs. 3 IPBPR enthalten hierfür besondere Garantien[43]. Die Regelungen in §§ 112 ff, vor allem auch § 122, tragen dem Rechnung, so daß insoweit auf die dortigen Erläuterungen verwiesen werden kann. Auch sonstige vorläufige Eingriffe in grundrechtlich geschützte Positionen des Angeklagten können durch eine zu lange Verfahrensdauer unverhältnismäßig und damit unzulässig werden (OLG Bremen StV **1997** 9 für vorläufiges Berufsverbot).

21   Im **Verfahren nach dem Eröffnungsbeschluß** wirkt bereits der Gesetzgeber durch die Festlegung bestimmter Fristen der verzögerlichen Sachbehandlung entgegen. Das Beschleunigungsgebot ist auch sonst bei allen die Verfahrensvorbereitung und den Ver-

---

[34] Etwa BGHSt **35** 139; BGH NStZ **1992** 229.

[35] Vgl. etwa BGHSt **26** 1; zur „wahrheitssichernden Funktion" auch BVerfGE **57** 279; *Albrecht* NJW **1994** 396; *Hanack* JZ **1971** 710; *Pfeiffer* FS Baumann 329; KMR-*Paulus* Vor § 226, 37; SK-*Rogall* Vor § 133, 119; ferner die Gutachten und Materialien zum 60. DJT (Münster 1994).

[36] BVerfG (Vorprüfungsausschuß bzw. Kammer) NStZ **1984** 128; NJW **1992** 2472; **1993** 3254; **1994** 967; **1995** 1277; BGHSt **24** 240; **26** 1; *Hanack* JZ **1971** 711; *Hillenkamp* JR **1975** 135; *Klöpfer* JZ **1979** 214; *Niemöller/Schuppert* AöR **107** (1982) 467; *I. Roxin* 158; *Schroth* NJW **1990** 29; wegen der weiteren Nachweise vgl. die bei den nachfolgenden Erläuterungen angeführten Entscheidungen.

[37] BGHSt **26** 6; *Gössel* 166; KK-*Pfeiffer* Einl. 11; *Kleinknecht/Meyer-Goßner* Einl. 160 sehen diesen Aspekt eines fairen, die zeitliche Dauer der unvermeidlichen Grundrechtseingriffe nicht unverhältnismäßig ausdehnenden rechtsstaatlichen Verfahrens unter dem Blickwinkel einer besonderen Fürsorgepflicht.

[38] Ähnlich (für das Strafverfahren) Art. 14 Abs. 3 Buchst. c IPBPR; für Jugendliche noch besonders Art. 10 Abs. 2 Buchst. b IPBPR. Vgl. ferner Art. VII Abs. 9 Buchst. a Nato-Truppenstatut (right of speedy trial); dazu BGHSt **21** 61; *Schenk* JZ **1976** 583.

[39] Zu den Verfahrensgewährleistungen als Menschenrechte vgl. LR[24] Art. 6 MRK 1 ff.

[40] Etwa EGMR EuGRZ **1978** 417; **1980** 667; **1983** 346; NJW **1986** 647; BGHSt **35** 137; NStZ **1982** 291; StV **1988** 487; NJW **1990** 56; BayObLGSt **1994** 115; OLG Düsseldorf MDR **1992** 1078; StV **1995** 400; *Peukert* EuGRZ **1979** 270; *Ulsamer* FS Faller 374; *Vogler* ZStW **89** (1977) 780; KK-*Pfeiffer* Einl. 11; *Kleinknecht/Meyer-Goßner* Art. 6 MRK, 8; SK-*Rogall* Vor § 134, 118; ferner LR[24] Art. 6 MRK 81 mit weit. Nachw. Zur nicht gradlinig verlaufenden Entwicklung von Rechtsprechung und Schrifttum vgl. *Scheffler* 23 ff.

[41] Etwa EGMR JR **1968** 463 (Wemhoff); BVerfG (Kammer) NJW **1992** 2472; BGHSt **26** 238; OLG Stuttgart NJW **1974** 284; *Klöpfer* JZ **1979** 214; *Kohlmann* FS Pfeiffer 205; *I. Roxin* 249; KK-*Pfeiffer* Einl. 11; SK-*Rogall* Vor § 134, 119; vgl. LR[24] Art. 6 MRK, 76 mit weit. Nachw.

[42] Vgl. etwa BVerfGE **20** 45; **36** 272; BVerfG (Kammer) StV **1992** 522; KG StV **1992** 523; OLG Düsseldorf NJW **1991** 2302; Stuttgart Justiz **1989** 401 (Überhaft), weit. Nachw. bei § 121. Vgl. ferner § 72 Abs. 5 JGG.

[43] Wegen der Einzelheiten der mit einem Entschädigungsanspruch gekoppelten Garantien in Art. 5 MRK, Art. 9 IPBPR vgl. LR[24] Art. 5 MRK, 111 ff.

fahrensgang betreffenden richterlichen Entscheidungen mitzuberücksichtigen. Das befaßte Gericht muß — ebenso wie die anderen Justizorgane — auch in diesem Verfahrensabschnitt alles tun, um dafür zu sorgen, daß das Verfahren ohne jede unangemessene Verzögerung durchgeführt werden kann. Eröffnet das Verfahrensrecht verschiedene Gestaltungsmöglichkeiten, ist grundsätzlich diejenige zu wählen, die dem Fortgang des Verfahrens am förderlichsten ist, es sei denn, daß dem andere Verfahrensgrundsätze entgegenstehen, wie etwa das Gebot der umfassenden Sachaufklärung[44] oder die Verpflichtung, eine ausreichende Vorbereitung der Verteidigung zu ermöglichen[45]. Dann ist das Erfordernis einer zügigen Verfahrenserledigung mit den anderen, oft gegenläufigen rechtsstaatlichen Erfordernissen in Einklang zu bringen.

Eine **Überschreitung der angemessenen Verfahrensdauer**, die nicht an der bei **22** größtmöglicher Beschleunigung erreichbaren Minimaldauer gemessen werden darf, sondern daran, welche Zeit für die sachgerechte Erledigung im normalen Verfahrensbetrieb erforderlich ist[46], ergibt sich nur in extremen Ausnahmefällen allein schon daraus, daß das Verfahren so lange anhängig ist, daß dies offensichtlich unter keinem vertretbaren Gesichtspunkt mehr mit einem vernünftigen, dem Gesetz entsprechenden Verfahrensbetrieb gerechtfertigt werden kann[47]. In aller Regel ist die Angemessenheit der Verfahrensdauer nach den **Erfordernissen des Einzelfalls**, nach seiner Bedeutung, seinem Umfang und seinen rechtlichen und tatsächlichen Schwierigkeiten zu beurteilen[48]. Der Zeitbedarf, den die durch Beweislage, Prozeßverhalten des Angeklagten und Schwere des erhobenen Vorwurfs gebotene Sachaufklärung erfordert, etwa eine ausgedehnte Beweisaufnahme im Ausland, ist dabei zu berücksichtigen. Unnötige Verzögerungen, die durch das Prozeßverhalten des Angeklagten verursacht wurden, sind den staatlichen Organen nur anzulasten, wenn sie es versäumt haben, alle gesetzlich vorgesehenen Möglichkeiten auszuschöpfen, um dieses trotzdem zeitgerecht abzuschließen[49]. **Unangemessen lange** wird die Verfahrensdauer erst dadurch, daß ein objektiv dem Staat und seinen Strafverfolgungsorganen anzulastendes Verhalten den Fortgang des Verfahrens ohne sachlich gerechtfertigten Grund erheblich länger als nötig verzögert hat. Ob die Gründe der Verzögerung sachgerecht oder unvertretbar waren, ist dabei ex ante aus der Sicht der handelnden Organe unter Zubilligung eines hinreichenden Gestaltungsfreiraums zu beurteilen. Nicht lediglich kurzfristige Arbeitsüberlastung und Personalschwierigkeiten[50] beseitigen die staatliche Verantwortung für die dadurch bedingten Verfahrensverzögerungen aber ebensowenig wie Organisationsmängel oder das zeitraubende Ausermitteln von erkennbar unwesentlichen Nebendelikten[51]. Dagegen wird die Verfahrensdauer nicht dadurch unangemessen lang, daß ein zeitweilig bestehendes gesetzliches Verfolgungshindernis beachtet wurde[52].

Der **Ausgleich der zusätzlichen Belastung** des Angeklagten durch eine von den Staats- **23** organen zu vertretende überlange Verfahrensdauer ist nach Möglichkeit noch im laufenden

44 Vgl. LR[24] Art. 6 MRK, 79.
45 Art. 6 Abs. 3 Buchst. b MRK; Art. 14 Abs. 3 Buchst. b IPBPR; dazu etwa SK-*Rogall* Vor § 134, 19; vgl. LR[24] Art. 6 MRK, 174 ff.
46 Vgl. LR[24] Art. 6 MRK, 78.
47 EGMR EuGRZ **1983** 346; **1990** 209; BVerfG NJW **1993** 3255; BayObLGSt **1989** 85 = StV **1989** 394 (außerhalb der Bandbreite üblicher Verfahrensführung); vgl. LR[24] Art. 6 MRK, 77.
48 Etwa EKMR NJW **1986** 647; EGMR EuGRZ **1985** 548; *Peukert* EuGRZ **1979** 261; *I. Roxin* 64; *Scheffler* StV **1993** 568; *Ulsamer* FS Faller 378; *Wohlers*

JR **1994** 139; KK-*Pfeiffer* Einl. 11; *Kleinknecht/Meyer-Goßner* Art. 6 MRK, 7; SK-*Rogall* Vor § 134, 119; LR[24] Art. 6 MRK, 77. Vgl. aber auch *I. Roxin* 255, die den Regelstrafrahmen als Maß heranziehen will; ebenso wohl *Schroth* NJW **1990** 29.
49 LR[24] Art. 6 MRK, 78; 79.
50 EGMR NJW **1984** 2749; *Niebler* FS Kleinknecht 311; *Scheffler* 114 ff; LR[24] Art. 6 MRK, 79.
51 Vgl. BGH NStZ **1997** 29 mit Anm. *Scheffler*; *Scheffler* 114 ff; LR[24] Art. 6 MRK, 79.
52 BGHSt **36** 372 (Immunität).

Verfahren von den mit der Sache befaßten Gerichten unter Ausschöpfung aller Möglichkeiten des Straf- und Strafverfahrensrechtes durchzuführen, auch noch im Revisionsverfahren[53]. Eine Kompensation der Rechtsverletzung nimmt die Rechtsprechung im Rahmen der **Bemessung der Rechtsfolgen** vor. Sie fällt dann zusätzlich zu dem allgemeinen Gesichtspunkt des langen Zeitraums zwischen Tat und Aburteilung strafmildernd ins Gewicht[54]. Wenn bei einem ersichtlich verzögerten Verfahrensverlauf eine Verletzung des Rechts des Angeklagten auf Aburteilung in angemessener Frist naheliegt, müssen sich die Urteilsgründe damit auseinandersetzen[55]. Neben dem Ausgleich durch Milderung der an sich schuldangemessenen Strafe[56] können auch Absehen von Strafe, Verwarnung mit Strafvorbehalt[57] oder Strafaussetzung zur Bewährung in Betracht kommen[58], ferner die Einstellung des Strafverfahrens nach §§ 153, 153 a[59] oder — um einen alsbaldigen Verfahrensabschluß zu erreichen — auch die Beschränkung der Strafverfolgung nach §§ 154, 154 a.

24   Ein **Verfahrenshindernis** begründet die vom Staat zu vertretende überlange Verfahrensdauer, die in der Regel erst durch eine an keine festen Konturen gebundene nachträgliche Wertung[60] festgestellt wird, nach der vorherrschenden Meinung nicht[61]. Die unange-

---

[53] Nichterörterung ersichtlich verfahrensverzögernder Umstände kann bei der Strafzumessung im Rahmen der Sachrüge beachtlich sein; vgl. Fußn. 54. Grundsätzlich ist der Verfahrensverstoß mit der Verfahrensrüge unter Darlegung der Tatsachen, in denen die den Staatsorganen anzulastende ungerechtfertigte Verfahrensverzögerung gesehen wird, geltend zu machen, eventuell auch verbunden mit der Aufklärungsrüge (bei Unterlassen der Aufklärung der Verzögerungsgründe); vgl. etwa BGH StV **1992** 542; **1994** 652; BayObLGSt **1994** 115; *Kleinknecht/Meyer-Goßner* Art. 6 MRK 9 c. BGH NStZ **1997** 29 mit Anm. *Scheffler* hat von Amts wegen berücksichtigt, daß das Verfahren nach dem tatrichterlichen Urteil unvertretbar verzögert wurde; vgl. *Scheffler* 260 (analog § 354 a).

[54] Etwa BGH NStZ **1986** 217; **1987** 232; **1988** 552; **1992** 78; BGH bei *Pfeiffer/Miebach* NStZ **1984** 213; bei *Kusch* NStZ **1996**, 327; bei *Detter* NStZ **1990** 222; **1992** 171; wistra **1992** 180; KK-*Pfeiffer* Einl. 12; zur Belastung durch Verfahrensdauer als Strafzumessungsfaktor *Scheffler* 319 ff mit weit. Nachw.

[55] Etwa EGMR **1983** 371; BGH StV **1988** 295; **1993** 638; Vgl. LR[24] MRK Art. 6, 85, auch zur Notwendigkeit, im Hinblick auf eine etwaige Anrufung der Organe der Europäischen Menschenrechtskonvention die Konventionsverletzung und ihre Kompensation ausdrücklich festzustellen; so auch BVerfG (Kammer) NJW **1993** 3254; **1995** 1277; *Wohlers* JR **1994** 142 Fußn. 65.

[56] Etwa BGHSt **24** 239; BGH NStZ **1982** 292; **1983** 167; **1986** 217; **1987** 233; **1992** 229; NJW **1990** 56; StV **1992** 452 mit Anm. *Scheffler*; **1993** 568: *Kühne* EuGRZ **1983** 356; *Mösl* NStZ **1983** 162. Kritisch gegen die Annahme einer Strafzumessungsrelevanz etwa *Wohlers* JR **1994** 141; *Scheffler* 201 ff; 228 ff je mit weit. Nachw. Wegen der Einzelheiten vgl. die Erläuterungen zu § 46 StGB, etwa *Tröndle*[48] § 46 StGB, 35; ferner wegen der strittigen Bindung an Sanktionsart und Strafuntergren-

zen bei der kompensatorischen Strafmilderung *Wohlers* JR **1994** 142, ferner auch LR[24] Art. 6 MRK, 85.

[57] BGHSt **27** 274 (nur wenn Voraussetzungen des § 59 StGB vorliegen). Zur Problematik *Scheffler* 203; 230 ff.

[58] Vgl. etwa BVerfG StV **1993** 352; BGHSt **24** 239; **27** 274; BGH GA **1977** 275; NStZ **1982** 291; **1983** 167; StV **1983** 502; **1985** 322; 411; **1988** 295; **1995** 130; BGH bei *Pfeiffer/Miebach* NStZ **1984** 18; bei *Kusch* NStZ **1996** 23; bei *Holtz* MDR **1984** 89.

[59] Vgl. BGHSt **35** 137; BGH NJW **1996** 2739; BGH bei *Kusch* NStZ **1996** 21.

[60] Zur grundsätzlichen Bewertbarkeit etwa KMR-Paulus § 206, 35; 36; ferner zu den Fragen konkreterer Abgrenzungskriterien *Kohlmann* FS Pfeiffer 203; *I. Roxin* 225; *Scheffler* 271; *Schroth* NJW **1990** 29; *Wohlers* JR **1994** 139. Wegen der Einzelheiten vgl. bei § 206 a.

[61] BGHSt **21** 81; **24** 239; **27** 274 = JZ **1978** 246 mit abl. Anm. *Peters*; **35** 140; BGH GA **1977** 275; NStZ **1982** 291; **1983** 135; **1992** 229; NJW **1990** 56; wistra **1982** 108; BGH bei *Pfeiffer/Miebach* NStZ **1987** 19; bei *Kusch* **1994** 230; BGH StV **1995** 19; BayObLGSt **1994** 115; OLG Hamm NJW **1975** 703; OLG Karlsruhe NJW **1972** 1907; OLG Koblenz NJW **1994** 1887, dazu *Vogelgesang* NJW **1994** 1845; *Hanack* JZ **1971** 705; *Heubel* 117; *Kohlmann* FS Pfeiffer 211; *Kühne* EuGRZ **1983** 383; *Müller-Dietz* ZStW **93** (1981) 1245; *Pfeiffer* FS Baumann 336; *Volk* Prozeßvoraussetzungen 227; KK-*Pfeiffer* Einl. 12; *Kleinknecht/Meyer-Goßner* Art. 6 MRK, 9; SK-*Rogall* Vor § 134, 120. Ein **Prozeßhindernis** nehmen an: OLG Koblenz NJW **1972** 404; LG Frankfurt JZ **1971** 234; LG Krefeld JZ **1971** 732; *Albrecht* NJ **1994** 296; *Baumann* FS Eb. Schmidt 541; *Hillenkamp* JR **1975** 133; NJW **1989** 2845; *Schwenk* ZStW **79** (1967) 736; *v. Stackelberg* FS Bockelmann 769; *Ulsenheimer* wistra **1983** 13. Weit. Nachw. zum Streitstand vgl. bei § 206 a, sowie *Scheffler* 162 ff.

messen lange Dauer hindert grundsätzlich nicht den Abschluß des Verfahrens durch ein Sachurteil. Dieses muß allerdings die fehlerhafte Sachbehandlung bei Bemessung der Sanktion berücksichtigen (vgl. oben Rdn. 23). Nur in **Extremfällen** kann eine dem Staat anzulastende, unvertretbar lange Verfahrensdauer jede Fortsetzung des Verfahrens unzulässig machen. Voraussetzung ist, daß die dadurch erlittene Belastung des Angeklagten weder durch Maßnahmen nach §§ 153 ff noch durch Kompensationen im Sanktionsbereich auszugleichen („irreparabel") ist und bei Berücksichtigung des durch den Zeitablauf reduzierten Strafbedürfnisses außer Verhältnis zu der im weiteren Verfahren allenfalls noch zu erwartenden Sanktion steht. In solchen seltenen Ausnahmefällen halten auch Gerichte, die sonst ein Verfahrenshindernis ablehnen, ungeachtet der ungeklärten Dogmatik[62] den „Abbruch des Verfahrens wegen schwerwiegender Rechtsstaatswidrigkeit"[63] für angebracht, oder — was praktisch auf das gleiche hinausläuft — stellen dieses ein[64], weil sie keine andere Möglichkeit sehen, das für unzulässig erachtete weitere Verfahren zu beenden und eine nicht mehr anderweitig behebbare Verletzung der Menschenrechtskonventionen noch innerstaatlich auszugleichen.

Außerhalb des Strafverfahrens kann die Verletzung des von der Verfassung gewährleisteten subjektiven Rechts (vgl. Rdn. 20) mit der Verfassungsbeschwerde geltend gemacht werden. Die Kompensation eines durch die Überlänge des Verfahrens erlittenen und in diesem nicht ausgeglichenen Nachteils ist innerstaatlich auch noch im Gnadenwege[65] möglich. Im übrigen können **dienstaufsichtliche Maßnahmen**[66] und bei schuldhaftem Handeln der Strafverfolgungsorgane auch Ansprüche wegen **Amtspflichtverletzung** in Betracht kommen[67]. Bei unzulässig langer Haft können sich ferner Ansprüche aus Art. 5 Abs. 5 MRK, Art. 9 Abs. 5 IPBPR[68] ergeben. Innerstaatlich nicht ausgeglichene Folgen einer unangemessen langen Verfahrensdauer eröffnen den Weg zur Anrufung der Organe der Europäischen Menschenrechtskonvention; vgl. LR[24] Art. 6 MRK, 83 ff. **25**

---

[62] Vgl. dazu etwa *Pfeiffer* FS Baumann 343; KK-*Pfeiffer* Einl. 13 (Schuldprinzip, Übermaßverbot); SK-*Rogall* Vor § 134, 120; ferner etwa *I. Roxin* 247 ff; *Wohlers* JR **1994** 138; *Scheffler* 220 ff (maßgebend Erfolgsunwert der Verfahrensbelastung); wegen der strittigen Einzelheiten vgl. bei § 206 a.

[63] *Rieß* JR **1985** 48; vgl. KK-*Pfeiffer* Einl. 13; *Kleinknecht/Meyer-Goßner* Art. 6 MRK, 9 a; SK-*Rogall* Vor § 134, 120.

[64] BVerfG NStZ **1984** 86; NJW **1993** 3255; **1995** 1278; BGHSt **35** 137; **37** 137; dazu krit. *Kühne* EuGRZ **1988** 305; BGH StV **1995** 20; OLG Düsseldorf NStZ **1988** 427; StV **1995** 400 mit Anm. *Baumschulte/Drees*; OLG Koblenz NJW **1994** 1887; OLG Stuttgart JR **1994** 81 mit krit. Anm. *Meurer*; OLG Zweibrücken NStZ **1989** 134; LG Bad Kreuznach NJW **1993** 1775; LG Berlin JZ **1992** 159; dazu *Scheffler* JZ **1992** 131; LG Düssel-

dorf NStZ **1988** 427; LG Memmingen StV **1995** 403; EGH-BW StV **1986** 377; ferner KK-*Pfeiffer* 13; KMR-*Paulus* Vor § 226; 38; SK-*Rogall* Vor § 133, 120; *I. Roxin* 255; *Roxin* § 16, 6; *Schroth* NJW **1990** 31; *Weiler* GA **1994** 566, 584; a. A *Kleinknecht/Meyer-Goßner* Art. 6 MRK, 9; *Wohlers* JR **1994** 140 mit weit. Nachw.

[65] Vgl. BGHSt **24** 250; *Hanack* JZ **1971** 715.

[66] Nicht jedoch eine Anfechtung nach § 23 ff EGGVG, KMR-*Paulus* Vor § 226, 39; SK-*Rogall* Vor § 134, 120; LR[24]-*Schäfer* Einl. Kap. **12**, 9; anders aber *Kohlmann* FS Maurach 501.

[67] *Hanack* JZ **1971** 715; *Wohlers* JR **1994** 143; *Kleinknecht/Meyer-Goßner* Art. 6 MRK, 9; KMR-*Paulus* Vor § 226, 38; SK-*Rogall* Vor § 133, 120; vgl. *Scheffler* 265, auch zur analogen Anwendung des StrEG.

[68] Vgl. LR[24] Art. 5 MRK, 130 ff.

Walter Gollwitzer

§ 213

Der Termin zur Hauptverhandlung wird von dem Vorsitzenden des Gerichts anberaumt.

Entstehungsgeschichte. Art. 2 Abs. 1 der zweiten VereinfVO hob die Vorschrift auf. Sie wurde ersetzt durch § 202 Abs. 1 und § 203 Abs. 5 in der damals maßgebenden Fassung. Art. 3 Nr. 96 VereinhG stellte den früheren Rechtszustand wieder her. Bezeichnung bis 1924: § 212.

Übersicht

1. Hauptverhandlungstermin

1   **a)** Der **Termin zur Hauptverhandlung** ist der Ort und die Zeit, von der an mit der Behandlung der Sache vor Gericht begonnen werden soll. Beides wird vom Vorsitzenden von Amts wegen durch eine schriftliche Verfügung angeordnet, meist zugleich mit den Ladungen (§ 214, 2, 8). Termine zur Fortsetzung einer Hauptverhandlung können auch in der Hauptverhandlung verkündet werden (vgl. § 228, 6).

2   **b) Verhandlungsort** ist in der Regel ein von der Justizverwaltung allgemein oder für den Einzelfall dazu bestimmter Raum im Gerichtsgebäude, der durch seine Ausstattung einen angemessenen Rahmen für die Rechtspflege bieten soll. Im Amtszimmer des Richters soll im allgemeinen keine Hauptverhandlung abgehalten werden, auch wegen der Schwierigkeit, dann die Öffentlichkeit der Verhandlung zu gewährleisten[1]; unzulässig ist dies jedoch nicht. Der Vorsitzende kann, wenn sachliche Gründe dafür sprechen, anordnen, daß die Hauptverhandlung an einem anderen Ort stattfindet[2], etwa am Tatort, am Aufenthaltsort eines reiseunfähigen Angeklagten oder Zeugen[3], im Krankenhaus[4] oder in einer Justizvollzugsanstalt (OLG Hamm NJW **1974** 1780) oder sonst einem Gebäude, das die im Einzelfall notwendigen Sicherheitsvorkehrungen erlaubt. In **privaten Räumen** kann nur nach vorheriger Einwilligung der über die Räume verfügungsberechtigten Personen verhandelt werden. Auch als Angeklagte oder Zeugen sind diese nicht verpflichtet, die Durchführung einer — meist öffentlichen — Verhandlung in ihren Räumen zu dulden[5]. Ob die jeweils Verfügungsberechtigten ihre Räume für eine Verhandlung zur Verfü-

---

[1] Vgl. OLG Hamburg VRS **24** (1968) 437; OLG Köln VRS **62** (1982) 195; NStZ **1984** 282.

[2] RGSt **11** 352; **22** 396; **39** 348.

[3] RG GA **71** (1931) 171.

[4] Vgl. BGHSt **24** 154; § 231, 19.

[5] OLG Hamburg JR **1987** 78 mit Anm. *Foth*; *Nelles* StV **1991** 488; ob auf Grund einer allgemeinen Staatsbürgerpflicht der Hausrechtsinhaber trotz

Art. 13 GG einzelne öffentliche Beweisaufnahmen kraft richterlicher Anordnung dulden muß, ist strittig; verneinend BGHSt **40** 191; *Foth* JR **1979** 262; bejahend *Lilie* NStZ **1993** 121; vgl. ferner die Kommentare zu § 319 ZPO und zu 169 GVG mit weiteren Nachweisen, die Durchführung der ganzen Hauptverhandlung gegen dessen Willen könnte damit nicht gerechtfertigt werden.

gung stellen, hat der Vorsitzende aber auch sonst vor jeder Ladung zu einem außerhalb des Gerichtsgebäudes liegenden Verhandlungsort, gegebenenfalls unter Einschaltung der Justizverwaltung, zu klären. Stimmt der Verfügungsberechtigte der Durchführung in seinen Räumen nur mit Einschränkungen zu, etwa, daß er — wie in dem Fall von BGHSt **40** 191 — nur den Verfahrensbeteiligten, nicht aber der Öffentlichkeit den Zutritt gestattet, darf allenfalls der Teil der Verhandlung dort durchgeführt werden, bei dem dies, wie etwa bei einem Augenschein, im Interesse der Wahrheitsfindung unerläßlich ist. Die anderen Teile der Verhandlung sind an einem Ort abzuhalten, an dem den gesetzlichen Erfordernissen ohne Abstriche genügt werden kann. Der Vorsitzende kann bestimmen, daß nur ein Teil der Hauptverhandlung im Gerichtsgebäude, der andere aber an einem anderen Ort abzuhalten ist[6]. Teile der Hauptverhandlung können dabei auch an einem Ort außerhalb des **Bezirks des erkennenden Gerichts** abgehalten werden, bei sachlich rechtfertigenden Gründen auch die ganze Hauptverhandlung[7].

Ist vorgesehen, daß die Hauptverhandlung ganz oder zum Teil **außerhalb des** **3** **Gerichtsgebäudes** stattfinden soll, ist durch geeignete Maßnahmen (Aushang am Sitzungssaal, usw.) dafür zu sorgen, daß die **Öffentlichkeit** in einer für jedermann verständlichen Form und ohne daß zusätzliche Erkundigungen notwendig werden, sichere Kenntnis von Ort und Zeit der Hauptverhandlung erlangen und sich Zutritt zu ihr verschaffen kann[8]. Gleiches gilt bei Verlegung in einen anderen Sitzungssaal[9].

Kann wegen besonderer Umstände aus rechtlichen oder tatsächlichen Gründen die **4** Hauptverhandlung weder am **Sitz des Gerichts** noch an einem anderen Ort vom erkennenden Gericht durchgeführt werden, so ist nach § 15 zu verfahren. Wegen der Einzelheiten vgl. dort.

c) Tag und Stunde des Termins sind so zu legen, daß ein reibungsloser Ablauf der **5** Hauptverhandlung und regelmäßig (außer bei größeren Sachen) ihr Abschluß noch am gleichen Tag gewährleistet ist. Die örtlichen und konfessionellen Verhältnisse, besonders die ortsüblichen Feiertage, auch wenn sie gesetzlich nicht anerkannt sind, sind dabei mit in Betracht zu ziehen, ebenso, soweit bekannt, besondere religiöse Pflichten des Angeklagten oder Zeugen. Ein Termin an einem nichtstaatlichen Feiertag, an dem dem Angeklagten aus religiösen Gründen jede Einlassung verboten ist, kann sogar eine Versagung des rechtlichen Gehörs bedeuten[10]. Das Rechtsstaatsprinzip schließt dagegen nicht aus, daß zwei Hauptverhandlungen gegen denselben Angeklagten parallel laufen, sofern dem Angeklagten die Teilnahme daran ohne Überforderung örtlich und zeitlich möglich ist und sein Recht auf Gehör und Verteidigung (Art. 103 Abs. 1 GG, Art. 6 Abs. 3 Buchst. b, c MRK) nicht beeinträchtigt wird[11]. Wegen der sonst bei der Terminsbestimmung zu berücksichtigenden Gesichtspunkte vgl. Rdn. 10 ff.

Der Vorsitzende darf den Termin bei genügendem Anlaß auch **außerhalb der Dienst-** **6** **stunden**, z. B. zur Nachtzeit (BGHSt **12** 232), anberaumen, er muß aber dann besonders darauf achten, daß dadurch die freie Willensbestimmung der Verfahrensbeteiligten nicht beeinträchtigt wird (Übermüdung!). In aller Regel dürfte es sachgerecht sein, nur einen

---

[6] OLG Königsberg JW **1930** 1109.

[7] BGHSt **22** 250, KK-*Treier* 3; KMR-*Paulus* 9; SK-*Schlüchter* 8; durch die Neufassung des § 166 GVG ist der frühere Streit gegenstandslos geworden.

[8] BGH NStZ **1981** 311; BayObLGSt **1980** 2 = VRS **58** 426; BayObLG bei *Rüth* DAR **1985** 247; OLG Celle StV **1987** 287; OLG Düsseldorf NJW **1983** 2514; OLG Hamm NJW **1974** 1780; VRS **64** (1983) 451; OLG Köln StV **1992** 222; *Thym* NStZ

1981 293; a. A OLG Köln, StV **1987** 275 mit abl. Anm. *Fezer*; wegen der Einzelheiten vgl. Erläuterungen zu § 169 GVG.

[9] BayObLGSt **1994** 41.

[10] BGHSt **13** 123; OLG Köln NJW **1993** 1345 (aber nur bei praktizierendem Mitglied); *Hanack* JZ **1971** 169.

[11] BGH NStZ **1984** 274; *Kleinknecht/Meyer-Goßner* 5; SK-*Schlüchter* 5.

Walter Gollwitzer

Teil der Hauptverhandlung nachts durchzuführen und dann am anderen Tag am Gerichtsort zu Ende zu verhandeln[12].

7   Die **Festsetzung der Terminstunde** hat die **Bedeutung**, daß sich der Angeklagte und die anderen zum Terminbeginn geladenen Verfahrensbeteiligten von der bestimmten Zeit an bereit halten müssen. Da der Terminsplan des Gerichts — vor allem, wenn mehrere Sachen am gleichen Tag verhandelt werden — nicht immer pünktlich eingehalten werden kann, haben sie auch eine Verspätung des Terminsbeginns von vornherein in Rechnung zu ziehen[13]. Sie dürfen sich deshalb nicht nach kurzer Wartezeit wieder entfernen, sondern müssen sich — sofern die Gründe der Verzögerung nicht ohnehin offenkundig sind — bei der Geschäftsstelle oder dem Gerichtswachtmeister erkundigen. Bei einem Ortstermin außerhalb des Gerichtsgebäudes brauchen sie nur eine angemessen begrenzte Zeit auf das Gericht zu warten[14], sofern nicht aus den Umständen (Verkehrsstau usw.) ersichtlich oder durch eine Rückfrage feststellbar ist, daß das Gericht in absehbarer Zeit erscheinen wird. Andererseits ist dieses, vor allem der Vorsitzende, gehalten, für eine alsbaldige Verständigung der erschienenen Verfahrensbeteiligten zu sorgen, wenn erkennbar ist, daß sich der Verfahrensbeginn verzögert. Unter Umständen ist eine neue Stunde für den Verhandlungsbeginn förmlich festzusetzen oder aber die Sache überhaupt zu vertagen. Wie zu verfahren ist, richtet sich nach den Umständen des Einzelfalls, insbesondere auch danach, auf welche Verfahrensdauer die Verfahrensbeteiligten sich nach Art der Sache einstellen mußten. Die Verzögerung des Terminsbeginns gibt grundsätzlich kein Recht, die Verlegung des Termins oder die Aussetzung zu verlangen[15]. Im Einzelfall kann eine erhebliche Verspätung über das vorhersehbare Maß hinaus zur Folge haben, daß der verspäteten Durchführung der Hauptverhandlung Hinderungsgründe von Gewicht (vgl. § 228, 10) entgegenstehen. Es kann zweckmäßig sein, wenn der Vorsitzende — etwa in Unterbrechung einer noch nicht abgeschlossenen anderen Sache — dies mit den Verfahrensbeteiligten alsbald klärt. **Vor der festgesetzten Zeit** darf der Termin nicht beginnen, es sei denn, alle Verfahrensbeteiligten sind schon vorher anwesend und mit dem früheren Beginn einverstanden[16].

2. Anberaumung durch den Vorsitzenden

8   **a) Vorsitzender** ist der Richter, der im Zeitpunkt der Terminsbestimmung den Vorsitz in dem erkennenden Spruchkörper führt, vor dem das Verfahren eröffnet ist. Beim Schöffengericht ist es der Strafrichter. Der Vorsitzende handelt insoweit kraft eigenen Rechts, aber für das erkennende Gericht[17].

9   **b) Unverzügliche Terminsbestimmung.** Der Vorsitzende hat den Termin **sogleich** nach Eröffnung des Hauptverfahrens anzuberaumen, falls nicht besondere Gründe entgegenstehen. Solche Gründe sind beispielsweise: eine neue Anklageschrift ist einzureichen (§ 207 Abs. 3); gegen den Eröffnungsbeschluß ist Beschwerde zulässig (§ 210 Abs. 2); kommissarische Vernehmungen nach §§ 223 oder 233 sind notwendig. Die Überlastung des Gerichts berechtigt ihn dagegen nicht, von der Terminsanberaumung auf unbestimmte Zeit abzusehen[18].

---

[12] *Hanack* JZ **1971** 170.
[13] Vgl. BayObLG GA **1984** 126; SK-*Schlüchter* 10; § 228, 10.
[14] OLG Düsseldorf VRS **64** (1983) 276; zur Wartepflicht des Gerichts vgl. § 228, 22; § 230, 21 a.
[15] RG GA **28** (1880) 252; vgl. § 228, 10.

[16] OLG Köln VRS **69** (1985) 45; KMR-*Paulus* 7 (Vorverlegung ist keine Neuanberaumung); SK-*Schlüchter* 10; *Eb. Schmidt*, 2.
[17] KMR-*Paulus* Vor § 213, 8; SK-*Schlüchter* 2.
[18] Vgl. OLG Hamm DRiZ **1974** 28 zu § 216 ZPO; ferner LG Hamburg StV **1996** 658.

c) Der Vorsitzende bestimmt Ort und Zeit des Termins in eigener richterlicher Verant- **10** wortung **nach pflichtgemäßem Ermessen**[19]. Ihm obliegt es, jede anfallende Sache so auf die zur Verfügung stehenden Sitzungstage (§§ 45, 77 GVG) zu verteilen, wie es ihm für ihre ordnungsgemäße Erledigung bei Berücksichtigung der Gesamtarbeitsplanung des Gerichts als zweckdienlich erscheint[20]. Hierbei darf er nicht schematisch allein nach der Reihenfolge des Eingangs verfahren[21], er muß die unterschiedliche Eilbedürftigkeit berücksichtigen. Unerläßlich ist eine möglichst konkrete Einschätzung der Erfordernisse des jeweiligen Verfahrens, der zur Vorbereitung der Hauptverhandlung benötigten Zeit (vgl. Rdn. 9) und deren voraussichtlicher Dauer (Zeitplan, vgl. § 214, 10). Dabei ist der Zeitbedarf der Beweisaufnahme ebenso in Betracht zu ziehen wie Beschränkungen der Verhandlungsdauer durch einen angegriffenen Gesundheitszustand des Angeklagten[22]. Auf erkennbare **Belange der Verfahrensbeteiligten** ist Rücksicht zu nehmen, wie etwa auf mitgeteilte Verhinderungen eines Zeugen oder Sachverständigen oder des Verteidigers. In das Recht des Angeklagten auf Beistand durch den Verteidiger seiner Wahl (Art. 6 Abs. 3 Buchst. c MRK) darf nur aus schwerwiegenden Gründen eingegriffen werden[23]. Ob die Geschäftsbelastung des Gerichts es erfordert, eine außerordentliche Sitzung einzuschieben (§ 47 GVG) — vor allem zur beschleunigten Erledigung der Haftsachen[24] — und für wann eine solche vorzusehen ist, muß der Vorsitzende ebenfalls nach pflichtgemäßem Ermessen auf Grund der Umstände, so wie sie sich im Zeitpunkt der Terminbestimmung darstellen, entscheiden[25]. Er darf jedoch keine außerordentliche Sitzung anberaumen, wenn in dem in Frage kommenden Zeitraum noch ein ordentlicher Sitzungstag frei ist[26].

Der **Ermessensspielraum** des Vorsitzenden bei Abwägung aller hereinspielenden, **11** einander mitunter widersprechenden Gesichtspunkte (Gesamtbelastung des Gerichts, Bedeutung des Verfahrens, Verhinderung von Verfahrensbeteiligten u. a.)[27] ist bei der erstmaligen Terminbestimmung weit. Es ist ihm auch nicht verwehrt, Verfahrensbeteiligte formlos zu für die Terminsfestsetzung bedeutsamen Umständen zu hören, etwa um Verhinderungen vorweg zu klären. Dies ist vor allem bei größeren Sachen zweckmäßig und auch üblich; verpflichtet ist er dazu nicht[28]. Die Terminsfestsetzung ist insbesondere keine Entscheidung, vor der **rechtliches Gehör** gewährt werden muß[29]. Ob Schöffen verhindert sind, kann unberücksichtigt bleiben, da im Verhinderungsfalle Hilfsschöffen als gesetzliche Richter berufen sind[30].

Zeitlich muß der Termin so weit hinausgesetzt werden, daß sich alle Verfahrensbetei- **12** ligten ausreichend auf die Hauptverhandlung vorbereiten können und ausreichende Zeit für die Beibringung der Beweismittel (Ladung von Zeugen im Ausland, Überstellung in

---

[19] BGHSt **12** 232; **15** 392; BGH GA **1981** 37; OLG Stuttgart VRS **59** (1980) 360; KMR-*Paulus* 4; SK-*Schlüchter* 4; AK-*Keller* 2 (aber keine „unbegrenzte Terminshoheit", vgl. OLG Frankfurt StV **1989** 384).

[20] BGHSt **15** 392; OLG Stuttgart VRS **59** (1985) 360.

[21] OLG Karlsruhe Justiz **1986** 28.

[22] OLG Celle NdsRpfl. **1983** 125. Zur Berücksichtigung einer beschränkten Verhandlungsfähigkeit vgl. bei § 205 und § 231 a, 3.

[23] BGH JZ **1988** 472; BayObLG StV **1995** 10; OLG Düsseldorf JMBlNW **1995** 248; LG Bremen StV **1994** 11; LG Hamburg StV **1988** 195; LG Koblenz StV **1996** 254; LG Tübingen StV **1996** 658; LG Verden StV **1996** 255; AK-*Keller* 5; *Pfeiffer/Fischer* 3; SK-*Schlüchter* 4 mit weit. Nachw. Vgl.

ferner bei § 228, 21 und bei LR[24] Art. 6 MRK, 195 ff.

[24] Vgl. Art. 5 Abs. 3 Satz 2 MRK; Art. 9 Abs. 3 IPBPR.

[25] BGHSt **12** 161; **16** 65; vgl. OLG Stuttgart NStZ **1984** 231 mit Anm. *Katholnigg* (auf einen anderen Wochentag verlegte Sitzung ist keine außerordentliche).

[26] BGH NStZ **1991** 349; vgl. *Kunkis* DRiZ **1993** 187.

[27] BGH bei *Holtz* MDR **1980** 815; KK-*Treier* 4.

[28] BGH GA **1981** 37; KK-*Treier* 4; *Kleinknecht/Meyer-Goßner* 6; KMR-*Paulus* 3; SK-*Schlüchter* 6.

[29] *Kleinknecht/Meyer-Goßner* 6; SK-*Schlüchter* 6.

[30] BGH GA **1981** 37; *Brause* NJW **1992** 2866; KK-*Treier* 4; SK-*Schlüchter* 6.

Haft befindlicher Zeugen aus dem Ausland nach § 69 IRG, Einholung der Aussagegenehmigung nach § 54 usw.) besteht. Eine zu kurze Vorbereitungszeit kann zur Vertagung führen. Bei besonders gelagerten Fällen könnte sogar trotz Wahrung der Frist des § 217 das Recht auf ausreichende Zeit zur Vorbereitung der Verteidigung (Art. 6 Abs. 3 Buchst. b MRK — vgl. 24. Aufl. Rdn. 183) und das rechtliche Gehör beeinträchtigt sein. Andererseits hat der Angeklagte Anspruch darauf, daß seine Sache „innerhalb angemessener Frist" vor Gericht verhandelt wird (Art. 6 Abs. 1 MRK — 24. Aufl. Rdn. 76 ff) und jede nicht sachlich gerechtfertigte Verzögerung vermieden wird.

13   **Haftsachen** sind wegen der Notwendigkeit, die Dauer der Untersuchungshaft kurz zu halten (dazu BVerfGE **36** 264 und die Rechtsprechung zu § 121; ferner Art. 5 Abs. 3 MRK), nach Möglichkeit vorrangig anzusetzen. Im Rahmen der Gerichtsausstattung sind alle personellen und sachlichen Mittel auszuschöpfen, um sicherzustellen, daß Haftsachen in angemessener Frist erledigt werden können[31]. Eine ungerechtfertigte Verzögerung des Verfahrens kann die Fortdauer der Haft unzulässig machen (vgl. § 121, Art. 5 Abs. 3 MRK — 24. Aufl. Rdn. 113 ff) und Entschädigungsansprüche gegen den Staat auslösen (Art. 5 Abs. 5 MRK — 24. Aufl. Rdn. 131 ff).

14   Die **Terminstunden** sollen, insbesondere wenn mehrere Termine am gleichen Tag anberaumt sind, so festgelegt werden, daß den Beteiligten längere Wartezeiten erspart bleiben (vgl. § 214 Abs. 2). Bei auswärtigen Beteiligten sind möglichst auch die Ankunftszeiten der öffentlichen Verkehrsmittel zu berücksichtigen.

15   **3. Terminsverlegung.** Die Befugnis des Vorsitzenden, den Termin anzuberaumen, umfaßt auch die Befugnis, den Termin **auf Antrag** oder **von Amts wegen** zu verlegen oder einen Antrag auf Terminsverlegung abzulehnen. Die Verlegung eines Termins von Amts wegen kann z. B. angebracht sein, wenn sich die Erledigung der vorhergehenden Sache erkennbar erheblich verzögert. Über die Terminsverlegung entscheidet der Vorsitzende ebenfalls nach pflichtgemäßem Ermessen unter Abwägung aller hereinspielenden Gesichtspunkte, insbesondere der Belange der Beteiligten, des Gebots der Verfahrensbeschleunigung und der Terminplanung des Gerichts. In Ausnahmefällen kann sich allerdings der Ermessensspielraum auf Null reduzieren, so wenn erkennbar ist, daß die Hauptverhandlung an dem anberaumten Termin nicht durchgeführt werden kann[32]. Zur Frage, wieweit die berufliche Verhinderung des Wahlverteidigers die Terminsverlegung rechtfertigt, vgl. § 228, 18 ff und bei § 265; zur Verhinderung des Pflichtverteidigers bei § 145. Der Angeklagte kann die Verlegung des Termins sowohl wegen persönlicher Verhinderungen als auch unter dem Gesichtspunkt beantragen, daß wegen außergewöhnlicher Umstände die Ladungsfrist (§ 217 Abs. 1) zur Vorbereitung seiner Verteidigung nicht ausreicht (§ 217, 1).

4. Rechtsbehelfe

16   **a) Beschwerde.** Nach der vorherrschenden Meinung, der beizustimmen ist, schließt § 305 die Beschwerde grundsätzlich aus[33], wobei die Ausschlußwirkung dieser Bestimmung unterschiedlich weit ausgelegt wird. § 305 läßt die Beschwerde zu, wenn der Gehalt

---

[31] OLG Karlsruhe Justiz **1975** 193; vgl. OLG Köln MDR **1996** 1284 (Vorrang vor Jugendsachen); auch BVerfGE **20** 45 und zur organisatorischen Einplanung der Haftsachen *Schellenberg* 8.

[32] LG Hamburg StV **1988** 195. Vgl. SK-*Schlüchter* 4.

[33] OLG Celle NdsRpfl. **1984** 72; OLG Düsseldorf JMBlNW **1966** 153; **1995** 248; OLG Hamm NStZ **1989** 133; OLG Karlsruhe StV **1982** 560 mit abl.

Anm. *Moos*; StV **1991** 509; OLG Koblenz OLGSt. 7; OLG Stuttgart MDR **1976** 510; **1980** 954; KK-*Treier* 6; *Kleinknecht/Meyer-Goßner* 8; für eingeschränkte Anwendung des § 305 AK-*Keller* 6; auch SK-*Schlüchter* 13; 14 (die zwischen verfahrensverzögernder und interessenverletzender Terminsbestimmung unterscheidet).

der Entscheidung über die Vorbereitung der Urteilsfindung hinausgeht und die Beschwer nicht mit der Revision geltend gemacht werden kann, wie etwa bei einer durch Sachaufklärung nicht zu rechtfertigenden und damit das Beschleunigungsgebot[34] verletzenden Verfahrensverzögerung, oder, wenn der Anlaß der Entscheidung überhaupt in keinem inneren Zusammenhang zur Urteilsfindung steht, weil die Vertagung wegen eines privaten, nicht verfahrensbezogenen Grundes begehrt wird[35]. Nach anderer Meinung ist die Beschwerde grundsätzlich nicht statthaft[36], soweit das Gesetz mit dem Aussetzungsantrag nach §§ 228 Abs. 1 einen anderen Rechtsbehelf vorgesehen hat. Auch diese Ansicht läßt aber die Beschwerde zur Behebung einer mit dem Aussetzungsantrag nicht oder nicht mehr zu beseitigenden Beschwer in nicht verfahrensbezogenen Belangen zu[37]. Verschiedentlich wird in dem Bestreben, Rechtsfehler noch vor Beginn der Hauptverhandlung zu beseitigen, die Beschwerde im weitergehenden Umfang als statthaft behandelt[38]. Da aber auch nach dieser Ansicht der Prüfgegenstand inhaltlich auf eine Rechtswidrigkeitsprüfung einschließlich der rechtsmißbräuchlichen Ermessensausübung beschränkt ist[39], führen die verschiedenen Meinungen in ihren Varianten meist zu dem insoweit gleichen Ergebnis, daß die Beschwerde nur bei rechtsfehlerhaften und ermessensmißbräuchlichen Terminsbestimmungen oder Vertagungen Erfolg haben kann (vgl. Rdn. 12), so auch dann, wenn die Verfügung des Vorsitzenden in Wirklichkeit eine Entscheidung ist, die dem Gericht vorbehalten ist (etwa Aussetzung)[40]. Wo die Beschwerde nicht ausgeschlossen ist, kann sie nach übereinstimmender Ansicht nur darauf gestützt werden, daß die Entscheidung des Vorsitzenden das Recht verletzt; dazu gehört auch, daß das Ermessen rechtsfehlerhaft ausgeübt wurde[41]. Die Zweckmäßigkeit der Terminsbestimmung einschließlich der Möglichkeit einer anderen Terminsplanung und Terminierung ist der Nachprüfung des Beschwerdegerichts entzogen[42]. Dies folgt aus der Dispositionsfreiheit des Vorsitzenden bei der Vorbereitung der Hauptverhandlung sowie daraus, daß eine Festsetzung des Termins, die sich im Rahmen des alle zu berücksichtigenden Belange abwägenden Ermessens des Vorsitzenden hält, keine geschützte Rechtsposition der Verfahrensbeteiligten beeinträchtigt[43]. Erst eine in der Überschreitung dieser Grenzen liegende Rechtsverletzung kann eine Beschwer enthalten. Das **Beschwerdegericht** kann nicht an Stelle des Vorsitzenden selbst einen Termin für die Hauptversammlung bestimmen. Es kann lediglich eine Verfügung, die es für rechtswidrig hält, aufheben.

Zeugen haben kein Beschwerderecht, da ihnen § 51 einen besonderen Rechtsbehelf **17** eröffnet[44].

---

[34] LG Hildesheim NJW **1989** 1174 (weit hinausgeschobene Terminierung).

[35] OLG Karlsruhe StV **1991** 509 (Hochzeit des Bruders). Vgl. AK-*Keller* 9; KMR-*Paulus* 17 ff, die abwägen, ob die Belastung außer Verhältnis steht zum Interesse an der Beibehaltung des festgesetzten Termins.

[36] *Eb. Schmidt* 2 (Rückgriff auf § 305 entbehrlich).

[37] OLG Schleswig bei *Lorenzen/Thamm* SchlHA **1991** 125; vgl. dazu etwa KMR-*Paulus* 16; Vor § 213, 24; SK-*Schlüchter* 13; ferner AK-*Keller* 5; 9 (§ 228 Abs. 2 deckt nicht alle Fälle; außerdem muß aus prozeßökonomischen Gründen sein Maßstab strenger sein als bei der Entscheidung über eine Verlegung nach § 213).

[38] OLG Frankfurt StV **1990** 201; **1992** 151; **1993** 6; OLG Hamm MDR **1975** 245; OLG München NStZ **1994** 451 mit Anm. *Plähn*; OLG Oldenburg StV **1991** 152; OLG Stuttgart Justiz **1973** 357; LG Hamburg StV **1988** 195; LG Oldenburg StV **1990** 299.

[39] Vgl. die Entscheidungen in vorhergehender Fußn.

[40] OLG Frankfurt NJW **1964** 181; OLG Stuttgart Justiz **1973** 357; KK-*Treier* 7; KMR-*Paulus* 18; SK-*Schlüchter* 2; 13.

[41] OLG Hamm MDR **1975** 245; h. M; zu Ermessensfehlern etwa OLG Frankfurt StV **1990** 201; **1995** 11; LG Bremen StV **1994** 11; LG Hamburg StV **1988** 195.

[42] H. M; etwa OLG Frankfurt StV **1990** 201; **1992** 151; OLG Hamm MDR **1975** 245; OLG Stuttgart VRS **59** (1980) 360; LG Hamburg StV **1996** 659; LG Hildesheim NJW **1989** 1174; LG Tübingen StV **1996** 658; KK-*Treier* 6; SK-*Schlüchter* 16.

[43] Vgl. OLG Frankfurt NJW **1974** 1715.

[44] OLG Düsseldorf JZ **1986** 864; *Kleinknecht/Meyer-Goßner* 15; SK-*Schlüchter* 14.

18   **b) Andere Rechtsbehelfe.** Die Beschwerde hilft auch dort, wo sie zulässig ist, dem Antragsteller in der Regel kaum weiter. Bei Ablehnung einer beantragten Terminsverlegung hat er deshalb meist nur die Möglichkeit, **Gegenvorstellungen** beim Vorsitzenden zu erheben und, wenn diese erfolglos bleiben, in der Hauptverhandlung unter Darlegung der Gründe die Aussetzung zu beantragen und damit einen Beschluß des Gerichts nach § 228 Abs. 1, § 265 Abs. 4 herbeizuführen[45]. Eine **Anrufung des Gerichts** vor der Hauptverhandlung in entsprechender Anwendung des § 238 Abs. 2 ist nicht möglich[46].

19   **c) Die Revision** kann nicht allein darauf gestützt werden, daß der Vorsitzende außerhalb der Hauptverhandlung einen Terminverlegungsantrag abgelehnt hat[47]. Erst die Ablehnung eines deswegen in der Hauptverhandlung gestellten **Aussetzungsantrags** ist mit der Revision angreifbar (§ 338 Nr. 8). Wird allerdings die rechtzeitig vorgetragene Bitte um Terminsverlegung so spät abgelehnt, daß weder der Angeklagte noch sein Verteidiger den Termin wahrnehmen können, so kann darin eine Verletzung des Anwesenheitsrechts des Angeklagten liegen[48]. Gleiches gilt, wenn der Vorsitzende die Verlegung zugesagt, sich daran aber nicht gehalten hat[49], oder wenn das Ausbleiben durch das Nichtbescheiden eines rechtzeitig gestellten Verlegungsantrags veranlaßt war[50]. Die Zweckmäßigkeit der Verteilung der Termine auf die festgelegten Sitzungstage kann vom Revisionsgericht nicht nachgeprüft werden[51], auch wenn die Besetzung des Gerichts an den einzelnen in Frage kommenden Terminen verschieden ist. Etwas anderes würde dann gelten, wenn der Vorsitzende die ihm eingeräumte Ermessensfreiheit bewußt zu dem Zweck mißbrauchen würde, den Angeklagten einem bestimmten Richter zu entziehen[52].

20   **d)** Der Vorsitzende entscheidet über die Termine in richterlicher Unabhängigkeit. Gegen seine Entscheidung oder gegen die Verzögerung der Terminsbestimmung ist die **Dienstaufsichtsbeschwerde** nur in den Grenzen des § 26 Abs. 2 DRiG möglich[53]. Der Dienstvorgesetzte kann deshalb niemals an Stelle des Vorsitzenden selbst Termin bestimmen oder zur Bestimmung eines Termins anweisen[54]. Zu den Einwendungen gegen die behördeninterne Zuweisung eines bestimmten Sitzungssaals vgl. OLG Hamburg JR **1979** 349 mit Anm. *Holch*; ferner die Erl. zu § 23 EGGVG.

---

[45] OLG Stuttgart NJW **1976** 510; Justiz **1980** 361.

[46] OLG Frankfurt OLGSt 1; KMR-*Paulus* Vor § 213, 26; SK-*Schlüchter* 11.

[47] H. M; etwa OLG Koblenz VRS **45** (1973) 284; *Julius* StV **1990** 56.

[48] OLG Hamm JR **1971** 472 mit Anm. *Kohlhaas*.

[49] OLG Koblenz VRS **61** (1981) 364 (Verstoß gegen Gebot der fairen Verfahrensgestaltung); dazu etwa SK-*Schlüchter* 18.

[50] OLG Düsseldorf VRS **88** (1995) 137.

[51] Vgl. BGH NJW **1961** 1077.

[52] BGHSt **15** 392; KMR-*Paulus* 21; SK-*Schlüchter* 22 (praktisch kaum vorkommende Konstellation).

[53] BGH DRiZ **1969** 125; KG NJW **1995** 2115; vgl. BGHZ **25** 162; BGH NJW **1985** 351; *Rudolph* DRiZ **1985** 351; *Steckert* DRiZ **1967** 193.

[54] KK-*Treier* 8; KMR-*Paulus* 13.

§ 214

(1) ¹**Die zur Hauptverhandlung erforderlichen Ladungen ordnet der Vorsitzende an. ²Die Geschäftsstelle sorgt dafür, daß die Ladungen bewirkt werden.**

(2) **Ist anzunehmen, daß sich die Hauptversammlung auf längere Zeit erstreckt, so kann der Vorsitzende die Ladung sämtlicher oder einzelner Zeugen und Sachverständigen zu einem späteren Zeitpunkt als dem Beginn der Hauptverhandlung anordnen.**

(3) **Der Staatsanwaltschaft steht das Recht der unmittelbaren Ladung weiterer Personen zu.**

(4) ¹**Die Staatsanwaltschaft bewirkt die Herbeischaffung der als Beweismittel dienenden Gegenstände. ²Diese kann auch vom Gericht bewirkt werden.**

Schrifttum. *Marenbach* Aktuelle Probleme des Nato-Truppenstatuts, NJW **1974** 1070; *Odenthal* Die Vernehmung von Zeugen an hierfür nicht vorgesehenen Terminstagen, NStZ **1988** 540; *Schnigula* Probleme der internationalen Rechtshilfe in Strafsachen bei ausgehenden deutschen Ersuchen im Bereich der „sonstigen" Rechtshilfe, DRiZ **1984** 177; *Schweckendieck* Die ordnungsgemäße Ladung von jugendlichen Angeklagten und minderjährigen Zeugen zur Hauptverhandlung, NStZ **1989** 170; *Scupin* Die Folgen beim Ausbleiben eines kindlichen oder jugendlichen Zeugen im Strafverfahren, MDR **1965** 865.

Entstehungsgeschichte. Nach der ursprünglichen Fassung, die die Bezeichnung § 213 trug, hatte die Staatsanwaltschaft die Ladungen zu bewirken. Durch Art. 9 § 1 der 2. VereinfVO erhielt das Gericht diese Befugnis zusätzlich. Die Neufassung durch Art. 1 Nr. 71 des 1. StVRG überträgt zur Vereinfachung und Beschleunigung des Verfahrens die Ladung zur Hauptverhandlung grundsätzlich der Geschäftsstelle des Gerichts. Übergangsweise konnten die Justizverwaltungen anordnen, daß bis zum 31. 12. 1976 die Ladungen noch von der Staatsanwaltschaft bewirkt wurden (Art. 10 Nr. 1 des 1. StVRG). Der jetzige Absatz 4, der die Herbeischaffung der Beweisgegenstände regelt, hat das früher allgemein geltende Regelungsprinzip beibehalten. Absatz 2, der die Ladung der Beweispersonen zu unterschiedlichen Zeitpunkten vorsieht, beruht auf § 30 der Verordnung vom 4. 1. 1924.

Übersicht

1. Ladung zur Hauptverhandlung

a) Begriff, Inhalt und Form der Ladung. Die Ladung zur Hauptverhandlung ist die **1** Aufforderung einer bestimmten Person, zu der nach Ort (Stadt, Straße, Gebäude und Zimmernummer) und Zeit (Datum, Uhrzeit) genau bezeichneten Verhandlung zu erscheinen.

Das Gericht und die Sache, die verhandelt wird, müssen ersichtlich sein, ferner die Eigenschaft, in der die geladene Person an der Verhandlung teilnehmen soll. Wer zu laden ist und ob der Ladung sonstige Belehrungen oder Hinweise beizufügen sind, beurteilt sich nicht nach § 214, sondern nach den jeweiligen Vorschriften für die einzelnen Verfahrensbeteiligten (z. B. §§ 48, 77, 216, 218, 232, 323, 398 Abs. 2, § 442, § 444 Abs. 2; § 50 Abs. 2 JGG). Eine Ladung ist nur in den vom Gesetz vorgesehenen Fällen zulässig. Die öffentlich-rechtliche Pflicht, vor Gericht zu erscheinen, besteht nur für die vom Gesetzgeber festgelegten Zwecke, nicht aber für eine dort nicht vorgesehene Verfahrensrolle[1]. Die **Mitteilung des Hauptverhandlungstermins** (vgl. etwa §§ 149, 406 g Abs. 2, § 435; § 50 Abs. 3, § 67 Abs. 2 JGG; § 76 OWiG; § 407 AO) unterscheidet sich von der Ladung dadurch, daß sie nur Ort und Zeit der Hauptverhandlung zur Kenntnis gibt, aber keine Aufforderung enthält, vor Gericht zu erscheinen. Die jeweils erforderlichen Mitteilungen ordnet der Vorsitzende zweckmäßigerweise gleichzeitig mit der Ladung an.

2   Wenn Sondervorschriften, wie etwa § 216, nicht anderes vorschreiben, ist die Ladung an **keine bestimmte Form** gebunden[2]. Sie kann auch mündlich oder fernmündlich ergehen, in der Regel wird aber Schriftform angezeigt sein[3]. Das Wort Ladung braucht nicht verwendet zu werden. Für die geladene Person muß jedoch unmißverständlich zu erkennen sein, daß, wann und wo sie vor Gericht erscheinen muß. Die Ladung ist grundsätzlich in deutscher Sprache abzufassen (§ 184 GVG). Bei **Ausländern**, die die deutsche Sprache nicht zureichend beherrschen, ist eine Übersetzung beizufügen (Nr. 181 RiStBV); dies ist keine Wirksamkeitsvoraussetzung der Ladung (OLG Hamm JMBlNW **1981** 166). Ob eine Ladung noch „ordnungsgemäß" im Sinne der jeweiligen Regelung ist und wie sich eine unzulängliche Ladung auf den Verfahrensgang auswirkt, beurteilt sich nach den jeweiligen Vorschriften.

3   **b) Ladungsadressat** ist grundsätzlich die **zu ladende Person**. Nur bei „prozeßunfähigen" Zeugen ist ihre Ladung an den gesetzlichen Vertreter zu richten. Für die **Ladung von Kindern und Jugendlichen** (über 14 Jahre) fehlt eine besondere gesetzliche Regelung. Für die Ladung **als Angeklagter** gilt § 216 (vgl. dort Rdn. 1). Die **Ladung als Zeuge** ist bei Kindern an den gesetzlichen Vertreter zu adressieren, der dabei, auch wenn eine Sanktionsbewehrung fehlt, aufzufordern ist, für das Erscheinen des Kindes zu sorgen[4]; zweckmäßigerweise wird dabei auch auf den Anspruch auf Entschädigung als Begleitperson nach § 11 ZSEG hingewiesen. Strittig ist, ob die Ladung jugendlicher Zeugen über 14 Jahre an ihren gesetzlichen Vertreter oder aber an sie persönlich zu richten ist, weil sie in der Regel verfahrensfähig und daher in der Lage sind, die Bedeutung der Zeugenaussage zu erkennen und der Ladung zu folgen[5]. Ist dies nicht der Fall, sind sie über den gesetzlichen Vertreter zu laden[6]. Wenn die „Ladungsreife" nicht sicher feststellbar ist, kann es sich aus praktischen Gründen empfehlen, die Ladung sowohl an den Jugendlichen persönlich als auch an den gesetzlichen Vertreter zu richten. Wegen der Einzelheiten vgl. bei § 48; wegen der Rechtsfolgen bei § 51. Der **gesetzliche Vertreter** muß auch selbst gela-

1 Strittig; *Koffka* ZStW **81** (1969) 960; *Rogall* NJW **1978** 2536; SK-*Schlüchter* 2; **a. A** *Montenbruck* ZStW **89** (1977) 878.

2 BGH bei *Miebach* NStZ **1990** 226; dazu *Julius* StV **1990** 484; KK-*Treier* 9; SK-*Schlüchter* 3; vgl. bei § 48.

3 Nach Nr. 117 Abs. 1 RiStBV sollen die Ladungen zur Hauptverhandlung zugestellt werden, damit sie nachweisbar sind.

4 OLG Hamm NJW **1965** 1613; *Eisenberg* (Beweisrecht) 1059; *Schellenberg* 19; *Schweckendieck* NStZ **1990** 171; *Scupin* MDR **1965** 866; *Meier* JZ **1991**, 638; KK-*Treier* 3; KMR-*Paulus* § 48, 13; SK-*Schlüchter* 19; vgl. bei § 48.

5 So KK-*Treier* 3; *Schweckendieck* NStZ **1990** 170 (§ 171 Abs. 1 ZPO nicht entsprechend anwendbar); **a. A** SK-*Schlüchter* 19.

6 *Kleinknecht/Meyer-Goßner* § 48, 7; SK-*Schlüchter* 19; *Scupin* MDR **1965** 866.

den werden, wenn der minderjährige Zeuge seine Einwilligung zur Aussage nach § 52 Abs. 2 benötigt[7]. Strittig ist, ob davon abgesehen werden darf, wenn seine Zustimmung zur Aussage endgültig feststeht[8].

c) Sondervorschriften können die Ladung zur Hauptverhandlung für bestimmte Personengruppen ausschließen oder an bestimmte Voraussetzungen oder an die Einhaltung eines bestimmten Ladungswegs binden. Beispiele: Bundespräsident (§ 49), Mitglieder der Bundes- und der Landesregierungen und der Gesetzgebungsorgane (§ 50), Diplomaten und andere exterritoriale Personen (§§ 18 bis 20 GVG)[9]. Die Ladung der Angehörigen der Bundeswehr ist durch besondere Verwaltungsvorschriften geregelt, für die Mitglieder der in der Bundesrepublik stationierten ausländischen Streitkräfte und ihre Angehörigen sehen Nato-Truppenstatut und das Zusatzabkommen (Art. 37 NTS-ZA) einen besonderen Ladungsweg vor[10]. Besonderheiten gelten auch für die Ladung von Seeleuten und Binnenschiffern[11]. Bei **Ladungen im Ausland** sind die dafür jeweils vorgeschriebenen Formen und Ladungswege, die zum Teil auch nebeneinander zulässig sind, zu beachten, ferner etwaige Besonderheiten, die sich aus den internationalen Vereinbarungen ergeben[12]. Bei Zeugen, die nach Art. 7 ff EuRHÜ geladen werden, ist ein Hinweis auf das freie Geleit nach Art. 12 EuRHÜ zweckdienlich und mitunter unerläßlich[13].

4

2. Anordnung der Ladung

a) Verfügung des Vorsitzenden. Der Vorsitzende des erkennenden Gerichts ordnet, wie Absatz 1 Satz 1 jetzt klarstellt, die Ladungen der Personen (Angeklagter, Verteidiger, gesetzlicher Vertreter, Zeugen, Sachverständige, Nebenkläger, sonstige Verfahrensbeteiligte usw.) an und verfügt, wem der Termin der Hauptverhandlung außerdem mitzuteilen ist. Er entscheidet nach pflichtgemäßem Ermessen, welche Beweispersonen für die Hauptverhandlung benötigt werden. Er ist nicht daran gebunden, ob sie von der Staatsanwaltschaft in der Anklageschrift als Beweismittel bezeichnet wurden (§ 200 Abs. 1) oder ob der Angeklagte die Ladung beantragt hat (§ 219). Er kann von der Ladung vorgeschlagener Zeugen absehen, wenn er sie für entbehrlich hält, wobei er allerdings das Recht des Angeklagten auf Ladung von Entlastungszeugen nach Maßgabe von Art. 6 Abs. 3 Buchst. d MRK, Art. 14 Abs. 3 Buchst. e IPBPR[14] zu berücksichtigen hat. Er kann vor allem nicht benannte Beweispersonen laden lassen.

5

Die Anordnung der Ladung ist **Aufgabe des Vorsitzenden,** nicht des Gerichts. Bei Verhinderung obliegt dies seinem nach § 21 Abs. 2 GVG bestellten Vertreter. Ordnet ein anderes Mitglied des Gerichts die Ladung an, ist dies durch eine ausdrückliche oder konkludente Genehmigung des Vorsitzenden heilbar[15]. Diese Aufgabenzuweisung schließt bei Kollegialgerichten nicht aus, daß der Vorsitzende diese für den Prozeßverlauf mitunter entscheidenden Fragen vor Erlaß seiner Verfügung mit den anderen Mitgliedern des Kollegiums bespricht. Welche Beweismittel benötigt werden, entscheidet in der Hauptverhandlung letztlich das Gericht. Die dem Vorsitzenden zur Vorbereitung des Verfahrens übertragene Entscheidung nach § 214 ist nur vorläufiger Art, sie präjudiziert das erkennende Gericht in der Hauptverhandlung nicht. Aus diesem Verhältnis folgt, daß der

6

---

[7] Etwa KK-*Treier* 3; *Kleinknecht/Meyer-Goßner* 3.
[8] So SK-*Schlüchter* 20 gegen die vorherrschende Meinung; vgl. bei § 52.
[9] Dazu RiStBV Nrn. 196 ff.
[10] *Schwenk* NJW **1963** 1425; *Marenbach* NJW **1974** 1071.
[11] Vgl. die Erl. bei § 48.

[12] Vgl. die RiVASt.
[13] BGH GA **1981** 264; **1982** 374. Zur Ladung von Zeugen im Ausland vgl. *Schnigula* DRiZ **1984** 180; ferner bei § 251.
[14] Zur (begrenzten) Tragweite dieses Anspruchs vgl. LR24 Art. 6 MRK, 215 ff.
[15] KMR-*Paulus* 7; SK-*Schlüchter* 7.

Grundsatz von der eigenen Entscheidungsbefugnis des Vorsitzenden dort eine Ausnahme erfährt, wo das Gericht die Hauptverhandlung ausgesetzt oder unterbrochen hat, weil es die Anhörung einer bestimmten Beweisperson für erforderlich hielt. In diesen Fällen ist der Vorsitzende bei der Vorbereitung der erneuerten Hauptverhandlung verpflichtet, die vom Gericht bezeichneten Beweispersonen laden zu lassen.

7   Trotz des veränderten Wortlauts des § 214 dürfte es weiterhin zulässig sein, zur neuen Hauptverhandlung durch einen **Beschluß des Gerichts** zu laden, der in Gegenwart der zu ladenden Personen in der alten Hauptverhandlung verkündet wird[16]. Andernfalls erfordert ein solcher Beschluß zu seiner Umsetzung eine förmliche Ladung[17].

8   **b)** Eine besondere **Form der Ladungsanordnung** schreibt Absatz 1 nicht vor. In der Regel wird der Vorsitzende zugleich mit der Terminsbestimmung nach § 213 in den Akten schriftlich verfügen, welche Personen zu welchem Zeitpunkt (s. Rdn. 10) zu laden sind. Dabei kann, sofern dies nicht zu Unklarheiten führt, auf die in der Anklageschrift aufgeführten Beweispersonen Bezug genommen werden. Die Verfügung muß für die ausführende Geschäftsstelle die zu ladenden Personen eindeutig bezeichnen. In der Verfügung ist anzugeben, wenn eine Ladung mit besonderen Hinweisen oder Belehrungen (z. B. nach §§ 216, 232 Abs. 1) zu verbinden ist oder wenn die Ladung in einer vom Gesetz nicht vorgeschriebenen besonderen Form durchgeführt werden soll oder wenn die Androhung von Zwangsmitteln zu unterbleiben hat. Erfordert die Ladung die **Beachtung besonderer Formen**, wie etwa ein besonderes Schreiben des Vorsitzenden (bei der Ladung von exterritorialen Personen oder im Ausland)[18], so kann die Ausführung der Ladung nicht allein der Geschäftsstelle überlassen werden. Dies ist in der Verfügung nötigenfalls klarzustellen. Verfügt der Vorsitzende — was besonders in Eilfällen vorkommen kann — die Ladung **mündlich,** so ist dies wegen der besonderen Bedeutung der Anordnung (Rdn. 11) aktenkundig zu machen. Rechtlich unerheblich ist, ob alle Ladungsanordnungen in einer **einzigen Verfügung** zusammengefaßt werden oder ob mehrere zeitlich aufeinanderfolgende Verfügungen ergehen. Der besseren Übersichtlichkeit wegen und auch zur Verringerung des Aktenumlaufs empfiehlt es sich jedoch, alle Ladungsanordnungen möglichst in einer Verfügung zusammenzufassen. Auch wenn man vom Sonderfall des § 219 absieht, sind nachträgliche Anordnungen nicht immer vermeidbar. Mitunter ist es notwendig, die bereits angeordnete Ladung einer Person hinsichtlich der angeordneten Modalitäten zu ändern oder sie auch ganz aufzuheben. Bei nachträglicher Ladung oder Abladung einer Beweisperson darf die Benachrichtigungspflicht nach § 222 Abs. 1 nicht übersehen werden.

9   **Ohne Anordnung des Vorsitzenden** löst eine allein von der Geschäftsstelle bewirkte Ladung nicht die Rechtsfolgen aus, die die Strafprozeßordnung an die Ladung knüpft (etwa §§ 51, 77, 217, 230 Abs. 2, §§ 232, 329, 412). Der Anspruch des Zeugen oder Sachverständigen auf Entschädigung besteht aber auch bei einer solchen Ladung[19].

10   **3. Ladung zu verschiedenen Zeitpunkten.** Absatz 2 ermöglicht dem Vorsitzenden, die Verhandlung wirksam vorzubereiten. Die verständnisvolle Handhabung dieser Vorschrift durch eine realistische Terminplanung fördert nicht nur den äußeren Ablauf der Verhandlung sondern auch die Wahrheitsfindung; denn ein **Zeuge,** der lange auf die Vernehmung warten muß, kann dadurch leicht ermüdet oder verärgert werden. Der Aufenthalt im Warteraum kann ihn auch Einflüssen aussetzen, die das Gericht nur schwer nachprüfen

---

[16] RGSt **35** 233; OLG Hamm NJW **1957** 1330; vgl. bei § 48.

[17] SK-*Schlüchter* 7.

[18] Vgl. Nr. 197 RiStBV; ferner die RiVASt; KMR-*Paulus* 2; SK-*Schlüchter* 10; ferner §§ 18 ff GVG.

[19] *Kleinknecht/Meyer-Goßner* 7; KMR-*Paulus* 5; SK-*Schlüchter* 10.

kann. Ob der Vorsitzende bei einem **Sachverständigen** von der Möglichkeit des Absatz 2 Gebrauch machen darf, wird davon abhängen, in welchem Umfang seine Anwesenheit während der sonstigen Beweisaufnahme ihm tatsächliche Grundlagen für sein Gutachten vermitteln kann. Bei psychiatrischen und psychologischen Sachverständigen wird es oft zweckmäßig, wenn nicht gar erforderlich sein, daß sie bereits der Vernehmung derjenigen Personen beiwohnen, über die sie sich gutachtlich äußern sollen. Mehrere Zeugen und Sachverständige können zu verschiedenen Zeiten geladen werden. Zulässig ist auch die Anordnung, mehrere Zeugen oder Sachverständige auf verschiedene Tage zu laden[20]. In geeigneten Fällen ist auch eine Ladung auf Abruf (Nr. 116 Abs. 4 RiStBV) möglich. Verschiebt sich der Zeitplan, kann die **Umladung der Beweispersonen** notwendig werden; Staatsanwaltschaft und Angeklagter sind hiervon zu verständigen, damit sie sich bei Vorbereitung der Prozeßführung darauf einstellen können[21].

4. Die **Ausführung** der vom Vorsitzenden angeordneten Ladung obliegt der **11** Geschäftsstelle des Gerichts. Sie hat dafür zu sorgen, daß die Ladungen in der gesetzlich vorgeschriebenen oder im Einzelfall vom Vorsitzenden angeordneten Form mit allen erforderlichen Hinweisen (Rdn. 8) bewirkt werden. Dabei hat sie in eigener Verantwortung alles zu veranlassen, was für die ordnungsgemäße Durchführung der Ladung einschließlich der Kontrolle der Ausführung — wichtig bei Einschaltung besonderer Ladungskanzleien — erforderlich ist. Dazu gehört, daß die Ladungen so zeitig hinausgehen, daß etwaige Ladungsfristen mit Sicherheit gewahrt werden und die zu ladende Person sich auf den Termin einrichten kann. Zur Förderung der reibungslosen Abwicklung der Hauptverhandlung kann es zweckmäßig sein, der Ladung Informationen über Verkehrsverbindungen, Parkmöglichkeiten usw. beizufügen, um vor allem von auswärts anreisenden Personen die Erfüllung ihrer Erscheinungspflicht zu erleichtern[22]. Ist eine Ladung nicht ausführbar oder werden Umstände ersichtlich, welche das Erscheinen der geladenen Person in der Hauptversammlung als zweifelhaft erscheinen lassen (Verhaftung in anderer Sache, Krankenhausaufenthalt, Niederlegung der Ladung bei der Post usw.), so ist der Vorsitzende unverzüglich von der Geschäftsstelle zu benachrichtigen, nicht etwa erst unmittelbar vor dem Termin der Hauptverhandlung. Die Pflicht, die geladenen Beweispersonen dem Angeklagten und der Staatsanwaltschaft namhaft zu machen, ist in § 222 besonders geregelt. Für eine selbständige Ausführung der Ladung durch die Geschäftsstelle ist dort kein Raum, wo der Vorsitzende selbst tätig werden muß (vgl. Rdn. 8), wie etwa bei Ladung einer Person mit diplomatischem Sonderstatus[23].

5. Vorführung aus der Haft

a) Anordnung der Vorführung. Bei einem im Zeitpunkt der Hauptverhandlung vor- **12** aussichtlich **nicht auf freiem Fuß** befindlichen Angeklagten (§ 35, 25) oder Zeugen ordnet der Vorsitzende zugleich mit der Ladung die Vorführung zum Termin an. Diese dem Vollzug der Ladung dienende Verfügung ersetzt nicht die Ladung, ist aber Teil des Ladungsvorgangs[24]. Daß sie gleichzeitig mit der eigentlichen Ladung (Rdn. 1) ergeht, ist nicht zwingend erforderlich, in der Regel aber angezeigt, schon weil andernfalls der Ladung eine Belehrung über die Folgen des Ausbleibens (vgl. etwa §§ 48, 216) beizufü-

---

[20] RG GA **73** (1929) 290; OLG Hamburg GA **1983** 419. Zu den Vor- und Nachteilen zeitversetzter Ladungen *Schellenberg* 11.

[21] Dazu *Odenthal* NStZ **1988** 540; ferner § 222, 16.

[22] *Wulf* DRiZ **1981** 377.

[23] H. M.; *Kleinknecht/Meyer-Goßner* 8; KMR-*Paulus* 13; SK-*Schlüchter* 11.

[24] KMR-*Paulus* 13; SK-*Schlüchter* 14; **a. A** OLG Düsseldorf NJW **1981** 2768 (bei einem als Zeuge geladenen Untersuchungsgefangenen unter Hinweis auf Art. 104 GG und die – jedoch nicht einschlägige – Unschuldsvermutung, Art. 6 Abs. 2 MRK).

gen ist; zudem kann so eine etwaige Verschubung an den Verhandlungsort ohne Zeitdruck in die Wege geleitet werden.

13   Die **Befugnis zur Anordnung der Vorführung** folgt aus der dem Vorsitzenden mit der Ladungspflicht übertragenen Aufgabe, für die Anwesenheit aller zur Hauptverhandlung benötigten Personen zu sorgen. Können diese der Ladung nicht von sich aus nachkommen, weil ihnen die Freiheit entzogen ist, muß der Vorsitzende durch ein entsprechendes Vorführungsersuchen die Vorführung in die Wege leiten. Anders als etwa bei § 230 Abs. 2 bewirkt seine Anordnung keinen Entzug der persönlichen Freiheit[25]. Durch die Anordnung des Vorsitzenden wird der Vollzug der auf einer anderen Rechtsgrundlage beruhenden Freiheitsentziehung[26] nur mit der bei Angeklagten und Zeugen durch die Ladung konkretisierten Staatsbürgerpflicht zur Teilnahme an der Verhandlung in Übereinstimmung gebracht[27]. Bei **Strafgefangenen** erkennt § 36 Abs. 2 Satz 2 StrVollzG diese Befugnis[28] an und trägt ihr durch eine korrespondierende Verpflichtung der Anstaltsleitung Rechnung. Letztere Vorschrift wird analog auch bei **Untersuchungsgefangenen** herangezogen[29], ganz gleich, ob diese in der gleichen Sache oder in einer anderen Sache einsitzen. Bei einem Angeklagten, der in gleicher Sache in Untersuchungshaft ist, folgt die Befugnis zu seiner Vorführung im übrigen schon aus dem Zweck der Untersuchungshaft. Diese soll sichern, daß der Angeklagte vor Gericht gestellt werden kann; das schließt notwendig seine Vorführung zur Hauptverhandlung ein. Es wäre widersinnig, wollte man annehmen, daß der Angeklagte wegen dieses Zweckes zwar die Haft erdulden muß, sich aber der Vorführung zur Hauptverhandlung durch eine Weigerung so lange entziehen könnte, bis das Gericht nach seinem (unentschuldigten?) Ausbleiben eine Anordnung nach § 230 Abs. 2 erlassen hat[30]. Die an sich an **keine Form** gebundene und **keine Begründung** erfordernde Anordnung, deren Adressat die verwahrende Stelle ist, ergeht zweckmäßigerweise schriftlich. Über die Anordnung ist auch der Angeklagte zu unterrichten, da diese, ebenso wie die Belehrungen und Hinweise, zur Ladung gehört; eine Voraussetzung für deren Wirksamkeit ist sie aber nicht[31].

14   **b) Gewährung von Ausgang.** Bei einer in Strafhaft befindlichen Person kann der Vorsitzende in geeigneten Fällen statt der Anordnung der Vorführung nach § 36 Abs. 2

---

[25] Diese Anordnung ist kein Vorführungsbefehl im Sinne etwa der §§ 48, 134, 230 Abs. 2 u. a., der gegen eine auf freiem Fuß befindliche Person ergeht, sondern eine Ergänzung des die Anwesenheitspflicht begründenden Hoheitsaktes der Ladung durch einen Vollzugsakt, der die Erfüllung dieser Pflicht bei einer bereits aus anderem Grunde amtlich verwahrten Person durch ein Überstellungsersuchen an eine andere Behörde im Wege der Amtshilfe sichert (vgl. OLG Koblenz NStZ **1989** 93).

[26] Bei Beendigung der Haft bietet die Vorführungsanordnung keine Rechtsgrundlage für ein weiteres Festhalten des Geladenen.

[27] Ein Eingriff in das Grundrecht der persönlichen Freiheit könnte deshalb allenfalls darin liegen, daß der Vollzug einer bereits bestehenden Freiheitsentziehung durch eine zusätzliche Belastung modifiziert wird. Dafür dürfte aber die durch die Ladung begründete Erscheinenspflicht eine ausreichende Rechtsgrundlage bieten.

[28] Nach der früheren Fassung oblag die Anordnung der Vorführung ebenso wie die Ladung der Staatsanwaltschaft; nur bei einem dem Gericht unterste-

henden Gefängnis ordnete dies der Vorsitzende an, *Eb. Schmidt* 5 unter Hinweis auf Nr. 100 RiStV in der damaligen Fassung.

[29] *Kleinknecht/Meyer-Goßner* 8; KMR-*Paulus* 13; wohl auch KK-*Treier* 7. SK-*Schlüchter* 14 ist unter Hinweis auf OLG Düsseldorf NJW **1981** 2768 der Ansicht, daß bei Untersuchungsgefangenen § 36 Abs. 2 StVollzG nur dann analog anwendbar ist, wenn sich der Gefangene mit seiner Vorführung einverstanden erklärt. Als Grundlage für einen Eingriff in die persönliche Freiheit scheidet Analogie wegen der Gesetzesbindung aus, nicht jedoch als Anhaltspunkt für die zwischenbehördliche Amtshilfe.

[30] Insoweit könnte auch auf die eigene Anordnungskompetenz des Vorsitzenden nach § 119 Abs. 6, § 126 Abs. 2 zurückgegriffen werden. Bei einem in anderer Sache in Haft befindlichen Zeugen bleibt insoweit nur das Vorführungsersuchen im Wege der Amtshilfe.

[31] OLG Düsseldorf NJW **1981** 2768; vgl. oben Fußn. 30.

StVollzG auch die verwahrende Anstalt ersuchen, dem Häftling das Erscheinen zum Termin nach § 36 Abs. 1 StVollzG zu ermöglichen. Da die Beurlaubung oder Ausführung nach dieser Vorschrift aber nur mit Einwilligung des Inhaftierten zulässig ist, müssen der Ladung in solchen Fällen die gleichen Hinweise auf die Folgen des Fernbleibens beigefügt werden wie bei einer auf freiem Fuß befindlichen Person. Dies schließt nicht aus, daß der Vorsitzende die Vorführung anordnen kann, wenn die Vollzugsanstalt ihm von der Weigerung des Gefangenen oder sonstigen Hinderungsgründen für die Anwendung des § 36 Abs. 1 StVollzG Kenntnis gibt.

c) Zur **Durchführung der Vorführungsanordnung** veranlaßt die Geschäftsstelle des **15** Gerichts[32] ihre Weiterleitung an die für die Vorführung zuständige Stelle (Vorführdienst, Polizei, Vollzugsanstalt). Obliegt einer anderen Stelle die Vorführung, ist auch der Leiter der Vollzugsanstalt von der Anordnung zu benachrichtigen. Die vorübergehende Überstellung eines **im Ausland inhaftierten Zeugen** ist nach § 68 IRG in Verbindung mit den entsprechenden internationalen Abkommen möglich. Sie ist von dem mit der Sache befaßten Gericht zu veranlassen. Die Vorbereitung der Überstellung obliegt der Staatsanwaltschaft bei dem Oberlandesgericht[33].

6. Unmittelbare Ladung durch die Staatsanwaltschaft. Unabhängig von der **16** Ladung der Beweispersonen durch das Gericht hat die Staatsanwaltschaft das Recht, weitere Personen selbst zur Hauptverhandlung zu laden (Absatz 3). Dies gilt sowohl für Beweispersonen, die sie in der Anklageschrift benannt hat, deren Ladung der Vorsitzende jedoch ablehnte, als auch für Zeugen und Sachverständige, deren Beiziehung sie nachträglich für erforderlich hält. Die Staatsanwaltschaft muß, wenn sie die Mitteilung der vom Gericht geladenen Beweispersonen (§ 222) erhält, prüfen, ob zusätzlich zu den vom Gericht geladenen Personen noch die Zuziehung weiterer Personen zur Sachaufklärung angezeigt ist. Da die von ihr geladenen Zeugen in der Hauptverhandlung in der Regel auf ihren Antrag unter den Voraussetzungen des § 245 Abs. 2 vernommen werden müssen, kann die Staatsanwaltschaft durch eine überlegte Ausübung ihres Ladungsrechts den Umfang der Beweisaufnahme und damit den entscheidenden Teil der Hauptverhandlung eigenverantwortlich mitgestalten.

Ausgeführt werden die von der Staatsanwaltschaft angeordneten Ladungen von ihrer **17** eigenen Geschäftsstelle, nicht von der des Gerichts. Die Staatsanwaltschaft kann auch von sich aus die Vorführung eines nicht auf freiem Fuß befindlichen Zeugen anordnen[34]. § 161 a ist insoweit nicht anwendbar.

7. Beibringen der Beweisgegenstände

a) **Die Staatsanwaltschaft** hat nach Absatz 4 grundsätzlich die **Gegenstände, die als** **18** **Beweismittel dienen** (dazu § 94, 3 ff), zur Hauptverhandlung herbeizuschaffen. Dies gilt insbesondere für die Gegenstände, die die Staatsanwaltschaft in der Anklageschrift als Beweismittel benannt hat, die bei ihr asserviert sind, ferner alle sonstigen sachlichen Beweismittel. auch wenn sie erst im Wege der Amtshilfe von anderen amtlichen Stellen oder von privaten Besitzern beigebracht werden müssen. Dies gilt auch für Beweismittel. die das Gericht oder der Vorsitzende angefordert haben, wie etwa einen neuen Auszug aus dem Zentralregister.

---

[32] *Kleinknecht/Meyer-Goßner* 5; KMR-*Paulus* 16.

[33] § 69 Abs. 2, § 63 Abs. 2 IRG bzw. § 69 Abs. 3, § 62 Abs. 2 Satz 1 IRG; eine Überstellung ist in Art. 11 EuRHÜ vorgesehen.

[34] AK-*Keller* 6; *Kleinknecht/Meyer-Goßner* 13; KMR-*Paulus* 20; SK-*Schlüchter* 30.

Walter Gollwitzer

19   Sind die Beweismittel **Bestandteil der Akten**, weil sie sich in den Akten befinden, ihnen beigebunden sind oder weil sie trotz ihrer anderweitigen Aufbewahrung rechtlich zu den Akten gehören[35] oder in der gleichen Sache schon bei Gericht asserviert sind[36], so gehen sie mit Vorlage der Akten (§ 199 Abs. 2 Satz 2) in die Verfügungsgewalt des Gerichts über. Die Staatsanwaltschaft hat damit ihrer Herbeischaffungspflicht genügt. Das Gericht muß dann selbst durch entsprechende Anordnungen dafür sorgen, daß die betreffenden Beweismittel ihm am Ort der Hauptverhandlung zur Verfügung stehen.

20   Bei anderen im **Gewahrsam des Gerichts** befindlichen Beweismitteln, etwa den in einer anderen Sache beschlagnahmten Gegenständen (vgl. § 98 Abs. 3), sorgt, unabhängig davon, ob sie bereits als herbeigeschafft gelten[37], zweckmäßigerweise der Vorsitzende durch eine eigene Anordnung nach § 214 Abs. 4 Satz 2, § 221 dafür, daß sie zur Hauptverhandlung vorliegen. In Zweifelsfällen ist zwischen Vorsitzenden und Staatsanwaltschaft abzusprechen, welche Stelle Beweisgegenstände beibringt.

21   Welche **Anordnungen die Staatsanwaltschaft** zu treffen hat, um zu bewirken, daß die Beweisgegenstände dem Gericht zu Beginn der Hauptverhandlung (§ 243 Abs. 1) vorliegen, richtet sich nach den Umständen des Einzelfalls. Gegenstände, welche ihrer Beschaffenheit nach nicht in den Gerichtssaal gebracht werden können, sind an geeigneter Stelle für das Gericht bereitzuhalten. Befinden sich die Beweismittel noch im Gewahrsam der Staatsanwaltschaft oder bei einer ihren Weisungen unterstellten Stelle, so genügt eine entsprechende Weisung. Andere Behörden sind im Wege der Amtshilfe rechtzeitig um Übersendung der Beweismittel zu ersuchen. Im **Ausland** befindliche Gegenstände können im Wege der internationalen Rechtshilfe nach Maßgabe der bestehenden Vereinbarungen beigebracht werden, so etwa nach Art. 3 ff EuRHÜ, oder Beweismittel aus dem Bereich der Stationierungsstreitkräfte nach Art. VII Abs. 6 Nato-Truppenstatut.

22   Haben **Privatpersonen** die Gegenstände in Besitz, so sind sie in geeigneter Form darum zu ersuchen, die Gegenstände zur Hauptverhandlung zur Verfügung zu stellen. Für die rechtzeitige Abholung ist Sorge zu tragen, sofern sich die Privatpersonen nicht bereit erklären, die Gegenstände (z. B. Urkunden) zur Hauptverhandlung mitzubringen. Bei Weigerung ist die Beschlagnahme (§§ 95 ff) zu veranlassen.

23   Die Staatsanwaltschaft erläßt die erforderlichen Anordnungen im **eigenen Namen**, selbst wenn sie insoweit eine richterliche Anordnung (§ 221) ausführt[38].

24   **b) Das Gericht** kann nach Absatz 4 Satz 2 ebenfalls die Herbeischaffung von Beweisgegenständen anordnen. Diese Doppelzuständigkeit für die Herbeischaffung erleichtert die Vorbereitung der Hauptverhandlung. Die Bereitstellung der für die Sachaufklärung für erforderlich gehaltenen Beweismittel soll nicht durch eine starre Kompetenzverteilung zwischen Gericht und Staatsanwaltschaft beengt werden. Sie dient — vernünftig gehandhabt — der Prozeßbeschleunigung und der Prozeßwirtschaftlichkeit. Bei Gegenständen, die ohnehin vom Gericht verwahrt werden oder deren Beibringung das Gericht plötzlich für erforderlich hält, wäre es beispielsweise ein mit unnötigem Zeitverlust und vermeidbarem Verwaltungsaufwand verbundener Umweg, wenn das Gericht erst auf eine Anordnung der Staatsanwaltschaft hinwirken müßte. Umgekehrt gilt gleiches.

25   Absatz 4 Satz 2 versteht **Gericht als Funktionseinheit** im Gegensatz zur Staatsanwaltschaft. Er regelt nicht, wer für das Gericht handelt. Diese Vorschrift darf nicht dahin ausgelegt werden, daß, weil nur Absatz 1 ausdrücklich den Vorsitzenden erwähnt, nicht

---

[35] Vgl. die Erl. zu § 147, und zu § 199 (Spurenakten).
[36] *Kleinknecht/Meyer-Goßner* 14; SK-*Schlüchter* 32.
[37] Nach AK-*Keller* 6, KMR-*Paulus* 23 sind die bei Gericht asservierten Gegenstände bereits herbeige-

schafft. Dies dürfte aber nur für die in der gleichen Sache verwahrten Gegenstände gelten.
[38] RGSt **18** 76 für Ladungen.

dieser, sondern das Gericht als Spruchkörper die Anordnung nach Absatz 4 Satz 2 zu treffen habe. Wie § 221 und die Begründung des Regierungsentwurfs[39] zeigen, ändert sich nichts daran, daß regelmäßig der **Vorsitzende** für das Gericht diese Anordnung erläßt[40]. Im übrigen wird auf die Erläuterungen zu § 221 verwiesen.

8. Rechtsbehelfe

a) Beschwerde. Die Anordnung des Vorsitzenden, eine Beweisperson zu laden oder **26** entgegen einem Vorschlag nicht zu laden, ist nicht mit Beschwerde (§ 304) anfechtbar. Dies folgt aus § 305 Satz 1 sowie aus der mangelnden prozessualen Beschwer bei einer Ablehnung, da § 214 Abs. 3, § 220 Abs. 1 dem Angeklagten und den ihm gleichgestellten Personen sowie der Staatsanwaltschaft bei Ablehnung das Recht einräumen, die Beweispersonen selbst zu laden. Im übrigen können sie durch Ausübung ihres Beweisantragsrechts in der Hauptverhandlung auf die Zuziehung weiterer Beweispersonen hinwirken[41]. Auch Zeugen und Sachverständige haben kein Beschwerderecht gegen ihre Ladung, die eine kraft Gesetzes bestehende Verpflichtung konkretisiert[42]. Sie können Hinderungsgründe im Wege der § 51 Abs. 2, § 72 geltend machen.

Anfechtbar mit Beschwerde nach § 304 — und nicht mit Antrag nach §§ 23 ff **27** EGGVG — ist dagegen die Verfügung des Vorsitzenden, mit der er über die Gewährung eines **Reisekostenvorschusses** an einen auswärts wohnenden, mittellosen Angeklagten entscheidet[43]. Bei den entsprechenden Anträgen eines Zeugen oder Sachverständigen nach § 14 ZuSEntschG ist die Beschwerde nach Maßgabe des § 16 ZuSEntschG gegeben[44].

b) Die Revision kann auf eine unterlassene oder fehlerhafte Ladung oder Mitteilung **28** allein nicht gestützt werden. Gerügt werden kann nur ihre Auswirkung, sofern der Ladungsfehler oder die zu Unrecht unterlassene Mitteilung die weitere Verfahrensgestaltung beeinflußt hat, vor allem, wenn durch die Abwesenheit der zu ladenden Person oder Stelle zwingendes Verfahrensrecht oder die Aufklärungspflicht verletzt worden ist, wie etwa wenn die Jugendhilfe nicht vom Termin benachrichtigt wurde[45]. Ob eine wirksame Ladung vorlag, kann das Revisionsgericht im Freibeweis klären. Nichtaufklärbare Zweifel an einer wirksamen Ladung gehen zu Lasten des Ladenden[46].

---

[39] BTDrucks. **7** 551 S. 79.

[40] AK-*Keller* 7; KK-*Treier* 12; SK-*Schlüchter* 34.

[41] AK-*Keller* 8; KK-*Treier* 13; *Kleinknecht/Meyer-Goßner* 15; KMR-*Paulus* 28.

[42] OLG Hamm MDR **1978** 690; OLG Köln NJW **1981** 2480; ferner Fußn. 42.

[43] OLG Bremen NJW **1965** 1617; OLG Düsseldorf MDR **1983** 689; OLG Stuttgart NJW **1978** 1120.

[44] KK-*Treier* 13; *Kleinknecht/Meyer-Goßner* Vor § 213, 4.

[45] BGH MDR **1977** 1029; weitere Nachweise bei § 244 und Vor § 226, 47.

[46] OLG Stuttgart NStZ **1989** 91; vgl. bei §§ 230, 261, 329.

§ 215

[1]**Der Beschluß über die Eröffnung des Hauptverfahrens ist dem Angeklagten spätestens mit der Ladung zuzustellen.** [2]**Entsprechendes gilt in den Fällen des § 207 Abs. 3 für die nachgereichte Anklageschrift.**

Entstehungsgeschichte. Art. 2 der 2. VereinfVO beseitigte mit dem Eröffnungsbeschluß auch den dadurch gegenstandslos gewordenen § 215. Art. 3 Nr. 98 VereinhG stellte den früheren Zustand wieder her. Satz 2 wurde durch Art. 7 Nr. 8 StPÄG 1964 angefügt. Art. 1 Nr. 69 des 1. StVRG hat dann in Satz 2 die gegenstandslos gewordene Erwähnung des § 208 Abs. 2 gestrichen. Bezeichnung bis 1924: § 214.

Übersicht

1   **1. Allgemeines.** Die Zustellung des Eröffnungsbeschlusses und gegebenenfalls einer nachgereichten Anklageschrift (die eigentliche Anklage ist bereits nach § 201 Abs. 1 zugestellt) wird durch § 215 nur hinsichtlich des **Endzeitpunktes** („spätestens mit der Ladung") geregelt. Wie die Zustellung auszuführen ist, bestimmt sich genauso nach den allgemeinen Vorschriften wie die Zustellung bzw. formlose Mitteilung des Eröffnungsbeschlusses und der nachgereichten Anklageschrift an die anderen Verfahrensbeteiligten.

2   **2. Zustellung** im Sinn des § 215 ist stets die förmliche Zustellung (§ 35 Abs. 2 Satz 1, §§ 36 ff, 145 a), auch wenn sie nicht gleichzeitig mit der Ladung vorgenommen wird. Sie ist **vom Vorsitzenden anzuordnen** und von der Geschäftsstelle auszuführen. Die bloße Ladungsanordnung ersetzt die Anordnung der Zustellung des Eröffnungsbeschlusses nicht[1]. Es kommt aber nicht auf den Wortlaut der Anordnung an, sondern darauf, daß für die Geschäftsstelle erkenntlich ist, daß auch der Eröffnungsbeschluß zugestellt werden soll. Zur Vermeidung jedes Zweifels sollte dies aber stets ausdrücklich angeordnet werden.

3   **3. Zeitpunkt der Zustellung.** Die Zustellung des Eröffnungsbeschlusses und der nachgereichten Anklageschrift ist schon vor der Ladung zulässig. Die vorherige Zustellung ist insbesondere dann angezeigt, wenn die Terminsbestimmung nicht alsbald möglich ist.

4   Es wird für zulässig erachtet, dem Angeklagten den Eröffnungsbeschluß erst zusammen mit einer **nachgereichten Anklage** (§ 207 Abs. 3) zuzustellen[2]. Es kann jedoch angezeigt sein, mit der Zustellung des Eröffnungsbeschlusses nicht bis zur Nachreichung der Anklageschrift zu warten. Sind mit dem Eröffnungsbeschluß Entscheidungen verbunden, die angefochten werden können (§ 210 Abs. 2), gebietet es die Prozeßökonomie, den Eröffnungsbeschluß möglichst schnell hinauszugeben, um rasch Klarheit über den weiteren Gang des Verfahrens zu schaffen. Zwar ist nicht der Angeklagte, sondern allein die Staatsanwaltschaft oder der Nebenkläger beschwerdeberechtigt. Etwa bei einem zum Teil

---

[1] *Kleinknecht/Meyer-Goßner* 4; KMR-*Paulus* 3; SK-*Schlüchter* 4; **a. A** KK-*Treier* 1.   [2] *Eb. Schmidt* Nachtr. I 2.

eröffnenden, zum Teil die Eröffnung ablehnenden Beschluß ist jedoch die Kenntnis des ganzen Beschlusses Voraussetzung für die sachgerechte Anhörung des Angeklagten im Beschwerdeverfahren.

4. Nachgereichte Anklageschrift. Die nachgereichte Anklageschrift, für die § 201 **5** nicht gilt, kann ebenfalls schon vor der Ladung zugestellt werden. Entspricht die nachgereichte Anklageschrift **nicht dem Eröffnungsbeschluß** und kann dies nicht formlos dadurch bereinigt werden, daß die Staatsanwaltschaft auf Hinweis des Vorsitzenden in Befolgung ihrer gesetzlichen Pflicht (§ 207 Abs. 3) die Divergenz beseitigt, dann hat das Gericht, wenn es die Ansicht des Vorsitzenden teilt, die Zustellung der Anklage durch Beschluß abzulehnen, der in entsprechender Anwendung des § 210 Abs. 2 mit sofortiger Beschwerde angefochten werden kann[3]. Der ablehnende Beschluß und die ihm zugrunde liegende (abgelehnte) Anklage sind dem Angeklagten mitzuteilen. Gegen die Ansicht, daß auch in diesem Fall die nachgereichte Anklage zuzustellen und nur in der Hauptverhandlung vom Vorsitzenden auf die bestehende Divergenz hinzuweisen ist[4], spricht, daß sie den schnelleren Fortgang des Verfahrens damit erkauft, daß die Hauptverhandlung von Beginn an mit Unklarheiten über die zu verhandelnden Anschuldigungen belastet wird. **Etwas anders** gilt, wenn der Eröffnungsbeschluß mit oder (gesetzwidrig) ohne Zustimmung der Staatsanwaltschaft die Verfolgung auf einzelne abtrennbare Teile einer Tat beschränkt hatte (§ 207 Abs. 2 Nr. 2) und diese von der Staatsanwaltschaft erneut in die Anklageschrift aufgenommen worden sind. Da das Gericht diese Teile auf Antrag der Staatsanwaltschaft wieder einbeziehen muß (§ 154 a Abs. 3 Satz 2), darf es in diesem Fall die Zustellung der nachträglichen Anklageschrift nicht verweigern. Es muß diese zustellen und den Eröffnungsbeschluß nach Anhörung des Angeklagten u. U. ergänzen.

5. Folgen eines Verstoßes gegen § 215

a) Wirksamkeit des Eröffnungsbeschlusses. Der **Eröffnungsbeschluß** ist — auch **6** wenn er sich jetzt auf die Zulassung der Anklage beschränkt — weiterhin die Grundlage der Hauptverhandlung und der zu treffenden Entscheidung. Sein wirksamer Erlaß[5], nicht aber seine ordnungsgemäße Zustellung an den Angeklagten, ist eine **Verfahrensvoraussetzung**[6].

b) Verzicht. Der Angeklagte kann auf die **Zustellung wirksam verzichten**[7]. Ein sol- **7** cher Verzicht braucht nicht ausdrücklich erklärt zu werden. Es hängt von den Umständen des Einzelfalls ab, ob er schon darin gesehen werden kann, daß der im Eröffnungsbeschluß zugelassene Anklagesatz in der Hauptverhandlung verlesen wird, ohne daß der Angeklagte die mangelnde Zustellung rügt und die Aussetzung beantragt[8]. Bei einem unverteidigten Angeklagten, der seine Rechte nicht kennt, wird man dies nicht ohne weiteres annehmen können[9]. Die unterlassene Zustellung kann durch Bekanntgabe des Eröffnungsbeschlusses in der Hauptverhandlung **geheilt** werden[10].

---

[3] SK-*Schlüchter* 8.
[4] KK-*Treier* 3; KMR-*Paulus* 6.
[5] Vgl. Einl. und bei § 207.
[6] BGHSt **33** 186; BGH bei *Dallinger* MDR **1975** 197; OLG Karlsruhe MDR **1970** 438; *Kleinknecht/Meyer-Goßner* 5; **a. A** *Oetker* JW **1929** 1044.
[7] *Schmid* Verwirkung 183; h. M; zum (nicht anzuerkennenden) Verzicht auf den Eröffnungsbeschluß selbst vgl. bei § 207.
[8] So aber die vorherrschende Ansicht RG JW **1929** 1044 mit Anm. *Oetker*; OLG Karlsruhe MDR **1970**

438; *Eb. Schmidt* Nachtr. I 4; AK-*Keller* 2; KK-*Treier* 2; *Kleinknecht/Meyer-Goßner* 6; KMR-*Paulus* 4 (nur bei Kenntnis der prozessualen Rechte).
[9] KMR-*Paulus* 6 (Verzicht bei Kenntnis seiner prozessualen Rechte); vgl. auch SK-*Schlüchter* 10.
[10] OLG Karlsruhe MDR **1970** 438; KK-*Treier* 2; KMR-*Paulus* 4; vgl. bei § 207. **A. A** SK-*Schlüchter* 10 (keine Heilung, Fehlerbeseitigung nur bei Verzicht des Angeklagten auf Zustellung und auf Aussetzungsantrag).

8   c) Die **Aussetzung** nach § 228 Abs. 1, § 265 Abs. 4 kann der Angeklagte beantragen, sofern er ausnahmsweise (vgl. Rdn. 10) durch die unterbliebene Zustellung in seiner Verteidigung beeinträchtigt worden ist[11]. Wenn wegen der unterlassenen Zustellung noch eine Anfechtungsfrist läuft (§ 210 Abs. 2) und der anfechtungsberechtigte Verfahrensbeteiligte nicht darauf verzichtet, ist ebenfalls auszusetzen. Einen unbedingten Aussetzungsanspruch, wie ihn etwa § 217 Abs. 2 gewährt, hat der Angeklagte nicht[12].

9   d) Mit der **Revision** kann nach § 338 Nr. 8 gerügt werden, wenn das Gericht einen Aussetzungsantrag zu Unrecht abgelehnt hat. Im übrigen kann die Revision nicht mit Erfolg allein auf die unterbliebene Zustellung des Eröffnungsbeschlusses gestützt werden. Nach vorherrschender Ansicht beruht das Urteil schon dann nicht auf der unterlassenen Zustellung, wenn der Angeklagte diesen Fehler nicht in der Hauptverhandlung gerügt und die Aussetzung beantragt hat[13]. Dies gilt jedoch nicht ausnahmslos. Bei Vorliegen besonderer Umstände kann der Verfahrensfehler trotz unterbliebenen Aussetzungsantrags fortwirken und die Revision nach §§ 336; 337 begründen[14]. Allerdings **beruht** das Urteil nicht auf der unterbliebenen oder unwirksamen Zustellung, wenn der Angeklagte dadurch in der Vorbereitung seiner Verteidigung gegen die ihm bereits bekannten Vorwürfe nicht behindert werden konnte, so etwa, wenn der Eröffnungsbeschluß dem Angeklagten nur formlos mitgeteilt wurde oder wenn der Eröffnungsbeschluß die dem Angeklagten zugestellte Anklage ohne Änderungen zugelassen hat oder wenn dem Angeklagten die erhobenen Beschuldigungen durch eine ihm zugestellte, nachgereichte Anklage bekannt waren[15].

10   Wird die **nachgereichte Anklageschrift** nicht zugestellt, gelten grundsätzlich die gleichen Gesichtspunkte. Ein Beruhen der Entscheidung auf dem Verfahrensfehler wird trotz der Bedeutung der Anklageschrift (§ 243 Abs. 3) dann ausgeschlossen werden können, wenn der Inhalt der zugelassenen Anklage vom Angeklagten bereits zweifelsfrei dem Eröffnungsbeschluß und der ursprünglichen Anklageschrift entnommen werden konnte.

§ 216

(1) [1]Die Ladung eines auf freiem Fuß befindlichen Angeklagten geschieht schriftlich unter der Warnung, daß im Falle seines unentschuldigten Ausbleibens seine Verhaftung oder Vorführung erfolgen werde. [2]Die Warnung kann in den Fällen des § 232 unterbleiben.

(2) [1]Der nicht auf freiem Fuß befindliche Angeklagte wird durch Bekanntmachung des Termins zur Hauptverhandlung gemäß § 35 geladen. [2]Dabei ist der Angeklagte zu befragen, ob und welche Anträge er zu seiner Verteidigung für die Hauptverhandlung zu stellen habe.

Bezeichnung bis 1924: § 215

---

[11] KMR-*Paulus* 8.

[12] BGH LM Nr. 1; *Schmid* Verwirkung 184; *Kleinknecht/Meyer-Goßner* 8; SK-*Schlüchter* 11; **a. A** RG JW **1921** 1324; auch *Eb. Schmidt* Nachtr. I § 203, 11 scheint ein Recht auf Aussetzung anzunehmen.

[13] RGSt **55** 159; RG GA **46** (1898/99) 216; RG JW **1921** 1324; **1929** 1044; BGHSt **15** 40; BGH LM Nr. 1; *Schmid* Verwirkung 184. KK-*Treier* 4; KMR-*Paulus* 8.

[14] SK-*Schlüchter* 14.

[15] RG GA **46** (1898/99) 216; BGH LM Nr. 1; *Eb. Schmidt* Nachtr. I 4; KK-*Treier* 4; KMR-*Paulus* 9; SK-*Schlüchter* 13.

1. Allgemeines. § 216 regelt die **Ladung** des Angeklagten **zur Hauptverhandlung**; **1** soll der Angeschuldigte im Zwischenverfahren zu einer Gegenüberstellung mit einem Zeugen geladen werden, so gilt nicht § 216, sondern § 133[1]. Auch ein von der Verpflichtung zum Erscheinen entbundener Angeklagter (§ 233) ist zur Hauptverhandlung zu laden[2]. **Jugendliche Angeklagte** sind — mangels Sondervorschriften — persönlich zu laden[3]. Daneben sollen nach § 50 Abs. 2 JGG auch der Erziehungsberechtigte und der gesetzliche Vertreter geladen werden.

Schon dem Wortlaut nach betrifft § 216 nur die **Ladung zum Neubeginn** einer Haupt- **2** verhandlung. Er gilt auch, wenn die Hauptverhandlung nach einer Aussetzung neu begonnen wird. Einer neuen, förmlichen Ladung nach § 216 bedarf es dagegen nach der vorherrschenden Meinung nicht, wenn die Hauptverhandlung nach einer Unterbrechung fortgesetzt wird[4]. Da die Ladungsfrist nicht mehr zu wahren ist, genügt es, wenn der Termin, an dem die Verhandlung fortgesetzt werden soll, in der Hauptverhandlung bekanntgegeben wird und zwar auch dann, wenn sich der Angeklagte eigenmächtig entfernt hat (§ 230 Abs. 2)[5] oder wenn in dieser nach Ausbleiben des Angeklagten ein weiterer Fortsetzungstermin bestimmt wird[6]. Wird der Fortsetzungstermin außerhalb der Hauptverhandlung anberaumt, genügt die formlose Mitteilung an den Angeklagten nach § 35 Abs. 2 Satz 2[7]; es ist wegen des Nachweises zweckmäßig, aber nicht zwingend notwendig, daß dies schriftlich geschieht[8]. Bei einer mündlichen (meist fernmündlichen) Ladung ist diese aktenkundig zu machen. Der Angeklagte kann bei Vorliegen einer entsprechenden Vollmacht nach § 145 a auch fernmündlich über seinen Verteidiger geladen werden[9]. Es kann allerdings angebracht sein, einen ausgebliebenen Angeklagten zu einem Fortsetzungstermin förmlich mit Warnung zu laden, wenn das Gericht nunmehr die für erforderlich gehaltene Anwesenheit notfalls zwangsweise sicherstellen will.

---

[1] OLG Schleswig SchlHA **1958** 290; KK-*Treier* 1; KMR-*Paulus* 4.

[2] Vgl. § 233, 29.

[3] *Schweckendieck* NStZ **1990** 171; vgl. § 214, 3.

[4] BGHSt **38** 271; BGH JZ **1957** 673; NStZ **1988** mit insoweit zust. Anm. *Meurer*; OLG Karlsruhe JR **1985** 31 mit Anm. *Meyer*; AK-*Keller* 1; KK-*Treier* 9; *Kleinknecht/Meyer-Goßner* § 229, 11; SK-*Schlüchter* 2. Vgl. aber auch KMR-*Paulus* 3 (neue Ladung bei längerer Unterbrechung).

[5] OLG Karlsruhe JR **1985** 31 mit Anm. *Meyer* (zum Teil in Abkehr von OLG Karlsruhe Justiz **1981** 934); AK-*Keller* 1; einschränkend SK-*Schlüchter* 2 (wenn Angeklagter anderweitig vom neuen Termin zuverlässig unterrichtet).

[6] OLG Karlsruhe JR **1985** 31 mit Anm. *Meyer*; KK-*Treier* 9.

[7] Etwa OLG Zweibrücken NStZ **1996** 239; **a. A** KMR-*Paulus* 4 (förmliche neue Ladung nach § 216, wenn Termin außerhalb der Hauptverhandlung bestimmt); *Eb. Schmidt* 4.

[8] **A. A** BGH NStZ **1984** 41. Dagegen *Hilger* in der Anm. dazu; KK-*Treier* 9 unter Hinweis auf die ZPO; *Kleinknecht/Meyer-Goßner* § 229; SK-*Schlüchter* 2. Vgl. § 35, 17.

[9] BGHSt **38** 271; dazu BVerfG (Kammer) NStZ **1993** 90 (Nichtvorlage an GS verstößt nicht gegen Art. 101 Abs. 1 GG); ferner KK-*Treier* 9; SK-*Schlüchter* 2.

3   **Sondervorschriften** über die Benachrichtigung des abwesenden Angeklagten enthalten die §§ 287, 288, für die Ladung des Privatbeklagten § 387 Abs. 3, für die Ladung einer juristischen Person oder einer Personenvereinigung § 444 Abs. 2 Satz 1, für die Ladung eines Mitglieds der Stationierungsstreitkräfte Art. 37 Zusatz Abk.

2. Ladung des in Freiheit befindlichen Angeklagten (Absatz 1)

4   **a) Schriftform.** Der auf freiem Fuß befindliche Angeklagte muß schriftlich und — soweit nicht ein Ausnahmefall vorliegt — unter Beifügung der Warnung geladen werden. Die Schriftform soll dem Angeklagten ermöglichen, sich durch ein in seinem Besitz befindliches Schriftstück jederzeit über Ort und Zeit der Hauptverhandlung zu vergewissern. Sie ist nur gewahrt, wenn das Schriftstück, das diese Angaben enthält, dem Angeklagten ausgehändigt und belassen wird. Eine schriftliche Terminsbenachrichtigung, die der Angeklagte unterschrieben zurückreichen muß, genügt diesem Erfordernis nicht[10]. Soweit eine Warnung notwendig ist, muß sie im Schriftstück enthalten sein. Auch bei einem der deutschen Sprache nicht mächtigen Ausländer ist die Ladung wirksam, wenn sie ihm entgegen Nr. 181 Abs. 2 RiStBV ohne Übersetzung zugestellt wurde[11].

5   **b) Zustellung.** Die Verfügung, die die Ladung enthält, ist dem Angeklagten zum Nachweis der Ladungsfrist (§ 217) förmlich zuzustellen (§ 35 Abs. 2 Satz 1). Braucht diese Frist nicht beachtet zu werden (§ 217, 4; 5), genügt die formlose Übermittlung des die Ladung enthaltenden Schriftstücks (§ 35 Abs. 2 Satz 2)[12]. Für den behördlicherseits zu erbringenden Nachweis der ordnungsgemäßen schriftlichen Ladung empfiehlt sich jedoch auch in diesen Fällen die förmliche Zustellung[13].

6   Die **förmliche Zustellung** der Ladung richtet sich nach § 37. Sie kann auch an einen Zustellungsbevollmächtigten des Angeklagten bewirkt werden[14]. Für die Zustellungsvollmacht des Verteidigers gilt § 145 a Abs. 2[15]. Eine Ersatzzustellung ist zulässig[16]. Hat aber der durch eine Ersatzzustellung ordnungsgemäß geladene Angeklagte von dem Termin erst so spät erfahren, daß er seine Verteidigung nicht mehr ausreichend vorbereiten konnte, so kann er nach § 228 die Aussetzung beantragen[17]. Für die Zustellung der Ladung im Ausland sind die jeweiligen vertraglichen Vereinbarungen maßgebend, etwa Art. 7 Abs. 3 EuRHÜ.

7   **c)** Die **Warnung,** für die ebenfalls die Schriftform gilt (Rdn. 4), soll dem Angeklagten die möglichen Folgen eines unentschuldigten Fernbleibens vor Augen halten. Sie ist Voraussetzung für die Anwendung von Zwangsmitteln gem. § 230 Abs. 2 (§ 230, 20). Sie ist entbehrlich, wenn das Gericht ohne den Angeklagten verhandeln kann und will. Im Falle des § 232 treten an die Stelle der Warnung die dort in Absatz 1 Satz 1 vorgesehenen Hinweise. Bei der Ladung zur Hauptverhandlung nach Einspruch gegen den Strafbefehl und bei der Ladung zur Verhandlung über die Berufung ersetzt der Hinweis auf die Folgen des

[10] BayObLGSt **1962** 99 = NJW **1962** 1928; OLG Düsseldorf NStE Nr. 1; KMR-*Paulus* 9.

[11] BayObLG NJW **1996** 1836; OLG Hamm JMBlNW **1984** 78. Vgl. BVerfGE **64** 155 und bei § 184 GVG. Zur Begründung der Rüge der Verletzung des Rechts auf Gehör und auf ein faires Verfahren, die dann möglicherweise gegeben sein kann, vgl. BayObLG a. a. O.

[12] BayObLGSt **1962** 99 = NJW **1962** 1928; OLG Zweibrücken NStZ **1996** 239; KK-*Treier* 3; KMR-*Paulus* 5; SK-*Schlüchter* 5; offengelassen in OLG Karlsruhe MDR **1974** 774.

[13] OLG Karlsruhe MDR **1974** 774; SK-*Schlüchter* 6; vgl. Nr. 117 Abs. 1 RiStBV.

[14] RGSt **43** 321; **66** 79; OLG Düsseldorf StV **1990** 536; KK-*Treier* 4; SK-*Schlüchter* 7.

[15] OLG Köln **1993** 402 (eng auszulegen); vgl. BGH NStZ **1996** 97 und bei § 145 a.

[16] *Kleinknecht/Meyer-Goßner* 2; KMR-*Paulus* 10; vgl. auch den Sonderfall einer unwirksamen Zustellung OLG Köln StV **1992** 457.

[17] OLG Celle NJW **1961** 1319; KK-*Treier* 4; SK-*Schlüchter* 7; **a. A** *Koeniger* 176 (Aussetzung nach § 217 Abs. 2).

Ausbleibens (§§ 329, 412) die Warnung (vgl. § 323 Abs. 1 Satz 2)[18]. Bei **Ladung im Ausland** hat die Androhung der Zwangsmittel zu unterbleiben[19]. Im Privatklageverfahren enthält die Warnung nur die Androhung der Vorführung (§ 387 Abs. 3).

3. Ladung des behördlich verwahrten Angeklagten (Absatz 2)

a) Bekanntgabe nach § 35. Einem nicht auf freiem Fuß befindlichen Angeklagten **8** (zur Tragweite dieses Begriffs vgl. § 35, 28) ist der Termin der Hauptverhandlung nach § 35 bekanntzugeben.

b) Zustellung. Sofern nicht ausnahmsweise § 35 Abs. 1 Platz greift, ist die förmliche **9** Zustellung des die Festsetzung des Termins enthaltenden Schriftstücks durch Übergabe und — wenn beantragt — durch Vorlesen (s. § 35 Abs. 3) notwendig. Es genügt nicht, wenn der Termin dem Angeklagten, der bei der Verkündung nicht anwesend war, durch den Urkundsbeamten zur Niederschrift der Geschäftsstelle bekanntgemacht wird. Es muß eine neue Ladung zugestellt werden[20]. Die Zustellung kann durch einen zum Zustellungsbeamten (Gerichtswachtmeister nach § 37; §§ 211, 212 ZPO) bestellten Bediensteten der Vollzugsanstalt unmittelbar an den Gefangenen bewirkt werden.

Absatz 2 schließt die **Ersatzzustellung** an eine außerhalb des Gefängnisses befindli- **10** che Person aus[21]. Die Ersatzzustellung an den Gefängnisvorstand oder seinen Vertreter als Hauswirt des Angeklagten ist dagegen wirksam (§ 37, 52)[22]. Die Ladung über den Verteidiger nach § 145 a Abs. 2 ist auch im Falle des Absatzes 2 zulässig[23].

c) Die **Befragung** des Angeklagten nach Absatz 2 soll dem durch die Haft in seiner **11** Verteidigung möglicherweise behinderten Angeklagten Gelegenheit geben, rechtzeitig vor der Hauptverhandlung Anträge zu seiner Verteidigung zu stellen. Sie ist bei oder unverzüglich nach Zustellung der Ladung vorzunehmen. Sie muß trotz des Wortlauts („dabei") nicht gleichzeitig mit der Zustellung geschehen. Bei der Ersatzzustellung an den Gefängnisvorstand als Hauswirt wäre dies auch gar nicht möglich. Doch ist dafür zu sorgen, daß der Angeklagte alsbald befragt wird und daß er, wenn er eine Erklärung abgeben will, unverzüglich dazu Gelegenheit erhält. Die Befragung und die Entgegennahme von Anträgen muß nicht notwendig durch den Zustellungsbeamten geschehen. Sie kann auch einem anderen, dazu besonders bestellten Anstaltsbediensteten übertragen werden. Soweit die Anträge keiner besonderen Form bedürfen, ist es unschädlich, wenn dieser nicht die Befugnisse eines Urkundsbeamten der Geschäftsstelle hat. Können Anträge nur bei einem solchen Beamten wirksam gestellt werden, kann der Angeklagte verlangen, daß der Urkundsbeamte der Geschäftsstelle sie zu Protokoll nimmt[24]. Die Befragung und die hierauf abgegebene Erklärung des Angeklagten sind zu beurkunden[25]. Die Niederschrift wird zweckmäßigerweise der Zustellungsurkunde beigefügt.

Die Befragung wird nicht dadurch **entbehrlich**, daß sich der Angeklagte bereits zur **12** Anklage erklärt und Anträge gestellt hat (vgl. § 201) oder daß er einen Verteidiger mit der Wahrnehmung seiner Rechte beauftragt hat. Eine bloß schriftliche Befragung genügt nicht[26]. Einer Befragung bedarf es dagegen nach dem Zweck der Regelung nicht, wenn

---

[18] BayObLGSt **1962** 7.
[19] Vgl. RiVASt Nr. 151 Abs. 4.
[20] RG HRR **1938** Nr. 1215.
[21] BGH NJW **1951** 931; BayObLG JW **1929** 1488; OLG Saarbrücken VRS **43** (1972) 39.
[22] KK-*Treier* 6; **a. A** *Koeniger* (LV Vor § 226) 177.
[23] KK-*Treier* 6: *Kleinknecht/Meyer-Goßner* 7; SK-*Schlüchter* 13.

[24] SK-*Schlüchter* 16; KMR-*Paulus* 17; KK-*Treier* 7, *Kleinknecht/Meyer-Goßner* 7 verneinen einen solchen Anspruch allgemein.
[25] RGSt **48** 386; BayObLG JW **1929** 1488; KK-*Treier* 7; KMR-*Paulus* 8.
[26] Eb. Schmidt 8, 9; KMR-*Paulus* 16.

der Angeklagte durch Zustellung der Ladung an seinen nach § 145 a Abs. 2 besonders bevollmächtigten Verteidiger geladen wird[27]. In der Erteilung der Ladungsvollmacht liegt ein Verzicht auf eigene Ladung einschließlich Befragung.

13   **d)** Einer **Warnung** nach § 216 Abs. 1 Satz 1 bedarf es nicht, wenn der in Haft befindliche Angeklagte von Amts wegen zum Termin vorgeführt wird (vgl. § 214, 12); wohl aber, wenn durch Gewährung von Ausgang oder Urlaub das Erscheinen zum Termin seiner eigenen Entscheidung überlassen ist (§ 214, 14). Die Warnung ist auch entbehrlich, wenn er vom Erscheinen entbunden ist. Wird der nach Absatz 2 geladene Angeklagte aus der Haft entlassen, so muß die Warnung nachgeholt werden. Sie kann ihm bei der Freilassung durch Übergabe eines entsprechenden Schriftstücks oder nachher durch Zustellung zur Kenntnis gebracht werden. Auch eine neue Ladung nach Absatz 1 ist zulässig.

4. Mängel der Ladung

14   **a) Wirksamkeit.** Eine Ladung, die den Erfordernissen des § 216 nicht genügt, entfaltet keine Rechtswirkung, soweit sich der Ladungsfehler zu Lasten des Angeklagten ausgewirkt haben kann. Sie jedoch auch wegen eines nicht zur Auswirkung gekommenen Fehlers als unwirksam anzusehen[28], ist vom Gesetzeszweck her nicht geboten[29]. Es genügt, wenn die Rechtsfolgen zu Lasten des Angeklagten ausgeschlossen werden, die an den fehlerhaften Ladungsinhalt anknüpfen (Säumnisfolgen)[30]. Erscheint der zu einer falschen Zeit oder an einen falschen Ort geladene Angeklagte nicht zum Termin, so darf, auch wenn sonst die Voraussetzungen gegeben wären, nicht ohne den Angeklagten verhandelt oder sein Rechtsbehelf wegen des unentschuldigten Ausbleibens verworfen werden. Dies gilt selbst dann, wenn nur der Sitzungssaal falsch bezeichnet ist und der Angeklagte den richtigen Saal jederzeit hätte erfragen können[31].

15   Ob die Ladung ordnungsgemäß ist, insbesondere, ob nach Absatz 1 oder Absatz 2 zu laden war, bestimmt sich nach den **Verhältnissen zur Zeit der Ladung**. Ändern sich diese später — etwa weil der nach Absatz 1 geladene Angeklagte nachträglich in Haft genommen wird —, dann läßt dies die Wirksamkeit der Ladung unberührt. Dies gilt auch bei der Entlassung eines nach Absatz 2 Geladenen aus der Haft (Rdn. 13). Wenn die Nachholung der Warnung unterbleibt, ist die Ladung wirksam. Der unentschuldigt ausbleibende Angeklagte darf aber nicht nach § 230 Abs. 2 verhaftet oder vorgeführt werden, denn die Maßnahmen nach § 230 Abs. 2 setzen die vorherige Androhung voraus.

16   **b) Erscheint der Angeklagte** trotz unterbliebener oder mangelhafter Ladung zum Termin, dann kann gegen ihn verhandelt werden, wenn er nicht nach § 217 Abs. 2 die Aussetzung beantragt (die Ladungsfrist kann bei unrichtiger Terminsangabe noch laufen, vgl. § 217, 3). Unterläßt der Angeklagte diesen Antrag, kann er die Revision später nicht auf den Mangel stützen (§ 217, 16). Greift § 217 Abs. 2 nicht Platz, kann der Angeklagte wegen der fehlerhaften Ladung nur die Aussetzung nach § 228 beantragen, sofern der Ladungsfehler ihn in der Vorbereitung seiner Verteidigung behindert hat.

17   **5. Verzicht.** Auch wenn die ordnungsgemäße Ladung als Voraussetzung der Säumnisfolgen nicht nur Verteidigungsinteressen sichert, kann der Angeklagte nach h. M auf die Zustellung der Ladung — ebenso wie auf die Einhaltung der Ladungsfrist (§ 217 Abs. 3)

[27] KK-*Treier* 8; *Kleinknecht/Meyer-Goßner* 7; SK-*Schlüchter* 15.
[28] BayObLG JW **1929** 1488; OLG Stuttgart OLGSt 1.
[29] BGHSt **24** 149; KG GA **1975** 148; KK-*Treier* 10; *Kleinknecht/Meyer-Goßner* 8.

[30] KK-*Treier* 10; *Kleinknecht/Meyer-Goßner* 4; KMR-*Paulus* 20.
[31] BayObLGSt **1969** 104 = VRS **38** (1970) 292; KMR-*Paulus* 20.

— wirksam verzichten, etwa, wenn er vom Termin bereits anderweitig zuverlässige Kenntnis erlangt hat[32]. Der Verzicht kann auch durch eine **konkludente Handlung** zum Ausdruck kommen, so etwa, wenn der mit einem Verteidiger erschienene Angeklagte sich auf die Verhandlung einläßt. Bei einem ohne Verteidiger erschienenen Angeklagten kann dies nicht ohne weiteres (maßgebend ist die Würdigung des Einzelfalls) aus der Tatsache der Einlassung geschlossen werden[33]. Vor allem, wenn der Ladungsfehler die Verteidigung beeinträchtigt haben kann, sollte in der Hauptverhandlung durch eine Frage geklärt werden, ob der Angeklagte verzichten will[34].

6. Revision. Nach § 338 Nr. 8 kann gerügt werden, wenn ein **Aussetzungsantrag**, der **18** auf den Ladungsmangel und die dadurch bewirkte Behinderung der Verteidigung gestützt worden ist (vgl. Rdn. 16), in der Hauptverhandlung vom Gericht rechtsfehlerhaft abgelehnt wurde. Da nur bei Nichteinhaltung der Ladungsfrist ein absoluter Anspruch auf Aussetzung besteht (§ 217 Abs. 2), muß in den anderen Fällen dargelegt werden, wodurch die Ablehnung das Urteil beeinflußt hat. Gerügt werden kann nach § 337 auch, wenn das Gericht trotz eines Ladungsmangels **in Abwesenheit des Angeklagten** verhandelt und entschieden hat. Ob der behauptete Ladungsmangel vorlag, stellt das Revisionsgericht im Wege des Freibeweises fest[35]. Wenn dagegen der **anwesende Angeklagte** den Ladungsmangel weder in der Hauptverhandlung geltend machte noch deswegen einen Aussetzungsantrag stellte, bleibt der auf § 337 gestützten Revision in der Regel der Erfolg versagt[36], wobei in früheren Entscheidungen mitunter offenblieb, ob dies auf Grund eines stillschweigenden Verzichts, Verwirkung[37] durch Nichtgebrauch des vorgesehenen Rechtsbehelfes der Aussetzung oder nur deshalb angenommen wurde, weil das Urteil nicht auf den Verstoß beruhte. Eine bis zum Urteil fortwirkende Behinderung der Verteidigung durch einen nicht durch Verzicht (vgl. Rdn. 17) erledigten Ladungsfehler ist jedoch nur in Ausnahmefällen denkbar. In der Regel ist ein Beruhen auszuschließen, denn ein formeller Ladungsmangel kann für sich allein den Angeklagten nicht in seiner Verteidigung behindert haben[38], zumal Fehler, die den Ablauf der Ladungsfrist verhindern, unter § 217 fallen. Das gleiche gilt, wenn die Befragung nach Absatz 2 unterblieben ist. Der Angeklagte ist dadurch nicht gehindert, in der Hauptverhandlung alle zu seiner Verteidigung notwendigen Anträge zu stellen. Hat der Angeklagte auf Grund einer fehlerhaften Ladung (zum Schöffengericht statt zur Strafkammer) irrtümlich angenommen, eine zweite Tatsacheninstanz zu haben, und deshalb sein Verteidigungsvorbringen zurückgehalten, dann kann er darauf die Revision nicht stützen[39].

---

[32] *Paulus* NStZ **1986** 523; KMR-*Paulus* 8.
[33] Vgl. aber *Schmid* Verwirkung 219; 221 (Indiz, daß Angeklagter in seiner Verteidigung nicht behindert).
[34] SK-*Schlüchter* 20.
[35] OLG Stuttgart NStZ **1989** 91 (Unwirksamkeit bei nicht behebbarem Zweifel); vgl. bei § 261; ferner zur Verletzung des Anwesenheitsrechts durch unterbliebene Ladung BayObLGSt **1996** 37 = NStZ **1997** 40.
[36] RGRspr. **1** 229; **5** 629; RGSt **48** 368; RG JW **1921**

1323; KG GA **76** (1932) 169; KK-*Treier* 11 unter Hinweis auf BGH; *Kleinknecht/Meyer-Goßner* 9; ferner die Zusammenstellung bei *Schmid* Verwirkung 203 ff; 219 ff.
[37] Gegen die Konstruktion der Verwirkung SK-*Schlüchter* 20.
[38] RGRspr. **5** 629; KMR-*Paulus* 21; SK-*Schlüchter* 22.
[39] BGHSt **16** 389; KK-*Treier* 11; **a. A** SK-*Schlüchter* 22 (Irrtum schränkte Verteidigungsmittel ein).

§ 217

(1) Zwischen der Zustellung der Ladung (§ 216) und dem Tag der Hauptverhandlung muß eine Frist von mindestens einer Woche liegen.

(2) Ist die Frist nicht eingehalten worden, so kann der Angeklagte bis zum Beginn seiner Vernehmung zur Sache die Aussetzung der Verhandlung verlangen.

(3) Der Angeklagte kann auf die Einhaltung der Frist verzichten.

Entstehungsgeschichte. Während die Ladungsfrist unverändert blieb, hat der Zeitpunkt, bis zu dem der Angeklagte die Aussetzung der Hauptverhandlung verlangen kann, mehrfach gewechselt. Zunächst — und dann wieder seit dem VereinhG — stellte die Strafprozeßordnung auf den Beginn der Verlesung des Eröffnungsbeschlusses ab. Die auf Art. 2 Abs. 2 der VO vom 13. 8. 1942 beruhende Fassung des Absatzes 2 bestimmte ebenso wie die jetzt auf Grund des Art. 7 Nr. 9 StPÄG 1964 geltende Fassung den Beginn der Vernehmung des Angeklagten zur Sache als den maßgebenden Zeitpunkt. Absatz 3 ist durch Art. 3 Nr. 99 VereinhG eingefügt worden. Bezeichnung bis 1924: § 216.

Übersicht

1   **1. Zweck der Ladungsfrist.** Die **Mindestfrist von einer Woche** soll dem Angeklagten genügend Zeit für die Vorbereitung seiner Verteidigung gewähren[1]. Er mußte zwar schon die Zeit ab Kenntnis der Beschuldigung — insbesondere nach deren Konkretisierung in der ihm zugestellten Anklage — hierfür nutzen[2], etwa, um nach weiteren Beweismitteln zu forschen, zweckdienliche Unterlagen beizubringen, Erkundigungen einzuziehen (vgl. §§ 222, 246), Anträge zu stellen (§ 219) oder sich den Beistand eines Verteidigers zu sichern. Mit der Ladung wird ihm hierfür aber noch eine letzte Mindestfrist gesichert, die er auch für die erst nach Terminsbestimmung mögliche Ausübung seiner Rechte wie sein eigenes Ladungsrecht (§ 220) oder die Rechte aus § 222 a benötigt. Die Abstimmung außerprozessualer Verpflichtungen mit dem Hauptverhandlungstermin dürfte dagegen nicht Zweck der dafür ohnehin zu kurzen Wochenfrist sein[3]. Insgesamt muß dem Angeklagten ausreichend Zeit und Gelegenheit zur **Vorbereitung seiner Verteidigung** zur Verfügung stehen. Dies fordern Art. 6 Abs. 3 Buchst. b MRK; Art. 14 Abs. 3 Buchst. b IPBPR ausdrücklich, und dies ergibt sich auch aus seinem Recht auf Gehör (Art. 103 Abs. 1 GG)[4]. Kann der Angeklagte die Wochenfrist wegen Erkrankung oder wegen mehrerer in sie fallender Feiertage nicht nutzen[5] oder reicht sie wegen neu hervortretender Umstände oder wegen Schwierigkeit und Umfang der Sache auch unter Berücksichtigung der seit der Zustellung der Anklage verflossenen Zeit nicht aus, kann der Angeklagte unter Glaubhaftmachung seiner Gründe die Verlegung des Termins zur Wahrung einer angemessenen Vorbereitungszeit beantragen[6]. Er kann ihn auch in der Hauptver-

---

[1] RG JW **1930** 931; BGHSt **24** 146.
[2] Vgl. LR[24] Art. 6 MRK, 183 mit Nachw.
[3] So aber BayObLGSt **1978** 98 = MDR **1979** 158; dagegen KMR-*Paulus* 6; SK-*Schlüchter* 1.

[4] EMRK NJW **1977** 351; *Dahs* Rechtl. Gehör 86; *Rüping* ZStW **91** (1979) 355; AK-*Keller* 1; KMR-*Paulus* 6; SK-*Schlüchter* 1.
[5] KK-*Treier* 5; KMR-*Paulus* 2; SK-*Schlüchter* 7.
[6] So schon Mot. 177; h. M.

handlung mit dem Aussetzungsantrag geltend machen. Die Frist des § 217 ist auch in der Berufungsinstanz und dann zu beachten, wenn das Revisionsgericht eine Sache zur neuen Verhandlung und Entscheidung zurückverwiesen hat[7]; für das Verfahren vor dem Revisionsgericht gilt sie nicht[8]. Bei einer außergewöhnlich langen Ladungsfrist ist es angezeigt, den Angeklagten nochmals an den Termin zu erinnern, andernfalls könnte sein Ausbleiben unter Umständen genügend entschuldigt sein[9]. Nach Ansicht des Kammergerichts[10] ist die Ladungsfrist erneut einzuhalten, wenn sich die Verfahrenslage des Angeklagten vor der Hauptverhandlung so grundlegend ändert, daß er dadurch der erneuten Vorbereitung auf den Termin bedarf. Die Ladungsfrist ist eine Frist zugunsten des Angeklagten. Sie gilt auch für den Verteidiger (§ 218). Die anderen Prozeßbeteiligten haben keinen Anspruch darauf, daß sie eingehalten wird[11].

Sondervorschrift. Im beschleunigten Verfahren ist die Ladungsfrist auf vierundzwanzig Stunden verkürzt (§ 418 Abs. 2). **2**

2. Berechnung der Ladungsfrist. Der Tag, an dem die Ladung zugestellt worden ist, und der Tag, der für die Hauptverhandlung bestimmt ist, sind nicht mit einzurechnen[12]. Feiertage, die in ihren Lauf fallen, verlängern die Wochenfrist nicht. § 43 Abs. 2 gilt für die Ladungsfrist nicht[13]. Die Ladungsfrist läuft auch, wenn der Angeklagte eine fehlerhafte Ladung erhalten hat[14]. Wird er auf einen falschen Tag geladen, so ist er, wenn er die Kenntnis vom richtigen Termin erlangt, so zu stellen, wie wenn er sie durch eine förmliche Änderungsmitteilung erhalten hätte (Rdn. 4). **3**

3. Änderung des Termins. Wird die Hauptverhandlung **vorverlegt**, so muß die Frist, auch wenn sie von der alten Ladung bis zur neu bestimmten Zeit der Hauptverhandlung gewahrt wäre, bei der neuen Ladung um deswillen eingehalten werden, weil der Angeklagte wegen der früher gesetzten längeren Frist mit der Vorbereitung seiner Verteidigung zugewartet haben kann[15]. Findet der Termin am gleichen Tag nur einige Stunden früher statt, berührt dies die Ladungsfrist nicht[16]. Wird die Hauptverhandlung auf einen **späteren Zeitpunkt** verlegt, muß die Ladungsfrist nicht nochmals eingehalten werden[17]. **4**

Die Ladungsfrist ist nur bei der Ladung **zum ersten Hauptverhandlungstermin** zu wahren. Für spätere Termine **in der gleichen Instanz** gilt sie grundsätzlich nicht. Dies ist weitgehend unstreitig[18], so wenn der Angeklagte zur Fortsetzung der unterbrochenen Hauptverhandlung nach § 229 nochmals geladen oder nach § 230 Abs. 2 vorgeführt wird. Strittig ist, ob nach einer Aussetzung erneut die Ladungsfrist einzuhalten ist, weil die Vorbereitungsarbeit immer neu anfällt[19], wohl auch, wenn nach einer Wiedereinsetzung neu **5**

---

[7] RGSt **42** 409; KK-*Treier* 3; KMR-*Paulus* 3; SK-*Schlüchter* 3.

[8] Vgl. bei § 350.

[9] OLG Saarbrücken NStZ **1991** 147; AK-*Keller* 1; KK-*Treier* 2.

[10] VRS **42** (1972) 213; ähnlich OLG Hamm VRS **50** (1976) 307; AK-*Keller* 1; KMR-*Paulus* 7; SK-*Schlüchter* 6.

[11] KK-*Treier* 1; KMR-*Paulus* 7; SK-*Schlüchter* 4.

[12] BayObLG DRiZ **1930** Nr. 154; SK-*Schlüchter* 7.

[13] *Eb. Schmidt* Nachtr. 3; KK-*Treier* 5; KMR-*Paulus* 7; SK-*Schlüchter* 7.

[14] KMR-*Paulus* 21; SK-*Schlüchter* 7.

[15] RGSt **25** 74; **65** 113; RG DRiZ **1928** Nr. 829; RG HRR **1940** Nr. 132. AK-*Keller* 1; KK-*Treier* 4; KMR-*Paulus* 3.

[16] OLG Zweibrücken NStZ **1996** 239; KK-*Treier* 4; *Kleinknecht/Meyer-Goßner* 5; KMR-*Paulus* 3; SK-

Schlüchter 6, **a. A** RG JW **1928** 2250 mit abl. Anm. *Mamroth.*

[17] RGSt **15** 113; BayObLGSt **32** 40 = JW **1932** 2892; AK-*Keller* 2; KK-*Treier* 4; *Kleinknecht/Meyer-Goßner* 3; KMR-*Paulus* 4; SK-*Schlüchter* 6.

[18] RGRspr. **3** 113; **9** 177; RGSt **15** 113; **42** 409; RG DJZ **1914** 441; RG JW **1930** 931; **1934** 844; BayObLG JW **1932** 2892; BGHSt **24** 143 = LM Nr. 2 mit Anm. *Willms;* BGH NJW **1982** 248; JZ **1957** 673 mit Anm. *Eb. Schmidt;* OLG Schleswig bei *Ernesti/Jürgensen* SchlHA **1977** 182.

[19] Verneinend BGHSt **24** 143; OLG Hamm JMBlNW **1982** 19; AK-*Keller* 2; KK-*Treier* 3; KMR-*Paulus* 6; SK-*Schlüchter* 5 (vgl. auch 6: Ausnahme, wenn andere Verteidigung nötig); **a. A** BayObLGSt **1978** 98 = VRS **55** (1978) 435; *Kleinknecht/Meyer-Goßner* 4; *Koeniger* (LV Vor § 226) 177; *Hafner* JW **1934** 844; *Stern* JW **1930** 931.

verhandelt wird[20]. Hatte der Angeklagte dagegen keine Kenntnis vom ersten Termin, muß die Ladungsfrist beim späteren Termin gewahrt werden[21]; ebenso nach einer Zurückverweisung durch das Rechtsmittelgericht[22]. Wenn die veränderte Verfahrenslage ein **anderes Verteidigungskonzept** erfordert, rechtfertigt dies keine Ausnahme vom Grundsatz, daß die Ladungsfrist in jeder Instanz nur einmal einzuhalten ist[23]. Bei der hierdurch gebotenen Aussetzung nach § 265 Abs. 4 wird dem Verteidigungsinteresse besser dadurch Rechnung getragen, daß der neue Termin so festgesetzt wird, daß die konkret erforderliche Zeit für die Vorbereitung der neuen Verteidigung verbleibt.

6   **4. Aussetzungsantrag.** Ist die Frist nach Absatz 1 nicht eingehalten, kann der Angeklagte die Aussetzung der Verhandlung beantragen. Das Gericht (§ 228 Abs. 1 Satz 1), das über den Antrag durch **Beschluß**[24] entscheidet, muß diesem Antrag entsprechen. Der Vorsitzende soll den Angeklagten auf dieses Recht hinweisen (§ 228 Abs. 3). Ein Aussetzungsantrag liegt auch vor, wenn der Angeklagte in der Hauptverhandlung wegen der Nichteinhaltung der Ladungsfrist die Verlegung des Termins verlangt oder sonst zum Ausdruck bringt, daß er mit der Durchführung der Hauptverhandlung an dem festgelegten Termin nicht einverstanden ist[25].

7   Der Antrag kann **nur bis zur Vernehmung des Angeklagten zur Sache** (§ 243 Abs. 4 Satz 2) gestellt werden, wobei für jeden Angeklagten seine eigene Vernehmung zur Sache maßgebend ist[26]. Wird der Antrag erst später gestellt, zwingt er das Gericht nicht mehr zur Aussetzung nach Absatz 2. Das Gericht hat jedoch zu prüfen, ob nach allgemeinen Grundsätzen ein begründeter Anlaß besteht, das Verfahren nach § 265 Abs. 4 auszusetzen, etwa weil für die Verteidigung wichtige Umstände neu hervorgetreten sind[27]. Zur Präklusionswirkung des Absatzes 2 vgl. Rdn. 10 und 16.

8   Der Angeklagte kann den Aussetzungsantrag schon **vor Beginn der Hauptverhandlung** stellen. Er ist nicht verpflichtet, nur zum Zwecke der Antragstellung zum Hauptverhandlungstermin zu erscheinen[28]. Ein solcher Aussetzungsantrag ist formal zugleich auch ein Antrag auf Terminsverlegung[29].

9   **5. Verzicht des Angeklagten.** Der nachträglich eingefügte Absatz 3 stellt klar, daß der Angeklagte rechtswirksam auf die Einhaltung der Ladungsfrist verzichten kann. Es kann gegenüber einem verhafteten Angeklagten in dessen wohlverstandenem Interesse angebracht sein, ihn zu befragen, ob er verzichten wolle[30]. Der Verzicht, dessen ausdrückliche Erklärung in der Sitzungsniederschrift zu beurkunden ist (§ 273 Abs. 1)[31], ist **unwiderruflich**; doch muß dem im Widerruf enthaltenen Antrag auf Aufschub der Hauptverhandlung stattgegeben werden, wenn sachliche Gründe hierfür vorliegen.

10   Vor Einfügen des Absatzes 3 wurde angenommen, der Angeklagte **verzichte stillschweigend** auf die Einhaltung der Ladungsfrist, wenn er in der Hauptverhandlung keinen

---

[20] Verneinend, da die gleiche Instanz, KMR-*Paulus* 5; SK-*Schlüchter* 5.
[21] BGHSt **24** 143 = LM Nr. 2 mit Anm. *Willms*.
[22] RGSt **42** 407; KK-*Treier* 3; *Kleinknecht/Meyer-Goßner* 3; KMR-*Paulus* 3; SK-*Schlüchter* 3.
[23] So aber OLG Hamm VRS **50** (1976) 307; KG VRS **42** (1972) 213; KMR-*Paulus* 6; SK-*Schlüchter* 6.
[24] BayObLGSt **1987** 55.
[25] BayObLGSt **1978** 98 = VRS **55** (1978) 435.
[26] H. M etwa KK-*Treier* 6; *Kleinknecht/Meyer-Goßner* 8; SK-*Schlüchter* 9.

[27] KK-*Treier* 6; *Kleinknecht/Meyer-Goßner* 8; KMR-*Paulus* 3; SK-*Schlüchter* 9.
[28] BGHSt **24** 151; BayObLG bei *Rüth* DAR **1982** 253; *Cramer* JR **1972** 162; *Koffka* JR **1967** 192; KK-*Treier* 7; *Kleinknecht/Meyer-Goßner* 7; KMR-*Paulus* 11; SK-*Schlüchter* 11; a. A OLG Köln NJW **1955** 1243; BayObLGSt **1993** 102 = NJW **1994** 1748 (zu § 329) läßt dies offen.
[29] KMR-*Paulus* 10; vgl. Rdn. 13.
[30] BGHSt **29** 225; SK-*Schlüchter* 13.
[31] SK-*Schlüchter* 16; vgl. bei § 273.

Antrag auf Aussetzung der Verhandlung stelle[32]; das gelte selbst dann, wenn der Vorsitzende entgegen dem § 228 Abs. 3 den Angeklagten nicht auf die Befugnis hingewiesen habe, daß er Aussetzung der Verhandlung verlangen könne. Diese Ausweitung des stillschweigenden Verzichts, durch die der Unterschied zwischen Absatz 2 und 3 verwischt wird[33], ist überzogen. BGHSt **24** 141[34] verzichtet zu Recht darauf, stellt aber statt dessen auf die **Verwirkung** des Aussetzungsrechts ab[35]. Zu Kritik an der Heranziehung des Verwirkungsgedankens vgl. Rdn. 16.

Absatz 3 fordert einen echten, vom Angeklagten **bewußt gewollten Verzicht** auf die **11** Einhaltung der Ladungsfrist. Dieser ist auch durch konkludente Handlung möglich; in dem bloßen Unterlassen der Antragstellung liegt aber nicht notwendig schon ein stillschweigender Verzicht. Ein solcher setzt voraus, daß der Angeklagte sein Recht kennt, er also weiß, daß die Frist nicht gewahrt ist und daß er berechtigt ist, die Aussetzung zu beantragen[36]. Dies wird angenommen, wenn der Angeklagte nach einem Hinweis des Vorsitzenden nach § 228 Abs. 3 keinen Aussetzungsantrag stellt oder wenn aus seiner sonstigen Antragstellung, etwa einen Antrag nach § 233[37], oder anderen Verfahrensumständen erkennbar wird, daß er die beschleunigte Fortführung des Verfahrens will[38]; ferner auch, wenn dem Angeklagten in der Hauptverhandlung ein Verteidiger zur Seite steht[39].

Der **Verteidiger**, dessen eigene Rechte in § 218 geregelt werden, kann namens des **12** Angeklagten nur dann auf dessen Recht auf Wahrung der Ladungsfrist wirksam verzichten, wenn er zu dieser Erklärung besonders ermächtigt ist[40]. Ein eigenes Recht zum Verzicht hat er nicht; ob er durch seinen Widerspruch einen wirksamen Verzicht des Angeklagten verhindern kann, erscheint fraglich[41].

6. Folgen der Nichteinhaltung der Ladungsfrist

a) Pflicht zum Erscheinen. Die Nichteinhaltung der Ladungsfrist gibt dem Ange- **13** klagten nur das Recht, die Aussetzung gem. Absatz 2 zu verlangen, sie entbindet ihn aber nicht von der **Verpflichtung, zum Termin zu erscheinen**; bleibt er fern, so kann seine Vorführung oder Verhaftung gem. § 230 Abs. 2 angeordnet, gegen ihn unter den Voraussetzungen des § 232 verhandelt und sein Einspruch (§ 412) oder seine Berufung (§ 329) sofort verworfen werden[42], sofern er nicht unter Würdigung aller Umstände — wozu auch die Nichteinhaltung der Ladungsfrist und ein bereits vor der Hauptverhandlung

[32] RGRspr. **1** 262; **1** 299; **1** 376; **1** 743; RG LZ **1918** 285; **1922** 416; ähnlich BGH bei *Dallinger* MDR **1952** 532; nach *Bohnert* 156 war aber auch damals schon der Gedanke maßgebend, daß § 217 Abs. 2 die Folgen der Fristverletzung abschließend regelt.

[33] *Bohnert* 156 und NStZ **1983** 344 unterscheidet zwischen dem willensgetragenen echten Verzicht und dem nur an die unterlassene Antragstellung anknüpfenden Verlust des Rechts auf Aussetzung. Gegen Einebnung des Unterschieds auch AK-*Keller* 5; KMR-*Paulus* 14.

[34] = LM Nr. 2 mit Anm. *Willms*.

[35] OLG Hamburg JR **1967** 193 mit Anm. *Koffka*; *Koeniger* (LV Vor § 226) 178; AK-*Keller* 5; KK-*Treier* 5; *Kleinknecht/Meyer-Goßner* 10; SK-*Schlüchter* 14; *Eb. Schmidt* 9; vgl. auch *Bohnert* NStZ **1983** 344.

[36] KK-*Treier* 8; *Kleinknecht/Meyer-Goßner* 10.

[37] KK-*Treier* 8; *Kleinknecht/Meyer-Goßner* 10.

[38] KK-*Treier* 8; *Kleinknecht/Meyer-Goßner* 10; KMR-*Paulus* 15; SK-*Schlüchter* 14.

[39] Vgl. BGH bei *Dallinger* MDR **1952** 532; *Kleinknecht/Meyer-Goßner* 10; **a. A** *Eb. Schmidt* Nachtr. 11.

[40] RG JW **1930** 3325; OLG Hamm NJW **1954** 1856; ferner etwa KK-*Treier* 6; *Kleinknecht/Meyer-Goßner* 10; KMR-*Paulus* 14; SK-*Schlüchter* 16.

[41] So *Rieß* NJW **1977** 883; **a. A** AK-*Keller* 4; *Kleinknecht/Meyer-Goßner* 10; KMR-*Paulus* 14.

[42] RG DJZ **1931** 501; BGHSt **24** 150; BayObLGSt **1993** 102 = NJW **1994** 1748; mit abl. Anm. *Koffka*; ferner BayObLG DRiZ **1930** Nr. 154; JR **1967** 190; KG VRS **17** (1959) 139; OLG Bremen DAR **1959** 302; OLG Köln NJW **1955** 1243; *Ordemann* MDR **1960** 190; KK-*Treier* 9; *Kleinknecht/Meyer-Goßner* 11; KMR-*Paulus* 17.

gestellter Aussetzungsantrag (Rdn. 8) gehören — genügend entschuldigt ist. Eine Mindermeinung[43] sieht dagegen die Einhaltung der Frist als Voraussetzung für eine ordnungsgemäße Ladung an, mit der Folge, daß die obengenannten Rechtsfolgen nicht zulässig sind, wenn die Frist nicht gewahrt ist.

14   Selbst wenn man mit der vorherrschenden Meinung die Einhaltung der Ladungsfrist nicht als Bestandteil einer ordnungsgemäßen Ladung ansieht, müssen bei Nichteinhaltung der Ladungsfrist **Zwangsmaßnahmen nach § 230 Abs. 2** nach den ihre Zulässigkeit einschränkenden Grundsätzen der Notwendigkeit und Verhältnismäßigkeit (vgl. § 230, 26) unterbleiben, wenn ihr Ziel, die Durchführung der Hauptverhandlung in Gegenwart des Angeklagten zu ermöglichen, nicht erreichbar ist, weil dies der Angeklagte durch den Aussetzungsantrag verhindern kann[44].

15   b) Die **Beschwerde** gegen den Beschluß, der die Aussetzung ablehnt, scheitert an § 305 Satz 1 (vgl. § 228, 29).

16   c) Mit der **Revision** kann die **Nichteinhaltung der Ladungsfrist** allein nicht gerügt werden. § 217 sieht als alleinigen Rechtsbehelf gegen die Verletzung der Ladungsfrist den Antrag nach Absatz 2 vor. Für die **abschließende Regelung** der Anfechtung spricht die zeitliche Begrenzung des Antragsrechts, mit der der Gesetzgeber erreichen wollte, daß von einem bestimmten Zeitpunkt an die Durchführung der Hauptverhandlung wegen der Verletzung der Ladungsfrist im weiteren Verfahren nicht mehr in Frage gestellt werden kann, wenn der unter Verletzung dieser Frist Geladene sich in der Hauptverhandlung nicht gegen deren Durchführung gewandt hat[45], und zwar auch dann, wenn die Belehrung nach § 228 Abs. 3 unterblieben ist und der Angeklagte sein Recht nicht gekannt hat[46]. Für dieses aus der Gesetzessystematik abzuleitende Ergebnis bedarf es entgegen BGHSt **24** 145 nicht des Rückgriffs auf den umstrittenen und bei Unterlassen der Antragstellung aus Gesetzesunkenntnis auch nicht passenden Begriff der Verwirkung[47].

17   Die Gegenmeinung, nach der der Verstoß gegen § 217 Absatz 1 wie jeder andere Verfahrensfehler die Revision eröffnet[48], sofern nicht ein in Kenntnis des Rechts auf Aussetzung erklärter **Verzicht** vorliegt, würde die Frist des § 217 Abs. 2 weitgehend wertlos machen, denn daß das Urteil auf dem Verfahrensfehler beruhen kann, läßt sich nicht immer ausschließen.

18   Eine vermittelnde Ansicht nimmt nur eine **begrenzte Präklusionswirkung** an. Sie läßt die Revision zu, wenn ein Angeklagter ohne Verteidiger und Belehrung nach § 228 Abs. 3 in Unkenntnis seines Rechtes den Antrag nicht stellt und dadurch in seiner Verteidigung

---

[43] OLG Dresden GA **71** (1927) 29; *Cramer* JR **1972** 164; *Koeniger* 178; AK-*Keller* 6; SK-*Schlüchter* 12; *Eb. Schmidt* Nachtr. 1; 2.

[44] *Roxin* § 41, 2; **a. A** KMR-*Paulus* 17 (Verletzung des § 217 Abs. 1 berechtigt zum Aussetzen, nicht zum Fernbleiben); zum Streitstand vgl. etwa SK-*Schlüchter* 12; ferner bei Fußn. 43.

[45] Vorherrschende Meinung BayObLG JR **1967** 190; OLG Bremen DAR **1959** 302; OLG Celle NJW **1975** 1258; KG VRS **17** (1959) 139; OLG Köln NJW **1955** 1243; RG LZ **1918** 285; *Gössel* § 17 B I. *Roxin* § 41, 2; KK-*Treier* 10; *Kleinknecht/Meyer-Goßner* 12; im Ergebnis auch *Schlüchter* 427.2 (Unterbrechung des normativen Zusammenhangs zwischen Rechtsfehler und Urteil durch den Zwi-

schenrechtsbehelf); SK-*Schlüchter* 18; 22; ähnlich *Bohnert* 156 und NStZ **1983** 344.

[46] BGHSt **24** 145 = LM Nr. 2 mit Anm. *Willms* = JR **1972** 159 mit Anm. *Koffka*; BGH bei *Dallinger* MDR **1952** 532; vgl. auch die vorstehende Rdn.

[47] Vgl. *Bohnert* 157 („Wer Zwischenrechtsbehelfe nicht wahrnimmt, verwirkt sie nicht, sondern verliert sie"); *Bohnert* NStZ **1983** 344; SK-*Schlüchter* 18, 22 („nicht unmittelbar revisibel"); ferner generell gegen die Rechtsfigur der Verwirkung: SK-*Schlüchter* 21; *Schlüchter* GedS Meyer 445.

[48] OLG Hamburg JR **1967** 193 mit zust. Anm. *Koffka*; OLG Hamm NJW **1954** 1856; *Peters* § 59 I 1 a; *Eb. Schmidt* Nachtr. I 13.

behindert ist[49]. Zu dieser Lösung kommt man aber auch, wenn man diese (in der Revision nach § 344 Abs. 2 darzulegende) konkrete Behinderung im Recht auf Verteidigung[50] durch eine verfrühte Terminierung unabhängig von der abstrakten Frist des Absatzes 1 als einen nach § 337 (bei Gerichtsbeschluß auch nach § 338 Nr. 8) zu rügenden Rechtsfehler behandelt[51].

Die **Ablehnung des Aussetzungsantrags**, etwa weil die Frist des Absatzes 1 gewahrt **19** ist oder ein Verzicht auf ihre Einhaltung angenommen wird, ist mit der Revision nachprüfbar (§ 338 Nr. 8)[52]. Ist die Aussetzung zu Unrecht abgelehnt worden, läßt sich das Beruhen des Urteils auf diesem die Verteidigungsmöglichkeiten einschränkenden Verstoß meist nicht ausschließen[53].

§ 218

[1]Neben dem Angeklagten ist der bestellte Verteidiger stets, der gewählte Verteidiger dann zu laden, wenn die Wahl dem Gericht angezeigt worden ist. [2]§ 217 gilt entsprechend.

Entstehungsgeschichte. Die Vorschrift bestand bis 1924 nur aus dem Satz 1. Das Gesetz vom 26. 12. 1926 fügte den Satz 2 an. Die Verordnung über die Vereinfachung von Zustellungen vom 17. 6. 1973 brachte einen Absatz 2, der die Zustellung an einen Verteidiger regelte, der mehrere Angeklagte vertrat. Dieser Absatz ist durch Art. 1 Nr. 9 des 1. StVRErgG wieder entfallen. Bezeichnung bis 1924: § 217.

Übersicht

---

[49] AK-*Keller* 7; KMR-*Paulus* 21; *Maatz* NStZ **1992** 516; im Ergebnis auch AK-*Schlüchter* 19 (schon bei Möglichkeit der Behinderung in der Verteidigung, da Verletzung der Sollvorschrift des Absatzes 3 dann ein Rechtsfehler); *Schlüchter* 427.2; vgl. ferner *Kindhäuser* NStZ **1987** 535.

[50] Art. 6 Abs. 3 Buchst. b MRK; Art. 14 Abs. 3 Buchst. b IPBPR.; vgl. Rdn. 1.

[51] Ein Verzicht (Rdn. 11) schließt auch diese Rüge aus.

[52] BGH NStZ **1985** 222; dazu *Sieg* StV **1986** 3; BayObLG **1987** 55; AK-*Keller* 8; KK-*Treier* 10; KMR-*Paulus* 22; *Kleinknecht/Meyer-Goßner* 12; SK-*Schlüchter* 18.

[53] BayObLG NStZ **1982** 172 (L); *Kleinknecht/Meyer-Goßner* 12.

1   **1. Zweck, Anwendungsbereich.** § 218 trägt dem Recht des Angeklagten auf Beistand eines Verteidigers seiner Wahl, gegebenenfalls auch eines Pflichtverteidigers (Art. 6 Abs. 3 Buchst. c MRK; Art. 14 Abs. 3 Buchst. d IPBPR), durch eine förmliche Ladungspflicht des Gerichtes Rechnung, die das Mitwirkungsrecht des Verteidigers sichert. Er gilt für die Ladung des bestellten und des gewählten Verteidigers. Beide sind **neben dem Angeklagten** zu laden, so auch, wenn der Angeklagte nach § 233 von der Verpflichtung zum Erscheinen entbunden ist[1]. § 218 gilt nicht im sogen. Abwesenheitsverfahren (§ 287)[2]. § 218 ist auch anwendbar auf die Ladung der Vertreter der Personen, die in der Hauptverhandlung die Befugnisse des Angeklagten haben, so **Einziehungsbeteiligte** (§ 434), **Verfahrensbeteiligte** (§ 442), **juristische Personen** oder Personenvereinigungen (§ 444). Bei der Ladung des Vertreters des **Nebenklägers** ist nach § 397 Abs. 1; §§ 378, 284 Abs. 2 ebenfalls die Wochenfrist zu wahren[3]. Für den **Beistand** und den **gesetzlichen Vertreter** eines Angeklagten gilt § 218 nicht; diese sind vom Termin zu benachrichtigen (§ 149 Abs. 1, 2). Nach § 50 Abs. 2 JGG sollen sie geladen werden. Im **Bußgeldverfahren** ist § 218 anwendbar (§ 71 Abs. 1 OWiG).

2   **2. Ladung des bestellten Verteidigers.** Dieser ist zu laden, solange seine Bestellung nicht zurückgenommen worden ist, auch wenn der Grund für seine Bestellung entfallen sein sollte[4].

3. Ladung des gewählten Verteidigers

3   a) Der **gewählte Verteidiger** (§ 138) ist nur zu laden, wenn seine Wahl dem Gericht rechtzeitig vor der Hauptverhandlung **angezeigt** worden ist. Gewählt ist der Verteidiger, wenn er die ihm übertragene Verteidigung **angenommen** hat[5]. Benennt der Angeklagte den Verteidiger, kann der Vorsitzende in der Regel dessen Ladung anordnen, ohne die Annahme prüfen zu müssen. Die Ladungsanordnung unterbleibt jedoch, wenn bekannt ist, daß der Verteidiger das ihm angetragene Mandat nicht übernimmt oder wenn ersichtlich ist, daß der Benannte als Verteidiger nicht tätig werden darf (§ 138 Abs. 2, §§ 138 a, 146). In solchen Fällen ist die Bestellung zurückzuweisen, damit der Angeklagte Gelegenheit zur Bestellung eines anderen Verteidigers erhält. Zur Bestellung mehrerer Verteidiger entgegen § 137 Abs. 1 Satz 2 vgl. Rdn. 10. Die Ladung des gewählten Verteidigers wird nicht dadurch hinfällig, daß ein **bestellter Verteidiger** geladen ist[6]. Wird nach der Ladung eines gewählten Verteidigers angezeigt, daß der Angeklagte einen weiteren oder einen **anderen Verteidiger** gewählt habe, so ist, soweit möglich, auch dieser noch zu laden[7]. Dies gilt auch für den Verteidiger, den der gesetzliche Vertreter nach § 137 Abs. 2 gewählt hat, und zwar selbst dann, wenn der Angeklagte die Wahl eines anderen Verteidigers angezeigt hat[8]. Im übrigen vgl. Rdn. 9 ff.

4   b) Die **Ladung** hat der Vorsitzende **von Amts wegen** anzuordnen. Eines besonderen Antrags des Angeklagten oder des Verteidiger bedarf es nicht. Bei einer unklaren oder ersichtlich fehlerhaften Anzeige muß er von sich aus alles Zumutbare tun, um die Ladung möglichst noch rechtzeitig durchführen zu können (vgl. Rdn. 5 und 15).

---

[1] Etwa OLG Köln NJW **1960** 736; *Kleinknecht/Meyer-Goßner* 4; SK-*Schlüchter* 4; vgl. bei § 233.

[2] SK-*Schlüchter* 4; vgl. bei § 286 bis § 288.

[3] OLG Celle MDR **1966** 256; OLG Karlsruhe VRS **50** (1976) 119; vgl. bei § 397.

[4] RGSt **19** 373; **21** 266; **37** 23; KK-*Treier* 2; *Kleinknecht/Meyer-Goßner* 3; KMR-*Paulus* 4; SK-*Schlüchter* 5.

[5] RG GA **60** (1913) 71; vgl. auch BVerfGE **43** 94; SK-*Schlüchter* 6.

[6] RGSt **53** 264; RG Recht **1920** Nr. 239 a; SK-*Schlüchter* 7.

[7] RGSt **64** 244; BGH bei *Dallinger* MDR **1956** 11; BGH StV **1985** 133; OLG Karlsruhe NJW **1968** 855; *Kleinknecht/Meyer-Goßner* 5; SK-*Schlüchter* 7.

[8] RGSt **36** 316; SK-*Schlüchter* 7.

c) **Anzeige.** Der Angeklagte hat die Wahl seines Verteidigers so **rechtzeitig** anzuzei- 5 gen, daß der Verteidiger unter Wahrung der Ladungsfrist zur Hauptverhandlung geladen werden kann. Unterläßt er die rechtzeitige Anzeige oder erstattet er sie unrichtig, unvollständig oder unklar, so daß die Ladung des Verteidigers nicht oder nur nach Rückfragen möglich ist, so wird im Interesse der Verfahrensbeschleunigung der Fortgang des Verfahrens dadurch nicht aufgehalten. § 218 soll die sachgemäße Verteidigung erleichtern, er soll aber dem Angeklagten nicht ermöglichen, durch eine verspätete Mitteilung eine Terminsverlegung zu erzwingen[9].

An eine bestimmte **Form** ist die Anzeige von der Wahl eines Verteidigers nicht gebun- 6 den. Die Vorlage einer eindeutigen[10] schriftlichen Vollmacht ist zweckmäßig (vgl. etwa §§ 145 a, 234, 411), aber nicht zwingend geboten[11]. Die Anzeige muß aber eindeutig erkennen lassen, daß ein Verteidiger vom Angeklagten oder einer sonst dazu befugten Person gewählt worden ist. In der Regel wird deshalb eine ausdrückliche schriftliche Mitteilung erforderlich sein, jedoch kann in Ausnahmefällen auch in einer schlüssigen Handlung eine solche Anzeige erblickt werden[12], etwa darin, daß der Verteidiger in Gegenwart des Angeklagten vor Gericht für ihn tätig geworden ist, ohne daß dieser widersprochen hat[13], oder daß er ein Schriftstück, das ersichtlich vom Angeklagten stammt, dem Gericht vorgelegt hat[14]. Tritt im Beisein des Angeklagten in der Hauptverhandlung ein anderer Verteidiger auf als derjenige, dessen Wahl der Angeklagte zuvor angezeigt hat, so kann hieraus für eine künftige Ladung gefolgert werden, daß jener an die Stelle des zuerst benannten Verteidigers getreten sei[15]. In Zweifelsfällen wird sich für das Gericht eine Rückfrage empfehlen.

Die Anzeige muß vom **Angeklagten**, seinem gesetzlichen Vertreter oder von einer von 7 diesen bevollmächtigten Person ausgehen[16]. Die Vollmacht des Vertreters ist dem Gericht nachzuweisen. Teilt der **Verteidiger** selbst seine Beauftragung mit, so liegt darin auch **ohne Beifügung einer Vollmacht** in der Regel eine die Ladungspflicht auslösende Anzeige seiner Beauftragung[17]. Diese kann unter Umständen auch daraus ersehen werden, daß der Verteidiger in der gleichen Sache für den Angeklagten bereits tätig geworden ist. Legt ein Verteidiger anläßlich der Akteneinsicht eine schriftliche Vollmacht ohne weitere Mitteilung an das Gericht in die Akten, so wird das Gericht darin eine Anzeige nach § 218 Satz 1 zu sehen haben, sofern es die Vollmacht zu Gesicht bekommt[18]. Es besteht aber keine Verpflichtung, vorsorglich die Akten daraufhin durchzusehen.

Adressat der Anzeige ist das Gericht, also der Spruchkörper, der die Sache verhan- 8 delt. Eine Ausnahme gilt nur, wenn im Zeitpunkt der Anzeige noch nicht ersichtlich ist, ob und gegebenenfalls welches Gericht mit der Sache befaßt werden wird. Dann genügt die Anzeige bei der Stelle, bei der das Verfahren anhängig ist (Staatsanwaltschaft[19]; Verwaltungsbehörde bei Bußgeldverfahren[20]), und zwar auch dann noch, wenn diese Stelle die

---

9 BGH NJW **1963** 114; BGH bei *Pfeiffer/Miebach* NStZ **1983** 209; BayObLGSt **1984** 133 = StV **1984** 140; *Kleinknecht/Meyer-Goßner* 11; KMR-*Paulus* 11; SK-*Schlüchter* 13.

10 OLG Hamburg HESt 1; 165; vgl. aber auch RG GA **48** (1901) 118 (zwei getrennt anhängigen Verfahren).

11 RGSt **25** 152; BGHSt **36** 259; BayObLGSt **1984** 133 = StV **1985** 140 mit Anm. *Sieg* StV **1986** 2; AK-*Keller* 1; KK-*Treier* 3; *Kleinknecht/Meyer-Goßner* 4; KMR-*Paulus* 8; SK-*Schlüchter* 10.

12 RGSt **25** 152; ferner die Nachweise in der vorhergehenden Fußnote.

13 RGSt **25** 152; OLG Düsseldorf VRS **6** (1954) 385.

14 OLG Düsseldorf VRS **6** (1954) 385.

15 RG GA **41** (1903) 262.

16 RGSt **2** 375; RG HRR **1927** Nr. 991.

17 BGHSt **36** 259; AK-*Keller* 1; KK-*Treier* 3; SK-*Schlüchter* 10; enger früher RGRspr **3** 516; **9** 4; RGSt **2** 375; **25** 152; **41** 72; RG Recht **1937** Nr. 1103.

18 *Eb. Schmidt* 2; **a. A** RG Recht **1910** Nr. 622.

19 BGH VRS **41** (1971) 133.

20 BayObLG bei *Rüth* DAR **1984** 244; **1986** 247; OLG Koblenz VRS **41** (1971) 208; OLG Schleswig bei *Ernesti/Lorenzen* SchlHA **1986** 106.

Sache bereits abgegeben hat. Voraussetzung ist allerdings, daß dem Angeklagten oder seinem Bevollmächtigten bei Absenden der Anzeige das zuständige Gericht noch unbekannt ist[21]. Erst bei einer nach Kenntnis vom zuständigen Gericht abgesandten Anzeige fällt es dem Angeklagten allein zur Last, wenn eine nicht an das Gericht adressierte Anzeige dort nicht mehr rechtzeitig eingeht[22]. Im übrigen ist eine falsch adressierte Anzeige für das Gericht genauso zu beachten wie eine richtig adressierte.

9   **d) Mehrere Verteidiger.** Sind dem Gericht mehrere Verteidiger benannt worden, so ist grundsätzlich jeder von ihnen zu laden[23], sofern sich nicht aus der Anzeige etwas anderes ergibt[24]. Maßgebend ist immer der Inhalt der Anzeige. Ist in ihr ausdrücklich nur ein Verteidiger benannt, so ist nur dieser zu laden, auch wenn die angeschlossene Vollmacht auf mehrere Verteidiger lautet und — wenn sich die Vollmacht auf mehrere Sachen bezieht — auch nur in der Sache, zu der die Anzeige eingereicht ist[25]. Läßt die Anzeige allerdings nicht eindeutig erkennen, wer als Verteidiger benannt werden soll, so können der Inhalt der Vollmacht oder sonstige, der Anzeige beigefügte Schriftstücke zur Ermittlung des Gewollten ergänzend herangezogen werden. Zweckmäßiger ist allerdings, dies in einer meist unschwer möglichen Rückfrage zu klären. Dies kann auch statt der Zurückweisung zur Bereinigung eines Verstoßes gegen das Verbot der Mehrfachverteidigung (§ 146) angebracht sein[26].

10   Bei der Benennung mehrerer zur Berufsausübung verbundener Anwälte (**Sozietät**) als Verteidiger ist in der Regel anzunehmen, daß nur einer von ihnen mit der Verteidigung beauftragt werden soll, auch wenn eine auf alle lautende Vollmacht vorgelegt wird[27]. Dann genügt es, wenn die Ladung an einen von ihnen gerichtet wird, und zwar im Zweifel an denjenigen, der die Anzeige unterschrieben hat[28]. Es dürfte aber auch genügen, wenn die Ladung an die Sozietät gerichtet wird[29]. Fraglich ist, ob dies auch gilt, wenn die Sozietät aus mehr als drei Anwälten bestehen sollte. Sofern nicht ohnehin ersichtlich ist, daß nur einer der Anwälte die Verteidigung übernehmen soll, kann es sich empfehlen, im Interesse der Verfahrensförderung die Sozietät auf den Termin und die Notwendigkeit einer Zurückweisung nach § 137 Abs. 1 Satz 2, § 146 a Abs. 1[30] hinzuweisen und die Klarstellung anzuregen, welcher der Anwälte nun als Verteidiger gewählt worden ist. Etwaige Schwierigkeiten, die sich aus der Unklarheit der Anzeige ergeben, gehen auch hier zu Lasten des Angeklagten, der vor allem nicht geltend machen kann, daß ein

[21] OLG Celle VRS **41** (1971) 299; **58** (1980) 327; OLG Frankfurt VRS **48** (1975) 376; OLG Hamm VRS **38** (1970) 203; OLG Koblenz VRS **51** (1976) 133. Dagegen stellen OLG Hamm VRS **41** (1971) 133; OLG Karlsruhe Justiz **1974** 134 zusätzlich darauf ab, ob der Verteidiger vom Gericht noch rechtzeitig hätte geladen werden können, wenn die Verwaltungsbehörde die Anzeige unverzüglich weitergeleitet hätte. Darauf kann es jedoch in diesem Zusammenhang nicht ankommen. Solange der Angeklagte das zuständige Gericht noch nicht kennt, muß er ohne Nachteil die Verteidigerbestellung der Verwaltungsbehörde anzeigen können. Hat er dagegen diese Kenntnis, dann geht es zu seinen Lasten, wenn er sich an die falsche Stelle wendet, und zwar auch dann, wenn dort die Anzeige nicht oder nur mit Verspätung weitergeleitet werden sollte. Für die Rechtzeitigkeit der Anzeige ist dann allein der Eingang beim zuständigen Gericht maßgebend.

[22] BayObLGSt **1978** 63 = NJW **1978** 1968.

[23] RGSt **64** 244; RG GA **68** (1920) 355; BGHSt **36** 259; BGH bei *Dallinger* MDR **1956** 11; bei *Pfeiffer/Miebach* NStZ **1983** 209; OLG Karlsruhe NJW **1968** 855; h. M.

[24] KMR-*Paulus* 5.

[25] RG GA **47** (1900) 156; **48** (1901) 118.

[26] Vgl. OLG Celle StV **1989** 471.

[27] BVerfGE **43** 94; OLG Hamm MDR **1980** 513; vgl. BGH NJW **1994** 2302; *Dahs* JR **1986** 349; ferner Rdn. 3.

[28] RGSt **48** 377; **66** 76; BGH bei *Dallinger* MDR **1956** 11; OLG Hamm MDR **1980** 513; *Kleinknecht/Meyer-Goßner* 5; KMR-*Paulus* 5; SK-*Schlüchter* 8; **a. A** *Eb. Schmidt* Nachtr. 3.

[29] OLG Hamm MDR **1980** 513; *Kogel* MDR **1976** 373; KMR-*Paulus* 5; SK-*Schlüchter* 9.

[30] SK-*Schlüchter* 8; vgl. KMR-*Paulus* 5 (Verteidigungsverbote hindern Ladung); andererseits AK-*Keller* 3 (Recht auf Ladung entfällt wegen § 146 a Abs. 3 erst nach Zurückweisung), vgl. dazu bei § 146 a.

bestimmter Anwalt aus der Sozietät hätte geladen werden müssen. Im übrigen macht die bloße Möglichkeit eines Verstoßes nach § 137 Abs. 1 Satz 2 die Anzeige der Verteidigerbestellung als solche für das Gericht nicht unbeachtlich. Bestellt sich nachträglich ein vierter Verteidiger, so ist er nach § 146 a Abs. 1 zurückzuweisen[31]; einer Ladung bedarf es nicht.

Zeigt ein Verteidiger an, daß er **Untervollmacht** von einem Verteidiger habe, dessen **11** Wahl dem Gericht nicht mitgeteilt worden ist, so hat weder der eine noch der andere Anspruch auf Ladung[32]. Es empfiehlt sich, daß das Gericht dies dem Unterbevollmächtigten alsbald mitteilt oder sonst auf eine Klärung hinwirkt.

e) Keine Benachrichtigungspflicht des Angeklagten. Der Angeklagte, der dem **12** Gericht die Bestellung eines Verteidigers rechtzeitig angezeigt hat, darf sich darauf verlassen, daß das Gericht diesen zur Hauptverhandlung laden wird[33]. Er ist nicht verpflichtet, den Verteidiger vom Termin zu verständigen.

4. Ausführung der Ladung. Die vom Vorsitzenden angeordnete Ladung führt die **13** Geschäftsstelle aus (§ 214 Abs. 1, Satz 2). § 218 Satz 1 fordert die **förmliche Ladung** des Verteidigers; ihm ist — ohne Rücksicht auf die Wahrung der Ladungsfrist — genügt, wenn die Ladung den Verteidiger zu Beginn der Hauptverhandlung erreicht hat[34]. Wird er von vornherein auf zwei nicht aufeinanderfolgende Tage geladen, so bedarf es in der Regel keiner besonderen Ladung mehr, wenn am ersten Tag in seiner Gegenwart beschlossen und verkündet wird, daß die Verhandlung auch am nächsten Tag fortgesetzt werden soll[35]. Bestellt sich der Verteidiger erst im Laufe der Hauptverhandlung, so ist er, wenn er bisher nicht teilgenommen hatte, zum nächsten Fortsetzungstermin zu laden[36]. Die Ladung ist dem Verteidiger — auch zum Nachweis der Fristwahrung — grundsätzlich **zuzustellen.** Ein Ladungsersatz oder der Vermerk der Geschäftsstelle, die Ladung sei zur Post gegeben worden, genügt nicht, um die Einhaltung dieser Frist zu beweisen[37].

5. Wegfall der Ladungspflicht. Die zwingend vorgeschriebene **förmliche Ladung 14** des Verteidigers wird nicht dadurch entbehrlich, daß dem Verteidiger der Termin formlos bekanntgegeben wird[38] oder daß er den Termin anderweitig erfahren hat, etwa von seinem Mandanten[39], oder daß dem Akteninhalt zu entnehmen ist, daß der Verteidiger oder sein Büro Kenntnis vom Termin hat[40]. Die gegenteilige Ansicht, daß sich die Ladung erübrigt, wenn die anderweitig erlangte sichere Kenntnis des Verteidigers vom Termin aktenmäßig feststeht[41], findet im Wortlaut des § 218 keine Stütze. Gesetzlich vorgeschriebene Formvorschriften können nicht durch formlose Mitteilungen wirksam ersetzt werden. Dies gilt auch, wenn die Wochenfrist wegen einer verspäteten Anzeige nicht mehr gewahrt zu wer-

---

[31] Wegen der Einzelheiten vgl. bei § 146 a.
[32] RG GA **67** (1919) 447; KMR-*Paulus* 9; SK-*Schlüchter* 9.
[33] BayObLG DAR **1960** 237.
[34] BGH bei *Dallinger* MDR **1975** 369; *Kleinknecht/Meyer-Goßner* 7; KMR-*Paulus* 6; SK-*Schlüchter* 15.
[35] RG GA **73** (1929) 290.
[36] OLG Karlsruhe GA **1979** 347.
[37] BayObLG bei *Rüth* DAR **1974** 186; OLG Köln DAR **1985** 125; OLG Zweibrücken NStZ **1981** 355; KK-*Treier* 6; *Kleinknecht/Meyer-Goßner* 7; SK-*Schlüchter* 16.
[38] OLG Hamm MDR **1971** 320; *Kleinknecht/Meyer-Goßner* 8; SK-*Schlüchter* 16.

[39] OLG Hamm VRS **45** (1973) 442; OLG Köln VRS **44** (1973) 110.
[40] RG JW **1931** 1601; BGH StV **1885** 133; BayObLGSt **1984** 133 = StV **1985** 140; zu beiden *Sieg* StV **1986** 2; OLG Celle VRS **47** (1974) 299; OLG Hamm NJW **1955** 233; OLG Köln MDR **1973** 70; OLG Schleswig SchlHA **1978** 587; AK-*Keller* 5; KK-*Treier* 6; *Kleinknecht/Meyer-Goßner* 8; KMR-*Paulus* 7.
[41] OLG Celle MDR **1972** 168; NJW **1974** 1258; OLG Hamburg VRS **40** (1971) 38; MDR **1972** 168; OLG Hamm NJW **1955** 233; **1969** 705; KG VRS **28** (1965) 439; OLG Karlsruhe NJW **1968** 855; GA **1979** 347; OLG Koblenz VRS **41** (1971) 208; OLG Schleswig SchlHA **1970** 198.

den braucht[42]; die Ladungspflicht nach Satz 1 endet erst, wenn die förmliche Ladung zeitlich nicht mehr möglich (vgl. Rdn. 15) ist. Bei einer dagegen verstoßenden formlosen Ladung wird die Revision allerdings, ebenso wie bei der mangels Tätigwerden des Gerichts einer Ladung ohnehin nicht gleichzusetzenden anderweitig erlangten sicheren Kenntnis vom Termin, meist daran scheitern, daß das Urteil nicht auf dem Formverstoß beruht[43]. Anders ist es, wenn nicht die sichere Kenntnis, sondern nur die Möglichkeit der Kenntnisnahme vom Termin feststeht, so, wenn der Verteidiger diesen aus den ihm zur Einsicht überlassenen Akten ersehen konnte[44]. Der Verteidiger muß bei Akteneinsicht auch nicht prüfen, ob die ihm mitgeteilte Ladung inhaltlich mit der Urschrift der Terminsbestimmung übereinstimmt[45].

15   **6. Ladungsfrist.** Bei der Ladung des Verteidigers muß die entsprechend (§ 218 Satz 2) geltende Ladungsfrist des § 217 Abs. 1 grundsätzlich eingehalten werden[46], selbst wenn der Verteidiger vom Termin schon vorher Kenntnis hatte[47]. Die Frist ist unbeachtlich, wenn die Wahl eines Verteidigers dem Gericht erst so spät mitgeteilt wird oder ein Pflichtverteidiger gesetzmäßig — also nicht etwa nur aus Versehen oder sonst einer dem Gericht zuzurechnenden Verzögerung[48] — so spät bestellt wird, daß ihre Wahrung bis zu dem bereits bestimmten Termin der Hauptverhandlung nicht mehr möglich ist[49]. Dasselbe gilt, wenn die Anzeige unrichtig oder so unvollständig ist, daß das Gericht nicht ohne Rückfrage erkennen kann, wer als Verteidiger gewählt worden ist. Sobald die Zweifel geklärt und die Ladung möglich wird, ist sie mit tunlichster Beschleunigung nachzuholen[50].

16   Die **Pflicht zur förmlichen Ladung** des Verteidigers **entfällt** nur, wenn sie wegen der Kürze der bis zum Termin verbleibenden Zeit überhaupt nicht mehr auszuführen ist. In diesen Fällen ist eine formlose telefonische Benachrichtigung des Verteidigers angebracht[51], die vom Ausführenden (Geschäftsstelle, event. auch Richter) aktenkundig zu machen ist[52]. Das Gericht ist nicht verpflichtet, einen Verteidiger, dessen Wahl erst bei Beginn der Hauptverhandlung mitgeteilt worden ist, fernmündlich herbeizurufen[53].

7. Verzicht

17   a) Der **Verteidiger** kann auf seine förmliche Ladung und auf die Einhaltung der Ladungsfrist ausdrücklich oder stillschweigend verzichten[54]. Ein solcher Verzicht kann darin liegen, daß er dem Gericht bei Anzeige seiner Bestellung mitteilt, er habe vom Termin Kenntnis, sofern offensichtlich ist, daß er eine besondere Ladung nicht mehr erwartet[55]. Gleiches gilt bei einem Vertagungsantrag, unter Umständen auch in der Übernahme der Auf-

[42] BayObLGSt **1984** 133 = StV **1985** 140; *Kleinknecht/Meyer-Goßner* 7; KMR-*Paulus* 11; vgl. KK-*Treier* 5 (förmliche Ladung, falls noch sinnvoll); **a. A** SK-*Schlüchter* 17 (keine förmliche Ladung nötig, wenn Fristwahrung nicht mehr nachgewiesen werden muß).

[43] KMR-*Paulus* 7; SK-*Schlüchter* 17; vgl. Rdn. 32.

[44] BGH NStZ **1985** 229; BayObLGSt **1984** 133 = StV **1985** 140; OLG Karlsruhe NJW **1968** 855; OLG Schleswig bei *Ernesti/Jürgensen* SchlHA **1970** 198; **1973** 180; **1978** 187; weit. Nachw. bei Rdn. 14.

[45] BayObLG **1958** 6 = GA **1958** 372.

[46] Vgl. *Hegler* GerS **94** (1927) 246.

[47] BayObLGSt **1984** 133; OLG Celle VRS **47** (1974) 299; weit. Nachw. bei Rdn. 14. Zum Verzicht vgl. Rdn. 17.

[48] RGSt **20** 38; KK-*Treier* 5; *Kleinknecht/Meyer-Goßner* 11; KMR-*Paulus* 11; SK-*Schlüchter* 17.

[49] BGH NJW **1963** 1114; bei *Pfeiffer/Miebach* NStZ **1983** 209; BayObLGSt **1984** 133 = StV **1985** 140; *Nötzel* DJZ **1927** 292.

[50] OLG Hamm MDR **1971** 320; OLG Karlsruhe GA **1979** 347.

[51] KK-*Treier* 5; *Kleinknecht/Meyer-Goßner* 7; SK-*Schlüchter* 17; *Eb. Schmidt* Nachtr. 4.

[52] Vgl. *Hilger* NStZ **1984** 41; SK-*Schlüchter* 17.

[53] OLG Hamburg HESt **1** 165.

[54] *Schmid* Verwirkung 223; h. M.

[55] OLG Hamm JMBlNW **1953** 260; NJW **1953** 233; AK-*Keller* 5; KK-*Treier* 7; *Kleinknecht/Meyer-Goßner* 9; KMR-*Paulus* 12; SK-*Schlüchter* 18.

gaben des wegen eines Ladungsmangels ausgebliebenen Verteidigers durch einen anwesen-den[56]. Einer **Zustimmung des Angeklagten** zum Verzicht bedarf der Verteidiger nicht[57]. Da er aber dessen objektives Verteidigungsinteresse vor Erklärung des Verzichts mitberücksichtigen[58] muß, ist es in der Regel zweckmäßig, daß er sich mit ihm vorher abspricht.

b) Der **Angeklagte** kann vor der Hauptverhandlung auf die Ladung seines Verteidigers **18** nicht wirksam verzichten, da die förmliche Ladung und die Einhaltung der Ladungsfrist bei einem rechtzeitig dem Gericht namhaft gemachten Verteidiger nur diesem gegenüber die ausreichende Vorbereitung der Verteidigung gewährleisten soll. Der Angeklagte kann auch bei einem gewählten Verteidiger nicht über dessen eigene Verfahrensrechte verfügen[59]. Gleiches gilt auch **in der Hauptverhandlung**, wenn der Verteidiger erschienen ist.

Ist in der Hauptverhandlung der **Verteidiger nicht erschienen**, kann der **Angeklagte** **19** auf diesen **verzichten**; sofern es sich nicht um eine notwendige Verteidigung handelt, kann er frei bestimmen, ob er sich verteidigen lassen will[60]. Wird der Verzicht aus anderen Gründen als der unterbliebenen Ladung erklärt, wird er allgemein als wirksam angesehen[61]; während andernfalls darauf abgestellt wird, ob der Angeklagte wußte, daß die Ladung unterblieben oder die Ladungsfrist nicht gewahrt ist[62]. Der Beweggrund für den eindeutig gewollten und erklärten Verzicht ist jedoch unerheblich[63]. Bei Nichtladung des Verteidigers oder bei Nichtwahrung der Ladungsfrist wird allerdings die **Fürsorgepflicht** in der Regel vom Gericht fordern, daß es den Angeklagten auf seine andernfalls bestehenden Befugnisse hinweist, bevor es den ausdrücklichen Verzicht auf den Verteidiger entgegennimmt[64]. Die Fürsorgepflicht kann auch im übrigen der besonderen Umstände wegen (etwa Ausländer mit mangelhaften deutschen Sprachkenntnissen[65]) gebieten, daß das Gericht trotz des Verzichts nicht ohne Verteidiger verhandelt. Besteht der Angeklagte trotz Belehrung auf dem Verzicht, ist das Gericht nicht befugt, diesen als unwirksam zu behandeln; es muß gegebenenfalls einen Pflichtverteidiger bestellen.

Ein **stillschweigender Verzicht** kann nur angenommen werden, wenn dem Angeklag-**20** ten bekannt ist, daß sein Verteidiger nicht ordnungsgemäß geladen worden ist und daß er deswegen die Aussetzung beantragen kann[66], wenn er verhindern will, daß das Gericht ohne Verteidiger gegen ihn verhandeln wird. Darin allein, daß der Angeklagte sich rügelos zur Sache einläßt, liegt noch kein Verzicht[67]. Ein solcher kann aber vorliegen, wenn

[56] KMR-*Paulus* 14; SK-*Schlüchter* 18; anders BGH bei *Dallinger* MDR **1956** 11; es kommt wohl auf die Umstände des Einzelfalls an.

[57] *Schmid* Verwirkung 223; jetzt weitgehend h. M; **a. A** OLG Hamm NJW **1954** 1856.

[58] Vgl. BGHSt **18** 369; KMR-*Paulus* 14.

[59] BGHSt **18** 396 mit Anm. *Hanack* JZ **1971** 220; OLG Zweibrücken StV **1988** 425.

[60] BGHSt **36** 259; OLG Schleswig SchlHA **1953** 269; OLG Koblenz MDR **1968** 944; VRS **41** (1971) 208; *Schmid* Verwirkung 224; 226; AK-*Keller* 6; KK-*Treier* 7; *Kleinknecht/Meyer-Goßner* 9; KMR-*Paulus* 15; SK-*Schlüchter* 19.

[61] Etwa OLG Köln MDR 1973 70; KMR-*Paulus* 15; SK-*Schlüchter* 20.

[62] OLG Dresden JW **1930** 2594 mit Anm. *Löwenstein*; OLG Düsseldorf VRS **6** (1954) 368; *Schmid* Verwirkung 224; SK-*Schlüchter* 20, wohl auch *Kleinknecht/Meyer-Goßner* 9.

[63] OLG Köln MDR **1973** 70.

[64] Praktisch kommt man damit zum gleichen Ergebnis wie die oben Fußn. 62 angeführte Ansicht, vermeidet

aber die mit der eigenen Entscheidungsbefugnis des Angeklagten schlecht zu vereinbarende Erforschung der Motive einer eindeutigen Prozeßerklärung.

[65] OLG Zweibrücken StV **1988** 425; KK-*Treier* 7; SK-*Schlüchter* 20.

[66] BGHSt **36** 259; BGH NStZ **1985** 229; RG GA **68** (1920) 35; OLG Hamm NJW **1955** 233; **1969** 705; JZ **1956** 258; OLG Karlsruhe Justiz **1974** 134; OLG Koblenz VRS **41** (1971) 208; OLG Köln MDR **1973** 70; OLG Oldenburg VRS **40** (1971) 203; OLG Brandenburg StV **1996** 368 (L); AK-*Keller* 6; KK-*Treier* 7; *Kleinknecht/Meyer-Goßner* 9; KMR-*Paulus* 15; SK-*Schlüchter* 21.

[67] RGSt **19** 436; **27** 425; **43** 162; RG GA **69** (1925) 87; JW **1926** 2736; HRR **1939** Nr. 63; BayObLGSt **1958** 6 = GA **1958** 372; KG StV **1996** 10; OLG Karlsruhe NJW **1968** 855; Justiz **1974** 134; 151; GA **1979** 347; OLG Hamm JZ **1956** 258; NJW **1969** 705; OLG Oldenburg VRS **40** (1971) 203; OLG Koblenz VRS **41** (1971) 208; OLG Schleswig SchlHA **1969** 151. H. M, vgl. auch vorstehende Fußnote.

Walter Gollwitzer

der Angeklagte trotz der Belehrung über sein Recht, Aussetzung zu verlangen, in die Verhandlung einwilligt, oder wenn er das Gericht bittet, weiter zu verhandeln, obwohl sein Verteidiger bei der Fortsetzung der unterbrochenen Hauptverhandlung ausgeblieben ist[68], oder wenn der Angeklagte erklärt, sein Verteidiger werde nicht erscheinen, weil er ihn nicht bezahlen könne[69].

8. Aussetzung

21   a) **Antragsberechtigte.** Der **in der Hauptverhandlung erschienene Verteidiger**, der trotz rechtzeitiger Anzeige oder Bestellung nicht oder nicht unter Einhaltung der Frist geladen worden ist, hat zu entscheiden, ob er wegen der in beiden Fällen nicht eingehaltenen Frist die Aussetzung beantragen oder darauf verzichten will[70]. Nur er — und nicht der Angeklagte — kann beurteilen, ob er zur sachgerechten Verteidigung noch einer weiteren Vorbereitung bedarf[71]. Er hat dieses Recht auch dann, wenn ein weiterer Verteidiger ordnungsgemäß geladen und erschienen war[72]. Ist der Verteidiger von Anfang an anwesend, muß er den Aussetzungsantrag bis zum Beginn der Vernehmung des von ihm vertretenen Angeklagten zur Sache stellen (§ 217 Abs. 2). Er kann dies aber auch schon vor der Hauptverhandlung schriftlich beantragen[73]. Für einen **nach Verhandlungsbeginn** erscheinenden Verteidiger gilt die Begrenzung des Antragsrechts in § 217 Abs. 2 nicht. Er kann den Aussetzungsantrag bis zur Urteilsverkündung stellen, muß dies aber, wie aus dem Sinn des § 217 Abs. 2 folgt, unverzüglich nach seinem Erscheinen tun[74]. Es wäre mit der entsprechenden Anwendung des § 217 Abs. 2 unvereinbar, wollte man annehmen, daß der Verteidiger den Aussetzungsantrag auch erst nach längerer Teilnahme an der Hauptverhandlung stellen könne, weil § 217 Abs. 2 nicht gelte.

22   Ist der zu Unrecht nicht geladene **Verteidiger nicht erschienen**, so ist der **Angeklagte** berechtigt, seinerseits den Aussetzungsantrag zu stellen[75]. Durch die Folgen des Ladungsfehlers ist auch sein Recht auf Verteidigung unmittelbar beeinträchtigt. Hat der Verteidiger allerdings schon vorher auf die Ladung oder die Einhaltung der Ladungsfrist verzichtet, scheitert der Aussetzungsantrag des Angeklagten an diesem Verzicht[76]. Nach BayObLGSt **1980** 35 = VRS **59** (1980) 207 ist die Verhandlung ohne Verteidiger nicht statthaft, wenn sich aus den Akten ergibt, daß dieser trotz Anzeige seiner Bestellung nicht geladen worden ist.

23   b) Die **Belehrung des Angeklagten** über sein Recht, wegen des Ausbleibens seines nicht ordnungsgemäß geladenen Verteidigers die Aussetzung beantragen zu können, ist zwar nicht Gegenstand der Sollvorschrift des § 228 Abs. 3, die unmittelbar nur die Nichteinhaltung der Ladungsfrist beim Angeklagten betrifft. Sie gilt aber entsprechend[77]. Die

[68] OLG Koblenz MDR **1968** 944.
[69] OLG Schleswig bei *Ernesti/Jürgensen* SchlHA **1974** 182.
[70] AK-*Keller* 6; KK-*Treier* 8; *Kleinknecht/Meyer-Goßner* 12; KMR-*Paulus* 14; SK-*Schlüchter* 25. A. A die frühere Rechtsprechung, z. B. RGSt **27** 425; vgl. auch RGSt **43** 161; RG JW **1902** 578; OLG Hamm NJW **1954** 1856; JZ **1956** 258 *Hanack* JZ **1971** 220 geht davon aus, daß die Ladungsfrist auch dem Schutz des Angeklagten dient, so daß auch dieser, und nicht nur der zur Hauptverhandlung erschienene Verteidiger, die Aussetzung verlangen kann.
[71] Ebenso OLG Celle MDR **1966** 256 für Anwalt des Nebenklägers.
[72] BGH StV **1985** 133 mit Anm. *Sieg* StV **1986** 2; KK-*Treier* 8; *Kleinknecht/Meyer-Goßner* 12; SK-

Schlüchter 26 (am Ende).
[73] OLG Köln VRS **71** (1986) 449; vgl. § 217, 8.
[74] OLG Celle MDR **1966** 256; OLG Hamm JZ **1956** 258; KK-*Treier* 8; *Kleinknecht/Meyer-Goßner* 14; KMR-*Paulus* 19; SK-*Schlüchter* 26; **a. A** *Eb. Schmidt* Nachtr. 6.
[75] OLG Celle NJW **1974** 1258; AK-*Keller* 6; KK-*Treier* 9; *Kleinknecht/Meyer-Goßner* 13; KMR-*Paulus* 15; SK-*Schlüchter* 29. Vgl. auch OLG Köln VRS **71** (1986) 449 (Verteidiger hat bereits Aussetzung beantragt).
[76] OLG Celle NJW **1974** 1258; KMR-*Paulus* 19.
[77] KK-*Treier* 9; *Kleinknecht/Meyer-Goßner* 13; SK-*Schlüchter* 29; vgl. auch OLG Celle NJW **1974** 1258; OLG Köln MDR **1973** 70. *Plötz* Fürsorgepflicht 265.

Fürsorgepflicht des Gerichts fordert hier in der Regel im Interesse eines fairen Verfahrens aus den gleichen Gründen wie bei § 228 Abs. 3 eine Belehrung des rechtskundigen Angeklagten über seine Befugnis. Daß eine Belehrung angebracht ist, folgt auch schon daraus, daß der Verfahrensfehler andernfalls die Revision begründen kann, weil ohne Belehrung ein wirksamer Verzicht des Angeklagten auf die Anwesenheit seines Verteidigers nicht anzunehmen ist (Rdn. 19). Die Ausschlußwirkung des § 217 Abs. 2 entzieht nur die unzulässige Verkürzung der Ladungsfrist der Revision (Rdn. 30 ff).

c) Schon **vor der Hauptverhandlung** kann der mit Nichteinhaltung der Ladungsfrist **24** begründete Aussetzungsantrag bei Gericht schriftlich gestellt werden[78]. In der vor Verhandlungsbeginn an den Vorsitzenden gerichteten mündlichen Bitte, den Termin zu vertagen, liegt jedoch noch kein ordnungsgemäßer Aussetzungsantrag[79].

Braucht die Ladungsfrist **nicht eingehalten** zu werden, weil dem Gericht die Wahl des **25** Verteidigers nicht oder nur verspätet mitgeteilt wurde oder weil der Verteidiger — ohne daß das Gericht es zu vertreten hat — erst kurz vor dem Termin bestellt wurde, dann hat der Verteidiger nicht den unbedingten Aussetzungsanspruch nach § 218 Satz 2, § 217 Abs. 2. Je nach Lage des Falls kann jedoch die Aussetzung oder Unterbrechung nach den §§ 228, 229, 265 Abs. 4 in Frage kommen[80]. Im Falle einer notwendigen Verteidigung ist § 145 Abs. 2 und 3 entsprechend anwendbar[81].

d) Entscheidung des Gerichts. Dieses muß dem auf die Nichteinhaltung der **26** Ladungsfrist gestützten, rechtzeitig gestellten Aussetzungsantrag nach § 218 Satz 2, § 217 Abs. 2 entsprechen. Die Aussetzung ist insoweit zwingend[82]. Anders als bei den auch bei verspäteter Anzeige möglichen Aussetzungsanträgen nach § 228, 265 Abs. 4 wegen Behinderung der Verteidigung steht sie nicht in dem an Sacherfordernissen orientierten pflichtgemäßen Ermessen des Gerichts. Nur wo für eine Ermessensentscheidung Raum ist, nicht aber bei dem auf Nichteinhaltung der Ladungsfrist gestützten Aussetzungsantrag, kann die Aussetzung mit der Begründung abgelehnt werden, der Verteidiger habe im Laufe der langen Hauptverhandlung an den sitzungsfreien Tagen noch genügend Zeit zu einer ergänzenden Vorbereitung[83] oder der Verteidiger habe schon länger, als die Ladungsfrist erfordert, sichere Kenntnis vom Termin gehabt[84]. Muß wegen des unentschuldigten Ausbleibens eines zum Erscheinen verpflichteten Angeklagten ein **verwerfendes Prozeßurteil** ergehen, ist für eine Aussetzung wegen Nichteinhaltung der Ladungsfrist kein Raum[85]. Anders als die unterbliebene Ladung[86] hindert die Nichteinhaltung der Ladungsfrist die Verwerfung nicht. Dies ist auch sachlich gerechtfertigt, denn Zweck der Aussetzung ist, die Vorbereitung der Verteidigung bei der Sachverhandlung zu sichern; bei einer reinen Prozeßentscheidung entfällt dieser Grund. Im verwerfenden Urteil liegt auch die Ablehnung des Aussetzungsantrags. Soweit dagegen eine Sachverhandlung möglich ist, weil der Verteidiger den ausgebliebenen Angeklagten in der Hauptverhandlung vertreten darf, ist seinem Aussetzungsantrag wegen Nichteinhaltung der Ladungsfrist zu entsprechen.

---

[78] Vgl. § 217, 8.
[79] BGH NJW **1978** 1278; OLG Celle NJW **1974** 1258; VRS **58** (1980) 372; KK-*Treier* 10; *Kleinknecht/Meyer-Goßner* 12; SK-*Schlüchter* 26.
[80] Vgl. bei §§ 228, 8; 9; 265; ferner etwa KK-*Treier* 11; KMR-*Paulus* 17.
[81] BGH NJW **1963** 1114.
[82] Vgl. § 217, 6; ferner etwa KMR-*Paulus* 17.
[83] Vgl. BGH bei *Pfeiffer/Miebach* NStZ **1983** 209; *Kleinknecht/Meyer-Goßner* 12.

[84] Vgl. BGH StV **1985** 133 mit Anm. *Sieg* StV **1986** 2; BHG StV **1995** 57; KK-*Treier* 8; *Kleinknecht/Meyer-Goßner* 12; wie hier KMR-*Paulus* 7; SK-*Schlüchter* 26 (Lösung im Rahmen der Revision).
[85] KG VRS **63** (1982) 126; *Kleinknecht/Meyer-Goßner* 12; KMR-*Paulus* 22; SK-*Schlüchter* 25.
[86] BayObLGSt **1984** 133 = StV **1985** 140; KMR-*Paulus* 24.

27   **9. Beschwerde.** Der Beschluß, der die Aussetzung ablehnt, kann nicht mit Beschwerde angefochten werden (§ 305). Wegen der Anfechtbarkeit der Aussetzung der Hauptverhandlung vgl. die Erläuterungen zu § 228.

10. Revision

28   **a) Nichteinhaltung der Ladungsfrist.** Auf die nicht fristgerechte Ladung des Verteidigers kann die Revision für sich allein ebensowenig gestützt werden wie auf die nicht fristgerechte Ladung des Angeklagten[87]. Entsprechend dem Grundgedanken des § 217, wonach die Nichteinhaltung der Ladungsfrist nur die Möglichkeit eröffnet, unverzüglich die Aussetzung zu verlangen oder von der Rüge endgültig Abstand zu nehmen[88], ist auch hier davon auszugehen, daß dieser Verfahrensverstoß vom Verteidiger nur in der Hauptverhandlung durch einen alsbald gestellten **Aussetzungsantrag** geltend gemacht werden kann. Gleiches gilt, wenn nur bei einem von mehreren Verteidigern eines Angeklagten die Ladungsfrist nicht gewahrt ist[89].

29   Ist der geladene Verteidiger ausgeblieben, so muß, wenn die Ladungsfrist nicht gewahrt ist, der **Angeklagte entscheiden**, ob er deswegen die Aussetzung beantragen oder auf den Verteidiger verzichten will. Stellt er keinen Aussetzungsantrag, kann die Revision nur darauf gestützt werden, daß das Gericht durch Unterlassen der Belehrung (vgl. Rdn. 23) entsprechend § 228 Abs. 3 seine Fürsorgepflicht verletzt hat[90].

30   **b) Unterlassen der Ladung.** Unterbleibt die Ladung eines notwendigen Verteidigers, so ist der absolute Revisionsgrund des § 338 Nr. 5 gegeben. Wurde ein rechtzeitig benannter Verteidiger nicht geladen, so kann die Verletzung des Rechts auf Verteidiger nach § 337 gerügt werden, wenn dieser Verfahrensfehler nicht durch Verzicht (Rdn. 19) nachträglich geheilt ist[91]. Ob das Gericht die Nichtladung verschuldet hat, ist unerheblich[92]. Dies gilt auch, wenn nur einer von mehreren Verteidigern nicht geladen worden ist, sofern nicht der anwesende Verteidiger mit Willen des Angeklagten die Aufgabe des Nichterschienenen mit übernimmt[93].

31   Ist der **Angeklagte nicht anwesend**, begründet die Nichtladung seines Verteidigers die Revision, ganz gleich, ob der Angeklagte von der Pflicht zum Erscheinen entbunden war[94] oder ob er trotz Anordnung seines persönlichen Erscheinens ausgeblieben ist[95].

32   Das Urteil muß — soweit § 338 Nr. 5 nicht greift — auf dem Verfahrensverstoß **beruhen**[96]. Da die Abwesenheit des Verteidigers stets die Verteidigung beeinträchtigen kann,

---

[87] Wie bei § 217 ist es letztlich gleich, ob man dies mit präsumtiven Verzicht, mit Verwirkung oder entsprechend der hier vertretenen Auffassung mit der Präklusionswirkung der abschließenden Regelung der Beanstandung begründet oder mit der Unterbrechung des normativen Zusammenhangs zwischen Rechtsfehler und Urteil durch die Korrekturmöglichkeit – *Schlüchter* 429; SK-*Schlüchter* 31.

[88] BGHSt **18** 309; vgl. § 217, 16.

[89] BGHSt **36** 259; vgl. Rdn. 9.

[90] Vgl. Rdn. 23; SK-*Schlüchter* 35; weitergehend KMR-*Paulus* 23 (§ 338 Nr. 8).

[91] BGHSt **36** 259; BGH StV **1985** 133 mit Anm. *Sieg* StV **1986** 2; BayObLGSt **1976** 42; **1980** 35; **1984** 133 = NJW **1976** 1547; BayObLGSt **1996** 37 = NStZ **1997** 40; VRS **59** (1980) 207; StV **1985** 140; OLG Düsseldorf OLGSt NF 1; OLG Hamburg VRS **40** (1971) 38; OLG Hamm VRS **53** (1977) 451; OLG Karlsruhe GA **1979** 347; OLG Olden-

burg VRS **40** (1971) 39; 203; AK-*Keller* 6; KK-*Treier* 12; *Kleinknecht/Meyer-Goßner* 15; KMR-*Paulus* 25; SK-*Schlüchter* 32.

[92] OLG Köln MDR **1980** 688; KG StV **1996** 10.

[93] BGHSt **36** 259; BGH StV **1985** 133 mit Anm. *Sieg* StV **1986** 2; RG GA **68** (1920) 355; OLG Karlsruhe NJW **1968** 855.

[94] OLG Köln NJW **1960** 688; KK-*Treier* 12; KMR-*Paulus* 25; SK-*Schlüchter* 32.

[95] OLG Hamburg MDR **1972** 168; KK-*Treier* 12; SK-*Schlüchter* 32.

[96] RGSt **1** 405; **2** 233; RGRspr. **3** 472; RG LZ **1916** 697; JW **1917** 50; **1930** 2563; **1931** 1601; Recht **1920** Nr. 808; BayObLGSt **1976** 42; OLG Düsseldorf VRS **64** (1983) 276; OLG Hamburg MDR **1971** 71; OLG Hamm NJW **1969** 705; VRS **53** (1977) 451; KG VRS **28** (1965) 438; OLG Karlsruhe Justiz **1979** 347; OLG Köln DAR **1962** 268; OLG Zweibrücken NStZ **1981** 355.

läßt sich dies in der Regel nicht ausschließen[97], es sei denn, es steht fest, daß der Verteidiger auch bei ordnungsgemäßer Ladung nicht erschienen wäre. Daß sein Ausbleiben **andere Gründe** hatte, wird, sofern nicht die Umstände des Einzelfalls etwas anderes ergeben, dann angenommen werden können, wenn auf Grund der Akten oder sonstiger Umstände ersichtlich ist, daß der Verteidiger sichere Kenntnis vom Termin hatte[98], etwa, wenn ihm der Termin nur nicht in der vorgeschriebenen Form (Rdn. 14) mitgeteilt worden ist.

Ist der nicht geladene Verteidiger trotzdem **anwesend**, so beruht die in seiner Gegenwart durchgeführte Verhandlung nicht auf dem Unterlassen der förmlichen Ladung[99]. Die gleichzeitig vorliegende Nichteinhaltung der Ladungsfrist muß der Verteidiger mit dem Aussetzungsantrag geltend machen. Unterläßt er dies, kann er den Verfahrensfehler später nicht unter diesem Gesichtspunkt mit der Revision angreifen. **33**

c) Sonstiges. § 218 kann auch dadurch verletzt sein, daß zu einer **früheren Zeit**, als in der Ladung angegeben, **verhandelt** worden ist[100]. Hat der in **Untersuchungshaft** befindliche Angeklagte einen Verteidiger gewählt und ihm Tag und Stunde der Hauptverhandlung mitgeteilt, dem Gericht aber die Wahl des Verteidigers nicht angezeigt, so kann — auch wenn § 218 dadurch nicht verletzt ist — die Verhandlung zu einer früheren Stunde die Revision begründen, wenn der Angeklagte auf die zeitliche Änderung nicht hingewiesen worden ist. **34**

Zur **Begründung der Verfahrensrüge** müssen nach § 344 Abs. 2 alle Tatsachen so vollständig vorgetragen werden, daß das Revisionsgericht allein auf Grund des Vortrags prüfen kann, ob der Verfahrensfehler vorliegt. Bei der Behauptung eines Ladungsfehlers gehören dazu alle Tatsachen, die diesen zweifelsfrei dartun[101]. **35**

d) Bei **Ablehnung eines Aussetzungsantrags** durch das Gericht kann die in der unrichtigen Sachbehandlung liegende Beschränkung der Verteidigung mit der Revision nach § 338 Nr. 8 beanstandet werden[102]. Gleiches gilt, wenn ein bei Gericht eingegangener, begründeter Aussetzungsantrag nicht vor der Hauptverhandlung beschieden wurde, ohne Rücksicht darauf, ob er dem Richter bekannt war[103]. **36**

---

[97] Vgl. etwa BGHSt **36** 259; BayObLGSt **1984** 133 = StV **1985** 140; KG StV **1996** 10; SK-*Schlüchter* 32; ferner die Entscheidungen in der vorhergehenden Fußnote.

[98] BGH StV **1995** 57; JMBlNW **1974** 22; *Schlüchter* 429 Fußn. 43 hält diese Annahme für bedenklich. Vgl. ferner etwa BGH StV **1985** 133 mit Anm. *Sieg* StV **1986** 2; KMR-*Paulus* 25; SK-*Schlüchter* 17 und bei Rdn. 14.

[99] SK-*Schlüchter* 31.

[100] RGSt **41** 73; RG GA **39** (1891) 340; Recht **1911** 340; OLG Koblenz DAR **1981** 227 (Nichtbeach-

tung einer vereinbarten Terminsverschiebung); SK-*Schlüchter* 33.

[101] Vgl. etwa OLG Karlsruhe VRS **90** (1996) 438; wegen der Einzelheiten s. bei § 344 Abs. 2.

[102] BGH StV **1985** 133 mit Anm. *Sieg* StV **1986** 2; BayObLG bei *Rüth* DAR **1974** 186; KG StV **1996** 10; OLG Koblenz VRS **53** (1977) 357; KK-*Treier* 13; *Kleinknecht/Meyer-Goßner* 17; KMR-*Paulus* 28; SK-*Schlüchter* 36.

[103] BayObLG bei *Rüth* DAR **1974** 186; OLG Koblenz VRS **53** (1977) 357.

Walter Gollwitzer

§ 219

(1) [1]**Verlangt der Angeklagte die Ladung von Zeugen oder Sachverständigen oder die Herbeischaffung anderer Beweismittel zur Hauptverhandlung, so hat er unter Angabe der Tatsachen, über die der Beweis erhoben werden soll, seine Anträge bei dem Vorsitzenden des Gerichts zu stellen.** [2]**Die hierauf ergehende Verfügung ist ihm bekanntzumachen.**

(2) **Beweisanträge des Angeklagten sind, soweit ihnen stattgegeben ist, der Staatsanwaltschaft mitzuteilen.**

Schrifttum. *Oske* Die Entscheidung von Beweisanträgen vor der Hauptverhandlung (§ 219 StPO), MDR **1971** 797; *Quedenfeld* Beweisantrag und Verteidigung in den Abschnitten des Strafverfahrens bis zum erstinstanzlichen Urteil, FS II Peters 215; *Steffen* Die Verletzung des § 219 StPO als Revisionsgrund (1963); *Traub* Die Behandlung übergangener, nach § 219 StPO gestellter Beweisanträge, NJW **1957** 1095.

Bezeichnung bis 1924: § 218

Übersicht

1   **Bedeutung.** § 219 gehört — ebenso wie die §§ 201, 220, 244, 245 und die Sonderfälle betreffenden § 216 Abs. 2 Satz 2, § 225 a Abs. 2, § 270 Abs. 4 — zu dem Regelungssystem, das das Recht des Angeklagten sichert, aktiv den Umfang der Beweisaufnahme mitzubestimmen. Dies entspricht seiner in der Verfassung verankerten Stellung als Subjekt des Verfahrens[1] und den Menschenrechtspakten, die fordern, daß der Angeklagte zu seiner Entlastung die Ladung und Einvernahme von Zeugen und Sachverständigen unter im wesentlichen gleichen Bedingungen erreichen kann wie sie für Belastungszeugen gelten (Art. 6 Abs. 3 Buchst. d MRK)[2]. In Verbindung mit § 245 eröffnet § 219 dem Angeklagten frühzeitig die Möglichkeit, die Gestaltung der Beweisaufnahme zu beeinflussen[3]. Er und sein Verteidiger können dadurch schon vor der Hauptverhandlung auf die Beiziehung

---

[1] Das aus Rechtsstaatsprinzip, den Freiheitsrechten und der Verpflichtung zur Achtung der Menschenwürde abgeleitete Recht auf ein faires, in den gegenseitigen Rechten ausgewogenes Verfahren umschließt das Recht des Angeklagten, im gleichen Umfang wie die anderen Verfahrensbeteiligten aktiv auf Gang und Ergebnis des Verfahrens Einfluß zu nehmen; etwa BVerfGE **78** 126; vgl. LR²⁴ Art. 6

MRK 7 Fußn. 9 je mit weit. Nachw.; Vor § 226, 16; 25; 38.

[2] Inhaltlich gleich Art. 14 Abs. 3 Buchst. e IPBPR.; enger Art. 7 Abs. IX Buchst. d Nato-Truppenstatut. Vgl. LR²⁴ Art. 6 MRK, 210 ff.

[3] *Alsberg/Nüse/Meyer* 353; *Oske* MDR **1971** 797; zu den Vor- und Nachteilen des Antrags aus der Sicht des Angeklagten *Dahs* Hdb. 382; 390 ferner AK-*Schlothauer* Vor § 213, 138.

der von ihnen für erforderlich gehaltenen Beweismittel hinwirken; sie erhalten gleichzeitig Klarheit darüber, ob sie Beweispersonen nach § 220 selbst laden müssen. Die Möglichkeit, frühzeitig Beweismittel benennen zu können, fördert außerdem die zügige Durchführung der Hauptverhandlung und beugt Aussetzungen vor. § 219 ist auch im Bußgeldverfahren anwendbar[4].

2. Beweisantrag

a) Der **Begriff des Beweisantrages** ist den §§ 201, 219, 244 und 245 gemeinsam. **2** Auch für das Verfahren nach § 219 kommen nur Anträge in Betracht, durch die vom Angeklagten oder für ihn verlangt wird, daß Beweis über eine bestimmt bezeichnete Tatsache durch den Gebrauch eines bestimmt bezeichneten Beweismittels erhoben werde[5]. Der Unterschied der Beweisanträge liegt im Zweck, den sie verfolgen, in den Grenzen, die ihrem Inhalt gezogen sind, in der Verfahrenslage, in der sie vorgebracht werden, und darin, daß die Entscheidung über sie im Falle des § 219 dem Vorsitzenden, in den Fällen der §§ 201 und 244 aber dem Gericht zugewiesen ist. Die in § 201 vorgesehenen Beweisanträge dienen nämlich allein dem Schutz des Angeschuldigten davor, daß die Hauptverhandlung gegen ihn angeordnet werde; für sie folgt aus § 203, daß die Erheblichkeit der unter Beweis gestellten Tatsachen eng begrenzt ist (vgl. § 202, 2). Die Beweisanträge nach den §§ 219 und 244 richten sich gleichermaßen ohne sachliche Begrenzung auf die Beweisaufnahme über Tat und Schuld in der Hauptverhandlung; mit dem Unterschied, daß der Angeklagte im Fall des § 219 schon in dem der Vorbereitung der Hauptverhandlung gewidmeten Verfahren, im Fall des § 244 dagegen erst in der Hauptverhandlung mit dem Verlangen nach Beweiserhebung hervortritt. Daraus ergeben sich die unterschiedliche Zuständigkeit, die Vorläufigkeit der Entscheidung sowie einige Besonderheiten, denen die Entscheidung des Vorsitzenden Rechnung tragen muß.

b) **Antragsberechtigt** sind neben dem Angeklagten auch die Personen, die in der **3** Hauptverhandlung Angeklagtenbefugnisse haben, wie etwa der Einziehungsbeteiligte nach § 433 Abs. 1. Voraussetzung ist allerdings, daß sie mit dem Antrag eigene Verfahrensinteressen verfolgen. Für den Angeklagten kann dessen Verteidiger, für einen Nebenbeteiligten dessen Anwalt den Antrag stellen. Der Verteidiger ist dazu auch — unabhängig vom Willen des Angeklagten — kraft eigenen Rechts befugt[6]. Die anderen Verfahrensbeteiligten — vor allem der Nebenkläger — haben diese Befugnis nicht. Sie sind deswegen aber nicht gehindert, beim Vorsitzenden die Beiziehung bestimmter Beweismittel anzuregen. § 219 gilt auch, wenn der **vom Erscheinen** in der Hauptverhandlung **entbundene Angeklagte** nach seiner kommissarischen Vernehmung (§ 233) schriftlich einen Beweisantrag stellt[7].

3. Form und Inhalt des Antrags. Eine bestimmte **Form** ist nicht vorgeschrieben; da **4** der Antrag aktenkundig zu machen ist, muß er — zumindest auf Verlangen des Vorsitzenden — schriftlich eingereicht oder zur Niederschrift der Geschäftsstelle erklärt werden[8]. Ebenso wie beim Beweisantrag in der Hauptverhandlung sind Beweismittel und Tatsachen, über die Beweis erhoben werden soll, bestimmt zu bezeichnen. Im übrigen reicht es aus, daß sich das Verlangen des Angeklagten, die benannten Beweismittel zur Hauptver-

[4] KG StV 1990 255; *Göhler* NStZ **1990** 74.
[5] BGHSt **6** 128; *Alsberg/Nüse/Meyer* 353; vgl. § 244 94 ff.
[6] Wie auch sonst bei Beweisanträgen vgl. bei § 244. Ebenso *Alsberg/Nüse/Meyer* 352; *Spendel* JZ **1959** 741.
[7] BayObLG NJW **1956** 1042.
[8] *Alsberg/Nüse/Meyer* 353; KK-*Treier* 2; *Kleinknecht/Meyer-Goßner* 1; SK-*Schlüchter* 4; nach KMR-*Paulus* 4 ist schriftliche und mündliche Antragstellung zulässig.

handlung beizuziehen, aus dem Sinn seiner Ausführungen ergibt. Beweisanregungen und Beweisermittlungsanträge unterfallen nicht dem § 219[9]. Bedingte Beweisanträge sind zulässig (vgl. Rdn. 14). Der Antrag muß die **Beweiserhebung in der Hauptverhandlung** bezwecken, dazu gehört auch der Antrag, bestimmte Beweisgegenstände herbeizuschaffen, damit sie in der Hauptverhandlung in Augenschein genommen werden können. Anders ist es dagegen bei dem Antrag, vor der Hauptverhandlung einen richterlichen Augenschein nach § 225 einzunehmen[10] oder vor der Hauptverhandlung eine richterliche Vernehmung nach § 223 in die Wege zu leiten oder einen Zeugen durch die Polizei vernehmen zu lassen[11].

5   Entspricht das Begehren **nicht den Erfordernissen eines Beweisantrags**, läßt es insbesondere nicht erkennen, über welche Tatsachen Beweis erhoben werden soll, oder ist zweifelhaft, was der Antragsteller will, so hat der Vorsitzende in Erfüllung seiner Aufklärungs- und Fürsorgepflicht auf eine Klärung oder Vervollständigung hinzuwirken. Er kann dem Angeklagten Gelegenheit zu einer ergänzenden Äußerung geben[12], er kann aber auch den Antrag sofort ablehnen und dabei die Fehler oder Mängel des Antrages näher bezeichnen[13]. Dem Angeklagten ist es dann überlassen, einen neuen Antrag zu stellen, der die gerügten Fehler und Mängel vermeidet. Der Vorsitzende darf aber nicht von sich aus einen ernsthaft gestellten Antrag in einem Beweisermittlungsantrag umdeuten[14].

6   **4. Zuständigkeit des Vorsitzenden.** Wenn § 219 ausspricht, daß der Angeklagte seine Anträge beim Vorsitzenden des Gerichts zu stellen habe, bestimmt er dessen Zuständigkeit zur Entscheidung über die Anträge[15]. Diesem — und nicht dem Gericht — obliegt auch sonst die Vorbereitung der Hauptverhandlung und die Ladung der Beweispersonen und die Beiziehung der sächlichen Beweismittel, die er auf Grund seiner Kenntnis der Aktenlage für erforderlich hält (vgl. §§ 214, 221). Abgesehen vom Strafrichter und den im ersten Rechtszuge entscheidenden Senaten der Oberlandesgerichte ist vor der Hauptverhandlung auch kein Gericht vorhanden, das der Zusammensetzung des Gerichts in der Hauptverhandlung entspricht. Die Zuständigkeit des Vorsitzenden zur Entscheidung über Beweisanträge, die vor der Hauptverhandlung gestellt werden, entspricht dem notwendigerweise **vorläufigen Charakter** seiner Entscheidung[16]. Es ist deshalb unzulässig, daß der Vorsitzende einen förmlichen Beschluß des Gerichts in der Besetzung außerhalb der Hauptverhandlung herbeiführt; er könnte nur Verwirrung und Unklarheit bei den Betroffenen hervorrufen[17]. Intern steht es ihm frei, die als Mitglieder des erkennenden Gerichts vorgesehenen Richter zu hören, bevor er eine Verfügung erläßt[18].

7   **5.** Eine **Anhörung der Staatsanwaltschaft** vor der Entscheidung über den Antrag nach § 219 ist möglich und unter Umständen auch zweckmäßig. Zwingend vorgeschrie-

---

9 *Alsberg/Nüse/Meyer* 353; *Kleinknecht/Meyer-Goßner* 1; SK-*Schlüchter* 6; *Eb. Schmidt* 2.

10 OLG Celle NJW **1957** 1812; *Quedenfeld* FS II Peters 223; h. M.

11 BGH nach KK-*Treier* 2; *Kleinknecht/Meyer-Goßner* 1; SK-*Schlüchter* 6 (die Aufklärungspflicht aktualisierende Beweisanregung, kein Beweisermittlungsantrag).

12 AK-*Keller* 2; KK-*Treier* 2; KMR-*Paulus* 5.

13 Nach *Alsberg/Nüse/Meyer* 356 verdient der Hinweis im Rahmen einer ablehnenden Verfügung den Vorzug, da der Antrag dann nicht in der Schwebe bleibt und in mangelfreier Form wiederholt werden kann. Hierauf sollte der Angeklagte allerdings hin-

gewiesen werden; ebenso *Kleinknecht/Meyer-Goßner* 3; SK-*Schlüchter* 11.

14 BGH bei *Pfeiffer* NStZ **1982** 189; AK-*Keller* 2; KK-*Treier* 6; *Kleinknecht/Meyer-Goßner* 2; KMR-*Paulus* 4; SK-*Schlüchter* 11.

15 RGSt **75** 166; OLG Köln MDR **1953** 376; h. M.

16 *Eb. Schmidt* 3; h. M; vgl. Rdn. 10.

17 OLG Köln MDR **1953** 376; *Alsberg/Nüse/Meyer* 354; KK-*Treier* 3; *Kleinknecht/Meyer-Goßner* 2; KMR-*Paulus* 7; SK-*Schlüchter* 9; **a. A** AK-*Keller* 3 (Beschluß macht Entscheidung nicht fehlerhaft); vgl. Rdn. 37.

18 OLG Köln DRiZ **1931** Nr. 452; *Oske* MDR **1971** 797; h. M.

ben ist sie aber nicht[19]. Dies zeigen Absatz 2 und die Neuregelung des Ladungsrechts in § 214. § 35 Abs. 2 ist auf die prozeßleitende Verfügung des Vorsitzenden, mit der er die Hauptverhandlung vorbereitet, nicht anwendbar[20].

6. Entscheidung des Vorsitzenden

a) Pflicht zur Entscheidung vor der Hauptverhandlung. Der Vorsitzende muß noch **8** vor der Hauptverhandlung dem Antrag entweder stattgeben oder ihn ablehnen. Er ist nicht befugt, von einer Verfügung abzusehen oder die Entscheidung dem erkennenden Gericht in der Hauptverhandlung vorzubehalten[21]. Der Antrag darf auch dann nicht ohne Bescheid bleiben, wenn der Vorsitzende in ihm keinen zulässigen Antrag nach § 219 sieht, ihn als Beweisanregung oder als Beweisermittlungsantrag[22] wertet oder wenn er den Angeklagten ergebnislos zu einer Klarstellung (vgl. Rdn. 5, 17) aufgefordert hatte. Wegen seines eigenen Ladungsrechts nach § 220 muß der Angeklagte schon vor der Hauptverhandlung wissen, ob das Gericht das von ihm geforderte Beweismittel beizieht. Etwas anderes kann allenfalls dann gelten, wenn sich aus dem Schreiben des Angeklagten eindeutig ergibt, daß dieser keinen Bescheid erwartet.

Eine **Ausnahme** greift nur dann Platz, wenn der Antrag so spät bei Gericht eingeht, **9** daß es nicht möglich ist, noch vor der Hauptverhandlung über ihn zu entscheiden und alle dadurch notwendig werdenden Ladungen und Benachrichtigungen durchzuführen. In diesem Falle muß der Vorsitzende den Antrag in der Hauptverhandlung zur Sprache bringen (vgl. Rdn. 26).

b) Vorläufigkeit der Entscheidung. Die Entscheidung nach § 219 ist immer nur eine **10** vorläufige. Sie bindet das erkennende Gericht nicht, das auf Grund der Hauptverhandlung im Rahmen der Aufklärungspflicht von Amts wegen und im übrigen auf Grund eines neuen Beweisantrags erneut darüber zu befinden hat, ob die unter Beweis gestellte Tatsache erheblich und das angegebene Beweismittel brauchbar ist[23]. In der ablehnenden Verfügung nach § 219 darf der Vorsitzende deshalb nicht den Anschein erwecken, daß damit eine bestimmte Sachbehandlung des Gerichts in Aussicht gestellt werde, wie etwa bei der Wahrunterstellung (dazu Rdn. 13).

c) Entscheidungskriterien. Der Vorsitzende muß — wie sonst bei der Entscheidung **11** über die Herbeischaffung weiterer Beweismittel (§ 221) — auf Grund seiner aus den Akten gewonnenen Kenntnis beurteilen, ob bei vorläufiger Einschätzung der Beweislage die Aufklärungspflicht sowie die für die Behandlung der Beweisanträge maßgebenden Grundsätze des § 244 Abs. 3 bis 5[24] die beantragte Beiziehung der Beweismittel angezeigt erscheinen lassen. Kann er dies nicht, weil der Antrag unvollständig oder unklar geblieben ist, muß er den Antrag ablehnen (vgl. Rdn. 5). Gleiches gilt für unzulässige Anträge (vgl. § 244 Abs. 3)[25].

Einschränkungen ergeben sich aus der **Vorläufigkeit** der die Hauptverhandlung **12** lediglich vorbereitenden Verfügung. In ihr kann und darf keine Entscheidung ergehen oder in Aussicht gestellt werden, die nur das erkennende Gericht auf Grund der Beweiser-

[19] *Eb. Schmidt* 4; KK-*Treier* 4; *Kleinknecht/Meyer-Goßner* 2; KMR-*Paulus* 8; SK-*Schlüchter* 8.

[20] *Alsberg/Nüse/Meyer* 354; *Traub* NJW **1957** 1096; *Oske* MDR **1971** 797.

[21] RGSt **61** 376; **72** 231; **75** 166; BGHSt **1** 286; *Alsberg/Nüse/Meyer* 355.

[22] Vgl. Rdn. 4 und bei § 244.

[23] RGSt **75** 166; OLG Koblenz OLGSt **1**.

[24] OLG Köln MDR **1953** 376; h. M; *Alsberg/Nüse/Meyer* 357; AK-*Keller* 4; KK-*Treier* 6; *Kleinknecht/Meyer-Goßner* 3; KMR-*Paulus* 9; SK-*Schlüchter* 10; *Nierwetberg* Jura **1984** 633; **a. A** *Peters* § 38 IV (wegen der Möglichkeit der Nachholung ist Vorsitzender an die Ablehnungsschranken des § 244 Abs. 3, 4 nicht gebunden).

[25] SK-*Schlüchter* 11.

hebung in der Hauptverhandlung treffen kann. So darf der Vorsitzende dem noch offenen Ergebnis der Beweisaufnahme nicht dadurch vorgreifen, daß er den Wert des benannten Beweismittels allein deshalb in Frage stellt, weil die unter Beweis gestellte Tatsache dem aus den Akten ersichtlichen vorläufigen Ermittlungsergebnis widerspricht[26].

13   Vor allem aber darf der Vorsitzende den Antrag nicht mit der Begründung ablehnen, die behauptete Tatsache könne **als wahr unterstellt** werden. Dies ist dem erkennenden Gericht vorbehalten. Der Vorsitzende kann dessen späterer Beweiswürdigung nicht vorgreifen[27]; er ist nicht in der Lage, mit der erforderlichen Zuverlässigkeit vorherzusehen, was die künftige Beweisaufnahme ergeben wird. Zur Hinweispflicht des Vorsitzenden bei einer fehlerhaften Ablehnung des Antrags nach § 219 vgl. Rdn. 24.

14   Auch ein **bedingter** (hilfsweise gestellter) **Beweisantrag**, in dem die Beiziehung eines Beweismittels nur für den Fall gefordert wird, daß das Gericht nicht von einem bestimmten Sachverhalt oder einer bestimmten Beweislage ausgeht, ist vor der Hauptverhandlung zu bescheiden. Sofern der Vorsitzende nicht die Beiziehung des beantragten Beweismittels verfügt, weil nach seiner Einschätzung der Aktenlage die Bedingung gegeben ist oder weil die Aufklärungspflicht dies nahelegt, ist in der Regel ein solcher Antrag schon deshalb abzulehnen, weil nach der Aktenlage nicht zu beurteilen ist, ob die Voraussetzungen, von denen der Hilfsantrag die Beiziehung des Beweismittels abhängig macht, vom erkennenden Gericht für gegeben erachtet werden[28]. In diesem Fall muß es zulässig sein, die Ablehnung damit zu begründen und dem Antragsteller anheimzugeben, den Antrag gegebenenfalls in der Hauptverhandlung erneut zu stellen. Wird der Hilfsantrag vor der Hauptverhandlung nicht beschieden, ist er, ebenso wie andere unerledigte Anträge, in ihr vom Vorsitzenden zur Sprache zu bringen[29].

15   Hat der Angeklagte die Einholung des **Gutachtens eines Sachverständigen** beantragt, muß der Vorsitzende am Maßstab des § 244 Abs. 4 beurteilen, ob die Sachkunde des Gerichts voraussichtlich ausreichen wird. Auch wenn letztlich hierüber das erkennende Gericht zu befinden hat, kann er den Antrag mit dem Hinweis auf die voraussichtlich ausreichende Sachkunde des Gerichts ablehnen[30]; andernfalls kann er zur Vorbereitung der Hauptverhandlung vorsorglich einen Sachverständigen zum Termin laden oder ihn mit der Fertigung eines schriftlichen Gutachtens beauftragen. Wird die Zuziehung eines weiteren Sachverständigen beantragt, kann er dies ablehnen, wenn nach seiner Einschätzung die Voraussetzungen des § 244 Abs. 4 Satz 2 zweiter Halbsatz nicht gegeben sind[31]. Auf die Vorläufigkeit dieser das erkennende Gericht nicht präjudizierenden Beurteilung ist hinzuweisen.

16   **d) Begründung der Entscheidung.** Gibt der Vorsitzende dem Antrag statt, braucht er seine Verfügung nicht zu begründen. Er ordnet die Ladung der benannten Beweispersonen (§ 214 Abs. 1) und die Herbeischaffung der Beweisgegenstände an.

17   Die **Ablehnung** muß jedoch, wie es § 34 und die Fürsorgepflicht erfordern[32], begründet werden, wobei die Begründung erkennen lassen muß, daß die Entscheidung des Vor-

---

[26] RGSt **63** 332; OLG Koblenz OLGSt 1.
[27] Jetzt h. M; etwa RGSt **73** 193; **75** 167; BGHSt **1** 51; *Alsberg/Nüse/Meyer* 363 mit weit. Nachw.; KK-*Treier* 6; *Kleinknecht/Meyer-Goßner* 3; KMR-*Paulus* 11; SK-*Schlüchter* 10; *Eb. Schmidt* 12; *Nierwetberg* Jura **1984** 633; *Oske* MDR **1971** 797 *Traub* NJW **1957** 1097; **a. A** OLG Hamburg HESt **1** 166.
[28] OLG Celle VRS **17** (1959) 281; *Alsberg/Nüse/ Meyer* 353; *Kleinknecht/Meyer-Goßner* 1; KMR-*Paulus* 3; SK-*Schlüchter* 7. Vgl. auch *Pfeiffer/Fischer* 2 (Hilfsbeweisantrag zulässig, wenn Eintritt

der Bedingung schon vor der Hauptverhandlung beurteilt werden kann).
[29] Vgl. Rdn. 25.
[30] *Alsberg/Nüse/Meyer* 356; KK-*Treier* 6; *Kleinknecht/Meyer-Goßner* 3; KMR-*Paulus* 10; SK-*Schlüchter* 10; frühere Entscheidungen sprechen vom pflichtgemäßen Ermessen, so RGSt **47** 108; **49** 437; **51** 42; **52** 61; **57** 158; **61** 114; 273; **64** 160.
[31] *Alsberg/Nüse/Meyer* 356; KK-*Treier* 6.
[32] *Oske* MDR **1971** 798; KK-*Treier* 5; *Kleinknecht/ Meyer-Goßner* 4; KMR-*Paulus* 9; SK-*Schlüchter* 12; *Eb. Schmidt* 7.

sitzenden eine vorläufige ist[33]. Da der Vorsitzende über einen Beweisantrag nicht nach freiem Ermessen befinden darf, sondern ihn grundsätzlich so zu behandeln hat, wie ihn das erkennende Gericht behandeln müßte, wenn er in der Hauptverhandlung gestellt worden wäre, spricht manches dafür, daß auch die Begründung einer ablehnenden Verfügung den maßgeblichen Ablehnungsgrund in seinen Grundzügen erkennbar machen muß. Wegen der vorläufigen Natur der Entscheidung reicht jedoch eine knappere Begründung, wenn sie keinen Zweifel darüber aufkommen läßt, daß und warum der Antrag abgelehnt wird[34]. Nach anderer Ansicht[35] genügt der Hinweis, daß die Beweiserhebung entbehrlich erscheint. Der Antragsteller muß auf jeden Fall erkennen, daß damit sein Antrag nach § 219 endgültig erledigt ist. Er kann sich schlüssig machen, ob er nach § 220 verfahren oder den Antrag in der Hauptverhandlung wiederholen will[36]. Eine Belehrung über diese Rechtslage ist nicht vorgeschrieben[37], es kann jedoch zweckmäßig sein, den Antragsteller in der ablehnenden Verfügung darauf hinzuweisen[38].

7. Bekanntmachung der Entscheidung

a) Bekanntmachung an den Angeklagten. Absatz 1 Satz 2 schreibt dies zwingend **18** vor[39]. Die Verfügung des Vorsitzenden muß dem Angeklagten sowohl dann mitgeteilt werden, wenn dem Antrag stattgegeben wurde, als auch dann, wenn der Antrag abgelehnt wurde. Für die Art der Bekanntgabe sind die §§ 35 und 37 maßgebend. Es genügt eine formlose Mitteilung nach § 35 Abs. 2 Satz 2[40], die jedoch unverzüglich erfolgen sollte, damit der Angeklagte seine Verteidigung danach einrichten kann, etwa Ladung nach § 220[41].

Die Mitteilung an **Mitangeklagte**, die nicht Antragsteller sind, ist nicht vorgeschrie- **19** ben. Sie kann angebracht sein, wenn die Verfügung, insbesondere eine ablehnende Verfügung, auch für ihre Verteidigung von Bedeutung ist[42]. Wird dem Antrag stattgegeben, müssen die geladenen Beweispersonen ohnehin nach § 222 Abs. 1 auch den Mitangeklagten namhaft gemacht werden[43]. Für die ernannten Sachverständigen folgt die Namhaftmachung außerdem auch aus § 74 Abs. 2.

b) Mitteilung an die Staatsanwaltschaft (Absatz 2). Nur die Beweisanträge, denen **20** der Vorsitzende stattgibt, sind der Staatsanwaltschaft mitzuteilen. Diese Mitteilung muß den in § 222 Abs. 1 vorgeschriebenen Mindestinhalt (Name, Adresse) haben, damit sie gleichzeitig auch den Anforderungen dieser Vorschrift genügt. Darüber hinaus ist — sofern dies nicht schon vorher geschehen ist (vgl. Rdn. 7) — auch der Inhalt des Beweisantrags der Staatsanwaltschaft zur Kenntnis zu bringen; es genügt also — anders als bei den vom Gericht aus eigenem Entschluß geladenen Zeugen und Sachverständigen — nicht, daß nur die geladene Person namhaft gemacht wird.

Zweck des Absatzes 2 ist, der Staatsanwaltschaft Gelegenheit zur Prüfung zu geben, **21** ob ein Anlaß zu weiteren Erhebungen und zur Beiziehung weiterer Beweismittel besteht.

---

[33] BGHSt **1** 51; h. M.
[34] SK-*Schlüchter* 12.
[35] *Alsberg/Nüse/Meyer* 358; KK-*Treier* 5; *Kleinknecht/Meyer-Goßner* 4; *Eb. Schmidt* 5; zweifelnd *Pfeiffer/Fischer* 4.
[36] Vgl. Rdn. 24.
[37] *Alsberg/Nüse/Meyer* 358; *Kleinknecht/Meyer-Goßner* 4; SK-*Schlüchter* 15; **a. A** KK-*Treier* 5; KMR-*Paulus* 9.

[38] KK-*Treier* 5; KMR-*Paulus* 9; SK-*Schlüchter* 15; *W. Schmid* Verwirkung 208.
[39] OLG Köln JMBlNW **1962** 201.
[40] *Alsberg/Nüse/Meyer* 359; *Oske* MDR **1971** 797; KK-*Treier* 7; KMR-*Paulus* 12; SK-*Schlüchter* 13.
[41] *Kleinknecht/Meyer-Goßner* 4; SK-*Schlüchter* 13.
[42] *Oske* MDR **1971** 797; KK-*Treier* 9; KMR-*Paulus* 12; **a. A** *Alsberg/Nüse/Meyer* 358; *Kleinknecht/Meyer-Goßner* 4 („überflüssig"); SK-*Schlüchter* 13.
[43] Vgl. § 222, 10.

Soweit vom Vorsitzenden die Beiziehung von Beweisgegenständen angeordnet worden ist, ist die Mitteilung auch deshalb notwendig, weil der Staatsanwaltschaft deren Herbeischaffung zur Hauptverhandlung obliegt; sofern dies nicht durch das Gericht bewirkt wird (§ 214 Abs. 4).

22   Der **Nebenkläger** ist in gleicher Weise zu benachrichtigen wie die Staatsanwaltschaft[44].

8. Auswirkung der Entscheidung

23   **a) Keine Bindung des Vorsitzenden.** Dieser ist an seine Entscheidung nicht gebunden. Er kann einem abgelehnten Antrag nachträglich doch noch entsprechen (auch aus Anlaß einer unzulässigen Beschwerde[45]) und er kann auch umgekehrt eine bereits angeordnete Beiziehung des beantragten Beweismittels wieder aufheben. Er muß den Antragsteller jedoch hierauf noch vor der Hauptverhandlung hinweisen, damit dieser sich auf die veränderte Verfahrenslage bei der Vorbereitung seiner Verteidigung einrichten kann[46].

24   **b) Erneuerung des Antrags.** Abgelehnte Anträge nach § 219 können in der Hauptverhandlung neu gestellt werden. Dies ist Sache des Antragstellers. Der Vorsitzende oder das Gericht müssen grundsätzlich von sich aus auf den durch Bescheid erledigten Antrag nicht mehr zurückkommen[47], es sei denn, daß die Aufklärungspflicht auf Grund der Beweislage der Hauptverhandlung dazu drängt, oder daß dies notwendig ist, um eine fehlerhafte oder irreführende Sachbehandlung zu korrigieren.

25   **c) Hinweispflicht in der Hauptverhandlung.** Einen wegen verspäteten Eingangs **unerledigten Beweisantrag** muß der Vorsitzende kraft seiner Fürsorgepflicht zur Wahrung eines fairen Verfahrens[48] zur Sprache bringen. Hält der Angeklagte ihn aufrecht, dann ist dieser nunmehr auch in der Hauptverhandlung gestellte Beweisantrag vom Gericht zu bescheiden[49]. Gleiches gilt zur Heilung einer fehlerhaften Sachbehandlung, so wenn die Bescheidung eines rechtzeitig gestellten Antrags vor der Hauptverhandlung versehentlich unterblieben ist[50], oder die vom Vorsitzenden verfügte Ladung nicht ausgeführt oder die ablehnende Verfügung dem Angeklagten versehentlich nicht mitgeteilt wurde[51]. Ist der Angeklagte vom **Erscheinen in der Hauptverhandlung entbunden** (§ 233), muß der Vorsitzende dafür sorgen, daß der Hinweis bei seiner kommissarischen Einvernahme erteilt wird, anderenfalls muß er den Beweisantrag zur gerichtlichen Entscheidung bringen[52]. Gleiches gilt in den sonstigen Fällen einer Verhandlung ohne den Angeklagten[53].

26   Erteilt der Vorsitzende fälschlich den Bescheid, daß die Entscheidung über den Beweisantrag **dem Gericht vorbehalten** werde, so erwächst aus dieser Zusicherung für ihn die Pflicht, den Antrag in der Hauptverhandlung dem erkennenden Gericht zu unter-

---

44 *Eb. Schmidt* 5; vgl. die Erl. zu § 397 Abs. 1.
45 KMR-*Paulus* 19.
46 *Alsberg/Nüse/Meyer* 359, h. M.
47 RG GA **65** (1918) 366; *Alsberg/Nüse/Meyer* 359; *Plötz* Fürsorgepflicht 243 hält zur Vermeidung von Fehlvorstellungen des Angeklagten den Hinweis auf die Möglichkeit erneuter Antragstellung im Regelfall für erforderlich.
48 Vgl. BGHSt **32** 47 = JR **1984** 172 mit abl. Anm. *Meyer*; KMR-*Paulus* 15. Der Rechtsgrund der Hinweispflicht ist strittig. Im Ergebnis besteht aber weitgehende Übereinstimmung, daß das Verteidigungsrecht des Angeklagten nicht durch Unkenntnis beeinträchtigt werden soll. Zum Wandel der

früheren Rechtsprechung vgl. *Alsberg/Nüse/Meyer* 360.
49 BayObLGSt **1955** 267 = NJW **1956** 1042.
50 BayObLGSt **1964** 26 = GA **1964** 334. BayObLG bei *Bär* DAR **1987** 312; KG JR **1950** 567; StV **1990** 265; OLG Bremen VRS **36** (1969) 180; *Alsberg/Nüse/Meyer* 360.
51 *Alsberg/Nüse/Meyer* 361; *Dahs/Dahs* 190; KMR-*Paulus* 16; vgl. OLG Braunschweig HRR **1928** Nr. 1676; *Kleinknecht/Meyer-Goßner* 5.
52 BayObLGSt **1955** 267 = NJW **1956** 1042; *Alsberg/Nüse/Meyer* 361; *Oske* MDR **1971** 798; SK-*Schlüchter* 17.
53 KK-*Treier* 3; *Kleinknecht/Meyer-Goßner* 5; KMR-*Paulus* 15; SK-*Schlüchter* 18.

breiten. Das Gericht muß sich mit dem Antrag befassen[54]. Dies gilt auch, wenn nicht der Angeklagte, sondern sein Verteidiger den Antrag eingereicht hat[55]. Eine förmliche Bescheidung des Antrags in der Hauptverhandlung ist aber nur notwendig, wenn der Angeklagte oder der Verteidiger den Antrag aufrechterhalten. Sie deswegen zu befragen oder ihnen anheimzugeben, den Antrag in der Hauptverhandlung neu zu stellen, ist eine aus der vorausgegangenen Zusicherung erwachsene Rechtspflicht[56], selbst wenn die Zusicherung einen Antrag auf Einnahme eines Augenscheins (Rdn. 4, § 225, 4) betraf.

Hat der Vorsitzende den früheren Antrag mit einer **unzulässigen Begründung**, etwa **27** der Zusage der **Wahrunterstellung** (vgl. Rdn. 13), abgelehnt, so ist er verpflichtet, zur Behebung des Fehlers und eines daraus möglicherweise beim Angeklagten entstandenen Irrtums auf die Rechtslage, vor allem aber darauf hinzuweisen, daß der frühere Antrag nicht fortwirkt. Die erneute Antragstellung in der Hauptverhandlung ist anheimzugeben[57]. Die Pflicht zur Korrektur des vom Vorsitzenden fälschlich geschaffenen Vertrauenstatbestandes durch einen Hinweis[58] besteht grundsätzlich auch, wenn dem Antragsteller ein Verteidiger zur Seite steht. Sie kommt nur dann nicht zum Tragen, wenn durch den Verlauf der Hauptverhandlung offensichtlich wird, daß der ehemalige Antrag nicht mehr fortwirkt (vgl. Rdn. 29, 30). Unterläßt der Vorsitzende in der Hauptverhandlung den richtigstellenden Hinweis, kann dies die Revision begründen (vgl. Rdn. 29; 35).

d) Ein **Verzicht** des Antragstellers auf einen Beweisantrag, der ausnahmsweise (vgl. **28** Rdn. 25 bis 27) in die Hauptverhandlung hineinwirkt, ist möglich. Ein Verzicht kann aber nicht schon darin gesehen werden, daß der Angeklagte oder sein Verteidiger den Antrag in der Hauptverhandlung nicht von sich aus neu stellen[59]. Es kann ihnen nicht zum Nachteil gereichen, wenn sie auf Grund der Zusicherung des Vorsitzenden davon ausgehen, daß das Gericht von sich aus den vor der Hauptverhandlung gestellten Antrag aufgreifen oder sich an die in Aussicht gestellte Wahrunterstellung halten wird.

Ob ein **stillschweigender Verzicht** dann angenommen werden kann, wenn ein **Verteidiger** auf den von ihm selbst gestellten Beweisantrag in der Hauptverhandlung nicht mehr **29** zurückkommt, hängt von den Besonderheiten des Einzelfalles ab[60]. Die Rechtsprechung nahm ursprünglich an, daß auf Beweisanträge, die der Vorsitzende vor der Hauptverhandlung fehlerhaft oder überhaupt nicht beschieden hatte, die Revisionsgrundsätze nicht anwendbar seien. Als sie später anerkannte, daß solche Fehler des Vorsitzenden fortwirken und die Revision begründen können, machte sie einen deutlichen Unterschied, je nachdem, ob der Antrag vom rechtsunkundigen Angeklagten oder seinem Verteidiger gestellt war[61], weil man von einem Verteidiger im allgemeinen erwarten könne, daß er

[54] BGHSt **1** 286 = JZ **1951** 725 mit Anm. *Oehler* h. M; vgl. *Alsberg/Nüse/Meyer* 362 mit weit. Nachw.

[55] RG JW **1931** 1602; **1938** 2736; HRR **1939** Nr. 64; *Alsberg/Nüse/Meyer* 363.

[56] OLG Düsseldorf JMBlNW **1987** 101; KG StV **1990** 255; OLG Köln JMBlNW **1963** 11 (Fürsorgepflicht); vgl. RGSt **61** 376; RG JW **1931** 1602; **1932** 16690; HRR **1927** Nr. 2165; KG Recht **1927** Nr. 511; KG JR **1950** 567; OLG Köln NJW **1954** 46; OLG Hamburg JR **1956** 28 mit Anm. *Nüse*; OLG Celle NdsRpfl. **1959** 89; BayObLGSt **1964** 26 = GA **1964** 334; *Oehler* JZ **1951** 725; AK-*Keller* 2; *Kleinknecht/Meyer-Goßner* 5.

[57] BGHSt **1** 51; RGSt **73** 193; **75** 167; h. M; weit. Nachw. *Alsberg/Nüse/Meyer* 363; 24. Aufl. § 219 Fußn. 19.

[58] BGHSt **32** 47 begründet dies mit dem Gebot eines fairen Verfahrens (vgl. LR[24] Art. 6 MRK, 72; Vor § 226, 15; 16), *Alsberg/Nüse/Meyer* 860 entsprechend der früheren Rechtsprechung (auch BGHSt **1** 51) mit der Aufklärungspflicht, aus der auch die Hinweispflichten abgeleitet wurden.

[59] RGSt **61** 376; **75** 166; RG Recht **1928** Nr. 222; JW **1930** 3774; **1931** 1602; OLG Köln NJW **1954** 46; BayObLG GA **1964** 334; KG StV **1990** 255; *Oske* MDR **1971** 799; KK-*Treier* 10; KMR-*Paulus* 17; zur Verzichtsproblematik ferner *Bohnert* NStZ **1983** 344; SK-*Schlüchter* 21.

[60] Vgl. etwa RGSt **75** 167; RG JW **1932** 1660; BGHSt **1** 286 = JZ **1951** 725 mit Anm. *Oehler*; *Alsberg/Nüse/Meyer* 861 (differenzierend) mit weit. Nachw.

[61] Vgl. die Übersichten bei *Oehler* JZ **1951** 725; *Traub* NJW **1957** 1095.

einen Beweisantrag, den der Vorsitzende nicht beschieden oder entgegen seiner Zusage in der Hauptverhandlung nicht zur Sprache gebracht habe, in der Hauptverhandlung erneut stelle. Dieser Auffassung ist mit guten Gründen entgegen gehalten worden, daß am Anfang die verletzte Rechtspflicht des Vorsitzenden steht, der entgegen § 219 den Beweisantrag nicht beschieden und die Entscheidung darüber dem erkennenden Gericht vorbehalten hat. Übersieht er, den Antrag in der Hauptverhandlung zur Sprache zu bringen, so muß dieses Versehen zu Lasten des Gerichts gehen und kann auch durch ein hinzutretendes Versäumnis des Angeklagten oder seines Verteidigers nicht ausgeglichen werden[62].

30   Nur wenn zweifelsfrei aus den **Umständen ersichtlich** wird, daß Angeklagter oder Verteidiger den unerledigten Antrag nach § 219 nicht weiterverfolgt sehen wollen, ist die Ausnahme eines stillschweigenden Verzichts auf den Antrag gerechtfertigt. Solche Umstände können darin zu sehen sein, daß der Verteidiger einen anderen Beweisantrag mit ähnlicher Zielrichtung gestellt hat[63] oder daß der Vorsitzende die Unerheblichkeit des Beweismittels mit dem Verteidiger erörtert und dieser dann keinen Beweisantrag stellt[64]. Aber selbst wenn solche besonderen Umstände vorzuliegen scheinen, ist es ratsam, durch eine entsprechende Frage in der Hauptverhandlung ausdrücklich zu klären, ob sich ein vor der Hauptverhandlung gestellter und nicht beschiedener Beweisantrag erledigt hat.

9. Rechtsbehelfe

31   a) Das **Recht, die Beweispersonen selbst zu laden**, gewährt § 220 Abs. 1 Satz 1 dem Angeklagten gerade auch für den Fall der Ablehnung des Antrags nach § 219.

32   b) Durch **neue Antragstellung in der Hauptverhandlung** kann der Angeklagte eine **Entscheidung des Gerichts** nach § 244 Abs. 6 über den vom Vorsitzenden abgelehnten Beweisantrag herbeiführen. Die Verfügung des Vorsitzenden steht wegen ihres vorläufigen Charakters dem nicht entgegen. Dagegen hat der Angeklagte nicht die Möglichkeit, schon vor der Hauptverhandlung das Gericht nach § 238 Abs. 2 gegen die Verfügung des Vorsitzenden anzurufen[65]. Die Entscheidung des erkennenden Gerichts über den in der Hauptverhandlung gestellten Beweisantrag ist vom Revisionsgericht voll nachprüfbar.

33   c) Beschwerde (§ 304) ist gegen die Verfügung des Vorsitzenden nicht zulässig. Ebensowenig wie die Ablehnung des Beweisantrags in der Hauptverhandlung mit Beschwerde anfechtbar ist (§ 305), kann die vorläufige Ablehnung der Beschwerde zugänglich sein[66]. Es besteht auch kein Bedürfnis dafür, da dem Angeklagten anderweitige Abhilfe möglich ist. § 220 Abs. 1 Satz 1 sieht ausdrücklich für diesen Fall die Möglichkeit vor, Beweispersonen selbst zu laden und damit über § 245 Abs. 2 ihre Einvernahme zu erzwingen. Außerdem kann der Beweisantrag in der Hauptverhandlung erneut gestellt werden (Rdn. 24).

34   Dem Vorsitzenden ist es unbenommen, eine unzulässige Beschwerde als **Gegenvorstellung** zu behandeln oder sie zumindest zum Anlaß zu nehmen, nachträglich von Amts

---

62 Vgl. oben Fußn. 59; OLG Düsseldorf JMBlNW **1987** 101; *Koeniger* (LV Vor § 226) 181. AK-*Keller* 5; KK-*Treier* 12; *Eb. Schmidt* Nachtrag I, 2; *Oehler* JZ **1951** 725; *Oske* MDR **1971** 799. Nach SK-*Schlüchter* 23 liegt der die Revision begründende Verstoß nicht in der Verletzung des § 219, sondern in der Unterlassung der dadurch notwendig gewordenen Belehrung in der Hauptverhandlung,

die beim rechtsunkundigen Angeklagten, nicht aber beim Verteidiger, notwendig ist.
63 BGHSt **1** 296; *Oske* MDR **1971** 799; vgl. Fußn. 59.
64 RG JW **1931** 1602.
65 *Alsberg/Nüse/Meyer* 364 h. M.
66 *Alsberg/Nüse/Meyer* 364; KK-*Treier* 11; *Kleinknecht/Meyer-Goßner* 6; KMR-*Paulus* 19; SK-*Schlüchter* 432; SK-*Schlüchter* 20.

wegen die benannten Beweispersonen nach § 214 zu laden oder andere Beweismittel nach § 221 beizuziehen[67], wenn ihm dies sachlich angebracht erscheint.

d) Die **Revision** kann grundsätzlich nicht allein auf die Ablehnung eines Antrags nach **35** § 219 gestützt werden[68], weil diese wegen ihres vorläufigen Charakters und wegen der Möglichkeiten des Antragstellers nach §§ 220, 245 Abs. 2 bzw. § 244 (Rdn. 1; 24; 31; 32) die Beweisaufnahme in der Hauptverhandlung nicht präjudiziert. Nur wenn ausnahmsweise eine gegen § 219 verstoßende Sachbehandlung in der Hauptverhandlung weiterwirkt, weil der Angeklagte nicht anwesend war (vgl. Rdn. 25) oder weil bei einem anwesenden Angeklagten der gebotene klarstellende Hinweis (Rdn. 27) unterblieb, kann dies mit der Revision gerügt werden. Nicht der Verstoß gegen § 219 als solcher, sondern erst eine daraus resultierende falsche Sachbehandlung in der Hauptverhandlung, die das Prozeßverhalten des Antragstellers beeinflußt haben kann[69], vermag die Revision zu begründen[70], so, wenn der Vorsitzende den Antrag nicht sachlich beschieden oder eine bestimmte Sachbehandlung durch das Gericht in Aussicht gestellt hat. Vor allem bei der nicht eingehaltenen Zusage der Wahrunterstellung durch das Gericht kann das Urteil darauf beruhen, daß der Antragsteller im Vertrauen darauf keinen neuen Beweisantrag in der Hauptverhandlung stellte[71]. Voraussetzung ist aber stets, daß das Fortwirken des Fehlers nicht durch den gebotenen Hinweis beseitigt oder durch ausdrücklichen oder stillschweigenden Verzicht des Antragstellers oder seines Verteidigers (Rdn. 28 bis 30) gegenstandslos geworden ist. Daß der Vorsitzende einen solchen Hinweis erteilt hat, muß aber nicht aus den Urteilsgründen ersichtlich sein[72].

Zur **Begründung** einer solchen auf die Verletzung des § 219 in Verbindung mit der **36** Sachbehandlung in der Hauptverhandlung gestützten Verfahrensrüge müssen nach § 344 Abs. 2 alle den revisiblen Verfahrensverstoß kennzeichnenden Tatsachen in der Revisionsbegründungsschrift angeführt werden. Hierzu gehören der Inhalt des Beweisantrags, die Ablehnung durch den Vorsitzenden nebst Begründung oder aber die Nichtbescheidung, ferner die einschlägigen Vorkommnisse in der Hauptverhandlung einschließlich der Angabe, ob und welche Belehrung in der Hauptverhandlung erteilt und ob der Antrag in der Hauptverhandlung wiederholt wurde[73].

Hat das **Gericht** fälschlich statt des Vorsitzenden den Beweisantrag abgelehnt, so ver- **37** mag dieser Fehler für sich allein die Revision nicht zu begründen[74]; der vorläufige Cha-

67 *Oske* MDR **1971** 797.
68 RGSt **75** 166; *Dahs/Dahs* 190; KK-*Treier* 12; KMR-*Paulus* 20; *Kleinknecht/Meyer-Goßner* 6; *Schlüchter* 21.
69 SK-*Schlüchter* 21; 23 stellt darauf ab, ob Belehrungspflichten gegen den unverteidigten Angeklagten verletzt wurden; ist dies nicht der Fall, scheitert die Revision daran, daß die Möglichkeiten der prospektiven Fehlerkorrektur in der Hauptverhandlung ungenutzt geblieben sind.
70 OLG Düsseldorf JMBlNW **1987** 101; KG StV **1990** 255; AK-*Keller* 6; KK-*Treier* 12; KMR-*Paulus* 21. Dabei macht es letztlich keinen großen Unterschied, ob man den die Revision begründenden Verstoß nur in der Verletzung der Belehrungspflicht sieht, so etwa *Kleinknecht/Meyer-Goßner* 7; SK-*Schlüchter* 23, oder ob man undifferenziert in einer Zusammenschau auch den Verstoß gegen § 219 als revisionsbegründende Rechtsverletzung mit anführt, da erst durch ihn die Belehrungspflicht

ausgelöst wird; vgl. etwa OLG Düsseldorf JMBlNW **1987** 101; KG StV **1990** 225; AK-*Keller* 6; KMR-*Paulus* 21; ferner etwa *Alsberg/Nüse/Meyer* 860 (Verletzung der Hinweispflichten mit Aufklärungsrüge).
71 Etwa BGHSt **1** 51; AK-*Keller* 6; KK-*Treier* 12; KMR-*Paulus* 21. BGHSt **32** 47 = JR **1984** 172 mit abl. Anm. *Meyer* begründet dies mit dem Gebot eines fairen Verfahrens (vgl. LR[24] Art. 6 MRK, 72).
72 Im Freibeweisverfahren zu klären, da auch keine wesentliche Förmlichkeit (§ 273).
73 Wegen der Einzelheiten vgl. BayObLGSt **1964** 26 = GA **1964** 334; OLG Bremen VRS **36** (1969) 181 (Angabe, ob dem Angeklagten in der Hauptverhandlung ein Verteidiger zur Seite stand); ferner OLG Düsseldorf JMBlNW **1987** 101; SK-*Schlüchter* 24.
74 **A. A** OLG Köln MDR **1953** 376; dagegen *Alsberg/Nüse/Meyer* 354; vgl. Rdn. 6.

rakter dieser Entscheidung wird zumeist aus ihrer Begründung zu ersehen sein (vgl. Rdn. 6, 17).

38   Wird die vom Vorsitzenden nach § 219 verfügte **Ladung** einer Beweisperson versehentlich **nicht ausgeführt** und erscheint diese deshalb nicht zum Termin, dann kann es die Revision begründen, wenn der Vorsitzende den Beweisantrag in der Hauptverhandlung übergeht[75].

39   Die **Aufklärungspflicht** kann, unabhängig davon, ob ein vor der Hauptverhandlung gestellter Beweisantrag zu Recht oder Unrecht abgelehnt worden ist, je nach Sachlage zur Beiziehung des Beweismittels drängen. Ihre Verletzung begründet dann, sofern ordnungsgemäß gerügt, die Revision[76]. Die vor allem in der früheren Rechtsprechung vertretene Ansicht, daß auch die Verletzung der Fürsorgepflicht durch Unterlassung der Belehrung mit der Aufklärungsrüge geltend zu machen ist[77], entspricht nicht mehr der heutigen Auffassung von der Rechtnatur dieser auf anderen Prozeßprinzipien beruhenden Pflichten, die im Interesse eines die Verteidigungsrechte wahrenden Verfahrens auch Platz greifen, wenn die Sachaufklärung dies nicht erfordert.

§ 220

(1) [1]**Lehnt der Vorsitzende den Antrag auf Ladung einer Person ab, so kann der Angeklagte sie unmittelbar laden lassen.** [2]**Hierzu ist er auch ohne vorgängigen Antrag befugt.**

(2) **Eine unmittelbar geladene Person ist nur dann zum Erscheinen verpflichtet, wenn ihr bei der Ladung die gesetzliche Entschädigung für Reisekosten und Versäumnis bar dargeboten oder deren Hinterlegung bei der Geschäftsstelle nachgewiesen wird.**

(3) **Ergibt sich in der Hauptverhandlung, daß die Vernehmung einer unmittelbar geladenen Person zur Aufklärung der Sache dienlich war, so hat das Gericht auf Antrag anzuordnen, daß ihr die gesetzliche Entschädigung aus der Staatskasse zu gewähren ist.**

Schrifttum. *Detter* Der von der Verteidigung geladene Sachverständige (Probleme des § 245 Abs. 2 StPO), FS Salger 231; *Hartwig* Die Selbstladung von Auslandszeugen, StV **1996** 626; *Jessnitzer* Reformbedürftigkeit des § 220 Abs. 2 StPO, NJW **1974** 1311; *D. Meyer* Ordnungsmittel auch gegen einen nach § 220 StPO geladenen Zeugen (Sachverständigen), wenn dieser wegen § 245 Abs. 2 Satz 2, 3 StPO nicht benötigt würde? MDR **1979** 814; *D. Meyer* Wann können die von einem nichtverurteilten Angeklagten verauslagten Entschädigungen für unmittelbar geladene (§ 220 StPO) oder gestellte (§ 222 StPO) Beweispersonen im Kostenfestsetzungsverfahren nach §§ 464 b, 446 a StPO zur Erstattung festgesetzt werden? JurBüro **1984** 655; *Müller/Fleck* Der arme Angeklagte und § 245 StPO, ZRP **1969** 174; *H. Schmidt* Die Entschädigung der unmittelbar geladenen Zeugen und Sachverständigen (Zur Auslegung des § 220 Abs. 3 StPO) MDR **1967** 966; *Wagner* Der Mißbrauch des Selbstladungsrechts des Angeklagten, JuS **1972** 315; *Widmaier* Zur Rechtsstellung des nach §§ 220, 38 StPO vom Verteidiger geladenen Sachverständigen, StV **1985** 528.

---

[75] OLG Braunschweig HRR **1928** Nr. 1676; *Dahs/Dahs* 190; *Oske* MDR **1971** 798; **a. A** SK-*Schlüchter* 22.

[76] OLG Koblenz OLGSt 2; OLG Köln NJW **1954** 46; *Dahs/Dahs* 190; SK-*Schlüchter* 23.

[77] Vgl. etwa BGHSt **1** 51; *Alsberg/Nüse/Meyer* 393; 395; 859 mit weit. Nachw.

Entstehungsgeschichte. § 220 war durch Art. 9 Nr. 3 der 2. VereinfVO aufgehoben worden. Art. 3 Nr. 101 VereinhG stellte den früheren Rechtszustand wieder her. Bezeichnung bis 1924: § 219.

Übersicht

Alphabetische Übersicht

I. Bedeutung und Geltungsraum

1 **1. Zweck der unmittelbaren Ladung der Beweispersonen.** Für eine wirksame Führung der Verteidigung ist das Recht, **Zeugen** und **Sachverständige** selbst zu laden, von nicht zu unterschätzender Bedeutung[1]. Da das Gericht die Einvernahme eines vom Angeklagten geladenen und erschienenen Zeugen oder Sachverständigen nur unter weit engeren Voraussetzungen ablehnen kann (§ 245 Abs. 2) als auf Grund eines Beweisantrags nach § 244 und der Angeklagte außerdem durch sein Fragerecht in der Hauptverhandlung (§ 240) das Wissen des Zeugen unabhängig vom Gericht für seine Verteidigung voll nutzen kann, ist es dem Angeklagten möglich, den Umfang der Beweisaufnahme in der Hauptverhandlung mitzubestimmen. Diese günstigere Verfahrensposition wird durch die eigene Ladung auch dann begründet, wenn der Angeklagte dem Geladenen keine Entschädigung angeboten hat, dieser aber trotzdem zur Hauptverhandlung kommt. Wenn von § 220 in der Praxis nur selten Gebrauch gemacht wird, so liegt dies neben den technischen Schwierigkeiten, die seiner Verwirklichung entgegenstehen[2], vor allem daran, daß die sinnvolle Handhabung dieses Rechts voraussetzt, daß sich eine ins Detail gehende Kenntnis des tatsächlichen Geschehensverlaufs mit genauer Aktenkenntnis vereint, um noch nicht ausgeschöpfte Beweismöglichkeiten erfassen und für die Verteidigung des Angeklagten nutzen zu können. Für kommissarische Beweisaufnahmen außerhalb der Hauptverhandlung (§§ 223, 224) gilt § 220 nicht[3].

2 Die Ladung von **Sachverständigen** ist nur innerhalb beschränkter Grenzen von Wert. Kann der Sachverständige nicht sein Gutachten unmittelbar auf Grund der Hauptverhandlung erstatten, weil es umfangreiche Informationen und Vorarbeiten erfordert, ist der zu einem bestimmten Termin meist sehr kurzfristig geladene Sachverständige dazu mangels Zeit und ausreichender Unterrichtung gar nicht in der Lage. Der Sachverständige kann sich allerdings aufgrund einer Anfrage des Angeklagten oder seines Verteidigers zu solchen Vorarbeiten bereit erklären[4]. Die Ladung allein verpflichtet ihn auch dann, wenn sie den Gegenstand des Gutachtens bezeichnet, nicht zu Vorarbeiten[5]. Wegen der Ladung zu einem Augenschein außerhalb der Hauptverhandlung vgl. § 168 d Abs. 2.

3 **2. Für andere Beweismittel** als Zeugen und Sachverständige gilt § 220 nicht. Lehnt der Vorsitzende ihre Herbeischaffung nach § 219 ab, ist es dem Angeklagten unbenommen, sich jedes geeigneten und zulässigen Mittels zu bedienen, durch das erreicht werden kann, daß das gewünschte Beweismittel in der Hauptverhandlung präsent (dazu § 245) ist. Er kann das Beweismittel selbst mitbringen, er kann aber auch den Verfügungsberechtigten veranlassen, dafür zu sorgen, daß der Beweisgegenstand dem Gericht zum Termin vorgelegt wird. Entscheidend ist letztlich immer nur, ob der Gegenstand tatsächlich präsent ist.

4 Fehlt dem Angeklagten die unmittelbare Einwirkungsmöglichkeit auf den Gegenstand, muß er einen entsprechenden **Beweisantrag** in der Hauptverhandlung stellen.

5 **3. Gestellte Zeugen.** Da der Angeklagte (wie jeder Prozeßbeteiligte) Zeugen und Sachverständige, statt sie laden zu lassen, **zur Sitzung mitbringen** kann, ist als selbstverständlich nicht ausdrücklich geregelt[6]. Der Anspruch des Angeklagten auf Vernehmung

---

[1] Zur Bedeutung dieses Rechts für die Garantien der Verfassung und in Art. 6 Abs. 3 MRK; Art. 14 Abs. 3 IPBPR vgl. 219, 1 Fußn. 1.
[2] *Dahs* Hdb. 384 ff; vgl. Rdn. 8; 13; zur Reformbedürftigkeit der antiquierten Regelung des Absatzes 2 *Jessnitzer* NJW **1974** 1311; *Müller/Fleck* ZRP **1969** 174, LR23, Rdn. 42.
[3] *Kleinknecht/Meyer/Goßner* 1; KMR-*Paulus* 2.

[4] Im einzelnen dazu *Widmaier* StV **1985** 526; ferner zur Notwendigkeit, so früh wie möglich mit dem Sachverständigen Kontakt aufzunehmen *Detter* FS Salger 238.
[5] *Müller* Der Sachverständige im gerichtlichen Verfahren 63; vgl. *Dahs* Hd. 386 ff.
[6] Mot. S. 179; Prot. S. 337; vgl. § 222 Abs. 2.

geht, wenn er gemäß § 220 unmittelbar geladen hat, weiter, als wenn er sich mit der Gestellung begnügt hat[7].

4. Vereinbarkeit mit anderem Recht. Mit **Art. 6 Abs. 3** Buchst. d MRK, Art. 14 **6** Abs. 3 Buchst. e IPBPR ist § 220 Abs. 2 auch unter dem Blickwinkel der Waffengleichheit mit der Staatsanwaltschaft vereinbar[8]. Es verletzt auch nicht den Gleichheitsgrundsatz (Art. 3 GG), daß nach Absatz 3 nur eine nachträgliche Übernahme der Kosten auf die Staatskasse möglich ist[9].

II. Unmittelbare Ladung

1. Verhältnis zum Gericht. Das Selbstladerecht des Angeklagten hängt nicht davon **7** ab, daß die **Ladung nach § 219** vorher beim Vorsitzenden ohne Erfolg beantragt worden war. In der Regel empfiehlt es sich zwar, zunächst diesen sichereren und einfacheren Weg einzuschlagen. Notwendig ist dies jedoch nicht (Absatz 1 Satz 2). Das in Aussicht genommene Beweisthema braucht dem Geladenen nicht mitgeteilt zu werden. Die Bekanntgabe kann jedoch der Vorbereitung auf die Aussage förderlich sein[10]. Die erforderliche **Ladungsmitteilung nach § 222 Abs. 2** erstreckt sich darauf nicht[11]. Die Ladung ist auch zu einem späteren Zeitpunkt als dem Beginn der Hauptverhandlung möglich. In diesem Fall trägt der Ladende allerdings das Risiko, daß die Hauptverhandlung zu dem in der Ladung angegebenen Zeitpunkt noch andauert. Dies sollte daher zweckmäßigerweise mit der Terminplanung des Vorsitzenden abgestimmt werden (vgl. § 222, 16). Eine **Ladung im Ausland**, bei der ohnehin die Androhung von Zwang unterbleiben müßte, dürfte nicht möglich sein; da der Angeklagte nur nach § 38 laden kann, ist § 37 Abs. 2 nicht anwendbar[12]. Statt des Versuchs einer Ladung über den Vorsitzenden nach § 219 kann es zweckmäßiger sein, wenn der Angeklagte oder sein Verteidiger mit der im Ausland befindlichen Beweisperson unmittelbar in Verbindung tritt und versucht, auf privatem Weg ihr Erscheinen zum Gerichtstermin und die Modalitäten ihrer Entschädigung zu vereinbaren (vgl. Rdn. 30).

2. Die **Ausführung** der unmittelbare Ladung ist in § 38 geregelt. Dort ist auch der **8** **Begriff** erläutert (§ 38, 1). Zur Ladung gehört an sich der Hinweis auf die Folgen des Ausbleibens[13]. Gleichzeitig mit der Ladung muß die durch Absatz 2 vorgeschriebene Entschädigung in bar angeboten oder ihre Hinterlegung zugunsten des Geladenen nachgewiesen werden (Rdn. 13, 15). Anderenfalls wird keine Pflicht zum Erscheinen begründet und der Hinweis auf die Folgen des Ausbleibens muß unterbleiben[14]. Ein trotzdem erschienener Zeuge gilt aber als „geladen" i. S. von § 245 Abs. 2 (vgl. Rdn. 17). Der Gerichtsvollzieher hat dem ihm erteilten Antrag auch dann nachzukommen, wenn eine Entschädigung nicht angeboten wird.

---

[7] Vgl. bei § 245. AK-*Schlothauer* Vor § 213, 61 weist deshalb auf die Möglichkeit hin, mitgebrachte Beweispersonen unmittelbar vor dem Sitzungssaal durch den Gerichtsvollzieher noch laden zu lassen. Wegen der Anwendbarkeit von Absatz 3 vgl. Rdn. 2 f.

[8] *Schorn* DRiZ **1963** 340; *Kleinknecht/Meyer-Goßner* 7; SK-*Schlüchter* 6; LR[24] Art. 6 MRK, 217.

[9] BGH bei *Holtz* MDR **1976** 814.

[10] KMR-*Paulus* 4; SK-*Schlüchter* 5, ferner für Sachverständigen *Widmaier* StV **1985** 526, vgl. Rdn. 2.

[11] *Kleinknecht/Meyer-Goßner* 1.

[12] Vgl. § 37, 61; *Fezer* StV **1995** 266; *Siegismund/Wickern* wistra **1993** 83, 86. Nach *Hartwig* StV **1996** 626 ist § 38 zwar unanwendbar, die Ladung von Auslandszeugen aber über das Gericht nach § 37 in Verb. mit §§ 199 ff. ZPO zulässig; dort auch zu Einzelheiten der Auslandsladung wie Hinterlegung der Entschädigung, Reisekostenvorschuß, freies Geleit.

[13] KK-*Treier* 6; nach SK-*Schlüchter* 4 ist der Hinweis nicht obligatorisch, fehlt er, ist aber ein Vorgehen nach §§ 51, 72 nicht möglich.

[14] *Dahs* Hdb. 386, auch zur Zweckmäßigkeit einer Ladung ohne Androhung.

3. Erscheinenspflicht

9   **a) Keine weitergehenden Pflichten als bei amtlicher Ladung.** Vom Angeklagten unmittelbar geladene Zeugen oder Sachverständige sind, abgesehen von der Erfüllung der Voraussetzungen des Absatzes 2, zum Erscheinen in der Hauptverhandlung nur verpflichtet, wenn sie auch auf Ladung der Staatsanwaltschaft oder des Gerichts erscheinen müßten. Zeugen, die nicht in der Hauptverhandlung zu erscheinen brauchen (vgl. §§ 49, 59), oder Sachverständige, die zur Erstattung eines Gutachtens nicht verpflichtet (§ 75) oder weigerungsberechtigt (§ 76) sind, können auch vom Angeklagten nicht durch eine Ladung zum Erscheinen gezwungen werden[15].

10   **b) Der Mißbrauch des Ladungsrechts** für verfahrensfremde Zwecke[16] begründet für den geladenen Zeugen nach Ansicht des Kammergerichts[17] keine Erscheinenspflicht. Eine Ladung nur zu dem Zweck, eine politische Kampagne gegen den Zeugen fortzusetzen, sei keine ordnungsgemäße Ladung im Sinne des § 51.

11   **Eigene Meinung.** So sehr ein Schutz des Zeugen gerade in diesen Fällen angebracht ist, so wenig hilft diese Lösung allgemein weiter. Dogmatisch erscheint es zweifelhaft, ob der Mißbrauch die Ladung unwirksam macht (dazu *Wagner* JuS **1972** 315). Von Ausnahmefällen abgesehen, bringt diese Lösung auch praktisch nicht viel, weil der ohne Angabe des Beweisthemas geladene Zeuge im vorhinein nicht sicher feststellen kann, daß die Ladung nur sachfremde Zwecke verfolgt und deshalb unzulässig ist. Grundsätzlich wird deshalb jeder Zeuge gehalten sein, einer formal ordnungsmäßigen Ladung nachzukommen, um die Ungehorsamsfolgen zu vermeiden, sofern ihn nicht das Gericht vorweg auf seinen Antrag von der Pflicht zum Erscheinen entbindet (vgl. Rdn. 12). Die seit 1979 geltende Fassung des § 245 verringert die Gefahr eines Mißbrauchs; zwar besteht die Pflicht zum Erscheinen fort, das Gericht braucht aber die geladene Beweisperson nur auf Grund eines Beweisantrags und nach Prüfung der Ablehnungsgründe des § 245 Abs. 2 zu vernehmen[18]. Im übrigen ist es Sache des Gerichts, den Zeugen in der Hauptverhandlung zu schützen, wenn sonst ein Mißbrauch zutage tritt. Bei den im nachhinein zu treffenden verfahrensrechtlichen Entscheidungen hat das Gericht zu berücksichtigen, daß eine Ladung mißbräuchlich war.

12   **c) Unentschuldigtes Ausbleiben** eines zum Erscheinen verpflichteten Zeugen oder Sachverständigen zieht bei entsprechendem Hinweis (§ 48) die in §§ 51, 72 bestimmten Folgen nach sich. Zur Verhängung dieser Folgen bedarf es keines Antrags des Angeklagten, von dem die Ladung ausgegangen ist. Wohl aber muß der Angeklagte die ordnungsgemäße Ladung und das Anbieten einer dem Absatz 2 entsprechenden Entschädigung urkundlich nachweisen. Die Verhängung von Ordnungsmitteln hängt nicht davon ab, ob das Gericht dem Beweisantrag nach § 245 hätte entsprechen müssen[19]. Auch ein unmittelbar geladener Zeuge kann, ohne daß es der Zustimmung des Angeklagten bedarf, unter den gleichen Voraussetzungen wie ein vom Gericht geladener von diesem vom Erscheinen entbunden oder hinsichtlich des Ausbleibens für entschuldigt erachtet werden (vgl. die Erläuterungen bei § 51). Eine darüber hinausgehende Befugnis zum Eingriff in das eigenständige Beweisbeibringungsrecht des Angeklagten hat das Gericht aber nicht.

---

[15] *Eb. Schmidt* 1.

[16] Dazu Einl. J II und bei § 244.

[17] JR **1971** 338 mit zust. Anm. *Peters*; KMR-*Paulus* 6; SK-*Schlüchter* 11; *Granderath* MDR **1983** 799; *Roxin* § 41 Rdn. 6. *Schlüchter* 431 Fußn. 50; vgl. die Erl. zu § 51.

[18] AK-*Keller* 3; *Kleinknecht/Meyer-Goßner* 9 und KK-*Treier* 7 halten den Streit durch die Neufassung des § 245 für erledigt. Anders SK-*Schlüchter* 11, die bei eindeutigem Mißbrauch weiterhin die Pflicht des Zeugen zum Erscheinen verneint.

[19] KK-*Treier* 10; *Kleinknecht/Meyer-Großner* 8; KMR-*Paulus* 4; **a. A** *Meyer* MDR **1979** 814.

4. Entschädigung durch den Angeklagten

a) Die **Sicherung der Entschädigung** des Zeugen oder Sachverständigen ist Sache **13** des Angeklagten[20]. Er muß die Mittel dafür aufbringen, einen Vorschuß aus der Staatskasse kann er dafür nicht erhalten (Rdn. 25). Wenn die gesetzliche Entschädigung nicht bar angeboten wird oder ihre Hinterlegung bei der Geschäftsstelle nachgewiesen ist, begründet die unmittelbare Ladung keine Verpflichtung für den Geladenen. Nicht erforderlich ist, daß dieser die Entschädigung angenommen hat. Niemand kann sich willkürlich seiner Erscheinenspflicht dadurch entziehen, daß er die Entschädigung zurückweist[21], es sei denn, sie ist als Entschädigung ersichtlich unzureichend. Weist er sie aber nicht aus diesem Grunde zurück, ist er auch bei einem unzureichenden Betrag verpflichtet, der Ladung zu folgen[22]. Er kann nur — sofern eine Anordnung nach Absatz 3 ergeht — von der Staatskasse den zur gesetzlichen Entschädigung fehlenden Differenzbetrag verlangen (vgl. Rdn. 35). Ob er sich andernfalls an den Angeklagten halten kann, beurteilt sich nach bürgerlichem Recht[23].

Der vorläufige oder endgültige **Verzicht** auf Entschädigung entbindet nicht von der **14** Pflicht zum Erscheinen. Die Verzichtserklärung ist, falls das Ausbleiben des Geladenen rechtliche Folgen nach sich ziehen soll (Rdn. 12), dem Gericht nachzuweisen.

Darbieten der Entschädigung. Sie hat durch den mit der Zustellung der Ladung **15** beauftragten Beamten zu geschehen (Mot. 178); ihm muß der Angeklagte den Geldbetrag übergeben. Hat eine Hinterlegung bei der Geschäftsstelle stattgefunden, so ist die über sie ausgestellte Bescheinigung durch den zustellenden Beamten dem Geladenen bei der Zustellung auszuhändigen[24]. Bei der Hinterlegung dürfte die Auszahlung an den Geladenen davon abhängig gemacht werden können, daß dieser sich bereit erklärt, der Ladung nachzukommen. § 373 BGB dürfte, ebenso wie §§ 376 ff BGB, auf das die Erfüllung einer gesetzlichen Pflicht bezweckende gesetzliche Schuldverhältnis entsprechend anwendbar sein und nicht der nur die Sicherheitsleistung durch ein Pfandrecht betreffende § 233 BGB. Entscheidend sind allerdings die bei der Hinterlegung getroffenen Bestimmungen. Ein bürgerlich-rechtlicher Vertrag zwischen Geladenem und Angeklagtem dürfte in aller Regel durch die Amtshandlung des Gerichtsvollziehers allein nicht zustande kommen, auch nicht durch die Annahme der Barentschädigung für die Kosten der durch die Ladung ausgelösten öffentlich-rechtlichen Pflicht. Dem Geladenen wird im Normalfall schon der Wille fehlen, sich gegenüber dem Angeklagten auch noch vertraglich zum Erscheinen zu verpflichten und seine in der Höhe noch nicht übersehbaren Entschädigungsansprüche endgültig auf den angebotenen Betrag zu begrenzen. Möglich — und bei Ladung von Sachverständigen ratsam — ist aber der Abschluß einer die Entschädigung regelnden Vereinbarung (vgl. Rdn. 22).

Geschäftsstelle ist in Absatz 2 nicht im technischen Sinn zu verstehen, sondern als **16** Gegensatz zum Richter. Die Hinterlegung bei der Gerichtskasse oder bei einer Zahlstelle erfüllt die Voraussetzung des Absatz 2[25].

Die **Pflicht** des Gerichts, einen geladenen und erschienenen **Zeugen** bei Vorliegen der **17** Voraussetzungen des § 245 Abs. 2 **zu vernehmen**, besteht unabhängig davon, ob die Entschädigung in bar angeboten oder ihre Hinterlegung nachgewiesen ist[26].

---

[20] Vgl. Rdn. 22. Zu dem vom Verteidiger zu berücksichtigenden Kostenaufwand und zu seinem Haftungsrisiko bei Verneinung der Sachdienlichkeit vgl. SK-*Schlüchter* 3.

[21] KMR-*Paulus* 7; SK-*Schlüchter* 7.

[22] KK-*Treier* 9; *Kleinknecht/Meyer-Goßner* 7.

[23] Die Rechtslage nach bürgerlichem Recht ist, soweit ersichtlich, noch kaum untersucht, ihre Beurteilung dürfte weitgehend von den Modalitäten des Einzelfalls abhängen. Vgl. auch Rdn. 15 a. E.

[24] Mot. S. 178; etwa AK-*Schlothauer* Vor § 213, 162.

[25] KK-*Treier* 8; *Kleinknecht/Meyer-Goßner* 6; KMR-*Paulus* 7; SK-*Schlüchter* 9.

[26] SK-*Schlüchter* 12a.

18   **b) Höhe der Entschädigung.** Nur die gesetzliche Entschädigung für die Reisekosten und Versäumnis muß angeboten werden, nicht aber eine weitergehende Entschädigung, auch wenn das für die gesetzliche Entschädigung der amtlich geladenen Zeugen und Sachverständigen geltende Recht eine solche vorsieht.

19   Zu den **Reisekosten** rechnen sowohl Fahrtkosten und Wegegeld (§ 9 ZuSEntschG) als auch der durch die Reise bedingte sonstige Aufwand (§ 10 ZuSEntschG). Die Entschädigung für Versäumnis soll den Schaden, insbes. den Verdienstausfall, den der Zeuge oder Sachverständige durch den Zeitverlust erleidet, abgelten (für den Zeugen vgl. §§ 2, 4 ZuSEntschG).

20   Die Berechnung der dem **Sachverständigen** anzubietenden Entschädigung ist zweifelhaft. Der Wortlaut des Absatz 2 stellt auf die frühere Fassung der §§ 71 und 84 ab (*Jessnitzer* NJW **1974** 1311). Seit diese nur auf das Gesetz über die Entschädigung von Zeugen und Sachverständigen verweisen und dieses die Entschädigung des Sachverständigen nach der Leistung bemißt (§ 3 ZuSEntschG), also nicht mehr zwischen der Entschädigung für Versäumnis und Vergütung unterscheidet, ist die Berechnung des anzubietenden Betrags zweifelhaft geworden. Die an sich zutreffende Auslegung, wonach dem Sachverständigen nur die Entschädigung für die Versäumnis, nicht aber eine Vergütung für seine Mühewaltung angeboten werden muß[27], hilft nicht mehr weiter. Da die Leistung des Sachverständigen nach der für sie erforderlichen Zeit bemessen wird, dürfte es mit dem Sinn des Absatz 2 noch am besten vereinbar sein, wenn dem Sachverständigen eine Entschädigung angeboten wird, die die voraussichtliche Zeitversäumnis, die er durch die Teilnahme an der Hauptverhandlung erleidet, mit dem nach § 3 ZuSEntschG anzuwendenden Stundensatz abgilt[28], zumal dieser grundsätzlich leistungsorientierte Stundensatz in der Regel auch dem Betrag entspricht, den der Sachverständige anderweitig verdient hätte (vgl. *Jessnitzer* NJW **1974** 1311). Für den Angeklagten, der das Risiko trägt, daß der Sachverständige eine zu geringe Entschädigung zurückweist und der Ladung nicht folgt, dürfte es jedenfalls nicht ratsam sein, einen geringeren Betrag anzubieten.

21   Eine weitere Schwierigkeit für die Anwendung der Bestimmung erwächst daraus, daß die Höhe der gesetzlichen Entschädigung nach § 3 ZuSEntschG **im voraus nicht genau feststellbar** ist. Sie hängt sowohl von dem zu schätzenden Zeitaufwand des Geladenen ab sowie davon, welcher Betrag innerhalb der im Gesetz festgelegten Rahmensätze für angemessen gehalten wird. Genau läßt sich die gesetzliche Entschädigung jeweils nur im nachhinein für den konkreten Fall ermitteln. Die Darbietung oder Hinterlegung eines zu geringen Betrages verpflichtet den Geladenen nicht zum Erscheinen (vgl. Rdn. 13). Dies kann jedoch nur mit der Einschränkung gelten, daß der angebotene Betrag nicht wesentlich hinter der nach den Umständen des Falles voraussichtlich anfallenden Entschädigung zurückbleiben darf. Wird dem Zeugen oder Sachverständigen ein Betrag angeboten, der nach vernünftigem Ermessen seine Reisekosten und seine voraussichtliche Zeitversäumnis in etwa ausgleichen wird, so wird er — eventuell unter ausdrücklichem Vorbehalt einer Nachforderung gegenüber dem Angeklagten — der Ladung Folge zu leisten haben, wenn er sich nicht den Folgen eines unentschuldigten Ausbleibens aussetzen will[29]. Leistungen, die der Sachverständige vor seiner Ladung bereits erbracht hat (etwa ein im Auftrag des Angeklagten ausgearbeitetes schriftliches Gutachten), brauchen bei der anzubietenden Entschädigung nicht berücksichtigt zu werden[30].

---

[27] So etwa *Eb. Schmidt* 2; *Dahs* Hdb. 386.
[28] Wie hier *Jessnitzer* NJW **1974** 1311; AK-*Keller* 4; KK-*Treier* 9; *Kleinknecht/Meyer-Goßner* 7; KMR-*Paulus* 8; SK-*Schlüchter* 8. Zum Streitstand, ob die

Entschädigung die Leistung des Sachverständigen abdecken muß, vgl. auch *Jessnitzer*[7] 155.
[29] KK-*Treier* 9.
[30] Vgl. OLG München MDR **1981** 1037; Rdn. 35.

Es ist **Sache des Angeklagten**, sich darüber zu unterrichten, welchen Betrag er darzu- **22**
bieten oder zu hinterlegen hat. Eine Berechnung der Zeugengebühren durch den Beamten
der Geschäftsstelle oder eine Prüfung, ob der hinterlegte Betrag den gesetzlichen Vorschriften entspricht, findet nicht statt. Zahlt der Angeklagte dem Zeugen oder Sachverständigen zuviel, kann er nicht verlangen, daß ihm der Staat bei Erstattung seiner notwendigen Auslagen den Mehrbetrag ersetzt[31]. Vor allem bei Sachverständigen kann es zweckmäßig sein, wenn sich der Angeklagte oder sein Verteidiger mit ihnen vorweg über die
Entschädigung einigt und dies wegen des urkundlichen Nachweises (Rdn. 12) schriftlich
festlegt.

c) Mehrmalige Ladung. Lädt der Angeklagte den Zeugen oder Sachverständigen **23**
mehrmals, etwa weil die Hauptverhandlung, zu der der Zeuge oder Sachverständige
erschienen war, ausgesetzt worden ist, so muß er erneut Entschädigung anbieten oder hinterlegen, soweit der früher angebotene Betrag nicht ausreicht, um auch die Reisekosten
und die Zeitversäumnis zu entschädigen, die aus der neuen Ladung voraussichtlich
erwachsen werden.

III. Entschädigung aus der Staatskasse

1. Rechtsverhältnis zwischen Zeugen und Staatskasse. Absatz 3, der erst von der **24**
Reichstagskommission aufgenommen wurde, berührt nicht das Rechtsverhältnis zwischen
dem Angeklagten und der Staatskasse, sondern gibt nur dem Zeugen usw., der nach § 1
ZuSEntschG keinen Anspruch auf Entschädigung gegen den Staat hat, unter gewissen
Voraussetzungen einen Anspruch an diesen. Den Grund dafür sah man in der Erwägung,
daß auf diese Weise der Unterschied zwischen dem armen und dem reichen Angeklagten
einigermaßen ausgeglichen werde, indem mancher Zeuge oder Sachverständige, der für
die Sache Erhebliches wisse, im Hinblick auf jenen Anspruch sich werde bereit finden lassen, ohne Kostenvorschuß vor Gericht zu erscheinen (Prot. 327). Der Sinn der Bestimmung ist also der, daß die Entschädigung des erschienenen Zeugen oder Sachverständigen
bei Sachdienlichkeit der Aussage von der Staatskasse im gleichen Umfang übernommen
werden soll wie bei einer Ladung durch das Gericht, und zwar im Verhältnis zum Zeugen
endgültig, im Verhältnis zum Angeklagten aber nur vorläufig.

Für das **Rechtsverhältnis** zwischen dem **Angeklagten** und der **Staatskasse** sind im **25**
wesentlichen nur die §§ 465, 467 maßgebend[32]. Werden dem Angeklagten in dem Urteil
die Kosten auferlegt, so hat er auch den ausgelegten Betrag zu erstatten, während dieser im
Fall der Freisprechung des Angeklagten der Staatskasse zur Last bleibt, gleich den übrigen
Verfahrenskosten[33]. Wird der Angeklagte freigesprochen und fällt die Entscheidung nach
Absatz 3, was allerdings nicht notwendig der Fall zu sein braucht, mit der endgültigen
Kostenentscheidung wie in RGSt 16 212 zusammen, kann die Entschädigung „der Staatskasse auferlegt werden"[34]. Einen Anspruch auf Auslagenvorschuß kann der Angeklagte
aus Absatz 3 nicht herleiten[35]. Ohne Entscheidung nach Absatz 3 kann der Angeklagte
seine Auslagen nur im Kostenfestsetzungsverfahren (§ 464 b) ersetzt verlangen[36].

2. Entschädigung aus der Staatskasse bei Stellung. Mit Rücksicht auf den zuvor **26**
bezeichneten Grund der Bestimmung müssen die Personen, die der Angeklagte ohne

---

[31] KG *Alsb.* E **2** Nr. 78; *Eb. Schmidt* 3; *KK-Treier* 9;
KMR-Paulus 8; *Jessnitzer* NJW **1974** 1311.

[32] RGSt **16** 212; OLG Düsseldorf MDR **1994** 521;
OLG Karlsruhe MDR **1985** 694.

[33] RGSt **16** 212; *KK-Treier* 12; *Kleinknecht/Meyer-
Goßner* 13; *SK-Schlüchter* 16.

[34] *Eb. Schmidt* 5; *KK-Treier* 12; *KMR-Paulus* 11.

[35] BGH bei *Holtz* MDR **1976** 814; vgl. Rdn. 13.

[36] OLG Düsseldorf RPfleger **1985** 324; vgl. *D. Meyer*
JurBüro **1984** 655.

Ladung zur Verhandlung gestellt hat, gleich den unmittelbar geladenen behandelt werden, vorausgesetzt, daß sie nur zum Zweck ihrer Vernehmung nach dem Gerichtsort oder zur Gerichtsstelle gekommen sind[37]. Das Vorhandensein jener Voraussetzung muß zur Begründung des Anspruchs glaubhaft gemacht werden. LG Limburg NJW **1957** 722 will die vom Angeklagten gestellten Zeugen und Sachverständigen, deren Vernehmung das Gericht beschließt, wie die vom Gericht geladenen Zeugen und Sachverständigen behandeln und auf jeden Fall entschädigen, § 220 Abs. 3 also auf sie nicht anwenden. Dem steht entgegen: In aller Regel wird sich ein Gericht eher entschließen, einen gestellten Zeugen zu vernehmen, als die Ladung eines nicht anwesenden Zeugen anzuordnen und zu diesem Zweck die Hauptverhandlung zu unterbrechen, sei es auch nur, um dem Angeklagten das Bewußtsein zu nehmen, daß „seine" Zeugen nicht vernommen worden seien. Die Vernehmung eines gestellten Zeugen oder Sachverständigen beansprucht nicht selten geringere Zeit als die Ablehnung eines Antrages auf Vernehmung unter Beachtung der strengen Grundsätze des § 244 Abs. 3, 4. Es besteht kein Grund, diese Praxis zu mißbilligen. Da gestellte Zeugen oder Sachverständige oft auch dann vernommen werden, wenn ein Antrag auf Ladung abgelehnt werden könnte, besteht kein Grund, sie wegen ihres Anspruchs auf Entschädigung aus der Staatskasse den vom Gericht geladenen Zeugen und Sachverständigen gleichzustellen.

27   Ist die vom Angeklagten beantragte (§ 219) Vernehmung einer Person zwar nicht abgelehnt, jedoch wegen großer Entfernung (§ 223 Abs. 2) durch einen **beauftragten** oder **ersuchten Richter** bewirkt worden, und hat der Angeklagte trotz dieser Vernehmung den Vernommenen zur Hauptverhandlung unmittelbar laden lassen, so steht diesem — sofern er erscheint — der in § 220 bestimmte Anspruch jedenfalls dann zu, wenn infolge eines Wechsels des Aufenthaltsortes des Geladenen die Annahme einer großen Entfernung nicht mehr zutrifft oder wenn vom Gericht anerkannt wird, daß die mündliche Vernehmung die Aufklärung der Sache in höherem Grad gefördert habe, als dies durch die Verlesung des aufgenommenen Protokolls (§ 251) geschehen sein würde[38].

28   **3. Dienlichkeit der Aussage zur Sachaufklärung.** Der Anspruch an die Staatskasse ist dadurch bedingt, daß der Zeuge oder Sachverständige etwas ausgesagt hat, was „zur Aufklärung der Sache dienlich" war. Ob diese Voraussetzung, mit der einem Mißbrauch des Ladungsrechts vorgebeugt werden soll[39], zutrifft, hat das Gericht in tatrichterlicher Würdigung von Aussage und Verfahrenslage einschließlich Verlauf und Ergebnis der Hauptverhandlung unter Anlegung eines von den Vorstellungen des Angeklagten und des Verteidigers unabhängigen **objektiven Maßstabs** zu entscheiden[40]. Maßgebend für diese Gesamtwürdigung ist der Zeitpunkt der Anordnung nach Absatz 3, nicht etwa der des Urteils. Der Ansicht, die auf den Verfahrensstand bei Abschluß der Vernehmung abstellt[41], ist zwar insoweit zuzustimmen, als eine zu diesem Zeitpunkt gegebene Sachdienlichkeit auch dann nicht mehr entfällt, wenn sie durch die spätere Prozeßentwicklung bedeutungslos wird[42]. Dies schließt aber nicht aus, im umgekehrten Fall mitzuberücksichtigen, wenn erst der spätere Prozeßverlauf die Sachdienlichkeit der Aussage erhellen sollte.

---

[37] OLG Celle NJW **1927** 1658; *Eb. Schmidt* 8; AK-*Keller* 9; KK-*Treier* 13; *Kleinknecht/Meyer-Goßner* 14; KMR-*Paulus* 10, SK-*Schlüchter* 16; **a. A** *Stenglein* 8.
[38] SK-*Schlüchter* 10.
[39] BGH bei *Holtz* MDR **1976** 814; OLG Düsseldorf MDR **1985** 1050.

[40] OLG Düsseldorf MDR **1985** 1050; *Kleinknecht/Meyer-Goßner* 11; *Widmaier* StV **1990** 518.
[41] OLG Hamburg MDR **1978** 952; AK-*Keller* 7; SK-*Schlüchter* 19.
[42] Vgl. KMR-*Paulus* 13: „Beurteilung ex ante".

Zur **Begründung des Anspruchs** genügt es nicht, daß dem Beweisantrag nach § 245 **29**
Abs. 2 stattgegeben und etwas zur Sache Gehöriges bekundet wurde. Präsente Beweismittel können nur in den engen Grenzen des § 245 Abs. 2 wegen Unerheblichkeit abgelehnt
werden. Sachdienlich ist aber nicht gleichzusetzen mit entscheidungserheblich. Zur Aufklärung dienlich ist jede Beweiserhebung, die das Verfahren fördert, die also das zu fällende Urteil oder den weiteren Verfahrensgang beeinflußt hat[43], etwa dadurch, daß sie das
Gericht zu weiteren Maßnahmen der Sachaufklärung veranlaßte[44], ferner, wenn ein im
Ergebnis abgelehntes Gutachten dazu beitrug, Kenntnisstand oder Problembewußtsein bei
einem schwierigen und abgelegenen Fachgebiet zu fördern und damit die Entscheidungsgrundlagen zu vertiefen[45]. Eine Aussage, die in den Entscheidungsgründen verwendet
wird, war in der Regel sachdienlich[46]. Ob dazu notwendig gehört, daß die Aussage glaubwürdig ist, mag zweifelhaft sein[47]. Es ist wohl eher eine vom Einzelfall abhängige Tatfrage. Auf den Inhalt der Bekundungen kommt es im übrigen nicht an. Es ist unerheblich,
ob die Aussage den Angeklagten belastete oder entlastete, oder ob sie für die Entscheidung der Schuldfrage oder nur für die Strafzumessung von Bedeutung war. Der Anspruch
des Zeugen oder Sachverständigen ist auch nicht davon abhängig, ob der Angeklagte verurteilt oder freigesprochen wird (Prot. 338, 340). Die „Dienlichkeit" einer Aussage kann
nicht schon deshalb verneint werden, weil für die gleiche Frage bereits andere Beweismittel zugezogen waren[48]; sie ist aber dann nicht gegeben, wenn sie über die Grenzen einer
sinnvollen, sachgerechten Verteidigung hinaus nur dazu diente, ein Beweisergebnis zu
bestätigen, das nach der Verfahrenslage von Anfang an durch mehrere nichtangezweifelte
Beweismittel gesichert war. Völlig überflüssige Beweisaufnahmen sind nicht sachdienlich. Dieser Ansicht steht nicht entgegen, daß die RTK (Prot. 945) es abgelehnt hat, das
Wort „dienlich" durch „erforderlich" zu ersetzen, denn die Bekundungen der unmittelbar
geladenen Zeugen oder Sachverständigen müssen zur weiteren Aufklärung der Sache
dienlich gewesen sein. Damit ist ersichtlich ein objektiver Maßstab gemeint.

Wohnt ein **Zeuge im Ausland** und kann er nicht vor das erkennende Gericht geladen **30**
werden, erklärt aber das Gericht dem Angeklagten, es müsse ihm überlassen bleiben, den
Zeugen herbeizuschaffen, übernimmt damit das Gericht das Risiko der Sachdienlichkeit.
Die Herbeischaffung des Zeugen durch den Angeklagten ist in einem solchen Fall nur ein
Ersatz für die vom Gericht gewollte, aber nicht durchführbare Ladung[49].

4. Ausschluß der Entschädigung

a) Erfüllung des Anspruchs, Hinterlegung. Nach der **vorherrschenden Meinung** **31**
besteht ein Anspruch auf Entschädigung nach Absatz 3 nur insoweit, als der Sachverständige oder Zeuge nicht bereits vom Angeklagten voll entschädigt ist; denn andernfalls ist
der Entschädigungsanspruch im Zeitpunkt der Einvernahme bereits erfüllt und erloschen[50].

---

43 OLG Düsseldorf MDR **1985** 1050; OLG Hamburg
MDR **1978** 952; *Kleinknecht/Meyer-Goßner* 11;
KMR-*Paulus* 12; SK-*Schlüchter* 19; weiter *Widmaier* StV **1990** 528.

44 OLG Stuttgart MDR **1981** 1038.

45 LG München StV **1988** 350 (abgelegenes Sachgebiet); StV **1996** 491 mit Anm. *Degenhard; Widmaier* StV **1990** 528 (Verbreiterung der Diskussionsgrundlage); KK-*Treier* 14; *Kleinknecht/Meyer-Goßner* 11; KMR-*Paulus* 13.

46 OLG Schleswig SchlHA **1957** 276; KMR-*Paulus*
12: „Indiz."

47 Bejahend *Eb. Schmidt* 9; LR[23] Rdn. 29; verneinend
KK-*Treier* 14; *Kleinknecht/Meyer-Goßner* 13; SK-*Schlüchter* 19, mit dem Hinweis, daß der Beschluß
nach Absatz 3 der Würdigung des Endurteils nicht
vorgreifen darf.

48 SK-*Schlüchter* 19.

49 KMR-*Paulus* 14; SK-*Schlüchter* 19.

50 OLG Breslau ZStW **43** (1922) 256; OLG Hamburg
JW **1920** 917; OLG Düsseldorf MDR **1994** 521;
Eb. Schmidt 6; KK-*Treier* 15; *Kleinknecht/Meyer-Goßner* 12; KMR-*Paulus* 15; SK-*Schlüchter* 20.
a. A *Schmidt* MDR **1967** 917; *Werthauer* JW **1920**
917.

Walter Gollwitzer

32   Ob schon die **Hinterlegung des Entschädigungsbetrags** zugunsten des Zeugen oder Sachverständigen die Anordnung der Entschädigung durch den Staat ausschließt, weil dieser sich aus dem hinterlegten Betrag voll befriedigen kann[51], ist strittig. Die Ansicht, die dies bejaht[52], beruft sich auf die im Wortlaut nicht zum Ausdruck gekommene Entstehungsgeschichte. Danach sollte die Entschädigung der sachdienlichen Zeugen oder Sachverständigen durch Einräumung eines Anspruchs gegen den Staat gesichert werden; dazu bestehe aber kein Anlaß, solange und soweit der Angeklagte selbst die Entschädigung durch Vorauszahlung oder Hinterlegung gewährleistet habe; insbesondere bestehe der Sinn dieser im Verhältnis zwischen Angeklagten und Staat nur vorläufigen Entscheidung nicht darin, daß der Zeuge dem Angeklagten eine bereits empfangene Entschädigung zurückerstatte, um statt dessen die Staatskasse in Anspruch zu nehmen.

33   Nach der vorzuziehenden **Gegenmeinung** steht die bloße **Hinterlegung** der Feststellung der Entschädigungspflicht des Staates nicht entgegen[53]. Sobald diese festgestellt ist, darf der hinterlegte Betrag nicht mehr in Anspruch genommen werden[54]; er ist dem Hinterleger zurückzuzahlen. Die vom Wortlaut nicht gedeckte restriktive Auslegung läßt unberücksichtigt, daß die Entscheidung nach Absatz 3 keinesfalls nur vorläufigen Charakter hat. Sie wird durch die Kostenentscheidung des Urteils nicht gegenstandlos, sondern wirkt sich auch in deren Rahmen auf den Umfang der endgültigen Kostentragungspflicht aus. Eine von der Staatskasse zu tragende Entschädigung gehört zu den **Verfahrenskosten**[55], während eine vom Angeklagten gewährte Entschädigung nur unter dem Gesichtspunkt des Ersatzes der notwendigen Auslagen vom Staat zu erstatten ist[56]. Dieser Unterschied erlangt praktische Bedeutung, wenn der Staat nach der Kostenentscheidung zwar die Verfahrenskosten, nicht aber die notwendigen Auslagen zu tragen hat (§ 467 Abs. 3, 4). Aber auch wenn die Staatskasse verpflichtet ist, die notwendigen Auslagen zu tragen, ist die Entscheidung nach Absatz 3 für den Angeklagten von Bedeutung, weil er anderenfalls die Sachdienlichkeit der Vernehmung bei der Kostenfestsetzung (§ 464 b) geltend machen muß. Dazu kommt, daß über die Anordnung nach Absatz 3 auch zu befinden ist, wenn die gezahlte oder hinterlegte Entschädigung geringer ist als die kraft Gesetzes zu gewährende Entschädigung (vgl. Rdn. 35). Sofern der Zeuge oder Sachverständige dann nicht erklärt, daß er trotzdem keine Ansprüche mehr stellen werde, hat das Gericht auf Antrag über die Entschädigung aus der Staatskasse nach Absatz 3 zu entscheiden. Folgt man der herrschenden Meinung, muß es dann vorab zur Entscheidung über die Zulässigkeit des Antrags nach Absatz 3 prüfen, ob wirklich noch ein ungedeckter Restbetrag offensteht und dazu die Höhe der gesetzlichen Entschädigungsansprüche berechnen, bevor es seiner primär richterliche Aufgabe der Entscheidung über die Sachdienlichkeit[57] nachkommen kann. Im Beschluß wäre dann gegebenenfalls festzustellen, daß sich die Entschädigungspflicht der Staatskasse auf den noch offenen Restbetrag beschränkt. Alle diese Komplikationen erübrigen sich, wenn man entsprechend dem Wortlaut des Absatzes 3 das Gericht für befugt hält, auf Antrag die gesetzliche Entschädigung aus der Staatskasse bei Sachdienlichkeit

---

[51] Wollte man darauf abstellen, könnte dies der Angeklagte bei der Hinterlegung dadurch abwenden, daß er bestimmt, daß der hinterlegte Betrag nur dann an den Begünstigten auszuzahlen ist, wenn seine Entschädigung durch die Staatskasse abgelehnt wurde; eine solche Bestimmung wäre mit dem Zweck, die Entschädigung des Zeugen sicherzustellen, nicht unvereinbar.

[52] OLG Bremen GA **1955** 60; *Pentz* NJW **1960** 735; KMR-*Paulus* 15; *Eb. Schmidt* 6.

[53] *Schmidt* MDR **1967** 966; KK-*Treier* 15; *Kleinknecht/Meyer-Goßner* 12; SK-*Schlüchter* 20.

[54] OLG Stuttgart *Alsb.* E **2** Nr. 77; *Eb. Schmidt* 6 (Kostenentscheidung des Urteils); vgl. Rdn. 26; 42.

[55] RGSt **16** 212; *Schmidt* MDR **1967** 966; vgl. bei § 464.

[56] BayObLG *Alsb.* E **2** Nr. 78; OLG Dresden *Alsb.* E **2** Nr. 74 a, vgl. auch BGH bei Holtz MDR **1976** 814.

[57] Die auch vom OLG Düsseldorf MDR **1994** 521 übernommene Ansicht, das erkennende Gericht dürfe bei der Beurteilung der Sachdienlichkeit das Kostenfestsetzungsverfahren nicht präjudizieren, stellt die primären Zuständigkeiten auf den Kopf.

anzuordnen, ohne Rücksicht darauf, ob der Anspruch des Geladenen durch eine Barzahlung ganz oder teilweise erfüllt oder durch eine Hinterlegung wenigstens gesichert ist. Die jeden tiefen Grundes entbehrenden Ungleichheiten, zu denen die vorherrschende Meinung führt[58], lassen sich verringern, wenn man in Einklang mit dem Wortlaut der Vorschrift es in jedem Fall für zulässig hält, eine Entscheidung des Gerichts nach Absatz 3 herbeizuführen und wenn man zumindest dann, wenn der Entschädigungsanspruch noch nicht durch vollständige Erfüllung erloschen ist, einen Anspruch gegen den Staat zuerkennt.

b) Nichtannahme der Entschädigung. Unabhängig davon, welcher Auffassung man **34** folgt, wird einem Zeugen oder Sachverständigen, dem die Entschädigung in bar angeboten wurde, der sie aber **nicht angenommen hat**, ein Anspruch auf Entschädigung aus der Staatskasse nach Absatz 3 nicht verweigert werden können. Es besteht kein Grund, ihn anders zu stellen, als wenn er der Ladung ohne ein solches Anerbieten gefolgt wäre[59].

c) Unvollständige Entschädigung. Ist der Zeuge oder Sachverständige nicht vollstän- **35** dig entschädigt worden, etwa weil der von ihm empfangene oder zu seinen Gunsten hinterlegte Betrag zu einer vollen gesetzlichen Entschädigung nicht ausreicht (was beim Sachverständigen leicht eintreten kann, s. Rdn. 20, 21), so hat er Anspruch, zumindest wegen des Restes aus der Staatskasse entschädigt zu werden. Ein Sachverständiger kann nach Absatz 3 nur für den nach der Ladung angefallenen Aufwand entschädigt werden, nicht aber für Leistungen, die er vorher aus anderem Rechtsgrund, etwa Ausarbeitung eines schriftlichen Gutachtens im Auftrag des Angeklagten, erbracht hat[60].

5. Antrag

a) Antragsberechtigte. Die Entscheidung nach Absatz 3 ergeht nur auf Antrag: Ohne **36** Antrag keine Entschädigung aus der Staatskasse. Den Antrag kann sowohl der Vernommene wie auch der Angeklagte oder der Staatsanwalt stellen.

b) Zeitpunkt der Antragstellung. Der Antrag kann **in der Hauptverhandlung** **37** gestellt, er kann aber auch noch **nach der Hauptverhandlung** bei Gericht eingereicht werden. Die früher vertretene Auffassung, wonach der Antrag nur in der Hauptverhandlung anzubringen ist, damit das erkennende Gericht im Zusammenhang mit der Urteilsfällung über ihn befinden kann[61], wird in der neueren Rechtsprechung und im Schrifttum zu Recht abgelehnt[62]. Ob eine Vernehmung sachdienlich ist, kann zwar am besten das erkennende Gericht beurteilen, eine Entscheidung dieser Frage ist jedoch auch nachträglich möglich, zumal sie möglicherweise schon aus den Urteilsgründen, im übrigen aber auf Grund dienstlicher Äußerungen der beteiligten Richter zu beantworten ist. Wird der Antrag nicht gestellt, muß die gleiche Frage übrigens unter Umständen vom Kostenbeamten beurteilt werden, wenn er nach § 464 über die Erstattung der notwendigen Auslagen zu befinden hat.

Obwohl das Gesetz über die Entschädigung von Zeugen und Sachverständigen an sich **38** nur für die Entschädigung der vom Gericht oder der Staatsanwaltschaft herangezogenen Zeugen oder Sachverständigen gilt (§ 1 Abs. 1 ZuSEntschG), wird die Auffassung vertre-

[58] Vgl. *Schmidt* MDR **1967** 966.
[59] *Schmidt* MDR **1967** 966; AK-*Keller* 8; SK-*Schlüchter* 20.
[60] OLG München MDR **1981** 1037; KK-*Treier* 11.
[61] BayObLGSt **18** 30; DRiZ **1929** Nr. 310; OLG Celle GA **63** (1916/17) 150; OLG Dresden *Alsb.* E **2** Nrn. 74 a und b; vgl. ferner KG LZ **1916** 901.

[62] OLG Köln MDR **1958** 622; OLG Schleswig SchlHA **1957** 276; LG Mainz NJW **1956** 1848; LG Aachen NJW **1960** 735 mit Anm. *Pentz*; früher schon BayObLGSt **10** 274; OLG Celle JW **1927** 1658 mit Anm. *Jonas*; OLG Düsseldorf GA **70** (1926) 249; *Eb. Schmidt* Nachtr. I 7; KK-*Treier* 11; *Kleinknecht/Meyer-Goßner* 10; KMR-*Paulus* 12; SK-*Schlüchter* 18.

ten, daß der Antrag nicht mehr gestellt werden kann, wenn der Anspruch auf Entschädigung nach § 15 ZuSEntschG **erloschen** ist[63]. Dem ist beizutreten; denn der Anspruch auf gesetzliche Entschädigung wird nach Absatz 3 nur in dem Umfange gewährt, wie er den von Amts wegen geladenen Personen zusteht. Ist die für die Zeugenentschädigung geltende Dreimonatsfrist nach § 15 Abs. 2 ZuSEntschG abgelaufen, ist ein Antrag nach Absatz 3 bezüglich dieser Zeugen nicht mehr zulässig.

IV. Sonstige Fragen

1. Rechtsbehelfe

39　　**a) Beschwerde.** Die **Ladung** können die nach § 220 geladenen Personen nicht mit Beschwerde anfechten, sie können dagegen nur nach § 51 StPO vorgehen. Die Entscheidung des Gerichts über den **Antrag nach Absatz 3** ist mit Beschwerde anfechtbar. **Beschwerdeberechtigt** ist bei einer ablehnenden Entscheidung vor allem der Zeuge oder Sachverständige; aber auch Angeklagter und Staatsanwalt können Beschwerde einlegen, soweit sie die Entscheidung beschwert; dies ist nicht der Fall, wenn nach dem Urteil Kosten und Auslagen der Staatskasse zur Last fallen. Ein ablehnender Beschluß beschwert den Angeklagten ferner nicht, wenn dieser auf Grund des rechtskräftigen Urteils ohnehin die Verfahrenskosten zu tragen hat[64]. Ein der Urteilsfällung vorausgegangener Beschluß kann vom Angeklagten nach Auffassung des Oberlandesgerichts Bremen[65] wegen § 305 nicht angefochten werde. Dies würde jedoch nur zutreffen, wenn der Beschluß für das Verhältnis zwischen Angeklagtem und Staatskasse tatsächlich ohne endgültige Bedeutung wäre. Dies ist aber nicht immer der Fall (Rdn. 33). Wird die Entscheidung nach Absatz 3 in die Kostenentscheidung des Urteils mit einbezogen (Rdn. 25), so gilt für ihre Anfechtung § 464 Abs. 3 entsprechend.

40　　Hat das Gericht die **Entschädigung nach Absatz 3 angeordnet**, ist es Sache des Vernommenen, seinen Anspruch gegen die Staatskasse zu betreiben; der Angeklagte ist nicht befugt, durch Prozeßbeschwerde darauf hinzuwirken, daß der Beschluß des Gerichts ausgeführt wird und der Vernommene die Entschädigung aus der Staatskasse auch tatsächlich erhält[66].

41　　**b) Antragstellung in der Hauptverhandlung.** Das Ladungsrecht nach § 220 dient der Vorbereitung der Beweisaufnahme in der Hauptverhandlung. Bleibt eine unmittelbar geladene Beweisperson entschuldigt oder unentschuldigt aus, dann muß der Angeklagte — ungeachtet der Möglichkeit eines Bestrafungsantrags nach § 51 — die in ihr Wissen gestellten Tatsachen zum Gegenstand eines Beweisantrags nach § 244 machen, um zu verhindern, daß das Gericht sie übergeht. Anderenfalls braucht das Gericht den Ausgebliebenen weder selbst laden zu lassen noch muß es das Ergebnis eines neuen Ladungsversuches abwarten. Letzterer ist nur bei einer noch länger andauernden Hauptverhandlung sinnvoll. Ist die Beweisperson erschienen, muß er einen Beweisantrag nach § 245 Abs. 2 stellen. Auf die unrichtige Anwendung des § 220 allein kann die **Revision** nicht gestützt werden.

42　　**2. Befriedigung aus dem hinterlegten Betrag.** Ob der Vernommene trotz einer Entscheidung nach Absatz 3 seinen Entschädigungsanspruch noch aus dem vom Angeklagten zu seinen Gunsten hinterlegten Betrag befriedigen kann, hängt von den Bestimmungen ab,

---

[63] OLG Köln MDR **1958** 622; OLG Schleswig SchlHA **1957** 276; KK-*Treier* 11; KMR-*Paulus* 12; SK-*Schlüchter* 19.

[64] OLG Karlsruhe MDR **1985** 694; KMR-*Paulus* 17; SK-*Schlüchter* 21.

[65] GA **1955** 60; zustimmend wohl KK-*Treier* 16; KMR-*Paulus* 17; **a. A** SK-*Schlüchter* 21.

[66] KG JW **1929** 1503.

die bei der Hinterlegung getroffen wurden. Das Oberlandesgericht Stuttgart[67] hält eine Befriedigung aus dem hinterlegten Betrag für unzulässig, da der Vernommene sich an den Staat zu halten habe. Dies muß jedoch nicht immer zutreffen, denn die Rechtsbeziehungen zwischen dem Angeklagten und den Geladenen (eventuell vertragliche Entschädigungsvereinbarung) und auch die Bedingungen der Hinterlegung können zu einem abweichenden Ergebnis führen. Ist die Staatskasse nach den bei der Hinterlegung getroffenen Bestimmungen uneingeschränkt berechtigt, dem Vernommenen den hinterlegten Betrag voll auszuzahlen[68], und hat sie dies getan, dann kann der Angeklagte, dem Verfahrenskosten und Auslagen nicht zur Last fallen, diesen Betrag innerhalb der Grenzen der gesetzlichen Entschädigung zumindest als notwendige Aufwendungen vom Staat ersetzt verlangen.

3. Rückforderung der Entschädigung. Ist der Zeuge oder Sachverständige, der bei **43** der Ladung den angebotenen Betrag angenommen hat, der Hauptverhandlung entschuldigt oder unentschuldigt ferngeblieben, kann der Angeklagte die geleistete Entschädigung unter dem Gesichtspunkt der ungerechtfertigten Bereicherung zurückverlangen[69]. Gleiches gilt bei Doppelzahlungen, wenn sowohl die staatliche Entschädigung nach Absatz 3 als auch der hinterlegte Betrag in Anspruch genommen worden sind. Ob daneben vertragliche Ansprüche bestehen, hängt vom Einzelfall ab. Die Ladung nach § 220 löst nur die öffentlich-rechtliche Pflicht aus, vor Gericht zu erscheinen. Durch die bloße Annahme der dafür angebotenen Entschädigung wird in der Regel noch kein bürgerlich-rechtlicher Vertrag zustande kommen. Es können aber auch vertragliche Ansprüche bestehen, so, wenn mit dem Sachverständigen Vereinbarungen über das Honorar für seine Gutachtentätigkeit getroffen oder mit einem auswärtigen Zeugen Einzelheiten über seine Reise und den Ersatz seiner Aufwendungen vereinbart worden sind.

§ 221

Der Vorsitzende des Gerichts kann auch von Amts wegen die Herbeischaffung weiterer als Beweismittel dienender Gegenstände anordnen.

Entstehungsgeschichte. Die jetzige, auf Beweisgegenstände beschränkte Fassung beruht auf Art. 1 Nr. 71 des 1. StVRG. Die frühere Fassung, die auch die Beweispersonen mit einschloß, ist durch den Übergang der Ladungen auf das Gericht (§ 214) insoweit gegenstandslos geworden. Bezeichnung bis 1924: § 220.

Übersicht

---

[67] *Alsb.* E **2** Nr. 77; vgl. Fußn. 54.
[68] Vgl. KG *Alsb.* E **2** Nr. 78.

[69] SK-*Schlüchter* 10.

1   **1. Zweck und Gegenstand der Vorschrift.** § 221 ergänzt § 214 Abs. 4, der die Herbeischaffung der als Beweismittel dienenden Gegenstände in Satz 1 primär der Staatsanwaltschaft überträgt, der aber in Satz 2 auch dem Gericht diese Befugnis einräumt (§ 214, 18 ff). § 221 stellt klar, daß der Vorsitzende diese Befugnis für das Gericht ausübt und daß er hierbei von Amts wegen tätig werden kann. Er muß also keinen Antrag eines Prozeßbeteiligten abwarten.

2   § 221 gilt zunächst für die Fälle, in denen es der Vorsitzende aus Gründen der Prozeßwirtschaftlichkeit übernimmt, **an Stelle der Staatsanwaltschaft** einen von dieser benannten Beweisgegenstand herbeizuschaffen (§ 214, 20). Seine eigentliche Bedeutung liegt aber in den Fällen, in denen zusätzlich von der Staatsanwaltschaft nicht als Beweismittel bezeichnete Gegenstände zur Hauptverhandlung beigebracht werden sollen. Vor allem zur Vorbereitung des Urkundenbeweises kann der Vorsitzende die Beiziehung weiterer Urkunden anordnen; liegen dem Gericht nur Kopien vor, kann er darauf hinwirken, daß sie öffentlich beglaubigt oder aber an ihrer Stelle die Originale vorgelegt werden[1].

3   **2. Anordnung des Vorsitzenden.** Dieser hat nach **pflichtgemäßem Ermessen** auf Grund der Aktenklage zu entscheiden, ob zur Förderung des Verfahrens eine solche Anordnung angezeigt ist. Der beizubringende Gegenstand ist in der Anordnung so hinreichend bestimmt zu bezeichnen, daß er bei Vollzug der Anordnung sicher identifiziert werden kann. Will der Vorsitzende ohne Einschaltung der Staatsanwaltschaft ein bereits benanntes Beweismittel beiziehen, ist regelmäßig eine vorherige Abstimmung mit dieser ratsam, um doppelte Anordnungen zu vermeiden. Bei zusätzlichen Beweisgegenständen ist für den Erlaß einer solchen Anordnung dagegen allein maßgebend, ob der betreffende Gegenstand zur Erforschung der Wahrheit durch das Gericht in der Hauptverhandlung beitragen kann. Der Vorsitzende muß bei dieser Entscheidung auch berücksichtigen, wie das Gericht die Beweiserheblichkeit des herbeizuschaffenden Gegenstands beurteilt. Für die vorherige Abstimmung zwischen Vorsitzenden und Gericht gelten die Ausführungen bei § 214, 20. Vor Erlaß der Anordnung ist zu prüfen, ob sie sich nicht dadurch erübrigt, daß einem Zeugen oder Sachverständigen aufgegeben werden kann, den Gegenstand zu seiner Einvernahme mitzubringen, oder ob andererseits zur sofortigen Sicherstellung des Beweismittels die Beschlagnahme (§§ 94, 98) notwendig ist.

4   Der Vorsitzende hat diese Befugnis auch noch während der **Hauptverhandlung**. Sie ist ein Teil seiner Sachleitungsbefugnis nach § 238[2].

5   Die **Zurücknahme** der Anordnung durch den Vorsitzenden ist grundsätzlich zulässig, sofern nicht die Aufklärungspflicht oder die prozessuale Lage, insbesondere nach Beginn der Hauptverhandlung § 245, entgegenstehen.

6   **3. Die Ausführung der Anordnung.** Der Vorsitzende kann die Ausführung seiner Anordnung nach seinem Ermessen ohne Einschaltung der Staatsanwaltschaft der **Geschäftsstelle** des Gerichts (§ 214 Abs. 4 Satz 2) übertragen. Er kann jedoch auch die **Staatsanwaltschaft**, die die Herbeischaffung der Beweisgegenstände zu bewirken hat (§ 214 Abs. 4 Satz 1), um die Beibringung ersuchen. Gegenstände, die sie selbst in Gewahrsam hat, muß sie vorlegen, in Gewahrsam von dritten Personen befindliche Gegenstände hat sie in Vollzug der richterlichen Anordnung (§ 36 Abs. 2 Satz 1) beizubringen[3]. Ob sie durch die Anordnung auch verpflichtet wird, in deren Vollzug den unbe-

---

[1] *Wömper* MDR **1980** 889; vgl. bei § 249.
[2] KK-*Treier 1; Kleinknecht/Meyer-Goßner* 1; KMR-*Paulus* 1; SK-*Schlüchter* 4.

[3] SK-*Schlüchter* 5.

kannten Verwahrungsort des bezeichneten Gegenstands zu ermitteln, ist strittig[4]. Das 1. StVRG hat die früher anerkannte Rechtslage unberührt gelassen, wonach die Staatsanwaltschaft ein solches Ersuchen nur ablehnen darf, wenn sie die Anordnung für unzulässig, nicht aber, wenn sie sie nur für unzweckmäßig hält[5]. Wird die Herausgabe des Gegenstandes verweigert, ist es Sache des Gerichts, Ordnungsmittel nach § 95 Abs. 2 zu verhängen oder den Gegenstand zu beschlagnahmen (§§ 94, 98). Behörden können die Herausgabe nur unter den Voraussetzungen des § 96 ablehnen; dies gilt auch für Gegenstände, die sich im Gewahrsam der Staatsanwaltschaft befinden[6]. Für die Anordnung, nach noch unbekannten, möglicherweise aber vorhandenen Beweisgegenständen zu forschen, bietet § 221 dagegen keine Rechtsgrundlage.

4. Antrag auf Aussetzung. Das Gesetz schreibt — anders als bei den von § 222 erfaß- **7** ten Beweispersonen — nicht vor, daß die Anordnung des Vorsitzenden dem Angeklagten oder der Staatsanwaltschaft mitzuteilen ist. § 246 Abs. 2, 3 gilt für sie ebenfalls nicht[7]. Ob die Fürsorgepflicht eine Benachrichtigung gebietet[8], hängt von den Umständen des Einzelfalls ab[9]; zweckmäßig ist eine solche Benachrichtigung jedoch immer (vgl. § 222, 2). Andernfalls kommt eine Aussetzung wegen des neu beigebrachten Beweisgegenstandes nach § 265 Abs. 4 in Betracht, wenn die veränderte Sachlage dies zur genügenden Vorbereitung der Anklage oder Verteidigung erfordern sollte.

5. Rechtsbehelfe

a) Die **Beschwerde** gegen die Anordnung des Vorsitzenden ist nur in den engen Gren- **8** zen des § 305 möglich. Die Staatsanwaltschaft kann mit der Beschwerde die Verletzung der Rechte Dritter oder ihrer Verfolgungsinteressen im Hinblick auf eine andere Person geltend machen[10]. Auch ein durch die Anordnung beschwerter und in seinen Rechten verletzter Dritter hat die Beschwerde (§ 305 Satz 2)[11]. Bei einer Weigerung der Staatsanwaltschaft, der Anordnung nachzukommen, hat der Vorsitzende die **Aufsichtsbeschwerde**[12].

b) Mit der **Revision** können die Maßnahmen des Vorsitzenden zur Vorbereitung der **9** Hauptverhandlung für sich allein grundsätzlich nicht angegriffen werden[13]. Maßgebend ist allein, ob die Beweismittel, auf die sich die Anordnung bezog, in der Hauptverhandlung verfahrenswidrig verwendet wurden oder ob die Verwertung unter Verletzung der Aufklärungspflicht oder sonst zu Unrecht (§ 244 Abs. 2, § 245 Abs. 1) unterblieb. Unbehelflich ist auch die Rüge, der Vorsitzende habe eine solche Anordnung zu Unrecht unterlassen, denn den Verfahrensbeteiligten steht es frei, durch eine eigene Ladung der Beweisperson oder durch eigenes Beibringen eines Beweisgegenstandes oder aber durch einen entsprechenden Beweisantrag darauf hinzuwirken, daß das betreffende Beweismittel in der Hauptverhandlung verwendet werden kann.

---

[4] Verneinend etwa SK-*Schlüchter* unter Hinweis auf KG JR **1966** 231 mit krit Anm. *Kleinknecht*; *Geißer* GA **1983** 400.

[5] OLG Hamm DJZ **1911** 1432; OLG Frankfurt NJW **1982** 1408; OLG Stuttgart Justiz **1982** 408; AK-*Keller* 3; KK-*Treier* 3; *Kleinknecht/Meyer-Goßner* 2; KMR-*Paulus* 2.

[6] OLG Frankfurt NJW **1982** 1408.

[7] **A. A** KMR-*Paulus* 3, der §§ 222, 246 Abs. 2 für anwendbar hält.

[8] So KK-*Treier* 4; vgl. KMR-*Paulus* 3. SK-*Schlüchter* 6 begründet die Pflicht mit der ordnungsgemäßen Sachleitung.

[9] AK-*Keller* 3; *Kleinknecht/Meyer-Goßner* 3.

[10] OLG Frankfurt NJW **1982** 1408; SK-*Schlüchter* 7.

[11] SK-*Schlüchter* 7.

[12] OLG Stuttgart Justiz **1982** 408; KK-*Treier* 5; SK-*Schlüchter* 8 (wohl nur, soweit Verpflichtung der Staatsanwaltschaft besteht).

[13] OLG Koblenz OLGSt NF Nr. 1; KK-*Treier* 5; *Kleinknecht/Meyer-Goßner* 4; SK-*Schlüchter* 9.

Walter Gollwitzer

§ 222

(1) [1]**Das Gericht hat die geladenen Zeugen und Sachverständigen der Staatsanwaltschaft und dem Angeklagten rechtzeitig namhaft zu machen und ihren Wohn- oder Aufenthaltsort anzugeben.** [2]**Macht die Staatsanwaltschaft von ihrem Recht nach § 214 Abs. 3 Gebrauch, so hat sie die geladenen Zeugen und Sachverständigen dem Gericht und dem Angeklagten rechtzeitig namhaft zu machen und deren Wohn- oder Aufenthaltsort anzugeben.** [3]**§ 200 Abs. 1 Satz 3 und 4 gilt sinngemäß.**

(2) Der Angeklagte hat die von ihm unmittelbar geladenen oder zur Hauptverhandlung zu stellenden Zeugen und Sachverständigen rechtzeitig dem Gericht und der Staatsanwaltschaft namhaft zu machen und ihren Wohn- oder Aufenthaltsort anzugeben.

Schrifttum. *Krey* Probleme des Zeugenschutzes im Strafverfahrensrecht, GedS Meyer 239; *Krey/Haubrich* Zeugenschutz, Rasterfahndung, Lauschangriff, Verdeckte Ermittler, JR **1992** 309; *Leineweber* Die Entbindung von der Wohnortangabe bei der Vernehmung eines Zeugen zur Person gem. § 68 Abs. 2 StPO, MDR **1985** 635; *Steinke* Wirksamer Zeugenschutz de lege ferenda, ZRP **1993** 253. Wegen weiterer Nachweise vgl. bei § 68.

Entstehungsgeschichte. Art. 1 Nr. 47 des 1. StVRG, das die Ladungen grundsätzlich dem Gericht überträgt, hat Absatz 1 neu gefaßt. Während vorher nur die Ladung von nicht in der Anklageschrift benannten Beweispersonen dem Angeklagten mitzuteilen war, müssen nunmehr alle geladenen Beweispersonen dem Angeklagten namhaft gemacht werden. Die gleiche Verpflichtung besteht wechselseitig zwischen Gericht und Staatsanwaltschaft. Ursprünglich waren nur Angeklagter und Staatsanwaltschaft verpflichtet, sich gegenseitig die nachträglich bezw. die unmittelbar geladenen Personen zu benennen. Art. 9 § 1 Nr. 5 der 2. VereinfVO beseitigte das Recht des Angeklagten zur unmittelbaren Ladung. Er schied deshalb als Verpflichteter aus. Wegen der Einführung des § 214 Abs. 1 Satz 2 wurde das Gericht neu als Verpflichteter aufgenommen. Art. 3 Nr. 96 VereinhG hat den früheren Rechtszustand wiederhergestellt, wegen der Beibehaltung des § 214 Abs. 1 Satz 2 aber das Gericht als Verpflichteten beibehalten. Art. 3 Nr. 14 OrgKG vom 15. 7. 1992 hat in Absatz 1 den Satz 3 angefügt, um die Mitteilungspflicht an die durch das gleiche Gesetz erweiterten Bestimmungen über den Zeugenschutz (§ 68, mit Folgeänderungen u. a. in den in Bezug genommenen § 200 Abs. 1, Satz 3, 4) anzupassen[1]. Bezeichnung bis 1924: § 221.

Übersicht

---

[1] Zu der Gesetzesänderung vgl. *Eisenberg* NJW **1993** 1033; *Hilger* NStZ **1992** 457; *Krey/Haubrich* JR **1992** 309.

1. Zweck der Vorschrift. Für die Vorbereitung der Hauptverhandlung ist es förderlich, wenn Gericht, Staatsanwaltschaft und Angeklagter rechtzeitig erfahren, welche Beweispersonen zur Hauptverhandlung geladen worden sind oder zu ihr ohne Ladung gestellt werden. Dadurch wird dem Vorsitzenden und auch den anderen Beteiligten die Planung der Hauptverhandlung, insbesondere eine zutreffendere Einschätzung ihrer Dauer, erleichtert[2]. Es dient auch der Prozeßwirtschaftlichkeit und der beschleunigten Verfahrensabwicklung, wenn die Verfahrensbeteiligten nicht durch unbekannte Beweispersonen in der Hauptverhandlung überrascht und zu Aussetzungsanträgen nach § 246 Abs. 2 oder wegen der veränderten Sachlage nach § 265 Abs. 3 veranlaßt werden[3]. Nur wenn sie rechtzeitig vor der Hauptverhandlung erfahren, welche Zeugen und Sachverständigen auftreten werden, können sie vorher Erkundigungen über die Beweispersonen einziehen[4] und beurteilen, ob es notwendig ist, weitere Personen in Ausübung des eigenen Ladungsrechts (§ 214 Abs. 3, § 220) zu laden oder sonstige Beweismittel beizubringen. Dieses für die Wahrung der Verfahrensbelange wichtige Informationsrecht erfährt durch die verfassungsrechtlich verankerten Grundrechte der Beweispersonen auf Schutz ihrer Privatsphäre und noch mehr auf Schutz vor schwerwiegenden Gefahren für Leib und Leben eine Einschränkung, der der Gesetzgeber jetzt in einer die kollidierenden Interessen berücksichtigenden abgestuften Regelung (§ 68) Rechnung trägt. Auf Grund der Verweisung auf § 200 Abs. 1 Satz 3, 4 und der dortigen Weiterverweisung sind die Einschränkungen in § 68 Abs. 1 Satz 2, Abs. 2 Satz 1 jetzt auch bei den Mitteilungen nach § 222 anwendbar[5]. **1**

2. Anwendbarkeit bei sächlichen Beweismitteln. Auf andere Beweismittel als die in § 222 ausdrücklich genannten Beweispersonen ist § 222 nicht unmittelbar anwendbar. Ob er entsprechend angewendet werden muß, ist zweifelhaft[6]. Nach seinem Grundgedanken wird es sich jedoch empfehlen, auch die Herbeischaffung anderer Beweismittel (Sachen, verlesbare Urkunden usw.) mitzuteilen. Nur so kann der Gefahr vorgebeugt werden, daß in der Hauptverhandlung die Verwendung des unbekannten Beweismittels einen Aussetzungsantrag nach § 246 Abs. 2, 3 oder § 265 Abs. 3, 4 auslöst. **2**

Auf die Herbeischaffung **verlesbarer Gutachten** wendet BayObLGSt **1954** 156 den § 222 entsprechend an, da hier Erkundigen genauso veranlaßt sind, wie wenn der Sachverständige in der Hauptverhandlung anwesend gewesen wäre[7]. **3**

3. Mitteilungspflicht des Gerichts. Das Gericht hat alle Zeugen und Sachverständigen, die der Vorsitzende laden läßt, also auch die bereits in der Anklageschrift bezeichneten Personen, der Staatsanwaltschaft und dem Angeklagten namhaft zu machen. Dies ist vor allem bei einer nachträglichen Ladung weiterer Personen zu bedenken. **Gericht** ist hier als Behörde, nicht als einzelner Spruchkörper zu verstehen. Der Vorsitzende kann für das Gericht tätig werden. Die Mitteilung ist aber kein dem zuständigen Richter vorbehaltenes Amtsgeschäft. Ihre Erledigung kann durch innerdienstliche Anordnung generell anderen Bediensteten, in der Regel der **Geschäftsstelle**, übertragen werden[8]. Anders als **4**

---

[2] OLG Stuttgart Justiz **1971** 312; AK-*Keller* 1; *Kleinknecht/Meyer-Goßner* 1.
[3] OLG Hamm MDR **1971** 1029.
[4] BGHSt 23 244; *Odenthal* NStZ **1988** 540.
[5] Die Rechtsprechung hat dies früher verneint, vgl. etwa BGHSt **37** 1; BGH StV **1990** 197 mit Anm. *Odenthal*; OLG Stuttgart NStZ **1990** 356; ferner Fußn. 1.
[6] Bejahend KMR-*Paulus* § 221, 3; Nr. 118 Abs. 3 RiStBV spricht nur davon, daß die als Beweismittel

dienenden Gegenstände mitgeteilt werden sollen. Daß dies zweckmäßig ist, betonen auch *Kleinknecht/Meyer-Goßner* 2; SK-*Schlüchter* 2, bei Urkunden, die eine in der Hauptverhandlung verlesbare Zeugenaussage enthalten, bejaht letztere allerdings die entsprechende Anwendung.
[7] Ebenso SK-*Schlüchter* 2.
[8] KK-*Treier* 2; *Kleinknecht/Meyer-Goßner* 4; KMR-*Paulus* 6, SK-*Schlüchter* 12.

Walter Gollwitzer

bei der Ladung bedarf es dann zu ihrer Ausführung keiner besonderen Anordnung des Vorsitzenden im Einzelfall. Eine solche kann aber trotzdem zweckmäßig sein, um die ordnungsgemäße und rechtzeitige Erfüllung dieser Pflicht sicherzustellen, insbesondere in Eilfällen oder bei nachträglicher Ladung einer weiteren Beweisperson.

5   **4. Mitteilungspflicht der Staatsanwaltschaft und des Angeklagten.** Staatsanwaltschaft und Angeklagten trifft eine Mitteilungspflicht dann, wenn sie von ihrem Recht zur eigenen Ladung (§ 214 Abs. 3, § 220 Abs. 1) selbst Gebrauch machen. Sie müssen davon das Gericht und sich wechselseitig unterrichten. Die Mitteilungspflicht des Angeklagten erstreckt sich ferner auf die Zeugen und Sachverständigen, die er ohne förmliche Ladung zur Hauptverhandlung zu stellen beabsichtigt; denn auch für diese gilt § 246 Abs. 2. Soweit **andere Verfahrensbeteiligte** Zeugen und Sachverständige unmittelbar laden oder stellen dürfen, trifft auch sie die Mitteilungspflicht.

6   **5. Abladen eines Zeugen oder Sachverständigen.** Wird ein vom Gericht oder von der Staatsanwaltschaft geladener Zeuge oder Sachverständiger wieder abgeladen, nachdem seine Ladung bereits mitgeteilt worden war, so ist es — auch wenn § 222 dies nicht fordert — in der Regel angebracht, die anderen Verfahrensbeteiligten davon zu unterrichten. Vor allem der Angeklagte kann seine Verteidigung darauf aufgebaut haben, daß der betreffende Zeuge oder Sachverständige in der Hauptverhandlung aussagen wird[9]. Durch die Mitteilung der Abladung erhält er die Möglichkeit, den Zeugen selbst zu laden oder sich sonst in seiner Verteidigung umzustellen. Erfährt er die Ablehnung erst in der Hauptverhandlung, kann dies zu einer Aussetzung der Hauptverhandlung (eventuell in Verbindung mit einem entsprechenden Beweisantrag[10]) führen und das Verfahren verzögern.

6. Empfänger der Mitteilungen

7   **a)** Adressaten der **Mitteilungen nach Absatz 1** sind bei Mitteilungen des Gerichts Staatsanwaltschaft und Angeklagter und die ihnen befugnismäßig gleichgestellten Personen wie Nebenkläger und Nebenbeteiligte; bei Mitteilungen der Staatsanwaltschaft Gericht und Angeklagter (Nebenbeteiligte). Die Mitteilung an den Angeklagten kann auch durch die Mitteilung an einen zur Entgegennahme nach § 145 a Abs. 1 ermächtigten Verteidiger erfüllt werden[11], die Mitteilung an Nebenkläger und Nebenbeteiligte auch an einen beauftragten Rechtsanwalt. Eine besondere Mitteilung an den **Verteidiger** wird durch § 222 nicht vorgeschrieben. Sie ist aber in der Regel angezeigt, um eine Aussetzung der Hauptverhandlung zu vermeiden.

8   Bei **mehreren Angeklagten** muß die Mitteilung nach Absatz 1 grundsätzlich jedem von ihnen gemacht werden. Eine Ausnahme gilt nur dann, wenn ein Zeuge oder Sachverständiger zu einem Vorgang gehört werden soll, bei dem der Mitangeklagte weder beteiligt war[12] noch sonst in seinen Verteidigungsinteressen berührt wird. Da dies oft nicht sicher ex ante beurteilt werden kann, ist im Zweifel die Mitteilung an alle Mitangeklagte zu senden[13].

9   **b)** Die **Mitteilungen des Angeklagten** nach Absatz 2 sind an Gericht und Staatsanwaltschaft zu richten. Teilt er die Namen nur dem Gericht mit, so ist dieses im Interesse

---

[9] *Odenthal* NStZ **1988** 540; KMR-*Paulus* 4; SK-*Schlüchter* 3.

[10] Nach *Odenthal* NStZ **1988** 540 soll dieser zum Ausgleich für das Selbstladungsrecht nur unter den Voraussetzungen des § 245 Abs. 2 abgelehnt werden dürfen.

[11] KK-*Treier* 3; *Kleinknecht/Meyer-Goßner* 6; KMR-

Paulus 7; SK-*Schlüchter* 13; *Eb. Schmidt* 2.

[12] KK-*Treier* 4; KMR-*Paulus* 7; SK-*Schlüchter* 13.

[13] Vor § 226, 33; *Gollwitzer* FS Sarstedt 30, 33; dort wird nur der Regelfall angesprochen, nicht der Fall, daß ausnahmsweise ersichtlich ist, daß der Mitangeklagte nicht betroffen sein kann. *Kleinknecht/Meyer-Goßner* 6.

der Förderung des Verfahrens gehalten, die Mitteilung auch der Staatsanwaltschaft zur Kenntnis zu bringen. Umgekehrt gilt gleiches.

Eine **Benachrichtigung der Mitangeklagten** schreibt Absatz 2 nicht vor. Da jedoch **10** auch diese unter Umständen die Aussetzung beantragen können, wenn die Aussage sie berührt, kann auch die Unterrichtung der betroffenen Mitangeklagten zweckmäßig sein. Sie kann auch vom Gericht veranlaßt werden[14].

7. Form und Inhalt der Mitteilung

a) Eine **besondere Form** ist für die Mitteilung nicht vorgeschrieben, in aller Regel hat **11** sie schriftlich zu geschehen. Hierdurch wird sogleich für das spätere Verfahren festgehalten, daß sie die erforderlichen Angaben (Rdn. 12) enthält. Im übrigen kann die Benachrichtigung durch Übersendung einer Aufstellung der geladenen Beweispersonen vorgenommen werden, es kann aber auch der Hinweis genügen, daß die in der Anklage aufgeführten Zeugen und Sachverständigen geladen wurden[15]. In Eilfällen ist auch eine mündliche oder fernmündliche Mitteilung möglich[16]. Ihr Inhalt wird dann jedoch zweckmäßigerweise sofort aktenkundig gemacht.

b) Der **Inhalt** der Benachrichtigung ergibt sich aus ihrem Zweck, die Empfänger **12** zuverlässig und unmißverständlich davon in Kenntnis zu setzen, welche Beweispersonen zur Hauptverhandlung geladen worden sind. Die Beweispersonen sind dabei mit ihrem Namen (in der Regel Vor- und Familiennamen) und ihrem Wohnort (grundsätzlich volle Adresse[17]) so eindeutig zu bezeichnen, daß sie identifizierbar und Erkundigungen über sie möglich sind. Der **Aufenthaltsort** darf nur dann an der Stelle des Wohnorts angegeben werden, wenn die benannte Person keinen Wohnort hat oder dieser nicht bekannt ist[18]. Die Angabe eines **Pseudonyms** (Künstlername usw.) kann diesen Anforderungen genügen, wenn die Person, die gemeint ist, unter diesem Namen allgemein oder zumindest allen Beteiligten bekannt ist, nicht aber ein Deckname, der die wahren Personalien seines Trägers verhüllen soll[19]. Letzteres ist zum Schutze des Zeugen oder gefährdeter Dritter nur unter den engen Voraussetzungen des § 68 Abs. 3 zulässig. Durch die Ergänzung des § 200 Abs. 1 und die Verweisung auf diesen in Absatz 1 Satz 3 wird klargestellt, daß entsprechend § 68 Abs. 1 Satz 2 bei Zeugen, die ihre Wahrnehmung in amtlicher Eigenschaft gemacht haben, statt des Wohnorts auch ihr **Dienstort** (Sitz der Behörde) angegeben werden darf[20]. Wenn dies zur Verhütung einer Gefährdung des Zeugen oder einer anderen Person notwendig ist, darf nach § 68 Abs. 2 Satz 1 auch eine **andere ladungsfähige Anschrift** angegeben werden. Wird der Wohn- oder Aufenthaltsort des Zeugen geheimgehalten, ist nach dem entsprechend anwendbaren § 200 Abs. 1 Satz 4 in der Mitteilung ausdrücklich darauf hinzuweisen. Gleiches gilt, wenn ein Zeuge benannt wird, dessen Identität ganz oder teilweise nicht offenbart werden soll. Wegen der Einzelheiten, vor allem auch wegen der hier zu treffenden Abwägungen zwischen den Notwendigkeiten des Zeugenschutzes, der Sachaufklärung und dem Verteidigungsinteresse wird auf die Erläuterungen zu § 68 und § 200 verwiesen[21].

---

[14] Kleinknecht/Meyer-Goßner 6; SK-Schlüchter 16.
[15] Rieß NJW **1975** 86; Nr. 118 Abs. 1 RiStBV.
[16] KK-Treier 6; Kleinknecht/Meyer-Goßner 8; KMR-Paulus; SK-Schlüchter 6.
[17] AK-Keller 8; KK-Treier 7 (unter Hinweis auf § 68 Abs. 2 Satz 1 „andere ladungsfähige Anschrift"); SK-Schlüchter 4 (differenzierend, ob für Identifizierung erforderlich); BGH StV **1990** 197 mit

Anm. Odenthal läßt dies offen. Zum Streitstand vgl. bei § 68.
[18] BGHSt **37** 1; KK-Treier 7.
[19] Die frühere gegenteilige Meinung, vgl. etwa BGHSt **37** 1; BGH StV **1990** 197 mit Anm. Odenthal ist damit überholt.
[20] BGHSt **23** 244; h. M.
[21] Vgl. ferner AK-Keller 6 ff; SK-Schlüchter 4 und bei § 251, 59.

13   Der **Gegenstand der Vernehmung**, das Beweisthema, zu dem sich der Zeuge oder Sachverständige äußern soll, braucht nicht bekanntgeben zu werden[22]. In der Regel ist die Angabe aber zweckmäßig, um eine Aussetzung der Hauptverhandlung zu vermeiden (§ 246, 4; 7). Gleiches gilt für den Hinweis, daß ein Zeuge aufgefordert wurde, bestimmte Unterlagen mitzubringen. Der **Zeitpunkt der beabsichtigten Vernehmung** braucht nicht mitgeteilt zu werden[23]. Bei Großverfahren, bei denen die Zeugen und Sachverständigen zu verschiedenen Zeiten geladen werden, kann aber dessen Mitteilung sachdienlich sein, die Verfahrensbeteiligten können sich dann bei ihrer Prozeßvorbereitung (Mitbringen von Gegenzeugen und vor allem weiterer Sachverständiger) besser darauf einstellen (vgl. Rdn. 16).

14   **8. Rechtzeitigkeit.** Ob ein Zeuge oder Sachverständiger rechtzeitig namhaft gemacht ist, beurteilt sich nach dem Zweck der Vorschrift, insbesondere nach § 246 Abs. 2, der die Aussetzung vorsieht, wenn ein Beweismittel so spät benannt wird, daß es an der zur Einziehung von Erkundigungen notwendigen Zeit fehlt. Welche Zeit vor der Hauptverhandlung für die Erkundigungen zur Verfügung stehen muß, hängt von den Umständen des Einzelfalls ab. Die gleichzeitige Absendung von Ladung und Mitteilung trägt dem Erfordernis der rechtzeitigen Benachrichtigung am besten Rechnung[24]; auch prozeßwirtschaftlich ist es meist die zweckmäßigste Verfahrensweise.

15   **9. Verzicht.** Angeklagter und Staatsanwaltschaft können auf die Einhaltung des § 222 verzichten. Dies kann auch stillschweigend, durch ein konkludentes Verhalten geschehen, setzt aber regelmäßig voraus, daß der Verzichtende den Verfahrensverstoß und das ihm daraus erwachsende Recht kennt. Wenn ein nicht rechtskundiger Angeklagter, der über die Möglichkeit eines Aussetzungsantrags vom Gericht nicht belehrt wurde, diesen nicht stellt, so liegt darin kein stillschweigender Verzicht[25].

16   **10. Der Zeitpunkt der voraussichtlichen Einvernahme** kann auch bei den nicht vom Gericht geladenen Zeugen bei länger dauernden Verhandlungen zur Verringerung der Wartezeit **vom Vorsitzenden** entsprechend seinem Verhandlungsplan **im voraus festgelegt** werden. Sofern der Ladende den Zeitpunkt der Ladung nicht bereits vorher mit dem Vorsitzenden abgesprochen hat, kann der Vorsitzende entsprechend dem Grundgedanken des § 214 Abs. 2 von sich aus den geladenen Zeugen mitteilen lassen, daß sie, unbeschadet der Ladung, erst zu einem bestimmten Zeitpunkt vor Gericht erscheinen müssen. Der Ladende ist von einer solchen Anordnung zweckmäßigerweise zu verständigen. Sind Sachverständige unmittelbar geladen worden, gilt grundsätzlich nichts anderes. Der Vorsitzende muß sich aber vorher vergewissern, daß der Ladende nicht die Anwesenheit des Sachverständigen während der ganzen Hauptverhandlung erstrebt.

17   **11. Aussetzung der Hauptverhandlung.** Wird der geladene oder gestellte Zeuge oder Sachverständige nicht oder nicht mehr rechtzeitig vor der Hauptverhandlung den anderen Prozeßbeteiligten namhaft gemacht, so können diese die Aussetzung beantragen. Dies gilt sowohl für den Angeklagten, wenn ihm ein von Gericht oder Staatsanwaltschaft geladener Zeuge nicht ordnungsgemäß benannt wurde, als auch für die Staatsanwaltschaft, wenn Gericht oder Angeklagter die Mitteilung unterlassen haben. Der Aussetzungsantrag nach § 246 Abs. 2, 3 kann nicht darauf gestützt werden, daß die Ladung von Zeugen nur in

---

22 RGSt **67** 182; *Kleinknecht/Meyer-Goßner* 9.
23 *Odenthal* NStZ **1988** 540; *Pfeiffer/Fischer* 2.
24 Vgl. Nr. 118 Abs. 1 RiStBV; *Kleinknecht/Meyer-Goßner* 4; 7; KMR-*Paulus* 8; SK-*Schlüchter* 7.

25 Vgl. OLG Dresden HRR **1938** Nr. 935; *Schmid* Verwirkung 232; KMR-*Paulus* 14; SK-*Schlüchter* 11.

einer nach Absatz 1 Satz 4 zulässigen eingeschränkten Form (Rdn. 12) mitgeteilt wurde. Er kann jedoch gestellt werden, wenn wegen einer zunächst irrigen Bejahung der Voraussetzungen dieser Einschränkungen die vorenthaltenen Angaben erst in der Hauptverhandlung bei Einvernahme des betreffenden Zeugen bekannt werden, unter Umständen auch, wenn einer der in § 200 Abs. 1 Satz 4 geforderten Hinweise zu Unrecht unterblieben ist. Bleibt dagegen der betreffende Zeuge von den im Normalfall zu fordernden Angaben nach § 68 Abs. 1 Satz 2; Abs. 2; 3 weiterhin entbunden, so kann gegen diese Entscheidung das Gericht nach § 238 Abs. 2 angerufen werden. Nur wenn diese Angaben dann nachgeholt, nicht aber, wenn sie verweigert werden, hat ein Aussetzungsantrag nach § 246 Abs. 2, 3 Sinn. Beide Anträge können aber trotzdem gleichzeitig gestellt und auch vom Gericht, das über den Mitteilungsanspruch nach Rechtsgründen und nur über den Aussetzungsantrag nach pflichtgemäßem Ermessen zu entscheiden hat, gemeinsam verbeschieden werden[26]. Der Aussetzungsantrag nach § 246 selbst kann und muß in allen Fällen zum Ziele haben, ernsthaft gewollte Erkundigungen[27] über die Beweisperson zu ermöglichen (vgl. bei § 246)[28].

Der **Aussetzungsantrag** kann bis zum Schluß der Beweisaufnahme (§ 246 Abs. 2, 3) **18** gestellt werden. Es wird vielfach zweckmäßig sein, erst die Einvernahme abzuwarten. Die Notwendigkeit von Erkundigungen kann dann besser beurteilt werden[29]. Ob sich hinter einer bloßen Beanstandung der unterlassenen Mitteilung ein Aussetzungantrag verbirgt, muß das Gericht gegebenenfalls durch eine Frage klären[30].

Eine **Belehrung** über das Recht, wegen der Nichteinhaltung des § 222 die Aussetzung **19** zu beantragen, ist im Gesetz nicht vorgeschrieben. Gegenüber der Staatsanwaltschaft und bei Anwesenheit eines rechtskundigen Verteidigers in der Hauptverhandlung ist sie nicht notwendig. Lediglich bei einem Angeklagten, der ohne Verteidiger zur Hauptverhandlung erschienen ist, kann die Fürsorgepflicht die Belehrung über das ihm möglicherweise unbekannte Recht und über die Folgen der Unterlassung eines solchen Antrags (Rdn. 22) gebieten[31]; vor allem wenn der Angeklagte durch eine sachlich bedeutsame Einvernahme überrascht wird. Ob das Gebot des „fairen Verfahrens" auf jeden Fall einen Hinweis an den ohne Verteidiger erschienenen Angeklagten fordert, erscheint fraglich. Eine Rechtspflicht zur Belehrung besteht aber immer dann, wenn Besonderheiten des Verfahrensverlaufs dies zum Schutze des Angeklagten vor Überrumpelung erfordern[32].

Die **Aussetzung von Amts wegen** kann angebracht sein, wenn § 222 nicht eingehalten **20** werden kann und der Angeklagte im Termin **nicht anwesend** und auch nicht vertreten ist. Dies kann notwendig sein, damit der Angeklagte rechtliches Gehör (Art. 103 Abs. 1 GG) erhält und sich genügend verteidigen kann[33].

Die **Entscheidung** des erkennenden Gerichts über den Aussetzungsantrag ist zu **21** begründen (§ 34) und in der Hauptverhandlung zu verkünden (§ 35). Die Entscheidung kann, muß aber nicht immer unmittelbar nach der Antragstellung ergehen. So kann es zweckmäßig sein, erst die Beweisperson zu hören, bevor das Gericht über den Aussetzungsantrag entscheidet; denn es hängt auch vom sachlichen Gewicht der Aussage ab, ob

---

[26] Dies kann zweckmäßig sein, solange strittig ist, ob der Informationsanspruch nur mit dem Aussetzungsantrag oder unabhängig davon geltend gemacht werden kann, dazu etwa BGH StV **1990** 1997; *Odenthal* StV **1990** 199; AK-*Keller* 14; vgl. ferner die Erläuterungen zu § 68 und § 246.

[27] BGHSt **37** 1; BGH StV **1990** 196 mit Anm. *Odenthal*; OLG Stuttgart NStZ **1990** 356; **1991** 297.

[28] Wegen des Aussetzungsantrags nach § 265 Abs. 4 vgl. dort.

[29] SK-*Schlüchter* 9; vgl. Rdn. 21.

[30] KK-*Treier* 11.

[31] *Kleinknecht/Meyer-Goßner* 10; KMR-*Paulus* 14; SK-*Schlüchter* 11; **a. A** KK-*Treier* 10; differenzierend *Plötz* Die gerichtliche Fürsorgepflicht im Strafverfahren 269 f.

[32] OLG Köln OLGSt 5.

[33] OLG München HRR **1940** Nr. 848; vgl. § 246.

die Aussetzung geboten ist. Vor allem kann das Gericht einem Aussetzungsantrag dadurch den Boden entziehen, daß es — sofern die Aufklärungspflicht dies zuläßt — auf die Verwertung des Beweismittels überhaupt verzichtet[34].

12. Revision

22   **a) Revision des Angeklagten.** War der Angeklagte oder sein Verteidiger in der Hauptverhandlung **anwesend**, kann nach der herrschenden Meinung die Revision nicht auf die Verletzung des § 222 gestützt werden, wenn der **Aussetzungsantrag** nach § 246 Abs. 2, 3 nicht gestellt worden ist[35]. Dieses Ergebnis läßt sich damit begründen, daß die Strafprozeßordnung in § 246 Abs. 2, 3 die Rechtsfolgen der Verletzung das § 222 abschließend geregelt hat, so daß eine Geltendmachung dieses Verfahrensverstoßes durch ein späteres Rechtsmittel nicht mehr möglich ist[36]. Es läßt sich nicht schon aus der Erwägung herleiten, das Urteil beruhe nur auf der Verhandlung und nicht auf der unterbliebenen Benachrichtigung. Die Namhaftmachung dient der Vorbereitung der Hauptverhandlung; unterbleibt sie, so läßt sich nicht allgemein ausschließen, daß der Verfahrensgang ohne diesen Fehler anders verlaufen wäre, der Angeklagte insbesondere seine Verteidigungsmöglichkeit besser genutzt hätte[37]. Ob das Beruhen ausgeschlossen werden kann, hängt immer vom Einzelfall ab (Rdn. 24), ebenso wie die Frage, ob der Verfahrensfehler durch einen **stillschweigenden Verzicht** geheilt ist. Letzterer kann allerdings nur angenommen werden, wenn der Angeklagte sein Recht auf Aussetzung kannte, etwa weil er vom Vorsitzenden darauf hingewiesen wurde. Bei einem **Angeklagten ohne Verteidiger**, der aus Unkenntnis keinen Aussetzungsantrag stellte, kann die Revision darauf gestützt werden, daß der Vorsitzende unter Verletzung seiner Fürsorgepflicht (Rdn. 19) die nach den Umständen gebotene Belehrung über dieses Recht unterließ[38]. Es muß allerdings aufgezeigt werden, daß dadurch konkrete Verteidigungsmöglichkeiten beeinträchtigt wurden. Ein Beweiserhebungsverbot folgt aus dem Unterlassen der Mitteilung nicht[39].

23   Ist in **Abwesenheit** des Angeklagten und seines Verteidigers verhandelt worden, dann stand dem Angeklagten der Rechtsbehelf des Aussetzungsantrags nach § 246 Abs. 2, 3 nicht zur Verfügung. Die Revision ist dann nicht ausgeschlossen. Mit ihr kann nach § 337 geltend gemacht werden, daß Zeugen oder Sachverständige vernommen worden sind, deren Ladung dem Angeklagten entgegen § 222 nicht oder nicht mit dem rechtlich gebotenen Inhalt (vgl. Rdn. 12) mitgeteilt worden war[40].

24   Ob das Urteil auf dem Verfahrensverstoß **beruht**, ist unter Heranziehung aller Umstände des Einzelfalls zu prüfen. Ein Beruhen wird dann verneint werden können, wenn die Aussage des Zeugen für die Urteilsfindung völlig unerheblich war oder wenn ersichtlich ist, daß ohnehin keine erfolgversprechenden Nachforschungen möglich waren oder daß der Angeklagte den Zeugen, der ihm nicht benannt wurde, so gut kannte, daß er zu seiner Verteidigung keiner Erkundigungen über die Person dieses Zeugen mehr

---

34 BayObLGSt **1954** 157.

35 RG JW **1891** 292; BGHSt **1** 1 284; **37** 1; BGH StV **1982** 457; **1990** 197 mit Anm. *Odenthal*; **1990** 294; OLG Düsseldorf JMBlNW **1951** 20; OLG Frankfurt NJW **1948** 395; OLG Hamm MDR **1971** 1029; OLG Koblenz VRS **44** (1973) 433; OLG Köln JMBlNW **1962** 201; OLG Stuttgart NStZ **1990** 356.

36 KK-*Treier* 11; *Kleinknecht/Meyer-Goßner* 10; SK-*Schlüchter* 18; einschränkend AK-*Keller* 13; KMR-*Paulus* 14 (zulässig, wenn der Angeklagte tatsächlich in seiner Verteidigung beschränkt wurde).

37 *Schmid* Verwirkung 231.

38 OLG Hamm MDR **1971** 1029; AK-*Keller* 13; *Kleinknecht/Meyer-Goßner* 10; SK-*Schlüchter* 10; vgl. KMR-*Paulus* 11; 14 (sofern Verteidigung dadurch beschränkt); **a. A** KK-*Treier* 11.

39 OLG Stuttgart NStZ **1990** 356.

40 OLG Hamburg JW **1928** 2292; OLG Koblenz VRS **46** (1974) 447; vgl. BayObLG bei *Rüth* DAR **1986** 247; KK-*Treier* 12; *Kleinknecht/Meyer-Goßner* 10; SK-*Schlüchter* 19.

bedurfte. Gleiches gilt, wenn der Sachverständige bereits früher im Verfahren als Gutachter tätig war[41].

b) Für die **Revision der Staatsanwaltschaft** wegen einer Verletzung des § 222 Abs. 2 **25** gelten grundsätzlich die gleichen Erwägungen. Die Revision ist ausgeschlossen, wenn der Sitzungsvertreter in der Hauptverhandlung keinen Aussetzungsantrag nach § 246 Abs. 2, 3 stellt. Darauf, daß die Mitteilungspflicht gegenüber dem Angeklagten nicht eingehalten wurde, kann eine zuungunsten des Angeklagten eingelegte Revision der Staatsanwaltschaft nicht gestützt werden (§ 339).

c) Die Entscheidung des Gerichts über den **Aussetzungsantrag** oder das Übergehen **26** dieses Antrags ist der Revision zugänglich (§§ 337, 338 Nr. 8). Bei entsprechender Rüge (§ 344 Abs. 2) prüft das Revisionsgericht, ob ein Verstoß gegen § 222 vorlag und ob deswegen die Aussetzung geboten gewesen wäre. Dazu gehört auch, ob der unbestimmte Rechtsbegriff der „rechtzeitigen Namhaftmachung" vom Gericht zutreffend ausgelegt worden ist[42] und das Gericht die Ermessensentscheidung nach § 246 Abs. 4 unbeeinflußt von Rechtsfehlern und frei von Willkür getroffen hat[43]. Vgl. im übrigen die Erläuterungen zu § 246 sowie wegen der unrichtigen Anwendung des § 68 in der Hauptverhandlung die Erläuterungen zu § 68[44].

§ 222 a

(1) [1]Findet die Hauptverhandlung im ersten Rechtszug vor dem Landgericht oder dem Oberlandesgericht statt, so ist spätestens zu Beginn der Hauptverhandlung die Besetzung des Gerichts unter Hervorhebung des Vorsitzenden und hinzugezogener Ergänzungsrichter und Ergänzungsschöffen mitzuteilen. [2]Die Besetzung kann auf Anordnung des Vorsitzenden schon vor der Hauptverhandlung mitgeteilt werden; für den Angeklagten ist die Mitteilung an seinen Verteidiger zu richten. [3]Ändert sich die mitgeteilte Besetzung, so ist dies spätestens zu Beginn der Hauptverhandlung mitzuteilen.
(2) Ist die Mitteilung der Besetzung oder einer Besetzungsänderung später als eine Woche vor Beginn der Hauptverhandlung zugegangen, so kann das Gericht auf Antrag des Angeklagten, des Verteidigers oder der Staatsanwaltschaft die Hauptverhandlung zur Prüfung der Besetzung unterbrechen, wenn dies spätestens bis zum Beginn der Vernehmung des ersten Angeklagten zur Sache verlangt wird.
(3) In die für die Besetzung maßgebenden Unterlagen kann für den Angeklagten nur sein Verteidiger oder ein Rechtsanwalt, für den Nebenkläger nur ein Rechtsanwalt Einsicht nehmen.

---

[41] BGH StV **1982** 457; OLG Köln JMBlNW **1962** 202.

[42] Etwa KK-*Treier* 13; KMR-*Paulus* 17; SK-*Schlüchter* 18.

[43] BGHSt **1** 284; 371; BGH StV **1990** 196 mit Anm. *Odenthal*; BayObLGSt **1954** 156; OLG Hamm JMBlNW **1968** 236; MDR **1975** 422.

[44] Zu den strittigen Fragen vgl. auch Rdn. 17, ferner etwa SK-*Schlüchter* 21; AK-*Keller* 14 (§ 246 nicht einschlägig; die Rüge nach § 222 tritt hinter die Rüge des Verstoßes gegen § 68 zurück).

Schrifttum zu den §§ 222 a, 222 b. *Boergen* Bindung an die Entscheidung über die Besetzungsrüge und Aussetzung, MDR **1980** 619; *Brauns* Die Besetzungsrüge und ihre Präklusion im Strafprozeß, Diss. Köln, 1983; *Hamm* Die Besetzungsrüge nach dem Strafverfahrensänderungsgesetz, NJW **1979** 135; *Niemöller* Besetzungsrüge und Willkürformel, StV **1987** 311; *Ranft* Die Präklusion der Besetzungsrüge gemäß der Strafprozeßnovelle 1979 und das Recht auf den gesetzlichen Richter, NJW **1981** 1473; *Riedel* Zur geplanten Einführung der vorgezogenen Besetzungsrüge im Strafverfahren, JZ **1978** 374; *Rieß* Die Besetzungsrügepräklusion (§§ 222 a, 222 b StPO) auf dem Prüfstand der Rechtsprechung, JR **1981** 89; *Wagner* Vorverlegung der Besetzungsrüge nach § 222 a StPO und die Folgen, JR **1980** 50.

Entstehungsgeschichte. Durch Art. 1 Nr. 17 StVÄG 1979 wurden die §§ 222 a, 222 b neu eingefügt. Sie stehen in Verbindung mit dem durch Art. 1 Nr. 30 StVÄG 1979 neugefaßten § 338 Nr. 1 und sehen bei den erstinstanzlichen Verfahren der Landgerichte und Oberlandesgerichte eine vorgezogene Prüfung der ordnungsgemäßen Zusammensetzung des Gerichts mit Präklusionswirkung vor. Der Bundestag folgte im wesentlichen dem Konzept des Regierungsentwurfs, vereinfachte diesen aber erheblich (Rechtsausschußbericht BTDrucks. **8** 1844, S. 31; ferner *Riedel* JZ **1978** 374; zur Vorgeschichte *Bohnert* 45 ff; *Brauns* 36 ff).

Übersicht

Alphabetische Übersicht

I. Zweck und Geltungsbereich

1. Der prozeßökonomische **Zweck** des § 222 a erhellt sich aus seinem Zusammenhang **1** mit den §§ 222 b, 338 Nr. 1, die die nachträgliche Erhebung der Besetzungsrüge in der Revision einschränken. Die Regelung soll dazu beitragen, den „unnützen Aufwand" und die „erhebliche Verfahrensverzögerung" zu vermeiden[1], die entstehen, wenn das Revisionsgericht wegen eines in aller Regel nur auf Irrtum beruhenden Besetzungsfehlers ein Urteil aufheben und das Verfahren an die Vorinstanz zurückverweisen muß[2]. Als Ausgleich für den Wegfall der unbeschränkten Möglichkeit zur Beanstandung einer fehlerhaften Besetzung wird den Verfahrensbeteiligten durch die Mitteilung der Zusammensetzung des Gerichts von Amts wegen deren alsbaldige Überprüfung erleichtert. Sie werden zur sofortigen Prüfung angehalten (verfahrensrechtliche Obliegenheit); denn bei ordnungsgemäßer Mitteilung kann eine fehlerhafte Zusammensetzung des Gerichts nur bis zu Beginn der Vernehmung des ersten Angeklagten zur Sache beanstandet werden. Die Verfassungsgarantie des gesetzlichen Richters (Art. 101 Abs. 1 Satz 2 GG) wird nicht angetastet. Der früher durch den Ablauf der Rechtsmittelfrist bestimmte Endtermin für die Beanstandung einer gesetzwidrig besetzten Richterbank wird dadurch an den Anfang der Hauptverhandlung vorverlegt und damit unabhängig von deren Ergebnis[3]. Dieser Regelungszweck verändert die Struktur der Hauptverhandlung. Es erscheint mir daher zu eng, den Zweck der

---

[1] Ausschußbericht BTDrucks. **8** 1844, S. 31; vgl. *Rieß* DRiZ **1977** 296; zur Entwicklung der Besetzungsrüge *Bohnert* 45 ff.

[2] Notwendigkeit und Sachgerechtheit der Änderung sind umstritten; dazu *Benz* ZRP **1977** 250; *Ehrig* StV **1981** 7; *Katholnigg* NJW **1978** 2377; *Krekeler* AnwBl. **1979** 216; *Kießling* DRiZ **1977** 326; *Meyer* JR **1978** 361; *Müller* JR **1978** 361; *Ranft* NJW **1981** 1473; *Riedel* JZ **1978** 374; *Rieß* DRiZ **1977** 289; JR **1977** 302; NJW **1978** 2269; *Rudolphi* JuS **1978** 867; *Schroeder* NJW **1979** 1529; *Wagner* 50; ferner *Grünwald* Gutachten für den 50. DJT; *Peters* § 75 II 6; *Peters* Gutachten für den 52. DJT S. 63; *Peters* JR **1980** 266.

[3] Nach BVerfG (Vorprüfungsausschuß) MDR **1984** 731 sind die Vorverlegung der Besetzungsrüge und

die damit verbundene Rügepräklusion verfassungsrechtlich nicht zu beanstanden. ebenso BGHSt **33** 126; BGH StV **1996** 3; *Boergen* 619; *Schlüchter* 729.3; ferner AK-*Keller* 1; KK-*Treier* 2; *Kleinknecht/Meyer-Goßner* 1; KMR-*Paulus* 3; verfassungsrechtliche Bedenken äußern vor allem *Ranft* NJW **1981** 1473; ferner *Hamm* NJW **1979** 137; *Kießling* DRiZ **1977** 330; *Kratzsch* JA **1982** 617; *Sarstedt/Hamm* 195. Nach *Brauns* 255 ff liegt die Verfassungswidrigkeit nicht in der Rügepräklusion als solcher, sondern in den Modalitäten der Regelung (keine Mitteilungs- und Belehrungspflichten gegenüber dem allein auf den Verteidiger angewiesenen Angeklagten); träfe dies zu, wäre mit Beachtung dieser Pflichten in verfassungskonformer Auslegung abzuhelfen; dazu SK-*Schlüchter* 3.

Regelung mit ihrem Anlaß gleichzusetzen und sie ausschließlich unter dem Gesichtspunkt der Revisionsverhinderung auszulegen.

2   **2.** Der **Anwendungsbereich** der §§ 222 a, 222 b betrifft nur die **organisatorischen Besetzungsmängel**, nicht in der Person der Richter begründete Mängel (vgl. § 222 b, 39). Er wurde vom Gesetzgeber wegen des mit den Mitteilungen und der Aussetzungsmöglichkeit verbundenen Verwaltungsaufwands auf die Verfahren beschränkt, die in **erster Instanz vor dem Landgericht** oder dem **Oberlandesgericht** verhandelt werden, auch wenn das Berufungsverfahren nach § 328 Abs. 2 in ein Verfahren erster Instanz übergeleitet wird[4]. Strittig ist, ob die §§ 222 a, 222 b bei Bußgeldsachen, die in erster Instanz vor dem Oberlandesgericht verhandelt werden (Kartellordnungswidrigkeiten) entsprechend anwendbar sind, für Beschlußentscheidungen hat der BGH dies verneint[5]. Bei berufs- und ehrengerichtlichen Verfahren scheidet eine analoge Anwendung aus[6]. **Unanwendbar** sind die §§ 222 a, 222 b im Verfahren vor dem **Amtsgericht** (Strafrichter, Schöffengericht). Der Gesetzgeber hielt hier die Einschränkung der Besetzungsrüge für entbehrlich, da die Urteile dieser Gerichte in aller Regel mit der Berufung angefochten werden, bei der — ohne Rücksicht auf die ordnungsgemäße Besetzung der ersten Instanz — eine neue Tatsachenverhandlung stattfindet[7]. Für die **Berufungsverfahren** vor den Landgerichten greift diese Erwägung nicht Platz. Der Gesetzgeber hielt die Einbeziehung dieser Verfahren für entbehrlich, weil es sich hier um kleinere Verfahren handle, bei denen das Bedürfnis, die Urteilsaufhebung wegen eines Besetzungsfehlers zu vermeiden, weniger dringlich sei, und vor allem, weil der Angeklagte in diesen Verfahren nicht immer einen Verteidiger habe, ohne den bei der Kompliziertheit der Besetzungsfragen eine faire Chance des Angeklagten bei der Überprüfung der Besetzung nicht gewährleistet sei[8]. Bei diesen Verfahren bleibt es also bei der bisherigen Regelung, daß die Namen der Richter den Verfahrensbeteiligten auf Verlangen (§ 24 Abs. 3 Satz 2), nicht aber von Amts wegen bekanntgegeben werden müssen (vgl. auch bei § 243).

II. Die Besetzungsmitteilung

3   **1. Benennung der Richter.** Die Namen (Vor- und Nachnamen[9]) **aller Richter** (Berufsrichter, Schöffen) einschließlich der zugezogenen Ergänzungsrichter und Ergänzungsschöffen (Absatz 1 Satz 1) sind mitzuteilen. Dabei ist die Eigenschaft, in der sie mitwirken (Berufsrichter, Schöffe, Ergänzungsrichter usw.), kenntlich zu machen; beim Berufsrichter genügt hierfür die Amtsbezeichnung. Besonders hervorzuheben ist — wegen der besonderen Regeln für seine Bestellung (§ 21 f GVG) — der Richter, der den **Vorsitz** führt. Weitere Angaben, wie etwa von Beruf oder Anschrift der Schöffen, bedarf es nicht. Gibt es beim Gericht mehrere Richter gleichen Namens, empfiehlt sich die Beifügung eines die Verwechslung ausschließenden Zusatzes. Nicht notwendig ist die Anführung des Grundes, aus dem die Richter jeweils zur Mitwirkung berufen sind. Dieser ergibt sich aus den Unterlagen[10].

---

[4] AK-*Keller* 2; KK-*Treier* 3; *Kleinknecht/Meyer-Goßner* 2; KMR-*Paulus* 5; SK-*Schlüchter* 4.

[5] BGH NStZ **1986** 518; ebenso SK-*Schlüchter* 4, aber unter Bejahung der entsprechenden Anwendung bei mündl. Verhandlung; wohl allgemein verneinend AK-*Keller* 2; KK-*Treier* 3, bejahend *Kleinknecht/Meyer-Goßner* 2.

[6] Begr. BTDrucks. **8** 975 S. 45; KK-*Treier* 3; *Kleinknecht/Meyer-Goßner* 2; KMR-*Paulus* 5; SK-*Schlüchter* 4.

[7] Begr. BTDrucks. **8** 976 S. 45.

[8] Begr. BTDrucks. **8** 976 S. 45.

[9] KK-*Treier* 5; SK-*Schlüchter* 7.

[10] KK-*Treier* 5; *Kleinknecht/Meyer-Goßner* 7; SK-*Schlüchter* 8; KMR-*Paulus* 22 (zur Verfahrensbeschleunigung Mitteilung der Verhinderung zweckmäßig).

2. Zeit und Form der Mitteilung

a) Die Mitteilung hat spätestens **zu Beginn der Hauptverhandlung** zu ergehen, also **4** nach Aufruf der Sache (vgl. bei § 243); zweckmäßigerweise wird sie erst nach der Präsenzfeststellung vorgenommen, da dann feststeht, ob alle Mitteilungsadressaten anwesend sind[11]. Die Mitteilung muß vor der Vernehmung des Angeklagten zur Person durchgeführt sein. Dies schließt allerdings nicht aus, daß die Mitteilung **später** nochmals **wiederholt** werden kann und muß, wenn ein Mitteilungsempfänger, dessen Abwesenheit die Hauptverhandlung nicht hindert, befugt oder unbefugt erst verspätet erscheint. Voraussetzung ist allerdings, daß er noch die Aussetzung beantragen kann. Mit der Vernehmung des ersten Angeklagten zur Sache darf noch nicht begonnen worden sein. Nach diesem Zeitpunkt kann eine unterlassene Besetzungsmitteilung nicht mehr mit der Folge der Rügepräklusion nachgeholt werden. Selbst eine Wiederholung des bereits durchgeführten Teils der Hauptverhandlung könnte dies nicht bewirken. Sie erübrigt sich auch sonst, da insoweit kein den Verfahrensgang als solchen betreffender Verfahrensfehler geheilt werden muß[12]. Ein trotz ordnungsgemäßer Ladung erst nach Vernehmung des ersten Angeklagten zur Sache erscheinender Verfahrensbeteiligter muß ohnehin die Präklusionswirkung der Mitteilung gegen sich gelten lassen[13].

Die **Bekanntgabe** der Namen der Richter in der Hauptverhandlung obliegt dem Vorsitzenden; sie ist mündlich vorzunehmen und als **wesentliche Förmlichkeit** des Verfahrens (§ 273) in der Sitzungsniederschrift festzuhalten[14]. Der Anschlag der Namen an der Tafel vor dem Sitzungssaal genügt nicht[15]. Eine Mitteilung in der Hauptverhandlung erübrigt sich nur dann, wenn die Mitteilung bereits vorher allen Verfahrensbeteiligten zugegangen ist, auf die Wahrung der Wochenfrist des Absatzes 2 kommt es insoweit nicht an. Hat aber auch nur ein Adressat sie nicht erhalten, muß sie zu Beginn der Hauptverhandlung diesem gegenüber nochmals ergehen.

b) **Vor der Hauptverhandlung** kann der Vorsitzende die Mitteilung hinausgeben, **6** wenn er dies nach pflichtgemäßem Ermessen für angezeigt hält. Die vorherige Mitteilung, die so rechtzeitig zugeht, daß eine Verfahrensunterbrechung nach Absatz 2 nicht erforderlich ist, entspricht an sich dem Regelungszweck am besten und sollte angestrebt werden, auch wenn der Gesetzgeber um der Flexibilität der Verfahrensgestaltung willen bewußt darauf verzichtet hat, sie zwingend vorzuschreiben. Absatz 1 Satz 2 stellt die vorherige Besetzungsmitteilung und den Zeitpunkt, zu dem sie vorzunehmen ist, in das **pflichtgemäße Ermessen** des Vorsitzenden. Er hat unter Berücksichtigung des Regelungszwecks zu entscheiden, ob er die vorherige Mitteilung anordnen oder aber davon absehen will, etwa weil eine Änderung der voraussichtlichen Besetzung wahrscheinlich ist, beispielsweise weil noch offen ist, ob ein erkrankter Berufsrichter bis zur Hauptverhandlung wieder gesund ist oder weil die Zusammensetzung der Richterbank von der Dauer eines anderen Verfahrens abhängt. In solchen Fällen kann es der Verfahrensklarheit förderlicher sein, mit der vorherigen Mitteilung noch zuzuwarten oder aber ganz auf sie zu verzichten, statt die Verfahrensbeteiligten durch mehrfache Änderungsmitteilungen zu verwirren und zu im Ergebnis dann überflüssigen Prüfungen zu veranlassen[16]. Verlangt allerdings ein Verfahrensbeteiligter schon vor der Hauptverhandlung nach § 24 Abs. 3 Satz 2, § 31 die

[11] BGH bei *Holtz* MDR **1980** 631; KK-*Treier* 6; *Kleinknecht/Meyer-Goßner* 6; SK-*Schlüchter* 11.

[12] KK-*Treier* 6; *Kleinknecht/Meyer-Goßner* 6; SK-*Schlüchter* 12; früher strittig, vgl. *Brauns* 116 und 24. Auflage.

[13] *Kleinknecht/Meyer-Goßner* 6; SK-*Schlüchter* 11; differenzierend *Brauns* 116.

[14] Begr. BTDrucks. **8** 976 S. 46; AK-*Keller* 4; KK-*Treier* 7; *Kleinknecht/Meyer-Goßner* 4; KMR-*Paulus* 20; zweifelnd *G. Schäfer* § 54 II 1.

[15] BGHSt **29** 162; *Hamm* NJW **1979** 136; KK-*Treier* 7; *Kleinknecht/Meyer-Goßner* 4; KMR-*Paulus* 18; SK-*Schlüchter* 15.

[16] *Hamm* NJW **1979** 135; KK-*Treier* 7; *Kleinknecht/Meyer-Goßner* 9; SK-*Schlüchter* 13.

Walter Gollwitzer

Namhaftmachung der mitwirkenden Gerichtspersonen, dann muß der Vorsitzende diesem Verlangen in einer auch dem § 222 a genügenden Form entsprechen.

7   Die Mitteilung kann mit der **Ladung** zur Hauptverhandlung **verbunden** werden. Dies ist jedoch nur dann zweckmäßig, wenn zwischen der Ladung und dem Termin der Hauptverhandlung keine zu große Zeitspanne liegt. Andernfalls ist die Wahrscheinlichkeit späterer Änderungen zu groß. Eine vorgezogene Mitteilung ist aber auch ratsam, wenn die Wochenfrist des Absatzes 2 nicht mehr gewahrt werden kann. Da die Verfahrensbeteiligten vom Zugang der Mitteilung an Zeit haben, die dem Recht entsprechende Zusammensetzung der Richterbank zu prüfen, fällt die Dauer einer vorherigen Kenntnis für die Bemessung der Unterbrechungsfrist nach Absatz 2 ins Gewicht (Rdn. 25).

8   Die Mitteilung vor der Hauptverhandlung bedarf der **Schriftform** (vgl. § 35 Abs. 2). Die bloße mündliche Bekanntgabe durch den Vorsitzenden oder die Geschäftsstelle, etwa im Rahmen eins Ferngesprächs, dürfte nicht genügen[17]. Die vorgezogene Mitteilung ersetzt eine wesentliche Förmlichkeit der Hauptverhandlung (Rdn. 5), ihr Inhalt hat wegen des Unterbrechungsantrags (Absatz 2), der Präklusionswirkung des § 222 b Abs. 1 Satz 1 und wegen § 338 Nr. 1 erhebliche verfahrensrechtliche Bedeutung. Ihr Zweck, als Grundlage für die vorherige Nachprüfung der Besetzung der Richterbank zu dienen, wird ferner dadurch erleichtert, daß jeder dazu berechtigte Verfahrensbeteiligte eine Schrift in den Händen hat, aus der die genauen Namen jederzeit festgestellt werden können (vgl. die ähnlichen Überlegungen bei der Ladung — § 216, 4).

9   Die vorherige Mitteilung ist auf **Anordnung des Vorsitzenden** (Absatz 1 Satz 2) von der Geschäftstelle durchzuführen[18]. Die Anordnung des Vorsitzenden wird zweckmäßigerweise aktenkundig gemacht, zwingend notwendig ist dies jedoch nicht. Die Mitteilung ist wegen der Frist des § 222 a Abs. 2 den Mitteilungsadressaten (Rdn. 14) zuzustellen, dem Verteidiger (vgl. Rdn. 15) ggfs. gegen Empfangsbekenntnis nach § 212 a ZPO[19]. Auch eingeschriebener Brief mit Rückschein kann für den Nachweis ausreichen[20].

10   **c)** Eine **Belehrung** über die Bedeutung der Mitteilung, über das Recht auf Einsicht in die Besetzungsunterlagen und über die für den Einwand der vorschriftswidrigen Besetzung maßgebenden Fristen und Formen ist nicht vorgeschrieben. Der Gesetzgeber hat abweichend vom Regierungsentwurf bewußt davon abgesehen, mit der erstmaligen Besetzungsmitteilung eine solche Belehrung zu verbinden, da er sie für entbehrlich hielt und dem Angeklagten ohnehin ein rechtskundiger Verteidiger zur Seite steht, der auch die Mitteilung empfängt[21].

3. Änderungsmitteilung

11   **a) Für jede Hauptverhandlung** ist die Besetzung mitzuteilen, also auch bei Vertagung oder für den Neubeginn der Hauptverhandlung nach einer Aussetzung oder Zurückverweisung. Dies gilt selbst dann, wenn sich im konkreten Fall die Zusammensetzung des Gerichts nicht geändert haben sollte. Letzteres trifft nur in Ausnahmefällen zu, da in der Regel zumindest die Schöffen wechseln werden. Bei einer unveränderten Zusammensetzung des Gerichts kann sich allerdings die erneute Mitteilung auf den Hinweis beschrän-

---

[17] OLG Celle NStZ **1991** 553; AK-*Keller* 4; KK-*Treier* 7; *Kleinknecht/Meyer-Goßner* 10; SK-*Schlüchter* 17.

[18] § 222 a Abs. 4 Satz 1 des Regierungswurfs – BTDrucks. **8** 976, S. 9; h. M.

[19] *Kleinknecht/Meyer-Goßner* 10; SK-*Schlüchter* 17.

[20] KK-*Treier* 7; KMR-*Paulus* 19; *Brauns* 108.

[21] Rechtsausschuß BTDrucks. **8** 1844 S. 32; KK-*Treier*

er 5; *Kleinknecht/Meyer-Goßner* 7; SK-*Schlüchter* 8; KMR-*Paulus* 23 hält eine Belehrung u. U. kraft der Fürsorgepflicht und aus Gründen der Prozeßfairneß für geboten. Nach *Brauns* ist es verfassungsrechtlich (Art. 101 Abs. 1 Satz 2, Art. 103 Abs. 1) und aus Gründen des fair trial bedenklich, daß keine Belehrung des Angeklagten und der Verfahrensbeteiligten vorgesehen ist, vgl. Rdn. 28.

ken, daß sich die bereits bekanntgegebene Besetzung des Gerichts nicht ändern werde[22]. Im **Sonderfall** des § 222 b Abs. 2 Satz 3 entfällt eine Besetzungsmitteilung bezüglich der neuen Hauptverhandlung (vgl. § 222 b, 35).

b) Eine Änderungsmitteilung wird notwendig, wenn nach der förmlichen Besetzungs- **12** mitteilung ein **Wechsel in der Zusammensetzung des Gerichts** eintritt. In der Änderungsmitteilung ist **nur auf die eingetretene Veränderung** hinzuweisen. Der Grund für die Änderung braucht nicht bekanntgegeben zu werden[23]. Bei größeren oder wiederholten Veränderungen kann es allerdings zweckmäßig sein, zur Klarstellung die nunmehrige Zusammensetzung des Gerichts nochmals vollständig mitzuteilen. Die ursprüngliche Mitteilung und die Änderungsmitteilung müssen insgesamt jedenfalls eindeutig und ohne Zweifeln Raum zu lassen die Besetzung des Gerichts in der Hauptverhandlung erkennbar machen; nur dann erfüllen sie ihren Zweck als verläßliche Unterlage für die Prüfung der Ordnungsmäßigkeit der Besetzung.

Auf **Anordnung des Vorsitzenden** (Rdn. 9) kann die Änderungsmitteilung ebenfalls **13** bereits vor der Hauptverhandlung schriftlich hinausgehen. Ist dies unterblieben, so ist es notwendig, aber auch ausreichend, wenn die Änderung spätestens zu Beginn der Hauptverhandlung (Absatz 1 Satz 1) bekanntgegeben wird. Welcher Weg der zweckmäßigere ist, entscheidet der Vorsitzende nach pflichtgemäßem Ermessen. Eine frühzeitige Mitteilung ist jedoch zur Vermeidung von späteren Verfahrensverzögerungen anzustreben.

4. Die **Adressaten der Mitteilung** werden in Absatz 1 **nicht abschließend** aufgezählt. **14** Nach dem Regelungszweck des vorgezogenen Prüfungsverfahrens ist die Mitteilung an alle zu richten, die einen andernfalls mit der Revision durchsetzbaren Anspruch darauf haben, daß die sie betreffende Entscheidung von dem durch Art. 101 Abs. 1 Satz 2 GG garantierten gesetzlichen Richter erlassen wird[24].

Für den **Angeklagten** als Mitteilungsadressaten legt Absatz 1 fest, daß die für ihn **15** bestimmte Mitteilung **nicht an ihn persönlich**, sondern an seinen **Verteidiger** zu richten ist. Einer zusätzlichen Mitteilung an den Verteidiger bedarf es daneben nicht, desgleichen ist eine Unterrichtung des Angeklagten über die Mitteilung an den Verteidiger nicht vorgesehen; § 145 a Abs. 3 ist nicht anwendbar. Hat der Angeklagte mehrere Verteidiger, so hat jeder Anspruch auf die Mitteilung. Ein Verteidigerwechsel erfordert dagegen keine Wiederholung der Mitteilung[25]. Mitteilungsadressaten sind ferner die **Staatsanwaltschaft** (als Behörde, nicht ein einzelner Referent)[26] sowie die Personen, die ihr oder dem Angeklagten in ihren Befugnissen verfahrensrechtlich gleichgestellt sind, wie etwa Nebenkläger (§ 397 Abs. 1, § 385 Abs. 1) oder der Einziehungs- oder Verfallsbeteiligte (§ 433 Abs. 1 Satz 1), der, soweit das Verfahren ihn betrifft, ebenfalls die fehlerhafte Besetzung der Richterbank rügen kann. Hat der Einziehungsbeteiligte einen Vertreter (§ 434), so wird die Mitteilung entsprechend dem Sinn des Absatzes 1 Satz 2 an letzteren zu richten sein. Gleiches gilt, wenn eine juristische Person oder eine Personenvereinigung nach § 444 am Verfahren beteiligt ist. Zeugen, Sachverständige und andere Personen, gegen die sich das Strafverfahren nicht richtet, scheiden als Mitteilungsadressaten aus, ebenso wohl auch der Antragsteller im Adhäsionsverfahren[27].

---

[22] Begr. BTDrucks. **8** 976 S. 46.

[23] Rechtsausschuß BTDrucks. **8** 1844 S. 32; KK-*Treier* 9; SK-*Schlüchter* 18; vgl. Rdn. 3.

[24] *Ranft* NJW **1981** 1473; AK-*Keller* 5; KK-*Treier* 8; *Kleinknecht/Meyer-Goßner* 11; KMR-*Paulus* 14; SK-*Schlüchter* 9; *Brauns* 199 (wer das Recht auf gesetzlichen Richter mit der Revision geltend machen kann).

[25] KK-*Treier* 8; *Kleinknecht/Meyer-Goßner* 12; KMR-*Paulus* 14; SK-*Schlüchter* 9.

[26] *Kleinknecht/Meyer-Goßner* 12; SK-*Schlüchter* 10.

[27] *Brauns* 100; KK-*Treier* 8; *Kleinknecht/Meyer-Goßner* 15; KMR-*Paulus* 14; SK-*Schlüchter* 19; vgl. bei § 406 a.

16   **5. Prüfung der Besetzung.** Die Mitteilung ermöglicht dem Empfänger, alsbald zu prüfen, ob die Zusammensetzung des Gerichts dem Gesetz entspricht. Eine Rechtspflicht zur Prüfung wird dadurch nicht begründet, die Verfahrensbeteiligten können dies den zuständigen Gerichtsorganen überlassen. Der nur befristet mögliche Einwand, das Gericht sei nicht ordnungsgemäß besetzt (§ 222 b Abs. 1), verlangt für seine sachgerechte Erhebung in der Regel zwar eine solche Prüfung, ist aber rechtlich nicht davon abhängig. Es genügt, wenn der Beanstandende die nach § 222 b Abs. 1 Satz 2 erforderlichen Tatsachen angeben kann. Im übrigen geht es zu Lasten des Verfahrensbeteiligten, wenn er die ihm eingeräumte Prüfungsmöglichkeit nicht oder nicht genügend wahrnimmt[28].

17   **6. Einsicht in die Besetzungsunterlagen (Absatz 3).** Sofern nicht im Einzelfall bereits eine mündliche Auskunft der zuständigen Stelle der Justizverwaltung genügt, ist zur Kontrolle der Rechtmäßigkeit der Besetzung des Gerichts in der Regel die Einsicht in alle dafür maßgebenden Unterlagen des Gerichts unerläßlich. Diese Unterlagen, vor allem der Geschäftsverteilungsplan, die Unterlagen über die Bestimmung des Vorsitzenden, die interne Geschäftsverteilung des Spruchkörpers, die Schöffen- und Hilfsschöffenlisten, die Unterlagen über die Schöffenwahl[29], die Unterlagen über Verhinderungen und Vertreterbestellung u. a. sind zur Einsicht offenzulegen[30]. Die Unterlagen sind nicht Bestandteil der Prozeßakten. Über die Art und Weise, wie dem **Rechtsanspruch auf Einsichtnahme** zu entsprechen ist, vor allem, ob Ablichtungen gefertigt werden dürfen, hat gegebenenfalls der Präsident des Gerichts zu entscheiden[31]. Das Recht auf Einsicht schließt auch das Recht auf die erforderlichen Auskünfte von den jeweils zuständigen Organen der Gerichtsverwaltung über unklare oder nicht aktenkundige Vorgänge ein, etwa über eine nicht aktenkundige Verhinderung. Um Verfahrensverzögerungen zu vermeiden, hat die Justizverwaltung dafür zu sorgen, daß alle Besetzungsunterlagen übersichtlich und vollständig geführt werden, wobei es sich empfiehlt, alle die Besetzung betreffenden Vorgänge schriftlich festzuhalten, auch wo dies nicht vorgeschrieben ist. Die Überprüfung kann auch den zuständigen Stellen Anlaß geben, unvollständige Unterlagen zu ergänzen oder fehlende Entscheidungen noch während der Prüfung nachzuholen[32]. Verweigert die Justizverwaltung die umfassende Einsicht in alle für die Besetzungsprüfung möglicherweise relevanten Unterlagen oder gewährt sie sie nur unvollständig oder nur für eine nicht ausreichende Zeit, ist dies nicht gesondert anfechtbar. Die Besetzungsrüge bleibt dann aber erhalten[33], ebenso die Möglichkeit, dies in der Hauptverhandlung zum Gegenstand eines neuen Aussetzungsantrags zu machen.

18   Nach **Absatz 3** kann das **Einsichtsrecht** neben dem **Staatsanwalt** nur durch den **Verteidiger** oder einen bevollmächtigten **Rechtsanwalt**, nicht aber durch einen Angeklagten, Nebenbeteiligten oder Nebenkläger persönlich ausgeübt werden; die Beurteilung der mitunter komplizierten Besetzungsregeln erfordert Rechtskenntnisse, die dem Laien in der Regel fehlen, zudem muß der Einwand der fehlerhaften Besetzung ebenso wie bei der Revision durch Angaben aller den Verstoß belegenden Tatsachen erhoben werden. Der Verteidiger kann mit Zustimmung seines Mandanten auch einen anderen Rechtsanwalt mit der Einsichtnahme betrauen[34].

---

[28] Vgl. § 222 b, 18.
[29] BGHSt **33** 126; *Ranft* NJW **1981** 1475.
[30] KK-*Treier* 13; *Kleinknecht/Meyer-Goßner* 24; KMR-*Paulus* 42; SK-*Schlüchter* 35.
[31] OLG Düsseldorf MDR **1979** 1043; *Ranft* NJW **1981** 1474; *G. Schäfer* § 54 II 2; KK-*Treier* 13; *Kleinknecht/Meyer-Goßner* 24; KMR-*Paulus* 44; SK-*Schlüchter* 36; **a. A** OLG Hamm NJW **1980** 1009; *Brauns* 144 (Verschaffungsanspruch gegen Vorsitzenden).

[32] BGHSt **30** 268 = LM StPO 1975 Nr. 1 mit Anm. *Pelchen* = NStZ 1982 295 mit Anm. *Rieß*; BGH NStZ **1988** 325; *Hilger* NStZ **1983** 338; vgl. § 222 b, 30.
[33] KK-*Treier* 14; *Kleinknecht/Meyer-Goßner* 23; SK-*Schlüchter* 41.
[34] KK-*Treier* 14; *Kleinknecht/Meyer-Goßner* 24; KMR-*Paulus* 4; SK-*Schlüchter* 36.

III. Unterbrechung der Hauptverhandlung (Absatz 2)

1. Antrag auf Unterbrechung zur Besetzungsprüfung

a) Antragsberechtigt sind Staatsanwalt, Verteidiger und — unabhängig davon — **19** auch der Angeklagte selbst, ferner der Nebenkläger und die dem Angeklagten in den Verfahrensbefugnissen gleichgestellten Personen[35]. Der Antrag kann in der Hauptverhandlung mündlich, er kann aber vorher auch schon schriftlich gestellt werden (vgl. Rdn. 21).

b) Voraussetzung des Unterbrechungsantrags ist, daß die Besetzung dem Antragsteller **20** später als eine Woche vor Beginn der Hauptverhandlung mitgeteilt worden ist oder erst in der Hauptverhandlung bekanntgegeben wird. Maßgebend für die nach § 43 Abs. 1 zu berechnende Frist[36], die für jeden Mitteilungsberechtigten gesondert läuft, ist der Zugang der Mitteilung. Bei Besetzungsänderungen läuft die Frist erst vom Zugang der letzten Änderungsmitteilung an. Ist die **Wochenfrist eingehalten**, so besteht grundsätzlich kein Anspruch auf Unterbrechung. Der Gesetzgeber ging davon aus, daß die Wochenfrist für eine sorgfältige Prüfung der Besetzung ausreicht. Sollte dies aus dem Gericht zurechenbaren Umständen ausnahmsweise nicht der Fall sein, etwa weil die einschlägigen Unterlagen dem Verteidiger oder Rechtsanwalt in der Zeit bis zum Beginn der Hauptverhandlung nicht, nicht vollständig oder nicht für eine zur Prüfung ausreichende Zeitspanne zugänglich waren, so ist dieser auch bei Wahrung der Wochenfrist berechtigt, den Unterbrechungsantrag zu stellen. Ob die Voraussetzungen für diese Ausnahme vorliegen, muß das Gericht notfalls durch Einholung dienstlicher Äußerungen klären[37].

c) Zeitpunkt der Antragstellung. Nur bis zu **Beginn** der **Vernehmung des ersten** **21** **Angeklagten zur Sache** kann der Antrag auf Unterbrechung der Hauptverhandlung gestellt werden. Dieser **Endtermin** gilt für **alle Antragsberechtigten**, für den Staatsanwalt ebenso wie für einen Mitangeklagten, der erst später vernommen werden soll. Letzterer darf mit dem Antrag nicht zuwarten, bis er selbst an die Reihe kommt. Vernehmung zur Sache ist die Vernehmung nach § 243 Abs. 4 Satz 2. Die Belehrung des Angeklagten über sein Recht, die Einlassung zu verweigern (§ 243 Abs. 4 Satz 1), gehört noch nicht zur Vernehmung zur Sache; der Antrag muß aber spätestens unmittelbar im Anschluß an die Erklärung zur Aussagebereitschaft gestellt werden[38]. Absatz 2 legt nur den Endtermin für den Unterbrechungsantrag fest. Der Antrag kann auch schon **vor der Hauptverhandlung** schriftlich gestellt werden. Ein solcher vorgezogener Unterbrechungsantrag ist — gleich wie er bezeichnet wird — kein Antrag auf Terminsverlegung im Sinne des § 213, der möglicherweise eine Besetzungsänderung (vor allem andere Schöffen)[39] auslösen würde, sondern ein auf Grund der Sonderregelung des § 222 a vom Gericht (vgl. Rdn. 22) nach freiem Ermessen (vg. Rdn. 24) zu bescheidender Antrag auf alsbaldige Unterbrechung der an sich zum festgesetzten Termin mit der mitgeteilten Besetzung beginnenden Hauptverhandlung[40]. Er könnte dort sofort bei deren Beginn gestellt werden; es entspricht aber der Prozeßwirtschaftlichkeit, einen solchen Antrag schon vorher zuzulassen. Werden allerdings mit einem solchen Antrag auch andere Gründe für eine Verlegung des Termins geltend gemacht, muß der Vorsitzende hierüber nach den dafür maßgebenden Gesichtspunk-

---

[35] Vgl. Rdn. 15; ferner etwa Begr. BTDrucks. **8** 967 S. 47; *Kleinknecht/Meyer-Goßner* 18; SK-*Schlüchter* 23; 9; 10.

[36] *Kleinknecht/Meyer-Goßner* 18; KMR-*Paulus* 29; SK-*Schlüchter* 21.

[37] *Kleinknecht/Meyer-Goßner* 21; KMR-*Paulus* 29; SK-*Schlüchter* 22; **a. A** *Bohnert* 59 (Gesetzgeber hat keine Ausnahme von der Wochenfrist vorgesehen).

[38] BGH StV **1994** 141; SK-*Schlüchter* 25.

[39] Vgl. *Hamm* NJW **1979** 135.

[40] *Kleinknecht/Meyer-Goßner* 19; SK-*Schlüchter* 26; *Schroeder* NJW **1979** 1529; im Ergebnis auch KMR-*Paulus* 31; 36, der einen die Gerichtsbesetzung nicht mehr veränderten und vom Gericht zu bescheidenden Verlegungsantrag annimmt.

ten[41] vorab entscheiden, es sei denn, diese anderen Gründe würden sich durch die beantragte Unterbrechung erledigen. Die vorherige Stellung des Unterbrechungsantrags entbindet den Antragsteller nicht von der Pflicht, zum festgesetzten Termin zu erscheinen.

2. Entscheidung über den Unterbrechungsantrag

22   **a) Gerichtsbeschluß.** Das erkennende Gericht — nicht der Vorsitzende nach § 228 Abs. 1 Satz 2 — entscheidet über den Antrag durch Beschluß, der in der Hauptverhandlung zu verkünden ist (§ 35 Abs. 1). Die Schöffen wirken an der Entscheidung mit, da das Gericht diese Entscheidung in der für die Hauptverhandlung vorgeschriebenen Besetzung trifft[42]. Wenn schon vor der Hauptverhandlung ein Unterbrechungsantrag gestellt wurde (Rdn. 21), kann das Gericht — was unpraktisch, aber rechtlich unproblematisch ist — mit dieser Entscheidung bis nach Beginn der Hauptverhandlung warten[43]. Es muß dann dort allerdings den Antrag von sich aus ansprechen. Ob es schon vorher und damit in der für Entscheidungen außerhalb der Hauptverhandlung geltenden Besetzung beschließen kann, daß entsprechend dem vorgezogenen Unterbrechungsantrag mit der Hauptverhandlung erst zu einem späteren Zeitpunkt begonnen wird, was in der Sache einer sofort nach deren Beginn beschlossenen Unterbrechung gleichkommt, mag bei formaler Betrachtung anzweifelbar sein[44]; von der Sache her ist es vertretbar, da hierdurch ein beträchtlicher Aufwand für alle zum Termin unnötig erscheinenden Beteiligten vermieden wird. Praktische Bedeutung dürfte die Frage allerdings nur selten haben. Der vorgezogene Aussetzungsantrag ist nur möglich, wenn zwischen Zugang der Besetzungsmitteilung und dem Termin weniger als eine Woche liegt, eine Zeitspanne, die selbst bei sofortiger Stellung des Antrags und seiner unverzüglichen (aber Anhörungspflicht nach § 33) Bescheidung durch das Gericht vielfach nicht mehr ausreichen dürfte, den Beteiligten die Entscheidung und die Verschiebung des Verhandlungsbeginns so rechtzeitig mitzuteilen, daß der Leerlauf eines nur formalen Beginns vermieden werden kann.

23   **b)** Als **unzulässig** lehnt das Gericht den Antrag ab, wenn die **Zulässigkeitsvoraussetzungen** fehlen, etwa weil die Wochenfrist des § 222 a Abs. 2 gewahrt ist oder weil der Antrag erst nach der Vernehmung des ersten Angeklagten zur Sache gestellt wurde. Eine solche Formalentscheidung wird sich durch einen entsprechenden Hinweis des Vorsitzenden oft vermeiden lassen. Der Unterbrechungsantrag wird nicht dadurch unzulässig, daß bereits ein anderer Verfahrensbeteiligter die Unterbrechung beantragt hat[45]. Selbst wenn auf Grund eines anderen Antrags unterbrochen worden ist, schließt das eine auf Verlängerung der Unterbrechung abzielende Antragstellung nicht aus. Der spätere Antragsteller muß sich allerdings bei Bemessung der Frist anrechnen lassen, daß er die Zeit einer bereits bewilligten Unterbrechung auch für seine Besetzungsprüfung hätte nutzen können und müssen. Der Unterbrechungsantrag wird auch nicht dadurch unzulässig, daß bereits ein zulässiger Besetzungseinwand eines anderen Verfahrensbeteiligten die Besetzungsprüfung ausgelöst hat[46]. Wegen der Formalisierung des Einwands (vgl. § 222 b, 17) kann der Prüfungsgegenstand schon wegen eines unterschiedlichen Tatsachenvortrags unterschied-

[41] Vgl. § 213, 15.

[42] AK-*Keller* 9; KK-*Treier* 12; *Kleinknecht/Meyer-Goßner* 20; KMR-*Paulus* 35; SK-*Schlüchter* 28; **a. A** *Rieß* NJW **1978** 2269 (Entscheidung durch den Vorsitzenden).

[43] Vgl. *Brauns* 153; *Kleinknecht/Meyer-Goßner* 19; SK-*Schlüchter* 28, die bei einem vorherigen Hinausschieben des Verhandlungsbeginns den Eintritt einer Besetzungsänderung für möglich halten.

[44] Strittig; vgl. vorhergehende Fußnote; bejahend *Schroeder* NJW **1979** 1529; KMR-*Paulus* 36.

[45] *Kleinknecht/Meyer-Goßner* 18; SK-*Schlüchter* 23.

[46] *Brauns* 153; zum Teil **a. A** KMR-*Paulus* 32 (unzulässig, wenn kein neuer Prüfungsgegenstand); SK-*Schlüchter* 23 (Unterbrechungsantrag durch Besetzungseinwand überholt).

lich sein[47]; zudem ist wegen der Verfügungsbefugnis des fremden Antragstellers über seinen eigenen Einwand letztlich nicht einmal sicher, daß über ihn auch tatsächlich entschieden wird. Ein Unterbrechungsantrag ist unzulässig, wenn der Antragsteller vorher bereits wirksam darauf verzichtet hatte[48].

c) Sind die gesetzlichen Voraussetzungen für den Antrag gegeben, so liegt es im **Ermes-** **24** **sen** des Gerichts („kann"), ob es dem Unterbrechungsantrag entsprechen will. Es entscheidet hierüber nach Anhörung der Verfahrensbeteiligten (§ 33) spätestens bis zum Beginn der Vernehmung des ersten Angeklagten zur Sache[49]. Bei der Anhörung wird zweckmäßigerweise gleich mitgeklärt, ob auch die anderen Verfahrensbeteiligten einen Unterbrechungsantrag beabsichtigen. Der Gesetzgeber hat bewußt keine Pflicht zur Unterbrechung festgelegt, weil er dem Gericht die Möglichkeit erhalten wollte, Aussetzungsanträge abzulehnen, wenn diese nur das Verfahren verzögern, obwohl an der vorschriftsmäßigen Besetzung des Gerichts keine Zweifel bestehen[50]. Auch sonstige prozeßökonomische Erwägungen oder Rücksichten auf wichtige Belange der anderen Prozeßbeteiligten können die Ablehnung der Unterbrechung angezeigt erscheinen lassen. Der Aussetzungsantrag ist ausdrücklich durch Beschluß zu bescheiden[51]. Die Anordnung der Aussetzung bedarf keiner Begründung; wird der Aussetzungsantrag abgelehnt, genügt der Hinweis, aus welchem Grund der Antrag unzulässig ist, bzw., daß das Gericht die Aussetzung nicht für erforderlich hält. Einer näheren Begründung dieser Ermessensentscheidung bedarf es nicht[52], insbesondere keines Eingehens auf Besetzungsfragen. Die Möglichkeit, Besetzungsfehler mit der Revision zu rügen, bleibt dem Antragsteller erhalten, ganz gleich, ob und aus welchen Gründen sein Antrag abgelehnt oder überhaupt nicht beschieden wird (§ 338 Nr. 1 Buchst. c).

d) Die **Dauer der Unterbrechung** bestimmt das Gericht nach dem Zeitbedarf, der für **25** eine in jeder Hinsicht umfassende[53] ordnungsgemäße Überprüfung **im konkreten Einzelfall** erforderlich ist. Dabei darf es davon ausgehen, daß der Antragsteller die Zeit der Unterbrechung ausschließlich hierfür und nicht zu andren Zwecken benützen wird; denn die Unterbrechung wird nur „zur Prüfung der Besetzung" gewährt. Die Dauer der Unterbrechung muß nach Ansicht von BGHSt 29 283[54] im Regelfall eine Woche betragen, sofern nicht auf Grund besonderer Umstände ein kürzerer Zeitbedarf sicher abschätzbar ist oder der Antragsteller sich mit einer kürzeren Frist einverstanden erklärt. Diese Orientierung an der Maximalfrist beugt zwar Verfahrensrügen vor, führt aber meist zu vermeidbaren Verzögerungen. Sie findet keine Stütze im Sinn und Wortlaut des Gesetzes. Wie die Begründung des Regierungsentwurfes hervorhebt, soll die Frist so bemessen werden, daß dem Antragsteller wegen der Präklusionswirkung eine faire Überprüfungsmöglichkeit eingeräumt werde; eine allgemeingültige Frist lasse sich dafür nicht bestimmen[55]. Stehen die Besetzungsunterlagen vollständig und übersichtlich zur Verfügung und sind keine

---

[47] Zur Bedeutung der mit der eigene Beanstandung vorgetragenen Tatsachen für die Revision vgl. § 222 b, 50 und bei § 338 Nr. 1.

[48] KMR-*Paulus* 33; SK-*Schlüchter* 23.

[49] *Kleinknecht/Meyer-Goßner* 20; KMR-*Paulus* 37; SK-*Schlüchter* 29.

[50] Begr. BTDrucks. **8** 976 S. 47; OLG Bremen StV **1986** 540; AK-*Keller* 9; KK-*Treier* 12; *Kleinknecht/Meyer-Goßner* 21; KMR-*Paulus* 37; SK-*Schlüchter* 30. Von der Möglichkeit, nicht auszusetzen, machen die Gerichte Gebrauch; vgl. BGHSt **30** 255; BGH GA **1982** 324; ferner bei § 338 Nr. 1 c.

[51] A. A *Hamm* NJW **1979** 135 (ausdrückliche Ablehnung entbehrlich).

[52] Vgl. OLG Bremen StV **1986** 540; *Kleinknecht/Meyer-Goßner* 21 (keine Begründung nötig). Nach SK-*Schlüchter* 33 muß wegen § 34 die ablehnende Entscheidung begründet werden.

[53] BGH NStZ **1988** 36.

[54] BGHSt **29** 283 = NStZ **1981** 32 mit krit. Anm. *Katholnigg* = StV **1981** 6 mit Anm. *Ehrig*; zustimmend *Brauns* 157; nach *Ranft* NJW **1981** 1473 ist die Wochenfrist immer einzuhalten, ähnlich *Hamm* NJW **1979** 135; für die Wochenfrist auch *Bohnert* 59.

[55] BTDrucks. **8** 976 S. 47; ebenso *Rieß* JR **1981** 91; *Schäfer* § 54 II 2; *Schlüchter* 435; AK-*Keller* 10; KK-*Treier* 12; *Kleinknecht/Meyer-Goßner* 21; KMR-*Paulus* 29 (keine Verallgemeinerung); SK-*Schlüchter* 32.

umfangreichen Untersuchungen erforderlich, weil es sich um die Regelbesetzung handelt oder weil nur eine einzelne Veränderung noch zur Prüfung ansteht, so kann eine kurze Unterbrechung, die eine Fortsetzung der Hauptverhandlung noch am gleichen Tage oder am darauffolgenden Tage erlaubt, genügen. Wenn dagegen die Unterlagen nicht sofort greifbar, unübersichtlich oder unvollständig sind, so daß Rückfragen erforderlich werden, oder wenn komplizierte Verhinderungsfälle vorliegen, kann für die Prüfung auch ein längerer Zeitraum erforderlich sein. Eine **zu kurz bemessene Unterbrechung** ist einer Ablehnung der Unterbrechung gleichzuachten[56]. Da dann die Revision erhalten bleibt, dürfte es zweckmäßig sein, wenn sich das Gericht vor seiner Entscheidung über die Vollständigkeit und Verfügbarkeit der Besetzungsunterlagen unterrichtet und darauf hinwirkt, daß sie dem nach Absatz 3 zur Einsicht Berechtigten ohne bürokratische Hemmnisse alsbald zugänglich gemacht werden. Ob und wie er die eingeräumte Frist für die Besetzungsprüfung nutzt, ist dagegen allein Sache des Antragstellers, der sich zurechnen lassen muß, wenn er objektiv erkennbare Besetzungsfehler unbeanstandet läßt (§ 222 b, 18).

26   e) Die **nachträgliche Verlängerung** der Unterbrechungsdauer durch das Gericht ist zulässig[57] und meist auch angezeigt, wenn der Antragsteller geltend macht, daß und warum aus nicht von ihm zu vertretenden Gründen eine ausreichende Prüfung innerhalb der bewilligten Zeit nicht möglich war. Unterläßt er dies bei Fortsetzung der Hauptverhandlung, so kann — je nach Lage des Einzelfalls[58] — im rügelosen Weiterverhandeln ein **Verzicht** auf die volle Ausschöpfung der an sich notwendigen Unterbrechungsfrist gesehen werden, mit der Folge, daß § 338 Nr. 1 Buchst. c die Revision nicht mehr eröffnet. Der Beschluß, der die Unterbrechung verlängert, kann nach Ablauf der ursprünglichen Dauer beim Wiedereintritt in die Hauptverhandlung verkündet werden; es erscheint aber auch zulässig, wenn er zur Vereinfachung und Beschleunigung des Verfahrens schon vorher den Verfahrensbeteiligten außerhalb der Hauptverhandlung bekanntgemacht (§ 35 Abs. 2) wird.

3. Sonstige verfahrensrechtliche Fragen

27   a) **Wesentliche Förmlichkeiten** des Verfahrens (§ 273 Abs. 1) sind die Bekanntgabe der Besetzung in der Hauptverhandlung, der Unterbrechungsantrag und der die Unterbrechung bewilligende oder ablehnende Beschluß. Sie müssen in der Sitzungsniederschrift beurkundet werden.

28   b) Absatz 2 enthält eine **abschließende Sonderregelung** für die Unterbrechung des Verfahrens zur Besetzungsprüfung, die es ausschließt, das Verfahren zu diesem Zweck auf Grund anderer Vorschriften zu unterbrechen. Auch wenn die Wochenfrist ausnahmsweise zur Prüfung nicht ausreicht (vgl. Rdn. 20), richtet sich die Unterbrechung im übrigen nach Absatz 2 (Ermessensentscheidung). Nach Vernehmung des ersten Angeklagten zur Sache kann zur Besetzungsprüfung weder durch den Vorsitzenden nach § 228 Abs. 1 Satz 2 unterbrochen werden, noch ist § 265 Abs. 4 anwendbar. Die **Fristbegrenzung** des § 229 gilt auch für die Unterbrechung nach Absatz 2. Eine besondere Belehrung der Verfahrensbeteiligten über das Recht, die Unterbrechung zur Besetzungsprüfung zu beantragen, ähnlich § 228 Abs. 3, ist nicht vorgesehen. Sie ist auch entbehrlich. Allenfalls in besonders gelagerten Ausnahmefällen kann die Fürsorgepflicht bei einem nicht anwaltschaftlich vertretenen Verfahrensbeteiligten einen solchen Hinweis erfordern[59].

---

[56] BGHSt **29** 283 = NStZ **1981** 32 mit Anm. *Katholnigg* = StV **1981** 6 mit Anm. *Ehrig*; BGH NStZ **1986** 36; *Rieß* JR **1981** 91; NJW **1978** 2269; h. M.

[57] *Katholnigg* NStZ **1981** 32; *Rieß* JR **1981** 93; KK-*Treier* 12; *Kleinknecht/Meyer-Goßner* 22; KMR-*Paulus* 40; SK-*Schlüchter* 31.

[58] Vgl. etwa BGHR § 222 a Abs. 1, Unterbrechung 1; BGH NStZ **1986** 36.

[59] KMR-*Paulus* 26; *Schroeder* NJW **1979** 1529 nehmen dies für Ausnahmefälle an; vgl. Rdn. 10 und Fußn. 21.

c) Die **Rechtsbehelfe**, die bei Verstößen gegen § 222 a gegeben sind, werden bei **29** § 222 b (Rdn. 40 ff) miterörtert.

§ 222 b

(1) [1]Ist die Besetzung des Gerichts nach § 222 a mitgeteilt worden, so kann der Einwand, daß das Gericht vorschriftswidrig besetzt sei, nur bis zum Beginn der Vernehmung des ersten Angeklagten zur Sache in der Hauptverhandlung geltend gemacht werden. [2]Die Tatsachen, aus denen sich die vorschriftswidrige Besetzung ergeben soll, sind dabei anzugeben. [3]Alle Beanstandungen sind gleichzeitig vorzubringen. [4]Außerhalb der Hauptverhandlung ist der Einwand schriftlich geltend zu machen; § 345 Abs. 2 und für den Nebenkläger § 390 Abs. 2 gelten entsprechend.

(2) [1]Über den Einwand entscheidet das Gericht in der für Entscheidungen außerhalb der Hauptverhandlung vorgeschriebenen Besetzung. [2]Hält es den Einwand für begründet, so stellt es fest, daß es nicht vorschriftsmäßig besetzt ist. [3]Führt ein Einwand zu einer Änderung der Besetzung, so ist auf die neue Besetzung § 222 a nicht anzuwenden.

Schrifttum siehe § 222 a.

Entstehungsgeschichte. Die Vorschrift ist zusammen mit § 222 a unter gleichzeitiger Änderung von § 338 Nr. 1 durch Art. 1 Nr. 17 StVÄG 1979 in das Gesetz eingefügt worden. Der Grund dieser Ergänzung ist bei § 222 a geschildert.

Übersicht

Alphabetische Übersicht

I. Zweck und Anwendungsbereich

1   **1. Zweck.** Die Neuregelung soll den verfahrensrechtlichen Leerlauf verhindern, der entsteht, wenn ein nachträglich mit Revision gerügter Besetzungsfehler zur Wiederholung des mitunter umfangreichen erstinstanzlichen Verfahren zwingt (§ 222 a, 1). Die Prüfung der ordnungsgemäßen Zusammensetzung des Gerichts ist bereits zu Beginn des Verfahrens durchführbar und den Verfahrensbeteiligten, die insoweit Zweifel haben, in diesem Zeitpunkt auch zuzumuten. Die bisherige Übung, erst nach der Hauptverhandlung Besetzungsfehlern nachzuspüren, um ein mißliebiges Urteil zu Fall zu bringen, soll für die größeren Verfahren vor den Land- und Oberlandesgerichten unterbunden werden. Deshalb verbindet § 222 b mit der Einführung eines förmlichen Beanstandungsverfahrens (Absatz 1) zugleich die Beschränkung dieses Einwands auf den vor der Vernehmung des ersten Angeklagten zur Sache liegenden Verfahrensabschnitt. § 338 Nr. 1 schließt in konsequenter Fortführung dieser Beschränkung die Rüge eines nicht rechtzeitig beanstandeten Besetzungsfehlers mit der Revision aus, sofern vorher ordnungsgemäß verfahren wurde. Die Pflicht aller beteiligten Staatsorgane, von Amts wegen dafür zu sorgen, daß die Besetzung des Gerichts dem Gesetz entspricht, wird durch die §§ 222 a, 222 b nicht aufgehoben. Ihr Anwendungsbereich wird aber modifiziert; vor allem wird sie dadurch ergänzt, daß es nunmehr auch eine Obliegenheit (Last) der Verfahrensbeteiligten ist, dies schon zu Verfahrensbeginn zu prüfen und Besetzungsfehler rechtzeitig zu beanstanden, wenn sie die Rüge nicht endgültig verlieren wollen. Ob das Gericht auch nach **Eintritt** der

Rügepräklusion für die Verfahrensbeteiligten weiterhin von Amts wegen verpflichtet ist, die Richtigkeit seiner Zusammensetzung zu überprüfen und verneinendenfalls die Hauptverhandlung auszusetzen, ist strittig (vgl. Rdn. 38).

2. Anwendungsbereich. Ebenso wie der zugehörige § 222 a gilt § 222 b nur für das **2** **Verfahren erster Instanz** vor den **Landgerichten** und **Oberlandesgerichten** (vgl. § 222 a, 2). Bei den anderen Gerichten und in der Rechtsmittelinstanz findet kein Zwischenverfahren zur Besetzungsprüfung statt. Das erkennende Gericht muß ihm bekannt werdende Mängel der Besetzung von Amts wegen bis zum Abschluß des Verfahrens beachten.

II. Der Einwand der fehlerhaften Besetzung (Absatz 1)

1. Beanstandungsberechtigte. Befugt zur Erhebung des Einwands ist jeder der in **3** § 222 a genannten Verfahrensbeteiligten, also Staatsanwalt, Verteidiger oder — trotz des fehlenden Rechts auf eigenen Einsicht in die Besetzungsunterlagen — auch der Angeklagte persönlich; ferner der Nebenkläger (Absatz 1 Satz 4) und die dem Angeklagten verfahrensrechtlich gleichstehenden Personen (§ 222 a, 15), im Grunde also jeder, der als Verfahrensbeteiligter den verfassungsrechtlich garantierten Anspruch auf den gesetzlichen Richter mit der Revision geltend machen kann (vgl. § 222 a, 15).

Auch bei **unterbliebener** oder **fehlerhafter** Mitteilung nach § 222 a kann der Einwand **4** erhoben werden. Daß die Besetzung des Gerichts (richtig) mitgeteilt worden ist (Absatz 1 Satz 1), hat nur Bedeutung für die Beschränkung der Revisionsrüge nach § 338 Nr. 1. Die Befugnis, schon in der Hauptverhandlung auf die Beseitigung eines den Bestand des weiteren Verfahrens in Frage stellenden Besetzungsfehlers hinzuwirken, kann durch eine falsche Sachbehandlung nicht verkürzt werden. Der Endzeitpunkt, bis zu dem über Besetzungsbeanstandungen in der Hauptverhandlung in einem förmlichen Zwischenverfahren entschieden wird (Rdn. 25), gilt aber nach dem Zweck der Regelung auch bei fehlerhaften Mitteilungen (Rdn. 6).

2. Endzeitpunkt für den Einwand

a) Nur bis zur Vernehmung des ersten Angeklagten zur Sache kann der Einwand **5** erhoben werden; gemeint ist damit ebenso wie in § 222 a Abs. 2 der Beginn der Vernehmung des ersten Angeklagten nach § 243 Abs. 4 Satz 2[1]. Der Ausschluß des Einwands tritt für alle Verfahrensbeteiligten einheitlich mit der Vernehmung des ersten Angeklagten zur Sache ein und nicht, wie etwa bei § 6 a oder § 16, erst mit der Vernehmung des jeweiligen Angeklagten.

Der **Ausschluß des Einwands** ist unabhängig davon, ob und wann die Besetzung des **6** Gerichts mitgeteilt wurde und ob die Mitteilung **vollständig und richtig** war[2]. Der Wortlaut des § 222 b könnte an sich dahin ausgelegt werden, daß dieser Endtermin nur bei einer ordnungsgemäßen Mitteilung eingreift. Der Sinn der Beschränkung des Einwands auf das Anfangsstadium der Hauptverhandlung spricht jedoch dafür, daß mit dem weiteren Fortgang der Hauptverhandlung das förmliche Beanstandungsverfahren ausnahmslos entfallen soll. Bei fehlender oder ungenügender Mitteilung besteht um so weniger Grund für das Zwischenverfahren, als dem Betroffenen die Revisionsrüge erhalten bleibt (§ 338 Nr. 1 Buchst. a), die unterlassene Beanstandung also ohnehin keine Präklusionswirkung

---

[1] Vgl. § 222 a, 21; ferner bei § 243.

[2] KK-*Treier* 2; *Kleinknecht/Meyer-Goßner* 3; SK-*Schlüchter* 3.

Walter Gollwitzer

hat. Der Betroffene erleidet keine Verkürzung seiner Rechte, wenn er im Interesse der Verfahrensbeschleunigung das Zwischenverfahren nach Überschreiten des dafür vorgesehenen Verfahrensabschnittes nicht mehr herbeiführen kann. Seine Befugnis, vorher die förmliche Beanstandung zu erheben (Rdn. 4), bleibt ebenso unberührt wie die allen Beteiligten offene Möglichkeit, das Gericht auf Bedenken gegen die Besetzung formlos aufmerksam zu machen. Zu den Grenzen für die Behebung von Besetzungsmängeln von Amts wegen vgl. Rdn. 37; 38.

7   Der Verlust des Beanstandungsrechts tritt auch unabhängig davon ein, ob von der Befugnis, die **Aussetzung nach § 222 a** zu beantragen, Gebrauch gemacht wurde. Bei einer nach der Frist des § 222 a Abs. 2 durchgeführten Besetzungsmitteilung wird zwar meist der Aussetzungsantrag der Erhebung des Einwands vorausgehen, da das Konzentrationsgebot des Absatzes 1 Satz 3 eine umfassende Prüfung vor Erhebung des Einwands voraussetzt; rechtlich notwendig ist dies jedoch nicht. Hat das Gericht antragsgemäß ausgesetzt, so ist, wenn der Aussetzungsantrag erst unmittelbar vor der Vernehmung des Angeklagten zur Sache gestellt wurde, wegen der Ausschlußfrist darauf zu achten, daß der Einwand unmittelbar nach Wiedereintritt in die Hauptverhandlung gestellt werden muß, damit er nicht verlorengeht.

8   **b) Abwesende Verfahrensbeteiligte** werden ebenfalls mit Vernehmung des ersten Angeklagten zur Sache mit dem Einwand ausgeschlossen. Ist kein Angeklagter anwesend, so tritt der Ausschluß mit Beginn der Verlesung der Äußerung des Angeklagten ein, die die Vernehmung zur Sache ersetzt[3]. Unerheblich ist insoweit, ob der betreffende Angeklagte befugt oder unbefugt der Hauptverhandlung fernbleibt. Es ist seine Sache, eine eventuelle Beanstandung rechtzeitig zu erheben. Wollte man Absatz 1 Satz 1 anders auslegen, wäre der Zweck der Regelung in diesen Fällen in Frage gestellt. Der Ausschluß tritt selbst dann mit der ersten Vernehmung eines Angeklagten zur Sache ein, wenn das Gericht in einer Punktesache den Erheber des Einwands von der Teilnahme an der Hauptverhandlung von deren Beginn an nach § 231 c beurlaubt hat, weil es den ihn betreffenden Teil der Anklage erst später verhandeln will[4]. Der abwesende Angeklagte trägt das Risiko der Fristwahrung. Er muß dafür sorgen, daß der Einwand dem erkennenden Gericht rechtzeitig zur Kenntnis kommt, sei es, daß er ihn schriftlich vorbringt (zur Form vgl. Rdn. 12) oder daß er zu diesem Zweck kurzfristig trotz der Beurlaubung an der Hauptverhandlung teilnimmt[5].

9   **c)** Bei einer **Verbindung mehrerer Verfahren** (§ 237), die erst während der Hauptverhandlung beschlossen wird (§ 237, 5), ist dagegen für jedes der verbundenen Verfahren getrennt zu beurteilen, ob der Einwand noch möglich ist[6]. Ein noch möglicher Einwand kann nicht dadurch verloren gehen, daß das Verfahren mit einem anderen verbunden wird, in dem der erste Angeklagte bereits zur Sache vernommen worden ist.

10   **d)** Beim **Zusammentreffen** des **Einwands** mit dem **Unterbrechungsantrag** eines anderen Verfahrensbeteiligten sollte das Gericht zweckmäßigerweise erst dem Antrag entsprechen, damit es dann gegebenenfalls alle Beanstandungen der Besetzung gemeinsam prüfen und bescheiden kann. Dies erscheint auch deshalb erforderlich, weil ein Verfahrensbeteiligter sich zum Einwand in der Regel erst sachgerecht äußern kann, wenn er die eigene Besetzungsprüfung abgeschlossen hat[7].

---

[3] KK-*Treier* 3; *Kleinknecht/Meyer-Goßner* 4; SK-*Schlüchter* 4; vgl. auch bei § 231 a, 27; § 232, 26; § 233, 33.

[4] KK-*Treier* 3; SK-*Schlüchter* 4; vgl. bei § 231 c, 17.

[5] Vgl. § 231 c, 4; 5.

[6] KK-*Treier* 3; SK-*Schlüchter* 5.

[7] KMR-*Paulus* 2. Zur Streitfrage, ob der Antrag noch zulässig ist, wenn bereits ein anderer den Besetzungseinwand erhoben hat, vgl. § 222 a, 23.

3. Form des Einwands

a) In der Hauptverhandlung ist der Einwand **mündlich** zu erheben. Dies gilt für **11** Staatsanwalt und Verteidiger ebenso wie für den Angeklagten, den Nebenkläger und die sonst dazu befugten Personen (Rdn. 3). Der Einwand ist eine **wesentliche Förmlichkeit** des Verfahrens, die in der Sitzungsniederschrift festzuhalten ist. Dabei ist nicht nur anzugeben, daß der Einwand erhoben wurde, sondern auch, auf welchen Richter er sich bezieht und auf Grund welcher Tatsachen (Rdn. 17) dessen Mitwirkungsbefugnis bestritten wird. Wegen der strengen Anforderungen an den Tatsachenvortrag der Beanstandung ist es allerdings zweckmäßig, wenn gleichzeitig eine schriftliche Fassung des Einwands und der ihn begründenden Tatsachen übergeben wird, die dann als Anlage zum Protokoll genommen werden kann[8]. Der Einwand kann auch dadurch erhoben werden, daß sich ein dazu berechtigter Verfahrensbeteiligter bei seiner Anhörung (Rdn. 26) dem Einwand eines anderen **anschließt**[9]. Findet die Anhörung außerhalb der Hauptverhandlung statt, ist dabei die Form des Absatzes 1 Satz 4 zu wahren. Die bloße mündliche Erklärung in einem Anhörungstermin des Zwischenverfahrens dürfte nach dem bei Formvorschriften besonders ins Gewicht fallenden Wortlaut des Gesetzes nicht genügen.

b) Außerhalb der Hauptverhandlung kann der Einwand **schriftlich** in der Form der **12** § 345 Abs. 2, § 390 Abs. 2 erhoben werden (Absatz 1 Satz 4). Insoweit gelten die bei diesen Vorschriften erörterten Grundsätze.

Der **Angeklagte** und die ihm insoweit gleichgestellten Personen können — ebenso wie **13** bei der Revisionsbegründung nach § 345 Abs. 2 — den Einwand nur durch eine von einem **Verteidiger** oder von einem Rechtsanwalt unterzeichnete Schrift (vgl. bei § 345) oder aber zu **Protokoll der Geschäftsstelle** des Gerichts geltend machen. Zuständig ist die Geschäftsstelle des Gerichts, vor dem die Hauptverhandlung stattfindet (Absatz 1 Satz 4 in Verbindung mit § 345 Abs. 2). Bei dem nicht auf freiem Fuß befindlichen Angeklagten wird man § 299 für entsprechend anwendbar halten müssen[10]. Dies folgt, selbst wenn man den Einwand nicht als eine Erklärung ansieht, die sich auf ein Rechtsmittel bezieht (§ 299 Abs. 1), aus der vom Gesetzgeber bewußt durchgeführten Unterstellung dieses Rechtsbehelfs unter die für die Revisionsbegründung geltenden Formvorschriften. Nach dem Zweck der Regelung sollten an die vorgezogene Besetzungsrüge auch insoweit keine strengeren Formerfordernisse gestellt werden als an die Revisionsbegründung. Der **Urkundsbeamte** muß bei der Aufnahme des Protokolls auf einen entsprechenden sachgerechten, den gesetzlichen Erfordernissen genügenden Tatsachenvortrag (Rdn. 17) hinwirken (vgl. bei § 345). Er kann zur Erleichterung dieser Aufgabe wohl auch die Besetzungsunterlagen des Gerichts zu Rate ziehen. Dagegen dürfte er nicht verpflichtet sein, auf die nicht näher begründete Behauptung des erschienenen Angeklagten, das Gericht sei unrichtig besetzt, diese Unterlagen beizuziehen und von sich aus dahin zu überprüfen, ob sich ein Besetzungsfehler findet. Denn damit würde § 222 a Abs. 3 umgangen.

Der **Nebenkläger** kann nach Absatz 1 Satz 4 in Verbindung mit § 390 Abs. 2 den Einwand außerhalb der Hauptverhandlung nur durch einen Rechtsanwalt erheben. **14**

Eine **Wiedereinsetzung** in den vorigen Stand entsprechend den bei § 345 Abs. 2 entwickelten Grundsätzen ist nach dem Sinn der Regelung (Ausschlußfrist) ausgeschlossen, **15** weil der Einwand nicht mehr erhoben werden kann, wenn mit der Vernehmung des ersten

---

[8] *Kleinknecht/Meyer-Goßner* 5; KMR-*Paulus* 15; SK-*Schlüchter* 12; demgegenüber halten KK-*Treier* 5; *Brauns* 167; *Dahs* Hdb. 417 auch in der Hauptverhandlung eine schriftliche Antragstellung für zulässig.

[9] *Kleinknecht/Meyer-Goßner* 5; KMR-*Paulus* 16; SK-*Schlüchter* 12.
[10] *Brauns* 168; KK-*Treier* 6; SK-*Schlüchter* 11.

Walter Gollwitzer

Angeklagten zur Sache begonnen worden ist[11]. Eine andere Frage ist, ob sich das Gericht bei einer ersichtlich unzulänglichen Protokollierung des Einwands damit begnügen darf, diesen als unzulässig zu verwerfen, oder ob es in der Hauptverhandlung dem Angeklagten Gelegenheit geben muß, seine Rüge substantiiert rechtzeitig zu wiederholen, bevor es den ersten Angeklagten zur Sache vernimmt.

16   Die Möglichkeit, den Einwand außerhalb der Hauptverhandlung zu erheben, endet nicht mit **Beginn der Hauptverhandlung**. Zwar liegt der verfahrensökonomische Zweck dieser Regelung darin, daß die Besetzung des Gerichts schon vor der Hauptverhandlung zur Prüfung gestellt werden kann. Wortlaut und Sinn der Vorschrift sprechen dafür, daß auch nach ihrem Beginn, etwa während einer Unterbrechung oder von einem nicht zur Anwesenheit verpflichteten Verfahrensbeteiligten, den Einwand schriftlich oder zu Protokoll der Geschäftsstelle zulässig ist. Vor allem, wenn die Hauptverhandlung nach § 222 a Abs. 2 unterbrochen worden ist, kann es für den Fortgang des Verfahrens förderlich sein, den Einwand noch während der Dauer der Unterbrechung zu erheben, damit das Gericht, das über den Einwand im Zwischenverfahren in anderer Besetzung zu entscheiden hat, dieses Zwischenverfahren noch während der Dauer der Unterbrechung einleiten oder vorbereiten kann. Es können dann die Besetzungsunterlagen beigebracht und eventuell erforderliche Auskünfte erholt werden, so daß der zur Fortsetzung der Hauptverhandlung bestimmte Termin gleichzeitig zur Anhörung der Beteiligten im Zwischenverfahren benutzt und die Hauptverhandlung bei einer Verwerfung des Einwands ohne nochmalige Verzögerung fortgesetzt werden kann.

17   **4. Begründung des Einwands.** Dafür genügt nach Absatz 1 Satz 2 nicht die unsubstantiierte Behauptung der vorschriftswidrigen Besetzung. Ebenso wie bei der Verfahrensrüge der Revision (§ 344 Abs. 2) müssen alle Tatsachen angeführt werden, aus denen sich die Fehlerhaftigkeit der Zusammensetzung des Gerichts ergibt. Der Name des nicht mitwirkungsbefugten Richters und unter Umständen auch der Name desjenigen, der an seiner Stelle dazu berufen war[12], müssen ebenso angegeben werden, wie die Tatsachen, aus denen sich dies ergibt, wie etwa fehlende Feststellung der Verhinderung oder der Inhalt des Geschäftsverteilungsplans. Welche Tatsachen im einzelnen anzugeben sind, richtet sich nach dem Inhalt der jeweiligen Regeln, deren Verletzung behauptet wird. Wegen der Einzelheiten wird auf die Erläuterungen zu § 338 Nr. 1, zu § 344 und auf die für die jeweiligen Besetzungsfragen maßgebenden Vorschriften des Gerichtsverfassungsgesetzes (vor allem § 21 e ff GVG) verwiesen.

5. Konzentration der Beanstandungen

18   **a) Zweck des Konzentrationsgebots** (Absatz 1 Satz 3) ist die Straffung des Verfahrens. Die Verpflichtung, alle Beanstandungen gleichzeitig vorzubringen, soll, ähnlich wie die gleichartige Regelung in § 25 Abs. 1 Satz 2, verhindern, daß das Gericht durch das Nachschieben neuer Beanstandungen gezwungen werden kann, mehrmals über Besetzungseinwände des gleichen Verfahrensbeteiligten zu entscheiden. Wer den Einwand einer vorschriftswidrigen Besetzung des Gerichts erhebt, muß hinsichtlich aller Richter, einschließlich der Ergänzungsrichter und Ergänzungsschöffen, alle Beanstandungsgründe, die er hat, gleichzeitig darlegen. Dies gilt auch für solche Einwände, die nur hilfsweise in

---

[11] KK-*Treier* 4; *Kleinknecht/Meyer-Goßner* 4; KMR-*Paulus* 10; SK-*Schlüchter* 6; *Schroeder* NJW **1976** 1529; *Brauns* 173; **a. A** *Hamm* NJW **1979** 137; *Riedel* JZ **1978** 378.

[12] KMR-*Paulus* 11 fordert dies; ebenso SK-*Schlüchter* 7; **a. A** *Brauns* 169; vgl. BGH GA **1983** 180 mit Anm. *Katholnigg* sowie die Anforderungen an die Revisionsbegründung bei § 338 Nr. 1 § 344 Abs. 2; ferner Rdn. 45; 50.

Betracht kommen, wenn eine in erster Linie erhobene Beanstandung nicht durchgreifen sollte. Wer den Einwand in zulässiger Form erhoben hat, kann weder weitere Gründe nachschieben noch die erhobene Beanstandung auf die Mitwirkung eines anderen Richters ausdehnen, auch wenn ein solcher Einwand an sich noch möglich wäre, weil die Vernehmung des ersten Angeklagten zur Sache noch nicht begonnen hat[13]. Unerheblich ist, ob der zusätzliche Grund für die fehlerhafte Besetzung des Gerichts dem Betreffenden bei Erhebung des Einwands bereits bekannt war oder ihm erst nachträglich zur Kenntnis gelangte[14]. Anders als bei § 25 Abs. 1 kommt es bei der Besetzungsrüge nicht allein auf die Kenntnis an. Es geht zu Lasten des Beanstandenden, wenn er seiner Obliegenheit zur Prüfung der ordnungsgemäßen Besetzung des Gerichts vor Erhebung des Einwands nur ungenügend nachgekommen ist. Nur **objektiv nicht erkennbare Mängel**, die für den Antragsteller auch bei sorgfältiger Prüfung, die auch die Nachfrage bei unklaren oder erkennbar lückenhaften Unterlagen mit einschließt, nicht feststellbar waren[15], unterfallen nicht der Präklusionswirkung[16]. Gleiches gilt für erst nachträglich eingetretene Mängel. Sie können deshalb auch noch später ohne jede Präklusion geltend gemacht werden[17].

Auch hinsichtlich der **Ergänzungsrichter** und **Ergänzungsschöffen** muß ein etwaiger **19** Einwand gleich erhoben werden und nicht etwa erst im Zeitpunkt ihres Eintritts. Dies folgt aus dem Zweck der Regelung sowie daraus, daß § 222 a Abs. 1 Satz 1 Ergänzungsrichter und Ergänzungsschöffen in die Mitteilungspflicht uneingeschränkt einbezogen hat[18].

b) Ausschlußwirkung. Das Konzentrationsgebot gilt nur für die Beanstandungen des **20** **jeweiligen Verfahrensbeteiligten**. Es hindert die anderen Verfahrensbeteiligten nicht, unter Ausnützung der ihnen eingeräumten Zeitspanne für die Prüfung ihren Einwand erst später zu erheben und auf andere Beanstandungen zu stützen. Nachdem der Angeklagte neben dem Verteidiger ein selbständiges Beanstandungsrecht hat (Rdn. 3), wird man auch ihm zubilligen müssen, daß er ungehindert vom Inhalt des bereits erhobenen Einwandes seines Verteidigers seinerseits nachträglich andere Beanstandungen erheben kann, solange mit der Vernehmung des ersten Angeklagten zur Sache noch nicht begonnen worden ist. Umgekehrt gilt gleiches[19].

Das Konzentrationsgebot hat zur Folge, daß jeder dazu berechtigte Verfahrensbetei- **21** ligte den **Einwand** der fehlerhaften Besetzung **nur einmal** erheben kann. Hiervon wird nur dann eine Ausnahme zu machen sein, wenn der erste Einwand als **unzulässig** zurückgewiesen worden ist, etwa, weil er nicht der Form des Absatzes 1 Satz 2 genügte. In diesen Fällen schließt das Konzentrationsgebot nach seinem Sinn nicht die erneute Erhebung von Beanstandungen innerhalb der Ausschlußfrist aus[20]. Die förmliche Zurückweisung als unzulässig wird sich aber meist dadurch vermeiden lassen, daß der Vorsitzende in der

---

[13] KK-*Treier* 7; *Kleinknecht/Meyer-Goßner* 7; KMR-*Paulus* 13; SK-*Schlüchter* 7; vgl. auch 8, wo ein Nachschieben von Tatsachen, die bei Erhebung des Einwands noch nicht objektiv erkennbar waren, für zulässig erachtet wird.

[14] KK-*Treier* 7; *Kleinknecht/Meyer-Goßner* 7; SK-*Schlüchter* 7; **a. A** *Hamm* NJW **1979** 137; *Ranft* NJW **1981** 1476; *Brauns* 169.

[15] Ob auf die objektive Erkennbarkeit (so etwa *Brauns* 172; SK-*Schlüchter* 8, ferner nachf. Fußn.) oder die Nichterkennbarkeit bei sorgfältiger Prüfung abzustellen ist, läuft weitgehend auf das Gleiche hinaus, da objektiv erkennbare relevante Tatsachen ebenso wie Lücken in den Unterlagen bei sorgfältiger Prüfung und Würdigung nicht unbe-

achtet bleiben können und dürfen (vgl. *Kleinknecht/Meyer-Goßner* 7).

[16] BVerfG (Vorprüfungsausschuß) MDR **1984** 731; BGH NStZ **1986** 48; NJW **1997** 403; *Vogt/Kurth* NJW **1985** 105; KMR-*Paulus* § 222 a, 8. Nach *Ranft* NJW **1981** 1476 ist ein Mangel nicht erkennbar, der weder aus den Besetzungsunterlagen zu ersehen oder offensichtlich ist.

[17] Vgl. dazu Rdn. 39.

[18] H. M; etwa KK-*Treier* 7; *Kleinknecht/Meyer-Goßner* 7; KMR-*Paulus* 13; SK-*Schlüchter* 7.

[19] *Kleinknecht/Meyer-Goßner* 3; KMR-*Paulus* 8; SK-*Schlüchter* 2.

[20] KK-*Treier* 9; *Kleinknecht/Meyer-Goßner* 7; SK-*Schlüchter* 10.

Walter Gollwitzer

Hauptverhandlung auf die formalen Mängel hinweist und dadurch die Möglichkeit eröffnet, den Einwand in zulässiger Form zu erheben.

III. Entscheidung des Gerichts (Absatz 2)

22   **1. Beschlußbesetzung.** Die Entscheidung über den Einwand der fehlerhaften Besetzung ist zur Vereinfachung und Verfahrensbeschleunigung entsprechend dem Regierungsentwurf dem gleichen Gericht übertragen worden, das die Hauptverhandlung durchführt und dessen Zusammensetzung beanstandet wird.

23   Es entscheidet allerdings in der für Entscheidungen **außerhalb der Hauptverhandlung** geltenden Besetzung, beim Landgericht also nach § 76 Abs. 1 GVG mit drei Berufsrichtern ohne Schöffen, auch wenn für die Hauptverhandlung eine Besetzung mit nur zwei Berufsrichtern beschlossen wurde (§ 76 Abs. 2 GVG). Beim Oberlandesgericht entscheiden nach § 122 Abs. 1 GVG drei und nicht nach § 122 Abs. 2 GVG fünf Berufsrichter[21]. Die Berufsrichter des Spruchkörpers, vor dem die Hauptverhandlung stattfindet, sind somit zwar meist, aber nicht notwendigerweise zur Entscheidung über den Einwand berufen. Maßgebend ist die Geschäftsverteilung, die vor allem dann auseinandergehen kann, wenn auswärtigen Strafkammern (§ 78 Abs. 1 GVG) und auswärtigen Strafsenaten (§ 116 Abs. 2 GVG) nur die Hauptverhandlung zugewiesen ist. Anders als nach § 27 Abs. 1 ist ein Berufsrichter nicht dadurch von der Entscheidung ausgeschlossen, daß sich der Einwand gegen seine eigene Mitwirkung an der Hauptverhandlung richtet[22]. Der Gesetzgeber hat im Interesse der Verfahrensbeschleunigung die Selbstprüfung bewußt in Kauf genommen. Der Beschleunigungseffekt kann allerdings nur voll wirksam werden, wenn der Spruchkörper, der über den Einwand in einem Zwischenverfahren außerhalb der Hauptverhandlung entscheiden muß, geschäftsordnungsmäßig so gebildet wird, daß er sich aus den Berufsrichtern des erkennenden Gerichts zusammensetzt. Andernfalls ist selbst bei einer offensichtlich fehlgehenden Beanstandung eine längere Unterbrechung der Hauptverhandlung kaum zu vermeiden.

24   Der **Ausschluß der Schöffen** entspricht dem Verfahren bei der Richterablehnung (§ 27 Abs. 2). Der Gesetzgeber will damit dem Umstand Rechnung tragen, daß Entscheidungen über Besetzungsfragen sich wenig für die Mitwirkung von Laien eignen; ferner soll dadurch erreicht werden, daß das Gericht über den Einwand stets in der gleichen Besetzung entscheidet ohne Rücksicht darauf, ob er in der Hauptverhandlung oder schon vorher erhoben worden ist[23]. Andernfalls wären wegen der Mitwirkung verschiedener Richter unterschiedliche Entscheidungen nicht auszuschließen, da die gleiche Beanstandung von verschiedenen Verfahrensbeteiligten teils vor, teils in der Hauptverhandlung erhoben werden kann.

2. Zwischenverfahren

25   a) Der **Gegenstand** des **Zwischenverfahrens** zur Vorbereitung der Entscheidung über den Einwand ist, wie seine Bindung an den revisionsähnlich ausgestalteten Einwand zeigt, eng begrenzt. Sein Ziel ist nur die Prüfung der sachlichen Richtigkeit und rechtlichen Erheblichkeit der zur Begründung des Einwands formgerecht angeführten Tatsachen. Nur hierauf erstrecken sich die Ermittlungen des Gerichts. Sonstige Tatsachen, die aus den Besetzungsunterlagen ersichtlich sind oder die von den anderen Verfahrensbeteiligten bei

[21] KK-*Treier* 11; KMR-*Paulus* 20; SK-*Schlüchter* 15; **a. A** *Kleinknecht/Meyer-Goßner* 9. Zur strittigen Frage vgl. auch bei 122 GVG.

[22] AK-*Keller* 5; KK-*Treier* 11; *Kleinknecht/Meyer-Goßner* 9; KMR-*Paulus* 20; SK-*Schlüchter* 16.
[23] Begr. BTDrucks. **8** 976 S. 47.

ihrer Anhörung vorgetragen wurden, darf das Gericht nur insoweit berücksichtigen, als sie für eine sich in den oben genannten Grenzen haltende Entscheidung von (eventuell indizieller) Bedeutung sind. Sie dürfen nicht dazu verwendet werden, den Einwand auf eine völlig neue Tatsachengundlage zu stellen[24]. Im übrigen gelten für das im Gesetz nicht näher geregelte Verfahren die allgemeinen Grundsätze. Wo sie nicht eingreifen, ist das Gericht in seiner Verfahrensgestaltung frei. Es gilt **Freibeweis**, in dessen Rahmen die Besetzungsunterlagen auch in tatsächlicher Hinsicht überprüft und dienstliche Erklärungen eingeholt werden können. Ob die den Einwand tragenden Tatsachen zutreffen, entscheidet das Gericht in freier Beweiswürdigung.

b) Die **Anhörung der Verfahrensbeteiligten** richtet sich nach § 33[25]. Da es sich um **26** ein Verfahren außerhalb der Hauptverhandlung handelt, sind die Staatsanwaltschaft und die anderen Verfahrensbeteiligten, deren Recht auf den gesetzlichen Richter ebenfalls betroffen ist, nach Maßgabe von § 33 Abs. 2, 3 anzuhören. Dies kann schriftlich oder mündlich geschehen.

Wird der Einwand in der Hauptverhandlung erhoben, so ist es — zumal wenn die gleichen Berufsrichter über den Einwand entscheiden — unbedenklich, wenn **noch im Rahmen der Hauptverhandlung** die anwesenden Beteiligten zu dem Einwand gehört werden[26], obwohl dies kein Teil der Hauptverhandlung, sondern ein Teil eines besonderen Zwischenverfahrens ist, bei dem keine Pflicht zur mündlichen Verhandlung besteht. Die mündliche Erörterung mit allen Beteiligten ist aber, weil Zeit und Aufwand sparend, meist zweckmäßig. Der Vorsitzende kann auch den in der Hauptverhandlung anwesenden Verfahrensbeteiligten anheimgeben, sich binnen einer von ihm bestimmten Frist zu dem Einwand und den Tatsachen, mit denen er begründet wird (vgl. Absatz 1 Satz 2, 3), schriftlich zu äußern. Selbst die Anhörung durch einen **beauftragten Richter** des zur Entscheidung über den Einwand berufenen Spruchkörpers dürfte zulässig sein, wie ja überhaupt das Verfahren weitgehend einer freien Gestaltung offen ist, sofern nur die Erfordernisse des ausreichenden rechtlichen Gehörs der Beteiligten gewahrt bleiben. Nur bei einer flexiblen Verfahrensgestaltung lassen sich die Schwierigkeiten vermeiden, die sich ergeben, wenn dem Spruchkörper, der über den Einwand entscheidet, andere Richter angehören als die an der Hauptverhandlung beteiligten Berufsrichter.

Die **Äußerung zum Einwand** steht im Belieben der anderen Verfahrensbeteiligten; **28** die Staatsanwaltschaft sollte grundsätzlich durch ihre Stellungnahme an der Erarbeitung einer sachgerechten Entscheidung mitwirken. Wird der Einwand eines anderen Verfahrensbeteiligten für berechtigt erklärt, so liegt in der Regel darin noch nicht die Erklärung, daß der Einwand nunmehr auch im eigenen Namen geltend gemacht wird[27]. Auslegungszweifel sind wegen der Formvorschriften (Rdn. 11) und wegen der Folgen (Konzentrationsgebot, Rdn. 18) durch Rückfragen zu klären.

3. Entscheidung über den Einwand

a) Die Entscheidung über den Einwand ergeht durch **Beschluß**, der als solcher nicht **29** Teil der Hauptverhandlung ist. Er kann — auch im Rahmen der Hauptverhandlung — nach § 35 Abs. 1 Satz 1 in Anwesenheit der betroffenen Personen verkündet werden[28]. Dies geschieht zweckmäßigerweise bei Beginn des zur Fortsetzung der Hauptverhandlung bestimmten Termins. Sie kann aber auch in einem Termin außerhalb der Hauptverhand-

---

[24] KMR-*Paulus* 19.
[25] KK-*Treier* 12; *Kleinknecht/Meyer-Goßner* 10; KMR-*Paulus* 17; SK-*Schlüchter* 17.
[26] SK-*Schlüchter* 17.

[27] SK-*Schlüchter* 17.
[28] Etwa *Kleinknecht/Meyer-Goßner* 14; SK-*Schlüchter* 22.

Walter Gollwitzer

lung verkündet werden, etwa wenn der über den Einwand entscheidende Spruchkörper mit den Verfahrensbeteiligten mündlich den Einwand erörtert hatte. Bei einer Bekanntgabe zu Beginn der Hauptverhandlung brauchen nicht alle Mitglieder des Spruchkörpers anwesend sein, der über den Einwand entschieden hat. Es genügt die Eröffnung durch den Vorsitzenden des erkennenden Gerichts. **Schriftlich** kann die Entscheidung über den Einwand formlos (§ 35 Abs. 2 Satz 2) allen Betroffenen mitgeteilt werden, da sie keine Frist in Lauf setzt. Sie ist nicht nur dem Antragsteller sondern allen einwandberechtigten Verfahrensbeteiligten mitzuteilen[29]; denn auch wenn sie sich dem Einwand nicht angeschlossen haben, ist ihr Recht auf den gesetzlichen Richter mitbetroffen; bei einer stattgebenden Entscheidung folgt dies auch daraus, daß damit die anhängige Hauptverhandlung beendet wird.

30   **b) Gegenstand der Entscheidung** ist entsprechend der beschränkten Prüfungsbefugnis (Rdn. 25) nur die Zulässigkeit und Begründetheit des jeweiligen Einwands, nicht etwa die Ordnungsmäßigkeit der Besetzung des Spruchkörpers insgesamt. Die Entscheidung hindert die anderen Verfahrensbeteiligten nicht, die Mitwirkung eines anderen Richters oder des gleichen Richters auf Grund anderer Tatsachen zu beanstanden. Lediglich hinsichtlich der gleichen Tatsachen dürfte der Beschluß auch den möglichen Einwand anderer Verfahrensbeteiligter mitverbrauchen, da das Gericht nicht gehalten sein kann, das Zwischenverfahren wegen des gleichen Einwands mehrfach zu wiederholen[30]. Es kann den Einwand unter Hinweis auf den früheren Beschluß sogleich ablehnen. Maßgebend ist die Sach- und Rechtslage **im Zeitpunkt der Entscheidung**[31], bis dahin ist es den Gerichtsorganen möglich, nicht formgebundene Entscheidungen zur Besetzung aktenkundig zu machen oder zutage getretene formale Mängel noch zu beheben. So kann etwa die fehlende Feststellung einer nicht offenkundigen Verhinderung noch nachgeholt werden[32].

31   **c) Ein bestimmter Zeitpunkt für die Entscheidung** wird nicht vorgeschrieben. Wie die Begründung des Regierungsentwurfs zeigt, hielt man dies nicht für notwendig, denn es verstehe sich von selbst, daß ein Gericht, dessen ordnungsgemäße Besetzung in Frage gestellt sei, sich rechtzeitig vor weiterer Förderung der Sache hierüber Klarheit verschaffe und seine Auffassung bekanntgebe[33]. Es liegt in der Tat nahe, daß das Gericht sich bemüht, über einen vor der Hauptverhandlung erhobenen Einwand so rechtzeitig zu entscheiden, daß der Beginn der Hauptverhandlung nicht in Frage gestellt wird, ferner, daß es die Hauptverhandlung alsbald unterbricht, wenn der Einwand in dieser erhoben wird. Es ist jedoch zulässig, wenn das Gericht zur Vermeidung einer Verfahrensverzögerung aus prozeßwirtschaftlichen Überlegungen — auch, um nicht mehrmals wegen verschiedener Besetzungsrügen unterbrechen zu müssen — die Hauptverhandlung zunächst noch analog § 29 Abs. 2 fortsetzt. Im Interesse der Verfahrensklarheit sollte aber vor der Vernehmung des ersten Angeklagten zur Sache die Besetzungsprüfung vorgenommen werden[34].

32   **d)** Der **Inhalt des Beschlusses**, der nach § 34 zu begründen ist, folgt, soweit er nicht durch Absatz 2 Satz 2 festgelegt ist, aus seinem Zweck. Ein den Frist- und Formerfordernissen des Absatzes 1 nicht genügender Einwand ist als unzulässig zurückzuweisen, ein sachlich unberechtigter Einwand ist als unbegründet zu verwerfen. Hält das Gericht dage-

---

[29] Strittig, wie hier KK-*Treier* 14; KMR-*Paulus* 22; SK-*Schlüchter* 22; **a. A** *Kleinknecht/Meyer-Goßner* 14 (nur den Antragstellern).

[30] AK-*Keller* 7; KK-*Treier* 14. Wegen ähnlicher Fragen vgl. § 6 a, 21; § 16, 14.

[31] BGHSt **30** 268 = NStZ **1982** 295 mit Anm. *Rieß*; BGHSt **33** 234.

[32] AK-*Keller* 8; *Kleinknecht/Meyer-Goßner* 12; KMR-*Paulus* 23; vgl. auch SK-*Schlüchter* 23;

Niemöller StV **1987** 314; **a. A** *Kissel* FS Rebmann 73.

[33] BTDrucks. **8** 976 S. 47.

[34] *Kleinknecht/Meyer-Goßner* 10; KMR-*Paulus* 21; SK-*Schlüchter* 18 halten es für zulässig, bei einem offensichtlich unzulässigen oder unbegründeten Einwand auch erst nach diesem Zeitpunkt zu entscheiden.

gen den Einwand für begründet, so muß es sich nach Absatz 2 Satz 2 im Tenor auf die Feststellung beschränken, daß es nicht vorschriftsmäßig besetzt ist. Weshalb die Besetzung fehlerhaft ist, ist in den Gründen darzulegen. Eine bindende Feststellung darüber, wer statt des fehlerhaft mitwirkenden Richters zur Entscheidung berufen ist, kann das Gericht nicht treffen[35]. Diese Entscheidung obliegt in der Regel anderen Gerichtsorganen, außerdem ist im Zeitpunkt der Entscheidung, die die Fehlerhaftigkeit der bisherigen Besetzung feststellt, meist noch nicht vorhersehbar, wann und in welcher Besetzung die erneute Hauptverhandlung stattfinden kann. Scheidet der Richter, gegen den sich der Einwand richtet, während des Zwischenverfahrens aus anderen Gründen aus (Krankheit, erfolgreiche Ablehnung), so erledigt sich das Zwischenverfahren. Da es zu keiner Sachentscheidung über den Einwand kommt, gilt Absatz 2 Satz 3 für das weitere Verfahren nicht.

IV. Verfahren nach der Entscheidung

1. Auswirkungen der Entscheidung

a) Fortsetzung des Verfahrens. Wird der Einwand als unzulässig oder als unbegrün- **33** det verworfen, dann wird die zur Entscheidung über den Einwand meist unterbrochene Hauptverhandlung zu dem vom Vorsitzenden des erkennenden Gerichts zweckmäßigerweise bereits bei der Unterbrechung bestimmten Termin fortgesetzt. Die Dauer der Unterbrechung darf die Frist des § 229 jedoch nicht überschritten haben.

b) Neue Hauptverhandlung. Wenn im Zwischenverfahren festgestellt wird, daß das **34** Gericht nicht vorschriftsmäßig besetzt ist, ist die Hauptverhandlung beendet, ohne daß es noch eines zusätzlichen Beschlusses des erkennenden Gerichts in der für die Hauptverhandlung vorgesehenen, als regelwidrig erkannten Besetzung bedarf[36]. Die Hauptverhandlung ist in anderer Besetzung neu zu beginnen; denn nach § 226 muß die ganze Hauptverhandlung in Anwesenheit der zur Urteilsfindung berufenen Personen durchgeführt werden. Kann das Gericht in seiner neuen Besetzung sogleich zusammentreten, so ist der Neubeginn der Hauptverhandlung im Anschluß an die Bekanntgabe des Beschlusses ohne erneute Ladung möglich. Andernfalls muß die Hauptverhandlung auf einen späteren Termin vertagt werden[37].

Für das neubegonnene Verfahren schließt Absatz 2 Satz 3 eine **erneute Besetzungs-** **35** **mitteilung** nach § 222 a ausdrücklich aus, selbst wenn die neue Hauptverhandlung nach erneuter Ladung erst Monate später stattfinden sollte. Bei den Verfahren, bei denen der Einwand zu einer Änderung der Besetzung geführt hat, besteht — anders als bei den von Amts wegen zu berücksichtigenden Besetzungsfehlern[38] — nach dem Willen des Gesetzgebers keine Obliegenheit der Verfahrensbeteiligten zur rechtzeitigen Besetzungsprüfung mehr, deshalb entfällt auch die Unterbrechung nach § 222 a Abs. 2 und die Verpflichtung, zur Erhaltung der Revision Besetzungsfehler rechtzeitig zu beanstanden. Da keine Präklu-

---

[35] KK-*Treier* 16; *Kleinknecht/Meyer-Goßner* 12; KMR-*Paulus* 25; SK-*Schlüchter* 23.

[36] KK-*Treier* 16; SK-*Schlüchter* 23. Da es sich um zwei verschiedene Spruchkörper handelt, könnte der Wortlaut des Absatzes 2 dahin verstanden werden, daß im Zwischenverfahren nur die Regelwidrigkeit der Besetzung festgestellt wird, während die Hauptverhandlung durch einen zusätzlichen Beschluß des erkennenden Gerichts auszusetzen ist (so *Rieß* JR **1981** 95; *Kleinknecht/Meyer-Goßner*

12; KMR-*Paulus* 28; wohl auch AK-*Keller* 8). Ein solcher Beschluß ist zwar unschädlich, ihn zu fordern wäre jedoch eine das Verfahren nur verzögernde, leerlaufende Formalität, sofern man nicht annimmt, daß sich das erkennende Gericht über die Entscheidung, es sei unrichtig besetzt, hinwegsetzen darf; vgl. Rdn. 37.

[37] *Kleinknecht/Meyer-Goßner* 12; SK-*Schlüchter* 23.

[38] *Rieß* JR **1981** 91; *Kleinknecht/Meyer-Goßner* 15; **a. A** *Bohnert* 65.

Walter Gollwitzer

sion eintritt, können Fehler der Besetzung uneingeschränkt mit der Revision nach § 338 Nr. 1 gerügt werden.

36   Die Prozeßbeteiligten sind in der **neuen Hauptverhandlung** zwar nach § 24 Abs. 3 Satz 2 befugt, die Namen der Richter zu erfragen, und sie sind auch nicht gehindert, formlos Bedenken gegen die Besetzung geltend zu machen. Das Gericht — und zwar in der für die Durchführung der Hauptverhandlung maßgebenden und nicht in der von Absatz 2 Satz 1 vorgeschriebenen Besetzung — muß dann wie auch sonst in den nicht der Präklusionsregelung unterstellten Verfahren von Amts wegen prüfen, ob es vorschriftsmäßig besetzt ist[39]. Dies geschieht jedoch nicht im Zwischenverfahren nach § 222 b und schließt die Rüge eines Besetzungsfehlers mit der Revision nicht aus.

37   **2. Bindung an die Entscheidung.** Das erkennende Gericht der Hauptverhandlung ist an die Feststellung, es sei unvorschriftsmäßig besetzt, gebunden[40]. Auch wenn es anderer Rechtsauffassung sein sollte, muß es aus diesem Beschluß die notwendigen Folgerungen für die anhängige Hauptverhandlung ziehen (Rdn. 34). Eine Bindung besteht auch für die Justizorgane, die bei einer dem Einwand stattgebenden Entscheidung über die **Neubesetzung** befinden müssen. Sie müssen der Entscheidung Rechnung tragen, soweit darin eine vorschriftswidrige Besetzung festgestellt worden ist[41]. Voraussetzung ist allerdings, daß die für die Entscheidung maßgebenden Tatsachen bis zum Neubeginn der Hauptverhandlung unverändert geblieben sind. Haben sich diese verändert, besteht insoweit keine Bindung. Meist werden nach den für die Besetzung des Gerichts bei der neuen Hauptverhandlung geltenden Regeln ohnehin zum Teil andere Richter, vor allem andere Schöffen, zur Mitwirkung berufen sein.

38   Wird der **Einwand als unbegründet verworfen**, ist strittig, ob das erkennende Gericht für das weitere Verfahren daran gebunden ist, oder ob es, wie in den nicht den §§ 222 a, 222 b unterfallenden Verfahren, berechtigt und verpflichtet bleibt, trotz des Eintritts der Präklusionswirkung nachträglich erkannte Mängel seiner Besetzung von Amts wegen zu berücksichtigen. Die **vorherrschende Meinung**[42] nimmt an, daß das erkennende Gericht ungeachtet der eingetretenen Präklusion der Besetzungsrüge weiterhin verpflichtet bleibt, die Rechtmäßigkeit seiner Besetzung in jeder Lage des Verfahrens von Amts wegen zu prüfen und bei einem erkannten Besetzungsfehler das Verfahren einzustellen. Demgemäß sollen auch die Verfahrensbeteiligten weiterhin befugt bleiben, das Gericht auf einen solchen Fehler hinzuweisen[43] und eine Prüfung durch das erkennende Gericht anzuregen, ohne freilich eine Verletzung dieser Prüfungspflicht später mit der Revision geltend machen zu können[44]. Demgegenüber ist mit der **Mindermeinung**[45] daran festzuhalten, daß die vom Gesetzgeber gewählte Konstruktion eines vorgezogenen und formalisierten Besetzungseinwands und die Zuweisung der Entscheidung dafür an

[39] KK-*Treier* 16; *Kleinknecht/Meyer-Goßner* 15; SK-*Schlüchter* 23.

[40] *Kleinknecht/Meyer-Goßner* 12; SK-*Schlüchter* 23; vgl. auch *Bohnert* 61. Eine Bindung des erkennenden Gerichts verneinen KK-*Pikart* § 338, 14; KMR-*Paulus* 22; *Brauns* 191. Wieso dann der Gesetzgeber die Entscheidung einem besonderen Spruchkörper vorbehalten hat, wenn das erkennende Gericht in der für die Hauptverhandlung maßgebenden Besetzung die gleiche Frage anders entscheiden dürfte, ist nicht einzusehen (vgl. auch Rdn. 24).

[41] *Bohnert* 59; AK-*Keller* 8; KK-*Treier* 16; *Kleinknecht/Meyer-Goßner* 12; KMR-*Paulus* 29; SK-

Schlüchter 23. Die Ansicht, das Gericht müsse in einer als fehlerhaft festgestellten Besetzung verhandeln, wenn die für die Besetzung zuständigen Organe der Gerichtsverwaltung anderer Auffassung seien (*Brauns* 191), ist mit der richterlichen Unabhängigkeit (Art. 97 Abs. 1 GG) unvereinbar.

[42] BGH NStZ **1986** 48; KG MDR **1980** 688; *Bohnert* 64; *Brauns* 197; *Vogt/Kurth* NJW **1985** 105; *Rieß* JR **1981** 94; KK-*Treier* 16; *Kleinknecht/Meyer-Goßner* 2; KMR-*Paulus* 2; 15; SK-*Schlüchter* 24.

[43] *Brauns* 194.

[44] BGH StV **1996** 3; *Bohnert* 65; SK-*Schlüchter* 24.

[45] OLG Celle NStZ **1991** 553; *Boergen* MDR **1980** 619; *Wagner* JR **1980** 53; *Roxin* § 41, 8.

einen aus der Hauptverhandlung ausgegliederten besonderen Spruchkörper, der nicht einmal hinsichtlich der Berufsrichter mit dem erkennenden Gericht personengleich sein muß
(Rdn. 23), dafür spricht, daß das erkennende Gericht die Rechtmäßigkeit seiner Besetzung insoweit nicht mehr zu prüfen hat. Diese Prüfung ist kraft Gesetzes mit präkludie-
render Wirkung auf einen besonderen Verfahrensabschnitt beschränkt und einem besonderen Spruchkörper zugewiesen. Bejaht dieser die Rechtmäßigkeit der Besetzung, ist dies
für das erkennende Gericht bindend. Bei einer fortbestehenden Pflicht zur Amtsprüfung
in diesem Bereich wäre die Formalisierung des Einwands in § 222 b Abs. 1 sinnlos[46];
denn dann müßte das erkennende Gericht in Konkurrenz zum besonderen Spruchkörper
von Amts wegen auch die ausdrücklich nicht gerügten Tatsachen aufgreifen und zur
Grundlage einer eigenen, eventuell widersprüchlichen Entscheidung[47] machen. Besetzungsfehler könnten dann — entgegen dem Regelungszweck der §§ 222 a, 222 b — auch
trotz des Wegfalls der Revisionsrüge dazu verwendet werden, eine Hauptverhandlung,
die ein unliebsames Ergebnis erwarten läßt, aus den Angeln zu heben; das erkennende
Gericht könnte auch an einem ihn kurz vor dem Urteil aufgezeigten Besetzungsmangel
nicht vorübergehen[48]. Mit Art. 101 Abs. 1 S. 2 GG ist der Wegfall der Prüfungskompetenz des erkennenden Gerichts vereinbar, denn das Gericht in der Besetzung des § 222 b
Abs. 2 Satz 1 ist der gesetzliche Richter für die Nachprüfung der Besetzung der Richterbank. Bejaht es deren Ordnungsgemäßheit nach Prüfung der Unterlagen, kann in aller
Regel nicht von einer zumindest objektiv nicht zu rechtfertigenden, grob fehlerhaften und
damit willkürlichen Fehlbesetzung des erkennenden Gerichts gesprochen werden; das
Fortbestehen seiner Prüfungskompetenz erscheint deshalb auch nicht unter dem Gesichtspunkt der baldigen Behebung eines Verfassungsverstoßes gegen Art. 101 Abs. 1 Satz 2
GG geboten. Gleiches gilt wegen etwaiger im Zwischenverfahren nicht ordnungsgemäß
gerügter Besetzungsmängel; diese können später nicht mehr mit der Verfassungsbeschwerde geltend gemacht werden, weil insoweit der Rechtsweg nicht erschöpft wurde[49].
Die an sich denkbare Lösung, auch alle späteren Entscheidungen über die Besetzung dem
besonderen Spruchkörper vorzubehalten[50], beruht letztlich ebenfalls auf der Annahme
einer Verlagerung der Entscheidungskompetenz und damit einer Bindung des erkennenden Gerichts durch die Entscheidung des besonderen Spruchkörpers. Gegen die Zulassung eines späteren, von Amts wegen einzuleitenden Zwischenverfahrens spricht jedoch,
daß es im Gesetz nicht vorgesehen ist und die Stringenz der Regelung, die die Besetzungsprüfung bewußt nur zu Beginn der Hauptverhandlung vorgesehen hat, in Frage stellen würde[51].

Bei **nicht der Präklusion unterfallenden Besetzungsmängel** besteht das Recht und **39**
die Pflicht des erkennenden Gerichts zur Prüfung von Amts wegen im vollen Umfang fort.
Das gilt für die Mängel, die erst **nach Vernehmung der ersten Angeklagten** zur Sache

---

[46] SK-*Schlüchter* 21 fordert deshalb konsequenterweise, daß bei der Prüfung des Besetzungseinwands auch nichtvorgetragene Tatsachen berücksichtigt werden müssen.

[47] Widersprüchliche Entscheidungen sind schon wegen der unterschiedlichen Besetzung und den unterschiedlichen Quoren denkbar.

[48] Diese Gefahr wiegt wohl schwerer als der Einwand
gegen die Bindungswirkung von *Bohnert* 65, daß
das erkennende Gericht dann trotz eines nach seiner Ansicht bestehenden Besetzungsfehlers weiterverhandeln muß; insoweit hat es auch keine Entscheidungskompetenz mehr.

[49] AK-*Keller* 9; KMR-*Paulus* 40; SK-*Schlüchter* 29;
Rieß NJW **1978** 2269 Fußn. 85.

[50] *Rieß* JR **1981** 95; **a. A** *Brauns* 196; vgl. Fußn. 40.

[51] Die praktikable Lösung des Sonderfalls durch KG
MDR **1980** 688 = JR **1981** 124 mit Bespr. *Rieß* JR
1981 93 darf nicht darüber hinwegtäuschen, daß
eine trotz Verwerfung des Besetzungseinwands
fortbestehende Amtspflicht, die ordnungsgemäße
Zusammensetzung des Gerichts weiterhin zu prüfen, wegen des vom Gesetzgeber gewollten Ausschlusses der Revision („kann nur") unter dem Gesichtspunkt des willkürlichen Entzugs des
gesetzlichen Richters mehr Anfechtungsprobleme
aufwirft als löst.

eingetreten sind, etwa durch den fehlerhaften Eintritt eines Ersatzrichters, ferner für solche Besetzungsmängel, die für die Rügeberechtigten zu der Zeit, zu der sie den Besetzungseinwand erhoben haben oder hätten erheben müssen, **objektiv nicht erkennbar** waren[52]. Von Amts wegen nachzuprüfen sind ferner alle Mängel, die in der **Person** eines mitwirkenden **Richters** begründet sind, wie etwa bei einem Schöffen, der schläft oder der wegen eines anhängigen Strafverfahrens zur Ausführung seines Amtes unfähig ist[53] oder etwa die Fragen der Mitwirkung eines blinden Richters[54].

V. Rechtsbehelfe

1. Beschwerde

40   **a) Besetzungsmitteilung.** Die Beschwerde ist weder gegen eine die Mitteilung verfügende noch gegen eine die Mitteilung vor der Hauptverhandlung ablehnende Anordnung des Vorsitzenden zulässig[55]; auch ein Beschluß des Gerichts nach § 238 Abs. 2 kann nicht herbeigeführt werden[56]. Der Beschluß, der die Unterbrechung nach § 222 a Abs. 2 anordnet oder einen dahin zielenden Antrag ablehnt, ist ebenfalls der Beschwerde entzogen[57]. Die Handhabung des § 222 a ist für sich allein nicht anfechtbar. Sie hat für das weitere Verfahren nur insoweit Bedeutung, als dadurch unter Umständen die Möglichkeit erhalten bleibt, mit der Revision eine fehlerhafte Gerichtsbesetzung zu rügen.

41   **b) Der Beschluß nach § 222 b Abs. 2**, mit dem das Gericht den **Einwand** der fehlerhaften Besetzung **zurückweist**, unterliegt nicht der Beschwerde[58]. Der im Zwischenverfahren über den Einwand entscheidende Spruchkörper ist ein Organ des erkennenden Gerichts im Sinne von § 305, auch wenn er in anderer personeller Zusammensetzung entscheidet als das Gericht in der Hauptverhandlung.

42   Bei einer dem **Einwand stattgebenden Entscheidung** entfällt die Beschwerde ebenfalls. Ein ausdrücklicher Ausschluß der Beschwerde wie etwa in § 28 Abs. 1 fehlt. Da die stattgebende Entscheidung das Recht der anderen Verfahrensbeteiligten auf den gesetzlichen Richter berührt, scheitert deren Beschwerde auch nicht bereits an der mangelnden Beschwer. Es kommt also darauf an, ob man die Entscheidung als allein der Vorbereitung der Urteilsfällung dienend und damit der ratio des § 305 unterfallend ansieht[59] oder ob man dies verneint, weil der Beschluß zunächst rein faktisch den Fortgang des Verfahrens hindert, vor allem, wenn das Gericht in der geänderten Besetzung erst später zusammentreten kann. Er dient aber zugleich der Vorbereitung der Hauptverhandlung in der neuen

---

[52] Vgl. Rdn. 18; ferner die Nachw. Fußn. 16.
[53] Vgl. bei § 32 GVG.
[54] BGHSt **34** 236 = NStZ **1987** 335 mit Anm. *Fezer*; BGHSt **35** 28; vgl. bei § 261.
[55] KK-*Treier* § 222 a, 15; *Kleinknecht/Meyer-Goßner* § 222 a, 22; KMR-*Paulus* § 222, 46; SK-*Schlüchter* § 222 a, 40. Im Ergebnis auch *Brauns* 198, der bei einer verfahrensrechtlich gebotenen Mitteilung jede prozessuale Beschwer verneint und bei falscher, unvollständiger oder ganz unterbliebener Mitteilung Überholung der Beschwerde durch den Verfahrensfortgang annimmt.
[56] *Kleinknecht/Meyer-Goßner* § 222 a, 25; KMR-*Paulus* § 222 a, 47; SK-*Schlüchter* § 222 a, 40; **a. A** KK-*Treier* § 222 a, 15 (in Hauptverhandlung anwendbar).
[57] AK-*Keller* 9; KK-*Treier* § 222 a, 15; *Kleinknecht/Meyer-Goßner* § 222 a 15; KMR-*Paulus* § 222 a, 46; SK-*Schlüchter* § 222 a, 26; *Roxin* § 41, 8.

Brauns 200 nimmt an, daß eine Beschwerde des Gegners des Antragstellers gegen die Unterbrechung mit dem Regelungszweck unvereinbar wäre und sich überdies durch Überholung alsbald erledigen würde. Gegen die Anwendbarkeit des § 305 Satz 1 *Bohnert* 64 (kein Raum, da Beschluß vom Revisionsgericht nicht geprüft wird).

[58] KK-*Treier* 17; *Kleinknecht/Meyer-Goßner* 15; *Brauns* 190, 197. *Bohnert* 63 legt dar, daß der ablehnende Beschluß keine prozessuale Beschwer enthält, da er die Besetzungsprüfung nicht präjudiziert.

[59] So KK-*Treier* 17; *Kleinknecht/Meyer-Goßner* 15; KMR-*Paulus* 31; SK-*Schlüchter* 27; ferner *Brauns* 197; **a. A** KG MDR **1980** 688 = JR **1981** 124; dazu *Rieß* JR **1981** 93; OLG Celle NStZ **1991** 553; AK-*Keller* 9. *Bohnert* 61 lehnt die Heranziehung von § 305 ab; er sieht die praktikabelste Lösung in der analogen Anwendung von § 28 Abs. 1.

Besetzung, die nach § 222 b Abs. 2 Satz 3, § 338 Nr. 1 uneingeschränkt der Nachprüfung durch das Revisionsgericht unterfällt. Nur eine die Zusammensetzung des neuen Spruchkörpers nicht (mehr) beeinflussende stattgebende Entscheidung kann die Revision nach §§ 336, 337 nicht begründen, weil das Urteil nicht darauf beruht, etwa wenn bei der erneuten Hauptverhandlung ohnehin andere als die mit Erfolg beanstandeten Schöffen zur Mitwirkung berufen sind. In solchen Fällen würde aber auch eine Beschwerde als vom Verfahrensgang überholt entfallen[60]. Es erscheint sachgerecht, § 305 Satz 1 auch auf solche Beschlüsse anzuwenden, die den Weg zum Neubeginn der Hauptverhandlung weisen.

2. Revision

a) Die **vorschriftswidrige Besetzung** des Gerichts kann in den Verfahren, auf die 43 §§ 222 a, 222 b anwendbar sind, nach § 338 Nr. 1 nur gerügt werden, wenn zusätzlich eine oder auch mehrere der dort aufgeführten **Zulassungsvoraussetzungen** gegeben sind; nämlich:

§ 338 Nr. 1 Buchst. a. Die Besetzung ist dem Revisionsführer nicht, nicht richtig oder 44 nicht vollständig oder verspätet (erst nach Beginn der Hauptverhandlung, vgl. § 222 a, 4) **mitgeteilt** worden. Werden ihm die Besetzungsunterlagen nicht, nicht vollständig oder in einer für die Nachprüfung unzureichenden Form zugänglich gemacht, etwa weil dort für die Nachprüfung wichtige Vorgänge nicht enthalten sind, so liegt darin ebenfalls eine Verletzung der Vorschriften über die Mitteilung[61]. Die Revisionsrüge hängt nicht davon ab, ob ein Besetzungseinwand erhoben wurde[62]. Sie ist aber immer nur hinsichtlich des Richters gegeben, bei dem ein Verstoß gegen die Mitteilungspflichten vorliegt.

§ 338 Nr. 1 Buchst. b. Ein rechtzeitiger und formgerecht erhobener **Einwand** des 45 Revisionsführers **nach § 222 b Abs. 1** ist **übergangen** oder als unbegründet oder zu Unrecht als unzulässig **zurückgewiesen** worden. Ein unzulässiger Einwand schließt die Präklusionswirkung nicht aus, ebensowenig der Einwand eines anderen Verfahrensbeteiligten[63]. Die Revision kann sich im Rahmen des Buchst. b auch immer nur auf die Tatsachen stützen, die bereits mit dem Einwand geltend gemacht worden sind, nicht dagegen auf andere Tatsachen, selbst wenn sie den gleichen Richter betreffen[64].

§ 338 Nr. 1 Buchst. c. Die Hauptverhandlung ist nicht zur Prüfung der Besetzung 46 **unterbrochen** worden[65]. Ein zulässiger, rechtzeitig (also bis zum Beginn der Vernehmung des ersten Angeklagten zur Sache) gestellter Antrag des Revisionsführers auf Unterbrechung zur Prüfung der Besetzung nach § 222 a Abs. 2 muß abgelehnt oder nicht fristgerecht beschieden worden sein. Ist die **Wochenfrist** des § 222 a Abs. 2 dagegen gewahrt, so hindert ein trotzdem gestellter Unterbrechungsantrag die Präklusion der Besetzungsrüge grundsätzlich nicht, es sei denn, daß geltend gemacht werden kann, daß in der vor der Hauptverhandlung zur Verfügung stehenden Zeitspanne eine Prüfung der Besetzungsunterlagen aus vom Gericht zu vertretenden Umständen nicht durchführbar war (vgl. § 222 a, 20). Einer Ablehnung der Unterbrechung steht es gleich, wenn die **Unterbrechungsfrist** so **kurz bemessen** war, daß sie im konkreten Einzelfall eine ord-

---

[60] *Rieß* JR **1981** 93.
[61] *Rieß* NJW **1978** 2269; *Schlüchter* 729.2; *Brauns* 146.
[62] Vgl. etwa BGH StV **1986** 6; NStZ **1988** 36; bei *Miebach* NStZ **1988** 449; *Kleinknecht/Meyer-Goßner* 3; SK-*Schlüchter* 30.
[63] Etwa BGH bei *Pfeiffer/Miebach* NStZ **1985** 495; vgl. bei § 338 Nr. 1.
[64] *G. Schäfer* § 54 II 4 a; KMR-*Paulus* 35; SK-*Schlüchter* 30.
[65] *Brauns* 158, 162 weist darauf hin, daß der Wortlaut teils zu weit und teils zu eng ist.

Walter Gollwitzer

nungsgemäße Prüfung der Besetzungsunterlagen nicht ermöglicht hat[66]. Hierzu rechnet auch, wenn nicht alle Besetzungsunterlagen dem Revisionsführer innerhalb dieser Frist zugänglich waren (§ 222 a, 25). Man wird in diesem Fall allerdings fordern müssen, daß er beim Gericht unter Hinweis auf diesen Umstand um Verlängerung der Unterbrechungsfrist nachgesucht hat. Sind die **Besetzungsunterlagen unvollständig**, so kann unabhängig davon aber auch die Rüge nach § 338 Nr. 1 Buchst. a zulässig sein[67]. Bei einem **Verzicht** auf den bereits gestellten Unterbrechungsantrag ist der Verzichtende so zu behandeln, wie wenn er den Antrag nicht gestellt hätte; die Präklusion wird dann durch Buchst. c nicht ausgeschlossen[68].

47   **§ 338 Nr. 1 Buchst. d.** Das Gericht hat ungeachtet der **Feststellung seiner fehlerhaften Besetzung** weiterverhandelt und das Urteil erlassen. Auch für diesen Fall, der allenfalls denkbar ist, wenn das erkennende Gericht nachträglich die Ordnungsgemäßheit seiner Besetzung bejaht oder wenn die für die Gerichtsbesetzung zuständigen Organe dieser Auffassung sind[69], mußte der Gesetzgeber bei dem von ihm gewählten System die Präklusionswirkung ausdrücklich ausschließen, da § 338 Nr. 1 Buchst. b nicht den Fall erfaßt, in dem der Einwand Erfolg hat. Unabhängig vom Streit um die Bindungswirkung (Rdn. 37) wäre ein Ausschluß der Revision hier unvertretbar. Ist die Revision nach dieser Vorschrift zulässig, dürfte sich auch hier, ebenso wie im Falle des § 338 Nr. 1 Buchst. b, die Nachprüfbarkeit durch das Revisionsgericht auf die Richter und die Tatsachen beschränken, die Gegenstand des Besetzungseinwands und der Entscheidung nach § 222 b Abs. 2 waren[70].

48   Mit der **absoluten Revisionsrüge** nach § 338 Nr. 1 gerügt werden können dagegen im vollen Umfang Verstöße gegen die vorschriftsmäßige Besetzung des Gerichts, wenn diese **erst nach der Vernehmung des ersten Angeklagten** zur Sache eingetreten sind (vgl. Rdn. 39) oder bis zu diesem Zeitpunkt für die Verfahrensbeteiligten objektiv nicht erkennbar waren und die deshalb auch bei sorgfältiger Nachprüfung nicht zum Gegenstand eines Einwands gemacht werden konnten (vgl. Rdn. 18).

49   Nach **§ 222 b Abs. 2 Satz 3** ist die Besetzung des Gerichts unabhängig von einer vorgängigen Rüge **in vollem Umfang** mit der Revision **nachprüfbar**, wenn das Gericht nach einem erfolgreichen Besetzungseinwand die Sache erneut verhandelt[71].

50   Die **ordnungsgemäße Begründung** der Revisionsrüge erfordert nach § 344 Abs. 2, daß der Revisionsführer in der Begründungsschrift alle Tatsachen konkret — und nicht nur im Wege einer pauschalen allgemeinen Behauptung — anführt, aus denen sich die Fehlerhaftigkeit der Besetzung des Gerichts und die Zulässigkeit ihrer Beanstandung mit der Revision unter den oben angeführten Gesichtspunkten ergibt[72]. Welche Tatsachen jeweils anzuführen sind, richtet sich nach der Art des jeweiligen Besetzungsfehlers sowie danach, welche der oben genannten Voraussetzungen die Rügepräklusion entfallen läßt. Einzelheiten der Darlegungspflicht sind bei § 334 Abs. 2 und für die Besetzungsrügen bei

---

[66] BGHSt **29** 283; BGH NStZ **1988** 36; BGH auch bei *Pfeiffer/Miebach* NStZ **1986** 209; *Rieß* NJW **1978** 2269; vgl. § 222 a, 25.

[67] KK-*Pikart* § 338, 11; *Kleinknecht/Meyer-Goßner* § 338, 10; *Rieß* NJW **1978** 2269.

[68] KMR-*Paulus* § 222 a, 33; ein solcher Verzicht ist möglich, wenn auch wenig wahrscheinlich. Bedenken gegen Wirksamkeit äußert *Brauns* 159.

[69] Vgl. KK-*Pikart* §§ 338, 16; KMR-*Paulus* 38; SK-*Schlüchter* 30; *Rieß* JR **1981** 94.

[70] Nach *Bohnert* 63 wird die Richterbank ohne Rücksicht auf die Vorentscheidung überprüft.

[71] *Hamm* NJW **1979** 137; *Rieß* NJW **1978** 2269; *Schlüchter* 729.2; *Kleinknecht/Meyer-Goßner* 15; SK-*Schlüchter* 31. Vgl. Rdn. 35.

[72] BGH JR **1981** 122; bei *Kusch* NStZ **1995** 221; BayObLG StV **1984** 414; *Rieß* JR **1981** 91; ob die Voraussetzungen des § 338 Nr. 1 Buchst. a bis d vorliegen, wird nicht von Amts wegen, sondern nur bei entsprechendem Tatsachenvortrag geprüft; vgl. *Hilger* NStZ **1983** 337 ff.

§ 338 Nr. 1 und den jeweiligen Vorschriften des GVG mit erläutert. Um darzutun, daß keine Rügepräklusion eingetreten ist, müssen zusätzlich die tatsächlichen Grundlagen der Zulassungsvoraussetzungen des § 338 Nr. 1 Buchst. a bis d angegeben werden. Je nach Art der erhobenen Rüge gehören dazu beispielsweise der Umstand, daß die Besetzungsmitteilung unterblieben ist, oder die Tatsachen, aus denen sich ihre Fehlerhaftigkeit ergibt, wozu auch die Angabe des Inhalts der Mitteilung erforderlich ist. Durch Tatsachen ist zu belegen, daß die Unterbrechung der Hauptverhandlung beantragt wurde, daß die Voraussetzungen für eine Unterbrechung gegeben waren und daß sie nicht oder — auf Grund der geschilderten Umstände — nicht ausreichend lange unterbrochen wurde, dabei sind alle für die Berechnung der jeweiligen Fristen erforderlichen Daten konkret aufzuführen. Wird gerügt, daß ein Besetzungseinwand zu Unrecht verworfen wurde; ist durch Tatsachen aufzuzeigen, daß der Einwand rechtzeitig erhoben wurde[73]; der Einwand ist am besten wörtlich wiederzugeben[74]. Ob neben dem Tenor auch der Inhalt einer den Einwand verwerfenden Entscheidung anzugeben ist, wie der BGH angenommen hat, ist strittig[75]; solange diese Rechtsprechung aber besteht, wird ihr zur Vermeidung von Rechtsnachteilen Rechnung zu tragen sein.

b) Auf **Verstöße gegen die §§ 222 a und 222 b** allein kann die Revision nicht gestützt **51** werden, da diese nur bei einer fehlerhaften Besetzung auf das Ergebnis des Verfahrens auswirken können. Daß eine beantragte Unterbrechung nach § 222 a Abs. 2 nicht bewilligt wurde, kann überdies schon deshalb nicht für sich allein gerügt werden, weil die Ablehnung keine Gesetzesverletzung bedeutet[76] und nur insoweit für das Revisionsverfahren von Bedeutung ist, als dadurch die Rügepräklusion nicht eintritt.

c) Wieweit mit der Revision geltend gemacht werden kann, das Gericht habe **im Zwi 52 schenverfahren** über den Einwand in einer falschen Besetzung entschieden, richtet sich nicht nach §§ 338 Nr. 1, sondern nach §§ 336, 337[77]. Ist das Gericht der Hauptverhandlung ordnungsgemäß besetzt, kann eine falsche Besetzung der Kammer im Zwischenverfahren den Bestand seines Urteils nicht berühren[78]. Auch **sonstige Verfahrensfehler** des Zwischenverfahrens begründen für sich allein die Revision nicht, da das Urteil im Hauptverfahren darauf nicht beruht.

---

[73] BGH StV **1986** 516 (L); JR **1981** 122; KK-*Treier* 19; SK-*Schlüchter* 32.
[74] Dazu Rdn. 17; *Brauns* 169; 202.
[75] BGH JR **1981** 122; *Brauns* 204; dagegen *Rieß* JR **1981** 912; Vgl. bei § 338 Nr. 1.
[76] *Rieß* NJW **1978** 2269 Fußn. 89; *Bohnert* 63.

[77] KK-*Treier* 18.
[78] KMR-*Paulus* 33; SK-*Schlüchter* 33; vgl. BGHSt **18** 200 zu § 338 Nr. 3 und die dortigen Erläuterungen; ferner LG Bochum NStZ **1986** 317 (prophylaktische Besetzungsrüge).

Walter Gollwitzer

§ 223

(1) Wenn dem Erscheinen eines Zeugen oder Sachverständigen in der Hauptverhandlung für eine längere oder ungewisse Zeit Krankheit oder Gebrechlichkeit oder andere nicht zu beseitigende Hindernisse entgegenstehen, so kann das Gericht seine Vernehmung durch einen beauftragten oder ersuchten Richter anordnen.

(2) Dasselbe gilt, wenn einem Zeugen oder Sachverständigen das Erscheinen wegen großer Entfernung nicht zugemutet werden kann.

(3) Die Vernehmung von Zeugen hat eidlich zu erfolgen, soweit nicht Ausnahmen vorgeschrieben oder zugelassen sind.

Schrifttum. *Eisenberg* Vernehmung und Aussage (insbesondere im Strafverfahren) aus empirischer Sicht, JZ **1984** 912, 961; *Foth* Wie sind die Beobachtungen des beauftragten Richters zur Glaubwürdigkeit des kommissarisch vernommenen Zeugen in die Hauptverhandlung einzuführen? MDR **1983** 716; *Grünewald* Der Niedergang des Prinzips der unmittelbaren Zeugenvernehmung, FS Dünnebier 347; *Krause* Einzelfragen zum Anwesenheitsrecht des Verteidigers im Strafverfahren, StV **1984** 169; *Linke* Aktuelle Fragen der Rechtshilfe in Strafsachen, NStZ **1982** 416; *Schnigula* Probleme der internationalen Rechtshilfe in Strafsachen bei ausgehenden deutschen Ersuchen im Bereich der sonstigen Rechtshilfe, DRiZ **1984** 178; *ter Veen* Das unerreichbare Beweismittel und seine prozessualen Folgen – eine Übersicht zur Rechtsprechung des BGH und anderer Obergerichte, StV **1985** 295; *Thien* Zeugenvernehmung im Ausland: Zur Problematik der Verwertbarkeit im deutschen Prozeß, Diss., Köln 1979; *Tiedemann* Privatdienstliche Ermittlungen im Ausland – strafprozessuales Verwertungsverbot? FS Bockelmann 819; *Unger* Vernehmung per Bildschirmtelefon, NJW **1984** 415; *v. Ungern-Sternberg* Zur Frage des Anwesenheitsrechts des Beschuldigten und Verteidigers bei Zeugenvernehmungen durch ausländische Gerichte vor der Hauptverhandlung, ZStW **87** (1975) 925; *Vogler* Deutsch als Amtssprache für Rechtshilfeersuchen NJW **1985** 1764; *v. Weber* Internationale Rechtshilfe zur Beweisaufnahme im Ausland, FS Mayer 571; *Welp* Anwesenheitsrechte und Benachrichtigungspflichten, JZ **1980** 134; weiteres Schrifttum bei § 168 c; sowie wegen der Verdeckten Ermittler und V-Männer auch bei §§ 68, 110 a und 250.

Entstehungsgeschichte. Das Gesetz über die Einschränkung der Eide im Strafverfahren v. 24. 11. 1933 gestaltete den Absatz 2 neu und verwies die Vorschrift über die Vereidigung, die bis dahin in Absatz 1 Satz 2 ihren Platz hatte, in den neuen Absatz 3. Dieser wurde durch Art. 4 Nr. 4 der VO v. 29. 5. 1943 (RGBl. I 341) mit Rücksicht auf die Änderung des § 59 gestrichen. Art. 3 Nr. 102 VereinhG kehrt, abgesehen von einer anderen Fassung des Absatz 2, zum Rechtszustand des Gesetzes v. 24. 11. 1933 zurück. Bezeichnung bis 1924: § 222.

Geplante Änderungen. Der Entwurf eines Zweiten Gesetzes zur Entlastung der Rechtspflege (strafrechtlicher Bereich), BTDrucks. **13** 4541, sieht im Zusammenhang mit der Neuregelung der Vereidigung in Art. 2 Nr. 20 die ersatzlose Aufhebung von § 223 Abs. 3 vor.

Übersicht

Alphabetische Übersicht

Walter Gollwitzer

I. Zweck und Geltungsraum der Vorschrift

1   **1. Zweck.** Der Grundsatz der Mündlichkeit und Unmittelbarkeit der Beweisaufnahme (§ 250) erfährt durch § 251 gewisse Ausnahmen. Im Interesse der Verfahrensbeschleunigung oder der umfassenden Sachaufklärung wird dort unter bestimmten Voraussetzungen die Verlesung von Aussagen zugelassen, die Beweispersonen außerhalb der Hauptverhandlung abgegeben haben (vgl. § 251, 1). Mit dieser Vorschrift hängt § 223 zusammen. Er gestattet dem Gericht, bei der Vorbereitung der Hauptverhandlung die Beweise vorsorglich vorweg erheben zu lassen, wenn zu befürchten ist, daß Beweispersonen aus den in den Absätzen 1 und 2 angeführten Gründen für die an sich gebotene unmittelbare Einvernahme in der Hauptverhandlung voraussichtlich nicht zur Verfügung stehen werden[1].

2   Die Anordnung nach § 223 ist eine **vorsorgliche, vorläufige Maßnahme**, die dem erkennenden Gericht wenigstens den Rückgriff auf eine verfahrensrechtlich verwertbare Niederschrift ermöglichen soll, wenn sich dies wegen Fortdauer des Hinderungsgrundes in der Hauptverhandlung als notwendig erweisen sollte. Ob ein Grund vorliegt, der die Verlesung der Niederschrift rechtfertigt, entscheidet erst das erkennende Gericht auf Grund der Verfahrenslage der Hauptverhandlung nach § 251 in Einzelabwägungen aller kollidierenden Verfahrensbelange[2]. Erst diese ist auch maßgebend dafür, ob die Einvernahme einer Beweisperson in der Hauptverhandlung zur Erforschung der Wahrheit unerläßlich ist (vgl. Rdn. 4). Die Möglichkeit einer anderen Beurteilung in der Hauptverhandlung schließt die Zulässigkeit der Anordnung einer kommissarischen Einvernahme nicht aus. Für sie genügt die Prognose, daß nach dem gegenwärtigen Sachstand zu befürchten ist, der Zeuge oder Sachverständige stehe für die Hauptverhandlung nicht zur Verfügung.

3   **Entbehrlich** ist die Vernehmung nach § 223, wenn der Zeuge oder Sachverständige schon im Verfahren von einem Richter so vernommen worden ist, daß die Niederschrift seiner Aussage nach § 251 Abs. 1 Nrn. 2, 3 verlesen werden kann. Insoweit besteht auch eine Verbindung mit §§ 162, 168 ff, § 202, da das Gericht vor Anordnung der kommissarischen Vernehmung regelmäßig zu prüfen hat, ob nicht bereits eine in der Hauptverhandlung verwertbare Niederschrift vorliegt, die auch inhaltlich den unter dem Gesichtspunkt der Sachaufklärung an sie zu stellenden Anforderungen genügt.

4   Selbst wenn eine Niederschrift nach Form und Inhalt allen Anforderungen entspricht, kann eine **nochmalige Vernehmung** nach §§ 223, 224 notwendig werden, wenn es der abermaligen Befragung des Zeugen oder Sachverständigen wegen des Vorbringens einer neuen Tatsache oder wegen der Besorgnis eines bei der früheren Vernehmung unterlaufenen Mißverständnisses oder einer unzulänglichen Protokollierung bedarf oder wenn dies zur Gewährleistung des Fragerechts oder sachlich fundierter Vorhalte eines Verfahrensbeteiligten nötig ist[3]. Eine kommissarische Vernehmung ist auch zu wiederholen, wenn der Zeuge bei seiner Vernehmung im Vorverfahren **nicht vereidigt** worden ist und kein Grund ersichtlich ist, aus dem das Gericht von der Vereidigung absehen durfte oder mußte. Die Wiederholung einer auf den § 223 gestützten Vernehmung ist dagegen nicht erforderlich, wenn die Sache gemäß § 270 Abs. 1 an ein Gericht höherer Ordnung verwiesen wird.

---

[1] Ob man das Wesen des § 223 darin sieht, daß er sichern soll, daß das Wissen der Beweisperson wenigstens im Wege des Urkundenbeweises für die Hauptverhandlung eingebracht werden kann – so etwa KMR-*Paulus* 2, AK-*Keller* 1 – oder ob man mit BGHSt **9** 24 ihn als Vorwegnahme eines Teiles der Hauptverhandlung versteht – etwa KK-*Treier* 1; *Kleinknecht/Meyer-Goßner* 1 –, ist nur ein Herausstellen unterschiedlicher Aspekte. Sachliche Auswirkungen haben diese verschiedenen Blickwinkel nicht, solange unstreitig bleibt, daß die kommissarische Einvernahme selbst kein Teil der Hauptverhandlung ist. Zu diesen Fragen auch SK-*Schlüchter* 2; *Schellenberg* NStZ **1993** 373.

[2] BGHSt **32** 51; wegen weiterer Nachweise vgl. bei § 251.

[3] Vgl. etwa BGH StV **1985** 222; KMR-*Paulus* 3.

Eine **kommissarische Einvernahme entfällt**, wenn das Gericht in (vorläufiger) 5
Gesamtwürdigung der Beweislage nach pflichtgemäßem Ermessen zu der Überzeugung
kommt, daß sie ohne jeden Beweiswert wäre, weil zur Erforschung der Wahrheit die **Einvernahme** der Beweisperson **in der Hauptverhandlung** unerläßlich ist[4]. Diese Prognose
schließt eine Vorwegnahme der Beweiswürdigung in sich. Sie sollte nur auf Grund fundierter tatsächlicher Anhaltspunkte[5] getroffen werden; andernfalls besteht die Gefahr von
Verfahrensverzögerungen, wenn später die Beweislage der Hauptverhandlung ergibt, daß
die kommissarische Einvernahme doch nicht ohne jeden Beweiswert und deshalb zur weiteren Sachaufklärung oder auf Grund eines Beweisantrages geboten ist[6].

2. Anwendungsbereich

a) Nur **Zeugen** und **Sachverständige**, nicht aber ein **Angeklagter** oder Mitangeklagter 6
dürfen auf Grund der §§ 223, 224 kommissarisch vernommen werden[7].

b) Zeitlich wird die Vernehmung nach § 223 in der Regel alsbald **nach Eröffnung** des 7
Hauptverfahrens angeordnet. Sie kann aber auch in jedem späteren Stand des Verfahrens,
insbesondere noch in der Hauptverhandlung, beschlossen werden[8]. Die Anordnung der
Vernehmung nach § 223 ist schon **im Eröffnungsverfahren** zulässig[9].

II. Die sachlichen Voraussetzungen

1. Krankheit, Gebrechlichkeit und andere Hindernisse nach Absatz 1

a) Der Gesetzgeber, der **keine erschöpfende Aufzählung** der Hinderungsgründe für 8
möglich hielt, begnügte sich damit, Krankheit und Gebrechlichkeit als die häufigsten
Gründe zu nennen und im übrigen „die Anwendung dieser Ausnahmevorschrift dem verständigen Ermessen des Richters zu überlassen, von welchem vorausgesetzt werden muß,
daß er sich überall des Wertes der mündlichen und unmittelbaren Vernehmung, im Gegensatz zur Verlesung einer zu Protokoll genommenen Aussage, bewußt sein werde" (Mot.
179). Es geben stets die im Wege des Freibeweises zu klärenden **Umstände des einzelnen
Falls** den Ausschlag. Es ist deshalb kein Rechtsfehler, wenn das Gericht in Fällen, in denen die Beurteilung der Glaubwürdigkeit eines Zeugen entscheidend vom unmittelbaren
Eindruck seiner Person, der Gegenüberstellung mit dem Angeklagten oder anderen Zeugen abhängt, von der Möglichkeit, nach § 223 zu verfahren, zurückhaltender Gebrauch
macht als in Fällen, in denen es darauf voraussichtlich weniger ankommt.

b) Einzelne Hinderungsgründe. Krankheit und Gebrechlichkeit können physische 9
oder psychische Ursachen haben. Auch hochgradige Nervosität oder eine fortgerückte
Schwangerschaft[10] rechnen dazu. Nicht notwendig ist, daß der Zustand des Zeugen oder
Sachverständigen sein Erscheinen vor Gericht schlechterdings unmöglich macht; es
genügt, wenn das Erscheinen eine bei der Vernehmung durch den ersuchten Richter voraussichtlich vermeidbare erhebliche Verschlimmerung eines ernstlichen Leidens bringen

---

[4] Nach Nr. 121 Abs. 1 RiStBV soll in solchen Fällen
die kommissarische Einvernahme unterbleiben;
vgl. etwa BGH StV **1981** 601; **1993** 232; bei
Miebach NStZ **1990** 27; SK-*Schlüchter* 24, ferner
bei § 244.

[5] Vgl. LG Frankfurt a. M. StV **1987** 143.

[6] Zum Fall einer unzureichenden Ablehnung vgl.
BGH StV **1993** 232.

[7] RGSt **16** 232; BGH bei *Holtz* MDR **1976** 989; *Eb.
Schmid* 4 *Kleinknecht/Meyer-Goßner* 1; KMR-
Paulus 2; SK-*Schlüchter* 4.

[8] BGHSt **31** 236; AK-*Keller* 1; KK- *Treier* 2; KMR-
Paulus 2, *Kleinknecht/Meyer-Goßner* 10; SK-
Schlüchter 5.

[9] RGSt **66** 213; OLG Schleswig SchlHA **1958** 290
(entsprechend); BGH VRS **36** (1969) 356 (unmittelbar). Vgl. SK-*Schlüchter* 5, ferner bei § 202.

[10] RGRspr. **10** 451.

würde[11]. Gleiches gilt bei **Gebrechlichkeit**. Sie liegt vor, wenn die Beweisperson zwar nicht krank, ihr körperlicher oder geistiger Zustand aber so reduziert ist, daß eine Einvernahme unter den Bedingungen der Hauptverhandlung nicht möglich ist oder aber mit der Gefahr einer nicht nur unerheblichen Verschlechterung des Allgemeinzustandes verbunden wäre[12]. Wegen der fließenden Übergänge und Überschneidungen ist eine klare Unterscheidung zwischen Krankheit und Gebrechlichkeit mitunter weder möglich noch wegen der gleichen Rechtsfolgen nötig. Entscheidend ist immer, ob der Zustand die Einvernahme durch das erkennende Gericht erlaubt. Dies kann unter Umständen auch zu verneinen sein, wenn der Zeuge bei der Hauptverhandlung anwesend ist[13]. Zur Gefährdung von Leib und Leben des Zeugen durch Dritte vgl. Rdn. 13.

10   Als **andere Hindernisse** im Sinne des Absatzes 1 kommen alle sonstigen Umstände in Betracht, die einer Einvernahme des Zeugen in der Hauptverhandlung voraussichtlich entgegenstehen werden, wie etwa unter den Verhältnissen der ersten Nachkriegszeit die Verhaftung des Zeugen durch die Militärregierung[14] oder Haft im Ausland[15], aber auch eine unmittelbar bevorstehende längere Auslandsreise[16]. Im übrigen ist der **Aufenthalt im Ausland** in der Regel kein nicht zu beseitigendes Hindernis[17]. Ob ein im Ausland wohnender Zeuge kommissarisch vernommen werden darf, richtet sich deshalb nach den Grundsätzen des Absatzes 2. Etwas anderes gilt nur, wenn der Zeuge aus anderen Gründen nicht kommen kann, etwa, weil er keine Reisegenehmigung erhält[18]. Weigert sich ein im Ausland lebender Zeuge hartnäckig, zur Hauptverhandlung zu kommen, begründet dies ein nicht zu beseitigendes Hindernis nur dann, wenn das Gericht sein Erscheinen nicht erzwingen kann und wenn es vorher alle der Schwere der Anklage und der Bedeutung der Aussage angemessenen Anstrengungen erfolglos unternommen hat, um ihn zum Erscheinen zu bewegen[19].

11   **Keine Hindernisse** sind in der Regel (es kommt aber immer auf die Abwägung im Einzelfall an) die Anspruchnahme durch den Beruf[20], Ordensregeln oder Lebensgewohnheiten[21], Wehrdienst[22], Urlaub[23] oder die Verhinderung des Sachverständigen an einem bestimmten Tag[24] oder der ausländische Wohnsitz eines Zeugen, der sich zur Zeit der Hauptverhandlung in Urlaub in der Bundesrepublik Deutschland aufhält[25].

12   **Rechtliche Hindernisse**, die die Vernehmung eines Zeugen in der Hauptverhandlung ausschließen, wie etwa §§ 49, 50, fallen ebenfalls unter Absatz 1[26]. Ein die kommissarische Einvernahme rechtfertigendes Hindernis liegt auch vor, wenn die zuständige Behörde den Zeugen ungeachtet der nach § 68 Abs. 2 bis 4 möglichen Schutzmaßnahmen für eine Einvernahme in der Hauptverhandlung nach § 96 bzw. § 54 **gesperrt** hat und ihn

[11] RG JW **1933** 852; BGHSt **9** 300; *Kohlhaas* NJW **1954** 537; *Alsberg/Nüse/Meyer* 261.

[12] Vgl. AK-*Keller* 5; *Kleinknecht/Meyer-Goßner* 4; *Eb. Schmid* 7.

[13] BGHSt **9** 297: SK-*Schlüchter* 9.

[14] OGHSt **1** 95.

[15] Aber nur, sofern eine Überstellung zur Vernehmung nach Art. 11 Abs. 1 EuRHÜ nicht möglich ist; vgl. SK-*Schlüchter* 15.

[16] RGSt **66** 213; KK-*Treier* 5; *Kleinknecht/Meyer-Goßner* 6; SK-*Schlüchter* 13; *Eb. Schmid* 9.

[17] OLG Schleswig SchlHA **1956** 331; OLG Hamm VRS **24** (1963) 391.

[18] BGH ROW **1961** 251; OLG Hamm DAR **1959** 192; LG Frankfurt a. M. StV **1987** 143.

[19] BGHSt **7** 15; **13** 300; **22** 118; **32** 72 = JR **1984** 514 mit Anm. *Schlüchter*; BGH GA **1955** 300; NJW

1953 1522; **1979** 788; MDR **1969** 234; OLG Hamm DAR **1959** 192; OLG Karlsruhe VRS **51** (1976) 61; OLG Koblenz GA **1974** 121; *Julius* NStZ **1986** 61. Wegen der Einzelheiten, insbesondere der vom Gericht zu fordernden Anstrengungen, vgl. bei § 251 und zur Unerreichbarkeit bei § 244 Abs. 3.

[20] OLG Dresden DRiZ **1929** Nr. 1163.

[21] RG JW **1914** 430.

[22] RG Recht **1910** Nr. 815; *Alsberg/Nüse/Meyer* 262.

[23] OLG Dresden HRR **1928** Nr. 396.

[24] Vgl. BGH NJW **1952** 1345.

[25] BGH StV **1981** 164.

[26] AK-*Keller* 6; 9; *Kleinknecht/Meyer-Goßner* 6; KMR-*Paulus* 15; SK-*Schlüchter* 18; **a. A** LG Düsseldorf MDR **1981** 249 (nur bei Hindernissen tatsächlicher Art).

nur für eine kommissarische Einvernahme zur Verfügung stellt[27]. Das Gericht muß sich allerdings vorher bemüht haben, alle der Vernehmung in der Hauptverhandlung entgegenstehenden Hindernisse sowie eine ihm ungerechtfertigt erscheinenden Sperre zu beseitigen[28]. Die Zulässigkeit der kommissarischen Einvernahme scheitert aber nicht daran, daß noch offen ist, ob eine so gewonnene Aussage tatsächlich in der Hauptverhandlung verwertet werden kann. Über die Verwertbarkeit als Beweismittel kann endgültig erst auf Grund der Verfahrenslage der Hauptverhandlung entschieden werden, sie hängt mitunter auch vom Verhalten der Verfahrensbeteiligten (Einwilligung in Verwertung usw.) ab. Die Anordnung der Vernehmung scheidet dagegen aus, wenn bereits ersichtlich ist, daß der Verwertung der Aussage ein Beweiserhebungs- oder Verwertungsverbot entgegensteht[29].

Die **persönliche Gefährdung** eines Zeugen durch sein Erscheinen in der Hauptverhandlung ist meist kein die kommissarische Vernehmung rechtfertigendes Hindernis. Das Gericht muß versuchen, die Gefahr in anderer Weise (Verlegung des Termins, zeitweiliges Verhandeln an einem anderen Ort, Maßnahmen nach § 68 Abs. 2 bis 4; Ausschluß des Angeklagten während der Vernehmung nach § 247; Ausschluß der Öffentlichkeit usw.) zu bannen[30]. Nur wenn dies nicht möglich ist, kann die ernsthafte Gefährdung von Leben, Gesundheit oder Freiheit des Zeugen oder seiner Angehörigen durch Dritte in besonderen Ausnahmefällen die Vernehmung in der Hauptverhandlung ausschließen und deshalb die kommissarische Vernehmung rechtfertigen[31]. Ein Hindernis für die Vernehmung in der Hauptverhandlung wurde auch angenommen, wenn einem Zeugen nach seiner Rückkehr in die Heimat wegen seiner Aussage willkürliche, rechtsstaatswidrige Repressalien drohen[32]. Die ernsthafte Gefahr drohender **Erziehungs- und Entwicklungsschäden** eines als Zeuge benötigten Kindes, die die Eltern veranlassen, einer Vernehmung in der Hauptverhandlung zu widersprechen, kann ebenfalls ein solches Hindernis sein[33], wenn sie nicht durch anderweitige Maßnahmen des Gerichts ausgeräumt werden kann[34]. Ob eine solche Gefährdung, die mehr ist als die bloße subjektive Besorgnis, nach der konkreten Sachlage zu befürchten ist, hat das Gericht gegebenenfalls im Wege des Freibeweises zu klären.

c) Zeitliches Erfordernis. Das Hindernis muß dem Erscheinen des Zeugen oder Sachverständigen in der Hauptverhandlung für eine **längere oder ungewisse Zeit** entgegenstehen. Trifft diese Voraussetzung nicht zu, so muß die Hauptverhandlung mangels eines ausreichenden Grundes zur Abweichung vom Grundsatz der Unmittelbarkeit aufgeschoben werden, damit die Vernehmung vor Gericht in einer nach Beseitigung des Hindernisses abzuhaltenden Verhandlung erfolge. Demnach ist für die Anwendung des § 223 kein

13

14

27 BGHSt **29** 390; **32** 115 (GSSt) = NStZ **1984** 36 m. Anm. *Frenzel*; KK-*Treier* 9; *Kleinknecht/Meyer-Goßner* 6; KMR-*Paulus* 14; SK-*Schlüchter* 18. Wegen der Einzelheiten vgl. die Erläuterungen zu §§ 54, 68, 96 und 251; ferner zu den strittigen Fragen etwa *Bruns* MDR **1984** 77; *Fezer* JZ **1984** 434; *Grünwald* StV **1984** 56; FS Dünnebier 364; *Herdegen* NStZ **1984** 97; *Lüderssen* FS Klug 527; *Schmid* DRiZ **1983** 474; *Seelmann* StV **1984** 477.

28 Vgl. BGHSt **36** 159, ferner zu den Beweisverboten Einleitung K.

29 KMR-*Paulus* 6; vgl. Einleitung K (Beweisverbote).

30 BGHSt **22** 311 = LM Nr. 4 mit Anm. *Kohlhaas*; krit. *Hanack* JZ **1972** 237; ferner etwa BGHSt **3** 344; **16** 113; **29** 113; **32** 37; 115; *Geerds* JZ **1984** 46; *Hilger* **1992** 457; *Rieß* NJ **1992** 494; SK-

Schlüchter 11. Vgl. insbes. bei §§ 68, 247; 251; und bei § 172 GVG.

31 BGHSt **29** 113; KK-*Treier* 6; KMR-*Paulus*; SK-*Schlüchter* 12; vgl. bei § 251.

32 BGHSt **17** 349 (Zeuge aus der ehem. DDR); AK-*Keller* 6; SK-*Schlüchter* 12, vgl. dazu bei § 244.

33 OLG Saarbrücken NJW **1974** 1959 mit Anm. *Eschke* NJW **1975** 354; *Meier* JZ **1991** 641; KK-*Treier* 7; *Kleinknecht/Meyer-Goßner* 6; KMR-*Paulus* 13; SK-*Schlüchter* 12; ferner zur seelischen Schädigung durch wiederholte Vernehmung *Peters* § 39 III 2 b.

34 Vgl. die Bestrebungen zur Verbesserung des Zeugenschutzes bei Kindern Vor § 226, 53 und bei §§ 241 a, 250.

Walter Gollwitzer

Raum, wenn die Genesung eines erkrankten oder die Abkömmlichkeit eines unabkömmlichen Zeugen nahe bevorsteht[35], selbst wenn dann die Frist des § 229 nicht gewahrt werden kann[36]. Ob die Voraussetzungen des Absatzes 1 auch dann gegeben sind, wenn zwar die Beseitigung des Hindernisses demnächst zu erwarten ist, das Gericht aber wegen seiner **Geschäftsbelastung** die Hauptverhandlung für längere Zeit aufschieben müßte, wenn sie nicht noch während des Bestehens des Hindernisses abgehalten wird (so RGSt **62** 318), mag fraglich sein, da es primär auf die Verfügbarkeit des Zeugen und nicht die Belastung des Gerichts ankommt[37]. Hier ist die Bedeutung des unmittelbaren Zeugenbeweises abzuwägen, gegenüber der Auswirkung auf die Beweislage bei einer erheblich späteren Hauptverhandlung, bei der eventuell andere wichtige Zeugen ausfallen. Nur wenn das Interesse an der **besseren Sachaufklärung** durch unmittelbare Einvernahme des betreffenden Zeugen im Einzelfall geringer wiegt als eine zu befürchtende Verschlechterung der späteren Beweislage und die sonstigen Nachteile der Verfahrensverzögerung erscheint es gerechtfertigt, auch in diesem Fall eine die kommissarische Zeugeneinvernahme rechtfertigende Verhinderung anzunehmen[38].

15   Welche Zeit bis zu der Beseitigung des Hindernisses als **länger** zu gelten hat, beurteilt sich nach den gesamten Umständen, insbesondere auch nach der Bedeutung und dem Beschleunigungsbedürfnis des jeweiligen Verfahrens und der Bedeutung der Zeugenaussage. Soweit es um die Auslegung des unbestimmten Rechtsbegriffs der „längeren oder ungewissen Zeit" geht, handelt es sich nicht um eine Frage des reinen tatrichterlichen Ermessens[39]. Ist die Erkrankung ihrer Art nach nur von kurzer Dauer, so bedarf es der näheren Begründung, warum trotzdem eine Verhinderung für längere oder ungewisse Zeit angenommen wurde[40].

16   **2. Unzumutbarkeit wegen großer Entfernung.** Nach den Motiven (179) lag der Regelung des Absatzes 2 die Absicht zugrunde, eine zu große Härte gegen die Zeugen und gegen die zur Kostenerstattung verpflichteten Angeklagten zu vermeiden; die dem Zeugen zugemutete Mühe und der hierdurch erwachsende Kostenaufwand sollten nicht in einem Mißverhältnis zum Gegenstand der Untersuchung stehen; das Verfahren nach § 223 Abs. 2 sollte, wenn eine geringfügige Verfehlung abzuurteilen war, offenstehen, während die Ladung vor das erkennende Gericht bei im übrigen gleichen Verhältnissen des Zeugen oder Sachverständigen als unumgänglich angesehen werden mußte, falls es die Bedeutung der Sache erforderte.

17   Entscheidend ist, ob bei **Gesamtwürdigung aller Umstände** des Einzelfalls der Beweisperson das Erscheinen objektiv unzumutbar ist, nicht, ob sie es als unzumutbar empfindet[41]. Es kommt somit auf die besonderen Verhältnisse des zu vernehmenden Zeugen oder Sachverständigen, wie sein Alter, sein Gesundheitszustand[42] und seine Berufspflichten, auf den Grad der Wichtigkeit seiner Vernehmung, auf das Wesen und die Bedeutung der Strafsache, auf die voraussichtliche Dauer der Hauptverhandlung und auf

---

[35] RGRspr. **5** 737; BGH bei *Herlan* MDR **1955** 529; *Alsberg/Nüse/Meyer* 262; *ter Veen* StV **1985** 229; KK-*Treier* 10; *Kleinknecht/Meyer-Goßner* 7; SK-*Schlüchter* 20.
[36] BGH NStZ **1982** 341; BGH nach KK-*Treier* 10; KG StV **1983** 95; SK-*Schlüchter* 20.
[37] SK-*Schlüchter* 20.
[38] KMR-*Paulus* 8; SK-*Schlüchter* 20.
[39] So aber RGRspr. **10** 451; OLG Kiel JW **1930** 1109; KK-*Treier* 10; KMR-*Paulus* 8; wie hier dagegen SK-*Schlüchter* 19.

[40] BGH bei *Herlan* MDR **1955** 529; KMR-*Paulus* 8.
[41] Vgl. KMR-*Paulus* 16 (kein Anspruch, an Gerichtsort aussagen zu dürfen); ist aber ein Zeuge trotz widriger Umstände freiwillig bereit, zur Hauptverhandlung zu kommen, wird man dies unter Hinweis auf die objektive Unzumutbarkeit nur unter ganz besonderen Umständen, wie unverhältnismäßig hohe Reisekosten, ablehnen können.
[42] BGH bei *Kusch* NStZ **1994** 228.

die jeweilige Beschaffenheit der Verkehrsverbindungen[43] an. Es müssen immer die persönlichen Verhältnisse des Zeugen oder Sachverständigen und die Belastungen und Nachteile, die er durch die Teilnahme an der Hauptverhandlung erleiden würde, gegen die Belange der Strafverfolgung, insbesondere auch die Erfordernisse der Sachaufklärung, abgewogen werden[44]. Je schwerwiegender die Strafsache und je wichtiger die Aussage des Zeugen für deren Aufklärung ist desto weniger fallen die Belange des Zeugen und seine Belastungen durch die Reise ins Gewicht. Unerheblich sind dagegen rein verfahrenstechnische Belange, so, ob bei einem ausgebliebenen Zeugen der Polizei die rechtzeitige Vorführung möglich oder zumutbar ist[45].

Beispielsweise kann bei einem als Sachverständigen viel herangezogenen Spezialarzt **18** die kommissarische Vernehmung statthaft sein, wenn das Verfahren oder der Gegenstand der Aussage keine so große Bedeutung hat, daß ihm die Reise und der damit verbundene Zeitverlust von einem Tag zugemutet werden könnte (BGH GA **1964** 275). Maßgebend sind aber immer die jeweiligen Umstände des einzelnen Falles, so daß keine Entscheidung verallgemeinert werden darf. Bei günstigen Verkehrsverhältnissen fällt die geographische Entfernung als solche allenfalls noch wegen der Reisekosten ins Gewicht. So kann bei einer schwerwiegenden Anklage (Aussageerpressung) auch dem in Kanada lebenden einzigen Tatzeugen die Reise zumutbar sein (BGHSt **9** 230)[46]. Bei Strafsachen von einigem Gewicht und einer nicht nur nebensächlichen Bedeutung der Aussage[47] ist die Überwindung mittlerer Strecken bei einigermaßen günstigen Verkehrsverbindungen fast immer zumutbar[48]; nicht immer dagegen eine wiederholte Anreise aus dem Ausland[49].

Das zeitliche Erfordernis des Absatzes 1 gilt auch für Absatz 2. Das Erscheinen in **19** der Hauptverhandlung muß „für eine längere oder ungewisse Zeit" unzumutbar sein. Die Anordnung der Vernehmung eines Zeugen oder Sachverständigen durch einen beauftragten oder ersuchten Richter ist nicht gerechtfertigt, wenn damit gerechnet werden kann, daß sich die Verhältnisse, die das Erscheinen des zu Vernehmenden in der Hauptverhandlung erschweren, in Bälde ändern werden, so daß keine unbillige Zumutung mehr in der Ladung zur Hauptverhandlung liegt[50]. Ist dem Zeugen die Urlaubsunterbrechung nicht zumutbar, kann es angezeigt sein, die Hauptverhandlung um ein oder zwei Sitzungstage zu verlängern[51].

III. Verfahren

1. Gerichtliche Anordnung

a) Eine Vernehmung nach § 223 kann nicht durch Verfügung des Vorsitzenden, son- **20** dern nur durch **Beschluß des Gerichts** angeordnet werden. Ergeht er erst in der Hauptverhandlung, wirken die Schöffen mit. Der Beschluß kann von Amts wegen oder auf Antrag

[43] OLG Köln GA **1953** 186, *Alsberg/Nüse/Mayer* 263; h. M; vgl. zur alten Fassung des Absatzes 2: RGRspr. 4 120; **10** 675; RGSt **18** 261; **44** 9; RG JW **1893** 417; **1916** 500; Recht **1920** 3519; HRR **1934** Nr. 99.

[44] BGHSt **9** 230; BGH GA **1964** 275; BGH StV **1989** 468; NStZ **1981** 271; bei *Kusch* **1984** 228; bei *Holtz* MDR **1979** 989; VRS **41** (1971) 203; AK-*Keller* 7; KK-*Treier* 11; KMR-*Paulus* 15; SK-*Schlüchter* 21.

[45] BGH GA **1970** 183; *Alsberg/Nüse/Mayer* 264; KMR-*Paulus* 15; SK-*Schlüchter* 22.

[46] Vgl. ferner BGH StV **1983** 444 (Anreise aus Südfrankreich).

[47] Anders bei einer unwesentlichen Bedeutung der Aussage OLG Köln VRS **70** (1986) 149.

[48] OLG Neustadt VRS **9** (1955) 469; OLG Hamm JMBlNW **1963** 214. Vgl. die Rechtspr. zu § 251 Abs. 1 Nr. 3.

[49] KMR-*Paulus* 15 (sofortige Einvernahme durch beauftragten Richter); vgl. andererseits aber BGH NJW **1986** 1999 (mehrfache Anreise zumutbar).

[50] RGRspr. **2** 602; OLG Kiel JW **1930** 1109; *Kleinknecht/Meyer-Goßner* 9; SK-*Schlüchter* 22; vgl. Rdn. 14.

[51] BGH StV **1983** 444; *Kleinknecht/Meyer-Goßner* 8; SK-*Schlüchter* 22.

ergehen. Der Vorsitzende führt ihn von Amts wegen schon vor der Hauptverhandlung herbei, wenn er erkennt, daß eine zu ladende Beweisperson bei der Hauptverhandlung voraussichtlich nicht zur Verfügung steht. Antragsberechtigt sind der Staatsanwalt, der Angeklagte und die sonstigen Verfahrensbeteiligten, aber auch ein zur Hauptverhandlung geladener Zeuge oder Sachverständiger[52]. Das Gericht lehnt den Antrag ab, wenn die Voraussetzungen des § 223 nicht gegeben sind oder wenn der Einvernahme ein Beweisverbot (§ 224 Abs. 3 Satz 1) entgegensteht oder wenn sie ohne jeden Beweiswert wäre, weil die Vernehmung in der Hauptverhandlung zur Erforschung der Wahrheit unerläßlich ist (Rdn. 5).

21　　Hat der beauftragte oder ersuchte Richter bei Erledigung seines Auftrags einen Zeugen vernommen, dessen Vernehmung nicht durch Gerichtsbeschluß angeordnet war, so kann das Gericht diese Vernehmung **nachträglich** ausdrücklich oder durch eine schlüssige Handlung, insbesondere dadurch genehmigen, daß es die Verlesung der Niederschrift über die Vernehmung des Zeugen anordnet[53].

22　　b) Im **Tenor** des Beschlusses, der die kommissarische Vernehmung anordnet, ist die zu vernehmende Beweisperson eindeutig zu bezeichnen; ihre **ladungsfähige Anschrift** anzugeben ist zweckmäßig[54], aber nicht zwingend notwendig, wenn sie an Hand der beigefügten Unterlagen feststellbar ist. Das **Beweisthema** ist zumindest in groben Umrissen aufzuzeigen, sofern es sich nicht bereits eindeutig aus mitübersandten früheren Vernehmungsprotokollen ergibt[55]. Hinsichtlich der Einzelheiten genügt es, wenn diese den Unterlagen, die dem Ersuchen um Vernehmung beigefügt werden, unschwer zu entnehmen sind. Wird die kommissarische Vernehmung durch ein Mitglied des Gerichts durchgeführt, das die Akten kennt, sind nähere Angaben meist entbehrlich. während sie bei einem ersuchten Richter für den schnellen Vernehmungserfolg unerläßlich sein können. Auf **Fragen**, die der Beweisperson gestellt werden sollen, kann schon im Tenor des Beschlusses hingewiesen werden (vgl. Rdn. 25).

23　　c) Eine **Begründung** des die kommissarische Vernehmung **anzuordnenden Beschlusses** wird durch § 34 nicht vorgeschrieben. In der Regel ist jedoch eine kurze Begründung am Platze, die im Hinblick auf § 251 Abs. 4 darlegt, welche der in § 223 aufgeführten Voraussetzungen das Gericht für gegeben erachtet. Dies ist vor allem angebracht, wenn das Vorliegen eines Hinderungsgrundes nur durch Darlegung der näheren Umstände des Einzelfalls aufgezeigt werden kann[56] oder wenn die Umstände dargetan werden sollen, die nach Absatz 2 die Unzumutbarkeit des Erscheinens in der Hauptverhandlung begründen[57].

24　　Der einen Antrag nach § 223 **ablehnende Beschluß** ist nach § 34 zu begründen[58].

25　　d) Der die Vernehmung anordnende Beschluß kann durch **Hinweise an den vernehmenden Richter** in der Zuleitungsverfügung ergänzt werden, um diesem die Umstände darzulegen, auf die er bei der Vernehmung sein besonderes Augenmerk zu richten hat. Vor allem, wenn ein ersuchter Richter mit einem umfangreichen und verwickelten Sachverhalt befaßt wird, kann dies zur Sicherung einer erschöpfenden Einvernahme der

---

[52] *Eb. Schmid* 14; *Kleinknecht/Meyer-Goßner* 11; KMR-*Paulus* 17; SK-*Schlüchter* 23.

[53] RGSt **58** 100; KK-*Treier* 13; SK-*Schlüchter* 23.

[54] SK-*Schlüchter* 24; Name und Anschrift fordern KK-*Treier* 14; *Kleinknecht/Meyer-Goßner* 12; KMR-*Paulus* 18.

[55] BGH NStZ **1983** 421; KK-*Treier* 14; *Kleinknecht/Meyer-Goßner* 12; KMR-*Paulus* 18; SK-*Schlüchter* 24.

[56] BGH bei *Herlan* MDR **1955** 529; KK-*Treier* 14; SK-*Schlüchter* 24.

[57] RGSt **18** 264; RG JW **1914** 431; DStrZ **1915** 463; LZ **1919** 386; OLG Kiel JW **1930** 1109; KK-*Treier* 14; *Kleinknecht/Meyer-Goßner* 12; KMR-*Paulus* 18; SK-*Schlüchter* 24.

[58] KK-*Treier*; KMR-*Paulus* 19; SK-*Schlüchter* 24.

Beweisperson angezeigt sein[59]. Es ist zulässig, wenn — entsprechend einer Übung der Praxis — gewünschte Vorhalte oder Fragen, die nach Ansicht des Gerichts klärungsbedürftig sind, nicht in den Tenor des Beschlusses (eventuell in Verbindung mit einer Anlage) aufgenommen, sondern im Zuleitungsschreiben des Vorsitzenden oder in einer Anlage dazu dem ersuchten Richter übermittelt werden[60]. Gleiches gilt für (zulässige) Fragen, die auf Verlangen eines Verfahrensbeteiligten der Beweisperson gestellt werden müssen[61], vor allem auch Fragen, die ein an der Vernehmung nicht teilnehmender Verfahrensbeteiligter, vor allem der Verteidiger, beim erkennenden Gericht zu diesem Zweck schriftlich eingereicht hat. Solche Fragen sind nicht vorher in der Hauptverhandlung zu erörtern[62].

e) Zur **Bekanntgabe des Beschlusses** genügt die Verkündung in der Hauptverhandlung (§ 35 Abs. 1). Ergeht er, wie es die Regel ist, bereits vor der Hauptverhandlung, ist er den Verfahrensbeteiligten nach § 35 Abs. 2 Satz 2 mitzuteilen[63]. Dies ordnet der Vorsitzende an.   **26**

Der Beschluß ist keine Entscheidung, die von der Staatsanwaltschaft nach § 36 Abs. 2   **27** zu **vollstrecken** ist. Die zum Vollzug des Beschlusses erforderlichen **Zuleitungsschreiben** an das in- oder ausländische Gericht erläßt der Vorsitzende[64]. Die in § 224 vorgeschriebene Benachrichtigung vom Termin ist jedoch dem ersuchten Richter, der den Termin bestimmen kann, überlassen. Nur wenn der beauftragte Richter den Termin sogleich bestimmen kann, ist es möglich, zur Verfahrensvereinfachung die Benachrichtigung nach § 224 mit der Zustellung des Beschlusses nach § 223 zu verbinden. Bei der Vernehmung mehrerer Personen durch verschiedene Richter dient es der Verfahrensbeschleunigung, wenn die Ersuchen unter Beifügung der erforderlichen Aktenauszüge (Ablichtungen) gleichzeitig hinausgehen (Nr. 121 Abs. 2 RiStBV).

2. Vernehmung durch einen beauftragten Richter. Erläßt eine Kammer oder ein   **28** Senat den Beschluß, so mag es in der Regel zweckmäßig sein, daß das Gericht den als Berichterstatter tätigen Richter mit der Vernehmung beauftragt. Auch der Vorsitzende kann beauftragt werden, wenn diese Anordnung auch wenig üblich ist. Zulässig ist es auch, die drei richterlichen Mitglieder der Kammer mit der Vernehmung zu beauftragen[65]. Der beauftragende Richter braucht nicht notwendig bei der späteren Hauptverhandlung mitzuwirken, er ist davon aber auch nicht ausgeschlossen[66]. Führt eine Strafkammer allerdings die kommissarische Einvernahme in voller Besetzung einschließlich der Schöffen durch, dann liegt nach Ansicht des BGH[67] in Wirklichkeit ein Teil der Hauptverhandlung vor, bei dem Staatsanwalt, Angeklagter und Verteidiger grundsätzlich anwesend sein müssen und für die der Öffentlichkeitsgrundsatz gilt.

---

[59] Nach Nr. 121 Abs. 3 RiStBV sollen in umfangreichen Sachen dem ersuchten Richter die Teile der Akten bezeichnet werden, die für die Vernehmung wichtig sind.

[60] AK-*Keller* 12; KK-*Treier* 14; *Kleinknecht/Meyer-Goßner* 13; KMR-*Paulus* 21; SK-*Schlüchter* 26.

[61] BGH NStZ **1983** 421; bei *Holtz* MDR **1978** 460.

[62] BGH NStZ **1983** 421; KK-*Treier* 20; *Kleinknecht/Meyer-Goßner* 22; SK-*Schlüchter* 26; vgl. § 224, 26.

[63] KK-*Treier* 15; *Kleinknecht/Meyer-Goßner* 12; KMR-*Paulus* 19; SK-*Schlüchter* 25.

[64] BayObLGSt **3** 103 = *Alsb.* E **2** Nr. 80; h. M.

[65] BGHSt **31** 236; BGH NJW **1956** 600 (L); NStZ **1983** 182; 421; AK-*Keller* 13; KK-*Treier* 18;

Kleinknecht/Meyer-Goßner 15; KMR-*Paulus* 23; SK-*Schlüchter* 37; a. A *Peters* § 59 II 2.

[66] BGHSt **2** 1; vgl. *Foth* MDR **1983** 716.

[67] BGHSt **31** 236 = LM Nr. 2 mit Anm. *Mösl* = JR **1983** 475 mit Anm. *J. Meyer* (zweifelhaft); AK-*Keller* 13; KK-*Treier* 17; *Kleinknecht/Meyer-Goßner* 15; KMR-*Paulus* 23. BGH MDR **1983** 948 läßt dies dahingestellt. Die Grenze zwischen kommissarischer Vernehmung und Hauptverhandlung sollte jedenfalls nicht verwischt werden, ganz gleich, ob man in der Bestellung der ganzen Strafkammer einschließlich der Schöffen zum ersuchten Richter einen unzulässigen Formenmißbrauch sieht.

3. Vernehmung durch einen ersuchten Richter

29   **a)** Wird ein nicht dem erkennenden Gericht angehörender Richter um die Durchführung der Vernehmung ersucht, so ist dieses Ersuchen vom Vorsitzenden des Gerichts nach § 157 GVG an das **Amtsgericht** zu richten, in dessen Bezirk die Vernehmung durchgeführt werden soll. Zunächst kommt das Amtsgericht des Orts in Betracht, in dessen Bezirk der zu vernehmende Zeuge wohnt oder sich aufhält; bei einem im Ausland lebenden Zeugen auch ein grenznahes Amtsgericht[68].

30   **b) Unterrichtung.** Damit der ersuchte Richter, der die Sache sonst nicht kennt, zu einer sachgerechten Vernehmung imstande ist, empfiehlt es sich, ihn über die Zusammenhänge durch Beifügung der Akten, durch Übersendung von Abschriften der Anklageschrift, des Eröffnungsbeschlusses und der bisher vorliegenden Vernehmungsniederschriften des Angeklagten und des zu vernehmenden Zeugen oder sonst in geeigneter Weise zu unterrichten[69].

31   **c) Bindung.** Der ersuchte Richter ist an den im Beschluß festgelegten Vernehmungsgegenstand gebunden; er darf aber davon abweichen, wenn andernfalls der Untersuchungszweck gefährdet wäre. Das erkennende Gericht kann die Überschreitung des Auftrags nachträglich genehmigen (Rdn. 21). Das Ersuchen um Vernehmung eines Zeugen darf er nicht ablehnen, wenn er der Ansicht ist, der ersuchende Richter müßte bei richtiger Ausübung seines Ermessens die Handlung selbst vornehmen oder die Voraussetzungen des § 223 seien nicht gegeben[70]. Er kann allenfalls Änderung oder Aufhebung des Beschlusses anregen. Nur die Ausführung eines rechtlich schlechthin unzulässigen Ersuchens könnte verweigert werden[71]. Bedenken gegen die Vernehmungsfähigkeit des Zeugen muß der ersuchte Richter selbst klären[72].

4. Verfahren bei der Vernehmung

32   **a)** Für die Vernehmung eines Zeugen oder Sachverständigen gelten die **allgemeinen Bestimmungen**. Der ersuchte oder beauftragte Richter muß sie ebenso beachten wie das erkennende Gericht. Dies gilt insbesondere auch für die Beweisverbote (§§ 52 ff), Belehrungspflichten (§§ 52 Abs. 3, 63) für die Beeidigungsverbote (Rdn. 36) und auch für § 68[73]. Unanwendbar ist dagegen der Grundsatz der Öffentlichkeit[74].

33   Bei der **Vernehmung** darf sich der Richter nicht darauf beschränken, dem Zeugen frühere Aussagen vorzulesen und ihre Richtigkeit bestätigen zu lassen. Er muß den Zeugen vielmehr nach der zwingenden Vorschrift des § 69 zunächst zu einer eigenen zusammenhängenden Darstellung veranlassen; ergibt sich dabei, daß die neue Aussage mit der früheren übereinstimmt, so ist es, soweit die Übereinstimmung reicht, zulässig, sich in der Niederschrift auf die letztere zu beziehen, um so das Verfahren zu vereinfachen und die Beurkundung gleichlautender Aussagen zu vermeiden[75]. Über die Zulässigkeit von **Fragen** der

---

[68] OLG Schleswig SchlHA **1989** 75.

[69] Vgl. Rdn. 25; ferner 121 Abs. 3 RiStBV.

[70] Vgl. bei § 158 GVG; ferner etwa OLG Düsseldorf NStZ **1989** 39; OLG Frankfurt NJW **1974** 430; OLG Hamburg MDR **1973** 953; *Seetzen* NJW **1972** 1190; dagegen verneint AG Höxter MDR **1992** 893 Bindung bei willkürlichem Ersuchen; ähnlich OLG Köln GA **1953** 186. Zu den vergleichbaren Fragen bei § 162 Abs. 3 vgl. dort.

[71] AK-*Keller* 14; KMR-*Treier* 19; KMR-*Paulus* 24; SK-*Schlüchter* 31. Wegen der Einzelheiten vgl. bei § 158 GVG.

[72] OLG Düsseldorf NStZ **1989** 39.

[73] BGHSt **32** 128; *Bruns* MDR **1984** 177; *Kleinknecht/Meyer-Goßner* 21.

[74] OLG Koblenz VRS **61** (1981) 270; h. M; vgl. bei § 169 GVG.

[75] RGSt **74** 35; BGH NJW **1963** 35; GA **1964** 275; KK-*Treier* 21; KMR-*Paulus* 35; SK-*Schlüchter* 27.

anwesenden Verfahrensbeteiligten[76] (§ 224, 5) hat der ersuchte oder beauftragte Richter zu entscheiden, in Zweifelsfällen kann er die Entscheidung des erkennenden Gerichts herbeiführen[77]. Gleiches gilt für die Frage, die ein zur Anwesenheit berechtigter, aber nicht teilnehmender Verfahrensbeteiligter dem ersuchten Richter unmittelbar zugeleitet hat. Bei den eigenen Fragen des ersuchenden Gerichts, die Teil des Vernehmungsersuches (Rdn. 25) sind, hat er dagegen von deren Zulässigkeit auszugehen, ebenso in der Regel wohl auch, wenn ihm das ersuchende Gericht den Fragenkatalog eines Verfahrensbeteiligten mit der Aufforderung übermittelt, diese Fragen der Beweisperson zu stellen[78]. Bei Fragen der Verfahrensbeteiligten kann er nicht verlangen, daß das Gericht vorher darüber in der Hauptverhandlung entscheidet[79].

Beobachtungen über das Verhalten des Zeugen bei der Aussage, etwa daß der Zeuge **34** seine Bekundungen zusammenhängend und fließend oder nur stockend und auf eindringlichen Vorhalt gemacht habe, darf der vernehmende Richter in der Niederschrift beurkunden. Sie sind verlesbar, wenn sie einen Teil der Niederschrift bilden und durch die Unterschrift gedeckt werden[80]. Strittig ist, ob auch die auf Grund dieser Beobachtungen gewonnenen persönlichen Eindrücke und Wertungen in die Niederschrift aufgenommen und verwertet werden dürfen[81]. Dafür spricht, daß der Richter diese Eindrücke auch als Zeuge bekunden könnte; eine Vorwegnahme der allein dem erkennenden Gericht vorbehaltenen endgültigen Beweiswürdigung liegt darin nicht. Das Einrücken des vernehmenden Richters in die Zeugenrolle bedürfte jedoch andererseits nicht zwingend durch § 250 Satz 1 geboten sein. Die bei der kommissarischen Einvernahme gemachten Beobachtungen und die unter Umständen sich dem vernehmenden Richter aufdrängenden Schlüsse sind unselbständige, aber auch untrennbare Teile des Gesamtvorgangs der auf Gewinnung einer in der Hauptverhandlung verlesbaren Niederschrift gerichteten richterlichen Beweiserhebung, die ja der alleinige Zweck des § 223 ist[82]. Wenn § 251 Abs. 1 anstelle der Vernehmung durch das erkennende Gericht den Rückgriff auf die frühere richterliche Vernehmung gestattet, läßt er damit hinsichtlich des Gesamtvorgangs der Vernehmung einschließlich der dabei gemachten Beobachtungen eine Ausnahme von der Grundsatzregelung des § 250 zu[83].

b) Die **Vernehmungsniederschrift**, die über die kommissarische Einvernahme eines **35** Zeugen oder Sachverständigen zu fertigen ist (vgl. § 224 Abs. 1 Satz 3), muß den Anfor-

---

[76] Das Fragerecht der Verfahrensbeteiligten folgt aus dem Zweck des Teilnahmerechts (§ 224, 5); ferner auch daraus, daß es bei der kommissarischen Vernehmung das sonst leerlaufende Recht ersetzen muß, nach § 240 Abs. 2 in der Hauptverhandlung Fragen zu stellen. Bei der kommissarischen Vernehmung ist es an keine Form gebunden und kann auch schriftlich ausgeübt werden. Art. 6 Abs. 3 Buchst. d MRK; Art. 14 Abs. 3 Buchst. e IPBPR gewährleisten ausdrücklich das Recht, Fragen an Belastungszeugen zu stellen, vgl. dazu LR[24] Art. 6 MRK, 219 ff; ferner *Gollwitzer* GedS Meyer 163.

[77] BGH bei *Holtz* MDR **1983** 796; OLG Frankfurt NJW **1947/48** 395; vgl. § 242, 7.

[78] Hier kommt es aber im Einzelfall auf das Zuleitungsschreiben an.

[79] Vgl. die Nachw. Rdn. 27; SK-*Schlüchter* 28.

[80] RGSt **37** 212; RG HRR **1936** Nr. 316; BGHSt **2** 1; BGH bei *Holtz* MDR **1977** 108; BGH NStZ **1983** 182; **1989** 382 mit Anm. *Itzel*.

[81] So RGSt **37** 212; RG HRR **1936** Nr. 316; BGHSt **2** 3; BGH NStZ **1983** 182; NStZ **1989** 382; bei *Holtz* MDR **1977** 108; vgl. auch OLG Koblenz MDR **1980** 689; ferner Stuttgart MDR **1980** 692; KK-*Treier* 22; *Kleinknecht/Meyer-Goßner* 24; **a. A**; KMR-*Paulus* 37 (ins Protokoll nur beobachtete Tatsachen, nicht Wertungen); AK-*Keller* 17; SK-*Schlüchter* 36 (Wahrnehmungen nach § 250 Satz 2 nicht verlesbar), zur Problematik ferner *Foth* MDR **1983** 716 und (auch zur Schwierigkeit, Wertungen zu protokollieren) *Itzel* NStZ **1989** 383; *Peters* § 59 II 2 (Gewinnung eines eigenen Eindrucks nicht Gegenstand der kommissarischen Vernehmung); *Ranft* § 56 B IV 2 (Verwertungsverbot).

[82] Die u. a. auch in BGHSt **2** 2 wiederholte Ansicht, die kommissarische Vernehmung habe nicht den Zweck, daß der vernehmende Richter persönliche Eindrücke weitergebe, ist zu eng, vgl. *Foth* MDR **1983** 716.

[83] *Kleinknecht/Meyer-Goßner* § 251, 17; vgl. bei § 251.

derungen des § 168 a entsprechen[84]. Dient die Einvernahme auch der Identifizierung einer Person an Hand von Lichtbildern oder durch eine Gegenüberstellung, muß das Protokoll sowohl den Vorgang als solchen als auch die Reaktionen und Aussagen genau festhalten[85]. Das Protokoll muß sich ferner über die Vereidigung aussprechen (Rdn. 36). Es ist grundsätzlich von der Beweisperson zu genehmigen und zu unterschreiben (§ 168 a Abs. 3 Satz 3). Dies erschwert die Protokollberichtigung[86].

36   **c) Vereidigung.** Absatz 3 stellt ausdrücklich klar, daß — unbeschadet der späteren Entscheidungsbefugnis des erkennenden Gerichts nach § 251 Abs. 4[87] — der Zeuge oder Sachverständige bei der kommissarischen Vernehmung zu vereidigen ist, sofern nicht die §§ 59 bis 67, 73 Ausnahmen zwingend vorschreiben oder zulassen. Über die Vereidigung **entscheidet** nach § 66 b der ersuchte oder beauftragte Richter, sofern nicht das ersuchende Gericht ausdrücklich die uneidliche Einvernahme verlangt (§ 66 b Abs. 3) oder der vernehmende Richter unter den Voraussetzungen des § 66 b Abs. 2 die Entscheidung dem erkennenden Gericht vorbehält. Wegen der Einzelheiten wird auf die Erläuterungen zu § 66 b verwiesen. Die Vereidigung ist im Protokoll über die Vernehmung zu vermerken (§§ 66 a, 168 a Abs. 1). Die Unterschrift des Zeugen oder Sachverständigen nach § 168 a Abs. 3 Satz 3 muß auch den Vereidigungsvermerk mit abdecken[88].

5. Vernehmung im Ausland

37   **a)** Sie kann, sofern der ausländische Staat dies zuläßt, nach § 15 Abs. 3 KonsG durch einen besonders ermächtigten (§ 19 Abs. 2 KonsG) deutschen **Konsularbeamten** vorgenommen werden[89], der die für die Vernehmung geltenden verfahrensrechtlichen Vorschriften der Strafprozeßordnung sinngemäß anzuwenden hat, aber keine Zwangsmittel anordnen darf[90]. Unter den gleichen Voraussetzungen kann mit Einverständnis der Bundesregierung und Zustimmung des ausländischen Staates sogar ein Mitglied des Gerichts als beauftragter Richter Zeugen im Ausland selbst vernehmen[91].

38   **b)** Wird um die Vernehmung ein **ausländisches Gericht** oder eine sonstige ausländische Stelle ersucht, so richten sich Zuständigkeit und Verfahren bei der Vernehmung grundsätzlich nach dem am Vernehmungsort geltenden ausländischen Verfahrensrecht[92], das jedoch für diesen Akt der Rechtshilfe durch bilaterale oder multilaterale Abkommen modifiziert sein kann[93]. Hervorzuheben ist vor allem das EuRHÜ; zu dessen Ergänzung die Bundesrepublik Zusatzabkommen mit einzelnen Staaten geschlossen hat[94].

---

[84] Früher wurde der zwischenzeitlich aufgehobene § 188 für anwendbar gehalten, so BGHSt **9** 301; RGSt **55** 4.

[85] Vgl. etwa OLG Karlsruhe NStZ **1985** 435 mit Anm. *Odenthal*; LG Frankfurt StV **1986** 13; siehe auch bei §§ 58, 168 a.

[86] OLG Dresden *Alsb.* E **2** Nr. 82; *Eb. Schmid* 23.

[87] Vgl. etwa BGH NStZ **1984** 179; bei *Miebach* NStZ **1990** 230; OLG Schleswig bei *Lorenzen* SchlHA **1987** 118; SK-*Schlüchter* 29.

[88] OLG Dresden *Alsb.* E **2** Nr. 82; SK-*Schlüchter* 29; vgl. bei § 168 a.

[89] RGRspr. **4** 697; BGH NStZ **1984** 128; KK-*Treier* 25; vgl. bei 251.

[90] Vgl. *Schnigula* DRiZ **1984** 181; AK-*Keller* 18; KMR-*Paulus* 44; SK-*Schlüchter* 32; vgl. bei § 251.

[91] Vgl. Nrn. 140, 142 RiVASt; KK-*Treier* 24; KMR-*Paulus* 43.

[92] **H. M**, etwa RGSt **11** 391; **40** 189; **46** 53; BGHSt **1** 219; **2** 303; **7** 16; BGH VRS **20** (1961) 122; **31** (1966) 22; 268; **41** (1971) 203; NStZ **1983** 181; **1985** 376; GA **1964** 176; MDR bei *Holtz* **1979** 637; **1984** 444; OLG Bremen NJW **1962** 2314; OLG Düsseldorf JMBlNW **1966** 165; OLG Hamm DAR **1959** 192; *Alsberg/Nüse/Meyer* 268; Art. 3 EuRHÜ geht ebenfalls von der Anwendbarkeit des Rechts des ersuchten Staates aus. Wegen weiterer Einzelheiten und wegen der Verwertbarkeit der Niederschriften über die ausländische Vernehmung vgl. bei § 251; ferner *Vogler* ZStW **96** (1984) 544.

[93] Etwa BayObLGSt **1984** 107 = JR **1985** 477 mit Anm. *Gollwitzer*; BGHSt **35** 82; BGH NStZ **1996** 609 (Vernehmung durch deutschen Richter unter Anwendung deutschen Rechts).

[94] Vgl. RiVASt; ferner *Grützner/Pötz* Internationale Rechtshilfeverkehr in Strafsachen.

Das um die Vernehmung ersuchende deutsche Gericht hat jedoch im Rahmen seiner **39** Möglichkeiten darauf hinzuwirken, daß die **Vorschriften des deutschen Verfahrensrechts** beobachtet werden, soweit es nach dem ausländischen Recht zulässig und nach den Umständen erreichbar ist; keinesfalls darf das deutsche Gericht selbst den Anlaß dazu bieten, daß diese Vorschriften nicht eingehalten werden, obwohl dies nach dem für die Vernehmung geltenden ausländischen Recht (einschließlich anwendbarem Vertragsrecht) möglich gewesen wäre[95]. So muß es darauf hinwirken, daß die danach zulässige Teilnahme der Verfahrensbeteiligten an der Vernehmung auch tatsächlich ermöglicht wird und zu diesem Zweck auch von allen in den Rechtshilfevereinbarungen vorgesehenen Befugnissen Gebrauch machen, etwa nach Art. 4 EuRHÜ verlangen, daß Ort und Zeit der Vernehmung mitgeteilt wird[96]. Im übrigen genügt für die Art der Vernehmung und der Vereidigung die Wahrung der im örtlichen ausländischen Recht vorgeschriebenen Form. Dies gilt auch, wenn ein deutscher Generalkonsul sich bei Erfüllung des Ersuchens um Ermittlungen im Ausland, das der Vorsitzende des deutschen Gerichts ihm zugesandt hat, der Hilfe eines ausländischen Beauftragten bedient oder eine ausländische Behörde dafür in Anspruch nimmt[97].

c) Teilnahme der Richter des erkennenden Gerichts. Ihre Anwesenheit bei einer **40** kommissarischen Vernehmung durch ein ausländisches Gericht oder eine ausländische Behörde ist wegen ihres Erkenntniswertes mitunter zweckmäßig; sie geht aber über die nur zu Amtshandlungen im Inland verpflichtende Aufklärungspflicht hinaus[98]. Sie ist nur zulässig, wenn das ausländische Recht und die grundsätzlich vorher im Rechtshilfeweg um Zustimmung zu ersuchenden zuständigen ausländischen Behörden dies gestatten[99]. Wird ihnen die Anwesenheit gestattet, dürfen sie — nach Maßgabe des jeweiligen ausländischen Rechts — dabei auf sachgerechte Fragen und auf die Aufnahme aller wesentlichen Umstände in die über die Vernehmung zu fertigende Niederschrift hinwirken[100]. Ihre Beobachtungen über das Aussageverhalten und der persönliche Eindruck, den sie bei der Vernehmung vom Zeugen gewonnen haben, ist nach einer sich auf § 261 berufenden Ansicht in der Hauptverhandlung nicht verwertbar[101]. Dieses Ergebnis befriedigt nicht (vgl. Rdn. 42).

---

[95] RG HRR **1983** Nr. 647; BGHSt **35** 82 = NStZ **1988** 563 mit Anm. *Naucke*; dazu *Taschke* StV **1988** 137; BGH JZ **1997** 45 mit Anm. *Lagodny*; BGH bei *Spiegel* DAR **1977** 170; BayObLGSt **1949/51** 115; **1984** 107 = JR **1985** 177 mit Anm. *Gollwitzer*; AK-*Keller* 18; KK-*Treier* § 224, 1; *Kleinknecht/Meyer-Goßner* § 251, 20, 21; KMR-*Paulus* § 224, 4; SK-*Schlüchter* 33; *Schlothauer* 174 ff. Vgl. aber auch BGHR StPO § 251 Abs. 1 Nr. 2 Auslandsvernehmung 1 (keine Pflicht, nach ausl. Recht bestehende Möglichkeiten auszuwählen).

[96] Nach Art. 4 EuRHÜ ist dem ersuchenden Staat Ort und Zeit der Vernehmung mitzuteilen, sofern er diese ausdrücklich verlangt hat; die Anwesenheit beteiligter Behörden und Personen ist bei Zustimmung des ersuchten Staates zulässig. Um die Beeidigung von Beweispersonen muß nach Art. 3 Abs. 2 EuRHÜ ausdrücklich nachgesucht werden; dem Ersuchen ist zu entsprechen, sofern das Recht des ersuchten Staates nicht entgegensteht.

[97] RG HRR **1938** Nr. 191; BGH bei *Holtz* MDR **1981** 632.

[98] BGH bei *Miebach* NStZ **1990** 27; BGHR StPO § 244 II Auslandsreise 1; § 251 Abs. 1 Nr. 2 Auslandsvernehmung 1.

[99] In der Regel ist auf diplomatischem Weg unter Einschaltung der Landesjustizverwaltung um die Genehmigung nachzusuchen (vgl. Art. 4 EuRHÜ). Die Entscheidung der Bundesregierung (Art. 32 Abs. 1 GG) über deren Einholung ist – ebenso wie die Genehmigungspflicht für die Auslandsdienstreise – mit der richterlichen Unabhängigkeit vereinbar; BGHZ **71** 9; BGH MDR **1983** 931; BVerfG DRiZ **1979** 219; OLG Hamm NStZ **1982** 215; LG Düsseldorf (Dienstgericht) JMBlNW **1985** 94. Vgl. ferner *Schnigula* DRiZ **1984** 182.

[100] SK-*Schlüchter* 34. Zu den verschiedenen Möglichkeiten vgl. *Weber* FS Mayer 523; *Linke* NStZ **1982** 418.

[101] Wenn man den Sinn der kommissarischen Vernehmung und der Teilnahme von Richtern des erkennenden Gerichts bei der ausländischen Vernehmung nicht auch darin sieht, daß diese einen persönlichen Eindruck gewinnen, besteht kein Anlaß, daß alle Berufsrichter daran teilnehmen, obwohl dies der Wahrheitsfindung förderlich sein kann (vgl. *Corves/Bartsch* ZStW **96** [1984] 519). Auch hier sollte man Gerichtskundigkeit annehmen; vgl. *Foth* MDR **1983** 716; *Itzel* NStZ **1989** 383; Rdn. 42.

41　　**6. Ladung zur Hauptverhandlung.** Staatsanwalt und Angeklagter sind nicht gehindert, einen vom Gericht kommissarisch vernommenen Zeugen trotzdem zur Hauptverhandlung zu laden (§ 214 Abs. 3, § 220). Leistet der Zeuge dieser Ladung keine Folge, und entschuldigt er sich mit den Gründen, die das Gericht dazu bestimmt haben, ihn kommissarisch zu vernehmen, wird er in aller Regel damit rechnen dürfen, daß das Gericht sein Ausbleiben als genügend entschuldigt ansehen wird (§ 51 Abs. 2).

42　　**7. Verwertung in der Hauptverhandlung.** Die Anordnung der kommissarischen Vernehmung vor der Hauptverhandlung beruht auf der Prognoseentscheidung, daß der Zeuge oder Sachverständige für die Hauptverhandlung voraussichtlich nicht zur Verfügung stehen wird und daß seine Anwesenheit für die Sachaufklärung nicht unerläßlich ist. Ob die so gewonnene Niederschrift über die Bekundungen der Beweisperson nach § 251 deren Einvernahme in der Hauptverhandlung ersetzen kann und darf, läßt sich immer erst auf Grund der **Verfahrenslage der Hauptverhandlung** beurteilen[102]. Neben den Veränderungen der tatsächlichen Verhältnisse können dabei auch andere Bewertungen zu einem anderen Ergebnis führen. Die Niederschrift über die kommissarische Vernehmung ersetzt in der Hauptverhandlung die unmittelbare Einvernahme nur, wenn dann die Voraussetzungen des § 251 Abs. 1, gegebenenfalls auch die des § 251 Abs. 2 gegeben sind[103]. Verlesbar sind auch die in der Niederschrift vermerkten **Beobachtungen des vernehmenden Richters** (zur Streitfrage vgl. Rdn. 34). Der Richter, der die Einvernahme durchgeführt hat, kann darüber unter Umständen auch als Zeuge vernommen werden; bei einem beauftragten Richter hat dies aber zur Folge, daß er als Mitglied des erkennenden Gerichts ausscheiden muß[104]. Im Protokoll nicht festgehaltene Beobachtungen können nur auf diesem Weg in die Hauptverhandlung eingeführt und damit für die Urteilsfindung verwertbar gemacht werden. Die vorherrschende Meinung[105] nimmt dies unter Verneinung der **Gerichtskundigkeit**[106] auch bei den Beobachtungen an; die ein dem erkennenden Gericht angehöriger beauftragter Richter bei der von ihm durchgeführten Einvernahme selbst gemacht hat. Ungeachtet aller dogmatischer Bedenken sollte die Gerichtskundigkeit solcher Beobachtungen bejaht werden[107]. Hätte die Einvernahme nicht der besonderen Gründe wegen aus der Hauptverhandlung herausgenommen werden müssen, wären diese Beobachtungen als zum Inbegriff der Hauptverhandlung gehörend ohnehin unmittelbar verwertbar gewesen, selbst wenn sie nicht allen teilnehmenden Richtern aufgefallen wären. Es ist wenig sinnvoll, einerseits mit der Rechtsfigur des beauftragten Richters einem Mitglied des erkennenden Gerichts zu ermöglichen, außerhalb der Hauptverhandlung die Beweise zu erheben, andererseits aber zu fordern, daß er später als Zeuge aus dem erkennenden Gericht ausscheidet, wenn dieses die gewonnenen Erkenntnisse verwerten will oder aber, daß er später bei Würdigung der vor ihm abgegebenen Zeugenaussage den dabei gewonnenen persönlichen Eindruck völlig verdrängen muß, obwohl dadurch —

---

[102] Vgl. Rdn. 2 und die Erl. zu §§ 251, 261.
[103] Vgl. bei § 251.
[104] Wegen § 22 Nr. 5; h. M.
[105] BGH NStZ **1983** 182; bei *Holtz* MDR **1977** 108; AK-*Keller* 17; KMR-*Paulus* 37; vgl. auch SK-*Schlüchter* 36. BGH NStZ **1989** 470 konnte dies offenlassen.
[106] Gegen Gerichtskundigkeit etwa BGH StV **1983** 92; AK-*Keller* 17 (nur für Hintergrundtatsachen, nicht für Beweisergebnisse im laufenden Verfahren), *Keller* ZStW **101** (1989) 405; KMR-*Paulus* 37. Hier spielt auch die Streitfrage mit herein, ob die Gerichtskundigkeit bei allen Richtern gegeben sein

muß (vgl. dazu bei §§ 244, 261). SK-*Schlüchter* 37 nimmt Gerichtskundigkeit dann an, wenn die Tatsachen (nicht Wertungen) von der Mehrheit der Richter in amtlicher Eigenschaft wahrgenommen wurden; KK-*Treier* 22 (Gericht in voller Besetzung).
[107] So *Foth* MDR **1983** 716; *Itzel* NStZ **1989** 383; mit Einschränkungen (vgl. vorhergehende Fußn.) SK-*Schlüchter* 37. Vgl. ferner *Riesing-van Saan* MDR **1993** 310 (fraglich, ob Richter bei Wahrnehmungen im Prozeß Zeuge); *Roxin* § 41, 10 (Beobachtungen durch mündlichen Bericht einführbar; Richter nicht Zeuge).

und nicht nur wegen der besseren Sachkunde des Vernehmenden — die Einvernahme durch den beauftragten Richter zur besseren Erkenntnisquelle wird. Können diese Erkenntnisse dagegen in der gleichen Weise wie andere gerichtskundige Tatsachen[108] zum Gegenstand der mündlichen Verhandlung gemacht werden, bleiben sie für die Wahrheitsfindung ohne prozessuale Umwege verwertbar. Die Transparenz der Hauptverhandlung bleibt gewahrt, denn durch die notwendige Erörterung der Beobachtungen wird vermieden, daß diese apokryph die Beweiswürdigung beeinflussen. Gleiches gilt für die Erkenntnisse über die Zeugenaussage, die die Richter des erkennenden Gerichts gewonnen haben, wenn sie in dienstlicher Eigenschaft der Vernehmung durch eine ausländische Stelle (vgl. Rdn. 40) beiwohnen.

IV. Rechtsbehelfe

1. Beschwerde. Der Beschluß, mit dem das Gericht die kommissarische Vernehmung 43 anordnet oder einen dahin gehenden Antrag ablehnt, ist nach § 305 nicht mit der Beschwerde anfechtbar[109]. Auch die Beweisperson, die dies für sich selbst beantragt hat, hat kein Beschwerderecht; sie hat kein Recht auf kommissarische Vernehmung und ist deshalb durch den ablehnenden Beschluß in ihren Rechten nicht verletzt[110]. Nach anderer Ansicht[111] ist die Beschwerde gegen den ablehnenden Beschluß trotz § 305 dann zulässig, wenn dessen Wirkung ausnahmsweise über die Vorbereitung der Hauptverhandlung hinausreicht, weil die Gefahr besteht, daß das Beweismittel bis zur Hauptverhandlung endgültig verlorengeht.

2. Revision. Der **Verstoß gegen § 223** ist an sich nicht mit der Revision nachprüfbar. 44 Wird die Niederschrift gem. § 251 in der Hauptverhandlung verlesen und im Urteil verwertet, dann kommt es nicht darauf an, ob die Voraussetzungen für eine kommissarische Vernehmung nach § 223 gegeben waren, sondern darauf, ob die Verlesung zu Recht angeordnet wurde, worüber in der Hauptverhandlung nach § 251 neu zu entscheiden ist. Die richtige oder falsche Entscheidung nach § 251 bzw. das Einverständnis aller Beteiligten mit der Verlesung nach § 251 Abs. 1 Nr. 4 überholt somit einen etwaigen früheren Verfahrensfehler[112]. Wegen der Entscheidung über die Vereidigung vgl. bei § 251 Abs. 4 Satz 3, 4; wegen der Verstöße gegen § 224 s. dort Rdn. 31 ff.

Unter dem Gesichtspunkt der **Verletzung der Aufklärungspflicht** (§ 244 Abs. 2) 45 kann dagegen gerügt werden, daß die mögliche kommissarische Einvernahme eines für die Hauptverhandlung nicht verfügbaren Zeugen zu Unrecht unterblieben ist oder daß das Gericht nicht alle der Sache nach gebotenen Möglichkeiten ausgeschöpft hat, um die Anwesenheit eines wichtigen Zeugen in der Hauptverhandlung zu erreichen[113]. Die Aufklärungspflicht ist allerdings in aller Regel nicht verletzt, wenn die Verfahrensbeteiligten mit der Verlesung der Aussage nach § 251 Abs. 1 Nr. 4 einverstanden waren[114].

---

[108] Vgl. bei § 261, etwa auch BGH NStZ **1983** 182; **1989** 382; OLG Koblenz MDR **1980** 689.

[109] OLG Darmstadt *Alsb.* E **2** Nr. 85; *Eb. Schmid* 14; AK-*Keller* 21; *Kleinknecht/Meyer-Goßner* 25; KK-*Treier* 26.

[110] OLG Rostock *Alsb.* E **2** Nr. 85; LG Düsseldorf NStZ **1983** 44; KK-*Treier* 26; *Kleinknecht/Meyer-Goßner* 25; KMR-*Paulus* 73; SK-*Schlüchter* 38.

[111] LG Düsseldorf NStZ **1983** 42; KMR-*Paulus* 73; SK-*Schlüchter* 38; etwas enger wohl AK-*Keller* 25

(unabwendbarer Verlust eines Beweismittels von besonderer Bedeutung).

[112] *Schmid* Verwirkung 233; AK-*Keller* 21; KK-*Treier* 27; *Kleinknecht/Meyer-Goßner* 16; KMR-*Paulus* 75; SK-*Schlüchter* 39. Wegen der Einzelheiten vgl. bei § 251.

[113] SK-*Schlüchter* 40; Vgl. bei §§ 244 und 251.

[114] OLG Köln VRS **60** (1981) 441; SK-*Schlüchter* 40.

Walter Gollwitzer

46   Sofern eine **Nachprüfung des Beschlusses** nach § 223 durch das Revisionsgericht überhaupt noch in Betracht kommt[115], kann es nur nachprüfen, ob die vom Tatrichter für gegeben erachteten Umstände rechtlich richtig gewürdigt sind, ob die Pflicht zur erschöpfenden Sachprüfung erfüllt und ob die Beurteilung der Voraussetzungen des § 223 frei von Rechtsirrtümern ausgeübt worden ist[116].

§ 224

(1) [1]Von den zum Zweck dieser Vernehmung anberaumten Terminen sind die Staatsanwaltschaft, der Angeklagte und der Verteidiger vorher zu benachrichtigen; ihrer Anwesenheit bei der Vernehmung bedarf es nicht. [2]Die Benachrichtigung unterbleibt, wenn sie den Untersuchungserfolg gefährden würde. [3]Das aufgenommene Protokoll ist der Staatsanwaltschaft und dem Verteidiger vorzulegen.

(2) Hat ein nicht in Freiheit befindlicher Angeklagter einen Verteidiger, so steht ihm ein Anspruch auf Anwesenheit nur bei solchen Terminen zu, die an der Gerichtsstelle des Ortes abgehalten werden, wo er in Haft ist.

Schrifttum siehe bei § 223.

Entstehungsgeschichte. Art. 1 Nr. 73 des 1. StVRG hat § 224 neu gefaßt. Neben einigen redaktionellen Änderungen wurden die Voraussetzungen anders gefaßt, unter denen die Benachrichtigung unterbleiben kann („Gefährdung des Untersuchungserfolgs" statt „Gefahr in Verzug"). Das Recht des inhaftierten Angeklagten auf Anwesenheit bei einer auswärtigen Vernehmung entfällt in Übereinstimmung mit der Neufassung des § 168 c Abs. 4 künftig nur, wenn der Angeklagte einen Verteidiger hat. Bezeichnung bis 1924: § 223.

Übersicht

---

[115] Seit der Änderung des § 251 kommt es an sich nur auf die Entscheidungen in der Hauptverhandlung nach § 251 an; nur wo für diese jede Grundlage entfallen ist, bleibt ein unmittelbarer Rückgriff auf die Entscheidung nach § 223 noch denkbar, etwa wenn der endgültige Verlust eines Zeugen eingetreten ist, dessen mögliche kommissarische Einvernahme nach § 223 zu Unrecht (Beurteilung dann ex tunc) abgelehnt und dadurch die Aufklärungspflicht verletzt wurde.

[116] RGSt **44** 9; **46** 115; **52** 87; RG HRR **1935** Nrn. 553; 1571 BGH bei *Herlan* MDR **1955** 529; bei *Dallinger* MDR **1974** 369; OLG Neustadt VRS **9** (1955) 105. Vgl. auch OLG Hamburg MDR **1973** 953; OLG Köln GA **1953** 39. *Eb. Schmid* 13; KMR-*Paulus* 77: SK-*Schlüchter* 39; AK-*Keller* 21 (nur Vertretbarkeit der Anwendung konkretisierungsbedürftiger Rechtsbegriffe).

Alphabetische Übersicht

1. Geltungsbereich

a) Vernehmungen im Inland. § 224 gilt grundsätzlich für alle nach § 223 angeordne- **1** ten Vernehmungen von **Beweispersonen**, nicht dagegen nach dem von § 251 abweichenden Wortlaut bei der Vernehmung eines **Mitangeklagten**[1]. Gewisse Einschränkungen können sich aus Sonderrecht ergeben.

b) Personen, die unter das **Nato-Truppenstatut** fallen, haben das Recht, den **Bela- 2 stungszeugen gegenübergestellt** zu werden (Art. VII Abs. 9 Buchst. c). Dies muß nicht notwendig in der Hauptverhandlung geschehen[2]. Erhält der Angeklagte keine Gelegenheit zur Teilnahme an der Vernehmung, so ist auch bei Beachtung des § 224 strittig, ob die kommissarische Vernehmung eines Zeugen dessen Einvernahme in der Hauptverhandlung ersetzen kann[3], sofern nicht der Angeklagte von sich aus auf die Gegenüberstellung verzichtet[4]. Insbesondere in den Fällen des Absatzes 2 empfiehlt es sich daher, auch

---

[1] BGH bei *Holtz* MDR **1976** 989; NStZ **1997** 351 mit Anm. *Rieß* (zu § 168c, zum Abdruck in BGHSt bestimmt) AK-*Keller* 1; KK-*Treier* 1; *Kleinknecht/Meyer-Goßner* 1; SK-*Schlüchter* 2; *Gründler* MDR **1986** 903; **a. A** (zu § 168 c) OLG Karlsruhe StV **1996** 302 mit Anm. *Rieß*; *Krause* NJW **1975** 2283; StV **1984** 171; *Sieg* MDR **1986** 285. Zur Streitfrage vgl. die weit. Nachw. bei § 168 c.

[2] BGHSt **26** 18; vgl. *Gollwitzer* GedS Meyer 151, 153.

[3] Verneinend BGH bei *Dallinger* MDR **1973** 729; *Marenbach* NJW **1974** 1071; BGHSt **26** 18 läßt dies unter Hinweis auf eine bejahende, unveröffentlichte Entscheidung des BGH offen. Nach KK-*Treier* 2; KMR-*Paulus* 5 verleiht das Truppenstatut insoweit keine über die StPO hinausgehenden Rechte.

[4] Auf Recht auf Gegenüberstellung kann der Angeklagte verzichten; AK-*Keller* 1; KMR-*Paulus* 5.

Walter Gollwitzer

einem durch einen Verteidiger vertretenen inhaftierten Angeklagten die Teilnahme an auswärtigen Vernehmungen zu ermöglichen.

3   **c) Vernehmungen im Ausland.** § 224 gilt grundsätzlich auch bei konsularischen Vernehmungen sowie bei Vernehmungen durch ausländische Stellen, soweit das maßgebende Recht seine Anwendung zuläßt. Dazu sowie zur Pflicht des deutschen Gerichts, alles zu tun, daß den Erfordernissen des § 224 genügt werde, vgl. die Erl. zu § 251 und § 223, 37 bis 39. Ist nach dem Recht des ersuchten ausländischen Staates die Anwesenheit der in Absatz 1 bezeichneten Personen unzulässig, so ist die Nichtbeachtung des § 224 unschädlich[5]. Soweit sie aber nach den zwischenstaatlichen Vereinbarungen oder nach der Übung des anderen Landes möglich ist, muß der Vorsitzende von sich aus bei Zuleitung des Rechtshilfeersuchens alles dafür Erforderliche tun. So muß er gegebenenfalls nach Art. 4 EuRHÜ um Mitteilung des Vernehmungstermins nachsuchen, damit er die Benachrichtigung der Teilnahmeberechtigten in die Wege leiten kann[6]. Keinesfalls darf durch ein Verhalten des deutschen Gerichts die Durchsetzung des Teilnahmerechts verkürzt werden[7]; ebensowenig andere Verteidigungsrechte, wie etwa die Möglichkeit, der vernehmenden ausländischen Stelle schriftliche Fragen an den Zeugen zu übermitteln[8].

4   **2. Zweck der Vorschrift.** § 224 ergänzt § 223. Die Vernehmung von Beweispersonen nach § 223 soll — unter den Voraussetzungen des § 251 — die Vernehmung vor dem erkennenden Gericht ersetzen. Die teilnehmenden Prozeßbeteiligten müssen deshalb in der Lage sein, auch bei ihr die Verfahrensrechte auszuüben, die sie bei einer Beweisaufnahme in der Hauptverhandlung haben. Dazu gehört das Recht, **Vorhalte** zu machen und vor allem das **Fragerecht** entsprechend § 240 Abs. 2[9], das auch durch Art. 6 Abs. 3 Buchst. d MRK, Art. 14 Abs. 3 Buchst. e IPBPR ausdrücklich gewährleistet ist[10]. Ein **Kreuzverhör** nach § 239, das *Peters* (§ 59 II 2) für zulässig hält, ist dagegen mit der Struktur der kommissarischen Zeugeneinvernahme schlecht vereinbar. Damit die Prozeßbeteiligten ihre Rechte wahrnehmen können, müssen sie rechtzeitig vorher **benachrichtigt** werden.

5   **3. Anwesenheitsrecht.** Das Recht zur Teilnahme an der Vernehmung wird auch ohne nochmalige ausdrückliche Regelung (vgl. § 168 c Abs. 2) als bestehend vorausgesetzt, wie u. a. seine Einschränkung durch Absatz 2 zeigt. Es besteht unabhängig von der Benachrichtigung. Der Angeklagte kann aber kein weitergehendes Anwesenheitsrecht haben als bei einer Zeugeneinvernahme in der Hauptverhandlung. Soweit er dort von der Teilnahme an einer Zeugeneinvernahme ausgeschlossen werden darf, muß dies auch bei der kommissarischen Vernehmung möglich sein. Der Angeklagte kann daher bei ordnungswidrigem Benehmen nach § 177 GVG entfernt werden, und er kann vor allem bei Vorliegen der Voraussetzungen des § 247 von der Anwesenheit bei der Einvernahme einer Beweisperson ausgeschlossen werden[11]. Wegen des unmittelbaren Bezugs zur Beweisaufnahme der Hauptverhandlung dürfte die Anwendung des § 247 der mitunter

---

[5] OLG Hamm JMBlNW **1962** 223; AK-*Keller* 5; KK-*Treier* 1; *Kleinknecht/Meyer-Goßner* 1; KMR-*Paulus* 4; SK-*Schlüchter* 2.

[6] BGH JZ **1997** 45 mit Anm. *Lagodny*; weit. Nachweise bei § 223, 39 und bei § 251.

[7] Etwa BGHSt **35** 82 = NStZ **1988** 563 mit Anm. *Naucke*; BayObLGSt **1984** 107 = JR **1985** 478; vgl. § 223, 39.

[8] Etwa BayObLGSt **1950/51** 113; vgl. BGH bei *Holtz* MDR **1984** 444; OLG Düsseldorf StV **1992**

558 mit Anm. *Walther*; ferner Rdn. 26 und § 223, 25.

[9] H. M; vgl. *Gollwitzer* GedS Meyer 163.

[10] Vgl. LR[24] Art. 6 MRK, 210 ff; ferner, zur Befugnis bei Verhinderung schriftliche Fragen zu stellen Rdn. 26.

[11] AK-*Keller* 3; KK-*Treier* 4; *Kleinknecht/Meyer-Goßner* § 223, 20; KMR-*Paulus* 9; SK-*Schlüchter* 18. Auch BGHSt **32** 32 = JR **1984** 45 mit Anm. *Geerds* geht von der Anwendbarkeit des § 247 aus.

vertretenen analogen Anwendung des § 168 c Abs. 3 vorgehen[12]. Wenn die Benachrichtigung nach Absatz 1 Satz 2 wegen **Gefährdung des Untersuchungserfolges** zu Recht unterbleibt, läßt dies entgegen der früher vorherrschenden Meinung[13] nach der Entscheidung des Großen Senats des BGH[14] das Anwesenheitsrecht des Verteidigers und wohl auch des Angeklagten unberührt. Die früher die Diskussion über den Ausschluß des Angeklagten und seines Verteidigers von der Vernehmung bestimmende Problematik des Zeugenschutzes (V-Mann, usw.), die trotz § 68 Abs. 2 Satz 1, Abs. 3 Satz 1 fortbesteht, dürfte nicht mehr durch Beschränkung des Anwesenheitsrechts zu lösen sein[15]. Entfällt die Benachrichtigung nur wegen der Eilbedürftigkeit der Durchführung der Vernehmung (Rdn. 20), so war bisher schon unstreitig, daß dies das Teilnahmerecht eines trotzdem erschienenen Angeklagten oder Verteidigers nicht berührt.

Eine **Anwesenheitspflicht** korrespondiert mit dem Teilnahmerecht nicht (Absatz 1 **6** Satz 1 letzter Halbsatz). Es steht im freien Belieben des Benachrichtigten, ob er der Vernehmung beiwohnen will[16], selbst im Falle einer notwendigen Verteidigung[17]. Im übrigen kann die Vernehmung auch bei Nichterscheinen der benachrichtigten Personen durchgeführt werden[18]. Dabei ist unerheblich, auf welchen Gründen das Fernbleiben beruht[19]. Die Beteiligten haben, wie § 168 c Abs. 5 Satz 3 zeigt, kein Recht, die **Verlegung des Termins** zu beantragen, weil sie zu diesem Zeitpunkt an der Wahrnehmung des Termins verhindert sind[20]. Ist es allerdings möglich, durch eine das Verfahren nicht verzögernde und verfahrenstechnisch problemlose Terminsverlegung dem Anwesenheitswunsch vor allem des Angeklagten oder Verteidigers Rechnung zu tragen, so sollte dem entsprochen werden[21]. Das Gericht ist nicht verpflichtet, dem Angeklagten durch einen **Reisekostenvorschuß** die Teilnahme an einem auswärtigen Termin zu ermöglichen oder ihm dafür — eventuell am Ort des ersuchten Gerichts — einen Pflichtverteidiger zu bestellen[22]. Aufklärungs- oder Fürsorgepflicht erfordern solche Maßnahmen nur in besonders gelagerten Ausnahmefällen[23].

---

[12] BGH GA **1967** 371; wie hier KMR-*Paulus* 9; vgl. auch die Nachweise in der vorhergehenden Fußn. und bei § 247; ferner BGH NStZ **1982** 42; *Grünwald* FS Dünnebier 360; mitunter werden auch beide Vorschriften, die sich in ihren Voraussetzungen nur zum Teil decken, analog herangezogen, vgl. etwa BayObLGSt **1977** 130 = JR **1978** 174 mit Anm. *Peters*.

[13] BGHSt **29** 109; Vorlagebeschluß BGH NStZ **1984** 32 mit Anm. *Günther*, dazu *Bruns* StV **1983** 382; ferner BGH NJW **1980** 2088; **1981** 770; bei *Holtz* MDR **1983** 796; OLG Frankfurt NStZ **1983** 231 mit abl. Anm. *Franzheim*; *Geißer* GA **1983** 398; BVerfGE **57** 250 (= NStZ **1981** 357 = StV **1981** 591 mit Anm. *Kotz*; dazu *Grünwald* FS Dünnebier 347) hatte gegen diese Auslegung keine verfassungsrechtlichen Bedenken.

[14] BGHSt **32** 115 = NStZ **1984** 36 mit Anm. *Frenzel* = JZ **1984** 431 mit Anm. *Fezer* = StV **1984** 56 mit Anm. *Grünwald*; dazu *Herdegen* NStZ **1984** 97, 200; *Miebach* ZRP **1984** 81; *Bruns* MDR **1984** 77; ähnlich schon BGHSt **31** 149 = NStZ **1984** 229 mit Anm. *Franzheim*; dazu *Engels* NJW **1983** 1531; ferner BGH NStZ **1984** 178; AG Heidelberg StV **1982** 162; *Grünwald* FS Dünnebier 361; *Welp* JZ **1980** 134 gegen BGHSt **29** 1 (zu § 168 c); zur

Streitfrage ferner *Bruns* StV **1983** 382; *Bruns*, Neue Wege zur Lösung des strafprozessualen V-Mann-Problems (1982); *Lüderssen* FS Klug 527; *Gribbohm* NStZ **1981** 305; *Fröhlich* NStZ **1981** 220; *Preuß* StV **1981** 312; *Weider* StV **1981** 151; **1983** 227; *Rebmann* NStZ **1982** 315; *Rengier* Jura **1981** 309; *Schmid* DRiZ **1983** 474; *Schoreit* MDR **1983** 617; vgl. ferner bei § 168 c.

[15] Vgl. etwa SK-*Schlüchter* 19 sowie die Nachweise in der vorhergehenden Fußn., aber auch *Herdegen* NStZ **1984** 203; *Miebach* ZRP **1984** 83.

[16] BGHSt **1** 284.

[17] BGH NJW **1952** 1426; *Kleinknecht/Meyer-Goßner* 9; SK-*Schlüchter* 18.

[18] BGH NJW **1972** 1426.

[19] RGSt **59** 301; BGH VRS **26** (1964) 211.

[20] BGHSt **1** 284; BGH NJW **1952** 1426 = LM Nr. 5 mit Anm. *Neumann*; (Zusammenfallen mehrerer Termine); *Welp* JZ **1980** 134; KK-*Treier* 3; *Kleinknecht/Meyer-Goßner* 9; KMR-*Paulus* 8; SK-*Schlüchter* 20.

[21] KMR-*Paulus* 8; SK-*Schlüchter* 20.

[22] KK-*Treier* 3; KMR-*Paulus* 8; SK-*Schlüchter* 20; vgl. aber auch *v. Ungern-Sternberg* ZStW **87** (1975) 925.

[23] KMR-*Paulus* 8.

4. Benachrichtigung

7   **a)** Die Benachrichtigung von Ort und Zeit der Vernehmung obliegt regelmäßig dem **beauftragten oder ersuchten Richter**, der Ort und Zeit der Vernehmung bestimmt. Steht beides jedoch schon bei Anordnung der Vernehmung nach § 223 fest, kann sie, was im Interesse der Verfahrensbeschleunigung zweckmäßig ist, auch schon vom Gericht zugleich mit dem **Beschluß nach § 223** angeordnet werden. Insbesondere kann die Benachrichtigung auch dadurch bewirkt werden, daß der Beschluß, der alle wesentlichen Angaben über Ort und Zeit des Termins enthält, in der Hauptverhandlung in Gegenwart der zu benachrichtigenden Personen verkündet wird[24]. Bei einer Vernehmung im Ausland kann sich die Pflicht des Vorsitzenden ergeben, von einem ihm mitgeteilten Vernehmungstermin die Verfahrensbeteiligten zu benachrichtigen, sofern nicht ersichtlich ist, daß dies bereits durch die ausländische Stelle geschehen ist[25].

8   **b)** In der Regel erfolgt die Benachrichtigung **schriftlich**. Nach § 35 Abs. 2 Satz 2 genügt eine **formlose Mitteilung**[26]. Die Rechtsprechung des Reichsgerichts, die aus der Zeit vor Einfügung des § 35 Abs. 2 Satz 2 stammt (vgl. die Erläuterungen zu § 35), forderte in der Regel Zustellung[27]. Sie ließ jedoch — insbesondere bei kurzfristiger Anberaumung der Vernehmung — jede Form der Mitteilung, etwa eine Drahtnachricht[28] oder eine telefonische Verständigung, zu. Die Benachrichtigung muß zugegangen, nicht nur abgesandt sein[29]. Da dies im Zweifel amtlicherseits nachzuweisen ist (die Vermutung des § 175 Abs. 1 Satz 3 ZPO gilt nicht), empfiehlt sich die Zustellung der Benachrichtigung, sofern der Nachweis des Zugangs nicht in einer anderen Form (Empfangsbestätigung) gesichert ist[30]. Bei einer fernmündlichen Mitteilung sind zum Nachweis des Zugangs Zeit, Inhalt des Gesprächs und der Gesprächspartner in einem Aktenvermerk festzuhalten[31]. Weiß der Angeklagte, daß seine Benachrichtigung bevorsteht, so muß er u. U. seinen Wohnungswechsel anzeigen; versäumt er dies, so ist der Richter nicht verpflichtet, die Vernehmung auf einen späteren Tag zu verlegen[32].

9   Der **notwendige Inhalt** der Benachrichtigung ergibt sich aus ihrem Zweck. Neben der zu vernehmenden Beweisperson müssen Ort und Zeit der Vernehmung eindeutig bezeichnet werden.

10   Eine **Belehrung** über die Bedeutung der Vernehmung vor der Hauptverhandlung ist in die Benachrichtigung nicht aufzunehmen[33]. Desgleichen bedarf es keiner Belehrung darüber, daß der Angeklagte berechtigt, aber nicht verpflichtet ist, der Vernehmung beizuwohnen[34].

11   Die Benachrichtigung ist nur dann ordnungsgemäß, wenn sie so **rechtzeitig** erfolgt, daß den Beteiligten eine angemessene Frist verbleibt, die es ihnen ermöglicht, ihre Anwesenheit oder Vertretung bei der Vernehmung, insbesondere auch eine etwa notwendige Reise, vorzubereiten[35].

---

[24] BGH VRS **26** (1964) 211; KK-*Treier* 5; KMR-*Paulus* 15; vgl. § 223, 27.

[25] Vgl. § 223, 39.

[26] BayObLGSt **1953** 62 = NJW **1953** 1316; OLG Bremen OLGSt § 224, 1.

[27] Vgl. RG JW **1893** 416.

[28] RG Recht **1914** 1769.

[29] BayObLGSt **1953** 62 = NJW **1953** 1316; OLG Kiel HESt **1** 168; OLG Frankfurt NJW **1952** 1068; OLG Bremen OLGSt 1; *Krause* StV **1984** 173.

[30] KK-*Treier* 5; *Kleinknecht/Meyer-Goßner* 6; KMR-*Paulus* 16; SK-*Schlüchter* 3.

[31] SK-*Schlüchter* 4.

[32] RG HRR **1933** Nr. 451; SK-*Schlüchter* 3.

[33] RGSt **4** 264.

[34] BGHSt **9** 24; BGH VRS **26** (1964) 211; KK-*Treier* 5; SK-*Schlüchter* 4.

[35] RGSt **59** 280; RG JW **1925** 2611; BGH GA **1976** 242; BayObLGSt **1949/51** 113 = HESt **3** 29; KK-*Treier* 6; *Kleinknecht/Meyer-Goßner* 5; KMR-*Paulus* 16; SK-*Schlüchter* 4.

5. Zu benachrichtigende Personen

a) Bei **mehreren Angeklagten** ist grundsätzlich jeder einzelne zu benachrichtigen, **12** auch wenn nur einer von ihnen die Vernehmung veranlaßt hat[36]. Die Benachrichtigung kann nur bei dem Mitangeklagten unterbleiben, bei dem ausgeschlossen werden kann, daß ihn die Vernehmung in irgend einer Form betrifft; da dies meist nicht mit Sicherheit vorhersehbar ist, werden zweckmäßigerweise alle verständigt[37]. Zu benachrichtigen ist auch ein in Haft befindlicher Angeklagter, der kein Recht hat, selbst am Termin teilzunehmen, denn er muß die Möglichkeit haben, einen Verteidiger zu entsenden[38]. Die Mitteilung an den Angeklagten kann auch nach § 145 a an den Verteidiger gesandt werden[39]. Die Benachrichtigungspflicht reicht aber nicht über das Verfahren hinaus; sie erstreckt sich nicht auf einen Mittäter, der wegen der gleichen Tat in einem anderen Verfahren angeklagt ist[40].

b) Die **Staatsanwaltschaft** ist zu benachrichtigen, da die Ladungen zur Vernehmung **13** nach § 223 vom Gericht selbst bewirkt werden.

c) Der **Verteidiger**, auch der bestellte, muß neben dem Angeklagten besonders **14** benachrichtigt werden[41]. Das gilt auch, wenn der Angeklagte auf die Benachrichtigung verzichtet hat. Dabei ist im Falle der notwendigen Verteidigung darauf zu achten, daß dem Angeklagten im Zeitpunkt der kommissarischen Vernehmung auch tatsächlich ein Verteidiger zur Seite steht[42]. Wird die Mitteilung nach § 145 a Abs. 1 an den Verteidiger gerichtet (vgl. Rdn. 12), so liegt darin neben der Benachrichtigung des Angeklagten auch die Benachrichtigung des Verteidigers[43].

d) **Privatkläger und Nebenkläger** sind in § 224 Abs. 1 nicht unter denjenigen Perso- **15** nen genannt, die benachrichtigt werden müssen. Die Pflicht zu ihrer Benachrichtigung folgt aus den § 385 Abs. 1 Satz 1, § 397, würde sich aber auch daraus ergeben, daß die kommissarische Vernehmung der Hauptverhandlung vorgreift, so daß keinem Verfahrensbeteiligten Rechte beschnitten werden dürfen, die er in der Hauptverhandlung zur Wahrung seiner Verfahrensinteressen hätte[44]. Zu benachrichtigen ist auch der Anwalt des zur Nebenklage Berechtigten, der nach § 406 g Abs. 2 Satz 2 ein Anwesenheitsrecht hat; ferner, wenn der Verletzte als Zeuge kommissarisch vernommen werden soll, auch dessen zur Anwesenheit berechtigter Rechtsanwalt (§ 406 f Abs. 2)[45].

e) Soweit **Behörden** berechtigt sind, durch einen Vertreter mit eigenen Rechten an **16** der Hauptverhandlung teilzunehmen (vgl. Vor § 226, 48, wie etwa im Steuerstrafverfahren die Steuerbehörden § 407 AO), sind diese aus dem gleichen Grund zu benachrichtigen.

f) **Einziehungsbeteiligte** und sonstige **Nebenbeteiligte** haben die Befugnisse des **17** Angeklagten (§ 433 Abs. 1 Satz 1). Sie sind deshalb ebenfalls zu benachrichtigen, sofern

---

[36] RGSt **1** 210; KK-*Treier* 7; KMR-*Paulus* 14.
[37] *Gollwitzer* FS Sarstedt 24; KK-*Treier* 7; SK-*Schlüchter* 5.
[38] BGH bei *Holtz* MDR **1976** 814; vgl. Rdn. 25.
[39] KK-*Treier* 7 (keine Ladung; keine Entscheidung, so daß § 145 a Abs. 2, 3 nicht gelten); *Kleinknecht/Meyer-Goßner* 4; SK-*Schlüchter* 3.
[40] BGH NStZ **1986** 231; *Kleinknecht/Meyer-Goßner* 4; SK-*Schlüchter* 5.
[41] RGRspr. **2** 562; **8** 731; KK-*Treier* 7; *Kleinknecht/*

Meyer-Goßner 4; KMR-*Paulus* 14; SK-*Schlüchter* 7. Vgl. auch Rdn. 12 (Mitteilung nach § 145 a Abs. 1).
[42] RGSt **47** 303; SK-*Schlüchter* 7.
[43] OLG Hamm NJW **1991** 1317; *Kleinknecht/Meyer-Goßner* 4; KMR-*Paulus* 16; SK-*Schlüchter* 7.
[44] H. M. etwa *Eb. Schmid* 1; *Gollwitzer* FS Schäfer 77.
[45] KMR-*Paulus* 14; vgl. auch *Schaal/Eisenberg* NStZ **1988** 49.

Walter Gollwitzer

nicht auszuschließen ist, daß die Vernehmung einen ihre Prozeßinteressen (z. B. Einziehung) berührenden Teil des Verfahrens betrifft[46].

18   **g)** In **Jugendsachen** sind auch die Erziehungsberechtigten und der gesetzliche Vertreter zu benachrichtigen (§ 67 Abs. 1 und 2 JGG).

19   **6. Wegfall der Benachrichtigungspflicht.** Die Benachrichtigungspflicht entfällt, wenn dadurch der **Untersuchungserfolg gefährdet** würde (Abs. 1 Satz 2). Die Voraussetzungen für diese Ausnahmevorschrift sind die gleichen wie bei § 168 c Abs. 5 Satz 2. Nach der einen Ansicht muß zu befürchten sein, daß der Zeuge in Gegenwart des Angeklagten nicht die Wahrheit sagen werde (§ 168 c Abs. 3 Satz 2, § 247 analog) oder unter dem Druck des Angeklagten die Aussage verweigern werde oder der Angeklagte oder sein Verteidiger die durch die Benachrichtigung erlangte Kenntnis zum Zweck der Verdunkelung ausnützen würde[47]. Es müssen allerdings konkrete Anhaltspunkte für eine solche Gefahr vorliegen. Nach anderer Ansicht[48] entfällt die Benachrichtigungspflicht dagegen nur dann, wenn die mit einer ordnungsgemäßen Benachrichtigung verbundene zeitliche Verzögerung den Untersuchungserfolg gefährden würde (vgl. Rdn. 20), nicht aber in den Fällen einer materiellen Gefährdung, wie Druck auf den Zeugen oder Gefahr von Verdunkelungsmaßnahmen; wegen des jetzt anerkannten[49] grundsätzlichen Anwesenheitsrecht des Angeklagten und vor allem seines Verteidigers habe das Unterlassen der Benachrichtigung auch kaum noch Sinn[50]. Wegen der Einzelheiten wird auf die Erläuterungen zu § 168 c und die dort angeführten Nachweise verwiesen.

20   Eine Gefährdung des Untersuchungserfolgs liegt unstreitig vor, wenn **Gefahr in Verzug** besteht (so die frühere Fassung des Absatzes 1 Satz 1). Der **Verlust des Beweismittels** oder die erhebliche Minderung seines Wertes[51] muß zu befürchten sein, wenn die Vernehmung erst nach ordnungsgemäßer Benachrichtigung durchgeführt würde, etwa, wenn ein Zeuge lebensgefährlich erkrankt ist oder auf unabsehbare Zeit für die Justiz nicht erreichbar sein wird[52]. Letzteres ist allerdings bei der Rückkehr eines Zeugen an seinen Wohnsitz in Österreich noch nicht der Fall[53]. Die mit der ordnungsgemäßen Benachrichtigung verbundene Verzögerung des Verfahrens ist in der Regel für sich allein keine Gefährdung des Untersuchungszwecks[54]. Vor allem rechtfertigt der nahe bevorstehende Termin der Hauptverhandlung nicht, die Vernehmung so kurzfristig durchzuführen, daß eine rechtzeitige Benachrichtigung der Beteiligten unmöglich wird, erforderlichenfalls muß die Hauptverhandlung verlegt werden[55]. Nur in ganz besonders gelagerten **Ausnahmefällen**, wie den Verlust später nicht mehr verfügbarer Beweismittel, kann die bei ordnungsgemäßer Abwicklung der kommissarischen Einvernahme not-

---

46 KMR-*Paulus* 14.
47 BGHSt **29** 1 = JR **1980** 252 mit Anm. *Meyer-Goß-ner*; BGHSt **32** 115; 128 = JZ **1984** 431 mit Anm. *Fezer*; BGH NJW **1980** 2088; BayObLGSt **1977** 130 = JR **1978** 174 mit abl. Anm. *Peters*; *Ernesti* JR **1982** 222; *Krey* GedS Meyer 255; KK-*Treier* 9; *Kleinknecht/Meyer-Goßner* 8; SK-*Schlüchter* 16.
48 *Welp* JZ **1980** 134; *Grünwald* FS Dünnebier 361; *Krause* StV **1984** 172; *Nelles* StV **1986** 75; *Rengier* Jura **1981** 306; *Zaczyk* NStZ **1987** 535; AK-*Keller* 3; KMR-*Paulus* 20; wegen weiterer Nachweise zum Streitstand vgl. bei § 168 c (24. Aufl. Rdn. 39 ff).
49 Vgl. die Nachw. bei Rdn. 5.

50 Dies trifft beim Verteidiger zu. Auch ein Angeklagter, der nach § 247 ausgeschlossen wird, braucht die Benachrichtigung wegen seines Rechts, schriftliche Fragen zu stellen oder sich durch einen Verteidiger vertreten zu lassen.
51 BTDrucks. **7** 551 S. 76; *Kleinknecht/Meyer-Goßner* 8; SK-*Schlüchter* 15.
52 BGH NJW **1980** 2088; OLG Hamm JMBlNW **1962** 223; KMR-*Paulus* 20.
53 OLG Hamm VRS **24** (1963) 391; SK-*Schlüchter* 15.
54 BayObLGSt **1949/51** 113 = HESt **3** 29; RGSt **1** 219; RGRspr. **1** 655; RG Recht **1903** Nr. 2614.
55 *Meyer-Goßner* JR **1977** 258; *Peters* § 59 II 2; KMR-*Paulus* 21; *Eb. Schmid* 8.

wendig werdende Verlegung des Hauptverhandlungstermins den Untersuchungserfolg gefährden[56].

Die Einschränkung der Benachrichtigungspflicht reicht **nicht weiter** als nach dem **21** Sinn der Regelung notwendig ist. Liegt die Gefährdung des Untersuchungserfolgs allein in der Zeitnot, so wird beispielsweise nicht von vornherein jede Verständigung von dem kurzfristig anberaumten Termin unterbleiben dürfen. Aus diesem Zweck der Vorschrift ist vielmehr zu folgern, daß alle üblichen und nach der Bedeutung der Sache auch zumutbaren Möglichkeiten einer kurzfristigen Benachrichtigung zumindest versucht werden (Telegramm, Telefon, Telefax usw.).

Die Gründe, aus denen die Benachrichtigung unterbleibt oder nicht mehr rechtzeitig **22** durchgeführt wird, sind zweckmäßigerweise **aktenkundig** zu machen[57], um später Einwendungen gegen die Verlesung der Aussage besser begegnen zu können und um die Hauptverhandlung zu entlasten, in der diese Gründe im Wege des Freibeweises festgestellt werden müssen[58]. Das über die Verlesungsvoraussetzungen nach § 251 entscheidende Gericht ist an diese Auffassung weder tatsächlich noch rechtlich gebunden[59]; es kann auch weitere Gründe heranziehen[60]. Die Beurteilung der zeitgebundenen Elemente, wie Gefährdung des Untersuchungserfolgs, richtet sich aber nach der Verfahrenslage bei Anordnung der kommissarischen Vernehmung und nicht nach der späteren, möglicherweise veränderten Sicht der Hauptverhandlung.

7. Verzicht auf Benachrichtigung. Die Beteiligten können auf ihr Recht auf Benach- **23** richtigung von der kommissarischen Vernehmung eines Zeugen oder Sachverständigen verzichten[61], weil diese ihr — verzichtbares — Recht auf Anwesenheit sichern soll. Der Verzicht kann vor der Vernehmung des Zeugen oder Sachverständigen ausgesprochen werden — in der Praxis gibt die Staatsanwaltschaft nicht selten eine solche Erklärung ab, wenn sie die kommissarische Vernehmung eines Zeugen oder Sachverständigen beantragt oder anregt[62] —; er kann aber auch nachträglich erklärt werden, wenn Beteiligte zu Unrecht nicht benachrichtigt wurden.

8. Einschränkung des Anwesenheitsrecht des inhaftierten Angeklagten. Auch der **24** nicht auf freiem Fuß befindliche Angeklagte (§ 35, 24 ff) hat grundsätzlich ein Recht auf Teilnahme bei den Vernehmungen. Sofern er nicht darauf verzichtet, hat das Gericht seine Anwesenheit durch rechtzeitige Anordnung der Vorführung sicherzustellen. Dies gilt jetzt grundsätzlich auch, wenn die Vernehmung nicht an der Gerichtsstelle des Verwahrungsortes durchgeführt wird. Absatz 2 läßt für diesen Fall nur noch eine Ausnahme zu, wenn der Angeklagte einen Verteidiger hat, was allerdings im Hinblick auf § 140 sehr oft der Fall sein dürfte. Die Ausnahme des Absatzes 2 greift auch Platz, wenn eine Vernehmung zwar am Verwahrungsort, aber nicht an der Gerichtsstelle (Gerichtsgebäude) stattfindet[63]. Die Auswirkung des Rechts auf Gegenüberstellung nach Art. VII Abs. 9 Buchst. c Nato-Truppenstatut auf Absatz 2 ist oben (Rdn. 2) erörtert. Das Anwesenheitsrecht ist entsprechend Absatz 2 auch eingeschränkt, wenn ein Angeklagter an einem Ter-

---

[56] RGSt **43** 337; BayObLGSt **1949/51** 113; KK-*Treier* 9; SK-*Schlüchter* 13.

[57] AK-*Keller* 4; KK-*Treier* 9; *Kleinknecht/Meyer-Goßner* 8; SK-*Schlüchter* 17. Zwingend notwendig ist dies nicht, BGH NStZ **1990** 136.

[58] BGHSt **29** 1.

[59] BGHSt **29** 1; **31** 143 = JZ **1983** 354 mit Anm. *Fezer*; KK-*Treier* 9; KMR-*Paulus* 22.

[60] KK-*Treier* 9; SK-*Schlüchter* 17. Vgl. bei § 251.

[61] RGSt **58** 100; BGHSt **1** 284; **9** 28; NJW **1984** 65; OLG Bremen StV **1992** 59; *Bohnert* NStZ **1983** 345; AK-*Keller* 2; KK-*Treier* 8; *Kleinknecht/Meyer-Goßner* 7; KMR-*Paulus* 7; SK-*Schlüchter* 10.

[62] Dazu Nr. 121 Abs. 4 RiStBV.

[63] BGHSt **1** 271.

min im Ausland nicht teilnehmen kann, weil ihm die Auflagen eines außer Vollzug gesetzten Haftbefehls nicht gestatten, die Bundesrepublik zu verlassen[64]. Zu **benachrichtigen** von Ort und Zeit der Vernehmung ist ein inhaftierter Angeklagter aber auch dann, wenn er kein Recht auf Teilnahme hat[65]; andernfalls würde seine Befugnis verkürzt, einen Verteidiger zu entsenden oder schriftlich Fragen zu stellen (Rdn. 26).

25   Die **zwangsweise Vorführung** eines nicht auf freiem Fuß befindlichen Angeklagten zum Vernehmungstermin scheidet in der Regel aus, denn der Angeklagte hat nur ein verzichtbares Anwesenheitsrecht, nicht aber eine Anwesenheitspflicht. Hierauf wird die mit der Vorführung beauftragte Stelle zweckmäßigerweise zugleich mit der Vorführungsanordnung hingewiesen. Ausnahmsweise kann die Vorführung gegen den Willen des Angeklagten zulässig sein, wenn das erkennende Gericht im Interesse der Sachaufklärung die Gegenüberstellung angeordnet hat.

26   **9. Schriftliche Fragen.** Können der Angeklagte und sein Verteidiger das Recht, den Zeugen im Zusammenhang mit seiner Einvernahme selbst zu befragen[66], nicht wahrnehmen, weil sie an der kommissarischen Einvernahme — aus welchen Gründen auch immer — nicht teilnehmen, so haben sie das Recht, dem mit der Einvernahme des Zeugen betrauten Richter ihre Fragen schriftlich mitzuteilen[67]. Dieser hat unzulässige Fragen im Sinne des § 241 Abs. 2 zurückzuweisen, im übrigen muß er dem Zeugen die schriftlich vorliegenden Fragen stellen. Die Fragen können auch schon beim erkennenden Gericht nach Anordnung der kommissarischen Vernehmung eingereicht werden. Dieses kann jedoch nicht darauf bestehen, daß die Erforderlichkeit der Fragen vorher in der Hauptverhandlung erörtert wird, da hierdurch der Zeuge vorzeitig vom Inhalt der Fragen Kenntnis erlangen und sich darauf einstellen könnte. Die Lage der Verteidigung würde dadurch gegenüber einer unmittelbaren Befragung in der Hauptverhandlung unnötig verschlechtert werden[68].

27   **10. Vorlegung der Niederschrift.** Die Niederschrift (wegen Inhalt und Form vgl. § 223, 35) ist dem Staatsanwalt und dem Verteidiger vorzulegen, ohne Rücksicht darauf, ob sie in dem Termin anwesend waren[69] oder von ihm Kenntnis hatten.

28   Die Vorlage ist **vom Vorsitzenden des erkennenden Gerichts** zu verfügen[70]. Es genügt, wenn mitgeteilt wird, daß die Niederschrift zur Einsicht bei Gericht bereit liegt[71]. Statt dessen können jedoch auch der Staatsanwaltschaft die Akten oder die Niederschrift allein zur Einsichtnahme zugeleitet werden, dem Verteidiger kann auch eine Abschrift oder Ablichtung der Niederschrift zugesandt werden. Einen Anspruch darauf hat er jedoch nicht[72]. Die Anordnung des Vorsitzenden erübrigt sich, wenn ersichtlich ist, daß Staatsan-

---

[64] OLG Bamberg MDR **1984** 604; *v. Ungern-Sternberg* ZStW **87** (1975) 925; *Kleinknecht/Meyer-Goßner* 10; KMR-*Paulus* 10; SK-*Schlüchter* 22.

[65] Vgl. Rdn. 12.

[66] Vgl. Rdn. 4. Dem durch Art. 6 Abs. 3 Buchst. d MRK, Art. 14 Abs. 3 Buchst. e IPBPR verbürgten Fragerecht des Angeklagten ist in der Regel auch genügt, wenn er oder sein Verteidiger Gelegenheit hatte, dem Zeugen schriftlich alle ihm erforderlich erscheinenden Fragen zu stellen; vgl. LR[24] Art. 6 MRK, 219 ff, 230.

[67] Vgl. Rdn. 4; § 223, 25; 33.

[68] BGH StV **1983** 355; *Schoreit* MDR **1983** 619.

[69] H. M seit BGHSt **25** 357 = LM Nr. 5 mit Anm. *Willms*. Die Entscheidung erging auf Vorlagebe-

schluß des OLG Koblenz NJW **1974** 1104. Die 21. Auflage hatte in Übereinstimmung mit einem großen Teil des Schrifttums die sich auf die Entstehungsgeschichte stützende Auffassung vertreten, daß die Vorlage nur bei dem Staatsanwalt oder Verteidiger notwendig sei, der an der Vernehmung nicht teilgenommen habe. Die gegenteilige Einschränkung (nur an die Teilnehmer) war von *Kleinknecht* und ihm folgend vom BGH bei *Dallinger* MDR **1972** 753 vertreten worden.

[70] *Kleinknecht/Meyer-Goßner* 11; KMR-*Paulus* 24; SK-*Schlüchter* 24.

[71] BGHSt **25** 357.

[72] *Eb. Schmid* 8; KMR-*Paulus* 25.

walt oder Verteidiger bereits vom ersuchten oder beauftragten Richter Protokollabschriften erhalten haben[73]. Das allgemeine Recht des Verteidigers, die Akten einzusehen (§ 147), wird durch den Anspruch auf Vorlage der Niederschrift nicht berührt.

Der **Angeklagte** hat kein Recht auf Vorlage der Vernehmungsniederschrift; dies gilt **29** auch für einen angeklagten Rechtsanwalt, der sich selbst verteidigt[74].

Auf die Vorlegung der Niederschrift kann **verzichtet** werden. Widerspricht weder der **30** Verteidiger noch der Angeklagte der Verlesung der Niederschrift in der Hauptverhandlung, obwohl die Vorlegung unterblieben war, so kann hierin ein stillschweigender Verzicht liegen[75]. Auch eine **Verwirkung** des Anspruchs auf Grund des späteren Prozeßverhaltens wird mitunter angenommen[76].

11. Folgen der Verletzung der Benachrichtigungspflicht

a) Verlesbarkeit in Hauptverhandlung. Die Verlesung und Verwertung der Nieder- **31** schrift über die kommissarische Vernehmung in der Hauptverhandlung hängt seit der Änderung des § 251 im Jahre 1943 nicht mehr ausdrücklich davon ab, daß die Benachrichtigungspflicht des § 224 beachtet wurde[77]. Dessen Verletzung begründet nur dann noch die Revision, wenn und soweit dadurch die **Verlesbarkeit nach § 251** entfällt[78]. Grundsätzlich ist die Niederschrift über die kommissarische Vernehmung nach § 251 nur verlesbar, wenn bei ihrem Zustandekommen die Rechte der Verfahrensbeteiligten gewahrt wurden, diese also, sofern nicht die von § 224 vorgesehenen Ausnahmen Platz greifen, Gelegenheit hatten, an der Vernehmung mitzuwirken. Ist dies nicht der Fall, kann der Verlesung ausdrücklich **widersprochen** werden. Notwendig ist dies nicht[79], aber mitunter ratsam, um die Annahme eines stillschweigenden Einverständnisses von vornherein auszuschließen[80].

Verlesbar und verwertbar ist eine solche Niederschrift jedoch, wenn die Berechtigten **32** auf Anwesenheit und Teilnahme an der kommissarischen Vernehmung **verzichtet** (Rdn. 23) haben oder wenn — ohne besondere Erklärung des Verzichts seitens des Betroffenen — alle Beteiligten der Verlesung und damit der Verwertung gem. § 251 Abs. 1 Nr. 4 **zustimmen** und damit zum Ausdruck bringen, daß sie gegen die Verwertung des Beweismittels wegen der Art seines Zustandekommens keine Bedenken haben[81]. Verzicht und Zustimmung können an sich durch **konkludentes Verhalten** erklärt werden. Dies setzt aber voraus, daß die von dem Verstoß betroffenen Verfahrensbeteiligten den Verstoß und ihre Rechte kennen, was bei einem rechtsunkundigen, nicht durch einen Verteidiger vertretenen Angeklagten in der Regel nur dann anzunehmen ist, wenn das Gericht auf den Verstoß und die aus ihm erwachsenden Rechte hingewiesen hat[82].

---

[73] KMR-*Paulus* 24.

[74] RGSt **4** 351; vgl. BGH NJW **1954** 1415; KK-*Treier* 10; KMR-*Paulus* 24.

[75] RGRspr. **2** 156; RG LZ **1917** 280; BGHSt **25** 357; SK-*Schlüchter* 30; vgl. Rdn. 32.

[76] Vgl. BGHSt **25** 357; KK-*Treier* 12. Die Frage ist strittig, dazu Rdn. 33.

[77] RGSt **50** 364; **58** 100; RG HRR **1938** Nr. 191; BGHSt **1** 219; 272; 286; **9** 24; BGH NJW **1952** 1426; OLG Köln VRS **60** (1981) 441.

[78] Vgl. etwa BGHSt **1** 284; **9** 24; **25** 357; BGH NStZ **1987** 132; KK-*Treier* 11; *Kleinknecht/Meyer-Goßner* 12; KMR-*Paulus* 75; SK-*Schlüchter* 30. Weitere Nachw. bei § 251.

[79] KMR-*Paulus* 28.

[80] *Schlothauer* Rdn. 160; SK-*Schlüchter* 12. Zur Tendenz, Verwertbarkeit anzunehmen, wenn dieser nicht spätestens nach § 257 widersprochen wurde, vgl. bei § 257.

[81] Etwa OLG Bremen StV **1992** 59; *Alsberg/Nüse/Meyer* 510; AK-*Keller* 6, *Kleinknecht/Meyer-Goßner* 12; KMR-*Paulus* 28; SK-*Schlüchter* 25, 30.

[82] BGH NJW **1984** 65; OLG Stuttgart JR **1977** 343 mit Anm. *Gollwitzer*; *Dahs/Dahs* 191; *Eb. Schmid* 9; *Kleinknecht/Meyer-Goßner* 12; KMR-*Paulus* 28; SK-*Schlüchter* 30.

33   Die Rüge der Verletzung des § 224 Abs. 1 wird nicht allein durch widerspruchslose Hinnahme der Verlesung **verwirkt**[83]. Eine häufiger vertretene Meinung nimmt eine Verwirkung der Revisionsrüge dagegen schon an, wenn der Angeklagte oder sein Verteidiger in der Hauptverhandlung der Verlesung der Niederschrift nicht widersprochen haben[84]. Zur Verwirkung einer Verfahrensrüge gehört mehr als das bloße Unterlassen eines Widerspruchs[85]. Bei einem rechtsunkundigen Angeklagten wird in der Regel das bloße Unterlassen des Widerspruchs nicht zur Verwirkung der Rüge führen. Gleiches gilt auch, wenn ein entgegen Absatz 2 nicht vorgeführter inhaftierter Angeklagter es unterlassen hat, in der Hauptverhandlung die Wiederholung der Vernehmung zu beantragen[86].

34   **b) Heilung.** Geheilt werden kann der Verstoß gegen die Benachrichtigungspflicht durch Wiederholung der kommissarischen Vernehmung unter Benachrichtigung und Ermöglichung der Teilnahme aller dazu Beteiligten[87]. Geheilt werden kann auch die unterbliebene Vorlage des Vernehmungsprotokolls durch dessen Aushändigung in der Hauptverhandlung, eventuell mit einer Unterbrechung, um die Auswertung des Protokolls für die weitere Prozeßführung zu ermöglichen[88].

35   **c) Sonstiges zur Revision.** Die **Verlesung und Verwertung** eines fehlerhaft zustande gekommenen Vernehmungsprotokolls, kann, wenn der Verstoß gegen § 224 nicht nachträglich geheilt oder durch Verzicht gegenstandslos geworden ist, die Revision nach § 337 begründen. Es ist meist nicht auszuschließen, daß das Urteil auf dem Verstoß **beruht**[89], etwa, daß der von dem Verstoß Betroffene bei ordnungsgemäßer Benachrichtigung am Vernehmungstermin selbst oder durch einen dazu ermächtigten Vertreter teilgenommen und durch Ausübung seines Fragerechts den Inhalt der Aussage beeinflußt hätte. Der Verfahrensverstoß, der in der Verwendung eines Beweismittels liegt, das hinsichtlich seines Zustandekommens den gesetzlichen Anforderungen zur Sicherung seines Beweiswertes nicht genügt, kann das Urteil beeinflußt haben[90]. Dies gilt auch, wenn ein in Haft befindlicher Angeklagter, der nach Absatz 2 keinen Anspruch auf persönliche Teilnahme hat, vom Termin nicht benachrichtigt wurde[91]. Hat der Tatrichter die **Gefährdung des Untersuchungserfolgs** (Rdn. 19) unter Würdigung aller Umstände bejaht, so ist das Revisionsgericht auf die Prüfung beschränkt, ob ihm dabei Rechtsfehler unterlaufen oder die seinem Ermessen gesetzten Schranken überschritten sind[92]. Die Verletzung der Pflicht zur **Protokollvorlage** nach Absatz 1 Satz 3 kann mit der Revision gerügt werden[93]. Zur Möglichkeit der Heilung vgl. Rdn. 34.

36   Unabhängig vom Verhalten der Prozeßbeteiligten kann bei Vorliegen besonderer Umstände auch die **Aufklärungspflicht** dem Gericht gebieten, die Vernehmung einer Beweisperson, bei der die Parteiöffentlichkeit wegen der unterbliebenen Benachrichti-

---

[83] Vgl. *Schlüchter* GedS Meyer 464.
[84] So RGSt **50** 100; BGHSt **9** 24; BGH NJW **1952** 12; VRS **27** (1964) 109; StV **1992** 403; OLG Köln VRS **60** (1981) 441; OLG Schleswig bei *Ernesti/Jürgensen* SchlHA **1972** 159, KK-*Treier* 12; KMR-*Paulus* 28; SK-*Schlüchter* 12.
[85] Vgl. die Erläuterungen bei § 337; ferner etwa SK-*Schlüchter* 12; 30; *Schlüchter* GedS Meyer 461.
[86] **A. A** RG LZ **1916** 885.
[87] KMR-*Paulus* 28; *Schlüchter* 433.
[88] SK-*Schlüchter* 30.
[89] Zum Beruhen KMR-*Paulus* 29.
[90] BGHSt **9** 24; BGH VRS **27** (1964) 109; BayObLGSt **1949/51** 115 = HESt **3** 29; *Schmid* Verwirkung 234.

[91] BGH bei *Holtz* MDR **1976** 814; KK-*Treier* 11.
[92] BGHSt **29** 1; **31** 140 = JZ **1983** 354 mit Anm. *Fezer*; KK-*Treier* 12; SK-*Schlüchter* 29; im Ergebnis ähnlich KMR-*Paulus* 77 (nur Überprüfung der konkretisierbaren Rechtsbegriffe auf Vertretbarkeit).
[93] RG-Recht **2** 156; RG LZ **1917** 280; BGHSt **25** 357; KMR-*Paulus* 29; **a. A** SK-*Schlüchter* 30, nach der ein die Qualität der Niederschrift als solche nicht berührender Informationsfehler durch einen Zwischenrechtsbehelf (Aussetzungs- oder Unterbrechungsantrag) in der Hauptverhandlung geltend gemacht werden muß und nicht mit der Revision.

gung nicht gesichert war, zur besseren Aufklärung der Sache oder zur besseren Beurteilung der Glaubwürdigkeit zu wiederholen. Die Aufklärungspflicht ist auch verletzt, wenn es das erkennende Gericht unterlassen hat, die schriftlichen Fragen, die der Verteidiger des Angeklagten gestellt wissen wollte, dem mit der Vernehmung beauftragten Richter zuzuleiten[94].

Unter dem Gesichtspunkt einer Verletzung des **Anspruchs** auf **ein faires Verhalten** **37** kann nach einer umstrittenen Entscheidung des BGH gerügt werden, daß eine Niederschrift über eine Einvernahme verwertet wurde, bei der der Angeklagte oder sein Verteidiger zu Unrecht ausgeschlossen war[95]. Ob diese Rüge zusätzlich oder statt der Rüge eines Verstoßes gegen §§ 224, 251 erhoben wird, soll von der Begründung der Revision (§ 344 Abs. 2) abhängen. Statt des pauschalen Rückgriffs auf dieses keine festen Einzelgebote vorgebende, sondern stets eine Gesamtwürdigung des Verfahrens fordernde Wertungsprinzip[96] ist in aller Regel Revisionsgrund dessen Ausformung durch das einfache Verfahrensrecht, also der Verstoß gegen §§ 224, 251, ferner, sofern dem Angeklagten im Verfahren insgesamt die Möglichkeit genommen wurde, ihn belastende Zeugen mindestens einmal zu fragen oder fragen zu lassen, der Verstoß gegen Art. 6 Abs. 3 Buchst. d MRK, Art. 14 Abs. 3 Buchst. e IPBPR[97].

Wird in einem **anderen Verfahren**, das gegen einen anderen Angeklagten wegen seiner Beteiligung an der gleichen Tat geführt wird, die Vernehmungsniederschrift verwendet, kann die Revision nicht auf einen Verstoß gegen § 224 gestützt werden[98]. **38**

§ 225

Ist zur Vorbereitung der Hauptverhandlung noch ein richterlicher Augenschein einzunehmen, so sind die Vorschriften des § 224 anzuwenden.

Schrifttum. *Lilie* Augenscheinseinnahme und Öffentlichkeit der Hauptverhandlung, NStZ **1993** 121; *Rogall* Der Augenscheinsgehilfe im Strafprozeß, GedS Meyer 391; *Wenskat* Der richterliche Augenschein im deutschen Strafprozeß (1988). Wegen weiterer Nachweise vgl. bei § 86.

Bezeichnung bis 1924: § 224.

Übersicht

---

94 BGH NStZ **1983** 421; SK-*Schlüchter* 27.
95 BGHSt **31** 149; abl. *Meyer* JR **1984** 173; FS Kleinknecht 267; *Herdegen* NStZ **1984** 343; zum Streitstand vgl. etwa KK-*Pfeiffer* Einl. 28; SK-*Rogall* Vor § 133, 102; ferner die weit. Nachw. Vor § 226, und bei Art. 6 Abs. 1 MRK.
96 Vgl. etwa BVerfGE **70** 308; SK-*Rogall* Vor § 133; 101; LR[24] Art. 6 MRK, 65.
97 Vgl. LR[24] Art. 6 MRK, 219 ff.
98 BGH StV **1986** 137 mit abl. Anm. *Fezer* StV **1986** 372; *Kleinknecht/Meyer-Goßner* 12; SK-*Schlüchter* 26.

1   **1. Zweck der Vorschrift.** Ebenso wie § 223 zur Förderung des Verfahrens die kommissarische Einvernahme von Beweispersonen vor der Hauptverhandlung unter gewissen Voraussetzungen zuläßt, gestattet § 225 zum gleichen Zweck die Anordnung eines Augenscheins[1] vor der Hauptverhandlung. Neben der Sicherung des Beweises, die notwendig werden kann, wenn eine Veränderung des Augenscheinobjekts bis zur Hauptverhandlung zu befürchten ist, können auch Zweckmäßigkeitsgründe dafür sprechen, daß der Augenschein kommissarisch außerhalb der Hauptverhandlung eingenommen wird, so auch, wenn die öffentliche Einnahme des Augenscheins als Teil der Hauptverhandlung wegen der räumlichen Gegebenheiten oder auch aus rechtlichen Gründen, wie die mangelnde allgemeine Zutrittsbefugnis zum Augenscheinobjekt[2], nicht durchsetzbar ist. Beauftragt das Gericht einen **Augenscheinsgehilfen**[3] mit dem Augenschein, ist § 225 nicht anwendbar[4], ebenso, wenn ein Sachverständiger im Rahmen seines Gutachtenauftrags einen Augenschein vornimmt.

2   Der ohnehin im Ermessen des Gerichts (§ 244 Abs. 5) stehende Augenschein ist nicht notwendig dem **erkennenden Gericht** vorbehalten. Bewegliche Gegenstände können zwar in den meisten Fällen unschwer in der Hauptverhandlung in Augenschein genommen werden, eine Verfahrensmodalität, die dann auch den Vorzug verdient. Dagegen kann die Besichtigung von entfernteren Örtlichkeiten durch das ganze Gericht den Gang der Hauptverhandlung zerreißen und organisatorisch und zeitlich sehr aufwendig sein. Hier ist es oft zweckmäßig, wenn ein ersuchter oder beauftragter Richter den Augenschein bereits vor der Hauptverhandlung einnimmt. Gericht und Verfahrensbeteiligte können dann an Hand des Protokolls in der Hauptverhandlung sicherer beurteilen, ob es zur besseren Sachaufklärung geboten ist, den Augenschein in der Hauptverhandlung zu wiederholen. Zeitraubende und zur Sachaufklärung im Endergebnis nur wenig beitragende Augenscheinseinnahmen in der Hauptverhandlung lassen sich dadurch vermeiden.

3   Der **Gesetzgeber** hatte § 225 seinerzeit wohl auch deshalb eingeführt, weil er den Augenschein der örtlichen Gegebenheiten durch das erkennende Gericht nur ausnahmsweise für ausführbar hielt[5]. Dies trifft bei den heutigen Verkehrsverhältnissen nur noch in Ausnahmefällen zu. Ein Gericht, das die Verpflichtung zur wahrheitsgemäßen Aufklärung des Sachverhalts (§ 244 Abs. 2) ernst nimmt, wird dies bei der Entscheidung berücksichtigen, ob es den Augenschein einem beauftragten oder ersuchten Richter übertragen soll oder ob dies wegen der Entscheidungserheblichkeit der örtlichen Verhältnisse dem erkennenden Gericht vorzubehalten ist, weil selbst das beste Protokoll, insbesondere bei Laienrichtern, die unmittelbare sinnliche Wahrnehmung nur unvollkommen ersetzt.

2. Anordnung des Gerichts

4   a) Der **Beschluß des Gerichts** kann auch noch in der Hauptverhandlung ergehen. Dann entscheidet darüber das erkennende Gericht einschließlich der Schöffen. Außerhalb

---

[1] Zum Begriff des Augenscheins vgl. bei § 86.
[2] Zur Notwendigkeit der Einwilligung der Verfügungsberechtigten zum Betreten ihrer nicht allgemein zugänglichen Grundstücke und Räume vgl. BGHSt **40** 191; OLG Hamburg JR **1987** 78 mit Anm. *Foth*; *Nelles* StV **1991** 488; *Schulte* NJW **1988** 1009; AK-*Keller* 2; KMR-*Paulus* 11; ferner § 213, 2 mit weit. Nachw. zum Streitstand.
[3] Zum Begriff vgl. bei § 86.
[4] *Alsberg/Nüse/Meyer* 227; *Rogall* GedS Meyer 406; KMR-*Paulus* 9; SK-*Schlüchter* 3.
[5] Die Motive (180) führten aus: Das Gesetz erachtet

„es keineswegs für unzulässig, daß das erkennende Gericht sich, in Begleitung der Staatsanwaltschaft und des Angeklagten, selbst an Ort und Stelle begebe, um unmittelbar den Augenschein einzunehmen, und, wo eine solche Maßregel ausführbar ist, wird sie sogar, der Unmittelbarkeit der Anschauung wegen, vor der Augenscheinseinnahme durch einen beauftragten Richter den Vorzug verdienen. Sie wird indes nur dann, wenn der zu besichtigende Ort oder Gegenstand sich in der Nähe des Orts des Gerichts befindet, und folglich nur selten ausführbar sein."

der Hauptverhandlung entscheidet darüber das Gericht in seiner Beschlußbesetzung[6]. Der Vorsitzende allein kann den Augenschein weder nach § 219 noch nach § 238 Abs. 1 anordnen. Im Beschluß kann um die Vornahme des Augenscheins ein Richter, im Ausland auch eine ihm gleichstehende andere Stelle[7], ersucht werden. Das Gericht kann ebenso wie bei § 223 aber auch eines seiner Mitglieder oder auch alle seine Berufsrichter damit beauftragen; die Einschränkung, daß der Unterschied zur Hauptverhandlung nicht durch Beauftragung des ganzen erkennenden Gerichts einschließlich der Schöffen verwischt werden darf[8], gilt auch hier.

b) Das Gericht entscheidet nach **pflichtgemäßem Ermessen**, ob es einen Augenschein **5** zur Vorbereitung der Hauptverhandlung anordnen will. Anders als bei § 223 ist die Anordnung nicht davon abhängig, daß der Augenschein nicht oder nur mit großen Schwierigkeiten in der Hauptverhandlung durchführbar wäre. Wie bereits bei Rdn. 1, 2 ausgeführt, kann sich das Gericht unbeschadet seiner Aufklärungspflicht von Zweckmäßigkeitsgründen leiten lassen[9], sofern nicht Gründe der Beweissicherung die unverzügliche Durchführung gebieten. Die Voraussetzungen des § 223 müssen dagegen insoweit vorliegen, als mit dem Augenschein eine kommissarische Zeugenvernehmung verbunden werden soll.

3. Zur **Durchführung des Augenscheins** leitet der Vorsitzende den Beschluß mit den **6** erforderlichen Unterlagen dem ersuchten oder beauftragten Richter zu, wobei er in einem Begleitschreiben auch die Punkte hervorheben kann, auf die nach Auffassung des Gerichts oder eines der Verfahrensbeteiligten besonderes Augenmerk zu richten ist[10].

Damit die **Rechte der Verfahrensbeteiligten** bei diesem aus der Hauptverhandlung **7** herausgenommenen Teil der Beweiserhebung nicht verkürzt werden, bestimmt § 225 ausdrücklich, daß § 224 anzuwenden ist. Die dort in Absatz 1 vorgesehenen Benachrichtigungspflichten einschließlich der Pflicht zur Vorlage des Protokolls greifen ebenfalls Platz. Das **Recht auf Anwesenheit** beim Augenschein wird auch bei § 225 vorausgesetzt[11], wie die Verweisung auf § 224 zeigt; es wird nur bei einem in Haft befindlichen Angeklagten durch § 224 Abs. 2 eingeschränkt. Der Angeklagte kann nach Maßgabe von § 168 d Abs. 2 verlangen, daß das Gericht einen von ihm vorgeschlagenen **Sachverständigen** zum Augenscheinstermin lädt[12], und er ist berechtigt, ihn im Weigerungsfall selbst zu laden. Wegen der Einzelheiten wird auf die Erläuterungen zu diesen Vorschriften verwiesen.

Das über den Augenschein aufzunehmende **Protokoll** muß den Anforderungen der **8** §§ 86 und 168 a genügen. Es können auch erläuternde Angaben einer Person zum besseren Verständnis des Augenscheinsgegenstandes aufgenommen werden[13]. Das Protokoll ist den Verfahrensbeteiligten gemäß § 224 Abs. 1 Satz 3 vorzulegen[14].

4. Informatorische Besichtigung durch ein Mitglied des erkennenden Gerichts. **9** Hat sich dieses, ohne vom Gericht nach § 225 beauftragt zu sein, privat Kenntnis von den örtlichen Gegebenheiten oder der Beschaffenheit eines sonstigen, für einen Augenschein

---

6 OLG Celle NJW **1957** 1812; ferner etwa KK-*Treier* 3; *Kleinknecht/Meyer-Goßner* 1; KMR-*Paulus* 4; SK-*Schlüchter* 4.

7 RGSt **20** 149; vgl. § 223, 37 f.

8 BGH StV **1989** 187; weit. Nachw. § 223, 28.

9 *Eb. Schmidt* 2; AK-*Keller* 2; KK-*Treier* 3; KMR-*Paulus* 10; SK-*Schlüchter* 4; vgl. *Alsberg/Nüse/Meyer* 224. Enger *Wenskat* 196 (Grundsatz der formellen Unmittelbarkeit gestattet Ausnahme nur,

wenn Augenschein in der Hauptverhandlung Schwierigkeiten entgegenstehen).

10 Vgl. § 223, 25.

11 Es ergibt sich auch aus § 168 d.

12 *Kleinknecht/Meyer-Goßner* 2; SK-*Schlüchter* 5.

13 Vgl. dazu Rdn. 10.

14 KK-*Treier* 4; *Kleinknecht/Meyer-Goßner* 3; KMR-*Paulus* 11; SK-*Schlüchter* 5.

in Betracht kommenden Gegenstandes verschafft, so kann es diese zulässig gewonnene private Kenntnis in der Hauptverhandlung für sachgerechte Vorhalten oder Fragen verwenden[15]. Dieses private Wissen kann aber — anders als das Protokoll eines gerichtlich angeordneten Augenscheins — auch durch einen Bericht nicht etwa als gerichtskundig zu Beweiszwecken in die Hauptverhandlung eingeführt werden und als unmittelbare Urteilsgrundlage dienen[16].

10   **5. Verwertung des Ergebnisses in der Hauptverhandlung.** Die über den kommissarischen Augenschein aufgenommene Niederschrift ist durch Verlesen in die Hauptverhandlung einzuführen (§ 249 Abs. 1 Satz 2). § 250 steht insoweit nicht entgegen. Die in das Protokoll zum Zwecke des besseren Verständnis des Augenscheins aufgenommenen Erläuterungen (vgl. Rdn. 8) dürfen mitverlesen werden; als eigenständiger Beweisstoff sind sie jedoch nur verwertbar, wenn gleichzeitig die Auskunftsperson als Zeuge oder Sachverständiger einvernommen wird[17]. Unterlaufen bei der Einnahme des Augenscheins durch den beauftragten oder ersuchten Richter Fehler, werden insbesondere die Benachrichtigungspflichten des § 224 versäumt, so gilt für die Frage der Heilung solcher Mängel durch Verzicht oder nachträgliches Einverständnis das Gleiche wie bei § 224. Ist der Mangel nicht geheilt, steht er der Verwertung der Niederschrift entgegen. Wird wegen solcher Mängel die Wiederholung des Augenscheins beantragt, wird ein solcher Antrag nur schwer nach § 244 Abs. 5 ablehnbar sein, sofern nicht — eventuell auch auf Grund der veränderten Verfahrenslage — ersichtlich ist, daß der Augenschein nichts Wesentliches zur Aufklärung beitragen kann.

11   Ein vor der Hauptverhandlung ordnungsgemäß durchgeführter Augenschein wird dagegen meist erlauben, einen darauf gerichteten Antrag gemäß § 244 Abs. 5 abzulehnen[18]; nur selten wird die Aufklärungspflicht die **Wiederholung des Augenscheins** durch das erkennende Gericht gebieten.

12   **6. Außerhalb des Gerichtsbezirks** bedarf die Einnahme des Augenscheins keiner Zustimmung des örtlichen zuständigen Amtsrichters mehr (Neufassung des § 166 GVG). Wie und von wem ein Augenschein im **Ausland** durchgeführt werden kann, richtet sich nach den jeweils einschlägigen Rechtshilfeübereinkommen (vgl. auch § 223, 37 bis 40).

7. Rechtsbehelfe

13   a) Der **Beschwerde** gegen den Beschluß, der die Einnahme eines kommissarischen Augenscheins nach § 225 anordnet, steht § 305 entgegen: Gleiches gilt in der Regel auch für den ablehnenden Beschluß; eine Ausnahme ist allenfalls bei drohendem Beweismittelverlust zu machen (vgl. § 223 Rdn. 43).

14   b) Mit der **Revision** kann unter dem Gesichtspunkt der Verletzung der **Aufklärungspflicht** die Ablehnung eines beantragten kommissarischen Augenscheins nur gerügt werden, wenn dieser in der Hauptverhandlung nicht mehr nachholbar ist. Umgekehrt kann in besonders gelagerten Fällen die Aufklärungspflicht auch dadurch verletzt worden sein, daß sich das Gericht mit dem Ergebnis des kommissarischen Augenscheins begnügt hat,

[15] RGSt **26** 272; AK-*Keller* 2; KMR-*Paulus* 8; SK-*Schlüchter* 3; 6.
[16] RG DRiZ **1927** Nr. 835; BGH bei *Dallinger* MDR **1966** 383; OLG Celle GA **1954** 316; OLG Hamburg NJW **1952** 1271; KMR-*Paulus* 8; SK-*Schlüchter* 6; vgl. auch BGHSt **2** 3; **3** 187; ferner die Erl. zu § 261.
[17] BGHSt **33** 220 = NStZ **1985** 468 mit abl. Anm. *Danckert*; KMR-*Paulus* 12; SK-*Schlüchter* 6.
[18] *Eb. Schmid* 2.

obwohl die Umstände zu einer Wiederholung drängten[19]. Haben allerdings die Verfahrensbeteiligten in der Hauptverhandlung keinen Antrag nach § 244 Abs. 5 gestellt, wird man in der Regel kaum annehmen können, daß das Gericht von sich aus einen nochmaligen Augenschein in der Hauptverhandlung hätte durchführen müssen[20].

Die **Verletzung der Benachrichtigungspflicht** und des **Anwesenheitsrechts** beim **15** Augenschein sowie die Nichtvorlage des **Augenscheinprotokolls** durch das erkennende Gericht kann im gleichen Umfang gerügt werden wie bei § 224 (vgl. dort Rdn. 31 ff).

§ 225 a

(1) [1]**Hält ein Gericht vor Beginn einer Hauptverhandlung die sachliche Zuständigkeit eines Gerichts höherer Ordnung für begründet, so legt es die Akten durch Vermittlung der Staatsanwaltschaft diesem vor; § 209 a Nr. 2 Buchst. a gilt entsprechend.** [2]**Das Gericht, dem die Sache vorgelegt worden ist, entscheidet durch Beschluß darüber, ob es die Sache übernimmt.**

(2) [1]**Werden die Akten von einem Strafrichter oder einem Schöffengericht einem Gericht höherer Ordnung vorgelegt, so kann der Angeklagte innerhalb einer bei der Vorlage zu bestimmenden Frist die Vornahme einzelner Beweiserhebungen beantragen.** [2]**Über den Antrag entscheidet der Vorsitzende des Gerichts, dem die Sache vorgelegt worden ist.**

(3) [1]**In dem Übernahmebeschluß sind der Angeklagte und das Gericht, vor dem die Hauptverhandlung stattfinden soll, zu bezeichnen.** [2]**§ 207 Abs. 2 bis 4; Abs. 3, 4 gilt entsprechend.** [3]**Die Anfechtbarkeit des Beschlusses bestimmt sich nach § 210.**

(4) [1]**Nach den Absätzen 1 bis 3 ist auch zu verfahren, wenn das Gericht vor Beginn der Hauptverhandlung einen Einwand des Angeklagten nach § 6 a für begründet hält und eine besondere Strafkammer zuständig wäre, der nach § 74 e des Gerichtsverfassungsgesetzes der Vorrang zukommt.** [2]**Kommt dem Gericht, das die Zuständigkeit einer anderen Strafkammer für begründet hält, vor dieser nach § 74 e des Gerichtsverfassungsgesetzes der Vorrang zu, so verweist es die Sache an diese mit bindender Wirkung; die Anfechtbarkeit des Verweisungsbeschlusses bestimmt sich nach § 210.**

Schrifttum. *Hohendorf* § 225 a StPO im Spannungsfeld zwischen Strafrichter und Schöffengericht, NStZ **1987** 389; *Meyer-Goßner* Die Behandlung von Zuständigkeitsstreitigkeiten zwischen allgemeinen und Spezialstrafkammern beim Landgericht, NStZ **1981** 168. Wegen weiterer Nachweise vgl. bei § 6 und wegen der Zuständigkeit von Strafrichtern und Schöffengericht bei §§ 24, 25 GVG; ferner wegen der Auswirkungen der jeweiligen Änderungsgesetze zur StPO und GVG die in der Einleitung unter E dazu jeweils aufgeführten Abhandlungen.

Entstehungsgeschichte. § 225 a ist durch Art. 1 Nr. 18 StVÄG 1979 eingefügt worden. Die aus dem Regierungsentwurf (BT-Drucks. **8** 976) unverändert übernommene Vorschrift bildet einen Teil der mit diesem Gesetz erstrebten Neuregelung der Zuständigkeitskonflikte, vor allem der Abgabe bei fehlender sachlicher Zuständigkeit, bei Zuständigkeit der Jugendgerichte oder bei Zuständigkeit eines Spezialspruchkörpers (vgl. §§ 6 a, 209, 209 a, 270 Abs. 1; § 74 ff GVG; §§ 39, 40, 41, 47 a, 102, 103 Abs. 2, 109 JGG).

---

[19] KMR-*Paulus* 13.

[20] Nach SK-*Schlüchter* 8 entfällt durch Unterlassen der Antragstellung der normative Zusammenhang.

Übergangsregelungen enthält Art. 8 Abs. 6, 7 StVÄG 1979 für die Verfahren, bei denen das Hauptverfahren vor dem 1. 1. 1979 bereits eröffnet war und für das Rechtsmittelverfahren.

Übersicht

Alphabetische Übersicht

I. Zweck und Anwendungsbereich

1. Zweck. § 225 a stellt klar, daß nach Eröffnung des Hauptverfahrens die Abgabe des **1** Verfahrens an das zuständige Gericht höherer Ordnung nicht nur in der Hauptverhandlung nach § 270, sondern auch außerhalb dieser möglich ist. Das Gesetz übernimmt damit die neuere Rechtsprechung des Bundesgerichtshofs[1], der aus Gründen der Verfahrensökonomie eine solche Abgabe praeter legem und entgegen der früher herrschenden Meinung[2] zugelassen hatte.

Die Regelung betrifft **nur die sachliche** Zuständigkeit. Sie gilt für die Abgabe an die **2** **Gerichte höherer sachlicher Zuständigkeit**, die Abgabe an **Jugendgerichte** und an die **besonderen Strafkammern** nach § 74 Abs. 2, §§ 74 a, 74 c GVG. Sie soll in Verbindung mit anderen Vorschriften (insbes. §§ 6 a, 209, 209 a, 270; § 74 GVG; §§ 47 a, 103 Abs. 2 Satz 3 JGG) eine schnelle Bereinigung der Zuständigkeitszweifel ermöglichen[3]. Den Grundsatz, daß nach Eröffnung des Hauptverfahrens die Sache nicht mehr an ein Gericht niederer Ordnung abgegeben werden darf (§ 269), behält § 225 a Abs. 1 bei. Er gestattet nur die Vorlage bei Gerichten höherer Ordnung und bei den kraft der Fiktion des § 209 a Nr. 2 Buchst. a diesen gleichgestellten gleichrangigen Jugendgerichten, nicht aber die Verweisung an die Jugendschutzkammer (dazu Rdn. 12) oder an ein Gericht niedrigerer Ordnung. Eine Ausnahme macht insoweit lediglich Absatz 4, der bei entsprechendem Einwand auch die Verweisung an eine nach § 74 e GVG nachrangige Strafkammer zuläßt.

Gleichzeitig regelt § 225 a **Verfahren** und **Wirkung** der Abgabe. Insoweit hatte die in **3** richterlicher Rechtsfortbildung entstandene Rechtslage früher einigen Zweifeln Raum gelassen[4]. Inhaltlich lehnt sich die Regelung eng an den gleichzeitig geänderten § 270 Abs. 1 an, sie entspricht ihm jedoch wegen der anderen Verfahrenslage nicht in allen Punkten.

---

[1] BGHSt **18** 290; **25** 309.
[2] BGHSt **6** 109; RGSt **52** 306; **62** 271; zum Problem vgl. *Rieß* GA **1976** 15.
[3] *Katholnigg* NJW **1978** 2375; *Rieß* NJW **1978** 2266.
[4] Begr. BTDrucks. **8** 976 S. 48.

Walter Gollwitzer

2. Anwendungsbereich

4   **a) Abgabe nach Eröffnung.** § 225 a schließt die Lücke zwischen der vor Eröffnung der Hauptverhandlung bestehenden Möglichkeit der Abgabe nach §§ 209, 209 a und der Abgabe nach Beginn der Hauptverhandlung nach § 270. Das Gericht kann nach § 225 a verfahren, wenn sich nach der Eröffnung des Hauptverfahrens außerhalb der Hauptverhandlung die nach § 6 in jeder Lage des Verfahrens **von Amts wegen** zu beachtende sachliche Zuständigkeit eines Gerichts höherer Ordnung oder eines Jugendgerichts ergibt oder wenn nach § 6 a Satz 3 der Einwand des Angeklagten durchgreift, daß für das Verfahren eine besondere Strafkammer (§ 74 Abs. 2, §§ 74 a, 74 c GVG) zuständig oder deren Zuständigkeit zu Unrecht angenommen worden ist[5]. Im Strafbefehlsverfahren gilt die Sonderregelung des § 408 Abs. 1 Satz 1. § 225 a ist aber nach Einspruch oder nach Anberaumung der Hauptverhandlung gemäß 408 Abs. 3 Satz 2 anwendbar[6].

5   **b) Mit Beginn der Hauptverhandlung**, also mit dem Aufruf der Sache (§ 243 Abs. 1 Satz 1), wird § 225 a **unanwendbar**. Das Verfahren kann dann nur nach § 270 an ein Gericht höherer Ordnung, ein Jugendgericht oder an eine Spezialstrafkammer (§ 74 e GVG) verwiesen werden. Dies gilt auch während einer Unterbrechung der Verhandlung. Auch wenn nach Aufruf der Sache gegen den ausgebliebenen Angeklagten nicht verhandelt werden kann (§ 230 Abs. 2), ist im Termin selbst § 225 a nicht anwendbar[7]. Erst nach **Abschluß der Hauptverhandlung** wird die Abgabe nach § 225 a wieder zulässig, wenn das Verfahren in ihr nicht für die Instanz erledigt wird, sondern auf Grund einer Aussetzung anhängig bleibt. Absatz 1 Satz 1 bringt dies dadurch zum Ausdruck, daß er die Abgabe vor Beginn *einer* Hauptverhandlung zuläßt[8]. Eine Abgabe ist selbst dann noch möglich, wenn das Verfahren nach Aufhebung des Urteils vom Rechtsmittelgericht in die Instanz zurückverwiesen worden ist.

6   **c) Im Berufungsverfahren** ist § 225 a nach jetzt wohl vorherrschender Ansicht[9] im Verhältnis zwischen den Berufungskammern entsprechend anwendbar, auch wenn er in § 323 Abs. 1 Satz 1 — wohl aus Versehen — nicht eingefügt wurde. Für die analoge Anwendung spricht, daß damit Zuständigkeitszweifel (zwischen Straf- und Wirtschaftskammer) auf einfachem Weg behoben werden können. Bei Wirtschaftsstrafsachen, für die beim Amtsgericht keine Spezialspruchkörper bestehen, kann § 225 a erst in der Berufungsinstanz zum Tragen kommen. Hat dagegen das Erstgericht seine Zuständigkeit zu Unrecht angenommen, muß das Berufungsgericht unter Aufhebung des Ersturteils die Sache an das zuständige Gericht verweisen (§ 328 Abs. 2). Im Beschwerdeverfahren ist § 225 a analog anwendbar[10].

7   **d)** § 225 a ist weder bei Fehlen der **örtlichen Zuständigkeit** anwendbar noch bei **geschäftsplanmäßiger Zuständigkeit** eines gleichartigen Spruchkörpers[11]. Wegen des Verfahrens nach Erhebung des Einwands der örtlichen Unzuständigkeit vgl. § 16, 10; wegen der Abgabe an den nach dem Geschäftsplan zuständigen Spruchkörper vgl. die

---

[5] Ein verspäteter oder sachlich ungerechtfertigter Antrag ist abzulehnen, vgl. § 6 a, 19 ff.
[6] KMR-*Paulus* 11; *Hohendorf* NStZ **1987** 395; vgl. bei § 408.
[7] OLG Hamm MDR **1993** 1002; SK-*Schlüchter* 3; **a. A** OLG Düsseldorf NStZ **1986** 426.
[8] Begr. BTDrucks. **8** 976 S. 48; *Hohendorf* NStZ **1987** 393; AK-*Keller* 2; KK-*Treier* 3; *Kleinknecht/ Meyer-Goßner* 4; KMR-*Paulus* 2; SK-*Schlüchter* 3.
[9] OLG Celle NdsRpfl. **1987** 257; OLG Düsseldorf JR **1982** 514 mit Anm. *Rieß*; JMBlNW **1995** 153

(unter Aufgabe von JMBlNW **1990** 155); OLG Stuttgart MDR **1982** 252; *Meyer-Goßner* NStZ **1981** 172; *Rieß* JR **1980** 81; AK-*Keller* 3; KK-*Treier* 4; *Kleinknecht/Meyer-Goßner* § 6 a, 14; KMR-*Paulus* § 6 a, 3; SK-*Schlüchter* 56, 57; **a. A** OLG München JR **1980** 77 mit abl. Anm. *Rieß*. Vgl. auch bei § 6 a, 15; 26.
[10] LG Köln wistra **1982** 279; KK-*Treier* 4.
[11] AK-*Keller* 1; *Kleinknecht/Meyer-Goßner* 3; KMR-*Paulus* 10; SK-*Schlüchter* 5.

Erläuterungen bei §§ 209, 7 ff und 270. Unanwendbar ist § 225 a auch im Kartellbußverfahren zwischen Oberlandesgericht und den Strafgerichten[12].

II. Abgabe an ein Gericht höherer Ordnung (Absatz 1)

1. Voraussetzung für die Abgabe ist, daß sich die sachliche **Zuständigkeit eines** **8** **Gerichts höherer Ordnung** (zur Rangfolge vgl. § 2, 11 ff; § 209, 11) ergibt. Unerheblich ist insoweit, ob bei Erlaß des Eröffnungsbeschlusses die fehlende sachliche Zuständigkeit übersehen wurde oder ob sie erst nachträglich durch neu zutage getretene Umstände oder auf Grund einer geänderten Rechtsauffassung erkannt worden ist.

Die Vorlage beim Gericht höherer Ordnung nach Absatz 1 setzt **keinen Antrag** vor- **9** aus. Weder muß die Staatsanwaltschaft ihren in der Anklage enthaltenen Antrag auf Eröffnung vor einem bestimmten Gericht ändern, noch muß der Angeklagte — anders als in den Fällen des Absatzes 4 — den Einwand der Unzuständigkeit erheben. Die fehlende sachliche Zuständigkeit ist in jeder Lage des Verfahrens **von Amts wegen zu prüfen** (§ 6). Dies unter Hinweis auf aufgetretene Zweifel anzuregen, steht allen Verfahrensbeteiligten, vor allem der Staatsanwaltschaft, frei.

Die Aburteilung ist dem Gericht höherer Ordnung vorbehalten, wenn der **hinrei-** **10** **chende Verdacht** besteht, daß die angeklagte Tat — und zwar der historische Vorgang im Sinn des § 264 — den Tatbestand einer in seine Zuständigkeit fallenden Straftat erfüllt, sofern die Verurteilung wegen dieser Tat mit der von § 203 vorausgesetzten Wahrscheinlichkeit (vgl. bei § 203) zu erwarten ist oder wenn die Rechtsfolgenkompetenz des Gerichts nicht ausreicht. Die Kognitionsbefugnis des mit der Sache befaßten Gerichts entfällt erst bei Überschreiten dieser Verdachtsschwelle. Soweit **normative Zuständigkeitsmerkmale**, wie die besondere oder mindere Bedeutung einer Sache oder die Straferwartung nach § 25 Nr. 2 nur bis zur Eröffnung des Hauptverfahrens zu prüfen sind, rechtfertigt deren spätere andere Beurteilung die Vorlage nicht; der Strafrichter kann nicht deswegen die Sache beim Schöffengericht zur Übernahme vorlegen[13]. Wegen der Einzelheiten wird auf die Erläuterungen zu § 270 verwiesen.

Bei **Zuständigkeit des Jugendgerichts** ist von den für die allgemeinen Strafsachen **11** zuständigen Gerichten in gleicher Weise zu verfahren. Dies zeigt die Verweisung auf § 209 a Nr. 2 Buchst. a, der die Jugendgerichte hinsichtlich der Entscheidung, ob Sachen nach § 33 Abs. 1, § 103 Abs. 2 Satz 1 und § 107 JGG vor die Jugendgerichte gehören, den Gerichten höherer Ordnung gleichstellt (vgl. bei § 209 a). Eine Vorlage zur Entscheidung über die Übernahme ist in diesen Fällen also nicht nur bei den Jugendgerichten möglich, die schon ihrer gerichtsverfassungsmäßigen Einordnung nach Gerichte höherer Ordnung sind, sondern auch bei Jugendgerichten gleicher Ordnung, also etwa vom Schöffengericht an das Jugendschöffengericht. Wegen der Einzelheiten wird auf die Erläuterungen zu § 209 a Nr. 2 Buchst. a verwiesen. Für die Jugendgerichte besteht im umgekehrten Falle nach der Eröffnung grundsätzlich keine Abgabemöglichkeit mehr (§ 47 a JGG)[14]. Werden Verfahren gegen Jugendliche und Erwachsene verbunden, sind grundsätzlich die Jugend-

---

[12] BGHSt **39** 207; SK-*Schlüchter* 5.
[13] *Rieß* NJW **1878** 2265; KK-*Treier* 5; *Kleinknecht/Meyer-Goßner* 5; KMR-*Paulus* 6; SK-*Schlüchter* 7; **a. A** *Hohendorf* NStZ **1987** 393; vgl. auch AG *Höxter* NStZ **1984** 474 (zu § 25 GVG a. F.). Zu den Auswirkungen der Neuabgrenzung der Zuständigkeiten in §§ 24, 25 GVG und zur strittigen Frage, ob die mindere Bedeutung einer Sache noch die

Zuständigkeit des Strafrichters begrenzt, vgl. die dortigen Nachw.; ferner etwa *Böttcher/Meyer* NStZ **1993** 157; OLG Köln StV **1996** 298; LR-*Rieß*24 GVG (Anhang) 19; *Rieß* NStZ **1995** 376 mit weit. Nachw.
[14] Vgl. bei § 209 a (24. Aufl. 19 ff); AK-*Keller* 3; KK-*Treier* 5.

Walter Gollwitzer

gerichte zuständig, es sei denn, die Erwachsenensache gehört zur Zuständigkeit der Wirtschafts- oder Staatsschutzstrafkammer (§ 103 JGG; wegen der Einzelheiten vgl. bei § 209, 6; 11; 44; § 209 a 19 ff).

12   Soweit § 209 a Nr. 2 Buchst. b auch eine Abgabe bei **Jugendschutzsachen** ermöglicht, ist er bei § 225 a nicht anwendbar. Absatz 1 Satz 1 verweist hierauf nicht. Angesichts der gleichwertigen Zuständigkeit von Jugendgerichten und Erwachsenengerichten in diesen Sachen besteht nach der Eröffnung des Hauptverfahrens kein Grund, eine Zuständigkeitsveränderung zuzulassen[15], selbst wenn die als Jugendschutzgericht befaßte Jugendkammer an Stelle der Schwurgerichtskammer entscheiden muß[16].

13   **2. Vorlagebeschluß.** Die **Vorlage** bei dem zuständigen Gericht höherer Ordnung bzw. bei dem zuständigen Jugendgericht beschließt das **Gericht**, vor dem das Verfahren eröffnet ist, in der für Entscheidungen außerhalb der Hauptverhandlung geltenden Besetzung[17]. Es handelt sich trotz Fehlens einer unmittelbar verfahrensändernden Wirkung (vgl. Rdn. 19, 30) um eine auch sonst (vgl. §§ 209 a, 270) dem Gericht vorbehaltenen Entscheidung, mit der es seine Unzuständigkeit bejaht und zum Ausdruck bringt, daß es an der Ansicht des Eröffnungsbeschlusses, es sei zur Durchführung der Hauptverhandlung zuständig (§ 270 Abs. 1), nicht mehr festhalten will. Dagegen kann der **Vorsitzende** allein die Verfügung unterschreiben, mit der der Vorlagebeschluß ausgeführt, die Benachrichtigung der Verfahrensbeteiligten angeordnet und die Akten über die Staatsanwaltschaft dem um die Übernahme ersuchten Gericht vorgelegt werden.

14   An **Form** und **Inhalt** des Vorlagebeschlusses stellt § 225 a keine besonderen Anforderungen, da er keine die Zuständigkeit verändernde Bedeutung hat (vgl. Rdn. 16, 30). Der Beschluß ist zu begründen; dies folgt zwar nicht aus § 34, wohl aber daraus, daß das vorlegende Gericht dem um Übernahme ersuchten Gericht und den Verfahrensbeteiligten aufzeigen muß, daß und warum es nunmehr seine Zuständigkeit verneint und die des anderen Gerichts für gegeben hält[18].

15   Der Beschluß ist den **Verfahrensbeteiligten** formlos **mitzuteilen**, da hierdurch keine Frist in Lauf gesetzt wird (§ 35 Abs. 2). Lediglich wenn dem Angeklagten im Beschluß zugleich eine Frist für Beweisanträge nach Absatz 2 Satz 1 gesetzt wird, ist deswegen die Zustellung notwendig[19]. Für die Mitteilung an die Staatsanwaltschaft genügt es, daß diese die Entscheidung zur Kenntnis erhält, wenn ihr die Akten zur Weiterleitung an das um Übernahme ersuchte Gericht zugeleitet werden.

16   Die **Anhörung der Verfahrensbeteiligten** schon vor Erlaß des Vorlagebeschlusses ist nicht notwendig. Sie kann angezeigt sein, damit das Gericht deren Sachvortrag bei seiner Entscheidung mit berücksichtigen kann. Der Vorlagebeschluß ist jedoch noch nicht die Entscheidung über die Übernahme, sondern nur ein darauf gerichteter Antrag des zunächst mit der Sache befaßten Gerichts. Den Erfordernissen des rechtlichen Gehörs genügt es, wenn die Verfahrensbeteiligten vor der Entscheidung über die Übernahme nach Absatz 1 Satz 2 Gelegenheit zur Äußerung erhalten. Es ist zweckmäßig, wenn bereits der Vorsitzende des um Übernahme nachsuchenden Gerichts im Rahmen seiner Leitungsbefugnisse auch hierfür eine Frist setzt, die angemessen sein muß, um eine der Verfahrenslage entsprechende Äußerung zu ermöglichen.

---

[15] Begr. BTDrucks. **8** 976 S. 68; BGH StV **1996** 247; *Schlüchter* JR **1982** 513; AK-*Keller* 3; KK-*Treier* 2; *Kleinknecht/Meyer-Goßner* 2; KMR-*Paulus* 10.

[16] BGH NStZ **1996** 346 mit abl. Anm. *Katholnigg*.

[17] KK-*Treier* 6; SK-*Schlüchter* 12.

[18] KK-*Treier* 7; *Kleinknecht/Meyer-Goßner* 6; SK-*Schlüchter* 14.

[19] SK-*Schlüchter* 16; vgl. dazu Rdn. 38.

3. Die **Vorlage** der Akten **über die Staatsanwaltschaft** schreibt Absatz 1 Satz 1 aus- **17** drücklich vor. Damit sichert der Gesetzgeber die rechtzeitige Einschaltung der Staatsanwaltschaft in das sich zwischen den Gerichten abspielende Verfahren und gibt ihr Gelegenheit, gegenüber dem Gericht, das über die Übernahme entscheidet, zur Zuständigkeitsfrage Stellung zu nehmen. Ist für das Gericht, das das Verfahren übernehmen soll, eine andere Staatsanwaltschaft zuständig, so sendet die für das abgebende Gericht und damit für das Verfahren zunächst noch zuständige Staatsanwaltschaft die Akten an diese und nicht unmittelbar an das um Übernahme ersuchte Gericht. Die Stellungnahme gegenüber dem ersuchten Gericht ist dann Sache dieser Staatsanwaltschaft[20]. Zur Vorlage in Staatsschutzsachen vgl. bei § 209.

Die Staatsanwaltschaft muß die Akten dem um Übernahme ersuchten Gericht **vorle-** **18** **gen**, auch wenn sie die Rechtsauffassung des vorlegenden Gerichts nicht teilt und ein anderes Gericht für zuständig hält[21]. Sie ist allerdings nicht gehindert, ihre abweichende Auffassung aktenkundig zu machen und entsprechende Anträge zu stellen. Eine ausdrückliche Antragstellung ist nicht zwingend vorgeschrieben, sie kann aber zur Eröffnung des Beschwerdeweges unter Umständen angezeigt sein (vgl. Rdn. 61).

4. Entscheidung über die Übernahme (Absatz 3)

a) Zuständigkeit. Die Entscheidung über die Übernahme obliegt dem **Gericht höhe- 19 rer Ordnung**, dem die Sache vorgelegt wird. Dabei haben kraft Fiktion des § 209 a Nr. 2 Buchst. a auch die gleichrangigen Jugendgerichte die Prüfungskompetenz der Gerichte höherer Ordnung. Die Entscheidung über die Übernahme ergeht grundsätzlich durch schriftlichen **Beschluß** des Gerichts in der für die Entscheidungen außerhalb der Hauptverhandlung vorgesehenen Besetzung[22]. Aber auch eine stillschweigende Übernahme durch Verlesung der zugelassenen Anklage und des Vorlagebeschlusses in der vom übernehmenden Gericht angeordneten Hauptverhandlung ist noch möglich[23].

Vor dem Erlaß des Übernahmebeschlusses sind die **Verfahrensbeteiligten zu hören** **20** (§ 33 Abs. 2, 3); vgl. Rdn. 16. Dies ist bei der Staatsanwaltschaft in der Regel schon durch deren bei der Aktenvorlage abgegebenen Stellungnahme geschehen. Eine Anhörung des Angeklagten erübrigt sich allenfalls dann, wenn die Übernahme abgelehnt wird, da dadurch dessen Rechtsstellung nicht beeinträchtigt wird[24].

b) Übernahmebeschluß. Wird das **Verfahren übernommen**, so muß dieser Beschluß **21** gemäß Absatz 3 Satz 1 den Angeklagten und das Gericht, vor dem die Hauptverhandlung nunmehr stattfinden soll, bezeichnen; denn nur insoweit wird der in seiner Wirkung fortbestehende Eröffnungsbeschluß nach § 207 Abs. 1 abgewandelt. Es bedarf keiner nochmaligen Entscheidung über die Zulassung der Anklage, keiner neuen Eröffnung vor dem übernehmenden Gericht. Das Hauptverfahren ist vielmehr bereits mit der Zulassung der ursprünglichen Anklage eröffnet und der angeklagte Lebenssachverhalt der richterlichen Kognition unterstellt worden. Daran ändert die Übernahme nichts[25]. Der Übernahmebeschluß kann deshalb einen fehlenden Eröffnungsbeschluß auch nicht ersetzen[26].

Das übernehmende Gericht darf den **hinreichenden Tatverdacht** hinsichtlich der zu- **22** gelassenen Anklage nicht mehr verneinen[27]; nur hinsichtlich der zusätzlichen Umstände,

[20] KK-*Treier* 9; *Kleinknecht/Meyer-Goßner* 7.
[21] *Kleinknecht/Meyer-Goßner* 7; SK-*Schlüchter* 17.
[22] BGHSt **29** 341; KK-*Treier* 12; *Kleinknecht/Meyer-Goßner* 14; KMR-*Paulus* 24; SK-*Schlüchter* 26.
[23] KMR-*Paulus* 24.
[24] SK-*Schlüchter* 24.

[25] *Rieß* GA **1976** 15; KMR-*Paulus* 26.
[26] BGH NStZ **1984** 520; AK-*Keller* 6; *Kleinknecht/ Meyer-Goßner* 14.
[27] Begr. BTDrucks. **8** 976 S. 48; AK-*Keller* 6; KK-*Treier* 10; *Kleinknecht/Meyer-Goßner* 15; KMR-*Paulus* 22; SK-*Schlüchter* 20.

die seine Zuständigkeit begründen sollen, muß es prüfen, ob sich der hinreichende Verdacht auch hierauf erstreckt[28]. In der **rechtlichen Würdigung** des angeklagten Lebenssachverhalts (Tat i. S. des § 264) ist das übernehmende Gericht dagegen frei. Es kann den Eröffnungsbeschluß im Übernahmebeschluß in entsprechender Anwendung des § 207 Abs. 2 Nr. 3 ändern oder auch die Verfolgung nach § 207 Abs. 2 Nrn. 2 und 4 beschränken oder wieder erweitern.

23   Die **Begründung** des Übernahmebeschlusses muß deutlich ergeben, wieweit hinsichtlich des Verfahrensgegenstands durch die Übernahme Änderungen eintreten. Soweit nunmehr Tatsachen für die Beurteilung der angeklagten Tat (§ 264) in den Vordergrund treten, die der Anklagesatz nicht herausstellt, muß der Übernahmebeschluß diese ebenso hervorheben wie eine vom Eröffnungsbeschluß abweichende rechtliche Würdigung. „Beide Beschlüsse müssen zusammen in zweifelsfreier Form erkennen lassen, welches Gericht welchen Tatvorwurf mit welcher (vorläufigen) rechtlichen Würdigung abzuurteilen hat"[29].

24   Im übrigen muß die Begründung des Übernahmebeschlusses insoweit den **gleichen Anforderungen** genügen wie ein Eröffnungsbeschluß in den Fällen des § 207 Abs. 2 Nrn. 2 bis 4 (vgl. dazu bei § 207). Absatz 3 Satz 2 erklärt ausdrücklich § 207 Abs. 2 Nrn. 2 bis 4, Abs. 3 und 4 für entsprechend anwendbar. Im Falle des § 207 Abs. 2 Nr. 2 kann das übernehmende Gericht die Staatsanwaltschaft auch auffordern, eine **neue Anklageschrift** einzureichen[30].

25   **c) Ablehnender Beschluß.** Lehnt das Gericht die Übernahme ab, muß es in der Begründung des ablehnenden Beschlusses dartun, aus welchen tatsächlichen oder rechtlichen Erwägungen es seine vom vorlegenden Gericht angenommene Zuständigkeit verneint. Das Gericht muß die Übernahme auch ablehnen, wenn es ein drittes Gericht für zuständig hält; keinesfalls darf es die Sache von sich aus dorthin weiterleiten[31]. Im ablehnenden Beschluß kann es allerdings auf die Zuständigkeit des dritten Gerichts hinweisen[32].

26   **d) Bekanntgabe.** Der Übernahmebeschluß ist dem Angeklagten **zuzustellen**, weil er ein anderes Gericht für zuständig erklärt und in der Regel den Eröffnungsbeschluß auch materiell-rechtlich ändert (vgl. bei § 270). § 215 erscheint insoweit analog anwendbar. Die Zustellung kann auch zu Händen des Verteidigers nach § 145 a Abs. 1 geschehen. Der Staatsanwaltschaft ist er mitzuteilen (§ 35 Abs. 2); einer Zustellung bedarf es insoweit nur, wenn die Staatsanwaltschaft wegen einer ihrem Antrag widersprechenden Übernahme ein Beschwerderecht (Rdn. 61) hat. Dem Nebenkläger kann er formlos mitgeteilt werden[33].

27   Wenn die Staatsanwaltschaft zugleich mit der Übernahme aufgefordert wurde, eine **neue Anklageschrift** nachzureichen, ist diese nach Eingang dem Angeklagten ebenfalls zuzustellen.

28   Der die Übernahme **ablehnende Beschluß** ist den Verfahrensbeteiligten formlos mitzuteilen (§ 35 Abs. 2 Satz 2); hat jedoch die Staatsanwaltschaft die Übernahme beantragt, so ist er ihr zuzustellen (§ 35 Abs. 2 Satz 1), da sie dann die sofortige Beschwerde hat (Rdn. 64).

29   **e) Haftentscheidung.** Zugleich mit der Übernahme muß das übernehmende Gericht nach dem entsprechend anwendbaren § 207 Abs. 4 über die **Anordnung** oder **Fortdauer**

---

[28] BGHSt **29** 348.
[29] Begr. BTDrucks. **8** 976 S. 49.
[30] KK-*Treier* 13, SK-*Schlüchter* 26.

[31] KK-*Treier* 14; *Kleinknecht/Meyer-Goßner* 19; KMR-*Paulus* 25; SK-*Schlüchter* 14.
[32] AK-*Keller* 8; KMR-*Paulus* 25; SK-*Schlüchter* 35.
[33] SK-*Schlüchter* 28.

der **Untersuchungshaft** oder der vorläufigen Unterbringung von Amts wegen neu entscheiden und diese Entscheidung ebenso wie bei § 207 Abs. 4 im gleichen Umfang wie sonstige Entscheidungen über die Haftprüfung begründen.

5. Wirkung des Übernahmebeschlusses

a) Übergang des Verfahrens. Mit Erlaß des Übernahmebeschlusses — und nicht **30** etwa erst mit der nach Ablauf einer etwaigen Anfechtungsfrist (vgl. Rdn. 60 ff) eintretenden Bestandskraft dieses Beschlusses — geht das Verfahren im ganzen Umfang auf das übernehmende Gericht über. Grundsätzlich werden alle Entscheidungen im Strafverfahren bereits mit Erlaß wirksam (vgl. bei § 307); daß der Übernahmebeschluß keine Ausnahme macht, zeigt der Übergang der Zuständigkeit für die Haftentscheidung nach Absatz 3 Satz 2, § 207 Abs. 4.

Mit der Übernahme wird das Hauptverfahren **bei dem übernehmenden Gericht** im **31** vollen Umfang **anhängig**[34]. Dieses wird für Vorbereitung und Durchführung der Hauptverhandlung sowie für alle im Verfahren anfallenden Nebenentscheidungen, wie etwa die Entscheidungen über Haft und Beschlagnahme, statt des abgebenden Gerichts zuständig (vgl. Rdn. 57). Es handelt sich dabei um die Weiterführung des gleichen Hauptverfahrens (vgl. bei § 270); der ursprüngliche Eröffnungsbeschluß bestimmt, wenn auch in der Abwandlung, die er durch den Übernahmebeschluß erfahren hat, weiterhin den Gegenstand des Verfahrens (vgl. Rdn. 22). Dagegen legt der Übernahmebeschluß meist die rechtliche Würdigung, unter der die angeklagte Tat untersucht werden soll, neu fest. Will das übernehmende Gericht später davon abweichen, bedarf es eines Hinweises nach § 265 selbst dann, wenn es zur ursprünglichen Auffassung des Eröffnungsbeschlusses zurückkehren will (vgl. bei § 265).

b) Eine **Bindung** für das weitere Verfahren tritt durch die **Übernahmeentscheidung 32** nur insoweit ein, als § 225 a Abs. 1, § 269 eine Verweisung an ein nachrangiges Gericht ausschließen (vgl. bei § 270). Eine **Weiterverweisung** gemäß § 225 a oder § 270 an ein Gericht höherer Ordnung oder an ein diesem gleichgestelltes vorrangiges Gericht ist jedoch möglich, ebenso bei entsprechendem Einwand eine nicht dem Rechtsgedanken des § 269 unterfallende, bindende Verweisung an eine nachrangige Spezialstrafkammer (Absatz 4 Satz 2; § 74 e GVG)[35]. Im übrigen ist die Rechtslage nicht anders zu beurteilen als beim Verweisungsbeschluß nach § 270. Bei den Jugendgerichten steht § 47 a JGG der späteren Rückverweisung selbst bei Trennung der Verfahren entgegen[36]; wegen der Ausnahmen vgl. bei § 209 a.

Ein Beschluß, der die **Übernahme ablehnt**, schließt zwar aus, daß das Verfahren bei **33** unverändertem Sachstand nochmals dem gleichen Gericht zur Entscheidung über die Übernahme nach § 225 a vorgelegt wird, denn insoweit hat das dafür zuständige Gericht bereits negativ entschieden. Im übrigen aber verleiht das Gesetz, anders als bei Absatz 4 Satz 2, dem ablehnenden Beschluß keine bindende Wirkung für das weitere Verfahren. Die Entscheidung über die Übernahme nach § 225 a Abs. 1 Satz 2 ist ebenso wie die Bestimmung des zuständigen Gerichts bei der Eröffnung eine auf einer noch nicht gesicherten Tatsachengrundlage getroffene **vorläufige Entscheidung**, die spätere Zuständigkeitskorrekturen bei veränderter Sachlage zuläßt. Sie hindert das Gericht nicht, das Verfahren auf Grund der in der Hauptverhandlung gewonnenen neuen Erkenntnisse nach

[34] KK-*Treier* 17; KMR-*Paulus* 27; SK-*Schlüchter* 30 ff.
[35] Begr. BTDrucks. **8** 976 S. 57; KK-*Treier* 18; *Kleinknecht/Meyer-Goßner* 18; SK-*Schlüchter* 32.
[36] BGHSt **30** 260; BayObLGSt **1980** 46 = NJW **1980** 2090; vgl. bei § 209 a.

Walter Gollwitzer

§ 270 erneut an das Gericht zu verweisen, das die Übernahme nach Absatz 1 Satz 2 abgelehnt hat[37]. Noch weniger schließt sie eine entsprechende Verweisung durch das Rechtsmittelgericht (§ 328 Abs. 3, § 355) aus. Der Abgabe an ein anderes Gericht — etwa auf Grund des Absatzes 4 nach Erhebung eines begründeten Einwands nach § 6 a — steht die ablehnende Entscheidung nach Absatz 1 Satz 2 ohnehin nicht entgegen.

6. Einzelne Beweiserhebungen (Absatz 2)

34   a) Das **Recht des Angeklagten**, wegen der Veränderung der Verfahrenslage auf die Erhebung einzelner Beweise noch vor der Hauptverhandlung hinzuwirken, bringt Absatz 2 dadurch zum Tragen, daß er in Anlehnung an § 270 Abs. 4 hierfür die Bestimmungen einer Frist vorschreibt. Er kann damit noch vor der Entscheidung über die Übernahme unter dem Blickwinkel einer schwereren Anschuldigung Beweisanträge nachholen, die er wegen der ursprünglichen Anklage nach § 201 Abs. 1 nicht gestellt hatte[38]. Diese Verteidigungsmöglichkeit dient einem doppelten Zweck. Wie ihre Beschränkung auf die Anklagen zum Strafrichter und zum Schöffengericht (vgl. Rdn. 35) zeigt, soll sie zum einen dem Angeklagten die Möglichkeit eröffnen, eventuelle Defizite einer zu eng auf die frühere Anschuldigung beschränkten Sachaufklärung durch eigene Beweisanträge auszugleichen und ihn so in die Lage versetzen, die Ausgangsposition seiner Verteidigung in der Hauptverhandlung zu verbessern und der neuen Verfahrenslage anzupassen[39]. Insoweit beruht die Regelung auf ähnlichen Überlegungen wie etwa § 265 Abs. 3, 4. Zum anderen eröffnet sie mit der Gewährung des Beweisantragsrecht vor der Entscheidung über die Übernahme auch die Möglichkeit, diese durch neubenannte Beweismittel abzuwenden[40].

35   Die Regelung ist in Anlehnung an § 270 Abs. 4 auf die Anklagen zum **Strafrichter** und zum **Schöffengericht** beschränkt, also auf die Sachen von ursprünglich geringerer Bedeutung. Bei diesen erscheint es nicht durchweg gesichert, daß der angeklagte Sachverhalt auch unter den für die Verweisung an das höhere Gericht maßgebenden Gesichtspunkten bereits voll und umfassend aufgeklärt ist. Der nunmehr auftretende Verdacht einer bisher in der Anklage nicht angesprochenen schwereren Straftat, der in der Regel die Abgabe veranlassen wird, kann dem Angeklagten erstmalig Anlaß zu Beweisanträgen bieten, die er wegen des in der Anklage erhobenen Vorwurfes für entbehrlich halten durfte und die er deshalb nach § 201 Abs. 1 vor der Eröffnung nicht gestellt hat[41]. Ob Absatz 2 auch gilt, wenn der Strafrichter an den Jugendrichter oder das Schöffengericht an das Jugendschöffengericht abgeben will, könnte trotz der Gleichstellung der Jugendgerichte mit Gerichten höherer Ordnung (§ 209 a Nr. 2 Buchst. a) zweifelhaft sein, ist aber vom Regelungszweck her zu bejahen[42]. Die Behandlung als Jugendsache und die nunmehr in Frage kommende Anwendung des Jugendstrafrechts sind neue Gesichtspunkte, die ebenfalls Anlaß zu vorgezogenen Beweiserhebungen geben können, etwa, ob ein Heranwachsender einem Jugendlichen gleichzuachten ist. Im übrigen ist es dem Angeklagten unbenommen, in allen Fällen einer Vorlage zur Übernahme auch ohne Fristsetzung unter Hin-

---

37 Vgl. OLG Stuttgart JR **1995** 517 mit Anm. *Wendisch*; KK-*Treier* 19; *Kleinknecht/Meyer-Goßner* 21; SK-*Schlüchter* 31.

38 *Alsberg/Nüse/Meyer* 365; *Kleinknecht/Meyer-Goßner* 9.

39 *Alsberg/Nüse/Meyer* 366; *Kleinknecht/Meyer-Goßner* 9 sehen darin den alleinigen Zweck des Beweisantragsrechts.

40 AK-*Keller* 9; KK-*Treier* 20; KMR-*Paulus* 18 sehen den Zweck in der Einflußnahme auf die Übernahmeentscheidung, während SK-*Schlüchter* 39 beide Zwecke anerkennt.

41 *Alsberg/Nüse/Meyer* 365; KMR-*Paulus* 18.

42 KK-*Treier* 20; KMR-*Paulus* 18; SK-*Schlüchter* 39; **a. A** *Alsberg/Nüse/Meyer* 366; *Kleinknecht/Meyer-Goßner* 9; 22 (keine Zuständigkeitsänderung auf Grund neuer Gesichtspunkte).

weis auf die veränderte Sachlage die Erhebung einzelner Beweise vor der Entscheidung über die Übernahme anzuregen[43].

Den **Antrag des Angeklagten** auf vorzeitige Erhebung einzelner Beweise bindet das **36** Gesetz an keine besondere Form. Wegen der Anforderungen, denen sein Inhalt genügen muß und wegen der weiteren Sachbehandlung ist es jedoch in der Regel (Ausnahme Aktennotiz) geboten, ihn schriftlich oder zur Niederschrift der Geschäftsstelle zu stellen[44]. Er ist an den **Vorsitzenden** des um **Übernahme ersuchten Gerichts** zur richten. Wird er beim vorlegenden Gericht eingereicht, etwa weil das Aktenzeichen des ersuchten Gerichts noch nicht bekannt ist, ist er an dieses weiterzuleiten[45]. Der Antrag muß nicht notwendig bereits den **Anforderungen** eines **Beweisantrages** im Sinne des § 244 voll entsprechen, auch wenn es ratsam ist, daß in ihm Beweisthema und Beweismittel genau bezeichnet werden. Anregungen zur weiteren Aufklärung des Sachverhalts durch Verwendung bestimmter Beweismittel sind ebenfalls möglich und für die Entscheidung über die Beweiserhebung beachtlich[46]. Zweckmäßig, aber nicht erforderlich ist ferner, daß zur Begründung des Antrags zusätzlich zur Beweiserheblichkeit auch dargetan wird, warum eine Beweiserhebung schon jetzt geboten erscheint.

b) Die **Bestimmung der Frist** für den Antrag auf Erhebung einzelner Beweise ist **37** bereits dem vorlegenden Gericht aufgetragen worden, obwohl in diesem Zeitpunkt die Übernahme noch offen ist. Im Interesse der Verfahrensbeschleunigung sollte dies nicht erst dem Vorsitzenden des übernehmenden Gerichts überlassen bleiben[47].

Die Frist ist **bei der Vorlage** (Absatz 2 Satz 1) vom Vorsitzenden[48] zu bestimmen, **38** also nicht notwendig in dem die Vorlage anordnenden Beschluß selbst. Letzteres ist jedoch zweckmäßig, da dann nur ein einziger Beschluß dem Angeklagten zuzustellen ist. Andernfalls muß die Anordnung, die die Fristbestimmung enthält, gesondert förmlich zugestellt werden[49]. Ein besonderer Hinweis, daß die Beweisanträge an den Vorsitzenden des um Übernahme ersuchten Gerichts zu richten sind, ist bei Fristsetzung nicht vorgeschrieben[50]; in der Regel wird er zweckmäßig sein.

Die Erklärungsfrist muß **angemessen** sein. Der Angeklagte muß entsprechend dem **39** Umfang und der gestiegenen Bedeutung der Sache sowie unter Berücksichtigung seiner Verhältnisse (Haft, auswärtiger Wohnsitz usw.) ausreichend Zeit haben, anhand der Ausführungen des Vorlagebeschlusses, insbesondere der dort aufgegriffenen neuen Gesichtspunkte, zu prüfen und zu entscheiden, wieweit eine Beweiserhebung vor der Hauptverhandlung seiner Verteidigung förderlich ist[51]. Die Benennung der zu erhebenden Beweise kann im übrigen im Zusammenhang mit der Äußerung geschehen, mit der zur Übernahme des Verfahrens Stellung genommen wird (vgl. Rdn. 16).

Die Frist des Absatzes 2 Satz 1 ist eine **richterliche Frist**, die auf Antrag des Ange- **40** klagten verlängert werden kann. Ihre Überschreitung entbindet den Vorsitzenden nicht

---

43 SK-*Schlüchter* 41.

44 *Kleinknecht/Meyer-Goßner* 11; SK-*Schlüchter* 44 (schriftliche Fixierung wichtig für Nachweis).

45 Etwa *Alsberg/Nüse/Meyer* 368; *Kleinknecht/Meyer-Goßner* 11; KMR-*Paulus* 19; SK-*Schlüchter* 42.

46 SK-*Schlüchter* 43; **a. A** *Alsberg/Nüse/Meyer* 367; *Kleinknecht/Meyer-Goßner* 11. Es handelt sich jedoch nicht um eine Beweiserhebung in Blaue hinein, sondern um Nachermittlungen zur besseren Vorbereitung der Entscheidung über die Übernahme und der Hauptverhandlung. Wird das Gericht auf hierfür relevante Umstände oder Beweismittel hingewiesen, kann es vom Zweck her nicht entscheidend sein, ob dies in Form eines Beweis- oder nur eines Beweisermittlungsantrags geschieht, sondern nur, ob die weitere Sachaufklärung für die genannten Zwecke förderlich ist.

47 Begr. BTDrucks. **8** 976 S. 48.

48 BGH NStZ **1981** 151 mit Anm. *Dünnebier*; *Alsberg/Nüse/Meyer* 367; AK-*Keller* 10; SK-*Schlüchter* 40.

49 *Alsberg/Nüse/Meyer* 367; KK-*Treier* 21.

50 *Alsberg/Nüse/Meyer* 367; *Kleinknecht/Meyer-Goßner* 10; SK-*Schlüchter* 40; vgl. die Erl. zu § 270.

51 *Alsberg/Nüse/Meyer* 368; *Kleinknecht/Meyer-Goßner* 10; SK-*Schlüchter* 40; **a. A** KMR-*Paulus* 19 (Hinweis zwingend).

von der Verpflichtung, die dort geforderten Beweise zu erheben, wenn dies für das weitere Verfahren förderlich ist.

41   Ob das Gericht mit der Entscheidung über die Übernahme des Verfahrens bis zum Ablauf einer etwaigen **Frist für die Beweisbenennung** zuzuwarten hat und ob der Vorsitzende mit der Beweiserhebung erst nach Erlaß der Übernahmeentscheidung beginnen darf[52], hängt von der Streitfrage ab, ob Zweck der Beweiserhebung die Entscheidung über die Übernahme oder aber die Förderung der Vorbereitung der Hauptverhandlung vor dem übernehmenden Gericht ist (Rdn. 34). Betrifft die beantragte Beweiserhebung einen auch für die Entscheidung über die Übernahme relevanten Gesichtspunkt, ist sie nach der hier vertretenen Auffassung (vgl. Rdn. 44) vor der Entscheidung über die Übernahme durchzuführen[53]. Scheitert die Übernahme dagegen schon aus Rechtsgründen, dient es der Verfahrensbeschleunigung, wenn die Übernahme schon vor Ablauf der Frist abgelehnt wird[54]. Schließt allerdings die Frist für die Beantragung einzelner Beweiserhebungen zugleich eine für die Äußerung zur Übernahme nach § 33 Abs. 3 allgemein gesetzte richterliche Frist mit ein (Rdn. 16), dann muß deren Ablauf abgewartet werden, bevor über die Übernahme entschieden wird.

42   **c) Anhörung der Staatsanwaltschaft.** Diese ist zu den Anträgen auf Vornahme einzelner Beweiserhebungen zu hören (§ 33 Abs. 2)[55].

43   **d) Entscheidung.** Der **Vorsitzende** des Gerichts, dem die Sache zur Entscheidung über die Übernahme vorliegt, befindet über die beantragte Beweiserhebung nach **pflichtgemäßem Ermessen**, das sich daran zu orientieren hat, ob die beantragte vorherige Beweiserhebung für die Entscheidung über die Übernahme bedeutsam oder sonst zur Vorbereitung der Hauptverhandlung sachdienlich ist, etwa, indem sie Klarheit darüber verschafft, welche weiteren Beweismittel für die Hauptverhandlung verfügbar sind, wenn diese unter den für die Übernahme des Verfahrens maßgebenden Gesichtspunkten durchgeführt werden soll. Die Beweiserhebung nach Absatz 2 ist ihrer Zielsetzung nach keine umfassende, sie soll insbesondere nicht die Beweisaufnahme der durch die Eröffnung notwendig gewordenen Hauptverhandlung vorwegnehmen, sondern sie nur vorbereiten. Es kommt also wie bei § 270 nicht nur auf die Beweiserheblichkeit der einzelnen Behauptung an, sondern vor allem darauf, ob die Beweiserhebung der Hauptverhandlung vorbehalten werden kann oder ob es für deren Durchführung förderlich ist, sie schon vorher durchzuführen, etwa um den Beweis zu sichern oder um die Möglichkeiten weiterer Sachaufklärung zu erforschen und so einer etwaigen Aussetzung der Hauptverhandlung vorzubeugen (vgl. bei § 270).

44   Die beantragte Beweiserhebung kann — auch wenn man hierin nicht ihren eigentlichen Zweck sieht — für die **Vorbereitung der Entscheidung über die Übernahme** mitverwendet werden. Da sich die Beweisanträge meist auf die neu hervorgetretenen Gesichtspunkte beziehen werden, die auch für die Entscheidung über die Übernahme in Gewicht fallen, läßt sich beides ohnehin nicht immer trennen. Das um Übernahme ersuchte Gericht hat die Voraussetzungen für die Übernahme (vgl. Rdn. 22) in dem dafür erforderlichen Umfang von Amts wegen aufzuklären. Auch wenn es erst mit Erlaß des Übernahmebeschlusses für das Verfahren als solches zuständig wird (Rdn. 30), muß es für

---

[52] *Alsberg/Nüse/Meyer* 369.

[53] AK-*Keller* 9. Wenn man dagegen den Zweck der Beweiserhebung ausschließlich in der Vorbereitung der Hauptverhandlung sieht, ist sie erst nach der Übernahmeentscheidung anzuordnen, so etwa *Kleinknecht/Meyer-Goßner* 13.

[54] Vgl. Rdn. 49.

[55] KK-*Treier* 22; *Kleinknecht/Meyer-Goßner* 12; SK-*Schlüchter* 47. *Alsberg/Nüse/Meyer* 369 hält § 33 Abs. 2 für nicht anwendbar, die Anhörung der Staatsanwaltschaft aber für zweckmäßig; zum strittigen Begriff Entscheidungen vgl. § 33, 4 ff.

die zur Prüfung der Übernahme erforderlichen Erhebungen schon vorher als befugt gelten. Eine Beweiserhebung vor der Übernahme ist allerdings auf das unbedingt Notwendige zu beschränken, damit die für den Fortgang des Verfahrens wichtige Entscheidung über die Übernahme nicht unnötig verzögert wird.

Der Antrag auf vorherige Beweiserhebung muß **ausdrücklich beschieden** werden, **45** und zwar so rechtzeitig vor der Hauptverhandlung, daß der Angeklagte sein weiteres Prozeßverhalten darauf einrichten, also die Ladung von Beweispersonen nach § 219 beantragen oder von seinem unmittelbaren Ladungsrecht nach § 220 Gebrauch machen kann. Dem Vorsitzenden ist es allerdings unbenommen, zugleich mit der Ablehnung der Beweiserhebung nach Absatz 2 die benannten Beweispersonen zur Hauptverhandlung zu laden oder die dort bezeichneten Beweisgegenstände herbeischaffen zu lassen (§§ 214, 221); ein Antrag nach § 219 liegt wegen der anderen Zielsetzung (Beweiserhebung vor der Hauptverhandlung) in der Regel im Antrag nach Absatz 2 nicht, er kann jedoch — eventuell auch hilfsweise — damit verbunden werden[56]. Zu prüfen ist jedoch immer, ob der Beweisantrag zur Sicherung des Beweises in der Hauptverhandlung nicht nach §§ 223, 225 zu behandeln ist (dazu Rdn. 48).

Einer **Begründung** bedarf nur die **ablehnende Entscheidung** (§ 34). Dann müssen die **46** dafür maßgebenden rechtlichen oder tatsächlichen Gründe aufgezeigt werden. Die Ablehnung kann nach § 244 Abs. 3 darauf gestützt werden, das Beweismittel sei ungeeignet oder unerreichbar oder die Beweiserhebung ohne Bedeutung. Sie kann vor allem aber damit gerechtfertigt werden, daß die Beweiserhebung vor der Hauptverhandlung unter den gegebenen Umständen zu deren Vorbereitung nicht erforderlich ist[57] und daß es dem Angeklagten unbenommen bleibt, in der Hauptverhandlung entsprechende Beweisanträge zu stellen oder nach § 220 zu verfahren. Soweit der Vorsitzende von sich aus die Ladung der benannten Beweispersonen zur Hauptverhandlung oder die Beibringung der Beweisgegenstände anordnet (§§ 214, 221), kann in der Ablehnung auch darauf hingewiesen werden. Im übrigen aber ist hier — ähnlich wie bei der Ablehnung eines Antrags nach § 219 — alles zu vermeiden, was bei dem Angeklagten den Eindruck erwecken könnte, daß der Vorsitzende eine bestimmte Sachbehandlung in der Hauptverhandlung zusichere. Eine Wahrunterstellung des Beweisthemas darf der Vorsitzende deshalb ebensowenig zusagen wie bei der Entscheidung nach § 201 oder § 219; auch sonst hat jede Vorwegnahme der Beweiswürdigung zu unterbleiben[58]. Im übrigen aber können für die Ablehnung mangels Beweiserheblichkeit die Ablehnungsgründe des § 244 entsprechend angewendet werden.

e) Die **Durchführung der Beweiserhebung** ist dem Ermessen des Vorsitzenden überlassen. **47** Er kann die Beibringung von Beweisgegenständen anordnen und er kann auch Beweispersonen selbst vernehmen. In der Regel wird er allerdings im Wege der Rechtshilfe (§§ 156 ff GVG) das zuständige Amtsgericht darum ersuchen oder aber die Staatsanwaltschaft um die Durchführung der von ihm noch für erforderlich gehaltenen Erhebungen bitten; diese ist trotz der Eröffnung des Hauptverfahrens dazu noch befugt[59].

f) Im **Sonderfall der Beweissicherung** nach § 223 gilt dagegen etwas anderes. Sind **48** dessen Voraussetzungen gegeben, so ordnet das **Gericht** — nicht der Vorsitzende nach

---

[56] *Alsberg/Nüse/Meyer* 369. KK-*Treier* 22; SK-*Schlüchter* 48 nehmen dagegen an, daß Anträge, die nicht die Übernahme des Verfahrens, sondern die Hauptverhandlung betreffen, nach § 219 zu behandeln sind. KMR-*Paulus* 20 nimmt dies für nicht fristgerecht eingereichte Anträge an. Vgl. auch AK-*Keller* 10 (Umdeutung).

[57] *Alsberg/Nüse/Meyer* 369; KK-*Treier* 22; *Kleinknecht/Meyer-Goßner* 12; SK-*Schlüchter* 49.
[58] *Alsberg/Nüse/Meyer* 369; *Kleinknecht/Meyer-Goßner* 12; vgl. § 219, 13.
[59] Vgl. die Erl. zu §§ 161; 202 und Vor 213, 17.

Walter Gollwitzer

§ 225 a Abs. 2 Satz 2 — die kommissarische Vernehmung des verhinderten Zeugen oder Sachverständigen an[60]. Der Vorrang des § 223 gilt auch dann, wenn ein Antrag des Angeklagten nach § 225 a Abs. 2 die kommissarische Einvernahme einer voraussichtlich in der Hauptverhandlung nicht zur Verfügung stehenden Beweisperson auslöst. Dann geht es nicht nur um die Prüfung, ob dieses wegen ihres Sachwissens zur Hauptverhandlung zu laden ist, sondern um eine die Einvernahme in der Hauptverhandlung ersetzende Vernehmung. Gleiches gilt für die Anordnung des richterlichen Augenscheins nach § 225.

49   **g) Sonstige Erledigung.** Lehnt das Gericht die Übernahme ab, wird der nur für den Fall der Übernahme gestellte **Antrag** auf Erhebung einzelner Beweise **gegenstandslos**, ein besonderer ablehnender Bescheid erübrigt sich[61]. Das mit der Sache weiterhin befaßte Gericht ist allerdings gehalten, das Vorbringen im Rahmen seiner **Aufklärungspflicht** bei der Vorbereitung der Hauptverhandlung zu beachten. Im übrigen ist es Sache des Angeklagten und seines Verteidigers, nach dem Scheitern der Übernahme auf diese Beweise zurückzukommen und entsprechende Anträge zu stellen, wenn sie die Beweise trotz der Ablehnung der Übernahme noch für wichtig halten.

III. Abgabe bei Einwand der Zuständigkeit einer besonderen Strafkammer (Absatz 4)

50   **1. Einwand des Angeklagten.** Nach Eröffnung des Hauptverfahrens darf das Gericht nur noch auf Einwand des Angeklagten beachten (§ 6 a), daß es wegen der Zuständigkeit einer besonderen Strafkammer für das Verfahren an sich nicht zuständig ist. Wird dieser Einwand außerhalb der Hauptverhandlung erhoben, so muß das Gericht, wenn es ihn für begründet hält (vgl. § 6 a, 10; bei § 209 a), das Verfahren nach § 225 a Abs. 4 abgeben. Das Verfahren ist unterschiedlich, je nachdem, ob der um Übernahme ersuchten besonderen Strafkammer der Vorrang vor dem abgebenden Gericht zukommt oder ob sie ihm im Range nachsteht (§ 74 e GVG).

51   **2. Vorlage beim vorrangigen Gericht.** Die Vorlage der Akten **zur Prüfung der Übernahme** nach Absatz 1 ist zu beschließen, wenn die besondere Strafkammer ohnehin das höherrangige Gericht ist oder wenn ihr, wie bei einer Abgabe zwischen Strafkammern nach § 74 e GVG, der Vorrang zukommt. In beiden Fällen richtet sich das Verfahren nach den Absätzen 1 bis 3. Daß in Absatz 4 Satz 1 auf Absatz 2 verwiesen wird, dürfte sachgerecht sein, da der Angeklagte dadurch Gelegenheit erhält, auf die Beiziehung der für seine Verteidigung unter den neuen Gesichtspunkten geeigneten Beweismittel hinzuwirken[62]. Im übrigen gelten keine Besonderheiten. Das abgebende Gericht legt die Akten durch Vermittlung der Staatsanwaltschaft der um Übernahme ersuchten besonderen Strafkammer vor, die durch Beschluß darüber entscheidet, ob sie das Verfahren übernimmt. Wegen der Einzelheiten gelten die Erläuterungen zu den Absätzen 1 bis 3.

3. Verweisung an das nachrangige Gericht

52   **a)** Die **bindende Verweisung** an eine nachrangige Strafkammer ist dagegen vom abgebenden Gericht nach Absatz 4 Satz 2 zu beschließen, wenn es den Einwand nach § 6 a insoweit für begründet erachtet. Die Befugnis zur bindenden Verweisung erklärt sich

[60] *Alsberg/Nüse/Meyer* 368; KK-*Treier* 22; *Kleinknecht/Meyer-Goßner* 12; KMR-*Paulus* 20; SK-*Schlüchter* 46.

[61] *Alsberg/Nüse/Meyer* 369; KK-*Treier* 22; *Kleinknecht/Meyer-Goßner* 19; SK-*Schlüchter* 45.

[62] KK-*Treier* 20; KMR-*Paulus* 18; SK-*Schlüchter* 59; **a. A** *Alsberg/Nüse/Meyer* 366: Redaktionsversehen, wie Vergleich mit § 270 zeigt; ebenso *Meyer-Goßner* NStZ **1981** 169; *Kleinknecht/Meyer-Goßner* 22.

daraus, daß der nach § 74 e vorrangigen Strafkammer nach § 209 a die Kompetenz zur Eröffnung zukommt[63].

Die **Anhörung** der Staatsanwaltschaft und — soweit erforderlich — der anderen Verfahrensbeteiligten vor Erlaß des Verweisungsbeschlusses nach Absatz 2 Satz 2 richtet sich nach § 33 Abs. 2, 3. Der Angeklagte, dessen Einwand durchgreift, braucht deshalb in der Regel nicht nochmals dazu gehört werden[64]. **53**

Der **Verweisungsbeschluß** muß, auch wenn das Gesetz insoweit keine besonderen Vorschriften aufstellt, ebenso wie der Übernahmebeschluß nach Absatz 3 in seinem Tenor den Angeklagten und das Gericht[65] bezeichnen, vor dem die Hauptverhandlung stattfinden soll. Soweit die verwiesene Tat (§ 264) rechtlich anders gewürdigt wird, ist auch dies entsprechend deutlich zu machen, wobei die Tatsachen hervorzuheben sind, die abweichend vom ursprünglichen Anklagesatz nunmehr auf Grund der anderen rechtlichen Würdigung entscheidungserheblich werden. Im übrigen muß die Begründung stets aufzeigen, woraus sich die Zuständigkeit der nachrangigen Strafkammer ergibt. **54**

b) Der Verweisungsbeschluß ist der Staatsanwaltschaft **zuzustellen**, sofern diese ein Anfechtungsrecht hat (Rdn. 61 ff). Dem Angeklagten ist er trotz fehlender Anfechtungsmöglichkeit zuzustellen[66], weil er die im Eröffnungsbeschluß festgelegte Zuständigkeit abändert (vgl. Rdn. 26). Der nachrangigen Strafkammer, an die das Verfahren mit bindender Wirkung verwiesen ist, wird der Beschluß in der Regel zugleich mit der Übersendung der Akten zur Kenntnis gebracht. Die Einschaltung der Staatsanwaltschaft bei der Übermittlung der Akten schreibt Absatz 4 Satz 2 nicht vor, da er, anders als bei Absatz 4 Satz 1, nicht auf Absatz 1 Satz 1 verweist. Sie ist jedoch nicht verboten und — sofern nicht ein Grund zur besonderen Eile (z. B. anstehenden Haftentscheidung) vorliegt — auch zweckmäßig[67]. **55**

IV. Sonstige verfahrensrechtliche Fragen

1. Keine Aufspaltung der Tat. Die Übernahme des Verfahrens durch ein höheres Gericht nach Absatz 1 oder durch eine besondere Strafkammer nach Absatz 4 Satz 1 sowie die bindende Verweisung an eine nachrangige Strafkammer nach Absatz 4 Satz 2 sind immer **nur hinsichtlich der ganzen Tat** im Sinn des § 264 möglich[68]. Teile ein- und derselben Tat können nicht abgegeben werden, auch wenn sie materiell-rechtlich verschiedene, rechtlich selbständige Straftatbestände betreffen. Soweit das Verfahren vom abgebenden Gericht nach § 154 Abs. 2 wegen einer **anderen Tat** eingestellt worden ist, wird diese von der Abgabe nicht erfaßt; anders ist es bei einer Einstellung hinsichtlich **abtrennbarer Teile der gleichen Tat** nach § 154 a. Ein Verfahren, in dem mehrere Taten im Sinne des § 264 verbunden sind, kann dagegen auch nur wegen einer Tat zur Übernahme vorgelegt oder im Falle des Absatzes 4 Satz 2 bindend verwiesen werden. Insoweit gilt das gleiche wie bei § 270. Notwendig ist allerdings die **Trennung des Verfahrens** vor Übernahme oder Verweisung. Bei der Vorlage zur Übernahme sollte zwar grundsätzlich bereits das vorlegende Gericht die Verfahren trennen, jedoch wird man auch das übernehmende Gericht für befugt ansehen müssen, bei Vorlage des ganzen Verfahrens zur Übernahme dieses zu trennen und nur eine Tat (§ 264) zu übernehmen, im übrigen aber **56**

---

63 Begr. BTDrucks. **8** 976 S. 49.
64 KK-*Treier* 25; SK-*Schlüchter* 60.
65 Der Art nach, etwa „allgemeine Strafkammer" und nicht Zuweisung an eine bestimmte allgemeine Strafkammer; BGH StV **1990** 97 (L).

66 KK-*Treier* 26; *Kleinknecht/Meyer-Goßner* 23; SK-*Schlüchter* 63.
67 SK-*Schlüchter* 60.
68 Vgl. die Erl. zu § 264 und § 270.

Walter Gollwitzer

die Übernahme abzulehnen, wenn es die gleichzeitige Aburteilung der verbundenen Taten nicht für erforderlich hält. Ob das um Übernahme ersuchte Gericht seinerseits die Verfolgung nach § 154 a Abs. 2 beschränken und dann wegen der verbleibenden Straftaten die Übernahme ablehnen kann, ist strittig. Im Schrifttum[69] wird diese zu Recht verneint, da nur das Gericht, bei dem das Verfahren anhängig ist, in dieser Weise über den Verfahrensgegenstand verfügen kann und weil bei Ablehnung der Übernahme das weiterhin mit der Sache befaßte Gericht die Verfolgungsbeschränkung jederzeit wieder rückgängig machen könnte. **Nach der Übernahme** kann das übernehmende Gericht § 154 a anwenden, § 269 schließt dann eine Zurückverweisung aus. Nach anderer Ansicht[70], die sich auch auf die prozeßökonomische Zweckmäßigkeit beruft, ist das um Übernahme ersuchte Gericht analog § 209 Abs. 1 befugt, § 154 a Abs. 2 anzuwenden und dann die Übernahme abzulehnen. Vor einer bindenden **Verweisung an das nachrangige Gericht** ist das verweisende Gericht dagegen befugt, die Gesetzesverletzungen, die seine Zuständigkeit begründet haben, nach § 154 a Abs. 2 auszuscheiden und dann die Sache an ein nachrangiges Gericht zu verweisen[71].

57   **2. Zuständigkeit für Nebenentscheidungen.** Für diese bleibt das vorlegenden Gericht auch dann noch zuständig, wenn die Akten bereits dem um Übernahme ersuchten Gericht vorliegen. Dies gilt auch für die **Haftkontrolle** und für die mit dem Vollzug der Untersuchungshaft verbundenen Anordnungen. Es wird sich deshalb empfehlen, daß das Gericht bei der Vorlage dafür vorsorgt, daß es voraussichtlich anfallende Entscheidungen ohne Verzögerung treffen kann (Zurückbehaltung von Doppelstücken der Akten, Hinweis bei Vorlage usw.). Erst mit **Erlaß des Übernahmebeschlusses** (Rdn. 30) tritt das übernehmende Gericht auch hinsichtlich der Nebenentscheidungen an die Stelle des abgebenden. Soweit eine Änderung früherer Entscheidungen in Frage kommt, hat es von diesem Zeitpunkt an die gleichen Befugnisse wie das Gericht, vor dem ursprünglich eröffnet wurde. Bei einer Trennung eines verschiedenen Taten im Sinne des § 264 umfassenden Verfahrens (Rdn. 56) ist, sofern sich dies nicht aus dem Haftbefehl ergibt, klarzustellen, für welches der getrennten Verfahren die Untersuchungshaft besteht.

58   Bei der **bindenden Verweisung** nach Absatz 4 Satz 2 dürfte das Verfahren auf das neue Gericht noch nicht mit Erlaß des Beschlusses, sondern erst mit dessen Eingang beim neu zuständigen Gericht übergehen[72].

59   **3. Bescheidung unbegründeter Anträge.** Unbegründete Anträge auf Vorlage nach Absatz 1 sowie den Einwand der Zuständigkeit einer besonderen Strafkammer nach Absatz 4 braucht das Gericht vor der Hauptverhandlung nicht formal zu bescheiden. § 225 a eröffnet dem Gericht die Möglichkeit einer Abgabe schon vor Beginn der Hauptverhandlung, er zwingt das Gericht aber nicht dazu, seine Zuständigkeit in einer Art Zwischenverfahren nochmals förmlich festzustellen. Da die Zuständigkeit eines Gerichts höherer Ordnung oder eines Jugendgerichts ohnehin während des ganzen Verfahrens ohne Bindung an frühere Entscheidungen von Amts wegen zu beachten ist und auch der vor der Hauptverhandlung erhobene Einwand nach § 6 a in dieser fortwirkt[73], erleiden die

---

[69] AK-*Keller* 7; *Kleinknecht/Meyer-Goßner* 20; KMR-*Paulus* 23; vgl. auch SK-*Schlüchter* 21 bis 23.

[70] KK-*Treier* 11 unter Berufung auf BGHSt **29** 34 = NStZ **1981** 151 mit Anm. *Dünnebier*. Für den Fall, daß das vorlegende Gericht die Anwendung des § 154 a rechtsmißbräuchlich unterlassen hat, hält

auch SK-*Schlüchter* 23 das um Übernahme ersuchte Gericht zu dessen Anwendung bei Ablehnung der Übernahme für befugt. Vgl. bei § 154 a.

[71] *Kleinknecht/Meyer-Goßner* 23; KMR-*Paulus* 23.

[72] KMR-*Paulus* 28; SK-*Schlüchter* 60; vgl. bei § 270.

[73] Vgl. § 6 a, 20.

Antragsteller keinen Nachteil, wenn das Gericht die Unbegründetheit des Antrags vor der Hauptverhandlung nicht besonders feststellt.

V. Rechtsbehelfe

1. Beschwerde

a) Die **Entscheidungen über die Übernahme** nach Absatz 1 Satz 2 und die **Verwei- 60 sung** an eine nachrangige Strafkammer im Sonderfall des Absatzes 4 Satz 2 sind nur nach Maßgabe des § 210 anfechtbar (Absatz 3 Satz 3 Absatz 4 Satz 2 letzter Halbsatz). Es handelt sich hier, ähnlich wie bei § 210 und bei § 270 Abs. 3 Satz 2 um eine **Sonderregelung**; die den Eröffnungsbeschluß ergänzenden Entscheidungen werden hinsichtlich der Anfechtung den für diesen geltenden Regeln unterstellt. Dies schließt die Anwendung der allgemeinen Vorschriften über die Zulässigkeit der Beschwerde in §§ 304, 305 aus[74].

b) Die **Staatsanwaltschaft** hat in Anwendung des § 210 Abs. 2 das Recht zur **soforti- 61 gen Beschwerde** nur, wenn **ihrem Antrag** nicht entsprochen wurde. Sie muß also im Verfahren nach § 225 a einen neuen Antrag zur Zuständigkeit entweder beim abgebenden oder bei dem um Übernahme ersuchten Gericht gestellt haben, obwohl es für das Verfahren keines solchen Antrags bedarf. Der schon mit der Anklageerhebung verbundene Antrag, das Hauptverfahren vor dem dort genannten Gericht zu eröffnen (§ 200 Abs. 1), genügt dagegen nicht. Er ist durch die Eröffnung des Hauptverfahrens erledigt[75]. Aus der entsprechenden Anwendung des § 210 Abs. 2 folgt, daß die Staatsanwaltschaft weder die **rechtliche Würdigung** des Übernahmebeschlusses angreifen noch sich gegen die **Übernahme durch ein Gericht höherer Ordnung** wenden kann[76].

Gegen den Beschluß, der die **Übernahme** anordnet, hat die Staatsanwaltschaft nur 62 dann die sofortige Beschwerde, wenn entgegen ihrem Antrag ein niedrigeres oder nachrangiges Gericht die Sache verhandeln soll[77]. Das Beschwerderecht besteht also nur, wenn sie im Zusammenhang mit der Vorlage die Übernahme durch ein Gericht beantragt hatte, das dem übernehmenden Gericht der Ordnung oder dem Rang nach vorgeht. Dabei stellt § 209 a klar, daß die dort festgelegte Vorrangregelung auch für § 210 Abs. 2 gilt.

Bei einer **bindenden Verweisung** nach Absatz 4 Satz 2 hat die Staatsanwaltschaft 63 nach § 210 Abs. 2 die sofortige Beschwerde, wenn sie der Verweisung entgegengetreten ist oder wenn sie die Verweisung an ein anderes Gericht (mit höherem Rang) oder die Vorlage bei einem vorrangigen Gericht zur Übernahme beantragt hatte[78].

Wird die **Übernahme abgelehnt**, hat die Staatsanwaltschaft dagegen die sofortige 64 Beschwerde, wenn sie sich für die Zuständigkeit des um Übernahme ersuchten Gerichts ausgesprochen hatte[79]. Gegen die **Ablehnung der Verweisung** an ein nachrangiges Gericht steht dagegen der Staatsanwaltschaft die sofortige Beschwerde selbst dann nicht zu, wenn sie den Einwand nach § 6 a für berechtigt erklärt hatte[80].

Soweit ein **Nebenkläger** am Verfahren beteiligt ist, hat er kein Anfechtungsrecht[81]. 65

---

[74] KK-*Treier* 29; *Kleinknecht/Meyer-Goßner* 24; KMR-*Paulus* 30; SK-*Schlüchter* 67; *Bohnert* 37 ff.
[75] KK-*Treier* 29.
[76] Vgl. die Erl. bei § 210: KMR-*Paulus* 31 (Beurteilung der Zuständigkeitsfrage); *Bohnert* 39 ff hält § 210 nur für sinngemäß (eingeschränkt) anwendbar, eine neue Antragstellung sei eine entbehrliche Förmlichkeit. § 269 passe auf die Rangfolge des § 74 e GVG nicht; die Differenzierung nach höher und nieder müsse entfallen.

[77] KK-*Treier* 29; *Kleinknecht/Meyer-Goßner* 24; SK-*Schlüchter* 67.
[78] Etwa *Kleinknecht/Meyer-Goßner* 24; SK-*Schlüchter* 70; vgl. § 6 a, 23; 23 a.
[79] OLG Stuttgart MDR **1982** 252; AK-*Keller* 11; KK-*Treier* 30; SK-*Schlüchter* 69; **a. A** *Meyer-Goßner* NStZ **1981** 169; *Kleinknecht/Meyer-Goßner* 24; vgl. auch *Giesler* 280.
[80] KK-*Treier* 29; SK-*Schlüchter* 70.
[81] OLG Zweibrücken MDR **1992** 1072; SK-*Schlüchter* 67; vgl. bei § 400.

66   **c)** Der **Angeklagte** kann den Beschluß, der die **Übernahme anordnet**, ebensowenig anfechten wie die Entscheidung über die Eröffnung des Hauptverfahrens[82]. Soweit mit der Übernahme seinem Einwand nach § 6 a, § 225 a Abs. 4 entsprochen wird, ist er ohnehin nicht beschwert. Der Beschluß, der die Übernahme **ablehnt**, ist entsprechend dem Grundgedanken des § 210 ebenfalls jeder Anfechtung durch den Angeklagten entzogen[83].

67   Trägt das Gericht einem **Einwand** des Beklagten **nach § 6 a** keine Rechnung, weil es die mit dem Einwand geltend gemachte Zuständigkeit einer besonderen Strafkammer verneint, und unterläßt es deshalb die Vorlage nach Absatz 4 Satz 1 oder die bindende Verweisung nach Absatz 4 Satz 2, so hat der Angeklagte hiergegen keine Beschwerde. Dabei ist es unerheblich, ob der Einwand ausdrücklich abgelehnt wurde oder ob das Gericht ihn stillschweigend übergangen hat (vgl. Rdn. 59).

68   **d)** Die Entscheidung, mit der das Gericht die **Akten** zur Übernahme nach Absatz 1 (Rdn. 13 ff) oder Absatz 4 Satz 1 **vorlegt**, unterliegt nicht der Beschwerde. Dies folgt aus der Sonderregelung der Anfechtbarkeit (Rdn. 60) ebenso wie aus der Rechtsnatur der Vorlage (Rdn. 14, 30), die als solche noch keine Rechtsänderung bewirkt. Andernfalls würde auch § 305 einer Beschwerde entgegenstehen[84].

69   **e)** Die Anfechtbarkeit der **Nebenentscheidungen**, die das Gericht bei Gelegenheit der Übernahme erläßt, richtet sich dagegen nach den allgemeinen Vorschriften. Insbesondere die Haftentscheidung, die das übernehmende Gericht nach § 225 a Abs. 3 Satz 2, § 207 Abs. 4 trifft, ist nach Maßgabe der §§ 304, 310 mit Beschwerde anfechtbar[85] (§ 270, 7).

70   **2. Anrufung des Gerichts bei Entscheidungen des Vorsitzenden.** Das Gericht kann nach § 238 Abs. 2 gegen die Verfügung des Vorsitzenden, mit der dieser nach Absatz 2 Satz 2 die **Erhebung einzelner Beweise** anordnet oder ablehnt, nicht angerufen werden[86]. Insoweit schließt § 305 auch jede Beschwerde gegen die Anordnung oder Unterlassung einer solchen vorbereitenden Maßnahme aus.

71   **3. Revision.** Mit der Revision kann nicht gerügt werden, daß die Vorlage unterblieben oder die Übernahme abgelehnt oder der Übernahmebeschluß oder die Verweisung nach Absatz 4 Satz 2 zu Unrecht ergangen sind (§ 336 Satz 2)[87]. Geltend gemacht werden kann, daß das Gericht ein Urteil erlassen hat, obwohl hierfür ein höherrangiges Gericht oder ein Jugendgericht[88] sachlich zuständig gewesen wäre oder eine Spezialstrafkammer, sofern in letzterem Falle ein entsprechender Einwand nach § 6 a rechtzeitig erhoben worden war und nicht oder erst im Urteil beschieden worden ist. Wegen der Einzelheiten wird auf die Erläuterungen zu § 6 a und zu § 338 Nr. 4 verwiesen[89].

---

[82] Vgl. die Erl. zu § 210 und zu § 270.
[83] KK-*Treier* 29; 30; *Kleinknecht/Meyer-Goßner* 24; KMR-*Paulus* 30; SK-*Schlüchter* 69.
[84] KK-*Treier* 27; *Kleinknecht/Meyer-Goßner* 24; KMR-*Paulus* 30; SK-*Schlüchter* 66. *Bohnert* 38, der § 305 Satz 1 für nicht einschlägig ansieht, hält den Vorlegungsbeschluß aufgrund der Gesamtkonstruktion des Gesetzes für unanfechtbar.
[85] Vgl. bei §§ 207, 210.

[86] *Alsberg/Nüse/Meyer* 370; AK-*Keller* 11; KK-*Treier* 28; *Kleinknecht/Meyer-Goßner* 24; SK-*Schlüchter* 64.
[87] KK-*Treier* 31; *Kleinknecht/Meyer-Goßner* 25; KMR-*Paulus* 32.
[88] Etwa BGHSt **30** 210; BGH bei *Holtz* MDR **1981** 269.
[89] Vgl. § 6 a, 24; ferner die Erl. zu § 209 a und zu § 336.

SECHSTER ABSCHNITT

Hauptverhandlung

Schrifttum. *Amelung* Die Einwilligung in die Beeinträchtigung eines Grundrechtsgutes (1981); *Amelung* Zulässigkeit und Freiwilligkeit der Einwilligung bei strafprozessualen Grundrechtsbeeinträchtigungen, Freiheit und Verantwortung im Verfassungsstaat (1984) 1; *Amelung* Informationsbeherrschungsrechte im Strafprozeß (1991); *Amelunxen* Der Nebenkläger im Strafverfahren (1980); *Baumann* Die Situation des deutschen Strafprozesses, FS Klug Bd 2, 459; *Bernsmann* Wider eine Vereinfachung der Hauptverhandlung, ZRP **1994** 329; *Bötticher* Gleichbehandlung und Waffengleichheit (1979); *Böttcher* Die Hauptverhandlung als pädagogische Veranstaltung, Hanack-Symp. 21; *Bohnert* Ordnungsvorschriften im Strafverfahren, NStZ **1982** 5; *Bohnert* Die Behandlung des Verzichts im Strafprozeß, NStZ **1983** 344; *Bottke* Materielle und formelle Verfahrensgerechtigkeit im demokratischen Rechtsstaat (1991); *Brause* Faires Verfahren und Effektivität im Strafprozeß, NJW **1992** 2865; *Bruns* Der Verdächtige als schweigeberechtigte Auskunftsperson und als selbständiger Prozeßbeteiligter neben dem Beschuldigten, FS Schmidt-Leichner 1; *Corstens* Strafprozeßrecht unter dem Einfluß allgemeiner Rechtsprinzipien, FS Stree/Wessels 643; *Deckers* „Mißbrauch" von Anwaltsrechten zur Prozeßsabotage, AnwBl. **1981** 316; *Dölling* Der Täter-Opfer-Ausgleich JZ **1992** 493; *Dörr* Faires Verfahren (1984); *Dreher* Staatsanwalt und Verteidiger, FS Kleinknecht 9; *Dürkop* Der Angeklagte (1977); *Fezer* Die Funktion der mündlichen Verhandlung im Zivilprozeß und im Strafprozeß (1970); *Geerds* Maximen des Strafprozesses, SchlHA **1962** 81; *Geppert* Der Grundsatz der Unmittelbarkeit im deutschen Strafverfahren (1978); *Gollwitzer* Die Befugnisse des Mitangeklagten in der Hauptverhandlung, FS Sarstedt 15; *Granderath* Schutz des Tatopfers im Strafverfahren, MDR **1983** 797; *Grünwald* Die Verfahrensrolle des Mitbeschuldigten, FS Klug Bd. 2, 493; *Hassemer* Die Funktionstüchtigkeit der Strafrechtspflege, ein neuer Rechtsbegriff, StV **1982** 275; *Hassemer* Rücksichten auf das Verbrechensopfer, FS Klug Bd II 217; *Heldmann* Ausländer und Strafjustiz, StV **1981** 251; *Hess* Die Zulässigkeit aufgedrängter Fürsorge gegenüber dem Beschuldigten im Strafprozeß (1989); *Heubel* Der „fair trial" – ein Grundsatz des Strafverfahrens (1981); *Hübner* Allgemeine Verfahrensgrundsätze, Fürsorgepflicht oder fair trial (1983); *Jung* Die Stellung der Verletzten im Strafverfahren, ZStW **93** (1981) 1146; *Kielwein* Die prozessuale Fürsorgepflicht im Strafverfahren (1985); *Koeniger* Die Hauptverhandlung in Strafsachen (1966); *Kohlhaas* Persönlichkeitsschutz im Strafverfahren, ZRP **1972** 52; *Krauß* Der Schutz der Intimsphäre im Strafprozeß, FS Gallas 365; *Krauß* Das Prinzip der materiellen Wahrheit im Strafprozeß, FS Schaffstein 411; *Krauß* Subjekt im Strafverfahren, Das Tatopfer als Subjekt (1981) 44; *Kühne* Strafverfahren als Kommunikationsproblem (1978); *Kühne* Opferrechte im Strafprozeß (1988); *Kruck* Die Situation des Tatopfers im Strafverfahren unter psychologischem Aspekt, Das Tatopfer als Subjekt (1981); *Kumlehn* Die gerichtliche Fürsorgepflicht im Strafverfahren, Diss Göttingen 1976; *von Löbbecke* Fürsorgepflichten im Strafprozeß, GA **1973** 200; *Lorenz* Grundrechte und Verfahrensordnungen, NJW **1977** 865; *Maatz* Mitwirkungspflicht des Verteidigers in der Hauptverhandlung und Rügeverlust, NStZ **1992** 513; *Maiwald* Zur gerichtlichen Fürsorgepflicht im Strafprozeß und ihre Grenzen, FS Lange 745; *Malek* Verteidigung in der Hauptverhandlung (1994); *Martin* Der Mißbrauch rechtsstaatlicher Einrichtungen im Strafverfahren, Zeitschrift für Rechtsvergleichung **1976** 109; *Marx* Aufgaben der Staatsanwaltschaft in der strafrechtlichen Hauptverhandlung, GA **1978** 365; *Mattil* Treu und Glauben im Strafprozeß, GA **77** (1933) 1; *Meyer* Notwendigkeit und Grenzen der Heilung von Grundrechtsverletzungen durch die Strafgerichte, FS Kleinknecht 267; *Michel* Richterliche Hinweis- und Protokollierungspflicht, MDR **1996** 773; *Molketin* Zur Sitzordnung in der Hauptverhandlung, AnwBl. **1982** 469; *H. Müller* Zum Problem der Verzichtbarkeit und Unverzichtbarkeit von Verfahrensnormen im Strafprozeß (1984); *Müller-Dietz* Die Stellung der Beschuldigten im Strafprozeß, ZStW **93** (1981) 1177; *Niemöller/Schuppert* Die Rechtsprechung des Bundesverfassungsgerichts zum Strafverfahrensrecht, AöR **107** (1982) 387; *Peters* Der Strafprozeß in der Fortentwicklung (1970); *Peters* Der

Walter Gollwitzer

neue Strafprozeß (1975); *Peters* Justizgewährungspflicht und Abblocken von Verteidigungsvorbringen, FS Dünnebier 53; *Pieck* Der Anspruch auf ein rechtsstaatliches Gerichtsverfahren (1966); *Prittwitz* Der Mitbeschuldigte im Strafprozeß (1984); *Reiß* Die Hauptverhandlung in Strafverfahren, Rechtspflegerjahrbuch Bd 48 (1982) 311; *Rieß* Die Rechtsstellung des Verletzten im Strafverfahren, Gutachten zum 55. DJT (1984); *Rogall* Der Beschuldigte als Beweismittel gegen sich selbst (1977); *Römer* Kooperatives Verhalten der Rechtspflegeorgane im Strafverfahren, FS Schmidt-Leichner 133; *Rudolphi* Strafprozeß im Umbruch, ZRP **1976** 165; *Rüping* Der Schutz der Menschenrechte im Strafverfahren, ZStW **93** (1981) 351; *Rüping/Dornseifer* Dysfunktionales Verhalten im Prozeß, JZ **1977** 417; *Sarstedt* Der Vorsitzende des Kollegialgerichts, Juristenjahrbuch **85** (1967/68) 104; *Schellenberg* Die Hauptverhandlung im Strafverfahren (1996); *Scheuerle* Vierzehn Tugenden für Vorsitzende Richter (1983); *Schild* Der Strafrichter in der Hauptverhandlung (1983); *Schild* Der Richter in der Hauptverhandlung, ZStW **94** (1982) 37; *Schmid* Zur Heilung gerichtlicher Verfahrensfehler durch den Instanzrichter, JZ **1969** 757; *Schmid* Zur Korrektur von Vereidigungsfehlern im Strafprozeß, FS Maurach 535; *Schmid* Über den Aktenverlust im Strafprozeß, FS Lange 781; *Schmid* Bedingte Prozeßhandlungen im Strafprozeß, GA **1982** 95; *Schmid* Über den Zugang strafprozessualer Willenserklärungen, FS Dünnebier 101; *Schmidhäuser* Zur Frage nach dem Ziel des Strafprozesses, FS Eb. Schmidt 511; *Schmidt-Hieber* Vereinbarungen im Strafverfahren, NJW **1982** 1017; *Schorn* Der Strafrichter (1960); *Schorn* Schutz der Menschenwürde im Strafverfahren (1963), *Schorn* Der Strafverteidiger (1966); *Schroeder* Grenzen der Rationalisierung des Strafverfahrens, NJW **1983** 137; *Schuhmacher* Die Hauptverhandlung als gruppendynamischer Prozeß, StV **1995** 442; *Steiner* Das Fairneßprinzip im Strafprozeß (1995); *Tettinger* Fairneß und Waffengleichheit (1984); *Tiedemann* 13 Thesen zu einem modernen, menschenrechtsorientierten Strafprozeß, ZRP **1992** 107; *Vogler* Die Spruchpraxis der Europäischen Kommission und des Europäischen Gerichtshofs für Menschenrechte und ihre Bedeutung für das deutsche Straf- und Verfahrensrecht, ZStW **82** (1970) 743; **89** (1977) 136; *Volk* Prozeßprinzipien und das Chaos, FS Schüler-Springorum 505; *Warda* Dogmatische Grundlagen des richterlichen Ermessens im Strafrecht (1962); *Weber* Der Mißbrauch prozessualer Rechte im Strafverfahren, GA **1975** 289; *Weiland* Das Hauptverfahren in Strafsachen, JuS **1986** 290; *Weißmann* Die Stellung des Vorsitzenden in der Hauptverhandlung (1982); *Widmaier* Mitwirkungspflicht des Verteidigers in der Hauptverhandlung und Rügeverlust (?) NStZ **1992** 519; *Wolter* Menschenwürde und Freiheit im Strafprozeß, GedS Meyer 493; *Weiß* Mißbrauch von Anwaltsrechten zur Prozeßsabotage, AnwBl **1981** 321.

Weitere Hinweise: Vgl. ferner die Hinweise auf einschlägiges Schrifttum zu Absprachen bei der Einleitung (Abschn. G III); zur Anwesenheitspflicht des Angeklagten und zur Verhandlung ohne ihn bei § 230; § 231 a; zum Grundsatz des fairen Verfahrens und der Fürsorgepflicht bei der Einleitung (Abschn. H IV); ferner Vor Art. 1 MRK; zum rechtlichen Gehör bei der Einleitung; zur Unschuldsvermutung bei der Einleitung und Vor Art. 1 MRK; zur Waffengleichheit bei der Einleitung; zur Reform der Hauptverhandlung bei der Einleitung (Abschn. E IX).

Entstehungsgeschichte. Die Regelung der Hauptverhandlung im 6. Abschnitt des 2. Buches hat zwar wiederholt tiefgreifende Änderungen erfahren. Unverändert blieb jedoch die Grundkonzeption als Kernstück eines einheitlichen, auf unmittelbare Beweiserhebung ausgerichteten mündlichen Verfahrens. Der Wegfall des 7. Abschnitts, dessen §§ 276 bis 307 a. F die Besonderheiten der Hauptverhandlung vor dem durch 12 Geschworene entscheidenden Schwurgericht geregelt hatten, änderte daran 1924 ebensowenig etwas wie die zeitbedingten Unterschiede der Zuständigkeiten und der Gerichtsverfassung (vgl. Einl. Abschn. E). Die oft mehrfache Umgestaltung der einzelnen Vorschriften ist bei deren Entstehungsgeschichte aufgeführt. Von den Änderungen, die vor allem das äußere Bild der Hauptverhandlung verwandelten, soll hier nur der Wegfall des Eröffnungsbeschlusses in den Jahren 1942 bis 1950 (Einl. Abschn. E V 4) und die Ersetzung seines Vortrags in der Hauptverhandlung durch die Verlesung der zugelassenen Anklage 1964 (Einl. Abschn. E VII 8) erwähnt werden, ferner die Abschaffung des Voreids 1933 und die in der Einleitung näher geschilderte, wechselnde Besetzung und Zuständigkeit der gerichtlichen Spruchkörper. Von großer Bedeutung war die zunehmende Kodifizierung des Rechts der Beweisaufnahme. Die von der Rechtsprechung herausgearbeiteten Gründe für die Ablehnung eines

Beweisantrags wurden zunächst durch die Notverordnung vom 14. 6. 1932 und dann durch das Gesetz vom 28. 6. 1935 (Einl. Abschn. E V 2 c) für die Verfahren mit nur einer Tatsacheninstanz in das Gesetz (damals § 245) übernommen. Gleichzeitig wurde die Aufklärungspflicht in § 244 Abs. 2 verankert. Nach einer kriegsbedingten Auflockerung der Beweiserhebungspflicht (Einl. Abschn. E V 4) setzte das VereinG 1950 die Kodifizierung des Beweisrechts fort durch die Aufzählung der Ablehnungsgründe in § 244 Abs. 3 und durch die Übernahme der Rechtsprechung zur Ablehnung des Sachverständigenbeweises in § 244 Abs. 4. Gleichzeitig erweiterte es das Fragerecht des § 240. Das Recht des Staatsanwalts und Verteidigers zur Abgabe von Erklärungen wurde 1964 durch den damals neu eingefügten § 257 a im Gesetz festgelegt und 1974 in modifizierter Form in die Neufassung des § 257 übernommen. Das Verbrechensbekämpfungsgesetz vom 28. 10. 1994 brachte wieder einen neuen § 257 a, der es dem Gericht ermöglicht, eine schriftliche Fixierung der Verfahrensanträge zu verlangen.

Die Reform- und Entlastungsgesetze von 1974 (Einl. Abschn. E VII 5 b), die u. a. das Schwurgericht als einen besonders zusammengesetzten Spruchkörper abschafften, brachten vor allem die Verlängerungen der Fristen für die Unterbrechung der Hauptverhandlung und die Absetzung der Urteile bei Großverfahren und erweiterte Möglichkeiten für eine Durchführung der Hauptverhandlung ohne Angeklagten (§ 231 a).

Das StVÄG 1979 führte zu weiteren Änderungen, die vor allem die Verhütung von Mißbräuchen und die Vermeidung von Verfahrensleerlauf zum Ziel hatten. Neben den Regelungen über die Abgabe des bereits eröffneten Verfahrens an einen anderen Spruchkörper ist hier vor allem das Verfahren zur vorgezogenen Besetzungsprüfung (§§ 222 a; 222 b), die Möglichkeit der Beurlaubung eines Mitangeklagten (§ 231 c), die Einschränkung der Pflicht zur Vernehmung präsenter Beweismittel (§ 245) und die Auflockerung des Zwangs zur Verlesung der als Beweismittel verwendeten Schriften (§ 249 Abs. 2) zu nennen. Das Gesetz zur Entlastung der Rechtspflege vom 11. 1. 1993 erleichterte durch eine Änderung des § 244 Abs. 5 bei im Ausland zu ladenden Zeugen die Ablehnung von Beweisanträgen.

Übersicht

Alphabetische Übersicht

I. Bedeutung der Hauptverhandlung

1. Begriff. Hauptverhandlung ist die umfassende mündliche Verhandlung des **1** Gegenstands der Anklage vor dem erkennenden Gericht. Die in ihr gewonnenen Erkenntnisse sollen dem Gericht ermöglichen, die Sache durch Urteil zu erledigen oder, wenn sich die Unzuständigkeit des angerufenen Gerichts ergibt, durch Beschluß an das zuständige Gericht zu bringen. Die daran teilnehmenden Personen, ihre Verfahrensbefugnisse und der äußere Gang der Hauptverhandlung sind im Sechsten Abschnitt für das Verfahren der ersten Instanz geregelt. Einschlägige Vorschriften finden sich aber auch in anderen Teilen der StPO sowie im GVG, das die für die Hauptverhandlung wichtigen Vorschriften über die Zusammensetzung des Gerichts, über die Öffentlichkeit der Hauptverhandlung, die Gerichtssprache und über die sitzungspolizeilichen Befugnisse enthält.

Ort und Zeit der Hauptverhandlung bestimmt der Vorsitzende nach § 213; während **2** der Hauptverhandlung kann aber auch das Gericht diese Bestimmung treffen, etwa, wenn es im Rahmen der Hauptverhandlung einen Augenschein an einem bestimmten Ort vornehmen will. Die Hauptverhandlung wird regelmäßig am Gerichtssitz abgehalten, sie kann aber an einem anderen Ort oder nacheinander an verschiedenen Orten stattfinden (§ 213, 2; 3).

2. Kernstück des Strafverfahrens. Die Hauptverhandlung ist — ungeachtet der **3** gestiegenen Bedeutung des Ermittlungsverfahrens — weiterhin das Kernstück des Strafverfahrens. Die ihr vorausgehenden Verfahrensabschnitte bereiten sie nur vor. Sie haben das Material dafür beizubringen, damit das Gericht in der Hauptverhandlung in dem dafür vorgeschriebenen, an bestimmte Formen gebundenen (justizförmigen) Verfahren die sichere Kenntnis der Tatsachen erlangt, auf die allein ein gerechtes Urteil gegründet werden kann. Maßgebend für das Urteil ist allein das Ergebnis der Hauptverhandlung (§ 261), nicht aber eine außerhalb der Hauptverhandlung gewonnene Erkenntnis. Die Gesamtheit der Hauptverhandlung ist auch dann die einheitliche Erkenntnisquelle für das Urteil, wenn gleichzeitig gegen mehrere Angeklagte, Nebenbeteiligte oder Betroffene nach zum Teil unterschiedlichen Verfahrensregeln verhandelt worden ist.

3. Förmlichkeit der Hauptverhandlung. Die **Förmlichkeit** der Hauptverhandlung **4** bindet den grundsätzlich freien, individuellen Vorgang der richterlichen Wahrheitsfindung in einen geregelten Verfahrensgang ein. Sie unterwirft alle Personen, die an diesem Verfahren beteiligt sind und auf die Bildung der richterlichen Überzeugung einwirken wollen, festen Regeln. Diese sollen als fehlerträchtig angesehene Verfahrensweisen ausscheiden und vor allem den Verfahrensgang durch Einbindung in einen festen Rahmen ordnen und für alle Beteiligten überschaubar machen. Förmlichkeit und Ordnung des Verfahrensablaufs sichern allen Verfahrensbeteiligten Raum für die effektive Wahrnehmung ihrer Verfahrensrechte; vor allem aber ermöglichen sie dem Angeklagten die eigenverantwortliche Ausübung seines Rechts auf Verteidigung. Die Verfahrensregeln sind nicht Selbstzweck. Ihr Ziel ist, durch ein ausgewogenes Nebeneinander von zwingenden Förmlichkeiten des Verfahrensgangs und Freiheit der Verfahrensbeteiligten bei der Vornahme der einzelnen Verfahrensmaßnahmen die bestmöglichen Voraussetzungen für ein um Sachaufklärung bemühtes, in den Einwirkungsmöglichkeiten ausgewogenes und damit faires Verfahren zu schaffen. Dies wirkt auch der in der freien Beweiswürdigung liegenden Gefahr einer vorschnellen, nicht alle objektiven Tatsachen abwägenden Urteilsfindung entgegen und schafft die bestmöglichen Voraussetzungen dafür, daß das Gericht in freier Würdigung des Verfahrensergebnisses ein zutreffendes Bild vom tatsächlichen Geschehen gewinnen und ein gerechtes Urteil fällen kann.

Walter Gollwitzer

5   Dem **urkundlichen Nachweis** der wichtigsten Vorgänge in der Hauptverhandlung dient das Sitzungsprotokoll (§§ 271 ff), das vom Vorsitzenden und dem Urkundsbeamten zu erstellen ist und in dem auch die verkündeten Entscheidungen festzuhalten sind. Voraussetzungen und Grenzen für die Berichtigung des Protokolls sind bei § 271 erörtert.

6   **Entscheidungen** sind in der Hauptverhandlung durch Verkündung bekanntzumachen (§ 35). Die vorherige schriftliche Abfassung und Verlesung der Entscheidung ist nur für den Urteilstenor vorgeschrieben (§ 268 Abs. 2), nicht aber für die in der Hauptverhandlung zu verkündenden Beschlüsse (RGSt **44** 54). Diese sind jedoch in der Sitzungsniederschrift (§ 273 Abs. 1) festzuhalten, die Betroffenen können eine Abschrift der Entscheidung verlangen (§ 35 Abs. 1 Satz 2).

7   **4.** Die **Akten**, die Sammlung der bisher im Laufe des Prozesses entstandenen Urkunden[1], müssen zwar dem Gericht bei der Durchführung der Hauptverhandlung nicht unbedingt vorliegen[2]. Es entspricht allerdings einer sachgemäßen und in der Praxis regelmäßigen Verfahrensweise, die Hauptverhandlung an Hand der Akten zu führen. Eine Verfahrensvoraussetzung ist dies aber nicht[3]. Die für die Hauptverhandlung notwendigen Schriftstücke (Anklage, Eröffnungsbeschluß usw.) müssen dem Gericht in Abschrift zur Verfügung stehen, in der Urschrift brauchen sie nicht vorzuliegen[4]. Die Durchführung der Hauptverhandlung ohne die Akten kann die Aufklärungspflicht verletzen, wenn sie zur Folge hat, daß Beweismittel nicht oder nicht erschöpfend verwendet werden können; in Verbindung mit einer Beeinträchtigung des Rechts auf Akteneinsicht kann dadurch auch die Verteidigung in einem wesentlichen Punkt beeinträchtigt worden sein. Wegen des Rechts auf Akteneinsicht und der Rechtsbehelfe zu ihrer Durchsetzung vgl. die Erläuterungen zu § 147.

8   **5. Öffentlichkeit, Presseberichterstattung.** Die Bedeutung der grundsätzlich öffentlich durchgeführten Hauptverhandlung für das Rechtsbewußtsein der Bevölkerung und für die Kontrolle der sachlichen und unvoreingenommenen Verfahrensführung[5] sowie andererseits die Schutzpflichten des Gerichts, die zum Ausschluß der Öffentlichkeit zwingen können, sind bei den §§ 169 ff GVG dargestellt. Dort wird auch zu den vielschichtigen Problemen Stellung genommen, die sich aus der modernen Art der Berichterstattung in den verschiedenartigen Medien sowie aus den Auswirkungen der (erweiterten) Öffentlichkeit auf die grundrechtlich geschützten Persönlichkeitsrechte von Angeklagten oder Zeugen ergeben können.

II. Verfahrensgrundsätze

9   **1.** Die **Leitvorstellungen für die Hauptverhandlung** finden sich in den Verfahrensgrundsätzen (Prozeßmaximen), die in der Einleitung dargestellt werden[6]. Diese haben das Bild des deutschen Strafprozesses in den letzten hundert Jahren geprägt. Ihre Tragweite

---

[1] OLG Hamm *Alsb.* E **2** Nr. 96; ferner etwa BGHSt **30** 138; BVerfGE **63** 45. Weitere Nachweise zu den unterschiedlichen und strittigen Aktenbegriffen bei § 199 und bei § 147, vgl. auch *Schnarr* ZRP **1996** 128; und zu den Handakten der Staatsanwaltschaft *Kleinknecht* FS Dreher 721 und bei § 199.

[2] OLG Hamm VRS **40** (1971) 204.

[3] OLG Saarbrücken NJW **1994** 2711; OLG Düsseldorf MDR **1980** 339 hält das Gericht für verpflichtet, für die Beibringung der Akten zu sorgen oder den Termin aufzuheben. Zur Rekonstruktion verlorener Akten vgl. *Rösmann* NStZ **1983** 447; *Schmid* FS Lange 781; *Waldowski* NStZ **1984** 448, sowie bei § 316.

[4] Vgl. BGH NJW **1997** 1380 im Anschluß an BGHSt **23** 280 (Feststellung von Erlaß und Inhalt durch Freibeweis); ferner BVerfG NJW **1988** 1715 (das Gericht ist verfassungsrechtlich nicht verpflichtet, nur die Originalakten zu verwenden).

[5] Im einzelnen dazu Einleitung, Abschn. H.

[6] Vgl. dazu auch bei Art. 6 Abs. 1 MRK (24. Aufl. Art. 6 MRK, 86 ff).

und die aus ihnen hergeleiteten Folgerungen hat der Gesetzgeber weitgehend in den Einzelregelungen des Sechsten Abschnitts verbindlich festgelegt. Wegen ihrer Leitbildfunktion sind diese Maximen bei der Auslegung der einzelnen Bestimmungen heranzuziehen, wenn es gilt, deren Sinn und Tragweite zu bestimmen und gegenüber dem Zweck anderer Verfahrensregeln abzuwägen und abzugrenzen. Diese Grundsätze decken sich weitgehend mit der aus der Verfassung hergeleiteten Forderung nach einem justizförmigen, rechtsstaatlichen (im Sinne des Art. 6 Abs. 1 MRK „fairen") Verfahren, das den Erfordernissen eines effektiven Schutzes der Rechtsordnung, der Gemeinschaftsgüter und des durch die Straftat verletzten Bürgers ebenso Rechnung trägt wie den Notwendigkeiten, die sich daraus ergeben, daß in die Grundrechte des Angeklagten, für den grundsätzlich die Unschuldsvermutung spricht, nicht stärker eingegriffen werden darf, als zur Durchführung des Verfahrens erforderlich ist. Die hierdurch notwendigen Abwägungen zu treffen, ist vorrangig Aufgabe des Gesetzgebers, aber auch der Richter kann im Einzelfall dazu verpflichtet sein.

Die **Gesamtschau aller hereinspielenden Prozeßgrundsätze** mit dem Ziel, im Inter- **10** esse einer sachgerechten Lösung Widersprüche durch Verzicht auf Extrempositionen zu einer sinnvollen, den Kerngehalt aller Grundsätze wahrenden, praktischen Konkordanz zu bringen, muß die **Grundlage für die Auslegung** des Verfahrensrechts bilden. Würde ein einzelner Grundsatz für sich allein verabsolutiert, bestünde die Gefahr einer wirklichkeitsfernen Verfahrensgestaltung, die sich in Prinzipienreitereien erschöpft und das Ziel der Strafrechtspflege, ein sachlich und rechtlich richtiges Urteil zu finden, nur noch auf Umwegen oder überhaupt nicht mehr erreicht. Erst im Zusammenspiel aller Prozeßgrundsätze entfaltet sich ihr Sinn als tragende und tragfähige Konstruktion eines prozeßwirtschaftlichen, zugleich aber rechtsstaatlichen (fairen) Verfahrens, das sich bemüht, den von Verfassungs wegen an die Strafrechtspflege zu stellenden gegenläufigen Zielsetzungen in ausgewogener Weise Rechnung zu tragen[7]. Eine Gesamtschau der Maximen ist auch deshalb notwendig, weil sich die aus ihnen für den einzelnen Fall abzuleitenden Folgerungen vielfach decken. Die konkrete Antwort auf eine bestimmte Verfahrensfrage kann mitunter mühelos aus verschiedenen, unterschiedlichen Zielen dienenden Prozeßmaximen hergeleitet werden. So soll beispielsweise das Recht auf Gehör primär die Verfahrensinteressen der einzelnen Verfahrensbeteiligten schützen; deren Anhörung zu neuen Tatsachen ist aber andererseits auch unerläßlich für eine umfassende Sachaufklärung. Beide Ziele sind Bestandteil des Rechtsstaatsprinzips, das die Sicherung der Rechtsordnung durch eine effektive Strafrechtspflege ebenso verlangt wie andererseits ein faires justizförmiges Verfahren, das das Recht des Angeklagten auf eine wirksame Verteidigung achtet. Unter letzterem Gesichtspunkt können sich in besonders gelagerten Einzelfällen Mitwirkungs- oder Hinweispflichten ergeben, die wiederum über das hinausgehen, was das Recht auf Gehör fordert[8].

2. Pflicht zur umfassenden Sachaufklärung. Alle für die Gestaltung der Hauptver- **11** handlung maßgebenden Vorschriften werden ergänzt durch die Pflicht des Gerichts, unabhängig von dem, was Staatsanwalt, Angeklagter und Verteidiger verlangen oder anregen, seine ganze Kraft einzusetzen und alle tauglichen und zulässigen Mittel anzuwenden, damit der zu beurteilende Lebensvorgang in allen entscheidungserheblichen Aspekten soweit als möglich aufgeklärt werde[9]. Die das Verfahren beherrschende **Pflicht, die**

---

[7] Etwa *Geerds* SchlHA **1962** 181; JZ **1984** 181.
[8] Vgl. etwa BVerfG NJW **1983** 2762; BGHSt **32** 44 mit abl. Anm. *Meyer* JR **1984** 173.

[9] Dazu Einleitung, Abschn. H III 4; ferner die Erl. zu § 244 Abs. 2.

Wahrheit zu ergründen, umschreibt den Sinn und die Tragweite nicht nur derjenigen Vorschriften, die sich auf die Beweisaufnahme beziehen, sondern aller Bestimmungen des Sechsten Abschnitts. Auch eine nach der Verfahrensordnung an sich zulässige Maßnahme des Gerichts kann demnach unzureichend in dem Sinne sein, daß die Pflicht, die Wahrheit zu ergründen, noch weitere Maßnahmen geboten hätte.

12   Die **Verfahrensgrundsätze** der **Unmittelbarkeit** und der **Mündlichkeit**[10] sollen durch den unmittelbaren Eindruck von allen für die Urteilsfindung maßgebenden Vorgängen möglichst günstige Voraussetzungen für die Wahrheitsfindung schaffen. Gleichzeitig sichert die unmittelbare Wahrnehmung aller Verfahrensvorgänge, insbesondere der Beweiserhebung, in der bestmöglichen Form die Rechte der Verfahrensbeteiligten auf Gehör und auf effektive Geltendmachung ihrer Verfahrensinteressen. Der Grundsatz der Unmittelbarkeit und Mündlichkeit liegt insbesondere den §§ 226, 229, 250, 252 und 261 zugrunde. Die Beteiligten können auf die Beachtung dieses Grundsatzes nicht rechtswirksam verzichten[11]. Die §§ 249, 251, 253 und 254, 256 sehen Ausnahmen von ihm vor.

13   Die genannten Grundsätze beziehen sich aber nur auf die **Feststellung von Tat, Schuld und Strafe**. Hinsichtlich aller anderen in der Hauptverhandlung erforderlichen Feststellungen, insbesondere derjenigen, die getroffen werden, um die Zulässigkeit des Verfahrens im ganzen zu ergründen oder einzelne verfahrenserhebliche Tatsachen oder Gewohnheitsrecht oder ausländisches Recht zu ermitteln, bestehen keine besonderen Vorschriften über das Verfahren. Das Gericht ist bei Aufklärung dieser Sachverhalte nicht an das strenge Beweisrecht gebunden (Freibeweis)[12]. Hat allerdings ein Beweismittel Bedeutung sowohl für die Feststellung der Schuld- oder Straffrage als auch für eine andere Frage, so müssen die strengeren Vorschriften angewandt werden.

14   **3. Rechtliches Gehör.** Der Anspruch der an einem gerichtlichen Verfahren Beteiligten, insbesondere des Angeklagten im Strafverfahren, auf rechtliches (d. h. gerichtliches) Gehör ist ein unerläßlicher Grundpfeiler des aus dem Rechtsstaatsprinzip abgeleiteten Rechts auf ein rechtsstaatliches faires Verfahren. Die ausdrückliche Garantie als Verfahrensgrundrecht in Art. 103 Abs. 1 GG verdeutlicht seinen Rang. Seine Beachtung und Verwirklichung im Zusammenklingen mit den Grundsätzen der Unmittelbarkeit und Mündlichkeit steht ebenfalls im Dienste der dem Gericht gestellten Aufgabe, auf allen rechtlich zulässigen Wegen die Wahrheit zu ergründen. Inhalt und Bedeutung dieses Verfahrensgrundsatzes sind in der Einleitung (Abschn. H IV 2) näher erläutert.

15   **4. Rechtsstaatliches (faires) Verfahren.** Das im Grundgesetz und in den Landesverfassungen verankerte Rechtsstaatsprinzip fordert in Verbindung mit der Gewährleistung des allgemeinen Freiheitsrechts und der Achtung der Menschenwürde (Art. 1, Art. 2 Abs. 1 GG) ein **justizförmiges**, d. h. ein an bestimmte Regeln des Verfahrensgangs gebundenes Verfahren, dessen Durchführung sich an den Grundsätzen der Gerechtigkeit und Billigkeit zu orientieren hat (BGHSt **24** 131)[13], das also „fair" im Sinne des Art. 6

---

[10] Zu Inhalt und Bedeutung dieser Grundsätze vgl. die Einleitung, Abschn. H III 7; ferner bei §§ 250 ff.

[11] RGSt **40** 54; vgl. Einl. und bei § 250.

[12] Zum Freibeweis vgl. bei § 244; ferner § 251 Abs. 3.

[13] Ebenso etwa BVerfGE **26** 71; **38** 111; **46** 210; **57** 275; **65** 174; **70** 308; **86** 317; ständ. Rechtspr. Wegen weiterer Nachw. zu der in Schrifttum unterschiedlich beurteilten Bedeutung dieses Prozeßgrundrechts, vor allem zu seinem „Auffangcharakter" vgl. Einleitung, Abschn. H IV 4.

Abs. 1 MRK (Art. 14 Abs. 1 IPBPR) ist[14]. Ein Verstoß gegen dieses Gebot begründet aber für sich allein noch kein Verfahrenshindernis[15].

Zum **fairen Verfahren** gehört eine **Verfahrensgestaltung**, die jede nicht durch vor- **16** rangige Prozeßinteressen gebotene Einengung der sachlichen Verhandlungsführung vermeidet, die den Einzelnen nicht zum bloßen Objekt des Verfahrens herabwürdigt, sondern ihm einen Mindestbestand an aktiven Befugnissen garantiert; der Angeklagte vor allem muß die Möglichkeit haben, sich gegen die erhobenen Beschuldigungen selbst oder mit Hilfe eines Verteidigers wirksam wehren zu können. Eine überraschende Verfahrensgestaltung darf die Verteidigungsmöglichkeiten nicht schmälern[16]. Die Verfahrensbeteiligten müssen in der Hauptverhandlung ferner gleiche Chancen haben, die Entscheidung des Gerichts durch Argumente und Beweismittel zu beeinflussen. Insoweit muß „**Waffengleichheit**" für Anklage und Verteidigung bestehen[17].

Besondere Pflichten zur Sicherung eines fairen Verfahrens können dem Gericht, vor **17** allem dem die Verhandlung leitenden Vorsitzenden, im Einzelfall bei Vorliegen besonderer Umstände erwachsen. Droht ein ungewöhnlicher Verfahrensgang die Prozeßrechte eines Verfahrensbeteiligten zu verkürzen oder ihn in seiner Prozeßführung zu verwirren, so muß das Gericht entgegenwirken. Vor allem muß es verhüten, daß der Angeklagte durch einen unvorhergesehenen Verfahrensverlauf, durch das Abweichen von einer in Aussicht gestellten Sachbehandlung überrumpelt wird und aus Unkenntnis eine ihm vom Gesetz eingeräumte Verteidigungsmöglichkeit endgültig verliert.

Aus den gleichen Gründen schreibt die Strafprozeßordnung zum Schutze des Ange- **18** klagten, aber auch zum Schutze anderer Verfahrensbeteiligter, in bestimmten Fällen **besondere Hinweis- und Belehrungspflichten** allgemein vor[18]. Wo sie schweigt, schließt das nicht aus, daß in besonders gelagerten Einzelfällen trotzdem solche Hinweise notwendig sind, damit der Angeklagte das durch das Rechtsstaatsprinzip, die Prozeßgrundsätze und durch Art. 6 Abs. 1 MRK gebotene „faire Verfahren" (fair trial) erhält und die Möglichkeiten für eine sachgerechte Verteidigung nicht ungenützt läßt. Welche Maßnahmen dafür erforderlich sind, beurteilt sich nach dem Schutzzweck dieser Prozeßmaximen und den Umständen des Einzelfalles. Die Maßnahmen sind, soweit sie sich als die Anwendung strafprozessualer Grundsätze auf besondere Umstände verstehen lassen, **Rechtspflicht** des Gerichts und nicht etwa nur ein nobile officium[19].

Die **Bedeutung** dieser Maßnahmen darf nicht unterschätzt werden. Sie dienen der **19** sachgerechten Verfahrensgestaltung und wirken sich gegenüber dem Angeklagten als notwendiges Regulativ der Inquisitionsmaxime aus. Die Unparteilichkeit der Verhandlungsführung und ihre Ausrichtung auf Wahrheitsfindung und Gerechtigkeit wird hierdurch besonders augenfällig. Daß diese Zielsetzung in der Verhandlungsführung deutlich wird, ist sehr wichtig und für die innere Bereitschaft des Angeklagten, ein gegen ihn

---

[14] Diese Vertragsbestimmungen fordern aber, abgesehen von den Mindestvorgaben in ihren Absätzen 3, vom nationalen Recht kein bestimmtes Verfahren; ihnen kann durch verschiedene Verfahrensgestaltungen genügt werden, sofern nur das jeweilige Verfahren in seiner Gesamtheit fair ist; vgl. bei Art. 6 MRK (24. Aufl. Art. 6 MRK, 65 ff, 160).

[15] Vgl. etwa BGHSt **32** 345; *Volk* StV **1986** 36; strittig insbesondere bei schweren oder irreparablen Verstößen, so etwa *Weiler* GA **1994** 564; wegen der Einzelheiten und weit. Nachw. vgl. Einleitung (Abschn. H IV 4) und bei § 206 a.

[16] Vgl. etwa OLG Hamm StV **1996** 422 (Überrumpelung durch weiteren Sachverständigen).

[17] BVerfGE **9** 95; wegen der weit. Nachw. zu diesem keine originären Verfahrensbefugnisse begründenden Strukturprinzip vgl. Einleitung sowie die Erläuterungen zu Art. 14 Abs. 1 IPBPR, Art. 6 MRK (24. Aufl. Art. 6 MRK, 56; 59 ff).

[18] *Schorn* JR **1967** 203; *Plötz* Fürsorgepflicht 155 ff; *Rüping* Kap. 6 III 3 e („Teilaspekt der Verfahrensgerechtigkeit").

[19] *Plötz* Fürsorgepflicht 67 ff, weit. Nachw. Einleitung (Abschn. H IV 5).

ergangenes Urteil als gerecht anzunehmen, meist entscheidend. Nur ein Urteil, das in einem als gerecht empfundenen Verfahren ergeht, überzeugt.

20   Unter der Sammelbezeichnung **Fürsorgepflicht** faßt ein Teil des Schrifttums und der Rechtsprechung[20] verschiedene, aus der Pflicht zur fairen Verfahrensgestaltung (vgl. Rdn. 17) folgende Maßnahmen zum Schutze des Angeklagte, vor allem Hinweis-, Klarstellungs- und Belehrungspflichten, zusammen. Zum Teil lassen sich diese Pflichten, die auch gegenüber anderen Verfahrensbeteiligten bestehen, nicht nur aus den oben erwähnten Anforderungen eines rechtsstaatlichen, justizförmigen und fairen Verfahrens herleiten, sondern auch aus anderen Grundsätzen des Verfahrens, wie etwa aus den Anforderungen der Aufklärungspflicht und des rechtlichen Gehörs. Sie wurzeln letztlich in der Verpflichtung aller Staatsgewalt, die Würde des Menschen zu achten (Art. 1 Abs. 1 GG) und ihn nicht zum bloßen Objekt der staatlichen Machtausübung zu degradieren[21]. Das von der Strafprozeßordnung vorgesehene Mitwirkungsrecht des Angeklagten, sein Recht, als eigenständiges Prozeßsubjekt autonom darüber zu entscheiden, wie er seine prozessualen Belange wahrnehmen will (Rdn. 26), kann aber nur dann voll zum Tragen kommen, wenn er die ihn betreffenden Vorgänge in ihrer prozessualen Bedeutung (insbesondere in ihren Auswirkungen auf spätere Verfahrensabschnitte) wenigstens in den Grundzügen versteht. Nur wenn dies gewährleistet ist, kann das Gericht ohne Gefahr für die Wahrheitsfindung den variablen Teil des Verfahrensgangs entsprechend dem Verhalten des Angeklagten einrichten. Erkennt das Gericht, daß das Prozeßverhalten des Angeklagten oder eines anderen Verfahrensbeteiligten durch verfahrensrelevante Irrtümer oder Mißverständnisse beeinflußt wird, muß es dem durch entsprechende Hinweise entgegenwirken[22].

21   Ob und welche **Maßnahmen des Gerichts** durch die Fürsorgepflicht geboten sind, richtet sich immer nach den besonderen Verhältnissen des Einzelfalls und ist deshalb im Zusammenhang mit den einzelnen Verfahrensregelungen (insbesondere bei §§ 228 Abs. 3, 265 Abs. 4) zu erörtern, zumal dies nicht unabhängig von der übrigen Verfahrenslage entschieden werden kann. Beispielsweise wird ein Verhalten des Angeklagten, das zu einem endgültigen Verlust einer prozessualen Gestaltungsmöglichkeit führt, viel eher eine Belehrung erfordern als ein Verhalten, dessen Folgen nötigenfalls noch in einem späteren Verfahrensabschnitt wieder rückgängig zu machen sind. Letztlich muß aber immer auf Grund der oben aufgezeigten Grundgedanken entschieden werden, ob und welche Maßnahmen des Gerichts (in der Regel handelt es sich um Hinweise, Belehrungen oder klarstellende Fragen) notwendig sind, um die sachgerechte Führung der Verteidigung zu ermöglichen und um insbesondere zu verhüten, daß der Angeklagte durch Unkenntnis seiner Verfahrensrechte und durch Überrumpelung einen verfahrensrechtlichen Nachteil erleidet. Dabei kann es auch von Bedeutung sein, ob dem Angeklagten ein rechtskundiger Verteidiger zur Seite steht, dem es das Gericht meist ohne Belehrung überlassen kann zu entscheiden, was für die Verteidigung am dienlichsten ist.

III. Stellung der am Verfahren Beteiligten

22   **1. Rechtsgrundlagen.** Die an der Hauptverhandlung teilnehmenden Personen, ihre unterschiedlichen Aufgaben und wechselseitigen Befugnisse und Obliegenheiten sind in der Strafprozeßordnung — auch außerhalb des Sechsten Abschnitts — und im Gerichts-

---

[20] Dazu Einleitung (Abschn. H IV 5) mit weiteren Nachweisen auch zur Streitfrage, ob die Fürsorgepflicht als besonderes Rechtsinstitut anzuerkennen ist.

[21] Zur Ableitung der Fürsorgepflicht aus Verfas-

sungsgrundsätzen und Prozeßprinzipien vgl. etwa SK-*Rogall* Vor § 133, 110 ff; *Hamm* FS Salger 273; *Plötz* Fürsorgepflicht 81 ff.

[22] BGH StV **1994** 411; vgl. auch BGH bei *Kusch* NStZ **1993** 228.

verfassungsgesetz festgelegt. Für bestimmte Verfahren finden sich Sonderregelungen in den einschlägigen Spezialgesetzen[23], wie etwa im JGG, in § 407 AO, § 13 Abs. 2 WiStG, §§ 76, 83 Abs. 1 OWiG, § 43 AWG, § 34 MOG.

Die **Konstitution der Hauptverhandlung** ist darüber hinaus durch wichtige **verfas-** **23** **sungsrechtliche Grundsätze** vorgezeichnet. Vor allem die Verfassungsrechtsprechung hat aus der Pflicht aller Staatsgewalt zur Achtung der Menschenwürde (Art. 1 GG), der Freiheitsgewährleistung des Art. 2 GG und dem Rechtsstaatsprinzip richtunggebende Grundsätze entwickelt, die, wie die Unschuldsvermutung[24] oder die Pflicht zur fairen Verfahrensgestaltung (Rdn. 15 ff), die Stellung und Befugnisse der verschiedenen Verfahrensbeteiligten in der Hauptverhandlung maßgeblich mitbestimmen. Dazu kommen noch einige in der Verfassung ausdrücklich verbürgten Einzelgarantien, wie das Recht auf Gehör (Art. 103 Abs. 1 GG), auf den gesetzlichen Richter (Art. 101 Abs. 1 GG) oder das Verbot der Doppelbestrafung (Art. 103 Abs. 3 GG).

Ein mit diesen Grundsätzen weitgehend übereinstimmender Mindeststandard an Ver- **24** fahrensbefugnissen ist **Gegenstand internationaler Vereinbarungen** geworden, die, wie die Europäische Menschenrechtskonvention oder der Internationale Pakt über staatsbürgerliche und politische Rechte, als Bundesrecht unmittelbar für das Strafverfahren gelten[25].

Die Forderung, daß kein in das Verfahren gezogener Bürger zum **bloßen Objekt des** **25** **Verfahrens** gemacht werden darf, daß ihm vielmehr nach dem Maß seiner Betroffenheit abgestufte Befugnisse zur eigenen Wahrung seiner Verfahrensinteressen zuzubilligen sind, folgt aus den oben genannten Verfahrensgrundsätzen[26]. Unter diesem Blickwinkel ist es eine Definitionsfrage ohne entscheidende sachliche Bedeutung, ob man unter **Verfahrensbeteiligte** nur die Personen versteht, die, weil das Verfahrensergebnis auch sie ganz oder in einem Entscheidungsteil mitbetrifft, mit eigenen Befugnissen zumindest partiell auf den Gang der Hauptverhandlung einwirken können, die also die eigentlichen Prozeßsubjekte sind, oder ob im weiteren Sinn auch die Personen dazu zählen, die, wie etwa die Zeugen, eigene Verfahrensbefugnisse nur insoweit haben, als es sich um ihre Zuziehung und den daraus für sie persönlich erwachsenden Verfahrenspflichten handelt[27]. Das Gesetz verwendet ohnehin keinen einheitlichen Begriff der Verfahrensbeteiligten, so daß bei jeder Einzelvorschrift aus ihrem Sinn zu erschließen ist, welcher Personenkreis angesprochen wird[28]. Gleiches gilt für die ebenfalls strittige Frage, ob das Gericht oder seine Mitglieder zu den Verfahrensbeteiligten rechnen oder ob das deswegen zu verneinen ist, weil die Richter eine grundsätzlich andere Stellung zu der vor ihnen durchgeführten Verhandlung einnehmen als die zur Wahrung eigener Verfahrensinteressen daran beteiligten Personen[29].

---

[23] Zum Teilnahmerecht der Vertreter der betroffenen Behörden an der Hauptverhandlung vgl. Rdn. 48.

[24] Zur Verfassungsgarantie der Unschuldsvermutung durch das Grundgesetz etwa BVerfGE **19** 347; **22** 265; **25** 331; **35** 320; **74** 370; **82** 114; SK-*Rogall* Vor § 133, 74 ff; einzelne Landesverfassungen garantieren sie ausdrücklich, ebenso die als unmittelbares Recht anwendbaren Art. 6 Abs. 2 MRK; Art. 14 Abs. 2 IPBPR. Weit. Nachw. bei Art. 6 MRK (24. Aufl. Art. 6 MRK, 8; 103).

[25] Vgl. MRK Einleitung (24. Aufl. MRK Einl. 19 ff).

[26] BVerfGE **26** 71; **34** 302; **38** 111; **46** 210; **57** 275; **63** 61; **65** 174; **66** 318; BVerfG NJW **84** 113; ständ. Rspr.; BGHSt **38** 374; ferner etwa *Gössel* ZStW **94** (1982) 48; *Müller-Dietz* ZStW **93** (1981) 421;

Niemöller/Schuppert AöR **107** (1982) 421; *Rieß* FS Reichsjustizamt 375; *Rüping/Martin* ZStW **1981** (1979) 351; SK-*Rogall* Vor § 133, 59.

[27] Ähnlich *Gössel* § 19 A; zu den strittigen Fragen der Grenzziehung vgl. KMR-*Paulus* § 33, 6, 7; Vor § 48, 25 ff; *Kleinknecht/Meyer-Goßner* Einl. 71; auch BVerfGE **38** 119; s. auch Einl. Abschn. I I.

[28] Vgl. *Gössel* § 19 A 1; ferner die Erläuterungen zu den §§ 33, 33 a; 238, 262, 273; 335; 431, 442; 444; 464 a, 464 b.

[29] So etwa *Bohnert* NStZ **1983** 348; *Kleinknecht/Meyer-Goßner* Einl. 71 (keine Verfahrensbeteiligten, wohl aber bei der Verhandlung beteiligte Personen i. S. von § 238 Abs. 2, § 273 Abs. 3); **a. A** *Eb. Schmidt* I 66.

2. Verhältnis der Verfahrensbeteiligten zueinander

26   **a) Unabhängigkeit und wechselseitige Bindung.** Die Hauptverhandlung ist ein sich fortentwickelnder **(dynamischer) Vorgang** mit dem Ziel, festzustellen, wie sich der zu untersuchende Lebenssachverhalt in Wirklichkeit zugetragen hat und ob und welche Sanktionen gegen den Angeklagten zu verhängen sind. Die an der Hauptverhandlung teilnehmenden Personen sind entsprechend der unterschiedlichen Funktion diesem Ziel in unterschiedlichem Maße verpflichtet. Während das Gericht, vor allem der Vorsitzende, aktiv das Verfahren im Interesse einer möglichst erschöpfenden Sachaufklärung nach Kräften fördern muß, trifft den Angeklagten, der ohne sein Zutun in den Mittelpunkt der Verhandlung gestellt ist, keine aktive Förderungspflicht. Er kann die ihm zustehenden Verfahrensbefugnisse zur aktiven Einwirkung auf den Gang der Verhandlung benutzen, er kann sich aber auch völlig passiv verhalten[30]. Die Ausrichtung der Hauptverhandlung auf die Aufklärung des zu untersuchenden Sachverhalts ist aber auch für den Angeklagten insoweit verbindlich, als seine Verfahrensbefugnisse — ebenso wie die anderen Verfahrensbeteiligten — trotz eines weit gespannten Spielraums für die Verteidigung letztlich im Hinblick auf dieses Ziel ausgeübt werden müssen. Verfahrensbefugnisse stehen allen Verfahrensbeteiligten nur zur Wahrung ihrer auf dieses Ziel bezogenen Verfahrensinteressen zu, nicht aber für andere, verfahrensfremde Zwecke.

27   Die **Unabhängigkeit**, mit denen die **einzelnen Verfahrensbeteiligten** ihre Verfahrensbefugnisse eigenverantwortlich verfolgen, wird durch die Verfahrensregeln in ein **System gegenseitiger** Zustimmungserfordernisse und wechselseitiger Einwirkungs- und Erklärungsbefugnisse eingebettet, das für die Interaktionsstruktur der Hauptverhandlung[31] kennzeichnend ist. Die schließt ein Mindestmaß an gegenseitiger Rücksichtnahme ein. Diese kann allerdings niemals so weit gehen, daß dadurch die ordnungsgemäße Erfüllung der Aufgaben der beteiligten staatlichen Organe und die Wahrnehmung der eigenen legitimen Verfahrensinteressen der anderen Verfahrensbeteiligten beeinträchtigt wird[32].

28   **Eine Verständigung** über Einzelheiten der Verfahrensgestaltung ist nur mit dieser Maßgabe und nur innerhalb der Grenzen des fast durchwegs zwingenden Verfahrensrechts möglich. Sie kann die vielen Einzelheiten der technischen Verfahrensabwicklung betreffen, aber auch die Verwendung von Beweismitteln, so etwa, ob auf einen mitgebrachten Zeugen verzichtet wird. Eine solche vorgezogene Einigung über das beabsichtigte Prozeßverhalten hat vor allem dort Bedeutung, wo das Gesetz Einzelheiten der Verfahrensgestaltung im Rahmen der Beweisaufnahme durch Bindung an Zustimmung oder Verzicht der Disposition der einzelnen Prozeßsubjekte (mit) überläßt. Eine unüberschreitbare Grenze finden solche Absprachen an zwingenden Vorschriften des Verfahrensrechts sowie an der Pflicht zur Sachaufklärung. Sofern nicht die darauf beruhenden Verfahrenshandlungen unwiderruflich und bindend geworden sind, stehen Absprachen über beabsichtigtes Prozeßverhalten ihrer Natur nach unter der clausula rebus sic stantibus; vor allem bei einer nicht vorhersehbaren Änderung der Prozeßlage sind die Beteiligten dadurch nicht gehindert, die nach der neuen Lage erforderlichen Anträge zu stellen. Verfahrenshandlungen werden nicht allein deswegen unzulässig, weil sie entgegen einer Absprache dann doch vorgenommen wurden. Aus dem Gebot der fairen Verfahrensgestaltung kann dann allerdings die Verpflichtung des Gerichts erwachsen, dafür zu sorgen, daß derjenige, der sich absprachegemäß verhalten hat, dadurch keinen Nachteil erleidet. Die

[30] Vgl. *Schreiner* NJW **1977** 2303 gegen *Laier* NJW **1977** 1139; ferner zur Rollenambivalenz des Angeklagten als Prozeßsubjekt, Auskunftsperson und Objekt der Untersuchung etwa *Müller-Dietz* ZStW **93** (1981) 1216; *Schreiber* ZStW **88** (1976) 132; SK-*Rogall* Vor § 133, 62.
[31] *Schlüchter* 1 ff.
[32] *Römer* FS Schmidt-Leichner 133; *Dahs* Hdb. 13 ff.

vielschichtigen Probleme der Absprachen, die sich nicht nur auf Vornahme oder Unterlassen einer einzelnen Prozeßhandlung beschränken, sondern auch das Prozeßergebnis selbst mit einschließen, sowie das umfangreiche Schrifttum dazu sind in der Einleitung (Abschn. G III 3) erörtert.

b) Waffengleichheit. Der Gleichheitssatz des Art. 3 Abs. 1 GG gilt grundsätzlich auch **29** für die Handhabung des Verfahrensrechts[33]. Vor allem in der Hauptverhandlung müssen die Befugnisse zur Mitgestaltung des Verfahrensgangs so ausgewogen verteilt sein, daß kein Prozeßsubjekt die prozeßbeendende Entscheidung nur aus seiner Sicht einseitig beeinflussen kann. Differenzierungen der Befugnisse sind zulässig und unumgänglich, soweit sie sich aus der unterschiedlichen Verfahrensrolle ergeben[34]. Die **Waffengleichheit** zwischen **Staatsanwalt** einerseits und **Angeklagten** und **Verteidiger** andererseits bedeutet keine die Unterschiede ihrer Aufgaben und Pflichten mißachtende Gleichstellung in allen prozessualen Befugnissen der Hauptverhandlung. Der Strafprozeß ist kein Parteiprozeß. Die Waffengleichheit im Sinne gegeneinander ausgewogener (gleichwertiger) Verfahrensbefugnisse ist dort geboten, wo nicht die von der Sache vorgegebenen Strukturunterschiede der Ankläger- und Verteidigerrolle dominieren, sondern die (partiell) kontradiktorische Komponente der Hauptverhandlung zum Tragen kommt, weil es um die Gleichbehandlung bei der Information über entscheidungsrelevante Umstände geht (Parität des Wissens) sowie darum, auf die Hauptverhandlung durch Anträge oder Einwilligungen gestaltend einzuwirken und vor allem die Beweisaufnahme durch Beweisanträge, Fragen an Zeugen und Sachverständigen mitzubestimmen sowie auf den Urteilsfindungsprozeß durch eigene Ausführungen einzuwirken. Es gehört zu den Erfordernissen eines rechtsstaatlichen „fairen" Verfahrens, daß Anklage und Verteidigung diese Befugnisse in der Hauptverhandlung mit gleicher Effektivität ausüben können[35]. Die äußeren Umstände des Verfahrens, wie etwa die Anordnung der Sitze von Staatsanwalt und Verteidiger im Gerichtssaal, berühren die richtig verstandene Forderung nach Waffengleichheit nicht[36].

c) Mehrere Verfahrensbeteiligte in gleicher Prozeßrolle. Die Bestimmungen der **30** StPO sprechen zwar in der Regel von den einzelnen Verfahrensbeteiligten nur in der Einzahl, sie gehen aber davon aus, daß mehrere Personen in der gleichen Verfahrensrolle an der Hauptverhandlung teilnehmen können, vor allem, daß in einer Hauptverhandlung gegen mehrere Angeklagte verhandelt werden kann. Die Auswirkungen dieses Nebeneinanders auf die Verfahrensgestaltung ist nur in wenigen Fällen (z. B. §§ 231 c, 240 Abs. 2 Satz 2; §§ 247, 257) ausdrücklich geregelt; im übrigen muß aus dem Zweck der jeweils einschlägigen Verfahrensvorschriften erschlossen werden, welche Modifikationen des Verfahrens sich daraus ergeben. Bei Äußerungsbefugnissen kann es genügen, daß mehrere in gleicher Rolle Beteiligte nacheinander zu Wort kommen, wobei die Reihenfolge vom Vorsitzenden nach Zweckmäßigkeitsgesichtspunkten bestimmt werden kann; es kann aber — wie beim letzten Wort (§ 258 Abs. 2) — auch notwendig sein, einem Ange-

---

[33] Auch Art. 14 Abs. 1 Satz 1 IPBPR stellt die Gleichheit aller Menschen vor Gericht ausdrücklich heraus; bei Art. 6 MRK folgt sie aus dem Erfordernis eines fairen Verfahrens. Dazu und zur „Waffengleichheit" als Möglichkeit, mit gleicher Effektivität bei Aufnahme und Würdigung der Beweise mitzuwirken, vgl. bei Art. 6 MRK (24. Aufl. Art. 6 MRK, 58 ff).

[34] Zur Unabweisbarkeit rollenspezifischer Differenzierungen vgl. BVerfGE **63** 67; BGHSt **18** 371; *Hamm* FS Salger 290; *Rieß* FS Schäfer 174; *Rogall*

Der Beschuldigte als Beweismittel 111; *Roxin* § 11, 10; *Rüping* Kap. 6 III 36.

[35] BVerfGE **38** 111; **57** 275; BVerfG NJW **1984** 1907; EKMR NJW **1963** 2247; StV **1981** 379; ferner etwa BGHSt **15** 159; **24** 171; BGH JZ **1984** 248; *Böttcher* 9; *Kohlmann* FS Peters 311 311; *E. Müller* NJW **1976** 1063; *Rüping* ZStW **91** (1979) 359; *Vogler* ZStW **82** (1970) 764; **89** (1979) 778; *Schünemann* StV **1993** 607; *Kleinknecht/Meyer-Goßner* Einl. 88; SK-*Rogall* Vor § 133, 107.

[36] OLG Koblenz VRS **46** (1974) 450; vgl. oben Fußn. 33.

klagten, der bereits das letzte Wort hatte, nochmals Gelegenheit zu geben, zu sachlich neuen Ausführungen eines Mitangeklagten, die ihn betreffen, Stellung zu nehmen[37].

31   Mehrere in gleicher Eigenschaft Beteiligte sind bei Ausübung ihrer Befugnisse **voneinander unabhängig**. Sie können widersprechende Erklärungen abgeben und unterschiedliche Anträge stellen. Die Eigenständigkeit der Erklärungen und Anträge besteht allerdings dort nicht, wo mehrere Personen als Vertreter ein und derselben Behörde deren Verfahrensbefugnisse ausüben oder ein Verteidiger eine Erklärung nicht kraft eigenen Rechts als Beistand, sondern als Vertreter des Angeklagten abgibt (vgl. § 227, 11).

32   Eine **Aufteilung** der Ausübung der Verfahrensbefugnisse ist zulässig, wenn diese zu einer Verfahrensfunktion gehören, die nicht ihrer Natur nach an eine bestimmte Person als solche gebunden ist. Mehrere Staatsanwälte oder mehrere Verteidiger eines Angeklagten können sich in ihre Aufgaben teilen. Die Einzelheiten sind bei § 227 besprochen[38]. Personengebundene Verfahrensbefugnisse, wie sie beispielsweise beim Angeklagten oder Einziehungsbeteiligten bestehen, müssen — sofern nicht eine Vertretung (vgl. §§ 234, 434) zulässig ist — von dem jeweiligen Verfahrensbeteiligten selbst ausgeübt werden; ein anwesender Angeklagter kann sich dabei jedoch seines Verteidigers (als Vertreter in der Erklärung) bedienen. Soweit es um seine eigenen Verfahrensbefugnisse geht, bleibt der Wille des Angeklagten entscheidend. Der Verteidiger ist hieran gebunden. Frei ist er dagegen, wenn er eigene Verteidigerbefugnisse ausübt; insoweit sind unterschiedliche Erklärungen möglich und verfahrensrechtlich beachtlich. Wegen der Einzelheiten wird vor allem auf die Erläuterungen Vor § 137 und bei §§ 234, 234 a verwiesen.

33   Abgesehen von der Staatsanwaltschaft, die auch zu Gunsten des Angeklagten tätig werden muß[39], können die anderen Prozeßsubjekte ihre Verfahrensbefugnisse immer **nur zur Wahrnehmung eigener Verfahrensinteressen** ausüben. Wo ein Betroffensein in den eigenen Verfahrensinteressen auszuschließen ist, haben sie trotz der Einheit der Hauptverhandlung keine Einwirkungsmöglichkeit auf den betreffenden Verfahrensvorgang[40]. Zu berücksichtigen ist dabei allerdings, daß der Inbegriff der gesamten Hauptverhandlung zur einheitlichen Entscheidungsgrundlage wird und umgekehrt daher jeder auch diesen Inbegriff für die eigene Interessenvertretung nutzen kann. Das Betroffensein in den eigenen Interessen ist deshalb weit auszulegen, um im Interesse einer auch für unvorhergesehene Argumente offenen Verhandlungsführung keinem Verfahrensbeteiligten die Möglichkeit zu verbauen, einen Bezug zwischen der eigenen Sache und einem ihn dem ersten Anschein nach nicht berührenden Verfahrensvorgang herzustellen. Wer aber einen solchen Sachbezug nicht aufzeigen kann, hat auch keine Befugnis, auf den ihn nicht berührenden Verfahrensvorgang einzuwirken[41].

3. Die Teilnehmer der Hauptverhandlung

34   **a) Richter.** Beim Gericht, dessen Zusammensetzung sich nach den Vorschriften des Gerichtsverfassungsgesetzes bestimmt, haben Berufs- und Laienrichter[42] in der Hauptverhandlung als Beisitzer grundsätzlich die gleichen Befugnisse. Der **Vorsitzende** nimmt eine Doppelstellung ein: Soweit er die Verhandlung leitet und die sonst ihm übertragenen Rechte ausübt (z. B. § 228 Abs. 1 Satz 2, § 231 Abs. 1 Satz 2), die Sitzungspolizei wahr-

---

[37] *Gollwitzer* FS Sarstedt 17.
[38] Zum Verhältnis zwischen Staatsanwalt und Nebenkläger vgl. bei § 397; ferner *Gollwitzer* FS Schäfer 66, 72.
[39] Einschränkend *Marx* GA **1978** 365; vgl. Einleitung und Vor § 141 GVG.

[40] Vgl. § 231 c, 19; *Gollwitzer* FS Sarstedt 17 ff; FS Schäfer 67.
[41] *Gollwitzer* FS Sarstedt 22.
[42] Dazu etwa *Jeschek* FS Schultz 229; *Schild* ZStW **94** (1982) 37; *Volk* FS Dünnebier 373, 382.

nimmt (§ 176 GVG) und die Vorgänge in der Verhandlung beurkundet (§ 271), wird er kraft eigenen Rechts tätig. Im übrigen handelt er für das Gericht; insoweit bereitet er nur dessen Entscheidungen vor, auch wenn er selbständig tätig wird, denn die Verantwortung für Sachaufklärung und Urteilsfindung in einem dem Recht entsprechenden Verfahren obliegt letztlich dem gesamten Gericht[43]. Einzelheiten des Verhältnisses zwischen Vorsitzenden und den übrigen Richtern sind bei § 238 erörtert, ebenso die Möglichkeit, gegen Anordnungen des Vorsitzenden das Gericht anzurufen.

Der **Urkundsbeamte** der Geschäftsstelle hat als eigenverantwortliche Urkundsperson **35** gemeinsam mit dem Vorsitzenden dafür zu sorgen, daß die Vorgänge in der Hauptverhandlung dem Gesetz entsprechend in der Sitzungsniederschrift festgehalten werden (vgl. dazu die Erläuterungen zu §§ 226, 271 ff und bei § 153 GVG).

b) Als **Anklagevertreter** können mehrere Staatsanwälte gemeinsam oder nacheinan- **36** der an der Hauptverhandlung teilnehmen. Wegen des Erfordernisses der ständigen Anwesenheit, der Möglichkeit, die Befugnisse aufzuteilen oder mit der Wahrnehmung der Anklagevertretung Referendare oder örtliche Sitzungsvertreter zu betrauen, vgl. die Erläuterungen zu den §§ 226, 227, 258. Die Erklärungen mehrerer Staatsanwälte sind einheitlich der von ihnen vertretenen Anklagebehörde zuzurechnen. Weichen Erklärungen und Anträge trotzdem voneinander ab, so ist dies nicht anders zu bewerten, wie wenn eine natürliche Person sich im Verfahren unterschiedlich erklärt; bindet die frühere Erklärung die Staatsanwaltschaft unwiderruflich, gilt sie, andernfalls ist die spätere Erklärung als eine Abänderung oder Rücknahme der früheren zu werten. Ist unklar, was wirklich gewollt ist, muß der Vorsitzende dies in der Hauptverhandlung durch Rückfrage klarstellen (vgl. § 227, 9).

c) Der **Nebenkläger** ist durch Anträge und Erklärungen der Staatsanwaltschaft nicht **37** gebunden. Er ist in der Wahrnehmung seiner Prozeßbefugnisse selbständig und kann insbesondere auch von der Staatsanwaltschaft abweichende Anträge stellen. Seine Befugnis, selbst oder durch einen mit Wahrnehmung seiner Interessen beauftragten Anwalt[44] auf den Verfahrensgang einzuwirken, ist aber auf die Wahrnehmung der von ihm verfolgten Verfahrensinteressen beschränkt. Betrifft die Hauptverhandlung Vorgänge, die diese Interessen nicht berühren, hat der Nebenkläger insoweit auch keine Einwirkungsbefugnis[45]. Wegen der Einzelheiten vgl. die Erläuterungen zu § 397 und zu den einzelnen Bestimmungen der Hauptverhandlung.

d) Der **Angeklagte**, für den die Unschuldsvermutung (vgl. Rdn. 23) gilt, ist nicht **38** lediglich das **Objekt** des gegen ihn betriebenen Strafverfahrens. Er hat das Recht, sich zu verteidigen oder verteidigen zu lassen und auf den Gang des Verfahrens durch eigene Stellungnahme, Fragen und Anträge einzuwirken. Eine über die Pflicht zur Duldung des Verfahrens hinausreichende Pflicht zur aktiven Förderung trifft ihn nicht. Seine verfassungsrechtlich gesicherte (Art. 1 Abs. 2; Art. 2; Art. 103 Abs. 1 GG) Stellung als **Prozeßsubjekt**[46] hat der Gesetzgeber im nachfolgenden Abschnitt für die Hauptverhandlung näher geregelt.

Für das Verhältnis der Befugnisse **mehrerer Mitangeklagter** zueinander ist entschei- **39** dend, daß die Hauptverhandlung gegen alle eine Einheit bildet. Ihr gesamter Inbegriff ist

---

[43] So schon RGSt **3** 46; **19** 355; **44** 65; RG LZ **1915** 899; Recht **1920** Nr. 2731; vgl. bei § 238.

[44] Vgl. etwa *Fabricius* NStZ **1994** 257; weit. Nachw. §§ 397, 397 a.

[45] BGHSt **28** 272; BGH bei *Pfeiffer/Miebach* NStZ **1984** 209; *Gollwitzer* FS Schäfer 65, 67; vgl. ferner bei § 397.

[46] Zur Stellung des Angeklagten als Prozeßsubjekt vgl. Einleitung in Abschn. I IV, ferner Vor § 226, 23 ff mit weit. Nachw.

Walter Gollwitzer

bei jedem Mitangeklagten für die Urteilsfindung verwertbar. Dies ist zu berücksichtigen, wenn geprüft wird, ob ein Verfahrensvorgang einen Mitangeklagten betrifft. Aus der Einheit der Hauptverhandlung erwachsen dem Angeklagten keine Einwirkungsbefugnisse auf die Teile der Hauptverhandlung, die ausschließlich Mitangeklagte betreffen und bei denen ausgeschlossen werden kann, daß durch sie seine eigenen Verfahrensinteressen in irgendeiner Weise berührt werden. Nur insoweit ist auch Raum für die Beurlaubung nach § 231 c.

40   Im einzelnen ist nach der **Art der Befugnisse** zu **unterscheiden**: Die Informationsrechte des Angeklagten einschließlich des Rechts auf Anwesenheit erstrecken sich grundsätzlich auf alle Teile der Hauptverhandlung. Da jeder Angeklagte seine Verteidigung eigenverantwortlich führen kann, darf ihm das Gericht nicht die Möglichkeit verkürzen, alle Vorgänge der Hauptverhandlung hierfür zu nutzen; er muß in der Lage sein, einen nicht ohne weiteres erkennbaren Zusammenhang zwischen einem ihn nicht unmittelbar betreffenden Verfahrensvorgang und der eigenen Strafsache aufzuzeigen. Deshalb dürfen seine Erklärungs- und Fragerechte in solchen Fällen nicht ex ante beschränkt werden, sondern erst dann, wenn für das Gericht ersichtlich wird, daß die Erklärung nicht die eigene Sache betrifft. Die Befugnis, die Verfahrensgestaltung durch Anträge und Prozeßhandlungen (Verzicht, Einwilligung u. a.) mitzubestimmen, hat immer nur der Mitangeklagte, der aufzuzeigen vermag, daß er damit ein eigenes (legitimes) Verfahrensinteresse verfolgt[47].

41   e) **Beteiligte mit Angeklagtenbefugnissen.** Die Verfalls- und Einziehungsbeteiligten haben — begrenzt auf den Umfang ihrer Beteiligung — in der Hauptverhandlung ebenfalls die Befugnisse des Angeklagten. Angeklagtenbefugnisse haben ferner die Vertreter einer juristischen Person oder Personenvereinigung nach § 444. Die Einzelheiten sind bei §§ 433, 444 erläutert.

42   f) Der **Verteidiger** ist Prozeßsubjekt mit eigenen, nicht vom Angeklagten hergeleiteten Verfahrensbefugnissen[48]. Wenn er Vertretungsvollmacht hat, ist er berechtigt, den abwesenden Angeklagten auch bei der Einlassung zur Sache zu vertreten[49]. Gleiches gilt für den **Beistand** und den **gesetzlichen Vertreter** eines Angeklagten, denen § 149, anders als die §§ 67, 69 JGG, jedoch nur geringe Mitwirkungsmöglichkeiten eröffnet. Wegen der Einzelheiten vgl. die Einleitung; ferner die Erläuterungen zu den §§ 137 bis 149 und 227.

43   g) **Zeugen und Sachverständige**, deren Rechtsstellung bei den §§ 48 ff erörtert wird, sind keine Prozeßsubjekte in dem Sinn, daß sie Verfahrensbefugnisse hinsichtlich des Ziels der Hauptverhandlung beanspruchen könnten. Ihre aktive Teilnahme am Prozeßgeschehen und ihre Befugnisse beschränken sich auf die Fragen, die ihre eigene Zuziehung als Auskunftsperson betreffen[50]. Die Verfahrensbefugnisse des Anwalts, den ein Zeuge als Beistand in die Hauptverhandlung mitbringen darf, sind auf die Befugnisse des von ihm unterstützen Zeugen beschränkt[51]. Soweit ein Zeuge zugleich Verletzter ist, ergeben sich die Befugnisse seines Rechtsbeistandes aus §§ 406 f, 406 g.

44   **Tatverdächtige** nehmen, wenn sie als Zeugen zur Hauptverhandlung zugezogen werden, keine über die §§ 55, 60 Nr. 2 hinausreichende Sonderstellung ein. Sie erlangen nach herrschender Rechtsprechung nicht die Stellung einer aus der Zeugenrolle herausgenom-

---

47 *Gollwitzer* FS Sarstedt 15 ff; **a. A** *Alsberg* DStrZ **1914** 242. Weit. Nachw. vgl. Vor § 137.

48 **A. A** *Eb. Schmidt* I 71: „Prozeßsubjektsgehilfe".

49 Wegen der Einzelheiten vgl. Vor § 137 und bei §§ 234, 234 a.

50 Vgl. Einleitung; Vor § 226, 38.

51 BVerfGE **38** 105; BGH bei *Miebach* NStZ **1990** 25; *Hammerstein* NStZ **1981** 125; *Thomas* NStZ **1982** 489; *Wagner* DRiZ **1983** 21. Vgl. § 58 mit weit. Nachw.

menen Auskunftsperson sui generis[52]. Ist der Tatverdächtige Mitangeklagter der gleichen Hauptverhandlung, so kann er nach herrschender Meinung nicht Zeuge sein; strittig ist, ob entgegen der **formell** auf die prozessuale Gemeinsamkeit im Zeitpunkt der Aussage abstellenden Rechtsprechung die Zeugeneigenschaft auch entfällt, wenn der Mitbeschuldigte in einem getrennten Verfahren verfolgt wird (**formell/materiell**-rechtliche Betrachtungsweise), eventuell schon dann, wenn die Auskunftsperson nach der **materiellen** Rechtslage als Mitbeschuldigter zu betrachten ist. Wegen der Einzelheiten und der Probleme der sog. Rollenvertauschung vgl. Vor § 48[53].

h) Der **Verletzte** im weit verstandenen Sinn als derjenige, der durch die abzuurteilende **45** Tat beeinträchtigt worden ist, hat in dieser Eigenschaft kein Teilnahmerecht[54]. Ist er berechtigt, sich dem Verfahren als Nebenkläger anzuschließen, kann er sich des Beistands eines Rechtsanwalts bedienen, der — anders als der Zeugenbeistand (§ 406 f) — nach § 406 g Abs. 2 mit den dort festgelegten Befugnissen an der ganzen Hauptverhandlung teilnehmen darf. Im übrigen kann der Verletzte in der Hauptverhandlung als Zeuge (§ 61 Nr. 2) anwesend sein. Schließt er sich dem Verfahren als Nebenkläger (§ 395) oder zur Geltendmachung vermögensrechtlicher Ansprüche im Adhäsionsverfahren (§§ 403 ff) an, kann er an der Hauptverhandlung mit eigenen, auf die Wahrnehmung der jeweiligen Verfahrensinteressen beschränkten Befugnissen teilnehmen (vgl. die Erläuterungen zu §§ 397, 404). Ganz gleich, in welcher Funktion der Verletzte an der Hauptverhandlung teilnimmt, bedarf er der besonderen Rücksichtnahme, damit der Schaden, den er durch die Straftat erlitten hat, nicht durch das Verfahren zu ihrer Ahndung noch vertieft wird. Dem Gericht obliegt hier eine besondere Schutz- und Fürsorgepflicht[55].

i) Die **Gerichtshilfe** (bei § 160) hat in der Hauptverhandlung keine eigenen Verfahrens- **46** befugnisse, ihr Vertreter hat weder Frage- noch Antragsbefugnisse[56]; ihr Ermittlungsbericht kann auch nicht nach § 256 verlesen werden[57]. Wegen der Einzelheiten vgl. bei § 160.

Dem Vertreter der **Jugendgerichtshilfe** (§§ 38, 50 Abs. 3 JGG) ist dagegen in Verfah- **47** ren gegen Jugendliche und Heranwachsende (§ 109 Abs. 1 JGG) auch vor Erwachsenengerichten auf Verlangen das Wort zu erteilen (§ 50 Abs. 3 Satz 2 JGG)[58]. Das Recht, Fragen oder Beweisanträge zu stellen, hat er aber ebenfalls nicht. Werden die Vorschriften über seine Beiziehung nicht beachtet, kann das die Revision begründen, wenn nach Sachlage nicht auszuschließen ist, daß das Urteil zumindest im Rechtsfolgenanspruch darauf beruhen kann[59]. Unter Umständen kann darin auch eine Verletzung der Aufklärungspflicht liegen[60].

---

[52] *Bringewat* JZ **1981** 289; *Grünwald* FS Klug Bd II 493; *Prittwitz* NStZ **1981** 463; NStZ **1986** 64; ferner die Erläuterungen Vor § 48.

[53] Vgl. Vor § 48 mit Nachw. zum Streitstand.

[54] Zur Stellung des Verletzten vgl. *Geerds* JZ **1984** 786; *Granderath* MDR **1983** 797; NStZ **1984** 399; *Eb. Schmidt* I Nr. 72; *Jung* JR **1984** 309; *Jung* ZStW **93** (1981) 1146; *Schöch* NStZ **1984** 385; *Werner* NStZ **1984** 401; *Wolf* DRiZ **1981** 463; *Zätsch* ZRP **1992** 67; sowie umfassend *Rieß* Die Rechtsstellung des Verletzten im Strafverfahren (1984); und Vor § 406 d mit weit. Nachw.

[55] *Jung* ZStW **93** (1981) 1153; 1173; zum Opferschutz und Täter-Opfer-Ausgleich vgl. etwa *Kühne*, Opferrechte im Strafprozeß (1988), ferner Vor § 406 d mit weit. Nachw.

[56] *Hörster* JZ **1982** 92 (kein Prozeßsubjekt); vgl. *Bottke* MSchKrim **1981** 62; *Bruns* Strafzumessungs-

recht 263; *Rahn* NJW **1976** 838; *Roxin* § 10, 43; *Rüping* Kap. 2 IX; *Sonntag* NJW **1976** 1436; *Stökkel* FS Bruns 299; ferner die Erl. zu § 160 (24. Aufl. Rdn. 100 ff).

[57] *Alsberg-Nüse-Meyer* 299; *Rüping* Kap. 2 IX, *G. Schäfer* § 76 II 5; *Schöch* FS Leferenz 140; *Sonntag* NJW **1976** 1437; *Kleinknecht/Meyer-Goßner* § 160, 26; weit. Nachw. bei § 160 und § 256.

[58] Zur Stellung der Jugendgerichtshilfe vgl. z. B. *Eisenberg* JGG § 38, § 50; *Schaffstein* FS Dünnebier 661, 673; ferner BGH MDR **1984** 682; StV **1993** 536.

[59] BGHSt **27** 250; BGH StV **1982** 27 mit Anm. *Gatzweiler* StV **1982** 336; **1985** 153; BayObLGSt **1994** 169; OLG Köln NStZ **1986** 569.

[60] BGH MDR **1977** 1029; BayObLGSt **1994** 169; weitere Nachweise vgl. bei § 244.

Walter Gollwitzer

48   k) Die **Vertreter beteiligter Behörden** haben nach Maßgabe der jeweiligen spezialgesetzlichen Regelung im Verfahren wegen bestimmter Straftaten oder Ordnungswidrigkeiten das Recht zur Teilnahme an der Hauptverhandlung. In Steuerstrafsachen ist dem Vertreter des Finanzamts nach § 407 AO Gelegenheit zur Äußerung zu geben, ihm ist auf Verlangen das Wort zu erteilen; er ist auch berechtigt, Fragen an Angeklagte, Zeugen und Sachverständige zu stellen (§ 407 Abs. 2 AO). Ein eigenes Beweisantragsrecht hat er nicht. Daß dem Vertreter der Verwaltungsbehörde das Wort zu erteilen ist, sehen auch § 83 Abs. 1, § 76 Abs. 1 OWiG, § 13 Abs. 2 WiStGB, § 34 Abs. 2 MOG, § 43 Abs. 2 AWG vor[61].

IV. Heilung von Verfahrensmängeln; Hinweise

49   **1. Heilung von Verfahrensmängeln.** Die Heilung von Verfahrensmängeln ist bis zum Abschluß der Urteilsverkündung zulässig und meist auch möglich[62]. Es ist die Pflicht des Gerichts[63], alle Möglichkeiten auszuschöpfen, um erkannte Verfahrensfehler noch in der Hauptverhandlung ausdrücklich zu beheben, damit jeder Einfluß des Fehlers auf das Urteil für alle Verfahrensbeteiligten ersichtlich eindeutig ausgeschaltet wird. Es darf einen erkannten Rechtsfehler nicht etwa deshalb unbereinigt lassen, weil es der Ansicht ist, das Urteil werde von ihm ohnehin nicht beeinflußt; ob das Urteil auf einem nicht geheilten Fehler beruht, beurteilt letztlich nur das Revisionsgericht[64]. Unerheblich ist dabei, ob ein Verfahrensvorgang bereits im Zeitpunkt seiner Vornahme fehlerhaft war oder ob er dies erst nachträglich wurde, weil der Fortgang des Verfahrens seine Grundlagen beseitigte, etwa weil er zu einer Änderung in der Beurteilung der maßgebenden Tatsachen führte[65]. Ob im konkreten Fall ein Verfahrensfehler geheilt werden kann und welche Maßnahmen des Gerichts dazu erforderlich sind, hängt vom Verfahrensstand und der Art des Fehlers ab[66]. In Frage kommen vor allem die Rücknahme einer fehlerhaften Entscheidung, Nachholung einer zu Unrecht unterlassenen Verfahrenshandlung oder fehlerfreie Wiederholung eines fehlerhaften Verfahrensvorgangs, wie etwa Wiederholung des fehlerhaft in Abwesenheit des Angeklagten durchgeführten Teils der Hauptverhandlung[67]. Auch ein angemessener Hinweis des Vorsitzenden, verbunden mit der Zusicherung, daß sich der Fehler nicht auf die Urteilsfindung auswirken werde, kann mitunter zur Heilung ausreichen[68].

50   Der **Schutz und Ordnungszweck der verletzten Vorschrift** muß nachträglich so verwirklicht werden, daß durch den Verfahrensfehler kein nennenswerter Nachteil mehr zurückbleibt (BayObLGSt **1965** 2). „Wohlerworbene Rechte" der Verfahrensbeteiligten stehen der Heilung nicht entgegen, auch wenn die Behebung des Fehlers für einen Verfah-

---

[61] Vgl. *Göhler* § 76, 15 ff.
[62] *Oetker* GA **50** (1903) 229; *Schmid* JZ **1969** 757; *Schmid* FS Maurach 535; *Roxin* § 42, 31; KMR-Sax Einl. X 38 ff; *Kleinknecht/Meyer-Goßner* Einl. 159; § 337, 39; zur Heilung von Fehlern bei der Urteilsverkündung vgl. bei § 268; ferner bei § 337.
[63] Vgl. etwa RGSt **41** 218; **56** 94; BayObLGSt **1965** 2; *Gössel* § 20 B I C; *Schmid* FS Maurach 535; *Herdegen* NStZ **1990** 519; *Rogall* NStZ **1988** 387; *Kleinknecht/Meyer-Goßner* Einl. 159 (aus Rechtsstaatsgebot folgende Fürsorgepflicht); vgl. auch bei § 337.
[64] RGSt **41** 404; BGH NStZ **1986** 518; *Herdegen*; NStZ **1990** 519; *Odenthal* StV **1990** 199; vgl. auch BGH StV **1996** 36.
[65] Zur Notwendigkeit des Einklangs von prozessualen Entscheidungen und Urteil vgl. *Schmid* FS Maurach 535.
[66] RGSt **32** 379; **33** 75; **35** 354; **38** 217; **41** 18; RG GA **58** (1911) 198; Recht **1910** Nr. 3873; **1912** Nr. 2125.
[67] BGHSt **30** 74 = LM § 230 StPO 1975 Nr. 2 mit Anm. *Mösl*; RGSt **35** 353. Nach OLG Hamm JM-BlNW **1976** 225 genügt die Wiederholung der wesentlichen Teile, die der Klärung der Schuld- und Rechtsfolgenfrage dienen. Wegen weiterer Nachweise vgl. bei den jeweils betroffenen Einzelvorschriften und bei § 337.
[68] RGSt **47** 217. Zur Behebung der Folgen einer fehlerhaften Vereidigung *Schmid* FS Maurach 535; vgl. bei § 59 und bei § 261.

rensbeteiligten zu einem ungünstigeren Ergebnis führt. Die Verfahrensbeteiligten, die ihr Verhalten auf die durch den Fehler geschaffene Verfahrenslage eingerichtet haben, müssen aber über den Fehler und über die zu seiner Heilung notwendigen Maßnahmen ausreichend belehrt werden. Ihre Zustimmung ist zur Behebung des Fehlers grundsätzlich nicht erforderlich (*Schmid* JZ **1969** 757 ff). Sie müssen aber hinreichende Gelegenheit haben, sich zu dem Vorgang zu äußern und ihr Prozeßverhalten auf die neue Verfahrenslage einzustellen. Soweit der Verfahrensfehler in die Sitzungsniederschrift aufgenommene Vorgänge betrifft, sind auch die zur Heilung vorgenommenen Vorgänge zu protokollieren, etwa die Wiederholung eines Teils der Hauptverhandlung.

Durch **Verzicht** der am Verfahren Beteiligten kann der Fehler dagegen nur geheilt **51** werden, soweit kein zwingendes öffentliches Recht verletzt ist[69] und die Verfahrensgestaltung zur Disposition der Verfahrensbeteiligten steht. Erforderlich ist hier ein echter, vom Willen des jeweiligen Verfahrensbeteiligten getragener Verzicht, der grundsätzlich voraussetzt, daß der Verzichtende weiß, daß und welche Rechtsposition er aufgibt[70].

2. Hinweise

a) Die Fragen des **Mißbrauchs prozessualer Rechte** sowie der **Verwirkung** solcher **52** Rechte sind in der Einleitung (Abschn. J II) sowie bei § 337 erläutert, ferner bei einzelnen einschlägigen Vorschriften.

b) Die **Reform der Hauptverhandlung** ist seit Jahren Gegenstand eingehender Erör- **53** terungen, auf die hier nicht näher eingegangen werden kann[71]. Im Rahmen der derzeit wieder in den Vordergrund gerückten Vorschläge zur Verbesserung der Effektivität der Verfahren und zu ihrer Vereinfachung und Beschleunigung[72] werden zahlreiche Einzelfragen erörtert, wie etwa Einschränkungen des Beweisantragsrechts oder die Verbesserung des Schutzes der Verletzten, insbesondere der als Zeugen zugezogenen Kinder und Jugendlichen[73], ferner die besonderen Probleme der Großverfahren[74] und die vor allem hier sichtbar gewordene Problematik von Absprachen[75]. Daneben bestehen die schon seit längerem erörterten Fragen der Struktur der Hauptverhandlung fort, wie etwa Fragen der Öffentlichkeit der Hauptverhandlung[76], ihre Aufteilung zur getrennten Verhandlung der Tat als solcher und der sanktionsrelevanten Tatsachen (Tatinterlokut) oder der Schuld-

---

[69] RGSt **64** 308; zur Problematik der auf das objektive Prozeßverhalten abstellenden Rechtsprechung zum Verzicht vgl. *Bohnert* NStZ **1983** 344.

[70] Vgl. Rdn. 28; ferner z. B. § 217, 9 ff; § 218, 19.

[71] *Baumann* FS Klug Bd. II 459; vgl. etwa *Bode* DRiZ **1982** 455; *Dahs sen.* Reform der Hauptverhandlung, FS Schorn; *Herrmann* Die Reform der deutschen Hauptverhandlung nach dem Vorbild des anglo-amerikanischen Strafverfahrens (1971); *Lüttger* (Hrsg.) Probleme der Strafprozeßreform 1975; *Rieß* ZRP **1977** 58; *Rieß* FS Schäfer 155; *Rieß* Strafverfahrensreform (Schriftenr. des BMJ, 1982) 195; *Roxin* Probleme der Strafprozeßreform (1975) 72; *Roxin* FS Schmidt-Leichner 145; *Rudolphi* ZRP **1976** 165; *Schünemann* GA **1978** 161; *Schünemann* FS Pfeiffer 461; *Schreiber* ZStW **88** (1976) 117; *Schreiber* (Hrsg.) Strafprozeß und Reform (1979); vgl. auch Fußn. 76 und die Gesamtübersicht bei *Rieß* ZStW **95** (1983) 529; ferner Einl. Abschn. E IX.

[72] Vgl. etwa Gutachten von *Gössel* und die Referate

und Verhandlungen des 60. DJT in Münster 1994 sowie die Veröffentlichungen hierzu, etwa *Bertram* NJW **1994** 2187; *Dencker* StV **1994** 503; *Fezer* ZStW **106** (1994) 1; *Herzog* StV **1994** 166; *Perron* JZ **1994** 823; *Schlüchter* GA **1994** 397; *Widmaier* NStZ **1994** 415.

[73] Etwa *Dahs* NJW **1996** 206; *Bohlander* ZStW **107** (1995) 82; *Deckers* NJW **1996** 3105; *Kintzi* DRiZ **1996** 184; *Mildenberger* Schutz kindlicher Zeugen im Strafverfahren durch audiovisuelle Medien (1995); *Salgo* (Hrsg.) Vom Umgang der Justiz mit Minderjährigen (1995); *Steinke* ZRP **1993** 253; *Zschockelt/Wegner* NStZ **1996** 305.

[74] *Bruns/Römer/Waldowski* Verhandlungen des 50. DJT; *Herrmann* ZStW **85** (1973) 256; *Grauhan* GA **1976** 225; *G. Schmidt* JR **1974** 320.

[75] Vgl. etwa Gutachten *Schünemann* und die Referate und Verhandlungen des 58. DJT in München 1990, sowie das in der Einleitung (Abschn. G III) nachgewiesene umfangreiche Schrifttum.

[76] Vgl. Hinweise Vor § 169 GVG.

und Rechtsfolgenfrage (Schuldinterlokut)[77], ferner die Veränderung der Stellung des Vorsitzenden durch Einführung des Wechselverhörs[78]. Auch Zweckmäßigkeit und Ausgestaltung der Zwischenrechtsbehelfe und die Frage ihrer Präklusionswirkung wird — vor allem in Verbindung mit den Problemen des § 238 Abs. 2 — erörtert[79].

§ 226

Die Hauptverhandlung erfolgt in ununterbrochener Gegenwart der zur Urteilsfindung berufenen Personen sowie der Staatsanwaltschaft und eines Urkundsbeamten der Geschäftsstelle.

Entstehungsgeschichte. Gegenüber der ursprünglichen Fassung ist lediglich „Gerichtsschreiber" durch „Urkundsbeamter der Geschäftsstelle" ersetzt worden (Art. 2 des Gesetzes vom 9. 7. 1927 — RGBl. I 175). Die zweite VereinfVO sah vorübergehend vor, daß im Verfahren vor dem Amtsrichter der Staatsanwalt auf Teilnahme an der Hauptverhandlung verzichten konnte (Art. 5) und ein Schriftführer nur noch mitwirken sollte, wenn es der Vorsitzende für erforderlich hielt (Art. 6). Bezeichnung bis 1924: § 225.

Geplante Änderungen. Der Entwurf eines Zweiten Gesetzes zur Entlastung der Rechtspflege (strafrechtlicher Bereich) BTDrucks. **13** 4541 sieht im Art. 2 Nr. 21 vor, folgenden neuen Absatz 2 anzufügen: (s. ggf. die Erläuterungen im Nachtrag)

„(2) Der Strafrichter kann in der Hauptverhandlung von der Hinzuziehung eines Urkundsbeamten der Geschäftsstelle absehen. Die Entscheidung ist unanfechtbar."

Übersicht

---

[77] *Achenbach* JR **1974** 401; *Achenbach* MSchrKrim **1977** 242; *Baumann* FS Klug Bd. II, 471; *Blau/Fischinger* ZStW **81** (1969) 31; 49; *Blau/Tröndle/Öhler* ZStW **82** (1970) 1705; *Dahs sen.* ZRP **1968** 22; NJW **1970** 1705; *Dahs* GA **1971** 353; *Dahs* AnwBl. **1971** 240; *Dästner* DRiZ **1977** 9; *Dölling* Die Zweiteilung der Hauptverhandlung (1978); *Hanack* JZ **1971** 528; *Haddenbrock* NJW **1981** 1302; *Heckner* Die Zweiteilung der Hauptverhandlung nach Schuld- und Reaktionsfrage, Diss. 1973; *Heinitz* Festgabe v. Lübtow 835; *Hermann* ZStW **100** (1988) 41; *Horn* ZStW **85** (1973) 7; *Kleinknecht* FS Heinitz 651; *Knittel* FS Schwinge 215; *Rieß* FS Lackner 965; *Rolinski* FS Maihofer 371; *Römer*

GA **1969** 333; *Schöch* FS Bruns 457; *Schöch/Schreiber* ZRP **1978** 63; *Schunck* Die Zweiteilung der Hauptverhandlung, Diss. Göttingen 1982; *Sessar* ZStW **92** (1980) 698; *Walter* GA **1980** 81; ferner die Nachweise Fußn. 73; ferner Einl. Abschnitt E IX.

[78] *Gössel* JA **1975** 731; *Roxin* Probleme der Strafprozeßreform 52; *Roxin* FS Schmidt-Leichner 145; *Schünemann* GA **1978** 161; *Sessar* ZStW **92** (1980) 698; *Weißmann* Die Stellung des Vorsitzenden in der Hauptverhandlung (1982).

[79] *Alsberg* LZ **1914** 1169; *Alsberg* ZStW **50** (1930) 73; *Bohnert* 191; *Fuhrmann* GA **1963** 65; *Goldschmidt* JW **1929** 2687. Vgl. bei § 238.

1. Gegenwart der zur Urteilsfindung berufenen Richter. Das aus den Grundsätzen **1**
der Mündlichkeit und der formalen Unmittelbarkeit folgende Gebot einer **einheitlichen
Hauptverhandlung**[1] fordert, daß bei der Urteilsfindung nur die Richter mitwirken, in
deren Gegenwart die Sache verhandelt worden ist. Sie müssen das Urteil aus dem Inbegriff der Hauptverhandlung (§ 261) gewinnen und dürfen bei keinem wenn auch noch so
kleinen Teil der Hauptverhandlung fehlen (vgl. aber Rdn. 18); auch nicht bei der Urteilsverkündung. Muß für einen während der Hauptverhandlung erkrankten Berufs- oder
ehrenamtlichen Richter ein Stellvertreter zugezogen werden, so muß die ganze Verhandlung wiederholt werden[2], sofern der eintretende Richter nicht als Ergänzungsrichter
(§ 192 GVG) von Anfang an an der Hauptverhandlung teilgenommen hat. Ebenso muß,
wenn sich ergibt, daß ein mitwirkender Schöffe nicht vereidigt worden war, die Hauptverhandlung nach ordnungsgemäßer Nachholung der Vereidigung vollständig erneuert werden[3].

Neben der ununterbrochenen körperlichen Anwesenheit fordert § 226 auch die **geistige 2
Anwesenheit** des Richters, also die generell vorhandene Fähigkeit, Vorgänge der Hauptverhandlung geistig aufzunehmen. Verständnisdefizite lassen sie ebensowenig entfallen
wie die natürlichen Schwankungen, denen jede Aufmerksamkeit unterworfen ist. Aus
Nachweisgründen kann die Anwesenheit im Sinne des § 226 erst verneint werden, wenn
ersichtlich ist, daß der Richter einen wesentlichen Vorgang der Hauptverhandlung nicht
mehr aufnehmen konnte, etwa weil er schlief[4]. In einem solchen Fall spielt die oft zur
Abgrenzung mitherangezogene zeitliche Dauer der Unaufmerksamkeit keine Rolle[5], in
anderen Fällen, etwa bei ablenkenden Vorkommnissen, wird man der zeitlichen Dauer
eine Indizwirkung nicht absprechen können. Wegen der Einzelheiten, auch wegen der
Fragen der Mitwirkung eines tauben oder blinden Richters, vgl. die Erläuterungen zu
§§ 261 und 338 Nr. 1 und die dortigen Nachweise zu Rechtsprechung und Schrifttum.

2. Gegenwart des Staatsanwalts. Die Staatsanwaltschaft muß während der ganzen **3**
Dauer der Hauptverhandlung vertreten sein. Anders als im Bußgeldverfahren darf ohne sie
nicht verhandelt werden[6], auch die Urteilsverkündung macht keine Ausnahme[7]. Keiner
der Prozeßbeteiligten kann darauf wirksam verzichten. Ist das Urteil in Abwesenheit der
Staatsanwaltschaft verkündet worden, so ist strittig, ob der Verstoß durch Wiederholung
der Verkündung innerhalb der aus den §§ 229 und 268 zu entnehmenden Frist geheilt werden kann[8]. Es können mehrere Beamte der Staatsanwaltschaft nebeneinander oder nacheinander mitwirken (§ 227).

Vor den Landgerichten und vor allen höheren Gerichten darf die Staatsanwaltschaft **4**
nach § 142 GVG nur durch einen zum Richteramt befähigten Beamten vertreten werden.
Die Vertretung durch einen Referendar ist nur zulässig, soweit § 142 Abs. 3 GVG dies
gestattet, also nur im Einzelfall und unter Aufsicht des Staatsanwalts[9]. Die Justizverwaltung kann einen Staatsanwalt für mehrere Gerichte bestellen[10] oder einen zur Staatsan-

---

[1] Sogen. Grundsatz der Verhandlungseinheit, etwa
KK-*Treier* 1; *Kleinknecht/Meyer-Goßner* 1; SK-
Schlüchter 1.

[2] RGSt **62** 198.

[3] Zur konstitutiven Bedeutung der Beeidigung vgl.
RGSt **64** 308; OLG Köln JMBlNW **1976** 118.

[4] H. M etwa BGH bei *Dallinger* MDR **1971** 364;
weitere Nachw. bei §§ 261, 338 Nr. 1.

[5] Gegen ein Abstellen auf die zeitliche Dauer etwa
SK-*Schlüchter* 9. Wegen der Rüge nach § 338
Nr. 1 vgl. aber Rdn. 20.

[6] OLG Schleswig SchlHA **1970** 198.

[7] RGSt **9** 275; vgl. bei § 260.

[8] Vgl. bei § 268.

[9] RGSt **48** 237; LG Aachen JA **1982** 21; wegen der
Einzelheiten und Nachw. vgl. bei § 142 GVG; ferner die OrgStA (bundeseinheitlich erlassene Anordnung der Landesjustizverwaltungen über Organisation und Betrieb der Staatsanwaltschaft).

[10] RGSt **58** 105; vgl. bei § 143 GVG.

Walter Gollwitzer

waltschaft abgeordneten Regierungsrat mit der Wahrnehmung staatsanwaltschaftlicher Aufgaben beauftragen[11]. Ein sonst nicht zuständiger Staatsanwalt kann mit der Vertretung der Anklage in einer einzelnen Sache beauftragt werden[12]. Vertritt er ohne einen solchen Auftrag die Anklage, so ist die Staatsanwaltschaft zwar durch einen örtlich unzuständigen Beamten in der Hauptverhandlung vertreten, doch übt ein solcher Verstoß gegen die Regelung der Zuständigkeit keinen Einfluß auf das Urteil aus[13].

5   **Vor den Amtsgerichten** können **Amtsanwälte** das Amt des Staatsanwalts ausüben (§ 142 Abs. 1 Nr. 3, Abs. 2 GVG). Mit der Wahrnehmung ihrer Aufgaben können auch Rechtsreferendare (§ 142 Abs. 3 GVG) und nach Maßgabe des Landesrechts auch Beamte des gehobenen Dienstes als örtliche Sitzungsvertreter betraut werden; letzteres verstößt nicht gegen das Rechtsstaatsprinzip[14]. Die Einzelheiten sind bei § 142 GVG erläutert; zum Vorbereitungsdienst und zur Gleichstellung der Teilnehmer der einstufigen Juristenausbildung mit den Referendaren vgl. § 5 b DRiG.

6   Aus der angeblichen **Unaufmerksamkeit des Staatsanwalts** während der Hauptverhandlung kann regelmäßig kein Grund zur Anfechtung des Urteils wegen Verletzung des § 226 hergeleitet werden[15]. Etwas anderes würde nur dann gelten, wenn die Unaufmerksamkeit ein solches Ausmaß angenommen hätte, daß die Staatsanwaltschaft während eines wesentlichen Teils der Hauptverhandlung nicht mehr als vertreten gelten könnte[16].

7   In der Hauptverhandlung wirkt der Staatsanwalt als **unparteiisches Organ** der Rechtspflege mit. Unschädlich ist, daß er in der gleichen Sache früher als Richter tätig war[17], einige Länder haben ein Tätigwerden in einem solchen Fall jedoch ausgeschlossen[18]. Wird ein Staatsanwalt als **Zeuge** oder **Sachverständiger** vernommen, so kann er die Staatsanwaltschaft während dieser Zeit nicht mehr vertreten, auch nachher ist er in derselben Hauptverhandlung grundsätzlich dazu nicht mehr befugt[19]. Er darf staatsanwaltschaftliche Aufgaben nur noch insoweit wahrnehmen, als sie sich von der Erörterung und Bewertung seiner Zeugenaussage trennen lassen[20]. Dies ist z. B. der Fall, wenn seine Aussage in keiner Hinsicht für die Schuld- oder Straffrage eines anderen Mitangeklagten von Bedeutung ist, oder wenn er sich nur über einen technischen, mit seiner dienstlichen Tätigkeit als Staatsanwalt verbundenen Vorgang geäußert hat, der nur den Verfahrensgang betraf und nicht dem Strengbeweis unterliegt[21]. Gibt der Staatsanwalt insoweit eine Erklärung für die von ihm vertretene Behörde ab, etwa in Beantwortung einer Frage des Verteidigers, wird er dadurch ohnehin nicht zum Zeugen[22]. Der Staatsanwalt ist nicht

11 KG NStZ **1995** 148.

12 RGSt **44** 76; BGH NStZ **1995** 204; vgl. bei § 145 GVG; ferner zum Fortbestehen der Kompetenz der eigentlich zuständigen Staatsanwaltschaft OLG Zweibrücken NStZ **1984** 233 mit Anm. *Schoreit*.

13 RGSt **73** 86; KK-*Treier* 5; SK-*Schlüchter* 12.

14 BVerfGE **56** 128.

15 OLG Kiel JW **1929** 2775; OLG Oldenburg MDR **1963** 443; *Seibert* NJW **1963** 1590; KK-*Treier* 5; SK-*Schlüchter* 14.

16 KK-*Treier* 5; SK-*Schlüchter* 14.

17 BGH NStZ **1991** 595; KK-*Treier* 5; vgl. Vor § 22, 8 ff.

18 So etwa § 11 BW AGGVG; § 7 Nds. AGGVG; vgl. ferner OLG Stuttgart MDR **1974** 622; sowie zu der fraglichen Regelungskompetenz des Landesgesetzgebers *Wendisch* FS Schäfer 247 und Vor § 22, 9 mit weit. Nachw.; ferner Vor § 141 GVG (24. Aufl. Vor § 141 GVG, 20).

19 RGSt **29** 236; BGHSt **14** 265; **21** 89; BGH bei

Pfeiffer/Miebach NStZ **1983** 135; **1984** 14; StV **1983** 497 mit Anm. *Müllerhaff*; StV **1989** 240; BayObLG **1953** 27; OLG Düsseldorf StV **1991** 59; AK-*Kühne* Vor § 48, 15; KK-*Treier* 5; KMR-*Paulus* Vor § 48, 36; SK-*Schlüchter* 12; dagegen läßt BGH StV **1989** 583 ein Tätigwerden als Staatsanwalt weiter zu, wenn ein anderer die Aussage würdigt; ebenso *Kleinknecht/Meyer-Goßner* Vor § 48, 17. Vgl. zu den im einzelnen strittigen Fragen etwa *Arloth* NJW **1983** 207; *Hilgendorf* StV **1996** 50; *Joos* NJW **1981** 100; *Krey* JA **1985** 518; *Müller-Gabriel* StV **1991** 235; *Pawlik* NStZ **1995** 305; *Schneider* NStZ **1994** 467; ferner Vor § 48 mit weit. Nachw.

20 BGHSt **21** 85; dazu abl. *Hanack* JZ **1971** 91; **1972** 81; *Dose* NJW **1978** 351.

21 Vgl. BGH bei *Dallinger* MDR **1957** 16; KK-*Treier* 5; *Kleinknecht/Meyer-Goßner* Vor § 48, 17.

22 BGH NStZ **1986** 133; KK-*Treier* 5; *Kleinknecht/Meyer-Goßner* Vor § 48, 17; SK-*Schlüchter* 12.

schon deshalb ausgeschlossen, weil er in einer früheren Hauptverhandlung in der gleichen Sache als Zeuge vernommen worden ist[23]. Wegen der Einzelheiten wird auf die Erläuterungen bei § 22 und Vor § 48 verwiesen.

Ob ein Staatsanwalt von der Ausübung seines Amtes auch sonst in bestimmten Fällen **8 ausgeschlossen** ist, sowie, ob er von einem Prozeßbeteiligten **abgelehnt** werden kann, ist Vor § 22, 8 ff erörtert.

3. Gegenwart eines Urkundsbeamten. Sie ist während der ganzen Hauptverhandlung **9** notwendig, da er in eigener Verantwortung den Gang der Verhandlung und die wesentlichen Vorgänge in der Sitzungsniederschrift beurkunden muß[24]. § 168 Satz 2 gilt für die Hauptverhandlung nicht[25]. Die Urkundsbeamten können während der Hauptverhandlung wechseln, denn die persönliche ununterbrochene Gegenwart ist nur für die Richter vorgeschrieben[26]. In umfangreichen Verfahren ist es also zulässig und zweckmäßig, von vornherein mehrere Urkundsbeamte einzuteilen, die sich während der Verhandlung ablösen[27], dann unterschreibt jeder von ihnen den Teil der Niederschrift, den er angefertigt hat[28]. Auch bei der Urteilsverkündung muß ein Urkundsbeamter anwesend sein[29]. Ordnet der Vorsitzende die vollständige Niederschreibung einer Aussage oder Äußerung gemäß § 273 Abs. 3 an, so kann diese im Beratungszimmer niedergeschrieben werden, sie muß aber in der Hauptverhandlung verlesen und genehmigt werden[30].

Wer **Urkundsbeamter** sein kann, richtet sich nach § 153 GVG in Verbindung mit den **10** einschlägigen Vorschriften des Bundes und der Länder. Die Bestellung zum Urkundsbeamten muß **vor** Aufnahme der Tätigkeit als Protokollführer liegen[31]. Der Urkundsbeamte braucht **kein Beamter** im Sinne des Beamtenrechts zu sein. Auch Angestellte, die auf Grund des § 153 Satz 2 GVG zu (stellvertretenden) Urkundsbeamten bestellt sind, können diese Aufgabe wahrnehmen; ihre Beeidigung ist nirgends vorgeschrieben[32]. Umgekehrt macht die Vereidigung nach § 168 einen Beamten, der als Schriftführer zu einer außerhalb des Gerichtssitzes durchgeführten Hauptverhandlung zugezogen wurde, nicht zum Urkundsbeamten der Geschäftsstelle; § 168 ist auf die Hauptverhandlung nicht entsprechend anwendbar[33]. Es muß aber nicht notwendig der Urkundsbeamte des erkennenden Gerichts tätig werden; Protokollführer kann auch der Urkundsbeamte der Geschäftsstelle eines ordentlichen Gerichts am Verhandlungsort sein[34]. Auch ein Rechtsreferendar kann damit beauftragt werden[35]; wer zur Erteilung des Auftrags zuständig ist, richtet sich nach Landesrecht[36].

4. Andere Verfahrensbeteiligte

a) Anderweitige Regelung. Für **andere Verfahrensbeteiligte** als die in § 226 **11** erwähnten fordert diese Vorschrift nicht die ununterbrochene Gegenwart. Ob und wie lange sie in der Hauptverhandlung anwesend sein müssen, richtet sich nach den für sie geltenden Sondervorschriften. Nach diesen bestimmt sich auch, wieweit ein Recht auf Anwesenheit besteht.

---

[23] BGH StV **1994** 225.
[24] OLG Hamm JMBlNW **1982** 155; vgl. bei §§ 271 ff.
[25] BGH NStZ **1981** 31 (L).
[26] *Hahn*, Mot. 180; RG LZ **1914** 1207; BGHSt **21** 85; h. M.
[27] RG JW **1930** 3404; h. M.
[28] OLG Braunschweig NdsRpfl. **1947** 89; vgl. bei § 271.
[29] OLG Schleswig bei *Ernesti/Jürgensen* SchlHA **1973** 189; vgl. bei § 268.

[30] OLG Königsberg DRiZ **1932** Nr. 451; vgl. bei § 273.
[31] OLG Bremen StV **1984** 109 mit Anm. *Katholnigg*.
[32] OLG Celle NdsRpfl. **1969** 22; vgl. BGH StV **1982** 155; OLG Bremen StV **1984** 109 mit Anm. *Katholnigg*.
[33] BGH NStZ **1981** 31.
[34] BGH bei *Pfeiffer/Miebach* NStZ **1983** 213.
[35] BGH NStZ **1984** 327; OLG Hamburg MDR **1984** 337; OLG Koblenz MDR **1985** 430.
[36] BGH NStZ **1984** 327.

12   **b) Gegenwart des Verteidigers.** Nur in den Fällen der notwendigen Verteidigung muß ein Verteidiger (i. S. von §§ 138 ff)[37] ununterbrochen anwesend sein[38]. Ergibt sich die Notwendigkeit der Verteidigung erst während der Hauptverhandlung — mag sie vorher nicht bestanden haben oder nur nicht erkannt worden sein — und wird nunmehr ein Verteidiger bestellt, so muß die Hauptverhandlung in Anwesenheit des Verteidigers in ihren wesentlichen Teilen[39] wiederholt werden[40]. Gleiches gilt, wenn nach § 145 Abs. 1 ein Pflichtverteidiger neu bestellt werden muß[41]. Die Einzelheiten sind bei §§ 140 ff, die Auswirkungen eines Verstoßes bei § 338 Nr. 5 erläutert.

13   **c) Nebenkläger, Vertreter** beteiligter **Behörden** (Vor § 226, 48) oder **Nebenbeteiligte** brauchen in der Hauptverhandlung nicht ununterbrochen zugegen sein. Wegen der Einzelheiten vgl. Erläuterungen zu §§ 397, 433.

14   **d)** Die Anwesenheit eines **Dolmetschers**, der nicht in jedem Fall zwingend während der ganzen Hauptverhandlung anwesend sein muß[42], bestimmt sich nach § 185 GVG.

15   **e)** Der **Sachverständige** gehört — obwohl Gehilfe des Richters — nicht zu den zur Urteilsfindung berufenen Personen i. S. des § 226. Seine ununterbrochene Anwesenheit ist deshalb nicht durch § 226 zwingend vorgeschrieben[43]. Er ist zwar nicht kraft eigenen Rechts zur Anwesenheit befugt[44], er muß aber grundsätzlich selbst beurteilen, wieweit seine Anwesenheit für die Erstattung seines Gutachtens förderlich ist[45] und dies mit dem Vorsitzenden absprechen.

16   Der **Vorsitzende** kann im Rahmen der Sachleitung anordnen, daß der Sachverständige bei bestimmten Teilen der Hauptverhandlung anwesend sein soll[46]. Eine solche Anordnung sollte aber erst nach Rücksprache mit dem Sachverständigen ergehen. Die Anwesenheit des Sachverständigen bei der gesamten Hauptverhandlung ist entbehrlich, soweit ihre Vorgänge für die Gutachtertätigkeit unerheblich sind (etwa bei Gutachten über das Ergebnis chemischer oder physikalischer Untersuchungen). Wenn jedoch die Kenntnis von Vorgängen in der Hauptverhandlung für die Erstattung des Gutachtens notwendig oder doch zweckdienlich ist (vgl. das Fragerecht nach § 80 Abs. 2), und die Unterrichtung des Sachverständigen über die Ergebnisse des in seiner Abwesenheit Verhandelten (vgl. Rdn. 17) nicht ausreichend erscheint, kann die **Aufklärungspflicht** die Teilnahme des Sachverständigen an der ganzen Hauptverhandlung oder zumindest an den für die Begutachtung wesentlichen Teilen erfordern[47]. Vor allem bei der psychologischen oder psychiatrischen Begutachtung des Angeklagten oder eines Zeugen kann dies angezeigt sein. Andererseits kann aber in besonders gelagerten Einzelfällen die ständige Beobachtung durch einen Sachverständigen auch das Aussageverhalten eines Zeugen und vor allem die Aussagebereitschaft des ohnehin schweigeberechtigten Angeklagten so beeinträchtigen, daß das Interesse an der bestmöglichen Sachaufklärung der ständigen Anwesenheit des Sachverständigen entgegensteht[48].

---

[37] BGH bei *Kusch* NStZ **1993** 30; BayObLG StV **1992** 99.

[38] BGHSt **15** 307; RG JW **1930** 3858; vgl. bei § 140.

[39] Vgl. etwa BGHSt **15** 263 und bei § 338.

[40] BGHSt **9** 243; vgl. bei § 145.

[41] BGH NJW **1993** 340; vgl. bei § 145.

[42] Vgl. etwa BGH bei *Miebach/Kusch* NStZ **1991** 320; ferner bei §§ 259; 338 Nr. 5 und bei § 185 GVG, sowie bei Art. 6 Abs. 3 Buchst. e MRK.

[43] RG JW **1933** 2774; BGH MDR **1953** 723; BGH bei *Spiegel* DAR **1977** 175; **1984** 205; OLG Schleswig SchlHA **1974** 181.

[44] KMR-*Paulus* 19.

[45] BGH bei *Pfeiffer* NStZ **1981** 297; SK-*Schlüchter* 21.

[46] KK-*Treier* 9; KMR-*Paulus* 19.

[47] BGHSt **19** 367; *Dünnhaupt* NdsRpfl. **1969** 131; KK-*Treier* 9; *Kleinknecht/Meyer-Goßner* § 80, 5; SK-*Schlüchter* 21.

[48] *Loos* GedS Hilde Kaufmann, 961, der die ständige Anwesenheit eines solchen Sachverständigen gegen den Willen des Angeklagten auch unter dem Blickwinkel der Beschränkung der Verteidigung als bedenklich ansieht.

Hat der Sachverständige einem für die Erstattung seines Gutachtens bedeutsamen Teil **17** der Hauptverhandlung **nicht beigewohnt**, genügt es, wenn der Sachverständige von den für sein Gutachten wesentlichen Ergebnissen der Hauptverhandlung unterrichtet wird, einer Wiederholung dieser Teile der Hauptverhandlung bedarf es nicht[49]. Wenn die Unterrichtung auch nicht notwendigerweise in Gegenwart des Verteidigers oder des Angeklagten geschehen muß[50], so ist es doch zur Vermeidung von Mißdeutungen in der Regel angezeigt, dies durch den Vorsitzenden in der Hauptverhandlung in Gegenwart aller Beteiligter vorzunehmen. In besonders gelagerten Ausnahmefällen kann die **Aufklärungspflicht** eine Wiederholung eines Teils der Hauptverhandlung (etwa die Einvernahme eines Zeugen) in Gegenwart des Sachverständigen gebieten.

5. Gleichzeitige Gegenwart. Das Erfordernis ständiger Anwesenheit aller notwendi- **18** gen Mitwirkenden findet bei einer Beweisaufnahme, insbesondere bei Einnahme des Augenscheins am Tatort, seine Grenze in dem, was möglich ist[51]. Lassen die Raumverhältnisse oder andere zwingende Gründe es nicht zu, eine Beweisaufnahme allen bei der Verhandlung Mitwirkenden und Beteiligten gleichzeitig vorzuführen, so steht dem nichts entgegen, daß sie zunächst nur vor einem Teil der Mitwirkenden oder Beteiligten vorgenommene Beweiserhebung hernach vor dem anderen Teil wiederholt und ihr Ergebnis auf diese Weise allen Mitwirkenden und Beteiligten gleichermaßen zugänglich gemacht wird. Das trifft vornehmlich auf die Vornahme eines Augenscheins zu, bei dem der Angeklagte den Vorgang da schildert, wo er sich zugetragen hat[52], oder bei einer Probefahrt mit einem Kraftwagen, die nur eine beschränkte Teilnehmerzahl zuläßt[53]. Die so gewonnenen Erkenntnisse müssen dann aber in Gegenwart aller Verfahrensbeteiligten erörtert werden[54]. Die Ausnahmen von der gleichzeitigen Anwesenheit aller Verfahrensbeteiligter sind auf das unbedingt Notwendige zu beschränken, sie dürfen nicht mit Beweiserhebungen verbunden werden, die auch ohne eine solche Einschränkung möglich sind[55]. Die Urteilsberatung einer Strafkammer am Tatort ist nicht zulässig, wenn sie ermöglicht, daß die Gerichtsmitglieder die Örtlichkeit neu betrachten, was einem Augenschein in Abwesenheit der anderen Verfahrensbeteiligten gleichkäme[56]. Dagegen verstößt die Urteilsverkündung durch den Einzelrichter am Unfallort, bei der alle Beteiligten anwesend sind, nicht gegen § 226[57].

6. Sitzungsniederschrift. Die ununterbrochene Gegenwart der in § 226 genannten **19** Personen wird ausschließlich durch das Hauptverhandlungsprotokoll bewiesen (§ 273 Abs. 1), nicht etwa durch das Rubrum des Urteils[58]. Gleiches gilt für die Anwesenheit des notwendigen Verteidigers (§§ 140; 231 a Abs. 4), während ein nicht notwendiger dort zwar nach § 272 Nr. 4 anzuführen ist, aber nicht der auf die wesentlichen Förmlichkeiten beschränkten Beweiskraft des § 274 unterfällt[59]. Als wesentliche Förmlichkeit zu protokollieren ist auch die Anwesenheit eines Dolmetschers, soweit seine Zuziehung durch § 185 GVG geboten ist. Die Anwesenheit der Zeugen oder Sachverständigen als solche ist

[49] BGHSt **2** 25; BGH bei *Spiegel* DAR **1985** 195; KK-*Treier* 9; *Kleinknecht/Meyer-Goßner* § 80, 5; SK-*Schlüchter* 21.

[50] BGHSt **2** 25; *Koeniger* 392.

[51] RG HRR **1937** Nr. 489; AK-*Keller* 2; KK-*Treier* 2; *Kleinknecht/Meyer-Goßner* 4; KMR-*Paulus* 4; SK-*Schlüchter* 2.

[52] RG Recht **1911** Nr. 1247.

[53] OLG Köln VRS **6** (1954) 461.

[54] KK-*Treier* 2; *Kleinknecht/Meyer-Goßner* 4; SK-*Schlüchter* 2.

[55] Weitgehend h. M, so KMR-*Paulus* 4; **a. A** OLG Braunschweig NJW **1963** 1322 mit abl. Anm. *Kleinknecht*.

[56] RGSt **66** 28; OLG Hamm NJW **1959** 1192; OLG Hamburg GA **1961** 177; vgl. § 230, 8.

[57] OLG Hamm VRS **19** (1960) 54; vgl. bei §§ 260; 261.

[58] BGH NStZ **1994** 47; vgl. bei § 273.

[59] SK-*Schlüchter* 24.

dagegen keine im Protokoll festzuhaltende und nur durch dieses zu beweisende wesentliche Förmlichkeit[60].

20   **7. Rechtsfolgen.** Ordnungsgemäß unter Angabe aller nach § 344 erforderlichen Tatsachen[61] gerügte **Verstöße** gegen § 226 begründen in der Regel die Revision. Sofern die Abwesenheit sich auf **wesentliche Teile der Hauptverhandlung** erstreckte, sind die absoluten Revisionsgründe des § 338 Nr. 1 (Richter) bzw. des § 338 Nr. 5 (Staatsanwalt, notwendiger Verteidiger, Urkundsbeamter) gegeben. Die Einzelheiten, insbesondere auch, welche Teile der Hauptverhandlung einschließlich der Urteilsverkündung wesentlich sind, werden bei § 338 erläutert. Vertritt ein Staatsanwalt, der als Zeuge vernommen wurde, die Staatsanwaltschaft unzulässigerweise weiter, so ist nach der Rechtsprechung nicht der absolute Revisionsgrund des § 338 Nr. 5 gegeben; der Verfahrensverstoß führt nach § 337 zur Aufhebung, wenn das Urteil darauf beruht[62].

21   Die Revisionsrügen nach §§ 338 Nrn. 1, 5 greifen auch durch, wenn alle Beteiligten dem Verstoß **zugestimmt** haben[63]. Daß ein **Verzicht** auf Wiederholung eines unter Verstoß gegen § 226 durchgeführten Teils der Hauptverhandlung es unter dem Gesichtspunkt der Arglist ausschließt, daß der Verzichtende dann doch die Revision mit diesem Verstoß begründet[64], kann allenfalls in besonders gelagerten Ausnahmefällen bei einem von Anfang an arglistigen Verhalten angenommen werden[65].

§ 227

Es können mehrere Beamte der Staatsanwaltschaft und mehrere Verteidiger in der Hauptverhandlung mitwirken und ihre Verrichtungen unter sich teilen.

Bezeichnung bis 1926: § 226.

1   **1. Mitwirkung mehrerer Beamter der Staatsanwaltschaft.** Die Staatsanwaltschaft als Behörde kann in der Hauptverhandlung durch mehrere Staatsanwälte vertreten werden. Sie können während der ganzen Verhandlung oder während eines Teils gleichzeitig **nebeneinander** auftreten[1], sie können sich aber auch im Laufe der Hauptverhandlung ablösen und **nacheinander** oder **abwechselnd** tätig werden[2]. Ein Wechsel in der Vertretung der Staatsanwaltschaft kann u. a. deshalb notwendig werden, weil der in der Hauptverhandlung zunächst auftretende Staatsanwalt als Zeuge vernommen wird[3].

2   Eine **Aussetzung** oder **Unterbrechung** der Hauptverhandlung bei Wechsel des Staatsanwalts ähnlich der Regelung bei einem neu bestellten Verteidiger in § 145 Abs. 3 sieht die Strafprozeßordnung nicht ausdrücklich vor. Auch der Staatsanwalt kann die ihm im Dienste der Gerechtigkeit gestellten Aufgaben in der Hauptverhandlung sachgerecht nur

---

[60] So etwa Zeugen: BGHSt **14** 280; Sachverständige BGH NStZ **1985** 455; bei *Pfeiffer/Miebach* **1985** 207; weitere Nachw. bei § 273.
[61] Vgl. etwa BGH StV **1982** 155 (Urkundsbeamter), ferner bei § 344.
[62] BGH NStZ **1983** 155; OLG Düsseldorf StV **1990** 59; SK-*Schlüchter* 27; nach KMR-*Paulus* Vor § 48, 36 ist dann seine Zeugenaussage unverwertbar, was nach § 337 gerügt werden kann; weitere Nachw. Fußn. 19 und bei §§ 337, 338 Nr. 5.
[63] OLG Hamm JMBlNW **1982** 155; SK-*Schlüchter* 25.

[64] OLG Bremen GA **1953** 87 mit abl. Anm. *Jescheck*.
[65] *Schmid* Verwirkung 324 ff; ferner die Erläuterungen zu § 337.

[1] Vgl. BGH bei *Dallinger* MDR **1966** 200; SK-*Schlüchter* 3.
[2] RGSt **16** 180; BGHSt **13** 337; ferner BGHSt **21** 85 = LM Nr. 1 mit Anm. *Kohlhaas*, dazu *Hanack* JZ **1972** 81; JR **1967** 228.
[3] Vgl. § 226, 7 und Vor § 48.

wahrnehmen, wenn er hinreichend unterrichtet ist. Dazu muß ihm das Gericht die erforderliche Zeit gewähren[4]. Allerdings wird wegen des Beschleunigungsgebots regelmäßig nur die Unterbrechung der Hauptverhandlung in Betracht kommen, nicht ihre Aussetzung. Wenn der Wechsel des Staatsanwalts dazu führt, daß der neu eintretende Staatsanwalt wegen Unkenntnis der bisherigen Verfahrensvorgänge nicht in der Lage ist, seine Aufgabe zu erfüllen, und das Gericht ihm nicht durch Unterbrechung der Hauptverhandlung die erforderliche Zeit zur Vorbereitung einräumt, so kann der Aussetzungsantrag nach § 265 Abs. 4 gerechtfertigt sein.

Durch **Verlassen der Sitzung** darf der Staatsanwalt die Unterbrechung der Hauptver- **3** handlung nicht erzwingen[5]. Tut er dies aber trotzdem, müßte das Gericht die Hauptverhandlung dennoch unterbrechen, da die Voraussetzungen für ihre Durchführung nach § 226 nicht mehr gegeben ist.

2. Die **Mitwirkung mehrerer Verteidiger** für **denselben Angeklagten** läßt § 227 **4** ausdrücklich zu. Es ist grundsätzlich der freien Entscheidung des Angeklagten überlassen, ob er einen oder mehrere Verteidiger bestellen will. Die Zahl der gewählten Verteidiger darf jedoch drei nicht überschreiten (§ 137 Abs. 1 Satz 2). Daß von mehreren Angeklagten jeder einen besonderen Verteidiger haben muß, folgt jetzt aus § 146. Die Einzelheiten sind bei §§ 137 und 146 erläutert.

Mehrere Verteidiger eines Angeklagten müssen **nicht gleichzeitig anwesend** sein[6], **5** ganz gleich, ob es sich um Wahl- oder Pflichtverteidiger handelt. Sie können neben- oder auch nacheinander auftreten. Der Verteidiger kann während der Hauptverhandlung wechseln, ebenso wie der Staatsanwalt. Beim Wechsel in der Verteidigung muß, auch wenn es sich um eine notwendige Verteidigung handelt, die Hauptverhandlung nicht in ihren wesentlichen Teilen wiederholt werden[7].

Die **notwendige Verteidigung** kann jedoch nur führen, wer den Prozeßstoff sicher **6** beherrscht[8]. Dem Antrag des neu bestellten Verteidigers, die Verhandlung auszusetzen, damit er sich informieren könne, wird das Gericht in der Regel nicht ablehnen können[9], es sei denn, daß der Verteidiger in der Lage ist, sich in der begrenzten Zeitspanne einer Unterbrechung (§ 229) genügend vorzubereiten. Dazu gehört nicht nur die Erarbeitung des Prozeßstoffes, sondern auch die Unterrichtung über den bisherigen Verlauf der Hauptverhandlung und ihre Ergebnisse. Die Einzelheiten sind bei § 145 Abs. 3 erläutert. Die Aussetzungspflicht nach § 265 Abs. 4 (vgl. die dortigen Ausführungen) besteht daneben fort.

Bei **nicht notwendiger Verteidigung** sind dagegen eher Fälle denkbar, in denen die **7** Sach- und Rechtslage so einfach ist, daß eine längere Unterbrechung oder Aussetzung zur ordnungsgemäßen Vorbereitung entbehrlich ist. Dies muß im Einzelfall nach den bei § 228 Abs. 2, § 265 Abs. 4 dargelegten Grundsätzen geprüft werden, die weitgehend mit den bei § 145 Abs. 3 entwickelten Gedanken übereinstimmen.

Der Wegfall eines von **mehreren Verteidigern** hindert in der Regel den Fortgang der **8** Hauptverhandlung nicht. In schwierigen Fällen kann dadurch die Unterbrechung oder Aussetzung erforderlich werden; vor allem, wenn wegen der verabredeten Arbeitsteilung der verbliebene Verteidiger die Aufgabe des ausscheidenden nicht ohne weiteres mit übernehmen kann (§ 265).

---

[4] AK-*Keller* 2; KK-*Treier* 1; SK-*Schlüchter* 3.
[5] SK-*Schlüchter* 3.
[6] BGH bei *Dallinger* MDR **1966** 200; bei *Holtz* MDR **1981** 457; KK-*Treier* 2; *Kleinknecht/Meyer-Goßner* 2.

[7] BGHSt **13** 341.
[8] BGHSt **13** 341.
[9] RGSt **71** 352; BGH NJW **1965** 2164 mit Anm. *Schmidt-Leichner*.

3. Teilung der Verrichtungen

9   **a)** Die **Staatsanwaltschaft** steht dem Gericht auch dann, wenn sie durch mehrere Beamte gleichzeitig vertreten wird, stets als eine Einheit gegenüber. Deshalb wäre es wenn nicht unstatthaft, so doch unangebracht, wenn jeder mitwirkende Staatsanwalt ohne Rücksicht auf die Mitwirkung des anderen zur ganzen Sache oder bei jedem Anlaß sprechen wollte. Widersprüchliche Erklärungen mehrerer Staatsanwälte sind so zu behandeln wie widersprüchliche Erklärungen einer einzelnen Person. Solange die frühere Erklärung nicht bindend geworden ist, kann sie durch die spätere Erklärung eines anderen Staatsanwalts zurückgenommen werden; andernfalls ist die spätere Erklärung unwirksam[10]. Wenn allerdings widersprüchliche Erklärungen wirksam nebeneinander stehen, kann eine Entscheidung ihres Vorgesetzten (vgl. § 146 GVG) eingeholt werden[11].

10   **b)** Das Verhältnis mehrerer **Verteidiger** eines Angeklagten[12] zum Gericht und zueinander ist dagegen anders zu beurteilen. Auch wenn es sich nur um eine Tat desselben Angeklagten handelt, nimmt jeder Verteidiger seine Aufgabe selbständig und ohne rechtliche Bindung durch Erklärungen seines Mitverteidigers wahr[13]. Deshalb muß der Vorsitzende jedem Verteidiger Erklärungen nach § 257, einen alles umfassenden Schlußvortrag und das Wort auf die Erwiderung des Staatsanwalts gestatten (§ 258). Das gilt allgemein, erst recht aber dann, wenn der eine Verteidiger vom Angeklagten selbst, der andere von seinem gesetzlichen Vertreter gewählt ist, ebenso dann, wenn neben dem gewählten Verteidiger im Fall des § 138 Abs. 2 noch ein bestellter Verteidiger auftritt. Nur wenn dem Gericht bekanntgegeben wird, daß sich die Verteidiger auf eine gewissen Aufgabenteilung geeinigt haben, darf sich das Gericht damit begnügen, jeweils nur dem Verteidiger das Wort zu erteilen, der entsprechend dieser Rollenverteilung die Aufgabe der Verteidigung wahrnimmt[14]; die umfassenden Rechte jedes Verteidigers werden dadurch nicht eingeschränkt, das Gericht darf aber bei der Verhandlungsführung davon ausgehen, daß die anderen Verteidiger, sofern sie sich nicht von sich aus zu Wort melden, entsprechend der Arbeitsteilung keine eigene Erklärung abgeben wollen. Aus der internen Arbeitsteilung folgt nicht, daß bei einer notwendigen Verteidigung stets der Verteidiger anwesend sein muß, der nach ihr diese Aufgabe für den betreffenden Verfahrensteil übernommen hat. Es genügt, wenn ein Verteidiger anwesend ist[15].

11   Für den Fall, daß mehrere Verteidiger eines Angeklagten **widersprüchliche Erklärungen** abgeben, enthält das Verfahrensrecht keine allgemeinen Bestimmungen. Sie lassen sich auch kaum geben, weil es jeweils auf die Art der Erklärung ankommt. Soweit ein Prozeßvorgang von der Zustimmung aller Prozeßsubjektive abhängt, scheitert er bereits am Widerspruch nur eines Verteidigers, auch wenn der Angeklagte und die anderen Verteidiger zustimmen, so etwa die Verlesung einer Vernehmungsniederschrift nach § 251 Abs. 1 Nr. 4[16]. Von solchen Fällen abgesehen, läßt sich allgemein nur sagen, daß der Vorsitzende wegen der Aufklärungspflicht des Gerichts durch Befragung der Beteiligten auf die Behebung widersprüchlicher Erklärungen hinwirken muß[17]; soweit die Führung der Verteidigung nicht an den Willen des Angeklagten gebunden ist, steht diesem aber auch nicht die endgültige Entscheidung zu[18]. Ist eine Übereinstimmung nicht zu erzielen, folgt aus der

---

[10] SK-*Schlüchter* 7.

[11] AK-*Keller* 3; KMR-*Paulus* 2.

[12] Zum gegenseitigen Verhältnis der Verteidiger mehrerer Angeklagter vgl. bei § 146; ferner etwa Richter NJW **1993** 2152.

[13] KMR-*Paulus* 3; SK-*Schlüchter* 4.

[14] KMR-*Paulus* 3; vgl. SK-*Schlüchter* 4 (keine Einschränkung der Befugnisse).

[15] RGSt **71** 352; BGH NJW **1965** 2164 mit Anm. *Schmidt-Leichner*; bei *Holtz* MDR **1981** 457; SK-*Schlüchter* 4; vgl. Rdn. 5.

[16] KK-*Treier* 3; *Kleinknecht/Meyer-Goßner* 3; KMR-*Paulus* 3; SK-*Schlüchter* 8; *Eb. Schmidt* 2.

[17] *Eb. Schmidt* 4; SK-*Schlüchter* 8.

[18] So aber wohl SK-*Schlüchter* 8.

Selbständigkeit jedes Verteidigers, daß die für die Verteidigung des Angeklagten prozessual günstigste Erklärung zum Tragen kommt[19]. Ist dies nicht möglich, so soll nach KMR-*Paulus* 3 die zuerst abgegebene Erklärung gelten. Ein solcher allgemeiner Satz dürfte sich jedoch nicht aufstellen lassen.

§ 228

(1) [1]Über die Aussetzung einer Hauptverhandlung oder deren Unterbrechung nach § 229 Abs. 2 entscheidet das Gericht. [2]Kürzere Unterbrechungen ordnet der Vorsitzende an.

(2) Eine Verhinderung des Verteidigers gibt, unbeschadet der Vorschrift des § 145, dem Angeklagten kein Recht, die Aussetzung der Verhandlung zu verlangen.

(3) Ist die Frist des § 217 Abs. 1 nicht eingehalten worden, so soll der Vorsitzende den Angeklagten mit der Befugnis, Aussetzung der Verhandlung zu verlangen, bekanntmachen.

Entstehungsgeschichte. Art. 1 Nr. 74 des 1. StVRG hat Absatz 1 Satz 1 neu gefaßt. Der Wortlaut stellt nicht mehr auf Anträge ab. Im übrigen wurde der Satz 1 dahin ergänzt, daß über die Unterbrechung nach dem gleichzeitig neu eingefügten § 229 Abs. 2 das Gericht und nicht der Vorsitzende entscheidet. Bezeichnung bis 1924: § 227.

---

[19] AK-*Keller* 3; KMR-*Paulus* 3; SK-*Schlüchter* 8.

1   **1. Begriff der Aussetzung und der Unterbrechung.** In § 228 ist — ebenso wie in § 138 c Abs. 4, 145 Abs. 2, 3, § 217 Abs. 2, 246, § 265 Abs. 3, 4 — unter **Aussetzung** das Abbrechen der Verhandlung mit der Folge zu verstehen, daß demnächst eine neue selbständige Verhandlung stattfinden habe. Dagegen bedeutet **Unterbrechen** das Einlegen eines verhandlungsfreien zeitlichen Zwischenraums zwischen mehrere Teile einer in sich zusammenhängenden Verhandlung[1]. Doch kommt es bei der Frage, ob eine abgebrochene Verhandlung fortgesetzt werden darf oder erneuert werden muß, nach § 229 letztlich nur auf die **tatsächliche Dauer** der Unterbrechung und nicht darauf an, ob bei dem Abbrechen der Ausdruck Unterbrechung, Aussetzung oder Vertagung gebraucht und was hierbei beabsichtigt worden ist[2]. Eine Wiederholung des schon Verhandelten kann also nötig werden, obwohl eine bloße Unterbrechung beabsichtigt war; sie kann sich erübrigen, wenn es gelingt, die ausgesetzte Verhandlung so fortzusetzen, daß die zeitlichen Grenzen des § 229 eingehalten sind (vgl. Rdn. 7).

2   **2. Die Befugnisse des Gerichts und des Vorsitzenden** grenzt § 228 Abs. 1 voneinander ab. Er gilt ohne Rücksicht darauf, ob die Aussetzung oder Unterbrechung durch einen **Antrag** veranlaßt oder **von Amts wegen** angeordnet wird. Dies stellt Satz 1 jetzt ausdrücklich klar.

---

[1] H. M; so schon *Beling* 376; *v. Hippel* 522; *Eb. Schmidt* 4.
[2] RGSt **58** 358; OLG Koblenz VRS **52** (1977) 478;

BGH NJW **1982** 248; KK-*Treier* 1; *Kleinknecht/ Meyer-Goßner* 2; KMR-*Paulus* 6; SK-*Schlüchter* 4.

Das **Gericht** entscheidet durch Beschluß über die Aussetzung, also den endgültigen **3** Abbruch der Hauptverhandlung in dem Sinn, daß später noch einmal zu einem meist noch offenen Zeitpunkt von neuem begonnen werden soll, sowie über die zehn Tage übersteigende Unterbrechung nach § 229 Abs. 2, 3. Das Gericht entscheidet hierüber in der Hauptverhandlung unter Beteiligung der Schöffen; außerhalb der Hauptverhandlung in der Beschlußbesetzung ohne Schöffen[3]. Der **Vorsitzende** ordnet alle kürzeren Unterbrechungen bis zu zehn Tagen an (Absatz 1 Satz 2).

Ergibt sich **außerhalb der Hauptverhandlung** die Notwendigkeit, den Beschluß oder **4** die Anordnung des Vorsitzenden zu ändern, etwa um den Beginn der Fortsetzungsverhandlung weiter hinauszuschieben, so bestimmt sich die Zuständigkeit für diese Anordnung ebenfalls nach obigen Grundsätzen. Maßgebend ist dabei die Gesamtdauer der Unterbrechung und nicht etwa nur die Dauer der neuen Verlängerung. Hat der Vorsitzende fälschlich die Hauptverhandlung für eine längere Zeit als zehn Tage unterbrochen, wird der Zuständigkeitsmangel dadurch geheilt, daß die Hauptverhandlung innerhalb der Zehntagefrist fortgesetzt oder der erforderliche Beschluß des Gerichts nachgeholt wird[4].

3. Gründe für Unterbrechung und Aussetzung

a) Unterbrechung. Ob, wann und für wie lange der Vorsitzende in die fortlaufende **5** Verhandlung kleinere verhandlungsfreie Zeiträume einzulegen hat, entscheidet er nach pflichtgemäßem Ermessen. Bei einer längeren Verhandlung, die sich über den ganzen Tag oder aber über mehrere Tage erstreckt, sind solche Pausen zur **Ruhe und Erholung** für alle Verfahrensbeteiligten unerläßlich. Ihre völlige Verweigerung kann ermessensmißbräuchlich sein und außerdem die Gefahr von Verfahrensrügen unter zusätzlichen Gesichtspunkten (schlafender Schöffe, übermüdeter Angeklagter usw.) begründen.

Der Vorsitzende darf die Verhandlung aber auch unterbrechen, wenn er dies für sach- **6** dienlich zur **Förderung des Verfahrens** hält, etwa um das Beibringen weiterer Beweismaterials, eine kommissarische Vernehmung oder eine vorher nicht durchführbare Einsicht in Unterlagen zu ermöglichen oder um einer Beweisperson eine Überlegungspause einzuräumen oder einem erregten oder sich prozeßordnungswidrig verhaltenden Verfahrensbeteiligten Gelegenheit zur Beruhigung und Sammlung zu geben[5]. Wegen der Unterbrechung nach § 222 a Abs. 2 oder § 266 Abs. 3 vgl. die dortigen Erläuterungen.

Den **Termin für die Fortsetzung der Hauptverhandlung** — eventuell auch an einem **7** anderen Ort — wird der Vorsitzende in der Regel mit der Unterbrechung bestimmen und noch in der Hauptverhandlung verkünden[6]. Die Verkündung ist für alle Beteiligten maßgebend. Ob der Vorsitzende bei der Verkündung den Ausdruck Fortsetzung oder einen anderen Ausdruck, etwa Vertagung oder Aussetzung, gewählt hat, ist ohne Belang. Es

---

[3] BGHSt **34** 154 = JR **1988** 36 mit Anm. *Böttcher*; *Kleinknecht/Meyer-Goßner* 8; KMR-*Paulus* 6; SK-*Schlüchter* 6; vgl. auch OLG Düsseldorf JMBlNW **1995** 225 (vom Vorsitzenden verkündeter Gerichtsbeschluß/Anordnung des Vorsitzenden?). KK-*Treier* 2 nimmt unter Hinweis auf die einen anderen Fall betreffende Entscheidung BGH NJW **1992** 2775 an, daß das Gericht in der Besetzung außerhalb der Hauptverhandlung nur die Unterbrechung, nicht aber die Aussetzung beschließen kann. Diese Differenzierung erscheint wenig sinnvoll. Nach ihr müßte dann, wenn sich bei einer unterbrochenen Hauptverhandlung nachträglich die Notwendigkeit der Aussetzung ergibt, nur zum Zwecke der Be-

schlußfassung darüber nochmals formal in die Hauptverhandlung eingetreten werden, obwohl die zunächst beschlossene Unterbrechung automatisch zur Aussetzung wird, wenn die dafür gesetzten Höchstfristen überschritten werden (§ 229 Abs. 4 Satz 1, vgl. Rdn. 1).

[4] *Kleinknecht/Meyer-Goßner* 9; KMR-*Paulus* 6; SK-*Schlüchter* 16.

[5] SK-*Schlüchter* 14 (Entspannung der Verhandlungsatmosphäre).

[6] BGHSt **10** 304 = JZ **1957** 637 mit zust. Anm. *Eb. Schmid*. Nach § 137 Abs. 1 RiStBV ist darauf hinzuweisen, daß weitere Ladungen nicht ergehen.

kommt nur darauf an, daß die zeitlichen Erfordernisse des § 229 erfüllt sind[7]. Ist bei Anordnung der Unterbrechung nach § 229 Abs. 2 der Termin zur Fortsetzung der Hauptverhandlung bereits in den Beschluß nach Absatz 1 Satz 1 aufgenommen worden, so genügt dessen **Verkündung** oder Mitteilung (§ 35 Abs. 2)[8]. Wird der Fortsetzungstermin außerhalb der Hauptverhandlung bestimmt oder verlegt, ist dies den Verfahrensbeteiligten nach § 35 Abs. 2 mitzuteilen[9].

8　　**b) Gründe für die Aussetzung.** Das Gebot der Verfahrensbeschleunigung ebenso wie Konzentrationsmaxime, Prozeßwirtschaftlichkeit[10] und Rücksichtnahme auf die Belastung aller zu der Hauptverhandlung zugezogenen Personen erfordern, daß das Gericht die einmal begonnene Hauptverhandlung zügig und unter Vermeidung jeder unnötigen Verzögerung zu Ende führt. Sofern die Aussetzung nicht durch eine besondere Verfahrensregel (z. B. § 138 c Abs. 4; § 145 Abs. 3; § 217 Abs. 2; § 265 Abs. 3, 4) zwingend vorgeschrieben ist, sondern im Ermessen des Gerichts steht (z. B. § 145 Abs. 2; § 246 Abs. 4) darf es diese Ermessensentscheidung **nicht ohne triftigen prozessualen Grund** treffen[11]. Eine Aussetzung ist nur in Betracht zu ziehen, wenn dies zur Förderung des Verfahrens, insbesondere zur besseren Sachaufklärung, etwa einer beschlossenen weiteren Beweiserhebung, oder zur Wahrung von Verfahrensrechten der Beteiligten, geboten erscheint[12] und eine Verfahrensunterbrechung (vgl. Rdn. 12) hierfür nicht ausreicht. Organisatorische Schwierigkeiten rechtfertigen für sich allein die Aussetzung nicht[13].

9　　Das Gesetz regelt die Gründe, aus denen auf Antrag oder von Amts wegen das Verfahren auszusetzen ist oder ausgesetzt werden kann, in § 228 und den anderen Bestimmungen **nicht abschließend.** Auch bei anderen prozessualen Lagen können sich vor allem aus dem Gebot der Sachaufklärung (etwa, weil weitere Beweismittel heranzuziehen sind)[14] oder aus der Fürsorgepflicht und den Erfordernissen eines justizförmigen („fairen") Verfahrens[15] weitere Aussetzungsgründe ergeben. An diesen Grundsätzen hat sich jede Ermessensentscheidung des Gerichts zu orientieren. Die Aussetzung kann zum Beispiel notwendig werden, wenn ein Verteidiger sich nicht genügend vorbereiten konnte, weil ihm die dafür notwendige Akteneinsicht nicht oder zu spät gewährt wurde[16], oder weil eine Person, deren Anwesenheit notwendig ist, innerhalb der Unterbrechungsfrist nicht mehr teilnehmen kann[17].

---

7 RGSt **58** 358; **60** 163; RG LZ **1914** 591; **1914** 1659; GA **73** (1929) 290; BGH NJW **1982** 248; OLG Hamburg NJW **1953** 235; vgl. Fußn. 2.

8 Zur Fortsetzungsverhandlung ist – anders als nach der Aussetzung – eine neue Ladung des Angeklagten nicht notwendig, vgl. § 216, 2. Die förmliche Zustellung ist zweckmäßig, aber nicht unerläßlich; **a. A** BGH NStZ **1984** 41 mit abl. Anm. *Hilger.*

9 BGHSt **34** 153; BGH NStZ **1987** 20; AK-*Keller* 5; SK-*Schlüchter* 15. Vgl. bei § 35, 23 und bei § 214, 8; § 229, 7.

10 Zur Subsidiarität dieses Prinzips *Kühne* Strafverfahrensrecht als Kommunikationsproblem (1978) 44.

11 OLG Frankfurt MDR **1983** 75; OLG Karlsruhe Justiz **1974** 97; OLG Düsseldorf JMBlNW **1995** 225; *Kleinknecht* JR **1966** 231; KMR-*Paulus* 3 (Aussetzung legitimationsbedürftig); ferner etwa *Peters* JR **1974** 248; KK-*Treier* 3; *Kleinknecht/Meyer-Goßner* 4; SK-*Schlüchter* 9.

12 Kaum aussichtsreiche Bemühungen zur Beibringung weiterer Beweismittel, bei denen auch jedem Beweisantrag der Erfolg versagt bliebe, rechtfertigen die Aussetzung nicht; vgl. OLG Koblenz VRS **49** (1975) 355 (unbekannter Aufenthalt des Zeugen); ferner bei § 244 Abs. 2 bis 5.

13 OLG Frankfurt MDR **1983** 253 (kein geeigneter Sitzungssaal); SK-*Schlüchter* 10.

14 Vgl. etwa OLG Düsseldorf MDR **1993** 461; OLG Köln MDR **1991** 1080; OLG Zweibrücken StV **1990** 57; ferner bei § 244 Abs. 2.

15 Vgl. etwa OLG Celle NJW **1961** 1319; OLG Düsseldorf VRS **63** (1982) 458; OLG Hamburg MDR **1964** 524; OLG Hamm VRS **41** (1971) 45; OLG Koblenz VRS **60** (1981) 119; OLG Schleswig bei *Ernesti/Lorenzen* SchlHA **1983** 11; KK-*Treier* 4; *Kleinknecht/Meyer-Goßner* 3; KMR-*Paulus* 3; SK-*Schlüchter* 7; vgl. Rdn. 18 ff.

16 So etwa OLG Düsseldorf StV **1992** 100; KG StV **1982** 10; OLG Karlsruhe Justiz **1980** 417; StV **1991** 199; KMR-*Paulus* 3; SK-*Schlüchter* 9; vgl. bei § 145 Abs. 3.

17 Ob bei Entfernung eines notwendigen Verteidigers das Verfahren auszusetzen oder nur zu unterbre-

Die **Verzögerung des Verhandlungsbeginns** über die festgesetzte Stunde hinaus gibt **10** dem Angeklagten in der Regel kein Recht auf Aussetzung, denn eine solche Verzögerung muß, wenn sie sich in vernünftigen Grenzen hält, vom Angeklagten und Verteidiger von vornherein bei der zeitlichen Terminsplanung in Rechnung gestellt werden. In Ausnahmefällen kann jedoch eine durch den verspäteten Beginn verursachte Kollision mit einer unaufschiebbaren anderweitigen Verpflichtung des Verteidigers zur Terminsverlegung verpflichten[18]. Verspätet sich das Gericht bei einem Augenscheinstermin, so braucht der davon nicht benachrichtigte Verteidiger am verabredeten Ort auch nicht länger zu warten, als üblicherweise das Gericht wegen einer Verspätung des Verteidigers bei Verhandlungsbeginn warten muß[19]. Die Folgen eines Verhandlungsbeginns vor der in der Ladung des Verteidigers angegebenen Zeit sind bereits bei § 218 besprochen (§ 218, 34; 35).

Eine **Verhinderung** des Angeklagten am Erscheinen zum Hauptverhandlungstermin, **11** die dieser nicht zu vertreten hat, kann das Gericht auch dann zur Aussetzung zwingen, wenn es an sich ohne den Angeklagten verhandeln dürfte; denn der Wegfall der Pflicht zur Anwesenheit berührt das Recht auf Anwesenheit nicht[20].

Aus der Pflicht zur Verfahrensbeschleunigung folgt, daß eine Aussetzung nur dann **12** beschlossen werden darf, wenn eine **Fortsetzung** des Verfahrens innerhalb der Fristen des § 229 **nicht möglich** ist. Bevor sich das Gericht zur Aussetzung entschließt, muß es stets prüfen, ob der damit verfolgte Zweck nicht bereits mit einer Unterbrechung des Verfahrens erreicht werden kann[21].

Umfaßt ein Strafverfahren **mehrere** selbständige **Taten** im Sinne des § 264, dann kann **13** es angezeigt sein, eine Tat, wegen der die Aussetzung notwendig wird, **abzutrennen** und das Verfahren nur insoweit auszusetzen, im übrigen aber das Verfahren zu Ende zu führen[22]. Auch über die Abtrennung entscheidet das Gericht nach pflichtgemäßem Ermessen, wobei es vor allem die Erfordernisse der Verfahrensbeschleunigung, der Prozeßwirtschaftlichkeit und der Aufklärungspflicht gegenseitig abzuwägen hat. Gleiches gilt bei einem Verfahren gegen mehrere Angeklagte, wenn nur bei einem von ihnen eine Aussetzung notwendig wird.

4. Aussetzungsanträge und ihre Bescheidung

a) Anträge, mit denen ein Beteiligter die Aussetzung der Verhandlung begehrt, sind **14** nicht nur die ausdrücklich so bezeichneten Anträge. Das Vorbringen von rechtsunkundigen, nicht durch einen Verteidiger unterstützten Personen kann auch ohne ein solches ausdrückliches Begehren dem Sinn nach einen Aussetzungsantrag enthalten; so etwa die Darlegung der plötzlichen Verhinderung des Verteidigers[23]. Ist dies zweifelhaft, muß das Gericht kraft seiner Fürsorgepflicht klarstellen, was gewollt ist. Eine nähere Begründung des Antrags mag zwar nicht zwingend vorgeschrieben sein[24]; wenn aber der Aussetzungsgrund nicht offensichtlich ist und die Aussetzung im Ermessen des Gerichtes steht, muß der Antragsteller, wenn er Erfolg haben will, aufzeigen, warum er die Aussetzung für

---

chen ist, hängt von den jeweiligen Umständen ab; vgl. OLG Koblenz MDR **1982** 72; OLG Stuttgart JR **1979** 170 mit Anm. *Pelchen*.
[18] BayObLG VRS **66** (1984) 205; vgl. andererseits RGSt **1** 235; **11** 173; RG JW **1932** 1151; ferner 213, 7.
[19] OLG Düsseldorf VRS **64** (1983) 276; OLG Hamm VRS **55** (1978) 438. Zur Wartepflicht des Gerichts vgl. Fußn. 22 und § 243, 25.

[20] OLG Hamm NJW **1972** 1063; VRS **39** (1970) 69; KK-*Treier* 5; SK-*Schlüchter* 9; vgl. § 230.
[21] KK-*Treier* 3; *Kleinknecht/Meyer-Goßner* 4; SK-*Schlüchter* 7; vgl. OLG Düsseldorf NStZ-RR **1997** 81; ferner Rdn. 8.
[22] BGH bei *Dallinger* MDR **1975** 23; KK-*Treier* 6; *Kleinknecht/Meyer-Goßner* 4; SK-*Schlüchter* 9.
[23] OLG Hamburg GA **1965** 60; vgl. die Erl. zu § 265.
[24] RGSt **23** 136; *Kleinknecht/Meyer-Goßner* 6; SK-*Schlüchter* 8.

nötig hält. Der Aussetzungsantrag kann auch schon **vor der Hauptverhandlung** gestellt werden. Wird er nicht vorher ausdrücklich beschieden, muß das Gericht in der Hauptverhandlung klären, ob er aufrechterhalten wird[25].

15   b) Der Antrag auf Aussetzung muß vor der Urteilsverkündung **ausdrücklich beschieden** werden. Die Prozeßbeteiligten müssen Gelegenheit haben, weitere Ausführungen zu machen und andere Anträge zu stellen[26]. Ein nur hilfsweise gestellter Aussetzungsantrag kann dagegen in den Urteilsgründen abgelehnt werden[27]. Einer vorherigen Entscheidung über den Aussetzungsantrag bedarf es dann nicht, wenn die Berufung des unentschuldigt ausgebliebenen Angeklagten nach § 329 Abs. 1 verworfen werden muß. Da kein Raum für eine Sachentscheidung ist, kann der Aussetzungsantrag in den Urteilsgründen mit abgelehnt werden[28].

16   Unterläßt das Gericht die ausdrückliche Bescheidung, so kann die **stillschweigende Ablehnung** der Aussetzung mit der Revision unter dem Gesichtspunkt der unzulässigen Beschränkung der Verteidigung genauso gerügt werden wie ein förmlicher Beschluß[29].

17   c) Begründung. Der Beschluß, der einen Antrag auf **Aussetzung ablehnt**, muß **begründet** werden (§ 34). Die Gründe müssen — ev. im Zusammenhang mit den für den Antrag vorgebrachten Umständen — erkennen lassen, daß das Gericht die vorgetragenen oder von Amts wegen zu beachtenden Tatsachen rechtlich richtig gewürdigt und ein ihm eingeräumtes Ermessen rechtsfehlerfrei ausgeübt hat[30]. Nur bei reinen Ermessensentscheidungen wird eine Begründung für entbehrlich gehalten[31]. Auch der Beschluß, der die **Verhandlung aussetzt**, bedarf wegen seiner unter Umständen gegebenen Anfechtbarkeit (vgl. Rdn. 30) zumindest die Angabe des Grundes der Aussetzung, sofern dieser sich nicht — wie bei einer zwingend gebotenen Aussetzung — bereits eindeutig aus der Verfahrenslage ergibt[32].

18   **5. Verhinderung des Verteidigers.** Absatz 2 betrifft nur die Verhinderung des Verteidigers im Falle einer nicht notwendigen Verteidigung. Für die Verhinderung bei einer **notwendigen Verteidigung** gilt die Sondervorschrift des § 145[33].

19   Wenn die **Verteidigung nicht notwendig** ist, muß der rechtzeitig (vgl. § 217 Abs. 1) geladene Angeklagte selbst dafür sorgen, daß ihm, sofern er dies wünscht, in der Hauptverhandlung ein Verteidiger zur Seite steht. Findet er keinen Verteidiger, der dazu bereit oder zeitlich in der Lage ist, so geht das grundsätzlich zu Lasten des Angeklagten[34]. Weitergehende Rechte des Angeklagten ergeben sich insoweit auch nicht aus dem Recht auf einen Verteidiger der eigenen Wahl nach Art. 6 Abs. 3 Buchst. c MRK, Art. 14 Abs. 3 Buchst. d IPBPR. Diese Garantie, die im Zusammenhang mit dem an die Voraussetzungen der Mit-

25 OLG Bremen GA **1964** 211; *Eb. Schmidt* Nachtr. I 1; KK-*Treier* 7; *Kleinknecht/Meyer-Goßner* 5; KMR-*Paulus* 5.

26 RGSt **23** 136; RG HRR **1938** Nr. 193; OLG Bremen GA **1964** 212; OLG Köln StV **1992** 567; OLG Schleswig SchlHA **1956** 298; AK-*Keller* 4; KK-*Treier* 7; *Kleinknecht/Meyer-Goßner* 6; KMR-*Paulus* 7; SK-*Schlüchter* 12.

27 BGH JR **1996** 473 mit Anm. *Gollwitzer*; OLG Schleswig SchlHA **1956** 298; h. M; etwa KK-*Treier* 7.

28 OLG Saarbrücken NJW **1975** 1615; OLG Stuttgart GA **1962** 92; KK-*Treier* 7 (auch durch „schlüssiges Verhalten"); *Kleinknecht/Meyer-Goßner* 6; KMR-*Paulus* 7; SK-*Schlüchter* 12.

29 RGSt **57** 262; OLG Hamburg GA **1965** 60; OLG Saarbrücken NJW **1975** 1615.

30 RGSt **57** 145; *Kleinknecht/Meyer-Goßner* 7.

31 RG JW **1914** 892; OLG Celle NJW **1961** 1319; *Eb. Schmidt* 5; KK-*Treier* 8; *Kleinknecht/Meyer-Goßner* 7; **a. A** (wegen Nachprüfbarkeit auf Ermessensfehler) OLG Hamm NJW **1954** 934; KMR-*Paulus* 8; SK-*Schlüchter* 11; wohl auch AK-*Keller* 4. Vgl. § 34, 7.

32 OLG Frankfurt GA **1973** 51; SK-*Schlüchter* 11.

33 OLG Düsseldorf HESt **3** 72; OLG Karlsruhe StV **1991** 199; h. M; vgl. bei § 145.

34 BGH NJW **1973** 1985; OLG Düsseldorf GA **1979** 226; OLG Stuttgart NJW **1967** 945; StV **1988** 145; *Koch* JR **1961** 420; KK-*Treier* 11; *Kleinknecht/Meyer-Goßner* 10; SK-*Schlüchter* 19.

tellosigkeit und dem Interesse der Rechtspflege geknüpfte Recht auf Beiordnung eines Verteidigers[35] zu sehen ist, sichert dem Angeklagten zwar die Möglichkeit, einen Verteidiger seiner Wahl beizuziehen; auch nach ihr ist es aber allein Sache des Angeklagten, dafür zu sorgen, daß ein nicht vom Gericht beigeordneter Verteidiger tatsächlich zur Verhandlung erscheint[36]. Absatz 2, der einer Verzögerung des Verfahrens durch den Angeklagten vorbeugen will, gibt dem Angeklagten grundsätzlich kein Recht auf Aussetzung, wenn sein gewählter Verteidiger ausbleibt, er verbietet sie aber andererseits auch nicht.

Die Aussetzung oder Unterbrechung der Hauptverhandlung wegen einer Verhinderung **20** des Verteidigers kann angezeigt sein, sofern sein Ausbleiben auf Gründen beruht, die nicht dem **Regelungszweck des Absatzes 2** unterfallen. Neue Umstände im Sinne des § 265 Abs. 4, der insoweit das Gebot zur fairen Vefahrensgestaltung und die Fürsorgepflicht konkretisiert, können dies erfordern[37]. So kann sich sogar eine **Pflicht zur Aussetzung** für das Gericht daraus ergeben, daß der Angeklagte durch eine für ihn nicht vorhersehbare Veränderung des zeitlichen Ablaufs der Verhandlung oder durch einen sonstigen Umstand plötzlich in die für ihn unabwendbare Lage gerät, ohne den Beistand des Verteidigers seiner Wahl verhandeln zu müssen, etwa weil dieser von der Geschäftsstelle irrtümlich abgeladen wurde[38] oder weil das Gericht erneut in die Verhandlung eintritt[39] oder weil der gewählte Verteidiger durch Erkrankung, Tod oder sonstige Umstände so kurzfristig vor der Hauptverhandlung ausfällt, daß die Bestellung eines anderen aus Zeitmangel nicht möglich ist[40]. Eine solche Lage kann auch eintreten, wenn bei Verhinderung des gewählten Verteidigers der bisherige Pflichtverteidiger anwesend ist[41]. In solchen außerhalb des Regelungszwecks des § 228 Abs. 2 liegenden Fällen kann das Gericht auch gehalten sein, einen Angeklagten ohne Verteidiger auf die Möglichkeit hinzuweisen, die Unterbrechung oder Aussetzung zu beantragen[42] und diese gegebenenfalls entsprechend dem Antrag oder von Amts wegen anzuordnen. § 265 Abs. 4 ist insoweit unmittelbar, zumindest aber nach seinem Rechtsgedanken entsprechend anwendbar[43].

Ob dem Angeklagten ein **Recht auf Aussetzung** (oder Unterbrechung) erwächst, **21** hängt immer von der Gesamtwürdigkeit aller **Umstände des Einzelfalls** ab. Soweit im Regelfall Raum für eine Ermessensentscheidung ist, hat das Gericht entsprechend dem Leitbild einer fairen Verfahrensgestaltung[44] alle legitimen, mitunter gegenläufigen Belange, vom Beschleunigungsgebot über die Auswirkung auf die Sachaufklärung bis zu den Verteidigungsinteressen des Angeklagten gegeneinander abzuwägen[45]. Hierbei berücksichtigt die Rechtsprechung auch, ob das Gericht durch sein Verhalten, etwa durch kurz-

---

[35] Vgl. die Erl. zu Art. 6 MRK (24. Aufl. Rdn. 201 ff); *Kleinknecht/Meyer-Goßner* 7; SK-*Schlüchter* 19; weitergehend KMR-*Paulus* 12.

[36] Vgl. Art. 6 MRK (24. Aufl. Art. 6 MRK, 198 ff).

[37] BGH bei *Holtz* MDR **1976** 988; zum Verhältnis zwischen § 228 Abs. 2 und 265 Abs. 4 vgl. *Heubel* „fair trial" 107; *Heubel* NJW **1981** 2679; *Plötz* Fürsorgepflicht 249 ff. Aus dem Recht auf ein faires Verfahren folgt aber nicht, daß das Gericht bei Verhinderung des gewählten Verteidigers mit dem Verfahren stets innehalten muß, BVerfG NJW **1984** 862.

[38] OLG Düsseldorf GA **1958** 54.

[39] BayObLGSt **1962** 226.

[40] BayObLGSt **1995** 61; **1988** 179 = StV **1989** 94; StV **1983** 270 mit Anm. *Weider*; OLG Celle NJW **1965** 2264; OLG Düsseldorf MDR **1983** 341; GA **1979** 226; VRS 63 (1982) 458; StV **1995** 69; OLG Schleswig bei *Ernesti/Lorenzen* SchlHA **1983** 111.

[41] BGH NStZ **1987** 34; SK-*Schlüchter* 19.

[42] BayObLGSt **1962** 226: dazu *Plötz* Fürsorgepflicht 264 ff; KK-*Treier* 11; SK-*Schlüchter* 19.

[43] BGH NJW **1965** 2164 mit zust. Anm. *Schmidt-Leichner*; unter Hinweis auf RGSt **71** 353; **77** 153; OLG Düsseldorf GA **1979** 226; OLG Hamm GA **1977** 310; *Kleinknecht/Meyer-Goßner* 12; KK-*Treier* 11; KMR-*Paulus* 16; SK-*Schlüchter* 19.

[44] Vgl. etwa BayObLGSt **1988** 179 = StV **1989** 94; OLG Hamm VRS **41** (1971) 45; StV **1989** 100; OLG Oldenburg StV **1991** 152; LG Koblenz StV **1996** 254; LG Verden StV **1996** 255; vgl. Rdn. 9.

[45] Im Schrifttum ist strittig, ob insoweit eine Ausnahme vom Grundsatz des § 228 Abs. 2 anzunehmen ist (etwa SK-*Schlüchter* 19) oder ob umgekehrt § 228 Abs. 2 nur als Ausnahme von dem Recht auf einen gewählten Verteidiger (§ 137; Art. 6 Abs. 3 Buchst. c MRK) zu verstehen ist (KMR-*Paulus* 12) oder ob eine vom Regel-Ausnahme-Verhältnis

fristige Terminierung oder verzögerten Terminbeginn oder verspätete Entscheidung über den Vertagungsantrag, mit zur Zwangslage des seines Verteidigers verlustig gegangenen Angeklagten beigetragen hat, ferner die Dauer des Verfahrens sowie, ob dem Angeklagten im Hinblick auf Bedeutung und Schwierigkeit der Sache zugemutet werden kann, sich plötzlich selbst zu verteidigen[46].

22   **Verzögert** sich das Erscheinen des Verteidigers, so hat das Gericht kraft der aus dem Rechtsstaatsprinzip folgenden Pflicht zu einer fairen und fürsorglichen Verfahrensgestaltung und wegen des Rechts des Angeklagten auf Beistand eines Verteidigers seiner Wahl darauf Rücksicht zu nehmen. Es muß, wenn nach den Umständen mit einer unverschuldeten Unpünktlichkeit zu rechnen ist (anderer Termin, Verkehrsstau usw.), mit dem Beginn der Hauptverhandlung eine der jeweiligen Sachlage entsprechende, angemessene Zeit **zuwarten**[47]. § 228 Abs. 2 steht dem nicht entgegen, da er ein Zuwarten mit dem Verhandlungsbeginn nicht ausschließt[48]; dieses steht außerdem in keinem Verhältnis zur Bedeutung des Rechts auf Beistand eines Verteidigers. Eine fernmündliche Erkundigung in der Kanzlei des Verteidigers kann meist rasch Klarheit darüber schaffen, ob ein Zuwarten angezeigt ist[49]. Bittet der Verteidiger fernmündlich, mit dem Beginn wegen seiner Verspätung zuzuwarten, so wird darin meist ein Antrag auf kurzfristige Vertagung zu sehen sein, den das Gericht nicht ohne weiteres ablehnen darf[50].

23   **6. Verhinderung des Nebenklägers.** Er hat kein Recht, die Aussetzung der Hauptverhandlung zu verlangen, weil er selbst oder sein Bevollmächtigter verhindert ist[51].

24   **7.** Die **Belehrung bei Nichteinhaltung der Ladungsfrist** (Absatz 3) trägt dem § 217 Abs. 2 Rechnung, der dann dem Angeklagten bis zum Beginn seiner Vernehmung zur Sache das Recht gewährt, die Aussetzung der Verhandlung zu verlangen. Aus der Fassung des § 228 Abs. 3 als Sollvorschrift kann jedoch gefolgert werden, daß die Belehrung nicht für alle Fälle zwingend notwendig ist. Es hängt von den Umständen des jeweiligen Falles ab, ob der Vorsitzende davon absehen darf, etwa weil davon auszugehen ist, daß der mit einem Verteidiger erschienene Angeklagte dieses Recht ohnehin kennt. Im Zweifel erfordern aber Fürsorgepflicht und Pflicht zur fairen Verfahrensgestaltung die ausdrückliche Belehrung[52].

---

nicht beeinflußte Ermessensentscheidung unter Berücksichtigung aller legitimen Belange zu treffen ist (AK-*Keller* 7). Der Streit betrifft aber mehr die dogmatische Konstruktion als die Ergebnisse im Einzelfall.

46   BayObLG StV **1983** 270; OLG Celle NJW **1961** 1319; **1965** 2264; NdsRpfl. **1964** 234; OLG Düsseldorf GA **1958** 55; **1979** 226; VRS **63** (1982) 458; StV **1995** 69; 454; OLG Hamburg MDR **1964** 524; OLG Hamm NJW **1954** 934; **1969** 943; **1973** 2311; VRS **41** (1971) 45; **46** (1974) 290; **59** (1980) 449; OLG Koblenz VRS **45** (1973) 284; **52** (1977) 428; OLG Köln VRS **23** (1962) 295; **42** (1972) 284; *Koch* JR **1961** 420; *Plötz* Fürsorgepflicht 250 ff.

47   BayObLGSt **1959** 250; **1995** 61 = NJW **1959** 2224; **1995**, 3134; VRS **60** (1981) 304; **67** (1984) 438; StV **1985** 6; bei *Rüth* DAR **1984** 244; OLG Köln VRS **42** (1972) 284 (Faustregel: 15 Minuten; bei Vorliegen besonderer Umstände, wie fernmündliche Benachrichtigung von der Verspätung, auch länger). Vgl. ferner BayObLG AnwBl. **1978** 154; OLG Düsseldorf VRS **65** (1983) 276; StV **1995** 454; OLG Frankfurt NJW **1978** 285; OLG Ham-

burg MDR **1981** 165; OLG Hamm GA **1974** 346; VRS **47** (1974) 303; **55** (1978) 368; **66** (1984) 32; **68** (1985) 49; JMBlNW **1980** 72; OLG Karlsruhe Justiz **1979** 307; OLG Koblenz VRS **45** (1973) 455; OLG Köln StV **1984** 147 (bei Gegenüberstellungen); OLG Schleswig bei *Ernesti/Jürgensen* SchlHA **1976** 172; *Kaiser* NJW **1977** 1955; vgl. auch BVerwG BayVBl. **1979** 443; ferner AK-*Keller* 8 (Ermessen auf null reduziert); KK-*Treier* 10; *Kleinknecht/Meyer-Goßner* 11; KMR-*Paulus* 14; SK-*Schlüchter* 20.

48   Vgl. BayObLGSt **1959** 250 = NJW **1959** 2224 und die Nachw. in der vorausgehenden Fußn.

49   KK-*Treier* 10; SK-*Schlüchter* 10.

50   OLG Hamburg MDR **1981** 165; *Kleinknecht/Meyer-Goßner* 11; es kommt aber immer auf den Einzelfall an.

51   RG SeuffBl. **71** 629; SK-*Schlüchter* 18.

52   Vgl. § 217, 6; 11; § 218, 28; 29 und Rdn. 20. *Schlüchter* 430 hält stets eine Belehrung für erforderlich, wenn der ohne Verteidiger gebliebene Angeklagte nicht weiß, daß diesem gegenüber die Ladungsfrist nicht gewahrt wurde. Vgl. SK-*Schlüchter* 21.

Verzichtet der Angeklagte von sich aus in Kenntnis seines Aussetzungsrechts auf die **25** Einhaltung der Frist des § 217 Abs. 1, dann bedarf es in der Regel keiner Belehrung nach Absatz 3 mehr[53].

8. Folgen der Aussetzung. Wie bereits dargelegt, muß eine ausgesetzte Hauptver- **26** handlung neu begonnen werden. Erneuerung bedeutet eine völlig neue Verhandlung, die — mit der durch den § 67 begründeten Einschränkung hinsichtlich der Vereidigung der Zeugen — ganz so stattzufinden hat, wie wenn eine Verhandlung vor dem erkennenden Gericht noch nicht vorausgegangen wäre[54]. Sie kann vor anderen als den in der früheren Verhandlung tätigen Richtern abgehalten werden und ist im Umfang der Beweisaufnahme von der früheren Verhandlung unabhängig und an Beweisbeschlüsse, die in dieser erlassen worden waren, nicht gebunden[55]. Beweisanträge müssen in der neuen Hauptverhandlung neu gestellt werden, andernfalls braucht das Gericht — sofern die Aufklärungspflicht nicht entgegensteht — in der Regel nicht darauf zurückzukommen[56]. In Sonderfällen kann die Pflicht zur fairen Verhandlungsführung jedoch erfordern, einen ohne Verteidiger erschienenen Angeklagten hierauf hinzuweisen oder ihn zu befragen, ob er frühere Anträge erneut stellen will[57]. Auf die fälschliche Ablehnung eines Beweisantrags in der abgebrochenen Hauptverhandlung kann die Revision gegen das auf Grund einer späteren Verhandlung ergangene Urteil nicht gestützt werden[58]. Gleiches gilt für andere Verfahrensfehler in der früheren Verhandlung[59]; es sei denn, sie wirken — wie die Verwerfung eines Ablehnungsgesuches — in der neuen Hauptverhandlung weiter[60]. Zur Verfahrenslage nach Unterbrechung vgl. § 229, 7 ff.

9. Rechtsbehelfe

a) Bei Unterbrechung. Die Anordnung einer Unterbrechung durch den Vorsitzenden **27** gehört in der Regel nicht zu den Maßnahmen, gegen die eine **Entscheidung des Gerichts** (§ 238 Abs. 2) mit Erfolg nachgesucht werden kann. Sofern der Vorsitzende sich im Rahmen des § 228 Abs. 1 Satz 2 hält und seine Anordnung sich nur auf die äußere Verfahrensgestaltung auswirkt, versagt dieser Rechtsbehelf in der Regel[61]. Die Anordnung ist nicht mit Beschwerde (§ 305) und in der Regel auch nicht im Rahmen der Revision nachprüfbar (vgl. die Erläuterungen zu § 238).

Für die **Ablehnung der Unterbrechung** durch den Vorsitzenden gilt an sich das glei- **28** che. Das Gericht kann nach § 238 Abs. 2 aber angerufen werden, wenn die Ablehnung des Antrags zugleich den sachlichen Gang des Verfahrens betrifft, z. B. weil geltend gemacht wird, seine Fortsetzung verletze zwingendes Verfahrensrecht (etwa Verbot der weiteren Verhandlung bei Übermüdung des Angeklagten gemäß § 136 a Abs. 1 oder ein Recht des Angeklagten auf Unterbrechung; vgl. § 266 Abs. 3). Die Entscheidung des Gerichts nach § 238 Abs. 2 kann vom Revisionsgericht nachgeprüft werden (§ 338 Nr. 8). Wenn die Unterbrechung durch zwingendes Verfahrensrecht geboten war, kann die Verletzung dieses zwingenden Verfahrensrechts (etwa, weil sich eine Person entfernt hat, deren Anwesenheit zwingend vorgeschrieben ist) unmittelbar mit der Revision gerügt werden. Hat irr-

---

53 H. M; vgl. § 217, 9 ff.
54 RG JW **1932** 3099.
55 RGSt **2** 109; **31** 137.
56 RGRspr. **7** 356; **10** 599; RGSt **2** 109; *Alsberg/Nüse/ Meyer* 390; vgl. bei § 244.
57 BayObLG bei *Rüth* DAR **1964** 242 (Belehrung, daß die Antragstellung zu wiederholen ist); OLG Bremen OLGSt § 244, 5.
58 OLG Saarbrücken VRS **46** (1974) 48.

59 OLG Koblenz VRS **62** (1982) 287.
60 Vgl. BGHSt **31** 15; ferner § 29, 36.
61 AK-*Keller* 10; KK-*Treier* 2; *Kleinknecht/Meyer-Goßner* 14; KMR-*Paulus* 10; SK-*Schlüchter* 23. Ein Eingriff in Rechte der Verfahrensbeteiligten, der eine Anrufung des Gerichts gestatten würde, ist bei einer Unterbrechung nur in Ausnahmefällen denkbar, etwa wenn sie den Verlust eines Beweismittels zur Folge hätte.

tümlich der Vorsitzende anstelle des nach Absatz 1 Satz 1 zuständigen Gerichts die Unterbrechung angeordnet, so wird in der Regel auszuschließen sein, daß das Urteil auf diesen nach § 337 zu rügenden Verfahrensfehler beruht. Nur bei Vorliegen besonderer Umstände erscheint eine Behinderung der Verteidigung dadurch möglich. Dies ist jedenfalls dann nicht anzunehmen, wenn der Angeklagte der Entscheidung nicht widersprochen hat[62].

29   **b) Bei Aussetzung.** Mit **Beschwerde** ist der Beschluß, der die Aussetzung **ablehnt**, nicht anfechtbar (§ 305), sondern nur zusammen mit dem Urteil im Wege der Revision gemäß §§ 337, 338 Nr. 8[63].

30   Gegen den Beschluß, der die **Aussetzung anordnet**, wird dagegen die Beschwerde zugelassen, wenn er nicht nur der Vorbereitung der neuen Hauptverhandlung dient und eine selbständige, nicht in Bezug zur eigentlichen Urteilsfindung stehende prozessuale Beschwer enthält. Dies gilt vor allem, wenn er das Verfahren hemmt und das Urteil überflüssig verzögert[64], so, wenn er nur durch organisatorische Erwägungen bestimmt ist[65]. Ob diese Voraussetzungen gegeben sind, oder ob § 305 der Beschwerde entgegensteht, muß jeweils für den Einzelfall entschieden werden. Setzt z. B. das Gericht das Verfahren aus, weil es die Hinzuziehung weiterer Beweismittel im Rahmen seiner Aufklärungspflicht für geboten hält, dann dient dies der Förderung des Verfahrens i. S. des § 305 und schließt die Beschwerde auch schon deshalb aus, weil das Beschwerdegericht insoweit in das richterliche Ermessen des erkennenden Gerichts nicht eingreifen kann[66].

31   Das Oberlandesgericht Frankfurt (GA **1973** 51) kommt praktisch zum gleichen Ergebnis, wenn es zwar die Beschwerde grundsätzlich für statthaft hält, die Nachprüfbarkeit aber darauf beschränkt, ob ein **vernünftiger Grund** für die Aussetzung vorlag, wenn die nicht nachprüfbare Notwendigkeit weiterer Erhebungen unterstellt wird[67].

32   Aussetzungsbeschlüsse, die mit einem **Vorlagebeschluß** verbunden sind (z. B. Vorlage beim Bundesverfassungsgericht nach Art. 100 GG u. a.), sind der Beschwerde entzogen[68]. Die Anfechtbarkeit der Aussetzungsbeschlüsse nach § 262 Abs. 2 ist dort erläutert.

33   Mit der **Revision** kann der Beschluß, der die Aussetzung ablehnt, nachgeprüft werden (§§ 337, 338 Nr. 8). Da sich aus § 228 kein absolutes Recht auf Aussetzung herleiten läßt, läßt sich dieses nur auf andere Vorschriften gründen. Soweit die Aussetzung in das Ermessen des Gerichts gestellt ist, kann mit der Revision — auch unter dem Blickwinkel der Beschränkung der Verteidigung — nur ein Fehlgebrauch des Ermessens gerügt werden, so, wenn dem aus dem Rechtsstaatsgebot folgenden Gebot eines fairen Verfahrens und der Fürsorgepflicht nicht angemessen Rechnung getragen wurde[69]. Läßt eine bloß formelhafte Begründung des Beschlusses die Überprüfung der Ermessensentscheidung auf Rechtsfeh-

[62] Vgl. BGHSt **33** 217; KK-*Treier* 15 unter Hinweis auf eine unveröffentlichte Entscheidung des BGH; *Kleinknecht/Meyer-Goßner* 17; KMR-*Paulus* 22; SK-*Schlüchter* 26.

[63] OLG Düsseldorf HESt **3** 72; KG StV **1982** 10; OLG Köln NJW **1956** 803.

[64] BayObLGSt **1953** 86; OLG Braunschweig StV **1987** 332; OLG Düsseldorf MDR **1993** 461; JM-BlNW **1995** 225; OLG Frankfurt MDR **1983** 253; StV **1988** 195; OLG Hamm NJW **1978** 283; KG JR **1966** 231 mit Anm. *Kleinknecht*; OLG Karlsruhe GA **1974** 285; NStZ **1985** 227; OLG Köln JM-BlNW **1956** 116; OLG Neustadt HESt **3** 61; OLG Stuttgart Justiz **1973** 357.

[65] OLG Frankfurt MDR **1983** 253 (Fehlen eines geeigneten Sitzungssaals).

[66] OLG Braunschweig NJW **1955** 565; StV **1987** 332; OLG Celle NJW **1953** 1933; OLG Düsseldorf MDR **1993** 461; KG JR **1959** 350; **1966** 230 mit Anm. *Kleinknecht*; OLG Köln StV **1991** 551; OLG Stuttgart Justiz **1973** 357; KK-*Treier* 14; *Kleinknecht/Meyer-Goßner* 17; KMR-*Paulus* 21; SK-*Schlüchter* 24; **a. A** OLG Frankfurt NJW **1954** 1012.

[67] Vgl. auch OLG Frankfurt MDR **1983** 253.

[68] SK-*Schlüchter* 24; vgl. die Erl. zu § 262.

[69] BayObLGSt **1995** 61; OLG Düsseldorf StV **1995** 69; 455; weitere Nachw. Fußn. 37 bis 40.

ler nicht zu, kann dies die Revision begründen[70], zumindest dann, wenn ersichtlich besondere Umstände von Gewicht zu berücksichtigen gewesen wären. Dies gilt auch, wenn ein Aussetzungsantrag übergangen oder stillschweigend — durch Fortsetzung der Verhandlung — abgelehnt wurde[71]. Das **Beruhen des Urteils** auf einen solchen Verstoß wird in der Regel nicht verneint werden können, weil nicht auszuschließen ist, daß der Angeklagte oder Verteidiger bei einer ausdrücklichen Ablehnung weitere, das Verfahren beeinflussende Erklärungen hätte abgeben können[72]. Um darzutun, daß die Ablehnung der Aussetzung rechtsfehlerhaft oder ermessensmißbräuchlich war, muß die Revisionsbegründung nach § 344 Abs. 2 den Inhalt des Vertagungsantrags und des ablehnenden Beschlusses sowie die sonstigen konkreten Tatsachen, aus denen sich der Rechtsfehler ergibt, anführen[73], dazu gehört bei einem im Schlußplädoyer gestellten Aussetzungsantrag auch sein Verhältnis zu den anderen Anträgen[74].

c) Einen **Verstoß gegen die Absätze 2 oder 3** kann die Revision höchstens in Verbin- **34** dung mit der Verletzung anderer Rechtsvorschriften (vgl. Rdn. 20 ff) geltend machen. Für sich allein verhilft die Rüge einer Verletzung dieser Vorschriften der Revision kaum zum Erfolg. Absatz 2 ist eine Ausnahmevorschrift, die die Konzentration des Verfahrens fördern soll, ohne daß daraus andere Verfahrensbeteiligte Rechte herleiten können[75]. Absatz 3 wurde bisher als nicht revisionsfähige Ordnungsvorschrift angesehen[76], aber auch wenn man dem nicht folgt, ist der Verstoß gegen § 217 Abs. 2 der tragende Revisionsgrund; die Nichtbeachtung des § 228 Abs. 3 ist nur mittelbar (etwa Wirksamkeit eines Verzichts) von Bedeutung[77].

§ 229

(1) Eine Hauptverhandlung darf bis zu zehn Tagen unterbrochen werden.
(2) [1]Hat die Hauptverhandlung bereits an mindestens zehn Tagen stattgefunden, so darf sie unbeschadet der Vorschrift des Absatzes 1 einmal auch bis zu dreißig Tagen unterbrochen werden. [2]Ist die Hauptverhandlung sodann an mindestens zehn Tagen fortgesetzt worden, so darf sie ein zweites Mal nach Satz 1 unterbrochen werden. [3]Zusätzlich zu den Unterbrechungen nach Absatz 1 und Absatz 2 Satz 1 und 2 kann eine Hauptverhandlung nach Ablauf von zwölf Monaten seit ihrem Beginn jeweils einmal innerhalb eines Zeitraums von zwölf Monaten bis zu dreißig Tagen unterbrochen werden, wenn sie davor an mindestens zehn Tagen stattgefunden hat.

---

[70] Vgl. etwa BGH StV **1987** 34.
[71] OLG Celle StV **1984** 503; OLG Hamburg MDR **1967** 608; OLG Zweibrücken StV **1990** 57; *Kleinknecht/Meyer-Goßner* 17; SK-*Schlüchter* 25.
[72] OLG Schleswig SchlHA **1956** 298; vgl. Rdn. 15.
[73] Etwa BGH StV **1990** 532 (L); OLG Koblenz VRS **49** (1975) 278; *Kleinknecht/Meyer-Goßner* 17; SK-*Schlüchter* 25; wegen der Einzelheiten vgl. bei § 344.
[74] BGH JR **1996** 473 mit Anm. *Gollwitzer*.
[75] BGH bei *Dallinger* MDR **1952** 532; (Ordnungsvorschrift), *Kleinknecht/Meyer-Goßner* 17; nach

KMR-*Müller* 15 kann die Revision bei Überschreiten der Grenzen des § 228 Abs. 2 auch darauf gestützt werden.
[76] RGSt **15** 113; BGHSt **24** 143; BGH bei *Dallinger* MDR **1952** 532; BGH nach KK-*Treier* 15; *Kleinknecht/Meyer-Goßner* 17; zur Problematik der Ordnungsvorschriften vgl. bei § 337; SK-*Schlüchter* 29.
[77] AK-*Keller* 14; KMR-*Paulus* 22; anders wohl SK-*Schlüchter* 29; vgl. bei § 217, 9 ff, 19.

(3) [1]**Kann ein Angeklagter zu einer Hauptverhandlung, die bereits an mindestens zehn Tagen stattgefunden hat, wegen Krankheit nicht erscheinen, so ist der Lauf der in den Absätzen 1 und 2 genannten Fristen während der Dauer der Verhinderung, längstens jedoch für sechs Wochen, gehemmt; diese Fristen enden frühestens zehn Tage nach Ablauf der Hemmung.** [2]**Beginn und Ende der Hemmung stellt das Gericht durch unanfechtbaren Beschluß fest.**

(4) [1]**Wird die Hauptverhandlung nicht spätestens am Tage nach Ablauf der in den vorstehenden Absätzen bezeichneten Frist fortgesetzt, so ist mit ihr von neuem zu beginnen.** [2]**Ist der Tag nach Ablauf der Frist ein Sonntag, ein allgemeiner Feiertag oder ein Sonnabend, so kann die Hauptverhandlung am nächsten Werktag fortgesetzt werden.**

Entstehungsgeschichte. Die ursprünglich aus einem einzigen Absatz bestehende Vorschrift sah vor, daß eine unterbrochene Hauptverhandlung spätestens am vierten Tage nach der Unterbrechung fortzusetzen war. Art. 6 § 1 der Verordnung vom 14. 6. 1932 erweiterte die Zwischenfrist auf zehn Tage, Art. 9 § 5 der 2. VereinfVO auf insgesamt 30 Tage, wobei Unterbrechungen von weniger als drei Tagen nicht mitgerechnet wurden. Art. 3 Nr. 103 VereinhG kehrte dann zur Zwischenfrist von zehn Tagen zurück, die auch nach der jetzigen Fassung noch grundsätzlich maßgeblich ist[1].

Art. 1 Nr. 74 des 1. StVRG hat 1974 durch Ergänzung des Absatzes 2 bei länger dauernden Verfahren die Unterbrechung bis zu 30 Tagen zugelassen und mit Absatz 3 eine ergänzende Regelung für die Fälle gebracht, in denen die Zwischenfrist unmittelbar vor einem Sonnabend, Sonntag oder allgemeinen Feiertag endet. Art. 1 Nr. 13 StVÄG 1987 fügte dann bei Absatz 2 einen weiteren Satz an, der es erlaubt, eine Hauptverhandlung, die länger als ein Jahr dauert, jeweils innerhalb weiterer 12 Monate für weitere 30 Tage zu unterbrechen („Jahresurlaub"). Der neu eingefügte Absatz 3 gestattet, die Unterbrechung bei Erkrankung eines Angeklagten um längstens sechs Wochen zu verlängern. Der bisherige Absatz 3 wurde sachlich unverändert zu Absatz 4; sein Wortlaut wurde lediglich insoweit angepaßt, daß er nunmehr für die vorausgehenden drei Absätze gelten soll. Angepaßt wurde auch § 268 Abs. 3 Satz 3 (Art. 1 Nr. 21 StVÄG 1987). Bezeichnung bis 1924: § 228.

Geplante Änderungen

a) Der Entwurf des Bundesrates schlägt in einem Gesetz zur Änderung der Strafprozeßordnung vom 25. 11. 1994, BTDrucks. **13** 197 vor, in Absatz 1 die Wörter „zehn Tagen" durch die Wörter „drei Wochen" zu ersetzen.

b) Der Entwurf des Bundesrates eines Zweiten Gesetzes zur Entlastung der Rechtspflege (strafrechtlicher Bereich) vom 7. 5. 1996, BTDrucks. **13** 4541 schlägt in Art. 2 Nr. 22 vor, im Absatz 2 Satz 3 jeweils die Wörter „zwölf Monate" durch die Wörter „sechs Monate" zu ersetzen und in Absatz 3 Satz 1 nach den Wörtern „Kann ein Angeklagter" die Wörter „oder eine zur Urteilsfindung berufene Person" einzufügen. S. ggf. die Erläuterungen im Nachtrag.

---

[1] Zu den wechselnden Fristen *Peters* FS v. Weber 383 Fußn. 21.

Übersicht

Alphabetische Übersicht

1   **Grundsätzliches.** Der Grundsatz der Mündlichkeit macht es nicht nur erforderlich, daß die Hauptverhandlung vor den Richtern stattfindet, die berufen sind, das Urteil zu sprechen, sondern auch, daß sie ein zusammenhängendes Ganzes bildet, so daß die Richter — einschließlich der Laienrichter — unter dem lebendigen Eindruck des vor ihnen Verhandelten zur Entscheidung schreiten (Grundsatz der Konzentration der Hauptverhandlung). Eine längere Unterbrechung der Hauptverhandlung schwächt diesen Eindruck ab, beeinträchtigt die Zuverlässigkeit der Erinnerung und kann die Richter „leicht dazu veranlassen, daß sie bei der Fällung des Urteils das Ergebnis aus den Akten schöpfen, also ein Verfahren einschlagen, das mit dem Grundsatz der mündlichen Verhandlung im Widerspruch steht"[2]. Aufgabe des Gesetzes ist es, den ernsten Gefahren für die Aufklärung des Sachverhaltes, die sich daraus ergeben können, daß die Richter den Verhandlungsstoff geistig nicht mehr beherrschen, tunlichst vorzubeugen[3].

2   **2. Großverfahren**, die Wochen und Monate in Anspruch nehmen, belasten Gericht, Angeklagten und die übrigen Verfahrensbeteiligten in einem bis an die Grenzen des Vertretbaren reichenden Ausmaß. Trotz der ihnen innewohnenden Gefahren für die Wahrheitsfindung sind sie mitunter unvermeidbar. Das auf Normalverfahren von wenigen Tagen Dauer abstellende Leitbild einer konzentrierten, durch keinerlei längere Pausen unterbrochenen Hauptverhandlung in Absatz 1 paßt für Großverfahren nicht. Ordnung und Übersicht in solchen Verhandlungen können nur gewahrt werden, wenn das Gericht sie hin und wieder unterbricht, um ihr bisheriges Ergebnis in der freien Zeit durchzuarbeiten und — nicht endgültig, aber vorläufig — festzulegen, um die Verläßlichkeit des Erinnerungsbildes nicht zu überfordern[4]. Auch zur Verringerung der mit der Prozeßdauer ansteigenden physischen und psychischen Belastungen durch eine monatelange Hauptverhandlung sind für alle Beteiligten längere Prozeßpausen als zehn Tage notwendig[5].

3   Eine **einmalige**, mehrwöchentliche **Unterbrechung** ist der Wahrheitsfindung weniger abträglich als eine Reihe kürzerer Unterbrechungen, zwischen denen sich die Verhandlung hinschleppt[6]. Bei über Monate hinaus andauernder Hauptverhandlung widerspricht

---

[2] Mot. 128; RGSt **60** 13; **69** 23; BGH NJW **1952** 1149; **1996** 3019; *Eb. Schmidt* § 228, 1.

[3] *v. Hippel* MSchrKrimPsych. **1935** 246; zur Kritik an der heutigen Regelung vgl. *Peters* Der neue Strafprozeß 162 ff; *Peters* § 60 II; ferner *Bertram* NJW **1994** 2187; *Schlüchter* GA **1994** 419.

[4] Zur Notwendigkeit, den Verhandlungsstoff zu fixieren, *Grünwald* Gutachten 50. DJT C 60.

[5] *Grünwald* Gutachten 50. DJT C 67; Begr. Reg-Entw. BTDrucks. **10** 1313 S 25; KK-*Treier* 1; *Kleinknecht/Meyer-Goßner* 1; KMR-*Paulus* 2; SK-*Schlüchter* 2.

[6] *Schmid* JR **1974** 324; SK-*Schlüchter* 2. Zu den Bedenken gegen diese Regelung vgl. etwa *Berz* FS Blau 61; *Kempf* StV **1987** 222.

es außerdem allen Grundsätzen der Prozeßökonomie, eine Verhandlung nur deshalb abbrechen zu müssen, weil ein benötigter Zeuge nicht innerhalb von zehn Tagen herbeigeschafft werden kann oder weil ein Beteiligter, auf dessen Anwesenheit nicht verzichtet werden kann, über die Zehntagefrist des Absatz 1 hinaus erkrankt ist[7]. Absatz 2 gestattet deshalb bei Großverfahren Unterbrechungen von längerer Dauer, die vor allem nach einer Verhandlungsdauer von über zwölf Monaten auch für einen Erholungsurlaub nutzbar sind. Absatz 3 hemmt außerdem bei einer Erkrankung des Angeklagten den Ablauf der Unterbrechungsfrist für die Dauer der Erkrankung, maximal bis zu 6 Wochen. Damit lassen sich vielfach[8] der prozeßunwirtschaftliche völlige Abbruch und Neubeginn einer mitunter schon Monate oder sogar Jahre dauernden Hauptverhandlung und die daraus für alle Beteiligte erwachsenden Mehrbelastungen vermeiden. Der Angeklagte kann seine Krankheit auskurieren ohne befürchten zu müssen, durch den späteren Neubeginn einer mitunter schon länger andauernden Hauptverhandlung zusätzlich physisch, psychisch und finanziell belastet zu werden; zudem beugt diese Möglichkeit auch der Versuchung vor, durch eine Flucht in die Krankheit den Abschluß des Verfahrens hinauszuzögern[9]. Die Gefahren dieses Kompromisses zwischen den Erfordernissen der Praxis und der Konzentrationsmaxime[10] für die Wahrheitsfindung[11] lassen sich bei einer durch Konzentrationsmaxime und Beschleunigungsgebot gleichermaßen gebotenen restriktiven Anwendung der neuen Vorschriften und durch eine im übrigen konzentrierte und planmäßige Verhandlungsgestaltung in beherrschbaren Grenzen halten. Berücksichtigt man den erweiterten Spielraum, den das Gericht durch die Absätze 2 und 3 für die Anpassung seiner Verfahrensplanung an wechselnde Umstände erhält, so erscheint die dadurch gewonnene größere Flexibilität der Verhandlungsgestaltung gegenüber der bisherigen Rechtslage eher von Vorteil.

Die **Gefahr**, daß sich die Eindrücke der mündlichen Verhandlung verwischen und die **4** Richter ihr Urteil nicht mehr in Abwägung ihrer unmittelbaren Eindrücke vom gesamten Verhandlungsstoff finden, nimmt mit der Dauer der Verhandlung zu, ganz gleich, wie oft und wie lange diese unterbrochen wurde. Es ist Pflicht des Gerichts, ihr dadurch entgegenzuwirken, daß die Hauptverhandlung sorgfältig vorbereitet und daß straff verhandelt wird, ferner daß Einzelfragen in Zwischenberatungen vorweg geklärt und intern dokumentiert werden und daß von der durch § 229 geschaffenen Möglichkeit längerer Unterbrechungen restriktiv Gebrauch gemacht wird.

3. Unterbrechung

a) Bedeutung. Unterbrechung bedeutet hier, wie auch in § 228 Abs. 1 das Einschie- **5** ben eines verhandlungsfreien Zwischenraums zwischen mehreren Teilen einer einheitlichen Hauptverhandlung (§ 228, 1). Die zeitlichen Grenzen innerhalb derer die Fortsetzung einer unterbrochenen Hauptverhandlung zulässig ist, ergeben sich aus den Absätzen 1 bis 3. Werden die nicht eingehalten, muß die ganze Hauptverhandlung nach Absatz 4 Satz 1 wiederholt werden.

b) Keine absolute Grenze. Ebensowenig wie die Strafprozeßordnung der Gesamt- **6** dauer einer Hauptverhandlung eine zeitliche Obergrenze setzt, ergibt sich aus § 229 eine Begrenzung der Gesamtdauer der dazwischengeschobenen verhandlungsfreien Tage. Das

---

[7] *Hermann* ZStW **85** (1973) 284.
[8] Der Zwang zu unwirtschaftlichen Aussetzungen läßt sich mit Höchstfristen nicht völlig beseitigen, vgl. etwa *Gössel* Gutachten 60. DJT C 71; *Bernsmann* ZRP **1994** 329; *Schlüchter* GA **1994** 419; SK-*Schlüchter* 2.
[9] *Meyer-Goßner* NJW **1987** 1163; SK-*Schlüchter* 2.
[10] *Rieß* NJW **1975** 86.
[11] *Rottland* ZRP **1971** 56; *Schmidt-Leichner* NJW **1975** 418.

Walter Gollwitzer

Gericht ist durch § 229 theoretisch nicht gehindert, mit unbegrenzt vielen Unterbrechungen zu verhandeln. Die verhandlungsfreien Zeiträume zwischen den einzelnen Teilen der Hauptverhandlung dürfen jedoch jeder für sich die in § 229 festgelegten Höchstfristen nicht überschreiten[12]. Für die Berechnung der Fristen — einschließlich der Frage, ob eine Frist nach Absatz 2 in Anspruch genommen wurde — ist immer nur die Gesamtzeit maßgebend, die tatsächlich bis zur Fortsetzung der Hauptverhandlung verstrichen ist.

7   **c) Die Anordnung der Unterbrechung** nach Absatz 1 obliegt dem Vorsitzenden, die länger dauernden Unterbrechungen nach Absatz 2 ordnet das Gericht an. Wegen der Einzelheiten vgl. § 228, 2, 3. Der **Termin zur Fortsetzung** der Hauptverhandlung wird in der Regel zugleich mit der Anordnung der Unterbrechung noch **in der Hauptverhandlung** verkündet. Einer zusätzlichen Ladung bedarf es dann nicht[13]. Darauf, daß weitere Ladungen nicht ergehen, soll der Vorsitzende die Verfahrensbeteiligten hinweisen[14]. Angebracht kann ferner sein, den Angeklagten auf die Folgen des Ausbleibens nach § 230 Abs. 2 hinzuweisen sowie gegebenenfalls auch darauf, daß bei unentschuldigtem Ausbleiben nach § 231 Abs. 2 ohne ihn weiterverhandelt werden kann[15]. Zeugen und Sachverständige sind auf die Folgen ihres Ausbleibens nach § 48 hinzuweisen, was aber auch durch Bezugnahme auf den früheren erteilten Hinweis geschehen kann[16]. Wird der Fortsetzungstermin **außerhalb der Hauptverhandlung** festgelegt, genügt es, wenn er den Verfahrensbeteiligten nach § 35 Abs. 2 Satz 2 formlos mitgeteilt wird[17]. Sofern es zeitlich möglich ist, kann aber vor allem bei längeren Unterbrechungen oder einer Verlegung des Fortsetzungstermins zur Klarstellung und auch wegen der Verbindung mit etwaigen Belehrungen die schriftliche Mitteilung des Fortsetzungstermins, bei Androhung von Zwangsmitteln zum sicheren Nachweis auch die förmliche Zustellung, vorzuziehen sein[18].

8   **d) Fortsetzung der Hauptverhandlung** bedeutet Weiterführung der gleichen Hauptverhandlung durch das Gericht in gleicher Zusammensetzung in Gegenwart aller Verfahrensbeteiligten, deren Anwesenheit vorgeschrieben ist. Ob bei Ausbleiben eines Verfahrensbeteiligten die Hauptverhandlung ohne ihn fortgeführt werden kann, beurteilt sich nach den auch sonst für die Hauptverhandlung geltenden Vorschriften. Bleibt beispielsweise der Angeklagte dem Fortsetzungstermin eigenmächtig fern, kann die Fortsetzungsverhandlung ohne ihn unter den Voraussetzungen des § 231 Abs. 2 weitergeführt werden. Es kommt insoweit nur darauf an, daß tatsächlich weiter zur Sache verhandelt wurde; eine Fortsetzung liegt auch vor, wenn ohne den Angeklagten weiterverhandelt wurde, weil die Voraussetzungen des § 231 Abs. 2 irrig angenommen worden waren[19]. Da das Verfahren eine Einheit bildet, brauchen die vor der Unterbrechung liegenden Verfahrensteile nicht wiederholt zu werden (§ 228, 1). Das Gericht ist aber nicht gehindert, einzelne Verhandlungsteile zu wiederholen, wenn es dies aus einem besonderen Grund. etwa zur Gedächtnisauffrischung der Richter, für sachdienlich hält.

9   Zur **Fortsetzung nach Fristablauf** geeignet ist nur eine das **Verfahren weiterführende Verhandlung**. Es genügt nicht, daß das Gericht bloß formal zusammentritt, die Präsenz und die sonstigen Formalien feststellt und nur einen das Verfahren in der Sache

[12] RGSt **60** 163; **63** 263.
[13] BGH JZ **1957** 673 mit Anm. *Eb. Schmidt*; BGH NStZ **1988** 421 mit Anm. *Meurer*; OLG Düsseldorf NJW **1970** 1889; OLG Hamburg NJW **1953** 235; OLG Koblenz OLGSt § 231, 7; Karlsruhe JR **1985** 31 mit Anm. *Meyer*; vgl. auch BGHSt **38** 271; vgl. § 228, 7; § 216, 2.
[14] Nr. 137 Abs. 1 RiStBV.

[15] OLG Düsseldorf NJW **1970** 1889.
[16] KK-*Treier* 9; SK-*Schlüchter* 10. Vgl. bei § 48.
[17] KK-*Treier* 9; *Kleinknecht/Meyer-Goßner* 12; SK-*Schlüchter* 9. BGH NStZ **1984** 41 mit abl. Anm. *Hilger* fordert dagegen schriftliche Mitteilung.
[18] Vgl. § 228 Rdn. 7; § 216 Rdn. 7.
[19] SK-*Schlüchter* 7; vgl. BGH NStZ **1984** 466.

nicht weiterführenden Umstand bespricht, wie etwa die Notwendigkeit einer weiteren Unterbrechung, auch wenn es dabei mit den Verfahrensbeteiligten erörtert, wann die Hauptverhandlung fortgesetzt werden kann[20], oder wenn die Verhandlung allein zur Entgegennahme eines Beweisantrages aufgenommen wurde[21]; wohl aber, wenn die Gründe für das Ausbleiben eines Zeugen erörtert wurden[22]. Nur ein Vorgang, der die Verhandlung vor dem erkennenden Gericht in Richtung auf das Urteil hin potentiell fördert, ist eine Fortsetzung der Hauptverhandlung, wie etwa die Vernehmung eines Angeklagten, Zeugen oder Sachverständigen, die Verlesung einer Urkunde im Rahmen des Urkundenbeweises oder die Vornahme eines Augenscheins. Eine Verhandlung, die der Klärung von Verfahrensvoraussetzungen oder einer Verfahrensfrage dient, wie etwa der Ablehnung eines Richters, kann diese Voraussetzungen erfüllen[23]. Auch die Anhörung eines Sachverständigen zur Frage der Verhandlungsfähigkeit des Angeklagten kann genügen[24] oder die Feststellung verfahrensrelevanter Tatsachen im Wege des Freibeweises und deren Besprechung oder die Anordnung von Zwangsmitteln gegen einen ausgebliebenen Verfahrensbeteiligten[25].

Bei einem Verfahren gegen **mehrere Angeklagte** genügt es, wenn in der fortgesetzten **10** Hauptverhandlung die gegen einen von ihnen erhobenen Vorwürfe erörtert werden[26], selbst wenn ein Angeklagter nach § 231 c beurlaubt ist[27].

e) Fortbestand der Gerichtsbesetzung. Wird eine unterbrochene Hauptverhandlung **11** innerhalb der Frist des § 229 im neuen Geschäftsjahr fortgesetzt, so sind die bisher in der Hauptverhandlung mitwirkenden **Berufs- und Laienrichter** (die letztgenannten nach der ausdrücklichen Bestimmung des § 50 GVG) zur Fortführung der Verhandlung berufen[28]. Bei Verhinderung eines Richters kann der Fortsetzungstermin innerhalb der Grenzen des § 229 verlegt werden, es kann aber, vor allem, wenn die Dauer der Verhinderung nicht absehbar ist, ein vorhandener Ersatzrichter eintreten[29]. Früher konnte auch eine Ferienstrafkammer nach Ablauf der Gerichtsferien weiter tätig werden[30].

4. Die einzelnen Unterbrechungsfristen

a) Zehntagesfrist (Absatz 1). Jede Hauptverhandlung kann, ganz gleich, wie lange **12** sie vorher gedauert hat, beliebig oft aus jedem sachlichen Grund jeweils bis zu zehn Tagen unterbrochen werden (Absatz 1). Spätestens nach zehn verhandlungsfreien Tagen ist die Hauptverhandlung fortzusetzen (Rdn. 8).

b) Unterbrechungen bis zu 30 Tagen (Absatz 2 Sätze 1, 2). Länger dauernde Haupt- **13** verhandlungen, bei denen mindestens an zehn Tagen verhandelt worden ist, dürfen außer-

---

20 RGSt **62** 263; BGH NJW **1952** 1149 mit Anm. *Linnenbrink*; BGH NJW **1996** 3019 (Schiebetermin); KK-*Treier* 6; *Kleinknecht/Meyer-Goßner* 11; KMR-*Paulus* 32; SK-*Schlüchter* 7.

21 BGH NStZ **1986** 182; AK-*Keller* 3; SK-*Schlüchter* 7; anders aber, wenn über die Notwendigkeit der beantragten Beweiserhebung echt verhandelt und entschieden wurde.

22 KK-*Treier* 6; **a. A** OLG Celle StV **1992** 101 (nur Maßnahmen gegen ausgebliebene Zeugin besprochen).

23 KK-*Treier* 6; *Kleinknecht/Meyer-Goßner* 11; KMR-*Paulus* 32; SK-*Schlüchter* 7. Vgl. auch BGH bei *Kusch* NStZ **1995** 19 (Bekanntgabe, daß Beweisanträgen stattgegeben und die Zeugen geladen wurden).

24 BGHR § 229 I Sachverhandlung 1; OLG Düsseldorf NStZ-RR **1997** 81; KK-*Treier* 6; SK-*Schlüchter* 7; zweifelnd *Kleinknecht/Meyer-Goßner* 11.

25 KMR-*Paulus* 32; vgl. auch Fußn. 22.

26 BGH bei *Dallinger* MDR **1975** 23; AK-*Keller* 9; KK-*Treier* 6; *Kleinknecht/Meyer-Goßner* 11; KMR-*Paulus* 32; SK-*Schlüchter* 7.

27 SK-*Schlüchter* 7; vgl. § 231 c, 18.

28 BGHSt **8** 250; KK-*Treier* 8; SK-*Schlüchter* 8; entgegen BGHSt **19** 382 kann es aber nur auf den Beginn, nicht auf die Dauer der Verhandlung im alten Geschäftsjahr ankommen.

29 BGH NStZ **1986** 518.

30 BGH JR **1956** 228.

dem aus triftigem Grund unabhängig davon, wie oft und wie lange das Verfahren nach Absatz 1 unterbrochen wurde, zunächst einmal bis zu 30 Tagen unterbrochen werden (Absatz 2 Satz 1). Eine **nochmalige Unterbrechung** bis zu 30 Tagen ist zulässig, wenn nach der ersten Unterbrechung mindestens an zehn Tagen weiterverhandelt worden ist (Absatz 2 Satz 2). Hierbei zählen nur die Verhandlungstage; die Tage, an denen die Hauptverhandlung nach Absatz 1 unterbrochen war, werden nicht mitgerechnet[31].

14   **Mehr als zwei längere Unterbrechungen** zwischen elf und dreißig Tagen lassen die Sätze 1 und 2 nicht zu, auch wenn die beiden Unterbrechungen die Frist von zweimal 30 Tagen nicht annähernd ausgeschöpft haben[32]. Eine kürzer bemessene Unterbrechungsfrist kann jedoch noch nach ihrem Ablauf auf die vollen 30 Tage verlängert werden[33], sofern dies noch innerhalb der 30 Tage geschieht.

15   **c) Zusätzliche Unterbrechung nach Absatz 2 Satz 3.** Bei einer **Verhandlungsdauer von mehr als 12 Monaten**, also nur bei Großverfahren, deren Dauer bereits ein Jahr überschritten hat, ist eine zusätzliche Unterbrechung bis zu 30 Tagen möglich. Sie ist an keine besonderen Gründe gebunden. Bei den nicht mit normalen Maßstäben zu messenden Großverfahren soll sie das Gericht in die Lage setzen, elastisch besonderen Schwierigkeiten der Verfahrensabwicklung und Belangen der Verfahrensbeteiligten Rechnung zu tragen, nicht zuletzt auch, den durch die lange Verfahrensdauer strapazierten Verfahrensbeteiligten einen längeren Erholungsurlaub ermöglichen[34]. Die Unterbrechung ist während des ganzen folgenden Jahres möglich, ohne Rücksicht darauf, ob eine längere Unterbrechung bis zu 30 Tagen nach den Sätzen 1 und 2 in Anspruch genommen wurde. Dauert die Hauptverhandlung auch bei Beginn des dritten Jahres noch an, kann die Unterbrechungsmöglichkeit erneut in Anspruch genommen werden, ebenso in jedem der darauf folgenden Jahre[35]. Zwischen den einzelnen Unterbrechungen nach Satz 3 muß kein Zwischenraum von zwölf Monaten liegen. Die Unterbrechung kann zwar in jedem Verhandlungsjahr nur einmal in Anspruch genommen werden, eine nicht ausgenützte Unterbrechung ist auch nicht auf das nächste Verhandlungsjahr übertragbar[36], aber im übrigen steht es dem Gericht frei, wann es innerhalb des jeweiligen Verhandlungsjahres die Unterbrechung anordnen will.

16   **Eine Verhandlung von mindestens zehn Tagen** muß der Unterbrechung vorausgegangen sein. Damit kann nicht die Gesamtzahl aller Verhandlungstage gemeint sein, denn bei einer Hauptverhandlung, die bereits zwölf Monate angedauert hat, ist diese Gesamtzahl immer beträchtlich höher. Es kann aber auch nicht gemeint sein, daß an zehn aufeinanderfolgenden Tagen ohne Unterbrechung durch einen verhandlungsfreien Tag verhandelt worden sein muß, denn zehn Verhandlungstage werden notwendig durch ein verhandlungsfreies Wochenende unterbrochen. Es dürfte dem Sinn der Regelung wohl am besten entsprechen, wenn die vom Vorsitzenden angeordneten kleineren Unterbrechungen (§ 228 Abs. 1 Satz 2; § 229 Abs. 1) auch hier außer Betracht bleiben[37]. Seit der letzten größeren Unterbrechung durch das Gericht nach § 229 Abs. 2 Satz 1, 2, Abs. 3 oder nach einer anderen Vorschrift[38] muß mindestens an zehn Tagen verhandelt worden sein.

---

31 KK-*Treier* 3; *Kleinknecht/Meyer-Goßner* 3; KMR-*Paulus* 8; SK-*Schlüchter* 12.
32 So etwa *Rieß* NJW **1975** 86; KK-*Treier* 3; *Kleinknecht/Meyer-Goßner* 3; KMR-*Paulus* 7; SK-*Schlüchter* 14.
33 BGHSt **34** 156 = JR **1988** 36 mit Anm. *Böttcher*; KK-*Treier* 5; *Kleinknecht/Meyer-Goßner* 3; KMR-*Paulus* 7; SK-*Schlüchter* 14.
34 RegEntw. BTDrucks. **10** 1313 S. 25; *Rieß/Hilger* NStZ **1987** 148.
35 *Rieß/Hilger* NStZ **1987** 148; KK-*Treier* 4; *Kleinknecht/Meyer-Goßner* 4; SK-*Schlüchter* 15.
36 SK-*Schlüchter* 15.
37 *Rieß/Hilger* NStZ **1987** 149 Fußn. 90; KK-*Treier* 4; *Kleinknecht/Meyer-Goßner* 4; KMR-*Paulus* 9 (ohne längere Unterbrechungen); SK-*Schlüchter* 15; a. A *Kühne* 126 (Wochenende keine Unterbrechung).
38 Vgl. § 138 c Abs. 4; § 231 a Abs. 3; § 34 Abs. 3 Nr. 6 EGGVG.

Verfahrensrechtliche Besonderheiten bestehen im übrigen bei dieser zusätzlichen **17**
Unterbrechungsmöglichkeit nicht. Sie muß wegen ihrer Tragweite[39] vom **Gericht**, nicht
vom Vorsitzenden, durch Beschluß angeordnet werden, der keiner Begründung bedarf
und der zunächst wohl nicht einmal festlegen muß, auf welchen Satz des Absatzes 2 sich
die Unterbrechung gründet. Geschieht dies aber, so ist für die Frage der Zulässigkeit einer
weiteren größeren Unterbrechung diese Bezeichnung nicht endgültig maßgebend, denn
letztlich kommt es nur darauf an, daß im Ergebnis die zulässige Zahl der längeren Unterbrechungen nicht überschritten wurde, das Verfahren also dem § 229 entsprach.

5. Hemmung der Unterbrechungsfrist durch Krankheit (Absatz 3)

a) Nur wenn die **Hauptverhandlung an mindestens zehn Tagen** stattgefunden hat, **18**
ist Absatz 3 anwendbar. Es zählen alle Verhandlungstage, wobei es unerheblich ist, wie
oft dazwischen die Verhandlung unterbrochen war. Wurde an weniger als zehn Tagen verhandelt, hemmt die Erkrankung des Angeklagten den Lauf einer Unterbrechungsfrist
nicht. Es gelten dann die allgemeinen Grundsätze. Der Vorsitzende kann dann wegen der
Erkrankung nur nach Absatz 1 (Absatz 2 scheidet aus) unterbrechen. Kann die Hauptverhandlung nach Ablauf von dessen Frist nicht fortgesetzt werden, muß sie ausgesetzt und
später neu begonnen werden. Nur wenn an zehn Tagen tatsächlich verhandelt worden ist,
rechtfertigt der bis dahin angefallene Verfahrensaufwand, durch eine Hemmung der
Unterbrechungsfrist dem Gericht die Möglichkeit einer Fortsetzung der Hauptverhandlung offen zu halten[40].

b) Nach der **Art seiner Erkrankung** muß dem Angeklagten bei Berücksichtigung sei- **19**
ner individuellen Konstitution aus medizinischer Sicht nicht zugemutet werden können,
zur Hauptverhandlung an der Gerichtsstelle zu erscheinen und an ihr teilzunehmen. **Verhandlungsunfähig** braucht er nicht zu sein[41]; es ist auch unerheblich, ob das Gericht in
der Lage wäre, die Verhandlung am Krankenbett weiterzuführen[42]. Für die kraft Gesetzes
eintretende Fristhemmung genügt es, daß das Gericht die Hauptverhandlung unterbrechen
muß, weil es sie an dem vorgesehenen Ort, in der Regel die Gerichtsstelle, ohne den
Angeklagten nicht weiterführen kann[43]. Erlaubt der Gesundheitszustand des Angeklagten
täglich eine **zeitlich begrenzte Teilnahme**, die es ermöglicht, die Hauptverhandlung,
wenn auch mit einigen Einschränkungen, fortzusetzen[44], dann sind die Voraussetzungen
des Absatzes 3 nicht gegeben.

Bei **ein und demselben Angeklagten** kann die krankheitsbedingte Teilnahmeunfähig- **20**
keit während einer längeren Hauptverhandlung **wiederholt** zu einer Hemmung der Unterbrechungsfrist führen[45], wobei es nur auf die Tatsache des erneuten Eintritts der Teilnahmeunfähigkeit ankommt und nicht darauf, ob Ursache die gleiche oder aber eine neue
Erkrankung ist. Die **Höchstdauer von 6 Wochen** begrenzt nur den Zeitraum der Hemmung während der jeweiligen Unterbrechungsperiode. Wird danach zur Sache verhandelt,
und sei es auch nur ein Tag[46], dann kann später auch beim gleichen Angeklagten wegen

[39] Vgl. BGHSt **33** 219.
[40] Begr. RegEntw. BTDrucks. **10** 1313 S. 25.
[41] Begr. RegEntw. **10** 1313 S. 26; AK-*Keller* 4; KK-
Treier 11; *Kleinknecht/Meyer-Goßner* 6; KMR-
Paulus; SK-*Schlüchter* 17.
[42] *Rieß/Hilger* NStZ **1987** 149; KK-*Treier* 11; *Klein-
knecht/Meyer-Goßner* 6; SK-*Schlüchter* 22.
[43] Vgl. SK-*Schlüchter* 22; KMR-*Paulus* 26 nimmt an,
daß Absatz 3 dem Gericht nur erlaubt, die Hemmung herbeizuführen und das es – falls möglich –
wählen kann, ob es statt dessen die Verhandlung

am Krankenbett weiterführen oder nach § 231
Abs. 2 ohne den Angeklagten weiterverhandeln
will.
[44] SK-*Schlüchter* 17.
[45] *Rieß/Hilger* NStZ **1987** 149; SK-*Schlüchter* 19.
[46] *Rieß/Hilger* NStZ **1987** 149; SK-*Schlüchter* 19;
a. A KMR-*Paulus* (zehn Tage); *Zieschang* StV
1996 119 will Absatz 2 analog anwenden, so daß
nach zehn Verhandlungstagen nur noch eine zweite
Hemmung und erst nach einem Jahr eine weitere
zulässig ist.

der gleichen Erkrankung erneut der Ablauf einer Unterbrechungsfrist bis zu sechs Wochen gehemmt sein.

21   Bei **mehreren Angeklagten** genügt es, wenn die Voraussetzungen für die Hemmung der Unterbrechungsfrist bei einem von ihnen vorliegen ("ein Angeklagter")[47]. Sie endet allerdings für den gesunden Angeklagten, wenn das Verfahren gegen ihn **abgetrennt** und fortgesetzt wird, mit dem Trennungsbeschluß; denn von diesem Zeitpunkt an verhindert die Erkrankung des früheren Mitangeklagten die Weiterführung des abgetrennten Verfahrens nicht mehr. Die Zweckmäßigkeit der Verfahrenstrennung hängt von der Verfahrenslage, nicht zuletzt auch vom Umfang der noch offenen gemeinsamen Beweisaufnahme ab. Sie wird sich vor allem dann empfehlen, wenn das Verfahren gegen die gesunden Angeklagten alsbald abgeschlossen werden kann[48].

22   Die Erkrankung **anderer Verfahrensbeteiligter** bewirkt keine Hemmung der Unterbrechungsfristen. Dies gilt auch bei Nebenbeteiligten, die mit Angeklagtenbefugnissen an der Hauptverhandlung teilnehmen[49], denn der Fortgang der Hauptverhandlung wird dadurch rechtlich nicht behindert. Bei Erkrankung eines **Berufs- oder Laienrichters** ist Absatz 3 derzeit noch nicht anwendbar[50].

23   **c) Hemmung der Unterbrechungsfristen.** Mit der Erkrankung eines Angeklagten wird die Unterbrechungsfrist **kraft Gesetzes** gehemmt[51]. Dies gilt gleichermaßen für die Fristen des Absatzes 1 und des Absatzes 2, wie Absatz 3 ausdrücklich herausstellt. Für die Unterbrechungsfristen nach anderen Bestimmungen, wie etwa § 138 c Abs. 4, ist deshalb Absatz 3 nicht unmittelbar anwendbar[52]. Trifft die Unterbrechung nach dieser Vorschrift mit einer Erkrankung des Angeklagten zusammen, so ist das Gericht nicht gehindert, bei Ablauf der 30-Tage-Frist des § 138 c Abs. 4 das Verfahren nach § 229 Abs. 1 wegen einer fortdauernden Erkrankung des Angeklagten zu unterbrechen, mit der Wirkung, daß dann die Hemmung nach Absatz 3 sich auswirken kann. Gleiches gilt im Falle des § 34 Abs. 3 Nr. 6 EGGVG und bei § 231 a Abs. 3, wo sich aber die Frage in der Praxis kaum stellen dürfte[53].

24   Im übrigen sind zwei Fallgruppen zu unterscheiden: Erkrankt der Angeklagte **während der laufenden Hauptverhandlung**, so ist in der Regel die Hauptverhandlung nach Absatz 1 zu unterbrechen[54]. Das Gericht kann — sofern die sonstigen Voraussetzungen vorliegen — gleich eine längere Unterbrechung nach Absatz 2 beschließen, zweckmäßig ist es aber nicht, die 30-Tage-Frist bereits von vornherein zu verbrauchen. Nach Ablauf der Hemmung kann die Zehntagefrist immer noch in die längere Frist von 30 Tagen umgewandelt werden, wenn dies notwendig sein sollte, um die Genesung des Angeklag-

[47] RegEntw. BTDrucks. **10** 1313 S. 26; *Rieß/Hilger* NStZ **1987** 149; *Meyer-Goßner* NJW **1987** 1163; KK-*Treier* 11; *Kleinknecht/Meyer-Goßner* 6; SK-*Schlüchter* 19.

[48] Vgl. *Meyer-Goßner* NJW **1987** 1163; SK-*Schlüchter* 19; KK-*Treier* 11 hält Trennung bei Großverfahren nur in Ausnahmefällen für angezeigt.

[49] Vgl. etwa §§ 433, 435 Abs. 3 Nr. 1; SK-*Schlüchter* 20.

[50] BGH NStZ **1986** 518; (Eintritt des Ergänzungsrichters); vgl. aber auch die Möglichkeit, die Hauptverhandlung am Krankenbett des Richters fortzusetzen; vgl. ferner etwa KMR-*Paulus* 16; SK-*Schlüchter* 20 sowie den Entw. des Bundesrats BTDrucks. **13** 4541 Art. 2 Nr. 22, der vorsieht, daß die Hemmung auch bei Erkrankung eines Richters eintritt.

[51] BGH NStZ **1992** 550; *Rieß/Hilger* NStZ **1987** 149; AK-*Keller* 4; KK-*Treier* 12; *Kleinknecht/Meyer-Goßner* 8; SK-*Schlüchter* 22; vgl. auch KMR-*Paulus* 23; 26.

[52] SK-*Schlüchter* 21; bei § 268 Abs. 3 Satz 2 wird die Anwendbarkeit ausdrücklich bestimmt.

[53] KMR-*Paulus* 16; SK-*Schlüchter* 21 hält dies für bedenklich, da eine Unterbrechung im Anschluß an eine Unterbrechung nicht vorgesehen sei.

[54] *Rieß/Hilger* NStZ **1987** 149; AK-*Keller* 4; KK-*Treier* 12; *Kleinknecht/Meyer-Goßner* 7; KMR-*Paulus* 23; SK-*Schlüchter* 24. Vgl. auch den Sonderfall OLG Düsseldorf NStZ-RR **1997** 81 (Hemmung auch, wenn Verhandlung nach § 231 Abs. 2 zur Prüfung der Wiederherstellung der Verhandlungsfähigkeit unterbrochen wird).

ten abzuwarten[55]. Gleichzeitig mit der Unterbrechung tritt die Hemmung des Ablaufes der Unterbrechungsfrist ein, die bis zur Wiederherstellung der Teilnahmefähigkeit oder dem Ende der Sechswochenfrist andauert. Daran schließt sich dann eine Unterbrechungsfrist von mindestens 10 Tagen bzw. eine noch laufende längere Unterbrechungsfrist an.

Wird der Angeklagte **während einer bereits angeordneten** Unterbrechung krank und **25** kann er deshalb zum vorgesehenen Fortsetzungstermin nicht erscheinen, wird die Unterbrechungsfrist mit dem Beginn der Erkrankung automatisch gehemmt. Sie läuft erst mit der Gesundung oder nach Ablauf der sechs Wochen weiter. Sie endet jedoch — ohne Rücksicht auf ein sich durch die Zählung ergebendes früheres Fristende — frühestens zehn Tage nach Ablauf der Hemmung (vgl. Rdn. 27). Dies gilt aber nur, wenn die Erkrankung den Angeklagten noch hindert, zu dem ursprünglich angeordneten Fortsetzungstermin zu erscheinen. Ist er fähig, an diesem Termin teilzunehmen, führt seine in die Unterbrechungsfrist fallende Erkrankung überhaupt nicht zu einer Hemmung der Unterbrechungsfrist, da sie ihn nicht am Erscheinen zum festgesetzten Termin gehindert hat[56].

d) Beginn und Ende der Hemmung. Liegen die Voraussetzungen des Absatzes 3 vor, **26** beginnt die Hemmung **kraft Gesetzes** mit Beginn des Tages, in dessen Verlauf die Erkrankung manifest wird[57]. Der Begriff Hemmung ist im gleichen Sinne zu verstehen wie im BGB, so daß der Tag, an dem der Hemmungsgrund eintritt ebenso mitzählt wie der Tag, an dem er entfällt[58]. War die Hauptverhandlung zu Beginn der Erkrankung noch nicht unterbrochen, beginnt die Hemmung erst mit dem Tag der Anordnung der Unterbrechung. Die Unterbrechungsfrist beginnt dann insgesamt erst mit Wegfall der Hemmung zu laufen[59], also mit dem Tag, der dem Tag folgt, an dem die Teilnahmefähigkeit des Angeklagten wieder hergestellt ist, bzw. mit dem Tag, der dem Ablauf der Sechswochenfrist folgt. In Richtung gegen **Mitangeklagte** endet die Hemmung ferner mit dem Tag, an dem die Teilnahmeunfähigkeit eines von ihnen der Fortsetzung der Hauptverhandlung gegen die anderen nicht mehr im Wege steht, etwa, weil das Verfahren abgetrennt wird, aber auch, wenn der teilnahmeunfähige Angeklagte verstirbt[60].

e) Die Zehntagefrist des Absatzes 3 Satz 1 letzter Halbsatz beginnt am Tage nach **27** Ablauf der Hemmung. Im Interesse einer geordneten Vorbereitung der Fortsetzung der Hauptverhandlung durch das Gericht und die Verfahrensbeteiligten schiebt sie den Ablauf der Unterbrechungsfristen immer um diese Zeitspanne hinaus, ganz gleich, wie lange sie vor Eintritt der Hemmung schon gedauert haben. Da die gleiche Frist wie bei Absatz 1 nochmals gewährt wird, hat die Einrechnung des vor der Hemmung verstrichenen Teils der Unterbrechungsfrist nur bei den längeren Unterbrechungsfristen des Absatzes 2 Bedeutung. Wird der Angeklagte allerdings vor Ablauf der Unterbrechungsfrist gesund, so daß keine Hemmung eintritt (Rdn. 25), ist diese Zehntagefrist nicht anwendbar; die Hauptverhandlung muß zu dem ursprünglich festgesetzten Termin fortgesetzt werden, auch wenn seit seiner Genesung nur ein oder zwei Tage vergangen sind[61].

---

[55] Vgl. BGHSt **34** 154 = JR **1988** 36 mit Anm. *Böttcher*; BGH NStZ **1992** 550; und die Nachw. vorstehender Fußn.

[56] RegEnt. BTDrucks. **10** 1313 S. 26; BGH NStZ **1992** 550; KK-*Treier* 12; *Kleinknecht/Meyer-Goßner* 8; SK-*Schlüchter* 25.

[57] Man wird darauf abstellen müssen, ab wann erkennbar wird, daß die Erkrankung ein Erscheinen unmöglich macht, und nicht darauf, ab wann das Krankheitsgeschehen begann; dies schließt die hier

zulässige retrospektive Beurteilung des Krankheitsgeschehens nicht aus. Ebenso SK-*Schlüchter* 25.

[58] Analog § 205 BGB; AK-*Keller* 4; KK-*Treier* 12; KMR-*Paulus* 24; SK-*Schlüchter* 27.

[59] *Rieß/Hilger* NStZ **1987** 149; KK-*Treier* 12; *Kleinknecht/Meyer-Goßner* 7; KMR-*Paulus* 23; SK-*Schlüchter* 26.

[60] SK-*Schlüchter* 19.

[61] SK-*Schlüchter* 24.

28   **f) Fristende nach Sonn- und Feiertagen.** Die Fristen des § 229 sind keine Fristen im Sinne des § 42[62]; § 43 Abs. 2 ist nicht direkt anwendbar. Deshalb sieht Absatz 4 Satz 2 in Anlehnung an diese Vorschrift vor, daß es genügt, wenn bei einem Fristende am Tage vor einem Sonnabend, Sonn- oder Feiertag die Hauptverhandlung erst am nächsten Werktag fortgesetzt wird[63]. Im übrigen aber werden Sonnabend, Sonn- und Feiertage, die innerhalb der jeweils nach Tagen bemessenen Fristen liegen, mitgezählt[64].

6. Feststellung der Hemmung

29   **a) Rechtsnatur des Beschlusses.** Obwohl der Gesetzgeber davon ausgeht, daß die Hemmung der Unterbrechungsfristen **kraft Gesetzes** eintritt und endet[65], fordert er im Interesse der Verfahrensklarheit eine ausdrückliche Entscheidung des Gerichtes. Dies erscheint auch notwendig. Die Frage, ab wann der erkrankte Angeklagte nicht mehr in der Lage war, vor Gericht zu erscheinen und ab wann seine Teilnahmefähigkeit wieder hergestellt ist, erfordert wegen der hier hereinspielenden medizinischen Wertungen[66] und der fließenden Übergänge eine die Gesetzesfolge konkretisierende richterliche Entscheidung, auf der das weitere Verfahren aufbauen kann. Der Beschluß stellt nur nachträglich fest, ab wann die gesetzlich angeordnete Hemmung eingetreten ist. Er ist also für den Beginn der Hemmung insoweit **deklaratorisch**, als ihr Eintritt nicht von einer vorgängigen Beschlußfassung abhängt; er enthält aber gleichzeitig eine unanfechtbare und damit endgültig für das Verfahren **verbindliche Feststellung** darüber, daß und ab wann die Unterbrechungsfrist gehemmt war[67]. Für diese Auslegung spricht der Sinn der Regelung. Die Begründung des Entwurfs[68], die den Beschluß als „lediglich deklaratorisch" bezeichnet, will wohl auch nichts anderes sagen. Vor allem soll damit wohl kaum in Frage gestellt werden, daß das Gericht eine für das weitere Verfahren verbindliche Entscheidung trifft.

30   Die gleichen Überlegungen gelten für den Beschluß, der das **Ende der Hemmung** deklaratorisch ex post feststellt, der aber gleichzeitig auch dezisiv für das weitere Verfahren festlegt, von welchem Zeitpunkt an die Unterbrechungsfristen laufen. Bei dieser Auslegung verliert der Streit, ob die Entscheidung im übrigen deklaratorisch oder konstitutiven Charakter habe[69], an Bedeutung.

31   **b) Prüfungspflicht des Gerichts.** Dieses muß — unabhängig von Anträgen — **von Amts wegen** prüfen, ob bei einer ihm zur Kenntnis gekommenen Erkrankung eines Angeklagten die Fähigkeit zur Teilnahme an der Verhandlung entfallen und dadurch die Frist einer möglicherweise aus einem anderen Anlaß angeordneten Unterbrechung gehemmt ist. Nicht selten wird diese Prüfung allerdings mit der Prüfung zusammenfallen, ob das Ausbleiben des Angeklagten zu einem Fortsetzungstermin genügend entschuldigt ist oder ob seine Teilnahme durch Zwangsmaßnahmen sicherzustellen oder aber die Hauptverhandlung ohne ihn nach § 231 Abs. 2 fortzusetzen ist[70]. Die Prüfung geht zwar in die gleiche Richtung, die Voraussetzungen der einzelnen Vorschriften decken sich aber nicht. So

---

[62] RGSt **57** 266; h. M etwa KK-*Treier* 7; *Kleinknecht/ Meyer-Goßner* 9.

[63] Wegen der Einzelheiten vgl. bei § 43 Abs. 2 (§ 43, 7 bis 9).

[64] SK-*Schlüchter* 6.

[65] Vgl. BGH NStZ **1992** 550 und Rdn. 23.

[66] Vgl. Rdn. 19.

[67] Vgl. BGH NStZ **1992** 550 („nur insofern konstitutive Bedeutung").

[68] Begr. RegEntw. **10** 1313 S. 26; vgl. *Rieß/Hilger* NStZ **1987** 149.

[69] Deklaratorisch: *Kempf* StV **1987** 221; *Meyer-Goßner* NJW **1987** 1163; *Kleinknecht/Meyer-Goßner* 8; SK-*Schlüchter* 22. Konstitutiv: KK-*Treier* 13; auch KMR-*Paulus* 26 (Frage falsch gestellt; Gesetz legt nur die sachlichen Voraussetzungen der Hemmung fest, ob Hemmung eintritt oder Verhandlung ausnahmsweise am Krankenbett oder ohne den Angeklagten fortgesetzt werden soll, bestimmt Gericht).

[70] Vgl. Rdn. 19; § 231 Rdn. 27.

kann eine kurzfristige Erkrankung des Angeklagten sein Ausbleiben genügend entschuldigen, ohne daß dadurch seine Teilnahmefähigkeit an dem deswegen hinauszuschiebenden Fortsetzungstermin in Frage gestellt ist[71]. Andererseits ist es für die Anwendbarkeit des Absatzes 3 unerheblich, ob der Angeklagte die tatsächlich bestehende Teilnahmeunfähigkeit verschuldet hat und ob ihre Herbeiführung ihm als eigenmächtiges Ausbleiben anzulasten ist[72].

Die Verfahrensbeteiligten sind nach Maßgabe des § 33 vor der Entscheidung **zu 32 hören**[73].

Ob und wann die Teilnahmefähigkeit entfallen ist, hat das Gericht im **Freibeweisver- 33 fahren**[74] festzustellen. Es kann dazu alle verfügbaren Erkenntnisquellen nutzen, vom Inhalt der Akten über telefonische und schriftliche Auskünfte bis zur Begutachtung durch einen Sachverständigen. Welche Nachweise ausreichen, hängt vom Einzelfall ab. Die Teilnahmeunfähigkeit kann offen zu Tage liegen, wie etwa bei einer Krankenhauseinweisung zur Vornahme einer unaufschiebbaren Operation oder einem die Gehfähigkeit aufhebenden Beinbruch; zum Nachweis kann ein Attest des Hausarztes ausreichen, es können aber auch eine amtsärztliche Untersuchung oder die Begutachtung durch einen Sachverständigen notwendig sein[75].

Um die **Dauer der Hemmung** feststellen zu können, muß das Gericht auch nach deren **34** Eintritt die weitere Entwicklung des Krankheitszustandes des Angeklagten **überwachen**. Es hat die nach Lage des Falles angezeigten Vorkehrungen zu treffen, um rechtzeitig den Zeitpunkt zu erkennen, von dem an dem Angeklagten die Teilnahme an der Verhandlung wieder möglich ist[76]. Auch wenn deren Dauer mitunter wegen der Art der Erkrankung abschätzbar ist, muß sich das Gericht zumindest am Ende dieses Zeitraums durch **Rückfragen** bei Verteidiger und Angeklagten und — mit Zustimmung des letzteren — auch unmittelbar beim behandelnden Arzt darüber vergewissern[77]. Ist dies nicht möglich oder reichen die hierdurch erlangten Informationen nicht aus, ist eine amtsärztliche Untersuchung angezeigt, die mitunter wiederholt angeordnet werden muß. Bei einem in Haft befindlichen Angeklagten kann auch der Vollzugsanstalt aufgegeben werden, das Gericht von der Wiederherstellung der Teilnahmefähigkeit zu unterrichten.

c) Durch **Beschluß des Gerichts**, nicht etwa durch eine Anordnung des Vorsitzenden, **35** werden Beginn und Ende der Hemmung festgestellt (Absatz 3 Satz 2). Ergeht der Beschluß — wie meistens — außerhalb der Hauptverhandlung, wirken die Schöffen daran nicht mit[78]. Die beschlußmäßige Feststellung, daß die **Hemmung nicht eintritt**, braucht von Amts wegen nicht getroffen zu werden; dies ergibt sich meist aus dem weiteren Verfahrensverlauf. Hat allerdings ein Verfahrensbeteiligter ausdrücklich beantragt, festzustellen, daß eine laufende Unterbrechungsfrist gehemmt ist, kann auch ein die Hemmung verneinender Beschluß geboten sein; die Ablehnung des Antrags ist dann nach § 34 zu begründen[79].

---

[71] Vgl. SK-*Schlüchter* 18, die annimmt, daß Absatz 3 sinngemäß eine nicht nur ganz kurze Erkrankung voraussetzt; selbst wenn man dem nicht folgt, besteht kein Anlaß für das Gericht, eine Hemmung festzustellen, wenn ersichtlich das Verfahren nach der vorgesehenen kurzen Unterbrechung fortgesetzt werden kann.

[72] Auch die zur Verfahrenssabotage bewußt herbeigeführte Erkrankung führt, wenn das Gericht nicht nach § 231 Abs. 2 weiterverhandelt, sondern unterbricht, weil es die Anwesenheit des Angeklagten für erforderlich hält, die Hemmung herbei.

[73] KMR-*Paulus* 28.

[74] H. M; etwa KK-*Treier* 13; *Kleinknecht/Meyer-Goßner* 8. Vgl. bei §§ 244, 251.

[75] Vgl. RegEntw. Begr. BTDrucks. **10** 1313 S. 26; KK-*Treier* 13; *Kleinknecht/Meyer-Goßner* 8; SK-*Schlüchter* 18.

[76] Zur ähnlichen Lage bei § 231 a vgl. dort Rdn. 30.

[77] KMR-*Paulus* 27; SK-*Schlüchter* 28.

[78] Etwa *Rieß/Hilger* NStZ **1987** 149 Fußn. 100; KK-*Treier* 13; *Kleinknecht/Meyer-Goßner* 8; SK-*Schlüchter* 20.

[79] SK-*Schlüchter* 28.

Walter Gollwitzer

36   Im **Tenor des Beschlusses**, der die Hemmung feststellt, ist Beginn und Ende genau, am besten unter Angabe des Datums, festzulegen. Anzugeben ist ferner bei mehreren Angeklagten, wessen Erkrankung die Hemmung ausgelöst hat („wegen Erkrankung des Angeklagten A seit . . . gehemmt"). Einer Begründung des nicht anfechtbaren Beschlusses bedarf es nicht (§ 34), es sei denn, daß damit zugleich der Antrag abgelehnt wurde, den Eintritt der Hemmung zu verneinen[80].

37   Das Gericht kann die Entscheidung über Beginn und Ende der Hemmung **in einem Beschluß** zusammenfassen, etwa, wenn bei einer kurzfristigen Erkrankung die Hemmung bereits bei Beschlußfassung beendet ist und feststeht, daß die Hauptverhandlung fortgesetzt werden kann. Die Aufteilung auf **zwei Beschlüsse** ist zulässig[81]. Sie ist vor allem dann angezeigt, wenn die Dauer der Erkrankung und damit das Ende der Hemmung zunächst nicht vorhersehbar ist. Das Gericht kann zwar mit beiden Feststellungen bis kurz vor Ende der laufenden Unterbrechungsfrist zuwarten, um die bis dahin erlangten Kenntnisse über Auswirkungen und Dauer der Erkrankung bei seiner Entscheidung verwerten zu können. Zweckmäßig ist dies vielfach jedoch nicht. Für die Verfahrensbeteiligten, auch für den erkrankten Angeklagten, muß alsbald Klarheit darüber geschaffen werden, ob das Gericht eine Hemmung der Unterbrechungsfrist annimmt, da das weitere Schicksal der Hauptverhandlung davon abhängt und sie sich mit ihren Dispositionen darauf einstellen müssen. Hat das Gericht den Beginn der Hemmung festgestellt, kann es zunächst die weitere Krankheitsentwicklung abwarten und erst später das Ende der Hemmung feststellen, weil der Angeklagte wieder an der Verhandlung teilnehmen kann oder weil die auf sechs Wochen begrenzte Höchstdauer der Hemmung abgelaufen ist.

38   Eine **rückwirkende Änderung** der Beschlüsse ist grundsätzlich ausgeschlossen. Da der Beschluß des Gerichts die kraft Gesetzes eingetretene Rechtslage **bindend** feststellt und damit eine Lage schafft, von der die Verfahrensbeteiligten ausgehen können und müssen, kann das Gericht bei nachträglichem Bekanntwerden neuer Tatsachen eine bereits festgestellte Hemmung nicht mehr rückwirkend zum Wegfall bringen. Für die Zukunft wird es jedoch durch die Annahmen früherer Beschlüsse an einer neuen, inhaltlich abweichenden Feststellung nicht gehindert[82]. So kann es aufgrund neuer Erkenntnisse in einem weiteren Beschluß feststellen, daß das Ende der Hemmung entgegen der Feststellung eines früheren Beschlusses nicht eingetreten ist, weil die Erkrankung noch andauert. Die Sechswochenfrist setzt allerdings auch hier der krankheitsbedingten Hemmung eine Obergrenze.

39   d) **Bekanntgabe des Beschlusses.** Wird der Beschluß nicht in der Hauptverhandlung verkündet, was wohl nur ausnahmsweise in Betracht kommt, wenn dem Gericht bereits vor der Unterbrechung bekannt ist, daß es wegen einer bevorstehenden krankheitsbedingten Verhinderung des Angeklagten für längere Zeit unterbrechen muß, ist er den Verfahrensbeteiligten mitzuteilen. Formlose Mitteilung genügt (§ 35 Abs. 2)[83]. Wird zugleich mit der Mitteilung des Endes der Hemmung der Termin zur Fortsetzung der Hauptverhandlung bestimmt, so sind die für die Mitteilung des Fortsetzungstermins allgemein geltenden Grundsätze maßgebend[84].

40   e) *Bedeutung der Hemmung.* § 229 Abs. 3 betrifft nur den Ablauf der in § 229 Abs. 1, 2 für den Fall einer Unterbrechung der Verhandlung festgelegten Höchstfristen. Er

[80] SK-*Schlüchter* 28.
[81] RegEntw. BTDrucks. **10** 1313 S. 26; *Meyer-Goß-ner* NJW **1987** 1163; AK-*Keller* 5; KK-*Treier* 13; *Kleinknecht/Meyer-Goßner* 6; KMR-*Paulus* 28; SK-*Schlüchter* 29.
[82] KMR-*Paulus* 30; SK-*Schlüchter* 28.
[83] KMR-*Paulus* 28; SK-*Schlüchter* 31.
[84] Vgl. Rdn. 7.

gewährt keinem Verfahrensbeteiligten einen Anspruch auf volle Ausschöpfung dieser Fristen. Setzt das Gericht das Verfahren gegen den erkrankten Angeklagten ohne dessen Anwesenheit befugt fort, ist es unbehelflich, ob es alle Unterbrechungsmöglichkeiten ausgeschöpft hat und ob die Unterbrechungsfristen gehemmt wären.

7. Analoge Anwendung auf die Frist für die Urteilsverkündung. (§ 268 Abs. 3 **41** Satz 2). Für diese Frist gilt § 229 grundsätzlich nicht[85], insbesondere nicht Absatz 2[86]. Die Regelung über die Fristhemmung in Absatz 3; 4 Satz 2 wird jedoch jetzt durch § 268 Abs. 3 Satz 3 ausdrücklich für anwendbar erklärt. Durch eine Erkrankung des Angeklagten zwischen Abschluß der mündlichen Verhandlung und der Urteilsverkündung soll der Abschluß des Verfahrens nicht gefährdet werden[87]. Wird ein Angeklagter innerhalb der dem § 229 Abs. 1 angeglichenen Frist des § 268 Abs. 3 Satz 2 durch eine Krankheit unfähig zur Teilnahme an der Urteilsverkündung, so ist der Ablauf der Höchstfrist, die zwischen Verhandlungsschluß und Urteilsverkündung liegen darf, nach Absatz 3 kraft Gesetzes gehemmt. Das Gericht muß Beginn und Ende der Hemmung durch einen Beschluß feststellen. Auch im übrigen gelten keine Besonderheiten für die Anwendung des Absatzes 3. Dies ist deshalb wichtig, weil dann, wenn das Gericht vor der Urteilsverkündung nochmals in die mündliche Verhandlung eintritt, Absatz 3 unmittelbar und nicht über die Verweisung in § 268 Abs. 3 Satz 3 gilt[88].

8. Erneuerung der Hauptverhandlung. Kann die Hauptverhandlung innerhalb der **42** Fristen der Absätze 1 und 2 nicht fortgesetzt werden, so ist es, wie jetzt **Absatz 4 Satz 1** ausdrücklich feststellt, von neuem zu beginnen. Unerheblich ist dabei, ob sich die Unmöglichkeit einer fristgerechten Weiterführung von Anfang an ergeben und das Gericht deshalb die Verhandlung ausgesetzt hat oder ob eine vom Vorsitzenden angeordnete oder vom Gericht beschlossene Unterbrechung zur Überschreitung der jeweiligen Höchstfristen führte. Auf die Gründe der Fristüberschreitung, die von der Unmöglichkeit einer fristgerechten Fortsetzung bis zur falschen Berechnung der Unterbrechungsfrist reichen können, kommt es dabei nicht an. Desgleichen ist unerheblich, ob alle Verfahrensbeteiligten mit der Überschreitung einverstanden sind, denn ein **Verzicht** auf die Einhaltung dieser Fristen ist nicht möglich[89]. Die **erneuerte Hauptverhandlung** ist — im Gegensatz zu der Fortsetzung der nur unterbrochenen — eine völlig neue Verhandlung (§ 228, 26), für die auch eine neue Gerichtsbesetzung gilt[90] und zu der neu geladen werden muß. Zeugen und Sachverständige können jedoch vom Vorsitzenden bereits bei Anordnung der Aussetzung mit den erforderlichen Belehrungen mündlich geladen werden[91]. Verteidiger und Angeklagter sind stets schriftlich zu laden, wobei jedoch die Ladungsfrist des § 217 Abs. 1 nicht nochmals eingehalten werden muß[92].

9. Sitzungsniederschrift. Anordnungen des Vorsitzenden und Beschlüsse des Gerichts, die nach § 229 Abs. 1, 2 die Hauptverhandlung unterbrechen, sind, wenn sie **in der Hauptverhandlung** ergehen, nach § 273 Abs. 1 im Sitzungsprotokoll zu beurkunden. Dies gilt auch für einen Beschluß, der Eintritt oder Ende der Hemmung der Unterbrechung nach Absatz 3 feststellt, sowie einen in der Hauptverhandlung dazu gestellten Antrag

---

[85] Etwa AK-*Keller* 2; vgl. bei § 268.
[86] *Rieß* NJW **1975** 86; vgl. bei § 268.
[87] Vgl. die Erl. zu § 268 Abs. 3.
[88] RGSt **37** 365; **53** 332; RG Recht **1912** Nr. 1862; RG LZ **1916** 1479; BGH StV **1985** 5 mit Anm. *Peters*; NStZ **1984** 41 mit Anm. *Hilger*; vgl. ferner bei 268.

[89] KMR-*Paulus* 5.
[90] Etwa bei SK-*Schlüchter* 33; vgl. § 228, 26.
[91] Vgl. Nr. 137 Abs. 2 RiStBV; KK-*Treier* 14; *Kleinknecht/Meyer-Goßner* 14; SK-*Schlüchter* 33.
[92] Vgl. § 217, 5.

eines Verfahrensbeteiligten[93]. Vielfach wird das Protokoll allerdings zu beidem schweigen, da sich die Anwendung des Absatzes 3 meist außerhalb der Hauptverhandlung vollzieht. Das Schweigen des Protokolls beweist dann nur, daß in der Hauptverhandlung kein Antrag gestellt, kein Beschluß nach Absatz 3 verkündet wurde. Lädt der Vorsitzende in der mündlichen Verhandlung Zeugen oder Sachverständige mündlich zum neuen Termin, ist dies sowie die dabei erteilten Hinweise auf die Folgen des Ausbleibens in der Sitzungsniederschrift zu vermerken[94].

10. Rechtsbehelfe

44   **a) Beschwerde.** Der Beschluß, der Beginn und Ende der Hemmung feststellt, ist unanfechtbar; dies gilt auch für den Beschluß, der eine solche Feststellung ablehnt; der Beschwerde würde auch § 305 Satz 1 entgegenstehen[95]. Im übrigen sind die Fragen der Anfechtbarkeit der Entscheidungen über Aussetzung und Unterbrechung bei § 228 Rdn. 27 bis 32 erläutert.

45   **b) Revision.** Mit der Revision kann nicht beanstandet werden, daß das Gericht das Verfahren früher zu Unrecht ausgesetzt hatte, denn Gegenstand dieses Rechtsmittels ist nur die auf der neuen Hauptverhandlung beruhende Entscheidung. Auch die Anordnung oder Ablehnung oder zu kurze Bemessung einer Unterbrechung nach § 229 ist für sich allein nicht mit der Revision angreifbar; dies kann allenfalls mittelbar im Zusammenhang mit der näher darzulegenden Rüge geschehen, daß dadurch ein bestimmtes anderes Verfahrensrecht des Anfechtenden verletzt wurde[96]. Mit der Revision kann dagegen nach § 337 gerügt werden, wenn das Gericht unter Überschreiten der jeweils maßgebenden Höchstfrist für die Dauer der Unterbrechung das Verfahren entgegen Absatz 4 Satz 1 fortgesetzt hat. Der absolute Revisionsgrund des § 338 Nr. 1 greift dagegen nicht; da die Hauptverhandlung eine Einheit bildet, kann das Gericht, das diese mit der richtigen Besetzung begonnen hatte, durch das fehlerhafte Weiterverhandeln nach der Fristüberschreitung nicht zum falsch besetzten Gericht für den nach der Unterbrechung liegenden Verfahrensteil werden[97]. Ob etwas anderes gilt, wenn das Gericht wegen der Verhinderung eines Richters die Fortsetzung der Hauptverhandlung über die Fristen des § 229 hinaus verschoben hatte[98], erscheint zweifelhaft[99].

46   Der unanfechtbare **Beschluß des Gerichts über Eintritt und Dauer der Hemmung** der Unterbrechungsfrist ist dagegen der Nachprüfung durch das Revisionsgericht entzogen (§ 336 S. 2). Das Vorliegen einer die Teilnahme ausschließenden Erkrankung und Beginn und Ende der Hemmung kann mit der Revision nicht nachgeprüft werden[100]. Nachprüfbar ist allenfalls, daß die rechtlichen Voraussetzungen für einen Beschluß über die Hemmung gar nicht vorlagen[101], etwa weil der Angeklagte gar nicht krank sondern verreist war; ferner, daß der Beschluß ins Leere geht, weil eine innerhalb des Laufes einer Unterbrechung erledigte Hemmung für deren Fristablauf unerheblich war[102]. Hat das Tatgericht dagegen über die Hemmung überhaupt nicht entschieden, ist das Revisionsgericht nicht gehindert, im Freibeweisverfahren selbst zu klären, ob und wie lange diese kraft

---

[93] SK-*Schlüchter* 34.
[94] Nr. 137 Abs. 2 RiStBV; *Eb. Schmidt* 7.
[95] *Kempf* StV **1987** 221; *Rieß/Hilger* NStZ **1987** 149; KMR-*Paulus* 34; SK-*Schlüchter* 35.
[96] Vgl. § 228, 33; 34.
[97] OLG Karlsruhe StV **1993** 66; SK-*Schlüchter* 37.
[98] So BGH StV **1986** 369; KK-*Treier* 14.
[99] Anders allerdings, wenn die Fortsetzung nicht nur fehlerhaft ist, sondern auf Willkür beruht.

[100] AK-*Keller* 7; KK-*Treier* 15; *Kleinknecht/Meyer-Goßner* 15; KMR-*Paulus* 35; SK-*Schlüchter* 38.
[101] *Rieß/Hilger* NStZ **1987** 149; *Kleinknecht/Meyer-Goßner* 15; KMR-*Paulus* 35 (Voraussetzungen dafür auch potentiell nicht gegeben); SK-*Schlüchter* 38.
[102] Vgl. Rdn. 25.

Gesetzes eintretende Rechtsfolge[103] den Lauf der Unterbrechungsfrist gehemmt hat[104]; dies gilt auch, wenn versehentlich nur der Beschluß über das Ende der Hemmung unterblieben ist.

Das **Beruhen** des Urteils auf einer Überschreitung der höchstzulässigen Unterbre-   **47** chungsfrist kann in der Regel nicht ausgeschlossen werden[105]. Nur in besonders gelagerten Ausnahmefällen, in denen die Fristüberschreitung ersichtlich weder den Eindruck von der Hauptverhandlung abgeschwächt noch die Zuverlässigkeit der Erinnerung beeinträchtigt hat, wie dies vor allem bei lange dauernden Großverfahren mit der durch die ausschließliche Befassung bewirkten Intensivierung der Eindrücke und ihren besonderen Vorkehrungen zur Fixierung des Erinnerungsbildes der Fall sein kann, wird die Bedeutungslosigkeit der Fristüberschreitung für die Urteilsfindung angenommen werden können[106]. Maßgebend ist insoweit aber immer nur die auf Grund des Verfahrensablaufs und der Urteilsbegründung zu treffende eigene Beurteilung des Revisionsgerichts. Das Tatgericht kann diese nicht dadurch beeinflussen, daß es selbst die Fristüberschreitung als für seine Überzeugungsbildung unbehelflich erklärt[107].

§ 230

(1) Gegen einen ausgebliebenen Angeklagten findet eine Hauptverhandlung nicht statt.

(2) Ist das Ausbleiben des Angeklagten nicht genügend entschuldigt, so ist die Vorführung anzuordnen oder ein Haftbefehl zu erlassen.

Schrifttum zu den §§ 230, 231, 231 a. *Denz* Zulässigkeit und Umfang des Verfahrens gegen Abwesende (1969); *Enzian* Wesen und Wirken des Vorführungsbefehls, NJW **1957** 450; *Franz* Die Zwangsmittel des § 230 Abs. 2 StPO und der Grundsatz der Verhältnismäßigkeit, NJW **1963** 2264; *Gollwitzer* Die Befugnisse des Mitangeklagten in der Hauptverhandlung, FS Sarstedt 15; *Gollwitzer* Die Verfahrensstellung des in der Hauptverhandlung abwesenden Angeklagten, FS Tröndle 455; *Grünwald* Die Verfahrensrolle des Mitbeschuldigten, FS Klug Bd. 2 493; *Julius* Zur Disponibilität des strafprozessualen Anwesenheitsgebots, GA **1992** 295; *Krause* Zum Ausbleiben des Angeklagten, DRiZ **1971** 196; *Küper* Zum Begriff des eigenmächtigen Ausbleibens in § 231 Abs. 2 StPO, NJW **1974** 2318; *Küper* Zwangsvorführung eines inhaftierten Angeklagten, NJW **1978** 251; *Laier* Mitwirkungspflicht des Angeklagten zur Vermeidung einer Verfahrensaussetzung? NJW **1977** 1139; *Lemke* Rechtmäßigkeitserfordernisse des strafrechtlichen Vorführungsbefehls, NJW **1980** 1494; *Maatz* Die Fortsetzung der Hauptverhandlung in Abwesenheit des Angeklagten, DRiZ **1991** 200; *Niethammer* Die Hauptverhandlung ohne den Angeklagten, FS Rosenfeld 119; *Rieß* Die Durchführung der Hauptverhandlung ohne den Angeklagten, JZ **1975** 265; *Rieß* Die Hauptverhandlung in Abwesenheit des Angeklagten in der Bundesrepublik Deutschland, ZStW **90** (1978) Beiheft, 175; *Röhmel* Die Hauptverhandlung ohne den Angeklagten, JA **1976** 587; *Rupp* Haftbefehl gemäß § 230 II StPO im Rahmen

---

[103] Vgl. Rdn. 23; 29; bei Annahme einer auf die positiven Feststellungen über die Hemmung beschränkten konstitutiven Wirkung würde es zu weit gehen, auch einer nicht ergangenen Entscheidung eine bindende negative Feststellungswirkung beizumessen.

[104] SK-*Schlüchter* 39.

[105] RGSt **37** 365; **53** 334; **57** 266; **69** 23; BGHSt **23** 224 = JR **1970** 309 mit Anm. *Eb. Schmidt* = LM Nr. 3 mit Anm. *Wilms*; BGH NJW **1952** 1149; StV **1990** 52; NStZ **1992** 550; OLG Celle StV **1992** 101

mit Anm. *Linnenbrink*; OLG Düsseldorf StV **1994** 362; OLG Hamm VRS **47** (1974) 46; OLG Karlsruhe Justiz **1988** 72; StV **1993** 66; AK-*Keller* 7; KK-*Treier* 15; KMR-*Paulus* 35; SK-*Schlüchter* 37.

[106] RGSt **69** 23; RG JW **1935** 3634; BGHSt **33** 217 = StV **1886** 186 mit Anm. *Kühl*; BGH StV **1982** 4 mit Anm. *Peters*; **1994** 5; ferner die Nachw. in der vorstehenden Fußn.

[107] BGH StV **1996** 367.

von Großverfahren, NStZ **1990** 576; *Schreiner* Mitwirkungspflicht des Angeklagten zur Vermeidung einer Verfahrensaussetzung? NJW **1977** 2303; *Seetzen* Zur Verhandlungs(un)fähigkeit, DRiZ **1974** 259; *Stein* Die Anwesenheitspflicht des Angeklagten, – Versuch einer verfassungskonformen Auslegung der §§ 230, 231, 232–236 StPO, ZStW **97** (1985) 303; *Warda* Hauptverhandlung mit dem verhandlungsunfähigen, aber verhandlungswilligen Angeklagten, FS Bruns 415; *Welp* Die Gestellung des verhandlungsfähigen Angeklagten, JR **1991** 265.

Bezeichnung bis 1924: § 229.

Übersicht

Alphabetische Übersicht

I. Anwesenheit des Angeklagten

1. Zweck. Die persönliche Anwesenheit des Angeklagten in der Hauptverhandlung ist **1** das **Recht** und, soweit nicht Ausnahmeregeln Platz greifen, auch die **Pflicht** des Angeklagten (BGHSt **26** 84). Die Vorschriften der Strafprozeßordnung über die Anwesenheit des Angeklagten stellen diesen als selbstverantwortlichen Menschen mit eigenen Verteidigungsrechten auch im Hinblick auf die Richter bewußt in den Mittelpunkt der Hauptverhandlung[1]. Sie sind auf dem durch Erfahrung begründeten Rechtsgedanken aufgebaut, daß der Angeklagte nicht ungehört verurteilt werden darf, daß das Gericht seiner Pflicht zur Erforschung der Wahrheit und zu einer gerechten Zumessung der Rechtsfolgen vollständig nur genügt, wenn es den Angeklagten vor sich sieht und ihn mit seiner Verteidigung hört (Mot. 182). Damit wird dem durch Art. 103 Abs. 1 GG verbürgten Anspruch auf rechtliches Gehör und dem darin mitenthaltenen Recht auf Selbstbehauptung[2] in der bestmöglichen Form genügt. Die von den Menschenrechtskonventionen garantierten Verteidigungsrechte umfassen auch das grundsätzliche Recht auf Anwesenheit[3]. Die Anwesen-

---

[1] Zur Verfassungsgarantie der Subjektstellung des Angeklagten vgl. Vor § 226, 23 ff und Einleitung, Abschnitt I IV.

[2] Bonn.Komm/*Rüping* Art. 103 GG, 11.

[3] Ausdrücklich Art. 14 Abs. 3 Buchst. d IPBPR, sie folgt bei der MRK u. a. aus dem Recht, sich selbst zu verteidigen, vgl. bei Art. 6 MRK (24. Aufl. Rdn. 188).

Walter Gollwitzer

heitspflicht soll aber auch der Wahrheitsfindung dienen, wie etwa die Vorbehalte bei § 231 Abs. 2, § 231 a Abs. 1 bestätigen. Schon die Möglichkeit eines persönlichen Eindrucks vom Angeklagten kann der Urteilsfindung des Gerichts dienlich sein[4], selbst noch in den Fällen, in denen der Angeklagte schweigt und jede aktive Mitwirkung verweigert. Aus der Zielsetzung des § 230 folgt, daß anwesend nur ein Angeklagter ist, der das Geschehen der Hauptverhandlung von seinem Platz aus in allen Einzelheiten sicher wahrnehmen und von dort aus auf den Gang der Verhandlung durch Fragen, Anträge und Erklärungen einwirken kann (vgl. Rdn. 8).

2 Es ist schlechthin **zwingend**, wenn Absatz 1 die Hauptverhandlung gegen einen ausgebliebenen Angeklagten untersagt. Das Gericht kann den Angeklagten **nicht** von der Anwesenheitspflicht **entbinden**, und es darf selbst dann nicht gegen den abwesenden Angeklagten verhandeln, wenn es voraussieht, daß es ihn nicht verurteilen, sondern freisprechen wird. Der Angeklagte kann auf die Einhaltung des Absatzes 1 nicht **verzichten**[5]. Rein faktisch kann der Angeklagte allerdings in den Fällen, in denen das Gericht auch ohne ihn verhandeln darf, durch unerlaubtes Fernbleiben meist erreichen, daß das Gericht seine Anwesenheit nicht nach Absatz 2 erzwingt, sondern die Hauptverhandlung ohne ihn durchführt[6]. Ein Recht hierauf hat er jedoch nicht; er kann lediglich verlangen, daß das Gericht sein Ermessen sachgerecht ausübt.

3 **2. Ausnahmen** vom Verbot, in Abwesenheit des Angeklagten zu verhandeln, sind nur dort und nur insoweit zulässig, als sie das Gesetz ausdrücklich zuläßt. Solche Ausnahmevorschriften finden sich in § 231 Abs. 2, in §§ 231 a, 231 b, 231 c, 232, 233, 247, § 329 Abs. 2, § 350 Abs. 2, § 387 Abs. 1, § 411 Abs. 2.

4 Eine echte Hauptverhandlung gegen Abwesende (i. S. von § 276), nämlich gegen Angeklagte, die für die **deutsche Gerichtsbarkeit** nicht erreichbar sind, weil sie sich verborgen halten oder sich im Ausland befinden, sieht die Strafprozeßordnung jetzt nicht mehr vor. Die §§ 276 ff gestatten jetzt nur noch die Durchführung eines Beweissicherungsverfahrens und — als Mittel des Gestellungszwangs — in bestimmten Grenzen die Vermögensbeschlagnahme[7].

5 Das **Recht des Angeklagten** auf Teilnahme an der Hauptverhandlung besteht grundsätzlich auch dann, wenn die Pflicht dazu ausnahmsweise nicht besteht[8], wie etwa nach §§ 233, 411 Abs. 2, § 329 Abs. 1. Auch wenn die rechtlichen Voraussetzungen für ein Verhandeln ohne ihn gegeben sind, darf das Gericht ihn nicht von der Teilnahme abhalten[9]. Es darf nicht ohne ihn verhandeln, wenn er durch eine genügende Entschuldigung zu erkennen gegeben hat, daß er die Teilnahme ernsthaft beabsichtigt hat, aber ohne sein Verschulden daran gehindert ist[10]. Das Recht, sich vertreten zu lassen, läßt das Recht auf persönliche Teilnahme ebenfalls unberührt[11]. Dieses Recht verliert ein teilnahmebereiter Angeklagter jedoch bei schuldhaftem prozeßwidrigen Verhalten (§ 231 Abs. 2, § 231 b,

---

[4] So schon RGSt **29** 48; **32** 98; **60** 180; **69** 225; BGHSt **3** 187; **26** 90; ferner etwa BGH NJW **1976** 501; NStZ **1991** 246; OLG Hamburg JR **1987** 78 mit Anm. *Foth*; *Dünnebier* FS Heinitz 667; *Lampe* MDR **1974** 539; *Niethammer* FS Rosenfeld 1; *Rieß* JZ **1975** 267; AK-*Keller* 5; *Kleinknecht/Meyer-Goßner* 3; KMR-*Paulus* 3; SK-*Schlüchter* 4; **a. A** *Stein* ZStW **97** (1985) 303; kritisch zur Anwesenheitspflicht auch *Julius* GA **1992** 295.

[5] RGSt **42** 198; **58** 149; BGHSt **22** 20; **25** 318; **39** 74 = LM StPO 1975 Nr. 3 mit Anm. *Mösl*; BGH NJW **1973** 522; **1976** 1108; OLG Karlsruhe Justiz **1969** 127.

[6] AK-*Keller* 3; zur strittigen Frage eines „gestatteten Fernbleibens" vgl. Rdn. 17 und § 231, 22; § 233, 17.

[7] Vgl. *Rieß* Beiheft ZStW **90** (1978) 177; ferner Vor § 276.

[8] BGHSt **26** 234; **28** 35; BGH bei *Holtz* MDR **1980** 631; OLG Hamm VRS **50** (1976) 132; **56** (1979) 42; OLG Karlsruhe Justiz **1981** 23.

[9] BGH bei *Pfeiffer* NStZ **1981** 297; *Gollwitzer* FS Tröndle 457.

[10] BGHSt **28** 44; OLG Hamm VRS **50** (1976) 132; OLG Karlsruhe Justiz **1981** 23.

[11] BayObLGSt **1975** 77 = MDR **1975** 1956.

§ 232) sowie in den Fällen des § 247, wo es gegenüber höherrangigen Verfahrensinteressen zurücktreten muß[12]. Soweit keine Anwesenheitspflicht besteht, kann der Angeklagte auf sein **Anwesenheitsrecht verzichten**. Dies kann auch durch eine konkludente Handlung geschehen[13].

3. Eine **Verfahrensvoraussetzung**, deren Vorliegen jedes Rechtsmittelgericht von **6** Amts wegen zu prüfen hätte, ist die ständige Anwesenheit des Angeklagten in der Hauptverhandlung nicht. Der Bundesgerichtshof[14] hat die gegenteilige Auffassung, die u. a. von mehreren Oberlandesgerichten vertreten wurde[15], abgelehnt, da überindividuelle Interessen durch die Abwesenheit des Angeklagten nicht berührt würden. Ob die Vorschriften über die Anwesenheit des Angeklagten in der Hauptverhandlung verletzt worden sind, hat das Revisionsgericht deshalb nicht von Amts wegen, sondern nur auf Grund einer den Vorschriften des § 344 Abs. 2 entsprechenden Verfahrensrüge zu prüfen.

4. Dauernde Anwesenheit. Soweit nicht Ausnahmevorschriften gestatten, zeitweilig **7** in Abwesenheit des Angeklagten zu verhandeln (vgl. insbes. § 231 Abs. 2, §§ 231 b, 231 c, 247, 329, 411, § 51 JGG, § 73 OWiG), ist die ununterbrochene Anwesenheit des Angeklagten während der ganzen Dauer der Hauptverhandlung notwendig. Dies gilt für alle Teile der Hauptverhandlung, von der Präsenzfeststellung bis zum Ende der Schlußvorträge, und zwar ganz gleich, ob über die eigene Tat des Angeklagten oder über die eines Mitangeklagten verhandelt wird.

Für die **Urteilsverkündung** ist die Anwesenheit des Angeklagten ebenfalls vorgeschrieben. Der Angeklagte muß sowohl bei der Verkündung der Urteilsformel zugegen sein als auch bei der Eröffnung der Urteilsgründe (vgl. § 268 Abs. 2), da beides noch zur Hauptverhandlung gehört[16]. Etwas anderes gilt nur, wenn ohne ihn verhandelt (vgl. etwa § 232, 233, 329 oder 411) oder die Hauptverhandlung ohne ihn zu Ende geführt werden darf (§ 231 Abs. 2; §§ 231 a, 231 b).

§ 230 Abs. 1 ist verletzt, wenn die Richter bei der Beratung am Tatort den Augen- **8** schein wiederholen[17] oder während der Hauptverhandlung ohne den Angeklagten einen Augenschein einnehmen[18], selbst wenn dieser nur für eine Hilfstatsache von Bedeutung ist, oder wenn sie eine „informatorische" Tatortbesichtigung vornehmen[19]. Fahren die Gerichtsmitglieder und die Verfahrensbeteiligten in mehreren Wagen zum Zwecke des Augenscheins eine bestimmte Wegstrecke oder führt der Angeklagte am Unfallort bei einem Augenschein seine Fahrweise vor und begibt er sich dabei außer Hörweite der übrigen Verfahrensbeteiligten, so wird dadurch sein Recht und seine Pflicht, anwesend zu sein, nicht verletzt, sofern während dieser Zeit ausschließlich das vom Angeklagten vorgeführte Unfallgeschehen beobachtet wird[20]. Vernimmt das Gericht allerdings währenddessen einen Zeugen, dann liegt ein die Revision begründeter Verstoß gegen § 230 vor[21]. Das Recht des Angeklagten auf Anwesenheit ist ferner verletzt, wenn bei einem Verhandlungsteil, der befugt in Abwesenheit des Angeklagten durchgeführt wird, Verfahrenshand-

[12] Vgl. die dortigen Erl.
[13] OLG Düsseldorf JMBlNW **1982** 179.
[14] BGHSt **26** 84; ebenso BayObLG VRS **46** (1974) 356; OLG Düsseldorf VRS **88** (1995) 63; OLG Hamm NJW **1973** 2308.
[15] OLG Düsseldorf GA **1957** 417; MDR **1985** 623; OLG Hamburg NJW **1969** 762; *Eb. Schmidt* JR **1969** 310; OLG Karlsruhe Justiz **1969** 127; OLG Köln GA **1971** 27.
[16] RGSt **31** 399; **42** 246; RG Recht **1922** 696; BGHSt **15** 263; OLG Düsseldorf GA **1957** 417.

[17] RGSt **66** 28; OLG Hamburg GA **1961** 177; OLG Hamm NJW **1959** 1192; vgl. § 226, 19.
[18] Etwa weil der private Eigentümer dem Angeklagten den Zutritt verwehrt, vgl. OLG Hamburg JR **1987** mit Anm. *Foth*; § 213, 2 mit weit. Nachw.
[19] BGHSt **3** 187; BGH StV **1981** 510.
[20] *Kleinknecht* NJW **1963** 1322; KK-*Treier* 4 unter Hinweis auf BGH.
[21] **A. A** OLG Braunschweig NJW **1963** 1322; dazu *Eb. Schmidt* Nachtr. I 3.

lungen vorgenommen werden, die von der jeweiligen Ausnahmevorschrift nicht mit umfaßt sind[22].

9 **5. Keine bloße körperliche Anwesenheit.** Anwesend ist der Angeklagte nicht schon, wenn er körperlich im Sitzungssaal anwesend ist, sondern nur, wenn er auch psychisch so präsent ist, daß er verhandeln kann. Er darf nicht durch Krankheit oder Übermüdung gehindert sein, seine Belange zu vertreten, seine Rechte zu wahren und sich in verständlicher und verständiger Weise zu verteidigen[23]. Bestehen insoweit Zweifel, darf das Gericht nicht verhandeln[24]; es muß versuchen, diese Zweifel zu klären. Ist der Angeklagte wegen seines Gesundheitszustandes nur begrenzt verhandlungsfähig, muß das Gericht Ort, Zeit und Dauer der Hauptverhandlung so einrichten, daß er ihr folgen kann, etwa durch Beschränkung der täglichen Verhandlungsdauer auf eine dem Kräftezustand des Angeklagten angemessene Zeit oder Verhandlung in Anwesenheit des Arztes[25]. Auch ein Verhandeln außerhalb des Gerichtssaals, etwa in der Wohnung oder im Krankenzimmer des Angeklagten, kann unter bestimmten Voraussetzungen in Betracht kommen[26]. Es verstößt gegen § 230 Abs. 1, wenn das Gericht mit der Urteilsverkündung fortfährt, obwohl der Angeklagte ohnmächtig zusammengebrochen ist[27]. Hat der Angeklagte die Beeinträchtigung seiner Verhandlungsfähigkeit selbst herbeigeführt, hat das Gericht zu entscheiden, ob es zulässig und angezeigt ist, nach § 231 Abs. 2; § 231 a ohne ihn zu verhandeln. Ein Angeklagter, der zwar im Sitzungssaal zugegen ist, sich aber nicht zu erkennen gibt, ist ebenfalls nicht anwesend im Sinne des § 230[28].

10 **6.** Ein in **Haft befindlicher Angeklagter** muß zur Hauptverhandlung vorgeführt werden, sofern er nicht dafür nach § 36 Abs. 1 StVollzG Urlaub erhält[29]. Dies zu klären und gegebenenfalls die Vorführung anzuordnen, ist Aufgabe des Vorsitzenden (vgl. § 214, 12). Soweit nach § 230 Abs. 1 die Hauptverhandlung nur in Anwesenheit des Angeklagten durchgeführt werden darf, kann dieser nicht wirksam auf die Anwesenheit verzichten[30]. Eine Vorführung gegen den Willen des inhaftierten Angeklagten scheidet nur dort aus, wo der Angeklagte zur Anwesenheit in der Hauptverhandlung nicht verpflichtet ist und auch auf sein Anwesenheitsrecht ausdrücklich verzichtet hat. Wird die Verkündung des Urteils ausgesetzt, muß der in Haft befindliche Angeklagte auch zur Verkündung des Urteils vor Gericht gebracht werden[31]. Verliert der Angeklagte durch eine verspätete Vorführung die Möglichkeit, einem Teil der Verhandlung beizuwohnen, so kann der begangene Verstoß nicht dadurch geheilt werden, daß der Angeklagte die Verspätung der Vorführung nachträglich gutheißt, sondern nur dadurch, daß der fehlerhafte Teil der Hauptverhandlung in Anwesenheit des Angeklagten wiederholt wird[32].

11 **7. Personenverwechslung.** Erscheint in der Hauptverhandlung nicht der Angeklagte, der in der Anklageschrift und im Eröffnungsbeschluß gemeint ist und mit dem deshalb die Hauptverhandlung durchgeführt werden muß, sondern eine andere Person, ohne daß das

---

[22] Vgl. die Erl. zu § 247.
[23] RGSt **57** 373; OGHSt **2** 377; BGHSt **23** 331; vgl. BGH MDR **1953** 598; OLG Düsseldorf JR **1991** 94; KK-*Treier* 3; *Kleinknecht/Meyer-Goßner* 9; SK-*Schlüchter* 9; **a. A** *Welp* JR **1991** 266 (keine Gleichstellung mit körperlicher Anwesenheit). Vgl. auch bei § 205.
[24] BGH NStZ **1984** 520; KK-*Treier* 3; *Kleinknecht/ Meyer-Goßner* 8; SK-*Schlüchter* 9.
[25] *Seetzen* DRiZ **1974** 259; KK-*Treier* 3; weit. Nachw. bei § 205.
[26] Vgl. § 213, 2 und bei § 205.
[27] RG JW **1938** 1644; *Poppe* NJW **1954** 1915; *Eb. Schmidt* 6; vgl. § 231, 17.
[28] Etwa SK-*Schlüchter* 9; vgl. Rdn. 21.
[29] Vgl. OLG Düsseldorf VRS **91** (1996) 38 (offener Vollzug); § 214, 14.
[30] BGHSt **25** 318; BGH StV **1993** 286; OLG Hamburg GA **1967** 177; weitere Nachweise Rdn. 2 Fußn. 2.
[31] RGSt **31** 398; RG Recht **1922** Nr. 696.
[32] Zur Heilung des Verfahrensfehlers vgl. Rdn. 18.

Gericht diesen Umstand bemerkt, und wird das Verfahren bis zum Urteil durchgeführt[33], so könnte das Urteil zwar wegen Verletzung des § 338 Nr. 5 in Verbindung mit § 230 Abs. 1 angefochten werden, weil die Abwesenheit des wirklich Angeklagten auf der Hand liegt und dieser durch den dadurch bewirkten Anschein einer Verurteilung beschwert ist. Unerläßlich ist dies jedoch nicht, da das Urteil in einem solchen Falle weder gegen den wahren noch gegen den „falschen" Angeklagten Wirkungen haben kann[34]. Nimmt andererseits der richtige Angeklagte unter falschem Namen an der Hauptverhandlung teil, so ist weder § 230 Abs. 1 verletzt, noch wird die Gültigkeit des Urteils dadurch berührt[35]. Der echte Namensträger kann das scheinbar gegen ihn ergangene Urteil jedoch mit dem Ziel der Richtigstellung anfechten[36].

8. Hauptverhandlung gegen mehrere Angeklagte

a) Abgetrennte Verhandlung gegen erschienene Angeklagte. Wird gegen mehrere **12** Angeklagte verhandelt, sind alle grundsätzlich (vgl. Rdn. 14) zur Anwesenheit während der ganzen Hauptverhandlung verpflichtet. Bleibt einer aus, ist es im allgemeinen in das Ermessen des Gerichts gestellt, ob es nach Trennung der Verfahren gegen die erschienenen Angeklagten verhandeln oder die Verhandlung auch gegen sie aussetzen will. Die Umstände des einzelnen Falls (RGSt **38** 272) geben den Ausschlag dafür, ob unter Berücksichtigung aller hereinspielenden Gesichtspunkte wie Aufklärungspflicht, Prozeßwirtschaftlichkeit, Verfahrensbeschleunigung u. a. der Aussetzung des gesamten Verfahrens oder der Abtrennung und Durchführung der Hauptverhandlung gegen die erschienenen Angeklagten der Vorzug zu geben ist[37].

Bei **Großverfahren**, in denen über einen umfangreichen Stoff und mehrere Ange- **13** klagte geurteilt werden muß, wirkt sich besonders belastend aus, daß sich die Anwesenheitspflicht jedes einzelnen Mitangeklagten auch auf die Teile der Hauptverhandlung erstreckt, die ihn sachlich nicht betreffen[38]. Um die damit verbundenen Belastungen für Angeklagte und Verteidiger zu verringern, hatte die Praxis schon frühzeitig nach Auswegen gesucht[39].

Seit Einführung des **§ 231 c** kann das Gericht dem Angeklagten und in den Fällen der **14** notwendigen Verteidigung auch dem Verteidiger durch Beschluß gestatten, den Teilen der Hauptverhandlung fernzubleiben, von denen sie nicht betroffen sind. Die Einzelheiten sind bei § 231 c erläutert.

b) Die förmliche Trennung der Verfahren ist an sich weiterhin möglich. Auch eine **15** vorübergehende Abtrennung, bei der das abgetrennte Verfahren innerhalb der Frist des § 229 fortgesetzt und später wieder mit dem unmittelbar weitergeführten Verfahren verbunden werden soll, ist nicht ausgeschlossen. Sie ist aber nur unbedenklich, wenn im abgetrennten Verfahrensteil ausschließlich Vorgänge verhandelt werden, die in keinem sachlichen Zusammenhang mit den im anderen Verfahren verhandelten Vorwürfe gegen einen Mitangeklagten stehen; denn die vorübergehende Trennung darf nicht dazu benutzt

---

[33] Vgl. LG Lüneburg MDR **1949** 768 mit abl. Anm. *Grobler.*

[34] *Eb. Schmidt* I 252; § 230, 7; *Peters* § 55 I; *Roxin* § 50, 30; KK-*Treier* 7; KMR-*Paulus* 9; SK-*Schlüchter* 32; **a. A** LG Lüneburg MDR **1949** 768; *Gössel* § 33 E II b 2; AK-*Keller* 10; *Kleinknecht/ Meyer-Goßner* 27 (gegen wirklich Gemeinten nicht nichtig, sondern nur anfechtbar; nach Rechtskraft nur §§ 359 Nr. 5, 458); zum Streitstand vgl. Einleitung, Abschnitt J VI.

[35] BGH NStZ **1990** 290; NStZ-RR **1996** 9; OLG Düsseldorf NStZ **1994** 355; OLG Köln MDR **1983** 865; KK-*Treier* 7; SK-*Schlüchter* 32, *Peters* § 55 I.

[36] OLG Köln MDR **1983** 865; KK-*Treier* 7; SK-*Schlüchter* 32.

[37] Vgl. § 2, 18 ff; § 4, 42; § 237, 7.

[38] Etwa BGH StV **1987** 189; **1992** 501.

[39] Vgl. Verhandlungen des 50. DJT; *Rieß* Beiheft ZStW **90** (1978) 205; § 231 c, 1 bis 3; ferner Rdn. 15 ff und LR[23]) § 230, 15 ff.

werden, das Anwesenheitsgebot des § 230 Abs. 1 zu umgehen[40] oder die Sondervorschrift des § 231 c auszuschalten, der — anders als § 237 — die Beurlaubung von Angeklagtem und Verteidiger an deren ausdrückliche Antragstellung bindet. Da die vorübergehende Trennung die Gefahr in sich birgt, daß Erkenntnisse aus der abgetrennten Verhandlung auch das Urteil gegen einen insoweit nicht am Verfahren beteiligten Mitangeklagten beeinflussen, hat der Bundesgerichtshof wiederholt vor dieser Verfahrensgestaltung gewarnt[41].

16   Unter der Voraussetzung, daß sich die Verfahrensvorgänge nicht sachlich berühren, kann es auch zulässig sein, die Verhandlung gegen zwei Angeklagte zunächst **getrennt zu beginnen** und bis zu einem bestimmten Punkte durchzuführen und dann beide Verfahren miteinander zu verbinden[42]. Erkenntnisse aus den getrennt durchgeführten Verhandlungsteilen dürfen aber nach § 261 nicht bei der Urteilsfindung gegen den nicht beteiligten späteren Mitangeklagten verwertet werden[43]. Wird ein Verfahren abgetrennt, weil es durch Urteil gegen einen Mitangeklagten beendet werden soll, so liegt darin auch dann keine unter Umständen problematische vorübergehende Abtrennung, wenn dies nicht möglich ist und die Verfahren deshalb später wieder verbunden werden[44].

17   c) Die bloße **Duldung des freiwilligen Ausbleibens** des Angeklagten durch das Gericht ist mit § 230 Abs. 1 unvereinbar, da das Gericht nur dann, wenn die gesetzlich vorgesehenen Ausnahmen vorliegen, ohne den Angeklagten verhandeln darf und der im Ausbleiben liegende Verzicht des Angeklagten auf Teilnahme unbeachtlich ist (Rdn. 2). Soweit früher einige Entscheidungen[45] ein bloßes Dulden des Ausbleibens des Angeklagten für vereinbar mit § 230 ansahen, ist ihnen mit Recht widersprochen worden[46]. Seit der Einfügung des § 231 c ist für eine solche Konstruktion erst recht kein Raum. Gleiches gilt für den mit der Verfahrensklarheit unvereinbaren Versuch, eine solche Praktik unter dem Gesichtspunkt einer „stillschweigenden" Trennung und Wiederverbindung der Verfahren zu rechtfertigen[47].

18   **9. Heilung.** Ein Verstoß gegen die Anwesenheitspflicht kann nicht nachträglich dadurch geheilt werden, daß der Angeklagte darauf verzichtet; denn hierzu ist er nicht befugt (Rdn. 2). Ein Verzicht — eventuell verbunden mit einer Unterrichtung über die wesentlichen Ergebnisse des in Abwesenheit des Angeklagten durchgeführten Verhandlungsteiles — reicht nur dort zur Heilung aus, wo der Angeklagte zur Anwesenheit berechtigt, aber nicht verpflichtet ist. Grundsätzlich ist zur Heilung eines Verfahrensverstoßes nach § 230 Abs. 1 die Wiederholung des fehlerhaften Teils der Hauptverhandlung erforderlich[48]. Eine Zeugeneinvernahme muß wiederholt werden, es genügt nicht, daß ihr

---

[40] Werden bei einer nur vorübergehenden Trennung Vorgänge behandelt, die auch den abwesenden Mitangeklagten betreffen, so hat BGHSt **24** 259 = LM Nr. 4 mit Anm. *Kohlhaas* eine Umgehung des § 230 angenommen und der absoluten Rüge nach § 338 Nr. 5 stattgegeben. Vgl. ferner BGHSt **30** 74 = JR **1982** mit Anm. *Maiwald*; BGHSt **32** 100 = JA **1984** 263 mit Anm. *Kratzsch*; BGHSt **32** 270; **33** 119; BGH bei *Pfeiffer/Miebach* NStZ **1983** 209; **1983** 355; BGH NStZ **1989** 219; bei *Miebach/Kusch* NStZ **1991** 228; StV **1982** 252; **1986** 465; ablehnend *Schlothauer* FS Koch 250.

[41] BGHSt **30** 74; vgl. Fußn. 40; KK-*Treier* 5. Zur Verwertbarkeit der Ergebnisse der Hauptverhandlung bei Mitangeklagten und zu den Grenzen des

wechselseitigen Berührtseins *Gollwitzer* FS Sarstedt 17 ff.

[42] BGH NJW **1953** 836; SK-*Schlüchter* 8.

[43] RGSt **67** 417; KK-*Treier* 5; SK-*Schlüchter* 8.

[44] BGHSt **33** 119; *Kleinknecht/Meyer-Goßner* 11; SK-*Schlüchter* 8.

[45] RGSt **69** 18; OLG Neustadt HESt **2** 94; 332; OLG Darmstadt JR **1949** 515.

[46] *Niethammer* DRiZ **1949** 248; *Niethammer* FS Rosenfeld 125; *Schmid* Verwirkung 101; vgl. § 231, 4.

[47] Vgl. LR[23] § 230, 15 mit weit. Nachw.

[48] BGHSt **30** 73 = LM StPO 1975 Nr. 3 mit Anm. *Mösl* = JR **1982** 33 mit Anm. *Maiwald*; BGH NJW **1976** 1108; BGH bei *Pfeiffer* NStZ **1981** 95; StV **1991** 98; vgl. bei § 338.

Inhalt bekanntgegeben wird und dem Angeklagten Fragen an den Zeugen ermöglicht werden[49].

II. Zwangsweise Sicherstellung der Anwesenheit

1. Zweck. Die Zwangsbefugnisse des Absatzes 2 sind eine verfahrensnotwendige **19** Ergänzung des Verbots des Absatzes 1, ohne den Angeklagten zu verhandeln[50]. Das Gericht erhält damit die Befugnis, sicherzustellen, daß ein zur Anwesenheit verpflichteter Angeklagter die Durchführung der Hauptverhandlung nicht allein durch sein Ausbleiben auf Dauer verhindern kann. Sie haben denselben Präventivzweck wie die Befugnis des Vorsitzenden, die Anwesenheit des erschienenen Angeklagten während der ganzen Hauptverhandlung zu erzwingen (§ 231 Abs. 1 Satz 2). Die Ahndung des Ungehorsams, der im unentschuldigten Ausbleiben eines anwesenheitspflichtigen Angeklagten liegt, ist nicht Zweck der Vorschrift; das **unentschuldigte Ausbleiben** ist nur die allerdings notwendige Voraussetzung, daß zur Sicherung der künftige Durchführung der Hauptverhandlung Zwangsmittel eingesetzt werden dürfen. Liegen diese gesetzlichen Voraussetzungen nicht vor, kann das Gericht zur Verhinderung eines **befürchteten Ausbleibens** des Angeklagten keine Zwangsmittel nach Absatz 2 anordnen; dann bleibt nur der an strengere Voraussetzungen gebundene Haftbefehl nach §§ 112 ff. Nur beim beschleunigten Verfahren (§§ 417 ff) erlaubt der neue § 127 b, schon bei der Befürchtung des Ausbleibens einen zeitlich beschränkten Haftbefehl zu erlassen (vgl. Rdn. 31 und § 127 b, 13). Liegen die Voraussetzungen des § 230 Abs. 2 vor, muß das Gericht nach dessen Wortlaut die Zwangsmittel anordnen, es sei denn, daß diese ersichtlich zur Erreichung des mit ihnen erstrebten Zweckes ungeeignet oder nicht nötig sind oder daß sonstige übergeordnete Gründe, vor allem das verfassungsrechtliche Gebot, von der Ermächtigung zu Zwangsmaßnahme nur unter Wahrung des Grundsatzes der Verhältnismäßigkeit Gebrauch machen, dem Eingriff in die persönliche Freiheit des Angeklagten entgegenstehen (Rdn. 26).

2. Gesetzliche Voraussetzungen

a) Die **Ladung** des auf freiem Fuß befindlichen Angeklagten muß nach § 216 Abs. 1 **20** Satz 1 schriftlich unter der **Warnung** geschehen sein, daß im Fall seines unentschuldigten Ausbleibens seine Verhaftung oder Vorführung erfolgen werde. Liegt keine ordnungsgemäße Ladung vor, sind Zwangsmaßnahmen nach Absatz 2 unzulässig[51]. Bei einer wiederholten Ladung genügt es nicht, wenn diese nur auf die Hinweise in einer früheren Ladung zu einer dann ausgesetzten Hauptverhandlung Bezug nimmt[52]. Eines besonderen Hinweises in der Ladung, daß die Zwangsmittel auch bei Erscheinen in einem Zustand schuldhaft herbeigeführter Verhandlungsunfähigkeit angeordnet werden können, bedarf es dagegen nicht[53].

Ist nur die **Ladungsfrist des** § 217 Abs. 1 nicht gewahrt, berührt dies an sich die **20a** Pflicht des Angeklagten zum Erscheinen nicht; Maßnahmen nach Absatz 2 sind nach der vorherrschenden Meinung[54] deshalb nicht ausgeschlossen. In solchen Fällen kann allerdings das Ausbleiben des Angeklagten genügend entschuldigt sein, vor allem, wenn sein Fernbleiben mit der Nichteinhaltung der Ladungsfrist begründet[55]. Ist dagegen

---

[49] Vgl. Vor § 226, 49 und bei § 338 Nr. 5.

[50] *Welp* JR **1991** 265.

[51] OLG Celle NdsRpfl. **1963** 238; KK-*Treier* 9; ferner § 216, 14; 217, 14.

[52] OLG Zweibrücken MDR **1991** 469; KK-*Treier* 9.

[53] KK-*Treier* 9; **a. A** *Welp* JR **1991** 268.

[54] Vgl. § 217, 13; *Kleinknecht/Meyer-Goßner* 18; KMR-*Paulus* 13; **a. A** SK-*Schlüchter* 10; *Roxin* § 41, 2.

[55] Vgl. § 217, 14 mit Nachweisen; SK-*Schlüchter* 10 weist zutreffend darauf hin, daß der Unterschied darin besteht, daß nach der vorherrschenden Mei-

erkennbar, daß er auch bei Einhaltung der Frist nicht erschienen wäre und ist dies auch künftig von ihm nicht zu erwarten, können Maßnahmen nach Absatz 2 angeordnet werden.

21   **b) Ausgeblieben** ist der Angeklagte, wenn er zum Erscheinen verpflichtet war (OLG Hamburg OLGSt 1) und bei Beginn der Verhandlung (Präsenzfeststellung nach § 243 Abs. 1) im Sitzungssaal nicht anwesend ist, oder seine Anwesenheit nicht zu erkennen gibt. Auch der im **verhandlungsunfähigen Zustand** (Trunkenheit, Rauschgiftdelirium) erschienene Angeklagte ist ausgeblieben im Sinne von § 230 Abs. 1[56]. Gegen ihn darf — anders als bei einem krankheitsbedingt nur begrenzt Verhandlungsfähigen (vgl. Rdn. 9) — nicht verhandelt werden. Zwangsmittel nach Absatz 2 dürfen gegen ihn aber nur angeordnet werden, wenn er seinen Zustand in vorwerfbarer Weise herbeigeführt hat[57]. Weigert sich ein **außerhalb des Sitzungssaals** stehender Angeklagte, diesen zu betreten, so ist er, wenn gutes Zureden fruchtlos bleibt, als ausgeblieben zu behandeln und seine Vorführung durch Gerichtsbeschluß nach § 230 Abs. 2 anzuordnen[58]. Der Zweck der Vorschrift, sicherzustellen, daß der Angeklagte sich der Hauptverhandlung stellt, kann nur durch dessen Anwesenheit im Sitzungssaal selbst erreicht werden. Wer dort nicht erscheint, kann weder physisch noch psychisch an der Hauptverhandlung teilnehmen. Er ist nicht anwesend, ganz gleich, ob er sich vor dem Sitzungssaal, vor dem Gerichtsgebäude oder sonstwo in der Nähe aufhält. Eine abgestufte Anwesenheit gibt es nicht. Deshalb kann der Ansicht nicht gefolgt werden, die ihn bei einem Aufenthalt vor dem Sitzungssaal als erschienen behandeln will, so daß der Vorsitzende ihn durch eine Anordnung nach § 231 Abs. 1 Satz 2 zwangsweise hereinbringen lassen darf[59], auch wenn diese Lösung praktikabler sein mag.

21a   **Wartepflicht.** Bevor das Gericht den Angeklagten als ausgeblieben behandelt, muß es nach der Präsenzfeststellung eine angemessene Zeit zuwarten, wenn eine Verspätung als möglich erscheint. Die Zeitspanne bemißt sich nach den örtlichen Gegebenheiten (Verkehrsverhältnisse, Parkmöglichkeiten) und den Umständen des Einzelfalls[60]. Die umfangreiche, ausdifferenzierte Rechtsprechung ist vor allem bei den §§ 329, 412 dargestellt[61].

22   Dem Ausbleiben bei Beginn der Verhandlung steht gleich, wenn der Angeklagte zu einem **Fortsetzungstermin ausbleibt**, sofern dieser in seiner Gegenwart verkündet oder ihm sonst bekanntgemacht worden war[62]. **Entfernt er sich eigenmächtig** aus der Hauptverhandlung und sind Maßnahmen nach § 231 Abs. 1 nicht mehr möglich, so kann das Gericht zur Fortsetzung der Hauptverhandlung Maßnahmen nach Absatz 2 anordnen.

23   **c) Eine genügende Entschuldigung** fehlt nicht schon, weil der Angeklagte es versäumt hat, sein Ausbleiben mit einem ausreichenden Grund zu entschuldigen. Es kommt nicht darauf an, ob er sich entschuldigt hat, sondern ob sein Ausbleiben nach den konkre-

---

nung dem Gericht ein Beurteilungsspielraum verbleibt, während er nach der anderen Ansicht ohne Rücksicht auf die Umstände des Einzelfalls genügend entschuldigt ist.

[56] Vgl. Rdn. 9 mit weit. Nachw.; a. A *Welp* JR **1991** 268, der unter Hinweis auf BVerfGE **29** 183 in der Einbeziehung der Verhandlungsunfähigkeit in den Begriff des Ausbleibens eine bei Freiheitsentziehungen verfassungsrechtlich unzulässige Analogie sieht; ferner OLG Köln NJW **1981** 239 (L).

[57] OLG Düsseldorf NStZ **1990** 295; *Kleinknecht/ Meyer-Goßner* 8; SK-*Schlüchter* 9. Deshalb ist die Streitfrage praktisch bedeutungslos, ob der erschie-

nene Angeklagte auch dann ausgeblieben ist, wenn er seine Verhandlungsunfähigkeit nicht selbst schuldhaft herbeigeführt hat (so KK-*Treier* 8; anders OLG Köln NJW **1981** 239); vgl. auch BGHSt **23** 331.

[58] *Lemke* NJW **1980** 1495; SK-*Schlüchter* 9.

[59] *Kleinknecht/Meyer-Goßner* 14.

[60] SK-*Schlüchter* 9.

[61] Vgl. auch § 228, 22 (Verteidiger), § 51 (Zeuge).

[62] Zur Streitfrage, ob der Angeklagte schriftlich geladen werden muß, wenn der Fortsetzungstermin nicht in seiner Gegenwart verkündet wurde, vgl. § 216, 2; § 228, 7.

ten Umständen entschuldigt ist[63]. Um dies zu prüfen, muß das Gericht alle erkennbaren Umstände in Erwägung ziehen und — sofern konkrete Anhaltspunkte für einen Entschuldigungsgrund dazu Anlaß geben — dies durch eigene Ermittlungen (Erkundigung auch beim Angeklagten) aufzuklären versuchen. Zwangsmaßnahmen nach § 230 Abs. 2 scheiden auch aus, wenn ein Entschuldigungsgrund durch einen Zeugen oder einen unbeteiligten Dritten, der dazu keiner Vollmacht des Angeklagten bedarf, beigebracht oder sonstwie zur Kenntnis des Gerichts gekommen ist. Zur Entschuldigung des Angeklagten dient jeder Umstand, der ihn — wie beispielsweise Krankheit oder Gefangenschaft — am Erscheinen vor Gericht gegen seinen Willen hindert[64] oder der bei Abwägen aller Umstände ergibt, daß dem Angeklagten aus seinem Fernbleiben billigerweise kein Vorwurf gemacht werden kann[65]. Ob eine genügende Entschuldigung vorliegt, muß das Gericht stets in Würdigung aller Umstände des **Einzelfalls** einschließlich der Bedeutung der zu verhandelnden Strafsache entscheiden. Wegen der einzelnen Entschuldigungsgründe und der sonstigen Einzelheiten wird auf die Erläuterung zu §§ 329 und 412 und die dort wiedergegebene Rechtsprechung verwiesen.

Glaubhaft zu machen braucht der Angeklagte den Entschuldigungsgrund nicht; das **24** Gericht muß auch Tatsachen berücksichtigen, von denen es durch Dritte ohne Auftrag des Angeklagten erfahren hat. Er kann es aber tun. Dies ist zu empfehlen, weil das Gericht von Amts wegen im **Freibeweisverfahren**[66] zu prüfen hat, ob der ihm bekanntgewordene Grund auch wirklich zutrifft. Der Grundsatz in dubio pro reo gilt insoweit nicht[67]. Ein Vorbringen des Angeklagten darf aber nicht unsubstantiiert als unwahr abgetan werden[68]. Ob aus der Verhinderung einer amtsärztlichen Untersuchung durch den Angeklagten geschlossen werden kann, daß das privatärztliche Attest zur genügenden Entschuldigung nicht ausreicht, ist eine Tatfrage, die nur nach den Umständen des einzelnen Falls beurteilt werden kann[69].

3. Gegen **Mitglieder der Bundestags** oder eines **Landtags** der Länder sowie gegen **25** Mitglieder des bayerischen Senats kann während der Sitzungsperiode eine Vorführung oder ein Haftbefehl nach Absatz 2 nur mit Genehmigung der gesetzgebenden Körperschaft erlassen werden (vgl. die Erl. zu § 152 a).

4. Die einzelnen Zwangsmittel

a) Rechtsstaatliche Voraussetzungen. Die Verpflichtung des Gerichts, beim unent- **26** schuldigten Ausbleiben des Angeklagten zu versuchen, seine künftige Teilnahme durch Zwangsmittel sicherzustellen, wird durch die Anwendung staatlichen Zwangs eingrenzenden rechtsstaatlichen Erfordernisse der **Geeignetheit, Notwendigkeit** und **Verhältnismäßigkeit** der Zwangsmaßnahme begrenzt[70]. In das hohe Rechtsgut der persönlichen Freiheit darf der Staat nur dann und nur insoweit eingreifen, als dies unerläßlich ist, um die künftige Teilnahme des Angeklagten mit Sicherheit zu erreichen. Ist nach den

---

[63] BGHSt **17** 396; BGH StV **1982** 153; h. M; wegen weiterer Nachweise vgl. vor allem die Erl. zu § 329 und 412.

[64] RGSt **22** 249; **31** 398; **42** 246; vgl. ferner OLG Stuttgart Justiz **1978** 116 und die Erl. zu §§ 329, 412.

[65] KK-*Treier* 10; *Kleinknecht/Meyer-Goßner* 10; SK-*Schlüchter* 11.

[66] H. M; vgl. etwa KK-*Treier* 10; SK-*Schlüchter* 11; *Eb. Schmidt* 19.

[67] *Lechleitner* NJW **1965** 1090; KMR-*Müller* 9.

[68] OLG Düsseldorf StV **1987** 9; SK-*Schlüchter* 11.

[69] Vgl. etwa OLG Hamm NJW **1965** 1090 mit abl. Anm. *Lechleitner*; OLG Düsseldorf JMBlNW **1983** 41; OLG Karlsruhe MDR **1994** 87; OLG Köln NJW **1982** 2617; *Burgard* DRiZ **1980** 388; *Eb. Schmidt* Nachtr. I 8; SK-*Schlüchter* 11; ferner die bei §§ 239 und 412 nachgewiesene Rechtsprechung.

[70] BVerfGE **32** 93; h. M; etwa *Becker* SchlHA **1977**, 164; *Grabitz* AöR **98** (1973) 614; *Welp* JR **1991** 269; SK-*Schlüchter* 16.

bekanntgewordenen Umständen zu erwarten, daß der Angeklagte zum neuen Hauptverhandlungstermin von selbst erscheinen wird, etwa, weil der für sein Ausbleiben angeführte Grund sich nur auf den gegenwärtigen Termin bezog (etwa bei ungenügender Entschuldigung mit geschäftlicher Verhinderung oder Urlaubsreise u. a.), so ist es meist nicht
erforderlich, und damit auch nicht zulässig, präventiv die Teilnahme an dem künftigen
Termin durch Zwangsmittel sicherzustellen. Gleiches gilt, wenn das Erscheinen des
Angeklagten mit der erforderlichen Sicherheit durch ein **milderes Mittel** (etwa glaubhaftes Versprechen des Verteidigers, ihn mitzubringen) erreichbar ist; ferner, wenn die
Hauptverhandlung ohne den Angeklagten durchgeführt werden kann (Rdn. 27). Für
Zwangsmittel ist auch kein Raum, wenn der angestrebte Zweck, die alsbaldige Durchführung der Hauptverhandlung, auch bei ihrer Anordnung ersichtlich nicht erreichbar ist. So,
wenn mit einer Wiederherstellung der Verhandlungsfähigkeit in absehbarer Zeit nicht zu
rechnen ist[71], wenn der Hauptverhandlung andere Gründe langfristig entgegenstehen oder
wenn offensichtlich ist, daß der Angeklagte auch durch ihre Anordnung nicht vor Gericht
gebracht werden kann, etwa, weil er mit unbekanntem Aufenthalt in das Ausland verzogen ist. Dann kommt nur der allerdings an schärfere Voraussetzungen gebundene Erlaß
eines Haftbefehls nach § 112 ff in Betracht.

27   Die **rechtliche Möglichkeit**, das Verfahren **ohne den Angeklagten** zu erledigen,
schließt es nicht grundsätzlich aus, die Anwesenheit des Angeklagten nach Absatz 2 zu
erzwingen[72]. Jedoch erfordert hier der Grundsatz der Verhältnismäßigkeit eine an den
Umständen des Einzelfalls orientierte Abwägung des Interesses an der Anwesenheit des
Angeklagten im Termin (Sachaufklärung!) mit dem Gewicht des in der Zwangsmaß-
nahme liegenden Eingriffs. Kann der Einspruch oder die Berufung des Angeklagten bei
Nichterscheinen sofort verworfen werden (§ 412, § 329), darf kein Vorführungs- oder
Haftbefehl ergehen[73].

28   Ist mit einem **Freispruch** des ausgebliebenen Angeklagten zu rechnen, so schließt der
Grundsatz der Verhältnismäßigkeit nicht schlechthin aus, das Erscheinen des Angeklagten
zu erzwingen (so aber *Franz* NJW **1963** 2264). Der Zweck des § 230 Abs. 2, die Weiterführung und den Abschluß des Strafverfahrens — und nicht etwa die Bestrafung — zu
sichern, kann selbst in einem solchen Fall ein Vorführung rechtfertigen[74]. Jedoch sind hier
an die Notwendigkeit eines Eingriffs in die Freiheit der Person besonders strenge Anforderungen zu stellen. Das Gericht muß vor allem prüfen, ob es die Hauptverhandlung nicht
ohne den Angeklagten durchführen kann (§§ 232, 233).

29   **b) Auswahl.** Der Grundsatz, daß das **mildeste Mittel** anzuwenden ist, gilt auch für die
Auswahl der in Absatz 2 nebeneinander angedrohten Zwangsmittel. Dem an erster Stelle
genannten **Vorführungsbefehl** gebührt als dem weniger einschneidenden Eingriff in die
persönliche Freiheit stets der Vorrang vor dem **Haftbefehl**[75]. Letzterer darf nur angeordnet werden, wenn nach Würdigung aller Umstände der Zweck des Absatzes 2, die Durchführung der Hauptverhandlung in Gegenwart des Angeklagten zu ermöglichen, andernfalls nicht oder nicht mit der erforderlichen Sicherheit erreichbar wäre[76]; so etwa, wenn zu
befürchten ist, daß der Angeklagte sich einer Vorführung durch Fernbleiben von seiner
Wohnung entziehen würde oder wenn die Haft notwendig ist, um zu verhindern, daß er

---

[71] Zu den Fällen einer kurzfristigen Verhandlungsunfähigkeit vgl. Rdn. 21.

[72] RGSt **69** 20; sie verdient jedoch oft den Vorzug
vgl. etwa SK-*Schlüchter* 16, 17.

[73] BVerfGE **32** 94; vgl. bei §§ 329, 412.

[74] *Eb. Schmidt* Nachtr. I 12; *Kleinknecht/Meyer-Goß-
ner* 19; KMR-*Paulus* 15; SK-*Schlüchter* 16.

[75] BVerfGE **32** 87; OLG Düsseldorf JMBlNW **1983**
42; NStZ **1990** 295; LG Köln MDR **1959** 682 (L);
SK-*Schlüchter* 16.

[76] OLG Düsseldorf MDR **1980** 512; OLG Köln JM-
BlNW **1959** 111.

sich vor der neuen Verhandlung wiederum in einen seine Verhandlungsunfähigkeit bewirkenden Rauschzustand versetzt[77]. Ein **Unterbringungsbefehl** nach § 126 a kann auf § 230 Abs. 2 nicht gestützt werden. § 230 Abs. 2 läßt auch bei Schuldunfähigen nur Vorführungs- und Haftbefehl zu[78], nicht die an andere und strengere Voraussetzungen geknüpfte einstweilige Unterbringung. Ob bei dem dafür in Frage kommenden Personenkreis ein Vorführungs- oder Haftbefehl erlassen werden kann, bedarf aber der besonderen Prüfung, dies gilt vor allem auch für die Haftfähigkeit.

Auch **nach Anordnung eines Zwangsmittel** ist von Amts wegen laufend zu prüfen, **30** ob dieses nach dem aktuellen Kenntnisstand des Gerichts weiterhin zur Sicherung der künftigen Hauptverhandlung notwendig und verhältnismäßig ist oder ob wegen möglicherweise geänderter Umstände mildere Mittel ausreichen. So kann es geboten sein, nachträglich einen Haftbefehl in einen Vorführungsbefehl umzuwandeln[79] oder ihn aufzuheben, weil er nicht mehr notwendig ist, um die Durchführung der Hauptverhandlung zu sichern, etwa weil damit zu rechnen ist, daß der Angeklagte von selbst zum neuen Termin erscheinen wird.

Sonderregelungen. Wird **im beschleunigten Verfahren** (§§ 417 ff) der Angeklagte **31** nicht ohnehin auf Grund anderer Vorschriften vorgeführt (vgl. § 418; § 127 b) kann bei seinem unentschuldigten Ausbleiben die Vorführung nach § 230 Abs. 2 angeordnet und — wohl nur unter besonderen Umständen — sogar ein Haftbefehl erlassen werden[80], sofern dann noch am beschleunigten Verfahren festgehalten wird. Der neue § 127 b steht dem schon wegen seines begrenzten Anwendungsbereichs (nur bei Festnahme auf frischer Tat) nicht entgegen. Seine Höchstfrist für die Haft kann allenfalls als Anhaltspunkt für die Verhältnismäßigkeit der Haftdauer im Bereich der kleineren Kriminalität dienen. Im **Privatklageverfahren** ist nach § 387 Abs. 3 StPO nur die Vorführung, nicht aber ein Haftbefehl zulässig. Gegen **Verfalls- oder Einziehungsbeteiligte** und die Organe einer juristischen Person darf kein Haftbefehl erlassen werden und auch ein Vorführungsbefehl nur dann, wenn das Gericht das persönliche Erscheinen angeordnet hatte (§§ 433 Abs. 2; 442 Abs. 1; 444 Abs. 2)[81]. Im **Jugendstrafverfahren** ist § 230 Abs. 2 anwendbar (§ 2 JGG), nicht jedoch bei der mündlichen Verhandlung im vereinfachten Jugendverfahren[82].

c) Der **Vorführungsbefehl** ist schriftlich auszufertigen. Für seinen **Inhalt** gilt § 134 **32** Abs. 2 entsprechend[83]. Neben der genauen Bezeichnung der Person des Angeklagten muß die Straftat (= gesetzliche Bezeichnung der Tat)[84] angeführt werden, die Gegenstand der Hauptverhandlung ist; ferner als Vorführungsgrund das unentschuldigte Ausbleiben trotz ordnungsgemäßer Ladung bei dem Hauptverhandlungstermin, eventuell verbunden mit der Darlegung, warum vorgetragene oder sonst ersichtliche Gründe als Entschuldigung nicht ausreichen. Wird die Vorführung nicht sofort zum gleichen Termin angeordnet, ist der neue Termin, zu dem der Angeklagte vorgeführt werden soll, nach Ort und Zeit anzugeben. **Bekanntzugeben** ist der Vorführungsbefehl dem Angeklagten nach § 35 Abs. 2 Satz 2. Dies kann auch durch den Vollzugsbeamten unmittelbar vor Beginn der Vollstrek-

---

[77] SK-*Schlüchter* 17.
[78] OLG Hamm NJW **1958** 2125; AK-*Keller* 30; *Kleinknecht/Meyer-Goßner* 21; KMR-*Paulus* 19; SK-*Schlüchter* 16; *Eb. Schmidt* Nachtr. I 7.
[79] OLG Köln JMBlNW **1959** 114; SK-*Schlüchter* 16.
[80] Anders bei den früheren §§ 212 ff: OLG Hamburg NStZ **1983** 40 mit zust. Anm. *Deumeland*; SK-*Schlüchter* 24. Zur Änderung der Rechtslage durch §§ 417 ff vgl. SK-*Paeffgen* § 417, 18.

[81] Vgl. die dortigen Erläuterungen, ferner etwa SK-*Schlüchter* 24.
[82] SK-*Schlüchter* 23 mit weit. Nachw.
[83] SK-*Schlüchter* 16; *Kleinknecht/Meyer-Goßner* 20; KMR-*Paulus* 23. *Lemke* NJW **1980** 1496 lehnt die analoge Anwendung des § 134 Abs. 2 ab, fordert aber ebenfalls eine vergleichbare Begründung.
[84] Vgl. § 134, 6.

kung der Vorführung geschehen, um deren Zweck nicht zu gefährden[85]. Neben dem Vorführungsbefehl bedarf es keiner besonderen neuen Ladung[86], da Ort und Zeit der neuen Verhandlung aus ihm zu entnehmen sind. Wird der Angeklagte zum neuen Termin trotzdem noch gesondert geladen, hängt die angeordnete Vorführung nicht von einer nochmaligen Warnung nach § 216 ab[87]. Diese kann aber als Voraussetzung für einen späteren neuen Vorführungsbefehl bedeutsam sein, wenn die Vorführung scheitert und der Angeklagte auch beim neuen Termin ausgeblieben ist[88].

33 **Vollstreckt** wird der Vorführungsbefehl von der Staatsanwaltschaft (§ 36 Abs. 2 Satz 1) mit Hilfe der Polizei (§ 152 GVG). Der **Vorsitzende kann** aber auch selbst die Vollstreckung bei der Polizei veranlassen (§ 36, 27; 28). Dies kann auch fernmündlich oder fernschriftlich geschehen, um die Vorführung noch zum gleichen Termin zu erreichen. Der Vorführungsbefehl ist Grundlage für die **Anwendung unmittelbaren Zwangs** gegenüber dem Angeklagten sowie für sonstige Zwangseingriffe, die zum Ergreifen notwendig sind, wie etwa Betreten der Wohnung des Angeklagten[89]. Wegen der Einzelheiten vgl. bei § 134.

33a Der **Zeitpunkt der Vollstreckung** ist so zu wählen, daß der Angeklagte pünktlich zum neuen Verhandlungstermin vorgeführt werden kann. Er darf, da es sich um einen einschneidenden Eingriff in seine Freiheitsrechte handelt, zur Vorführung aber auch nicht früher in Gewahrsam genommen werden, als es zur Erreichung dieses Zwecks notwendig ist[90]. Der nach den Verkehrsverhältnissen letztmögliche Zeitpunkt braucht jedoch dann nicht gewählt zu werden, wenn triftige Gründe die Festnahme zu einem früheren Zeitpunkt erfordern, etwa, wenn bestimmte Tatsachen dafür sprechen, daß der Angeklagte sich der Vorführung unmittelbar vor der Verhandlung entziehen würde (BayVerfGH **3** II 63). Sofern keine diesbezügliche Anordnung vorliegt, haben die mit dem Vollzug beauftragten Polizeibeamten den Zeitpunkt der Festnahme zum Zwecke der Vorführung nach pflichtgemäßem Ermessen selbst auszuwählen. Deshalb kann bei der Anordnung der Hinweis angebracht sein, daß eine verfrühte Vollstreckung unzulässig ist. § 135 Satz 2 ist entsprechend anwendbar[91]. Wollte man § 230 Abs. 2 auch insoweit als ausschließliche Sonderregelung gegenüber § 135 verstehen[92], würde sich nichts daran ändern, daß dem Eingriff in die persönliche Freiheit, die jede Vorführung bedeutet, schon vom Begriff her und von Verfassungs wegen enge zeitliche Grenzen gesetzt sind. Auch dann wäre § 135 Satz 2 ebenso wie die vergleichbaren Zeitgrenzen der polizeirechtlichen Vorführung ein Anhaltspunkt für die höchstzulässige Dauer dieses Eingriffs, der nicht zur Haft ohne deren Verfahrensgarantien ausarten darf. Eine Vorführung, die im Wege einer mehrere Tage erfordernden Verschubung an den Gerichtsort durchgeführt wird, wäre eine bei den heutigen Verkehrsverhältnissen nicht nötige, vom Vorführungszweck her nicht gedeckte und damit unzulässige Freiheitsentziehung. Erscheint es technisch nicht möglich, den Angeklagten zügig und in angemessener Zeit zur Hauptverhandlung vorzuführen, muß ein Haftbefehl erlassen werden.

---

[85] KK-*Treier* 12; *Kleinknecht/Meyer-Goßner* 20; KMR-*Paulus* 23; SK-*Schlüchter* 19; **a. A** *Eb. Schmidt* 14, sofern Vorführungsbefehl nicht unmittelbar nach seinem Erlaß vollzogen wird. Wegen weiterer Einzelheiten vgl. § 134, 7; 8.

[86] RG JW **1898** 322; *Kleinknecht/Meyer-Goßner* 20; KMR-*Paulus* 24; *Eb. Schmidt* 14.

[87] Vgl. *Rasehorn* DRiZ **1956** 269.

[88] Vgl. Rdn. 20; *Rupp* NStZ **1990** 577.

[89] BGH NStZ **1981** 22; *Kaiser* NJW **1964** 759; **1965** 1217; KMR-*Paulus* 25; SK-*Rogall* § 134, 13; vgl. § 134, 8.

[90] KK-*Treier* 11; *Kleinknecht/Meyer-Goßner* 20; SK-*Schlüchter* 25; LG Berlin MDR **1995** 191 sieht in der Anordnung einer unnötig frühen Vollstreckung der Vorführung eine Rechtsbeugung.

[91] Bejahend *Kleinknecht/Meyer-Goßner* 20: *Eb. Schmidt* 4; *Welp* JR **1990** 270.

[92] Vgl. etwa SK-*Rogall* § 135, 1, wo allerdings auf das Problem des Satzes 2 nicht ausdrücklich eingegangen wird; ferner bei § 135, 1; sowie zur zeitlichen Begrenzung § 135, 2; 7.

Mit der Vorführung zur Hauptverhandlung und deren Beginn ist der Vorführungsbe- **34**
fehl vollstreckt und **verliert** jede **Wirkung**[93]. Die Befugnis, den Angeklagten festzuhalten, bestimmt sich von diesem Zeitpunkt an nach § 231 Abs. 1[94]. Entfernt sich der Angeklagte eigenmächtig, kann ein neuer Vorführungsbefehl erlassen werden, der alte Vorführungsbefehl ist verbraucht.

d) Der **Haftbefehl** setzt wegen seines alleinigen Zwecks, die Durchführung der Haupt- **35**
verhandlung zu sichern (vgl. Rdn. 19), weder dringenden Tatverdacht noch einen Haftgrund nach §§ 112 ff voraus[95]. Es ist auch nicht notwendig, daß der Angeklagte schuldfähig ist[96]. Er muß aber verhandlungsfähig sein. Ein Haftbefehl darf nur ergehen, wenn ein
Vorführungsbefehl nicht ausreicht, um das Erscheinen zum neuen Termin zu sichern. Es
muß die begründete Sorge bestehen, daß der Angeklagte sich bei der Zustellung des Vorführungsbefehls zum neuen Termin der Vorführung entziehen werde, um nicht bei Gericht
erscheinen zu müssen[97], oder es müssen sonstige Umstände vorliegen, die erkennen lassen, daß ein Vorführungsbefehl die Anwesenheit des Angeklagten bei der ganzen Hauptverhandlung nicht gewährleisten würde (z. B. wiederholte Vorführung bei mehrtägiger
Verhandlung). Dies können auch Gründe sein, die an sich einen Haftbefehl wegen Flucht-
verdachts nach § 112 Abs. 2 Nr. 2 rechtfertigen würden.

Der Haftbefehl bedarf der **Schriftform** (analog § 114 Abs. 1). Ergeht er in der Haupt- **36**
verhandlung, muß er mit seinem Wortlaut in das Protokoll aufgenommen werden (§ 273
Abs. 1); auch dann ist aber angezeigt, eine getrennte schriftliche Ausfertigung zu erstellen
(vgl. § 114 a Abs. 2). **Inhaltlich** muß er die ausdrückliche Anordnung enthalten, daß der
mit seinen Personalien genau und verwechselungsfrei zu bezeichnende Angeklagte in
Haft zu nehmen ist[98]. Darzutun sind ferner das **unentschuldigte Ausbleiben** bei dem
genau zu bezeichnenden Hauptverhandlungstermin, eventuell auch, warum vorgetragene
oder sonst ersichtliche Gründe dies nicht entschuldigen[99]. Die dem **Angeklagten angela-
stete Tat**, ist mit der rechtlichen Bezeichnung und einer Kurzbeschreibung des angeklagten Sachverhalts anzugeben. Da der in der Anklage bejahte Tatverdacht aber — anders als
bei § 114 Abs. 2 Nr. 2 — im weiteren Verfahren nicht nachgeprüft wird, sondern Art und
Umfang der angeklagten Tat nur ein bei der Verhältnismäßigkeitsprüfung und den sonstigen Entscheidungen (Sicherheitsleistung nach § 116) zu gewichtender Faktor ist, genügt
insoweit eine diese Zwecke berücksichtigende kursorische Beschreibung[100]. Je nach
Sachlage bedarf es auch der Begründung, warum ein **milderes Mittel**, insbesondere ein
Vorführungsbefehl dem Gericht nicht als ausreichend erschien, oder auch, daß der Grundsatz der **Verhältnismäßigkeit** gewahrt ist.

Zur **Begrenzung der Freiheitsentziehung** kann angeordnet werden, daß der Haftbe- **37**
fehl erst eine bestimmte, relativ kurze Zeit vor Beginn der Hauptverhandlung (meist wer-

[93] OLG Düsseldorf JMBlNW **1983** 41; *Lemke* NJW **1980** 1494.
[94] *Enzian* NJW **1957** 450; KK-*Treier* 11; *Kleinknecht/Meyer-Goßner* 21; SK-*Schlüchter* 25; *Schlüchter* 271.1; **a. A** *Rasehorn* DRiZ **1956** 269.
[95] OLG Düsseldorf JMBlNW **1983** 41; OLG Karlsruhe MDR **1980** 868; Justiz **1982** 438; OLG Oldenburg NJW **1972** 1585 mit Anm. *Güldenpfennig* 2008; ferner zum Verhältnis zwischen § 230 Abs. 2 und §§ 112 ff KG NStZ-RR **1997** 75.
[96] OLG Hamm NJW **1958** 2125; AK-*Keller* 30; KK-*Treier* 13; *Kleinknecht/Meyer-Goßner* 21; KMR-*Paulus* 17; *Eb. Schmidt* Nachtr. I 7. Zur Unanwendbarkeit von § 126 a vgl. Rdn. 28.
[97] OLG Düsseldorf JMBlNW **1983** 41; MDR **1980** 512; OLG Köln JMBlNW **1959** 114.
[98] Vgl. § 114, 4.
[99] OLG Düsseldorf JMBlNW **1983** 41; OLG Karlsruhe MDR **1980** 868 *Kleinknecht/Meyer-Goßner* 21.
[100] Strittig. Während zum Teil eine den Anforderungen des analog anzuwendenden § 114 Abs. 2 Nr. 2 voll entsprechende Beschreibung der Tat gefordert wird, etwa OLG Frankfurt StV **1995** 230; OLG Stuttgart Justiz **1985** 217; LR-*Wendisch*24 § 114, 6; genügt nach KMR-*Paulus* 24 die gesetzliche Bezeichnung der Tat; LG Chemnitz StV **1996** 255 mit abl. Anm. *Gollwitzer* hält Angaben über die angeklagte Tat für nicht zwingend geboten. Vgl. auch § 114, 9.

den zur Sicherstellung der Anwesenheit ein bis drei Wochen genügen) vollstreckt werden darf[101]. Da die Haftdauer an sich zeitlich nur durch den Schluß der Hauptverhandlung begrenzt wird (Rdn. 41), besteht andernfalls die Gefahr, daß der Eingriff in die persönliche Freiheit außer Verhältnis zur Bedeutung der Strafsache gerät, weil die Hauptverhandlung nicht in angemessener Zeit nach der Verhaftung durchgeführt wird[102]. Auch nach Art. 5 Abs. 3 MRK, Art. 9 Abs. 3 IPBPR hat jeder, der wegen des Vorwurfs einer strafbaren Handlung in Haft gehalten wird, Anspruch auf Aburteilung innerhalb einer angemessenen Frist[103]. Der Haftbefehl kann auch sonst die Haft an Bedingungen knüpfen, so, daß sie nicht zu vollziehen ist, wenn der Angeklagte seine Verhandlungsunfähigkeit durch amtsärztliches Zeugnis nachweist[104]. Hingewiesen werden kann in geeigneten Fällen auch darauf, daß es möglich ist, ihn bei Leistung einer Sicherheit außer Vollzug zu setzen. Bei einem entfernt wohnenden Angeklagten wird es für zulässig erachtet, daß schon der Haftbefehl vorsieht, daß er außer Vollzug gesetzt werden kann, wenn der Angeklagte den Antrag nach § 233 stellt und dann kommissarisch vernommen ist[105].

38 Die **Vorschriften des formellen Haftrechts**, §§ 114 a ff, sind nach der Verhaftung entsprechend anzuwenden. Dem Angeklagten ist der Haftbefehl nach §§ 114 a Abs. 1 zu eröffnen; er hat nach §§ 114 a Abs. 2 Anspruch auf eine Abschrift. Für die Benachrichtigung von der Verhaftung gilt § 114 b. Die Vorführung vor dem zuständigen Richter, das ist hier das erkennende Gericht, das den Haftbefehl nach § 230 Abs. 2 erlassen hat, richtet sich nach § 115[106], die Vorführung vor dem nächsten Richter nach § 115 a. Die Frist des § 121 gilt nach der vorherrschenden Meinung nicht[107]. Wegen der Einzelheiten wird auf die Erläuterungen zu den jeweiligen Vorschriften des Haftrechts verwiesen.

39 Der **Vollzug** des Haftbefehls kann gegen **Sicherheitsleistung** nach §§ 116, 116 a ausgesetzt werden[108]. Dies kann auch der Angeklagte beantragen. Eine geleistete Sicherheit verfällt, wenn der Angeklagte zum Termin nicht erscheint, da dies dem Sichentziehen im Sinne von § 124 Abs. 1 gleichsteht[109].

40 **Vollstreckt** wird der Haftbefehl nach § 36 Abs. 2 von der Staatsanwaltschaft, die sich dabei in der Regel der Hilfe der Polizei bedienen wird (Vgl. Rdn. 33). Die Anwendung unmittelbaren Zwangs durch die Polizei richtet sich nach dem jeweiligen Polizeirecht. Beim Vollzug der Haft ist § 119 entsprechend anwendbar. Da Zweck der Haft lediglich die Sicherung der Teilnahme an der Hauptverhandlung ist, dürfen dem Angeklagten nach § 119 Abs. 3 nur solche Beschränkungen auferlegt werden, die die Ordnung der Vollzugsanstalt erfordert. Die erforderlichen richterlichen Entscheidungen nach § 119 Abs. 6 obliegen nach § 126 Abs. 2 Satz 3 dem Vorsitzenden des erkennenden Gerichts, das den Haftbefehl nach § 230 Abs. 2 erlassen hat.

41 Die **Geltungsdauer** des Haftbefehls endet mit Abschluß der Hauptverhandlung, zu deren Durchführung er erlassen ist. Dann wird er von selbst gegenstandslos[110]. *Eb.*

101 OLG Oldenburg NJW **1972** 1585; KK-*Treier* 13; *Kleinknecht/Meyer-Goßner* 23; KMR-*Paulus* 18; SK-*Schlüchter* 18.
102 Vgl. BVerfGE **32** 93; OLG Hamburg MDR **1987** 78; LG Dortmund StV **1987** 335 (höchstens 7 Wochen); LG Berlin StV **1994** 422); *Grabnitz* AöR **98** (1973) 614; *Roxin* § 42, 40; *Welp* JR **1991** 270; vgl. Rdn. 26.
103 Vgl. Anm. *Gollwitzer* StV **1996** 255; Art. 5 MRK (24. Aufl. Art. 5 MRK, 37, 60 ff).
104 KMR-*Paulus* 24.
105 *Krause* DRiZ **1971** 196.
106 OLG Stuttgart MDR **1990** 75; vgl. § 115, 3.
107 KG NStZ-RR **1997** 75; OLG Karlsruhe Justiz **1982** 438; OLG Oldenburg NJW **1972** 1585 mit abl. Anm. *Güldenpfennig*; *Rupp* NStZ **1990** 577; *Kleinknecht/Meyer-Goßner* 23; KMR-*Paulus* 18; SK-*Schlüchter* 18.
108 KG GA **1972** 127; OLG Düsseldorf JMBlNW **1983** 41; h. M.
109 *Krause* DRiZ **1971** 196; KK-*Treier* 14; *Kleinknecht/Meyer-Goßner* 22; SK-*Schlüchter* 18.
110 OLG Düsseldorf JMBlNW **1983** 41; OLG Karlsruhe Justiz **1980** 360; OLG Saarbrücken NJW **1975** 791; KK-*Treier* 15; *Kleinknecht/Meyer-Goßner* 10; KMR-*Müller* 13 fordert, daß dies aus dem Haftbefehl ersichtlich sein muß.

Schmidt (20) hält seine besondere Aufhebung für erforderlich, sofern er nicht von vornherein auf die Verhandlungsdauer beschränkt war. Dies dürfte zur Vermeidung von Irrtü-
mern zweckmäßig sein, ist aber nicht nötig, da diese Beschränkung jedem Haftbefehl nach
§ 230 Abs. 2 innewohnt. Wenn die Haft als Untersuchungshaft darüber hinaus andauern
soll, muß es das Gericht nach § 268 b, §§ 112 ff ausdrücklich anordnen.

Eine bloße **Unterbrechung des Verfahrens** läßt den Haftbefehl fortbestehen[111], auch **42**
wenn sie nach § 229 Abs. 2, 3 längere Zeit andauert. Bei lange währenden Großverfahren
muß das zur Wahrung des Verhältnismäßigkeitsgrundsatzes verpflichtete Gericht von sich
aus laufend prüfen, ob und wie lange es notwendig ist, den Haftbefehl zur Sicherung des
Verfahrensfortgangs aufrechtzuerhalten; vor allem, ob er nicht gegen Sicherheitsleistung
außer Vollzug gesetzt oder aufgehoben werden kann, weil künftig eine freiwillige Teilnahme des Angeklagten zu erwarten ist, gegebenenfalls auch, ob das Verfahren notfalls
ohne Anwesenheit des Angeklagten zu Ende geführt werden kann[112]. Wird das **Verfahren ausgesetzt**, muß das Gericht erneut entscheiden, ob und welche Maßnahmen zur
Sicherung der erneuten Hauptverhandlung zu treffen sind; gegebenenfalls muß es Haftbefehl nach § 112 erlassen.

5. Anordnung durch das Gericht

a) Zuständigkeit. Die nach § 230 Abs. 2 zu treffenden Entscheidungen hat nicht der **43**
Vorsitzende[113], sondern das **Gericht** durch **Beschluß** anzuordnen. Das erkennende
Gericht entscheidet in der nach § 243 Abs. 1 begonnenen Hauptverhandlung unter Mitwirkung der Schöffen. Sofern diese nicht nur unterbrochen und nach Vorführung des Angeklagten fortgesetzt werden soll, hat es durch Beschluß nach § 228 Abs. 1 Satz 1 das Verfahren auszusetzen. Der Beschluß über die Anordnung eines Zwangsmittels kann, muß
aber nicht gleichzeitig mit diesem Beschluß ergehen. Er ist mit seinen Gründen nach
§ 273 Abs. 1 in das **Sitzungsprotokoll** aufzunehmen[114]. Seine spätere **Ausfertigung**
(nötig für den Vollzug und wegen des analog anzuwendenden § 114 a Abs. 2) braucht von
den Schöffen nicht mit unterschrieben zu werden[115].

b) Alsbaldige Anordnung. Sind die angegebenen Voraussetzungen erfüllt, so können **44**
die in Absatz 2 vorgesehenen Maßregeln **alsbald** verhängt werden. Wird gegen einen Mitangeklagten verhandelt, so braucht mit ihrer Anordnung nicht bis zur Beendigung der
Hauptverhandlung gewartet zu werden. Strittig ist, ob die Anordnung der Zwangsmittel
nur in der Hauptverhandlung beschlossen werden kann[116], ob es zulässig ist, in dieser
durch Beschluß die Anordnung einer späteren Entscheidung des Gerichts außerhalb der
Hauptverhandlung (dann in der Beschlußbesetzung ohne Schöffen) vorzubehalten[117] oder
ob das Gericht in der Beschlußbesetzung auch ohne einen solchen Vorbehalt diese Entscheidung noch nach Abschluß einer ausgesetzten Hauptverhandlung treffen darf[118]. Der
letztgenannten Ansicht ist zuzustimmen. Die Entscheidung ist zwar eine Reaktion des
erkennenden Gerichts auf das Ausbleiben des Angeklagten. Abgesehen von den wohl sel-

---

[111] OLG Düsseldorf JMBlNW **1983** 41; KK-*Treier* 13;
Kleinknecht/Meyer-Goßner 23; SK-*Schlüchter* 27;
a. A *Rupp* NStZ **1990** 577, der den Haftbefehl auf
die Dauer eines Verhandlungstages beschränken
will.

[112] Vgl. dazu *Rupp* NStZ **1990** 576.

[113] So aber *Erker* Das Beanstandungsrecht gem. §238
Abs. 2 StPO, 48.

[114] SK-*Schlüchter* 29; vgl. bei § 273.

[115] OLG Bremen MDR **1960** 245; h. M.

[116] So OLG Bremen MDR **1960** 244; KK-*Treier* 17;
KMR-*Paulus* 22; *Eb. Schmidt* Nachtr. I.12.

[117] OLG Hamm GA **1959** 314; LG Zweibrücken StV
1995 404; *Kleinknecht/Meyer-Goßner* 24; SK-
Schlüchter 15. Zum Streitstand LG Gera NStZ-RR
1996 239.

[118] So *Welp* JR **1991** 271; *Rasehorn* DRiZ **1956** 270;
a. A OLG Hamm GA **1958** 314.

ten gewordenen Fällen, in denen der Angeklagte noch zur gleichen Hauptverhandlung vorgeführt werden kann, dient sie präventiv der Sicherung einer künftigen Hauptverhandlung. Sie ist also im Regelfall keine Entscheidung, die aus der inneren Sachlogik des Verfahrens heraus nur vom erkennenden Gericht in der Hauptverhandlung beschlossen werden kann. Wäre sie das, könnte sie auch nicht durch einen Vorbehalt auf die Beschlußbesetzung delegiert werden. Daß die Anbindung an die nur formal, nicht aber sachlich (vgl. § 230 Abs. 1) begonnene Hauptverhandlung in Absatz 2 keine ausschließliche Zuständigkeit des erkennenden Gerichts begründet, zeigt sich schon darin, daß nach herrschender Meinung auch alle weiteren Sachentscheidungen über Fortbestand oder Änderung der angeordneten Maßnahme dem Gericht in seiner Beschlußbesetzung obliegen. Eine Einengung der Zuständigkeit ist unter den heutigen Verhältnissen weder sinnvoll noch sachgerecht. Der Kenntnisstand des Gerichts über die Gründe des Ausbleibens ist bei Verhandlungsbeginn mitunter unzulänglich. Es muß zwar nicht ohne hinreichende Anhaltspunkte von sich aus nachforschen, ob ein Entschuldigungsgrund vorliegt. Kommt dies aber nach dem ihm bekannten Sachverhalt in Betracht, etwa, weil die Übersendung eines Nachweises für den Hinderungsgrund angekündigt wurde[119], muß es diesen vor der Entscheidung abwarten. Auch sonst ist vom Amts wegen aufzuklären, ob ein behaupteter Entschuldigungsgrund vorliegt und stichhaltig ist. Denn bei **nicht behebbaren Zweifeln** am Vorliegen eines unentschuldigten Ausbleibens darf ein in die Freiheit eingreifendes Zwangsmittel nicht angeordnet werden[120]. Die Lösung, auch in solchen Fällen über die Zwangsmaßnahmen auf Grund des unsicheren Kenntnisstands der Hauptverhandlung zu entscheiden und diese Entscheidung dann später in der Beschlußbesetzung zu korrigieren und angeordnete Zwangsmaßnahmen wieder aufzuheben oder zu modifizieren, wird zum einen der Bedeutung des an das Vorliegen der gesetzlichen Voraussetzungen gebundenen Eingriffs in die Freiheit des Angeklagten nicht gerecht, zum anderen versagt sie in den Fällen, in denen die Anordnung eines Zwangsmittels unterbleibt und erst die späteren Ermittlungen ergeben, daß ein Entschuldigungsgrund in Wirklichkeit nur vorgetäuscht war. Dieser Leerlauf läßt sich vermeiden, wenn man das Gericht, das auch sonst außerhalb der Hauptverhandlung Anordnungen treffen darf, die eine kommende Hauptverhandlung vorbereiten (vgl. § 236), für befugt hält, auch die Maßnahmen nach § 230 Abs. 2 nach Aufklärung des Sachverhalts auch noch in der Beschlußbesetzung anzuordnen. Sich diese Möglichkeit durch einen entsprechenden Beschluß in der Hauptverhandlung **ausdrücklich vorzubehalten** ist zwar nach der hier vertretenen Auffassung nicht nötig, im Hinblick auf die bisherige Rechtsprechung kann dadurch aber überflüssigen Kontroversen vorgebeugt werden.

45   Folgt man dagegen der oben abgelehnten **Gegenmeinung**, daß die Zwangsmaßnahmen nur von dem erkennenden Gericht in der für die betreffende Sitzung maßgebenden Besetzung angeordnet werden dürfen, hätte dies zur Folge, daß nach deren Ende, also nach Aussetzung des Verfahrens gegen den Angeklagten, keine solche Anordnung mehr möglich ist und die Anwesenheit des Angeklagten nur noch über den an strengere Voraussetzungen gebundenen Haftbefehl nach §§ 112 ff erzwungen werden kann[121]. Ob die Vorführung nach § 134 angeordnet werden könnte[122], erscheint zweifelhaft. Näher liegt, daß § 230 Abs. 2 die gesetzlichen Eingriffsvoraussetzungen hierfür abschließend festlegt.

---

[119] *Kleinknecht/Meyer-Goßner* 24.
[120] KMR-*Paulus* 20.

[121] So z. B. KMR-*Paulus* 22.
[122] So KMR-*Paulus* 22.

c) Die Anordnung ist von Amts wegen **aufzuheben**, wenn sich **nachträglich** ergibt, **46**
daß das Ausbleiben des Angeklagten genügend entschuldigt war. Die Aufhebung kann das
erkennende Gericht auch außerhalb der Hauptverhandlung beschließen[123].

6. Nachträgliches Erscheinen des Angeklagten. Die Anordnung von Zwangsmitteln **47**
nach Absatz 2 und die Vertagung der Hauptverhandlung gegen den Angeklagten hindern
das Gericht nicht, doch noch die Hauptverhandlung durchzuführen, wenn es dies bei
Berücksichtigung der Sachlage und seiner sonstigen Geschäftsbelastung für angezeigt
hält. Der Beschluß, der die Vertagung anordnet, ist dann zweckmäßigerweise zur Klarstellung förmlich aufzuheben, desgleichen die angeordneten Zwangsmittel, auch wenn dies
nicht unbedingt erforderlich ist, da sie mit Wegfall des Termins, dessen Durchführung sie
gewährleisten sollten, von selbst gegenstandslos werden. Hat das Gericht nach Trennung
der Verfahren bereits gegen andere Angeklagte in der gleichen Sache verhandeln, so ist —
anders als nach § 232 — nach einer Wiederverbindung die ganze Hauptverhandlung,
soweit sie den zunächst ausgebliebenen Angeklagten betrifft, zu wiederholen[124]. Zum Fall
des § 232 vgl. dort Rdn. 33.

7. Anrechnung auf Strafe. Die auf Grund eines Haftbefehls nach § 230 Abs. 2 erlit- **48**
tene Haft ist eine auf die Strafe nach § 51 StGB anzurechnende Freiheitsentziehung[125].
Beim Vorführungsbefehl wird dies vorwiegend verneint[126], vereinzelt jedoch zumindest
dann gefordert, wenn die Vorführung wegen ihrer Dauer mit einen erheblichen Freiheits-
entzug verbunden war[127]. Folgt man der Auffassung, daß die zeitliche Dauer des Eingriffs
in die persönliche Freiheit bei der Vorführung ohnehin nur in engen Grenzen zulässig ist,
(Rdn. 33a) besteht kein Anlaß zur Anrechnung. Die Freiheitsentziehung, die in einer
unzulässigen zeitlichen Ausdehnung der Vorführung liegt, kann das Gericht dagegen
durch Anrechnung kompensieren.

III. Rechtsbehelfe

1. Beschwerde. Der Beschluß, der eine Zwangsmaßnahme nach Absatz 2 anordnet, ist **49**
mit Beschwerde (§ 304) anfechtbar (§ 305 Satz 2)[128]. Die Anordnung darf aber noch nicht
vollständig vollzogen sein, was vor allem beim Vorführungsbefehl häufig der Fall sein
wird. Ob es zulässig ist, daß das Beschwerdegericht trotz einer **prozessualen Überholung**
wegen des Rehabilitationsinteresses des Angeklagten noch über die Rechtswidrigkeit des
in die Freiheit eingreifenden Zwangsmittels entscheidet, ist hier, wie auch sonst, strittig[129]. Bei zulässiger Beschwerde hat das Beschwerdegericht im vollem Umfang auch in
tatsächlicher Hinsicht **in der Sache selbst** zu entscheiden[130]. Es prüft nicht nur nach, ob
die gesetzlichen Voraussetzungen für die Anordnung vorlagen, sondern auch, ob diese im
Zeitpunkt seiner eigenen Entscheidung noch verhältnismäßig und zur Sicherung der
Anwesenheit des Angeklagten in der Hauptverhandlung erforderlich ist. Eine unzurei-

---

[123] *Eb. Schmidt* 20; *Kleinknecht/Meyer-Goßner* 16;
KMR-*Paulus* 28; SK-*Schlüchter* 21 wenden insoweit § 51 Abs. 2 Satz 3 entsprechend an. Die Befugnis zum actus contrarius folgt nach der hier vertretenen Auffassung jedoch schon aus § 230
Abs. 2.

[124] BGHSt **30** 73; vgl. Rdn. 18.

[125] Vgl. AG Nienburg NdsRpfl. **1962** 263 (zur früheren Rechtslage); *Löffler* MDR **1978** 726; h. M.

[126] OLG Celle MDR **1966** 1022; OLG Köln MDR
1952 278; KK-*Treier* 16; *Kleinknecht/Meyer-Goß-
ner* 23; KMR-*Paulus* 29; strittig; vgl. die Kommentare zu § 51 StGB.

[127] SK-*Schlüchter* 20 mit weiteren Nachweisen.

[128] Dazu SK-*Schlüchter* 30; *Schlüchter* Rdn. 659
Fn. 196; h. M.

[129] Etwa SK-*Schlüchter* 30; zum Streitstand vgl. bei
§ 304.

[130] Vgl. die Erläuterungen zu § 309.

chende Begründung des Vorführungs- oder Haftbefehls muß es ergänzen[131]; eine sachlich fehlerhafte richtig stellen. Das Beschwerdegericht kann selbst den Vollzug des Haftbefehls gegen Sicherheitsleistung aussetzen und es kann den Haftbefehl in einen Vorführungsbefehl umwandeln[132]. Dagegen ist es ihm wegen der Erstzuständigkeit nach § 125 Abs. 2 verwehrt, den Haftbefehl nach § 230 in einen solchen nach den §§ 112 ff umzuändern[133].

50   Gegen die Entscheidung des Beschwerdegerichts ist beim Haftbefehl — nicht jedoch beim Vorführungsbefehl[134] — die **weitere Beschwerde** zulässig[135].

51   **2. Revision.** Ist der Angeklagte in der Hauptverhandlung nicht anwesend, so greift der absolute Revisionsgrund des § 338 Nr. 5 durch[136], soweit nicht Ausnahmevorschriften die Abwesenheitsverhandlung gestatten (vgl. Rdn. 7). § 230 ist an sich schon verletzt, wenn der Angeklagte auch nur einem unwesentlichen Teil der Hauptverhandlung fernbleibt[137]; nach der vorherrschenden Meinung liegt der absolute Revisionsgrund des § 338 Nr. 5 aber nur vor, wenn **wesentliche Teile der Hauptverhandlung** ohne den Angeklagten durchgeführt wurden[138]. Hierzu rechnen beispielsweise alle Vorgänge der Beweisaufnahme[139], einschließlich der Vereidigung eines Zeugen oder die Aussagen von Mitangeklagten[140], nicht dagegen die Festsetzung eines Ordnungsmittels gegen einen ausgebliebenen Zeugen[141]. Auch die Urteilsverkündung ist ein wesentlicher Teil, während dies bei der Eröffnung der Urteilsgründe verneint wird[142]. Wegen der weiteren Beispiele und der Einzelheiten wird auf die Erläuterungen zu § 338 Nr. 5 verwiesen.

52   Werden auf Grund einer als **vorübergehend gedachten Trennung** der Verfahren bei mehreren Mitangeklagten in dem einen Verfahren Vorgänge behandelt, die auch den Angeklagten des abgetrennten Verfahrens betreffen, dann nimmt der Bundesgerichtshof eine Umgehung des durch § 338 Nr. 5 besonders abgesicherten Anwesenheitsgebots an und läßt trotz der formalen Trennung die absolute Revisionsrüge nach dieser Vorschrift durchgreifen[143] und nicht etwa nur die Rüge nach §§ 261, 337, die der Revision nur zum Erfolg verhilft, wenn das Urteil darauf beruht[144].

---

[131] OLG Stuttgart Justiz **1985** 217; vgl. *Gollwitzer* Anm. zu LG Chemnitz StV **1996** 255.

[132] OLG Köln JMBlNW **1959** 114; h. M; vgl. OLG Celle NJW **1957** 393.

[133] OLG Karlsruhe MDR **1980** 868; KK-*Treier* 18; *Kleinknecht/Meyer-Goßner* 25; KMR-*Paulus* 31; SK-*Schlüchter* 30; **a. A** OLG Celle NdsRpfl. **1963** 238; das nur die Gewährung des rechtlichen Gehörs verlangt; darauf kommt es aber nicht allein an.

[134] OLG Celle NJW **1966** 2180; OLG Köln MDR **1952** 378; vgl. bei § 310.

[135] OLG Celle NJW **1957** 393; OLG Karlsruhe NJW **1969** 1546; vgl. bei § 310.

[136] RGSt **29** 295; **40** 230; **54** 211; **58** 150; **62** 259; BGHSt **3** 191; **16** 180; **21** 257; **22** 20; **24** 257; **30** 74; BGH NJW **1973** 522; BGH MDR **1984** 160. *Eb. Schmidt* 5.

[137] BGHSt **3** 191; **9** 243; **21** 332; NJW **1973** 522.

[138] Strittig; vgl. bei § 338 Nr. 5.

[139] BGH NStZ **1981** 449; vgl. Rdn. 7, 8; ferner § 226, 19 und bei § 338 Nr. 5.

[140] RGSt **55** 168; BGH StV **1986** 288; **1988** 370; vgl. auch bei § 257 (24. Aufl. Rdn. 20).

[141] BGH bei *Dallinger* MDR **1975** 23; ferner etwa RGSt **58** 180 (Aufruf der Zeugen); BGHSt **15** 263; BGH NJW **1953** 1801.

[142] BGHSt **15** 263; **16** 178; strittig, vgl. bei § 338 Nr. 5 und § 268.

[143] BGHSt **24** 259; **30** 74; **32** 100; **32** 270; StV **1982** 252; **1984** 186; BGH bei *Pfeiffer/Miebach* NStZ **1983** 209; **1983** 355; bei *Miebach/Kusch* NStZ **1991** 228; StV **1992** 501.

[144] Nach RGSt **69** 360; **70** 67; RG JW **1935** 1098; 2980 war nur § 261 verletzt, wenn im Urteil etwas verwertet wurde, was nicht Teil der Hauptverhandlung gegen den jeweiligen Angeklagten war; so auch BGH NJW **1984** 2174. Wegen weiterer Nachweise vgl. die Erl. zu § 338 Nr. 5. BGHSt **32** 270 relativiert § 338 Nr. 5, wenn es seine Anwendbarkeit nur insoweit bejaht, als die Verhandlungen des abgetrennten Teils die Verteidigungsinteressen berührt haben können, was auf eine Beruhensprüfung hinausläuft.

Die Abwesenheit eines Mitangeklagten kann der andere Angeklagte nicht unter dem **53** Gesichtspunkt eines Verstoßes nach §§ 230, 338 Nr. 5 rügen[145], sondern allenfalls unter dem Gesichtspunkt der **Verletzung der Aufklärungspflicht**, sofern er darzutun vermag, aus welchen Umständen in seiner Sache die Anwesenheit des Mitangeklagten dafür erforderlich gewesen wäre[146].

Die Verletzung der Anwesenheitspflicht muß — da es sich um keine Verfahrensvor- **54** aussetzung handelt (Rdn. 6) — vom Revisionsführer **formgerecht** unter Angabe aller den Verfahrensverstoß schlüssig aufzeigenden Tatsachen gerügt werden (§ 344 Abs. 2). Dazu ist erforderlich, daß gegebenenfalls genau angegeben wird, welche Teile der Hauptverhandlung ohne den Angeklagten stattfanden, bei einer zeitweisen Abwesenheit gehört dazu die Angabe, was in Abwesenheit des Angeklagten verhandelt wurde[147].

§ 231

(1) [1]**Der erschienene Angeklagte darf sich aus der Verhandlung nicht entfernen.** [2]**Der Vorsitzende kann die geeigneten Maßregeln treffen, um die Entfernung zu verhindern; auch kann er den Angeklagten während einer Unterbrechung der Verhandlung in Gewahrsam halten lassen.**

(2) Entfernt der Angeklagte sich dennoch oder bleibt er bei der Fortsetzung einer unterbrochenen Hauptverhandlung aus, so kann diese in seiner Abwesenheit zu Ende geführt werden, wenn er über die Anklage schon vernommen war und das Gericht seine fernere Anwesenheit nicht für erforderlich erachtet.

Schrifttum siehe bei § 230.

Bezeichnung bis 1924: § 230.

Übersicht

---

[145] RGSt **67** 418; **69** 18; BGH NStZ **1981** 449; StV **1982** 252; JA **1984** 263 mit Anm. *Kratzsch; Kleinknecht/Meyer-Goßner* 26; KMR-*Paulus* 32; SK-*Schlüchter* 35.

[146] RGSt **29** 299; SK-*Schlüchter* 35 vgl. bei §§ 244, 338 Nr. 5, § 345.

[147] BGHSt **26** 91; BGH GA **1963** 19; BGH bei *Holtz* MDR **1981** 457; NStZ **1983** 36.

Alphabetische Übersicht

I. Verbot, sich aus der Hauptverhandlung zu entfernen

1   **1. Zweck der Regelung.** Das gegen den Angeklagten gerichtete Verbot, sich aus der Hauptverhandlung zu entfernen, soll in Ergänzung des § 230 die Anwesenheit des erschienenen Angeklagten während der ganzen Hauptverhandlung sicherstellen. Solange die Hauptverhandlung formal auch gegen ihn geführt wird, muß der Angeklagte an ihr teilnehmen. Da die Hauptverhandlung gegen alle Angeklagten eine Einheit bildet, ihr Inbegriff (§ 261) der Entscheidung gegen alle zugrunde gelegt werden kann, besteht die Anwesenheitspflicht grundsätzlich auch, wenn ausschließlich die Tat eines Mitangeklagten verhandelt wird, an der der Angeklagte nicht beteiligt war und die ihn auch sonst nicht betrifft[1].

Die Anwesenheitpflicht ist **zwingendes Recht**, das nicht zur Disposition des Gerichts **2** oder der Verfahrensbeteiligten steht. Soweit nicht Ausnahmen Platz greifen (Rdn. 5; § 230, 3), kann der Angeklagte nicht darauf **verzichten**[2]. Die Anwesenheitpflicht entfällt auch nicht, wenn alle Verfahrensbeteiligten der Entfernung zustimmen (BGH NJW **1973** 522). Eine **Beurlaubung** des Angeklagten von ihn nicht berührenden Teilen der Hauptverhandlung ist nur nach Maßgabe des § 231 c möglich.

Wird gegen mehrere Angeklagte verhandelt, kann das Gericht durch **Abtrennen** des **3** Verfahrens und durch spätere **Wiederverbindung** (§ 237) erreichen, daß ein Angeklagter nicht der Hauptverhandlung bewohnen muß, solange ausschließlich ihn nicht betreffende Vorgänge verhandelt werden[3]. Die Möglichkeit der Abtrennung und Wiederverbindung darf nicht die **Umgehung** der Anwesenheitpflicht bezwecken (BGHSt **24** 257). Die Einzelheiten, vor allem auch die Gefahren und Grenzen einer derartigen Verfahrensgestaltung, sind bei den §§ 230 und 237 erörtert[4]. Bei einer Unterbrechung des abgetrennten Verfahrens sind die Fristen des § 229 zu beachten.

Das Erfordernis der Beurlaubung nach § 231 c oder der Abtrennung und Wiederver- **4** bindung kann nicht dadurch **umgangen** werden, daß das Gericht von vornherein dem Angeklagten nach seiner Vernehmung die weitere **Teilnahme freistellt**[5] oder zumindest bei ihm den Eindruck erweckt, es billige wegen der Möglichkeit des Weiterverhandelns nach § 231 Abs. 2 sein Fernbleiben[6]. Die bloße Belehrung über diese Möglichkeit kann aber nicht schon als eine solche Billigung verstanden werden, sofern sie keinen Zweifel daran entstehen läßt, daß der Angeklagte zur weiteren Anwesenheit verpflichtet bleibt. Dann kann es auch unschädlich sein, wenn der Vorsitzende zu erkennen gibt, daß das Gericht keine Zwangsmittel nach § 230 Abs. 2 anwenden sondern nach § 231 Abs. 2 weiterverhandeln werde[7]. Um jedes Mißverständnis auszuschließen, sollte bei solchen Äußerungen eindeutig auf das uneingeschränkte Fortbestehen der Anwesenheitpflicht hingewiesen werden[8], um die Zulässigkeit einer Verhandlung nach § 231 Abs. 2 nicht zu gefährden (vgl. Rdn. 14). Um jeden Eindruck einer Billigung auszuschließen sollte der Vorsitzende den Angeklagten auf die weitere Anwesenheitpflicht auch dann ausdrücklich hinweisen, wenn er diesen nicht durch Zwangsmittel am Verlassen der Hauptverhandlung hindert[9].

2. Ausnahmen von der Anwesenheitpflicht. Diese entfällt nicht etwa schon dann, **5** wenn das Gericht auch ohne den Angeklagten verhandeln darf, wie etwa in den Fällen des § 231 Abs. 2, §§ 231 a, 231 b, 232. Nur dort, wo es vom Gesetz dem Angeklagten freigestellt ist, ob er an der Hauptverhandlung teilnehmen will, wo er also nur ein Recht und **keine Pflicht zur Anwesenheit** hat, ist der erschienene Angeklagte berechtigt, sich jeder-

---

1 RG Recht **1922** Nr. 692; *Gollwitzer* FS Sarstedt 17, 23; h. M; vgl. § 230, 12.
2 BGHSt **22** 20; **25** 318; BGH StV **1993** 285; vgl. § 230, 2.
3 BGHSt **24** 257; § 230, 12 bis 16; § 237, 18.
4 § 230, 12 bis 17, 52; § 237, 16.
5 RGSt **58** 153; BGH NJW **1973** 522; StV **1987** 189; h. M; vgl. ferner BGH StV **1993** 285 (Abführen aus Hauptverhandlung); OLG Stuttgart NJW **1970** 343.
6 BGHSt **37** 252; NJW **1973** 522; StV **1989** 187; **1990** 245. H. M etwa AK-*Keller* 8; KK-*Treier* 4;

Kleinknecht/Meyer-Goßner 15; SK-*Schlüchter* 12; vgl. § 230, 17.
7 BGHSt **37** 252.
8 OLG Köln StV **1985** 50 fordert dies; ebenso wohl *Kleinknecht/Meyer-Goßner* 15.
9 Vgl. KG StV **1985** 52 (kein Hinweis trotz Aufforderung des Staatsanwalts); es hängt aber immer vom Einzelfall ab, ob das Dulden der Entfernung ohne Hinweis auf die Anwesenheitpflicht als Billigung der Abwesenheit mißverstanden werden kann.

zeit aus der Hauptverhandlung zu entfernen; Absatz 1 ist in diesen Fällen nicht anwendbar. Ein Festhalten des Angeklagten nach Absatz 1 Satz 2 ist erst möglich, wenn das Gericht durch Anordnung des persönlichen Erscheinens nach § 236 eine Anwesenheitspflicht begründet hat.

3. Verhinderung der Entfernung

6   **a) Anordnung des Vorsitzenden.** Absatz 1 Satz 2 ermächtigt den Vorsitzenden, die Maßregeln zu treffen, die er nach pflichtgemäßem Ermessen für erforderlich hält, um den Angeklagten zur Anwesenheit in der Hauptverhandlung zu zwingen. Er handelt dabei in Ausübung seiner **sitzungspolizeilichen Befugnisse** (§ 176 GVG). Sie können an sich nicht nach § 238 Abs. 2 vom Gericht nachgeprüft werden, es sei denn sie wirken sich auch auf die sachliche Prozeßführung des Angeklagten aus; auch dann erstreckt sich die Prüfung nur auf ihre Rechtmäßigkeit und nicht auch auf ihre Zweckmäßigkeit (Rdn. 33). Ob und welche Maßnahmen der Vorsitzende anordnen will, steht in seinem **pflichtgemäßen Ermessen**, das die für alle Zwangsmaßnahmen geltenden Grundsätze, wie Erforderlichkeit und Verhältnismäßigkeit (vgl. § 230, 26), berücksichtigen muß und das sich vor allem am Zweck der Regelung, die Anwesenheit des Angeklagten in der Hauptverhandlung und deren zügige Durchführung zu gewährleisten, zu orientieren hat[10]. Ein **Absehen von Maßnahmen** nach Absatz 1 Satz 2 ist deshalb bei einem Angeklagten, der sich entfernen will, auch wegen des Beschleunigungsgebotes allenfalls vertretbar, wenn die Hauptverhandlung ohne ihn zu Ende geführt werden kann, vor allem, wenn nach der vom Vorsitzenden formlos festzustellenden Ansicht des Gerichts der Anwendung des § 231 Abs. 2 nichts entgegensteht.

7   **b) Die einzelnen Maßnahmen.** Mit Ausnahme der Befugnis, den Angeklagten während einer Unterbrechung in Gewahrsam zu halten, sind die Maßnahmen im Gesetz nicht näher festgelegt. Es müssen alle Maßnahmen für zulässig gelten, die zur Erreichung dieses Zwecks geeignet sind, sofern sie die Grenzen nicht überschreiten, die für alle derartigen Eingriffe bestehen: Sie müssen aus konkretem Anlaß geboten sein[11], die Menschenwürde (Art. 1 Abs. 1 GG) wahren und dürfen nicht außer Verhältnis zur Bedeutung der Sache stehen. Von mehreren möglichen Mitteln ist dasjenige zu wählen, das die geringstmögliche Beeinträchtigung des Angeklagten mit sich bringt. Als solche Maßnahmen kommen vor allem in Betracht: Verweisung in die umfriedete Anklagebank, ständige Bewachung durch Justizwachtmeister oder Polizeibeamte[12]. In Ausnahmefällen wird auch eine Fesselung für zulässig erachtet; sie darf aber die Grenzen des § 119 Abs. 5 nicht überschreiten, vor allem darf sie nicht durch anderweitige Maßnahmen vermeidbar sein[13].

8   Das „**In-Gewahrsam-halten-Lassen**" ist für jede Unterbrechung zulässig, also auch für eine Unterbrechung, die sich über die Nachtstunden erstreckt, oder bei einer wiederholten Unterbrechung. Sie muß jedoch unerläßlich sein; das Wiedererscheinen des Angeklagten bei der Fortsetzung der Verhandlung darf nicht durch mildere Mittel gesichert

---

[10] Vgl. etwa AK-*Keller* 12. Nach anderer Ansicht ist die mögliche Sicherung der weiteren Anwesenheit nicht vorrangig, da keine Pflicht bestehe, zu diesem Zweck Zwangsmittel einzusetzen; vgl. etwa KMR-*Paulus* 15, 21; ferner für eine größere Dispositionsbefugnis *Julius* GA **1992** 295 und bei Großverfahren *Rupp* NStZ **1990** 576.

[11] OLG Oldenburg NdsRpfl. **1976** 18.

[12] H. M, etwa KK-*Treier* 2; *Kleinknecht/Meyer-Goßner* 2; SK-*Schlüchter* 4. Vgl. auch Nr. 125 Abs. 2 RiStBV.

[13] BGH NJW **1957** 271: OLG Oldenburg NdsRpfl. **1976** 18; KK-*Treier* 2; *Kleinknecht/Meyer-Goßner* 2; KMR-*Paulus* 6; SK-*Schlüchter* 4; **a. A** *Eb. Schmidt* 4 (nur zur Verhinderung von Gewalttätigkeiten). Einschränkend auch AK-*Keller* 1. Zur Fesselung vgl. auch *Lüderssen* GedS Meyer 269.

werden können. Um die Freiheitsentziehung möglichst kurz zu halten, darf eine Unterbrechung nicht länger als nötig ausgedehnt werden, gegebenenfalls ist auch sonst bei der Verhandlungsführung darauf Rücksicht zu nehmen, etwa auch dadurch, daß die Vernehmung zur Sache bei dem in Gewahrsam befindlichen Angeklagten vorgezogen wird. Die Maßregel kann auch bei einer mehrtägigen Unterbrechung angeordnet werden, doch ist in einem solchen Fall regelmäßig Grund gegeben zu prüfen, ob nicht die Voraussetzungen für einen Haftbefehl nach §§ 112 ff gegeben sind. Auf § 231 Abs. 1 kann ein Haftbefehl nicht gestützt werden. Er wäre ein schwererer Eingriff als das danach zulässige „In-Gewahrsam-Halten"[14]. Diese Prüfung ist vor allem bei den vom Gericht beschlossenen längerfristigen Unterbrechungen (§ 228 Satz 1) angezeigt, da schon der Grundsatz der Verhältnismäßigkeit es ausschließt, den vom Vorsitzenden angeordneten Gewahrsam über eine längere verhandlungsfreie Zeit auszudehnen. Abgesehen davon darf der nur die kurzfristige Sicherung einer zügig durchgeführten Hauptverhandlung bezweckende Gewahrsam des § 231 Abs. 1 nicht entgegen dem Gesetzeszweck systemwidrig zu einer Untersuchungshaft ohne deren rechtliche Sicherungen ausgeweitet werden[15]. Ein die Sicherung der Fortsetzung der Hauptverhandlung bezweckender Gewahrsam wird allerdings, seine Unerläßlichkeit und Verhältnismäßigkeit vorausgesetzt, über ein Wochenende hinaus aufrechterhalten werden können, wie ein Vergleich mit der ebenfalls nur die Sicherung der Durchführung der Hauptverhandlung bezweckende Haft nach § 230 Abs. 2 zeigt[16]. Ergibt sich, daß die Hauptverhandlung **ausgesetzt** werden muß, ist der Angeklagte sofort aus dem Gewahrsam zu entlassen.

c) Vollzug. Die Maßregel wird dadurch vollzogen, daß der Angeklagte während der 9 Unterbrechung im Sitzungssaal oder einem anderen Zimmer bewacht oder eingeschlossen wird. Er kann auch in einer Justizvollzugsanstalt untergebracht werden. Der Vollzug der vom Vorsitzenden angeordneten Maßregel[17] obliegt den **Gerichtswachtmeistern** oder anderen damit beauftragten Justizbediensteten[18] oder der Polizei, sofern diese mit der Aufrechterhaltung von Sicherheit und Ordnung im Gerichtssaal betraut ist oder im Rahmen der Amtshilfe (Art. 35 GG) herangezogen wird[19].

II. Verhandlung ohne Angeklagten (Absatz 2)

1. Zweck des Absatzes 2 ist es, dem Angeklagten die Möglichkeit abzuschneiden, die 10 schon „begonnene und vielleicht dem Abschluß nahe Hauptverhandlung dadurch unwirksam und gleichsam ungeschehen zu machen, daß er sich entfernt oder bei ihrer Wiederer-

---

[14] BVerfGE **21** 188; *Kleinknecht/Meyer-Goßner* 3; KMR-*Paulus* 7; SK-*Schlüchter* 6; *Wendisch* StV **1990** 166.

[15] Vgl. AK-*Keller* 2 (nur bei kurzer Unterbrechung); SK-*Schlüchter* 7, die davon ausgeht, daß die Verwahrungsdauer nicht über die Unterbrechungskompetenz des Vorsitzenden nach § 228 Abs. 1 Satz 2 hinausgehen kann und die unabhängig von diesen Zuständigkeitsüberlegungen die Verwahrungsdauer verfassungskonform auf die Frist des § 128 Abs. 1 Satz 1 beschränken will. *Pfeiffer/Fischer* 1 fordern Haftbefehl, wenn Frist des § 229 Abs. 1 überschritten.

[16] Vgl. § 230, 37; 42. Gegen die analoge Heranziehung des § 128 Abs. 1 Satz 1 (SK-*Schlüchter* 7) spricht, daß eine entsprechende Fristbeschränkung auch bei der Dauer der Sicherungshaft nach § 230

Abs. 2 fehlt; die unterschiedliche Anordnungskompetenz dürfte den Vergleich nicht hindern, da die historisch überkommenen Kompetenzregeln ohnehin sachlich nicht mehr stimmig sind.

[17] Die Vollstreckung kann der Vorsitzende ohne Einschaltung der Staatsanwaltschaft selbst in die Wege leiten, vgl. § 36, 26 ff.

[18] Vgl. Nr. 125 Abs. 1 RiStBV; auch Beamte der Justizvollzugsanstalten können damit beauftragt sein; vgl. *Kleinknecht/Meyer-Goßner* 3. Maßgebend sind die jeweils bestehenden Regelungen (Rechtsvorschriften der Länder, innerdienstliche Anordnungen).

[19] KMR-*Paulus* 5; SK-*Schlüchter* 5. Welchen Personen diese Aufgabe obliegt, richtet sich nach den jeweils einschlägigen Rechtsvorschriften und den Verwaltungsanordnungen.

öffnung ausbleibt"[20]. Bei einer bewußten Verfahrenssabotage, aber auch sonst bei einer wissentlichen Verletzung der Anwesenheitspflicht durch den Angeklagten soll es möglich sein, im Interesse der Verfahrensbeschleunigung und der Prozeßwirtschaftlichkeit die begonnene Hauptverhandlung zu Ende zu bringen, sofern der Angeklagte in ihr bereits voll zur Sache vernommen worden ist (Rdn. 11). Ist dies noch nicht geschehen oder § 231 Abs. 2 sonst nicht anwendbar und kann auch nicht auf Grund einer anderen Vorschrift ohne den Angeklagten weiterverhandelt werden (Rdn. 5), so kommt die Anordnung von Zwangsmitteln nach § 230 Abs. 2 in Betracht, gegebenenfalls auch ein Weiterverhandeln nach § 231 a. Daß der Vorsitzende die bestehende Möglichkeit nicht genutzt hat, die weitere Anwesenheit des Angeklagten nach Absatz 1 Satz 2 zu erzwingen, schließt die Anwendung des Absatzes 2 nicht aus[21].

2. Voraussetzungen

11   **a) Gelegenheit zur Äußerung.** Der Angeklagte muß zur Anklage vernommen worden sein; er muß uneingeschränkte Gelegenheit erhalten haben, sich über den Gegenstand der Anklage in ihrem ganzen Umfang und alle ihn betreffenden Umstände auszusprechen; nicht notwendig ist dagegen, daß er sich auch tatsächlich zur Beschuldigung erklärt hat[22]. Dem Gebot des rechtlichen Gehörs ist genügt, wenn er die Möglichkeit dazu hatte. Seine Vernehmung zur Sache (§ 243 Abs. 4) muß abgeschlossen sein. Dafür genügt es, wenn der Angeklagte erklärt, sich nicht, oder nicht jetzt, zur Sache äußern zu wollen. Sein Vorbehalt, er wolle sich später zur Sache erklären, schiebt den Abschluß der Vernehmung zur Sache nicht hinaus[23]. Zu dieser gehört nicht die Erörterung seiner Vorstrafen. Diese dürfen auch in Abwesenheit des Angeklagten festgestellt werden[24].

12   **b) Fernbleiben.** Der Angeklagte muß sich aus der Hauptverhandlung eigenmächtig entfernt haben, oder er muß nach einer Unterbrechung der Hauptverhandlung beim Fortsetzungstermin trotz ordnungsgemäßer Ladung (vgl. § 216, 2; § 228, 7) in wissentlicher Verletzung seiner Anwesenheitspflicht schuldhaft ausgeblieben sein. Unterbrechung bedeutet hier das gleiche wie in § 229. Wird dagegen die Hauptverhandlung von neuem begonnen, darf beim Ausbleiben des Angeklagten die Verhandlung nach § 230 nicht ohne ihn durchgeführt werden.

13   Bei **Rückkehr in die Hauptverhandlung** leben die Verfahrensrechte des Angeklagten wieder auf. Dies wirkt aber nicht auf die Teile der Hauptverhandlung zurück, die bereits ohne ihn verhandelt worden sind. Diese bleiben wirksam und sind vom Angeklagten hinzunehmen. Der Vorsitzende ist — anders als nach §§ 231 a, 231 b, § 247 — nicht verpflichtet, ihn über das zwischenzeitliche Verhandlungsergebnis zu unterrichten[25]. Auch Art. 103 Abs. 1 GG erfordert dies nicht[26]. *Rieß* (JZ **1975** 271) erwägt demgegenüber eine Unterrichtungspflicht des Angeklagten deshalb, weil kein Grund ersichtlich sei, den Angeklagten im Falle des § 231 Abs. 2 anders zu behandeln als bei §§ 231 a, 231 b[27].

---

[20] Motive 182. Vgl. auch AK-*Keller* 3 (Sicherung der Effizienz).

[21] KMR-*Paulus* 15; vgl. auch Rdn. 6.

[22] BGHSt **27** 216; BGH bei *Dallinger* MDR **1972** 18; RGRspr. **8** 113; vgl. auch BGH bei *Holtz* MDR **1984** 628 zur Behauptung, Vernehmung sei noch nicht abgeschlossen gewesen.

[23] BGH NJW **1987** 2592; KK-*Treier* 7; *Kleinknecht/ Meyer-Goßner* 19; SK-*Schlüchter* 22.

[24] BGHSt **27** 216 = LM StPO **1975** Nr. 2 mit Anm. *Schmidt* unter Aufgabe von BGHSt **25** 4 = LM

Nr. 2 mit Anm. *Kohlhaas*; AK-*Keller* 5; KK-*Treier* 7; *Kleinknecht/Meyer-Goßner* 19; KMR-*Paulus* 13; SK-*Schlüchter* 24.

[25] RGSt **52** 69; BGHSt **3** 189; AK-*Keller* 18; KK-*Treier* 12; *Kleinknecht/Meyer-Goßner* 23; KMR-*Paulus* 16; *Pfeiffer/Fischer* 4; SK-*Schlüchter* 33.

[26] BVerfG **41** 249; NStZ **1993** 589 mit Anm. *Meurer*; *Gollwitzer* FS Tröndle 465.

[27] Ähnlich *Maatz* DRiZ **1991** 206; *Rüping* Kap. 6 III 2 d cc.

Auch wenn man eine solche generelle Pflicht verneint, kann im Einzelfall eine Unterrichtung des Angeklagten über das in seiner Abwesenheit Verhandelte geboten sein, sofern dies zur besseren Sachaufklärung oder in Erfüllung einer prozessualen Fürsorgepflicht für einen nichtverteidigten Angeklagten notwendig ist, etwa bei einer wesentlichen Veränderung der prozessualen Lage. Aber auch sonst kann eine kurze Information über das Verhandelte verfahrensfördernd sein[28]. Mit der Rückkehr des Angeklagten verliert sein eigenmächtiges Fernbleiben jede Wirkung für das **weitere Verfahren**. Kommt der Angeklagte erst unmittelbar vor der Urteilsverkündung zurück, ist ihm jedoch unter Wiedereintritt in die Verhandlung das letzte Wort zu gewähren[29]. Bleibt er später erneut aus, so muß das Gericht unabhängig von dem früheren Vorfall prüfen, ob nunmehr wiederum die Voraussetzungen für eine Fortführung der Hauptverhandlung in Abwesenheit des Angeklagten gegeben sind[30]. Der Ansicht von *Pawlik* (NJW **1964** 779), das Gericht dürfte in solchen Fällen weiterverhandeln, auch wenn der Angeklagte nur bei Teilen der Hauptverhandlung anwesend sei, kann nicht gefolgt werden[31].

    c) Ein eigenmächtiges Fernbleiben liegt nur vor, wenn der Angeklagte **wissentlich** **14** seiner Anwesenheitspflicht nicht nachkommt, ohne dafür hinreichende Rechtfertigungs- oder Entschuldigungsgründe zu haben[32]. Der Bundesgerichtshof sieht in dieser mit den Voraussetzungen des § 231 a Abs. 1 übereinstimmenden neuen Definition der Eigenmacht eine Klarstellung und keine wesentliche Änderung in der praktischen Handhabung der bisher in der Rechtsprechung gebräuchlichen Formel, nach der die Eigenmacht darin liegt, daß Angeklagte durch Mißachtung seiner Anwesenheitspflicht dem Gang der Rechtspflege vorsätzlich entgegentritt[33]. Da es sich um eine Ausnahmevorschrift handelt, welche einen wichtigen Verfahrensgrundsatz und das Recht des Angeklagten auf Gehör und ein faires Verfahren einschränkt, ist sie eng auszulegen[34].

    Die Voraussetzungen für die Eigenmacht müssen zur Überzeugung des Gerichts fest- **15** stehen. Lassen sich **Zweifel** durch Nachforschungen (Freibeweis) nicht beheben, darf es nicht nach Absatz 2 verfahren[35]. Der Angeklagte ist nicht verpflichtet, das Fehlen der Eigenmacht darzutun oder gar glaubhaft zu machen. Es kommt auch nicht darauf an, ob das Gericht Grund zu der Annahme hatte, der Angeklagte sei eigenmächtig ferngeblieben, sondern nur darauf, ob nach den objektiven Gegebenheiten diese Eigenmächtigkeit tatsächlich vorlag und erwiesen ist[36]. Mit Recht wird deshalb verlangt, daß das Gericht „dies so sorgfältig zu prüfen habe, daß eine nachträgliche Entschuldigung ausgeschlossen erscheint"[37].

---

[28] KK-*Treier* 12; *Kleinknecht/Meyer-Goßner* 23; KMR-*Paulus* 16; SK-*Schlüchter* 33; *Gollwitzer* FS Tröndle 465.

[29] BGH NStZ **1986** 372.

[30] BGHSt **19** 144; *Kleinknecht/Meyer-Goßner* 23.

[31] Vgl. *Eb. Schmidt* Nachtr. I 8; SK-*Schlüchter* 33.

[32] BGHSt **37** 249 dazu *Maatz* DRiZ **1991** 200; vgl. auch *Julius* GA **1992** 305; zustimmend KK-*Treier* 3; *Kleinknecht/Meyer-Goßner* 10; KMR-*Paulus* 18; SK-*Schlüchter* 10. AK-*Keller* 8 versteht den Begriff der Eigenmacht enger als bei § 231 a.

[33] BGHSt **3** 189; **10** 305; **16** 178; **25** 319 = LM Nr. 9 mit Anm. *Börtzler*; NJW **1980** 950; **1991** 1367 (Nrn. 18, 19); NStZ **1988** 421 mit Anm. *Meurer*; StV **1981** 393; **1982** 356; **1988** 1985; bei *Holtz* MDR **1979** 281; bei *Pfeiffer/Miebach* NStZ **1983** 209 bei *Miebach/Kusch* NStZ **1991** 28; so auch

schon RGSt **22** 247; **29** 294; **31** 398; **40** 230; **42** 246; **58** 152; **69** 18 und die in den nachstehenden Fußnoten angeführten Entscheidungen.

[34] RGSt **42** 197; BGHSt **3** 190; **19** 144; *Hanack* JZ **1972** 82. Vgl. BVerfG NStZ **1993** 589.

[35] BGH NJW **1980** 950; StV **1981** 393; BGH bei *Holtz* MDR **1979** 281; 909; OLG Koblenz NJW **1975** 322; vgl. § 230, 23; 24.

[36] BGHSt **10** 304; **16** 180; BGH NJW **1980** 950; **1987** 2592; StV **1981** 393; **1982** 356; BGH GA **1969** 281; bei *Pfeiffer/Miebach* NStZ **1983** 209; 355; OLG Bremen StV **1985** 50; OLG Frankfurt OLGSt § 230 S. 1 StV **1987** 380; OLG Hamm MDR **1973** 428; *Eb. Schmidt* JZ **1957** 673; **a. A** OLG Hamburg NJW **1953** 235.

[37] OLG Hamburg NJW **1953** 235.

Walter Gollwitzer

16   An der **Eigenmacht fehlt** es, wenn der Angeklagte durch nicht in seiner Macht stehende Umstände gehindert wird, den Termin wahrzunehmen, etwa durch einen Unfall, eine Verkehrsstörung, Ausfall eines Verkehrsmittels, einen Streik und dergleichen[38], oder wenn er sich aus entschuldbaren Gründen verspätet. Auch ein **Versehen**, wie eine Verwechslung des Sitzungssaals oder ein Irrtum über Ort und Zeit des Fortsetzungstermins[39] oder dessen Verschlafen[40], schließt die Eigenmacht ebenso aus wie sonstige vom Wissen und Willen des Angeklagten unabhängig eingetretenen Umstände[41].

17   Eigenmacht im Sinne des Absatzes 2 setzt ein **wissentliches Fernbleiben** voraus. Der Angeklagte muß wissen und auch wollen, daß er entgegen seiner Teilnahmepflicht der Verhandlung fernbleibt. Absicht ist nicht erforderlich. Liegt sie aber ersichtlich vor, kann dies auf die Wertung zurückwirken, ob die für das wissentliche Fernbleiben angeführten Gründe dieses **genügend entschuldigen**. Die Entschuldigungsgründe sind mannigfaltig. Die Grundsätze, die die Rechtsprechung auch sonst zu dieser Frage entwickelt hat, gelten auch hier. Insoweit können die Erläuterungen zu § 230 Abs. 2, § 329 Abs. 1 und § 412 Abs. 1 auch hier herangezogen werden. Es muß sich immer um schwerwiegende Gründe handeln, welche die öffentlich-rechtliche Pflicht zur Anwesenheit in der Hauptverhandlung zurücktreten lassen.

18   Bei einer **ernsthaften** Erkrankung des Angeklagten scheidet die Eigenmacht aus, wobei aber kleinere Unpäßlichkeiten, die auch sonst jedermann ohne Unterbrechung seiner üblichen Tätigkeiten erträgt, nicht entschuldigen[42]. Es kommt aber immer darauf an, wieweit im Einzelfall dem Angeklagten das Erscheinen zumutbar ist. Wird der Angeklagte bei Verkündung des Urteils ohnmächtig, so gestattet § 231 Abs. 2 nicht, die Verkündung fortzusetzen[43]. Als eigenmächtiges Fernbleiben wird auch gewertet, wenn der Angeklagte vorsätzlich und schuldhaft seine Verhandlungsunfähigkeit, die keine dauernde sein muß[44], herbeiführt, so durch **Trunkenheit** oder wenn er sich, um das Verfahren zu verhindern, gewollt in eine **krankhafte seelische Erregung** und damit in den Zustand einer zeitweiligen Verhandlungsunfähigkeit versetzt hat[45]. Weigert sich der kranke Angeklagte, seine **Verhandlungsfähigkeit** durch eine ärztliche Behandlung **wiederherzustellen**, so liegt in deren Ablehnung keine Eigenmacht, wenn ein dazu nötiger Eingriff nicht ohne Risiken ist[46]. Da die Einwilligung in eine ärztliche Behandlung im freien Willen des Angeklagten steht, wird die Verweigerung einer ärztlichen Behandlung allenfalls dann als Eigenmacht gewertet werden können, wenn eine allgemein übliche, risikoarme Behandlung ohne jeden einsichtigen Grund abgelehnt wird, vor allem, wenn ersichtlich ist, daß damit nur die krankheitsbedingte temporäre Verhandlungsunfähigkeit zur Verzögerung oder Verhinderung der Weiterverhandlung innerhalb einer angemessenen Frist[47] instrumentalisiert werden soll. Ob ein **ernsthafter**

---

[38] H. M; etwa BGH bei *Pfeiffer/Miebach* NStZ **1991** 28; OLG Oldenburg StV **1981** 331; KK-*Treier* 4; SK-*Schlüchter* 14; *Eb. Schmidt* 18.

[39] BGH bei *Pfeiffer/Miebach* NStZ **1983** 209; BayObLGSt **1988** 54 = NStE 5; OLG Bremen StV **1985** 50; OLG Karlsruhe NJW **1981** 934.

[40] BGH StV **1988** 185; NJW **1991** 1367, Nr. 18; 19; AK-*Keller* 9; *Kleinknecht/Meyer-Goßner* 15; SK-*Schlüchter* 14.

[41] BGH bei *Miebach/Kusch* NStZ **1991** 28.

[42] BGH NStZ **1988** 421 mit Anm. *Meurer*; OLG Stuttgart NJW **1967** 944; *Seetzen* DRiZ **1974** 259; KMR-*Paulus* 21; SK-*Schlüchter* 14; vgl. auch BVerfG NStZ **1993** 589.

[43] RGSt **42** 246; RG JW **1938** 1644; SK-*Schlüchter* 14.

[44] BGH NJW **1981** 1052; BGH bei *Schmidt* MDR **1981** 975; vgl. BVerfG **41** 249; BVerfG StV **1992** 620; ferner bei § 231 a, 5; 6; anders als dort genügt für § 231 Abs. 2 aber schon die Verhandlungsunfähigkeit bei Beginn des Fortsetzungstermins, etwa bei Trunkenheit; vgl. BGH NStZ **1986** 372.

[45] BGHSt **2** 304; BGH bei *Kusch* NStZ **1992** 27; KK-*Treier* 3; *Kleinknecht/Meyer-Goßner* 17; SK-*Schlüchter* 15.

[46] BVerfG NStZ **1993** 598 mit Anm. *Meurer*.

[47] BGH NJW **1981** 1052; KK-*Treier* 17; *Kleinknecht/Meyer-Goßner* 17; SK-*Schlüchter* 17.

Selbstmordversuch, der den Angeklagten verhandlungsunfähig macht, einem eigenmächtigen Entfernen gleichzusetzen ist, ist umstritten. Der Bundesgerichtshof hat dies bejaht[48], im Schrifttum wird dies überwiegend mit guten Gründen verneint[49]. Daß ein Angeklagter mit einem ernstgemeinten Selbstmordversuch wissentlich auch die Fortsetzung der Hauptverhandlung verhindern will, wird nur in Ausnahmefällen feststellbar sein[50].

Die **Weigerung**, die **Hauptverhandlung am Krankenbett** fortzuführen, stellt keine **19** die Abwesenheitsverhandlung rechtfertigende Eigenmacht des erkrankten und deshalb am Erscheinen im Gerichtssaal verhinderten Angeklagten dar[51]. Eine Rechtspflicht, die öffentliche Hauptverhandlung in der eigenen Wohnung oder im Krankenhaus zu dulden, besteht nicht (vgl. auch § 213, 2). Die Verweigerung der Zustimmung zu einem solchen — möglicherweise zweckmäßigen — Verfahren ist keine Eigenmacht.

Private Abhaltungen lassen nur in Ausnahmefällen die öffentlich-rechtliche Pflicht **20** des Angeklagten zum Erscheinen in der Hauptverhandlung zurücktreten[52], etwa wenn der Angeklagte wegen der plötzlichen schweren Erkrankung eines Familienangehörigen bei vernünftiger Beurteilung seiner Lage unabkömmlich ist[53] und ihm das Erscheinen zum Termin nicht zugemutet werden kann. Auch der drohende Verlust des Arbeitsplatzes kann das Ausbleiben bei der Fortsetzungsverhandlung rechtfertigen[54], ebenso sonstige schwerwiegende **berufliche Gründe**[55]. Ob diese das Ausbleiben zu entschuldigen vermögen, hängt aber immer vom Einzelfall ab, von ihrer Dringlichkeit und Unaufschiebbarkeit sowie ihrem Gewicht im Verhältnis zur Bedeutung der Straftat und zu dem noch unerledigten Teil der Hauptverhandlung.

Unbequemlichkeiten, die aus der Anwesenheitspflicht erwachsen können, muß der **21** Angeklagte hinnehmen. Er darf beispielsweise einem Augenschein nicht deshalb fernbleiben, weil es regnet. Eigenmacht liegt in einem solchen Verhalten aber nur, wenn der Angeklagte auf seine Anwesenheitspflicht hingewiesen und zur Teilnahme aufgefordert worden ist[56].

Ein eigenmächtiges Fernbleiben scheidet ferner aus, wenn der Angeklagte mit **Einver** **22** **ständnis des Gerichts** nicht zur Hauptverhandlung erscheint oder sich entfernt oder wenn er auf Grund des Verhaltens des Gerichts ein solches Einverständnis vermuten oder unterstellen kann (vgl. Rdn. 4). Das Oberlandesgericht Düsseldorf (GA **1957** 417) hat ein eigenmächtiges Fernbleiben auch dann verneint, wenn der zur Urteilsverkündung nicht erschienene Angeklagte bei der Unterbrechung der Hauptverhandlung nicht darauf hingewiesen wurde, daß er zur Urteilsverkündung erscheinen müsse.

[48] BGHSt **16** 178; BGH NJW **1977** 1928; ebenso RG DR **1944** 836; KK-*Treier* 5; *Kleinknecht/Meyer-Goßner* 17; *Koeniger* 223; BGHSt **19** 144 läßt offen.

[49] *Franzheim* GA **1961** 108; *Hanack* JZ **1972** 81; *Küper* MJW **1978** 251; *Rieß* ZStW **90** (1978) Beiheft 194; *Roxin* § 42, 43; *Schneidewin* JR **1962** 309; KMR-*Paulus* 22; *Eb. Schmidt* Nachtr. I 8; differenzierend AK-*Keller* 10; wohl auch SK-*Schlüchter* 16.

[50] OLG Koblenz NJW **1975** 322; *Rieß* JZ **1975** 269; *Schlüchter* 445.

[51] *Meurer* NStZ **1988** 423; *Schreiner* NJW **1977** 2303; KK-*Treier* 3; *Kleinknecht/Meyer-Goßner* 18; KMR-*Paulus* 21; SK-Schlüchter 18; **a. A** *Laier*

NJW 1977 2303; BGH NJW **1987** 2592 läßt dies offen.

[52] BVerfG bei *Schmidt* MDR **1981** 976; BGH NJW **1980** 950; StV **1984** 325; OLG Bremen StV **1992** 558; KK-*Treier* 4; KMR-*Paulus* 21; SK-*Schlüchter* 19; vgl. die Rechtspr. zu §§ 329; 412.

[53] *Eb. Schmidt* 18; vgl. die Rechtspr. zu §§ 329; 412.

[54] BGH NJW **1980** 950; StV **1984** 325; bei *Pfeiffer/ Miebach* NStZ **1985** 13; OLG Frankfurt NJW **1974** 2065; KK-*Treier* 4; SK-*Schlüchter* 19.

[55] OLG Köln VRS **70** (1986) 16 (Unaufschiebbare Sitzung des Betriebsrats).

[56] OLG Hamm OLGSt 3: Angeklagter blieb bei Augenschein wegen Regenschauer im Auto sitzen.

23   Bei einem in **Haft** befindlichen Angeklagten scheidet ein eigenmächtiges Fernbleiben in der Regel schon deshalb aus, weil das Gericht die Pflicht und die Macht hat, bei einem zur Anwesenheit verpflichteten Angeklagten dessen Vorführung durchzusetzen[57]. Selbst wenn das Gericht nicht weiß, daß der Angeklagte in anderer Sache in Haft genommen wurde und der Angeklagte seinerseits auf den Termin nicht hingewiesen hat, wird ein eigenmächtiges Fernbleiben verneint[58].

24   Die Verpflichtung, für die Anwesenheit des nicht in Freiheit befindlichen Angeklagten zu sorgen, besteht grundsätzlich auch, wenn der Angeklagte sich unberechtigt **weigert**, an der Verhandlung oder an bestimmten Verhandlungsabschnitten, wie etwa einem Augenschein, teilzunehmen; zum Beispiel, weil er dazu gefesselt werden müßte[59]. Es steht nicht im Belieben des Gerichts, ob es wegen der Möglichkeit, nach § 231 Abs. 2 zu verfahren, von vornherein darauf verzichten will, die vom Gesetz geforderte Anwesenheit des Angeklagten zu erzwingen[60]. Erst wenn das Gericht alle der Bedeutung der Sache angemessenen Mittel versucht hat und die Anwendung weiterer Zwangsmittel nach dem auch hier geltenden Grundsatz der Verhältnismäßigkeit ausscheidet, rechtfertigt die in der Weigerung des Angeklagten liegende Eigenmacht, die Verhandlung ohne ihn weiterzuführen[61]. Sofern in der Weigerung und dem damit verbundenen Widerstand gegen eine Erzwingung der Anwesenheit ein **Ungehorsam** im Sinne des § 177 GVG liegt, kann das Gericht unter den Voraussetzungen des § 231 b ohne den Angeklagten verhandeln[62].

25   **d) Anwesenheit entbehrlich.** Absatz 2 setzt schließlich voraus, daß das Gericht — nicht der Vorsitzende — die fernere Anwesenheit des Angeklagten nicht für erforderlich erachtet. Es muß also überzeugt sein, daß die Erforschung der Wahrheit durch die Abwesenheit des Angeklagten nicht leidet. Dies kann immer nur unter Berücksichtigung **der Prozeßlage nach dem Ausbleiben** des Angeklagten — und nicht etwa schon im voraus — beurteilt werden[63]. Vor allem bei einer wesentlichen Änderung der Sach- oder Rechtslage kann es die Aufklärungspflicht fordern, die Hauptverhandlung nicht ohne den Angeklagten zu Ende zu führen.

26   **3. Beschluß des Gerichtes.** Das Gericht kann seine Ansicht, daß es ohne den Angeklagten weiterverhandeln könne und wolle, durch einen **besonderen Beschluß** bekanntgeben. Dies ist im Interesse der Verfahrensklarheit zumindest zweckmäßig, nach der vorherrschenden Meinung aber nicht notwendig. Es genügt auch, wenn es dies durch Fortsetzung der Hauptverhandlung schlüssig zum Ausdruck bringt[64]. Hat der Vorsitzende kompetenzwidrig über die Fortsetzung allein entschieden, so liegt in der Mitwir-

---

[57] BGHSt **25** 319 = LM Nr. 9 mit Anm. *Börtzler* = NJW **1974** 2218 mit Anm. *Küper* = JR **1975** 76 mit Anm. *Gollwitzer*; BGH NJW **1977** 1928; ferner RGSt **31** 398; **42** 246; **58** 150; BGHSt **3** 187; BGH VRS **36** (1969) 212; GA **1969** 281; **1970** 281; NStZ **1993** 446.

[58] BGH GA **1969** 281; OLG Frankfurt StV **1987** 380; KK-*Treier* 6; *Kleinknecht/Meyer-Goßner* 15; SK-*Schlüchter* 13. OLG Stuttgart Justiz **1978** 116 stellt dagegen darauf ab, ob es dem Inhaftierten zuzumuten war, durch eine Mitteilung seine Vorführung zu erreichen. Ein Gefangener im offenen Strafvollzug muß nach OLG Düsseldorf VRS **91** (1996) 39 selbst für seine Teilnahme sorgen.

[59] BGHSt **25** 319; vgl. oben Fußn. 57; OLG Hamburg GA **1961** 177; **a. A** *Küper* NJW **1974** 2218; **1978** 251.

[60] So aber *Küper* NJW **1974** 2218; *Lüderssen* GedS Meyer 276; KMR-*Paulus* 15.

[61] BGHSt **25** 317; BGH NJW **1977** 1928; *Schlüchter* 445; SK-*Schlüchter* 13.

[62] BGH NJW **1977** 1928 = LM StPO 1975 Nr. 1; *Schlüchter* 445.

[63] RGSt **58** 153; *Kleinknecht/Meyer-Goßner* 20; KMR-*Paulus* 23; SK-*Schlüchter* 26.

[64] RGSt **9** 341; BGH bei *Dallinger* MDR **1975** 198; bei *Pfeiffer/Miebach* NStZ **1981** 95; **1981** 297; OLG Köln StV **1985** 50; KK-*Treier* 11; *Kleinknecht/Meyer-Goßner* 22; KMR-*Paulus* 25; SK-*Schlüchter* 31; **a. A** *Fuhrmann* GA **1963** 80; vgl. *Rieß* JZ **1975** 271.

kung der anderen Richter in aller Regel die stillschweigende Billigung dieser Entscheidung[65].

4. Fehlen die **Voraussetzungen des Absatzes 2**, so ist — je nach der Lage des Falles **27** — die Verhandlung zu unterbrechen oder auszusetzen. Das Gericht kann außerdem Zwangsmaßnahmen nach § 230 Abs. 2 anordnen, wenn der ordnungsgemäß mit Androhung (§ 230, 20) geladene Angeklagte sein späteres Fernbleiben nicht genügend entschuldigt hat. Gegebenenfalls ist nach § 231 a zu verfahren.

5. Unanwendbarkeit des Absatzes 2 im übrigen. Die Hauptverhandlung kann **28** nicht auf Grund des § 231 Abs. 2 ohne den Angeklagten zu Ende geführt werden, wenn ein **Hinweis nach § 265 Abs. 1 oder 2** erforderlich oder die Aussetzung nach § 265 Abs. 4 angezeigt ist[66]; es sei denn, ein Verteidiger des Angeklagten ist anwesend. Dann kann ihm gegenüber der Hinweis nach § 265 Abs. 1 oder 2 abgegeben werden (§ 234 a), ohne daß es insoweit darauf ankommt, ob er zur Vertretung des Angeklagten ermächtigt ist.

Die Abwesenheit des Angeklagten hindert andererseits nicht, in der Hauptverhand- **29** lung mit Zustimmung der übrigen Verfahrensbeteiligten auch **Niederschriften** nach § 251 Abs. 1 Nr. 4 zu **verlesen**, obwohl das Einverständnis des Angeklagten fehlt[67]. Mit dem eigenmächtigen Fernbleiben verwirkt der Angeklagte die ihm sonst zustehenden Möglichkeiten der Einwirkung auf das Verfahren, also auch die Möglichkeit, der Verlesung einer Niederschrift zuzustimmen oder zu widersprechen; es bedarf weder seines Verzichts nach § 61 Nr. 5 oder nach § 245 Abs. 1, noch muß er der Einstellung nach § 153 Abs. 2 Satz 1 zustimmen[68]. Die spätere Einfügung des § 234 a hat daran nichts geändert[69]. Dies gilt auch für die sonstigen Mitwirkungs-, Frage- und Erklärungsrechte einschließlich des höchstpersönlichen Rechts auf das letzte Wort[70], und zwar unabhängig davon, ob für den Angeklagten ein Verteidiger anwesend ist (von BGHSt **3** 210 offengelassen). Das Recht auf Anwesenheit verliert der Angeklagte jedoch nicht endgültig. Will der in Haft befindliche Angeklagte an der ohne ihn wegen schuldhaft herbeigeführter Verhandlungsunfähigkeit fortgesetzten Hauptverhandlung wieder teilnehmen, so muß das Gericht ihn dazu vorführen lassen, sofern nicht andere Gründe seinen Ausschluß rechtfertigen[71].

6. Verteidigung. Für den abwesenden Angeklagten kann ein Verteidiger auftreten. **30** Will er den Angeklagten auch vertreten, bedarf er dazu einer Vollmacht nach § 234.

7. Das Urteil und seine Bekanntmachung. In der Begründung des Urteils müssen die **31** Tatsachen angegeben werden, aus denen sich die Anwendung des § 231 Abs. 2 ergibt, sofern sie das Gericht nicht bereits in einem formellen Beschluß (Rdn. 26) festgehalten hat[72]. Ein Urteil, das nach § 231 Abs. 2 in Abwesenheit des Angeklagten verkündet

---

[65] Schon deshalb dürfte die Frage, ob darauf die Revision nach § 337 gestützt werden könnte, kaum praktische Bedeutung erlangen, vgl. aber KMR-*Paulus* 31; SK-*Schlüchter* 43.
[66] RGSt **32** 96; **35** 66; RG JW **1930** 2059; BGH bei *Dallinger* MDR **1969** 360; h. M.
[67] BGHSt **3** 210; *Niese* JZ **1953** 597; h. M, etwa *Kleinknecht/Meyer-Goßner* 21, SK-*Schlüchter* 27.
[68] OLG Düsseldorf MDR **1992** 1174; vgl. bei § 153.

[69] KK-*Treier* 9; *Kleinknecht/Meyer-Goßner* 21; SK-*Schlüchter* 27; vgl. bei § 234 a.
[70] *Eb. Schmidt* 11; KK-*Treier* 9; SK-*Schlüchter* 27; h. M.
[71] BGH bei *Holtz* MDR **1980** 631; bei *Pfeiffer* NStZ **1981** 297.
[72] KMR-*Paulus* 27; str. Die Begründungspflicht bejahen *Koeniger* 224; KK-*Treier* 13; SK-*Schlüchter* 32; verneinend OLG Köln StV **1985** 50; *Kleinknecht/Meyer-Goßner* 22.

wurde, ist ihm mit den Gründen nach § 35 Abs. 2 zuzustellen. Die Rechtsmittelbelehrung nach § 35 a ist schriftlich zu erteilen. Das Urteil kann auch dem Verteidiger nach § 145 a Abs. 1 zugestellt werden[73]. Die Streitfrage, ob § 232 Abs. 4 auf die Zustellung des im Verfahren nach § 231 Abs. 2 ergehenden Urteils anwendbar ist, ist hier ebenso zu verneinen wie bei § 233[74].

III. Rechtsbehelfe

32   **1. Wiedereinsetzung in den vorigen Stand** kann der Angeklagte seit der Neufassung des § 235 durch das Vereinheitlichungsgesetz nicht mehr verlangen, wenn sich ergibt, daß er entgegen der Annahme des Gerichts der weiteren Verhandlung nicht eigenmächtig ferngeblieben ist. Wird dieser Umstand bekannt, bevor die Verhandlung beendet ist, dann müssen die in Abwesenheit des Angeklagten verhandelten Teile in seiner Gegenwart wiederholt werden. Andernfalls ist ein Revisionsgrund (§ 338 Nr. 5) gegeben[75].

2. Sonstige Rechtsbehelfe

33   **a) Maßregeln des Vorsitzenden nach § 231 Abs. 1 Satz 2** gehören an sich zur äußeren Verhandlungsleitung (Rdn. 6). Beschränkt sich ihre Wirkung auch tatsächlich darauf, kann gegen sie weder nach § 238 Abs. 2 das **Gericht angerufen**[76] noch darauf allein die **Revision** gestützt werden. Wirken sich dagegen die angeordneten Maßnahmen in irgend einer Form auch auf die sachliche Prozeßführung des Angeklagten aus, kann ihre Zulässigkeit[77], nicht jedoch ihre Zweckmäßigkeit, zur gerichtlichen Überprüfung nach § 238 Abs. 2 gestellt werden und der Beschluß nach § 338 Nr. 8 mit der Revision angegriffen werden, sofern dessen sachliche Voraussetzungen vorliegen[78]. Der **Beschwerde** sind sie zugänglich (§ 304, 305 Satz 2), doch wird bis zur Entscheidung des Beschwerdegerichts vielfach die Beschwer entfallen und die angeordnete Maßnahme durch den Verfahrensgang überholt sein[79]. Bei Beschlüssen, die im Verfahren vor den Oberlandesgerichten ergehen, steht § 304 Abs. 4 Satz 2 der Beschwerde entgegen[80]. Eine **weitere Beschwerde** ist nicht statthaft[81].

34   **b) Verstöße gegen Absatz 2.** Die Entscheidung, ohne den Angeklagten weiterzuverhandeln, ist mit **Beschwerde** nicht angreifbar (§ 305), für eine analoge Anwendung des § 231 a Abs. 3 Satz 3 ist kein Raum[82].

35   Mit der **Revision** kann gerügt werden, daß die Voraussetzungen des Absatzes 2 nicht gegeben waren und daß deshalb das Weiterverhandeln ohne den Angeklagten gegen § 338 Nr. 5 verstieß. Bei der Prüfung, ob die Voraussetzungen des Absatzes 2 zu Recht bejaht wurden, ist das Gericht nicht an die **Feststellungen des Tatrichters** über die Eigenmacht

---

[73] H. M; etwa KK-*Treier* 13; *Kleinknecht/Meyer-Goßner* 22; SK-*Schlüchter* 32.

[74] KK-*Treier* 13; *Kleinknecht/Meyer-Goßner* 22; SK-*Schlüchter* 32.

[75] BGHSt **10** 304; BGH NJW **1980** 950; BGH bei *Holtz* MDR **1979** 989; vgl. § 230, 51 ff.

[76] BGH NJW **1957** 271 schließt dies aus; ferner mit der Einschränkung, daß nicht ausnahmsweise auch Sachleitung betroffen, etwa AK-*Keller* 20; KK-*Treier* 2; *Eb. Schmidt* 2; **anders** *Kleinknecht/Meyer-Goßner* 24 (Sachleitung). Differenzierend KMR-*Paulus* 29 (wenn Maßnahmen auch Sachleitungscharakter haben, insbes. bei Grundrechtsein-

griffen); SK-*Schlüchter* 37 (bei Auswirkungen auf Stellung als Prozeßsubjekt). Vgl. auch bei § 238.

[77] Dazu gehört auch eine wegen Willkür unzulässige Anordnung, SK-*Schlüchter* 37; vgl. bei § 238.

[78] BGH NJW **1957** 271; *Kleinknecht/Meyer-Goßner* 25; KMR-*Paulus* 29; SK-*Schlüchter* 39.

[79] H. M; etwa KK-*Treier* 15; *Kleinknecht/Meyer-Goßner* 24; SK-*Schlüchter* 38.

[80] BGH bei *Pfeiffer* NStZ **1981** 95; KK-*Treier* 15; SK-*Schlüchter* 40; vgl bei § 304.

[81] OLG Oldenburg NdsRpfl. **1954** 193.

[82] Vgl. KK-*Treier* 5.

des Angeklagten gebunden. Es muß selbständig nachprüfen, ob eine solche vorlag (Freibeweis)[83]. Unerheblich ist dabei, ob der Tatrichter nach den ihm bekannten Umständen eine solche annehmen durfte; denn Revisionsgrund ist nicht die mangelnde Prüfung dieser Frage durch den Tatrichter, sondern allein, ob die Eigenmächtigkeit tatsächlich vorlag und nachgewiesen ist[84]. Ist eine weitere Klärung nicht möglich, geht das Revisionsgericht von der Überzeugung des Tatrichters aus[85]. Dagegen kann das Revisionsgericht die Ansicht der Vorinstanz, die weitere Anwesenheit des Angeklagten sei nicht erforderlich, nur dahin nachprüfen, ob diese Ermessensentscheidung erkennbar durch einen Rechtsfehler beeinflußt ist (vgl. § 231 b, 22). Hat der Angeklagte ausweislich der Sitzungsniederschrift zur Sache ausgesagt, kann er in der Regel nicht mit Erfolg rügen, er sei noch nicht abschließend vernommen gewesen[86].

Zur **Begründung der Revisionsrüge** ist unter Anführung aller dazu erforderlichen **36** Tatsachen (§ 344 Abs. 2) konkret darzulegen, welche wesentlichen Teile der Hauptverhandlung ohne den Angeklagten stattfanden; ferner sind die Tatsachen aufzuführen, aus denen sich ergibt, daß die Voraussetzungen des Absatzes 2 nicht vorlagen. Dies gilt auch für die Frage des eigenmächtigen Fernbleibens. Daß das Revisionsgericht selbständig und ohne Bindungen an die Feststellungen des Tatrichters nachprüft, ob Eigenmacht erweislich vorlag, entbindet den Revisionsführer nicht von der Pflicht, als Ansatzpunkt für Gegenstand und Richtung der geforderten Nachprüfung die Tatsachen anzuführen, die konkret belegen, daß das Ausbleiben des Angeklagten nicht eigenmächtig war[87]. Ob zu Unrecht in Abwesenheit des Angeklagten verhandelt wurde, ist nur bei ordnungsgemäßer Verfahrensrüge zu prüfen. Die unsubstantiierte Behauptung eines Irrtums über den Termin genügt nicht[88].

Der Angeklagte **verwirkt** das **Recht**, das Weiterverhandeln in seiner Abwesenheit zu **37** rügen, **nicht** schon dadurch, daß er im Einvernehmen mit dem Gericht der Verhandlung ferngeblieben ist. Die zwingende Teilnahmepflicht (Rdn. 2) kann auch nicht über den Umweg einer die Revisionsrüge ausschließenden einvernehmlichen Sachgestaltung zur Disposition des Gerichts oder der Verfahrensbeteiligten gestellt werden[89].

[83] BGH StV **1981** 393; **1982** 356; **1984** 326; BGH bei *Pfeiffer/Miebach* NStZ **1983** 355; **1984** 209; BGH NStZ **1988** 421 (Anm. *Meurer*); **1989** 282; auch BGH NJW **1987** 1776 (offen, ob hinsichtlich ordnungsgemäßer Ladung); OLG Stuttgart NJW **1967** 946; vgl. ferner *Maatz* DRiZ **1991** 205 (für Einschränkung der Nachprüfbarkeit).

[84] BGHSt **10** 304; **16** 187; BGH StV **1981** 393; **1984** 326; bei Holtz MDR **1979** 281; 989; KK-*Treier* 16; *Kleinknecht/Meyer-Goßner* 25; SK-*Schlüchter* 42. Vgl. auch die Nachw. in der vorhergehenden Fußn.

[85] BGH bei *Holtz* MDR **1979** 281; *Kleinknecht/Meyer-Goßner* 25; SK-*Schlüchter* 42.

[86] BGH StV **1984** 326; SK-*Schlüchter* 44.

[87] BGH StV **1981** 393; **1984** 326; *Kleinknecht/Meyer-Goßner* 23; SK-*Schlüchter* 44; **a. A** OLG Köln StV **1985** 50.

[88] BGH StV **1984** 326.

[89] OLG Darmstadt JR **1949** 515; *Jescheck* JZ **1952** 402; *Schmid* Verwirkung 324; SK-*Schlüchter* 43; vgl. BGH StV **1993** 285.

Walter Gollwitzer

§ 231 a

(1) ¹Hat sich der Angeklagte vorsätzlich und schuldhaft in einen seine Verhandlungsfähigkeit ausschließenden Zustand versetzt und verhindert er dadurch wissentlich die ordnungsmäßige Durchführung oder Fortsetzung der Hauptverhandlung in seiner Gegenwart, so wird die Hauptverhandlung, wenn er noch nicht über die Anklage vernommen war, in seiner Abwesenheit durchgeführt oder fortgesetzt soweit das Gericht seine Anwesenheit nicht für unerläßlich hält. ²Nach Satz 1 ist nur zu verfahren, wenn der Angeklagte nach Eröffnung des Hauptverfahrens Gelegenheit gehabt hat, sich vor dem Gericht oder einem beauftragten Richter zur Anklage zu äußern.

(2) Sobald der Angeklagte wieder verhandlungsfähig ist, hat ihn der Vorsitzende, solange mit der Verkündung des Urteils noch nicht begonnen worden ist, von dem wesentlichen Inhalt dessen zu unterrichten, was in seiner Abwesenheit verhandelt worden ist.

(3) ¹Die Verhandlung in Abwesenheit des Angeklagten nach Absatz 1 beschießt das Gericht nach Anhörung eines Arztes als Sachverständigen. ²Der Beschluß kann bereits vor Beginn der Hauptverhandlung gefaßt werden. ³Gegen den Beschluß ist sofortige Beschwerde zulässig; sie hat aufschiebende Wirkung. ⁴Eine bereits begonnene Hauptverhandlung ist bis zur Entscheidung über die sofortige Beschwerde zu unterbrechen; die Unterbrechung darf, auch wenn die Voraussetzungen des § 229 Abs. 2 nicht vorliegen, bis zu dreißig Tagen dauern.

(4) Dem Angeklagten, der keinen Verteidiger hat, ist ein Verteidiger zu bestellen, sobald eine Verhandlung ohne den Angeklagten nach Absatz 1 in Betracht kommt.

Schrifttum siehe bei § 230.

Entstehungsgeschichte. § 231 a ist durch Art. 1 Nr. 10 des 1. StVRErgG eingefügt worden.

Übersicht

Alphabetische Übersicht

1. Zweck und Anwendungsbereich. § 231 a ergänzt § 231 Abs. 2. Entzieht sich der **1** Angeklagte eigenmächtig der weiteren Teilnahme an der Hauptverhandlung, was auch durch vorsätzliches Herbeiführen eines die Verhandlungsfähigkeit ausschließenden Zustands geschehen kann (§ 231, 18), so darf nach § 231 Abs. 2 das Gericht die Verhandlung ohne ihn nur zu Ende führen, wenn er bereits über die Anklage vernommen war. Andernfalls muß es die nach § 230 Abs. 1 erforderliche Anwesenheit des Angeklagten sicherstellen, notfalls durch Zwangsmittel. Beide Möglichkeiten zur Weiterbetreibung des Verfahrens versagen jedoch, wenn sich der Angeklagte bereits vor seiner Vernehmung zur Anklage in einen Zustand versetzt, der seine Verhandlungsfähigkeit nicht nur vorüber-gehend ausschließt. Da dem Angeklagten nicht gestattet werden kann, sein Anwesenheits-recht dazu zu mißbrauchen, daß er durch eigenes vorwerfbares Verhalten die Durchführung der Hauptverhandlung bewußt langfristig verzögert oder verhindert[1], läßt § 231 a im Inter-

---

[1] BTRAussch. BT-Drucks. **7** 2989 S. 5; *Rieß* JZ **1975** 269.

esse einer wirksamen und schnellen Strafverfolgung auch insoweit die Abwesenheitsverhandlung zu. Dies entspricht dem Gebot, Strafverfahren in angemessener Frist zu erledigen (Art. 6 Abs. 1 MRK; Art. 14 Abs. 1 IPBPR) und dem Rechtsstaatsprinzip, das die Aufrechterhaltung einer funktionstüchtigen Strafrechtspflege erfordert. § 231 a ist verfassungsgemäß. Da allein der Angeklagte durch sein von ihm selbst zu verantwortendes, weil schuldhaft wissentlich herbeigeführtes Verhalten verhindert hat, daß die Hauptverhandlung ordnungsgemäß in seiner Anwesenheit durchgeführt wird, verletzt das Verhandeln ohne ihn weder sein **Recht auf Gehör** (Art. 103 Abs. 1 GG) noch auf ein **faires Verfahren**[2].

2 § 231 a ist, wie die Einschränkung in Absatz 1 Satz 1 zeigt, nur anwendbar, wenn die Verhandlungsunfähigkeit eintritt, **bevor** der Angeklagte **vollständig zur Anklage vernommen** wurde. Andernfalls ist für Zulässigkeit und Verfahren der Abwesenheitsverhandlung bei selbstverschuldeter Verhandlungsunfähigkeit weiterhin allein § 231 Abs. 2 maßgebend, auch wenn alle sonstigen Voraussetzungen des § 231 a Abs. 1 gegeben sind[3]. Diese Abgrenzung ist wegen der verschiedenen Anforderungen an die Zulässigkeit der Abwesenheitsverhandlung, vor allem aber auch wegen der besonderen Verfahrensvorschriften in § 231 a Abs. 2 bis 4 von praktischer Bedeutung.

2. Die Voraussetzungen des Absatzes 1 Satz 1

3 **a) Verhandlungsunfähigkeit des Angeklagten.** Der Angeklagte muß nach der Überzeugung des Gerichts, die sich auf ein ärztliches Gutachten zu stützen hat (Absatz 3 Satz 1), verhandlungsunfähig sein. Daß er dies voraussichtlich im Laufe der Verhandlung werden wird, rechtfertigt die Anwendung des § 231 a nicht. Wird dies befürchtet, ist seine Vernehmung zur Anklage in der Hauptverhandlung möglichst vorzuziehen, um später, falls dann der Angeklagte seine Verhandlungsunfähigkeit zu verantworten hat (§ 231, 14 ff), nach § 231 Abs. 2 verfahren zu können. Verhandlungsunfähig ist auch ein Angeklagter, der zwar gelegentlich für kurze Zeit in der Lage wäre, an der Verhandlung teilzunehmen, dessen Zustand aber so ist, daß er die ordnungsgemäße Durchführung der Hauptverhandlung insgesamt nicht erlaubt[4]. Entscheidend sind die konkreten Umstände des jeweiligen Verfahrens, dessen gesamte Hauptverhandlung „in vernünftiger Frist" entsprechend dem Zweck des § 231 a zu Ende gebracht werden muß[5]. Ein **angegriffener Gesundheitszustand** begründet noch keine Verhandlungsunfähigkeit im Sinne des § 231 a, wenn während der Dauer der Hauptverhandlung durch ärztliche Kontrolle und durch Beschränkung der täglichen Verhandlungszeit dem Verschlechterungsrisiko vorgebeugt werden kann, sofern die Einschränkungen noch eine sinnvolle, hinreichend konzentrierte und in angemessener Zeit abschließbare Verhandlung erlauben[6]. Ist dies jedoch nicht möglich, kann es für die Zulässigkeit der Abwesenheitsverhandlung nach § 231 a keinen Unterschied machen, ob der Angeklagte, der die ordnungsgemäße Verhandlung in seiner Gegenwart bewußt vereitelt hat, wegen seines selbst schuldhaft herbeigeführten

---

[2] BVerfGE **41** 249; **51** 324; 343; EuKomMR EuGRZ **1978** 323; *Baumann* ZRP **1975** 43; *Rieß* Beiheft ZStW **90** (1978) 195; *Rüping* Kap. 6 III 2 d cc; vgl. auch *Martin* FS Dreher 664; **a. A** *Grünwald* JZ **1976** 767 (Verstoß gegen Art. 103 Abs. 1 GG).

[3] BGH NJW **1981** 1052; BGH bei *Pfeiffer* NStZ **1981** 95; OLG Hamm JMBlNW **1982** 83; *Rieß* JZ **1975** 269; h. M.

[4] Zum Begriff der Verhandlungsunfähigkeit vgl. die Erl. zu § 205 mit Nachweisen.

[5] BGHSt **26** 228 = LM StPO 1975 Nr. 1 mit Anm. *Meyer*; BGH NJW **1981** 1052; BVerfGE **41** 246;

vgl. auch BVerfGE **51** 343; OLG Hamm NJW **1977** 1739; OLG Karlsruhe GA **1978** 155; Justiz **1980** 60. Nach *Grünwald* JZ **1976** 767; *Roxin* § 42, 45 ist die Anwendung des einschränkend auszulegenden § 231 a bei nur beschränkter Verhandlungsfähigkeit nicht gerechtfertigt. Vgl. auch *Rieß* JZ **1975** 269; *Rieß* Beiheft ZStW **90** (1978) 198; *Rudolphi* JA **1979** 7; ferner *Rüping* ZStW **91** (1979) 355; *Warda* FS Bruns 415.

[6] OLG Karlsruhe GA **1978** 155; vgl. *Rudolphi* ZRP **1976** 172; und bei § 205.

Zustands überhaupt nicht oder nur in einem für die Verfahrenserledigung unzureichenden Maße teilnehmen kann[7]. Zum Recht des Angeklagten, trotzdem an der Hauptverhandlung zeitweilig teilzunehmen, vgl. Rdn. 37.

b) Vor Abschluß der Vernehmung zur Anklage muß die Verhandlungsunfähigkeit **4** eingetreten sein. Maßgebend ist bei jedem Angeklagten seine eigene Vernehmung. Sie ist erst vollständig abgeschlossen, wenn der Angeklagte zu allen ihn betreffenden Punkten der zugelassenen Anklage gehört worden ist[8]. Im übrigen ist es unerheblich, ob die Verhandlungsunfähigkeit nach Beginn der Hauptverhandlung oder aber schon vorher herbeigeführt worden ist. § 231 a wird erst unanwendbar, wenn ein Verfahrensabschnitt erreicht ist, der es erlaubt, die Hauptverhandlung gegen den betreffenden Angeklagten nach § 231 Abs. 2 zu Ende zu führen (Rdn. 1, 2).

c) Verhinderung der ordnungsgemäßen Verhandlung. Die Verhandlungsunfähig- **5** keit muß zur Folge haben, daß die Hauptverhandlung in dem dafür vorgesehenen Zeitraum nicht ordnungsgemäß, also in einer vernünftigen, der Bedeutung der jeweiligen Sache und den Erfordernissen einer sachgerechten Verfahrensgestaltung Rechnung tragenden Zeitspanne nach § 230 Abs. 1 in Gegenwart des Angeklagten durchgeführt werden kann. Das Hinausschieben der Hauptverhandlung muß dem **Beschleunigungsgebot** widersprechen[9], sei es, weil die Wiederherstellung der Verhandlungsfähigkeit ohnehin nicht in absehbarer Zeit zu erwarten ist oder damit gerechnet werden muß, daß sich der Angeklagte erneut in einen verhandlungsunfähigen Zustand versetzt[10], sei es, weil bei Berücksichtigung der bis zur voraussichtlichen Wiederherstellung der Verhandlungsfähigkeit verstreichenden Zeit und der Geschäftsbelastung des Gerichts die neue Hauptverhandlung erst erheblich später durchführbar wäre als die Verhandlung nach § 231 a Absatz 3 oder daß die bereits begonnene Hauptverhandlung nach Ausschöpfen der Fristen des § 229 abgebrochen werden müßte[11].

Verhindert wird die Hauptverhandlung nur dann nicht, wenn die Verhandlungsunfähig- **6** keit erkennbar von so kurzer Dauer ist, daß sich der Fortgang des Verfahrens nur **kurzfristig verzögert.** Erscheint der Angeklagte angetrunken zur Hauptverhandlung, so ist durch geeignete Maßnahmen für seine Ausnüchterung zu sorgen, ein Abwesenheitsverfahren nach § 231 a wird durch diese vorübergehende Verhandlungsunfähigkeit nicht gerechtfertigt[12].

d) Schuldhaftes Verhalten des Angeklagten. Dieser muß durch ein ihm zurechenba- **7** res Verhalten (Tun oder Unterlassen) den seine Verhandlungsfähigkeit ausschließenden Zustand **vorsätzlich** und **schuldhaft** herbeigeführt haben. Die Begriffe sind im Sinne des Strafrechts auszulegen. Der Angeklagte muß in Kenntnis dieser Folgen seine Verhandlungsfähigkeit beseitigt haben. **Bedingter Vorsatz** genügt hinsichtlich des Eintritts der Verhandlungsunfähigkeit als solcher[13], nicht aber Fahrlässigkeit. Ein schuldhaftes Verhalten im Sinne einer individuellen Vorwerfbarkeit ist nicht gegeben, wenn der Angeklagte im Zeitpunkt der Herbeiführung der Verhandlungsunfähigkeit schuldunfähig im Sinne des § 20 StGB war[14].

---

7 BGHSt **26** 228; BVerfG **41** 246; AK-*Keller* 6; KK-*Treier* 2; *Kleinknecht/Meyer-Goßner* 5; 9; KMR-*Paulus* 8; SK-*Schlüchter* 2; strittig, wegen weiterer Nachweise vgl. oben Fußn. 5.

8 *Rieß* JZ **1975** 269; die Anhörung zu den Vorstrafen gehört hierzu nicht, vgl. § 231, 11.

9 BGHSt **26** 232; BVerfGE **41** 246; *Rieß* JZ **1975** 269; *Schlüchter* 444; vgl. Fußn. 5.

10 *Kleinknecht/Meyer-Goßner* 9; SK-*Schlüchter* 6.

11 KMR-*Paulus* 12; SK-*Schlüchter* 6.

12 KK-*Treier* 7; vgl. *Kleinknecht/Meyer-Goßner* 9; SK-*Schlüchter* 6.

13 BGHSt **26** 239; AK-*Keller* 3; KK-*Treier* 5; *Kleinknecht/Meyer-Goßner* 8; KMR-*Paulus* 9; *Pfeiffer/Fischer* 2 b; SK-*Schlüchter* 4; direkten Vorsatz fordert auch insoweit unter Hinweis auf BT-Drucks. **7** 2989, S 6 *Roxin* § 42, 45; *Sturm* JZ **1975** 6.

14 H. M; so KMR-*Paulus* 9 mit Hinweis, daß auch die Grundsätze der actio libera in causa gelten; SK-*Schlüchter* 5.

8   Durch das (bedingt) vorsätzliche und schuldhafte Herbeiführen der Verhandlungsunfähigkeit muß der Angeklagte ferner **wissentlich** verhindert haben, daß das Gericht in seiner
Gegenwart verhandeln (Rdn. 5) kann. Er muß sich dieser Folge seines Verhaltens im
Ergebnis, nicht hinsichtlich der Einzelheiten des Kausalverlaufs, bewußt gewesen sein, als
er den die Verhandlungsfähigkeit ausschließenden Zustand herbeigeführt hat[15]. Nicht
erforderlich ist, daß diese Folge das alleinige oder auch nur Hauptmotiv für sein Tun war.
Absicht wird **nicht** verlangt. Es genügt, wenn der Angeklagte vorausgesehen hat, daß
seine Verhandlungsunfähigkeit das Gericht hindern werde, die anstehende Hauptverhandlung in seiner Gegenwart durchzuführen und daß er dies wollte. Wenn man wissentlich im
Sinne des Sprachgebrauchs des Strafgesetzbuchs versteht, ist insoweit der bedingte Vorsatz ausgeschlossen[16].

9   Die **Mittel**, mit denen der Angeklagte die Verhandlungsunfähigkeit herbeigeführt hat,
sind nur von sekundärer Bedeutung. Grundsätzlich kann jedes Mittel, das diese Folge hat,
in Frage kommen; die physische oder psychische Selbstbeschädigung einschließlich der
bewußten Hineinsteigerung in einen anormalen Erregungszustand ebenso wie die Einnahme von Medikamenten oder von Rauschgiften oder ein Hungerstreik[17]. Entscheidend
ist immer, daß das fragliche Verhalten objektiv für die Verhandlungsunfähigkeit ursächlich war und daß es im oben dargelegten Sinn dem Angeklagten subjektiv angelastet werden kann. Zuzurechnen ist ihm auch, wenn er die Verhandlungsunfähigkeit durch **Unterlassen** eines allgemein üblichen Verhaltens wie Nahrungsaufnahme, Körperpflege zumindest bedingt vorsätzlich (Rdn. 7) herbeigeführt hat. Gleiches gilt für die durch keinen
anderen Grund gerechtfertigte Weigerung, bisher genommene Medikamente einzunehmen
oder eine allgemein übliche oder schon begonnene **ärztliche Behandlung** fortzusetzen[18].
Wieweit dem Angeklagten ein solches Unterlassen als Verschulden anzurechnen ist, hängt
aber immer vom Einzelfall ab, auch von seinem sonstigen Verhalten. Eine Grenze liegt
immer in der Zumutbarkeit des Verhaltens. Daß der Angeklagte einen ärztlichen Eingriff
von einigem Gewicht oder sonst eine über das allgemein übliche hinausgehende aktive
Maßnahme zur Behebung einer nicht selbst schuldhaft herbeigeführten Verhandlungsunfähigkeit ablehnt, reicht hierfür nicht, denn seine freie Entscheidung hierüber wird durch
die Anordnung einer die Anwesenheit erfordernden Hauptverhandlung nicht eingeschränkt[19].

10   Ein **ernsthafter Selbstmordversuch** scheidet wegen seiner meist anderen Motivation
hier ebenso wie bei § 231 Abs. 2 in der Regel aus. Nur in ganz besonders gelagerten Fällen dürfte erweisbar sein, daß der Angeklagte damit Verfahrenssabotage betreiben wollte
und die Möglichkeit seines Ablebens lediglich als Folge seines Tuns in Kauf genommen
hat[20].

11   **e) Unerläßlichkeit der Anwesenheit des Angeklagten.** Auch wenn die sonstigen
Voraussetzungen gegeben sind, darf das Gericht nicht in Abwesenheit des Angeklagten
verhandeln, wenn es seine Anwesenheit in der Hauptverhandlung für unerläßlich hält. Das

---

[15] OLG Hamm NJW **1977** 1739.

[16] BGHSt **26** 240; *Rieß* JZ **1975** 269; KK-*Treier* 8
(direkten Vorsatz); ferner AK-*Keller* 5; *Klein-
knecht/Meyer-Goßner* 10; KMR-*Paulus* 13; *Pfeif-
fer-Fischer* 2 c; SK-*Schlüchter* 7. Der Bericht des
BTRAussch. BT-Drucks. **7** 2989 S. 6 führt aus, die
Verhinderung der Hauptverhandlung müsse nicht
Ziel des Angeklagten sein, es genüge, wenn er wisse, daß sein Verhalten diese Folge habe.

[17] BVerfGE **51** 344.

[18] SK-*Schlüchter* 4; vgl. auch OLG Hamm NJW **1977**
1739; etwas enger wohl *Kleinknecht/Meyer-Goß-
ner* 7; *Rieß* Beiheft ZStW **90** (1978) 197.

[19] BVerfG StV **1993** 619; 620 = NStZ **1993** 589 mit
Anm. *Meurer*; BGHSt **26** 234; *Rieß* Beiheft ZStW
90 (1978) 197; *Kleinknecht/Meyer-Goßner* 7, SK-
Schlüchter 4.

[20] Strittig, wie hier *Rieß* JZ **1975** 269; *Schlüchter* 444;
Rüping Kap. 6 III 2 d cc; KMR-*Paulus* 7; SK-
Schlüchter 7; **a. A** KK-*Treier* 9; *Kleinknecht/Mey-
er-Goßner* 7; vgl. § 231, 18.

Gericht hat dies — auch wenn § 231 a eine Muß- und keine Sollvorschrift ist — unter Berücksichtigung seiner Aufklärungspflicht in tatrichterlicher Würdigung aller Umstände zu entscheiden. Unerläßlich kann die Anwesenheit des Angeklagten in der Hauptverhandlung beispielsweise sein, wenn in einem die gesamte Entscheidung tragenden Punkt Widersprüche mit den Angaben anderer Zeugen oder Angeklagten nur durch eine persönliche Gegenüberstellung aufgeklärt werden können. Daß die Abwesenheit des Angeklagten die Sachaufklärung bis zu einem gewissen Grad erschwert, macht dagegen seine Anwesenheit noch nicht unerläßlich. Gleiches gilt für die Beeinträchtigung, die der Angeklagte in seinen Verteidigungsmöglichkeiten, insbesondere in seinem Recht auf Gehör erleidet. Diese sind, da von ihm selbst verschuldet, hinzunehmen. Die Unerläßlichkeit der Anwesenheit des Angeklagten, die inhaltlich der „Erforderlichkeit" bei § 231 Abs. 2 entsprechen dürfte, wird deshalb nur in seltenen Ausnahmefällen zu bejahen sein[21]. Die Unerläßlichkeit der Anwesenheit des Angeklagten braucht nicht für den gesamten Gegenstand des Verfahrens einheitlich beurteilt zu werden („soweit"); dem Erfordernis ist mitunter durch **zeitweilige Zuziehung** des Angeklagten (Anwesenheit bei einer Gegenüberstellung) Genüge getan. Liegen dem Angeklagten mehrere Taten zur Last, kommt auch eine Trennung des Verfahrens in Betracht[22].

3. Äußerung des Angeklagten zur Anklage (Absatz 1 Satz 2). Wenn die Voraussetzungen des Absatz 1 Satz 1 erfüllt sind, setzt die Abwesenheitsverhandlung weiter voraus, daß der Angeklagte Gelegenheit hatte, sich nach Eröffnung des Hauptverfahrens vor dem Gericht oder vor einem beauftragten Richter zu Anklage zu äußern. Diese Vorschrift soll dem Angeklagten ein Mindestmaß an Gehör auch dann noch sichern, wenn er die ihm von der Prozeßordnung eingeräumte Möglichkeit, dem Gericht in der Hauptverhandlung seinen Standpunkt vorzutragen, wissentlich vereitelt, er verfassungsrechtlich deshalb keinen Anspruch auf zusätzliche Anhörung mehr hätte[23]. **12**

Die Voraussetzungen des Absatz 1 Satz 2 werden nur in seltenen Ausnahmefällen bei **Eintritt der Verhandlungsunfähigkeit** bereits von selbst erfüllt sein. Nachdem § 231 a nur anwendbar ist, wenn der Angeklagte in der Hauptverhandlung noch nicht nach § 243 Abs. 4 zur Sache vernommen worden ist und zwischen Eröffnungsbeschluß und Hauptverhandlung der Angeklagte normalerweise auch nicht von den Richtern des erkennenden Gerichts zur Anklage gehört wird, muß das Gericht in aller Regel die Anhörung erst veranlassen, wenn es auf Grund konkreter Anhaltspunkte befürchtet, daß der Angeklagte seine Verhandlungsunfähigkeit herbeiführen will oder wenn ein solcher Zustand schon eingetreten ist. Die Anordnung nach Absatz 1 Satz 2 kann und soll zweckmäßigerweise dem Beschluß des Gerichts nach Absatz 3 Satz 1 vorausgehen[24]; sie kann dann mit der nach § 33 erforderlichen Anhörung des Angeklagten (Rdn. 21) zu dem beabsichtigten Verfahren nach Absatz 3 Satz 1 verbunden werden. Die Anordnung der Anhörung erfordert in beiden Fällen keinen Beschluß des Gerichts, sie kann der Vorsitzende verfügen. **13**

Der Angeklagte muß trotz seines Zustands **vernehmungsfähig** sein. Dies ist weniger als hauptverhandlungsfähig. Er muß lediglich in der Lage sein, die gegen ihn in der Anklage erhobenen Vorwürfe und die im Zusammenhang damit gestellten Fragen und **14**

---

[21] KK-*Treier* 11; *Kleinknecht/Meyer-Goßner* 14; KMR-*Paulus* 15; SK-*Schlüchter* 13; *Rieß* JZ **1975** 270; **a. A** AK-*Keller* 8 (Unerläßlich ist enger als erforderlich).

[22] KK-*Treier* 11; *Kleinknecht/Meyer-Goßner* 15; KMR-*Paulus* 16; SK-*Schlüchter* 13; *Rieß* JZ **1975** 269 Fußn. 70; *Warda* FS Bruns 454 Fußn. 89 ver-

steht „soweit" als eine Einschränkung, die die Trennung erfordert.

[23] *Baumann* ZRP **1975** 43; vgl. Rdn. 1.

[24] *Kleinknecht/Meyer-Goßner* 11. Nach KMR-*Paulus* 18; SK-*Schlüchter* 9 muß die Anhörung zur Sache noch vor der Beschlußfassung nach Absatz 3 Satz 1 durchgeführt werden.

Vorhalte geistig zu erfassen und sich hierzu zu erklären[25], was zweckmäßigerweise durch den als Sachverständigen zuzuziehenden Arzt (Absatz 3 Satz 1) mit geklärt wird. Da die gesundheitliche Belastung durch die Vernehmung geringer ist als die Belastung durch die Hauptverhandlung, ihr Zeitpunkt außerdem dem Gesundheitszustand des Angeklagten angepaßt werden kann, und auch eine Aufteilung auf mehrere Tage möglich ist[26], erscheint diese Differenzierung bei der Fähigkeit zur geistigen Aufnahme und zur Äußerung möglich und praktikabel[27].

15   Solange allerdings die **Vernehmung** des Angeklagten daran **scheitert**, daß er sich in einem bewußtlosen oder willenlosen Zustand befindet, kann auch das Verfahren nach § 231 a nicht in die Wege geleitet werden[28]. Unschädlich ist dagegen, wenn seine Vernehmungsfähigkeit nach der Anhörung entfällt und er sie bis zum Abschluß des Verfahrens nicht wieder erlangt[29]. Auch eine bei dieser Sachlage ohnehin nur schwer feststellbare echte nachträgliche Willensänderung des Angeklagten wäre für sich allein insoweit unbeachtlich. Selbst wenn er den Fortgang des Verfahrens künftig nicht mehr lähmen sondern an ihr teilnehmen wollte, hat er, solange die von ihm herbeigeführte Verhandlungsunfähigkeit fortbesteht, auf Grund seines fortwirkenden früheren Verhaltens kein Recht, den Fortgang des Verfahrens aufzuhalten. Es kann auch dann nach § 231 a ohne ihn weiterverhandelt werden[30].

16   Vor dem **erkennenden Gericht** oder einem **beauftragten Richter** muß, wie § 231 a ausdrücklich vorschreibt, die Stellungnahme zur Anklage gegeben werden. Bei einer Anhörung außerhalb der Hauptverhandlung ist das erkennende Gericht in der Beschlußbesetzung hierzu berufen[31]; es entscheidet in dieser Besetzung auch darüber, ob es eines seiner Mitglieder mit der Anhörung beauftragen will. Ergibt sich die Notwendigkeit der Anhörung erst in der bereits begonnenen Hauptverhandlung, so entscheidet darüber das erkennende Gericht in der für die Hauptverhandlung maßgebenden Besetzung, also einschließlich der Schöffen[32]. Die Anhörung durch einen ersuchten Richter genügt, anders als etwa bei § 233, nicht. Noch weniger genügt es, wenn der Angeklagte sich nach der Eröffnung des Verfahrens schriftlich zur Anklage geäußert hat.

17   Die Anhörung, um deren Durchführung in der Regel ein Berufsrichter des erkennenden Gerichts ersucht wird, soll die **Einvernahme** des Angeklagten **in der Hauptverhandlung ersetzen**. Der Angeklagte ist deshalb nach § 243 Abs. 4 zu belehren. Dem Angeklagten ist Gelegenheit zu geben, zu allen Punkten der Anklage umfassend Stellung zu nehmen. Über die Anhörung ist eine Niederschrift zu fertigen, für die § 168 a gilt. Staatsanwalt und Verteidiger des Angeklagten haben nach § 168 c das Recht, bei der Vernehmung anwesend zu sein[33].

---

[25] *Rieß* JZ **1975** 270; AK-*Keller* 7; KK-*Treier* 15; *Kleinknecht/Meyer-Goßner* 12; SK-*Schlüchter* 11; **a. A** KMR-*Paulus* 19; der volle Verhandlungsfähigkeit, wenn auch wegen des Gesundheitszustandes zeitlich gestreckt, fordert.

[26] BTRAussch. BT-Drucks. **7** 2989 S. 6; h. M.

[27] *Rieß* NJW **1975** 93; JZ **1975** 270.

[28] *Rieß* JZ **1975** 370; AK-*Keller* 13; SK-*Schlüchter* 11. Nach KMR-*Paulus* 19 verwirkt der Angeklagte auch sein Äußerungsrecht, wenn schon seine Anhörung an der von ihm selbst verschuldeten völligen Äußerungsunfähigkeit scheitert; der Versuch seiner Anhörung muß allerdings unverzüglich in die Wege geleitet worden sein.

[29] Vgl. BGHSt **39** 110 = JR **1994** 342 mit Anm. *Gollwitzer*.

[30] *Rieß* JZ **1975** 270 hält zur Gewährung eines Minimums von rechtlichem Gehör bei einem irreparabel verhandlungsunfähig gewordenen Angeklagten die Fortführung nur dann für zulässig, wenn dieser wenigstens in der Lage ist, den Gang der Verhandlung von außen zu verfolgen, sich mit seinem Verteidiger zu beraten und über diesen Anträge zu stellen; ähnlich AK-*Keller* 13.

[31] KK-*Treier* 13; *Kleinknecht/Meyer-Goßner* 11; KMR-*Paulus* 20; SK-*Schlüchter* 10.

[32] KK-*Treier* 13 (auch während der Unterbrechung).

[33] *Rieß* JZ **1975** 270; KK-*Treier* 16; *Kleinknecht/Meyer-Goßner* 13; KMR-*Paulus* 20; SK-*Schlüchter* 12.

Dem Angeklagten muß lediglich **Gelegenheit zur Äußerung** gegeben werden. Ist dies **18** geschehen, hängt die Zuverlässigkeit der Abwesenheitsverhandlung nach § 231 a nicht davon ab, ob er die Gelegenheit zu einer sachlichen Stellungnahme zur Anklage genutzt hat oder ob er von seinem **Schweigerecht** Gebrauch macht. Die Anhörung kann beendet werden, wenn erkennbar wird, daß der Angeklagte nicht bereit ist, sich sachlich zu äußern[34].

4. Bestellung eines Verteidigers (Absatz 4). Um den verhandlungsunfähigen Ange- **19** klagten durch die Abwesenheitsverhandlung in der Wahrnehmung seiner Verfahrensrechte möglichst wenig zu beeinträchtigen, schreibt Absatz 4 vor, daß ihm, auch wenn die Voraussetzungen des § 140 Abs. 1, 2 nicht vorliegen, wegen der besonderen Verfahrenslage ein Verteidiger zu bestellen ist, sofern er noch keinen Pflicht- oder Wahlverteidiger hat. Dies hat von Amts wegen durch den Vorsitzenden des Gerichts (§ 141 Abs. 4) zu geschehen, sobald erkennbar wird, daß ein Verhandeln ohne den Angeklagten nach Absatz 1 in Betracht kommt, also regelmäßig schon vor dem Beschluß, der die Abwesenheitsverhandlung nach Absatz 3 Satz 1 anordnet. Vor der Eröffnung des Hauptverfahrens ist die Anwendung des § 231 a Abs. 4 auf Grund seiner Besonderheiten weder möglich noch nötig; die allgemeinen Vorschriften genügen[35].

Der Verteidiger nach Absatz 4 hat die Stellung eines für die **gesamte Instanz** bestell- **20** ten Pflichtverteidigers. Die Verteidigerbestellung ist zwar bei der Wahl eines anderen Verteidigers nach § 143 zurückzunehmen. Sie entfällt aber nicht schon deshalb, weil der Angeklagte nach Wiederherstellung seiner Verhandlungsfähigkeit an der Verhandlung selbst wieder teilnimmt[36].

5. Gerichtsbeschluß. Sind die Voraussetzungen des Absatz 1 gegeben, ordnet das **21** Gericht die Abwesenheitsverhandlung durch förmlichen Beschluß an. Absatz 1 schreibt die Abwesenheitsverhandlung bei Vorliegen seiner Voraussetzungen **zwingend** vor, daß Gericht hat also hier — anders als etwa bei § 231 Abs. 2, § 231 b — keine Ermessensfreiheit[37]. Vor seinem Erlaß sind alle **Verfahrensbeteiligten** nach § 33 zu **hören**. Der Angeklagte kann bei seiner Einvernahme zur Sache auch dazu gehört werden (vgl. Rdn. 13); dies kann aber auch getrennt davon schriftlich geschehen, wobei die Aufforderung nach § 145 a Abs. 1 auch an den Verteidiger gerichtet werden kann[38].

Ob die Voraussetzungen des Absatz 1 Satz 1 gegeben sind und ob der Angeklagte in **22** einer dem Absatz 1 Satz 2 genügenden Weise zur Anklage gehört worden ist, prüft das Gericht im Wege des **Freibeweises**[39]. Es hat hierbei, vor allem hinsichtlich der Frage, ob die Anwesenheit des Angeklagten unerläßlich ist (Rdn. 11), einen gewissen Beurteilungsspielraum[40]. Die Hauptverhandlung ohne den Angeklagten darf erst angeordnet werden, wenn das Gericht einen **Arzt als Sachverständigen** zur Verhandlungsfähigkeit des Angeklagten gehört hat. Dies kann, muß aber nicht notwendig ein Amtsarzt sein[41]. Sobald ein Verfahren nach § 231 a in Betracht kommen kann, ist der Sachverständige umgehend zu bestellen, dabei hat das Gericht gegebenenfalls auch eine Anordnung nach § 81 a zu treffen. Hat das Gericht nach Ausschöpfung aller ihm verfügbaren Erkenntnisquellen **Zweifel**

---

[34] *Kleinknecht/Meyer-Goßner* 12.
[35] *Kleinknecht/Meyer-Goßner* 16; KMR-*Paulus* 22; SK-*Schlüchter* 14; **a. A** KK-*Treier* 17 (schon im Vorverfahren, wobei aber § 141 Abs. 3 Satz 3 nicht gelten soll).
[36] KK-*Treier* 17; *Kleinknecht/Meyer-Goßner* 16; KMR-*Paulus* 22; SK-*Schlüchter* 14.

[37] *Bohnert* 160; *Rieß* JZ **1975** 270; *Warda* FS Bruns 427; h. M; etwa SK-*Schlüchter* 17.
[38] KK-*Treier* 20; *Kleinknecht/Meyer-Goßner* 17; KMR-*Paulus* 23; SK-*Schlüchter* 16.
[39] H. M; etwa KK-*Treier* 20; *Kleinknecht/Meyer-Goßner* 17; SK-*Schlüchter* 17.
[40] AK-*Keller* 9; SK-*Schlüchter* 17.
[41] *Kleinknecht/Meyer-Goßner* 17.

am Vorliegen der Voraussetzungen des § 231 a darf es die Abwesenheitsverhandlung nicht anordnen[42].

23   Der anordnende Beschluß kann nach Absatz 3 Satz 2 schon vor **Beginn der Hauptverhandlung**, nicht aber vor der Eröffnung des Hauptverfahrens (vgl. Absatz 1 Satz 2) ergehen. Er soll, um Verfahrensverzögerungen durch das Beschwerdeverfahren zu vermeiden, möglichst frühzeitig erlassen werden. Er ist zu begründen (§ 34) und den Verfahrensbeteiligten nach Maßgabe des § 35 mit Rechtsmittelbelehrung (§ 35 a) **bekanntzumachen**. Vor allem dem Angeklagten ist er im Hinblick auf dessen eigenes Beschwerderecht unverzüglich bekannt zu geben. Für die Durchführung der Hauptverhandlung genügt jedoch die Bekanntgabe an den Verteidiger, wenn die Bekanntgabe an den Angeklagten selbst wegen dessen Gesundheitszustandes erst später möglich ist[43].

24   **6. Aufschub oder Unterbrechung der Hauptverhandlung.** Wegen der aufschiebenden Wirkung der sofortigen Beschwerde gegen den Beschluß (Absatz 3 Satz 3) hindert die Einlegung der Beschwerde den Beginn der Hauptverhandlung bzw. die Fortführung einer bereits begonnenen Hauptverhandlung. Eine noch nicht begonnene Hauptverhandlung ist auf einen späteren Termin zu vertagen, der so weit hinauszuschieben ist, daß bis dahin die Beschwerdeentscheidung vorliegt. Eine bereits begonnene Hauptverhandlung muß nach Eingang der sofortigen Beschwerde unterbrochen werden. Unterbleibt dies, etwa weil das Gericht noch keine Kenntnis vom Eingang der Beschwerde hat, müssen die danach verhandelten Verfahrensteile später wiederholt werden, weil die Befugnis zur Fortsetzung der Verhandlung in Abwesenheit des Angeklagten für die Dauer der Unterbrechungsfrist des Absatzes 3 Satz 4 entfallen ist[44]. Die Unterbrechung ist nach § 228 Abs. 1 Satz 1 vom Gericht zu beschließen[45]. Eine kürzere Unterbrechung, wie sie der Vorsitzende anordnen könnte, wird in aller Regel für die Abwicklung des Beschwerdeverfahrens nicht ausreichen.

25   **Bis zu 30 Tagen** darf die Unterbrechung nach Absatz 3 Satz 4 dauern. Diese Sonderregelung gilt unabhängig davon, ob die Voraussetzungen des § 229 Abs. 2 erfüllt sind[46]. Läuft die Frist an einem Sonnabend, einem Sonn- oder Feiertag ab, braucht in entsprechender Anwendung von § 229 Abs. 4 die Verhandlung erst am nächsten Werktag fortgesetzt werden[47]. Die Frist rechnet vom Tag der Beschwerdeeinlegung bis zum Tag der Fortsetzung der Hauptverhandlung und darf vom Gericht voll ausgeschöpft werden[48]. Kann diese nicht spätestens nach 30 Tagen fortgesetzt werden, ist sie neu zu beginnen, auch wenn das Beschwerdegericht noch innerhalb der Frist entschieden hat[49]. Eine bereits vor der Beschwerdeeinlegung laufende andere Unterbrechungsfrist zählt andererseits bei der Berechnung dieser besonderen Frist nicht mit[50].

26   **7. Die Ablehnung einer Verhandlung ohne den Angeklagten** nach § 231 a bedarf keines besonderen Beschlusses, es sei denn, daß ein diesbezüglicher Auftrag eines Verfahrensbeteiligten abgelehnt wird (§ 34)[51]. Das Gericht bzw. der Vorsitzende haben die

---

42 KMR-*Paulus* 25.
43 Vgl. BGHSt **39** 10 = JR **1994** 342 mit Anm. *Gollwitzer*; KK-*Treier* 20; *Kleinknecht/Meyer-Goßner* 17.
44 Insoweit ist es unerheblich, ob der Beschluß die Befugnis des Gerichts zur Abwesenheitsverhandlung begründet oder nur feststellt.
45 *Kleinknecht/Meyer-Goßner* 24; SK-*Schlüchter* 19.
46 *Kleinknecht/Meyer-Goßner* 24. *Bohnert* 164 hält die obligate Unterbrechung bei mittleren und kleineren Verfahren für wenig praktikabel und deshalb eine Derogation durch die Rechtsprechung für möglich.
47 SK-*Schlüchter* 19.
48 *Kleinknecht/Meyer-Goßner* 24; KMR-*Paulus* 36; SK-*Schlüchter* 19.
49 *Kleinknecht/Meyer-Goßner* 24; SK-*Schlüchter* 19.
50 KK-*Treier* 26; *Kleinknecht/Meyer-Goßner* 24; KMR-*Paulus* 36.
51 KMR-*Paulus* 25; SK-*Schlüchter* 17.

nach der jeweiligen Verfahrenslage wegen der Verhandlungsunfähigkeit gebotenen Entscheidungen zu treffen, einen anberaumten Verhandlungstermin wieder abzusetzen oder eine bereits begonnene Hauptverhandlung auszusetzen, ev. auch, das Verfahren nach § 205 vorläufig einzustellen[52] oder die Hauptverhandlung mit oder ohne Angeklagten auf Grund anderer Vorschriften (vgl. § 230, 3) durchzuführen. Soweit diese Entscheidungen zu begründen sind, ist gegebenenfalls darzulegen, weshalb das Gericht § 231 a nicht anwendet.

8. Hauptverhandlung ohne den Angeklagten. § 231 a stellt für die Abwesenheits- **27** verhandlung keine besonderen Regeln auf. Aus dem Zweck der in Absatz 1 Satz 2 vorgeschriebenen Anhörung ist jedoch zu folgern, daß der Inhalt der Äußerung des Angeklagten zur Anklage statt der Vernehmung des Angeklagten zur Sache (§ 243 Abs. 4 Satz 2) zu verlesen ist, auch wenn eine ausdrückliche Regelung wie in § 232 Abs. 3, § 233 Abs. 3 fehlt[53]. Soweit der Angeklagte dabei **Beweisanträge** stellt, hat sie das Gericht im Rahmen seiner Aufklärungspflicht zu beachten; sie brauchen aber — ebenso wie bei § 232 (§ 232, 27) — nicht förmlich abgelehnt zu werden. Es ist dem Verteidiger überlassen, ob er sie sich in der Hauptverhandlung zu eigen machen will[54].

Etwaige **Hinweise nach § 265 Abs. 1 und 2** entfallen nicht; sie müssen aber dem **28** Angeklagten nicht persönlich gegeben werden. Nach § 234 a genügt der Hinweis an den Verteidiger, der kraft eigenen Rechts und im Rahmen des § 234 auch als Vertreter des Angeklagten sich erklären kann und dem auch Gelegenheit zu Schlußausführungen nach § 258 zu geben ist. Soweit für eine bestimmte Verfahrensgestaltung die Zustimmung des Angeklagten neben der des Verteidigers vorgesehen ist, entfällt sie schon nach § 234 a. Zum Recht des Angeklagten auf zeitweilige Teilnahme vgl. Rdn. 37 ff.

9. Hauptverhandlung bei Wiederherstellung der Verhandlungsfähigkeit

a) Ende der Verhandlungsunfähigkeit. Das Gericht darf in Abwesenheit des Ange- **29** klagten **nur so lange verhandeln**, als dieser verhandlungsunfähig ist. Ist die Verhandlungsfähigkeit in dem für die ordentliche, zügige Durchführung der Hauptverhandlung notwendigen Umfang wiederhergestellt, muß die Verhandlung nach § 230 Abs. 1 in seiner Anwesenheit fortgesetzt werden. Maßgebend dafür ist der Zeitpunkt, an dem das Gericht von der Wiederherstellung der vollen Verhandlungsfähigkeit sichere **Kenntnis erlangt** oder aber dies bei Beachtung der nach der Sachlage von ihm zu fordernden Vorkehrungen (vgl. Rdn. 30) hätte erfahren müssen[55]. Ob ein Angeklagter tatsächlich wieder voll verhandlungsfähig ist, muß das Gericht prüfen, sofern ihm ein konkreter Anlaß dafür bekannt wird[56]. Eine Aufhebung des nur für das zukünftige Verfahren überholten (insoweit gegenstandslos gewordenen) Beschlusses nach § 231 a Abs. 3 Satz 1 ist jedoch ebensowenig erforderlich[57] wie eine förmliche Feststellung, daß die Verhandlung nun in Anwesenheit des Angeklagten fortgeführt wird. Die in seiner Abwesenheit verhandelten Verfahrensteile brauchen nicht wiederholt zu werden.

---

[52] Vgl. OLG Celle NdsRpfl. **1983** 125; KMR-*Paulus* 25; ferner bei § 205.

[53] *Rieß* JZ **1975** 270; AK-*Keller* 10; KK-*Treier* 21; *Kleinknecht/Meyer-Goßner* 13; KMR-*Paulus* 29; SK-*Schlüchter* 23.

[54] KK-*Treier* 21; SK-*Schlüchter* 23; vgl. AK-*Keller* 10 (wie nach § 163 a Abs. 2 zu berücksichtigen); **a. A** KMR-*Paulus* 29, der annimmt, die Beweisan-

träge müßten ebenso wie bei § 233 so behandelt werden, wie wenn sie in der Hauptverhandlung gestellt worden wären.

[55] KK-*Treier* 24; *Kleinknecht/Meyer-Goßner* 20; SK-*Schlüchter* 25.

[56] Vgl. BGH NJW **1990** 1613; SK-*Schlüchter* 25.

[57] KK-*Treier* 24; *Kleinknecht/Meyer-Goßner* 19; KMR-*Paulus* 32; SK-*Schlüchter* 24.

Walter Gollwitzer

30   Ist bei einer länger dauernden Verhandlung damit zu rechnen, daß der Angeklagte noch während ihrer Dauer hauptverhandlungsfähig wird, hat das Gericht bei einem **in Haft befindlichen Angeklagten** durch geeignete Maßnahmen (z. B. durch Einschalten der Vollzugsanstalt) sicherzustellen, daß es von der Wiederherstellung der vollen Verhandlungsfähigkeit unterrichtet wird[58]. Bei einem **in Freiheit** befindlichen Angeklagten wird es in der Regel genügen, daß er zur Teilnahme an der Hauptverhandlung jederzeit erscheinen kann. Da ein Verteidiger seine Recht wahrnimmt, ist insoweit ein vorsorglicher Hinweis des Gerichts nicht zwingend erforderlich. Er kann aber im Einzelfall zweckmäßig sein. Das Gericht ist auch bei einem in Freiheit befindlichen Angeklagten nicht gehindert, von Amts wegen seine Verhandlungsfähigkeit überprüfen zu lassen und seine Anwesenheit in der Hauptverhandlung nach § 230 Abs. 2 zu erzwingen, wenn es von der Wiederherstellung seiner Verhandlungsfähigkeit sichere Kenntnis erlangt hat. Ob und in welchem Ausmaß in Ausnahmefällen das Gericht gehalten ist, sich durch **Kontrollen** über die Fortdauer der Verhandlungsunfähigkeit zu vergewissern, beurteilt sich beim Schweigen des Gesetzes nach den Umständen des Einzelfalls (u. a. Art der Verhandlungsunfähigkeit, Verhalten des Angeklagten, Dauer der Hauptverhandlung). Die Anforderungen an etwaige Kontrollpflichten des Gerichts dürfen bei einem in Freiheit befindlichen Angeklagten nicht überspannt werden. Eine Pflicht zu einer laufenden Kontrolle besteht nicht[59]. Der auf freiem Fuß befindliche Angeklagte hat die Möglichkeit, sich jederzeit durch seinen Verteidiger über den Stand des Verfahrens zu unterrichten, es obliegt in erster Linie ihm selbst, sich bei Wiederherstellung seiner Verhandlungsfähigkeit durch eine entsprechende Mitteilung an das Gericht und durch Teilnahme an der Hauptverhandlung das umfassende rechtliche Gehör zu verschaffen[60]. Entzieht sich der Angeklagte nach Wiederherstellung seiner Verhandlungsfähigkeit eigenmächtig der Teilnahme an der Hauptverhandlung, kann diese nach § 231 Abs. 2 ohne ihn zu Ende geführt werden, da die Anhörung nach Absatz 1 Satz 2 entsprechend dem Sinn der Regelung der Vernehmung zur Anklage im Sinne des § 231 Abs. 2 gleichsteht.

31   Über **Anträge** des Verteidigers, die Hauptverhandlung in Gegenwart des Angeklagten fortzuführen, entscheidet das Gericht durch Beschluß, der, soweit er nicht einer Aussetzung des Verfahrens gleichkommt, nicht mit Beschwerde anfechtbar ist (§ 305). Die sofortige Beschwerde nach Absatz 3 Satz 3 ist auch dann nicht gegeben, wenn das Gericht die Voraussetzungen für die Abwesenheitsverhandlung weiterhin bejaht.

32   **b) Unterrichtung des Angeklagten (Absatz 2).** Nimmt der Angeklagte wieder an der Verhandlung teil, hat ihm der Vorsitzende den **wesentlichen Inhalt** des in seiner Abwesenheit Verhandelten mitzuteilen (Absatz 2). Der Vorsitzende, der den Angeklagten von Amts wegen unterrichten muß, kann dafür die ihm geeignet erscheinende Form wählen. Er entscheidet unter Berücksichtigung des Sinns der Vorschrift nach pflichtgemäßem Ermessen darüber, was im einzelnen wesentlich ist; die spätere Urteilsbegründung darf jedoch die Akzente dann nicht anderes setzen.

33   **Wesentlich** sind vor allem die **Beweisergebnisse**, der für die Entscheidung oder für das weitere Verfahren erhebliche Inhalt der Beweisaufnahme. Dazu gehören der Inhalt der Bekundungen der Zeugen und Sachverständigen und der verlesenen Urkunden ebenso wie die Einlassung der Mitangeklagten. Zum mitzuteilenden wesentlichen Inhalt der Abwesenheitsverhandlung gehören ferner die wesentlichen **Verfahrensvorgänge**, soweit sie

[58] KK-*Treier* 24; *Kleinknecht/Meyer-Goßner* 19; KMR-*Paulus* 32; *Pfeiffer*-Fischer 6; SK-*Schlüchter* 24.
[59] Vgl. *Bohnert* 165; SK-*Schlüchter* 24.
[60] KK-*Treier* 24; *Kleinknecht/Meyer-Goßner* 20; SK-

Schlüchter 25; KMR-*Paulus* 32 fordert auch bei dem auf freiem Fuß befindlichen Angeklagten regelmäßige Kontrollen. *Bohnert* 165 wendet sich nachdrücklich gegen die Annahme einer Rechtspflicht des Gerichts zu Kontrollen.

die Verhandlung zur Sache betreffen oder beeinflussen können, insbesondere die gestellten Beweisanträge und ihre Bescheidung durch das Gericht, die Beeidigung von Zeugen usw. Die von der Rechtsprechung bei der gleichartigen Vorschrift des § 247 aufgezeigten Gesichtspunkte gelten auch hier.

Die Unterrichtung ist **unverzüglich** („sobald") nach dem Wiedererscheinen des Ange- **34** klagten in der Hauptverhandlung vorzunehmen. Das Gericht braucht zwar zu diesem Zweck einen gerade in Gang befindlichen Verfahrensvorgang (Zeugenaussage, Plädoyer usw.) nicht sofort abzubrechen, es muß aber, sobald es der Verfahrensgang erlaubt, ohne jede Verzögerung dem Angeklagten die für sein weiteres Prozeßverhalten möglicherweise wichtigen Informationen über den Inhalt des in seiner Abwesenheit Verhandelten geben[61].

Erst dann, wenn mit der **Verkündung des Urteils** bereits begonnen worden ist, also **35** mit der Verlesung der Urteilsformel (§ 268 Abs. 2), entfällt die Unterrichtungspflicht. Das Gericht kann Formel und Gründe des Urteils bekanntgeben und die eventuell sonst noch nötigen Beschlüsse und Belehrungen erteilen, ohne daß es den Angeklagten noch nach Absatz 2 informieren müßte. Bricht es aber die Verkündung des Urteils aus irgendwelchen Gründen ab, um nochmals in die Verhandlung einzutreten, dann lebt auch die Unterrichtungspflicht wieder auf[62].

In der **Sitzungsniederschrift** ist die Unterrichtung des Angeklagten zu beurkunden. **36** Wesentliche Förmlichkeit im Sinne des § 273 ist aber nur die Tatsache der Unterrichtung, nicht ihr Gegenstand und Wortlaut. Ob die Unterrichtung ausreichend war (Rdn. 32 ff), ist gegebenenfalls im Wege des Freibeweises zu klären[63].

10. Zeitweilige Anwesenheit des Angeklagten. Auch wenn das Gericht nach § 231 a **37** ohne den Angeklagten verhandeln darf, weil seine uneingeschränkte Verhandlungsfähigkeit (Rdn. 3) noch nicht wiederhergestellt ist, bleibt es dem Angeklagten unbenommen, zeitweilig der Verhandlung beizuwohnen[64]. Wieweit dies mit seinem Gesundheitszustand vereinbar ist, hat er grundsätzlich selbst zu entscheiden[65]. Dies gilt auch, wenn ein in Haft befindlicher Angeklagte seine Vorführung verlangt[66]. Der Beschluß nach Absatz 3 Satz 1 gestattet dem Gericht, ohne den Angeklagten zu verhandeln, er verleiht aber nicht das Recht, ihn von der Verhandlung fernzuhalten. Ein Ausschluß des Angeklagten nach den §§ 177 GVG, §§ 231 b, 247 ist dagegen möglich. Solange die volle Verhandlungsfähigkeit nicht wiederhergestellt ist, bleibt das Verfahren jedoch trotz der gelegentlichen Anwesenheit des Angeklagten ein solches nach § 231 a. Im Schrifttum werden gegen die Möglichkeit einer Abwesenheitsverhandlung in Anwesenheit des Angeklagten dogmatische und praktische Bedenken erhoben[67]. Die Konsequenz, daß andernfalls der nicht ausreichend verhandlungsfähige Angeklagte entweder gegen seinen Willen der Hauptverhandlung überhaupt ferngehalten oder seine Anwesenheit zumindest ignoriert werden müßte oder aber, daß diese entgegen der Konzentrationsmaxime und dem Beschleunigungsgebot in kleinen, dem Gesundheitszustand des Angeklagten entsprechenden Teilabschnitten auf Wochen und Monate verteilt werden müßte, scheint den Belangen der Strafrechtspflege und der fairen Verfahrensgestaltung abträglicher als die Ansicht des Bundesgerichtshofs.

---

[61] H. M; etwa *Kleinknecht/Meyer-Goßner* 21; SK-*Schlüchter* 24.

[62] SK-*Schlüchter* 25.

[63] KMR-*Paulus* 33; SK-*Schlüchter* 26; vgl. bei § 247.

[64] BGHSt **26** 228 = LM StPO 1975 Nr. 1 mit Anm. *Meyer* = JZ **1976** 763 mit Anm. *Grünwald*; AK-*Keller* 11; KK-*Treier* 23; *Kleinknecht/Meyer-Goßner* 18; SK-*Schlüchter* 21; **a. A** KMR-*Paulus* 30

(kein Teilnahmerecht, da mangels Prozeßbefugnisse sinnlos). Vgl. auch Fußn. 70; 71.

[65] BGHSt **26** 228; BGH NJW **1981** 1052; vgl. Fußn. 64; BVerfGE **41** 246; SK-*Schlüchter* 21.

[66] Vgl. BGHSt **26** 234; und oben Fußn. 64; 65.

[67] KMR-*Paulus* 30; *Warda* FS Bruns 415; *Rüping* Kap. 6 III 2 d (keine ausweitende Interpretation).

38   Während seiner Anwesenheit, die in der Sitzungsniederschrift festzuhalten ist[68], kann der Angeklagte sich zur Sache äußern[69]. Eine Befugnis, trotz der Fortdauer der Abwesenheitsverhandlung selbst als Prozeßsubjekt **verfahrensgestaltende Erklärungen** wirksam abzugeben oder wirksame Anträge zu stellen, wird von der wohl vorherrschenden Meinung abgelehnt[70]. Da der Verteidiger nach Rücksprache mit dem anwesenden Angeklagten diese Prozeßhandlungen vornehmen kann, hat die Streitfrage kaum größere praktische Bedeutung.

39   Die **Unterrichtung** des Angeklagten über den wesentlichen Inhalt des in seiner Abwesenheit Verhandelten ist in Absatz 2 erst bei Wiederherstellung der Verhandlungsfähigkeit vorgesehen (Rdn. 32 ff). Eine Pflicht auch vorher den noch nicht wieder verhandlungsfähigen und nur zeitweilig der Verhandlung beiwohnenden Angeklagten jeweils zu unterrichten, besteht nicht[71]. Dem Vorsitzenden ist es aber unbenommen, dem erschienenen Angeklagten im Interesse der besseren Sachaufklärung auf bestimmte Verhandlungsergebnisse hinzuweisen, damit dieser sich äußern oder seinen Verteidiger alsbald zu etwaigen Anträgen anregen kann. Ein solcher partieller Hinweis ersetzt aber die spätere echte (umfassende) Unterrichtung bei einer Wiederteilnahme am Verfahren nicht.

11. Sofortige Beschwerde

40   a) Der Beschluß, der die **Verhandlung anordnet,** ist mit sofortiger Beschwerde (§ 311) anfechtbar, um im Interesse der Rechtssicherheit die Zulässigkeit der Abwesenheitsverhandlung schon vor dem Urteil rechtskräftig zu klären[72]. § 305 ist nicht anwendbar. Die sofortige Beschwerde ist auch gegeben, wenn das Oberlandesgericht den Beschluß im ersten Rechtszug erlassen hat (§ 304 Abs. 4 Satz 2 Nr. 3). Sie kann schriftlich oder zu Protokoll der Geschäftsstelle eingelegt werden (§ 306 Abs. 1), es ist aber auch möglich, sie in der Hauptverhandlung zu Protokoll zu erklären[73]. Dies kann zweckmäßig sein, da die Einlegung der Beschwerde zur Verfahrensunterbrechung führt (Rdn. 24). Nach Erlaß des Urteils ist die Einlegung der Beschwerde auch dann nicht mehr statthaft, wenn die Beschwerdefrist noch laufen sollte; der Zweck dieses Zwischenrechtsbehelfs, die Anwendbarkeit des § 231 a noch vor Abschluß der laufenden Hauptverhandlung zu überprüfen, kann nicht mehr erreicht werden[74].

41   **Beschwerdeberechtigt** sind neben der Staatsanwaltschaft der durch den Beschluß beschwerte Angeklagte, sein Verteidiger und eventuell auch sein gesetzlicher Vertreter, nicht aber andere Mitangeklagte[75].

42   b) Die Beschwerde hat **aufschiebende Wirkung.** § 307 gilt nicht. Wird sie eingelegt, darf das Gericht bis zu ihrer Entscheidung die Hauptverhandlung weder beginnen noch fortsetzen, noch durch ein Urteil abschließen. Zweck dieser Regelung ist es, die Berechtigung zur Abwesenheitsverhandlung noch vor deren Durchführung durch eine zweite Instanz in tatsächlicher und rechtlicher Hinsicht nachprüfen und endgültig entscheiden zu

---

[68] SK-*Schlüchter* 26.

[69] *Kleinknecht/Meyer-Goßner* 18; SK-*Schlüchter* 23 (Berücksichtigung der Äußerungen auf Grund der Aufklärungspflicht).

[70] *Warda* FS Bruns 450 (unwirksam); ebenso AK-*Keller* 11; KMR-*Paulus* 30; SK-*Schlüchter* 23; *Fezer* II Fall 11, 131; **a. A** 24. Aufl. Rdn. 38.

[71] KK-*Treier* 25; *Kleinknecht/Meyer-Goßner* 21; KMR-*Paulus* 33; vgl. SK-*Schlüchter* 22 mit dem Hinweis, auf den Zusammenhang zwischen Unterrichtungspflicht und Wiederaufleben der Prozeßge-

staltungsbefugnisse; an meiner gegenteiligen Ansicht in der 24. Aufl. halte ich nicht fest.

[72] *Bohnert* 161; *Rieß* JZ **1975** 270.

[73] Der Vorsitzende muß allerdings zur Protokollierung bereit sein, vgl. bei § 153 GVG.

[74] BGHSt **39** 110 = JR **1994** 341 mit Anm. *Gollwitzer; Kleinknecht/Meyer-Goßner* 23; SK-*Schlüchter* 27.

[75] KK-*Treier* 26; *Kleinknecht/Meyer-Goßner* 23; KMR-*Paulus* 35; SK-*Schlüchter* 18.

lassen. Hatte die Hauptverhandlung bereits begonnen, ist sie vom Gericht zu **unterbrechen**; die Dauer der Unterbrechungsfrist ist vor allem nach der für die Durchführung des Beschwerdeverfahrens erforderlichen Zeit, aber auch nach den Möglichkeiten des Gerichts für die Weiterverhandlung zu bemessen; sie kann, falls zu kurz bemessen, auch nachträglich verlängert werden, insgesamt darf aber die Unterbrechung nach Absatz 3 Satz 4 die Frist von 30 Tagen nicht überschreiten (Vgl. Rdn. 25).

c) Das **Beschwerdegericht** überprüft in seiner Entscheidung die rechtlichen und tatsächlichen Voraussetzungen des Beschlusses[76]. Dies gilt auch, soweit in Absatz 1 unbestimmte Rechtsbegriffe verwendet werden. Soweit allerdings Absatz 1 Satz 1 es der tatrichterlichen Beurteilung überläßt, ob die Anwesenheit des Angeklagten in der Hauptverhandlung unerläßlich ist, ist die darin liegende Wertung der Beweislage und der Erfordernisse der Aufklärungspflicht nur begrenzt vom Beschwerdegericht nachprüfbar. Soweit keine Rechtsfehler und auch kein Ermessensmißbrauch ersichtlich sind, darf das Beschwerdegericht in die tatrichterliche Würdigung nicht eingreifen[77]. **43**

Die Entscheidung des **Beschwerdegerichts** kann wegen der besonderen Art des Beschlusses trotz § 309 Abs. 2 diesen nur bestätigen oder aufheben. Das Beschwerdegericht muß grundsätzlich die zur Klärung der Voraussetzungen des Absatz 1 Satz 1 erforderlichen Erhebungen selbst vornehmen (§ 308 Abs. 2). Es ist berechtigt, ein fehlendes ärztliches Gutachten (Rdn. 22) einzuholen oder eine etwa unterbliebene oder unzureichende Anhörung des Angeklagten nach Absatz 1 Satz 2 durch einen beauftragten Richter des erkennenden Gerichts (nicht des Beschwerdegerichts!) zu veranlassen, um Verfahrensverzögerungen durch eine formale Zurückverweisung wegen dieses behebbaren Mangels zu vermeiden. Wird der Angeklagte vor der Beschwerdeentscheidung wieder verhandlungsfähig, wird die Beschwerde dadurch nur dann überholt, wenn noch nicht in Abwesenheit des Angeklagten verhandelt wurde[78]. Hat das Gericht bis zur Beschwerdeeinlegung zunächst ohne den Angeklagten verhandelt, besteht wegen des Ausschlusses der Revisionsrüge bei der nur ex nunc wirkenden Wiederherstellung der Verhandlungsfähigkeit das sachliche Bedürfnis fort, daß über die Zulässigkeit des davor liegenden und als Urteilsgrundlage fortwirkenden Verhandlungsteils vom Beschwerdegericht sachlich entschieden wird. **44**

Wieweit das **erkennende Gericht** durch die Aufhebung seines die Abwesenheitsverhandlung anordnenden Beschlusses gebunden ist, hängt von der Tragweite der aufhebenden Entscheidung ab. Hat das Beschwerdegericht selbst abschließend geprüft, ob die Voraussetzungen des Absatz 1 Satz 1 gegeben sind (Rdn. 44), kann das erkennende Gericht nur bei einer wesentlichen Veränderung der tatsächlichen Verhältnisse die Abwesenheitsverhandlung erneut anordnen. **45**

12. Beschwerde in sonstigen Fällen. Die ausdrückliche oder stillschweigende Entscheidung, **nicht nach § 231 a zu verfahren** (Rdn. 26), unterliegt nicht der sofortigen Beschwerde des Absatzes 3 Satz 3. In der Regel ist sie Teil einer anderen Verfahrensentscheidung, bei der sie als Inzidentfrage mit geprüft wurde, wie Vertagung des noch nicht begonnenen Termins oder Unterbrechung oder Aussetzung der Hauptverhandlung, aber auch der Entscheidung, die Hauptverhandlung auf Grund einer anderen Vorschrift mit oder ohne den Angeklagten durchzuführen. Wieweit diese einzelnen Entscheidungen mit der (einfachen) Beschwerde angefochten werden können, richtet sich nach den jeweils **46**

---

[76] H. M; so etwa KK-*Treier* 26; SK-*Schlüchter* 20; vgl. *Bohnert* 162.

[77] H. M; z. B. SK-*Schlüchter* 28.

[78] KK-*Treier* 26. *Strittig*; *Kleinknecht/Meyer-Goßner* 23; SK-*Schlüchter* 27 halten die Beschwerde insgesamt für gegenstandslos; KMR-*Paulus* 25 hält sie für begründet; *Bohnert* für unbegründet.

dafür geltenden Grundsätzen[79]. Dies gilt auch für die strittige Frage, ob § 305 Satz 1 der Beschwerde entgegensteht[80]. In den erstinstanziellen Verfahren der Oberlandesgerichte schließt § 304 Abs. 4 Satz 2 die Beschwerde aus, da die Rückausnahme in Nr. 3 nur für die sofortige Beschwerde nach Absatz 3 Satz 3 gilt[81].

13. Revision

47   **a)** Der **Beschluß nach Absatz 3 Satz 1**, mit dem sich das Gericht für die Abwesenheitsverhandlung entschieden hat, ist nur mit der sofortigen Beschwerde anfechtbar (Absatz 3 Satz 3). Diese Sonderregelung schließt nach § 336 Satz 2 aus, die Revision darauf zu stützen, daß das Gericht die Voraussetzungen für die Abwesenheitsverhandlung (Absatz 1) zu Unrecht angenommen habe[82], und wohl auch, daß der Beschluß formell fehlerhaft zustande gekommen sei.

48   **b) Im übrigen** kann mit der Revision nach § 338 Nr. 5 geltend gemacht werden, das Gericht habe später die Voraussetzungen der Abwesenheitsverhandlung zu Unrecht als **fortdauernd** angesehen (vgl. Rdn. 29, 30) und damit entgegen § 230 den wieder verhandlungsfähig gewordenen Angeklagten zur Hauptverhandlung nicht zugezogen[83]. Gerügt werden kann nach §§ 230, 338 Nr. 5 auch, wenn das Gericht nach Einlegung der sofortigen Beschwerde weiterverhandelt hat, ohne die Hauptverhandlung zu unterbrechen (Rdn. 24)[84]. Zur Begründung dieser Rügen müssen alle Tatsachen angeführt werden, aus denen sich ergibt, daß das Gericht nicht ohne den Angeklagten verhandeln durfte, ferner, welche (wesentlichen) Teile der Hauptverhandlung ohne ihn stattfanden[85].

49   Gerügt werden kann ferner nach § 337, wenn das Gericht die höchstzulässige Unterbrechungsfrist (Rdn. 25) überschritten oder wenn es seine **Unterrichtungspflicht** (Rdn. 32 ff) nicht oder unvollständig oder verspätet erfüllt hat und das Urteil darauf beruht[86]. Ein nach § 337 zu rügender Verfahrensfehler kann auch darin liegen, daß dem Angeklagten der Beschluß nach Absatz 3 Satz 1 durch eine von den Staatsorganen zu vertretende fehlerhafte Sachbehandlung erst so spät mitgeteilt wurde, daß er von seinem Recht, unabhängig von seinem Verteidiger sofortige Beschwerde mit aufschiebender Wirkung einzulegen, nicht mehr rechtzeitig vor dem Urteil Gebrauch machen konnte, obwohl er dazu in der Lage gewesen wäre[87]. Ob das Urteil darauf beruhen kann, ist nach den Umständen des Einzelfalls zu beurteilen.

---

[79] Vgl. insbes. § 213, 16 ff; § 228, 27 ff; auch hinsichtlich der Voraussetzungen, unter denen die Beschwerde zulässig ist.

[80] Strittig ist, ob die Entscheidung, das Verfahren nicht nach § 231 a fortzusetzen, wegen ihrer eigenständigen Bedeutung der Beschwerde zugänglich ist – so *Rieß* JZ **1975** 271; KK-*Treier* 27; *Kleinknecht/Meyer-Goßner* 22 – oder ob sie als urteilsvorbereitende Entscheidung der Beschwerde wegen § 305 Satz 1 nicht unterliegt, so *Bohnert* 161; KMR-*Paulus* 37; SK-*Schlüchter* 28.

[81] SK-*Schlüchter* 28.

[82] BTRAussch. BT-Drucks. **7** 2989 S. 6; *Rieß* JZ **1975** 270 Fußn. 87; ebenso *Dünnebier* FS Dreher 669; *Bohnert* 161; AK-*Keller* 14; KK-*Treier* 28;

Kleinknecht/Meyer-Goßner 25; KMR-*Paulus* 38; SK-*Schlüchter* 29; **a. A** Gössel § 19 A II b 4.

[83] *Rieß* JZ **1975** 271; KK-*Treier* 28; *Kleinknecht/Meyer-Goßner* 25; KMR-*Paulus* 32; SK-*Schlüchter* 30.

[84] KMR-*Paulus* 38 (gesetzliche Vermutung der fortbestehenden Verhandlungsfähigkeit); SK-*Schlüchter* 31.

[85] Wegen der Einzelheiten vgl. bei § 338 Nr. 5 und bei § 344.

[86] KMR-*Paulus* 38; SK-*Schlüchter* 32.

[87] Vgl. BGHSt **39** 110 (= JR **1994** 341 mit Anm. *Gollwitzer*), wo diese Möglichkeit unter dem Blickwinkel der Beschränkung der Verteidigung nach § 338 Nr. 8 gesehen wird (obiter dictum); *Kleinknecht/Meyer-Goßner* 25.

§ 231 b

(1) [1]Wird der Angeklagte wegen ordnungswidrigen Benehmens aus dem Sitzungszimmer entfernt oder zur Haft abgeführt (§ 177 des Gerichtsverfassungsgesetzes), so kann in seiner Abwesenheit verhandelt werden, wenn das Gericht seine fernere Anwesenheit nicht für unerläßlich hält und solange zu befürchten ist, daß die Anwesenheit des Angeklagten den Ablauf der Hauptverhandlung in schwerwiegender Weise beeinträchtigen würde. [2]Dem Angeklagten ist in jedem Fall Gelegenheit zu geben, sich zur Anklage zu äußern.

(2) Sobald der Angeklagte wieder vorgelassen ist, ist nach § 231 a Abs. 2 zu verfahren.

Entstehungsgeschichte. Art. 1 Nr. 10 StVRErgG hat die bis dahin in § 247 Abs. 2 enthaltene Regelung dem ebenfalls neu eingefügten § 231 a angepaßt und als § 231 b übernommen.

Übersicht

1. Zweck der Vorschrift ist es, die Durchführung der Hauptverhandlung auch dann zu **1** ermöglichen, wenn der Angeklagte nach § 177 GVG aus dem Sitzungszimmer entfernt werden muß, weil er die zur Aufrechterhaltung der Ordnung getroffenen Anordnungen mißachtet. Dem Angeklagten kann auch nicht gestattet werden, durch dauerndes Stören den ordnungsgemäßen Ablauf der Hauptverhandlung zu verhindern. Er verwirkt sein Anwesenheitsrecht, wenn er es zu ihrer Störung mißbraucht. § 231 b ist eine eng auszulegende Ausnahmevorschrift, die (**präventiv**) weiteren Störungen der Hauptverhandlung durch den Angeklagten vorbeugen soll. Sie ist **keine verfahrensrechtliche Sanktion** für die bereits stattgefundenen Störungen, die Anlaß für die Anordnung nach § 177 GVG waren[1]. Auch wenn alle Voraussetzungen gegeben sind, steht die Anwendung des § 231 b im Ermessen des Gerichts (Kann-Vorschrift).

2. Anwendungsbereich. § 231 b ist bei allen Strafverfahren, auch bei solchen, die **2** Maßregeln der Besserung und Sicherung zum Gegenstand haben[2], anwendbar. Die Verhandlung ohne den Angeklagten kann sich, sofern die Maßnahme nach § 177 GVG fortwirkt[3] und auch die sonstigen Voraussetzungen des § 231 b gegeben sind, auf alle Teile der Hauptverhandlung einschließlich der Urteilsverkündung erstrecken[4].

Beim früheren § 247 Abs. 2 war wegen der Bezugnahme auf den für die Beweisauf- **3** nahme geltenden § 247 Abs. 1 und wegen des Normzwecks des § 231 Abs. 2 zweifelhaft,

---

[1] *Rieß* JZ **1975** 271; *Vogel* NJW **1978** 1225; AK-*Keller* 1; KK-*Treier* 1; *Kleinknecht/Meyer-Goßner* 1; KMR-*Paulus* 1; SK-*Schlüchter* 1.
[2] RG HRR **1939** Nr. 669.
[3] KMR-*Paulus* 3; SK-*Schlüchter* 9.

[4] *Baumann* ZRP **1975** 43; *Hermann* JuS **1976** 419; *Röhmel* JA **1976** 663; KK-*Treier* 2; *Kleinknecht/Meyer-Goßner* 2; SK-*Schlüchter* 2; vgl. RG DJZ **1922** 697.

ob auch dann ohne den Angeklagten weiterverhandelt werden konnte, wenn dieser in der Hauptverhandlung **noch nicht zur Sache vernommen** worden war, § 231 b läßt die Verhandlung ohne den Angeklagten, wie Absatz 1 Satz 2 zeigt, schon ab Beginn der Sitzung zu.

3. Voraussetzungen der Verhandlung ohne Angeklagten

4   **a)** Ein **Beschluß nach § 177 GVG** muß ergangen sein, durch den der Angeklagte wegen ordnungswidrigen Benehmens aus dem Sitzungszimmer entfernt oder zur Haft abgeführt worden ist. Insoweit wird auf die Erläuterungen zu § 177 GVG verwiesen.

5   **b)** Die **Anwesenheit** des Angeklagten darf für die Weiterführung der Hauptverhandlung **nicht unerläßlich** sein. Dies ist hier, ebenso wie bei § 231 a, nur anzunehmen, wenn und soweit ausnahmsweise die **Aufklärungspflicht** die Anwesenheit des Angeklagten bei einem bestimmten Verfahrensabschnitt, etwa bei der Einvernahme eines bestimmten Zeugen, zwingend fordert[5]. Die bloße Erschwerung der Sachaufklärung, die darin liegt, daß das Gericht den Angeklagten nicht immer sofort zu einem Beweismittel hören kann, macht nach dem Zweck dieser Vorschrift die Anwesenheit des Angeklagten ebensowenig unerläßlich wie die vom Angeklagten selbst verschuldete Beeinträchtigung seiner Verteidigungsmöglichkeit. Auch daß ein angeklagter Rechtsanwalt sich selbst verteidigt, macht seine Anwesenheit nicht unerläßlich[6].

6   **c)** Die **Befürchtung einer schwerwiegenden Beeinträchtigung** des weiteren Ablaufs der Hauptverhandlung durch den Angeklagten muß im Zeitpunkt der Entscheidung (maßgebend: Beurteilung ex ante)[7] bestehen. Das ordnungswidrige Benehmen, das zur Entfernung des Angeklagten nach § 177 GVG führte, darf also nicht nur als eine **einmalige Entgleisung** zu werten sein. Das gesamte Verhalten des Angeklagten muß vielmehr ernsthaft befürchten lassen, daß er auch künftig durch ordnungswidriges Benehmen die ordnungsgemäße Durchführung der Hauptverhandlung oder bestimmter Teile davon schwerwiegend stören werde. Daß er eine **Störung durch Dritte** billigt oder veranlaßt, genügt nicht.

7   Es müssen voraussichtlich weitere Beeinträchtigungen der Hauptverhandlung von **erheblichem Gewicht** zu erwarten sein. Die Gefahr kleinerer Entgleisungen oder den Verfahrensablauf nur unwesentlich beeinträchtigender Störungen rechtfertigt eine Abwesenheitsverhandlung noch nicht. Der dem Rechtsstaatsprinzip immanente **Grundsatz der Notwendigkeit und Verhältnismäßigkeit** gilt auch für Eingriffe in das Anwesenheitsrecht des Angeklagten[8].

8   Das ungebührliche Verhalten des Angeklagten muß **objektiv** den Fortgang der Hauptverhandlung in Frage stellen. Nicht erforderlich ist, daß der Angeklagte dies mit seinem Verhalten bewußt schuldhaft herbeiführen will[9].

9   Da die Abwesenheitsverhandlung nur **so lange** zulässig ist, als die **Gefahr einer schwerwiegenden Beeinträchtigung fortbesteht**, muß das Gericht bei einer länger dauernden Verhandlung stets erneut prüfen, ob diese Gefahr nach der Verfahrenslage und nach den sonstigen Umständen weiterhin gegeben ist. In der Regel wird es angebracht sein, nach einiger Zeit versuchsweise den Angeklagten an der Hauptverhandlung wieder teilnehmen zu lassen; hierdurch kann am besten festgestellt werden, ob die Gefahr künfti-

---

5 Vgl. § 231, 25; § 231 a, 11.
6 BVerfGE **53** 215. Dies gilt auch bei einem Angeklagten, der Rechtslehrer an einer Hochschule ist; KK-*Treier* 1; *Kleinknecht/Meyer-Goßner* 1; KMR-*Paulus* 2.
7 Zur Maßgeblichkeit der Prognoseentscheidung für

die Verwertbarkeit der ohne Angeklagten durchgeführten Verhandlungsabschnitte vgl. bei § 247.
8 KMR-*Paulus* 9; SK-*Schlüchter* 3; vgl. *Rüping* ZStW **91** (1979) 355.
9 AK-*Keller* 2, 3; KK-*Treier* 5; KMR-*Paulus* 8; *Rieß* JZ **1975** 271 Fußn. 103.

ger Störungen beseitigt ist. Wann und wie oft das Gericht den Versuch einer Rückkehr zur normalen Verhandlung machen muß, hängt von den jeweiligen Umständen ab. Nur in völlig aussichtslosen Fällen wird es auf einen Versuch verzichten dürfen[10]. Von der Dauer der Ordnungshaft nach § 77 GVG ist die Dauer des Ausschlusses nicht abhängig.

Selbst wenn das Gericht die Dauer der Abwesenheitsverhandlung von vornherein auf **10** einen bestimmten Verfahrensteil oder eine bestimmte Zeit begrenzt hat, muß es den Angeklagten bereits **vor diesem Zeitraum** wieder vorlassen, wenn die Gefahr weiterer Störungen der Hauptverhandlung den Umständen nach gebannt erscheint; etwa, wenn der Angeklagte ernsthaft versichert, daß er sich künftig wohlverhalten werde.

Der **Ausschluß** kann bis zum **Ende der Hauptverhandlung** einschließlich der **11** Urteilsverkündung andauern, wenn dies zur Gewährleistung der ordnungsgemäßen Durchführung der Hauptverhandlung notwendig ist (Rdn. 2).

Die in Absatz 2 vorgeschriebene **Unterrichtung** (Rdn. 21) entfällt in diesen Ausnah- **12** mefällen dann ebenso wie das **letzte Wort**[11]. Wegen der besonderen Bedeutung dieses Verfahrensteils für die Gewährung des rechtlichen Gehörs und für ein rechtsstaatliches („faires") Verfahren überhaupt ist die Unerläßlichkeit einer derartigen Maßnahme aber besonders sorgfältig zu prüfen. Von dem Versuch, dem Angeklagten das letzte Wort zu erteilen, darf nur abgesehen werden, wenn dies von vornherein aussichtslos erscheint (BGHSt **9** 77)[12].

4. Entscheidung des Gerichts. Das Gericht, nicht der Vorsitzende, entscheidet nach **13** pflichtgemäßem Ermessen darüber, ob bei der konkreten Verfahrenslage die Voraussetzungen des § 231 b für eine Fortsetzung der Hauptverhandlung nach Entfernung des Angeklagten gegeben sind. Vor der Entscheidung sind die Verfahrensbeteiligten und — sofern möglich — der Angeklagte nach § 33 zu hören[13]. Dies kann zweckmäßigerweise bereits bei einer Anhörung zu der beabsichtigten Maßnahme nach § 177 GVG geschehen.

Die Entscheidung des Gerichts, daß weiterverhandelt wird, ergeht auch hier zweckmä- **14** ßigerweise durch einen **förmlichen Beschluß**, der noch in Gegenwart des Angeklagten zu verkünden ist.

Der Beschluß, die Hauptverhandlung künftig ohne den Angeklagten durchzuführen, **15** kann mit dem **Beschluß nach § 177 GVG** (wegen dessen Voraussetzungen und Begründung vgl. die dortigen Erläuterungen) verbunden werden, er kann danach aber auch getrennt ergehen. Der Beschluß muß erkennen lassen, daß das Gericht weiterverhandeln will, gegebenenfalls auch, auf welche Verfahrensabschnitte oder Zeit die Verhandlung ohne den Angeklagten zunächst beschränkt bleiben soll. Eine solche Beschränkung ist vor allem bei länger dauernden Verfahren angebracht, da das Gericht in angemessenen Zeitabständen prüfen muß, ob die von § 231 b vorausgesetzte Gefahr weiterer Störungen noch fortbesteht (Rdn. 9).

Da § 231 b — anders als § 231 a Absatz 3 und § 233 — einen **förmlichen Beschluß** **16** nicht ausdrücklich vorschreibt und die Fortsetzung der Hauptverhandlung ohne den Angeklagten unmittelbar an einen die Entfernung anordnenden Beschluß nach § 177 GVG anknüpft und keine zusätzliche Verfahrensanordnung erfordert, findet sich die Ansicht, trotz der dem Gericht obliegenden Prüfung der Unerläßlichkeit der Anwesenheit des

---

[10] BGHSt **9** 77; KG StV **1987** 519; KK-*Treier* 6; *Kleinknecht/Meyer-Goßner* 7; SK-*Schlüchter* 9; ferner bei Anhaltspunkten für eine Verhaltensänderung auch *Röhmel* JA **1976** 664.

[11] BGH NJW **1957** 1326; zum ehem. § 247 Abs. 2: RGSt **35** 433; **54** 110; RG JW **1932** 964; HRR **1939**

Nr. 669.

[12] KK-*Treier* 6; KMR-*Paulus* 15; SK-*Schlüchter* 9; *Roxin* § 42, 5; vgl. bei § 258.

[13] KMR-*Paulus* 13; vgl. § 247, 28 und bei § 177 GVG.

Angeklagten sei, ähnlich wie bei § 231 Abs. 2, ein förmlicher Beschluß entbehrlich, es genüge, wenn das Gericht seine Entscheidung durch Weiterverhandeln kundgebe[14]. Die Anwendung der Kannvorschrift des § 231 b hat jedoch weitergehende sachliche Voraussetzungen als die Entscheidung nach § 177 GVG. Sie ist auch verfahrensrechtlich eigenständig. Daß das Gericht ohne Angeklagten weiterverhandeln will, muß nach Anhörung aller Verfahrensbeteiligten diesen und vor allem auch dem Angeklagten eröffnet werden. Die Ausnahme eines stillschweigenden Beschlusses ist deshalb vor allem dann problematisch, wenn der Angeklagte vor Anordnung der Ordnungsmaßnahme nicht oder nicht zum Weiterverhandeln in seiner Abwesenheit gehört werden konnte. Mußte er dann im Vollzug der Ordnungsmaßnahme sofort aus dem Sitzungssaal entfernt werden, wird für ihn — anders als für die im Sitzungssaal verbleibenden anderen Verfahrensbeteiligten — die konkludente Entscheidung des Gerichts, weiter zu verhandeln, gar nicht erkennbar. Dies und auch allgemein Gründe der Verfahrensklarheit sprechen dafür, die Entscheidung des Gerichts durch einen förmlichen Beschluß bekanntzugeben, insbesondere dann, wenn die Abwesenheitsverhandlung von vornherein nur für einen bestimmten Verfahrensabschnitt oder nur für eine bestimmte Zeit gelten soll. Wird der Angeklagte vorzeitig wieder zugelassen (Rdn. 9, 10), ist der Beschluß nach § 231 b vom Gericht **aufzuheben**[15]. Auch hier ist im Interesse der Verfahrensklarheit ein förmlicher Beschluß angezeigt; bei einer für alle ersichtlichen stillschweigenden Zulassung würden aber die oben aufgeführten Bedenken nicht Platz greifen.

17   **5. Die Gelegenheit, sich zur Anklage zu äußern**, die der Angeklagte nach Absatz 1 Satz 2 haben muß, kann ihm das Gericht in jeder geeigneten Form geben. War seine Vernehmung zur Sache (§ 243 Abs. 4) bereits vor seiner Entfernung abgeschlossen, so bedarf es keiner Anhörung mehr. Gleiches gilt, wenn der Angeklagte erklärt hat, daß er nicht zur Sache aussagen wolle. Wurde er jedoch schon vorher aus der Hauptverhandlung entfernt, was auch schon vor Verlesung des Anklagesatzes möglich ist, dann muß ihm das Gericht die Gelegenheit geben, sich zur zugelassenen Anklage zu äußern. Dies kann — je nach Verfahrensstand — im Anschluß an den seine Entfernung anordnenden Beschluß nach § 177 GVG geschehen, dies kann aber auch zu einem späteren Zeitpunkt vorgenommen werden. Wenn das Gericht vor allem wegen der Mitangeklagten vom ordnungsmäßigen Ablauf der Verhandlung nicht zu sehr abweichen will, dann liegt es nahe, dem Angeklagten die Gelegenheit zur Äußerung dann zu geben, wenn er bei normalem Verlauf ohnehin zur Sache zu vernehmen gewesen wäre. Bei einem **in Haft** befindlichen oder in Ordnungshaft genommenen Angeklagten ist die Anordnung seiner späteren Wiedervorführung zu dem vom Gericht gewünschten Zeitpunkt ohne große Schwierigkeiten durchführbar. Bei einem **in Freiheit** befindlichen Angeklagten, der nach § 177 GVG lediglich aus dem Sitzungssaal gewiesen wurde, muß das Gericht — zweckmäßigerweise bereits vor der Entfernung aus dem Sitzungssaal — die Zeit bestimmen, zu der sich der Angeklagte zum Zwecke seiner Anhörung wieder einzufinden habe. Unterläßt er dies, so ist seine zwangsweise Vorführung zur Anhörung in der Regel entbehrlich, denn schon durch die Einräumung der Möglichkeit einer Äußerung ist das von Absatz 1 Satz 2 geforderte Mindestmaß von rechtlichem Gehör gewährt.

---

[14] BGHSt **39** 72; KK-*Treier* 7; *Kleinknecht/Meyer-Goßner* 9; **a. A** unter Hinweis auf die Pflicht, die Unerläßlichkeit der Anwesenheit zu prüfen; *Röhmel* JA **1976** 663; KMR-*Paulus* 13; SK-*Schlüchter* 8; *Schlüchter* 446; auch AK-*Keller* 3; BGH NJW **1976** 1108 läßt dies offen, betont aber das Bedürfnis nach einer formstrengen Handhabung (zu § 247 Abs. 1, vgl. dort).

[15] RGSt **54** 110; *Kleinknecht/Meyer-Goßner* 9; KMR-*Paulus* 13; SK-*Schlüchter* 9.

Wird ein Hinweis auf die **Veränderung eines rechtlichen Gesichtspunkts** nach § 265 **18** erforderlich, muß dem Angeklagten die Möglichkeit eingeräumt werden, sich auch dazu zu äußern. Auch wenn er sich zur zugelassenen Anklage bereits erklären konnte, muß ihm durch einen Hinweis die Möglichkeit eröffnet werden, sich zu der eingetretenen Veränderung zu äußern. Der Hinweis muß nicht notwendig in der Hauptverhandlung erteilt werden. Ist in dieser allerdings ein Verteidiger des Angeklagten anwesend, genügt es nach § 234 a, daß diesem der Hinweis erteilt wird. Entscheidungen nach § 61 Nr. 5; § 245 Abs. 1 Satz 2; § 251 Abs. 1 Nr. 4; Abs. 2 bedürfen auch dann nicht der Zustimmung des Angeklagten, wenn für ihn kein Verteidiger anwesend ist[16].

Die Anhörung ist nach dem Willen des Gesetzgebers[17] **vor dem erkennenden** **19** **Gericht** in der Hauptverhandlung durchzuführen. Daß diese Anhörung unter Umständen nur erneute Störungen auslöst, wurde wegen der hohen Bedeutung des rechtlichen Gehörs in Kauf genommen. Die Anhörung durch einen ersuchten oder beauftragten Richter genügt demgemäß nicht[18].

Man wird davon ausgehen müssen, daß das Gericht grundsätzlich versuchen muß, dem **20** Angeklagten **in der Hauptverhandlung** selbst Gehör zu geben, und daß es deshalb in Kauf nehmen muß, daß der Angeklagte dies nur zu erneuten Störungen benutzt. Ist der Versuch ergebnislos verlaufen, weil der Angeklagte die Einlassung verweigerte oder erneut störte, so ist die Verpflichtung aus Absatz 1 Satz 2 erfüllt. Das Gericht braucht dann nichts mehr tun, um ihm Gehör zu geben. Es ist zwar nicht gehindert, dem Angeklagten nach dem Scheitern der gebotenen Anhörung in der Hauptverhandlung im Interesse der besseren Sachaufklärung oder der fairen Verfahrensgestaltung nochmals auf andere Weise Gehör zu geben, etwa dadurch, daß es ihn durch einen beauftragten oder ersuchten Richter hören läßt oder ihm eine schriftliche Stellungnahme anheimgibt. Verpflichtet ist es dazu aber nicht[19].

6. Unterrichtung des wieder vorgelassenen Angeklagten. Absatz 2 schreibt vor, daß **21** der Angeklagte, „sobald" er wieder an der Hauptverhandlung teilnehmen darf, gemäß § 231 a Abs. 2 zu unterrichten ist. Ihm ist der wesentliche Inhalt dessen mitzuteilen, was in seiner Abwesenheit verhandelt worden ist. Die Einzelheiten sind bei § 231 a, Rdn. 32 bis 35 erläutert. Die Unterrichtung kann abgebrochen werden, wenn sie der Angeklagte erneut zu schwerwiegenden Störungen mißbraucht[20] oder wenn der Angeklagte sich weigert, sie zur Kenntnis zu nehmen. Er kann dann wegen der Ungebühr erneut ausgeschlossen werden[21], das Gericht kann aber auch einfach in seiner Anwesenheit weiterverhandeln. Vor allem kann es, wenn der Angeklagte seine Unterrichtung vor Erteilung des letzten Wortes unmöglich macht, von dieser absehen und das Verfahren zu Ende bringen[22]. Die Tatsache der Unterrichtung, nicht ihr Inhalt, ist als **wesentliche Förmlichkeit** in der Sitzungsniederschrift festzuhalten[23]. Festzuhalten ist aber auch ihr vorzeitiger Abbruch, wobei zweckmäßigerweise auch der Grund dafür aufzunehmen ist.

---

[16] KK-*Treier* 8; KMR-*Paulus* 15; SK-*Schlüchter* 10; vgl. § 234 a, 20.

[17] Bericht des BTRAussch. BTDrucks. **7** 2989 S. 7.

[18] Hermann JuS **1976** 419; *Rieß* JZ **1975** 271; KK-*Treier* 8; *Kleinknecht/Meyer-Goßner* 8; SK-*Schlüchter* 7.

[19] KK-*Treier* 8; *Kleinknecht/Meyer-Goßner* 8; KMR-*Paulus* 11; SK-*Schlüchter* 7. Nach *Röhmel* JA **1976** 664 läßt der Wortlaut beide Auslegungen zu; allenfalls wenn die Anhörung in der Hauptverhandlung

unmöglich ist, kann es angebracht sein, dem Angeklagten das Anhörungsrecht in abgeschwächter Form zu gewähren.

[20] *Kleinknecht/Meyer-Goßner* 10; SK-*Schlüchter* 11.

[21] SK-*Schlüchter* 11 hält eine neue Beschlußfassung für erforderlich.

[22] SK-*Schlüchter* 11; BGH NJW **1957** 1326 (für einen Angeklagten mit Verteidiger).

[23] BGHSt **1** 350; KK-*Treier* 9; SK-*Schlüchter* 12.

7. Rechtsbehelfe

22   **a) Beschwerde.** Der Beschluß nach § 177 GVG ist nicht mit Beschwerde anfechtbar. Der Beschwerde gegen den ausdrücklichen oder stillschweigenden Beschluß, das Verfahren ohne den Angeklagten fortzusetzen, steht § 305 entgegen[24].

23   **b) Die Revision** kann nach § 338 Nr. 5 rügen, daß das Gericht die Voraussetzungen für die Abwesenheitsverhandlung nach § 231 b rechtsirrtümlich bejaht oder daß es ohne den Angeklagten weiterverhandelt habe, obwohl diese Voraussetzungen inzwischen entfallen waren. Soweit zu diesen Voraussetzungen eine Würdigung der Prozeßlage gehört, die nur der Tatrichter auf Grund der Hauptverhandlung treffen kann, wie etwa die Frage, ob die Anwesenheit des Angeklagten nach der Sach- und Beweislage unerläßlich war, kann das Revisionsgericht allerdings nur nachprüfen, ob die Entscheidung des Tatrichters rechtsfehlerhaft oder ermessensmißbräuchlich war[25]. Gerügt werden kann auch, daß kein ordnungsgemäßer Beschluß nach § 177 GVG vorlag und deshalb die Voraussetzung für eine Abwesenheitsverhandlung nach § 231 b fehlte oder daß ohne den Angeklagten weiterverhandelt wurde, obwohl die Voraussetzungen dafür für das Gericht erkennbar nicht mehr vorlagen, etwa weil der Ausschluß nur für einen bestimmten Verfahrensabschnitt angeordnet war. Hat das Gericht ohne Beschluß nach Absatz 1 Satz 1 weiterverhandelt, so kann dies, sofern im übrigen dessen Voraussetzungen vorlagen, auch dann nicht mit der Revision nach § 338 Nr. 5 gerügt werden, wenn man entgegen BGHSt **39** 72 (vgl. Rdn. 16) einen solchen Beschluß für erforderlich hält, denn dieser ist nicht konstitutiv für die Zulässigkeit der Verhandlung ohne den Angeklagten[26]. Auch eine Rüge nach § 337 dürfte insoweit kaum Erfolg haben; da das Gericht ohne den Angeklagten weiterverhandelt hat, kann nicht davon ausgegangen werden, daß es bei einer förmlichen Beschlußfassung dessen Anwesenheit für unerläßlich gehalten hätte. Ob der Angeklagte mit Erfolg rügen kann, der Beschluß, ohne ihn weiterzuverhandeln, sei ihm nicht zur Kenntnis gebracht worden, so daß er dadurch in seiner Verteidigung beschränkt worden sei, hängt von den (darzulegenden) Umständen des Einzelfalls ab.

24   Mit der Revision kann ferner nach § 337 geltend gemacht werden, daß das Gericht seiner Verpflichtung zur **Anhörung des Angeklagten** nach Absatz 1 Satz 2 oder nach § 33 (Rdn. 17, 13) nicht oder nur unvollständig genügt oder daß es seine **Unterrichtungspflicht** nach Absatz 2 nicht oder nicht in einer dem Gesetz entsprechenden Weise erfüllt habe. Ob das Urteil auf einer unterlassenen oder verspäteten Unterrichtung beruht, hängt von den Umständen des Einzelfalls ab. Bei einer nur verspäteten Unterrichtung wird man dies meist ausschließen können, sofern der Angeklagte nicht besondere Umstände vortragen kann, die aufzeigen, daß er dadurch in seiner Verteidigung behindert wurde[27]. Hat dagegen das Gericht nicht einmal versucht, dem Angeklagten wenigstens das letzte Wort zu gewähren, obwohl dies nach den Umständen möglich und nicht von vornherein aussichtslos gewesen wäre (vgl. Rdn. 12), kann ein Beruhen des Urteils meist nicht ausgeschlossen werden[28].

---

[24] KK-*Treier* 10; *Kleinknecht/Meyer-Goßner* 11; KMR-*Paulus* 18; SK-*Schlüchter* 13; *Röhmel* JA **1976** 666.

[25] KK-*Treier* 11; *Kleinknecht/Meyer-Goßner* 12.

[26] SK-*Schlüchter* 15; **a. A** *Röhmel* JA **1976** 666 (konstitutive Zulässigkeitsvoraussetzung).

[27] *Kleinknecht/Meyer-Goßner* 12; SK-*Schlüchter* 16.

[28] SK-*Schlüchter* 16, 17.

§ 231 c

[1]**Findet die Hauptverhandlung gegen mehrere Angeklagte statt, so kann durch Gerichtsbeschluß einzelnen Angeklagten, im Falle der notwendigen Verteidigung auch ihren Verteidigern, auf Antrag gestattet werden, sich während einzelner Teile der Verhandlung zu entfernen, wenn sie von diesen Verhandlungsteilen nicht betroffen sind. [2]In dem Beschluß sind die Verhandlungsteile zu bezeichnen, für die die Erlaubnis gilt. [3]Die Erlaubnis kann jederzeit widerrufen werden.**

Schrifttum. *Gollwitzer* Die Befugnisse der Mitangeklagten in der Hauptverhandlung, FS Sarstedt 15; *Prittwitz* Der Mitbeschuldigte – ein unverzichtbarer Belastungszeuge? NStZ **1981** 463; *Schlothauer* Abwesenheitsverhandlung wegen Beurlaubung oder vorübergehende Verfahrensabtrennung und Revision, FS Koch 241; weiteres Schrifttum bei § 230.

Entstehungsgeschichte. Art. 1 Nr. 19 StVÄG 1979 hat § 231 c eingefügt, um die Anwesenheitspflicht aufzulockern.

Übersicht

1. Zweck der Vorschrift ist die Verfahrensvereinfachung. Sie soll durch eine behut- **1** same Lockerung der strengen Anwesenheitspflicht den Interessen der Angeklagten und ihrer Verteidiger ebenso Rechnung tragen wie eine zügigere Abwicklung umfangreicher Hauptverhandlungen erleichtern[1]. Bei einer umfangreichen Hauptverhandlung gegen mehrere Angeklagte belastet die uneingeschränkte — für die ganze Hauptverhandlung geltende — Anwesenheitspflicht (§ 230) und die damit verbundene Beeinträchtigung der persönlichen Bewegungs- und Dispositionsfreiheit die Angeklagten erheblich. Gleiches gilt für den Verteidiger, der in den Fällen der notwendigen Verteidigung (§ 140) ununterbrochen anwesend sein muß und der wegen des Verbotes der Mehrfachverteidigung (§ 146) seine Aufgabe auch nicht vorübergehend dem Verteidiger eines anderen Mitangeklagten übertragen kann[2]. Dies hat bei Großverfahren die zügige Erledigung erschwert, wenn das Gericht bei seiner Verfahrensgestaltung auf unabwendbare Verhinderungen eines Angeklagten oder des Verteidigers Rücksicht nehmen und deshalb das gesamte Verfahren unterbrechen mußte. Diese Schwierigkeiten sollen dadurch verringert werden, daß das Gericht einen Angeklagten und seinen Verteidiger wenigstens insoweit von der Anwesenheitspflicht entbinden kann, als über Umstände verhandelt wird, die ihn auch nicht mittelbar betreffen. Die Begründung des Regierungsentwurfes weist in diesem Zusammenhang darauf hin, daß die Beurlaubung des Angeklagten und seines Verteidigers von sie nicht betreffenden Abschnitten der Hauptverhandlung nach der herrschenden Mei-

---

[1] Begr. BTDrucks. **8** 976 S. 23.   [2] Vgl. bei § 146.

Walter Gollwitzer

nung bisher nur durch eine förmliche Abtrennung, Unterbrechung und spätere Wiederverbindung des Verfahrens möglich war, wobei die Frist des § 229 der Dauer der Abtrennung Grenzen setzte, obwohl es von der Sache her vertretbar sein kann, auch auf längere Zeit auf die Anwesenheit eines Angeklagten zu verzichten[3]. Da jede Beurlaubung eine antizipierte Beurteilung des Nichtbetroffenseins durch die zu erwartenden Verhandlungsinhalte erfordert[4], erhöht sich wegen der Möglichkeit unvorhergesehener Verfahrensergebnisse die Gefahr von Revisionsgründen (§§ 230, 338 Nr. 5; § 261); der Bundesgerichtshof hat deshalb wiederholt zur Vorsicht bei Anwendung dieser Vorschrift gemahnt[5].

2   **2. Verhältnis zu anderen Vorschriften.** Die Möglichkeit, einen Angeklagten von der Teilnahme an einem ihn nicht betreffenden Teil der Hauptverhandlung zu entbinden, tritt zusätzlich neben die weitergehende Befugnis, in den Fällen des § 231 Abs. 2, §§ 231 a, 231 b, 232 und 233 ohne den Angeklagten auch ihn betreffende Teile der Hauptverhandlung durchzuführen. Sind die jeweiligen Voraussetzungen gegeben, etwa weil der Angeklagte einem ihn nicht betreffenden Teil der Hauptverhandlung vor der Entscheidung über seinen Entbindungsantrag eigenmächtig fernbleibt, dann hat das Gericht die Wahl, nach welcher Vorschrift es verfahren will. Aus praktischen Gründen verdienen die Bestimmungen, die es gestatten, auch den Angeklagten betreffende Vorgänge in seiner Abwesenheit zu verhandeln, den Vorzug vor § 231 c.

3   Die Befugnis, in geeigneten Fällen das Verfahren gegen einen von mehreren Angeklagten vorübergehend **abzutrennen**, bleibt an sich ebenfalls unberührt[6]. Jedoch dürfte § 231 c den Ermessensspielraum des Gerichts insoweit einschränken, daß es nicht ohne einsichtigen, verfahrensbezogenen Grund unter Umgehung des Antragserfordernisses abtrennen und wiederverbinden darf[7]. Wenn es lediglich dem Angeklagten und seinem Verteidiger die Teilnahme an sie nicht betreffenden Verfahrensteilen ersparen will, muß es nach § 231 c verfahren[8]. Soweit Angeklagter und Verteidiger damit einverstanden sind, ist der Umweg über eine von vornherein nur als vorübergehend gedachte Trennung nicht nötig und wegen der Fristen des § 229 gefährlich; gegen ihren Willen aber würde sie einen Formenmißbrauch bedeuten, sofern dieser Weg nicht durch besondere Verfahrenserfordernisse im Einzelfall gerechtfertigt werden kann. Es darf nicht übersehen werden, daß das Gericht zwar von sich aus seine Entscheidung gegenüber einem Mitangeklagten nicht auf Verfahrenserkenntnisse stützen darf, die in einem Verfahrensteil gewonnen wurden, an dem er nicht teilgenommen hat, daß aber für das Gericht nicht ex ante erkennbar ist, ob dieser hofft, Verfahrensergebnisse, die unmittelbar nur einen anderen Mitangeklagten betreffen, auch für seine eigene Verteidigung, und sei es auch nur wegen der dadurch eröffneten Vergleichs- und Wertungsmöglichkeiten, nutzen zu können[9]. Ob er auf eine solche Chance verzichten will, hat allein der Angeklagte und sein Verteidiger zu entscheiden; dem trägt das Antragserfordernis des § 231 c Rechnung.

---

[3] BTDrucks. **8** 976 S. 19.

[4] Gleiches gilt allerdings auch für eine nur vorübergehende Abtrennung, bei der bei Verwendung einer aus dem getrennten Verfahrensteil gewonnenen Erkenntnis gegenüber einem daran nicht teilnehmenden Mitangeklagten die Revision zwar nicht nach §§ 230, 338 Nr. 5, wohl aber nach §§ 261, 337 begründet.

[5] Zu den Warnungen des BGH vor einer solchen Verfahrensgestaltung vgl. etwa BGH bei *Holtz* MDR **1979** 807; StV **1982** 457; NStZ **1981** 111; bei *Miebach* NStZ **1989** 219; BGHR § 231 c Betroffensein 1; ferner etwa KMR-*Paulus* 3 (zweischneidig, im Zweifel nie).

[6] BGHSt **30** 74 = JR **1982** 33 mit Anm. *Maiwald*; BGHSt **32** 100 = JA **1984** 263 mit Anm. *Kratzsch*; BGHSt **32** 270; offengelassen BGH NStZ **1983** 34.

[7] SK-*Schlüchter* 2. Die vorübergehende Abtrennung halten (mit Ausnahme einer bewußten Umgehung) neben § 231 c für zulässig KK-*Treier* 2; *Kleinknecht/Meyer-Goßner* 3; KMR-*Paulus* 4; anders *Schlothauer* FS Koch 250.

[8] SK-*Schlüchter* 2.

[9] Vgl. *Gollwitzer* FS Sarstedt 22; *Schlothauer* FS Koch 244; ferner zur mittelbaren Betroffenheit Rdn. 3.

3. Die Voraussetzungen für die Freistellung

a) Die Freistellung des Angeklagten oder seines Verteidigers ist grundsätzlich **bei 4 allen Teilen der Verhandlung** möglich. Auch die einleitenden Vorgänge nach § 243 Abs. 1 bis 3, vor allem die Vernehmung eines Angeklagten zur Person[10] und die zur Verhandlung rechnenden Schlußvorträge[11] sind nach dem Zweck der Vorschrift nicht notwendig ausgenommen, wohl aber die Urteilsverkündung[12]. Die eigentlichen Grenzen für die Anwendbarkeit des § 231 c ergeben sich vielmehr aus den **engen sachlichen Voraussetzungen**, die eine Beurlaubung des Angeklagten und seines Verteidigers nur dort zulassen, wo durch die Verhandlung in seiner Abwesenheit seine eigenen Verfahrensinteressen nicht, auch nicht mittelbar, berührt werden. Eine erweiternde Auslegung ist nicht möglich.

b) Nichtbetroffensein von dem Verhandlungsteil. Es muß notwendigerweise ein 5 Verfahren mit **mehreren Angeklagten** vorliegen, bei dem sich die Hauptverhandlung so **aufteilen** läßt, daß bestimmte Verhandlungsteile ausschließlich einzelne Mitangeklagte betreffen. Die Urteilsfindung gegen den von der Teilnahme zu entbindenden Angeklagten darf also durch das aus dem Inbegriff dieser Verhandlungsteile gewonnene Ergebnis nicht beeinflußt werden. Es muß sich um Verfahrensteile handeln, über die nach der bisherigen Rechtsprechung ohne Verstoß gegen § 261 auch unter Abtrennung des Verfahrens gegen den betreffenden Angeklagten hätte weiterverhandelt werden können[13]. **Nicht betroffen** von einem Verhandlungsteil ist in der Regel ein Angeklagter, wenn die Tat eines Mitangeklagten verhandelt wird, an der er in keiner Weise beteiligt war oder hinsichtlich der ihm kein strafrechtlich irgendwie relevanter Vorwurf gemacht wird. Es kann sich dabei um selbständige Taten im prozessualen Sinn, um einzelne Teilakte einer fortgesetzten Tat (soweit eine solche überhaupt noch anzunehmen ist), aber auch um Tatteile handeln, die aus der Verfolgung nach § 154 a ausgeschieden worden sind[14]. Eine Beurlaubung ist auch bei solchen Verhandlungsteilen möglich, die sich innerhalb eines einheitlichen Vorwurfs ausschließlich mit persönlichen Umständen eines Mitangeklagten befassen, wie etwa das Vorliegen nur ihn betreffender Prozeßvoraussetzungen[15] oder die Verhandlung über seine Schuldfähigkeit und die Anhörung von Sachverständigen zu dieser Frage[16] oder die Erörterung der persönlichen Verhältnisse[17] oder sonstiger Umstände, die nur für die Bemessung der Rechtsfolgen bei diesem Angeklagten von Bedeutung sind[18]. Ob die Voraussetzungen vorliegen, hängt aber immer vom **Einzelfall** ab[19]. Vor allem bei den sogenannten Punktesachen, bei denen verschiedene selbständige Anklagepunkte gegen die einzelnen Mitangeklagten verhandelt werden, sind sie häufiger gegeben als bei einem verwickelten Tatgeschehen mit einem gemeinsamen Grundsachverhalt. Maßgebend ist stets, daß ausgeschlossen werden kann, daß die während der Abwesenheit des Angeklagten behandelten Umstände auch nur mittelbar die gegen ihn erhobenen Vorwürfe berühren und das Urteil gegen ihn beeinflussen. Ein solcher Einfluß liegt nahe, wenn es sich um ein einheitliches Geschehen handelt[20]. Eine **Verhandlungs(mit)betroffenheit** des jeweiligen Angeklagten

[10] BGHSt **31** 324; *Kleinknecht/Meyer-Goßner* 10; KMR-*Paulus* 7; SK-*Schlüchter* 4; 8.

[11] *Kleinknecht/Meyer-Goßner* 10; SK-*Schlüchter* 5; auch BGH NStZ **1983** 34, wo aber Betroffensein nicht auszuschließen war.

[12] BGHSt **31** 331; *Kleinknecht/Meyer-Goßner* 10; KMR-*Paulus* 7; SK-*Schlüchter* 5.

[13] Begr. BTDrucks. **8** 976 S. 50; KK-*Treier* 4; SK-*Schlüchter* 6; *Gollwitzer* FS Sarstedt 21.

[14] SK-*Schlüchter* 7.

[15] KMR-*Paulus* 6; SK-*Schlüchter* 6.

[16] *Kleinknecht/Meyer-Goßner* 12; KMR-*Paulus* 8; SK-*Schlüchter* 6.

[17] BGHSt **31** 324; *Kleinknecht/Meyer-Goßner* 12.

[18] SK-*Schlüchter* 8 mit dem wichtigen Hinweis, daß auch keine mittelbaren Rückwirkungen auf den Rechtsfolgenausspruch gegen die anderen Mitangeklagten möglich sein dürfen.

[19] BGHSt **32** 100; h. M; etwa SK-*Schlüchter* 6.

[20] Vgl. etwa BGH NStZ **1983** 34; BGH bei *Holtz* MDR **1979** 802; ferner auch zu den Einzelfällen *Kleinknecht/Meyer-Goßner* 12; KMR-*Paulus* 8; SK-*Schlüchter* 6.

besteht, wenn auch ihn betreffende Beweise erhoben werden[21] oder ein Mitangeklagter über sein Verhältnis zu ihm vernommen wird[22] oder wenn der Verteidiger eines Mitangeklagten sich in seinem Plädoyer mit der gemeinsamen Tat befaßt[23] oder wenn ein Zeuge zur Glaubwürdigkeit eines ihn belastenden Mitangeklagten vernommen wird[24] oder wenn über einen auch ihn berührenden Beweisantrag eines Mitangeklagten entschieden wird[25] oder über die Vereidigung eines Zeugen, der früher auch über einen ihn betreffenden Vorgang vernommen worden war[26]. Ein mittelbares Betroffensein kann sich aber auch daraus ergeben, daß über eine Tat verhandelt wird, an der er nicht beteiligt war, die aber indizielle Bedeutung für eine ihm zur Last gelegte Tat haben kann[27].

6   **c) Antrag.** Die Erlaubnis, bestimmten Teilen der Hauptverhandlung fernzubleiben, kann dem Angeklagten oder dem notwendigen Verteidiger nur auf Antrag gewährt werden, da die Vorschrift in erster Linie deren Interessen dient[28] und das Gericht auch nicht sicher vorhersehen kann, ob sie einen den jeweiligen Angeklagten nicht unmittelbar betreffenden Verhandlungsteil auch zur eigenen Verteidigung nutzen wollen und können[29]. Ist die Verteidigung nicht notwendig, braucht der **Verteidiger**, der fernbleiben will, keinen Antrag zu stellen, denn seine Abwesenheit hält das Verfahren ohnehin nicht auf. Das Gericht kann jedoch auch einem nicht notwendigen Verteidiger das Fernbleiben nach § 231 c ausdrücklich gestatten[30].

7   Das Antragsrecht des Angeklagten und des Verteidigers stehen **unabhängig** nebeneinander; der Angeklagte ist bei seiner Antragstellung nicht davon abhängig, daß auch sein Verteidiger den Antrag stellt und umgekehrt[31]. Der Verteidiger muß allerdings für befugt erachtet werden, namens des Angeklagten auch für diesen den Antrag zu stellen, dies gilt jedoch nur, wenn der Angeklagte dem nicht widerspricht; denn darüber, ob er auch den ihn nicht betreffenden Teilen der Hauptverhandlung beiwohnen will, hat letztlich nur er selbst zu befinden. Umgekehrt hindert ein Widerspruch des Angeklagten das Gericht nicht, einen notwendigen Verteidiger entsprechend seinem Antrag zu beurlauben. Bei mehreren Verteidigern hat jeder getrennt für sich das Antragsrecht. Der Antrag kann sich im übrigen auf verschiedene, nicht zusammenhängende Verhandlungsteile beziehen, die Beurlaubung kann in derselben Hauptverhandlung für denselben Angeklagten wiederholt und vom Angeklagten und Verteidiger auch für unterschiedliche Verhandlungsteile beantragt werden.

8   Die **genaue Bezeichnung** der **Verhandlungsteile**, für die die Erlaubnis zur Entfernung begehrt wird, im Antrag ist an sich angezeigt[32], denn das Gericht, das dem Antrag auch nur zum Teil stattgeben kann, darf andererseits eine Beurlaubung nicht über den beantragten Umfang hinaus erteilen. Beantragt der Angeklagte, daß ihm das Gericht „im weitestgehend möglichen Umfang" freistellt, so muß das Gericht auf eine präzisere Antragstellung hinwirken[33]; es kann — eventuell an Hand eines Verhandlungsplans[34] — auch Teile und Zeiten benennen, die dafür überhaupt in Betracht kommen können. Eine ungenaue Antragstellung ist jedoch unschädlich, wenn das Gericht im bewilligenden

[21] BGH StV **1984** 102.
[22] BGH StV **1982** 457.
[23] BGH NStZ **1983** 34.
[24] BGH bei *Pfeiffer/Miebach* NStZ **1985** 205; *Schlothauer* FS Koch 254.
[25] BGH bei *Holtz* MDR **1989** 1054 (auch wenn dieser fehlerfrei abgelehnt wurde); BGH bei *Kusch* NStZ **1992** 27.
[26] BGH StV **1988** 370.
[27] AK-*Keller* 3; KMR-*Paulus* 8.
[28] Begr. BTDrucks. **8** 976 S. 50; vgl. Rdn. 3 a. E.

[29] Vgl. *Gollwitzer* FS Sarstedt 21 f.
[30] *Rieß* NJW **1978** 2270 Fußn. 97; *Kleinknecht/Meyer-Goßner* 2; SK-*Schlüchter* 9.
[31] KK-*Treier* 6; *Kleinknecht/Meyer-Goßner* 11; KMR-*Paulus* 10; SK-*Schlüchter* 9.
[32] Weitgehend h. M; etwa KK-*Treier* 8; *Kleinknecht/Meyer-Goßner* 8; KMR-*Paulus* 10; SK-*Schlüchter* 11; *Schlothauer* FS Koch 246.
[33] *Schlothauer* FS Koch 246.
[34] Vgl. KMR-*Paulus* 10 (Mittel für Konkretisierung).

Beschluß die Teile konkret festlegt, für die es die Befreiung bewilligt und die Antragsteller dies durch ihr Fernbleiben billigen. Auch bei einer ohne Antrag versehentlich bewilligten Beurlaubung wird eine stillschweigende Nachholung der Antragstellung darin gesehen, daß von der Beurlaubung Gebrauch gemacht wird[35].

Der Antrag ist **in der Hauptverhandlung** mündlich zu stellen. Nach dem Zweck der **9** Vorschrift dürfte es aber auch zulässig sein, wenn der Antrag schon vor deren Beginn **schriftlich** bei Gericht eingereicht wird[36]. Bei Großverfahren kann dies die Terminplanung des Vorsitzenden, aber auch des Angeklagten und des Verteidigers erleichtern. Vertagungsanträge, die sonst schon bei einer zeitweiligen Verhinderung gestellt werden müßten, können sich dadurch mitunter erübrigen.

4. Entscheidung des Gerichts

a) Das Gericht, und zwar das **erkennende Gericht der Hauptverhandlung** ein- **10** schließlich der Schöffen, entscheidet über den Antrag durch **Beschluß**. Die Entscheidung ergeht nach **Anhörung der Verfahrensbeteiligten** (§ 33 Abs. 1), zu denen auch die in ihrer Prozeßführung dadurch möglicherweise mitbetroffenen Mitangeklagten gehören[37]. Eine prozeßleitende Anordnung des Vorsitzenden hielt der Gesetzgeber nicht für ausreichend, um zu gewährleisten, „daß die Anordnung von allen Prozeßbeteiligten in ihrer Bedeutung erfaßt wird und deshalb während der Dauer der Abwesenheit sorgfältig darauf geachtet wird, daß keine den befreiten Angeklagten betreffenden Umstände erörtert werden"[38]. Deshalb ist nach der sich auf den Gesetzeswortlaut stützenden vorherrschenden Ansicht[39] eine Beschlußfassung des Gerichts vor Beginn der Hauptverhandlung nicht zulässig. Wegen der Pflicht, die Verfahrensbeteiligten dazu zu hören, sprechen auch praktische Gründe dagegen, daß der Beschluß schon vor Beginn der Hauptverhandlung in der für Entscheidungen außerhalb der Hauptverhandlung maßgebenden Besetzung erlassen werden darf. Die Beurlaubung erfordert einen ausdrücklichen Gerichtsbeschluß, eine **stillschweigende** Freistellung von der Teilnahmepflicht ist nicht möglich[40].

b) Die Entscheidung über den Antrag stellt Satz 1 in das **Ermessen** des **Gerichts** **11** („kann . . . gestattet werden"). Vor Ausübung dieses Ermessens muß das Gericht allerdings prüfen, ob die rechtlichen Voraussetzungen, von denen nach § 231 c die Beurlaubung abhängt (Rdn. 4 ff), gegeben sind. Es muß vor allem auf Grund seiner Aktenkenntnis und dem bisherigen Ergebnis der Hauptverhandlung **im voraus beurteilen**, ob bei den Verhandlungsteilen, auf die sich der Befreiungsantrag bezieht, damit zu rechnen ist, daß Umstände zur Sprache kommen, die das Urteil — und sei es nur im Rechtsfolgenausspruch — auch in Richtung gegen den Antragsteller beeinflussen können. Nur wenn es dies verneint, darf es dem Antrag entsprechen. Hält es die Voraussetzungen für gegeben, steht es in seinem freien **Ermessen**, ob es dem Antrag entsprechen will. Bei dieser Ermessensentscheidung soll das Gericht „die Bedeutung der für den Wunsch auf Abwesenheit

---

[35] BGHSt **31** 239; KK-*Treier* 6: *Kleinknecht/Meyer-Goßner* 6; SK-*Schlüchter* 12; **a. A** *Schlothauer* FS Koch 246; 255.

[36] KK-*Treier* 7; *Kleinknecht/Meyer-Goßner* 9; KMR-*Paulus* 10; SK-*Schlüchter* 10.

[37] KMR-*Paulus* 11; SK-*Schlüchter* 15 (auch diese können Gesichtspunkte für ein mittelbares Betroffensein beitragen); **a. A** *Kleinknecht/Meyer-Goßner* 13.

[38] Begr. BTDrucks. **8** 976 9. 50; vgl auch BGH StV **1985** 354; *Kleinknecht/Meyer-Goßner* 13; KMR-*Paulus* 11; SK-*Schlüchter* 14.

[39] KK-*Treier* 9; *Kleinknecht/Meyer-Goßner* 13; KMR-*Paulus* 11 (anders Vorauflage); SK-*Schlüchter* 14.

[40] BGH StV **1985** 354 mit Anm. *Rogall*; KK-*Treier* 9; *Kleinknecht/Meyer-Goßner* 13; SK-*Schlüchter* 13; **a. A** KMR-*Paulus* 11; ferner BGH StV **1995** 177 (im Hinblick auf stillschweigende Verlängerung der Beurlaubung); *Pfeiffer/Fischer* 3 (nicht generell ausgeschlossen).

sprechenden Gründe gegen die Gefahr abwägen", daß „während dieser Verhandlungsteile doch Umstände zur Sprache kommen können, die, wenn auch nur mittelbar, den beurlaubten Angeklagten betreffen". Bei der Ermessensentscheidung können aber auch Gründe der Prozeßwirtschaftlichkeit und die Erfordernisse einer gestrafften und jeder Verzögerung vorbeugenden Verhandlungsführung mit zu berücksichtigen sein[41].

12   c) Der **Tenor des bewilligenden Beschlusses** muß die Verhandlungsteile, für die die Erlaubnis gilt, genau bezeichnen (Satz 2). Diesem Erfordernis der Verfahrensklarheit kann der Beschluß dadurch Rechnung tragen, daß er die betreffenden Verhandlungsteile nach ihrem Gegenstand eindeutig und verwechslungsfrei benennt, etwa Einvernahme bestimmter Zeugen oder Sachverständiger, Vornahme eines bestimmten Augenscheins oder Beweisaufnahme über einen bestimmten Tatsachenkomplex oder, bei Punktesachen, Verhandlung über einen bestimmten Vorwurf der Anklage. Statt der Bezeichnung der einzelnen Verhandlungsvorgänge ist es aber auch zulässig, die Erlaubnis zeitlich zu begrenzen, etwa für einen bestimmten Tag, an dem nur den Antragsteller nicht betreffende Vorgänge behandelt werden[42]. Welche Angaben zur zweifelsfreien Kennzeichnung notwendig sind, richtet sich stets nach den Umständen des einzelnen Verfahrens. Soweit bereits die zugelassene Anklage die einzelnen Vorwürfe klar trennt, erscheint es auch zulässig, wenn im Beschluß zur näheren Kennzeichnung des betreffenden Vorwurfs auf die Anklage Bezug genommen wird[43]. Um das Verfahren flexibel zu halten und wegen der Schwierigkeiten des Widerrufs (Rdn. 15) kann es zweckmäßig sein, wenn das Gericht die Freistellung zunächst auf einen festen Zeitraum und einen übersehbaren Verfahrensabschnitt begrenzt und einen darüberhinausgehenden Antrag ablehnt oder die Entscheidung darüber zurückstellt. Im letzteren Fall muß es dann aber von sich aus auf einen noch nicht völlig erledigten Antrag zurückkommen. Für zulässig wird auch gehalten, wenn das Gericht die Beurlaubung zunächst für die Zeugenvernehmung an einem bestimmten Tag bewilligt mit dem Zusatz, daß sie auch für eine längere Zeit bewilligt ist, sofern die Zeugenvernehmung länger dauern sollte, wobei dann der Angeklagte und sein Verteidiger davon rechtzeitig benachrichtigt werden[44].

13   d) Einer **Begründung** bedarf der stattgegebene Beschluß nicht. Die ablehnende Entscheidung sollte dagegen erkennbar machen, ob das Gericht den Antrag ablehnt, weil es der Ansicht ist, daß der betreffende Verhandlungsteil zumindest mittelbar auch den Angeklagten betreffen kann oder ob es in Ausübung seines Ermessens eine Beurlaubung nicht für angebracht hält[45].

14   **5. Widerruf.** Die Erlaubnis ist frei widerruflich (Satz 3). Das Gericht soll die Möglichkeit haben, die Befreiung bereits vor Ablauf ihrer Dauer nach seinem Ermessen zu widerrufen, wenn es dies auf Grund der Entwicklung der Hauptverhandlung für sachdienlich hält, vor allem aber, wenn es erkennt, daß es nicht weiterverhandeln darf, weil der Verhandlungsstoff auch die Urteilsfindung gegen den Angeklagten beeinflussen kann. Beantragt der Angeklagte selbst den Widerruf, muß das Gericht dem entsprechen.

---

41 *Kleinknecht/Meyer-Goßner* 14; SK-*Schlüchter* 15.

42 Begr. BTDrucks. **8** 976 S. 50; KK-*Treier* 10; *Kleinknecht/Meyer-Goßner* 15; KMR-*Paulus* 11; SK-*Schlüchter* 15; **a. A** *Schlothauer* FS Koch 246.

43 KK-*Treier* 10.

44 BGH StV **1995** 171. Sofern der Beschluß die Zeugen, für deren Einvernahme er die Beurlaubung bewilligt hat, bereits eindeutig festgelegt haben sollte, ist schon damit der Umfang der Befreiung eindeu-

tig beschlossen; die Konkretisierung der dafür benötigten Beurlaubungszeit durch die schon im voraus gebilligte mögliche Verlängerung wäre dann keine Erweiterung der bewilligten Beurlaubung; die in dieser Entscheidung angesprochene Frage einer stillschweigenden Beschlußfassung darüber (vgl. Rdn. 10) würde sich dann gar nicht stellen.

45 KK-*Treier* 11; *Kleinknecht/Meyer-Goßner* 16; KMR-*Paulus* 11; SK-*Schlüchter* 17.

Der **Beschluß** des erkennenden Gerichts, der die Erlaubnis widerruft, ergeht grund- **15** sätzlich nach Anhörung der Verfahrensbeteiligten (§ 33). Auch der beurlaubte Angeklagte und sein Verteidiger müssen in irgendeiner Form vorher dazu gehört werden, können sie doch im Hinblick auf die ihnen bewilligte Befreiung anderweitige Verpflichtungen übernommen haben, die das Gericht bei seiner Entscheidung über den Widerruf und der Festlegung des Fortsetzungstermins mit in Betracht ziehen muß[46]. Der Widerrufsbeschluß ist um der Verfahrensklarheit willen in der Hauptverhandlung den anwesenden Verfahrensbeteiligten zu verkünden, auch wenn weder der befreite Angeklagte noch sein befreiter Verteidiger anwesend sein sollten. Der Beschluß muß dann aber zusätzlich dem abwesenden Angeklagten und Verteidiger mitgeteilt werden; er ist wegen seiner verfahrensrechtlichen Bedeutung zweckmäßigerweise dem Angeklagten zuzustellen[47]. Zugleich ist dabei auch der Termin bekanntzugeben, an dem die Hauptverhandlung in Anwesenheit des Angeklagten und des notwendigen Verteidigers fortgesetzt werden soll. Eine förmliche Ladung oder die Einhaltung der Ladungsfrist (§ 216) ist nicht erforderlich[48], jedoch kann ein Hinweis auf die Pflicht zum Erscheinen und die Folgen des Ausbleibens beim Angeklagten zweckmäßig sein. Da ein solches Verfahren wenig praktikabel ist, kann das Gericht zur Verfahrensvereinfachung den abwesenden Angeklagten oder Verteidiger auch formlos wegen des beabsichtigten Widerrufs zur Hauptverhandlung herbeiholen und dann in ihrer Gegenwart den Widerrufsbeschluß verkünden[49].

Mit **Wirksamkeit des Widerrufsbeschlusses** endet — sofern der Beschluß nicht **16** dafür einen späteren Termin festsetzt — das Recht des beurlaubten Angeklagten oder Verteidigers, der Hauptverhandlung fernzubleiben. Desgleichen ist das Gericht nicht mehr befugt, die Hauptverhandlung ohne den Angeklagten oder einen notwendigen Verteidiger fortzusetzen, es sei denn, daß dies andere Sondervorschriften gestatten. Unter Umständen muß deshalb das Verfahren bis zum Wiedererscheinen des Angeklagten oder des notwendigen Verteidigers unterbrochen werden.

6. Verfahrensrechtliche Fragen

a) Das **Recht auf Teilnahme** an der Hauptverhandlung wird nicht dadurch beeinträch- **17** tigt, daß mit der Freistellung die Pflicht zur Anwesenheit entfällt. Der Angeklagte, der diese Rechtsstellung auch während der Beurlaubung beibehält, und nicht etwa Zeuge wird, ist auch während der Freistellung zur Teilnahme berechtigt, selbst wenn unter Ausschluß der Öffentlichkeit verhandelt wird[50]. Er kann sich dabei auch zur Verhandlung äußern, etwa zur Frage seiner mittelbaren Betroffenheit, und seine latent fortbestehenden Verfahrensrechte ausüben, sofern er solche bei einem ihn nicht betreffenden Verfahrensteil überhaupt hat[51]. Gleiches gilt für den notwendigen Verteidiger. Eine solche Anwesen-

---

[46] KK-*Treier* 12; *Kleinknecht/Meyer-Goßner* 21; KMR-*Paulus* 12; SK-*Schlüchter* 22.

[47] Zwingend geboten ist dies allerdings nach § 35 Abs. 2 nicht, vgl. KMR-*Paulus* 19; SK-*Schlüchter* 22; ohne sicheren Nachweis der Kenntnis des Angeklagten vom Wiederbeginn seiner Anwesenheitspflicht kann aber das Gericht aus einem unerlaubten Fernbleiben keine verfahrensrechtlichen Konsequenzen (§ 231 Abs. 2; bei erneuter Warnung auch § 230 Abs. 2) ziehen.

[48] *Rieß* NJW **1978** 2270 Fußn. 101; KK-*Treier* 12; *Kleinknecht/Meyer-Goßner* 21; KMR-*Paulus* 12; SK-*Schlüchter* 22; **a. A** *Pfeiffer/Fischer* 3 (mit förmlicher Ladung zustellen).

[49] Dies ist nur bei Kooperationsbereitschaft von Angeklagtem und Verteidiger möglich (vgl. KK-*Treier* 12; SK-*Schlüchter* 26), die jedoch hier oft bestehen wird.

[50] *Rieß* NJW **1978** 2270; *Kleinknecht/Meyer-Goßner* 18; KMR-*Paulus* 14.

[51] *Rieß* NJW **1978** 2270; KK-*Treier* 14; *Kleinknecht/Meyer-Goßner* 18; KMR-*Paulus* 14. Vgl. aber auch SK-*Schlüchter* 19; 27; 28, die zur Vorsicht rät, da während der Dauer der Beurlaubung den Angeklagten betreffende Vorgänge nicht verhandelt werden dürfen.

heit verpflichtet das Gericht nicht notwendig zum Widerruf der Befreiung. Deren Fortbestand kann trotz zeitweiliger Anwesenheit zweckmäßig sein, um dem Beurlaubten die zeitweilige Entfernung zur Wahrnehmung anderer Angelegenheiten zu ermöglichen. Wenn allerdings Angeklagter oder Verteidiger erklären, daß sie künftig wieder voll an der Hauptverhandlung teilnehmen wollen, dient der **Widerruf** des Beurlaubungsbeschlusses der Verfahrensklarheit. Erst nach dem im Beschluß festgelegten Ende der Freistellung oder mit deren vorzeitigen Widerruf darf das durch den Beurlaubungsbeschluß selbst gebundene Gericht in Richtung gegen den beurlaubten Angeklagten weiterverhandeln, erst dann darf es auch das Verfahren gegen den Beurlaubten betreffende Prozeßerklärungen entgegennehmen[52]. Die Anwesenheit des Angeklagten und des notwendigen Verteidigers während der Dauer der Beurlaubung berechtigt dazu nicht. Soweit allerdings Verfahrensbefugnisse nur bis zu einem bestimmten, allen Angeklagten gemeinsamen Endzeitpunkt ausgeübt werden können, wie etwa die nur bis zur Vernehmung des ersten Angeklagten zur Sache zulässige Besetzungsbeanstandung (§ 222 b Abs. 1), hindert die Beurlaubung nicht, einen entsprechenden Antrag mündlich oder schriftlich zu stellen (§ 222 b Rdn. 8). Die Beurlaubung ist dann allerdings für die Dauer der Verhandlung über diesen Antrag förmlich aufzuheben.

18   **b)** Die Freistellung von der Anwesenheitspflicht ist **keine Unterbrechung** der Hauptverhandlung im Sinne des § 229[53]. Sie ist nicht an die dort festgelegten zeitlichen Grenzen gebunden und kann auch hinsichtlich des beurlaubten Angeklagten in die dort festgelegten Höchstfristen nicht mit eingerechnet werden.

19   **c) Mitwirkungsbefugnisse.** Soweit Prozeßhandlungen die **Zustimmung des Angeklagten** oder seines Verteidigers voraussetzen (z. B. § 61 Nr. 5, § 245 Abs. 1 Satz 2, § 249 Abs. 2, § 251 Abs. 1 Nr. 4), bedarf es nicht der Zustimmung des beurlaubten Angeklagten. Ein Mitangeklagter hat solche Befugnisse ohnehin nicht, wenn er nicht aufzuzeigen vermag, daß er damit eigene Verteidigungsinteressen wahrnimmt[54]. Da in Abwesenheit des Angeklagten nach § 231 c ohnehin nur solche Beweishandlungen vorgenommen werden dürfen, die ihn nicht betreffen, verzichtete der Gesetzgeber auf die Klarstellung, daß seine Zustimmung entbehrlich sei[55]. Gleiches gilt bei Abwesenheit des Verteidigers.

20   **d) Sitzungsniederschrift.** Der Antrag auf Befreiung von der Anwesenheitspflicht, der Beschluß des Gerichts, in dem über diesen Antrag entschieden wird, und der Widerrufsbeschluß sind — sofern sie nicht außerhalb der Hauptverhandlung ergehen — **wesentliche Förmlichkeiten**, die im Protokoll zu beurkunden sind (§ 273) und die nur durch dieses bewiesen werden können[56]. Gleiches gilt für die Anwesenheit des Angeklagten und des notwendigen Verteidigers. Der Zeitpunkt ihrer Entfernung und ihres Wiedererscheinens muß aus dem Protokoll eindeutig ersichtlich sein; auch bei einer Teilnahme während der Freistellung.

21   **e) Heilung.** Ergibt die während der Beurlaubung gegen die Mitangeklagten weitergeführte Hauptverhandlung unvermutete Umstände, welche geeignet sind, das Urteil auch in Richtung gegen den abwesenden Angeklagten zu beeinflussen, so muß das Gericht dafür sorgen, daß diese fraglichen Prozeßteile **in Gegenwart des Angeklagten** und bei einer notwendigen Verteidigung auch des Verteidigers **wiederholt** werden, soweit sie

52 KMR-*Paulus* 18; SK-*Schlüchter* 19.
53 *Rieß* NJW **1978** 2270; KK-*Treier* 15; *Kleinknecht/ Meyer-Goßner* 11; KMR-*Paulus* 7; SK-*Schlüchter* 22.
54 *Rieß* NJW **1978** 2270; KK-*Treier* 15; *Kleinknecht/*

Meyer-Goßner 19; SK-*Schlüchter* 19; *Gollwitzer* FS Sarstedt 25 ff.
55 BTDrucks. **8** 976 S. 50.
56 KK-*Treier* 13; *Kleinknecht/Meyer-Goßner* 22; KMR-*Paulus* 16; SK-*Schlüchter* 29.

auch ihn betreffen[57]. Die Einvernahme eines Zeugen, dessen Aussage unvermutet auch den Angeklagten be- oder entlastet, muß also insoweit nochmals durchgeführt werden. Dies kann dadurch geschehen, daß das Gericht die Befreiung von der Anwesenheitspflicht widerruft und erforderlichenfalls die Hauptverhandlung bis zum Erscheinen des Beurlaubten unterbricht; es kann aber auch dadurch geschehen, daß das Gericht dafür sorgt, daß nach Beendigung der bewilligten Freistellung die betreffenden Verhandlungsteile wiederholt werden. Dafür benötigte Beweispersonen dürfen also unter Umständen nicht endgültig entlassen (§ 248) werden. Welcher Weg den Vorzug verdient, richtet sich nach der Verfahrenslage im Einzelfall. Eine Wiederholung ist zur Heilung allerdings dann entbehrlich, wenn der Angeklagte und sein Verteidiger trotz ihrer Freistellung bei der Verwendung des auch sie betreffenden Beweismittels zugegen waren und Gelegenheit hatten, dazu Stellung zu nehmen und Fragen und Anträge zu stellen[58]. Im übrigen wird die auf einer Prognoseentscheidung (vgl. Rdn. 4, 11) beruhende Freistellung nicht dadurch nachträglich unwirksam, daß während ihrer Dauer dann doch etwas angesprochen wird, was auch für den beurlaubten Angeklagten entscheidungsrelevant ist. Wird ein solcher Bezug vorher erkannt, darf das Gericht nicht beurlauben, tritt er aber erst während der bereits angeordneten Beurlaubung zu Tage, bleibt die Freistellung wirksam, doch darf das Gericht eine solche Tatsache für die Urteilsfindung erst verwenden, wenn der fragliche Teil der Beweisaufnahme in Gegenwart des Angeklagten und seines Verteidigers wiederholt worden ist.

f) Eine **Unterrichtung** des abwesenden Angeklagten und seines Verteidigers über das in ihrer Abwesenheit Verhandelte ist nicht vorgesehen, da dieses ihre Verteidigungsinteressen nicht berührt. Es steht im Belieben des Vorsitzenden, ob er ihnen trotzdem einen Überblick geben will[59]. **22**

7. Rechtsbehelfe

a) Die **Beschwerde** gegen den Beschluß, der eine Beurlaubung ablehnt oder eine bewilligte Freistellung von der Anwesenheitspflicht widerruft, scheitert an § 305[60]. Gleiches gilt für die Anfechtung der bewilligenden Entscheidung. Bei letzterer würde überdies sowohl beim erfolgreichen Antragsteller als auch bei den in ihren Verfahrensrechten nicht betroffenen anderen Mitangeklagten jede Beschwer fehlen[61]. **23**

b) Die **Revision** kann weder von dem betroffenen Angeklagten noch von einem anderen Mitangeklagten allein darauf gestützt werden, daß der Beurlaubungsbeschluß oder sein Widerruf formal mangelhaft, etwa ohne vorangegangenen Antrag, zustande gekommen ist oder daß er auf Ermessensmißbrauch oder einem Rechtsfehler beruht[62]. Gerügt werden kann nach **§ 338 Nr. 5** aber, daß entgegen **§ 230 bzw. § 145 Abs. 1** ohne den Angeklagten oder einen notwendigen Verteidiger verhandelt wurde, weil ein wirksamer Freistellungsbeschluß des Gerichts gar nicht ergangen ist[63] oder weil die in einem solchen Beschluß festgelegte inhaltliche Begrenzung des Verhandlungsgegenstandes nicht einge- **24**

[57] BGHSt **30** 76; AK-*Keller* 5; KK-*Treier* 14; *Kleinknecht/Meyer-Goßner* 24; KMR-*Paulus* 15; SK-*Schlüchter* 24 ff.

[58] KK-*Treier* 14; SK-*Schlüchter* 27 (sofern sie nicht in ihren Verfahrensrechten, insbes. ihrem Fragerecht beschränkt worden sind); vgl. aber Rdn. 17.

[59] AK-*Keller* 5; *Kleinknecht/Meyer-Goßner* 20; KMR-*Paulus* 15; SK-*Schlüchter* 19.

[60] KK-*Treier* 16; *Kleinknecht/Meyer-Goßner* 23; KMR-*Paulus* 18; SK-*Schlüchter* 30.

[61] AK-*Keller* 6; SK-*Schlüchter* 30.

[62] Vgl. BGHSt **31** 329; BGH StV **1991** 97; *Kleinknecht/Meyer-Goßner* 24; KMR-*Paulus* 19; SK-*Schlüchter* 32; **a. A** *Schlothauer* FS Koch 247 (Revision bei Beurlaubung ohne Antrag; vgl. dazu Rdn. 9).

[63] BGH StV **1985** 354 mit Anm. *Rogall*; *Schlothauer* FS Koch 247; KK-*Treier* 17; *Kleinknecht/Meyer-Goßner* 24; KMR-*Paulus* 19; SK-*Schlüchter* 32.

halten wurde[64]. Es muß dann allerdings ein auch für den beurlaubten Angeklagten wesentlicher Teil der Hauptverhandlung ohne ihn oder seinen notwendigen Verteidiger stattgefunden haben[65]. Ist dies der Fall, kommt es nicht mehr darauf an, ob das Urteil in Richtung gegen den Angeklagten auf dem Verstoß beruht[66]. Gerügt werden kann auch, wenn in Abwesenheit des beurlaubten Angeklagten oder seines notwendigen Verteidigers Umstände verhandelt wurden, die auch diesen zumindest mittelbar betrafen[67]; denn das Gericht hätte, sobald es erkannte, daß ein Verfahrensvorgang den beurlaubten Angeklagten entgegen der ursprünglichen Annahme doch betraf, insoweit nicht ohne seine Anwesenheit und der seines Verteidigers weiterverhandeln dürfen[68]. Der Verstoß darf aber nicht später durch Wiederholung des betreffenden Verhandlungsteils in deren Gegenwart geheilt worden sein (vgl. Rdn. 21). Ein Verstoß gegen §§ 230, 145 scheidet aus, soweit der Angeklagte trotz der Beurlaubung bei dem ihn betreffenden Verhandlungsteil anwesend war, sofern er und gegebenenfalls auch sein Verteidiger nicht gehindert waren, insoweit alle Verfahrensrechte, wie Fragerecht oder Erklärungsrechte, auszuüben[69].

25   Die Revision kann auch auf einen **Verstoß gegen §§ 261, 337** gestützt werden, wenn das Gericht eine Erkenntnis aus dem in Abwesenheit des Angeklagten verhandelten Verfahrensteil im Urteil zu dessen Lasten mitverwertet. Das Urteil wurde dann nicht ausschließlich aus dem Inbegriff der Verhandlung gegen den beurlaubten Angeklagten gewonnen[70]. Dieser Rüge wird meist gegenüber dem keine Beruhensprüfung erfordernden absoluten Revisionsgrund des § 338 Nr. 5 geringere Bedeutung beigemessen. Sie kann aber im Einzelfall darüber hinausreichen, wenn das Gericht erst in der Urteilsbegründung einen in der Verhandlung nicht zu Tage getretenen Bezug[71] zur Tat des beurlaubten Angeklagten herstellt, etwa durch einen wertenden Vergleich mit den in dessen Abwesenheit verhandelten Taten der Mitangeklagten.

26   Zur **Begründung der Verfahrensrügen** muß der Revisionsführer nach § 344 Abs. 2 alle den Rechtsverstoß eindeutig belegenden Tatsachen anführen. Darzutun ist etwa unter Berücksichtigung der Bindungskraft des Sitzungsprotokolls (§ 274), aus welchen Tatsachen sich ergibt, daß eine wirksame Beurlaubung durch das Gericht nicht ergangen ist[72]; oder, für welche Verfahrensteile die Beurlaubung im am besten wörtlich wiederzugebenden Beschluß bewilligt wurde, ferner, welche den Angeklagten betreffenden Verfahrensteile in seiner Abwesenheit verhandelt wurden[73], gegebenenfalls auch, woraus sich seine mittelbare Betroffenheit ergibt. Auch Angaben dazu, daß der Fehler nicht geheilt wurde, können ratsam[74] und je nach der Verfahrenslage sogar nötig sein.

---

64 BGH StV **1986** 418 (L), **1988** 370; bei *Kusch* NStZ **1992** 27; *Schlothauer* FS Koch 247.

65 BGH bei *Kusch* NStZ **1996** 22 (für Angeklagten nicht wesentlich, da ausschließlich Anklagevorwürfe verhandelt, die ihn nicht betrafen).

66 BGH StV **1984** 102; KK-*Treier* 17; KMR-*Paulus* 19; vgl. bei § 338 Nr. 5.

67 Vgl. BGH NStZ **1983** 34; bei *Pfeiffer/Miebach* NStZ **1985** 205; BGH StV **1984** 102; **1988** 370; **1991** 97; BGHR § 231 c Betroffensein 1; KK-*Treier* 17; *Kleinknecht/Meyer-Goßner* 24; SK-*Schlüchter* 31.

68 Dazu sowie zur Wirksamkeit der Abwesenheitsverhandlung bis zum Offenbarwerden der Mitbetroffenheit SK-*Schlüchter* 33.

69 Vgl. SK-*Schlüchter* 27; 31; 33; *Schlothauer* FS Koch 247 Fußn. 27.

70 KMR-*Paulus* 19; SK-*Schlüchter* 31; nach *Schlothauer* FS Koch 247 gebührt der absoluten Revisionsrüge nach § 338 Nr. 5 der Vorrang; er empfiehlt jedoch einen beide Rügen abdeckenden Sachvortrag.

71 Wenn die Mitbetroffenheit dort (objektiv) nicht ersichtlich ist, kann § 230 in Richtung gegen den beurlaubten Angeklagten nicht durch den späteren Verstoß gegen § 261 rückwirkend verletzt werden. Die nachträgliche Verwertung einer daraus gewonnenen Erkenntnis im Urteil gegen ihn ist dann ebenso zu beurteilen wie auch sonst die Verwertung einer nicht aus dem Inbegriff der Hauptverhandlung stammenden Tatsache.

72 Vgl. BGH StV **1995** 171.

73 *Schlothauer* FS Koch 254; SK-*Schlüchter* 34.

74 *Schlothauer* FS Koch 254.

§ 232

(1) ¹Die Hauptverhandlung kann ohne den Angeklagten durchgeführt werden, wenn er ordnungsgemäß geladen und in der Ladung darauf hingewiesen worden ist, daß in seiner Abwesenheit verhandelt werden kann, und wenn nur Geldstrafe bis zu einhundertachtzig Tagessätzen, Verwarnung mit Strafvorbehalt, Fahrverbot, Verfall, Einziehung, Vernichtung oder Unbrauchbarmachung, allein oder nebeneinander, zu erwarten ist. ²Eine höhere Strafe oder eine Maßregel der Besserung und Sicherung darf in diesem Verfahren nicht verhängt werden. ³Die Entziehung der Fahrerlaubnis ist zulässig, wenn der Angeklagte in der Ladung auf diese Möglichkeit hingewiesen worden ist.

(2) Auf Grund einer Ladung durch öffentliche Bekanntmachung findet die Hauptverhandlung ohne den Angeklagten nicht statt.

(3) Die Niederschrift über eine richterliche Vernehmung des Angeklagten wird in der Hauptverhandlung verlesen.

(4) Das in Abwesenheit des Angeklagten ergehende Urteil muß ihm mit den Urteilsgründen durch Übergabe zugestellt werden, wenn es nicht nach § 145 a Abs. 1 dem Verteidiger zugestellt wird.

Schrifttum. *Dünnebier* Das Kontumazialverfahren ist abgeschafft, FS Heinitz 669; *Hausel* Ungenutztes Beschleunigungspotential des Straf(befehls)verfahrens? ZRP **1994** 94; *Küper* Kontumazialverfahren, Anordnung des persönlichen Erscheinens und Abwesenheitsverhandlung, NJW **1969** 493; *Küper* Zum strafprozessualen „Versäumnisurteil" in sog. Bagatellsachen (§ 232 StPO), GA **1971** 289; *Küper* Befreiungsantrag und strafprozessuales Versäumnisurteil, NJW **1974** 1927; *Oppe* Das Abwesenheitsverfahren in der Strafprozeßreform, ZRP **1972** 56; *Stein* Die Anwesenheitspflicht des Angeklagten in der Hauptverhandlung – Versuch einer verfassungskonformen Auslegung der §§ 230, 231, 232–236 StPO; ZStW **97** (1985) 303. Weiteres Schrifttum siehe bei § 230.

Entstehungsgeschichte der §§ 232 und 233. Beide Vorschriften knüpfen an die jeweiligen Rechtsfolgen des materiellen Strafrechts an. Sie sind mit diesen wiederholt geändert worden[1]. Der jetzige Sanktionskatalog beruht auf der Fassung durch Art. 21 Nrn. 62, 63 EGStGB 1974. Art. 1 Nr. 14 StVÄG 1987 hat bei Absatz 4 den letzten Halbsatz angefügt, um die Zustellung an den Verteidiger zu ermöglichen; § 142 Abs. 2 a. F., der dies ausschloß, wurde gleichzeitig aufgehoben[2].

---

[1] Der § 232 (bis 1924: § 231) ermächtigte ursprünglich das Gericht, beim Ausbleiben des Angeklagten zu verhandeln, wenn die Tat nur mit Geldstrafe, Haft und Einziehung, allein oder in Verbindung miteinander, bedroht war; er forderte einen Hinweis in der Ladung. Nach § 233 (früher § 232) konnte der Angeklagte auf seinen Antrag wegen großer Entfernung seines Aufenthaltsorts von der Pflicht zum Erscheinen in der Hauptverhandlung entbunden werden, wenn nach dem Ermessen des Gerichts voraussichtlich keine andere Strafe als Freiheitsstrafe bis zu sechs Wochen oder Geldstrafe oder Einziehung, allein oder in Verbindung miteinander, zu erwarten stand; in diesem Fall mußte der Angeklagte, wenn seine richterliche Vernehmung nicht schon im Vorverfahren erfolgt war, durch einen beauftragten oder ersuchten Richter vernommen werden. Das Verfahren gegen Abwesende, also gegen Beschuldigte, die für die richterliche Gewalt unerreichbar waren, weil ihr Aufenthalt nicht ermittelt werden konnte oder weil sie sich im Ausland aufhielten, ihre Gestellung vor das zuständige Gericht aber nicht ausführbar oder nicht angemessen erschien, war besonders geregelt (§ 277 a. F., vorher § 319). Seit 1924 wurden beide Vorschriften wiederholt geändert, um sie den Änderungen im Sanktionensystem des materiellen Strafrechts anzupassen, zum Teil auch, um veränderten Vorstellungen über die Hauptverhandlung in Abwesenheit des Angeklagten Rechnung zu tragen. So sind von 1942 bis zum Vereinheitlichungsgesetz beide Vorschriften durch eine einheitliche Regelung ersetzt worden. Die umfangreiche Geschichte der Änderungen ist in der 23. Auflage dargestellt (Fußn. 1 zu § 232).

[2] Zu den Schwierigkeiten, die früher der Ausschluß der Urteilszustellung an den Verteidiger verursachte, vgl. *Meyer-Goßner* NJW **1987** 1162.

Übersicht

I. Zweck und Anwendungsbereich

1   **1. Zweck.** § 232 hat den Zweck, die zügige Erledigung der Strafsachen von geringer Bedeutung nicht daran scheitern zu lassen, daß der Angeklagte der Hauptverhandlung eigenmächtig fernbleibt[3]. Das Gericht soll in diesen Fällen nicht genötigt sein, zu vertagen und die Anwesenheit des Angeklagten zu erzwingen. Das Verfahren ist als Ungehorsamsverfahren ausgestaltet; ein Recht, der Hauptverhandlung fernzubleiben, hat der Angeklagte nicht[4]. Der Hinweis, daß die Verhandlung ohne ihn durchgeführt werden kann, stellt die Teilnahme zwar praktisch, aber nicht rechtlich in seine Disposition (vgl. Rdn. 17).

2. Anwendungsbereich

2   **a) Erreichbarkeit für Gericht.** Das Ungehorsamsverfahren setzt, wie schon das Erfordernis einer ordnungsgemäßen Ladung und das Verbot des Absatzes 2 zeigen, voraus, daß zur Zeit der Ladung der Aufenthalt des Angeklagten bekannt ist. Ein Wohnsitz oder Aufenthalt **im Ausland** schließt, sofern dort eine Ladung möglich ist, die Anwendbarkeit des § 232 nicht aus[5]. — Die früher vorherrschende gegenteilige Ansicht[6] wurde mit Wegfall der Abwesenheitsverhandlung nach § 277 a. F weitgehend aufgegeben.

3   **b)** § 232 gilt — soweit § 329 Raum läßt — auch im **Berufungsverfahren**[7], nicht jedoch im Revisionsverfahren (vgl. § 350 Abs. 2).

---

[3] BGHSt **3** 189; *Küper* GA **1971** 295; AK-*Keller* 1 (Effizienz des Strafverfahrens).

[4] BGHSt **25** 165; *Eb. Schmidt* 1; KK-*Treier* 9; *Kleinknecht/Meyer-Goßner* 1; SK-*Schlüchter* 1; **a. A** *Stein* ZStW **97** (1985) 329; zur strittigen Befugnis zum Fernbleiben vgl. auch *Rieß* ZStW **90** (1978) Beiheft 200; KMR-*Paulus* 2 (berechtigter Verzicht), dagegen AK-*Keller* 3.

[5] AK-*Keller* 1; *Kleinknecht/Meyer-Goßner*; KMR-*Paulus* 3; eingeschränkt auch KK-*Engelhardt*

§ 285, 3; **a. A** SK-*Schlüchter* 9; § 285, 3 (rechtliches Gehör durch Richter hat Vorrang).

[6] So etwa BGH NJW **1957** 472; *Eb. Schmidt* 2; *Kaiser* NJW **1964** 1553; *Neu* NJW **1964** 2334; *Oppe* NJW **1966** 239; vgl. bei § 285.

[7] BGHSt **25** 165; BayObLGSt **1960** 273 = JR **1961** 103; OLG Stuttgart NJW **1962** 2023; *Küper* GA **1971** 289; KK-*Treier* 2; *Kleinknecht/Meyer-Goßner* 2; KMR-*Paulus* 3; SK-*Schlüchter* 2.

c) Im **Verfahren gegen Jugendliche** vor dem Jugendgericht ist das Ungehorsamsver- **4** fahren nach § 232 zwar mit Zustimmung des Staatsanwalts bei Vorliegen besonderer Gründe rechtlich zulässig (§ 50 Abs. 1 JGG); es wird in der Regel ausscheiden, weil der Jugendrichter seine erzieherische Aufgabe nur erfüllen kann, wenn der Jugendliche selbst vor Gericht erscheint. An Stelle der in Absatz 1 Satz 1 aufgeführten Geldstrafe müssen bei den Jugendlichen Zuchtmittel oder Erziehungsmaßregeln (außer der Fürsorgeerziehung) zu erwarten sein. Wird gegen einen Jugendlichen vor dem Erwachsenengericht verhandelt, ist die Anwendung des § 50 Abs. 1 JGG dem richterlichen Ermessen überlassen (§ 104 Abs. 2 JGG). Grundsätzlich wird aber auch hier eine Verhandlung ohne den Jugendlichen nur in Frage kommen, wenn besondere Gründe vorliegen und das Persönlichkeitsbild des Jugendlichen hinreichend geklärt ist. Gleiches gilt bei Heranwachsenden, die an sich dem § 232 uneingeschränkt unterfallen (§ 109 JGG)[8].

II. Voraussetzungen des Verfahrens nach § 232

1. Ordnungsgemäße Ladung. Der Angeklagte muß zur Hauptverhandlung im Sinne **5** der §§ 216, 217 ordnungsgemäß geladen worden sein. Eine im Ausland ordnungsgemäß bewirkte Ladung erfüllt diese Voraussetzungen auch dann, wenn in ihr die Androhung von Zwangsmitteln unterbleiben mußte[9]. Eine Ladung durch **öffentliche Bekanntmachung** genügt jedoch nicht. Absatz 2 schließt die Verhandlung ohne den Angeklagten auf Grund einer solchen Ladung ausdrücklich aus (vgl. auch Rdn. 6). Die Ladung des Angeklagten zu Händen eines Zustellungsbevollmächtigten reicht aus[10]. Die Nichteinhaltung der **Ladungsfrist** gefährdet die Ordnungsmäßigkeit der Ladung nicht[11]. Unerheblich ist auch, wenn der Aufenthaltsort des Angeklagten nach Durchführung der ordnungsgemäßen Ladung unbekannt wird[12].

2. Der Hinweis, daß ohne den Angeklagten verhandelt werden kann, muß klar und **6** unmißverständlich[13] in der Ladung enthalten oder ihr beigefügt sein. Wird der Angeklagte wegen einer Terminsverlegung umgeladen, muß der Hinweis wegen seiner Warnfunktion ausdrücklich wiederholt werden; eine Verweisung auf den Hinweis in einer früheren Ladung genügt nicht[14]. Der Hinweis auf diese Folge des Ausbleibens ist auch bei einer Ladung im Ausland zulässig und notwendig für die Anwendbarkeit des § 232[15]. **Zweck des Hinweises** ist es, dem Angeklagten vor Augen zu führen, daß er bei unentschuldigtem Fernbleiben die Möglichkeit einbüßt, in der Hauptverhandlung sich persönlich zu der gegen ihn erhobenen Anschuldigung zu äußern. Dem Gebot des rechtlichen Gehörs ist damit genügt, daß dem Angeklagten durch Ladung und Hinweis ermöglicht wird, seine Rechte wahrzunehmen. Bei einer Ladung durch öffentliche Bekanntmachung (§ 40) wäre dies nicht gewährleistet. Bei ihr schließt Absatz 2 deshalb die Verhandlung ohne den Angeklagten aus. *Küper* (GA **1971** 298) rechnet den Hinweis zu den schützenden Formen, von deren Einhaltung auch der Angeklagte das Gericht nicht entbinden kann. Ist der Hin-

---

8 So z. B *Kleinknecht/Meyer-Goßner* 2; SK-*Schlüchter* 3; vgl. die Kommentare zum JGG, etwa *Eisenberg* JGG § 50, 8; 18.

9 OLG Frankfurt NJW **1972** 1875; *Oppe* NJW **1966** 2238; *Kleinknecht/Meyer-Goßner* 3; KMR-*Paulus* 6; SK-*Schlüchter* 9.

10 BGH NJW **1957** 472.

11 Vgl. BGHSt **24** 150; KK-*Treier* 3; *Kleinknecht/ Meyer-Goßner* 3; **a. A** SK-*Schlüchter* 10. Die Rechtslage ist hier die gleiche wie bei § 329 Abs. 1;

§ 412 Abs. 1 und § 74 Abs. 2 OWiG; vgl. auch dort.

12 SK-*Schlüchter* 9; zur Einschränkung des § 285 vgl. dort.

13 OLG Hamburg GA **74** (1930) 81; *Kleinknecht/ Meyer-Goßner* 7; SK-*Schlüchter* 11.

14 OLG Köln StV **1996** 12 (unter Hinweis auf die vergleichbare Rechtsprechung zum Hinweis nach § 323 Abs. 1 und § 74 Abs. 3 OWiG); SK-*Schlüchter* 9.

15 KK-*Engelhardt* § 285, 3; vgl. SK-*Schlüchter* 9.

Walter Gollwitzer

weis nach Absatz 1 Satz 1 unterblieben, darf das Gericht nicht ohne den Angeklagten verhandeln. Die vorherrschende Meinung sieht im Hinweis wegen seiner Schutzfunktion und weil er die im freien Ermessen des Gerichts stehende Erklärung enthält, gegebenenfalls ohne den Angeklagten verhandeln zu wollen, eine **unverzichtbare Zulässigkeitsvoraussetzung** für die Verhandlung nach § 232[16]. Ohne einen vorangegangenen Hinweis darf ohne den Angeklagten auch dann nicht verhandelt werden, wenn für den Angeklagten ein nach § 234 zur Vertretung ermächtigter Verteidiger erscheint[17].

7　　Im **Berufungsverfahren** ersetzt der Hinweis nach § 329 nicht den Hinweis nach Absatz 1 Satz 1. Beide Hinweise können nach § 323 Abs. 1 Satz 2 nebeneinander erforderlich sein (vgl. die Erläuterungen zu § 323). Ein **Hinweis auf § 234** ist neben dem Hinweis nach Absatz 1 Satz 1 nicht vorgeschrieben; er kann aber zweckmäßig sein[18].

8　　Kommt eine **Entziehung der Fahrerlaubnis** in Betracht, fordert Absatz 1 Satz 3 einen zusätzlichen Hinweis auf diese Möglichkeit. Ist er unterblieben, darf die Fahrerlaubnis nicht auf Grund einer ohne den Angeklagten durchgeführten Verhandlung entzogen werden.

9　　**3. Zu erwartende Rechtsfolgen.** Für die abzuurteilende Tat darf **keine höhere Strafe** als Geldstrafe bis zu 180 Tagessätzen, Verwarnung mit Strafvorbehalt, Fahrverbot, Verfall, Einziehung, Vernichtung oder Unbrauchbarmachung — allein oder nebeneinander — und keine andere Maßregel der Sicherung und Besserung als die Entziehung der Fahrerlaubnis zu erwarten sein. Es kommt nur darauf an, mit welcher Strafe oder Maßregel nach den Umständen des Einzelfalls **konkret zu rechnen ist**, nicht, welche abstrakt im Gesetz angedroht wird[19]. Im Berufungsverfahren kann — sofern das Verbot der Verschlechterung (§ 331) eingreift — die zu erwartende Strafe in der Regel mit der vom Erstgericht ausgeworfenen Strafe gleichgesetzt werden[20].

10　　Bei der **Geldstrafe** darf die **Gesamtstrafe** die Obergrenze von 180 Tagessätzen nicht überschreiten[21]. Das Ungehorsamsverfahren nach § 232 wird nicht dadurch ausgeschlossen, daß die Geldstrafe nur an Stelle einer allein angedrohten Freiheitsstrafe nach § 47 StGB zu erwarten ist[22]. Ob in diesen Fällen eine Freiheitsstrafe unter 6 Monaten unerläßlich ist, wird das Gericht allerdings oft nur auf Grund des persönlichen Eindrucks vom Angeklagten beurteilen können, so daß dann die Aufklärungspflicht einer Verhandlung ohne Angeklagten entgegenstehen kann. Auch die von Absatz 1 vorausgesetzte Erwartung im Sinn eines mit einer gewissen Wahrscheinlichkeit vorhersehbaren Ergebnisses wird vielfach nicht bestehen.

11　　Auf **Verfall, Einziehung, Vernichtung** oder **Unbrauchbarmachung** darf erkannt werden. Der wirtschaftliche Wert dieser gegen den Angeklagten verhängten Nebenfolge

---

[16] RGSt. **27** 380; BGHSt **25** 265; AK-*Keller* 3; 4; KK-*Treier* 4; *Kleinknecht/Meyer-Goßner* 5; SK-*Schlüchter* 12. Nach KMR-*Paulus* 7 ist der an sich zwingend gebotene Hinweis entbehrlich, wo er nur eine leere Förmlichkeit wäre, weil der Angeklagte in Kenntnis der Bedeutung des § 232 mit der Verhandlung in seiner Abwesenheit einverstanden ist.

[17] BGHSt **25** 165 = LM Nr. 3 mit Anm. *Heldenberg* = NJW **1973** 1006; 1334 mit Anm. *Küper* = JR **1974** 28 mit Anm. *Gollwitzer*; ferner BayObLGSt **1960** 274; BayObLG NJW **1970** 1055; *Eb. Schmidt* 5; *Küper* GA **1971** 289 (Hinweis hat Schutz- und Warnfunktion, er ist keine Art gerichtliche Befreiungserklärung). KK-*Treier* 4; *Kleinknecht/Meyer-*

Goßner 6; SK-*Schlüchter* 11. Die Bedeutung des Hinweises für die Auslegung des § 329 ist dort erläutert.

[18] *Kleinknecht/Meyer-Goßner* 7; SK-*Schlüchter* 11.

[19] BayObLGSt **1960** 273 = JR **1961** 103; OLG Hamm NJW **1954** 1131; OLG Köln JMBlNW **1959** 72; OLG Oldenburg NdsRpfl **1954** 17; OLG Stuttgart NJW **1962** 2033; h. M.

[20] OLG Stuttgart NJW **1962** 2033; *Kleinknecht/Meyer-Goßner* 9; SK-*Schlüchter* 6.

[21] OLG Düsseldorf NJW **1991** 2781; *Kleinknecht/Meyer-Goßner* 9; h. M.

[22] KK-*Treier* 7; *Kleinknecht/Meyer-Goßner* 9; KMR-*Paulus* 9; SK-*Schlüchter* 6.

spielt dabei keine Rolle. Auch die Anordnung des Verfalls des Wertersatzes oder der Einziehung des Wertersatzes ist nach Absatz 1 Satz 1 zulässig, da es sich hierbei um eine besondere Form des Verfalls oder der Einziehung handelt, die in der Aufzählung nicht besonders erwähnt werden brauchte[23]. Gleiches gilt für den **erweiterten Verfall** (§ 73 d StGB), sofern man ihn entsprechend seiner Bezeichnung und Einordnung im StGB als besondere Art dieser Nebenfolge ansieht und nicht wegen seiner Ausgestaltung als besondere Strafart (vgl. dazu die Kommentare zum StGB).

Während das im Katalog ausdrücklich erwähnte **Fahrverbot** ohne einen besonderen **12** Hinweis ausgesprochen werden kann, macht Absatz 1 Satz 3 die **Entziehung der Fahrerlaubnis** davon abhängig, daß auf diese Möglichkeit besonders hingewiesen worden ist.

Andere Nebenfolgen als die in Absatz 1 Satz 1 ausdrücklich erwähnten dürfen im **13** Ungehorsamsverfahren nicht verhängt werden. Die bei einer Ausnahmevorschrift gebotene einengende Auslegung spricht dagegen, im Abwesenheitsverfahren die Bekanntmachung des Urteils anzuordnen oder zuzulassen[24]. *Eb. Schmidt* (18) hält die Anordnung der Urteilsbekanntmachung im Verfahren nach § 232 insoweit für unzulässig, als sie Strafe ist, während sie — weil nicht durch Satz 2 ausgeschlossen — angeordnet werden darf, wenn sie eine Genugtuung für den Verletzten bedeutet, wie etwa bei den §§ 165, 200 StGB. Die Aufzählung erfaßt jedoch alle Rechtsfolgen, ohne Rücksicht darauf, ob sie Strafcharakter haben. Wegen der Zuchtmittel und Erziehungsmaßnahmen bei Jugendlichen vgl. Rdn. 4.

4. Eigenmächtiges Fernbleiben

a) Eigenmacht. Das Ungehorsamsverfahren setzt ferner voraus, daß der Angeklagte **14** schuldhaft der Hauptverhandlung fernbleibt. Es ist unzulässig, wenn der Angeklagte durch einen von seinem Willen unabhängigen Umstand am Erscheinen gehindert wird. Ob ein solches eigenmächtiges Fernbleiben vorliegt, wird von der vorherrschenden Meinung nach den gleichen Gesichtspunkten wie das eigenmächtige Ausbleiben bei § 231 Abs. 2 beurteilt[25]. Ist der Angeklagte schuldhaft (ohne Rechtfertigungs- oder hinreichende Entschuldigungsgründe) der Hauptverhandlung wissentlich ferngeblieben[26], kann sie ohne ihn durchgeführt werden. Fraglich könnte allenfalls sein, ob darüber hinaus die Verhandlung ohne den Angeklagten auch dann zulässig ist, wenn dessen Verschuldensgrad geringer ist. Folgt man dem Oberlandesgericht Karlsruhe (NStZ **1990** 505), das unter Abkehr vom Begriff der Eigenmacht in § 231[27] den erforderlichen Verschuldensgrad bei § 232 durch einen Rückschluß aus dem Rechtszusammenhang mit den Wiedereinsetzungsgründen des § 235 bestimmen will, würde dies in letzter Konsequenz auch bei nur fahrlässiger Versäumung des Termins die Abwesenheitsverhandlung erlauben. Dies erscheint nicht angemessen. Auch bei Bagatellsachen wäre es unverhältnismäßig, den Verlust des Rechts auf Anwesenheit bei der Hauptverhandlung und damit auch die darin liegende Einschränkung des Rechts auf Gehör schon bei einer fahrlässigen Terminsversäumung eintreten zu

---

[23] *Kleinknecht/Meyer-Goßner* 10; KMR-*Paulus* 9; SK-*Schlüchter* 5.

[24] KK-*Treier* 8; *Kleinknecht/Meyer-Goßner* 10; SK-*Schlüchter* 5.

[25] KK-*Treier* 9; *Kleinknecht/Meyer-Goßner* 11; KMR-*Paulus* 10; SK-*Schlüchter* 13.

[26] Zur Neudefinition dieses Begriffes vgl. BGHSt **37** 249; § 231, 14.

[27] OLG Karlsruhe NStZ **1990** 505 wandte sich allerdings gegen die Übernahme der früher vertretenen

Definition der Eigenmacht als Versuch, durch Mißachtung der Anwesenheitspflicht den Gang der Rechtspflege zu stören. Wo es die Grenzen der Vorwerfbarkeit ziehen will, blieb offen, da es zutreffend davon ausgeht, daß bei § 232 jedenfalls derjenige nicht schuldhaft ausbleibt, der im Sinne des § 44 nicht schuldhaft handelt oder der von der Ladung keine Kenntnis hatte. Zur Heranziehung des § 235 vgl. auch OLG Düsseldorf NJW **1962** 2022.

lassen. Dies ist nur bei einer vorsätzlichen Verletzung der Teilnahmepflicht, bei der der Angeklagte sein Recht auf Gehör wissentlich nicht ausüben will, gerechtfertigt. Ob ein eigenmächtiges Ausbleiben vorliegt oder ob das Fernbleiben genügend entschuldigt ist, richtet sich nach den bei § 231 Abs. 2 (Rdn. 14 ff) angeführten Gesichtspunkten. Ebenso wie dort oder bei § 230 Abs. 2 kommt es auch hier nicht darauf an, ob sich der Angeklagte entschuldigt hat, sondern nur, ob sein Fernbleiben genügend entschuldigt ist[28]. Soweit Anhaltspunkte dafür bestehen, muß das Gericht dies im **Freibeweisverfahren** nachprüfen. Wegen der Einzelheiten vgl. die Erläuterungen bei § 230, 23 ff; § 231, 14 ff. Zur Pflicht des Gerichts, unter Umständen eine angemessene Zeit mit dem Beginn der Hauptverhandlung zuzuwarten, vgl. § 228, 22; § 230, 21 a und bei § 243.

15   An einem eigenmächtigen Fernbleiben fehlt es, wenn der Angeklagte in einer **anderen Sache in Haft** genommen wird; dies gilt auch, wenn er selbst auf die Vorführung verzichtet, denn der Verzicht wäre insoweit unbeachtlich[29]. Ein eigenmächtiges Ausbleiben könnte deshalb bei einem in anderer Sache in Haft gehaltenen Angeklagten allenfalls für die Ausnahmefälle angenommen werden, in denen die Verpflichtung des Gerichts, für die Anwesenheit zu sorgen, nicht zum Tragen kommt, weil sie nur unter Anwendung unverhältnismäßiger und damit unzulässiger Zwangsmittel durchgesetzt werden könnte (§ 231, 24). Ob sie schon entfällt, wenn der Angeklagte absichtlich seine Haft verschweigt und so bewirkt, daß seine Vorführung unterbleibt, ist strittig. Der Bundesgerichtshof verneint hier die Eigenmacht, da vom Angeklagten nicht verlangt werden kann, daß er den Fortgang des gegen ihn gerichteten Verfahrens mitbetreibt[30].

16   Nach § 232 darf nicht verfahren werden, wenn ein vor dem Termin eingegangener **Vertagungsantrag** des Angeklagten oder ein Antrag nach § 233 noch nicht beschieden worden ist[31].

17   **b) Verzicht auf Anwesenheit.** Weder der Angeklagte noch sein Verteidiger können im Falle des § 232 wirksam auf die Teilnahme des Angeklagten an der Hauptverhandlung verzichten[32]. Unbeschadet der Möglichkeit, daß das Gericht in einem solchen Fall nach § 232 ohne den Angeklagten verhandelt, ist es immer befugt, das Erscheinen des Angeklagten nach § 230 Abs. 2 zu erzwingen. Erklärt der Angeklagte einen solchen Verzicht, so muß das Gericht gegebenenfalls durch Rückfrage klären, ob darin ein Antrag auf Entbindung vom Erscheinen nach § 233 zu sehen ist[33]. Entspricht das Gericht diesem Antrag, so richtet sich das Abwesenheitsverfahren nach § 233, nicht nach § 232; während eine Ablehnung das Gericht nicht hindert, nach § 232 zu verfahren. In der unbegründeten Weigerung, an der Hauptverhandlung teilzunehmen, liegt eine die Abwesenheitsverhandlung rechtfertigende Eigenmacht.

18   **c) Das eigenmächtige Entfernen** des Angeklagten aus der Hauptverhandlung ist dem eigenmächtigen Ausbleiben gleichzuachten[34]. Sind alle Voraussetzungen des § 232 gegeben und will das Gericht ohne den Angeklagten verhandeln, dann muß es für befugt gelten, die Verhandlung nach § 232 fortzusetzen. Dies gilt auch dann, wenn die Vorausset-

---

[28] OLG Düsseldorf NJW **1962** 2022; OLG Frankfurt NJW **1952** 1107; vgl. § 230, 33; § 231, 15.

[29] *Eb. Schmidt* 3; vgl. Rdn. 17.

[30] BGH GA **1969** 281; SK-*Schlüchter* 14; **a. A** *Eb. Schmidt* 2; vgl. § 231, 23 mit weit. Nachw.

[31] RG GA **46** (1898/99) 436; OLG Köln NJW **1952** 637; SK-*Schlüchter* 13; vgl. auch RG JW **1931** 1604 (keine Entschuldigung, wenn Gericht das persönliche Erscheinen anordnet).

[32] BGHSt **25** 167; OLG Frankfurt NJW **1952** 637; OLG Hamburg NStZ **1986** 569; AK-*Keller* 4; KK-*Treier* 9; SK-*Schlüchter* 15; **a. A** etwa KMR-*Paulus* 2 sowie wohl alle diejenigen, die annehmen, daß der Angeklagte ein Recht zum Fernbleiben hat, vgl. Rdn. 1 mit weit. Nachw.

[33] AK-*Keller* 4; KK-*Treier* 9 (vom Gericht aufzuklärende Tatfrage); SK-*Schlüchter* 15.

[34] KK-*Treier* 9; *Kleinknecht/Meyer-Goßner* 12; KMR-*Paulus* 10; SK-*Schlüchter* 16.

zungen des § 231 Abs. 2 nicht gegeben sein sollten, etwa weil der Angeklagte sich noch nicht zur Sache geäußert hatte. Beide Möglichkeiten stehen nebeneinander. § 231 Abs. 2 ist nicht etwa eine abschließende Regelung[35].

III. Hauptverhandlung ohne Angeklagten

1. Vorbereitung der Hauptverhandlung. Zunächst ist es **Sache der Staatsanwalt-** **19** **schaft**, im vorbereitenden Verfahren die Vorarbeit zu leisten, die der Anwendung des § 232 den Weg frei macht. Der Staatsanwalt kann zu diesem Zweck eine richterliche Vernehmung des Angeklagten herbeiführen und bei Anklageerhebung anregen, den Angeklagten mit den nach Absatz 1 erforderlichen Hinweisen zu laden, wenn er mit einer Hauptverhandlung ohne den Angeklagten rechnet.

Mit der **Anberaumung** der Hauptverhandlung muß der **Vorsitzende** im Rahmen der **20** Aufgaben, die ihm zur Vorbereitung der Hauptverhandlung obliegen, prüfen, ob der Sachverhalt genügend aufgeklärt werden kann, ohne daß der Angeklagte an der Hauptverhandlung teilnimmt, und ob — im Fall des Schuldspruchs — auf die Tat des Angeklagten mit einer Rechtsfolge zu erwidern sein wird, die in den Grenzen des § 232 bleibt. Vom Ergebnis dieser vorläufigen Prüfung und von der darauf gestützten Entschließung des Vorsitzenden hängt es ab, ob in die Ladung des Angeklagten zur Hauptverhandlung die im § 216 Abs. 1 Satz 1 bestimmte Warnung oder der im § 232 Abs. 1 Satz 1 geforderte **Hinweis** oder — was zulässig ist — Warnung und Hinweis aufzunehmen sind. Kommt die Entziehung der Fahrerlaubnis in Betracht, muß zusätzlich der Hinweis nach Absatz 1 Satz 3 aufgenommen werden. Der Vorsitzende kann ferner in geeigneten Fällen die Vernehmung des Angeklagten durch einen **beauftragten oder ersuchten Richter** anordnen, damit alles zur Erforschung der Wahrheit Notwendige getan wurde[36].

2. Entscheidung des Gerichts. Bleibt der Angeklagte bei Beginn der Hauptverhand- **21** lung aus, hat das erkennende Gericht einschließlich der Schöffen darüber zu befinden, ob alle Voraussetzungen des § 232 vorliegen, wobei nunmehr hinsichtlich der zu verhängenden Rechtsfolgen seine Erwartung und nicht mehr die des Vorsitzenden maßgebend ist. Darf es danach ohne den Angeklagten verhandeln, steht es in seinem **freien Ermessen**, ob es dies auch will[37], es sei denn, daß ausnahmsweise die Anwesenheit des Angeklagten zur Sachaufklärung unerläßlich ist oder daß wegen einer veränderten Sach- und Beweislage das Erfordernis der Gewährung des rechtlichen Gehörs die Verhandlung ohne den Angeklagten zumindest zunächst nicht gestattet. Hierüber und über die anderen Voraussetzungen des § 232 muß sich ein Kollegialgericht intern verständigen.

Ein **förmlicher Gerichtsbeschluß** ist nicht erforderlich, wenn das Gericht nach § 232 **22** verhandeln will[38]. Es kann ohne weitere Förmlichkeiten zur Hauptverhandlung schreiten, wobei es ihm unbenommen ist, den Anwesenden, vor allem einem erschienenen Verteidiger des Angeklagten dies formlos mitzuteilen. Eines förmlichen Beschlusses des Gerichts bedarf es dagegen, wenn dieses die Hauptverhandlung nach § 228 Abs. 1 aussetzt, weil es nicht in Abwesenheit des Angeklagten verhandeln will.

---

[35] H. M, vgl. vorstehende Fußn., ferner zu § 74 OWiG BayObLGSt **1972** 17 = MDR **1972** 709 (L).

[36] *Krause* DRiZ **1971** 196 schlägt dies allgemein vor, damit das Gericht sinnvoll auf das Ausbleiben des Angeklagten reagieren kann.

[37] Vgl. etwa AK-*Keller* 6 (gleichrangige Wahlmöglichkeit).

[38] H. M; etwa KK-*Treier* 11; *Kleinknecht/Meyer-Goßner* 13; SK-*Schlüchter* 18; vgl. KMR-*Paulus* 11 (förmlichen oder stillschweigenden Beschluß).

3. Durchführung der Hauptverhandlung

23   **a) Allgemeines.** Die Hauptverhandlung gegen den ferngebliebenen Angeklagten folgt den allgemeinen Regeln; an Stelle der Vernehmung des Angeklagten zur Sache ist jedoch dessen Verteidigungsvorbringen, soweit es für das Gericht ersichtlich ist, in die Hauptverhandlung einzuführen (Rdn. 24 ff). Soweit bestimmte Formen der Verfahrensgestaltung von Verzicht oder Zustimmung des Angeklagten abhängen (z. B. § 61 Nr. 5, § 245 Abs. 1 Satz 2, § 251 Abs. 1 Nr. 4), entfällt diese Voraussetzung; ist ein Verteidiger anwesend, folgt dies jetzt auch aus § 234 a; die Notwendigkeit einer Zustimmung des Angeklagten entfällt aber weiterhin auch dann, wenn für ihn kein Verteidiger teilnimmt[39]. Hinweise auf eine Veränderung des rechtlichen Gesichtspunkts können einem anwesenden Verteidiger gegeben werden (§ 234 a), andernfalls müssen sie dem abwesenden Angeklagten zur Kenntnis gebracht werden (vgl. Rdn. 32). Der Verteidiger kann auch bei einer Befragung nach § 265 a Satz 1 Erklärungen für den Angeklagten abgeben[40], wenn er nach § 234 zur Vertretung ermächtigt ist. Im übrigen muß sich das Gericht stets des tiefgreifenden Unterschieds zwischen dem Ungehorsamsverfahren des § 232 und dem Versäumnisverfahren bewußt bleiben, das im bürgerlichen Rechtsstreit gegen den nicht erschienenen Beklagten stattfindet. Das Ausbleiben des Angeklagten in dem Verfahren, auf das der § 232 anzuwenden ist, darf nicht als Zugeständnis gewertet, der Angeklagte darf nur verurteilt werden, wenn der Nachweis für seine Täterschaft und Schuld im Sinne des § 261 durch das Gesamtergebnis der Verhandlung erbracht ist.

24   **b)** Die **Einlassung des Angeklagten** muß, soweit sie für das Gericht erkenntlich ist, vom Gericht in der Hauptverhandlung zur Sprache gebracht und bei seiner Entscheidung mit in Erwägung gezogen werden.

25   **Niederschriften** über eine **richterliche Vernehmung** muß das Gericht nach Absatz 3 an Stelle der in § 243 Abs. 4 vorgeschriebenen Vernehmung des Angeklagten zur Sache verlesen, nicht aber staatsanwaltschaftliche oder polizeiliche Vernehmungsprotokolle[41]. Die Zulässigkeit des Verfahrens nach § 232 hängt jedoch nicht davon ab, daß eine solche Niederschrift vorliegt[42]. Die Niederschrift muß in dem Verfahren entstanden sein, in dem jetzt ohne den Angeklagten verhandelt werden soll; sie muß seine **Angaben als Beschuldigter** zum Inhalt haben. Die Niederschrift über eine Vernehmung des Angeklagten als Zeuge ist nicht verlesbar[43]. Zu verlesen sind dagegen Niederschriften über Vernehmungen im Ausland, wenn sie von einem deutschen Konsul durchgeführt wurden oder einer ausländischen Stelle, deren Protokolle einer richterlichen Einvernahme gleichstehen[44].

26   Erhebt der Angeklagte in der Niederschrift den Einwand der **örtlichen Unzuständigkeit**, ist er ohne Rücksicht auf den Zeitpunkt der Verlesung zu beachten[45], denn der Angeklagte kann den Zeitpunkt nicht bestimmen, zu dem das Gericht seinen Antrag in der Hauptverhandlung zur Sprache bringt. Ein anwesender Verteidiger kann den Antrag dagegen nur bis zu dem in § 16 festgelegten Verfahrensabschnitt vorbringen.

27   Ein in der Niederschrift enthaltender **Beweisantrag** gilt (anders als bei § 233 Abs. 2) nicht als in der Hauptverhandlung gestellt. Er braucht daher nicht nach § 244 Abs. 6

---

[39] KK-*Treier* 14; *Kleinknecht/Meyer-Goßner* 19; SK-*Schlüchter* 23; *Gollwitzer* FS Tröndle 467; vgl. bei § 234 a.

[40] Vgl. bei § 265 a.

[41] *Eb. Schmidt* 16; KK-*Treier* 12; *Kleinknecht/Meyer-Goßner* 15; SK-*Schlüchter* 21 (Erweiterung des Unmittelbarkeitsgrundsatzes auf richterliche Vernehmungsniederschriften beschränkt).

[42] BayObLGSt **1974** 35 = VRS **47** (1974) 115; OLG Köln JMBlNW **1959** 72; OLG Schleswig SchlHA **1956** 289; h. M etwa KK-*Treier* 10; *Kleinknecht/Meyer-Goßner* 15.

[43] *Eb. Schmidt* 16; KMR-*Paulus* 13; SK-*Schlüchter* 4.

[44] SK-*Schlüchter* 19; vgl. § 223; 38 und bei § 251.

[45] RGSt **40** 356 (zum jetzigen § 233); KK-*Treier* 13; *Kleinknecht/Meyer-Goßner* 16; KMR-*Paulus* 14; SK-*Schlüchter* 22.

beschieden zu werden. Wieweit das Gericht ihm Rechnung tragen muß, bestimmt sich nach seiner Aufklärungspflicht[46].

Ist für den Angeklagten ein **vertretungsberechtigter Verteidiger** in der Hauptver- **28** handlung anwesend, so hat das Gericht die Aufforderung nach § 243 Abs. 4 Satz 1 an ihn zu richten. Trägt der Verteidiger die Sachdarstellung des Angeklagten vor, so kann — sofern nicht die Aufklärungspflicht entgegensteht — nach Ansicht des Bayerischen Obersten Landesgerichts[47] auf die Verlesung der früheren Einlassung des Angeklagten verzichtet werden, da Absatz 3 nicht für den Fall gilt, daß ein Vertreter erschienen ist, der berechtigt ist, für den Angeklagten Erklärungen abzugeben[48]. Eine Verlesung der Niederschrift über eine richterliche Vernehmung ist aber trotzdem immer zulässig und angezeigt[49]. Sie ist in den Fällen des § 254 sogar unerläßlich, wenn ihr Inhalt bei der Beweiswürdigung zu Lasten des Angeklagten verwendet werden soll. Unabhängig davon muß eine vorhandene **Niederschrift** über eine **richterliche Vernehmung** des Angeklagten immer verlesen werden, wenn der erschienene Verteidiger keine Sachdarstellung für den Angeklagten vorträgt oder seine Vertretungsberechtigung nicht nachgewiesen hat.

Andere Erklärungen des Angeklagten. Aus Absatz 3 wird im Umkehrschluß ent- **29** nommen, daß andere Niederschriften, die die Einlassung des Angeklagten enthalten, nicht verlesen werden dürfen[50]. Kommt es auf deren Inhalt an, müssen die Verhörspersonen als Zeugen vernommen werden. Dies gilt aber nur für die Verwendung als Beweismittel (im weiten Sinn). Eine absolute Ausschlußwirkung kann dem Absatz 3 nicht beigelegt werden. Er will dem Angeklagten ein Mindestmaß an rechtlichem Gehör gewähren, nicht aber das rechtliche Gehör beschränken, wenn die Niederschrift über eine richterliche Vernehmung des Angeklagten fehlt. Wenn zum Beweis über ein Geständnis des Angeklagten nach § 254 Abs. 1 nur eine richterliche Vernehmungsniederschrift verlesen werden darf, schließt das nicht aus, daß sich das Gericht — so wie es seine Aufklärungspflicht fordert — an Hand aller vorhandenen Unterlagen darüber orientiert, wie sich der Angeklagte zur Anklage eingelassen hat, vor allem aber, was er zu seiner Verteidigung vorbringt. Zu diesem Zweck — nicht etwa zu Beweiszwecken — kann bei Fehlen einer Niederschrift über eine richterliche Vernehmung auch auf andere Vernehmungsniederschriften zurückgegriffen werden[51]. Es dürfen auch schriftliche Erklärungen des Angeklagten, in denen er sich zur Tat geäußert hat, in der Hauptverhandlung zur Sprache gebracht werden[52]. Dies kann auch durch Feststellung des wesentlichen Inhalts der Verteidigung des Angeklagten geschehen.

c) Abbruch der Hauptverhandlung. Auch wenn die Voraussetzungen des § 232 vor- **30** liegen, kann das Gericht jederzeit von der Verhandlung ohne den Angeklagten absehen und nach § 236 verfahren. Das muß geschehen, wenn die Erforschung der Wahrheit oder auch nur Strafzumessungsfragen eine Erörterung der Sache mit dem Angeklagten gebieten[53].

---

[46] OLG Hamm JMBlNW **1962** 203; AK-*Keller* 8; KK-*Treier* 13; *Kleinknecht/Meyer-Goßner* 17; KMR-*Paulus* 16; SK-*Schlüchter* 22; *Gollwitzer* FS Tröndle 466.

[47] BayObLGSt **1974** 35 = VRS **47** (1974) 115; KK-*Treier* 14; *Kleinknecht/Meyer-Goßner* 15.

[48] Zur Streitfrage, wieweit der Verteidiger als Vertreter des Angeklagten sich zur Sache erklären kann, vgl. § 234, 16.

[49] Nach KMR-*Paulus* 13 erfordert die Aufklärungspflicht die zusätzliche Verlesung zumindest bei Lücken und Widersprüchen; nach SK-*Schlüchter* 20 ist die Verlesung auch neben dem Vortrag des Verteidigers immer geboten, da sie die Sachdarstellung des Angeklagten unmittelbar wiedergibt.

[50] *Eb. Schmidt* 16; h. M; vgl. Rdn. 25; **a. A** KMR-*Paulus* 13 unter Hinweis auf *Paulus* JuS **1988** 879.

[51] AK-*Keller* 7; KK-*Treier* 12; *Kleinknecht/Meyer-Goßner* 15; *Gollwitzer* FS Tröndle 464; weitergehend KMR-*Paulus* 13 (auch Beweisverwendung); **a. A** SK-*Schlüchter* 21 (keinerlei Verwendung wegen § 250; Vernehmung der Verhörspersonen).

[52] Vgl. KMR-*Paulus* 13; wieweit solche Schriftstücke auch zu Beweiszwecken verwendbar sind, richtet sich nach §§ 249 ff.

[53] *Eb. Schmidt* 13; KK-*Treier* 16; *Kleinknecht/Meyer-Goßner* 20; SK-*Schlüchter* 35.

31   Ergibt die Hauptverhandlung, daß der in Absatz 1 Satz 2 festgelegte **Rahmen** für eine **schuldangemessene Strafe** nicht ausreicht, daß eine dort nicht vorgesehene Nebenfolge auszusprechen ist oder daß die Entziehung der Fahrerlaubnis in Frage kommt, obwohl der Hinweis nach Absatz 1 Satz 3 unterblieben ist, dann muß die Hauptverhandlung abgebrochen werden.

32   Dasselbe gilt, wenn ein **Hinweis nach § 265** Abs. 1 oder 2 notwendig wird, es sei denn, daß der Hinweis bereits in der Ladung ausgesprochen worden ist[54] oder einem Verteidiger (§ 234 a) gegeben werden kann. In die Ladung zur neuen Hauptverhandlung können die unterbliebenen Hinweise aufgenommen werden, so daß, wenn der Angeklagte erneut ausbleibt, das Ungehorsamsverfahren wiederum durchgeführt werden kann[55]. Es kann aber auch das persönliche Erscheinen nach § 236 angeordnet werden.

33   **4. Nachträgliches Erscheinen.** Erscheint der Angeklagte nachträglich während der Verhandlung, so muß der Vorsitzende — ganz gleich, wieweit die Verhandlung schon fortgeschritten ist — ihn über seine persönlichen Verhältnisse und zur Sache vernehmen. Es ist sachdienlich und zur besseren Sachaufklärung vielfach auch geboten, daß der Vorsitzende den Angeklagten darüber **unterrichtet**, was die bisherige Verhandlung ergeben hat[56]. Die Hauptverhandlung braucht jedoch nicht wiederholt zu werden[57]. Der Angeklagte kann aber sofort **Wiedereinsetzung** gem. § 235 beantragen. Wird diesem Antrag bei genügender Entschuldigung stattgegeben, worüber das Gericht durch Beschluß, der nicht zur Hauptverhandlung gehört[58], zweckmäßigerweise unverzüglich entscheidet, dann ist die Hauptverhandlung zu wiederholen[59]. Die erneuerte Hauptverhandlung wird nach den allgemeinen Grundsätzen durchgeführt, § 232 Abs. 3 gilt nicht; desgleichen unterliegt das Gericht hinsichtlich des Rechtsfolgenausspruchs nicht der Bindung durch Absatz 1 Satz 2, 3[60].

34   **5. Urteil.** Wird der Angeklagte im Verfahren nach § 232 verurteilt, so darf das Gericht nur eine in Absatz 1 Satz 1 bezeichnete Strafe oder Nebenfolge aussprechen. Im Urteil ist darzulegen, daß und weshalb die Voraussetzungen für das Verfahren nach § 232 vorgelegen haben. Auf Entschuldigungsgründe, die der Angeklagte vorgebracht hat oder die sonst erkennbar geworden sind, ist dabei einzugehen[61]. Soweit die Durchführung des Ungehorsamsverfahrens auf Ermessensentscheidungen beruht, brauchen diese jedoch nicht näher begründet zu werden. Dies gilt auch, wenn der Angeklagte nachträglich erschienen ist und das Verfahren mangels eines (erfolgreichen) Wiedereinsetzungsantrags in seiner Gegenwart nach § 232 zu Ende geführt wird (vgl. Rdn. 33). Wurde ihm dagegen die Wiedereinsetzung nach § 235 gewährt, braucht das Urteil auf das gegenstandslos gewordene vorhergehende Verfahren nach § 232 nicht einzugehen.

35   **6. Zustellung des Urteils (Absatz 4).** Ergeht das Urteil in Abwesenheit des Angeklagten, läßt Absatz 4 letzter Halbsatz jetzt auch dessen unmittelbare Zustellung nach § 145 a Absatz 1 an einen bestellten **Verteidiger** oder an einen Wahlverteidiger, dessen Voll-

---

54 RGSt **35** 66; RG JW **1930** 2059; *Kleinfeller* GerS **45** (1891) 361; h. M; so KK-*Treier* 16; *Kleinknecht/Meyer-Goßner* 18.

55 SK-*Schlüchter* 11; 17.

56 *Gollwitzer* FS Tröndle 465; eine uneingeschränkte Rechtspflicht zur Unterrichtung bejahen demgegenüber KK-*Treier* 15; *Kleinknecht/Meyer-Goßner* 21; KMR-*Paulus* 23; SK-*Schlüchter* 35; *Pfeiffer/Fischer* 4.

57 H. M; vgl. die Nachweise in der vorhergehenden Fußn.

58 *Kleinknecht/Meyer-Goßner* 22.

59 *Eb. Schmidt* 15; KK-*Treier* 15; *Kleinknecht/Meyer-Goßner* 22; KMR-*Paulus* 24; SK-*Schlüchter* 34.

60 KK-*Treier* 15; *Kleinknecht/Meyer-Goßner* 22; SK-*Schlüchter* 34.

61 RGSt **66** 150; OLG Hamburg NJW **1953** 758; KK-*Treier* 17; *Kleinknecht/Meyer-Goßner* 23; KMR-*Paulus* 17; SK-*Schlüchter* 25.

macht sich bei den Akten befinden muß[62], ausdrücklich zu. Andernfalls muß dem **Angeklagten selbst** eine beglaubigte Ausfertigung oder Abschrift, die Urteilsspruch und Urteilsgründe umfaßt, **durch Übergabe** zustellt werden. Damit wird jedoch nur die Person bestimmt, an die zugestellt werden muß (Zustellungsadressat), nicht jedoch die Person dessen, der die Zustellung für den Zustellungsadressaten in Empfang nehmen darf. Absatz 4 schließt die Ersatzzustellung nach § 181 ZPO nicht aus. Übergabe bedeutet nicht unbedingt Übergabe an den Angeklagten persönlich. Es genügt, wenn das zuzustellende Schriftstück dadurch in den unmittelbaren Herrschaftsbereich des Angeklagten gelangt, daß es einer der in § 181 ZPO bezeichneten Personen übergeben wird. Eine Ersatzzustellung an den Verteidiger ist nicht möglich[63]. Die Zustellung durch Niederlegung oder die öffentliche Zustellung genügt dagegen den Erfordernissen des Absatzes 2 nicht[64]. Die Zustellung durch eine deutsche diplomatische oder konsularische Vertretung im Ausland ist möglich[65].

Die Zustellung des Urteils durch Übergabe an einen nach § 116 a Abs. 3 oder nach **36** § 132 Abs. 1 Nr. 2 benannten **Zustellungsbevollmächtigten** wird durch Absatz 4 nicht ausgeschlossen, da ein nach dieser Sondervorschrift benannter Zustellungsbevollmächtigter hinsichtlich aller Zustellungen an die Stelle des Angeklagten tritt[66].

Absatz 4 enthält eine **Ausnahmevorschrift** (BGHSt **11** 158) für die Zustellung der im **37** Verfahren nach § 232 ergangenen Urteile. Sie greift auch Platz, wenn ein Verteidiger den Angeklagten bei der Urteilsverkündung vertreten hat. Auf andere Urteile, die in Abwesenheit des Angeklagten ergangen sind, ist er nicht entsprechend anzuwenden; auch nicht im Verfahren nach § 233 (vgl. dort Rdn. 38) oder nach § 74 OWiG[67] oder auf ein Urteil nach § 329[68].

7. Rechtsbehelfsbelehrung. Die mit dem Urteil zuzustellende Rechtsmittelbelehrung **38** (§ 35 a) muß dahin gehen, daß neben Berufung/Revision auch die Wiedereinsetzung gemäß § 235 möglich ist (§ 35 a; § 235 Satz 2).

8. Sitzungsniederschrift. Die Abwesenheit des Angeklagten muß als wesentliche **39** Förmlichkeit nach § 273 im Protokoll festgehalten werden, nicht aber die anderen Voraussetzungen der keinen förmlichen Beschluß erfordernden Verhandlung nach § 232. Ergeht allerdings trotzdem ein förmlicher Beschuß, muß auch er aufgenommen werden. Zu protokollieren ist ferner die Tatsache (nicht der Inhalt) der Verlesung der genau zu bezeichnenden Vernehmungsniederschrift nach Absatz 3[69]. Erscheint der Angeklagte verspätet, muß aus dem Protokoll neben dem Zeitpunkt seines Erscheinens auch ersichtlich sein, von

---

[62] BGH NStZ **1996** 97; OLG Karlsruhe Justiz **1996** 232 (Auftreten in Hauptverhandlung ersetzt Vollmacht nicht, Aufgabe von OLG Karlsruhe Justiz **1983** 26).

[63] OLG Köln StV **1992** 457; SK-*Schlüchter* 29.

[64] BGHSt **11** 155; **22** 55; BayObLGSt **1995** 94; OLG Hamburg MDR **1971** 774; OLG Hamm JZ **1956** 727; OLG Köln MDR **1956** 247; OLG Oldenburg JZ **1956** 290; OLG Stuttgart Justiz **1975** 10; *Oppe* NJW **1961** 1800; *Peters* JZ **1956** 726; AK-*Keller* 9; KK-*Treier* 19; *Kleinknecht/Meyer-Goßner* 25; KMR-*Paulus* 20; SK-*Schlüchter* 27; **a. A** OLG Bremen NJW **1953** 643; OLG Düsseldorf NJW **1956** 641; OLG Koblenz JZ **1956** 725; OLG Stuttgart JZ **1953** 415; *Janetzke* NJW **1956** 641.

[65] BGHSt **26** 140; h. M; etwa SK-*Schlüchter* 28.

[66] RGSt. **77** 213; BayObLGSt **1995** 94; 99 = MDR **1995** 1252; OLG München MDR **1995** 405; KK-*Treier* 18; *Kleinknecht/Meyer-Goßner* 24; KMR-*Paulus* 20; SK-*Schlüchter* 20; **a. A** *Sarstedt/Hamm* 62 unter Hinweis auf das Fehlen einer dem § 145 a Abs. 3 entsprechenden Vorschrift.

[67] BayObLGSt **1971** 49 = NJW **1971** 1578; OLG Celle NJW **1973** 1709; OLG Düsseldorf NJW **1971** 1576 mit Anm. *Oppe*; OLG Köln NJW **1973** 2043; h. M, etwa KK-*Treier* 20; SK-*Schlüchter* 20; vgl. die Kommentare zu § 74 OWiG.

[68] BayObLGSt **1957** 79 = NJW **1957** 1119; OLG Celle NJW **1960** 930; OLG Köln NJW **1980** 2720; *Meyer* JR **1978** 393; *Kleinknecht/Meyer-Goßner* 26; **a. A** *Janetzke* NJW **1956** 620; vgl. bei § 329.

[69] SK-*Schlüchter* 36.

welchem Verfahrensstand an er an der Verhandlung teilgenommen hat. Den Antrag auf Wiedereinsetzung nach § 235 kann er in der Hauptverhandlung zu Protokoll erklären.

IV. Rechtsbehelfe

40   **1. Die Beschwerde** gegen die Verhandlung in Abwesenheit des Angeklagten ist durch § 305 ausgeschlossen. Gleiches gilt in der Regel auch für den auf tatrichterlichem Ermessen beruhenden Beschluß, mit dem die Durchführung der Hauptverhandlung in Abwesenheit des Angeklagten abgelehnt wird; wegen der Ausnahmen vgl. bei § 228, 29 ff.

41   **2.** Die **Berufung** gegen ein Urteil nach § 232 ist unter den gleichen Voraussetzungen wie bei den anderen Urteilen gegeben.

42   **3.** Mit der **Revision** kann geltend gemacht werden, daß die Voraussetzungen des § 232 nicht vorlagen und daß deshalb der **absolute Revisionsgrund des § 338 Nr. 5** durchgreift. Dabei sind die Tatsachen vollständig anzugeben (§ 344 Abs. 2), aus denen sich der Verfahrensverstoß ergibt, etwa daß der Verhandlung ohne den Angeklagten ein Ladungsmangel (vgl. Rdn. 5)[70] oder das Unterbleiben des Hinweises auf die Möglichkeit der Abwesenheitsverhandlung[71] entgegenstand, ferner daß der Angeklagte nicht eigenmächtig der Hauptverhandlung ferngeblieben ist. Von Amts wegen prüft das Revisionsgericht die Voraussetzungen des § 232 nicht[72]. Gerügt werden kann nach § 338 Nr. 5 auch, daß das Gericht auf eine andere als nach § 232 Abs. 1 zulässige Rechtsfolge erkannt hat.

43   Die Rüge, das Gericht habe zu Unrecht angenommen, daß der Angeklagte **eigenmächtig ausgeblieben** sei, kann sich nach der **vorherrschenden Meinung**[73] nur darauf stützen, daß das Gericht die von ihm festgestellten Tatsachen rechtlich fehlerhaft gewürdigt habe, etwa, daß es die Anforderungen an eine genügende Entschuldigung überspannt oder sich mit einer rein formalen oder unvollständigen Würdigung begnügt habe[74]. Bleiben Entschuldigungsgründe im Urteil unerwähnt, obwohl sie für das Gericht erkennbar gewesen wären, muß dieses mit der **Aufklärungsrüge** beanstandet werden, die voraussetzt, daß die Umstände, die für das Gericht erkennbar waren, dieses zu weiteren Nachforschungen drängten[75]. Dem Gericht unbekannte und im Zeitpunkt seiner Entscheidung nicht erkennbare Gründe können danach nur mit der Wiedereinsetzung nach § 235 geltend gemacht werden. Gegen diese die Revision einschränkende Auffassung, die hier, ebenso wie bei § 329, die Verfahrensfrage der genügenden Entschuldigung wie eine Sachrüge behandeln will[76], spricht, daß es auch bei § 232 nicht auf den Kenntnisstand des Gerichts, sondern nur darauf ankommt, ob der Angeklagte tatsächlich genügend entschuldigt ist (vgl. Rdn. 14). Diese Verfahrensfrage ist, wie bei § 231 Abs. 2 und auch sonst, bei ordnungsgemäßer Rüge nach § 344 Abs. 2 grundsätzlich vom Revisionsgericht im Wege des Freibeweises nachzuprüfen (§ 352 Abs. 1). Der Rückgriff auf die Grundsätze der Sachrüge ist

---

[70] *Schlüchter* 42 schließt insoweit die Revision nicht generell aus.

[71] Ladungsfehler sind für das Gericht oft nicht erkennbar, desgleichen das Fehlen eines zwar in der Akte verfügten, in Wirklichkeit aber nicht erteilten Hinweises. Ob alle Fehler mit der Wiedereinsetzung ausgeglichen werden können, ist zweifelhaft, zumal die Einzelfragen strittig sind.

[72] OLG Köln JMBlNW **1959** 72; *Kleinknecht/Meyer-Goßner* 29; KMR-*Paulus* 27.

[73] OLG Düsseldorf NJW **1962** 2022; KK-*Treier* 23; *Kleinknecht/Meyer-Goßner* 29; KMR-*Paulus* 27;

zur Problematik vgl. auch *Schlüchter* 41 ff; *Busch* JZ **1963** 457; ferner BGHSt **10** 304 und die sonstige Rechtsprechung und das Schrifttum zur gleichen Streitfrage bei § 329.

[74] Zur Begründungspflicht vgl. etwa OLG Hamburg NJW **1953** 758; BayObLG NStZ **1991** 43 (zu § 74 OWiG); ferner die Rechtsprechung zu §§ 329, 412 und § 74 OWiG.

[75] Vgl. OLG Hamburg MDR **1991** 469 (zu § 329).

[76] Etwa BGHSt **28** 388; OLG Düsseldorf NJW **1962** 2022; vgl. bei § 329.

im Rahmen einer Rüge nach § 338 Nr. 5 systemwidrig, auch wenn damit versucht wird zu verhindern, daß Revision und Wiedereinsetzung nach § 235 nebeneinander auf dem gleichen Sachverhalt gestützt werden können. Dies wird der Bedeutung des Eingriffs in die Verteidigungsrechte des Angeklagten nicht gerecht, der in der Zulassung der Verhandlung in seiner Abwesenheit liegt. Gegen diese Ansicht spricht ferner, daß sich die Voraussetzungen beider Rechtsbehelfe nicht nahtlos ergänzen, denn die Wiedereinsetzung kann nur auf Gründe gestützt werden, die dem Gericht ohne Verschulden des Angeklagten unbekannt geblieben sind, nicht aber auf neue Beweismittel für eine vom Gericht als nicht ausreichend erachtete Entschuldigung[77], obwohl auch in einem solchen Fall das Ausbleiben des Angeklagten tatsächlich genügend entschuldigt sein kann.

Mit der Revision kann **nach § 337** gerügt werden, daß das Gericht es unterlassen hat, **44** die **Einlassung des Angeklagten** durch Verlesung der Niederschrift über seine richterliche Vernehmung in die Hauptverhandlung einzuführen (§ 232 Abs. 3). Sofern die Einlassung des Angeklagten für die weitere Sachaufklärung von Bedeutung war, kann auch die **Aufklärungsrüge** (§ 244 Abs. 2) darauf gestützt werden. Diese kann im übrigen auch durchgreifen, wenn ein vom Angeklagten in einer polizeilichen oder staatsanwaltschaftlichen Vernehmung vorgetragener verfahrenserheblicher Umstand unberücksichtigt blieb. Gerügt werden muß auch nach § 337 unter Vortrag aller von § 344 Abs. 2 geforderten Tatsachen, wenn es für das weitere Verfahren darauf ankam, daß das Urteil dem Angeklagten entgegen Absatz 4 nicht ordnungsgemäß zugestellt worden war. Eine von Amts wegen zu berücksichtigende Voraussetzung für das weitere Verfahren ist dies nicht[78].

Ist die **Fahrerlaubnis** entzogen worden, obwohl der Hinweis darauf nach Absatz 1 **45** Satz 3 unterblieben ist, so führt dies, da es die Zulässigkeit der Abwesenheitsverhandlung nicht berührt, bei entsprechender Revisionsrüge (§ 337) nur zur Aufhebung hinsichtlich der Fahrerlaubnis[79].

Wird gegenüber einen von mehreren **Mitangeklagten** § 232 fehlerhaft angewendet, so **46** können die übrigen auf diesen Mangel allein die Revision nicht stützen[80]. Anders kann der Sachverhalt dann liegen, wenn außerdem geltend gemacht wird, daß die gegenüber den Mitangeklagten getroffenen Feststellungen durch den Mangel beeinflußt sind[81].

4. Die Wiedereinsetzung in den vorigen Stand kann der Angeklagte nach § 235 gegen **47** das Urteil begehren. Die Einzelheiten sind bei § 235 erläutert. Um die Wiedereinsetzung kann der Angeklagte unabhängig von der Einlegung der Berufung oder Revision nachsuchen. Die Rechtsbehelfe sind **nebeneinander** möglich (wegen der Einzelheiten vgl. §§ 315, 342). Die Einlegung von Berufung oder Revision ohne Verbindung mit einem Wiedereinsetzungsgesuch gilt aber als Verzicht auf letzteres (§ 315 Abs. 3, § 342 Abs. 3).

---

[77] Etwa OLG Hamburg MDR **1991** 469.
[78] Vgl. BayObLGSt **1995** 99 = MDR **1995** 1252; OLG Köln StV **1992** 457.
[79] OLG Hamm JZ **1958** 574; SK-*Schlüchter* 39.

[80] RGSt **38** 272; *Kleinknecht/Meyer-Goßner* 29; SK-*Schlüchter* 40.
[81] RGSt **62** 259; SK-*Schlüchter* 40 (Schutzbereich des Revisionsführers muß betroffen sein).

§ 233

(1) ¹DerAngeklagte kann auf seinen Antrag von der Verpflichtung zum Erscheinen in der Hauptverhandlung entbunden werden, wenn nur Freiheitsstrafe bis zu sechs Monaten, Geldstrafe bis zu einhundertachtzig Tagessätzen, Verwarnung mit Strafvorbehalt, Fahrverbot, Verfall, Einziehung, Vernichtung oder Unbrauchbarmachung, allein oder nebeneinander, zu erwarten ist. ²Eine höhere Strafe oder eine Maßregel der Besserung und Sicherung darf in seiner Abwesenheit nicht verhängt werden. ³Die Entziehung der Fahrerlaubnis ist zulässig.

(2) ¹Wird der Angeklagte von der Verpflichtung zum Erscheinen in der Hauptverhandlung entbunden, so muß er durch einen beauftragten oder ersuchten Richter über die Anklage vernommen werden. ²Dabei wird er über die bei Verhandlung in seiner Abwesenheit zulässigen Rechtsfolgen belehrt sowie befragt, ob er seinen Antrag auf Befreiung vom Erscheinen in der Hauptverhandlung aufrechterhalte.

(3) ¹Von dem zum Zweck der Vernehmung anberaumten Termin sind die Staatsanwaltschaft und der Verteidiger zu benachrichtigen; ihrer Anwesenheit bei der Vernehmung bedarf es nicht. ²Das Protokoll über die Vernehmung ist in der Hauptverhandlung zu verlesen.

Schrifttum s. bei §§ 230 und 232.

Entstehungsgeschichte. Die jetzige Fassung beruht auf Art. 21 Nr. 63 EGStGB 1974. Die Entstehungsgeschichte zu § 232 behandelt auch die Entstehungsgeschichte dieser Vorschrift, die bis 1924 die Bezeichnung § 232 trug.

Übersicht

Alphabetische Übersicht

I. Voraussetzungen des Verfahrens

1. Anwendungsbereich

1   **a) Begrenzte Straferwartung. Zweck der Vorschrift** ist, dem Gericht zu ermöglichen (Kann-Vorschrift), Angeklagte in Fällen von geringerer Bedeutung auf Wunsch von der Pflicht zur Teilnahme an der Hauptverhandlung freizustellen. Mit dieser Einschränkung der Anwesenheitspflicht (§ 230) wird vor allem den Fällen Rechnung getragen, in denen der Angeklagte durch eine zur Sachaufklärung nicht zwingend gebotenen Teilnahme an der Hauptverhandlung erheblich belastet würde, sei es aus Gesundheitsgründen, sei es aus sonstigen privaten oder beruflichen Gründen oder weil er weit entfernt vom Gerichtsort wohnt (Rdn. 10). **Voraussetzung** ist, daß keine höhere Freiheitsstrafe als sechs Monate oder keine anderen Strafen und Nebenfolgen als die in Absatz 1 Satz 1 genannten zu erwarten sind. Es kommt nur auf die zu erwartende Strafe an, nicht auf die angedrohte. Die Vorschrift ist also auch bei Verbrechen anwendbar, wenn ausnahmsweise eine innerhalb der Grenzen des Absatzes 1 liegende Strafe in Betracht kommt. Auch im Verfahren nach Einspruch gegen einen Strafbefehl kann § 233 angewendet werden[1].

2   **b)** § 233 gilt **auch im Berufungsverfahren**[2]. Der Beschluß, durch den das Amtsgericht den Angeklagten vom Erscheinen entbunden hat, wirkt aber nicht für die Berufungsinstanz. Es bedarf für diese eines neuen Antrags und einer Entscheidung des Berufungsgerichts[3]. Solange kein Antrag gestellt und kein Beschluß des Berufungsgerichts ergangen ist, muß der Angeklagte vor dem Berufungsgericht erscheinen, wenn er verhindern will, daß dieses nach § 329 verfährt[4]. Ob bei einer Berufung des Staatsanwalts die Strafgrenzen des Absatzes 1 gelten, ist strittig[5].

3   **c)** Bei **Jugendlichen** müssen nach § 50 Abs. 1 JGG zusätzliche Erfordernisse vorliegen (vgl. § 232, 4).

4   **d)** Auch gegen Personen, die sich im **Ausland** aufhalten, kann nach § 233 verfahren werden (vgl. Rdn. 25). Die Sonderregelungen der §§ 276 ff greifen nicht ein, wenn ein im Ausland wohnender Angeklagter antragsgemäß von der Verpflichtung zum Erscheinen in der Hauptverhandlung entbunden wurde[6]. Andererseits braucht das Gericht, das die Anwesenheit des Angeklagten für erforderlich hält, dem Antrag auch dann nicht zu entsprechen, wenn er sich weigert, zur Hauptverhandlung zu kommen. Auch Art. 6 Abs. 1 Satz 1 MRK zwingt das Gericht in einem solchen Fall nicht dazu, entgegen seiner Überzeugung die Hauptverhandlung in Abwesenheit des Angeklagten durchzuführen[7].

5   **2. Antrag des Angeklagten.** Eine besondere **Form** ist für den Antrag nicht vorgeschrieben; die in einem Aktenvermerk festgehaltene mündliche Erklärung kann genügen. In der Regel ist es aber angezeigt, den Antrag schriftlich oder zu Protokoll der Geschäftsstelle zu stellen[8]. Die schriftliche Bitte des Angeklagten, das Gericht möge in seiner Abwesenheit verhandeln, ist als Antrag in diesem Sinne aufzufassen[9]. Ob der Antrag, die

---

[1] OLG Hamm NJW **1969** 1129; h. M.
[2] BayObLG NJW **1970** 1955; h. M; vgl. bei § 332.
[3] RGSt **62** 259; **64** 239; **66** 364; RG JW **1931** 1604; BayObLGSt **1956** 20; OLG Schleswig NJW **1966** 67; *Eb. Schmidt* Nachtr. I 1; *Koeniger* 224, 625 f.
[4] Vgl. etwa OLG Zweibrücken NJW **1965** 1033 (Antragstellung allein entschuldigt Fernbleiben nicht); ferner bei § 329.
[5] Verneinend BGHSt **17** 391; zur Streitfrage vgl. bei § 329.

[6] KK-*Treier* 1; *Kleinknecht/Meyer-Goßner* 2; KMR-*Paulus* 23; SK-*Schlüchter* 2 und bei § 285; dies galt schon vor Wegfall des Abwesenheitsverfahrens; *Oppe* NJW **1966** 2239; *Neu* NJW **1964** 2334; *Kaiser* NJW **1964** 1553.
[7] OLG Hamburg MDR **1968** 344; SK-*Schlüchter* 2.
[8] Vgl. SK-*Schlüchter* 6.
[9] BayObLG JW **1932** 2892; SK-*Schlüchter* 5.

Anordnung des persönlichen Erscheinens nach § 236 wieder aufzuheben, einen Antrag auf Entbindung gemäß § 233 Abs. 1 enthält, ist eine von den näheren Umständen abhängende Auslegungsfrage[10]; sachdienlicher als der Versuch, auf diesem Weg den vermutlichen Willen des Antragstellers zu klären, ist jedoch eine Rückfrage beim Angeklagten, durch die das Gewollte in der Regel mühelos zweifelsfrei festgestellt werden kann.

Einen **Zeitpunkt für die Antragstellung** schreibt das Gesetz nicht vor. Der Ange- **6** klagte, der nach § 120 Abs. 1 RiStBV in geeigneten Fällen auf diese Möglichkeit vom Gericht schon vor der Ladung hingewiesen werden soll, kann den Antrag auf Entbindung vom Erscheinen alsbald nach der Eröffnung stellen[11]. Das Gericht muß auch einen erst in der Hauptverhandlung eingehenden Antrag sachlich prüfen[12], darf also zutreffendenfalls die Vorführung oder Verhaftung (§ 230 Abs. 2) nicht anordnen; im Falle des § 232 kann das Gericht von dem Ungehorsamsverfahren absehen und zunächst die nach Absatz 2 erforderliche Vernehmung des Angeklagten verfügen, wenn diesem keine ungerechtfertigte Säumnis bei der Antragstellung vorzuwerfen ist. Finden in der Sache mehrere Hauptverhandlungen statt, kann der in der ersten erschienene Angeklagte von dem Erscheinen in der zweiten entbunden werden. Der Antrag kann auch noch zu **Beginn der Berufungsverhandlung** gestellt werden (h. M; vgl. bei § 329).

Die Antragstellung ist ein dem Angeklagten persönlich zustehendes Recht. Der **Ver- 7 teidiger** kann den Antrag nur stellen, wenn er dazu vom Angeklagten **ermächtigt** ist[13]. Eine ausdrückliche, für diesen Antrag erteilte Spezialermächtigung ist nicht notwendig[14], es genügt auch die über die Verteidigungsvollmacht hinausgehende allgemeine Vertretungsvollmacht nach § 234. Der Schutz des Angeklagten fordert keine Spezialvollmacht, denn letztlich kann er nach Absatz 2 immer selbst entscheiden, ob er mit einer Hauptverhandlung in seiner Abwesenheit und der darin liegenden Minderung seiner Verteidigungsmöglichkeiten einverstanden ist[15]. In der Erklärung, daß der Verteidiger den Angeklagten auch in seiner Abwesenheit vertreten darf, dürfte auf jeden Fall eine ausreichende Ermächtigung zur Antragstellung liegen[16].

Auch der in gleicher oder in anderer Sache **in Haft befindliche Angeklagte**, der aus **8** einem einsichtigen Grund (etwa Vermeidung der Verschubung) der Hauptverhandlung fernbleiben will[17], kann den Antrag auf Entbindung stellen. Hierin kann auch bei Berücksichtigung seiner Zwangslage weder eine Behinderung seiner Verteidigung noch eine unzulässige Beeinflussung seiner Entscheidung gesehen werden[18]. Wird ein inhaftierter Angeklagter über sein Antragsrecht nach § 233 belehrt, empfiehlt es sich allerdings, alles zu vermeiden, was als eine Beeinflussung seiner freien Entscheidung ausgelegt werden könnte. Unzulässig ist es, gegen den Angeklagten in Zusammenhang mit dieser Erklärung jede Art von Zwang auszuüben[19].

---

[10] Verneinend für den dort entschiedenen Fall Bay-ObLGSt **1972** 47 = VRS **43** (1972) 195; SK-*Schlüchter* 5; bejahend KMR-*Paulus* 12.

[11] AK-*Keller* 3; *Kleinknecht/Meyer-Goßner* 4; KMR-*Paulus* 10; SK-*Schlüchter* 7.

[12] BGHSt **12** 369; OLG Schleswig SchlHA **1964** 70; OLG Hamm NJW **1969** 1129; OLG Köln NJW **1969** 705; OLG Karlsruhe Justiz **1969** 127; BayOb-LG NJW **1970** 1055; BayObLGSt **1972** 47 = VRS **43** (1972) 195.

[13] Zur Problematik des Antrages aus der Sicht des Verteidigers vgl. *Dahs* Hdb. 391.

[14] A. A früher RGSt **54** 210; **64** 239; OLG Dresden JW **1930** 1885; OLG Bremen MDR **1956** 313; OLG Düsseldorf NJW **1960** 1921; OLG Frankfurt

NJW **1952** 1107; DAR **1963** 24; OLG Schleswig SchlHA **1964** 70; *Eb. Schmidt* Nachtr. I 2; BGHSt **12** 367 läßt dies offen.

[15] OLG Hamm JMBlNW **1975** 70; OLG Köln NJW **1957** 153; **1969** 705; *Hanack* JZ **1972** 82; *Schorn* Strafrichter 178; vgl. auch *Spendel* JZ **1959**; ferner KK-*Treier* 2; *Kleinknecht/Meyer-Goßner* 5; KMR-*Paulus* 11; SK-*Schlüchter* 8; vgl. auch Fußn. 16 und zur Gegenmeinung Fußn. 14.

[16] OLG Hamm VRS **49** (1975) 207; OLG Köln NJW **1960** 705; OLG Schleswig SchlHA **1970** 198.

[17] KMR-*Paulus* 11.

[18] *Eb. Schmidt* 3; *Kleinknecht/Meyer-Goßner* 4; KMR-*Paulus* 11; SK-*Schlüchter* 2.

[19] Zur Unzulässigkeit einer nur zu diesem Zweck an-

Walter Gollwitzer

9   **3. Verzicht.** Der Angeklagte kann den Antrag noch vor seiner Bescheidung widerrufen und er kann nachträglich auf die ihm gewährte Befreiung von der Erscheinenspflicht wieder verzichten. Nach Eingang der Verzichtserklärung bei Gericht kann die Hauptverhandlung nicht mehr ohne den Angeklagten nach § 233 begonnen werden. Der Freistellungsbeschluß ist aufzuheben[20]. Die Verpflichtung des Angeklagten, zur Hauptverhandlung zu erscheinen, lebt wieder auf und kann vom Gericht nach § 230 Abs. 2 erzwungen werden[21]. Bei Vorliegen der sonstigen Voraussetzungen (Hinweise usw.) kann auch nach §§ 232, 329, 411 Abs. 2, § 412 ohne den Angeklagten verhandelt werden. Da er den Termin kennt, ist sein Ausbleiben als Eigenmacht zu werten. Eine bereits begonnene Hauptverhandlung kann unter den gleichen Voraussetzungen nach § 231 Abs. 2 zu Ende geführt werden, wobei die Verlesung der Niederschrift die Vernehmung zur Sache ersetzt[22]. Der Verteidiger kann den Verzicht des Angeklagten nur aussprechen, wenn er ermächtigt ist, ihn auch insoweit zu vertreten[23].

10   **4. Entscheidung des Gerichts.** Das Gericht, nicht der Vorsitzende, entscheidet über den Antrag[24]. Sofern dieser nicht schon aus Rechtsgründen als unzulässig zurückgewiesen werden muß, wie etwa der Antrag eines dazu nicht ermächtigten Verteidigers[25], entscheidet es darüber nach **pflichtgemäßem Ermessen**. Nach der ursprünglichen Fassung dieser Vorschrift konnte dem Antrage nur entsprochen werden, wenn das Erscheinen des Angeklagten wegen weiter Entfernung besonders erschwert war. Jetzt können auch andere Gründe berücksichtigt werden, wie Gebrechlichkeit, Unabkömmlichkeit, übermäßige Opfer an Zeit und Geld. Da die Anwesenheit des Angeklagten dem Gericht stets deutlicher zum Bewußtsein bringt, daß es um Menschen geht[26], sollte nur aus triftigen Gründen Befreiung gewährt werden. Neben den Belangen des Angeklagten sind die Bedeutung der Sache und die Schwierigkeit der Sach- und Rechtslage, vor allem aber die Erfordernisse der Sachaufklärung in Betracht zu ziehen. So ist für die Befreiung kein Raum, wenn das Gericht die Anwesenheit des Angeklagten in der Hauptverhandlung für die Beurteilung von Zeugenaussagen, für eine Gegenüberstellung oder für die Gewinnung des persönlichen Eindrucks zur besseren Wahrheitserforschung für erforderlich hält[27]. Daß auch das Recht auf Gehör bei Teilnahme an der Hauptverhandlung besser verwirklicht wird, fällt dagegen für sich allein nicht ins Gewicht, da der Angeklagte mit seinem Freistellungsantrag diese Folge seines Fernbleibens selbst in Kauf

---

geordneten Vorführung vgl. *Amelung* in: Freiheit und Verantwortung im Verfassungsstaat, 17; SK-*Schlüchter* 10; OLG Koblenz NStE 1; vgl. ferner Rdn. 25.

20 KK-*Treier* 2; *Kleinknecht/Meyer-Goßner* 7; KMR-*Paulus* 14; SK-*Schlüchter* 10. Die an das Einverständnis des Angeklagten gebundene Befugnis zur Verhandlung nach § 233 entfällt mit dessen Widerruf. Es ist strittig, ob die dadurch veranlaßte Aufhebung des freistellenden Beschlusses deklaratorisch oder konstitutiv wirkt. Für letzteres spricht die Verfahrensklarheit. Vor allem, wenn die Hauptverhandlung bereits begonnen hat, muß der Zeitpunkt verfahrensbezogen festgestellt werden, bis zu dem das Gericht nach § 233 verfahren durfte. Das Anwesenheitsrecht des Angeklagten wird dadurch ohnehin nicht berührt, wohl aber seine Möglichkeit, durch einen zur Unzeit und ohne Wissen des Gerichts eingegangenen Verzicht das Verfahren zu stören. Auch *Kleinknecht/Meyer-Goßner* 7; KMR-

Paulus 14; SK-*Schlüchter* 10 stellen auf den Beschluß ab.

21 OLG Köln NJW **1952** 637; *Kleinknecht/Meyer-Goßner* 7.

22 Verzicht und Aufhebungsbeschluß beseitigen die Wirksamkeit des befugt nach § 233 in Abwesenheit des Angeklagten verhandelten Verfahrensabschnitts nicht, sie leiten erst ex nunc in das Normalverfahren über, sofern man nicht der Ansicht ist, daß mit Beginn der Hauptverhandlung nach § 233 deren Zulässigkeitsvoraussetzungen vom Angeklagten nicht mehr zum Wegfall gebracht werden können.

23 OLG Frankfurt DAR **1963** 24; KMR-*Paulus* 14; vgl. Rdn. 7.

24 H. M; etwa *Erker* 48; KK-*Treier* 5; *Eb. Schmidt* 6.

25 KMR-*Paulus* 19.

26 SK-*Schlüchter* 1; *Peters* § 59 II 1 mahnt deshalb zur Vorsicht.

27 KK-*Treier* 5; KMR-*Paulus* 16; SK-*Schlüchter* 11.

nimmt[28]. Bei der Abwägung aller Gesichtspunkte hat das Gericht einen weiten Ermessensraum, der nur in seltenen Ausnahmefällen dadurch eingeengt ist, daß in Bagatellsachen die Ablehnung der Freistellung des Angeklagten und die Erzwingung einer bei der konkreten Verfahrenslage unter keinem Gesichtspunkt erforderlichen Anwesenheit außer Verhältnis zu den ihm daraus erwachsenden Belastungen stehen kann (vgl. § 236, 9). Die Freistellung wird nach dem Wortlaut des § 233 **für die ganze Verhandlung** gewährt. Nach dem Zweck des § 233 (Rücksichtnahme auf andere Belange des Angeklagten) erscheint es jedoch zulässig, sie nur für einen **zeitlich oder örtlich begrenzten Teil** der Hauptverhandlung zu bewilligen, so, wenn die Verhandlung teils an der Gerichtsstelle, teils an einem anderen Ort stattfindet[29]. Dagegen kann die Entbindung des erschienenen Angeklagten von der Teilnahme an einzelnen sachlichen Abschnitten der Hauptverhandlung nicht auf § 233 gestützt werden[30]. Hält das Gericht die persönliche Anwesenheit des Angeklagten nachträglich für notwendig oder sachdienlich, kann es die Freistellung jederzeit aufheben und das persönliche Erscheinen (§ 236) anordnen (vgl. § 236, 9).

Die Entbindung erfordert einen **förmlichen Beschluß**, konkludentes Handeln des **11** Gerichts genügt nicht[31]. Auch die Ablehnung des Antrags verlangt im Interesse der Verfahrensklarheit einen vor Erlaß des Urteils ergehenden Beschluß[32]. Gleiches gilt für die Aufhebung der Befreiung. Die Beschlüsse können innerhalb oder außerhalb der Hauptverhandlung in der jeweils dafür maßgebenden Besetzung ergehen. Als Ermessensentscheidungen bedürfen sie keiner weiteren **Begründung**[33], da die Entscheidung nicht anfechtbar ist und sich Grund und Befugnis zur Ermessensausübung ohnehin schon aus der Entscheidung selbst eindeutig ergeben. Auch wenn mit ihr ein Antrag abgelehnt wird, dürfte in der Regel der Hinweis genügen, daß das Gericht nach seinem Ermessen den Erfordernissen der Sachaufklärung den Vorrang vor den geltend gemachten Gründen einräumt. Zu begründen ist dagegen der Beschluß, der einen Antrag aus Rechtsgründen (vgl. Rdn. 10) zurückweist.

Der Beschluß setzt an sich einen **wirksamen Antrag** des Angeklagten voraus, zu dem **11a** die Staatsanwaltschaft zu hören ist (§ 33 Abs. 2). Sofern die freie Entscheidungsbefugnis des Angeklagten gewahrt bleibt, ist es jedoch nicht zu beanstanden, wenn das Gericht nach Anhörung der Staatsanwaltschaft (zur Erforderlichkeit der Anwesenheit des Angeklagten) die Entbindung schon vorher für den Fall beschließt, daß der Angeklagte bei der angeordneten Vernehmung durch den ersuchten Richter nach entsprechender Belehrung einen solchen Antrag stellt[34]; der Entbindungsbeschluß wird dann erst nach Antragstellung des Angeklagten wirksam (vgl. auch Rdn. 25). Der andere Weg zur Vereinfachung, daß zunächst der Vorsitzende die richterliche Einvernahme des Angeklagten anordnet, dabei gleichzeitig die Antragstellung nach § 233 anregt und das Gericht erst danach — eine entsprechende Antragstellung vorausgesetzt — nach Anhörung der Staatsanwaltschaft über den Beschluß nach § 233 entscheidet, ist letztlich bedenklicher; die Ver-

---

28 AK-*Keller* 4 (keine aufgedrängte Fürsorge).
29 OLG Königsberg JW **1930** 1109; *Kleinknecht/Meyer-Goßner* 11; SK-*Schlüchter* 12.
30 RG JW **1933** 965; OLG Schleswig bei *Ernesti/Jürgensen* SchlHA **1978** 188; *Kleinknecht/Meyer-Goßner* 11; SK-*Schlüchter* 12.
31 OLG Karlsruhe Justiz **1969** 127; KK-*Treier* 10; *Kleinknecht/Meyer-Goßner* 9; SK-*Schlüchter* 19.
32 OLG Schleswig bei *Ernesti/Lorenzen* SchlHA **1980** 174; *Küper* JR **1971** 325.
33 *Kleinknecht/Meyer-Goßner* 9; auch SK-*Schlüchter*

12 fordert beim stattgebenden Beschluß keine förmliche Begründung, wohl aber einen Hinweis auf die Abwägung. KMR-*Paulus* 17 nimmt Begründungsbedürftigkeit nach Maßgabe des § 34 an; vgl. auch § 34, 7.
34 BGHSt **25** 42; OLG Frankfurt MDR **1974** 511; AK-*Keller* 8; KK-*Treier* 6; *Kleinknecht/Meyer-Goßner* 17; KMR-*Paulus* 18; *Pfeiffer/Fischer* 4; SK-*Schlüchter* 10; **a. A** OLG Frankfurt JR **1992** 348 mit Anm. *Wendisch*.

Walter Gollwitzer

nehmung des Angeklagten liegt dann vor, nicht, wie an sich erforderlich[35], nach dem Beschluß, der ihre besondere Funktion begründet.

12   **5. Bekanntmachung des Beschlusses. Ein außerhalb der Hauptverhandlung** ergehender Beschluß ist den Verfahrensbeteiligten mitzuteilen. Er soll dem Angeklagten so zeitig zugehen, daß er Zeit hat, sich auf die Hauptverhandlung einzustellen[36]. Früher wurde die Zustellung an den Angeklagten persönlich gefordert[37]. Nach § 145 a Abs. 1 muß jedoch auch die Zustellung an den Verteidiger für zulässig erachtet werden, zumal die unmittelbare Unterrichtung des Angeklagten über die Bescheidung seines Antrags durch § 145 a Abs. 3 gesichert ist[38].

13   Auch wenn **keine Frist** in Lauf gesetzt wird (vgl. § 35 Abs. 2 Satz 2), erscheint die **Zustellung an den Angeklagten** als die sicherste Form der Mitteilung sowohl beim stattgebenden wie beim ablehnenden Beschluß angezeigt, da er von dieser für den weiteren Verfahrensverlauf bedeutsamen Entscheidung sicher unterrichtet sein muß[39]. Daß und wann der Beschluß zugegangen ist, bedarf auch deshalb eines sicheren Nachweises, weil dies für spätere Entscheidungen (Aussetzungsantrag, Frage der genügenden Entschuldigung des Fernbleibens usw.) bedeutsam werden kann.

14   Die **Verkündung** des Beschlusses **in der Hauptverhandlung** genügt, wenn der Angeklagte bei der Verkündung anwesend ist (§ 35) oder wenn der dazu bevollmächtigte Verteidiger den Antrag in Abwesenheit des Angeklagten erst in der Hauptverhandlung gestellt hat. In diesem Fall ist der Verteidiger berechtigt, die Entscheidung des Gerichts über seinen Antrag entgegenzunehmen. Der Schutz des Angeklagten erfordert dann auch bei einer ablehnenden Entscheidung nicht die Zustellung, denn der Angeklagte ‚muß in diesem Fall ohnehin damit rechnen, daß das Gericht gegen ihn verhandelt[40]. Wird der Beschluß dagegen in Abwesenheit des Angeklagten und seines Verteidigers verkündet, ist er ihnen wie ein außerhalb der Hauptverhandlung ergangener Beschluß (Rdn. 12, 13) zuzustellen[41].

---

[35] BayObLGSt **1974** 37 = VRS **47** (1974) 115; SK-*Schlüchter* 14 (Vernehmung muß Befreiungsbeschluß nachfolgen); vgl. Rdn. 18.

[36] RGSt **29** 69; BayObLG NJW **1970** 1055; *Koeniger* 225; KK-*Treier* 8; *Kleinknecht/Meyer-Goßner* 13; SK-*Schlüchter* 13.

[37] RGSt **44** 47; **62** 259; OLG Schleswig SchlHA **1964** 70; *Eb. Schmidt* 7; vergl. aber Nachtr. I § 145 a, 2.

[38] KK-*Treier* 9; *Kleinknecht/Meyer-Goßner* 13; KMR-*Paulus* 20; SK-*Schlüchter* 13. *Eb. Schmidt* Nachtr. I 2 zu § 145 a; **a. A** *Koeniger* 225. BayObLG NJW **1970** 1055 beruft sich auf die bisherige Rechtsprechung, wonach die Entscheidung dem Angeklagten selbst zuzustellen ist, erörtert aber nicht, ob die notwendige Zustellung an den Angeklagten durch Zustellung an den Verteidiger nach § 145 a Abs. 1 bewirkt werden kann.

[39] Vgl. BayObLG NJW **1970** 1055; *Küper* NJW **1974** 1927; wie hier KK-*Treier* 8; *Kleinknecht/Meyer-Goßner* 13; KMR-*Paulus* 20; SK-*Schlüchter* 13.

[40] BGHSt **28** 281 (auf Vorlage des OLG Karlsruhe für die ablehnende Entscheidung); dazu *Küper* NJW **1974** 1927; ferner JR **1971** 325. Früher forderte die Rechtsprechung auch bei Antragstellung in der Hauptverhandlung die Zustellung an den Angeklagten, so RGSt **62** 25; OLG Schleswig SchlHA **1964** 70; OLG Hamm NJW **1969** 1129; BayObLG NJW **1970** 1055. Die Verkündung in der Hauptverhandlung in Gegenwart des Verteidigers wurde nur dann als ausreichend angesehen, wenn der Antrag mangels Vollmacht des Verteidigers unwirksam war oder auf Rechtsmißbrauch beruhte (BGHSt **12** 367; BayObLGSt **1972** 47 = VRS **43** [1972] 195). Wie hier KK-*Treier* 10; *Kleinknecht/Meyer-Goßner* 13; KMR-*Paulus* 29; SK-*Schlüchter* 13.

[41] KMR-*Paulus* 20; SK-*Schlüchter* 13.

6. Rechtsbehelfe gegen den Beschluß

a) Beschwerde. Gegen die Bewilligung wie gegen die Ablehnung des Antrags findet, **15** weil sie mit der Urteilsfindung zusammenhängt (§ 305), **keine Beschwerde** statt[42]. Dies gilt auch für den Beschluß, der die Freistellung aufhebt[43]. Das Gericht, das die von ihm gewährte Befreiung jederzeit selbst widerrufen und jederzeit das persönliche Erscheinen anordnen kann (§ 236), kann nicht durch das Beschwerdegericht angewiesen werden, auf die von ihm zur Sachaufklärung für erforderlich gehaltene Anwesenheit des Angeklagten zu verzichten. Die Beschwerde ist dagegen ausnahmsweise insoweit zulässig, als das Gericht ohne eigene Ermessensentscheidung den Antrag wegen Verneinung einer rechtlichen Vorfrage als unzulässig ablehnt, sofern sie nicht deswegen überholt ist, etwa weil gleichzeitig damit die Berufung nach § 329 verworfen wird[44].

b) Gegenvorstellungen gegen den Beschluß sind dagegen möglich. Sie bieten sich, **16** insbesondere von Seiten der Staatsanwaltschaft dann an, wenn Umstände (bessere Sachaufklärung, höhere Straferwartung) bekannt werden, die es zweifelhaft erscheinen lassen, ob die Hauptverhandlung ohne den Angeklagten durchgeführt werden kann[45]. Auch eine nicht statthafte Beschwerde kann als Gegenvorstellung behandelt werden.

II. Vorbereitung der Hauptverhandlung

1. Vernehmung des Angeklagten (Absatz 2 und 3)

a) Zweck. Die Vernehmung nimmt einen wichtigen Teil der Hauptverhandlung vor- **17** weg, auch wenn sie kein vorgezogener Teil der Hauptverhandlung im technischen Sinn ist[46]. Sie muß deshalb dem Angeklagten in weitestmöglichem Umfang die Verteidigungsmöglichkeiten gewähren, die er sonst bei Teilnahme an der Hauptverhandlung hätte. Er muß sich deshalb zum ganzen Prozeßstoff, gegen alle erhobenen Vorwürfe, die vorhandenen Beweismittel und die ihm drohenden Rechtsfolgen umfassend äußern können.

Die **Vernehmung nach Befreiung** ist zwingend (Absatz 2 Satz 1). Früher brauchte **18** der im Vorverfahren schon richterlich vernommene Angeklagte nicht notwendig noch einmal vernommen zu werden; es genügte unter Umständen, in der Hauptverhandlung das Protokoll über die richterliche Vernehmung im Vorverfahren zu verlesen. Das ist jetzt unzulässig[47]. Dem Gebot des rechtlichen Gehörs ist damit in höherem Maße als früher entsprochen.

[42] Jetzt herrschende Meinung, *Eb. Schmidt* 8; AK-*Keller* 6; KK-*Treier* 12; *Kleinknecht/Meyer-Goßner* 27; KMR-*Paulus* 37; SK-*Schlüchter* 31; BayObLGSt **1952** 116 = JZ **1952** 691; OLG Celle NJW **1957** 1163; OLG Hamburg MDR **1968** 344; OLG Hamm NJW **1969** 1129; OLG Köln NJW **1957** 153; früher ebenso OLG Breslau HRR **1931** Nr. 1618; OLG Dresden JW **1932** 3655; KG JW **1928** 3011; OLG Karlsruhe JW **1934** 2501; a. A BayObLGSt **13** 493; OLG Karlsruhe JW **1927** 533.

[43] OLG Hamburg MDR **1968** 344; KMR-*Paulus* 37.

[44] OLG Köln NJW **1957** 153; KK-*Treier* 12; *Kleinknecht/Meyer-Goßner* 17; KMR-*Paulus* 37; SK-*Schlüchter* 31.

[45] KMR-*Paulus* 37; SK-*Schlüchter* 31.

[46] Soweit Rechtsprechung und Schrifttum vom „vorweggenommenen Teil der Hauptverhandlung"

sprechen (etwa BGHSt **25** 42; BayObLGSt **1974** 35 = VRS **47** [1974] 115; KK-*Treier* 13; *Kleinknecht/Meyer-Goßner* 15), kennzeichnen sie damit die eine verfahrensrechtliche Sonderstellung gegenüber anderen richterlichen Vernehmungen begründende Funktion dieser aus der Hauptverhandlung herausgenommenen richterlichen Anhörung des Angeklagten, die ihm weitmöglichst alle Verteidigungsmöglichkeiten eröffnen soll, die er sonst in der Hauptverhandlung hätte; gegen Verwendung dieses Ausdrucks etwa KMR-*Paulus* 4 („Urkundenbeweis vorbereitende Beweismittelbeschaffung").

[47] OLG Schleswig bei *Ernesti/Jürgensen* SchlHA **1971** 216; KMR-*Paulus* 23.

19　　b) Mit der Vernehmung **über die Anklage** ist die Vernehmung über die Anschuldigung gemeint, wie sie im Eröffnungsbeschluß zugelassen ist (§ 243 Abs. 3, 4), einschließlich des wesentlichen Ergebnisses der Ermittlungen. Der Angeklagte muß über die in der Anklageschrift gegen ihn vorgebrachten Tatsachen und zu allen zur Verwendung in der Hauptverhandlung vorgesehenen persönlichen und sächlichen Beweismitteln gehört werden (§ 257). Deshalb bedarf es, wenn später in der Hauptverhandlung neue Tatsachen und Beweismittel berücksichtigt werden sollen, seiner nochmaligen Anhörung[48]. Dasselbe gilt, wenn der Angeklagte nach § 265 auf eine Veränderung des rechtlichen Gesichtspunkts hingewiesen werden muß (Rdn. 34). Erscheint es allerdings schon bei Anordnung der Vernehmung möglich, daß ein solcher Hinweis in Frage kommen wird, kann er auf Ersuchen des Vorsitzenden bereits bei der Vernehmung erteilt werden, damit der Angeklagte auch dazu Stellung nehmen kann. Der vernehmende Richter kann aber auch von sich aus einen solchen Hinweis erteilen, wenn ihm dies auf Grund des Ergebnisses der Vernehmung angezeigt erscheint[49]. Eine nochmalige Vernehmung des Angeklagten ist ferner notwendig, wenn er seine früheren Angaben ergänzen oder berichtigen will[50].

20　　Da die Verlesung des Protokolls in der Hauptverhandlung die mündliche Anhörung des Angeklagten ersetzt, muß sich die Vernehmung des Angeklagten auch auf seine **persönlichen Verhältnisse** (§ 243 Abs. 2 Satz 2) erstrecken. Der Angeklagte muß ferner Gelegenheit haben, sich zu den in Betracht kommenden Rechtsfolgen[51] und zu etwaigen Auflagen und Weisungen nach § 265 a zu äußern.

21　　Wird dem Angeklagten auf seinen Antrag auch in der **Berufungsinstanz** Befreiung gewährt, muß er erneut vernommen werden[52].

22　　c) **Belehrungen und Hinweise.** Die Vernehmung des Angeklagten steht seiner Vernehmung in der Hauptverhandlung gleich. Deshalb ist er vor der Vernehmung zur Anklage in entsprechender Anwendung des § 243 Abs. 4 Satz 1 darauf hinzuweisen, daß es ihm freistehe, sich zur Anklage zu äußern oder nicht auszusagen[53]. Dieser Hinweis ist in das Protokoll aufzunehmen.

23　　Die **Belehrung** des Angeklagten über die **Rechtsfolgen**, auf die nach Absatz 1 in seiner Abwesenheit erkannt werden darf, schreibt Absatz 2 zwingend vor, desgleichen die **Befragung**, ob er seinen Befreiungsantrag aufrecht hält. Hierdurch soll der Angeklagte Gelegenheit erhalten, zu den rechtsfolgenrelevanten Umständen Stellung zu nehmen. Er soll vor den Folgen einer unbedachten, übereilten Antragstellung und vor Überraschungen bezüglich des Ergebnisses der Hauptverhandlung geschützt werden[54]. Die Belehrung und Befragung kann daher, um besonders eindringlich zu sein, auch erst am Ende der Vernehmung vorgenommen werden[55]. Erklärt sich der Angeklagte nicht ausdrücklich zur Aufrechterhaltung seines Antrags, ist von dessen Fortbestand auszugehen; anders nur, wenn die Vernehmung bereits vor der Antragstellung angeordnet wurde (vgl. Rdn. 11a, 25). Belehrung und Befragung und das Ergebnis der Befragung sind im **Protokoll** festzuhalten, auch, daß der Angeklagte zur Aufrechterhaltung des Antrags keine Erklärung abgege-

[48] RGSt **21** 100; BayObLG bei *Rüth* DAR **1986** 248; OLG Hamm VRS **19** (1960) 374; DAR **1994** 410; OLG München HRR **1940** Nr. 484; OLG Schleswig bei *Ernesti/Lorenzen* SchlHA **1981** 89; *Kleinknecht* JZ **1964** 329; *Schmid* Verwirkung 231; KK-*Treier* 13; *Kleinknecht/Meyer-Goßner* 16; KMR-*Paulus* 31; SK-*Schlüchter* 15; 26.

[49] KMR-*Paulus* 24.

[50] RG HRR **1933** Nr. 85; BayObLGSt **1956** 20; *Kleinknecht/Meyer-Goßner* 16; SK-*Schlüchter* 15; 26. Zur Belehrung vgl. Rdn. 23.

[51] KK-*Treier* 13; *Kleinknecht/Meyer-Goßner* 15.

[52] So etwa *Kleinknecht/Meyer-Goßner* 14; KMR-*Paulus* 23; ferner die Nachw. Fußn. 2; 3 und bei § 329. BayObLGSt **1956** 20 läßt dies offen, sofern der Angeklagte sich nicht ergänzend äußern will; **a. A** RG JW **1931** 1604.

[53] H. M; etwa *Eb. Schmidt* Nachtr. **I** 4; *Kleinknecht/Meyer-Goßner* 15.

[54] OLG Oldenburg NdsRpfl. **1955** 140; *Kleinknecht/Meyer-Goßner* 15.

[55] KMR-*Paulus* 25.

ben hat. Ins Protokoll aufzunehmen ist ferner, wenn der Angeklagte auf die Ladung zur Hauptverhandlung oder zur Teilnahme an dieser ausdrücklich verzichtet.

d) Die anwesenden Verfahrensbeteiligten haben ebenso wie in der Hauptverhandlung **24** das **Fragerecht** nach § 240 Abs. 2[56]. Reichen sie statt der Teilnahme schriftlich Fragen ein, sind auch diese, soweit zulässig, dem Angeklagten zu stellen (vgl. § 223, 33).

2. Die Vernehmung obliegt dem **ersuchten oder beauftragten Richter.** Auch ein **25** deutscher Konsul im Ausland (§ 15 Abs. 4 Konsulargesetz) oder ein ausländischer Richter kann darum ersucht werden[57]. Erscheint der Angeklagte vor dem ersuchten oder beauftragten Richter nicht, so stehen diesem die Zwangsmittel des § 230 Abs. 2 zu[58]. Der ersuchte Richter kann selbst im Verfahren nach Einspruch gegen einen Strafbefehl den unentschuldigt ausbleibenden Angeklagten vorführen lassen. Der Grundsatz der Verhältnismäßigkeit zwingt nicht dazu, in diesem Fall den Beschluß nach § 233 Abs. 1 aufzuheben und dann nach §§ 411, 412 zu verfahren[59]. Das Vernehmungsersuchen wird nicht dadurch unzulässig, daß der Angeklagte erklärt, er werde in der Hauptverhandlung erscheinen und sich selbst verteidigen[60]. Der Angeklagte ist aber unter Hinweis auf seine dann bestehende Teilnahmepflicht zu befragen, ob er damit auf die Freistellung überhaupt verzichten will. Bei einem nachträglichen **Verzicht auf Freistellung** wird das Rechtshilfeersuchen gegenstandslos[61], sofern in ihm nicht auch vorsorglich darum ersucht wurde, den Angeklagten auf jeden Fall zur Anklage zu vernehmen, etwa, um bei Scheitern des Verfahrens nach § 233 eine nach § 232 Abs. 3 verlesbare richterliche Vernehmungsniederschrift zu haben[62]. Wenn das Gericht um die Vernehmung des Angeklagten für den Fall ersucht, daß er die Befreiung von der Pflicht zum Erscheinen in der Hauptverhandlung beantragt, ist die Vernehmung durch den ersuchten Richter trotz Fehlen des Freistellungsantrags zulässig[63]; um das Erscheinen des Angeklagten zu erreichen, darf der ersuchte Richter allerdings keine Zwangsmittel nach § 230 anwenden[64].

Ob das erkennende Gericht mit **bindender Wirkung** den ersuchten Richter anweisen **26** kann, die Vorführung des Angeklagten bei Nichterscheinen anzuordnen, ist fraglich[65].

3. Benachrichtigungen. Von dem Termin zur Vernehmung des Angeklagten sind **27** nach Absatz 3 Satz 1 Staatsanwaltschaft und Verteidiger zu benachrichtigen. Dies gilt aber auch für die Mitangeklagten[66], die anderen Verfahrensbeteiligten (z. B. Nebenkläger) und sonstige zur Anwesenheit in der Hauptverhandlung berechtigte Personen, wie etwa

---

[56] AK-*Keller* 8; SK-*Schlüchter* 17.
[57] *Kleinknecht/Meyer-Goßner* 17; KMR-*Paulus* 23; SK-*Schlüchter* 15; zur Frage, wieweit eine Vernehmung durch eine andere ausländische Stelle einer richterlichen Vernehmung gleichzuachten ist, vgl. § 223, 37 ff und bei § 251.
[58] BGHSt **25** 42; OLG Bremen GA **1962** 344; OLG Frankfurt MDR **1974** 511; OLG Hamburg GA **1968** 375; NJW **1972** 1050; KG GA **59** (1912) 473; **74** (1930) 213; 306.
[59] OLG Hamburg GA **1962** 375.
[60] OLG Bremen GA **1962** 344; OLG Koblenz RPfleger **1973** 61; OLG Hamburg GA **1968** 344; *Kleinknecht/Meyer-Goßner* 17; KMR-*Paulus* 25; **a. A** SK-*Schlüchter* 16, die darin einen die Einvernahme unzulässig machenden stillschweigenden Verzicht auf die Freistellung sieht, aber Klarstellung durch Befragung fordert.

[61] KMR-*Paulus* 25; vgl. SK-*Schlüchter* 16 (unzulässig).
[62] Auch insoweit liegt kein schlechthin unzulässiges Ersuchen vor, das die Ablehnung der Rechtshilfe nach § 158 GVG rechtfertigen könnte (vgl. bei § 158 GVG).
[63] Vgl. Rdn. 11 mit weit. Nachw., ferner bei § 158 GVG.
[64] BGHSt **25** 42; OLG Frankfurt MDR **1974** 511; OLG Hamburg NJW **1972** 1050; OLG Hamm Nds-Rpfl. **1984** 47; KG GA **74** (1930) 213; 306; KK-*Treier* 15; *Kleinknecht/Meyer-Goßner* 17; SK-*Schlüchter* 19.
[65] Dazu *Frössler* NJW **1972** 517; vgl. bei § 158 GVG.
[66] RGSt **57** 272; AK-*Keller* 8; KK-*Treier* 16; *Kleinknecht/Meyer-Goßner* 18; KMR-*Paulus* 26; *Pfeiffer/Fischer* 4; SK-*Schlüchter* 17.

Walter Gollwitzer

den Vertreter der Finanzbehörde in Steuerstrafsachen[67]. Sie können auf die Benachrichtigung ebenso **verzichten** wie im Falle des § 224. Die Staatsanwaltschaft soll dies in geeigneten Fällen tun[68]. Unterbleibt die Benachrichtigung, so ist das Protokoll über die Vernehmung in der Hauptverhandlung nicht verlesbar, wenn der nicht verständigte Prozeßbeteiligte der Verlesung widerspricht[69].

28   Eine **Verpflichtung zur Teilnahme** an der Vernehmung wird durch die Mitteilung nicht begründet (Absatz 3 Satz 1); auch nicht für den notwendigen Verteidiger[70].

29   **4. Ladung des Angeklagten zur Hauptverhandlung.** Auch ein vom Erscheinen entbundener Angeklagter muß zu dem Hauptverhandlungstermin geladen werden[71], da sein Recht zum Erscheinen bestehen bleibt; er kann sich auch veranlaßt finden, einen Vertreter (§ 234) zu bestellen[72]. Die Ladung des bestellten Verteidigers allein genügt nicht[73]. Wenn die Voraussetzungen des § 145 a Abs. 2 vorliegen, kann die Ladung auch dem Verteidiger zugestellt werden[74]. Die Warnung gemäß § 216 fällt weg[75]; zur Vermeidung eines Mißverständnisses ist der Angeklagte nach Nr. 120 Abs. 3 Satz 2 RiStBV in der Ladung darauf hinzuweisen, daß er nicht zu erscheinen brauche. Verzichtet der Angeklagte ausdrücklich auf die Ladung, so kann sie unterbleiben.

III. Verfahren in der Hauptverhandlung

2. Verlesung des Protokolls

30   **a) Zeit und Umfang.** Die Verlesung des Protokolls über die Vernehmung nach Absatz 2 soll die mündliche Anhörung des Angeklagten vollständig ersetzen. Das Protokoll ist deshalb zu dem in § 243 Abs. 4 Satz 2 bestimmten Zeitpunkt zu verlesen[76]. Der Vorsitzende ordnet nach Absatz 3 Satz 2 die Verlesung an. Eines besonderen Gerichtsbeschlusses bedarf es nicht[77]. Die Verlesung der Niederschrift nach Absatz 3 Satz 2 erübrigt sich, wenn der Angeklagte trotz seiner Freistellung erscheint und in der Hauptverhandlung zur Sache vernommen wird oder sich auf sein Schweigerecht beruft. Die Notwendigkeit der Verlesung nach § 233 Abs. 3 Satz 2 entfällt aber nicht schon deshalb, weil ein vertretungsberechtigter Verteidiger (§ 234) die Sachdarstellung des abwesenden Angeklagten vorträgt[78].

31   **Erklärungen**, auf die der Angeklagte bei der Vernehmung **Bezug genommen hat**, wie schriftliche Äußerungen und Niederschriften über frühere Vernehmungen, sind mit zu verlesen, wenn auf sie in einer Weise Bezug genommen ist, daß sie zu Teilen des Protokolls geworden sind[79]. Ob auch die Verlesung der Niederschrift über eine **frühere richterliche Vernehmung** an diese Voraussetzung zu knüpfen ist, kann zweifelhaft sein, weil § 254 die Verlesung solcher Niederschriften unter den dort genannten Voraussetzungen

---

[67] § 407 Abs. 1 AO schreibt die Benachrichtigung der Finanzbehörde vom Vernehmungstermin vor; vgl. ferner Vor § 226, 48.

[68] RiStBV Nr. 120 Abs. 2.

[69] KK-*Treier* 16; *Kleinknecht/Meyer-Goßner* 18; SK-*Schlüchter* 17; vgl. auch KMR-*Paulus* 26 (unverwertbar in den bei § 223 aufgezeigten Grenzen).

[70] *Eb. Schmidt* 15; KMR-*Paulus* 26; SK-*Schlüchter* 17.

[71] H. M; etwa OLG Schleswig bei *Ernesti/Jürgensen* SchlHA **1977** 182; vgl. RiStBV Nr. 120 Abs. 3 Satz 1.

[72] RGRspr. **4** 230.

[73] RGSt **21** 100; SK-*Schlüchter* 20.

[74] SK-*Schlüchter* 20.

[75] LG Frankfurt NJW **1954** 167; KK-*Treier* 17; *Kleinknecht/Meyer-Goßner* 19; KMR-*Paulus* 29; SK-*Schlüchter* 20.

[76] *Kleinknecht/Meyer-Goßner* 15; KMR-*Paulus* 29.

[77] *Kleinknecht/Meyer-Goßner* 20; KMR-*Paulus* 19; *Pfeiffer/Fischer* 5.

[78] *Spendel* JZ **1959** 740; *Kleinknecht/Meyer-Goßner* 20; KMR-*Paulus* 29; *Pfeiffer/Fischer* 5; SK-*Schlüchter* 23; auch BayObLGSt **1974** 37 = VRS **47** (1974) 115 (allerdings ohne dies zu entscheiden); **a. A** KK-*Treier* 18.

[79] AK-*Keller* 9; *Kleinknecht/Meyer-Goßner* 20; SK-*Schlüchter* 22.

gestattet. Die Vorschrift geht jedoch von der Anwesenheit des Angeklagten aus und setzt deshalb voraus, daß der Angeklagte dazu Stellung nehmen kann. Man wird deshalb die Verlesung früherer, gerichtlicher Protokolle für zulässig halten dürfen, wenn sie der beauftragte oder ersuchte Richter ebenfalls gemäß § 254 verlesen hat und die von ihm aufgenommene Niederschrift erkennen läßt, wie der Angeklagte darauf reagiert, insbesondere welche Erklärungen er abgegeben hat. Fehlt es an dieser Voraussetzung, bestehen Bedenken gegen die Verlesbarkeit. Das Gericht müßte vielmehr die nochmalige kommissarische Vernehmung des Angeklagten anordnen, um Widersprüche zwischen verschiedenen Aussagen aufzuklären, oder nach § 236 verfahren, um selbst den Angeklagten dazu zu hören[80].

b) Die vom Angeklagten bei seiner Vernehmung nach Absatz 2 gestellten **Beweisanträge** werden dem Gericht mit Verlesung des Protokolls zur Kenntnis gebracht. Sie sind so zu behandeln, wie wenn sie in der Hauptverhandlung selbst gestellt wären[81]. Das gilt auch dann, wenn sich der Angeklagte gemäß § 234 durch einen Verteidiger vertreten läßt und dieser es unterläßt, die Anträge zu wiederholen[82]. Der vertretungsberechtigte Verteidiger ist aber befugt, den Antrag zurückzunehmen[83]. Die Entscheidung des erkennenden Gerichts über einen solchen Antrag ergeht in der Hauptverhandlung. Sie braucht dem Angeklagten nicht bekannt gemacht zu werden[84]. Dem Vorsitzenden ist es unbenommen, nach § 214 die Zeugen zur Hauptverhandlung zu laden, die in einen in der Vernehmungsniederschrift gestellten Beweisantrag benannt worden sind. Über den Antrag selbst entscheiden darf er nicht; eine vorzeitige Ablehnung wäre unbeachtlich und würde das Gericht nicht von der Verpflichtung entbinden, in der Hauptverhandlung über den Beweisantrag zu entscheiden[85]. Nicht bei der Vernehmung zu Protokoll erklärte sondern dem Gericht auf anderem Weg zugeleitete **schriftliche Beweisanträge** des Angeklagten sind dagegen nicht als solche im Sinne des § 244 Abs. 3 bis 5 anzusehen. Sie sind nach § 219 zu behandeln[86]. Sind sie nicht vor der Hauptverhandlung beschieden worden, muß sie der Vorsitzende in der Hauptverhandlung zur Sprache bringen, damit das Gericht darüber entscheiden kann[87]. Den Beweisanträgen ist vor allem stattzugeben, wenn es die Aufklärungspflicht erfordert (§ 219, 10 ff; 39). **32**

c) Sonstige Anträge und Fragen, die mit der Vernehmungsniederschrift in die Hauptverhandlung eingeführt werden, gelten als in der Hauptverhandlung gestellt. Der in das Protokoll aufgenommene **Einwand der örtlichen Unzuständigkeit** muß vom Vorsitzenden in der Hauptverhandlung bei Beginn der Verlesung des Protokolls zur Sprache gebracht werden (§ 16 Satz 3). Wird er erst verspätet bekannt gegeben, beseitigt dieser vom Angeklagten nicht zu vertretende Umstand die Rechtzeitigkeit seines Einwands nicht[88]. Gleiches gilt für sonstige Anträge, die nur bis zu einem bestimmten Verfahrensab- **33**

[80] *Eb. Schmidt* 18; AK-*Keller* 9; SK-*Schlüchter* 22; **a. A** RG JW **1928** 2817.

[81] RGSt **10** 135; **19** 249; **40** 356; BayObLGSt **1955** 267 = NJW **1956** 1042; BayObLG bei *Rüth* DAR **1964** 234; KK-*Treier* 19; *Kleinknecht/Meyer-Goßner* 22; SK-*Schlüchter* 24; weitere Nachweise *Alsberg/Nüse/Meyer* 391 Fußn. 76.

[82] RGSt **10** 135; RG JW **1916** 1026 mit Anm. *Alsberg*; *Alsberg/Nüse/Meyer* 391; *Kleinknecht/Meyer-Goßner* 22; KMR-*Paulus* 32; SK-*Schlüchter* 24.

[83] *Alsberg/Nüse/Meyer* 391; *Kleinknecht/Meyer-Goßner* 22; KMR-*Paulus* 32; SK-*Schlüchter* 24; offengelassen in RGSt **10** 138.

[84] RGSt **19** 249; *Kleinknecht/Meyer-Goßner* 22.

[85] *Alsberg/Nüse/Meyer* 390; *Kleinknecht/Meyer-Goßner* 22.

[86] RG JW **1916** 1026 mit abl. Anm. *Alsberg*; JW **1917** 51; BayObLGSt **1955** 267 = NJW **1956** 1042; *Eb. Schmidt* 14; KK-*Treier* 19; *Kleinknecht/Meyer-Goßner* 22; KMR-*Paulus* 32; SK-*Schlüchter* 24; ferner *Oske* MDR **1971** 799; *Alsberg/Nüse/Meyer* 391 mit weiteren Nachweisen zu dieser zumindest früher strittigen Frage.

[87] *Alsberg/Nüse/Meyer* 391; vgl. § 219, 25; RG JW **1930** 2564 betraf den Sonderfall, daß der Vorsitzende die Bescheidung in der Hauptverhandlung zugesagt hatte.

[88] RGSt **40** 356; *Kleinknecht/Meyer-Goßner* 21; SK-*Schlüchter* 25; h. M; vgl. § 16, 11.

schnitt gestellt werden können (vgl. § 25, 9; § 222 b, 8). In die Vernehmungsniederschrift aufgenommene **Fragen des Angeklagten**, die dieser in der Hauptverhandlung an Zeugen, Sachverständige oder Mitangeklagte gerichtet wissen will, sind wie in der Hauptverhandlung gestellte Fragen zu behandeln. Der Vorsitzende muß sie den betreffenden Personen stellen[89].

34   **2. Sonstige Verfahrensfragen.** Der in **§ 265** vorgeschriebene **Hinweis** des Angeklagten auf die etwaige Veränderung des rechtlichen Gesichtspunkts darf auch bei der Abwesenheitsverhandlung nach § 233 nicht unterbleiben. Der Angeklagte muß auf die Veränderung hingewiesen werden. Sofern der Hinweis nicht bereits vorsorglich bei der Vernehmung nach Absatz 2 erteilt wurde (Rdn. 19), ist er dem ferngebliebenen Angeklagten in Verbindung mit der Anordnung einer erneuten Vernehmung zu erteilen, mit der Folge, daß die Hauptverhandlung ausgesetzt oder zumindest unterbrochen werden muß. Bei Hinweisen von geringer sachlicher Relevanz kann es nach den Umständen des Einzelfalls auch genügen, wenn dem Angeklagten zugleich mit der Ladung zum neuen Termin die Veränderung mitgeteilt wird, wobei der Hinweis zweckmäßig sein kann, daß er seine nochmalige Vernehmung beantragen oder zum Termin erscheinen müsse, wenn er sich hierzu noch äußern wolle[90]. Strittig ist, ob der Angeklagte stets persönlich den Hinweis erhalten muß, so daß selbst ein Hinweis an einen zur Vertretung ermächtigten **Verteidiger** nicht ausreicht, wie früher angenommen wurde[91], oder ob es seit Einführung des § 234 a auch genügt, daß der Hinweis dem anwesenden Verteidiger gegeben werden kann. Die wohl vorherrschende Meinung hält weiterhin den Hinweis an den Verteidiger für nicht ausreichend, da der Angeklagte wegen der veränderten Anklage nach Absatz 2 erneut vernommen werden muß[92], sofern er nicht nach dem Hinweis darauf verzichtet. Für die Gegenmeinung[93] spricht jedoch, daß § 234 a grundsätzlich auch für die Verhandlung ohne den Angeklagten nach § 233 gilt. Diese Bestimmung überträgt im Interesse der Verfahrensvereinfachung zur Vermeidung unnötiger Aussetzungen auf Grund eines formalen Automatismus dem anwesenden Verteidiger die Verantwortung für die Wahrnehmung der Verfahrensrechte des Angeklagten. Es erscheint nicht nötig, bei den Hinweisen nach § 265 Abs. 1, 2 wegen des die Verteidigung sichernden § 233 Abs. 2 davon eine in allen Fällen zwingende Ausnahme zu machen. Die verfahrensrechtlichen Auswirkungen der Hinweise nach § 265 Abs. 1, 2 können sehr unterschiedlich sein. Es hängt vom Einzelfall ab, ob ein Hinweis eine solche Bedeutung hat, daß er eine sachliche Stellungnahme des Angeklagten zu dem geänderten Vorwurf und damit in der Regel die Aussetzung des Verfahrens erfordert oder ob er, weil lediglich rechtstechnisch bedingt oder von nebensächlicher Bedeutung, erkennbar die Verteidigung in der Sache nicht berührt. Dies zu beurteilen ist primär Sache des Verteidigers, der dort, wo wesentliche Änderungen der Sach- oder Rechtslage eine erneute Einlassung des Angeklagten erfordern, dessen **nochmalige Anhörung** beantragen wird. Unabhängig davon kann und muß, wenn die **Aufklärungspflicht** dies nahelegt, auch das Gericht dies von sich aus anordnen oder aber seinen Freistellungsbeschluß überhaupt widerrufen. Fragen nach § 265 a können an den vertretungsberechtigten Verteidiger gerichtet werden[94]. Kommen Maßnahmen nach § 265 a

---

89 *Gollwitzer* GedS Meyer 161; *Kleinknecht/Meyer-Goßner* 22; SK-*Schlüchter* 24.
90 KK-*Treier* 13 (nur bei einfacher Sach- und Rechtslage); ähnlich *Schlüchter* 26.
91 RGSt **12** 45; BayObLGSt **1955** 186; *Eb. Schmidt* 10; *Schorn* JR **1966** 9; *Kleinknecht* JZ **1964** 329; **a. A** OLG Karlsruhe DAR **1960** 144; zum Meinungsstand nach altem Recht vgl. ferner 24. Auflage Rdn. 34 mit weit. Nachw.; *Weber* Der Verteidi-

ger als Vertreter in der Hauptverhandlung 117 ff (kein Hinweis an Verteidiger als Vertreter).
92 AK-*Keller* 10; KK-*Treier* 13; § 234 a, 5; *Kleinknecht/Meyer-Goßner* 16; KMR-*Paulus* 6.
93 *Gollwitzer* FS Tröndle 470; SK-*Schlüchter* 26; § 234 a, 4.
94 KK-*Hürxthal* § 265 a, 3; *Kleinknecht/Meyer-Goßner* § 265 a, 9; KMR-*Paulus* § 265 a, 8.

Satz 2 in Betracht, wird allerdings in der Regel die persönliche Anhörung des Angeklagten, wenn nicht sogar dessen persönliche Anwesenheit in der Hauptverhandlung notwendig sein[95].

Soweit die Gestaltung der Hauptverhandlung von der **Zustimmung des Angeklagten** **35** abhängt, ist zu unterscheiden: Die Zustimmung zur Einbeziehung einer weiteren Straftat in das Verfahren nach § 266 Abs. 1 muß dieser persönlich erteilen, da sich weder sein Befreiungsantrag noch seine Anhörung auf die nachträglich angeklagte Tat erstrecken[96]. Maßnahmen, durch die sich die Beweislage verändert, bedürfen — anders als bei § 232 (§ 232, 23) — weiterhin der Zustimmung des abwesenden Angeklagten, so der Verzicht nach § 61 Nr. 5 und das Einverständnis nach § 245 Abs. 1 Satz 2; § 251 Abs. 1 Nr. 4, Abs. 2[97]. Diese Zustimmung kann der Angeklagte bereits bei seiner Einvernahme nach Absatz 2 vorweg erteilen, sofern er deswegen vorsorglich befragt wird. Nimmt allerdings für ihn ein Verteidiger an der Hauptverhandlung teil, genügt es nach § 234 a, wenn dieser zustimmt[98]. Entbehrlich ist die Zustimmung des Angeklagten dagegen bei Maßnahmen, die nur die Art und Weise der Verwendung der Beweismittel betreffen, Widerspruch gegen die Anordnung des Selbstleseverfahrens durch den Vorsitzenden nach § 249 Abs. 2 Satz 2 können nur die anwesenden Verfahrensteilnehmer erheben; für den Angeklagten also nur ein anwesender Verteidiger. **Neue Beweismittel**, zu denen sich der Angeklagte nicht äußern konnte, dürfen nicht verwendet werden (Rdn. 19). Geschieht dies, ist sein Recht auf Gehör verletzt, wenn ihm nicht nachträglich Gelegenheit zu einer Stellungnahme gegeben wird; das Verfahren muß daher unter Umständen deswegen ausgesetzt werden[99]. Ein anwesender vertretungsberechtigter Verteidiger kann den Angeklagten auch insoweit vertreten (vgl. § 234, 12; 16).

3. In die **Sitzungsniederschrift** über die Hauptverhandlung ist die Verlesung des Pro- **36** tokolls der kommissarischen Vernehmung des Angeklagten aufzunehmen. Sie tritt an die Stelle der Vernehmung des Angeklagten zur Sache und gehört ebenso wie diese zu den wesentlichen Förmlichkeiten der Hauptverhandlung[100]. Das gleiche wird angenommen, wenn der Verteidiger als Vertreter des Angeklagten dessen Einlassung vorträgt[101]. Sofern die Freistellung von der Teilnahme in der Hauptverhandlung beantragt wird, und der Beschluß darüber in der Hauptverhandlung ergeht, sind auch Antrag und Beschluß hierüber in der Sitzungsniederschrift festzuhalten[102].

4. Bei einer **Teilnahme des Angeklagten an der Hauptverhandlung** ist diese unge- **37** achtet der Freistellung nach den Regeln des Normalverfahrens durchzuführen. Er ist nach § 243 zur Person und zur Sache zu vernehmen; für die dann nicht zwingend gebotene Verlesung des Vernehmungsprotokolls (Absatz 2) gelten nicht mehr Absatz 3 Satz 2, sondern die allgemeinen Grundsätze (§§ 249 ff., 254)[103]. Einer Aufhebung des Freistellungsbeschlusses bedarf es nicht. In der Wahrnehmung des fortbestehenden Rechts auf Teilnahme liegt nicht notwendig schon ein Verzicht auf die bewilligte Freistellung von der Teilnahmepflicht[104]. Die Aufhebung des Freistellungsbeschlusses ist aber notwen-

[95] SK-*Schlüchter* 26.
[96] SK-*Schlüchter* 27; *Gollwitzer* FS Tröndle 470; vgl. bei § 266.
[97] BayObLG JZ **1964** 328 mit Anm. *Kleinknecht* (zu § 245); AK-*Keller* 10; KK-*Treier* 19; *Kleinknecht/ Meyer-Goßner* 23; KMR-*Paulus* 30; *Pfeiffer/Fischer* 5; SK-*Schlüchter* 27.
[98] Vgl. bei § 234 a, 4 und die Nachw. in der vorstehenden Fußnote.
[99] Vgl. etwa KMR-*Paulus* 33.
[100] SK-*Schlüchter* 29; weit. Nachw. bei § 273; **a. A** OLG Schleswig bei *Ernesti/Jürgensen* SchlHA **1981** 151.
[101] So OLG Hamm JMBlNW **1964** 214; OLG Schleswig SchlHA **1969** 151; vgl. aber Rdn. 30.
[102] SK-*Schlüchter* 29.
[103] KMR-*Paulus* 35.
[104] Dies zeigt die Möglichkeit einer zeitlich oder örtlich begrenzten Freistellung, vgl. Rdn. 10.

dig, wenn das Gericht die weitere Teilnahme notfalls zwangsweise (§ 231 Abs. 1) sichern will. Kommt der Angeklagte erst verspätet in die bereits begonnene Hauptverhandlung, brauchen die in seiner Abwesenheit befugt durchgeführten Verfahrensteile nicht wiederholt zu werden. Auch wenn das Vernehmungsprotokoll bereits verlesen ist, sollte der Angeklagte dann aber zur Person und Sache auch noch selbst gehört werden[105]. Teilt der Angeklagte mit, daß er teilnehmen will, am Termin aber aus einem dies entschuldigenden Grund verhindert ist, dann muß zur Wahrung seines Teilnahmerechts der Termin verlegt werden[106]; eine Aufhebung des Freistellungsbeschlusses kann dann angezeigt sein.

38   **5. Urteil.** Soweit das Verfahren nach § 233 von der Erfüllung bestimmter verfahrensrechtlicher Voraussetzungen abhängt, ist es zweckmäßig, im Urteil darzulegen, daß und weshalb das Gericht diese Voraussetzungen für gegeben hielt. Im Urteil dürfen keine höhere Freiheitsstrafe als sechs Monate und keine anderen als die nach § 233 Abs. 1 zulässigen Nebenfolgen ausgesprochen werden. Für die **Zustellung des Urteils** an den Angeklagten gilt § 232 Abs. 4 nicht. Das Urteil kann auch dem Verteidiger nach § 145 a Abs. 1 zugestellt werden[107].

IV. Rechtsbehelfe

39   **1. Revision.** Wendet das Gericht § 233 an, obwohl dessen Voraussetzungen nicht gegeben sind (z. B. kein wirksamer Befreiungsantrag), so kann die unzulässige Verhandlung in Abwesenheit des Angeklagten nach § 338 Nr. 5 gerügt werden[108]. Gleiches gilt, wenn die durch Absatz 1 Satz 1 **begrenzten Rechtsfolgen** überschritten wurden, da dann nicht ohne anwesenden Angeklagten verhandelt werden durfte[109]. Dies ist aber nur auf entsprechende Verfahrensrüge hin zu beachten, Ein von Amts wegen zu berücksichtigendes **Verfahrenshindernis** liegt darin nicht[110].

40   Nach § 337 können Verstöße gegen die Vorschriften der **Absätze 2 und 3** gerügt werden, so etwa, wenn die Vernehmung und Belehrung des Angeklagten nach Absatz 2 oder die Verlesung des Vernehmungsprotokolls in der Hauptverhandlung mangelhaft war oder ganz unterlassen wurde. Auch die meist darin liegende Verletzung des Rechts auf Gehör kann nur dann in Verbindung damit beanstandet werden. Gerügt werden kann auch, wenn die Ladung des Angeklagten zur Hauptverhandlung unterblieben ist[111]. Daß das Urteil auf derartigen Verstößen beruhen kann, ist in der Regel kaum auszuschließen[112].

---

[105] Vgl. die ähnliche Rechtslage bei § 232, 33.

[106] KMR-*Paulus* 33.

[107] BGHSt **11** 157; BayObLGSt **1967** 103; NJW **1957** 1119; OLG Celle NJW **1969** 930; OLG Frankfurt NJW **1982** 1297; OLG Köln NJW **1973** 2043; KK-*Treier* 20; *Kleinknecht/Meyer-Goßner* 26; KMR-*Paulus* 34; SK-*Schlüchter* 28; *Koeniger* 226; *Peters* JZ **1956** 726; **a. A** OLG Bremen NJW **1955** 642; OLG Koblenz JZ **1956** 725; *Janetzke* NJW **1956** 642; vgl. *Kohlhaas* NJW **1967** 538 (zumindest nobile officium des Gerichts).

[108] RGSt **62** 259; AK-*Keller* 12; KK-*Treier* 22; *Kleinknecht/Meyer-Goßner* 28; KMR-*Paulus* 39; SK-*Schlüchter* 32.

[109] RGSt **62** 259; *Treier* NStZ **1983** 234; AK-*Keller* 12; KK-*Treier* 22; *Kleinknecht/Meyer-Goßner* 28; KMR-*Paulus* 39; *Pfeiffer/Fischer* 6; SK-*Schlüchter* 32.

[110] KK-*Treier* 22; *Kleinknecht/Meyer-Goßner* 28; SK-*Schlüchter* 32; **a. A** OLG Köln GA **1971** 27 (Verfahrenshindernis); vgl. auch OLG Hamm JR **1978** 120 mit abl. Anm. *Meyer-Goßner*.

[111] KMR-*Paulus* 40; SK-*Schlüchter* 33; da bei wirksamer Freistellung das Gesetz die Verhandlung in Anwesenheit des Angeklagten nicht vorschreibt, dürfte auch insoweit § 337 und nicht § 338 Nr. 5 einschlägig sein.

[112] Vgl. etwa OLG Oldenburg NdsRpfl. **1955** 140; OLG Schleswig NJW **1966** 67; AK-*Keller* 12; KK-*Treier* 22; *Kleinknecht/Meyer-Goßner* 28; KMR-*Paulus* 40; SK-*Schlüchter* 35. BGHSt **26** 84 läßt offen, ob Verstöße gegen Absätze 2, 3 den Anwesenheitsgrundsatz betreffen, weil die Verhandlung ohne Angeklagten nur bei Erfüllung aller Voraussetzungen des § 233 zulässig sei.

Neben dem betroffenen Angeklagten können auch die Staatsanwaltschaft und die **41** anderen **Verfahrensbeteiligten** sie betreffende Verstöße rügen, vor allem, wenn sie von der Vernehmung nach Absatz 2 nicht benachrichtigt wurden[113]. Ein **Mitangeklagter** kann in der Regel die Revision nicht darauf stützen, daß § 233 bei einem von der Hauptverhandlung entbundenen anderen Angeklagten fehlerhaft angewendet worden ist, es sei denn, daß ausnahmsweise dadurch auch das Urteil gegen ihn sachlich beeinflußt worden ist[114]. Sofern die letztgenannte Voraussetzung zutrifft, kann er dies auch unter dem Gesichtspunkt der Verletzung der **Aufklärungspflicht** rügen, wobei er die Tatsachen dartun muß, die ergeben, daß hierdurch auch die Sachaufklärung hinsichtlich des gegen ihn betriebenen Verfahrens gelitten hat. Unter dem Blickwinkel der Verletzung der Aufklärungspflicht kann auch gerügt werden, daß das Gericht in Fehlgebrauch seines Ermessens nach § 233 ohne Angeklagten verhandelt hat, obwohl dessen Teilnahme an der Hauptverhandlung zu Aufklärung des Sachverhalts geboten gewesen wäre[115].

2. Wiedereinsetzung. § 235 ist nicht unmittelbar anwendbar. Gegen die entspre- **42** chende Anwendung bestehen auch dann Bedenken, wenn der Angeklagte sich trotz des Antrags auf Entbindung von der Verpflichtung zum Erscheinen vorbehält, an der Hauptverhandlung teilzunehmen, und zum Termin nicht geladen wird. In diesem Falle ist die Revision das gegebene Rechtsmittel. Ob § 235 analog anwendbar ist, wenn entgegen dem Antrag des vom Erscheinen entbundenen Angeklagten sein Verteidiger zur Abwesenheitsverhandlung nicht geladen wurde, war strittig, wird aber von der vorherrschenden Meinung jetzt abgelehnt[116].

§ 234

Soweit die Hauptverhandlung ohne Anwesenheit des Angeklagten stattfinden kann, ist er befugt, sich durch einen mit schriftlicher Vollmacht versehenen Verteidiger vertreten zu lassen.

Schrifttum. *Baumann* Informationsloser Verteidiger als Vertreter des Angeklagten nach § 411 Abs. 2 StPO, NJW **1962** 2337; *Bucher* Wiederbelebung der Stellvertretung in der Erklärung, JZ **1954** 22; *Ebert* Der Nachweis von Vollmachten im Straf- und Bußgeldverfahren, DRiZ **1984** 237; *Gössel* Die Stellung des Strafverteidigers im rechtsstaatlichen Strafverfahren, ZStW **94** (1982) 4; *Michel* Einlassung durch den Anwalt, MDR **1994** 648; *Küper* Kontumazialverfahren, Anordnung des persönlichen Erscheinens und Abwesenheitsverhandlung, NJW **1969** 2024; *W. Schmid* Bevollmächtigte des Beschuldigten im Strafprozeß, SchlHA **1981** 105; *Schnarr* Das Schicksal der Vollmacht nach Beiordnung des gewählten Verteidigers, NStZ **1986** 488; *Schorn* Verteidigung und Vertretung im Strafverfahren, JR **1966** 7; *Spendel* Zur Vollmacht und Rechtsstellung des Strafverteidigers, JZ **1959** 737; *Weber* Der Verteidiger als Vertreter in der Hauptverhandlung, Diss. Augsburg 1982; *Weiß* Die „Verteidigervollmacht" — ein tückischer Sprachgebrauch, NJW **1983** 89; *Welp* Die Rechtsstellung des Strafverteidigers, ZStW **90** (1978) 804. Weiteres Schrifttum siehe Vor § 137.

Bezeichnung bis 1924: § 233.

---

[113] KMR-*Paulus* 40; SK-*Schlüchter* 35.
[114] RGSt **62** 259; SK-*Schlüchter* 35.
[115] KMR-*Paulus* 40.
[116] AK-*Keller* 12; SK-*Schlüchter* 30; ferner je zu § 235

KK-*Treier* 2; KMR-*Paulus* 3. Bejaht haben dies LG Frankfurt NJW **1954** 167; LG Köln DAR **1988** 430; *Eb. Schmidt* 21; vgl § 235, 3.

Walter Gollwitzer

Übersicht

I. Zweck und Anwendungsbereich

1   **1. Verteidigung und Vertretung.** Rechtsprechung und Rechtslehre scheiden deutlich zwischen Verteidigung und Vertretung. Die vorherrschende Meinung[1] sieht im Verteidiger keinen Vertreter des Angeklagten, sondern einen Beistand besonderer Art, der die zur Erfüllung seiner Aufgabe erforderlichen Befugnisse kraft eigenen Rechts und, soweit keine Sonderregelungen bestehen, auch unabhängig vom Willen des Angeklagten ausüben kann. In Vertretung des Angeklagten handelt der Verteidiger jedoch dann, wenn er — zusätzlich zu seinen eigenen Befugnissen als Verteidiger — Verfahrensbefugnisse des Angeklagten für diesen wahrnimmt, wenn er also an dessen Stelle als Prozeßsubjekt im Verfahren Erklärungen abgibt oder entgegennimmt[2]. Da diese Vertretung nicht von der Verteidigerbestellung mit umfaßt ist, benötigt der Verteidiger dazu zusätzlich eine besondere Ermächtigung durch den Angeklagten, die beschränkt für eine einzelne Prozeßhandlung oder auch generell erteilt werden kann. Grundsätzlich bedarf es dafür keiner besonderen Form; die Ermächtigung zur Vertretung kann auch stillschweigend oder durch konkludentes Verhalten erteilt werden[3]. Im Interesse eines sicheren Nachweises und aus Gründen der Prozeßklarheit verlangt jedoch die StPO verschiedentlich, daß die Vertretungsvollmacht in schriftlicher Form vorliegen muß, so auch in § 234 für die Verhandlung ohne Angeklagten. Die Einzelheiten sind bei § 137 erläutert.

2   Der Angeklagte darf sich nach § 137 in jeder Lage des Verfahrens des **Beistandes eines Verteidigers** bedienen[4], erst recht, wenn er an der Hauptverhandlung nicht teilnimmt, und zwar unabhängig davon, ob er eigenmächtig oder im Falle des § 233 mit Genehmigung des Gerichts der Verhandlung fernbleibt. Das Bedürfnis, sich des Beistands eines Verteidigers zu bedienen, ist hier, wie § 231 a Abs. 4 anerkennt, eher größer als im

---

[1] BGHSt **9** 356; Rechtsprechung und Schrifttum sind Vor § 137 nachgewiesen; dort findet sich auch die Darstellung der Gegenmeinung, die – wie etwa *Spendel* JZ **1959** 737 – den Verteidiger als Vertreter des Angeklagten betrachtet. Zum Meinungsstreit vgl. auch *Weber* 30 ff.

[2] Soweit der Angeklagte das gegen ihn geführte Verfahren passiv zu erdulden hat, scheidet eine Vertretung aus, sie kommt nur in Betracht, wo der Angeklagte Befugnisse als Prozeßsubjekt hat und durch seine Äußerungen auf Verfahrensgang und Urteils-

findung Einfluß nehmen kann. Zu den verschiedenen Komponenten der Angeklagtenstellung vgl. etwa *Müller-Dietz* ZStW **93** (1981) 1216; *Peters* § 28 III; *Roxin* § 18; *Schlüchter* 86; *Weber* 46 und Einl. Abschn. I IV; Vor § 137.

[3] *Weber* 26; *Weiß* NJW **1983** 89; vgl. etwa KMR-*Paulus* 6 (zur Vertretung außerhalb der Hauptverhandlung); ferner bei § 138.

[4] Ebenso Art. 6 Abs. 3 Buchst. c MRK; Art. 14 Abs. 3 Buchst. d IPBPR; vgl. bei § 137.

Normalfall. Es versteht sich von selbst, daß ein in der Hauptverhandlung für den nicht anwesenden Angeklagten auftretender Verteidiger, der **keine Vertretungsvollmacht** im Sinne des § 234 hat, nur diejenigen Befugnisse hat, die sich aus seiner Stellung als Verteidiger ergeben[5]. Er kann deshalb „für" den Angeklagten keine Erklärung abgeben, zu denen er nicht aus eigenem Recht kraft seiner Stellung als Verteidiger befugt ist. Er darf insbesondere im Namen des Angeklagten keine Zugeständnisse machen. An ihn können auch keine Erklärungen mit Wirkung für oder gegen den Angeklagten gerichtet werden, sofern nicht Sondervorschriften dies erlauben, wie § 234 a.

2. Anwendungsbereich

a) Hauptverhandlung ohne Anwesenheit des Angeklagten. § 234 vermeidet den **3** Ausdruck „Abwesenheit", weil als „abwesend" nur der Beschuldigte bezeichnet wird, der die Voraussetzungen des § 276 erfüllt. Ist der Angeklagte in der Hauptverhandlung nicht anwesend und verhandelt das Gericht in den Fällen, in denen das möglich ist, ohne ihn, darf für ihn ein Verteidiger auftreten (vgl. Rdn. 4), den er mit seiner Vertretung beauftragen kann und in einigen Sonderfällen (Rdn. 2) auch muß, wenn er Rechtsnachteile vermeiden will. § 234 gilt für die Fälle, in denen das Gericht die Hauptverhandlung ganz — oder auch teilweise — ohne den Angeklagten durchführen darf und auch tatsächlich durchführt. Er ist bei §§ 231 Abs. 2, 231 a, 231 b, 232 und 233 anwendbar, nicht jedoch bei § 247[6]. Ob der § 236 die dem Angeklagten gewährte Befugnis, sich vertreten zu lassen, einschränkt, ist strittig, die vorherrschende Meinung verneint dies[7]. Das Recht des Angeklagten, in der Hauptverhandlung persönlich anwesend zu sein, wird durch § 234 nicht berührt[8]; die strittige Frage, ob das Vertretungsrecht des Verteidigers auch dann besteht[9], erübrigt sich meist dadurch, daß Erklärungen des Verteidigers, denen der anwesende Angeklagte nicht widerspricht, in der Regel auch diesem zuzurechnen sind, so daß eine echte Vertretung im Willen gar nicht vorliegt[10]. In Zweifelsfällen ist dies durch eine Frage an den Angeklagten klarzustellen (Rdn. 6).

Sondervorschriften. Von der Vertretung des Angeklagten vor dem Berufungsgericht **4** handelt der § 329 Abs. 1, von der vor dem Revisionsgericht der § 350 Abs. 2. Für das Privatklageverfahren regelt der § 387 Abs. 1 die Vertretung des Angeklagten, ebenso der § 411 Abs. 2 für die Hauptverhandlung nach rechtzeitigem Einspruch gegen einen Strafbefehl. In den Sondervorschriften ist auch festgelegt, ob die Anwesenheit eines zur Vertretung bevollmächtigten Verteidigers notwendig ist, damit überhaupt zur Sache verhandelt wird. Eine gleichartige Regelung findet sich in § 73 Abs. 1, § 74 Abs. 1 OWiG. Die Vertretung des Einziehungsbeteiligten regelt § 434 Abs. 1; die Vertretung einer juristischen Person oder Personenvereinigung § 444 Abs. 2.

b) Außerhalb der Hauptverhandlung und außerhalb von Vernehmungen kann sich **5** der Angeklagte — mindestens für den Fall der Vertretung in der Erklärung — regelmäßig bei Erklärungen gegenüber dem Gericht vertreten lassen, mag es sich dabei um Erklärungen tatsächlicher Art handeln, die sich auf den Gegenstand des Verfahrens

---

[5] BayObLGSt **1980** 69 = MDR **1981** 161; KK-*Treier* 1; *Kleinknecht/Meyer-Goßner* 3; KMR-*Paulus* 4; SK-*Schlüchter* 1. Auch der Pflichtverteidiger bedarf für die Vertretung der Ermächtigung durch den Angeklagten; vgl. *Schnarr* NStZ **1986** 488.

[6] RGSt **18** 141; *Strate* NJW **1979** 910; *Fezer* JR **1980** 84; h. M; etwa *Kleinknecht/Meyer-Goßner* 1; SK-*Schlüchter* 2; vgl. bei § 247.

[7] Dazu § 236, 3.

[8] BayObLGSt **1975** 77 = MDR **1975** 956; KK-*Treier* 1; h. M.

[9] Verneinend AK-*Keller* 1; *Kleinknecht/Meyer-Goßner* 4; KMR-*Paulus* 5; *Pfeiffer/Fischer* 1; bejahend etwa SK-*Schlüchter* 3.

[10] *Schnarr* NStZ **1986** 489; *Kleinknecht/Meyer-Goßner* 4; vgl. Rdn. 6.

beziehen[11], oder um Anträge oder die Einlegung von Rechtsmitteln oder Rechtsbehelfen (vgl. die Sonderregelung in §§ 297, 302 Abs. 2). In der Regel bestehen keine Formvorschriften für die Erteilung einer solchen Vertretungsvollmacht. Es genügt, daß die Vertretungsvollmacht im Zeitpunkt der Abgabe der Erklärung bestanden hat; der Nachweis kann auch nachträglich erbracht werden[12].

6　　**c)** Ist der **Angeklagte in der Hauptverhandlung anwesend**, werden Erfordernis und Umfang einer etwaigen Vertretungsvollmacht des für ihn auftretenden Verteidigers kaum einmal zweifelhaft bleiben. Eine vom Verteidiger für und im Namen des Angeklagten abgegebene Erklärung wird regelmäßig als solche des Angeklagten gelten können, wenn sich der Verteidiger in Gegenwart des Angeklagten äußert und dieser keine andere Meinung zu erkennen gibt[13]. Besteht auch nur der geringste Zweifel, ob der Verteidiger die Meinung des Angeklagten zutreffend übermittelt, muß sich der Vorsitzende durch Fragen an den Angeklagten vergewissern, ob er einverstanden ist und ob er den gestellten Antrag oder die abgegebene Äußerung zum Sachverhalt als eigene gewertet wissen will. Dazu besteht vor allem dann Anlaß, wenn der Verteidiger für den Angeklagten eine diesen belastende Tatsache einräumt[14]. Stellt der Angeklagte die Tatsache in Abrede oder erklärt er sich hierzu nicht, vor allem, weil er zur Sache überhaupt schweigt, so kann ein solcher Vortrag des Verteidigers zwar argumentativ miterwogen, er kann aber nicht — wie eine eigene Einlassung des Angeklagten — als Beweismittel (im weiteren Sinn) bei der Beweiswürdigung zu dessen Nachteil verwertet werden[15]. Dies ist nur möglich, wenn zweifelsfrei feststeht, daß der Angeklagte den vom Verteidiger vorgetragenen Sachverhalt vollinhaltlich als seine eigene Erklärung verstanden wissen will[16], der Verteidiger also nur als **Übermittler der Einlassung** des Angeklagten tätig wurde[17].

II. Die Vertretungsvollmacht und ihre Tragweite

1. Schriftliche Vollmacht

7　　**a)** Eine schriftliche **Vertretungsvollmacht** ist die Voraussetzung dafür, daß der Verteidiger in Abwesenheit des Angeklagten als dessen Vertreter an der Hauptverhandlung teilnehmen kann. Die **gewöhnliche Verteidigungsvollmacht** reicht dazu nicht aus[18], die Vollmacht nach § 234 muß unmißverständlich zum Ausdruck bringen, daß der Verteidiger auch ermächtigt ist, ihn zu vertreten, also an seiner Stelle Erklärungen abzugeben und entgegenzunehmen. Die Formel „zu verteidigen und zu vertreten" wird als genügend angesehen, obwohl ein rechtsunkundiger Angeklagter sie in ihrer Tragweite nicht ohne

---

[11] Zur Frage zur Einführung solcher Angaben in die Hauptverhandlung vgl. BGH StV **1993** 394; 623; **1994** 467; OLG Celle NStZ **1986** 426; OLG Frankfurt NVZ **1993** 281.

[12] RGSt **66** 209.

[13] RGSt **1** 198; **18** 141; **44** 285; BGHSt **12** 370; BGH StV **1994** 467; BayObLGSt **1980** 111 = VRS **60** (1981) 120; *Weber* 28 (Vertretung im Willen liegt gar nicht vor, da Verteidiger nur das vorträgt, was der Angeklagte selbst sagen will).

[14] BGH NStZ **1990** 447; BayObLGSt **1980** 111 = VRS **60** (1981) 120; BayObLG MDR **1981** 516; OLG Hamm JR **1980** 82 mit krit. Anm. *Fezer*.

[15] OLG Hamm JMBlNW **1953** 216; vgl. RGSt **44** 285; KG HRR **1928** Nr. 1167; vgl. oben Fußn. 13.

[16] *Schorn* JR **1966** 9; vgl. Rdn. 16.

[17] OLG Hamm JR **1980** 82 nimmt an, daß eine solche Erklärung durch das Sitzungsprotokoll hätte dokumentiert werden müssen; ähnlich OLG Köln VRS **59** (1980) 349: Die Erklärung des Verteidigers in Anwesenheit des Angeklagten ist jedoch keine wesentliche Förmlichkeit i. S. des § 273; dies wäre allenfalls die Erklärung des Angeklagten, wenn er damit sein im Protokoll vermerktes Schweigen durchbrochen hätte.

[18] BayObLG NJW **1956** 839; OLG Köln StV **1981** 119; OLG Stuttgart NJW **1968** 1733; h. M; vgl. bei § 138.

weiteres erkennen wird[19]. Es ist jedoch Sache des Verteidigers, ihn hierüber vor Erteilung der Vollmacht aufzuklären; dem Erfordernis des § 234 ist mit der schriftlichen Bevollmächtigung zur Vertretung genügt. Eine Spezialvollmacht, welche den Verteidiger zur Vertretung „bei Abwesenheit" des Angeklagten ermächtigt, erfordert der Schutzzweck des § 234 nicht[20]. Andererseits wird auch die Ermächtigung „in Abwesenheit des Angeklagten zu verhandeln" als genügend angesehen[21].

Die Vollmacht nach § 234 kann der Angeklagte auch bei seiner kommissarischen Einvernahme nach § 233 **zu Protokoll** erklären[22]; desgleichen genügt eine andere schriftliche Erklärung des Angeklagten gegenüber dem Gericht, sofern aus ihr nur deutlich genug hervorgeht, daß der Verteidiger ihn auch vertreten soll[23]. Die Vollmacht kann auch von einem Vertreter des Angeklagten unterschrieben sein, der seinerseits zum Nachweis seiner Bevollmächtigung keiner besonderen schriftlichen Vollmacht bedarf[24]. Die **Untervollmacht**, mit der ein schriftlich zur Vertretung ermächtigter Verteidiger einem Substituten Verteidigung und Vertretung überträgt, braucht ebenfalls nicht in Schriftform vorzuliegen[25]. Der Nachweis kann auch in anderer Form erbracht werden[26]. **8**

b) Beschränkbarkeit der Vertretungsbefugnis. Der Angeklagte kann die Vertretungsbefugnis des Verteidigers beschränken. Er kann vor allem die Vertretung im Willen für einzelne Prozeßhandlungen ausschließen oder gegenständlich — etwa auf eine von mehreren angeklagten Taten — begrenzen[27]. Die Beschränkung muß sich aber, um nach außen wirksam zu sein, eindeutig aus der schriftlichen Vollmacht ersehen lassen. Ist sie so unklar abgefaßt, daß nicht sicher erkennbar ist, welche Erklärungen der Verteidiger in Vertretung des Angeklagten abgeben darf, dann liegt unter Umständen überhaupt keine wirksame Vertretungsvollmacht im Sinne des § 234 vor. Soweit die Durchführung der Hauptverhandlung davon abhängt, daß für den Angeklagten ein vertretungsberechtigter Verteidiger erschienen ist, kann eine zu weitgehende Beschränkung diese Voraussetzung in Frage stellen. **9**

c) Erfordernis gerichtlicher Genehmigung der Verteidigung. Wer nach § 138 Abs. 2 nur mit Genehmigung des Gerichts als Verteidiger auftreten kann, bedarf dieser Genehmigung auch, wenn er zur Vertretung ermächtigt ist[28]. Entsendet der Angeklagte jemand, auf den der § 138 Abs. 2 zutrifft, als Vertreter in der Hauptverhandlung, so tut er dies auf die Gefahr hin, daß der Entsandte nicht zugelassen wird und daß er — der Angeklagte — demzufolge unvertreten bleibt. Doch kann das Gericht aus der Nichtzulassung des Verteidigers auch den Anlaß zur Aussetzung der Hauptverhandlung entnehmen. **10**

---

[19] BGHSt **9** 356 = LM Nr. 1 mit Anm. *Krumme*; BayObLG NJW **1956** 839; OLG Köln NJW **1957** 153; OLG Oldenburg NdsRpfl. **1954** 17; OLG Zweibrücken StV **1981** 539; *Ebert* DRiZ **1984** 237; KK-*Treier* 4; *Kleinknecht/Meyer-Goßner* 5; KMR-*Paulus* 10; SK-*Schlüchter* 5; *Spendel* JZ **1959** 741 fordert, daß das Gericht die Bedeutung der Vollmacht durch Fragen aufklärt.

[20] BGHSt **9** 356; KK-*Treier* 4; *Kleinknecht/Meyer-Goßner* 5; auch KMR-*Paulus* 10 (in der Regel).

[21] OLG Hamm NJW **1953** 1793; KMR-*Paulus* 10; SK-*Schlüchter* 5.

[22] OLG Hamm NJW **1954** 1856; KK-*Treier* 5; *Kleinknecht/Meyer-Goßner* 6; KMR-*Paulus* 9; *Pfeiffer/Fischer* 2; SK-*Schlüchter* 6.

[23] OLG Düsseldorf NStZ **1984** 524; OLG Hamburg NJW **1968** 1687; OLG Koblenz MDR **1972** 801; OLG Köln MDR **1964** 435; *Kleinknecht/Meyer-Goßner* 6; SK-*Schlüchter* 6; *Eb. Schmidt* 3.

[24] BayObLG NJW **1963** 872; KK-*Treier* 5; *Kleinknecht/Meyer-Goßner* 5; KMR-*Paulus* 9; SK-*Schlüchter* 6.

[25] BayObLG VRS **81** (1991) 34; OLG Hamm NJW **1963** 1793; OLG Karlsruhe NStZ **1983** 43; OLG Köln VRS **60** (1981) 441.

[26] OLG Hamm MDR **1985** 957; *Kleinknecht/Meyer-Goßner* 7.

[27] KK-*Treier* 8; *Kleinknecht/Meyer-Goßner* 8; SK-*Schlüchter* 5.

[28] SK-*Schlüchter* 7.

2. Sinn und Wirkung der Vertretung

11   **a) Der Begriff der Vertretung** wird in § 234 nicht näher festgelegt[29]. Der übernommene Rechtsbegriff bringt nach dem Sinn des § 234 und ähnlicher Bestimmungen zum Ausdruck, daß der Verteidiger durch die Vertreterbestellung in der Hauptverhandlung zusätzlich zu seinen eigenen Befugnissen als Beistand auch die Befugnisse des nicht anwesenden Angeklagten erlangt. Er tritt hinsichtlich der Prozeßführung an dessen Stelle und kann als Vertreter im Willen und in der Erklärung dabei mit bindender Wirkung für den Angeklagten verfahrenserhebliche Erklärungen abgeben und entgegennehmen[30]. Diese Befugnis wird durch einige Sondervorschriften, wie etwa § 297, § 302 Abs. 2 modifiziert, sie kann ferner nicht Platz greifen, wo Zweck und Struktur des Strafverfahrens jede Vertretung ausschließen[31], etwa, weil es nicht um Durchführung des Verfahrens geht, für das die Vertretungsvollmacht erteilt wurde, sondern um die Einbeziehung einer weiteren Tat; ob bei einer höchstpersönlichen Erklärung jede Vertretung ausgeschlossen ist, ist strittig[32].

12   **b) Verfahrensbefugnisse,** die der Angeklagte **als Prozeßsubjekt** hat, darf der vertretungsberechtigte Verteidiger an Stelle des abwesenden Angeklagten für diesen ausüben[33], unabhängig davon, ob ihm als Verteidiger selbst gleichartige Befugnisse zustehen. Bei parallelen Befugnissen ist dies deshalb von Bedeutung, weil der Verteidiger als Vertreter auch bereits abgegebene Prozeßerklärungen des Angeklagten widerrufen kann. Der vertretungsberechtigte Verteidiger tritt auch passiv an die Stelle des Angeklagten, der sich das Verhalten seines Verteidigers in der Hauptverhandlung auch insoweit zurechnen lassen muß, als er geschwiegen und verfahrensrechtlich mögliche Erklärungen, Fragen oder Beanstandungen unterlassen hat[34]. Im einzelnen: Der Vertreter darf alle dem Angeklagten offenen Anträge stellen, etwa die Erhebung bestimmter Beweise, Aussetzung oder Unterbrechung der Verhandlung verlangen und alle dem Angeklagten zustehenden Einwände (etwa nach §§ 6 a, 16, 222 b) erheben oder zurücknehmen[35]. Er kann auf die Geltendmachung von Verteidigungsmitteln, wie das Recht auf Einhaltung der Ladungsfrist[36] verzichten und er ist auch befugt, für den Angeklagten dessen Entbindung von der Teilnahme an der Hauptverhandlung zu beantragen[37]. Auch bei den Erklärungen nach § 153 a Abs. 2, § 153 b Abs. 2 oder § 303 Satz 1 ist eine Vertretung möglich[38], ebenso bei den Erklärungen zu Bewährungsleistungen nach § 265 a, §§ 56 a Abs. 3, 56 c Abs. 4 StGB[39] oder bei der Ablehnung eines Sachverständigen nach § 74 oder Ablehnung eines Richters nach § 24 Abs. 3[40]. Beim Erklärungsrecht des Angeklagten nach § 257 oder seinem Recht auf das letzte Wort (§ 258 Abs. 3) ist strittig, ob der Verteidiger ihn dabei vertreten darf, weil es sich hier um höchstpersönliche Rechte des Angeklagten handele[41]. Während der Streit bei § 257 wegen des eigenen Erklärungsrechtes des Verteidigers (§ 257 Abs. 2) kaum

---

[29] RGSt **66** 210; *Weber* 98.

[30] BGHSt **9** 356; BayObLGSt **1970** 228; **1982** 156 = VRS **40** (1971) 271; **64** (1983) 134; KK-*Treier* 6; *Kleinknecht/Meyer-Goßner* 9; KMR-*Paulus* 12; SK-*Schlüchter* 9.

[31] RGSt **66** 210 weist darauf hin.

[32] Vgl. Rdn. 12 und bei § 258.

[33] Weitgehend unstreitig, vgl. die Nachw. Fußn. 30; ferner etwa *Eb. Schmidt* 4; *Weber* 70.

[34] Vgl. etwa OLG Köln VRS **60** (1981) 441; OLG Schleswig bei *Ernesti/Jürgensen* SchlHA **1972** 441.

[35] KK-*Treier* 6; *Kleinknecht/Meyer-Goßner* 9; KMR-*Paulus* 14; SK-*Schlüchter* 9.

[36] OLG Hamm NJW **1954** 1856; vgl. § 217, 12.

[37] RGSt **54** 210; weit. Nachw. § 233, 7.

[38] KK-*Treier* 6; *Kleinknecht/Meyer-Goßner* 9; KMR-*Paulus* 14; SK-*Schlüchter* 9.

[39] *Kleinknecht/Meyer-Goßner* 6; SK-*Schlüchter* 9.

[40] *Weber* 70; KMR-*Paulus* 14; SK-*Schlüchter* 9; **a. A** *Rabe* NJW **1976** 173.

[41] Verneinend etwa KMR-*Paulus* 7; SK-*Schlüchter* 9; auch *Kleinknecht/Meyer-Goßner* § 258, 20. Nach *Weber* 111; 165 ff wird die Vertretungsbefugnis bei einem abwesenden Angeklagten nicht dadurch ausgeschlossen, daß die Erklärungsrechte höchstpersönlich sind. Dazu und wegen weit. Nachw. vgl. bei § 258.

praktische Bedeutung hat, kann es beim letzten Wort vor allem bei mehreren Mitangeklagten von Bedeutung sein, ob der Verteidiger nach seinem Schlußvortrag einen abwesenden Angeklagten auch beim letzten Wort vertreten darf. Die Zustimmung zur **Einbeziehung einer weiteren Straftat** im Wege der Nachtragsklage kann der Vertreter dagegen nicht wirksam an Stelle des abwesenden Angeklagten erteilen[42]; diese Erklärung, die
den Gegenstand des Verfahrens erweitert, ist dem Angeklagten selbst vorbehalten, in der
Regel wird die Vertretungsvollmacht die neue Tat auch gar nicht umfassen.

c) Hinweise, Belehrungen und Mitteilungen können mit Wirkung für den Angeklag-   **13**
ten in der Hauptverhandlung dem Vertreter erteilt werden. Dies gilt für die Mitteilung der
Besetzung des Gerichts zu Beginn der Hauptverhandlung nach § 222 a ebenso wie für
sonstige Hinweise. Bei Verkündung von Entscheidungen genügt es ebenfalls, daß der
Vertreter in der Hauptverhandlung anwesend ist. Zum Sonderfall des § 232 Abs. 4 vgl.
§ 232, 37.

Soweit § 234 a jetzt genügen läßt, daß die **Hinweise nach § 265 Abs. 1, 2** allein dem   **14**
Verteidiger gegeben werden, kommt es für die Wirksamkeit des Hinweises auf seine Vertretungsbefugnis nach § 234 nicht mehr an[43]. Dies gilt auch für die Verhandlung nach
§ 233. Zur strittigen Frage, ob in diesem Fall der Angeklagte erneut nach § 233 Abs. 2 zur
veränderten Anklage richterlich zu vernehmen ist, vgl. § 233, 34.

Nach § 234 a sind der **Verzicht des Angeklagten** nach § 61 Nr. 5 und sein **Einver-**   **15**
ständnis nach § 245 Abs. 1 Satz 2 und nach § 251 Abs. 1 Nr. 4, Abs. 2 bei einer Hauptverhandlung ohne Angeklagten nicht mehr erforderlich, sofern ein Verteidiger anwesend
ist. Dieser übt deshalb auch bei Vorliegen einer Vertretungsvollmacht insoweit nur seine
eigenen Verteidigerbefugnisse aus, nicht aber auch die des von ihm vertretenen Angeklagten. Soweit die Einstellung des Verfahrens nach § 153 Abs. 2 Satz 2 keine Zustimmung
des Angeklagten erfordert, kann ihr auch der vertretungsberechtigte Verteidiger nicht
namens des Angeklagten widersprechen[44].

d) Bei **Erklärungen zur Sache** ist strittig, ob sie für den abwesenden Angeklagten   **16**
vom Verteidiger in dessen Vertretung abgegeben werden dürfen. Die wohl vorherrschende Meinung[45] bejaht dies für den Vertretungsfall unter Hinweis auf die Motive.
Nach diesen sollen die Erklärungen des Vertreters als Erklärungen des Angeklagten
behandelt werden, „und zwar auch insoweit, als sie Zugeständnisse enthalten"[46]. Nach der
Gegenmeinung ist jede Vertretung des Angeklagten bei der **Einlassung zur Sache** ausgeschlossen, da dieser zwar in seiner Eigenschaft als Prozeßsubjekt, nicht aber in seiner
Eigenschaft als Auskunftsperson vertreten werden könne[47]. Eine Vertretung bei der Sachdarstellung sei auch mit der Stellung als Verteidiger unvereinbar[48]. Nach dieser Auffassung ist es auch bei Vorliegen der Vollmacht nach § 234 nicht möglich, den vertretungs-

---

[42] KMR-*Paulus* 7; SK-*Schlüchter* 9; *Eb. Schmidt*
Nachtr. II 15; vgl. bei § 266; **a. A** *Beling* 152; *Weber* 163 (aber kein Weiterverhandeln ohne Angeklagten bei Einbeziehung).

[43] Zur früheren Rechtslage vgl. 24. Aufl. Rdn. 14.

[44] OLG Düsseldorf MDR **1992** 1174 (zu § 231
Abs. 2); KK-*Treier* 6.

[45] BayObLGSt **1970** 228; **1974** 35; **1982** 156 = VRS
40 (1971) 271; **47** (1974) 117; **64** (1983) 134;
BayObLG NJW **1981** 412 (L); OLG Hamm JM-
BlNW **1964** 214 (unter Aufgabe von JMBlNW
1953 276); OLG Köln VRS **60** (1981) 441; OLG
Schleswig bei *Ernesti/Jürgensen* SchlHA **1972**
159; vgl. auch BayObLGSt **1995** 202; OLG Frank-

furt bei *Göhler* NStZ **1994** 74; AK-*Keller* 4; KK-
Treier 6; *Kleinknecht/Meyer-Goßner* 10; KMR-
Paulus 15; *Pfeiffer/Fischer* 1; *Eb. Schmidt* 4; *Roxin*
§ 19, 7; vgl. ferner bei § 411.

[46] Mot. 183; dazu *Weber* 74, 131 ff (Zugeständnis
darf nicht mit dem Geständnis gleichgesetzt werden).

[47] OLG Hamm JMBlNW **1953** 276; *Beling* 310; *Weber* 75 ff, vor allem 110 ff mit weiteren Nachweisen; *Fezer* JR **1980** 83 (zu OLG Hamm JR **1980**
82); *Michel* MDR **1994** 648; SK-*Schlüchter* 10;
vgl. auch *Spendel* JZ **1959** 739.

[48] *Weber* 59 ff; 68.

berechtigten Verteidiger an Stelle des Angeklagten zur Sache zu hören (§ 243 Abs. 4). Für diese Ansicht spricht zwar, daß es nur hinsichtlich der Kundgabe einer solchen Wissenserklärung, nicht aber hinsichtlich ihres Inhalts eine Vertretung im Willen geben kann. Äußert sich der Verteidiger für den Angeklagten zum Sachverhalt, kann er zwar entscheiden, wieweit er sich einlassen will, in der Sache kann er dem Gericht nur das mitteilen, was er vom Angeklagten über den Sachhergang erfahren hat. Als Erkenntnisquelle hat eine solche Mitteilung mitunter (aber nicht immer) wegen der ihr anhaftenden Unsicherheiten begrenzten Wert. Es besteht aber kein Anlaß, den Vertreter vom Vortrag der Sachverhaltsdarstellung des Angeklagten überhaupt auszuschließen[49]. Diese ist — anders als eine Zeugenaussage — nicht nur Beweismittel, sondern zugleich auch Verteidigungsmittel. Der Angeklagte darf als Prozeßsubjekt[50] kraft seines Rechts auf Gehör dem Gericht auch durch seinen Vertreter seine Einlassung zur Kenntnis bringen. Eine derart übermittelte Einlassung gehört zum Inbegriff der Hauptverhandlung (§ 261) und muß vom Gericht bei der Urteilsfindung in Erwägung gezogen werden, auch wenn sie — wie auch im Normalfall — nicht im Rahmen der eigentlichen Beweisaufnahme durch ein Beweismittel im engeren Sinn (der Verteidiger ist insoweit Vertreter des Angeklagten bei der Übermittlung seiner Einlassung und nicht Zeuge vom Hörensagen) in das Verfahren eingeführt wird[51]. Das Gericht muß bei einer vom Vertreter vorgetragenen Einlassung des Angeklagten genau so wie bei einer solchen Erklärung aus seinem eigenen Munde prüfen, ob und wieweit es ihr auf Grund des Ergebnisses der Hauptverhandlung folgen kann, ob es sie als widerlegt behandeln oder als unwiderlegbar zugunsten des Angeklagten unterstellen muß oder ob es sie zum Anlaß für eine weitere Sachaufklärung zu nehmen ist. Hat es Zweifel, ob der Verteidiger die Sachdarstellung des Angeklagten richtig wiedergibt, muß es gegebenenfalls dessen persönliches Erscheinen oder dessen kommissarische Einvernahme anordnen[52]. Dies gilt auch, wenn nicht aufklärbare Widersprüche zu einer aus den Akten ersichtlichen Einlassung bestehen. Stellt der Verteidiger **Beweisanträge**, so können die Beweisbehauptungen nicht als Einlassung des Angeklagten zur Sache gewertet werden[53].

17   **e) Keine Äußerungpflicht.** Zur Vertretung des Angeklagten gehört nicht notwendig, daß der Verteidiger Erklärungen abgibt. Der Angeklagte ist auch dann vertreten, wenn der zur Vertretung ermächtigte und bereite Verteidiger anwesend ist, **ohne sich zu äußern**[54].

18   **3. Sonstige Verfahrensfragen.** Nimmt der Verteidiger als Vertreter des Angeklagten an der Hauptverhandlung teil, so ist er an Stelle des abwesenden Angeklagten unter Hinweis auf das Schweigerecht **nach § 243 Abs. 4 zu befragen**, ob er für den Angeklagten dessen Erklärung zur Sache vortragen oder keine Erklärungen abgeben möchte[55]. Trägt er die Einlassung des Angeklagten vor, so ist diese Tatsache, nicht aber der Inhalt des Vorge-

---

[49] § 74 Abs. 1 OWiG geht von der Zulässigkeit eines solchen Sachvertrags aus. Gleiches gilt für den Inhalt einer Schutzschrift, in der der Verteidiger die Sachdarstellung des Angeklagten mitteilt.

[50] Die Einlassung des Angeklagten ist Auskunft und Mittel der Prozeßführung zugleich; beides ist nicht sinnvoll zu isolieren, da die Übergänge fließend sind; die Befugnisse als Prozeßsubjekt können mitunter nur in Verbindung mit einem Sachvortrag ausgeübt werden. Vgl. AK-*Keller* 4.

[51] BayObLGSt **1974** 36; **1982** 156 = VRS **64** (1983) 134; OLG Hamm JMBlNW **1964** 214. Vgl. bei § 261; ferner BayObLGSt **1980** 111 = VRS **60** (1981) 120; SK-*Schlüchter* 10.

[52] KK-*Treier* 6.

[53] Vgl. BGH NStZ **1990** 447 (zu Beweisanträgen in Anwesenheit eines schweigenden Angeklagten).

[54] OLG Düsseldorf MDR **1958** 623; OLG Köln NJW **1962** 1735; OLG Schleswig SchlHA **1968** 323; LG Verden NJW **1974** 2195; *Bauhaus* NJW **1962** 2357; *Ostler* JR **1967** 136; *Schorn* JR **1966** 10; vgl. ferner KG JR **1985** 349 und die Rechtspr. zu § 329 und § 411; **a. A** *Blei* NJW **1962** 2024.

[55] BayObLGSt **1982** 156 = VRS **64** (1983) 134; KK-*Treier* 6; *Kleinknecht/Meyer-Goßner* 10; KMR-*Paulus* 15.

tragenen, als wesentliche Förmlichkeit des Verfahrens in der **Sitzungsniederschrift** festzuhalten[56]. Wieweit daneben oder an Stelle der Erklärung des Verteidigers eine Niederschrift über die Vernehmung des Angeklagten zu verlesen ist, richtet sich nach den für das
jeweilige Abwesenheitsverfahren geltenden besonderen Vorschriften, vgl. § 232, 25;
§ 233, 30; ferner § 74 Abs. 1 OWiG. Lehnt der Vorsitzende eine Erklärung des Verteidigers wegen des Fehlens der Vertretungsbefugnis ab oder läßt er eine nur mit Vertretungsbefugnis zulässige Erklärung zu, so kann dagegen das Gericht nach **§ 238 Abs. 2** angerufen werden.

III. Revision

Die **unrichtige Anwendung des § 234** kann in Verbindung mit der für die jeweilige **19**
Prozeßhandlung maßgebenden Vorschrift nach § 337 mit der Revision gerügt werden, insbesondere, daß zu Unrecht eine schriftliche Vertretungsvollmacht als vorliegend oder als
fehlend angesehen wurde. Ist ein zur Vertretung berechtigter Verteidiger zur Hauptverhandlung gegen einen von der Pflicht zum Erscheinen entbundenen Angeklagten nicht
geladen worden, so kann die Revision auf den Verstoß gegen § 218 und gegen § 234
gestützt werden[57]. Unter dem Gesichtspunkt der Verletzung der **Aufklärungspflicht**
(§ 244 Abs. 2) kann gerügt werden, wenn sich das Gericht mit den Angaben des vertretungsberechtigten Verteidigers begnügt, obwohl die Umstände dazu drängten, weitere
Beweismittel zu verwenden oder den Angeklagten persönlich dazu zu hören[58].

§ 234 a

**Findet die Hauptverhandlung ohne Anwesenheit des Angeklagten statt, so genügt
es, wenn die nach § 265 Abs. 1 und 2 erforderlichen Hinweise dem Verteidiger gegeben werden; der Verzicht des Angeklagten nach § 61 Nr. 5 sowie sein Einverständnis
nach § 245 Abs. 1 Satz 2 und nach § 251 Abs. 1 Nr. 4, Abs. 2 sind nicht erforderlich,
wenn ein Verteidiger an der Hauptverhandlung teilnimmt.**

Schrifttum. *Gollwitzer* Die Verfahrensstellung des in der Hauptverhandlung nicht anwesenden
Angeklagten, FS Tröndle 455; *Meyer-Goßner* Das Strafverfahrensänderungsgesetz 1987, NJW **1987**
1161; *Rieß/Hilger* Das neue Strafverfahrensrecht – Opferschutzgesetz und Strafverfahrensänderungsgesetz 1987, NStZ **1987** 145. Weiteres Schrifttum bei § 230.

Entstehungsgeschichte. Die Vorschrift wurde durch Art. 1 Nr. 15 StVÄG neu eingefügt. Gleichzeitig wurde durch Art. 1 Nr. 19 StVÄG 1987 der § 265 Abs. 5 gestrichen, der
es — wenn auch im begrenzteren Umfang — gestattete, die Hinweise nach § 265 Abs. 1,
2 in bestimmten Fällen dem Verteidiger zu geben, auch wenn dieser keine Vertretungsmacht nach § 234 hatte.

---

[56] OLG Hamm JMBlNW **1964** 214; OLG Köln VRS
59 (1980) 349; vgl. auch OLG Hamm JR **1980** 82
mit Anm. *Fezer*; OLG Köln VRS **60** (1981) 441;
SK-*Schlüchter* 12.

[57] OLG Köln NJW **1960** 736; *Kleinknecht/Meyer-
Goßner* 13; KMR-*Paulus* 16; SK-*Schlüchter* 13.
[58] KK-*Treier* 9; *Kleinknecht/Meyer-Goßner* 13;
KMR-*Paulus* 16; SK-*Schlüchter* 13.

Geplante Änderung. Der Entwurf eines Zweiten Gesetzes zur Entlastung der Rechtspflege (strafrechtlicher Bereich), BTDrucks. **13** 4561, sieht in Art. 2 Nr. 23 als Folgeänderung zu der Streichung des § 61 im gleichen Entwurf vor, im zweiten Halbsatz den Hinweis auf § 61 Nr. 5 zu streichen. S. ggfs. die Erläuterungen im Nachtrag zur 25. Auflage.

Übersicht

1 **1. Zweck** der Neuregelung war es, das Verfahren zu vereinfachen[1]. Bei den keinesfalls seltenen[2] Verhandlungen ohne Anwesenheit des Angeklagten soll der Abschluß der meist kleineren Verfahren nicht daran scheitern, daß ein nach § 265 Abs. 1, 2 notwendiger Hinweis dem Angeklagten nicht persönlich gegeben werden kann und der anwesende Verteidiger keine Vertretungsvollmacht nach § 234 hat. Diese Zufälligkeit soll auch nicht mehr dafür ausschlaggebend sein, ob Vereinfachungen der Hauptverhandlung, die an die Zustimmung des Angeklagten gebunden sind, bei dessen Ausbleiben möglich sind[3]. § 234 a läßt deshalb zu, daß die Hinweise nach § 265 Abs. 1, 2 allein dem Verteidiger gegeben werden können. Soweit das Gesetz für Verfahrensvereinfachungen die Zustimmung des Angeklagten fordert, genügt bei dessen Ausbleiben jetzt die Zustimmung des Verteidigers[4], so daß sachlich mögliche und sinnvolle Gestaltungsmöglichkeiten nicht allein wegen des Fernbleibens des Angeklagten aus formalen Gründen unterbleiben müssen.

2 Die Sicherung der **Effizienz der Hauptverhandlung** und die Gewährleistung der **Praktikabilität** und **Wirtschaftlichkeit** ihrer Durchführung hielt der Gesetzgeber für wichtiger als die ungeschmälerte Aufrechterhaltung von Verfahrensbefugnissen bei einem Angeklagten, der durch sein Fernbleiben in der Regel zu erkennen gibt, daß er nicht beabsichtigt, diese Befugnisse selbst in der Hauptverhandlung auszuüben. Es ist nicht unbillig, wenn er dann die Verschlechterung der Verteidigungsposition hinnehmen muß, die mitunter darin liegt, daß der Angeklagte aufgrund seiner eigenen Tatsachenkenntnis an sich am besten wissen müßte, ob und wie seine Verteidigung an eine veränderte Rechtslage anzupassen ist und ob eine ihm angesonnene Zustimmung zu einer Verfahrensvereinfachung damit vereinbar ist. In der Praxis wird allerdings ein rechtskundiger **Verteidiger** sehr oft besser und nüchterner als der vom Druck des Verfahrens belastete Angeklagte beurteilen können, welche Reaktion die Verfahrenslage in den hier in Betracht kommenden Fällen erfordert. Der Gesetzgeber lies deshalb bei Ausbleiben des Angeklagten die Vereinfachungen des Verfahrens in allen Fällen zu, in denen die Teilnahme eines Verteidigers an

[1] Begr. BTDrucks. **10** 1313, S. 26; KK-*Treier* 1; *Kleinknecht/Meyer-Goßner* 1; KMR-*Paulus* 9.
[2] Vgl. Begr. BTDrucks. **10** 1313, S. 27 (1980 etwa 50 000 Verfahren).
[3] Vgl. Begr. BTDrucks. **10** 1313, S. 27; *Gollwitzer* FS Tröndle 467; *Rieß/Hilger* NStZ **1987** 51; KK-*Treier* 1; KMR-*Paulus* 3; SK-*Schlüchter* 2.
[4] RAussch. Bericht BTDrucks. **10** 6592, S. 20.

der Hauptverhandlung sichert, daß die Verteidigungsinteressen des Angeklagten sachgerecht wahrgenommen werden können. Dieser kann die Auswirkungen der jeweiligen Maßnahme übersehen und er kann notfalls, wenn dafür seine Informationen nicht ausreichen, auch auf eine Unterbrechung oder Aussetzung der Hauptverhandlung hinwirken[5].

Das **Recht** des Angeklagten **auf Gehör** (Art. 103 Abs. 1 GG) wird durch § 234 a **3** schon deshalb nicht verletzt, weil es dem Angeklagten ohnehin unbenommen ist, sich durch Teilnahme an der Hauptverhandlung die Kenntnis von den Verfahrensvorgängen unmittelbar zu verschaffen und weil außerdem sein Verteidiger seine Informationsrechte wahrnehmen kann[6].

2. Anwendungsbereich

a) Die **Hauptverhandlung ohne Anwesenheit des Angeklagten** muß rechtlich zuläs- **4** sig sein und auch tatsächlich ohne ihn durch- oder weitergeführt werden[7]. Wird sie wegen des Ausbleibens des Angeklagten unterbrochen oder ausgesetzt, so muß ein etwaiger Hinweis nach § 265 Abs. 1, 2 dem Angeklagten selbst zur Kenntnis gebracht werden, etwa in Verbindung mit der Ladung zum neuen Termin. Im übrigen ist § 234 a in allen Fällen anwendbar, in denen das Gesetz gestattet, ganz oder zeitweilig gegen einen nicht anwesenden Angeklagten zu verhandeln, also in den Fällen von § 231 Abs. 2, §§ 231 a, 231 b, 232, 233, 329 Abs. 2, § 330 Abs. 2, § 387 Abs. 1, § 411 Abs. 2, § 415 Abs. 3. Vergleichbare Regelungen finden sich für das Verfahren wegen Ordnungswidrigkeiten in § 74 Abs. 4, § 77 a OWiG[8].

Für **§ 231 c** hat die Vorschrift keine Bedeutung, da während seines befugten Fernblei- **5** bens gegen den nach dieser Vorschrift beurlaubten Angeklagten nicht verhandelt werden darf[9], während für die Gestaltung der ihn nicht betreffenden Verfahrensteile sein Verzicht oder Einverständnis ohnehin entbehrlich ist[10].

Für die **Abwesenheitsverhandlung nach § 233** ist § 234 a dem Wortlaut nach unein- **6** geschränkt anwendbar. Im Schrifttum ist dies für die Hinweise nach § 265 Abs. 1, 2 strittig[11]. Die Entstehungsgeschichte ist insoweit wenig ergiebig. Sie zeigt nur, daß § 234 a auch für die Fälle des § 233 gelten sollte[12] und daß im Gesetzgebungsverfahren die Frage von Ausnahmen nicht erörtert und solche wohl auch nicht in Erwägung gezogen worden waren. Bei § 233 vertrat vor der Einführung des § 234 a die herrschende Meinung[13] die Ansicht, daß selbst bei Teilnahme eines vertretungsberechtigten Verteidigers (§ 234) die Hinweise nach § 265 Abs. 1, 2 dem nicht anwesenden Angeklagten persönlich erteilt werden müßten, da er nach § 233 Abs. 2 zur Anklage in ihrer jeweils maßgebenden Fassung zu vernehmen ist. Wer davon ausgeht, daß der Gesetzgeber an dieser Sonderregelung nichts ändern und vor allem dem Verteidiger keine Befugnis einräumen wollte, die er auch

---

[5] Begr. BTDrucks. **10** 1313, S. 27; kritisch dazu *Kempf* StV **1987** 220 (Verteidiger kann und darf nicht Vormund des Angeklagten sein).

[6] *Gollwitzer* FS Tröndle 460.

[7] *Meyer-Goßner* NJW **1987** 1163; *Rieß/Hilger* NStZ **1987** 51; KK-*Treier* 3; *Kleinknecht/Meyer-Goßner* 2; KMR-*Paulus* 5; SK-*Schlüchter* 6.

[8] Für die Hinweise nach § 265 Abs. 1, 2 enthält § 74 Abs. 4 OWiG eine gleichartige Sonderregelung, für die Verlesung von Urkunden § 77 a OWiG; § 61, 245 sind im Bußgeldverfahren nicht anwendbar, vgl. die Kommentare zum OWiG.

[9] Begr. BTDrucks. **19** 1313, S. 27; KK-*Treier* 3; *Kleinknecht/Meyer-Goßner* 1; SK-*Schlüchter* 4.

[10] Vgl. § 231 a, 5; 19.

[11] *Meyer-Goßner* NJW **1987** 164; *Rieß/Hilger* NStZ **1987** 151; *Gollwitzer* FS Tröndle 470; SK-*Schlüchter* 4 bejahen die Anwendbarkeit; die wohl vorherrschende Meinung – AK-*Keller* 3; KK-*Treier* 5; *Kleinknecht/Meyer-Goßner* 3; KMR-*Paulus* 6; *Pfeiffer/Fischer* 1 – verneint dies; zum Streit vgl. § 233, 34, ferner zur auch sonst bestehenden Problematik der Fortgeltung der bisherigen Rechtsauffassung vgl. den umgekehrten Fall Rdn. 20.

[12] Begr. BTDrucks. **10** 1313, S. 26.

[13] Vgl. 24. Aufl. § 233, 34; § 265, 71 mit Nachw.

bei Vertretungsvollmacht nicht gehabt hätte, der wird im Falle des § 233 den Hinweis an den Verteidiger trotz § 234 a für unzulässig halten[14]. Im Hinblick auf die Zielsetzung der Regelung liegt es aber näher, umgekehrt in § 234 a eine den § 233 Abs. 2 modifizierende Spezialregelung zu sehen, die bei Veränderung des rechtlichen Gesichtspunkts den Hinweis an den Verteidiger genügen läßt. Die nochmalige Anhörung des bereits kommissarisch zur Tat (i. S. des § 264) vernommenen Angeklagten ist dann nicht mehr automatisch allein wegen des Hinweises nötig, sondern nur noch, wenn sachliche Gründe, vor allem das Gebot einer genügenden Sachaufklärung, dies erfordern. Die Ermächtigung des Verteidigers zur Entgegennahme des Hinweises ist jetzt nicht mehr auf die eigentlichen Ungehorsamsfälle beschränkt. Insoweit ist die Verteidigungslage des Angeklagten jetzt bei § 233 nicht wesentlich anders als in den übrigen Fällen einer Verhandlung gegen einen befugt fernbleibenden Angeklagten nach der StPO oder im Bußgeldverfahren nach § 74 Abs. 4 OWiG[15]. Ist wegen der Veränderung der Rechtslage die nochmalige Anhörung des Angeklagten aus einem sachlichen Grunde angezeigt, kann dies der Verteidiger durch einen Antrag auf **Unterbrechung** oder **Aussetzung** nach § 265 Abs. 3 erreichen[16].

7   Bei der **zeitweiligen Entfernung** des Angeklagten aus der Hauptverhandlung nach **§ 247** gilt § 234 a nicht[17], da hier keine Verhandlung ohne anwesenden Angeklagten stattfindet, sondern dieser nur während eng begrenzter Teile der Beweisaufnahme, nicht aber bei der Verhandlung darüber oder über die Gestaltungsmöglichkeiten des Verfahrens aus dem Sitzungssaal entfernt werden darf[18].

8   **b) Teilnahme eines Verteidigers.** § 234 a greift nur ein, wenn ein Verteidiger für den Angeklagten in der Verhandlung auftritt. Dies kann ein vom Angeklagten bevollmächtigter Wahlverteidiger oder ein vom Gericht bestellter Pflichtverteidiger sein. § 234 a ermächtigt jetzt jeden Verteidiger, die Hinweise nach § 265 Abs. 1, 2 für den von ihm verteidigten Angeklagten entgegenzunehmen. Bei den im zweiten Halbsatz von § 234 a genannten Zustimmungserklärungen genügt die Zustimmung des Verteidigers, auch wenn er sie kraft eigenen Rechts auf Grund seiner eigenen Entscheidung und nicht in Vertretung des Angeklagten abgibt. Unerheblich ist deshalb, ob eine schriftliche Vertretungsvollmacht nach § 234 erteilt worden ist. Die gesetzliche Ermächtigung gilt aber nur für den Verteidiger des jeweiligen Angeklagten, nicht für die Verteidiger anderer Mitangeklagter[19] und auch nicht für Personen, die als Beistände (§ 149) an der Hauptverhandlung teilnehmen und deren Anwälte. § 234 a geht zwar vom Regelfall aus, daß ein rechtskundiger Anwalt die Verteidigung führt, wenn aber eine andere Person nach § 138 Abs. 2 als Verteidiger des Angeklagten zugelassen wurde, ist § 234 a anwendbar.

9   **3. Hinweise auf Veränderungen des rechtlichen Gesichtspunktes.** Die von § 265 Abs. 1, 2 geforderten Hinweise können jetzt in allen Fällen[20] einem anwesenden Verteidiger gegeben werden, wenn die Hauptverhandlung zulässigerweise ohne den Angeklagten stattfindet (Rdn. 4). Gleiches gilt aber auch für die nicht unter die förmliche Hinweispflicht nach diesen Vorschriften fallende Unterrichtung über **Veränderungen der Sachlage**[21]. Auch hier dürfte es nach dem Sinn der Regelung genügen, wenn das Gericht den

---

14 So die wohl vorherrschende Ansicht, vgl. Fußn. 11.
15 Vgl. die Erläuterungen zu den §§ 73 ff OWiG in den einschlägigen Kommentaren; ferner die Gleichbehandlung des Verfahrens nach § 233 mit den anderen Abwesenheitsverfahren in § 153 Abs. 2.
16 Vgl. Rdn. 17 und § 233, 34.

17 AK-*Keller* 2; KK-*Treier* 3; *Kleinknecht/Meyer-Goßner* 1; KMR-*Paulus* 6; SK-*Schlüchter* 4.
18 Vgl. bei § 247.
19 KMR-*Paulus* 8; SK-*Schlüchter* 7.
20 Zur früheren Beschränkung auf die Fälle der § 231 Abs. 2; § 231 a Abs. 1 im aufgehobenen § 265 Abs. 5 vgl. 24. Aufl. § 265, 68; § 234, 14, 15.
21 Vgl. bei § 265.

Verteidiger darauf aufmerksam macht, sofern ihm die Bedeutung neu hervorgetretener Tatsachen nicht ohnehin aus dem Verhandlungsverlauf ersichtlich ist. Es kann — sofern nicht die Aufklärungspflicht entgegensteht — dem Verteidiger überlassen, ob er die Aussetzung oder Unterbrechung der Hauptverhandlung beantragen will, um dem Angeklagten die Möglichkeit einer Äußerung hierzu offen zu halten. Mehr dürfte auch das Recht auf Gehör nicht erfordern, zumal der Angeklagte durch das auf seiner eigenen Willensentscheidung beruhende Fernbleiben selbst zu vertreten hat, wenn er sich zu den in der Hauptverhandlung hervortretenden Umständen nicht oder nur mit Schwierigkeiten äußern kann (Rdn. 3).

4. Zustimmungs- und Verzichtserklärungen

a) Anwendungsfälle des § 234 a. Die Befugnis zur Einwirkung auf die Verfahrensgestaltung, die die StPO dem Angeklagten meist neben dem Verteidiger einräumt, bestehen grundsätzlich (vgl. aber Rdn. 20) fort, wenn ohne ihn verhandelt wird. Bei den in § 234 a Halbsatz 2, aufgeführten konsensgebundenen Verfahrensvereinfachungen entfallen sie, wenn für ihn ein Verteidiger an der Verhandlung teilnimmt. Dann genügt, wenn der anwesende Verteidiger zustimmt oder widerspricht. Dies gilt aber nur in den **ausdrücklich aufgeführten Fällen**[22] des Verzichts auf die Vereidigung eines Zeugen nach § 61 Nr. 5, der Einwilligung, daß von der Verwendung eines präsenten Beweismittels abgesehen wird nach § 245 Abs. 1 Satz 2, sowie die Einwilligung in das Verlesen einer Vernehmungsniederschrift oder Urkunde nach § 251 Abs. 1 Nr. 4; Abs. 2 Satz 1. **10**

Im **Berufungsverfahren** ist § 234 a ebenfalls anwendbar (§ 332)[23]. Soweit das Berufungsgericht die § 61 Nr. 5, § 245 Abs. 1 Satz 2, § 251 anwendet, ist dies unproblematisch. Gleiches gilt aber auch bei dem in § 234 a nicht erwähnten § 325. Der Gesetzgeber hielt die besondere Erwähnung dieser Vorschrift für entbehrlich. Soweit der Angeklagte danach der Verlesung der Protokolle der Hauptverhandlung des ersten Rechtszugs zustimmen muß, ist auch ein Fall des § 251 Abs. 1 Nr. 4 gegeben, bei dem die Zustimmung des Verteidigers genügt[24]. Bei dem ebenfalls nicht erwähnten § 324 ist § 234 a nicht anwendbar. Da es sich hier jedoch nicht um eine Modifikation der Beweisaufnahme handelt, die potentiell das Hauptverhandlungsergebnis beeinflussen kann, sondern nur um eine die Information der anwesenden Verfahrensbeteiligten betreffende Verfahrensgestaltung, dürfte den Verzicht des nicht anwesenden Angeklagten entbehrlich sein. Es genügt, wenn die Anwesenden auf die Verlesung der Urteilsgründe verzichten[25]. Dies gilt unabhängig davon, ob für den ausgebliebenen Angeklagten ein Verteidiger anwesend ist. Wer diese Auffassung nicht teilt, müßte die analoge Anwendung des § 234 a in Erwägung ziehen. **11**

b) Unanwendbarkeit. Die Zulässigkeit des **Selbstleseverfahrens nach § 249 Abs. 2** hängt nicht mehr von der Zustimmung der Verfahrensbeteiligten ab. Das dort vorgesehene Widerspruchsverfahren ist ein Recht der anwesenden Verfahrensbeteiligten, einer Regelung entsprechend § 234 a bedarf es nicht[26]. Der anwesende Verteidiger ist kraft eigenen Rechts zum Widerspruch befugt. **12**

Auf **andere Prozeßerklärungen** des Angeklagten als die im letzten Halbsatz genannten Erklärungen zur Vereinfachung der Beweisaufnahme ist § 234 a grundsätzlich nicht anwendbar. Auch die analoge Heranziehung verbietet sich, da eine restriktive Auslegung **13**

---

22 Vgl. KMR-*Paulus* 11 (numerus clausus).
23 Vgl. Rdn. 4 und bei § 332.
24 Begr. BTDrucks. **10** 1313, S. 27 („neben § 251 Abs. 1 Nr. 4 keine selbständige Bedeutung"); KK-*Treier* 6; *Kleinknecht/Meyer-Goßner* 4; KMR-*Paulus* 11; SK-*Schlüchter* 11.

25 SK-*Schlüchter* 11.
26 Begr. BTDrucks. **10** 1313, S. 27; SK-*Schlüchter* 11; vgl. auch KMR-*Paulus* 11 (§ 234 a unanwendbar); ferner bei § 249 und *Gollwitzer* FS Tröndle 469.

Walter Gollwitzer

Platz greifen muß, wenn Verfahrensbefugnisse des Angeklagten beschränkt würden. § 234 a ist vor allem nicht auf Erklärungen anzuwenden, mit denen der Angeklagte über den Verfahrensgegenstand als solchen verfügen kann.

14   Für die Zustimmung des Angeklagten zur Einbeziehung weiterer Straftaten in das Verfahren aufgrund einer **Nachtragsanklage** nach § 266 Abs. 1 gilt § 234 a nicht. Diese Erklärung, durch die der Gegenstand des Verfahrens (§ 264) auf eine neue Tat ausgedehnt wird, ist dem Angeklagten selbst vorbehalten[27]. Der Gesetzgeber hielt im Interesse der Gewährung vollständigen rechtlichen Gehörs die Beteiligung des Angeklagten für unerläßlich[28].

15   **Die Zustimmung zur Verfahrenseinstellung** nach § 153 Abs. 2, § 153 a Abs. 2 ist ebenfalls allein Sache des Angeklagten. Wird die Hauptverhandlung ohne ihn durchgeführt, ist seine Zustimmung zur Einstellung nach § 153 nur bei einer Verhandlung nach § 231 Abs. 2; 232, 233 entbehrlich (§ 153 Abs. 2 Satz 2). In diesen Fällen ist auch unerheblich, ob für den Angeklagten ein Verteidiger teilnimmt. Im übrigen bedarf es der ausdrücklichen Zustimmung des abwesenden Angeklagten, die auch durch einen nach § 234 zur Vertretung ermächtigten Verteidiger erklärt werden kann[29]. § 234 a ist insoweit auch nicht entsprechend anwendbar.

16   Erklärungen, die die **Einlegung, Rücknahme oder Beschränkung von Rechtsmitteln** betreffen, werden ebenfalls nicht von § 234 a erfaßt. Wieweit hier der Verteidiger mit Wirkung für den Angeklagten Erklärungen abgeben kann, ist in den §§ 297, 302 Abs. 2 ausdrücklich geregelt[30]. Die **Zustimmung zur Rücknahme** des Rechtsmittels des Verfahrensgegners (§ 303 Satz 1) ist weiterhin dem Angeklagten vorbehalten; die Zustimmung des Verteidigers allein reicht in diesem vom zweiten Halbsatz des § 234 a nicht erfaßten Fall nicht aus. Nur wenn er durch eine schriftliche Vollmacht nach § 234 dazu ausdrücklich ermächtigt ist, kann der Verteidiger den ferngebliebenen Angeklagten bei dieser Erklärung vertreten[31]. Ist die Rechtsmittelrücknahme ohne dessen Zustimmung zulässig, wie bei § 329 Abs. 2, bedarf es auch keines Einverständnisses des Verteidigers.

5. Sonstige Verfahrensfragen

17   **a)** § 234 a verlagert die **Verantwortung** auf den **Verteidiger**, wenn er es genügen läßt, daß dieser anstelle des ferngebliebenen Angeklagten auf die Veränderungen des rechtlichen Gesichtspunktes nach § 265 Abs. 1, 2 hingewiesen wird und daß er allein den angeführten Vereinfachungen der Beweiserhebung zustimmt. Der Verteidiger muß aufgrund der ihm vom Angeklagten erteilten Informationen, seiner Aktenkenntnis und der Geschehnisse der Hauptverhandlung entscheiden, ob er die Zustimmung erteilen oder verweigern muß. Falls sein Informationsstand zur sicheren Beurteilung dieser Frage nicht ausreicht, kann er sich bei einem für ihn erreichbaren Angeklagten gegebenenfalls auch fernmündlich die erforderlichen Informationen beschaffen. Ist dies nicht in einer Sitzungspause möglich, kann er auch eine kurzfristige Unterbrechung der Hauptverhandlung beantragen. Dies wird bei den Zustimmungsbefugnissen vielfach nicht nötig sein, da der Verteidiger deren Zweckmäßigkeit und Unschädlichkeit für die Verteidigung meist aufgrund seiner Kenntnis der Akten und des Prozeßverlaufes besser beurteilen kann als der Angeklagte. Außerdem hat der Verteidiger hier immer die Möglichkeit, in

---

[27] Vgl. § 234, 12 und bei § 266; ferner etwa *Rieß/Hilger* NStZ **1987** 151.

[28] Begr. BTDrucks. **10** 1313, S. 27; vgl. auch Art. 6 Abs. 3 Buchst. a, b MRK.

[29] Vgl. bei § 153.

[30] Vgl. bei §§ 297, 302.

[31] Vgl. § 234, 12 und bei § 303.

Zweifelsfällen durch Verweigerung seiner Einwilligung dem Regelverfahren seinen Lauf zu lassen. Eine Rückfrage beim Angeklagten kann dagegen vor allem dann in Betracht kommen, wenn auf eine Veränderung des rechtlichen Gesichtspunktes nach § 265 Abs. 1, 2 hingewiesen wird und es sich dabei nicht nur um mehr rechtstechnische Hinweise handelt, die zwar für die rechtliche Subsumtion, nicht aber für die Führung der Verteidigung von Bedeutung sind. Wirkt sich die Änderung in der rechtlichen Beurteilung auf die Tatsachengrundlage des Schuldvorwurfs aus oder verschiebt sie die Beweislage, bedarf der Verteidiger mitunter weiterer Informationen. Es kann dann notwendig sein, daß er wegen der neu hervorgetretenen Umstände oder wegen der veränderten Sachlage nach § 265 Abs. 3, 4 eine längere **Unterbrechung** oder sogar die **Aussetzung** der Verhandlung beantragen muß[32].

b) Keine Bindung an den Willen des Angeklagten. Damit der Fortgang des Verfahrens nicht aufgehalten wird, ermächtigt § 234 a den Verteidiger, die Hinweise nach § 265 Abs. 1, 2 für den Angeklagten entgegenzunehmen. Diese kraft Gesetzes bestehende Vertretungsmacht steht, wie aus dem Regelungszweck folgt, **nicht zur Disposition des Angeklagten**. Er kann, anders als bei der gewillkürten Vertretungsmacht nach § 234, dem Verteidiger diese Befugnis nicht entziehen. Er kann sie nur dadurch zum Wegfall bringen, daß er selbst an der Hauptverhandlung teilnimmt. Gleiches gilt für den Wegfall des Erfordernisses der Zustimmung des Angeklagten bei den im zweiten Halbsatz von § 234 a genannten Vorschriften. Da diese vorsehen, daß neben dem Angeklagten auch der Verteidiger mit der beabsichtigten Verfahrensgestaltung einverstanden sein muß, kann insoweit allerdings nur in einem unspezifisch weiten Sinn von einer Ermächtigung zur Vertretung des Angeklagten gesprochen werden. Dieser Konstruktion bedarf es an sich nicht. Bei Ausübung seiner eigenen Befugnis ist der Verteidiger ohnehin nicht an den Willen des Angeklagten gebunden. Verfahrensrechtlich genügt es jetzt, wenn er sein Einverständnis erklärt, auch wenn der ferngebliebene Angeklagte ersichtlich nicht damit einverstanden ist, etwa, wenn er in einem Schreiben an das Gericht oder bei einer kommissarischen Einvernahme die Vereidigung eines Zeugen nach § 61 Nr. 5 oder seine Einvernahme nach § 245 Abs. 1 gefordert oder wenn er der Verlesung einer Urkunde nach § 251 Abs. 1 Nr. 4; Abs. 2 Satz 1 vorsorglich widersprochen hat. Auch wenn die Einwilligung des Verteidigers prozessual ausreicht, wird das Gericht allerdings zu prüfen haben, ob sich aus den Ausführungen des Angeklagten sachliche Gesichtspunkte ergeben, die gegen die beabsichtigte Verfahrensgestaltung sprechen; vor allem unter dem Blickwinkel der **Aufklärungspflicht** kann dies von Bedeutung sein.

c) Hinweise an den Angeklagten persönlich. Wird das Verfahren ausgesetzt, kann es zweckmäßig sein, trotz des § 234 a dem Angeklagten zugleich mit der Ladung zur neuen Hauptverhandlung einen Hinweis nach § 265 Abs. 1, 2 nochmals schriftlich zu erteilen, damit in der neuen Hauptverhandlung auf seiner Grundlage verhandelt werden kann, wenn ihr sowohl der Angeklagte als auch der (nicht notwendige) Verteidiger fernbleiben sollten. Das Gericht wird auch sonst nicht gehindert, dem Angeklagten den Hinweis nach § 265 Abs. 1, 2 selbst schriftlich oder durch einen ersuchten oder beauftragten Richter zu erteilen. Dies kann sachdienlich sein, wenn es glaubt, daß die Sachaufklärung seine nochmalige Einvernahme erfordert. Fehlen solche Verfahrensgründe, folgt aus der Pflicht zu einer wirtschaftlichen und zügigen Abwicklung des Verfahrens, daß es von der Möglichkeit des § 234 a auch Gebrauch macht.

d) Zustimmung des ferngebliebenen Angeklagten bei Verhandlung ohne Verteidiger. Im Schrifttum wurde schon vor Einführung des § 234 a die Auffassung vertreten, daß

---

[32] Vgl. Begr. BTDrucks. **10** 1313, S. 27.

die Zustimmung des ferngebliebenen Angeklagten zu Verfahrensvereinfachungen bei der Beweisaufnahme dann nicht erforderlich ist, wenn er, wie in den Fällen von § 231 Abs. 2, §§ 231 a, 232 unter Verletzung seiner Anwesenheitspflicht aufgrund eines ihm vorwerfbaren eigenmächtigen Verhaltens an der Hauptverhandlung nicht teilnimmt[33]. Diese Ansicht stützte sich vor allem darauf, daß der Angeklagte durch sein Fernbleiben die Befugnis verwirkt hat, an den Modalitäten der Hauptverhandlung gestaltend mitzuwirken. Für die Fälle des befugten Fernbleibens galt dies nicht[34]. Es fragt sich nun, ob der Gesetzgeber, der in § 234 a alle Zustimmungs- und Informationsbefugnisse ungeachtet ihrer unterschiedlichen Verfahrensbedeutung gleich behandelte, damit die Grenze anders gezogen hat, so daß also, wie in der Begründung[35] anklingt, bei Abwesenheit eines Verteidigers auch in den Fällen des eigenmächtigen Fernbleibens des Angeklagten jetzt seine Zustimmung eingeholt werden muß. Der Wortlaut könnte dies aufgrund eines Umkehrschlusses nahelegen. Die vorherrschende Meinung lehnt dies ab, da der Gesetzgeber mit § 234 a die Durchführung des Abwesenheitsverfahrens erleichtern und nicht ein Zustimmungserfordernis in den Fällen begründen wollte, in denen dies auch bisher schon entbehrlich war[36]. Dafür spricht, daß der Verlust der Einwirkungs- und Gestaltungsbefugnisse hinsichtlich des Gangs der Hauptverhandlung nur die Konsequenz der Entscheidung des Gesetzgebers ist, daß der Angeklagte durch sein eigenmächtiges Fernbleiben den Gang der Hauptverhandlung nicht aufhalten darf.

6. Rechtsbehelfe

21   **a)** Die **Anrufung** des Gerichts nach § 238 Abs. 2 ist möglich, wenn der Vorsitzende bei einer verfahrensleitenden Anordnung zu Unrecht annimmt, daß die Zustimmung des Angeklagten nach § 234 a nicht erforderlich sei[37].

22   **b)** Die **Beschwerde** gegen Anordnungen und Beschlüsse, die in der Hauptverhandlung in Zusammenhang mit der Anwendung oder Nichtanwendung des § 234 a ergehen, scheitert grundsätzlich an § 305 Satz 1. Dies gilt auch, wenn das Gericht die Hauptverhandlung aussetzt, weil es glaubt, daß ein Hinweis nach § 265 Abs. 1, 2 an den anwesenden Verteidiger nicht genügt, da der Angeklagte selbst im Interesse einer besseren Sachaufklärung dazu gehört werden sollte. Dagegen könnte wohl mit der Beschwerde gerügt werden, wenn das Gericht aufgrund eines Rechtsirrtums § 234 a für unanwendbar hält und das Verfahren unter Verletzung seiner Pflicht zur Verfahrensbeschleunigung auf unbestimmte Zeit aussetzt, weil es glaubt, den Hinweis nach § 265 Abs. 1, 2 nur dem Angeklagten persönlich und nicht auch dem anwesenden Verteidiger geben zu können[38].

23   **c) Revision.** Die unrichtige Anwendung des § 234 a kann in Verbindung mit den Vorschriften, die für die jeweils betroffenen Handlungen einschlägig sind, nach § 237 mit der Revision gerügt werden, die Erfolg hat, wenn das Urteil darauf beruhen kann. Wird ein Hinweis nach § 265 Abs. 1, 2 zu Unrecht nur dem Verteidiger erteilt, obwohl die Voraussetzungen des § 234 a nicht vorlagen, so ist neben dieser Vorschrift auch § 265 verletzt[39]. Umgekehrt kann die Revision nicht mit Erfolg darauf gestützt werden, wenn der Hinweis auch dem Angeklagten erteilt wurde, obwohl es genügt hätte, den Verteidiger in der Hauptverhandlung darauf hinzuweisen. Hält das Gericht rechtsirrig die Zustimmung des

---

[33] Vgl. 24. Aufl. § 231, 29; § 231 a, 28; § 232, 23; § 251, 45 mit weit. Nachw.

[34] Vgl. 24. Aufl. § 233, 35.

[35] BTDrucks. **10** 1313, S. 27.

[36] AK-*Keller* 4 („§ 234 a irrelevant, wo der Angeklagte die Rechte ohnehin nicht hat"); KK-*Treier* 7;

Kleinknecht/Meyer-Goßner 5; KMR-*Paulus* 4; *Pfeiffer/Fischer* 2; SK-*Schlüchter* 3; *Gollwitzer* FS Tröndle 467.

[37] KMR-*Paulus* 12.

[38] KMR-*Paulus* 13; SK-*Schlüchter* 15.

[39] KMR-*Paulus* 14; SK-*Schlüchter* 16.

ferngebliebenen Angeklagten neben der des Verteidigers bei einer bestimmten Verfahrensgestaltung für nicht notwendig, so ist neben § 234 a auch die Vorschrift verletzt, die die Verfahrensgestaltung an die Einwilligung von Verteidiger und Angeklagten bindet. Nimmt es dagegen irrtümlich an, es benötige neben der Zustimmung des Verteidigers auch die eines nicht anwesenden Angeklagten und unterläßt es deshalb die Verwendung eines Beweismittels, etwa einer Urkunde nach § 251, so kann darin unter Umständen auch ein Verstoß gegen die **Aufklärungspflicht** liegen[40].

§ 235

[1]**Hat die Hauptverhandlung gemäß § 232 ohne den Angeklagten stattgefunden, so kann er gegen das Urteil binnen einer Woche nach seiner Zustellung die Wiedereinsetzung in den vorigen Stand unter den gleichen Voraussetzungen wie gegen die Versäumung einer Frist nachsuchen; hat er von der Ladung zur Hauptverhandlung keine Kenntnis erlangt, so kann er stets die Wiedereinsetzung in den vorigen Stand beanspruchen. [2]Hierüber ist der Angeklagte bei der Zustellung des Urteils zu belehren.**

Schrifttum. *Baukelmann* Subsidiäre Zulässigkeit eines unzulässigen Rechtsmittels bei möglicher Wiedereinsetzung, die nach dem Gesetz unmöglich ist? NStZ **1984** 297; *Dittmar* Wiedereinsetzung in den vorigen Stand bei Terminversäumnis des nicht wirksam geladenen Angeklagten, NJW **1982** 209; weiteres Schrifttum bei § 44.

Entstehungsgeschichte. § 235 trug bis zur Bekanntmachung vom 22. 3. 1924 die Bezeichnung § 234. Er gewährte bei jeder Hauptverhandlung, die in Abwesenheit des Angeklagten stattgefunden hatte, die Wiedereinsetzung unter den gleichen Voraussetzungen wie bei der Versäumung einer Frist und schloß nur die Fälle aus, in denen der Angeklagte antragsgemäß von der Verpflichtung zum Erscheinen entbunden war oder von der Befugnis Gebrauch gemacht hatte, sich vertreten zu lassen. Seine jetzige Fassung erhielt er im wesentlichen durch Art. 9 § 4 Abs. 2 der Zweiten VereinfVO. Art. 3 Nr. 106 VereinhG 1950 übernahm sie mit der Einschränkung, daß die Wiedereinsetzung nur noch im Fall des § 232 vorgesehen ist.

Übersicht

---

[40] KMR-*Paulus* 14; SK-*Schlüchter* 17.

1   **1. Geltungsraum der Vorschrift.** § 235 ist nur anzuwenden, wenn das Gericht gemäß § 232 die Hauptverhandlung ohne den Angeklagten durchgeführt hat, also nicht in den Fällen des § 231 Abs. 2, des § 231 a, § 231 b und des § 233[1]. Das ist sinnvoll. Bei § 231 Abs. 2, §§ 231 a, 231 b und bei § 233 kommt der Angeklagte mit seiner Verteidigung in der Hauptverhandlung selbst zu Gehör, da er im Verfahren nach § 231 Abs. 2 in der Hauptverhandlung zur Anklage vernommen sein muß und da im Verfahren nach § 233 die Niederschrift über seine Vernehmung durch einen beauftragten oder ersuchten Richter in der Hauptverhandlung verlesen wird (§ 233, 30). Nach den §§ 213 a und 231 b darf das Gericht ebenfalls nur verfahren, wenn der Angeklagte Gelegenheit hatte, sich zur Sache zu äußern (§ 231 a, 12; § 231 b, 17). Im übrigen wäre in den beiden letztgenannten Fällen schon deshalb kein Raum für die Wiedereinsetzung, weil hier der Angeklagte seine Abwesenheit von der Hauptverhandlung selbst verschuldet hat.

2   Hat an Stelle des Angeklagten ein nach § 234 **bevollmächtigter Vertreter** an der Hauptverhandlung teilgenommen, ist die Wiedereinsetzung ebenfalls ausgeschlossen, auch wenn die jetzige Fassung des § 235 dies nicht mehr ausdrücklich bestimmt[2]. Schon die Motive (183) hatten ausgesprochen: „Wo eine Versäumung der Hauptverhandlung nicht in Frage ist, weil der erkennende Richter die Verteidigung des Angeklagten durch Anhörung eines Vertreters vernommen hat, da kann selbstverständlich von einer Wiedereinsetzung in den vorigen Stand nicht die Rede sein".

3   Ob der Angeklagte in sinngemäßer Anwendung des § 235 um Wiedereinsetzung nachsuchen kann, wenn er wegen einer **Verhinderung** des von ihm entsandten **Vertreters** in der Hauptverhandlung nach § 233 unvertreten geblieben ist, ist strittig. Die vorherrschende Meinung verneint dies, da auch dann der nach § 233 Abs. 2 vernommene Angeklagte rechtliches Gehör gehabt habe, seine Lage also nicht mit dem Angeklagten bei § 232 vergleichbar sei, dem bei einem unverschuldeten Verlust des rechtlichen Gehörs § 235 die Wiedereinsetzung eröffne[3]. Für die analoge Anwendung vor allem bei Nichtladung des Verteidigers spricht jedoch, daß dieser allein vom Gericht zu vertretende Umstand den Angeklagten in seiner Verteidigung, die mehr umfaßt als das ihm schon durch die Vernehmung gewährte rechtliche Gehör, erheblich beeinträchtigen kann. Dies kann er zwar auch mit der Revision geltend machen, aber die Gewährung der Wiedereinsetzung durch das erkennende Gericht ist der bei weitem einfachere und schnellere Weg zur Beseitigung eines evidenten Fehlers; im Interesse der Prozeßökonomie und der Verfahrensbeschleunigung sollte er nicht an dogmatischen Bedenken scheitern.

4   Für das **Berufungsverfahren** enthält § 329 Abs. 3 eine Sondervorschrift, die auch im Verfahren bei Strafbefehlen (§ 412 Satz 1) gilt. Im Bußgeldverfahren ist dagegen § 235 entsprechend anwendbar, wenn ohne den Betroffenen verhandelt wurde (§ 74 Abs. 4 OWiG). Bei Versäumung der Verhandlung vor dem Revisionsgericht ist § 235 nach § 350 grundsätzlich nicht anwendbar. Ob im Hinblick auf das Gebot zur Gewährung des rechtlichen Gehörs eine entsprechende Anwendung dann in Frage kommt, wenn der Termin der Revisionsverhandlung versehentlich entgegen § 350 Abs. 1 weder dem Angeklagten noch dem Verteidiger mitgeteilt worden ist, ist strittig[4].

[1] BGHSt **10** 304 (zu § 231 Abs. 2); h. M.; KK-*Treier* 1; *Kleinknecht/Meyer-Goßner* 1; KMR-*Paulus* 3; *Pfeiffer/Fischer* 1; SK-*Schlüchter* 2.
[2] BayObLGSt **1965** 5; AK-*Keller* 3; KK-*Treier* 3; KMR-*Paulus* 3; SK-*Schlüchter* 4; *Eb. Schmidt* 4.
[3] *Baukelmann* NStZ **1984** 299; *Eckert* NStZ **1985** 33; AK-*Keller* 3; KK-*Treier* 1; *Kleinknecht/Meyer-Goßner* 1; KMR-*Paulus* 3; SK-*Schlüchter* 2; **a. A** OLG Düsseldorf NStZ **1984** 320; LG Frankfurt

a. M. NJW **1954** 167; LG Köln DAR **1988** 430; *Dahs* Hdb. 969; *Gössel* § 37 A 1 b; *Schäfer* § 13 II 1 d; *Eb. Schmidt* § 233, 21.
[4] Verneinend RG Recht **1922** Nrn. 345, 913; RG HRR **1931** Nr. 1401; OLG Schleswig MDR **1950** 303; OLG Köln JMBlNW **1957** 154; **a. A** OLG Celle HESt **3** 79; *Eb. Schmidt* 3; zum Streitstand vgl. die Nachweise bei § 350.

2. Die Voraussetzungen der Wiedereinsetzung stimmen im allgemeinen mit denen **5** überein, die § 44 für die Wiedereinsetzung gegen die Versäumung einer Frist aufstellt. Die Verhinderung darf also nicht vom Angeklagten **verschuldet** sein. Dies ist regelmäßig zu verneinen, wenn der Angeklagte auf einer falschen oder unzureichenden Auskunft des Gerichts vertraute[5] oder der Angeklagte auf die Auskunft seines Verteidigers vertrauen durfte[6]. Es gelten die Erläuterungen zu § 44.

Hatte der Angeklagte **keine Kenntnis von der Ladung** zur Hauptverhandlung, so **6** kann er nach Satz 1, letzter Halbsatz „stets" die Wiedereinsetzung verlangen. Es kommt dann nicht darauf an, ob er die Unkenntnis von der Ladung verschuldet hat. Die Wiedereinsetzung darf nicht etwa deswegen versagt werden, weil der Angeklagte, der mit der Ladung rechnen mußte, nichts unternommen hat, um sicherzustellen, daß sie ihn erreicht, wenn sie im Wege der Ersatzzustellung einer anderen Person ausgehändigt worden ist[7]. Bewirkt der Angeklagte allerdings absichtlich, daß ihn die Ladung nicht erreicht — etwa dadurch, daß er ihre Nachsendung ausdrücklich verbietet oder daß er deswegen eine falsche Urlaubsanschrift angibt —, dann kann dieses arglistige Verhalten zu einer **Verwirkung** des Rechts auf Wiedereinsetzung führen[8]. Kenntnis von der Ladung hat der Angeklagte zwar erst, wenn er ihren Inhalt, vor allem Ort und Zeit des Termins kennt[9]; weiß er aber, daß eine Ladung vorliegt und unterläßt er es bewußt, von ihr Kenntnis zu nehmen, so muß er sich so behandeln lassen, wie wenn er diese Kenntnis erlangt hätte. Eine Wiedereinsetzung scheidet ferner aus, wenn der geltend gemachte Grund, insbesondere die Unkenntnis von der Ladung, für das Fernbleiben des Angeklagten nicht **ursächlich** war[10].

Beim Fehlen einer ordnungsgemäßen Ladung des Angeklagten ist § 235 analog **7** anzuwenden[11]; der nichtsäumige Angeklagte, der durch einen dem Staat zuzurechnenden Fehler um sein Teilnahmerecht gebracht wurde, darf nicht schlechter gestellt werden als der Säumige. Dies wäre der Fall[12], wenn man ihn auf die Sprungrevision verweisen würde[13]; auch Prozeßwirtschaftlichkeit und Beschleunigungsgebot sprechen gegen diese Lösung.

3. Frist für das Gesuch um Wiedereinsetzung. Die Wiedereinsetzung muß innerhalb **8** einer Woche nach wirksamer Zustellung des Formel und Gründe umfassenden Urteils (vgl. § 324 Abs. 2; § 341 Abs. 2) beantragt werden. Die Zustellung muß den besonderen Erfordernissen des § 232 Abs. 4 genügt haben.

4. Belehrung. Nach Satz 2 muß der Angeklagte bei Zustellung des Urteils über die **9** Möglichkeit der Wiedereinsetzung und ihre Voraussetzungen belehrt werden. Es handelt sich, ebenso wie bei § 35 a, um eine zwingende Vorschrift. Unterbleibt die Belehrung, so

---

5 BVerfG NJW **1996** 1811 mit weit. Nachw.

6 *Kleinknecht/Meyer-Goßner* 3; *Eb. Schmidt* 5; **a. A** LG Köln MDR **1982** 73 mit abl. Anm. *Schmellenkamp.*

7 H. M; etwa *Kleinknecht/Meyer-Goßner* 5; KMR-*Paulus* 8.

8 KK-*Treier* 4; KMR-*Paulus* 8; SK-*Schlüchter* 6.

9 KK-*Treier* 4; *Kleinknecht/Meyer-Goßner* 4; KMR-*Paulus* 4; SK-*Schlüchter* 6; **a. A** *Eb. Schmidt* 6.

10 H. M; etwa OLG Düsseldorf NStZ **1986** 233 mit Anm. *Wendisch*; OLG Koblenz NStZ **1990** 42; OLG Stuttgart OLGSt 1; § 44, 63 mit weit. Nachw.

11 Zum vergleichbaren § 329 Abs. 3: BGH NJW **1987** 1776; OLG Düsseldorf MDR **1987** 868; StV **1982** 216; OLG Frankfurt NStZ **1986** 279 mit Anm.

Meyer = JR **1986** 214 mit Anm. *Hilger*; OLG Stuttgart StV **1987** 309; *Dittmar* NJW **1982** 211; *Gollwitzer* FS *Kleinknecht* 165; *Wendisch* JR **1976** 426; *Kleinknecht/Meyer-Goßner* § 329, 41; SK-*Schlüchter* 7; vgl. ferner § 44, 34 und bei § 329 mit weit. Nachw. zum Streitstand. OLG Karlsruhe NJW **1981** 471 kommt zum gleichen Ergebnis, wenn es den Antrag zuläßt, das Urteil für gegenstandslos zu erklären.

12 Zur ungünstigeren Anfechtungslage bei der Revision vgl. *Hilger* JR **1986** 215.

13 Etwa KG JR **1976** 425 mit abl. Anm. *Wendisch* **1984** 78; OLG Saarbrücken MDR **1987** 695; *K. Meyer* NStZ **1982** 523; **1986** 280; KMR-*Paulus* 9; KK-*Ruß* § 329, 22; weit. Nachw. bei § 329.

Walter Gollwitzer

kann der Angeklagte, ähnlich wie wenn die durch § 35 a vorgeschriebene Rechtsmittelbelehrung unterblieben ist, in entsprechender Anwendung des § 44 Wiedereinsetzung verlangen, wenn er die Frist des Satz 1 versäumt hat[14]. Die Belehrung dürfte keine Wirksamkeitsvoraussetzung für die Urteilszustellung sein, so daß die Fristen nach § 314 Abs. 2 und § 341 Abs. 2 und — nach dem Wortlaut des Satz 1 — auch die dort festgelegte Wochenfrist zu laufen beginnen; es ist kein innerer Grund ersichtlich, die Belehrung nach Satz 2 anders zu behandeln als die nach § 35 a.

10　　**5. Antrag.** Der Angeklagte muß den Antrag auf Wiedereinsetzung bei dem Gericht, das ohne ihn verhandelt und geurteilt hat, anbringen und hierbei die Versäumnisgründe angeben und glaubhaft machen. § 45 Abs. 2 Satz 1 gilt entsprechend. Der Angeklagte kann den Antrag auch durch seinen Verteidiger stellen lassen. Die Staatsanwaltschaft kann dagegen nicht für den Angeklagten die Wiedereinsetzung beantragen[15], denn dieser Rechtsbehelf ist kein Rechtsmittel im Sinn des § 296. **Von Amts wegen** darf die Wiedereinsetzung gegen das Urteil nach der vorherrschenden Meinung[16] nicht gewährt werden. § 45 Abs. 2 Satz 3 ist nicht entsprechend anwendbar, da § 235 nach Wortlaut (nachgesucht) und Interessenlage (Angeklagter kann Urteil hinnehmen wollen) einen Antrag des Angeklagten voraussetzt. Nach anderer Ansicht[17] ist die Wiedereinsetzung von Amts wegen zulässig, wenn ein dahin gehender Wille des Angeklagten und der Wiedereinsetzungsgrund evident sind.

11　　**6. Entscheidung des Gerichts.** Das Gericht, das das Urteil erlassen hat, entscheidet über den Antrag in der für Entscheidungen außerhalb der Hauptverhandlung vorgeschriebenen Besetzung. Im übrigen sind § 45 Abs. 1 und § 46 anzuwenden. Bei der Würdigung der **Wiedereinsetzungsgründe**[18] darf das Gericht im Hinblick auf die Bedeutung des rechtlichen Gehörs keine allzu strengen Anforderungen stellen[19].

12　　Der **Beschluß**, der dem Angeklagten die **Wiedereinsetzung** gewährt, läßt das frühere Urteil gegenstandslos werden. Eine förmliche Aufhebung des Urteils ist nicht nötig[20]. Sogar die stillschweigende Bewilligung der Einsetzung wird (wohl retrospektiv) als zulässig angesehen[21]. Die Pflicht zur Tragung der Kosten einer bewilligten Wiedereinsetzung folgt aus § 473 Abs. 7[22].

13　　In der **neuen Hauptverhandlung**, die der Vorsitzende alsbald anzuberaumen hat, muß ein neues Urteil ergehen; es darf nicht auf das frühere, nunmehr gegenstandslose Urteil verwiesen werden.

14　　**7. Mehrfache Wiedereinsetzung.** Die Wiedereinsetzung gegen die Versäumung einer Hauptverhandlung wird dadurch nicht ausgeschlossen, daß der Angeklagte in derselben

---

14 KK-*Treier* 8; *Kleinknecht/Meyer-Goßner* 6; KMR-*Paulus* 10; SK-*Schlüchter* 12; **a. A** *Eb. Schmidt* 8 (Frist läuft ohne Belehrung überhaupt nicht).
15 KMR-*Paulus* 11; SK-*Schlüchter* 9.
16 *Baukelmann* NStZ **1984** 229; *Eckert* NStZ **1985** 32; KK-*Treier* 6; *Kleinknecht/Meyer-Goßner* 5; *Pfeiffer/Fischer* 1; SK-*Schlüchter* 9; vgl. § 45, 31.
17 OLG Düsseldorf NJW **1980** 1704; KMR-*Paulus* 11; KK-*Maul* § 45, 17; auch BVerfG **42** 257 nimmt dies an (allerdings nicht in den tragenden Gründen).
18 Vgl. etwa BGHSt **10** 304, LG Lübeck SchlHA **1958** 51; LG Köln MDR **1982** 73 mit abl. Anm.

Schmellenkamp; ferner die Erläuterungen zu den §§ 44 und 45.
19 BVerfGE **25** 166; **26** 319; **31** 390; **34** 156; **37** 47; 102; **38** 39.
20 H. M; so RGSt **53** 289; **54** 287; **61** 181; **65** 238; BGHSt **11** 154; BayObLGSt **1972** 43; VRS **61** (1981) 137; OLG Oldenburg VRS **68** (1985) 282; OLG Schleswig SchlHA **1956** 301; KK-*Treier* 10; *Kleinknecht/Meyer-Goßner* 8; KMR-*Paulus* 13; SK-*Schlüchter* 11; *Eb. Schmidt* 10.
21 OLG Oldenburg VRS **68** (1985) 282; § 46, 10.
22 KK-*Treier* 9; *Kleinknecht/Meyer-Goßner* 7; SK-*Schlüchter* 13; vgl. bei § 473.

Sache schon einmal eine Hauptverhandlung versäumt und die Wiedereinsetzung erlangt hatte[23].

8. Rechtsmittel. Der Beschluß, der die Wiedereinsetzung gewährt, ist unanfechtbar, **15** der Beschluß, der sie ablehnt, kann nach § 46 Abs. 3 mit **sofortiger Beschwerde** angegriffen werden[24].

9. Das **Verhältnis zwischen dem Wiedereinsetzungsantrag und den Rechtsmitteln 16** gegen das Urteil ist in den §§ 315 und 342 geordnet. Auf die dortigen Erläuterungen wird verwiesen.

§ 236

Das Gericht ist stets befugt, das persönliche Erscheinen des Angeklagten anzuordnen und durch einen Vorführungsbefehl oder Haftbefehl zu erzwingen.

Bezeichnung bis 1924: § 235.

Übersicht

1. Zweck der Vorschrift. § 236 stellt klar, daß das Gericht auch dann, wenn es die **1** Hauptverhandlung ohne den Angeklagten durchführen könnte, jederzeit berechtigt ist, das persönliche Erscheinen des Angeklagten anzuordnen, sofern es die Anwesenheit des Angeklagten in der Hauptverhandlung für die Erforschung der Wahrheit für sachdienlich hält. Die Verwirklichung der Aufklärungspflicht soll dadurch erleichtert werden.

Der Anordnung steht nicht entgegen, daß der Angeklagte **nicht gezwungen** werden **2** darf, sich vor Gericht **zur Sache zu äußern**[1], seine Anwesenheit muß aber nach den Umständen des Falles zur Sachaufklärung förderlich sein (Gegenüberstellung, Identifikation usw.)[2] oder aber aus sonstigen verfahrensrechtlichen Gründen, wie Wahrscheinlichkeit eines Hinweises nach § 265 Abs. 1, 2 oder der Verwendung neuer Beweismittel angezeigt sein (vgl. Rdn. 9).

---

[23] KMR-*Paulus* 4; SK-*Schlüchter* 11; *Eb. Schmidt* 12.
[24] H. M. etwa AK-*Keller* 4; KK-*Treier* 11; SK-*Schlüchter* 13; *Eb. Schmidt* 11.

[1] BayObLGSt **1972** 51 = VRS **43** (1972) 193; OLG Stuttgart MDR **1994** 193; KK-*Treier* 1; *Kleinknecht/Meyer-Goßner* 5; SK-*Schlüchter* 6; zur Tragweite des aus dem Grundgesetz und wörtlich auch aus Art. 14 Abs. 3 Buchst. g IPBPR folgenden

Verbots jedes Zwangs zur Selbstbelastung vgl. die Einl. (Abschn. I IV 3) und die Erl. zu Art. 6 MRK, (24. Aufl. Rdn. 9; 248 ff).
[2] BGHSt **30** 172 (auf Vorlage gegen OLG Stuttgart VRS **58** [1980] 436); BayObLGSt **1977** 156 = JZ **1977** 764; BGH NJW **1992** 2494; OLG Koblenz NZV **1994** 332 = NJW **1994** 3308 (L); KK-*Treier* 3; *Kleinknecht/Meyer-Goßner* 3; KMR-*Paulus* 3; SK-*Schlüchter* 1.

3   Die Anordnung nach § 236 beseitigt aber nicht die Befugnis des Gerichts, bei Ausbleiben des Angeklagten die Sache in dessen **Abwesenheit zu verhandeln**, sofern die gesetzlichen Voraussetzungen dafür vorliegen und die Aufklärungspflicht dem nicht widerspricht. Die Möglichkeit, sich vertreten zu lassen, wird durch die Anordnung nach § 236 ebenfalls nicht ausgeschlossen[3]. Dies ist jedoch nur beim Verfahren nach vorausgegebenem Strafbefehl unstreitig, nicht aber in den anderen Fällen[4]. Wegen der Einzelheiten wird auf die Erläuterung bei den einschlägigen Vorschriften, insbesondere bei § 329 und § 411 verwiesen. Im Bußgeldverfahren kann das persönliche Erscheinen des Betroffenen nach § 73 Abs. 2 OWiG angeordnet werden. Mit der Anordnung entfällt die Befugnis des Betroffenen, sich durch einen schriftlich bevollmächtigten Verteidiger vertreten zu lassen (§ 74 Abs. 2 OWiG).

2. Geltungsraum

4   **a)** Die Anordnung setzt nicht voraus, daß sich der Angeklagte im Geltungsbereich der Gerichtsbarkeit der Bundesrepublik aufhält. Auch gegen einen **im Ausland befindlichen Angeklagten** ist die Anordnung zulässig[5].

5   **b)** § 236 gilt **im ersten Rechtszug** ausnahmslos und in jeder Lage des Verfahrens[6], wenn das Gericht zulässig ohne Anwesenheit des Angeklagten verhandelt. Es ist nicht nur anwendbar, wenn der Angeklagte nicht zur Anwesenheit verpflichtet ist, wie etwa bei Freistellung nach § 233 oder im Falle des § 411 Abs. 2, sondern in allen Fällen, in denen das Gericht ungeachtet der an sich für die ganze Hauptverhandlung nach § 230 bestehenden und erzwingbaren Anwesenheitspflicht befugt ohne ihn verhandeln kann, sofern es dann doch seine Anwesenheit für nötig hält. Unerheblich ist, daß es zunächst durch sein Verhalten, wie etwa durch die Entbindung vom Erscheinen nach § 233 oder durch einen Hinweis nach § 232 Abs. 1 Satz 1 zum Ausdruck gebracht hatte, daß die Anwesenheit des Angeklagten nicht unbedingt erforderlich sei[7]. § 411 Abs. 2, der dem Angeklagten das Recht gewährt, sich im Verfahren nach Einspruch gegen einen Strafbefehl durch einen Verteidiger vertreten zu lassen, steht der Anordnung nicht entgegen. Die Anordnung ist allerdings nur zulässig, wenn es überhaupt zu einer Hauptverhandlung kommt, in der zur Sache verhandelt wird. Für sie ist kein Raum, wenn der Einspruch gegen den Strafbefehl nach § 412 Satz 1 sofort zu verwerfen ist[8].

6   **c) Berufung, Revision.** Für das **Berufungsverfahren** sind die §§ 329, 330 maßgebend. Auch hier kann die Anordnung nicht dazu dienen, die durch § 329 gebotene sofortige Verwerfung der Berufung des Angeklagten zu verhindern.

7   Für das Verfahren vor dem **Revisionsgericht** ist strittig, ob § 350 die Anwendbarkeit des § 236 ausschließt. Man wird jedoch die Anordnung durch das Revisionsgericht in den Fällen für zulässig halten müssen, in denen das Revisionsgericht selbst über Verfahrensvorgänge oder über Prozeßvoraussetzungen (im Fall des OLG Koblenz: Strafantrag der

[3] KK-*Treier* 2; *Kleinknecht/Meyer-Goßner* 1.
[4] Zu § 411: etwa BayObLG MDR **1970** 608; OLG Bremen NJW **1962** 1735; OLG Celle NJW **1970** 906; OLG Hamburg NJW **1968** 1687; OLG Stuttgart NJW **1962** 2023; *Küper* NJW **1969** 493; **1970** 1430; 1562; **a. A** zu § 329: BayObLGSt **1972** 47; BayObLG NJW **1970** 1055; OLG Schleswig SchlHA **1964** 70; wegen weiterer Nachw. vgl. bei § 329.
[5] OLG Schleswig SchlHA **1964** 70; *Kleinknecht/Meyer-Goßner* 4; KMR-*Paulus* 6; SK-*Schlüchter*

2; *Eb. Schmidt* I 2; zur Ladung im Ausland vgl. Art. 7 EuRHÜ.
[6] OLG Köln NJW **1952** 637; *Rieß* ZStW **90** (1978) Beiheft 200; *Kleinknecht/Meyer-Goßner* 1; SK-*Schlüchter* 3; wohl auch AK-*Keller* 1 (konstitutive Bedeutung hat § 236 aber nur, wo Angeklagte nicht ohnehin zum Erscheinen verpflichtet ist); enger wohl KMR-*Paulus* 4.
[7] Vgl. § 233, 10.
[8] H. M; etwa *Kleinknecht/Meyer-Goßner* 1; SK-*Schlüchter* 3; vgl. die Nachw. bei § 411.

Verlobten) Beweis zu erheben und deshalb den Sachverhalt von Amts wegen zu erforschen hat[9].

d) Im **Privatklageverfahren** ist die Anordnung nach Maßgabe des § 387 Abs. 3 zulässig. **8**

3. Die Entscheidung des Gerichts

a) Ermessen des Gerichts. Die Anordnung trifft das Gericht, nicht der Vorsitzende. **9**
Ob es von der Befugnis nach § 236 Gebrauch machen soll, liegt dabei in seinem durch die Aufklärungspflicht bestimmten, pflichtgemäßem Ermessen[10]. Bei dessen Ausübung sind die Bedeutung der Sache und der vom persönlichen Erscheinen des Angeklagten zu erwartende Beitrag zur Sachaufklärung und zur Überzeugungsbildung des Gerichts abzuwägen gegenüber dem Aufwand, der dem Angeklagten bei Berücksichtigung seiner berechtigten Belange zugemutet werden kann[11]. Der Grundsatz der Verhältnismäßigkeit und das Übermaßverbot sind dabei zu beachten[12]. Die nach diesen Grundsätzen zu beurteilende **Zumutbarkeit des Erscheinens** spielt als Ermessensschranke vor allem bei Ordnungswidrigkeiten eine Rolle[13], sie gilt aber auch bei Bagatellstrafen, die ohne Anwesenheit des Angeklagten verhandelt werden können, so z. B. bei einem weit entfernt wohnenden oder reisebehinderten Angeklagten. Es kann mitunter ausreichen, daß ein vertretungsberechtigter Verteidiger die Sachausführungen des Angeklagten vortragen kann[14]. Ermessensmißbräuchlich kann die Anordnung auch sein, wenn eine Förderung der Sachaufklärung unter keinem Blickwinkel zu erwarten ist, etwa weil der Versuch einer Identifizierung des Angeklagten nach der besonderen Sachlage von vornherein als aussichtslos erscheint[15] oder wenn mit ihr ausschließlich der Zweck verfolgt wird, einem Angeklagten, der erklärt hat, nicht zur Sache aussagen zu wollen, doch noch zur Aussage zu veranlassen[16]. Anders ist dies jedoch, wenn im Einzelfall die Anwesenheit des zum Schweigen entschlossenen Angeklagten aus sonstigen verfahrensrechtlichen Gründen angezeigt erscheint, etwa, weil wegen einer nach den Umständen möglichen Änderung der Sach- oder Rechtslage Hinweise nach § 265 oder die nochmalige Gewährung des rechtlichen Gehörs zu neuen Beweismitteln notwendig werden können. Die bloße Erwägung, daß der Angeklagte bei der Konfrontation mit den ihn belastenden

---

[9] OLG Koblenz NJW **1858** 2027: KK-*Treier* 2; *Kleinknecht/Meyer-Goßner* 1; KMR-*Paulus* 4; SK-*Schlüchter* 4; **a. A** *Rieß* Beiheft ZStW **90** (1978) 205. Nach *Eb. Schmidt* kann das Revisionsgericht den Angeklagten nur unverbindlich zum Erscheinen auffordern (vgl. aber Nachtr. I 1: § 350 Abs. 2 biete keine sichere Stütze für die Anordnung nach § 236); vgl. die Erl. zu § 350.

[10] RG JW **1932** 404; BGHSt **30** 172; h. M; etwa *Kleinknecht/Meyer-Goßner* 4; SK-*Schlüchter* 7.

[11] BayObLGSt **1973** 112 = VRS **45** (1973) 382; OLG Frankfurt DAR **1971** 219.

[12] BGHSt **30** 172 (auf Vorlage gegen OLG Stuttgart VRS **58** [1980] 436); OLG Düsseldorf VRS **65** (1983) 446; beide Grundsätze haben als Teile des Rechtsstaatsprinzips Verfassungsrang, vgl. etwa BVerfGE **23** 133.

[13] Vgl. etwa BayObLGSt **1975** 52; **1975** 77; **1977** 156; **1982** 160; **1983** 48 = VRS **50** (1976) 51; **65** (1983) 210; MDR **1975** 956; JZ **1977** 764; OLG

Hamm VRS **54** (1978) 448; OLG Schleswig bei *Ernesti/Jürgens* SchlHA **1977** 196; vgl. insbes. die Erläuterungen zu § 73 OWiG in den einschlägigen Kommentaren.

[14] Vgl. OLG Düsseldorf VRS **50** (1976) 131; KMR-*Paulus* 6.

[15] BayObLGSt **1982** 161 = VRS **64** (1983) 137; KMR-*Paulus* 3; SK-*Schlüchter* 6.

[16] Die Frage ist in Rechtspr. und Schrifttum strittig, wie auch die meist zu § 74 Abs. 2 OWiG ergangenen Entscheidungen zeigen. Gegen die Zulässigkeit der Anordnung BayObLGSt **1983** 48 = JR **1983** 522 mit abl. Anm. *Göhler*; BayObLGSt **1985** 119 = NStZ **1986** 368 mit abl. Anm. *Göhler*; OLG Köln VRS **61** (1981) 361; OLG Hamburg MDR **1989** 936; AK-**Keller** 3; KMR-*Paulus* 3; SK-*Schlüchter* 6; für die Zulässigkeit anderseits BGHSt **38** 257; OLG Stuttgart MDR **1994** 193; KreisG Saalfeld MDR **1994** 196, ferner KK-*Treier* 3; *Kleinknecht/Meyer-Goßner* 5; *Göhler* NStZ **1995** 17.

Walter Gollwitzer

Aussagen sich möglicherweise doch zur Aussage entschließen werde[17], dürfte dagegen für sich allein nicht ausreichen, um die Ermessensgrenze zu wahren. Es kommt aber, ebenso wie bei der bejahendenfalls erforderlich werdenden Güterabwägung, auf den Einzelfall an.

10   Stehen der Anordnung des persönlichen Erscheinens in der Hauptverhandlung **triftige Gründe** entgegen, so muß das Gericht, wenn es andererseits die Anhörung eines befugt der Hauptverhandlung fernbleibenden Angeklagten zur Sachaufklärung für erforderlich hält, dessen **Einvernahme** durch einen **ersuchten Richter** veranlassen[18], sofern dieser den Angeklagten weniger belastende Weg ausreicht (vgl. Rdn. 2). Bei einer zeitlich bedingten Unzumutbarkeit kommt auch eine Verlegung des Termins in Betracht[19].

11   Die **anderen Verfahrensbeteiligten** können eine Anordnung des Gerichts nach § 236 allenfalls anregen. Ein förmliches Antragsrecht haben sie nicht.

12   **b)** Das **Gericht** ist durch seine Entscheidung **nicht gebunden**. Es kann, wenn der Angeklagte trotz Anordnung nicht selbst erscheint, auf Zwangsmaßnahmen verzichten und zur Sache verhandeln, wenn es nach seinem Ermessen die Anwesenheit des Angeklagten als nicht mehr zur Wahrheitsfindung erforderlich ansieht. Dies gilt selbst noch nach einem fruchtlosen Erzwingungsversuch[20]. Zeigt dagegen ein mit Erkrankung begründeter Vertagungsantrag des Angeklagten, daß er sein Anwesenheitsrecht wahrnehmen will, darf das Gericht auch dann nicht in seiner Abwesenheit verhandeln, wenn es die Anordnung des persönlichen Erscheinens aufhebt[21].

13   Das Gericht kann seinen Beschluß von sich aus oder auf **Gegenvorstellung** hin auch **förmlich** wieder **aufheben**, etwa, wenn der Angeklagte triftige Gründe geltend macht, die seinem Erscheinen entgegenstehen oder wenn es im weiteren Verlauf des Verfahrens sein persönliches Erscheinen für entbehrlich hält. Es muß die Anordnung aufheben, wenn erkennbar wird, daß der damit verfolgte Aufklärungszweck nicht erreichbar ist[22].

14   **c)** Der **Beschluß**, der das persönliche Erscheinen anordnet, ist dem Angeklagten **zuzustellen**; in der Regel zugleich mit der Ladung (§ 216) zum Termin[23]. Die Ladung muß die Zwangsmittel androhen (Warnung i. S. des § 216) War der Angeklagte durch einen Beschluß des Gerichts vorher von der Pflicht zum Erscheinen entbunden worden, empfiehlt sich außerdem der Hinweis, daß diese Freistellung damit hinfällig ist.

15   **4. Zwangsmittel.** Die Vorführung oder Verhaftung nach § 230 dürfen nur angeordnet werden, wenn sie vorher dem Angeklagten angedroht worden sind[24]. Ist dies in der Ladung nach § 216 zu Recht oder Unrecht unterblieben, muß es vor Anordnung eines Zwangsmittels nachgeholt werden. Als Ungehorsamsfolge setzt ihre Anordnung ebenso

---

[17] Etwa OLG Stuttgart MDR **1994** 193; *J. Meyer* NStZ **1989** 481; KK-*Treier* 3; das Argument, daß das Gericht „Herr" des Verfahrens sei, besagt allerdings nichts, da sich damit kein Fehlgebrauch des Ermessens rechtfertigen läßt.

[18] BayObLGSt **1972** 168; **1973** 112; **1975** 77 = VRS **44** (1973) 114; **45** (1973) 382; **50** (1976) 51; VRS **63** (1982) 285; bei *Rüth* DAR **1984** 247; **1985** 249; **1986** 250; vgl. auch OLG Frankfurt DAR **1976** 107; OLG Hamm VRS **54** (1978) 448; OLG Köln StV **1984** 18; Stuttgart VRS **58** (1980) 436; **61** (1981) 133; ferner auch BGHSt **28** 44; KK-*Treier* 3; KMR-*Paulus* 6; SK-*Schlüchter* 7.

[19] BayObLGSt 1970 139 = VRS **39** (1970) 282; SK-*Schlüchter* 8.

[20] OLG Celle NJW **1970** 906; OLG Hamburg NJW **1968** 156; KK-*Treier* 5; *Kleinknecht/Meyer-Goßner* 8; KMR-*Paulus* 10; SK-*Schlüchter* 11; **a. A** BayObLGSt **1972** 47; NJW **1970** 1065 mit abl. Anm. *Küper*.

[21] OLG Karlsruhe VRS **91** (1996) 193 (zu § 74 OWiG).

[22] BayObLGSt **1983** 48 = VRS **65** (1983) 210; *Kleinknecht/Meyer-Goßner* 6; SK-*Schlüchter* 11.

[23] OLG Schleswig SchlHA **1964** 70; KK-*Treier* 4; *Kleinknecht/Meyer-Goßner* 7; KMR-*Paulus* 7; SK-*Schlüchter* 9; *Eb. Schmidt* Nachtr. **I** 3.

[24] H. M; etwa KK-*Treier* 6; SK-*Schlüchter* 10; *Eb. Schmidt* 3.

wie bei § 230 Abs. 2 voraus, daß das Ausbleiben des Angeklagten nicht genügend entschuldigt ist. Die Ausführung zu § 230 Abs. 2 gelten insoweit entsprechend. Im Privatklageverfahren schließen § 387 Abs. 3, bei Einziehungsbeteiligten § 433 Abs. 2 und im Bußgeldverfahren § 46 Abs. 3, 5 OWiG den Erlaß eines Haftbefehls aus. Vorführungs- und Haftbefehl sind nach § 35 Abs. 2, § 36 Abs. 2 bekanntzugeben und zu vollstrecken[25].

5. Beschwerde. Der Beschluß, der das persönliche Erscheinen anordnet, unterliegt **16** **nicht der Beschwerde**[26]. Die Anordnung des erkennenden Gerichts geht der Urteilsfindung voraus (§ 305). Das übergeordnete Gericht könnte insoweit auch nicht die Wahrheitsforschung durch das erkennende Gericht beschneiden. Vorführungs- und Haftbefehl sind mit Beschwerde anfechtbar[27].

6. Revision. Der absolute Revisionsgrund des § 338 Nr. 5 scheidet aus, da das Gericht **17** auch dann, wenn es das persönliche Erscheinen des Angeklagten angeordnet hat, nicht gehindert ist, die Hauptverhandlung ohne ihn durchzuführen (Rdn. 13)[28]. Gerügt werden kann aber unter dem Gesichtspunkt der **Verletzung der Aufklärungspflicht**, daß das Gericht in Verkennung der seinem Ermessen gesetzten Grenzen die Anordnung des persönlichen Erscheinens oder — bei Unzumutbarkeit des Erscheinens — die zur Sachaufklärung gebotene Anordnung der Vernehmung des Angeklagten durch einen ersuchten Richter (vgl. Rdn. 10) unterlassen hat[29]. Zur **Begründung dieser Verfahrensrüge** sind alle Tatsachen anzuführen, aus denen sich ergibt, daß die Teilnahme des Angeklagten für das Gericht erkennbar zu einer weiteren, für die Urteilsfindung relevanten Sachaufklärung geführt hätte und daß das Gericht dies nicht erkannt oder aber in Fehlgebrauch seines Ermessens unberücksichtigt gelassen hat[30].

§ 237

Das Gericht kann im Falle eines Zusammenhangs zwischen mehreren bei ihm anhängigen Strafsachen ihre Verbindung zum Zwecke gleichzeitiger Verhandlung anordnen, auch wenn dieser Zusammenhang nicht der in § 3 bezeichnete ist.

Schrifttum. *Barton* Die Trennung verbundener Strafsachen gem. §§ 2 II, 4 I und § 237 StPO (1978); *Bohnert* Tatmehrheit, Verfahrensmehrheit und nachträgliche Gesamtstrafenbildung, GA **1994** 97; *Kost* Verbindung und Trennung von Strafsachen (1989); *Meyer-Goßner* Verfahrensverbindung in Strafsachen ohne gesetzliche Grundlage, DRiZ **1985** 241; *Meyer-Goßner* Die Verbindung verschiedner, gegen denselben Angeklagten bei demselben Landgericht anhängiger Strafverfahren, NStZ **1989** 297; *Meyer-Goßner* Zur Zulässigkeit von Verfahrensverbindungen und zu den Folgen einer zulässigen Verbindung (§§ 2 ff StPO), DRiZ **1990** 284; *Mutzbauer* Gerichtliche Zuständigkeiten nach der Trennung verbundener Strafverfahren, NStZ **1995** 213. Weiteres Schrifttum bei § 2.

Bezeichnung bis 1924: § 236.

---

[25] Wegen der Einzelheiten vgl. § 36, 20; 22 bis 25; § 230, 26 ff.

[26] BayObLGSt **1952** 16 = JZ **1952** 691; KK-*Treier* 7; *Kleinknecht/Meyer-Goßner* 9; KMR-*Paulus* 2; SK-*Schlüchter* 15.

[27] Wegen der Einzelheiten, auch wegen des Ausschlusses der weiteren Beschwerde beim Vorführungsbefehl vgl. § 230, 26 ff.

[28] *Küper* NJW **1969** 494; SK-*Schlüchter* 17.

[29] BayObLGSt **1972** 168; 281 = VRS **44** (1973) 114; 361.

[30] Vgl. OLG Düsseldorf VRS **65** (1983) 446; KK-*Treier* 8; *Kleinknecht/Meyer-Goßner* 10; KMR-*Paulus* 13; SK-*Schlüchter* 17.

Walter Gollwitzer

Übersicht

1. Voraussetzungen der Verbindung

1   **a) Gleiches Gericht.** Alle zu verbindenden Strafsachen müssen örtlich bei dem gleichen Gericht anhängig sein. Nach der überkommenen, vorherrschenden Meinung wird Gericht nicht im Sinne von einzelnem Spruchkörper verstanden, sondern entsprechend der prozeßökonomischen Zielsetzung der Regelung (Rdn. 8) als **administrative Einheit**[1], so daß grundsätzlich alle jeweils bei dem gleichen Amts-, Land- oder Oberlandesgericht anhängigen Strafsachen verbunden werden können, auch wenn Spruchkörper unterschiedlichen Rangs damit befaßt sind. KMR-Paulus[2] schränkt dies dahin ein, daß eine Verbindung nach § 237 nur zwischen **gleichartigen Spruchkörpern** des gleichen Gerichts möglich ist, also nur auf der Ebene der geschäftsplanmäßigen Zuordnung, so daß andere Zuständigkeiten nicht berührt werden. Eine neuerdings vertretene Auffassung vermeidet jede Zuständigkeitsverschiebung, wenn sie unter Hinweis auf den Sprachgebrauch in den anderen Vorschriften dieses Abschnitts auch bei § 237 Gericht im Sinne von **gleichem Spruchkörper** auslegt[3], so daß alle bei anderen Spruchkörpern des gleichen Gerichts anhängigen Strafsachen nur nach §§ 3 ff verbunden werden können. Für diese Ansicht, die einen weiten Anwendungsbereich der verfahrensverschmelzenden Verbindung nach §§ 3 ff voraussetzt, spricht, daß sich manche Probleme vereinfachen, die die vorherrschende Auslegung des § 237 mit sich bringt; vor allem braucht die Ermessensvorschrift des § 237 nicht als eine die Zuständigkeitsverschiebungen innerhalb des gleichen Gerichts legitimierende Rechtsgrundlage verstanden zu werden. Die Möglichkeit, aus Gründen der Prozeßökonomie auch Verfahren ohne den von § 3 geforderten Zusammenhang zu verbinden, wird dadurch jedoch erheblich eingeschränkt[4]. Folgt man dagegen der **vorherrschenden Meinung**, können Verfahren, die bei Beachtung der vorgegebenen Zuständigkeiten[5] bei Spruchkörpern unterschiedlicher Rangordnung beim gleichen Gericht (im administrativen Sinn) anhängig sind, verbunden werden, wobei dies dann aber nur bei dem ranghöheren Spruchkörper möglich ist, so etwa beim Schöffengericht oder bei der großen Strafkammer; auch die Vorrangregelung des § 74 e GVG ist zu

[1] BGHSt **26** 273 = LM StPO 1975 Nr. 1 mit Anm. *Pelchen*; AK-*Keller* 2; KK-*Treier* 2; KMR-*Paulus* 21; *Pfeiffer/Fischer* 1; SK-*Schlüchter* 2; *Eb. Schmidt* 2; vgl. auch BGH NJW **1995** 1688. Offen gelassen in BGHSt **38** 376; BGH NStZ **1993** 248 mit Anm. *Rieß* = JZ **1993** 447 mit Anm. *Kindhäuser*.
[2] KMR-*Paulus* 3; 5; 11 ff, 21; *Kost* 20. Verfahren bei Spruchkörpern unterschiedlichen Rangs sind nach dieser Auffassung auch beim gleichen Gericht nur nach §§ 3, 4 Abs. 1 zu verbinden.

[3] *Meyer*-Goßner DRiZ **1990** 286; NStZ **1996** 51; *Steinmetz* JR **1993** 228; *Kleinknecht/Meyer-Goßner* 3; früher schon *Kleinknecht*[37], 1.
[4] Es erscheint allerdings fraglich, ob unter den heutigen Gegebenheiten die Praxis von dieser Möglichkeit noch im größeren Umfang Gebrauch macht.
[5] Vgl. *Kindhäuser* JZ **1993** 478 „anhängig ist als zulässigerweise anhängig auszulegen"; ferner Rdn. 4.

beachten[6]. Die nachfolgenden Erläuterungen beruhen auf der vorherrschenden Ansicht; bei einer engeren Auslegung des Anwendungsbereichs des § 237 stellen sich die Probleme anders oder entfallen.

Strafsachen gegen **Jugendliche** und Erwachsene können nach den allgemeinen **2** Regeln, also auch nach § 237, vor den dafür zuständigen Jugendgerichten verbunden werden[7], sofern dies zur Erforschung der Wahrheit oder aus anderen wichtigen Gründen geboten ist (§ 102 Abs. 1 JGG). Es kommt auch eine Verbindung vor einer nach § 103 Abs. 2 JGG vorrangigen Strafkammer in Betracht. Gleiches gilt nach § 112 JGG bei Heranwachsenden.

b) Zusammenhang. Die zu verbindenden Strafsachen (verschiedene Verfahren wegen **3** verschiedener Taten im Sinne des § 264) müssen irgendwie zusammenhängen. Da die Verbindung nach § 237 — anders als die nach den §§ 2, 4 und 13 Abs. 2 — die sachliche Zuständigkeit nicht verändert, kann der Zusammenhang **weiter** sein als derjenige, den § 3 beschreibt. Ein für die Verbindung nach § 237 ausreichender Zusammenhang liegt schon dann vor, wenn die Einheit der Menschen, die als Täter oder Verletzte an dem zu beurteilenden geschichtlichen Zusammenhang beteiligt sind, oder die Einheit der Beweismittel (gleicher Sachverständiger) oder der zu klärenden tatsächlichen Ereignisse oder der zu entscheidenden Rechtsfragen, vor allem ein gleichartiger Vorwurf oder ähnliche Gründe, die gleichzeitige Verhandlung zweckmäßig erscheinen lassen[8]. Die Beseitigung einer **doppelten Rechtshängigkeit** ist nicht im Wege der Verbindung zu lösen sondern nach den dafür geltenden Regeln (Priorität der Rechtshängigkeit oder der umfassenderen Aburteilungskompetenz)[9]; ergeht ein Übernahmebeschluß des höherrangigen Gerichts, so liegt darin wegen des gleichen Verfahrensgegenstandes keine Verbindung zweier Verfahren[10]. Wenn allerdings noch ungeklärt ist, ob tatsächlich Tatidentität vorliegt, dürfte es aus praktischen Gründen entgegen ein nach wohl herrschenden Meinung[11] vertretbar sein, die Verfahren, bei denen die Tatidentität erst auf Grund der Hauptverhandlung geklärt werden muß, zunächst zu verbinden, wobei dann allerdings die zu einer Verfahrensverschmelzung führende Verbindung nach den §§ 3, 4 in Frage kommen dürfte.

Nicht notwendig ist nach der vorherrschenden Meinung (Rdn. 1), daß sich die Sachen **4** **im gleichen Rechtszug** befinden. Die Strafkammer kann eine Sache, die im ersten Rechtszug bei ihr anhängig oder nach Rückverweisung wieder anhängig ist, mit einer Sache verbinden, über die sie als Berufungsgericht zu urteilen hat[12]. Nicht notwendig ist

---

6 BGHSt **26** 274; AK-*Keller* 2; KK-*Treier* 2; 4; SK-*Schlüchter* 3 c. Zu den durch die Differenzierung der Spruchkörper ausgeweiteten Kombinationsmöglichkeiten vgl. *Meyer-Goßner* NStZ **1989** 297; DRiZ **1990** 284; ferner (aus seiner anderen Sicht) KMR-*Paulus* 7 ff. Gesetzliche Veränderungen der Zuständigkeiten führen auch hier zu sich ändernden Konstellationen.

7 BGHSt **29** 67 = JR **1980** 262 mit Anm. *Brunner*; BGH bei *Holtz* MDR **1982** 972; OLG Karlsruhe MDR **1981** 693; *Kleinknecht/Meyer-Goßner* 5; SK-*Schlüchter* 3 e; so auch schon vor der Änderung des § 209 BGHSt **18** 79; **22** 51; vgl. § 2, 29 ff; § 209 a.

8 BGHSt **19** 182 = LM § 4 Nr. 5; § 237 Nr. 4; dazu *Hanack* JZ **1971** 90; **1972** 82; *Eb. Schmidt* JZ **1964** 468; BGH NJW **1953** 836; BayObLG NJW **1977** 820; h. M; etwa *Roxin* § 20, 18; AK-*Keller* 3; KK-*Treier* 6; *Kleinknecht/Meyer-Goßner* 6; KMR-*Paulus* 8; SK-*Schlüchter* 4; *Eb. Schmidt* 4.

9 Vgl. § 12, 16 ff.

10 Vgl. RGSt. **48** 119; BGHSt. **19** 177; **36** 175; BGH NJW **1958** 31; MDR **1989** 835; NStZ **1995** 351; OLG Düsseldorf MDR **1985** 1048; KMR-*Paulus* 18; SK-*Schlüchter* 3 a.

11 Vgl. BGH NJW **1953** 273; OLG Düsseldorf MDR **1985** 1048; KMR-*Paulus* 18; 24; SK-*Schlüchter* 3 a; ferner zu früheren uneinheitlichen Rechtspr. BayObLGSt **1961** 135 = NJW **1961** 1685; RG DR **1941** 777 mit abl. Anm. *Boldt*.

12 BGHSt **19** 182; **20** 219; **29** 67; dazu *Hanack* JZ **1971** 90; BGHSt **35** 195 = JR **1988** 385 mit Anm. *Meyer*; BGH MDR **1955** 755; NStZ **1990** 242; bei *Miebach* NStZ **1988** 211; *Eb. Schmidt* JZ **1964** 468; AK-*Keller* 2; KK-*Treier* 2; SK-*Schlüchter* 3 c; a. A *Meyer-Goßner* DRiZ **1990** 284; *Kleinknecht/Meyer-Goßner* 4 (nur wenn beide bei derselben Strafkammer anhängig); KMR-*Paulus* 5 (nur nach § 4). Zur Zulässigkeit der zur Verschmelzung führenden Verbindung analog § 4 Abs. 1 vgl. BGH NJW **1995** 1688 und § 4, 28 ff.

Walter Gollwitzer

auch, daß es sich um die **gleiche Verfahrensart** handelt. So kann ein persönliches Strafverfahren mit einem Sicherungsverfahren nach §§ 413 ff verbunden werden[13] oder mit einem objektiven Verfahren über die Einziehung eines Gegenstands oder des Wertersatzes nach § 440[14]. Auch ein bei Gericht anhängiges Bußgeldverfahren kann mit einem Strafverfahren verbunden werden[15]. Grenzen findet die Verbindung darin, daß die Zuständigkeit des Gerichts für jedes der verbundenen Verfahren von Anfang an gegeben sein muß; es ist nicht zulässig, durch eine Anklage zu dem an sich dafür nicht zuständigen Landgericht eine Verbindung mit einer dort anhängigen Berufungssache herbeizuführen[16].

5   **2. Zweck und Zeit der Verbindung.** Die Verbindung nach § 237 soll die gleichzeitige Verhandlung aus Zweckmäßigkeitsgründen („zur prozeßtechnischen Erleichterung" BGHSt **19** 182; **26** 271) gestatten. Sie kann für mehrere beim gleichen Gericht anhängige Verfahren angeordnet werden, und zwar sowohl vor als auch noch während der Hauptverhandlung[17]. Auch eine durch Erhebung der Anklage bei Gericht anhängig gewordene Sache, in der das Hauptverfahren noch nicht eröffnet worden ist, kann nach Ansicht des Bundesgerichtshofs entgegen der früher im Schrifttum herrschenden Auffassung mit einer anderen anhängigen Sache verbunden werden[18].

6   **3. Entscheidung des Gerichts.** Über die Verbindung entscheidet auf Antrag oder von Amts wegen das Gericht nach Anhörung der Verfahrensbeteiligten[19] durch **Beschluß**. Der Spruchkörper, der die Hauptverhandlung in der verbundenen Sache durchführen will, bei Spruchkörpern unterschiedlicher Rangordnung der vorrangige[20], ordnet die Verbindung an nach formloser Absprache mit dem anderen Spruchkörper, der mit der einzubeziehenden Sache befaßt ist[21]. Der Verbindungsbeschluß ist aber auch wirksam, wenn dies unterblieben ist. Soweit die Geschäftsverteilungspläne der Gerichte intern für die Verbindung bestimmte Regeln aufstellen, sind diese zu beachten, da andernfalls der durch die Verbindung betroffene Angeklagte unter Umständen rügen kann, er sei seinem gesetzlichen Richter entzogen worden.

7   Die Entscheidung über die Verbindung steht im **Ermessen des Gerichts**, das insofern frei[22] ist, als es in dieser primär nach Gesichtspunkten der Zweckmäßigkeit und Prozeßwirtschaftlichkeit zu beurteilenden Fragen einen weiten Ermessensspielraum hat. Dies bedeutet aber nicht, daß es nach Willkür verfahren dürfte[23]; es muß die prozeßwirtschaftlichen Vor- und Nachteile, das Erfordernis der Verfahrensbeschleunigung unter Berück

[13] RG DJ **1941** 936; AK-*Keller* 2; KMR-*Paulus* 10: SK-*Schlüchter* 3 d.

[14] Vgl. BayObLGSt **1954** 14 = NJW **1954** 810; KMR-*Paulus* 10; SK-*Schlüchter* 3 d.

[15] BayObLGSt **1954** 14 = NJW **1954** 810: SK-*Schlüchter* 3 d.

[16] Vgl. BGHSt **37** 15; **38** 172 = NStZ **1992** 548 mit Anm. *Rieß*; BGH NStZ **1992** 397; KK-*Treier* 2; KMR-*Paulus* 3; SK-*Schlüchter* 3 c.

[17] RG Recht **1915** Nr. 2627; **1917** Nr. 742; RGSt **69** 18; **70** 65; BGH NJW **1953** 836; *Kleefisch* JW **1935** 1098; vgl. auch RGSt **20** 161.

[18] BGHSt **20** 219; AK-*Keller* 2; KK-*Treier* 5; KMR-*Paulus* 21; SK-*Schlüchter* 3; **a. A** (ab Eröffnung) *Kleinknecht/Meyer-Goßner* 3; vgl. *Eb. Schmidt* 2, Nachtr. I 1; „Nicht zweckmäßig,"; *Hanack* JZ **1972** 82: „Zulässig, aber nicht ohne weiteres zweckmäßig".

[19] BGH nach KK-*Treier* 7; *Kleinknecht/Meyer-Goßner* 7; KMR-*Paulus* 21; SK-*Schlüchter* 6.

[20] Vgl. BGHSt **26** 271.

[21] Nach OLG Düsseldorf MDR **1980** 1041; *Meyer-Goßner* NStZ **1989** 297; AK-*Keller* 3; KMR-*Paulus* 27 setzt die Verbindung eine Einigung der Spruchkörper voraus, denn § 4 Abs. 2 gilt nicht. KK-*Treier* 7; SK-*Schlüchter* 6 halten die Rücksprache nur für zweckmäßig, ebenso LR[24], 6.

[22] RGSt **57** 44; BGH NJW **1953** 836; KK-*Treier* 9; *Kleinknecht/Meyer-Goßner* 7; *Eb.* Schmidt 6; KMR-*Paulus* 30; SK-*Schlüchter* 5 sprechen von pflichtgemäßen Ermessen, das sich am Normzweck der Prozeßökonomie zu orientieren hat.

[23] OLG Stuttgart NJW **1960** 2353; *Eb. Schmidt* JZ **1970** 342.

sichtigung der eigenen Terminplanung sowie die Auswirkungen auf die Prozeßbeteiligten und Zeugen ebenso erwägen wie einen etwaigen Gewinn für die Sachaufklärung[24]. Daß ein Zeuge durch die Verbindung zum Mitangeklagten wird, schließt die Verbindung nicht aus[25]. Ob eine Verbindung für das Verfahren förderlich ist, läßt sich bei der Ambivalenz der Gesichtspunkte immer nur nach den Besonderheiten des jeweiligen Falles beurteilen[26]. Ein Recht auf Verbindung haben weder Angeklagte noch Staatsanwaltschaft[27]. Dies gilt auch, soweit das Gericht die Wahl hat zwischen einer die Verfahren verschmelzenden Verbindung nach §§ 3, 4 oder der lockeren Verbindung nach § 237. Eine Rechtspflicht, dann stets der Verbindung nach oder analog § 4 den Vorrang einzuräumen, dürfte nicht bestehen[28]. Beide Möglichkeiten stehen im Ermessen des Gerichts (Kannvorschriften); der Umstand, daß möglicherweise in den verbundenen Verfahren eine Gesamtstrafe zu bilden ist, muß das Gericht zwar bei seiner Auswahlentscheidung mitberücksichtigen, eine unbedingte Pflicht zur Verbindung nach § 4[29] folgt daraus aber ebensowenig wie die Pflicht, die Verfahren überhaupt zu verbinden.

Die Anordnung der Verbindung setzt einen **ausdrücklichen Beschluß** voraus[30], der 8 den Verfahrensbeteiligten aller verbundenen Verfahren die Veränderung der Verfahrenslage, die auch ihre Rechte ändert (Rdn. 15), deutlich macht. Die verschiedentlich für zulässig gehaltene „stillschweigende" Verbindung, etwa durch gemeinsame Terminierung[31], ist abzulehnen. Die Verbindung kann nicht unter **Einschränkungen** angeordnet werden. Die gemeinsame Hauptverhandlung, die sie herbeiführen soll, ist ein unteilbares Ganzes. Es ist unzulässig, die Verbindung „mit der Maßgabe" anzuordnen, daß „die Vernehmung eines jeden Angeklagten abgesondert erfolgen" solle[32].

Für die **Bekanntgabe des Verbindungsbeschlusses** gilt § 35. Da der Beschluß keine 9 Fristen in Lauf setzt, bedarf es keiner Zustellung nach § 35 Abs. 2.

Der **Beschluß**, der die Verbindung **ablehnt**, ist eine reine Ermessensentscheidung, die 10 keine Rechte der Verfahrensbeteiligten berührt (Rdn. 7). Er bedarf, auch wenn er wohl nur nach einem entsprechenden Antrag ergeht, keiner näheren Begründung. Es genügt, daß ersichtlich ist, daß das Gericht im Rahmen seines Ermessens gehandelt hat[33]. Werden allerdings für die Verbindung besondere Gründe angeführt, kann es angezeigt sein, bei der Ablehnung kurz darauf einzugehen. Auch die **Anordnung der Verbindung** bedarf keiner näheren Begründung, sie muß jedoch im Interesse der Verfahrensklarheit wegen der unterschiedlichen Rechtsfolgen (Rdn. 14 ff) deutlich machen, daß die Verfahren nur zur

[24] OLG Koblenz VRS **49** (1975) 115; h. M.

[25] BGHSt **18** 342; *Eb. Schmidt* JZ **1970** 342; *Hanack* JZ **1971** 90. h. M.

[26] *Grünwald* 50. DJT Gutachten 26.

[27] BGH bei *Miebach/Kusch* NStZ **1991** 226; bei *Schmidt* MDR **1994** 241; OLG Koblenz OLGSt 3; VRS **49** (1975) 115; KK-*Treier* 9; *Kleinknecht/ Meyer-Goßner* 7; KMR-*Paulus* 30; SK-*Schlüchter* 6.

[28] Vgl. OLG Stuttgart NStZ **1996** 51 mit Anm. *Meyer-Goßner*.

[29] Vgl. BGH bei *Miebach/Kusch* NStZ **1991** 226; *Bohnert* GA **1994** 38. Nach KMR-*Paulus* 5 ff, 36 geht die Verbindung nach §§ 3,4 vor. Wenn man mit der vorherrschenden Meinung den Anwendungsbereich des § 237 nicht auf die Fälle begrenzt, die den §§ 3, 4 nicht unterfallen, sind Fallgestaltungen denkbar, in denen es prozeßwirtschaftlich sinnvoll ist, auch bei dem gleichen Angeklagten die Verfahren von mitunter

sehr unterschiedlicher Dauer und Aufwand nach § 237 – eventuell auch nur vorübergehend – zu verbinden.

[30] BGH NJW **1953** 836; BayObLG VRS **54** (1978) 287; AK-*Keller* 3; SK-*Schlüchter* 7; vgl. ferner OLG Hamm RPfleger **1961** 411 mit abl. Anm. *Tschischgale*; RGSt **52** 140; **70**, 67; BayObLG VRS **54** (1978) 287 (Hinweis in Ladung und Terminsanberaumung noch keine Verbindung).

[31] *Kleinknecht/Meyer-Goßner* 7; *Pfeiffer/Fischer* 2; auch KMR-*Paulus* 28 hält stillschweigende Verbindung für zulässig, aber aus Gründen der Prozeßklarheit ausdrückliche Entscheidung für wünschenswert.

[32] RG GA **51** (1904) 405; SK-*Schlüchter* 7.

[33] RGSt **57** 44; *Kleinknecht/Meyer-Goßner* 7; **a. A** SK-*Schlüchter* 7 (Beschluß muß auch pflichtgemäße Ermessensausübung aufzeigen); zu dieser nicht nur hier strittigen Frage vgl. § 34, 7.

gemeinsamen Verhandlung nach § 237 verbunden werden[34]; dies kann schon durch die dem § 237 entsprechende Wortwahl der Anordnung geschehen[35].

4. Wirkung der Verbindung

11   **a)** Nach § 237 werden die Strafsachen nur **zur gemeinsamen Verhandlung** verbunden; anders als bei der Verbindung nach §§ 2 ff tritt keine Verschmelzung der Verfahren ein. Die **Selbständigkeit der einzelnen Strafsachen** bleibt bestehen, so daß jede grundsätzlich ihren eigenen Gesetzen folgt[36]. § 5 ist insoweit auch nicht entsprechend anwendbar.

12   **b) Verfahrensgestaltung.** Die gemeinsame Verhandlung hat aber — ungeachtet der fortbestehenden Selbständigkeit der Strafsachen — wichtige verfahrensrechtliche Auswirkungen: Die Angeklagten aller verbundenen Verfahren werden zu **Mitangeklagten**[37]. Sie sind, sofern nicht eine Anordnung nach § 247 ergeht oder eine Beurlaubung nach § 231 c erfolgt, in Gegenwart aller Mitangeklagten zu vernehmen und sie haben das Recht, bei der kommissarischen Vernehmung eines Mitangeklagten anwesend zu sein[38]. Ihre Verfahrensbefugnisse erstrecken sich auf das ganze verbundene Verfahren. Sie können die Ergebnisse der einheitlichen Hauptverhandlung grundsätzlich zu ihrer eigenen Verteidigung nutzen (vgl. Vor § 226, 33), sich zur Einlassung der Mitangeklagten äußern und auch dazu Fragen stellen (RGSt **55** 168). Als Zeuge gegen einen Mitangeklagten können sie nicht auftreten[39]. Ihre Zulassung als Nebenkläger gegen einen anderen Mitangeklagten bleibt möglich, sofern dies nicht die Teilnahme an der gleichen Tat betrifft[40]. Der Ausschluß der Öffentlichkeit in einem Verfahren erstreckt sich auf das gesamte Verfahren[41]. Die Auswirkungen der Verbindung auf die Verteidigung nach § 146 sind dort erörtert[42].

13   Andererseits folgt aus der fortbestehenden Selbständigkeit, daß in jeder verbundenen Sache der **Anklagesatz verlesen** werden muß (§ 243 Abs. 3) bzw. der an seine Stelle tretende Beschluß nach § 270 Abs. 2[43]. Ist ein in der Berufungsinstanz anhängiges Verfahren mitverbunden, ist für dieses statt des Anklagesatzes das Urteil des ersten Rechtszugs nach § 324 Abs. 1 zu verlesen[44]. Rechte, die ein Angeklagter nur bis zu einem bestimmten Verfahrensabschnitt ausüben kann, wie etwa der Einwand der fehlerhaften Besetzung der Richterbank, gehen nicht dadurch verloren, daß die Sache mit einem Verfahren verbunden wird, in dem dieser Verfahrensabschnitt bereits überschritten ist[45]. Hat das Gericht in

---

[34] Vgl. RGSt **69** 370; **70** 65, BGH NJW **1953** 863; KMR-*Paulus* 28, der dies allerdings bei der stillschweigenden Verbindung für entbehrlich hält, weil nach der von ihm vertretenen Auffassung § 4 und § 237 sich ausschließen, so daß nur ein Verbindungsgrund in Frage kommen kann.

[35] Vgl. etwa BGH NStZ **1992** 397; bei *Holtz* MDR **1990** 890.

[36] RGSt **57** 271; BGHSt **19** 181; **26** 275; **35** 197; **36** 348; **37** 42; MDR bei *Holtz* **1990** 896; BGHR StPO § 237 Verbindung 1; KG JR **1969** 349; OLG Düsseldorf MDR **1985** 252; KK-*Treier* 10; *Kleinknecht/Meyer-Goßner* 8; KMR-*Paulus* 32; SK-*Schlüchter* 8; *Eb. Schmidt* 11, 12; vgl. auch Rdn. 13, 14.

[37] H. M, etwa KK-*Treier* 10; *Kleinknecht/Meyer-Goßner* 8; KMR-*Paulus* 33; SK-*Schlüchter* 10; vgl. auch *Gollwitzer* FS Sarstedt 17.

[38] RGSt **57** 271; RG GA **51** (1904) 409; JW **1927** 2042; KMR-*Paulus* 33; *Oetker* Rechtsgang **3** 259; *Mezger* JW **1927** 2042; *Eb. Schmidt* 16.

[39] RGSt **6** 280; RGRspr. **10** 343; GA **39** (1891) 316; Recht **1906** Nr. 3182; BGHSt **18** 342; *Hanack* JZ **1971** 90; *Eb. Schmidt* JZ **1970** 342; weitere Nachweise vgl. Vor § 48.

[40] RGSt **22** 241; BGH NJW **1978** 330; *Gollwitzer* FS Schäfer 68; vgl. bei § 395.

[41] KK-*Treier* 10; *Kleinknecht/Meyer-Goßner* 8; KMR-*Paulus* 33; *Pfeiffer/Fischer* 4; SK-*Schlüchter* 10.

[42] Vgl. BayObLGSt **1976** 93 = MDR **1977** 820; OLG Stuttgart NStZ **1985** 326; SK-*Schlüchter* 8.

[43] Vgl. RGSt **61** 404 und bei § 243.

[44] KK-*Treier* 10; KMR-*Paulus* 38; SK-*Schlüchter* 8; *Eb. Schmidt* Nachtr. I 13.

[45] SK-*Schlüchter* 8; vgl. § 25, 5; § 222 b, 9.

einer Sache das persönliche Erscheinen angeordnet, so gelten hieran anknüpfende Rechtsfolgen nicht ohne weiteres auch für ein hinzuverbundenes Verfahren[46].

Hat die Strafkammer eine Sache des **ersten Rechtszugs** mit einer **Berufungssache** **14** verbunden, so bleibt eine Berufungsbeschränkung wirksam[47]. Die in den §§ 324, 325 vorgesehenen erleichterten Formen der Beweisaufnahme dürfen nur gegen den Angeklagten und nur hinsichtlich der Tat gebraucht werden, die bereits Gegenstand der amtsgerichtlichen Entscheidung war, während bei den Angeklagten und hinsichtlich der Taten, die die Strafkammer im ersten Rechtszug behandelt, die für diesen geltenden Verfahrensvorschriften uneingeschränkt anwendbar sind[48].

c) Entscheidung. Nach der jetzt vorherrschenden Ansicht[49] beschränkt sich die Ver- **15** bindung der Verfahren auf die gemeinsame Verhandlung; sie erfordert deshalb **keine einheitliche Entscheidung.** Ein einheitliches Urteil ist zwar zulässig, da aber die Verfahren nach dem Urteil ohnehin isoliert weiterlaufen, wird es für zweckmäßiger gehalten, wenn in jeder ein eigenes Urteil ergeht[50]. Wird die Trennung noch vor Abschluß des Gesamtverfahrens aufgehoben, weil nur eine Strafsache entscheidungsreif ist, ist dies ohnehin notwendig. Sind mehrere Berufungssachen verbunden worden, muß über jedes Rechtsmittel gesondert entschieden werden[51]. Geht man mit der jetzt wohl vorherrschenden Meinung[52] davon aus, daß die Verbindung nach § 237 nicht über den Abschluß des Verfahrens hinauswirkt und die Verfahren danach auch hinsichtlich der Rechtsmittel ihre eigenen Wege gehen (vgl. Rdn. 29), so ist es konsequent, aus den in den einzelnen Strafsachen ergehenden, bei Verkündung nicht rechtskräftigen Straferkenntnissen entgegen der früheren Ansicht keine **Gesamtstrafe** (bei Jugendlichen keine Einheitsstrafe) zu bilden, sondern erst nach der möglicherweise zu sehr unterschiedlichen Zeitpunkten eintretenden Rechtskraft der Verurteilungen darüber im Verfahren nach § 460 bzw. § 66 JGG zu entscheiden[53].

5. Trennung der verbundenen Sachen. Zusammenhängende Sachen, die gemäß **16** § 237 miteinander verbunden sind, können jederzeit wieder getrennt werden, auch vor Abschluß der Hauptverhandlung durch Urteil. Ebenso wie bei der Verbindung erfordert auch die Trennung der Verfahren einen **förmlichen Beschluß** (vgl. Rdn. 8), der nach Anhörung der Verfahrensbeteiligten ergeht und ihnen formlos bekanntzugeben ist, sofern er nicht bereits in der verbundenen Hauptverhandlung verkündet wird. Ein förmlicher Trennungsbeschluß ist im Interesse der Rechtsklarheit auch angezeigt, wenn man annimmt, daß mit dem Abschluß der Hauptverhandlung die Verfahrensverbindung nach

---

[46] BayObLG NJW **1995** 2120 (zu § 74 Abs. 2 OWiG).

[47] BGH bei *Miebach* NStZ **1988** 211; KK-*Treier* 10; *Kleinknecht/Meyer-Goßner* 8; KMR-*Paulus* 34; SK-*Schlüchter* 8.

[48] BGHSt **19** 182; RGSt. **57** 271; *Eb. Schmidt* 13; KK-*Treier* 10; *Kleinknecht/Meyer-Goßner* 8; KMR-*Paulus* 38; SK-*Schlüchter* 8. RGSt **20** 161 besagt nur, daß die erleichterten Formen der Beweisaufnahme nicht gegen den Angeklagten zu Beweiszwecken dienen dürfen, gegen den im ersten Rechtszug verhandelt wird.

[49] Zur früher vorherrschenden gegenteiligen Ansicht vgl. etwa BGHSt **29** 67 = JR **1980** 262 mit Anm. *Brunner*, sowie die 24. Aufl.; vgl. zu den den Meinungsumschwung auslösenden Änderungen in der Rechtsprechung des BGH etwa *Meyer-Goßner*

DRiZ **1990** 286; *Steinmetz* JR **1993** 228; SK-*Schlüchter* 8, 9.

[50] BGHSt **37** 42; früher schon KG JR **1969** 349; *Meyer-Goßner* DRiZ **1985** 245; *Kleinknecht/Meyer-Goßner* 8; SK-*Schlüchter* 9; KK-*Treier* 11 zweifelt insoweit an der Prozeßwirtschaftlichkeit.

[51] KMR-*Paulus* 34.

[52] Zur früher herrschenden gegenteiligen Auffassung vgl. etwa BGHSt **29** 67 = JR **1980** 262 mit Anm. *Brunner* (zur Einheitsstrafe nach JGG); BGH MDR **1955** 755; bei *Dallinger* MDR **1975** 23; *Mösl* NStZ **1981** 425; BGHR § 237 Verbindung 2; KK-*Treier* 3; sowie die 24. Aufl.

[53] BGH St **36** 352; **37** 42 = JR **1991** 73 mit abl. Anm. *Bringewat*; BGHR § 237 Verbindung 4; früher schon KG JR **1969** 349; AK-*Keller* 5; *Kleinknecht/Meyer-Goßner* 8; SK-*Schlüchter* 9; **a. A**: *Bringewat* JR **1991** 75; *Steinmetz* JR **1993** 232.

§ 237 (anders als die nach den §§ 2 ff) kraft Gesetzes automatisch endet[54]. Auch wenn ein solcher Beschluß dann nur noch deklaratorisch ist, dürfte er allenfalls dann entbehrlich sein, wenn jedes der verbundenen Verfahren durch ein eigenes Urteil (vgl. Rdn. 18) abgeschlossen wird und dabei eindeutig zum Ausdruck kommt, daß die Verbindung beendet ist und jedes Verfahren auch hinsichtlich der Rechtsmittel seinen eigenen Regeln folgt. Auch eine **vorübergehende Trennung** ist zulässig[55]. Sie hat ihre Grenzen dort, wo zwingende Vorschriften der Strafprozeßordnung entgegenstehen, sie darf vor allem nicht dazu dienen, das Anwesenheitsgebot des § 230 zu umgehen[56], vor allem, um einen Mitangeklagten von der Wahrnehmung seiner Verfahrensrechte zeitweilig gegen seinen Willen auszuschalten oder ihn in eine Zeugenrolle zu drängen (Rdn. 18). Zum Verhältnis zwischen der vorübergehenden Abtrennung und der Beurlaubung nach § 231 c vgl. dort Rdn. 3.

17   Über die Trennung entscheidet das Gericht ebenfalls nach **pflichtgemäßem Ermessen**, für das die Erfordernisse der Wahrheitsforschung ebenso richtungsweisend zu sein haben wie Überlegungen der Prozeßwirtschaftlichkeit und das Gebot zur Verfahrensbeschleunigung. So kann die Trennung angezeigt sein, wenn von mehreren selbständigen Strafsachen nur die eine entscheidungsreif ist, während die andere ausgesetzt werden muß[57]. Der Trennung steht nicht grundsätzlich entgegen, daß Mitangeklagte dadurch **zu Zeugen werden** können. Das Zeugnis muß aber einen selbständigen Anklagepunkt betreffen, an dem der ehemalige Mitangeklagte nach der zugelassenen Anklage nicht selbst beteiligt war[58]. Sie ist ermessensmißbräuchlich, wenn sie lediglich zu dem Zweck angeordnet wird, vorübergehend einen Mitangeklagten formell zum Zeugen hinsichtlich seines eigenen Tatbeitrags zu machen[59] oder das Anwesenheitsgebot des § 230 zu umgehen (Vgl. § 230, 15; § 231, 3; 4).

18   **Wirkung der Trennung.** Diese stellt auch in Bezug auf die Verhandlung die volle Selbständigkeit der Verfahren für die Zukunft wieder her; die Wirkungen der Verfahrensverbindung (Rdn. 12) entfallen für die Zukunft. Für die Beurteilung des Verhandlungsteiles während der Verfahrensverbindung bleiben sie aber maßgebend. Die während der verbundenen Verhandlung gewonnenen Beweisergebnisse sind für die Urteilsfindung (§ 261) in jedem der getrennten Verfahren voll verwertbar, ohne Rücksicht darauf, für oder gegen wen sie in die gemeinsame Verhandlung eingeführt wurden. Was ein Mitangeklagter während der Verbindung ausgesagt hat, ist auch dann unter diesem Blickwinkel zu würdigen, wenn der Mitangeklagte nach der Trennung als Zeuge hätte vernommen werden dürfen. Ein während der Verfahrensverbindung kraft Gesetzes ausgeschlossener Richter wird auch nach der Trennung nicht wieder mitwirkungsbefugt[60]. Ob bei Trennung eine nur durch die Verbindung begründete Zuständigkeit wieder entfällt, ist strittig[61].

---

[54] *Kleinknecht/Meyer-Goßner* 9; *Pfeiffer/Fischer* 5; SK-*Schlüchter* 12; **a. A** KK-*Treier* 12; KMR-*Paulus* 42, die in jedem Fall einen konstitutiven Trennungsbeschluß für erforderlich halten.

[55] H. M; so BGHSt **32** 100; BGH MDR **1984** 16; ferner § 230, 15 mit weit. Nachw.

[56] BGHSt **24** 259; **30** 74; **32** 270; BGH StV **1982** 252; BGH bei *Pfeiffer/Miebach* NStZ **1983** 355; weitere Nachweise vgl. § 230, 15.

[57] BGH bei *Dallinger* MDR **1975** 23; h. M; vgl. auch Rdn. 7.

[58] BGH MDR **1964** 522 = LM § 4 Nr. 6; BGH JZ **1984** 587; BGH bei *Dallinger* MDR **1971** 897; vgl. auch BGHSt **32** 103; BGH StV **1984** 361 mit Anm.

Prittwitz und StV **1985** 89 mit Anm. *Meyer-Goßner*; *Alsberg/Nüse/Meyer* 182; KK-*Treier* 12; SK-*Schlüchter* 13; weit. Nachw. Vor § 48 sowie in der nachf. Fußn.

[59] BGHSt **24** 259; BGH GA **1968** 305; dazu *Gerlach* JR **1969** 149; *Hanack* JZ **1971** 90; BGH MDR **1977** 639; *Grünwald* FS Klug II 498; *Montenbruck* ZStW **89** (1977) 878; *Müller-Dietz* ZStW **93** (1981) 1227; KK-*Treier* 14; SK-*Schlüchter* 13; wegen weiterer Einzelheiten und der grundsätzlichen Probleme des Rollentausches vgl. Vor § 48.

[60] BGH GA **1979** 311; vgl. § 22, 5; 47.

[61] *Mutzbauer* NStZ **1995** 213 mit weit. Nachw. zum Streitstand; vgl. ferner bei § 269.

6. Rechtsmittel

a) Beschwerde. Der Beschluß des **erkennenden Gerichts**, der die Verbindung nach **19** § 237 anordnet oder der die verbundenen Sachen wieder trennt, steht im inneren Zusammenhang mit der Urteilsfällung. Er ist nach § 305 Satz 1 nicht mit **Beschwerde** anfechtbar. Das gleiche gilt, wenn das erkennende Gericht die Trennung oder Verbindung ablehnt[62].

Eine **Ausnahme** greift dann Platz, wenn die Wirkung des Beschlusses über die bloße **20** Verbindung oder Trennung hinausreicht, weil er den Fortgang des verbundenen Verfahrens oder eines der abgetrennten Verfahren auf längere oder unbestimmte Zeit hemmt; denn insoweit dient er nicht mehr lediglich der Vorbereitung und Förderung der Urteilsfällung. Eine solche Hemmwirkung liegt nicht schon vor, wenn die Verbindung oder Trennung aus verfahrenstechnischen Gründen eine Vertagung der Hauptverhandlung zur Folge hat, wohl aber dann, wenn durch den Beschluß eine Sache abgetrennt und das abgetrennte Verfahren auf unbestimmte Zeit bis zur Erledigung eines anderen Verfahrens ausgesetzt wird[63].

Beschwerdeberechtigt ist in diesem Fall aber nur derjenige Angeklagte, gegen den **21** sich der Beschluß hemmend auswirkt, nicht die anderen, bei denen das Verfahren seinen Fortgang nimmt.

Hat über die Verbindung nicht das erkennende Gericht entschieden, sondern zu Recht **22** oder Unrecht ein **anderes Gericht**, so ist dessen Entscheidung mit Beschwerde anfechtbar[64].

b) Revision. Die Fehlerhaftigkeit einer Verbindung oder Trennung kann von den **23** dadurch in den eigenen Verfahrensrechten Betroffenen[65] mit der **Revision** gerügt werden. Das Revisionsgericht kann jedoch nur prüfen, ob die gesetzlichen Voraussetzungen des § 237 eingehalten worden sind, die Verbindung oder Trennung also nicht rechtsfehlerhaft war[66] und ob ein formgerechter Beschluß des zuständigen Gerichts vorliegt. Die Unzweckmäßigkeit der Verbindung oder Trennung ist kein Revisionsgrund[67]. Die Ermessensentscheidung ist nur dann mit der Revision angreifbar, wenn ein § 237 verletzender Ermessensmißbrauch vorliegt und der Revisionsführer konkret aufzeigen kann, wieso er dadurch in seinen Verfahrensrechten urteilsrelevant beeinträchtigt wurde, auch, daß die mißbräuchliche Verbindung sein Recht auf den gesetzlichen Richter verletzt hat.

Ist die Verbindung oder Trennung ohne die erforderliche **Anhörung** der Verfahrensbe- **24** teiligten beschlossen worden, so verhilft dies allein der Revision nicht zum Erfolg. Ein das Urteil beeinflussender Verfahrensfehler wäre allenfalls denkbar, wenn der Revisionsführer darlegen kann, daß er dadurch die Möglichkeit verloren hat, durchgreifende Einwände

---

62 BGH NJW **1993** 1279; BayObLGSt **1952** 117; KG JW **1932** 962; OLG Düsseldorf MDR **1985** 693; OLG Koblenz MDR **1982** 429; AK-*Keller* 5; KK-*Treier* 16; KMR-*Paulus* 45; SK-*Schlüchter* 14.

63 BayObLGSt **1953** 87; OLG Frankfurt StV **1983** 92; *Eb. Schmidt* 10; KK-*Treier* 16; KMR-*Paulus* 45; SK-*Schlüchter* 14; *Gössel* § 21 B III e; *Schlüchter* 21 Fußn. 34; nach *Bohnert* 30 f ist nicht die Verbindung oder Trennung als solche, sondern allenfalls die dadurch verursachte Aussetzung der Beschwerde zugänglich.

64 AK-*Keller* 6; KMR-*Paulus* 45; SK-*Schlüchter* 14; vgl. KG JR **1969** 349; ferner OLG Schleswig SchlHA **1954** 64. Dort hatte es das Landgericht ab-

gelehnt, eine zu ihm neu angeklagte Sache mit einem bereits anhängigen Verfahren zu verbinden und die neue Sache vor dem Schöffengericht eröffnet. Das Oberlandesgericht ließ die Beschwerde zu, weil das Landgericht nicht das erkennende Gericht (zweifelhaft) gewesen sei.

65 SK-*Schlüchter* 15.

66 Andernfalls ist der die Verbindung anordnende Spruchkörper für die hinzuverbundene Sache nicht der gesetzliche Richter.

67 BGHSt **18** 238; BGH NJW **1953** 836; *Eb. Schmidt* 17; AK-*Keller* 6; KK-*Treier* 17; *Pfeiffer/Fischer* 6; KMR-*Paulus* 47; SK-*Schlüchter* 15; *Bohnert* 28; *Bohnert* GA **1994** 109.

gegen die Verbindung oder Trennung geltend zu machen und dies ihn in einem eigenen Verfahrensrecht irreversibel beeinträchtigt hat, weil er nicht in der Lage war, im weiteren Verfahren durch Vortrag seiner Bedenken Abhilfe zu erlangen[68]. Der Weg, mit der Revision unmittelbar den durch Trennung oder Verbindung ausgelösten belastenden Verfahrensfehler zu rügen (vgl. Rdn. 27, 28), ist aber meist einfacher und verspricht mehr Erfolg.

25   Der Verbindungsbeschluß **beschränkt** auch nicht etwa deshalb die **Verteidigung** in unzulässiger Weise (§ 338 Nr. 8), weil dadurch ein Zeuge zum Mitangeklagten wird[69]. Etwas anderes kann bei einer rechtsmißbräuchlichen Verbindung gelten, wenn dadurch Verfahrensbefugnisse eines Angeklagten beeinträchtigt werden[70].

26   Die „**stillschweigende Abtrennung**" und Wiederverbindung ohne förmlichen Gerichtsbeschluß verletzt allenfalls § 237, nicht aber die §§ 230, 231, so daß der absolute Revisionsgrund des § 338 Nr. 5 nicht Platz greift[71]; Erfolg hat die Revision nur, wenn das Urteil ausnahmsweise darauf beruht. Dies wird unter dem Blickwinkel der Umgehung des § 230 angenommen, wenn Erkenntnisse, die das Gericht aus der Hauptverhandlung während einer vorübergehenden Abtrennung gewonnen hat, für die Urteilsfindung gegen den nicht an ihr beteiligten Angeklagten verwendet werden[72]. Zum darin liegenden Verstoß gegen § 261 vgl. Rdn. 27.

27   Mit der Revision kann unter Anführung aller den Verstoß belegenden Tatsachen (§ 344 Abs. 2) beanstandet werden, wenn als Folge der Verbindung oder Trennung **andere Normen des Verfahrensrechts** verletzt worden sind. Die Gefahr eines Verstoßes gegen § 261 besteht insbesondere dann, wenn während einer bereits teilweise durchgeführten Hauptverhandlung ein weiteres Verfahren durch Verbindung einbezogen wird. Es können dann sehr leicht Erkenntnisse aus dem vor der Verbindung liegenden Verfahrensteil bei der Entscheidung gegen den neu hinzutretenden Angeklagten verwertet werden. Dies ist selbst dann unzulässig, wenn dieser von den wesentlichen Ergebnissen des vor der Verbindung liegenden Teils der Hauptverhandlung unterrichtet worden ist[73].

28   In besonderen Ausnahmefällen kann die Nichtverbindung zweier Verfahren gegen die **Aufklärungspflicht** verstoßen, wenn sich dem Tatrichter diese Maßnahme zur besseren Ermittlung der Wahrheit hätte aufdrängen müssen; dies kann, muß aber nicht, bei mehreren Verfahren gegen den gleichen Angeklagten der Fall sein[74]. Die Aufklärungspflicht ist aber nicht notwendig schon dann verletzt, wenn durch die Verbindung der einzige Tatzeuge zum Mitangeklagten wird, denn die formale Stellung im Prozeß ist für den Wahrheitsgehalt einer Aussage letztlich nicht ausschlaggebend. In besonderen Einzelfällen mag dies möglich sein[75].

29   Die **Zuständigkeit des Revisionsgerichts** ist strittig, wenn ohne die Verbindung in der einen Sache der Rechtsweg zum Bundesgerichtshof und in der anderen zum Oberlandesgericht (Bayerisches Oberstes Landesgericht) führt. Nach der früher vorherrschenden Auffassung war einheitlich die Revision zum Bundesgerichtshof gegeben, wenn vor dem

---

68 OLG Koblenz OLGSt 3; vgl. KMR-*Paulus* 52; SK-*Schlüchter* 15.

69 BGHSt **18** 238; zust. *Eb. Schmidt* JZ **1970** 342; vgl. *Hanack* JZ **1971** 90; BGHSt **32** 273; BGH bei *Holtz* MDR **1982** 972; BGH JR **1984** 587; SK-*Schlüchter* 16.

70 BGH JR **1969** 148 mit Anm. *Gerlach*; vgl. Rdn. 16, 18; *Gössel* § 21 B III e.

71 RGSt **70** 342; KMR-*Paulus* 47.

72 BGHSt **32** 270; BGH NJW **1953** 836; SK-*Schlüchter* 16; vgl. dazu § 230, 51 ff.

73 RGSt **67** 417; RG JW **1935** 2980; BGH NJW **1984** 2174; KK-*Treier* 15; KMR-*Paulus* 50; SK-*Schlüchter* 16.

74 BGH nach KMR-*Paulus* 51; OLG Koblenz VRS **49** (1975) 115.

75 KMR-*Paulus* 51 leitet dies aus der unterschiedlichen Auskunftspflicht ab; dazu vgl. BGH MDR **1982** 104; ähnlich SK-*Schlüchter* 17.

Landgericht ein Verfahren erster Instanz mit einem Berufungsverfahren nach § 237 verbunden und über beide in einem einheitlichen Urteil entschieden worden war[76]. Zieht man jedoch die Konsequenz aus der neueren Rechtsprechung, die die Selbständigkeit der Verfahren stärker betont und die analoge Anwendung des § 5 und zum Teil auch des § 4 auf die Verbindung nach § 237 ebenso ablehnt[77] wie die Bildung einer Gesamtstrafe (Rdn. 15), dann ist grundsätzlich die Entscheidung in jedem der nur bis zum Urteil verbundenen Verfahren (vgl. Rdn. 15, 16) in dem Rechtsmittelzug anfechtbar, der für dieses Verfahren auch ohne Verbindung gegeben wäre[78], unabhängig davon, ob die besonderen Fallgestaltungen vorliegen, in denen auch früher trotz der Verbindung der Rechtsweg zum Oberlandesgericht angenommen worden war[79].

[76] BGH MDR **1955** 755; NJW **1955** 1890 (L) = LM § 135 GVG Nr. 3; *Gössel* § 21 B III d. Ebenso RGSt **48** 93; **59** 363; RG DR **1941** 777; **a. A** *Boldt* DR **1941** 777; *Bruns* ZAkDR **1941** 248; *Eb. Schmidt* 13, Nachtr. I 13.

[77] Z. B. BGHSt **36** 351; **37** 42; BGH bei *Holtz* MDR **1990** 890; *Kleinknecht/Meyer-Goßner* 8; SK-*Schlüchter* 9; 18; zu den strittigen Fragen auch *Mutzbauer* NStZ **1995** 213; ferner bei den §§ 4, 5, insbes. § 4, 14 ff.

[78] BGHSt **35** 197 = JR **1988** 325 mit insoweit zust. Anm. *Meyer*; BGHSt **36** 348; **37** 42 = JR **1991** 73 mit Anm. *Bringewat*; BGH NStZ **1990** 243; bei *Holtz* MDR **1990** 890; früher schon KG JR **1969** 349; *Meyer-Goßner* DRiZ **1985** 245; **1990** 890;

AK-*Keller* 5; *Kleinknecht/Meyer-Goßner* 8; *Pfeiffer/Fischer* 6; SK-*Schlüchter* 18; zum Wandel der Rechtsprechung vgl. auch KK-*Treier* 11; *Kunkis* DRiZ **1993** 188. Nach KMR-*Paulus* 39 ist analog § 5 (konsequent wegen der Annahme einer notwendigen Verbindung nach §§ 3, 4) grundsätzlich die Revision zum BGH gegeben, es sei denn, daß sich die Revision allein gegen die Berufungsentscheidung wendet.

[79] Vgl. etwa KG JR **1969** 349 (Revision zum OLG, wenn nur Entscheidung in Berufungssache angefochten); ferner BGH bei *Holtz* MDR **1990** 890; *Eb. Schmidt* Nachtr. I 15; SK-*Schlüchter* 18 sowie BGHSt **35** 195 = JR **1988** 325 mit Anm. *Meyer*.

§ 238

(1) Die Leitung der Verhandlung, die Vernehmung des Angeklagten und die Aufnahme des Beweises erfolgt durch den Vorsitzenden.

(2) Wird eine auf die Sachleitung bezügliche Anordnung des Vorsitzenden von einer bei der Verhandlung beteiligten Person als unzulässig beanstandet, so entscheidet das Gericht.

Schrifttum. *Alsberg* Leitung und Sachleitung im Zivil- und Strafprozeß, LZ **1914** 1169; *Arntzen* Das Verhalten von Richtern gegenüber Angeklagten, DRiZ **1974** 350; *Arntzen* Vernehmungspsychologie[3] (1993); *Bohnert* Die Beschränkung der strafprozessualen Revision durch Zwischenverfahren (1983); *Breithaupt* Die Verhandlungsleitung im Strafprozeß, DRiZ **1962** 47; *Ebert* Zum Beanstandungsrecht nach Anordnungen des Strafrichters gem. § 238 Abs. 2 StPO, StV **1997** 269; *Erker* Das Beanstandungsrecht gemäß § 238 Abs. 2 StPO (1988); *Fuhrmann* Verwirkung des Rügerechts bei nichtbeanstandeten Verfahrensverletzungen des Vorsitzenden, NJW **1963** 1230; *Fuhrmann* Das Beanstandungsrecht des § 238 II StPO, GA **1963** 65; *Göppinger* Beobachtungen eines Sachverständigen in der Hauptverhandlung, FS Tröndle 473; *Goldschmidt* Die Sachleitung des Vorsitzenden im Straf- und Zivilprozeß, JW **1929** 2684; *Greiser* Störungen und Sabotageversuche in der Hauptverhandlung, JA **1983** 429; *Greiser/Artkämper* Die gestörte Hauptverhandlung[2] (1997); *Hammerstein* Kann die Reihenfolge der Beweiserhebung das Urteil beeinflussen? FS Rudolf Schmitt (1992) 323; *Hesse* Unkorrektes und unprofessionelles Verhalten von Richtern, JZ **1996** 449; *Jescheck* Die Verwirkung von Verfahrensrügen im Strafprozeß, JZ **1952** 400; *Kiderlen* Die Verwirkung von Verfahrensrügen im Strafprozeß (1960); *Kindhäuser* Rügepräklusion durch Schweigen im Strafverfahren, NStZ **1987** 529; *Lüderssen* Der gefesselte Angeklagte, GedS Meyer 269; *Maatz* Mitwirkungspflicht des Verteidigers in der Hauptverhandlung und Rügeverlust, NStZ **1992** 512; *Niethammer* Die Stellung des Vorsitzenden und die Vernehmung des Angeklagten in der Hauptverhandlung, JZ **1951** 132; *Roesen* Die Stellung des Vorsitzenden in der Hauptverhandlung, NJW **1958** 977; *Sarstedt* Der Vorsitzende des Kollegialgerichts, Juristen-Jahrbuch, Bd. **8** 104 ff (1967/68); *Schild* Der Richter in der Hauptverhandlung, ZStW **94** (1982) 37; *Schlüchter* Wider die Verwirkung von Verfahrensrügen, GedS Meyer 445; *Schlüchter* Zum normativen Zusammenhang zwischen Rechtsfehler und Urteil, FS Krause 485; *W. Schmid* Zur Anrufung des Gerichts gegen den Vorsitzenden (§ 238 StPO), FS Mayer 543; *Seibert* Beanstandung von Fragen des Vorsitzenden durch den Verteidiger, JR **1952** 471; *Seibert* Der Beisitzer, JZ **1959** 349; *Scheuerle* Vierzehn Tugenden für Vorsitzende Richter (1983); *Tröndle* Über den Umgang des Richters mit anderen Verfahrensbeteiligten, DRiZ **1970** 213 ff; *Wassermann* Die Verantwortung des Vorsitzenden für die Kultur der Hauptverhandlung, DRiZ **1986** 41; *Weißmann* Die Stellung des Vorsitzenden in der Hauptverhandlung (1982); *Widmaier* Mitwirkungspflicht des Verteidigers in der Hauptverhandlung und Rügeverlust? NStZ **1992** 519. Vgl. ferner das Schrifttum zum Schutz des Zeugen in der Hauptverhandlung bei §§ 68, 68 a und §§ 171 b, 172 GVG sowie zur Sitzungspolizei bei § 176 GVG und allgemein zur Hauptverhandlung Vor § 226.

Entstehungsgeschichte. § 238 trug bis 1924 die Bezeichnung § 237. Sein Absatz 2 wurde erst während der Beratungen des Gesetzes von der Reichstagskommission eingefügt (vgl. dazu *Fuhrmann* GA **1963** 70 f). Nach dem Beschluß der ersten Lesung enthielt er das Wort unzulässig nicht (Prot. 347). Die Regierungsvertreter verlangten, die Worte „als gesetzlich unzulässig" einzuschalten. Dieses Verlangen wurde zunächst abgelehnt (Prot. 948), später aber erfüllt (Sitzung 1729), doch wurde das Wort „gesetzlich" als überflüssig wieder gestrichen. Durch die Beschränkung des Anrufungsrechts auf die Fälle der „Unzulässigkeit" sollte verhütet werden, daß die Vorschrift mißbraucht werde, „um ohne genügenden Grund nach Belieben Gerichtsbeschlüsse herbeizuführen und dadurch die Sachleitung des Vorsitzenden und den Fortgang der Verhandlung zu stören und aufzuhalten" (*Hahn* Mat. **2** 1555). Vorschläge zur Reform der Vorschrift setzten schon bald ein[1], führten aber zu keiner Änderung.

---

[1] Dazu *Alsberg* LZ **1914** 1169; *Alsberg* ZStW **50** (1930) 73; *Goldschmidt* JW **1929** 2687; vgl. ferner *Fuhrmann* GA **1963** 65; *Bohnert* 191.

Walter Gollwitzer

Übersicht

Alphabetische Übersicht

I. Aufgaben des Vorsitzenden (Absatz 1)

1. Aufgabenverteilung zwischen Vorsitzendem und Gericht. § 238 Abs. 1 überträgt **1** die Leitung der Verhandlung grundsätzlich dem Vorsitzenden. Dies ist schon aus technischen Gründen unerläßlich, denn eine straffe und zügige Durchführung der Hauptverhandlung wäre nicht gewährleistet, wenn das Gericht als Kollegialorgan über jede einzelne der vielen Lenkungsmaßnahmen, die die Durchführung der Hauptverhandlung erfordert, erst Beschluß fassen müßte[2]. Die Strafprozeßordnung behält daher nur einige für die Urteilsfindung sachlich wichtige Anordnungen der Entscheidung des Gerichts vor (vgl. §§ 4, 6 a Satz 1, § 27 Abs. 1; §§ 51, 70, 77, 228 Abs. 1 Satz 1, § 230 Abs. 2, § 231 Abs. 2, § 231 a Abs. 3, §§ 231 b, 231 c, 233, 236, 237, 244 Abs. 6, § 245 Abs. 2; §§ 247, 251 Abs. 4, § 265 Abs. 4, §§ 266, 270). In den anderen Fällen obliegt es dem Vorsitzenden, die zum Fortgang der Verhandlung notwendigen Maßnahmen zu treffen[3]. Zum Sonderfall der Vorabentscheidung über die Vereidigung vgl. § 59, 13 ff.

2   **Vorläufigkeit der Entscheidung des Vorsitzenden.** Soweit der Vorsitzende über etwas entscheidet, was das Gericht bei der Urteilsfindung selbst zu prüfen hat, ist seine Entscheidung immer nur eine vorläufige[4]. Das Gericht wird dadurch weder bei seiner endgültigen Entscheidung gebunden, noch sind seine Mitglieder gehindert, schon während der Hauptverhandlung über § 238 Abs. 2 eine Entscheidung des Gerichts herbeizuführen. Desungeachtet ordnet der Vorsitzende die Maßnahmen kraft eigenen Rechts an[5]. Dabei macht es keinen Unterschied, ob man annimmt, daß er auf Grund einer ihm gesetzlich übertragenen besonderen Befugnis handelt oder daß er dabei das Gericht vertritt[6]. Auch im letzteren Fall bedürften seine Anordnungen zu ihrer Wirksamkeit nicht der stillschweigenden oder ausdrücklichen Billigung durch die anderen Mitglieder des Gerichts[7]. Das Gericht hat nach Absatz 2 nur insoweit ein Eingriffsrecht, als die Maßnahmen des Vorsitzenden die Rechtmäßigkeit eines Verfahrensvorgangs betreffen, der die Grundlagen für die Urteilsfällung bzw. für andere prozeßtragende Entscheidungen des Gerichts liefern soll. Die Kontrolle beschränkt sich auf die Rechtmäßigkeit, nicht aber auf die Zweckmäßigkeit der Maßnahmen des Vorsitzenden (vgl. Rdn. 31 f). Das gleiche gilt bei Fragen anderer Prozeßbeteiligter (§ 242). Diese Regelung findet ihre innere Rechtfertigung darin, daß letztlich das ganze Gericht — und nicht nur der Vorsitzende — dafür verantwortlich ist, daß sein Urteilsspruch in einem rechtlich nicht zu beanstandenden Verfahren gefunden wird[8].

2. Die einzelnen Aufgaben des Vorsitzenden

3   **a) Leitung der Verhandlung** ist umfassend zu verstehen. Über die im Gesetz ausdrücklich geregelten Einzelfälle hinaus fallen hierunter alle Maßnahmen (vgl. Rdn. 17 f), die der Vorsitzende für die Durchführung der Verhandlung einschließlich der Heilung von Verfahrensfehlern trifft[9]. Der Vorsitzende eröffnet, unterbricht und schließt die Verhandlung (§ 243 Abs. 1, § 228 Abs. 1 Satz 2, § 258) und verkündet das Urteil (§ 268). Sind Ent-

---

[2] Der Vorsitzende des Kollegialgerichts wird verschiedentlich als primus inter pares bezeichnet. Seine besondere Stellung – gleichgeordnetes Mitglied bei der Urteilsfällung und bei allen anderen Entscheidungen des Gerichts einerseits, Führung der Verhandlung mit eigenen Rechten andererseits – ist Ausdruck der Doppelfunktion des Gerichts, das nicht nur entscheiden, sondern auch dafür sorgen muß, daß der Prozeßstoff erschöpfend in der Hauptverhandlung zur Sprache gebracht wird. Zur Stellung des Vorsitzenden nach § 238 vgl. insbesondere *Bohnert* 167 ff; *Ebert* StV **1997** 274; *Fuhrmann* GA **1963** 65; *Gössel* § 21 A I b; *Schmid* FS Mayer 543; AK-*Schöch* 1; *Kleinknecht/Meyer-Goßner*[43] 3; KMR-*Paulus* 3; SK-*Schlüchter* 2; 3; ferner Vor § 226, 34.

[3] SK-*Schlüchter* 3: „Motor der Verhandlung".

[4] Nach *Bohnert* 168 ist die funktionelle Zuständig-

keit des Vorsitzenden nur insoweit vorläufig, als die Urteilsfindung betroffen wird, nicht aber hinsichtlich der sonstigen Entscheidungen.

[5] RGSt **44** 65; BGH MDR **1953** 21; *Fuhrmann* GA **1963** 66; *W. Schmid* FS Mayer 543; AK-*Schöch* 1; KK-*Treier* 1; *Kleinknecht/Meyer-Goßner*[43] 3; SK-*Schlüchter* 3.

[6] Zur Streitfrage *Bohnert* 168, der die Übernahme des Vertreterbegriffs ablehnt.

[7] RGSt **44** 293; *Schmid* FS Mayer 544; h. M, so AK-*Schöch* 3; KMR-*Paulus* 3.

[8] AK-*Schöch* 1: Verantwortlichkeit des ganzen Gerichts für Justizförmigkeit des Verfahrens; vgl. *Ebert* StV **1997** 274.

[9] Unerheblich ist insoweit, ob Verhandlungsleitung der Oberbegriff zur Sachleitung ist oder ob er das gleiche bedeutet; vgl. Rdn. 21; ferner etwa *Bohnert* 169; *Schmid* FS Mayer 248.

scheidungen des Gerichts erforderlich, obliegt es in erster Linie ihm, sie herbeizuführen. Bei der Leitung der Verhandlung hat er die vom Gesetz vorgeschriebene Reihenfolge der Verhandlungsvorgänge einzuhalten (§§ 243, 244 Abs. 1, §§ 257, 258). Im übrigen kann er nach seinem Ermessen bestimmen, wie er die Verhandlung entwickeln und welche Reihenfolge er den Verhandlungsvorgängen geben will[10]. Er muß hierbei den Erfordernissen einer zweckmäßigen und zügigen Verfahrensabwicklung Rechnung tragen; dabei hat er sich von dem Ziel der bestmöglichen Sachaufklärung und einer auch nach außen sichtbar werdenden unparteiischen, unvoreingenommenen und fairen Verhandlungsführung leiten zu lassen, die den Verfahrensbeteiligten Raum für die sachgerechte Wahrnehmung ihrer Verfahrensbefugnisse läßt[11] und die auch die Belange der Zeugen und Sachverständigen angemessen berücksichtigt. Verfährt er nach einem Verhandlungsplan (vgl. Vor § 213, 7; § 214, 10), der den Verfahrensbeteiligten vorher bekanntgegeben wurde, sollte er die von ihm später für notwendig erachteten wesentlichen Abweichungen den Verfahrensbeteiligten nach Möglichkeit vorher so rechtzeitig mitteilen, daß sie sich in ihren Dispositionen auf den veränderten Verfahrensverlauf einstellen können. In der Verhandlung **erteilt der Vorsitzende das Wort**, und er ist befugt, die Sprechenden zu unterbrechen, um unzulässige Äußerungen, Weitschweifigkeiten und nutzlose Wiederholungen abzumahnen. Er soll die Beteiligten — insbesondere den Angeklagten — nach Möglichkeit ausreden lassen[12] und seine Befugnis, ihre Ausführungen einzuschränken, nur mit Zurückhaltung ausüben. Falls eine Änderung der Verfahrenslage dies angezeigt erscheinen läßt[13], vor allem aber bei Mißbrauch, kann er einstweilen das Wort entziehen[14]. Dies gilt auch gegenüber dem Staatsanwalt, dem das Gesetz insoweit keine Sonderstellung einräumt[15]. Auf die Dauer darf er das Wort allerdings nicht verweigern, da er nicht das Recht der Beteiligten, Beweisanträge zu stellen, behindern und insbesondere auch nicht die Verteidigungsmöglichkeiten des Angeklagten verkürzen darf. Ist ein Verfahrensbeteiligter infolge Erregung zu einem sachgerechten Verhalten außerstande, kann der Vorsitzende die Sitzung unterbrechen, um ihm Gelegenheit zu geben, sich zu beruhigen, damit er später seine Rechte in sachlicher Form wahrnehmen kann[16].

Anträge braucht der Vorsitzende nicht zu jeder Zeit entgegenzunehmen. Wird ver- **4** sucht, sie in einem ungeeigneten Zeitpunkt, etwa während der Einvernahme des Angeklagten oder eines Zeugen vorzubringen, so kann er den Antragsteller auf einen späteren Zeitpunkt verweisen. Dies gilt auch für den Antrag, bestimmte Ereignisse ins Protokoll aufzunehmen[17]. Die Fürsorgepflicht kann allerdings gebieten, daß der Vorsitzende zu einem späteren Zeitpunkt von sich aus auf den Antrag zurückkommt. Dies hängt jedoch von den Umständen des Einzelfalls ab, insbesondere auch davon, ob der Antragsteller rechtskundig ist.

Es ist Aufgabe des Vorsitzenden, die Verhandlung **gründlich** und doch **zügig** abzu- **5** wickeln. Er soll dabei Zurückhaltung und Takt üben und alles vermeiden, was ihn als vor-

---

[10] Vgl. BGH MDR **1957** 53 (Worterteilung an den Anschlußkläger gem. § 404); AK-*Schöch* 5; KK-*Treier* 2; *Kleinknecht/Meyer-Goßner*[43] 5; zur Aufteilung der Verhandlung in mehrere Sachkomplexe § 243, 4 ff.

[11] Vgl. *Hammerstein* FS Rudolf Schmitt 327.

[12] *Hülle* DRiZ **1963** 89; *Roesen* NJW **1958** 977; *Schmidt* DRiZ **1960** 427; *Tröndle* DRiZ **1970** 216; SK-*Schlüchter* 6; **a. A** OGHSt **3** 141; vgl. auch Rdn. 6; 11.

[13] Vgl. BGH NStZ **1995** 143 (Abbruch der Zeugenbefragung).

[14] BGHSt **3** 368; BGH MDR **1964** 72; vgl. RGRspr. **4** 151; **8** 271; RGSt **30** 216; **41** 260; **64** 58; RG Recht **1909** Nr. 183; **1911** Nr. 3885; HRR **1939** Nr. 210; *Meves* GA **39** (1891) 297; *Kern* JW **1925** 900; ferner § 241, 22.

[15] *Kern* JW **1925** 900; KK-*Treier* 3; *Kleinknecht/Meyer-Goßner*[43] 5; KMR-*Paulus* 21; SK-*Schlüchter* 6.

[16] SK-*Schlüchter* 6.

[17] RGSt **42** 157; vgl. bei § 273; ferner § 244, 100 ff; § 246, 2.

eingenommen oder einseitig befangen erscheinen lassen könnte[18]. Seine Aktenkenntnis darf insbesondere seine Aufgeschlossenheit gegenüber dem Prozeßgeschehen und die dabei zutage tretenden neuen Gesichtspunkte nicht beeinträchtigen[19]. Durch sein Vorbild und durch einen Distanz wahrenden, sachlichen Verhandlungsstil[20], aber auch durch die Rüge von Ungehörigkeiten anderer Verhandlungteilnehmer hat er dafür zu sorgen, daß in der Hauptverhandlung ein ruhiger, höflicher und sachlicher Ton herrscht[21] und daß alle unnötig scharfen oder der Form nach bewußt verletzenden Äußerungen unterbleiben. Allgemein moralisierende, belehrende oder polemisierende Äußerungen gehören nicht in die Hauptverhandlung, am wenigsten aber stehen sie dem Richter an[22].

6   In der Verhandlung muß der Vorsitzende **alle Verfahrensbeteiligte** in genügender Weise **zu Wort kommen** lassen. Er hat dafür zu sorgen, daß in jeder Hinsicht das Verfahren in einer rechtsstaatlichen, der Billigkeit entsprechenden Weise („fair trial" gemäß Art. 6 Abs. 1 MRK) durchgeführt wird und daß alles zur Sachaufklärung Erforderliche geschieht. Vor allem den Zeugen muß er in jeder geeigneten Form Hilfe leisten, damit sie ihr Wissen vollständig und wahrheitsgemäß wiedergeben[23]. Befangenheit und Verständigungsschwierigkeiten auf Grund einer Streßsituation oder auch auf Grund eines unterschiedlichen Sprach- und Verständigungsniveaus muß er erkennen und mit Verständnis und Geduld — eventuell unter Anpassung seiner Ausdrucksweise — zu beheben suchen[24]. Um eine hinreichend sichere Verständigung zu gewährleisten, muß er unter Umständen einen Dolmetscher (vgl. dazu bei § 186 GVG) oder auch eine Bezugsperson des zu Vernehmenden zur Mithilfe heranziehen[25]. Ersichtliche Mißverständnisse der Prozeßbeteiligten hat er zu klären, auf klare Antragstellung hat er hinzuwirken, Zeugen und Sachverständige hat er vor unnötigen Belastungen durch das Verfahren zu bewahren, vor allem einen durch die Straftat Verletzten hat er gegen unsachliche Angriffe zu schützen[26].

7   Im **Umgang mit dem Angeklagten** darf nie vergessen werden, daß für ihn die Unschuldsvermutung spricht, seine Schuld also erst vom Gericht festgestellt werden muß[27], und daß er — auch wenn schuldig geworden — dadurch den Anspruch auf Achtung seiner Menschenwürde nicht verloren hat. Es sollte deshalb grundsätzlich die im bürgerlichen Leben übliche Anrede „Herr" bzw. „Frau" und nicht etwa die Bezeichnung „Angeklagter" verwendet werden[28].

8   Gegenüber dem rechtsunkundigen Angeklagten obliegt dem Vorsitzenden die Verpflichtung, ihn erforderlichenfalls über seine **Befugnisse zu belehren** und darauf hinzu-

---

[18] Nach Form oder Inhalt unsachliche Äußerungen können die Ablehnung wegen Befangenheit (§ 24 Abs. 2) rechtfertigen, vgl. BayObLG StV **1994** 117 und § 24, 36; 37.

[19] *Niethammer* JZ **1951** 132; *Brauermann* DRiZ**1962** 125; *Breithaupt* DRiZ **62** 47; *Roesen* NJW **1958** **971;** *Seibert* NJW **1962** 1140; *Eb. Schmidt* Die Sache der Justiz, 21; *Schorn* Strafrichter, 223 f; *Schorn* Menschenwürde, 124.

[20] Dazu etwa *Schild* 109 (keine Anbiederung); AK-*Schöch* 7.

[21] Vgl. KMR-*Paulus* 26 („Atmosphäre unparteiischer Wahrheitsfindung", möglichst „Kammerton"); SK-*Schlüchter* 6.

[22] *Schorn* Strafrichter, 224: „Richter ist nicht der Tugendwächter der Nation"; *Schorn* Menschenwürde, 124; *Eb. Schmidt* ZRP **1969** 255; *Tröndle* DRiZ **1970** 214.

[23] RGSt **35** 7; BGH NJW **1997** 2335; zur Vernehmungsgestaltung vgl. etwa *Bender/Röder/Nack* II, 536 ff; *Eisenberg* (Beweisrecht) 1329 ff; *Hammerstein* FS Rudolf Schmitt 327; SK-*Rogall* Vor § 48, 161 ff.

[24] So z. B. *Göppinger* FS Tröndle 474; *Eisenberg* (Beweisrecht) 844 ff; 1339; AK-*Schöch* 7.

[25] BGH NJW **1997** 2335; vgl. bei § 406 f Abs. 3 und § 186 GVG.

[26] Vgl. § 68 a; Vor § 226, 45; *Rieß* Verh. des 55. DJT, Bd. I Teil C, 170.

[27] Zu der mit Verfassungsrang vom Grundgesetz und ferner ausdrücklich auch durch Art. 6 Abs. 2 MRK, Art. 14 Abs. 2 IPBPR verbürgten Unschuldsvermutung vgl. Einl. Rdn. 3, 75 und die Erl. zu Art. 6 MRK.

[28] AK-*Schöch* 6; KK-*Treier* 3; SK-*Schlüchter* 6; *Eb. Schmidt* ZRP **1969** 256; *Schorn* Menschenwürde, 122; *Jescheck* JZ **1970** 202; vgl. § 243, 84.

wirken, daß sie sachgemäß gebraucht werden[29]. Gegenüber dem rechtskundigen Vertreter der Staatsanwaltschaft obliegt dem Vorsitzenden keine solche Fürsorgepflicht[30].

Bei der Anfertigung **schriftlicher Aufzeichnungen** in der Verhandlung kann der Vor- **9** sitzende nach Ansicht des Bundesgerichtshofs[31] dem Angeklagten Beschränkungen auferlegen, wenn die Gefahr besteht, daß er dadurch gehindert ist, der Hauptverhandlung zu folgen. Eine solche Anordnung ist jedoch bedenklich, da letztlich nicht der Vorsitzende, sondern der zur Aufmerksamkeit ohnehin nicht verpflichtete Angeklagte selbst zu entscheiden hat, was für seine Verteidigung am zweckmäßigsten ist. Glaubt der Vorsitzende, daß dem Angeklagten wegen seiner Aufzeichnungen wichtige Teile der Hauptverhandlung entgehen, so wird er ihn auf das Unzweckmäßige seines Verhaltens hinweisen. Beschränkungen der Aufzeichnungen dürften nur in Ausnahmefällen — und nur für begrenzte Zeit — zulässig sein. Ganz untersagen wird der Vorsitzende dem Angeklagten die eigenen Aufzeichnungen nicht dürfen, insbesondere auch nicht etwa deswegen, weil der Angeklagte damit den Inhalt von Zeugenaussagen festhalten will.

Zur Verhandlungsleitung im weiteren Sinn gehört auch, daß die Prozeßbeteiligten, vor **10** allem aber der Angeklagte und sein Verteidiger, einen **Platz im Sitzungssaal** angewiesen erhalten, der sie weder an der Wahrnehmung aller Verfahrensvorgänge noch in der Ausübung ihrer sonstigen Verfahrensbefugnisse behindert[32]. Es ist ferner Aufgabe des Vorsitzenden zu entscheiden, ob für gerichtsinterne Zwecke **Tonbandaufnahmen** von den Verfahrensvorgängen gemacht werden dürfen[33]. Wegen der Anordnung, die mittels Bild-Ton-Übertragung durchgeführte Zeugeneinvernahme für eine spätere Hauptverhandlung aufzunehmen (§ 247 a Satz 4), vgl. bei § 247 a.

b) Die **Vernehmung des Angeklagten** und die **Aufnahme der Beweise** obliegt nach **11** Absatz 1 dem Vorsitzenden. Das Gericht ist allerdings in gleicher Weise wie der Vorsitzende dafür verantwortlich, daß alles geschieht, was zur Erforschung der Wahrheit notwendig ist (§ 244 Abs. 2); die wichtigeren Entscheidungen über die Beweisaufnahme, vor allem die Ablehnung von Beweisanträgen, sind ihm und nicht dem Vorsitzenden übertragen (§ 244 Abs. 3 bis 6, § 245 Abs. 2, §§ 247, 251 Abs. 4). Der Vorsitzende ist aber bei der Erhebung der Beweise führend tätig, er ordnet die Beweiserhebung an[34] und bestimmt dabei die Reihenfolge, in der die einzelnen Beweismittel in die Hauptverhandlung eingeführt werden[35], bei Urkundenbeweis auch, ob dies durch Verlesen oder im Wege des § 249 Abs. 2 geschieht[36]. Der Vorsitzende führt grundsätzlich auch die Beweiserhebung selbst durch[37]; dies gilt auch für die Einvernahme eines an einem anderen Ort befindlichen Zeugen mittels einer zeitgleichen Bild-Ton-Übertragung (§ 247 a). Es darf die zur umfassenden Sachaufklärung angezeigten Vorhalte machen und dabei auch zum Ausdruck brin-

---

29 RGSt **57** 147; **65** 246; vgl. Einl. Rdn. H 100 ff; Vor § 226, 20 ff.

30 OLG Dresden DRiZ **1929** Nr. 95.

31 BGHSt **1** 323; einschränkend KK-*Treier* 4 (zulässig zur Vorbereitung der Verteidigung); abl. *Eb. Schmidt* JZ **1952** 43; *Salditt* StV **1993** 443; AK-*Schöch* 11; *Kleinknecht/Meyer-Goßner*[43] 5; KMR-*Paulus* 25; SK-*Schlüchter* 6.

32 Vgl. Nr. 125 Abs. 2 RiStBV, ferner OLG Köln NJW **1961** 1127; NJW **1980** 302; *Molketin* AnwBl. **1982** 469; KMR-*Paulus* 6; SK-*Schlüchter* 3; Rdn. 23; ferner Vor § 226, 29.

33 Zu den Voraussetzungen vgl. BGHSt **10** 202; OLG Hamburg MDR **1978** 248; *Marxen* NJW **1977** 2189; KMR-*Paulus* Vor § 226, 52–62; ferner bei § 169 GVG.

34 Vgl. etwa BGH NStZ **1982** 432; *Alsberg/Nüse/Meyer* 752; die Einzelheiten und die Nachweise finden sich bei § 244, 34; § 245, 11; 62.

35 Zur Plazierung der Be- und Entlastungszeugen *Hammerstein* FS Rudolf Schmitt 326; *Eisenberg* (Beweisrecht) 1325; SK-*Rogall* Vor § 48, 159 mit weit. Nachw.; vgl. auch Nr. 135 Abs. 2 RiStBV (Vernehmung jugendlicher Zeugen möglichst vor den anderen).

36 Vgl. § 249 Abs. 2.

37 Zu den Ausnahmen beim Kreuzverhör und zum informellen Wechselverhör vgl. § 239, 1; 2 ff; zur Möglichkeit, das Verlesen von Urkunden anderen Personen zu übertragen, vgl. Rdn. 15.

gen, wie er den Inhalt einer vorgehaltenen Urkunde auffaßt[38]. Ihm obliegt es auch zu genehmigen, wenn sich vernommene Zeugen von der Gerichtsstelle entfernen wollen (§ 248). Wegen der Einzelheiten vgl. §§ 243, 32 und bei § 248.

12   c) Dem Vorsitzenden ist ferner die **Sitzungspolizei** übertragen. Ihm — und nicht etwa dem Sitzungsstaatsanwalt oder dem Inhaber des Hausrechts[39] — obliegt es, die Ruhe und Ordnung in der Sitzung aufrechtzuerhalten und allen Störungen vorzubeugen, welche die ordnungsgemäße Durchführung der Hauptverhandlung gefährden könnten, und sie gegebenenfalls abzuwehren (§ 176 GVG). Er kann die angeordneten Maßnahmen selbst vollstrecken (§ 36, 26 ff). Welche Maßnahmen zu treffen sind, hat er nach pflichtgemäßem Ermessen unter Berücksichtigung der für jedes hoheitliche Einschreiten geltenden Grundsätze der Notwendigkeit und Verhältnismäßigkeit selbst zu entscheiden, soweit nicht einzelne Maßnahmen dem Gericht vorbehalten sind (vgl. §§ 177, 178 GVG). Die Anordnungen nach § 231 Abs. 1 Satz 2, die den Angeklagten hindern sollen, sich aus der Hauptverhandlung zu entfernen, gehören ebenfalls hierher. Der Vorsitzende kann insbesondere aus triftigen Gründen entgegen der Sollvorschrift des § 119 Abs. 5 Satz 2 anordnen, daß der Angeklagte während der Hauptverhandlung gefesselt bleibt[40] oder von Polizeibeamten bewacht wird. Er kann auch Maßnahmen gegen Zuhörer anordnen, von denen eine Störung zu befürchten ist[41]. Das Mitschreiben kann er einem Zuhörer nur dann verbieten, wenn konkrete Tatsachen den Verdacht begründen, daß damit bezweckt wird, noch nicht vernommene Zeugen von einer Aussage zu unterrichten[42].

13   Nach **pflichtgemäßem Ermessen** entscheidet der Vorsitzende, ob er gegen eine Störung überhaupt einschreiten will oder ob er es für zweckmäßiger hält, nichts dagegen zu unternehmen, etwa weil ein Einschreiten den Fortgang der Hauptverhandlung noch weit stärker beeinträchtigen würde als die Störung oder weil diese der Wahrheitsfindung im konkreten Fall dienlich war[43]. Der Vorsitzende darf es allerdings nicht dazu kommen lassen, daß durch die Zulassung turbulenter Szenen in der Hauptverhandlung der Rechtsgang gefährdet[44] wird, insbesondere, daß die Sachaufklärung beeinträchtigt oder die Verteidigung des Angeklagten behindert[45] oder ein Zeuge gefährdet wird.

14   **3. Rücknahme.** Der Vorsitzende kann auf Antrag oder von Amts wegen seine Anordnung zurücknehmen, sofern nicht besondere Umstände (etwa die Voraussetzungen des § 245) entgegenstehen[46].

15   **4. Die Übertragung der Leitungsaufgaben des Vorsitzenden** auf andere Gerichtsmitglieder ist nicht zulässig. Der Vorsitzende kann nicht die ihm obliegende Leitung der Verhandlung oder die Vernehmung der Zeugen einem beisitzenden Richter übertragen[47], auch nicht in der verdeckten Form der Überlassung aller Fragen an einen Beisitzer[48]. Ist

---

38 BGH bei *Holtz* MDR **1984** 797; vgl. bei § 249.
39 KK-*Treier* 5; *Kleinknecht/Meyer-Goßner*[43] 6; KMR-*Paulus* 23; SK-*Schlüchter* 3, *Schlüchter* 451.1; zur Abgrenzung der Befugnisse des Vorsitzenden von den Befugnissen des Inhabers des Hausrechts vgl. bei § 176 GVG.
40 BGH MDR **1957** 243; vgl. OLG Hamm NJW **1972** 1246; Rdn. 24.
41 BGH bei *Pfeiffer/Miebach* NStZ **1984** 18; OLG Schleswig bei *Ernesti/Lorenzen* **1982** 113; vgl. die Erl. zu § 176 GVG.
42 BGH bei *Dallinger* MDR **1955** 396; bei *Holtz* MDR **1982** 812; vgl. § 243, 31; ferner bei § 176 GVG.

43 RG DRiZ **1927** Nr. 829; BGH NJW **1962** 260; *Schwind* JR **1973** 133; *Greiser* 429; AK-*Schöch* 12; KMR-*Paulus* 27.
44 RGRspr. **5** 653; 668.
45 BGH NJW **1967** 260.
46 *Bohnert* 178; *Kleinknecht/Meyer-Goßner*[43] 6; KMR-*Paulus* 30; SK-*Schlüchter* 4.
47 RGSt **9** 310; AK-*Schöch* 4; KK-*Treier* 1; *Kleinknecht/Meyer-Goßner*[43] 8; KMR-*Paulus* 3; SK-*Schlüchter* 4.
48 KK-*Treier* 1.

der Vorsitzende wegen einer Behinderung (z. B. starke Heiserkeit) nicht in der Lage, die Aufgabe der Verhandlungsleitung auszuüben, ist er als Vorsitzender verhindert (§ 21 f GVG); dies schließt nicht aus, daß er als Beisitzer mitwirkt[49]. Rein **verfahrenstechnische Vorgänge**, die seine Leitungsfunktion unberührt lassen, darf der Vorsitzende anderen Verfahrensbeteiligten übertragen, so wenn er eine Urkunde, deren Verlesung er angeordnet hat, nicht selbst vorliest, sondern dies einem beisitzenden Richter — auch einem Schöffen oder Ergänzungsrichter — überläßt oder den Urkundsbeamten damit beauftragt[50]. Es ist auch zulässig, wenn sich die Mitglieder des Gerichts bei der Verlesung längerer Schriftstücke gegenseitig ablösen.

II. Entscheidung durch das Gericht

1. Anrufung des Gerichts

a) Bei den **auf die Sachleitung bezüglichen Anordnungen** des Vorsitzenden sieht der **16** erst im Gesetzgebungsverfahren eingefügte Absatz 2 (vgl. Entstehungsgeschichte) als Zwischenrechtsbehelf die Anrufung des Gerichts vor[51].

Anordnung ist dabei im weitesten Sinn zu verstehen[52]. Hierunter fallen nicht nur die **17** ausdrücklichen Anordnungen, die ein bestimmtes Verhalten gebieten oder verbieten, sondern alle Maßnahmen, mit denen der Vorsitzende auf den Ablauf des Verfahrens und das Verhalten der Verfahrensbeteiligten einwirkt, also auch Worterteilung, Hinweise, Vorhalte, Ermahnungen, Belehrungen und dergleichen[53], ferner auch die Beanstandung von Fragen[54]. Die Anrufung des Gerichts gegen die Ablehnung der Protokollierung eines Vorgangs nach § 273 Abs. 3 Satz 1 richtet sich allein nach § 273 Abs. 3 Satz 2 (vgl. bei § 273).

Die **bloße Untätigkeit** des Vorsitzenden ist keine Maßnahme in diesem Sinn. Ein Ver- **18** fahrensbeteiligter, der ein Tätigwerden des Vorsitzenden für notwendig hält, kann jedoch durch eine entsprechende Anregung jederzeit erreichen, daß dieser eine Entscheidung darüber trifft, ob er im gewünschten Sinn tätig werden oder ob er dies ablehnen will. Betrifft die angeregte Maßnahme die Sachleitung, kann gegen die Entschließung des Vorsitzenden das Gericht angerufen werden. Das erkennbar bewußte Übergehen einer angeregten oder beantragten Maßnahme kann aber als deren stillschweigende (konkludente) Ablehnung zu deuten sein[55].

b) **Sachleitung** ist dabei nicht als Gegensatz zur Verhandlungsleitung im Sinne des **19** Absatzes 1 zu verstehen, sondern als ein Teilaspekt von ihr, der auf die Wirkung abstellt,

---

[49] BGHR § 238 Abs. 1 Verhandlungsleitung 1 (wo offenblieb, ob die Behinderung des Vorsitzenden tatsächlich die Verhandlungsleitung ausschloß): KK-*Treier* 1; *Kleinknecht/Meyer-Goßner*[43] 8; KMR-*Paulus* 3; vgl. bei § 21 f GVG.

[50] RGSt **27** 173; AK-*Schöch* 4; KK-*Treier* 1; *Kleinknecht/Meyer-Goßner*[43] 8; KMR-*Paulus* 3; SK-*Schlüchter* 4.

[51] Die Entstehungsgeschichte (vgl. dort) ist als Auslegungshilfe ungeeignet; vgl. *Bohnert* 166; *Erker* 64. *Eb. Schmidt* 29 spricht von den für Juristen dunklen Mysterien des § 238.

[52] *Alsberg* LZ **1914** 1175; ZStW **50** (1930) 79; *Fuhrmann* GA **1963** 68; *Schmid* FS Mayer 551; *Eb. Schmidt* 7 und Nachtr. I 5; ferner AK-*Schöch* 33; KK-*Treier* 7; *Kleinknecht/Meyer-Goßner*[43] 11; KMR-*Paulus* 12; SK-*Schlüchter* 9.

[53] So etwa BGH NJW **1996** 2435; VRS **48** (1975) 18; *Erker* 64; *Fuhrmann* GA **1963** 68; *W. Schmid* FS Mayer 51; KK-*Treier* 8; *Kleinknecht/Meyer-Goßner*[43] 11; SK-*Schlüchter* 16; vgl. auch KMR-*Paulus* 11.

[54] Wegen des Verhältnisses zu § 242 vgl. dort Rdn. 1.

[55] *Erker* 68; 131; *Gössel* § 21 A II 1; AK-*Schöch* 33; KK-*Treier* 7; *Kleinknecht/Meyer-Goßner*[43] 11; KMR-*Paulus* 29; SK-*Schlüchter* 16. *Alsberg* LZ **1914** 1175 stellt allgemein das absichtliche Unterlassen den positiven Maßnahmen gleich, die Frage ist jedoch ohne größere Bedeutung, da in der Regel vor einer entsprechenden Anregung an den Vorsitzenden nicht erkennbar ist, daß er absichtlich eine bestimmte Maßnahme nicht treffen will (vgl. *Fuhrmann* GA **1963** 86); RGSt **20** 123; BGH NStZ **1981** 311; StV **1987** 282.

die einem großen Teil der verhandlungsleitenden Maßnahmen zukommt (funktionelle Betrachtung). Diese sind (auch) „auf die Sachleitung bezüglich", wenn sich ihre Wirkung im konkreten Fall nicht in der Regelung der äußeren Formen der Verfahrensabwicklung erschöpft, sondern darüber hinaus die sachliche Erarbeitung des Verfahrensstoffes oder die Wahrnehmung von Verfahrensrechten eines Prozeßbeteiligten[56] beeinflußen kann (vgl. Rdn. 21).

20   Die **Abgrenzung** der die Sachleitung betreffenden Maßnahmen von den sonstigen Maßnahmen der Verhandlungsleitung ist im einzelnen strittig. Die früher übliche Gegenüberstellung der Begriffspaare „formell" — „materiell" oder „äußere Ordnung der Verhandlung"[57] — „Sachgestaltung" ermöglicht keine im Sinne des § 238 Abs. 2 befriedigende Abgrenzung, da auch im Interesse der äußeren Ordnung getroffene Maßnahmen im konkreten Einzelfall sich sachgestaltend auswirken können.

21   Vorherrschend ist heute eine **funktionelle Betrachtung**, wobei strittig ist, ob die begriffliche Unterscheidung zwischen Verhandlungsleitung und Sachleitung überhaupt sinnvoll ist[58] oder ob beide Begriffe bei § 238 Abs. 2 dasselbe besagen[59]. Dieser Streit hat kaum praktische Auswirkungen, da beide Meinungen darin übereinstimmen, daß es für die Anrufung des Gerichts nicht auf den Zweck der jeweiligen Maßnahme des Vorsitzenden, sondern auf deren Wirkung im Einzelfall ankommt. Es genügt die Möglichkeit, daß die Maßnahme sich auch auf die dem Gericht in seiner Gesamtheit vorbehaltene und in seiner Gesamtverantwortung gestellte Urteilsfindung in einem rechtsstaatlichen Verfahren[60] (potentiell) auswirken kann[61]. Sieht man den Sinn des Zwischenrechtsbehelfs des Absatzes 2 darin, diese Gesamtverantwortung des Gerichts noch während der Hauptverhandlung zum Tragen zu bringen, dann reicht Absatz 2 über die Anordnungen hinaus, die die Urteilsfindung unmittelbar durch Maßnahmen fördern sollen, die die Sachaufklärung oder die Wahrnehmung hierauf abzielender Verfahrensrechte betreffen. Der von § 238 Abs. 2 geforderte Bezug kann auch durch eine mitunter gar nicht gewollte Nebenwirkung der Anordnung des Vorsitzenden hergestellt werden, wenn sie einen anderen Zweck verfolgt, sich aber — gewollt oder ungewollt — sachgestaltend auswirkt[62]. Letzteres wird schlechthin bei jedem Eingriff in Verfahrensrechte eines Prozeßbeteiligten oder bei Gefährdung der Sachaufklärung oder bei einem Verstoß gegen sonstige Prozeßgrundsätze (z. B. Öffentlichkeit) anzunehmen sein.

---

[56] Vgl. *Eb. Schmidt* 7: „Anordnungen, die bei einem Prozeßbeteiligten die Motivation zu einem für den Fortgang der Verhandlung erheblichen prozessualen Verhalten hervorrufen sollen."

[57] Vgl. etwa RGSt **42** 157; RG DRiZ **1927** Nr. 829; BGH NJW **1957** 271; OLG Hamm NJW **1972** 1246; Zu den verschiedenen Abgrenzungsversuchen *Erker* 17 ff; vgl. ferner *Eb. Schmidt* 4.

[58] So KMR-*Paulus* 9; *Roxin* § 42, 13 (der alle nach rechtlichen Kategorien überprüfbaren Maßnahmen zur Sachleitung zählt); vgl. *Bohnert* 169, 171.

[59] *Fuhrmann* GA **1963** 69; *Gössel* § 21 A II 1; KK-*Treier* 6; *Schmid* FS Mayer 548; *Kleinknecht/Meyer-Goßner*[43] 12; SK-*Schlüchter* 7.

[60] Da die Sachleitung die Grundlagen für die Entscheidung des Gerichts erarbeiten soll, liegt die letzte Entscheidung und Verantwortung für die Rechtmäßigkeit aller sich darauf möglicherweise auswirkenden Anordnungen beim Gericht. Die strittige Frage, ob der Bezug auf die Sachleitung nur bei solchen Maßnahmen anzunehmen ist, die sich auf das Urteil auswirken können, hat bei der Beurtei-

lung ex ante kaum praktische Bedeutung; potentiell kann dann jeder Verstoß gegen die Justizförmigkeit des Verfahrens später auch die sachliche Urteilsfindung beeinflussen (vgl. SK-*Schlüchter* 7, 9).

[61] Es kommt auf die Beurteilung ex ante an, vgl. KMR-*Paulus* 9; SK-*Schlüchter* 7.

[62] *Schmid* FS Mayer 552: „Nicht Finalität, sondern Kausalität ist hier maßgebend"; ähnlich *Fuhrmann* GA **1963** 69; *Gössel* § 21 A II a 1; *Sarstedt/Hamm*[6] 1079; AK-*Schöch* 31; KK-*Treier* 6; *Kleinknecht/Meyer-Goßner*[43] 12; *Roxin* § 42, 13 (sämtliche nach rechtlichen Kategorien überprüfbare Anordnungen); KMR-*Paulus* 11 (Verletzung im eigenen Rechtskreis; Beschwer). Vgl. ferner *Pfeiffer/Fischer* 2 (alles was Einfluß auf Entscheidung hat); SK-*Schlüchter* 7 (mögliche Wirkung auf das Urteil), ähnlich *Bohnert* 170 ff; gegen das revisionsrechtliche Argument mit Beruhen *Erker* 37 ff; KMR-*Paulus* 9. Nach *Ebert* StV **1997** 275 ist die Aktualisierung der Gesamtverantwortung des Gerichts unabhängig von einer eigenen Beschwer.

Kommt es aber **auf die Wirkung** und nicht auf den **Zweck** der Maßnahme an, dann 22
kann im Ergebnis jede Maßnahme des Vorsitzenden mit der **Behauptung**, sie sei **unzulässig**, denn sie beeinträchtige den Antragsteller in einem für die Urteilsfindung potentiell relevanten (Rdn. 19) Verfahrensrecht[63], der Rechtskontrolle des Gerichts unterstellt werden.

Deshalb ist entgegen der früher herrschenden Meinung[64] bei Maßnahmen der **Sitzungspolizei** eine Anrufung des Gerichts möglich, wenn behauptet wird, daß eine solche 23
Maßnahme ausnahmsweise über die mit ihr bezweckte Abwehr einer Störung hinaus
unzulässig in Verfahrensrechte eines Beteiligten eingreift[65], etwa wenn die Verweisung
des Angeklagten auf einen bestimmten Platz zur Folge hat, daß dieser dem Gang der Verhandlung nicht mehr folgen kann. Ist dies dagegen nicht der Fall, wie bei der Anordnung
des Vorsitzenden, daß ein Polizeibeamter im Sitzungssaal anwesend sein müsse, dann ist
die Anrufung des Gerichts unzulässig[66].

2. Beispiele für die Anwendbarkeit des § 238 Abs. 2 in Grenzbereichen[67]. Die 24
Anordnungen des Vorsitzenden hinsichtlich des äußeren Ablaufs der Verhandlung, etwa
eine Unterbrechung nach § 228 Abs. 1 Satz 2 oder die Bestimmung der Zeit für die Fortsetzung der Verhandlung nach § 229, berühren in der Regel den sachlichen Verfahrensgang nicht; ausnahmsweise können sie eine solche über die äußere Verhandlungsleitung
hinausreichende Wirkung haben, die die Anrufung des Gerichts nach Absatz 2 gestattet,
etwa wenn der Vorsitzende die Unterbrechung der Hauptverhandlung ablehnt, obwohl ein
Verfahrensbeteiligter wegen Übermüdung oder Erkrankung nicht in der Lage ist, ihr zu
folgen[68], oder wenn die Verhandlung an einem Tag fortgesetzt wird, an dem der Angeklagte aus religiösen Gründen gehindert ist, sich zu verteidigen[69]. Die Verweisung des
Angeklagten auf einen bestimmten Platz, seine Fesselung, die Aufforderung, während seiner Vernehmung zu stehen, oder die Ablehnung, ein Fenster öffnen oder schließen zu lassen[70], sind Maßnahmen, die sich zwar in der Regel in der äußeren Gestaltung des Ver-
handlungsablaufs erschöpfen, die aber in Ausnahmefällen sehr wohl auch den sachlichen
Ablauf des Verfahrens berühren, insbesondere die Verteidigung beschränken können,
etwa wenn ein schwerhöriger Angeklagter auf dem ihm angewiesenen Platz der Verhandlung nicht mehr folgen[71] oder sich von dort aus nicht mit seinem Verteidiger besprechen
kann[72] oder wenn die Fesselung ihn an einer sachgerechten Verteidigung hindert[73].

Die **Erteilung des Wortes** an einen Verfahrensbeteiligten gehört zur Sachleitung[74]. 25
Die Art und Weise einer durch Gesetz (z. B. § 228 Abs. 3) oder durch die Fürsorgepflicht

---

63 Die Unzulässigkeit der Maßnahme des Vorsitzenden muß ebenso wie die Beeinträchtigung des eigenen Rechtsstellung schlüssig behauptet werden, sie
muß aber nicht tatsächlich vorliegen; *Gössel* § 21
A II a 1; KK-*Treier* 6: rechtliche Zulässigkeit der
Anordnung ist Frage der Begründetheit; vgl. auch
KMR-*Paulus* 9; 34.
64 *Alsberg* ZStW **50** (1930) 74; *Goldschmidt* JW **1929**
2684. Vgl. auch (wohl auf Einzelfall bezogen) RG
HRR **1928** Nr. 288; BGHSt **10** 202; **17** 201; BGH
NJW **1957** 271.
65 BGHSt **17** 201; im Ergebnis zustimmend *Hanack*
JZ **1972** 82; ferner *Erker* 64 ff; *Schmid* FS Mayer
558; *Fuhrmann* GA **1963** 68; KK-*Treier* 6; *Klein-
knecht/Meyer-Goßner*[43] 13; KMR-*Paulus* 23; vgl.
auch *Krekeler* NJW **1979** 169 und bei §§ 176, 181
GVG.
66 Vgl. OLG Hamm NJW **1972** 1247; aber auch SK-
Schlüchter 11 (Einfluß auf Verteidigung).

67 Dazu zahlreiche Beispiele aus der Rechtsprechung
bei *Erker* 24 ff; 126 ff; *Schmid* FS Mayer 533 ff.
68 BayObLGSt **1949/51** 75; BGH nach KK-*Treier* 8;
Roxin § 42, 14.
69 BGHSt **11** 123.
70 KMR-*Paulus* 7; SK-*Schlüchter* 11.
71 *Schmid* FS Mayer 552; AK-*Schöch* 30; KK-*Treier*
8; KMR-*Paulus* 6; SK-*Schlüchter* 11.
72 BGH nach KK-*Treier* 8; vgl. Rdn. 10; sofern die
Verhandlung nicht gestört wird, kann dem Angeklagten nicht verboten werden, in Anwesenheit des
Gerichts mit seinem Verteidiger zu sprechen; **a. A**
RG HRR **1927** Nr. 95.
73 Vgl. BGH NJW **1957** 271; *Schmid* FS Mayer 554;
Lüderssen GedS Mayer 274; KMR-*Paulus* 6; SK-
Schlüchter 11.
74 BGH VRS **48** (1975) 18.

gebotenen **Belehrung** eines Prozeßbeteiligten berührt an sich den sachlichen Gang des Verfahrens nicht. Ist sie aber inhaltlich falsch oder erfolgt sie in einer Form, welche eine unzulässige Beeinflussung des Belehrten bedeutet, so kann hiergegen von jedem Verfahrensbeteiligten, nicht nur von dem von der Belehrung betroffenen und unter Umständen eingeschüchterten Angeklagten oder Zeugen, das Gericht angerufen werden. Dasselbe gilt, wenn die **Unterrichtung des Angeklagten** über das Verhandlungsergebnis (§§ 231 a, 231 b, 247) unrichtig, unvollständig oder mit sachfremden Zusätzen versehen ist[75].

26   Genehmigt der Vorsitzende, daß sich ein **Zeuge** oder **Sachverständiger entfernt** (§ 248), so kann gegen diese an sich der äußeren Verhandlungsleitung zuzurechnende Maßnahme[76] das Gericht angerufen werden[77], wenn dadurch Verfahrensinteressen eines Verfahrensbeteiligten beeinträchtigt werden. Der Umstand, daß der Zeuge oder Sachverständige auf Grund eines Beweisantrags nochmals vernommen werden kann, schließt die Anrufung des Gerichts als den prozeßökonomisch einfacheren Weg nicht aus. Ob gegen die Bestellung des bisherigen **Wahlverteidigers** zum Pflichtverteidiger oder die Ablehnung der Zuordnung eines weiteren Pflichtverteidigers durch den Vorsitzenden das Gericht angerufen werden kann, ist strittig[78].

27   Die **Urteilsverkündung** ist Aufgabe des Vorsitzenden. Lehnt er ihre Unterbrechung wegen eines erst nach ihrem Beginn gestellten Beweisantrags ab, so kann gegen diese Entscheidung das Gericht nicht angerufen werden[79].

28   **3. Beanstandungsberechtigt** im Sinne des Absatz 2 sind **alle Verhandlungsbeteiligten**, also der Angeklagte, sein Verteidiger oder Beistand, sein gesetzlicher Vertreter oder Erziehungsberechtigter, der Staatsanwalt, Privatkläger oder Nebenkläger, der Einziehungsbeteiligte sowie jeder andere Teilnehmer, der von der Maßnahme betroffen ist[80], der also ein prozeßrechtlich anerkanntes Interesse daran hat, daß eine für unzulässig gehaltene Anordnung des Vorsitzenden entfällt. Nicht notwendig ist, daß der Beanstandende selbst Adressat der Maßnahme war; es genügt, wenn diese auch ihn in der Wahrnehmung seiner Verfahrensinteressen beeinträchtigen kann[81]. Auch die **Zeugen** und **Sachverständigen** können das Gericht anrufen, dies gilt aber nur bei einer eigenen Beschwer, vor allem hinsichtlich der von ihnen geforderten Angaben und hinsichtlich der Fragen, die an sie selbst gerichtet sind. Hinsichtlich der Vorgänge, die sie nicht selbst betreffen, sind sie nicht beteiligt und haben deshalb auch kein Anrufungsrecht[82]. Mit der gleichen Einschränkung hat auch ein als **Zeugenbeistand** teilnehmender Rechtsanwalt nach § 406 f Abs. 2;

---

[75] KMR-*Paulus* 7; SK-*Schlüchter* 11.

[76] RG JW **1931** 1098; vgl. auch nachfolgende Fußnote.

[77] BGH StV **1985** 355; **1992** 248; KK-*Treier* 8; KMR-*Paulus* 16; SK-*Schlüchter* 11; vgl. § 248.

[78] Vgl. etwa OLG Hamm JMBlNW **1974** 89; NJW **1973** 818; OLG Schleswig SchlHA **1978** 174; OLG Zweibrücken OLGSt § 141, 17; SK-*Schlüchter* 11; weit. Nachw. §§ 140, 141.

[79] BGH bei *Dallinger* MDR **1975** 24; KK-*Treier* 9; SK-*Schlüchter* 12. Vgl. § 244, 102; § 246, 2 und bei § 268.

[80] *Erker* 71 ff; KK-*Treier* 11; *Kleinknecht/Meyer-Goßner*[43] 14; SK-*Schlüchter* 13 (Beschwer durch Maßnahme mit möglichem Einfluß auf das Urteil). Auch der Beistand nach § 149 kann eine Beschneidung seines Anhörungsrechts beanstanden.

[81] KMR-*Paulus* 33, 45 (auch nicht maßnahmebetroffene Prozeßbeteiligte). Da jeder Prozeßbeteiligte (im engeren Sinn) durch eine unzulässige Maßnahme, die Einfluß auf die Urteilsfindung haben kann, auch in irgendeiner Form in seinen eigenen Verfahrensinteressen berührt wird, führt die stärkere Betonung der eigenen Beschwer zum gleichen Ergebnis. Soweit nicht einmal die Möglichkeit eines nur mittelbaren Berührtseins in den eigenen Verfahrensinteressen aufgezeigt werden kann, bestehen ohnehin keine Verfahrensbefugnisse. Vgl. *Gollwitzer* FS Schäfer 67; Vor § 226, 33.

[82] KMR-*Paulus* 45 (in ihrem Rechtskreis möglicherweise Betroffene), h. M, so *Dahs* NJW **1984** 1924; *Böttcher* FS Kleinknecht 34; *Erker* 72; *Leineweber* MDR **1985** 638; *Thomas* NStZ **1982** 489; SK-*Schlüchter* 13; vgl. auch *Eb. Schmidt* 25.

§ 406 g Abs. 2 das Beanstandungsrecht[83]. **Zuhörer** rechnen dagegen nicht zu den bei der Verhandlung beteiligten Personen[84]; desgleichen auch nicht der **Gerichtswachtmeister**[85].

Zu den „bei der Verhandlung beteiligten Personen" im Sinne von Absatz 2 gehören **29** auch die **mitwirkenden Richter** einschließlich der Schöffen[86]. Ihr Recht, gegen eine Entscheidung des Vorsitzenden formell das Kollegium anzurufen, wird sich allerdings oft dadurch erübrigen, daß sie zunächst formlos eine Beratung anregen oder sonst den Vorsitzenden auf ihre Bedenken hinweisen, damit er einen Fehler von sich aus beheben kann. Der **Vorsitzende** ist durch § 238 Abs. 2 nicht gehindert, schon von sich aus eine Entscheidung des Gerichts herbeizuführen[87], vor allem wenn Verfahrensbeteiligte die Zulässigkeit einer Maßnahme anzweifeln; dies kann er übrigens auch hinsichtlich der Zweckmäßigkeit einer Anordnung tun.

Die Beanstandung ist an **keine bestimmte Form** oder Bezeichnung gebunden; es muß **30** nur zum Ausdruck kommen, daß der Beanstandende eine Maßnahme des Vorsitzenden für unzulässig hält und das Gericht deshalb darüber entscheiden soll. Ob und wieweit dabei eine Betroffenheit in eigenen Verfahrensinteressen plausibel gemacht werden muß[88], hängt von der Verfahrensrolle (Beisitzer, Staatsanwalt, Zeuge) des Beanstandenden (vgl. Rdn. 28, 29) ab, sowie davon, ob im Einzelfall die Betroffenheit nicht ohnehin offensichtlich ist. In der Beantragung einer der Anordnung des Vorsitzenden entgegengesetzten Maßnahme kann eine Beanstandung liegen[89]. Was gewollt ist, muß der Vorsitzende im Zweifel durch Fragen klären. Eine allgemeine Pflicht, den von einer Maßnahme Betroffenen auf das Recht nach Absatz 2 **hinzuweisen**, besteht nicht[90]. Sie kann sich aber aus der Lage des Einzelfalls ergeben, insbesondere aus der Fürsorgepflicht für einen rechtsunkundigen Angeklagten[91]. Eine **Frist** ist für die Antragstellung nicht vorgeschrieben. Sie muß vor Beginn der Urteilsverkündung, aber nicht, obwohl dies zweckmäßig ist, sofort nach der Anordnung gestellt werden[92]. Ist die Anordnung prozessual überholt, ist eine Beanstandung nicht mehr statthaft und meist auch nicht nötig[93]. Eine **Präventivbeanstandung**, mit der schon vorbeugend eine erst erwartete Anordnung des Vorsitzenden verhindert werden soll, ist nicht statthaft[94]. Der Antrag nach Absatz 2 kann auch als **Eventualantrag** gestellt werden[95]; seine Verknüpfung mit einem anderen Antrag und das damit eventuell verbundene Hinausschie-

---

[83] *Böttcher* JR **1987** 134; *Erker* 72; *Hilger* NStZ **1988** 441; KMR-*Paulus* 45; SK-*Schlüchter* 13; vgl. bei §§ 406 f, 406 g.

[84] *Erker* 73 ff; *Gössel* ZStW **103** (1991) 498; *Kleinknecht/Meyer-Goßner*[43] 14; SK-*Schlüchter* 13 a; **a. A** AK-*Schöch* 35; KMR-*Paulus* 45.

[85] *Erker* 73 ff; *Giesler* 290 Fußn. 2; *Schlüchter* 13 a; **a. A** *Schmid* FS Mayer 552; KMR-*Paulus* 45.

[86] BGHSt **1** 216; **7** 281; BGH MDR **1975** 24; *Alsberg/Nüse/Meyer* 753; *Fuhrmann* GA **1963** 67; *Roxin* § 42, 13; *Schmid* Verwirkung 289; KK-*Treier* 11; *Pfeiffer/Fischer* 4; SK-*Schlüchter* 13; **a. A** *Bohnert* 178 ff; *Erker* 73; *Gössel* ZStW **103** (1991) 498; *Niethammer* JZ **1951** 653; *Kleinknecht/Meyer-Goßner*[43] 14.

[87] BGHSt **1** 218; **7** 282; BGH MDR **1975** 124; *Giesler* 286; KMR-*Paulus* 45, SK-*Schlüchter* 13 a; im Ergebnis unstrittig; strittig ist nur, ob man dafür die Analogie zu § 238 Abs. 2 bemüht oder dies damit begründet, daß der Vorsitzende ohnehin jederzeit die Gesamtverantwortung des Gerichts aktualisieren kann, so etwa *Kleinknecht/Meyer-Goßner*[43] 14; *Schellenberg* 43 (Konstruktion der Beanstandung der eigenen Anordnung wunderlich). Bei Fragen folgt diese Befugnis aus § 242.

[88] Vgl. OLG Hamburg NJW **1953** 434; *Erker* 78; 107; AK-*Schöch* 36. Aber auch über einen die eigene Betroffenheit nicht nachvollziehbar aufzeigenden Antrag müßte das Gericht entscheiden, wenn er trotz Hinweis und Aufforderung zur Darlegung unverändert aufrechterhalten wird.

[89] OLG Hamburg NJW **1953** 434; KMR-*Paulus* 46; SK-*Schlüchter* 13.

[90] Ohne jede Einschränkung *Kleinknecht/Meyer-Goßner*[43] 15; *Pfeiffer/Fischer* 4; zur Ausnahme auf Grund der Fürsorgepflicht vgl. nachf. Fußn.

[91] AK-*Schöch* 35; KK-*Treier* 11; KMR-*Paulus* 35 (vor allem wenn Zulässigkeit der Sachleitungsanordnung zweifelhaft); SK-*Schlüchter* 8 (wenn bei offensichtlichem Verstehensdefizit eines unverteidigten Angeklagten der Verlust der Revisionsrüge zu befürchten).

[92] *Erker* 79; KMR-*Paulus* 79; SK-*Schlüchter* 14.

[93] KMR-*Paulus* 47.

[94] *Erker* 70.

[95] *Erker* 101 (Eventualbeanstandungen zu Vereidigungsfragen), KMR-*Paulus* 51; SK-*Schlüchter* 17; **a. A** RG JW **1926** 1225 mit zust. Anm. *Beling* und abl. Anm. *Alsberg*.

ben der Entscheidung und der Durchführung der angegriffenen Maßnahme muß aber mit deren prozeßgestaltenden Natur vereinbar sein; dies gilt vor allem, wenn die Beanstandung erst im Schlußplädoyer erhoben und von einer erst im Urteil zu treffenden Sachentscheidung abhängig gemacht wird und somit auch erst mit dieser entschieden werden soll. Daß ein Antrag nur hilfsweise gestellt ist, hindert das Gericht aber nicht, sofort über die rechtliche Zulässigkeit der beanstandeten Maßnahme zu entscheiden[96] (vgl. Rdn. 29).

31   **4. Beanstandung als unzulässig.** Absatz 2 beschränkt die Beanstandung auf die Rechtskontrolle. Es kann nur geltend gemacht werden, daß die beanstandete Maßnahme rechtlich unzulässig, nicht daß sie **unzweckmäßig** oder unangebracht ist[97]. Unzulässig ist eine Maßnahme des Vorsitzenden aber nicht nur, wenn sie unmittelbar gegen ein Gesetz oder gegen allgemeingültige Prozeßgrundsätze verstößt, sondern auch dann, wenn sie auf einem Rechtsirrtum oder einem Fehlgebrauch des Ermessens beruht[98]. Ob eine Frage i. S. des § 241 „ungeeignet" ist oder „nicht zur Sache gehört", betrifft ebenfalls ihre rechtliche Zulässigkeit und ist deshalb einer Beanstandung zugänglich[99]. Die Reihenfolge, in der der Vorsitzende die Zeugen vernimmt oder Urkunden verliest, kann in der Regel nicht beanstandet werden[100].

32   Die **Abgrenzung**, ob eine Maßnahme nur unzweckmäßig oder aber ob sie schon ermessensmißbräuchlich ist, ist mitunter schwierig. Sie kann nur unter Berücksichtigung aller Umstände des Einzelfalls getroffen werden. Ob eine an sich dem Ermessen des Vorsitzenden überlassene Maßnahme, die eindeutig nicht sachdienlich ist, den Weg für eine Beanstandung nach Absatz 2 eröffnet, erscheint fraglich, sofern nicht die Umstände des Einzelfalls den Ermessensmißbrauch deutlich erkennen lassen. Bei Anordnung einer Beweiserhebung durch den Vorsitzenden ist es strittig, ob das Gericht auch mit der Begründung angerufen werden kann, die Beweiserhebung sei weder notwendig noch sachdienlich[101]. Zur Anrufung des Gerichts gegen eine Vorabentscheidung über die Beeidigung vgl. § 59, 13 ff.

33   **5. Entscheidung des Gerichts.** Das Gericht entscheidet nach Anhörung der Verfahrensbeteiligten über die Zulässigkeit der Maßnahme durch Beschluß. Wird nur die Zweckmäßigkeit der Anordnung in Frage gestellt oder wird eine Anordnung der äußeren Verhandlungsleitung beanstandet, ohne daß eine Einwirkung auf die Sachleitung schlüssig behauptet wird, verwirft das Gericht den Antrag als unzulässig[102]. In den anderen Fällen lehnt es den Antrag als unbegründet ab, insbesondere auch, wenn es die Anordnung für rechtlich zulässig hält. Die Ablehnung ist zu begründen (§ 34), sofern die Gründe nicht für alle Beteiligten offensichtlich sind oder sich bereits eindeutig aus dem Tenor des Beschlusses ergeben[103]. Hält das Gericht die Beanstandung für berechtigt, dann trifft es selbst an Stelle des Vorsitzenden die erforderliche Maßnahme[104]. Es läßt beispielsweise

---

[96] Dies ist meist der einfachere Weg, um den sachgerechten Verfahrensfortgang zu sichern.

[97] RGSt **44** 66; *Erker* 96 ff; *Seibert* JR **1952** 47; AK-*Schöch* 34; KK-*Treier* 12; *Kleinknecht/Meyer-Goßner*[43] 17; KMR-*Paulus* 44; SK-*Schlüchter* 15.

[98] *Erker* 95, *Fuhrmann* GA **1963** 73; AK-*Schöch* 34; KK-*Treier* 12; *Kleinknecht/Meyer-Goßner*[43] 17; KMR-*Paulus* 43; SK-*Schlüchter* 15. Wegen der im Einzelfall schwierigen Abgrenzung der Rechtskontrolle, vor allem wenn auch unzweckmäßige Maßnahmen unter dem Blickwinkel einer unverhältnismäßigen Belastung rechtliche Relevanz erlangen können, vgl. die Erläuterungen zu § 337.

[99] Vgl. § 241, 6 ff.

[100] RGRspr. **8** 286; KK-*Treier* 12 (hängt vom Einzelfall ab); *Hammerstein* FS Rudolf Schmitt 326; vgl. Rdn. 11.

[101] So *Alsberg/Nüse/Meyer* 753 mit weit. Nachw.; KMR-*Paulus* 43; vgl. dazu § 244, 34.

[102] *Erker* 102 ff; *Schmid* FS Mayer 561; KK-*Treier* 13; *Kleinknecht/Meyer-Goßner*[43] 19; KMR-*Paulus* 50; SK-*Schlüchter* 18.

[103] H. M; *Erker* 105; KK-*Treier* 13; KMR-*Paulus* 50; SK-*Schlüchter* 16; vgl. auch BVerfG NStZ **1985** 181.

[104] KK-*Treier* 13; KMR-*Paulus* 52; SK-*Schlüchter* 13.

die vom Vorsitzenden beanstandete Frage zu oder ordnet an, daß die Verlesung einer Urkunde unterbleibt, die der Vorsitzende verlesen wollte. Einer Begründung der stattgebenden Entscheidung bedarf es nicht[105], auch wenn ein Verfahrensbeteiligter sich bei seiner Anhörung für den Bestand der Anordnung des Vorsitzenden ausgesprochen hatte; nur wenn seine Ausführungen über die Ablehnung der Beanstandung hinausgehen und als Beantragung einer anderen Maßnahme zu verstehen sind, bedarf die in der stattgebenden Entscheidung liegende Ablehnung der geforderten anderen Maßnahme einer Begründung[106]. Ist die beantragte Entscheidung versehentlich unterblieben, kann das Gericht eine Maßnahme des Vorsitzenden auch nachträglich noch durch einen in der Hauptverhandlung zu verkündenden Beschluß genehmigen[107]. Hält es dagegen die Beanstandung für berechtigt, muß es auch eine bereits durchgeführte fehlerhafte Anordnung des Vorsitzenden für unzulässig erklären und gleichzeitig die zur **Heilung des Fehlers** erforderlichen Anordnungen dem Vorsitzenden aufgeben oder selbst treffen, etwa daß ein fehlerhaft gewonnenes Beweisergebnis nicht verwertet, die Aussage eines zu Unrecht vereidigten Zeugen als unbeeidigte gewertet oder eine zu Unrecht abgelehnte Maßnahme nachgeholt oder eine nicht zugelassene Frage nochmals gestellt wird[108].

Absatz 2 setzt einen **förmlichen Beschluß** voraus, der möglichst unmittelbar auf die **34** Beanstandung hin ergehen, zumindest aber vor Abschluß des jeweiligen Verfahrensabschnitts, dem die Maßnahme zuzuordnen ist, verkündet werden sollte[109]. Auf jeden Fall muß der Beschluß immer in der Hauptverhandlung vor Erlaß des Urteils verkündet werden[110]. Die Prozeßbeteiligten müssen Gelegenheit gehabt haben, ihr Prozeßverhalten auf diese Entscheidung und ihre Gründe einzurichten[111]. Ist die beanstandete Maßnahme noch nicht durchgeführt, so darf sie keinesfalls vor der Entscheidung des Gerichts vollzogen werden[112]. Schlüssiges Verhalten des Gerichts, das keinen Raum mehr für Beanstandungen läßt, ist kein Beschluß im Sinne des Absatz 2[113].

Der Vorsitzende ist **an den Beschluß gebunden.** Soweit das Gericht eine bestimmte **35** Maßnahme für unzulässig erklärt oder ihre Vornahme zugelassen hat[114], muß der Vorsitzende dieser Entscheidung bei der Verhandlungsleitung Rechnung tragen. Ergeben sich hiergegen neue Bedenken, muß er eine neue Entscheidung des Gerichts herbeiführen. Ob dies entbehrlich ist, wenn sich die für den Beschluß bestimmenden Umstände geändert

---

[105] Strittig, wie hier *Erker* 104; *Gössel* ZStW **103** (1991) 498; *Kleinknecht/Meyer-Goßner*[43] 19; SK-*Schlüchter* 18; ferner (im Ansatz problematisch) BGHSt **15** 253 (krit. dazu *Hanack* JZ **1971** 92; *Erker* 104); **a. A** *Alsbert/Nüse/Meyer* 754; KMR-*Paulus* 50; *Eb. Schmidt* § 34, 5 a.

[106] Vgl. BGHSt **15** 253; *Erker* 104; SK-*Schlüchter* 18.

[107] BGH bei *Dallinger* MDR **1955** 397; KMR-*Paulus* 51; eine Nachholung in den Urteilsgründen oder ein Beschluß nach Verkündung des Urteils wäre unbehelflich.

[108] Vgl. BGH StV **1989** 465 mit Anm. *Schlothauer*; *Erker* 107; *Fuhrmann* GA **1963** 79; *Schmid* FS Mayer 561; KMR-*Paulus* 51; ferner Vor § 226.

[109] Nach *Erker* 100 ergibt sich bei Maßnahmen, die einem bestimmten Verfahrensabschnitt zugeordnet sind, daraus auch der späteste Zeitpunkt, da sonst die Verfahrensbeteiligten ihr Verhalten nicht mehr darauf einstellen können.

[110] Nur bei einer Eventualbeanstandung (Rdn. 30), bei der der Antragsteller selbst keine frühere ablehnende Entscheidung erwartet, kann es genügen, wenn die Ablehnung im Urteil oder zusammen mit diesem bekanntgegeben wird; vgl. RGSt **58** 372; *Erker* 101; KMR-*Paulus* 51.

[111] *Erker* 100; *Schmid* FS Mayer 561; *Kleinknecht/Meyer-Goßner*[43] 19; KMR-*Paulus* 5.

[112] *Schmid* FS Mayer 561.

[113] BGH NJW **1952** 1305; *Erker* 102; *Kleinknecht/Meyer-Goßner*[43] 19; SK-*Schlüchter* 17; vgl. auch RGSt **57** 263 (Verkündung erst mit Urteil); **a. A** OLG Neustadt GA **1961** 186; *Gössel* § 21 A I a; *Gössel* ZStW **103** (1991) 498 ff; KMR-*Paulus* 50; zur Erhaltung der Revision bedarf es dieser Konstruktion nicht; vgl. Rdn. 40; 42; 47 ff.

[114] Vgl. *Erker* 110: Der nur eine Beanstandung zurückweisende Beschluß verpflichtet den Vorsitzenden nicht zum Festhalten an seiner Anordnung; durch die Bestätigung ihrer Rechtmäßigkeit, die ihre Zweckmäßigkeit ungeprüft läßt, wird sie nicht zu einer Anordnung des Gerichts.

haben, ist strittig[115]. Auch wenn man, wie auch sonst bei prozessualen Zwischenentscheidungen, eine Bindung bei einer wesentlichen Veränderung der Sach- und Rechtslage verneint, sollte der Verfahrensklarheit wegen ausdrücklich in der Hauptverhandlung zur Sprache gebracht werden, daß nach Ansicht des Gerichts die tatsächlichen Voraussetzungen für einen die Verfahrensgestaltung bestimmenden früheren Beschluß entfallen sind[116]; ob sich die Verfahrenslage wesentlich geändert hat, kann oft anzweifelbar sein. Die **Verfahrensbeteiligten** sind durch den als prozessuale Zwischenentscheidung keiner Rechtskraft fähigen Gerichtsbeschluß[117] insoweit gebunden, als sie bei unveränderter Sachlage während der Hauptverhandlung nicht nochmals nach § 238 Abs. 2 die Entscheidung des Gerichts über die Zulässigkeit einer vom Gericht bereits bestätigten Anordnung des Vorsitzenden herbeiführen können[118].

36   **6. Beanstandung von Anordnungen des Einzelrichters.** Entscheidet der Strafrichter (Jugendrichter) als Einzelrichter, sind also Gericht und Vorsitzender identisch, besteht an sich kein zwingender innerer Grund, gegen seine Maßnahmen das Gericht anzurufen[119]. Der Zwischenrechtsbehelf des Absatz 2 ist aber deshalb nicht ausgeschlossen. Entgegen der vorherrschenden Rechtsprechung ist er zwar nach der hier vertretenen Meinung (Rdn. 47) zur Erhaltung der Revisionsrüge (§ 337) nicht notwendig[120]; er ist aber zulässig und zweckmäßig, da er den Richter veranlaßt, die beanstandete Maßnahme zumindest auf ihre rechtliche Zulässigkeit hin nochmals zu überprüfen. Er muß zudem seine Auffassung näher begründen, wenn er die Beanstandung ablehnt. Die förmliche Beanstandung sichert ferner die unter Umständen sonst nicht notwendige Aufnahme der Maßnahme ins Protokoll. Dies erleichtert — ebenso wie die notwendige Begründung der Entscheidung — dem Revisionsgericht die Nachprüfung. Gleichzeitig wird dadurch gesichert, daß die Entscheidung des Einzelrichters auch unter dem Gesichtspunkt des § 338 Nr. 8 gerügt werden kann[121].

37   **7. Sitzungsniederschrift.** Die Beanstandung nach § 238 Abs. 2 und der darauf ergehende Beschluß des Gerichts sind nach § 273 Abs. 1 im Protokoll festzuhalten[122]. Für die Beanstandung gilt dies auch, wenn man sie wegen ihrer Wiederholung als unzulässig oder unbeachtlich (vgl. Rdn. 35) ansieht[123]. Die das Verfahren auslösende prozeßleitende Verfügung des Vorsitzenden ist als solche nur protokollierungspflichtig, wenn sie zu den wesentlichen Förmlichkeiten des Verfahrens (§ 273 Abs. 1) zählt, was bei der Mehrzahl der im weiten Sinn verstandenen Maßnahmen nicht der Fall ist. Soweit eine Maßnahme des Vorsitzenden eine Beanstandung auslöst, ist es jedoch zum besseren Verständnis

---

[115] Für uneingeschränkte Bindung: OLG Oldenburg NdsRpfl. **1953** 172; *Kleinknecht/Meyer-Goßner*[43] 19; SK-*Schlüchter* 19; für Bindung nur rebus sic stantibus: BayObLGSt **1971** 79; *Erker* 110; *Schmid* FS Mayer 561; KK-*Treier* 13; KMR-*Paulus* 53.

[116] Da es dem Gericht unbenommen ist, auch bei unveränderter Lage seine ohnehin unter dem Vorbehalt einer anderen Beurteilung bei der Urteilsfällung (RGSt **68** 180) stehende Entscheidung zu ändern, kann der Vorsitzende stets einen neuen Gerichtsbeschluß herbeiführen; vgl. SK-*Schlüchter* 19 und Rdn. 29.

[117] *Erker* 111 (weder materielle noch formelle Rechtskraft); KMR-*Paulus* 53; vgl. Vor § 304.

[118] KMR-*Paulus* 53; **a. A** *Erker* 113 (bei Wiederholung durch den Beanstandenden mangels rechtlich anerkannten Sachentscheidungsinteresses unbeachtlich, bei Beanstandung durch einen anderen

Verfahrensbeteiligten offensichtlich unbegründet); SK-*Schlüchter* 14 (unbeachtlich).

[119] So BayObLGSt **1962** 267 = JR **1963** 105; OLG Köln MDR **1955** 311; NJW **1957** 1337; *Koeniger* 33. Zur Entwicklung der Rechtspr. *Ebert* StV **1997** 269 mit Nachw.

[120] Dazu *Ebert* StV **1997** 269; NStZ **1997** 566.

[121] *Bohnert* 182; *Erker* 144; *Ebert* StV **1997** 275; NStZ **1997** 566; AK-*Schöch* 38; KK-*Treier* 14; *Kleinknecht/Meyer-Goßner*[43] 18; KMR-*Paulus* 39; SK-*Schlüchter* 8; ferner *Dahs* Hdb. 437; *Gössel* § 21 A II a 2; *Roxin* § 42, 15; *Schlüchter* 452.2; zur Gegenmeinung vgl. Fußn. 119.

[122] BGHSt **3** 199; *Erker* 98; KK-*Treier* 11; 13; *Kleinknecht/Meyer-Goßner*[43] 19; KMR-*Paulus* 46; SK-*Schlüchter* 20.

[123] SK-*Schlüchter* 20.

zweckmäßig, auch die Anordnung im Protokoll festzuhalten. Festzuhalten ist auch, wenn der Vorsitzende der Beanstandung selbst abhilft, indem er von der beanstandeten Maßnahme absieht.

III. Rechtsbehelfe

1. Beschwerde. Die Anordnungen des Vorsitzenden sind nach jetzt vorherrschender **38** Ansicht[124] schon durch § 304 Abs. 1 letzter Halbsatz wegen § 238 Abs. 2 der Beschwerde entzogen; andernfalls würde ihrer Anfechtung § 305 Satz 1 entgegenstehen, der auch die Beschwerde gegen die Beschlüsse des Gerichts nach § 238 Abs. 2 grundsätzlich ausschließt[125]. Nach diesem ist die Beschwerde nur zulässig, wenn und soweit der Beschluß eine mit der Anfechtung des Urteils nicht angreifbare, zusätzliche prozessuale Beschwer enthält sowie für die von ihm betroffenen Dritten im Sinne des § 305 Satz 2[126]. Zur Einschränkung der Beschwerde bei sitzungspolizeilichen Maßnahmen vgl. bei §§ 176 ff GVG, vor allem bei § 181 GVG[127].

2. Revision

a) Maßnahmen des Vorsitzenden, deren Wirkung sich in der Gestaltung des **äußeren 39 Verfahrensgangs** erschöpfen, können, auch wenn sie rechtlich fehlerhaft waren, die Revision nicht begründen, da sie das Urteil selbst nicht beeinflußt haben können, dieses also nicht darauf beruht[128].

b) Dagegen kann die Revision auf **Maßnahmen** gestützt werden, die — sei es nach **40** ihrem Zweck oder nur wegen der besonderen Gegebenheiten des Einzelfalls — auf den **sachlichen Verfahrensgang** und damit auf die Grundlagen der Urteilsfindung gestaltend eingewirkt haben. Es kommt hier — ebenso wie beim Zwischenrechtsbehelf des Absatz 2 — nur auf die Wirkung der Maßnahmen an. Es ist unerheblich, ob die Maßnahmen nach ihrer Zielsetzung der Sachleitung, der äußeren Verhandlungsleitung oder der Sitzungspolizei[129] dienen sollten. Jede fehlerhafte Maßnahme, die den Verfahrensgang beeinflußt hat und die sich deshalb auf die Urteilsfindung ausgewirkt haben kann, ist grundsätzlich nach §§ 336, 337 der Revision zugänglich. Gerügt werden kann als Verstoß gegen § 238 Abs. 1 nach § 337 auch, wenn der Vorsitzende kompetenzwidrig seine Aufgaben auf einen Beisitzer übertragen hat[130].

c) Ist ein **Beschluß des Gerichts** über die Zulässigkeit einer Maßnahme des Vorsitzenden **41** auf Grund des Zwischenrechtsbehelfs nach Absatz 2 **ergangen**, so kann die Revision in Verbindung mit der verletzten Vorschrift nicht nur auf die §§ 336, 337, sondern auch auf § 338

---

[124] *Erker* 60 (Ausschluß durch § 238 Abs. 2 als innerinstanzliches Anfechtungsverfahren eigener Art); *Gössel* ZStW **103** (1991) 498; *Giesler* 263; *Niethammer* JZ **1951** 652; *KK-Treier* 15; *Kleinknecht/Meyer-Goßner*43 21; *Pfeiffer/Fischer* 6; **a. A** Ausschluß nach Maßgabe des § 305 *Schmid*, Verwirkung 269; *KMR-Paulus* 55; *SK-Schlüchter* 21 (eingehend auch zu dem nach dieser Ansicht bestehenden „Schaukelverhältnis" der Anfechtbarkeit); *Eb. Schmidt* 29; zur Streitfrage, die wegen der Ausnahmen des § 305 nicht ohne Bedeutung ist, vgl. die Erläuterungen zu §§ 304; 305.

[125] So etwa OLG Düsseldorf StV **1996** 252; OLG Hamburg MDR **1977** 248; OLG Hamm NJW **1973** 818; JMBlNW **1974** 89; OLG Koblenz StV **1992** 263; OLG Schleswig SchlHA **1978** 174; OLG

Zweibrücken VRS **50** (1976) 437; vgl. bei § 305. Soweit die angeführten Entscheidungen Verteidigerbestellungen betreffen, ist nicht die grundsätzliche Anwendbarkeit des § 305 Satz 1, sondern die Anwendbarkeit im konkreten Einzelfall streitig; vgl. dazu bei § 141.

[126] *Bohnert* 182; *Gössel* § 21 II d 1; *KK-Treier* 15; *Kleinknecht/Meyer-Goßner*43 21; *KMR-Paulus* 55; *SK-Schlüchter* 21; ferner zur Beschwerde bei Grundrechtseingriffen *Amelung* 19.

[127] Vgl. ferner *SK-Schlüchter* 21; 22.

[128] BGHSt **17** 201; BGH NJW **1957** 271; AK-*Schöch* 42; *KK-Treier* 16; *KMR-Paulus* 59; *SK-Schlüchter* 23.

[129] BGHSt **17** 40; vgl. Rdn. 23.

[130] Vgl. Rdn. 15 mit Nachw.; ferner *KMR-Paulus* 57.

Nr. 8 gestützt werden, sofern durch den fehlerhaften Beschluß die Verteidigung des Angeklagten beeinträchtigt wird. Dabei ist unerheblich, welcher Verfahrensbeteiligte den Beschluß des Gerichts herbeigeführt hat[131]. Gerügt werden kann ferner, wenn ein Beschluß nach § 238 Abs. 2 entgegen § 33 ohne Anhörung der anderen Verfahrensbeteiligten ergangen ist[132] oder entgegen § 34 nicht oder unzulänglich (vgl. Rdn. 33) begründet wurde[133]; unerheblich ist, ob man hier nur § 34 oder zugleich auch § 238 Abs. 2 als (mit) verletzt ansieht.

42   Hat das Gericht **versäumt**, über eine Beanstandung rechtzeitig **zu entscheiden** oder — wenn dies zunächst unterblieben ist — die bereits durchgeführte Maßregel wenigstens noch in der Hauptverhandlung nachträglich zu genehmigen[134], so kann dieses Unterlassen mit der Revision nach § 337 und — nach allerdings strittiger Auffassung — auch nach § 338 Nr. 8 gerügt werden[135], wenn die Anordnung des Vorsitzenden unzulässig war, also gegen das Verfahrensrecht (vgl. Rdn. 31) verstieß. Dessen Verletzung ist, ebenso wie die Beanstandung und ihr Inhalt, in der Revisionsbegründung darzulegen (§ 344 Abs. 2)[136]. War die Anordnung des Vorsitzenden dagegen zulässig, so daß die Beanstandung bei rechtzeitiger Bescheidung erfolglos geblieben wäre, so beruht das Urteil nur dann auf dem Unterlassen der Beschlußfassung[137], wenn der Revisionsführer schon durch das gegen § 238 Abs. 2 verstoßende Unterbleiben der Entscheidung des Gerichts und die dadurch bedingte Unkenntnis der Gründe und die Unklarheit über die Verfahrenslage in der Wahrnehmung seiner Verfahrensrechte (Anpassung der Prozeßführung an die Rechtslage, Ausführungen zu konkretisierungsbedürftigen Rechtsbegriffen, weitere Anträge usw.) urteilsrelevant beeinträchtigt worden ist[138].

43   **d) Anrufung des Gerichts als Rügevoraussetzung.** Strittig ist, ob die fehlerhafte Maßnahme des Vorsitzenden mit der Revision nach § 337 beanstandet werden kann, wenn der Revisionsführer versäumt hat, **vorher** eine **Entscheidung des Gerichts** nach § 238 Abs. 2 herbeizuführen[139].

44   Die meist am Ergebnis orientierte **Spruchpraxis der Revisionsgerichte** macht mit unterschiedlichen Begründungen zwar grundsätzlich die Revisionsrüge von der vorherigen Beanstandung abhängig, sie läßt aber Ausnahmen zu, um mangels Beurteilungsspielraums des Vorsitzenden eindeutige, im Urteil fortwirkende Gesetzesverletzungen zu korrigieren (Rdn. 50 ff).

45   Eine im **Schrifttum** verbreitete Ansicht[140] verneint dagegen, daß die Rüge eines Verfahrensfehlers des Vorsitzenden mit der Revision nach den §§ 336, 337 allein schon des-

---

131 KMR-*Paulus* 60; SK-*Schlüchter* 26.
132 *Erker* 141; KMR-*Paulus* 58; SK-*Schlüchter* 33; ob das Urteil auf dem Anhörungsverstoß beruhen kann, hängt vom Einzelfall ab; es kann fraglich sein, wenn der bei der Anhörung Übergangene nach Verkündung des Beschlusses in der weiteren Hauptverhandlung gegen diesen keine Einwände erhoben hat, vgl. *Erker* 141; KMR-*Paulus* 58; SK-*Schlüchter* 33; 34 und generell bei § 33, 25.
133 *Erker* 140; KMR-*Paulus* 58; SK-*Schlüchter* 35.
134 BGM bei *Dallinger* MDR **1955** 397; KMR-*Paulus* 51, 62; ferner SK-*Schlüchter* 26; vgl. Rdn. 33.
135 KMR-*Paulus* 60; SK-*Schlüchter* 27; **a. A** *Erker* 137 (nur nach § 337); BGH bei *Dallinger* MDR **1955** 397; *Kleinknecht/Meyer-Goßner*[43] 23 gehen auf den Revisionsgrund nicht ein; zum strittigen Verhältnis zwischen § 337 und § 338 Nr. 8 vgl. bei § 338.
136 Zur Notwendigkeit der Ausführungen zur Beru-

hensfrage vgl. bei § 344 Abs. 2; ratsam sind solche Darlegungen jedenfalls immer.
137 Verneinend *Kleinknecht/Meyer-Goßner*[43] 23; *Pfeiffer/Fischer* 6.
138 *Erker* 138 ff; *Schmid* FS Mayer 562 unter Hinweis auf RGSt **57** 236; RG HRR **1938** Nr. 792; KMR-*Paulus* 61; SK-*Schlüchter* 34; **a. A** BGH bei *Dallinger* MDR **1957** 397; OLG Hamburg NJW **1953** 434; *Kleinknecht/Meyer-Goßner*[43] 23.
139 Vgl. etwa *Bohnert* 173; *Sarstedt/Hamm*[6] 1083 ff sowie bei §§ 337, 338, je mit weit. Nachw.
140 *Ebert* StV **1997** 270 ff; *Erker* 147 ff; 173 (Zusammenfassung); *Gössel* § 21 A II d 3; *Niese* JZ **1953** 221; *Roxin* § 42, 16; *Rüping*[3] 375; *Sarstedt/Hamm*[6] 1083; *Schmid* Verwirkung 29; KMR-*Paulus* 64; *Eb. Schmidt* 29; wohl auch AK-*Schöch* 43; **a. A** (mit unterschiedlichen Begründungen) KK-*Treier* 17; *Kleinknecht/Meyer-Goßner*[43] 22; *Pfeiffer/Fischer* 6; SK-*Schlüchter* 28.

halb ausgeschlossen ist, weil in der Hauptverhandlung von dem gegebenen Zwischen-rechtsbehelf[141] des § 238 Abs. 2 kein Gebrauch gemacht wurde.

Die in Begründung und Grenzziehung uneinheitliche **herrschende Rechtsprechung** **46** überzeugt nicht. Die im Anschluß an das **Reichsgericht** (in Anlehnung an die Motive) vertretene Ansicht, die Revision scheitere daran, daß das Urteil nicht auf dem Ver-fahrensverstoß des Vorsitzenden, sondern auf der unterlassenen Anrufung des Gerichts **beruhe**[142], widerspricht den sonst für das Beruhen aufgestellten Grundsätzen; denn die Möglichkeit der Fortwirkung der fehlerhaften Maßnahme auf das Urteil läßt sich damit nicht ausschließen[143]. Es kann auch nicht mit der erforderlichen Sicherheit gesagt wer-den, daß das Gericht bei einer Anrufung nach Absatz 2 die fehlerhafte Maßnahme besei-tigt hätte; dagegen spricht schon, daß die beisitzenden Richter diese Maßnahme ebenfalls unbeanstandet gelassen haben, obwohl sie berechtigt und auch verpflichtet waren, auch ihrerseits dafür zu sorgen, daß das Verfahren frei von Rechtsfehlern durchgeführt wird[144]. Das Beruhen auf dem Verfahrensfehler kann in der Regel nicht einmal dann aus-geschlossen werden, wenn der Verfahrensfehler darin liegt, daß der Vorsitzende seine Anordnung nicht in der gesetzlich vorgeschriebenen Form begründet hat[145]. *Schlüch-ter*[146] begründet den Ausschluß der Revision deshalb auch nicht mit dem Wegfall des Beruhens im herkömmlichen Sinn, sondern mit der Zerschlagung des normativen Zusammenhangs; dieser entfalle, wenn der in § 238 Abs. 2 zur Korrektur der Anordnung des Vorsitzenden vorgesehene Zwischenrechtsbehelf nicht benutzt werde. In der **späte-ren Rechtsprechung** wird oft nur noch der Grundsatz herausgestellt, daß eine Maß-nahme des Vorsitzenden nicht mit der Revision beanstandet werden kann, wenn ver-säumt wurde, hiergegen das Gericht anzurufen[147]. Soweit dafür überhaupt noch eine Begründung gegeben wird, tritt das Beruhensargument in den Hintergrund gegenüber der Erwägung, durch das Unterlassen der Beanstandung werde von den Verfahrensbeteilig-ten zum Ausdruck gebracht, daß sie sich durch die Maßnahme des Vorsitzenden nicht beschwert fühlten. In einem solchen Verhalten wird ein stillschweigender Verzicht gese-hen[148], und es wird angenommen, dadurch werde das Recht verwirkt, auf die beanstan-dungslos hingenommene Anordnung später eine Verfahrensrüge zu stützen[149]. Der Aus-schluß der Revision wird bei Annahme von Verzicht oder Verwirkung folgerichtig dann

---

[141] Zur Problematik *Bohnert* 172; 191 ff; ferner etwa *Schmid* Verwirkung 29; FS Mayer 543; vgl. auch bei § 337.

[142] BGHSt **1** 325; **3** 369; **4** 366; BGH NJW **1952** 1426; BGH bei *Dallinger* MDR **1958** 14; RGSt **68** 396; **71** 23; RGRspr. **4** 153; RG GA **46** 337; RG JW **1930** 760; **1931** 950; **1933** 520; RG HRR **1938** Nr. 794; BayObLGSt **1949/51** 75; OLG Braun-schweig NdsRpfl. **1957** 249; OLG Düsseldorf StV **1996** 252 mit Anm. *Ebert* NStZ **1997** 565; OLG Neustadt GA **1961** 186; OLG Hamm NdsRpfl. **1969** 22; OLG Koblenz VRS **48** (1975) 18; OLG Schleswig bei *Ernesti/Jürgensen* SchlHA **1971** 182; **a. A** OLG Braunschweig NJW **1957** 513.

[143] Ist dies ausnahmsweise möglich, stellt sich das Problem gar nicht.

[144] *Bohnert* 173; KMR-*Paulus* 50; offen bleibt, ob nicht die Revision darauf gestützt werden könnte, daß die beisitzenden Richter ihre Pflicht verletzt haben, unzulässige Maßnahmen zu beanstanden (vgl. *Schmid* Verwirkung 289 f).

[145] Vgl. Rdn. 41, 42; **a. A** OLG Hamm NdsRpfl. **1969** 22.

[146] SK-*Schlüchter* 29; Vor § 213, 69; *Schlüchter* FS Krause 494; vgl. auch *Bohnert* 174 f, 193 (Rüge-präklusion); dagegen *Erker* 152 ff; KMR-*Paulus* 64.

[147] RG JW **1984** 223; vgl. BGH NStZ **1981** 71; 382; **1982** 432; **1984** 371; **1985** 376; **1992** 346; StV **1985** 355; **1996** 248; VRS **48** (1975) 19; OLG Hamburg MDR **1979** 74 mit Anm. *Strate*; OLG Hamm NJW **1972** 1531.

[148] So etwa BayObLG MDR **1983** 511; vgl. KK-*Trei-er* 17 (Betroffener gibt durch Nichtanrufung zu er-kennen, daß er sich nicht beschwert fühlt).

[149] So z. B. BGHSt **1** 322 = JZ **1952** 43 mit abl. Anm. *Eb. Schmidt*; BGHSt **3** 370; **4** 366; BGH StV **1985** 355; GA **1988** 325; **1988** 325; BayObLGSt **1962** 267 = JR **1963** 105; OLG Düsseldorf VRS **91** (1996) 287; OLG Hamburg MDR **1979** 74; KK-*Treier* 17; *Kleinknecht/Meyer-Goßner*[43] 22.

verneint, wenn der nicht rechtskundige Angeklagte ohne Verteidiger war und sein Recht nicht kannte[150].

47   **Eigene Ansicht.** Der Zwischenrechtsbehelf des § 238 Abs. 2 ist keine abschließende Regelung der Anfechtung der Maßnahmen des Vorsitzenden. Ohne ausdrückliche Regelung im Gesetz kann er keine Präklusionswirkung entfalten[151]; diese würde zudem eine Beanstandungslast als Obliegenheit aller Verfahrensbeteiligten einschließlich des Angeklagten voraussetzen, die jedoch, abgesehen von der für die Rechtmäßigkeit des Verfahrens mitverantwortlichen Staatsanwaltschaft[152], selbst für den Nebenkläger nicht besteht[153]. Daß sie auf Richtergewohnheitsrechte beruhe, wird — soweit ersichtlich — nirgends angenommen, dagegen sprechen auch die vielen Ausnahmen und die unterschiedliche Ableitung der aus einem falschen Beruhensbegriff entstandenen Rechtsprechung. Mit der im Schrifttum vertretenen Ansicht[154] kann die Revision demnach grundsätzlich auch rügen, daß eine Maßnahme des Vorsitzenden das Gesetz verletzt habe (§§ 336, 337), wenn das Gericht wegen des Verstoßes von keinem der dazu Berechtigten angerufen worden ist. Ob die Verfahrensrüge durch einen Verzicht des Revisionsführers auf Beanstandung dieser Maßnahme untergegangen ist oder ob sie vom Revisionsführer verwirkt ist, kann, sofern dies nicht ohnehin ausscheidet, weil zwingendes Recht betroffen ist[155], jeweils nur auf Grund der besonderen Lage des Einzelfalls entschieden werden und nicht durch einen verallgemeinernden Hinweis auf die Nichtanrufung des Gerichts nach Absatz 2.

48   Zur **Verwirkung** der Revisionsrüge gehört mehr als die bloße Nichtanrufung des Gerichts. Sie kann nur dann eintreten, wenn der Betroffene arglistig nichts unternimmt, um den Verfahrensverstoß des Vorsitzenden zu beanstanden, etwa weil er Revisionsrügen sammeln will, oder wenn er sich sonst treuwidrig damit zu seinem eindeutigen früheren Prozeßverhalten in Gegensatz setzt[156].

49   Ein **Verzicht** auf jede Beanstandung einer Maßnahme des Vorsitzenden (das ist mehr als der Verzicht, das Gericht nach Absatz 2 anzurufen[157]) dürfte in der Praxis selten sein. Er ist aber — sofern es sich nicht um zwingendes Verfahrensrecht handelt — möglich. Er kann auch stillschweigend erklärt werden, setzt aber voraus, daß der Verzichtende den Verstoß zumindest laienhaft parallel richtig wertet und in Kenntnis der Möglichkeit,

---

[150] Vgl. BGHSt **1** 323; **3** 202; **4** 366; OLG Köln NJW **1954** 1820; OLG Hamm JMBlNW **1955** 179; GA **1962** 87; OLG Koblenz VRS **48** (1978) 18; StV **1992** 263; *Fuhrmann* NJW **1963** 1230 f; KK-*Treier* 17; *Kleinknecht/Meyer-Goßner*43 22; SK-*Schlüchter* 32; *Schlüchter* 452.2 läßt in diesen Fällen die Unterlassung der von ihr als notwendig erachteten Belehrung als Revisionsgrund zu.

[151] Eine solche die Revisionsmöglichkeiten einengende gesetzliche Regelung wäre hier oder bei § 336 möglich, ob sie aber wegen des Zwangs zur Beanstandung für die Abwicklung der Hauptverhandlung sachdienlich wäre, mag zweifelhaft sein; vgl. *Erker* 158; *Sarstedt/Hamm*6 1084; KMR-*Paulus* 64 (rechtspolitisch verfehlt).

[152] Vgl. OLG Zweibrücken **1986** 51; *Erker* 170 ff; *Dahs/Dahs* 300; *Schlüchter* GedS Meyer 462; *Schmid* Verwirkung 365; KMR-*Paulus* 66; SK-*Schlüchter* 29; zur strittigen Frage des Verlustes der Revisionsrüge vgl. bei § 337.

[153] *Erker* 151 ff; *Maatz* NStZ **1992** 516; *Widmaier* NStZ **1992** 522; KMR-*Paulus* 64; **a. A** *Bohnert* 174 ff.

[154] Vgl. Rdn. 45.

[155] Die Pflicht des Gerichts zur Beachtung zwingender Verfahrensvorschriften steht nicht zur Disposition der Verfahrensbeteiligten, diese können die Einhaltung weder durch ihr Verhalten verwirken noch hierauf wirksam verzichten. Vgl. auch Rdn. 51.

[156] *Erker* 173; *Beulke*2 375; *Gössel* § 21 A II d 3; *Jescheck* JZ **1952** 400; *Niese* JZ **1952** 221; *Roxin* § 42, 16; *Sarstedt/Hamm*6 1084; 1085; *Schlüchter* GedS Meyer 460; *Schmid* Verwirkung 253 ff; AK-*Schöch* 45; KMR-*Paulus* 64; 65; SK-*Schlüchter* 28; *Eb. Schmidt* 29; 30; **a. A** *Fuhrmann* NJW **1963** 1230; wegen weit. Nachw. vgl. bei § 337; zur Verwirkung s. auch Einl. J 44; gegen die Annahme der Verwirkung durch treuwidriges Prozeßverhalten *Ebert* StV **1997** 272.

[157] Vgl. KMR-*Paulus* 64 (Verzicht auf Beanstandung ist in der Regel nicht Verzicht auf Beachtung der Verfahrensnorm und auf die Revisionsrüge wegen ihrer Verletzung).

beim Gericht Abhilfe zu erlangen, wissentlich-willentlich nichts unternimmt[158]. Das Recht, den Verstoß dann doch mit der Revision neu aufzugreifen, kann dadurch verwirkt werden[159].

e) Revisionsrüge ohne Anrufung des Gerichts. Nach herrschender Meinung berührt **50** der oben dargelegte Streit, ob Anordnungen des Vorsitzenden auch ohne Anrufung des Gerichts nach § 238 Abs. 2 mit der Revision angegriffen werden können, die Zulässigkeit einer Revisionsrüge nach § 337 dann nicht, wenn die angeordnete Maßnahme erkennbar **Grundlage der Urteilsfindung** wurde, weil sie sich das Gericht bei der Beratung zu eigen machte[160]. Dies ist der Fall, wenn das Gericht den Verfahrensfehler bei der Urteilsfindung wiederholt, so wenn es sein Urteil auf die Aussage eines Sachverständigen stützt, der entgegen § 79 unbeeidigt geblieben ist[161], oder wenn es, weil die Anordnung des Vorsitzenden ohnehin nur eine vorläufige[162] war, entscheiden muß, ob es ihr auf Grund der Sach- und Rechtslage im Zeitpunkt der Urteilsfällung beitreten kann, oder ob die Hauptverhandlung wiederaufzunehmen ist, um eine gegenteilige Anordnung zu treffen oder eine unterbliebene Maßnahme nachzuholen, oder um die Verfahrensbeteiligten zumindest auf die andere rechtliche Bewertung eines bereits unabänderlich gewordenen Verfahrensvorgangs hinzuweisen. Übernimmt das Gericht die Maßnahme des Vorsitzenden, so liegt der die Revision begründende Verfahrensverstoß (auch) im Urteil selbst.

Zulässig ist die Revision nach § 337 ferner ohne vorherige Anrufung des Gerichts, **51** wenn der Vorsitzende eine zur Sachleitung von **Amts wegen gebotene, unverzichtbare prozessuale** Maßnahme rechtswidrig **unterlassen** hat[163], etwa wenn er dem Angeklagten das letzte Wort nicht erteilt[164] oder über die Beeidigung überhaupt nicht entschieden[165] oder einen Antrag nach § 246 nicht mehr entgegengenommen hat[166] oder wenn eine prozeßleitende Anordnung des Vorsitzenden überhaupt nicht ergangen ist. Auch bei einer sonstigen Verletzung einer **zwingend gebotenen Norm des Verfahrensrechts**, deren Nichtbeachtung die Grundlagen der Urteilsfindung berührt (vgl. Rdn. 50), ist die vorherige Anrufung des Gerichts zur Erhaltung der Revisionsrüge nicht erforderlich[167], denn

---

[158] *Erker* 155 ff; *Schmid* Verwirkung 296; SK-*Schlüchter* 29.

[159] Die Frage, ob bereits in der Hauptverhandlung auf einzelne Revisionsrügen wirksam verzichtet werden könnte, dürfte sich deshalb kaum stellen.

[160] So etwa BGHSt **7** 281; **20** 98; BGH StV **1996** 2; bei *Dallinger* MDR **1954** 14; OLG Köln NJW **1957** 1373; AK-*Schöch* 43; KK-*Treier* 18; *Kleinknecht/Meyer-Goßner*[43] 22; *Pfeiffer/Fischer* 6.

[161] BGH NStZ **1982** 71; StV **1996** 2; OLG Hamm NJW **1992** 1531.

[162] So etwa bei unterbliebener (vgl. Rdn. 18, 51) oder der Sachlage nicht oder nicht mehr entsprechender Entscheidung über die Vereidigung eines Zeugen; vgl. BGHSt **7** 281; **20** 98; **22** 266; ferner etwa BGH StV **1987** 282; **1990** 193 (L); **1991** 196; 197; **1995** 1; OLG Düsseldorf MDR **1993** 259; KK-*Treier* 18; SK-*Schlüchter* 31. Wegen weiterer Nachweise auch zu den Fällen, in denen die keinesfalls einheitliche Rechtsprechung die Revisionsrüge von der Anrufung des Gerichts gegen die Vereidigungsentscheidung des Vorsitzenden abhängig gemacht hat, vgl. § 59, 18 ff.

[163] RGSt **9** 69; **61** 317; BGHSt **3** 370; **17** 32; **21** 238; **38** 261; BGH NJW **1996** 346; **1992** 346; Oldenburg NdsRpfl. **1957** 75; *Sarstedt/Hamm*[6] 1083; AK-*Schöch* 43; KK-*Treier* 18; *Kleinknecht/Meyer-Goßner*[43] 22; *Pfeiffer/Fischer* 6; SK-*Schlüchter* 30; ferner die Nachw. in den nachf. Fußn.

[164] BGHSt **3** 370 (Untersagung der Verlesung steht Nichtmitteilung gleich); BGH JR **1965** 348; weitere Nachweise bei § 258.

[165] BGHSt **1** 273; BGH NJW **1986** 1999; NStZ **1981** 71; **1984** 371; NStZ-RR **1997** 302; bei *Pfeiffer/Miebach* NStZ **1988** 18; bei *Miebach* NStZ **1988** 447; **1990** 226; StV **1987** 282; **1988** 472; **1990** 6; 193; **1992** 146; OLG Braunschweig NdsRpfl. **1957** 249; OLG Düsseldorf MDR **1993** 259; OLG Hamburg StV **1990** 153; OLG Hamm NJW **1972** 1531; OLG Koblenz VRS **67** (1984) 248; OLG Köln StV **1988** 289.

[166] BGH NStZ **1981** 311; vgl. § 246, 22; andererseits aber BGH NStZ **1992** 346 (bei Verweigerung der Entgegennahme eines Beweisantrags unmittelbar vor Urteilsverkündung Anrufung des Gerichts notwendig).

[167] *Rüping* Kap. 6 II 2; *Schlüchter* FS Krause 499; SK-*Schlüchter* 30; vgl. auch BGH NJW **1996** 2435.

daß die Entscheidungsgrundlagen in einem ordnungsgemäßen Verfahren gewonnen wurden, muß das Gericht bei der Urteilsfindung unabhängig vom Verhalten des Prozeßbeteiligten beachten[168].

<h2 style="text-align:center">§ 239</h2>

(1) [1]Die Vernehmung der von der Staatsanwaltschaft und dem Angeklagten benannten Zeugen und Sachverständigen ist der Staatsanwaltschaft und dem Verteidiger auf deren übereinstimmenden Antrag von dem Vorsitzenden zu überlassen. [2]Bei den von der Staatsanwaltschaft benannten Zeugen und Sachverständigen hat diese, bei den vom Angeklagten benannten der Verteidiger in erster Reihe das Recht zur Vernehmung.

(2) Der Vorsitzende hat auch nach dieser Vernehmung die ihm zur weiteren Aufklärung der Sache erforderlich scheinenden Fragen an die Zeugen und Sachverständigen zu richten.

Schrifttum. *Dencker* Informelles Kreuzverhör, FS Kleinknecht 79; *Fuhrmann* Kreuzverhör, DJZ **1929** Sp. 479; *Moos* Ausgewogenere Kommunikationsstruktur der Hauptverhandlung durch Wechselverhör und Teilung in zwei Abschnitte, ZStW **103** (1991) 553; *Weigend* Wechselverhör in der Hauptverhandlung, ZStW **100** (1988) 733. Vgl. ferner die Schrifttumsnachweise bei § 238, zur Reform des Strafverfahrens in der Einleitung Absch. E IX und zur Reform der Hauptverhandlung Vor § 226, 57.

Entstehungsgeschichte. Die Vorschrift wurde durch Art. 9 § 4 der zweiten VereinfVO beseitigt, durch Art. 31 Nr. 107 VereinhG 1950 aber wieder eingeführt. Bezeichnung bis 1924: § 238.

Übersicht

1   **1. Allgemeines.** Die Vorschrift läßt in Abweichung von § 238 Abs. 1 unter einengenden Voraussetzungen (vgl. Rdn. 2; 7) das Kreuzverhör zu. Die Unparteilichkeit des Vorsitzenden soll dadurch gestärkt[1], der Einfluß seiner Aktenkenntnis auf die Führung der Vernehmung[2] vermieden werden. Diese Vernehmungsform, deren Wert für die objektive Wahrheitsermittlung anzweifelbar ist[3], wurzelt in dem vom Beibringungsgrundsatz ge-

---

[168] Die beiden in Schrifttum aufgeführten Fallgruppen decken sich somit im Wesentlichen. Bei Berücksichtigung der Verfahrensverantwortung des Gesamtgerichts beschränkt sich der von der herrschenden Rechtsprechung angenommenen Revisionsausschluß weitgehend auf die Fälle, in denen der Vorsitzende hinsichtlich der tatsächlichen Voraussetzungen seiner Maßnahme einen Beurteilungsspielraum (die Rechtsprechung spricht mit-

unter vom Ermessen) hat. Auch BGHSt **38** 261; BGH NJW **1996** 2435 stellen auf den Entscheidungsspielraum ab.

[1] Vgl. die Entstehungsgeschichte Mat. *Hahn* **I** 189; **II** 1333; 1556.

[2] Dazu etwa *Dencker* FS Kleinknecht 87; *Herrmann* ZStW **100** (1988) 45; *Weigend* ZStW **100** (1988) 733; *Weißmann* 25; KMR-*Paulus* 4.

[3] Vgl. z. B. AK-*Schöch* 17; KMR-*Paulus* 3; 4.

prägten Parteienprozeß, wie er im anglo-amerikanischen Rechtskreis üblich ist. In der vom Untersuchungsgrundsatz bestimmten Hauptverhandlung der StPO ist sie ein Fremdkörper. In der Gerichtspraxis wird von ihr kaum einmal Gebrauch gemacht[4]. Der Grund liegt darin, daß in der Hauptverhandlung der Schwerpunkt der Aufklärung des Sachverhalts beim Gericht, vor allem beim Vorsitzenden, liegt[5], die Verfahrensbeteiligten in der Regel damit einverstanden und auch nicht auf das Kreuzverhör vorbereitet sind. Die Reformdiskussion befaßt sich mit dem Kreuzverhör meist in abgewandelten Formen als **Wechselverhör** („informelles Kreuzverhör"), bei dem der Vorsitzende den Zeugen nur zu einem möglichst zusammenhängenden Sachbericht veranlaßt, während er die sich daran anschließenden „inquisitorischen" Fragen zur Prüfung der Zuverlässigkeit und des Wahrheitsgehalts dieses Berichts zunächst den Prozeßbeteiligten, vor allem Staatsanwalt und Verteidiger, überläßt[6]. Eine solche Verfahrensweise wird trotz § 238 Abs. 1 auch schon nach dem geltenden Recht für zulässig angesehen[7].

2. Anwendungsbereich

a) Das Kreuzverhör ist nur bei der Vernehmung derjenigen Zeugen und Sachverständi- **2** gen statthaft, die von der **Staatsanwaltschaft** oder vom **Angeklagten benannt** sind. **Benennung** ist hier im weiten Sinn zu verstehen. Benannt sind nicht nur die Beweispersonen, deren Einvernahme in der Form eines ausdrücklichen Beweisantrags begehrt wurde, sondern alle, deren Einvernahme von seiten der Staatsanwaltschaft oder des Angeklagten angeregt wurde, also alle, die das Gericht entsprechend einer Anregung der Staatsanwaltschaft (in der Anklage nach § 200 Abs. 1 oder später) oder auf Antrag des Angeklagten (§ 219) geladen hat, ferner die von der Staatsanwaltschaft oder vom Angeklagten selbst geladenen oder zur Hauptverhandlung mitgebrachten Personen[8]. Für die Vernehmung des Angeklagten und außerhalb des Strengbeweises gilt § 239 nicht[9].

b) Ausgeschlossen ist das Kreuzverhör bei den Beweispersonen, deren Vernehmung **3** nicht auf eine Anregung der Staatsanwaltschaft oder des Angeklagten zurückgeht, also bei den Zeugen oder Sachverständigen, die das Gericht ohne vorhergehende Benennung von sich aus geladen hat[10]. Bei diesen ist die Vernehmung immer Sache des Vorsitzenden. Bei Jugendlichen unter 16 Jahren verbietet § 241 a das Kreuzverhör (§ 241 a, 4).

Auf die vom **Privatkläger**, von dem **Nebenkläger** oder dem **Einziehungsbeteiligten** **4** benannten Zeugen und Sachverständigen findet die Vorschrift nach ihrem Wortlaut keine

---

[4] So z. B. *Dölp* NStZ **1993** 420; *Weigend* ZStW **100** (1988) 734 (Schattendasein); AK-*Schöch* 1, 15; *Kleinknecht/Meyer-Goßner*[43] 1; KMR-*Paulus* 2.

[5] Vgl. etwa *Sessar* ZStW **92** (1980) 698; AK-*Schöch* 17.

[6] Zu den verschiedenen Varianten *Moos* ZStW **103** (1991) 553; ferner etwa *Dencker* FS Kleinknecht 79; *Dahs* sen. FS Schorn 33; *Dahs* sen. ZRP **1968** 17; *Dahs* Hdb. 488; *Herrmann* Reform der Hauptverhandlung 404; *Roxin* Probleme der Strafprozeßreform (1975) 58; *Roxin* FS Schmidt-Leichner 145; *Sessar* ZStW **92** (1980) 698; AK-*Schöch* 18; KMR-*Paulus* 5.

[7] *Dencker* FS Kleinknecht 82; *Herrmann* ZStW **100** (1988) 45; *Weißmann* 11; AK-*Schöch* § 238, 4; 17; KK-*Treier* 2; *Kleinknecht/Meyer-Goßner*[43] 2; SK-*Schlüchter* 3; ferner KMR-*Paulus* 5, der darauf hinweist, daß bei Anwendung im geltenden Recht das Gleichbehandlungsgebot es verbietet, Staatsanwalt und Verteidiger ein umfassenderes Fragerecht

einzuräumen als den anderen Verfahrensbeteiligten. Strittig ist allerdings, ob man die Zulässigkeit des Wechselverhörs nach geltendem Recht damit begründet, daß der Vorsitzende nach § 238 Abs. 1 bereits genügt hat, wenn er den Bericht des Zeugen entgegennimmt, da dies die eigentliche Vernehmung sei, so daß er die Fragen den Verfahrensbeteiligten überlassen dürfe (*Dencker* aaO), oder ob man in dieser Form des Wechselverhörs ein zulässiges „Minus" gegenüber dem vollen Kreuzverhör nach § 239 sieht (so z. B. *Schlüchter* aaO).

[8] AK-*Schöch* 5; KK-*Treier* 5; *Kleinknecht/Meyer-Goßner*[43] 4; SK-*Schlüchter* 5; wohl auch KMR-*Paulus* 9 („geladene Zeugen"); *Weigend* ZStW **100** (1988) 734 hat Zweifel an der weiten Auslegung des Begriffs „benannt".

[9] KMR-*Paulus* 7.

[10] AK-*Schöch* 5; KK-*Treier* 5; *Kleinknecht/Meyer-Goßner*[43] 4.

Walter Gollwitzer

Anwendung. Sie auf diese Fälle auszudehnen besteht kein Anlaß[11], zumal mit der größeren Zahl der das Kreuzverhör führenden Personen das Verfahren unpraktikabel würde (vgl. Rdn. 10).

5   c) Bei der **kommissarischen Vernehmung** von Zeugen und Sachverständigen hält ein Teil des Schrifttums das Kreuzverhör für zulässig, da hier ein Teil der Beweisaufnahme, der eigentlich der Hauptverhandlung vorbehalten ist, vorweggenommen wird[12]. Gegen diese Gleichsetzung und für eine enge Auslegung des Begriffs Vernehmung in § 239 spricht aber, daß auch bei Zulassung des Kreuzverhörs bei der kommissarischen Vernehmung statt des unmittelbaren Gesamteindrucks vom komplexen Beweisgeschehen nur die Verlesung des darüber gefertigten Protokolls Grundlage der Beweiswürdigung in der Hauptverhandlung würde; ein Protokoll ist aber schwerlich geeignet, dem Gericht den für die Bewertung des Kreuzverhörs besonders notwendigen Gesamteindruck vom Beweisgeschehen zu vermitteln. Ob eine Bild-Ton-Aufzeichnung des Kreuzverhörs nach § 58 a in der Lage wäre, dem erkennenden Gericht die für die Beweiswürdigung aufschlußreiche Interaktion der am Kreuzverhör beteiligten Personen umfassend aufzuzeigen, erscheint fraglich, zumal dem dafür verfügbaren technischen Aufwand auch organisatorisch und finanziell Grenzen gesetzt sein dürften.

3. Voraussetzungen

6   a) **Mitwirkung eines Verteidigers.** Das Kreuzverhör ist nur zulässig, wenn in der Verhandlung ein Verteidiger mitwirkt. Der Angeklagte ist zur Durchführung des Verhörs nicht befugt, auch nicht, wenn er selbst Rechtsanwalt ist[13]. Sind von mehreren Angeklagten nicht alle im Beistande eines Verteidigers erschienen, so ist das Kreuzverhör nur bei einem Verhandlungsgegenstand statthaft, bei dem die ohne Verteidiger erschienenen Angeklagten nicht sachlich betroffen sind[14]. Beweisergebnisse, die in einem Kreuzverhör gewonnen wurden, dürfen gegen einen Mitangeklagten ohne Verteidiger nicht verwendet werden[15].

7   b) **Antrag.** Das Kreuzverhör setzt einen übereinstimmenden Antrag der Staatsanwaltschaft und des Verteidigers voraus. Ist er gestellt, muß der Vorsitzende ihm stattgeben. Auf den Willen des Angeklagten kommt es nicht an[16]. Wirken für verschiedene Angeklagte mehrere Verteidiger in der Verhandlung mit, ist die Übereinstimmung aller erforderlich, es sei denn, daß die Angeklagten, deren Verteidiger nicht zustimmen, vom Vernehmungsgegenstand nicht betroffen werden[17]. Bei einem solchen Zeugen kann der Verteidiger des nicht betroffenen Mitangeklagten auch nicht das Kreuzverhör beantragen[18]. Ein „übereinstimmender Antrag" aller Verteidiger ist aber auch erforderlich, wenn ein Angeklagter mehrere Verteidiger hat[19]. Das Kreuzverhör kann auch nur für die **Vernehmung eines einzelnen Zeugen** oder Sachverständigen beantragt werden[20].

---

[11] *Amelunxen* Nebenkläger 54; *Gollwitzer* FS Schäfer 83; *Kleinknecht/Meyer-Goßner*[43] 4; KMR-*Paulus* 8; *Pfeiffer/Fischer* 2; SK-*Schlüchter* 5.

[12] *Peters* § 59 II 2; KK-*Treier* 6; *Kleinknecht/Meyer-Goßner*[43] 4; **a. A** KMR-*Paulus* 6; SK-*Schlüchter* 9 (§ 239 ist eng auszulegen). An meiner Auffassung in den früheren Auflagen halte ich nicht fest.

[13] BVerfGE **53** 205; KMR-*Paulus* 13.

[14] *Kleinknecht/Meyer-Goßner*[43] 5; KMR-*Paulus* 10; SK-*Schlüchter* 6.

[15] AK-*Schöch* 9; KK-*Treier* 3; KMR-*Paulus* 13.

[16] AK-*Schöch* 10; KK-*Treier* 4; *Kleinknecht/Meyer-Goßner*[43] 5; KMR-*Paulus* 10; SK-*Schlüchter* 6.

[17] *Kleinknecht/Meyer-Goßner*[43] 5; KMR-*Paulus* 10; SK-*Schlüchter* 6.

[18] *Gollwitzer* FS Sarstedt 26.

[19] *Kleinknecht/Meyer-Goßner*[43] 5; SK-*Schlüchter* 6. KMR-*Paulus* 10 hält es für ausreichend, wenn nur einer von mehreren Verteidigern eines Angeklagten dies beantragt. Sofern das Verhalten der anderen Verteidiger aber nicht als stillschweigende Zustimmung zu werten ist und erst recht, wenn einer der anderen Verteidiger ausdrücklich widerspricht, kann die Ausnahmeregelung des § 239 nicht angewendet werden, vgl. § 227, 11.

[20] *Schorn* (Strafrichter) 260; AK-*Schöch* 7; KK-*Treier* 4; *Kleinknecht/Meyer-Goßner*[43] 5; SK-*Schlüchter* 7.

Zeitpunkt der Antragstellung. Der Antrag muß **vor Beginn der Vernehmung** **8** gestellt werden. Staatsanwaltschaft und Verteidiger können dem Vorsitzenden das einmal von ihm begonnene Verhör nicht entziehen[21]. Einem verspäteten Antrag kann der Vorsitzende entsprechen, er ist aber dazu nicht verpflichtet[22].

4. Durchführung und Beendigung des Kreuzverhörs. Der Benennende beginnt mit **9** dem Verhör. Ist er fertig, setzt der Vertreter der Gegenseite die Vernehmung fort. Die Verteidiger mehrerer betroffener Angeklagter kommen nacheinander an die Reihe. Haben sowohl der Staatsanwalt als auch der Verteidiger den gleichen Zeugen benannt, beginnt der Staatsanwalt mit der Vernehmung. Dies gilt im Interesse des Zeugen grundsätzlich auch, wenn die Benennung zu unterschiedlichen Beweisthemen erfolgt ist. Ein **zusammenhängender Bericht des Zeugen** (§ 69 Abs. 1) muß auch beim Kreuzverhör gefordert werden[23]. Nach anderer Ansicht ist es aus vernehmungspsychologischer Sicht zwar wünschenswert, wenn dem Zeugen zu Beginn des Kreuzverhörs eine zusammenhängende Schilderung abverlangt wird; zwingend vorgeschrieben — und damit vom Vorsitzenden erzwingbar — ist dies jedoch nicht[24]. KMR-*Paulus*[25] folgert aus der Rezeption des angelsächsischen Vorbilds sogar die Unzulässigkeit einer zusammenhängenden Darstellung. Bei Berücksichtigung der Einbettung des § 239 in eine der Amtsaufklärung verpflichteten Verhandlungsführung wird man § 239 aber dahin verstehen können, daß er nur hinsichtlich der zur Vernehmung befugten Personen, nicht aber hinsichtlich des Inhalts der dem Zeugen oder Sachverständigen abverlangten Aussage eine Abweichung vom Regelverfahren ermöglicht. Diese bleiben unabhängig von der Form der Vernehmung nach § 69 Abs. 1, § 72 zu einer umfassenden Aussage berechtigt und verpflichtet[26]. Die Aufklärungspflicht des Gerichts, die auch die Verpflichtung einschließt, dafür zu sorgen, daß die Einvernahme in einer Form vorgenommen wird, die der Wahrheitserforschung zweckdienlich ist, spricht dagegen, die auf einer anderen Prozeßstruktur (vgl. Rdn. 1) beruhende anglo-amerikanischen Praxis als maßgebend für die Auslegung von Einzelfragen bei § 239 heranzuziehen und deshalb § 239 dahin auszulegen, daß beim Kreuzverhör die Anwendung des § 69 Abs. 1 ausgeschlossen ist. Es ist Sache des Erstvernehmenden, dem Zeugen zunächst einen zusammenhängenden Bericht, dem Sachverständigen den Vortrag der tragenden Überlegungen seines Gutachtens abzuverlangen; als Vernehmender kann er allenfalls dessen Ausführlichkeit beeinflussen. Während des Kreuzverhörs hat der **Vorsitzende** nur ein **Wächteramt**. Ohne schon zu eigenen Fragen befugt zu sein, muß er das Kreuzverhör gewähren lassen. Eingreifen darf er nur, um ungeeignete oder nicht zur Sache gehörende Fragen nach § 241 Abs. 2 zurückzuweisen. Erst bei Mißbrauch der Vernehmungsbefugnis kann er diese nach § 241 Abs. 1 entziehen; er muß dies, wenn es zum Schutze des Zeugen unerläßlich ist. Wegen der Einzelheiten vgl. die Erläuterungen zu § 241. Im übrigen ist der Vorsitzende nicht berechtigt, nach seinem Ermessen das Kreuzverhör zu schließen und die weitere Vernehmung selbst zu übernehmen.

Das **Fragerecht nach Absatz 2** hat der Vorsitzende erst nach Beendigung des Kreuz- **10** verhörs. Er kann dann alle ihm zur Sachaufklärung noch erforderlichen Fragen stellen und auch einem durch die Art der Befragung verwirrten Zeugen Gelegenheit zum Überdenken seiner Aussage geben. Die **anderen Beteiligten** haben das Fragerecht nach § 240 Abs. 2; sie sind aber nicht berechtigt, in das Kreuzverhör einzugreifen oder es selbst zu führen. Dies gilt für den Verteidiger eines vom Beweisthema nicht betroffenen Mitangeklagten[27]

[21] AK-*Schöch* 10; KK-*Treier* 4; *Kleinknecht/Meyer-Goßner*[43] 5; KMR-*Paulus* 11; SK-*Schlüchter* 7.
[22] AK-*Schöch* 10; KMR-*Paulus* 11; SK-*Schlüchter* 7.
[23] *Kleinknecht/Meyer-Goßner*[43] 6.
[24] AK-*Schöch* 11; KK-*Treier* 7; SK-*Schlüchter* 8.
[25] Vgl. dazu auch LR-*Dahs* § 69, 6.
[26] Vgl. *Peters* § 42 IV 1; *Gössel* § 25 C II b 1.
[27] *Gollwitzer* FS Sarstedt 26; SK-*Schlüchter* 8.

ebenso wie für Nebenbeteiligte und Nebenkläger, selbst wenn sie in der Hauptverhandlung anwaltschaftlich vertreten sind[28], oder für den als Zeugenbeistand auf das Beanstandungsrecht nach § 406 f Abs. 2, § 406 g Abs. 2 beschränkten Anwalt[29].

11   **5. Sitzungsniederschrift.** Die Anträge von Staatsanwalt und Verteidiger, das Kreuzverhör zuzulassen, sind nach § 273 Abs. 1 im Sitzungsprotokoll festzuhalten, desgleichen die Verfügung des Vorsitzenden, die dies ausdrücklich zuläßt oder ablehnt. Zu protokollieren ist auch die Tatsache der Zeugeneinvernahme durch Staatsanwalt und Verteidiger, wobei, da zum Verfahrensgang gehörend, ersichtlich sein muß, in welcher Reihenfolge Staatsanwalt und Verteidiger den Zeugen befragt haben. Gleiches gilt, wenn der Vorsitzende nach Entzug des Vernehmungsrechts (§ 241 Abs. 1) selbst die Vernehmung fortsetzt. Der wesentliche Inhalt der Aussagen ist dagegen allenfalls nach Maßgabe des § 273 Abs. 2 festzuhalten[30], wobei auch dann nicht die einzelnen Fragen und die darauf erteilten Antworten aus dem Protokoll ersichtlich sein müssen. Zu protokollieren ist auch, wenn der Vorsitzende nach § 241 eine Frage zurückweist oder die Befugnis zur weiteren Vernehmung entzieht, wobei zweckmäßigerweise auch die Vorgänge festzuhalten sind, die zu diesem Einschreiten führten. Der Vorsitzende kann in solchen Fällen, vor allem wenn er das Recht zur weiteren Vernehmung nach § 241 Abs. 1 entzieht, auch die vollständige Protokollierung der sein Einschreiten auslösenden Vorfälle nach § 273 Abs. 3 anordnen[31]. In die Niederschrift aufzunehmen ist ferner, wenn gegen eine Entscheidung des Vorsitzenden das Gericht angerufen wird und dessen Entscheidung.

6. Rechtsbehelfe

12   **a)** Der im Kreuzverhör stehende **Zeuge oder Sachverständige** kann von sich aus die Entscheidung des Vorsitzenden anrufen, wenn er eine vom Vernehmenden an ihn gerichtete Frage für unzulässig hält. Gegen die Entscheidung des Vorsitzenden kann er gemäß § 238 Abs. 2 das Gericht anrufen[32]. Die Befugnis hat in den Fällen des § 406 f Abs. 2, § 406 g Abs. 2 auch sein Anwalt als Beistand. Der Zeuge hat ferner bei Verletzung eigener Rechte die Beschwerde nach § 305 Satz 2. Vgl. § 238, 38; § 241, 28.

13   **b)** Bei **Staatsanwaltschaft und Angeklagten** sowie den sonstigen Prozeßsubjekten schließt § 305 Satz 1 die Beschwerde aus. Diese können gegen unzulässige Anordnungen des Vorsitzenden, gegen die fehlerhafte Zulassung oder Nichtzulassung des Kreuzverhörs ebenso wie bei Eingriffen in dieses (§ 241) das Gericht nach § 238 Abs. 2 anrufen. Dessen Entscheidung kann später auch mit der **Revision** vor allem nach § 338 Nr. 8 beanstandet werden, falls dadurch — was sehr oft zweifelhaft sein kann — die Verteidigung in einem für die Entscheidung wesentlichen Punkt unzulässig beschränkt worden sein sollte. Letzteres muß unter Anführung aller Tatsachen (§ 344 Abs. 2) schlüssig dargelegt werden. Wegen der Einzelheiten vgl. § 238, 40 ff; § 241, 29 ff.

---

[28] *Amelunxen* Nebenkläger 54; *Gollwitzer* FS Schäfer 84; *Kleinknecht/Meyer-Goßner*[43] 6; SK-*Schlüchter* 8.

[29] KMR-*Paulus* 13; vgl. Rdn. 12 und bei §§ 406 f; 406 g.

[30] Vgl. SK-*Schlüchter* 10 und bei § 273.

[31] Vgl. § 241, 23 und bei § 273.

[32] AK-*Schöch* 12; KK-*Treier* 8; *Kleinknecht/Meyer-Goßner*[43] 6; KMR-*Paulus* 17; SK-*Schlüchter* 11.

§ 240

(1) Der Vorsitzende hat den beisitzenden Richtern auf Verlangen zu gestatten, Fragen an den Angeklagten, die Zeugen und die Sachverständigen zu stellen.

(2) [1]Dasselbe hat der Vorsitzende der Staatsanwaltschaft, dem Angeklagten und dem Verteidiger sowie den Schöffen zu gestatten. [2]Die unmittelbare Befragung eines Angeklagten durch einen Mitangeklagten ist unzulässig.

Schrifttum. *Alsberg* Das Vernehmungs- und Fragerecht der Parteien im Strafprozeß, GA **63** (1916/17) 99; *Burhoff* Fragerecht, Erklärungsrecht und Schlußvortrag des Verteidigers in der Hauptverhandlung, Z. f. Anwaltspraxis **1994** 831; *Dölp* Dürfen Fragen von Berufsrichtern anläßlich der Beweisaufnahme beanstandet werden? NStZ **1993** 419; *Eisenberg* Vernehmung und Aussagen (insbesondere) im Strafprozeß aus empirischer Sicht, JZ **1984** 912; 961; *Frister* Beschleunigung der Hauptverhandlung durch Einschränkung von Verteidigungsrechten, StV **1994** 445; *Gollwitzer* Das Fragerecht des Angeklagten, GedS Meyer 147; *Granderath* Schutz des Tatopfers im Strafverfahren, MDR **1983** 797; *Helmken* Zur Zulässigkeit von Fragen nach der sexuellen Vergangenheit von Vergewaltigungsopfern, StV **1983** 81; *Kraß* Die Frage in juristischer, sozialwissenschaftlicher und körpersprachlicher Sicht, ZRP **1993** 266; *Krey* Probleme des Zeugenschutzes im Strafverfahren, GedS Meyer 239; *Kröpil* Zum Begriff des Mißbrauchs in §§ 241 Abs. 1, 138 a Abs. 1 Nr. 2 StPO, JR **1997** 315; *Miebach* Entziehung des Fragerechts im Strafprozeß? DRiZ **1977** 140; *Niethammer* Die Stellung des Vorsitzenden und die Vernehmung des Angeklagten in der Hauptverhandlung, JZ **1951** 132; *Prüfer* Sachverhaltsermittlung durch Spurenauswertung und Zeugenbefragung am Beispiel des Schwurgerichtsprozesses – Chancen, Fehler und Versäumnisse der Verteidigung, StV **1993** 602; *Schünemann* Hände weg von der kontradiktorischen Struktur der Hauptverhandlung! StV **1993** 607; *Seibert* Beanstandung von Fragen des Vorsitzenden durch den Verteidiger, JR **1952** 470; *ter Veen* Die Beschneidung des Fragerechts und die Beschränkung der Verteidigung als absoluter Revisionsgrund, StV **1983** 167; *Wulf* Opferschutz im Strafprozeß (Rechtliche Gebote und faktische Möglichkeiten), DRiZ **1981** 374. Vgl. ferner das Schrifttum bei § 238 und wegen der Sonderprobleme kindlicher oder gefährdeter Zeugen bei § 247 a.

Entstehungsgeschichte. Art. 3 Nr. 108 VereinhG fügte in Absatz 1 „den Angeklagten" und in Absatz 2 den Satz 2 hinzu. Nach der ursprünglichen Fassung hatte nur der Vorsitzende das Recht, den Angeklagten zu vernehmen und zu befragen. Die übrigen Verfahrensbeteiligten waren dazu nicht befugt, der Vorsitzende konnte ihnen aber nach freiem Ermessen gestatten, selbst Fragen an den Angeklagten zu richten[1]. Der Gesetzgeber wollte damit den Angeklagten vor einem Kesseltreiben durch die übrigen Verfahrensbeteiligten schützen, außerdem glaubte er die Wahrheitsfindung dadurch am besten gesichert, daß er den übrigen Verfahrensbeteiligten die Möglichkeit entzog, die Einlassung des Angeklagten durch Fragen zu beeinflussen[2]. Art. IV Nr. 5 PräsVerfG hat in Absatz 2 die Erwähnung der Geschworenen gestrichen. Bezeichnung bis 1924: § 239.

---

[1] Vgl. RGSt **68** 110 mit weit. Nachw.

[2] *Niethammer* JZ **1951** 132; *Eb. Schmidt* 1; *Schorn* Strafrichter 196.

Walter Gollwitzer

1   **1. Zweck.** Das Fragerecht aller Verhandlungsteilnehmer (im weitesten Sinn) ist eine wichtige Verfahrensbefugnis, die ihnen ermöglichen soll, von sich aus aktiv auf die vollständige Erörterung des Verfahrensgegenstandes und auf die bestmögliche Ausschöpfung der persönlichen Beweismittel hinzuwirken. Für die Richter ist es eine unerläßliche Voraussetzung für die eigene Meinungsbildung, für den Angeklagten und seinen Verteidiger ein ebenso notwendiges Mittel zu einer sachgerechten Führung der Verteidigung. Wird es in einer taktvollen Form ausgeübt und nur in den zum Schutze des Befragten unbedingt erforderlichen Fällen beschränkt, so trägt es entscheidend dazu bei, daß die Hauptverhandlung auch äußerlich das Bild eines rechtsstaatlichen, „fairen" Verfahrens (vgl. Art. 6 Abs. 1 MRK) bietet, in dem alle Umstände angesprochen werden können, die einem Beteiligten wichtig erscheinen, auch wenn sie mitunter neben der Sache liegen. Das Recht, Fragen an Belastungszeugen zu stellen oder stellen zu lassen, gehört nach Art. 6 Abs. 3 Buchst. d MRK, Art. 14 Abs. 3 Buchst. e IPBPR zu den von den Menschenrechtspakten geforderten Mindestrechten des Angeklagten[3].

2   **2. Geltungsbereich.** § 240 gilt nicht bei **Zeugen unter 16 Jahren**. Bei diesen überträgt die vorgehende Sondervorschrift des § 241 a allein dem Vorsitzenden das Fragerecht. Eine unmittelbare Befragung durch andere Verfahrensbeteiligte darf nur in Ausnahmefällen zugelassen werden.

3   Bei der **kommissarischen Vernehmung** eines sonstigen Zeugen oder Sachverständigen haben die anwesenden Verfahrensbeteiligten das Fragerecht[4], auch wenn sie im Falle des § 168 e von einem anderen Raum aus der dorthin zeitgleich in Bild und Ton übertragenen Vernehmung beiwohnen. Ist ihnen — gleich aus welchen Gründen — die Teilnahme nicht möglich, können sie verlangen, daß der vernehmende Richter die von ihnen schriftlich eingereichten Fragen stellt[5].

4   Der **Verkehr** des **Verteidigers** mit dem Angeklagten während der Hauptverhandlung wird im übrigen durch § 240 nicht berührt.

5   **3. Unmittelbare Befragung.** Das Recht, Angeklagte, Zeugen und Sachverständige selbst zu fragen, bedeutet, daß die Verfahrensbeteiligten den Vorsitzenden nur wegen der zur Verhandlungsleitung (§ 238 Abs. 1) gehörenden formellen Erteilung des Wortes[6], nicht aber wegen des Inhalts der von ihnen beabsichtigten Fragen einschalten müssen. Der Vorsitzende muß ihnen die Befragung gestatten; er kann grundsätzlich nicht verlangen, daß ihm vorher mitgeteilt wird, welche Fragen gestellt werden[7] oder daß Fragen nur indirekt über ihn gestellt werden[8]. Hat er aber Zweifel, ob eine gestellte Frage zulässig ist, so kann er, bevor er sie nach § 241 Abs. 2 zurückweist, von dem Fragenden verlangen, daß er sie ergänzt oder näher erläutert[9]. Er darf aber die Zulassung der Frage nicht davon abhängig machen, daß der Fragende Briefe oder sonstige Beweismittel, auf die sich die Frage bezieht, dem Gericht vorlegt[10]. Hat allerdings ein Frageberechtigter seine Befugnis bereits

---

[3] Zur Verankerung in der von der Verfassung gebotenen Subjektstellung des Angeklagten und seinem daraus folgenden Recht auf Verteidigung vgl. *Eisenberg* (Beweisrecht) 793; Vor § 226, 25; zu den Menschenrechtspakten bei Art. 6 MRK (24. Aufl. Rdn. 210, 219 ff), ferner *Gollwitzer* GedS Meyer 140 ff, sowie BGH StV **1996** 471.

[4] BGHSt **9** 27; vgl. § 224, 4.

[5] BGH NStZ **1983** 421; StV **1993** 171; h. M; vgl. *Gollwitzer* GedS Meyer 163; § 224, 3; 26; § 233, 24.

[6] *Seibert* JZ **1959** 349; vgl. § 238, 3.

[7] RGSt **18** 365; **38** 57; AK-*Schöch* 6; KK-*Treier* 5; *Kleinknecht/Meyer-Goßner*[43] 9; KMR-*Paulus* 9; SK-*Schlüchter* 6.

[8] BGH NStZ **1985** 205; vgl. die Nachw. in der vorangehenden Fußn.

[9] BGHSt **16** 69; h. M; vgl. § 241, 17; 19.

[10] BGHSt **16** 67 = JR **1961** 429 mit Anm. *Eb. Schmidt*; AK-*Schöch* 6; KK-*Treier* 6; *Kleinknecht/Meyer-Goßner*[43] 9; KMR-*Paulus* 9; SK-*Schlüchter* 6.

in einer Weise mißbraucht, die ihre Entziehung (vgl. § 241, 22) rechtfertigen würde, dann kann der Vorsitzende zur Verhütung weiterer Mißbrauchs verlangen, daß ihm die weiteren Fragen vorher mündlich oder schriftlich mitgeteilt werden[11].

Einschaltung des Vorsitzenden. Die zur unmittelbaren Befragung berechtigten Ver- **6** fahrensbeteiligten sind nicht gehindert, den Vorsitzenden zu ersuchen, für sie eine bestimmte Frage zu stellen. Der Vorsitzende ist dazu aber nicht verpflichtet[12]. Er kann ein solches Ansuchen ablehnen, muß dann aber den Antragsteller auf sein eigenes Fragerecht hinweisen[13].

4. Die frageberechtigten Prozeßbeteiligten werden in § 240 in zwei Absätzen behan- **7** delt, während die Personen, die befragt werden dürfen, in Absatz 1 aufgezählt werden. Diese Aufteilung findet ihren Grund in § 241 Abs. 2, der dem Vorsitzenden nur bei den dort genannten Prozeßbeteiligten gestattet, bei einem Mißbrauch des Fragerechts die Frage nicht zuzulassen.

Frageberechtigt sind **nach Absatz 1** die beisitzenden **Berufsrichter**; dazu gehören **8** auch die Ergänzungsrichter, die gemäß § 192 GVG zugezogen worden sind[14].

Nach Absatz 2 sind frageberechtigt die **Schöffen**, ferner der **Staatsanwalt**, der **Ver- 9 teidiger** und der **Angeklagte**. Das gleiche Recht haben nach § 67 Abs. 1, § 69 Abs. 3, § 109 JGG der gesetzliche Vertreter, der Erziehungsberechtigte und der Beistand eines jugendlichen oder heranwachsenden Angeklagten, der Privatkläger (§ 385), der Nebenkläger (§ 397), der Einziehungs- und Verfallsbeteiligte (§ 433 Abs. 1, § 442) und der Vertreter einer juristischen Person oder einer Personenvereinigung (§ 444 Abs. 2) und deren Prozeßbevollmächtigte, nicht aber ein als Beistand eines erwachsenen Angeklagten nach § 149 zugelassener Ehegatte oder gesetzlicher Vertreter[15] oder ein als Beistand eines Verletzten nach §§ 406 f Abs. 2, 406 g Abs. 2 oder als Zeugenbeistand anwesender Rechtsanwalt[16]. Das Fragerecht des Sachverständigen ist in § 80 Abs. 2 geregelt; das des Vertreters der Finanzbehörde im Steuerstraf- und Bußgeldverfahren in § 407 Abs. 1 AO[17].

Sonstige Prozeßbeteiligte, denen das Gesetz kein Fragerecht einräumt, wie vor allem **10** die Zeugen und ihre Beistände, haben die Möglichkeit zu unmittelbaren Fragen, soweit es ihnen der Vorsitzende ausdrücklich gestattet[18]. Der Vorsitzende kann kraft seiner Leitungsbefugnis auch einem Zeugen gestatten, einen anderen Zeugen unmittelbar zu fragen oder ihm Vorhalte zu machen[19], wenn er dies nach seinem pflichtgemäßen Ermessen — insbesondere im Interesse der Wahrheitsfindung — für zweckdienlich hält[20].

---

[11] RGSt **18** 365 (aufgegeben RGSt **38** 58); BGH NStZ **1982** 158; BGH bei *Pfeiffer/Miebach* NStZ **1983** 209; *Gollwitzer*, GedS Meyer 168; *Wagner* JuS **1972** 316; KK-*Treier* 6; *Kleinknecht/Meyer-Goßner*[43] 9; KMR-*Paulus* 9; SK-*Schlüchter* 18; **a. A** *Kühne* 167; *Miebach* DRiZ **1977** 140; *ter Veeh* StV **1983** 168. Zum Streitstand hinsichtlich der Entziehung des Fragerechts vgl. § 241, 22.
[12] RGSt **29** 147; RG JW **1922** 1035; KG JW **1932** 678; *Seibert* JZ **1959** 349.
[13] RGSt **65** 246; *Alsberg* JW **1930** 950; KK-*Treier* 6; *Kleinknecht/Meyer-Goßner*[43] 9; KMR-*Paulus* 12; SK-*Schlüchter* 9.
[14] RGSt **67** 276; OLG Celle NdsRpfl. **1973** 110.
[15] BayObLG NJW **1998** 1655 (nur Recht auf Anhörung, keine Befugnisse gegenüber anderen Betei

ligten); **a. A** AK-*Schöch* 4; *Kleinknecht/Meyer-Goßner*[43] 3; KMR-*Paulus* 6; SK-*Schlüchter* 14 (Fragerecht Voraussetzung für Anhörung).
[16] *Kleinknecht/Meyer-Goßner*[43] 3; KMR-*Paulus* 7; SK-*Schlüchter* 15.
[17] Im normalen Bußgeldverfahren hat der Vertreter der Verwaltungsbehörde kein Fragerecht, KMR-*Paulus* 7; SK-*Schlüchter* 14; vgl. *Göhler* § 76, 18.
[18] RGSt **48** 247; vgl. BGH GA **1968** 308; OLG Celle NdsRpfl. **1969** 190 zu § 441 AO a. F; OLG Celle MDR **1969** 780; OLG Stuttgart Justiz **1973** 399.
[19] RG GA **50** (1903) 274; KK-*Treier* 4; *Kleinknecht/Meyer-Goßner*[43] 3.
[20] *Eb. Schmidt* 7; KMR-*Paulus* 12; SK-*Schlüchter* 15.

11   **5. Zeit für die Ausübung des Fragerechts.** Die Berechtigten können ihr Fragerecht erst ausüben, wenn der Vorsitzende die Vernehmung des Angeklagten, Zeugen oder Sachverständigen beendet hat[21]. Es liegt im Ermessen des Vorsitzenden, auch vorher schon eine Zwischenfrage zuzulassen. Wollen mehrere Berechtigte vom Fragerecht Gebrauch machen, bestimmt der Vorsitzende, in welcher **Reihenfolge** sie zu fragen haben (vgl. § 238 Abs. 1). Er ist an keine bestimmte Reihenfolge gebunden[22]. Es liegt in seinem von Aufklärungspflicht und prozessualer Zweckmäßigkeit bestimmten Ermessen, ob er dabei die Übung einhalten will, zunächst den Berufs- und Laienrichtern und dann zuerst dem Prozeßbeteiligten die Befragung zu gestatten, der den Zeugen benannt hat[23], oder ob er vorab den Angeklagten nach § 257 befragen und ihm hierbei Gelegenheit zu eigenen Fragen geben will[24]. Hat sich eine Beweisperson zu einem gutachtensrelevanten Sachverhalt geäußert, kann es förderlich sein, zuerst dem anwesenden Sachverständigen Gelegenheit zu geben, hierzu seine Fragen zu stellen[25].

12   Das Fragerecht dauert **während der ganzen Beweisaufnahme** an, solange die Zeugen noch nicht entlassen sind und sich nicht entfernt haben[26]. Es besteht gegenüber den noch anwesenden Zeugen und Sachverständigen fort, wenn das Gericht nach Schluß der Beweisaufnahme wieder in sie eintritt. Solange mit der Verkündung des Urteils noch nicht begonnen wurde, können die nach § 240 Frageberechtigten beantragen, an noch anwesende Zeugen, Sachverständige oder Angeklagte ergänzende Fragen zu richten und zu diesem Zweck in die Beweisaufnahme wiedereinzutreten[27]. Erst wenn die Zeugen oder Sachverständigen entlassen sind und sich entfernt haben, endet das Fragerecht[28]. Es bedarf dann eines förmlichen Beweisantrags mit einem neuen Beweisthema, wenn ein Beteiligter noch weitere Fragen an eine nicht mehr anwesende Beweisperson zu stellen wünscht. Das Verlangen, eine bereits vernommene und entlassene Person zu befragen, kann einen Beweisantrag enthalten[29].

13   Das Fragerecht darf **nicht zur Unzeit** ausgeübt werden. Der Fragende muß auf den Gang des Verfahrens die gebotene Rücksicht nehmen. Er darf insbesondere auch nicht den Vorsitzenden oder einen anderen Verfahrensbeteiligten unterbrechen, um seine eigene Frage anzubringen[30].

14   **6. Form der Ausübung des Fragerechts.** Der Fragende muß einzelne, genau umrissene und auf einen bestimmten Sachumstand beschränkte Fragen stellen. Er ist nicht berechtigt, zusammenhängende Erklärungen über einen ganzen Tatsachenkomplex zu verlangen, denn die Befragung darf nicht zur Vernehmung oder zu einem Plädoyer werden[31]. Fragen in der Form eines kurzen Vorhalts sind hingegen zulässig[32]; desgleichen kurze

---

21   *Eb. Schmidt* 2; AK-*Schöch* 8; *Kleinknecht/Meyer-Goßner*[43] 6; KMR-*Paulus* 8; SK-*Schlüchter* 3.

22   BGH NJW **1969** 437; KK-*Treier* 8; *Kleinknecht/Meyer-Goßner*[43] 7; KMR-*Paulus* 11; SK-*Schlüchter* 16.

23   *Preisler* NJW **1949** 417; *Sauer* NJW **1947/48** 683; *Schorn* Strafrichter 197.

24   KK-*Treier* 8; SK-*Schlüchter* 16; ferner AK-*Schöch* 8, der einen Verstoß gegen die Waffengleichheit darin sieht, wenn der Angeklagte stets nur als letzter fragen darf. Vgl. ferner LG Essen StV **1991** 104 (L): Erst Abfragen der Erinnerung durch alle, dann Vorhalte.

25   KMR-*Paulus* 11.

26   BGHSt **15** 161; h. M.

27   Vgl. RGSt **59** 99; KMR-*Paulus* 8; SK-*Schlüchter* 4.

28   Vgl. BGH StV **1996** 248 (Anrufung des Gerichts gegen das Fragerecht einengende Entlassung); ferner § 248.

29   BGHSt **15** 161; BGH GA **1958** 305; *Alsberg/Nüse/Meyer* 94; 106 mit weit. Nachw.; *Eb. Schmidt* 10; h. M.

30   BGHSt **16** 67; zust. *Eb. Schmidt* JR **1961** 130; OLG Hamm StV **1993** 462.

31   *Eb. Schmidt* 9; AK-*Schöch* 7; KK-*Treier* 5; *Kleinknecht/Meyer-Goßner*[43] 5; KMR-*Paulus* 13; SK-*Schlüchter* 9; zur Frageform ferner *Eisenberg* JZ **1984** 918; *Eisenberg* (Beweisrecht) 527 ff; 1348 ff.

32   AK-*Schöch* 7; KK-*Treier* 5; *Kleinknecht/Meyer-Goßner*[43] 5; KMR-*Paulus* 13; SK-*Schlüchter* 9.

Ausführungen zum besseren Verständnis der Frage[33]. Der Vorsitzende hat unzulässige Fragen gemäß § 241 Abs. 2 zurückzuweisen. Solange aber der Fragende sein Recht prozeßordnungsgemäß ausübt, darf er ihn dabei nicht willkürlich unterbrechen[34], auch nicht, um eine zulässige Frage in einer anderen Form selbst zu stellen[35] oder um den unmittelbar Fragenden auf das Fragerecht seines Verteidigers oder Prozeßvertreters zu verweisen[36]. Er darf grundsätzlich nicht die begonnene Befragung ohne sachlichen Grund vorzeitig wieder abbrechen, etwa weil plötzlich ein anderer Frageberechtigter seinerseits Fragen stellen will[37]. **Zwischenfragen** darf er nur bei Einwilligung der Fragenden zulassen. Ein sachlicher Grund, etwa eine Änderung der Verfahrenslage, kann dagegen rechtfertigen, daß der Vorsitzende nach § 238 Abs. 1 die Ausübung des Fragerechts **unterbricht** und die Fortsetzung auf einen späteren Verfahrensabschnitt verschiebt[38]. Soweit ein zur Auskunft Verpflichteter die Beantwortung einer Frage verweigert, hat der Vorsitzende einzugreifen, um auf die Beantwortung der Frage hinzuwirken[39]; in solchen Fällen kann er dann auch die Frage selbst in einer ihm geeigneter erscheinenden Form wiederholen[40].

7. Fragen an den Angeklagten. Seit dem VereinhG (s. Entstehungsgeschichte) gelten **15** für das Recht, an den Angeklagten Fragen zu stellen, dieselben Grundsätze wie für die Befragung von Zeugen und Sachverständigen, mit der einzigen Ausnahme, daß kein Angeklagter befugt ist, einen Mitangeklagten unmittelbar zu befragen (Absatz 2 Satz 2). Wünscht ein Angeklagter an einen Mitangeklagten eine Frage zu richten, so muß er sich an den Vorsitzenden wenden; der Vorsitzende hat dann die Frage, sofern sie zulässig ist, dem Mitangeklagten zu stellen. Dies genügt den Erfordernissen des Art. 6 Abs. 3 Buchst. d MRK[41] und ist verfassungsgemäß[42]. Die herrschende Meinung legt § 240 Abs. 2 Satz 2 dahin aus, daß die unmittelbare Befragung eines Angeklagten durch einen Mitangeklagten schlechthin „unzulässig" ist[43]. Trotzdem sollte man, wenn der Vorsitzende nach seinem Ermessen einem Angeklagten gestattet, an seinen Mitangeklagten unmittelbar eine Frage zu richten, darin keine fehlerhafte Anordnung sehen, auf die vielleicht gar die Revision gestützt werden könnte. Denn auch als die Befragung des Angeklagten noch das alleinige Vorrecht des Vorsitzenden war, stand es ihm frei, nach seinem Ermessen anderen Beteiligten zu erlauben, Fragen an den Angeklagten zu richten[44]. Es genügt, Absatz 2 dahin auszulegen, daß kein Angeklagter das Recht hat, einen Mitangeklagten unmittelbar zu fragen. Das Verbot des Absatzes 2 Satz 2 gilt auch für einen angeklagten Rechtsanwalt, der sich selbst verteidigt[45] oder der zugleich Nebenkläger ist[46]. Der **Verteidiger eines Mitangeklagten** ist durch Absatz 2 Satz 2 nicht gehindert, einen anderen Angeklagten zu befragen[47].

[33] *Dahs* Hdb. 431; *Schorn* Strafrichter 199; h. M.
[34] *Eb. Schmidt* JR **1961** 430; *Dahs* Hdb. 431.
[35] *Dahs* Hdb. 431; *Kleinknecht/Meyer-Goßner*[43] 9; KMR-*Paulus* 14; SK-*Schlüchter* 9.
[36] BGH NStZ **1985** 202; KMR-*Paulus* 14; *Kleinknecht/Meyer-Goßner*[43] 10; SK-*Schlüchter* 4.
[37] OLG Hamm StV **1993** 462; SK-*Schlüchter* 9; vgl. Rdn. 13.
[38] BGH StV **1995** 172 (Unterbrechung einer Zeugenbefragung wegen plötzlich erklärter Aussagebereitschaft eines Mitangeklagten).
[39] BGH GA **1968** 370; KMR-*Paulus* 3; SK-*Schlüchter* 9.
[40] Zur zweckmäßigen Fragetechnik vgl. *Eisenberg* JZ **1984** 915; *Kraß* ZRP **1993** 267; *Eisenberg* (Beweisrecht) 1348 ff.

[41] BGH StV **1996** 471; vgl. Rdn. 1 und bei Art. 6 MRK (24. Aufl. Rdn. 221).
[42] BVerfG NJW **1996** 3408.
[43] BGH StV **1996** 471; *Eb. Schmidt* 7; KK-*Treier* 7; *Kleinknecht/Meyer-Goßner*[43] 10; KMR-*Paulus* 7; SK-*Schlüchter* 17; vgl. dazu *Dahs* Hdb. 435.
[44] RGSt **48** 250.
[45] BVerfGE **53** 215; *Kleinknecht/Meyer-Goßner*[43] 10; KMR-*Paulus* 7; SK-*Schlüchter* 17.
[46] *Kleinknecht/Meyer-Goßner*[43] 10; vgl. bei § 397.
[47] BGHSt **16** 67 = JR **1961** 429 mit Anm. *Eb. Schmidt*; KK-*Treier* 7; *Kleinknecht/Meyer-Goßner*[43] 10; KMR-*Paulus* 7; SK-*Schlüchter* 17.

16   **8. Fragen an den Staatsanwalt** zu stellen, ist nur der Vorsitzende im Rahmen seiner Befugnis zur Verhandlungsleitung berechtigt. Die anderen Verfahrensbeteiligten, insbesondere der Angeklagte, haben dieses Recht nicht[48].

17   **9. Rechtsbehelfe.** Hat der Vorsitzende eine unmittelbare **Frage nicht zugelassen**, weil er den Fragenden nicht für frageberechtigt oder die gestellte Frage nicht für zulässig hielt, kann der Betroffene das Gericht nach § 238 Abs. 2, § 242 anrufen. **Beschwerde** und **Revision** sind bei § 241, 28 bis 35 erläutert.

§ 241

(1) **Dem, welcher im Falle des § 239 Abs. 1 die Befugnis der Vernehmung mißbraucht, kann sie von dem Vorsitzenden entzogen werden.**

(2) **In den Fällen des § 239 Abs. 1 und des § 240 Abs. 2 kann der Vorsitzende ungeeignete oder nicht zur Sache gehörende Fragen zurückweisen.**

Schrifttum siehe bei § 240.

Entstehungsgeschichte. Art. 9 § 4 der Zweiten VereinfVO strich wegen der Aufhebung des § 239 den Abs. 1 und in Abs. 2 die Verweisung auf § 239 Abs. 1. Art. 3 Nr. 109 VereinhG stellte die ursprüngliche Fassung wieder her. Bezeichnung bis 1924: § 240.

Übersicht

Alphabetische Übersicht

---

[48] *Eb. Schmidt* 5; Teil I 101; KMR-*Paulus* 4.

I. Zweck der Vorschrift

Zweck des § 241 ist es, den Angeklagten und die Zeugen und Sachverständigen vor **1** unzulässigen Fragen und — im Falle des § 239 — auch vor einer mißbräuchlichen Ausübung des Kreuzverhörs zu schützen. Auch dort, wo die Prozeßordnung den Verfahrensbeteiligten eigene Rechte zur Gestaltung des Verfahrens einräumt, ist letztlich das Gericht oder der zunächst an dessen Stelle tätig werdende Vorsitzende dafür verantwortlich, daß die Gesetzmäßigkeit des Verfahrens gewahrt wird, die Rechte der Verfahrensbeteiligten unbeeinträchtigt bleiben und die Wahrheitsfindung keinen Schaden erleidet. Andererseits sollte der Vorsitzende aber nicht mehr als zum Schutz dieser Zwecke unerläßlich in das

Fragerecht eingreifen. Wahrt er auch bei ungeschickter Fragestellung Zurückhaltung (vgl. Rdn. 8) und wirkt er vor allem bei der Konkurrenz mehrerer Fragender ausgleichend, kann dies zeitraubende Friktionen vermeiden und viel zur Atmosphäre eines sachlichen, fairen Verfahrens und letztlich auch zur Akzeptanz der Entscheidung beitragen[1].

II. Mißbrauch des Kreuzverhörs (Absatz 1)

2   **1.** Ein **Mißbrauch** des Kreuzverhörs liegt insbesondere vor, wenn der Vernehmende durch die Art, wie er das Kreuzverhör führt, die Wahrheitsfindung gefährdet, schutzwürdige Belange des Vernommenen verletzt oder gefährdet oder wenn er das Kreuzverhör zu sachfremden Zwecken benutzen will[2]. So kann ein Mißbrauch darin liegen, daß der Vernehmende, nachdem der Vorsitzende wiederholt ungeeignete oder nicht zur Sache gehörende Fragen zurückgewiesen hat, erneut solche Fragen stellt. Das gilt vor allem bei Fragen, die den Zeugen bestimmte Antworten in den Mund legen, ihn verwirren oder zur Unwahrheit verleiten sollen oder die den auch auf Zeugenvernehmungen übertragbaren § 136 a verletzen[3], weil sie geeignet sind, den Befragten zu täuschen oder eine Drohung gegen ihn enthalten. Ein einzelne unzulässige Frage stellt noch keinen Mißbrauch dar[4]. Ein Mißbrauch kann auch in einer ungebührlichen und durch die Sache nicht gebotenen Ausdehnung der Vernehmung liegen, namentlich, wenn Abmahnungen des Vorsitzenden fruchtlos geblieben sind, ferner darin, daß der Vernehmende sich einer gröblich verletzenden Ausdrucksweise bedient[5].

3   **2. Entziehung der Befugnis zum Kreuzverhör.** Hierzu ist der Vorsitzende bei Mißbrauch der Befugnis berechtigt und, wenn wesentliche Belange eines Verfahrensbeteiligten oder die Menschenwürde (Art. 1 Abs. 1 GG) beeinträchtigt werden, zum Schutze des Vernommenen auch verpflichtet[6]. Die Entziehung ist eine auf die Sachleitung bezügliche Anordnung im Sinne des § 238 Abs. 2. Gegen sie kann die Entscheidung des Gerichts angerufen werden.

4   **3. Wirkung der Entziehung.** Die Befugnis zum Kreuzverhör kann nur dem Prozeßbeteiligten entzogen werden, der sie mißbraucht hat. Die Vernehmungsbefugnis der übrigen Prozeßbeteiligten wird dadurch nicht berührt. Wird beispielsweise einem von mehreren Verteidigern des Angeklagten die Befugnis entzogen, so ist der andere nicht gehindert, das Kreuzverhör fortzusetzen. Im übrigen setzt der Vorsitzende an Stelle des Betroffenen das weitere Verhör fort (vgl. § 239 Abs. 2). Der Betroffene behält das Recht, dem Zeugen unmittelbar einzelne Fragen vorzulegen[7].

III. Zurückweisung von Fragen

5   **1. Geltungsraum des Absatzes 2.** § 241 Abs. 2 gilt nur für § 240 Abs. 2, nicht dagegen für § 240 Abs. 1. Der Vorsitzende hat deshalb kein Recht, Fragen eines beisitzenden Berufsrichters zurückzuweisen. Er kann jedoch nach § 242 einen Gerichtsbeschluß über

---

[1] *Koeniger* 219; AK-*Schöch* 2; KMR-*Paulus* 18.
[2] *Wagner* JuS **1972** 316; AK-*Schöch* 5; *Kleinknecht/Meyer-Goßner*[43] 2; KMR-*Paulus* 5. *Kröpil* JR **1997** 315 faßt dies unter dem Oberbegriff zusammen, daß ein Befugnis nicht „verfahrenszielkonform" eingesetzt wird; vgl. auch *Rüping* JZ **1997** 868; sowie zum Mißbrauch insgesamt Einl. Rdn. J 34 ff.
[3] Vgl. § 136 a, 3.

[4] *Eb. Schmidt* 3; KMR-*Paulus* 5; SK-*Schlüchter* 2.
[5] *Eb. Schmidt* 3.
[6] *Dähn* JR **1979** 138; *Granderath* MDR **1983** 797; *Kleinknecht/Meyer-Goßner*[43] 3; SK-*Schlüchter* 2; vgl. bei § 68 a.
[7] RGSt **38** 58 (**a. A** RGSt **18** 365); *Kleinknecht/Meyer-Goßner*[43] 4; KMR-*Paulus* 6; SK-*Schlüchter* 2; *Eb. Schmidt* 4; *Wagner* JuS **1972** 316.

die Zulässigkeit einer von seinem Beisitzer gestellten Frage herbeiführen[8]. Für die Anwendung des Absatz 2 kommt es nicht darauf an, ob eine Frage **unmittelbar** gestellt oder ob ihre Stellung beim Vorsitzenden angeregt wird[9].

2. Der Zurückweisung unterfallende Fragen

a) Allgemeines. Der Vorsitzende darf nur ungeeignete oder nicht zur Sache gehörige **6** Fragen zurückweisen. Beide Fallgruppen lassen sich begrifflich nicht klar scheiden. Ihre Merkmale überschneiden sich. Sie fallen beide unter den Oberbegriff der **Unzulässigkeit**[10]. Als **ungeeignet** sind Fragen anzusehen, die die Ermittlung der Wahrheit über den Gegenstand der Anklage nicht oder nicht in einer rechtlich erlaubten Weise fördern können. Die Frage muß also entweder überhaupt ungeeignet sein, zum Ziele des Verfahrens etwas beizutragen, oder sie muß verfahrensrechtlich unzulässig sein.

Fragen gehören **nicht zur Sache**, wenn sie in keiner Beziehung zum Gegenstand der **7** Untersuchung stehen oder erkennbar verfahrensfremden Zwecken dienen sollen[11]. Für die Zulässigkeit genügt es aber schon, wenn (potentiell) ein mittelbarer Bezug zu einem entscheidungserheblichen Umstand bestehen kann. Das Fragerecht soll die Möglichkeit eröffnen, das Wissen der präsenten Beweispersonen in jeder Hinsicht voll auszuschöpfen, also auch unbekannten Tatsachen und Zusammenhängen nachzuspüren[12], ganz gleich, ob diese für die Beurteilung der angeklagten Tat, für den Rechtsfolgenausspruch oder für die Beweiswürdigung von Bedeutung sein können. Zulässig ist deshalb auch eine Frage, die nur bezweckt, die Erinnerungsfähigkeit eines Zeugen[13] oder seine Glaubwürdigkeit[14] zu beurteilen. Die **bloße Unerheblichkeit** einer Tatsache, nach der gefragt wird, berechtigt nicht zur Zurückweisung[15]. Anders als bei der Ablehnung eines Beweisantrags nach § 244 Abs. 3 findet bei Prüfung der Zulässigkeit der Frage an die präsente Auskunftsperson in der Regel keine vorweggenommene Würdigung der Entscheidungserheblichkeit der zu erwartenden Antwort statt. Ähnlich wie bei § 245 steht hier der Gedanke der völligen Ausschöpfung der Beweismittel im Vordergrund. Das Gericht hat die Antwort zu hören und sich erst dann seine Meinung über deren Erheblichkeit zu bilden[16]; es darf deshalb eine Frage auch nicht mit dem Hinweis abgelehnt werden, der Gegenstand der Frage werde als wahr unterstellt[17].

Im gesamten ist bei **Zurückweisung** von Fragen auf Grund des § 241 **Zurückhaltung** **8** auch im Hinblick darauf geboten, daß es unmöglich ist, die nicht zur Sache gehörenden Fragen scharf zu begrenzen[18]. Andererseits liegt freilich viel daran, daß der Vorsitzende

---

[8] *Eb. Schmidt* 6; AK-*Schöch* 5; KK-*Treier* 10; *Kleinknecht/Meyer-Goßner*[43] 9; KMR-*Paulus* § 240, 15; SK-*Schlüchter* 9; **a. A** RGSt **10** 379; **42** 159; zur Streitfrage vgl. § 242, 1; ferner *Dölp* NStZ **1993** 419 und die Erwiderung von *Schünemann* StV **1993** 607 (§ 242 anwendbar).

[9] RG LZ **1915** 697; KMR-*Paulus* 8.

[10] *Eb. Schmidt* 7; KMR-*Paulus* 8; SK-*Schlüchter* 4; *Schlüchter* 457.

[11] BGHSt **2** 287; **13** 255; BGH NStZ **1984** 133; **1985** 183; KK-*Treier* 3; *Kleinknecht/Meyer-Goßner*[43] 12; KMR-*Paulus* 9 bis 16; SK-*Schlüchter* 5, 6.

[12] Vgl. *Gollwitzer* GedS Meyer 165.

[13] OLG Celle StV **1985** 7; AK-*Schöch* 8; *Kleinknecht/Meyer-Goßner*[43] 14; vgl. Rdn. 11.

[14] BGH StV **1993** 171; h. M; vgl. Rdn. 15.

[15] RGRspr. **2** 122; **5** 143, 167; **8** 45, 323; RGSt **8** 161; **21** 236; RG DJZ **1908** 1107; **1920** 316; RG Recht **1914** Nr. 2355; **1918** Nr. 651; RG JW **1929** 259; **1931** 2822; BGHSt **2** 288; **13** 252; BGH NStZ **1981** 71; **1982** 158; **1984** 133; **1985** 183; StV **1987** 239; OLG Schleswig SchlHA **1948** 113; *Eb. Schmidt* Nachtr. I 7; KK-*Treier* 3; *Kleinknecht/Meyer-Goßner*[43] 13; KMR-*Paulus* 11; SK-*Schlüchter* 5; vgl. auch *Kraß* ZRP **1993** 267.

[16] BGH NStZ **1984** 133; **1985** 183; StV **1984** 60 (L); **1987** 239; BayObLGSt **1964** 16 = JR **1964** 389 mit zust. Anm. *Peters*; KK-*Treier* 3; *Kleinknecht/Meyer-Goßner*[43] 13; KMR-*Paulus* 11; SK-*Schlüchter* 5.

[17] *Alsberg/Nüse/Meyer* 675 mit weit. Nachw.; ferner etwa *Kleinknecht/Meyer-Goßner*[43] 10; KMR-*Paulus* 11; SK-*Schlüchter* 6.

[18] RGSt **65** 304; **66** 14; KK-*Treier* 3; KMR-*Paulus* 18.

die Beweisaufnahme tatkräftig auf das beschränkt, was die Sachgestaltung fördert, und daß er keine Frage aufkommen läßt, die in **Mißbrauch des Fragerechts** nur darauf abzielt, Aufsehen zu erregen, für irgendeine Einrichtung zu werben, einem anderen die Unannehmlichkeit zu bereiten, ihn insbesondere bloßzustellen oder sonst einen Erfolg außerhalb des Strafverfahrens herbeizuführen, also irgendwelche verfahrensfremde Zwecke zu verfolgen[19]. Dies gewinnt besondere Bedeutung, wenn die **Ehre des Zeugen** durch die Frage angetastet wird. Der Schutz der Ehre und des Intimbereiches der Zeugen vor jeder unnötigen, weil für die Wahrheitsfindung nicht unbedingt erforderlichen Bloßstellung ist eine wichtige Aufgabe des Vorsitzenden und des Gerichts. Treffen für und gegen eine Zulassung sprechende Gesichtspunkte zusammen, so ist unter Berücksichtigung aller Umstände des Einzelfalls **abzuwägen**, welchen von ihnen der Vorrang gebührt. Soweit danach solche Fragen unerläßlich sind[20], ist zu prüfen, ob sich die nachteiligen Auswirkungen auf die Auskunftsperson durch geeignete Schutzmaßnahmen, wie etwa der Ausschluß der Öffentlichkeit (§ 172 Nrn. 2, 3 GVG) verringern lassen[21].

9 **b) Unzulässige Fragen im einzelnen.** Ob eine Frage unzulässig ist, läßt sich in der Regel nur **aus der Eigenart des einzelnen Falles** beurteilen[22]. Die Rechtsprechung hat neben den **völlig sachfremden Fragen** auch an sich zur Sache gehörende Fragen als unzulässig angesehen, wenn sie die folgenden Voraussetzungen erfüllen:

10 Der Fragende begehrt, ohne daß dies durch die dazwischenliegende Bekundung eines anderen Zeugen oder Sachverständigen oder die Erhebung eines sonstigen Beweises erforderlich wird, die **Wiederholung** einer Auskunft, die der Befragte ihm oder einem anderen Frageberechtigten[23] schon klar, erschöpfend und widerspruchsfrei erteilt hat[24]; anders, wenn die Frage klären soll, ob sich eine Aussage allgemeinen Inhalts auch auf ein bestimmtes Einzelvorkommen bezieht[25] oder wenn durch das Erfragen zusätzlicher Einzelheiten die Glaubwürdigkeit der Aussage geprüft werden soll[26] oder wenn sich die Prozeßrolle des Befragten geändert hat, dieser vom Mitangeklagten zum Zeugen geworden ist[27].

11 Der Fragende faßt die Frage in eine **Form**, die darauf abzielt, dem Befragten eine bestimmte Antwort in den Mund zu legen oder ihn zu einer mehrdeutigen Antwort zu verleiten, um ihn festzulegen oder einen Einwand gegen seine Aussage zu gewinnen. Solche **Suggestivfragen** sind grundsätzlich ebenso unzulässig wie Fragen, die darauf abstellen, den Befragten zu verwirren[28]. Fragen, die die Zuverlässigkeit und Glaubwürdigkeit der Aussage testen sollen, werden dadurch aber nicht ausgeschlossen[29].

12 **Hypothetische Fragen** können ausnahmsweise zulässig sein, wenn das materielle Strafrecht bei dem Gegenstand des Verfahrens bildenden Sachverhalt auch die Beurtei-

---

[19] RGSt **66** 14; BGHSt **2** 287; **13** 252; BGH NStZ **1984** 133; JR **1971** 338 mit zust. Anm. *Peters*; *Dahs/Dahs* 245; KMR-*Paulus* 16.

[20] Vgl. BGHSt **13** 254; **21** 369; BGH StV **1990** 337; bei *Miebach* NStZ **1990** 226; *Sarstedt/Hamm*[6] 992; AK-*Schöch* 7; KK-*Treier* 4; *Kleinknecht/Meyer-Goßner*[43] 14; SK-*Schlüchter* 8; ferner für Fragen nach dem Intimleben eines Vergewaltigungsopfers BGH StV **1990** 99; *Helmken* StV **1983** 81; nach Geschäftsgeheimnissen OLG Koblenz wistra **1983** 42. Wegen der Einzelheiten vgl. bei § 68 a.

[21] *Kleinknecht/Meyer-Goßner*[43] 15; SK-*Schlüchter* 6.

[22] RG JW **1931** 1606; *Eisenberg* JZ **1984** 913; SK-*Schlüchter* 8.

[23] OLG Hamm StV **1993** 462.

[24] RGSt. **18** 367; **44** 41; *Eb. Schmidt* 9; h. M.

[25] BGHSt **2** 289; BayObLGSt **1964** = JR **1964** 389 mit Anm. *Peters*; *Kraß* ZRP **1993** 267.

[26] BGH NStZ **1981** 71; vgl. BGH bei *Holtz* MDR **1979** 989.

[27] BGH bei *Miebach/Kusch* NStZ **1991** 228; *Kleinknecht/Meyer-Goßner*[43] 15.

[28] *Eb. Schmidt* 8; *Dahs* Hdb. 434; *Eisenberg* JZ **1984** 915; *Kraß* ZRP **1993** 267; *Schorn* Strafrichter 39; 260.

[29] BGH NStZ **1990** 400; *Dahs* Hdb. 433; AK-*Schöch* 7; *Kleinknecht/Meyer-Goßner*[43] 14; KMR-*Paulus* 10; SK-*Schlüchter* 8; *Roesen* NJW **1958** 977; vgl. bei § 68.

lung des hypothetischen Verlaufs der Dinge fordert, wie etwa bei bestimmten Fragen der Kausalität oder bei Putativnotwehr[30].

13 Unzulässig sind Fragen, die dem Befragten eine Auskunft abverlangen, die **nicht im Rahmen seiner Aufgabe** im Prozeß liegt; etwa wenn von einem Zeugen nicht die Bekundung seiner Wahrnehmung[31], sondern ein Werturteil oder von einem Sachverständigen eine Begutachtung verlangt wird, die außerhalb seines Sachgebietes liegt[32]. Gleiches gilt für die Befragung eines Übersetzers nach dem Inhalt eines Gesprächs, das nicht er, sondern ein anderer Übersetzer übertragen hat[33]. Eine Ausnahme gilt nur bei Verwendung allgemein geläufiger Wertformeln, wenn damit erkennbar nach den ihnen zugrundeliegenden Tatsachen geforscht werden soll. Unzulässig ist, einen Zeugen über Werturteile zu befragen, etwa, ob er dem Angeklagten eine Unredlichkeit zutraue[34]. Unzulässig ist ferner, wenn einem Sachverständigen angesonnen wird, daß er letzte tatsächliche oder rechtliche Schlußfolgerungen zieht, die allein dem Gericht obliegen[35].

14 Unzulässig sind Fragen, die sich auf Vorgänge beziehen, über die **aus Rechtsgründen kein Beweis erhoben** werden darf. Das gilt zum Beispiel von Aussagen eines zur Verweigerung des Zeugnisses berechtigten Zeugen, die er bei einer polizeilichen Vernehmung gemacht hat, wenn er in der Hauptverhandlung nach Belehrung über sein Recht das Zeugnis verweigert[36]. Das Verbot, Fragen nach dem Inhalt einer solchen polizeilichen Aussage zu stellen, gilt so lange, bis Klarheit darüber besteht, daß der weigerungsberechtigte Zeuge von seinem Recht in der Hauptverhandlung keinen Gebrauch machen werde[37]. Unzulässig sind Fragen, die Umstände betreffen, über die der Zeuge keine Auskunft geben muß, wie etwa in den Fällen des § 68 Abs. 1 Satz 2; Abs. 2, 3[38]; desgleichen Fragen an einen Richter, die das Beratungsgeheimnis betreffen[39], oder an einen Beamten, die eine dienstliche Angelegenheit berühren, für die ihm keine Aussagegenehmigung nach § 54 StPO erteilt ist[40]. Weitere Einschränkungen des Fragerechts durch Sondervorschriften sind bei diesen erläutert. Dies gilt vor allem für die Einschränkungen, die sich aus § 68 a und § 136 a ergeben.

15 **c) Abgrenzung.** Der Vorsitzende darf freilich eine Frage, die sich ernstlich um Aufklärung bemüht, ob ein Zeuge Glauben verdiene oder ein Sachverständiger die für das Gutachten erforderliche Erfahrung gesammelt habe, keinesfalls in Anwendung des § 241 unterdrücken[41]. Vor allem der Auftrag des Sachverständigen darf nicht zu eng gefaßt werden[42]. Aus der Gefahr für den Befragten, daß er in eine Strafverfolgung verwickelt werde oder ein Geschäftsgeheimnis preisgebe, darf kein Grund für die Zurückweisung einer

---

[30] KMR-*Paulus* 11; SK-*Schlüchter* 7.
[31] Vgl. BGH NJW **1992** 2838 (Auskunft über Vorstellungen eines anderen Menschen).
[32] RG GA **40** (1982) 169; DJZ **1914** 827; DRiZ **1929** Nr. 901; BGH LM Nr. 1; bei *Pfeiffer/Miebach* NStZ **1984** 16; *Sarstedt/Hamm*⁶ 991; AK-*Schöch* 7. Strittig ist die Zulässigkeit bei Fragen, die noch innerhalb des Sachgebiets, aber außerhalb des Gutachtensauftrags liegen; KK-*Treier* 4, *Kleinknecht/Meyer-Goßner*⁴³ 15 verneinen dies unter Hinweis auf BGH GA **1983** 361 = NStZ **1984** 16; a. A *Eb. Schmidt* 11; KMR-*Paulus* 13; SK-*Schlüchter* 8 (Ausdehnung des Gutachterauftrags, wenn zur Sachaufklärung dienlich); vgl. auch Rdn. 15.
[33] BGH GA **1983** 361 (unter Hinweis, daß kein Antrag gestellt worden war, den Gutachtensauftrag des Übersetzers auf dieses Gespräch auszudehnen).
[34] RG JW **1929** 1474; zur Abgrenzung und zu den Einzelheiten vgl. Vor § 48.
[35] RGSt **51** 217; **63** 398; RG GA **46** (1898/99) 113; **56** (1909) 324; JW **1916** 1371; KMR-*Paulus* 12; SK-*Schlüchter* 8; vgl. Vor § 48 und Vor § 72.
[36] BGHSt **2** 99.
[37] OGHSt **1** 303; RGSt **15** 100; **27** 29; BGHSt **2** 110.
[38] SK-*Schlüchter* 8; *Sarstedt/Hamm*⁶ 992; vgl. bei § 68.
[39] *Schorn* Strafrichter 47; vgl. bei §§ 43, 45 DRiG.
[40] KK-*Treier* 4; vgl. bei § 54.
[41] RG GA **46** (1892) 231; BGHSt **2** 284; **13** 252; BGH NStZ **1990** 400; bei *Dallinger* MDR **1975** 726; h. M, etwa *Kleinknecht/Meyer-Goßner*⁴³ 14.
[42] Vgl. BGH StV **1984** 60 (L). Zur Abgrenzung der Aufgabe des Sachverständigen vgl. Vor § 72.

Frage als ungeeignet hergeleitet werden[43]. Allerdings wird Anlaß bestehen, im ersten Falle den Zeugen über sein Auskunftsverweigerungsrecht nach § 55 zu belehren und in dem anderen Falle den Ausschluß der Öffentlichkeit gemäß § 172 GVG zu beschließen oder den Zeugen wenigstens zu belehren, daß er die Ausschließung der Öffentlichkeit beantragen könne. Schließlich ist der Vorsitzende stets verpflichtet, darauf hinzuwirken, daß eine Frage, die um ihrer unbestimmten oder unpassenden Form willen als ungeeignet erscheinen kann, in eine geeignete Form gebracht wird[44].

16   **3. Zurückweisung einer Frage durch den Vorsitzenden.** Die Entscheidung des Vorsitzenden, mit der er eine Frage zurückweist, ist eine von Amts wegen ergehende, prozeßleitende Verfügung, für die § 34 an sich keine **Begründung** fordert. Trotzdem ist regelmäßig die Bekanntgabe der konkreten Gründe für die Zurückweisung angebracht, der bloße Hinweis, die Frage sei „unzulässig" oder „ungeeignet", genügt dafür nicht. Dies folgt daraus, daß die Prozeßbeteiligten, vor allem der von der Zurückweisung Betroffene, ihr weiteres Verhalten auf diese Gründe einstellen müssen[45]. Nur wenn dies in ausreichender Weise geschieht, können sie beurteilen, ob es sinnvoll ist, gegen die Entscheidung des Vorsitzenden das Gericht anzurufen (Rdn. 24) oder eine beanstandete Frage in einer anderen Form zu wiederholen oder einen Beweisantrag zu stellen (vgl. Rdn. 35). Die **Zurückstellung einer Frage** durch den Vorsitzenden ist noch keine Zurückweisung[46].

17   Bevor der Vorsitzende eine Frage zurückweist, kann es zweckmäßig sein, wenn er den Fragenden auf die **Bedenken gegen die Zulässigkeit hinweist** und ihm anheimgibt, die Frage fallenzulassen oder abzuändern. In diesem Zusammenhang kann er auch nähere Erklärungen über den Zweck der Frage fordern[47], etwa wenn der Sachbezug der Frage (vgl. Rdn. 7) nicht erkennbar ist. Eine solche Sachbehandlung vor der ausdrücklichen Zurückweisung der Frage entspricht der ausgleichenden Rolle, die der Vorsitzende bei der Verhandlungsleitung einnehmen soll[48]. Ob der Vorsitzende einen solchen Hinweis geben will, steht allerdings in seinem pflichtgemäßen Ermessen. Er kann insbesondere dann von ihm absehen, wenn er sich davon keinen Erfolg verspricht. Verzichtet der Fragesteller auf die Frage, erübrigt sich die Zurückweisung.

18   Statt die Frage zurückzuweisen, ist es dem Vorsitzenden auch in den Fällen des § 241 Abs. 2 unbenommen, gleich eine **Entscheidung des Gerichts** nach § 242 herbeizuführen[49].

19   Die **vorherige Mitteilung** der Frage kann vom Vorsitzenden nur in Ausnahmefällen verlangt werden, wenn laufend unzulässige Fragen gestellt wurden und es deshalb unerläßlich ist, um die Fortsetzung eines bereits manifest gewordenen, durch andere Mittel nicht abstellbaren Mißbrauchs des Fragerechts zu unterbinden[50].

20   Die Zurückweisung erübrigt sich nicht dadurch, daß der Befragte die unzulässige Frage vorschnell **beantwortet** hat[51].

---

[43] RGRspr. **6** 36; RG DJZ **1911** 1093; vgl. bei § 68 a.
[44] RG DRiZ **1929** Nr. 901; JW **1931** 1098.
[45] BGH bei *Dallinger* MDR **1975** 726; OLG Hamburg NJW **1978** 436; AK-*Schöch* 10; KK-*Treier* 5; *Kleinknecht/Meyer-Goßner*[43] 17 (nur knappe Begründung); KMR-*Paulus* 20; SK-*Schlüchter* 11; vgl. auch BGH StV **1990** 199.
[46] AK-*Schöch* 12; *Kleinknecht/Meyer-Goßner*[43] 11; KMR-*Paulus* 19; SK-*Schlüchter* 11.
[47] KK-*Treier* 5; vgl. § 240, 5.

[48] KMR-*Paulus* 18; vgl. Rdn. 1.
[49] *Kleinknecht/Meyer-Goßner*[43] 16; *Eb. Schmidt* § 242, 1; vgl. § 242, 3.
[50] BGH NStZ **1982** 158; bei *Pfeiffer/Miebach* NStZ **1983** 209; AK-*Schöch* 9; KK-*Treier* 5; *Kleinknecht/Meyer-Goßner*[43] 9; SK-*Schlüchter* 3; **a. A** *ter Veen* StV **1983** 168; zu den strittigen Fragen vgl. Rdn. 22.
[51] KMR-*Paulus* 19; SK-*Schlüchter* 9.

4. Wirkung der Zurückweisung. Die Zurückweisung betrifft nur die einzelne Frage; **21** sie entzieht dem Berechtigten das Fragerecht als solches nicht[52]. Die zurückgewiesene Frage darf auch später nicht mehr gestellt, sie braucht auch nicht beantwortet zu werden. Ist sie schon vor der Zurückweisung vorschnell beantwortet worden, ist die Antwort kein Bestandteil der Aussage; sie darf im Verfahren nicht verwertet werden und erfüllt, wenn sie falsch beantwortet wurde, auch nicht den Tatbestand der §§ 153, 154 StGB[53]. Die Zurückweisung hindert den Fragesteller aber nicht, in einer anderen Form zu fragen, die den Grund der Zurückweisung vermeidet, also etwa statt nach einem Werturteil nach Tatsachen zu fragen, die für ein solches bedeutsam sein können.

5. Entziehung des Fragerechts. Das Fragerecht ist als Ganzes nicht entziehbar. Wird **22** es aber von einem Verfahrensbeteiligten trotz Abmahnung wiederholt erheblich mißbraucht, so kann es beschränkt (vgl. Rdn. 19) oder für bestimmte, genau zu begrenzende Verfahrensabschnitte, etwa der weiteren Befragung eines bestimmten Zeugen, als letztes Mittel zur Sicherung der ordnungsgemäßen Verfahrensgangs, entzogen werden[54], auch wenn Absatz 2 seinem Wortlaut nach nur die Zurückweisung unzulässiger Einzelfragen vorsieht. Wird ersichtlich, daß der Fragende weiterhin keine sachdienlichen Fragen mehr hat und sein formales Fragerecht nur zu prozeßwidrigen Zwecken ausüben will, gehört es zur sachgerechten Prozeßleitung, diesen Mißbrauch — nicht zuletzt zum Schutze der betroffenen Auskunftsperson und im Interesse des Verfahrensfortgangs — generell und nicht nur jeweils durch Einzelanordnungen nach jeder Frage zu unterbinden. Eine solche Entscheidung, die der Vorsitzende zwar kraft seiner Sachleitungsbefugnis treffen kann, die er aber zweckmäßigerweise dem Gericht überlassen sollte, bedarf — ähnlich wie die Ablehnung eines Beweisantrags — einer eingehenden Begründung, die dem Revisionsgericht die Nachprüfung ermöglichen muß[55]. Anzugeben sind daher alle Tatsachen, die den Mißbrauch und die Gefahr seiner Fortsetzung belegen; hinsichtlich der Einzelheiten, wie die Gründe für die Zurückweisung früherer Einzelfragen, kann es genügen, daß sich diese aus der Sitzungsniederschrift ergeben. Die Entziehung darf jedoch niemals weitergehen, als es zur Verhütung eines ernstlich zu befürchtenden künftigen Mißbrauchs unerläßlich ist. Sie kommt nicht in Frage, wenn andere Mittel, wie etwa die Zurückweisung einzelner Fragen oder die Anordnung, dem Vorsitzenden die beabsichtigten Fragen vorher mitzuteilen (Rdn. 19), ausreichen, um jeden künftigen Mißbrauch zu unterbinden. Ungeachtet der Entziehung muß dem betroffenen Verfahrensbeteiligten ermöglicht werden, das Gericht zu ersuchen, bestimmte Fragen zu stellen. Sind diese sachdienlich, hat das Gericht dem Ersuchen zu entsprechen.

6. Aufnahme in die Sitzungsniederschrift. Die **einzelne Frage** und ihre Zurückwei- **23** sung sind als solche keine nach § 273 Abs. 1 protokollierungspflichtigen Vorgänge. Wird aber die Zurückweisung durch den Vorsitzenden nach § 238 Abs. 2 beanstandet, sind

[52] RGSt **38** 58: h. M; vgl. Rdn. 22.
[53] BGH bei *Dallinger* MDR **1953** 401; KG JR **1978** 77; AK-*Schöch* 11; KMR-*Paulus* 24; SK-*Schlüchter* 9; h. M vgl. *Schönke/Schröder/Lenckner* Vor §§ 153 ff, 15.
[54] BGH bei *Dallinger* MDR **1973** 371; BGH NStZ **1982** 158; OLG Karlsruhe NJW **1978** 436; *Frister* StV **1994** 452; *Gollwitzer* GedS Meyer 167; *Granderath* MDR **1983** 799; *Schlüchter* 456; *Wagner* JuS **1972** 315; AK-*Schöch* 4; KK-*Treier* 1; *Kleinknecht/Meyer-Goßner*[43] 6; *Pfeiffer/Fischer* 1; 2;

SK-*Schlüchter* 3; **a. A** unter Hinweis auf den unterschiedlichen Wortlaut und Zweck der beiden Absätze des § 241 RGSt **38** 57 (unter Aufgabe von RGSt **18** 367); *ter Veen* StV **1983** 167; KMR-*Paulus* 3; krit. auch *Miebach* DRiZ **1977** 140; *Roxin* § 42, 18; *Rüping* JZ **1997** 868.
[55] BGH bei *Dallinger* MDR **1973** 371; OLG Karlsruhe NJW **1978** 436; *Gollwitzer* GedS Meyer 169; AK-*Schöch* 4; KK-*Treier* 1; *Kleinknecht/Meyer-Goßner*[43] 6; SK-*Schlüchter* 3, vgl. auch KMR-*Paulus* 20; *Frister* StV **1994** 452; *Rüping* JZ **1997** 869.

nicht nur die **Beanstandung**, die ein Antrag im Sinne des § 273 Abs. 1 ist, sondern zum Verständnis auch die Frage und deren Zurückweisung nebst den dafür angegebenen Gründen in das Sitzungsprotokoll aufzunehmen[56]. Zu beurkunden ist auch der daraufhin ergehende **Beschluß** des Gerichts. Unterbleibt er, weil der Antragsteller nachträglich auf die Frage oder auf seinen bereits gestellten Antrag nach § 238 Abs. 2 verzichtet, so entfällt die Protokollierungspflicht dadurch nicht. Der **Verzicht** auf die Entscheidung des Gerichts ist dann in der Niederschrift festzuhalten. Die **Entziehung des weiteren Fragerechts** als solches (Rdn. 22) oder die Beschränkung seiner Ausübung durch die Anordnung, die Fragen vorher mitzuteilen (Rdn. 19), ist aus den gleichen Erwägungen samt den vorangegangenen Verfahrensvorgängen im Protokoll festzuhalten[57]. Zumindest für die Entziehung des weiteren Fragerechts gilt dies auch, wenn hiergegen keine Entscheidung des Gerichts herbeigeführt wurde[58]. Dies folgt daraus, daß die generelle Beschränkung eines Verfahrensbeteiligten in der künftigen Ausübung eines Verfahrensrechts den Charakter einer wesentlichen Förmlichkeit erlangen dürfte. Wenn der Vorsitzende eine Frage nicht zurückweist, obwohl er es nach § 241 Abs. 2 könnte, und auch sonst kein Beteiligter die Entscheidung des Gerichts anregt, braucht der Vorgang nicht in die Niederschrift aufgenommen zu werden.

IV. Rechtsbehelfe

24   **1. Entscheidung des Gerichts.** Gegen die prozeßleitende Verfügung, mit der der Vorsitzende die Befugnis zum Kreuzverhör entzieht, eine Frage zurückweist, über Zeit und Form der Ausübung des Fragerechts entscheidet oder das Fragerecht beschränkt, kann die Entscheidung des Gerichts nach § 238 Abs. 2 herbeigeführt werden[59]; dieses hat nach § 242 in allen Fällen die Zweifel über die Zulässigkeit einer Frage zu entscheiden. Auch der betroffene Zeuge oder Sachverständige kann das Gericht anrufen, wenn er eine ihm gestellte Frage für unzulässig hält[60].

25   Der Vorsitzende muß den Prozeßbeteiligten und insbesondere dem von der Zurückweisung Betroffenen in geeigneter Weise **Gelegenheit zur Anrufung des Gerichts** geben. Dies sollte in der Regel dadurch geschehen, daß er die Gründe für die Zurückweisung bekanntgibt und es ihm dann überläßt, ob er das Gericht anrufen oder die Frage anders formulieren will. Die Begründung, mit der das Gericht angerufen wird, kann dem Vorsitzenden Anlaß geben, seine **Anordnung** zu ändern und die Frage zuzulassen. Dann erübrigt sich eine Entscheidung des Gerichts, es sei denn, daß nunmehr ein anderer Beteiligter Zweifel an der Zulässigkeit der Frage äußert.

26   Die **Entscheidung des Gerichts** ergeht nach Anhörung der Verfahrensbeteiligten (§ 33 Abs. 1) durch Beschluß, der das Kreuzverhör oder die Frage zuläßt, den Antrag nach § 238 Abs. 2 zurückweist (§ 238, 33) oder, wenn das Gericht ohne vorgängige Verfügung des Vorsitzenden wegen Zweifel nach § 242 angerufen wurde, unmittelbar die Frage zurück-

---

[56] OLG Karlsruhe NJW **1978** 436; KK-*Treier* 5; *Kleinknecht/Meyer-Goßner*[43] 18; KMR-*Paulus* 20; SK-*Schlüchter* 12. Strittig ist nur, ob die Protokollierungspflicht der Beanstandung einer Frage durch den Vorsitzenden auch dann besteht, wenn hiergegen das Gericht nicht angerufen wurde. SK-*Schlüchter* 12 bejaht dies, weil ein unverteidigter Angeklagter schon die Zurückweisung seiner Frage mit der Revision rügen kann.

[57] KK-*Treier* 5; *Kleinknecht/Meyer-Goßner*[43] 18; SK-*Schlüchter* 12; vgl. auch KMR-*Paulus* 20.

[58] SK-*Schlüchter* 12.

[59] RGSt **18** 367; **38** 58; *Sarstedt/Hamm*[6] 993; vorherrschende Meinung; *Erker* 115 ff sieht dagegen in § 242 eine vorgehende Sonderregelung, soweit es um die Zulässigkeit einzelner Fragen geht, während Anordnungen des Vorsitzenden über die Modalitäten der Ausübung des Fragerechts nach § 238 Abs. 2 zu beanstanden sind. Zum Verhältnis des § 238 Abs. 2 zu § 242 vgl. § 242, 1.

[60] *Granderath* MDR **1983** 799; *Humborg* JR **1966** 451; *Wulf* DRiZ **1981** 381; vgl. § 238, 28.

weist. Der ablehnende Beschluß ist zu **begründen** (§ 34), dabei sind die maßgebenden tatsächlichen und rechtlichen Erwägungen so anzuführen, daß der Antragsteller sein weiteres Prozeßverhalten danach ausrichten kann (vgl. Rdn. 27) und daß auch dem Revisionsgericht die Nachprüfung möglich ist. Die Grundsätze, die für die Begründung der Ablehnung von Beweisanträgen entwickelt worden sind, gelten entsprechend[61]. Eine Wiederholung des Gesetzeswortlauts reicht nicht aus, ebensowenig formelhafte Wendungen[62].

Über die Zulassung der Fragen muß **vor Abschluß der Beweisaufnahme** bzw. vor **27** Entlassung der Beweisperson (§ 248) entschieden werden, um dem betroffenen Verfahrensbeteiligten die Möglichkeit zu geben, gegebenenfalls durch andere Fragen eine Klärung zu erreichen[63].

2. Beschwerde. Zeugen und Sachverständige können die Zulassung einer unzulässigen **28** Frage, durch die sie in ihren Rechten berührt werden, mit der Beschwerde anfechten (§ 305 Satz 2). Die Entscheidung des Beschwerdegerichts über die Zulässigkeit der Frage bindet das erkennende Gericht[64], nicht aber das Revisionsgericht[65]. Im übrigen schließt § 305 Satz 1 die Beschwerde aus.

3. Revision

a) Vorliegen eines Gerichtsbeschlusses. Bestätigt das Gericht den Entzug des Ver- **29** nehmungsrechts nach § 241 Abs. 1 oder die Beschränkung des Fragerechts durch den Vorsitzenden oder läßt es durch einen Beschluß nach § 238 Abs. 2 oder § 242 eine Frage zu Unrecht zu oder nicht zu, so kann dies mit der Revision nach §§ 336, 337 beanstandet werden, vom Angeklagten außerdem auch unter dem Gesichtspunkt des § 338 Nr. 8[66]. Dies gilt selbst dann, wenn das Beschwerdegericht die Frage auf eine Beschwerde hin für unzulässig erklärt hat[67]. Durch die Zurückweisung der Frage eines Angeklagten kann auch ein Mitangeklagter beschwert sein[68].

Mit der Revision kann auch gerügt werden, wenn es das Gericht versehentlich **unter-** **30** **läßt**, die Beanstandung einer **Frage zu bescheiden** (§ 238 Abs. 2), oder wenn der Beschluß des Gerichts **nicht oder unzureichend begründet** worden ist oder zu einem Zeitpunkt erging (vgl. Rdn. 27), der es dem Revisionsführer nicht mehr gestattete, sein weiteres Prozeßverhalten auf die Ansicht des Gerichts einzustellen[69]. Die Rüge, die nicht zugelassene Frage hätte einen anderen Sinn gehabt als vom Gericht angenommen, schei-

---

[61] BGHSt **13** 352; BGH StV **1990** 199; bei *Dallinger* MDR **1973** 371; **1975** 726; bei *Spiegel* DAR **1978** 154; KK-*Treier* 7; *Kleinknecht/Meyer-Goßner*[43] 21; KMR-*Paulus* 20; vgl. ferner die nachf. Fußn.

[62] BGHSt **2** 286; **13** 352; BayObLGSt **1964** 16 = JR **1964** 389; werden die konkreten Gründe angegeben, aus denen sich die Unzulässigkeit ergibt, ist es – entgegen BGH bei *Dallinger* MDR **1975** 726 – nicht unbedingt erforderlich, daß die unzulässige Frage ausdrücklich einer der beiden sich überschneidenden Kategorien „ungeeignet"/„nicht zur Sache gehörig" zugeordnet wird; vgl. *Schlüchter* 457 Fußn. 137; SK-*Schlüchter* 11.

[63] OLG Frankfurt NJW **1947/48** 395; *Eb. Schmidt* § 242, 5; SK-*Schlüchter* 13; vgl. § 238, 34.

[64] BGHSt **21** 335; AK-*Schöch* 14; KK-*Treier* 8; *Kleinknecht/Meyer-Goßner*[43] 11; KMR-*Paulus* 27; SK-*Schlüchter* 17.

[65] *Hanack* JZ **1972** 82; ferner die Nachw. in der vorstehenden Fußn. BGHSt **21** 335 läßt dies offen.

[66] RG JW **1934** 950; BGHSt **2** 286; **21** 334; 360; BGH bei *Dallinger* MDR **1973** 371; BGH NStZ **1981** 71; **1982** 158; **1982** 170; **1990** 400. Vgl. *Sarstedt/Hamm*[6] 994 (Neben Wortlaut der Frage und des Beschlusses sollte Revisionsbegründung auch darlegen, wieso die Beantwortung der Frage die Beweiswürdigung hätte beeinflussen können).

[67] *Hanack* JZ **1972** 82; offengelassen BGHSt **21** 359.

[68] BGH bei *Holtz* MDR **1982** 448 (stillschweigender Anschluß unter Hinweis auf die ähnliche Rechtsprechung bei Beweisanträgen); vgl. BGH bei *Miebach/Kusch* NStZ **1991** 228; *Kleinknecht/Meyer-Goßner*[43] 23; SK-*Schlüchter* 20; ferner § 244, 97 ff.

[69] BGHSt **2** 286; BGH StV **1990** 199; bei *Dallinger* MDR **1975** 726; BayObLGSt **1964** 16 = JR **1964** 389; *Sarstedt/Hamm*[6] 993; vgl. Rdn. 27.

Walter Gollwitzer

tert in der Regel schon daran, daß unterlassen wurde, die Frage in einer das behauptete Mißverständnis ausräumenden Form neu zu stellen[70].

31   Ob das Urteil auf dem Fehler **beruht** bzw. im Fall des § 338 Nr. 8 die Verteidigung in einem **wesentlichen Punkte beschränkt** worden ist, muß nach Lage des jeweiligen Falls beurteilt werden. Der Bundesgerichtshof hat einen Einfluß der fehlerhaften Handhabung des § 241 auf die tatrichterliche Würdigung ausgeschlossen, wenn ersichtlich war, daß der Zurückgewiesene keine sachlichen Fragen mehr hatte und somit zur weiteren Sachaufklärung nichts mehr beitragen konnte[71]. Eine fehlende oder unzureichende Begründung ist unschädlich, wenn der Grund für alle Verfahrensbeteiligten offensichtlich war[72].

32   b) Ist **kein Gerichtsbeschluß** über die Zulässigkeit der Frage oder die Entziehung der Befugnis nach § 239 Abs. 1 oder des Fragerechts herbeigeführt worden, so schließt das entgegen der herrschenden Meinung nicht aus, die Revision auf die Beanstandung zu stützen, es sei denn, daß ein Verzicht vorliegt oder die Revisionsrüge verwirkt ist[73].

33   c) **Sonstige Rügen.** Die Revision kann nicht damit begründet werden, daß die Vernehmung des Angeklagten oder eines Zeugen **unzulänglich** oder unvollständig gewesen sei, denn Staatsanwalt und Verteidiger hatten das Recht, selbst Fragen zu stellen. Unterlassen sie dies, so können sie in aller Regel nicht mit Erfolg rügen, das Gericht habe seine **Aufklärungspflicht** verletzt, weil es diese Frage nicht gestellt habe[74]. Eine Ausnahme greift dann Platz, wenn die Urteilsgründe ergeben, daß sich dem Gericht eine weitere Benutzung des Beweismittels hätte aufdrängen müssen[75]. Wird eine Frage zu Unrecht nicht zugelassen, so kann dies unter Umständen die Aufklärungspflicht verletzen[76], etwa wenn dadurch erkennbare Widersprüche einer Aussage ungeklärt blieben. Der Revisionsführer muß allerdings die Tatsachen dartun, aus denen sich ergibt, daß die Sachaufklärung die Frage erforderte (vgl. § 244, 345).

34   Hat der Vorsitzende einem nicht in § 240 angeführten Verfahrensbeteiligten gestattet, den Angeklagten oder eine Beweisperson **selbst zu befragen**, so kann die Revision dies nur angreifen, wenn dies rechtlich unzulässig oder unter den Umständen des konkreten Falls ermessensmißbräuchlich war[77] und dadurch die Sachaufklärung oder die Wahrnehmung von Verfahrensinteressen beeinträchtigt wurde. Dies muß der Revisionsführer unter Angabe der einzelnen Fragen und aller für die Beurteilung maßgebenden Tatsachen, insbesondere auch hinsichtlich der Art der Beeinträchtigung, dartun.

35   Der Prozeßbeteiligte, dessen Frage zurückgewiesen worden ist, kann unter Umständen deren Inhalt zum Gegenstand eines **Beweisantrags** machen, über den das Gericht nach § 244 Abs. 3 zu entscheiden hat. Die Beanstandung der Zurückweisung der Frage mit der Revision hängt aber nicht davon ab, daß er diese Möglichkeit vorher ausgeschöpft hat[78].

---

70 BGH NJW **1992** 3838.
71 BGH NStZ **1982** 158; *Kleinknecht/Meyer-Goßner*[43] 23.
72 BGH nach KK-*Treier* 7; *Kleinknecht/Meyer-Goßner*[43] 23; KMR-*Paulus* 30; SK-*Schlüchter* 18.
73 KMR-*Paulus* 28; zur Streitfrage, ob die Anrufung des Gerichts zur Erhaltung der Verfahrensrüge notwendig ist, vgl. § 238, 43 ff; **a. A** die wohl vorherrschende Meinung, so BGH StV **1985** 355; **1996** 248, die nur beim rechtsunkundigen Angeklagten die Revision zulassen will; OLG Hamm GA **1962** 87; OLG Celle NdsRpfl. **1969** 190; vgl. § 238, 43 ff.
74 OGHSt **3** 59; BGHSt **4** 125; **17** 352; VRS **36** 23; BGH bei *Pfeiffer* NStZ **1981** 95; OLG Hamm NJW

1970 69; OLG Koblenz DAR **1973** 106; KMR-*Paulus* 32; dies gilt auch, wenn die Ausübung des Fragerechts nur in Form schriftlicher Fragen möglich war, BGH bei *Holtz* MDR **1980** 986. Vgl. § 244, 342.
75 BGHSt **4** 126; **17** 352; BGH bei *Holtz* MDR **1980** 986; bei *Kusch* NStZ **1994** 227; OLG Köln VRS **63** (1982) 460; OLG Saarbrücken VRS **48** (1975) 431.
76 Vgl. Fußn. 71; ferner § 244, 52.
77 OLG Celle NdsRpfl. **1969** 190; AK-*Schöch* 15; KMR-*Paulus* 31.
78 **A. A** OGHSt **3** 29, wo das Fragerecht zu Unrecht als Vorstufe des Beweisantragsrechts betrachtet wurde.

§ 241 a

(1) Die Vernehmung von Zeugen unter sechzehn Jahren wird allein von dem Vorsitzenden durchgeführt.

(2) [1]Die im § 240 Abs. 1 und Abs. 2 Satz 1 bezeichneten Personen können verlangen, daß der Vorsitzende den Zeugen weitere Fragen stellt. [2]Der Vorsitzende kann diesen Personen eine unmittelbare Befragung der Zeugen gestatten, wenn nach pflichtgemäßem Ermessen ein Nachteil für das Wohl der Zeugen nicht zu befürchten ist.

(3) § 241 Abs. 2 gilt entsprechend.

Schrifttum. *Albrecht* Kinder im Strafverfahren (1993); *Becker* Schutz kindlicher und jugendlicher Zeugen vor psychischer Schädigung durch das Strafverfahren, Zentralblatt für Jugendrecht und Jugendwohlfahrt **1975** 515; *Böhm* Kindliche Opferzeugen vor dem Amtsgericht, ZRP **1996** 259; *Dähn* Vorschläge für einen verstärkten Schutz kindlicher Zeugen im Strafverfahren, ZRP **1973** 211; *Knögel* Jugendliche und Kinder als Zeugen in Sittlichkeitsprozessen, NJW **1959** 1663; *Störzer* Sittlichkeitsprozeß und junge Opfer, Sexualität und soziale Kontrolle (1978), 101.
Das Schrifttum zum Einsatz der Videotechnologie bei der Vernehmung kindlicher Zeugen wird bei § 247 a aufgeführt.

Entstehungsgeschichte. Art. 1 Nr. 11 des 1. StVRErgG hat § 241 a eingefügt, um Kinder und Jugendliche als Zeugen besser als bisher vor den Belastungen der Hauptverhandlung schützen zu können, wenn auf die Vernehmung nicht verzichtet werden kann (vgl. RiStBV Nr. 222 Abs. 2).

Übersicht

1. Zweck der Sonderregelung für die Zeugen unter 16 Jahren ist es, durch die grundsätzliche Konzentration ihrer Vernehmung beim Vorsitzenden die psychischen Belastungen dieser Zeugen durch die Hauptverhandlung so gering als möglich zu halten. Zu ihrem Schutz, aber auch zur besseren Erforschung der Wahrheit soll ihnen aus vernehmungspsychologischen Gründen[1] nur der Vorsitzende als Gesprächspartner und Bezugsperson gegenüberstehen. Dies soll die psychische Spannungssituation vermeiden, die bei Jugendlichen besonders leicht dadurch eintreten kann, daß sie sich im ungewohnten Rahmen einer Gerichtsverhandlung laufend auf verschiedene, einander widersprechende Empfänger ihrer Äußerungen einzustellen haben. Die Vernehmung durch den Vorsitzenden soll die Jugendlichen vor der Form nach aggressiven Fragen der anderen Verfahrensbeteiligten schützen und Gewähr für eine behutsame, ihrem jeweiligen Entwicklungsstand gerecht werdende Durchführung der Vernehmung bieten. § 241 a gilt auch, wenn ein Zeuge unter 16 Jahren nach § 247 a in der Hauptverhandlung nicht im Sitzungssaal, sondern mittels einer zeitgleichen Bild-Ton-Übertragung an einem anderen Ort vernommen wird.   **1**

---

[1] Begr. zu § 241 a BTDrucks. **7** 2526, S. 25; kritisch dazu *Peters* Der neue Strafprozeß 143; *Becker* ZBlJW **1975** 517; *Dippel* FS Tröndle 617; *Meier* JZ **1991** 644; *Störzer* 116; *Undeutsch* FS Lange 720; AK-*Schöch* 4; KK-*Treier* 1; *Kleinknecht/Meyer-Goßner*[43] 1; KMR-*Paulus* 3; SK-*Schlüchter* 1, 2.

2   Das alleinige Vernehmungsrecht des Vorsitzenden trägt im übrigen dazu bei, den bei der Vernehmung jugendlicher Zeugen besonders mißlichen **Streit um die Zulässigkeit** jeder einzelnen Frage an den Zeugen zu vermeiden. Dieser kann hier besonders leicht entstehen, da der Vorsitzende in Erfüllung seiner Schutz- und Aufklärungspflichten nicht nur gegen inhaltlich unzulässige Fragen einschreiten müßte, sondern auch gegen solche Fragen, die dem Entwicklungsstand des Jugendlichen der Form nach nicht entsprechen[2].

3   **2. Alleinige Vernehmung durch den Vorsitzenden.** Kinder und Jugendliche, die das 16. Lebensjahr noch nicht vollendet haben, werden grundsätzlich allein durch den Vorsitzenden vernommen (Absatz 1). **Vernehmung** ist hier die gesamte Anhörung des Zeugen in der Hauptverhandlung einschließlich aller an den Zeugen zu richtenden Fragen, gleich wann und in welchem Zusammenhang sie gestellt werden. Auch die äußere Form, in der die Vernehmung durchzuführen ist[3], bestimmt der Vorsitzende nach pflichtgemäßem Ermessen. Auch wenn der Vorsitzende im Rahmen seines am Wohl des Zeugen auszurichtenden Ermessens alsbald die weitere Befragung einem dazu besonders geeigneten Frageberechtigten oder dem Sachverständigen (Rdn. 10) überläßt[4], bleibt die Leitung und Kontrolle der Befragung in seiner Verantwortung.

4   Die Bedeutung dieser Sondervorschrift gegenüber der allgemeinen Regel des § 238 Abs. 1 liegt im Wort „allein". Hierdurch wird das **Kreuzverhör** nach § 239 ebenso ausgeschlossen wie das durch § 240 den Verfahrensbeteiligten eingeräumte Recht, Zeugen **unmittelbar zu befragen.** Die in § 240 genannten Personen, die Mitglieder der Richterbank ebenso wie Staatsanwalt, Verteidiger und Angeklagter, verlieren zwar nicht ihr Recht auf Befragung dieser Zeugen. Sie können es aber nur mittelbar dadurch ausüben, daß sie vom Vorsitzenden verlangen, er solle die von ihnen gewünschten Fragen stellen[5]. Der Vorsitzende muß diesem Ersuchen nachkommen (Absatz 2 Satz 1), sofern er nicht die Fragen wegen ihres Inhalts als ungeeignet oder nicht zur Sache gehörig zurückweist (§ 241 Abs. 2) oder die Entscheidung des Gerichts über die Zulässigkeit der Frage nach § 242 herbeiführt. Daß der Vorsitzende im übrigen bezüglich des Inhalts der weiterzugebenden Frage keinen Ermessensspielraum hat, schließt selbstverständlich nicht aus, daß er den Fragesteller darauf hinweist, wenn er die Frage mit einem abgeänderten Inhalt für zweckmäßiger hält.

5   Die Verpflichtung des Vorsitzenden, die Frage weiterzugeben, bezieht sich nur auf den **sachlichen Inhalt**, nicht aber auf die **Form der Frage.** Unter Berücksichtigung des Schutzzwecks des § 241 a und der Erfordernisse einer umfassenden Sachaufklärung entscheidet der Vorsitzende nach pflichtgemäßem Ermessen, wie er die Frage fassen will. So kann er insbesondere die Frage der Sprechweise und der Vorstellungskraft eines Kindes anpassen oder einen komplexen Vorgang in einzelne Teilfragen aufspalten[6]. Besteht der Fragende auf Stellung der Frage in der von ihm verwendeten Form, kann der Vorsitzende die Frage nach Absatz 3; § 241 Abs. 2 als unzulässig zurückweisen, weil sie gegen den Schutzzweck des § 241 a verstößt[7].

6   **3. Die unmittelbare Befragung durch andere Personen** als den Vorsitzenden kann dieser ausnahmsweise gestatten, wenn dadurch kein Nachteil für das Wohl des Jugendli-

---

[2] SK-*Schlüchter* 2.
[3] Dazu *Arntzen* DRiZ **1976** 20; *Dippel* FS Tröndle 600; *Eisenberg* (Beweisrecht) 1136; 1411 ff; je mit Nachw.; vgl. ferner Beispiele bei *Störzer* 123.
[4] KMR-*Paulus* 4; zur Zulässigkeit vgl. *Meier* JZ **1991** 644; sowie wegen der ähnlichen Rechtslage § 240, 15.

[5] AK-*Schöch* 3; KK-*Treier* 4; *Kleinknecht/Meyer-Goßner*[43] 2; KMR-*Paulus* 7; SK-*Schlüchter* 4.
[6] AK-*Schöch* 6; KK-*Treier* 4; *Kleinknecht/Meyer-Goßner*[43] 4; KMR-*Paulus* 7; *Pfeiffer/Fischer* 2; SK-*Schlüchter* 4.
[7] AK-*Schöch* 7; KK-*Treier* 4; *Kleinknecht/Meyer-Goßner*[43] 6; KMR-*Paulus* 9; SK-*Schlüchter* 4.

chen zu befürchten ist (Absatz 2 Satz 2). Ob diese Voraussetzung gegeben ist und ob er bejahendenfalls von dieser Befugnis Gebrauch machen will, entscheidet der Vorsitzende nach pflichtgemäßem Ermessen[8]. Maßgebend sind immer die Umstände des Einzelfalls. Der Gegenstand der Zeugenaussage und die zu erwartenden Fragen sind dabei ebenso zu berücksichtigen wie die Person des Zeugen und des Fragestellers. Der Vorsitzende ist rechtlich nicht gehindert, hier Unterschiede zwischen den Verfahrensbeteiligten zu machen, wenn dies nach dem Schutzzweck des § 241 a angezeigt und vertretbar ist[9]. So kann er etwa unmittelbare Fragen durch ein Mitglied des Gerichts zulassen, nicht aber durch andere Verfahrensbeteiligte, oder er kann einem Verfahrensbeteiligten, der sich im Umgang mit Jugendlichen als besonders geschickt erweist, die unmittelbare Befragung gestatten, sie den anderen Verfahrensbeteiligten verweigert. Bei Zulassung einer solchen Differenzierung der Verfahrensgestaltung sollte aber niemals übersehen werden, daß auch sachlich zu rechtfertigende Unterschiede die äußere Optik eines am Gebote der Chancengleichheit orientierten „fairen" Verfahrens nachteilig beeinflussen können und deshalb besser unterbleiben.

Ein **Anspruch** darauf, daß der Vorsitzende den in § 240 genannten Verfahrensbeteiligten die unmittelbare Befragung gestattet, besteht auch dann nicht, wenn eine Gefährdung des Wohls des jugendlichen Zeugen nicht zu erwarten ist[10]. **7**

Den Vorsitzenden trifft eine **erhöhte Schutzpflicht** gegenüber dem jugendlichen Zeugen, wenn er dessen unmittelbare Befragung zugelassen hat. Aus dem Sinn des § 241 a folgt, daß er sofort einschreiten und das unmittelbare Fragerecht wieder an sich ziehen muß, wenn sich nachträglich zeigt, daß das Wohl des Zeugen oder die Sachaufklärung gefährdet sein könnte[11]. **8**

Anderen Frageberechtigten, die nicht in § 240 genannt sind (§ 240, 8; 9), kann der Vorsitzende ebenfalls unter den gleichen Voraussetzungen unmittelbare Fragen gestatten; die Verweisung des Absatzes 2 Satz 1 auf § 240 dürfte nicht die Bedeutung einer abschließenden Festlegung der Personen haben, denen der Vorsitzende unmittelbare Fragen gestatten darf. Deshalb dürfte es nicht entscheidend darauf ankommen, ob diese Personen durch eine Spezialvorschrift ausdrücklich hinsichtlich ihrer prozessualen Rechte einer der in § 240 genannten Personen gleichgestellt werden oder ob ihnen nur das Fragerecht eingeräumt wird[12]. **9**

Die Befugnis aus § 80 Abs. 2, einem **Sachverständigen** unmittelbar Fragen zu gestatten, wird durch § 241 a nicht unmittelbar berührt[13]. **10**

4. Zurückweisung von Fragen. Absatz 3 stellt klar, daß der Vorsitzende auch im Rahmen der Sondervorschrift des § 241 a berechtigt ist, ungeeignete oder nicht zur Sache gehörende Fragen im gleichen Umfang wie nach § 241 Abs. 2 zurückzuweisen, und zwar ganz gleich, ob sie mittelbar über ihn oder unmittelbar gestellt werden. Dies gilt bei allen in § 240 Abs. 2 Satz 1 genannten Verfahrensbeteiligten und anderen Fragenden (Rdn. 9), **11**

---

[8] Gegen einen zu großzügigen Gebrauch der Ausnahmevorschrift AK-*Schöch* 10; vgl. auch *Eisenberg* JZ **1984** 912.

[9] AK-*Schöch* 8; *Kleinknecht/Meyer-Goßner*[43] 5; SK-*Schlüchter* 5. Nach KK-*Treier* 6 darf im allgemeinen nicht auf die Person des Fragestellers abgestellt werden; der Zweck des § 241 a wird jedoch besser erreicht, wenn man eine Differenzierung nach Eignung und Verhältnis zum Zeugen zuläßt.

[10] H. M; so KK-*Treier* 6; *Kleinknecht/Meyer-Goßner*[43] 5.

[11] KK-*Treier* 6; KMR-*Paulus* 8; h. M.

[12] AK-*Schöch* 8; **a. A** KK-*Treier* 7 (keine Ausdehnung auf dort nicht genannte Fragesteller); *Kleinknecht/Meyer-Goßner*[43] 5; KMR-*Paulus* 8; SK-*Schlüchter* 5.

[13] Begr. BTDrucks. **7** 2526, S. 25 (keine Vernehmung); KK-*Treier* 3; *Kleinknecht/Meyer-Goßner*[43] 3; h. M.

nicht aber bei den Berufsrichtern, bei denen er nur die Entscheidung des Gerichts nach § 242 herbeiführen kann[14].

12   **5. Anrufung des Gerichts.** Gegen die Entscheidung des Vorsitzenden kann das Gericht nach § 238 Abs. 2 angerufen werden, da sie die Sachleitung betreffen. Bei Zweifeln an der Zulässigkeit einer Frage ist auch die Anrufung des Gerichts nach § 242 möglich. Unerheblich ist dabei, ob die Verfahrensbeteiligten die Frage unmittelbar an den Zeugen stellen durften oder ob sie nur vom Vorsitzenden nach Absatz 2 Satz 1 verlangen konnten, daß er die Frage stellen werde. Die Anrufung des Gerichts ist auch möglich, wenn beanstandet wird, daß der Vorsitzende eine Frage nur unvollständig oder inhaltlich unrichtig an den Zeugen weitergegeben hat, insbesondere wenn er eine Anregung, seine Frage zu ergänzen, ablehnt.

13   Bei der Entscheidung, mit der der Vorsitzende die **unmittelbare Befragung** des Jugendlichen zuläßt oder ablehnt, ist die Anrufung des Gerichts nach § 238 Abs. 2 nicht ausgeschlossen. Das Gericht kann aber immer nur nachprüfen, ob die Entscheidung des Vorsitzenden rechtsmißbräuchlich oder sonst unzulässig war, etwa weil er bei der Zulassung der unmittelbaren Befragung den Rechtsbegriff des Nachteils für das Wohl des Zeugen verkannt hat, es kann aber nicht in den Ermessensspielraum des Vorsitzenden eingreifen[15].

6. Rechtsbehelfe

14   **a) Beschwerde** gegen Anordnungen nach § 241 a können nur die in § 305 Satz 2 genannten Personen einlegen, im übrigen schließt § 305 Satz 1 die Beschwerde aus.

15   **b)** Mit der **Revision** kann nur die rechtsfehlerhafte Anwendung des § 241 a gerügt werden, in der Regel aber nicht die Ermessensentscheidung des Vorsitzenden, ob er unmittelbare Fragen zulassen will. Wegen der Einzelheiten wird auf die Erläuterungen zu § 238, 39 ff; § 241, 29 ff verwiesen.

§ 242

Zweifel über die Zulässigkeit einer Frage entscheidet in allen Fällen das Gericht.

Schrifttum siehe bei § 240.

Bezeichnung bis 1924: § 241.

Übersicht

---

[14] Vgl. § 241, 5.

[15] KK-*Treier* 9; *Kleinknecht/Meyer-Goßner*[43] 5; 7; KMR-*Paulus* 11; SK-*Schlüchter* 7.

1. Anwendungsbereich. § 242 ist — ebenso wie § 238 Abs. 2 — Ausdruck der **1** Gesamtverantwortung des Gerichts, die auch die Zulässigkeit aller in der Hauptverhandlung gestellten Fragen einschließt, ganz gleich, wer die Frage gestellt hat und ob die Frage an eine Beweisperson oder einen Angeklagten gerichtet ist[1]. § 242 schränkt die Befugnis des Vorsitzenden zur Beanstandung unzulässiger Fragen nach § 241 Abs. 2, § 241 a Abs. 3, § 238 Abs. 1 nicht ein[2]. Er verdrängt nach vorherrschender Meinung[3] auch die Befugnis nicht, gegen eine solche Anordnung des Vorsitzenden das Gericht nach § 238 Abs. 2 anzurufen[4]. Seine Bedeutung liegt darin, daß er die Rechtskontrolle der Fragen auch dann sichert, wenn § 238 Abs. 2 nicht greift, weil es zu keiner vorgängigen Entscheidung des Vorsitzenden über deren Zulässigkeit kommt; sei es, weil insoweit kein Beanstandungsrecht besteht, wie etwa bei den Fragen der beisitzenden Berufsrichter (§ 240 Abs. 1; § 241 Abs. 2); sei es, weil — aus welchen Gründen auch immer — von einer Beanstandung der Frage abgesehen wurde. § 242 gilt ferner für die Beanstandung der Fragen des Vorsitzenden selbst[5]. Im übrigen darf dieser auch dort, wo er zunächst selbst entscheiden könnte, von sich aus eine Entscheidung des Gerichts über die Zulässigkeit einer Frage nach § 242 herbeiführen[6].

2. Anrufung des Gerichts. Außer dem Vorsitzenden und dem Befragten sind auch die **2** mitwirkenden Richter und die Beteiligten, also der Staatsanwalt, der Angeklagte und der Verteidiger und, soweit in den eigenen Verfahrensinteressen berührt, auch Nebenkläger und Nebenbeteiligte, Zeugen und in den Fällen des § 406 f Abs. 2, § 406 g Abs. 2 auch deren Beistände sowie Sachverständige, berechtigt, Zweifel aufzuzeigen oder eine Frage zu beanstanden. Der Vorsitzende, dem es nicht zusteht, die Frage eines beisitzenden Richters zurückzuweisen, hat, wenn er an der Zulässigkeit einer solchen Frage zweifelt, das Recht und die Pflicht, die Entscheidung des Gerichts herbeizuführen (§ 241, 5). Die Anrufung des Gerichts ist an **keine bestimmte Form** gebunden; es genügt, daß zum Ausdruck

---

[1] Die aus der Entstehungsgeschichte und dem ursprünglichen Wortlaut des § 240 abgeleitete frühere Auffassung, daß § 242 nur für Fragen an Zeugen und Sachverständigen gelte, nicht aber für Fragen an den Angeklagten – so RGRspr. **5** 784; RGSt **10** 379 (dagegen RGSt **47** 139) –, wird heute nicht mehr vertreten (vgl. *Bohnert* 183; SK-*Schlüchter* 4; LR 24. Aufl. § 242, 1).

[2] KK-*Treier* 1; KMR-*Paulus* 2; SK-*Schlüchter* 2; *Eb. Schmidt* 3.

[3] AK-*Schöch* 1; KK-*Treier* 1; *Kleinknecht/Meyer-Goßner*[43] 1; KMR-*Paulus* 1; SK-*Schlüchter* 2; *Sarstedt/Hamm*[6] 993; zur Gegenmeinung vgl. nachst. Fußn.

[4] Das Verhältnis zwischen § 238 Abs. 2 und § 242 ist strittig. Die vorherrschende Meinung (vgl. vorstehende Fußn.) geht davon aus, daß § 242 nur Platz greift, wenn das Gericht nicht schon wegen der Beanstandung einer Frage nach §§ 241 Abs. 2, 241 a Abs. 3, 238 Abs. 2 angerufen werden kann. Nach anderer Ansicht (*Erker* 115 ff; wohl auch *Gössel* § 25 C III) enthält § 242 eine dem § 238 Abs. 2 vorgehende Sonderregelung für die Rechtskontrolle aller Fragen, die wegen ihrer weiteren Fassung Vorrang vor der Beanstandung nach § 238 Abs. 2 hat; für letztere ist danach nur Raum, wenn die prozeßleitende Verfügung des Vorsitzenden nicht die Zulässigkeit der Frage betrifft, sondern

Modalitäten der Ausübung des Fragerechts nach Zeit oder Form oder auch dessen Entzug. *Dencker* FS Kleinknecht 82 unterscheidet zwischen den Fragen des Vorsitzenden, die dem Sachbericht der Beweisperson fördern sollen, und den sich daran anschließenden „inquisitorischen Fragen", die nicht mehr Teil der Sachleitung seien, so daß gegen sie das Gericht nur nach § 242 angerufen werden könne. Da unstreitig ist, daß über die Zulässigkeit aller Fragen die Entscheidung des Gerichts herbeigeführt werden kann, ist es letztlich ohne praktische Auswirkung, ob man seine Anrufung in den Fällen, in denen sich beide Vorschriften decken, dem § 242 oder dem § 238 Abs. 2 zuordnet.

[5] Das Recht, auch die Fragen der beisitzenden Berufsrichter und des Vorsitzenden der Zulässigkeitskontrolle des Gesamtgerichts zu unterstellen, bejahen *Frister* StV **1994** 451; *Rosen* NJW **1958** 974; *Sarstedt/Hamm*[6] 993 Fußn. 2163; *Schünemann* StV **1993** 607; *Seibert* JR **1952** 470; AK-*Schöch* 1; KK-*Treier* 1; *Kleinknecht/Meyer-Goßner*[43] 1; *Pfeiffer/Fischer* 1; SK-*Schlüchter* 3; **a. A** RGSt **42** 159 (nur Protokollierung und Revision); *Dölp* NStZ **1993** 419; vgl. ferner de lege ferenda *Gössel* Gutachten 60. DJT C 89).

[6] Weitgehend h. M; *Bohnert* 185 nimmt dagegen an, daß der Vorsitzende wegen seiner funktionellen Primärzuständigkeit zunächst selbst entscheiden muß.

Walter Gollwitzer

kommt, daß Zweifel an der Zulässigkeit der Frage bestehen, über die das Gericht entscheiden soll.

3   Bevor das Gericht entscheidet, muß es nach § 33 Abs. 1 die **Verfahrensbeteiligten anhören**[7], damit auch deren Ansicht bei der Entscheidung des Gerichts mitberücksichtigt werden kann. Vor allem, wenn der Vorsitzende, statt die Frage selbst zurückzuweisen, seinerseits die Entscheidung des Gerichts herbeiführt, muß er unter Darlegung seiner Bedenken dem Fragenden vor der Entscheidung Gelegenheit geben, sich dazu in ähnlicher Weise zu äußern, wie er es tun könnte, wenn er gegen die Zurückweisung der Frage durch den Vorsitzenden die Entscheidung des Gerichts angerufen hätte. Sonst besteht die Gefahr, daß das Gericht bei der Beschlußfassung Umstände, von denen die Zulässigkeit einer Frage abhängen kann, übersieht. Dies würde den Fragenden benachteiligen. Der Beschluß wäre fehlerhaft und könnte die Revision begründen[8].

4   Ehe der Vorsitzende von sich aus eine Frage zurückweist oder eine Entscheidung des Gerichts herbeiführt, kann er sich in geeigneten Fällen um eine **Klarstellung** der Rechtslage und des Gewollten bemühen. Er kann versuchen, den Fragenden unter Darlegung seiner Gründe zur **Zurücknahme der Frage** oder zur **Änderung** des Inhalts oder zu einer anderen Fassung der Frage zu bewegen, wenn mit einer solchen Änderung seine Bedenken gegen die Zulässigkeit zerstreut werden. Bemühungen dieser Art können unter Umständen sonst mögliche Spannungen zwischen den Beteiligten verhüten oder mildern und damit der Wahrheitsfindung dienlicher sein als rasche Entscheidungen[9].

3. Entscheidung des Gerichts

5   **a) Nur die Zulässigkeit einer Frage** (vgl. dazu § 241, 6 ff), nicht ihre **Zweckmäßigkeit** kann nachgeprüft werden. Die Frage eines **Nichtfrageberechtigten** ist immer unzulässig[10], sofern der Vorsitzende die Frage nicht befugt zugelassen (§ 240, 10) hat. Meinungsverschiedenheiten über die Zweckmäßigkeit liegen vor, wenn es um die **Reihenfolge** einzelner Fragen, ihren Wortlaut oder den Tonfall geht, in dem sie gestellt werden[11]. Doch ist es nicht ausgeschlossen, daß Umstände dieser Art zur Begründung eines Ablehnungsgesuchs vorgetragen werden[12].

6   **b) Form der Entscheidung.** Das Gericht entscheidet über die Zulässigkeit der Frage durch Beschluß, der alsbald, spätestens aber vor Abschluß der Beweisaufnahme ergehen muß, da sich die Verfahrensbeteiligten in ihrem weiteren Prozeßverhalten auf die Ansicht des Gerichts einstellen müssen. Der Beschluß ist zu begründen (§ 34), auch bei Zulassung der Frage[13]. Wird die Zulässigkeit der Frage verneint, genügt es nicht, daß der Gesetzeswortlaut wiederholt wird. Der Beschluß muß vielmehr erkennen lassen, weshalb im einzelnen die Frage als ungeeignet oder nicht zur Sache gehörend zurückgewiesen wird[14]. Auch der **allein entscheidende Strafrichter** (§ 25 GVG) muß einen Beschluß erlassen, wenn die Zulässigkeit einer Frage bezweifelt wird[15].

---

[7] RGSt **51** 215; *Kleinknecht/Meyer-Goßner*[43] 2; KMR-*Paulus* 6; *Eb. Schmidt* 7.

[8] RGSt **51** 215; AK-*Schöch* 3; KK-*Treier* 1; *Kleinknecht/Meyer-Goßner*[43] 1; SK-*Schlüchter* 2.

[9] *Eb. Schmidt* 5; AK-*Schöch* 6; KMR-*Paulus* 5; SK-*Schlüchter* 8.

[10] *Eb. Schmidt* 1; SK-*Schlüchter* 7; vgl. § 240, 10.

[11] KK-*Treier* 3; KMR-*Paulus* 3; SK-*Schlüchter* 6.

[12] Vgl. *Seibert* JR **1952** 470; KMR-*Paulus* 3; SK-*Schlüchter* 6.

[13] KK-*Treier* 4 (mit Hinweis auf Beschwerderecht der Zeugen und Sachverständigen); ebenso SK-*Schlüchter* 8; weitergehend *Eb. Schmidt* 6 (in Zulassung liegt Zurückweisung der Beanstandung).

[14] *Kleinknecht/Meyer-Goßner*[43] 3 (eingehende Begründung); KMR-*Paulus* 6; SK-*Schlüchter* 8; vgl. § 241, 26.

[15] KK-*Treier* 2; KMR-*Paulus* 6; SK-*Schlüchter* 5.

4. Der **beauftragte** oder **ersuchte Richter** kann es dem erkennenden Gericht überlassen, über die Zulässigkeit einer Frage zu entscheiden[16]. 7

5. Sitzungsniederschrift. Der Antrag eines Verfahrensbeteiligten, das Gericht möge 8 über die Zulässigkeit einer Frage entscheiden, ist nach § 273 in die Sitzungsniederschrift aufzunehmen; ebenso der Beschluß des Gerichts. Wegen der Protokollierung der Frage und der sonstigen Einzelheiten vgl. § 241, 23.

6. Rechtsmittel. Die Ausführungen bei § 241 (Rdn. 29 ff) gelten auch hier; strittig ist 9 auch hier, ob die Revision daran scheitern kann, daß versäumt wurde, eine Entscheidung des Gerichts herbeizuführen (vgl. § 238, 43 ff).

§ 243

(1) [1]Die Hauptverhandlung beginnt mit dem Aufruf der Sache. [2]Der Vorsitzende stellt fest, ob der Angeklagte und der Verteidiger anwesend und die Beweismittel herbeigeschafft, insbesondere die geladenen Zeugen und Sachverständigen erschienen sind.

(2) [1]Die Zeugen verlassen den Sitzungssaal. [2]Der Vorsitzende vernimmt den Angeklagten über seine persönlichen Verhältnisse.

(3) [1]Darauf verliest der Staatsanwalt den Anklagesatz. [2]Dabei legt er in den Fällen des § 207 Abs. 3 die neue Anklageschrift zugrunde. [3]In den Fällen des § 207 Abs. 2 Nr. 3 trägt der Staatsanwalt den Anklagesatz mit der dem Eröffnungsbeschluß zugrunde liegenden rechtlichen Würdigung vor; außerdem kann er seine abweichende Rechtsauffassung äußern. [4]In den Fällen des § 207 Abs. 2 Nr. 4 berücksichtigt er die Änderungen, die das Gericht bei der Zulassung der Anklage zur Hauptverhandlung beschlossen hat.

(4) [1]Sodann wird der Angeklagte darauf hingewiesen, daß es ihm freistehe, sich zu der Anklage zu äußern oder nicht zur Sache auszusagen. [2]Ist der Angeklagte zur Äußerung bereit, so wird er nach Maßgabe des § 136 Abs. 2 zur Sache vernommen. [3]Vorstrafen des Angeklagten sollen nur insoweit festgestellt werden, als sie für die Entscheidung von Bedeutung sind. [4]Wann sie festgestellt werden, bestimmt der Vorsitzende.

Schrifttum. *Amelung* Die Einlassung des Mandanten im Strafprozeß, FS Koch 145; *Bauer* Die „Beweislastverteilung" bei unterlassener Belehrung des Beschuldigten, wistra **1993** 99; *Bauer* Die Würde des Gerichts, JZ **1970** 247; *Beck* Müssen Angeklagte und Zeugen vor Gericht stehen, Ärzteblatt **1969** 1359 ff; *Bohnert* Ordnungsvorschriften im Strafverfahren, NStZ **1982** 5; *Bringewat* „Der Verdächtige" als schweigeberechtigte Auskunftsperson? JZ **1981** 289; *Bruns* Der Verdächtige als schweigeberechtigte Auskunftsperson, FS Schmidt-Leichner 1; *Busam* Das Geständnis im Strafverfahren (1983); *Castringius* Schweigen und Leugnen des Beschuldigten im Strafprozeß, Diss. München 1965; *Dingeldey* Das Prinzip der Aussagefreiheit im Strafprozeß, JA **1984** 407; *Dingeldey* Der Schutz der strafprozessualen Aussagefreiheit durch Verwertungsverbote bei außerstrafrechtlichen Aussage- und Mitwirkungspflichten, NStZ **1984** 529; *Dencker* Belehrung des Angeklagten über sein Schweigerecht und Vernehmung zur Person, MDR **1975** 359; *Döhring* Persönlichkeitsforschung im Rahmen der Beschuldigtenvernehmung, Kriminalistik **1967** 5; *Doller* Der schweigende Angeklagte

---

[16] BGH NStZ **1983** 421; OLG Frankfurt NJW **1947/** **48** 395; KMR-*Paulus* 6; SK-*Schlüchter* 5; vgl.   § 223, 33.

und das Revisionsgericht, MDR **1974** 979; *Dürkop* Der Angeklagte (1977); *Eisenberg* Vernehmung und Aussage (insbes. im Strafprozeß) aus empirischer Sicht, JZ **1984** 912; 961; *Engelhard* Die Vernehmung des Angeklagten, ZStW **58** (1911) 335; *Eser* Der Schutz vor Selbstbezichtigung im deutschen Strafprozeßrecht, Deutsche strafrechtliche Landesreferate zum IX. internationalen Kongreß für Rechtsvergleichung (1974), Beiheft zu ZStW **86** (1974) 136; *Fezer* Hat der Beschuldigte ein „Recht auf Lüge"? FS Stree/Wessel 663; *Fincke* Verwertbarkeit von Aussagen des nichtbelehrten Beschuldigten, NJW **1969** 1014; *Fuchs* Beweisverbote bei Vernehmung des Mitbeschuldigten, NJW **1959** 14; *Fuhrmann* Das Schweigen des Angeklagten in der Hauptverhandlung, JR **1965** 417; *Geppert* Die „qualifizierte Belehrung", GedS Meyer 93; *Granderath* Getilgt – aber nicht vergessen. Das Verwertungsverbot des Bundeszentralregistergesetzes, ZRP **1985** 319; *Günther* Strafrichterliche Beweiswürdigung und schweigender Angeklagter, JR **1978** 89; *Günther* Die Schweigebefugnis des Tatverdächtigen im Straf- und Bußgeldverfahren aus verfassungsrechtlicher Sicht, GA **1978** 193; *Günter* Die Einführung und Verwertung früherer Angaben des in der Hauptverhandlung schweigenden Angeklagten, DRiZ **1971** 379; *Häger* Zu den Folgen staatsanwaltschaftlicher, in der Hauptverhandlung begangener Verfahrensfehler, GedS Meyer 171; *Hammerstein* Sachaufklärung durch inquisitorische Vernehmung des Angeklagten, FS Middendorff 111; *Hammerstein* Verteidigung in jeder Lage des Verfahrens, FS Salger 293; *Hardwig* Das Persönlichkeitsrecht des Beschuldigten im Strafprozeß, ZStW **66** (1954) 236; *Hardwig* Polizeiliche Vernehmung gerichtlich nicht verwendbar, Kriminalistik **1969** 87; *Helgerth* Der „Verdächtige" als schweigeberechtigte Auskunftsperson und selbständiger Prozeßbeteiligter neben dem Beschuldigten und dem Zeugen, Diss. Erlangen-Nürnberg 1976; *Helmer, Jürgen* Die Vernehmung des Angeklagten über seine persönlichen Verhältnisse, Diss. Kiel 1968; *v. Hentig* Zur Psychologie der Geständnisbereitschaft, FS Rittler 373 ff; *Humborg* Die Vorstrafenerörterung in der Hauptverhandlung, Diss. Münster 1964; *Humborg* Der Ausschluß der Öffentlichkeit bei der Vorstrafenerörterung, NJW **1966** 1015; *Kiehl* Beschuldigtenvernehmung ohne vorherige Belehrung: Der BGH korrigiert sich – überzeugend? NJW **1993** 501; *Kiehl* Neues Verwertungsverbot bei unverstandener Beschuldigtenbelehrung – und neue Tücken für die Verteidigung, NJW **1994** 1267; *Kohlhaas* Schlüsse aus dem Schweigen des Beschuldigten, NJW **1965** 2282; *Krause/Thon* Mängel der Tatschilderung im Anklagesatz und ihre rechtliche Bedeutung, StV **1985** 252; *Kühl* Freie Beweiswürdigung des Schweigens des Angeklagten und der Untersuchungsverweigerung eines schweigeberechtigten Zeugen – BGHSt **32** 140, JuS **1986** 115; *Kuhnert* Wieweit schützt die StPO die Grundrechte des Beschuldigten, MDR **1967** 539; *Lenckner* Mitbeschuldigter und Zeuge, FS Peters 333; *Montenbruck* „Entlassung aus der Zeugenrolle" – Versuch einer Fortentwicklung der materiellen Zeugentheorie, ZStW **89** (1977) 878; *Moos* Das Geständnis im Strafverfahren und in der Strafzumessung, Diss. 1983; *Müller-Dietz* Die Stellung des Beschuldigten im Strafprozeß, ZStW **93** (1981) 1177; *Niederreuther* Die Wahrheitspflicht der Prozeßbeteiligten, GS **109** (1937) 64; *Pfenniger* Die Wahrheitspflicht des Beschuldigten im Strafprozeß, FS Rittler 355; *Peters* Die Persönlichkeitserforschung im Strafverfahren, Gedächtnisschrift Schröder 426; *Puppe* Die List im Verhör der Beschuldigten, GA **1978** 289; *Ransiek* Belehrung über Aussagefreiheit und Recht der Verteidigerkonsultation; Folgerungen für die Beschuldigtenvernehmung, StV **1994** 343; *Rautenberg* „Angeklagter" oder „Angeschuldigter" bei Verlesung des Anklagesatzes? NStZ **1985** 256; *Reiff* Geständniszwang und Strafbedürfnis (1925); *Rejewski* Unterbliebener Hinweis auf die Aussagefreiheit des Beschuldigten als Revisionsgrund? NJW **1967** 1999; *Rieß* Der Beschuldigte als Subjekt des Strafverfahrens in Entwicklung und Reform der StPO, FS Reichsjustizamt 373; *Rieß* Die Vernehmung des Beschuldigten im Strafprozeß, JA **1980** 293; *Rogall* Der Beschuldigte als Beweismittel gegen sich selbst (1977); *Roschmann* Das Schweigerecht des Beschuldigten im Strafprozeß. Seine rechtlichen und faktischen Grenzen, Diss. Bremen 1983; *Rüping* Zur Mitwirkungspflicht des Beschuldigten und Angeklagten, JR **1974** 135; *Salditt* Verteidigung in der Hauptverhandlung – Notwendige Alternativen zum Praxisritual, StV **1993** 442; *K. Schäfer* Einige Bemerkungen zum Satz „nemo tenetur se ipsum accusare", FS Dünnebier 11; *Eb. Schmidt* Formen im Gerichtssaal, ZRP **1969** 254; *Eb. Schmidt* Der Strafprozeß, Aktuelles und Zeitloses, NJW **1969** 1137; *Eb. Schmidt* Sinn und Tragweite des Hinweises auf die Aussagefreiheit des Beschuldigten, NJW **1969** 1209; *Schmidt-Leichner* Ist und bleibt Schweigen des Beschuldigten zweischneidig? NJW **1966** 189; *Schöch* Strafzumessung und Persönlichkeitsschutz in der Hauptverhandlung, FS Bruns 457; *Schreieder* Die Stellung des Beschuldigten, Züricher Beiträge zur Rechtswissenschaft NF 299 (1968); *Schünemann* Die Belehrungspflichten der §§ 243 Abs. 4, 136 n. F. StPO und der BGH, MDR **1969** 101; *Schumacher* Die Hauptverhandlung als gruppendynamischer Prozeß, StV **1995** 442; *Seebode* Schweigen des Beschuldigten zur Person, MDR **1970** 185; *Seebode* Über die Freiheit, die eigene Strafverfolgung zu unterstützen, JA **1980** 493; *Sieg* Verwertungsverbot für Aussagen eines Beschuldigten im Ermittlungsverfahren ohne Belehrung nach § 136 Abs. 1 Satz 2? MDR **1984** 75; *Streck* Der Beschluß des Bundesverfassungsgerichts zum strafrechtlichen Verwertungsverbot bei Aussagen des Gemeinschuldners und seine Auswirkungen im Steuerstrafrecht, StV **1981** 362; *Späth* Die Zuverlässigkeit der im ersten Zugriff erzielten Aussage, Kriminalistik **1969** 466; *Stree* Das Schweigen des Beschuldigten im Strafverfahren, JZ **1966** 593; *Stümpfler* Das Schweigen im Straf- und Bußgeldverfahren, DAR **1973** 1; *Stürner* Strafrechtliche Selbstbelastung und verfahrensförmige Wahrheitsermittlung, NJW **1981** 1757; *Tröndle* Über den Umgang des Richters mit anderen Verfahrensbeteiligten, DRiZ **1970** 213 ff; *Walder* Die Vernehmung des Beschuldigten (1965); *Walder* Das Verhör mit dem Angeschuldigten, FS Pfenniger 181 ff; *Wessels* Schweigen und Leugnen im Strafverfahren, JuS **1966** 169. Vgl. ferner die Vor §§ 136, 213, 226 angeführten Hinweise. Dort ist auch das Schrifttum zur Reform der Hauptverhandlung angegeben.

Entstehungsgeschichte. Art. 4 der Verordnung zur Beseitigung des Eröffnungsbeschlusses ersetzte 1942 die Verlesung des Eröffnungsbeschlusses durch den Vortrag der Anklage. Art. 3 I Nrn. 110, 11 VereinhG kehrte zur alten Fassung zurück. Art. 7 Nr. 10 StPÄG 1964 faßte § 243 neu, wobei an die Stelle der Verlesung des Eröffnungsbeschlusses durch den Vorsitzenden die Verlesung des Anklagesatzes durch den Staatsanwalt getreten ist. Die Neufassung brachte ferner in Absatz 4 eine Regelung über die Feststellung der Vorstrafen und schrieb — anstelle der früheren Verweisung auf § 136 — ausdrücklich vor, den Angeklagten auf sein Schweigerecht hinzuweisen. Bezeichnung bis 1924: § 242.

Walter Gollwitzer

Alphabetische Übersicht

I. Aufbau der Hauptverhandlung

1   **1. Normaler Verfahrensgang.** Die zu einer normalen Hauptverhandlung gehörenden Vorgänge und ihre Reihenfolge werden durch die §§ 222 a, 222 b, 243, 244 Abs. 1, 257, 258, 260 und 268 geregelt. Der Gesetzgeber legt hierdurch die Struktur des Verfahrens fest, die auch dort, wo von der Reihenfolge der Vorgänge aus Zweckmäßigkeitsgründen im einzelnen abgewichen werden darf, in den Grundzügen zu wahren ist[1]. Ganz weggelassen werden darf kein Verhandlungsabschnitt[2].

2   **Zwingendes Recht**, und damit jeder Veränderung aus Zweckmäßigkeitsgründen entzogen, sind die Vorschriften, soweit der Gesetzgeber in ihnen verfassungsrechtlich vor allem durch das Rechtsstaatsprinzip verbürgte und in ihrem Kernbereich grundsätzlich unverzichtbare Verfahrensrechte, wie das Recht auf Verteidigung, die Freiheit vom Selbstbelastungszwang und der Anspruch auf rechtliches Gehör (Art. 103 Abs. 1 GG), konkretisiert hat. Soweit die Ordnung des Verfahrensgangs sichert, daß der Angeklagte sich im richtigen Zeitpunkt ausreichend verteidigen kann, darf von dieser Ordnung **abgewichen** werden, sofern dadurch deren Grundstruktur und Schutzzweck im Kern nicht angetastet wird. Voraussetzung ist stets, daß Gründe einer sachdienlichen Verhandlungsführung (vgl. Rdn. 3) dies rechtfertigen und der Angeklagte und sein Verteidiger zustimmen[3], wenn — was die Regel ist — die Abweichung Verteidigungsrechte berühren kann, und sei es auch nur dadurch, daß sie deren Ausübung zeitlich verlagert. Auch die **Zustimmung** anderer Verfahrensbeteiligter kann erforderlich sein. Die Befugnis des Vorsitzenden, die Einzelheiten des Verfahrensgangs nach Gesichtspunkten der Zweckmäßigkeit zu regeln, endet dort, wo Verfahrensrechte der Prozeßbeteiligten beeinträchtigt werden können. In der widerspruchslosen Hinnahme der Abweichung kann nur bei Vorliegen besonderer Umstände (Hinweis des Vorsitzenden, Antragstellung nach § 231 c u. a.) eine still-

---

[1] BGHSt **3** 384; **13** 358; **19** 96; *Eb. Schmidt* Nachtr. I 2; h. M; vgl. Rdn. 3.
[2] BGHSt **8** 283; KK-*Treier* 1.

[3] Weitgehend h. M; BGHSt **13** 360; BGH NStZ **1981** 111; **1986** 370; AK-*Schöch* 3; KMR-*Paulus* Vor § 266, 45; SK-*Schlüchter* 3; ferner die Nachweise in der nachfolgenden Fußn.

schweigende Zustimmung gesehen werden. Wegen der Auswirkungen auf die Wahrnehmung von Verfahrensrechten sollte stets die **ausdrückliche Zustimmung** eingeholt werden[4]; bei einem Angeklagten ohne Verteidiger ist ohnehin ein vorheriger **Hinweis** auf Zweck und Tragweite der Abweichung geboten[5]. Vor allem darf das durch die späteren Äußerungsrechte nicht voll ersetzbare Recht des Angeklagten, schon vor der Beweisaufnahme zum gesamten Gegenstand der Anklage Stellung zu nehmen, damit alle von ihm vorzubringenden Gesichtspunkte bei der Beweisaufnahme umfassend mitberücksichtigt werden können (vgl. Rdn. 6), nur verkürzt werden, soweit der Angeklagte hierauf verzichtet[6]. Die Zustimmung zur Abweichung von der im Gesetz vorgesehenen Reihenfolge ist (für die Zukunft) **widerruflich**[7].

2. Abweichende Reihenfolge. Soweit der Aufbau der Hauptverhandlung im ganzen **3** und damit ihre **innere Ordnung** gewahrt bleibt[8], darf der Vorsitzende im übrigen aus triftigen Gründen (insbesondere Erleichterung der Wahrheitsfindung durch Konzentration des Prozeßstoffs; besseres Verständnis der Zusammenhänge; Schutz der Persönlichkeitssphäre des Angeklagten; Rücksicht auf Verhinderungen der Verhandlungsteilnehmer, Freistellung nach § 231 c)[9] von der Reihenfolge der einzelnen Verfahrensvorgänge abweichen. Die **äußere Ordnung** des Verfahrensgangs durch § 243 soll die für die Wahrheitsfindung und die sinnvolle Ausübung von Verfahrensrechten gleichermaßen notwendige Übersichtlichkeit des Verfahrens gewährleisten. Sie ist insoweit nicht zwingend, als dieses Ziel im Einzelfall durch eine andere Reihenfolge der Vorgänge besser erreichbar ist. Dies gilt sowohl, wenn die besondere Fallgestaltung einer einzelnen Sache ein Abweichen für die Zwecke des Verfahrens förderlich erscheinen läßt[10], als auch dann, wenn eine Mehrzahl von prozessualen Taten Gegenstand des Verfahrens bildet.

a) In den sogen. **Punktesachen** kann es sachdienlich und im Interesse aller Verfah- **4** rensbeteiligten geboten sein, die einzelnen Tatkomplexe getrennt zu behandeln. Die Hauptverhandlung darf in mehrere Abschnitte zerlegt werden, deren jeder zunächst mit der Vernehmung des Angeklagten zum Gegenstand dieses Abschnitts beginnt, worauf sich die Beweisaufnahme zu diesem Abschnitt anschließt[11]. Einer Zustimmung des Angeklagten bedarf es bei einer Aufteilung von mehreren Taten (i. S. des § 264) nicht, da diese auch in getrennten Verfahren hätten abgeurteilt werden können. Hier genügt es, innerhalb der einzelnen Punkte den in § 243 vorgeschriebenen Verfahrensgang einzuhalten[12]. Wird dagegen der Sachverhalt einer Tat aufgeteilt in mehreren Teilkomplexen verhandelt, muß dem Angeklagten vorher Gelegenheit zur **Vorwegverteidigung** gegeben werden (vgl. Rdn. 26), sofern er nicht darauf verzichtet[13]. Aber auch bei einer Mehrheit selbständiger Taten ist es in der Regel angezeigt, daß der Angeklagte Gelegenheit erhält, sich schon vor-

---

[4] *Hanack* JZ **1972** 82; AK-*Schöch* 3; KMR-*Paulus* Vor § 226, 45; SK-*Schlüchter* 3. Rechtsprechung und Schrifttum begnügen sich vielfach damit, daß die Abweichung sachdienlich ist und die Prozeßbeteiligten nicht widersprechen, so BGHSt **3** 384; **13** 358; **19** 97; BGH NStZ **1981** 111; **1986** 371; StV **1991** 148; KK-*Treier* 3; *Kleinknecht/Meyer-Goßner*[43] 1; *Pfeiffer/Fischer* 1.

[5] *Hanack* JZ **1972** 82; KMR-*Paulus* Vor § 226, 45; SK-*Schlüchter* 3.

[6] Vgl. die Nachw. bei Rdn. 16

[7] BGH NStZ **1981** 111; SK-*Schlüchter* 3.

[8] RGRspr. **6** 714; **8** 651; RGSt **24** 60; **53** 178; **60** 182; **64** 134; RG GA **36** (1888) 407; **37** (1889) 201; LZ **1916** 1130; **1917** 539; **1919** 971; **1920** 487,

834; JW **1923** 387; DRiZ **1927** Nr. 837; OGHSt **3** 148; BGHSt **3** 384; **13** 360; **19** 93.

[9] Vgl. BGHSt **13** 369; BGH StV **1991** 148; KMR-*Paulus* Vor § 226, 45; SK-*Schlüchter* 3. Vgl. auch BGH NStZ **1985** 561 (persönliche Verhältnisse).

[10] BGHSt **19** 94.

[11] BGHSt **10** 342; **19** 96; RGSt **44** 313; RG JW **1894** 604; GA **31** (1883) 210; **59** (1912) 453; KK-*Treier* 4; *Kleinknecht/Meyer-Goßner*[43] 2; KMR-*Paulus* Vor § 226, 46; SK-*Schlüchter* 5.

[12] BGHSt **19** 96; *Hanack* JZ **1972** 82; KK-*Treier* 4; *Kleinknecht/Meyer-Goßner*[43] 2; KMR-*Paulus* Vor § 226, 46; SK-*Schlüchter* 5.

[13] KMR-*Paulus* Vor § 226, 46.

weg zumindest allgemein zur Gesamtheit der Vorwürfe und deren Zusammenhänge zu äußern[14].

5 Bei der getrennten Behandlung der einzelnen Tatkomplexe muß die **Sitzungsniederschrift** nach § 273 Abs. 1 (Gang des Verfahrens) erkennen lassen, auf welchen Abschnitt sich die Vernehmung des Angeklagten und die sonstigen Verfahrensvorgänge jeweils beziehen[15]. Es wird auch für zulässig gehalten, die **Verlesung des Anklagesatzes** aufzuspalten und erst vor jedem Abschnitt den einschlägigen Teil des Anklagesatzes zu verlesen[16]. Es ist aber in der Regel aus Gründen der Transparenz des Gesamtverfahrens geboten, den Anklagesatz — oder bei Verbindung mehrerer Sachen die Anklagesätze — vorweg im Zusammenhang zu verlesen, um für alle Prozeßbeteiligten zunächst den Gesamtumfang der erhobenen Anklage aufzuzeigen, dem Angeklagten eine übergreifende Stellungnahme zur Gesamtheit aller Vorwürfe und zu den aus seiner Sicht bestehenden Zusammenhängen zu ermöglichen (vgl. Rdn. 6) und erst dann die einzelnen Abschnitte mit der Wiederholung des sie betreffenden Teils der Anklage einzuleiten. Die Aufteilung der Plädoyers ist möglich[17].

6 Dem Angeklagten ist **vor Eintritt in die Beweisaufnahme** Gelegenheit zu geben, sich vorab **allgemein** zu den erhobenen Vorwürfen zu äußern, um die Gesamtlinie seiner Verteidigung und übergreifende Zusammenhänge aufzuzeigen[18]. Dazu gehört auch die Darstellung seines Verhältnisses zu Mitangeklagten[19]. Ausführungen zu den Einzelheiten können in die einzelnen Abschnitte verwiesen werden[20]. Mit Zustimmung des Angeklagten ist es zulässig, seine Vernehmung zur Sache völlig auf die einzelnen Abschnitte aufzuteilen. Unerläßlich ist aber immer, daß der einschlägige Anklagesatz zuerst verlesen wird und daß dann der Angeklagte zu dem Tatkomplex des jeweiligen Abschnitts vernommen wird, bevor die Beweisaufnahme beginnt[21].

7 **b) Weitere Beispiele:** Eine **Gegenüberstellung** (§ 58 Abs. 2) von Angeklagten und Zeugen, die das Gericht vor Vernehmung des Angeklagten zur Person vornimmt, um festzustellen, ob die vom Verfahren noch nicht beeinflußten Zeugen den Angeklagten wiedererkennen, kann zulässig sein, sofern sich der Vorgang auf die Identifizierung des Angeklagten beschränkt und keine zusätzlichen Erklärungen der Zeugen notwendig werden[22]. Mit Zustimmung des Angeklagten können auch **einzelne Beweismittel** schon während seiner Vernehmung verwendet werden, z. B. Urkunden verlesen werden, wenn dies zum besseren Verständnis der Einlassung des Angeklagten dient[23].

---

[14] *Kleinknecht/Meyer-Goßner*[43] 2; SK-*Schlüchter* 5.

[15] BGHSt **10** 342; OLG Koblenz OLGSt Nr. 1; KK-*Treier* 7 (Abweichung ist wesentlicher Verfahrensvorgang); vgl. Rdn. 101.

[16] Das Reichsgericht hat es für zulässig erachtet, die Verlesung des Eröffnungsbeschlusses auf die einzelnen Abschnitte aufzuteilen (RGSt **44** 313, RG JW **1894** 604; GA **37** [1889] 201; **59** [1912] 453); für die Verlesung des Anklagesatzes wird Gleiches angenommen, so *Häger* GedS Meyer 175; *Eb. Schmidt* Nachtr. I 5; **a. A** KK-*Treier* 4; *Kleinknecht/Meyer-Goßner*[43] 13; SK-*Schlüchter* 5 (unerläßlich zur Unterrichtung der Richter und zur Sicherung der Vorwegverteidigung).

[17] SK-*Schlüchter* 5.

[18] BGHSt **19** 93; BGH NJW **1957** 1527 (in BGHSt **10** 324 nicht vollständig abgedruckt); BGH bei *Dallinger* MDR **1955** 397; NStZ **1981** 111; StV **1990**

245; **1991** 148; KK-*Treier* 2; *Kleinknecht/Meyer-Goßner*[43] 1; 28; SK-*Schlüchter* 3.

[19] BGH StV **1982** 457; vgl. Rdn. 79.

[20] BGH bei *Dallinger* MDR **1955** 397.

[21] BGH bei *Dallinger* MDR **1955** 397; BGH NJW **1957** 1527; BayObLGSt **1953** 130 = MDR **1953** 755; RG HRR **1930** Nr. 1694; *Eb. Schmidt* 5; Nachtr. I 5; vgl. Rdn. 2 mit weit. Nachw.

[22] *Eb. Schmidt* 6; zur Methode und Problematik der Gegenüberstellung vgl. § 58, 10 ff; *Eisenberg* (Beweisrecht) 1359 a; 1399 ff mit weit. Nachw.; ferner KMR-*Paulus* Vor § 226, 51 (ohne weiteres zulässig, wenn sie der freibeweislichen Identifizierung des Angeklagten dient). Vgl. *Odenthal*, Die Gegenüberstellung im Strafverfahren, Diss. Köln **1984** 82 ff.

[23] BGHSt **13** 360; **19** 93; KMR-*Paulus* Vor § 226, 48.

Wird **Nachtragsanklage** erhoben, muß der Angeklagte zum Sachverhalt der Nach- **8** tragsklage alsbald vernommen werden[24], sofern nicht der Komplex der Nachtragsanklage, gegebenenfalls mit Zustimmung des Angeklagten, insgesamt erst später verhandelt wird (vgl. Rdn. 4).

c) Informelles Schuldinterlokut. Das geltende Recht kennt die für die Prozeßreform **9** geforderte förmliche Zweiteilung der Hauptverhandlung (förmliches Schuldinterlokut) nicht[25]. Es hindert das Gericht aber auch nicht, das einheitliche Verfahren in (unselbständige) Abschnitte aufzuteilen, von denen der erste sich nur damit befaßt, ob der Angeklagte die ihm zur Last gelegte Tat begangen hat und ob ihm Rechtfertigungs- oder Schuldausschließungsgründe zur Seite stehen. Die Frage, ob der Angeklagte schuldfähig im Sinne des § 20 StGB ist, kann dabei wegen ihrer eventuell den Angeklagten besonders diskriminierenden Wirkung in einen zweiten Abschnitt verwiesen werden. Hält das Gericht nach Abschluß dieser Verfahrensabschnitte mit Plädoyers und eventuell auch Beratung die Voraussetzungen für einen Freispruch nicht für gegeben — was den Verfahrensbeteiligten informell zur Kenntnis zu bringen ist —, dann schließt sich daran die Erörterung der nur für die Reaktionsfrage bedeutsamen Tatsachen, zu denen auch die Vorstrafen gehören, sowie die Beweiserhebung darüber an.

Dieses Verfahren, dessen Einhaltung schon für das geltende Recht vorgeschlagen **10** wird[26], hat sich trotz seines theoretisch bestechenden Grundgedankens bisher in der Praxis wegen der damit verbundenen Schwierigkeiten nicht durchgesetzt, obwohl es sich nach den vorliegenden Berichten unter experimentellen Bedingungen als grundsätzlich praktikabel erwiesen hat[27]. Unzulässig ist es ebensowenig wie andere, die Teilung weniger stark betonende Varianten, in denen im Rahmen einer flexiblen Verhandlungsführung lediglich die eingehende Befragung des Angeklagten über besondere persönliche Verhältnisse[28] und die Beweisaufnahme über die nur für die Reaktionsfrage bedeutsamen Einzelheiten an das Ende der Beweisaufnahme verlegt werden.

d) Verfahrensrechtlich unerläßlich ist bei jeder möglichen Verfahrensgestaltung **11** nur, daß die **Einheitlichkeit des Gesamtverfahrens** nicht durch die Aufteilung in die verschiedenen Verfahrenskomplexe in Frage gestellt werden darf. Die Aufteilung darf den Angeklagten nicht hindern, seine Verteidigung vorweg zusammenhängend zu führen (Rdn. 6) und die Aufmerksamkeit des Gerichts auf die von ihm für wichtig gehaltenen Gesichtspunkte und Zusammenhänge zu lenken. Gleiches gilt für den letzten Verfahrensabschnitt, an dessen Ende die Berechtigung nicht eingeschränkt werden darf, sich in den Plädoyers und beim letzten Wort (§ 258) mit dem Gesamtergebnis des Verfahrens zu befassen, auch wenn die Details am Ende der einzelnen Abschnitte in Zwischenplädoyers bereits erörtert worden sind. Wieweit Wiederholungen unterbunden werden können, ist in solchen Fällen noch schwerer zu entscheiden als sonst im Rahmen des § 258.

3. Erläuterungen des Vorsitzenden, mit denen er zu Beginn den Verhandlungsplan **12** erörtert und die Reihenfolge und die Gesichtspunkte darlegt, nach denen er die Verhandlung einteilen will (vor allem Aufteilung bei Punktesachen und informellem Schuldinterlokut) und wie er die Beweisaufnahme zu gliedern gedenkt, sind unbedenklich[29]. Bei

24 BGHSt **9** 245; *Eb. Schmidt* Nachtr. I 34; **a. A** OLG Frankfurt HESt **2** 109. Vgl. bei § 266.
25 Vgl. die Nachweise zu den Reformvorschlägen Vor § 226, 57.
26 Vgl. *Kleinknecht* FS Heinitz 651; dazu *Peters* § 60 IV; AK-*Schöch* 64 ff; SK-*Schlüchter* 4.
27 Vgl. etwa die Darstellungen von *Dölling* und *Schunck* Vor § 226 a, 53 Fußn. 77; ferner *Schöch/ Schreiber* ZRP **1978** 63; *Schöch* SchwZStR **98** (1981) 304.
28 Vgl. BGH NStZ **1985** 561; SK-*Schlüchter* 4.
29 RGSt **32** 320; **53** 177; KK-*Treier* 8; KMR-*Paulus* Vor § 226, 50.

umfangreichen Sachen ist die Erörterung des „Fahrplans" mit den Verfahrensbeteiligten zweckmäßig[30]. Soweit Abweichungen vorgesehen sind, die der Zustimmung des Verfahrensbeteiligten bedürfen (Rdn. 2), ist dies sogar unerläßlich.

13　　Eine **Erörterung der sachlichen Umstände** der zur Verhandlung stehenden Tat darf der Vorsitzende damit nicht verbinden. Unzulässig wäre es auch, wenn er in einer Art Sachdarstellung die „von keiner Seite bestrittenen Tatsachen" bekanntgeben würde, dies würde dem Ergebnis der Hauptverhandlung vorgreifen[31] und den Grundsatz der Unmittelbarkeit und Mündlichkeit des Verfahrens verletzen. Dem Strengbeweis unterliegende Tatsachen dürfen nicht auf diese Weise in die Hauptverhandlung eingeführt werden. Zu Informationszwecken kann der Vorsitzende allenfalls auf Sachverhalte hinweisen, die den Hintergrund der angeklagten Tat erhellen, sofern sie weder für die Schuld- noch die Rechtsfolgenfrage unmittelbare Bedeutung haben. Der Hinweis auf Hintergrundtatsachen, die das Gericht als offenkundig behandeln will, wird als zulässig angesehen[32].

14　　Für zulässig erachtet wurde, wenn der Vorsitzende in Fällen, in denen es zum Verständnis der Vorgänge auf eine genaue Kenntnis von bestimmten Örtlichkeiten ankommt, bereits vor Beginn der Vernehmung des Angeklagten zur Person eine **Ortsbeschreibung** gibt[33]. Soweit in solchen Fällen nicht ohnehin die Einnahme eines Augenscheins notwendig ist, wird es jedoch in der Regel ausreichen, wenn eine solche Beschreibung erst nach Verlesen des Anklagesatzes gegeben wird. Überhaupt ist ein solches Verfahren nur in Ausnahmefällen ratsam.

15　　Ein Verstoß gegen § 261 wurde angenommen, wenn der Vorsitzende den Schöffen **Abschriften der Anklageschrift**, die das wesentliche Ergebnis der Ermittlungen enthalten, zum Gebrauch während der Hauptverhandlung überläßt. Ein solches Verfahren wäre geeignet, die Unbefangenheit der Richter zu beeinträchtigen. Nach der bisher vorherrschenden Meinung kann dies die Revision begründen[34].

II. Beginn der Hauptverhandlung

16　　**1. Aufruf der Sache (Absatz 1 Satz 1).** Die Hauptverhandlung beginnt durch den Aufruf der Sache[35]. Darunter ist die auf den Willen des Vorsitzenden zurückgehende Kundmachung im Sitzungssaal zu verstehen, daß die Sache nunmehr verhandelt werde. Der Vorsitzende muß dies nicht selbst bekanntgeben, er kann sich anderer Personen dazu bedienen[36]; die Anordnung, die Sache aufzurufen, muß aber er selbst getroffen haben. Ruft der Gerichtswachtmeister oder der Protokollführer die Sache ohne eine solche Anordnung des Vorsitzenden auf, dann beginnt die Hauptverhandlung dadurch noch nicht[37]. Ein Aufruf der Sache auch außerhalb des Sitzungssaals (Gang, Zeugenwartezimmer, Anwaltszimmer oder wo sonst Wartende sich aufhalten können) ist regelmäßig sachdienlich[38]; er ist notwendig, wenn nur auf diese Weise alle Verfahrensbeteiligten in die

---

30 KK-*Treier* 8.

31 *Eb. Schmidt* 8; KMR-*Paulus* 50.

32 BGH nach KK-*Treier* 8 (Judenverfolgung der Nationalsozialisten); vgl. bei § 244, 229 und § 261.

33 RGSt **24** 62; **53** 177; OLG Köln NJW **1959** 1551; KMR-*Paulus* Vor § 226, 60.

34 RGSt **32** 318; **53** 178; **69** 120; RG LZ **1920** 834; JW **1922** 1039; BGHSt **13** 73; BGH GA **1959** 148; **1960** 314; vgl. *Schäfer* JR **1932** 196; zweifelnd BGHSt **43** 360; BGH NJW **1997** 1792; die Einzelheiten dieser strittigen Frage werden bei § 261 behandelt.

35 Die Neufassung durch Art. 7 Nr. 10 StPÄG 1964 hat dies klargestellt.

36 H. M, vgl. nachf. Fußn.; a. A *Eb. Schmidt* Nachtr. I 14, 15 (Vorsitzender selbst).

37 KK-*Treier* 9; *Kleinknecht/Meyer-Goßner*[43] 4; KMR-*Paulus* 5; SK-*Schlüchter* 7; *Eb. Schmidt* Nachtr. I 15; zur früheren Fassung: BayObLGSt **1949/51** 478; OLG Düsseldorf NJW **1961** 133; OLG Frankfurt JMBl Hessen **1959** 477.

38 RGRspr. **3** 236; GA **57** (1910) 208; OLG Dresden SächsOLG **16** 1; **22** 387; h. M.

Lage versetzt werden können, den Termin wahrzunehmen, etwa weil sie sich nicht vorher im Sitzungssaal versammeln können oder weil es ortsüblich ist, außerhalb des Sitzungssaals zu warten[39]. Der Aufruf muß für alle Wartenden deutlich hörbar und verständlich sein und muß gegebenenfalls mehrfach wiederholt werden, vor allem wenn sich der angesetzte Termin erheblich verzögert hat.

Der Aufruf der Sache ist eine **selbständige Formalität**, die allen Beteiligten und den **17** Zuhörern anzeigen soll, daß nunmehr die Hauptverhandlung beginnt. Unterbleibt sie versehentlich, so muß als Beginn der Hauptverhandlung derjenige Akt des Gerichts oder Vorsitzenden gelten, der als erster den Beteiligten erkennbar macht, daß das Gericht die Sache verhandelt[40]. Eine **wesentliche Förmlichkeit** des Verfahrens ist der Aufruf nicht[41]; er ist auch kein wesentlicher Teil der Hauptverhandlung (§ 338 Nr. 5), bei dem alle Verfahrensbeteiligten, deren Anwesenheit bei der Hauptverhandlung unerläßlich ist, bereits im Sitzungssaal zugegen sein müssen, da er erst die Beteiligten zum Erscheinen veranlassen und die Feststellung ihrer Anwesenheit einleiten soll.

Der Beginn der Hauptverhandlung ist von **Bedeutung** für die Festlegung des Zeit- **18** punkts, von dem an die Anwesenheitspflicht (§ 226, § 230 ff) beginnt und das Nichterscheinen der für diesen Zeitpunkt geladenen Personen (vgl. aber § 214 Abs. 2) Rechtsfolgen auslösen kann[42]. Mit ihrem Beginn zählen alle Vorgänge zu dem für die Urteilsfällung verwertbaren Inbegriff (§ 261), die Abgabe an ein anderes Gericht und die Einstellung richten sich nach anderen Vorschriften (§ 260 Abs. 3; § 270). Auch sonstige Vorschriften, wie § 222 a Abs. 1 oder § 303 oder das Gebührenrecht[43], stellen auf den Beginn ab. Ab Beginn der Hauptverhandlung ist auch dem **Öffentlichkeitsgrundsatz** Rechnung zu tragen; es muß für die Dauer der Verhandlung gesichert sein, daß alle rechtzeitig erschienenen Zuhörer der Hauptverhandlung beiwohnen können[44].

2. Präsenzfeststellung (Absatz 1 Satz 2). Im Anschluß an den Aufruf der Sache hat **19** der Vorsitzende festzustellen, ob der (nicht vom Erscheinen entbundene) Angeklagte und sein Verteidiger sowie die sonstigen Verfahrensbeteiligten, wie Dolmetscher, Nebenkläger, Nebenbeteiligte, gesetzliche Vertreter, Beistände usw. (vgl. § 272 Nr. 4), anwesend sind, auch wenn sie in Absatz 1 nicht besonders genannt werden[45]. Den nach § 272 Nr. 2 im Protokoll festzuhaltenden Namen des Vertreters der Staatsanwaltschaft braucht er nicht bekanntzugeben[46]. Namentlich festzustellen sind dagegen, welche der für den Beginn der Hauptverhandlung geladenen Zeugen und Sachverständigen erschienen[47], eventuell auch, daß sie nicht verwendbar sind (betrunkener Zeuge)[48], ferner, welche sächlichen Beweismittel (§§ 214, 221) herbeigeschafft wurden. Hierdurch soll geklärt werden, ob Personen, deren Anwesenheit erforderlich ist, ausgeblieben sind, ob beim Ausbleiben

---

[39] BVerfGE **43** 369 (Pflicht des Gerichts, die Verfahrensbeteiligten effektiv in die Lage zu versetzen, den Termin wahrzunehmen).

[40] BayObLGSt **1949/51** 478; AK-*Schöch* 8; KK-*Treier* 10; *Kleinknecht/Meyer-Goßner*[43] 4; KMR-*Paulus* 5; SK-*Schlüchter* 8.

[41] RGSt **58** 180; AK-*Schöch* 9; KK-*Treier* 10; KMR-*Paulus* 3; *Koeniger* 232; **a. A** *Eb. Schmidt* Nachtr. I 15; KK-*Engelhardt* § 273, 4; SK-*Schlüchter* 9.

[42] Vgl. §§ 329, 401 Abs. 3, § 412; § 74 Abs. 2 OWiG; ferner § 51 Abs. 1, § 77 Abs. 1 und § 145 Abs. 1. Nach OLG Schleswig bei *Ernesti/Jürgensen* SchlHA **1979** 207 genügt Anwesenheit innerhalb angemessener Frist nach Aufruf.

[43] Vgl. § 83 Abs. 1 BRAGebO.

[44] Vgl. etwa BGHSt **28** 341; ferner Rdn. 25; § 338 Nr. 6 und § 169 GVG.

[45] KK-*Treier* 12; *Kleinknecht/Meyer-Goßner*[43] 5; KMR-*Paulus* 8; SK-*Schlüchter* 11.

[46] *Kleinknecht/Meyer-Goßner*[43] 5; KMR-*Paulus* 8; wegen der Richter vgl. Rdn. 26.

[47] Die Feststellung der Anwesenheit der Zeugen erfordert in der Regel den Aufruf der einzelnen Namen, BGHSt **24** 282; AK-*Schöch* 12; KK-*Treier* 12; *Kleinknecht/Meyer-Goßner*[43] 5.

[48] Der betrunkene Zeuge ist als nicht erschienen zu behandeln, so BGHSt **23** 334; *Michel* MDR **1992** 544; vgl. § 51, 5.

Walter Gollwitzer

einer von ihnen die Hauptverhandlung durchgeführt werden kann und ob Maßnahmen gegen den Ausgebliebenen veranlaßt sind, ferner, ob alle angeführten sachlichen Beweismittel auch tatsächlich vorliegen oder ob deren unverzügliche Beibringung zu veranlassen ist.

20   Die **positive Feststellung**, daß bestimmte, genau bezeichnete Beweismittel herbeigeschafft sind, bedeutet, daß der Vorsitzende die von ihm individuell angesprochenen Gegenstände als herbeigeschaffte Beweismittel (§ 245 Abs. 1) ansieht. Die Feststellung enthält für alle Beteiligten die Zusicherung, daß diese Beweismittel benutzt werden, ohne daß sie sich noch ausdrücklich darauf berufen müssen. Werden dagegen die herbeigeschafften Gegenstände nur pauschal mit einer Sammelbezeichnung angesprochen, wie dies vor allem bei Urkundensammlungen und dergleichen in der Praxis nicht selten geschieht, liegt in einem solchen Hinweis noch keine Zusicherung der Beweisverwendung im Sinne des § 245 Abs. 1[49]. Die Einzelheiten sind bei § 245 erläutert.

21   **Fehlen Beweismittel**, die herbeizuschaffen gewesen wären, sind insbesondere Zeugen oder Sachverständige ausgeblieben, deren Ladung den Verfahrensbeteiligten nach § 222 mitgeteilt worden ist, so muß der Vorsitzende darauf **hinweisen**[50]. Dies folgt aus dem Zweck der Präsenzfeststellung (Rdn. 19). Bekanntzugeben ist auch, daß und aus welchen Gründen Beweispersonen ihr Fernbleiben entschuldigt haben.

22   Ob die Präsenzfeststellung eine **wesentliche Förmlichkeit** des Verfahrens im Sinne des § 273 ist, läßt BGHSt **24** 280 offen. Auch wenn man dies verneint[51], sollte ein Vermerk darüber in die Sitzungsniederschrift aufgenommen werden. In Betracht kommt etwa folgende Fassung: „Es wurde festgestellt, daß folgende Zeugen und Sachverständige geladen und erschienen sind . . . und daß folgende Beweismittel herbeigeschafft sind . . .“ Diese Feststellung besagt aber für sich allein nichts darüber, ob der bei Verhandlungsbeginn anwesende Zeuge zu einem späteren Zeitpunkt im Sitzungssaal oder wartend außerhalb desselben noch anwesend war (vgl. § 245, 80).

23   Trotz der Bedeutung, die die Feststellung der Beweismittel für § 245 und für die unter Umständen sofort notwendige Entscheidung über die Durchführung der Hauptverhandlung hat, wird verneint, daß sie ein **wesentlicher Teil der Hauptverhandlung** im Sinne des § 338 Nr. 5 ist, bei dem jede Abwesenheit einer der dort benannten Personen die Revision begründet[52].

24   Der Vorsitzende kann die Präsenzfeststellung benutzen, die Zeugen und Sachverständigen gemäß §§ 57, 72 zu **belehren** und zu **ermahnen**[53]. Über den Antrag eines Verletzten, daß bei seiner Vernehmung als Zeuge eine Person seines Vertrauens anwesend sein darf (§ 406 f Abs. 3), entscheidet der Vorsitzende zweckmäßigerweise ebenfalls gleich bei der Präsenzfeststellung, da dieser Person dann — anders als wenn sie nur als Zuhörer an

---

[49] Vgl. dazu § 245, 25, 26.
[50] KK-*Treier* 14; SK-*Schlüchter* 11.
[51] *Dallinger* MDR **1966** 966 verneint im Gegensatz zu der dort mitgeteilten Entscheidung des BGH, daß die Feststellung der präsenten Beweismittel eine wesentliche Förmlichkeit ist (Ordnungsvorschrift); ebenso *Eb. Schmidt* Nachtr. I 4; KK-*Treier* 13; *Kleinknecht/Meyer-Goßner*[43] 5; **anders** KMR-*Paulus* 8: wesentliche Förmlichkeit ist nicht das erkannte oder erkennbare Erscheinen des Zeugen, sondern die ausdrückliche oder schlüssige Feststellung der Anwesenheit durch den Vorsitzenden; nur für letzteres gilt die Beweiskraft des § 274; ebenso AK-*Schöch* 13; ferner *Pfeiffer/Fi-*

scher 3; SK-*Schlüchter* 13. Eine negative Beweiskraft (Nichtanwesenheit der Beweismittel) hat die auf den Verfahrensbeginn abstellende Präsenzfeststellung nicht.
[52] RGSt **58** 180; OHLG Düsseldorf MDR **1993** 1105 haben das verneint; ebenso *Sarstedt/Hamm*[6] 380; AK-*Schöch* 14; vgl. bei § 338 Nr. 5.
[53] Vgl. dazu *Tröndle* DRiZ **1970** 215; *Kleinknecht/Meyer-Goßner*[43] 6; KMR-*Paulus* 8; SK-*Schlüchter* 14. Vgl. aber auch *Schellenberg* 79, der es für vorzugswürdig hält, wenn statt der Sammelbelehrung jeder einzelne Zeuge vor seiner Vernehmung individuell belehrt wird. Die Einzelheiten sind bei § 57, 3 ff erläutert.

der öffentlichen Verhandlung teilnimmt — wohl ein Platz in unmittelbarer Nähe des Zeugen anzuweisen ist und sie andererseits — ebenso wie ein Zeugenbeistand nach § 406 f Abs. 2 erschienener Anwalt — aufzufordern ist, bis zur Vernehmung des Verletzten mit diesem den Sitzungssaal zu verlassen.

3. Wartepflicht des Gerichts. Bleiben Personen aus, deren Anwesenheit für die **25** Durchführung der Hauptverhandlung notwendig ist, so muß das Gericht je nach den Umständen des Einzelfalls eine bestimmte Zeit warten, bevor es das Ausbleiben zum Gegenstand einer endgültigen Entscheidung über das Verfahren (Vertagung, Verwerfung des Einspruchs nach § 412) macht. Dies folgt aus der Verpflichtung, das Verfahren „fair" zu gestalten und das rechtliche Gehör in angemessener Weise zu gewähren[54]; es gilt im besonderen Maße, wenn ihm die Gründe einer kurzfristigen Verspätung mitgeteilt werden[55]. Eine Pflicht, mit der Verhandlung zuzuwarten, kann sich ferner daraus ergeben, daß wegen der angeordneten Kontrollmaßnahmen noch nicht alle rechtzeitig erschienenen Zuhörer im Gerichtssaal anwesend sind[56].

4. Die Namen der Richter, die an der Hauptverhandlung mitwirken, müssen zwar im **26** Protokoll vermerkt werden (§ 272 Nr. 2). Soweit dies nicht durch § 222 a Abs. 1 geboten ist, brauchen sie jedoch zu Beginn der Hauptverhandlung nicht förmlich bekanntgegeben zu werden. Die bei der Hauptverhandlung mitwirkenden Gerichtspersonen sind auf Verlangen nach § 24 Abs. 3 Satz 2, § 31 namhaft zu machen. Die Einzelheiten sind dort erläutert[57].

5. Entfernung der Zeugen aus dem Sitzungssaal (Absatz 2 Satz 1)

a) Zweck. Absatz 2 Satz 1 entspricht dem früheren Absatz 4. Um die Unbefangenheit **27** der Zeugen nicht durch die Vorgänge in der Hauptverhandlung zu beeinflussen, haben diese nach der Präsenzfeststellung den Sitzungssaal zu verlassen. Sie dürfen bis zu ihrer Vernehmung der Hauptverhandlung nicht beiwohnen. Es handelt sich um eine den § 58 Abs. 1 ergänzende **Ordnungsvorschrift**[58], die, wenn nicht beachtet, die Vernehmung des Zeugen nicht hindert[59]. Der Antrag auf Vernehmung eines Zeugen darf nicht deshalb abgelehnt werden, weil der Zeuge bei Verlesung des Eröffnungsbeschlusses oder bei der Vernehmung des Angeklagten oder eines anderen Zeugen anwesend gewesen ist[60]. Dasselbe gilt für Zeugen, die schon vernommen worden sind, aber später über eine andere Tatsache gehört werden sollen[61], und für Zeugen, die vom Recht der Zeugnisverweige-

54 Vgl. Vor § 226, 15 ff; *Plötz* 96, 250 ff; *Schellenberg* 63; KK-*Treier* 16; KMR-*Paulus* 9.
55 Zur Wartepflicht bei Ausbleiben des Verteidigers vgl. § 228, 22; ferner beim Angeklagten § 230, 21 a, § 232, 14 und bei §§ 329 und 412 und die dort angeführte umfangreiche Rechtsprechung.
56 BGHSt **28** 341; BGH StV **1995** 116; weit Nachw. bei § 169 GVG.
57 Vgl. etwa *Salger* DRiZ **1971** 51; *Traumann* DRiZ **1971** 241; ferner § 24, 48 ff.
58 *Eb. Schmidt* Nachtr. I 17; AK-*Schöch* 17; KK-*Treier* 17; *Kleinknecht/Meyer-Goßner*43 9 sowie die frühere Rechtsprechung bezeichnen sie — ebenso wie bei § 58 Abs. 1 — als Ordnungsvorschrift, weil sie Ausnahmen zuläßt (Rdn. 28) und ihre Nichtbeachtung die Verwendbarkeit des Zeugen als Beweismittel nicht einschränkt und — abgesehen von

einer etwaigen Verletzung der Aufklärungspflicht – keinen Revisionsgrund bietet. Dagegen etwa SK-*Schlüchter* 18; 67, die jedoch im Ergebnis ebenfalls davon ausgeht, daß bei einem Verstoß der Zeuge nicht zum unzulässigen Beweismittel wird, so daß der Streit kaum praktische Auswirkungen hat. Zur strittigen Frage der „Ordnungsvorschriften" vgl. bei § 337, 15 ff.
59 *Eb. Schmidt* Nachtr. I 17; KK-*Treier* 17; für die frühere Fassung RGRspr. **3** 685; RGSt **1** 366, 409; **2** 54; **54** 298; RG LZ **1917** 127; BayObLGSt **1951** 49; vgl. § 58, 6; *Kleinknecht/Meyer-Goßner*43 9; im Ergebnis auch SK-*Schlüchter* 18.
60 RGSt **1** 366; KG VRS **38** (1970) 56; KK-*Treier* 17; vgl. vorstehende Fußn. und bei § 58, 6.
61 RG GA **34** (1886) 386; BGH bei *Dallinger* MDR **1955** 396; vgl. § 58, 6.

rung Gebrauch gemacht haben, aber nachträglich auf dieses Recht verzichten[62], oder für Verfahrensbeteiligte, die erst nachträglich zu Zeugen werden.

28   **b) Ausnahmen.** Die Pflicht, der Hauptverhandlung bis zur eigenen Vernehmung fernzubleiben, gilt nicht, wenn der Zeuge zugleich noch eine **andere Funktion im Prozeß** hat, deren Wahrnehmung die ununterbrochene Teilnahme an der Hauptverhandlung erfordert, sofern deren Bedeutung überwiegt. Diese Abwägung führt in einigen Fällen zu unterschiedlichen Beurteilungen, ob der Wahrnehmung der Verfahrensinteressen, vor allem der Verteidigungsinteressen, die nur bei ununterbrochener Anwesenheit voll gewährleistet sind, größeres Gewicht beizumessen ist als dem möglichen Gewinn für die Sachaufklärung bei strikter Beachtung des § 58 Abs. 1. Während beim **Nebenkläger**[63] und beim **Sitzungsstaatsanwalt**[64] unstreitig ist, daß sie auch dann nicht abtreten müssen, wenn ihre Vernehmung als Zeuge in Betracht kommt, ist dies beim **Pflicht- und Wahlverteidiger** streitig. Die früher vorherrschende Meinung nahm an, daß sie grundsätzlich den Sitzungssaal verlassen müssen, daß der Vorsitzende die Anwesenheit aber gestatten könne[65]. Die Funktion, die Verteidigungsbelange des Angeklagten ununterbrochen wahrzunehmen, dürfte jedoch generell schwerer wiegen als der mit §§ 58, 243 Abs. 2 Satz 1 verfolgte Zweck[66]. Gleiches gilt, wenn ein **Erziehungsberechtigter** oder **gesetzlicher Vertreter** eines jugendlichen Angeklagten auch als Zeuge gehört werden soll, sofern sie nicht nach § 51 Abs. 2 JGG ausgeschlossen werden[67]. Auch dem **Einziehungsbeteiligten** wird, soweit er Zeuge sein kann, die Anwesenheit zu gestatten sein, da er die Befugnisse des Angeklagten und damit ein Recht auf Anwesenheit an der Hauptverhandlung hat. Etwas anderes wird allerdings für die Teile der Hauptverhandlung gelten, die seine Belange überhaupt nicht berühren. Hier steht er einem gewöhnlichen Zeugen gleich. Zuerkannt wird das Anwesenheitsrecht auch dem Anwalt als Beistand des nebenklageberechtigten Verletzten nach § 406 g Abs. 2 Satz 1[68].

29   **Kein Anwesenheitsrecht** hat der als **Beistand eines Zeugen** erschienene Rechtsanwalt, solange der von ihm unterstützte Zeuge den Gerichtssaal verlassen muß[69]; nur dem Beistand des nebenklageberechtigten Verletzten gibt § 406 g Abs. 2 Satz 1 ein Anwesenheitsrecht. Auch der **gesetzliche Vertreter** oder **Erziehungsberechtigte** eines jugendlichen **Zeugen** darf bis zu dessen Vernehmung und eventuell der eigenen Vernehmung an der Verhandlung nicht teilnehmen[70]. Gleiches wird bei dem als Zeuge zu hörenden **Beistand** (§ 149) eines Angeklagten angenommen[71]. Für den **Sachverständigen** gilt § 243

[62] RGSt **2** 53; vgl. bei § 58 2; 34.
[63] BGH bei *Dallinger* MDR **1952** 532; BGH VRS **48** (1975) 18; RGSt **2** 388; **25** 177; **59** 354; RG JW **1891** 55; **1931** 2505; **1932** 964; OLG Hamm JMBlNW **1955** 179; GA **1962** 87; vgl. bei § 397; ferner *Amelunxen* Nebenkläger 53; *Gollwitzer* FS Schäfer 78.
[64] So z. B. *Dose* NJW **1978** 330; *Kleinknecht/Meyer-Goßner*[43] 8; vgl. Vor § 48, 39 f und § 226, 7.
[65] Vgl. RGSt **55** 219; **59** 353; KK-*Treier* 18; KMR-*Paulus* 11; *Eb. Schmidt* 36; Nachtr. I 15.
[66] *Dose* NJW **1978** 350; AK-*Schöch* 16; *Kleinknecht/Meyer-Goßner*[43] 8; *Pfeiffer/Fischer* 4; SK-*Schlüchter* 15; *Eisenberg* § 51 JGG, 13.
[67] AK-*Schöch* 16; *Kleinknecht/Meyer-Goßner*[43] 8; *Pfeiffer/Fischer* 4; **a. A** RGSt **59** 353; KG DRiZ **1929** Nr. 1150; KK-*Treier* 18; SK-*Schlüchter* 15; wohl auch KMR-*Paulus* 11; sowie die 24. Aufl. Rdn. 28. Die Entscheidung BGH LM § 67 JGG Nr. 1 = NJW **1956** 520 (L), auf die sich (wohl we-

gen der Fassung des Leitsatzes „Soweit") beide Meinungen berufen, hilft nicht viel weiter. Die dortige Bezugnahme auf RGSt **59** 554 zeigt, daß damals das Anwesenheitsrecht des gesetzlichen Vertreters gleichbehandelt werden sollte wie das (damals verneinte) des Wahlverteidigers. Aus einem formalen Gegenschluß zu § 51 Abs. 2 JGG wird man allerdings ein Anwesenheitsrecht nicht herleiten können; vgl. *Eisenberg* JGG § 51, 13 („unabhängig von § 51 JGG").
[68] AK-*Schöch* 16; KMR-*Paulus* 12; SK-*Schlüchter* 15. Vgl. bei § 406 g.
[69] *Wulf* DRiZ **1981** 375; *Kleinknecht/Meyer-Goßner*[43] 7; KMR-*Paulus* 11; SK-*Schlüchter* 15. Vgl. aber *Hammerstein* NStZ **1981** 127; ferner Vor § 48 und bei § 406 f.
[70] AK-*Schöch* 16; KK-*Treier* 18; *Kleinknecht/Meyer-Goßner*[43] 7; SK-*Schlüchter* 15.
[71] KK-*Treier* 18; *Kleinknecht/Meyer-Goßner*[43] 7; SK-*Schlüchter* 15.

Abs. 2 Satz 1 nicht. Wieweit dessen Anwesenheit notwendig ist, entscheidet nach pflichtgemäßem Ermessen der Vorsitzende[72]. Beim **sachverständigen Zeugen** gelten an sich
die Bestimmungen für Zeugen (§ 58). Es steht aber im pflichtgemäßen Ermessen des Vorsitzenden, ob er die Anwesenheit gestatten will[73].

Der Vorsitzende darf von Absatz 2 Satz 1 im Einzelfall **abweichen**[74]. Gestattet er aus- **30**
nahmsweise aus überwiegenden Sachgründen (bessere Sachaufklärung, Beistandsfunktion
für anderen Zeugen oder Angeklagten; vgl. Rdn. 28; 29) einem Zeugen entgegen Absatz 2
Satz 1, § 58 die Anwesenheit in der Hauptverhandlung, so kann darauf bei Würdigung des
Normzwecks und der Auswirkung eines Verstoßes auf die Rechtsstellung des Angeklagten in der Regel die Revision nicht gestützt werden.

c) Befugnisse des Vorsitzenden. Der **Vorsitzende** hat die Zeugen in angemessener **31**
Weise zum Verlassen des Sitzungssaals aufzufordern, wobei er zweckmäßigerweise auch
darauf hinweist, wo sie bis zu ihrem Aufruf warten können (Zeugenzimmer). Er kann das
Abtreten der Zeugen durch **Maßnahmen der Sitzungspolizei** (§ 176 GVG) notfalls
erzwingen. Es ist auch dem Ermessen des Vorsitzenden überlassen, ob er etwas dagegen
unternehmen will, daß die Zeugen die abzugebende Aussage untereinander oder mit Dritten besprechen oder daß sie sich von einem Zuhörer über das Ergebnis der Hauptverhandlung unterrichten lassen. Er kann einem Zuhörer das Mitschreiben verbieten, wenn
begründete Anhaltspunkte dafür bestehen, daß er einen Zeugen informieren will[75]. Er
kann einen Zuhörer aus dem Sitzungssaal verweisen, wenn ein Prozeßbeteiligter erklärt,
er werde ihn als Zeugen benennen[76]. Verpflichtet ist er dazu nicht[77].

d) Vernommene Zeugen können der Beweisaufnahme beiwohnen. Der Vorsitzende **32**
kann sie jedoch nach pflichtgemäßem Ermessen[78] davon ausschließen, so, wenn zu erwarten ist, daß der Zeuge nach Einvernahme eines anderen Zeugen nochmals vernommen
werden muß[79], oder wenn zu befürchten ist, ein noch nicht vernommener Zeuge werde in
ihrer Gegenwart nicht oder nicht wahrheitsgemäß aussagen. Der Grundgedanke des § 247
gilt hier entsprechend[80].

III. Vernehmung des Angeklagten über seine persönlichen Verhältnisse (Absatz 2 Satz 2)

1. Wesentlicher Teil der Hauptverhandlung. Die Vernehmung des Angeklagten **33**
über seine persönlichen Verhältnisse muß der Verlesung der Anklage vorausgehen
(Rdn. 2). Sie ist eine wesentliche Förmlichkeit (§ 273 Abs. 1)[81] und ein wesentlicher Teil

---

[72] BGH nach KK-*Treier* 19; *Kleinknecht/Meyer-Goßner*[43] 8; SK-*Schlüchter* 15; vgl. § 226, 15.

[73] RGRspr. **3** 496; RGSt **22** 434; RG GA **47** (1900) 156; LZ **1915** 899; **1917** 127; *Kleinknecht/Meyer-Goßner*[43] 8; SK-*Schlüchter* 15 (nur ausnahmsweise, sofern er nicht als Sachverständiger in Betracht kommt); enger KMR-*Paulus* 12 (nur wenn er voraussichtlich als Sachverständiger gehört wird).

[74] RGSt **54** 297; AK-*Schöch* 16; KK-*Treier* 18; *Kleinknecht/Meyer-Goßner*[43] 8. SK-*Schlüchter* 18, die eine Ordnungsvorschrift verneint, hat aus rechtsstaatlichen Gründen Bedenken gegen ein bewußtes Abweichen von Absatz 2 Satz 1.

[75] BGH bei *Dallinger* MDR **1955** 396; bei *Holtz* MDR **1982** 812; *Koeniger* 213; SK-*Schlüchter* 16; vgl. auch Nr. 128 Abs. 2 RiStBV.

[76] BGHSt **3** 388; BGH bei *Holtz* MDR **1983** 92; bei *Miebach/Kusch* NStZ **1991** 122; KK-*Treier* 20; SK-*Schlüchter* 15.

[77] KK-*Treier* 20; *Dose* NJW **1978** 350 (pflichtgemäßes Ermessen).

[78] Vgl. RGSt **48** 211.

[79] RGSt **2** 53; SK-*Schlüchter* 17.

[80] BGH bei *Dallinger* MDR **1955** 396; *Koeniger* 310; KK-*Treier* 20; SK-*Schlüchter* 17. Vgl. auch BGH NStZ **1988** 467 (Bitte an Zuhörer, die in einem anderen Verfahren gegen den Angeklagten als Zeugen in Betracht kamen, Sitzungssaal zu verlassen); wegen der Grenzen, die das nicht zur Disposition des Vorsitzenden stehende Öffentlichkeitsgebot dem Vorsitzenden insoweit setzt, vgl. BGH StV **1993** 461 und bei § 169 GVG (24. Aufl. Rdn. 35 f).

[81] OLG Köln NStZ **1989** 44; KK-*Treier* 21; *Kleinknecht/Meyer-Goßner*[43] § 273, 7; SK-*Schlüchter* 24.

Walter Gollwitzer

der Hauptverhandlung. Bei notwendiger Verteidigung erfordert sie die Anwesenheit des Verteidigers[82]. Die aus ihr gewonnenen Erkenntnisse gehören zum Inbegriff der Hauptverhandlung (§ 261), sind also für die Urteilsfindung verwertbar.

34　　　**2. Zweck und Gegenstand.** Die Vernehmung des Angeklagten über seine persönlichen Verhältnisse dient, das ist unstreitig, zunächst der Überprüfung seiner **Identität.** Das Gericht muß im Wege des Freibeweises feststellen, ob der erschienene Angeklagte mit der in der Anklage und im Eröffnungsbeschluß bezeichneten Person identisch ist. Zu diesem Zweck kann es vom Angeklagten verlangen, daß er diejenigen Angaben über seine Personalien macht, die er auch sonst gegenüber einer zuständigen Behörde oder einem zuständigen Amtsträger abgeben müßte, also die Angabe seiner Vor-, Familien- oder Geburtsnamen[83], des Tages und des Ortes seiner Geburt, seines Familienstands, seines Wohnorts und seiner Staatsangehörigkeit (vgl. § 111 OWiG), nicht aber des für die Identitätsfeststellung meist entbehrlichen Berufs[84]. Auch **zusätzliche Fragen** über persönliche Verhältnisse, die der Feststellung der Identität dienen, fallen hierunter[85]. Die Vorlage des Personalausweises kann verlangt werden[86]; in Zweifelsfällen kann es ratsam sein, den Angeklagten schon in der Ladung aufzufordern, seine Personalpapiere mitzubringen.

35　　　In der **Person des Angeklagten** begründete **Verfahrenshindernisse** sind bereits in diesem Verfahrensabschnitt zu erforschen, also etwa die Frage seiner Verhandlungsfähigkeit oder das Vorliegen einer gegen ihn gerichteten Anklage. Zu prüfen ist ferner, ob er in der Lage ist, sich selbst gegen die zugelassene Anklage zu verteidigen (vgl. § 141 Abs. 2).

36　　　Die **Verweigerung** der oben (Rdn. 34) bezeichneten Angaben wird durch das **Aussageverweigerungsrecht** des Angeklagten nach der vorherrschenden Meinung nicht gedeckt. Mit Mitteln der StPO kann das Gericht aber auch dann, wenn man eine Verpflichtung des Angeklagten zu diesen Angaben bejaht und in der Weigerung eine nach § 111 OWiG zu ahndende Ordnungswidrigkeit sieht[87], vom Angeklagten keine Angaben erzwingen[88]. Sind diese Angaben ausnahmsweise auch für die Prüfung der Schuldfrage relevant, etwa als Indiz für die Täterschaft des Angeklagten, dann erfaßt das Schweigerecht des Angeklagten auch sie, soweit sie dann zugleich Angaben zur Sache sind[89]. Zur Ermittlung der nicht für den Schuld- oder Rechtsfolgenausspruch relevanten Personalien im Wege des Freibeweises vgl. Rdn. 47.

37　　　Nach den **ursprünglichen Vorstellungen** des Gesetzgebers[90] ist die Vernehmung über die persönlichen Verhältnisse **mehr als die bloße Identitätsfeststellung.** Sie rückt

---

[82]　RGSt **53** 170; RG HRR **1939** Nr. 1217; BGHSt **9** 244; BGH StV **1983** 323.

[83]　Vgl. OLG Hamm VRS **60** (1981) 199: Bekanntwerden der Änderung des Familiennamens in Hauptverhandlung erfordert keine Abgabe.

[84]　Vgl. BayObLGSt **1979** 16; 193; BayObLGSt **1980** 79 = NJW **1981** 1385; vgl. aber auch OLG Celle VRS **68** (1977) 458; ferner § 136, 11.

[85]　KK-*Treier* 21; *Kleinknecht/Meyer-Goßner*[43] 11; KMR-*Paulus* 20 (Feststellung der prozessualen Identität); *Roxin* § 25, 5.

[86]　Das Gericht ist als eine zur Prüfung der Personalien ermächtigte Behörde anzusehen, der auf Verlangen der Personalausweis vorzulegen ist (§ 1 Abs. 1 des Gesetzes über Personalausweise; Bußgeldbewehrung § 5 Nr. 2; vgl. § 136, 13).

[87]　So etwa BGHSt **21** 334; **25** 17; BayObLGSt NJW **1969** 2057 mit abl. Anm. *Seebode* = JR **1970** 71

mit zust. Anm. *Koffka*; KMR-*Paulus* 20; SK-*Schlüchter* 23; strittig. Wegen der Nachweise zum Streitstand vgl. § 136, 12 ff.

[88]　KMR-*Paulus* 20; SK-*Schlüchter* 23.

[89]　BGHSt **25** 13; BayObLGSt **1980** 78 = NJW **1981** 1385; BayObLG MDR **1984** 236; OLG Düsseldorf NJW **1970** 1888; OLG Hamburg VRS **51** (1976) 44; OLG Stuttgart NJW **1975** 703; *Bruns* FS Schmidt-Leichner 15; *Müller-Dietz* ZStW **93** (1981) 1125; KMR-*Paulus* 20; SK-*Schlüchter* 23.

[90]　Insoweit liegt in § 243 Abs. 2 auch eine Tendenz, die den Überlegungen gegenläufig ist, aus denen die Teilung der Hauptverhandlung durch ein Schuld- oder Tatinterlokut gefordert wird, damit zunächst ohne Ansehen der Person geprüft werden kann, ob die angeklagte Tat als solche erwiesen ist. Welche Gesichtspunkte den Vorzug verdienen, hat der Gesetzgeber zu entscheiden.

schon am Eingang des Verfahrens den Angeklagten als Menschen in seiner schicksalsgebundenen Individualität in den Mittelpunkt des Verfahrens, so wie es seiner Stellung als Prozeßsubjekt und dem Gebot zur Wahrung der Menschenwürde (Art. 1 Abs. 1 GG) entspricht. Hierdurch soll vermieden werden, daß sich im Drang der Termine die Verhandlung ausschließlich auf die Feststellung der Straftat als solcher verengt, so daß sich der Angeklagte nicht als Mensch, sondern nur noch als Fall behandelt fühlt[91]. Die Erörterung des Lebensgangs des Angeklagten vor der Behandlung seiner Tat ist mitunter auch geeignet, psychologische Hemmnisse beim Angeklagten abzubauen und sein Vertrauen zum Gericht zu fördern[92].

38 Die **persönlichen Verhältnisse** im Sinne des Absatzes 2 Satz 2 umfassen an sich nach Sprachgebrauch, Entstehungsgeschichte[93] und dem ursprünglichen Rechtsverständnis alle Umstände, die ein umfassendes Bild von der Person des Angeklagten vermitteln, wie seinen Werdegang, seine berufliche Tätigkeit, seine Familienverhältnisse und auch seine wirtschaftliche Lage[94].

39 **Nach heutiger Auffassung** sind diese Umstände aber für die Bestimmung und Bemessung der wegen der Tat zu verhängenden Rechtsfolgen, vor allem aber für die Bemessung der Strafe von Bedeutung (§§ 46 ff StGB). Der wohl überwiegende **Teil des Schrifttums** fordert deshalb, daß die über die bloße Identitätsfeststellung hinausgehende Erörterung der persönlichen Verhältnisse des Angeklagten erst nach seiner Belehrung über sein Schweigerecht im Rahmen seiner Anhörung zur Sache erfolgen dürfe[95].

40 Dem ist insoweit zuzustimmen, als bei der Bedeutung, die Absatz 4 erlangt hat, die Einvernahme des Angeklagten über alle für die Urteilsfindung **relevanten Einzelheiten** seines Lebenslaufs, vor allem über seine persönlichen und seine wirtschaftlichen Verhältnisse erst nach der Belehrung über sein Schweigerecht und der dadurch gesicherten Verwertbarkeit (Rdn. 43) und damit erst bei seiner Einvernahme zur Sache durchzuführen ist[96].

41 Einzelheiten, die zwar zu den persönlichen Verhältnissen rechnen, die aber **zugleich** auch zu der **Erörterung der Sache** gehören, weil sie für die Schuldfrage relevant sind, etwa weil sie (bei einer Beurteilung ex ante) indizielle Bedeutung erlangen können, müssen bei der Erörterung der persönlichen Verhältnisse grundsätzlich ausgespart werden. Wegen ihrer unmittelbaren Sachbezogenheit hat hier die gleichfalls gegebene Zuordnung zu dem späteren Verfahrensabschnitt (Absatz 4) den Vorrang.

42 Gleiches gilt für die Einzelheiten, die für die **Zumessung der Strafe** oder für die Festsetzung sonstiger Rechtsfolgen möglicherweise bedeutsam sein können[97]. Die Erörterung der Vorstrafen hat der Gesetzgeber in Absatz 4 Satz 2, 3 ausdrücklich geregelt (vgl. Rdn. 91 ff).

---

[91] *Dencker* MDR **1975** 365. Zur Subjektstellung des Angeklagten vgl. Vor § 226, 25 und Einl. Rdn. I 65 ff.

[92] *Tröndle* DRiZ **1970** 216; vgl. aber auch *Dahs* Hdb. 441; 399.

[93] *Hahn* Mat. **1** 140; *Rieß* JA **1980** 299; vgl. Fußn. 91.

[94] BGH bei *Dallinger* MDR **1975** 318; BayObLGSt **1971** 44 = MDR **1971** 775; KK-*Treier* 22; *Eb. Schmidt* Nachtr. I 18; *Gössel* § 23 A I; BGHSt **25** 328 läßt dies offen.

[95] *Blau* ZStW **81** (1969) 35; *Dencker* MDR **1975** 365; *Fezer* JuS **1978** 107; *Kleinknecht* FS Heinitz 658; *Peters* § 60 III b; *Rieß* JA **1980** 293; *Roxin* § 25, 5; *Seelmann* JuS **1976** 160. KK-*Treier* 22 sieht darin

die allein für die Praxis brauchbare Lösung; ferner AK-*Schöch* 21; KK-*Treier* 22; *Kleinknecht/Meyer-Goßner*[43] 12; KMR-*Paulus* 16; 20; SK-*Schlüchter* 20; vgl. auch BGH StV **1984** 190; und § 136.

[96] Ähnlich KMR-*Paulus* 13 (konkret-funktionale Abgrenzung mit Blick auf Vernehmungszweck im Einzelfall); vgl. ferner *Dahs* Hdb. 441; *Schlüchter* 462 (weite Auslegung des Absatzes 2 Satz 2 verträgt sich nicht mit Belehrungspflicht); SK-*Schlüchter* 20.

[97] Vgl. KMR-*Paulus* 21; darauf, ob sie bestimmend (§ 267 Abs. 3 Satz 1) sind, kann in diesem Verfahrensabschnitt nicht abgestellt werden.

Walter Gollwitzer

43   Das Recht des Angeklagten, sich nicht selbst belasten zu müssen und deshalb die **Aussage zu verweigern**, erstreckt sich auf alle Angaben, die für die Urteilsfindung in der Sache bedeutsam sein können (vgl. Rdn. 36). Macht er bei seiner Einvernahme zur Person solche Angaben, so dürfen diese bei der Urteilsfindung nicht gegen ihn verwertet werden, wenn er nach der Belehrung nach Absatz 4 Satz 1 erklärt, er wolle sich nicht zur Sache äußern[98]. Etwas anderes gilt nur dann, wenn eindeutig klargestellt ist, daß der Angeklagte insoweit von seinem Schweigerecht keinen Gebrauch machen will[99].

44   **3. Zurückstellung der Erörterung.** Absatz 2 Satz 2 hindert das Gericht nicht, die nähere Erörterung des Lebenslaufes und der Verhältnisse des Angeklagten auch bei seiner Einvernahme zur Sache (Absatz 4 Satz 2) weiter zurückzustellen und die Verhandlung nach den Grundsätzen des informellen Schuldinterlokuts (Rdn. 9) zu gestalten. Sofern kein Freispruch erfolgt, muß das Gericht aber — ganz gleich, wann dies geschieht — dafür sorgen, daß die Persönlichkeit des Angeklagten in einem der Bedeutung der Straftat und der Aufklärungspflicht angemessenen Umfang in der Hauptverhandlung erörtert wird.

45   Das **Ausmaß**, in dem die persönlichen Verhältnisse des Angeklagten in der Hauptverhandlung überhaupt zur Sprache kommen müssen, sowie auf welche Gesichtspunkte dabei besonderes Gewicht zu legen ist, hängt von Art und Schwere der Straftaten ab. Danach richtet sich auch, ob und in welchem Umfang das Gericht bei einer den **Verhältnismäßigkeitsgrundsatz** beachtenden Interessenabwägung Vorgänge aus dem Intimbereich des Angeklagten zur Sprache bringen darf und wieweit es auf einer Erörterung von den Angeklagten bloßstellenden Umständen verzichten muß. Der Eingriff in den grundrechtlich geschützten privaten Lebensbereich des Angeklagten ist nur zulässig, soweit dabei dem Grundsatz der Verhältnismäßigkeit Rechnung getragen wird. Umfang und Schwere dieses Eingriffs müssen abgewogen werden gegenüber dem Gewicht des gegen den Angeklagten erhobenen Vorwurfs und gegenüber der Bedeutung der zu erörternden Vorgänge für die Aufklärung der Tat und für die zutreffende Beurteilung der Person des Angeklagten. Alle unnötig bloßstellenden Fragen sind zu vermeiden. Fragen nach der **Religionszugehörigkeit** sind nur zulässig, soweit dies für die Beurteilung eines Tatbestandsmerkmals von Bedeutung ist (Art. 140 GG, Art. 136 Abs. 3 WV)[100]. Gleiches gilt für sonstige Fragen, die als diskriminierend gedeutet werden könnten, wie etwa Fragen nach Abstammung oder Rasse (vgl. Art. 3 Abs. 3 GG).

46   Es ist zulässig und kann zur Vermeidung einer unter Umständen unnötigen Bloßstellung des Angeklagten im Einzelfall auch angebracht sein, wenn **belastende Einzelheiten zurückgestellt werden**, bis auf Grund der Hauptverhandlung beurteilt werden kann, ob es überhaupt notwendig ist, auf sie einzugehen.

47   **4. Sonstiges.** Verweigert der Angeklagte die zur Feststellung seiner Identität erforderlichen Angaben, können sie im Wege des **Freibeweises** an Hand der Akten und durch alle sonst verfügbaren Erkenntnisquellen festgestellt werden[101]. Für die Sachentscheidung (einschließlich Rechtsfolgenausspruch) erhebliche Umstände unterliegen dagegen dem **Strengbeweis**[102]. Für diesen ist bei der Vernehmung des Angeklagten zur Person kein Raum. Werden dabei entgegen Rdn. 39 ff solche Umstände angesprochen, muß der Vorsitzende jeden Anschein vermeiden, als ob die Erwähnung nachteiliger Umstände

---

[98] BayObLGSt **1983** 153 = MDR **1984** 236; OLG Hamburg VRS **51** (1976) 44; OLG Stuttgart NJW **1973** 1941; **1975** 703.
[99] *Kleinknecht/Meyer-Goßner*[43] 12; KMR-*Paulus* 21.

[100] Vgl. RiStBV Nr. 13 Abs. 5.
[101] KMR-*Paulus* 21.
[102] KMR-*Paulus* 21; SK-*Schlüchter* 23.

schon deren Feststellung bedeute. Dies hat er wegen der Laienbesitzer notfalls klarzu-stellen[103].

Hat das Revisionsgericht das Urteil im Strafausspruch aufgehoben, so muß der Ange- **48** klagte in der **neuen tatrichterlichen Verhandlung** erneut zu seinen persönlichen Ver-hältnissen gehört werden[104]. Diese werden in der Regel zugleich auch unter dem Gesichtspunkt der Anhörung zur Sache Bedeutung erlangen; sie sind insoweit erst bei der Anhörung des Angeklagten zur Sache zu erörtern[105].

Zu den Rechtsfolgen einer **Verurteilung unter falschem Namen** vgl. § 230, 11 und **49** Einleitung Rdn. J 103.

IV. Verlesung des Anklagesatzes (Absatz 3 Satz 1)

1. Bedeutung. Die Verlesung des Anklagesatzes durch den Staatsanwalt in der vom **50** Gericht zugelassenen Form ist ein unerläßliches Verfahrenserfordernis. Sie tritt an die Stelle der früheren Verlesung des Eröffnungsbeschlusses durch den Vorsitzenden oder ein Mitglied des Gerichts. Der Verhandlungs- und Urteilsgegenstand wird damit allen Verfah-rensbeteiligten, insbesondere auch denjenigen Richtern, die die Akten nicht kennen, sowie der Öffentlichkeit kundgetan[106]. Dem Angeklagten wird nochmals vor Augen geführt, was ihm rechtlich und tatsächlich zur Last gelegt wird und wogegen er sich zu verteidigen hat[107]. Dieser Zweck kann nur erreicht werden, wenn der Anklagesatz vor der Verneh-mung des Angeklagten zur Sache und vor der Beweisaufnahme verlesen wird. Ein Abwei-chen von dieser Reihenfolge ist deshalb ausgeschlossen. Ein **Verzicht** auf die Verlesung der Anklage oder auf Teile von ihr ist nicht möglich. Einem der deutschen Sprache nicht mächtigen Angeklagten ist die Verlesung des Anklagesatzes zu übersetzen[108].

Zu verlesen ist nur der **Anklagesatz** (§ 200 Abs. 1 Satz 1), nicht aber der sonstige **51** Inhalt der Anklageschrift, vor allem nicht das wesentliche Ergebnis der Ermittlungen, die Angaben über die Untersuchungshaft des Angeklagten oder die Sicherstellung des Führer-scheins und dergleichen[109]. Weggelassen werden können auch die bereits nach Absatz 2 Satz 2 festgestellten Angaben zur Person des Angeklagten[110]. Es ist aber unschädlich, wenn sie mitverlesen werden. Eine in den Anklagesatz aufgenommene tabellarische Auf-stellung der dem Angeklagten zur Last gelegten Einzeltaten ist dagegen notwendiger Teil des Anklagesatzes und mitzuverlesen[111]. Bei der Verlesung der Anklageschrift ist jeweils die durch den Verfahrensstand überholte Bezeichnung Angeschuldigter durch Angeklag-ter zu ersetzen[112]. **Abschriften des Anklagesatzes** dürfen den Schöffen zur besseren Information überlassen werden[113], sie dürfen aber die wesentlichen Ergebnisse der Ermitt-

---

[103] *Eb. Schmidt* Nachtr. I 18.

[104] OLG Hamburg HESt **1** 168; *Eb. Schmidt* 19.

[105] BayObLGSt **1971** 44 = MDR **1971** 775.

[106] BGH NJW **1982** 1057; AK-*Schöch* 23; KK-*Treier* 23; *Kleinknecht/Meyer-Goßner*[43] 13; KMR-*Paulus* 46; SK-*Schlüchter* 25; vgl. BGHSt **8** 283; OGHSt **3** 71 (für Eröffnungsbeschluß).

[107] BGH MDR **1982** 338; vgl. *Rüping* ZStW **91** (1979) 338; *Krekeler* NStZ **1995** 299. Die von Art. 6 Abs. 3 Buchst. a MRK, Art. 14 Abs. 3 Buchst. b IPBPR geforderte Unterrichtung über den Gegen-stand der Anklage wird damit nochmals wieder-holt, auch wenn sie, um die Vorbereitung der Ver-teidigung zu ermöglichen, schon früher vorgenom-men werden muß. Wegen der Tragweite dieser

Verbürgung vgl. bei Art. 6 MRK (24. Aufl. Rdn. 162 ff).

[108] BGH StV **1993** 2; KK-*Treier* 24; SK-*Schlüchter* 25.

[109] AK-*Schöch* 24; KK-*Treier* 24; *Kleinknecht/Meyer-Goßner*[43] 15; SK-*Schlüchter* 26; *Sarstedt/Hamm*[6] 1042; **a. A** *Schellenberg* 83.

[110] *Kleinknecht/Meyer-Goßner*[43] 15; SK-*Schlüchter* 26.

[111] BGH bei *Miebach/Kusch* NStZ **1991** 28.

[112] *Rautenberg* NStZ **1985** 256; AK-*Schöch* 26; *Klein-knecht/Meyer-Goßner*[43] 15; KMR-*Paulus* 48; SK-*Schlüchter* 27.

[113] *Häger* GedS Meyer 172; *Kleinknecht/Meyer-Goßner*[43] 13; SK-*Schlüchter* 26.

lungen nicht enthalten[114]. Die Verlesung des **Eröffnungsbeschlusses** ist nicht notwendig, sie ist aber auch nicht verboten[115]. Zu den Sonderfällen vgl. Rdn. 59 ff.

52   **2. Geänderte Anklage.** Für den Fall, daß das Gericht — dessen Eröffnungsbeschluß nach wie vor für den Gegenstand des Verfahrens maßgebend ist — die Anklage nur mit Änderungen zugelassen hat, bestimmt Absatz 3:

53   Hat die Staatsanwaltschaft gemäß § 207 Abs. 3 eine **neue Anklageschrift** eingereicht, so ist der Anklagesatz aus dieser zu verlesen (Absatz 3 Satz 2). Hat das Gericht die Anklage mit einer **abweichenden rechtlichen Würdigung** zugelassen (§ 207 Abs. 2 Nr. 3), so trägt — da eine wörtliche Verlesung ausscheidet — der Staatsanwalt den Anklagesatz unter Zugrundelegung der Rechtsansicht des Gerichts mündlich vor. Hierbei muß er sich bemühen, den Vortrag so klar zu fassen, daß hinsichtlich des erhobenen Vorwurfs keine Zweifel entstehen können. Dies kann unter Umständen dann schwierig sein, wenn sich mit der rechtlichen Würdigung auch die im Anklagesatz anzuführenden Tatsachen ändern, da nunmehr auf andere Tatbestandsmerkmale abzustellen ist. Um Unklarheiten zu vermeiden, kann es sich daher empfehlen, daß der Staatsanwalt bei komplizierteren Fällen auch hier den von ihm vorzutragenden Anklagesatz schriftlich niederlegt und verliest.

54   Der Staatsanwalt ist berechtigt, anschließend seine **abweichende Rechtsansicht** vorzutragen. Hierzu ist es weder notwendig noch zweckmäßig (Gefahr der Verwirrung der Prozeßbeteiligten!), lange Rechtsausführungen zu machen. Es genügt, wenn er seine andere Rechtsansicht im Ergebnis darlegt, denn sein Vortrag hat nur den Zweck, die tatsächliche und rechtliche Spannweite des Verfahrens zu umreißen[116]. Im Zusammenhang mit seinem Vortrag sollte er die erforderlichen Hinweise nach § 265 anregen.

55   Hat das Gericht einzelne Gesetzesverletzungen nach **§ 154 a** ausgeschieden oder wieder einbezogen (§ 207 Abs. 2 Nr. 4), so hat der Staatsanwalt bei der Verlesung des Anklagesatzes diese Änderungen zu berücksichtigen (Absatz 3 Satz 4). Er hat also entweder im Anklagesatz den ausgeschiedenen rechtlichen Gesichtspunkt und die sich allein darauf beziehenden Tatsachen fortzulassen oder er hat den Anklagesatz in rechtlicher und unter Umständen — wenn ein Tatbestandsmerkmal fehlt — auch in tatsächlicher Hinsicht zu ergänzen[117].

56   **3. Zusätzliche Erläuterungen.** Ergeben sich beim Vortrag oder Vorlesen des Anklagesatzes Unklarheiten, so ist der Staatsanwalt befugt, zur Klarstellung weitere Erklärungen abzugeben. Dies folgt aus der ihm durch § 243 Abs. 3 übertragenen Aufgabe, die Anklage, so wie sie dem Verfahren zugrunde liegt, allen Verfahrensbeteiligten verständlich herauszustellen und dazu auch seine eigene Rechtsauffassung vorzutragen[118].

57   Auch der **Vorsitzende** ist nach Verlesen eines **unklaren Anklagesatzes** berechtigt und unter Umständen auch verpflichtet, die zur Klarstellung erforderlichen Erklärungen abzugeben[119]. Er darf den Gegenstand des Verfahrens dabei aber nicht verändern, insbesondere nicht einschränken[120]. Der Verfahrensgegenstand wird weiterhin durch Anklage und Eröffnungsbeschluß und die darin festgelegte Umgrenzung bestimmt. Nur innerhalb deren Grenzen können Mängel der zugelassenen Anklage durch klarstellende Hinweise behoben wer-

---

[114] Vgl. BGHSt **13** 73; KK-*Treier* 24; SK-*Schlüchter* 26 und zur Frage der Rechtsfolgen bei § 261.

[115] BGH NStZ **1998** 264; KK-*Treier* 35; *Kleinknecht/ Meyer-Goßner*[43] 15; KMR-*Paulus* 46; SK-*Schlüchter* 26.

[116] KK-*Treier* 28; *Kleinknecht/Meyer-Goßner*[43] 17; KMR-*Paulus* 49; SK-*Schlüchter* 27.

[117] KK-*Treier* 29; *Kleinknecht/Meyer-Goßner*[43] 17;

vgl. auch SK-*Schlüchter* 27 (Form der Wiedergabe im Ermessen des Staatsanwalts).

[118] KK-*Treier* 33; *Kleinknecht/Meyer-Goßner*[43] 16; KMR-*Paulus* 47.

[119] BGH GA **1973** 111; NStZ **1984** 133; **1985** 464; KK-*Treier* 33; KMR-*Paulus* 47.

[120] BGH GA **1963** 189.

den. Dies gilt vor allem, wenn die Anklage ihre **Informationsfunktion**[121] nur unzulänglich oder mißverständlich erfüllt. Auch Mängeln der **Umgrenzungsfunktion**, die den Gegenstand des Verfahrens ungenügend umschreiben, kann durch Nachholung der gebotenen Konkretisierung nach Ort, Zeit, Begehungsweise oder Tatumfang usw. selbst dann abgeholfen werden, wenn diese Mängel so erheblich sind, daß sie wegen der ungenügenden Konkretisierung auch die Einstellung des Verfahrens rechtfertigen könnten[122]. Voraussetzung ist aber, daß Anklage und Eröffnungsbeschluß überhaupt wirksam sind, weil sie die zur Abgrenzung von anderen Sachverhalten unerläßliche Individualisierung der angeklagten Tat wenigstens noch im Ansatz ermöglichen[123]. Die in Einzelheiten strittigen Fragen der Unwirksamkeit von Anklage und Eröffnungsbeschluß, auch in Hinblick auf die geänderte Beurteilung der Rechtsfigur der fortgesetzten Handlung, sind bei §§ 200, 207 erörtert[124]. Es ist Aufgabe des Gerichts und damit in erster Linie des Vorsitzenden, dafür zu sorgen, daß bei allen Prozeßbeteiligten Klarheit darüber besteht, in welchem tatsächlichen Umfang und bezüglich welcher rechtlichen Vorwürfe vor Gericht verhandelt wird[125].

Die Ausführungen, durch die behebbare Mängel in der Hauptverhandlung geheilt werden, sind in der **Sitzungsniederschrift zu beurkunden**[126]. Eine solche Ergänzung berührt die Wirksamkeit der Eröffnung nicht, sie kann jedoch den Antrag rechtfertigen, die Hauptverhandlung **auszusetzen** oder zu **unterbrechen**, um die Verteidigung unter den neu mitgeteilten Gesichtspunkten vorbereiten zu können[127]. Wenn ein wirksamer Eröffnungsbeschluß vollständig fehlt, kann er — nach allerdings strittiger Auffassung — selbst noch in der Hauptverhandlung nachträglich erlassen werden[128]. Auch die Bekanntgabe des nicht zugestellten Eröffnungsbeschlusses in der Hauptverhandlung ist möglich. Die Hauptverhandlung kann jedoch in solchen Fällen nur fortgesetzt werden, wenn der Angeklagte und sein Verteidiger auf die Einhaltung der Ladungsfrist nach §§ 217, 218 verzichten[129]. Ein Verzicht der Verfahrensbeteiligten auf Erlaß des Eröffnungsbeschlusses ist dagegen nicht möglich[130].

4. Sonderfälle. Nach Einspruch gegen einen **Strafbefehl** liest der Staatsanwalt — und **59** nicht der Richter — den aus dem Strafbefehlsantrag zu entnehmenden Anklagesatz ohne die Rechtsfolgen vor[131]. Bei vorausgegangenem **Bußgeldverfahren** ist der Bußgeldbe-

58

---

[121] Zu diesen beiden Funktionen der Anklage vgl. bei § 200 (24. Aufl. Rdn. 3 ff), ebenso zur strittigen Frage der Unwirksamkeit bei ungenügender Information (einerseits BGH NStZ **1995** 297; andererseits OLG Düsseldorf StV **1997** 18 = JR **1998** 37 mit Anm. *Rieß* mit weit. Nachw.).

[122] *Schlüchter* JR **1990** 15; SK-*Schlüchter* 28; vgl. bei §§ 200, 207 (24. Aufl. Rdn. 57 bzw. 64 ff). Enger (nur wenn wesentliches Ergebnis der Ermittlungen Konkretisierung schon enthält) *Krause/Thon* StV **1985** 255.

[123] Vgl. *Schlüchter* JR **1990** 14 ff zu OLG Frankfurt JR **1990** 39 = OLGSt § 200 Nr. 1 mit Anm. *Rieß*; BGH NStZ **1981** 447 mit Anm. *Rieß*; KMR-*Paulus* § 200, 59; SK-*Schlüchter* 28.

[124] Vgl. bei § 200 (24. Aufl. Rdn. 52 ff) und § 207 (24. Aufl. Rdn. 55 ff; 64 ff).

[125] KK-*Treier* 33: Auch bei Hinweisen der Staatsanwaltschaft hat letztlich das Gericht zu entscheiden, worüber verhandelt wird, es muß also gegebenenfalls klarstellende Hinweise des Staatsanwalts korrigieren.

[126] BGH GA **1973** 111; **1980** 468; NStZ **1984** 133; KK-*Treier* 33; SK-*Schlüchter* 35; vgl. Rdn. 63.

[127] BGH bei *Holtz* MDR **1978** 111; *v. Steuber* MDR **1978** 889; vgl. bei § 265 Abs. 4.

[128] BGHSt **29** 225 (auf Vorlage BayObLG VRS **56** (1979) 351 gegen OLG Düsseldorf MDR **1970** 783); OLG Köln JR **1981** 213 mit abl. Anm. *Meyer-Goßner*; vgl. auch BGH NJW **1981** 448; weit. Nachw. zum umfangreichen Streitstand und zum Nachholung des Eröffnungsbeschlusses (Entscheidung in Beschlußbesetzung; erneute Verlesung des Anklagesatzes, Verkündung in HV; Aussetzungsanspruch) bei § 207 (24. Aufl. Rdn. 45 ff).

[129] OLG Karlsruhe MDR **1970** 438; vgl. bei § 207 (24. Aufl. Rdn. 46); §§ 217, 9; 218, 17.

[130] RGSt **55** 159; OLG Hamm JMBlNW **1977** 175; OLG Stuttgart Justiz **1978** 475; vgl. bei § 207 (24. Aufl. Rdn. 41).

[131] BayObLGSt **1961** 143; *Kleinknecht/Meyer-Goßner*[43] 14; KMR-*Paulus* 48; SK-*Schlüchter* 32; *Gegenfurtner* DRiZ **1965** 335; vgl. KK-*Treier* 24 (Inhalt des Strafbefehlsantrags); a. A OLG Koblenz VRS **38** (1970) 56 (Strafbefehl); BayObLG VRS **65** (1983) 280 läßt dies offen wegen BGHSt **23** 280 (dort aber allenfalls ein obiter dictum).

scheid ohne die Rechtsfolgen zu verlesen, also nur die dort ausgesprochene Beschuldigung; ist kein Staatsanwalt anwesend, obliegt dies dem Vorsitzenden[132]. Dieser hat im **Privatklageverfahren** nach § 384 Abs. 2 auch den an die Stelle der Anklage tretenden Eröffnungsbeschluß zu verlesen[133]. Im **Sicherungsverfahren** ist der zugelassene Antrag (§ 414), im **objektiven Verfahren** die Antragsschrift ohne das wesentliche Ermittlungsergebnis (§ 440) zu verlesen[134]. Wegen der mündlichen Anklageerhebung im beschleunigten Verfahren vgl. bei § 418.

60   Hat das Gericht die Sache auf Grund eines **Verweisungsbeschlusses** nach § 270 zu verhandeln, so tritt der Verweisungsbeschluß an die Stelle des Eröffnungsbeschlusses. Der Staatsanwalt hat dann den im Verweisungsbeschluß formulierten Anklagesatz zu verlesen[135]. Das gleiche gilt für das Verweisungsurteil nach § 328 Abs. 2 oder § 355. Fehlt in der verweisenden Entscheidung der Anklagesatz, weil er gegenüber der zugelassenen Anklageschrift unverändert geblieben ist, so ist der Anklagesatz aus der Anklageschrift zu verlesen. Der Verweisungsbeschluß muß jedoch ebenfalls verlesen werden, wenn er eine von der Anklage abweichende rechtliche Würdigung enthält[136]. Bei einem nach § 225 a abgegebenen Verfahren ist der **Übernahmebeschluß** und — soweit er noch fortgilt — auch der zugelassene Anklagesatz zu verlesen[137].

61   Bei **verbundenen Sachen** sind alle Anklagesätze zu verlesen[138], ist eine Sache im ersten Rechtszug mit einer Berufungssache verbunden, so tritt in der Berufungssache die Verlesung des Urteils erster Instanz und die Berichterstattung durch den Richter (§ 324 Abs. 1) an die Stelle der Verlesung des Anklagesatzes durch den Staatsanwalt[139].

62   Wird die **Hauptverhandlung** der 1. Instanz **erneuert** — nach Aussetzung (§ 228), Zurückverweisung durch ein Rechtsmittelgericht (§§ 328 Abs. 2, 354 Abs. 2 und 3) oder im Wiederaufnahmeverfahren (§ 373 Abs. 1) —, trägt der Staatsanwalt den Anklagesatz neu vor, wobei die Einschränkung des Anklagesatzes durch eine eingetretene Teilrechtskraft oder Beschränkungen oder Erweiterungen des Verfahrensgegenstandes nach §§ 154 a Abs. 2 und 3, 328 Abs. 2 gemäß den in Abs. 3 Satz 4 aufgestellten Grundsätzen zu berücksichtigen sind. Ist die Sache nur im Strafausspruch an die erste Instanz zurückverwiesen worden, so ist statt des Anklagesatzes das zurückverweisende Urteil zu verlesen[140].

63   **5. Protokoll.** Die **Verlesung des Anklagesatzes** bzw. sein Vortrag mit den sich aus dem Eröffnungsbeschluß ergebenden rechtlichen Änderungen sowie deren Sprachübertragung durch einen Dolmetscher[141] sind **wesentliche Förmlichkeiten** des Verfahrens (§ 273), die nur durch die Sitzungsniederschrift bewiesen werden[142]. Diese muß aufzeigen, wenn der Staatsanwalt den Anklagesatz in der veränderten Form vorgetragen hat; anders als bei der Anklageerhebung im beschleunigten Verfahren (§ 418 Abs. 3) ist aber nicht zwingend vorgeschrieben, den wesentlichen Inhalt des vorgetragenen Anklagesatzes in die Niederschrift aufzunehmen. es kann — auch in den Fällen des Absatzes 3 Satz 3

---

[132] H. M; s. KMR-*Paulus* 48.

[133] SK-*Schlüchter* 33; vgl. bei § 384.

[134] *Kleinknecht/Meyer-Goßner*[43] 14; KMR-*Paulus* 48; SK-*Schlüchter* 33.

[135] BGH bei *Dallinger* MDR **1972** 387; KK-*Treier* 38; *Kleinknecht/Meyer-Goßner*[43] 14; KMR-*Paulus* 52; SK-*Schlüchter* 29.

[136] BGH bei *Dallinger* MDR **1972** 308; h. M, vgl. vorstehende Fußn. und bei § 270.

[137] KK-*Treier* 30; *Kleinknecht/Meyer-Goßner*[43] 14; SK-*Schlüchter* 29; vgl. § 225 a, 22; 31; ferner BGHSt **43** 264 (Verlesen des Vorlagebeschlusses).

[138] RGSt **61** 405; vgl. § 237, 13 ff.

[139] KK-*Treier* 32; KMR-*Paulus* 51; SK-*Schlüchter* 30; vgl. bei § 324.

[140] KK-*Treier* 31; *Kleinknecht/Meyer-Goßner*[43] 14; KMR-*Paulus* 53; SK-*Schlüchter* 31 (kraft Leitungsbefugnis § 238 Abs. 1).

[141] BGH StV **1993** 2.

[142] BGH GA **1973** 111; NStZ **1984** 521; **1986** 39; 374; **1995** 200 mit Anm. *Krekeler; BGH* bei *Dallinger* MDR **1974** 368; *Ranft* JuS **1994** 868; h. M.

und 4 — genügen, daß er aus Anklage und Eröffnungsbeschluß zu entnehmen ist. Ist dies aber nicht eindeutig möglich, oder wird sonst der Gegenstand der zugelassenen Anklage durch Änderungen und Ergänzungen in der Hauptverhandlung modifiziert oder konkretisiert, so muß der vorgetragene Inhalt und der Inhalt der klarstellenden Hinweise aus der Sitzungsniederschrift selbst hervorgehen[143]. Zur Vermeidung von Unklarheiten empfiehlt es sich, im Protokoll festzuhalten, was — gegebenenfalls welcher Wortlaut — verlesen bzw. vorgetragen worden ist, gegebenenfalls auch, welche Teile von der Verlesung ausgenommen wurden. Dies kann auch dadurch geschehen, daß eine schriftliche Ausarbeitung des Staatsanwalts, die den von ihm verlesenen Wortlaut enthält, als Anlage zum Protokoll genommen wird[144].

6. Erklärung des Verteidigers. Nach der Verlesung des Anklagesatzes kann der Vorsitzende im Rahmen seiner Sachleitungsbefugnis nach seinem Ermessen dem Verteidiger trotz Wegfalls des alten § 257 a in geeigneten Fällen Gelegenheit geben, sich seinerseits zur Anklage zu äußern, um die Verteidigungsstrategie aufzuzeigen, was insbesondere bei Aufteilung einer größeren Hauptverhandlung in mehrere Abschnitte (Rdn. 4) angebracht sein kann. Ein Plädoyer darf er allerdings dabei nicht halten. Ob die Abgabe einer solchen Erklärung — eventuell in Verbindung mit Beweisanträgen — zweckmäßig ist, müssen der Vorsitzende und auch der Verteidiger je aus ihrer Sicht nach den Umständen des Einzelfalls entscheiden[145].   **64**

V. Hinweis des Angeklagten auf sein Recht, sich zur Anklage zu äußern oder zu schweigen (Absatz 4 Satz 1)

1. Allgemeines. Der Angeklagte kann auf das primär seiner Verteidigung dienende Recht, seine Sache selbst dem Gericht darzustellen, verzichten. Es gehört zur Grundstruktur eines rechtsstaatlichen, auf Achtung der Menschenwürde und des Persönlichkeitsrechts ausgerichteten („fairen") Strafverfahrens, daß der Angeklagte nicht verpflichtet ist, sich selbst zu belasten[146]. Es steht ihm frei, ob er sich vor Gericht äußern oder ob er zur Anklage schweigen will[147]. Diese aus der Stellung als Verfahrenssubjekt folgende Freiheit sichert der Hinweis nach Absatz 4 Satz 1 lediglich ab. Er soll im Interesse eines fairen Verfahrens der Möglichkeit vorbeugen, daß der Angeklagte nicht weiß, daß er über sein Prozeßverhalten frei entscheiden kann[148]. Er soll ferner die psychologischen Hemmungen verringern, die den Angeklagten hindern können, von seinem Recht Gebrauch zu machen[149].   **65**

Der Hinweis gehört nicht zur **Vernehmung zur Sache**, geht ihr vielmehr voraus, wie der Wortlaut des Absatz 4 deutlich ergibt. Er wird nicht dadurch überflüssig, daß der Angeklagte bereits nach §§ 115 Abs. 3, 128 Abs. 1 Satz 2, 136 Abs. 1, 163 a Abs. 3 oder 4   **66**

---

[143] BGH GA **1973** 111; **1980** 468; *Kohlhaas* JR **1966** 429; *Schlüchter* JR **1990** 15; KK-*Treier* 33; *Kleinknecht/Meyer-Goßner*[43] 18; KMR-*Paulus* 55; SK-*Schlüchter* 33.

[144] SK-*Schlüchter* 35.

[145] *Dahs* Hdb. 411; 425; vgl. SK-*Schlüchter* 24 (dem Vorsitzenden meist nicht zu empfehlen); andererseits *Hammerstein* FS Salger 296 (Hauptverhandlung wird besser strukturiert, wenn Verteidigungsplan aufgezeigt wird).

[146] BVerfGE **38** 113; **55** 150; **56** 43; **65** 46; BVerfG NStZ **1993** 482; BGHSt **5** 334; **25** 330; ausdrücklich auch Art. 14 Abs. 3 Buchst. g IPBPR. Dazu

und zu den verfassungsrechtlichen Grundlagen dieses Satzes *Rogall* 116, 124; ferner etwa BGHSt **38** 220; *Günther* GA **1978** 193; *Meyer* JR **1966** 310; *Puppe* GA **1978** 289; *Rüping* JR **1974** 135; *Verrel* NStZ **1997** 361; 415. Vgl. SK-*Rogall* Vor § 133, 66; sowie bei Art. 6 MRK (24. Aufl. Rdn. 248 ff) je mit weit. Nachw.

[147] Zu den Gesichtspunkten für eine solche Entscheidung vgl. z. B. *Amelung* FS Koch 145; *Salditt* StV **1993** 442.

[148] BGHSt **25** 325; vgl. § 136, 21.

[149] *Hanack* JR **1975** 342; KMR-*Paulus* 24; SK-*Schlüchter* 36; *Schlüchter* 464.

oder in einer vorangegangenen Hauptverhandlung in der gleichen Sache über sein Einlassungsverweigerungsrecht belehrt worden ist. Er ist in der Berufungsverhandlung erneut zu erteilen[150].

67   **2.** Die **Wortfassung des Hinweises** steht dem Vorsitzenden frei. Er muß aber für den Angeklagten unmißverständlich zum Ausdruck bringen, daß er frei wählen könne, ob er sich zur Sache äußern oder schweigen[151] oder nur bei einzelnen Fragen keine Auskunft geben wolle[152]. Eine Belehrung, welche diesen Sinn des Hinweises verfälschen oder verwischen würde, wäre fehlerhaft; ebenso die Verbindung des Hinweises mit einer rechtlich unrichtigen Belehrung über die Folgen, die das Schweigen haben kann. Um zu verhindern, daß der Angeklagte irrigerweise glaubt, wegen einer früheren Aussage könne er ohnehin nicht mehr frei entscheiden, ist gegebenenfalls auch auf die Unverwertbarkeit früherer Aussagen hinzuweisen[153]. Bei der Belehrung kann der Vorsitzende, ohne aber im Normalfall durch die Fürsorgepflicht hierzu verpflichtet zu sein, auch auf die Zweischneidigkeit des Schweigens hinweisen, vor allem wenn nach den Umständen entlastende Gesichtspunkte vorliegen können, die das Gericht ohne entsprechende Angaben des Angeklagten nur schwer erkennen kann[154]. Um die hier naheliegende Gefahr eines die freie Entscheidung in Frage stellenden Mißverständnisses auszuschließen, muß der Vorsitzende dem Angeklagten deutlich machen, daß das Gericht ihn nicht bei der Ausübung seines Wahlrechts bevormunden will.

68   Der Hinweis kann **sämtlichen Angeklagten** gleichzeitig erteilt werden; der Vorsitzende muß dann aber jeden einzelnen Angeklagten bei Beginn seiner Vernehmung zur Sache fragen, wie er sich entschieden habe. Auch dem **Verteidiger**, der einen nicht anwesenden Angeklagten vertritt, ist der Hinweis zu erteilen[155]. Soweit **Einziehungsbeteiligte** nach § 433 Abs. 1 oder die Vertreter juristischer Personen oder Personenvereinigungen nach § 444 Abs. 2 die Befugnisse des Angeklagten haben, sind auch sie zu belehren, ebenso die Beteiligten im Verfahren nach § 440 und § 441, nicht jedoch der gesetzliche Vertreter. Der Vorsitzende muß die Belehrung selbst erteilen, er darf dies nicht anderen Personen (Staatsanwalt, Sachverständigen usw.) übertragen[156].

69   Der Hinweis nach Absatz 4 Satz 1 ist eine **wesentliche Förmlichkeit**[157]; seine Erteilung, nicht aber sein Wortlaut ist in der **Sitzungsniederschrift** zu vermerken.

---

[150] BGHSt **25** 325; OLG Stuttgart NJW **1975** 704; *Dencker* MDR **1975** 361; *Hegmann* NJW **1975** 915; *Kleinknecht/Meyer-Goßner*⁴³ 21; KMR-*Paulus* 25; SK-*Schlüchter* 37.

[151] BGH NJW **1966** 1718; OLG Hamm JMBlNW **1966** 95; OLG Schleswig SchlHA **1969** 151.

[152] KK-*Treier* 37; SK-*Schlüchter* 28; vgl. *Eisenberg* (Beweisrecht) 841.

[153] Ob eine solche **qualifizierte Belehrung** erteilt werden muß, um das Fortwirken früherer Rechtsfehler auszuschließen, ist strittig. Entgegen BGHSt **22** 135 = JR **1968** 750 mit abl. Anm. *Grünwald* (vgl. auch BGHSt **27** 358; **35** 332) fordert dies die vorherrschende Meinung im Schrifttum, so *Beulke*³ 119; *Degener* GA **1992** 449; *Dencker* 77; *Fezer* JuS **1978** 107; *Geppert* GedS Meyer 93 ff; *Gössel* § 23 B I b 3; *Grünwald* aaO; *Neuhaus* NStZ **1997** 315; *Roxin* § 24, 35; *Schünemann* MDR **1969** 102; SK-*Rogall* Vor § 133, 178; KMR-*Paulus* 31; SK-*Schlüchter* 50; ferner auch KK-*Treier* 36; *Klein-*

knecht/*Meyer-Goßner*⁴³ 21 (bei Nachholung eines in der Hauptverhandlung vergessenen Hinweises) und LG Dortmund NStZ **1997** 356. Zum Streitstand vgl. § 136, 74.

[154] Dazu *Dahs* Hdb. 401, 443; *Kleinknecht* JZ **1965** 155; *Rieß* JA **1980** 296; *Schmidt-Leichner* NJW **1966** 189; *Seibert* MJW **1965** 1706; vgl. BayObLG bei *Rüth* DAR **1969** 237; ferner § 136, 24. Ob der Vorsitzende kraft seiner Fürsorgepflicht zu einer solchen Belehrung verpflichtet ist, ist strittig, verneinend KK-*Treier* 38; SK-*Schlüchter* 38; bejahend KMR-*Paulus* 24; vgl. *Plötz* 205 (Gericht kein Beratungsorgan).

[155] BayObLGSt **1982** 156 = VRS **64** (1973) 134; KK-*Treier* 40; *Kleinknecht/Meyer-Goßner*⁴³ 19; SK-*Schlüchter* 39; **a.** A KMR-*Paulus* 26.

[156] *Kleinknecht/Meyer-Goßner*⁴³ 19; KMR-*Paulus* 25; SK-*Schlüchter* 37.

[157] KK-*Treier* 39; *Kleinknecht/Meyer-Goßner*⁴³ 23; SK-*Schlüchter* 41; vgl. auch Rdn. 101.

3. Verhalten des Angeklagten nach dem Hinweis

a) Erklärt sich der Angeklagte nach ordnungsgemäßer Belehrung (Rdn. 67) **bereit,** 70 sich zur Sache zu äußern, so ist seine nach der Belehrung in der Hauptverhandlung gemachte Aussage für die Entscheidung verwertbar, ohne daß es darauf ankommt, ob eine frühere Äußerung hätte verwertet werden dürfen[158].

b) Weigert sich der Angeklagte, auszusagen, so hindert das nicht, eine verwertbare 71 Aussage bei einer **früheren Vernehmung**[159], aber auch sonstige Äußerungen des Angeklagten (gegenüber Privaten, aber auch bei einer informatorischen Befragung oder eine Spontanäußerung[160]) in einer verfahrensrechtlich dafür vorgesehenen Form in die Hauptverhandlung einzuführen und bei der Entscheidung zu verwerten (etwa nach § 254 oder durch Einvernahme von Zeugen)[161]. Der Grundgedanke des § 252 ist hier nicht anwendbar. Dies gilt auch, wenn der Angeklagte bei einer unterbrochenen Hauptverhandlung zunächst ausgesagt hat und erst später schweigt[162]. Entschließt sich der Angeklagte erst während der Hauptverhandlung, sich nicht weiter zur Sache einzulassen, so sind seine bis dahin abgegebenen Erklärungen weiter verwertbar[163]. Eine Ausnahme gilt nur für Aussagen, die unter Verletzung des § 136 a zustande gekommen sind (§ 136 a Abs. 3 Satz 2).

Eine **Gegenüberstellung** (§ 58 Abs. 2), sonstige Identifizierungsmaßnahmen (vgl. 72 § 81 b), Untersuchungen (§ 81 a) sowie Einnahme und Verwertung des Augenscheins seiner Person hat auch ein Angeklagter zu dulden, der die Einlassung verweigert[164].

Welche Bedeutung einer durch Verlesung der Vernehmungsniederschrift oder durch 73 Zeugenaussagen in die Hauptverhandlung eingeführten Erklärung beizumessen ist, ist Sache der **Beweiswürdigung**[165]. Bei dieser darf das Gericht im übrigen das **Schweigen** des Angeklagten nicht zu seinem **Nachteil werten**. Die Einzelheiten sind bei § 261 und bei § 136, 26 ff erläutert.

c) Keine Bindung. Der Angeklagte ist an seine Erklärung **nicht gebunden**. Er kann 74 sie während der ganzen Hauptverhandlung ändern. Entschließt er sich später zur Aussage, so ist seine Einvernahme zur Sache grundsätzlich alsbald nachzuholen[166]. Durch die Weigerung, sich zur Sache einzulassen, verliert er auch nicht die Rechte aus §§ 257, 258.

d) Ein Recht auf Lüge, also zur bewußt unrichtigen Sachdarstellung oder zur falschen Bezichtigung anderer Personen, kann aus dem Schweigerecht nicht abgeleitet 75

---

[158] BGHSt **22** 135 = JZ **1968** 750 mit Anm. *Grünwald*; vgl. § 136, 74 und Fußn. 153.

[159] Zur Verwertbarkeit, wenn bei dieser die Belehrung unterblieb, vgl. BGHSt **38** 214 = JR **1992** 381 mit Anm. *Fezer* = JZ **1992** 918 mit Anm. *Roxin* = NStZ **1992** 294 mit Anm. *Bohlander* 504; BGHSt **38** 265, wo die Verwertbarkeit bejaht wird, wenn der Angeklagte sein Schweigerecht gekannt oder wenn der verteidigte Angeklagte der Verwertung zugestimmt oder ihr bis zu den im § 257 genannten Zeitpunkt nicht widersprochen hat; ferner Vorlagebeschluß des OLG Celle NStZ **1991** 403 = StV **1991** 403 mit Anm. *Amelung*; BGH StV **1996** 409 mit Anm. *Ventzke* StV **1996** 524; BGH NStZ **1997** 502; *Sarstedt/Hamm*[6] 970 ff; KK-*Treier* 47; SK-*Schlüchter* 49. Zu den Einzelheiten der bestehenden Streitfragen und weit. Nachw. vgl. § 136, 53 ff und Einl. Rdn. K 43 ff.

[160] Vgl. etwa BGH NStZ **1983** 86; StV **1990** 194 mit krit. Anm. *Fezer*; NStZ **1995** 557; KG NJW **1994** 3115 (L); KK-*Treier* 47; SK-*Schlüchter* 49. Zu den

hier bestehenden Streitfragen vgl. Einl. Rdn. I 88 ff mit weit. Nachw.

[161] BGHSt **21** 285 = LM § 261 Nr. 52 mit Anm. *Martin*; BGH JZ **1966** 619; bei *Dallinger* MDR **1968** 202; **1971** 18; BayObLGSt **1967** 32 = JR **1967** 148; OLG Celle VRS **31** (1996) 205; OLG Hamm JMBlNW **1968** 154; OLG Celle VRS **39** (1970) 111; OLG Koblenz VRS **45** (1973) 365; OLG Hamm NJW **1974** 1880; *Arndt* NJW **1966** 870; *Günther* DRiZ **1971** 379; AK-*Schöch* 41; KK-*Treier* 42; *Stree* JZ **1966** 597; *Peters* § 39 III 5 b; **a. A** *Grünwald* JZ **1968** 754; *Schmidt-Leichner* NJW **1966** 191.

[162] BGH bei *Dallinger* MDR **1968** 202.

[163] BGH bei *Holtz* MDR **1977** 461; KMR-*Paulus* 44.

[164] KG NJW **1979** 1668; wegen der weiteren Nachweise vgl. § 58, 10 ff; §§ 81 a, 81 b und bei § 261; ferner § 136, 26.

[165] OLG Celle VRS **31** (1966) 205.

[166] BGH NStZ **1986** 370.

werden[167]. Die Strafprozeßordnung knüpft aber an die Lüge keine besonderen Sanktionen; denn der Angeklagte soll nicht aus Furcht vor Nachteilen gezwungen werden, gegen sich selbst auszusagen. Deshalb darf sie weder bei der Rechtsfolgenbemessung noch bei der Beweiswürdigung (kein Indiz für Täterschaft) zu Lasten des Angeklagten gewertet werden. Aus der prozeßrechtlichen Indifferenz folgt andererseits, daß der Angeklagte wegen wahrheitswidriger Behauptungen anderweitig zivil- oder strafrechtlich (§§ 145 d; 164; 185 ff StGB) belangt werden kann[168], wenn er dadurch Rechtsgüter verletzt, die mit der Wahrung seiner durch § 193 StGB geschützten Verteidigungsinteressen[169] nichts zu tun haben. Geschieht dies, kann er sich nicht darauf berufen, daß er in Ausübung eines ihm zustehenden Verteidigungsrechts gehandelt habe.

76   **4. Ist der Hinweis** in der Hauptverhandlung **versehentlich unterblieben** oder in einer unzulänglichen Form gegeben worden oder hat sich der Angeklagte schon vor der Belehrung zur Sache geäußert, so muß das Gericht, sobald es den Fehler erkennt, die Belehrung unter Hinweis auf die Unverwertbarkeit der bisherigen Angaben (vgl. Rdn. 67) nachholen[170]. Erklärt sich der Angeklagte danach zur Aussage bereit und verweist er dabei auf seine vorherige Aussage, so ist diese für die Urteilsfindung verwertbar[171]. Ob andernfalls der nicht auf diese Weise geheilte Verstoß in jedem Fall ein Verwertungsverbot für die Aussage begründet oder ob er nur nach Maßgabe seines Schutzzweckes die Verwertbarkeit ausschließt und dann auch der Revision zum Erfolg verhelfen kann, ist strittig; vgl. dazu Rdn. 108; § 136, 53 ff, ferner die Erläuterungen in der Einleitung in Abschnitt K. Ist allerdings § 136 a verletzt, dann gilt das Verwertungsverbot des § 136 a Abs. 3 Satz 2.

VI. Vernehmung des Angeklagten zur Sache (Absatz 4 Satz 2)

77   **1. Sinn der Regelung.** Der Angeklagte soll vor der Beweisaufnahme die Gelegenheit haben, seine Verteidigung zu führen, die ihn entlastenden Umstände darzutun und die ihn belastenden Umstände zu widerlegen, damit das Gericht bei der Beweisaufnahme sein Augenmerk auch auf die vom Angeklagten geltend gemachten Gesichtspunkte richten kann. Die durch § 243 Abs. 4 Satz 2 gewährleistete Möglichkeit, sich vorweg zu verteidigen, kann nicht dadurch ersetzt werden, daß der Angeklagte nach der Beweisaufnahme Gelegenheit zu weiteren Erklärungen erhält[172]. Die umfassende — nach Möglichkeit zusammenhängende — Stellungnahme des Angeklagten zur Sache hat deshalb der Beweisaufnahme vorauszugehen. Von dieser grundsätzlich zwingenden Reihenfolge darf im Einzelfall nur bei Vorliegen eines die Ausnahme rechtfertigenden Umstandes und nur mit Zustimmung des Angeklagten abgewichen werden (Rdn. 2). Es ist zulässig, in die

---

[167] Es ist heute weitgehend unstreitig, daß die allgemeine sittliche Pflicht zur Wahrheit keine Entsprechung in einer gleichartigen strafprozessualen Pflicht findet; ob man darin eine lex imperfecta oder eine Indifferenz des Prozeßrechts sieht, ist ohne größere praktische Bedeutung; vgl. *Roxin* § 25, 9. Ein Recht zur Lüge wird nur vereinzelt (*Kallmann* GA **54** [1907] 230; *Kohlhaas* NJW **1965** 2282) angenommen. Zum Streitstand vgl. *Fezer* FS Stree u. Wessels 663; *Puppe* GA **1978** 289; *Rieß* JA **1980** 296; KMR-*Paulus* 40; ferner etwa *Binding* DJZ **1909** 163; *Bruns* 601; *Engelhard* ZStW **58** (1939) 354; *Middendorf* SchlHA **1973** 2; *Peters* JA **1978** 2; *Ostendorf* NJW **1978** 1345; *Rogall* 52; *Rüping* JR **1974** 135; *Sachs* SJZ **1949** 103; *Eb. Schmidt* § 136, 10 ff; *Wessels* JuS **1966** 173;

KMR-*Paulus* 41; SK-*Schlüchter* 54 sowie bei § 136, 41 ff.

[168] BGHSt **18** 204; **31** 16; BGH NStZ **1995** 78; StV **1996** 259 mit Anm. *Jahn*; OLG Hamburg NStZ-RR **1997** 103, *Fezer* FS Stree u. Wessels 678; weit. Nachw. bei § 136, 41 f.

[169] Vgl. RGSt **48** 415; **58** 39; BGH NJW **1964** 1148 und die Kommentare zu § 193 StGB mit weit. Nachw.

[170] *Geppert* GedS Meyer 106; KK-*Treier* 36; *Kleinknecht/Meyer-Goßner*[43] 21; KMR-*Paulus* 31.

[171] KMR-*Paulus* 31; *Schlüchter* 464.

[172] BGHSt **13** 360; BGH NJW **1957** 1227; vgl. BayObLGSt **1953** 130 = MDR **1953** 735; *Rieß* JA **1980** 299. Vgl. Rdn. 4; 6.

Vernehmung des Angeklagten eine vereinzelte Beweisaufnahme einzuschalten, wenn dies dem besseren Verständnis der Einlassung des Angeklagten förderlich ist, etwa die Verlesung einer Urkunde oder die Inaugenscheinnahme einer Zeichnung usw.; die vorgezogene Beweisaufnahme ist jedoch stets auf das unerläßliche Mindestmaß zu beschränken, um den vorgeschriebenen Verfahrensgang nicht in sein Gegenteil zu verkehren. Die Ausnahme darf auch nicht dazu führen, daß das Recht des Angeklagten auf eine umfassende Stellungnahme verkürzt wird[173].

Wird ein Angeklagter zur Sache vernommen und belastet er dabei einen noch nicht zur **78** Sache gehörten **Mitangeklagten**, so verstößt das nicht gegen diese Grundsätze, denn er ist kein Zeuge, seine Einvernahme keine Beweisaufnahme, auch wenn seine Äußerung bei der Urteilsfindung verwertet werden kann[174].

2. Regelmäßiger Vorgang der Vernehmung. Für die Vernehmung des Angeklagten **79** zur Sache ist der § 136 Abs. 2 maßgebend. Der Vorsitzende muß also den Angeklagten und, wenn mehrere angeklagt sind, jeden einzelnen von ihnen befragen, was er auf die Anklage erwidern wolle, und ihm ausreichende Gelegenheit geben, sich zur Beseitigung der gegen ihn vorliegenden Verdachtsgründe, zu seinem Verhältnis zu Mitangeklagten und Zeugen zu äußern und alle zu seinen Gunsten sprechenden Tatsachen geltend zu machen[175]. Die für die Vernehmung von Zeugen maßgebende Vorschrift des § 69 ist nicht unmittelbar anwendbar[176].

Der Vorsitzende darf die Vernehmung nach seinem **Ermessen** gestalten. Neben der **80** Verpflichtung, das Recht des Angeklagten auf Gehör (Art. 103 Abs. 1 GG) zu gewährleisten und ihm ausreichende Gelegenheit zur Verteidigung zu geben, hat er nur den allgemeinen Grundsatz zu beachten, alles zu tun, um die Wahrheit zu ergründen[177]. In der Regel wird er dieses Ziel am besten dadurch erreichen, daß er den Angeklagten, soweit dieser dazu bereit und in der Lage ist[178], zunächst frei und im Zusammenhang erzählen läßt. Es ist ihm jedoch erlaubt, eine solche Darstellung durch Fragen zu unterbrechen oder Vorhalte zu machen, um alle wesentlichen Gesichtspunkte zur Erörterung zu stellen oder um nicht zur Sache gehörende Ausführungen abzukürzen. Dadurch darf aber eine zusammenhängende Darstellung nicht unmöglich gemacht werden[179]. Keinesfalls darf der Vorsitzende die Akten abfragen oder sich an einen vorbereiteten Fragenkatalog klammern[180]. Eine Vernehmung in der Form von Frage und Antwort ist aber nicht schlechthin unzulässig[181]. Die bloße Frage, ob der Angeklagte die Tat zugebe, und die bejahende oder verneinende Antwort darauf ist keine Vernehmung, desgleichen nicht die pauschale Bezugnahme auf vorgehaltene oder vorgelesene frühere Einlassungen[182]. Der Vorsitzende darf sich damit nur begnügen, wenn der Angeklagte jede weitere Einlassung verweigert.

---

173 Vgl. Rdn. 6.

174 BGHSt **3** 384; BGH NStZ **1981** 111; *Kleinknecht/Meyer-Goßner*[43] 26; SK-*Schlüchter* 44.

175 RGSt **44** 284; BGH StV **1982** 457; **1990** 245; KK-*Treier* 2; KMR-*Paulus* 34.

176 KMR-*Paulus* 34 hält § 69 Abs. 1 für analog anwendbar; zum Streitstand vgl. Fußn. 181 und bei § 136, 40.

177 RGSt **68** 110; OGHSt **3** 147. Zur Doppelfunktion vgl. etwa *Roxin* § 25, 7; KMR-*Paulus* 37; **a. A** *Degener* GA **1992** 443 (nur Gehör).

178 SK-*Schlüchter* 45; vgl. *Eisenberg* (Beweisrecht) 583 ff.

179 BGHSt **13** 360; BGH StV **1990** 245; OLG Köln MDR **1956** 694; OLG Schleswig bei *Ernesti/Jürgensen* SchlHA **1973** 182; *Rieß* JA **1980** 299; *Schellenberg* 90; *Wegener* NStZ **1981** 247; KK-*Treier* 43; weit. Nachw. nachf. Fußn.

180 *Eb. Schmidt* 31; KMR-*Paulus* 37.

181 RGSt **58** 110; OLGSt **3** 147; OLG Köln MDR **1956** 645; KK-*Treier* 43; *Kleinknecht/Meyer-Goßner*[43] 31; SK-*Schlüchter* 45; **a. A** wohl *Roxin* § 25, 7; *Salditt* StV **1993** 443; *Wegener* NStZ **1981** 247; KMR-*Paulus* 34 (nur bei Einverständnis des Angeklagten).

182 RG JW **1923** 383; KMR-*Paulus* 35.

Walter Gollwitzer

81   **3. Gegenstand der Vernehmung** des Angeklagten zur Sache ist der gesamte geschichtliche Vorgang, der ihm in der zugelassenen Anklage zur Last gelegt wird[183], also die **äußere und innere Seite der Tat** mit all ihren für den äußeren Hergang und für das Verschulden des Angeklagten wesentlichen Zusammenhängen und Hintergründen. Zur Vernehmung zur Sache gehören nach heutiger Auffassung auch diejenigen Umstände, die für die **Bemessung der Rechtsfolgen**, vor allem der Strafe, bedeutsam sind.

82   Die **persönlichen und wirtschaftlichen Verhältnisse** des Angeklagten sind nach heutiger Auffassung (Rdn. 39 ff) erst nach der Belehrung im Rahmen des Absatzes 4 Satz 2 anzusprechen und auch hier erst dann, wenn Prozeßverlauf und Sachzusammenhänge (Rdn. 41) dies erfordern[184]. Soweit die persönlichen Verhältnisse nicht schon für die Beurteilung des Tatgeschehens Bedeutung haben, sondern nur für den Rechtsfolgenausspruch, kann ihre Erörterung bis nach der Beweiserhebung über die Straftat zurückgestellt werden (Rdn. 40 ff; 44).

83   Der **gesamt Lebensgang** des Angeklagten kann im übrigen ebenfalls erst bei der Vernehmung nach Absatz 4 Satz 2 erörtert werden[185].

84   **4. Äußere Form der Vernehmung.** Der Vorsitzende hat dafür zu sorgen, daß die Vernehmung des Angeklagten in einem ruhigen und sachlichen Ton durchgeführt wird. Hierzu und zur Anrede des Angeklagten siehe § 238, 7 ff. Je nach der Sachlage und dem Verhalten des Angeklagten wird der Vorsitzende bei der Vernehmung des Angeklagten vorwiegend entweder Festigkeit und Entschlossenheit zu zeigen haben, um unangebrachte Weitschweifigkeiten zu verhindern oder anmaßendes Verhalten zurückzuweisen[186], oder die Gabe, in Fällen von Befangenheit oder Unbeholfenheit Hemmungen zu beheben.

85   Bestreitet der Angeklagte die ihm zur Last gelegte Tat, so ist es mit dem Gebot verständiger Leitung der Verhandlung unvereinbar, daß der Vorsitzende dieses Verhalten des Angeklagten **abfällig bespricht**[187]. Verweigert der Angeklagte die Einlassung, so kann der Vorsitzende zunächst davon absehen, ihm die einzelnen Verdachtsgründe vorzuhalten; es genügt, ihn gemäß § 257 bei der Erhebung der einzelnen Beweise zu befragen. Die **allgemeine Aufforderung** des Vorsitzenden an eine Mehrzahl von Angeklagten, es mögen die vortreten, die eine strafbare Handlung zugeben wollen, erfüllt die Erfordernisse der Vernehmung nicht[188].

86   Im Rahmen der Vernehmung kann der Vorsitzende zur Aufklärung von Unklarheiten oder Widersprüchen oder im Interesse einer besseren Transparenz des Verhandlungsgeschehens für die Verfahrensbeteiligten dem Angeklagten ein **Beweisstück vorlegen** und eine als Beweismittel dienende Schrift verlesen oder verlesen lassen. Die Beweiserhebung ist im Protokoll festzuhalten[189]. Einmischung anderer Verfahrensbeteiligter in seine Vernehmung des Angeklagten, insbesondere eine vorzeitige Ausübung des Fragerechts (§ 240), kann der Vorsitzende zurückweisen[190]. Zum Fragerecht nach Abschluß der Vernehmung durch den Vorsitzenden und zur Anrufung des Gerichts bei unzulässigen Fragen des Vorsitzenden vgl. Rdn. 102 und § 240, 15; § 241, 5; § 242.

---

[183] H. M; so BayObLGSt **1971** 44 = MDR **1971** 775.
[184] Vgl. BGH NStZ **1985** 561; AK-*Schöch* 46; KK-*Treier* 42; *Kleinknecht/Meyer-Goßner*[43] 29; KMR-*Paulus* 21; SK-*Schlüchter* 20; vgl. Rdn. 46.
[185] BGHSt **25** 325 läßt dies offen.
[186] Vgl. BGH bei *Dallinger* MDR **1957** 16; BayObLG NJW **1993** 2948; SK-*Schlüchter* 46.
[187] BayObLG NJW **1993** 2948; so schon *v. Bomhardt*

Recht **1905** 237; wegen weiterer Beispiele vgl. § 24, 36; 37.
[188] RG JW **1923** 387; vgl. auch BGH StV **1988** 45 und Rdn. 80.
[189] BGHSt **19** 97 (Augenschein), SK-*Schlüchter* 47; *Kleinknecht/Meyer-Goßner*[43] 26 (mit Zustimmung des Angeklagten); ebenso *Pfeiffer/Fischer* 9.
[190] Vgl. § 240, 11; 13.

Vorhalte aus früheren eigenen Einlassungen des Angeklagten sind zulässig und zur **87**
Sachaufklärung, insbesondere bei widersprüchlichen Äußerungen, unerläßlich. Nicht
sachgerecht ist es dagegen in der Regel, wenn dem Angeklagten aus den Akten die Angaben von Mitangeklagten oder Zeugen vorgehalten werden, die erst nach ihm vom Gericht
gehört werden sollen[191]. Hier ist erst abzuwarten, was diese vor Gericht selbst aussagen
werden. Unzulässig sind Vorhalte aus Niederschriften von **Zeugenaussagen**, wenn die
Zeugen berechtigt sind, das Zeugnis zu verweigern, sofern sicher feststeht, daß sie in
der Hauptverhandlung von diesem Recht keinen Gebrauch machen werden[192].

Der sprachfähige Angeklagte muß seine **Erklärung mündlich** abgeben. Da die Ein- **88**
vernahme zur Sache ein höchstpersönlicher Vorgang ist, ist es grundsätzlich nicht statthaft, daß er eine Verteidigungsschrift vorlegt und verliest[193] oder auf den Inhalt eines früheren Urteils verweist, aus dem seine Stellungnahme zur Anklage entnommen werden
könne. Doch muß es dem Angeklagten, der an einem Sprachfehler leidet, gestattet sein,
daß er seine mündliche Aussage durch die Verlesung einer schriftlichen Erklärung
ergänzt[194]. Notizen als Gedächtnisstütze für seine mündlichen Ausführungen zu verwenden kann dem Angeklagten in der Regel nicht verboten werden[195]. Das gleiche gilt grundsätzlich auch für die Anfertigung solcher Notizen in der Hauptverhandlung (vgl. § 238, 9).
Wenn allerdings der Angeklagte von seinem Aussageverweigerungsrecht Gebrauch
macht, kann das Gericht im Interesse der Sachaufklärung **Zwischenformen** hinnehmen,
so, wenn der Angeklagte nur bereit ist, schriftlich gestellte Fragen durch seinen Verteidiger schriftlich zu beantworten[196], oder wenn er seine Einlassung durch seinen Verteidiger
vortragen läßt (Rdn. 100; § 234, 16).

Ob der Angeklagte bei seiner Vernehmung **stehen oder sitzen** soll, muß der Vorsit- **89**
zende entsprechend den Umständen des Einzelfalls nach pflichtgemäßem Ermessen
bestimmen. Der körperliche Zustand des Angeklagten ist dabei ebenso zu berücksichtigen
wie die voraussichtliche Dauer der Vernehmung und die sonstigen Verhältnisse im
Gerichtssaal (Akustik usw.). Bei einer lange dauernden Einvernahme wird es der Wahrheitsfindung förderlich sein, wenn der Angeklagte sich im Sitzen äußert[197].

Zur Frage, wieweit die **Öffentlichkeit** zum Schutz des Privatbereichs des Angeklagten **90**
ausgeschlossen werden kann, vgl. die Erläuterungen zu §§ 171 a ff GVG.

5. Die Erörterung der Vorstrafen (Absatz 4 Satz 3 und 4) gehört seit 1964 endgül- **91**
tig nicht zur Vernehmung über die Person. Der Grund hierfür ist einmal, zu vermeiden,
daß durch frühzeitige Bekanntgabe der Vorstrafen von vornherein eine Voreingenommenheit gegen den Angeklagten entstehen kann, ferner, daß die Erwähnung der Vorstrafen
überhaupt vermieden werden soll, solange nicht mit einiger Wahrscheinlichkeit damit zu
rechnen ist, daß sie für die Entscheidung Bedeutung erlangen[198]. Nur unter dieser Voraus-

---

[191] AK-*Schöch* 47; SK-*Schlüchter* 47; weitergehend OLG Neustadt NJW **1964** 313 (an sich zulässig). *Kleinknecht/Meyer-Goßner*[43] 26 stellt auf die Zustimmung des Angeklagten ab.

[192] RGSt **15** 100; **27** 29; **35** 5; 164; **39** 434; RG Recht **1912** Nr. 2125; JW **1902** 580; **1914** 424; h. M; so SK-*Schlüchter* 47; vgl. bei § 252.

[193] RGRspr. **4** 563; Recht **1903** Nr. 2524; BGHSt **3** 368; BayVerfGH **24** 178 = MDR **1972** 209; AK-*Schöch* 48; KK-*Treier* 44; *Kleinknecht/Meyer-Goßner*[43] 30; KMR-*Paulus* 35; SK-*Schlüchter* 46; **a. A** *Pfeiffer/Fischer* 10 (da keine Aussagepflicht, darf Angeklagter vorlesen); *Salditt* StV **1993** 944.

[194] RG GA **60** (1913) 86; AK-*Schöch* 48; KK-*Treier* 44; *Kleinknecht/Meyer-Goßner*[43] 26; KMR-*Paulus* 35; SK-*Schlüchter* 46.

[195] BGHSt **1** 323; *Kleinknecht/Meyer-Goßner*[43] 26; KMR-*Paulus* 35; SK-*Schlüchter* 46.

[196] Vgl. BGH bei *Holtz* MDR **1980** 986; *Park* in Anm. zu BGH StV **1998** 59; enger AK-*Schöch* 40 (Aufklärungspflicht gebietet nur in Ausnahmefällen, daß Gericht darauf eingeht).

[197] In der *Beeck* JW **1969** 685; *Jescheck* JZ **1970** 203; *Eb. Schmidt* ZRP **1969** 257; SK-*Schlüchter* 46; vgl. § 238, 10.

[198] *Kleinknecht* JZ **1966** 159; *Gössel* § 23 A I b 2.

setzung dürfen Vorstrafen, das sind alle wegen Straftaten oder Ordnungswidrigkeiten früher verhängte Strafen, Geldbußen oder sonstige Rechtsfolgen, erörtert werden, ganz gleich, in welchem Register (Straf-, Erziehungs-, Verkehrszentral- oder Gewerbezentralregister) sie erfaßt sind.

92   **Von Bedeutung** können Vorstrafen im Einzelfall bereits für den Schuldspruch sein, wenn ein kriminologisch relevanter Zusammenhang zwischen ihnen und einer angeklagten neuen Tat besteht[199]. In solchen Fällen werden sie zweckmäßigerweise bei der Erörterung der Delikte, bei denen sie aufschlußreich sein können, mit dem Angeklagten durchgesprochen. Im übrigen sind die Vorstrafen für die Rechtsfolgenentscheidung von Bedeutung. Sie können strafschärfend herangezogen werden, wobei aber immer im Einzelfall geprüft werden muß, ob den Vorstrafen insoweit eine Bedeutung beikommt.

93   Die (strafmildernde) Feststellung, daß der Angeklagte nur **geringfügig** und **nicht einschlägig vorbestraft** sei, läßt sich ohne Erörterung der Vorstrafen nicht treffen, auch die, daß er nicht bestraft sei, setzt jedenfalls eine entsprechende Frage an den Angeklagten und dessen Antwort darauf voraus. Eine Erörterung der Vorstrafen wird deshalb in der Regel nur dann dem Angeklagten völlig erspart werden können, wenn es zu einem Freispruch kommt oder wenn es bei der Art der abzuurteilenden Straftat unerheblich ist, ob der Angeklagte wegen eines völlig anderen Delikts vorbestraft ist[200]. Der Angeklagte ist nicht verpflichtet, seine Vorstrafen anzugeben[201]. Er ist auch insoweit berechtigt zu schweigen.

94   Den **Zeitpunkt**, zu dem die Vorstrafen festgestellt werden, bestimmt der Vorsitzende im Rahmen der Sachleitung nach **pflichtmäßigem Ermessen**, für das neben den Sachzusammenhängen vor allem der Schutzzweck der Regelung richtungsweisend sein muß. Er soll so spät wie möglich liegen[202]. Bei diskriminierenden Vorstrafen, die nur für den Rechtsfolgenausspruch von Bedeutung sind, kann es zweckmäßig sein, wenn das Gericht ihre Erörterung so lange zurückstellt, bis die Beweisaufnahme geklärt hat, daß ein Freispruch nicht in Frage kommt. Der **frühest zulässige Zeitpunkt** ist der Beginn der Vernehmung des Angeklagten zur Sache[203]. Der Vorsitzende hat kein Mittel, die Beteiligten daran zu hindern, diesbezüglich **Beweisanträge** schon frühzeitig zu stellen. Wenn auch die Bescheidung solcher Anträge zunächst zurückgestellt werden darf[204], so kann doch schon der Vortrag eines Beweisantrages, der eine bestimmte Bestrafung behauptet, die Voreingenommenheit oder überflüssige Bloßstellung bewirken, die das Gesetz dem Angeklagten ersparen will. Es bedarf deshalb eines verständnisvollen Zusammenwirkens aller Beteiligten, auch der Anwälte etwaiger Nebenkläger, um den Gesetzeszweck nach Möglichkeit zu erreichen. Vor allem der Staatsanwalt soll solche Beweisanträge erst stellen, wenn der Verfahrensstand dies unerläßlich macht[205]. Auch der Angeklagte ist durch Absatz 4 Satz 3 nicht gehindert, Bestand und Inhalt einer früheren Verurteilung jederzeit zum Gegenstand eines Beweisantrags zu machen[206].

95   Eine **Beweisaufnahme** über die Vorstrafen ist nicht notwendig, wenn sie vom Angeklagten glaubhaft eingeräumt werden. In welchem Umfang auf die Einzelheiten der frühe-

---

[199] *Eb. Schmidt* Nachtr. I 31; KK-*Treier* 49; *Kleinknecht/Meyer-Goßner*[43] 33; KMR-*Paulus* 58; SK-*Schlüchter* 57.

[200] Vgl. *Kleinknecht/Meyer-Goßner*[43] 33: Feststellung der Vorstrafe wegen Diebstahls in einer reinen Verkehrssache; ähnlich KMR-*Paulus* 58.

[201] *Hartung* JR **1952** 44.

[202] Vgl. BGHSt **27** 216; BGH VRS **34** (1968) 219; *Eb. Schmidt* Nachtr. I 33; AK-*Schöch* 54; KK-*Treier* 49; *Kleinknecht/Meyer-Goßner*[43] 34; KMR-*Paulus*

19; SK-*Schlüchter* 59 (vorzugswürdig am Schluß der Vernehmung zur Sache); *Schlüchter* 468.

[203] BGH VRS **34** (1968) 219; bei *Dallinger* MDR **1968** 202; OLG Stuttgart NJW **1973** 1941; *Gössel* § 23 A I b 2; *Eb. Schmidt* NJW **1969** 1145; *Römer* GA **1969** 335 ff.

[204] *Kleinknecht/Meyer-Goßner*[43] 35; SK-*Schlüchter* 60.

[205] Nr. 134 RiStBV; *Kleinknecht/Meyer-Goßner*[43] 35; KMR-*Paulus* 58.

[206] Vgl. BGHSt **27** 220.

ren Verfehlungen einzugehen ist, richtet sich nach deren Bedeutung für die zu treffende Entscheidung. Die Erörterung der Vorstrafen mit dem Angeklagten ist insoweit auch **keine wesentliche Förmlichkeit** des Verfahrens, die im Protokoll festgehalten werden müßte[207]. Anders ist es, wenn über die Vorstrafen Beweis erhoben wird. Die Feststellung der Vorstrafen an Hand des Strafregisterauszugs oder, wenn dessen Richtigkeit bestritten wird, durch Verlesen der früheren Urteile[208] ist ein Stück Beweisaufnahme, das schon während der Vernehmung des Angeklagten zur Sache durchgeführt werden darf, sofern dies im Zusammenhang mit der Erörterung der Vorstrafen geschieht.

Getilgte oder tilgungsreife Vorstrafen dürfen grundsätzlich nicht erörtert werden **96** (§ 51 Abs. 1, § 66 BZRG), sofern nicht die Ausnahmen des § 52 BZRG eingreifen[209]. Sind die Vorstrafen im Strafregister bereits gelöscht, ist das Gericht an diesen begünstigenden Verwaltungsakt gebunden, auch wenn dies zu Unrecht geschehen sein sollte[210]. Dagegen ist es nicht gehindert, selbst festzustellen, daß eine im Strafregister zu Unrecht vermerkte Vorstrafe in Wirklichkeit bereits hätte getilgt werden müssen[211] oder daß sie in Wirklichkeit überhaupt nicht vorlag; denn die Eintragung im Register hat keine konstitutive Wirkung[212].

Mit der **Unschuldsvermutung** des Art. 6 Abs. 2 MRK ist die Erörterung der Vorstra- **97** fen vereinbar[213]. Ob Art. 6 Abs. 1 Satz 2 MRK den **Ausschluß der Öffentlichkeit** bei der Erörterung der Vorstrafen rechtfertigt, erscheint fraglich[214].

VII. Sonstige Verfahrensfragen

1. Verhandlung ohne den Angeklagten. Findet die Hauptverhandlung nach §§ 231 a **98** bis 233 ohne Anwesenheit des Angeklagten statt, so tritt die dort vorgeschriebene Verlesung der Niederschrift über die richterliche Vernehmung des Angeklagten an die Stelle der Vernehmung in der Hauptverhandlung[215]. Auch eine schriftliche Erklärung des Angeklagten ist verlesbar[216]. Ist für den Angeklagten ein vertretungsberechtigter Verteidiger erschienen, so kann dieser die Sachdarstellung des abwesenden Angeklagten vortragen[217]. Zum Vortrag der Einlassung eines anwesenden Angeklagten durch den Verteidiger vgl. Rdn. 88; 100.

2. Rechte, die nur bis zum Beginn der Vernehmung des Angeklagten zur Sache 99 gegeben sind. Bis zu diesem Zeitpunkt kann nach § 25 Abs. 1, ohne die besonderen Voraussetzungen des § 25 Abs. 2, ein Richter wegen Besorgnis der Befangenheit abgelehnt

---

207 OLG Schleswig bei *Ernesti/Jürgensen* SchlHA **1974** 183; KMR-*Paulus* 60; SK-*Schlüchter* 51. Die Verlesung eines Registerauszuges zu Beweiszwecken kann dagegen nur durch die Sitzungsniederschrift nachgewiesen werden, vgl. OLG Düsseldorf VRS **64** (1983) 128.

208 KK-*Treier* 50; KMR-*Paulus* 60; SK-*Schlüchter* 60; vgl. bei § 249.

209 Vgl. BGHSt **27** 216; ferner KK-*Treier* 48; *Kleinknecht/Meyer-Goßner*43 35; KMR-*Paulus* 57; SK-*Schlüchter* 58. Die frühere Rechtsprechung (RGSt **74** 177; BGHSt **6** 243), die dies für zulässig hielt, ist durch die Gesetzgebung überholt; sie wurde auch früher im Schrifttum abgelehnt, vgl. *Creifelds* GA **1957** 257; *Dünnebier* JZ **1958** 713; *Hartung* JR **1952** 44; NJW **1955** 393; *Seibert* JR **1952** 471; *Eb. Schmidt* 18 Nachtr. I 32. Vgl. andererseits *Granderath* ZRP **1985** 319.

210 BGHSt **20** 205; KMR-*Paulus* 57.

211 *Peters* Fortentwicklung 30; KMR-*Paulus* 57.

212 *Vogler* ZStW **82** (1970) 774; KMR-*Paulus* 57.

213 Vgl. bei Art. 6 MRK (24. Aufl. Rdn. 133); AK-*Schöch* 57.

214 *Vogler* ZStW **82** (1970) 772; *Humborg* NJW **1966** 1015 fordert dies bei beschränkt auskunftspflichtigen Vorstrafen im Regelfall. Vgl. bei § 172 GVG.

215 Zu den unterschiedlichen Modalitäten vgl. § 231 a, 27; § 232, 25; § 233, 30, ferner § 73 Abs. 1 OWiG.

216 Vgl. auch BGHSt **39** 305.

217 Vgl. etwa BGH StV **1990** 394; **1994** 467; BayObLGSt **1982** 156 = VRS **64** (1983) 134; BayObLG VRS **91** (1996) 47; KK-*Treier* 45; *Kleinknecht/Meyer-Goßner*43 27; KMR-*Paulus* 39; SK-*Schlüchter* 48. Wegen der Einzelheiten vgl. § 234, 16; zur Belehrung Rdn. 68.

werden, bis zum ihm können der Angeklagte und der Verteidiger wegen nicht rechtzeitiger Ladung Aussetzung der Hauptverhandlung verlangen (§§ 217, 218); ferner kann bis zu ihm der Einwand der örtlichen Unzuständigkeit nach § 16 erhoben, die Unzuständigkeit einer Strafkammer nach § 6 a oder die Besetzung des Gerichts nach § 222 b gerügt werden. Ergibt sich im Laufe der Verhandlung die Notwendigkeit, den Angeklagten zu einer neuen Sache zu vernehmen — etwa bei einer Verfahrensverbindung oder einer Nachtragsanklage —, so leben die Rechte, die nur bis zu diesem Zeitpunkt bestehen, wieder auf[218].

100   **3. Verhältnis Angeklagter/Verteidiger.** Der Vorsitzende muß eine Besprechung des Angeklagten mit dem Verteidiger so lange zulassen, wie der Fortgang der Verhandlung hierdurch nicht gestört wird. Der Verteidiger kann selbst Fragen an den Angeklagten richten (§ 240 Abs. 2); er kann auch die Zulässigkeit der Fragen des Vorsitzenden an den Angeklagten in Zweifel ziehen und eine Entscheidung des Gerichts darüber herbeiführen. Im übrigen kann der Vorsitzende jede Einmischung des Verteidigers ebenso wie die eines anderen Verfahrensbeteiligten in die Vernehmung des Angeklagten zurückweisen[219]. Nach der Aussage des Angeklagten kann sich der Verteidiger dazu nach § 257 Abs. 2 äußern. Solange der **anwesende Angeklagte** selbst aussagt, hat der Verteidiger kein Recht, dies zu übernehmen. Andernfalls ist er nicht gehindert, an Stelle des Angeklagten als Vertreter bei der Erklärung (nicht etwa im Willen) dessen Einlassung dem Gericht zur Kenntnis zu bringen (vgl. Rdn. 88). Da bei einem Angeklagten, der von seinem Schweigerecht Gebrauch macht, nicht ohne weiteres angenommen werden kann, daß er trotzdem seine Einlassung dem Gericht durch seinen Verteidiger übermitteln will, muß der Vorsitzende — zweckmäßigerweise durch eine ausdrückliche Frage an den Angeklagten — eindeutig klären, ob dieser den Tatsachenvortrag seines Verteidigers als eigene Einlassung verstanden wissen will[220]. Tatsachen, die der Verteidiger bei seinen Anträgen und sonstigen prozessualen Erklärungen vorträgt, können nicht als eigene Einlassung des Angeklagten verstanden werden[221].

101   **4. Sitzungsniederschrift.** Die in § 243 bezeichneten Verfahrensvorgänge sind in der Sitzungsniederschrift festzuhalten, soweit sie den Gang der Hauptverhandlung kennzeichnen und zu deren wesentlichen Förmlichkeiten gehören (§ 273; vgl. Rdn. 5, 17, 22, 33, 63, 69, 95). Wegen der Beweiskraft des Protokolls ist dies insbesondere auch für die Rüge von Verstößen gegen § 243 im Revisionsverfahren von Bedeutung. So können beispielsweise nur durch das Protokoll bewiesen werden: die Aufteilung des Verfahrens auf verschiedene Abschnitte, die Zustimmung hierzu und die Reihenfolge der einzelnen Verfahrensvorgänge, die Entfernung der Zeugen, die Vernehmung des Angeklagten über seine persönlichen Verhältnisse[222], die Verlesung des Anklagesatzes und seiner Ergänzungen (Rdn. 63), der Hinweis nach Absatz 4 Satz 1 (Rdn. 69), die Vernehmung des Angeklagten zur Sache, wobei nur die Tatsache der Vernehmung als solche, nicht aber der Inhalt der

---

[218] Vgl. BGHSt **18** 46 zu § 25 a. F; ferner bei § 237, § 266.

[219] RGSt **32** 276; RG Recht **1913** Nr. 299; vgl. Rdn. 88; § 240, 11.

[220] RGSt **44** 282; BGH NStZ **1990** 447; StV **1994** 467; NStZ-RR **1997** 73; BayObLGSt **1980** 111 = VRS **60** (1985) 120; BayObLGSt **1981** 516; OLG Celle NStZ **1988** 426; weitergehend OLG Hamm JR **1980** 82 mit abl. Anm. *Fezer*; abl. auch *Michel* MDR **1994** 648; vgl. ferner BGH StV **1994** 467; **1998** 59 mit krit. Anm. *Park*; *Amelung* FS Koch

150; AK-*Schöch* 49; KK-*Treier* 45; *Kleinknecht/ Meyer-Goßner*[43] 27; KMR-*Paulus* 36; SK-*Schlüchter* 48.

[221] Vgl. BGHSt **39** 305 = NStZ **1994** 184 mit Anm. *Seitz*; BGH StV **1994** 467; 468 mit Anm. *Schlothauer*; BGHR § 243 Abs. 4 Äußerung 2; OLG Hamm JR **1985** 82; ferner § 234, 16.

[222] RGSt **58** 59; BGH bei *Dallinger* MDR **1973** 557; BayObLGSt **1953** 131 = MDR **1953** 755; KG JW **1931** 235; OLG Koblenz OLGSt n. F Nr. 1.

Erklärungen eine wesentliche Förmlichkeit ist[223]. Zu protokollieren ist auch, wenn ein zunächst schweigender Angeklagter sich später, etwa im Zusammenhang mit seiner Anhörung nach § 257, zur Sache einläßt[224]. Daß der Angeklagte von seinem Schweigerecht Gebrauch macht, ist zwar ein im Urteil anzusprechender Umstand, aber als solches keine selbständige wesentliche Förmlichkeit des Verfahrens[225]. Ob die Präsenzfeststellung (Absatz 1 Satz 2) nur durch das Protokoll bewiesen werden kann, ist strittig (Rdn. 22). Die Erörterung der Vorstrafen ist keine wesentliche Förmlichkeit, wohl aber eine zu deren Feststellung durchgeführte Beweiserhebung (Rdn. 95).

VIII. Rechtsbehelfe

1. Anrufung des Gerichts. Über die rechtliche Zulässigkeit (nicht die Zweckmäßigkeit) von Maßnahmen des Vorsitzenden, die sich auf die Sachleitung auswirken, wie die Abweichung vom Verfahrensgang oder eine unzureichende Ermöglichung einer Stellungnahme[226] oder die Zulässigkeit seiner Fragen, kann nach Maßgabe von § 238 Abs. 2, § 242 die Entscheidung des Gerichts herbeigeführt werden. Wegen der Einzelheiten vgl. die dortigen Erläuterungen. **102**

2. Der **Beschwerde** sind die Maßnahmen des Vorsitzenden auf Grund des § 243 und die diesbezüglichen Beschlüsse des Gerichts durch § 305 Satz 1 in der Regel entzogen. **103**

3. Revision

a) Auf **Verstöße gegen Absatz 1** kann die Revision in der Regel nicht gestützt werden, es sei denn, daß durch den unterlassenen oder ungenügenden **Aufruf der Sache** ein Verfahrensbeteiligter gehindert wurde, seine Befugnisse in der Hauptverhandlung wahrzunehmen (vgl. Rdn. 16). Die **Präsenzfeststellung** ist als Verfahrensvorgang kein wesentlicher Teil der Hauptverhandlung, bei dem die Abwesenheit eines notwendigen Verhandlungsteilnehmers nach § 338 Nr. 5 die Revision begründet (vgl. Rdn. 23 und bei § 338 Nr. 5). Eine unrichtige oder unvollständige Präsenzfeststellung kann nur dann die Revision begründen, wenn dadurch ein Verfahrensbeteiligter urteilsrelevant bei der Wahrnehmung von Verfahrensbefugnissen behindert wurde, etwa hinsichtlich der Ausübung von Rechten, die an die Präsenz eines Zeugen anknüpfen (vgl. § 245). Ein solcher, nur in besonders gelagerten Ausnahmefällen denkbarer Verstoß müßte unter Darlegung aller ihn begründenden Tatsachen schlüssig aufgezeigt werden. Für die Rüge eines Verstoßes gegen die Anwesenheitspflicht nach § 338 Nr. 5 ist nicht die Tatsache der Präsenzfeststellung durch den Vorsitzenden maßgebend, sondern die durch das Sitzungsprotokoll bezeugte Abwesenheit während der einzelnen Verfahrensabschnitte. **104**

b) Gestattet der Vorsitzende entgegen **Absatz 2 Satz 1** einem Zeugen die Anwesenheit im Sitzungssaal, so begründet dies in der Regel für sich allein nicht die Revision[227]. Allenfalls kann unter Darlegung der erforderlichen Tatsachen gerügt werden, daß dadurch **105**

---

[223] BGHSt **21** 151; BGH bei *Dallinger* MDR **1973** 557; BGH StV **1981** 56 mit Anm. *Schlothauer*; **1997** 455; NJW **1991** 1243; vgl. ferner OLG Saarbrücken JBl. Saar **1961** 14 (zusammenhängende Vernehmung).

[224] BGH NStZ **1992** 49; StV **1990** 394; **1993** 623; **1994** 468 mit Anm. *Schlothauer*; OLG Hamm JR **1980** 82.

[225] BGH bei *Holtz* MDR **1981** 269; **a. A** KK-*Treier* 47. Indirekt erschließt sich dies allerdings aus der

negativen Beweiskraft des Protokolls, wenn dort keine Vernehmung des Angeklagten zur Sache vermerkt ist; vgl. *Schlothauer* in der Anm. zu BGH StV **1994** 468.

[226] BGH NStZ **1997** 198.

[227] KK-*Treier* 52 (unter Hinweis auf den Normzweck); *Kleinknecht/Meyer-Goßner*[43] 9; 36; SK-*Schlüchter* 67.

die **Aufklärungspflicht** verletzt wurde, weil der Zeuge anders ausgesagt hätte, wenn er den Sitzungssaal hätte verlassen müssen[228].

106　　　**c)** Unterbleibt die **Vernehmung des Angeklagten zur Person** oder ist sie unvollständig[229], so begründet dies in der Regel nicht die Revision, soweit es nur um die Angaben zur Feststellung seiner Identität geht, die sich bei Beachtung der jetzt zu fordernden Abgrenzung (Rdn. 39 ff) nicht auf den Inhalt des Urteils ausgewirkt haben können[230]. Wenn Angaben über persönliche Verhältnisse für die Sachentscheidung von Bedeutung sind, beweist die unterbliebene Protokollierung der Vernehmung zur Person nach § 274 nicht, daß der Angeklagte dazu nicht vernommen wurde[231]. Für sachentscheidungsrelevante Angaben gelten für die Revision die bei Rdn. 108 erörterten Gesichtspunkte. Im übrigen kann die Revision meist nicht mit Erfolg geltend machen, die Befragung des Angeklagten sei **nicht erschöpfend** gewesen. Der Umfang der Befragung steht im pflichtgemäßen Ermessen des Vorsitzenden und der übrigen frageberechtigten Prozeßbeteiligten. Unschädlich ist, wenn Umstände, die nur zu den persönlichen Verhältnissen gehören, erst später, etwa bei der Vernehmung des Angeklagten zur Sache, erörtert werden. Umgekehrt kann mit der Revision gerügt werden, wenn der Angeklagte nach seiner Belehrung die Einlassung zur Sache verweigert, das Urteil aber trotzdem Angaben zur Sache verwertet, die dieser bereits bei seiner Einvernahme zur Person gemacht hatte[232].

107　　　**d) Verstöße gegen Absatz 3.** Die Revision (§ 337) kann darauf gestützt werden, daß ein **wirksamer Eröffnungsbeschluß** und damit eine zugelassene Anklage überhaupt fehlen[233], daß sie den Gegenstand der Anklage nur unzureichend umschreiben[234] oder daß die **Verlesung des Anklagesatzes** bzw. des Strafbefehlsantrags oder einer an seine Stelle tretenden sonstigen Schrift (Rdn. 59 ff) unterblieben ist[235] oder unvollständig[236] war oder erst verspätet verlesen wurde[237]. In der Regel wird nicht ausgeschlossen werden können, daß das Urteil auf diesem Fehler beruhen kann; es sei denn, die Sach- und Rechtslage ist so einfach, daß es bei Berücksichtigung des Zwecks des Verlesungsgebots ausgeschlossen ist, daß der Gang des Verfahrens oder das Urteil von diesem Mangel beeinflußt sein können. Dies wurde angenommen, wenn alle Prozeßbeteiligten ersichtlich in anderer Form als durch den Vortrag der Anklage über den Untersuchungsgegenstand so zweifelsfrei unterrichtet waren, daß sie den Tatkomplex sachgerecht beurteilen konnten[238], so, wenn die Sach- und Rechtslage so einfach war, daß hierzu die Vorgänge in der Hauptverhandlung ausreichten[239], oder wenn das Revisionsurteil verlesen worden war[240]. Je nach Sachlage

---

228　Vgl. BGH NJW **1987** 3090: SK-*Schlüchter* 67.

229　Vgl. OLG Schleswig SchlHA **1970** 178.

230　OLG Köln NStZ **1989** 44; KK-*Treier* 53 (Rechtsverletzung, aber kein Beruhen); *Kleinknecht/Meyer-Goßner*[43] 37; SK-*Schlüchter* 68; auch KG JW **1931** 235; **a. A** *Eb. Schmidt* 19 (beide zur früheren Abgrenzung).

231　OLG Köln NStZ **1989** 44.

232　BayObLG MDR **1984** 336; KK-*Treier* 53; KMR-*Paulus* 62; SK-*Schlüchter* 68; vgl. Rdn. 43; 108.

233　BGH bei *Kusch* NStZ **1994** 277; weit. Nachw. bei § 203.

234　Zur Bedeutung der Mängel und der Möglichkeit einer Heilung durch Klarstellung in der Hauptverhandlung vgl. Rdn. 56.

235　BGH NJW **1982** 1057; NStZ **1982** 431; **1984** 521; **1986** 39; 374; bei *Dallinger* MDR **1974** 368; AK-*Schöch* 35; KK-*Treier* 54; *Kleinknecht/Meyer-*

Goßner[43] 38; KMR-*Paulus* 63; SK-*Schlüchter* 69; ferner BGHSt **8** 283 (zur früheren Fassung).

236　BGH bei *Miebach/Kusch* NStZ **1991** 28.

237　RGSt **23** 310: der Mangel darf aber nicht durch Wiederholung der zu Unrecht vor der Verlesung vorgenommenen Teile der Hauptverhandlung geheilt worden sein; SK-*Schlüchter* 69.

238　BGH NJW **1982** 1057; NStZ **1982** 431; 518; **1984** 521; **1986** 39; 374; **1987** 181; **1995** 201 mit Anm. *Krekeler* 292; bei *Miebach/Kusch* NStZ **1991** 28; JR **1987** 389 mit Anm. *Rieß*; OLG Koblenz VRS **38** (1970) 56; AK-*Schöch* 35; KK-*Treier* 54; *Kleinknecht/Meyer-Goßner*[43] 38; KMR-*Paulus* 63; SK-*Schlüchter* 69.

239　RG JW **1938** 3293; vgl. die Nachw. in vorstehender Fußn.; etwa BGH NStZ **1982** 518 (unerheblich, ob eine oder mehrere Straftaten).

240　OGHSt **3** 71; BGH MDR **1970** 777.

kann dies auch anzunehmen sein, wenn der Anklagesatz erst **verspätet** verlesen wird[241], etwa nach Vernehmung des Angeklagten zur Sache oder nach der Beweisaufnahme. Wird nach Zurückverweisung durch das Revisionsgericht zusammen mit dem Revisionsurteil auch das aufgehobene tatrichterliche Urteil zur Information verlesen, so kann die Revision nicht darauf gestützt werden, daß dadurch die Unbefangenheit der Schöffen beeinträchtigt worden ist[242]. Werden fehlerhaft zusammen mit dem Anklagesatz auch Teile des **wesentlichen Ergebnisses der Ermittlungen** mitverlesen, so kann in der Regel ausgeschlossen werden, daß das Urteil auf diesem Rechtsfehler beruht[243]. Die Revision kann darauf gestützt werden, daß einem der deutschen Sprache nicht mächtigen Angeklagten der verlesene Anklagesatz nicht in eine ihm verständliche Sprache **übersetzt** wurde; das Beruhen des Urteils auf diesen Verstoß kann aber auszuschließen sein, wenn der Angeklagte eine korrekte Übersetzung der verlesenen Anklage in Händen hatte; bei einer fehlerhaften Übersetzung gilt das nicht[244].

e) Das **Unterlassen des Hinweises nach Absatz 4 Satz 1** kann der Angeklagte, der **108** dadurch zu einer Aussage veranlaßt wurde, obwohl er in Kenntnis seiner Verteidigungsmöglichkeiten nicht ausgesagt hätte, mit der Revision rügen (§ 337), nicht aber die in ihren Verfahrensbefugnissen dadurch nicht betroffenen anderen Verfahrensbeteiligten[245]. Die frühere Rechtsprechung, die im Unterlassen der Belehrung nur einen nicht revisiblen Verstoß gegen eine Ordnungsvorschrift sah, ist seit BGHSt 25 325[246] aufgegeben[247]. Nach Ansicht des Bundesgerichtshofs greift die Revision wegen dieses Rechtsfehlers aber nur durch, wenn der Schutzzweck des Hinweisgebots wesentlich beeinträchtigt wurde, also wenn nach Lage des jeweiligen Falles der Hinweis erforderlich war, um den Angeklagten über seine Verteidigungsmöglichkeiten zu unterrichten, und wenn der Angeklagte sich bei einem entsprechenden Hinweis nicht zur Sache geäußert hätte. Nach dieser Ansicht, von der sicherheitshalber jede Revisionsbegründung ausgehen sollte, muß zur **Begründung der Rüge** (§ 344), das Gericht habe den Angeklagten durch Unterlassung der Belehrung nach Absatz 4 in seinen Rechten verletzt, unter Anführen der erforderlichen Tatsachen dargetan werden, daß die Belehrung zu Unrecht unterblieben ist, daß der Angeklagte deshalb an seine Aussagepflicht glaubte und dadurch veranlaßt wurde, zur Sache auszusagen, eventuell, warum er dies glaubte, obwohl ihm ein Verteidiger zur Seite stand oder obwohl er bei einer früheren Vernehmung belehrt worden war[248], oder obwohl

---

[241] RGSt **23** 310; der Verstoß kann aber unter anderen Gesichtspunkten erheblich sein.

[242] BGH GA **1976** 368; KK-*Treier* 54.

[243] BGH JR **1987** 389 mit Anm. *Rieß* = StV **1988** 282 mit abl. Anm. *Dankert*; KK-*Treier* 54; *Kleinknecht/Meyer-Goßner*[43] 38; SK-*Schlüchter* 69; **a. A** BGHSt **5** 261 (zum früheren Recht); wegen des Überlassens einer Anklageschrift mit dem wesentlichen Ergebnis der Ermittlungen an die Schöffen vgl. bei § 261.

[244] BGH StV **1993** 2; KK-*Treier* 24; SK-*Schlüchter* 25.

[245] Diese werden nach dem Schutzzweck nicht betroffen. Der Hinweis sichert die Befugnis zu schweigen, also ein persönliches Verteidigungsrecht des betroffenen Angeklagten, auf dessen Ausübung weder Mitangeklagte oder sonstige Verfahrensbeteiligte einen Einfluß haben; sie können in der Regel auch nicht beurteilen, ob der unterbliebene Hin-

weis für die Einlassung des Angeklagten ursächlich war. Vgl. BGH NStZ **1994** 595 mit Anm. *Wohlers* NStZ **1995** 46 = StV **1995** 231 mit Anm. *Dencker*; JR **1995** 251 mit Anm. *Hauser*; **a. A** *Sarstedt/Hamm*[6] 977; vgl. ferner Rdn. 113.

[246] = LM Nr. 11 mit Anm. *Kohlhaas* = JR **1975** 339 mit Anm. *Hanack*; dazu *Bohnert* NStZ **1982** 5; *Dencker* MDR **1975** 359; *Gössel* NJW **1981** 2219; § 23 B I; *Hegmann* NJW **1975** 915; *Roxin* § 24, 33; *Rogall* MDR **1977** 978; *Seelmann* JuS **1976** 157.

[247] Die Entscheidung erging auf Vorlage des OLG Stuttgart (MDR **1973** 951); das Schrifttum hatte schon früher gegen die Annahme einer nicht revisiblen Ordnungsvorschrift erhebliche Bedenken geäußert, vgl. etwa *Grünwald* JZ **1966** 495; **1968** 752; *Hanack* JZ **1971** 169; *Eb. Schmidt* NJW **1968** 1209; *Schünemann* MDR **1969** 101; vgl. ferner § 136, 58 ff.

[248] Vgl. BGH bei *Pfeiffer/Miebach* NStZ **1983** 210.

er aus einer Belehrung oder dem Prozeßverhalten eines Mitangeklagten ersehen konnte, daß er zur Aussage nicht verpflichtet war[249].

109　　Diese Anforderung dürften, wie *Hanack*[250] darlegt, **zu weit** gehen. Die Belehrungspflicht wurde als Maßnahme der „Vorsorglichkeit und Fürsorge" eingeführt, weil der Gesetzgeber mit Unkenntnis oder nicht ausreichender Kenntnis des Schweigerechts beim Angeklagten rechnete und weil er außerdem die psychologischen Hemmungen des Angeklagten, von seinem Recht Gebrauch zu machen, verringern wollte[251]. Es bedeutet wiederum eine nicht gebotene revisionsrechtliche Sonderbehandlung der „Ordnungsvorschrift", wenn die Prüfung, ob Normzweck und Auswirkung auf die Rechtsstellung des Angeklagten den Verfahrensverstoß zum Revisionsgrund machen, anders als sonst bei § 337 den konkreten Nachweis erfordern würde, daß es des Hinweises zur Wahrung des Schweigerechts des Angeklagten bedurft hätte. Bejaht man dagegen die ausnahmslose Hinweispflicht und prüft dann im Rahmen des § 337, ob das Urteil auf dem Verstoß gegen die Belehrungspflicht beruht[252], so kommen dieselben Überlegungen zum Tragen, die der Bundesgerichtshof angeführt hat, allerdings mit dem entscheidenden Unterschied, daß mangels Belehrung nicht generell davon ausgegangen werden kann, daß sich der Angeklagte in voller Kenntnis seines Schweigerechts zur Aussage entschlossen hat; die Revision hat Erfolg, wenn bei Würdigung aller Umstände nicht auszuschließen ist, daß er bei Belehrung geschwiegen hätte.

110　　Das **Beruhen** ist zu **verneinen**, wenn der Angeklagte auch ohne Hinweis geschwiegen hat oder wenn sich zweifelsfrei ergibt, daß der Angeklagte auch ohne Belehrung wußte, daß er die freie Wahl hatte, auszusagen oder zu schweigen[253]. Dies kann sich auch daraus ergeben, daß der Angeklagte sichtlich in Übereinstimmung mit seinem Verteidiger aussagte. Anders als bei der Einführung einer früheren Vernehmung in die Hauptverhandlung würde es bei einer Aussage in Gegenwart des Verteidigers wenig Sinn machen, darauf abzustellen, ob dieser nach der Aussage deren Verwertung wegen der fehlenden Belehrung in einer Erklärung nach § 257 widerspricht. Wenn der Verteidiger glaubt, daß der Angeklagte nur in Unkenntnis seines Schweigerechts aussagt, muß er ihn schon bei Beginn seiner Aussage von sich aus darauf hinweisen, daß er dazu nicht verpflichtet ist, oder das Gericht veranlassen, die unterlassene Belehrung nachzuholen.

111　　Wurde hingegen durch eine bewußt täuschende Belehrung nach Absatz 4 Satz 1 **gegen § 136 a verstoßen**, kann die Verwertung der dadurch erreichten Aussage mit der Revision beanstandet werden[254], es sei denn, der Verfahrensverstoß wurde nachträglich geheilt, was auch dadurch geschehen kann, daß das Gericht die Aussage für unverwertbar erklärt und bei der Urteilsfindung auch nicht verwertet, soweit sie den Angeklagten belastet[255].

112　　f) Die Revision kann rügen, daß dem Angeklagten keine **Gelegenheit zur Äußerung nach Absatz 4 Satz 2** gegeben wurde[256] oder daß er in seinem Äußerungsrecht zu

---

[249] Nach KK-*Treier* 55 trägt die erweiterte Darlegungspflicht dem Umstand Rechnung, daß nach der Lebenserfahrung ein Angeklagter im allgemeinen das Wahlrecht kennt; ebenso *Meyer* JR **1966** 310.

[250] JR **1975** 340; ebenso *Bohnert* NStZ **1982** 10; *Dencker* MDR **1975** 362; *Fezer* JuS **1978** 107; *Gössel* § 23 B I b; *Herdegen* NStZ **1990** 518; *Roxin* § 24, 33; AK-*Schöch* 43; *Kleinknecht/Meyer-Goßner*[43] 39; KMR-*Paulus* 64; SK-*Schlüchter* 72; BGHSt **38** 227 läßt dies offen; vgl. § 136, 60 ff.

[251] Vgl. Rdn. 65; *Hegmann* NJW **1975** 915; SK-*Schlüchter* 71.

[252] Zu den grundsätzlichen Fragen des Beruhens vgl. bei § 337; ferner § 136, 61; 62.

[253] BGH NJW **1966** 1719; BGH bei *Pfeiffer/Miebach* NStZ **1983** 210; OLG Hamburg JR **1967** 307 mit Anm. *Meyer*; *Gössel* § 23 B I b; *Grünwald* JZ **1983** 716.

[254] Vgl. OLG Köln MDR **1972** 965; OLG Oldenburg NJW **1967** 1098; *Eb. Schmidt* NJW **1968** 1217; *Wessels* JuS **1966** 171; AK-*Schöch* 42; KMR-*Paulus* 32.

[255] Vgl. *Eb. Schmidt* NJW **1969** 1145; vgl. § 136, 54; 62.

[256] BGH StV **1990** 245; vgl. Rdn. 77 ff.

Unrecht eingeschränkt wurde[257]. Sie kann aber in der Regel nicht darauf gestützt werden, daß die **Befragung des Angeklagten nach Absatz 4 Satz 2** nicht erschöpfend gewesen sei, sofern der Angeklagte sich unbehindert äußern konnte und auch der Verteidiger und die anderen Verfahrensbeteiligten Gelegenheit hatten, durch Fragen selbst die erforderliche Ergänzung herbeizuführen[258]. Ähnlich wie bei den Zeugen läßt sich in solchen Fällen auch die Rüge der **Verletzung der Aufklärungspflicht** nur bei Vorliegen ganz besonderer Umstände begründen. Mit der Revision kann auch nicht geltend gemacht werden, daß bei der äußeren Gestaltung der Einvernahme unzweckmäßig verfahren worden ist oder daß das Gericht die Einvernahme zum persönlichen Werdegang bis zum Abschluß der Beweisaufnahme über den Tathergang zurückgestellt hatte[259].

§ 243 Abs. 4 ist eine Schutzvorschrift für den jeweiligen Angeklagten. Ein **Mitangeklagter** kann daraus, daß sie gegenüber einem anderen verletzt wurde, keine Rechte herleiten[260]. **113**

g) Bei der **Feststellung der Vorstrafen** nach **Absatz 4 Satz 3 und 4** hat der Vorsitzende einen weiten Ermessensspielraum, vor allem bei der Wahl des für die Einführung in die Hauptverhandlung geeigneten Zeitpunkts. Ein die Revision begründender Verfahrensverstoß scheidet in der Regel aus[261]. Selbst wenn der Vorsitzende die Vorstrafen verfrüht (vgl. Rdn. 94) festgestellt hat, wird meist auszuschließen sein, daß das Urteil darauf beruht[262]. Gleiches gilt, wenn entgegen der Sollvorschrift des Absatz 4 Satz 2 Vorstrafen festgestellt wurden, die für die Entscheidung ohne Bedeutung sind. Unterbleibt dagegen die Einführung von Vorstrafen in die Hauptverhandlung, die ersichtlich für die Urteilsfindung von Bedeutung gewesen wären, so kann dies unter dem Blickwinkel der Verletzung der **Aufklärungspflicht** gerügt werden. **114**

Die nach den §§ 51, 52, 66 BZRG unzulässige Verwertung von Vorstrafen begründet dagegen die Revision, sofern und soweit das Urteil darauf beruhen kann[263]. **115**

---

[257] Vgl. OLG Schleswig bei *Ernesti/Jürgensen* SchlHA **1973** 186; wenn dies durch einen Gerichtsbeschluß geschah, kann die Rüge auch auf § 338 Abs. 8 gestützt werden. Nach BGH NStZ **1997** 198 ist die vorherige Anrufung des Gerichts (§ 238 Abs. 2) erforderlich.

[258] BayObLGSt **1971** 44 = MDR **1971** 775; OLG Koblenz OLGSt **1**; OLG Schleswig SchlHA **1970** 198; KK-*Treier* 56; *Kleinknecht/Meyer-Goßner*[43] 45; KMR-*Paulus* 67; SK-*Schlüchter* 73.

[259] BGH NStZ **1985** 561; AK-*Schöch* 46.

[260] BGH bei *Dallinger* MDR **1973** 182; KMR-*Paulus* 67; SK-*Schlüchter* 73.

[261] *Kleinknecht/Meyer-Goßner*[43] 41; KMR-*Paulus* 68; SK-*Schlüchter* 74. Früher begründete man den Ausschluß der Revision mit dem Charakter als Ordnungsvorschrift, selbst wenn ein Beschluß nach § 238 Abs. 2 vorlag; vgl. BayObLG MDR **1972** 626; *Eb. Schmidt* NJW **1969** 1145; so auch KK-*Treier* 57.

[262] AK-*Schöch* 58.

[263] BGHSt **25** 100; **27** 108; AK-*Schöch* 58; KK-*Treier* 57; KMR-*Paulus* 68; SK-*Schlüchter* 74; auch wegen der darin liegenden Verletzung des sachlichen Rechts.

Walter Gollwitzer

§ 244

(1) Nach der Vernehmung des Angeklagten folgt die Beweisaufnahme.

(2) Das Gericht hat zur Erforschung der Wahrheit die Beweisaufnahme vom Amts wegen auf alle Tatsachen und Beweismittel zu erstrecken, die für die Entscheidung von Bedeutung sind.

(3) [1]Ein Beweisantrag ist abzulehnen, wenn die Erhebung des Beweises unzulässig ist. [2]Im übrigen darf ein Beweisantrag nur abgelehnt werden, wenn eine Beweiserhebung wegen Offenkundigkeit überflüssig ist, wenn die Tatsache, die bewiesen werden soll, für die Entscheidung ohne Bedeutung oder schon erwiesen ist, wenn das Beweismittel völlig ungeeignet oder wenn es unerreichbar ist, wenn der Antrag zum Zweck der Prozeßverschleppung gestellt ist oder wenn eine erhebliche Behauptung, die zur Entlastung des Angeklagten bewiesen werden soll, so behandelt werden kann, als wäre die behauptete Tatsache wahr.

(4) [1]Ein Beweisantrag auf Vernehmung eines Sachverständigen kann, soweit nichts anderes bestimmt ist, auch abgelehnt werden, wenn das Gericht selbst die erforderliche Sachkunde besitzt. [2]Die Anhörung eines weiteren Sachverständigen kann auch dann abgelehnt werden, wenn durch das frühere Gutachten das Gegenteil der behaupteten Tatsache bereits erwiesen ist; dies gilt nicht, wenn die Sachkunde des früheren Gutachters zweifelhaft ist, wenn sein Gutachten von unzutreffenden tatsächlichen Voraussetzungen ausgeht, wenn das Gutachten Widersprüche enthält oder wenn der neue Sachverständige über Forschungsmittel verfügt, die denen eines früheren Gutachters überlegen erscheinen.

(5) Ein Beweisantrag auf Einnahme eines Augenscheins kann abgelehnt werden, wenn der Augenschein nach dem pflichtgemäßen Ermessen des Gerichts zur Erforschung der Wahrheit nicht erforderlich ist. Unter derselben Voraussetzung kann auch ein Beweisantrag auf Vernehmung eines Zeugen abgelehnt werden, dessen Ladung im Ausland zu bewirken wäre.

(6) Die Ablehnung eines Beweisantrags bedarf eines Gerichtsbeschlusses.

Schrifttum (Auswahl). *Aleksic* Persönliche Beweismittel im Strafverfahren (1969); *Alsberg* Der Beweisermittlungsantrag, GA **67** (1919) 261; *Alsberg* Das Verbot der Beweisantizipation, JW **1922** 258; *Alsberg* Die Wahrunterstellung im Strafprozeß, JW **1929** 977; *Alsberg* Gerichtskundigkeit, JW **1918** 792; *Arntzen* Psychologie der Zeugenaussage[2] (1983); *Arzt* Der strafrechtliche Schutz der Intimsphäre (1970); *Arzt* Zum Verhältnis von Strengbeweis und freier Beweiswürdigung, FS Peters 223; *Bandilla/Hassemer* Zur Abhängigkeit strafrichterlicher Beweiswürdigung vom Zeitpunkt der Zeugenvernehmung im Hauptverfahren, StV **1989** 551; *Barth* Das Beweisantragsrecht zwischen verfassungsrechtlichem Anspruch und Reformforderungen auf ungesicherter empirischer Grundlage, ZStW **108** (1996) 155; *Basdorf* Änderungen des Beweisantragsrechts und Revision, StV **1995** 310; *Bauer* Der Ablehnungsgrund der Wahrunterstellung – eine vergleichende straf- und zivilprozessuale Analyse, MDR **1994** 953; *Beling* Die Beweisverbote als Grenzen der Wahrheitsforschung im Strafprozeß (1903 – Neudruck); *Bender/Nack* Tatsachenfeststellung vor Gericht[2] Bd. I, II (1995); *Bendix* Die freie Beweiswürdigung des Strafrichters, GA **63** (1917) 31; *Berkholz* Der Beweisermittlungsantrag im Strafprozeß, Diss. Köln 1967; *Bergmann* Die Beweisanregung im Strafprozeß, Diss. Münster 1970; *Bergmann* Die Beweisanregung im Strafverfahren, MDR **1976** 888; *Bohlander* Entlastung der Strafrechtspflege – Ersetzung des § 244 II StPO durch § 288 I ZPO? NStZ **1992** 578; *Bohne* Zur Psychologie der richterlichen Überzeugungsbildung (1948); *Born* Wahrunterstellung zwischen Aufklärungspflicht und Beweisablehnung wegen Unerheblichkeit (1984); *Bosch* Grundsatzfragen des Beweisrechts (1963); *Bovensiepen* Der Freibeweis im Strafprozeß, Diss. Bonn 1978; *Bringewat* Grundfragen der Wahrunterstellung im Strafprozeß, MDR **1986** 353; *Brutzer* Offenkundigkeit. Wesen und Begriff im Strafprozeß, Diss. Göttingen 1973; *Burhoff* Handbuch für die strafrechtliche Hauptverhandlung (1997); *Dedes* Beweisverfahren und Beweisrecht (1992); *Dedes* Grundprobleme des Beweisverfahrens, GedS H.

Kaufmann 929; *Dencker* Über Heimlichkeit, Offenheit und Täuschung bei der Beweisgewinnung im Strafverfahren, StV **1994** 667; *Detter* Der Sachverständige im Strafverfahren – eine Bestandsaufnahme, NStZ **1998** 57; *Dietzen* Dreierlei Beweis im Strafverfahren (1926); *Döhring* Die Erforschung des Sachverhalts im Prozeß – Beweiserhebung und Beweiswürdigung (1964); *Graf zu Dohna* Der Umfang der Beweisaufnahme im Strafverfahren, DJZ **1911** 305; *Graf zu Dohna* Das Problem der vorweggenommenen Beweisaufnahme, FS Kohlrausch (1944) 319; *Eisenberg* Vernehmung und Aussage (insbesondere) im Strafverfahren aus empirischer Sicht, JZ **1984** 912; 961; *Engels* Beweisantizipationsverbot und Beweiserhebungsumfang im Strafprozeß, GA **1981** 21; *Engels* Die Aufklärungspflicht nach § 244 Abs. 2 StPO, Diss. Bonn 1979; *Feuerpeil* Der Beweisablehnungsgrund der Offenkundigkeit gem. § 244 Abs. 3 Satz 2 1. Var. StPO (1987); *Frister* Das Verhältnis von Beweisantragsrecht und gerichtlicher Aufklärungspflicht im Strafprozeß, ZStW **105** (1993) 340; *Fröhner* Kritik der Aussage (1954); *Glaser* Beiträge zur Lehre vom Beweis im Strafprozeß (1883); *Gössel* Über das Verhältnis von Beweisermittlungsverbot und Beweisverwertungsverbot unter besonderer Berücksichtigung der Amtsaufklärungsmaxime der §§ 160, 244 II StPO, NStZ **1998** 126; *Gollwitzer, Karl Ernst* Einschränkungen des Beweisantragsrechts durch Umdeutung von Beweisanträgen in Beweisanregungen, StV **1990** 420; *Grünwald* Das Beweisrecht der Strafprozeßordnung (1993); *Grünwald* Die Wahrunterstellung im Strafverfahren, FS Honig 53 (1970); *Gutmann* Die Aufklärungspflicht des Gerichts und der Beweiserhebungsanspruch der Parteien im Strafprozeß, JuS **1962** 369; *Häner* Verfahren beim Ausbleiben des gerichtlich geladenen Zeugen, JR **1984** 496; *Hamm* Wert und Möglichkeit der Früherkennung richterlicher Beweiswürdigung durch den Strafverteidiger, FS II Peters 169; *Hanack* Zur Austauschbarkeit von Beweismitteln im Strafprozeß, JZ **1970** 562; *Hartung* Zur Frage der Revisibilität der Beweisführung, SJZ **1948** 579; *Hekker* Das Handschriftengutachten als Sachbeweis, NStZ **1990** 463; *Hellmann* Richterliche Überzeugungsbildung und Schätzung bei der Bemessung strafrechtlicher Sanktionen, GA **1997** 503; *Hellwig* Wahrheit und Wahrscheinlichkeit, GerS **88** (1922) 417; *Herdegen* Bemerkungen zum Beweisantragsrecht, NStZ **1984** 97; 200; 337; *Herdegen* Aufklärungspflicht – Beweisantragsrecht – Beweisermittlungsantrag, GedS Meyer 187; *Herdegen* Zum Begriff der Beweisbehauptung, StV **1990** 518; *Herdegen* Die Rüge der Nichtausschöpfung eines Beweismittels, FS Salger 301; *Herdegen* Da liegt der Hase im Pfeffer – Bemerkungen zur Reform des Beweisantragsrechts, NJW **1996** 26; *Herdegen* Das Verbot der Beweisantizipation im Strafprozeßrecht, FS Boujong 787; *Hetzer* Wahrheitsfindung im Strafprozeß (1982); *Hiegert* Die Sphäre der Offenkundigkeit in der StPO (1989); *Hirsch* Der zum Zwecke der Prozeßverschleppung gestellte Beweisantrag und seine strafprozessuale Behandlung (1996); *Hoffmann, Paul* Der unerreichte Zeuge im Strafverfahren (1991); *Holzapfel* Die Ablehnung von Beweisanträgen im Strafprozeß als für die Entscheidung ohne Bedeutung (§ 244 Abs. 3 S. 2, 2. Alt. StPO, Diss. Tübingen 1994; *Julius* Die Unerreichbarkeit von Zeugen im Strafprozeß (1988); *Julius* Zum Verhältnis von Aufklärungspflicht und Beweisantragsrecht im Strafprozeß, NStZ **1986** 61; *Käßer* Wahrheitserforschung im Strafprozeß (1974); *Keller* Offenkundigkeit und Beweisbedürftigkeit im Strafprozeß, ZStW **101** (1989) 381; *Köhler* Inquisitionsprinzip und autonome Beweisführung (§ 245 StPO) (1979); *Kratsch* Die Austauschbarkeit von Beweismitteln, JA **1983** 231; *Krauß* Das Prinzip der materiellen Wahrheit im Strafprozeß, FS Schaffstein 411; *Krause* Dreierlei Beweis im Strafverfahren, Jura **1982** 225; *Krönig* Die Kunst der Beweiserhebung, DRiZ **1960** 178; *Kunert* Strafprozessuale Beweisprinzipien im Wechselspiel, GA **1979** 401; *Kühl* Prozeßgegenstand und Beweisthema im Strafverfahren (1987); *Lange* Von dem Zufall, die eigene Unschuld nachweisen zu können, FS II Peters 80; *Lipp* Das private Wissen des Richters (1995); *Lüderssen* Zur Unerreichbarkeit des V-Mannes, FS Klug Bd. 2, 527; *Lüderssen* Die strafrechtsgestaltende Kraft des Beweisrechts, ZStW **85** (1973) 22; *Maatz* § 244 Abs. 5 Satz 2 StPO – Ent- oder Belastung der Rechtspflege? FS Remmers 577; *Maciejewski* Auswertung olfaktorischer Spuren, Das Geruchsspurvergleichsverfahren mit Diensthunden, NStZ **1995** 483; *Maul* Die gerichtliche Aufklärungspflicht im Lichte der Rechtsprechung des Bundesgerichtshofs, FS II Peters 60; *Maul* Die Überprüfung der tatsächlichen Feststellungen durch das Revisionsgericht in der neueren Rechtsprechung des Bundesgerichtshofes, FS Pfeiffer 409; *Meixner* Der Indizienbeweis[2] (1964); *Mayer-Alberti* Der Beweismittlungsantrag (1929); *Meurer* Beweiserhebung und Beweiswürdigung, GedS H. Kaufmann 947; *Meyer-Goßner* Über die Gerichtskundigkeit, FS Tröndle 551; *Michalke* Noch einmal: „Hilfsbeweisantrag – Eventualbeweisantrag – Bedingter Beweisantrag", StV **1990** 184; *Michel* Der Richter als Zeuge im Strafverfahren, MDR **1992** 1026; *Mösl* Sachverständigengutachten und freie Beweiswürdigung im Strafprozeß, DRiZ **1970** 110; *Müller, Heinz-Rudolf* Zur Aufklärungspflicht bei Wahrunterstellung, GedS Meyer 285; *Neumann* Grenzen der Zeugnispflicht im Strafprozeß

(1930); *Nierwetberg* Der Beweisantrag im Strafverfahren, Jura **1984** 630; *Niemöller* Bedingte Beweisanträge im Strafverfahren, JZ **1992** 884; *Niethammer* Der Kampf um die Wahrheit im Strafverfahren, FS Sauer 26; *Nüse* Zur Ablehnung von Beweisanträgen wegen Offenkundigkeit, GA **1955** 72; *Otto* Grenzen und Tragweite der Beweisverbote im Strafverfahren, GA **1970** 289; *Pantle* Beweiserhebung über offenkundige Tatsachen, MDR **1993** 1166; *Perron* Das Beweisantragsrecht des Beschuldigten im deutschen Strafprozeß (1995); *Perron* Das Beweisantragsrecht des Beschuldigten – Ursache oder Symptom der Krise des deutschen Strafprozesses, ZStW **108** (1996) 128; *Peters* Der Strafprozeß in der Fortentwicklung, zugleich ein Nachtrag zum Lehrbuch Strafprozeß (1970); *Prittwitz* Der Mitbeschuldigte im Strafprozeß (1984); *Quedenfeld* Beweisantrag und Verteidigung in den Abschnitten des Strafverfahrens bis zum erstinstanzlichen Urteil, FS II Peters 215; *Prittwitz* Der Lügendetektor im Strafprozeß, MDR **1982** 886; *Raacke* Wahrunterstellung und Erheblichkeit, NJW **1973** 494; *Radbruch* Wahrunterstellung im Strafprozeß, FS Reichsgericht Bd. 5 S. 202; *Rahl* Die Wahrunterstellung im Strafprozeß – Eine empirische Untersuchung, Diss. Hamburg 1994; *Richter* Ablehnung von Beweisanträgen auf Anhörung weiterer Sachverständiger im Strafverfahren, NJW **1958** 1125; *Rissing-van Saan* Der „erkennende" Richter als Zeuge im Strafprozeß? MDR **1993** 310; *Robert* Der Augenschein im Strafprozeß (1974); *Rode/Legnaro* Psychiatrische Sachverständige im Strafverfahren (1994); *Rogall* Der Augenscheinsgehilfe im Strafprozeß, GedS Meyer 391; *Roggemann* Das Tonband im Verfahrensrecht, Göttinger rechtswissenschaftliche Studien Bd. 44 (1962); *Sarstedt* Der Beweisantrag im Strafprozeß, DAR **1964** 307; *Sarstedt* Beweisregeln im Strafprozeß, FS Hirsch 171 (1968); *Sauer* Grundlagen des Prozeßrechts[2] (1929); *Sauer* Allgemeine Prozeßrechtslehre (1951); *Sauer* Grenzen des richterlichen Beweises, JR **1949** 500; *Scheffler* Der Hilfsbeweisantrag und seine Bescheidung in der Hauptverhandlung, NStZ **1989** 158; *Schlothauer* Hilfsbeweisantrag – Eventualbeweisantrag – bedingter Beweisantrag, StV **1988** 542; *Schlüchter* Wahrunterstellung und Aufklärungspflicht bei Glaubwürdigkeitsfeststellungen (1992); *Schlüchter* Zur Rehabilitierung der gerichtlichen Aufklärungspflicht, FS Spendel 737; *W. Schmidt*, Dienstliche Äußerungen als Mittel der Freibeweisführung im Strafprozeß, SchlHA **1981** 2; *W. Schmid* Über Eid und eidesstattliche Versicherung im strafprozessualen Freibeweisrecht, SchlHA **1981** 41; *W. Schmid* Über Glaubhaftmachen im Strafprozeß, SchlHA **1981** 73; *Schmidt-Hieber* Richtermacht und Parteiherrschaft über offenkundige Tatsachen, Diss. Freiburg 1974; *Schmidt-Hieber* Der Beweisantrag im Strafprozeß, JuS **1985** 291; *Eb. Schmidt* Die Verwendbarkeit von Tonbandaufnahmen im Strafprozeß, Gedächtnisschrift für Walter Jellinek 625 (1955); *Schneider* Beweis und Beweiswürdigung[2] (1971); *Schomburg/Klip* „Entlastung der Rechtspflege" durch weniger Auslandszeugen, StV **1993** 208; *Schrader* Der Hilfsbeweisantrag – ein Dilemma, NStZ **1991** 224; *Schroeder* Die Beweisaufnahme im Strafprozeß unter dem Druck der Auseinandersetzung zwischen Ost und West, ROW **1969** 193; *Schröder* Die Ablehnung von Beweisanträgen auf Grund von Wahrunterstellung und Unerheblichkeit, NJW **1972** 2105; *Schudt* Die Aufklärung des Sachverhalts im Strafverfahren, DRiZ **1980** 427; *Schulz* Die prozessuale Behandlung des Beweisermittlungsantrages, GA **1981** 301; *Schulz* Zur Entscheidungskompetenz über Beweisermittlungsanträge, AnwBl. **1983** 492; *Schulz* Die Austauschbarkeit von Beweismitteln oder die Folge apokrypher Beweismittel, StV **1983** 341; *Schulz* Die Erosion des Beweisantragsrechts. Zum Entwurf eines Gesetzes zur Entlastung der Rechtspflege, StV **1991** 354; *Schulz* Sachverhaltsfeststellung und Beweistheorie. Elemente einer Theorie strafprozessualer Sachverhaltsfeststellung (1992); *Schwagerl* Das Alibi (1964); *Schweckendieck* Die Ablehnung eines Beweisantrags wegen Verschleppungsabsicht – eine zu wenig genutzte Möglichkeit? NStZ **1991** 109; *Schweckendieck* Bedeutungslosigkeit und Wahrunterstellung – ein Gegensatz? NStZ **1997** 257; *Schwenn* Was wird aus dem Beweisantrag? StV **1981** 631; *Seebode* Hörensagen ist halb gelogen, JZ **1980** 506; *Seibert* Beweisanträge, NJW **1960** 19; *Seibert* Beweisanträge (Zeugen und Sachverständige) im Strafverfahren, NJW **1962** 135; *Simader* Die Ablehnung von Beweisanträgen in der Hauptverhandlung (1933); *Solbach/Vedder* Der Anspruch auf Beweiserhebung in der Hauptverhandlung in Strafsachen, JW **1980** 99; 161; *Spendel* Wahrheitsfindung im Strafprozeß, JuS **1964** 465; *v. Stackelberg* Zur Wahrunterstellung in der strafrechtlichen Revision, FS Sarstedt 373; *Steen* Beweisführung durch Luftbilder, NJW **1981** 2557; *Stein* Das private Wissen des Richters (1893; Neudruck 1969); *Stützel* Der Beweisantrag im Strafverfahren (1932); *ter Veen* Das unerreichbare Beweismittel und seine prozessualen Folgen – eine Übersicht zur Rechtsprechung des BGH und anderer Obergerichte, StV **1985** 295; *ter Veen* Beweisumfang und Verfahrensökonomie im Strafprozeß (1995); *Tenckhoff* Die Wahrunterstellung im Strafprozeß (1980); *Többens* Der Freibeweis und die Prozeßvoraussetzungen im Strafprozeß, Diss. Freiburg 1979; *Többens* Der Freibeweis und die Prozeßvoraussetzungen im Strafprozeß, NStZ

1982 184; *Thole* Der Scheinbeweisantrag im Strafprozeß (1992); *Ulsenheimer* Einschränkungen des Beweisrechts in Gegenwart und Zukunft, AnwBl. **1983** 373; *van der Ven* Beweisrecht als Frage nach Wahrheit und nach Gerechtigkeit, FS Peters 463; *Weigelt* Der Beweisantrag in Verkehrsstrafsachen, DAR **1964** 317; *Wenner* Die Aufklärungspflicht gem. § 244 Abs. 2 StPO (1982); *Wenskat* Der richterliche Augenschein im deutschen Strafprozeß (1988); *Werthoff* Über die Grundlagen des Strafprozesses bei besonderer Berücksichtigung des Beweisrechts (1955); *Wessel* Die Aufklärungsrüge im Strafprozeß, JuS **1969** 1; *Wessel* Zur Verfassungsgarantie der richterlichen Wahrheitsfindung, FS Dreher 137; *Widmaier* Kritische Gedanken zur diskutierten Reform des Beweisantrags- und des Revisionsrechts, NStZ **1994** 414; *Widmaier* Der Hilfsantrag mit „Bescheidungsklausel", FS Salger 421; *Willms* Zur Problematik der Wahrunterstellung, FS Schäfer 275; *Willms* Wesen und Grenzen des Freibeweises, FS Heusinger 393; *Ziegler* Zweckmäßigkeitstendenzen in der höchstrichterlichen Auslegung des Beweisrechts im Strafverfahren (1969); *Zierl* Gegen Einschränkung des Beweisantragsrechts, DRiZ **1983** 410. Das Schrifttum zum Zeugenbeweis ist bei den §§ 48 ff, zum Sachverständigenbeweis vor § 72, zur körperlichen Untersuchung und zur Glaubwürdigkeitsuntersuchung bei §§ 81 ff aufgeführt. Das Schrifttum zur Frage der Beweisverbote findet sich in der Einleitung bei Abschnitt K.

Entstehungsgeschichte. In der ursprünglichen Fassung enthielt der heutige § 244 (bis 1924: § 243) nur den jetzt noch bestehenden Absatz 1, ferner als Absatz 2 den jetzigen Absatz 6 und als Absatz 3 die Vorschrift, daß das Gericht auf Antrag oder von Amts wegen die Ladung von Zeugen und Sachverständigen sowie die Herbeischaffung anderer Beweismittel anordnen könne. Das Reichsgericht entwickelte auf dieser Grundlage in Verbindung mit § 155 Abs. 2, in dem es einen das ganze Strafverfahren beherrschenden Grundgedanken fand, eine Reihe von Grundsätzen für die Beweisaufnahme im allgemeinen und für das Verfahren gegenüber den Beweisanträgen der Beteiligten im besonderen. Um die Anwendung dieser Grundsätze einzuschränken, stellte Art. 3 § 1 des Kap. 1 des ersten Teils der VO vom 14. 6. 1932 den Umfang der Beweisaufnahme in das freie Ermessen des Gerichts. Art. 1 Nr. 3 des Gesetzes vom 28. 6. 1935 behielt diese Einschränkung bei, brachte im übrigen aber erstmals eine abschließende Aufzählung der Gründe, aus denen ein Beweisantrag abgelehnt werden konnte. Diese Vorschriften wurden in § 245 eingestellt, der bis dahin — wie jetzt wieder — das Verfahren beim Gebrauch herbeigeschaffter Beweismittel geregelt hatte. Dorthin wurde auch der bisherige Absatz 2 übernommen, während Absatz 3 als überflüssig entfiel. Dafür erhielt § 244 als Absatz 2 erstmals das die Aufklärungspflicht des Gerichts ausdrücklich aussprechende Gebot in der Fassung, daß das Gericht von Amts wegen alles zu tun habe, was zur Erforschung der Wahrheit notwendig sei. Die strengen Grundsätze, die das Reichsgericht in jahrzehntelanger Rechtsprechung erarbeitet hatte und die durch die Gesetzesänderungen der Jahre 1932 und 1935 schon durchbrochen worden waren, wurden durch § 24 VereinfVO vom 1. 9. 1939 vollständig verlassen. Art. 3 Nr. 112 VereinhG knüpfte 1950 an den früheren Rechtszustand an, nahm jedoch die von der Rechtsprechung entwickelten Grundsätze als für alle Gerichte verpflichtend als Absätze 2 bis 5 in das Gesetz auf. Dabei ist das Verfahren über die Behandlung von Beweisanträgen auf Vernehmung eines Sachverständigen in Absatz 4 zum erstenmal ausdrücklich geregelt worden. Durch Art. 2 Nr. 4 des RpflEntlG vom 11. 1. 1993 wurde bei Absatz 5 ein Satz 2 angefügt, der die Ablehnung von Beweisanträgen bei Zeugen erleichtern soll, die im Ausland geladen werden müßten. Die Rechtsentwicklung und die jeweiligen Fassungen der §§ 244, 245 sind u. a. dargestellt bei *Engels* 165; *Hagemann* 144; *Rieß* FS Reichsjustizamt 423; *Wasserburg* StV **1989** 332; *Wendisch* NStZ **1990** 350.

Geplante Änderung. Der in der 13. Legislaturperiode nicht mehr verabschiedete Entwurf des Bundesrates eines Zweiten Gesetzes zur Entlastung der Rechtspflege (strafrechtlicher Bereich), BTDrucks **13** 4561, hatte in Art. 2 Nr. 24 vorgeschlagen, in Absatz 3 Satz 2 vor den Wörtern „zum Zwecke der Prozeßverschleppung" die Worte „nach der freien Würdigung des Gerichts" einzufügen.

Übersicht

Stand: 1. 6. 1998

Alphabetische Übersicht

I. Die Beweisaufnahme

1. Gegenstand der Beweisaufnahme. Beweis wird über **tatsächliche Vorgänge**, **1**
Ereignisse und Zustände aufgenommen, also über Tatsachen, die der Vergangenheit oder
der Gegenwart angehören. Dazu gehören auch die erfahrungsgemäß zwischen den tatsächlichen Vorgängen bestehenden Zusammenhänge, nicht aber reine Wertungen oder
Vorhersagen, deren Richtigkeit sich nicht objektiv klären läßt[1]. **Innere Tatsachen**, wie
etwa die Absicht eines Menschen, sind dem Beweis nicht entzogen; zu ihrem (indiziel-
len) Nachweis muß auf in der Außenwelt manifest gewordenen Tatsachen, wie Äußerungen oder Verhalten des Betreffenden, zurückgegriffen werden[2]. Bei **Prognosen** sind
nicht diese, sondern die Tatsachen und Erfahrungssätze, auf die sie sich stützen, dem
Beweis zugänglich[3]. Absatz 1 legt fest, daß die durch Verwendung aller zulässigen
Beweismittel mögliche Aufklärung der für die Urteilsfindung erforderlichen Tatsachen
in einem **besonderen Abschnitt der Hauptverhandlung** geschieht, der der Vernehmung
des Angeklagten zur Sache nachfolgt (formelle Beweisaufnahme). Erst auf Grund der
Einlassung des Angeklagten kann das Gericht beurteilen, welche Tatsachen einer beson-
deren Beweiserhebung bedürfen. Wenn Absatz 1 die Vernehmung des Angeklagten zur
Sache nicht zur formellen Beweisaufnahme rechnet[4], so bedeutet dies nicht, daß seine
Angaben als materielles Beweismittel für die richterliche Entscheidung unverwertbar
sind (vgl. Rdn. 10).

Das **anzuwendende Recht** kann grundsätzlich nicht Gegenstand der Beweisauf- **2**
nahme im Sinne des Absatzes 1 sein[5]. Die Berufsrichter müssen sich bei Vorbereitung
der Hauptverhandlung die erforderlichen Rechtskenntnisse selbst bei ferne liegenden
Spezialvorschriften in jeder dafür geeigneten Weise (Literatur, Behördenauskünfte,
Gesetzesmaterialien usw.) verschaffen. Gleiches gilt für die Auslegung einzelner Rechtsbegriffe (wie etwa „Verteidigung der Rechtsordnung" in §§ 47, 56 Abs. 3 StGB; vgl.
OLG Celle JR **1980** 256 mit Anm. *Naucke*) und die Tatsachen, von denen die Gültigkeit
einer Rechtsnorm abhängt (Ausfertigung, Tag und Art der Verkündung usw.). Auch über
Vorhandensein und Inhalt des **Europarechts**, über **völkerrechtliche Vereinbarungen**
und über **ausländisches Recht** hat sich das Gericht grundsätzlich aus allen dafür geeigneter Mitteln selbst zu unterrichten, die Verfahrensbeteiligten können insoweit allenfalls
Hinweise geben. Gleiches gilt für Bestehen und Inhalt von **Gewohnheitsrecht**. Dem
Gericht ist es jedoch nicht verwehrt, noch in der Hauptverhandlung unter Mitwirkung
der Verfahrensbeteiligten in einem freien Verfahren, das nicht an die Regeln des Strengbeweisrechts (Rdn. 3; 95) gebunden ist, durch Einholung von Gutachten, amtlichen Auskünften und andere ihm geeignet erscheinende Mittel festzustellen, ob und mit welchem
Inhalt Gewohnheitsrecht besteht und welche Tragweite ein etwa einschlägiger ausländi-

---

[1] BGHSt **6** 359; AK-*Schöch* 14; vgl. KK-*Herdegen*
3: „Lebenskonkreta, die existent waren oder sind".
Zur Beweisbedürftigkeit von wissenschaftlichen
Erkenntnissen oder Erfahrungssätzen vgl. bei § 261
und bei Rdn. 228; zum Gegenstand der Beweisaufnahme und zum Begriff des Beweises s. auch LR-
Gössel Einl. K 1 ff.
[2] BGHSt **12** 290; BGH bei *Pfeiffer/Miebach* NStZ
1984 210; KK-*Herdegen* 3; SK-*Schlüchter* 5; h. M.
[3] SK-*Schlüchter* 4.
[4] Wichtig wegen der Reihenfolge des Verfahrensgangs; vgl. BGHSt **3** 384; Rdn. 10; § 243, 1 ff.

[5] RGRspr. **9** 231; RGSt **39** 213; **42** 56; **44** 118; RG
Recht **1911** Nr. 2261; RG LZ **1916** 1044; BGHSt
25 207 = JZ **1974** 340 mit Anm. *Schroeder*; **28** 325
= JR **1979** 381 mit Anm. *Meyer-Goßner*; BGH
NJW **1966** 1364; **1968** 1293; BayOLG VRS **16**
(1959) 137; OLG Celle JZ **1954** 199; JR **1980** 256
mit Anm. *Naucke*; OLG Hamm VRS **11** (1956) 59;
KG VRS **17** (1959) 358; OLG Stuttgart JR **1977**
205 mit Anm. *Gollwitzer*; KK-*Pelchen* Vor § 72, 1;
AK-*Schöch* 4; KK-*Herdegen* 3; SK-*Schlüchter* 9;
Alsberg/Nüse/Meyer 136 je mit weit. Nachw. auch
zu in Einzelheiten abweichenden Meinungen. Vgl.
ferner Rdn. 95 und Vor § 72.

scher Rechtssatz hat[6]. Vor allem in den seltenen Fällen, in denen es noch auf örtliches Gewohnheitsrecht ankommen kann, muß mitunter schon zur Feststellung einer langjährigen örtlichen Übung auf Auskunftspersonen zurückgegriffen werden[7].

3　　**2. Freibeweis.** Die den Grundsätzen der Mündlichkeit, Unmittelbarkeit und Öffentlichkeit und den besonderen Regeln der §§ 244 bis 256 unterfallende förmliche Beweisaufnahme (**Strengbeweis**) ist nur bei den Tatsachen unerläßlich, deren Feststellung ausschließlich der Hauptverhandlung vorbehalten ist, weil sie die Grundlage für das Urteil über Täterschaft und Schuld des Angeklagten und alle daran anknüpfenden Rechtsfolgen — einschließlich aller Nebenfolgen und der Entschädigung des Verletzten nach § 403 ff[8] — bilden. Dann reicht es nicht, daß Tatsachen, die nur im Wege des Strengbeweises festgestellt werden dürfen, vom Gericht schon auf Grund eines vorangegangenen Freibeweises für erwiesen erachtet worden waren[9]. Dem Freibeweisverfahren offen sind Tatsachen, die die Zulässigkeit oder den Fortgang des Verfahrens oder die Vornahme einer Prozeßhandlung betreffen. Sie können außerhalb der Hauptverhandlung im freien Beweisverfahren festgestellt werden. Sie unterliegen auch in der Hauptverhandlung nicht dem Strengbeweisrecht. Nach der Rechtsprechung[10] dürfen solche Tatsachen unter Ausschöpfung aller (zulässigen) Erkenntnisquellen (vgl. Rdn. 7) ermittelt und in jeder geeigneten Form in die Hauptverhandlung eingeführt werden[11]. Das umfangreiche Schrifttum hält den Freibeweis, dessen dogmatische Grundlage strittig ist[12], überwiegend für zulässig[13]. Beim Urkundenbeweis hat ihn der Gesetzgeber in § 251 Abs. 3 ausdrücklich anerkannt. Dies gilt aber auch bei Verwendung anderer Beweismittel, denn die Anwendung des Strengbeweisrechts kann nicht von der Art des Beweismittels oder dem Zeitpunkt der Beweiserhebung, sondern nur von deren Zweck abhängen.

6　Es ist strittig, ob die Feststellung des ausländischen Rechts und des Gewohnheitsrechts dem Freibeweisrecht zuzurechnen ist (so etwa BGH NJW **1994** 3364; OLG Schleswig SchlHA **1952** 31; AK-*Schöch* 14; KK-*Pelchen* Vor § 72, 1; *Kleinknecht/Meyer-Goßner*[43] 9; KMR-*Paulus* 352; *Alsberg/Nüse/Meyer* 139) oder eine besondere Art richterlicher Ermittlungen ist, bei denen die Vorschriften über den Sachverständigenbeweis und alle Möglichkeiten des Freibeweisrechts nur entsprechend heranziehbar sind (etwa *Koehler* JR **1951** 555; *Geisler* ZRP **91** 184; *Bovensiepen* 6). Die verschiedenen Meinungsvarianten wirken sich praktisch kaum aus, soweit anerkannt wird, daß die erforderlichen Maßnahmen zur Feststellung des ausländischen Rechts oder des Gewohnheitsrechts nicht an die Formen des Strengbeweisrechts gebunden sind (vgl. auch KK-*Herdegen* 9) und, soweit sie an Tatsachen anknüpfen, die Gewährung des rechtlichen Gehörs zu diesen Tatsachen erfordern.

7　*Alsberg/Nüse/Meyer* 140; SK-*Schlüchter* 9.

8　*Alsberg/Nüse/Meyer* 118; KK-*Herdegen* 6 (aber Ausnahme bei den Umständen, die für die Schuld- und Rechtsfolgenfrage ohne jede Bedeutung sind); vgl. Rdn. 5; ferner die Erl. zu §§ 404, 406.

9　BGH StV **1995** 339 bei *Holtz* MDR **1991** 485; *Kleinknecht/Meyer-Goßner*[43] 7.

10　BGHSt **5** 225; **14** 137; 189; **16** 164; **21** 81; 149; **22** 90; **28** 116; 386; **30** 218; BayObLGSt **1959** 315; **1966** 58 = NJW **1960** 687; **1966** 1981; OLG Celle

JZ **1954** 199; OLG Düsseldorf VRS **57** (1979) 289; OLG Hamburg NJW **1955** 758; JZ **1963** 480; OLG Hamm NJW **1965** 410; wegen weit Nachw., insbes. zur umfangreichen Rechtsprechung des Reichsgerichts, vgl. *Alsberg/Nüse/Meyer* 110.

11　Vgl. *Alsberg/Nüse/Meyer* 145; KK-*Herdegen* 10; SK-*Schlüchter* 20 ff.

12　Vgl. die Darstellung bei *Alsberg/Nüse/Meyer* 110 (allgemein gilt Grundsatz der freien Beweiserhebung, Strengbeweisverfahren ist nur die für den Nachweis der Schuld und Rechtsfolgenfrage in der Hauptverhandlung geltende Ausnahme); so etwa SK-*Schlüchter* 10; KMR-*Paulus* 351; aber auch AK-*Schöch* 12.

13　*Beling* 321; Festgabe für Binding **2** 148; *Ditzen* 5; 45; 98; *Arzt* FS Peters 223; *Willms* FS Heusinger 393; *Alsberg/Nüse/Meyer* 110; *Eb. Schmidt* § 244, 4; 17; Nachtr. I Vor § 244, 3; KK-*Herdegen* 6; *Kleinknecht/Meyer-Goßner*[43] 7; KMR-*Paulus* 351; SK-*Schlüchter* 10 ff, je mit weit. Nachw. Kritik an der Zulassung des Freibeweises üben u. a. *Bovensiepen* 75; 152; *Hanack* JZ **1971** 171; **1972** 114; *Schlüchter* 474; *Többens* NStZ **1982** 184, je mit weit. Nachw. AK-*Schöch* 7; 13 macht nur insoweit eine Einschränkung, als er die tatsächlichen Grundlagen elementarer, grundrechtsverletzender Verfahrensverstöße wegen der ethischen und verfassungsrechtlichen Dimension dem Strengbeweisrecht unterstellen will.

Das freie Beweisverfahren greift nach allerdings bestrittener Meinung[14] Platz, wenn **4** geklärt werden soll, ob die **Verfahrensvoraussetzungen** gegeben sind oder Verfahrenshindernisse bestehen. Es gilt ferner, wenn die tatsächlichen Voraussetzungen für **einzelne Verfahrensentscheidungen** festzustellen sind. Im Freibeweis ist beispielsweise zu klären, ob die Einwände gegen die Besetzung des Gerichts zutreffen (§ 222 b, 25), ob das Ausbleiben des Angeklagten in der Hauptverhandlung genügend entschuldigt ist (§ 230, 24 und bei § 329), ob der Angeklagte schuldhaft seine Verhandlungsunfähigkeit im Sinne des § 231a herbeigeführt hat (§ 231a, 22), ob die Voraussetzungen für den Ausschluß des Verteidigers nach § 138 d vorliegen (BGHSt **28** 118; vgl. bei § 138 d), ob Beweisverbote bestehen[15], ob ein Zeuge unentschuldigt ausgeblieben ist (§ 51), ob der Zeuge die Bedeutung des Eides im Sinne des § 60 Nr. 1 erfassen kann (RGSt **56** 103) oder ob er der Beteiligung an der den Gegenstand des Verfahrens bildenden Tat im Sinne des § 60 Nr. 2 verdächtig oder deswegen verurteilt ist (RGSt **51** 70; **57** 187), ob Hindernisse für eine Vernehmung des Zeugen in der Hauptverhandlung nach § 251 Abs. 1 bestehen (RGSt **38** 323; BGH NStZ **1984** 134; BayObLGSt **1959** 315 = NJW **1960** 687), ob die tatsächlichen Voraussetzungen für die Ablehnung eines Beweisantrags bestehen, etwa ob er in Verschleppungsabsicht gestellt ist[16], ob für ein Gutachten genügend Anknüpfungstatsachen vorhanden sind (BGH NJW **1983** 404) oder ob ein Grund für den Ausschluß der Öffentlichkeit vorliegt (RGSt **66** 113).

Soweit die Entscheidung über die **Kosten** und **Auslagen** des Verfahrens nicht nur vom **5** Inhalt des Schuld- und Rechtsfolgenausspruchs, sondern von zusätzlich festzustellenden Tatsachen abhängt, können diese im Wege des Freibeweises festgestellt werden. Gleiches gilt bei der Entscheidung über die Entschädigung des Angeklagten nach dem StrEG[17]. Weitere Fälle für die Zulässigkeit des Freibeweises sowie die damit zusammenhängenden Einzelheiten sind bei den in Frage kommenden Bestimmungen sowie bei § 251 Abs. 3 erläutert.

Der Freibeweis muß dem **Strengbeweis weichen**, soweit es sich um die Feststellung **6** von Tatsachen handelt, die sowohl für die Entscheidung einer Verfahrensfrage als auch für die sachliche Entscheidung unmittelbar bedeutsam sind. Bei diesen **doppelrelevanten Tatsachen** sind die im Strengbeweis getroffenen Feststellungen auch den verfahrensrechtlichen Entscheidungen zugrunde zu legen[18]. Ist zunächst — was auch bei erkennbarer Doppelrelevanz zulässig ist — nur die verfahrensrechtliche Frage im Wege des Freibeweises geklärt worden und wird hernach die gleiche Frage für die Sachentscheidung bedeutsam, so ist sie durch Strengbeweis zu erhärten. Einem abweichenden Ergebnis muß die verfahrensrechtliche Entscheidung angepaßt werden[19]. Das Urteil muß auf einheitli-

---

[14] BGHSt **21** 81; **22** 90; *Alsberg/Nüse/Meyer* 119; AK-*Schöch* 9; KK-*Herdegen* 6; *Kleinknecht/Meyer-Goßner*[43] 7; vgl. *Eisenberg* (Beweisrecht) 38, je mit weit. Nachw.; **a. A** *Bovensiepen* 156; *Peters* § 41 II 4 d bb; *Roxin* § 21, 22; *Többens* NStZ **1982** 184; *Volk* Prozeßvoraussetzungen 249; SK-*Schlüchter* 10 a.

[15] BGHSt **16** 166; BGH NJW **1994** 2905; *Gössel* GA **1994** 442; KK-*Herdegen* 7; *Kleinknecht/Meyer-Goßner*[43] 7; strittig; zum Streitstand vgl. § 136 a, 68.

[16] Vgl. etwa BGHSt **21** 188; BGH NJW **1993** 2881; *Alsberg/Nüse/Meyer* 117 ff, KK-*Herdegen* 9; *Kleinknecht/Meyer-Goßner*[43] 7; SK-*Schlüchter* 11; vgl. Rdn. 214, 277.

[17] *Alsberg/Nüse/Meyer* 133; KK-*Herdegen* 6 mit weit. Nachw.; **a. A** die früher h. M; *Willms* FS Heusinger 401; LR[23] 1.

[18] BGHSt **19** 318; **22** 309; **32** 215; BGH bei *Dallinger* MDR **1955** 143; bei *Holtz* MDR **1982** 282; BGH

StV **1982** 101; **1991** 148; *Alsberg/Nüse/Meyer* 131; *Eisenberg* (Beweisrecht) 41; *Hanack* JZ **1972** 114; *Krauss* Jura **1982** 232; *Többens* NStZ **1982** 185; *Willms* FS Heusinger 407; KK-*Herdegen* 8; 9; *Kleinknecht/Meyer-Goßner*[43] 8; SK-*Schlüchter* 12. KMR-*Paulus* 359 nimmt an, daß keine Bindung an ein im Strengbeweisverfahren gewonnenes Ergebnis besteht, wenn nur noch über eine Verfahrensfrage zu entscheiden ist. Eine Beweiswürdigungsregel, daß die durch Strengbeweis gewonnenen Ergebnisse zuverlässiger seien, bestehe nicht.

[19] BGHSt **26** 238; *Alsberg/Nüse/Meyer* 132; *Többens* NStZ **1982** 185; *Willms* FS Heusinger 407; KK-*Herdegen* 8; *Kleinknecht/Meyer-Goßner*[43] 8; SK-*Schlüchter* 12. Zur Frage, wieweit das Revisionsgericht bei doppelrelevanten Tatsachen gebunden ist, vgl. BGHSt **22** 90; KMR-*Paulus* 360 und nachf. Fußn.

chen Feststellungen beruhen. Auch das Revisionsgericht ist bei doppelrelevanten Tatsachen an die im Strengbeweis festgestellten Tatsachen gebunden, es sei denn, daß diese im konkreten Fall für den Schuldspruch keine Rolle spielen[20].

7   Freibeweis bedeutet **nicht Beweis nach Gutdünken**. Die freiere Stellung, die dem Richter eingeräumt ist, betrifft vor allem die Heranziehung der einzelnen Beweismittel. Sie ermöglicht die formlose Heranziehung aller Erkenntnisquellen, ohne Einschränkung durch die für den Strengbeweis geltenden Grundsätze, so den durch die §§ 250 ff nicht eingeschränkten Rückgriff auf den Akteninhalt, auf schriftliche, fernmündliche und mündliche Auskünfte, auf dienstliche und private Äußerungen, auch gegenüber Dritten. Schriftliche Gutachten sind ohne Rücksicht auf § 256 verwertbar. Ihr Inhalt kann ebenso wie der Inhalt anderer Schreiben vom Vorsitzenden durch Zusammenfassung ihres wesentlichen Inhalts bekanntgegeben werden[21]. Es steht im Ermessen des Gerichts, Zeugen und Sachverständige auf ihre mündlich vor Gericht abgegebenen Aussagen zu beeiden[22]. Verpflichtet ist es dazu nicht. Sagt der Zeuge zugleich zu Tatsachen aus, die dem Strengbeweis unterliegen, kann es — sofern die Aussage trennbar ist — den Eid auf diese Tatsachen beschränken[23]. Bei schriftlichen Äußerungen kann von Zeugen, nicht aber von einem Angeklagten, auch eine Versicherung an Eides Statt gefordert werden[24]. Die Vereidigungsverbote des § 60 sowie die Eidesverweigerungsrechte und Zeugnisverweigerungsrechte sowie das Schweigerecht des Angeklagten sind auch im Freibeweisverfahren zu beachten, desgleichen alle aus rechtsstaatlichen Gründen bestehenden Beweisverbote, vor allem wenn sie den Schutz bestimmter Personen bezwecken (etwa §§ 97, 136 a, 252)[25]. Die Beweiskraft des Protokolls (§ 274) ist auch für das Freibeweisverfahren beachtlich[26]. **Beweisanträge** haben im Freibeweisverfahren nach der herrschenden Meinung nur die Bedeutung von Beweisanregungen. Sie kann das Gericht auch ablehnen, wenn dies nach § 244 Abs. 3 bis 5 nicht zulässig wäre[27]. Ob die Ablehnung eines Gerichtsbeschlusses bedarf und zu begründen ist, ist strittig. Selbst wenn man § 244 Abs. 6 im Freibeweisverfahren für unanwendbar hält, fordert der Grundsatz des fairen Verfahrens, daß den Verfahrensbeteiligten noch in der Hauptverhandlung mitgeteilt wird, aus welchen Gründen ihrem Antrag nicht entsprochen wurde[28]. Die Befugnis des Gerichts, den Umfang der

---

20 Vgl. (für die Tatzeit) BGHSt **22** 90 = JZ **1968** 433 mit Anm. *Eb. Schmidt* = JR **1968** 467 mit Anm. *Kleinknecht*; ferner etwa *Eisenberg* (Beweisrecht) 61; KK-*Herdegen* 8; SK-*Schlüchter* 13. KMR-*Paulus* 360 nimmt zum Hinweis auf die Funktionsteilung zwischen Tatrichter und Revisionsgericht eine Bindung nur bei den zur Identifizierung der Straftat und als Grundlage des angefochtenen Urteils unentbehrlichen Feststellungen an. **A. A** *Alsberg/Nüse/Meyer* 158 (keine Ausnahme von der Bindung).

21 Dazu näher *W. Schmid* SchlHA **1981** 42; ferner etwa BGH NStZ **1984** 132; StV **1995** 173; *Alsberg/Nüse/Meyer* 145; KK-*Herdegen* 10; KMR-*Paulus* 363; SK-*Schlüchter* 20 ff.

22 RGSt **6** 167; **56** 102; **66** 114; *Alsberg/Nüse/Meyer* 145; *W. Schmid* SchlHA **1981** 41; KK-*Herdegen* 10; SK-*Schlüchter* 23.

23 *W. Schmid* SchlHA **1981** 42: Ohne eine solche Beschränkung erfaßt der Eid die ganze Aussage; *Alsberg/Nüse/Meyer* 146; KK-*Herdegen* 10; SK-*Schlüchter* 23; **a. A** *Willms* FS Heusinger 398.

24 RGSt **58** 148; *Alsberg/Nüse/Meyer* 146; *W. Schmid* SchlHA **1981** 42; KK-*Herdegen* 10; SK-*Schlüchter* 23.

25 KK-*Herdegen* 12; *Kleinknecht/Meyer-Goßner*[43] 9; KMR-*Paulus* 362.

26 *W. Schmid* SchlHA **1981** 43; KK-*Herdegen* 12; SK-*Schlüchter* 24.

27 BGHSt **16** 166; BGH bei *Spiegel* DAR **1977** 172; BVerfGE **7** 279; *Willms* FS Heusinger 397; *Alsberg/Nüse/Meyer* 147 mit Nachw. der Rechtsprechung des RG; vgl. nachf. Fußn.

28 Nach *Willms* FS Heusinger 398; *Alsberg/Nüse/Meyer* 148 und der dort zitierten Rechtsprechung des Reichsgerichts bedarf die Ablehnung keines begründeten Beschlusses; der Vorsitzende muß aber stets die Ablehnung begründen. BGH NStZ **1982** 295; 477; bei *Pfeiffer/Miebach* NStZ **1984**; bei *Dallinger* MDR **1980** 987; *Kleinknecht/Meyer-Goßner*[43] 9; KMR-*Paulus* 364; SK-*Schlüchter* 25 lassen die Mitteilung durch den Vorsitzenden genügen. AK-*Schöch* 12 fordert analog §§ 34, 35 Abs. 1 einen Bescheid mit Begründung, ebenso KK-*Herdegen* 12. Nach ihm ist es eine zweitrangige Frage, ob man einen Gerichtsbeschluß nach Absatz 6 fordert oder mit der vorherrschenden Meinung bei einer Entscheidung des Vorsitzenden den Verfahrensbeteiligten die Möglichkeit der Anrufung des Gerichts nach § 238 Abs. 2 einräumt. Letzteres halten allerdings *Alsberg/Nüse/Meyer* 148 für unzulässig.

Beweiserhebung und die hierbei verwendeten Beweismittel nach pflichtgemäßem Ermessen zu bestimmen, wird begrenzt durch die **Aufklärungspflicht**. Werden Tatsachen für einen schwerwiegenden, grundrechtverletzenden Verfahrensverstoß, etwa einen Verstoß gegen § 136 a, vorgetragen, muß das Gericht dies auch im Hinblick auf ein mögliches Verwertungsverbot unter Verwendung aller verfügbaren Beweismittel aufklären[29]. Die allgemeinen Verfahrensgrundsätze, die aus der Verpflichtung zu einem rechtsstaatlichen und „fairen" Prozeß erwachsen, gelten auch hier, so das Fragerecht nach § 240. Desgleichen gilt der Grundsatz der freien Beweiswürdigkeit und die Verpflichtung zur Gewährung des **rechtlichen Gehörs** (Art. 103 Abs. 1). Auch im Wege des Freibeweises dürfen keine Tatsachen verwertet werden, zu denen sich zu äußern die Verfahrensbeteiligten keine Gelegenheit hatten[30].

3. Beweisaufnahme in der Hauptverhandlung

a) Das Gericht darf grundsätzlich **alle zulässigen Erkenntnisquellen** für seine Urteils-   **8** bildung heranziehen. Auf welchem Weg, durch welche Beweisart sie für die der Hauptverhandlung vorbehaltenen Entscheidung über die Schuld- und Rechtsfolgenfrage verwendet werden können, richtet sich aber ausschließlich nach den für die verschiedenen Arten von Beweismitteln aufgestellten Regeln. Das Gesetz legt die **für den Strengbeweis** verwendbaren Beweismittel **abschließend** fest[31].

b) Beweisaufnahme im weiten („materiellen") Sinn ist jede Tätigkeit des Gerichts in   **9** der Hauptverhandlung, mit der es sich über das Vorliegen eines bestimmten Lebenssachverhalts Gewißheit zu verschaffen sucht. In diesem allgemeinen Sinn dienen alle Vorgänge in der Hauptverhandlung dem Gericht als Erkenntnisquelle (vgl. die Erläuterungen zu § 261). Zur **förmlichen Beweisaufnahme** im verfahrenstechnischen Sinn rechnet aber nur der Teil der Hauptverhandlung, in dem die persönlichen und sachlichen Beweismittel in die Verhandlung eingeführt und erörtert werden.

Die **Vernehmung des Angeklagten** gehört deshalb nach der äußeren Ordnung   **10** (Absatz 1, § 243 Abs. 4) nicht zur Beweisaufnahme; der Angeklagte gilt in der Hauptverhandlung nicht als Beweismittel (RGSt **48** 249). Sachlich bildet jedoch auch die Vernehmung des Angeklagten einen Teil der Beweisaufnahme in dem weiten Sinn, daß auch aus ihr die Tatsachengrundlage des Urteils gewonnen werden kann[32]. Dies gilt bei jeder Aus-

---

[29] Sein Ermessen reduziert sich hier meist auf Null. Dies kommt der Ansicht nahe, die insoweit Anwendung des Strengbeweisrechts fordert (vgl. AK-*Schöch* 13 mit weit. Nachw.), vermeidet aber die damit verbundene Einengung der Beweismittel.

[30] BVerfGE **7** 279; BGHSt **21** 87; BGH bei *Dallinger* MDR **1974** 367; bei *Spiegel* DAR **1979** 186; *W. Schmid* SchlHA **1981** 4; *Willms* FS Heusinger 400; KK-*Herdegen* 12; *Kleinknecht/Meyer-Goßner*[43] 9; KMR-*Paulus* 364; SK-*Schlüchter* 22. BayObLGSt **1995** 87 läßt offen, ob hierfür auch die Kenntnisnahme durch Akteneinsicht genügt.

[31] BGH NJW **1961** 1486; StV **1987** 5; **1988** 471; vgl. *Eb. Schmid* Nachtr. I Vor § 244, 2, wonach die Gerichte ihre Wahrnehmung nicht auf andere als die von der StPO zugelassenen und bezüglich ihrer Verwendung geregelten Beweismittel stützen dürfen, da die Erforschung der Wahrheit nur auf ju-

stizförmigem Weg erfolgen dürfe; ferner *Henkel* JZ **1957** 152; *Kohlhaas* NJW **1957** 83; *Krause* Jura **1982** 227; *Kunert* GA **1979** 413; *Prittwitz* 180; *Siegert* GA **1957** 269; *Seebode* JZ **1980** 511; *Spendel* JuS **1964** 468; *Schlüchter* 475; AK-*Schöch* 20; KK-*Herdegen* 13; *Kleinknecht/Meyer-Goßner*[43] 2; KMR-*Paulus* 58; SK-*Schlüchter* 10; *Alsberg/Nüse/Meyer* 167; **a. A** BGH NJW **1960** 2156; *Dallinger* MDR **1956** 146; RGSt **36** 55; **40** 50.

[32] BGHSt **2** 269; **28** 198; *Dencker* ZStW **102** (1990) 54; *Fezer* JuS **1977** 234; KK-*Herdegen* 1; *Kleinknecht/Meyer-Goßner*[43] 1; SK-*Schlüchter* 26. Die unterschiedliche Beurteilung der Beweismitteleigenschaft des Angeklagten (dazu Nachweise bei *Alsberg /Meyer/Nüse* 167) hat in der Praxis nur geringe Bedeutung; vgl. aber Fußn. 34; vgl. auch LR-*Rieß* Einl. G 55 ff; I 85 ff.

sage des Angeklagten, vornehmlich aber dann, wenn er in der Hauptverhandlung[33] ein Geständnis ablegt oder wenn ein Mitangeklagter den anderen bezichtigt[34]. Die Äußerung eines Angeklagten über den Tatbeitrag eines Mitangeklagten darf deshalb zwar, weil zum Inbegriff der Hauptverhandlung gehörend, zur Urteilsgrundlage dienen; sie gehört aber nicht zur förmlichen Beweisaufnahme und kann daher schon vom Gericht entgegengenommen werden, ehe sich der Mitangeklagte zur Sache geäußert hat (BGHSt **3** 384). Erklärungen, die ein Verteidiger abgibt, sind ebenfalls keine Beweismittel im engeren Sinn[35].

11   Das **äußere Erscheinungsbild** des Angeklagten, den sich offen darbietenden Eindruck seiner körperlichen und geistigen Beschaffenheit und sein Verhalten in der Hauptverhandlung, auch bei der Demonstration eines Geschehensablaufes, kann das Gericht in der Regel würdigen, ohne daß es dazu der Anordnung eines Augenscheins bedarf[36]. Auch darin zeigt sich die große Bedeutung, die seiner Anwesenheit in der Hauptverhandlung für die Urteilsfindung zukommt.

12   c) Die **Beweisaufnahme im engeren Sinn** besteht vor allem in der Vernehmung von **Zeugen und Sachverständigen**. Die Vorschriften des Ersten Buchs, Abschn. 6 und 7 sind für diese Art von Beweisaufnahme insoweit maßgebend, als sie auf die Hauptverhandlung passen. Es ist nicht zulässig, Erklärungen einer Beweisperson zur Schuld- oder Rechtsfolgenfrage durch eine **informatorische Befragung** formlos in die Hauptverhandlung einzuführen[37].

13   Zur Beweisaufnahme gehört ferner die in den §§ 249 bis 256 geordnete **Beweisverwendung von Niederschriften** und von Bild- Tonaufnahmen früherer Vernehmungen und von anderen Schriften und Urkunden.

14   Der **Augenschein** an den in der Hauptverhandlung vorliegenden Beweisstücken, der gleichfalls einen Teil der Beweisaufnahme bildet, ist gegenständlich nicht begrenzt (RGSt **45** 236). Alles was der eigenen sinnlichen Wahrnehmung des Gerichts unmittelbar oder durch Vermittlung von Personen oder Geräten zugänglich ist, die Richter also selbst sehen, hören, fühlen, riechen oder schmecken können, kann Gegenstand des Augenscheinsbeweises sein. Um dies zu ermöglichen, kann auch die Herbeischaffung eines noch nicht zur Stelle befindlichen Beweisstücks angeordnet werden. Zu solchen Beweisstücken gehören auch Modelle, Landkarten und Lichtbilder. Das Gericht kann sie benutzen, ohne daß derjenige, der sie angefertigt hat, als Zeuge vernommen werden muß, wenn nur nach freier Beweiswürdigung feststeht, daß das Bild den zu untersuchenden Vorgang oder Zustand wiedergibt[38]. Das gleiche gilt für Filme, Fernsehaufzeichnungen, Schallplatten, Tonbänder sowie überhaupt für alle Arten technischer Aufzeichnungen. Bedient sich allerdings der Richter einer Aufzeichnung, etwa eines Lichtbildes oder einer Skizze, als **Hilfsmittel bei der Vernehmung** eines Zeugen, so ist nicht dieses Hilfsmittel, sondern das Zeugnis

---

33 Ein außerhalb der Hauptverhandlung abgelegtes Geständnis ist eine belastende Tatsache, die mit zulässigen förmlichen Beweismitteln bewiesen werden muß, vgl. Rdn. 33.

34 H. M, vgl. Fußn. 32; ferner Rdn. 33; 192; **a. A** *Prittwitz* (Zusammenfassung 229), der der Einlassung des Angeklagten im Verhältnis zum Mitangeklagten jede Eignung als Beweismittel abspricht und ihre Verwertbarkeit in der eigenen Sache allein aus dem Recht auf Gehör ableitet.

35 OLG Köln VRS **59** (1980) 349; vgl. § 234, 16 und die Erl. zu § 261.

36 BGH bei *Dallinger* MDR **1974** 368; KG NJW **1979** 1668; *Kleinknecht/Meyer-Goßner*[43] 2; vgl. Rdn. 15; 328 und die Erl. zu § 261.

37 RGSt **42** 219; **66** 114; BGH MDR **1974** 269; OLG Celle StV **1995** 292; OLG Oldenburg MDR **1977** 775; vgl. Vor § 48; § 59; *Alsberg/Nüse/Meyer* 127; 172, auch zur Abgrenzung von der nach Freibeweisrecht zulässigen Aufklärung, ob eine Person überhaupt als Zeuge in Betracht kommt.

38 RGSt **36** 55; **65** 307; BGH GA **1968** 305; VRS **23** (1962) 91; **27** (1964) 120; StV **1981** 395; BayObLGSt **1965** 79 = JR **1966** 389 mit Anm. *Koffka*; OLG Hamm VRS **51** (1976) 47; OLG Koblenz VRS **44** (1973) 433; OLG Stuttgart DAR **1977** 328; vgl. Rdn. 328; 333; ferner bei §§ 249 ff; 245, 23.

Beweismittel. Bei der Einvernahme eines Angeklagten oder Zeugen gemachte Beobachtungen sind als Teil der Einvernahme ohne besondere Anordnung eines Augenscheins verwertbar; der Anordnung des auch bei Personen möglichen förmlichen Augenscheins bedarf es nur, wenn dadurch ein Sachverhalt festgestellt werden soll, der über das hinausgeht, was im Rahmen der Einvernahme ohnehin für alle ersichtlich ist[39]. Die Einzelheiten werden bei den §§ 86, 245, 249, 250 und 253 erörtert; vgl. auch Rdn. 338.

4. Vornahme von Handlungen oder Versuchen. Für die Behandlung von Anträgen **15** auf Vornahme von Handlungen, auf Rekonstruktion der Tat oder sonstiger Versuchen fehlen besondere Vorschriften. Welche Bestimmungen im einzelnen Falle eingreifen, richtet sich nach der Art des beantragten Beweiserhebungsvorgangs[40]; u. a. danach, ob nur eine bestimmte Gestaltung der Beweisaufnahme erstrebt wird oder ob der Antrag gleichzeitig die Verwendung eines neuen Beweismittels anregt.

Der **Versuch** kann Gegenstand eines Augenscheinsbeweises sein, er kann aber auch zu **16** einem Zeugen- oder Sachverständigenbeweis gehören[41]. Nimmt ein ärztlicher Sachverständiger beim Angeklagten bestimmte Tests vor, so gelten die Vorschriften über den Sachverständigenbeweis. Das Ergebnis des Tests ist dann meist eine Befundtatsache, über die der Sachverständige in der Hauptverhandlung berichtet[42]. Die Rekonstruktion eines Vorgangs der Außenwelt wird, sofern dies zur Sachaufklärung förderlich erscheint[43], im Rahmen eines Augenscheins oder aber eines Sachverständigengutachtens zum Gegenstand der Hauptverhandlung gemacht.

Die **Gegenüberstellung** eines Zeugen mit einem anderen Zeugen oder mit dem Ange- **17** klagten ist Teil der Zeugeneinvernahme (vgl. § 58 Abs. 2), ganz gleich, ob sie der Aufklärung widersprechender Aussagen oder der Personenidentifizierung dienen soll. Es greifen die Vorschriften über den Beweis durch Zeugen und über das Fragerecht der Beteiligten ein[44]. Sind die beiden einander gegenüberzustellenden Personen in der Verhandlung zugegen, kann jeder Verfahrensbeteiligte die Gegenüberstellung durch Ausübung des Fragerechts selbst bewirken. Ist einer von ihnen nicht zugegen, muß ein entsprechender Antrag gestellt werden. Ein Anspruch auf Durchführung der Zeugeneinvernahme in der Form der Gegenüberstellung besteht nicht. Ein darauf gerichteter Antrag ist meist kein den Absätzen 3 bis 6 unterfallender Beweisantrag, sondern ein die Modalitäten der Beweisaufnahme betreffender Antrag, über den der Vorsitzende im Rahmen seiner Sachleitungsbefugnis (§ 238 Abs. 1) zu befinden hat[45]. Mit dem Antrag auf Gegenüberstellung kann allerdings ein Beweisantrag verbunden sein, wenn damit zugleich die Einvernahme eines neuen Zeugen oder eines bereits vernommenen Zeugen zu einem neuen Beweisthema, wie die Tatsache der Personenidentität, begehrt wird[46].

---

[39] Die Grenzen könne fließend sein, vgl. Rdn. 15 ff.

[40] AK-*Schöch* 23; KK-*Herdegen* 15; KMR-*Paulus* § 72, 59; *Alsberg/Nüse/Meyer* 169; 235; vgl. bei § 86.

[41] BGH NJW **1961** 1486; OLG Braunschweig GA **1965** 376; OLG Celle GA **1965** 377; OLG Düsseldorf VRS **60** (1981) 122; OLG Hamm NJW **1968** 1205; BGH StV **1987** 5; VRS **7** (1954) 374; **41** (1971) 135; KK-*Herdegen* 16.

[42] OLG Oldenburg VRS **46** (1974) 198; SK-*Schlüchter* 18; vgl. auch OLG Düsseldorf StV **1991** 295; Rdn. 316 und bei § 250.

[43] Vgl. Rdn. 19; 20; ferner KK-*Herdegen* 17; SK-*Schlüchter* 19 mit Beispielen von Rekonstruktionsversuchen, die zur Aufklärung des Tatgeschehens kaum geeignet erscheinen.

[44] BGH StV **1988** 471; *Alsberg/Nüse/Meyer* 93; KK-*Herdegen* 15; SK-*Schlüchter* 17; vgl. ferner *Eisenberg* (Beweisrecht) 1353 a. Die Wahlgegenüberstellung als Experiment (*Alsberg/Nüse/Meyer* 91; AK-*Schöch* 23) kann aber auch (zusätzlich) Gegenstand eines Augenscheins sein (Video-Aufnahmen einer Gegenüberstellung im Ermittlungsverfahren).

[45] BGH NJW **1960** 2156; MDR **1974** 725; KK-*Herdegen* 15; KMR-*Paulus* 393; *Kleinknecht/Meyer-Goßner*[43] 26 mit weit. Nachw., auch zum Beweiswert der Gegenüberstellung; vgl. bei §§ 58, 261.

[46] Vgl. *Odenthal* Die Gegenüberstellung im Strafverfahren, 87 ff zu den unterschiedlichen Anträgen, die im Antrag auf Gegenüberstellung enthalten sein können; KK-*Herdegen* 15; SK-*Schlüchter* 17; sowie Rdn. 133.

18 Die bloße nach den Grundsätzen des Zeugenbeweises zu beurteilende Befragung eines Zeugen, die sich einem Versuch nähert oder ihn gar schon erreicht, ist durch gleitende Übergänge mit Vorgängen verbunden, die schon als **Untersuchung** zu beurteilen sind und die, soweit Zeugen solchen Untersuchungen unterworfen werden sollen, an ihre Einwilligung (BGHSt **23** 1) oder an die engen Voraussetzungen des § 81 c StPO gebunden sind. Ein Zeuge, der bei und in seiner Aussage die Entfernung zwischen zwei Punkten schätzt, wird die Antwort auf Fragen nicht verweigern dürfen, die seine Fähigkeit im Schätzen von Entfernungen prüfen sollen, indem er etwa dazu aufgefordert wird, die Entfernung zwischen zwei Punkten innerhalb oder außerhalb des Gerichtssaals anzugeben[47]. Ähnlich wird es bei Zeugen, die sich einer verfeinerten Beobachtungs- oder Unterscheidungsgabe auf bestimmten Gebieten berühmen, ohne weiteres für zulässig zu erachten sein, diese Gabe durch Fragen oder auch durch die Herbeischaffung bestimmter Gegenstände zu überprüfen, an denen sich diese Gabe beweisen soll[48]. Soll dagegen ein Zeuge durch einen Psychiater oder Psychologen allgemein auf seine Zeugentauglichkeit geprüft werden, so kann — soweit eine Untersuchung des Zeugen notwendig ist — einem solchen Begehren nur im Einvernehmen mit dem Zeugen stattgegeben werden, dessen Zeugentauglichkeit geprüft werden soll[49]. Eine Begutachtung der Zeugentauglichkeit oder Glaubwürdigkeit allein auf Grund der für den Sachverständigen verfügbaren Anknüpfungstatsachen, vor allem auf Grund seiner Teilnahme an der Hauptverhandlung, wird dadurch nicht ausgeschlossen[50]. Gleiches gilt für den Angeklagten. Auch dieser ist, soweit nicht die §§ 80 ff eingreifen, an der Mitwirkung bei einem Versuch nicht verpflichtet[51].

19 **Anträgen auf Vornahme von Versuchen**, auf **Rekonstruktion des Tatgeschehens** muß, sofern nicht in Wirklichkeit ein neuer Beweisantrag vorliegt, nur entsprochen werden, wenn die Aufklärungspflicht dazu drängt. Ihre **Ablehnung** bedarf der Begründung (§ 34)[52]. Dies gilt auch, wenn ein solcher Antrag selbständig und nicht im Rahmen eines stattfindenden Zeugen- oder Sachverständigenbeweises gestellt wird. Sie sind — je nach dem vertretenen Standpunkt (vgl. Rdn. 121; 131; 141) vom Vorsitzenden bzw. durch Gerichtsbeschluß — abzulehnen, wenn sich die Handlung nicht unter **vergleichbaren Bedingungen** wiederholen läßt, ein für die Beweisfrage aussagekräftiger Vergleich der Ergebnisse also nicht zu erwarten ist[53]. Sie können ferner abgelehnt werden, wenn von der Durchführung des Versuchs eine Gesundheitsschädigung der Versuchsperson zu befürchten ist (OLG Oldenburg VRS **46** [1974] 205: Alkoholbelastungstest bei krankem Angeklagten)[54] oder wenn keiner

[47] AK-*Schöch* 23; KK-*Herdegen* 16; SK-*Schlüchter* 18.
[48] Beispiele aus der Rechtsprechung bei *Alsberg/Nüse/Meyer* 98.
[49] Soweit BGHSt **7** 82 weitergint, hat BGHSt **14** 21 nicht daran festgehalten; vgl. *Bockelmann* GA **1955** 331; *Eb. Schmidt* NJW **1962** 665; KK-*Herdegen* 16; vgl. *Eisenberg* (Beweisrecht) 1860 ff; ferner Rdn. 284.
[50] BGHSt **23** 1 = JR **1970** 67 mit Anm. *Peters*; BGH NStZ **1982** 432; StV **1991** 405 mit Anm. *Blau*; SK-*Schlüchter* 18; strittig, vgl. KK-*Herdegen* 16 (bedenklich; Beweiswert nicht hoch); *Eisenberg* (Beweisrecht) 1868 (unzulässige Umgehung); wegen der Einzelheiten vgl. bei § 81 c ff.
[51] RG JW **1927** 2044; wegen der Einzelheiten und weit. Nachw. vgl. §§ 80 ff.
[52] Dies gilt, wenn man in solchen Anträgen Beweisermittlungsanträge sieht – so OLG Hamm NJW **1957** 921; VRS **49** (1975) 434; JMBlNW **1979** 277;

RGSt **40** 50; oder Aufklärungsanträge – so KMR-*Paulus* 391; 393; oder die Art der Beweiserhebung betreffende Beweisanregungen – so *Alsberg/Nüse/Meyer* 97; *Kleinknecht/Meyer-Goßner*[43] 26; – oder auf Vornahme eines Augenscheins gerichtete Beweisanträge – so BGH NJW **1961** 1486; KK-*Herdegen* 19. OLG Düsseldorf StV **1991** 295; VRS **60** (1981) 221 läßt dies offen. Vgl. Rdn. 121; 128; 141.
[53] BGHSt **10** 276; NJW **1961** 1486; NStZ **1988** 88; StV **1987** 5; bei *Holtz* MDR **1977** 108; VRS **35** (1968) 264; **50** (1976) 115; OLG Düsseldorf VRS **60** (1981) 122; KK-*Herdegen* 17; SK-*Schlüchter* 19; insoweit könnte auch ein Beweisantrag wegen mangelnder Eignung des Beweismittels abgelehnt werden, vgl. etwa OLG Koblenz VRS **46** (1974) 198; ferner Rdn. 288.
[54] BGH VRS **28** (1965) 190; bei *Pfeiffer* NStZ **1982** 189; bei *Martin* DAR **1969** 151; **1970** 123; **1972** 119; KK-*Herdegen* 17.

Versuchsperson zugemutet werden kann, sich auf einen solchen Versuch einzulassen, etwa wenn Vorgänge nachgeahmt werden sollen, die einer in einem Personenkraftwagen verübten Notzucht unmittelbar vorausgingen[55].

Soweit die Durchführung eines Versuchs von der **Mitwirkung dritter Personen**, ins- **20** besondere von Zeugen, abhängt, besteht eine Pflicht zur Mitwirkung nur in begrenztem Umfange. Die Zeugenpflicht schließt zwar die Duldung der Gegenüberstellung sowie sonstiger, die körperliche Integrität nicht wesentlich berührende Maßnahmen mit ein (vgl. Rdn. 18), nicht aber das aktive Mitwirken an umfangreicheren Versuchen. Wegen der Einzelheiten vgl. die Erläuterungen Vor § 48 und wegen der Duldung von Untersuchungen bei § 81 c. Sofern die für die Vornahme eines Versuchs benötigten Personen die Mitwirkung befugt verweigern, rechtfertigt dies die Ablehnung des Antrages.

5. Beschränkung der Beweisaufnahme bei Schätzungen

a) Das **materielle Strafrecht** erlaubt dem Richter, im Interesse der Verfahrenserleich- **21** terung bei der Festsetzung bestimmter, zu beziffernder Rechtsfolgen deren tatsächliche Bemessungsgrundlage zu schätzen (so § 40 Abs. 3 StGB: Grundlagen für die Bemessung des Tagessatzes; § 43 a Abs. 1 StGB: Wert des Vermögens; §§ 73 b, 73 d StGB: Grundlagen für die Berechnung des Verfalls; § 74 c StGB: Wert des Gegenstandes und der Belastung bei der Ersatzeinziehung; § 8 Abs. 2 WiStG 54: Höhe des Mehrerlöses)[56].

Die **Zulässigkeit von Schätzungen** soll die Hauptverhandlung von Beweiserhebungen **22** entlasten, die vom eigentlichen Ziel des Strafverfahrens — der Entscheidung über die Schuld des Angeklagten und die Festsetzung angemessener Rechtsfolgen — ablenken, weil sie Detailfragen im Rechtsfolgenbereich in den Vordergrund der Beweisaufnahme stellen würden. Die Schätzung kommt also nicht nur als ultima ratio nach erfolgloser Ausschöpfung aller verfügbaren Beweismittel in Betracht, sondern schon dann, wenn die Beweiserhebung über alle für eine genaue Berechnung der Rechtsfolgen benötigten Tatsachen eine Beweisaufnahme erfordern würde, die nach Umfang, Aufwand oder wegen der damit verbundenen Eingriffe in andere rechtlich geschützte Bereiche außer Verhältnis zur Bedeutung der Sache und der Höhe der zu verhängenden Rechtsfolge steht oder die wegen weiterer Ermittlungen den Abschluß des Verfahrens über Gebühr verzögern würde[57]. Die Zulässigkeit von Schätzungen beseitigt im übrigen die grundsätzliche Anwendbarkeit des § 244 nicht; sie befreit die Ermittlung der Schätzungsgrundlagen auch nicht von den Anforderungen des **Strengbeweisrechts**[58].

b) Die **Aufklärungspflicht** besteht auch dort, wo das Gericht schätzen darf. Die **23** Anwendbarkeit des § 244 Abs. 2 wird dadurch lediglich modifiziert. Gegenstand der Auf-

---

[55] BGH NJW **1961** 1486; RGSt **14** 189; **42** 440; RG JW **1931** 2820 mit Anm. *Alsberg*.

[56] Dazu *Hellmann* GA **1997** 503. Wieweit das Gericht dort, wo die Schätzung nicht kraft Gesetzes zugelassen ist, den Mindestschuldumfang im Wege der Schätzung unter Berücksichtigung des Zweifelssatzes feststellen kann (vgl. BGHSt **40** 374 = NStZ **1995** 460 mit Anm. *Bohnert* = NStZ **1996** 63 mit Anm. *Geppert*), ist nicht hier, sondern bei § 261 zu erörtern.

[57] BayObLG bei *Rüth* DAR **1978** 206; VRS **60** (1981) 103; OLG Bremen OLGSt 1 zu § 40 Abs. 3 StGB; OLG Celle JR **1983** 203 mit Anm. *Stree* = NStZ **1983** 317 mit Anm. *Schöch*; *Alsberg/Nüse/Meyer* 849; *Eisenberg* (Beweisrecht) 33; *Grebing*

ZStW **88** (1976) 1049; JZ **1976** 745; JR **1978** 142; KK-*Herdegen* 34; *Kleinknecht/Meyer-Goßner*[43] 15 a; KMR-*Paulus* 229; enger wohl BGH NJW **1976** 634; OLG Hamm JR **1978** 165; eine Mindermeinung (z. B. *Maurach/Gössel/Zipf* Strafrecht AT § 59 III F 3) will die Schätzung nur zulassen, wenn andere Beweismittel fehlen. Vgl. auch die Kommentare zu den einschlägigen Bestimmungen des StGB mit weit. Nachw. zum Streitstand; ferner *Hellmann* GA **1997** 511 ff, der eine prozeßökonomische Zielsetzung ablehnt.

[58] KK-*Herdegen* 34; *Kleinknecht/Meyer-Goßner*[43] 15; 15 a; KMR-*Paulus* 230. Nach *Hellmann* GA **1997** 503 ff wird nur § 261, nicht aber § 244 modifiziert.

klärungspflicht sind immer nur diejenigen Tatsachen, die für die Sachentscheidung des Gerichts wesentlich sind. Darf das Gericht bei Rechtsfolgen schätzen, dann verändert sich dadurch auch Gegenstand und Umfang der Aufklärungspflicht. Sie erfordert dann nicht mehr, daß das Gericht alle für die genaue Berechnung der Rechtsfolgen notwendigen Einzelheiten klärt; es kann sich mit der Ermittlung von Anhaltspunkten begnügen, die ihm nach Vernunft und Lebenserfahrung eine hinreichend sichere Schätzung erlauben. Die Verfahrensbeteiligten, vor allem auch der betroffene Angeklagte, sind zur beabsichtigten Schätzung und zu den Tatsachen, auf die das Gericht sie stützen will, zu **hören**[59]. Die **konkreten Ausgangstatsachen** der Schätzung müssen, sofern sich das Gericht insoweit nicht auf eine glaubhafte Einlassung des Angeklagten stützen kann[60], durch Beweismittel in der Hauptverhandlung nach den Regeln des Strengbeweisrechts erhärtet und im Urteil dargelegt werden[61].

24   Ob sich das Gericht überhaupt mit einer Schätzung begnügen will und auf welche Ausgangstatsachen es seine Schätzung gründen will, entscheidet es nach **pflichtgemäßem Ermessen**. Dabei hat es sich an den Umständen des Einzelfalles zu orientieren, insbesondere auch daran, ob die weitere Aufklärung der als Anhaltspunkte für die Schätzung erforderlichen Tatsachen in der Hauptverhandlung jederzeit möglich ist, weil die dafür erforderlichen Beweismittel präsent oder ohne größere Verzögerung des Verfahrens verwendbar sind (vgl. Rdn. 32).

25   Genügt das Gericht vor der Schätzung diesen Anforderungen, so ist die Aufklärungspflicht nicht verletzt, auch wenn eine Aufklärung weiterer Einzelheiten und damit eine **Verbreiterung der Schätzungsgrundlage** an sich möglich gewesen wäre.

26   Umgekehrt verstößt es gegen die Aufklärungspflicht ebenso wie gegen das Willkürverbot, wenn das Gericht die Schätzung ohne ein **Mindestmaß an** zureichenden **Anhaltspunkten** auf bloße Vermutungen stützt[62]. Welches Mindestmaß an Anhaltspunkten für die Schätzung unerläßlich ist, hängt von der Art des zu beurteilenden Lebensvorgangs ab, vor allem auch von seiner eine Verallgemeinerung erleichternden Üblichkeit, sowie vom Ausmaß der durch die Schätzung festzusetzenden Rechtsfolgen, ferner von der Einlassung des Angeklagten.

27   **c) Bei Beweisanträgen nach Absatz 3 und 4** ist das Gericht nur dort, wo es schätzen darf, freier gestellt. Es kann Beweisanträge, die darauf abzielen, die genaue Berechnung der Höhe der Rechtsfolge zu ermöglichen, ablehnen, wenn dadurch das Verfahren mit der Feststellung von Einzelheiten übermäßig belastet würde und es die unter Beweis gestellten Tatsachen nicht als Ausgangsgrundlage für seine Schätzung benötigt. Im übrigen bleibt die Pflicht des Gerichts, Beweisanträgen stattzugeben, sofern nicht die Ablehnungsgründe der Absätze 3 und 4 Platz greifen, unberührt.

28   Die unter Beweis gestellte Tatsache ist für die konkrete Schätzung **unerheblich**, wenn das Gericht ohne Verletzung seiner Aufklärungspflicht (Rdn. 23) der Ansicht ist, es benötige sie nicht als Grundlage seiner Schätzung[63]. Dies gilt selbst dann, wenn sie an sich geeignet wäre, die Schätzungsgrundlagen zu verbreitern. Die Grenze wird im Einzelfall

---

[59] *Alsberg/Nüse/Meyer* 850; *Meyer* DAR **1976** 149; *Kleinknecht/Meyer-Goßner*[43] 15 a; KMR-*Paulus* 232.

[60] Soweit das Gericht der Einlassung des Angeklagten voll folgen kann, bedarf es keiner Schätzung (*Alsberg/Nüse/Meyer* 848; *Eisenberg* [Beweisrecht] 33); für sie ist erst Raum, wo die Einlassung ungenügend oder unglaubhaft ist (KMR-*Paulus* 229).

[61] BayObLG VRS **60** (1981) 103; OLG Celle JR **1983** 203 mit Anm. *Stree*; OLG Hamm JR **1978** 165; dazu *Grebing* JR **1978** 142; OLG Koblenz NJW **1976** 1275; *Kleinknecht/Meyer-Goßner*[43] 15 a.

[62] Vgl. Fußn. 57; 61.

[63] *Alsberg/Nüse/Meyer* 850; KK-*Herdegen* 34; *Kleinknecht/Meyer-Goßner*[43] 15 a.

nicht leicht zu finden sein. Das materielle Recht gewährt dem Tatrichter durch die Zulassung von Schätzungen auch hinsichtlich der Ausgangstatsachen bewußt einen weiten Ermessensspielraum, der die Ablehnung diesbezüglicher Beweisanträge rechtfertigt. Die Ausführungen im Urteil zur Begründung der Schätzung dürfen dann aber nicht die Tatsachen in Abrede stellen, die vergeblich unter Beweis gestellt worden sind.

Betrifft der Beweisantrag dagegen eine Tatsache, die als **Ausgangsgrundlage** für die **29** Schätzung unverzichtbar ist oder auf die das Gericht seine Schätzung stützen will, so muß das Gericht ihm entsprechen, sofern nicht einer der Ablehnungsgründe der Absätze 3 bis 5 vorliegt. Der Antrag kann nicht etwa mit der Begründung abgelehnt werden, daß es vom Gegenteil der unter Beweis gestellten Tatsache überzeugt ist[64]. Insoweit gelten die allgemeinen Regeln über die Behandlung von Beweisanträgen; denn der Angeklagte und auch der Staatsanwalt müssen die Möglichkeit haben, durch Beweisanträge auf eine Korrektur irriger Vorstellungen über die relevanten Schätzungsgrundlagen hinzuwirken[65].

Im **Schrifttum** wurde früher die Ansicht vertreten, ebenso wie bei **§ 287 ZPO** sei das **30** Gericht berechtigt, dort, wo es schätzen dürfte, Beweisanträge nach freiem Ermessen abzulehnen; die Vorschriften über die Ablehnung von Beweisanträgen fänden insoweit keine Anwendung[66]. Diese Ansicht ist, soweit ersichtlich, aufgegeben. Sie hat im Gesetzeswortlaut keine Stütze, weil der Gesetzgeber darauf verzichtet hat, hier ähnlich wie im Privatklageverfahren oder im Bußgeldverfahren dem Gericht diesen Ermessensspielraum ausdrücklich zu schaffen; sie führt im Grunde nicht zu wesentlich anderen Ergebnissen als die herrschende Meinung. Im **Adhäsionsverfahren** (§§ 403 ff) ist § 287 ZPO für die haftungsausfüllende Kausalität und die Ermittlung der Schadenshöhe entsprechend anwendbar[67].

Die **Ablehnung des Beweisantrags** erfordert einen **Beschluß des Gerichts** (§ 244 **31** Abs. 6), der zu begründen ist und der aufzeigen muß, warum das Gericht die beantragte Beweiserhebung über die tatsächliche Schätzungsgrundlage für nicht erforderlich hält. Dabei werden in der Regel die Tatsachen anzugeben sein, in denen das Gericht eine ausreichende Grundlage für die beabsichtigte Schätzung zu finden glaubt[68].

d) Präsente Beweismittel (§ 245) sind für die Ermittlung von Anhaltspunkten für die **32** Schätzung immer auszuschöpfen. Sie dürfen nicht mit dem Hinweis abgelehnt werden, daß das Gericht für seine Schätzung keine weiteren Anhaltspunkte benötige. Im übrigen findet auf die Beweismittel, deren Präsenz die Verfahrensbeteiligten bewirkt haben, § 245 Abs. 2 Anwendung[69].

6. Notwendigkeit der Beweisaufnahme. Aus dem § 244 Abs. 1 ist nicht zu folgern, **33** daß das Gericht sich niemals mit einem **Geständnis** des Angeklagten begnügen dürfe und daß dessen Vernehmung unter allen Umständen eine weitere Beweisaufnahme nachfolgen müsse; nach dem im § 261 enthaltenen Grundsatz der freien Beweiswürdigung ist es vielmehr zulässig, eine Verurteilung des Angeklagten ausschließlich auf sein Geständnis zu stützen. Ob das Geständnis ausreicht, um den Schuldspruch und die Strafbemessung zu tragen, hängt von der Plausibilität und dem Informationsgehalt und von der Eigenart der

---

64 Vgl. *Rüth* DAR **1973** 3.
65 *Alsberg/Nüse/Meyer* 850; *Kleinknecht/Meyer-Goßner*[43] 15 a.
66 Vgl. 23. Aufl. Rdn. 27.
67 BGH NJW **1987** 705; *Kleinknecht/Meyer-Goßner*[43] 16. Wegen der Einzelheiten und weit. Nachw. vgl. bei §§ 403 ff.

68 *Kleinknecht/Meyer-Goßner*[43] 15 a; KMR-*Paulus* 230; *Alsberg/Nüse/Meyer* 850.
69 *Kleinknecht/Meyer-Goßner*[43] 15 a; KMR-*Paulus* 229; § 245, 46 ff.

einzelnen Sache ab[70]. Jedenfalls muß das Gericht in Erfüllung seiner Aufklärungspflicht die Glaubwürdigkeit des Geständnisses kritisch prüfen (vgl. Rdn. 46). Es darf seine Überzeugung vom Vorliegen der belastenden Tatsachen nur aus der Hauptverhandlung, nicht aber aus dem Akteninhalt schöpfen (RGSt **1** 81). Glaubt das Gericht dem Geständnis, ermöglicht dies meist eine wesentliche Einschränkung der Beweisaufnahme. Die vorhergehenden Ausführungen setzen jedoch ein in der Hauptverhandlung abgelegtes Geständnis voraus. Ein Geständnis, das der Angeklagte **außerhalb der Hauptverhandlung** gemacht, aber in ihr nicht wiederholt oder bestätigt hat, ist nur eine den Angeklagten belastende Tatsache, die ihrerseits — insbesondere nach § 254 — Gegenstand der Beweisaufnahme sein kann[71].

34   **7. Anordnung der Beweisaufnahme.** Die Entscheidung (Anordnung des Vorsitzenden, Beschluß des Gerichts, vgl. Rdn. 141, 142), die die Erhebung eines Beweises von Amts wegen oder auf Antrag anordnet, braucht in der Regel nicht begründet zu werden[72], selbst wenn ein Prozeßbeteiligter der Beweiserhebung widersprochen hat. Ausnahmsweise ist eine Begründung erforderlich, wenn die Zulässigkeit der Form, in der Beweis erhoben werden soll, auf Widerspruch stößt oder einem Zweifel unterliegt. Wegen der weiteren Einzelheiten vgl. bei Rdn. 142.

35   Die **Art und Weise**, in der die Zeugeneinvernahme durchzuführen ist, ist bei § 69 erläutert. Zur Durchführung des Sachverständigenbeweises vgl. §§ 78 ff; zum Augenschein §§ 86 ff und zum Urkundenbeweis §§ 249 ff.

36   **8. Reihenfolge der Beweisaufnahme.** Die Strafprozeßordnung sieht grundsätzlich vor, daß die Beweisaufnahme erst nach **Einvernahme des Angeklagten zur Sache** durchgeführt wird (§ 243 Abs. 3, § 244 Abs. 1), damit das Gericht die Sachdarstellung des Angeklagten bei der Beweisaufnahme berücksichtigen und die Beweismittel auch insoweit ausschöpfen kann. Vor Abschluß der Einvernahme des Angeklagten zur Sache ist eine Beweisaufnahme gegen den Widerspruch des Angeklagten grundsätzlich nicht zulässig[73]. Mit Einwilligung des Angeklagten ist eine abweichende Verfahrensgestaltung jedoch möglich, sofern der Aufbau der Hauptverhandlung im ganzen gewahrt bleibt. Wegen der Einzelheiten, vor allem wegen der Zulässigkeit einer gesonderten Verhandlung verschiedener Tatkomplexe, vgl. die Ausführungen bei § 243, 3 ff.

37   Innerhalb der Beweisaufnahme steht es dem Gericht weitgehend frei, in welcher **Reihenfolge** es die einzelnen Beweismittel in die Hauptverhandlung einführen will. Aus Gründen der Prozeßökonomie (Vermeidung überflüssiger Beweiserhebungen) ebenso wie auch zur Schonung des Angeklagten vor überflüssiger Erörterung seiner persönlichen Angelegenheiten werden — soweit persönlich und sachlich trennbar — in der Regel zunächst die Beweise zur Schuldfrage erhoben und erst anschließend die Beweise, die allein für die Beurteilung der vom Gericht festzusetzenden Rechtsfolgen von Bedeutung sind und bei denen § 172 Nr. 2 GVG den Ausschluß der Öffentlichkeit zum Schutze der

---

[70] Vgl. RG Recht **1919** Nr. 845; BGHSt **2** 269; BGH StV **1992** 1; *Alsberg/Nüse/Meyer* 167; *Fezer* JuS **1977** 234; *Peters* StV **1987** 375; *Schlüchter* FS Spendel 748; *Stern* StV **1950** 563; AK-*Schöch* 5; HK-*Julius* 10; KK-*Herdegen* 1; *Kleinknecht/Meyer-Goßner*[43] 3; SK-*Schlüchter* 28; vgl. Rdn. 7 und zum Begriff des Geständnisses bei § 254; vgl. auch LR-*Rieß* Einl. G 55 ff.

[71] RGSt **61** 72; **69** 90; OGHSt **1** 110; BGHSt **14** 310; **21** 285; *Alsberg/Nüse/Meyer* 121; *Eisenberg* (Beweisrecht) 16, KK-*Herdegen* 1. Vgl. bei § 254.

[72] RGRspr. **2** 595; **3** 295; BGH StV **1983** 6 mit Anm. Schlothauer; *Alsberg/Nüse/Meyer* 754; KK-*Herdegen* 57; *Kleinknecht/Meyer-Goßner*[43] 40; KMR-*Paulus* 406; SK-*Schlüchter* 145.

[73] BGHSt **19** 63; BGH NStZ **1981** 111; BGH StV **1991** 148; vgl. Rdn. 10; § 243, 2; 4; 77.

Privatsphäre des Angeklagten gestattet. Zwingend vorgeschrieben ist diese Verfahrensgestaltung jedoch nicht. Das Gericht kann auch anders verfahren[74].

II. Die Pflicht zur Erforschung der Wahrheit (Absatz 2)

1. Übergeordneter Verfahrensgrundsatz. Das Gebot zur Erforschung der Wahrheit, **38** zur Aufklärung aller entscheidungserheblichen Tatsachen von Amts wegen (Untersuchungsgrundsatz), ist das **beherrschende Prinzip des Strafverfahrens**[75]. Es gilt nicht nur für die Beweisaufnahme, sondern für alles, was der Richter im Strafverfahren zu tun hat. Das brachte die frühere Fassung der Vorschrift: „Das Gericht hat von Amts wegen alles zu tun, was zur Erforschung der Wahrheit erforderlich ist" deutlicher zum Ausdruck als die seit dem Vereinheitlichungsgesetz geltende, die sich dem Wortlaut nach auf die Verpflichtungen des Gerichts bei der Beweisaufnahme bezieht[76]. Ungeachtet dieser Fassungsänderung ist die Pflicht des Gerichts, unabhängig vom Verhalten der Verfahrensbeteiligten (vgl. Rdn. 48) alles zu tun, was zur Erforschung der Wahrheit erforderlich ist, ein **das ganze Verfahren** und nicht nur die Beweisaufnahme beherrschendes Gebot[77]. Ihm muß der Richter auch dann — und gerade dann — gehorchen, wenn äußere Schwierigkeiten seine Befolgung erschweren. Er muß über diese Herr werden, gleichgültig, ob sie durch die Unzulänglichkeit der Vorermittlungen, durch die Beschränktheit oder Lügenhaftigkeit der Zeugen, durch ungenügende Sachkunde der Gutachter, durch die Eilbedürftigkeit der Sache, die Bedrängnis durch ein Übermaß anderer Geschäfte oder sonstige Umstände hervorgerufen sind.

2. Gegenstand der Aufklärungspflicht. Die Aufklärungspflicht deckt sich in ihrer **39** **Spannweite** mit der Pflicht des Gerichts zur erschöpfenden Untersuchung der angeklagten Tat (§ 264). Sie ist verletzt, wenn das Gericht, das einen Teil der angeklagten Tat nach § 154 a Abs. 2 ausgeschieden hat, den Angeklagten freispricht, ohne den ausgeschiedenen Teil wieder einzubeziehen[78]. Sie umfaßt andererseits nicht Vorgänge, die einen zu Recht ausgeschiedenen Sachverhalt oder rechtlichen Gesichtspunkt betreffen. Soweit das Gericht an anderweitig festgestellte Tatsachen gebunden ist, besteht auch keine Aufklärungspflicht; sie reicht nicht über die Entscheidungskompetenz des Gerichts hinaus. Auf nicht beweisbedürftige oder bereits erwiesene Tatsachen sowie auf Umstände der Tat, die für die zu treffende Entscheidung unter keinem Gesichtspunkt benötigt werden, erstreckt sich die Aufklärungspflicht nicht; zu einer **überschießenden Sachaufklärung** ist das Gericht nicht verpflichtet[79], sie kann sogar, etwa unter dem Blickwinkel eines Verstoßes gegen das Beschleunigungsgebot, rechtlich zu beanstanden sein[80].

---

74 Zur Bedeutung der Reihenfolge der Beweiserhebung vgl. § 238, 11; 31; § 243, 2 und Rdn. 50, zu den Fragen des informellen Schuldinterlokuts § 243.

75 BVerfGE **57** 275; „Zentrales Anliegen des Strafprozesses" und „Bestandteil des materiell verstandenen Rechtsstaatsprinzips"; ferner etwa BVerfGE **33** 383; **63** 61; BVerfG NStZ **1987** 419; **1** 96; **10** 118; **23** 187; vgl. Einl. G 42 ff.

76 Zur Entwicklung *Rieß* FS Reichsjustizamt 432; *Engels* GA **1981** 21.

77 Vgl. *Herdegen* StV **1992** 533; KK-*Herdegen* 19 (Aufgabe, sich der Wahrheit als regulativer Idee seines Bemühens justizförmig so weit wie möglich

zu nähern); SK-*Schlüchter* 29; *Gössel* FS Bockelmann 432; *Maul* FS II Peters 48; zum Wahrheitsbegriff ferner etwa *Grasnick* FS Pötz 55; *Meurer* FS Tröndle 533; *Volk* FS Salger 411; vgl. ferner bei § 261 sowie Einl. G 43.

78 BGHSt **22** 105; **29** 315; BGH MDR **1980** 947; OLG Hamburg GA **1968** 281; OLG Hamm NJW **1967** 1433; KK-*Herdegen* 19; SK-*Schlüchter* 32; wegen weit. Nachw. vgl. bei § 154.

79 BGHSt **40** 3 = NStZ **1994** 247 mit Anm. *Widmaier* = StV **1994** 169 mit Anm. *Strate* = JR **1994** 169 mit Anm. *Wohlers*; vgl. Rdn. 58 mit weit. Nachw.

80 Vgl. Rdn. 57.

40   Die Aufklärungspflicht erstreckt sich auf alle Tatsachen, die für die Anwendung des **sachlichen Rechts,** für die Entscheidung über die Schuld und über Art und Maß der Rechtsfolgen, erheblich sind. Das Gericht muß alle nicht von vornherein aussichtslosen Schritte unternehmen, um eine möglichst zuverlässige Beweisgrundlage für die Anwendung des sachlichen Rechts zu erhalten[81]. Eine unsichere Beweislage muß es durch zusätzliche Beweismittel zu klären suchen (vgl. Rdn. 46), die verwendeten Beweismittel muß es voll ausschöpfen (Rdn. 51, 52). Solange das Gericht nicht alle Mittel der Aufklärung erschöpft hat, darf es nicht nach dem Grundsatz im Zweifel für den Angeklagten entscheiden[82] oder eine Wahlfeststellung treffen[83].

41   Die Aufklärungspflicht umfaßt alle für die Beurteilung der **Person des Angeklagten** bedeutsamen Umstände[84]. Sie ist verletzt, wenn das Gericht zu Lasten des Angeklagten eine **Vorstrafe** verwertet, die er nicht erlitten hat[85], oder wenn es unterläßt, einen Strafregisterauszug oder einen Auszug aus dem Verkehrszentralregister einzuholen[86] oder Zweifel an der Richtigkeit oder Tilgungsreife einer dort vermerkten Vorstrafe zu klären (BGHSt **20** 205) oder wenn es sich mit dem Verlesen der Urteilsgründe einer Vorverurteilung nach § 249 begnügt und die dort gezogenen Schlußfolgerungen trotz substantiierter Einwände ungeprüft für seine eigene Strafzumessung übernimmt (BGH StV **1998** 16). Die Aufklärungspflicht ist verletzt, wenn das Gericht versäumt, sonstige für die Strafzumessung bedeutsame Umstände selbst festzustellen[87]; ferner, wenn es das Gericht in Verfahren gegen Jugendliche oder Heranwachsende unterläßt, Ermittlungen gemäß § 43 JGG vorzunehmen[88], den Erziehungsberechtigten eines Jugendlichen nach § 67 Abs. JGG zu laden (BGH NStZ **1996** 612) oder die Jugendgerichtshilfe zum Termin zu laden und anzuhören[89]. Im Einzelfall kann die Aufklärungspflicht auch fordern, einen trotz Ladung ferngebliebenen Vertreter der Jugendgerichtshilfe zuzuziehen[90] oder im Sicherungsverfahren (§§ 413 ff) den Betreuer des Beschuldigten (BGH NStZ **1996** 610).

42   **Verfahrensrechtlich erhebliche Tatsachen** muß das Gericht ebenfalls in einem der jeweiligen Verfahrenslage angemessenen Umfang aufklären[91], bevor es über eine Verfahrensfrage entscheidet. Es muß erforschen, ob alle Verfahrensvoraussetzungen gegeben sind, etwa ob ein erforderlicher Strafantrag rechtzeitig gestellt ist[92], ferner, ob die tatsächlichen Voraussetzungen der jeweils zu treffenden Verfahrensentscheidung vorliegen, etwa ob ein Zeuge verhindert oder unerreichbar ist, oder ein Vernehmungsprotokoll oder sonst eine Urkunde verlesbar ist. Die einzelnen Fälle werden im Zusammenhang mit den jeweiligen Verfahrensregeln erörtert.

---

[81] BGHSt **12** 109; zur Tragweite dieser Verpflichtung vgl. Rdn. 45; 46.

[82] BGHSt **12** 119; **13** 326; BGH bei *Spiegel* DAR **1978** 159; OLG Hamm VRS **41** (1971) 37; *Maul* FS II Peters 51; ferner bei § 261.

[83] BGHSt **11** 10; **12** 388; **21** 152; **22** 136; weit. Nachw. bei § 261.

[84] Vgl. etwa BGH NStZ **1991** 231; OLG Hamm NJW **1956** 1934.

[85] RG HRR **1939** Nr. 546; **1942** Nr. 338.

[86] OLG Hamm NJW **1953** 1883; **1956** 1934; OLG Zweibrücken VRS **35** (1968) 439; *Huschka* NJW **1954** 788; *Händel* NJW **1954** 1516; vgl. aber auch *Wälde* NJW **1957** 433. Nach OLG Oldenburg RdK 1953 187; OLG Zweibrücken VRS **32** (1967) 219 kann es genügen, wenn das Gericht sich mit der glaubwürdigen Einlassung eines Angeklagten begnügt, sofern keinerlei Umstände ersichtlich sind, die zu weiteren Ermittlungen Veranlassung geben.

[87] Vgl. z. B. OLG Schleswig bei *Lorenzen/Thamm* SchlHA **1996** 95 (körperliche Behinderung bei Fahrverbot); OLG Zweibrücken VRS **35** (1968) 439.

[88] BGH GA **1956** 346; LM § 43 JGG Nr. 1; vgl. auch OLG Hamm JMBlNW **1955** 190.

[89] BGHSt **27** 250 = JR **1978** 176 mit Anm. *Brunner;* BGH VRS **57** (1979) 126; BGH bei *Dallinger* MDR **1956** 146; MDR **1977** 811; bei *Herlan* GA **1961** 358; BayObLG bei *Rüth* DAR **1971** 207; OLG Karlsruhe MDR **1975** 422; Justiz **1976** 213 (L); OLG Koblenz MDR **1973** 873.

[90] BGHSt **27** 250 = JR **1978** 175 mit Anm. *Brunner;* BGH NStZ **1982** 257; **1984** 467; StV **1989** 308; KK-*Herdegen* 25; vgl. andererseits BGH StV **1985** 153; ferner Rdn. 55.

[91] Im Wege des Freibeweises vgl. Rdn. 4.

[92] Vgl. etwa OLG Frankfurt NJW **1983** 1208; ferner Einl. G 40 und zur Beweisart Rdn. 4.

An den **Beweisverboten** findet auch die Aufklärungspflicht ihre Schranke. Soweit die 43
Erforschung eines bestimmten Sachverhalts oder die Verwendung oder Verwertung eines
bestimmten Beweismittels durch das Gericht unzulässig sind, scheidet es auch für die
Sachaufklärung aus[93]. Ob die Voraussetzungen eines Beweisverbots tatsächlich vorliegen,
muß das Gericht aber von sich aus aufklären; es muß alle verfügbaren Beweismittel ausschöpfen, um festzustellen, ob die behaupteten Tatsachen, die ein Beweisverbot begründen würden, auch tatsächlich vorliegen[94], etwa ob eine Aussage wegen Verstoßes gegen
§ 136 a unverwertbar ist oder ob eine Tonaufnahme verbotswidrig hergestellt wurde und
die Betroffenen der Verwendung widersprechen[95]. Wird einem Zeugen die Aussagegenehmigung verweigert, muß es prüfen, ob die Verweigerung als berechtigt hinzunehmen
ist[96]; hat eine nachgeordnete Dienststelle auf Grund einer Delegation hierüber entschieden, muß es die Entscheidung der Obersten Dienstbehörde (§ 96) herbeiführen[97]. Es kann
die Aufklärungspflicht verletzen, wenn das Gericht zu Unrecht das Fortwirken eines Verwertungsverbots annimmt[98] oder wenn ein Zeuge, der von seinem **Aussageverweigerungsrecht** Gebrauch macht, nicht darüber belehrt wird, daß seine frühere Aussage vor
einem Richter trotzdem verwendet werden kann, denn möglicherweise hätte der Zeuge bei
Kenntnis dieses Umstandes doch ausgesagt[99].

Bei **Tatsachen, die keines Beweises bedürfen**, entfällt grundsätzlich die Pflicht zur 44
weiteren Sachverhaltserforschung. Bei offenkundigen Tatsachen gilt dies aber nur, wenn
hinsichtlich der Richtigkeit keine vernünftigen Zweifel bestehen[100]. Bei Tatsachen, die
das Gericht als wahr unterstellt (§ 244 Abs. 3 Satz 2) oder deren Gegenteil es als bereits
erwiesen (§ 244 Abs. 4 Satz 2) ansehen darf, erfährt die grundsätzlich vorrangige Aufklärungspflicht nur hinsichtlich ihres Umfangs gewisse Einschränkungen (vgl. Rdn. 238;
308). Zur Aufklärungspflicht bei Schätzungen vgl. Rdn. 23.

3. Aufklärungspflicht und richterliche Überzeugung. Der früher vertretene Grund- 45
satz, daß der Tatrichter, der bereits auf Grund der erhobenen Beweise eine feste Überzeugung vom Vorliegen oder Nichtvorliegen einer Beweistatsache gewonnen hat, ohne Verletzung seiner Aufklärungspflicht von jeder weiteren Beweiserhebung absehen darf[101],
beruhte auf der Ansicht, daß die Aufklärungspflicht nur so weit reiche, als dies zur Gewinnung einer richterlichen Überzeugung notwendig sei. Später setzte sich die Auffassung
durch, daß für die Bildung der richterlichen Überzeugung, für die freie Beweiswürdigung
(§ 261), erst dann Raum ist, wenn das Gericht alle erkennbaren und erreichbaren Erkenntnisquellen ausgeschöpft hat. Die Berufung auf einer bereits gewonnene Überzeugung
rechtfertigt es nicht, Beweismittel zu übergehen, von denen eine weitere Sachaufklärung
zu erwarten ist, deren Ergebnis die (vorläufige) Überzeugung von einem bestimmten
Sachverhalt wieder in Frage stellen kann. Wo die Grenzen der Aufklärungspflicht liegen,

[93] BGH bei *Pfeiffer/Miebach* NStZ **1983** 355; KK-*Herdegen* 18; KMR-*Paulus* 226; SK-*Schlüchter* 32, ferner Einl. G 50.
[94] BGH bei *Dallinger* MDR **1951** 568; vgl. Rdn. 7, und § 136 a, 68.
[95] Vgl. Rdn. 333.
[96] Vgl. z. B. BGHSt **32** 126; **33** 180; **34** 85. Zur um-fangreichen Rechtsprechung und zu der Möglich-keit von Gegenvorstellungen des Gerichts vgl. bei §§ 54, 96.
[97] BGH NStZ **1996** 608 mit Anm. *Geerds*.
[98] BGH NJW **1995** 2047.
[99] BGHSt **21** 14; OLG Hamm MDR **1973** 427; vgl. bei § 52. Zur Berufung eines Zeugen auf § 55 vgl.

BGH bei *Holtz* MDR **1981** 632; ferner BGH NStZ **1996** 243, wonach mit dieser Vermutung dem § 171 b Abs. 2 GVG nicht der Boden entzogen werden kann.
[100] *Alsberg/Nüse/Meyer* 568; *Eisenberg* (Beweisrecht) 16; 17; KMR-*Paulus* 224; SK-*Schlüchter* 92; vgl. Rdn. 234 mit weit. Nachw.
[101] Etwa RGSt **1** 61; 138; **6** 135; **13** 158; OGHSt **2** 102; auch BGH NJW **1953** 283; zur Entwicklung der Rechtsprechung *Alsberg/Nüse/Meyer* 23; *Engels* GA **1981** 25; *Wessels* JuS **1969** 1; KK-*Herdegen* 21.

Walter Gollwitzer

mag vor allem in Randbereichen strittig sein, denn sie steht in einer Wechselbeziehung[102] zur objektiven Grundlage der richterlichen Überzeugung (vgl. Rdn. 46). Weitgehend unstreitig ist heute, daß die **Freiheit der Beweiswürdigung** erst dann einsetzt, wenn die **Aufklärungspflicht erfüllt** ist[103]. Die Aufklärungspflicht ist verletzt, wenn das Gericht zu einer bestimmten Überzeugung unter Berücksichtigung der Beweislage noch nicht hätte gelangen dürfen, weil es bei verständiger Würdigung aller Umstände des zu entscheidenden Falles damit rechnen mußte, daß ihm bekannte oder erkennbare, nicht verwertete weitere Beweismittel diese Überzeugung wieder erschüttern konnten. Insbesondere muß es, wenn das für erwiesen erachtete Ergebnis unwahrscheinlich ist oder anderen Feststellungen widerspricht oder nur auf einem einzigen Beweismittel von generell eingeschränktem oder im konkreten Fall strittigem Beweiswert beruht, vor Bildung seiner endgültigen Überzeugung alle zur Klärung des Sachverhalts in Frage kommenden erreichbaren Beweismittel ausschöpfen[104].

46   **4. Beurteilungsmaßstab.** Ob und welche Maßnahmen zur Aufklärung des der Kognition des Gerichts unterstellten Sachverhalts angezeigt sind, hat das Gericht auf Grund der **allgemeinen Lebenserfahrung** und der **im konkreten Verfahren ersichtlichen Umstände** zu entscheiden[105]. Der Inhalt der vorliegenden Akten, der Verlauf und die Ergebnisse der Hauptverhandlung und die im Zusammenhang damit — nicht notwendig durch die Beweisaufnahme — bekannt werdenden Umstände, insbesondere auch die Äußerungen der Verfahrensbeteiligten, müssen von ihm laufend überdacht werden, ob ein Anlaß besteht, den Sachverhalt durch zusätzliche, bisher nicht genutzte Beweismittel umfassender oder sicherer zu erforschen. Sind Umstände bekannt oder erkennbar, die weitere Nachforschungen nach Beweismitteln oder den Gebrauch eines noch nicht ausgeschöpften Beweismittels nahelegen, die im Interesse einer umfassenden Sachverhaltserforschung zu dessen Heranziehung „drängen"[106], dann erfordert die Aufklärungspflicht, daß dies geschieht. Maßgebend sind die **objektiven Gegebenheiten** und nicht die subjektive Erkenntnis des Gerichts[107]. Wenn die Beweisaufnahme bisher kein sicheres Ergebnis erbracht hat, muß das Gericht alle erkennbaren Beweismittel beiziehen und von sich aus nach weiteren Beweismitteln forschen. Aber auch wenn das Gericht auf Grund der erhobenen Beweise bereits eine feste Überzeugung vom Sachhergang gewonnen hat, kann die Sachaufklärung die Verwendung zusätzlicher Beweismittel gebieten.

46a   In der neueren Rechtsprechung des Bundesgerichtshofs findet sich der Satz, daß **kein erkennbares Beweismittel unbenutzt** bleiben darf, wenn auch nur die entfernte Mög-

---

102 AK-*Schöch* 27 (Komplementärverhältnis); *Herdegen* GedS Meyer 188; KK-*Herdegen* 18 (Wechselspiel).

103 Zur prinzipiellen Trennung von Beweiserhebung und nachfolgender Beweiswürdigung *Alsberg/Nüse/Meyer* 22; *Engels* GA **1981** 32; *Herdegen* GedS Meyer 188; *Niemöller* StV **1984** 431; AK-*Schöch* 27; KK-*Herdegen* 18; KMR-*Paulus* 223; SK-*Schlüchter* 35.

104 So etwa BGH VRS **36** (1969) 189; BayObLGSt **1994** 67, BayObLG VRS **93** (1997) 126; bei *Rüth* DAR **1976** 116; OLG Karlsruhe NStZ **1988** 226; OLG Köln VRS **88** (1995) 201; *Herdegen* NStZ **1984** 97; *Herdegen* StV **1992** 592; *Kunert* GA **1979** 413; vgl. Rdn. 68 ff mit weit. Nachw.

105 KK-*Herdegen* 21; *Kleinknecht/Meyer-Goßner*[43] 12; KMR-*Paulus* 221; *Alsberg/Nüse/Meyer* 20;

Frister ZStW **105** (1993) 357; *Herdegen* NStZ **1984** 98; *Maul* FS II Peters 50; ferner die nachf. Fußn. und Rdn. 47 und 59.

106 RGSt **74** 152; BGHSt **1** 96; **3** 175; **10** 118; **23** 187; **30** 140; BGH LM Nr. 1 zu § 244; BGH NJW **1978** 113; BGH VRS **34** (1968) 220; BGH bei *Dallinger* MDR **1951** 257; bei *Holtz* MDR **1981** 455; bei *Pfeiffer/Miebach* NStZ **1983** 210; ständige Rechtspr. der Oberlandesgerichte, etwa OLG Hamm NStZ **1984** 462; KG VRS **25** (1963) 65; OLG Koblenz VRS **45** (1973) 48; 189; vgl. auch *Alsberg/Nüse/Meyer* 20; *Maul* FS II Peters 47; KMR-*Paulus* 221 ff.

107 KK-*Herdegen* 21; 22, der die Entwicklung der Rechtsprechung zu objektiven Kriterien hin darstellt.

lichkeit einer verfahrenserheblichen Änderung der durch die bisherige Beweisaufnahme begründeten Vorstellung von dem zu beurteilenden Sachverhalt besteht[108]. Dieser Satz bedarf der Differenzierung. Er trifft in Sonderfällen zu, wenn die Überzeugung des Gerichts auf Grund von Beweismitteln mit unsicherem Beweiswert (mehrdeutige Indizien, Zeugen vom Hörensagen usw.) gewonnen wurde[109]. Stützt sie sich dagegen auf die Übereinstimmung verläßlicher Beweismittel, muß nicht ohne konkreten Anlaß jeder noch so entfernten Möglichkeit einer weiteren Sachaufklärung nachgegangen werden[110]. Ob die bisher gewonnene Meinung von dem zu beurteilenden Lebensvorgang bei Verwendung eines weiteren Beweismittels in Frage gestellt werden kann, weil dieses möglicherweise geeignet ist, das bisherige Beweisergebnis in Zweifel zu ziehen, ist vom **Standpunkt eines lebenserfahrenen Richters** zu beurteilen, der mit Sorgfalt und Gewissenhaftigkeit, Mut und Verantwortungsbewußtsein seines Amtes waltet[111]. Eine solche auf Lebenserfahrung und selbstkritischer Beurteilung des bisherigen Beweisergebnisses gestützte Würdigung der möglichen, wenn nicht sogar wahrscheinlichen Auswirkungen des ungenutzten Beweismittels auf die Überzeugungsbildung ist trotz der darin liegenden **Beweisantizipation** zulässig[112] und mitunter unabdingbar, da ohne eine wenn auch kritisch abwägende Würdigung der bereits erhobenen Beweise keine Entscheidung über die Notwendigkeit einer weiteren Beweiserhebung möglich wäre. Die Aufklärungspflicht zwingt das Gericht zwar, jedem Beweismittel nachzugehen, bei dem nach der konkreten Sachlage die Möglichkeit besteht, daß es zu einer Änderung des Beweisergebnisses führen kann. Sie geht aber nicht so weit, daß auch Beweismittel zugezogen werden müssen, bei denen diese Möglichkeit zwar gedanklich abstrakt nicht völlig auszuschließen ist, bei denen aber weder nach der Lebenserfahrung noch auf Grund tatsächlicher Anhaltspunkte anzunehmen ist, daß sie das bisher gewonnene Beweisergebnis in Frage stellen könnten[113].

Die **Prozeßlage der jeweiligen Hauptverhandlung** ist allein maßgebend dafür, ob **47** aus objektiver Sicht vernünftige Zweifel am bisherigen Beweisergebnis die Beiziehung weiterer Beweismittel nahelegen. Die Aufklärungspflicht ist aber nicht schon deshalb verletzt, weil Beweismittel, die in einer früheren Hauptverhandlung herangezogen waren, nicht mehr verwendet werden[114]. Es beurteilt sich allein nach der neuen Prozeßlage, ob die Umstände dazu drängen, frühere Beweismittel erneut zu benutzen.

---

[108] BGHSt **23** 188; **30** 143; NStZ **1983** 376; **1990** 384; **1991** 399; bei *Pfeiffer/Miebach* NStZ **1983** 210; StV **1981** 164; **1989** 518; BGHSt **40** 7 läßt dies offen.

[109] *Widmaier* NStZ **1994** 248; *Kleinknecht/Meyer-Goßner*[43] 12.

[110] Nach *Herdegen* NStZ **1984** 98 vermag die bloß gedanklich abstrakte Möglichkeit einer Änderung des Beweisergebnisses, die sich auf keine konkreten tatsächlichen Anhaltspunkte stützen kann, keine weitere Sachaufklärung auszulösen; vgl. ferner *Eisenberg* (Beweisrecht) 11; *Herdegen* GedS Meyer 193; *Julius* NStZ **1986** 63; *Maul* FS II Peters 48; 54; *Schlüchter* 544 (keine Ermittlung ins Blaue hinein); AK-*Schöch* 27; HK-*Julius* 8; KK-*Herdegen* 21; *Kleinknecht/Meyer-Goßner*[43] 12; SK-*Schlüchter* 37.

[111] So etwa BGHSt **30** 142; BGH NStZ **1985** 324; BayObLG NStZ **1996** 101; AK-*Schöch* 27; KK-*Herdegen* 21; SK-*Paeffgen* § 420, 18.

[112] RGSt **74** 152; RG HRR **1933** 1061; BGHSt **13** 326; BGH NJW **1951** 283; **1966** 1524; BayObLG MDR **1979** 603; OLG Karlsruhe VRS **51** (1976) 61; OLG

Stuttgart VRS **62** (1982) 459 (Absehen von weiterer Beweisaufnahme nur ausnahmsweise zulässig); vorherrschende Meinung, *Alsberg/Nüse/Meyer* 29; *Eisenberg* (Beweisrecht) 11; *Frister* ZStW **105** (1993) 357; *Herdegen* NStZ **1984** 97; *Julius* NStZ **1986** 61; *Widmaier* NStZ **1994** 416; AK-*Schöch* 27; HK-*Julius* 8; KK-*Herdegen* 21; *Kleinknecht/Meyer-Goßner*[43] 12; SK-*Schlüchter* 37; SK-*Paeffgen* § 420, 18; vgl. Rdn. 59; **a. A** ein Teil des Schrifttums, etwa *Engels* GA **1981** 21; *Wessel* JuS **1969** 4.

[113] BGHSt **30** 141; BGH NStZ **1980** 50 (Lebensaltergutachten); OLG Hamm NStZ **1984** 462; KK-*Herdegen* 21 stellt auf die intersubjektiv nachvollziehbare Prognose ab, ob der nötigenfalls im Freibeweisverfahren zu erforschende mögliche Beweiswert des ungenützten Beweismittels das bisherige Beweisergebnis erschüttern oder über ein non liquet hinausführen kann; so auch *Herdegen* NJW **1996** 28; ähnlich *Alsberg/Nüse/Meyer* 30; *Frister* ZStW **105** (1993) 357; 360; *Herdegen* NStZ **1984** 98.

[114] BGH bei *Dallinger* MDR **1974** 547.

48 **5. Unabhängigkeit von Anträgen.** Die umfassende Sachverhaltserforschung obliegt dem Gericht als eigene Pflicht, auf deren Erfüllung die Verfahrensbeteiligten zwar durch Anregungen hinwirken können, die aber im übrigen ihrer Disposition entzogen ist. Sie können sie weder durch Anträge, durch einen einseitigen oder vereinbarten Verzicht auf Beweismittel noch durch ein Geständnis zum Wegfall bringen[115]. Die Aufklärungspflicht gebietet, die Glaubwürdigkeit und sachliche Richtigkeit des Geständnisses nicht ungeprüft hinzunehmen. Dies gilt erst recht, wenn dem Geständnis eine Verständigung mit dem Gericht vorausgegangen ist, bei der dem Angeklagten für diesen Fall die Einhaltung einer bestimmten Strafobergrenze in Aussicht gestellt worden ist (BGHSt **43** 195; wegen der Einzelheiten vgl. Einl. G 58 ff). Das Gericht muß einem Entlastungsbeweis auch gegen den Willen des Angeklagten nachgehen[116], so, wenn der nur durch Vernehmung eines ärztlichen Sachverständigen zu klärende Verdacht besteht, daß der Angeklagte im Zeitpunkt der Tat schuldunfähig oder erheblich vermindert schuldfähig war, der Angeklagte aber bittet, keinen Sachverständigen zuzuziehen, weil er befürchtet, aus dem Ergebnis der Begutachtung könnten ihm berufliche Schwierigkeiten erwachsen. Desgleichen muß das Gericht belastende Umstände auch dann zu klären versuchen, wenn die Staatsanwaltschaft insoweit auf weitere Beweismittel verzichtet hat[117]. Daß der Angeklagte einen ihm möglichen Beweisantrag nicht stellt, läßt die Aufklärungspflicht des Gerichts grundsätzlich unberührt; allenfalls kann darin ein Indiz dafür gesehen werden, daß kein Umstand ersichtlich war, der das Gericht zu einer Sachaufklärung im Einzelfall gedrängt hätte[118]. Andererseits können Anträge der Verfahrensbeteiligten, ganz gleich, ob ihnen entsprochen wird, dem Gericht einen Anhaltspunkt geben, der die Aufklärungspflicht auslöst.

49 **6. Leitlinie für die Verfahrensgestaltung.** Die Pflicht, sich um die bestmögliche Sachaufklärung zu bemühen, ist als Leitgedanke für die gesamte Verfahrensgestaltung bestimmend (Rdn. 38, 53 ff). Aus ihr können im Einzelfall auch dort **besondere Verpflichtungen** des Vorsitzenden und des Gerichts erwachsen, wo die Verfahrensordnung auf Regelungen verzichtet hat oder wo sie mehrere Gestaltungsmöglichkeiten zur Wahl stellt.

50 **Ermessensentscheidungen** des Gerichts müssen der Aufklärungspflicht Rechnung tragen. Auch wenn das eingeräumte Ermessen als „frei" bezeichnet wird, muß es so ausgeübt werden, daß dadurch die Sachaufklärung gefördert und nicht beeinträchtigt wird. So findet beispielsweise beim Beweis durch Augenschein die Ermessensfreiheit, die Absatz 5 Satz 1 dem Gericht zusteht, ihre Grenzen in der Aufklärungspflicht[119]. Insbesondere darf das Gericht den Antrag, daß ein Augenschein zum Beweis für die Unwahrheit der Aussage eines Zeugen vorgenommen werde, nur ablehnen, wenn die Aufklärungspflicht nicht dazu zwingt, dem Antrag zu entsprechen[120]. Gleiches gilt bei der Befugnis nach Absatz 5 Satz 2, einen Beweisantrag auf Vernehmung eines im Ausland zu ladenden Zeu-

---

[115] BGH NJW **1966** 1524; **1967** 299; **1989** 3294; NStZ **1988** 37; **1990** 384; **1991** 399; bei *Pfeiffer/Miebach* NStZ **1984** 210; StV **1983** 495; **1987** 4; **1989** 518; **1990** 98; **1991** 245; bei *Holtz* MDR **1981** 455; OLG Düsseldorf VRS **66** (1984) 148; OLG Stuttgart Justiz **1982** 406; OLG Zweibrücken StV **1992** 153; *Alsberg/Nüse/Meyer* 21; *Maul* FS II Peters 48; *Tenckhoff* 125; *Weber* GA **1975** 293; KK-*Herdegen* 20; *Kleinknecht/Meyer-Goßner*[43] 11; SK-*Schlüchter* 30; 172.

[116] RG HRR **1940** Nr. 840; BGHSt **34** 209; wegen weit Nachw. vgl. vorstehende Fußn.

[117] RGSt **47** 424; BGH VRS **4** (1952) 30; StV **1981** 164; BGHR § 244 Abs. 2 Aufdrängen 5; *Schmidt-Hieber* NJW **1982** 1020.

[118] BGH bei *Holtz* MDR **1985** 629; *Dahs/Dahs* 376; KK-*Herdegen* 20; *Kleinknecht/Meyer-Goßner*[43] 11; SK-*Schlüchter* 30; mißverständlich BGH NStZ **1982** 450; vgl. *Alsberg/Nüse/Meyer* 25 mit weit. Nachw.; ferner Rdn. 340.

[119] RG JW **1938** 174; HRR **1939** Nr. 1393; BGH NStZ **1984** 565; *Maul* FS II Peters 55; Rdn. 327.

[120] RG JW **1936** 3008; HRR **1937** Nr. 69; **1938** Nr. 1152; vgl. Rdn. 330.

gen abzulehnen (Rdn. 340). Die Erfordernisse der Wahrheitserforschung sind auch maßgebend dafür, ob das Gericht bei Vorliegen der sonstigen Voraussetzungen des § 247 a anordnen darf oder muß, daß der Zeuge vom Sitzungssaal aus mittels einer zeitgleichen Bild-Ton-Verbindung an einem anderen Ort vernommen wird oder daß die Bild-Ton-Aufzeichnung einer früheren Zeugenvernehmung nach § 255 a in der Hauptverhandlung vorgeführt wird. Auch die Ermessensentscheidung über die Beeidigung nach § 61 muß sich an der Aufklärungspflicht orientieren[121]. Sie kann maßgebend sein für die Reihenfolge, in der die einzelnen Angeklagten zur Sache gehört oder die Zeugen vernommen oder sonstige Beweismittel in die Hauptverhandlung eingeführt werden[122], und sie kann auch erfordern, daß das Gericht alle ihm möglichen Maßnahmen trifft, um zu verhindern, daß Beweispersonen fremden Einflüssen ausgesetzt bleiben, die ihre Aussage beeinflussen und im Beweiswert beeinträchtigen können[123]. Auch bei der im Ermessen des Gerichts stehenden Verbindung oder Trennung von Verfahren ist die Aufklärungspflicht zu beachten[124].

Die Aufklärungspflicht erfordert die **erschöpfende Auswertung** der zugezogenen Beweismittel. Zugezogene Urkunden müssen umfassend ausgewertet, zugezogene Beweispersonen müssen so vernommen werden, daß sie ihr ganzes verfahrenserhebliches Wissen offenbaren[125]. Das ungenügende Ausschöpfen eines Beweismittels, die nach der Aktenlage gebotene Aufklärung von Widersprüchen[126], das Unterlassen von Fragen oder Vorhalten, die sich bei kritischer Prüfung der Aussage oder auf Grund der Beweislage aufdrängen, kann die Aufklärungspflicht verletzen. **51**

Zum **Beispiel** kann je nach Lage des Einzelfalls ein Verstoß gegen die Aufklärungspflicht darin liegen, daß das Gericht es hinnimmt, daß ein Zeuge zu Unrecht unter Berufung auf § 55 oder sonst grundlos die Auskunft verweigert[127] oder daß eine Frage als schon beantwortet zurückgewiesen wird, die klären sollte, ob sich die allgemein gehaltene Äußerung des Zeugen auf ein bestimmtes Vorkommnis bezieht[128], oder daß eine bestimmte Frage überhaupt zurückgewiesen wird[129] oder daß Fragen und Vorhalte unterbleiben, die sich dem Gericht hätten aufdrängen müssen[130]. **52**

7. Verhältnis zu anderen Verfahrensvorschriften

a) Fortbestand neben spezielleren Regeln. Die Folgerungen, die sich aus der Aufklärungspflicht für die Verfahrensgestaltung ergeben, decken sich vielfach mit dem Inhalt anderer Verfahrensnormen sowie mit den aus anderen Verfahrensgrundsätzen abgeleiteten Regeln. Als herrschendes Grundprinzip der Verfahrensgestaltung wird die Aufklärungspflicht auch durch speziellere Normen nicht verdrängt, sondern besteht daneben fort, wobei die sich aus ihr ergebenden Anforderungen im konkreten Fall über die andere Verfahrensnorm hinausreichen können. **53**

Der **Grundsatz des rechtlichen Gehörs**[131] dient neben der Wahrung der Verfahrensinteressen der Prozeßbeteiligten auch der besseren Aufklärung des Sachverhalts, wenn er den Prozeßbeteiligten das Recht sichert, zum Vorliegen entscheidungsrelevanter Tatsachen aus ihrer Sicht Stellung zu nehmen. So ist auch die Aufklärungspflicht verletzt, wenn **54**

---

121 *Rieß* NJW **1975** 85; vgl. § 61, 39.
122 Vgl. Rdn. 37 und § 243, 2 ff.
123 BGHSt **29** 193; bei *Holtz* MDR **1981** 456.
124 *Maul* FS II Peters 60; vgl. § 237.
125 Vgl. die Erl. zu § 69 und Rdn. 342.
126 BGH NStZ **1991** 448.
127 BGH StV **1983** 495.
128 BGHSt **2** 284.

129 Vgl. bei § 241, 15; 33; ferner bei den §§ 68 a, 69.
130 Mit der Revision kann dies aber nur gerügt werden, wenn dies ohne die dem Revisionsgericht verwehrte Rekonstruktion der Verhandlung nachweisbar ist, vgl. Rdn. 342 mit Nachw.
131 Vgl. Einl. H 72; ferner etwa BVerfG NJW **1992** 281.

das Gericht nicht von Amts wegen dafür sorgt, daß dem schwerhörigen Angeklagten vollständige **Kenntnis** vom Inhalt der mündlichen Verhandlung **verschafft** wird[132], wenn es den Angeklagten im Urteil mit der Feststellung einer Tatsache überrascht, auf die er weder durch den Inhalt der Anklageschrift noch durch den Gang der Hauptverhandlung so vorbereitet worden ist, daß er Anlaß gehabt hätte, sich ausreichend hierzu zu äußern[133], oder wenn das Gericht aus offensichtlich unzutreffenden Gründen die sachliche Prüfung eines Beweisvorbringens des Angeklagten ablehnt[134]. Die Aufklärungspflicht kann aber im Einzelfall die persönliche Anhörung des Angeklagten auch gebieten, wenn dies zur Wahrung seines Rechts auf Gehör nicht notwendig wäre[135]. Der besseren Sachaufklärung dienen auch die Vorschriften, die, wie § 265, Hinweise über Veränderung der Sach- und Rechtslage fordern oder die die Aussetzung zur weiteren Vorbereitung der Verteidigung, wie etwa in §§ 228, 246, vorsehen[136].

55   Die Pflicht des **Angeklagten, an der Hauptverhandlung teilzunehmen**, ist ebenfalls ein Mittel der Sachaufklärung. Dies kommt vor allem dort zum Tragen, wo das Gericht an sich befugt ist, in Abwesenheit des Angeklagten zu verhandeln[137]. Auch wenn sonst alle Voraussetzungen des § 233 gegeben sind, muß beispielsweise das Gericht die gewährte Befreiung von der Verpflichtung zum Erscheinen in der Hauptverhandlung zurücknehmen, falls sich herausstellt, daß die **persönliche Anwesenheit** des Angeklagten zur Aufklärung des Sachverhalts notwendig oder förderlich ist (§ 233, 31). Hält das Gericht in Fällen, in denen sich der Angeklagte vertreten lassen kann, die Anordnung des persönlichen Erscheinens aus triftigen Gründen nicht für angezeigt (§ 236, 9), so kann die Aufklärungspflicht gebieten, den Angeklagten durch einen ersuchten Richter vernehmen zu lassen[138]. Das Berufungsgericht darf in Abwesenheit des Angeklagten nicht über die Strafmaßberufung der Staatsanwaltschaft entscheiden, wenn der persönliche Eindruck vom Angeklagten für die gerechte Bemessung der Strafe erforderlich ist[139]. Verweigert der anwesende Angeklagte die Einlassung, muß sich das Gericht anderweitig um die Aufklärung seiner persönlichen Verhältnisse bemühen[140]. Die Aufklärungspflicht kann auch erfordern, daß das Gericht für die **Anwesenheit anderer Personen** in der Hauptverhandlung sorgt, so etwa eines Sachverständigen (§ 226, 16) oder eines Vertreters der Gerichts- oder Jugendgerichtshilfe (Rdn. 41).

56   Der **Grundsatz der Unmittelbarkeit** der Beweisaufnahme (§ 250) ist von seiner Zielsetzung her ebenfalls eng mit der Aufklärungspflicht verwandt[141]. Wegen der Einzelheiten vgl. bei § 250 und Rdn. 7, ferner bei § 325.

57   **b) Beschleunigungsgebot.** Mit dem Gebot, das Verfahren beschleunigt und mit **prozeßwirtschaftlich vertretbarem Aufwand** abzuwickeln[142], kann die Aufklärungspflicht

---

[132] RG HRR **1940** Nr. 204.

[133] RGSt **76** 85; BGHSt **13** 320; BGH bei *Holtz* MDR **1980** 107; KMR-*Paulus* 274.

[134] BVerfG NJW **1992** 231; OLG Celle NdsRpfl. **1992** 289; vgl. auch BVerfGE **32** 35; OLG Oldenburg NJW **1992** 2906.

[135] Zur Wahrung des Rechts auf Gehör genügt, daß der Angeklagte Gelegenheit zur Äußerung hatte, die Aufklärungspflicht kann es aber erfordern, den Angeklagten persönlich zu hören, vgl. Rdn. 55.

[136] Vgl. § 228, 8; § 246, 19.

[137] Vgl. insbes. § 231, 25; § 231 a, 11; § 231 b, 20; § 232, 30; § 233, 10.

[138] BayObLGSt **1972** 168 = GA **1973** 243; ferner bei § 236, 10.

[139] BGHSt **17** 398; BGH StV **1984** 190; OLG Hamburg StV **1982** 558; weit. Nachw. bei § 329.

[140] BGHSt **27** 252 = JR **1978** 175 mit Anm. *Brunner*; BGH StV **1982** 336 mit Anm. *Gatzweiler*; bei *Dallinger* MDR **1956** 146; bei *Herlan* GA **1961** 358; bei *Holtz* MDR **1984** 797; BayObLG bei *Rüth* DAR **1971** 207; OLG Karlsruhe MDR **1975** 422; OLG Koblenz MDR **1973** 873.

[141] *Geppert* 185; 249; nach KMR-*Paulus* 192 ff ist der Unmittelbarkeitsgrundsatz lediglich eine Folge von § 244 Abs. 2, § 261.

[142] Vgl. Einl. G 31 ff; Vor § 213, 20; Art. 6 MRK (24. Aufl. Rdn. 76 ff).

in Widerstreit geraten. Hier sind das Gewicht der Strafsache und Bedeutung und Beweiswert der weiteren Sachverhaltserforschung gegenüber den Nachteilen der Verfahrensverzögerungen im konkreten Fall abzuwägen, wobei allerdings bei Anschuldigungen von Gewicht einer für den Schuldspruch relevanten weiteren Sachaufklärung der Vorrang zukommt. Dies spielt vor allem bei weit entfernt wohnenden oder sich im Ausland aufhaltenden Zeugen eine Rolle[143]. Es kann erforderlich sein, ein Verfahren auszusetzen, bis ein Zeuge wieder zur Verfügung steht[144]. In Erfüllung seiner Aufklärungspflicht muß das Gericht aber auch an Hand der Akten und gegebenenfalls auch durch Rückfragen selbst prüfen, ob eine den staatlichen Organen zuzurechnende, sachlich ungerechtfertigte Verfahrensverzögerung vorliegt, die es bei der Strafzumessung zu berücksichtigen hat[145].

Eine **überschießende Aufklärung** widerspricht dem Gebot der beschleunigten prozeßökonomischen Verfahrenserledigung. Jede weitere Sachverhaltserforschung hat zu entfallen, wenn es darauf für die Entscheidung des Gerichts nicht mehr ankommt, etwa weil erkennbar wird, daß eine Prozeßvoraussetzung fehlt[146]. Die Pflicht zur Aufklärung des Sachverhalts geht **nur so weit, wie notwendig** ist, um zu einer **sicheren**, auf Verurteilung, Freisprechung oder Einstellung lautenden **Entscheidung** zu gelangen. Führt die Beweisaufnahme zu dem Ergebnis, daß der Angeklagte mangels ausreichenden Schuldbeweises freizusprechen ist, und sind keine weiteren Beweise ersichtlich, die zu Überführung des Angeklagten führen könnten, so gebietet § 244 Abs. 2 dem Gericht im allgemeinen nicht, von Amts wegen weitere Beweise zu erheben, die vielleicht zur Freisprechung wegen erwiesener Unschuld führen könnten[147]. Eine solche Verpflichtung besteht auch nicht unter dem Gesichtspunkt der Auslagenentscheidung nach § 464 Abs. 2[148]. **58**

c) Das **Verhältnis zwischen der Aufklärungspflicht und § 244 Abs. 3, 4** ist strittig. Die im Schrifttum unter Hinweis auf die Entwicklung des Beweisantragsrechts vertretene Ansicht, daß die sich aus der Aufklärungspflicht ergebenden Forderungen mit der Regelung des Beweisantragsrechts der Absätze 3 und 4 inhaltsgleich seien[149], wird von der vorherrschenden Meinung nicht geteilt[150]. Diese geht bei Anerkennung der grundsätzlichen Übereinstimmung beider Regelungen im Kernbereich davon aus, daß die Aufklärungspflicht nicht erfordert, daß das Gericht alle möglicherweise in Betracht kommenden Beweismittel schon dann immer beiziehen muß, wenn keiner der Ablehnungsgründe der Absätze 3 und 4 Platz greift[151]. Die **Aktualisierung der Aufklärungspflicht** setzt notwendig eine Beweisprognose des Gerichts voraus, das auf Grund der bisherigen Beweislage und des in Frage kommenden Beweisthemas zu beurteilen hat, ob von dem in Frage kommenden Beweismittel ein für die Entscheidung erhebliches Beweisergebnis zu erwar- **59**

---

[143] Vgl. Rdn. 257 ff; Rdn. 340; ferner § 251.

[144] BayObLG VRS **63** (1982) 211; *Meyer-Goßner* JR **1984** 436; weit. Nachw. bei Rdn. 263, 265.

[145] BGH StV **1992** 452 mit Anm. *Scheffler* StV **1993** 568.

[146] Vgl. Einl. H 39 und bei § 206 a.

[147] AK-*Schöch* 32; *Kleinknecht/Meyer-Goßner*43 13; KMR-*Paulus* 115.

[148] Etwa BGHSt **16** 379; wegen der Einzelheiten vgl. die Erläuterungen zu §§ 260 und 464.

[149] *Beling* JW **1925** 2782; **1928** 2988; *Wessels* JuS **1969** 4; *Bergmann* MDR **1976** 891; *Engels* GA **1981** 21; *Gössel* § 29 B II; Gutachten zum 60. DJT; JR **1995** 365; **1996** 101; *Grünwald* Gutachten zum 50. DJT, 71; *Ulsenheimer* AnwBl. **1983** 373; *Wenskat* 271.

[150] So etwa BGHSt **21** 124; auch **32** 73 = JR **1984** 521 mit Anm. *Schlüchter*; BGHSt **36** 165; BGH NStZ **1985** 347; *Alsberg/Nüse/Meyer* 29 mit weit. Nachw.; *Eisenberg* (Beweisrecht) 5; *Foth* JR **1996** 99; *Frister* ZStW **105** (1993) 360; *Herdegen* GedS Meyer 195; *Julius* NStZ **1986** 62; *Liemersdorf* StV **1987** 175; *Maul* FS II Peters 53; *Quedenfeld* FS II Peters 52; *Schulz* StV **1985** 313; *Schmidt-Hieber* JuS **1985** 239; AK-*Schöch* 28; KK-*Herdegen* 42; *Kleinknecht/Meyer-Goßner*43 12; KMR-*Paulus* 234 ff (aber einschränkend 237, 238); SK-*Schlüchter* 52.

[151] Vgl. etwa *Alsberg/Nüse/Meyer* 29 ff; *Eisenberg* (Beweisrecht) 5; SK-*Paeffgen* § 420, 15 ff, je mit weit. Nachw.; ferner auch die Rechtsprechung zu § 384 Abs. 3; § 411 Abs. 2 Satz 2; § 420 und § 77 OWiG.

ten ist[152]. Die **Vorwegwürdigung** der Tragweite und des Beweiswertes eines noch nicht ausgeschöpften Beweismittels ist insoweit zulässig[153], denn nur sie kann ergeben, ob im Hinblick auf das bisherige (vorläufige) Beweisergebnis die reale Möglichkeit eines zusätzlichen, entscheidungsrelevanten Aufklärungsgewinns zu verneinen ist oder ob sie besteht, weil dadurch das bisherige Ergebnis möglicherweise wieder in Frage gestellt wird oder weil dadurch eine gesichertere Grundlage für das bisherige Ergebnis gewonnen wird. Wenn das Gericht dagegen über den **Beweiserhebungsanspruch eines Verfahrensbeteiligten** an Hand der gesetzlich in den Absätzen 3 und 4 abschließend festgelegten Ablehnungsgründe zu entscheiden hat, ist ihm diese Beweisantizipation grundsätzlich verwehrt (vgl. Rdn. 183). Die eigene Einschätzung des Gerichts über den zu erwartenden Aufklärungsgewinn ist dann nicht maßgebend. Mit dem Beweisantrag nimmt der Antragsteller sein eigenes Recht wahr, daß die aus seiner Sicht für notwendig gehaltenen Beweise erhoben werden. Das Gericht muß deshalb, auch wenn es die Erfolgsaussichten der beantragten Beweiserhebung negativ beurteilt, dem Antrag entsprechen, sofern die gesetzlich festgelegten Ablehnungsgründe nicht greifen[154]. Umgekehrt wird in aller Regel die Aufklärungspflicht nicht zu einer Beweiserhebung zwingen, wenn ein darauf gerichteter Antrag nach § 244 Abs. 3 oder 4 abgelehnt werden könnte[155]. Ausnahmsweise kann die Aufklärungspflicht eine weitergehende Sachverhaltserforschung gebieten[156].

60   d) Die Pflicht, die Wahrheit zu ergründen, ergänzt **Inhalt und Tragweite anderer Verfahrensvorschriften.** Unerheblich ist insoweit, ob der jeweilige Gesetzeswortlaut seine Anwendbarkeit ausdrücklich auf die Fälle begrenzt, in denen dies mit der Pflicht zur Erforschung der Wahrheit vereinbar ist (so etwa § 244 Abs. 5), oder umgekehrt darauf abstellt, daß dies zur Erforschung der Wahrheit erforderlich ist (so § 247 a), oder ob er, wie die meisten Vorschriften, die Aufklärungspflicht nicht besonders erwähnt. Denn diese bestimmt als übergeordneter Gesichtspunkt die ganze Verfahrensgestaltung. Mit der Erkenntnis, daß eine bestimmte Prozeßhandlung verfahrensrechtlich zulässig ist, darf sich das Gericht nicht zufriedengeben, wenn die Pflicht zur Erforschung der Wahrheit gebietet, außer dieser noch andere Handlungen vorzunehmen. So ist zwar das Gericht, wenn der Vorsitzende vor der Hauptverhandlung den Beweisantrag des Angeklagten auf Ladung eines Zeugen mit der Begründung abgelehnt hat, die in das Wissen des Zeugen gestellte Tatsache könne als wahr unterstellt werden, an diese Zusicherung nicht gebunden. Die Pflicht zur Erforschung der Wahrheit gebietet ihm aber, den Angeklagten in der Hauptverhandlung davon zu unterrichten, wenn das Gericht eine abweichende Feststellung treffen will[157]; sie kann ferner gebieten, vor der Hauptverhandlung gestellte Beweisanträge oder sonst formlos bezeichnete Beweismittel zu beachten[158], auf Widersprüche zu früheren

---

[152] Vgl. Rdn. 46a.
[153] Vgl. z. B. *Alsberg/Nüse/Meyer* 30 und die Nachw. Fußn. 150; HK-*Julius* 8; *Frister* ZStW **105** (1993) 340 ff unterscheidet unter Hinweis auf die Doppeldeutigkeit der Beweisantizipation zwischen der bei § 244 Abs. 2 zulässigen negativen Beurteilung des Beweiswertes eines noch nicht erhobenen Beweismittels und der auch hier unzulässigen Vorwegnahme einer Gesamtwürdigung des Beweisergebnisses.
[154] Vgl. etwa BGH NStZ **1997** 503 mit Anm. *Herdegen* = StV **1997** 570 mit Anm. *Wohlers* (erhobener Beweis kein Vorrang vor beantragtem Gegenbeweis); *Foth* JR **1996** 99; *Widmaier* NStZ **1994** 415. *Frister* ZStW **105** (1993) 351 stellt hier zutreffend die vom Gesetz unterschiedlich verteilte Beurteilungskompetenz heraus; ebenso SK-*Paeff-*

gen § 420, 16; 17. Zur Befugnis des Gerichts, ohne gegenteilige Anhaltspunkte vom Normalfall auszugehen, *Dencker* ZStW **104** (1992) 72. Vgl. auch Rdn. 182; 183.
[155] BGH NStZ **1991** 322; KK-*Herdegen* 22.
[156] BGHSt **10** 116; **21** 124; **23** 187; BGH GA **1954** 374 mit Anm. *Grützner*; BGH MDR **1970** 250; NJW **1978** 113; OLG Celle MDR **1962** 236; **1964** 944; OLG Oldenburg VRS **46** (1974) 198; *Alsberg/Nüse/Meyer* 32; AK-*Schöch* 26; KMR-*Paulus* 234; zum Teil **a. A** KK-*Herdegen* 22.
[157] BGHSt **1** 51; vgl. § 219, 13; 26.
[158] OLG Köln NJW **1954** 46; VRS **6** (1954) 49; JMBlNW **1963** 11; OLG Hamm VRS **23** (1962) 453; OLG Celle MDR **1962** 1832; OLG Saarbrücken VRS **29** (1965) 292; vgl. auch OLG Hamburg NJW **1955** 1938; § 219, 39; § 232, 27.

Angaben hinzuweisen[159] oder Beweismittel auch dann zuzuziehen, wenn ein dahingehender Beweisantrag nach Absatz 3 oder 4 abgelehnt werden könnte (Rdn. 59; 93). Es kann zulässig sein, einen Zeugen vom Hörensagen zu vernehmen, aus § 244 Abs. 2 kann sich aber ergeben, daß der unmittelbare Zeuge, auch wenn er schwierig zu erreichen ist, vernommen werden muß[160] oder daß zusätzliche Beweismittel ausgeschöpft werden müssen, um Anhaltspunkte für die Beurteilung des Wahrheitsgehalts der Angaben eines solchen Zeugen zu erhalten[161]. Es kann zulässig sein, den Inhalt eines verlesbaren Schriftstücks in anderer Weise als durch Verlesung festzustellen, aus der Pflicht zur vollständigen und wahrheitsgemäßen Aufklärung des Sachverhalts kann sich jedoch die Notwendigkeit ergeben, es wörtlich zu verlesen[162]. Gemäß § 251 kann es erlaubt sein, die Vernehmung eines Zeugen, Sachverständigen oder Mitbeschuldigten durch die Verlesung der Niederschrift über seine frühere Vernehmung[163] zu ersetzen, die Pflicht zur Erforschung der Wahrheit kann aber dem Gericht gebieten, ihn trotzdem in der Hauptverhandlung zu vernehmen, wenn das möglich ist, oder wenigstens die Verhörsperson zu vernehmen[164].

8. Anwendungsfälle (Beispiele)

a) In **vielgestaltigen Formen** tritt die Aufklärungspflicht in Erscheinung. Soll beurteilt **61** werden, ob und auf welchem Wege ein Gericht die weitere Aufklärung hätte versuchen müssen, kann dies immer nur in Gesamtwürdigung aller Umstände und **Besonderheiten des konkreten Falls** geschehen (vgl. Rdn. 46). Dabei ist — vor allem bei Großverfahren und Serienstraftaten — auch mit zu berücksichtigen, ob ein hinsichtlich eines Einzelumstands möglicher Aufklärungsgewinn im Hinblick auf das zu erwartende Verfahrensergebnis überhaupt noch ins Gewicht fallen kann; ferner, ob er den unter Umständen von einer unabsehbaren Verfahrensverzögerung zu erwartenden allgemeinen Aufklärungsverlust aufwiegt[165]. Maßgebend sind immer die Besonderheiten des Einzelfalls. Bezugsfälle aus der Rechtsprechung geben insoweit lediglich Anhaltspunkte.

b) Eine **Verletzung** der Pflicht zur vollständigen und wahrheitsgemäßen Aufklärung **62** des Sachverhalts ist hauptsächlich **in zweifacher Beziehung** denkbar: Der erste Fall ist dann gegeben, wenn das Gericht zu dem Ergebnis gelangt, daß der von ihm zu beurteilende **Lebensvorgang** mit Hilfe der von ihm verwendeten Beweismittel ganz oder zum Teil **ungeklärt** geblieben ist. Mit diesem Ergebnis darf es sich nicht begnügen, wenn die mögliche Benutzung weiterer ihm bekannter Beweismittel bessere Klärung verspricht (Erfolglosigkeit der bisherigen Beweisaufnahme; Rdn. 63 ff). Davon zu unterscheiden ist der andere Fall, daß das Gericht zwar über alles, was für die Schuld- und Straffrage von Bedeutung ist, eine bestimmte Überzeugung erlangt, dabei aber Beweisalternativen übergangen und weitere, ihm bekannte **Beweismittel ungenutzt** gelassen hat, obwohl nach den konkreten Umständen mit der Möglichkeit zu rechnen war, daß ihre Benutzung die gewonnene Überzeugung geändert oder erschüttert hätte (Überzeugungsbildung ohne hinreichende Ausschöpfung verfügbarer Beweismittel; Rdn. 46; 68 ff).

---

[159] BGH NJW **1962** 1832.
[160] Vgl. OGHSt **1** 133; BGHSt **1** 376; **6** 209; **17** 382; BGH GA **1968** 370; StV **1993** 114; OLG Hamm NJW **1970** 821; ferner bei § 250.
[161] Vgl. BVerfG NJW **1992** 168; BGH StV **1993** 184; weit. Nachw. Rdn. 69; wegen des Zeugen vom Hörensagen vgl. ferner bei § 250 und bei Art. 6 MRK (24. Aufl. Rdn. 225 ff).

[162] BGHSt **1** 94; RGSt **76** 295; vgl. bei § 249.
[163] BGHSt **10** 191; BGH NStZ **1988** 37; ferner etwa OLG Celle StV **1991** 294 (unzureichende Vernehmungsniederschrift).
[164] BGHSt **9** 230; BGH GA **1955** 178; weit Nachw. bei §§ 251 und 261; vgl. auch Rdn. 40.
[165] Zur Vermeidung überschießender Aufklärung und zum Beschleunigungsgebot vgl. Rdn. 57; 58.

63   **c) Erfolglosigkeit der Beweisaufnahme.** Ergibt die Beweisaufnahme den Beweis weder für die Schuld noch für die Unschuld des Angeklagten und tut sie auch nicht dar, daß kein begründeter Verdacht gegen den Angeklagten vorliegt, so muß das Gericht, bevor es im Zweifel zugunsten des Angeklagten entscheidet, von Amts wegen anordnen, daß alle sonst noch ersichtliche **Beweismittel**, die eine **Aufklärung erwarten lassen**, herbeigeschafft und gebraucht werden[166]. Das gilt zugunsten wie zuungunsten des Angeklagten von den Tatsachen, die für die Schuldfrage von Bedeutung sind, ebenso wie von den Umständen, die nur für die Strafzumessung ins Gewicht fallen können[167], vor allem wenn eine vom Angeklagten vorgebrachte Schutzbehauptung zwar nicht widerlegt ist, aber noch widerlegbar erscheint[168]. Das muß vornehmlich beim **Ausbleiben des Angeklagten** beachtet werden[169]. Insbesondere hat das Gericht, sofern die Unzulänglichkeit der durchgeführten Beweisaufnahme offenbar wird, etwa wenn Widersprüche bestehen, darauf hinzuwirken, daß weitere Aufklärungsmöglichkeiten erforscht und Beweismittel benutzt werden, auch wenn deren Vorhandensein oder Tauglichkeit erst durch die Verhandlung bekanntgeworden ist.

64   Bei der Bemühung um Erlangung weiterer Beweismittel ist es geboten, den **Angeklagten** und die **anwesenden Zeugen zu befragen**. Macht der Angeklagte eine Schutzbehauptung geltend, über die Beweis mit den zur Stelle gebrachten Beweismitteln nicht erhoben werden kann, so ist das Gericht verpflichtet, ihn zu einer Erklärung darüber aufzufordern, welche dem Gericht nicht bekannten Beweismittel er hierfür angeben könne. Den Angaben gegenüber setzt dann die Prüfung durch das Gericht ein, ob die Schutzbehauptung ernst gemeint und ob das bezeichnete Beweismittel tauglich ist sowie ob sonstige Aufklärungsmöglichkeiten bestehen.

65   Setzen einwandfreie Feststellungen zur **inneren Tatseite** eine möglichst vollständige Klärung des äußeren Sachverhalts voraus, so darf das Gericht dessen Aufklärung, wenn sie möglich ist, nicht mit der Begründung unterlassen, daß die Freisprechung jedenfalls aus subjektiven Gründen geboten sei. Die Nichtbenutzung bekannter, der Aufklärung des äußeren Sachverhalts dienlicher Beweismittel verletzt in diesem Falle den § 244 Abs. 2[170].

66   Die Aufklärungspflicht kann verletzt sein, wenn das Gericht eine **Ausnahme** von einem nach den Erkenntnissen der Wissenschaft bestehenden **Erfahrungssatz** annimmt, ohne zu erörtern, ob die Ausnahme im Einzelfall möglich ist[171], oder wenn es ohne nähere Nachprüfung davon ausgeht, eine durchgeführte Kontrolle oder ein ihm vorliegendes Untersuchungsergebnis sei möglicherweise fehlerhaft.

67   Dies gilt etwa für die durch keine Tatsachen im Einzelfall belegte Annahme, bei der **Feststellung des Blutalkoholgehalts** könnten Fehler unterlaufen[172] oder die Blutproben vertauscht sein[173].

68   **d) Zuziehung weiterer Beweismittel.** Ob die vom Gericht auf Grund der verwendeten Beweismittel **gewonnene Überzeugung ausreicht** oder zu ihrer Absicherung oder Über-

---

166 Ständige Rechtspr.; so auch RGRspr. **10** 420; RGSt **13** 160; **41** 269; **59** 249; RG JW **1914** 893; LZ **1915** 556; Recht **1918** Nr. 1641; BGHSt **13** 328; weit. Nachw. Rdn. 40 und bei § 261.
167 RGSt **47** 424; BGH bei *Holtz* MDR **1980** 108; OLG Koblenz OLGSt 67; vgl. bei § 261.
168 BGHSt **13** 326.
169 KG JW **1930** 3255; vgl. Rdn. 55.
170 RGSt **47** 419; OGHSt **1** 186; vgl. bei § 267.

171 RG HRR **1938** Nr. 1520.
172 BGH VRS **6** (1964) 48; OLG Braunschweig VRS **11** (1956) 222; OLG Hamm **11** (1956) 306; **25** (1963) 348. Vgl. dazu auch *Dencker* ZStW **104** (1992) 72: Ohne konkrete Anhaltspunkte muß Gericht von Normalfall ausgehen.
173 BGH VRS **25** (1963) 426; OLG Bremen DAR **1956** 253; OLG Koblenz VRS **25** (1963) 426; **37** (1969) 201.

prüfung weitere Beweismittel zuzuziehen sind (vgl. Rdn. 45; 46), kann nicht einer abstrakten Formel entnommen, sondern nur „empirisch" auf Grund von Verfahrensverlauf und Beweislage des Einzelfalls beurteilt werden. Danach bestimmt sich auch, ob es erforderlich ist, alle vorhandenen Zeugen zu einem Beweisthema zu hören oder ob sich das Gericht mit einem Teil von ihnen begnügen darf, weil auch von den anderen keine abweichende Aussage zu erwarten ist[174]. Das Gericht muß sich um eine möglichst zuverlässige Beweisgrundlage bemühen. Je weniger gesichert ein Beweisergebnis erscheint, je größer die Unsicherheitsfaktoren sind, je mehr Widersprüche bei der Beweiserhebung zutage getreten sind und je mehr Zweifel hinsichtlich des Beweiswerts einzelner Beweismittel zu überwinden waren, desto größer ist der Anlaß für das Gericht, trotz der erlangten Überzeugung nach weiteren Beweismöglichkeiten zu forschen und sie bei Eignung zu nutzen[175]. Während etwa bei einem **glaubwürdigen Geständnis** des Angeklagten das Gericht keine oder zusätzlich nur einige von mehreren Beweismitteln verwenden muß (Rdn. 33), kann es bei einem komplizierten **Indizienbeweis** unerläßlich sein, alle nur denkbaren Beweismittel heranzuziehen, um zusätzliche Anhaltspunkte für die Richtigkeit des danach anzunehmenden Sachhergangs oder die Verläßlichkeit eines Beweismittels zu gewinnen. Steht allein **Aussage gegen Aussage**, muß das Gericht alle ersichtlichen Beweismittel benützen, die ihm weitere Anhaltspunkte für seine Überzeugungsbildung geben können, dazu kann auch die Aufklärung etwaiger Motive für eine Belastung gehören[176]. Stützt sich ein bestrittenes Beweisergebnis auf ein **einziges Beweismittel**, darf das Gericht Beweismittel nicht übergehen, die es möglicherweise entkräften können oder die andererseits Anhaltspunkte für die Richtigkeit der Aussage geben können[177]. Die Pflicht zur Aufklärung der für die Glaubwürdigkeit eines Zeugen maßgebenden Gesichtspunkte gebietet nicht, allein deswegen das Verfahren auszusetzen und das Ergebnis der Ermittlungen abzuwarten, wenn der Angeklagte behauptet, der Zeuge habe in dem gegen ihn anhängigen Strafverfahren einen Meineid geleistet, und erklärt, daß er deshalb gegen ihn Anzeige wegen Meineids erstattet habe. Das gilt insbesondere dann, wenn in der Anzeige keine anderen Beweistatsachen und Beweismittel genannt sind als in den in der Hauptverhandlung gestellten Beweisanträgen.

Dem Beweismittel der **höherwertigen Beweisstufe** und dem **tatnäheren Beweismittel** muß — sofern diese verfügbar sind — das Gericht nach Möglichkeit den Vorrang einräumen vor Beweismitteln einer mutmaßlich geringeren Beweisqualität. Es muß sich in einem der Bedeutung der Aussage angemessenen Umfang um deren Beiziehung bemühen[178]. Verwendet es letztere nicht (zusätzlich) neben diesem, sondern als Ersatz für ein höherwertiges Beweismittel, muß es die darin liegenden Gefahren für die Wahrheitsfindung berücksichtigen[179] und — sofern sie auf der Hand liegen — gegebenenfalls auch im Urteil erörtern. In der Regel erfordert die Aufklärungspflicht auch, daß sich das Gericht bemüht, die Richtigkeit einer sich darauf stützenden Überzeugung durch zusätzliche Beweisanzeichen zu untermauern. Maßgebend für das Erfordernis einer weiteren Aufklärung sind aber stets die **Verhältnisse des Einzelfalls** (vgl. Rdn. 68). Nach ihnen richtet

69

---

[174] Vgl. etwa BayObLG bei *Rüth* DAR **1982** 253; AK-*Schöch* 28.

[175] BGH StV **1992** 148; **1996** 249: NStZ-RR **1996** 299; bei *Kusch* NStZ **1998** 25 (weitere Erhebungen am Tatort); vgl. auch AK-*Schöch* 27 (Komplementärverhältnis); KK-*Herdegen* 18 (Wechselspiel der Beweisprinzipien); *Kleinknecht/Meyer-Goßner*43 12; SK-*Schlüchter* 36.

[176] BGH StV **1995** 5; 6; **1996** 249.

[177] BayObLGSt **1994** 67; VRS **93** (1997) 126; OLG

Karlsruhe NStZ **1988** 226; OLG Köln VRS **81** (1991) 208; vgl. ferner BGH StV **1995** 247 (Akten über Einsatz verdeckter Ermittler).

[178] Vgl. BVerfGE **57** 293; BGHSt **9** 230; **10** 191; **17** 382; **22** 121; **29** 113; **32** 73; **33** 74; 83; 181; **36** 162; BGH NStZ **1984** 179; **1985** 446; AK-*Schöch* 31; KK-*Herdegen* 25; *Kleinknecht/Meyer-Goßner*43 12; KMR-*Paulus* 199; SK-*Schlüchter* 39.

[179] So z. B. BVerfGE **57** 293; BGHSt **33** 181; vgl. bei § 261.

Walter Gollwitzer

sich, ob das Verfahren ausgesetzt werden muß, um den einzigen Tatzeugen doch noch zu erreichen[180], ob das Gericht sich mit der Verlesung einer Aussage des kommissarisch vernommenen Zeugen oder der Vorführung einer Bild-Ton-Aufnahme einer früheren Vernehmung nach § 255 a begnügen darf oder ob eine persönliche Einvernahme in der Hauptverhandlung erforderlich ist, gegebenenfalls auch, ob es dafür ausreicht, wenn er nach § 247 a von der Hauptverhandlung aus mittels einer zeitgleichen Bild-Ton-Verbindung an seinem Aufenthaltsort vernommen werden kann[181]. Die Aufklärungspflicht ist maßgebend dafür, ob im Ausland befindliche Zeugen dort kommissarisch vernommen werden können oder ob es unumgänglich ist, sie in der Hauptverhandlung zu vernehmen[182], ferner, welche Anstrengungen das Gericht unternehmen muß, um solche Zeugen ausfindig zu machen und um ihre Einvernahme zu ermöglichen[183]. Die Aufklärungspflicht ist verletzt, wenn das Berufungsgericht die Glaubwürdigkeit eines Zeugen anders beurteilt als das Erstgericht, ohne sich selbst durch eine Einvernahme in der Berufungsverhandlung einen persönlichen Eindruck von ihm zu verschaffen[184]. Die jeweiligen Anforderungen der Aufklärungspflicht sind ferner maßgebend dafür, ob und unter welchen Voraussetzungen sich das Gericht mit einem **Zeugen vom Hörensagen** begnügen darf[185] und welche zusätzlichen Maßnahmen zur Verifizierung der Aussage es treffen muß, wenn die Angaben unbekannt bleibender Gewährsmänner im Verfahren verwertet werden sollen[186]. Nach der Aufklärungspflicht richtet sich, ob das Gericht den pornographischen Charakter eines Filmes allein auf Grund von Zeugenaussagen beurteilen darf oder ob es den Film in Augenschein nehmen muß[187]; ob ein zulässig gewonnenes Tonband in der Hauptverhandlung abzuspielen ist oder ob die Verlesung von Niederschriften über dessen Inhalt genügt[188].

70   Nach der Aufklärungspflicht richtet sich, ob das Gericht nach **Urkunden** forschen muß, die nicht Bestandteil der Verfahrensakten sind, ob es etwa handschriftliche Aufzeichnungen eines sich als Zeugen an den Vorfall nicht mehr erinnernden Polizeibeamten, die die Grundlage seiner Anzeige bildeten, zur Prüfung auf Übertragungsfehler beiziehen muß[189]; ob Anlaß besteht, nachzuprüfen, ob die vorliegenden Akten vollständig und eventuell fehlende Aktenteile für die weitere Sachverhaltserforschung erheblich sind[190], ob auf Grund konkreter Vorfälle Anlaß besteht, dem Gericht mit den staatsanwaltschaftlichen Ermittlungsakten nicht vorgelegte polizeiliche Ermittlungsakten[191] oder Polizeiakten über den Einsatz verdeckter Ermittler gegen den Angeklagten[192] beizuziehen.

71   **9. Zuziehung Sachverständiger; allgemein.** Soweit die **eigene Sachkunde des Richters** nicht ausreicht, um einen Lebensvorgang sicher zu beurteilen, gebietet die Aufklärungspflicht, Sachverständige zu Rate zu ziehen. Ob die eigene Sachkunde der Richter

[180] BGH StV **1982** 58; 357; BayObLGSt **1982** = VRS **63** (1982) 211; OLG Koblenz MDR **1978** 691.

[181] Vgl. bei §§ 247 a, 251.

[182] Vgl. Rdn. 268.

[183] Vgl. Rdn. 263 ff.

[184] BayObLGSt **1992** 152; OLG Celle StV **1994** 474 (L); vgl. bei § 325.

[185] BGHSt **1** 375; **2** 79; **6** 209; **9** 292; **17** 382; **18** 107; **22** 268; **23** 213; **33** 74; 85; 181; **36** 162; BGH VRS **16** (1959) 205; bei *Pfeiffer/Miebach* NStZ **1983** 210; 355; auch BVerfGE **57** 277 (mittelbarer Beweis verfassungsrechtlich nicht verboten); ferner etwa *Alsberg/Nüse/Meyer* 461; KK-*Herdegen* 25; *Kleinknecht/Meyer-Goßner*[43] 12; KMR-*Paulus* 197; SK-

Schlüchter 39 und bei § 250 mit weit. Nachw. auch zur Gegenmeinung.

[186] Die umfangreiche Literatur und Rechtsprechung zu diesem Sonderfall des Zeugen vom Hörensagen findet sich bei § 250.

[187] OLG Stuttgart Justiz **1982** 406.

[188] BGH JZ **1977** 444.

[189] OLG Hamm JMBlNW **1980** 70.

[190] Vgl. Vor § 226, 7 und bei § 147.

[191] BGHSt **30** 131 = StV **1981** 504 mit Anm. *Dünnebier*; dazu *Meyer-Goßner* NStZ **1982** 353; BVerfGE **63** 45/68 = NStZ **1983** 273 mit Anm. *Peters* = StV **1983** 181 mit Anm. *Amelung*; ausführlich bei §§ 147 und 199.

[192] BGH StV **1995** 247.

ausreicht, müssen diese zunächst selbst entscheiden. Die Ausführungen in den Urteilsgründen müssen aber aufzeigen, daß das Gericht zu Recht eine besondere Sachkunde in
der betreffenden Frage für sich in Anspruch genommen hat[193], denn die Frage, ob und in
welchem Umfang Sachverständige zu hören sind, ist vom Revisionsgericht nachprüfbar.
Die Rechtsprechung hat eine Reihe von Grundsätzen entwickelt, die sowohl für die von
Amts wegen zu treffende Entscheidung auf Grund der Aufklärungspflicht als auch für die
Behandlung der Anträge nach den Absätzen 3, 4 maßgebend sind. Absatz 4, der erst 1950
in das Gesetz aufgenommen wurde (vgl. Entstehungsgeschichte), gibt auch Anhaltspunkte
dafür, unter welchen Voraussetzungen das Gericht zur Erfüllung seiner Aufklärungspflicht von Amts wegen einen Sachverständigen oder einen zweiten Sachverständigen
zuziehen muß.

Ob das Gericht durch § 244 Abs. 2 **von Amts wegen** gehalten ist, einen Sachverstän **72**
digen zu hören, hängt davon ab, ob es vermöge seines eigenen Wissens oder auch infolge
Unterrichtung durch ein in der Sache schon erstattetes Gutachten die sichere Sachkunde
besitzt, deren es bedarf, um die vorliegende tatsächliche Frage durch richtige Anwendung
der eingreifenden Erfahrungssätze zuverlässig zu beantworten. Das Gericht verletzt die
ihm obliegende Aufklärungspflicht, wenn es, ohne einen Sachverständigen zu hören, eine
Frage entscheidet, die es aus **eigener Sachkunde** nicht entscheiden kann[194]. Es muß deshalb bei Fragen, die ein über die allgemeine Lebenserfahrung hinausreichendes **Spezialwissen** fordern, selbstkritisch prüfen, ob die Sachkunde, die zumindest einer der Richter
den Mitgliedern des Spruchkörpers vermitteln kann, genügt, die anstehenden Fragen ohne
Hilfe eines Sachverständigen sicher zu beurteilen[195]. Das durch ständige Befassung mit
einer Spezialmaterie, aus dem Schrifttum oder durch Befragen Sachkundiger oder sonstwie erlangte theoretische Fachwissen kann bei gesicherten, einfach strukturierten und
anwendbaren Erkenntnissen ausreichen[196]. Es reicht dagegen nicht, wenn wissenschaftlich umstrittene oder in komplexen Zusammenhängen eingebettete oder schwer erfaßbare
Sachverhalte beurteilt werden müssen. Dies gilt insbesondere bei Fragen, bei denen über
bloß theoretische Kenntnisse hinaus **Anwendungs- und Auswertungswissen** erforderlich ist, die Sachkunde nur durch eine längere Ausbildung und Praxis erworben oder richtig angewendet werden kann[197], oder wenn der Sachverhalt vom Normalfall abweicht[198]
oder wenn es um Tatsachen geht, die nur vermöge besonderer Sachkunde wahrgenommen oder verstanden werden können[199]. Bestehen an der ausreichenden eigenen Sachkunde des Gerichts nur die geringsten Zweifel, dann muß es einen Sachverständigen
zuziehen[200].

Es verstößt gegen die Aufklärungspflicht, wenn das Gericht das Gutachten eines Sach- **73**
verständigen ohne weiteres als **richtig hinnimmt**. Es muß dafür sorgen, daß der Sachverständige von allen vom Gericht festgestellten Anknüpfungstatsachen Kenntnis erhält und

---

[193] Vgl. bei § 261 und bei § 267.
[194] BGHSt **23** 12; BGH bei *Pfeiffer* NStZ **1982** 189; *Marmann* GA **1953** 136; *Mösl* DRiZ **1970** 112.
[195] Nicht jedes Mitglied des Gerichts muß das erforderliche Spezialwissen haben, es genügt, wenn es von einem den anderen Mitgliedern des Spruchkörpers vermittelt werden kann; vgl. *Alsberg/Nüse/Meyer* 714; KK-*Herdegen* 28; SK-*Schlüchter* 43; strittig, dazu vgl. Rdn. 233; 301.
[196] BGHSt **12** 18; BGH NJW **1959** 2315; MDR **1978** 42; bei *Dallinger* MDR **1975** 24; bei *Spiegel* DAR **1982** 205; OLG Hamm MDR **1978** 593; NStZ **1983** 266 mit Anm. *Müller-Luckmann*; KG VRS **67**

(1984) 258; KK-*Herdegen* 27; KMR-*Paulus* Vor § 72, 22; *Alsberg/Nüse/Meyer* 697; *Arbab-Zadeh* NJW **1970** 1214; *Blau* GA **1959** 297; *Tröndle* JZ **1969** 374.
[197] BGH **1959** 2315; MDR **1978** 42; StV **1990** 8; bei *Pfeiffer/Miebach* NStZ **1983** 357; **1984** 211; OLG Hamm NJW **1970** 904; KK-*Herdegen* 27; 28; SK-*Schlüchter* 42.
[198] OLG Stuttgart NJW **1981** 2525.
[199] BGH bei *Spiegel* DAR **1977** 179.
[200] BGHSt **23** 12; BGH bei *Pfeiffer* NStZ **1982** 189; vgl. StV **1984** 232.

Walter Gollwitzer

sich damit auseinandersetzt[201]. Ferner muß es prüfen, ob der Sachverständige die für den konkreten Fall notwendige Sachkunde besitzt und ob gegen seine Zuverlässigkeit Bedenken bestehen[202]. Die Gründe für einen **Meinungswechsel** des Sachverständigen muß es aufklären, ebenso **Widersprüche** innerhalb des Gutachtens oder zu einem früheren Gutachten[203]. Die Offenlegung der **Arbeitsunterlagen** des Sachverständigen, etwa über durchgeführte Tests oder Explorationen, kann es insoweit fordern, als dies notwendig ist, um sich ein Bild von den Untersuchungsmethoden zu machen, die dem Gutachten als (Befund- und Zusatz-)Tatsachen zugrunde liegen, und die daraus gezogenen Schlußfolgerungen bei der Überprüfung ihrer Stimmigkeit nachvollziehen können[204]. Bei der **Auswahl der Person des Sachverständigen** ist das Gericht frei. Soweit der Sachverständige aber bei der Begutachtung auf die Mitwirkung einer anderen Person angewiesen ist, kann es die Aufklärungspflicht verletzen, wenn das Gericht einen Sachverständigen bestellt, bei dem diese jede Mitwirkung verweigert[205], sofern sie bei einem anderen, gleich qualifizierten Sachverständigen dazu bereit ist.

74　　Ob sich das Gericht mit **einem Sachverständigen** begnügen darf, hängt von den Umständen des jeweiligen Falles ab[206]. Ein Verstoß gegen die Aufklärungspflicht kann vorliegen, wenn ein Gutachten auf Grund unzureichender Tatsachengrundlage erstattet wurde[207], etwa wenn das Gericht sein Urteil einseitig auf das Gutachten eines Sachverständigen stützt, obwohl ein zweiter vom Gericht zugezogener Sachverständiger erklärt hatte, auf der bisherigen Grundlage noch kein Gutachten abgeben zu können, und obwohl er den Weg gewiesen hatte, diese Grundlage zu vervollständigen[208]; ebenso darin, daß das Gericht keinen weiteren Sachverständigen zuzieht, obwohl der von ihm vernommene Sachverständige seine Ansicht über den Geisteszustand des Angeklagten wiederholt gewechselt und hiermit gezeigt hat, daß sein Gutachten unsicher ist[209], oder wenn das Gutachten zu lange zurückliegt[210]. Die Anhörung eines weiteren Gutachters kann aber auch wegen der Schwierigkeit des zu beurteilenden Sachverhalts geboten sein, um eine weitere und sicherere Beweisgrundlage zu erhalten[211], aber auch, wenn der Gutachter dem Gericht die zur Beurteilung des Gutachtens nötige Sachkenntnis nicht im ausreichenden Maß vermitteln konnte[212], sei es durch die Art seiner Darstellung, sei es, weil relevant gewordene Fragen außerhalb seines Fachgebiets lagen.

75　　Weist ein Gutachten für das Gericht erkennbar **Mängel** auf, so muß es, wenn die Mängel vom Gutachter nicht behoben werden können (vgl. Rdn. 73), in der Regel einen weiteren Sachverständigen hinzuziehen[213]. Gleiches gilt, wenn sich das Gericht einem vorliegenden Gutachten im Ergebnis nicht anschließt, für seine Ansicht aber nur allgemeine Erwägungen anführen kann[214], oder wenn es seine vom Gutachten abweichende Beurtei-

---

[201] BGH StV **1984** 231; **1990** 113; 114; NStZ **1985** 421.
[202] BGHSt **7** 239; **8** 118; **10** 118; **20** 166; BayObLGSt **1972** 96.
[203] BGHSt **8** 116; BGH NStZ **1990** 243; **1991** 448; vgl. auch BGH bei *Holtz* MDR **1978** 109; *Eisenberg* (Beweisrecht) 260; KK-*Herdegen* 33; ferner Rdn. 315.
[204] BGH StV **1989** 141; **1995** 565; vgl. *Hartmann/Riebach* StV **1990** 425; KK-*Herdegen* 33; zur Darlegungspflicht des Gerichts vgl. bei §§ 261, 267.
[205] KG StV **1997** 65 mit abl. Anm. *Eisenberg/Düring* StV **1997** 456.
[206] OLG Koblenz VRS **36** (1969) 17; OLG Oldenburg VRS **46** (1974) 200; vgl. Rdn. 306 ff; mit weit. Nachw.

[207] Vgl. Rdn. 310 ff; vor allem auch hinsichtlich unzulänglicher Vergleichsgrundlage bei Schriftgutachten.
[208] RGSt **71** 336.
[209] RG HRR **1940** Nr. 203; BGHSt **23** 12; OLG Celle NJW **1974** 616; vgl. Rdn. 73.
[210] OLG Karlsruhe Justiz **1981** 404.
[211] BGHSt **23** 176; OLG Hamburg VRS **56** (1979) 459; *Alsberg/Nüse/Meyer* 737; vgl. auch BGH NStZ **1984** 278.
[212] BGH StV **1997** 6.
[213] BGH bei *Dallinger* MDR **1952** 274; *Kohlhaas* JZ **1949** 874; *v. Winterfeld* NJW **1951** 781.
[214] BGH Bei *Dallinger* MDR **1975** 726.

lung auf Umstände stützt, die dem Sachverständigen unbekannt waren und zu denen er deshalb nicht Stellung nehmen konnte[215]. Kann bei widersprüchlichen Gutachten der Richter mangels spezieller Fachkenntnisse nicht beurteilen, welche Meinung den Vorzug verdient, muß er sich um weitere Aufklärung bemühen, bevor er der dem Angeklagten günstigsten Meinung folgt[216].

10. Schuldfähigkeit. Es hängt vom Einzelfall ab, ob das Gericht zur Beurteilung der **76** **Voraussetzungen der §§ 20, 21 StGB**, insbesondere zu deren Ausschluß, einen Sachverständigen zuziehen muß. Fehlen alle Anzeichen dafür, kann es dies im Normalfall auf Grund seiner Kenntnis der Lebensgeschichte und seiner Beobachtungen in der Hauptverhandlung selbst beurteilen[217], anders aber, wenn Anzeichen vorliegen, die geeignet sind, Zweifel hinsichtlich der vollen Schuldfähigkeit zu erwecken, etwa ein Widerspruch zwischen Tat und Täterpersönlichkeit, die Begleitumstände der Tatbestandsverwirklichung oder völlig unübliches Verhalten[218]. Ergibt sich aus einem bei den Akten befindlichen Strafregisterauszug, daß der Angeklagte in einem früheren Verfahren für vermindert schuldfähig erachtet wurde, kann die Aufklärungspflicht dem Gericht gebieten, der Frage nachzugehen[219]. Gleiches gilt, wenn der Angeklagte in nervenärztlicher Behandlung stand oder steht[220].

Um die Schuldfähigkeit eines **Epileptikers** zu beurteilen, bedarf das Gericht regelmä- **77** ßig des Gutachtens eines Sachverständigen[221], desgleichen wenn der Angeklagte psychische Auffälligkeiten zeigt[222], **geistig zurückgeblieben** oder schwachsinnig ist[223]. Ist der Angeklagte **hirngeschädigt**, so muß zur Beurteilung seiner Schuldfähigkeit in aller Regel ein Arzt mit Spezialkenntnissen auf dem Gebiet der Hirnverletzungen als Sachverständiger gehört werden[224]. Der **altersbedingte psychische Abbau**, der sich nicht notwendig im äußeren Erscheinungsbild oder in Intelligenzausfällen zeigt, kann die Anhörung eines Sachverständigen zur Schuldfähigkeit fordern, vor allem wenn die Tatausführung auffällige Eigenheiten zeigt oder die Tat mit der bisherigen Lebensführung unvereinbar erscheint[225]. Gleiches kann, je nach den Umständen, bei wiederholten Sittlichkeitsdelikten[226] oder **Triebanomalien**[227] oder bei einer erstmals nach dem Klimakterium auftretenden Kriminalität[228] gelten, ferner, wenn die Schuldfähigkeit durch **Affektzustände** beein-

[215] BGH StV **1984** 231.
[216] BGH StV **1997** 62; vgl. Rdn. 41.
[217] H. M, so etwa RG HRR **1940** Nr. 1369; BGH VRS **39** (1970) 101; StV **1982** 54; BGH bei *Holtz* MDR **1977** 707; OLG Hamm NJW **1968** 1199; KG VRS **67** (1984) 258; OLG Köln JR **1952** 233; *Mösl* DRiZ **1970** 111; *Sarstedt* FS Schmidt-Leichner 173; *Alsberg/Nüse/Meyer* 705 mit weit. Nachw.; vgl. Rdn. 300 ff.
[218] RG HRR **1939** Nr. 1448; BGH StV **1982** 54; BGH bei *Spiegel* DAR **1978** 158; OLG Schleswig SchlHA **1975** 190; OLG Köln MDR **1975** 858; *Alsberg/Nüse/Meyer* 706; *Detter* NStZ **1998** 58 je mit weit. Nachw.; ferner KK-*Herdegen* 29; *Kleinknecht/Meyer-Goßner*[43] 72 a; vgl. auch Rdn. 305.
[219] OLG Schleswig bei *Ernesti/Jürgensen* SchlHA **1972** 160.
[220] BGH NJW **1964** 2213; VRS **8** (1955) 276; **34** (1968) 274; StV **1982** 54.
[221] RG JW **1932** 3358; RG HRR **1941** Nr. 750; BGH StV **1982** 55; **1992** 503; OLG Hamm NJW **1970** 907; auch StV **1991** 245; *Eisenberg* (Beweisrecht) 1731 ff.

[222] BGH NStZ **1995** 558; StV **1997** 6.
[223] RG JW **1938** 1019; BGH NJW **1967** 299; VRS **30** (1966) 340; OLG Koblenz MDR **1980** 1043; *Eisenberg* (Beweisrecht) 1766 ff; KK-*Herdegen* 29; SK-*Schlüchter* 45.
[224] BGH NJW **1952** 633; **1969** 1578; **1993** 1540; JR **1969** 426; StV **1981** 602; **1984** 142; **1990** 95; **1991** 244; **1996** 5; VRS **37** (1969) 437; NStZ **1991** 80; bei *Pfeiffer/Miebach* **1983** 210; 356; **1987** 16; bei *Kusch* NStZ **1992** 225, bei *Martin* DAR **1971** 122; BGH bei *Dallinger* MDR **1952** 274; bei *Holtz* MDR **1981** 982; vgl. *Eisenberg* (Beweisrecht) 1727.
[225] RG HRR **1939** Nr. 56; NJW **1964** 2213; VRS **34** (1968) 274; BGH NStZ **1983** 34; **1991** 80; StV **1989** 102; **1991** 244; **1993** 186; **1994** 15; *Eisenberg* (Beweisrecht) 1723.
[226] BGH StV **1984** 105; OLG Köln NJW **1966** 1183; *Eisenberg* (Beweisrecht) 1778 ff.
[227] BGH NJW **1982** 200; StV **1984** 507; NStZ **1989** 190.
[228] BGH bei *Dallinger* MDR **1953** 401; OLG Bremen NJW **1959** 833; anders bei einer mehrfach vorbestraften Frau OLG Hamm NJW **1971** 1954.

trächtigt sein kann[229] oder wenn der Angeklagte **seelische Abartigkeiten** zeigt[230] oder wenn in seiner bisherigen Lebensführung oder bei der seiner Angehörigen besondere Auffälligkeiten, etwa mehrere Selbstmordversuche, aufgetreten sind[231].

78   Ob bei einem **Drogenabhängigen**[232] oder **Trunksüchtigen**[233] die Schuldfähigkeit aufgehoben oder vermindert ist, wird je nach Lage des Falles unter Würdigung aller sonstigen Umstände nur nach Anhörung eines Sachverständigen entschieden werden können. Vor allem wenn psychische, physische oder soziale Auffälligkeiten gegenüber der früheren Lebensführung vor oder bei der Tat ersichtlich werden oder sonst eine Veränderung der Persönlichkeit naheliegt, bedarf es einer sachkundigen Begutachtung. Gleiches gilt, wenn die Tat im Zustand der Trunkenheit oder sonst in einem Rauschzustand begangen wurde[234]. Zur Beurteilung der Alkoholwirkung im übrigen vgl. Rdn. 91.

79   Sieht sich ein Sachverständiger in der Lage, die Schuldfähigkeit des Angeklagten zu beurteilen, ohne daß dieser zur **Beobachtung** in ein **Krankenhaus** eingewiesen wird, so braucht sich dem Gericht regelmäßig nicht aufzudrängen, daß es eine solche Einweisung gleichwohl anordnen müßte[235]. Sprechen aber Anhaltspunkte dafür, daß dies nicht ausreichen könnte, erfordert die Aufklärungspflicht, daß das Gericht die Beobachtung nach § 81 anordnet[236]. Kommt eine **Unterbringung des Angeklagten** nach §§ 63, 64 oder 66 StGB in Betracht, kann das Gericht verpflichtet sein, über die Mindestanforderungen des § 246 a hinauszugehen, um für diese wichtige Entscheidung eine ausreichende Grundlage zu haben. Eine eingehende Untersuchung, auch in Verbindung mit einer Unterbringung zur Beobachtung, oder die Zuziehung eines weiteren Gutachters können dann geboten sein[237].

80   Ein **weiterer Sachverständiger** ist zuzuziehen, wenn das Gutachten des vom Gericht gehörten Sachverständigen erkennbare Mängel enthält[238], eine andere Tat betrifft oder seine Ausarbeitung zeitlich zu lange zurückliegt[239] oder wenn außergewöhnliche Umstände zu beurteilen sind. So kann eine ganz außergewöhnliche Triebanomalie das Gericht ausnahmsweise nötigen, weitere Sachverständige mit Spezialkenntnissen auf dem Gebiet der Sexualforschung und der krankhaften Verirrung des Trieblebens zuzuziehen, auch wenn ein dahingehender Antrag nach Absatz 4 abgelehnt werden könnte[240]. Wenn auch der Richter gegenüber dem psychiatrischen oder psychologischen Sachverständigen

---

[229] Vgl. BGHSt **11** 23; **33** 143; BGH NJW 1959 2315 mit Anm. *Bresser* (Kurzschlußhandlung); NStZ **1984** 259; StV **1997** 290 (Erinnerungslücke bei affektbedingtem Tatgeschehen); BGHR § 244 Abs. 4 Satz 1 Sachkunde 1; ferner etwa OLG Schleswig bei *Ernesti/Jürgensen* SchlHA **1975** 190; OLG Zweibrücken VRS **61** (1981) 434; *Eisenberg* (Beweisrecht) 1760 ff; *Salger* FS Tröndle 208.

[230] Vgl. etwa BGH NStZ **1990** 400; *Eisenberg* (Beweisrecht) 1786 ff.

[231] BGH MDR **1977** 105; bei *Holtz* MDR **1979** 105; *Alsberg/Nüse/Meyer* 707.

[232] BGH bei *Holtz* MDR **1977** 106; 982; **1978** 109; **1980** 104; StV **1983** 414; **1984** 61 mit abl. Anm. *Glatzel*; **1988** 198 mit Anm. *Kamischke* StV **1989** 103; StV **1992** 218; OLG Düsseldorf StV **1984** 236; OLG Köln MDR **1976** 1801; MDR **1981** 698; NStZ **1981** 438; *Alsberg/Nüse/Meyer* 707; *Detter* NStZ **1998** 58; *Eisenberg* (Beweisrecht) 1725; 1726; 1747 ff; *Glatzel* StV **1994** 46; *Schmidt* MDR **1978** 7; *Theune* NStZ **1997** 57.

[233] BGH VRS **28** (1965) 190; **61** (1981) 261; GA **1977** 275; NStZ **1990** 384; BGH bei *Holtz* MDR **1977**

107; OLG Düsseldorf VRS **63** (1982) 345; OLG Karlsruhe bei *Janiszewski* NStZ **1994** 276; OLG Koblenz VRS **43** (1971) 423; **45** (1973) 175; **47** (1974) 340; **52** (1977) 82; **67** (1984) 115; *Eisenberg* (Beweisrecht) 1724; *Gerchow/Heifer/Schewe/Scherd/Zink* Blutalkohol **1985** 77.

[234] Vgl. BGH StV **1997** 460: Kein gesicherter Erfahrungssatz, daß Steuerungsfähigkeit ab einem bestimmten Grenzwert in aller Regel erheblich vermindert ist (Aufgabe von BGHSt **37** 231).

[235] OLG Koblenz VRS **48** (1975) 182; vgl. bei § 81.

[236] Vgl. BGH StV **1997** 468 sowie bei § 246 a.

[237] Vgl. BGHSt **18** 374; BGH NJW **1986** 2299; MDR **1954** 310; StV **1997** 468 und bei § 246 a, 10.

[238] So schon RGSt **71** 336; RG JW **1936** 1976; **1937** 3024; DStR **1938** 54; HRR **1938** Nr. 210; **1939** Nr. 56; 360; 603; **1942** Nr. 509; DR **1941** 847; *Alsberg/Nüse/Meyer* 728 ff.

[239] OLG Karlsruhe Justiz **1981** 404.

[240] BGHSt **10** 116; **23** 176; OLG Hamm JMBlNW **1964** 117; OLG Karlsruhe MDR **1972** 800; Justiz **1974** 94; wegen weit. Nachw. vgl. bei § 73.

selbständig und auch in schwierigen Fragen zu eigenem Urteil verpflichtet ist, zu dem ihm der Sachverständige das erforderliche Fachwissen vermitteln soll[241], kann es die Aufklärungspflicht verletzen, wenn das Gericht, das durch die Zuziehung eines Sachverständigen gezeigt hat, daß es seiner Hilfe bedarf, dem Sachverständigen in der Beurteilung der Schuldfähigkeit des Angeklagten nicht folgen will, trotzdem aber keinen anderen Sachverständigen zuzieht[242]. Das muß vor allem gelten, wenn die strafbare Handlung mehrere Jahre zurückliegt, so daß der persönliche Eindruck, den das Gericht in der Hauptverhandlung vom Angeklagten gewinnt, nur wenig zur Aufklärung beitragen kann[243].

Sieht sich das Gericht vor die Frage gestellt, ob **krankhafte Zustände** die Schuldfähigkeit des Angeklagten beeinflußt haben, so wird das Gericht in der Regel einen **Psychiater** zuziehen müssen, denn die sichere Beurteilung dieser Frage setzt Fachkenntnisse voraus, die ein **Psychologe** nicht immer besitzt[244]. Bei einer **nicht krankhaften** psychischen Abartigkeit des Angeklagten steht es im pflichtgemäßen Ermessen des Gerichts[245], ob es einen Psychiater oder Psychologen zuziehen will[246]. Es muß bei der Auswahl aber stets die Besonderheiten des Einzelfalls und die Grenzen der Sachkunde des jeweiligen Gutachters berücksichtigen. In besonders gelagerten Fällen kann zur vollständigen Aufklärung die Heranziehung mehrerer Sachverständiger geboten sein. Im Regelfall ist aber die Aufklärungspflicht nicht verletzt, wenn sich das Gericht mit einem Gutachter genügend breiter Kompetenz begnügt, so, wenn es zu den Auswirkungen eines neurologischen Befundes auf die Zurechnungsfähigkeit nur einen Psychiater hört, ohne zusätzlich einen Neurologen zuzuziehen[247]. Es verletzt jedoch die Aufklärungspflicht, wenn es einen Psychiater als Sachverständigen hört, der in seinem Gutachten von einer von ihm als unrichtig abgelehnten psychologischen Lehrmeinung berichtet, und es gerade dieser vom Sachverständigen abgelehnten Lehrmeinung folgen will, ohne einen psychologischen Sachverständigen zu hören[248].

11. Glaubwürdigkeit

a) Die **Beurteilung** der Glaubwürdigkeit eines Zeugen ist grundsätzlich **Sache des Tatrichters**, dem diese ureigenste richterliche Aufgabe, die Menschenkenntnis und Lebenserfahrung erfordert, von niemandem abgenommen werden kann. Er muß sich hierüber nach Aufklärung aller für oder gegen die Richtigkeit der Aussage sprechenden Anhaltspunkte selbst schlüssig werden[249]. Bei einem **erwachsenen Zeugen** bedarf er

---

[241] BGHSt **8** 113; *Bockelmann* GA **1955** 325.
[242] BGH bei *Holtz* MDR **1977** 637; anders, wenn die Abweichung nicht den Kern des Gutachtens betrifft (vgl. BGHSt **21** 62).
[243] BGH bei *Holtz* MDR **1977** 637.
[244] BGH StV **1996** 5; **1997** 6; *Alsberg/Nüse/Meyer* 729 mit weit. Nachw.
[245] BGHSt **34** 355 = NStZ **1988** 85 mit Anm. *Meyer*; BGH NJW **1959** 2315; NStZ **1990** 400; *Alsberg/Nüse/Meyer* 729; *Eisenberg* (Beweisrecht) 1534; AK-*Schöch* 39; KK-*Herdegen* 29; SK-*Schlüchter* 45; vgl. auch bei § 73.
[246] Im Schrifttum gehen die Meinungen auseinander; dazu etwa *Bauer/Thoss* NJW **1983** 305; *Becker-Toussaint* Psychoanalyse und Justiz (1984) 41; *Bresser* NJW **1958** 248; **1959** 2315; *Diesing* Kriminologie und Strafverfahren (1976) 123; *Geller* NJW **1966** 1851; *Glatzel* StV **1982** 40; *Goldschmidt* Psychoanalyse und Justiz (1984) 25; *Hetzer* Wahrheitsfindung im Strafprozeß (1982); *Kull-*

mann FS Salger 653; *Maisch* StV **1985** 519; NStZ **1992** 257; *Maisch/Schorsch* StV **1983** 32; *Lange* NJW **1980** 2729; *Rasch* NStZ **1992** 257; *Rasch* FS Schüler-Springorum 564; *Rauch* NStZ **1984** 497; *Redelsberger* NJW **1965** 1990; *Rode/Legnaro* StV **1995** 496; *Schmitt* FS Geerds 550; *Scholz/Endres* NStZ **1995** 6; *Täschner* NStZ **1994** 221; *Undeutsch* FS Lange 703; *Venzlaff* NStZ **1983** 199; *Venzlaff* Justiz und Recht (1983) 277; *Verrel* ZStW **106** (1994) 332; *Witter* MSchrKrim. **1983** 253; *Wolff* NStZ **1983** 537; vgl. ferner bei § 273 und die Nachweise in den Kommentaren zu § 20 StGB.
[247] BGH NStZ **1991** 80; vgl. auch BGH bei *Kusch* NStZ **1992** 255 (Psychiater statt Sexualwissenschaftler).
[248] BGH NJW **1959** 2315 mit Anm. *Bresser*; ferner etwa *Fischer* NStZ **1994** 1 und bei § 261.
[249] Vgl. etwa BGH NStZ **1985** 420; StV **1990** 98; 291; 340; **1991** 405; **1992** 450; **1995** 5.

dazu — soweit nicht besondere Umstände in der Person des Zeugen vorliegen — nicht der Hilfe eines Sachverständigen[250]. Dies gilt auch, wenn der Zeuge beim Unfall eine leichte **Gehirnerschütterung** hatte, sein Erinnerungsvermögen dadurch aber nicht getrübt ist[251]; anders bei Verdacht einer retrograden Amnesie oder sonstigen Anzeichen für ein eingeschränktes Erinnerungsvermögen[252]. Wenn eine im **Klimakterium** stehende Zeugin über geschlechtliche Erlebnisse aussagt, bedarf das Gericht regelmäßig nicht des Fachwissens eines Sachverständigen. Nur wenn besondere Umstände zu erhöhter Vorsicht bei der Bewertung der Aussagetüchtigkeit einer solchen Zeugin mahnen, kann ausnahmsweise etwas anderes gelten[253]. Wo die Beurteilung der Glaubwürdigkeit wegen der **Person des Zeugen** besonders schwierig ist, kann es im Einzelfall angezeigt sein, einen Sachverständigen zu Rate zu ziehen, etwa bei möglicherweise geistig erkrankten oder behinderten[254] oder in psychiatrischer Behandlung[255] befindlichen oder wahrnehmungsgestörten oder sonst in ihrer Zeugentauglichkeit beeinträchtigten Personen, wie etwa Zeugen mit Epilepsie[256], Psychosen[257] oder psychosomatischen Störungen[258] oder Hysteriker[259] oder bei sonstigen Auffälligkeiten der bisherigen Lebensführung[260].

83   Auch eine besonders **schwierige Beweislage** mit einem nicht anderweitig lösbaren **Widerspruch der Zeugenaussagen** kann es notwendig machen, einen Sachverständigen zur Glaubwürdigkeit zu hören, so, wenn Aussage gegen Aussage steht oder bei einem einzigen, in einer Ausnahmesituation betroffenen Belastungszeugen[261]. Ob bei einem drogenabhängigen Zeugen ein Sachverständiger zur Beurteilung der Erinnerungsfähigkeit beizuziehen ist, ist nach Lage des Falles zu beurteilen[262]. Stützt sich das Gericht auf eine frühere Aussage vor der Polizei, muß es gegebenenfalls alle für die Beurteilung der Glaubwürdigkeit dieser Aussage dienlichen Umstände selbst aufklären, es darf sich bei Zweifelsfällen nicht damit begnügen, daß die vernehmenden Beamten sie für glaubwürdig gehalten haben.

84   b) Bei **Kindern** und **jugendlichen Zeugen** ist das Gericht in der Regel nicht verpflichtet, den Werdegang lückenlos zu ermitteln, um ihre Glaubwürdigkeit zu beurteilen. Nur wenn besondere Begebenheiten oder Ereignisse behauptet werden oder sonst hervortreten, die für die Frage der Glaubwürdigkeit von Bedeutung sein können, kann es zu ihrer Aufklärung verpflichtet sein[263]. Es muß vor allem bei jüngeren Kindern der Entstehungsgeschichte einer von ihnen bekundeten Beschuldigung nachgehen, wenn eine bewußte oder

---

[250] BGHSt **3** 52; **8** 130; **23** 12; BGH NJW **1961** 1636; NStZ **1981** 400; **1982** 42; 432; StV **1981** 113; **1982** 205 mit Anm. *Schlothauer*; **1985** 420; **1992** 450; **1997** 61; OLG Hamm NJW **1969** 2297; **1970** 907; OLG Koblenz VRS **46** (1974) 31; **50** (1976) 296; OLG Saarbrücken VRS **49** (1975) 376; OLG Schleswig bei *Ernesti/Jürgensen* SchlHA **1975** 190; *Alsberg/Nüse/Meyer* 600 mit Nachw. des Schrifttums.

[251] OLG Saarbrücken VRS **46** (1974) 46.

[252] BGH StV **1994** 634 (Schädel-Hirn-Trauma); VRS **15** (1954) 432; OLG Köln VRS **6** (1958) 49; NJW **1967** 313; OLGSt 33.

[253] BGHSt **8** 130; BGH bei *Holtz* MDR **1979** 274; *Alsberg/Nüse/Meyer* 700; vgl. aber BGH bei *Dallinger* MDR **1953** 401; OLG Bremen NJW **1959** 833; KMR-*Paulus* 256.

[254] BGH StV **1981** 113 (Schwachsinn); NStZ **1997** 199; NStZ-RR **1997** 171.

[255] BGH StV **1993** 567.

[256] BGH StV **1991** 245; **1992** 503; OLG Hamm NJW **1970** 907.

[257] BGH StV **1990** 8; BayObLG StV **1996** 476.

[258] BGH StV **1993** 567 (L-Magersucht); BGH StV **1995** 398; **1997** 60.

[259] RG HRR **1938** Nr. 1380.

[260] BGH bei *Holtz* MDR **1991** 109.

[261] BGHSt **8** 130; BGH NStZ **1992** 450; **1995** 115; BGH bei *Spiegel* DAR **1977** 176; **1978** 155; StV **1982** 205 mit Anm. *Schlothauer*; BGH bei *Pfeiffer/Miebach* NStZ **1983** 356; **1984** 16.

[262] BGH StV **1990** 289 mit Anm. *Weider*; *Eisenberg* (Beweisrecht) 1425; *Glatzel* StV **1994** 46; *Täschner* NStZ **1993** 322.

[263] BGHSt **13** 300; BGH NStZ **1994** 503; **1997** 356; vgl. auch Fußn. 265.

[264] BGH StV **1994** 227 (für Bekundungen sexuellen Mißbrauchs); OLG Zweibrücken StV **1995** 893.

unbewußte Beeinflussung ihrer Aussage möglich erscheint[264]. Je nach den Umständen kann dies die Einvernahme der Kontaktpersonen des Kindes oder der Personen, die die erste Befragung wegen der Tat vornahmen, erfordern oder die Vorführung der Bild-Ton-Aufzeichnung einer früheren Einvernahme (§ 55 a), damit das Gericht einen eigenen Eindruck vom Ablauf einer angezweifelten Vernehmung gewinnen kann (vgl. bei § 247 a).

Die **Zuziehung eines Sachverständigen** bei der Beurteilung der Glaubwürdigkeit von **85** Kindern oder jugendlichen Zeugen ist im Normalfall entbehrlich[265]. Sie ist notwendig, wenn besondere Umstände, wie große Jugend[266], ungewöhnliches Erscheinungsbild oder Verhalten, unaufgeklärte Widersprüche, psychische Auffälligkeiten, geistige Schäden, Reifedefizite, lange zurückliegende Vorgänge, Beeinflussung durch Dritte oder die besondere Art des Aussagegegenstandes dazu drängen[267].

Handelt es sich darum, die Aussage eines Kindes über **geschlechtliche Vorgänge** zu **86** ergründen, so liegt besonders viel daran, daß der Aufklärungspflicht voll genügt, daß aber andererseits das Beweismittel des Gutachtens eines Sachverständigen nicht grundlos in Fällen gebraucht werde, in denen das Gericht auf Grund zusätzlicher Beweisergebnisse und der eigenen Sachkunde dies selbst sicher beurteilen kann[268]. Entscheidend ist aber immer die Eigenart und besondere Gestaltung des Einzelfalls (BGH NJW **1961** 1636). Mit dieser Maßgabe gilt folgendes: Liegen besondere Umstände weder in einer Eigenart des Kindes noch sonst in dem zu erforschenden Erlebnis, so kann sich das Gericht, vornehmlich eine Jugendkammer oder Jugendschutzkammer (§ 74 b GVG), in der Regel die erforderliche eigene Sachkunde für die Beurteilung von Aussagefähigkeit und Aussageehrlichkeit selbst zutrauen, vor allem dann, wenn das Zeugnis des Kindes durch die Einlassung des Angeklagten oder die Bekundungen glaubwürdiger erwachsener Zeugen unterstützt oder entwertet wird[269]. Ein Sachverständiger ist dagegen zu hören, wenn wegen besonderer Umstände ein über die forensische Erfahrung hinausreichendes Fachwissen erforderlich sein kann, so etwa, wenn ein Jugendlicher allgemein oder in seinem aussagespezifischen Verhalten Auffälligkeiten zeigt, oder wenn unter den trotz §§ 241 a, 247 a wenig günstigen Bedingungen der Hauptverhandlung[270] vor allem bei jüngeren Kindern Kommunikationsschwierigkeiten und Mißverständnisse zu befürchten sind, oder wegen eines lange zurückliegenden Ereignisses die Erinnerungsfähigkeit zweifelhaft sein kann[271], aber

[265] RGSt **76** 349; RG HRR **1939** Nr. 210; 603; **1940** Nr. 207; **1942** Nr. 511; 514; BGHSt **3** 27; **7** 85; BGH NJW **1961** 1636; NStZ **1981** 400; **1985** 420; **1987** 182; BGH bei *Dallinger* MDR **1952** 274; bei *Spiegel* DAR **1980** 209; bei *Pfeiffer* NStZ **1982** 190; OLG Düsseldorf JR **1994** 374 mit Anm. *Blau*; OLG Hamm NJW **1969** 2297; OLG Köln NJW **1966** 1183; OLG Oldenburg HESt **3** 36; OLG Schleswig bei *Ernesti/Jürgensen* SchlHA **1969** 152; *Alsberg/Nüse/Meyer* 701; *Bockelmann* GA **1955** 327; *Krauß* ZStW **85** (1973) 327; *Tröndle* JZ **1969** 375; AK-*Schöch* 41; KK-*Herdegen* 31; *Kleinknecht/Meyer-Goßner*⁴³ 74; KMR-*Paulus* 258; SK-*Schlüchter* 47 a.

[266] OLG Zweibrücken StV **1995** 293; *Arntzen* DRiZ **1976** 20; *Eisenberg* (Beweisrecht) 1861.

[267] BGHSt **3** 52; **8** 130; **13** 297; **23** 12; BGH NStZ **1981** 400; StV **1994** 173; **1997** 60; OLG Koblenz GA **1974** 223; *Alsberg/Nüse/Meyer* 701; *Eisenberg* (Beweisrecht) 1861; *Göppinger* NJW **1961** 241; *Heinitz* FS Engisch 694; *Roesen* NJW **1964** 442;

Undeutsch NJW **1966** 378; KMR-*Paulus* 259 bis 261.

[268] RGSt **71** 338; **76** 349; RG JW **1937** 1360; **1938** 3161; **1939** 752; HRR **1939** Nr. 603; **1940** Nr. 207; 1370; **1942** Nr. 511; BGHSt **2** 163; **3** 27; 52; **7** 82; BGH NJW **1961** 1636; BGH NStZ **1981** 400; bei *Dallinger* MDR **1952** 274; OLG Köln NJW **1966** 1183; OLG Schleswig bei *Ernesti/Jürgensen* SchlHA **1969** 152.

[269] BGHSt **3** 27; **7** 82; **8** 85; BGH NStZ **1981** 400; **1982** 42; **1987** 374 mit Anm. *Peters*; StV **1995** 115; BGHR § 244 Abs. 4 Satz 1 Sachkunde 4; OLG Köln NJW **1966** 1183; *Alsberg/Nüse/Meyer* 703; *Tröndle* JZ **1969** 375; AK-*Schöch* 41; KK-*Herdegen* 31; *Kleinknecht/Meyer-Goßner*⁴³ 74; KMR-*Paulus* 258; SK-*Schlüchter* 47 a.

[270] Vgl. § 241 a, 1; ferner zur Aussage von Kleinkindern etwa den Bericht des Bonner Instituts für Gerichtspsychologie DRiZ **1971** 177. Vgl. hierzu auch *Busse/Volbert/Steller* Belastungserleben von Kindern in Hauptverhandlungen (1996).

[271] BGH StV **1994** 173.

auch weil reifungsbedingte Phantasien und Übertreibungen oder Gespräche mit Altersgenossen zu einem falschen Erinnerungsbild über geschlechtliche Erlebnisse geführt haben können[272], oder weil ungeschickte Befragung durch Erwachsene das Zeugnis beeinflußt haben kann oder behauptet wird, daß das Kind aus krankhafter Sucht zu lügen die Wahrheit nicht sagen könne; ferner, wenn ein Jugendlicher als einziger Tatzeuge einen unbescholtenen, die Tat in Abrede stellenden Angeklagten belastet[273]. Bei kindlichen Zeugen ist bei der Frage, ob ein Sachverständiger zur Beurteilung der Glaubwürdigkeit zugezogen werden soll, insbesondere zu berücksichtigen, daß der Sachverständige sich mit dem Kinde in einer Weise beschäftigen und sich auf dieser Grundlage ein begründetes Urteil bilden kann, wie es dem Gericht unter den besonderen Bedingungen einer Hauptverhandlung oft nicht möglich ist[274].

87   Es darf aber nie außer acht gelassen werden, daß die Aufgabe des Sachverständigen nicht darin besteht, dem **Gericht** die **Entscheidung** über die Glaubwürdigkeit des Kindes **abzunehmen**, sondern nur darin, das Gericht bei dieser Entscheidung zu unterstützen. Hat das Gericht nach den zuvor dargelegten Grundsätzen (Rdn. 80) zwei Sachverständige über die Glaubwürdigkeit des Kindes vernommen, so hängt es von den Umständen des Einzelfalls ab, ob die Aufklärungspflicht verletzt ist, wenn es keinen dritten Sachverständigen zuzieht, obwohl die Gutachten der beiden vernommenen Sachverständigen voneinander abweichen[275]; die Aufklärungspflicht kann allerdings fordern, daß die Sachverständigen Gelegenheit erhalten, zur abweichenden Auffassung des anderen Gutachtens Stellung zu nehmen, damit das Gericht alle Argumente berücksichtigen kann. Hat der Sachverständige Methoden verwendet, deren Wert fachlich strittig ist, muß das Gericht sowohl den Ablauf der Untersuchungen im Einzelfall aufklären als auch sonstige Erkenntnisquellen für seine Meinungsbildung heranziehen[276].

88   Ob ein **Psychiater** oder ein **Psychologe** zur Begutachtung der Glaubwürdigkeit zuzuziehen ist, hat grundsätzlich der Tatrichter nach pflichtgemäßem Ermessen zu entscheiden[277]. Dies hängt von der zu begutachtenden Person und den bei ihr zu beurteilenden Fachfragen, mitunter auch vom Kenntnisstand des jeweiligen Gutachters ab. Besteht Verdacht, daß die Glaubwürdigkeit des Zeugen durch eine Geisteskrankheit beeinträchtigt sein kann, so wird grundsätzlich ein Psychiater zuzuziehen sein[278], ebenso wenn es sonst um die Auswirkungen krankhafter Störungen geht[279]. Die Beurteilung der Glaub-

272 RGSt **76** 349; **77** 198; RG JW **1935** 3467; **1937** 1360; DR **1943** 188; HRR **1939** Nr. 1208; 1391; BGHSt **2** 163; **3** 27; **21** 62; BGH NJW **1953** 1559; **1961** 1636; MDR bei *Dallinger* MDR **1952** 274; **1956** 271; NStZ **1985** 420; bei *Miebach* NStZ **1990** 228; StV **1991** 547; **1994** 173; OLG Düsseldorf JR **1994** 379 mit Anm. *Blau*; vgl. auch BGH bei *Dallinger* MDR **1951** 659; OLG Köln OLGSt § 244 Abs. 4, 7; *Alsberg/Nüse/Meyer* 703; *Bockelmann* GA **1955** 327; *Marmann* GA **1953** 140.

273 RGSt **71** 338; **76** 349; RG HRR **1942** Nr. 511; BGHSt **2** 163; **3** 27; BGH NJW **1961** 1631; **1966** 1183; MDR bei *Dallinger* MDR **1956** 271; *Bockelmann* GA **1955** 327; vgl. Rdn. 68.

274 BGHSt **7** 82 = LM Nr. 15 mit krit. Anm. *Jagusch*. Die Entscheidung geht zu weit, wenn sie praktisch die Zuziehung eines Sachverständigen zur Regel werden läßt, und sie ist zumindest irreführend, wenn sie fälschlich von „Vernehmung" des Kindes durch den dazu nicht befugten Sachverständigen spricht. Zur Kritik an der Entscheidung vgl. *Eb. Schmidt* Nachtr. I 24; *Eb. Schmidt* FS Schneider

263; *Alsberg/Nüse/Meyer* 702; auch *Kohlhaas* NJW **1951** 903; **1953** 293; *Knögel* NJW **1951** 590; **1953** 693; DRiZ **1953** 142; *Schneider* DRiZ **1954** 8; *Weber* NJW **1955** 663; ferner *Bockelmann* GA **1955** 328; v. *Helbig* NJW **1957** 1665; *Göppinger* NJW **1961** 241; *Roesen* NJW **1964** 442; *Redelberger* NJW **1965** 1990; *Undeutsch* NJW **1966** 378; *Heinitz* FS Engisch 694 (insbesondere auch zu den Streitfragen der Exploration außerhalb der Hauptverhandlung).

275 RG HRR **1939** Nr. 603 verneint dies. Vgl. Rdn. 309 ff.

276 BGH NJW **1996** 206 (spieldiagnostische Untersuchungen bei Kindern); StV **1990** 291.

277 BGH NJW **1959** 2315; zur Auswahl vgl. *Rasch* NStZ **1992** 257; *Täschner* NStZ **1994** 221; ferner Rdn. 81 und bei § 73 sowie nachst. Fußn.

278 BGHSt **23** 12; BGH NStZ **1997** 199; StV **1984** 231; **1993** 522; **1995** 398; **1997** 615.

279 BGH StV **1997** 61 (Alkohol- und Drogenmißbrauch).

würdigkeit geistig gesunder Personen ist dagegen vornehmlich Sache der Psychologen[280].

c) Die **Anwesenheit des Sachverständigen**, der die Glaubwürdigkeit eines Zeugen **89** beurteilen soll, bei der **sonstigen Beweisaufnahme** kann mitunter angezeigt sein, da er deren Ergebnisse bei seinem Gutachten berücksichtigen und dessen Grundlage durch Fragen an die anderen Zeugen verbreitern kann[281]. Ob und in welchem Umfang die Aufklärungspflicht dies fordert, beurteilt sich stets nach den Umständen des Einzelfalls. Dabei kann auch ins Gewicht fallen, daß der Sachverständige mitunter gezwungen sein kann, sein Gutachten allein auf Grund der Hauptverhandlung und sonst verwertbarer Erkenntnisquellen abzugeben, wenn der Zeuge, dessen Glaubwürdigkeit er beurteilen soll, die für die psychologische oder psychiatrische Untersuchung erforderliche Einwilligung[282] verweigert[283].

12. Sonstige Sachverständigenfragen

a) Zur **Bestimmung des Reifegrades** bei **Jugendlichen** und **Heranwachsenden** **90** (§§ 3, 105 Abs. 1 Nr. 1 JGG) erfordert die Aufklärungspflicht die Zuziehung eines Sachverständigen in der Regel nur, wenn Anhaltspunkte dafür bestehen, daß der Jugendliche entgegen der normalen Entwicklung seiner Altersgruppe noch nicht strafmündig ist[284] oder wenn Entwicklungsgrad und Reifezustand eines Heranwachsenden nicht hinreichend sicher beurteilt werden können[285]. Im Normalfall ohne Besonderheiten darf der Tatrichter diese Fragen auch ohne Sachverständige entscheiden.

b) Die **Bestimmung des Blutalkohols** zur Tatzeit durch einfache Rückrechnung und **91** die Beurteilung der **Auswirkungen** auf den Angeklagten[286], insbesondere auf seine Fahrtüchtigkeit, ist in einfach gelagerten Fällen zumindest außerhalb des Grenzbereichs auch dem Tatrichter in Würdigung der Person des Angeklagten und aller (aufzuklärenden) Umstände des Einzelfalls auf Grund seines Erfahrungswissens möglich. Bei besonders gelagerten Fällen, etwa wenn in Grenzbereichen kompliziertere Berechnungen wegen Nach- oder Sturztrunks notwendig werden oder wenn eine zusätzliche Medikamentenwirkung mit zu berücksichtigen ist, bedarf es in der Regel eines Sachverständigen[287]. Gleiches gilt, wenn beurteilt werden soll, ob die Schuldfähigkeit durch den Alkoholgenuß ausgeschlossen oder vermindert ist[288].

---

[280] BGHSt **23** 14; BGH bei *Spiegel* DAR **1978** 157; **1980** 209; *Alsberg/Nüse/Meyer* 704 mit weit. Nachw.; vgl. auch BGHSt **14** 23; BGH NStZ **1982** 42; KK-*Herdegen* 29; zu den Möglichkeiten aussagepsychologischer Glaubwürdigkeitsbegutachtung *Fabian/Greuel/Stadler* StV **1996** 347; vgl. auch Rdn. 81.

[281] BGHSt **19** 367; BGH JR **1970** 67 mit Anm. *Peters*; KMR-*Paulus* 254.

[282] BGHSt **14** 23; vgl. § 81 c.

[283] BGH NStZ **1982** 432; StV **1991** 405; 406 mit Anm. *Blau*; dazu auch die Bedenken von KK-*Herdegen* 31; 16; vgl. auch BGHSt **23** 1; BGH bei *Holtz* MDR **1979** 988.

[284] *Alsberg/Nüse/Meyer* 708; *Bresser* ZStW **74** (1962) 579; *Hellmer* NJW **1964** 179; *Kaufmann/Pirsch* JZ **1959** 358; *Lempp* NJW **1959** 798; *Schaffstein* ZStW **77** (1965) 191. Zur Zuziehung der Jugendgerichtshilfe vgl. Rdn. 41. Wegen Nachw. der Rechtspr. vgl. die Kommentare zu § 3 JGG.

[285] BGH GA **1955** 118; bei *Holtz* MDR **1979** 108; *Alsberg/Nüse/Meyer* 709; KMR-*Paulus* 253; für Zuziehung eines Sachverständigen in schwereren Fällen *Blau* ZStW **78** (1966) 153; *Schaffstein* MSchrKrim. **1976** 101; *Schmid* DAR **1981** 142. Vgl. ferner BGH NStZ **1984** 467 mit Anm. *Brunner*; NStZ **1985** 84 mit Anm. *Eisenberg*.

[286] Zu der umfangreichen Rechtsprechung und dem Schrifttum zu den Einzelfragen vgl. etwa *Eisenberg* (Beweisrecht) 1748 ff, 1850 ff mit zahlreichen Nachw. sowie die Kommentare zu § 20 StGB und zum StVG.

[287] Etwa BGH NStZ **1992** 32; StV **1994** 9; OLG Düsseldorf NJW **1997** 992; OLG Hamm DAR **1973** 23; *Eisenberg* (Beweisrecht) 1749.

[288] Vgl. etwa BGHSt **40** 198 = JR **1995** 115 mit Anm. *Blau* (pathologischer Rausch); BGH StV **1991** 18; **1995** 58; **1997** 460; *Eisenberg* (Beweisrecht) 1747 ff.; ferner Gutachten von *Gerchow/Heifer/Schewe/Schwerd/Zink* Blutalkohol **1985** 71 und Rdn. 78; 284.

Walter Gollwitzer

92   **c)** Wieweit zur Beurteilung **technischer**[289], **medizinischer** oder **sonstiger Fragen** der Wissenschaft oder des täglichen Lebens[290] das Gericht kraft seiner Aufklärungspflicht Sachverständige zuziehen muß, kann immer nur nach den Umständen des Einzelfalls beurteilt werden (vgl. Rdn. 72; 311). Bei komplizierteren Vorgängen bedarf es zu deren richtigem Verständnis und zur Beurteilung der Aussagekraft des Ergebnisses meist der Zuziehung eines Sachverständigen; dies gilt auch bei **kriminaltechnischen Untersuchungen**[291].

III. Beweisanträge

93   **1. Beweisantragsrecht der Beteiligten und Aufklärungspflicht des Gerichts.** Das Recht der Verfahrensbeteiligten, vor allem des Angeklagten und seines Verteidigers, Gegenstand und Umfang der Beweisaufnahme durch Beweisanträge mitzubestimmen, ist unabdingbarer Bestandteil eines rechtsstaatlichen fairen Verfahrens[292]. Die StPO setzt es, wie die §§ 219, 222, 244 und 245 zeigen, als selbstverständlich voraus. Das Gebot, mit allen zulässigen und brauchbaren Beweismitteln die Wahrheit zu ergründen, richtet sich an das Gericht. Es muß dieses Gebot unabhängig vom Behaupten oder Verlangen der Beteiligten befolgen. Diesen ist die Verfügung über die zu ermittelnden Tatsachen grundsätzlich versagt. Sie können auch durch übereinstimmendes Anerkenntnis einer Tatsache die ermittelnde Arbeit des Gerichts nicht überflüssig machen. Auch Vorschriften, die das Beweisantragsrecht der Beteiligten begrenzen, berühren nicht unmittelbar die Aufklärungspflicht des Gerichts. Die Beteiligten können zwar durch Ausübung ihres Beweiserhebungsrechts diese Pflicht erweitern, indem sie auf bisher nicht erkennbare, für die Beweiswürdigung potentiell erhebliche Tatsachen oder Zusammenhänge hinweisen oder in Ausübung ihres autonomen Beweiserhebungsrechtes das Gericht zwingen, über den von ihm zur Sachaufklärung für erforderlich gehaltenen Umfang hinaus Beweise zu erheben, sofern es dies nicht nach objektiven, die Beweisantizipation weitgehend ausschaltenden, und offenzulegenden, gesetzlich normierten Gründen ablehnen kann[293], sie können sie aber nicht dadurch einengen, daß sie von ihrem Antragsrecht keinen Gebrauch machen[294].

94   **2. Begriff des Beweisantrags.** Beweisantrag im Sinne des § 244 ist das von einem am Verfahren Beteiligten oder für einen solchen vorgebrachte ernsthafte Verlangen, daß Beweis über eine bestimmt bezeichnete Tatsache durch den Gebrauch eines bestimmt bezeichneten Beweismittels erhoben werde (BGHSt **1** 31; 137; **6** 128)[295]. Auch das Beste-

---

[289] Dazu *Alsberg/Nüse/Meyer* 711.

[290] Vgl. Vor § 71.

[291] Zu kriminaltechnischen Befunden *Detter* NStZ **1998** 58; *Eisenberg* (Beweisrecht) 1895–1998 a, je mit weit. Nachw.

[292] Vgl. Einl. H 37; 106; Vor § 226, 15 ff; KMR-*Paulus* 368; ferner Art. 6 Abs. 3 Buchst. d MRK (24. Aufl. Art. 6, 210 ff); wegen des Verhältnisses zum Recht auf Gehör vgl. Einl. H 80; BVerfGE **1** 429 und BayVerfGH BayVBl. **1974** 433.

[293] Vgl. BGHSt **21** 124; *Herdegen* GedS Meyer 206; StV **1990** 519; *Sarstedt/Hamm*⁶ 578 ff; *Werle* JZ **1991** 792; AK-*Schöch* 43; KK-*Herdegen* 42; ferner Rdn. 59 mit weit. Nachw. zu den strittigen Fragen.

[294] Ob Aufklärungspflicht und Beweisantragsrecht im gleichen Umfang die Beweiserhebung erfordern, ist strittig, vgl. Rdn. 48; 59.

[295] H. M, so etwa schon RGSt **49** 360; **57** 262; **59** 422; **64** 432; RG JW **1924** 1251; **1927** 793; **1931** 1608; HRR **1942** Nr. 133; OGHSt **2** 352; BGH LM Nr. 2 zu § 244 Abs. 3; JR **1951** 509; BGH NJW **1960** 2156; bei *Holtz* MDR **1976** 815; NStZ **1981** 361; StV **1982** 55; **1984** 451; BGH bei *Pfeiffer/Miebach* NStZ **1983** 210; OLG Kiel SchlHA **1947** 28; KG VRS **25** (1963) 275; OLG Koblenz VRS **47** (1974) 446; OLG Saarbrücken VRS **49** (1975) 45; OLG Schleswig bei *Ernesti/Jürgensen* SchlHA **1977** 182; *Alsberg/Nüse/Meyer* 34; *Bergmann* MDR **1976** 888; *Engels* GA **1981** 21; *Gutmann* JuS **1962** 374; *Hanack* JZ **1970** 561; *Peters* § 38 III; *Sarstedt* DAR **1964** 307; *Welp* JR **1988** 387; *Werle* JZ **1991** 792; *Wessels* JuS **1969** 3; *Widmaier* NStZ **1994** 414; AK-*Schöch* 44; KK-*Herdegen* 43; *Kleinknecht/Meyer-Goßner*⁴³ 20; KMR-*Paulus* 371; SK-*Schlüchter* 42. Vgl. Rdn. 104 ff.

hen und der Inhalt von Erfahrungssätzen und wissenschaftlichen Erkenntnissen und die auf solchen Sätzen und einer Summe von Tatsachen beruhenden Wahrscheinlichkeitsprognosen können Gegenstand eines Beweisantrags (Sachverständigenbeweis) sein[296]. Zur Abgrenzung des Beweisantrags von ähnlichen Anträgen, vor allem von Beweisermittlungsanträgen und Beweisanregungen, vgl. Rdn. 115; sowie von dem bloßen Hinweis auf die Beweismöglichkeit ohne Stellung eines Antrag (Beweiserbieten) vgl. Rdn. 123.

Der Antrag muß die Tatsachengrundlage der **Schuld- oder Rechtsfolgenfrage** im **95** Sinn des § 263 betreffen, bei der Feststellung der nur prozessual erheblichen Tatsachen gilt das Strengbeweisrecht der Absätze 3 bis 6 nicht (Rdn. 3). **Keine Beweisanträge** sind in der Regel die Anträge auf **Vornahme eines Experiments** oder auf Gegenüberstellung bei einem Zeugen, die nur die Modalitäten der Benutzung eines bestimmten Beweismittels betreffen (vgl. Rdn. 15 ff), der Antrag auf Gegenüberstellung des Angeklagten mit einem abwesenden Mitangeklagten (Rdn. 15 ff) oder das Verlangen, daß an einen anwesenden Angeklagten oder Zeugen eine Frage zur Ergänzung seiner Aussage gerichtet oder daß ein vernommener Zeuge vereidigt werde[297]. Kein zulässiger Beweisantrag ist auch das Verlangen, Verfahrensbeteiligte (Richter, Staatsanwalt, Anwalt, Dolmetscher usw.) als Zeugen über **Vorgänge der gleichen Hauptverhandlung** — etwa den Inhalt einer Zeugenaussage — zu hören; denn was bereits zum Inbegriff der Hauptverhandlung geworden ist, unterliegt der alleinigen unmittelbaren Würdigung der Richter. Die Ergebnisse der Beweisaufnahme durch das erkennende Gericht können nicht ihrerseits in der gleichen Hauptverhandlung zum Beweisgegenstand werden[298]; soweit Zweifel bestehen, ist die ursprüngliche Beweisaufnahme zu wiederholen (Rdn. 132 ff). **Dienstliche Wahrnehmungen** eines Richters außerhalb der Hauptverhandlung, die das laufende Verfahren betreffen, können durch eine dienstliche Erklärung in die Hauptverhandlung eingeführt werden[299]. Ferner fällt das auf Ermittlung des **anzuwendenden Rechts** gerichtete Verlangen, daß der Wille des Gesetzgebers durch Vernehmung eines Regierungsbeamten oder eines Kommissionsmitglieds erforscht werde, nicht unter den Begriff des Beweisantrags[300]. Eine Beweiserhebung nach den Regeln des Strengbeweisrechts über Bestand, Inhalt oder Auslegung des anzuwendenden Rechts oder der Beurteilung vergleichbarer Straftaten durch andere Gerichte ist unzulässig[301]. Der Sachverständigenbeweis wird aber nicht dadurch ausgeschlossen, daß bei komplizierten Sachverhalten die tatsächliche Würdigung an Rechtsanwendungsgrundsätzen anknüpfen muß, wie etwa bei Bewertungsfragen im Steuerrecht[302].

3. Antragsberechtigte. Antragsberechtigt sind der Staatsanwalt, der Nebenkläger[303], **96** der Privatkläger[304], der Angeklagte, ohne Rücksicht auf seine Geschäftsfähigkeit[305], und

---

[296] OLG Celle JR **1985** 32 mit zust. Anm. *J. Meyer*; OLG Köln VRS **60** (1981) 378; **a. A** *Alsberg/Nüse/Meyer* 430 (Beweiserhebung unzulässig, wenn dem Tatrichter selbst die Prognoseentscheidung möglich). Vgl. OLG Bremen OLGSt § 244 Abs. 2, 89 (kein Zeugenbeweis).

[297] Der Antrag, einen Zeugen zu vereidigen, betrifft zwar ein Beweismittel, ist aber keinen Beweisantrag; zum Streit um die Rechtsnatur dieses Antrags vgl. *Alsberg/Nüse/Meyer* 104; ferner bei § 59, 17.

[298] BGHSt **17** 352; **21** 151; **39** 239; BGH bei *Kusch* NStZ **1993** 229; **1995** 219; BGHR § 244 Abs. 3 Satz 1 Unzulässigkeit (Rechtsanwalt); StV **1992** 460 (Dolmetscher); OLG Karlsruhe Justiz **1984** 214; OLG Köln OLGSt NF Nr. 1.

[299] BGHSt **39** 240; zust. *Bottke* NStZ **1994** 81; BGH NJW **1998** 1236; vgl. *Rissing-van Saan* MDR **1993** 310; § 22, 46.

[300] RG LZ **1916** 682; wegen der Einzelheiten und weiterer Nachweise vgl. Rdn. 2.

[301] *Alsberg/Nüse/Meyer* 138; 428; vgl. BGHSt **25** 207 = JZ **1974** 340 mit Anm. *Schroeder*; BGHSt **28** 325 = JR **1979** 381 mit Anm. *Meyer-Goßner*.

[302] BGH StV **1984** 451.

[303] Vgl. die Erl. zu § 397; ferner *Gollwitzer* FS Schäfer 65 ff.

[304] *Kleinknecht/Meyer-Goßner*[43] § 384, 14; SK-*Schlüchter* 74; 14; vgl. bei § 384.

[305] *Kleinknecht/Meyer-Goßner*[43] 30; vgl. Einl. F 18.

Walter Gollwitzer

sein Verteidiger. Dieser ist neben dem Angeklagten selbständig berechtigt, Beweisanträge zu stellen; er kann mit einem solchen Antrag auch gegen den offenen Widerspruch des Angeklagten hervortreten, der Antrag muß nicht mit der Einlassung des Angeklagten übereinstimmen[306], die unter Beweis gestellte Behauptung kann auch einem Geständnis des Angeklagten widersprechen[307]. Beweisantragsberechtigt sind ferner Nebenbeteiligte, die Angeklagtenbefugnisse haben, soweit ihre Beteiligung am Verfahren reicht und ihr Beweisantragsrecht nicht durch § 436 Abs. 2 eingeschränkt ist[308], Erziehungsberechtigte und gesetzliche Vertreter eines jugendlichen Angeklagten nach § 67 Abs. 1 JGG und Beistände im Jugendstrafverfahren nach § 69 Abs. 2 JGG. Das Beweisantragsrecht besteht aber immer nur zur **Wahrnehmung der eigenen Verfahrensinteressen**, die jedoch weit auszulegen sind, da sie alles umfassen, was potentiell die Entscheidung gegen den Antragsteller beeinflussen kann[309]. Im Adhäsionsverfahren hat der Verletzte das Recht, Beweisanträge bezüglich der Tatsachen zu stellen, die für die Entscheidung über seine erhobenen Ansprüche maßgebend sind[310]. **Kein Beweisantragsrecht** haben Beistände nach § 149, die als Beistände eines Zeugen zugezogenen Rechtsanwälte, auch wenn der Zeuge Verletzter der Tat ist (§ 406 f Abs. 2, § 406 g Abs. 2), die Vertrauensperson des Verletzten nach § 406 f Abs. 3[311], die Vertreter des Finanzamtes im Steuerstrafverfahren und sonstige Vertreter der in der Hauptverhandlung zu hörenden Behörden (Vor § 266, 48), ferner die anderen Verfahrensbeteiligten, Richter, Zeugen, Sachverständige[312]. Werden Beweisanträge von dazu **nicht befugten Personen** gestellt, sind sie als unzulässig zurückzuweisen; und zwar im Interesse der Verfahrensklarheit auch dann, wenn das Gericht im Rahmen seiner Aufklärungspflicht die ihm dabei aufgezeigte Beweismöglichkeit nutzen will.

97   **Zusammenwirken mehrerer Antragsberechtigter.** Grundsätzlich kann jeder Antragsberechtigte sein Beweisantragsrecht selbständig und ohne Bindung an die Anträge der anderen ausüben. Ob einem Antrag stattzugeben ist, kann wegen der unterschiedlichen Verfahrenslage und unterschiedlicher Verfahrensinteressen unterschiedlich zu beurteilen sein, je nachdem, welcher Verfahrensbeteiligte den Antrag stellt[313]. Die grundsätzliche Selbständigkeit der Anträge schließt jedoch eine **gemeinsame** (besser: übereinstimmende) **Antragstellung**, auch von Prozeßgegnern[314], nicht aus. Dies kann ausdrücklich geschehen (etwa bereits gemeinsame Unterschrift unter einem schriftlich eingereichten Antrag) oder auch allein durch eine entsprechende Erklärung in der Hauptverhandlung, so, wenn ein Verfahrensbeteiligter ausdrücklich den Antrag auch im Namen der anderen Verfahrensbeteiligten stellt[315] und diese ihr Einverständnis damit ausdrücklich oder konkludent zum Ausdruck bringen. Oft geschieht dies in der Form, daß sich ein Verfahrensbeteiligter dem Beweisantrag, den ein anderer für sich gestellt hat, „anschließt". Eine solche Erklärung hat die Bedeutung einer eigenen Antragstellung[316]. Sie übernimmt den Antrag aber

[306] BGHSt **21** 124; BGH NJW **1953** 1314; **1961** 281; bei *Holtz* MDR **1977** 461; *Alsberg/Nüse/Meyer* 377; ferner Vor § 137.

[307] *Kleinknecht/Meyer-Goßner*⁴³ 30; KMR-*Paulus* 374.

[308] Vgl. die Erl. zu § 436; ferner etwa *Alsberg/Nüse/Meyer* 376; *Gollwitzer* FS Sarstedt 18; AK-*Schöch* 53.

[309] Vor § 226, 33; *Gollwitzer* FS Sarstedt 22; 27.

[310] AK-*Schöch* 53; KK-*Herdegen* 51; KK-*Engelhardt* § 404, 10; *Kleinknecht/Meyer-Goßner*⁴³ 30; wegen der Einzelheiten vgl. bei § 404.

[311] So z. B. AK-*Schöch* 54; KK-*Herdegen* 51; vgl. bei § 149 und bei §§ 406 f; 406 g.

[312] *Alsberg/Nüse/Meyer* 379; vgl. bei § 80.

[313] Die nur zugunsten des Angeklagten zulässige Wahrunterstellung kann bei einem Mitangeklagten möglich, beim andern aber unzulässig sein, Rdn. 242; 243; vgl. Rdn. 217.

[314] RG JW **1926** 1224 mit Anm. *Beling*; JW **1932** 2729; RG Recht **1903** Nr. 1526; BGH NJW **1952** 273; nur bei widerstreitenden Verfahrensinteressen wurde die gemeinsame Antragstellung abgelehnt, RGSt **17** 375; RG JW **1906** 792; **a. A** RG Recht **1924** Nr. 2540; vgl. *Alsberg/Nüse/Meyer* 384.

[315] *Alsberg/Nüse/Meyer* 384; *Beling* JW **1926** 1224; *Gollwitzer* FS Sarstedt 28.

[316] *Alsberg/Nüse/Meyer* 384; h. M.

so, wie er gestellt wurde, also mit allen Einschränkungen und Bedingungen. Eine „Anschlußerklärung" ist auch durch konkludentes Verhalten möglich: es muß diese Absicht aber erkennbar zum Ausdruck kommen[317].

Zweifel, ob ein Prozeßbeteiligter sich dem Antrag eines anderen anschließen will, hat **98** das Gericht durch entsprechende **Fragen** zu klären[318]. Die bloße **„Verbundenheit der Interessen"** an der Beweiserhebung, die darin liegen kann, daß damit konkordantes Vorbringen bestätigen werden soll, hat entgegen einer in Rechtsprechung und Schrifttum weit verbreiteten Meinung[319] nicht zur Folge, daß ein Beweisantrag eines Verfahrensbeteiligten auch ohne ausdrückliche oder eindeutige konkludente Anschlußerklärung als Antrag aller Beteiligten gilt, bei denen die „Interessenverbundenheit" besteht[320]. Welche Anträge ein Prozeßbeteiligter stellen will, ist Sache seiner eigenen Prozeßführung. Eine Vergemeinschaftung von Anträgen auf Grund eines vom Gericht lediglich vermuteten gleichen Verfahrensinteresses an der Antragstellung ist damit nicht vereinbar. Es ist auch nicht nötig, um den durch die Ablehnung eines fremden Antrags beschwerten Verfahrensbeteiligten die Revision zu erhalten[321]. Das Gericht, das vor allem bei einer Ablehnung Klarheit haben muß, wer Antragsteller ist, hat in der Hauptverhandlung **eindeutige Anträge herbeizuführen**. Dann erübrigen sich Spekulationen darüber, ob ein Antrag, dem sich die anderen nicht ausdrücklich anschlossen, trotzdem gemeinsame Verfahrensinteressen fördert. Dies ist mitunter selbst bei Mitangeklagten keinesfalls so einfach zu beurteilen, da in einzelnen Fragen die Verfahrensinteressen konträr sein können[322]. Auch die Rechtsfigur eines „Antragsbeteiligten" (eines Nichtantragstellers mit den Rechten eines Antragstellers) ist entbehrlich. Die gemeinsame (bzw. übereinstimmende) Antragstellung ist auch „Prozeßgegnern" nicht verwehrt, so können Staatsanwalt und Angeklagter die gleiche Tatsache mit dem gleichen Beweismittel unter Beweis stellen, auch in der Form des „Anschlusses"[323]. Die Grenze ergibt sich daraus, daß Beweisanträge nur zur Förderung der eigenen Verfahrensinteressen, nicht aber ausschließlich im Fremdinteresse gestellt werden können[324].

Gemeinsame Beweisanträge sind so zu behandeln, wie wenn sie **jeder Antragsteller 99 für sich allein** gestellt hätte. Ein solcher Antrag kann nicht abgelehnt werden, wenn nur bei einem der Antragsteller die Ablehnungsgründe der Absätze 3 bis 5 nicht gegeben

---

[317] RGSt **58** 141; **64** 32; RG JW **1922** 587 mit abl. Anm. *Alsberg;* JW **1926** 1221 mit Anm. *Beling;* JW **1932** 308 mit Anm. *Jonas; Alsberg/Nüse/Meyer* 385; *Kleinknecht/Meyer-Goßner*43 31; KK-*Herdegen* 52; SK-*Schlüchter* 75. Eine ausdrückliche Erklärung forderten RGSt **17** 375; RG Recht **1920** Nr. 1433; *Beling* JW **1926** 1221; ZStW **38** (1916) 316; *Meves* GA **40** (1892) 416.

[318] *Alsberg/Nüse/Meyer* 385; *Oetker* JW **1926** 2759; *Gollwitzer* FS Sarstedt 29.

[319] RGSt **1** 170; **67** 183; RG JW **1922** 587; **1926** 2759; **1931** 1608; **1932** 2729; RG GA **61** (1914) 339; LZ **1924** 41; BGHSt **32** 12; BGH NJW **1952** 273; NStZ **1984** 42; StV **1987** 189; VRS **28** (1965) 380; bei *Pfeiffer* NStZ **1981** 96; *Alsberg* DStrZ **1914** 242; *Eb. Schmidt* 22; KK-*Herdegen* 52; SK-*Schlüchter* 75. KMR-*Paulus* 375 nimmt bei Gemeinschaftlichkeit des Verteidigungsvorbringens einen stillschweigenden Anschluß an.

[320] Wie hier RG JW **1922** 587; *Alsberg/Nüse/Meyer* 385; *Beling* JW **1926** 1221; *Gollwitzer* FS Sarstedt

28; *Kleinknecht/Meyer-Goßner*43 31; SK-*Schlüchter* 75.

[321] Vgl. Rdn. 350; *Alsberg/Nüse/Meyer* 386; *Kleinknecht/Meyer-Goßner*43 31; 84; vgl. auch § 337, 94; ferner den Sonderfall BGH NStZ **1988** 38 (Hinweispflicht bei Beurteilungswechsel).

[322] Vgl. KK-*Herdegen* 52 zur „Konkordanz des Aufklärungsbemühens"; SK-*Schlüchter* 75.

[323] RG JW **1926** 1224 mit Anm. *Beling;* JW **1932** 2729; BGH NJW **1952** 273; *Alsberg/Nüse/Meyer* 384; *Kleinknecht/Meyer-Goßner*43 31; SK-*Schlüchter* 75.

[324] Bei der Staatsanwaltschaft, die auch zugunsten des Angeklagten und aller anderen Verfahrensbeteiligten tätig werden darf, greift diese Grenze nicht; sie hat vor allem Bedeutung bei Verfahrensbeteiligten, die nur für einen Teil des Verfahrensgegenstandes Antragsbefugnisse haben. RGSt **17** 375; RG JW **1906** 792 halten die gemeinsame Antragstellung bei Verfolgung entgegengesetzter Interessen für ausgeschlossen: ebenso *Alsberg/Nüse/Meyer* 384; *Kleinknecht/Meyer-Goßner*43 31; KK-*Herdegen* 52.

sind[325]. Nimmt ein Antragsteller den Antrag **zurück**, muß das Gericht trotzdem über ihn entscheiden, wenn nicht alle anderen — eventuell auf Befragung — ausdrücklich oder durch eindeutiges konkludentes Handeln auf die Beweiserhebung verzichten[326]. Dies gilt auch, wenn sich ein Verfahrensbeteiligter dem Beweisantrag eines anderen angeschlossen hat. Die Anschlußerklärung gibt ihm aber nur die Rechte aus dem ursprünglichen Antrag. Ist dieser nur bedingt gestellt, so gilt die Bedingung auch für den Anschließenden. Ein hilfsweise gestellter Beweisantrag bleibt ein **Hilfsantrag**, der Anschließende hat keinen Anspruch auf Bescheid, wenn der Hilfsantrag hinfällig wird, weil das Gericht dem Hauptantrag entsprochen hat[327]. Will der Anschließende das vermeiden, muß er erklären, daß er selbst den Antrag als Hauptantrag stellen will.

4. Zeit, Ort und Form des Antrags

100   **a) Zeit und Ort.** Grundsätzlich ist nur ein Beweisantrag zu berücksichtigen, der in **der Hauptverhandlung** vorgetragen worden ist. Den Anträgen in der Hauptverhandlung stehen die Anträge gleich, die der Angeklagte bei seiner Vernehmung **nach § 233 Abs. 2** gestellt hat[328]. Wenn das Gericht eine **Anordnung nach § 257 a** erlassen hat, muß der dann nur bei Einreichung in Schriftform beachtliche Beweisantrag in der Hauptverhandlung durch Übergabe der Schrift gestellt und im Sitzungsprotokoll festgehalten werden (vgl. Rdn. 103). Dies gilt auch, wenn der Antrag außerhalb der Sitzung dem Gericht zugeleitet wurde. Der Vorsitzende hat dann, sofern der Antragsteller dies nicht selbst tut, dafür zu sorgen, daß in der Sitzung das Vorliegen des schriftlichen Beweisantrags ausdrücklich festgestellt wird, womit dieser als gestellt zu behandeln ist[329]. Im übrigen braucht das Gericht über Beweisanträge, die vor der **Verhandlung** gemäß § 201 Abs. 1 oder § 219 Abs. 1 Satz 1 eingereicht, aber in der Verhandlung nicht wiederholt worden sind, keinen Beschluß zu fassen[330]. Dasselbe gilt für Anträge, die in einer ausgesetzten Verhandlung gestellt worden waren, wenn sie in der neuen Verhandlung nicht wiederholt werden[331]. Auch nach einer Verweisung an ein anderes Gericht (§ 270) oder nach Aufhebung und Zurückweisung durch ein Rechtsmittelgericht müssen alle Beweisanträge neu gestellt werden[332].

101   Die **Fürsorgepflicht** kann in solchen Fällen erfordern, daß **außerhalb der Hauptverhandlung gestellte Beweisanträge** in der Hauptverhandlung vom Vorsitzenden angesprochen werden. Hat er dem Angeklagten auf einen vor der Verhandlung angebrachten Beweisantrag den Bescheid erteilt, die Entscheidung über den Antrag werde in der Verhandlung erfolgen oder die Tatsache, für die der Angeklagte Beweis angeboten habe, könne als wahr angenommen werden, so ist er verpflichtet, dafür zu sorgen, daß diese Zusicherung eingehalten wird, daß sich also das erkennende Gericht mit dem Antrag befaßt. Sofern nicht etwa der Wille des Angeklagten, vom Antrag abzugehen, zweifelsfrei erhellt, kann eine Verletzung dieser Pflicht die Revision begründen[333].

[325] So wenn die Wahrunterstellung nicht bei allen Antragstellern zu deren Gunsten wirken würde. Vgl. Rdn. 242; 243.
[326] *Alsberg/Nüse/Meyer* 384; 405; KK-*Herdegen* 56; SK-*Schlüchter* 75.
[327] RGSt **17** 375; *Alsberg/Nüse/Meyer* 384.
[328] Vgl. § 233, 32; *Alsberg/Nüse/Meyer* 390.
[329] Nach *Pfeiffer/Fischer* 20; § 257 a, 5 löst in einem solchen Fall bereits der außerhalb der Hauptverhandlung schriftlich eingereichte Beweisantrag die Verpflichtung aus, ihn nach § 244 zu behandeln und zu bescheiden, vgl. dazu bei § 257 a.

[330] RGSt **41** 13; **59** 301; **73** 193; RGRspr. **1** 251; 376; OLG Koblenz VRS **45** (1973) 393; OLG Saarbrücken VRS **29** 293; vgl. § 201, 30; weitere Nachweise vgl. § 219, 24 und *Alsberg/Nüse/Meyer* 347; 359; 388.
[331] RGSt **2** 109; RGRspr. **7** 356; **10** 599; BayObLG bei *Rüth* DAR **1964** 242; *Alsberg/Nüse/Meyer* 389; *Kleinknecht/Meyer-Goßner*[43] 34; vgl. § 228, 26.
[332] *Alsberg/Nüse/Meyer* 390; *Kleinknecht/Meyer-Goßner*[43] 34.
[333] H. M., etwa BGHSt **1** 51; BayObLGSt **1955** 267; weitere Nachweise *Alsberg/Nüse/Meyer* 289; 360; 862; vgl. § 201, 40; § 219, 35 ff.

Ähnlich ist die Rechtslage, wenn das Gericht auf Antrag des Angeklagten einen Zeu- **101a**
gen zur Hauptverhandlung lädt, der **Zeuge** aber **ausbleibt**. Das Gericht, das durch die
Ladung zu erkennen gegeben hat, daß es die in das Wissen des Zeugen gestellte Tatsache für erheblich hält, muß einem in Rechtsangelegenheiten unerfahrenen oder sonst
hilfsbedürftigen Angeklagten, der ohne Beistand eines Verteidigers in der Hauptverhandlung erscheint, Gelegenheit geben, den Antrag in der Hauptverhandlung zu wiederholen, wenn er nicht auf den Zeugen ausdrücklich verzichten will. Das gebieten Aufklärungspflicht und Fürsorgepflicht. Ohne eine solche durch die Sachlage gebotene Aufklärung könnte der Angeklagte in dem Irrtum befangen bleiben, er habe durch den
Antrag vor der Hauptverhandlung alles Erforderliche getan, um seine Rechte zu wahren[334]. Soweit der Angeklagte im Beistand eines Verteidigers erscheint, rechtfertigt der
Verzicht des Verteidigers auf weitere Beweisaufnahme nicht ohne weiteres den Schluß,
auch der Angeklagte verzichtet darauf; dies gilt erst recht, wenn der Angeklagte in der
Hauptverhandlung die Einlassung zur Sache verweigert hat[335]. Übrigens kann eine Ausnahme vom eingangs erwähnten Grundsatz auch Platz greifen, wenn das Verhalten des
Vorsitzenden in einem Verteidiger den irrigen Glauben hervorruft, daß ein von ihm vor
der Verhandlung eingereichter Antrag eine Sachlage geschaffen habe, die eine Wiederholung des Antrags nicht erforderlich mache[336]. Auch der rechtskundige Verteidiger
braucht angesichts der Erklärung des Vorsitzenden, die zu beweisende Tatsache könne
als wahr unterstellt werden, mit einer abweichenden Auffassung des erkennenden
Gerichts nicht ohne weiteres zu rechnen[337].

Bis zum **Beginn der Urteilsverkündung** können Beweisanträge gestellt werden. Ein **102**
schriftlicher Antrag, den der Verteidiger dem Gericht **nach Schluß der Beweisaufnahme**
ins Beratungszimmer zusendet, braucht nicht mehr berücksichtigt zu werden, doch darf
dem Verteidiger das Wort nicht vorenthalten werden, wenn er nach Rückkehr des Gerichts
in den Verhandlungsraum vor Beginn der Verkündung des Urteils zu erkennen gibt, daß er
die Wiedereröffnung der Verhandlung beantragen will, um einen neuen Beweisantrag zu
stellen[338]. Erst wenn mit der **Verkündung** des Urteils **begonnen** worden ist, kann der
Angeklagte nicht mehr beanspruchen, daß ihm das Wort zur Stellung eines Beweisantrags
erteilt werde; wird ihm aber in Unterbrechung der Urteilsverkündung Gehör hierzu
gewährt und findet das Gericht sich zum Wiedereintritt in die mündliche Verhandlung
bereit, so muß der Antrag ordnungsgemäß beschieden werden[339]. Auch sonst lebt das
Beweisantragsrecht wieder auf, wenn die Verkündung abgebrochen worden ist. Kein
Antragsberechtigter darf dann gehindert werden, vor Beginn der neuen Verkündung einen
Beweisantrag zu stellen[340].

b) Form. Der Grundsatz der Mündlichkeit erfordert **mündlichen Vortrag** des **103**
Beweisantrags[341], sofern nicht das Gericht nach § 257 a die schriftliche Antragstellung
angeordnet hat[342]. Unabhängig davon hat sich die Übung bewährt, daß schriftlich gefaßte
Beweisanträge von den Verteidigern übergeben und vom Gericht als Anlagen zur Niederschrift entgegengenommen werden. Bei verständiger Zusammenarbeit ist damit zu rechnen, daß die Verteidiger dem Wunsch des Gerichts nach Überreichung des Antrags in

---

[334] OLG Hamburg JR **1956** 28 mit Anm. *Nüse.*
[335] KG GA **72** (1928) 358.
[336] **A. A** RG JW **1932** 1660.
[337] RG DRiZ **1928** Nr. 740.
[338] RGSt **68** 89; BGHSt **15** 391; **21** 124; StV **1981**
330; **1982** 58; **1991** 59; h. M; weitere Nachweise
bei § 246, 2 und bei § 268.

[339] RGSt **57** 142; BGHSt **25** 335; BGH VRS **36** (1969)
368; BGH bei *Dallinger* MDR **1975** 24; *Scheffler*
MDR **1993** 3; weitere Nachweise bei § 238, 27;
§ 246, 2 und bei § 268.
[340] BGH StV **1992** 218.
[341] *Alsberg/Nüse/Meyer* 380; KK-*Herdegen* 49; *Klein-
knecht/Meyer-Goßner*[43] 32; h. M.
[342] Vgl. Rdn. 100 und bei § 257 a.

schriftlicher Form stattgeben; geschieht dies nicht, so erwächst — anders als nach einem die schriftliche Antragstellung anordnenden Beschluß nach § 257 a — für den Antragsteller hieraus kein Rechtsnachteil, da mündliche Antragstellung genügt[343]. Überreicht der Antragsteller eine Schrift mit der Erklärung, daß diese einen Beweisantrag enthalte, so darf der Beweisantrag nicht übergangen werden. Soweit nicht § 257 a Platz greift, muß er durch mündlichen Vortrag in die Hauptverhandlung eingeführt[344], mit den Verfahrensbeteiligten erörtert und dann beschieden werden. Dafür muß der Vorsitzende sorgen. Er wird in der Regel dem Antragsteller anheimgeben, selbst den Beweisantrag mündlich vorzutragen, er kann aber auch, wozu er jedoch nicht verpflichtet ist[345], den wesentlichen Inhalt des Beweisantrags gleich selbst bekanntgeben. Zur Wirksamkeit des Beweisantrags ist erforderlich, daß er in der Hauptverhandlung für alle Verfahrensteilnehmer ersichtlich gestellt wird, nicht aber, daß der Antragsteller ihn selbst vorträgt. Der Antrag ist nach § 273 Abs. 1 in das Sitzungsprotokoll aufzunehmen (Rdn. 174). Der Verteidiger hat jedoch keinen Anspruch darauf, seinen Antrag in das Protokoll diktieren zu können[346].

5. Unterlagen und Inhalt des Antrags

104   **a)** Es bedarf der **Bezeichnung einer bestimmten Tatsache,** nicht aber der bestimmten Behauptung einer Tatsache in dem Sinn, daß der Antragsteller diese so geltend machen müsse, als ob er eine sichere Kenntnis von ihr habe. Das Erfordernis, daß aus dem Antrag die Überzeugung des Antragstellers von der Wahrheit der behaupteten Tatsache und seine zuversichtliche Erwartung eines günstigen Ergebnisses hervorgehen müsse, würde vornehmlich die Verteidigung des Angeklagten in unerträglichem Maß beschränken; dieser ist oft veranlaßt, zu seinem Schutz eine Tatsache durch ihre **bestimmte Behauptung** unter Beweis zu stellen, die er **nur vermutet** oder für möglich hält, selbst wenn er nur eine geringe Hoffnung auf Erfolg hegt[347]. Schon deshalb dürfen in einem Beweisantrag behauptete Tatsachen nicht als eigene Einlassung eines zum Tatvorwurf schweigenden Angeklagten behandelt werden[348]. Der Antragsteller braucht grundsätzlich auch nicht offenzulegen, aus welcher Quelle seine Behauptung stammt und weshalb er glaubt, daß das benannte Beweismittel die behauptete Tatsache bestätigen werde[349]. Nur bei völlig

[343] RG Recht **1924** Nr. 487; BayObLG bei *Rüth* DAR **1979** 240; OLG Hamm JMBlNW **1970** 251; *Alsberg/Nüse/Meyer* 381; *Dahs/Dahs* 248; *Sarstedt* DAR **1964** 310; ferner KK-*Herdegen* 49; *Kleinknecht/Meyer-Goßner*[43] 32; KMR-*Paulus* 380.

[344] RGSt **59** 122; RG LZ **1914** 963; JW **1931** 2575; KG JW **1931** 235; *Alsberg/Nüse/Meyer* 385; AK-*Schöch* 51; KK-*Herdegen* 49; *Kleinknecht/Meyer-Goßner*[43] 32; SK-*Schlüchter* 76 a. Dagegen sehen BGH NJW **1953** 35; KG JR **1954** 430 mit Anm. *Sarstedt*; KMR-*Paulus* 380; *Gössel* § 29 C II c 1 den schriftlich eingereichten Beweisantrag als wirksam gestellt an auch ohne Bekanntgabe seines Inhalts.

[345] *Alsberg/Nüse/Meyer* 383; *Kleinknecht/Meyer-Goßner*[43] 32; KMR-*Paulus* 380; vgl. die vorstehende Fußn.

[346] BayObLG bei *Rüth* DAR **1979** 240; OLG Hamm JMBlNW **1970** 251; OLG Köln VRS **70** (1986) 370; *Alsberg/Nüse/Meyer* 381; 400; *Dahs/Dahs* 248; *Kleinknecht/Meyer-Goßner*[43] 32; KMR-*Paulus* 377.

[347] RGSt **64** 432; RG JW **1924** 1251; **1933** 450; HRR **1935** Nr. 554; BGHSt **21** 125; BGH NJW **1983** 126; NStZ **1981** 309; **1982** 70; **1988** 324; **1989** 334; **1992** 397; **1993** 143; 247; **1994** 592; bei *Miebach* NStZ **1990** 26; JR **1988** 387 mit Anm. *Welp*; StV **1984** 450; **1989** 237; 378; **1993** 232; BGH bei *Dallinger* MDR **1951** 405; vgl. auch BGH bei *Holtz* MDR **1980** 987; **1989** 685; KG JR **1968** 228 mit Anm. *Koffka*; OLG Köln NStZ **1987** 341; *K.E. Gollwitzer* StV **1990** 423; *Herdegen* StV **1990** 518; AK-*Schöch* 45; KK-*Herdegen* 44; *Kleinknecht/Meyer-Goßner*[43] 21; KMR-*Paulus* 385; SK-*Schlüchter* 55; ferner *Alsberg/Nüse/Meyer* 43 mit weit. Nachw.

[348] Vgl. BGHSt **39** 253 = NStZ **1990** 447 mit Anm. *Hamm*.

[349] Etwa RGSt **1** 51; BGH NJW **1983** 324; StV **1981** 167; **1984** 450; *Alsberg/Nüse/Meyer* 42; *Eisenberg* (Beweisrecht) 146; *K.E. Gollwitzer* StV **1990** 424; *Herdegen* GedS Meyer 206; StV **1990** 518; *Sarstedt/Hamm*[6] 585; AK-*Schöch* 46; KK-*Herdegen* 44; SK-*Schlüchter* 56.

aus der Luft gegriffenen Tatsachenbehauptungen, bei denen der Antragsteller offensichtlich keinerlei Anhaltspunkte für seine Vermutung hat, geht ein Teil der Rechtsprechung und des Schrifttums[350] davon aus, daß insoweit trotz der bestimmten Behauptung in Wirklichkeit kein Beweisantrag, sondern nur ein Beweisermittlungsantrag bzw. nach anderer Ansicht überhaupt kein zulässiger Antrag[351] vorliegt. Auch dann wird aber angenommen, daß dem Antragsteller vor der Abstufung seines Antrags zum Beweisermittlungsantrag und dessen Bescheidung (vgl. Rdn. 121) Gelegenheit gegeben werden muß, doch noch plausible Gründe für seine Vermutung aufzuzeigen[352]. Zu den auch hinsichtlich der Abgrenzung strittigen Fragen vgl. Rdn. 114.

Nur **bestimmte Tatsachen** (vgl. Rdn. 104) können Gegenstand des Beweisantrags **105** sein. Bei einem Zeugen, der nur über seine eigenen Wahrnehmungen aussagen kann, ist Beweisgegenstand letztlich immer nur, was er von dem tatsächlichen Geschehen wahrgenommen hat und nicht das Beweisziel, das damit bestätigt werden soll[353]. Es genügt aber bei einfachen Sachverhalten, wenn der Zeuge für den bestimmten tatsächlichen Vorgang als Beweismittel benannt wird[354]. Für die Auslegung ist stets der erkennbare Sinn des Antrags maßgebend. An die Bestimmtheit dürfen auch sonst **keine überspannten Anforderungen** gestellt werden. Es ist in billiger, einer fairen Verfahrensgestaltung verpflichteten Würdigung aller in der Hauptverhandlung zutage getretenen Umstände und des sonstigen Vorbringens des Antragstellers[355] zu beurteilen, ob genügend erkennbar ist, welche tatsächlichen Vorkommnisse unter Beweis gestellt werden sollen. Ist im allein maßgebenden Einzelfall der konkrete Tatsachenkern zumindest in seinen Umrissen[356] hinreichend deutlich, dann ist es unschädlich, daß der Wortlaut des Beweisantrags den zu beweisenden Vorgang nur **schlagwortartig verkürzt** umschreibt[357] oder mit einer Wertung verbindet („sinnlos betrunken"[358]) oder sich mit der weder allein zureichenden noch erforderlichen Angabe des Beweisziels[359] begnügt. Kann das Gericht das in Wirklichkeit unter Beweis gestellte konkrete tatsächliche Geschehen bei Würdigung aller Umstände erkennen, liegt ein Beweisantrag vor, den es an Hand der Ablehnungsgründe der Absätze 3 und 4 auch prüfen kann. Dann ist es unerheblich, daß der Beweisantrag dem Wortlaut nach statt des

---

[350] Vgl. etwa BGH StV **1985** 311 mit Anm. *Schulz*; BGH NStZ **1989** 334; **1992** 397 mit Anm. *Peters*; NStZ **1993** 293; OLG Köln NStZ-RR **1997** 310, strittig. Zur Entwicklung der Rechtsprechung und zum Streitstand vgl. etwa *K.E. Gollwitzer* StV **1990** 420; *Julius* MDR **1989** 116; *Schwenn* StV **1981** 631; *Welp* JR **1988** 387; KK-*Herdegen* 44; Kleinknecht/Meyer-Goßner[43] 20; SK-*Schlüchter* 55, 56 mit weit. Nachw.

[351] Scheinantrag; zur Problematik und zu der dem Gericht obliegenden Beweislast für die „Haltlosigkeit" des Beweisvorbringens vgl. etwa *Herdegen* StV **1990** 519; KK-*Herdegen* 44 (Fehlen jeder faktischen bzw. aus Fakten hergeleiteten Grundlage); SK-*Schlüchter* 56.

[352] BGH StV **1985** 311 mit abl. Anm. *Schulz*; Kleinknecht/Meyer-Goßner[43] 20; strittig, dazu etwa KK-*Herdegen* 44 (singuläres Judikat, das Rechtsprechungstradition widerstreitet).

[353] Vgl. *Alsberg/Nüse/Meyer* 195; *Sarstedt/Hamm*[6] 586; KK-*Herdegen* 45.

[354] Bei Sachverhalten, die eine nicht auf der Hand liegende Folgerung voraussetzen, muß dagegen die der Folgerung zugrunde liegende Wahrnehmung als Beweisgegenstand benannt werden; vgl.

[354 cont.] BGHSt **39** 251 = StV **1993** 454 mit Anm. *Hamm* = NStZ **1993** 550 mit Anm. *Widmaier*.

[355] BGH JR **1951** 506; GA **1981** 228; bei *Pfeiffer/ Miebach* NStZ **1985** 206; StV **1982** 55; OLG Köln StV **1995** 293; KK-*Herdegen* 45 (nach Sinn und Zweck fragende Auslegung).

[356] Vgl. etwa BGH NStZ **1996** 362 (Aufenthalt in Frankreich); OLG Köln StV **1990** 256 (Aussageverhalten); *Alsberg/Nüse/Meyer* 41; KK-*Herdegen* 46 mit weit. Nachw.

[357] BGHSt **1** 137; *Alsberg/Nüse/Meyer* 41; *Eisenberg* (Beweisrecht) 144; *Kleinknecht/Meyer-Goßner*[43] 20; vgl. auch BGHSt **39** 144 = JR **1994** 250 mit Anm. *Siegismund* („bei Vernehmung nicht die Wahrheit gesagt").

[358] Vgl. BGH bei *Holtz* MRD **1979** 807; BayObLG DRiZ **1929** Nr. 422.

[359] Die Angabe des Beweiszieles allein genügt nicht, vgl. etwa BGHSt **39** 353; BGH NStZ **1995** 96; BGH NStZ **1998** 50 (Behauptung, A sei zur Tatzeit jünger als 21 Jahre gewesen, ersetzt nicht Behauptung eines bestimmten Alters). Als Auslegungshilfe ist erkennbarer Zweck des Antrags heranziehbar; vgl. *Sarstedt/Hamm*[6] 586.

konkreten tatsächlichen Geschehens **scheinbar nur Werturteile und Schlußfolgerungen** enthält[360]. **Einfache Rechtsbegriffe** wie Kauf, Miete, Leihe können zur Kennzeichnung eines unter Beweis gestellten tatsächlichen Vorgangs ausreichen[361]. Dies kann sogar für die Behauptung gelten, der Angeklagte sei angestiftet worden[362], sofern auf Grund der Hauptverhandlung ersichtlich ist, auf welchen tatsächlichen Vorgang als Wahrnehmungsgrundlage sich diese Beweisbehauptung stützen soll. Der Antrag, den Angeklagten auf seinen Geisteszustand zu untersuchen, ist nur dann als Beweisantrag anzusehen, wenn ihm nach dem Inbegriff der Erklärung des Antragstellers in der Hauptverhandlung die Behauptung bestimmter Tatsachen zugrunde liegt[363]. Der Antrag auf „Ortsbesichtigung" ist kein ordnungsgemäßer Antrag auf Durchführung eines Augenscheins[364], sofern nicht das Beweisthema auf den Umständen der Hauptverhandlung eindeutig ersichtlich ist. Gleiches gilt beim Antrag, den Augenzeugen eines Verkehrsunfalls zu vernehmen[365]. Der Antrag, zur „Klärung von Widersprüchen einer Zeugenaussage" Beweis zu erheben, ist nur dann **hinreichend bestimmt**, wenn für die Verfahrensbeteiligten aus dem Sachzusammenhang heraus eindeutig erkennbar ist, welche konkreten Tatsachen damit unter Beweis gestellt werden sollen[366]. Werden in einem Antrag für das gleiche Beweisziel mehrere sich gegenseitig ausschließende Tatsachen unter Beweis gestellt, fehlt es an der Behauptung einer bestimmten Tatsache; der Antrag ist dann als Beweisermittlungsantrag zu behandeln (BGH StV **1998** 175).

105a   Wird nur die **Negation einer Tatsache** unter Beweis gestellt, fehlt es an der Angabe einer das Beweisziel belegenden beweisfähigen Tatsache, es sei denn, es ist aus den Umständen ersichtlich, daß der Zeuge bekunden soll, daß bei einem von ihm wahrgenommenen Vorgang das fragliche Geschehen nicht stattfand[367] oder daß bei einem Gespräch in seiner Gegenwart ein bestimmter Umstand nicht erwähnt wurde. Wird ein Zeuge für den **Leumund** eines anderen benannt, so soll er nicht eine eigene Beurteilung abgeben, sondern über eine ausreichend bestimmte (fremdpsychische) Tatsache aussagen, nämlich wie nach seiner Kenntnis der Betreffende von einem größeren Personenkreis eingeschätzt wird[368].

106   Werden **Anlagen und Eigenschaften eines Menschen** nur mit einer schlagwortartigen Verkürzung unter Beweis gestellt ohne jeden Bezug auf tatsächliche Wahrnehmungen, aus denen der Zeuge diese Beurteilung gewonnen hat, ist strittig, ob und unter welchen Voraussetzungen dies dem Bestimmtheitserfordernis genügt. Der Eindruck, den ein Zeuge von einem anderen Menschen in einer bestimmten Hinsicht gewonnen hat, ist eine innere Tatsache, die als solche dem Beweis zugänglich ist[369], so auch der Umstand, daß der Zeuge dem Angeklagten auf Grund langjähriger Kenntnis die Straftat nicht zutraut[370].

---

[360] BGH StV **1984** 451; bei *Pfeiffer* NStZ **1981** 96 (wenn der Lebenserfahrung entnommene Folgerungen und Werturteile zur Kennzeichnung tatsächlicher Beobachtungen dienen); vgl. KK-*Herdegen* 45 (erforderlich Hinweis auf Tatsachen-(wahrnehmungs)grundlage).

[361] *Alsberg/Nüse/Meyer* 42; AK-*Schöch* 47; *Kleinknecht/Meyer-Goßner*[43] 20; SK-*Schlüchter* 47; vgl. auch nachfolgende Fußn.

[362] RG JW **1931** 3560 mit Anm. *Bohne*; BGHSt **1** 137; KK-*Herdegen* 46; KMR-*Paulus* 386.

[363] BGH JR **1951** 509; BGH bei *Holtz* MDR **1976** 815 („auf den Kopf auswirkende Krankheiten"); bei *Pfeiffer/Miebach* NStZ **1983** 210; *Alsberg/Nüse/Meyer* 42.

[364] OLG Koblenz VRS **49** (1975) 273.

[365] BayObLGSt **1982** 414 = VRS **62** (1982) 458.

[366] OLG Koblenz VRS **49** (1975) 40; *Alsberg/Nüse/Meyer* 42; KMR-*Paulus* 386.

[367] RGSt **1** 5; RG JW **1913** 163; **1931** 1815; BGHSt **39** 251 = StV **1993** 454 mit abl. Anm. *Hamm* = NStZ **1993** 550 mit zust. Anm. *Widmaier* 602; BGH StV **1996** 249; **1998** 198; BayObLGSt **1995** 72 = NJW **1996** 3331; *Alsberg/Nüse/Meyer* 194; *Eisenberg* (Beweisrecht) 147; *Sarstedt/Hamm*[6] 587 ff; *Kleinknecht/Meyer-Goßner*[43] 10.

[368] RGSt **26** 71; RG JW **1937** 761; *Alsberg/Nüse/Meyer* 202 mit weit. Nachw.

[369] *Alsberg/Nüse/Meyer* 198.

[370] RG HRR **1937** Nr. 540.

Meist bezweckt aber der Beweisantrag erkennbar darüber hinaus das Aufdecken der tatsächlichen Grundlagen für die allein dem Gericht obliegende Beurteilung, ob die betreffende Eigenschaft auch tatsächlich vorliegt. Der Zeuge soll alle Fakten bekunden, auf denen seine Einschätzung beruht, auch wenn der Wortlaut des Antrags auf die im Alltag übliche Wertung von Wahrnehmungen verkürzt ist. Deshalb wurden Beweisanträge des Inhalts für ausreichend erachtet, daß jemand, bei dem dies erheblich ist — etwa ein Zeuge —, „dumm" oder „geistig beschränkt" oder „nicht normal"[371], „unglaubwürdig" oder „verlogen" sei[372]. Nach anderer Ansicht sind solche Beurteilungen von Eigenschaften einer Person ohne Angabe der sie stützenden konkreten Wahrnehmungsgrundlagen kein Beweisantrag, auf den die Ablehnungsgründe des § 244 Abs. 3, 4 sinnvoll angewendet werden könnten, sondern nur ein Beweisermittlungsantrag[373], der die Aufklärungspflicht des Gerichts aktiviert[374]. Bevor das Gericht den Antrag als solchen behandelt, muß es sicherstellen, daß insoweit nicht nur ein Formulierungsmangel vorliegt; es muß in Erfüllung seiner Aufklärungs- und Fürsorgepflichten den Antragsteller auffordern, daß er die seiner Wertung zugrundeliegenden Tatsachen vorträgt[375]. Auch bei den Beweisanträgen, die die **Glaubwürdigkeit** eines Zeugen zum Gegenstand haben, müssen nach dieser Ansicht die einzelnen Tatsachen angegeben werden, aus denen die Schlußfolgerung über die Glaubwürdigkeit hergeleitet werden sollen.

b) Die Bezeichnung des Beweismittels muß so bestimmt sein, daß erkennbar wird, **107** welches individuelle, von anderen unterscheidbare Beweismittel zur Hauptverhandlung zugezogen werden soll[376]. Die Angabe ist ebenfalls auslegungsfähig. Verlangt der Antragsteller die Auskunft einer nach Sitz und Namen bekannten Firma, so kann dies dahin auszulegen sein, daß damit das Zeugnis eines Angehörigen dieser Firma angeboten wird[377]. Wieweit vom Beweisführer nötigenfalls auch die tatsächlichen Umstände aufzuzeigen sind, aus denen sich ergibt, daß und welche Art Auskunft das benannte Beweismittel über die behauptete Beweistatsache geben kann, ist strittig. Dies hängt davon ab, wieweit für eine sinnvolle Überprüfung des Beweisantrags an Hand der Ablehnungsgründe der Absätze 3 bis 5 unerläßlich ist, einen sonst nicht ersichtlichen Zusammenhang („Konnexität") zwischen der Beweistatsache und dem dafür benannten Beweismittel aufzuzeigen; dazu kann in Zweifelsfällen auch die Angabe gehören, welcher Art Kenntnis (durch eigene Wahrnehmung, vom Hörensagen usw.) der benannte Zeuge von der Beweistatsache hat. Meist werden sich besondere Ausführungen zu einem solchen Zusammenhang allerdings erübrigen, weil schon der Beweisantrag diesen Zusammenhang ersehen läßt, so wenn durch die Benennung eines Zeugen dessen ersichtlich durch unmittelbare Wahrnehmung gewonnenes Tatsachenwissen unter Beweis gestellt wird. Ist dagegen Bestehen oder Art des Zusammenhangs zwischen der Beweisbehauptung und Beweismittel nicht erkennbar, so daß das Gericht nicht beurteilen kann, ob sich das Beweismittel überhaupt zum Nachweis der Beweistatsache eignet, werden in der neueren Rechtsprechung bei einem

---

371 RG DRiZ **1929** Nr. 901; JW **1930** 934.
372 RGSt **37** 371; **39** 127; RG GA **73** (1929) 110; JW **1932** 2728; 3095; wegen weiterer Nachweise vgl. *Alsberg/Nüse/Meyer* 198, 201 auch zur Gegenmeinung; ablehnend bei Fehlen eines Tatsachenkerns KK-*Herdegen* 46; vgl. nachf. Fußn.
373 BGHSt **37** 162 = NStZ **1990** 602 mit Anm. *Schulz* **1991** 449 = JR **1991** 470 mit Anm. *Gollwitzer*; BGH StV **1997** 77; AK-*Schöch* 47; KK-*Herdegen* 46; SK-*Schlüchter* 57; vgl. auch BGHSt **39** 251 (oben Fußn. 367).

374 KK-*Herdegen* 46.
375 BGH StV **1997** 77; *Alsberg/Nüse/Meyer* 47; *Eisenberg* (Beweisrecht) 180; *Kleinknecht/Meyer-Goßner*[43] 20; KK-*Herdegen* 46. Zur Hinweispflicht des Gerichts vgl. Rdn. 112 mit weit. Nachw.
376 RG GA **38** (1891) 60; BGH MDR **1960** 329; NStZ **1981** 309; *Alsberg/Nüse/Meyer* 47; *Eisenberg* (Beweisrecht) 148; AK-*Schöch* 49; KK-*Herdegen* 48; *Kleinknecht/Meyer-Goßner*[43] 21; KMR-*Paulus* 384; SK-*Schlüchter* 59; *Eb. Schmidt* 26 b.
377 OLG Koblenz DAR **1974** 132; KMR-*Paulus* 287.

Walter Gollwitzer

Beweisantrag auch Angaben hierzu gefordert[378]. Fehlen sie, muß das Gericht den Antragsteller darauf hinweisen und ihm Gelegenheit zur Ergänzung seines Antrags geben, bevor es diesen verwirft (vgl. Rdn. 113).

108   **Zeugen** müssen nicht unbedingt durch Angabe von **Namen und Anschriften** bezeichnet werden. Wird eine bestimmte Person als Zeuge benannt — und nicht etwa nur gefordert, nach einem vermutlichen Zeugen in einem umschriebenen Personenkreis erst zu suchen —, so genügt es für die bestimmte Benennung, wenn der Antragsteller den Zeugen individualisiert, etwa dadurch, daß er konkrete Tatsachen aufzeigt, auf welchem Weg das Gericht die Personalien und den Aufenthalt dieses Zeugen feststellen und ihn laden kann[379]. Auf dem Umfang der dadurch erforderlich werdenden Ermittlungen oder deren Verhältnis zur Bedeutung der Sache kommt es insoweit nicht an[380]. Die Angabe des Namens allein genügt für die Identifizierung meist nicht, sofern keine zusätzlichen, eine Eingrenzung ermöglichenden Hinweise gegeben werden können. Dafür kann die Angabe einer privaten Bezugsperson[381] oder einer Behörde oder des gegenwärtigen oder eines früheren Arbeitgebers genügen, wenn über diesen Weg der benannte Zeuge zumindest potentiell festgestellt werden kann[382]. Als ausreichende Individualisierung wurde sogar die Angabe angesehen, daß die Zeugin als Bedienung in einem bestimmten Lokal zu einer bestimmten Zeit tätig war[383]. Wird ein bestimmter Zeuge nur mit seiner Zugehörigkeit zu einem bestimmten Personenkreis benannt, muß dieser deutlich abgegrenzt und auch zahlenmäßig überschaubar sein[384]. Bei einer „Nachbarschaft" fehlt diese Voraussetzung in der Regel[385]. Müssen für die Feststellung der als Zeuge benannten Person erst eine Vielzahl von Personen befragt oder umfangreiche Listen durchgesehen werden, von denen ungewiß ist, ob der Betreffende darin überhaupt vermerkt ist, wie etwa das Strafregister oder die Ausländerkartei, dann genügt der Hinweis auf diese Nachforschungsmöglichkeiten dem Erfordernis der Benennung eines bestimmten Beweismittels nicht[386]. Wird derjenige, auf dessen Zeugnis sich der Antragsteller beruft, irrtümlich als Mitangeklagter

[378] BGHSt **40** 3 = JR **1994** 288 mit Anm. *Wohlers* = NStZ **1994** 247 mit Anm. *Widmaier* = StV **1994** 169 mit Anm. *Strate*; BGHSt **43** 321; BGH StV **1998** 51; 195; vgl. auch BGHSt **39** 251 (Fußn. 367); *Widmaier* NStZ **1993** 602; *Kleinknecht/Meyer-Goßner*[43] 21; **a. A** *Sarstedt/Hamm*[6] 589.
[379] RG JW **1922** 299; **1932** 418; **1932** 2725; BGH MDR **1960** 329; NStZ **1981** 309; StV **1983** 185; **1989** 379; **1995** 59; BGH bei *Dallinger* MDR **1971** 574; bei *Holtz* MDR **1977** 984; bei *Spiegel* DAR **1980** 205; BayObLG bei *Rüth* DAR **1980** 269; **1984** 244; KG JR **1954** 231 mit Anm. *Sarstedt*; KG StV **1993** 349; OLG Saarbrücken VRS **49** (1975) 45; OLG Schleswig bei *Ernesti/Jürgensen* SchlHA **1976** 170. Dazu *Alsberg/Nüse/Meyer* 49 f, der darauf hinweist, daß die Rechtsprechung früher den Begriff des Beweisantrags in dieser Hinsicht sehr weit auslegen mußte, da sie zur Ermittlung des Beweismittels nicht auf die Aufklärungsrüge zurückgreifen konnte. Andererseits vgl. BGHSt **40** 3 = NStZ **1994** 247 mit Anm. *Widmaier* = StV **1994** 164 mit Anm. *Strate* = JR **1994** 228 mit Anm. *Wohlers*, wo strenge Anforderungen an die Individualisierung gestellt werden und offengelassen wird, ob nicht ein Beweisermittlungsantrag vorliegt. Weit. Nachw. bei Rdn. 115 ff.
[380] KG StV **1993** 349; *Eisenberg* (Beweisrecht) 148;

bei der Frage der Erreichbarkeit des Zeugen kann dies dagegen ins Gewicht fallen. Vgl. auch OLG Zweibrücken StV **1990** 57 (Aussetzungsantrag, damit ladungsfähige Anschrift beigebracht werden kann); vgl. auch OLG Köln VRS **93** (1997) 435 (keine Nachforschungspflicht zu Zeugen, dessen Namen offensichtlich falsch angegeben ist).
[381] Vgl. BGH StV **1989** 379; bei *Dallinger* MDR **1960** 329; ferner BGH NStZ **1981** 309 (Mitpatient im Krankenhaus); OLG Köln VRS **84** (1993) 102.
[382] BGH StV **1996** 581; bei *Holtz* MDR **1979** 984; vgl. auch BGH StV **1995** 59 (CB-Funknamen); BGH StV **1983** 185 (Deckname eines V-Mannes).
[383] OLG Köln StV **1996** 368.
[384] So genügen nach RG LZ **1921** Sp. 660: „die Beamten, die zu einer bestimmten Zeit an einem bestimmten Ort dienstlich tätig waren"; nach RG JW **1922** 299: „Personal der Polizeiwache"; BGH VRS **25** (1963) 426: „mit Untersuchung der Blutprobe befaßtes Institutspersonal"; BayObLG bei *Rüth* DAR **1980** 269: „Sachbearbeiter für Führerscheinsachen"; BGH NJW **1988** 1860 mit Anm. *Julius*: „Belegschaft des Betriebs", sofern Kenntnis aller behauptet wird.
[385] OLG Saarbrücken VRS **49** (1975) 45; KK-*Herdegen* 48; KMR-*Paulus* 388.
[386] BGH StV **1996** 581.

bezeichnet, so ist das unschädlich[387]. Als ein vollkommener Beweisantrag ist auch der Antrag anzusehen, daß ein bestimmter Ort nach einem bestimmten Überführungsstück durchsucht werde[388].

Handelt es sich darum, daß bestimmte **Schriftstücke** aus Akten oder Briefsammlungen **109** als Beweismittel herangezogen werden, so hängt es von der Lage des einzelnen Falls, insbesondere von der hinreichenden Individualisierung (Inhaltsangabe; Aufbewahrungsort u. a). der zu verwendenden Urkunde ab, ob der Antrag den Erfordernissen eines Beweisantrags genügt oder sich als Beweisermittlungsantrag darstellt[389]. Die Urkunde und ihr Besitzer oder ihr Verwahrungsort müssen so genau bezeichnet werden, daß für das Gericht eindeutig erkennbar ist, welches Schriftstück gemeint ist[390]. Nur dann kann es in Verbindung mit der Beweistatsache beurteilen, ob die beantragte Beweisverwendung faktisch ohne weiteres möglich, rechtlich zulässig und sachlich angezeigt ist. Bei Akten müssen die Teile bezeichnet werden, die im Wege des Urkundenbeweises verwendet werden sollen[391]. Ob die genaue Bezeichnung des Schriftstücks bei Akten kleineren Umfangs entbehrlich ist, ist strittig[392], aber zu verneinen. Soll der ganze Inhalt einer Urkundensammlung als Beweismittel dienen (etwa daß in den Büchern keine Zahlung vermerkt ist), so genügt die Bezeichnung der Urkundengesamtheit[393]. Ob bei fremdsprachigen Urkunden Übersetzung beantragt werden muß, erscheint fraglich[394].

Die Nichtbenennung eines **bestimmten Sachverständigen** macht einen sonst klaren **110** Beweisantrag nicht zum Beweisermittlungsantrag, da die Auswahl des Sachverständigen dem Gericht obliegt[395]. Im übrigen wird wegen der mangelhaften Beweisanträge auf Rdn. 113 ff, wegen der Beweisermittlungsanträge auf Rdn. 115 ff, wegen der Scheinbeweisanträge auf Rdn. 206 ff verwiesen.

6. Auslegung. Beweisanträge sind auslegungsbedürftig und auslegungsfähig. Es **111** kommt nicht auf ihren Wortlaut, sondern auf den erkennbaren **Sinn und Zweck** an[396], so wie er auf Grund der Hauptverhandlung, vor allem aus den sonstigen Ausführungen des Antragstellers, etwa einer zum Beweisantrag abgegebenen Begründung[397], aber auch auf Grund einer vorangegangenen Zeugenaussage für Gericht und Verfahrensbeteiligte erkennbar ist[398]. Dies gilt auch bei Anträgen des Staatsanwalts (Rdn. 114). Bei der Auslegung ist auch der Akteninhalt zu berücksichtigen[399], wobei der Vorsitzende die ihm dar-

---

[387] RGSt **52** 138.

[388] RG JW **1927** 793 mit Anm. *Alsberg/Nüse/Meyer* 53.

[389] RGRspr. **8** 581; RG LZ **1916** 30; **1920** 443; HRR 1926 Nr. 345; AK-*Schöch* 49; *KK-Herdegen* 48; KMR-*Paulus* 300; SK-*Schlüchter* 60.

[390] *Alsberg/Nüse/Meyer* 53; vgl. auch BGH NStZ **1997** 562 (Krankenunterlagen).

[391] BGHSt **6** 138; **30** 142; BGH JR **1954** 352; NStZ **1982** 296; bei *Kusch* NStZ **1993** 228 (Bankunterlagen); *Alsberg/Nüse/Meyer* 53 mit weit. Nachw.; zu den strittigen Fragen der Spurenakten vgl. BGHSt **30** 131 und bei § 199; ferner BGHSt **37** 172 zu § 245.

[392] So RG JW **1927** 2468; dagegen KK-*Herdegen* 48; SK-*Schlüchter* 60.

[393] BGH bei *Pfeiffer/Miebach* NStZ **1985** 493; *Alsberg/Nüse/Meyer* 53.

[394] So aber BGH bei *Pfeiffer* NStZ **1982** 189.

[395] OLG Celle MDR **1969** 950; NdsRpfl. **1982** 66; OLG Hamm MDR **1976** 338; *Sarstedt* DAR **1964**

309; *Solbach/Vedder* JA **1980** 160; *Alsberg/Nüse/Meyer* 52; KK-*Herdegen* 48; *Kleinknecht/Meyer-Goßner*[43] 21; KMR-*Paulus* 389; vgl. Rdn. 297 und bei § 73.

[396] RGSt **38** 127; RG JW **1931** 2032; **1932** 3102; **1933** 452; BGHSt **1** 138; **22** 122; BGH NJW **1959** 396; **1968** 1293; BGH StV **1981** 603; **1982** 55; BGH bei *Holtz* MDR **1976** 815; BayObLG StV **1982** 414; OLG Celle GA **1962** 216; OLG Hamm VRS **40** (1978) 205; KG VRS **17** (1959) 358.

[397] Vgl. BGH StV **1995** 230 (Protokollpflicht).

[398] OLG Celle NdsRpfl. **1982** 66; *Alsberg/Nüse/Meyer* 38.

[399] RG JW **1931** 2821; JW **1932** 3102; OGH NJW **1950** 434; BGH NJW **1951** 368; JR **1951** 509; StV **1982** 55; bei *Pfeiffer/Miebach* NStZ **1983** 210; OLG Hamburg JR **1982** 36 mit Anm. *Gollwitzer*; OLG Schleswig DAR **1961** 310; *Alsberg/Nüse/Meyer* 38; 751 mit weit. Nachw.; KMR-*Paulus* 371; SK-*Schlüchter* 62; **a. A** KK-*Herdegen* 47 (Mündlichkeitsprinzip).

Walter Gollwitzer

aus bekannten, für das Verständnis des Antrags bedeutsamen Umstände zur Sprache bringen muß[400]. Maßgebend ist der Zweck, den der Antragsteller nach der Verfahrenslage mit
seinem Antrag verfolgt; der danach erkennbare Sinn der Beweisbehauptung darf deshalb
bei der Auslegung keine damit unvereinbare Verschiebung oder Einengung erfahren[401]
oder seinen Sachvortrag in einem Sinne umdeuten, der das Beweisbegehren als bedeutungslos erscheinen läßt[402]. Bei mehreren Interpretationsmöglichkeiten ist es ein Gebot
der fairen Verfahrensgestaltung, diejenige zu wählen, bei der der Antrag Erfolg hat[403],
sofern nicht durch eine Rückfrage eindeutig klargestellt ist, was der Antragsteller will.
Zwar liegt kein Beweisantrag vor, wenn ohne konkreten Vortrag der zu beweisenden Tatsachen lediglich das Beweisziel angegeben wird, jedoch können die Tatsachen, die unter
Beweis gestellt werden sollen, auf Grund der Vorgänge in der Hauptverhandlung eindeutig erkennbar sein. Gleiches gilt, wenn nach dem Wortlaut des Antrags das Gericht nur auf
die Möglichkeit einer Beweisaufnahme aufmerksam gemacht und ihm anheimgegeben
wird, ob es auf Grund des § 244 Abs. 2 von Amts wegen Beweis erheben wolle[404]. Wo
immer die von einem Beteiligten oder für einen solchen abgegebene Erklärung die Deutung zuläßt, daß über eine bloße Beweisanregung hinausgegriffen werden soll, wo
erkennen ist, daß der Erklärende zum Beweis für die bezeichnete Tatsache die Verwendung des bezeichneten Beweismittels fordert, da muß sie als Beweisantrag behandelt werden; eine Steigerung des Erbietens bis zum ausdrücklichen Verlangen ist nicht zu fordern[405].

112   Ist der Sinn des Antrags, sein Ziel oder seine Tragweite und die Tatsachen, die unter
Beweis gestellt werden sollen, nicht eindeutig aus den gesamten Umständen erkennbar, so
sind die **Zweifel** — vor jedem Auslegungsversuch — durch **Befragung des Antragstellers** zu klären[406]. Ist dies nicht möglich, etwa weil der Antragsteller nicht anwesend ist,
muß der Antrag in der für ihn günstigsten Weise ausgelegt werden[407].

113   **7. Mangelhafte Beweisanträge. Hinweispflicht.** Genügt der Inhalt eines Beweisantrags dem Erfordernis von Bestimmtheit der Angabe von Beweismittel oder Beweistatsache nicht, gibt er nur das Beweisziel an oder ist er sonst lückenhaft oder ungenau formuliert oder mehrdeutig oder ist unklar, ob und welcher einsichtige Prozeßzweck mit ihm
verfolgt werden soll, oder ist wegen des nicht ersichtlichen Zusammenhangs zwischen
Beweismittel und Beweisbehauptung (Konnexität, vgl. Rdn. 105) eine sachliche Prüfung
des Antrags an Hand der Ablehnungsgründe der Absätze 3 bis 5 nicht möglich, rechtfertigen diese Mängel in der Regel nicht ohne weiteres seine Ablehnung. **Aufklärungs- und**

---

[400] *Alsberg/Nüse/Meyer* 751; SK-*Schlüchter* 62.

[401] BGH StV **1981** 603; **1982** 55; BGH bei *Holtz* MDR **1978** 112; dies ist vor allem bei der Unterstellung als wahr und bei der Ablehnung als unerheblich von Bedeutung, vgl. Rdn. 224; 249.

[402] BGH StV **1981** 603; **1984** 363; OLG Hamm NStZ **1983** 522; *Schlothauer* in der abl. Anm. zu BGH StV **1989** 465; SK-*Schlüchter* 62.

[403] BGH NStZ **1984** 564; AK-*Schöch* 48 („Behauptung konstruktiven Sinn geben"); KK-*Herdegen* 47; SK-*Schlüchter* 62; vgl. auch *Hanack* JZ **1970** 562.

[404] Zur Abgrenzung vgl. Rdn. 117; 123 ff.

[405] RG LZ **1915** 556; JW **1932** 3626; RMG **7** 38; *Beling* ZStW **38** (1916) 622; *Oetker* JW **1930** 1105; **a. A** RGRspr. **6** 390; RMG **8** 63. Vgl. auch Fußn. 418.

[406] BGHSt **1** 137; **19** 24; **22** 122; **37** 166; BGH NJW **1959** 396; GA **1960** 315; VRS **7** (1954) 54; Bay-ObLGSt **1949/50** 49; BayObLG VRS **59** (1980) 266; OLG Celle GA **1962** 216; NdsRpfl. **1982** 66; OLG Köln VRS **64** (1983) 279; OLG Saarbrücken VRS **38** (1970) 59; *Alsberg/Nüse/Meyer* 396; 750; *Bergmann* MDR **1976** 889; *Kuchinke* JuS **1967** 299; *Kunkis* DRiZ **1993** 188; *Plötz* 185; AK-*Schöch* 48; KK-*Herdegen* 47; *Kleinknecht/Meyer-Goßner*[43] 35; KMR-*Paulus* 371; SK-*Schlüchter*, ferner die Entscheidungen in Fußn. 409; *Eb. Schmidt* Vor § 244, 26; vgl. Rdn. 114 und unten Fußn. 409.

[407] BGH nach *Alsberg/Nüse/Meyer* 751; dort weitere Nachweise; vgl. etwa OLG Hamm VRS **21** (1961) 368; KK-*Herdegen* 47.

Fürsorgepflicht[408] erfordern dann gleichermaßen, daß der Vorsitzende zunächst den Antragsteller auf die Mängel seines Antrags hinweist und ihm Gelegenheit gibt, ihn zu vervollständigen oder das Gewollte klarzustellen[409], ferner, daß er ein erkennbares Mißverständnis aufklärt.

So kann in Fällen, in denen der Antragsteller Beweis darüber zu erheben beantragt, **114** „wann" sich ein Vorfall ereignet hat, oder in denen ein das Beweismittel und das Beweisthema enthaltender Satz mit „ob" oder „ob nicht" eingeleitet wird, zweifelhaft sein, ob sich der Antragsteller nur **ungeschickt ausgedrückt** hat und in Wahrheit doch eine bestimmte Tatsache behaupten will oder ob er sich dazu nicht in der Lage sieht. Die Aufgabe des Vorsitzenden (vgl. Rdn. 113), den wahren Sinn des Antrags festzustellen, ist bei Anträgen des Angeklagten und des Verteidigers[410] von besonderer Bedeutung, greift aber auch bei solchen des Staatsanwalts Platz[411]. Sie besteht auch, wenn der Antrag seinem Inhalt nach zunächst nur die Merkmale eines Beweisermittlungsantrags aufweist[412], und kann nur gegenüber Anträgen entfallen, die gänzlich inhaltslos erscheinen, sich in unbestimmten oder unbeweisbaren Behauptungen erschöpfen oder wenn dies aus sonstigen Gründen völlig zwecklos erscheint[413]. Wenn ein Zweifel daran auftaucht, ob die unter Beweis gestellte Tatsache **ernstlich gemeint** und **beweisbar** ist, dann ist der Antragsteller nach dem Sinn und den Unterlagen seines Antrags zu befragen (vgl. aber auch Rdn. 104). Auf Grund seiner Angaben ist zu prüfen, ob die gewünschte Erhebung etwas zur Aufklärung beitragen kann[414] oder ob der Antrag nach den Absätzen 3 bis 5 abzulehnen ist.

8. Beweisermittlungsanträge

a) Begriff. Es handelt sich — unabhängig von der Bezeichnung als Bitte, Antrag oder **115** Verlangen — um **echte Anträge**, die die Nachforschungen des Gerichts in eine bestimmte Richtung lenken sollen; mit ihnen macht der Antragsteller seinen Anspruch auf volle Sachaufklärung in der von ihm angegebenen Richtung geltend[415]. Dem Antragsteller, dem es — soweit ersichtlich — an den erforderlichen Unterlagen für die Bezeichnung einer bestimmten Tatsache oder eines bestimmten Beweismittels gebricht, soll der Weg für die

---

[408] *Alsberg/Nüse/Meyer* 398; AK-*Schöch* 48; *Kleinknecht/Meyer-Goßner*[43] 35.

[409] Vgl. die bei Fußn. 406 angeführten Nachweise; ferner BGH NStZ **1994** 483; **1995** 356; bei *Pfeiffer/Miebach* NStZ **1985** 205; bei *Kusch* NStZ **1993** 228; StV **1981** 330; **1996** 362 sowie RGRspr. **7** 534; **8** 581; 693; RGSt **13** 316; **14** 406; **27** 95; **38** 127; **51** 42; RG GA **38** (1891) 211; 329; **55** (1908) 334; JW **1914** 432; 434; **1922** 813; **1930** 931; **1931** 1039; 2032; **1932** 452; 1750; 3101; LZ **1915** 846; **1917** 680; OGH NJW **1950** 434.

[410] Vgl. BGHSt **22** 122; die Fragepflicht zur Klarstellung des Gewollten besteht auch gegenüber Rechtskundigen uneingeschränkt; für die Pflicht, bei der sachgerechten Antragstellung Hilfe zu leisten, gilt dies im gleichen Maße; vgl. *Alsberg/Nüse/Meyer* 398; *Plötz* 185; 204 (Gericht kein Hilfsverteidiger).

[411] RG GA **61** (1914) 339; **67** (1919) 40; BGH bei *Holtz* MDR **1976** 815; *Alsberg/Nüse/Meyer* 398

mit weit. Nachw.; ferner *Kleinknecht/Meyer-Goßner*[43] 35; **a. A** OLG Dresden JW **1930** 1105 mit abl. Anm. *Weber* und *Oetker*; *Schwenn* StV **1981** 634.

[412] RG JW **1931** 1568.

[413] RGSt **38** 127; **51** 42; RG LZ **1919** 909; *Alsbach/Nüse/Meyer* 396; *Bergmann* MDR **1976** 889; *Kleinknecht/Meyer-Goßner*[43] 35.

[414] RG GA **71** (1927) 131; BGH bei *Pfeiffer/Miebach* NStZ **1984** 210; im Regelfall können vom Antragsteller keine Angaben über die Quelle seiner Kenntnis von der unter Beweis gestellten Tatsache gefordert werden; vgl. *Alsberg/Nüse/Meyer* 40; Rdn. 104.

[415] KK-*Herdegen* 53; *Kleinknecht/Meyer-Goßner*[43] 25; SK-*Schlüchter* 58; **a. A** BGHSt **6** 128 („Anregung"); zum Anspruch der Prozeßbeteiligten auf Erfüllung der Aufklärungspflicht vgl. *Alsberg/Nüse/Meyer* 21.

Stellung eines Beweisantrags bereitet werden[416]; zumindest aber soll die Aufklärungspflicht des Gerichts mit einer bestimmten Zielrichtung aktualisiert werden[417]. Dies entspricht der Instruktionsmaxime, die den Strafprozeß beherrscht und die es auch den Verfahrensbeteiligten ermöglicht, darauf hinzuwirken, daß das Gericht zunächst im Freibeweisverfahren (vgl. Rdn. 120) Nachforschungen anstellt, wenn sie sich hiervon weitere Beweismöglichkeiten versprechen[418].

116　　Zwei Möglichkeiten kommen in Betracht. Entweder erhellt aus dem Begehren des Antragstellers, daß er nicht in der Lage ist, mit der **Bezeichnung einer bestimmten Tatsache**, von der er Kenntnis hat oder die er vermutet oder für möglich hält, hervorzutreten, daß er vielmehr nur darauf ausgeht, die nachforschende Tätigkeit des Gerichts in eine bestimmte Richtung zu lenken, weil er erwartet, das Ergebnis der Nachforschung werde ihm Gelegenheit gewähren, eine Tatsache, die noch außerhalb des Kreises seiner Vorstellung liegt, zu behaupten[419], oder das Vorbringen des Antragstellers läßt sein Unvermögen zur Bezeichnung eines **bestimmten Beweismittels** und sein Bestreben erkennen, eine Ermittlung darüber hervorzurufen, ob ein zur Zeit noch unbekanntes Beweismittel vorhanden sei, wo es sich befinde, ob sein Zustand die Verwendung ohne weiteres erlaube oder ob es möglich sei, es verwendbar zu gestalten.

117　　Die Frage, ob Anträge nur auf Ermittlung von Beweismitteln gerichtet sind, hängt im übrigen von der **Eigenart der einzelnen Beweismittel** ab; während der Antrag auf Anhörung eines **Sachverständigen** den Erfordernissen eines Beweisantrags auch dann genügt, wenn der Antragsteller einen zur Erstattung des Gutachtens geeigneten Menschen nicht vorzuschlagen vermag (Rdn. 110), kann die Unbestimmtheit in der Bezeichnung eines Beweismittels einen Antrag vornehmlich dann als bloßen Beweisermittlungsantrag erscheinen lassen, wo es sich um die Herbeischaffung von Urkunden aus Geschäftsbüchern, Briefsammlungen oder Akten handelt[420]. Die Grenze zwischen Beweisantrag und Beweisermittlungsantrag ist beim **Beweis mit Urkunden** flüssig; maßgebend sind jeweils die Umstände des einzelnen Falls, vor allem, ob eine bestimmte Urkunde nach Inhalt oder Aufbewahrungsort so bezeichnet werden kann, daß sie erkennbar und greifbar ist, oder ob die Durchsicht einer Urkundensammlung gefordert wird[421]. Die Bitte nachzuprüfen, ob die Voraussetzungen für eine Unterbringung in einem psychiatrischen Krankenhaus wegen **verminderter Schuldfähigkeit** vorliegen, ist regelmäßig nur ein Beweisermittlungsantrag[422], desgleichen der Antrag, eine **größere Zahl von Personen** zu vernehmen, ohne daß angegeben werden kann, welche dieser Personen von der zu beweisenden Tatsa-

---

[416] RGSt **64** 432; BGHSt **30** 142; BGH NStZ **1982** 297; **1985** 229; **1989** 334; **1991** 547; GA **1981** 228; StV **1989** 237; **1989** 379; *Alsbach/Nüse/Meyer* 75; *Bergmann* MDR **1976** 888; *Julius* 114 ff; *Schulz* NStZ **1991** 449; *Schulz* GA **1981** 301; *Schulz* AnwBl. **1983** 492; *Seifert* NJW **1960** 20; *Schwenn* StV **1981** 631; AK-*Schöch* 56; KK-*Herdegen* 53; *Kleinknecht/Meyer-Goßner*[43] 25; SK-*Schlüchter* 68; *Eb. Schmidt* Vor § 244, 25.

[417] *Schulz* GA **1981** 304 sieht den Zweck des Beweisermittlungsantrags allein in der Aktualisierung der Aufklärungspflicht und nicht in der Vorbereitung eines Beweisantrags. Vgl. *Quedenfeld* FS II Peters 228.

[418] KK-*Herdegen* 52; ein Verbot des „Ausforschungsbeweises" wäre mit der Instruktionsmaxime des Strafprozesses unvereinbar. Dieser Begriff, der Verfahren mit Parteimaxime entstammt, sollte zur

Verhütung von Fehldeutungen nicht verwendet werden; vgl. *Alsberg/Nüse/Meyer* 67, 425; *Kleinknecht/Meyer-Goßner*[43] 48; anders KMR-*Paulus* 384; BGH bei *Spiegel* DAR **1976** 95; **1980** 205; OLG Schleswig bei *Ernesti/Jürgensen* SchlHA **1977** 81.

[419] RGSt **64** 432; RG JW **1932** 1748; **1933** 450; HRR **1942** Nr. 133; BGH Bei *Dallinger* MDR **1971** 186 (Anregung, Chromosomen-Kombination zu klären); vgl. ferner BGHSt **37** 162 = NStZ **1990** 602 mit Anm. *Schulz* NStZ **1991** 449 = JR **1991** 470 mit Anm. *Gollwitzer*; *Alsberg/Nüse/Meyer* 77; KK-*Herdegen* 53.

[420] Vgl. Rdn. 109 und die Nachweise in Fußn. 390 bis 393; *Alsberg/Nüse/Meyer* 84 mit weit. Nachw.

[421] Vgl. etwa BGHSt **6** 128; **30** 142; BGH StV **1995** 247 sowie Rdn. 109 Fußn. 392.

[422] BGHSt **8** 76; BGH JR **1951** 509; GA **1981** 228.

che Kenntnis hat[423], oder umfangreiche Register nach Personen des gleichen Namens durchzusehen[424] oder die Einholung einer Auskunft des Wetteramts über den Stand der Sonne[425].

Beweisermittlungsanträge können, ebenso wie Beweisanträge, **bedingt**, vor allem **118** **hilfsweise** gestellt werden[426].

b) Sachdienlichkeit. Das Gericht muß die Beweisermittlungsanträge sorgfältig darauf **119** prüfen, ob seine Wahrheitsermittlungspflicht es erfordert, den aufgezeigten Beweismöglichkeiten nachzugehen oder ob sie bei Berücksichtigung des bisherigen Verfahrensergebnisses einschließlich des Vorbringens der Verfahrensbeteiligten und des Akteninhalts eine weitere sachdienliche Aufklärung nicht erwarten lassen[427]. An die **Ablehnungsgründe der Absätze 3 und 4** ist es dabei nicht gebunden[428]. Dies schließt nicht aus, diese Ablehnungsgründe bei der Ablehnung weiterer Ermittlungen sinngemäß heranzuziehen[429], sofern dies mit den für die Aufklärungspflicht maßgebenden Gesichtspunkten vereinbar ist. In besonders gelagerten Fällen kann diese auch weitergehende Ermittlungen fordern, obwohl ein Beweisantrag abgelehnt werden könnte[430]. Beweisbegehren, die einen dem Beweis verschlossenen Umstand erforschen sollen oder denen ein Beweisverbot entgegensteht, sind unzulässig[431]. Ob ein Beweisverbot besteht, unter Umständen auch, ob eine es begründende Weigerung aufrechterhalten wird, kann dagegen Gegenstand eines Beweisermittlungsantrags sein[432]. Im übrigen hat das Gericht — nicht zuletzt auch wegen der größeren Unbestimmtheit des Beweisermittlungsantrags — diesem gegenüber eine freiere Stellung als bei Beweisanträgen. Es muß nach **pflichtgemäßem Ermessen** beurteilen, ob die begehrten Nachforschungen eine weiterführende Sachaufklärung erwarten lassen[433] oder ob sie nach der Sachlage unnötig oder wegen der tatsächlichen Schwierigkeiten als aussichtslos erscheinen. Je konkreter der Beweisermittlungsantrag die aufzuklärende Tatsache und einen gangbaren Weg zu ihrer Erforschung aufzeigt, je „beweisantragsähnlicher" also der Beweisermittlungsantrag ist, desto mehr reduziert sich die Ermessensfreiheit des Gerichts[434]. Wenn die **Aufklärungspflicht** es erfordert, muß das Gericht dem Beweisermittlungsantrag entsprechen. Eine bloß abstrakte, gedankliche Erwägung, die sich nicht auf konkrete Tatsachen stützen kann, wird andererseits meist ungeeignet sein, das Gericht zu einer weiteren Sachaufklärung zu veranlassen, vor allem wenn es bereits auf Grund der bisherigen Beweisaufnahme eine sichere Überzeugung gewinnen konnte[435].

---

[423] BGH bei *Pfeiffer/Miebach* NStZ **1983** 210; StV **1996** 581; BayObLGSt **1995** 72 = NStZ **1996** 101 („54 Zeugen vernehmen"); OLG Hamm DAR **1961** 234; OLG Saarbrücken VRS **49** (1975) 45; vgl. *Kleinknecht/Meyer-Goßner*[43] 25; *Alsberg/Nüse/Meyer* 82 und Rdn. 46 je mit weiteren Beispielen.

[424] BGH NStZ-RR **1997** 4 (Ausländerzentralregister).

[425] OLG Koblenz VRS **65** (1983) 142.

[426] RG JW **1932** 2732; *Alsberg/Nüse/Meyer* 77; KMR-*Paulus* 395.

[427] BGHSt **6** 128; **30** 142; BGH NJW **1951** 368; **1968** 1293; VRS **41** (1971) 206; NStZ **1981** 309; KG JR **1978** 473; OLG Saarbrücken VRS **49** (1975) 46; *Bergmann* MDR **1976** 891; KK-*Herdegen* 55; *Schlüchter* 545; *Alsberg/Nüse/Meyer* 87 mit weit. Nachw.

[428] BGH VRS **41** (1971) 205; KK-*Herdegen* 55; *Eb. Schmidt* Vor § 244, 23; *Alsberg/Nüse/Meyer* 88 mit weit. Nachw.

[429] BGH NStZ **1991** 399.

[430] KK-*Herdegen* 55; SK-*Schlüchter* 69.

[431] *Alsberg/Nüse/Meyer* 88.

[432] Vgl. Rdn. 157.

[433] *Alsberg/Nüse/Meyer* 87; AK-*Schöch* 58; KK-*Herdegen* 55; KMR-*Paulus* 406; ferner RGSt **24** 423; **40** 50; **49** 361; **64** 432; RG GA **43** (1895) 114; Recht **1911** Nr. 2692; LZ **1917** 143; **1922** 30; JW **1927** 1160; HRR **1942** Nr. 133; BGH LM Nr. 10 zu § 244 Abs. 3 mit Anm. *Arndt; Oetker* JR **1923** 387; **1930** 1107; *Gerland* JW **1931** 215; *Schlosky* JW **1930** 2509; und die in Fußn. 427 angeführten Entscheidungen.

[434] KK-*Herdegen* 55; SK-*Schlüchter* 69.

[435] Vgl. etwa BGHSt **30** 142; BayObLG NStZ **1996** 101; weit. Nachw. Rdn. 46.

Walter Gollwitzer

120   Ob die Voraussetzungen für die angeregte Beweiserhebung gegeben sind, kann das Gericht im Wege des **Freibeweises** erforschen, so etwa, wenn es nachprüfen läßt, ob jemand aus einem größeren Personenkreis als Zeuge in Frage kommt. Ist dagegen das Beweismittel bekannt und erreichbar, kann es dieses gleich im Strengbeweisverfahren in die Hauptverhandlung einführen, etwa indem es den in Frage kommenden Zeugen lädt und dort vernimmt.

121   **c) Bescheidung des Antrags.** Das Gericht darf den Beweisermittlungsantrag, dem es nicht Rechnung tragen will, nicht einfach übergehen[436]. Es ist ein echter Antrag (vgl. Rdn. 115), der beschieden werden muß. Er ist jedoch kein Beweisantrag, deshalb bedarf es für seine Ablehnung nach der vorherrschenden Meinung[437] **keines Gerichtsbeschlusses** nach § 244 Abs. 6. Um den Antragsteller in der Hauptverhandlung nicht im unklaren zu lassen, gebietet jedoch die Fürsorgepflicht, daß zumindest der **Vorsitzende** dem Antragsteller eröffnet, ob seinem Antrag stattgegeben wird oder nicht[438]. Die Verfügung, mit der der Antrag abgelehnt wird, ist zu begründen (§ 34). Gibt der Antragsteller sich mit dem ablehnenden Bescheid des Vorsitzenden nicht zufrieden, so hat das Gericht nach § 238 Abs. 2 zu entscheiden[439]; lehnt auch dieses ab, so kann es seine Stellungnahme — anders als gegenüber einem Beweisantrag — damit begründen, daß es die angeregten Erhebungen für aussichtslos erachte. Das Gericht kann aber auch ein Beweisermittlungsersuchen, dem es nicht entsprechen will, sofort durch Beschluß ablehnen. Dies ist notwendig, wenn es **als Beweisantrag gestellt** wurde[440]. Der ablehnende Beschluß muß dann sowohl dartun, daß das Gericht den Antrag nicht als Beweisantrag, sondern als Beweisermittlungsantrag ansieht, und er muß aufzeigen, warum es keinen Anlaß zu den beantragten Nachforschungen sieht[441]. Gibt sich der Antragsteller mit dem Bescheid zufrieden, so kann er in aller Regel später nicht mit Erfolg geltend machen, das Gericht habe seine Aufklärungs- oder Fürsorgepflicht verletzt oder seinen Beweisantrag zu Unrecht als Beweisermittlungsantrag behandelt[442]. Nach **anderer Meinung** ist für die Ablehnung eines Beweisermittlungsantrags immer einen Beschluß des Gerichts erforderlich[443].

[436] *Alsberg/Nüse/Meyer* 87, 89 mit Nachweisen auch zur früher vertretenen Gegenmeinung.

[437] BGHSt **6** 128; BGH JR **1951** 509; BGH bei *Dallinger* MDR **1955** 269; bei *Holtz* MDR **1980** 987; NStZ **1982** 987; KG DAR **1956** 224; OLG Koblenz VRS **47** (1974) 185; OLG Köln VRS **17** (1959) 140; OLG Schleswig bei *Ernesti/Jürgensen* SchlHA **1969** 152; *Bergmann* MDR **1976** 892; *Dahs/Dahs* 252; *Koeniger* 266; *Peters* § 38 III; *Roxin* § 43, 8; *Schlüchter* 545; *Wessel* JuS **1969** 3; *Sarstedt/Hamm*6 617; AK-*Schöch* 58; KK-*Herdegen* 55; *Kleinknecht/Meyer-Goßner*43 27; KMR-*Paulus* 406; SK-*Schlüchter* 69; ferner *Alsberg/Nüse/Meyer* 89 mit weit. Nachw. zur nicht einheitlichen Rechtsprechung des RG; zur Gegenmeinung vgl. Fußn. 443.

[438] So schon RG JW **1914** 432; *Bergmann* MDR **1976** 892; ferner die Nachweise in der vorstehenden Fußn.

[439] *Dahs/Dahs* 252; *Erker* 131; *Herdegen* GedS Meyer 196; *Schulz* AnwBl. **1983** 492; AK-*Schöch* 58; KK-*Herdegen* 55; *Kleinknecht/Meyer-Goßner*43 27; KMR-*Paulus* 406; SK-*Schlüchter* 69; *Alsberg/Nüse/Meyer* 90 mit dem Hinweis, daß sonst der Beschluß nach Absatz 6 auf dem Umweg über § 238

Abs. 2 herbeigeführt werden könnte. Nach *Schulz* AnwBl. **1983** 492 ist statt des Umkehrschlusses entweder die analoge Anwendung des § 244 Abs. 6 oder bei Annahme der Zuständigkeit des Vorsitzenden nach § 238 Abs. 1 die Anrufung des Gerichts nach § 238 Abs. 2 angezeigt. Vgl. auch *Dencker* NStZ **1982** 462.

[440] RGSt **14** 406; BGH NStZ **1985** 229; BGHR § 244 Abs. 6 Beweisantrag 1, 9; StV **1994** 172; OLG Bremen StV **1985** 8 (L); *Alsberg/Nüse/Meyer* 754; AK-*Schöch* 58; KK-*Herdegen* 55; *Kleinknecht/Meyer-Goßner*43 27; SK-*Schlüchter* 69.

[441] KK-*Herdegen* 55; KMR-*Paulus* 407; 414; *Kleinknecht/Meyer-Goßner*43 27, der sich dagegen wendet, daß zur Begründung der Ablehnung eine Auseinandersetzung mit den für und gegen die weitere Sachaufklärung sprechenden Gesichtspunkten gehört (so aber *Herdegen* GedS Meyer 196); vgl. BGH StV **1998** 177 (Beurteilung nach § 244 Abs. 2).

[442] OLG Hamm VRS **40** (1971) 205; BGH GA **1981** 228 läßt dies offen.

[443] *Beling* ZStW **38** (1916) 621; *Gössel* § 29 C II a 2; *G. Schäfer* 853; *Schulz* GA **1981** 301; HK-*Julius* 11.

Wird dem **Beweisermittlungsantrag entsprochen** und werden die dort beantragten **122**
Ermittlungen durchgeführt, bedarf es dazu keiner besonderen Entscheidung des Gerichts
oder des Vorsitzenden über den Antrag. Solche Entscheidungen können aber mittelbar
dadurch veranlaßt sein (Aussetzung, Unterbrechung usw.).

9. Sonstige Beweisanregungen und Beweiserbieten

a) Unter **Beweiserbieten** wird der Hinweis verstanden, daß eine bestimmte Tatsache **123**
durch ein bestimmtes Beweismittel erwiesen werden könne[444]. Solche Beweiserbieten
unterscheiden sich von den Beweisanträgen und den Beweisermittlungsanträgen[445]
dadurch, daß sie für die Aufklärungspflicht des Gerichts eine bestimmte Möglichkeit aufzeigen sollen, ohne daß damit ein bestimmtes Verhalten des Gerichts beantragt wird; das
Aufgreifen der Anregung bleibt damit der an der Aufklärungspflicht zu messenden Entschließung des Gerichts anheimgestellt. Diese Hinweise, mit denen die Erholung eines
bestimmten Beweises mit einem bestimmten Beweismittel nicht gefordert, sondern nur
dem Gericht „anheimgegeben" oder „nahegelegt" wird, können auch in der Form gegeben
werden, daß Beweisgegenstand und Beweismittel genau bezeichnet werden, der Antrag
auf Beweiserhebung aber nicht gestellt, sondern dem Ermessen des Gerichts überlassen
wird. Dies ist zwar ungewöhnlich, kommt aber gelegentlich vor, so wenn der Verfahrensbeteiligte annimmt, das Gericht werde die Tatsache auch ohne Beweis glauben[446], oder
wenn er auf das Vorhandensein weiterer Beweismittel für den Fall hinweisen will, daß das
Gericht seiner Auffassung nicht folgt.

Bevor das Gericht einen solchen Hinweis als Beweisanregung behandelt, wird es **124**
regelmäßig durch **Befragen** klarstellen müssen, ob nicht in Wirklichkeit ein ungeschickt
formulierter Beweisantrag oder Eventualbeweisantrag gestellt werden sollte (Rdn. 160 ff),
wofür eine gewisse Wahrscheinlichkeit spricht[447].

Das Gericht ist bei der **Entscheidung** über solche Beweisanregungen genauso wie beim **125**
Beweisermittlungsantrag nicht an strenge Regeln der Absätze 2 bis 5 gebunden. Es braucht
ihnen nur zu entsprechen, wenn die Aufklärungspflicht dazu drängt, die aufgezeigte Beweismöglichkeit zu benützen[448]. Bei einem konkreten Hinweis auf Beweismittel für entscheidungserhebliche Tatsachen wird das Gericht diese meist nicht ungenutzt lassen dürfen[449].

Wird dem Beweiserbieten nicht entsprochen, bedarf es **keines förmlichen Bescheids**, **126**
sofern klargestellt ist, daß wirklich nur ein Hinweis gewollt ist und nicht etwa doch ein
Antrag gestellt werden sollte (Rdn. 124)[450]. Es kann aber zweckmäßig sein, wenn der

---

[444] *Alsberg/Nüse/Meyer* 66; 69; *Eisenberg* (Beweisrecht) 155; AK-*Schöch* 59; KK-*Herdegen* 56;
Kleinknecht/Meyer-Goßner[43] 24; SK-*Schlüchter*
70.
[445] BGHSt **6** 128; BGH GA **1981** 28; *Alsberg/Nüse/
Meyer* 65 ff; *Kleinknecht/Meyer-Goßner*[43] 23 ff
verwenden Beweisanregung (im weit. Sinn) als
Oberbegriff für Beweiserbieten, Beweisermittlungsanträge und Beweisanregung (im eng. Sinn);
anders KK-*Herdegen* 56 (Beweisermittlungsantrag wegen seines Antragscharakters nicht Unterart
der Beweisanregung). Die Bezeichnungen sind
aber nicht einheitlich, so daß zu prüfen ist, was jeweils darunter verstanden wird, vgl. auch SK-
Schlüchter 70. Praktische Auswirkungen haben
diese Einteilungsvarianten nicht, sofern der im An-
tragscharakter des Beweisermittlungsantrags liegende Unterschied nicht in Frage gestellt wird.

[446] *Eb. Schmidt* Vor § 244, 27; *Alsberg/Nüse/Meyer*
71; AK-*Schöch* 59; KK-*Herdegen* 56.
[447] *Alsberg/Nüse/Meyer* 70; 71; KK-*Herdegen* 56;
Kleinknecht/Meyer-Goßner[43] 24; SK-*Schlüchter*
70.
[448] BGH VRS **41** (1971) 206; KK-*Herdegen* 56 (Be-
weisantragsnähe fällt auch hier ins Gewicht);
Willms FS Schäfer 278; vgl. etwa BGH bei *Pfeiffer/
Miebach* NStZ **1983** 210.
[449] Vgl. KK-*Herdegen* 109.
[450] RGSt **49** 361; **54** 239; KK-*Herdegen* 62; *Alsberg/
Nüse/Meyer* 74 mit Nachw.; KMR-*Paulus* 382
nimmt an, daß unter Umständen eine Hinweispflicht aus der Fürsorgepflicht erwachsen kann;
Bergmann MDR **1976** 889 leitet dies aus dem „fair
trial"-Gedanken ab.

Vorsitzende darauf hinweist, daß und warum er ihm nicht entsprechen will. Die Beteiligten haben dann die Möglichkeit, einen förmlichen Beweisantrag zu stellen.

127   **b) Sonstige Beweisanregungen.** Unter der wenig spezifischen Bezeichnung Beweisanregung werden meist alle Arten von Anträgen und Anregungen zusammengefaßt, die die Beweisaufnahme betreffen, die aber keine Beweisanträge sind[451], weil sie nicht die Verwendung eines bestimmten Beweismittels zum Nachweis einer bestimmten Beweistatsache verlangen, sondern nur die Aufklärungspflicht aktualisieren. Grenzt man mit der jetzt wohl vorherrschenden Meinung die Sondergruppe der Beweisermittlungsanträge aus (Rdn. 115)[452], so bleiben die nicht mit einem Antrag verbundenen Beweiserbieten aller Art (Rdn. 123) und vor allem die Anträge[453], die im Interesse der besseren Sachaufklärung die **Sicherstellung von Beweismitteln**, wie etwa die Beschlagnahme eines Gegenstands oder eine Hausdurchsuchung anregen[454]; ferner die Anträge, die bestimmte **Modalitäten der Beweisaufnahme** fordern, wie etwa eine Wiederholung der Beweisaufnahme (dazu Rdn. 132) oder eine Gegenüberstellung[455], oder die sonst die Art und Weise betreffen, in der ein Zeuge zu vernehmen oder sonst ein Beweismittel zu verwenden ist[456], soweit nicht, wie bei der **Vereidigung**, Sonderregelungen bestehen.

128   Anträge, mit dem Angeklagten oder Zeugen — gegebenenfalls unter Zuziehung eines Sachverständigen — **Versuche** oder Rekonstruktionen anzustellen, rechnen ebenfalls hierher[457]. Sie wurden verschiedentlich unter die Beweisermittlungsanträge eingeordnet, weil der Versuch nicht zu denjenigen Beweismitteln gehöre, auf deren Benutzung die Prozeßbeteiligten unter den Voraussetzungen der Absätze 3 und 4 einen Anspruch haben[458]. Richtiger wird man **Aufklärungsanträge**[459] dieser Art als Hilfsanträge (nicht zu verwechseln mit hilfsweise gestellten Beweisanträgen, die gelten sollen, falls das Gericht nicht einem der in erster Linie gestellten Hauptanträge folgt, vgl. Rdn. 160 ff) ansehen dürfen. Ihr Anliegen zielt regelmäßig nicht darauf ab, ein neues, im Zeitpunkt der Antragstellung vielleicht gar erst ausfindig zu machendes Beweismittel zu benutzen, sondern ein vorhandenes Beweismittel, etwa einen bereits vernommenen Zeugen, zusätzlich in besonderer Weise zu verwenden, um die Aussage auf ihre Verläßlichkeit zu überprüfen oder ihre Änderung oder Ergänzung zu erreichen.

129   Soweit nicht § 58 Abs. 2, §§ 81 a ff eingreifen, enthält das Verfahrensrecht **keine ausdrücklichen Vorschriften**. Anträge dieser Art unterstehen deshalb nur dem allgemeinen

---

451 Vgl. Fußn. 445.

452 Gelegentlich wird aber auch diese Bezeichnung noch als Obergruppe verwendet (vgl. *Schulz* GA **1981** 301), oder es werden auch die Anträge auf Vornahme von Versuchen zu den Beweisermittlungsanträgen gezählt, vgl. RGSt **40** 50; OLG Hamm VRS **49** (1975) 434; weit. Nachw. bei *Alsberg/Nüse/Meyer* 97 Fußn. 38 und Rdn. 123 Fußn. 445.

453 *Alsberg/Nüse/Meyer* 68; 92 bezeichnet sie als Beweisanregungen im engeren Sinn; ebenso *Kleinknecht/Meyer-Goßner*43 26; eine einheitliche Bezeichnung dürfte sich noch nicht durchgesetzt haben.

454 In solchen Anträgen können aber auch echte Beweisanträge liegen, wenn damit die Verwendung eines bestimmten Beweismittels zum Nachweis einer bestimmten Tatsache begehrt wird; vgl. *Alsberg/Nüse/Meyer* 39.

455 Vgl. etwa BGH NJW **1960** 2156; NStZ **1988** 220; *Alsberg/Nüse/Meyer* 93; *Kleinknecht/Meyer-Goßner*43 26; KMR-*Paulus* 393; SK-*Schlüchter* 70; ferner Rdn. 17 und bei § 58.

456 *Alsberg/Nüse/Meyer* 68; 97.

457 *Alsberg/Nüse/Meyer* 97; *Bergmann* MDR **1976** 890; *Kleinknecht/Meyer-Goßner*43 26; SK-*Schlüchter* 71; KK-*Herdegen* 15; 16; 23 rechnet diese Anträge zur Ausgestaltung der Beweisaufnahme, nicht zu den von ihm enger (im Sinn von Beweiserbieten) verstandenen Begriff der Beweisanregung. In der Sache (Entscheidung über diese Anträge nach Maßgabe der Aufklärungspflicht) besteht kein Unterschied.

458 Vgl. Fußn. 452 und Rdn. 15 ff.

459 KMR-*Paulus* 391 verwendet diesen Begriff; vgl. auch SK-*Schlüchter* 70.

Gebot des § 244 Abs. 2, ohne daß die Absätze 3 und 4 eingreifen[460]. Dabei können allerdings je nach der Art der beantragten Anordnung oder Maßnahme auch noch andere Erwägungen die Entscheidung des Gerichts mitbestimmen, etwa die Frage, ob der Zeuge zu einer Mitwirkung überhaupt verpflichtet ist, wenn der Antrag eine solche Mitwirkung zum Inhalt oder zur Voraussetzung hat.

Solche die Modalitäten der Beweisaufnahme betreffenden Anträge können aber auch **130** **zusätzlicher Bestandteil** eines auf die Beiziehung neuer Beweismittel gerichteten **Beweis- oder Beweisermittlungsantrags** sein. Sie sind dann im Rahmen dieses Antrags mitzubehandeln und nach den für diesen geltenden Grundsätzen mitzubescheiden, wobei die Ablehnung der beantragten Beweiserhebung auch den zusätzlichen Antrag zu den Modalitäten ihrer Durchführung miterledigt. Sachlich bestimmt aber auch bei einer solchen Verknüpfung allein die **Aufklärungspflicht**, wieweit bei der Beweisaufnahme diesen Anträgen zu ihrer Ausgestaltung Rechnung zu tragen ist[461].

Solche die Art und Weise der Beweisaufnahme betreffenden Anträge sind **in der Haupt-** **131** **verhandlung zu bescheiden**[462], sofern sie nicht — was möglich ist — nur hilfsweise gestellt worden sind. Strittig ist, ob es im Falle ihrer Ablehnung eines Gerichtsbeschlusses bedarf[463] oder ob es genügt, wenn der **Vorsitzende** bekanntgibt, warum das Gericht die beantragten Modalitäten der Beweiserhebung für nicht erforderlich — unter Umständen auch für unzulässig — hält[464]. Folgt man der letztgenannten Auffassung, wird man auch hier die Anrufung des Gerichts nach § 238 Abs. 2 gegen die sachleitende Anordnung des Vorsitzenden (mit der Behauptung eines Verstoßes gegen die Aufklärungspflicht) für zulässig halten müssen (vgl. Rdn. 121). Es ist daher oft einfacher, wenn zur Vermeidung aller Zweifelsfragen das Gericht gleich selbst entscheidet. Eines förmlichen Bescheides bedarf es nicht, wenn der Antragsteller im einzelnen Falle davon absieht, einen förmlichen Antrag zu stellen, sondern sich mit einer bloßen Anregung begnügt und dabei zu erkennen gibt, daß er keine ausdrückliche und förmliche Entscheidung des Gerichts wünscht.

10. Antrag auf Wiederholung der Beweisaufnahme. Ist der Beweis, dessen Erhe- **132** bung verlangt wird, schon erhoben, so können die Beteiligten eine Wiederholung der Beweisaufnahme zu der gleichen Beweisfrage (vgl. Rdn. 133) auch dann nicht beanspruchen, wenn eine Meinungsverschiedenheit über das Ergebnis zwischen ihnen obwaltet; vielmehr entscheidet das Gericht über die Notwendigkeit einer Wiederholung nach Maßgabe seiner **Aufklärungspflicht**. Der Anspruch auf Erhebung eines Beweises wird grundsätzlich dadurch, daß er erhoben wird, verbraucht[465]. Wird die Auskunft einer Behörde

---

[460] *Alsberg/Nüse/Meyer* 98; *Kleinknecht/Meyer-Goßner*[43] 26; KMR-*Paulus* 391; 393; *Sarstedt/Hamm* 255; ferner KK-*Herdegen* 15 ff, wonach das Gericht nach § 244 Abs. 2 bzw. beim Augenschein nach § 244 Abs. 5 über derartige Anträge entscheidet; vgl. Rdn. 12.

[461] KK-*Herdegen* 15 ff; vgl. auch Rdn. 12.

[462] Es handelt sich um echte Anträge (Erwirkungshandlungen), die in der Hauptverhandlung zu bescheiden sind; **a. A** *Bergmann* MDR **1976** 892 (in Urteilsgründen genügt); OLG Hamm VRS **11** (1956) 138; JMBlNW **1978** 277 (kein Bescheid erforderlich).

[463] RGSt **51** 20; **58** 79; **63** 302; BGH bei *Dallinger* MDR **1958** 741; OLG Hamm OLGSt § 244 Abs. 2, 79; OLG Saarbrücken OLGSt 28; § 244 Abs. 2, 81; *Sarstedt* JR **1954** 193; *Ulsenheimer* AnwBl. **1983** 376.

[464] BGHSt **6** 128; BGH NJW **1960** 2156; bei *Holtz* MDR **1980** 987; OLG Braunschweig GA **1956** 376;

OLG Hamm VRS **11** (1956) 138; **49** (1975) 434; JMBlNW **1978** 277; OLG Köln NJW **1955** 275; *Kleinknecht/Meyer-Goßner*[43] 27; KMR-*Paulus* 391; 406; SK-*Schlüchter* 71; vgl. auch KK-*Herdegen* 55; ferner *Alsberg/Nüse/Meyer* 101 mit weit. Nachw. auch zur Gegenmeinung; vgl. Fußn. 462, 463.

[465] BGHSt **14** 21; **15** 163; BGH NJW **1960** 2156; NStZ **1983** 375; bei *Pfeiffer/Miebach* NStZ **1988** 18; VRS **34** (1968) 220; GA **1958** 305; **1961** 315; StV **1991** 2; BGH bei *Dallinger* MDR **1952** 18; **1974** 725; **1975** 24; bei *Holtz* MDR **1976** 626; OLG Hamm JMBlNW **1978** 277; KG JR **1954** 192 mit Anm. *Sarstedt*; OLG Köln NJW **1955** 275; *Bergmann* MDR **1976** 890; *Meyer* NJW **1958** 616; *Eb. Schmidt* Nachtr. I Vor § 244, 8; ferner KK-*Herdegen* 15; *Kleinknecht/Meyer-Goßner*[43] 26; KMR-*Paulus* 392; 469; SK-*Schlüchter* 72 und *Alsberg/Nüse/Meyer* 754; 772 mit weit. Nachw.

nach § 256 verlesen, besteht kein Anspruch mehr auf Einvernahme eines ihrer Angehörigen zu der gleichen Frage[466]. Der Beweiserhebungsanspruch besteht dagegen, wenn ein früherer Mitangeklagter nunmehr als Zeuge vernommen werden soll[467]; denn die veränderte Verfahrensstellung kann Einfluß auf sein Aussageverhalten haben.

133   Wird der **Antrag** gestellt, einen schon vernommenen und bereits entlassenen Zeugen oder Sachverständigen **erneut zu vernehmen**, ist zu unterscheiden: Soll der Zeuge oder Sachverständige zu einer Beweistatsache gehört werden, über die er noch nicht vernommen worden ist, liegt ein Beweisantrag vor, über den das Gericht nach den Grundsätzen der Absätze 3 und 4 zu befinden hat[468]. Soll er jedoch zu demselben Beweisthema gehört werden, zu dem er schon vernommen worden ist, etwa weil der Antragsteller die bisherigen Bekundungen anders verstanden wissen will als das Gericht oder will die Angaben des Zeugen im Rahmen einer Gegenüberstellung hinterfragt werden sollen, so liegt kein neuer Beweisantrag vor, über den nur nach § 244 Abs. 3 und 4 entschieden werden könnte. Das Gericht hat über ihn nach pflichtgemäßem Ermessen unter Berücksichtigung seiner Aufklärungspflicht zu befinden[469]. Maßgebend ist hierfür, ob hinreichende Gründe für die Annahme bestehen, die wiederholte Beweisaufnahme werde ein vollständigeres oder anderes Ergebnis erbringen, so, weil die bisherige Vernehmung nicht erschöpfend war[470] oder der Zeuge selbst erklärt hat, er wolle seine Aussage berichtigen[471] oder weil beim Augenschein übersehen wurde, das Augenmerk auf einen bestimmten, später als erheblich erkannten Umstand zu richten.

134   Die gleichen Grundsätze gelten, falls in Frage kommt, ob ein Zeuge, dessen Aussage vor einem **beauftragten** oder **ersuchten Richter** aus der hierüber aufgenommenen Niederschrift verlesen worden ist, zur Vernehmung vor das erkennende Gericht geladen werden soll. Auch hier bestimmt die Aufklärungspflicht, ob die erneute Einvernahme — nach Möglichkeit in der Hauptverhandlung — notwendig ist, etwa weil aufgetretene Widersprüche zu klären sind[472].

135   Das Gericht ist andererseits auch ohne Antrag eines Verfahrensbeteiligten nicht gehindert, eine Beweisaufnahme zu wiederholen, wenn die **Aufklärungspflicht** dazu drängt oder wenn dies zur **Heilung** eines Verfahrensfehlers erforderlich ist[473].

136   **11. Verzicht auf den Beweisantrag, Rücknahme.** Der Antragsteller kann seinen Beweisantrag zurücknehmen oder, wenn das Gericht ihm bereits stattgegeben hat, auf die noch nicht durchgeführte Beweiserhebung verzichten. Hierdurch entfällt die durch den Antrag ausgelöste Verpflichtung des Gerichts, den Beweis zu erheben oder den Antrag nach Absatz 6 abzulehnen[474]. Haben **mehrere Verfahrensbeteiligte** den Antrag gestellt, müssen alle auf ihn verzichten[475]. Dies gilt auch im Verhältnis zwischen Angeklagtem

---

[466] BGH bei *Pfeiffer* NStZ **1981** 95.
[467] BGH NStZ **1981** 487; **1983** 468; bei *Miebach/Kusch* NStZ **1991** 29; NJW **1985** 76; StV **1984** 498; OLG Hamm NJW **1968** 954. Zum Teil **a. A** BGH StV **1982** 507 (auf den Einzelfall abstellend); vgl. *Kleinknecht/Meyer-Goßner*[43] 26; SK-*Schlüchter* 27.
[468] BGH GA **1958** 305; weit. Nachw. vgl. Fußn. 465.
[469] RGSt **47** 321; BGHSt **14** 21; **15** 161; **17** 351; ferner Fußn. 466; KMR-*Paulus* 266; SK-*Schlüchter* 72; *Alsberg/Nüse/Meyer* 96 mit weit. Nachw.; vgl. Rdn. 141.
[470] BGH NJW **1960** 2156; StV **1994** 227; KG JR **1954** 192 mit Anm. *Sarstedt*.

[471] *Alsberg/Nüse/Meyer* 97 mit weit. Nachw.
[472] RGSt **40** 190; **51** 20; **57** 322; **58** 80; BayObLG DRiZ **1927** Nr. 1097; BayObLGSt **1959** 315 = NJW **1960** 687; OLG Hamburg GA **1971** 183; OLG Hamm VRS **24** (1963) 219; OLG Koblenz VRS **53** (1977) 124; KMR-*Paulus* 392; *Alsberg/Nüse/Meyer* 97 mit weit. Nachw.; vgl. Rdn. 60 sowie bei § 251 und bei § 325.
[473] Vgl. Vor § 226, 49 ff und § 337, 261 f.
[474] *Alsberg/Nüse/Meyer* 402; *Kleinknecht/Meyer-Goßner*[43] 37.
[475] *Alsberg/Nüse/Meyer* 405; *Kleinknecht/Meyer-Goßner*[43] 37; *Gollwitzer* FS Sarstedt 29; ferner KK-*Herdegen* 52; SK-*Schlüchter* 80; vgl. Rdn. 99.

und Verteidiger. Im Rahmen seiner **Aufklärungspflicht** muß das Gericht auch einem zurückgenommenen Beweisantrag Beachtung schenken. Wegen der Besonderheiten des Verzichts auf präsente Beweismittel vgl. § 245, 32 ff.

Verzicht und Zurücknahme müssen **eindeutig** und in der Regel auch **ausdrücklich** **137** erklärt werden. Die Kundgabe des Verzichtswillens durch schlüssiges Verhalten ist möglich; das Verhalten muß jedoch eindeutig diesen Willen erkennen lassen[476]. Dies kann wohl unter besonderen Umständen bei einem Verteidiger — so nach Verwendung eines gleichwertigen Beweismittels[477] oder auf Grund einer besonderen Verfahrenslage[478] —, kaum aber bei einem nicht rechtskundigen Angeklagten angenommen werden[479]. Die Erklärung, „keine weiteren Anträge mehr zu stellen" oder „auf weitere Beweisaufnahme zu verzichten", enthält keinen eindeutigen Verzicht auf die Ausführung der früher gestellten Anträge[480]. Auch bloßes Schweigen oder die Nichtbeantwortung der Frage, ob noch Beweise erhoben werden sollen, können für sich allein nicht als Verzicht gedeutet werden[481]. Hat das Gericht dem Antragsteller auf einen vor Schluß der Beweisaufnahme gestellten Beweisantrag eröffnet, es behalte sich die Beschlußfassung vor, so kann daraus allein, daß der Antrag im Schlußvortrag **nicht wiederholt** wird, kein Verzicht gefolgert werden[482].

Der Verzicht oder die Zurücknahme des Antrags kann auch auf einen Teil der Beweis- **138** mittel oder der Beweistatsachen **beschränkt** werden[483]. Ein **vorläufiger Verzicht** entbindet, sofern er später nicht endgültig erklärt wird, das Gericht nicht von der Entscheidung über den Antrag, er ermöglicht nur dessen Zurückstellung[484].

Zurücknahme und Verzicht sind **unwiderruflich**. Der Verzichtende oder ein anderer **139** Verfahrensbeteiligter ist aber nicht gehindert, später den gleichen Antrag erneut zu stellen[485].

12. Prüfung des Beweisantrags. Liegt ein Beweisantrag vor, so hat das Gericht nach **140** Anhörung der Verfahrensbeteiligten (§ 33), soweit irgend möglich, zuerst zu prüfen, ob die Erhebung des Beweises zulässig ist, dann, ob die unter Beweis gestellte Tatsache die Sachentscheidung beeinflussen könnte, dann — bei Bejahung der Erheblichkeit —, ob die Tatsache des Beweises bedürfe, und erst zuletzt, ob das bezeichnete Beweismittel verwendbar und geeignet ist, die für erheblich und beweisbedürftig erachtete Tatsache zu beweisen. Doch ist die Einhaltung der grundsätzlich gebotenen **Reihenfolge** — Zulässigkeit der Beweiserhebung, Erheblichkeit der Tatsache, Beweisbedürftigkeit der Tatsache, Tauglichkeit des Beweismittels — nicht immer durchführbar. Maßgeblich ist die **Beweislage im Zeitpunkt der Beschlußfassung**[486]. Die allmähliche Entwicklung der Sacher-

[476] BGH StV **1992** 454; BGH bei *Dallinger* MDR **1971** 18; SK-*Schlüchter* 79.
[477] BGH StV **1992** 454; vgl. BGH bei *Dallinger* MDR **1957** 268; *Alsberg/Nüse/Meyer* 404; *Kleinknecht/Meyer-Goßner*[43] 37; KMR-*Paulus* 403; SK-*Schlüchter* 79.
[478] Vgl. etwa KG StV **1987** 80 (Vernehmung von 5 oder 8 zum gleichen Thema geladenen Zeugen); OLG Düsseldorf MDR **1993** 1105; *Kleinknecht/Meyer-Goßner*[43] 37.
[479] OLG Celle MDR **1962** 236; § 337, 278.
[480] BGH StV **1987** 189; bei *Dallinger* MDR **1971** 18; bei *Pfeiffer/Miebach* **1983** 212; OLG Koblenz wistra **1984** 122; OLG Köln NJW **1954** 46; OLG Zweibrücken StV **1995** 347; *Alsberg/Nüse/Meyer* 403; *Dahs/Dahs* 296; *Gössel* § 29 C IV a; KK-*Her-*
degen 57; *Kleinknecht/Meyer-Goßner*[43] 37; KMR-*Paulus* 403; SK-*Schlüchter* 79.
[481] *Alsberg/Nüse/Meyer* 403; *Dahs/Dahs* 296; SK-*Schlüchter* 79.
[482] RG JW **1929** 114; BGH StV **1993** 59; *Alsberg/Nüse/Meyer* 403; KMR-*Paulus* 403; SK-*Schlüchter* 79.
[483] RGSt **75** 168; BGH bei *Dallinger* MDR **1975** 278; *Alsberg/Nüse/Meyer* 405; *Kleinknecht/Meyer-Goßner*[43] 37.
[484] *Alsberg/Nüse/Meyer* 405.
[485] RGSt **27** 152; RG JW **1937** 1237; OLG Oldenburg NdsRpfl. **1979** 110; *Alsberg/Nüse/Meyer* 406; *Kleinknecht/Meyer-Goßner*[43] 37; SK-*Schlüchter* 80.
[486] *Alsberg/Nüse/Meyer* 755; KMR-*Paulus* 413.

kenntnis in der Hauptverhandlung entzieht sich zuverlässiger Berechnung. Nicht selten offenbart sich im Laufe der Verhandlung, daß eine Tatsache, der so nachgeforscht worden ist, als ob die Entscheidung von ihr abhinge, belanglos ist und daß umgekehrt eine nur als nebensächlich berührte Tatsache ausschlaggebend ins Gewicht fällt. Ebenso kann die Anschauung darüber, was wahr oder unwahr ist, im Laufe der Hauptverhandlung manchmal überraschend wechseln. Deshalb kann sich das Gericht veranlaßt sehen, in Abweichung von jener Reihenfolge die Beweisbedürftigkeit einer Tatsache zu verneinen, solange ihre Erheblichkeit zweifelhaft ist[487], oder die Ablehnung eines Beweisantrags auf die Unbrauchbarkeit des Beweismittels zu stützen, ohne sich über die Erheblichkeit oder die Beweisbedürftigkeit schlüssig zu machen. Ob mit der dem Antragsteller gegenüber abgegebenen Erklärung, daß das Gericht von der Erhebung eines Beweises absehe, weil es die Tatsache als wahr annehme, ohne weiteres die Erheblichkeit der Tatsache anerkannt wird, ist strittig (vgl. Rdn. 254). Das Gericht muß jedoch immer, wenn es nachträglich die Ablehnung eines Beweisantrag auf andere Gründe stützen will, als in der Hauptverhandlung mitgeteilt, darauf Bedacht nehmen, daß dadurch **kein irriger Eindruck** bei den Verfahrensbeteiligten entsteht, der zum Unterlassen einer Rechtsverfolgung verleitet, zu der bei ausreichender Unterrichtung Grund bestanden hätte.

141   **13. Erfordernis eines Gerichtsbeschlusses.** Nach § 238 Abs. 1 obliegt es dem **Vorsitzenden**, die Beweise aufzunehmen, die in der Hauptverhandlung zur Verfügung stehen. Dem Vorsitzenden steht es ferner zu, einem Beweisantrag stattzugeben, wenn der beantragte Beweis alsbald erhoben werden kann oder wenn seine Erhebung nur eine im Sinne des § 228 Abs. 1 Satz 2 kürzere Unterbrechung erfordert[488]. Die Verfügung des Vorsitzenden, mit der er die Beweiserhebung anordnet, bedarf keiner **Begründung**[489]. Schließlich bleibt der Vorsitzende auch dann im Rahmen der ihm anvertrauten Leitung der Verhandlung, wenn er einen Antrag zurückweist, der nur die bloße Wiederholung eines durch verkündeten Gerichtsbeschluß abgelehnten Beweisantrags bedeutet[490].

142   Dagegen bedarf es eines mit Gründen versehenen **Gerichtsbeschlusses** nach § 228 Abs. 1 Satz 1, wenn die Aufnahme eines in der Hauptverhandlung nicht bereiten Beweises eine **Aussetzung der Verhandlung** oder eine Unterbrechung nach § 229 Abs. 2 notwendig macht[491]; nach § 238 Abs. 2, wenn ein Beteiligter eine auf die Beweisaufnahme bezügliche Maßnahme des Vorsitzenden beanstandet, und nach § 244 Abs. 6, wenn ein **Beweisantrag abgelehnt** wird, denn „der eine solche Ablehnung aussprechende Beschluß ist in gewissem Sinn schon ein Bestandteil des Endurteils" (Mot. 184). Das gilt auch dann, wenn ein schon abgelehnter **Beweisantrag wiederholt** und hierbei ein für die Entscheidung über den Antrag bedeutsamer neuer Grund vorgebracht wird (Rdn. 133) oder wenn zunächst die Beweiserhebung angeordnet war und das Gericht erst später — etwa weil der Zeuge nicht geladen werden konnte — von einer dem Beweisantrag entsprechenden Beweiserhebung absieht[492], sofern nicht alle Beteiligten — eventuell auch konkludent — auf den Beweisantrag verzichten (Rdn. 98; 137). Der Vorsitzende kann aber unabhängig davon in allen Fällen von sich aus die Entscheidung des Gerichts über die Beweiserhebung herbeiführen[493]. Er muß dies tun, wenn die Verfügung, mit der er die Beweiserhebung anordnet, nach § 238 Abs. 2 beanstandet wird. Strittig ist, ob die Beanstandung vor-

---

[487] RGSt **65** 330.
[488] RGRspr. **2** 156; RGSt **2** 194; **5** 430; **18** 23; RG LZ **1914** 1863; **1918** 1330; BGH NStZ **1982** 432; *Alsberg/Nüse/Meyer* 753.
[489] *Kleinknecht/Meyer-Goßner*⁴³ 40; KK-*Herdegen* 57.
[490] RGSt **31** 62; KK-*Herdegen* 57; SK-*Schlüchter* 149.

[491] H. M, so KK-*Herdegen* 56; *Kleinknecht/Meyer-Goßner*⁴³ 40.
[492] BGH NStZ **1984** 2396 mit Anm. *Schlüchter*, StV **1983** 318; *Häuer* JR **1984** 496; vgl. Rdn. 165.
[493] AK-*Schöch* 62; KK-*Herdegen* 57; SK-*Schlüchter* 145.

aussetzt, daß die Anordnung der Beweiserhebung durch den Vorsitzenden unzulässig ist[494], oder ob es genügt, daß ihre Sachlichkeit und Notwendigkeit verneint wird. Für die letztgenannte Ansicht wird angeführt, daß die Entscheidung über die Beweisaufnahme letztlich den Gerichtsmitgliedern in ihrer Gesamtheit obliege und diese sowie die übrigen Verhandlungsteilnehmer nicht gezwungen werden könnten, an einer überflüssigen Beweisaufnahme mitzuwirken[495].

Das Gericht entscheidet mit **einfacher Mehrheit**[496]. Wird ein **Mitglied des erkennen-** **143** **den Gerichts** als Zeuge benannt, ist es von der Beschlußfassung über den Antrag nicht ausgeschlossen. Es darf und muß über den Antrag mitentscheiden[497]. Die Beteiligten können nicht wirksam darauf verzichten, daß das Gericht nach § 244 Abs. 6 entscheidet und sich mit der Entscheidung des Vorsitzenden begnügt[498].

14. Bekanntgabe der Ablehnung, Begründung

a) Bekanntgabe. Das Gericht muß den Beschluß, durch den ein Beweisantrag abge-   **144** lehnt wird (Absatz 6), jedenfalls vor dem in § 258 Abs. 1 bezeichneten Schluß der Beweisaufnahme, durch **Verkündung** bekanntmachen (§§ 34, 35 Abs. 1). Strittig ist, ob die Entscheidung alsbald nach Antragstellung ergehen muß[499] oder ob das Gericht damit zuwarten darf, weil dies aus prozeßökonomischen Gründen oder wegen der verbesserten Entscheidungsgrundlage in einem späteren Verfahrensstadium zweckmäßiger erscheint[500]. Auf jedem Fall muß die Ablehnung so rechtzeitig verkündet werden, daß der Antragsteller, insbesondere der Angeklagte, sein weiteres Prozeßverhalten darauf einrichten, die Ablehnungsgründe des Gerichts gegebenenfalls widerlegen, eine zu enge oder schiefe Interpretation seines Antrags mit einem neuen Beweisantrag richtigstellen oder auch sonst neue Anträge noch in der Hauptverhandlung stellen kann[501]. Die Notwendigkeit der Bekanntgabe in der Hauptverhandlung entfällt nur bei **Verzicht** des Antragstellers[502]. Ein solcher liegt jedoch nicht schon darin, daß keine weiteren Beweisanträge mehr gestellt werden und die Beweisaufnahme im allseitigen Einvernehmen geschlossen wird[503]. Ein Verzicht wird auch angenommen, wenn, wie etwa bei einer Verhandlung nach § 233, weder der Antragsteller noch sein Vertreter an der Verhandlung teilgenom-

---

494 *Erker* 96 ff, der sich auf die funktionelle Zuständigkeit des Vorsitzenden für die Anordnung der Beweiserhebung beruft sowie darauf, daß eine Beweisaufnahme, die die Schranken der Entscheidungsprärogative des Vorsitzenden ermessensfehlerhaft überschreitet, ohnehin unzulässig ist. Vgl. § 238 Rdn. 32.

495 RG LZ **1914** Sp. 1863; *Alsberg/Nüse/Meyer* 753 mit weit. Nachw. zum Streitstand; ferner KK-*Herdegen* 56; *Kleinknecht/Meyer-Goßner*[43] 40; SK-*Schlüchter* 46.

496 *Alsberg/Nüse/Meyer* 755; wegen der Streitfragen bei Annahme der Offenkundigkeit und der eigenen Sachkunde vgl. Rdn. 233.

497 RG GA **59** (1912) 126; BGHSt **7** 330 = JR **1955** 391 mit Anm. *Niese* = JZ **1956** 31 mit Anm. *Kleinknecht*; BGHSt **11** 206.

498 RGSt **75** 168; BGH NStZ **1983** 422; BGH bei *Dallinger* MDR **1957** 268; vgl. auch BGH StV **1983** 441; *Alsberg/Nüse/Meyer* 754, 767 mit weit. Nachw.

499 Bedenken gegen eine ungebührliche Hinauszögerung der Entscheidung bei *Dahs* Hdb. 556; *Hanack*

JZ **1970** 561 (Erschwerung der Verteidigung); vgl. KK-*Herdegen* 60 (alsbald, jedenfalls vor Schluß der Beweisaufnahme).

500 So *Alsberg/Nüse/Meyer* 764; *Sarstedt* DAR **1964** 310; *G. Schäfer* 833; *Kleinknecht/Meyer-Goßner*[43] 44; SK-*Schlüchter* 161; vgl. Rdn. 237a.

501 BGHSt **19** 24; vgl. *Alsberg/Nüse/Meyer* 756, 765 mit weit. Nachw. sowie die vorstehenden Fußn. Ob der Antragsteller zur Erhaltung der Revision ein Mißverständnis des Gerichts noch in der Hauptverhandlung durch einen neuen Beweisantrag richtigstellen muß, ist strittig (so BGH StV **1989** 465; mit abl. Anm. *Schlothauer*; vgl. auch BGH NStZ **1994** 483; OLG Düsseldorf MDR **1993** 1105); verneinend HK-*Julius* 24.

502 RGRspr. **8** 44; 581; RGSt **13** 317; **51** 42; **58** 80; **61** 376; RG Recht **1917** Nr. 959; JW **1927** 2043; **1929** 1046; BGH bei *Dallinger* MDR **1951** 275; OLG Schleswig SchlHA **1973** 186; *Alsberg/Nüse/Meyer* 768 (Verschiebung der Bekanntgabe auf die Urteilsverkündung); KMR-*Paulus* 410.

503 Vgl. BGH StV **1987** 189; OLG Zweibrücken StV **1995** 347; *Kleinknecht/Meyer-Goßner*[43] 44.

men haben[504]. Eine zäsurlose Verbindung von Beschluß- und Urteilsverkündung ist dann unschädlich. Gleiches gilt in der Mehrzahl der Fälle, in denen der Antrag als Hilfsantrag gestellt worden ist[505]. Diese Grundsätze finden auch Anwendung, wo das Gericht in der Ablehnung von Beweisanträgen freier als im Absatz 3 gestellt ist, also in den Fällen, in denen die Anhörung eines Sachverständigen oder die Vornahme eines Augenscheins begehrt wird[506] oder wo ein als Beweisantrag gestellter Antrag als Beweisermittlungsantrag behandelt wird[507].

145   **b) Begründung.** Der ablehnende Bescheid muß in sich verständlich und lückenlos so begründet werden, daß der Antragsteller über die zur Ablehnung führenden tatsächlichen oder rechtlichen Erwägungen des Gerichts aufgeklärt und in die Lage versetzt wird, die weitere Verfolgung seiner Rechte danach einzurichten, sowie daß dem Revisionsgericht die Nachprüfung ermöglicht wird[508]. Dabei ist vom wirklichen Sinn des Antrags ohne jede Einengung und Verschiebung des Beweisthemas auszugehen (Rdn. 111).

146   Eine lediglich den **Gesetzeswortlaut wiederholende** Begründung genügt diesen Anforderungen nicht[509]. Sie kann ausnahmsweise dann unschädlich sein, wenn allen Verfahrensbeteiligten auf Grund der Vorgänge in der Hauptverhandlung die Erwägungen des Gerichts eindeutig erkennbar waren[510]. Zumindest beruht in diesen Fällen das Urteil nicht auf der unzulänglichen Begründung[511]. Unzureichend sind auch allgemein gehaltene, **formelhafte Wendungen.** Lehnt z. B. das Gericht einen Beweisantrag wegen Unerheblichkeit der behaupteten Tatsache ab, so genügt keinesfalls, daß der Antrag „unerheblich" oder „unbehelflich" oder „unbegründet" sei. Vielmehr muß der auf diesen Ablehnungsgrund gestützte Beschluß erkennen lassen, ob der Annahme der Unerheblichkeit tatsächliche oder rechtliche Erwägungen zugrunde liegen; im ersten Fall muß er ferner die Tatsachen bezeichnen und insgesamt so gefaßt sein, daß das Revisionsgericht nachprüfen kann, ob die Ablehnung nicht von Rechtsirrtum beeinflußt ist[512]. Ein Beschluß, der den Antrag, einen Zeugen über die Unglaubwürdigkeit eines Belastungszeugen zu hören, ohne nähere Begründung als unerheblich ablehnt, verletzt das Gesetz. Sieht das Gericht einen benannten Zeugen als unglaubwürdig und darum als völlig ungeeignetes Beweismittel an und lehnt es deshalb die Vernehmung ab, so sind die maßgebenden Verhältnisse, insbesondere die Beziehungen des Zeugen zum Angeklagten oder zum Gegenstand

---

[504] *Alsberg/Nüse/Meyer* 768; KK-*Herdegen* 60; *Kleinknecht/Meyer-Goßner*⁴³ 44; SK-*Schlüchter* 161.

[505] Vgl. Rdn. 166 und zu den Ausnahmen Rdn. 167 f.

[506] RGSt **51** 42; RG JW **1928** 2988; **1929** 1043; **1931** 216; 1606.

[507] Vgl. Rdn. 121.

[508] RGSt **1** 189; RG JW **1922** 587; **1929** 2738; **1931** 2823; **1934** 2476; HRR **1938** Nr. 1381; **1939** Nr. 216; BGHSt **1** 32; **2** 286; **19** 26; **29** 1152; BGH NJW **1953** 36; VRS **17** (1959) 424; **34** (1968) 220; **35** (1968) 132; GA **1957** 85; **1958** 79; NStZ **1983** 568; bei *Pfeiffer/Miebach* NStZ **1984** 16; bei *Kusch* NStZ **1993** 229; StV **1991** 500; BayObLGSt **1949/51** 83; NJW **1950** 316; BayObLG DAR **1956** 165; OLG Frankfurt NJW **1952** 638; OLG Hamm VRS **7** (1954) 131; KG VRS **29** (1965) 204; **48** (1975) 432; OLG Köln VRS **49** (1975) 184; OLG Oldenburg NdsRpfl. **1951** 191; OLG Schleswig bei *Ernesti/Jürgensen* SchlHA **1973** 186; *Eb. Schmidt* 27; AK-*Schöch* 61; KK-*Herdegen* 58; SK-*Schlüchter* 150; KMR-*Paulus* 407; ferner *Alsberg/Nüse/Meyer* 756 mit weit. Nachw.

[509] BGHSt **2** 286; **13** 257; BGH VRS **16** (1959) 424; bei *Pfeiffer* NStZ **1981** 96; StV **1990** 52; 246; OLG Düsseldorf MDR **1980** 868; OLG Stuttgart Justiz **1968** 133; *Eb. Schmidt* 27; *Gössel* § 29 C IV c; *Kleinknecht/Meyer-Goßner*⁴³ 41; KMR-*Paulus* 407; SK-*Schlüchter* 150.

[510] BGHSt **1** 32; OLG Düsseldorf MDR **1980** 868; OLG Schleswig SchlHA **1976** 170; *Kleinknecht/Meyer-Goßner*⁴³ 41; einengend KK-*Herdegen* 58 (nur wenn jedem Zweifel enträckt); eine Begründung halten in solchen Fällen überhaupt für entbehrlich BGH NStZ **1981** 309; **1982** 170; StV **1981** 4; OLG Frankfurt NJW **1952** 638; OLG Hamburg VRS **56** (1979) 457; OLG Koblenz VRS **45** (1973) 367; **73** (1987) 54; KMR-*Paulus* 407; wohl auch AK-*Schöch* 65; zur Streitfrage vgl. *Alsberg/Nüse/Meyer* 756 mit weit. Nachw.

[511] Vgl. etwa BGH bei *Pfeiffer/Miebach* NStZ **1986** 207; OLG Düsseldorf MDR **1980** 868; KK-*Herdegen* 57; SK-*Schlüchter* 150.

[512] BGHSt **2** 286; vgl. die Rechtspr. Rdn. 224.

der Untersuchung darzulegen[513]. Wird der Antrag auf Einholung des Gutachtens eines Sachverständigen abgelehnt, so muß aus den Gründen des Beschlusses hervorgehen, weshalb das Gericht die Zuziehung eines Sachverständigen nicht für erforderlich erachtet, beruft sich das Gericht auf eigene Spezialkenntnisse, so muß es seine Sachkunde im ablehnenden Beschluß nicht im einzelnen begründen[514]. Wegen weiterer, die Ablehnung nicht rechtfertigender Erwägungen vgl. Rdn. 181 ff, ferner bei den einzelnen Ablehnungsgründen.

Der Ablehnungsbeschluß darf auf **mehrere Ablehnungsgründe** gestützt werden, **147** sofern diese sich nicht widersprechen[515]. Dies gilt auch für einen nur hilfsweise angeführten, zusätzlichen Ablehnungsgrund, so bei Ablehnung wegen Unerheblichkeit und hilfsweise, weil die behauptete Tatsache als wahr unterstellt werden könne[516]. Besteht ein solcher Widerspruch nicht, genügt es, wenn einer der als sicher gegeben erachteten Gründe die Ablehnung trägt[517]. Dies entbindet das Gericht aber nicht von der grundsätzlichen Pflicht, jeden herangezogenen Ablehnungsgrund substantiell darzulegen[518]. Bleibt unklar, welchen von mehreren Ablehnungsgründen das Gericht für gegeben hält, kann in der Regel schon deshalb ein Verstoß gegen § 244 Abs. 3 nicht ausgeschlossen werden[519].

Sind **mehrere Beweisanträge** gestellt, so muß das Gericht für jeden einzelnen von **148** ihnen, eventuell auch sogar für jedes von mehreren für die gleiche Tatsache benannte Beweismittel darlegen, weshalb es die Beweiserhebung ablehnt. Eine **pauschale Ablehnung**, die nicht eindeutig erkennen läßt, welchen Ablehnungsgrund das Gericht bei jedem der Anträge für gegeben hielt, genügt nicht[520].

Bezugnahmen auf die Ausführungen in anderen Entscheidungen sind in den Gründen **149** des Ablehnungsbeschlusses grundsätzlich zu unterlassen[521]. Dies gilt vor allem für Entscheidungen, die außerhalb der Hauptverhandlung ergangen sind; denn die Gründe für die Ablehnung müssen den Verfahrensbeteiligten in der Hauptverhandlung sofort und ohne zusätzliche Nachforschungen erkennbar sein, damit sie ihr Prozeßverhalten sogleich darauf einstellen können. Eine Bezugnahme ist allenfalls unschädlich, wenn auf die Gründe verwiesen wird, mit dem ein gleichlautender Beweisantrag eines anderen Verfahrensbeteiligten bereits vorher in der Hauptverhandlung abgewiesen worden ist[522].

c) **Ausführungen in den Urteilsgründen** sind nicht geeignet, den Verstoß zu heilen, **150** der darin liegt, daß das Gericht versäumt hat, den ablehnenden Beschluß und die Ablehnungsgründe vor Schluß der Beweisaufnahme bekanntzugeben. Ein fehlerhaft oder unvollständig begründeter Beschluß kann auch nicht durch Nachschieben von Gründen im Urteil geheilt werden. Die Verfahrensbeteiligten, vor allem der Antragsteller, müssen noch in der Hauptverhandlung Gelegenheit erhalten, sich bei der weiteren Verfolgung

---

[513] Vgl. Rdn. 293; 294.

[514] Strittig, vgl. Rdn. 302.

[515] BGH NJW **1953** 1314; bei *Seibert* NJW **1962** 136; bei *Spiegel* DAR **1983** 204; OLG Hamm JR **1965** 269; BayObLG bei *Rüth* DAR **1975** 206; OLG Schleswig bei *Ernesti/Jürgensen* SchlHA **1980** 175; *Alsberg/Nüse/Meyer* 758; *Dahs/Dahs* 257; AK-*Schöch* 65; *Kleinknecht/Meyer-Goßner*⁴³ 42; SK-*Schlüchter* 151; *Gollwitzer* JR **1980** 36.

[516] Hilfsweise ist diese Kombination der kumulativ unvereinbaren Gründe (vgl. Fußn. 515) möglich, BGH nach *Alsberg/Nüse/Meyer* 758 Fußn. 42; OLG Karlsruhe OLGSt § 244 Abs. 3, 3.

[517] BGH NJW **1953** 1314; *Alsberg/Nüse/Meyer* 758.

[518] SK-*Schlüchter* 151.

[519] OLG Köln VRS **59** (1980) 349.

[520] BGHSt **21** 124; **22** 126; BGH NJW **1964** 2118; BGH bei *Dallinger* MDR **1970** 560; BGH StV **1987** 236; OLG Düsseldorf **1991** 295; OLG Schleswig bei *Ernesti/Jürgensen* SchlHA **1981** 93; AK-*Schöch* 65; *Kleinknecht/Meyer-Goßner*⁴³ 42; KMR-*Paulus* 434; SK-*Schlüchter* 150; *Alsberg/Nüse/Meyer* 757 mit weit. Nachw.

[521] RGRspr. **1** 492; *Alsberg/Nüse/Meyer* 757.

[522] *Alsberg/Nüse/Meyer* 757; 772.

ihrer Rechte nach der Ablehnung und ihren Gründen zu richten[523]. Sofern kein Hilfsantrag vorliegt, muß die prozessuale Lage noch in der Hauptverhandlung für alle Beteiligten klargestellt werden. Nur wenn ausgeschlossen werden kann, daß der Antragsteller auch bei Kenntnis der im Urteil nachgeschobenen Begründung für die Ablehnung weiterer Argumentations- und Antragsrechte hätte ausüben können, kann das Beruhen des Urteils auf den fehlenden oder fehlerhaften Ablehnungsbeschluß verneint werden[524]. Das Revisionsgericht kann aber die **Urteilsgründe** bei Prüfung der Frage verwerten, welche Erwägungen das Gericht zur Ablehnung bestimmt haben und insbesondere, ob die tatsächliche und rechtliche Beurteilung, die dem Beschluß zugrunde liegt, mit den tragenden Gründen des Urteils übereinstimmt. Diese müssen im Einklang mit der Würdigung stehen, die das Gericht dem unter Beweis gestellten Vorbringen im ablehnenden Beschluß zuteil werden ließ[525]. Ein fehlerfreier Ablehnungsbeschluß, der die Ansicht des Gerichts im Zeitpunkt seines Erlasses[526] wiedergibt, kann durch Ausführungen im Urteil fehlerhaft werden, denn die Urteilsgründe geben die für das Urteil allein maßgebenden Überlegungen des Gerichts bei der Beratung wieder[527]. Lehnt das Gericht insbesondere einen Beweisantrag mit der Begründung ab, daß die Beweisbehauptung als wahr behandelt werden könne, so brauchen sich nach vorherrschender Ansicht die Urteilsgründe zwar mit dieser Tatsache nicht notwendig ausdrücklich auseinandersetzen. Die Urteilsfeststellungen und die Beweiswürdigung dürfen ihr aber nicht widersprechen[528]. Ob das Urteil auf dem Verstoß beruht, wenn die Urteilsgründe ergeben, daß das Gericht die Tatsache, für die Beweise angeboten, aber nicht erhoben worden ist, als wahr angenommen hat, hängt von den Umständen des einzelnen Falls ab; ausgeschlossen ist das Beruhen nicht, sofern die Möglichkeit besteht, daß die Eröffnung dieser Stellungnahme des Gerichts dem Antragsteller Anlaß zu einem weiteren, für seine Rechtsverfolgung noch vorteilhafteren Vorbringen gegeben hätte[529].

151   Dem Gericht ist es freilich nicht verwehrt, auf einen in der Verhandlung durch begründeten Beschluß abgelehnten Beweisantrag auch in den Urteilsgründen einzugehen. Es kann dort aber **keine** anderen **Ablehnungsgründe nachschieben**. Ergibt die Beratung, daß dem Beweisantrag nicht aus den Erwägungen des ablehnenden Beschlusses, wohl aber aus anderen Gründen nicht entsprochen werden brauchte, so muß das Gericht **nochmals in die Verhandlung eintreten** und den Antragsteller darüber unterrichten[530]. Ent-

[523] RGSt **1** 170; RGRspr. **7** 271; **8** 168; Recht **1913** Nr. 442; **1915** Nr. 999; LZ **1917** 65; JW **1916** 1026; **1917** 1540; **1926** 1222; **1929** 1046; **1931** 2823; **1934** 2476; HRR **1938** Nr. 1381; **1939** Nr. 216; BGHSt **19** 26; **29** 152; BGH NJW **1951** 368; **1985** 76; NStZ **1982** 432; VRS **35** (1968) 132; **36** 213; GA **1957** 85; StV **1981** 110; **1982** 58; 253; **1990** 246; bei *Dallinger* MDR **1951** 175; bei *Pfeiffer* NStZ **1981** 96: bei *Pfeiffer/Miebach* NStZ **1984** 16; 17; BayObLGSt **1952** 174 = NJW **1952** 1387; BayObLG DAR **1956** 165; OLG Celle NdsRpfl. **1982** 66; OLG Düsseldorf MDR **1980** 868; VRS **45** (1979) 311; **56** (1979) 357; KG VRS **48** (1975) 432; OLG Köln VRS **17** (1959) 140; **49** (1975) 183; **64** (1983) 279; OLG Oldenburg NdsRpfl. **1951** 191; OLG Schleswig bei *Ernesti/Jürgensen* SchlHA **1977** 182; OLG Zweibrücken VRS **61** (1981) 434; AK-*Schöch* 66; KK-*Herdegen* 59; *Kleinknecht/Meyer-Goßner*[43] 42; KMR-*Paulus* 408; SK-*Schlüchter* 151; ferner *Alsberg/Nüse/Meyer* 758 mit weit. Nachw., auch zu einigen abweichenden Entscheidungen des RG.

[524] BGHSt **29** 152; BGH NJW **1985** 76; StV **1990** 246; 340; *Herdegen* NStZ **1990** 315; *Schlüchter* StV **1987** 47; KK-*Herdegen* 59.

[525] RG HRR **1938** Nr. 790; BayObLGSt **1952** 174 = NJW **1952** 1387; OLG Köln VRS **17** (1959) 140.

[526] Vgl. *Alsberg/Nüse/Meyer* 755; KMR-*Paulus* 413; SK-*Schlüchter* 150 (maßgebend Zeitpunkt der Beschlußfassung, nicht der Antragstellung).

[527] Vgl. etwa BGHSt **19** 26; KK-*Herdegen* 59; ferner die Nachw. in den vorstehenden Fußn.

[528] BGH LM § 244 Abs. 3 Nr. 3; vgl. Rdn. 256.

[529] RG Recht **1926** Nr. 226; OLG Dresden JW **1929** 1540.

[530] BGHSt **19** 24; BGH NJW **1951** 368; VRS **35** 132; BayObLGSt **1952** 174 = NJW **1952** 1387; DAR **1956** 165; OLG Hamm DAR **1962** 59; OLG Oldenburg NdsRpfl. **1951** 191; OLG Düsseldorf VRS **4** 277; KG VRS **48** 432; OLG Schleswig bei *Ernesti/Jürgensen* SchlHA **1977** 182; *Eb. Schmidt* Nachtr. I 9.

hält das Urteil Ausführungen zur Ablehnung des Beweisantrags, so kann der Antragsteller seinen Revisionsangriff sowohl auf rechtliche Mängel des in der Verhandlung verkündeten Beschlusses wie auf Fehler in den Urteilsgründen stützen; denn bei Fehlerhaftigkeit des Beschlusses braucht er die im Urteil nachgeschobenen Gründe nicht gegen sich gelten zu lassen. Im anderen Falle richtet er seinen Angriff unmittelbar gegen rechtlich fehlerhafte Ausführungen des Urteils, da diese die Entscheidung maßgebend beeinflußt haben können[531].

d) Abschrift des Beschlusses. Werden Beschlüsse, durch die eine beantragte Beweiserhebung abgelehnt wird, in der Verhandlung verkündet, muß dem Betroffenen auf Verlangen nach § 35 Abs. 1 Satz 2 eine Abschrift erteilt werden. Ob dies bei rechtzeitig gestelltem Antrag noch während der Hauptverhandlung geschehen müsse[532] oder ob dem Antrag erst nach Fertigstellung des Sitzungsprotokolls entsprochen werden brauche[533], ist streitig. Siehe dazu § 35, 11. **152**

15. Rücknahme der Entscheidung. Die Entscheidung über einen Beweisantrag erledigt diesen nicht endgültig mit der Wirkung, daß das Gericht für die Instanz daran gebunden wäre[534]. Beurteilt es die Sach- und Rechtslage anders, kann es die Entscheidung, die die Beweisaufnahme abgelehnt oder sie antragsgemäß angeordnet hat, aufheben. Einen Beweisantrag, dem mit der Anordnung entsprochen wurde, muß es dann nachträglich ablehnen. Das muß in einem mit Gründen versehenen Beschluß so geschehen, daß die Ablehnung als Wille des Gerichts erkennbar wird[535]. Die nachträgliche Ablehnung einer antragsgemäß beschlossenen Beweiserhebung ist zumindest im gleichen Maße zu begründen wie eine die Ablehnung gleich aussprechende Entscheidung. Nachdem das Gericht selbst den Beweis zunächst für erforderlich gehalten hatte, bedarf er mitunter besonders eingehender Ausführungen[536], die auch ersichtlich machen sollen, daß das Gericht dadurch seine Aufklärungspflicht nicht verletzt. Wieweit das Gericht an die Zusage, eine Tatsache als wahr anzunehmen, auch dann **gebunden** bleibt, wenn der Antragsteller den auf den Beweis der Tatsache abzielenden Beweisantrag zurücknimmt, wird bei Rdn. 247 erörtert. Ein ablehnender neuer Beschluß ist nur entbehrlich, wenn von den Verfahrensbeteiligten auf die beschlossene Beweiserhebung verzichtet wird (Rdn. 136). **153**

Die **Entscheidung**, mit der eine bereits angeordnete Beweiserhebung **nachträglich abgelehnt** wird, ergeht nach Anhörung der Verfahrensbeteiligten[537]. Sie ist noch vor dem Urteil in der Hauptverhandlung zu verkünden. Für die Verfahrensbeteiligten entsteht dadurch mitunter eine neue Sachlage (§ 265 Abs. 4), die die Aussetzung oder Unterbrechung der Hauptverhandlung erfordern[538], zumindest aber neue Beweisanträge auslösen kann. Zum Verfahren bei Hilfsbeweisanträgen vgl. Rdn. 165. **154**

---

[531] BayObLG NJW **1952** 1387; vgl. auch BGHSt **1** 278; vgl. Rdn. 150 und die Nachw. in Fußn. 526, 527.

[532] So *Eb. Schmidt* § 35, 11; vgl. *Alsberg/Nüse/Meyer* 767: kein Rechtsanspruch aus § 35 Abs. 1 Satz 2, wohl aber ein Gebot der Fürsorgepflicht, wenn Begründung nicht so kurz und einprägsam, daß die genaue Kenntnis des Wortlauts für die Verhandlungsführung entbehrlich ist; ferner *G. Schäfer* § 79, 894.

[533] RGSt **44** 53.

[534] BayObLGSt **1952** 174 = NJW **1952** 1387; *Eb. Schmidt* Nachtr. I 9; KK-*Herdegen* 62; *Kleinknecht/Meyer-Goßner*43 45; KMR-*Paulus* 411; SK-*Schlüchter* 147; ferner *Alsberg/Nüse/Meyer* 772 mit weit. Nachw.

[535] RGRspr. **8** 150; RGSt **31** 137; RGSt **57** 165; RG JW **1915** 720; **1927** 2706; **1931** 1610; BGHSt **13** 300; **32** 47; BGH StV **1983** 318; **1985** 488; *Alsberg/Nüse/Meyer* 774; KK-*Herdegen* 62; *Kleinknecht/Meyer-Goßner*43 45; KMR-*Paulus* 411; SK-*Schlüchter* 147.

[536] BGHSt **13** 300; OLG Koblenz VRS **49** (1975) 192; *Alsberg/Nüse/Meyer* 773 (grundlegende Änderung der Sachlage oder der rechtlichen Beurteilung).

[537] RGSt **57** 165; BGH StV **1983** 318; *Alsberg/Nüse/Meyer* 774.

[538] *Kleinknecht/Meyer-Goßner*43 45; *Alsberg/Nüse/Meyer* 775.

155　　**16. Änderung der Ablehnungsgründe.** Die Verfahrenslage im Zeitpunkt der Urteilsfällung ist dafür maßgebend, ob und aus welchen Gründen ein Beweisantrag abgelehnt werden darf. Ergibt sie, daß eine Beweiserhebung nur aus anderen Gründen, als ursprünglich angenommen, entfallen kann, muß das Gericht den Verfahrensbeteiligten in einem neuen Beschluß die nunmehr maßgebenden Gründe noch in der Hauptverhandlung eröffnen; gegebenenfalls muß es dazu nach der Urteilsberatung nochmals in die mündliche Verhandlung eintreten[539]. Dies folgt aus dem Zweck des Absatzes 6, der sichern soll, daß die Verfahrensbeteiligten von den noch im Zeitpunkt der Urteilsfällung für maßgebend erachteten Ablehnungsgründen Kenntnis erhalten, um ihnen die Möglichkeit zu eröffnen, noch in der Hauptverhandlung zu ihnen Stellung zu nehmen und ihre Verfahrensführung danach einzurichten[540]. Die Pflicht zur förmlichen Änderung des Ablehnungsbeschlusses gilt auch dann, wenn das Gericht die Beweistatsache nunmehr als bedeutungslos betrachtet[541].

156　　**17. Nachträgliche Anordnung der Beweiserhebung.** Das Gericht — nicht der an einen Ablehnungsbeschluß gebundene Vorsitzende — ist andererseits verpflichtet, die verlangte Beweisaufnahme nachträglich anzuordnen, sobald die weitere Verhandlung oder die Urteilsberatung ergibt, daß der angenommene Ablehnungsgrund nicht zutrifft[542] oder die Aufklärungspflicht es erfordert. Die Entscheidung des Gerichts kann auch intern ergehen und vom Vorsitzenden in der Hauptverhandlung den Verfahrensbeteiligten formlos eröffnet werden. Eine förmliche Aufhebung des früheren, ablehnenden Beschlusses ist nicht notwendig[543], desgleichen bedarf es in der Regel keiner besonderen Begründung.

157　　**18. Austausch von Beweismitteln.** Ob und unter welchen Voraussetzungen das Gericht ein im Beweisantrag benanntes Beweismittel durch ein anderes ersetzen darf, ist strittig[544]. Das Gericht ist grundsätzlich bei der **eigenen Aufklärung** der im Beweisantrag benannten Tatsache nicht auf das vom Antragsteller benannte Beweismittel angewiesen; es kann dafür auch andere Beweismittel heranziehen. Dem mit dem Beweisantrag geltend gemachten **Beweiserhebungsanspruch des Antragstellers** ist damit aber nur Genüge getan, wenn er — wie beim Sachverständigenbeweis — keinen Anspruch auf Verwendung des benannten Beweismittels begründet, weil die Auswahl allein dem Gericht zusteht[545]. Auch wo es, wie beim **Augenschein**, dem pflichtgemäßen Ermessen des Gerichts überlassen ist, ob es dem Antrag entsprechen will, ist das Gericht nicht gehindert,

---

[539]　BGHSt **19** 26; **21** 38; **32** 47; BayObLG bei *Rüth* DAR **1972** 205; OLG Schleswig bei *Ernesti/Jürgensen* SchlHA **1977** 192; *Alsberg/Nüse/Meyer* 772; *Dahs/Dahs* 257; *Schlothauer* StV **1986** 227; KK-*Herdegen* 62; *Kleinknecht/Meyer-Goßner*43 45; SK-*Schlüchter* 163.

[540]　Vgl. KK-*Herdegen* 62, der zutreffend darauf hinweist, daß jeder Ablehnungsbeschluß unter dem Vorbehalt des Fortbestands der angenommenen Ablehnungsgründe steht, so daß bei deren Änderung schon aus Absatz 6 die Pflicht zur Bekanntgabe der nunmehr vom Gericht für durchgreifend erachteten Ablehnungsgründe folgt, so daß es dafür des Rückgriffs auf die Grundsätze des fairen Verfahrens (so aber BGHSt **32** 47 mit abl. Anm. *Meyer* JR **1984** 171; StV **1992** 147 mit Anm. *Deckers*) nicht bedarf.

[541]　Vgl. Rdn. 247; 255.

[542]　RG JW **1915** 720; *Kleinknecht/Meyer-Goßner*43 45; KMR-*Paulus* 411; ferner *Alsberg/Nüse/Meyer* 774.

[543]　*Alsberg/Nüse/Meyer* 774; *Kleinknecht/Meyer-Goßner*43 45; SK-*Schlüchter* 162.

[544]　Vgl. *Alsberg/Nüse/Meyer* 420; *Dahs/Dahs* 258; *Fezer* JuS **1979** 188; *Hanack* JZ **1970** 561; **1971** 55; **1972** 114; *Mayer* JZ **1971** 55; *Peters* JR **1970** 105; Fortentwicklung 29; *Roxin* § 43, 22; *G. Schäfer* 850; *Schulz* StV **1983** 341; *Schlüchter* 545 Fußn. 509 d; AK-*Schöch* 72; KK-*Herdegen* 63; *Kleinknecht/Meyer-Goßner*43 47; KMR-*Paulus* 421; SK-*Schlüchter* 164.

[545]　*Alsberg/Nüse/Meyer* 420; KK-*Herdegen* 63; *Kleinknecht/Meyer-Goßner*43 47; KMR-*Paulus* 432; **a. A** *Schulz* StV **1983** 342 (keine Befugnis zum Austausch; aber die durch den eigenen Sachverständigen gewonnene Sachkunde rechtfertigt Ablehnung des Benannten).

an Stelle des unmittelbaren Augenscheins sich durch Verwendung anderer Beweismittel über die Beschaffenheit der Örtlichkeit oder des Gegenstandes zuverlässig zu unterrichten und unter Hinweis darauf den Augenschein abzulehnen[546]. So kann es das Vorspielen eines Tonbandes durch die Verlesung der wörtlichen Niederschrift über seinen Inhalt ersetzen[547]. Betrifft der Augenschein eine **offenkundige Tatsache**, so kann es ihn auch ablehnen, weil diese anderweitig festgestellt werden kann, wie etwa der Straßenverlauf aus einer Karte[548].

Ein **Zeuge**, der über ein einmaliges, subjektives Erlebnis, eine **eigene Wahrneh-** **158** **mung** berichten soll, ist grundsätzlich **nicht ersetzbar**[549], auch nicht durch einen anderen Zeugen, der gleichzeitig mit ihm dieselbe Wahrnehmung gemacht haben soll. Wird allerdings durch letzteren allein die Beweistatsache erwiesen, kann das Gericht mit Hinweis darauf den Beweisantrag auf Vernehmung des benannten Zeugen abweisen, sofern er aufrechterhalten werden sollte[550]. Ein den Beweiserhebungsanspruch selbst verändernder Austausch der Beweismittel findet dann gar nicht statt. Abgesehen von diesem Sonderfall würde es eine unzulässige Vorwegwürdigung des Beweisergebnisses bedeuten, wenn das Gericht aus der Unergiebigkeit des von ihm gewählten Beweismittels schließen würde, daß auch der vom Antragsteller benannte Zeuge zu keinem anderen oder besseren Ergebnis geführt hätte. Beim Zeugenbeweis über subjektive Wahrnehmungen ist deshalb ein Austausch der Beweismittel nicht zulässig[551]. Das Gericht ist zwar auch hier nicht gehindert, zunächst von sich aus ein anderes, ihm geeigneter erscheinendes Beweismittel heranzuziehen, etwa den Zeugen, der die Tatsache selbst wahrgenommen hat, statt des benannten Zeugen vom Hörensagen. Dem Beweisantrag wird dadurch aber nicht entsprochen. Die Entscheidung über ihn kann aber **zurückgestellt** werden. Es hängt von den jeweiligen Umständen und dem Ergebnis der Verwendung des anderen Beweismittels ab, ob später ein gesetzlicher Grund für seine Ablehnung besteht, etwa weil die Beweistatsache dann schon erwiesen oder bedeutungslos (vgl. Rdn. 222; 223) geworden ist, oder aber ob die Vernehmung des benannten Zeugen nicht zusätzlich — und sei es auch nur zur Prüfung der Glaubwürdigkeit — erforderlich bleibt, weil das Beweisthema durch den unmittelbaren Zeugen nicht ausreichend sicher bestätigt wurde[552]. Der durch die andere Beweisaufnahme nicht verbrauchte Beweisantrag muß deshalb sachlich beschieden werden.

Im übrigen ist strittig, wieweit das Gericht befugt ist, ein ihm benanntes Beweismittel **159** durch ein **besser geeignetes** oder **zumindest gleich gutes** zu ersetzen[553]. Nach BGHSt 22 347 gilt dies auch beim Zeugenbeweis, wenn der Zeuge nur über eine objektiv feststehende Gegebenheit der Außenwelt aussagen soll, deren Feststellung nicht von einer an

---

546 RGSt **47** 100; BGHSt **22** 347; BGHStV **1981** 395 (Fotos statt Ortsbesichtigung); *Alsberg/Nüse/Meyer* 420; KK-*Herdegen* 63 (mittelbarer Augenschein statt unmittelbarer genügt, wenn Aufklärungspflicht nicht dagegen spricht); *Kleinknecht/Meyer-Goßner*[43] 47; **a. A** *Schulz* StV **1983** 341 (keine Befugnis zum Ersatz, sondern Ablehnung, wenn Gericht sein Beweismittel benützt hat).

547 Vgl. BGHSt **27** 137 = JR **1978** 117 mit Anm. *Gollwitzer*; *Fezer* JuS **1979** 186.

548 Damit löst sich weitgehend der Streit um den Fall in BGHSt **22** 347 = JR **1970** 104 mit Anm. *Kohlhaas* = LM § 244 Abs. 3 Nr. 27 mit Anm. *Kohlhaas*; dazu *Hanack* JZ **1970** 564; **1972** 115; KK-*Herdegen* 63; *Roxin* § 43, 22.

549 RGSt **47** 160; h. M vgl. Fußn. 544. Es gibt kein gleich gut geeignetes Beweismittel; vgl. *Alsberg/Nüse/Meyer* 421.

550 *Alsberg/Nüse/Meyer* 420; SK-*Schlüchter* 164; vgl. Rdn. 235.

551 H. M; so *Alsberg/Nüse/Meyer* 421 (kein gleichwertiges Beweismittel).

552 *Alsberg/Nüse/Meyer* 421 hält diesen Austausch für zulässig.

553 Vgl. BGHSt **22** 349; BGH NJW **1983** 126 (Recht, Beweismittel zu bestimmen, ist nicht Selbstzweck, sondern Mittel zur Gewährleistung des Beweiserhebungsanspruchs); dazu OLG Köln NStZ-RR **1997** 309; *Alsberg/Nüse/Meyer* 421; *Kleinknecht/Meyer-Goßner*[43] 47; KMR-*Paulus* 421. Vgl. nachstehende Fußn.

seine Person geknüpften individuellen Wahrnehmung abhängig ist[554]. Dem mit dem Beweisantrag erhobenen Aufklärungsbegehren wird durch die Verwendung des besseren Beweismittels zwar nicht formal, wohl aber in der Sache Rechnung getragen[555]. Wenn der Inhalt einer Urkunde durch deren Verlesung festgestellt werden kann, erübrigt sich meist die Einvernahme einer Person über den Inhalt, nicht aber umgekehrt[556]. Bei einem kommissarisch vernommenen Zeugen wird es dagegen nicht als Austausch des Beweismittels, sondern als bessere Präsentation des auf dem gleichen Beweismittel beruhenden Beweisstoffes angesehen, wenn das Gericht diesen statt der beantragten Verlesung der Niederschrift über die frühere Vernehmung selbst vernimmt[557]; die Verlesung der Niederschrift über die frühere Vernehmung kann daneben aber zusätzlich erforderlich sein. Die Verlesung eines Vermerks der Geschäftsstelle über eine telefonische Auskunft des Bundeszentralregisters wurde als ausreichender Ersatz für die beantragte Einholung des Strafregisterauszugs angesehen[558]. Bei der Vielfalt der denkbaren Fallgestaltungen erscheint eine überzeugende einheitliche Lösung nicht möglich. Ein allerdings nicht immer praktikabler Weg ist, wenn das Gericht bei Vorhandensein eines besseren oder gleich guten Beweismittels zunächst dieses, so es die Aufklärungspflicht fordert, von sich aus verwendet und die Entscheidung über den Beweisantrag bis dahin zurückstellt. Danach kann es besser beurteilen, ob die beantragte Beweiserhebung zusätzlich erforderlich ist oder der Antrag durch förmlichen Beschluß ablehnend zu bescheiden ist. Letzteres ist notwendig, wenn er trotz eines entsprechenden Hinweises, etwa daß sich eine weitere Beweiserhebung mit dem benannten Beweismittel erübrige, aufrechterhalten wird. Schweigt der Antragsteller dagegen auf einen solchen Hinweis, kann in der Regel (es kommt aber immer auf den Einzelfall an) angenommen werden, daß der Antragsteller auf die weitere Beweiserhebung mit dem von ihm benannten Beweismittel verzichtet[559].

19. Bedingter Beweisantrag; Eventualbeweisantrag, Hilfsantrag

160   **a) Begriffe.** Ein Beweisantrag muß nicht notwendig unbedingt gestellt werden. Es steht dem Antragsteller frei, ihn mit einer (verfahrensbezogenen) Bedingung zu verbinden, von deren Eintritt die Pflicht des Gerichts zu seiner Prüfung und Bescheidung abhängen soll. So kann die Beweiserhebung nur für den Fall beantragt werden, daß eine bestimmte Verfahrenslage entsteht, ein bestimmtes innerprozessuales Ereignis eintritt, wie etwa die Stellung eines bestimmten Antrags, eine bestimmte Bekundung eines Zeugen oder eine bestimmte Verfahrensentscheidung, wie die Vernehmung oder Vereidigung eines bestimmten Zeugen (vgl. auch Rdn. 164). Ein Beweisantrag kann aber auch davon abhängig gemacht werden, wie das Gericht einen bestimmten Sachverhalt beurteilt, ob es eine Tatsache für erwiesen[560] oder einen Zeugen für glaubwürdig[561] hält. Es kann ferner

[554] JR **1970** 104 mit Anm. *Peters*; BGHSt **27** 137; BGH NStZ **1982** 432; **1983** 126; OLG Köln VRS **73** (1987) 207; NStZ-RR **1997** 309; *Alsberg/Nüse/ Meyer* 421; *Kleinknecht/Meyer-Goßner*[43] 47; KMR-*Paulus* 421. Dagegen KK-*Herdegen* 63 (jede Wahrnehmung personengebunden); vgl. ferner *Hanack* JZ **1970** 561; **1971** 55; *Julius* Anm. zu OLG Köln OLGSt Nr. 10; *Schulz* StV **1983** 341; *Sieg* MDR **1983** 505; AK-*Schöch* 72; SK-*Schlüchter* 164.

[555] Vgl. OLG Köln NStZ-RR **1997** 309; Identitätsgutachten über Identität der Blutprobe einerseits und der unter Zeugenbeweis gestellten Behauptung der Verwechslung der Blutprobe andererseits; wobei allerdings die Revisionsrüge gegen den unzulässi-

gerweise als Beweisermittlungsantrag verworfenen Beweisantrag der Erfolg versagt wurde, weil das auf das bessere Beweismittel gestützte Urteil nicht darauf beruht; problematisch auch wegen der Beweisantizipation.

[556] *Alsberg/Nüse/Meyer* 421; vgl. BGH NJW **1983** 126 (Austausch der Zeugen, die über den Inhalt einer Urkunde aussagen sollten).

[557] *Alsberg/Nüse/Meyer* 421; KK-*Herdegen* 63; vgl. Rdn. 259; 268.

[558] BGH NStZ **1982** 432.

[559] BGH StV **1992** 454; KK-*Herdegen* 63.

[560] Etwa OLG Zweibrücken StV **1995** 347.

[561] So etwa BGH NStZ **1989** 191; **1995** 98.

an eine Bedingung geknüpft werden, die den Inhalt des künftigen Urteilsausspruchs[562] zum Gegenstand hat. Was gewollt ist, von welcher Bedingung[563] die beantragte Beweiserhebung abhängen soll, ist notfalls durch eine Befragung des Antragstellers klarzustellen. Das in Einzelheiten differierende neuere Schrifttum[564] unterscheidet die einzelnen Arten der bedingten Beweisanträge meist danach, woran die Bedingung anknüpft, an eine bestimmte Prozeßlage (prozessual bedingter Beweisantrag), an eine Beurteilungsgrundlage für die Entscheidungsfindung (Eventualantrag[565]) oder an den möglichen Prozeßausgang (Begründungselement oder Ausspruch der Entscheidung — Hilfsantrag). Die Einteilung und die verwendeten Bezeichnungen sind strittig. Da allgemein anerkannte, einheitlich verwendete Bezeichnungen fehlen, muß ungeachtet der gewählten Bezeichnung immer geprüft werden, welche Art von Bedingung im Einzelfall wirklich gemeint ist. Der bedingte Beweisantrag kann, muß aber nicht notwendig an einen anderen Antrag gebunden werden. Er kann aber „hilfsweise" für den Fall gestellt werden, daß einem anderen Antrag („Hauptantrag") nicht entsprochen wird.

b) In der Praxis am häufigsten ist der **Hilfsbeweisantrag**, der meist bei den Schlußvorträgen (§ 258) neben dem Hauptantrag gestellt wird und die beantragte Beweiserhebung davon abhängig macht, daß das Gericht bei der Beratung sich für einen bestimmten Urteilsausspruch oder ein bestimmtes Begründungselement des Urteils entscheiden will. Ein solcher Antrag braucht erst im Urteil beschieden werden[566]. **161**

Nach der früher herrschenden Meinung **verzichtet** der Antragsteller, was ihm freisteht[567], mit einem solchen urteilsbezogenen Antrag auf dessen **Bescheidung in der Hauptverhandlung**[568]. Diese Konstruktion läßt es dem Antragsteller aber offen, nachträglich den Verzicht zu widerrufen und zu beantragen, daß ihm die Entscheidung auf jeden Fall vor Verkündung des Urteils bekanntgegeben wird. Die von der Bedingung erfaßten Teile der Sachverhaltswürdigung des Gerichts müssen dann bereits von der endgültigen Beratung und Urteilsverkündung schon bei der Entscheidung über den Beweisan- **161a**

---

562 Genauer das (bis zur Urteilsverkündung vorläufige) Beratungsergebnis, denn nur dieses kann die Entscheidung über den Hilfsbeweisantrag auslösen, nicht die spätere Urteilsverkündung als solche, da auch über Hilfsbeweisanträge sinnvoll nur vor dieser entschieden werden kann; vgl. *Michalke* StV **1990** 184.

563 Zur Frage, ob die Bedingungen als aufschiebend oder auflösend zu verstehen sind, vgl. *Niemöller* JZ **1992** 886, dazu kritisch KK-*Herdegen* 50 b (Nominaldefinitionen, die auch anders ausfallen können).

564 *Alsberg/Nüse/Meyer* 58; *Eisenberg* (Beweisrecht) 161 ff; *Michalke* StV **1990** 185; *Niemöller* JZ **1992** 884; *Schlothauer* StV **1988** 542; **1991** 350; *Schrader* NStZ **1991** 224; *Widmaier* FS Salger 421 ff; HK-*Julius* 17; KK-*Herdegen* 50; *Kleinknecht/Meyer-Goßner*⁴³ 22 ff; *Pfeiffer/Fischer* 15; SK-*Schlüchter* 65 ff.

565 So etwa KK-*Herdegen* 50, strittig, vgl. *Schlothauer* StV **1988** 543 (bedingter Antrag); *Kleinknecht/Meyer-Goßner*⁴³ 22 b versteht darunter unter Berufung auf BGH StV **1990** 149 einen bedingten Beweisantrag, der im Schlußvortrag als Hilfsbeweisantrag gestellt wird.

566 Trotz der Nachteile, die der Antragsteller damit in Kauf nimmt, daß er die Ansicht des Gerichts nicht mehr in der Hauptverhandlung erfährt (vgl. BGH

StV **1998** 195; *Dahs* Hdb. 557; *Hamm* FS II Peters 169; *Sarstedt* DAR **1964** 307), werden Hilfsbeweisanträge häufig gestellt, weil damit die Gefahren eines auch für den Antragsteller ungewissen Ausgangs der Beweiserhebung vermieden und dem Gericht außerdem Nebenlösungen bei seiner Entscheidung verbaut werden (*Dahs/Dahs* 253). Manche sehen in der Herbeiführung einer solchen für das Gericht „lästigen Alternative" (KK-*Herdegen* 50 a) ein Mittel der Prozeßtaktik, das der Verteidiger auch zur Absicherung von Absprachen einsetzen kann. Zu diesen Fragen vgl. etwa *Kunkis* DRiZ **1993** 189; *Perron* (Beweisantrag) 186; *Sarstedt/Hamm*⁶ 601; *Scheffler* NStZ **1989** 158; *Schlothauer* StV **1988** 542; **1991** 350; *Schrader* NStZ **1991** 224; *Schulz* GA **1981** 308; *Widmaier* FS Salger 433.

567 Vgl. BGHSt **32** 13 = NStZ **1984** 372 mit Anm. *Schlüchter*; BGH StV **1990** 149; ferner KG StV **1988** 518 (kein Verzicht auf Vorabentscheidung).

568 RGSt **62** 76; RG DRiZ **1972** Nr. 426; **1928** Nr. 414; KK-*Herdegen* 50 a; *Kleinknecht/Meyer-Goßner*⁴³ 22 a; SK-*Schlüchter* 66; *Alsberg/Nüse/Meyer* 61 mit w. Nachw. auch zur Gegenmeinung; a. A RG JW **1927** 1643 mit abl. Anm. *Alsberg*; **1929** 261 mit abl. Anm. *Weber*; **1930** 931 mit abl. Anm. *Alsberg*.

---

trag in der Hauptverhandlung mitgeteilt werden. Deshalb ist strittig geworden, ob in einem solchen Fall die Bekanntgabe der (ablehnenden) Entscheidung in der Hauptverhandlung verlangt werden kann oder ob dies mit der gewählten, an den Urteilsspruch anknüpfenden Bedingung unvereinbar sei[569], weil deren Eintritt erst bei der Beschlußfassung über den Urteilsspruch endgültig festgestellt wird. Das Unterbleiben der (negativen) Bescheidung vor dem Urteil ist zwar eine in der Natur der Sache liegende Folge der gewählten Verknüpfung mit einem Urteilselement, sie ist aber nicht zwangsläufig geboten in dem Sinn, daß die Bekanntgabe der die Bedingung verneinenden Erwägungen in der Hauptverhandlung wegen der darin liegenden Offenlegung eines Teiles des Beratungsergebnisses unmöglich oder unzulässig sei. Dies zeigt der umgekehrte Fall. Wenn die Beratung ergibt, daß die Bedingung eingetreten und der Beweis zu erheben ist, wird dieses Ergebnis nach Wiedereintritt in die Hauptverhandlung durch Anordnung der Beweiserhebung auch offengelegt. Im übrigen ist es auch sonst nicht ungewöhnlich, daß die bis zur Urteilsverkündung stets vorläufige Meinungsbildung des Gerichts zu Fragen, die später das Urteil tragen sollen, schon vorweg die Verfahrensentscheidungen in der Hauptverhandlung bestimmt und zu deren Begründung in der Hauptverhandlung offengelegt wird. Solche Äußerungen des Gerichts stehen unter der clausula rebus sic stantibus und erfordern bei einer späteren Meinungsänderung mitunter die Korrektur einer darauf beruhenden Verfahrensentscheidung. Ohnehin fördert die Bekanntgabe der Auffassung des Gerichts die Transparenz der Hauptverhandlung, daß die bekanntgegebene Auffassung des Gerichts damit auch zur Erörterung gestellt wird, ist nicht unbedingt ein Nachteil. Dies alles spricht für Beibehaltung der Ansicht, die es bisher gestattete, die bedingte Beantragung einer Beweiserhebung an die gerichtsinterne Beurteilung einer entscheidungserheblichen Frage zu knüpfen, ganz gleich, ob diese dem Gericht schon während der laufenden Hauptverhandlung abverlangt wird oder erst als Ergebnis der Urteilsberatung[570]. Dem Antragsteller ist es ohnehin unbenommen, seinen früheren Hilfsantrag ohne die bisherige Bedingung neu zu stellen und damit zu erreichen, daß die Entscheidung noch in der Hauptverhandlung mitgeteilt werden muß. Auch das Gericht kann jederzeit den Hilfsbeweisantrag wie einen unbedingt gestellten Antrag behandeln (Rdn. 169). Verlangt der Antragsteller, daß die Entscheidung über seinen hilfsweise gestellten Antrag noch in der Hauptverhandlung bekanntgegeben wird, genügt es bei der allein problematischen Ablehnung immer, wenn der Beschluß aufzeigt, welcher der gesetzlichen Ablehnungsgründe greift. Auf die beweiswürdigungsbezogene Bedingung, an die der Antrag geknüpft war, braucht das Gericht nicht einzugehen, es kann sie, wenn es will, offenlassen. Der im Schrifttum abgelehnte Vorgriff auf Entscheidungselemente der Urteilsbegründung ist nicht notwendig, so daß der Antragsteller durch die Ablehnung seines bedingten Antrags in der Hauptverhandlung letztlich nicht mehr Informationen erhalten muß als bei einem Antrag, der ohne jede an den Urteilsinhalt anknüpfende Bedingung gestellt wurde.

161b   Die Rechtsprechung geht in der Regel davon aus, daß Beweisanträge, die erst in den **Schlußvorträgen** im Zusammenhang mit der Beantragung einer bestimmten Sachentscheidung gestellt werden, als Hilfsanträge anzusehen sind, sofern der Sachzusammenhang nicht etwas anderes ergibt oder der Antragsteller nicht ausdrücklich etwas anderes

[569] BGH StV **1990** 149; dazu *Michalke* StV **1990** 184; BGH NStZ **1991** 47 mit abl. Anm. *Scheffler* 348 = StV **1991** 349 mit abl. Anm. *Schlothauer*; KK-*Herdegen* 50 a; vgl. ferner *Brause* NJW **1992** 2868; *Niemöller* JZ **1992** 884 (widersprechende Ziele); *Widmaier* FS Salger 431; *Kleinknecht/Meyer-Goßner*[43] 44 a; andererseits *Sarstedt/Hamm*[6]

606 ff; *Eisenberg* (Beweisrecht) 165 (Argwohn des Gerichts sollte hier zurückstehen).

[570] **A. A** *Niemöller* JZ **1992** 884, der konsequent aus Gründen der Rechtsklarheit jede Bedingung, die die Beweiserhebung von einem bestimmten Ergebnis der gerichtsinternen, für die anderen Verfahrensteilnehmer nicht ersichtlichen Meinungsbildung abhängig macht, für rechtlich unzulässig hält.

verlangt, was auch durch den Antrag auf Wiedereintritt in die Beweisaufnahme geschehen kann[571]. Es hat sich die Übung entwickelt, daß Staatsanwälte und Verteidiger ihren Verzichtswillen in Ausdrücke wie „hilfsweise", „bedingt", „für den Fall der Nichtfreisprechung", „als Eventualantrag" kleiden[572]. Doch geben weder die gebrauchten Worte noch die Stellung des Antrags im Schlußvortrag[573] den Ausschlag. Maßgebend für die Auslegung ist vielmehr, ob der Beweisantrag im Zusammenhang mit dem Hauptantrag dahin zu verstehen ist, daß der Antragsteller hiermit alles, was er zur Verfolgung seiner Rechte ausführen will, vorgetragen hat, daß er also ein weiteres Gehör, gleichviel, welche Stellung das Gericht zum Beweisantrag einnehmen werden nicht mehr verlangt[574] und deshalb auf eine Bekanntgabe der Entscheidung über seinen Beweisantrag in der Hauptverhandlung verzichtet[575]. Ist nach den Umständen nicht eindeutig erkennbar, was der Antragsteller mit seinem Antrag bezweckt, so ist er zu fragen[576]. Sind die Zweifel auf diesem Weg nicht zu klären, ist der Antrag zur Schaffung einer eindeutigen Verfahrenslage vor der Urteilsverkündung zu bescheiden[577].

Der hilfsweise gestellte Beweisantrag muß zu einem **Hauptantrag**, der auch von **162** einem anderen Verfahrensbeteiligten gestellt sein kann, zumindest aber zu einem vom Antragsteller als entscheidungserheblich angesehenen Umstand in einer das **Eventualverhältnis** begründenden Beziehung stehen[578]. Es genügt z. B., daß der Angeklagte oder sein Verteidiger erklärt, er gehe von der Annahme aus, daß das Gericht eine bestimmte Einlassung des Angeklagten als zutreffend oder glaubhaft, mindestens als nicht widerlegt ansehe, daß er sonst jedoch für die Richtigkeit der Angabe Beweis antrete. Auch in einem solchen Falle muß sich das Gericht regelmäßig mit der Tatsache, für die Beweis angeboten ist, in den Urteilsgründen auseinandersetzen, wenn es, sei es auch nur für die Strafzumessung, von anderen Tatsachen ausgehen will. Fehlt ein Eventualverhältnis, weil der Hilfsantrag von einer Bedingung abhängig gemacht wird, die in keinem sachlogischen Zusammenhang mit der beantragten Beweiserhebung steht, wie etwa ein die Schuldfrage betreffender Beweisantrag, der von der Anordnung einer bestimmten Rechtsfolge im Strafausspruch abhängig gemacht wird[579], so ist der Antrag als unzulässig zurückzuweisen und auf Klarstellung des Gewollten hinzuwirken.

Im übrigen ist es gleichgültig, ob der Beweisantrag innerhalb des Schlußvortrags **vor 163 oder nach dem Hauptantrag** gestellt wird und ob das Hilfsverhältnis der Anträge vertauscht ist[580].

[571] RG JW **1932** 2161; BGH bei *Dallinger* MDR **1951** 275; OLG Hamm GA **1972** 59; VRS **38** (1970) 293; OLG Kiel SchlHA **1947** 28; OLG Stuttgart Justiz **1972** 160; *Alsberg/Nüse/Meyer* 61; *Gössel* § 29 C II d 2; KMR-*Paulus* 398.
[572] RGSt **55** 109; **62** 76; *Alsberg/Nüse/Meyer* 61.
[573] BayObLG bei *Rüth* DAR **1973** 210; OLG Köln VRS **64** (1964) 279; OLG Stuttgart Justiz **1972** 159.
[574] RGSt **65** 351; RG GA **73** (1929) 171; JW **1972** 1643.
[575] RGRspr. **3** 157; RGSt **1** 394; **3** 222; **29** 438; **55** 109; **57** 262; **62** 76; **65** 351; RG Recht **1913** Nr. 442; 443; **1918** Nr. 827; LZ **1914** 593; JW **1920** 653; **1927** 1491; **1930** 2793; BayObLG JW **1925** 2332; KG GA **72** 44; OLG Dresden JW **1933** 486. Maßgebend ist der Wille zum Verzicht auf gesonderte Entscheidung vor dem Urteil, KK-*Herdegen* 50 a. Ob dieser schon dadurch deutlich wird, daß der Antragsteller im Schlußvortrag überhaupt

keinen Hauptantrag stellt, sondern nur erklärt, er beantrage noch die Vernehmung eines Zeugen über irgendeine Behauptung, sonst habe er nichts mehr vorzubringen (so die 21. Auflage; a. A RG GA **68** [1920] 351; OLG Dresden JW **1930** 2594), erscheint fraglich. Es kommt aber immer auf die Umstände des Einzelfalls an.
[576] *Alsberg/Nüse/Meyer* 62; *Schmidt* GA **1982** 106.
[577] *Alsberg/Nüse/Meyer* 62; *Sarstedt* JR **1954** 192.
[578] OLG Celle MDR **1966** 605 (Entziehung der Fahrerlaubnis); *Alsberg/Nüse/Meyer* 62 mit weit. Nachw., auch zur Rechtsprechung des Reichsgerichts, die den Hilfsbeweisantrag nur neben dem Antrag auf Freisprechung zuließ.
[579] BGHSt **40** 287 mit zust. Anm. *Herdegen* NStZ **1995** 202; BGH NStZ **1995** 246; weiteres Beispiel *Niemöller* JZ **1992** 886 Fußn. 30; *Sarstedt/Hamm*⁶ 601.
[580] RGSt **65** 351; JW **1931** 951; *Alsberg/Nüse/Meyer* 63 mit weit. Nachw., auch zu einigen abweichenden Entscheidungen.

164   Stets ist zu unterscheiden, ob ein Antrag vorliegt, der auf den Urteilsinhalt abstellt und nach dem insoweit allein maßgebenden Willen des Antragstellers erst zusammen mit dem Urteil beschieden werden soll, oder ein **bedingter Beweisantrag**, der zwar nur für den Fall einer bestimmten, vom Antragsteller in der Regel verneinten Prozeßlage gestellt wird, bei dem der Antragsteller aber gerade nicht darauf verzichten will, daß die Ablehnung in der Hauptverhandlung bekanntgegeben wird. Da das Gewollte mitunter nicht aus dem Wortlaut des Antrags ersichtlich ist, muß der Vorsitzende dies gegebenenfalls durch **Befragung des Antragstellers** klären (Rdn. 112; 113). Ist der Hilfsbeweisantrag mangelhaft formuliert, etwa zu unbestimmt gefaßt, oder sind die Beweismittel ungenügend gekennzeichnet oder ist das Verhältnis mehrerer Bedingungen zueinander ungeklärt[581], so muß der Vorsitzende dem Antragsteller noch in der Hauptverhandlung die **Gelegenheit zur Ergänzung** geben. Der Hilfsbeweisantrag darf sonst im Urteil nicht wegen der Unbestimmtheit abgewiesen werden[582].

165   Der Hilfsantrag wird nicht dadurch **zu einem Hauptantrag**, daß das Gericht die darin geforderte **Beweiserhebung vergebens versucht** hatte; da er sich durch die versuchte Beweiserhebung auch nicht erledigt hat, ist er im Urteil zu bescheiden[583]. Nur wenn er nachträglich als Hauptantrag gestellt wird, muß der ablehnende Beschluß bereits in der Hauptverhandlung verkündet werden. Hatte das Gericht allerdings ausdrücklich seinen Willen zur Erhebung des beantragten Beweises bekundet, kann es im Interesse der Verfahrensklarheit angezeigt sein, die Verfahrensbeteiligten in der Hauptverhandlung darauf hinzuweisen, daß und warum diese unterbleibt.

166   **c) Bescheidung.** Das Gericht muß über den hilfsweise gestellten Beweisantrag **im Urteil** der Sache nach entscheiden, wenn die Bedingung, an die er anknüpfte, etwa kein Freispruch, eingetreten ist. Es bedarf dazu **keines besonderen Entscheidungssatzes** oder eines besonderen Abschnitts in den Urteilsgründen; es genügt, wenn sich aus den Urteilsgründen ergibt, daß das Gericht den Antrag nicht übersehen hat und aus welchen Erwägungen es ihm keine Folge gab[584]. Es kann sogar genügen, wenn sich dies der Gesamtheit der Urteilsgründe zweifelsfrei entnehmen läßt[585].

167   Der hilfsweise gestellte Beweisantrag ist in den Urteilsgründen **nach den gleichen Grundsätzen** zu bescheiden, die für einen normalen Beweisantrag gelten[586]; ausgenommen ist nur der hier nicht zulässige Ablehnungsgrund der **Verschleppungsabsicht**. Die Ablehnung aus diesem Grund darf nicht der Urteilsbegründung vorbehalten werden. Sie erfordert auch bei einem Hilfsantrag einen in der Hauptverhandlung zu verkündenden Beschluß, damit der Antragsteller Gelegenheit hat, diese Annahme zu widerlegen oder neue Anträge zu stellen[587]. Im übrigen darf auch der Hilfsbeweisantrag weder deshalb abgelehnt werden, weil die unter Beweis gestellte Tatsache im Widerspruch zur eigenen Einlassung des Angeklagten steht[588] oder weil das Gegenteil der unter Beweis gestellten Tatsache bereits erwiesen sei[589], auch eine Ablehnung in Vorwegnahme des Ergebnisses

---

[581] Vgl. BGH NStZ **1982** 477; SK-*Schlüchter* 67.
[582] Vgl. BGH StV **1981** 330; OLG Schleswig bei *Ernesti/Jürgensen* SchlHA **1976** 170.
[583] BGHSt **32** 10; BGH NStZ **1984** 372 mit Anm. *Schlüchter*.
[584] *Alsberg/Nüse/Meyer* 770; *Kleinknecht/Meyer-Goßner*[43] 44 a.
[585] OLG Frankfurt StV **1995** 346; OLG Hamm GA **1972** 59; OLG Schleswig bei *Ernesti/Lorenzen* SchlHA **1981** 93.
[586] *Alsberg/Nüse/Meyer* 770; h. M.

[587] BGHSt **22** 125; BGH NStZ **1986** 372; StV **1986** 418; **1990** 394; KG NJW **1954** 770; OLG Köln VRS **61** (1981) 272; OLG Oldenburg NdsRpfl. **1979** 110; *Eisenberg* (Beweisrecht) 165; *Schlothauer* StV **1986** 227; AK-*Schöch* 68; *Kleinknecht/Meyer-Goßner*[43] 44 a; **a. A** *Schrader* NStZ **1991** 225; wohl auch KK-*Herdegen* 50 a (Ausnahme inkonsequent); wegen weiterer Nachweise und der Einzelheiten vgl. Rdn. 218.
[588] BGH bei *Holtz* MDR **1977** 461.
[589] BGH bei *Pfeiffer* NStZ **1982** 189.

der Beweisaufnahme ist nicht statthaft[590]. Betrifft der Beweisantrag nur eine Hilfstatsache, die keine zwingende Schlußfolgerung zuläßt, sondern Schlüsse in beiden Richtungen ermöglicht, dann muß das Urteil erkennen lassen, daß das Gericht dies erkannt hat und ob und aus welchen Gründen diese Tatsache als in jeder Hinsicht unerheblich angesehen wurde[591].

Der Notwendigkeit, sich mit dem hilfsweise gestellten Beweisantrag in den Urteils- **168** gründen auseinanderzusetzen, ist das Gericht nur enthoben, wenn es dem **Hauptantrag voll entspricht**, nicht aber, wenn es ihm nur **mit Einschränkungen** folgt. Beantragt etwa der Staatsanwalt, den Angeklagten in Übereinstimmung mit der Annahme des Eröffnungsbeschlusses wegen eines vollendeten Verbrechens zu verurteilen, und beantragt er hilfsweise die Erhebung weiterer Beweise, muß das Gericht nicht nur im Falle der Freisprechung, sondern auch im Falle der Verurteilung wegen versuchten Verbrechens zu dem Beweisantrag in den Urteilsgründen Stellung nehmen[592]. Wird ein Hilfsantrag in der Urteilsbegründung übergangen, so kann dies mit der Revision gerügt werden[593]. Das Urteil **beruht** allerdings nicht auf dem Verstoß, wenn die Urteilsgründe von den unter Beweis gestellten Tatsachen ausgehen[594].

Das Gericht ist nicht verpflichtet, die Ablehnung des Hilfsantrags den Urteilsgründen **169** vorzubehalten. Es kann sie jederzeit durch einen **in der Hauptverhandlung** verkündeten **Beschluß** bekanntgeben[595].

Der Antragsteller kann andererseits den Hilfsantrag dahin **ändern**, daß er schon in der **170** Hauptverhandlung beschieden werden soll. Einem solchen Verlangen muß das Gericht entsprechen[596]. Wer der Ansicht folgt, daß dies nicht möglich sei, wenn über die Bedingung erst im Rahmen der Urteilsberatung entschieden werden könne (Rdn. 161), muß fordern, daß in diesen Fällen der Antrag, die Entscheidung noch in der Hauptverhandlung bekanntzugeben, wegen Unzulässigkeit zurückgewiesen wird. Der Antragsteller ist dann darauf hinzuweisen, daß das Gericht erst nach der Urteilsberatung im Urteil entscheiden werde[597], sofern der Antragsteller den Beweisantrag nicht unbedingt, also ohne die bisherige Bedingung stellt.

20. Besondere Verfahrensarten. Im Privatklageverfahren, im Verfahren nach voran- **171** gegangenem Strafbefehl, im beschleunigten Verfahren vor dem Strafrichter und im Verfahren nach dem OWiG bestimmt das Gericht den Umfang der Beweisaufnahme selbst (§ 384 Abs. 3; § 411 Abs. 2 Satz 2; § 420 Abs. 4; § 77 OWiG) nach seinem pflichtgemäßen Ermessen. Gleiches gilt bei die Schuldfrage betreffenden Beweisantrag eines Nebenbeteiligten nach § 436 Abs. 2. Es bleibt auch dann durch seine Aufklärungspflicht gebunden, alle zur Erforschung der Wahrheit notwendigen Beweise zu erheben, es ist aber

[590] OLG Koblenz VRS **52** (1977) 125.
[591] BGH NStZ **1981** 309.
[592] *Alsberg/Nüse/Meyer* 770.
[593] RGSt **38** 127; RG DJZ **1912** 164; JW **1927** 2043; BGH NStZ **1982** 477; OLG Koblenz VRS **62** (1982) 280; **65** (1983) 441; OLG Schleswig bei *Ernesti/Jürgensen* **1973** 186.
[594] OLG Koblenz VRS **46** (1974) 32.
[595] BGHSt **32** 13; BGH bei *Dallinger* MDR **1974** 548; OLG Karlsruhe MDR **1966** 948; *Widmaier* FS Salger 433; KK-*Herdegen* 50 a; *Kleinknecht/Meyer-Goßner*[43] 44; KMR-*Paulus* 399; *Dahs* Hdb. 557 hält das für nicht unbedenklich; dagegen *Alsberg/ Nüse/Meyer* 770 Fußn. 124.
[596] BGH NStZ **1989** 191, besprochen von *Scheffler*

NStZ **1989** 153 (BGH bei *Dallinger* MDR **1951** 275 ist mißverständlich verkürzt); OLG Celle MDR **1966** 605. *Alsberg/Nüse/Meyer* 769; *Gössel* § 29 C II d 2; *Hamm* FS II Peters 169; offengelassen, aber der Gegenansicht zuneigend BGH NStZ **1991** 47 mit abl. Anm. *Scheffler* NStZ **1991** 348; vgl. ferner BGH NStZ **1995** 98; StV **1996** 529; **a. A** *Widmaier* FS Salger 421 ff; HK-*Julius* 50; *Kleinknecht/Meyer-Goßner*[43] 44 a (bei beweiswürdigungsabhängiger Bedingung kein Anspruch, ein der Urteilsverkündung vorbehaltenes Beratungsergebnis vorweg zu erfahren, das bei unbedingtem Beweisantrag nicht bekanntgegeben werden müßte).
[597] BGH NStZ **1995** 98; vgl. Rdn. 160.

Walter Gollwitzer

im übrigen nicht gehalten, Beweisanträge nur unter den engen Voraussetzungen des § 244 Abs. 3, 4, § 245 Abs. 2 abzulehnen, sondern kann — wenn auch mit Vorsicht, um die Aufklärungspflicht nicht zu verletzen — in den dadurch gegebenen engen Grenzen auch **andere Ablehnungsgründe** heranziehen. Eine Vorwegwürdigung des Beweisergebnisses, auch die Ablehnung eines Zeugenbeweises, weil bereits das Gegenteil erwiesen sei, ist ausnahmsweise zulässig, wenn dies mit der Aufklärungspflicht vereinbar ist und nach der Verfahrenslage kein vernünftiger Zweifel daran besteht, daß die weitere Beweiserhebung das bisherige Beweisergebnis nicht in Frage stellen könnte[598]. Ist dies aber zweifelhaft, verbietet die Aufklärungspflicht in der Regel, ein zur Entkräftung des bisherigen Beweisergebnisses benanntes Beweismittel abzulehnen, vor allem wenn das angezweifelte Beweisergebnis auf einem einzelnen Beweismittel (Belastungszeuge oder Tatfoto usw.) beruht[599].

172   Beweisanträge sind nach § 244 Abs. 6, § 34 durch einen mit Gründen versehenen **Beschluß** abzulehnen[600], sofern der Beweisantrag nicht nur hilfsweise (vgl. Rdn. 161) neben einem erst mit dem Urteil zu bescheidenden Hauptantrag gestellt wurde. Die Verfahrensbeteiligten müssen wissen, aus welchen Gründen das Gericht die beantragte Beweiserhebung für entbehrlich hält, damit sie ihr weiteres Prozeßverhalten danach einrichten können. Die Ansicht, das Gericht müsse allenfalls in den Urteilsgründen, nicht aber bei der Ablehnung der Beweiserhebung in der Hauptverhandlung aufzeigen, weshalb es sich von der beantragten Beweiserhebung keine Erschütterung seiner bereits gewonnenen Überzeugung erwarte[601], mag unschädlich sein, wenn in Abwesenheit des Angeklagten und seines Verteidigers verhandelt wird; andernfalls muß bereits in der Hauptverhandlung bekanntgegeben werden, weshalb das Gericht dem Beweisantrag nicht entsprechen will.

173   **21. Die Durchführung der Beweiserhebung** des Gerichts ist Sache des **Vorsitzenden**. Ihm obliegt die Durchführung der Beweisaufnahme (§ 238 Abs. 1), und er hat auch die zu ihrer Vorbereitung erforderlichen Maßnahmen in die Wege zu leiten (§ 221)[602]. Soll das Gutachten einer Fachbehörde eingeholt oder ein Richter um die Vernehmung eines Zeugen oder Sachverständigen oder um die Vornahme eines Augenscheins ersucht werden, erläßt der Vorsitzende das Ersuchungsschreiben[603]. Sind im Zuge der Ausführung polizeiliche Erhebungen anzustellen, so kann der Vorsitzende die vermittelnde Tätigkeit des Staatsanwalts in Anspruch nehmen. Sollen Zeugen oder Sachverständige noch zur Verhandlung geladen oder als Beweismittel dienende Gegenstände noch zur Verhandlung herbeigeschafft werden, gilt § 214 Abs. 1, 4.

174   **22. Sitzungsniederschrift. Anträge** der Verfahrensbeteiligten die die Beweiserhebung betreffen, sind im Sitzungsprotokoll festzuhalten (§ 273 Abs. 1). Dies gilt für **alle Beweisanträge**, auch wenn sie nur hilfsweise gestellt wurden[604], aber auch für **Beweisermittlungsanträge**[605], und für Anträge, die die Art und Weise betreffen, in der ein

---

[598] Vgl. bei §§ 384; 411; 420 sowie die in den Kommentaren bei § 77 OWiG nachgewiesene umfangreiche Rechtsprechung.

[599] BayObLGSt **1971** 138; **1992** 99; **1994** 67 = VRS **93** (1997) 126; OLG Karlsruhe NStZ **1988** 226; KG VRS **65** (1983) 221; OLG Köln VRS **65** (1983) 451; **81** (1991) 201; OLG Oldenburg NZV **1995** 84; vgl. aber auch OLG Düsseldorf StV **1993** 350.

[600] Vgl. bei §§ 384, 411, 420 sowie bei § 77 Abs. 3 OWiG, der die Anforderungen an den Inhalt der Begründung auflockert. Zum Ausschluß von § 244 Abs. 3 Satz 2, Abs. 4 bis 6 im Falle der § 436 Abs. 2 vgl. dort.

[601] So etwa KG VRS **65** (1983) 212; OLG Hamm NStZ **1984** 212.

[602] *Alsberg/Nüse/Meyer* 752; vgl. § 221, 3 ff.

[603] OLG Celle GA **59** (1912) 366; vgl. § 223, 27.

[604] BGH bei *Dallinger* MDR **1986** 552; **1975** 468; KG VRS **43** (1972) 199; *Kleinknecht/Meyer-Goßner*[43] 36; KMR-*Paulus* 402; *Alsberg/Nüse/Meyer* 400 mit weit. Nachw.

[605] OLG Saarbrücken JBl Saar **1959** 184; *Alsberg/Nüse/Meyer* 89; 91; *Bergmann* MDR **1976** 892; *Dahs/Dahs* 393; *Schulz* GA **1981** 320; AK-*Schöch* 58; KK-*Herdegen* 55; KMR-*Paulus* 402; SK-*Schlüchter* 69.

Beweismittel verwendet werden soll[606], einschließlich des Antrags auf Gegenüberstellung und auf Vornahme von Versuchen[607]. **Hinweise auf Beweismöglichkeiten**, die nicht mit einem Antrag auf Benutzung der aufgezeigten Beweismittel verbunden sind (Beweiserbieten vgl. Rdn. 123 ff), fallen nicht unter die Protokollierungspflicht nach § 273 Abs. 1. Ob sie nach § 273 Abs. 3 in die Sitzungsniederschrift aufzunehmen sind, ist strittig[608]. Auch wenn man verneint, daß solche Hinweise, deren Inhalt und Intensitätsgrad sehr unterschiedlich sein können, regelmäßig unter die Protokollierungspflicht fallen, kann die Aufnahme eines Vermerks in der Niederschrift über den Inhalt des Hinweises zweckmäßig sein, da die Beurteilung der Aufklärungsrüge davon abhängen kann, ob, in welcher Form und für welches Beweisthema dem Gericht ein weiteres Beweismittel aufgezeigt wurde. Gleiches gilt für die an sich ebenfalls nicht protokollierungspflichtigen **Hinweise und Fragen**, mit denen das Gericht den Sinn eines unklaren Antrags festzustellen und auf die Ergänzung unvollständiger Beweisanträge hinzuwirken versucht[609]. Das Schweigen des Protokolls beweist aber entgegen einer gelegentlich vertretenen Ansicht nicht, daß solche Fragen unterlassen und solche Hinweise nicht erteilt wurden[610]. Bei Beweisanträgen sind **alle Antragsteller** — auch die sich später anschließenden —, der **Inhalt jedes Antrags** und die dafür benannten **Beweismittel**, nicht aber die dafür gegebene Begründung anzuführen[611]. Ist der Antrag dem Gericht schriftlich übergeben worden, kann das Schriftstück auch als **Anlage zum Protokoll** genommen und darauf verwiesen werden[612].

175   **Inhalt** (Tenor und Gründe mit vollem Wortlaut) und **Verkündung** der **Beschlüsse**, mit denen das Gericht eine Beweiserhebung ablehnt, sind ebenfalls nach § 273 Abs. 1 in die Sitzungsniederschrift aufzunehmen[613]; die Gründe, nicht der Tenor, können auch in einer Anlage zum Protokoll enthalten sein, sofern dieses darauf verweist[614], desgleichen sonstige Entscheidungen des Gerichts über gestellte Anträge. Wird ein die Beweiserhebung betreffender Antrag durch den **Vorsitzenden** abgelehnt[615], so ist auch diese Entscheidung in der Sitzungsniederschrift zu vermerken[616], desgleichen der Antrag, mit dem hiergegen das Gericht angerufen wird, und der daraufhin ergehende Beschluß des Gerichts.

176   Die **Rücknahme** eines Beweisantrags, der **Verzicht** auf Beweiserhebung sowie sonstige, einen bereits gestellten Beweisantrag betreffende Anträge, wie etwa daß ein zunächst nur bedingter Antrag nunmehr ohne die Bedingung gestellt wird, oder der Antrag, einen Hilfsbeweisantrag noch in der Hauptverhandlung zu bescheiden (Rdn. 161), sind ins Protokoll aufzunehmen[617].

177   **Schweigt** das Protokoll, so gilt ein Antrag als nicht gestellt, ein Beschluß als nicht verkündet. Nur wenn ersichtlich ist, daß das Protokoll insoweit unvollständig oder wider-

---

[606] RGSt **57** 322; OLG Nürnberg MDR **1984** 74; *Alsberg/Nüse/Meyer* 101; *Bergmann* MDR **1976** 982; *Kleinknecht/Meyer-Goßner*[43] 27; KMR-*Paulus* 382; 402; SK-*Schlüchter* 71; 166.

[607] Vgl. Rdn. 15 ff; 128 ff und die vorsteh. Fußn.

[608] Verneinend *Alsberg/Nüse/Meyer* 73; a. A KMR-*Paulus* 382; vgl. bei § 273.

[609] *Alsberg/Nüse/Meyer* 399; der allerdings rät, im Hinblick auf die Rechtsprechung (vgl. nachf. Fußn.) im Protokoll zu vermerken, daß auf Mängel hingewiesen oder nach dem Sinn des Antrags gefragt wurde.

[610] So etwa RG JW **1917** 235; **1922** 1033; **1932** 3097; BGH GA **1960** 315.

[611] RGSt **1** 32; **31** 62; **59** 429; **61** 410; BGH GA **1960** 315; OLG Frankfurt NJW **1953** 198; *Alsberg/Nüse/Meyer* 400; *Kleinknecht/Meyer-Goßner*[43] 36.

[612] *Alsberg/Nüse/Meyer* 401; *Koeniger* 266; *Kleinknecht/Meyer-Goßner*[43] 36; SK-*Schlüchter* 166.

[613] RGSt **1** 34; **44** 53; OGHSt **1** 282; OLG Kiel SchlHA **1946** 270; OLG Schleswig bei *Ernesti/Jürgensen* SchlHA **1973** 186; KK-*Herdegen* 58; KMR-*Paulus* 412; *Alsberg/Nüse/Meyer* 766 mit weit. Nachw.

[614] RGSt **25** 248; **38** 123; OLG Celle NdsRpfl. **1953** 231; OLG Hamm VRS **38** (1970) 293; *Alsberg/Nüse/Meyer* 766.

[615] Zu den Streitfragen, wann dies statt eines Beschlusses zulässig ist, vgl. Rdn. 121; 142.

[616] SK-*Schlüchter* 166, vgl. bei § 273.

[617] Vgl. Rdn. 137 und bei § 273.

sprüchlich ist, verliert es die negative Beweiskraft (vgl. bei § 274). Stellung und Inhalt des Antrags können dann durch die Urteilsgründe und durch Erklärungen des Vorsitzenden und des Protokollführers oder sonst im Wege des Freibeweises festgestellt werden[618].

IV. Ablehnung eines Beweisantrags allgemein

178   **1. Die Bedeutung der Ablehnungsgründe des Absatzes 3.** Die Gründe, aus denen ein Beweisantrag abgelehnt werden muß oder darf, nahm erst das Gesetz vom 28. 6. 1935 als § 245 Abs. 2 in die Strafprozeßordnung auf, allerdings in der einschränkenden Fassung, als ob sie uneingeschränkt nur in Verhandlungen bei den Gerichten beachtet werden müßten, bei denen nach dem Gesetz allgemein die Berufung ausgeschlossen ist. Diese Gründe waren von der Rechtsprechung unter Führung des Reichsgerichts herausgebildet worden zur Absicherung des Beweisantragsrechts des Beschuldigten und aus dem Gebot, alles zur tatsächlichen Aufklärung Notwendige zu tun. Weil die Ergebnisse der vorhergehenden Rechtsprechung nicht durch andere Grundsätze ersetzt, sondern nur ins Gesetz aufgenommen wurden[619], hat diese Rechtsprechung für die Auslegung und Handhabung des Absatzes 3 ihren Wert behalten. Die dort angegebenen Gründe: Unzulässigkeit der Beweiserhebung; Unerheblichkeit der behaupteten Tatsache; Mangel ihrer Beweisbedürftigkeit; Unbrauchbarkeit oder Unerreichbarkeit des Beweismittels legen — bei Sachverständigen erweitert durch den Absatz 4 und aufgelockert bei Zeugen im Ausland durch Absatz 5 Satz 2 — **abschließend** fest, wann bei einem nicht präsenten Beweismittel die Beweiserhebung abgelehnt werden darf.

179   Aus **anderen Gründen** darf ein zulässiger Beweisantrag nicht abgelehnt werden. Einige unzureichende Ablehnungsgründe, insbesondere die Verstöße gegen den Grundsatz, daß die Beweiswürdigung nicht vorweggenommen werden darf, sind nachstehend erörtert (Rdn. 181 ff).

180   **2. Sonderfälle.** Die grundsätzlich abschließende Regelung der Ablehnungsgründe in § 244 schließt nicht aus, daß in besonders gelagerten Fällen auch Ablehnungsgründe zum Tragen kommen, welche diesen verfahrensrechtlichen Besonderheiten Rechnung tragen. Dies gilt vor allem dort, wo der Gesetzgeber das Gericht freier gestellt hat (§ 384 Abs. 2; § 411 Abs. 2 Satz 2; § 420 Abs. 3; § 436 Abs. 2; § 77 OWiG — vgl. Rdn. 171 ff), oder wenn das Gericht seinem Urteil **Schätzungen** zugrunde legen darf (Rdn. 21 ff).

3. Unzureichende Ablehnungsgründe

181   **a) Abweichen vom Sinn des Antrags.** Bei der Entscheidung über einen Beweisantrag muß das Gericht genau von demselben Sinn des Antrags ausgehen, den der Antragsteller erkennbar mit ihm verbunden wissen will. Die Ablehnung eines Beweisantrages ist daher, gleichgültig mit welcher Begründung sie geschieht, immer dann fehlerhaft, wenn das Gericht das Beweisthema verkennt oder die unter Beweis gestellte Tatsache in eine andere **umdeutet** oder den Antrag nicht nach seinem vollen Sinn ohne jede Verschiebung oder Einengung der Beweistatsachen erschöpfend erledigt[620]. Daß die Mangelhaftigkeit eines Beweisantrags dessen Ablehnung nicht ohne weiteres rechtfertigt, sondern die Pflicht des Gerichts auslöst, auf die Beseitigung des Mangels und die Klarstellung des Gewollten hinzuwirken, ist schon dargelegt[621].

---

[618] RG JW **1930** 1505; vgl. bei § 274, 25; 27.
[619] Zur Entwicklung vgl. etwa *Alsberg/Nüse/Meyer* 1 ff; *Engels* GA **1981** 21 ff; *Lehmann* JW **1935** 2358; *Perron* (Beweisantragsrecht) 137 ff; *Wid-*

maier NStZ **1994** 415; je mit weit. Nachw. sowie die Entstehungsgeschichte.
[620] BGH StV **1989** 140; **1990** 149; **1991** 500; *Alsberg/Nüse/Meyer* 751; 757; vgl. Rdn. 111.
[621] Rdn. 113; 114.

b) Vorwegnahme der Beweiswürdigung. Es ist grundsätzlich unstatthaft, daß das **182** Gericht bei Ablehnung eines Beweisantrags das Ergebnis der beantragten Beweisaufnahme zu Lasten des Antragstellers schon vorweg abschlägig würdigt (**Verbot der Beweisantizipation**). Während es vor der Beiziehung eines Beweismittels von Amts wegen im Rahmen seiner eigenen Aufklärungspflicht auf Grund aller für ihn erkennbaren Umstände den Beweiswert dieses Beweismittels vorweg einschätzen muß und davon absehen kann, wenn es sich davon keine weiterführende Erkenntnis verspricht[622], scheidet diese Vorwegbeurteilung aus, wenn über den Beweisantrag eines Verfahrensbeteiligten nach § 244 Abs. 3, 4 zu entscheiden ist[623]. Wenn die dort aufgeführten Ablehnungsgründe nicht greifen, darf das Gericht weder die Beweisbarkeit der behaupteten Tatsache in Frage stellen noch den Wert des benannten Beweismittels im voraus verneinen. Dem Gericht ist es verwehrt, den Wert des genannten Beweismittels zu beurteilen, bevor es gebraucht ist[624]. Auch die Würdigung des Beweisergebnisses muß grundsätzlich der Beweiserhebung nachfolgen[625]. Das zu erwartende Beweisergebnis darf nach Inhalt und Zuverlässigkeitswert des Beweismittels keine Beurteilung ex ante erfahren[626], auch nicht auf Grund der bisherigen Beweisergebnisse, etwa daß das Gericht das **Gegenteil bereits für erwiesen** halte (vgl. Rdn. 182, 308) oder daß bei einer zur Belastung des Angeklagten unter Beweis gestellten Tatsache selbst deren Bestätigung wegen des bisherigen gegenteiligen Beweisergebnisses nach dem Zweifelsgrundsatz zum sicheren Nachweis nicht ausreichen würde[627] oder nur allgemein, die Beweisaufnahme verspreche keinen Erfolg[628]. Der Grundsatz, daß ein nicht benutztes Beweismittel nicht vorweg verworfen werden darf (Verbot der Beweisantizipation), wird formal damit begründet, daß die Ablehnungsgründe in § 244 Abs. 3, 4, § 245 erschöpfend aufgezählt seien[629]. Er ist in der allgemeinen Lebenserfahrung begründet, daß sich das Ergebnis einer Beweisaufnahme nicht sicher voraussagen läßt und daß eine bereits als gesichert erscheinende Überzeugung dadurch wider Erwarten umgestoßen werden kann[630]. Die Strafrechtspflege müßte schweren Schaden leiden, wenn es dem Gericht ohne weiteres erlaubt wäre, das Zeugnis eines ungehörten Zeugen zu verwerfen. Bei der Festlegung der Ablehnungsgründe in § 244 Abs. 3, 4 hat der Gesetzgeber dem Rechnung getragen; so, wenn er dort nur die Erwiesenheit einer Tatsache, nicht aber ihres Gegenteils als Ablehnungsgrund beim Zeugenbeweis zuließ oder wenn er die Ablehnungsgründe so formulierte, daß sie nur in engen Grenzen eine gewisse Vorwegbeurteilung erfordern[631]. Läßt man die Besonderheiten des Beweises durch Sachverständige (Rdn. 308) und durch Augenschein (Rdn. 329) außer Betracht, so läßt § 244 Abs. 3 Satz 2 vor allem bei der Beurteilung der Geeignetheit eines Beweismittels und auch bei dem Ablehnungsgrund der Verschleppungsabsicht eine **begrenzte Vorauswür-**

---

[622] Vgl. Rdn. 59.

[623] Wegen der Ausnahmen vgl. bei §§ 384, 411 und 420; ferner Rdn. 71.

[624] Zur Aufteilung der alleinigen Vorwürdigungskompetenz zwischen Gericht und Verfahrensbeteiligten BGH NStZ **1997** 503 mit Anm. *Herdegen* = StV **1997** 567 mit Anm. *Wohlers; Frister* ZStW **105** (1993) 351; ferner Rdn. 59. Vgl. aber auch *Herdegen* FS Boujong 785.

[625] Zum Unterschied zwischen antizipierter Beweismittelpräklusion und antizipierender Würdigung *Herdegen* FS Boujong 779.

[626] *Alsberg/Nüse/Meyer* 413; *Eisenberg* (Beweisrecht) 441; *Engels* GA **1981** 21; AK-*Schöch* 75; KK-*Herdegen* 65; *Kleinknecht/Meyer-Goßner*[43] 46; SK-*Schlüchter* 82.

[627] BGH NStZ **1997** 503 mit Anm. *Herdegen* = StV **1997** 567 mit Anm. *Wohlers.*

[628] BGH NJW **1983** 404; StV **1986** 418; **1994** 62; *Alsberg/Nüse/Meyer* 413 ff; *Eisenberg* (Beweisrecht) 198; AK-*Schöch* 75; *Kleinknecht/Meyer-Goßner*[43] 45.

[629] So etwa BGHSt **29** 151; OLG Hamm VRS **42** (1972) 208; AK-*Schöch* 73; *Kleinknecht/Meyer-Goßner*[43] 40; vgl. auch *Alsberg/Nüse/Meyer* 412 ff.

[630] BGHSt **23** 188; KMR-*Paulus* 125; *Niethammer* FS Sauer 33; vgl. ferner *Engels* GA **1981** 351.

[631] *Alsberg/Nüse/Meyer* 413; 418. Zur (begrenzten) Zulässigkeit der Beweisantizipation vgl. etwa *Herdegen* NStZ **1984** 98; KK-*Herdegen* 66; *Herdegen* FS Boujong 786 ff.

digung zu. Wegen der Einzelheiten vgl. bei den einzelnen Ablehnungsgründen, etwa Rdn. 211; 262; 278.

183   Während die Überzeugung des Gerichts von der Wahrheit der behaupteten Tatsache jede weitere Beweisaufnahme entbehrlich macht, darf das Gericht die auf Grund der bisherigen Beweisaufnahme gewonnene Überzeugung nicht dazu benützen, die beantragte Beweiserhebung deshalb abzulehnen, weil die Beweistatsache widerlegt sei und bereits das **Gegenteil** von dem **feststehe**, was der Antragsteller beweisen wolle[632]. Es darf insbesondere ein Beweisantrag, der die Widerlegung einer Zeugenaussage bezweckt, nicht mit der Begründung abgelehnt werden, daß die Beweisbehauptung das Beweisergebnis nicht mehr beeinflussen könne[633] oder daß eine Bestätigung der behaupteten Tatsache nicht zu erwarten[634] oder die unter Beweis gestellte Tatsache nicht beweisbar, unwahrscheinlich[635], unglaubhaft[636], erdichtet[637] oder unsinnig[638] sei.

184   Der Beweisantrag darf auch nicht mit einer den **Wert des benannten Beweismittels** anzweifelnden oder über die engen Grenzen des Ablehnungsgrundes der Ungeeignetheit hinaus in Abrede stellenden Begründung abgelehnt werden, etwa daß der Beweiswert des benannten Beweismittels zu gering sei[639], der Zeuge nach den Unterlagen keine genauen Wahrnehmungen gemacht habe oder sich nicht mehr erinnern werde[640] oder daß das Gericht auch dann, wenn der Zeuge die behauptete Tatsache bestätigen sollte, ihm keinen Glauben schenken werde[641] oder daß der Antragsteller es unterlassen habe, den Zeugen über seine Kenntnis zu befragen[642], oder daß der Beweisantrag der Aussage des Zeugen in einem anderen Verfahren widerspreche[643] oder daß der Antrag des Angeklagten mit einem früheren Geständnis oder mit einer Erklärung des Verteidigers oder daß der Antrag des Verteidigers mit einem Vorbringen des Angeklagten in Widerspruch stehe[644]. Um die Ablehnung eines Beweisantrags, der gegenüber dem Vorwurf der üblen Nachrede nach § 186 StGB auf den Beweis der Wahrheit der behaupteten Tatsache abzielt, aus der Erwägung zu rechtfertigen, daß der Wahrheitsbeweis durch die Erhebung des Beweises nicht erbracht werden könne, müssen besondere Voraussetzungen erfüllt sein[645].

---

632 RGRspr. **7** 296; RGSt **1** 189; **5** 312; **14** 278; **21** 227; **39** 364; **44** 298; **47** 105; RG GA **57** (1910) 212; 229; LZ **1914** 1396; 1722; Recht **1917** Nr. 1197; **1918** Nr. 1641; **1926** Nr. 226; JW **1923** 994; **1930** 931; 3417; HR **1936** Nr. 82; OGHSt **3** 144; BGH NStZ **1984** 42; StV **1986** 418; **1989** 160; **1993** 621; **1994** 62; VRS **39** (1970) 95; bei *Dallinger* MDR **1974** 16; bei *Spiegel* DAR **1981** 199; BayObLGSt **1971** 138 = MDR **1972** 168; BayObLG bei *Rüth* DAR **1964** 242; OLG Celle NJW **1947/48** 394; OLG Düsseldorf VRS (1952) 277, **84** (1993) 453; OLG Hamm NJW **1968** 1205; VRS **7** (1954) 373; **44** (1973) 445; KG DAR **1959** 48; VRS **29** (1965) 204; **48** (1975) 432; OLG Karlsruhe Justiz **1972** 41; **1974** 432; OLG Kiel SchlHA **1946** 451; OLG Koblenz VRS **48** (1975) 120; vg. ferner *Alsberg/Nüse/Meyer* 414 mit weit. Nachw.

633 RG HRR **1937** Nr. 1360; **1939** Nr. 1565; *Alsberg/Nüse/Meyer* 415; Rdn. 279 ff.

634 RG LZ **1924** 41; vgl. RGSt **1** 51; RG GA **42** (1894) 399 (nicht ersichtlich, woher Zeuge die behauptete Kenntnis habe); BGH NStZ **1984** 468; StV **1994** 62; KG DAR **1959** 48; *Alsberg/Nüse/Meyer* 416.

635 RGSt **46** 384; BGH bei *Dallinger* MDR **1974** 16; OLG Köln OLGSt § 244 Abs. 3, 37.

636 RG Recht **1918** Nr. 1641; vgl. OLG Koblenz VRS **52** (1976) 125; OLG Saarbrücken JMBl Saar **1962** 96 (als unglaubwürdig bekannter Zeuge); *Alsberg/Nüse/Meyer* 417 mit weit. Nachw.

637 RG GA **70** (1926) 333; *Alsberg/Nüse/Meyer* 414; vgl. auch BGH bei *Pfeiffer/Miebach* NStZ **1884** 210 (Behauptungen aus der Luft gegriffen).

638 OLG Hamm VRS **42** (1972) 208; KMR-*Paulus* 417; *Alsberg/Nüse/Meyer* 415 weist zu Recht darauf hin, daß in solchen Fällen Verschleppungsabsicht zu prüfen ist.

639 BGH NJW **1966** 1528; NStZ **1984** 42.

640 RGSt **1** 51; **56** 134; KMR-*Paulus* 418; *Alsberg/Nüse/Meyer* 416 mit weit. Nachw.

641 RG GA **70** (1926) 333; JW **1930** 933; BGH NJW **1952** 191; *Alsberg/Nüse/Meyer* 417. Vgl. aber Rdn. 291; 292 (ungeeignet).

642 RGRspr. **3** 768.

643 BGH StV **1984** 450; AK-*Schöch* 75.

644 RG DStR **1917** 168; GA **59** (1911) 121; JW **1925** 2782; BGH bei *Holtz* MDR **1977** 461; BayObLG NJW **1950** 316; *Dahs/Dahs* 253; vgl. ferner *Alsberg/Nüse/Meyer* 375.

645 RGSt **62** 94; RG HRR **1939** Nr. 1449; vgl. bei § 261.

c) Aus **sachfremden Gründen** darf ein Beweisantrag nicht abgelehnt werden. Unzu- **185**
lässig ist **daher die Ablehnung mit der Begründung**, er sei „höchst unökonomisch"[646].

V. Unzulässigkeit der Beweiserhebung (Absatz 3 Satz 1)

1. Unzulässigkeit der Beweiserhebung und **Unzulässigkeit des Beweisantrags**. Es **186**
ist begrifflich ein Unterschied, ob ein Beweisantrag abzulehnen ist, weil er als Antrag
unzulässig ist oder weil er eine unzulässige Beweiserhebung erstrebt[647]. Da sich ein einheitlicher Sprachgebrauch bisher nicht gebildet hat, werden mitunter auch die auf eine
unzulässige Beweiserhebung gerichteten Anträge als „unzulässige Beweisanträge"
bezeichnet[648]. **Unzulässig** sind **Beweisanträge**, die ein nicht oder nicht für den betreffenden Verfahrenskomplex beweisantragsberechtigter Verfahrensbeteiligter stellt[649] oder die
einen Umstand betreffen, der keiner Beweisaufnahme zugänglich ist (vgl. Rdn. 95), oder
deren Sinn völlig unverständlich und auch durch Fragen nicht aufklärbar ist[650], ferner
Anträge, die die Beweiserhebung gar nicht zum Zwecke der Sachaufklärung begehren,
sondern damit ausschließlich prozeßfremde Zwecke verfolgen (strittig; vgl. Rdn. 206).
Unvollständige Anträge oder Anträge, die den Anforderungen eines Beweisantrags nicht
genügen und die in Wirklichkeit **Beweisermittlungsanträge** sind, gehören nicht in die
Kategorie der unzulässigen Beweisanträge[651]. Auf eine **unzulässige Beweiserhebung**
sind dagegen solche Beweisanträge gerichtet, die die Verwendung einer im konkreten Fall
von der Rechtsordnung nicht zugelassenen Beweismöglichkeit anstreben (Rdn. 192).

2. Ablehnungspflicht. Absatz 3 Satz 1 betrifft die **unzulässige Beweiserhebung**. **187**
Einen darauf zielenden Antrag **muß** das Gericht ablehnen. Es hat nur dort einen Ermessensspielraum, wo der Gesetzgeber — wie bei der Verschleppungsabsicht oder in § 245
Abs. 2 — ihm dies aus Praktikabilitätsgründen für bestimmte Ablehnungsgründe eingeräumt hat, sie also nicht schlechthin verbietet[652]. Gibt das Gericht — abgesehen von diesen Sonderfällen — einem auf eine unzulässige Beweiserhebung gerichteten Antrag statt,
so weist das Verfahren einen Fehler auf, der zur Aufhebung des Urteils führen muß, wenn
es auf der Verwertung des unzulässigerweise erhobenen Beweises beruhen kann. Dagegen
ist es unschädlich, wenn das Gericht einen Beweis, dessen Erhebung es nach Absatz 3
Satz 2 ablehnen durfte, trotzdem erhebt. Daraus ergibt sich, daß jeder Beweisantrag
zunächst daraufhin zu prüfen ist, ob er die Erhebung eines unzulässigen Beweises zum
Ziele hat. Erst wenn das verneint wird, ist für eine Prüfung nach § 244 Abs. 3 Satz 2
Raum. Auch die Verfahrensbeteiligten können eine beabsichtigte Beweiserhebung als
unzulässig beanstanden. Sie können, sofern nicht alle für die Beurteilung der Zulässigkeit
erforderlichen Tatsachen hinreichend bekannt sind, deren Aufklärung auch zum Gegenstand eines Beweisermittlungsantrags machen.

---

[646] Vgl. BVerfG NJW **1979** 413 (für Zivilprozeß);
KMR-*Paulus* 420.

[647] *Alsberg/Nüse/Meyer* 425; AK-*Schöch* 77; KK-*Her-
degen* 67; *Kleinknecht/Meyer-Goßner*[43] 48; SK-
Schlüchter 83 treffen diese Unterscheidung; vgl.
KMR-*Paulus* 425.

[648] *Alsberg/Nüse/Meyer* 425; vgl. etwa *Eb. Schmidt*
32; *Rüping/Dornseifer* JZ **1977** 419.

[649] *Alsberg/Nüse/Meyer* 425; *Kleinknecht/Meyer-
Goßner*[43] 30; 48; vgl. Rdn. 96; Vor § 226, 33; ferner *Amelunxen* Nebenkläger 54 für Beweisanträge,
die den Nebenklagekomplex betreffen.

[650] Vgl. *Alsberg/Nüse/Meyer* 425.

[651] AK-*Schöch* 77; KK-*Herdegen* 67; *Kleinknecht/
Meyer-Goßner*[43] 48.

[652] Diese Fragen sind nicht vom Ergebnis, wohl aber
von der Konstruktion her strittig. *Alsberg/Nüse/
Meyer* 425 geht den umgekehrten Weg, wenn er –
um die Einheit des Begriffs der Unzulässigkeit in
den §§ 244, 245 zu wahren – die Scheinbeweisanträge (einschließlich der in Verschleppungsabsicht
gestellten) aus dem Begriff der Unzulässigkeit her-
ausnimmt, weil es bei der Unzulässigkeit nicht auf
die Absicht des Antragstellers, sondern immer nur
auf die objektive Vereinbarkeit der Beweiserhebung mit dem Gesetz ankomme. Zu diesen Fragen
vgl. Rdn. 190; 206 und § 245, 30 ff.

188   **3. Grundsätzliches zur Unzulässigkeit der Beweiserhebung.** Das Strafverfahren dient der Aufgabe des Staates, die wichtigsten Gemeinschafts- und Individualwerte zu schützen. Die große Bedeutung dieser Aufgabe darf nicht vergessen lassen, daß es daneben noch andere, gleich wichtige Staatsaufgaben gibt und daß das Strafverfahren seinen Schutzzweck verfehlen würde, wenn es, um eine Wertverletzung aufzudecken und zu sühnen, andere Gemeinschafts- oder Individualwerte unbegrenzt verletzen oder zerstören dürfte. Das Wertsystem der Verfassung, das zu schützen Aufgabe des Strafverfahrens ist, setzt ihm gleichzeitig auch die Schranken. Dies gilt im besonderen Maße für das beherrschende Grundprinzip des Strafprozesses, für das Recht und die Pflicht, die Wahrheit von Amts wegen zu erforschen. Diesem Prinzip sind zwar die meisten Regeln über die Beweisaufnahme untergeordnet, es ist aber trotz seiner großen Bedeutung kein absoluter Wert, der es rechtfertigen würde, „die Wahrheit um jeden Preis zu erforschen"[653]. Die Rücksichtnahme auf vorrangige andere Werte kann deshalb die Beweisaufnahme unzulässig machen[654], wobei die Unzulässigkeit bestimmte Beweismittel, bestimmte Beweisthemen oder bestimmte Beweismethoden betreffen kann. Umgekehrt kann aber auch die Sicherung der Wahrheitsfindung zu Beweisverboten führen (vgl. § 250 Satz 2). Ferner untersagt das Gesetz in bestimmten Fällen, einen Vorgang auf seine Richtigkeit zu überprüfen, sich bestimmter Beweismittel zu bedienen oder bestimmte Methoden bei der Beweiserhebung anzuwenden. Diese Verbote sind nach Schutzzweck, Inhalt, Umfang und Tragweite verschieden, sie schränken aber die Zulässigkeit der Beweiserhebung ein.

189   **4. Beweisverbote allgemein.** Die Einteilung der Beweisverbote (hier im weiten Sinn gemeint als alle Art von Regeln, welche eine bestimmte Art von Beweiserhebung unzulässig machen) ist im Schrifttum nicht einheitlich. Insbesondere hat sich noch keine einheitliche Bezeichnung durchgesetzt, so daß jeweils zu prüfen ist, was der einzelne Verfasser unter der von ihm gewählten Bezeichnung versteht. Die Fragen sind in der Einleitung (Abschn. K) erörtert[655]. Ganz gleich, welche Einteilung man wählt, es wird immer bei jedem einzelnen Verbot nach seinem Zweck und seiner gesetzlichen Ausgestaltung zu ermitteln sein, welcher **Inhalt** und welche **Tragweite** ihm beikommt und ob und welche Fernwirkung es hat. Die ebenfalls umstrittene Frage, ob mit der Revision nur solche Verstöße gerügt werden können, die den eigenen Rechtskreis des Revisionsführers berühren (sog. Rechtskreistheorie), ist eine Frage des Revisionsrechts und dort erörtert[656].

190   Alle Beweisverbote[657] bedürfen einer **Grundlage im Gesetz**, denn eine Beweiserhebung ist nur unzulässig, wenn sie durch Rechtsnormen untersagt ist[658]. Nicht notwendig

---

[653] BVerfG NStZ **1984** 82; BGHSt **14** 365; **19** 332; **27** 357; **31** 309, h. M.

[654] Trotz des hohen Rangs, den eine funktionstüchtige Strafrechtspflege und die Aufklärung der Straftaten im Rechtsstaat einnimmt, folgt gerade aus dem Rechtsstaatsprinzip, insbesondere aus dem ihm zugehörenden Grundsatz der Verhältnismäßigkeit, daß die Belange der Strafrechtspflege und das staatliche Interesse an einer lückenlosen Aufklärung von Straftaten mitunter hinter höherrangigen Privat- oder Gemeinschaftsinteressen zurückstehen müssen, vgl. etwa BVerfGE **22** 132; **36** 187; **38** 121.

[655] Dort finden sich auch die Nachweise zum umfangreichen Schrifttum und zur Rechtsprechung.

[656] Vgl. bei § 337, 95 ff.

[657] Von den Beweisverboten, die einen bestimmten Beweis untersagen, sind die Beweisregelungen zu unterscheiden, die umgekehrt die Einbringung eines bestimmten Beweises ermöglichen oder sichern sollen und zu diesem Zweck das Beweisverfahren an bestimmte Regeln binden, um es zu ordnen oder um den staatlichen Organen die für die Beweisführung notwendigen Eingriffsbefugnisse zu geben. Da diese Regelungen ihrer Zielsetzung nach auf Beweisgewinnung und nicht auf Beweisausschluß gerichtet sind, führt ihre Verletzung grundsätzlich zu keinem Verwertungsverbot.

[658] Dies ist in der Regel keine Frage des Gesetzesvorbehalts bei Grundrechtseingriffen (vgl. *Rogall* ZStW **91** [1979] 5), sondern folgt daraus, daß die StPO die Beweiserhebung – einschließlich des damit verbundenen Eingriffs – grundsätzlich zuläßt und die Beweisverbote diese Regelung ihrerseits wieder einschränken.

ist, daß dies ausdrücklich geschieht; es genügt, wenn sich ein solches Verbot durch Auslegung der betreffenden Norm in Verbindung mit den anderen hereinspielenden Rechtssätzen ergibt. Dies ist von besonderer Bedeutung im **Bereich des Verfassungsrechts**; denn eine Beweiserhebung, welche Grundrechte verletzt, ist unzulässig. Die Grenzen, die die Grundrechte der Beweiserhebung im Einzelfall setzen, sind unter Berücksichtigung des Verbots, ein Grundrecht in seinem Wesensgehalt anzutasten (Art. 19 Abs. 2 GG), durch Auslegung zu ermitteln; auch dort, wo ausdrückliche oder immanente Schranken des Grundrechts (vgl. etwa die Schrankentrias des Art. 2 Abs. 1 GG) bestehen, ist im Lichte der jeweiligen Verfassungsbestimmung unter Berücksichtigung ihrer Bedeutung im Wertsystem des Grundgesetzes abzuwägen, ob die Beeinträchtigung des durch das Grundgesetz geschützten Rechtsguts nicht außer Verhältnis steht zu der Bedeutung der Beweiserhebung[659]. Diese Abgrenzung ist grundsätzlich Sache des Gesetzgebers[660], der bei der Abwägung andererseits beachten muß, daß das Rechtsstaatsprinzip zur Aufrechterhaltung einer funktionstüchtigen Rechtspflege die Aufklärung schwerer Straftaten verlangt[661]. In Ausnahmefällen, insbesondere wenn die allgemeinen einfachgesetzlichen Regeln auf den Sonderfall nicht passen, kann auch dem Richter die Grenzziehung und Bestimmung der Tragweite eines Beweiserhebungs- oder Beweisverwertungsverbots[662] obliegen. Außerhalb dieser verfassungsrechtlichen Vorgaben kann der Gesetzgeber für bestimmte Fallgruppen die Beweiserhebung zum Schutze wichtiger öffentlicher oder privater Belange einschränken. Er kann andererseits aber auch, soweit nicht schutzwürdige Interessen Dritter entgegenstehen, die strikte Unzulässigkeit der Beweiserhebung dadurch auflockern, daß er aus verfahrensrechtlichen Erwägungen für bestimmte Gruppen unzulässiger Anträge nur einen fakultativen Ablehnungsgrund vorsieht, wie etwa bei der Verschleppungsabsicht (vgl. auch § 245, 30). Wo er aber keine solche Grenzverschiebung vorgenommen hat, geht bei einer Überschneidung der Ablehnungsgründe die zwingende Ablehnung wegen Unzulässigkeit der fakultativen Ablehnung vor.

Die Beweisverbote gehören dem **öffentlichen Recht** an. Aus der Verletzung **bürger-** **191** **lichrechtlicher Normen**, die ausschließlich im Verhältnis zwischen Privatpersonen gelten, lassen sich grundsätzlich keine Beweisverbote herleiten[663]. Eine (scheinbare) Ausnahme besteht nur dort, wo die staatlichen Organe kraft öffentlichen Rechts gehalten sind, gewisse, auch im bürgerlichen Recht wurzelnde absolute Rechte, wie etwa das allgemeine Persönlichkeitsrecht, bei Ausübung der öffentlichen Gewalt auch dort zu beachten, wo der Inhalt über den verfassungsmäßig verbürgten Bereich hinausgeht.

5. Einzelfälle der Unzulässigkeit

a) Ausschluß durch Gesetz. Die Unzulässigkeit der Beweiserhebung kann sich dar- **192** aus ergeben, daß ein **Beweismittel verwendet** werden soll, das nicht verwendet werden darf, wie ein abgelehnter Sachverständiger, oder das im Gesetz nicht vorgesehen ist. So kann sich die Unzulässigkeit, eine Person als förmliches Beweismittel (Zeuge) heranzuziehen, aus ihrer **Rolle im Verfahren** ergeben. Ein Angeklagter kann nicht gleichzeitig Zeuge sein. Wird aber das Verfahren gegen ihn aus sachlich gerechtfertigten Gründen abgetrennt oder ist es abgeschlossen, dann ist nach der herrschenden Rechtsprechung[664]

---

[659] Vgl. etwa BGHSt **29** 23; Rdn. 201 ff.
[660] *Gössel* NJW **1981** 649; *Rupp* Gutachten für den 56. DJT, I 3 A, 167 ff. Wegen weit. Nachw. vgl. Einl. Abschn. K.
[661] BVerfGE **33** 367; vgl. Einl. G 10 ff.
[662] Zu den relativen Beweisverwertungsverboten vgl. Einl. Abschn. K; ferner etwa KK-*Pfeiffer* Einl. 120; 121.

[663] *Kleinknecht* NJW **1966** 1544.
[664] Vgl. etwa BGHSt **10** 11; **10** 186; **17** 134; **18** 238; **24** 257; **27** 139; BGH JR **1969** 148; StV **1984** 362 mit Anm. *Prittwitz*; StV **1985** 89 mit Anm. *Meyer-Goßner*, strittig; wegen weit. Nachw. vgl. Vor § 48, 31.

seine Vernehmung als Zeuge zulässig, da nach dieser nur die förmliche Stellung im gleichen Verfahren maßgebend ist[665].

193   **b) Verbote im Interesse der Wahrheitsfindung.** Unzulässig ist eine Beweiserhebung, wenn sie durch eine Verfahrensvorschrift im Interesse der Wahrheitsfindung ausdrücklich verboten ist, wie etwa im Fall des § 250 Satz 2. Die Einzelheiten sind dort erläutert[666].

194   **c) Bindung an fremde Feststellungen.** Die Unzulässigkeit der Beweiserhebung und Verwertung ergibt sich aus dem Beweisthema, wenn der Beweisantrag darauf abzielt, daß über eine Tatsache Beweis erhoben werde, die der eigenen Feststellung des Gerichts entzogen ist. Das ist der Fall, wenn entgegen dem Beweisthemaverbot des § 190 StGB Beweis über die Wahrheit oder Unwahrheit der behaupteten ehrenrührigen Tatsache erhoben werden soll[667]. Das gleiche gilt, wenn sich das Beweisthema auf eine Tatsache bezieht, die in einem der Nachprüfung entzogenen Urteilsteil für das Gericht bindend festgestellt ist, sei es, daß das Urteil nur beschränkt angefochten worden ist oder daß das Urteil samt den zugrundeliegenden Feststellungen insoweit vom Revisionsgericht bestätigt und nur wegen eines anderen Teils, etwa nur wegen des Strafausspruchs, zurückverwiesen wurde[668]. Unzulässig ist die Beweiserhebung ferner, soweit sie die Aufklärung von Vorfragen bezweckt, die das Gericht nicht selbst entscheiden darf, weil es an die Entscheidung eines anderen Gerichts oder an einen Verwaltungsakt gebunden ist[669].

195   **d) Vorrangige öffentliche oder private Interessen.** Unzulässig ist ferner eine Beweiserhebung, wenn sie wegen wichtiger öffentlicher Interessen ausgeschlossen ist. So ist die Vernehmung eines Beamten oder einer ihm insoweit gleichgestellten Person unzulässig, wenn er über Umstände aussagen soll, auf die sich seine Pflicht zur **Amtsverschwiegenheit** bezieht, sofern die vorgesetzte Behörde die nach § 54 erforderliche Genehmigung verweigert hat[670]. Ob die **Sperrerklärung** nach § 96 zu einem Beweisverbot oder nur zur Unerreichbarkeit des gesperrten Beweismittels führt, ist strittig[671]. Strittig ist auch, ob §§ 43, 45 Abs. 3 DRiG es ausschließen, daß über Vorgänge bei der richterlichen Beratung und Abstimmung Beweis erhoben werden darf[672].

196   Ob **besondere Verschwiegenheitspflichten**, wie etwa das Schweigegebot nach § 174 Abs. 3 GVG[673] oder sonstige Geheimhaltungsvorschriften, wie etwa das Steuergeheimnis (§ 30 AO), Sozialgeheimnis (§ 35 SGB I), Wahlgeheimnis (Art. 38 GG)[674] oder Statistik-

---

665 Die umstrittenen Fragen des sogen. Rollentausches sind Vor § 48, 31 ff erörtert.

666 Ferner *Alsberg/Nüse/Meyer* 459 ff mit weit. Nachw.

667 Ein Beweisverbot nehmen ebenfalls an *Alsberg/ Nüse/Meyer* 436 (mit weit. Nachw.); *Gutmann* JuS **1962** 371; KMR-*Paulus* 487; *Otto* GA **1970** 293; *Peters* § 37 X; *Eb. Schmidt* 35; auch *Spendel* NJW **1966** 1104; andererseits sehen BayObLGSt **1960** 229 = NJW **1961** 85; *Dähn* JZ **1973** 51; *Dencker* Verwertungsverbote 34 und wohl die meisten Kommentare zu § 190 StGB in dieser Vorschrift eine Beweisregel.

668 RGSt **7** 176; **20** 412; **43** 361; **49** 71; BGHSt **14** 38; **30** 340; OLG Hamm NJW **1968** 313; *Gietl* NJW **1959** 928; *Kleinknecht/Meyer-Goßner*[43] 49; KMR-*Paulus* 487; *Schlüchter* 637.2; ferner *Alsberg/Nüse/ Meyer* 434 mit weit. Nachw.; **a. A** RG HRR **1938**

Nr. 1383, das zu Unrecht Unerheblichkeit annimmt. Vgl. bei § 327 und bei § 353 sowie Vor § 296, 34 ff.

669 Zur Bindungswirkung vgl. die Erläuterungen zu § 262; ferner *Alsberg/Nüse/Meyer* 435 ff; *Spendel* NJW **1966** 1104.

670 BGHSt **30** 37; wegen der Einzelheiten vgl. die Erläuterungen zu § 54, ferner *Alsberg/Nüse/Meyer* 454 ff.

671 Vgl. bei § 94 ferner BGHSt **39** 141 = JR **1994** 250 mit Anm. *Siegismund* = JZ **1993** 1012 mit Anm. *Beulke/Satzger*; *Alsberg/Nüse/Meyer* 459; 623.

672 Vgl. *Alsberg/Nüse/Meyer* 439.

673 KMR-*Paulus* 487; *Peters* 46. DJT Gutachten 112; nehmen Beweisverbot an, anders *Alsberg/Nüse/ Meyer* 442 mit weit. Nachw.; vgl. bei § 174 GVG.

674 *Alsberg/Nüse/Meyer* 451; *Peters* 46. DJT Gutachten 111.

geheimnis (§ 11 BStatG)[675], ein Beweisverbot begründen, ist durch Auslegung der jeweiligen Vorschriften unter Berücksichtigung ihres Schutzzwecks zu ermitteln, sofern das nicht, wie in § 30 Abs. 4, 5, § 393 AO[676], §§ 67 bis 77 SGB X[677], ausdrücklich geregelt ist. Die allgemeine Pflicht der Behörden zur Wahrung der ihnen anvertrauten **Privatgeheimnisse** schließt nur die unbefugte Offenbarung aus (§ 30 VwVfG und die entsprechenden Ländervorschriften), begründet also kein Beweisverbot[678]. Gleiches gilt für das bei Auskünften aus Dateien geltende Datengeheimnis (§ 5 BDSG und die entsprechenden Ländervorschriften)[679] oder das im Strafverfahren irrelevante Bankgeheimnis[680]. Auch wenn kein generelles Beweisverbot besteht, kann jedoch in Ausnahmefällen der **Grundrechtsschutz des Persönlichkeitsbereichs** der Beweiserhebung oder Verwertung entgegenstehen. Die Grenze ist, soweit nicht der unantastbare Kernbereich betroffen ist, nach den Umständen des konkreten Einzelfalls durch Güterabwägung zu bestimmen[681]. Dabei wird zu berücksichtigen sein, daß der Gesetzgeber in der Regel den Ausschluß der Öffentlichkeit nach § 172 GVG in Verbindung mit dem **Schweigegebot** nach § 174 Abs. 3 GVG als ausreichend angesehen hat[682]. Soweit Verwaltungsgesetze im Interesse bestimmter Verwaltungszwecke Verwertungsverbote für die durch bestimmte Verwaltungsmaßnahmen (Auskünfte, Kontrollen usw.) erlangten Kenntnisse aufstellen, richtet sich Umfang und Geltungsbereich der Beweisverbote nach der jeweiligen spezialgesetzlichen Regelung (vgl. Rdn. 203).

Besonders geschützte Privatinteressen können der Beweiserhebung über **197** bestimmte Beweisthemen oder der Heranziehung bestimmter Personen, Urkunden oder Sachen als Beweismittel entgegenstehen, wie etwa das Verbot des § 252. Ob ein Zeuge, der von einem Aussageverweigerungsrecht nach den §§ 52 bis 55 Gebrauch macht, dadurch zu einem unzulässigen oder nur zu einem ungeeigneten Beweismittel wird, ist strittig[683].

Soweit die §§ 51, 52 BZRG im Interesse der Resozialisierung die Verwertung til- **198** gungsreifer **Vorstrafen** ausschließen, wird die Zulässigkeit der Beweiserhebung durch den Schutzzweck dieser Vorschriften begrenzt[684]. Sofern nicht die vorgesehenen Ausnahmen[685] Platz greifen, dürfen getilgte oder nach dem BZRG im Zeitpunkt der letzten tatrichterlichen Verhandlung tilgungsreife Vorstrafen[686] in keiner Form in die Hauptverhandlung eingeführt oder bei der Entscheidung zum Nachteil des Betroffenen verwertet werden[687], auch nicht als Indiz für die abzuurteilende Tat[688]. Die Einführung in die

---

675 *Alsberg/Nüse/Meyer* 475.
676 *Pfaff* DRiZ **1971** 341; JR **1972** 105; *Schomberg* NJW **1979** 526; *Alsberg/Nüse/Meyer* 475; 510, je mit weit. Nachw.; ferner (zur früheren Fassung) *Erdsiek* NJW **1963** 2311; *Kopacek* NJW **1964** 854. Die Einzelheiten sind in den Kommentaren zur Abgabenordnung erläutert.
677 LG Stade MDR **1981** 960; *Alsberg/Nüse/Meyer* 474; *Mallmann/Walz* NJW **1981** 1020; *Riekenbrauck* StV **1992** 37; *Schatzschneider* MDR **1982** 6; *Schnapp* NJW **1980** 2169; *Walter* NJW **1978** 868 sowie die Kommentare zu SGB I und SGB X.
678 *Alsberg/Nüse/Meyer* 474; ferner die Kommentare zum VwVfG des Bundes und der Länder, wonach die Mitteilung auf Grund einer Rechtsnorm befugt im Sinne des § 30 VwVfG ist.
679 *Alsberg/Nüse/Meyer* 474; AK-*Schöch* 80; ferner die Kommentare zu den Datenschutzgesetzen des Bundes und der Länder.

680 AK-*Schöch* 80.
681 Strittig; vgl. Einl. I 93 ff; ferner Rdn. 201.
682 Vgl. bei §§ 172, 174 GVG.
683 Wegen der strittigen Einzelheiten (vgl. *Alsberg/ Nüse/Meyer* 486; 489; 497) wird auf die Erläuterungen zu den jeweiligen Vorschriften verwiesen.
684 Die Regelung ist nicht verfassungswidrig; BVerfGE **36** 174 = JZ **1974** 221 mit Anm. *Willms* = NJW **1974** 179; 491 mit Anm. *Klinghardt*; **a. A** *Willms* FS Dreher 144.
685 Vgl. § 51 Abs. 2, § 52 BZRG (vor allem bei Gutachten über Geisteszustand, ferner bei Entziehung der Fahrerlaubnis); zu den Ausnahmen vgl. im übrigen *Alsberg/Nüse/Meyer* 447 ff; KMR-*Paulus* 581.
686 Dazu gehören auch Verurteilungen im Ausland (§ 58 BZRG); BayObLGSt **1978** 39 = VRS **55** (1978) 180.

Hauptverhandlung, auch die Beweiserhebung, ist insoweit nur zulässig, als der Betroffene dies selbst wünscht[689]. Das Verbot gilt auch bei tilgungsreifen Vorstrafen aus dem Erziehungsregister[690], ferner bei Eintragungen im Verkehrszentralregister oder Gewerbezentralregister[691].

199   e) Wieweit die **Verletzung von Verfahrensvorschriften** über die Gewinnung oder Sicherstellung von Beweismitteln, insbesondere auch die damit verbundenen Hinweispflichten, die Beweiserhebung unzulässig machen oder einschränken, ist bei den jeweiligen Verfahrensvorschriften erörtert[692].

200   f) **Verbotene Beweismethoden** ergeben sich vor allem aus § 136 a. Sie gelten nicht nur für den Angeklagten, sondern auch für den Zeugen (§ 69 Abs. 3) und den Sachverständigen (§ 72 in Verb. mit § 69 Abs. 3). Verboten sind danach namentlich alle körperlichen Eingriffe und die Verabreichung von Mitteln zur Beeinträchtigung der Willensfreiheit, wie die Injektion hemmungslösender Drogen, die sogen. Wahrheitsspritzen und die Narkoanalyse. Wegen der Einzelheiten wird auf § 136 a und das dort angeführte Schrifttum verwiesen[693].

6. Die Grundrechte als Zulässigkeitsschranke

201   a) Die Unzulässigkeit der Beweisaufnahme kann sich, wie schon erwähnt, daraus ergeben, daß sie die **Grundrechte verletzt** (Rdn. 190). Besondere Bedeutung hat hier der **Grundrechtsschutz des privaten Lebensbereichs**. Das in Art. 2 Abs. 1 GG verbürgte Recht auf freie Entfaltung der Persönlichkeit in Verbindung mit dem Gebot des Art. 1 Abs. 1 GG, die Würde des Menschen zu achten und zu schützen, gewähren nach der Rechtsprechung des Bundesverfassungsgerichts[694] jedem einen **unantastbaren Bereich privater Lebensgestaltung**. Der Kernbereich der Privatsphäre ist jeder Einwirkung der öffentlichen Gewalt entzogen. Auch überwiegende öffentliche Interessen vermögen einen Eingriff des Staates nicht zu rechtfertigen[695]. Eine Güterabwägung findet insoweit nicht statt. Die eng zu ziehenden Grenzen dieses Kernbereiches liegen dort, wo die Grundrechte selbst in ihrem **Wesensgehalt** (Art. 19 Abs. 2 GG) durch den staatlichen Eingriff angetastet werden und nicht nur einzelne ihrer Ausstrahlungen. Über den Kernbereich hinaus schützen die genannten Grundrechte auch **Rechtspositionen des einzelnen**, die für ihre

[687] BGHSt **25** 102; **24** 378; **27** 108; BGH StV **1981** 67; BayObLGSt **1972** 3 = VRS **43** (1972) 17; BayObLG bei *Rüth* DAR **1981** 247; OLG Celle NJW **1973** 1012; OLG Düsseldorf VRS **54** (1978) 50; OLG Karlsruhe VRS **55** (1978) 284; KMR-*Paulus* 583 ff; *Alsberg/Nüse/Meyer* 444 mit weit. Nachw.

[688] BGHSt **27** 108; BayObLG bei *Rüth* DAR **1981** 247; OLG Celle NJW **1973** 1012; *Brauser* NJW **1973** 1007; *Creifelds* GA **1974** 140; *Dreher* JZ **1972** 621; *Haffke* GA **1975** 77; KMR-*Paulus* 586; *Stadie* DRiZ **1972** 349; *Alsberg/Nüse/Meyer* 445 mit weit. Nachw.; **a. A** *Peters* JR **1973** 165.

[689] BGHSt **27** 108; KMR-*Paulus* 588. Ein Verzicht auf das Verwertungsverbot ist dagegen nicht möglich, *Alsberg/Nüse/Meyer* 447.

[690] BayObLG NJW **1972** 583; *Alsberg/Nüse/Meyer* 443; 449; KMR-*Paulus* 583 mit weit. Nachw.

[691] *Alsberg/Nüse/Meyer* 449; KMR-*Paulus* 583 mit weit. Nachw.

[692] Vgl. ferner Einl. Abschn. K; *Alsberg/Nüse/Meyer* 450 ff.

[693] Vgl. ferner *Alsberg/Nüse/Meyer* 481.

[694] BVerfGE **34** 245 = JZ **1973** 504 mit Anm. *Arzt*; **35** 220; **80** 367; BGHSt **31** 296; BayObLGSt **1978** 154 = JR **1980** 432 mit Anm. *Hanack; Rogall* ZStW **91** (1979) 22; ferner *Alsberg/Nüse/Meyer* 513.

[695] Nach *Kraus* FS Gallas 365 gibt es kein besonderes Rechtsgut des Privaten und auch kein materielles Rechtsprinzip, das die Intimsphäre als solche schützt, sondern nur die aus dem Rechtsstaatsprinzip und einzelnen Grundrechten abgeleiteten formalen Gesetzmäßigkeiten, die jede Entfaltung der Staatsgewalt gegen den Bürger begrenzen. *Schwan* VerwA **1975** 149 verneint die Existenz eines staatlicher Ausforschung verschlossenen Lebensbereiches; nicht Art. 19 Abs. 2, sondern Rechtsstaatsprinzip und Verhältnismäßigkeitsgrundsatz ziehen die Grenzen. Vgl. *Gössel* NJW **1981** 635; *Rupprecht* DVBl. **1974** 579; *Schünemann* ZStW **90** (1978) 19; NJW **1978** 406; aber auch Fußn. 696; 697; 700.

Verwirklichung wesentlich sind, wie etwa das Recht am eigenen gesprochenen Wort oder am eigenen Bild oder an eigenen vertraulichen Notizen[696]. Das unbefugte Offenbaren, noch mehr aber das unbefugte Ausspähen und die unbefugte Dokumentation mit Hilfe technischer Aufnahmen, aber auch eine unbefugte umfassende Dokumentation[697] können diesen grundrechtlich geschützten Lebensbereich verletzen. In der Regel besteht hier aber nicht der absolute Grundrechtsschutz des Kernbereichs. Die Gemeinschaftsbindung des Bürgers verpflichtet ihn, in diesen Bereichen staatliche Maßnahmen hinzunehmen, wenn sie unter strikter Wahrung des Verhältnismäßigkeitsgrundsatzes geboten sind, um überwiegende Allgemeininteressen durchzusetzen. Zu diesen Allgemeininteressen, die im Einzelfall vorgehen können, rechnen auch die Erfordernisse einer wirksamen Strafverfolgung schwererer Straftaten und das Interesse an einer möglichst vollständigen Wahrheitsermittlung im Strafprozeß[698]. Die Einzelheiten sind in der Einleitung[699] erläutert; die Eingriffe in das in Art. 10 GG besonders geschützte Post-, Brief- und Fernmeldegeheimnis noch bei den §§ 99 bis 101[700]; hinsichtlich der Tonaufnahmen und Schriftstücke vgl. auch § 86[701].

In Betracht kommen ferner das Recht auf **Gewissensfreiheit** (Art. 4 GG), das eine **202** Wertung der Gewissensentscheidung dem Beweis, insbesondere dem Sachverständigenbeweis, entzieht[702] und eine Beweiserhebung zur Klärung der nach Art. 140 GG, Art. 136 Abs. 3 WeimVerf. in der Regel unzulässigen Frage nach der Religionszughörigkeit verbietet. Unzulässig ist ferner eine Beweiserhebung, durch die in die durch Art. 5 GG institutionalisierte **Pressefreiheit** eingegriffen[703] wird. Auch aus der **Eigentumsgarantie** des Art. 14 GG kann sich in besonders gelagerten Ausnahmefällen — wenn nämlich der Eingriff in das Eigentum in keinem Verhältnis mehr zu dem Wert des hierdurch erlangten Beweismittels steht — die Unzulässigkeit einer Beweiserhebung ergeben[704].

Aus dem ebenfalls durch Art. 2 Abs. 1, Art. 1 Abs. 1 GG und dem **Rechtsstaatsprin-** **203** **zip** und durch Art. 14 Abs. 3 Buchst. g IPBPR auch noch ausdrücklich verbürgten Grundsatz, daß sich **niemand selbst belasten** muß[705], hat das Bundesverfassungsgericht ein Beweisverbot für die Verwendung solcher Angaben hergeleitet, die der Angeklagte in einem anderen Verfahren zu machen verpflichtet war[706]; bei nicht durch unmittelbare staatliche Sanktionen erzwingbaren Auskünften wird dies verneint[707]. Ein im Rechts-

[696] BVerfGE **34** 245; **80** 367; BGHSt **19** 325; OG Celle NdsRpfl. **1964** 279; vgl. Fußn. 700.

[697] BVerfG **65** 1; wieweit das sog. Recht auf informationelle Selbstbestimmung die Verwertung unbefugt gesammelter oder erlangter Daten zu Beweiszwecken verhindert, ist im einzelnen noch offen; soweit ein Verstoß gegen Art. 2 Abs. 1, Art. 1 Abs. 1 GG vorliegt, dürfte jedoch die Verwendung ebenso unzulässig sein wie bei anderen Verletzungen des geschützten Persönlichkeitsrechts.

[698] BVerfGE **32** 381; **34** 248; **80** 367 mit Anm. *Störmer* NStZ **1990** 397; BGH NJW **1980** 1700; **1995** 269; BayObLG StV **1992** 459; zu den strittigen Fragen vgl. etwa *Geppert* JR **1988** 474; *Küper* JZ **1990** 416; *Lucien* GA **1992** 254; *Otto* FS Kleinknecht 328; *Plagemann* NStZ **1987** 570; *Ranft* FS Spendel 731; *Wolter* GedS Meyer 507; StV **1990** 179 sowie Einl. Abschn. K.

[699] Einl. Abschn. K mit weit. Nachw.

[700] Vgl. auch Rdn. 333; KMR-*Paulus* 571; ferner *Alsberg/Nüse/Meyer* 514 ff mit Nachweisen zu den Einzelfragen.

[701] Vgl. ferner *Alsberg/Nüse/Meyer* 519 ff; KMR-*Paulus* 578.

[702] Vgl. *Peters* 46. DJT Gutachten 148; *Amelung* NJW **1988** 1002; **1990** 1758; *Lorenz* GA **1992** 274 ziehen Art. 4 GG auch zur Lösung der Tagebuchproblematik heran; strittig.

[703] Nach BVerfGE **7** 208; **10** 121; **12** 130; **15** 78; 225; **20** 162 ff erfordert jede strafprozessuale Maßnahme, die in den durch Art. 5 GG geschützten Bereich der Pressefreiheit eingreift, eine Abwägung zwischen den Belangen der freien Presse und denen der Strafverfolgung; vgl. *Peters* 46. DJT Gutachten 142; ferner die Ausführungen bei § 97.

[704] *Alsberg/Nüse/Meyer* 527; vgl. auch *Spendel* NJW **1966** 1106.

[705] Vgl. § 243, 43; Art. 6 MRK (24. Aufl. Rdn. 248 ff); sowie Einl. I 88 ff.

[706] BVerfGE **56** 37 (Angaben des Gemeinschuldners im Konkursverfahren); dazu insbes. *K. Schäfer* FS Dünnebier 11; *Alsberg/Nüse/Meyer* 511; *Streck* StV **1981** 362; *Stürner* NJW **1981** 1757; BGHSt **37** 340 = StV **1990** 243 mit Anm. *Ventzke* StV **1990** 279; s. auch Einl. I 98.

staatsprinzip begründetes Beweisverbot kann ferner in Betracht kommen, wenn das Gericht ein mittelbares Beweismittel verwenden müßte, weil ihm eine inländische Behörde rechtswidrig und willkürlich die Heranziehung des unmittelbaren Beweismittels verweigert hat[708].

204   Die Beweiserhebung kann ferner Art. 2 Abs. 2 GG entgegenstehen, wenn sie mit einer **ernsthaften Lebensgefahr** oder der Gefahr einer schwerwiegenden Gesundheitsgefährdung der Beweisperson verbunden wäre[709] oder wenn diese ernsthaft befürchten müßte, im Falle einer Aussage in ihrem **Recht auf körperliche Unversehrtheit und Freiheit** beeinträchtigt zu werden[710].

205   **b) Verwendungsverbot.** Soweit nach den vorstehenden Grundsätzen der Eingriff in die Privatsphäre des einzelnen verfassungsrechtlich unzulässig ist, dürfen auch im Strafprozeß Beweismittel nicht verwendet werden, wenn die Verwendung in der Hauptverhandlung einen neuen Eingriff in die Grundrechte bedeuten würde[711], wobei es unerheblich ist, ob es sich um Grundrechte des Angeklagten, eines Zeugen oder eines unbeteiligten Dritten handelt. Bei der Güterabwägung zur Prüfung der Verhältnismäßigkeit des Eingriffs kann es dagegen eine Rolle spielen, ob in die Privatsphäre des Angeklagten oder eines Dritten eingegriffen wird.

206   **7. Mißbrauch für verfahrensfremde Zwecke, Scheinbeweisanträge.** Ebenso wie ein nur zur Verfahrensverschleppung dienender Beweisantrag bei Ersichtlichkeit dieser Motivation zurückgewiesen werden kann (Rdn. 209), kann auch ein Beweisantrag abgelehnt werden, mit dem der Antragsteller ausschließlich verfahrensfremde Zwecke verfolgt, der also gar nicht ernstlich die Aufklärung eines entscheidungsrelevanten Sachverhalts begehrt[712]. Bei einer solchen Zielsetzung ist an sich schon die Antragstellung als solche wegen des mit ihr offensichtlich verfolgten verfahrensfremden Zweckes unzulässig und nicht nur die begehrte Beweiserhebung[713]. Da jedoch die Zulässigkeit der Antragstellung hier auch vom Inhalt der begehrten Beweiserhebung abhängt und isoliert davon nicht beurteilt werden kann, wird man hier — ebenso wie bei der Verschleppungsabsicht —, beides in einer Gesamtschau beurteilen müssen; denn für sich allein würde die nur aus Indizien zu erschließende subjektive Mißbrauchsabsicht kaum feststellbar sein und bei einem die Sachaufklärung fördernden Beweisantrag auch die Ablehnung nicht rechtfertigen[714]. Eine Ablehnung

---

[707] BVerfG NStZ **1995** 599; OLG Celle JZ **1982** 341 = JR **1982** 475 mit Anm. *Rengier* (Verwertbarkeit der Schadensmeldung bei Haftpflichtversicherung); dazu *Geppert* DAR **1981** 301; KG NStZ **1995** 146 mit weit. Nachw.; ferner Einl. I 98 ff.

[708] BVerfGE **57** 290; BGHSt **29** 111; vgl. *Alsberg/Nüse/Meyer* 528 mit weit. Nachw.

[709] BVerfGE **57** 284; BGHSt **29** 115; **30** 37; **33** 74; **39** 141 = JR **1994** 250 mit Anm. *Siegismund*; NStZ **1984** 31; bei *Holtz* MDR **1985** 159; vgl. Rdn. 272; § 223, 13; § 245, 20; ferner Vor § 48, 8 und bei § 251.

[710] BGHSt **17** 347; **39** 141 = JR **1994** 250 mit Anm. *Siegismund* = JZ **1993** 1612 mit Anm. *Beulke/Satzger;* Hanack JZ **1972** 115; vgl. *Alsberg/Nüse/Meyer* 631; *Eisenberg* (Beweisrecht) 203; 231, 1035 ff; auch zur Streitfrage, ob der Zeuge in einem solchen Fall unerreichbar oder als Beweismittel ungeeignet oder seine Verwendung unzulässig ist. Die Streitfrage erklärt sich auch aus der verschiedenen Betrachtungsweise. Eine Beweiserhebung, die zu

einer Beeinträchtigung des Zeugen in seinen Grundrechten führen würde, ist unzulässig; dies schließt nicht aus, daß ein solcher Zeuge unerreichbar ist, wenn es darum geht, ob die Verwendung von Ersatzbeweismitteln an seine Stelle treten darf. Vgl. Rdn. 272.

[711] BVerfG **34** 248 = JZ **1963** 504 mit Anm. *Arzt; Alsberg/Nüse/Meyer* 213; vgl. Einl. Abschn. K.

[712] *Ditzen* 18; *Alsberg/Nüse/Meyer* 635; KK-*Herdegen* 67; ferner zu den Erscheinungsformen *Thole* 20 ff sowie BGHSt **38** 111 (8500 Beweisanträge).

[713] Auf den Unterschied stellen etwa ab *Thole* 78 ff; *Eisenberg* (Beweisrecht) 202, die nach § 244 Abs. 3 Satz 1 nur eine Ablehnung wegen der Unzulässigkeit der Beweiserhebung auf Grund eines der Sachaufklärung vorrangigen Gebots für möglich halten und in der Ablehnung wegen der mit dem Antrag verfolgten verfahrensfremden Zwecke keinen eigenen Ablehnungsgrund sehen, so daß eine Ablehnung nur möglich ist, wenn einer der Ablehnungsgründe des Absatzes 3 Satz 2 greift.

wegen der mit der Antragstellung ausschließlich verfolgten verfahrensfremden Zwecke wird ohnehin nur in seltenen Ausnahmefällen möglich sein[715]. Auch hier müssen die Umstände einen sicheren Anhalt dafür geben, daß der objektiv für die Wahrheitsfindung unerhebliche Antrag auch subjektiv nicht der Sachaufklärung dienen soll, sondern daß es dem Antragsteller damit ausschließlich darauf ankommt, verfahrensfremde Zwecke zu fördern, etwa Aufsehen zu erregen, für eine Einrichtung, einen Betrieb oder einen Verband zu werben, jemanden in der Öffentlichkeit bloßzustellen, zu kränken oder zu schädigen[716]. Dies gilt insbesondere auch für Anträge, die auf eine Fortsetzung der Straftat vor Gericht hinauslaufen[717]. Die Pflicht des Gerichts, solche Versuche abzuwehren, hat vornehmlich in Zeiten einer inneren Spannung eine erhebliche Bedeutung. Abzulehnen wegen des **Mangels der Ernstlichkeit** sind auch Beweisanträge, deren Inhalt absurd oder auf die Feststellung einer keinem Beweis zugänglichen Tatsache gerichtet ist und die bei vernünftiger Beurteilung zur Wahrheitsfindung nichts beitragen können[718]. Ob man solche Beweisanträge als unzulässig ansieht[719] oder ob man sie dem § 244 Abs. 3 Satz 2 zurechnet, weil dort die Verschleppungsabsicht als Oberbegriff für alle Scheinanträge zu verstehen sei[720], oder ob man ihnen wegen des Mangels der Ernstlichkeit eines verfahrensfördernden Beweisbegehrens überhaupt die Eigenschaft eines Beweisantrags abspricht[721], ist an sich nicht von ausschlaggebender Bedeutung[722]. Solche Anträge sind ausdrücklich in der Hauptverhandlung abzulehnen[723], und zwar selbst dann, wenn sie nur als Hilfsanträge gestellt worden sind[724]. Die Ansicht, daß ein Scheinbeweisantrag ohne formelle Ablehnung übergangen werden darf (so *Eb. Schmidt* 31), verkennt, daß zwar kein Beweisantrag, wohl aber ein nach § 34 zu bescheidender Antrag vorliegt; außerdem muß sich der Antragsteller noch in der Hauptverhandlung auf die Ablehnung einstellen und Gegengründe vortragen können.

Ein verfahrensfremder Zweck liegt auch vor, wenn durch die Benennung eines **Rich-** **207** **ters** oder **Staatsanwalts als Zeugen** versucht werden soll, diesen in der Verhandlung auszuschalten[725]. In einem solchen Fall genügt es, wenn die als Zeugen benannten Richter erklären, daß sie kein eigenes Wissen von der Beweistatsache haben oder daß es sich um

---

714 *Thole* 78, 80 stellt zu Recht heraus, daß die Mißbrauchsabsicht die Sachaufklärungspflicht nicht entfallen läßt.

715 Gegen die Annahme eines solchen Ablehnungsgrundes extra legem *Thole* 196; ferner etwa AK-*Schöch* 77; vgl. auch *Eisenberg* (Beweisrecht) 173 (zweifelhaft).

716 RGSt **14** 193; **65** 306; **66** 14; BGHSt **17** 345; KG JR **1971** 338 mit zust. Anm. *Peters*; *Köhler* NJW **1979** 350; ferner *Alsberg/Nüse/Meyer* 637; KK-*Herdegen* 67; 67 a; *Kleinknecht/Meyer-Goßner*43 67; KMR-*Paulus* 427; SK-*Schlüchter* 63; zweifelnd *Eisenberg* (Beweisrecht) 173; 202.

717 BGHSt **17** 28.

718 BGHSt **17** 28; *Gössel* § 29 C III b 2; *Rüping*3 478.

719 BGHSt **17** 28; **17** 343; BGH NStZ **1986** 371; KK-*Herdegen* 67; KMR-*Paulus* 425; ferner *Dahs/Dahs* 265; *Gössel* § 29 C III b 3; *Rüping*3 478; vgl. Rdn. 186.

720 So RGSt **65** 306; *Alsberg/Nüse/Meyer* 636 ff; AK-*Schöch* 78; *Kleinknecht/Meyer-Goßner*43 67; vgl. *Perron* (Beweisantragsrecht) 224, der dies offenläßt.

721 OLG Köln OLGSt NF Nr. 1; *Eb. Schmidt* 31: nicht ernstlicher Beweisantrag ist unbeachtlich, nicht unzulässig; SK-*Schlüchter* 64.

722 *Alsberg/Nüse/Meyer* 636; vgl. *Perron* (Beweisantragsrecht) 224. Daß unzulässige Anträge abge-

lehnt werden müssen, während die anderen abgelehnt werden können, dürfte in der Praxis nicht ins Gewicht fallen, denn in der Regel verbietet es das Beschleunigungsgebot, das Verfahren durch Beweiserhebungen, die für die Wahrheitserforschung offensichtlich nichts bringen können, zu belasten. In den Grenzbereichen mag dies anders sein, doch wenn nicht zweifelsfrei feststeht, daß ein keine Sachaufklärung bezweckender Scheinbeweisantrag vorliegt, verbietet sich diese Annahme ohnehin.

723 RGSt **20** 206; **74** 153; *Thole* 226; SK-*Schlüchter* 64; *Alsberg/Nüse/Meyer* 636 mit weit. Nachw.

724 Vgl. BGH StV **1991** 99; BGHR § 244 Abs. 3 Satz 1 Unzulässigkeit 4; 10; es gelten die gleichen Überlegungen wie bei der Verschleppungsabsicht, vgl. Rdn. 218.

725 RGSt **42** 4; RG GA **59** (1912) 126; BGHSt **7** 330 = JR **1955** 391 mit Anm. *Nüse* = JZ **1956** 206 mit Anm. *Kleinknecht*; BGHSt **11** 206; BGH bei *Holtz* MDR **1977** 107; OLG Köln OLGSt NF Nr. 1; *Dahs/Dahs* 254; *Gösel* § 25 A II a 2; *Rissing-van Saan* MDR **1993** 310; *Schmid* SchlHA **1981** 4; *Weber* GA **1975** 300; ferner AK-*Schöch* 78; KK-*Herdegen* 67 a; *Kleinknecht/Meyer-Goßner*43 67; KMR-*Paulus* § 22, 20 und *Alsberg/Nüse/Meyer* 638 mit weit. Nachw.; vgl. § 22, 43; Vor § 48, 25 ff und Rdn. 95; ferner § 245, 13.

ein in der anhängigen Sache dienstlich erworbenes Wissen handle. Wird der Beweisantrag trotz dieser Erklärung aufrechterhalten, dann kann ihn das Gericht unter Mitwirkung der benannten Richter als unzulässig ablehnen[726]. Soll die Benennung der Richter der Verschleppungsabsicht dienen, so kann der Beweisantrag auch deswegen abgelehnt werden[727]. Soweit der Beweisantrag bezweckt, Richter oder andere Teilnehmer der Hauptverhandlung als Zeugen über einen Vorgang der laufenden Hauptverhandlung zu vernehmen, ist der Beweisantrag schon deshalb unzulässig, weil diese Vorgänge in der Hauptverhandlung nicht Gegenstand eines Beweises in der gleichen Hauptverhandlung sein können[728]. Unzulässig ist auch eine Beweisaufnahme darüber, ob für die Entscheidung andere Gründe maßgebend waren als die im schriftlichen Urteil angegebenen[729].

VI. Die Ablehnungsgründe des Absatzes 3 Satz 2

208   **1. Allgemeines.** Die aus der Gerichtspraxis heraus entstandenen Ablehnungsgründe des Absatzes 3 Satz 2[730] gestatten dem Gericht die Ablehnung der Beweisanträge, sie zwingen es aber nicht dazu. Es darf trotz des Vorliegens eines Ablehnungsgrundes einem Beweisantrag entsprechen, wenn es sich davon eine Förderung des Verfahrens oder eine reibungslose Abwicklung der Hauptverhandlung verspricht. Das Ermessen des Gerichts findet allerdings auch insoweit seine Schranken in der Verpflichtung zu einer prozeßwirtschaftlichen, jede unnötige Verzögerung vermeidenden Durchführung der Hauptverhandlung[731]. Dies gilt vor allem, wenn ein Beweisantrag ausschließlich in der Verschleppungsabsicht gestellt ist, das Verfahren also in Wirklichkeit durch die beantragte Beweiserhebung gar nicht gefördert werden soll[732]. Im übrigen lassen sich die Ablehnungsgründe unter den übergeordneten Gesichtspunkten der mangelnden Beweisbedürftigkeit (offenkundig, gerichtskundig, bereits erwiesen; Unterstellung als wahr), der Bedeutungslosigkeit der Beweistatsache und der Unbrauchbarkeit des ungeeigneten oder unerreichbaren Beweismittels zusammenfassen[733].

2. Verschleppungsabsicht

209   **a) Allgemeines.** Es ist menschlich begreiflich, daß ein Angeklagter, der mit seiner Verurteilung rechnet, in der Absicht, die Urteilsfällung hinzuhalten, eine Beweishandlung durch einen äußerlich einwandfrei erscheinenden Antrag verlangt, obwohl er sich der Unmöglichkeit durchaus bewußt ist, eine für ihn günstige Wendung herbeizuführen. Ein solches allein zum Zweck der Verschleppung vorgebrachtes Verlangen darf nach § 244 Abs. 3 Satz 2 zurückgewiesen werden[734]. Um zu verhindern, daß die ernstgemeinte Verteidigung zu Schaden kommt, stellt die Rechtsprechung strenge Anforderungen an die

---

[726] BGH StV **1991** 99; NJW **1998** 1234; KK-*Herdegen* 67 a; BGHSt **7** 330 läßt offen, ob Verschleppungsabsicht vorliegt; nach der von *Alsberg/Nüse/ Meyer* 636 vertretenen Auffassung (vgl. Fußn. 720) liegt immer Verschleppungsabsicht vor; nach anderer Ansicht völlige Ungeeignetheit, *Eisenberg* (Beweisrecht) 203 Fußn. 16 mit weit. Nachw.

[727] Vgl. Rdn. 211.

[728] BGHSt **39** 239; vgl. Rdn. 95 mit weit. Nachw.

[729] BGH bei *Kusch* NStZ **1994** 24; zum Beratungsgeheimnis vgl. *Alsberg/Nüse/Meyer* 439.

[730] Vgl. Entstehungsgeschichte; ferner Rdn. 206.

[731] Zur Pflicht zur Verfahrensbeschleunigung vgl. Vor § 213, 20 ff; Einl. G 29 ff.

[732] Hier hat das Gericht, sofern die Verschleppungsabsicht eindeutig feststellbar ist und die übrigen Voraussetzungen gegeben sind, allenfalls einen geringen Ermessensspielraum; *Eb. Schmidt* 40 nimmt Pflicht zur Ablehnung an.

[733] Zur unterschiedlichen Einteilung der (einschließlich Unzulässigkeit und Verschleppungsabsicht) 8 Ablehnungsgründe des Absatzes 3 vgl. etwa *Alsberg/Nüse/Meyer* 409; AK-*Schöch* 74.

[734] So schon RGRspr. **7** 550; RGSt **12** 335; **13** 151; RG LZ **1916** 873; Recht **1922** Nr. 358; JW **1923** 689; HRR **1934** Nr. 1426; BayObLG JW **1929** 2751; *Beling* 381; *Oetker* JW **1926** 2760. Zur verfassungsrechtlichen Zulässigkeit vgl. BVerfG NStZ **1985** 35.

Annahme der Verschleppungsabsicht, so daß dieser Ablehnungsgrund einen erheblichen Begründungsaufwand erfordert und daher selten zum Tragen kommt[735]. Er ist aber nur bei verfahrenserheblichen Tatsachen von Bedeutung; unerhebliche sind einfacher aus diesem Grund abzulehnen. Gleiches gilt in der Regel für die anderen Ablehnungsgründe der §§ 244, 245.

Der Ablehnungsgrund gilt für **Anträge aller Verfahrensbeteiligten**, auch für Anträge **210** des Staatsanwalts, des Privat- oder Nebenklägers[736]. Wird er bei einem Antrag des Staatsanwalts angewendet, liegt darin meist zugleich der Vorwurf einer Verletzung der Dienstpflicht.

b) Voraussetzungen. Überzeugung des Gerichts von der Aussichtslosigkeit der 211 beantragten Beweiserhebung. Der Ablehnungsgrund der Verschleppungsabsicht liegt allein im Mißbrauch des Beweisantragsrechts zu einem dem Prozeßziel gegenläufigen Zweck[737]. Er darf nur angewendet werden, wenn das Gericht überzeugt ist, daß der Antragsteller **subjektiv** von der beantragten Beweiserhebung kein für ihn günstiges Ergebnis erwartet. Zusätzlich muß das Gericht aber auf Grund der gesamten Verfahrenslage prüfen, ob dies auch **objektiv** zutrifft. Es darf den Beweisantrag — ungeachtet des damit verfolgten verfahrensfremden Zweckes — wegen Verschleppungsabsicht nur ablehnen, wenn es selbst zweifelsfrei überzeugt ist, daß die Beweiserhebung unter keinem Gesichtspunkt Sachdienliches erbringen kann[738]. Andernfalls gebietet dann meist die **Aufklärungspflicht**, den Beweis ohne Rücksicht auf die vom Antragsteller verfolgten Absichten zu erheben[739]. Ist der Antrag bei objektiver Beurteilung geeignet, die Beweislage zu beeinflussen, wäre eine etwaige Verschleppungsabsicht unerheblich, diese wird dann in der Regel ohnehin kaum hinreichend zu belegen sein[740]. Bei Prüfung dieser Fragen ist dem Gericht eine **Vorauswürdigung des Beweisergebnisses** erlaubt[741]. Verschleppungsabsicht kann auch da anzunehmen sein, wo ersichtlich wird, daß der Antrag, ein Mitglied des Gerichts oder den Vertreter der Anklage als Zeugen zu vernehmen, nur die Ausschaltung des als Zeugen benannten Richters oder Beamten aus seiner Tätigkeit im Verfahren bezweckt[742].

[735] Vgl. BGHSt **21** 122; ferner etwa *Eisenberg* (Beweisrecht) 235; *Perron* (Beweisantragsrecht) 253; *Schweckendieck* NStZ **1991** 109 (auch zu der etwas weniger strenge Anforderungen stellenden Tendenz der neueren Rechtsprechung); AK-*Schöch* 106; KK-*Herdegen* 86; KMR-*Paulus* 428; für Auflockerung der Anforderungen *Kunkis* DRiZ **1993** 189.

[736] Vgl. OLG Oldenburg NdsRpfl. **1979** 110.

[737] Vgl. Rdn. 213; es handelt sich um den praktisch häufigsten und darum im Gesetz besonders geregelten Hauptfall der sog. Scheinbeweisanträge, vgl. Rdn. 206, auch zur strittigen Einordnung in diese Gruppe von Anträgen.

[738] BGHSt **21** 118; **29** 149; BGH GA **1968** 19; JR **1983** 36 mit Anm. *Meyer*; BGH NStZ **1982** 291; **1984** 230; BayObLG bei *Rüth* DAR **1978** 210; OLG Koblenz VRS **49** (1975) 192; OLG Köln VRS **61** (1981) 272; OLG Schleswig bei *Ernesti/ Jürgensen* SchlHA **1970** 198; **1990** 350 mit Anm. *Wendisch* = StV **1990** 391 mit Anm. *Strate;* NStZ

1992 55; StV **1990** 393; BGHR § 244 Abs. 3 Satz 2 Prozeßverschleppung 1; 2; 5; OLG Karlsruhe StV **1993** 405; *Haubrich* NJW **1981** 2507; AK-*Schöch* 112; HK-*Julius* 32; KK-*Herdegen* 88; *Kleinknecht/ Meyer-Goßner*[43] 68; KMR-*Paulus* 432; SK-*Schlüchter* 120; *Eb. Schmidt* Nachtr. I 38 und *Alsberg/Nüse/Meyer* 641 mit weit. Nachw.

[739] Etwa *Alsberg/Nüse/Meyer* 641 mit weit. Nachw.; h. M.

[740] BGH StV **1990** 393.

[741] BGHSt **21** 121; **38** 115; BGH NStZ **1990** 350; OLG Hamburg JR **1980** 32 mit Anm. *Gollwitzer*; *Dahs/Dahs* 256; *Herdegen* FS Boujong 787; *Schweckendieck* NStZ **1991** 110 (notwendig); AK-*Schöch* 112; HK-*Julius* 32; KK-*Herdegen* 88; *Kleinknecht/Meyer-Goßner*[43] 68; KMR-*Paulus* 430; SK-*Schlüchter* 120; *Eb. Schmidt* Nachtr. I 19; *Alsberg/Nüse/Meyer* 642 mit weit. Nachw., auch zur Gegenmeinung.

[742] RG GA **59** (1912) 126; BGH NJW **1953** 1239 läßt dies offen; vgl. Rdn. 207 mit weit. Nachw.

212   **Tatsächliche Verzögerung.** Die verlangte Beweiserhebung muß tatsächlich **geeignet** sein, eine **wesentliche Verzögerung** herbeizuführen[743]. Eine Verzögerung auf unabsehbare Zeit muß nicht zu erwarten sein[744]. Die beantragte Durchführung der Beweisaufnahme muß, eventuell auch wegen des Umfangs der Beweisthemen oder der Zahl der Beweismittel, verhindern, daß die Hauptverhandlung in einer der Bedeutung der Sache angemessenen Zeit zu Ende gebracht werden könnte, wobei die Notwendigkeit kurzfristiger Unterbrechungen diesen Zeitrahmen grundsätzlich nicht überschreitet. Eine wesentliche Verzögerung ist vor allem — wenn auch nicht nur dann — zu befürchten, wenn die Hauptverhandlung bei Erhebung des beantragten Beweises ausgesetzt werden müßte oder wenn sie nicht innerhalb der Unterbrechungsfrist nach § 229 Abs. 1 fortgesetzt werden könnte[745]. Allenfalls bei Großverfahren wird man auch dann, wenn eine Unterbrechung nach § 229 Abs. 2 notwendig wäre, die verfahrensbezogen zu beurteilende Erheblichkeit der Verzögerung verneinen können[746]. Auch wenn eine kürzere Unterbrechung ausreichen würde, kann dies ausnahmsweise bei Vorliegen besonderer Umstände schon die Erheblichkeitsschwelle überschreiten, vor allem wenn bei Verfahren von geringerer Bedeutung eine kurzfristige Terminierung der Fortsetzungsverhandlung nicht möglich ist[747]. **Unerheblich** ist eine Verzögerung, wenn der Zeuge oder Sachverständige voraussichtlich alsbald in der Hauptverhandlung vernommen werden kann, etwa weil es möglich ist, ihn umgehend herbeizuholen (Telefonanruf, Polizei usw.)[748], oder wenn es bei einer länger dauernden Hauptverhandlung möglich ist, das beantragte Beweismittel für einen späteren Verhandlungstag beizuziehen[749]. Das Erfordernis einer wesentlichen Verzögerung wird grundsätzlich nicht dadurch hinfällig, daß § 245 es ausnahmsweise zuläßt, auch ein präsentes Beweismittel wegen Verschleppungsabsicht abzulehnen; denn § 245 will vor allem verhindern, daß durch die Benennung eines präsenten Beweismittels der Abschluß des Verfahrens unmöglich gemacht wird, wie dies bei Benennung eines Richters als Zeugen der Fall sein kann[750], ferner, daß durch ein Massenaufgebot von Zeugen der Abschluß des Verfahrens weit über die dafür vorgesehene Zeit hinausgezögert und unter Umständen wegen anderweitiger Termine der Verfahrensbeteiligten unmöglich gemacht werden kann[751].

213   Die **Absicht der Verschleppung** dürfte sich wohl kaum jemals aus einer diesbezüglich eindeutigen Erklärung des Antragstellers ergeben. Das Gericht muß die Gewißheit

[743] RGSt **20** 206; BGHSt **21** 120; BGH NJW **1958** 1789; **1980** 1533; MDR **1984** 681; NStZ **1982** 291; **1984** 230; **1990** 350 mit Anm. *Wendisch* = StV **1990** 391 mit Anm. *Strate*; StV **1986** 418; OLG Köln NStZ **1983** 90 mit Anm. *Dünnebier*; OLG Schleswig bei *Ernesti/Lorenzen* SchlHA **1981** 93; *Alsberg/Nüse/Meyer* 639; *Kleinknecht/Meyer-Goßner*[43] 67; *Sarstedt* DAR **1964** 313; *Sarstedt* DAR **1964** 313; *Perron* (Beweisantragsrecht) 252, *Schweckendieck* NStZ **1991** 109; AK-*Schöch* 108; *Kleinknecht/Meyer-Goßner*[43] 67 (nicht unerhebliche Verzögerung); SK-*Schlüchter* 118; nach *Schrader* NStZ **1991** 226; KK-*Herdegen* 87 folgt aus § 245 Abs. 2, daß jede Verzögerung genügt.

[744] So aber BGHSt **21** 121; **22** 124; BGH VRS **38** (1970) 151; OLG Hamburg JR **1980** 32; OLG Hamm VRS **44** (1973) 445, OLG Karlsruhe Justiz **1976** 441; KMR-*Paulus* 429; zur Gegenmeinung vgl. vorstehende Fußn.

[745] OLG Karlsruhe Justiz **1976** 440; OLG Schleswig StV **1985** 225; *Eisenberg* (Beweisrecht) 136; *Dahs/Dahs* 265; *Perron* (Beweisantragsrecht) 253; ferner

Alsberg/Nüse/Meyer 640, der zu Recht darauf hinweist, daß die Möglichkeit einer Unterbrechung für 30 Tage (§ 229 Abs. 2) der Ablehnung nicht entgegensteht; ebenso *Kleinknecht/Meyer-Goßner*[43] 67; SK-*Schlüchter* 118.

[746] *Schweckendieck* NStZ **1991** 109; AK-*Schöch* 108 setzen hier die Grenze.

[747] AK-*Schöch* 108; bei einem am Gerichtsort wohnenden Zeugen bedarf deshalb die Annahme einer wesentlichen Verzögerung einer besonderen Begründung, so BGH NJW **1958** 1787; *Pfeiffer/Miebach* NStZ **1985** 494; *Kleinknecht/Meyer-Goßner*[43] 67; SK-*Schlüchter* 118.

[748] BGH bei *Pfeiffer/Miebach* NStZ **1985** 494; *Kleinknecht/Meyer-Goßner*[43] 67.

[749] Vgl. OLG Köln NStZ **1983** 90 mit Anm. *Dünnebier* (Fortsetzung der Verhandlung am nächsten Tag ermöglicht Ladung des ortsansässigen Zeugen).

[750] Vgl. Rdn. 207.

[751] Vgl. etwa BGHSt **32** 111 = JR **1993** 166 mit Anm. *Scheffler*; ferner § 245, 30; 76.

darüber auf Grund einer **Gesamtwürdigung** des Verhaltens des Antragstellers[752] — und nicht etwa nur auf Grund des Antrags allein — gewinnen[753]. In Abwägung der dafür und dagegen sprechenden Tatsachen muß das Gericht überzeugt sein, daß der Antragsteller eine Verschleppung des Verfahrens beabsichtigt. Es muß für das Gericht feststehen, daß der Antragsteller **ausschließlich** die Verzögerung des Prozesses auf unbestimmte Zeit bezweckt, daß er also selbst keinerlei günstige Auswirkung des Beweisergebnisses auf den Prozeßverlauf erwartet[754]. Aus einem Einzelumstand allein kann dies in der Regel nicht sicher erschlossen werden. Insbesondere darf das Gericht die Verschleppungsabsicht weder **allein** aus der **verspäteten Antragstellung** schließen, selbst wenn das Verteidigungsmittel nur aus grober Nachlässigkeit nicht früher vorgebracht wurde[755] oder keine Begründung dafür angegeben wurde[756], oder daraus, daß der Verteidiger seine maschinenschriftlich vorbereiteten Beweisanträge schon längere Zeit bereitgehalten hatte[757], noch darf es sie daraus herleiten, daß der Antragsteller nach Mißerfolg einer Beweisaufnahme weitere Beweismittel zum gleichen Thema benennt[758]. Es darf sie auch nicht nur darauf stützen, daß das Gegenteil der unter Beweis gestellten Tatsache schon bewiesen[759] oder der Angeklagte schon überführt sei[760] oder daß sich bislang keine Anhaltspunkte für die jetzt verlangte Beweiserhebung ergeben hätten[761]. Ebensowenig kann die Verschleppungsabsicht schon daraus gefolgert werden, daß der Antragsteller von der Wahrheit der von ihm behaupteten Tatsachen und einem günstigen Ergebnis der beantragten Beweiserhebung nicht überzeugt sei[762] oder daß die Beweisbehauptung des Verteidigers nicht in jedem Punkt mit den Angaben des Angeklagten sachlich übereinstimmt[763] oder daß der Antragsteller auf den erneut benannten Zeugen früher bereits verzichtet hatte[764]. Gegen die Verschleppungsabsicht kann beispielsweise auch sprechen, daß der Angeklagte denselben Beweisantrag schon vor der Hauptverhandlung oder gleich bei Verhandlungsbeginn oder schon in einer früheren Verhandlung gestellt hatte[765].

---

[752] Prozeßverhalten und – sofern bekannt – auch außerprozessuales Verhalten, so etwa BGH NStZ **1990** 350; *Sander* NStV **1998** 208; *Alsberg/Nüse/Meyer* 644; **a. A** *Weber* GA **1975** 293.

[753] RGSt **65** 304; BGHSt **22** 124; BGH NStZ **1986** 519; **1989** 36; **1990** 350; StV **1984** 494; **1989** 234 mit Anm. *Michalke* und 380 Anm. *Frister*; OLG Düsseldorf NJW **1949** 917; KG JR **1947** 123; OLG Hamm JMBlNW **1957** 131; OLG Kiel SchlHA **1946** 289; OLG Köln JR **1954** 68; *Gollwitzer* JR **1980** 35; AK-*Schöch* 109; KK-*Herdegen* 89; *Kleinknecht/Meyer-Goßner*[43] 68; SK-*Schlüchter* 120; *Alsberg/Nüse/Meyer* 644 mit weit. Nachw.

[754] BGHSt **1** 33; **21** 121; **29** 151; BGH NJW **1953** 1314; **1982** 2201; GA **1968** 19; NStZ **1982** 291; **1984** 230; VRS **38** (1970) 58; StV **1984** 144; BayObLGSt **1976** 6 = VRS **50** (1976) 438; BayObLG bei *Rüth* DAR **1978** 210; **1981** 249; OLG Hamburg JR **1980** 34 mit Anm. *Gollwitzer*; OLG Hamm VRS **42** (1972) 117; **44** (1973) 445; OLG Karlsruhe Justiz **1976** 440; OLG Koblenz VRS **49** (1975) 116; **49** (1975) 192; OLG Schleswig bei *Ernesti/Jürgensen* SchlHA **1970** 198; bei *Ernesti/Lorenzen* SchlHA **1981** 93; ferner die oben Fußn. 753 angeführten Nachweise.

[755] RGSt **12** 335; BGHSt **21** 123; BGH NJW **1964** 2118; NStZ **1984** 230; StV **1998** 4; VRS **38** (1970) 58; BGH bei *Spiegel* DAR **1979** 188; **1980** 207; **1982** 205; OLG Hamburg JR **1980** 34 mit Anm. *Gollwitzer*; KG NJW **1954** 770; OLG Karlsruhe

StV **1993** 405; OLG Schleswig bei *Ernesti/Jürgensen* SchlHA **1970** 198; AK-*Schöch* 110; KK-*Herdegen* 89; *Kleinknecht/Meyer-Goßner*[43] 68; KMR-*Paulus* 430; SK-*Schlüchter* 120; vgl. aber andererseits auch BGH NStZ **1990** 350 mit Anm. *Wendisch* = StV **1990** 391 mit Anm. *Strate*; ferner bei § 246 und die Kritik von *Foth* DRiZ **1978** 76.

[756] BGH NStZ **1986** 371; *Kleinknecht/Meyer-Goßner*[43] 68; SK-*Schlüchter* 120.

[757] BGH StV **1984** 144.

[758] RG HRR **1937** Nr. 1483; OLG Kiel SchlHA **1946** 289; *Alsberg/Nüse/Meyer* 644; SK-*Schlüchter* 120.

[759] OLG Karlsruhe VRS **44** (1973) 445; OLG Köln NJW **1967** 2416; RG JW **1930** 1313; *Alsberg/Nüse/Meyer* 643; KMR-*Paulus* 430; vgl. auch OLG Kiel SchlHA **1946** 289.

[760] *Alsberg/Nüse/Meyer* 643.

[761] BGH NStZ **1982** 291.

[762] RG JW **1911** 248; OLG Hamm VRS **44** (1973) 445; *Alsberg/Nüse/Meyer* 646.

[763] RGSt **17** 315; RG JW **1925** 2782; BGHSt **21** 118; BayObLGSt **1949/51** 82.

[764] BGH bei *Spiegel* DAR **1980** 207; *Alsberg/Nüse/Meyer* 645.

[765] RG JW **1893** 292; **1930** 1505; BGH NJW **1958** 1789; OLG Hamm VRS **42** (1972) 117; LG Frankfurt StV **1992** 466; *Alsberg/Nüse/Meyer* 646 mit weit. Nachw.; KMR-*Paulus* 430; AK-*Schöch* 110; dazu auch *Schweckendieck* NStZ **1991** 111.

214   **Beweisanzeichen für die Verschleppungsabsicht**, also dafür, daß der Antragsteller weiß, daß von seinem Antrag keine für ihn günstige Verfahrenswirkung zu erwarten ist und daß er den Antrag nur zur Verzögerung des Verfahrens stellt, können aus dem **gesamten Prozeßverhalten** gewonnen werden. Sie sind grundsätzlich nicht isoliert, sondern in einer Würdigung des gesamten Verhaltens zu beurteilen. Solche Indizien können auch in einem nicht anderweitig erklärbaren, widersprüchlichen und unschlüssigen Prozeßverhalten zu finden sein. Sie können nach Lage des Einzelfalls ferner darin gesehen werden, daß der Antragsteller auch sonst offensichtlich unbegründete Anträge stellt sowie nichts unversucht gelassen hat, um den Abschluß des Prozesses hinauszuzögern[766], ferner daß der Angeklagte ohne ersichtlichen Grund sein Verteidigungsvorbringen ändert und nach Scheitern eines früheren Entlastungsbeweises im Widerspruch dazu völlig andere Tatsachen durch nicht oder nur schwer erreichbare Beweismittel unter Beweis stellt[767]. Gleiches gilt, wenn er, ohne einen Grund dafür angeben zu können, einen bereits zurückgenommenen Antrag neu stellt[768] oder die Ladung eines Zeugen verlangt, obwohl er sich mit der Verlesung der Niederschriften über dessen Einvernahme mehrfach einverstanden erklärt oder auf den Zeugen verzichtet hatte[769], oder wenn er ohne glaubwürdigen Grund trotz einer erdrückenden Beweislage und eines früheren Geständnisses unter Angabe wechselnder Anschriften die bereits vergeblich versuchte Ladung eines Entlastungszeugen im Ausland erneut begehrt[770] oder wenn er ohne Versuch der Entkräftung einer erdrückenden Beweislage nachträglich ein **Alibi** behauptet oder erst nachträglich Tatsachen dafür benennt[771] oder wenn er ohne nachvollziehbaren Grund es unterläßt, einem Zeugen Tatsachen für die Unwahrheit seiner Aussage vorzuhalten und erst nach dessen Entlassung einen Zeugen zur Widerlegung der Aussage benennt[772]. Alle solche einzelnen Indizien können mangels Eindeutigkeit in der Regel aber immer nur mehr oder weniger gewichtige Elemente für die Überzeugungsbildung des Gerichts auf Grund der erforderlichen Gesamtschau sein. Entscheidend ist die **Gesamtwürdigung** aller aus dem gesamten Prozeßverhalten zu entnehmenden Umstände des Einzelfalls. Für diese sind alle für und gegen die Verschleppungsabsicht sprechenden Umstände im Wege des **Freibeweises** festzustellen. Diese Gesamtwürdigung muß sich auf jeden einzelnen Beweisantrag und jede Beweisbehauptung erstrecken[773]. Wegen der Schwierigkeit, die Beweggründe des Antragstellers zweifelsfrei nachzuweisen[774], aber auch, um nicht den legitimen Versuch abzublocken, eine bereits gesicherte Beweislage doch noch umzustoßen oder bei der Verhandlungsführung einen neuen Akzent zu setzen[775], erscheint es meist angebracht, den Antragsteller nach dem Zweck seines Beweisantrags und nach den ihm zugrundeliegenden Informationen zu **befragen**[776]. Vermag er keine Gründe darzutun, die aus seiner Sicht

---

[766] BGH NStZ **1986** 519; **1992** 51; MDR **1992** 986.
[767] Vgl. BGH NJW **1953** 1314; NStZ **1992** 551; OLG Hamm JMBlNW **1957** 131; OLG Karlsruhe Justiz **1976** 440; *Alsberg/Nüse/Meyer* 664; *Schweckendieck* NStZ **1991** 110; AK-*Schöch* 109; *Kleinknecht/Meyer-Goßner*[43] 68; SK-*Schlüchter* 121.
[768] BGH JR **1983** 35 mit Anm. *Meyer*; *Schweckendieck* NStZ **1991** 111; *Kleinknecht/Meyer-Goßner*[43] 68.
[769] BGHSt **1** 33; BGH JR **1983** 36 mit Anm. *Meyer*; *Alsberg/Nüse/Meyer* 645; zweifelnd *Schweckendieck* NStZ **1991** 111.
[770] OLG Hamburg JR **1980** 32 mit Anm. *Gollwitzer*.
[771] Vgl. etwa BGH NJW **1986** 519; *Schweckendieck* NStZ **1991** 111; KK-*Herdegen* 89; SK-*Schlüchter* 121.

[772] BGH NJW **1997** 2762 mit Anm. *Sander* NStZ **1998** 207; vgl. auch *Herdegen* NJW **1997** 505.
[773] Vgl. Rdn. 217.
[774] Vgl. BGHSt **21** 118; *Alsberg/Nüse/Meyer* 643; KK-*Herdegen* 68; KMR-*Paulus* 428; ferner *Foth* DRiZ **1978** 76; der Anwendungsbereich dieses Ablehnungsgrundes ist dadurch notwendig auf die eindeutig nachweisbaren Fälle begrenzt.
[775] Es genügt, wenn diese Absicht eines von mehreren Motiven der Antragstellung ist, um die Ablehnung wegen Verschleppungsabsicht auszuschließen. Vgl. oben Fußn. 754 und *Gollwitzer* JR **1980** 35; *Meyer* JR **1983** 36.
[776] Vgl. BGH bei *Pfeiffer/Miebach* NStZ **1984** 210 sowie die nachf. Fußn.

den Antrag als zur Förderung seiner legitimen Verfahrensinteressen geeignet erscheinen lassen, so kann auch dies als Indiz für die Verschleppungsabsicht gewertet werden[777].

c) Bei Beweisanträgen des Verteidigers kommt es nur darauf an, ob **er** in der Absicht **215** der Verschleppung gehandelt hat[778]. Dies gilt auch dann, wenn der Antrag „namens des Angeklagten" gestellt wurde[779]. Die Einstellung des Angeklagten ist insoweit unerheblich. Nur wenn offensichtlich ist, daß der Verteidiger selbst jede Verantwortung für den Antrag ablehnt[780] oder daß er bei der Antragstellung als bloßes Werkzeug des Angeklagten tätig wird, kann die Verschleppungsabsicht aus Einstellung und Willen des Angeklagten hergeleitet werden[781]. Der bestimmende Einfluß des Angeklagten kann sich beispielsweise daraus ergeben, daß der Verteidiger bei seiner Verteidigung und Antragstellung kritiklos dem jeweiligen Vorbringen des Angeklagten folgt, obwohl dieses ohne verständige Begründung mehrfach gewechselt hat, wobei die einzelnen Behauptungen sich gegenseitig ausschließen[782]. In der Regel kann bei einem Verteidiger ohne triftige Anhaltspunkte nicht angenommen werden, daß er, ohne die Eignung von Beweismittel und Beweisbehauptung in eigener Verantwortung zu prüfen, den Antrag nur als Werkzeug des Angeklagten stellt[783]. Dagegen erscheint es bei den strengen Anforderungen an den Nachweis der Verschleppungsabsicht nicht nötig, bei ihm noch zusätzlich zu vermuten, daß er nicht beabsichtigt, den Prozeß zu verschleppen[784]. Auch hier kann in der Regel die Absicht der Prozeßverschleppung nur indiziell aus dem Verhalten, aus Prozeßführung und wechselnden Vorbringen, aus Zahl, Inhalt und Widersprüchlichkeit der gestellten Anträge oder der kritiklosen Übernahme ständig wechselnder Behauptungen des Angeklagten u. a. erschlossen werden[785]. Gegenüber einem auf Heranziehung von Akten gerichteten Beweisantrag des Verteidigers kann die Annahme der Verschleppungsabsicht nicht allein damit begründet werden, daß der Verteidiger erklärt hat, er kenne den Inhalt der Akten nicht[786], oder daraus, daß der Verteidiger die Vernehmung eines Sachverständigen zur Schuldfähigkeit des Angeklagten beantragt, obwohl er zu Beginn der Hauptverhandlung erklärt hat, er wolle sich nicht darauf berufen, wenn sich im Laufe der Hauptverhandlung Anhaltspunkte für das Vorliegen der Voraussetzungen des § 20 StGB ergeben würden[787].

---

[777] Vgl. BGH StV **1985** 311; **1989** 234 mit abl. Anm. *Michalke* und *Frister* 380; *Eisenberg* (Beweisrecht) 239; KK-*Herdegen* GedS Meyer 204; *Kleinknecht/ Meyer-Goßner*[43] 68; SK-*Schlüchter* 121.

[778] RG JW **1931** 2818; HRR **1938** Nr. 1381; BGHSt **21** 118; BGH NJW **1953** 1314; **1964** 2118; **1969** 281; NStZ **1984** 230; **1989** 36; **1992** 551; Bay-ObLG bei *Rüth* DAR **1978** 210; OLG Düsseldorf NJW **1949** 917; OLG Hamburg JR **1980** 32; OLG Hamm VRS **42** (1972) 117; **44** (1973) 445; KG NJW **1954** 770; OLG Karlsruhe Justiz **1976** 440; OLG Kiel SchlHA **1946** 289; **1948** 224; OLG Koblenz VRS **49** (1975) 116; **49** (1975) 193; OLG Köln JR **1954** 68; VRS **24** (1963) 217; OLG Schleswig bei *Ernesti/Jürgensen* SchlHA **1969** 152; bei *Ernesti/Lorenzen* SchlHA **1981** 93; AK-*Schöch* 111; KK-*Herdegen* 85; *Kleinknecht/Meyer-Goßner*[43] 69; KMR-*Paulus* 431; SK-*Schlüchter* 122; *Alsberg/Nüse/Meyer* 647 mit weit. Nachw.

[779] BGH NJW **1969** 281; ob dies als Beweisanzeichen verwertbar ist – so *Alsberg/Nüse/Meyer* 649 –, hängt vom Einzelfall ab.

[780] BGHSt **1** 32; BGH GA **1968** 19; OLG Karlsruhe Justiz **1976** 440.

[781] BGH JR **1985** 36 mit Anm. *Meyer;* bei *Kusch* NStZ **1993** 229; OLG Köln VRS **24** (1963) 217; AK-*Schöch* 111; KK-*Herdegen* 88; *Kleinknecht/Meyer-Goßner*[43] 69; KMR-*Paulus* 431; SK-*Schlüchter* 122; *Alsberg/Nüse/Meyer* 649 sowie die nachf. Fußn.

[782] BGH NJW **1953** 1314; **1969** 281; KMR-*Paulus* 431.

[783] OLG Schleswig bei *Ernesti/Jürgensen* SchlHA **1969** 152; *Alsberg/Nüse/Meyer* 649 mit weit. Nachw.

[784] *Alsberg/Nüse/Meyer* 648; *Hanack* JZ **1972** 116; *Schmid* GA **1980** 285; *Kleinknecht/Meyer-Goßner*[43] 69; SK-*Schlüchter* 122; **a. A** die Rechtsprechung verschiedener Obergerichte: OLG Düsseldorf JW **1949** 917; KG NJW **1954** 770; OLG Köln JR **1954** 68; VRS **24** (1963) 217; ferner *Dahs* Hdb. 559; *Dahs/Dahs* 266; KMR-*Paulus* 431; *Sarstedt* DAR **1964** 315.

[785] Vgl. OLG Hamburg JR **1980** 32 mit Anm. *Gollwitzer*; *Alsberg/Nüse/Meyer* 647; ferner auch BGHSt **38** 111 (8500 Beweisanträge).

[786] RG HRR **1941** Nr. 526.

[787] OLG Düsseldorf NJW **1949** 917.

216   d) Der **Beschluß**, mit dem das Gericht einen Beweisantrag wegen Verschleppungsabsicht ablehnt, ist zu **begründen**. Maßgebend ist die Verfahrenslage und die Einstellung des Antragstellers im Zeitpunkt der Beschlußfassung des Gerichts[788]. Die Gründe müssen alle für die Ablehnung wegen Verschleppungsabsicht maßgebenden Umstände aufzeigen. Formelhafte Wendungen genügen nicht[789]. Dazu gehört, daß das Verfahren durch die beantragte Beweiserhebung wesentlich verzögert würde, ferner, daß das Gericht sich von dieser kein Ergebnis erwartet, das die Entscheidung beeinflussen könnte, und daß es der sicheren Überzeugung ist, daß auch der Antragsteller selbst sich gegenwärtig davon keine Förderung des Verfahrens verspricht. Die wesentlichen Tatsachen, aus denen das Gericht die Verschleppungsabsicht folgert, sind anzugeben[790]. Dies ist notwendig, um den Verfahrensbeteiligten, insbesondere dem Antragsteller Gelegenheit zu geben, durch Darlegung eines sachlich nachvollziehbaren Grundes für die beantragte Beweiserhebung die Annahme der Verschleppungsabsicht zu entkräften, ferner, damit sie auch im übrigen in der Lage sind, die weitere Prozeßführung, vor allem die Verteidigung, danach einzurichten[791]. Dem Revisionsgericht wird außerdem hierdurch ermöglicht, die Stichhaltigkeit der Ablehnung in eigener Würdigung in rechtlicher und — das ist strittig — auch in tatsächlicher Hinsicht nachzuprüfen[792]. Die ohnehin hohen Anforderungen an die Begründung sollten aber nicht überspannt werden[793]. Es sollte genügen, wenn das Gericht die wesentlichen Umstände knapp darlegt, auf Grund derer es in Gesamtwürdigung aller Indizien die Überzeugung von der Verschleppungsabsicht gewonnen hat, wobei es bei der Mehrdeutigkeit der meisten Indizien durch Eingehen auf die auch gegen die Verschleppungsabsicht sprechenden Gesichtspunkte erkennbar machen muß, daß es sich auch dieses Umstands bewußt war[794]. Mängel des Ablehnungsbeschlusses können nicht durch Nachschieben von Gründen im Urteil geheilt werden[795].

217   Ob Verschleppungsabsicht vorliegt, muß für jeden einzelnen Beweisantrag und für **jede Beweisfrage gesondert** geprüft und dargelegt werden[796]. Wird ein Antrag von mehreren gemeinsam gestellt, ist bei **jedem der Antragsteller** gesondert darzutun, warum bei

---

[788] *Kleinknecht/Meyer-Goßner*[43] 68; KMR-*Paulus* 413; vgl. BGH JR **1983** 36.

[789] BGH NStZ **1992** 551; bei *Nehm* DAR **1993** 173; OLG Karlsruhe StV **1993** 405.

[790] BGHSt **21** 123; **29** 151; OLG Hamm VRS **44** 445; OLG Karlsruhe Justiz **1976** 440.

[791] BGHSt **1** 32; vgl. nachf. Fußn.

[792] Für eine Nachprüfung der tatsächlichen Grundlagen: BGHSt **21** 123 (auch BGHSt **1** 32: Rückgriff auf Protokoll); GA **1968** 19; OLG Hamburg JR **1980** 32 mit Anm. *Gollwitzer*; OLG Hamm VRS **42** (1972) 117; OLG Köln VRS **61** (1981) 272; KMR-*Paulus* 434; a. A Prüfung der rechtlichen Schlüssigkeit der Ablehnung mit Bindung an die tatsächlichen Feststellungen des Beschlusses, soweit der Tatrichter einen Beurteilungsspielraum hat, etwa BGH NJW **1969** 902; MDR **1984** 681 (BGHSt **1** 32 spricht diesen Grundgedanken zwar ebenfalls aus, hält sich aber nicht daran); ferner OLG Kiel SchlHA **1946** 289; OLG Düsseldorf NJW **1949** 917; OLG Köln JR **1954** 68; KG VRS **29** 204; ferner RGRspr. **10** 148; RGSt **20** 206; RG Recht **1910** 625; 626; GA **69** (1925) 182; JW **1912** 945; **1930** 1505; **1932** 2732; DRiZ **1931** Nr. 216; HRR **1934** Nr. 1426; BayObLG JW **1929** 2751; DRiZ **1931** Nr. 610; *Alsberg/Nüse/Meyer* 902 mit weit. Nachw. zum Streitstand; vgl. auch KK-*Her-*

degen 90. Wegen der für die Entscheidung dieses Streitpunkts maßgebenden grundsätzlichen Frage der Nachprüfbarkeit der Tatsachengrundlagen der Verfahrensentscheidungen wird auf die Erläuterungen in § 337, 70 ff verwiesen.

[793] Vgl. KK-*Herdegen* 90 (ausgefeiltes Indizienurteil kann nicht verlangt werden); ferner *Gollwitzer* JR **1980** 34 (wenn dort eine Begründung in bündiger Kürze verlangt wird, schließt das nicht aus, die tragenden Gesichtspunkte und Erwägungen für die Annahme der Verschleppungsabsicht darzutun). Vgl. auch nachf. Fußn.

[794] BGH NStZ **1982** 293; MDR **1984** 681; vgl. *Gollwitzer* JR **1980** 35; KK-*Herdegen* 96. Höhere Anforderungen stellen *Alsberg/Nüse/Meyer* 903; *Meyer* JR **1983** 36; die Streitfrage hängt auch davon ab, in welchem Umfang man die Nachprüfung durch das Revisionsgericht zuläßt; vgl. Fußn. 792.

[795] BGHSt **29** 251; BGH NStZ **1982** 41; *Schweckendieck* 512; vgl. Rdn. 150.

[796] BGHSt **21** 124; **22** 126; BGH NJW **1964** 2118; BGH NJW **1964** 2118; **1986** 2339; NStZ **1984** 230; OLG Karlsruhe StV **1993** 405; OLG Schleswig StV **1985** 225; *Schweckendieck* NStZ **1991** 112; *Kleinknecht/Meyer-Goßner*[43] 68; SK-*Schlüchter* 121; KMR-*Paulus* 434; *Alsberg/Nüse/Meyer* 639.

ihm Verschleppungsabsicht vorliegt. Die Prüfung betrifft immer nur die jeweilige Verfahrenslage. Auch bei ein und demselben Antragsteller geht es nicht an, die Verschleppungsabsicht einheitlich für das ganze Verfahren zu untersuchen und bejahen[797].

e) Ein **Hilfsbeweisantrag** darf nicht erst in den Urteilsgründen wegen Verschleppungsabsicht abgelehnt werden. Dies muß bereits durch einen in der Hauptverhandlung verkündeten Beschluß geschehen. Es kann im allgemeinen nicht angenommen werden, daß der Antragsteller auch für diesen Fall auf die Bekanntgabe der Begründung und die Möglichkeit, sie zu entkräften, verzichten wollte[798]. Vor allem der Angeklagte kann, auch wenn bei ihm allgemein die Absicht der Prozeßverschleppung vorhanden sein sollte, doch hinsichtlich der von ihm beantragten Beweiserhebung für wahrscheinlich oder für möglich halten, daß er damit das Verfahren günstig beeinflussen könne. Um zu verhüten, daß durch den „unterstellten Schein der Verschleppung die ernstgemeinte Verteidigung zu Schaden komme"[799], bedarf er der Gelegenheit, noch in der Hauptverhandlung die vom Gericht angenommene Verschleppungsabsicht dadurch zu widerlegen, daß er die Erheblichkeit der beantragten Beweiserhebung näher dartut. Gleiches gilt für die anderen Antragsteller. Allen muß es möglich sein, noch in der Hauptverhandlung einen anderen Antrag zu stellen, den das Gericht unter Umständen nicht übergehen kann[800]. **218**

3. Unerheblichkeit der behaupteten Tatsache

a) Erheblichkeit der Beweistatsachen. Über eine nicht entscheidungserhebliche Tatsache braucht das Gericht keinen Beweis zu erheben (zur eingeschränkteren Ablehnung bei präsenten Beweismitteln vgl. § 245, 71 ff). Es muß also zunächst die **Erheblichkeit** der vom Antragsteller vorgebrachten Tatsache prüfen. Man unterscheidet unmittelbar und mittelbar beweiserhebliche Tatsachen. Eine Tatsache ist **unmittelbar entscheidungserheblich**, wenn sie geeignet ist, allein oder in Verbindung mit anderen Tatsachen den gesetzlichen Tatbestand zu erfüllen oder seiner Erfüllung den Boden zu entziehen oder die Strafbarkeit auszuschließen oder zu vermindern oder zu erhöhen oder einen Beitrag für die Zumessung der Strafe zu liefern oder wenn sie sonst als direkte Anknüpfungstatsache für die Entscheidung über eine Rechtsfolge in Frage kommt[801]. **Mittelbar** entscheidungserheblich sind dagegen die Beweistatsachen, die für sich allein oder in Verbindung mit anderen Tatsachen nach der Lebenserfahrung oder den Denkgesetzen positiv oder negativ einen zwingenden oder möglichen Schluß auf das Vorliegen einer unmittelbar entscheidungserheblichen Tatsache zulassen **(Indiztatsachen)**[802]. In diese Gruppe fallen ferner die **Hilfstatsachen**, die zur Bewertung eines Beweismittels dienen, etwa der Glaubwürdigkeit eines Zeugnisses oder der Echtheit einer Urkunde[803], und auch Erfahrungssätze, **219**

---

[797] BGHSt **22** 123 JR **1968** 388 mit Anm. *Faller*; vgl. vorstehende Fußn.

[798] BGHSt **22** 124; StV **1985** 311; **1998** 4; NStZ **1986** 372; bei *Miebach/Kusel* NStZ **1991** 29; OLG Hamm JMBlNW **1957** 131; *Alsberg/Nüse/Meyer* 771; *Sarstedt* DAR **1964** 313.

[799] RGRspr. **7** 551.

[800] BGHSt **22** 124 = JR **1968** 386 mit Anm. *Faller*; BGH NStZ **1986** 372; bei *Pfeiffer/Miebach* NStZ **1984** 210; BGH StV **1990** 394; BayObLGSt **1976** 6 = VRS **50** (1976) 438; KG JR **1954** 770 mit Anm. *Sarstedt*; VRS **44** (1973) 113; OLG Koblenz VRS **49** (1975) 16; OLG Köln VRS **61** (1981) 272; OLG Oldenburg NdsRpfl. **1979** 110; VRS **65** (1983) 41; OLG Schleswig bei *Ernesti/Jürgensen* SchlHA

1978 188; bei *Ernesti/Lorenzen* SchlHA **1981** 93; AK-*Schöch* 113; KK-*Herdegen* 90; *Kleinknecht/ Meyer-Goßner*[43] 44; KMR-*Paulus* 399; *Alsberg/ Nüse/Meyer* 771 mit weit. Nachw.

[801] Vgl. *Alsberg/Nüse/Meyer* 577: Tatsachen, die den gesetzlichen Tatbestand erfüllen oder an die die Beurteilung der Rechtswidrigkeit oder der Schuld unmittelbar anknüpft; ferner die Tatsachen, auf die es beim Rechtsfolgenausspruch ankommt.

[802] Zu den einzelnen Gruppen der erheblichen Beweistatsachen vgl. *Alsberg/Nüse/Meyer* 579; *Gössel* § 24 B II a; KK-*Herdegen* 4; 73; SK-*Schlüchter* 8; *G. Schäfer* 641 ff.

[803] BGH NJW **1961** 2069; vgl. *Alsberg/Nüse/Meyer* 579 mit weit. Nachw., ferner oben Fußn. 802.

die eine Hilfe für die Beurteilung einer anderen unmittelbar oder mittelbar erheblichen Tatsache gewähren[804]. **Unerheblich** ist eine Tatsache dann, wenn sie keine Beziehung zum Prozeßgegenstand hat oder trotz einer solchen Beziehung auch bei Gelingen des Beweises auf die zu treffende Entscheidung ohne Einfluß ist[805]. Die Bedeutungslosigkeit der Beweistatsache und nicht etwa der Beweiserhebung muß zur Überzeugung des Gerichts feststehen. Solange die **potentielle Beweiserheblichkeit** einer Tatsache (vgl. Rdn. 241) nicht ausgeschlossen werden kann, darf ein auf ihren Nachweis abzielender Beweisantrag nicht als unerheblich abgelehnt werden.

220　　b) Eine Tatsache ist aus **rechtlichen Gründen** bedeutungslos, weil sie weder für die Konkretisierung der dem Angeklagten zur Last liegenden Tatbestandsmerkmale oder sonstiger rechtlich erheblicher Umstände oder für die Bestimmung der Rechtsfolgen direkt relevant ist, oder weil Rechtsgründe eine Beweiserhebung über ihr Vorliegen entbehrlich machen[806], wie etwa eine Beweiserhebung zu Strafzumessungstatsachen bei einem freizusprechenden Angeklagten.

221　　Bestritten ist, ob innerhalb der Gesamtheit der an sich entscheidungserheblichen Tatsache eine bestimmte **Rangordnung** besteht und eine Reihenfolge einzuhalten ist, so daß selbst dann, wenn das Urteil im Ergebnis bereits feststeht, die Beweiserhebung über eine vorrangige Tatsache nicht als rechtlich unerheblich abgewiesen werden dürfte, weil es nur auf eine bereits erwiesene nachrangige gestützt werden könnte. Einigkeit besteht darin, daß die **Prozeßvoraussetzungen** einen Vorrang genießen. Wird festgestellt, daß eine Prozeßvoraussetzung fehlt, so ist das Verfahren einzustellen, gleichgültig, wie weit die Sachaufklärung gediehen ist. Alle Tatsachen, die sich auf den Sachverhalt als solchen beziehen, sind dann im Sinne des § 244 Abs. 3 Satz 2 für die Entscheidung ohne Bedeutung[807]. Zweifelhaft ist aber, ob Tatsachen, die sich auf die **äußere oder innere Tatseite** der den Gegenstand der Untersuchung bildenden Handlung beziehen, als bedeutungslos für die Entscheidung behandelt werden können, wenn feststeht, daß jedenfalls ein **Rechtfertigungs- oder Schuldausschließungsgrund** durchgreift. *Eb. Schmidt* verficht die Auffassung, daß das Gericht zunächst die auf die tatbestandsmäßig rechtswidrige Handlung, dann erst die auf die Schuld bezüglichen Tatsachen feststellt, daß also jene so lange beweiserheblich bleiben, als zu ihnen noch Feststellungen im positiven oder negativen Sinne in Frage kommen[808]. Die Rechtsprechung ist diesen Gedanken nicht gefolgt. Sie hält es, weil die Strafprozeßordnung kein Feststellungsinteresse des Angeklagten anerkennt, grundsätzlich nicht für ausgeschlossen, daß der äußere Tatbestand dahingestellt bleiben könne, wenn jedenfalls die im Gesetz vorausgesetzte schuldhafte Willensrichtung des Angeklagten nicht nachweisbar oder ein Rechtfertigungs- oder Schuldausschlie-

---

[804] *Alsberg/Nüse/Meyer* 579; auch Bestehen und Inhalt eines Erfahrungssatzes können beweisbedürftig sein.

[805] RGSt **64** 432; **65** 322; RG JW **1931** 3560; **1939** 95; OGHSt **3** 141; BGHSt **2** 286; BGH NJW **1953** 35; **1961** 209; NStZ **1982** 126; **1985** 516; BGH bei *Holtz* MDR **1976** 815; bei *Spiegel* DAR **1980** 209; **1983** 204; BayObLGSt **1949/51** 73; BayObLG bei *Rüth* DAR **1981** 249; OLG Köln JR **1954** 68; NJW **1967** 2416; VRS **57** (1979) 191; *Schröder* NJW **1972** 2105; ferner AK-*Schöch* 85; KK-*Herdegen* 74; *Kleinknecht/Meyer-Goßner*[43] 54; KMR-*Paulus* 112; 114; SK-*Schlüchter* 95 und *Alsberg/Nüse/ Meyer* 580 mit weit. Nachw.

[806] Die Abgrenzung der rechtlich unerheblichen Tatsachen zu den tatsächlich unerheblichen wird un-

terschiedlich bestimmt. *Alsberg/Nüse/Meyer* 580; *Kleinknecht/Meyer-Goßner*[43] 55 nehmen rechtliche Unerheblichkeit nur an, wenn die an sich erhebliche Tatsache aus Rechtsgründen ihre Bedeutung verliert. Weiter dagegen KK-*Herdegen* 74 (Haupttatsachen, die für rechtliche Würdigung und Bestimmung der Rechtsfolgen mangels Subsumtionsverhältnisses nicht direkt relevant sind, weil sie den begrifflichen Inhalt der Tatbestandsmerkmale nicht konkretisieren); ähnlich AK-*Schöch* 86; KMR-*Paulus* 114 (kein Zusammenhang zwischen Tatsache und Gegenstand der Urteilsfindung).

[807] *Alsberg/Nüse/Meyer* 581; *Eb. Schmidt* 48; ferner KMR-*Paulus* 118; vgl. bei § 260.

[808] *Eb. Schmidt* 48 unter Hinweis auf *Mannheim* JW **1928** 2752; *Gerland* 382.

ßungsgrund gegeben ist[809]. Dem ist mit der Einschränkung zuzustimmen, daß es nach der Art des zu untersuchenden Sachverhalts unter Umständen unerläßlich sein kann, zuerst den Tathergang aufzuklären[810]. Desgleichen ist in der Regel der **äußere Sachverhalt** so weitgehend wie möglich zu klären, ehe ein zuverlässiges Urteil zur inneren Tatseite möglich wird[811].

c) Aus tatsächlichen Gründen bedeutungslos ist eine Tatsache, wenn sie in keinem **222** Zusammenhang mit der Urteilsfindung steht oder wenn trotz eines solchen Zusammenhangs selbst ihre Bestätigung keinen Einfluß auf die richterliche Überzeugung vom entscheidungserheblichen Sachverhalt auszuüben vermöchte[812]. Die gilt für **Haupttatsachen** und auch für solche **Indiztatsachen**, die an sich geeignet wären, einen Schluß auf eine entscheidungserhebliche Haupttatsache zu ziehen, bei denen aber das Gericht der Überzeugung ist, daß sie — ihre Erwiesenheit unterstellt — im konkreten Fall diesen Schluß nicht rechtfertigen würden. Soweit die **richterliche Überzeugung** für die Unerheblichkeit maßgeblich ist, greift der Grundsatz der freien Beweiswürdigung (§ 261) ein. Das Gericht hat zwar von der vollen Erwiesenheit der unter Beweis gestellten Tatsache auszugehen[813], es muß dann aber innerhalb der jeder richterlichen Beweiswürdigung gezogenen Grenzen in freier Beweiswürdigung[814] prüfen, ob es unter Berücksichtigung seiner Aufklärungspflicht[815] und seiner Pflicht zu einer umfassenden Beweiswürdigung verneinen kann, daß aus dieser ohne jede Einschränkung als erwiesen zu behandelnden Tatsache ein Schluß auf einen verfahrenserheblichen Umstand zu ziehen ist; insbesondere ob aus einer nur mittelbar erheblichen Tatsache die Folgerung zu ziehen sei, auf die der Beweisführer abzielt[816]. Die Bedeutungslosigkeit darf aber nicht allein aus dem **bisherigen Beweisergebnis** hergeleitet werden[817], etwa weil das Gericht auf Grund dieses Ergebnisses das

---

[809] RGSt **7** 77; **12** 336; **29** 259; **43** 399; **47** 419; **69** 12; RG JW **1927** 2711; **1931** 2823; 3560; BGHSt **16** 379; BGH JR **1980** 113 mit Anm. *Hirsch*; *Kleinknecht/Meyer-Goßner*[43] 55; KMR-*Paulus* 116; ferner *Alsberg/Nüse/Meyer* 584 mit weit. Nachw.

[810] So vor Anwendung des § 193 StGB; vgl. BGHSt **4** 198; **7** 391; **11** 273; **16** 379; *Alsberg/Nüse/Meyer* 584; ferner BGHSt **27** 290 (zu § 192 StGB).

[811] Vgl. OGHSt **1** 188; BGHSt **16** 379; BGH GA **1974** 61; StV **1981** 222; BGH bei *Dallinger* MDR **1956** 272; *Alsberg/Nüse/Meyer* 585; *Kleinknecht/Meyer-Goßner*[43] 55; vgl. bei § 267 und, bezüglich der Verwendung präsenter Beweismittel, § 245.

[812] BGH NJW **1953** 35; **1961** 2069; GA **1964** 77; NStZ **1981** 309; **1982** 126; 170; **1983** 277; **1997** 567 mit Anm. *Wohlers*; StV **1981** 271; **1990** 24; BGH bei *Holtz* MDR **1976** 815; bei *Pfeiffer/Miebach* NStZ **1983** 210; OLG Karlsruhe Justiz **1984** 214; OLG Köln VRS **57** (1979) 191; **64** (1983) 200; vgl. Fußn. 805.

[813] BGH NStZ **1997** 503 mit Anm. *Herdegen* = StV **1997** 567 mit Anm. *Wolters*; *Schweckendieck* NStZ **1997** 254. Anderenfalls würde eine unzulässige Beweisantizipation vorliegen, vgl. etwa KK-*Herdegen* 74; ferner *Herdegen* FS Boujong 779. Vgl. Rdn. 59; 182.

[814] Zur Problematik, die in der dadurch bedingten Aufhebung der Trennung zwischen antragsgebundener Beweiserhebungspflicht und der freien Beweiswür-

digung liegt, vgl. etwa *Meurer* GedS Hilde Kaufmann 947; *Perron* (Beweisantragsrecht) 227.

[815] Mit den Erfordernissen der Aufklärungspflicht wäre es unvereinbar, aufklärbare Umstände der Gesamtabwägung im Rahmen der Beweiswürdigung zu entziehen. Vgl. BGH StV **1990** 292; zustimmend *Perron* (Beweisantragsrecht) 228; *Kleinknecht/Meyer-Goßner*[43] 56; SK-*Schlüchter* 97; ferner *Herdegen* FS Boujong 785 (Aufklärungspflicht, sofern Richter nicht durch ein intersubjektiv akzeptables Maß plausibler Argumente erklären kann, warum er zu prognostizieren vermag).

[816] BGH GA **1964** 77; NStZ **1981** 309; **1984** 42; bei *Holtz* MDR **1983** 450; ferner die Entscheidungen in Fußn. 812; KK-*Herdegen* 74; *Alsberg/Nüse/Meyer* 56; weitere Nachweise bei Fußn. 813 und bei *Alsberg/Nüse/Meyer* 588 ff; auch zum Zusammenhang mit der Wahrunterstellung.

[817] BGH GA **1956** 384; MDR **1970** 778; BGH StV **1981** 271; **1982** 58; BGH bei *Pfeiffer/Miebach* NStZ **1983** 210; OLG Celle GA **1962** 216; OLG Hamm JMBlNW **1982** 224; OLG Oldenburg Nds-Rpfl. **1979** 110; OLG Stuttgart MDR **1994** 1137 (L); weitere Nachweise bei *Alsberg/Nüse/Meyer* 589, wo dieser Satz als mißverständlich bezeichnet wird, da er nur ausschließen solle, daß das Gericht die Würdigung der unter Beweis gestellten Tatsache unterläßt, weil es bereits vom Gegenteil überzeugt sei; ebenso *Kleinknecht/Meyer-Goßner*[43] 56; vgl. Rdn. 183.

Gegenteil der unter Beweis gestellten Tatsache bereits für erwiesen erachtet[818] oder erklärt, auch wenn der Zeuge die Beweistatsache bestätigen werde, müsse dies nicht richtig sein[819]. Die Erheblichkeit der Beweistatsache muß unter Berücksichtigung des bisherigen Beweisergebnisses in voller Würdigung ihrer Tragweite beurteilt werden. Dabei darf die Wahrheit der Beweistatsache ebensowenig in Frage gestellt werden wie der Wert des angebotenen Beweismittels[820]. Die Beweistatsache ist nicht schon deshalb bedeutungslos, weil sich aus ihr keine zwingenden Schlüsse ziehen lassen, wohl aber dann, wenn das Gericht aus nachvollziehbaren Erwägungen aufzeigen kann, daß es in voller Würdigung der Beweislage und seiner Aufklärungspflicht einen nur möglichen Schluß aus der Tatsache auch dann nicht ziehen will, wenn sie erwiesen wäre[821], dabei hat das Gericht die Beweistatsache ohne Einengung, Umdeutung und Verkürzungen zu würdigen[822]. Etwaige Zweifel über deren Tragweite sind durch Befragung des Antragstellers vorweg zu klären[823].

223   **d)** Bei **Beweisanträgen zu Hilfstatsachen**, die den Wert eines Beweismittels erhärten oder in Frage stellen sollen, hat das Gericht ebenfalls in freier Beweiswürdigung zu prüfen, ob die unter Beweis gestellte Tatsache aus der Sicht der konkreten Verfahrenslage geeignet ist, die Entscheidung in irgendeiner Hinsicht zu beeinflussen. Ist dies der Fall oder betreffen diese Anträge die Qualität eines Beweismittels, durch das eine entscheidungserhebliche Tatsache bewiesen wird, so können sie in der Regel kaum als unerheblich abgelehnt werden[824], da hier die Aufklärungspflicht in der Regel verlangt, bei einer widersprüchlichen Beweislage alle verfügbaren Erkenntnisquellen auszuschöpfen[825]. Nur wenn die beantragte Beweiserhebung überflüssig ist, weil das Beweisziel, etwa die Bestätigung oder Verneinung der Glaubwürdigkeit bereits zur Überzeugung des Gerichts feststeht, kann die weitere Beweiserhebung als für die Entscheidung bedeutungslos abgelehnt werden[826], je nach den Umständen auch, wenn das Gericht sich seine Überzeugung bereits auf Grund eines besseren Beweismittels gebildet hat, so daß für die beantragte Verwendung eines weniger verläßlichen kein Anlaß besteht[827].

224   **e) Beschluß.** Lehnt das Gericht die Erhebung eines Beweises wegen Unerheblichkeit der Beweistatsache ab, genügen zur Begründung weder die Wiederholung des Gesetzeswortlauts[828] noch allgemeine Wendungen wie unbehelflich oder unbedeutend[829]. Die Begründung muß konkret auf den Fall bezogen aufzeigen, ob dies aus rechtlichen oder tat-

---

[818] BGH StV **1993** 621; 622; **1994** 62; NStZ **1994** 195; BGH bei *Martin* DAR **1971** 122; BGHR § 244 Abs. 2 Satz 2 Bedeutungslosigkeit 16; AK-*Schöch* 87; KK-*Herdegen* 74; *Kleinknecht/Meyer-Goß-ner*[43] 56; SK-*Schlüchter* 96; vgl. auch vorstehende Fußn.

[819] BGH StV **1981** 167; NStZ **1984** 564; *Kleinknecht/Meyer-Goßner*[43] 56.

[820] BGH NStZ **1997** 503 mit Anm. *Herdegen* = StV **1997** 567 mit Anm. *Wolters; Alsberg/Nüse/Meyer* 589.

[821] BGH StV **1990** 24; **1993** 172; **1996** 411; NStZ **1992** 551; bei *Miebach* NStZ **1988** 211; bei *Kusch* NStZ **1994** 24; **1998** 26; vgl. auch *Kleinknecht/Meyer-Goßner*[43] 56; SK-*Schlüchter* 96 und nachf. Fußn.

[822] BGH StV **1993** 173; bei *Kusch* NStZ **1997** 27; BGHR § 344 Abs. 3 Satz 2 Bedeutungslosigkeit 2; BayObLGSt **1990** 45; OLG Frankfurt StV **1995** 346; vgl. aber auch BGH bei *Miebach/Kusch* NStZ **1991** 28.

[823] BGH StV **1996** 411; zum Austausch von Beweismitteln vgl. Rdn. 157 ff.

[824] Vgl. etwa BGH NStZ **1981** 309; **1983** 277; **1984** 42; BGH bei *Holtz* MDR **1981** 101; bei *Pfeiffer* NStZ **1981** 96; BayObLG StV **1982** 214; OLG Stuttgart Justiz **1968** 12.

[825] Vgl. etwa BGH StV **1990** 291; ferner Rdn. 221.

[826] Für die nicht an das (erreichte) Beweisziel, sondern an die unter Beweis gestellte Tatsache anknüpfenden anderen Ablehnungsgründe (Erwiesenheit, Wahrunterstellung) ist mitunter kein Raum.

[827] BGH NStZ **1997** 95; wegen des Austausches der Beweismittel vgl. Rdn. 157 ff.

[828] BGHSt **2** 286; BGH NStZ **1990** 246; **1993** 172; bei *Pfeiffer/Miebach* NStZ **1985** 14; bei *Kusch* NStZ **1997** 27; bei *Spiegel* DAR **1981** 199; *Dahs/Dahs* 257; vgl. Rdn. 146; ferner Fußn. 831.

[829] RG JW **1923** 688; **1927** 2466; *Alsberg/Nüse/Meyer* 760.

sächlichen Erwägungen angenommen wird[830]. Im letzteren Falle sind die Tatsachen anzugeben, aus denen sich ergibt, warum die unter Beweis gestellte Tatsache, selbst wenn sie erwiesen wäre, die Entscheidung des Gerichts nicht beeinflussen könnte[831]. Dabei ist das Beweisthema in seinem vollen Umfang ohne Umdeutung, Einengung und Verkürzung zu würdigen[832]. Warum das Gericht aus der Beweistatsache keine entscheidungserheblichen Schlußfolgerungen zieht, ist mit **konkreten Erwägungen** zu begründen[833]. Das Fehlen einer ausreichenden Begründung ist nur dann unschädlich, wenn die Bedeutungslosigkeit der Tatsache auf der Hand liegt und allen Verfahrensbeteiligten offensichtlich ist[834], so daß diese in ihrer Verfahrensführung dadurch nicht beeinträchtigt werden. Denn die Begründung soll ihnen Gelegenheit geben, sich auf die neue Verfahrenslage einzustellen und noch in der Hauptverhandlung das Gericht von der Erheblichkeit der Beweistatsache zu überzeugen oder aber neue Anträge zu stellen[835]. Bei **mehreren Beweisthemen** muß die Bedeutungslosigkeit für jedes Thema einzeln dargetan werden[836].

f) Im **Urteil** dürfen keine anderen Ablehnungsgründe **nachgeschoben** werden[837]. Das **225** Urteil darf sich auch nicht mit der Begründung des ablehnenden Beschlusses in Widerspruch setzen und etwa einer als unerheblich bezeichneten Tatsache Bedeutung beimessen[838] oder sein Urteil auf das Gegenteil der unter Beweis gestellten Tatsache stützen[839], denn damit würde es der Ablehnung die sie rechtfertigende Grundlage entziehen. Ergibt sich beim Verfahrensfortgang eine veränderte Beurteilung der Beweislage, muß das Gericht die Verfahrensbeteiligten, die auf den Fortbestand der Einschätzung als unerheblich vertrauen dürfen, auf die geänderte Beurteilung hinweisen und ihnen Gelegenheit zu neuer Antragstellung geben[840].

---

[830] BGH NStZ **1981** 401; BGH bei *Pfeiffer/Miebach* NStZ **1983** 210 läßt es aber genügen, wenn der Vorsitzende den Beschluß in der Hauptverhandlung erläutert und die ergänzende Begründung im Sitzungsprotokoll festgehalten wird.

[831] RGSt **4** 138; RG JW **1931** 2823; **1937** 1836; **1939** 95; OGHSt **3** 141; OGH NJW **1949** 796; BGHSt **2** 286; BGH NJW **1953** 36; **1980** 1533; BGH GA **1957** 85; VRS **39** (1970) 103; NStZ **1981** 111; 309; 401; **1982** 213; **1984** 42; StV **1982** 55; **1987** 45; **1993** 172; BGH bei *Dallinger* MDR **1970** 560; bei *Holtz* MDR **1981** 101; bei *Pfeiffer/Miebach* NStZ **1983** 210; BayObLGSt **1949/51** 83; DAR **1956** 165; OLG Frankfurt StV **1995** 346; OLG Hamm VRS **7** (1954) 131; OLG Köln VRS **57** (1979) 191; OLG Oldenburg NdsRpfl. **1951** 191; OLG Schleswig bei *Ernesti/Jürgensen* SchlHA **1974** 182; KK-*Herdegen* 75; *Kleinknecht/Meyer-Goßner*[43] 43a; *Alsberg/Nüse/Meyer* 761 mit weit. Nachw.

[832] RG JW **1931** 2823; OGHSt **3** 141; OGH NJW **1949** 796; BGHSt **2** 286; BGH NJW **1953** 26; GA **1957** 85; VRS **39** (1970) 103; NStZ **1981** 111; 309; 401; **1984** 42; StV. **1982** 55; BGH bei *Dallinger* MDR **1970** 560; bei *Holtz* MDR **1981** 101; bei *Pfeiffer/Miebach* NStZ **1983** 210. Vgl. Rdn. 222.

[833] BGH NStZ **1983** 277; 468; **1991** 47; BGH StV **1981** 167; **1982** 253; BGH bei *Pfeiffer/Miebach* NStZ **1983** 356; *Alsberg/Nüse/Meyer* 594; 757; vgl. Rdn. 222.

[834] BGH NStZ **1981** 309; 401; **1982** 170; 213; **1984** 42; StV **1983** 318; **1991** 408; BGH bei *Holtz* MDR **1981** 101; bei *Pfeiffer/Miebach* NStZ **1983** 210; bei *Spiegel* DAR **1981** 199; **1983** 204. Soweit diese

Entscheidungen dahin verstanden werden können, daß dann jede Begründung entbehrlich sei, kann ihnen nicht gefolgt werden; die Pflicht zu einer knappen Begründung besteht auch hier, unterbleibt sie, ist dies jedoch unschädlich, da das Urteil nicht auf der Unkenntnis des Ablehnungsgrundes beruhen kann. Wie hier *Alsberg/Nüse/Meyer* 757; 761; vgl. auch AK-*Schöch* 88 (Bedeutungslosigkeit liegt praktisch nie auf der Hand); KK-*Herdegen* 75.

[835] H. M; etwa BGHSt **2** 286; BGH NStZ **1981** 309; StV **1982** 253; BGH bei *Pfeiffer/Miebach* NStZ **1983** 210; *Alsberg/Nüse/Meyer* 756; Rdn. 144.

[836] BGH bei *Dallinger* MDR **1970** 560; vgl. Rdn. 147.

[837] BGHSt **29** 152; BGH NJW **1951** 368; StV **1990** 24; BayObLG DAR **1956** 165; OLG Karlsruhe Justiz **1984** 214.

[838] RGSt **61** 359; RG JW **1930** 926; BGH NStZ **1988** 36; **1994** 195; bei *Kusch* NStZ **1998** 26; StV **1983** 90; **1992** 147 mit Anm. *Deckers*; StV **1993** 173; 622; **1997** 388; *Alsberg/Nüse/Meyer* 593; 900; AK-*Schöch* 88; KK-*Herdegen* 75; *Kleinknecht/Meyer-Goßner*[43] 56; KMR-*Paulus* 121; SK-*Schlüchter* 89; zur Widerspruchsfreiheit zwischen Antragsablehnung und Urteilsgründen vgl. Rdn. 224.

[839] BGH StV **1993** 173; **1994** 350; **1996** 648; BGHR § 244 Abs. 3 Satz 2, Bedeutungslosigkeit 18; vgl. auch die Nachw. in der vorstehenden Fußn.

[840] BGH StV **1990** 24; **1992** 147 mit Anm. *Deckers*; **1994** 356; **1996** 649; BGHR § 244 Abs. 3 Satz 2 Hinweispflicht 1; Bedeutungslosigkeit 18; *Seibert* NJW **1960** 19.

226   Die Begründung des Beschlusses ist maßgebend für das **Revisionsgericht**, das auf Grund der dort enthaltenen Ausführungen beurteilen muß, ob der ablehnende Beschluß die Unerheblichkeit frei von Rechtsfehlern und Verstößen gegen die Denkgesetze angenommen hat[841] und ob diese Feststellungen und Erwägungen mit dem Urteil übereinstimmen[842]. Ob die Bedeutungslosigkeit im übrigen in rein tatsächlicher Hinsicht richtig beurteilt wurde, kann das Revisionsgericht nicht nachprüfen, da es sich um ein Element der tatrichterlichen Beweiswürdigung handelt[843].

4. Offenkundigkeit

227   **a) Allgemein.** Offenkundig wird heute meist als Oberbegriff für Allgemeinkundigkeit und Gerichtskundigkeit verwendet[844]. Offenkundig können sowohl **Tatsachen** als auch **Erfahrungssätze** sein[845]. Offenkundige Tatsachen bedürfen keines Beweises. Sind Tatsachen allgemein sicher bekannt, ist die Beweisaufnahme hierüber zwar nicht unzulässig, sie ist aber überflüssig[846], und zwar auch dann, wenn nicht die unter Beweis gestellte Tatsache, sondern ihr **Gegenteil offenkundig** ist[847]. Woher der Richter das Wissen um offenkundige Tatsachen erworben hat, ist dabei unerheblich; es ist unschädlich, wenn dies außerhalb der Hauptverhandlung geschehen ist[848]; denn die Kenntnis offenkundiger Tatsachen ist nicht an eine bestimmte Wissensquelle gebunden und unabhängig von der Wahrnehmungsfähigkeit einer Einzelperson. Offenkundigkeit braucht nicht für alle Zeiten fortzubestehen. Ganz abgesehen davon, daß die Tatsachen, auf die sie sich bezieht, in Vergessenheit geraten können, können auch neue Erfahrungen oder Ereignisse die bisher angenommene Offenkundigkeit in Frage stellen. Ein darauf abzielender Beweisantrag muß dann aber neue Tatsachen oder Erfahrungssätze vortragen und schlüssig dartun, weshalb sie geeignet sind, die bisher angenommene Offenkundigkeit zu erschüttern, um eine Beweiserhebung auszulösen[849].

---

841 Etwa durch die Annahme, daß eine Beweistatsache nur dann erheblich sei, wenn sich aus ihr eine zwingende (und nicht nur mögliche) Schlußfolgerung ergibt; vgl. OLG Köln VRS **57** (1979) 191; **59** (1980) 351; *Alsberg/Nüse/Meyer* 593; 899.

842 *Alsberg/Nüse/Meyer* 899.

843 RGSt **29** 368; **39** 364; **63** 330; RG JW **1927** 2466; BGH GA **1964** 77; bei *Spiegel* DAR **1978** 161; OLG Hamm VRS **7** (1954) 131; OLG Köln VRS **57** (1979) 191; *Alsberg/Nüse/Meyer* 899; *Herdegen* NStZ **1984** 98.

844 BGHSt **6** 292; BayObLGSt **1966** 4 = JR **1966** 227; OLG Hamburg NJW **1968** 2303; AK-*Schöch* 81; KK-*Herdegen* 69; *Kleinknecht/Meyer-Goßner*[43] 50; SK-*Schlüchter* 84; kritisch zur Gerichtskundigkeit *Frister* Jura **1988** 262; *Grünwald* (Beweisrecht) 93; *Kahlo* StV **1991** 54; ferner *Keller* ZStW **101** (1989) 405 („Expertenwissen" nicht „Jedermannswissen"); vgl. *Alsberg/Nüse/Meyer* 534; auch mit Nachweisen zu anderen Einteilungen, die Offenkundigkeit und Gerichtskundigkeit nebeneinanderstellen oder die die Gerichtskundigkeit als Oberbegriff verwenden.

845 So schon *Stein* 148; h. M, etwa BGHSt **26** 39; *Alsberg/Nüse/Meyer* 532; *Geppert* 154. Bei der Entscheidung über Beweisanträge im Strafverfahren bedarf es der im Zivilprozeß wegen der Beweislast notwendigen Unterscheidung zwischen offenkundigen Tatsachen und offenkundigen Erfahrungssätzen nicht.

846 *Alsberg/Nüse/Meyer* 531; *Sarstedt/Hamm*[6] 630; *Eisenberg* (Beweisrecht) 207; AK-*Schöch* 81; KK-*Herdegen* 69; *Kleinknecht/Meyer-Goßner*[43] 50; SK-*Schlüchter* 92. So ausdrücklich § 291 ZPO.

847 RG HRR **1936** Nr. 1476; BGHSt **6** 292; BayObLGSt **1966** 4 = JR **1966** 227; OLG Celle NJW **1967** 588; OLG Düsseldorf MDR **1980** 868; MDR **1992** 600; OLG Hamburg NJW **1968** 2304; OLG Hamm VRS **32** (1967) 278; LG Hamburg MDR **1968** 344; *Hanack* JZ **1970** 562; *Krause* 43; *Keller* ZStW **101** (1989) 384; *Nüse* GA **1953** 73; *Sarstedt/Hamm*[6] 630 (unter Hinweis auf den aus anderen Quellen ersichtlichen Irrtum eines Nachschlagewerks); AK-*Schöch* 81; KK-*Herdegen* 69; *Kleinknecht/Meyer-Goßner*[43] 50; KMR-*Paulus* 440; SK-*Schlüchter* 84. *Alsberg/Nüse/Meyer* 531 mit weit. Nachw. auch zur Gegenmeinung, die es für unzulässig hält, die Beweiswürdigung insoweit vorwegzunehmen, so etwa *Born* 113; *Engels* GA **1981** 29; *Feuerpeil* 81; *Grünwald* 50. DJT Gutachten C 74; (Beweisrecht) 93; zweifelnd auch *Eisenberg* (Beweisrecht) 208.

848 So schon *Stein* 148 f; der Grundsatz, daß die Hauptverhandlung alleinige Erkenntnisquelle ist (§ 261), gilt insoweit nicht; vgl. *Alsberg/Nüse/Meyer* 532; *Geppert* 154.

849 OLG Düsseldorf MDR **1992** 500; AK-*Schöch* 83; KK-*Herdegen* 69.

b) Allgemeinkundig sind Tatsachen und Erfahrungssätze, von denen verständige **228** Menschen regelmäßig Kenntnis haben oder über die sie sich aus zuverlässigen Quellen ohne besondere Fachkunde so sicher unterrichten können, daß sie von ihrer Wahrheit überzeugt sein dürfen[850]. Dazu gehören auch allgemeine, wissenschaftlich begründete und ohne besondere Spezialkenntnisse erschließbare Erfahrungssätze[851], wenn diese ohne ernstzunehmende Einwände als zutreffend allgemein anerkannt werden. Ergibt dagegen das allgemeinkundige wissenschaftliche Schrifttum, daß eine Meinung umstritten ist, so ist zwar ihr Vorhandensein, nicht aber die Richtigkeit ihres Inhalts allgemeinkundig[852]. Die Allgemeinkundigkeit entfällt nicht schon dadurch, daß sie **zeitlich, örtlich** oder **dem Personenkreis nach beschränkt** ist[853], sie wird auch nicht etwa dadurch ausgeschlossen, daß den Richtern die betreffende Tatsache bis zur Hauptverhandlung vollkommen unbekannt geblieben ist[854], sofern sie nur in der Lage sind, sich das erforderliche Wissen bis zur Entscheidung über den Beweisantrag aus allgemein zugänglichen Quellen sicher zu verschaffen. Ist ihnen das nicht sicher möglich, dürfen sie den Beweisantrag nicht wegen Allgemeinkundigkeit ablehnen[855].

Als allgemeinkundige Tatsachen kommen vor allem die **Gegebenheiten der Außen-** **229** **welt** in Betracht, wie das Vorhandensein von Bauwerken, Größe und Verlauf von Straßen oder Flüssen, die Entfernung zwischen geographischen Örtlichkeiten, aber auch geschichtliche und politische Ereignisse, ferner die aus Karten, Kalendern, Fahrplänen, Kurszetteln usw. zu entnehmenden Daten[856] sowie die aus allgemein zugänglichen Quellen, Nachschlagewerken, Büchern, aber auch aus Zeitungen oder sonstigen Nachrichtenmitteln sicher feststellbaren Fakten[857]. Vielfach handelt es sich um **Tatsachen allgemeiner Art**, die als solche allgemein bekannt sind, wie einzelne, von der allgemeinen Aufmerksamkeit erfaßte Vorkommnisse, um Naturereignisse, Katastrophen, sowie die vielgestaltigen Ereignisse des öffentlichen Lebens und der Zeitgeschichte, bei denen aber meist nur der faktische Kern, aber nicht notwendig alle Einzelheiten an der Offenkundigkeit teilhaben. Bei Büchern, Zeitschriften und anderen Medien ist jedoch meist nur deren Existenz und die Tatsache, daß sie über ein Ereignis berichtet haben, allgemeinkundig, nicht aber das Ereignis in seinen Einzelheiten selbst[858]. Bei **geschichtlichen Ereignissen** ist zu unterscheiden: Allgemeinkundig sind geschichtliche Daten und Fakten, die allgemein als erwiesen gelten und die von jedermann ohne größere Sachkunde aus den einschlägigen Fachbüchern zweifelsfrei festgestellt werden können, wie etwa die Geburts-

---

[850] BVerfGE **10** 183; BGHSt **6** 293; **26** 59; KG NJW **1972** 1909; *Dahs/Dahs* 65; *Geppert* 154; *Gössel* § 29 C III a 2; *Roxin* § 24, 9; AK-*Schöch* 82; KK-*Herdegen* 69; *Kleinknecht/Meyer-Goßner*[43] 51; SK-*Schlüchter* 86; *Alsberg/Nüse/Meyer* 534 mit weit. Nachw., auch zu anderen Definitionen ("Gemeingut aller Gebildeten" oder RGSt **16** 331: "Tatsachen, bei denen kein vernünftiger Grund bestehe, sie in Zweifel zu ziehen, weil ihre Kenntnis Gemeingut weiter Kreise sei").

[851] Die allgemeine Meinung von ihrer Wahrheit genügt als Grundlage für die Meinungsbildung des Gerichts, auch wenn sie nicht zwingend notwendig zutreffen muß; dazu etwa *Keller* ZStW **101** (1989) 401 (gewichtiges Indiz für Wahrheit, über das sich das Gericht nicht ohne gute Gründe hinwegsetzen darf); ähnlich *Perron* (Beweisantragsrecht) 240; KK-*Herdegen* 69; vgl. ferner auch die Kommentare zu § 291 ZPO.

[852] Vgl. BGH NStZ **1994** 250; KK-*Herdegen* 70.

[853] RG GA **38** (1891) 342; BGHSt **6** 292; BGH VRS **58** 347; BGH bei *Spiegel* DAR **1981** 199; *Hanack* JZ **1970** 561; *Koch* DAR **1961** 275; *Nüse* GA **1955** 72; AK-*Schöch* 82; KK-*Herdegen* 69; *Kleinknecht/Meyer-Goßner*[43] 51; KMR-*Paulus* 211; SK-*Schlüchter* 86; ferner *Alsberg/Nüse/Meyer* 536 mit weit. Nachw.

[854] *Alsberg/Nüse/Meyer* 543.

[855] KK-*Herdegen* 69.

[856] OLG Hamm VRS **14** (1958) 454; *Alsberg/Nüse/Meyer* 538 ff; AK-*Schöch* 82; KK-*Herdegen* 69; *Kleinknecht/Meyer-Goßner*[43] 51; KMR-*Paulus* 211; SK-*Schlüchter* 86.

[857] Vgl. OLG Düsseldorf MDR **1980** 868.

[858] KG NJW **1972** 1090; *Alsberg/Nüse/Meyer* 538; KMR-*Paulus* 210; OLG Hamburg StV **1996** 84; KK-*Herdegen* 69; KMR-*Paulus* 210; vgl. Rdn. 232.

oder Todesdaten berühmter Frauen und Männer oder Zeit, Ort und Verlauf bestimmter Ereignisse[859], die zumindest in ihren großen Umrissen als gesichertes Ergebnis komplexer historischer Forschung ohne ernstzunehmende Gegenmeinung allgemein anerkannt werden[860]. Allgemeinkundigkeit kann dagegen nicht angenommen werden bei der Vielzahl der historischen Geschehnisse, über die gesicherte Kenntnisse fehlen, oder bei den meisten Detailfragen, die allenfalls von besonders Sachkundigen vermittelt werden können[861].

230   **c) Gerichtskundig** sind Tatsachen, die ein Richter im Zusammenhang mit seiner amtlichen Tätigkeit ohne Benutzung privater Informationsquellen[862] zuverlässig in Erfahrung gebracht hat[863]. Der Richter muß in **amtlicher Eigenschaft**, wenn auch nicht notwendig auf Grund einer eigenen Amtshandlung, unter Wahrung der dafür vorgeschriebenen Form volle Aufklärung erlangt haben[864], so etwa die Kenntnis von Konstruktion und Funktionieren eines bestimmten Verkehrsampelsystems[865]. Formlose **Auskünfte**, die das Gericht im Rahmen des anhängigen Verfahrens bei Außenstehenden einholt, machen die mitgeteilten Tatsachen nicht gerichtskundig[866]. Gleiches gilt für den Inhalt der **Akten**[867]. Zu verneinen ist die Gerichtskundigkeit, wenn die mitwirkenden Richter ihr Wissen nicht aus amtlich erschlossenen, sondern aus privaten Quellen geschöpft haben[868] oder bei der auf privater Verkehrsteilnahme beruhenden Ortsvertrautheit der Richter[869]. Vorgänge, die sich außerhalb der Hauptverhandlung in einem **anderen Verfahren** ereignet haben, können gerichtskundig sein[870]. Dies gilt sowohl für Verfahren in gleicher oder anderer Sache, an denen die Mitglieder des erkennenden Gerichts selbst beteiligt waren, als auch für sonstige in amtlicher Eigenschaft erlangte Kenntnisse über von anderen Richtern geführte Verfahren[871]. Voraussetzung für die Gerichtskundigkeit ist aber immer, daß der Richter die betreffenden Tatsachen noch sicher in Erinnerung hat. Die Ergebnisse der Beweisaufnahme einer **früheren Hauptverhandlung** in der gleichen Sache können schon wegen des Grundsatzes der Unmittelbarkeit nicht als gerichtskundig in eine spätere Hauptver-

---

[859] Vgl. etwa RGSt **53** 65; **56** 259; **58** 308; **62** 69; OGHSt **2** 17; 301; BGHSt **1** 397; **2** 241; **3** 127; BayObLGSt **1949/51** 179.

[860] Wie etwa der Massenmord an den Juden in den KZ, etwa BVerfG NJW **1993** 916; BGHSt **31** 231; **40** 99; OLG Celle NJW **1982** 1545; MDR **1994** 608; Düsseldorf MDR **1992** 500; OLG Köln NJW **1981** 1280; OLG Schleswig MDR **1978** 333. Vgl. auch OLG Düsseldorf MDR **1980** 868 (Geiselbefreiung in Mogadischu).

[861] Zur Problematik der Allgemeinkundigkeit geschichtlicher Ereignisse vgl. *Alsberg/Nüse/Meyer* 540; *Sarstedt/Hamm*[6] 631.

[862] KMR-*Paulus* 215.

[863] BVerfGE **10** 183; BGHSt **6** 292; BGH bei *Spiegel* DAR **1977** 179; BayObLG bei *Rüth* DAR **1969** 236; BayObLG VRS **66** (1984) 33; KG JR **1956** 387; OLG Düsseldorf VRS **73** (1987) 210; OLG Frankfurt StV **1983** 192; OLG Köln VRS **44** (1973) 211; **65** (1983) 450; AK-*Schöch* 84; KK-*Herdegen* 71; *Kleinknecht/Meyer-Goßner*[43] 52; KMR-*Paulus* 212; SK-*Schlüchter* 90; *Alsberg/Nüse/Meyer* 545 mit weit. Nachw.

[864] OLG Köln VRS **44** (1973) 211; *Alsberg/Nüse/Meyer* 546; vgl. die Nachw. in der vorstehenden Fußn.; strittig; einem Teil des Schrifttums geht dies zu weit; vgl. die Nachw. Fußn. 871.

[865] OLG Braunschweig VRS **93** (1997) 109.

[866] OLG Karlsruhe MDR **1976** 247 (telefonische Auskunft einer Behörde); *Alsberg/Nüse/Meyer* 546; *Meyer-Goßner* FS Tröndle 553; KMR-*Paulus* 215; SK-*Schlüchter* 90.

[867] BGH nach *Alsberg/Nüse/Meyer* 547, dort weit. Nachw.; ferner *Eb. Schmidt* Nr. 383; *Schmid* ZStW **85** (1973) 894; KMR-*Paulus* 215; SK-*Schlüchter* 90.

[868] RGSt **65** 128; im Grundsatz wohl h. M; zur Abgrenzung vgl. *Meyer-Goßner* FS Tröndle 552.

[869] OLG Köln VRS **44** (1973) 211; *Alsberg/Nüse/Meyer* 546; AK-*Schöch* 84.

[870] BGHSt **6** 293; BGH NStZ **1998** 98; BayObLG VRS **66** (1984) 33; KG JR **1984** 393 mit Anm. *Peters*; OLG Köln VRS **65** (1983) 450; *Alsberg/Nüse/Meyer* 546 mit weit. Nachw.; AK-*Schöch* 84; KK-*Herdegen* 71; *Kleinknecht/Meyer-Goßner*[43] 52; SK-*Schlüchter* 90; strittig, vgl. auch nachf. Fußn. und § 223, 42.

[871] Vgl. vorstehende Fußn. und *Alsberg/Nüse/Meyer* 546 mit weit. Nachw. auch zum Streitstand; ferner zu den verschiedenen Bedenken des Schrifttums etwa *Feuerpeil* 82, *Grünwald* (Beweisrecht) 93; *Hiegert* 162; *Keller* ZStW 101 (1989) 84; *Perron* (Beweisantragsrecht) 241; *Peters* § 38 IV 1 b; *Schmidt-Hieber* JuS **1985** 295. Vgl. § 223; 42.

handlung eingeführt werden[872]. Nach einer Aussetzung sind in der erneuten Hauptverhandlung die Beweise unmittelbar von dem nunmehr erkennenden Gericht zu erheben. Meist würde die Gerichtskundigkeit auch daran scheitern, daß es sich nicht um einzelne, leicht im Gedächtnis zu behaltende Tatsache handelt, wie etwa die Anwesenheit einer bestimmten Person oder die Verkündung einer bestimmten Entscheidung, sondern um komplexere Vorgänge, wie etwa den Inhalt einer von einer Person damals abgegebenen Erklärung. Was das Gericht in der Hauptverhandlung selbst wahrnimmt, kann in der gleichen Hauptverhandlung nicht zum Gegenstand einer eigenen Beweisaufnahme gemacht werden (Rdn. 95). Bei einem darauf abzielenden Antrag ist kein Raum für eine Ablehnung als gerichtskundig nach § 244 Abs. 3 Satz 2[873]. Unter Umständen kann die Aufklärungspflicht gebieten, daß das Gericht die Verläßlichkeit des Erinnerungsbildes eines seiner Mitglieder durch weitere Beweismittel überprüft.

d) Tatsachen, die ganz oder zum Teil **Tatbestandsmerkmale der aufzuklärenden** **231** **Straftat selbst** ausmachen, die also unmittelbar beweiserheblich sind, können nicht als allgemeinkundig oder gerichtskundig behandelt werden. Ihr Vorliegen muß nach den strengen Regeln des Strafverfahrensrechts in der Hauptverhandlung (§ 261) nachgewiesen werden[874]. Nur mittelbar beweiserhebliche Hilfs- und Indiztatsachen bedürfen dagegen keines besonderen Beweises, wenn sie offenkundig sind[875]. Dies gilt vor allem für solche Tatsachen, „die im **Hintergrund des Geschehens** stehen und gleichsam den Boden für die Ausübung einer größeren Zahl gleichgearteter Verbrechen abgeben" oder die „von allgemein kennzeichnender (symptomatischer) Bedeutung und einer im wesentlichen unveränderten Weise immer wieder mit bestimmten strafrechtlich zu beurteilenden Vorgängen verknüpft sind"[876]. Dieser Unterschied erklärt sich daraus, daß die Offenkundigkeit, also die Übernahme einer gesichert erscheinenden Meinung von der Wahrheit einer Tatsache (vgl. Rdn. 228), nicht notwendig wahr sein muß; sie kann das Gericht nicht von der ureigenen Aufgabe entbinden, das Vorliegen der Tatbestandsmerkmale einer Straftat in der vom Grundsatz der Unmittelbarkeit geprägten Hauptverhandlung selbst justizförmig zu verifizieren.

Erfüllt der **Inhalt eines Buches** oder einer Zeitschrift einen Straftatbestand, dann kann **232** von der Verlesung der strafrechtlich relevanten Teile der Schrift nicht mit der Begründung abgesehen werden, die Schrift sei offenkundig, weil sie auf Grund der genauen Bezeichnung des Titels im Buchhandel oder in den Büchereien jederzeit erhältlich und deshalb auch jedermann in der Lage sei, den Inhalt der Schrift festzustellen[877]. Im übrigen kann

---

[872] BGH nach *Alsberg/Nüse/Meyer* 550 Fußn. 153; dort weitere Nachweise; BayObLG bei *Rüth* DAR **1969** 236; OLG Köln VRS **65** (1983) 450; ferner *Dahs/Dahs* 66; *Meyer-Goßner* FS Tröndle 553; *Nüse* GA **1955** 72; KK-*Herdegen* 71; KMR-*Paulus* 214; SK-*Schlüchter* 90; vgl. Rdn. 231 und bei § 261.

[873] Vgl. BGH nach *Alsberg/Nüse/Meyer* 551 Fußn. 158 (die in der Hauptverhandlung selbst gewonnene Überzeugung des Gerichts, ein Zeuge sei nicht schwerhörig, ist nicht gerichtskundig; evtl. Ablehnung des Beweisantrags wegen eigener Sachkunde).

[874] RGSt **16** 332; **67** 418; RG JW **1922** 1394 mit Anm. *Alsberg*; BGHSt **6** 295; BGH StV **1982** 55; OLG Saarbrücken OLGSt § 244 Abs. 2, 3; OLG Stuttgart MDR **1982** 406; OLG Zweibrücken VRS **61** (1981) 434; *Geppert* 157; *Keller* ZStW **101** (1989)

403; *Perron* (Beweisantragsrecht) 238; *Nüse* GA **1955** 72; *Schmid* ZStW **85** (1977) 903; KK-*Herdegen* 69; *Kleinknecht/Meyer-Goßner*[43] 52; KMR-*Paulus* 209; SK-*Schlüchter* 93; ferner *Alsberg/Nüse/Meyer* 541; 549 mit weit. Nachw.

[875] OLG Karlsruhe MDR **1976** 247 verneint dies zu Unrecht; vgl. dazu *Alsberg/Nüse/Meyer* 550 Fußn. 147. Bedenken auch bei KK-*Herdegen* 71; SK-*Schlüchter* 93 (kein Schluß auf eine Sachverhaltstatsache allein aus gerichtskundigen Indizien). Wie hier *Kleinknecht/Meyer-Goßner*[43] 52.

[876] BGHSt **6** 295; KG JR **1956** 387; vgl. LG Hamburg MDE **1968** 344; AK-*Schöch* 85; KK-*Herdegen* 69; *Kleinknecht/Meyer-Goßner*[43] 52; KMR-*Paulus* 209; SK-*Schlüchter* 93; *Eb. Schmidt* 43; *Alsberg/Nüse/Meyer* 550 mit weit. Nachw.

[877] OLG Stuttgart MDR **1982** 153; vgl. Rdn. 231.

nur der Inhalt einer Schrift als solcher — nicht aber ihr Wahrheitsgehalt — offenkundig sein[878].

233   **e) Stimmenverhältnis bei Kollegialgerichten.** Ob die Offenkundigkeit einer Tatsache im **Kollegialgericht einstimmig** anerkannt werden muß oder ob Stimmenmehrheit genügt, ist umstritten. Bei der Offenkundigkeit im Sinne der Allgemeinkundigkeit kann die Frage kaum auftauchen, wenn man als allgemeinkundig nicht nur diejenigen Tatsachen anerkennt, die jedermann aus dem Kopf weiß, sondern — wie es notwendig ist — auch diejenigen Tatsachen, über die sich verständige Menschen ohne besondere Fachkunde aus zuverlässigen Quellen (Nachschlagewerken, Karten, Kursbüchern u. ä.) jederzeit unterrichten können[879]. Bei gerichtskundigen Tatsachen kann jedoch das Wissen unter den verschiedenen Mitgliedern eines Kollegialgerichts, vor allem zwischen Berufsrichtern und Laien, verschieden verteilt sein. Auch hier kann jedoch genügen, daß ein Richter die anderen von der ihm auf Grund seiner Amtsausübung bekannten Tatsache überzeugt[880]. Bei § 261 ist dargelegt, daß für Annahme der Offenkundigkeit Stimmenmehrheit genügen muß und keine Einstimmigkeit gefordert werden kann[881].

234   **f)** Auch offenkundige Tatsachen müssen **in der Hauptverhandlung erörtert** werden. Dies folgt aus dem Recht auf Gehör[882]. Die **Form**, in der eine offenkundige Tatsache in die Hauptverhandlung eingeführt wird, bestimmt der Vorsitzende. Zweckmäßig ist ein **ausdrücklicher Hinweis**, doch kann selbst ein Vorhalt genügen, sofern dabei unmißverständlich zum Ausdruck gebracht wird, daß das Gericht die Tatsache als allgemeinkundig oder gerichtskundig und damit als feststehend betrachtet[883]. Die Pflicht des Gerichts, die offenkundige Tatsache ausdrücklich in das Verfahren einzuführen, besteht auch dann, wenn die Verfahrensbeteiligten ersichtlich davon Kenntnis haben. Sie entfällt nur bei den im täglichen Leben selbstverständlichen Tatsachen und Erfahrungssätzen, die jedermann kennt und deren Verwendung niemanden überraschen kann[884]. Im übrigen müssen die Verfahrensbeteiligten Gelegenheit haben, zu den Tatsachen und auch zur Annahme der Offenkundigkeit, vor allem der Gerichtskundigkeit[885], Stellung zu nehmen und Zweifel an

[878] KG NJW **1972** 1909; vgl. Rdn. 229.
[879] BGHSt **6** 292; vgl. Rdn. 229.
[880] *Meyer-Goßner* FS Tröndle 557; *Roxin* § 24, 10; **a. A** etwa KK-*Herdegen* 72 (Information durch anderen Richter ist keine Kenntnis durch amtliche Tätigkeit); zum Streitstand vgl. nachf. Fußn.
[881] Ebenso BGH bei *Alsberg/Nüse/Meyer* 566 Fußn. 287; *Alsberg/Nüse/Meyer* 563 ff; *Dahs/Dahs* 65; *Sarstedt* DAR **1964** 311; *Sarstedt/Hamm*⁶ 633; *Meyer-Goßner* FS Tröndle 554 (mit Darstellung der Entwicklung der Rechtsprechung); *Kleinknecht/Meyer-Goßner*⁴³ 53; SK-*Schlüchter* 94, die darauf hinweist, daß alle Richter von Anfang an kundig sein müssen, nicht mit der Frage des Abstimmungsverhältnisses vermengt werden darf. BGHSt **34** 209 läßt für die Gerichtskundigkeit das Wissen der drei Berufsrichter, also der Mehrheit der Richter genügen. Die frühere Rechtsprechung hat insoweit Kenntnis aller Richter gefordert, ebenso ein Teil des Schrifttums (vgl. die Nachweise bei *Alsberg/Nüse/Meyer* 655 und in der 24. Auflage bei Fußn. 648, sowie bei § 261). Nach KK-*Herdegen* 72 genügt es bei der Allgemeinkundigkeit, wenn die Mehrheit der Richter sie bei der Beschlußfassung bejaht, während Gerichtskundig-

keit die amtliche Anfangskenntnis aller Richter voraussetzt; wohl ebenso AK-*Schöch* 94.
[882] BVerfGE **10** 183; **12** 113; **48** 209; BGHSt **6** 296; BGH NJW **1963** 589; NStZ **1998** 98; StV **1981** 223 mit Anm. *Schwenn/Strate*; StV **1988** 514; BGH bei *Spiegel* DAR **1977** 175; BayObLG VRS **66** (1984) 33; OLG Düsseldorf MDR **1980** 868; OLG Hamburg NJW **1952** 1271; OLG Hamburg StV **1996** 84; OLG Koblenz VRS **63** (1982) 134; AK-*Schöch* 81; KK-*Herdegen* 72; *Kleinknecht/Meyer-Goßner*⁴³ 3; 50; KMR-*Paulus* 207; SK-*Schlüchter* 84; *Alsberg/Nüse/Meyer* 569 mit weit. Nachw.
[883] OLG Hamburg StV **1996** 87.
[884] *Alsberg/Nüse/Meyer* 570; KK-*Herdegen* 72; vgl. bei § 261 sowie zur Überschneidung der Offenkundigkeit mit der eigenen Sachkunde des Gerichts bei Erfahrungssätzen *Keller* ZStW **101** (1989) 408.
[885] BGHSt **36** 354 = StV **1991** 51 mit Anm. *Kahlo*; BGH StV **1994** 527; BayObLG VRS **66** (1984) 33; OLG Hamburg StV **1996** 84; OLG Hamm VRS **41** (1971) 50; BVerwG NJW **1961** 1374; BSG NJW **1973** 392; *Nüse* GA **1955** 74; *Rüping* Bonner Komm. GG Art. 103, 41; KK-*Herdegen* 72; SK-*Schlüchter* 84; *Alsberg/Nüse/Meyer* 572 mit weit. Nachw., auch zur Gegenmeinung; etwa RGSt **14** 376; **28** 172.

der Offenkundigkeit oder der Richtigkeit der offenkundigen Tatsachen aufzuzeigen, eventuell auch Gegenbeweise zu beantragen[886]. Eine **wesentliche Förmlichkeit** des Verfahrens, die in das **Sitzungsprotokoll** aufzunehmen ist und nur durch dieses bewiesen werden kann, ist die Einführung offenkundiger Tatsachen in das Verfahren nach der vorherrschenden Meinung nicht[887], ob sie zum Gegenstand der Hauptverhandlung gemacht wurden, kann daher im Wege des **Freibeweises** festgestellt werden.

5. Erwiesenheit

a) Eine **Beweiserhebung erübrigt sich**, wenn das Ergebnis der Verhandlung im Sinn **235** des § 261 die Überzeugung des Gerichts davon begründet, daß die Tatsache, für die Beweis angeboten wird, wahr ist[888]. Dabei kommt es nicht darauf an, ob die Tatsache entscheidungserheblich ist; eine Pflicht, bei einer unerheblichen Beweistatsache den Antrag als bedeutungslos abzulehnen, besteht nicht[889]. Der Ablehnungsgrund ist sowohl dann anwendbar, wenn die Tatsache zur Belastung, als auch dann, wenn sie zur Entlastung des Angeklagten vorgebracht wird[890]. Daß das Gericht das Gegenteil der Beweisbehauptung für erwiesen hält, rechtfertigt die Ablehnung nicht[891].

b) Das Gericht darf auch aus einer zugunsten des Angeklagten vorgebrachten Tatsa- **236** che, die es für erwiesen hält, **Schlüsse zu dessen Nachteil** ziehen, sofern es die Tatsache tatsächlich für erwiesen hält und nicht etwa weil es glaubt, von ihr schon deshalb ausgehen zu dürfen, weil sie der Angeklagte selbst unter Beweis gestellt hat[892]. Bei Erwiesenheit der Tatsache ist für die Anwendung des Zweifelssatzes kein Raum[893]. In seinem Urteil darf sich das Gericht nicht mit der in seinem Beschluß für bewiesen erachteten Tatsache in Widerspruch setzen; es muß von ihr ohne Einengung und Veränderungen so ausgehen, wie sie nach Sinn und Zweck des Beweisantrags zu verstehen ist[894].

6. Wahrunterstellung

a) Bedeutung. Das Gericht darf eine beantragte Beweiserhebung ablehnen, wenn es **237** dem Antragsteller zusagt, daß es die unter Beweis gestellte Tatsache bei der Urteilsfindung so berücksichtigen wolle, wie wenn sie erwiesen sei, die Beweiserhebung also den mit ihr erstrebten Erfolg gehabt hätte[895]. Die Zusage dieser Unterstellung enthebt das

---

[886] Vgl. OLG Hamburg NJW **1968** 2303; *Alsberg/ Nüse/Meyer* 567 ff; *Roxin* § 24, 11; *G. Schäfer* 838; *Sarstedt/Hamm*6 636 leitet dies aus dem „fair trial"-Prinzip ab. Vgl. die vorstehende Fußn.

[887] Weitgehend h. M, etwa BGHSt **36** 354; BGH NJW **1962** 598; *Alsberg/Nüse/Meyer* 573; KK-*Herdegen* 72; **a. A** mit Nachweisen zum Streitstand *Meyer-Goßner* FS Tröndle 560 ff. Wegen der Einzelheiten vgl. bei § 273.

[888] AK-*Schöch* 89; KK-*Herdegen* 76; *Kleinknecht/ Meyer-Goßner*43 57; KMR-*Paulus* 441; SK-*Schlüchter* 99; *Alsberg/Nüse/Meyer* 595; der Beweisantrag wird aber als solcher nicht gegenstandslos, weil er auf eine vom Gericht bereits als erwiesen erachtete Tatsache gerichtet ist.

[889] BGH nach *Alsberg/Nüse/Meyer* 596 Fußn. 9; *Dahs/ Dahs* 262; *Kleinknecht/Meyer-Goßner*43 57; SK-*Schlüchter* 99.

[890] RGSt **61** 359; BGH StV **1983** 319 (L); *Alsberg* JW **1929** 978; *Alsberg/Nüse/Meyer* 599; KK-*Herdegen* 76; *Kleinknecht/Meyer-Goßner*43 57; *Eb. Schmidt* 52.

[891] BGH bei *Pfeiffer* NStZ **1982** 189; vgl. Rdn. 182; 183; ferner Rdn. 308; 329.

[892] *Alsberg/Nüse/Meyer* 599. Hierin läge ein Verstoß gegen seine Aufklärungspflicht, KK-*Herdegen* 76; SK-*Schlüchter* 99; vgl. Rdn. 237.

[893] SK-*Schlüchter* 99 mit Hinweis zum Unterschied zu der von einer nur behaupteten Tatsache ausgehenden Wahrunterstellung.

[894] BGH NStZ **1989** 83; BGHR § 244 Abs. 3 Satz 2 erwiesene Tatsache 2; KK-*Herdegen* 76; SK-*Schlüchter* 99.

[895] Schon vor Einführung des Absatzes 3 hat die Rechtsprechung unter grundsätzlicher Billigung des Schrifttums die Wahrunterstellung als Ablehnungsgrund zugelassen. Vgl. RGSt **35** 390; **39** 231; **46** 279; **48** 45; **64** 432; **65** 330; RG GA **59** (1912) 316; Recht **1914** Nr. 2807, 3067; LZ **1915** 1112; JW **1914** 892; **1923** 689; **1929** 2738; **1930** 3773; *Conrad* DJZ **1911** 1324; *Schlosky* JW **1930** 2507; zur Entstehung dieses Ablehnungsgrundes vgl. *Alsberg/Nüse/Meyer* 590 ff; 651.

Walter Gollwitzer

Gericht der Verpflichtung, Beweise für eine Tatsache zu erheben, die es für nicht widerlegbar hält und von der es — soweit sie unmittelbar beweiserheblich ist — auf Grund der sonstigen Beweislage (non liquet) nach dem Grundsatz **im Zweifel für den Angeklagten**[896] ohnehin bei der Beweiswürdigung ausgehen müßte. Die Erfordernisse der **Prozeßwirtschaftlichkeit**[897] rechtfertigen es, diesen Grundsatz schon vorweg durch Wahrunterstellung zu berücksichtigen, soweit dies zur Entlastung der Hauptverhandlung von letztlich überflüssigen Beweiserhebungen beiträgt. Sie ermöglicht die prospektive Eingrenzung der Beweisaufnahme auch bei Beweisanträgen, die wegen der möglichen Beweiserheblichkeit der behaupteten Beweistatsache nicht als bedeutungslos abgelehnt werden können, bei denen sich das Gericht aber auf Grund der Beweislage keinen Aufklärungsgewinn für seine Überzeugungsbildung verspricht. Die in dieser Wertung liegende Vorwegnahme der Beweiswürdigung wird als zulässig angesehen, da sie sich lediglich zugunsten des Angeklagten auswirken kann.

237a   **Prozessual** liegt die Bedeutung der Wahrunterstellung darin, daß sie die Ablehnung des Beweisantrags mit einer **Zusage des Gerichts**[898] verbindet, die sich auf das weitere Verfahren und die Beweiswürdigung des Urteils auswirkt (vgl. Rdn. 247 ff). Die Gefahren einer zu großzügigen und voreiligen Zusage der Unterstellung können durch strikte Beachtung der Aufklärungspflicht (Rdn. 238) sowie dadurch vermieden werden, daß dort, wo durch die behauptete Beweistatsache andere bloßgestellt oder diskreditiert werden sollen[899], eine die Fürsorgepflicht verletzende voreilige Wahrunterstellung vermieden und auf andere Ablehnungsgründe zurückgegriffen wird, auch wenn deren Anwendung einen höheren Begründungsaufwand erfordert[900]. Die Unterstellung ist nur bei **entlastenden Tatsachen** zulässig[901]. Bei ihnen erleidet der Angeklagte keinen Nachteil in seiner verfahrensrechtlichen Lage[902]. Er erhält durch die Zusage einen Anspruch darauf, daß das Gericht die unter Beweis gestellte Tatsache bei der Beweiswürdigung so behandelt, wie wenn sie erwiesen wäre[903]. Insoweit kommt aus seiner Sicht die Wahrunterstel-

896 Wegen des in den Einzelheiten unterschiedlich gesehenen Zusammenhangs mit der Wahrunterstellung vgl. etwa *Grünwald* FS Honig 64; *Schröder* NJW **1972** 2108; *Tenckhoff* 118; ferner *Alsberg/Nüse/Meyer* 662; 676; *Born* 41 ff; AK-*Schöch* 116; KK-*Herdegen* 91; KMR-*Paulus* 433; SK-*Schlüchter* 123.

897 So etwa *Alsberg* JW **1929** 978; *Alsberg/Nüse/Meyer* 652; *Bringewat* MDR **1986** 356; *Herdegen* NStZ **1984** 340; *Müller* GedS Meyer 284; *Perron* (Beweisantragsrecht) 229; *Seibert* NJW **1960** 20; *Schröder* NJW **1972** 2109; *Tenckhoff* 23; 119 ff; 169; *Willms* FS Schäfer 275 ff; die allerdings zum Teil auch auf die Gefahren eines ausufernden Gebrauchs hinweisen. Vgl. ferner AK-*Schöch* 116; KK-*Herdegen* 91; SK-*Schlüchter* 123. Zur Häufigkeit dieses Ablehnungsgrundes vgl. *Rieß* NJW **1981** 1358.

898 *Bauer* MDR **1994** 953 versteht deshalb die Wahrunterstellung als „Pakt" zwischen Gericht und Angeklagtem.

899 Zu den Mißbräuchen früher schon *Graf zu Dohna* JW **1929** 1445; *Radbruch* FS Reichsgericht 202; ferner *Alsberg/Nüse/Meyer* 673. Bedenken gegen die Wahrunterstellung finden sich u. a. bei *Grünwald* FS Honig 53 ff; *Eb. Schmidt* 58; *Dahs/Dahs* 267; zur Problematik vgl. *Perron* (Beweisantrags-

recht) 232 sowie aus der Sicht des Verteidigers *Dahs* Hdb. 553 ff.

900 Vgl. *Schweckendieck* NStZ **1997** 260.

901 Vgl. Rdn. 242; ferner Fußn. 922.

902 Die Möglichkeit, die Unschuld zu beweisen, kann dadurch allerdings beschnitten werden; vgl. *Alsberg/Nüse/Meyer* 663; ferner *Hamm* FS II Peters 175 (Alarmsignal für Verteidiger); ähnlich *Sarstedt/Hamm*6 690 ff.

903 Vgl. BGHSt **1** 339; BGH NJW **1961** 2069; die allerdings irreführend davon sprechen, daß die unterstellte Tatsache damit „feststehe"; ebenso OLG Hamm JMBlNW **1964** 203; dagegen *Grünwald* FS Honig 64; *Tenckhoff* 116; *Willms* FS Schäfer 275; weitergehend KMR-*Paulus* 442 (keine Beweis-, sondern Entscheidungsregel). Der Streit ist weitgehend terminologischer Art, worauf *Alsberg/Nüse/Meyer* 675; *Tenckhoff* 63 hinweisen. Dies gilt auch für die Varianten, die die Fiktion der Unterstellung ausdrücken (vgl. OLG Hamm JR **1965** 269; GA **1974** 374; OLG Koblenz OLGSt § 244 Abs. 3, 36; OLG Stuttgart OLGSt § 244 Abs. 3, 28). Sie dürfen nur nicht wie bei BGH NJW **1976** 1950 (mit abl. Anm. *Tenckhoff*; zust. *D. Meyer* NJW **1976** 2355) zur Ansicht verleiten, daß eine wahrunterstellte Tatsache wie eine erwiesene auch für Schlüsse zum Nachteil des Angeklagten verwendet werden kann.

lung einer erfolgreichen Beweisaufnahme im Ergebnis weitgehend gleich[904]. Die unter Beweis gestellte Tatsache bleibt aber als solche unbewiesen, sie darf also — anders als eine erwiesene Tatsache (Rdn. 236) — nicht zu Lasten eines Angeklagten die Entscheidung beeinflussen[905]. Wegen des inneren Zusammenhangs mit der gesamten Beweiswürdigung kann es sich empfehlen, die Wahrunterstellung immer erst zuzusagen, wenn das Ergebnis der Beweisaufnahme in dem fraglichen Tatsachenkomplex für das Gericht überblickbar ist[906].

b) Aufklärungspflicht. Das Gericht darf von der Wahrunterstellung nur Gebrauch **238** machen, wenn dies **ohne Verletzung** seiner **Pflicht, die Wahrheit zu erforschen**, möglich ist. Es muß in Würdigung der Beweislage davon ausgehen können, daß eine weitere Beweisaufnahme in dem nach den konkreten Umständen gebotenen Umfang (vgl. Rdn. 46) nicht mehr zu einem Ergebnis führen wird, welches die als wahr unterstellte Behauptung zu widerlegen geeignet ist. Die Wahrunterstellung hat zu unterbleiben, wenn nach der Verfahrenslage konkrete Anhaltspunkte es als möglich erscheinen lassen, daß die zugunsten des Angeklagten wirkende Beweisbehauptung widerlegt werden kann[907]. Insbesondere darf auch das im Beweisantrag bezeichnete Beweismittel hierzu keine Handhabe bieten[908]. Bei **ungeklärten Umständen** hat die Wahrunterstellung zu unterbleiben[909], so auch, wenn es möglich erscheint, dadurch Unklarheiten und Lücken im bisher festgestellten Sachverhalt zu beheben[910] oder eine sonst notwendige Wahlfeststellung zu vermeiden[911]. Für sie ist ferner kein Raum, wenn der Beweisantrag Indiztatsachen für oder gegen die bestrittene **Glaubwürdigkeit** eines Zeugen oder Mitangeklagten betrifft. Die bloße Unterstellung der Hilfstatsache als wahr hat nicht die Überzeugungskraft einer durchgeführten Beweisaufnahme, sie kann in solchen Fällen den persönlichen Eindruck nicht ersetzen, den das Gericht braucht, um sich selbst ein zuverlässiges Bild zu verschaffen[912]. Auch bei Tatsachen, die allein für die Entlastung des Angeklagten wesentlich sind, genügt unter Umständen die Wahrunterstellung nicht. Dies gilt vor allem bei pauschal unter Beweis gestellten Lebensvorgängen. Die Beweislage kann das Gericht verpflichten, auch insoweit die näheren Einzelheiten, die für die Strafbemessung von Gewicht sein kön-

[904] Dies ist vor allem bei Indiztatsachen von Bedeutung; vgl. Rdn. 239. Die Bindung durch die Zusage reicht hier weiter als der Grundsatz in dubio pro reo; vgl. *Alsberg/Nüse/Meyer* 664; KK-*Herdegen* 91; **a. A** *Tenckhoff* 120.
[905] Vgl. Rdn. 242; 243.
[906] Vgl. RGSt **65** 330; OLG Köln JMBlNW **1962** 39; *Born* 56; 79 ff; 126 ff; 198; *Schweckendieck* NStZ **1997** 260; KMR-*Paulus* 443. *Alsberg/Nüse/Meyer* 657 hält dies für untauglich, da es letztlich nur auf die Urteilsberatung ankomme, die nicht abgewartet werden könne. Als Richtschnur für die notwendig immer vorläufige Entscheidung hat die Warnung vor einer voreiligen Wahrunterstellung trotzdem Bedeutung. Vgl. auch Rdn. 144.
[907] Vgl. BGHSt **13** 326; OLG Saarbrücken VRS **19** (1966) 375; *Alsberg/Nüse/Meyer* 671; *Dahs/Dahs* 247; *Eisenberg* (Beweisrecht) 242; *Grünwald* FS Honig 55; *Hamm* FS II Peters 175; *Herdegen* NStZ **1984** 341; *Tenckhoff* 36; *Stackelberg* FS Sarstedt 377; KK-*Herdegen* 97; weit. Nachw. Fußn. 914.
[908] RGSt **51** 424; RG JW **1936** 3474; BGHSt **13** 326; BGH NJW **1961** 2069; KK-*Herdegen* 443; *Born* 84 f. Die theoretisch immer bestehende Möglichkeit einer belastenden Aussage eines für eine entlastende Tatsache benannten Zeugen fällt nur ins Gewicht, wenn auch konkrete Umstände dafür sprechen.
[909] BGH StV **1996** 647; *Kleinknecht/Meyer-Goßner*[43] 70.
[910] BGH NStZ **1989** 129 mit Anm. *Volk*; vgl. etwa BGH StV **1982** 254; BGH bei *Holtz* MDR **1981** 456; SK-*Schlüchter* 124.
[911] OLG Hamm VRS **10** (1956) 364; *Alsberg/Nüse/Meyer* 671; SK-*Schlüchter* 124.
[912] BGH NJW **1961** 2069; NStZ **1988** 423; bei *Kusch* NStZ **1992** 28; StV **1986** 467; **1990** 98; 293; **1996** 647; BGH bei *Holtz* MDR **1990** 98; **1993** 722; OLG Celle JR **1964** 354; *Alsberg/Nüse/Meyer* 672; KK-*Herdegen* 97; *Kleinknecht/Meyer-Goßner*[43] 70; SK-*Schlüchter* 124; *Schlüchter* (Wahrunterstellung) 34; **a. A** BGH bei *Pfeiffer/Miebach* NStZ **1987** 218; OLG Hamm NStZ **1983** 522.

nen, durch Anordnung der beantragten Beweiserhebung aufzuklären[913]. Die Sachaufklärung geht grundsätzlich der Wahrunterstellung vor[914].

239   **c) Gegenstand der Wahrunterstellung.** Bei Rechtsfragen ist für eine Wahrunterstellung kein Raum. Dagegen können alle **entscheidungserheblichen Tatsachen**[915] dafür in Frage kommen. Dies gilt nach der vorherrschenden Meinung sowohl bei den **unmittelbar entscheidungserheblichen Tatsachen** als auch bei **Indiztatsachen**, die nur Schlüsse auf das Vorliegen unmittelbar erheblicher Tatsachen gestatten, sowie bei den **Hilfstatsachen**, die Rückschlüsse auf den Wert eines Beweismittels ermöglichen sollen[916].

240   *Grünwald*[917] dagegen hält die Wahrunterstellung wegen der Unteilbarkeit der Beweiswürdigung nur bei den **für den Schuldspruch** unmittelbar **entscheidungserheblichen Tatsachen** für zulässig. Nach dem Grundsatz im Zweifel für den Angeklagten habe das Gericht ohnehin von ihnen auszugehen. Bei den Indizien dagegen scheide die Wahrunterstellung aus, weil ihr Beweiswert für sich allein keine quantitative Größe sei und nur auf Grund unmittelbarer Anschauung und in Gesamtwürdigung mit allen anderen Indizien beurteilt werden könne. Vor allem sei es unzulässig, wenn das Gericht eine Indiztatsache als wahr unterstelle, den Schluß auf die indizierte Tatsache aber nicht ziehe. Bei Strafzumessungstatsachen schließt *Grünwald* die Wahrunterstellung auch dann aus, wenn zu erwarten ist, daß die Beweiserhebung zu einer Konkretisierung der behaupteten Tatsachen führt.

241   Die Wahrunterstellung kommt grundsätzlich nur in Betracht, wenn eine **entscheidungserhebliche Tatsache** behauptet wird. Beweisanträge, welche völlig unerhebliche Tatsachen unter Beweis stellen, sind deswegen abzulehnen und nicht etwa durch Wahrunterstellung zu erledigen[918]. Dies ist unproblematisch, wenn die Bedeutungslosigkeit der Beweistatsache bereits im Zeitpunkt der Entscheidung über den Beweisantrag erkennbar ist. Kann das Gericht aber nicht sicher vorhersehen, welche Bedeutung es einer an

---

[913] RG JW **1936** 3474; BGHSt **1** 137 (Aufklärung der Einzelheiten der pauschal unterstellten Anstiftung); vgl. *Alsberg/Nüse/Meyer* 671 mit weit. Nachw., ferner Fußn. 908.

[914] H. M; so schon BGHSt **1** 137; BGH NJW **1959** 369; **1961** 2069; BGH bei *Spiegel* DAR **1981** 209; **1983** 204; BayObLG bei *Rüth* DAR **1981** 249; OLG Köln JMBlNW **1969** 175; OLG Saarbrücken VRS **38** (1970) 61; OLG Schleswig bei *Ernesti/Lorenzen* SchlHA **1980** 174; *Müller* GedS Meyer 28; *Alsberg/Nüse/Meyer* 670 mit weit. Nachw.

[915] BGH bei *Holtz* MDR **1984** 789 läßt offen, ob die Wahrunterstellung auch Tatsachen einschließen darf, die an sich der Beweisaufnahme unzugänglich sind, die aber im unlösbaren Zusammenhang mit einer beweisbaren Tatsache stehen.

[916] BGHSt **28** 311; BGH NJW **1959** 396; **1961** 2069; NStZ **1982** 213; **1983** 376; VRS **21** (1961) 113; *Alsberg/Nüse/Meyer* 664; *Bauer* MDR **1994** 954; *Bringewat* MDR **1986** 356; *Eisenberg* (Beweisrecht) 243; *Herdegen* NStZ **1984** 342; *Rüping*[3] 503 Fußn. 65; *Schlüchter* 553.3; *Schröder* NJW **1972** 2109; *Tenckhoff* 118; 146; *Willms* FS Schäfer 276; AK-*Schöch* 117; KK-*Herdegen* 93; *Kleinknecht/Meyer-Goßner*[43] 70; KMR-*Paulus* 446; SK-*Schlüchter* 125.

[917] FS Honig 53; (Beweisrecht) 96; ebenso *Engels* GA **1981** 30; dagegen *Alsberg/Nüse/Meyer* 664; *Tenck-*

hoff 118; 148; *Willms* FS Schäfer 277. Nach *Born* (Zusammenfassung 254 ff) ist die Wahrunterstellung nur bei unmittelbar erheblichen und bei solchen mittelbar erheblichen Tatsachen zulässig, bei denen das Gericht die vom Angeklagten gewünschte Schlußfolgerung zieht; bei Ablehnung einer solchen Schlußfolgerung wird die Indiztatsache bedeutungslos für die Entscheidung.

[918] H. M, etwa BGHSt **1** 53; **30** 383; BGH GA **1972** 272; BGH bei *Holtz* MDR **1979** 281; MDR **1982** 508; OLG Celle GA **1962** 216; NJW **1982** 1407; OLG Hamm MDR **1964** 435; OLG Karlsruhe Justiz **1977** 357; OLG Saarbrücken VRS **38** (1970) 59; OLG Schleswig bei *Ernesti/Lorenzen* SchlHA **1980** 175; vgl. dazu *Alsberg/Nüse/Meyer* 656 (beide Ablehnungsgründe schließen einander aus, das Gericht würde bei Wahrunterstellung einer unerheblichen Tatsache die Pflicht zur Begründung der Bedeutungslosigkeit unterlaufen); *Schweckendieck* NStZ **1997** 257; *Willms* FS Schäfer 279 (komplementäres Verhältnis beider Ablehnungsgründe); vgl. ferner KK-*Herdegen* 92; *Kleinknecht/Meyer-Goßner*[43] 70; KMR-*Paulus* 446; SK-*Schlüchter* 125; *Seibert* NJW **1960** 19; **1962** 135; **a. A** OLG Köln JMBlNW **1962** 39. Zur Entwicklung des Verhältnisses zwischen Wahrunterstellung und Unerheblichkeit vgl. RGSt **61** 359; **64** 432; *Alsberg/Nüse/Meyer* 591 ff; *Born* 196 ff.

sich zur Sache gehörenden Indiztatsache bei der Urteilsberatung endgültig beimessen wird, darf der ihren Nachweis bezweckende Beweisantrag nicht als unerheblich abgelehnt werden (Rdn. 219). Für diese Fälle ist strittig, ob auch die Wahrunterstellung zu unterbleiben hat oder ob sie trotzdem möglich ist, weil es sich bei ihr um ein später gegebenenfalls zu korrigierendes Provisorium handelt oder aber, weil es bei ihr ohnehin nur darauf ankommt, daß die Beweistatsache an sich geeignet ist, die Entscheidung zu beeinflussen, und nicht darauf, ob im Ergebnis später tatsächlich diese Wirkung eintritt[919]. Die Unterstellung als wahr schließt nicht die endgültige Anerkennung der Erheblichkeit in sich; das Gericht kann diese endgültig immer erst nach Abschluß der Hauptverhandlung beurteilen[920]. Für die Zulässigkeit der Wahrunterstellung genügt nach Ansicht des Bundesgerichtshofes die **potentielle Beweiserheblichkeit**. Diese liegt vor, wenn zur Zeit der Beschlußfassung die Entscheidungserheblichkeit der behaupteten Tatsache nicht auszuschließen ist[921].

Der Umstand, daß bei Unwiderlegbarkeit die Annahme als wahr **nur bei einer entlastenden Tatsache** gestattet ist, bedeutet zum einen, daß Tatsachen, die auch zuungunsten des Angeklagten zu würdigen sind, nicht als wahr unterstellt werden dürfen[922]. Umgekehrt darf — anders als bei erwiesenen Tatsachen — eine vom Angeklagten zu seiner Entlastung vorgetragene und vom Gericht als wahr unterstellte Tatsache nicht zu Lasten des Angeklagten verwendet werden[923]. Aus einer zugunsten eines Angeklagten als wahr unterstellten Tatsache dürfen auch gegenüber einem **Mitangeklagten** keine nachteiligen Folgerungen abgeleitet werden[924]. Es erscheint zulässig, mehrere Angeklagte bei der Wahrunterstellung verschieden zu behandeln[925]. Der Schuld- und Strafausspruch darf aber bei jedem Angeklagten ausnahmslos nur auf solche Tatsachen gestützt werden, die   **242**

---

[919] Vgl. RGSt **39** 231 (Eignung, Entscheidung zu beeinflussen, genügt); zu den strittigen Lösungsversuchen vgl. etwa *Alsberg/Nüse/Meyer* 590 ff; 656 ff mit weit. Nachw.; *Born* 143 ff.

[920] Auch bei den anderen Ablehnungsgründen entsteht durch die Ablehnung keine endgültige Bindung des Gerichts, das am Ergebnis der Urteilsberatung prüfen muß, ob sie noch zutreffen (Rdn. 155). Zur Problematik, die sich daraus für die Wahrunterstellung ergeben kann, vgl. etwa *Alsberg/Nüse/Meyer* 656; *Born* 188 ff (gegen Provisorium); *Herdegen* NStZ **1984** 342; *Raacke* NJW **1973** 494; *Willms* FS Schäfer 277; Rdn. 254; KK-*Herdegen* 92.

[921] RGSt **65** 330; BGH NJW **1961** 1069; BGH GA **1972** 272; BGH bei *Holtz* MDR **1979** 282; bei *Spiegel* DAR **1979** 190; **1980** 209; OLG Karlsruhe Justiz **1977** 357; *Alsberg/Nüse/Meyer* 657; *Herdegen* NStZ **1984** 342; *Raacke* NJW **1973** 495; *Schlüchter* 553, 4; *Schweckendieck* NStZ **1997** 259; *Willms* FS Schäfer 279; AK-*Schöch* 118; KK-*Herdegen* 92; *Kleinknecht/Meyer-Goßner*[43] 70; KMR-*Paulus* 446; SK-*Schlüchter* 125. Gegen die Erweiterung auf die potentielle Beweiserheblichkeit *Schröder* NJW **1972** 2108; *Born* 198 ff. *Tenckhoff* 132 hält diese Kategorie für entbehrlich, da jeder Umstand erheblich sei, der die Überzeugungsbildung beeinflussen könne; ferner *Eisenberg* (Beweisrecht) 243.

[922] OLG Saarbrücken VRS **19** (1960) 375; *Alsberg/Nüse/Meyer* 654; *Dahs/Dahs* 267; *D. Meyer* NJW

1976 2356 läßt es genügen, daß aus der Tatsache, die Schlüsse in verschiedener Richtung zuläßt, kein dem Angeklagten nachteiliger gezogen wird.

[923] RG JW **1923** 689; BGHSt **1** 139; BGH StV **1994** 115; OLG Schleswig SchlHA **1957** 161; OLG Stuttgart OLGSt § 244 Abs. 3, 27; *Eb. Schmidt* 64; *Kleinknecht/Meyer-Goßner*[43] 70; KMR-*Paulus* 442; a. A BGH NJW **1976** 1950 mit abl. Anm. *Tenckhoff*; zust. *D. Meyer* NJW **1976** 2355. Nach *Alsberg/Nüse/Meyer* 655 Fußn. 24 hat der BGH dazu in einer späteren Entscheidung ausgeführt, daß eine Abweichung von der ständigen Rechtsprechung nicht beabsichtigt gewesen sei; dazu *v. Stakkelberg* FS Sarstedt 376, der die Entscheidung dahin deutet, daß die behauptete Beweistatsache zugleich als glaubwürdiges Geständnis zu werten war; ferner KMR-*Paulus* 449.

[924] RG JW **1931** 2030; BGH StV **1983** 140 mit Anm. *Strate*; StV **1994** 633; *Dahs/Dahs* 267; SK-*Schlüchter* 126; *Alsberg/Nüse/Meyer* 655 mit weit. Nachw.

[925] Vgl. *Alsberg/Nüse/Meyer* 655; nach *Eb. Schmidt* 59 ist die Wahrunterstellung nicht zulässig, wenn sie die Beweisbehauptung eines Mitangeklagten durchkreuzt. Sofern nicht die Aufklärungspflicht entgegensteht, ist es nicht grundsätzlich ausgeschlossen, hinsichtlich der Angeklagten bei der Wahrunterstellung zu differieren (ähnlich wie auch bei der Anwendung des Grundsatzes in dubio pro reo).

zur vollen Überzeugung des Gerichts feststehen[926]. Der Grundsatz, daß im Zweifel zugunsten des Angeklagten zu entscheiden ist, erleidet auch hier keine Ausnahme.

243　　　d) **Beweisanträge.** Nur **Beweisanträge**, die **zugunsten eines Angeklagten** wirken sollen und wirken, können durch Wahrunterstellung abgelehnt werden. Dies gilt auch für Anträge des Staatsanwalts, sofern sie ausschließlich zugunsten des Angeklagten gestellt worden sind[927]. Die Zielrichtung des Antrags ist gegebenenfalls durch Fragen an den Antragsteller zu klären. Anträge, die den Angeklagten belasten sollen, sind auch der Wahrunterstellung entzogen, wenn sie sich nach Ansicht des Gerichts ausschließlich zu seinen Gunsten auswirken[928]. Anträge des Nebenklägers scheiden somit praktisch aus[929]. Umgekehrt ist kein Raum für die Wahrunterstellung von Tatsachen, die zwar zugunsten des Angeklagten vorgetragen werden, die aber nach Ansicht des Gerichts belastend wirken würden (Rdn. 242).

244　　　**Beweisermittlungsanträge** scheiden in der Regel wegen ihrer Unbestimmtheit für eine Wahrunterstellung aus[930]. Soll jedoch nur nach Beweismitteln für eine bestimmt behauptete Beweistatsache geforscht werden, so ist das Gericht nicht gehindert, die Wahrunterstellung dieser Tatsache selbst zuzusagen[931]. Das Gericht wird dadurch genauso gebunden wie durch einen Beschluß, mit dem es einen Beweisantrag unter Zusage der Wahrunterstellung ablehnt.

245　　　**Hilfsweise** gestellte **Beweisanträge** (vgl. Rdn. 161 ff) dürfen — ohne daß dies vorher in der Hauptverhandlung anzukündigen wäre — in den Urteilsgründen durch Wahrunterstellung erledigt werden; insoweit gelten keine Besonderheiten[932]. Da die Ablehnung erst in Verbindung mit der endgültigen Beweiswürdigung erfolgt, erleichtert dies die Bedeutung, ob die behauptete Tatsache als wahr zu unterstellen oder als bedeutungslos zu behandeln ist[933]. Für ein Nebeneinander beider Ablehnungsgründe ist kein Raum. Die Frage der potentiellen Beweiserheblichkeit (Rdn. 241) stellt sich nicht.

246　　　e) **Ablehnender Beschluß.** Der Beschluß, durch den ein Beweisantrag in der Hauptverhandlung unter Zusage der Wahrunterstellung abgelehnt wird, erfordert keine darüber hinausgehende **Begründung**[934]. Zur Klarstellung kann es bei ungeschickt formulierten Anträgen zweckmäßig sein, die unterstellte Tatsache mit den Worten des Gerichts genau festzulegen, sofern der Antragsteller dazu trotz Frage des Gerichts (vgl. Rdn. 256) nicht in

---

[926] OGHSt **1** 208; beispielsweise RG HRR **1937** Nr. 837. Hat das Gericht in der Verhandlung gegen den des Diebstahls beschuldigten Angeklagten dessen Antrag, einen Zeugen darüber zu hören, daß er zur Zeit des Diebstahls nicht am Tatort gewesen sei, mit der Begründung abgelehnt, daß es diese Tatsache als wahr gelten lasse, so kann es die Möglichkeit des Diebstahls auch nicht mehr zu einer Wahlfeststellung zwischen Diebstahl und Hehlerei verwerten; vgl. auch BGHSt **12** 386.

[927] *Alsberg* JW **1929** 978; *Alsberg/Nüse/Meyer* 654; SK-*Schlüchter* 126; *Eb. Schmidt* 59 (es muß sich um eindeutig zugunsten des Angeklagten vorgebrachte Anträge handeln); vgl. BGH StV **1981** 271 (keine Wahrunterstellung, wenn Antrag der Staatsanwaltschaft Täterschaft des Angeklagten klären soll).

[928] *Alsberg/Nüse/Meyer* 654 mit weit. Nachw.

[929] OLG Köln JMBlNW **1969** 175; *Alsberg/Nüse/Meyer* 654; *Amelunxen* Nebenkläger 55; SK-*Schlüchter* 126.

[930] *Alsberg/Nüse/Meyer* 678; vgl. RG JW **1931** 2032 mit Anm. *Alsberg*.

[931] BGHSt **32** 46 = JR **1984** 173 mit Anm. *Meyer*; BGH bei *Pfeiffer/Miebach* NStZ **1985** 14; KG JR **1978** 473; SK-*Schlüchter* 127; 128a.

[932] Vgl. etwa BGH bei *Pfeiffer/Miebach* NStZ **1983** 357; OLG Celle JR **1985** 32 mit Anm. *Meyer*; OLG Hamm NJW **1962** 66; *Tenckhoff* 31. Die Wahrunterstellung verträgt sich nicht mit der Annahme der Bedeutungslosigkeit, OLG Schleswig bei *Ernesti/Lorenzen* SchlHA **1980** 175.

[933] SK-*Schlüchter* 131; vgl. vorstehende Fußn.; ferner *Willms* FS Schäfer 279; wonach jede Indiztatsache als bedeutungslos zu bezeichnen ist, deren Erheblichkeit bei der Schlußberatung verneint wurde; ähnlich *Born* 184; 238 ff; nach *Alsberg/Nüse/Meyer* 660 geht das zu weit; vgl. Fußn. 920.

[934] RGSt **35** 389; **39** 321; **46** 278; OLG Karlsruhe MDR **1966** 948; *Alsberg/Nüse/Meyer* 763 mit weit. Nachw.; a. A OLG Hamm NJW **1962** 66.

der Lage ist. Die wörtliche Fixierung der unterstellten Tatsache ist in der Regel auch angezeigt, wenn nur ein Teil des Antrags durch die Wahrunterstellung erledigt werden soll[935].

f) Auswirkung für das weitere Verfahren. Hat das Gericht einen Beweisantrag mit **247**
der Begründung abgelehnt, daß es die behauptete Tatsache als wahr behandeln wolle, so
ist es an diese Erklärung insofern gebunden, als es von ihr nur abweichen darf, wenn es
seine geänderte Auffassung zuvor den Beteiligten eröffnet und ihnen Gelegenheit gewährt
hat, hierzu Stellung zu nehmen. Abgesehen von dieser Hinweispflicht bleibt es bei der
Gestaltung des weiteren Verfahrens frei[936]. Es kann und muß unter Umständen auch
einem Beweisantrag stattgeben, der das Ziel hat, das Gegenteil oder die Unrichtigkeit der
als wahr unterstellten Tatsache nachzuweisen[937]. Hat er Erfolg, muß das Gericht meist
trotzdem ausdrücklich darauf hinweisen, daß es nunmehr an der Wahrunterstellung nicht
mehr festhält. Dies kann auch dadurch geschehen, daß es dem durch die Wahrunterstellung dann nicht mehr erledigten Beweisantrag entspricht. Es kann zweckmäßig und durch
die Aufklärungspflicht geboten sein, dies schon vorher zu tun und die Erhebung beider
Beweise gleichzeitig anzuordnen. Die Pflicht, durch **Fragen und Hinweise** für eine Klarstellung der Verfahrenslage in der Hauptverhandlung zu sorgen, besteht auch, wenn das
weitere Vorbringen des Beweisführers Anzeichen dafür bietet, daß er die unter Beweis
gestellte Behauptung nicht aufrechterhalten wolle, oder wenn der Antragsteller den
Beweisantrag auf die Erklärung hin in der Meinung, den erstrebten Erfolg erzielt zu
haben, zurückgenommen hat. Auch die Verknüpfung der Zusage, die Tatsache als wahr zu
behandeln, mit einem anderen, an sich durchgreifenden Ablehnungsgrund hebt diese Bindung des Gerichts nicht ohne weiteres auf[938]. Die Hinweispflicht ergibt sich daraus, daß
der Beweisantrag nach Wegfall des Ablehnungsgrundes wieder Bedeutung erlangt und
deshalb durch Befragen des Antragstellers geklärt werden muß, ob er aufrechterhalten
wird[939]. Zum Sonderfall, daß die zunächst als wahr unterstellte Tatsache später als unerheblich angesehen wird, vgl. Rdn. 254.

Sichert der **Vorsitzende** unzulässigerweise vor oder in der Hauptverhandlung zu, daß **248**
eine bestimmte Tatsache als wahr unterstellt werde, dann muß das Gericht, wenn es davon
abweichen will, dies den Verfahrensbeteiligten in der Hauptverhandlung zur Kenntnis
bringen[940].

g) Bindung des Gerichts. Der Beweiswürdigung ist die als wahr unterstellte Beweistat- **249**
sache **uneingeschränkt** und **ohne jede Verschiebung, Verengung** oder sonstige **Verän-**
derung in einer ihrem Sinn voll Rechnung tragenden Auslegung zugrunde zu legen[941]. Der

---

935 RG DRiZ **1927** Nr. 733; *Alsberg/Nüse/Meyer* 763.
Einer Klarstellung bedarf es auch, wenn im Beweisantrag die Tatsachenbehauptung mit einem
Werturteil verbunden ist, vgl. *Alsberg/Nüse/Meyer*
669.

936 *Alsberg/Nüse/Meyer* 687 (keine Besonderheit gegenüber anderen Ablehnungsgründen); vgl. Rdn.
155.

937 *Alsberg* JW **1929** 981; *Alsberg/Nüse/Meyer* 688.

938 OLG Hamm JR **1965** 296; zur Angabe mehrerer
Ablehnungsgründe vgl. Rdn. 147.

939 *Hanack* JZ **1972** 116.

940 BGHSt **21** 38; *Alsberg/Nüse/Meyer* 688; *Dahs/*
Dahs 268; § 219; 13; 27. Vgl. § 219, 27.

941 BGH NJW **1959** 396; **1961** 2069; **1968** 1293; NStZ
1981 33; **1982** 213; **1983** 376; **1989** 129 mit Anm.
Volk; bei *Pfeiffer* NStZ **1982** 189; bei *Pfeiffer/*
Miebach NStZ **1983** 211; 357; **1984** 211; **1986**

207; bei *Miebach/Kusch* **1991** 29; GA **1984** 21;
StV **1981** 603; **1982** 155 mit Anm. *Jungfer;* **1982**
356; StV **1990** 149; 293; **1994** 357; BGH bei *Holtz*
MDR **1978** 112; **1980** 986; wistra **1990** 196;
BGHR § 244 Abs. 3 Satz 2 Wahrunterstellung 4; 6;
18; 21; 23; BayObLG StV **1981** 511; OLG Celle
GA **1962** 216; OLG Hamburg JR **1982** 36 mit
Anm. *Gollwitzer;* OLG Hamm GA **1974** 374; VRS
38 (1970) 293; JMBlNW **1964** 203; KG JR **1978**
473; OLG Karlsruhe VRS **56** (1979) 467; OLG
Koblenz OLGSt 29; 35; OLG Köln VRS **59** (1980)
330; OLG Stuttgart JR **1968** 15 mit Anm. *Koffka;*
ferner etwa *Herdegen* NStZ **1984** 343; KK-*Herde-*
gen 94 (Gebot der Kongruenz); *Kleinknecht/Mey-*
er-Goßner[43] 71; SK-*Schlüchter* 128; *Alsberg/Nüse/*
Meyer 677 mit weit. Nachw., auch zur Rechtsprechung des RG.

mit dem Beweisantrag erstrebte Zweck ist dabei aus dem Gesamtvorbringen des Antragstellers und den von ihm erkennbar verfolgten Verfahrensinteressen sowie dem Verfahrensstand zu erschließen[942]. Dem wird das Gericht nicht gerecht, wenn es bei der Beweiswürdigung von einer im Beweisantrag nicht erwähnten Möglichkeit ausgeht, die das wörtlich genommene Beweisthema bedeutungslos macht[943]. Die unterstellte Tatsache darf in den **Urteilsgründen** nicht als bloß „möglich" behandelt[944] oder nur partiell zum Gegenstand der Urteilsfeststellungen und der Beweiswürdigung gemacht werden[945]. Die Urteilsfeststellungen müssen sich voll mit der als wahr unterstellten Tatsache decken; sie dürfen nicht dahinter zurückbleiben und ihr selbstverständlich auch nicht widersprechen[946].

250　　Bei einem **unklaren Beweisantrag** muß das Gericht vor der Wahrunterstellung den Sinn des Antrags durch **Befragen des Antragstellers** klarstellen[947]. Unterbleibt dies, kann der Fehler nicht durch eine einengende Auslegung im Urteil behoben werden. Gleiches gilt, wenn das Vorbringen widersprüchlich ist[948] oder wenn die behauptete Tatsache dem Wortlaut nach hinter dem mit dem Antrag verfolgten Zweck zurückbleibt und die Schlußfolgerung nicht rechtfertigt, die der Antragsteller daraus herleiten will[949]. Nicht genügend konkretisierte, unklare oder widersprüchliche Beweistatsachen dürfen nicht als wahr unterstellt werden[950]. Ergibt sich die Notwendigkeit einer Klarstellung bei der Beratung, muß das Gericht nochmals in die Verhandlung eintreten[951].

251　　Die Wahrunterstellung bezieht sich auf die **Beweistatsache**. Wird deren Unterstellung als wahr zugesagt, ist das **Beweismittel** irrelevant und jeder Würdigung durch das Gericht, vor allem auch jeder Abwertung, entzogen[952]. Sofern nicht nur eine bestimmte Äußerung als solche[953], sondern eine objektive Tatsache bewiesen werden soll, ist es fehlerhaft, der Wahrunterstellung dadurch entsprechen zu wollen, daß unterstellt wird, daß zwar der benannte Zeuge die Beweistatsache bestätigt hätte, daß sich daraus aber das gewünschte Beweisergebnis aus in der Person des Zeugen liegenden Gründen nicht herleiten lasse, etwa weil er keinen Glauben verdiene (vgl. Rdn. 253). Wenn das Gericht den Wert des Beweismittels in Frage stellen will, muß es den Beweis erheben, nur dann kann es die Qualität des Beweismittels beurteilen.

942 BGH NJW **1959** 396; GA **1984** 21; StV **1981** 603; BGH bei *Holtz* MDR **1978** 112; bei *Pfeiffer/Miebach* **1983** 211; **1983** 357; **1984** 211; BGHR § 244 Abs. 3 Satz 2 Wahrunterstellung 23; OLG Hamburg JR **1982** 36 mit Anm. *Gollwitzer*; OLG Hamm JMBlNW **1964** 203; OLG Köln JMBlNW **1962** 39; OLG Saarbrücken VRS **42** (1972) 37; vgl. Fußn. 934.

943 BGH NJW **1959** 396; **1968** 1293; BGH NStZ **1981** 33; **1982** 213; StV **1982** 356; BGH bei *Holtz* MDR **1978** 112; **1980** 986; bei *Pfeiffer/Miebach* NStZ **1983** 357; **1984** 211; bei *Spiegel* DAR **1984** 39; OLG Hamm NStZ **1983** 522; *Herdegen* NStZ **1984** 343; KK-*Herdegen* 95; SK-*Schlüchter* 128.0.

944 OLG Stuttgart Justiz **1973** 180; KMR-*Paulus* 447; KK-*Herdegen* 94; SK-*Schlüchter* 128.

945 BGHSt 1 139; OLG Hamm GA **1974** 375; vgl. auch BGH StV **1984** 363; vgl. auch nachfolgende Fußn.

946 BGHSt 28 310; BGH NJW **1961** 2069; StV **1995** 172; bei *Spiegel* DAR **1983** 204; OLG Hamburg JR **1982** 36 mit Anm. *Gollwitzer*; OLG Karlsruhe VRS **56** (1979) 467; OLG Koblenz OLGSt 33; *Herdegen* NStZ **1984** 343; ferner *Born* 171 ff. Vgl.

auch BGH NStZ-RR **1998** 13 (Bindung auch bei ungenügend konkretisierter Beweisbehauptung).

947 BGH NJW **1959** 396; **1968** 1293; BGH NStZ **1983** 2; BGH bei *Pfeiffer/Miebach* NStZ **1983** 211; OLG Saarbrücken VRS **42** (1972) 37; *Alsberg/Nüse/Meyer* 678 mit weit. Nachw.

948 OLG Saarbrücken VRS **19** (1960) 375.

949 BGH StV **1981** 603; BGH bei *Pfeiffer/Miebach* NStZ **1983** 211; vgl. Fußn. 936.

950 BGHSt 1 137; BGH NJW **1959** 396; StV **1981** 603; OLG Köln JMBlNW **1962** 39; OLG Saarbrücken VRS **19** (1960) 375; **42** (1972) 39; OLG Stuttgart OLGSt 27; *Seibert* NJW **1960** 20; *Alsberg/Nüse/Meyer* 678 mit weit. Nachw.

951 BGH bei *Pfeiffer* NStZ **1982** 189.

952 *Alsberg/Nüse/Meyer* 676; KK-*Herdegen* 94; 95 (Unterstellung auf der Grundlage des vollen Beweiswerts und der vollen Glaubwürdigkeit).

953 Die Tatsache einer bestimmten Äußerung allein und nicht deren Wahrheit kann Beweisthema sein; vgl. etwa BGH NStZ **1983** 376; **1984** 564; KK-*Herdegen* 94; ob ein Ausnahmefall vorliegt, in dem eine solche Einschränkung wirklich gewollt ist, muß gegebenenfalls vom Gericht geklärt werden.

Die vorherrschende Meinung geht davon aus, daß die als wahr behandelten Beweisbe-   **252** hauptungen ebenso der **freien Beweiswürdigung** unterliegen wie die voll bewiesenen Tatsachen[954]. Das Gericht darf und muß sie in einer Gesamtschau mit diesen würdigen. Läßt — wie meist — die unterstellte Tatsache nicht nur eine Schlußfolgerung zwingend zu, ist das Gericht grundsätzlich nicht verpflichtet, aus der Tatsache zu folgern, was der Antragsteller gern gefolgert wissen möchte[955]. Vor allem die meisten Indiztatsachen sind regelmäßig nicht von der Art, daß sie nur einen bestimmten Schluß zugunsten und einen bestimmten Schluß zuungunsten des Angeklagten zuließen[956]. Ist allerdings nur ein Schluß möglich, dann muß er, wie auch sonst bei festgestellten Indiztatsachen, gezogen werden[957].

Die **freie Beweiswürdigung** wird allerdings insoweit **eingeschränkt**, als das Gericht   **253** sich nicht auf Grund rein hypothetischer Überlegungen über den Sinngehalt eines Beweisantrags hinwegsetzen darf, wenn dieser einen bestimmten Schluß geradezu aufzwingt oder nur die Begleitumstände der unterbliebenen Beweiserhebung eine abweichende Würdigung rechtfertigen können. Denn dadurch, daß das Gericht mit der Wahrunterstellung auf die Beweiserhebung verzichtete, hat es sich nicht nur der Möglichkeit begeben, den Wert des benannten Beweismittels in Frage zu stellen[958], auch bei einer anderen Würdigung des konkreten Beweisergebnisses unterliegt es durch die Wahrunterstellung stärkeren Bindungen als nach einer Beweiserhebung[959]. Eine nach der Lebenserfahrung **in aller Regel zutreffende Schlußfolgerung** muß das Gericht übernehmen, sofern nicht festgestellte Tatsachen ohne Verstoß gegen Denkgesetze oder gesicherte wissenschaftliche Erkenntnisse eine andere Würdigung rechtfertigen[960]. Das Gericht darf den als wahr unterstellten Gesamtsachverhalt nicht von sich aus relativieren und eindeutig Behauptetes als mehrdeutig denkbar behandeln[961].

Die **behauptete Tatsache** muß bei der Unterstellung in ihrem **wirklichen Sinn** und   **253a** **vollen Inhalt** ohne jede Einengung, Verschiebung oder sonstige Änderung erfaßt werden (Rdn. 249). Unzulässig ist es daher, die zur Darlegung der Unglaubwürdigkeit eines anderen Zeugen behaupteten Tatsachen als wahr zu unterstellen, diesen Zeugen aber trotzdem für glaubwürdig zu halten oder umgekehrt als wahr zu unterstellen, daß der benannte Zeuge die in sein Wissen gestellten Tatsachen bestätigen werde, den Zeugen selbst aber

---

[954] BGH NJW **1959** 396; **1976** 1950 mit Anm. *Tenckhoff*; VRS **21** (1961) 115; **29** (1965) 26; NStZ **1982** 213; BGH bei *Holtz* **1980** 201; bei *Spiegel* DAR **1980** 202; bei *Seibert* NJW **1962** 137; OLG Celle GA **1962** 216; OLG Hamm GA **1974** 374; OLG Koblenz VRS **36** (1969) 17; **53** (1977) 440; **55** 49; OLGSt 32; OLG Köln JMBlNW **1962** 39; AK-*Schöch* 117; KK-*Herdegen* 95; *Kleinknecht/Meyer-Goßner*⁴³ 71; KMR-*Paulus* 449; ferner etwa *Schlüchter* 553.4; *Dahs* Hdb. 555; *Dahs/Dahs* 267; *G. Schäfer* 864; *Schlüchter* 553.4; *Tenckhoff* 152; ferner *Alsberg/Nüse/Meyer* mit weit. Nachw., vor allem auch zur Rechtsprechung des RG; **a. A** *Grünwald* FS Honig 53.

[955] RGSt **61** 360; OGHSt **1** 208; BGH NJW **1959** 396; **1976** 1950; **1992** 2838; NStZ **1983** 318; **1993** 447; BGH bei *Martin* DAR **1957** 68; bei *Spiegel* DAR **1983** 204; OLG Hamm GA **1974** 375; OLG Koblenz VRS **55** (1978) 47; *Herdegen* NStZ **1984** 342; KK-*Herdegen* 93; *Kleinknecht/Meyer-Goßner*⁴³ 71; KMR-

Paulus 449; *Schlüchter* 553.4; *Tenckhoff* 151; *Alsberg/Nüse/Meyer* 684 mit weit. Nachw.

[956] **A. A** *Grünwald* FS Honig 62; vgl. Rdn. 240.

[957] *Herdegen* NStZ **1984** 342; vgl. *Alsberg/Nüse/Meyer* 685: Daß das Gericht eine Schlußfolgerung ziehen muß, die sich nach Lage des Falles aufdrängt, ist Problem der Beweiswürdigung, nicht der Wahrunterstellung; ferner 665 zu den zwingenden Indiztatsachen (Alibi).

[958] KK-*Herdegen* 94; vgl. Rdn. 251.

[959] BGH NJW **1961** 2069; KK-*Herdegen* 93; *Herdegen* NStZ **1984** 342 (Gericht darf Wertungsgesichtspunkte nicht ignorieren, die es bei Erwiesensein nicht außer acht ließe). Daß der Angeklagte durch die Wahrunterstellung nicht besser stehen darf als bei der Beweiserhebung über seine Beweisbehauptung (*Alsberg/Nüse/Meyer* 685) gilt nur mit der Einschränkung, daß die volle Tragweite der Behauptung nicht geschmälert werden darf.

[960] *Herdegen* NStZ **1984** 343.

[961] *Alsberg/Nüse/Meyer* 686; vgl. Rdn. 249.

für unglaubwürdig zu erklären[962] oder anzunehmen, daß er sich falsch ausgedrückt[963] oder nur seinen persönlichen Eindruck wiedergegeben habe[964] oder daß seine als wahr unterstellte Erklärung nicht ernst gemeint gewesen sei[965]. Wird z. B. durch das Zeugnis urteilsfähiger Personen unter Beweis gestellt, daß es sich bei der Tat des Angeklagten um die einmalige Entgleisung eines an sich ehrenhaften Mannes handelt, und unterstellt das Gericht diese Tatsache als wahr, so widerspricht es dieser Zusicherung, wenn es gleichwohl die Tat bei der Strafzumessung dahin beurteilt, daß sie Ausfluß einer bedenklichen Charakterschwäche sei. Eine behauptete Tatsache darf nicht in der Weise als wahr behandelt werden, daß das Gericht annimmt, der Zeuge werde das bekunden, was der Beweisführer behauptet, daß es sich aber die Entscheidung darüber vorbehält, ob die behauptete Tatsache für wahr zu erachten sei oder nicht[966]. Wird unterstellt, der Betroffene könne nicht durch Lichtbilder identifiziert werden, dann dürfen diese Bilder auch nicht für die Erwägung verwendet werden, daß ein Vergleich von Kopfform und Haarschnitt mit der persönlichen Erscheinung des Betroffenen für dessen Täterschaft spreche[967]. Sind Begleitumstände oder sonstige Einzelheiten dafür maßgebend, welche Schlüsse aus einer Indiztatsache gezogen werden können, dann darf der mit dem Beweisantrag erstrebte Schluß nicht deshalb verweigert werden, weil solche von der Beweisbehauptung nicht direkt erfaßten, anderweitig nicht erwiesenen Umstände auch einen anderen Schluß zulassen[968]. Will dies das Gericht, so muß es entweder gemäß seiner Aufklärungspflicht den Beweis erheben oder den Antragsteller darauf hinweisen, daß seine Beweisbehauptung und die beabsichtigte Unterstellung diesen Schluß nicht ausschließt, und ihm anheimgeben, sich zu erklären, ob er mit der engeren Unterstellung einverstanden ist oder ob er einen weitergehenden Antrag stellen will[969].

254   **h) Nachträglich erkannte Bedeutungslosigkeit.** Bedeutungslose Tatsachen dürfen nicht als wahr unterstellt werden (Rdn. 241). An sich kann es die Entscheidung nicht berühren, wenn eine als wahr unterstellte Tatsache durch die weitere Verfahrensentwicklung, etwa bei einer Änderung des rechtlichen Gesichtspunktes, unerheblich wird. Bei den als wahr unterstellten **Indiztatsachen** genügt es, wenn sie bei der endgültigen Beweiswürdigung in die Erwägungen des Gerichts miteinbezogen werden. Die Wahrunterstellung erfordert nicht, daß sie die Entscheidung maßgebend mittragen. Der Bereich dieses Ablehnungsgrundes wird deshalb noch nicht verlassen, wenn sich ihre Unterstellung als wahr

---

[962] RGSt **49** 45; **51** 3; BGH NStZ **1983** 376; **1984** 61; **1995** 172; bei *Holtz* MDR **1980** 631; StV **1984** 61; **1995** 172; BGHR § 244 Abs. 3 Satz 2 Wahrunterstellung 20; OLG Celle JR **1964** 353; OLG Köln JMBlNW **1962** 39; KK-*Herdegen* 94; *Kleinknecht/Meyer-Goßner*[43] 71; KMR-*Paulus* 447; SK-*Schlüchter* 129; **a. A** OLG Hamm StV **1982** 522 (wonach diese Schlußfolgerung nicht generell ausgeschlossen wird). Vgl. *Alsberg/Nüse/Meyer* 683, der die Unzulässigkeit eines solchen Schlusses aus den für die Beweiswürdigung allgemein geltenden Grundsätzen herleitet; ferner *Born* 180 ff, die aber allgemein die Wahrunterstellung unter Schlußfolgenablehnung verwirft.

[963] BGH NStZ **1989** 129 mit Anm. *Volk*.

[964] BGH StV **1990** 149 („angenommen, Angeklagter habe unter Schock gestanden").

[965] BGH bei *Holtz* MDR **1978** 112.

[966] RGSt **49** 45; **51** 3; RG LZ **1915** 1670; **1917** 65; **1919** 908; DRiZ **1927** Nr. 733; JW **1917** 51; **1929** 2738; **1930** 3773; **1931** 1815; **1936** 3473; BGH StV **1984** 61 (L); **1990** 293; **1994** 351; bei *Martin*

DAR **1957** 68; bei *Holtz* MDR **1982** 449; BayObLG StV **1981** 511; OLG Braunschweig NJW **1947/48** 232; OLG Kiel SchlHA **1948** 83; OLG Koblenz VRS **52** (1977) 152; OLG Köln JMBlNW **1962** 39; ferner *Born* 174; *Dahs/Dahs* 267; *Gössel* I § 29 C III c 8; *Alsberg/Nüse/Meyer* 677 mit weit. Nachw.; ferner Fußn. 962 bis 965.

[967] OLG Koblenz VRS **61** (1981) 127.

[968] BGH NStZ **1982** 213; bei *Spiegel* DAR **1983** 204; *Alsberg/Nüse/Meyer* 686; ferner 681 ff (Beispiele für gegen den Sinn des Beweisantrags verstoßende Einschränkungen und für die unzulässige Berücksichtigung im Beweisantrag nicht erwähnter Möglichkeiten); dazu *Born* 153 ff (dem Angeklagten günstige Schlußfolgerung darf nicht unter Berufung auf unerwiesene Begleitumstände verweigert werden).

[969] Vgl. OLG Hamburg JR **1982** 36 mit Anm. *Gollwitzer*; weitere Beispiele für die unzulässige Heranziehung im Beweisantrag nicht erwähnter Möglichkeiten finden sich bei *Alsberg/Nüse/Meyer* 681 ff; ferner Rdn. 250.

auf das Endergebnis nicht auswirkt. Die Zusicherung der Wahrunterstellung schließt die Möglichkeit einer solchen späteren Beurteilung mit ein. Dies wird damit begründet, daß die in der Wahrunterstellung liegende Bejahung der zumindest potentiellen Beweiserheblichkeit der zugesicherten Tatsache zwar zur Zeit der Verkündung des Beschlusses[970] gegeben sein muß, daß aber nicht zugesichert wird, das Gericht werde ihre Entscheidungserheblichkeit auch bei der endgültigen Beweiswürdigung im Rahmen der **Urteilsberatung** bejahen[971]. Die nur als vorläufige Einschätzung sinnvolle Annahme einer potentiellen Erheblichkeit muß dann ohnehin durch die endgültige Entscheidung erheblich/bedeutungslos ersetzt werden. Die Zusage der Wahrunterstellung verpflichtet das Gericht nicht, eine unterstellte Tatsache auch weiterhin als entscheidungserheblich zu behandeln, obwohl es seine Entscheidung nicht mehr darauf stützt[972]. Gebunden bleibt das Gericht durch die Zusage aber insoweit, daß es auch dann keine der unterstellten Tatsache zuwiderlaufenden Feststellungen treffen darf. Will es dies, muß es seinen die Wahrunterstellung zusichernden Beweisbeschluß förmlich aufheben oder ändern[973].

Ob und wann in diesem **Beurteilungswandel** ein Wechsel des Ablehnungsgrundes **255** (Rdn. 155) liegt oder ob er eine **Hinweispflicht** des Gerichts bzw. des Vorsitzenden auslöst, ist in Rechtsprechung und Schrifttum strittig. Eine generelle Pflicht hierzu wird oft deshalb verneint, weil die Verfahrensbeteiligten bei der Wahrunterstellung ohnehin damit rechnen müßten. Das Gericht müsse sich in den Urteilsgründen außerdem nicht immer mit einer als wahr unterstellten Tatsache auseinandersetzen, es sei auch nicht einzusehen, weshalb für die als wahr unterstellte Tatsache etwas anderes gelten solle als für die erwiesene[974]. Die **Befürworter der Hinweispflicht**[975] führen dagegen an, daß das Gericht die Gründe, warum es die Beweistatsache als bedeutungslos ansieht, bei Berufung auf diesen Ablehnungsgrund in einem in der Hauptverhandlung zu verkündenden Beschluß ausführlich darlegen muß, so daß die Verfahrensbeteiligten, vor allem der Angeklagte, den Standpunkt des Gerichts bei ihrer weiteren Verhandlungsführung berücksichtigen und dazu auch weitere Beweise anbieten können (vgl. Rdn. 224, 225). Wegen der Zusage der Wahrunterstellung könnten sie dies möglicherweise unterlassen haben. Diese Zusage könne

[970] Vgl. etwa NJW **1961** 2069; MDR bei *Holtz* **1979** 282; AK-*Schöch* 118; KK-*Herdegen* 92; *Kleinknecht/Meyer-Goßner*[43] 70; 7.

[971] Vgl. etwa KK-*Herdegen* NStZ **1984** 342; KK-*Herdegen* 92 („keine Zusicherung des Fortbestands der potentiellen Beweiserheblichkeit"); *Alsberg/Nüse/Meyer* 658 („mit der Wahrunterstellung potentiell beweiserheblicher Tatsachen begrifflich verbundener Vorbehalt"); KMR-*Paulus* 451; *Willms* FS Schäfer 278; **a. A** *Born* 196; 200; 242.

[972] RGSt **65** 330; BGHSt **30** 383; BGH NJW **1961** 2069; GA **1972** 273; BGH bei *Holtz* MDR **1979** 282; KK-*Herdegen* 92; KMR-*Paulus* 451; *Raacke* NJW **1973** 495; eingehend *Alsberg/Nüse/Meyer* 656 mit weit. Nachw.; vgl. Rdn. 252.

[973] Vgl. Rdn. 155 mit weit. Nachw.

[974] BGHSt **1** 53; BGH NJW **1961** 2069; GA **1972** 273; BGH bei *Holtz* MDR **1979** 281; bei *Pfeiffer* NStZ **1981** 96; 296; bei *Pfeiffer/Miebach* **1983** 357; bei *Kusch* **1992** 28; bei *Spiegel* DAR **1979** 190; **1980** 209; OLG Braunschweig NJW **1947/48** 232; OLG Karlsruhe Justiz **1977** 357; OLG Celle StV **1986** 423 mit abl. Anm. *Tenckhoff*; *Raacke* NJW **1973** 494; *Willms* FS Schäfer 276; 278; ferner *Alsberg/Nüse/Meyer* 659 mit weit. Nachw., auch zur Ge-

genmeinung; *Bauer* MDR **1994** 953; *Müller* GedS Meyer 290; KK-*Herdegen* 92; *Kleinknecht/Meyer-Goßner*[43] 70. Nach *Eisenberg* (Beweisrecht) 245; 247 ist bei einem verteidigten Angeklagten eine generelle Hinweispflicht schwerlich zu bejahen; vgl. ferner *Alsberg/Nüse/Meyer* 659 auch mit Hinweisen zur Gegenmeinung, ferner die nachfolgende Fußn.

[975] Vgl. etwa BGHSt **1** 54; **21** 38 (Aufklärungspflicht); BGH NStZ **1983** 522; OLG Hamm MDR **1964** 435; JR **1965** 269. BGHSt **32** 44 = JR **1984** 171 mit abl. Anm. *Meyer* JR **1984** 173 glaubt, daß nicht die Aufklärungspflicht, sondern der zur fairen Verfahrensgestaltung gehörende Rechtsgedanke des Vertrauensschutzes den Hinweis erfordert. Für Hinweis mit unterschiedlicher Akzentsetzung und Ableitung ferner *Born* 199; *Dahs* Hdb. 555; *Dahs/Dahs* 361; *Gössel* § 29 C III c 8; *Hamm* FS II Peters 175; *Hanack* JZ **1972** 116; *Roxin* § 43, 15; *Schlothauer* StV **1986** 227; *Schweckendieck* NStZ **1997** 259; *Seibert* NJW **1962** 20; *v. Stackelberg* FS Sarstedt 376; *Schröder* NJW **1972** 2105; *Tenckhoff* 133; AK-*Schöch* 118; KMR-*Paulus* 451; SK-*Schlüchter* 128; *Eb. Schmidt* 26. Weitergehend früher *Alsberg* JW **1929** 981 (Aufhebungsbeschluß).

nicht zur Folge haben, daß es — anders als bei der unmittelbaren Ablehnung als bedeutungslos — genüge, wenn den Verfahrensbeteiligten die Gründe für die tatsächlich das Urteil tragenden Annahme der Unerheblichkeit erstmals im Urteil eröffnet würden. Dies spricht für die Hinweispflicht, zumal das Gericht auch sonst, wenn es seine Ansicht über ein bestimmtes Beweisergebnis den Verfahrensbeteiligten zur Kenntnis gebracht hat, noch in der Hauptverhandlung auf die Änderung seiner Beurteilung hinweisen muß. Anders als bei der Annahme der Bedeutungslosigkeit von als wahr unterstellten **Haupttatsachen** liegt bei der Wahrunterstellung von **Indiztatsachen** und **Hilfstatsachen** kein Wechsel des Ablehnungsgrundes vor, wenn diese im Endergebnis die Beweiswürdigung nicht beeinflussen konnten. Diese Möglichkeit, mit der auch die Verfahrensbeteiligten rechnen müssen[976], ist schon in der Zusage der Wahrunterstellung mitenthalten.

255a   **Im Einzelfall** kann aber trotzdem die **Fürsorgepflicht**, die hier der Pflicht zu einer fairen Verfahrensgestaltung entspricht, einen ausdrücklichen Hinweis fordern, um Fehldeutungen zu korrigieren, so etwa, wenn der Angeklagte der unterstellten Tatsache bei seiner Prozeßführung erkennbar Gewicht beimißt, z. B. in einem Plädoyer, das auf die als wahr unterstellte Tatsache aufbaut, oder wenn es sonst als möglich erscheint, daß vor allem der Angeklagte bei Kenntnis der Tatsachen, auf Grund derer das Gericht die Unerheblichkeit der als wahr unterstellten Tatsache bejaht, sein Verteidigungsvorbringen ändern oder ergänzen und möglicherweise weitere Beweisanträge stellen würde[977]. Mitunter kann auch die **Aufklärungspflicht** einen solchen Hinweis notwendig machen[978]. **Entbehrlich ist ein Hinweis,** wenn ersichtlich weder irrige Vorstellungen eines Verfahrensbeteiligten beseitigt werden müssen noch nach Bedeutung und Stellenwert der jeweils unterstellten Tatsache im Gesamtgefüge der Beweiswürdigung ein Anlaß besteht, dem Angeklagten zu ermöglichen, weitere Verteidigungsmöglichkeiten auszuschöpfen, die er wegen der veränderten Einschätzung für angezeigt halten könnte[979]. BGHSt **30** 385 fordert den Hinweis dann, wenn es naheliegt, daß der Angeklagte wegen der Wahrunterstellung davon abgesehen hat, andere Beweisanträge zu stellen[980]. Ob der Angeklagte erhebliche Tatsachen unter Beweis stellen könnte, wird aber für das Gericht oftmals ohne Befragung nicht erkennbar sein; die umgekehrte Abgrenzung ist praktikabler. Soweit das Unterlassen jedes Hinweises damit gerechtfertigt wird, es sei stets Sache des Angeklagten, wegen des vorläufigen Charakters der Wahrunterstellung **vorsorglich** alle weiteren geeigneten **Beweisanträge zu stellen**[981], ist diese Forderung mit den Grundsätzen eines rationellen und fairen Verfahrens schlecht vereinbar. Sie belastet Verteidigung und Hauptverhandlung unnötig mit Hilfsanträgen[982].

---

[976] Die Übung der Praxis, die aus Vereinfachungsgründen vor allem Tatsachen von allenfalls geringer Entscheidungserheblichkeit zunächst als wahr unterstellt, ohne dann die Entscheidung darauf zu stützen, dürfte allgemein bekannt sein; *Eisenberg* (Beweisrecht) 245; 247 verneint deshalb die generelle Hinweispflicht bei einem verteidigten Angeklagten, während er sie bei einem Angeklagten ohne Verteidiger bejaht. Gegen die ausdehnende Anwendung dieses Ablehnungsgrundes *Schweckendieck* NStZ **1997** 258 ff sowie die Nachw. in Fußn.

[977] *Schweckendieck* NStZ **1997** 260 weist darauf hin, daß dies eigentlich nur der Verteidiger selbst beantworten kann.

[978] *Herdegen* NStZ **1984** 342; KK-*Herdegen* 92 stellt allein hierauf ab.

[979] Vgl. etwa BGH GA **1972** 273, wo die Verteidigung

wußte, daß sie vorsorglich neue Beweisanträge zu stellen hatte; aber auch die Annahme einer Hinweispflicht in BGHSt **1** 54; **21** 38; **32** 47.

[980] Gegen die darin liegende „Vorwegbekanntmachung der Beweiswürdigung" *Alsberg/Nüse/Meyer* 659 Fußn. 58; vgl. *Herdegen* NStZ **1984** 342 (Fehler im Bereich der Aufklärungspflicht, nicht bei der Wahrunterstellung); vgl. Fußn. 976.

[981] So BGH GA **1972** 273.

[982] So *Schröder* NJW **1972** 2105; *Schweckendieck* NStZ **1997** 258; ferner *Born* 199; *Tenckhoff* 134; sowie KMR-*Paulus* 451; SK-*Schlüchter* 132; **a. A** *Alsberg/Nüse/Meyer* 659 mit Hinweis, daß in der Praxis Hilfsbeweisanträge zur Absicherung der Wahrunterstellung kaum gestellt werden; dies zeigt wohl nur, daß die meisten Antragsteller mit der Möglichkeit einer nachträglichen Behandlung als bedeutungslos nicht rechnen.

i) In den **Urteilsgründen** muß nach vorherrschender Ansicht nicht in jedem Fall aus- **256**
drücklich hervorgehoben werden, daß das Gericht seiner Pflicht, die als wahr unterstellten
Tatsachen bei der Urteilsberatung zu würdigen, auch tatsächlich nachgekommen ist[983].
Aus dem Schweigen der Urteilsgründe kann daher nicht notwendig geschlossen werden,
daß das Gericht dieser Verpflichtung nicht entsprochen hat. Die Feststellungen des Urteils
dürfen allerdings der Wahrunterstellung nicht widersprechen[984]. Hängt die sachlich-rechtliche Entscheidung von der **unterstellten Tatsache** ab, dann muß diese — wie auch sonst
entscheidungserhebliche Tatsachen — im Urteil ausdrücklich angeführt werden[985], damit
die getroffenen Feststellungen die Rechtsanwendung lückenlos tragen und die Beweisgrundlagen dargetan werden[986]. **Unerläßlich sind Ausführungen**, wenn die getroffenen
Feststellungen zu einer Auseinandersetzung mit einer als wahr unterstellten Tatsache
drängen[987], vor allem, wenn nicht ohne weiteres ersichtlich ist, wie Beweiswürdigung und
Wahrunterstellung in Einklang gebracht werden können[988]. Unterbleibt eine solche Würdigung, dann wird das Urteil als lückenhaft und damit als auch sachlich-rechtlich fehlerhaft angesehen[989]. Ausdrückliche Ausführung in den Urteilsgründen zur Bedeutungslosig-
keit der als wahr unterstellten Tatsache wird man stets fordern müssen, wenn man der
Meinung folgt, daß sich ein Hinweis in der Hauptverhandlung erübrigt (vgl. Rdn. 255)[990].
Erledigt das Gericht einen **Hilfsbeweisantrag** durch Wahrunterstellung, müssen die
Urteilsgründe erkennen lassen, was das Gericht als wahr unterstellt (Rdn. 245).

k) Sonderfälle. Die Wahrunterstellung unbewiesener Tatsachen ist vor allem dort auf **257**
Bedenken gestoßen, wo sie Tatsachen betrifft, die zwar den Angeklagten entlasten können, die zugleich aber schwere **Anschuldigungen gegenüber Dritte**, am Verfahren oft
gar nicht beteiligte Personen enthalten, vor allem den Vorwurf eines kriminellen oder
sonst ehrenrührigen Verhaltens[991] oder die Behauptung öffentlicher Mißstände[992]. Hier
besteht mitunter ein Interesse der von der Behauptung Betroffenen daran, daß das Gericht
diese Tatsachen nicht einfach als wahr unterstellt, da hierdurch vor allem in der Öffentlichkeit der Eindruck entstehen kann, das Gericht mache sich diese Behauptung zu eigen

---

[983] BGHSt **28** 310; BGH NJW **1961** 2069; LM Nr. 5;
VRS **21** (1961) 115; BGH StV **1981** 601; **1983**
441; BGH bei *Miebach* NStZ **1988** 212; bei *Spiegel*
DAR **1980** 208; **1981** 202; **1982** 206; BGHR § 244
Abs. 3 Satz 2 Wahrunterstellung 13; OLG Braunschweig NJW **1947/48** 232; OLG Koblenz OLGSt
29; *Kleinknecht/Meyer-Goßner*[43] 71; KMR-*Paulus*
448; SK-*Schlüchter* 128a; *Alsberg/Nüse/Meyer* 686
mit weit. Nachw. auch zur Gegenmeinung. Eine
Auseinandersetzung mit der Wahrunterstellung in
allen Fällen fordern z. B. *Eb. Schmidt* 62; *Willms*
FS Schäfer 281; *Herdegen* NStZ **1984** 327; KK-
Herdegen 96.
[984] BGHSt **32** 44; vgl. Rdn. 249 mit weit. Nachw.
[985] BGHSt **28** 311; BGH NStZ **1996** 562; KK-*Herdegen* 96; *Kleinknecht/Meyer-Goßner*[43] 71; *Alsberg/
Nüse/Meyer* 687; vgl. bei § 267.
[986] Vgl. BGH StV **1984** 142; *Alsberg/Nüse/Meyer* 687.
[987] BGHSt **28** 310; BGH NJW **1961** 1069; bei *Pfeiffer/
Miebach* NStZ **1983** 211; **1985** 206; StV **1981** 601;
1988 91; BayObLG StV **1983** 498; *Kleinknecht/
Meyer-Goßner*[43] 71; *Niemöller* StV **1984** 439.
[988] RG HRR 1937 Nr. 687; **1939** Nr. 816; BGHSt **28**
311; BGH bei *Pfeiffer/Miebach* NStZ **1984** 211;
bei *Kusch* 1996 324; BGH StV **1983** 441; **1982**

142; OLG Braunschweig NJW **1947/48** 232 mit
Anm. *Goetze*; OLG Bremen NJW **1961** 1417; OLG
Hamm NJW **1952** 66; JR **1965** 269; OLG Kiel
SchlHA **1946** 101; OLG Koblenz VRS **72** (1987)
441; OLG Zweibrücken StV **1998** 363; *Dahs/Dahs*
267; KK-*Herdegen* 96; *Kleinknecht/Meyer-Goß-
ner*[43] 71; *Alsberg/Nüse/Meyer* 687 mit weit.
Nachw.
[989] BGHSt **28** 310; BGH NJW **1961** 2069; StV **1984**
142; **1988** 91; **1989** 391 mit Anm. *Weider*; Bay-
ObLG StV **1983** 498; OLG Celle JR **1985** 32 mit
Anm. *J. Meyer*; AK-*Schöch* 128; KK-*Herdegen* 96;
vgl. Fußn. 987, 988 und *Alsberg/Nüse/Meyer* 687
mit weit. Nachw. Vgl. Rdn. 351.
[990] *Herdegen* NStZ **1984** 343; *Roxin* § 43 15; *Tenckhoff* 135; andernfalls bliebe dem Antragsteller
überhaupt unbekannt, daß und warum die als wahr
und damit potentiell entscheidungserheblich unterstellte Tatsache später als bedeutungslos angesehen
wurde.
[991] Vgl. etwa RGSt **46** 278; LG Berlin III JW **1930**
3449, dazu *Hachenburg* DJZ **1930** 1377; *Behringer*
JW **1930** 3380; *Alsberg/Nüse/Meyer* 673.
[992] Dazu *Radbruch* FS Reichsgericht 203; vgl.
Fußn. 899.

oder halte sie zumindest für wahrscheinlich[993]. In solchen Fällen kann im Interesse der Betroffenen die Erhebung des Beweises angezeigt sein, sofern dies mit vertretbarem Aufwand möglich und für sich allein zu ihrer Entlastung geeignet ist[994]. Maßgebend sind aber immer die Umstände des Einzelfalls. Danach ist auch zu beurteilen, ob das benannte Beweismittel allein ausreicht, um den Sachverhalt zu klären, oder ob dies eine umfangreiche Beweiserhebung erfordern würde, die weit über den Gegenstand des Verfahrens hinausreicht. Dies gilt vor allem bei der Behauptung öffentlicher Mißstände, deren Aufklärung den Rahmen des Strafverfahrens sprengen würde[995]. In solchen Fällen kann die Wahrunterstellung aus Gründen der Prozeßwirtschaftlichkeit unvermeidbar sein. Sie sollte dann aber in einer solchen Form (Begründung des Beschlusses, eventuell auch des Urteils) erfolgen, daß auch für die Öffentlichkeit klar ersichtlich ist, daß das Gericht sich nicht mit der nur zugunsten des Angeklagten als wahr unterstellten Behauptung identifiziert, sondern diese für unbewiesen hält[996].

258 In **Strafverfahren wegen übler Nachrede** (§ 186 StGB) — nicht wegen Beleidigung[997] — scheidet eine Unterstellung der behaupteten ehrenmindernden Tatsachen als wahr aus, da dieser Tatbestand bereits erfüllt ist, wenn die behauptete Tatsache nicht erweislich wahr ist[998]. Eine Wahrunterstellung kommt hier allenfalls insoweit in Betracht, als unter Beweis gestellt wird, daß der Angeklagte selbst an die Wahrheit der von ihm verbreiteten Tatsache glaubte oder wenn das Gericht die Wahrheit der ehrenrührigen Tatsachen bereits für voll erwiesen hält[999], der Beweisantrag also nur noch eine zusätzliche Indiztatsache betrifft.

7. Unerreichbarkeit des Beweismittels

259 **a) Allgemeines.** Die Beweise müssen grundsätzlich in der Hauptverhandlung selbst erhoben werden (§ 261). Beweismittel, bei denen dies nicht möglich ist, scheiden als unmittelbare Erkenntnisquelle aus. Beweisanträge, die trotzdem solche Beweismittel benennen, dürfen deshalb wegen der Unerreichbarkeit des Beweismittels abgelehnt werden. Nach dem **erweiterten Erreichbarkeitsbegriff** der wohl vorherrschenden Meinung[1000] ist die Unerreichbarkeit auch zu verneinen, wenn ein Zeuge nur kommissarisch vernommen und seine Aussage durch Verlesen der Niederschrift in die Hauptverhandlung eingeführt werden kann. Bezieht man dagegen die Erreichbarkeit jeweils nur auf das konkret in dem Beweisantrag selbst unmittelbar bezeichnete Beweismittel, hat dies zur Folge, daß dann bei Beantragung der Vernehmung eines nur im Wege der kommissarischen Vernehmung erreichbaren Zeugen der Beweisantrag wegen der Unerreichbarkeit für die Hauptverhandlung abzulehnen ist, sofern der Antragsteller allein dieses will, der Antrag

[993] Vor allem darf die Wahrunterstellung ebenso wie der Wahrheitsbeweis nicht zur Schädigung des Opfers mißbraucht werden, vgl. Rdn. 257.

[994] Wie etwa die Vernehmung der betroffenen Person selbst; vgl. *Alsberg/Nüse/Meyer* 673. Es kommt aber immer auf die Umstände des Einzelfalls und die Art der Behauptung an. Eine halbe Beweisaufnahme, die ehrenrührige Tatsachen offenläßt, ist für den Betroffenen oft schlimmer als die Wahrunterstellung; vgl. *Behringer* JW **1930** 3380 (Unterstellung im Einverständnis des Beleidigten).

[995] *Alsberg/Nüse/Meyer* 674.

[996] *Alsberg/Nüse/Meyer* 673 mit weit. Nachw.

[997] RGSt **35** 232; bei der Beleidigung durch Tatsachenbehauptungen ist deren Nachweis erforderlich, bei Nichterweislichkeit gilt der Grundsatz im Zweifel für den Angeklagten, so daß insoweit auch eine Wahrunterstellung möglich ist; vgl. die Erläuterungsbücher zum StGB und *Alsberg/Nüse/Meyer* 674 mit weit. Nachw.

[998] RG JW **1930** 2541 mit Anm. *Engelhardt*; *Alsberg/Nüse/Meyer* 674 mit weit. Nachw.

[999] *Lissner* ZStW **51** (1936) 742; *Alsberg/Nüse/Meyer* 674 mit weit. Nachw.

[1000] So etwa BGHSt **22** 122; BGH GA **1954** 222; **1971** 86; JR **1962** 1149 mit Anm. *Eb. Schmidt*; **1984** 129 mit Anm. *Meyer*; BayObLGSt **1978** 171 = MDR **1979** 603; *Eisenberg* (Beweisrecht) 29; *Herdegen* NStZ **1984** 338; *Alsberg/Nüse/Meyer* 632 mit weit. Nachw.; eingehend zur Streitfrage *Julius* (Unerreichbarkeit) 175 ff.

also nicht — wie in der Regel — sinngemäß dahin auszulegen ist, daß er auch die kommissarische Vernehmung mit einschließt[1001]. Da das Gericht, wenn eine kommissarische Vernehmung in Frage kommt, den Antragsteller befragen muß, ob er sich damit begnügen will[1002], und andernfalls unabhängig davon kraft seiner Aufklärungspflicht gehalten ist, die kommissarische Vernehmung anzuordnen, wenn ein Aufklärungsgewinn davon zu erwarten ist, spielt es vom praktischen Ergebnis her keine große Rolle, welcher Auffassung man folgt[1003]. Die Hauptverhandlung muß dabei nicht notwendig im Gerichtssaal stattfinden. Ein Beweismittel ist auch erreichbar, wenn es nur in einer Hauptverhandlung verwendet werden kann, die ganz oder teilweise an einem anderen Ort (Krankenhaus, Wohnung, Tatort usw.) durchgeführt wird (vgl. § 213, 2). Erreichbar ist auch ein Zeuge, wenn er nach § 247 a aus der Hauptverhandlung heraus mittels einer zeitgleichen Bild-Ton-Übertragung an einem anderen Ort vernommen werden kann[1004]. Die Unerreichbarkeit als Ablehnungsgrund des § 244 Abs. 3 Satz 2 bezieht sich grundsätzlich auf die Verwendbarkeit des im Beweisantrag bezeichneten Beweismittels in der Hauptverhandlung[1005].

b) Begriff der Unerreichbarkeit. Ein Beweismittel ist unerreichbar, wenn es für die **260** Hauptverhandlung nicht verfügbar ist, alle seiner Bedeutung und seinem Wert entsprechenden Bemühungen, es beizubringen, erfolglos geblieben sind und wenn nach der Sachlage auch keine begründete Aussicht besteht, es in absehbarer Zeit herbeizuschaffen[1006]. Die bloße Möglichkeit, daß es irgendwann einmal zur Verfügung stehen könnte, schließt die Unerreichbarkeit nicht aus[1007]. Als **absolut unerreichbar** werden Beweismittel bezeichnet, deren Verwendung in der Hauptverhandlung schlechthin unmöglich ist, weil sie nicht oder nicht mehr vorhanden sind (Beweisperson ist gestorben; Beweisgegenstand ist zerstört)[1008]. Unerreichbar sind ferner Beweismittel, bei denen nicht bekannt und trotz der nach den Umständen gebotenen Nachforschungen auch nicht feststellbar ist, ob sie noch vorhanden sind oder an welchem Ort sie sich befinden. Daß die Beiziehung nur mit **Schwierigkeiten** verbunden ist, deren Überwindbarkeit fraglich erscheint, rechtfertigt nicht, schon von Anfang an Unerreichbarkeit anzunehmen[1009]. Das Gericht muß von sich aus alle erkennbaren, nicht von vornherein aussichtslosen Möglichkeiten ausnützen, um das ihm genannte Beweismittel beizubringen, dazu gehört auch, daß es im Rahmen der

---

[1001] So *Julius* (Unerreichbarkeit) 178.
[1002] BGHSt **22** 122.
[1003] *Julius* (Unerreichbarkeit) 179 sieht den Vorteil der engeren Auslegung darin, daß dann durch Einschaltung der Aufklärungspflicht die Entscheidung über die kommissarische Beweiserhebung stärker vom bisherigen Beweisergebnis abhängig gemacht werden kann.
[1004] Die Vernehmung nach § 247 a ist der Vernehmung eines in der Hauptverhandlung körperlich anwesenden Zeugen gleichgestellt.
[1005] Gleiches gilt bei § 223 und bei § 251.
[1006] BVerfGE **57** 273; BGHSt **22** 120; **29** 390; **32** 73; BGH NJW **1953** 1522; **1979** 1788; NStZ **1982** 37; **212**; **1983** 180; **422**; **1985** 375; bei *Pfeiffer/Miebach* NStZ **1984** 211; **1987** 218; **1986** 418; **1987** 45; JZ **1988** 982; GA **1954** 374; **1965** 209; **1980** 422; StV **1981** 603; BGH bei *Dallinger* MDR **1971** 547; bei *Holtz* MDR **1980** 987; bei *Spiegel* DAR **1977** 174; **1979** 188; BayObLGSt **1978** 170 = VRS **57** (1979) 28; OLG Celle GA **1961** 216; **1977** 180; OLG Hamm NJW **1964** 2073; DAR **1973** 192; KG NJW **1954** 770; OLG

Karlsruhe VRS **51** (1976) 61; OLG Schleswig SchlHA **1979** 144; bei *Ernesti/Jürgensen* SchlHA **1975** 190; bei *Ernesti/Lorenzen* SchlHA **1980** 174; StV **1982** 11; *Herdegen* NStZ **1984** 338; *Julius* (Unerreichbarkeit) 62 ff; *ter Veen* StV **1985** 295; AK-*Schöch* 95; KK-*Herdegen* 81; *Kleinknecht/Meyer-Goßner*43 62; SK-*Schlüchter* 107; *Alsberg/Nüse/Meyer* 621 mit weit. Nachw.; vgl. Rdn. 265.
[1007] RGSt **38** 257; RG JW **1927** 1491.
[1008] *Alsberg/Nüse/Meyer* 62 mit weit. Nachw. Die nicht mehr existierenden Beweismittel haben vor allem Bedeutung bei § 251. Ob sie überhaupt Beweismittel im Sinne des Beweisantragsrechts des § 244 sind, erscheint fraglich, ist aber letztlich im Ergebnis (Ablehnung) ohne Belang. Dies hängt davon ab, wieweit man die eventuell an ihre Stelle tretenden Beweissurrogate (Niederschrift über die Aussage eines verstorbenen Zeugen; Lichtbild der zerstörten Sache) als selbständige Beweismittel behandelt.
[1009] RG HRR **1942** Nr. 133; h. M; vgl. Fußn. 1006 und *Alsberg/Nüse/Meyer* 620 mit weit. Nachw.

technisch verfügbaren Möglichkeiten versucht, einen am Erscheinen am Gerichtsort verhinderten Zeugen mittels zeitgleicher Bild-Ton-Übertragung (§ 247 a) in der Hauptverhandlung zu vernehmen. Erst nach Erschöpfung der nach der Sachlage gebotenen Bemühungen[1010] darf es von der Unerreichbarkeit ausgehen. Auch **Rechtsgründe** können ein Beweismittel unerreichbar machen, so etwa wenn sie verhindern, daß das Gericht das Erscheinen eines freiwillig dazu nicht bereiten Zeugen erzwingen kann[1011]. Schließen allerdings die Rechtsgründe die Verwendung des Beweismittels überhaupt aus, so daß es das Gericht selbst bei Zugriffsmöglichkeit nicht verwenden dürfte, dann ist ein darauf abzielender Beweisantrag nicht wegen der rechtlichen Unerreichbarkeit des Beweismittels, sondern wegen der Unzulässigkeit der Beweiserhebung abzulehnen[1012].

261   Der **Anwendungsbereich** des Ablehnungsgrundes der Unerreichbarkeit liegt in der Praxis hauptsächlich beim **Zeugenbeweis**[1013]. Unerreichbar können aber auch **Beweisgegenstände** sein, etwa wenn eine bestimmte Urkunde nicht auffindbar ist oder nicht herausgegeben wird und nach §§ 96, 97 auch nicht beschlagnahmt werden darf oder wenn der beantragte Augenschein nicht durchgeführt werden kann, weil der Verfügungsberechtigte dem Gericht oder der mit dem Augenschein beauftragten Person die Besichtigung des Gegenstandes oder des in Augenschein zu nehmenden Ortes befugt versagt[1014]. Beim **Sachverständigenbeweis** scheidet die Unerreichbarkeit als Ablehnungsgrund weitgehend aus, weil der Sachverständige austauschbar ist, Nur in sehr seltenen Ausnahmefällen ist eine Ablehnung wegen Unerreichbarkeit denkbar[1015].

262   **c) Unbekannter Aufenthalt.** Ein Zeuge ist unerreichbar, wenn seine Heranziehung daran scheitert, daß das Gericht seine genaue Identität oder seinen Aufenthalt nicht kennt und auch nicht ermitteln kann[1016]. Welche **Bemühungen** erforderlich sind, bevor ein Beweisantrag wegen der Unerreichbarkeit des Beweismittels abgelehnt werden darf, entscheidet das Gericht in Abwägung aller Umstände des Einzelfalls[1017]. Unerläßlich ist aber, daß es von sich aus die üblichen Routineermittlungen zur Feststellung des Aufenthalts möglichst parallel miteinander in die Wege leitet, sofern deren Aussichtslosigkeit nicht bereits eindeutig feststeht[1018]. Welche Anstrengungen es darüber hinaus aufwenden muß, richtet sich vor allem nach seiner Aufklärungspflicht[1019], nach der Bedeutung der Sache[1020] und dem Beweiswert, der der zu erwartenden Aussage für die zu treffende Ent-

---

[1010] Vgl. Rdn. 262 ff, auch zu der hier erforderlichen Abwägung.

[1011] *Alsberg/Nüse/Meyer* 620; *Arzt* FS Peters 224; KMR-*Paulus* 460; *Herdegen* NStZ **1984** 337.

[1012] Die Grenze zwischen der rechtlichen Unerreichbarkeit eines Beweismittels und der auf Rechtsgründen beruhenden Unzulässigkeit der Beweiserhebung wird unterschiedlich gezogen; vgl. Rdn. 187; 197; 270; 290. Wie hier etwa *Alsberg/Nüse/Meyer* 620; *Kleinknecht/Meyer-Goßner*[43] 66; *Schlüchter* 551.4; SK-*Schlüchter* 114; **a. A** BGH bei *Holtz* MDR **1980** 987; wohl auch KK-*Herdegen* 84; *Tiedemann* MDR **1963** 456; vgl. Fußn. 1088; ferner BGHSt **23** 1 (offengelassen).

[1013] Vgl. *Alsberg/Nüse/Meyer* 621; KK-*Herdegen* 81.

[1014] *Alsberg/Nüse/Meyer* 634; vgl. Rdn. 273.

[1015] *Alsberg/Nüse/Meyer* 634; vgl. Rdn. 274.

[1016] RGSt **38** 257; **52** 43; **53** 197; RG Recht **1905** Nr. 2517; **1911** Nr. 1693; JW **1914** 433; **1927** 1610; es ist zu prüfen, ob in solchen Fällen überhaupt ein Beweisantrag vorliegt oder ob dies zu verneinen ist, weil es an der bestimmten Bezeich-

nung des Beweismittels (Rdn. 107) fehlt; vgl. *Alsberg/Nüse/Meyer* 619.

[1017] *Alsberg/Nüse/Meyer* 622 mit weit. Nachw. sowie Rdn. 260 Fußn. 1006.

[1018] Vgl. Rdn. 263; ferner zur Pflicht zur Vornahme der Routineermittlungen *Julius* (Unerreichbarkeit) 125 ff; SK-*Schlüchter* 110.

[1019] H. M; vgl. BGHSt **22** 118; BGH NStZ **1991** 143; *Alsberg/Nüse/Meyer* 622; *Herdegen* NStZ **1984** 338; *Kleinknecht/Meyer-Goßner*[43] 62; SK-*Schlüchter* 107; zur Berücksichtigung früherer Bemühungen vgl. OLG Hamburg VRS **56** (1979) 461; *Alsberg/Nüse/Meyer* 623; *Julius* (Unerreichbarkeit) 77.

[1020] BGHSt **22** 120; StV **1981** 602; KG StV **1983** 95; OLG Schleswig SchlHA **1979** 144; *Kleinknecht/Meyer-Goßner*[43] 62; *Alsberg/Nüse/Meyer* 622 mit weit. Nachw.; vgl. ferner *Julius* (Unerreichbarkeit) 76 ff; 98 ff. Nach *Herdegen* NStZ **1984** 338 ist die Schwere des Anklagevorwurfs ein zu unbestimmter Gesichtspunkt.

scheidung zukommt[1021], sowie der Pflicht, für eine zügige Durchführung des Verfahrens zu sorgen[1022]. Dies setzt eine Prognose von Beweiswert und Beweisbedeutung der beantragten Beweiserhebung im Beweisgefüge voraus[1023] sowie auch eine realistische Einschätzung der Wahrscheinlichkeit der dem Gericht offenen Möglichkeiten, den Zeugen überhaupt beiziehen zu können. Die **Abwägung** aller im konkreten Fall hereinspielenden Gesichtspunkte bestimmt, welche möglichen und nicht von Anfang an aussichtslosen Maßnahmen das Gericht versuchen muß, bevor es die Erreichbarkeit des im Beweisantrag benannten Beweismittels verneinen darf[1024]. Liegt ein schwerwiegender Vorwurf in Mitte des Verfahrens und kann die Aussage des Zeugen ausschlaggebende Bedeutung erlangen, dann muß auch eine größere Verzögerung des Verfahrens in Kauf genommen werden[1025].

Beispiele: Ein **namentlich bekannter Zeuge** ist nur dann unerreichbar, wenn alle **263** geeigneten Nachforschungen zur Ermittlung seines Aufenthalts ohne Erfolg versucht worden sind, wobei auch die früheren Versuche mitberücksichtigt werden dürfen. Ob sich das Gericht damit begnügen darf, daß die Nachforschungen einer anderen Behörde keinen Erfolg hatten, hängt von den jeweiligen Umständen, nicht zuletzt auch von Umfang und Intensität dieser Ermittlungen und der zwischenzeitlich verstrichenen Zeit ab[1026]; in der Regel wird eine Aktualisierung notwendig sein. Zur Annahme der Unerreichbarkeit genügt weder der Rückgang der Ladung mit dem Vermerk „unbekannt, wohin verzogen"[1027] noch der Umstand, daß der Zeuge auf Ladung nicht erschienen ist[1028] oder nicht im Adreßbuch steht[1029], nicht ohne weiteres gefunden wurde[1030], sich zur Zeit verborgen hält[1031] oder zur See fährt[1032] oder aus dem Ausländerwohnheim verschwunden ist[1033], noch die Feststellung, daß die von einer anderen Behörde erlassenen Aufforderung zur Anzeige des Aufenthalts des im Inland umherziehenden Zeugen einige Wochen oder Monate lang keinen Erfolg gehabt hat[1034]. Das Unvermögen des Antragstellers zu bestimmten Angaben über Namen, Beruf oder Aufenthalt des Zeugen entheht — sofern die Mindestanforderungen an die Bestimmtheit der Bezeichnung des Beweismittels gewahrt sind (Rdn. 107 ff) — das Gericht nicht der Verpflichtung, Nachforschungen bei Stellen oder Personen, die den benannten Zeugen möglicherweise kennen (Melde-, Ausländerbehörden, Arbeitgeber, Arbeitskollegen, Vermieter, Verwandte, Bekannte usw.),

[1021] So etwa KK-*Herdegen* 81 (Relevanz der Zeugenaussage im Hinblick auf gesamte Beweiskonstellation).

[1022] BGHSt **22** 120; BGH NStZ **1982** 127; bei *Dallinger* MDR **1975** 368; OLG Schleswig SchlHA **1979** 144; StV **1982** 11; *Alsberg/Nüse/Meyer* 623; *Julius* (Unerreichbarkeit) 78; 89 ff; *Herdegen* NStZ **1984** 338; AK-*Schöch* 96; KK-*Herdegen* 82; *Kleinknecht/Meyer-Goßner*⁴³ 62.

[1023] Vgl. etwa BGH NStZ **1982** 127; 422; *Herdegen* NStZ **1984** 338; KK-*Herdegen* 81; SK-*Schlüchter* 107; eine Vorwegwürdigung ist insoweit notwendig und zulässig; a. A *Engels* GA **1981** 27; vgl. Rdn. 182; ferner *Julius* (Unerreichbarkeit) 108 (Aussagebedeutung ist Kriterium für die Auflösung des Spannungsverhältnisses zwischen den widerstreitenden Maximen) sowie zur Beurteilung der einzelnen Abwägungskriterien 66 ff.

[1024] Vgl. dazu die Beispiele in Rdn. 263.

[1025] OLG Schleswig SchlHA **1979** 144; *Alsberg/Nüse/Meyer* 622; *Julius* (Unerreichbarkeit) 133 ff.

[1026] Vgl. BGH NStZ **1982** 212; verneinend RG JW **1932** 1224 mit Anm. *Scanzoni*; vgl. RG Recht

1905 Nr. 2517; *Alsberg/Nüse/Meyer* 622 (keine Fortsetzung bisher ergebnisloser Versuche); dazu *Julius* (Unerreichbarkeit) 130.

[1027] RGSt **12** 104; BGH GA **1968** 19; BGH bei *Herlan* MDR **1954** 341; OLG Dresden DRiZ **1930** Nr. 564; OLG Frankfurt StV **1984** 147; OLG Hamburg DRiZ **1928** Nr. 438; OLG Koblenz GA **1974** 120; *Herdegen* NStZ **1984** 338; *Kohlhaas* NJW **1954** 537; *Weigelt* DAR **1964** 315; *Alsberg/ Nüse/Meyer* 623; SK-*Schlüchter* 110.

[1028] OLG Schleswig bei *Lorenzen* SchlHA **1987** 118; SK-*Schlüchter* 110.

[1029] RG HRR **1935** Nr. 1350.

[1030] BGH JR **1969** 266 mit Anm. *Peters*; BGH NStZ **1982** 78; bei *Pfeiffer/Miebach* NStZ **1984** 211; bei *Holtz* MDR **1977** 984; StV **1984** 5.

[1031] RG JW **1933** 966; BGH bei *Dallinger* MDR **1975** 726.

[1032] OLG Schleswig bei *Ernesti/Jürgensen* SchlHA **1975** 190; *Alsberg/Nüse/Meyer* 628; KMR-*Paulus* 455; SK-*Schlüchter* 110.

[1033] BGH NJW **1990** 389.

[1034] RG JW **1932** 1224 mit Anm. *Scanzoni*.

zu veranlassen[1035]. Diese müssen aber nicht so lange fortgesetzt werden, bis mit absoluter Sicherheit feststeht, daß das Beweismittel nicht „beizubringen ist"[1036]. Es genügt, daß ein Erfolg nicht mehr wahrscheinlich ist, weil alle erkennbaren und sinnvollen Möglichkeiten ausgeschöpft sind und bei Abwägung aller hereinspielenden Gesichtspunkte (vgl. Rdn. 262) weitere Nachforschungen unverhältnismäßig wären. Unerreichbar kann auch ein Beweismittel sein, bei dem **bekannt ist, wo es sich befindet**; denn maßgebend ist seine Verwertbarkeit als Beweismittel für das Verfahren. Unerreichbar ist ein Zeuge, wenn seiner Vernehmung in absehbarer Zeit nicht zu beseitigende Hindernisse entgegenstehen[1037], der schwer erkrankt und auf absehbare Zeit nicht vernehmbar ist, der nicht reisefähig ist oder der im Ausland jede Aussage ablehnt (Rdn. 266) oder der aus Rechtsgründen vom Gericht nicht zwangsweise herangezogen werden darf (Rdn. 270). Auch hier kommt es auf die **Umstände des Einzelfalls** an. Es wurde deshalb in der Rechtsprechung beanstandet, daß die Unerreichbarkeit ohne weiteres schon deswegen bejaht wurde, weil der Zeuge im Felde stand[1038] oder sich in Gefangenschaft befand[1039].

264   **Von Ermittlungen überhaupt absehen** darf das Gericht nur, wenn sie mangels eines zugänglichen Anhalts, etwa weil der Zeuge sich ohne nähere Mitteilung über den künftigen Aufenthalt ins Ausland begeben hat, aussichtslos erscheinen[1040]. Ebenso dürfen Zeugen für den Verlauf eines Verkehrsunfalls, von denen nicht feststeht, wer sie sind und wo sie sich z. Z. des Unfalls aufgehalten haben und die erst durch eine Zeitungsanzeige ermittelt werden sollen, als unerreichbar angesehen werden[1041].

265   **d) Eine vorübergehende Unerreichbarkeit** gestattet es nicht, einen Beweisantrag wegen Unerreichbarkeit des Beweismittels abzulehnen. Es kommt nicht darauf an, ob es am vorgesehenen Terminstag verfügbar ist[1042], sondern darauf, ob ein Gebrauch des Beweismittels in absehbarer Zeit möglich ist. In solchen Fällen ist in der Regel das Verfahren zu unterbrechen oder auszusetzen, bis das Beweismittel verwendet werden kann. Der für ein Hinausschieben der Hauptverhandlung **vertretbare Zeitraum** läßt sich nicht allgemein bestimmen. Maßgebend sind die im Einzelfall für und wider ein Zuwarten sprechenden Umstände, die, ebenso wie bei der Beurteilung der Intensität der im Einzelfall gebotenen Nachforschungen (Rdn. 262), gegeneinander **abzuwägen** sind. Gegenstand und Gewicht des Strafverfahrens und die Bedeutung, die dem Beweismittel nach der Beweislage zukommt, der davon zu erwartende Aufklärungsgewinn und der Wert, den die Verteidigung ihm beimißt, sind abzuwägen gegen das Erfordernis einer reibungslosen und beschleunigten Durchführung des Verfahrens, das verstärkt ins Gewicht fällt,

---

[1035] RGRspr. **4** 63; Recht **1904** Nr. 2359; **1912** Nr. 532; LZ **1921** 660; BGH NStZ **1983** 180; StV **1983** 318; **1984** 5; **1986** 468; GA **1975** 237; bei *Dallinger* MDR **1971** 547; bei *Holtz* MDR **1977** 984; OLG Frankfurt StV **1986** 468; *Herdegen* NStZ **1984** 338; *Julius* (Unerreichbarkeit) 126 ff; *ter Veen* StV **1985** 298.

[1036] *Alsberg/Nüse/Meyer* 623; vgl. auch OLG Schleswig bei *Ernesti/Jürgensen* SchlHA **1976** 726; KK-*Herdegen* 81; SK-*Schlüchter* 110.

[1037] KK-*Herdegen* 82; unter Bezugnahme auf § 251 Abs. 1 Nr. 2; zum Verhältnis der Vorschriften eingehend *Julius* (Unerreichbarkeit) insbes. 48 ff.

[1038] RGSt **51** 21; **75** 14; BGH StV **1981** 602; *Alsberg/ Nüse/Meyer* 627.

[1039] OLG Kiel SchlHA **1947** 232; vgl. RG JW **1915** 719; es kommt aber immer auf den Einzelfall an; *Alsberg/Nüse/Meyer* 627; SK-*Schlüchter* 10.

[1040] RGSt **52** 42; RG JW **1931** 949 mit Anm. *Alsberg*; BGH GA **1968** 19; ROW **1961** 252; StV **1982** 602; BGH bei *Herlan* MDR **1954** 531; bei *Pfeiffer/ Miebach* NStZ **1987** 218; *Alsberg/Nüse/Meyer* 621; KK-*Herdegen* 81; *Kleinknecht/Meyer-Goßner*[43] 62.

[1041] OLG Hamm DAR **1956** 280; BGH StV **1981** 602; *Dahs/Dahs* 264; *Kleinknecht/Meyer-Goßner*[43] 62; *Herdegen* NStZ **1984** 338 (nur wenn Aufklärungspflicht dies fordert); weitergehend KMR-*Paulus* 456 (Nachforschungen mittels Anzeige, sofern nicht aussichtslos); ähnlich RG Recht **1905** Nr. 2517 (öffentliches Aufgebot).

[1042] Die Nachforschungen, ob ein Zeuge erreichbar ist, dürfen sich nicht nur auf den Terminstag beschränken, vgl. BGH NStZ **1983** 180.

wenn sich der Angeklagte in Untersuchungshaft befindet, und den sonstigen Gesichtspunkten der Prozeßwirtschaftlichkeit sowie den Gefahren für die Sachaufklärung (Beweismittelverlust u. a.), die eine Verschiebung der Hauptverhandlung im konkreten Fall mit sich bringen könnte[1043]. Ein Zeuge, der erkrankt und dessen Gesundung in nicht allzu ferner Zeit zu erwarten ist, ist nicht unerreichbar[1044], wohl aber, wenn abzusehen ist, daß er seiner Ladung in absehbarer Zeit nicht Folge leisten kann[1045]. Erreichbar bleibt auch ein Zeuge, der sich für befristete Zeit im Urlaub befindet oder von dem sonst nach der Lebenserfahrung zu erwarten ist, daß er in absehbarer Zeit wieder zur Verfügung stehen wird, so, wenn ein Zeuge seine Wohnung beibehalten hat[1046] oder wenn Familienbande[1047] oder sonstige Umstände, wie Geschäftsbeziehungen, erwarten lassen, daß es in nicht allzu ferner Zeit möglich sein wird, mit ihm in Verbindung zu treten. Auch ein Zeuge, der aus einem Hafturlaub nicht in die Vollzugsanstalt zurückgekehrt ist, ist nicht schon allein deshalb unerreichbar[1048]. Maßgebend ist aber immer die Lage des Einzelfalls.

e) Ladung im Ausland. Ein Zeuge ist nicht allein deswegen unerreichbar, weil er **266** sich im Ausland aufhält und damit der deutschen Gerichtsbarkeit nicht unterliegt und weil sich durch den Versuch seiner förmlichen Ladung das Verfahren verzögert[1049]. Auch der Verdacht der Tatbeteiligung oder eine ihm hier drohenden Strafe oder Vollstreckung oder die Erklärung, nicht kommen zu wollen, reichen für sich allein für die Begründung der Unerreichbarkeit nicht aus[1050]. Das Gericht darf sich nicht mit der Vermutung begnügen, der Zeuge werde doch nicht kommen. Es muß, sofern nicht eine kommissarische Vernehmung ausreicht (Rdn. 268), versuchen, ihn zum Erscheinen zur Hauptverhandlung zu bewegen[1051]. Es kann ihn, soweit völkerrechtliche Vereinbarungen dies zulassen, nach § 37 Abs. 2 StPO selbst laden[1052] oder, bei Einverständnis des ausländischen Staates, die Ladung über ein deutsches Konsulat betreiben[1053], oder es kann ihn **im Wege der Rechtshilfe laden** lassen[1054]. Dies kann auch möglich sein, wenn mit dem betreffenden Staat kein Rechtshilfeabkommen besteht[1055]. Bei den Vertragsstaaten

---

[1043] BGHSt **22** 120; **32** 73; BGH NStZ **1981** 271; **1984** 375; **1991** 143; vgl. Fußn. 1006. *Herdegen* NStZ **1984** 338 leitet die Pflicht zur Abwägung der Gesichtspunkte aus dem Aufklärungsgebot her; er ist der Auffassung, daß bei der prospektiven Würdigung der gesamten Sach- und Beweislage die Schwere des Anklagevorwurfs nicht zu berücksichtigen ist.

[1044] Vgl. Rdn. 263; ferner BGH NStZ **1983** 276; OLG Köln VRS **65** (1983) 40; OLG Schleswig bei *Ernesti/Lorenzen* SchlHA **1980** 174 (vorübergehende Erkrankung); BayObLG VRS **63** (1982) 211 (vorübergehende Vernehmungsunfähigkeit); KG StV **1983** 95 (absehbare Rückkehr aus dem Ausland); BGH NStZ **1983** 87 (ausländische Polizei will aus polizeitaktischen Gründen vorübergehend nicht an Zeugen herantreten); andererseits aber BGH NStZ **1982** 127 (kein Warten auf spätere Auslieferung).

[1045] Vgl. etwa BGH StV **1982** 51.

[1046] BGH StV **1984** 5; BGH NStZ **1991** 143; bei *Pfeiffer/Miebach* NStZ **1984** 211; OLG Celle NJW **1961** 1490; *Herdegen* NStZ **1984** 339.

[1047] RG JW **1933** 966; *Alsberg/Nüse/Meyer* 627.

[1048] OLG Düsseldorf StV **1993** 514.

[1049] BGH NJW **1985** 391; StV **1984** 60; **1986** 418; wistra **1990** 156.

[1050] Vgl. auch die Nachw. Fußn. 1057 und 1066.

[1051] RG JW **1928** 2251 mit Anm. *Alsberg*; BGH StV **1984** 103; *Alsberg/Nüse/Meyer* 628.

[1052] *Kleinknecht/Meyer-Goßner*[43] 63; vgl. § 37, 58 ff sowie Art. 52 Abs. 3 SDÜ, der nach Maßgabe der staatenbezogenen Liste (abgedruckt *Schomburg/Lagodny*[3] Art. 52 SDÜ Rdn. 11 ff) die unmittelbare Ladung durch die Post zuläßt.

[1053] Vgl. *Julius* (Unerreichbarkeit) 157; StV **1990** 484; *Kleinknecht/Meyer-Goßner*[43] 63 (einfacher und schneller).

[1054] Vgl. § 214, 4; RG HRR **1934** Nr. 1426; **1937** Nr. 361; **1940** Nr. 58; 1367; BGH NJW **1953** 1522; **1979** 1728; GA **1955** 126; **1965** 209; StV **1981** 5 mit Anm. *Schlothauer*; BayObLG bei *Rüth* DAR **1982** 253; OLG Düsseldorf StV **1993** 515; OLG Koblenz GA **1974** 120; KK-*Herdegen* 82; *Kleinknecht/Meyer-Goßner*[43] 63; KMR-*Paulus* 460; ferner *Herdegen* NStZ **1984** 339; *Schnigula* DRiZ **1984** 180; vgl. § 37, 62.

[1055] BGH NStZ **1983** 276; bei *Miebach* NStZ **1990** 27; *Julius* (Unerreichbarkeit) 164; *Kleinknecht/Meyer-Goßner*[43] 63; KK-*Herdegen* 82; *Alsberg/Nüse/Meyer* 629; *Herdegen* NStZ **1984** 339.

Walter Gollwitzer

des Europäischen Übereinkommens über die Rechtshilfe in Strafsachen ist grundsätzlich dabei auf den **Strafverfolgungsschutz** nach Art. 12 EuRHÜ hinzuweisen[1056] sowie gegebenenfalls auch auf die Möglichkeit, daß es die Zusicherung **freien Geleits** (§ 295) selbst bewilligen oder daß dieses bei der dafür zuständigen Stelle erreicht werden kann[1057]. Dadurch werden möglicherweise Hemmnisse ausgeräumt, die den Zeugen vom Kommen abhalten können[1058], so auch, wenn bei ihm der Verdacht der Tatbeteiligung besteht[1059]. Beim Ausbleiben eines ohne Hinweis geladenen Zeugen wird dieser in der Regel nicht schon als unerreichbar angesehen werden können, sofern nicht erkennbar ist, daß er ohnehin nicht gekommen wäre. Von der Möglichkeit, beim ersuchten Staat unter Hinweis auf die Bedeutung der Aussage nach Art. 10 Abs. 1 EuRHÜ darauf hinzuwirken, daß dieser gegebenenfalls unter Vorstreckung eines Auslagenvorschusses (Art. 10 Abs. 3 EuRHÜ) den Zeugen zum Erscheinen auffordert und seine Antwort auf diese Aufforderung mitteilt, ist in der Regel Gebrauch zu machen[1060]. Sogar **Häftlinge** des anderen Staates können nach Art. 11 EuRHÜ zur Hauptverhandlung überstellt werden[1061]. Bei Straftaten, die nach den jeweiligen internationalen Übereinkommen von der Gewährung der Rechtshilfe grundsätzlich ausgenommen sind, wie etwa bestimmte politische oder Steuerdelikte, kann — jedoch nur dann, wenn auch die Staatenpraxis die Ladung im Wege der Rechtshilfe ablehnt — vom Versuch einer Ladung abgesehen werden[1062]. Ist dies jedoch zweifelhaft, ist es zur sicheren Feststellung der Unerreichbarkeit[1063] meist ratsam, eine ausdrückliche Erklärung des ersuchten Staates herbeizuführen, zumal oft auch geklärt werden muß, ob eine kommissarische Vernehmung des Zeugen im ausländischen Gewahrsam möglich ist[1064]. Die bloße Erklärung des Zeugen, nicht erscheinen zu wollen, wird vielfach noch nicht als definitive Weigerung aufzufassen sein, die es rechtfertigt, ihn als unerreichbar zu behandeln[1065]. Etwas anderes kann aber gelten, wenn dies der Zeuge bereits eindeutig und unmißverständlich zum Ausdruck gebracht hat oder wenn sonst den Umständen zu entnehmen ist, daß er der Ladung in kei-

---

[1056] BGHSt **32** 73 = JR **1984** 515 mit Anm. *Schlüchter*; BGH NJW **1979** 1788; **1982** 2738; MDR **1982** 338; NStZ **1981** 146; **1982** 212; **1984** 373 mit Anm. *Schlüchter*; bei *Pfeiffer/Miebach* NStZ **1983** 211; **1984** 16; **1985** 206; bei *Kusch* NStZ **1998** 26; BGH StV **1981** 5 mit Anm. *Schlothauer*; **1982** 51; 207; **1982** 207; **1984** 408; **1985** 134; *Alsberg/Nüse/Meyer* 630; ferner *Schnigula* DRiZ **1984** 180; *Walter* NJW **1977** 983; KK-*Herdegen* 82; *Kleinknecht/Meyer-Goßner*[43] 63; SK-*Schlüchter* 111; *Schomburg/Lagodny*[3] EuRHÜ Art. 12; 4. Auch andere Übereinkommen sichern freies Geleit zu, so der nur subsidiär anwendbare Art. 7 Abs. 18 des VN-Suchtstoffübereinkommens.

[1057] Dazu *Julius* (Unerreichbarkeit) 155; *Schnigula* DRiZ **1984** 180; vgl. die Erl. zu § 295 mit weit. Nachw., ferner BGHSt **35** 216 = StV **1989** 92 mit Anm. *Lagodny* (kein Anspruch auf freies Geleit).

[1058] Vgl. etwa BGH StV **1981** 5 mit Anm. *Schlothauer*; **1982** 207; MDR **1982** 338.

[1059] BGH NJW **1982** 2738; **1983** 528; *Kleinknecht/Meyer-Goßner*[43] 63; *Schomburg/Lagodny*[3] IRG Vor § 68, 25 ff,

[1060] BGH NJW **1982** 2738; NStZ **1983** 528; **1984** 375; *Herdegen* NStZ **1984** 329; KK-*Herdegen* 82.

[1061] BGH NJW **1983** 527; NStZ **1981** 146; **1992** 141; bei *Holtz* MDR **1981** 456; KK-*Herdegen* 82;

Schnigula DRiZ **1984** 181; *Alsberg/Nüse/Meyer* 619. *Herdegen* NStZ **1984** 339 weist auf den durch Vorbehalte nach Art. 23 Abs. 1 EuRHÜ begrenzten Anwendungsbereich dieser Regelung hin; dazu *Julius* (Unerreichbarkeit) 163; *ter Veen* StV **1985** 302; SK-*Schlüchter* 111.

[1062] So Art. 2 Buchst. a EuRHÜ; das Zusatzprotokoll vom 17. 3. 1978 (BGBl. 1990 II S. 124) läßt ebenso wie Art. 50 Abs. 2 SDÜ und andere neuere Übereinkommen diese Einschränkung weitgehend entfallen. Viele ältere Rechtshilfeverträge enthalten solche Klauseln; da der ersuchte Staat sich aber nicht darauf berufen muß, kommt es darauf an, ob er in solchen Fällen Ladungen in der Regel zuläßt; vgl. auch BGH GA **1983** 327. Nach RG HRR **1940** Nr. 1367; BGH (nach *Alsberg/Nüse/Meyer* 629 Fußn. 80) braucht in solchen Fällen die Ladung nicht versucht zu werden.

[1063] Vgl. BGH wistra **1882** 108 mit Anm. *Jobski*; ferner zur Problematik, in solchen Fällen die Unerreichbarkeit auch ohne förmliche Ladung sicher festzustellen, *Julius* (Unerreichbarkeit) 159 ff.

[1064] Vgl. Rdn. 268.

[1065] Vgl. BGH NStZ **1985** 281; bei *Pfeiffer/Miebach* **1985** 206; StV **1984** 60; *Kleinknecht/Meyer-Goßner*[43] 63; SK-*Schlüchter* 112.

nem Fall Folge leisten werde[1066], ferner wenn dies von Bedingungen abhängig gemacht wird, die für das Gericht nicht annehmbar sind[1067]. Der erfolglose **Versuch der Ladung** ist zwar ein wichtiger Hinweis dafür, daß das Gericht alles getan hat, er ist aber keine notwendige Voraussetzung für die Feststellung der Unerreichbarkeit eines im Ausland befindlichen Zeugen[1068]. Der (unzulässigen) unmittelbaren telegraphischen Ladung durch das Gericht wird auch diese Bedeutung versagt, da der Zeuge sie nicht zu beachten braucht[1069]. Die Annahme, daß der Zeuge in keinem Fall kommen werde, eine förmliche Ladung also entbehrlich sei, kann sich jedoch im Einzelfall aus dessen besonderen Umständen ergeben[1070]. Ein in seiner Bedeutung unklares Verhalten darf jedoch nicht schon als eine endgültige Weigerung aufgefaßt werden[1071]. Entscheidend ist immer, daß das Gericht keine nach der Sachlage nicht von vornherein aussichtslosen Schritte unterlassen hat, um den Zeugen doch noch zu einer Aussage und nach Möglichkeit zum Erscheinen in der Hauptverhandlung zu bewegen.

Nach **Absatz 5 Satz 2** darf das Gericht den Antrag auf Einvernahme eines im Ausland **267** zu ladenden Zeugen dann ablehnen, wenn es nach pflichtgemäßem Ermessen dessen Einvernahme für **zur Sachaufklärung nicht erforderlich** hält. Die Frage ihrer Erreichbarkeit spielt deshalb bei den im Ausland zu ladenden Zeugen nur dort noch eine Rolle, wo der Ablehnungsgrund des Absatz 5 Satz 2 nicht greift, wo also die Aufklärungspflicht an sich ihre Zuziehung angezeigt erscheinen läßt. Bei den zur Beurteilung der Erreichbarkeit erforderlichen Abwägungen (vgl. Rdn. 262, 265) werden deshalb bei den im Ausland zu ladenden Zeugen nur noch solche Fälle zu behandeln sein, bei denen ein Sachaufklärungsinteresse an die dem Gericht abverlangten Nachforschungen erhöhte Anforderungen stellt. Wegen der Möglichkeit der Ablehnung nach Absatz 5 Satz 2 wird auf die Erläuterungen Rdn. 339 ff verwiesen.

f) Kommissarische Einvernahme. Kann ein Zeuge, dessen Einvernahme in der **268** Hauptverhandlung nicht möglich ist, kommissarisch einvernommen werden, so erfordert grundsätzlich die Aufklärungspflicht, daß versucht wird, sein Wissen auf diesem Weg für die Hauptverhandlung zu erschließen[1072]. Das Gericht muß — sofern nicht andere Ablehnungsgründe Platz greifen — einem auf Einvernahme dieses Zeugen gerichteten Beweisantrag[1073] in der Regel entsprechen. Es darf ihn nur dann wegen der Unerreichbarkeit des Beweismittels ablehnen, wenn es auf Grund der besonderen Beweislage schon vor-

---

[1066] BGHSt **22** 121; **32** 74; NJW **1979** 1788; **1983** 587; **1990** 1124; GA **1971** 85; NStZ **1982** 212; **1993** 295; 349; bei *Pfeiffer/Miebach* **1987** 17; bei *Kusch* **1993** 28; **1998** 26; OLG Hamburg JR **1980** 32 mit Anm. *Gollwitzer; Alsberg/Nüse/Meyer* 628; *Herdegen* NStZ **1984** 339; *Maatz* FS Remmers 582; KK-*Herdegen* 82; vgl. SK-*Schlüchter* 112 (Diagnose einer ernsthaften Weigerung muß mit der Prognose einer nicht möglichen Umstimmbarkeit verbunden werden können); vgl. auch Fußn. 1071.

[1067] Vgl. BGH bei *Holtz* MDR **1976** 634 (Bedingung, Zeuge in Haft zu halten, obwohl die rechtlichen Voraussetzungen fehlen); RG HRR **1937** Nr. 361 (Angeklagter hat keinen Anspruch, daß dem Zeugen freies Geleit nach § 295 zugesichert wird); vgl. *Alsberg/Nüse/Meyer* 630.

[1068] RGSt **46** 383; RG JW **1933** 966; BGH BGHSt **7** 15; BGH NJW **1990** 1124; GA **1965** 209; BGH NStZ **1981** 146; **1982** 171; **1985** 375; **1991** 143; bei *Pfeiffer/Miebach* NStZ **1984** 16; **1985** 15; **1987**

17; BGH StV **1984** 66; **1992** 216 mit abl. Anm. *Münchhalffen;* OLG Hamm JMBlNW **1983** 223; KK-*Herdegen* 82; *Kleinknecht/Meyer-Goßner*[43] 63; SK-*Schlüchter* 112. Nach BGHSt **32** 68 bestimmt sich nach der Aufklärungspflicht, ob bei Fehlern eines Hinweises § 251 Abs. 1 Nr. 2 anwendbar ist, wobei die Anforderungen weniger streng sind, wenn kein Beweisantrag gestellt wurde.

[1069] BGH StV **1985** 48; AK-*Schöch* 99; vgl. § 37, 58 ff.

[1070] KK-*Herdegen* 82; *Kleinknecht/Meyer-Goßner*[43] 64; SK-*Schlüchter* 112 mit weit. Nachw.

[1071] BGH NStZ **1982** 341; **1984** 375; StV **1984** 60; 324; 408; **1985** 48, 134; KK-*Herdegen* 82; SK-*Schlüchter* 112.

[1072] Vgl. § 223, 1; BGH GA **1983** 327; ferner BGH StV **1981** 601; *Alsberg/Nüse/Meyer* 632.

[1073] Zur Frage, ob der Beweisantrag auch den Antrag auf kommissarische Einvernahme mit einschließt, vgl. Rdn. 259.

weg[1074] zu der Überzeugung gelangt, daß eine bloße kommissarische Vernehmung völlig ungeeignet ist, zur Sachaufklärung beizutragen und die Beweiswürdigung zu beeinflussen[1075], etwa weil es die Beurteilung des Wahrheitsgehalts der Aussage ohne Gegenüberstellung mit dem Angeklagten oder anderen Zeugen oder ohne unmittelbaren Eindruck von der Persönlichkeit des Zeugen allein auf Grund der Niederschrift über die kommissarische Einvernahme für ausgeschlossen hält[1076] und diesen Bedenken auch nicht durch eine **Bild-Ton-Aufzeichnung** der Vernehmung nach §§ 58 a, 168 e abgeholfen werden kann. Daß die Einvernahme vor dem erkennenden Gericht selbst generell das bessere Beweismittel ist, rechtfertigt die Ablehnung der kommissarischen Vernehmung für sich allein nicht[1077], desgleichen in der Regel auch nicht schon die Einschränkung der Möglichkeit, dem Zeugen geeignete Vorhalte zu machen[1078] oder Fragen zu stellen. Fragen sind im Regelfall auch bei einer kommissarischen Einvernahme in einem gewissen Umfang dadurch möglich, daß dem ersuchten Richter ein entsprechender Fragenkatalog übermittelt wird[1079]. Umgekehrt ist das Gericht aber auch nicht verpflichtet, eine kommissarische Vernehmung in jedem Fall durchzuführen[1080], obwohl es auf Grund der Beweislage, vor allem auch unter Berücksichtigung einer früheren Einlassung des Zeugen, zur Überzeugung gelangt ist, daß die kommissarische Einvernahme unter den konkreten Umständen kein so genügend sicheres Ergebnis erbringen könnte[1081], daß es geeignet wäre, die Entscheidung zu beeinflussen[1082]. Das Gericht darf dann allerdings

---

[1074] Die Vorwegwürdigung (Beweisantizipation) des Beweiswerts der kommissarischen Einvernahme ist zulässig, vgl. etwa *Alsberg/Nüse/Meyer* 634; KK-*Herdegen* 83; SK-*Schlüchter* 113 sowie die Entscheidungen in der nachf. Fußn.; **a. A** *Engels* 41; 116; GA **1981** 27; vgl. ferner Rdn. 183.

[1075] BGHSt **13** 302 = LM Nr. 16 mit Anm. *Geier*; dazu *Hanack* JZ **1972** 115; BGHSt **22** 122; BGH NJW **1978** 113; **1979** 1788; **1983** 527; 2396; **1991** 186; JR **1984** 126 mit Anm. *Meyer*; GA **1965** 209; **1971** 85; NStZ **1982** 212; **1985** 375; **1991** 143; bei *Pfeiffer/Miebach* NStZ **1983** 211; **1985** 12; bei *Holtz* MDR **1978** 459; **1979** 807; StV **1985** 485; **1992** 548; BGH bei *Spiegel* DAR **1976** 95; **177** 174; **1978** 156; BayObLGSt **1978** 170 = VRS **57** (1979) 28; OLG Hamburg JR **1980** 32 mit Anm. *Gollwitzer*; OLG Hamm NJW **1964** 2073; JMBlNW **1983** 223; OLG Karlsruhe VRS **51** (1976) 61; OLG Köln VRS **65** (1983) 40; LG Düsseldorf NStZ **1982** 299; ferner *Alsberg/Nüse/Meyer* 633 mit weit. Nachw. und Fußn. 1082.

[1076] BGHSt **22** 122; BGH GA **1955** 125; **1975** 237; NJW **1983** 527; StV **1980** 5 mit Anm. *Schlothauer* **1981** 601; bei *Pfeiffer/Miebach* NStZ **1983** 356; bei *Holtz* MDR **1978** 459; OLG Schleswig SchlHA **1979** 144; KK-*Herdegen* 83; *Kleinknecht/ Meyer-Goßner*[43] 65; KMR-*Paulus* 460; SK-*Schlüchter* 113; *G. Schäfer* 844; *Sarstedt/Hamm*[6] 657; *Schlüchter* 551.4; vgl. ferner *Alsberg/Nüse/ Meyer* 633 mit weit. Nachw.

[1077] SK-*Schlüchter* 113. Die Niederschrift hat vielfach sehr wohl Beweiswert; zur Frage, wieweit die gewonnenen Eindrücke verwertbar sind, vgl. § 223, 42.

[1078] BGH JR **1984** 129 mit Anm. *Meyer*; dagegen nimmt RGSt **46** 386 (gebilligt von *Alsberg/Nüse/*

Meyer 633) dies an. Gegen jede Verallgemeinerung spricht, daß es immer auf den Einzelfall, den Gegenstand der Aussage, die Persönlichkeit des Zeugen, seine Verhältnisse zum Angeklagten, seine Verstrickung in das Tatgeschehen und vieles mehr ankommt. Vgl. *Schroth* StV **1986** 5.

[1079] Vgl. § 223, 25; § 240, 3.

[1080] Hierzu neigen *Arzt* FS Peters 228; *Hanack* JZ **1972** 115; dagegen *Alsberg/Nüse/Meyer* 633.

[1081] Insoweit ist eine Vorwegnahme der Beweiswürdigung erlaubt, vgl. BGH GA **1971** 85; *Alsberg/ Nüse/Meyer* 634; *Gössel* I § 28 C III c 5; **a. A** *Engels* GA **1981** 27; *Engels* 41; 116.

[1082] Ob in solchen Fällen der Beweisantrag wegen Unerreichbarkeit oder wegen mangelnder Einigung des Beweismittels abzulehnen ist, ist strittig; vgl. die Nachweise bei *Alsberg/Nüse/Meyer* 633; *Julius* (Unerreichbarkeit) 175 ff. Völlige Ungeeignetheit nehmen u. a. an RGSt **46** 386; *Gössel* I § 29 e III c 5; KMR-*Paulus* 130; 460; *Schlüchter* 551.4. Primär ist das Beweismittel in seiner unmittelbaren Form unerreichbar, nur seine Ersatzform (Niederschrift über die kommissarische Einvernahme) ist im konkreten Fall ungeeignet. Es findet eine Überlagerung statt (so auch *Herdegen* NStZ **1984** 340; AK-*Schöch* 100; KK-*Herdegen* 93; SK-*Schlüchter* 113), bei der vom Ergebnis her unerheblich ist, wie dies in der Formulierung des Ablehnungsbeschlusses zum Ausdruck gebracht wird, sofern dieser nur darlegt, daß und warum der Zeuge für eine Einvernahme in der Hauptverhandlung nicht erreichbar und seine kommissarische Einvernahme im konkreten Fall für das Gericht ohne Beweiswert ist. Vgl. auch BGH bei *Pfeiffer/Miebach* NStZ **1985** 14.

auch nicht die Niederschriften über sonstige Einvernahmen des Zeugen als Beweisgrundlage verwenden, sofern es nicht einen sachlich einsichtigen Grund dafür aufzeigt, warum zwar die frühere Einvernahme, nicht aber die beantragte kommissarische Vernehmung zur Aufklärung beitragen könne[1083].

Aus **anderen Gründen** darf die kommissarische Einvernahme nicht wegen Unerreichbarkeit des Zeugen abgelehnt werden, so nicht etwa deshalb, weil sie bis zum Eintritt der Verjährung der Strafverfolgung nicht durchführbar wäre[1084] oder weil der Richter sich weigert, die Übersetzung des Rechtshilfeersuchens in einer ihm unbekannten Sprache zu unterschreiben, obwohl dies für die Gewährung der Rechtshilfe durch den fremden Staat erforderlich ist[1085].   **269**

g) Aus Rechtsgründen unerreichbar ist ein Zeuge, bei dem auch nach Erschöpfung **270** aller Zwangsmaßnahmen nicht durchsetzbar ist, daß er vor Gericht aussagt[1086], oder bei dem sonst die Rechtsordnung dem Gericht keine Möglichkeit gewährt, eine an sich zulässige Einvernahme herbeizuführen. Die Abgrenzung zu den Fällen unzulässiger Beweiserhebung ist strittig[1087]. Ein Zeuge, der sich auf ein **Zeugnis- oder Auskunftsverweigerungsrecht** berufen kann, sich aber noch nicht erklärt hat, ist nicht unerreichbar. Ob er dann, wenn endgültig feststeht, daß er befugt die Aussage verweigert, zum ungeeigneten Beweismittel wird oder ob auch hier Unzulässigkeit der Beweiserhebung als vorrangiger Ablehnungsgrund in Betracht käme, ist ebenfalls strittig. Er ist aber kein unerreichbares Beweismittel, denn seine Verwendbarkeit scheitert nicht daran, daß das Gericht ihn wegen der Grenzen seiner Rechtsmacht nicht einvernehmen kann, sondern, daß es ihn nicht einvernehmen darf[1088]. Als (zeitweilig) aus Rechtsgründen unerreichbar werden auch Gefangene angesehen, die während der Dauer einer **Kontaktsperre** nach §§ 31 ff GVG nicht vernommen werden dürfen[1089].

Unerreichbar als Zeugen können auch **Personen** sein, deren Namen und Aufenthalt **271** von anderen Behörden nach §§ 54, 96 **befugt geheimgehalten** wird, wie etwa unter gewissen Voraussetzungen die Namen von Vertrauensleuten oder Informanten der Polizei oder Angehörigen der Nachrichtendienste usw.[1090]. Die Gründe hierfür dürfen aber weder offensichtlich rechtsfehlerhaft noch willkürlich sein[1091]. Das Gericht darf sich nicht schon

---

[1083] BGH StV **1993** 232; OLG Köln StV **1995** 574; *Kleinknecht/Meyer-Goßner*[43] 65; weiter wohl AK-*Schöch* 100 (eigener Beweiswert); vgl. ferner KK-*Herdegen* 83; *Herdegen* NStZ **1984** 101; 340 (nicht zum Nachteil des Angeklagten).

[1084] BayObLGSt **1978** 170 = VRS **57** (1979) 28.

[1085] BayObLG bei *Rüth* DAR **1984** 245; a. A BGHSt **32** 342 (beide zu Rechtshilfeersuchen, deren polnische Fassung vom Richter unterschrieben werden muß).

[1086] RG JW **1933** 966 mit Anm. *Hall*; OLG Hamburg HESt **1** 56; *Alsberg/Nüse/Meyer* 628 mit weit. Nachw.

[1087] Vgl. Rdn. 186; 197; 260.

[1088] AK-*Schöch* 101; *Kleinknecht/Meyer-Goßner*[43] 66; SK-*Schlüchter* 114; **a. A** BGH bei *Holtz* MDR **1980** 987; auch BGH StV **1984** 408. KMR-*Paulus* 459 nimmt auch bei Beweiserhebungsverboten Unerreichbarkeit an; dagegen *Alsberg/Nüse/Meyer* 620; vgl. Fußn. 1012 und § 52, 39 sowie die bei Rdn. 290 angeführten Entscheidungen, die diese Fälle unter dem Blickwinkel der Ungeeignetheit des Beweismittels subsumieren.

[1089] *Alsberg/Nüse/Meyer* 620 Fußn. 8; *Kleinknecht/Meyer-Goßner*[43] 66; **a. A** SK-*Schlüchter* 114 (unzulässig).

[1090] BVerfGE **57** 282 = StV **1981** 591 mit Anm. *Kotz*; BGHSt **32** 125; **33** 70; 90; 180; **36** 163; BGH NStZ **1985** 466; **1989** 282; OLG Hamm MDR **1976** 1040; *Alsberg/Nüse/Meyer* 624; *Bruns* StV **1983** 382; *Geppert* 285; *Gribbohm* NJW **1981** 305; *Heinisch* MDR **1980** 898; *Herdegen* NStZ **1984** 97; *Preuß* StV **1981** 312; *Rebmann* NStZ **1982** 317; *Tiedemann* JuS **1965** 14; *Weider* StV **1981** 151; vgl. auch *Herdegen* NStZ **1984** 337 (Parallelisierung der tatsächlichen Unerreichbarkeit und der Unerreichbarkeit auf Grund behördlichen Verhaltens). Wieweit die vom Staat geschaffene rechtliche Unerreichbarkeit mit der faktischen Unerreichbarkeit gleichgesetzt werden darf, ist strittig. Die bei §§ 250, 251 zu erörternde Frage hat bei § 244 Abs. 3 kaum praktische Bedeutung.

[1091] BGHSt **36** 163; stärker einschränkend BGHSt **31** 154 (gerechtfertigt).

mit der Entscheidung einer nachgeordneten Behörde begnügen, sondern muß die Entscheidung der zuständigen obersten Dienstbehörde darüber herbeiführen, daß und aus welchen Gründen der Zeuge geheimgehalten wird[1092]. Es muß sich ferner um Aufklärung bemühen, ob das Wissen des gesperrten Zeugen nicht in einer Form oder unter Vorkehrungen in das Verfahren eingeführt werden kann, die den Sicherheitsbedenken Rechnung tragen[1093]. Kann der Zeuge nicht unter verfahrensrechtlich vertretbaren[1094] Sicherheitsvorkehrungen vernommen werden, ist der auf seine Einvernahme abzielende Beweisantrag wegen der Unerreichbarkeit des Zeugen abzulehnen. Dies gilt auch dann, wenn das Gericht nach Erschöpfung aller ihm offenen Möglichkeiten eine von ihm nicht für gerechtfertigt erachtete Sperrung des Zeugen hinnehmen muß, denn auch dann ist der Zeuge für das Gericht nicht erreichbar[1095]. Ist dagegen dem Gericht Name und Anschrift eines Zeugen bekannt, wird dessen Einvernahme nicht schon deshalb unzulässig, weil er mit einer Person identisch sein kann, deren Personalien nach § 96 befugt geheimgehalten werden[1096]. Daß eine Behörde dem Zeugen **Vertraulichkeit zugesichert** hatte, ist für das gerichtliche Verfahren ohne Bedeutung, der Zeuge wird dadurch insbesondere nicht aus rechtlichen Gründen unerreichbar[1097].

272　　Die naheliegende **Gefahr für Leib und Leben** eines Zeugen, die Gefahr, daß er oder andere Personen bei einer Einvernahme der Gefahr einer willkürlichen, rechtsstaatswidrigen Verfolgung ausgesetzt werden, macht nach allerdings umstrittener Auffassung den Zeugen nicht unerreichbar, sondern seine Einvernahme unzulässig[1098]; dies kann seine Einvernahme selbst dann ausschließen, wenn er für das Gericht erreichbar ist[1099]. Bei der Frage, ob ein Vernehmungssurrogat seine Einvernahme ersetzen darf, kann er, sofern sich die Unzulässigkeit nicht auch darauf erstreckt, wie ein unerreichbares Beweismittel zu behandeln sein. Verweigern die Eltern eines als Zeugen geladenen Kindes wegen drohender **Erziehungs- und Entwicklungsschäden** die Einvernahme in der Hauptverhandlung, so kann das Gericht dessen Erscheinen nicht erzwingen (§ 214, 3). Das Kind ist aber nicht schon deswegen auch ein unerreichbares Beweismittel für die Begutachtung seiner Glaubwürdigkeit durch einen Sachverständigen[1100].

273　　**h) Unerreichbarkeit anderer Beweismittel.** Der Grundsatz, daß das Gericht alle nach der Sachlage gebotenen Anstrengungen zur Beibringung des Beweismittels versuchen muß, bevor es den Beweisantrag wegen Unerreichbarkeit des Beweismittels ablehnen darf (Rdn. 262), gilt auch für den **Urkundenbeweis**, so etwa wenn es sich darum handelt, eine

[1092] BGHSt **30** 36; **35** 85; BGH NStZ **1987** 518; StV **1988** 45. Wegen der Einzelheiten und weiterer Nachw. vgl. bei §§ 54 und 96.

[1093] Vgl. etwa BVerfGE **57** 287; BGHSt **29** 392 = JR **1981** 477 mit Anm. *Meyer* = StV **1981** 51 mit Anm. *Weider*; BGHSt **30** 34 = JR **1981** 345 mit Anm. *Franzheim*; BGHSt **32** 123; **35** 84; **36** 159; BGH NStZ **1983** 325; **1987** 518; **1989** 282; BGH StV **1981** 110 mit Anm. *Plähn* 216; **1981** 111; 596; StV **1988** 45; OLG Hamburg NJW **1982** 295; StV **1984** 11; OLG Koblenz NStZ **1981** 451; AK-*Schöch* 103; 104; KK-*Herdegen* 84; *Kleinknecht/Meyer-Goßner*[43] 66; SK-*Schlüchter* 115. Wegen der Einzelheiten vgl. bei §§ 54, 68, 96 sowie bei § 223, 12, § 251 und bei § 172 GVG.

[1094] So z. B. kein Ausschluß des Verteidigers, vgl. BGHSt **32** 115; ferner § 224, 5.

[1095] SK-*Schlüchter* 115.

[1096] BGHSt **39** 141 = JZ **1993** 1012 mit Anm. *Beulke/*

Satzger = JR **1994** 250 mit Anm. *Siegismund*; BGH NStZ **1993** 248.

[1097] BGHSt **35** 83 = NStZ **1988** 563 mit Anm. *Naucke* = StV **1988** 5 mit Anm. *Taschke*; BGH NStZ **1987** 518; **a.** A OLG Stuttgart MDR **1986** 690.

[1098] *Alsberg/Nüse/Meyer* 631; *Julius* (Unerreichbarkeit) 168; KMR-*Paulus* 456 bejahen die Unerreichbarkeit. Unzulässigkeit nehmen an BGHSt **17** 347; dazu *Hanack* JZ **1972** 114; BGHSt **33** 74; **39** 141; BGH bei *Holtz* MDR **1983** 587; KK-*Herdegen* 84; SK-*Schlüchter* 114; vgl. ferner BGH LM Nr. 9; JR **1962** 149 mit Anm. *Eb. Schmidt*; OLG Braunschweig NJW **1953** 637; *Arndt* NJW **1963** 433; *Schroeder* ROW **1969** 199; sowie Rdn. 204; § 223, 13.

[1099] Wie im Fall BGHSt **17** 47, wo der fragliche Zeuge in der Hauptverhandlung anwesend war.

[1100] OLG Saarbrücken NJW **1974** 1959; vgl. § 223; 13 mit weit. Nachw.

verschwundene Urkunde wieder herbeizubringen[1101]. Urkunden, die nicht der Beschlagnahme unterliegen (§ 97), sind unerreichbar, wenn der Gewahrsamsinhaber sie nicht freiwillig herausgibt[1102], desgleichen Urkunden, bei denen die oberste Dienstbehörde eine Sperrerklärung nach § 96 abgegeben hat. Verweigern nachgeordnete Behörden die Herausgabe von Schriftstücken, so werden diese dadurch noch nicht zu einem unerreichbaren Beweismittel. Es ist vielmehr die Entscheidung der obersten Dienstbehörde einzuholen, ob sie eine solche Sperrerklärung abgeben will. Wegen der Einzelheiten, vor allem auch zur Frage, ob sich das Gericht mit einer unzulänglich begründeten Sperrerklärung begnügen darf, vgl. bei § 96. Zu den Sonderbestimmungen, die die Beweisverwendung von behördlichen Urkunden unzulässig machen, vgl. Rdn. 196. Die Auskunft einer ausländischen Behörde ist nicht deshalb unerreichbar, weil diese nicht unmittelbar, sondern nur auf dem diplomatischen Weg darum ersucht werden kann[1103]. Daß ein **Augenschein** nur mit großen Schwierigkeiten durchführbar ist, macht ihn noch nicht zu einem unerreichbaren Beweismittel[1104]; wohl aber, wenn die Vornahme eines Augenscheins von Sachen oder Personen rechtlich nicht durchsetzbar ist[1105], weil der Verfügungsberechtigte dem Gericht oder der mit Einnahme des Augenscheins beauftragten Person die Besichtigung des fraglichen Gegenstandes oder das Betreten der in Augenschein zu nehmenden Örtlichkeit befugt verweigert[1106] oder von Bedingungen abhängig macht, die für das Gericht nicht annehmbar sind.

Ein Fall der Unerreichbarkeit, der die Ablehnung des Verlangens nach Einholung eines **274** **Gutachtens** begründet, wird wegen der Austauschbarkeit des Gutachters im Normalfall nicht vorkommen. Er ist denkbar, wenn für ein seltenes wissenschaftliches Spezialgebiet selbst aus dem Ausland in absehbarer Zeit kein dafür kompetenter Sachverständiger zugezogen werden kann[1107]. Eine Begutachtung ist nicht unerreichbar, sondern als Beweismittel ungeeignet, wenn dafür eine Untersuchung unerläßlich ist, die wegen Fehlens der erforderlichen Einwilligung oder wegen Unzumutbarkeit (§ 81 c Abs. 3) nicht vorgenommen werden darf[1108].

i) Beschluß. Der Beschluß[1109], durch den ein Beweisantrag wegen Unerreichbarkeit **275** der Beweismittel abgelehnt wurde, muß die Tatsachen angeben, aus denen das Gericht die Unerreichbarkeit hergeleitet hat[1110]. Hat das Gericht im Wege des Freibeweises Nachforschungen nach dem Beweismittel angestellt, müssen sie geschildert und ihr Ergebnis mitgeteilt werden; hält es solche Nachforschungen von vornherein für aussichtslos, sind die Gründe dafür darzutun[1111]. Hält das Gericht die kommissarische Vernehmung eines Zeugen für nutzlos und überflüssig, weil nur die — nicht mögliche — Einvernahme durch das erkennende Gericht der Wahrheitsforschung dienen kann, und lehnt es deshalb den Beweisantrag wegen Unerreichbarkeit des Beweismittels ab (vgl. Rdn. 268), dann muß der Beschluß dartun, warum der Zeuge für die Vernehmung in der Hauptverhandlung auch unter Berücksichtigung der Möglichkeit einer Einvernahme mittels einer Bild-Ton-Übertragung nach § 247 a unerreichbar ist und warum eine Vernehmung durch den ersuchten Richter nach den Umständen des konkreten Falles ohne jeden Beweiswert

[1101] RGSt **38** 257; *Alsberg/Nüse/Meyer* 634.
[1102] *Alsberg/Nüse/Meyer* 634; vgl. bei § 97.
[1103] BayObLG bei *Rüth* DAR **1982** 253.
[1104] OGH JR **1950** 567; *Alsberg/Nüse/Meyer* 634.
[1105] Vgl. § 83 c; ferner Sachen und Personen, die den Schutz der Exterritorialität genießen; vgl. § 18 GVG; *Pfeiffer/Fischer* 36.
[1106] Zur Verhandlung in privaten Räumen vgl. § 213, 2; § 169, 17 GVG; ferner (für die ZPO) *Jankowski* NJW **1997** 2247.

[1107] *Alsberg/Nüse/Meyer* 634; SK-*Schlüchter* 117; bei den heutigen Kommunikations- und Verkehrsverhältnissen dürften solche Fälle sehr selten sein.
[1108] Vgl. Rdn. 284.
[1109] RGSt **64** 162; vgl. bei § 81.
[1110] BGH JR **1984** 129 mit Anm. *Meyer*; OLG Schleswig SchlHA **1976** 170; *Alsberg/Nüse/Meyer* 762.
[1111] *Alsberg/Nüse/Meyer* 762.

wäre[1112]; der meist höhere Beweiswert einer Aufzeichnung der Vernehmung nach § 58 a ist dabei mit in Betracht zu ziehen, sofern diese möglich ist.

8. Ungeeignetheit

276   **a) Allgemeines.** Absatz 3 läßt die Ablehnung eines Beweismittels als **völlig ungeeignet** zu. Dem Gericht soll nicht zugemutet werden, mit einem Beweismittel Beweis zu erheben, dessen völlige Nutzlosigkeit für die Sachaufklärung nach der sicheren Lebenserfahrung von vornherein zweifelsfrei ersichtlich ist[1113], so daß dies objektiv auf eine bloße Prozeßverschleppung hinauslaufen würde[1114].

277   **Aus der Natur der Beweismittel** ergibt sich die Ungeeignetheit nur in seltenen Fällen, wie etwa bei Revisionsurteilen für die Feststellung von Tatsachen[1115] oder bei einem tauben Zeugen, der für etwas benannt wird, was er gehört, oder bei einem blinden Zeugen, der bekunden soll, was er gesehen hat[1116]. Im allgemeinen ist auf Grund der Umstände des Einzelfalls zu entscheiden, ob es nach der Lebenserfahrung völlig ausgeschlossen ist, daß die unter Beweis gestellte Tatsache durch das genannte Beweismittel nachgewiesen werden kann. Bei dieser Prüfung kann das Gericht auf den Akteninhalt zurückgreifen oder Erkundigungen einziehen, etwa ob die verfügbaren Anknüpfungstatsachen für ein Sachverständigengutachten ausreichen[1117]. Es gilt **Freibeweis**[1118].

278   Das Verbot der **Vorwegnahme der Beweiswürdigung** erleidet durch die Würdigung eines Beweismittels als völlig ungeeignet zwar eine gewisse Ausnahme. Bei der großen Bedeutung dieses in die Wahrheitsforschungspflicht eingeschlossenen Verbots sind diese Ausnahmen jedoch so eng als möglich zu ziehen. Das Gericht hat insoweit keinen Ermessensspielraum[1119]; es genügt daher nicht, daß es den Beweiswert für gering oder zweifelhaft hält[1120]. Das Gericht darf den Antrag auf Vernehmung eines Zeugen nur ablehnen, wenn bei Anlegung eines strengen Maßstabs außer Zweifel steht, daß nach sicherer Lebenserfahrung die unter Beweis gestellte Tatsache mit dem Beweismittel nicht nachgewiesen werden kann[1121]. Die Annahme, der Zeuge werde die Beweisbehauptung nicht

---

[1112] BGH GA **1971** 85; *Alsberg/Nüse/Meyer* 762; KK-*Herdegen* 83. Nach *Herdegen* NStZ **1984** 340 ist sorgfältig zu begründen, wenn der kommissarischen Vernehmung vorweg jeder Beweiswert abgesprochen wird; zur Begründungspflicht ferner BGH JR **1984** 129 mit Anm. *Meyer*; ferner Fußn. 1075, 1076.

[1113] BGHSt **14** 342; BGH NJW **1952** 191; **1989** 1045; NStZ **1995** 45; bei *Dallinger* MDR **1973** 372; bei *Spiegel* DAR **1978** 155; **1979** 189; BayObLG GA **1965** 183; MDR **1981** 338; OLG Düsseldorf VRS (1979) **57** 289; OLG Köln VRS **24** (1963) 217; OLG Schleswig SchlHA **1979** 144; AK-*Schöch* 90; KK-*Herdegen* 77; *Kleinknecht/Meyer-Goßner*[43] 58; SK-*Schlüchter* 100; vgl. *Alsberg/Nüse/Meyer* 601 mit weit. Nachw.

[1114] BGHSt **14** 342; BGH MDR **1981** 338; NStZ **1984** 564; bei *Dallinger* MDR **1973** 272; bei *Holtz* MDR **1985** 796; BayObLG MDR **1981** 338; OLG Celle NdsRpfl. **1982** 67; KG JR **1983** 479; StV **1993** 120.

[1115] BGHSt **7** 8.

[1116] AK-*Schöch* 90; *Eb. Schmidt* 53; ferner *Alsberg/Nüse/Meyer* 603 mit weit. Nachw.

[1117] BGH NJW **1983** 404; StV **1990** 246; bei *Pfeiffer/Miebach* NStZ **1985** 15; KK-*Herdegen* 79.

[1118] BGH MDR **1981** 338; bei *Pfeiffer/Miebach* NStZ **1985** 14; BayObLG MDR **1981** 338; bei *Rüth* DAR **1982** 253; OLG Düsseldorf VRS **57** (1979) 291; KG StV **1993** 120; AK-*Schöch* 90; KK-*Herdegen* 79; *Kleinknecht/Meyer-Goßner*[43] 58; KMR-*Paulus* 357; SK-*Schlüchter* 100; *Alsberg/Nüse/Meyer* 145; 603; 122 mit weit. Nachw.; ferner allgemein zum Freibeweis Rdn. 3 ff.

[1119] BGH VRS **47** (1974) 19.

[1120] BGH StV **1993** 508; BGH NStZ-RR **1997** 304; OLG Köln StV **1996** 368; *Eisenberg* (Beweisrecht) 221; *Kleinknecht/Meyer-Goßner*[43] 58.

[1121] BGHSt **14** 342; BGH GA **1956** 384; LM Nr. 11; MDR **1970** 778; VRS **47** (1974) 20; NStZ **1981** 32; StV **1981** 394; **1982** 101; bei *Holtz* MDR **1977** 108; **1978** 291; 988; bei *Pfeiffer* NStZ **1981** 96; bei *Pfeiffer/Miebach* **1983** 356; bei *Spiegel* DAR **1976** 95; **1977** 174; **1978** 155; **1979** 189; **1980** 207; **1981** 198; BayObLG MDR **1983** 338; BayObLG bei *Rüth* DAR **1982** 253; OLG Celle NdsRpfl. **1982** 67; OLG Frankfurt DAR **1977** 305; MDR **1984** 74; OLG Hamm JMBlNW **1964** 215; **1982** 225; VRS **7** (1954) 131; OLG Köln VRS **59** (1980) 351; **63** (1982) 126; KK-*Herdegen* 78; *Kleinknecht/Meyer-Goßner*[43] 58; KMR-*Paulus* 125; SK-*Schlüchter* 100; *Alsberg/Nüse/Meyer* 602 mit weit. Nachw.

bestätigen, genügt dafür nicht[1122]. Bei einem Zeugen muß absolut feststehen, daß eine für die Sache verwertbare Aussage von diesem Zeugen keinesfalls zu erwarten ist, daß seine Vernehmung also völlig nutzlos wäre[1123].

b) Beurteilung des Beweismittels. Die Eignung des Beweismittels zum Nachweis der **279** behaupteten Beweistatsache ist allein auf Grund des Beweismittels selbst zu beurteilen, **unabhängig vom Ergebnis** der **bisher durchgeführten Beweisaufnahme.** Es geht nicht an, aus deren Ergebnis einen Schluß auf die Wertlosigkeit des verlangten Zeugnisses zu ziehen[1124]. Wollte man einen solchen Schluß zulassen, so würde der legitime Versuch eines Beteiligten, die aus den gebrauchten Beweismitteln erwachsenen Vorstellungen von den zu untersuchenden Ereignissen oder Zuständen durch einen Gegenbeweis zu verdrängen, verhindert. Die dem Gericht obliegende vollkommene Aufklärung des Sachverhalts würde vereitelt[1125].

Der Ablehnungsgrund der **völligen Ungeeignetheit** umfaßt die Fälle, in denen prä- **280** sente Beweismittel nach **§ 245 Abs. 2** abgelehnt werden dürfen, er reicht aber über diese nach dem Regelungszweck sehr eng auszulegende Vorschrift hinaus. Die Rechtsprechung zu § 245 Abs. 2 kann daher bei § 244 Abs. 3 Satz 2 herangezogen werden; umgekehrt ist dies dagegen nicht in allen Fällen möglich. Die Gründe, die eine Ablehnung des Beweisantrags wegen völliger Ungeeignetheit des Beweismittels rechtfertigen, können in zwei Gruppen zusammengefaßt werden. Die eine Gruppe sind die Beweismittel, bei denen es **objektiv unmöglich** ist, daß der Beweis für die behauptete Tatsache mit ihnen erbracht werden kann; insoweit deckt er sich mit dem Ablehnungsgrund des § 245 Abs. 2. Die andere Gruppe stellt dagegen auf den mangelnden Beweiswert des **konkret benannten** einzelnen **Beweismittels** ab. In dem einen Fall kann der Zeuge nichts Sachdienliches bekunden, im anderen muß zur Gewißheit des Gerichts feststehen, daß er dies nicht will. Die letztgenannte Fallgruppe findet in § 245 Abs. 2 keine Entsprechung[1126].

c) Das **Unvermögen des Zeugen zum wahren Zeugnis** kann sich — je nach dem **281** Gegenstand, über den er aussagen soll — aus dem physischen oder psychischen **Unvermögen zur Wahrnehmung** des unter Beweis gestellten Vorgangs ergeben, etwa aus dauernden körperlichen oder geistigen Gebrechen, die die Wahrnehmung oder aber eine Aussage über die Beweistatsache unmöglich machen[1127]. Sie kann sich aus einer vorübergehenden geistigen Störung oder aus Trunkenheit zur Zeit der Wahrnehmung ergeben[1128]. Die Umstände, aus denen dies folgt, müssen aufgezeigt werden[1129]. Dem Zeugen kann ferner eine richtige Auffassung des zu schildernden Vorgangs unmöglich gewesen sein, weil dieser, wie das bei einem wenige Jahre alten Kind zutreffen mag, seine geistigen

---

[1122] Vgl. BGH NStZ-RR **1997** 102; *Eisenberg* (Beweisrecht) 215.

[1123] BGHSt **14** 339; KG VRS **43** (1972) 199; vgl. Fußn. 1121, 1143. *Engels* GA **1981** 28 kritisiert, daß sich die Rechtsprechung oftmals mit der höchstwahrscheinlichen Untauglichkeit begnügt.

[1124] BGH LM Nr. 71; GA **1956** 384; NStZ **1981** 32; **1984** 564; BGH bei *Miebach* NStZ **1989** 219; StV **1981** 394; **1993** 232; 508; KK-*Herdegen* 78; SK-*Schlüchter* 100; VRS **47** (1974) 20; BGH bei *Holtz* MDR **1976** 108; **1978** 281; 988; BayObLG MDR **1981** 338; OLG Hamm JMBlNW **1964** 215; OLG Köln VRS **24** (1963) 217; *Weigelt* DAR **1964** 314.

[1125] So schon RGSt **63** 332; RG HRR **1934** Nr. 1426; OGHSt **3** 144; h. M.

[1126] Vgl. § 245, 72; 73; ferner *Alsberg/Nüse/Meyer* 828.

[1127] RGSt **31** 404; RG Recht **1915** Nr. 1256; **1920** Nr. 526; *Alsberg/Nüse/Meyer* 603; *Eisenberg* (Beweisrecht) 217; *Kleinknecht/Meyer-Goßner*[43] 59.

[1128] RG GA **54** (1907) 303; OLG Düsseldorf VRS **57** (1979) 290; OLG Hamm DAR **1961** 203; JMBlNW **1982** 224; OLG Köln StV **1996** 368; *Alsberg/Nüse/Meyer* 603; KK-*Herdegen* 77; *Kleinknecht/Meyer-Goßner*[43] 59; KMR-*Paulus* 133; SK-*Schlüchter* 101.

[1129] OLG Hamm JMBlNW **1982** 224 (Verlust der Erinnerungsfähigkeit hängt vom Grad der Alkoholisierung ab).

Fähigkeiten überstieg[1130], aber auch, weil feststeht, daß der Zeuge von seinem Standort aus den Vorgang nicht wahrnehmen konnte[1131]. Gleiches gilt, wenn die Wahrnehmung eine besondere Sachkunde erforderte, über die er nicht verfügte[1132]. So kann eine Zeuge ungeeignet für einen Beweis sein, dessen Schwerpunkt in der Beurteilung einer technisches Fachwissen erfordernden Schlußfolgerungen liegt. Dagegen kann ein Lehrer für die Beurteilung der Glaubwürdigkeit eines Kindes ein geeigneter Zeuge sein[1133]. Der pornographische Inhalt eines Films ist trotz der Wertungsfrage dem Zeugenbeweis zugänglich[1134]. Geisteskrankheit macht nicht unter allen Umständen ungeeignet zum Zeugnis[1135]. Gleiches gilt für geistige Behinderung[1136]. Ein für die **subjektiven Vorstellungen** eines anderen benannter Zeuge ist kein geeigneter Zeuge, wenn er wirklich nur fremdpsychische Tatsachen bekunden soll; ohne daß Indizien der Außenwelt in sein Wissen gestellt werden können[1137]; vielfach wird er allerdings nach dem gegebenenfalls klarzustellenden Inhalt des Beweisantrags (vgl. Rdn. 104 ff) in Wirklichkeit über von ihm wahrgenommene äußere Tatsachen aussagen sollen, von denen aus auf die innere Einstellung geschlossen werden kann[1138].

282   An die zuvor angeführten Gründe des objektiven Unvermögens reihen sich die mit äußerster Sorgfalt unter Berücksichtigung aller nur möglichen Besonderheiten der einzelnen Sache zu prüfenden Fälle an, in denen die **allgemeine Lebenserfahrung** es ausgeschlossen erscheinen läßt, daß die Beweisaufnahme die im Beweisantrag behauptete Tatsache bestätigen kann[1139], etwa wenn nach der sicheren Lebenserfahrung alles dagegen spricht, daß der zu beweisende Umstand überhaupt wahrgenommen wurde, und auch keine Umstände ersichtlich sind oder behauptet werden, die dies für den Einzelfall trotzdem als möglich erscheinen lassen könnten[1140]. Besteht eine solche Möglichkeit, so ist der Zeuge kein völlig ungeeignetes Beweismittel, selbst wenn bei einem **länger zurückliegenden Geschehen** die Wahrscheinlichkeit nur gering ist, daß der Zeuge sich noch an den unter Beweis gestellten Umstand erinnern kann[1141]. Die Unmöglichkeit der Rückerinnerung kann auch bei lange zurückliegenden Geschehen nicht unterstellt werden, wenn der Zeuge über ein Ereignis berichten soll, das für ihn bedeutsam war oder ersichtlich sein Interesse geweckt hatte oder für das er Erinnerungshilfen zu Rate ziehen kann[1142]. Dagegen kann bei einem weit zurückliegenden, für den Zeugen völlig belanglosen Ereignis nach Würdigung aller dafür und dagegen sprechenden Umstände vielfach ausgeschlossen

[1130] RG GA **39** (1891) 219; RG Recht **1910** Nr. 2768; JW **1914** 434; *Seibert* NJW **1960** 19; *Alsberg/Nüse/Meyer* 604 mit weit. Nachw.
[1131] OLG Düsseldorf VRS **57** (1979) 289; vgl. BGH StV **1981** 113; *Alsberg/Nüse/Meyer* 605; KMR-*Paulus* 134.
[1132] RG GA **49** (1903) 264; BGH VRS **21** (1961) 431; *Alsberg/Nüse/Meyer* 605; *Eb. Schmidt* 53; *Kleinknecht/Meyer-Goßner*43 59; KMR-*Paulus* 135; SK-*Schlüchter* 101.
[1133] BGH GA **1967** 343; *Alsberg/Nüse/Meyer* 605; KMR-*Paulus* 135.
[1134] OLG Stuttgart Justiz **1982** 400.
[1135] RGSt **58** 396; RG JW **1932** 3268.
[1136] *Hetzer/Pfeiffer* NJW **1964** 441; vgl. *Eisenberg* (Beweisrecht) 1363 ff.
[1137] BGH StV **1984** 61; **1987** 236; **1991** 500; KG VRS **43** (1972) 193; OLG Koblenz wistra **1985** 121; OLG Schleswig bei *Ernesti/Jürgensen* SchlHA **1975** 190; OLG Zweibrücken StV **1990** 440; *Alsberg/Nüse/Meyer* 604; KK-*Herdegen* 77; *Kleinknecht/Meyer-Goßner*43 59; KMR-*Paulus* 134; SK-*Schlüchter* 101.
[1138] Vgl. BGH StV **1984** 61; **1987** 236; **1991** 500; *Eisenberg* (Beweisrecht) 216 Fußn. 18 und die weit. Nachw. in der vorstehenden Fußn.
[1139] BGHSt **14** 342; **37** 157; BGH NJW **1983** 404; NStZ **1984** 564; **1995** 98; StV **1990** 7; 98; **1991** 388; **1993** 240; BGHR § 244 Abs. 2 Satz 2 Ungeeignetheit 4; 6; OLG Köln StV **1996** 368. Vgl. Rdn. 278 Fußn. 1121.
[1140] BGH NStZ-RR **1997** 331; vgl. aber auch KG StV **1993** 120 (keine Pflicht, die Tauglichkeit eines Beweismittels durch nähere Ausführungen zu belegen).
[1141] BGH StV **1984** 232; **1989** 238; **1993** 232; KG StV **1993** 120; OLG Köln StV **1996** 368; KK-*Herdegen* 77.
[1142] BGH NJW **1989** 1045; StV **1981** 167; **1983** 339; bei *Dallinger* MDR **1973** 372; BayObLGSt **1964** 135; OLG Hamm DAR **1961** 203; KK-*Herdegen* 77; SK-*Schlüchter* 101.

werden, daß es in dessen **Gedächtnis geblieben** sei[1143], so, wenn ein Lastwagenfahrer nach 5 Monaten bekunden soll, er sei auf einer Bundesstraße vom Angeklagten nicht überholt worden[1144]. Allerdings kann ein Beamter des Funkstreifendienstes, der wiederholt Anzeigen entgegenzunehmen hat, nicht mit der Begründung als ungeeignetes Beweismittel bezeichnet werden, daß er sich nach acht Monaten nicht mehr an den Wortlaut der Angaben eines Anzeigenerstatters erinnern könne[1145]. Dies gilt erst recht bei einem Beamten, der seine Aussage auf schriftliche Unterlagen stützen kann[1146]. Bei bewußt wahrgenommenen Ereignisses macht der Zeitablauf allein den Zeugen noch nicht zu einem ungeeigneten Beweismittel[1147].

d) Das **Gutachten eines Sachverständigen** oder eine bestimmte Beweismethode (vgl. **283** Rdn. 285) können ebenfalls ungeeignete Beweismittel sein, so etwa der Sachverständigenbeweis für eine von jedermann ohne besondere Sachkunde festzustellende Tatsache, die durch Zeugen oder einen Augenschein beweisbar ist[1148], oder wenn eine Begutachtung aus der Sicht einer Fachrichtung gefordert wird, die für die Beweisbehauptung nicht einschlägig ist[1149] oder die für eine wissenschaftliche Beweisführung ausscheidet[1150]. Was durch Sachverständige beweisbar ist, hängt vom jeweiligen Erkenntnisstand der Wissenschaft ab. Die Schlußfolgerungen müssen, um Beweiswert zu haben, einer intersubjektiven wissenschaftlichen Nachprüfung zugänglich sein. Ein Gutachten über die Auswirkungen der Reizwetterlage ist nicht völlig ungeeignet[1151].

Ein **Sachverständiger** ist trotz hervorragender Sachkunde ein ungeeignetes Beweis- **284** mittel, wenn es nicht möglich ist, ihm die **sicheren tatsächlichen Unterlagen** zu verschaffen, deren er für sein Gutachten bedarf[1152]. Vorweg ist allerdings im Wege des Freibeweises (Rdn. 277) zu klären, ob die Anknüpfungstatsachen, die der Sachverständige für sein Gutachten braucht, nicht ermittelbar sind[1153]. Ein völlig ungeeignetes Beweismittel ist ein Sachverständigengutachten auch, wenn es sich auf Tatsachen stützen soll, die das

---

[1143] RGSt **54** 181; **56** 134; **58** 380; RG GA **71** (1927) 130; JW **1932** 3097; BGH NStZ **1993** 295; StV **1990** 78; BGH bei *Dallinger* MDR **1973** 372; bei *Spiegel* DAR **1983** 203; OLG Köln StV **1996** 368.
[1144] BayObLGSt **1964** 135 = VRS **28** (1965) 214.
[1145] BGH StV **1981** 167; OLG Hamm DAR **1957** 132; **1961** 203; *Weigelt* DAR **1964** 314.
[1146] BGH StV **1982** 339.
[1147] OLG Frankfurt JR **1984** 40 mit Anm. *Peters*.
[1148] KG VRS **48** (1975) 132; OLG Düsseldorf VRS **60** (1981) 122; OLG Koblenz VRS **38** (1979) 37 (Zeugenbeweis wäre möglich gewesen); es kommt aber immer auf den Einzelfall an; ferner *Alsberg/Nüse/Meyer* 606; *Kleinknecht/Meyer-Goßner*[43] 59 a; SK-*Schlüchter* 103.
[1149] *Alsberg/Nüse/Meyer* 606. Grundsätzlich ist das Gericht aber an den vorgeschlagenen Sachverständigen nicht gebunden; es kann auch einen Sachverständigen aus einer anderen Fachrichtung wählen, BGH bei *Holtz* MDR **1984** 981.
[1150] Vgl. BGH NJW **1978** 1207 (Parapsychologie); vgl. *Alsberg/Nüse/Meyer* 606; *Krause* FS Peters 327; *Wimmer* NJW **1976** 1133; AK-*Schöch* 92; *Kleinknecht/Meyer-Goßner*[43] 59 a; SK-*Schlüchter* 103; ferner bei § 261.
[1151] AG Ingolstadt DAR **1953** 133 (Gutachten einer physikalisch-bioklimatischen Forschungsstelle

über Reizwetterlage); weitere Beispiele BGH NStZ **1984** 521 (anthropologisches Gutachten für Identitätsnachweis bei Vermummung); BGH StV **1993** 340 (Faserspuren); ferner OLG Hamm GA **1968** 282; OLG Köln NJW **1967** 2416; zust. *Koffka* JR **1968** 228 (erbbiologisches bzw. serologisches Vaterschaftsgutachten); OLG Köln JR **1954** 69; OLG Hamm VRS **7** (1954) 130 (Auskunft über Lichtverhältnisse und Wetter zur Tatzeit).
[1152] Vgl. BGHSt **14** 342 (Leiche zu stark verwest); zust. *Hanack* JZ **1972** 116; ferner etwa BGH NStZ **1981** 32; bei *Pfeiffer/Miebach* NStZ **1983** 211; **1985** 14; StV **1982** 102; **1990** 7; BGH bei *Holtz* MDR **1977** 108; **1978** 627; bei *Spiegel* DAR **1979** 189; BayObLGSt **1966** 4 = JR **1966** 227; BayObLG VRS **59** (1980) 266; bei *Rüth* DAR **1984** 244; OLG Celle NdsRpfl. **1982** 66; OLG Hamm NJW **1968** 1205; OLG Koblenz VRS **45** (1973) 367; **50** (1976) 185; OLG Köln VRS **63** (1982) 126; OLG Zweibrücken VRS **61** (1981) 435; AK-*Schöch* 284; KK-*Herdegen* 77; *Kleinknecht/Meyer-Goßner*[43] 59 a; KMR-*Paulus* 138; SK-*Schlüchter* 104; ferner *Alsberg/Nüse/Meyer* 606 mit weit. Nachw.
[1153] BGH NJW **1983** 404; BGH StV **1984** 60; bei *Pfeiffer/Miebach* NStZ **1983** 211 sowie die Nachw. in der vorstehenden Fußn.

Walter Gollwitzer

Gericht bereits als Beweisgrundlage ausgeschlossen hat[1154] oder die wegen der besonderen Umstände[1155] oder der verflossenen Zeit[1156] nicht rekonstruiert werden können oder wenn eine dafür notwendige Untersuchung nach § 81 c nicht durchgeführt werden darf. Kann der Sachverständige aus dem verfügbaren Material keine sicheren und eindeutigen Schlüsse ziehen, wird er deshalb noch nicht zum völlig ungeeigneten Beweismittel, weil er sich nur zur Möglichkeit oder mehr oder minder großen **Wahrscheinlichkeit der Beweisbehauptung** äußern kann, denn auch dann können seine Bekundungen unter Berücksichtigung sonstiger Beweisergebnisse Einfluß auf die Beweiswürdigung des Gerichts haben[1157]. Ein psychiatrischer oder psychologischer Sachverständiger ist als Beweismittel nicht schon deswegen völlig ungeeignet, weil die zu untersuchende Person ihre Einwilligung dazu verweigert hat, sofern die Möglichkeit besteht, daß er gestützt auf andere Erkenntnisquellen zur Wahrscheinlichkeit der unter Beweis gestellten Tatsachen Stellung nehmen kann[1158]. Daß ein Zeuge die Aussage verweigert, rechtfertigt nicht die Ablehnung des Sachverständigenbeweises über die Glaubwürdigkeit früherer Aussagen[1159]. Gleiches gilt bei Gutachten über die frühere geistige Beschaffenheit eines Menschen[1160]. Ein Sachverständigengutachten über die Alkoholverträglichkeit des Angeklagten ist in der Regel kein geeignetes Mittel, um nachträglich dessen auf Grund des Blutalkoholgehalts eindeutig festgestellte Fahruntüchtigkeit in Frage zu stellen; auch nicht in Verbindung mit einer nachträglichen Belastungs- oder Fahrprobe[1161].

285   Die Frage nach der **Eignung bestimmter Untersuchungsmethoden** ist nach der Lebenserfahrung und dem Stande der wissenschaftlichen Erkenntnis zu beantworten[1162], vor allem auch danach, wieweit das gefundene Ergebnis mit wissenschaftlich gesicherten Methoden nachprüfbar ist. Soll ein Sachverständiger eine nicht ausgereifte **unzuverlässige Untersuchungsmethode** anwenden, ist dies wegen des fehlenden Beweiswerts des Ergebnisses ein völlig ungeeignetes Beweismittel[1163]. Gleiches kann gelten, wenn **nicht mehr rekonstruierbare Vorgänge** durch Versuche aufgeklärt werden sollen[1164], sofern nicht die Versuche ungeachtet der veränderten Verhältnisse Rückschlüsse zulassen, die Anhaltspunkte für die Beurteilung des an sich nicht rekonstruierbaren ursprünglichen Geschehens geben können.

286   Ein Sachverständiger ist nicht schon deswegen ein völlig ungeeignetes Beweismittel, weil ihm möglicherweise die **Unbefangenheit** fehlt[1165] oder weil sein Gutachten nicht die

---

[1154] BGH bei *Holtz* MDR **1982** 283; vgl. OLG Koblenz VRS **45** (1973) 369.

[1155] Vgl. BGH bei *Holtz* MDR **1976** 108 (Fehlen des sexuellen Impulses bei Vergewaltigung); *Alsberg/Nüse/Meyer* 607.

[1156] Vgl. BayObLGSt **1966** 6 = JR **1966** 227 (Zuverlässigkeit eines vor Monaten benutzten Radargeräts); OLG Düsseldorf VRS **60** (1981) 122 (Blutprobe); es kommt aber auf die Umstände an, ob Sachverständigenbeweis noch ein geeignetes Erkenntnismittel ist (vgl. BGH bei *Holtz* MDR **1978** 988).

[1157] BGH NStZ **1984** 564; **1995** 97; bei *Miebach* **1990** 227; *Kusch* **1994** 24; StV **1990** 98; **1997** 338; OLG Düsseldorf StV **1991** 11 (Schriftgutachten bei nur drei Worten); SK-*Schlüchter* 103.

[1158] BGH StV **1990** 246; **1991** 405 mit Anm. *Blau*; SK-*Schlüchter* 104.

[1159] BGHSt **14** 21; **23** 1 = JR·**1970** 67 mit Anm. *Peters*; BGH NStZ **1982** 432; bei *Holtz* MDR **1979** 988; StV **1981** 216; weit. Nachw. bei *Alsberg/Nüse/Meyer* 608 und bei § 81 c.

[1160] BGH bei *Holtz* MDR **1979** 988.

[1161] BGHSt **10** 265; BGH VRS **25** (1963) 264; **28** (1965) 190; **36** (1969) 189; BGH bei *Holtz* MDR **1977** 108; bei *Martin* DAR **1969** 151; **1970** 123; **1972** 120; OLG Hamm VRS **34** (1968) 287; NJW **1968** 1468; OLG Oldenburg VRS **46** (1974) 198; *Marmann* GA **1953** 148; *Weigelt* DAR **1964** 317; *Wiethold/Gruber* NJW **1955** 371; ferner *Alsberg/Nüse/Meyer* 607 mit weit. Nachw.

[1162] Vgl. etwa BayObLGSt **1952** 236; OLG Hamm VRS **39** (1970) 218 (Eignung von Geschwindigkeitsmeßsystem).

[1163] BGH NStZ **1985** 516; StV **1993** 68; 340; **1997** 338; KK-*Herdegen* 77; *Kleinknecht/Meyer-Goßner*[43] 59 a; SK-*Schlüchter* 105.

[1164] BGH VRS **35** (1968) 264; **36** (1969) 189; **50** (1976) 115; bei *Holtz* MDR **1977** 108; BayObLGSt **1966** 4 = JR **1966** 227; *Eisenberg* (Beweisrecht) 216; *Kleinknecht/Meyer-Goßner*[43] 59 a; SK-*Schlüchter* 19; 103; vgl. Rdn. 288.

[1165] *Alsberg/Nüse/Meyer* 606.

tatsächliche Richtigkeit eines bestimmten Sachhergangs, sondern nur dessen theoretische **Möglichkeit** oder dessen **Wahrscheinlichkeit** bestätigen kann[1166]; es ist Sache der späteren Beweiswürdigung, welche Schlüsse das Gericht daraus zieht.

e) Urkunden können völlig ungeeignete Beweismittel sein, wenn sich die Tatsa- **287** che, die bewiesen werden soll, nicht aus ihnen ergeben kann. Die **Abschrift** eines Briefes besagt für sich allein nichts über seine Absendung oder den Zugang, sofern dies nicht aus anderen Umständen, Bearbeitungsvermerke usw., erschlossen werden kann[1167]. Abschriften sind ferner völlig ungeeignet, wenn es auf den ursprünglichen Inhalt ankommt und feststeht, daß dieser nachträglich verfälscht wurde[1168], oder wenn nicht aufklärbar ist, ob die Abschrift dem Original entspricht[1169], oder wenn **Geschäftsbücher** so unordentlich geführt sind, daß aus ihnen keine Erkenntnisse für die Richtigkeit der in der Beweisbehauptung aufgestellten Tatsachen gewonnen werden können, weil schon vom äußeren Anschein her eindeutig erkennbar ist, daß ihr Zustand keinerlei Schlüsse auf Geschäftsvorfälle oder sonstige beweisrelevante Tatsachen erlaubt[1170]. Es kommt aber immer auf die gesamte Beweislage an, in Verbindung mit anderen Beweismitteln können auch solche Urkunden als Beweismittel geeignet sein[1171].

f) Ein Augenschein ist völlig ungeeignet, wenn sich sein Gegenstand nach der Tat **288** so verändert hat, daß er keine hinreichenden Anhaltspunkte über seine frühere Beschaffenheit mehr bietet[1172], oder wenn nicht mehr rekonstruierbare Umstände bewiesen werden sollen (Lichtverhältnisse am Unfallort)[1173] oder wenn er überhaupt keinen Aufschluß über die Beweistatsache geben kann[1174]. Da das Gericht hier durch Absatz 5 Satz 1 freier gestellt ist, wird es die Ablehnung des Augenscheins meist hierauf stützen.

g) Mangelnder subjektiver Beweiswert. In Ausnahmefällen kann der **mangelnde 289 Wille** zu einer brauchbaren sachlichen Aussage einen Zeugen zu einem völlig ungeeigneten Beweismittel machen, etwa wenn das Gericht auf Grund festgestellter Tatsachen zur Überzeugung gelangt, ein Zeuge werde wegen seiner feindseligen Einstellung zu Gericht

---

[1166] BGH NJW **1983** 404; NStZ **1984** 564; **1985** 516; StV **1984** 231; 232; **1990** 7; 98; 246; VRS **47** (1974) 19; BGH bei *Holtz* MDR **1978** 627; 988; **1979** 989; bei *Pfeiffer/Miebach* NStZ **1984** 210; **1985** 14; **1985** 796; bei *Spiegel* DAR **1983** 203; BayObLG MDR **1981** 338; StV **1985** 315; OLG Celle NdsRpfl. **1982** 67; OLG Köln VRS **63** (1982) 126; *Alsberg/Nüse/Meyer* 606; KK-*Herdegen* 79; *Kleinknecht/Meyer-Goßner*[43] 59 a; KMR-*Paulus* 136.

[1167] Vgl. *Alsberg/Nüse/Meyer* 609: Vorlage der Abschrift eines Briefes besagt in der Regel nichts über Absendung oder Zugang; anders, wenn entsprechende Bearbeitungsvermerke vorhanden sind.

[1168] *Beling* JW **1927** 2782; *Alsberg/Nüse/Meyer* 609 mit weit. Nachw.

[1169] RG GA **39** (1891) 234; LG Frankfurt/Main StV **1987** 144 (Niederschriften über Inhalt nicht vorhandener Tonbänder); *Alsberg/Nüse/Meyer* 608; *Eisenberg* (Beweisrecht) 220; *Wömper* MDR **1980** 980 (differenzierend); *Kleinknecht/Meyer-Goßner*[43] 59 a; SK-*Schlüchter* 105.

[1170] RG JW **1925** 371; *Alsberg/Nüse/Meyer* 604; AK-*Schöch* 92; KK-*Herdegen* 77. SK-*Schlüchter* 105 weist mit Recht darauf hin, daß sich der völlig fehlende Beweiswert zum Beleg von Geschäftsvorfällen ohne weitere Beweiswürdigung ergeben muß.

[1171] RG Recht **1928** Nr. 992; vgl. § 249, 5.

[1172] RGSt **47** 106; *Alsberg/Nüse/Meyer* 609; *Eisenberg* (Beweisrecht) 220; SK-*Schlüchter* 106; *Weigelt* DAR **1964** 314; vgl. Rdn. 329.

[1173] BGH bei *Martin* DAR **1962** 74; OLG Schleswig bei *Ernesti/Jürgensen* SchlHA **1984** 104; *Weigelt* DAR **1964** 314; ferner OLG Hamm JMBlNW **1978** 277 (Ortsbesichtigung in Verbindung mit Versuch); es kommt aber immer auf den Einzelfall an; vgl. OLG Frankfurt DAR **1977** 305; *Kleinknecht/Meyer-Goßner*[43] 59 a.

[1174] Vgl. *Alsberg/Nüse/Meyer* 609: Besichtigung eines Hauses besagt nicht, welches Zimmer zur Tatzeit beleuchtet war; ferner OLG Frankfurt VRS **64** (1983) 287 (Lichtbild zum Nachweis des Tathergangs einer Geschwindigkeitsüberschreitung nicht geeignet).

und Staat die Hauptverhandlung nur stören und weiterhin jede Einlassung verweigern[1175].

290   Als ungeeignet wird von einem Teil der Rechtsprechung und des Schrifttums auch ein Zeuge angesehen, der im Bewußtsein seines **Rechts zur Verweigerung des Zeugnisses** dem erkennenden Gericht gegenüber erklärt hat, er werde von diesem Recht Gebrauch machen, falls er zur Hauptverhandlung geladen werde[1176]. Die Ablehnung der Vernehmung eines solchen Zeugen als völlig ungeeignet kann ausreichend begründet sein, wenn er die Aussage berechtigterweise verweigert hatte, als er durch einen beauftragten oder ersuchten Richter vernommen werden sollte, und wenn kein Anhalt dafür besteht, daß er nunmehr aussagen werde[1177]. Dies gilt aber nur, wenn die Sachlage sich seit der Zeugnisverweigerung nicht verändert hat. Ergeben sich Anzeichen dafür, daß der Zeuge sich anders entscheiden könnte, so muß dem Beweisantrag stattgegeben werden, etwa wenn ersichtlich ist, daß sich der Zeuge über die rechtliche Tragweite der Zeugnisverweigerung irrt[1178]. Insbesondere darf das Berufungsgericht, wenn der Zeuge das Zeugnis im ersten Rechtszug verweigert hat, den Antrag, ihn als Zeugen zu vernehmen, nicht ohne weiteres mit der Begründung ablehnen, daß er ein ungeeignetes Beweismittel sei, weil ihm der Wille zum Zeugnis fehle[1179]. Erklärt sich ein nach § 53 Abs. 1 Nr. 3 zur Verweigerung der Aussage berechtigter Zeuge zur Aussage bereit, sofern er von der Schweigepflicht entbunden wird, so ist er, sofern die Erklärung hierüber alsbald beigebracht werden kann, kein ungeeignetes Beweismittel[1180]. Desgleichen ist ein Zeuge nicht schon deshalb ein völlig ungeeignetes Beweismittel, weil er nach § 55 berechtigt ist, die Auskunft zu verweigern[1181].

291   Ob ein Zeuge schon deshalb ungeeignet ist, weil seine **persönliche Unglaubwürdigkeit** so sehr zutage liegt, daß mit einer wahrheitsgemäßen Aussage nicht gerechnet werden kann, erscheint zweifelhaft[1182]. Da das Gericht grundsätzlich den Wert eines Beweismittels nur auf Grund seines eigenen Eindrucks in der Hauptverhandlung beurteilen darf, kann der Ablehnungsgrund der Unbrauchbarkeit des angebotenen Beweismittels nur in seltenen **Ausnahmefällen** in einer meist auf die Akten gestützten Vorwegnahme der Beweiswürdigung auf die voraussichtliche Unglaubwürdigkeit des benannten Zeugen, auf seine Unzuverlässigkeit[1183] oder sonstige den Beweiswert aufhebende Umstände gestützt werden[1184]. Grundsätzlich erfordert die **Aufklärungspflicht**, den benannten Zeugen auch

---

[1175] BGH bei *Schmidt* MDR **1983** 4 = NStZ **1982** 41 (L); *Kleinknecht/Meyer-Goßner*[43] 59; ferner SK-*Schlüchter* 102, die vor einer Verallgemeinerung warnt, da hier die Grenze vom relativ ungeeigneten zum völlig ungeeigneten Beweismittel zu beachten ist.

[1176] RG HRR **1937** 615; BGHSt **21** 12 = NJW **1966** 742 mit Anm. *Seydel*; dazu *Hanack* JZ **1972** 115; BGH NStZ **1982** 126; RG HRR **1937** Nr. 615; BayObLGSt **1967** 49 = GA **1967** 372; *Eisenberg* (Beweisrecht) 218; KK-*Herdegen* 78; SK-*Schlüchter* 101; vgl. auch AK-*Schöch* 94 (problematisch); BGHR § 244 Abs. 3 Satz 2 Unerreichbarkeit 17. Die ältere Rechtsprechung des Reichsgerichts sah den Zeugen bei einer solchen Erklärung als unzulässiges Beweismittel an, z. B. RGSt **38** 257; **40** 346; **41** 32; BGHSt **14** 23; *Eb. Schmidt* 34; vgl. Rdn. 187; 197. Gelegentlich wird ein solcher Zeuge auch als unerreichbar angesehen; vgl. Rdn. 270 und bei §§ 52, 53. Bei richtiger Sachbehandlung im übrigen ist die Zuordnung

nicht entscheidend. BayObLGSt **1967** 49 = MDR **1967** 606 läßt die Frage als letztlich unbedeutend offen; vgl. *Alsberg/Nüse/Meyer* 452; 620.

[1177] RG HRR **1939** Nr. 1566.

[1178] BGHSt **21** 12; BayObLGSt **1967** 49 = MDR **1967** 606.

[1179] RG JW **1932** 3100.

[1180] KG StV **1991** 507.

[1181] RG JW **1931** 3560; BGH StV **1990** 394; bei *Holtz* MDR **1978** 281; **1981** 196; *Alsberg/Nüse/Meyer* 614; KK-*Herdegen* 78; *Kleinknecht/Meyer-Goßner*[43] 61.

[1182] *Hanack* JZ **1972** 116 zu BGHSt **14** 342; vgl. BGH bei *Holtz* MDR **1982** 104; KK-*Herdegen* 78 (heikel, sofern nicht Gründe evident); SK-*Schlüchter* 102 (meist unzulässige Vorwegnahme der Beweiswürdigung).

[1183] Vgl. etwa OLG Schleswig SchlHA **1979** 144.

[1184] Vgl. Rdn. 281 ff; die verschiedenen Gründe können kombiniert auftreten, maßgebend ist die Gesamtschau.

dann zu hören, wenn Umstände vorliegen, die den Beweiswert als äußerst gering erscheinen lassen[1185], so, wenn sich daraus erhebliche **Zweifel an der Glaubwürdigkeit** des Zeugen ergeben[1186]; beispielsweise: eine durch Vorbestrafungen, insbesondere wegen Eidesverletzung erwiesene Unwahrhaftigkeit des Zeugen[1187].

Nur bei **Hinzutreten besonderer Umstände**, beispielsweise wenn der Zeuge bereits **292** wegen der früheren Bestätigung der Beweistatsache wegen Meineids verurteilt worden ist[1188], kann seine Eignung als Beweismittel schon auf Grund der Aktenlage (vgl. Rdn. 277) **im voraus verneint** werden. **Persönliche Beziehungen** des Zeugen zum Angeklagten, wie Verlöbnis, Ehe, Verwandtschaft, Schwägerschaft[1189], sonstige Beziehungen[1190], wirtschaftliche Abhängigkeit[1191], Freundschaft oder Feindschaft[1192], aber selbst eine versuchte Anstiftung zur Falschaussage[1193] oder ein Vorstrafe wegen Falschaussage[1194] rechtfertigen den Schluß auf die völlige Ungeeignetheit nicht[1195]. Gleiches gilt bei einer **Verstrickung des Zeugen in den Gegenstand der Untersuchung**[1196], wie etwa Anzeichen dafür, daß der Zeuge die Tat selbst begangen oder sich irgendwie an ihr beteiligt[1197] oder den Angeklagten begünstigt hat[1198] oder daß er einer Straftat schuldig geworden ist, die mit der dem Angeklagten zur Last gelegten Tat in einem inneren Zusammenhang steht oder dieser tatsächlich oder rechtlich gleicht[1199]. Es rechtfertigt keiner der angeführten Umstände für sich allein schon die Ablehnung des Beweisantrags aus dem hier erörterten Grund. Dem Richter, der sein Amt gewissenhaft und geschickt ausübt, dient das Zeugnis, auch wenn ein solcher Umstand vorliegt, doch dazu, daß er etwas zur Erkenntnis der Wahrheit aus ihm gewinnt. Der sichere Schluß auf die völlige Wertlosigkeit des angebotenen Zeugnisses erfordert, daß entweder mehrere Umstände der erörterten Art sich häufen, wobei aber das auf § 60 beruhende Verbot der Vereidigung im Verhältnis zu seiner Voraussetzung nicht als eine Häufung angesehen werden kann, oder daß noch ein weiterer, der einzelnen Sache eigentümlicher Umstand, der aus dem Lebensalter des Zeugen oder seiner seelischen oder wirtschaftlichen Abhängigkeit vom Angeklagten ent-

---

[1185] BGH StV **1984** 232; **1993** 508; KG StV **1993** 120; OLG Düsseldorf NStZ **1990** 506; OLG Köln StV **1996** 368.

[1186] RGSt **31** 140; **74** 149; **75** 14; **77** 200; RG GA **54** (1907) 303; **60** (1913) 420; Recht **1925** Nr. 116; DRiZ **1928** Nr. 419; HRR **1939** Nrn. 359; 1209; OLG Düsseldorf VRS **39** (1995) 43; OLG Hamburg NJW **153** 917; OLG Köln VRS **24** (1963) 217 sowie die vorstehende Fußn.

[1187] RGSt **46** 383; RG JW **1927** 2467 mit Anm. *Mannheim*; **1928** 2255; *Dahs/Dahs* 263; *Alsberg/Nüse/Meyer* 614; KK-*Herdegen* 78.

[1188] KG JR **1983** 479; vgl. *Alsberg/Nüse/Meyer* 614 (mehrfache Verurteilung wegen Eidesdelikte).

[1189] RGSt **56** 140; **63** 331; RG JW **1925** 371 mit Anm. *Oetker*; JW **1937** 761; RG Recht **1903** Nr. 911; BGH NJW **1952** 191; BGH bei *Spiegel* DAR **1977** 174; OLG Hamm JMBlNW **1950** 62; OLG Köln VRS **24** (1963) 217; OLG Stuttgart JR **1975** 383 mit Anm. *Göhler*; *Alsberg/Nüse/Meyer* 611 mit weit. Nachw.

[1190] RG Recht **1918** Nr. 828 (Zuhälter); RGSt **46** 385 (Bekanntschaft aus Strafanstalt).

[1191] RG JW **1932** 405 mit Anm. *Oetker*; *Alsberg/Nüse/Meyer* 615; AK-*Schöch* 94.

[1192] *Alsberg/Nüse/Meyer* 615; KK-*Herdegen* 78.

[1193] RG HRR **1934** Nr. 1426; *Alsberg/Nüse/Meyer* 611; KK-*Herdegen* 78; KMR-*Paulus* 127. RG Recht **1917** Nr. 1197 billigte, daß ein Zeuge, den der Antragsteller zu einer falschen Aussage verleiten wollte, abgelehnt wurde; allgemein kann dies jedoch nicht angenommen werden.

[1194] RG JW **1928** 2255; KG JR **1983** 479; AK-*Schöch* 94; *Kleinknecht/Meyer-Goßner*[43] 61.

[1195] H. M; vgl. etwa AK-*Schöch* 94; KK-*Herdegen* 78; *Kleinknecht/Meyer-Goßner*[43] 61; SK-*Schlüchter* 102, jeweils mit Beispielen.

[1196] RGSt **31** 139; RG JW **1933** 451 mit Anm. *Alsberg*; **1932** 404 mit Anm. *Oetker*; GA **54** (1907) 303; RG HRR **1932** Nr. 79; BGH bei *Spiegel* DAR **1981** 198; OLG Hamburg NJW **1953** 917; OLG Hamm NJW **1968** 954; *Kleinknecht/Meyer-Goßner*[43] 61; KMR-*Paulus* 127; ferner *Alsberg/Nüse/Meyer* 612 mit weit. Nachw. zu der nicht immer gleich strengen Rechtsprechung.

[1197] RGSt **31** 139; RG LZ **1917** 235; **1919** 1144; wegen weit. Nachw. vgl. Fußn. 1190.

[1198] BGH NJW **1952** 191; BGH bei *Holtz* MDR **1978** 281; RGSt **51** 69 (Hehler); vgl. RG Recht **1920** Nr. 527 (Vortäter des Hehlers); KMR-*Paulus* 121; 126.

[1199] RGSt **31** 139; RG DJZ **1903** 574; HRR **1939** Nr. 359; 1209.

Walter Gollwitzer

nommen werden mag, unterstützend hinzutritt[1200]. Der Beweiswert der zu erwartenden Aussage darf nicht nur zweifelhaft erscheinen; es muß schon im vorhinein eindeutig erkennbar sein, daß das Beweismittel keinen Einfluß auf die Überzeugungsbildung haben kann, seine Verwendung also zwecklos ist. Es liegt auf der Hand, daß dies nur in seltenen Ausnahmefällen mit der nötigen Sicherheit vorher feststellbar ist[1201].

293   Das Gericht verletzt Absatz 3 Satz 2 und zugleich die **Aufklärungspflicht**, wenn es die Vernehmung des Zeugen allein um deswillen ablehnt, weil einer oder mehrere Gründe vorliegen, die den Beweiswert des benannten Zeugen **zweifelhaft** erscheinen lassen. Es muß gegebenenfalls unter Heranziehung aller verfügbaren Erkenntnisquellen (Freibeweis, Rdn. 277) aufklären, ob weitere Tatsachen feststellbar sind, die die völlige Ungeeignetheit des Beweismittels sicher belegen, oder es darf diesen Ablehnungsgrund nicht verwenden. Kommt in Frage, ob die Unglaubwürdigkeit des Zeugen aus einer früheren außergerichtlichen Angabe zu folgern sei, so muß das Gericht den Gegenbeweis zulassen, daß der Zeuge diese Angabe überhaupt nicht oder in einem anderen Sinn gemacht habe[1202].

294   h) Die **Begründung** des Beschlusses, der die Beweiserhebung ablehnt, muß ohne jede Verkürzung oder sinnverfehlende Interpretation der Beweisthematik[1203] alle tatsächlichen Umstände dartun, aus denen das Gericht auf die völlige Wertlosigkeit des angebotenen Beweismittels schließt[1204]. Stützt sich die Annahme der völligen Ungeeignetheit auf die Beziehung zwischen Angeklagten und Zeugen, so sind diese konkret in den hierfür wesentlichen Bereichen und den die Ungeeignetheit belegenden Besonderheiten darzustellen[1205]. Überhaupt müssen die Tatsachen, aus denen das Gericht auf die völlige Wertlosigkeit des Beweismittels schließt, sowie die dafür maßgebenden Überlegungen so konkret mitgeteilt werden, daß der Antragsteller noch in der Hauptverhandlung Gegenvorstellungen erheben und später das Revisionsgericht nachprüfen kann, ob die Annahme der mangelnden Eignung frei von Rechtsfehlern ist.

VII. Beweisanträge auf Vernehmung eines Sachverständigen (Absatz 4)

295   **1. Allgemeines.** Bis zum Vereinheitlichungsgesetz, das den Absatz 4 einfügte, bildete für die Rechtsprechung die allgemeine Lebenserfahrung und die für jedes Gericht verbindliche Pflicht zur vollständigen und wahrheitsgemäßen Aufklärung der Sache die rechtliche Grundlage für die Entscheidung über Anträge auf Vernehmung eines Sachverständigen, wie sie noch jetzt für die Entscheidung der Frage maßgebend ist, ob das Gericht von Amts wegen einen Sachverständigen zuziehen soll. Was Absatz 4 ausdrücklich über die Gründe sagt, aus denen der Antrag auf Vernehmung eines Sachverständigen oder der Antrag auf Zuziehung eines weiteren Sachverständigen abgelehnt werden kann, sowie über die Fälle, in denen die Anhörung eines weiteren Sachverständigen geboten ist, entspricht im wesentlichen den Ergebnissen der früheren Rechtsprechung. Diese behält deshalb für die Auslegung des Absatzes 4 ihren Wert. Zwischen der Prüfung, ob die Anhörung eines Sachverständigen von Amts wegen geboten sei, und der durch den Antrag auf Vernehmung eines Sachverständigen veranlaßten Prüfung besteht kein durchgreifender

[1200] Vgl. die kaum zur Verallgemeinerung geeigneten Beispiele aus der Rechtsprechung bei *Alsberg/Nüse/Meyer* 610 ff; ferner KG JR **1983** 479.
[1201] AK-*Schöch* 94; KK-*Herdegen* 78; *Kleinknecht/Meyer-Goßner*[43] 61; KMR-*Paulus* 126; SK-*Schlüchter* 162; *Alsberg/Nüse/Meyer* 611.
[1202] RGSt **51** 124.

[1203] BGHStV **1991** 500; KK-*Herdegen* 80.
[1204] BGH NJW **1989** 1045; JR **1954** 310; VRS **19** (1960) 20; BayObLG MDR **1981** 338; OLG Hamm JMBlNW **1982** 224; OLG Köln VRS **24** (1963) 217; OLG Schleswig SchlHA **1979** 144; *Alsberg/Nüse/Meyer* 760; KK-*Herdegen* 80.
[1205] *Alsberg/Nüse/Meyer* 761.

rechtlicher Unterschied. Er wird meist nur darin liegen, daß dem Gericht mit dem Antrag auf Vernehmung eines Sachverständigen ein Tatsachenstoff unterbreitet wird, der ihm sonst möglicherweise unbekannt bliebe. Bei dem engen und untrennbaren Zusammenhang zwischen den Anforderungen der Aufklärungspflicht und den für das Verfahren gegenüber Beweisanträgen maßgebenden Grundsätzen haben die Ausführungen zu Absatz 2 auch hier Bedeutung.

2. Die Abgrenzung zwischen Sachverständigengutachten und **Zeugenaussage** ist **296** mitunter schwierig, vor allem wenn ein **sachkundiges Zeugnis** begehrt wird. Für die Einvernahme eines sachverständigen Zeugen über sein Zeugenwissen gelten die zusätzlichen Ablehnungsgründe des Absatzes 4 nicht[1206]. Die Einzelheiten sind bei § 85 erörtert.

Die Unterscheidung zwischen **Beweisantrag** und **Beweisermittlungsantrag** ist zu **297** beachten (Rdn. 115 ff). Der vom Verteidiger in der Hauptverhandlung gestellte Antrag, den Angeklagten auf seinen Geisteszustand zu untersuchen, ist nur dann als Beweisantrag aufzufassen, wenn ihm nach den Erklärungen des Verteidigers eine bestimmte Tatsachenbehauptung zugrunde liegt. Trifft das nicht zu, so handelt es sich nur um eine Anregung an das Gericht, Zweifel an der Schuldfähigkeit des Angeklagten von Amts wegen gemäß § 244 Abs. 2 zu klären[1207]. Die Grenzen sind flüssig. Es kann auch ein Beweisantrag vorliegen, der unter Umständen auf so dürftigen Tatsachenstoff gestützt ist, daß das Gericht die eigene Sachkunde bejahen und mit dieser Begründung den Antrag ablehnen darf. Ein Beweisantrag entfällt nicht schon deshalb, weil kein **bestimmter Sachverständiger** namentlich bezeichnet wird. Die Auswahl des Sachverständigen kann dem Gericht überlassen werden[1208].

3. Die allgemeinen Ablehnungsgründe des Absatzes 3, die es dem Gericht gestatten, **298** einen Beweisantrag abzulehnen, gelten auch für den Antrag auf Zuziehung eines Sachverständigen, sofern das Gesetz nicht in besonderen Fällen (Rdn. 323) die Beiziehung zwingend vorgeschrieben hat. Das Gericht kann den Beweisantrag ablehnen, wenn die Beweiserhebung **unzulässig** ist, etwa weil er das Verlangen enthält, der Sachverständige solle unzulässige Beweismethoden anwenden. Es kann den Beweisantrag ferner ablehnen, wenn einer der **Ablehnungsgründe des § 244 Abs. 3 Satz 2** durchgreift.

4. Zusätzliche Ablehnungsgründe des Absatzes 4. Dieser Absatz enthält, wie **299** schon das Wort „auch" zeigt, zusätzliche Ablehnungsgründe, die nur für den Sachverständigenbeweis gelten. Ist keiner der Ablehnungsgründe gegeben, so muß das Gericht den beantragten Sachverständigenbeweis erheben. Es darf ihn ebensowenig wie einen sonstigen Beweisantrag aus anderen als den in Absätzen 3 und 4 vorgesehenen Gründen ablehnen. Die Ausführungen über unzulässige Ablehnungsgründe (Rdn. 186 ff) gelten auch hier.

5. Eigene Sachkunde des Gerichts (Absatz 4 Satz 1)

a) Eigene Sachkunde. Aus der Aufgabe des Sachverständigen, der dem Gericht durch **300** seine Sachkunde die richtige Auswertung der festgestellten Tatsachen ermöglichen soll, ergibt sich, daß das Gericht den **Antrag** auf Zuziehung eines Sachverständigen **ablehnen**

[1206] BGH StV **1982** 102; **1985** 314; **1990** 438; bei *Miebach/Kusch* NStZ **1991** 121; AK-*Schöch* 122; SK-*Schlüchter* 133.

[1207] BGH JR **1951** 509; bei *Holtz* MDR **1980** 987; vgl. Rdn. 76 ff; 105.
[1208] OLG Hamm MDR **1976** 338; Rdn. 110.

darf, wenn es selbst die erforderliche Sachkunde hat. Eine befriedigende Erfüllung der Aufgaben der Strafrechtspflege ist nur gesichert, wenn der Richter sein Amt im Vertrauen auf das eigene selbständige Urteil und mit dem Mut zur Verantwortung ausübt. Weisen Lebenserfahrung, Menschenkenntnis und Mitgefühl des Richters für sich allein den rechten Weg zu Erforschung der Wahrheit, so ist eine Einwirkung auf die gerichtliche Entscheidung durch die Meinungsäußerung eines Sachverständigen nicht nur überflüssig, sondern verfehlt. Andererseits obliegt es dem Gericht, in strenger Gewissenhaftigkeit darauf zu achten, daß es seine Feststellungen auf eine zuverlässige Unterlage aufbaue und nicht durch eine Überschätzung seiner Fähigkeit und Kenntnisse fehlgreife. Diese Gefahr besteht vor allem, wenn eine sichere Beurteilung neben theoretischen Kenntnissen auch ein nur durch praktische Anwendung und Ausbildung zu erwerbendes **Anwendungs- und Auswertungswissen** erfordert[1209]. Nur wenn es selbst die unbedingte Gewißheit hat, daß die eigene Sachkunde unter den gegebenen Verhältnissen ausreicht, alle für die Beurteilung wesentlichen Gesichtspunkte in ihrer vollen Tragweite zu erkennen und zutreffend zu würdigen, darf es bei Fragen, die ein außerjuristisches Spezialwissen voraussetzen, von der Zuziehung eines Sachverständigen absehen[1210]. Ob dies schon gilt, wenn nur ein Richter zweifelt, ob die besondere Fachkunde seiner Kollegen ausreicht, ist strittig[1211]. Dem Antrag, einen Sachverständigen zu hören, braucht es nur dann keine Folge zu geben, wenn es annehmen darf, daß es — spätestens zum Zeitpunkt der Entscheidung — das dafür erforderliche **sichere eigene Fachwissen** besitzt[1212]. Unerheblich ist, ob dieses Wissen dienstlich oder außerdienstlich erworben wurde[1213]. Dies ist auch noch während der laufenden Verhandlung möglich, so etwa durch formlose Heranziehung des einschlägigen Fachschrifttums[1214] oder durch die Aussage eines Sachverständigen oder sachverständigen Zeugen[1215] oder auch eines in der Hauptverhandlung gehörten Gutachters, dem es sich nicht anschließt[1216]. Ist dagegen für die Vermittlung des Fachwissens ein Sachverständiger erforderlich, so ist dies dem Strengbeweisverfahren der Hauptverhandlung vorbehalten[1217].

301　　**b)** Die **Entscheidung** darüber, ob die eigene Sachkunde des Gerichts die Zuziehung eines Sachverständigen entbehrlich macht, erfordert bei **Kollegialgerichten keine Ein-**

[1209] KK-*Herdegen* 27; ähnlich AK-*Schöch* 123; SK-*Schlüchter* 42; etwa auch BGH NJW **1959** 2315; MDR **1978** 42; bei *Pfeiffer/Miebach* NStZ **1983** 357; **1984** 211; OLG Hamm NJW **1978** 1210; vgl. *Alsberg/Nüse/Meyer* 698 und bei Rdn. 72.

[1210] BGHSt **23** 12; BGH NStZ **1984** 178; bei *Spiegel* DAR **1978** 158; *Pfeiffer/Miebach* NStZ **1984** 211; BayObLGSt **1994** 103 (Irreführung der Verbraucher); *Alsberg/Nüse/Meyer* 698; *Mösl* DRiZ **1970** 111; AK-*Schöch* 123; KK-*Herdegen* 27; KMR-*Paulus* 467; vgl. Rdn. 72; 304.

[1211] *Eb. Schmidt* Nachtr. I 24; *Jessnitzer* 115 bejahen dies; vgl. dazu Rdn. 301.

[1212] *Alsberg/Nüse/Meyer* 696; der zu Recht darauf hinweist, daß es nur darauf ankommt, ob das Gericht die erforderliche Sachkunde tatsächlich hat; ob es sie sich nach der Lebenserfahrung zutrauen durfte, wie verschiedentlich in der Rechtsprechung angenommen wird, betrifft nur die Anforderung, die an den Nachweis der Sachkunde gestellt wird; vgl. etwa BayObLG DAR **1956** 324; OLG Celle DAR **1957** 161; OLG Düsseldorf VRS **65** (1983) 375; OLG Hamm NJW **1978** 1210; KG VRS **5** (1953) 366; **8** (1955) 302; OLG Köln MDR **1953** 377; OLG Oldenburg DAR **1958** 244.

[1213] RG LZ **1915** 631; BGH bei *Pfeiffer* NStZ **1982** 189; *Alsberg/Nüse/Meyer* 698; AK-*Schöch* 124; KK-*Herdegen* 27; *Kleinknecht/Meyer-Goßner*43 73; KMR-*Paulus* 467.

[1214] *Alsberg/Nüse/Meyer* 698; KK-*Herdegen* 27, die jedoch auch auf die Grenzen hinweisen, die dem Erwerb der Sachkunde aus der Literatur gesetzt sind; vgl. die Nachw. Rdn. 72.

[1215] BGH bei *Pfeiffer* NStZ **1982** 189; bei *Pfeiffer/Miebach* **1984** 211; bei *Spiegel* DAR **1983** 205; KK-*Herdegen* 27; *Kleinknecht/Meyer-Goßner*43 73.

[1216] BGH NStZ **1984** 467; **1985** 421; bei *Holtz* MDR **1985** 629.

[1217] A. A OLG Hamm NJW **1978** 1210, das noch während der Beratung die informelle Befragung eines Sachverständigen für zulässig hielt; dagegen *Alsberg/Nüse/Meyer* 699; AK-*Schöch* 124; KK-*Herdegen* 29; *Kleinknecht/Meyer-Goßner*43 73; SK-*Schlüchter* 135.

stimmigkeit[1218]. Die Frage ist strittig. Der Bundesgerichtshof[1219] ist der Ansicht, daß nicht alle Richter im gleichen Maße sachkundig zu sein bräuchten. Das Gericht könne vielmehr, wenn die Beurteilung des Sachverhalts besondere Sachkunde erfordere, einen Beweisantrag auf Vernehmung eines Sachverständigen auch dann ablehnen, wenn nur einer oder einige der zum Spruchkörper gehörenden Richter die erforderliche Sachkunde hätten. Der nicht sachkundige Teil des Gerichts könne die erforderliche Sachkunde dadurch erlangen, daß er von dem sachverständigen Teil des Gerichts unterrichtet werde. Das brauche nicht notwendig in öffentlicher Verhandlung und in Gegenwart aller Verfahrensbeteiligten zu geschehen[1220]. Dem ist zuzustimmen. Es muß genügen, wenn ein Mitglied des Gerichts der für die jeweilige Entscheidung erforderliche die notwendige Sachkunde vermittelt. Erfahrung und Wissen sind unter den Mitgliedern eines Kollegialgerichts verschieden verteilt. Einzelne Arten des Wissens und der Erfahrung, etwa juristisches, technisches, naturwissenschaftliches Wissen, lassen sich oft nur schwer unterscheiden, weil die Übergänge fließend sind und sich häufig rechtliche Erkenntnisse mit solchen anderer Art mischen. Wollte man es als unzulässig ansehen, daß die größere Erfahrung oder das umfangreichere Wissen eines von mehreren Mitgliedern eines Gerichts auf die Überzeugungsbildung des ganzen Gerichts in der Weise wirken, daß es dem einen Mitglied in der Beratung gelingt, die übrigen von der Richtigkeit seiner Erfahrung oder der Güte und Zuverlässigkeit seines Wissens oder seiner Erkenntnisse zu überzeugen, müßte man die geheime Beratung überhaupt beseitigen. Es müßte konsequenterweise dann auch gefordert werden, daß für die Zuziehung eines Sachverständigen von Amts wegen schon das Votum eines einzelnen Richters und nicht ein Beschluß der Mehrheit ausschlaggebend ist.

c) Nachweis der eigenen Sachkunde. In der **Hauptverhandlung** braucht das Gericht **302** die in Anspruch genommene eigene Sachkunde und ihre Quellen nicht zur Erörterung stellen. Wenn es sein Spezialwissen für die Urteilsfindung nutzt, liegt darin keine Beweiserhebung, zu der es die Verfahrensbeteiligten im einzelnen hören müßte[1221]. Es genügt, wenn diese aus der Abweisung des Antrags ersehen, daß das Gericht die unter Beweis gestellten Nachfragen aus eigener Sachkunde entscheiden will. Auch der **Ablehnungsbeschluß** braucht nicht im einzelnen darzulegen, weshalb das Gericht das eigene Spezialwissen im ausreichenden Maße besitzt[1222]; dies kann in der Regel den Urteilsgründen vorbehalten bleiben.

Die **Urteilsgründe** müssen — sofern die betreffenden Fachfragen das Allgemeinwis- **303** sen des Gerichts überschreiten — ausweisen, daß das Gericht zu Recht diese Sachkunde

---

[1218] RG Recht **1925** Nr. 812; BGHSt **12** 18 = JZ **1959** 130 mit zust. Anm. *Eb. Schmidt;* BGH NStZ **1983** 325; bei *Spiegel* DAR **1938** 206; OLG Hamburg NJW **1964** 559; OLG Köln JR **1958** 350 mit Anm. *Sarstedt;* OLG Stuttgart DAR **1976** 23; *Alsberg/Nüse/Meyer* 714; *Kohlhaas* NJW **1962** 1329; *Mösl* DRiZ **1970** 112; *Roxin* § 43, 25; *G. Schäfer* 847; *Eb. Schmidt* Nachtr. I 24; JZ **1961** 585; *Schlüchter* 554.1; *Schorn* GA **1965** 305; AK-*Schöch* 124; KK-*Herdegen* 27; *Kleinknecht/Meyer-Goßner*[43] 73; SK-*Schlüchter* 43. Daß **alle Mitglieder** des Gerichts die Sachkunde besitzen müssen, fordern dagegen *Gössel* § 29 CIII c 9; *Hanack* JZ **1972** 116; *Peters* § 38 IV 1 i; KMR-*Paulus* 466; *Rüping* 506.

[1219] BHGSt **12** 18; vgl. BGHSt **2** 165, wonach die Sachkunde nicht bei allen Mitgliedern des Gerichts

im gleichen Maße vorhanden sein muß, sowie vorst. Fußn.

[1220] A. A OLG Köln JR **1958** 350 mit Anm. *Sarstedt.*

[1221] *Alsberg/Nüse/Meyer* 716; *Hanack* JZ **1972** 116; SK-*Schlüchter* 42; 43; **a.** A OLG Köln JR **1958** 350 mit Anm. *Sarstedt; Gössel* § 29 III b 9; KMR-*Paulus* 467; 468.

[1222] BGHSt **12** 20; BGH bei *Spiegel* DAR **1978** 157; OLG Zweibrücken VRS **61** (1981) 434; *Döring* JZ **1968** 643; *Hanack* JZ **1972** 116; *Jessnitzer* StV **1982** 177; *Mösl* DRiZ **1970** 112; *Rudolph* Justiz **1969** 26; *Schorn* GA **1965** 305; AK-*Schöch* 125; *Kleinknecht/Meyer-Goßner*[43] 73; **a.** A *Eisenberg* (Beweisrecht) 255; KMR-*Paulus* 465; wohl auch *G. Schäfer* 847.

für sich in Anspruch nahm[1223]. Das ist keine Besonderheit. Auch wenn ein Sachverständiger vernommen wird, dürfen sich die Urteilsgründe in der Regel nicht darauf beschränken, das Ergebnis der Begutachtung mitzuteilen und zu vermerken, daß sich das Gericht dem angeschlossen habe. Die Urteilsgründe müssen vielmehr die vom Gericht für zutreffend erachteten Darlegungen des Sachverständigen in ihren Grundzügen wiedergeben, damit das Revisionsgericht erforderlichenfalls nachprüfen kann, ob sie von den richtigen rechtlichen Vorstellungen ausgehen[1224]. In ähnlicher Weise müssen, wenn das Gericht wegen eigner Sachkunde von der Vernehmung eines Sachverständigen absieht, die Urteilsgründe diejenigen Ausführungen enthalten, aus denen das Revisionsgericht entnehmen kann, daß sich der Tatrichter zu Recht die erforderliche Sachkunde zugetraut hat. Notwendigkeit und Umfang solcher Darlegungen richten sich nach der Schwierigkeit der Beweisfrage und nach Art und Ausmaß der auf dem fremden Wissensgebiet beanspruchten Sachkunde[1225].

304   Bei einem Wissensgebiet, das eine besondere, langjährige Ausbildung voraussetzt, sind die **Anforderungen an die Darlegungspflicht** besonders hoch, während bei Fragen, die zum Allgemeinwissen des Richters gehören und die keine über die allgemeine Lebenserfahrung hinausgehende Spezialkenntnisse erfordern, besondere Darlegungen zur Sachkunde sich erübrigen können[1226]. Solche sind aber stets notwendig, wenn das Gericht schon vorher durch sein eigenes Verhalten zum Ausdruck gebracht hat, daß es an der eigenen Sachkunde zweifelte, etwa durch Bestellung eines dann nicht gehörten Gutachters[1227] oder bei Abweichen von der Ansicht des Gutachters[1228]. Die Quelle der eigenen Sachkunde braucht das Gericht in der Regel nicht anzugeben, sofern dies nicht notwendig ist, um die eigene Sachkunde darzutun[1229].

305   **d) Einzelfälle.** Wenn es demnach ganz auf die Umstände des einzelnen Falles ankommt, kann das **Zutrauen zur eigenen Sachkunde** selbst dann begründet sein, wenn die **Schuldfähigkeit** des Angeklagten (§§ 20, 21 StGB) zu ermitteln ist[1230]. Doch setzt hier jedes Anzeichen dafür, daß die Tat im Widerspruch mit der Persönlichkeit des Täters steht oder daß die Lebensgeschichte des Täters oder sein Verhalten erheblich von normalen Verhaltensweisen abweicht, dem Ermessen des Gerichts Schranken; denn ein hierüber

---

[1223] BGHSt **12** 18 = JZ **1959** 130 mit Anm. *Eb. Schmidt*; BGH NJW **1953** 1559; NStZ **1983** 325; **1984** 211; **1985** 421; **1987** 503; VRS **35** (1968) 133; StV **1981** 394; **1982** 55; **1982** 101; **1986** 466; **1987** 374 mit Anm. *Peters*; **1991** 405 mit Anm. *Blau*; BGH bei *Dallinger* MDR **1970** 732; bei *Holtz* MDR **1977** 459; bei *Spiegel* DAR **1982** 206; **1983** 205; BayObLG bei *Rüth* DAR **1981** 249; KG VRS **8** (1955) 298; **11** (1956) 217; **14** (1958) 37; OLG Bremen DAR **1963** 170; OLG Celle NJW **1957** 73; DAR **1968** 23; OLG Düsseldorf VRS **65** (1983) 375; OLG Frankfurt GA **1970** 286; OLG Hamburg VRS **22** (1962) 473; OLG Hamm JMBlNW **1965** 58; NJW **1970** 907; VRS **42** (1972) 215; **45** (1973) 287; **51** (1976) 31; OLG Koblenz VRS **48** (1975) 35; **49** (1975) 374; OLG Köln JR **1958** 350 mit Anm. *Sarstedt*; DAR **1957** 53; MDR **1981** 598; OLG Oldenburg DAR **1958** 244; OLG Saarbrücken VRS **44** (1973) 304; **49** (1975) 376; OLG Schleswig bei *Ernesti/Jürgensen* SchlHA **1970** 198; OLG Stuttgart NJW **1981** 2525; OLG Zweibrücken VRS **61** (1981) 434; *Sarstedt/Hamm*[6] 783; AK-*Schöch* 125; KK-*Herdegen* 28; *Kleinknecht/Meyer-Goßner*[43] 73; SK-*Schlüchter* 44.

[1224] BGHSt **7** 238; *Alsberg/Nüse/Meyer* 715; *Niemöller* StV **1984** 437; vgl. die Nachw. in der vorstehenden Fußn. und bei den §§ 261 und 267.

[1225] BGHSt **12** 18; ferner etwa BGH NStZ **1983** 325; **1984** 178; bei *Pfeiffer/Miebach* NStZ **1984** 210; 211; KG VRS **67** (1984) 258; vgl. Fußn. 1223 und Rdn. 308.

[1226] BGHSt **12** 18; NStZ **1983** 325; StV **1984** 232; **1989** 331 mit Anm. *Wasserburg*; **1991** 553; *Alsberg/Nüse/Meyer* 715; OLG Düsseldorf VRS **60** (1981) 123; **65** (1983) 375; OLG Koblenz VRS **46** (1974) 31; **48** (1975) 35; OLG Köln OLGSt § 21 StGB, 33; OLG Saarbrücken VRS **44** (1973) 304; **49** (1975) 376; *Herdegen* FS Boujong 787; *Kleinknecht/Meyer-Goßner*[43] 73; SK-*Schlüchter* 44.

[1227] BGH nach *Kleinknecht/Meyer-Goßner*[43] 73; *Alsberg/Nüse/Meyer* 716.

[1228] BGH StV **1993** 234.

[1229] *Alsberg/Nüse/Meyer* 716 (wenn Berufen auf Sachkunde sonst nicht verständlich).

[1230] BGH VRS **39** (1970) 101; bei *Holtz* MDR **1977** 107; *Alsberg/Nüse/Meyer* 705; AK-*Schöch* 127; KK-*Herdegen* 29; *Kleinknecht/Meyer-Goßner*[43] 74 a; vgl. Rdn. 76 ff.

auftauchender Zweifel ruft Fragen hervor, zu deren zuverlässiger Beantwortung oft nicht einmal die allgemeine ärztliche Ausbildung und Betätigung ausreicht, sondern nur die eindringliche Arbeit innerhalb des besonderen Fachs befähigt[1231]. Insbesondere darf das Gericht den Antrag, einen Sachverständigen über den Geisteszustand des Angeklagten zur Zeit der Tat zu vernehmen, nicht mit dem Hinweis auf die eigene Sachkunde ablehnen, obwohl der Angeklagte in der Verhandlung nicht erschienen ist und das Gericht ihn nicht kennt[1232]. Ob bei krankhafter Störung der Geistestätigkeit die Schuldfähigkeit zwar für eine von mehreren Straftaten vermindert, für die andere aber ausgeschlossen gewesen sei, kann das Gericht aus eigener Sachkunde nicht entscheiden[1233]. Die **Einzelfälle**, in denen die Rechtsprechung im Regelfall ein sicheres Spezialwissen des Gerichts verneint, so daß auch die Aufklärungspflicht die Zuziehung eines Sachverständigen erfordert, sind bei den Rdn. 77 ff aufgeführt. Wegen der Frage, ob und wann der Richter sich die Beurteilung der **Glaubwürdigkeit**, vor allem auch bei kindlichen und jugendlichen Zeugen, selbst zutrauen darf oder dem Antrag auf Vernehmung eines Sachverständigen stattgeben muß, wird auf die Ausführungen zu Absatz 2 (Rdn. 82) verwiesen.

6. Anhörung eines weiteren Sachverständigen (Absatz 4 Satz 2)

a) Weiterer Sachverständiger. Bei der Ablehnung des Antrags auf Anhörung eines weiteren Sachverständigen ist das **Gericht freier gestellt** als bei dem Antrag auf Zuziehung des ersten Sachverständigen. Die durch die Anhörung eines Sachverständigen erworbene Sachkunde gibt ihm grundsätzlich die Befugnis, den Antrag abzulehnen, einen weiteren Sachverständigen der gleichen Fachrichtung zur gleichen Beweisfrage zu vernehmen[1234]. Soll ein Gutachter einer anderen Fachrichtung zu einem von der Sachkompetenz des bisherigen Gutachters nicht voll abgedeckten Gesichtspunkt des Beweisthemas gehört werden, liegt kein Antrag auf Vernehmung eines weiteren Sachverständigen vor; anders aber, wenn beide Gutachter hinsichtlich der gleichen Beweisfrage die gleiche Fachkunde haben[1235]. Ein Sachverständiger, der für ein anderes Beweisthema benannt wird, ist kein weiterer Sachverständiger[1236].

306

Der Antrag, einen weiteren Sachverständigen zuzuziehen, wird mitunter dahin formuliert, ein „**Obergutachten**" einzuholen. Die Strafprozeßordnung kennt den Ausdruck Obergutachten nicht; Schrifttum und Rechtsprechung verwenden diesen Begriff nicht einheitlich, zum Teil wird damit ein zweiter Gutachter gemeint, zum Teil aber auch der Gutachter, der zu widerstreitenden Gutachten Stellung nehmen soll[1237], oder ein Gutachter

307

[1231] RG JW **1932** 3356; RG HRR **1941** Nr. 750; BGH NJW **1964** 2213; NStZ bei *Pfeiffer/Miebach* **1983** 357; **1985** 14; bei *Miebach* **1990** 27; VRS **34** (1968) 273; OLG Düsseldorf StV **1984** 236; OLG Frankfurt GA **1970** 286; AK-*Schöch* 126; KK-*Herdegen* 28; *Kleinknecht/Meyer-Goßner*⁴³ 74 a; SK-*Schlüchter* 45; vgl. Rdn. 77 ff.

[1232] RG JW **1931** 1493 mit Anm. *Alsberg; Alsberg/ Nüse/Meyer* 794.

[1233] RG HRR **1939** Nr. 1448.

[1234] BGH NJW **1951** 120; MDR **1984** 682; BGH bei *Dallinger* MDR **1972** 95; **1975** 24; bei *Pfeiffer* NStZ **1982** 189; bei *Pfeiffer/Miebach* NStZ **1984** 211; bei *Spiegel* DAR **1978** 157; **1982** 205; OLG Hamburg VRS **56** (1979) 457; *Alsberg/Nüse/Meyer* 722 f mit weit. Nachw.; ferner die Nachw. in nachf. Fußn.

[1235] BGHSt **34** 355 = NStZ **1988** 85 mit Anm. *Meyer* (Psychiater/Psychologe); BGHSt **39** 49 = JR **1993** 335 mit Anm. *Graul* = StV **1993** 343 mit Anm. *Herzog* (Blutgruppensachverständiger/DNA-Sachverständiger bei Blutspuren); BHG NJW **1990** 2945 (nicht Neurologe/Psychiater); vgl. auch BGH StV **1994** 229 (nicht Gynäkologe/Psychiater); ferner RG JW **1931** 949 mit Anm. *Beling; Alsberg/ Nüse/Meyer* 720; AK-*Schöch* 131; *Kleinknecht/ Meyer-Goßner*⁴³ 75; SK-*Schlüchter* 136.

[1236] BGH bei *Miebach/Kusch* NStZ **1991** 121.

[1237] Vgl. *Alsberg/Nüse/Meyer* 720 mit weit. Nachw.; *Friedrichs* DRiZ **1971** 312; *Rudolph* Justiz **1969** 52; *Tröndle* JZ **1969** 376. Die auch wegen der darin liegenden Bewertung der Gutachter mißliche Bezeichnung sollte nicht verwendet werden. AK-*Schöch* 131.

mit besonderer Qualifikation[1238]. Es kann damit auch nur eine Anhörung zur weiteren Sachaufklärung verbunden sein[1239]. Zweifel hinsichtlich des Gewollten sind deshalb durch Befragen des Antragstellers zu klären.

308 b) Die **Befugnis zur Ablehnung** besteht auch dann, wenn behauptet wird, der neu benannte Sachverständige komme zu einem **anderen Ergebnis**[1240], und sie gilt sogar, wenn das Gericht auf Grund des früheren Gutachtens das **Gegenteil der behaupteten Tatsache** für erwiesen hält. Dies gilt auch für schwierige, nur kraft fachwissenschaftlicher Kenntnis zu beantwortende Fragen[1241], setzt aber voraus, daß das Gericht — und sei es auch nur durch das bisherige Gutachten — ein hinreichend gesichertes **eigenes Fachwissen** bezüglich der Beweisfrage erlangt hat. Diese Überzeugung muß aber allein auf Grund des früheren Gutachtens gewonnen worden sein, auf andere Beweismittel oder auf eine Gesamtwürdigung aller Beweismittel darf sie wegen der darin liegenden Beweisantizipation nicht gestützt werden[1242]. Bei der Beurteilung, ob die eigene Sachkunde dies auch ohne Vermittlung **zusätzlichen Kontrollwissens** durch den weiteren Gutachter erlaubt, muß das Gericht einen strengen Maßstab anlegen[1243]. Reicht die Sachkunde, die sich das Gericht erst durch Anhörung eines Sachverständigen verschafft hat, zur sicheren Beurteilung des Sachverhalts nicht aus, dann hat das Gericht nicht die Befugnis, den Antrag auf Vernehmung eines weiteren Sachverständigen mit der Begründung abzulehnen, daß das Gegenteil der behaupteten Tatsache durch das frühere Gutachten bereits erwiesen sei. Dieser ohnehin nur beim Antrag auf Anhören eines weiteren Sachverständigen zulässige Ablehnungsgrund[1244] setzt voraus, daß das Erstgutachten in jeder Hinsicht in seinem **Beweiswert nicht geschmälert** ist, vor allem, daß es seinem Inhalt nach geeignet ist, dem Richter ein für die Beurteilung der Beweisfrage ausreichendes Wissen zu vermitteln[1245].

308a Begegnet die **Richtigkeit des Gutachtens Zweifeln**, etwa weil es von falschen tatsächlichen Voraussetzungen ausgeht (vgl. Rdn. 315 ff) oder weil seine Schlußfolgerungen widersprüchlich sind oder aber auch weil die Sachkunde des früheren Gutachters zweifelhaft ist oder weil der neue Gutachter überlegene Forschungsmittel hat, dann darf das Gericht eine neues Gutachten nicht schon deshalb ablehnen, weil das alte bereits das Gegenteil erwiesen habe. Dies stellt der 2. Halbsatz von Absatz 4 Satz 2 ausdrücklich klar. Die neben den Zweifeln an der Sachkunde aufgeführten Gründe, die zur Beiziehung eines weiteren Sachverständigen führen können, haben aber keine selbständige Bedeutung in dem Sinn, daß sie das Gericht auch dann zur Anhörung eines weiteren Sachverständigen zwingen, wenn es keine Zweifel an der Sachkunde des früheren Gutachters und an der

---

[1238] *Walter/Küper* NJW **1968** 184.

[1239] *Seibert* NJW **1962** 137; in der Regel ist aber der Antrag, einen weiteren Sachverständigen zur gleichen Beweisfrage zu hören, ein echter Beweisantrag, *Alsberg/Nüse/Meyer* 720.

[1240] BGH VRS **67** (1984) 264; bei *Spiegel* DAR **1977** 175; *Alsberg/Nüse/Meyer* 721; KMR-*Paulus* 469.

[1241] RGSt **49** 437; **64** 113; RG JW **1929** 260; OLG Hamburg VRS **56** (1979) 457. Das Beweisantizipationsverbot gilt insoweit nicht; vgl. *Engels* GA **1981** 33; SK-*Schlüchter* 137.

[1242] BGH MDR **1993** 165; VRS **35** (1968) 207; BayObLG bei *Rüth* DAR **1969** 236; *Kleinknecht/Meyer-Goßner*43 75; SK-*Schlüchter* 137.

[1243] BGHSt **5** 36; **23** 12; **39** 52; BayObLGSt **1972** 97; *Mösl* DRiZ **1970** 119; *Eisenberg* (Beweisrecht) 256; KK-*Herdegen* 99; SK-*Schlüchter* 137. Nach *Alsberg/Nüse/Meyer* 728 ist für die Ablehnung eines zweiten Sachverständigen nicht notwendig zu

fordern, daß das Gericht durch das erste Gutachten sachkundig wurde; bei Spezialgebieten, wo dies nicht möglich sei, müßte sonst immer ein weiterer Sachverständiger auf Antrag beigezogen werden. Kann das Gericht aber die Gedankengänge des Sachverständigen nicht nachvollziehen, dann kann es – selbst wenn es dem Erstgutachten folgt – wohl kaum mit der für die Ablehnung einer weiteren Begutachtung erforderlichen Sicherheit das Gegenteil der Beweistatsache für erwiesen halten, noch weniger kann es ohne ein weiteres Gutachten vom Ergebnis des Erstgutachtens abweichen.

[1244] Darin liegt eine durch den zweiten Teil des Satzes 2 wieder eingeschränkte Ausnahme von dem grundsätzlichen Verbot der Vorwegnahme der Beweiswürdigung, Rdn. 183; vgl. *Alsberg/Nüse/Meyer* 721; *Schlüchter* 554.2; SK-*Schlüchter* 137.

[1245] *Alsberg/Nüse/Meyer* 724; vgl. Rdn. 300.

Richtigkeit und Verläßlichkeit seines Gutachtens hat[1246]. Es kann auf Grund der dadurch erlangten eigenen Sachkunde die Beziehung des weiteren Gutachtens dann auch nach dem von Absatz 4 Satz 2 nicht ausgeschlossenen Absatz 4 Satz 1 ablehnen[1247]. Das Gericht, das die Selbständigkeit seines Urteils auch gegenüber einem Sachverständigen zu wahren hat, ist nicht notwendigerweise verpflichtet, einen weiteren Gutachter zu hören, wenn es dem ersten Gutachter nicht folgen will[1248]. Es darf die durch das Gutachten gewonnene Sachkunde auch benützen, um damit eine **abweichende eigene Meinung** zu stützen. An die dafür zu fordernde Sachkunde und ihre **Darlegung in den Urteilsgründen** wird dann jedoch ein strenger Maßstab anzulegen sein[1249]. Die Begründung darf sich nicht mit allgemeinen Erwägungen begnügen, sondern muß die tragenden Ausführungen des Sachverständigen wiedergeben und sich bei der Begründung seiner Gegenansicht mit ihnen in einer den jeweiligen fachlichen Anforderungen genügenden Argumentation auseinandersetzen[1250].

Ist die **Begutachtung besonders schwierig**, weil die Beweisfrage außergewöhnliche **309** Fachkenntnisse oder komplizierte Untersuchungen erfordert, so kann der Beweisantrag auf Zuziehung eines weiteren Sachverständigen in der Regel nicht abgelehnt werden. Zum Ausschluß etwaiger Fehlerquellen und zur vollen Aufklärung komplexer Sachfragen kann dann die Anhörung eines weiteren Gutachters geboten sein, um eine zuverlässige Grundlage für die Beweiswürdigung zu gewinnen[1251]. Dies gilt vor allem bei Untersuchungen und Diagnosen, die erfahrungsgemäß mit einem **besonderen Fehlerrisiko** behaftet sind, auch wenn keine Zweifel an der Sachkunde des ersten Gutachters und seinen Forschungsmitteln bestehen. In solchen Ausnahmefällen erscheint es auch so gut wie ausgeschlossen, daß das Gericht durch das erste Gutachten sichere Sachkunde in einem solchen Maße erlangt haben kann, daß es den Antrag einer weiteren Begutachtung wegen Erwiesenheit des Gegenteils ablehnen darf[1252]. Im übrigen nötigt die Tatsache allein, daß zwei Gutachter sich widersprechen, das Gericht nicht schon zur Zuziehung eines dritten Sachverständigen. Auf Grund der gewonnenen Sachkunde kann es sich einem Gutachten anschließen[1253].

[1246] Vgl. *Sarstedt* NJW **1968** 177.

[1247] BGH bei *Dallinger* MDR **1972** 925; **1975** 24; bei *Pfeiffer* NStZ **1982** 189; KMR-*Paulus* 470; SK-*Schlüchter* 137.

[1248] BGHSt **21** 62; BGH VRS **67** (1984) 264; vgl. auch BGHSt **8** 117; ferner BGH NStZ **1984** 278; **1985** 441; bei *Pfeiffer/Miebach* NStZ **1984** 210; *Alsberg/Nüse/Meyer* 724; *Marmann* GA **1953** 144. Einige Entscheidungen fordern die Einholung eines weiteren Gutachtens; vgl. die Nachweise bei *Alsberg/Nüse/Meyer* 721 Fußn. 29; auch KK-*Herdegen* 32 nimmt dies im Regelfall an, da die Voraussetzungen für ein Abweichen kraft eigenen Wissens kaum durch ein im Ergebnis nicht überzeugendes Gutachten gewonnen werden können.

[1249] BGH VRS **7** (1954) 191; **21** (1961) 290; **31** (1966) 107; GA **1977** 275; DRiZ **1973** 61; StV **1984** 241; BGH MDR **1978** 459; **1980** 10; bei *Martin* DAR **1972** 120; bei *Pfeiffer* NStZ **1981** 296; KG VRS **23** (1962) 33; OLG Köln NJW **1967** 1521; JMBlNW **1978** 69; OLG Stuttgart Justiz **1971** 312; vgl. nachf. Fußn.

[1250] BGH GA **1977** 275; DRiZ **1973** 61; NStZ **1983** 377; **1985** 421; **1994** 503; StV **1991** 410; VRS **23** (1964) 350; bei *Dallinger* MDR **1975** 726; bei

Holtz MDR **1977** 459; **1994** 436; bei *Spiegel* DAR **1978** 157; *Alsberg/Nüse/Meyer* 725; *Eisenberg* (Beweisrecht) 255; AK-*Schöch* 130; KK-*Herdegen* 28; *Kleinknecht/Meyer-Goßner*[43] 75; KMR-*Paulus* 471; SK-*Schlüchter* 137; vgl. bei § 267.

[1251] BGHSt **10** 118; **23** 8; 187; BGH NStZ **1984** 278; BayObLGSt **1955** 262 = NJW **1956** 1001; OLG Celle NJW **1974** 616; OLG Hamburg NJW **1968** 2303; OLG Koblenz VRS **66** (1984) 369; OLG Oldenburg VRS **46** (1974) 198; vgl. Rdn. 80. *Alsberg/Nüse/Meyer* 737; KK-*Herdegen* 99 (Ersatz für erforderliches Minimum an Kontrollwissen); ferner AK-*Schöch* 131; *Kleinknecht/Meyer-Goßner*[43] 77; KMR-*Paulus* 471. Ob der Ablehnung eines solchen Beweisantrags nur § 244 Abs. 2 oder auch § 244 Abs. 4 Satz 2 entgegensteht, dürfte hier kaum praktische Auswirkung haben.

[1252] BGH GA **1977** 275; StV **1997** 6; *Alsberg/Nüse/Meyer* 726; KMR-*Paulus* 471; vgl. Rdn. 313; Vor § 72.

[1253] RG HRR **1939** 603; BGH MDR **1980** 662; bei *Dallinger* MDR **1970** 732; bei *Holtz* **1977** 810; bei *Spiegel* DAR **1978** 157; **1982** 205; AK-*Schöch* 131; KK-*Herdegen* 32; SK-*Schlüchter* 137; *Alsberg/Nüse/Meyer* 726 mit weit. Nachw.

310   **c) Zweifel an der Sachkunde** des früheren Gutachters lassen notwendigerweise auch die von ihm abgeleitete Sachkunde des Gerichts zweifelhaft werden. Eine gesicherte Überzeugung, die es rechtfertigen könnte, das Gegenteil der Beweistatsache bereits aufgrund des Gutachters für erwiesen zu behandeln, besteht also nicht. Weigert sich der Sachverständige „aus Wettbewerbsgründen" die seinem Gutachten zugrundeliegenden Methoden und Testverfahren offenzulegen, so daß das Gericht seine Ergebnisse und Überlegungen nicht nachvollziehen kann, so mag das zwar für sich allein noch keine Zweifel an der Sachkunde begründen. Die **mangelnde Überprüfbarkeit** des Gutachtens gibt aber regelmäßig Anlaß, einen weiteren Gutachter zuzuziehen[1254]. Zweifelt das Gericht selbst an der Sachkunde des ersten Gutachters, sind die Gründe letztlich gleichgültig, denn es kann die Ablehnung nicht mit einem Gutachten begründen, von dessen Richtigkeit es selbst nicht völlig überzeugt ist. Im übrigen aber ist vom Standpunkt eines vernünftigen, unvoreingenommenen Beobachters aus zu beurteilen, ob unter den gegebenen Umständen hinreichender Anlaß für Zweifel bestand.

311   Die **Gründe für den Zweifel** können in den von Satz 2 aufgeführten Umständen oder in augenfälligen **Mängeln des Gutachtens** wurzeln oder aus in der **Person des Sachverständigen** zutage getretenen Auffälligkeiten hergeleitet werden[1255]. Die Zweifel können sich aber auch darauf gründen, daß nicht gesichert erscheint, daß er nach beruflichem Werdegang, Tätigkeit und Fachrichtung die für das konkrete Gutachten erforderliche **spezielle Fachkunde** besitzt[1256]. Dies kann die Fälle einschließen, in denen sich das Arbeitsgebiet des Gutachters als zu stark oder zu gering spezialisiert erweist[1257] oder der Sachverständige **einseitig** eine in seinem Fachgebiet **umstrittene oder abgelehnte wissenschaftliche Richtung (Außenseitermeinung)** vertritt[1258]. Wenn sich zum Beispiel der vor Gericht vernommene Sachverständige, obwohl in der Wissenschaft verschiedene Heilweisen vertreten werden, als Anhänger einer bestimmten Heilbehandlung bekennt, ist in der Rechtsprechung anerkannt, daß in einem solchen Fall die Anhörung der Vertreter verschiedener Heilweisen als Sachverständige geboten sein kann[1259]. Dies bedeutet aber nicht, daß in wissenschaftlichen Streitfragen immer mehrere Sachverständige aus verschiedenen Schulen gehört werden müssen[1260]. Ob ein einzelnes Gutachten ausreicht, hängt von den jeweiligen Umständen, nicht zuletzt vom Inhalt des Gutachtens ab. Daß ein Sachverständiger bestimmte Untersuchungsmethoden angewandt oder nicht angewandt hat, rechtfertigt in der Regel noch keine Zweifel an seiner Sachkunde[1261]. In Bereichen, in denen sich die Kompetenzen verschiedener Fachrichtungen überschneiden, steht es —

[1254] BGH bei *Dallinger* MDR **1976** 17; AK-*Schöch* 133; KK-*Herdegen* 99; KMR-*Paulus* 473.

[1255] Vgl. etwa BGH NJW **1951** 412; RG JW **1932** 3358 mit Anm. *Bohne* (Ignoranz); KK-*Herdegen* 100; *Eb. Schmidt* 70.

[1256] Vgl. *Alsberg/Nüse/Meyer* 729 mit zahlreichen Nachweisen zu Einzelfragen; ferner KK-*Herdegen* 100; Rdn. 319 ff.

[1257] Zur Ambivalenz bei der Bewertung der Spezialisierung vgl. *Eb. Schmidt* 70; 71. Die Landgerichtsärzte in Bayern sind in der Regel für die Begutachtung des Geisteszustands einer Person qualifiziert, BGHSt **8** 76; **23** 311 = JR **1971** 116 mit Anm. *Peters*, der Bedenken äußert, bei Nerven- und Geisteskrankheiten Amtsärzte als fachkundig anzusehen. BGH VRS **34** (1968) 344 bejaht dies für Gefängnisärzte; ähnlich für Gerichtsmediziner bzw. beamtete Ärzte OLG Koblenz VRS **36** (1969) 17; OLG Hamm NJW **1971** 1954; anders

Eisenberg (Beweisrecht) 1543; vgl. ferner *Alsberg/Nüse/Meyer* 729; *Kamht* NJW **1971** 1868; KMR-*Paulus* 474; *Reusch* DRiZ **1955** 291.

[1258] RG HRR **1938** Nr. 936; BGH StV **1989** 335 mit Anm. *Schlothauer*; bei *Dallinger* MDR **1976** 17; vgl. auch OLG Hamm NJW **1953** 1077; *Alsberg/Nüse/Meyer* 108; KK-*Herdegen* 100; SK-*Schlüchter* 138; *Eb. Schmidt* 70.

[1259] RG DRiZ **1931** Nr. 215; JW **1932** 3385; vgl. Fußn. 1258; ferner *Dahs/Dahs* 271; *Eb. Schmidt* Nachtr. I § 78, 6.

[1260] BGHSt **23** 187; *Alsberg/Nüse/Meyer* 731; KK-*Herdegen* 33; SK-*Schlüchter* 138.

[1261] BGH GA **1961** 241; NJW **1970** 1242; bei *Pfeiffer* NStZ **1982** 189; bei *Spiegel* DAR **1981** 200; *Alsberg/Nüse/Meyer* 731; *Kleinknecht/Meyer-Goßner*[43] 76; zur Frage überlegener Forschungsmittel vgl. Rdn. 318 ff.

sofern gleich zuverlässige Ergebnisse zu erwarten sind — dem Gericht frei, aus welcher Fachrichtung es das Gutachten wählt[1262]. Daß ein Sachverständiger — vor allem in Grenzbereichen des Wissens oder der Aufklärungsmöglichkeiten — zu keinem bestimmten Ergebnis kommt, rechtfertigt für sich allein noch keine Zweifel an seiner Sachkunde[1263], desgleichen auch nicht, daß ihm die Auslegung einer Gerichtsentscheidung Schwierigkeiten bereitet[1264].

Hat ein Sachverständiger im Laufe des Verfahrens seine **Meinung geändert**, so brauchen sich daraus allein keine Zweifel an seiner Zuverlässigkeit und Sachkunde zu ergeben, sofern er die Gründe dafür auf Befragen einsichtig machen kann[1265]; so auch wenn der Sachverständige in seinem mündlichen Gutachten von einem früheren schriftlichen abweicht, ohne daß nicht erklärbare Widersprüche verbleiben[1266]. Ein Anlaß zu Zweifeln besteht aber, wenn der Sachverständige in seinem ersten Gutachten das Ergebnis als sicher bezeichnet hatte, obwohl ihm damals, für ihn erkennbar, nur unvollständige und unzulängliche Unterlagen zur Verfügung standen, die kein sicheres sachverständiges Urteil erlauben[1267], oder wenn er frühere Untersuchungsergebnisse oder frühere Gutachten mit einem gegenteiligen Ergebnis völlig unerörtert läßt[1268]. Hat das Gericht zu prüfen, ob nicht krankhafte Zustände die Schuldfähigkeit des Täters beeinträchtigt haben, kann nach dem gegenwärtigen Stand der wissenschaftlichen Auseinandersetzung nicht allgemein gesagt werden, daß das Gericht notwendigerweise einen Psychiater oder einen Psychologen als Sachverständigen zuziehen oder daß es beide hören müsse (Rdn. 88). **312**

Anlaß zur **Zuziehung eines weiteren Sachverständigen** oder gar mehrerer Sachverständiger kann — auch unter dem Gesichtspunkt der Aufklärungspflicht — vor allem dann bestehen, wenn Fragen aufgeworfen werden, die wissenschaftlich äußerst strittig sind oder deren Beurteilung mit einem **hohen Fehlerrisiko** behaftet ist[1269]. So können sich bei **Schriftgutachten**, die den Urheber einer Schrift aus Vergleichsschriften ermitteln sollen, leicht Fehlerquellen einschleichen[1270], so daß bei der Bewertung von Schriftgutachten besondere Vorsicht geboten ist[1271]. Steht nur wenig Schriftmaterial zur Verfügung, gebietet in der Regel die Aufklärungspflicht die Zuziehung eines zweiten Sachverständigen[1272]. Gleiches gilt in der Regel, wenn das Schriftgutachten nur an Hand von Fotokopien und nicht der Originale erstellt wurde[1273]. **313**

[1262] BGHSt **34** 355; **39** 49 = JR **1993** 355 mit Anm. *Graul* (Blutgruppenuntersuchung/DNA-Analyse bei Blutspur).
[1263] KK-*Herdegen* 33; SK-*Schlüchter* 137.
[1264] BHGSt **23** 185 (jur. Krankheitsbegriff); AK-*Schöch* 133; *Kleinknecht/Meyer-Goßner*43 76.
[1265] RG HRR **1940** Nr. 203; BGHSt **8** 116; NStZ **1990** 244; BGH bei *Pfeiffer* NStZ **1982** 189; *Alsberg/Nüse/Meyer* 731; *Schorn* GA **1965** 302; *Schlüchter* 554.2; KK-*Herdegen* 33; *Kleinknecht/Meyer-Goßner*43 76; SK-*Schlüchter* 138; 140.
[1266] BGHSt **8** 116; BGH NStZ **1990** 244; **1991** 448; bei *Spiegel* DAR **1988** 230; *Eisenberg* (Beweisrecht) 260; vgl. vorstehende Fußn. und Rdn. 314.
[1267] OLG Braunschweig NdsRpfl. **1953** 149; *Alsberg/Nüse/Meyer* 732; *Eisenberg* (Beweisrecht) 258.
[1268] BGH bei *Holtz* MDR **1978** 109; *Alsberg/Nüse/Meyer* 732; KK-*Herdegen* 33; SK-*Schlüchter* 138.
[1269] KK-*Herdegen* 33.
[1270] BGHSt **10** 116; OLG Braunschweig NJW **1953** 1035; OLG Celle NJW **1974** 610 mit Anm. *Pfanne* NJW **1974** 439; StV **1981** 608 mit Anm. *Barton*; OLG Köln OLGSt § 244 Abs. 2, 85; NJW **1982**

249; OLG Duisburg JR **1953** 311 mit Anm. *Scheffler*; *Alsberg/Nüse/Meyer* 738; *Dahs/Dahs* 271; *Deitigsmann* JZ **1953** 495; NJW **1957** 1867; *Hekker* NStZ **1990** 463; *Lange* FS II Peters 80; *Langenbruch* JR **1950** 213; *Marmann* GA **1953** 136; *Michel* StV **1983** 251; *Scheffler* DRiZ **1953** 141; *Specht* GA **1955** 133; ferner *Eisenberg* (Beweisrecht) 1965 ff; AK-*Schöch* 133; *Kleinknecht/Meyer-Goßner*43 77 (Aufklärungspflicht). Vgl. Erläuterungen und Schrifttumsverzeichnis zu § 93.
[1271] Zur strittigen Frage, ob das Schriftgutachten ohne Kenntnis der Ermittlungsergebnisse und etwaiger Vorgutachten zu erstatten ist, vgl. etwa OLG Celle NJW **1974** 610 einerseits, *Pfanne* NJW **1974** 1439 andererseits, ferner OLG Celle StV **1981** 608 mit Anm. *Barton*; *Eisenberg* (Beweisrecht) 1969 und bei § 93.
[1272] OLG Celle NJW **1974** 610; OLG Köln NJW **1982** 249; *Eisenberg* (Beweisrecht) 1968. Vgl. Fußn. 1270.
[1273] OLG Celle StV **1981** 608 mit Anm. *Barton*; OLG Köln NJW **1982** 249; *Schlüchter* 554.2; weit. Nachw. § 93.

314   **Widersprüche** des Gutachtens in zentralen Aussagen[1274] schließen, solange sie nicht vom Sachverständigen in einer alle Zweifel an seiner Sachkunde beseitigenden Weise behoben sind, es aus, daß das Gericht seine Ablehnung eines weiteren Sachverständigen auf den Beweiswert dieses Gutachten stützt. Dies gilt vor allem, wenn das in der Hauptverhandlung erstattete mündliche Gutachten in wichtigen Punkten trotz Rückfragen des Gerichts in sich selbst widersprüchlich bleibt. Zweifel an der Sachkunde können sich aber auch daraus ergeben, daß Widersprüche zu einem früheren schriftlichen Gutachten bestehen, die vom Gutachter nicht nachvollziehbar in einer seine Sachkunde nicht in Frage stellenden Form erklärt werden können[1275]. Bleibt das Gutachten in seinen Schlußfolgerungen unklar oder widerspruchsvoll, wird das Gericht in der Regel schon auf Grund seiner Aufklärungspflicht einen weiteren Sachverständigen zuziehen müssen (Rdn. 74, 80). Es kann dann einen Beweisantrag, der das ebenfalls bezweckt, nicht ablehnen.

315   **d)** Ist der Sachverständige von **unzutreffenden tatsächlichen Voraussetzungen** ausgegangen, so kann das Gericht den Antrag auf Anhörung eines weiteren Sachverständigen zwar nicht mit der Begründung ablehnen, daß es auf Grund des bereits erstatteten Gutachtens das Gegenteil der behaupteten Tatsache für erwiesen ansehe (Absatz 4 Satz 1). Das bedeutet aber nicht, daß es einen neuen Sachverständigen zuziehen müßte. Es kann genügen, wenn der alte Sachverständige nach einem entsprechenden Hinweis des Gerichts (Rdn. 317) sein Gutachten auf die vom Gericht für erwiesen erachteten Tatsachen umstellt[1276]. Die Anhörung eines weiteren Sachverständigen ist allerdings dann unerläßlich, wenn die unzutreffenden tatsächlichen Grundlagen des Gutachtens zugleich auch Zweifel an der Sachkunde oder der Zuverlässigkeit des Gutachters[1277] auslösen. Im übrigen ist zu **unterscheiden:**

316   **Unrichtige Befundtatsachen,** das sind Tatsachen, die der Sachverständige nur vermöge seiner Sachkunde wahrnehmen, erschöpfend verstehen oder richtig beurteilen kann, sind Teil des Gutachtens, dessen Wert oder Verläßlichkeit bei falscher Feststellung in Frage gestellt werden kann (vgl. Rdn. 315). Ein Beweisantrag, der auf ihre Korrektur abzielt, kann nicht vom Gericht mit Hinweis auf die durch das Gutachten erlangte Sachkunde abgelehnt werden. Sofern das Gericht — eventuell nach Befragung des Sachverständigen — nicht selbst beurteilen kann, ob das Gutachten von zutreffenden und zureichenden Befundtatsachen getragen wird, kann dies die Bestellung eines zweiten Gutachters erfordern[1278]; mitunter kann aber auch eine Ergänzung des Gutachtens genügen.

317   **Zusatztatsachen,** das sind Tatsachen, zu deren Wahrnehmung und Verständnis es keiner besonderen Sachkunde bedarf, erfordern besonderen Beweis in der Hauptverhandlung[1279]. Bei ihnen muß das Gutachten ohnehin von den Tatsachen ausgehen, die das Gericht für erwiesen erachtet. Stützt der Sachverständige sein Gutachten auf andere Tatsachen, dann zwingt dies noch nicht zur Anhörung eines weiteren Sachverständigen. Die Sachkunde und Zuverlässigkeit des Gutachtens wird dadurch in der Regel nicht zweifelhaft. Es genügt dann, daß das Gericht, was ohnehin seine Aufgabe ist, dem Sachverständi-

---

[1274] *Eisenberg* (Beweisrecht) 260; enger BGH NStZ **1990** 244 („in entscheidenden Punkten").

[1275] So etwa SK-*Schlüchter* 140; weit. Nachw. Rdn. 312.

[1276] *Alsberg/Nüse/Meyer* 732; KK-*Herdegen* 101; KMR-*Paulus* 475; *Sarstedt* NJW **1968** 177; DAR **1964** 313; *G. Schäfer* 848.

[1277] RG HRR **1937** Nr. 1625; *Alsberg/Nüse/Meyer* 732; *Eisenberg* (Beweisrecht) 259; KK-*Herdegen* 101; SK-*Schlüchter* 139.

[1278] BGH NJW **1951** 412; BGHR § 244 Abs. 4 Satz 1 Sachkunde 5; *Eisenberg* (Beweisrecht) 259; AK-*Schöch* 134; KK-*Herdegen* 101; SK-*Schlüchter* 139; anders *Pfeiffer/Fischer* 44.

[1279] Vgl. bei § 250; ferner zu den Begriffen § 79.

gen eröffnet, welche Tatsachen es für erwiesen hält oder welche tatsächlichen Möglichkeiten nach seiner Auffassung gegeben sein können, und ihn dann auffordert, sich in seinem Gutachten auch mit diesen Tatsachen auseinanderzusetzen[1280].

e) Die **überlegenen Forschungsmittel** eines weiteren Sachverständigen können, wenn **318** sie eine weitere Aufklärung, vor allem ein zuverlässigeres Gutachten, erwarten lassen[1281], das Gericht verpflichten, einem Beweisantrag auf Zuziehung eines weiteren Gutachters zu entsprechen. Ein solcher Antrag darf abgelehnt werden, wenn die Anwendung der Forschungsmittel gerade für den zu begutachtenden Sachverhalt keine weitere Aufklärung verspricht[1282].

Unter **Forschungsmittel** im Sinne des § 244 Abs. 4 Satz 2 sind Hilfsmittel und **319** Verfahren zu verstehen, deren sich der Sachverständige für seine wissenschaftlichen Untersuchungen bedient[1283], nicht aber sein Ansehen in der wissenschaftlichen Welt, sein Verdienst um die Begründung einer bestimmten Lehre, seine persönlichen Kenntnisse oder Erfahrungen. Wer älter ist und länger im Beruf steht, verfügt nicht allein deswegen über überlegene Forschungsmittel[1284]. Die Überzeugungskraft eines Gutachtens kann zwar von der wissenschaftlichen Autorität des Gutachters abhängen[1285], wird aber dargetan, daß ein anderer Gutachter tatsächlich über überlegene Forschungsmittel und Hilfsmittel verfügt, dann darf sich das Gericht in der Regel eben nicht damit abfinden, daß ein in überzeugender Form erstattetes Gutachten vorliegt, sondern es darf erst nach Einholung eines die Hilfsmittel und technischen Möglichkeiten ausschöpfenden weiteren Gutachtens entscheiden, welcher Meinung im Falle einer Divergenz der Vorrang gebührt. Gegenüber den Erkenntnismittteln eines Gerichtspsychiaters ist die Beobachtung in einem psychiatrischen Krankenhaus für sich allein noch kein überlegenes Forschungsmittel[1286]. Zu den **Hilfsmitteln** rechnen nicht nur die apparative Ausstattung bestimmter Stellen[1287] oder besondere technische Geräte oder eine bestimmte Untersuchungsmethode, sondern auch die Tests, die psychologische

---

[1280] BGH NStZ **1985** 421; *Eisenberg* (Beweisrecht) 259; AK-*Schöch* 134; HK-*Julius* 76; KK-*Herdegen* 101; KMR-*Paulus* 475; *Pfeiffer/Fischer* 44; SK-*Schlüchter* 139.

[1281] Es müssen ernst zu nehmende Anhaltspunkte für die Überlegenheit vorhanden sein, vgl. *Alsberg/Nüse/Meyer* 734.

[1282] Ob die Überlegenheit der Forschungsmittel für die Beweisfrage überhaupt relevant ist, weil davon eine umfassendere oder sicherere Aufklärung einer entscheidungserheblichen Frage erwartet werden kann, hängt vom Einzelfall ab; vgl. KMR-*Paulus* 476 „themenbezogen"; ebenso *Eisenberg* (Beweisrecht) 261; ferner BGH nach *Alsberg/Nüse/Meyer* 735; AK-*Schöch* 136; KK-*Herdegen* 102; *Kleinknecht/Meyer-Goßner*⁴³ 76.

[1283] BGHSt **23** 186; BGH GA **1961** 241; **1962** 371; NStZ **1988** 373; VRS **32** (1967) 266; BGH bei *Dallinger* MDR **1956** 398; bei *Spiegel* DAR **1978** 157; BayObLGSt **1972** 96; **1994** 199; OLG Koblenz VRS **45** (1973) 367; OLG Schleswig bei *Ernesti/Jürgensen* SchlHA **1977** 182; *Alsberg/Nüse/Meyer* 735; *Dahs/Dahs* 272; *G. Schäfer* 848; *Seibert* NJW **1962** 137; AK-*Schöch* 136; KK-*Herdegen* 102; *Kleinknecht/Meyer-Goßner*⁴³ 76; KMR-*Paulus* 477; SK-*Schlüchter* 141.

[1284] BGHSt **23** 186; weit Nachw. Fußn. 1283; **a. A** *Eb. Schmidt* Nachtr. I 72 und FS Schneider 269, der der Überlegenheit des wissenschaftlich bewährten und deshalb eine Autorität bedeutenden Sachverständigen wegen seiner Kenntnisse und seines Erfahrungswissens den Vorrang vor Hilfsmitteln und technischen Verfahren einräumt; ähnlich *Weihrauch* NJW **1970** 1244. Vgl. ferner KK-*Herdegen* 102. In der Regel werden allerdings „überlegene Forschungsmittel" kaum aufgezeigt (vgl. *Sarstedt* NJW **1968** 177; OLG Schleswig bei *Ernesti/Jürgensen* SchlHA **1975** 190). Ob ein kenntnisreicher Sachverständiger mit größerer Erfahrung zuzuziehen ist, richtet sich nach der Aufklärungspflicht; vgl. *Alsberg/Nüse/Meyer* 734 mit weit. Nachw.

[1285] Vgl. BayObLGSt **1957** 134.

[1286] BGHSt **8** 76 = LM § 81 Nr. 3 mit Anm. *Arndt*; BGHSt **23** 187; **23** 311; BGH bei *Spiegel* DAR **1978** 157; OLG Koblenz VRS **48** (1975) 182; *Alsberg/Nüse/Meyer* 736; *Dahs/Dahs* 272; KK-*Herdegen* 102; *Kleinknecht/Meyer-Goßner*⁴³ 76; KMR-*Paulus* 477; SK-*Schlüchter* 141; vgl. aber auch *Rudolph* Justiz **1969** 52.

[1287] Vgl. *Alsberg/Nüse/Meyer* 736; ferner *Dahs/Dahs* 272: Bundes- und Landeskriminalämter für kriminaltechnische Gutachten.

Sachverständige anzuwenden pflegen. Aus der Tatsache, daß ein solcher Sachverständiger einen bestimmten Test nicht angewandt hat, kann jedoch nicht gefolgert werden, der Gutachter habe über dieses Hilfsmittel nicht verfügt[1288]. Wissenschaftliche Veröffentlichungen zu einem einschlägigen Thema sind noch kein überlegenes Forschungsmittel[1289], ebensowenig der Umstand, daß der Angeklagte sich nur von ihm untersuchen lassen will oder daß er die Sprache des Angeklagten versteht[1290].

320   Soweit ein Antrag die Verwertung **neuer Forschungsergebnisse** auf wissenschaftlichem Gebiet verlangt, hat das Gericht zu prüfen, ob diese als hinlänglich gesichert angesehen werden können. **Nur wissenschaftlich anerkannte Verfahren,** die zuverlässige Ergebnisse erwarten lassen, kommen in Betracht[1291]. Mit einem Antrag, der auf die Verwertung solcher Ergebnisse abzielt, hat sich das Gericht in einer für die Beteiligten verständlichen Weise auseinanderzusetzen, die nach den Verfahrensvorschriften möglichen Mittel zur Beschaffung der Unterlagen im Wege des Freibeweises auszuschöpfen[1292], bevor die Verwertbarkeit verneint wird.

321   f) Der **Beschluß**, der den Beweisantrag auf Zuziehung eines weiteren Sachverständigen ablehnt, ist zu begründen. Die Wiederholung des bloßen Gesetzeswortlauts reicht dazu zumindest dann nicht aus, wenn der Antrag konkrete Umstände für die Notwendigkeit einer weiteren Begutachtung anführt, etwa einen der in Satz 2 genannten Fälle[1293]. Werden im Antrag Tatsachen behauptet, die die Sachkunde des Gutachters zweifelhaft erscheinen lassen, dann muß sich das Gericht damit sachlich auseinandersetzen[1294]. Ist behauptet worden, der neue Sachverständige verfüge über neue wissenschaftliche Erkenntnisse oder überlegene Forschungsmittel, dann muß der Beschluß dartun, daß das Gericht dies geprüft und aus welchen Gründen es das Vorliegen überlegener Forschungsmittel oder deren Eignung zur besseren Sachaufklärung im vorliegenden Fall (vgl. Rdn. 318) verneint hat[1295]. Es kann sich dabei nicht auf das erstattete Gutachten berufen, wenn dieses über die angewendeten Forschungsmittel keine oder keine zuverlässige Auskunft gibt[1296].

322   Bei der Entscheidung über den Antrag auf Vernehmung eines weiteren Sachverständigen greift — soweit es um Überprüfung des Gutachtens geht — der Grundsatz durch, daß es unstatthaft ist, das **Beweisergebnis vorwegzunehmen**. Wird der Antrag gestellt, um darzutun, daß der erste Gutachter unzutreffende Tatsachen für die in seinem Gutachten gezogenen Folgerungen verwertet habe, oder soll durch Anwendung überlegener Forschungsmittel einen Irrtum in der Folgerung aufgedeckt werden, ist es in der Regel

---

[1288] BGH GA **1961** 241; StV **1985** 489; *Alsberg/Nüse/Meyer* 736; *Kleinknecht/Meyer-Goßner*[43] 76; KMR-*Paulus* 477; SK-*Schlüchter* 141; vgl. Rdn. 311.

[1289] BGHSt **34** 358; OLG Koblenz VRS **45** (1973) 354; *Alsberg/Nüse/Meyer* 734; AK-*Schöch* 136; *Kleinknecht/Meyer-Goßner*[43] 76; SK-*Schlüchter* 141.

[1290] BGHSt **44** 26; BGH nach *Alsberg/Nüse/Meyer* 735.

[1291] OLG Düsseldorf NJW **1970** 184; *Alsberg/Nüse/Meyer* 735; AK-*Schöch* 136; SK-*Schlüchter* 141.

[1292] RGSt **64** 160; RG JW **1930** 2230; DRiZ **1931** Nr. 455; OLG Düsseldorf NJW **1970** 184.

[1293] KK-*Herdegen* 103, der aber für die Ausnahmefälle einer besonders schwierigen Begutachtung unter Hinweis auf BGH StV **1989** 331 mit Anm. *Wasserburg* eine Pflicht zur Darlegung der Sachkunde im Beschluß auch dann bejaht, wenn im Antrag keine

Tatsachen für die behauptete mangelnde Fachkunde vorgetragen wird. *Alsberg/Nüse/Meyer* 764 hält eine über den Wortlaut hinausreichende Begründung dann für entbehrlich, wenn der Antragsteller ohne Darlegung der Gründe nur allgemein die Zuziehung eines weiteren Sachverständigen fordert (str.; vgl. *Alsberg/Nüse/Meyer* 763 mit weit. Nachw.). Nach BGH bei *Meyer* NJW **1958** 617 genügt in solchen Fällen der Hinweis, daß sich der Sachverständige bereits umfassend geäußert habe.

[1294] OLG Celle NJW **1974** 616; *Alsberg/Nüse/Meyer* 764; KMR-*Paulus* 473.

[1295] BGH NJW **1951** 412; OLG Düsseldorf NJW **1970** 1984; *Alsberg/Nüse/Meyer* 764; AK-*Schöch* 137; KK-*Herdegen* 102.

[1296] BGHSt **10** 118; BGH StV **1989** 141; bei *Pfeiffer/Miebach* NStZ **1985** 494; KK-*Herdegen* 102.

unstatthaft, die Ablehnung des Antrages allein auf Ergebnis oder Inhalt des angegriffenen Gutachtens zu stützen[1297].

7. Notwendigkeit der Zuziehung eines Sachverständigen kraft Gesetzes. Die Ein- **323** schränkung „soweit nichts anderes bestimmt" in Absatz 4 Satz 1 trägt dem Umstand Rechnung, daß das Gesetz die Zuziehung eines Sachverständigen in einigen Fällen zwingend vorschreibt, so bei Einweisung des Beschuldigten in ein öffentliches psychiatrisches Krankenhaus zur Beobachtung zum Zwecke der Vorbereitung eines Gutachtens über den Geisteszustand (§ 81), bei wahrscheinlicher Unterbringung des Angeklagten in einem psychiatrischen Krankenhaus oder einer Entziehungsanstalt oder bei Anordnung der Sicherungsverwahrung (§§ 80 a, 246 a), bei Vergiftungsverdacht (§ 91) und bei Münzverbrechen oder Münzvergehen (§ 92). Ein weiterer Fall, in dem die Entscheidungsfreiheit des Gerichts nicht nur durch den Grundsatz zur vollständigen und wahrheitsgemäßen Aufklärung der Sache eingeschränkt ist, ergibt sich aus § 245. Der zur Hauptverhandlung vorgeladene und erschienene Sachverständige muß — im Falle des § 245 Abs. 2 nur bei entsprechendem Antrag — vernommen werden, sofern nicht einer der Ablehnungsgründe des § 245 Platz greift.

VIII. Augenschein (Absatz 5 Satz 1)

1. Allgemeines. Wenn Absatz 5 Satz 1 bestimmt, daß ein Beweisantrag auf Einnahme **324** des Augenscheins abgelehnt werden kann, wenn der Augenschein nach dem pflichtgemäßen Ermessen des Gerichts zur **Erforschung der Wahrheit** nicht erforderlich ist, spricht er aus, was die Rechtsprechung schon immer angenommen hat[1298]. Im Rahmen seiner Aufklärungspflicht hat das Gericht gegenüber dem Antrag auf Vornahme eines Augenscheins — anders als gegenüber dem Verlangen nach Vernehmung eines Zeugen — grundsätzlich die Freiheit, sein pflichtgemäßes, nur von seiner Aufklärungspflicht bestimmtes Ermessen walten zu lassen[1299]. Einen Augenschein **im Ausland** selbst einzunehmen kann das erkennende Gericht auch deshalb ablehnen, weil es nach innerstaatlichem Recht zu Amtshandlungen auf fremden Staatsgebiet grundsätzlich nicht verpflichtet ist[1300]. Nach allgemeinem Völkerrecht ist es zu einer amtlichen Tätigkeit auf fremdem Territorium auch gar nicht berechtigt, sofern nicht der betreffende ausländische Staat dies für den Einzelfall oder auf Grund einer völkerrechtlichen Vereinbarung über die internationale Rechtshilfe gestattet[1301].

Wird die Vornahme eines Augenscheins nicht zum Beweis einer bestimmten Tatsache, **325** sondern nur begehrt, damit die örtlichen Verhältnisse überhaupt berücksichtigt werden mögen, so folgt die freiere Stellung des Gerichts schon daraus, daß der Antrag als bloßer

---

[1297] RG JW **1931** 1600; **1932** 3095; 3358; DRiZ **1931** Nr. 215; vgl. auch vorstehende Fußn.

[1298] Zur Rechtsprechung bis 1935 (§ 245 Abs. 1 Satz 2 gestattete in der ab 1935 geltenden Fassung die Ablehnung nach freiem Ermessen) vgl. etwa RGSt **14** 278; **21** 225; **31** 138; **47** 103; RG Recht **1902** Nr. 2626; **1911** Nr. 1082; **1920** Nr. 1773; LZ **1914** 933; **1918** 57; JW **1911** 248; **1923** 390; **1925** 796; **1928** 68; **1931** 1492; DRiZ **1926** Nr. 975; *Alsberg/Nüse/Meyer* 740 mit weit. Nachw., auch zur abweichenden Auffassung im damaligen Schrifttum.

[1299] BGH NStZ **1981** 310; **1984** 565; **1988** 88; VRS **20** (1961) 202; **31** (1966) 268; BayObLG bei *Rüth* DAR **1971** 206; OLG Braunschweig VRS **4** (1952) 604; OLG Bremen DAR **1963** 170; OLG Hamm

VRS **22** (1962) 56; **34** (1968) 61; **41** (1971) 136; KG JR **1954** 272 mit Anm. *Sarstedt*; NJW **1980** 952; OLG Köln NJW **1966** 606; *Alsberg/Nüse/Meyer* 740; *Eisenberg* (Beweisrecht) 265; 2228 ff; *Wenskat* 216 ff; AK-*Schöch* 138; KK-*Herdegen* 104, *Kleinknecht/Meyer-Goßner*[43] 78; KMR-*Paulus* 481; SK-*Schlüchter* 142; vgl. ferner Rdn. 50.

[1300] BGH bei *Miebach/Kusch* NStZ **1991** 121; BGHR § 244 Abs. 3 Satz 2 Unerreichbarkeit 7; *Kleinknecht/Meyer-Goßner*[43] 78; SK-*Schlüchter* 143; *Schomburg/Lagodny*[3] IRG vor § 59, 5 a; vgl. auch *Basdorf* StV **1995** 314 und nachf. Fußn.

[1301] Bei der Tendenz zur Ausdehnung der Rechtshilfe in den Staaten der europäischen Union dürfte mit einer solchen Möglichkeit zunehmend zu rechnen sein.

Beweisermittlungsantrag gekennzeichnet ist[1302]. Ob der Antrag, eine bestimmte Sache zu beschlagnahmen und zum Zwecke der Besichtigung herbeizuschaffen, ein Beweisantrag oder ein Beweisermittlungsantrag ist, ist strittig[1303]. Es hängt dies wohl davon ab, ob im Einzelfall Beweisthema und Beweisgegenstand bestimmt bezeichnet werden können (Rdn. 117). Zur Frage, wieweit die Vornahme von **Versuchen** unter die Vorschriften über den Augenscheinsbeweis fällt, siehe Rdn. 15 ff. Keine Augenscheinseinnahme im Sinne des Absatzes 5, sondern Teil der Vernehmung ist das **Betrachten der äußeren Erscheinung** und — soweit sie sich offen darbietet — der körperlichen Beschaffenheit eines Angeklagten[1304] oder eines Zeugen[1305].

326   **2. Präsente Beweisgegenstände.** Verlangt ein Beteiligter, um eine bestimmte Tatsache zu beweisen, daß eine Sache besichtigt werde, die zur Hauptverhandlung bereits herbeigeschafft ist, dann bestimmt sich die Pflicht des Gerichts, den Augenschein auf dieses präsente Beweismittel zu erstrecken, ausschließlich nach § 245 (vgl. insbes. § 245, 22 ff; 52 ff), das Gericht kann diesen Antrag nicht nach pflichtgemäßem Ermessen nach Absatz 5 ablehnen[1306]. Der beantragte Augenschein kann bei präsenten Gegenständen auch nicht durch andere Beweismittel ersetzt werden[1307].

3. Nicht präsente Augenscheinsobjekte

327   **a) Aufklärungspflicht als Richtschnur.** Das Gericht nimmt eine **freiere Stellung** ein, wenn ein Gegenstand erst herbeigeschafft oder der Augenschein außerhalb der Gerichtsstelle, vor allem am Tatort, vorgenommen werden soll. Es darf den **Antrag ablehnen**, wenn es ihn **nach pflichtgemäßem Ermessen** in Würdigung der gesamten Beweislage und des vom Augenschein zu erwartenden zusätzlichen Aufklärungsgewinns zur besseren Erforschung der Wahrheit für entbehrlich hält. Die **Aufklärungspflicht** ist also ausdrücklich zur Richtschnur der Ermessensentscheidung bestimmt (Rdn. 50; 324). Nach den Erfordernissen der Sachaufklärung richtet sich somit auch, ob das erkennende Gericht den Tatort in Augenschein nehmen muß. Der Augenschein ist zwar zulässig, er ist auch in vielen Fällen vorzüglich geeignet, die richtige Auffassung des den Gegenstand der Anklage bildenden Ereignisses zu fördern[1308]. Er ist aber in seiner durch den Mangel gesetzlicher Regelung bedingten Formlosigkeit mit manchen Nachteilen behaftet. Seine Durchführung außerhalb der Gerichtsstelle kann den Geschäftsgang empfindlich belasten. Deshalb bleibt dem Gericht die Freiheit gewahrt, den gerichtlichen Augenschein des Tatorts, sofern die Aufklärung keinen Schaden leidet, durch andere, nach Lage des Einzelfalls gleich zuverlässige Beweismittel zu ersetzen.

[1302] RGSt **31** 138; RG JW **1931** 1942 mit Anm. *Alsberg*; JW **1932** 58; KG JR **1954** 272 mit Anm. *Sarstedt*; OLG Koblenz VRS **49** (1975) 473; *Alsberg/Nüse/Meyer* 40; 78; *Dahs* Hdb. 573; KK-*Herdegen* 104; KMR-*Paulus* 480; SK-*Schlüchter* 142; vgl. Rdn. 115 ff.

[1303] Vgl. *Alsberg/Nüse/Meyer* 87 mit Nachw.

[1304] BGH bei *Dallinger* MDR **1974** 368; OLG Koblenz VRS **48** (1975) 105. Ob ein Augenschein vorliegt, wenn der Angeklagte die Einlassung verweigert, ist strittig, OLG Bremen MDR **1970** 165 nimmt dies an. Vgl. *Eisenberg* (Beweisrecht) 834; SK-*Rogall* Vor § 133, 128; ferner Rdn. 11.

[1305] BGH GA **1965** 108; OLG Schleswig bei *Ernesti/*

Jürgensen SchlHA **1972** 160; auch hier ist strittig, ob dann ein Augenschein vorliegt, wenn der Zeuge die Aussage befugt verweigert, so etwa OLG Hamm MDR **1974** 1036; *Rogall* MDR **1975** 813. Vgl. *Eisenberg* (Beweisrecht) 2313 ff; ferner bei § 52.

[1306] RGSt **21** 226; **65** 307; OLG Hamm VRS **4** (1952) 602; *Alsberg/Nüse/Meyer* 739; KMR-*Paulus* 480; **a. A** RGSt **14** 279.

[1307] *Eb. Schmidt* § 245, 10; ferner die Entscheidungen Fußn. 1299; *Alsberg/Nüse/Meyer* 788 mit weit. Nachw. Vgl. § 245, 70; 77; 78.

[1308] Vgl. BGH MDR **1961** 249; OLG Bremen DAR **1963** 170; KMR-*Paulus* 481.

Als solche **zum Ersatz brauchbare Beweismittel** kommen statt einer Ortsbesichti- **328**
gung u. a. in Betracht: die von einer Behörde für allgemeine Zwecke hergestellten Landkarten, Flugkarten, Ortspläne[1309], Filme, Videoaufnahmen und Lichtbilder[1310], Radaraufnahmen[1311] und Modelle[1312]. Bei den für den Sonderzweck der Untersuchung gefertigten
Tatortskizzen (Unfallskizzen) ist wegen § 250 streitig, wieweit sie hierfür als Augenscheinsobjekt verwendbar sind[1313]. Als Ersatz für den Augenschein durch das erkennende
Gericht können — sofern mit der Aufklärungspflicht vereinbar — auch in Frage kommen
Aussagen von Zeugen, die den zu erhebenden Zustand im amtlichen Auftrag oder ohne
einen solchen wahrgenommen haben[1314], ferner die Niederschriften über einen vom
beauftragten oder ersuchten Richter vorgenommenen Augenschein[1315]. Die Vermittlung
der Ergebnisse des Augenscheins durch einen Zeugen oder Sachverständigen wird sogar
die Regel bilden, wenn der Augenschein an einer den Mitgliedern des Gerichts nicht
zugänglichen Stelle (Hausdach) oder am menschlichen Körper vorgenommen oder eine
körperliche Untersuchung durchgeführt werden soll (vgl. §§ 81 a ff). Zum Austausch
objektiver Beweismittel allgemein vgl. Rdn. 157 ff.

b) Ablehnungsgründe nach Absatz 3. Die Gründe, aus denen das Gericht einen **329**
Beweisantrag nach **§ 244 Abs. 3 ablehnen** darf, rechtfertigen grundsätzlich auch die
Ablehnung eines Antrags auf Einnahme eines Augenscheins[1316]. Der Antrag kann deshalb
abgelehnt werden, wenn der Beweisgegenstand unerreichbar ist[1317] oder wenn er ungeeignet ist, die im Antrag behauptete Beweistatsache zu beweisen[1318]; ferner wenn die vom
Antragsteller gegebene Ortsbeschreibung als zutreffend angenommen werden kann[1319]
oder das Gericht auf Grund eines allgemeinen Erfahrungssatzes die Beweistatsache oder
ihr Gegenteil für allgemeinkundig ansieht[1320]. Darüber hinaus darf es aber auch den
Antrag mit der Begründung ablehnen, daß der beantragte gerichtliche Augenschein von
dem zu besichtigenden Gegenstand oder der zu besichtigenden Örtlichkeit zur Erforschung der Wahrheit nicht erforderlich sei, da deren entscheidungsrelevante Beschaffenheit bereits auf Grund des Ergebnisses der bisherigen Beweisaufnahme zur sicheren Über-

---

[1309] Vgl. BGHSt **22** 347; in der Regel werden die darin dokumentierten Tatsachen allerdings allgemeinkundig sein; vgl. *Eisenberg* (Beweisrecht) 2309.

[1310] Bei den Lichtbildern wird grundsätzlich die Selbständigkeit als Augenscheinsobjekt bejaht; vgl. BGH GA **1968** 305; NStZ **1981** 310; **1984** 565; bei *Pfeiffer/Miebach* **1985** 206; VRS **23** (1962) 91; **27** (1964) 120; OLG Hamm DAR **1957** 51; VRS **44** (1973) 114; NJW **1978** 2406; BayObLGSt **1965** 79 = JR **1966** 389 mit Anm. *Koffka*; OLG Koblenz VRS **44** (1973) 433; **49** (1975) 273; OLG Schleswig NJW **1980** 352 und VRS **64** (1983) 287; *Eb. Schmidt* Nachtr. I § 249, 1; sie können aber auch als Vernehmungshilfsmittel verwendet werden, vgl. OLG Frankfurt VRS **64** (1983) 287; zu den Filmen: BGH bei *Holtz* MDR **1976** 634. Weit. Nachw. § 59, 10, bei § 86 und bei *Alsberg/Nüse/Meyer* 225; 230; *Eisenberg* (Beweisrecht) 2340 ff.

[1311] OLG Hamm VRS **44** (1973) 117.

[1312] RG HRR **1932** Nr. 213; BGH NStZ **1981** 310; vgl. bei § 86 und *Alsberg/Nüse/Meyer* 743; *Eisenberg* (Beweisrecht) 2310.

[1313] Zu den Unfallskizzen vgl. § 86. Bei den amtlichen Skizzen über den Tatort ist streitig, ob diese selbst Augenscheinsobjekt – und damit ein selbständiges

Beweismittel – oder nur das wegen § 250 nicht selbständig verwertbare Protokoll eines nichtrichterlichen Augenscheins sind. Vgl. die Nachweise bei § 86, ferner bei § 250 und *Alsberg/Nüse/Meyer* 225; 459; *Eisenberg* (Beweisrecht) 2307 mit weit. Nachw.

[1314] OLG Hamm VRS **34** (1968) 61; dazu *Hanack* JZ **1970** 261; *Alsberg/Nüse/Meyer* 225; 742. Vgl. *Dahs* Hdb. 574. Nach OLG Stuttgart MDR **1982** 153 gilt dies selbst bei der Beurteilung des pornographischen Charakters eines Films. Zur Problematik des Augenscheinsgehilfen *Rogall* GedS Meyer 399 ff.

[1315] Vgl. §§ 225, 168 d; ferner bei § 86 und § 249.

[1316] Liegen sie vor, ist die Beweisaufnahme in aller Regel zur Sachaufklärung nicht erforderlich, vgl. *Alsberg/Nüse/Meyer* 741; *Gössel* § 29 C III a 10; vgl. OLG Hamm VRS **7** (1954) 131.

[1317] Vgl. Rdn. 261.

[1318] RGSt **47** 106; BGH bei *Martin* DAR **1962** 74; OLG Düsseldorf VRS **60** (1981) 122; Schleswig bei *Ernesti/Lorenzen* SchlHA **1984** 104; vgl. Rdn. 288.

[1319] OLG Dresden JW **1930** 2595.

[1320] BGH DAR **1956** 76 (Erfahrungssatz über Sichtverhältnisse); *Alsberg/Nüse/Meyer* 741.

zeugung des Gerichts feststehe[1321] oder daß es ihn durch eine andere, nunmehr angeordnete Beweiserhebung ersetzen wolle („Surrogat" vgl. Rdn. 327) oder daß es sich von dem Augenschein keine über die verwendeten Beweismittel hinausreichende weitere Sachaufklärung verspreche[1322]. Das **Verbot, die Beweiswürdigung vorwegzunehmen**, gilt insoweit nicht[1323]. Die Aufklärungspflicht zwingt nicht allein deswegen zur Durchführung des Augenscheins, weil der unmittelbare Eindruck, den das Gericht dadurch gewinnt, generell das bessere Beweismittel ist[1324].

330 **c) Erforderlich** ist der Augenschein hingegen, wenn nur auf diesem Wege ein Gegenstand, an den ein Sachverständigengutachten anknüpft, in die Hauptverhandlung eingeführt werden kann[1325]. Er ist ferner geboten, wenn nach der Beweislage von ihm nicht zuletzt wegen seiner Objektivität eine **weiterführende Sachaufklärung** erwartet werden darf, vor allem, wenn er dazu dienen soll, Schlüsse auf einen außerhalb seines Objektes liegenden Umstand zu ziehen, etwa um widersprüchliche Beweisergebnisse abzuklären, aber auch, um eine sichere Beurteilung der Verläßlichkeit einer Zeugenaussage oder eines sonst angezweifelten Beweisergebnisses zu ermöglichen[1326]. Die Aufklärungspflicht schließt insoweit aus, den Augenschein unter Hinweis auf das bisherige Beweisergebnis abzulehnen. Falls ein Beteiligter die Vornahme eines Augenscheins zum Beweis der Unwahrheit der Aussage eines Zeugen über irgendwelche örtlichen Verhältnisse beantragt, darf der Ablehnungsgrund nicht allein aus dem bekämpften Zeugnis entnommen werden[1327]. Das Gericht muß in einem solchen Fall entweder in einem anderen schon gebrauchten Beweismittel einen sicheren Anhalt für die **Zuverlässigkeit** des angefochtenen **Zeugnisses** haben[1328] oder mangels eines solchen Anhalts sich um die Nachprüfung

[1321] RG JW **1895** 122; **1925** 796; **1931** 1492; BGHSt **8** 180; VRS **20** (1961) 202; **31** (1966) 268; BayObLG bei *Rüth* DAR **1981** 249; OLG Hamm VRS **6** (1954) 463; OLG Koblenz VRS **45** (1973) 393; **52** (1977) 283; OLG Köln NJW **1966** 606; OLG Stuttgart VRS **3** (1951) 358; *Hanack* JZ **1970** 563; *Weigelt* DAR **1964** 319; AK-*Schöch* 141; KK-*Herdegen* 104; *Kleinknecht/Meyer-Goßner*⁴³ 78; KMR-*Paulus* 481; SK-*Schlüchter* 143. Kritisch aber *Eisenberg* (Beweisrecht) 2234; *Perron* (Beweisantragsrecht) 268; *Wenskat* 185 f; 294.

[1322] RG LZ **1915** 63; BGH NJW **1996** 280; NStZ **1981** 310; **1984** 565; **1988** 88; bei *Pfeiffer/Miebach* **1985** 206; StV **1987** 4; *Alsberg/Nüse/Meyer* 743; AK-*Schöch* 141; KK-*Herdegen* 102.

[1323] BGHSt **8** 180 sowie die bei Fußn. 1321 angeführten Entscheidungen; ferner etwa OLG Hamm OLGSt 3; OLG Schleswig bei *Ernesti/Jürgensen* SchlHA **1979** 204; *Alsberg/Nüse/Meyer* 743; *Engels* GA **1981** 33; AK-*Schöch* 143; *Kleinknecht/Meyer-Goßner*⁴³ 78; SK-*Schlüchter* 143; ferner, auch zu den Grenzen der zulässigen Beweisantizipation, *Eisenberg* (Beweisrecht) 266; 2234; KK-*Herdegen* 105; KMR-*Paulus* 482; vgl. Rdn. 59; 182.

[1324] *Alsberg/Nüse/Meyer* 744 ff; vgl. etwa *Rogall* GedS Meyer 406, ferner Fußn. 1321.

[1325] BGH StV **1994** 411; KG StV **1993** 629; OLG Hamm StV **1984** 457 (Schriftprobe bei Schriftgutachten als Anknüpfungstatsache).

[1326] BGH NJW **1961** 280; NStZ **1981** 310; **1984** 565; bei *Holtz* MDR **1984** 982; OLG Schleswig bei *Ernesti/Jürgensen* SchlHA **1979** 204; vgl. *Alsberg/*

Nüse/Meyer 744; *Kunkis* DRiZ **1993** 189; AK-*Schöch* 143; KK-*Herdegen* 105; *Kleinknecht/Meyer-Goßner*⁴³ 78; KMR-*Paulus* 482; SK-*Schlüchter* 144; ferner OLG Köln VRS **94** (1998) 112 (Pflicht des Richters, in den Akten befindliches Radarbild selbst zu würdigen und Urteil nicht nur darauf zu stützen, daß die Zeugen den Betroffenen auf dem Bild wiedererkannt haben).

[1327] BGHSt **8** 177; BGH NStZ **1984** 565; StV **1994** 411; bei *Spiegel* DAR **1979** 189; BayObLG bei *Rüth* DAR **1971** 206; OLG Bremen DAR **1963** 170; OLG Hamm VRS **21** (1961) 62; **44** (1973) 114; **51** (1976) 113; JMBlNW **1980** 70; OLGSt 3; OLG Koblenz VRS **48** (1975) 120; **49** (1975) 40; **52** (1977) 283; **53** (1977) 440; OLG Köln NJW **1966** 606; VRS **65** (1983) 450; OLG Schleswig bei *Ernesti/Jürgensen* SchlHA **1970** 198; **1979** 204; früher schon RG JW **1930** 714 mit Anm. *Alsberg*; **1930** 933 mit Anm. *Alsberg*; **1930** 3417; **1931** 1040 mit Anm. *Mannheim*; **1931** 1608 mit Anm. *Alsberg*; **1932** 954; **1932** 2040; **1932** 3626; **1934** 3064; *Dahs/Dahs* 273; *Dahs* Hdb. 574; *Hanack* JZ **1970** 563; *Sarstedt* DAR **1964** 314; JR **1954** 273; *Weigelt* DAR **1964** 318; *Alsberg/Nüse/Meyer* 745 mit weit. Nachw., auch zu einer früher gelegentlich vertretenen Gegenmeinung.

[1328] RGSt **47** 107; nach BGH bei *Kusch* NStZ **1994** 227 soll es ausreichen, einen Polizeibeamten als „Augenscheinsgehilfen" zu den akustischen Wahrnehmungsmöglichkeiten einer Zeugin zu hören; diese einzelfallbezogene Entscheidung dürfte kaum verallgemeinerungsfähig sein.

des Zeugnisses bemühen[1329]. Daher darf das Gericht einen Antrag auf Einnahme des Augenscheins nicht unter Berufung auf die Glaubwürdigkeit eines Zeugen ablehnen, wenn es sich dabei um den einzigen Tatzeugen handelt und durch den Augenschein bewiesen werden soll, daß der Vorfall sich nicht so abgespielt haben kann, wie der Zeuge bekundet hat[1330].

Haben dagegen **mehrere Zeugen unabhängig voneinander** übereinstimmend das **331** Gegenteil der durch Einnahme des Augenscheins zu beweisenden Tatsache bekundet, kann die Ablehnung des Antrags mit der Aufklärungspflicht vereinbar sein[1331]. Maßgebend sind aber immer die Umstände des jeweiligen Falles. Die Ablehnung wird aber in der Regel gegen das pflichtgemäße Ermessen des Gerichts zur Erforschung der Wahrheit verstoßen, wenn diese Zeugen nicht unabhängig voneinander, sondern als Glieder eines wesentlich gleichen Erlebnis- oder Interessenkreises ausgesagt haben[1332].

Etwas anderes kann nach der vorherrschenden Meinung gelten, wenn die Tatzeugen in **332** erster Linie ein **gleicher Pflichtenkreis** und nicht ein gleicher Erlebnis- und Interessenkreis verbindet, wie dies bei dienstlich einschreitenden Polizeibeamten der Fall ist[1333]. Es hängt aber von den gegebenenfalls durch Fragen aufzuklärenden Umständen des Einzelfalls, vom Gegenstand und Zustandekommen der Beobachtungen und ihren Begleitumständen ab, ob den Zeugen eine auch innerlich voneinander unabhängige Bestätigung der Beweistatsache aus unmittelbar eigener Wahrnehmung mit einer solchen Zuverlässigkeit möglich ist, daß sich wegen des erhöhten Beweiswerts der übereinstimmenden Aussagen der richterliche Augenschein zur weiteren Sachaufklärung erübrigt.

4. Ton- und Bildträger. In der Rechtsprechung hat sich die Auffassung durchgesetzt, **333** daß nicht nur die äußere Beschaffenheit, sondern auch der Inhalt eines Tonträgers durch Abspielen nach den Grundsätzen des Beweises durch Augenscheinseinnahme festzustellen ist[1334]. Für **Bildträger** (Bänder, Platten, Filme usw.) gilt gleiches, ohne daß es auf die Art des zur Speicherung verwendeten technischen Verfahrens entscheidend ankäme. Ton- und Bildträger sind durch Augenschein in die Hauptverhandlung einzuführen, ganz gleich, ob sie für unmittelbare Beweiszwecke oder als Ersatzbeweismittel statt des unmittelbaren gerichtlichen Augenscheins (vgl. Rdn. 328) verwendet werden sollen[1335]. Voraussetzung

---

[1329] RG JW **1930** 3417.
[1330] BGHSt **8** 177 = LM Nr. 1 mit Anm. *Busch*; BGH NStZ **1984** 565; OLG Bremen DAR **1963** 170; OLG Hamm VRS **44** (1973) 116; OLG Köln NJW **1966** 606; VRS **65** (1983) 450; OLG Schleswig SchlHA **1970** 198.
[1331] BGHSt **8** 181; BGH VRS **20** 204; BayObLG bei *Rüth* DAR **1980** 270; OLG Celle MDR **1965** 227; OLG Koblenz VRS **45** (1973) 48; **49** (1975) 40; **53** (1977) 440; OLG Stuttgart VRS **3** (1951) 356 sowie die Nachw. in nachst. Fußn. Einschränkend *Eisenberg* (Beweisrecht) 2234; 1454 und vor allem bei Gruppenaussagen 1456; 1484; *Perron* (Beweisantragsrecht) 268; *Grünwald* (Beweisrecht) 103 und Schmidt-Hieber JuS **1985** 461 lassen beim Augenschein zur Widerlegung einer Zeugenaussage nur die Ablehnungsgründe des Absatzes 3 gelten; ferner *Alsberg/Nüse/Meyer* 745 mit weit. Nachw.
[1332] RG JW **1932** 3626; BGH NJW **1961** 280; OLG Hamm VRS **44** (1973) 116; OLG Koblenz VRS **49** (1976) 40; OLG Schleswig bei *Ernesti/Jürgensen*

SchlHA **1979** 204; *Alsberg/Nüse/Meyer* 746; AK-*Schöch* 143; KK-*Herdegen* 105; *Kleinknecht/Meyer-Goßner*[43] 78; KMR-*Paulus* 482.
[1333] BGH VRS **22** (1962) 204; OLG Celle MDR **1965** 227; OLG Schleswig bei *Ernesti/Jürgensen* SchlHA **1979** 205; OLG Zweibrücken OLGSt § 17 OWiG 1; *Alsberg/Nüse/Meyer* 747; *Kleinknecht/Meyer-Goßner*[43] 78; KMR-*Paulus* 482; **a. A** OLG Koblenz VRS **48** (1975) 120; vgl. auch die Bedenken bei *Eb. Schmidt* Nachtr. I 28 sowie SK-*Schlüchter* 144 (kein den Augenschein überflüssig machender erhöhter Beweiswert von einander wirklich unabhängigen Aussagen); vgl. dazu ferner *Eisenberg* (Beweisrecht) 1454 ff; 1484; 2234.
[1334] BGHSt **14** 341; **27** 136 = JR **1978** 117 mit Anm. *Gollwitzer*; OLG Celle NJW **1965** 1677; OLG Frankfurt NJW **1967** 1047; KG NJW **1980** 952; auch das Schrifttum ist heute überwiegend dieser Meinung; AK-*Schöch* 142; wegen der weiteren Nachweise vgl. § 86; ferner *Alsberg/Nüse/Meyer* 231; *Eisenberg* (Beweisrecht) 2284 ff.
[1335] Vgl. *Eisenberg* (Beweisrecht) 2304 ff.

Walter Gollwitzer

ist aber stets, daß kein Beweisverbot entgegensteht und daß auch sonst die verfahrensrechtlichen Voraussetzungen gegeben sind, unter denen die Einführung der Ton- und Bildträger in die Hauptverhandlung zulässig[1336], mit der Aufklärungspflicht vereinbar oder von ihr sogar geboten ist. Wenn allerdings die Bild-Ton-Aufzeichnung einer Zeugenvernehmung nach § 255 a durch Vorführung in die Hauptverhandlung eingeführt werden soll, beurteilt sich nicht nach Absatz 5, sondern nach den entsprechend anwendbaren Vorschriften über das Verlesen einer Vernehmungsniederschrift nach den §§ 251, 252, 253 und 255, ob dies zulässig und geboten ist (§ 255 a Abs. 1). Wegen der Einzelheiten wird auf die Erläuterungen zu § 255 a verwiesen.

334 Der Beweis durch Augenschein nach Absatz 5 hat im übrigen nur dort, wo es um den strafbaren Inhalt der Bild- oder Tonaufzeichnung als solche geht, **selbständige Bedeutung**. Seine Beziehung zum Gegenstand des Verfahrens sonst dann in aller Regel durch andere Beweismittel hergestellt werden, etwa durch Angaben des Angeklagten oder Bekundungen von Zeugen oder Sachverständigen. Der Ausschluß jeder nachträglichen Veränderung — und damit sein **Beweiswert** — ist im Wege des Freibeweises zu klären[1337], desgleichen die Umstände des Zustandekommens. Auch sie sind für die Abschätzung des Beweiswerts von Bedeutung, und nach ihnen beurteilt sich auch, ob dem Augenscheinsbeweis ein Beweisverbot entgegensteht[1338]. So aufschlußreich die Einnahme des Augenscheins sein kann, so sehr die Aufklärungspflicht dem Gericht im einzelnen Falle gebieten kann, den Augenschein (auch in der Form des Anhörens von Tonaufnahmen) einzunehmen, so wird doch — abgesehen von den Fällen des § 255 a — diesem Beweismittel neben dem unmittelbaren Zeugenbeweis oft nur eine Hilfsbedeutung zukommen[1339].

335 Die Verlesung der **schriftlichen Übertragung** des Inhalts eines Tonbands darf — sofern die Aufklärungspflicht nicht entgegensteht — das Abspielen des Bandes in der Hauptverhandlung ersetzen[1340]. Den Beweiswert einer solchen Niederschrift muß das Gericht jedoch nicht nur hinsichtlich des Zustandekommens der Tonaufnahme, sondern auch hinsichtlich der Richtigkeit der Übertragung kritisch prüfen.

336 Die Einnahme eines Augenscheins liegt nicht vor, wenn das Gericht bei der Beratung eine **Bild- oder Tonaufnahme seiner eigenen Hauptverhandlung** als Gedächtnisstütze heranzieht[1341].

337 **5. Sitzungsniederschrift.** Grundsätzlich ist als wesentliche Förmlichkeit nach § 273 nur die zum Gang der Hauptverhandlung gehörende Vornahme des Augenscheins als solche zu protokollieren, nicht aber auch dessen Ergebnis[1342]. Nur wo § 273 Abs. 3 es erfordert, sind besondere Vorkommnisse während des Augenscheins oder dessen Ergebnis in der Sitzungsniederschrift festzuhalten[1343].

[1336] Vgl. Einl. Abschn. K (zur Frage der Beweisverbote); ferner bei § 86 sowie bei den §§ 250 ff.

[1337] BGHSt **14** 311; *Alsberg/Nüse/Meyer* 232; *Fezer* JuS **1979** 188.

[1338] Zur Unzulässigkeit der Verwendung unbefugt aufgenommener Tonbänder vgl. Einl. K 80 ff und bei §§ 86, 252; zu der strittigen Frage, ob und wann das Tonband von einer früheren Zeugenvernehmung an Stelle oder neben der Einvernahme des Zeugen in die Hauptverhandlung durch den Augenscheinsbeweis eingeführt werden darf, vgl. *Eisenberg* (Beweisrecht) 2286 ff sowie bei den §§ 251, 253, 254 und wegen der Verwendung von Bild-Ton-Aufzeichnungen früherer Einvernahmen nach §§ 55 a; 168 e; 247 a bei § 255 a.

[1339] *Alsberg/Nüse/Meyer* 232; *Kleinknecht* NJW **1966** 1541.

[1340] BGHSt **27** 135 = JR **1978** 177 mit Anm. *Gollwitzer*; *Alsberg/Nüse/Meyer* 225.

[1341] BGHSt **19** 193; vgl. bei § 261.

[1342] RGSt **26** 278; **39** 257; RG Recht **1908** Nr. 3367; **1911** Nr. 3883; BGH bei *Pfeiffer/Miebach* NStZ **1985** 495; OLG Bremen JR **1982** 252 mit Anm. *Foth*; OLG Hamm NJW **1953** 839; **1978** 2406; GA **1973** 281; OLG Köln NJW **1955** 843; VRS **24** (1963) 61; OLG Neustadt VRS **28** (1965) 377; OLG Saarbrücken VRS **48** (1975) 211; vgl. bei § 273.

[1343] OLG Hamm GA **1973** 281.

Zum Nachweis der Vornahme eines Augenscheins (§ 274) muß das Protokoll nicht **338** unbedingt das Wort „Augenschein" verwenden. Es kann auch ein anderer Vermerk genügen, der erkennen läßt, daß das Gericht den im Protokoll zu bezeichnenden Gegenstand oder Ort in Augenschein genommen hat[1344]. Es muß aber hinreichend deutlich sein, daß der Gegenstand Augenscheinsobjekt war und nicht nur **Hilfsmittel bei der Vernehmung**. Fehlt der Vermerk im Protokoll, ist nach § 274 davon auszugehen, daß kein Augenschein durchgeführt wurde[1345]. Die Urteilsgründe sind nicht geeignet, den fehlenden Vermerk über die Vornahme des Augenscheins zu ersetzen[1346].

IX. Auslandszeugen (Absatz 5 Satz 2)

1. Zweck der Regelung. Werden im Ausland zu ladende Personen als Zeugen **339** benannt, so bereitet dies, vor allem wenn der Beweisantrag erst in der Hauptverhandlung gestellt wird, mitunter erhebliche Schwierigkeiten. Auch wenn auf Grund des Prozeßstandes eine weiterführende Sachaufklärung nicht zu erwarten ist, greifen die vor allem in Frage kommenden Ablehnungsgründe des Absatz 3 Satz 2 wegen des für sie grundsätzlich geltenden Verbots der Beweisantizipation mitunter nicht oder zumindest nicht sofort, so daß die Unerreichbarkeit des Zeugen oder die Unergiebigkeit seiner Aussage oft erst nach zeitraubenden Nachforschungen und unter Belastung des internationalen Rechtshilfeverkehrs festgestellt werden kann[1347]. Der Abschluß des Verfahrens kann sich dadurch erheblich verzögern. Um diesen Schwierigkeiten besser begegnen zu können, gestattet der durch Art. 2 Nr. 4 des Gesetzes zur Entlastung der Rechtspflege vom 11. 1. 1993 bei Absatz 5 angefügte Satz 2 nunmehr die Ablehnung des Beweisantrags bei den im Ausland zu ladenden Zeugen schon dann, wenn das Gericht nach pflichtgemäßem Ermessen deren Vernehmung zur Erforschung der Wahrheit nicht für erforderlich hält[1348]. Der Gesetzgeber ging dabei davon aus, daß die Ablehnungsmöglichkeit zwar nur um den schmalen Bereich erweitert würde, um den die Ablehnungsgründe des bisher allein anwendbaren Absatz 3 Satz 2 über die Aufklärungspflicht hinausreichen[1349]. Er versprach sich aber trotzdem eine Entlastung der Gerichte und eine Beschleunigung des Verfahrens, da zur Wahrheitserforschung undienliche Anträge nunmehr leichter abgelehnt werden können,

---

[1344] Vgl. etwa OLG Celle NdsRpfl. **1972** 122 (Tachoscheibe sei mit Zeugen erörtert worden).

[1345] OLG Bremen NJW **1981** 2827; OLG Düsseldorf VRS **39** (1976) 277; OLG Hamm NJW **1953** 839; **1978** 2406; VRS **4** (1952) 602; **8** (1955) 370; **44** (1973) 117; **51** (1976) 45; StV **1984** 457; OLG Köln VRS **24** (1963) 61; OLG Saarbrücken VRS **48** (1975) 211; vgl. bei § 274.

[1346] OLG Hamm JMBlNW **1979** 276; vgl. bei § 274.

[1347] Vgl. *Böttcher/Mayer* NStZ **1993** 154; *Meyer-Goßner* NJW **1993** 499; SK-*Schlüchter* 144 a; ferner *Eisenberg* (Beweisrecht) 267.

[1348] In der Begründung des Entwurfs des Bundesrats, BTDrucks. **12** 1217 S. 35, 36, wurde u. a. angeführt, daß sich der neue Ablehnungsgrund nur auf den schmalen Bereich auswirkt, der zwischen der ungeschmälert fortbestehenden Amtsaufklärungspflicht und den Ablehnungsgründen des Absatzes 3 besteht, sowie darauf, daß das Gericht sich außerhalb seiner Pflicht zur Amtsaufklärung auf die Beweismittel beschränken sollte, die es aus seinem eigenen Hoheitsbereich herbeischaffen kann. Die Bundesregierung hielt in ihrer Stellungnahme

BTDrucks. **12** 1217 S. 67 das bisher geltende Recht für ausreichend, da es die modernen Kommunikationsmittel dem Richter ermöglichten, auch ohne nennenswerte Verfahrensverzögerungen die Erreichbarkeit der benannten Zeugen im Ausland festzustellen. Vgl. zur Entstehungsgeschichte etwa *Siegismund/Wickern* wistra **1993** 81; KK-*Herdegen* 85; ferner zu der schon vor dem Erlaß umstrittenen Neuregelung *Asbrock* ZRP **1992** 13; *Bandisch* AnwBl. **1991** 312; *Basdorf* StV **1995** 313; *Brause* NJW **1992** 2869; *Fezer* JZ **1996** 658; *Geppert* Jura **1993** 501; *Herdegen* NJW **1996** 27; *Herdegen* FS Boujong 785; *Meyer-Goßner* NJW **1993** 500; *Perron* (Beweisantrag) 269; SK-*Schlüchter* (Weniger ist mehr) 31, 47; *Schomburg/Klip* StV **1993** 210; *Schoreit* DRiZ **1991** 404; *Schulz* StV **1991** 354; *Werle* JZ **1991** 793.

[1349] BTDrucks. **12** 1217, S. 35, 36; wieweit daneben die mitunter mißbräuchliche Benennung von Auslandszeugen zumindest unterschwellig die Änderung mitbestimmt hat, ist aus der Begründung nicht ersichtlich; zu der umstrittenen Neuregelung vgl. die Nachw. in vorstehender Fußn.

Walter Gollwitzer

vor allem wenn zweifelhaft ist, ob die Voraussetzungen für eine Ablehnung wegen Unerreichbarkeit oder wegen Verschleppungsabsicht sicher gegeben sind.

340   **2.** Die **Aufklärungspflicht des Gerichts** wird durch die Neuregelung nicht eingeschränkt. Sie besteht im vollen Umfang fort, so daß der Beschränkung des Beweisantragsrechts auf den durch die Sachaufklärung gebotenen Umfang auch im Hinblick auf die Verteidigungsmöglichkeiten des Angeklagten keinen verfassungsrechtlichen Bedenken begegnet[1350]. Nach Absatz 5 Satz 2 darf die Ladung eines Zeugen im Ausland nur abgelehnt werden, wenn das Gericht auf Grund hinreichender Anhaltspunkte die sichere Überzeugung erlangt, daß durch die beantragte Einvernahme eine weiterführende und bessere Sachaufklärung nicht zu erwarten ist (vgl. Rdn. 46, 68). Hierzu bedarf es einer **Gesamtwürdigung** von Bedeutung und Gewicht der unter Beweis gestellten Tatsache und ihres auch von der Person des Zeugen abhängenden Beweiswertes sowie der gesamten sonstigen Beweislage einschließlich der Zuverlässigkeit der verfügbaren anderen Beweismittel. Bei dieser Gesamtabwägung ist auch die Auswirkung der beantragten Beweiserhebung auf die zügige Verfahrensabwicklung mit zu berücksichtigen (Rdn. 57). Wenn der Zeuge im konkreten Fall aus dem Ausland ohne nennenswerte Verzögerungen des Verfahrens gleich wie ein im Inland befindlicher Zeuge beigebracht werden kann, fordert die Aufklärungspflicht in der Regel, daß seine Anhörung nicht durch eine Vorwegwürdigung des Beweiswertes seiner voraussichtlichen Aussage ersetzt wird. Durch § 244 Abs. 5 Satz 2 wollte der Gesetzgeber die Beweiserhebungspflicht vornehmlich für die Fälle auflockern, in denen die Vernehmung eines im Ausland befindlichen Zeugen nur mit erheblichen Schwierigkeiten und einer beträchtlichen Verfahrensverzögerung erreichbar ist.

340a   Erlangt das Gericht die Überzeugung, daß die Ladung des Zeugen im Ausland für die Sachaufklärung unter keinem Gesichtspunkt notwendig ist, kann es den **Beweisantrag ablehnen**, so etwa, wenn es glaubt, daß die Richtigkeit der Beweisbehauptung durch andere Beweismittel sicher geklärt werden kann[1351] oder daß der Zeuge die Beweisbehauptung nicht bestätigen werde oder daß selbst eine Bestätigung der Beweisbehauptung durch den Zeugen keinen Einfluß auf seine durch andere zuverlässige Beweismittel gewonnenen sicheren Überzeugung haben könne[1352]. Das Verbot der **Vorwegnahme der Beweiswürdigung** gilt insoweit nicht[1353]. Das Gericht ist hierzu ebenso befugt wie sonst, wenn es im Rahmen seiner Aufklärungspflicht von Amts wegen über die Ladung eines Zeugen zu entscheiden hat. Der Hinweis auf das **pflichtgemäße Ermessen** stellt das Gericht allerdings insoweit auch nicht freier; denn jede Verletzung der durch § 244 Abs. 2 gebotenen Aufklärungspflicht überschreitet die Grenze dieses Ermessens[1354]. Pflichtgemäß kann stets nur die Ermessensausübung sein, die die Aufklärungspflicht entsprechend den dafür allgemein geltenden Kriterien (vgl. dazu Rdn. 46 ff) im konkreten Einzelfall aktualisiert. Die vom Gesetzgeber mit Art. 5 Satz 2 angestrebte Erleichterung für die Ablehnung eines Beweisantrags findet daher

---

[1350] BVerfG StV **1997** 1 mit Anm. *Kinzi.*

[1351] *Meyer-Goßner* NJW **1993** 500.

[1352] BGHSt **40** 60; BGH NStZ **1997** 286; BGH StV **1997** 511; BayObLGSt **1994** 60; vgl. auch die Nachw. in der nachfolgenden Fußn.

[1353] BGHSt **40** 60 = NStZ **1994** 448 mit Anm. *Kintzi* = JZ **1995** 209 mit Anm. *Perron;* BGH NStZ-RR **1998** 178; BayObLGSt **1994** 60; *Böttcher/Mayer* NStZ **1993** 155; *Herdegen* FS Boujong 785; *Mey-*

er-Goßner NJW **1993** 500; *Rogall* ZStW **105** (1993) 611; KK-*Herdegen* 85; *Kleinknecht/Meyer-Goßner*[43] 43 f; *Pfeiffer/Fischer* 48; SK-*Schlüchter* 144 b; vgl. Rdn. 46; 182.

[1354] Vgl. KK-*Herdegen* 85 (normativ zu interpretieren), gemeint ist die Aktualisierung der Aufklärungspflicht als maßgebendes Kriterium; *Herdegen* NJW **1996** 28.

ihre Grenze in den nach der objektiven Verfahrenslage zu beurteilenden Erfordernissen der Aufklärungspflicht[1355].

Aus der **Anbindung des Satzes 2** an die gleichartige Regelung **in Satz 1** über die   **341** Ablehnung eines nach pflichtgemäßem Ermessen für die Wahrheitsfindung nicht erforderlichen Augenscheins folgt zwar, daß für die Entscheidung über die Ablehnung in beiden sonst verschiedenen Fällen nur die Erfordernisse der Aufklärungspflicht maßgebend sind. Aus dieser gesetzestechnischen Einordnung[1356] kann aber nicht gefolgert werden, daß die von der Rechtsprechung bei Satz 1 entwickelten Grundsätze, soweit sie den Besonderheiten des Augenscheins als objektives und damit zur Überprüfung der Zuverlässigkeit einer Zeugenaussage besonders geeignetes, weil zuverlässigeres Beweismittel Rechnung tragen, ohne weiteres auch zur Bestimmung des Umfangs der Aufklärungspflicht in den Fällen des Satzes 2 herangezogen werden könnte. Dies folgt schon daraus, daß das, was zur Erforschung der Wahrheit erforderlich ist, stets nur unter Berücksichtigung der Beweislage des Einzelfalls unter kritischer Würdigung des Beweiswerts und der Besonderheiten des jeweiligen Beweismittels beurteilt werden kann. Dies schließt jede unreflektierte generelle Übernahme der für ein anderes Beweismittel entwickelten Überlegungen aus[1357]. Das Gericht kann daher — maßgebend ist aber immer, daß der Beweisantrag im Einzelfall keine vernünftigen Zweifel hinsichtlich der Zuverlässigkeit des bisherigen Beweisergebnisses erweckt — sogar dann die Einvernahme eines Auslandszeugen ablehnen, wenn dadurch die Aussage eines von ihm vernommenen und für glaubwürdig erachteten Zeugen widerlegt werden soll[1358].

Bei der **Prüfung des Beweiswertes** der im Beweisantrag in das Wissen des Zeugen   **342** gestellten Tatsachen kann das Gericht im Wege des **Freibeweises** auf den Akteninhalt, vor allem auf etwaige frühere Aussagen des Zeugen, zurückgreifen, und es kann auch alle anderen hierfür geeigneten Erkenntnisquellen heranziehen[1359]. Es darf auf jedem zulässigen Weg versuchen, sich formlos Klarheit über die Person des Zeugen und etwaige seine Glaubwürdigkeit vermindernde Umstände zu verschaffen sowie darüber, wieweit von ihm überhaupt sachdienliche Angaben zu erwarten sind. Es ist nicht gehindert, ihn, sofern das möglich ist, selbst fernmündlich über sein Wissen zu befragen oder auch Erklärungen des Verteidigers oder anderer Personen über den Inhalt eines solchen Telefonats zu verwerten[1360].

3. Die **Ablehnungsgründe des Absatzes 3** bleiben neben dem Ablehnungsgrund des   **343** Absatz 5 Satz 2 bestehen. Ein Beweisantrag, der einen Auslandszeugen benennt, kann

---

[1355] Dies folgt schon aus der Gesetzesbegründung BT-Drucks. **12** 121 S. 35, 36; für die gelegentlich geforderte weite Auslegung bleibt damit kein großer Raum; vgl. etwa *Eisenberg* (Beweisrecht) 267; *Fezer* JZ **1995** 266; *Maatz* FS Remmers 582; *Rieß* AnwBl. **1993** 55; *Schomburg/Klip* StV **1993** 210; *Siegismund/Wickern* wistra **1993** 86; HK-*Julius* 31; *Kleinknecht/Meyer-Goßner*[43] 43 f; SK-*Schlüchter* 144 b. Gegen eine zu weite Auslegung des subjektiven Ablehnungsermessens *Perron* (Beweisantragsrecht) 270.

[1356] Ob die Anbindung an Absatz 5 Satz 1 sachgerecht ist, wird angezweifelt, weil dadurch die strukturellen Unterschiede zwischen beiden Beweismitteln verwischt werden, so etwa *Eisenberg* (Beweisrecht) 267; *Schulz* StV **1991** 357; solange aber allein die Erfordernisse der Wahrheitserforschung im konkreten Einzelfall maßgebend sind, ist die gesetzestechnische Anbindung ohne Belang (vgl. Rdn. 40; 341).

[1357] Der Meinungsstreit zwischen den Senaten des BGH, die auf die Anbindung an Absatz 5 Satz 1 abstellen, wie etwa BGHSt **40** 60; BGH NStZ **1994** 554, und denen, die dies wegen der Unterschiede ablehnen, wie etwa BGH NStZ **1994** 593; StV **1994** 238, dürfte deshalb keine großen praktischen Auswirkungen haben; vgl. dazu ferner etwa *Basdorf* StV **1995** 313; *Kintzi* NStZ **1994** 448; *Perron* JZ **1995** 210; *Kleinknecht/Meyer-Goßner*[43] 43 f; SK-*Schlüchter* 144 b.

[1358] *Kleinknecht/Meyer-Goßner*[43] 43 f; vgl. auch HK-*Julius* 31; SK-*Schlüchter* 144 b; ferner *Fezer* JZ **1996** 659 (bedenklich).

[1359] Etwa BGH NStZ **1997** 286; zur Zulässigkeit des Freibeweises vgl. Rdn. 3 ff; ferner die nachf. Fußn.

[1360] BGH StV **1995** 173; **1997** 511; NStZ-RR **1998** 178; *Pfeiffer/Fischer* 48; *Basdorf* StV **1995** 314; vgl. auch *Julius* StV **1990** 484; BGH NStZ **1985** 375.

---

auch nach Absatz 3 Satz 2 abgelehnt werden, wenn die Beweisbehauptung bedeutungslos oder das Beweismittel absolut ungeeignet ist. Die Ablehnungsgründe des Absatzes 3 Satz 2 greifen bei Auslandszeugen auch, wenn ein Antrag abgelehnt werden muß, bei dem die Einvernahme an sich der Sachaufklärung dienlich wäre, so etwa, wenn der Zeuge nicht erreichbar ist, aber auch, wenn sein im Antrag behauptetes Wissen als wahr unterstellt werden soll. Nur wenn die Einvernahme des Zeugen zur Sachaufklärung entbehrlich ist, erleichtert Absatz 5 Satz 2 die Ablehnung, vor allem in den Fällen, in denen es naheliegt, daß ein Antrag nur in Verschleppungsabsicht gestellt wurde oder in denen über die Erreichbarkeit erst nach Durchführung von umfangreichen Nachforschungen entschieden werden könnte.

344   **4. Im Ausland zu ladende Zeugen** sind alle Zeugen, deren Ladung im Ausland bewirkt werden muß, gleich, auf welchem Weg (diplomatischer oder konsularischer Weg, § 37 Abs. 2) die Ladung im Ausland versucht werden soll und ob dadurch die Teilnahme an der Hauptverhandlung oder im Wege der Rechtshilfe eine kommissarische Vernehmung im Ausland erreicht werden soll[1361], oder ob angestrebt wird, daß der Zeuge an einem dafür geeigneten Ort im Ausland mittels einer zeitgleichen Bild-Ton-Übertragung aus der Hauptverhandlung heraus nach § 247 a oder sonst unter Zuschaltung der Richter des erkennenden Gerichts vernommen werden soll.

345   **5.** Die Ablehnung erfordert einen förmlichen **Gerichtsbeschluß nach Absatz 6**, der in der Hauptverhandlung zu verkünden ist. Seine Begründung darf sich nicht in der formelhaften Wiederholung des Gesetzeswortlauts erschöpfen, sondern muß die für die Ablehnung wesentlichen Gesichtspunkte in ihrem tatsächlichen Kern nachvollziehbar darlegen. Für die Verfahrensbeteiligten muß ersichtlich sein, aus welchen Tatsachen und Erwägungen das Gericht die Einvernahme des im Ausland zu ladenden Zeugen als entbehrlich für die Erforschung der Wahrheit ansieht, damit vor allem auch der Angeklagte seine Verteidigung auf die durch die Ablehnung entstandene Verfahrenslage einrichten kann und dem Revisionsgericht die rechtliche Nachprüfung möglich ist[1362].

346   **6. Bindung des Gerichts.** Der ablehnende Beschluß bindet das Gericht insoweit, als es sich bei seiner Beweiswürdigung im Urteil nicht in Widerspruch zu den in seinem ablehnenden Beschluß angeführten Gründen setzen darf[1363].

X. Revision

1. Verletzung der Aufklärungspflicht

347   **a) Allgemeines.** Die Rüge, daß das Gericht die Aufklärungspflicht verletzt habe, also die Behauptung, der Tatrichter habe seine gesetzliche Verpflichtung zur Erforschung der Wahrheit rechtsirrig oder aus Mangel an Sorgfalt verkannt oder ihr wissentlich zuwidergehandelt, obwohl die dem Gericht bekannten Umstände zum Gebrauch weiterer Beweismittel drängten, war Jahrzehnte hindurch unbekannt. Sie gewann zugunsten des Angeklagten erst an Bedeutung, als der nationalsozialistische Gesetzgeber die von der Rechtsprechung des Reichsgerichts entwickelten Grundsätze über die Notwendigkeit der Erhe-

---

[1361] Vgl. BT-Drucks. **12** 1217 S. 36; BGHSt **40** 60; *Böttcher/Mayer* NStZ **1993** 154; *Meyer-Goßner* NJW **1993** 499; KK-*Herdegen* 85; *Kleinknecht/ Meyer-Goßner*⁴³ 43 f; SK-*Schlüchter* 144 a.

[1362] BGHSt **40** 60 = NStZ **1994** 351 mit Anm. *Kintzi*

NStZ **1994** 448 = JZ **1995** 209 mit Anm. *Perron*; BGH NStZ **1994** 554; **1998** 158; BayObLGSt **1994** 60; *Eisenberg* (Beweisrecht) 268; *Herdegen* NJW **1996** 28.

[1363] BGH StV **1997** 511; NStZ-RR **1998** 178.

bung beantragter Beweise dadurch auszuhöhlen begann, daß er die Gerichte weitgehend ermächtigte, nach ihrem Ermessen von der Erhebung von Beweisen abzusehen[1364]. Als der Gesetzgeber nach 1945 zu den strengen Grundsätzen zurückkehrte, die von der Rechtsprechung zur Verpflichtung über die Erhebung beantragter Beweise entwickelt worden waren, wurde die sogenannte Aufklärungsrüge immer häufiger mit dem Ziele erhoben, die Beweiswürdigung des Tatrichters auszuhebeln, die sonst aus Rechtsgründen nicht angreifbar ist. Nicht selten sollen auch etwaige **Versäumnisse der Verfahrensbeteiligten** unter dem Blickwinkel einer Verletzung der Aufklärungspflicht durch das Gericht das Urteil zu Fall bringen.

Die Pflicht des Gerichts, den entscheidungserheblichen Sachverhalt aufzuklären, **348** besteht **unabhängig vom Prozeßverhalten der Verfahrensbeteiligten** und von den von ihnen gestellten Anträgen[1365]. Diese verwirken durch eine **unterlassene Antragstellung** auch nicht das Recht, mit der Revision die Verletzung der Aufklärungspflicht zu rügen[1366]; Antragstellung vor oder in der Hauptverhandlung sowie das sonstige Prozeßverhalten sind aber oft für den Erfolg der Rüge von wesentlicher Bedeutung, denn die Aufklärungspflicht setzt voraus, daß dem Gericht Notwendigkeit und Möglichkeit einer weiteren Sachaufklärung aus den Akten, dem Vortrag oder den Anträgen der Verfahrensbeteiligten oder aus sonstigen Verfahrensvorgängen ersichtlich sind. Unterläßt es die Heranziehung eines Beweismittels, dessen Vorhandensein oder Bedeutung nicht erkennbar war, kann daraus nachträglich auch kein Verstoß gegen die Aufklärungspflicht konstruiert werden[1367]. Insoweit hat die Warnung, daß die Aufklärungsrüge nicht dazu da ist, unterlassene Beweisanträge nachzuholen, ihre Berechtigung; denn wenn die Verfahrensbeteiligten, insbesondere auch der Staatsanwalt oder der Angeklagte und sein Verteidiger, keinen Anlaß zur Stellung entsprechender Beweisanträge sahen, kann in der Regel auch nicht angenommen werden, daß die Umstände das Gericht zu einer Beweiserhebung von Amts wegen gedrängt hätten[1368]. Bei einer **Überraschungsentscheidung** kann allerdings auch unter dem Blickwinkel der verletzten Aufklärungspflicht gerügt werden, daß den überraschten Verfahrensbeteiligten die Möglichkeit zu einem der neuen Lage angepaßten Sachvortrag und zur Stellung der entsprechenden Anträge unter Benennung neuer erst wegen der veränderten Prozeßlage relevant gewordener Beweismittel beschnitten wurde.

[1364] Vgl. den Überblick über die Entwicklung bei *Sarstedt/Hamm*[6] 537; ferner *Alsberg/Nüse/Meyer* 23 ff und zum Zusammenhang zwischen Aufklärungspflicht und freier Überzeugungsbildung *Sarstedt/Hamm*[6] 515 ff.

[1365] Vgl. Rdn. 48 ff; so auch BGHSt **16** 391; **34** 209; BGH NJW **1966** 1524; **1967** 299; **1989** 2394; NStZ **1988** 37; **1990** 384; **1991** 399; BGH bei *Pfeiffer/Miebach* NStZ **1984** 210; StV **1984** 495; OLG Celle StV **1991** 294; KG VRS **21** (1961) 64; *Alsberg/Nüse/Meyer* 26; *Gössel* § 29 B I c *Jagusch* NJW **1971** 2201; *Wessel* JuS **1969** 4 f; wegen teilweise abweichender Auffassungen vgl. KK-*Herdegen* 20; *Kleinknecht/Meyer-Goßner*[43] 80; SK-*Schlüchter* 172.

[1366] Vgl. Rdn. 48 sowie vorstehende Fußn.

[1367] Vgl. BGH bei *Herlan* MDR **1955** 529; etwa *Wessels* JuS **1969** 4: erkennbare Beweismittel von erkennbarer Erheblichkeit; ferner Rdn. 48.

[1368] Vgl. etwa *Dahs* Hdb. 834; *Dahs/Dahs* 167; 376; *Sarstedt/Hamm*[6] 557; BGH bei *Holtz* MDR **1985**

629; NStZ **1992** 599; *Widmaier* NStZ **1994** 418; KK-*Herdegen* 20; *Kleinknecht/Meyer-Goßner*[43] 81; SK-*Schlüchter* 172. Diese Erwägung trifft nicht zu, wenn sich das Erfordernis weiterer Sachaufklärung aus Umständen ergibt, die von Vorbringen der Verfahrensbeteiligten unabhängig sind (vgl. BGHS **16** 391). Sie hat Gewicht als Indiz bei Prüfung der Begründetheit, nicht der Zulässigkeit der Aufklärungsrüge, die durch eine unterlassene Antragstellung auch dann nicht verwirkt wird, wenn der Rügende mit dem Verfahrensausgang rechnen mußte. Letzteren Gesichtspunkt führen einige Entscheidungen als Kriterium an, wobei allerdings nicht immer ersichtlich ist, wieweit dies nur als Argument für die Unbegründetheit gedacht war; vgl. etwa OLG Koblenz OLGSt § 244 Abs. 2, 71; VRS **42** (1972) 278; **45** (1973) 394; **52** (1977) 82; **52** (1977) 199; OLG Köln OLGSt § 244 Abs. 2, 64; GA **1970** 248; MDR **1977** 71; VRS **59** (1980) 422; KMR-*Paulus* 593.

349   b) Der **Zweck der Aufklärungsrüge**[1369] besteht nicht darin, die dem Tatrichter vorbehaltene und vom Revisionsgericht nur in sehr engen Grenzen nachprüfbare **Beweiswürdigung** auf dem Umwege über die Aufklärungsrüge zur Nachprüfung des Revisionsgerichts zu stellen. Sie ermöglicht aber insoweit eine Beanstandung der tatsächlichen Grundlagen des Urteils, als damit nicht nur Lücken der tatsächlichen Feststellungen beanstandet[1370], sondern auch die für ihr Zustandekommen **maßgebliche Beweisgrundlagen** insoweit zur Überprüfung gestellt werden können, als erkennbar vorhandene, wesentliche Beweismittel bei der Bildung der richterlichen Überzeugung übergangen wurden, obwohl ihre Heranziehung unter den gegebenen Umständen geboten gewesen wäre[1371]. Die Gesichtspunkte, unter denen eine Verletzung der Aufklärungspflicht gerügt werden kann, sind deshalb so vielgestaltig wie die Tragweite dieser das ganze Prozeßgeschehen überlagernden Pflicht; insoweit ist auf die Rdn. 38 ff zu verweisen.

350   Wegen **einzelner Beispiele** zu den Erfordernissen der Aufklärungspflicht und der umfangreichen Rechtsprechung der Revisionsgerichte, aus der sich auch ergibt, welche Tatsachen jeweils zur Begründung der Revisionsrüge anzuführen sind, wird auf die Ausführungen Rdn. 38 bis 92 verwiesen, wegen der Ablehnung von Beweisermittlungsanträgen oder sonstiger Beweisanregungen auf Rdn. 123 ff; wegen einer ungerechtfertigten Wahrunterstellung auf Rdn. 238, wegen der Pflicht, Sachverständige zu Rate zu ziehen, auf Rdn. 71 ff, 305 ff, wegen der Einnahme eines Augenscheins auf Rdn. 327 ff und der im Ausland zu ladenden Zeugen auf Rdn. 340 ff. Weitere Beispiele sind im Zusammenhang mit einzelnen Verfahrensvorschriften erörtert, wenn deren Anwendung im Einzelfall durch das Gebot der umfassenden Sachaufklärung modifiziert wird. Bei der Heranziehung der Rechtsprechung darf aber nie übersehen werden, daß die Frage, ob Umstände das Gericht zu einer weiteren Sachaufklärung gedrängt haben, immer nur anhand des konkreten Einzelfalls zu beurteilen ist.

351   c) Die **ungenügende Ausschöpfung** der **Beweismittel in der Hauptverhandlung** kann nach der vorherrschenden Meinung in der Regel nicht mit der Aufklärungsrüge beanstandet werden. Es kann nicht gerügt werden, daß das Gericht versäumt habe, an einen Zeugen, einen Sachverständigen oder einen Angeklagten **eine bestimmte Frage** zu richten oder einen bestimmten Vorhalt zu machen[1372]. Das Revisionsgericht darf nicht selbst (im Wege des Freibeweises) den Inhalt einer Zeugenaussage in der Hauptverhandlung feststellen; dies ist allein Sache des Tatrichters. Ohne eine solche (unzulässige, weil die Schranken des Revisionsverfahrens überschreitende[1373]) Teilrekonstruktion der Hauptverhandlung ist es in der Regel gehindert, sicher zu beurteilen, ob nach deren Inhalt überhaupt eine Frage oder ein Vorhalt zur besseren Sachaufklärung angezeigt gewesen

---

[1369] Dazu *Wessels* JuS **1969** 1.
[1370] Diese sind bereits auf die Sachrüge hin zu beachten.
[1371] Vgl. *Dahs/Dahs* 370, wo darauf hingewiesen wird, daß bei dieser Rüge dem Revisionsgericht der ganze Akteninhalt offen ist; dazu Rdn. 46 ff; ferner etwa AK-*Schöch* 153; KK-*Herdegen* 37; *Kleinknecht/Meyer-Goßner*⁴³ 12; 80; SK-*Schlüchter* 172.
[1372] Vgl. etwa RGSt **6** 135; **13** 158; **41** 272; OHGSt **3** 59; BGHSt **4** 125; **15** 347; **17** 352; **21** 149; **29** 20; **31** 139; BGH NJW **1984** 1245; **1992** 2828; NStZ **1990** 35; **1996** 97; **1997** 296; StV **1992** 549; VRS **15** (1958) 269; 446; **17** (1959) 347; **21** (1961) 357; **24** (1963) 370; **27** (1964) 139; **30** (1966) 101; 351;

34 (1968) 346; **36** (1969) 24; BGH bei *Martin* DAR **1975** 120; bei *Spiegel* DAR **1977** 179; **1980** 210; **1981** 149; bei *Pfeiffer* NStZ **1981** 95; **1981** 297; bei *Pfeiffer/Miebach* NStZ **1983** 210; **1985** 13; bei *Kusch* NStZ **1997** 322; OLG Hamm NJW **1970** 69; KG VRS **20** (1961) 363; **24** (1963) 131; OLG Koblenz VRS **42** (1974) 272; DAR **1973** 106; OLG Köln VRS **63** (1982) 460; OLG Saarbrücken VRS **35** (1968) 42; **48** (1973) 431; OLG Stuttgart VRS **50** (1976) 266; vgl. § 241, 33; § 344, 91.
[1373] Der BGH spricht von „Ordnung des Revisionsverfahrens", so etwa BGHSt **17** 351; **29** 20; **31** 140; gegen diesen vagen Schlüsselbegriff *Herdegen* FS Salger 314.

wäre. Vielfach würde auch nicht einsichtig sein, weshalb sich dem Gericht die Notwendigkeit aufgedrängt haben soll, an den Angeklagten oder einen Zeugen eine bestimmte Frage zu stellen, obwohl der Angeklagte bei seiner Einlassung zur Sache keinen Anlaß sah, sich dazu zu äußern, und er und sein Verteidiger es nicht für erforderlich hielten, in Ausübung ihres Fragerechts von sich aus dem Zeugen jene Frage vorzulegen[1374].

Nur wenn **ohne Wertung des Inhalts der Beweisaufnahme** (einschließlich des „Inhalts und des rechten Verständnisses der Aussagen"[1375]) feststellbar ist, daß das Gericht erkennbar relevanten Beweisstoff, den es unmittelbar aus den Akten oder sonstigen Unterlagen ersehen konnte[1376], unberücksichtigt ließ, obwohl dessen Verwendung zu Fragen und Vorhalte wegen der sich aufdrängenden Fragen notwendig gewesen wäre, kann hierauf die Aufklärungsrüge gestützt werden[1377]; so etwa wenn das **Urteil** ergibt, daß das Gericht die Aussage eines Zeugen ohne jeden Vorbehalt und ohne sich um Aufklärung der Widersprüche zu bemühen als glaubwürdig erachtet hat, obwohl sie von seinen Aussagen im Ermittlungsverfahren stark abweicht. Gleiches gilt, wenn das Revisionsgericht ohne jede Rekonstruktion der Beweisaufnahme den Beweisinhalt des jeweiligen Beweismittels beurteilen kann, so, wenn eine **Aussage in der Sitzungsniederschrift wörtlich** protokolliert ist oder wenn sich aus einer verlesenen Urkunde ihr voller Beweisgehalt auch dem Revisionsgericht unmittelbar erschließt[1378]. Dann kann dieses ohne Eingriff in die Überzeugungsbildung des Tatrichters beurteilen, ob dieser schon auf Grund des Inhalts dieser Aussage allein oder in Verbindung mit anderen ihm bekannten Umstände gedrängt gewesen wäre, Widersprüche oder Lücken durch Fragen und Vorhalte aufzuklären[1379]. **352**

Es verstößt in der Regel nicht gegen die Aufklärungspflicht, wenn das Gericht ablehnt, einen bereits vernommenen Zeugen zu den **gleichen Beweistatsachen nochmals zu hören**[1380]. Etwas anderes kann aber gelten, wenn sich bei einem kommissarisch vernommenen Zeugen auf Grund des Ergebnisses der Hauptverhandlung eine nochmalige Befragung unter Vorhalt anderer Aussagen hätte aufdrängen müssen[1381] oder wenn ersichtlich ist, daß das Gericht es unterlassen hat, einem Zeugen, dessen Aussage von seinen früheren Angaben stark abweicht, diese früheren Angaben zur Klärung des Widerspruchs vorzuhalten[1382], oder wenn das Gericht ausführt, ein mehrfach vernommener Zeuge habe immer gleichlautend ausgesagt, obwohl seine in den Akten festgehaltenen Aussagen erheblich voneinander abweichen[1383], oder wenn das Gericht trotz wesentlicher Änderung der Anknüpfungstatsachen weiterhin vom Gutachten eines Sachverständigen ausgeht, ohne ihm Gelegenheit zu geben, sein Gutachten an die Veränderungen anzupassen (vgl. Rdn. 317). **353**

[1374] BGHSt **4** 125; **17** 352; OLG Düsseldorf VRS **93** (1997) 433; vgl. Fußn. 1372.

[1375] KK-*Herdegen* 41.

[1376] *Herdegen* FS Salger 301 ff; KK-*Herdegen* 41 spricht von „paraten Fakten", die die Aufklärungsrüge stützen können, wenn sich diese nicht gegen die Wertungskompetenz des Tatrichters richtet, sondern nur die ungenügende Ausschöpfung dieser Fakten beim Beweisgewinnungsvorgang beanstandet. Zu den strittigen Fragen vgl. auch HK-*Julius* 76 sowie bei § 261 und § 337, 77 ff.

[1377] BGHSt **17** 353; **21** 151; **29** 20; BGH NStZ **1997** 296; StV **1984** 231; **1991** 549; **1993** 115; bei *Spiegel* DAR **1978** 161; *Maul* FS II Peters 52; AK-*Schöch* 153; KK-*Herdegen* 40, 41; *Kleinknecht/*

Meyer-Goßner[43] 82; KMR-*Paulus* 272; 593; SK-*Schlüchter* 173; vgl. auch *Pelz* NStZ **1993** 364.

[1378] *Herdegen* FS Salger 314; KK-*Herdegen* 40.

[1379] BGH StV **1991** 548; **1992** 2.

[1380] BGH GA **1958** 305; **1961** 315; BGH bei *Dallinger* MDR **1952** 18; **1974** 725; **1975** 24; bei *Holtz* MDR **1978** 626; AK-*Schöch* 153; vgl. Rdn. 132; ferner *Alsberg/Nüse/Meyer* 96 mit weit. Nachw.

[1381] OLG Schleswig bei *Ernesti/Jürgensen* SchlHA **1969** 152.

[1382] BGH NJW **1962** 1832; BGH bei *Holtz* MDR **1980** 631 (daß der nicht protokollpflichtige Vorbehalt unterblieb, muß aber erwiesen sein); vgl. Rdn. 342.

[1383] BGH bei *Dallinger* MDR **1972** 572; § 344, 91.

354 Auf **Widersprüche** zwischen **Sitzungsschrift** und **Urteilsfeststellungen** allein kann die Aufklärungsrüge nicht gestützt werden[1384], ferner nicht darauf, daß das Urteil das Ergebnis der Beweisaufnahme nicht wiedergibt[1385] oder dazu schweigt, ob einem Zeugen bestimmte Fragen gestellt oder Vorhalte gemacht worden waren[1386], oder daß es dem Akteninhalt widerspricht[1387]. Strittig ist, ob eine unzulässige Rüge der Aktenwidrigkeit vorliegt, wenn in **Alternativform** gerügt wird, das Urteil beruhe entweder auf einem Aufklärungsmangel oder einem Verstoß gegen die Pflicht, sich mit der im Vorverfahren abweichenden Aussage der Beweisperson auseinanderzusetzen[1388].

355 **d) Zur Begründung der Aufklärungsrüge** ist nach der herrschenden strengen Auslegung des § 344 Abs. 2[1389] erforderlich, daß ohne jede Bezugnahme[1390] unter lückenloser Angabe aller erforderlichen Tatsachen[1391] bestimmt und aus sich selbst heraus verständlich ausgeführt wird,

— welche konkreten Tatsachen das Gericht hätte aufklären müssen[1392],

— welche für das Gericht erkennbaren konkreten Umstände dazu gedrängt haben[1393],

— welches genau und bestimmt bezeichnete, geeignete und erreichbare Beweismittel das Gericht hätte heranziehen müssen[1394],

— gegebenenfalls auch, mit welcher Begründung das Gericht einen Beweisantrag abgelehnt hat, wenn, wie bei § 244 Abs. 5, die Ablehnung in das von der Aufklärungspflicht bestimmte Ermessen des Gerichts gestellt ist,

— welcher für den Revisionsführer günstigere Einfluß auf das Beweisergebnis davon zu erwarten gewesen wäre. Aufzuzeigen ist, welche Sachverhaltsannahme oder welcher Beweisgrund des Urteils bei erfolgreicher Durchführung der unterbliebenen Beweiser-

---

[1384] NJW **1992** 2840; BGH bei *Dallinger* MDR **1966** 384; **1974** 369; KG JR **1968** 195; AK-*Schöch* 153; KK-*Herdegen* 41; *Kleinknecht/Meyer-Goßner*⁴³ 82; KMR-*Paulus* 593; SK-*Schlüchter* 173; vgl. auch Rdn. 342, Fußn. 1378; ferner *Pelz* NStZ **1993** 363 (zum Teil **a. A**) und § 337, 81 ff.

[1385] BGH bei *Martin* DAR **1971** 123; KMR-*Paulus* 593; KMR-*Paulus* 593; SK-*Schlüchter* 173. Ob das Schweigen der Urteilsgründe zur einer aufklärungsbedürftigen Tatsache schon den Schluß zuläßt, die erforderliche Ausschöpfung des Beweismittels durch Vorhalt usw. sei unterblieben (so etwa BGH StV **1991** 500; *Herdegen* FS *Salger* 317) hängt neben den Umständen des Einzelfalls vor allem von den Anforderungen ab, die an die Begründungspflicht gestellt werden; vgl. dazu etwa HK-*Julius* 76; SK-*Schlüchter* § 261, 104 (verlängerte Aufklärungsrüge) sowie bei §§ 261, 267. Mit der hier ebenfalls denkbaren Sachrüge wird ein Verstoß gegen die Erörterungspflicht wohl nur dann beanstandet werden können, wenn sich aus den Urteilsgründen selbst ergibt, daß ein Widerspruch vorliegt, der einer Erörterung bedurft hätte.

[1386] BGH NJW **1992** 2838.

[1387] BGH NJW **1992** 2838, kritisch dazu *Herdegen* FS Salger 314 (Beweisprinzipien – Aufklärungsgebot und Würdigungskompetenz – werden vermengt).

[1388] So BGH NJW **1992** 2840; *Foth* NStZ **1992** 446; *G. Schäfer* StV **1995** 157; **a. A** KK-*Herdegen* 40, der ein solches alternatives Rügevorbringen für zu-

lässig hält; ebenso HK-*Julius* 88. Wegen der Einzelheiten vgl. § 337, 84; s. auch *Lüderssen* in der Einl. L 66 f.

[1389] Vgl. bei § 344; aber auch KK-*Herdegen* 10 zu den schwankenden Anforderungen der Rechtsprechung.

[1390] Wegen der Einzelheiten vgl. die Erl. zu § 344.

[1391] Zu den Begründungserfordernissen vgl. etwa *Eisenberg* (Beweisrecht) 58; AK-*Schöch* 152; KK-*Herdegen* 36; *Kleinknecht/Meyer-Goßner*⁴³ 81; KMR-*Paulus* 596 ff; SK-*Schlüchter* 174; ferner bei § 344 mit weit. Nachw.

[1392] BGHSt **30** 138; BGH NStZ **1994** 47; OLG Düsseldorf VRS **51** (1976) 380; OLG Hamburg VRS **45** (1973) 44; OLG Koblenz VRS **45** (1973) 174; 222; **46** (1974) 542; **49** (1975) 372; **50** (1976) 368; OLG Köln MDR **1977** 71.

[1393] BGH VRS **32** (1967) 205; BGHR § 344 Abs. 2 Satz 2 Aufklärungsrüge 5; 6; 7; BayObLGSt **1995** 163 = NStZ-RR **1996** 1453.

[1394] BGHSt **2** 168; **17** 353; **30** 138; **37** 162; BGH StV **1996** 529 (L); VRS **11** (1956) 440; **27** (1964) 193; **30** (1966) 101; bei *Dallinger* MDR **1970** 900; OLG Braunschweig NdsRpfl. **1951** 192; OLG Bremen DAR **1961** 20; OLG Hamburg VRS **29** (1965) 127; OLG Hamm VRS **51** (1976) 30; KG VRS **30** (1966) 385; OLG Köln MDR **1977** 71; OLG Koblenz VRS **44** (1973) 280; **45** (1973) 174; 222; **46** (1974) 452; **47** (1974) 272; **48** (1975) 202; **50** (1976) 368; **51** (1976) 39; 455; *Gribbohm* NStZ **1983** 101.

hebung entfallen und welches für den Revisionsführer günstigere Beweisergebnis dadurch erreicht worden wäre[1395].

Die von der Rechtsprechung entwickelten strengen Anforderungen an die Begründung der Verfahrensrüge sind verfassungsrechtlich nicht zu beanstanden[1396].

Zur Begründung müssen grundsätzlich **Tatsachen** vorgetragen werden, **Vermutungen** **355a** genügen nicht[1397]. Eine Aufklärungsrüge, nach der festgestellt werden soll, „ob" etwas geschehen sei, und die ein günstiges Ergebnis nur für „möglich" erachtet, wird als unzulässig angesehen[1398]. Dies ist jedoch in den Fällen zu eng, in denen das Gericht gegen das Gebot zur Sachaufklärung dadurch verstoßen hat, daß es die gebotenen Nachforschungen unterließ, obwohl, wie etwa bei der fälschlichen Ablehnung eines Beweisermittlungsantrags, noch keine Beweistatsache oder noch kein bestimmtes Beweismittel bezeichnet werden konnte und deren Auffinden nur mit einer die Nachforschungen rechtfertigenden Wahrscheinlichkeit möglich erschien[1399]. Vom Tatsachenvortrag zur Begründung der Aufklärungsrüge kann immer nur verlangt werden, daß er spiegelbildlich den Sachverhalt vorträgt, der die Aufklärungspflicht auslöst. Soweit dafür schon Möglichkeiten ausreichen, braucht auch die Aufklärungsrüge nicht mehr behaupten. Tatsachen, die für die Aktualisierung der Aufklärungspflicht im konkreten Fall unerheblich sind, brauchen nicht vorgetragen werden. Wegen der vielfältigen Formen, in denen eine Verletzung der Aufklärungspflicht möglich ist, können deshalb auch die **Anforderungen** an den Umfang des Tatsachenvorgangs und den Grad der Bestimmtheit der Behauptung bei der Aufklärungsrüge **unterschiedlich** sein. Immer gilt aber, daß ausnahmslos alle für die Beurteilung der Rüge im konkreten Fall einschlägigen Tatsachen mit der erforderlichen Bestimmtheit **vollständig** vorzutragen sind, auch einschließlich aller dem Erfolg der Rüge **abträglichen Tatsachen**, die etwa dafür von Bedeutung sein können, ob eine Ausnahmevorschrift eingreift, die der Rüge den Boden entzieht[1400].

Einzelfälle: Wird die Nichtverwendung bestimmter Beweismittel gerügt, gehört zur **356** genauen Bezeichnung der Beweismittel, daß sie eindeutig identifizierbar sind. Grundsätzlich sind deshalb bei **Zeugen** Name und genaue Anschrift anzugeben[1401]. Dies kann jedoch dann nicht verlangt werden, wenn der Antragsteller den Verstoß gegen die Aufklärungspflicht darin sieht, daß das Gericht insoweit die möglichen und gebotenen Nachforschungen nach Zeugen unterlassen hat[1402]. **Aktenteile** und **Schriftstücke** müssen nach Wortlaut oder Inhalt und Aufbewahrungsart so genau beschrieben werden, daß sie für das Gericht auffindbar sind[1403]. Gleiches gilt bei sonstigen Beweisgegenständen; bei **Film-** oder **Tonaufzeichnungen** ist auch der Inhalt zu schildern[1404]. Darzulegen sind

---

[1395] Vgl. BGH NJW **1989** 3294; AK-*Schöch* 152; ferner SK-*Schlüchter* 181 (erhoffter Aufklärungsgewinn ist anzugeben, um Beschwer aufzuzeigen) sowie KK-*Herdegen* 38; 39, wonach nur dargelegt werden muß, daß es sich um „relevanten Beweisstoff" handelt, dafür genügt es, den „argumentativen Zusammenhang" zwischen der nicht aufgeklärten Beweisthematik und den Sachverhaltsannahmen und den Beweisgründen des Urteils aufzuzeigen; dies sei keine Frage des Beruhens, vgl. auch bei § 337.

[1396] BVerfGE **63** 70.

[1397] BGH bei *Holtz* MDR **1981** 456; SK-*Schlüchter* 176.

[1398] BGH nach *Kleinknecht/Meyer-Goßner*[43] 81.

[1399] Dazu KK-*Herdegen* 38: Bestimmtheitserfordernis kann nicht die Geltung haben wie beim Beweisan-

tragsrecht, wenn die Aufklärungsrüge beanstandet, daß Nachforschungen unterblieben, um „aus möglicherweise potentiellen Beweismitteln das richtige herauszufinden oder eine hinreichend konkrete Tatsache festzustellen".

[1400] BGHSt **37** 248; BGH NStZ **1986** 519; NStZ-RR **1997** 72.

[1401] OLG Koblenz VRS **51** (1976) 38 fordert dies, sofern sich dies nicht aus den Akten ergibt.

[1402] KK-*Herdegen* 37; SK-*Schlüchter* 176.

[1403] BGH VRS **32** (1967) 205; StV **1984** 64; KK-*Herdegen* 38; *Kleinknecht/Meyer-Goßner*[43] 81; SK-*Schlüchter* 176.

[1404] BGH StV **1991** 452; bei *Pfeiffer/Miebach* NStZ **1984** 213; bei *Kusch* NStZ **1992** 29; OLG Köln MDR **1977** 71; KMR-*Paulus* 598; vgl. bei § 344.

Walter Gollwitzer

ferner die Umstände (bestimmte Aktenteile, vor oder in der Hauptverhandlung gestellte, eventuell auch zurückgenommene Anträge usw.), aus denen das Gericht die weitere Aufklärungsmöglichkeit ersehen konnte, sowie der konkret zu schildernde Sachverhalt, der zu einer weiteren Aufklärung drängte[1405]. Ausnahmsweise können genauere Angaben zu den weiteren Beweismitteln entbehrlich sein, wenn sie sich eindeutig aus den dargelegten Umständen ergeben[1406]. Wird gerügt, daß das Gericht einen Zeugen nicht vernommen habe, ist aufzuzeigen, was der Zeuge hätte bekunden können, dazu gehört auch der Inhalt etwaiger früherer Aussagen. Wird eine Zeugenvernehmung nachträglich zulässig, sind auch die Umstände darzulegen, die ergeben, daß das Gericht zur weiteren Sachaufklärung die Vernehmung des Zeugen hätten veranlassen müssen[1407]. Ist ein geladener **Zeuge** ausgeblieben, muß die Revisionsbegründung bei der Beanstandung, daß der Zeuge zur weiteren Sachaufklärung hätte gehört werden müssen, auch dartun, daß der Zeuge für das Gericht überhaupt noch erreichbar war[1408]. Wodurch die geforderte Aufklärung sich **zugunsten des Rügenden ausgewirkt** hätte, muß grundsätzlich ausgeführt werden, unterbleibt dies, so ist es nur dann unschädlich, wenn sich dies auf Grund des übrigen Vortrags von selbst versteht[1409]. Wird die Verletzung der Aufklärungspflicht darin gesehen, daß die sich aus ihr ergebenden Forderungen bei Handlungen oder **Entscheidungen des Gerichts** nicht oder nicht genügend berücksichtigt wurden, müssen diese und die Tatsachen, aus denen sich das ihnen anhaftende Aufklärungsdefizit ergibt, sowie die zu seiner Vermeidung gebotenen Maßnahmen dargelegt werden[1410]. Zur Rüge, die Aufklärungspflicht sei durch Ablehnung eines Beweisantrags verletzt worden, vgl. Rdn. 372.

357   e) Das **Revisionsgericht** muß bei zulässig erhobener Rüge auf Grund des Urteils und anhand der Akten[1411] prüfen, ob die behaupteten Umstände tatsächlich vorlagen und ob sie für den Tatrichter erkennbar waren[1412]. Wenn es dies für erwiesen hält, beurteilt es aus seiner Sicht der Dinge[1413], ob sie zur weiteren Sachaufklärung bezüglich eines entscheidungsrelevanten Umstands hätten herangezogen werden müssen. Seine Nachprüfung ist auf die vom Revisionsführer behaupteten Tatsachen beschränkt, andere Tatsachen kann es in seine Prüfung auch dann nicht einbeziehen, wenn sie aus den Akten ersichtlich sind[1414]. Liegen Umstände vor, die erfahrungsgemäß eine weitere Sachaufklärung in einer bestimmten Richtung nahelegen würden, so ist ratsam, wenn das Tatgericht, das eine weitere Sachaufklärung für entbehrlich hält, sich in den **Urteilsgründen** damit auseinandersetzt[1415]. Unterbleibt dies, kann aber aus dem **Schweigen des Urteils** allein in der Regel noch nicht geschlossen werden, daß eine gebotene Aufklärung unterblieben ist. Dies gilt auch für die bereits bei Rdn. 342 angesprochene Frage, ob das Gericht bei der Vernehmung alle zur Sachaufklärung angezeigten Vorhalte gemacht habe[1416].

[1405] BGH VRS **15** (1958) 338; **32** (1967) 205; OLG Hamm VRS **57** (1979) 35; OLG Koblenz VRS **50** (1976) 368; OLG Saarbrücken VRS **49** (1975) 45; *Dahs/Dahs* 376; *Dahs* Hdb. 834; *Kleinknecht/ Meyer-Goßner*[43] 81; KMR-*Paulus* 399; vgl. auch Fußn. 1393, 1394.

[1406] BGH GA **1961** 316; KG VRS **14** (1958) 38.

[1407] BGH NJW **1995** 247; BayObLGSt **1995** 163.

[1408] BGH StV **1996** 529 (L).

[1409] *Kleinknecht/Meyer-Goßner*[43] 81; vgl. bei § 344.

[1410] BGH StV **1985** 91; KK-*Herdegen* 37.

[1411] BGH bei *Dallinger* MDR **1972** 574; **1974** 16; OLG Hamm VRS **48** (1975) 280; JMBlNW **1972**

261; OLG Koblenz VRS **45** (1973) 173; vgl. Rdn. 46.

[1412] BGH bei *Herlan* MDR **1955** 529; vgl. Rdn. 46.

[1413] BGH NStZ **1985** 324; StV **1996** 581; KK-*Herdegen* 39.

[1414] BGH NJW **1951** 283; *Wessels* JuS **1969** 9; SK-*Schlüchter* 180.

[1415] BGH bei *Dallinger* MDR **1952** 274; SK-*Schlüchter* 180.

[1416] Vgl. etwa BGHSt **17** 351; BGH NJW **1992** 2838; NStZ **1996** 9; **1997** 276; 450; andererseits aber auch BGH StV **1991** 500; sowie Rdn. 342 Fußn. 1385.

Bei der Prüfung von Aufklärungsrügen muß das Revisionsgericht zwischen zwei **358**
Grundsätzen einen **vernünftigen Ausgleich** herstellen: Einmal ist es berechtigt und verpflichtet, darüber zu wachen, daß die mit der Erhebung von Beweisen betrauten Gerichte
die Aufklärungspflicht nie vernachlässigen, insbesondere auch da nicht, wo das Gesetz
vom freien oder pflichtgemäßen Ermessen der Gerichte spricht. Zum anderen muß sich
das Revisionsgericht davor hüten, den im § 261 aufgestellten Grundsatz freier Beweiswürdigung anzutasten. Demnach ist zu fordern, daß ein sicheres Anzeichen einen Fehler
erkennen läßt, den das Gericht des ersten Rechtszugs begangen hat, indem es entweder
sich seiner gesetzlichen Befugnis und Verpflichtung zur Erforschung der Wahrheit nicht
bewußt geworden oder ihr nicht nachgekommen ist, obwohl bei objektiver Betrachtung
die Umstände den Gebrauch weiterer Beweismittel gebieten.

2. Gesetzwidrige Ablehnung von Beweisanträgen

a) Gegenstand der Rüge. Mit der Revision kann jede fehlerhafte Behandlung eines **359**
Beweisantrages gerügt werden, zum Beispiel, daß er nicht, nicht rechtzeitig oder ohne
oder mit einer ungenügenden, das Beweisbegehren verfehlenden oder nicht erschöpfenden
Begründung abgelehnt wurde oder daß die Ablehnungsgründe mit dem Inhalt des Urteils
in Widerspruch stehen und vor allem, daß die im Beschluß mitgeteilten Gründe der Ablehnung nicht frei von Rechtsfehlern sind.

b) Begründung der Rüge. Will die Revision geltend machen, daß das Gericht einen **360**
Beweisantrag zu Unrecht abgelehnt habe, muß die Revisionsbegründung in einer aus
sich selbst heraus verständlichen Schilderung, „die den Mangel enthaltenen Tatsachen"
(§ 344 Abs. 2 Satz 2) so vollständig dartun, daß das Revisionsgericht allein auf Grund des
Tatsachenvortrags der Rechtfertigungsschrift beurteilen kann, ob ein Verfahrensfehler
vorliegt, wenn die behaupteten Tatsachen erwiesen sind[1417]. Dazu gehört in der Regel,
daß der Beschwerdeführer den **Inhalt seines Antrags** (Beweistatsache und Beweismittel)
und des **gerichtlichen Ablehnungsbeschlusses** im Wortlaut oder unter vollständiger
Anführung aller wesentlichen Tatsachen sinngemäß[1418] mitteilt und daß er die **Tatsachen**,
nicht die Rechtsgründe darlegt, aus denen sich die **Fehlerhaftigkeit des Beschlusses**
ergeben soll[1419]. Wird gerügt, daß der ablehnende Beschluß die Beweisbehauptung falsch
oder zu eng verstanden habe, ist es wegen der strittigen Rechtslage (vgl. Rdn. 144) ratsam,
darzulegen, was der Antragsteller in der Hauptverhandlung zur Beseitigung des Mißverständnisses unternommen hat, gegebenenfalls auch, warum er zur Klarstellung keinen
neuen Beweisantrag stellte. Zum **Beruhen** des Urteils auf die fehlerhafte Ablehnung
braucht er sich nicht zu äußern. Es kann aber für den Erfolg seiner Rüge förderlich sein,
wenn er darlegt, inwiefern ihn die fehlerhafte Entscheidung in seiner Prozeßführung
beeinträchtigt hat[1420]. Im übrigen richten sich die vorzutragenden Tatsachen nach dem
jeweiligen Grund der Ablehnung.

[1417] H. M; so etwa BGHSt **3** 213; **21** 340; **29** 203; NStZ
1984 330; **1987** 36; **1994** 140; bei *Pfeiffer/
Miebach* NStZ **1985** 209; *Gribbohm* NStZ **1983**
101; *Krause* StV **1984** 487; AK-*Schöch* 149; KK-
Herdegen 107; *Kleinknecht/Meyer-Goßner*43 85;
KMR-*Paulus* 604; SK-*Schlüchter* 182. Wegen
weit. Nachw. vgl. *Alsberg/Nüse/Meyer* 878 sowie
bei § 344.
[1418] Die sinngemäße Angabe der wesentlichen Gesichtspunkte genügt nach BGH NStZ **1986** 519;

StV **1994** 470 (L); OLG Koblenz VRS **52** (1977)
125; und dem in der vorstehenden Fußn. angeführten Schrifttum.
[1419] Vgl. die Nachw. Fußn. 1417; BGH NStZ **1993** 50
läßt offen, wieweit auch die Tatsachen, die die
Fehlerhaftigkeit begründen, anzuführen sind.
[1420] AK-*Schöch* 149; KK-*Herdegen* 107; vgl. auch SK-
Schlüchter 181 (keine Ausführungen zum normativen Zusammenhang nötig).

361   **Einzelfragen.** Bei einer Ablehnung als **unerheblich** gehören dazu grundsätzlich auch die Tatsachen, aus denen die Erheblichkeit der Beweisbehauptung folgt[1421]. Die **Angabe des Beweisthemas** ist an sich erforderlich; dies ist allenfalls dann entbehrlich, wenn der Ablehnungsgrund des Gerichts mit ihm nichts zu tun hat, sondern allein in der Besonderheit des Beweismittels liegt, so, wenn ein Beweisantrag wegen **Unerreichbarkeit** des Zeugen abgelehnt wird[1422] oder wegen Ungeeignetheit, sofern die mangelnde Erreichbarkeit oder Eignung nicht mit dem Beweisthema zusammenhängt[1423]. Dies ist aber der Fall, wenn es für die Beurteilung der mangelnden Eignung oder für das Bemühen des Gerichts um die Beibringung eines Zeugen auch auf das Beweisthema ankommt[1424], und sei es auch nur als ein bei einer erforderlichen Abwägung zu berücksichtigender Gesichtspunkt. Anzuführen sind bei der Beanstandung einer Ablehnung als unerreichbar auch alle Bemühungen, die das Gericht zur Beibringung des Zeugen unternommen hat, gegebenenfalls auch alle Tatsachen, die für die Beurteilung der Erfolgsaussichten der internationalen Rechtshilfe bedeutsam sind[1425]. Das Weglassen des Beweisthemas kann ausnahmsweise unschädlich sein, wenn bereits die mitgeteilten Tatsachen die Fehlerhaftigkeit der Ablehnung zweifelsfrei aufzeigen[1426]. Die Rüge, die **Wahrunterstellung** sei nicht eingehalten worden, muß die Zusage der Wahrunterstellung und die als wahr zu unterstellende Behauptung anführen; ob auch darzulegen ist, wieso die Wahrunterstellung im Urteil nicht eingehalten wurde, ist strittig; so vor allem auch, ob hier und in ähnlichen Fällen, in denen es auch auf den Inhalt der Urteilsgründe ankommt, auf diese (stillschweigend) Bezug genommen werden darf, sowie ob dies voraussetzt, daß zugleich die Sachrüge erhoben worden ist[1427]. Da die Revisionsgerichte schon wegen der Einzelfallbezogenheit der Ausnahmen an die Vollständigkeit der Revisionsbegründung unterschiedliche Anforderungen stellen, ist es ratsam, die entsprechenden Tatsachen immer anzuführen. Im übrigen ist jede **Bezugnahme** auf andere Schriftstücke oder das Protokoll unzulässig, denn die Revisionsbegründung muß aus sich heraus verständlich sein[1428]. Ist die nach der Ablehnung des Beweisantrags liegende **spätere Entwicklung des Verfahrens** für die Beurteilung der Verfahrensrüge von Bedeutung, müssen auch die dafür relevanten Verfahrenstatsachen vom Revisionsführer vorgetragen werden, wenn er die Verwerfung seiner Rüge als unzulässig vermeiden will, so vor allem wenn sich das Gericht trotz der Ablehnung des Beweisantrags weiterhin mit diesem befaßt hat[1429]. Rügt die Revision die Ablehnung des Antrags auf Zuziehung eines **weiteren Sachverständigen**, muß sie darlegen, auf Grund welcher dem Gericht bekannten Tatsachen es an der Sachkunde des Erstgutachters hätte zweifeln müssen; beruft sie sich dabei auf ein Gutachten im Vorverfahren, muß sie auch den wesentlichen Inhalt dieses Gutachtens vortragen[1430].

[1421] BayObLGSt **1949/51** 57; DRiZ **1927** Nr. 973; **1928** Nr. 947; *Alsberg/Nüse/Meyer* 878.

[1422] BGH LM § 244 Abs. 3 Nr. 9; MDR **1953** 692; StV **1982** 208; **1984** 455; OLG Hamm MDR **1988** 695; *Krause* StV **1984** 487; *Kleinknecht/Meyer-Goßner*[43] 85; einschränkend SK-*Schlüchter* 182.

[1423] OLG Celle NdsRpfl. **1982** 66; KG VRS **11** (1956) 277, OLG Schleswig SchlHA **1959** 156.

[1424] KK-*Herdegen* 108; SK-*Schlüchter* 182; vgl. Rdn. 262; 265.

[1425] BGH StV **1992** 216 mit Anm. *Münchhalffen*; KK-*Herdegen* 108.

[1426] Vgl. OLG Hamburg JR **1963** 473: Ablehnung des Beweisantrags des Verteidigers wegen Verschleppungsabsicht des Angeklagten; SK-*Schlüchter* 182.

[1427] BGH NJW **1982** 2738; StV **1982** 55; BayObLGSt **1954** 20 = NJW **1955** 563; OLG Koblenz VRS **55** (1978) 47; OLG Saarbrücken VRS **38** (1970) 60; *Krause* StV **1984** 488; KK-*Herdegen* 108; *Kleinknecht/Meyer-Goßner*[43] 85; weitergehend SK-*Schlüchter* 183 (auch wenn keine Sachrüge erhoben); KMR-*Paulus* 604 scheint die Bezugnahme auf die Urteilsgründe ebenfalls auch ohne diese Einschränkung für zulässig zu halten.

[1428] BGHSt **3** 213; BGH bei *Dallinger* MDR **1970** 900; KMR-*Paulus* 604; SK-*Schlüchter* 183; wegen weiterer Nachw. vgl. bei § 344; zur Bezugnahme auf die Urteilsgründe außerdem bei Fußn. 1427.

[1429] BGH StV **1994** 5; *Kleinknecht/Meyer-Goßner*[43] 85.

[1430] BGH StV **1996** 529.

c) Beweisanträge anderer Verfahrensbeteiligter. Die rechtsirrige Ablehnung eines **362** Beweisantrages der **Staatsanwaltschaft** kann auch für den **Angeklagten** einen Revisionsgrund abgeben, sofern er dadurch beschwert ist, weil die Ablehnung des Antrages auch seine eigenen Verfahrensinteressen beeinträchtigt[1431], so etwa wenn die Staatsanwaltschaft den Antrag nicht ausschließlich zur Belastung des Angeklagten, sondern zur objektiven Aufklärung eines Sachverhalts gestellt hatte[1432]. Etwas anderes gilt, wenn der Antrag ausschließlich auf den Nachweis einer den Angeklagten belastenden Tatsache gerichtet ist[1433]. Weil eine unter Beweis gestellte Tatsache wegen der Unwiderlegbarkeit immer nur zugunsten, dagegen nie zuungunsten des Angeklagten als wahr angenommen werden darf, wird darin eine nur **zugunsten des Angeklagten** gegebene Rechtsnorm gesehen; ihre Verletzung durch eine Unterstellung zu Lasten des Angeklagten kann der Staatsanwalt nach § 339 nicht geltend machen, um eine Aufhebung des Urteils zum Nachteil des Angeklagten herbeizuführen[1434]. Hat andererseits das Gericht zu Unrecht einen Beweisantrag des **Nebenklägers** mit der Unterstellung als wahr abgelehnt, ohne dem in den Urteilsgründen voll zu entsprechen, dann kann auch der Nebenkläger diesen Verfahrensverstoß, der seine Verfahrensrechte beeinträchtigt, rügen[1435]. Desgleichen kann die Staatsanwaltschaft die Revision darauf stützen, daß der Sinngehalt der Wahrunterstellung nicht erschöpft wurde, selbst wenn der Tatrichter fälschlich eine Behauptung als wahr unterstellt hatte, die nicht zur Entlastung sondern zur Belastung des Angeklagten bewiesen werden sollte[1436]. Die Ablehnung eines Beweisantrags der Staatsanwaltschaft kann auch der Nebenkläger rügen[1437], nicht aber die Ablehnung eines vom Angeklagten zu seiner Entlastung gestellten Antrags[1438].

Mitangeklagte können auch dann, wenn sie sich dem Antrag eines Angeklagten nicht **363** angeschlossen haben, durch die fehlerhafte Ablehnung in ihren eigenen Verfahrensinteressen beschwert sein, da sie auch ohne Antragstellung davon ausgehen können, daß eine erfolgreiche Beweiserhebung auch zu ihren Gunsten wirkt[1439]. Es hängt aber immer von der Zielrichtung des Antrags und der Prozeßlage des Einzelfalls ab, ob andere Verfahrensbeteiligte, möglicherweise sogar Prozeßgegner, durch die Ablehnung eines fremden Antrags beschwert sind[1440]. Brauchte das Gericht über einen Hilfsantrag nicht zu befinden, weil es dem Hauptantrag folgte, so können die anderen Verfahrensbeteiligten hieraus keine Revisionsrüge herleiten[1441], es sei denn, daß die im Hilfsbeweisantrag unter Beweis gestellte Tatsache ohne Rücksicht auf die Antragstellung hätte aufgeklärt werden müssen[1442].

[1431] BGH NStZ **1984** 372; StV **1987** 189; *Alsberg/ Nüse/Meyer* 871; AK-*Schöch* 148; *Kleinknecht/ Meyer-Goßner*43 84; SK-*Schlüchter* 189; **a. A** *Meves* GA **40** (1892) 435 (nur Antragsteller).

[1432] RG JW **1985** 572; RG Recht **1909** Nr. 2881; **1924** Nr. 82; *Alsberg/Nüse/Meyer* 873; SK-*Schlüchter* 189.

[1433] Vgl. BGH bei *Holtz* MDR **1979** 807; Revision des Angeklagten kann nicht auf die Ablehnung des seine Belastung bezweckenden Beweisantrags des Nebenklägers gestützt werden; SK-*Schlüchter* 189.

[1434] RG HRR **1939** Nr. 817; BGH NStZ **1984** 564; OLG Stuttgart JR **1968** 151 mit Anm. *Koffka*; *Alsberg/Nüse/Meyer* 871; SK-*Schlüchter* 189. Vgl. bei § 339.

[1435] OLG Stuttgart JR **1968** 151 mit Anm. *Koffka*; SK-*Schlüchter* 189.

[1436] BGH NStZ **1984** 564; bei *Holtz* MDR **1981** 189; vgl. bei § 339.

[1437] BayObLG DJZ **1931** 174; *Alsberg/Nüse/Meyer* 872; *Amelunxen* Nebenkläger 85; vorausgesetzt wird aber immer eine Beschwer in den eigenen Verfahrensinteressen, vgl. Rdn. 96 und Vor § 226, 33.

[1438] *Amelunxen* Nebenkläger 85 nimmt dies an, weil sich jede Beweiserhebung möglicherweise auch zu Lasten des Angeklagten auswirken könne; dagegen *Alsberg/Nüse/Meyer* 873.

[1439] BGHSt **32** 10 = NStZ **1984** 372 mit Anm. *Schlüchter*; BGH bei *Pfeiffer* NStZ **1981** 96; SK-*Schlüchter* 189; *Alsberg/Nüse/Meyer* 386; 871 ff mit weit. Nachw.; strittig; vgl. Rdn. 98; BGH NJW **1952** 273 nimmt stillschweigenden Anschluß an.

[1440] Vgl. Rdn. 362; ferner *Alsberg/Nüse/Meyer* 871.

[1441] RGSt **17** 375 (Hilfsbeweisantrag der Staatsanwaltschaft).

[1442] Zur Begründung dieser Aufklärungsrüge vgl. Rdn. 355.

364   d) Die **Rechtsfehler**, die die **Revision begründen** können, sind **bei den einzelnen Ablehnungsgründen** und bei der Erörterung der Behandlung der Beweisanträge dargestellt[1443]. Ob dem Tatrichter bei der Ablehnung eines Beweisantrages ein Rechtsfehler unterlaufen ist, hängt von der **Begründung** ab, mit der er **in der Hauptverhandlung** den Beweisantrag abgelehnt hat. Eine fehlerhafte Begründung des Ablehnungsbeschlusses kann regelmäßig durch die Urteilsgründe **nicht geheilt** werden (Rdn. 150). Erst recht ist es dem Revisionsgericht verwehrt, eine falsch begründete Ablehnung durch Nachschieben anderer Tatsachen zu halten[1444]. Auch wenn die **Urteilsgründe** auf die Ablehnung eines Beweisantrages in der Hauptverhandlung nicht eingehen, können sie aber dafür verwertbar sein, ob das Urteil auf einen Rechtsfehler, der dem Gericht bei der Ablehnung eines Beweisantrags unterlaufen ist, beruhen kann[1445]. Läßt sich dies nicht ausschließen, begründet dieser Verstoß gegen § 244 nach § 337 — bei Angeklagten und Verteidiger zugleich auch nach § 338 Nr. 8 — die Revision[1446].

365   Das **Beruhen des Urteils** auf einer unzureichenden oder fehlerhaften Begründung der Ablehnung eines Beweisantrags in der Hauptverhandlung kann in der Regel nicht verneint werden. Dies gilt auch, wenn der Beweisantrag mit einer anderen Begründung hätte abgelehnt werden können; denn der Fehler kann auch dann die Verfahrensführung beeinflußt und die Verfahrensbeteiligten gehindert haben, die geänderte Prozeßlage in ihrem weiteren Verhalten zu berücksichtigen und andere Anträge zu stellen[1447]. Nur in besonders gelagerten Ausnahmefällen kann das Revisionsgericht davon ausgehen, daß der Antragsteller auch bei richtiger Begründung der Ablehnung keine anderen sachdienlichen Anträge hätte stellen können[1448]. Eine unzulänglich begründete Ablehnung des Beweisantrags wegen der Unerreichbarkeit eines Zeugen ist dann unschädlich, wenn im Wege des Freibeweises vom Revisionsgericht festgestellt werden kann, daß der Zeuge ohnehin nicht erschienen wäre[1449]. Das Beruhen kann im Einzelfall (es kommt darauf an, daß kein das Verfahren beeinflussendes anderes Prozeßverhalten möglich gewesen wäre) auch dann ausgeschlossen werden, wenn das Gericht im Urteil ohnehin uneingeschränkt von den unter Beweis gestellten Tatsachen ausgegangen ist[1450]. Beim Antrag auf Zuziehung eines weiteren Sachverständigen kann das Beruhen des Urteils auf der unrichtig begründeten Ablehnung auch dann ausgeschlossen werden, wenn feststeht, daß der Sachverständige das Gutachten nicht hätte abgeben können, weil die dafür erforderlichen tatsächlichen Grundlagen fehlten und auch nicht beizubringen gewesen wären[1451].

366   e) Bei **Hilfsbeweisanträgen**, über die nicht in der Hauptverhandlung durch Beschluß, sondern erst in den Urteilsgründen entschieden wird, kommt es für die Frage, ob die

[1443] Vgl. die Zusammenstellung bei *Alsberg/Nüse/ Meyer* 871.

[1444] BGH NJW **1953** 35; NStZ **1982** 41; OLG Hamm MDR **1964** 435; KG VRS **48** (1975) 432; OLG Köln StV **1996** 368; KK-*Herdegen* 59; *Kleinknecht/Meyer-Goßner*[43] 86; *Alsberg/Nüse/Meyer* 908 und Rdn. 151 mit weit. Nachw.

[1445] Vgl. Rdn. 151; OLG Düsseldorf MDR **1980** 368; *Alsberg/Nüse/Meyer* 759; 894; auch zu der Frage, daß Ausführungen im Urteil den Bestand einer fehlerfrei begründeten Ablehnung gefährden können.

[1446] Nach *Alsberg/Nüse/Meyer* 867; *Dahs/Dahs* 172; *Kleinknecht/Meyer-Goßner*[43] 83 bringt die Rüge eines Verstoßes gegen § 338 Nr. 8 jedoch keine Vorteile; vgl. *Hilger* NStZ **1983** 343.

[1447] Vgl. BGHSt **19** 26; **29** 152; bei *Dallinger* MDR **1971** 18; **1975** 725; OLG Hamm JR **1965** 269; OLG Frankfurt StV **1981** 172; KK-*Herdegen* 59; *Kleinknecht/Meyer-Goßner*[43] 86; SK-*Schlüchter* 191; ferner *Alsberg/Nüse/Meyer* 906 mit weit. Nachw., auch zu den Ausnahmen; vgl. dazu etwa Rdn. 224.

[1448] BGH StV **1994** 636 mit abl. Anm. *Müller*; NStZ **1997** 286; SK-*Schlüchter* 191; *Alsberg/Nüse/Meyer* 908 mit weit. Nachw.

[1449] BGH NStZ **1993** 349.

[1450] BGH nach *Kleinknecht/Meyer-Goßner*[43] 86; SK-*Schlüchter* 191; *Alsberg/Nüse/Meyer* 909 mit weit. Nachw. Die Einzelheiten sind strittig; vgl. *Herdegen* NStZ **1990** 515; *Schlüchter* StV **1987** 47; KK-*Herdegen* 59; *Scheffler* NStZ **1989** 159.

[1451] BGH NStZ-RR **1997** 331.

Ablehnung rechtsirrig ist, nur auf die Urteilsgründe an (Rdn. 166). Im übrigen muß der Tatsachenvortrag zur Begründung der Rüge ebenso aus sich heraus verständlich sein und den Bestimmtheitsanforderungen entsprechen wie bei einem unbedingt gestellten Antrag[1452]. Wenn gleichzeitig die Sachrüge erhoben worden ist, kann eine Bezugnahme auf die im Urteil enthaltenen Ablehnungsgründe, eventuell sogar auf den dort wiedergegebenen Antrag, den Vortrag dieser Tatsachen in der Revisionsbegründung ersetzen[1453].

Bei der Prüfung, ob das Urteil auf einem Fehler bei der Ablehnung eines solchen Antrags beruht, brauchen ebenfalls **nur die Urteilsgründe** herangezogen werden[1454]. Ergeben diese, daß ein anderer Ablehnungsgrund durchgreift, ist eine fehlerhafte Begründung der Ablehnung unschädlich. Da die Ablehnungsgründe nicht in der Hauptverhandlung bekanntgegeben werden, scheidet auch die Möglichkeit aus, daß eine fehlerhafte Ablehnung die Verfahrensgestaltung beeinflußt haben könnte[1455]. **367**

f) Verletzung des Gebots eines fairen Verfahrens. Das Gebot eines fairen Verfahrens ist als vorrangige Verfassungsverbürgung und auf Grund der zumindest als einfaches Recht unmittelbar geltenden Menschenrechtskonventionen im Strafverfahren zu beachten[1456]. Vereinzelte Entscheidungen haben deshalb die Rüge eines Verstoßes gegen dieses Verbot auch bei der Beanstandung fehlerhafter Ablehnungen von Beweisanträgen zugelassen. So kann nach Ansicht von BGHSt **32** 44[1457] die Ablehnung eines Beweisantrags auch das Gebot des „fairen Verfahrens" verletzen, wenn dabei eine zugesicherte Wahrunterstellung nicht eingehalten wird. Für die Begründung dieser Rüge hat der BGH nicht die Angabe aller Tatsachen gefordert, die sonst für die Rüge der Nichteinhaltung der Wahrunterstellung notwendig sind. Auch das OLG Frankfurt[1458] sieht in der Verletzung der durch die Begründung des ablehnenden Beschlusses geschaffenen Vertrauensposition einen Verstoß gegen das Gebot eines fairen Verfahrens, wenn der ablehnende Beschluß eine Beweistatsache als bedeutungslos bezeichnet hat, das Urteil dann aber ihrem Gegenteil bei der Strafzumessung Gewicht beimaß. Nach seiner Ansicht kann dieser Verstoß neben der Verletzung des § 244 Abs. 3 Satz 2 gerügt werden. Im **Schrifttum**, das vor allem auch die Auflockerung der sonst bestehenden strengen Begründungspflicht für den konkreten Verfahrensverstoß durch Zulassung einer generellen Rüge für untragbar hält, wird die Ansicht vertreten, daß der Antragsteller nicht die Wahl habe, statt der Verletzung des Abs. 3 Satz 2 einen Verstoß gegen das Gebot eines fairen Verfahrens zu rügen. Wenn ein Verstoß gegen eine bestimmte Verfahrensnorm in Mitte stehe, müsse deren Verletzung in der dafür vorgeschriebenen Form gerügt werden, dann könne nicht statt dessen nur eine Verletzung des allgemeinen Grundsatzes des fairen Verfahrens geltend gemacht werden[1459]. **368**

[1452] Vgl. Rdn. 359; h. M; etwa *Alsberg/Nüse/Meyer* 911; *Kleinknecht/Meyer-Goßner*[43] 85.

[1453] BGH NJW **1982** 2738; StV **1982** 55; 208; BGH bei *Dallinger* MDR **1956** 272; BayObLGSt **1954** 20 = NJW **1955** 563; OLG Hamburg NJW **1968** 2304; OLG Hamm NJW **1978** 1210; OLG Koblenz VRS **42** (1972) 425; **52** (1977) 447; **55** 47; OLG Schleswig bei *Ernesti/Jürgensen* SchlHA **1970** 199; *Krause* StV **1984** 488; AK-*Schöch* 149; KK-*Herdegen* 108; *Kleinknecht/Meyer-Goßner*[43] 85; zum Teil weitergehend SK-*Schlüchter* 183 (nur zur Erleichterung der Substantiierung, aber unabhängig von der Erhebung der Sachrüge).

[1454] BGH NJW **1949** 796; **1988** 501; NStZ **1998** 98; BGH bei *Seibert* NJW **1962** 135; OLG Hamm NJW **1968** 1205; VRS **32** (1967) 278; JR **1962** 269; KG VRS **15** (1958) 56; OLG Schleswig bei *Ernesti/Lorenzen* SchlHA **1981** 93.

[1455] H. M; vgl. *Alsberg/Nüse/Meyer* 911 mit weit. Nachw. sowie Fußn. 1454.

[1456] Vgl. Einl. H 98 ff, Vor § 226, 15 ff, und bei Art. 6 MRK (24. Aufl. Art. 6 MRK 64 ff).

[1457] = JR **1984** 143 mit abl. Anm. *Meyer*; BGHSt **21** 38 wird insoweit aufgegeben, als dort die Nichteinhaltung der Zusage unter dem Gesichtspunkt der Aufklärungspflicht gewürdigt wurde; nach Ansicht des BGH greift in diesen Fällen der Rechtsgedanke des Vertrauensschutzes Platz; ähnlich BGH bei *Pfeiffer/Miebach* NStZ **1985** 14; AK-*Schöch* 148; *Pfeiffer/Fischer* 51.

[1458] OLG Frankfurt MDR **1993** 1001.

[1459] *Meyer* JR **1984** 143; *Herdegen* NStZ **1984** 343; *Kleinknecht/Meyer-Goßner*[43] 83; SK-*Schlüchter* 186; 187; LR-*Rieß* Einl. H 112; a. A *Laufhütte* SchRAGStrafR Bd. 10 (1993) 193.

Walter Gollwitzer

369   **Neben Verstößen gegen einzelne Verfahrensregeln der StPO** kann der Verstoß gegen das Gebot des fairen Verfahrens gerügt werden. Es ist auch zulässig, unter diesem Blickwinkel allein das Verfahren zu beanstanden. Vorzutragen sind dann aber nach § 344 Abs. 2 alle Tatsachen, aus der sich die Verletzung dieses Grundsatzes ergibt. Dies erfordert in der Regel einen umfangreichen Tatsachenvortrag, denn das im Rechtsstaatprinzip und Grundrechtsschutz verankerte Verfassungsgebot eines fairen Verfahrens ist eine allgemeine Verfahrensmaxime ohne feste Konturen; sie bedarf der Konkretisierung durch den Gesetzgeber, dem es überlassen ist, durch welche Ausgestaltung des Verfahrens er diesem Gebot Rechnung tragen will. Gleiches gilt für die Menschenrechtskonventionen, die davon ausgehen, daß ihre Verbürgungen vom nationalen Recht in verschiedenen Formen erfüllt werden können[1460]. Ob der Angeklagte ein faires Verfahren hatte, kann deshalb vielfach[1461] nicht schon an Hand der Verletzung einer einzelnen Vorschrift beurteilt werden, sondern nur in einer Gesamtwürdigung des Verfahrens. Wer rügen will, daß er kein faires Verfahren gehabt habe, muß deshalb unter Anführung aller für diese Gesamtschau erforderlichen Tatsachen (also mit beträchtlichem Begründungsaufwand) darlegen, warum das Verfahren in seiner Gesamtheit dieser Gewährleistung nicht entsprach. Wird dies damit begründet, daß eine Vorschrift des Verfahrensrechts verletzt wurde, gehört zu der von der Rechtsprechung bei § 344 Abs. 2 geforderten Vollständigkeit des Sachvortrags auch die Anführung aller Tatsachen, aus denen sich dieser Verfahrensverstoß ergibt. Die unrichtige Sachbehandlung im Zusammenhang mit der Ablehnung eines Beweisantrags, wie etwa die Nichteinhaltung einer Wahrunterstellung, muß deshalb in einem solchen Fall nach § 344 Abs. 2 im gleichen Umfang durch den Tatsachenvortrag dargelegt werden, wie wenn dieser Verstoß für sich allein beanstandet worden wäre. Geht man davon aus, wird jede Aufweichung der Begründungspflicht vermieden und — ähnlich wie bei einer zusätzlich erhobenen Aufklärungsrüge (vgl. Rdn. 371) — gesichert, daß auch bei einer auf allgemeine Grundsätze gestützten Rüge die einschlägigen einzelnen Verfahrensnormen Grundlage der Überprüfung bleiben.

370   **3.** Die Rüge, ein **Beweisantrag** sei **nicht beschieden** worden, muß unter Mitteilung des Inhalts des Antrags dartun, daß ein ordnungsgemäßer Beweisantrag gestellt worden ist, über den in der Hauptverhandlung zu entscheiden gewesen wäre[1462]. Auch hier ist im Einzelfall zu prüfen, ob das Urteil auf dem Verfahrensverstoß beruht[1463]. Dies kann mitunter selbst dann nicht ausgeschlossen werden, wenn der Beweisantrag nach Sachlage mit einer rechtsfehlerfreien Begründung hätte abgelehnt werden können. Entscheidend ist, ob im Einzelfall der Antragsteller durch die unterbliebene Mitteilung der Ablehnungsgründe in seiner Prozeßführung behindert worden ist, insbesondere ob er bei Kenntnis der Ablehnungsgründe andere Anträge gestellt hätte[1464]. Unter demselben Gesichtspunkt greift auch die Rüge durch, das Gericht habe zu Unrecht entgegen Absatz 6 den Beweisantrag erst im **Urteil** beschieden[1465]. Das Beruhen des Urteils auf diesem Verstoß entfällt nicht schon deswegen, weil der Angeklagte oder sein Verteidiger das Gericht nicht darauf hingewie-

---

[1460] Vgl. bei Art. 6 MRK (24. Aufl. Art. 6 MRK, 65; 68).

[1461] Ein einzelner Verfahrensverstoß wird für sich allein meist nicht so schwer wiegen, daß dadurch das faire Verfahren in Frage gestellt wird, vgl. bei Art. 6 MRK (24. Aufl. Art. 6 MRK, 161).

[1462] OLG Stuttgart NJW **1968** 1733; *Alsberg/Nüse/Meyer* 876; *Krause* StV **1984** 488; KK-*Herdegen* 107; *Kleinknecht/Meyer-Goßner*43 85; SK-*Schlüchter* 184, die eine Mitteilung des Inhalts des Antrags für

entbehrlich halten. **A. A** OLG Hamburg JR **1963** 473; *Sarstedt/Hamm* 289.

[1463] BGH VRS **34** (1968) 354; NStZ **1983** 422.

[1464] BGH bei *Dallinger* MDR **1971** 18; OLG Frankfurt StV **1981** 172; OLG Schleswig bei *Ernesti/Jürgensen* SchlHA **1969** 152; *Alsberg/Nüse/Meyer* 774. Zur Rücknahme eines Beweisbeschlusses vgl. Rdn. 136 f.

[1465] Vgl. Rdn. 150; OLG Zweibrücken StV **1995** 347; KK-*Herdegen* 107; SK-*Schlüchter* 184.

sen hat, daß der Beweisantrag noch nicht beschieden wurde. Eine solche Pflicht besteht nicht[1466]. Wird ein **Hilfsbeweisantrag** auch im Urteil nicht beschieden, kann das Urteil darauf beruhen, wenn es von einer anderen als der unter Beweis gestellten Tatsache ausgeht[1467].

4. Nichtausführung der angeordneten Beweiserhebung. Wird die vom Vorsitzen- **371** den oder dem Gericht auf Grund eines Beweisantrags angeordnete Beweiserhebung nicht ausgeführt, ohne daß die Anordnung später wieder aufgehoben und der Beweisantrag abgelehnt wurde, kann dieser Rechtsfehler (Verstoß gegen die Modalitäten der Absätze 3 bis 5 oder gegen Absatz 6) mit der Revision gerügt werden[1468].

5. Zusätzliche Aufklärungsrüge. Das **Unterlassen** der beantragten **Beweiserhebung** **372** kann, selbst wenn die Rüge der Verletzung des Absatzes 3 an § 344 Abs. 2 scheitert, auch unter dem Gesichtspunkt der Verletzung der **Aufklärungspflicht** zu prüfen sein, sofern von der Revision alle dafür erforderlichen Tatsachen vorgetragen worden sind[1469]. Beide Rügen sind grundsätzlich selbständig; dies gilt auch für die Beurteilung, welche Tatsachen aufgeführt werden müssen, um den jeweiligen Verfahrensverstoß nach § 344 Abs. 2 darzutun. Vielfach — aber nicht immer — gehören zu dem vollständigen Vortrag aller für die Beurteilung der Aufklärungsrüge notwendigen Tatsachen auch die Angaben, welcher Beweisantrag gestellt wurde und aus welchen Gründen ihn das Gericht zu Unrecht abgelehnt hat[1470]. Da zusätzlich noch die Tatsachen anzuführen sind, aus denen sich ergibt, daß das Gericht zu einer weiteren Sachaufklärung gedrängt worden wäre, wozu die Stellung des Beweisantrags allein meist nicht ausreicht, verringert bei einem zu Unrecht abgelehnten Beweisantrag das Ausweichen auf die Aufklärungsrüge in der Regel weder die Darlegungslast[1471] noch erhöhen sich wegen des größeren Beurteilungsraumes des Gerichts für die Ablehnung der Beweiserhebung (vgl. Rdn. 59) dadurch die Erfolgsaussichten gegenüber einer Rüge der Verletzung der Absätze 3 bis 6[1472]. Ist ein Beweisantrag wegen des Fehlens der für seine Prüfung notwendiger Angaben gescheitert, weil der für seine Prüfung unerläßliche Zusammenhang zwischen dem Beweismittel und der behaupteten Beweistatsache nicht aufgezeigt wurde, so kann auch die Aufklärungsrüge in der Regel schon deshalb keinen Erfolg haben, weil ohne die Kenntnis dieses Zusammenhangs auch für das Gericht kein Anlaß zur Beiziehung des benannten Zeugen bestand (BGH StV **1998** 61). In Ausnahmefällen kann dies anders sein, so, wenn die Revisionsbegründung dem Gericht erkennbare Tatsachen dartun kann, die es zur weiteren Sachaufklärung durch das benannte Beweismittel hätte drängen müssen. Die Bedeutung der Aufklärungsrüge

---

[1466] KK-*Herdegen* 108; SK-*Schlüchter* 184; vgl. ferner *Schlothauer* in der Anm. zu BGH StV **1989** 465; **a. A** OLG Düsseldorf MDR **1993** 1105 (konkludente Ablehnung genügt).

[1467] OLG Koblenz VRS **62** (1982) 280.

[1468] SK-*Schlüchter* 188.

[1469] BGH GA **1954** 374; NJW **1957** 598; bei *Holtz* MDR **1978** 806; bei *Spiegel* DAR **1978** 161; OLG Köln VRS **46** (1974) 203; OLG Koblenz VRS **45** (1973) 48; OLG Oldenburg VRS **46** (1974) 200; OLG Stuttgart VRS **61** (1976) 379; vgl. auch BGH bei *Pfeiffer/Miebach* NStZ **1983** 359; **1984** 18; *Alsberg/Nüse/Meyer* 868 mit weit. Nachw.; AK-*Schöch* 155; KK-*Herdegen* 109; KMR-*Paulus* 595; SK-*Schlüchter* 178. Ob im Bereich der meisten Ablehnungsgründe des § 244 Abs. 3 noch

Raum für eine Aufklärungsrüge ist, bezweifelt BGHSt **10** 119, ebenso LR-*Meyer*[23] § 344, 96; vgl. *Kleinknecht/Meyer-Goßner*[43] 80.

[1470] BGH NStZ **1984** 329 fordert die Mitteilung aller Tatsachen einschließlich des Inhalts des Beschlusses, durch den ein Beweisantrag wegen Unerreichbarkeit des Zeugen abgelehnt wurde, um zu verhindern, daß an die Zulässigkeit der Aufklärungsrüge wegen desselben Beschwerdepunktes geringere Anforderungen gestellt würden als an die Rüge der fehlerhaften Ablehnung eines Beweisantrags; SK-*Schlüchter* 178; **a. A** *Krause* StV **1984** 486.

[1471] Vgl. *Alsberg/Nüse/Meyer* 868: Begründung im allgemeinen schwieriger.

[1472] Vgl. *Kleinknecht/Meyer-Goßner*[43] 80; SK-*Schlüchter* 178.

liegt in den seltenen Ausnahmefällen, in denen das Gericht einen Beweisantrag auf Grund der Absätze 3 oder 4 ablehnen durfte, in denen aber die Aufklärungspflicht trotzdem die Verwendung des Beweismittels gebot[1473]. Die Nachprüfung des Revisionsgerichts reicht aber auch hier nicht über die mit dem Tatsachenvortrag untermauerten Beanstandungen hinaus. Eine generelle Überprüfung, ob den Anforderungen der Aufklärungspflicht voll genügt ist, wird dadurch nicht ausgelöst[1474].

373   **6. Sachrüge.** Die mangelhafte Sachaufklärung oder die fehlerhafte Behandlung eines Beweisantrages ist im Rahmen der Sachrüge nur beachtlich, wenn sie zur Folge hat, daß die Urteilsgründe widersprüchlich oder lückenhaft werden, etwa weil dort die Wahrunterstellung zwar angeführt wird, bei der Beweiswürdigung die nach der Sachlage gebotene Auseinandersetzung mit der als wahr unterstellten Tatsache aber unterblieb[1475]. Aus dem Schweigen der Urteilsgründe allein kann dies in der Regel nicht erschlossen werden.

374   **7. Prüfung durch das Revisionsgericht.** Das Revisionsgericht prüft grundsätzlich nur im Rahmen des Tatsachenvortrags nach, ob die Behauptungen des Revisionsführers zutreffen (§ 344, 76). Wegen der Streitfrage, wieweit es dabei an die tatrichterliche Würdigung gebunden ist, wird auf die Ausführungen bei § 337, 70 ff verwiesen.

§ 245

(1) [1]**Die Beweisaufnahme ist auf alle vom Gericht vorgeladenen und auch erschienenen Zeugen und Sachverständigen sowie auf die sonstigen nach § 214 Abs. 4 vom Gericht oder der Staatsanwaltschaft herbeigeschafften Beweismittel zu erstrecken, es sei denn, daß die Beweiserhebung unzulässig ist.** [2]**Von der Erhebung einzelner Beweise kann abgesehen werden, wenn die Staatsanwaltschaft, der Verteidiger und der Angeklagte damit einverstanden sind.**

(2) [1]**Zu einer Erstreckung der Beweisaufnahme auf die vom Angeklagten oder der Staatsanwaltschaft vorgeladenen und auch erschienenen Zeugen und Sachverständigen sowie auf die sonstigen herbeigeschafften Beweismittel ist das Gericht nur verpflichtet, wenn ein Beweisantrag gestellt wird.** [2]**Der Antrag ist abzulehnen, wenn die Beweiserhebung unzulässig ist.** [3]**Im übrigen darf er nur abgelehnt werden, wenn die Tatsache, die bewiesen werden soll, schon erwiesen oder offenkundig ist, wenn zwischen ihr und dem Gegenstand der Urteilsfindung kein Zusammenhang besteht, wenn das Beweismittel völlig ungeeignet ist oder wenn der Antrag zum Zwecke der Prozeßverschleppung gestellt ist.**

Schrifttum. *Dallinger* Präsente Beweismittel (§ 245), MDR **1965** 965; *Häner* Verfahren beim Ausbleiben des gerichtlich geladenen Zeugen, JR **1984** 496; *Hagemann* Entstehung, Entwicklung und Bedeutung der Vorschrift über die präsenten Beweismittel im Strafprozeßrecht, Diss. Würzburg 1980; *Köhler* Inquisitionsprinzip und autonome Beweisführung (§ 245 StPO), (1979); *Köhler* Das präsente Beweismittel nach dem Strafverfahrensänderungsgesetz 1979, NJW **1979** 348; *Kühl* Prozeß-

---

[1473] BGH bei *Pfeiffer/Miebach* NStZ **1984** 210; *Alsberg/Nüse/Meyer* 32; *Kleinknecht/Meyer-Goßner*[43] 80; SK-*Schlüchter* 178.

[1474] RGSt **74** 153; BGH NJW **1951** 283; KK-*Herdegen* 109.

[1475] Vgl. etwa BGH NJW **1978** 114; OLG Celle JR **1985** 32 mit Anm. *J. Meyer*; OLG Köln MDR **1980** 161; OLG Oldenburg VRS **46** (1975) 200; KMR-*Paulus* 594. Vgl. auch BayObLGSt **1988** 148 (bei Freispruch Aufklärungsrüge).

gegenstand und Beweisthema im Strafverfahren (1987); *Marx* Die Verwertung präsenter Beweismittel nach neuem Recht, NJW **1981** 1425; *Rieß* Die Stellung des Verteidigers beim Verzicht auf die Verwendung präsenter Beweismittel, NJW **1977** 881; *Rostek* Soziologische Gutachter als „präsente Beweismittel" im Sinne von § 245 StPO, MDR **1976** 897. Wegen der allgemeinen Abhandlungen zum Beweisrecht vgl. das Schrifttum bei § 244.

Entstehungsgeschichte. Der **Entwurf** enthielt nur die Bestimmung: „Den Umfang der Beweisaufnahme bestimmt das Gericht, ohne hierbei durch Anträge, Verzichte oder frühere Beschlüsse gebunden zu sein." Die RTK fand darin eine ungerechtfertigte Beschränkung der Anklage und der Verteidigung bei der Durchführung des Beweises, vor allem auch im Hinblick auf die dem Angeklagten in § 220 gewährte Befugnis zur Ladung von Zeugen und Sachverständigen (Bericht der RTK *Hahn* **2** 1559). Deshalb verpflichtete die ursprüngliche Fassung von 1877, die nach dem damaligen § 244 Abs. 2 u. a. nicht für die Verfahren vor den Schöffengerichten galt, das Gericht zur Verwendung der präsenten Beweismittel. Das Recht des Gerichts, den Umfang der Beweisaufnahme zu bestimmen, wurde nur in Absatz 2 für einige besondere Fälle vorgesehen.

Die **EmmingerVO** und das **Gesetz vom 22. 12. 1925** erweiterten den Absatz 2 dahin, daß in Verhandlungen vor dem Amtsrichter, den Schöffengerichten und den Landgerichten, die eine Übertretung betreffen oder auf erhobene Privatklage erfolgen, das Gericht den Umfang der Beweisaufnahme bestimmen sollte, ohne dabei an Anträge, Verzichte oder frühere Beschlüsse gebunden zu sein. Das **Gesetz vom 27. 12. 1926** stellte klar, daß die Verpflichtung zur Verwendung präsenter Beweismittel auch gilt, wenn diese erst während der Hauptverhandlung präsent werden. Durch Art. 3 § 1 des Kap. I des ersten Teils der **Verordnung vom 14. 6. 1932** und Art. 1 Nr. 3 des **Gesetzes vom 28. 6. 1935** wurde die Vorschrift ganz beseitigt; statt dessen wurden Bestimmungen über das Verfahren gegenüber Beweisanträgen aufgenommen. **Art. 3 Nr. 112 VereinhG vom 12. 9. 1950** stellte den Rechtszustand von 1926 ohne den Absatz 2 wieder her. Im Privatklageverfahren wurde die freiere Stellung des Gerichts beibehalten (§ 384 Abs. 3). Sie wurde durch das VerbrbekG auch auf das Verfahren nach vorangegangenem Strafbefehl und das beschleunigte Verfahren vor dem Strafrichter (§ 411 Abs. 2 Satz 2; § 420 Abs. 4) ausgedehnt.

Art. 1 Nr. 20 StVÄG 1979 hat § 245 neu gefaßt. Dem Inhalt nach wurde der bisherige Satz 1 in **Absatz 1 Satz 1** für die vom Gericht geladenen Zeugen und Sachverständigen und für die nach § 214 Abs. 4 vom Gericht oder der Staatsanwaltschaft herbeigeschafften Beweismittel übernommen, die Prozeßverschleppung als Ablehnungsgrund ist entfallen. Der bisherige Satz 2, der die erst während der Hauptverhandlung präsent werdenden Beweismittel den von Anfang an präsenten gleichstellte, wurde als wegen § 246 entbehrlich gestrichen (vgl. Begr. BTDrucks. **8** 976, S. 52). **Absatz 1 Satz 2** entspricht dem bisherigen Satz 3; er wurde aber insoweit erweitert, als nunmehr ausdrücklich auch das Einverständnis des Verteidigers bei einem Absehen von der Beweiserhebung verlangt wird.

Neu ist der **Absatz 2**, der bei den von Staatsanwaltschaft und Angeklagten vorgeladenen Beweispersonen und bei den sonst (also nicht im Wege des § 214 Abs. 4) herbeigeschafften Beweismitteln die Pflichten zur Beweiserhebung von einem Beweisantrag abhängig macht und der außerdem einen Katalog der zulässigen Ablehnungsgründe, unter denen sich auch die Prozeßverschleppung wiederfindet, aufstellt.

Vgl. auch die Entstehungsgeschichte von § 244. Bezeichnung bis 1924: § 244.

Übersicht

Alphabetische Übersicht

I. Zweck und Anwendungsbereich

1 **1. Grundsätzliches.** Im Interesse der **umfassenden Wahrheitsforschung** und einer effektiven **autonomen Verteidigung** erweitert § 245 bei präsenten Beweismitteln den Umfang der Beweisaufnahme. Die Ablehnungsgründe des § 244 gelten insoweit nicht. § 245 beruht auf dem Gedanken, daß der sofort mögliche Gebrauch des herbeigeschafften Beweismittels „im Gegensatz zur Anschauung des Gerichts, auch wenn diese auf einer sorgfältigen Würdigung ruht, doch unerwarteterweise etwas ergeben kann, das erheblich ist oder noch mehr zugunsten des Angeklagten wirkt als das, was zuvor für wahr oder unwiderlegbar erachtet worden ist" (RGSt **65** 305)[1]. Vor allem schließt § 245 die Verweigerung der Vernehmung wegen Unerheblichkeit der behaupteten Tatsache oder wegen Mangels ihrer Beweisbedürftigkeit aus, weil das ganze, in seinem Umfang und seinen Einzelheiten nicht vorauszusehende Wissen des Zeugen erkundet und verwertet werden soll[2]. Er gilt ausnahmslos für alle Beweismittel[3]. Vor allem beim Sachverständigenbeweis ermöglicht er den Verfahrensbeteiligten, durch die Ladung eines weiteren Sachverständigen dessen Anhörung zu erzwingen, auch wenn das Gericht einen entsprechenden Beweisantrag nach § 244 Abs. 3, 4 ablehnen könnte. § 245 findet eine Entsprechung in § 241 Abs. 2, der dem Vorsitzenden nur das Recht gibt, **ungeeignete oder nicht zur Sache gehörende Fragen** zurückzuweisen. Die Beteiligten sollen in der Lage sein, die in der Hauptverhandlung zur Verfügung stehenden Beweismittel vollständig zu benutzen. Sie sollen dabei geringeren Beschränkungen unterworfen sein als dort, wo ihr Verlangen auf die verfahrensverzögernde Zuziehung eines nicht präsenten Beweismittels geht. Die Beweisaufnahme darf erst geschlossen werden, wenn die präsenten Beweismittel ausgeschöpft sind. Dies gilt auch dann, wenn schon vorher feststeht, daß der Angeklagte freizusprechen ist[4]. § 245 trägt wesentlich zu einer den Verteidigungsbelangen Rechnung tragenden (**„fairen") Verfahrensgestaltung** bei, wenn er dem Angeklagten in Verbindung mit § 220 gestattet, den Umfang der Beweisaufnahme eigenverantwortlich mitzubestimmen. Dies verhindert außerdem, daß beim Angeklagten und bei der Öffentlichkeit der Eindruck entsteht, das Gericht sei voreingenommen und wolle die Wahrheit nicht erforschen[5].

Die einschränkende **Neufassung von 1979** hat das **Ziel**, „unter Vermeidung jeder **2** unvertretbaren Beeinträchtigung des Beweiserhebungsanspruchs der Prozeßbeteiligten" eine „sachgerechte Konzentration des Beweisstoffes" zu ermöglichen[6]. Sie bezweckt **keine Änderung der Grundkonzeption**, wonach die Verfahrensbeteiligten auf zweifachem Weg eine Beweiserhebung durch das Gericht herbeiführen können. Sie können einerseits durch einen Beweisantrag nach § 244 das Gericht veranlassen, nach Prüfung der Beweiserheblichkeit die Beweismittel selbst herbeizuschaffen und zu verwenden, sie können andererseits eine Beweisaufnahme ohne vorangegangene Erheblichkeitsprüfung nach § 244 Abs. 3 bis 5 dadurch erreichen, daß sie mit Hilfe ihres unmittelbaren Ladungsrechts (§ 214 Abs. 3, § 220) selbst für die Präsenz der von ihnen gewünschten Beweismittel in der Hauptverhandlung sorgen. Die in der alten Fassung uneingeschränkte Pflicht des Gerichts zur Verwendung aller präsenten Beweismittel ermöglichte prozessualen Mißbrauch und einen Verfahrensleerlauf durch offenkundig überflüssige Beweisaufnahmen[7]. Diese Gefahren will die Neufassung eindämmen, ohne aber das für Wahrheitsfindung und Verteidigung gleichermaßen wichtige Recht der Verfahrensbeteiligten zu beseitigen, durch von ihnen beigebrachte Beweismittel den Umfang der Beweisaufnahme eigenverantwortlich mitzubestimmen.

---

[1] = JW **1932** 58 mit Anm. *Alsberg*; vgl. RGRspr. **1** 571; RGSt **1** 225; **45** 141; RG JW **1917** 51; **1927** 1490; OLG Celle NJW **1962** 2315; *Alsberg/Nüse/Meyer* 777; *Grünwald* Gutachten, 50. DJT (1974) Bd I S. C 74; *Schroeder* ROW **1969** 193; KK-*Herdegen* 1.
[2] Vgl. etwa BGH NJW **1952** 191; **1952** 836; OLG Hamburg NJW **1965** 1238.
[3] RGSt **65** 304; OLG Hamm VRS **1** (1956) 59.
[4] RGRspr. **10** 649; **10** 718; *Dallinger* MDR **1966** 965; *Hillenkamp* JR **1975** 140; KMR-*Paulus* 3; *Peters* § 38 V; dazu *Alsberg/Nüse/Meyer* 799 mit weit. Nachw. zum Streitstand; vgl. bei § 260; ferner zum Verfahren bei Einstellung Rdn. 86.

[5] *Grünwald* Gutachten, 50. DJT (1974) Bd. I Seite C 74: „Für das Vertrauen in die Justiz kein zu hoher Preis".
[6] RAussch. BTDrucks. **8** 1844 S. 32.
[7] BTDrucks. **8** 976 S. 23, 50; *Rieß* NJW **1978** 2270; dazu kritisch *Köhler* NJW **1979** 348; zu der auch hinsichtlich der tatsächlich aufgetretenen Mißbräuche strittigen Regelung vgl. ferner *Alsberg/Nüse/Meyer* 777; *Hagemann* 80 ff; *Hanack* FS Schultz 323; *Krekeler* AnwBl. **1979** 216; *Marx* NJW **1981** 1415; *Egon Müller* NJW **1981** 1805; *Peters* § 38 V; *Rudolphi* JuS **1978** 866; AK-*Schöch* 3; 4; KK-*Herdegen* 2; 13; SK-*Schlüchter* 1.

Walter Gollwitzer

3   **2. Unterschiede zwischen Absatz 1 und Absatz 2.** Um diese unterschiedlichen Zielsetzungen miteinander vereinen zu können, trifft der neue § 245 in seinen beiden Absätzen eine **unterschiedliche Regelung**, je nachdem, ob die Beweismittel auf Grund des ordnungsgemäßen Verfahrensganges (Ladung durch das Gericht nach § 214 Abs. 1, Herbeischaffung nach § 214 Abs. 4) in der Hauptverhandlung präsent sind oder ob dies von den Verfahrensbeteiligten in Ausübung ihres unmittelbaren Ladungsrechts oder ihres Rechts zur Beibringung sächlicher Beweismittel bewirkt worden ist.

4   Bei den vom **Gericht geladenen** Personen und den nach § 214 Abs. 4 herbeigeschafften sächlichen Beweismitteln behält Absatz 1 die bisherige Regelung bei. Das Gericht ist unabhängig von einem diesbezüglichen Antrag verpflichtet, diese Beweismittel zu verwenden, da die Verfahrensbeteiligten im Vertrauen auf die amtliche Anordnung auf eigene Initiativen verzichtet haben können.

5   Dagegen ist bei den **vom Angeklagten** oder dem **Staatsanwalt geladenen** Beweispersonen ebenso wie bei den von ihnen beigebrachten Beweismitteln (Rdn. 55) **zusätzlich ein Beweisantrag** notwendig, um das Gericht zu verpflichten, die Beweisaufnahme auf diese präsenten Beweismittel zu erstrecken. Eine förmliche Antragstellung mit Angabe des Beweisthemas ist den Beweisführern zuzumuten, denn sie müssen ohnehin eine Vorstellung haben, was sie mit ihren Beweismitteln dartun wollen. Ein rechtlich anerkanntes Interesse, ein Beweismittel mit Überraschungswirkung in die Hauptverhandlung einzuführen, besteht nicht, wie die §§ 222, 246 Abs. 2, 3 zeigen[8]. Die Antragstellung mit Angabe des Beweisthemas ermöglicht eine sachgerechte Konzentration des Verfahrens durch Ablehnung einer mißbräuchlichen oder überflüssigen Beweiserhebung. An Hand des mitgeteilten Themas kann das Gericht prüfen, ob einer der Gründe des Absatzes 2 Satz 3 vorliegt, die ihm gestatten, auch präsente Beweismittel unbenutzt zu lassen, ohne daß dadurch sachlich berechtigte Beweiserhebungsinteressen der Antragsteller verkürzt werden oder eine dem § 244 Abs. 3 bis 5 entsprechende Prüfung der Beweiserheblichkeit bei § 245 Abs. 2 eingeführt wird (vgl. Rdn. 58). Die Bindung der Beweiserhebungspflicht an die Antragstellung hindert den Vorsitzenden nicht daran, präsente Beweismittel im Sinne des Absatzes 2 auch **ohne Antragstellung** zu verwenden[9].

6   **3. Verhältnis zu anderen Vorschriften.** § 245 ergänzt § 244, dessen Absatz 1 davon ausgeht, daß das Gericht entsprechend § 245 Abs. 1 von sich aus die Beweisaufnahme auf die von ihm geladenen Beweispersonen und die sonstigen von Amts wegen zur Hauptverhandlung beigebrachten Beweismittel erstreckt. Er ändert ihn aber insoweit, als er bei den anderweitig präsent gewordenen Beweismitteln die Ablehnung ihrer Verwendung enger begrenzt als in § 244 Abs. 2 bis 5. Ein vom Angeklagten geladener Sachverständiger, der neben dem vom Gericht bestellten Sachverständigen zu den gleichen Beweisfragen gehört werden soll, kann deshalb auch nicht nach § 244 Abs. 4 abgelehnt werden[10]. Beweismittel, die auf Grund **anderweitiger Vorschriften** (vor allem §§ 250 ff) nicht verwendet werden dürfen, werden nicht dadurch zulässig, daß sie präsent im Sinne des § 245 sind (vgl. Rdn. 28 ff). Auch das Recht des Vorsitzenden, die **Reihenfolge der Vernehmungen zu bestimmen** (§ 238 Abs. 1), wird durch § 245 grundsätzlich nicht eingeschränkt. Es darf aber nicht rechtsmißbräuchlich ausgeübt werden, etwa um eine Beweiserhebungspflicht nach § 245 zu unterlaufen. Auf die Belange der erschienenen Beweispersonen ist in vertretbarem Umfang Rücksicht zu nehmen (vgl. Rdn. 50).

---

[8] BTDrucks. **8** 976 S. 52.

[9] *Rieß* NJW **1978** 2270; *Rudolphi* JuS **1978** 866; KK-*Herdegen* 13; *Kleinknecht/Meyer-Goßner*[43] 18; KMR-*Paulus* 4; SK-*Schlüchter* 35.

[10] BGH StV **1993** 340 (insbes. kein weiterer Sachverständiger); vgl. auch Rdn. 78.

Die **Aufklärungspflicht** des Gerichts (§ 244 Abs. 2) wird durch Absatz 2 nicht einge- 7
schränkt. Wenn es der Sachaufklärung dient, muß das Gericht von Amts wegen jedes
erreichbare Beweismittel ausschöpfen, auch wenn die Verfahrensbeteiligten im Falle
des Absatzes 1 darauf verzichtet haben oder ein Beweisantrag im Falle des Absatzes 2 nicht
gestellt wird oder die Anwesenheit der Beweisperson nicht in der von §§ 220, 245 geforderten Form bewirkt wurde, wie bei den mitgebrachten Zeugen (Rdn. 47). Gerade bei letzteren kann es die Aufklärungspflicht dem Gericht nahelegen, unter Umständen sogar
gebieten, von sich aus die Prozeßbeteiligten zu befragen, was diese Zeugen bekunden
können.

4. Anwendungsbereich. § 245 gilt auch in der **Berufungsinstanz** für die in der Beru- 8
fungsverhandlung präsenten Zeugen. Unerheblich ist, wer Berufung eingelegt hat, ob die
Zeugen zur Hauptverhandlung der ersten Instanz geladen worden waren und ob sie dort
das Zeugnis verweigert haben[11].

Unanwendbar ist § 245 in den Verfahren, in denen der **Umfang der Beweiserhebung** 9
in das **Ermessen des Gerichts** gestellt ist, wie im Privatklageverfahren (§ 384 Abs. 3), im
Strafbefehlsverfahren (§ 411 Abs. 2 Satz 2) und im beschleunigten Verfahren (§ 420
Abs. 4) vor dem Strafrichter, ferner im Bußgeldverfahren (§ 77 OWiG) oder im vereinfachten Jugendverfahren (§ 78 Abs. 3 JGG)[12]. Hier bestimmt sich allein nach der Aufklärungspflicht, wieweit präsente Beweismittel zu nutzen sind.

Auf **Dolmetscher** findet § 245 keine Anwendung[13]. 10

II. Beweiserhebung nach Absatz 1

1. Voraussetzungen bei Zeugen und Sachverständigen

a) Ladung durch das Gericht (Vorsitzender). Nur vom Gericht **nach § 214 Abs. 1** 11
geladene Zeugen und Sachverständige sind, sofern sie erschienen sind, präsente Beweismittel, die das Gericht nach Absatz 1 vernehmen muß, ohne daß es dazu des Antrags eines
Verfahrensbeteiligten bedarf. Die Pflicht des Gerichts zur Vernehmung der anderweitig
geladenen präsenten Beweispersonen bestimmt sich nach Absatz 2. Eine **besondere**
Form ist für die gerichtliche Ladung nicht vorgeschrieben; es genügt, wenn die Beweispersonen auf Grund richterlicher Anordnung zur Hauptverhandlung erschienen sind, ganz
gleich, ob ihnen dies schriftlich, mündlich, fernmündlich oder durch Boten mitgeteilt
wurde[14] und ob für den Fall des Ausbleibens Ordnungsmittel angedroht worden sind.
Auch die Bekanntgabe des Termins zur Fortsetzung der Hauptverhandlung bei der Unterbrechung genügt[15]. Die Ladung kann auch noch während der Hauptverhandlung angeordnet werden[16], sei es auf Grund eines Beweisbeschlusses, sei es durch ein vom Vorsitzenden oder vom Gericht veranlaßtes formloses Herbeiholen.

Ungeladen anwesende Personen fallen nicht unter Absatz 1, ganz gleich, ob sie 12
ursprünglich vom Gericht geladen worden waren und dann wieder **abgeladen** worden

---

[11] RGRspr. **10** 337.
[12] *Kleinknecht/Meyer-Goßner*[43] 1; KMR-*Paulus* 5;
Pfeiffer/Fischer 1; SK-*Schlüchter* 2.
[13] RGRspr. **8** 97; *Alsberg/Nüse/Meyer* 782; *Eb.
Schmidt* 4.
[14] BGH NJW **1952** 836; vgl. BGH StV **1995** 567;
KK-*Herdegen* 4; *Alsberg/Nüse/Meyer* 782 mit
weit. Nachw. Eine Ladung zu einer kommissari-

schen Vernehmung ist keine Ladung zur Hauptverhandlung; vgl. *Alsberg/Nüse/Meyer* 782.
[15] RGSt **35** 232; *Alsberg/Nüse/Meyer* 783; vgl. § 48, 4.
[16] Die frühere Fassung (§ 245 Satz 2) stellte dies ausdrücklich klar, bei der Neufassung wurde dies als
selbstverständlich und wegen § 246 entbehrlich gestrichen; vgl. *Rieß* NJW **1978** 2270; AK-*Schöch* 5;
KK-*Herdegen* 3; *Kleinknecht/Meyer-Goßner*[43] 3;
SK-*Schlüchter* 4.

sind[17] oder ob sie in derselben Sache außerhalb der Hauptverhandlung kommissarisch vernommen werden sollen[18] oder ob sie nur zufällig oder in anderer Eigenschaft (vgl. Rdn. 11) anwesend sind. Ist versehentlich eine falsche Person geladen worden, gilt für sie Absatz 1 ebenfalls nicht[19].

13　　**b) Anwesenheit.** Die Worte „und auch erschienen" in § 245 Abs. 1 Satz 1 sind erst durch das Vereinheitlichungsgesetz eingefügt worden. Die Rechtsprechung hatte jedoch schon vorher die Vorschrift dahin ausgelegt, daß die geladenen Zeugen auch erschienen sein müssen. Ihre Anwesenheit muß für das Gericht **erkennbar** sein[20]. Es genügt, wenn sie sich — auch mit Verspätung — so einfinden, daß sie vor Schluß der Beweisaufnahme noch vernommen werden können[21]. Beim Ausbleiben eines geladenen Zeugen steht den Prozeßbeteiligten der **Anspruch auf Aussetzung** der Verhandlung nicht ohne weiteres zu; das Gericht hat dann unter Berücksichtigung seiner Aufklärungspflicht zu prüfen, ob es das Erscheinen der Beweisperson durch **Ordnungsmittel** erzwingt. Anträge auf Zuziehung sind nach den Grundsätzen des § 244 zu bescheiden[22].

14　　Die Anwendung des § 245 entfällt, wenn die geladenen und erschienenen Zeugen im Zeitpunkt der beabsichtigten Vernehmung **nicht mehr anwesend** sind; etwa weil sie entlassen (§ 248) sind oder sich während der Verhandlung eigenmächtig **entfernt haben**[23] oder wegen ungebührlichen Benehmens in eine Haftstrafe genommen und alsbald zur Haft abgeführt werden mußten[24]. Eine erkennbar nur kurze Zeit dauernde, vorübergehende Entfernung (Besuch der Toilette usw.) hebt die Anwesenheit im Sinne des § 245 nicht auf, desgleichen nicht, wenn ihnen das Gericht die vorübergehende Entfernung bis zu ihrer für einen späteren Zeitpunkt festgesetzten Einvernahme gestattet hat.

15　　**Personen**, die in **anderer Eigenschaft anwesend** sind, etwa als **Richter, Staatsanwalt, Urkundsbeamte** oder **Verteidiger,** sind keine herbeigeschafften Beweismittel, da sie nicht als Beweispersonen, sondern in amtlicher Funktion an der Hauptverhandlung teilnehmen[25]. Erst wenn sie aus dieser Funktion ausgeschieden sind, etwa weil das Gericht ihre Vernehmung als Zeugen beschlossen hatte, können sie bei Vorliegen der sonstigen Voraussetzungen dem § 245 unterfallen[26]. Nach Ansicht des Oberlandesgerichts Stuttgart[27] ist eine Beweisperson nur in der Eigenschaft präsentes Beweismittel, in der sie geladen ist. Wer als **Zeuge** geladen ist, ist nicht zugleich auch als **Sachverständiger** präsent. Dem ist uneingeschränkt zuzustimmen, soweit es um die Pflicht des Gerichts geht, das Wissen der präsenten Beweisperson von sich aus zu erforschen. Wenn aber ein Zeuge eine Sachverständigenfrage beantworten soll und kann (dazu Rdn. 21), erscheint es fraglich, ob das Gericht dies allein deshalb unterbinden dürfte, weil die Beweisperson nur als Zeuge und nicht auch als Sachverständiger geladen worden ist (vgl. Rdn. 58). § 245 gilt nicht für Mitangeklagte[28]. Wer als Mitangeklagter zur Berufungsverhandlung geladen worden war,

[17] RGSt **1** 34; *Eb. Schmidt* 6; *Alsberg/Nüse/Meyer* 783.

[18] *Alsberg/Nüse/Meyer* 783; SK-*Schlüchter* 4.

[19] RG GA **54** (1907) 418; *Alsberg/Nüse/Meyer* 784.

[20] RGSt **40** 138; BGHSt **24** 282; BGH bei *Dallinger* MDR **1966** 966; vgl. Rdn. 17.

[21] RGRspr. **1** 551; RGSt **1** 175; 196; **35** 398; **40** 140; **42** 3; **55** 11; **56** 432; BGH bei *Dallinger* MDR **1966** 966; BayObLG bei *Rüth* DAR **1982** 253; OLG Schleswig bei *Ernesti/Jürgensen* SchlHA **1969** 152; *Alsberg/Nüse/Meyer* 784.

[22] *Alsberg/Nüse/Meyer* 783; *Häner* JR **1984** 497; KK-*Herdegen* 4; KMR-*Paulus* 8.

[23] RG JW **1924** 100; HRR **1932** Nr. 494; RG Recht **1910** Nr. 1190; BGH bei *Pfeiffer/Miebach* NStZ **1986** 207; OLG Düsseldorf MDR **1981** 161; *Alsberg/Nüse/Meyer* 786 mit weit. Nachw.; AK-*Schöch* 7; KK-*Herdegen* 4; *Kleinknecht/Meyer-Goßner*[43] 3; KMR-*Paulus* 8; SK-*Schlüchter* 7.

[24] BGH bei *Dallinger* MDR **1954** 17; OLG Düsseldorf MDR **1981** 181; *Alsberg/Nüse/Meyer* 786; KK-*Herdegen* 4; KMR-*Paulus* 8; SK-*Schlüchter* 7.

[25] RGSt **42** 1; RG GA **54** (1907) 292; *Eb. Schmidt* 5; *Peters* JR **1971** 340; *Gössel* § 25 A II a 2; *Alsberg/Nüse/Meyer* 818 mit weit. Nachw.; vgl. ferner § 226, 7.

[26] BGH StV **1995** 567; OLG Celle NStZ **1984** 136.

[27] OLGSt 7; KMR-*Paulus* 9.

[28] RGRspr. **5** 787; *Eb. Schmidt* 4; *Alsberg/Nüse/Meyer* 782 mit weit. Nachw.

steht nach Rücknahme seiner Berufung einem geladenen und erschienenen Zeugen gleich[29].

c) Erkennbarkeit und Verwendbarkeit. Die vorgeladenen und erschienenen Zeugen **16** und Sachverständigen müssen in dem **Zeitpunkt**, der für die Vernehmung vorgesehen ist (Rdn. 13 ff), als verfügbare Beweismittel erkennbar und verwendbar sein. Diese Voraussetzungen für die uneingeschränkte Beweiserhebungspflicht nach § 245 Abs. 1 muß also nicht notwendig bereits zu Beginn der Hauptverhandlung vorliegen (vgl. Rdn. 13).

An der **Erkennbarkeit**[30] fehlt es, wenn der Zeuge sich trotz Aufrufs **nicht meldet**[31]. **17** Erforderlich ist allerdings ein deutlicher Aufruf mit Namen. Die allgemein gehaltene Frage des Vorsitzenden, ob alle geladenen Zeugen anwesend seien, genügt nicht, um die Erkennbarkeit auszuschließen[32]. Ein **nachträglich erscheinender Zeuge** wird für das Gericht meist erst erkennbar, wenn er sich meldet; dies kann auch durch eine Mitteilung an den Gerichtswachtmeister geschehen. Hat die Präsenzfeststellung (§ 243 Abs. 1 Satz 2) ergeben, daß ein geladener Zeuge ausgeblieben ist, oder hat das Gericht eine Beweisperson von sich aus auf einen späteren Zeitpunkt geladen, dann muß es später in dem durch die Verhältnisse gebotenen Umfang nachforschen, ob sie zwischenzeitlich erschienen ist[33].

Die **Verwendbarkeit** eines Zeugen kann durch Umstände in der Person des Zeugen **18** ausgeschlossen sein. Ein der deutschen Sprache nicht mächtiger Zeuge ist nur verwendbar, wenn ein anwesender oder ohne Verzug beizuziehender Dolmetscher die Sprachübertragung ermöglicht. Ob ein Zeuge vernommen werden kann, der in **trunkenem Zustand** oder unter Drogeneinfluß erscheint oder an dem Anzeichen einer **Geisteskrankheit** bemerkbar sind, hängt von der vom Gericht nach den Umständen des einzelnen Falls zu beurteilenden sofortigen Verwendbarkeit als Beweismittel ab[34].

Nicht verwendbar sind auch Zeugen, von denen wegen ihres **körperlichen oder geisti- 19 gen Zustands** oder Alters eine ordnungsgemäße Aussage in der Hauptverhandlung nicht zu erreichen ist[35] oder bei denen die Einvernahme in der Hauptverhandlung die **Gefahr einer Gesundheitsschädigung** oder eine Lebensgefahr herbeiführen kann[36].

2. Einzelfragen der Verwendbarkeit von Beweispersonen

a) Zeugen. Die Einvernahme des Zeugen muß **zulässig sein**. Ein Zeuge, der nicht ver- **20** nommen werden darf, weil insoweit ein **Beweisverbot** besteht, ist kein zulässiges Beweismittel (Rdn. 28), so etwa, wenn er befugt die Aussage verweigert[37]. Wird aber ein Zeuge

---

29 OLG Celle NJW **1962** 2315; *Alsberg/Nüse/Meyer* 782; SK-*Schlüchter* 5; KMR-*Paulus* 9 hält das für zweifelhaft.

30 Es kommt darauf an, ob die Anwesenheit für das Gericht objektiv erkennbar war, nicht, ob es sie tatsächlich erkannt hat; vgl. *Alsberg/Nüse/Meyer* 785 mit weit. Nachw.; SK-*Schlüchter* 6. BGHSt **24** 282 läßt offen, ob bei nachträglich erscheinenden Zeugen zu fordern ist, daß das Gericht davon Kenntnis erlangt hat.

31 RGSt **40** 140; vgl. auch RGSt **17** 441; *Alsberg/ Nüse/Meyer* 785; *Dallinger* MDR **1966** 966; KK-*Herdegen* 4.

32 BGHSt **24** 280 = LM § 274 Nr. 14 mit Anm. *Kohlhaas*; vgl. § 243, 19 bis 22.

33 *Alsberg/Nüse/Meyer* 785, KK-*Herdegen* 4.

34 RGSt **35** 398; OLG Düsseldorf MDR **1981** 161; AK-*Schöch* 7; *Kleinknecht/Meyer-Goßner*43 3; KMR-*Paulus* 9; SK-*Schlüchter* 8.

35 RGSt **35** 398; OLG Düsseldorf MDR **1981** 161; *Kleinknecht/Meyer-Goßner*43 3; KMR-*Paulus* 9; *Alsberg/Nüse/Meyer* 787.

36 BGH bei *Holtz* MDR **1976** 634 (Opfer einer Vergewaltigung); *Alsberg/Nüse/Meyer* 787; bei Vorliegen einer die Einvernahme verbietenden Schutzpflicht des Gerichts (Art. 1, 2 GG) wäre die Beweisaufnahme unzulässig (vgl. Rdn. 29; BGHSt **30** 37; ferner § 244, 204).

37 Insoweit ist die Beweiserhebung durch den letzten Halbsatz von Absatz 1 Satz 1 ausdrücklich ausgeschlossen; vgl. Rdn. 29, so daß nicht erörtert werden muß, ob die Unverwendbarkeit Unzulässigkeit mit einschließen würde. Zur strittigen Frage, ob der Zeuge als Beweismittel ungeeignet oder die Beweiserhebung unzulässig ist, vgl. § 244, 197; 290.

in der irrigen Annahme, er dürfe das Zeugnis verweigern, nicht vernommen oder wird er über sein Zeugnisverweigerungsrecht falsch belehrt und verweigert er deshalb die Aussage zu Unrecht, so verletzt dies die aus § 245 folgende Pflicht zur Beweiserhebung[38]. Ob daraus auch folgt, daß das Gericht einen als Zeugen geladenen Arzt, der nicht von der Verschwiegenheitspflicht entbunden wird, nicht entlassen darf, ohne ihn vorher gefragt zu haben, ob er nicht doch aussagen wolle, erscheint zweifelhaft[39]. Nicht verwendbar ist auch ein Zeuge, der zwar zur Aussage verpflichtet wäre, dessen Aussage aber nicht erzwungen werden kann, weil die verhängten Ordnungsmittel versagen[40] oder nicht angebracht sind[41].

21   **b) Sachverständige.** Die Vernehmung einer als Sachverständigen bezeichneten Person darf nur verweigert werden, wenn es offensichtlich ist, daß es ihr an der erforderlichen Sachkunde völlig fehlt[42], etwa weil die Zuziehung Fragen eines anderen Fachgebietes betrifft. Der Sachverständige ist auch dann kein bereitstehendes Beweismittel, wenn er sein Gutachten nicht sogleich in der anstehenden Hauptverhandlung, sondern erst nach Vornahme von Untersuchungen oder nach weiterer Vorbereitung erstatten könnte[43]. Das Gericht ist nicht gehalten, ihm während der laufenden Hauptverhandlung Gelegenheit zur Vorbereitung seines Gutachtens zu geben und dabei Verfahrensverzögerungen hinzunehmen[44]. Nur wenn das nicht der Fall ist, kann der Sachverständige trotz der Untersuchungen zur Vorbereitung seines Gutachtens noch als präsentes (sofort verwendbares) Beweismittel behandelt werden[45]. Andernfalls kann das Gericht nach § 244 Abs. 4 über die Notwendigkeit der beantragten Zuziehung entscheiden. Für die Vermittlung des zur Beurteilung der Ausführungen eines anderen Sachverständigen notwendigen Kontrollwissens kann aber der nicht vom Gericht geladene Sachverständige auch dann ein präsentes Beweismittel sein, wenn er zu eignen Untersuchungen zeitlich nicht mehr in der Lage ist[46]. Damit er vom Gericht in dieser Eigenschaft als Sachverständiger selbst gehört wird, ist aber ein entsprechend formulierter (bzw. umformulierter) Beweisantrag nötig. Ein Sachverständiger, der antragsgemäß vernommen worden ist, muß gehört werden, wenn ein Prozeßbeteiligter seine Vernehmung über einen anderen Gegenstand verlangt, sofern die **neue Frage in das Gebiet seiner Sachkunde** fällt und ihm die Beantwortung ohne Vorbereitung möglich ist[47]. Die Vernehmung eines Sachverständigen, der nur aushilfsweise wegen der Verhinderung eines zuvor geladenen Sachverständigen geladen worden ist, kann unterbleiben, wenn der ursprünglich geladene Sachverständige erscheint[48].

[38] BGH MDR **1994** 191; StV **1994** 57; **1996** 129; bei *Dallinger* MDR **1974** 16; bei *Pfeiffer/Miebach* NStZ **1984** 15; OLG Celle NJW **1962** 2315; OLG Hamm VRS **45** (1973) 123.

[39] BGHSt **15** 200 nimmt dies an; vgl. dazu *Hanack* JZ **1971** 127; *Kohlhaas* DAR **1971** 63; OLG Frankfurt StV **1982** 414 (für Steuerbevollmächtigten); SK-*Schlüchter* 8.

[40] BGH nach *Alsberg/Nüse/Meyer* 786; SK-*Schlüchter* 8.

[41] *Alsberg/Nüse/Meyer* 787 mit weit. Nachw.; ferner bei § 51.

[42] *Alsberg/Nüse/Meyer* 787; *Rostek* MDR **1976** 899.

[43] RG Recht **1910** Nr. 1882; BGHSt **6** 289; BGH StV **1993** 340; *Alsberg/Nüse/Meyer* 787; *Detter* FS Salger 235; *Widmair* StV **1985** 526; AK-*Schöch* 7; *Kleinknecht/Meyer-Goßner*[43] 3; SK-*Schlüchter* 9; *Eb. Schmidt* Nachtr. I 2; *Weigelt* DAR **1964** 316.

[44] BGH StV **1993** 340; **1997** 562; *Detter* FS Salger 238.

[45] BGH StV **1993** 340 („aus Gründen der Waffengleichheit"); StV **1997** 562 mit Anm. *Wittig* StV **1998** 174.

[46] Vgl. BGH StV **1997** 562.

[47] RGSt **67** 180; BGH StV **1983** 232; KK-*Herdegen* 4 (themenübergreifende Vernehmung zulässig; Präsenz betrifft Person, nicht eine bestimmte Beweisfrage); AK-*Schöch* 7; vgl. auch vorstehende Fußn. sowie BGH StV **1994** 358 (Glaubwürdigkeitsgutachten).

[48] RG Recht **1924** 490 fordert, daß die Verfahrensbeteiligten der Entlassung des zweiten Sachverständigen nicht widersprechen; dagegen *Alsberg/Nüse/Meyer* 783, dem beizutreten ist. Wollen die Verfahrensbeteiligten den nur vorsorglich geladenen Sachverständigen hören, müssen sie das nach § 245 Abs. 2 beantragen.

3. Herbeigeschaffte sächliche Beweismittel

a) Zu den sächlichen **Beweismitteln** gehören zunächst alle Arten von **Schriftstücken** **22** und **Protokolle** über vorgenommene Beweiserhebungen. **Ganze Akten** als solche sind nicht Beweismittel, sondern nur die einzelnen Schriftstücke, die sich darin befinden[49]. Das muß auch dann gelten, wenn die „Akten" schon in der Anklageschrift als Beweismittel bezeichnet worden sind[50]. Dasselbe gilt von Sammlungen von Belegen, Briefen, Tonbändern usw.; ferner von Urkundengesamtheiten wie Handelsbüchern[51], Steuerunterlagen[52] usw., bei denen erst durch die genaue Bezeichnung (Individualisierung) bestimmter Stellen präsente Beweismittel entstehen[53]. Gleiches gilt vom Inhalt von Adreßbüchern und auch sonstiger Bücher, bei denen sich die Beweisverwendung in der Regel nur auf einige Stellen bezieht.

Gegenstände, die das Gericht in der Sitzung in Augenschein nehmen kann, z. B. die **23** gemäß § 94 in Verwahrung genommenen oder beschlagnahmten Beweisstücke[54], ferner Lichtbilder, Zeichnungen, Skizzen und Karten und Fotokopien rechnen hierzu. Wegen der einzelnen als Beweismittel in Frage kommenden Gegenstände vgl. die Aufzählung und die Nachweise bei § 86. Videoaufnahmen, Filmstreifen, Schallplatten, Tonbänder, Mikrofiches und ähnliche Gegenstände, deren Inhalt nur mit **Hilfe technischer Vorrichtungen** wahrnehmbar ist, sind nur dann als Beweismittel in der Hauptverhandlung präsent, wenn sie dort auch vorgeführt oder sonst für alle Beteiligten sichtbar oder hörbar gemacht werden können. Es müssen also auch die dafür notwendigen Geräte und Einrichtungen, unter Umständen auch eine zur Vorführung taugliche Person zur Verfügung stehen[55]. **Unfall- und Tatortskizzen** können, wie jeder andere Gegenstand auch, als Augenscheinsobjekt herbeigeschaffte Beweismittel sein[56]. Unerheblich ist dabei, ob es sich um amtliche oder privat angefertigte Skizzen handelt.

b) Nur die **vom Gericht oder der Staatsanwaltschaft herbeigeschafften Beweisge-** **24** **genstände** unterfallen seit der Neufassung des Absatzes 1 der Beweiserhebungspflicht von Amts wegen. Der Umfang dieser Regelung wird durch die Bezugnahme des Gesetzes auf § 214 Abs. 4 nicht sonderlich erhellt[57]. Geht man von dem Sinn der Regelung aus, dann gilt Absatz 1 grundsätzlich für alle sächlichen Beweismittel, die auf Grund einer Anordnung des Gerichts oder der Staatsanwaltschaft zur Hauptverhandlung beigebracht sind oder die sich ohnehin bei den von der Staatsanwaltschaft dem Gericht zugeleiteten Akten befinden, auch wenn es dazu keiner besonderen Anordnung nach § 214 Abs. 4 bedurfte[58]. Die Ansicht, daß alle von der Staatsanwaltschaft nicht in Vollzug einer gerichtlichen Anordnung beigebrachten sächlichen Beweismittel jetzt Absatz 2 unterfallen, würde zwar insoweit „Waffengleichheit" mit der Verteidigung herstellen[59], ihr steht

---

[49] Vgl. BGHSt **18** 347; **37** 168; BGH NStZ **1991** 48; bei *Kusch* NStZ **1993** 28; *Alsberg/Nüse/Meyer* 793.

[50] BGHSt **37** 168; *Eb. Schmidt* 15; KMR-*Paulus* 11; h. M.

[51] RGSt **21** 108; KK-*Herdegen* 5; KMR-*Paulus* 11.

[52] BGH bei *Dallinger* MDR **1975** 369.

[53] *Alsberg/Nüse/Meyer* 793; KK-*Herdegen* 5; *Kleinknecht/Meyer-Goßner*[43] 5; KMR-*Paulus* 11; SK-*Schlüchter* 13; *G. Schäfer* 856; vgl. KG NJW **1980** 952 (Vielzahl von Tonbändern).

[54] RG JW **1911** 248; BGH NStZ **1991** 48; *Alsberg/Nüse/Meyer* 788; KMR-*Paulus* 12.

[55] RGSt **65** 307; *Alsberg/Nüse/Meyer* 788. Nicht entwickelte Filme sind entgegen *Alsberg* JW **1932** 58 keine herbeigeschafften Beweismittel.

[56] Wieweit solche Skizzen für den Augenscheinsbeweis oder für den Urkundenbeweis in Frage kommen, ist bei § 86 erläutert. Vgl. insbes. die Nachweise der Rechtsprechung bei § 86, ferner § 244, 328.

[57] Dazu ausführlich *Alsberg/Nüse/Meyer* 789 ff.

[58] So BGHSt **37** 68; *Alsberg/Nüse/Meyer* 790; AK-*Schöch* 8; *Kleinknecht/Meyer-Goßner*[43] 4; KMR-*Paulus* 7; SK-*Schlüchter* 10.

[59] *Fezer* JR **1992** 34; dazu KK-*Herdegen* 6 (keine Differenzierung, ob von sich aus oder auf Anordnung des Gerichts herbeigeschafft).

aber der Wortlaut des Absatzes 1 Satz 1 entgegen, der diese Unterscheidung nicht enthält, weil er wohl dem Umstand Rechnung tragen sollte, daß, anders als bei den Beweispersonen (vgl. § 214 Abs. 1), bei den sächlichen Beweismitteln in § 214 Abs. 4 die Herbeischaffung der in der Anklage bezeichneten Beweismittel von Amts wegen weiterhin primär als eine nicht von einer besonderen gerichtlichen Anordnung abhängigen Aufgabe der Staatsanwaltschaft beibehalten wurde (vgl. § 214, 18 ff). Sächliche Beweismittel dagegen, die die Staatsanwaltschaft erst **nach Beginn der Hauptverhandlung** vorlegt, unterfallen dem Absatz 2[60]. Da die Staatsanwaltschaft mit der nachträglichen Vorlage solcher Beweisgegenstände ohnehin ihre Verwendung zu Beweiszwecken beantragen wird, dürfte diese Streitfrage kaum große praktische Bedeutung erlangen.

25   **c) Feststellung der Präsenz des Beweisgegenstandes.** Ein sächliches Beweismittel ist nicht schon herbeigeschafft, wenn es während der Verhandlung faktisch greifbar vorhanden ist; die Pflicht des Gerichts, es von sich aus zu Beweiszwecken zu verwenden, hängt davon ab, daß seine **Beweismittelqualität vor Gericht „konstatiert"** wird, daß also das Vorhandensein des mit hinreichender Individualisierung (Rdn. 22, 23) konkret bezeichneten Beweismittels angesprochen und der Wille, es zu benutzen, erkennbar gemacht wird[61]. Dies kann schon dadurch geschehen, daß das Gericht nicht nur pauschal auf das Vorhandensein sächlicher Beweismittel hinweist, sondern die Präsenz eines konkret individualisierten Beweismittels nach § 243 Abs. 1 Satz 2 ausdrücklich feststellt; dies begründet die Verwendungspflicht auch ohne ausdrückliche Zusage der Verwendung[62]. Die Bezeichnung als Beweismittel in der Anklage reicht dafür nicht[63]. Nach der früher herrschenden Auffassung[64] genügte es zur Auslösung der Beweiserhebungspflicht des Gerichts nach Absatz 1, wenn ein Prozeßbeteiligter in der Verhandlung[65] die Verwendung eines bestimmten, in einer Urkundensammlung usw. (Rdn. 22) vorliegenden sächlichen Beweismittels fordert, sofern er dieses eindeutig individualisierte, wozu vor allem bei Urkundensammlungen auch die Angabe der Fundstelle gehören kann[66].

25a   Demgegenüber ist es nach BGHSt 37 168[67] seit der Neufassung des § 245 das **ausschließliche Recht des Gerichts**, durch seine Erklärung **individualisierend** festzulegen, welches Beweismittel herbeigeschafft und damit nach Absatz 1 auch zu verwenden ist. Die anderen Verfahrensbeteiligten können dies nur mit einem Beweisantrag nach Absatz 2. Für diese Differenzierung läßt sich anführen, daß ein Schriftstück, das in einer dem Gericht vorgelegten Urkundensammlung u. a. enthalten ist, als Beweismittel in der Regel nicht sofort verwendbar und damit auch noch nicht präsent ist (Rdn. 22). Erst die individualisierende Verwendungserklärung des Gerichts bewirkt dies. Eine Individualisierung durch die anderen Verfahrensbeteiligten kommt dann einer Herbeischaffung durch diese gleich und unterfällt damit dem Absatz 2, der hierfür einen Beweisantrag fordert. Diese Lösung ist an sich, soweit es um die Verwendung von Beweismitteln aus Urkunden-

---

[60] *Alsberg/Nüse/Meyer* 790; *Hagemann* 80; AK-*Schöch* 8; *Kleinknecht/Meyer-Goßner*[43] 4; **a. A** SK-*Schlüchter* 10; *Schlüchter* 556

[61] So z. B. AK-*Schöch* 9; *Pfeiffer/Fischer* 3; *Eb. Schmidt* 11; vgl. auch Fußn. 67 bis 71.

[62] Vgl. *Alsberg/Nüse/Meyer* 792.

[63] Jetzt wohl weitgehend h. M; so RGSt 41 13; BGHSt 37 168; BGH NStZ 1991 48; SK-*Schlüchter* 11; früher war das strittig, vgl. *Alsberg/Nüse/Meyer* 793 mit Nachw.

[64] Vgl. RGSt 41 12; BGHSt 18 347; *Alsberg/Nüse/Meyer* 793 mit weit. Nachw. sowie die nachfolgenden Fußn.

[65] Die außerhalb der Hauptverhandlung geforderte Verwendung, etwa in einem früheren Antrag oder Schreiben, genügt nicht, so z. B. *Alsberg/Nüse/Meyer* 793; SK-*Schlüchter* 13; je mit weit. Nachw.

[66] *Alsberg/Nüse/Meyer* 793.

[67] = StV **1992** 3 mit krit. Anm. *Köhler* = JR **1992** 11 mit zust. Anm. *Fezer*; ebenso *Kleinknecht/Meyer-Goßner*[43] 5; und wohl auch AK-*Schöch* 9; str.; zum Meinungsstreit vgl. *Eisenberg* (Beweisrecht) 275; 276; KK-*Herdegen* 6; 6; SK-*Schlüchter* 12.

sammlungen, Adreßbüchern oder sonstigen Sachgesamtheiten geht, vertretbar und auch praktikabel[68]; sie erleichtert es, mißbräuchlichen Beweisbegehren entgegenzutreten. Bedenken begegnet sie aber, soweit sie auf einen über die Individualisierung hinausreichenden **Verwendungswillen** abstellen sollte[69]. Nur die zur Präsenzbegründung erforderliche Individualisierung, nicht aber die Amtspflicht zur Verwendung eines nach Absatz 1 präsent gewordenen Beweismittels steht in dem durch die Aufklärungspflicht gebundenen Ermessen des Gerichts. Sobald die Präsenz begründet ist, kann die Beweisverwendung unabhängig von den Intentionen des Gerichts von allen eingefordert werden. Wollte man generell bei allen sächlichen Beweismitteln (und nicht nur bei denen aus Sammlungen) die Beweisverwendung von einer allein dem Gericht vorbehaltenen Erklärung des Verwendungswillens abhängig machen, würde man die Anwendung der zwingenden Beweiserhebungsvorschrift des § 245 Abs. 1 letztlich über diese Hintertür in das von der Aufklärungspflicht bestimmte Ermessen des Gerichts stellen[70]. Der volle Sinn des Absatzes 1, der jedem Verfahrensbeteiligten ein autonomes Recht auf die dem Gericht zwingend obliegende Beweisverwendung der von ihm beigebrachten präsenten Beweismittel gibt, würde dadurch geschmälert. Dies spricht dafür, die Prozeßbeteiligten weiterhin für befugt zu halten, bei allen vom Gericht herbeigeschafften, „präsenten" sachlichen Beweismitteln, auch wenn die Präsenz des Beweismittels erst durch Individualisierung aus einer Sachgesamtheit vom Gericht in der Verhandlung herzustellen ist, nach Absatz 1 dessen Beweisverwendung zu verlangen. Das Abstellen auf den Beweiserhebungswillen wird deshalb von einem Teil des Schrifttums abgelehnt. Dort findet sich die Ansicht, daß Absatz 1 anwendbar ist, wenn die anderen Verfahrensbeteiligten das Beweismittel erst durch Individualisierung präsent machen. Gefordert wird allerdings, daß hierbei auch die Beweisthematik wenigstens in den Umrissen angegeben wird, um so Mißbräuchen vorzubeugen[71]. Bejaht man diese mit dem Sachzusammenhang und der Zulässigkeitsprüfung gerechtfertigte Begründungspflicht, ist der praktische Unterschied zu der Lösung von BGHSt **37** 169 nicht groß. In der Praxis dürfte es sich ohnehin empfehlen, zur Ausschaltung jedes überflüssigen Revisionsrisikos in solchen Fällen die Beweisverwendung im Rahmen eines das Beweismittel und seinen Fundort eindeutig bezeichnenden Beweisantrags nach Absatz 2 zu beantragen.

Beweismittel, die durch eine **Anordnung des erkennenden Gerichts** entstanden sind, **26** vor allem die **Niederschrift über** eine angeordnete **kommissarische Vernehmung** oder über einen Augenschein (§§ 223–225) oder die Bild-Ton-Aufzeichnung einer solchen Vernehmung sind, sobald sie bei den Akten sind, immer präsente Beweismittel. Da das erkennende Gericht damit die Einvernahme in der Hauptverhandlung ersetzen will, kommt schon in der Anordnung des Gerichts dessen Wille zum Ausdruck, sie in der Hauptverhandlung zu verwenden[72], sofern dann die rechtlichen Voraussetzungen dafür gegeben sind. Unerheblich ist insoweit, ob das erkennende Gericht die Beweiserhebung innerhalb oder außerhalb der Hauptverhandlung oder in einer früheren Hauptverhandlung angeordnet hat[73]. Strittig ist, ob dies auch sonst für alle vom **erkennenden Gericht**

---

[68] Vgl. *Fezer* JR **1992** 34.
[69] BGHSt **37** 169 entscheidet die Frage nur für Urkundensammlungen; die knappe Begründung, die auf den Benutzungswillen abstellt, kann als generelles Prinzip für Absatz 1 (miß?)verstanden werden.
[70] Vgl. KK-*Herdegen* 6 („Verknüpfung mit Instruktionsmaxime").
[71] KK-*Herdegen* 6; auch *Eisenberg* (Beweisrecht) 276; *Köhler* StV **1992** 4; SK-*Schlüchter* 13.
[72] RGSt **24** 76; **56** 103; RG JW **1927** 793; OGHSt **2** 290; OLG Saarbrücken OLGSt 3; *Alsberg/Nüse/Meyer* 790; KK-*Herdegen* 5; *Kleinknecht/Meyer-Goßner*[43] 5; KMR-*Paulus* 14.
[73] RGSt **24** 76; **56** 103; RG JW **1908** 764; **1927** 793; RGRspr. **5** 39; **9** 176; GA **42** (1894) 247; BGH bei *Dallinger* MDR **1954** 151; OGH NJW **1950** 236; OLG Oldenburg NdsRpfl. **1949** 203; OLG Saarbrücken OLGSt 3; *Eb. Schmidt* 16; KK-*Herdegen* 6; KMR-*Paulus* 14; SK-*Schlüchter* 12; *Alsberg/Nüse/Meyer* 791; *G. Schäfer* 854.

beschlossenen kommissarischen Beweiserhebungen gilt[74], etwa für eine zur Vorbereitung der Hauptverhandlung angeordnete Zeugeneinvernahme[75]. Bei einer Vernehmung, die ein **anderes erkennendes Gericht** vor der Abgabe des Verfahrens beschlossen hatte, fehlt ein dem jetzt erkennenden Gericht zuzuordnender Benutzungswille[76]. Auch bei einer Niederschrift über eine im **Ermittlungsverfahren** durchgeführte richterliche Einvernahme hängt die Verwertung als präsentes Beweismittel davon ab, daß sich einer der Verfahrensbeteiligten darauf beruft[77].

26a   **Beschlagnahmte Gegenstände** werden nicht schon durch die Beschlagnahme zu herbeigeschafften Beweismitteln, sondern erst dadurch, daß das Gericht die Präsenz des konkreten Gegenstands ausdrücklich feststellt oder später seinen Verwendungswillen kundgibt[78]; ob es — wie bisher — auch genügt, daß ein anderer Verfahrensbeteiligter sich darauf beruft, dürfte ebenfalls strittig sein. Es gelten die gleichen Erwägungen wie bei Rdn. 25a. Zweifelhaft könnte allenfalls sein, ob es der Individualisierung als Beweismittel (Augenscheinsobjekt) bedarf, wenn ein einzelner beigebrachter Gegenstand für alle sichtbar im Gerichtssaal vorhanden ist[79].

27   Die präsenten Beweismittel nach Absatz 1 muß das Gericht grundsätzlich auch **ohne Antrag** von sich aus verwenden, sofern die Verfahrensbeteiligten nicht darauf verzichten. Anders als bei Absatz 2 bedarf es insoweit keines Beweisantrags. Den Verfahrensbeteiligten ist es unbenommen, das Gericht auf das Vorhandensein noch nicht benutzter präsenter Beweismittel hinzuweisen und deren Verwendung einzufordern. Ein Beweisantrag im Sinne der §§ 244, 245 Abs. 2 ist ein solcher Antrag nicht[80]; da er die Beweiserhebung nicht auf ein neues Beweismittel ausdehnen, sondern nur die bereits bestehende Beweiserhebungspflicht anmahnen soll.

4. Unzulässigkeit der Beweiserhebung

28   **a) Allgemeine Gründe.** Die Verpflichtung zur Beweiserhebung besteht, gleichgültig ob es sich um Zeugen, Sachverständige oder andere Beweismittel handelt, nur unter der an sich selbstverständlichen Voraussetzung, daß die beabsichtigte Beweiserhebung zulässig ist und daß ihr kein **Beweisverbot** entgegensteht. Das ist seit der Fassung, die § 245 durch das Vereinheitlichungsgesetz erhalten hatte, ausdrücklich klargestellt, galt aber schon immer. Das Gericht, das einen auf eine unzulässige Beweiserhebung gerichteten Antrag ablehnen muß (§ 244, 187), darf unzulässige Beweiserhebungen auch im Rahmen des § 245 nicht zulassen.

29   Die Gründe, aus denen sich die Unzulässigkeit der Beweiserhebung ergibt, sind grundsätzlich die gleichen wie bei § 244. Bei den von Amts wegen beigezogenen Beweismitteln des Absatzes 1 ist es keinesfalls ausgeschlossen, daß ihre Benutzung **im Zeitpunkt der**

---

[74] KMR-*Paulus* 14; SK-*Schlüchter* 12; ferner *Beling* 378; *Hagemann* 87; *Koeniger* 273; *Oetker* JW **1932** 3108; *Sarstedt/Hamm*⁶ 729.

[75] Verneinend RGSt **56** 105; *Eb. Schmidt* 16; *Alsberg/ Nüse/Meyer* 791.

[76] RGSt **7** 127; RG JW **1927** 793 mit Anm. *Mannheim; Alsberg/Nüse/Meyer* 791; SK-*Schlüchter* 17.

[77] BGHSt **1** 220 hält dies für entbehrlich; a. A RGSt **26** 289; RGRspr. **7** 20; **8** 694; *Alsberg/Nüse/Meyer* 791; *Eb. Schmidt* 16; SK-*Schlüchter* 12. Die Streitfrage Rdn. 25 besteht auch hier.

[78] BGH wistra **1991** 68; ferner nach KMR-*Paulus* 12; *Alsberg/Nüse/Meyer* 792; SK-*Schlüchter* 14.

[79] RG JW **1886** 495 hat dies verneint; a. A *Alsberg/ Nüse/Meyer* 792; unter den heutigen Verhältnissen dürfte sich das Problem kaum stellen.

[80] *Alsberg* JW **1927** 1490; *Eisenberg* (Beweisrecht) 276; *Gössel* § 29 B III a 2; a. A *Alsberg/Nüse/ Meyer* 35; 792; *Kleinknecht/Meyer-Goßner*⁴³ 5; wer allerdings die Anwendbarkeit des Absatzes 1 an den Verwendungswillen des Gerichts knüpft (Rdn. 25a), muß für die Beweisbegehren der anderen Verfahrensbeteiligten einen Beweisantrag nach Absatz 2 fordern.

beabsichtigten Verwendung unzulässig ist. Abgesehen von einer anderen Beurteilung dieser Frage können sich auch die maßgeblichen Verhältnisse geändert haben. So kann ein Zeuge in der Hauptverhandlung von seinem **Zeugnisverweigerungsrecht** Gebrauch machen[81], ein Sachverständiger kann wegen einer erfolgreichen **Ablehnung** als Beweisperson ausscheiden[82]; die Voraussetzungen für die Verwendung einer bei den Akten befindlichen Schrift als Beweismittel (§§ 250 ff) können fehlen oder das Beweismittel betrifft einen Sachverhalt, über den das Gericht keinen Beweis mehr zu erheben hat (etwa bei Rechtsmittelbeschränkung)[83]. Gleiches gilt für eine Beweiserhebung über Umstände, die nicht Gegenstand einer Beweisaufnahme sein können, wie etwa die Feststellung, wie andere Gerichte in ähnlich gelagerten Fällen entschieden haben[84]. Unzulässig kann auch die Vernehmung eines geladenen und erschienenen Zeugen sein, wenn er durch die Aussage in die Gefahr gerät, nach Rückkehr in seine Heimat in willkürlicher, nicht rechtsstaatlicher Weise verfolgt zu werden[85].

b) Enge oder weite Auslegung wegen Absatz 2 Satz 3. Die Gründe, bei deren Vorliegen das Gericht eine Beweiserhebung nach Absatz 2 ablehnen darf, aber nicht muß, gelten nach Wortlaut und Stellung im Gesetz nicht für die nach Absatz 1 beigebrachten Beweismittel. Der Gesetzgeber hielt vor allem den Ablehnungsgrund der Verschleppungsabsicht bei den von Amts wegen beigezogenen Beweismitteln für entbehrlich[86]. Er hat aber in Absatz 2 die Grenze zwischen der als unzulässig zwingend abzulehnenden Beweiserhebung und der unbehelflichen Beweiserhebung, die das Gericht nach pflichtgemäßem Ermessen ablehnen darf, verschoben, indem er auch die aus verfahrensfremden Zwecken beantragte Beweiserhebung aus Gründen der Praktikabilität den fakultativen Ablehnungsgründen zuschrieb (ähnlich der Verschleppungsabsicht bei § 244 Abs. 3). Von einem Teil des Schrifttums[87] wird deshalb angenommen, daß der Begriff der Unzulässigkeit der Beweiserhebung in beiden Absätzen nicht einheitlich ausgelegt werden dürfe und daß er somit in Absatz 1 jetzt auch in dem engen Sinn zu verstehen sei, wie er in Absatz 2 vorgezeichnet wird. Dies hätte zur Folge, daß der Gesetzeswortlaut die nach Absatz 1 vorgebrachten Beweismittel nicht mehr vor einer Verwendung zu prozeßfremden Zwecken schützt. Die Gegenmeinung[88] hält weiterhin die weite Auslegung des Begriffs der Unzulässigkeit für angebracht, so wie er vor allem in der Rechtsprechung zur Verhütung von Mißbräuchen bei der alten Fassung des § 245 entwickelt worden war[89]. Danach waren Beweisaufnahmen unzulässig, die nur noch ausschließlich sachfremden Zwecken dienen konnten, weil jeder sachliche Bezug zum Verfahrensgegenstand fehlte; wenn also Umstände vorlagen, die aber jetzt — ebenso wie die Verschleppungsabsicht — nur noch in Absatz 2 als fakultative Ablehnungsgründe in Betracht kommen; die Beweiserhebung also nicht schlechthin unzulässig machen.

30

---

[81] Vgl. die Fälle bei *Alsberg/Nüse/Meyer* 796; SK-*Schlüchter* 15 (mit Hinweis, daß der Zeuge dann kein präsentes Beweismittel mehr ist); vgl. Rdn. 19.

[82] OLG Düsseldorf NStZ **1995** 143 (L; Ablehnung durch Nebenkläger); *Detter* FS Salger 235.

[83] *Alsberg/Nüse/Meyer* 789.

[84] BGHSt **25** 207 = LM Nr. 8 mit Anm. *Pelchen* = JR **1974** 340 mit Anm. *Schroeder*.

[85] BGHSt **17** 355; dazu *Hanack* JZ **1972** 115; abl. *Arndt* NJW **1963** 434; *Schroeder* ROW **1969** 198; zweifelnd *Alsberg/Nüse/Meyer* 828, der auf BGHSt **30** 37 verweist.

[86] BTDrucks. **8** 976 S. 52; dazu *Alsberg/Nüse/Meyer* 800 ff; *Köhler* NJW **1979** 348.

[87] *Alsberg/Nüse/Meyer* 800; *Kleinknecht/Meyer-Goßner*[43] 7; *Marx* NJW **1981** 1421; *Köhler* NJW **1979** 351.

[88] KG NJW **1980** 953; AK-*Schöch* 10; KK-*Herdegen* 8; KMR-*Paulus* 18; *Köhler* NJW **1979** 348 rechnen diese Fälle weiterhin der Unzulässigkeit zu; die Ablehnung der Beweiserhebung ist dann aber zwingend geboten (vgl. SK-*Schlüchter* 16); vgl. Rdn. 63.

[89] RGSt **1** 243; **45** 141; **65** 305; RGRspr. **9** 322; BGHSt **2** 287; BGHSt **17** 28 = LM Nr. 3 mit Anm. *Jagusch*; dazu *Hanack* JuS **1972** 317; *Weber* GA **1975** 300; vgl. ferner BGHSt **17** 343; **25** 207 = JR **1974** 340 mit abl. Anm. *Schroeder*; *Schroeder* ROW **1969** 193.

31　　**Im Ergebnis** kann nur eine Auslegung befriedigen, die es auch bei Absatz 1 gestattet, eine zu **sachfremden Zwecken** begehrte Beweiserhebung mit präsenten Beweismitteln abzulehnen. Ein anderes Ergebnis ist weder vom Gesetz — und auch nicht vom Gesetzgeber — gewollt, noch wäre es mit dem auch für die Auslegung richtungsweisenden Verständnis der Verfahrensregeln als Teil einer sinnvollen Verfahrensordnung vereinbar. Auch die jetzige Fassung des § 245 zwingt das Gericht nicht dazu, die von ihm selbst beigezogenen Beweismittel[90] auch dann noch von Amts wegen in die Hauptverhandlung einzuführen, wenn nach seiner Ansicht jeder Sachbezug entfallen ist. Daß ein Verfahrensbeteiligter, der keinen Sachgrund für die Beweisverwendung aufzuzeigen vermag, nicht verzichten will und erkennbar nur darauf besteht, um dadurch verfahrensfremde oder verfahrensfeindliche Zwecke zu fördern, kann das Gericht nicht zu einer unter keinem Gesichtspunkt sinnvollen Beweisaufnahme zwingen. Es ist letztlich nicht entscheidend, ob man dies damit begründet, daß der Begriff der Unzulässigkeit in Absatz 1 diese Fälle weiterhin umfaßt[91] (die Ausklammerung der in den Absatz 2 Satz 3 übernommenen Ablehnungsgründe war ja nicht Ausdruck einer geänderten Bewertung, sondern sollte nur die Grenzen der Beweiserhebungspflicht verdeutlichen und praktikabel machen), oder ob man eine andere Konstruktion wählt, etwa indem man den objektiv zu verstehenden[92] **Rechtsmißbrauch** als Ablehnungsgrund heranzieht[93]. Die Grenzen müssen allerdings bei jeder Lösung enger gezogen werden als bei der früheren Rechtsprechung[94]; denn das Gericht muß präsente Beweismittel auch dann verwenden, wenn nach seiner Ansicht kein sachlich erhebliches Ergebnis davon zu erwarten ist[95], nur eine Beweiserhebung zu ausschließlich verfahrensfremden Zwecken ist mißbräuchlich[96]. Eine systemgerechte Lösung wäre, die Ablehnungsgründe des Absatzes 2 als Orientierungshilfe für die Inhaltsbestimmung des Mißbrauchs oder aber — ohne diese Krücke — **im Wege der Analogie**[97] auch bei Absatz 1 anzuwenden. Die gleiche Interessenlage und die gleiche Zielrichtung der beiden Absätze würden dies nahelegen. Für die Tragweite des Rechts der Verfahrensbeteiligten auf Ausschöpfung aller präsenten Beweismittel kann es nicht entscheidend darauf ankommen, wer die Präsenz bewirkt hat und ob der Verfahrensbeteiligte die Verwendung mit einem Beweisantrag nach Absatz 2 oder einem Hinweis auf die Präsenz nach Absatz 1 auslösen will. Für die Analogie läßt sich anführen, daß der Gesetzgeber nicht gesehen hat, daß bei Absatz 1 die gleiche Mißbrauchsmöglichkeit besteht, der er in Absatz 2 vorbeugen wollte[98]. Hätte er dies erkannt, hätte er in beiden Fällen eine gleichartige Regelung getroffen und wohl auch die Divergenz beseitigt, die darin besteht, daß bei Unzulässigkeit und Mißbrauch von der Beweiserhebung nach Absatz 1 zwingend abgesehen werden muß, während dies im Rahmen des Absatzes 2 zum Teil fakultativ ist. Anzunehmen, daß er die sinnlosen Beweiserhebungen, wie die Einvernahme von Zeugen zum Tathergang trotz nachträglicher Rechtsmittelbeschrän-

---

[90] Soweit man der Abgrenzung in BGHSt **37** 168 folgt (dazu Rdn. 25, 26), dürften die Fälle ohnehin sehr selten sein, in denen Verfahrensbeteiligte die Verwendung der vom Gericht für präsent erklärten individualisierten Beweismittel nach Absatz 1 anmahnen können und nicht durch einen Beweisantrag nach Absatz 2.

[91] KK-*Herdegen* 8; wegen weit. Nachw. vgl. Fußn. 88.

[92] SK-*Schlüchter* 16.

[93] *Alsberg/Nüse/Meyer* 801; *Kleinknecht/Meyer-Goßner*[43] 7; SK-*Schlüchter* 16; *Eisenberg* (Beweisrecht) 276. KMR-*Paulus* 18 setzt Mißbrauch und Unzulässigkeit gleich; *Marx* NJW **1981** 1417 lehnt

den Mißbrauchsbegriff als zu unspezifisch ab. Vgl. bei § 244 Rdn. 206.

[94] *Alsberg/Nüse/Meyer* 799; *Marx* NJW **1981** 1420; vgl. Fußn. 89.

[95] BGH NStZ **1997** 610; *Alsberg/Nüse/Meyer* 798 ff. mit weit. Nachw.; SK-*Schlüchter* 16; vgl. Rdn. 65 ff.

[96] *Alsberg/Nüse/Meyer* 801; *Eisenberg* (Beweisrecht) 284; *Kleinknecht/Meyer-Goßner*[43] 7; SK-*Schlüchter* 16.

[97] *Köhler* NJW **1979** 351 hält Rückgriff auf Verschleppungsabsicht für naheliegend.

[98] Vgl. Rdn. 64; ferner KK-*Herdegen* 6; *Alsberg/Nüse/Meyer* 801; *Köhler* NJW **1979** 351.

kung auf den Rechtsfolgenausspruch gebilligt oder auch nur in Kauf genommen hätte, wäre absurd[99].

5. Verzicht (Absatz 1 Satz 2)

a) Das Einverständnis aller Verfahrensbeteiligten ist notwendig, wenn von der Verwendung eines nach Absatz 1 herbeigeschafften Beweismittels abgesehen werden soll. Die herbeigeschafften Beweismittel gelten als **allen Prozeßbeteiligten gemeinschaftlich**, dergestalt, daß auf die Benutzung jedes einzelnen Beweismittels der Gegner das gleiche Recht hat wie der Beweisführer[100]. Deshalb muß das Beweismittel verwendet werden, wenn auch nur einer von ihnen sich dem Verzicht nicht anschließt. Eine Ausnahme greift nur insoweit Platz, als die Zustimmung desjenigen entbehrlich ist, der in seinen eigenen Verfahrensinteressen von der Beweiserhebung in keiner Weise berührt sein kann[101]. Dies gilt vor allem für die Nebenbeteiligten (Einziehungs-, Verfallsbeteiligte usw.), die nur bei solchen Beweismitteln ein Mitwirkungsrecht haben, die den Gegenstand ihrer Verfahrensbeteiligung in irgendeiner Form, und sei es auch nur mittelbar, betreffen können[102]. Gleiches gilt für die **anderen Verfahrensbeteiligten** mit eigenen Mitwirkungsrechten, wie den Vertreter einer juristischen Person oder Personenvereinigung nach § 444[103] oder den nach § 69 JGG bestellten Beistand. Nicht erforderlich ist dagegen der Verzicht des **Beistands** nach § 149 des Zeugenbeistands (vgl. §§ 406 f, 406 g), des **gesetzlichen Vertreters** und des **Erziehungsberechtigten**[104]. Auch eines Verzichts des **Nebenklägers** bedarf es seit der Neufassung des § 397 nicht mehr[105]. **32**

Bei **Mitangeklagten** ist das Einverständnis aller erforderlich. Wenn ein Beweismittel aber eine Tatsache betrifft, die nur die Verteidigung einzelner Mitangeklagter berührt, dann bedarf es nicht des Einverständnisses eines Angeklagten, der kein eigenes Verfahrensinteresse an der Verwendung des Beweismittels aufzuzeigen vermag[106]; es genügt, wenn die sachlich von der Beweiserhebung Betroffenen verzichten. Ob dies der Fall ist, ob der Mitangeklagte die Erhebung des Beweises im eigenen Verteidigungsinteresse erstrebt, ist gegebenenfalls durch Befragen zu klären[107]. Es kommt nur auf das weit zu verstehende sachliche Betroffensein an, auf die Möglichkeit, daß das Beweisergebnis auch für die eigene Verteidigung Bedeutung haben könnte[108]. Fehlt ein solcher sachlicher Bezug, ist es im übrigen unerheblich, ob die Beweisaufnahme eine Tat betrifft, an der der betreffende Mitangeklagte nicht beteiligt war, oder nur eine Einzelfrage im Rahmen einer gemeinsam begangenen Tat oder einen Umstand, der nur bei einem Mitangeklagten für die Rechtsfolgenentscheidung bedeutsam ist[109]. **33**

---

[99] Vgl. auch KG NJW **1980** 953 (Adreßbuch; dazu Rdn. 25); *Alsberg/Nüse/Meyer* 801 beanstandet wohl auch nur die auf BGHSt **17** 28 sich berufende Begründung (keine Ausdehnung der Unzulässigkeit auf die völlige Sachfremdheit).

[100] RGSt **40** 141; RGRspr. **6** 160; **10** 217; *Alsberg/Nüse/Meyer* 803.

[101] *Kleinknecht/Meyer-Goßner*[43] 9; SK-*Schlüchter* 20; *Gollwitzer* FS Schäfer 68.

[102] KK-*Herdegen* 9; *Kleinknecht/Meyer-Goßner*[43] 9; KMR-*Paulus* 20.

[103] KK-*Herdegen* 9; *Alsberg/Nüse/Meyer* 804 (Prozeßbevollmächtigte dieser Nebenbeteiligten müssen selbst nicht zustimmen, sie können die Erklärung aber für ihre Mandanten abgeben); vgl. § 434.

[104] *Alsberg/Nüse/Meyer* 804; AK-*Schöch* 15; KK-*Herdegen* 9; *Kleinknecht/Meyer-Goßner*[43] 9; KMR-*Paulus* 19; SK-*Schlüchter* 20.

[105] *Rieß/Hilger* NStZ **1987** 154; AK-*Schöch* 12; *Kleinknecht/Meyer-Goßner*[43] § 397, 12; SK-*Schlüchter* 20. BGHSt **28** 274 ist durch die Gesetzesänderung überholt.

[106] So schon RGRspr. **2** 70; **10** 217; RGSt **10** 300. AK-*Schöch* 13; *Kleinknecht/Meyer-Goßner*[43] 9; KMR-*Paulus* 21; SK-*Schlüchter* 20; enger KK-*Herdegen* 9 (verschiedene Taten).

[107] *Alsberg/Nüse/Meyer* 805; *Gollwitzer* FS Sarstedt 22.

[108] *Gollwitzer* FS Sarstedt 17; ähnliche Abgrenzungsfragen bestehen bei § 231 c.

[109] *Alsberg/Nüse/Meyer* 804; *Kleinknecht/Meyer-Goßner*[43] 9; KMR-*Paulus* 21; enger KK-*Herdegen* 9, der auf die Einheitlichkeit der Tat abstellt; **a. A** *Alsberg* DStrZ **1914** 242 (Mitangeklagter muß immer einwilligen).

34　　Der **Verteidiger** muß selbst verzichten[110], bei mehreren Verteidigern ist der Verzicht jedes Verteidigers erforderlich[111]. Er ist dabei durch die Entscheidung des von ihm verteidigten Angeklagten nicht gebunden. Umgekehrt gilt gleiches. Regelmäßig kann allerdings ein vom Verteidiger in Gegenwart des Angeklagten und ohne dessen Widerspruch erklärter Verzicht so angesehen werden, als ob er auch vom Angeklagten kundgegeben sei[112]; dies trifft insbesondere zu, wenn der Angeklagte einen Gerichtsbeschluß, aus dem hervorgeht, daß das Gericht sein Schweigen als Verzicht ausgelegt hat, widerspruchslos hinnimmt[113]. Ob eine Ausnahme von der Regel Platz greift, wenn der Angeklagte die Einlassung zur Sache verweigert hat, hängt von den Umständen des einzelnen Falles ab. Umgekehrt ist das Einverständnis des Verteidigers aus seinem Schweigen gegenüber der ausdrücklichen Verzichtserklärung des Angeklagten zu folgern[114].

35　　Ist der **Angeklagte** in der Hauptverhandlung nicht anwesend, genügt es nach § 234 a, wenn der für ihn in der Hauptverhandlung **anwesende Verteidiger** den Verzicht erklärt[115]. Andernfalls ist zu unterscheiden: Bei einem **befugt ferngebliebenen** Angeklagten (insbes. § 233) ist zum Verzicht auf ein präsentes Beweismittel sein Einverständnis erforderlich[116]. Hat sich der Angeklagte dagegen eigenmächtig aus der Hauptverhandlung entfernt (§ 231 Abs. 2) oder hat er sonst die an seine Anwesenheit geknüpften Befugnisse schuldhaft verwirkt (§§ 231 a, 231 b, 232, 329 Abs. 2), hängt der Verzicht nicht von seiner Zustimmung ab[117]. Gleiches gilt bei Beurlaubung nach § 231 c[118], bei der ohnehin nichts verhandelt werden darf, was den abwesenden Mitangeklagten sachlich betrifft. Ein nach § 247 zeitweilig aus der Hauptverhandlung entfernter Angeklagter muß auch bei Anwesenheit seines Verteidigers selbst zustimmen[119].

36　　**b) Form und Grenzen.** Der **Verzicht** muß, wenn er nicht **ausdrücklich** erklärt wird, aus dem Verhalten der Prozeßbeteiligten **zweifelsfrei** hervorgehen[120]. Darin allein, daß die Prozeßbeteiligten keinen Antrag stellen oder sich auf die Aufforderung des Gerichts hin nicht äußern oder zu den Erklärungen anderer Verfahrensbeteiligter schweigen (wegen der Erklärungen des eigenen Verteidigers vgl. Rdn. 34) oder keine

---

110　Der Gesetzgeber hat den Streit, ob der Verteidiger auch gegen den Willen des Angeklagten auf der Verwendung eines präsenten Beweismittels bestehen kann (vgl. dazu *Rieß* NJW **1977** 881), zugunsten eines eigenen, vom Verhalten des Angeklagten unabhängigen Rechts des Verteidigers entschieden (Begr. BTDrucks. **8** 976, S. 52). Zur Zweckmäßigkeit des Verzichts vgl. *Dahs* Hdb. 584.

111　*Kleinknecht/Meyer-Goßner*43 9; SK-*Schlüchter* 20 mit Hinweis auf die Ausnahmen bei einem nach § 138 Abs. 2 und § 393 AO zugelassenen Verteidiger.

112　RGSt **1** 198; RGRspr. **6** 295; BGH GA **1976** 115 (zu § 61 Nr. 5); *Dahs* Hdb. 586; AK-*Schöch* 13; KK-*Herdegen* 9; *Kleinknecht/Meyer-Goßner*43 11; KMR-*Paulus* 24; SK-*Schlüchter* 21; *Alsberg/Nüse/Meyer* 806 mit weit. Nachw.; ferner die Rechtsprechung zu § 251 (etwa BayObLGSt **1978** 20 = NJW **1978** 1817).

113　RG JW **1926** 2760 mit abl. Anm. *Oetker*; es kommt auch hier auf den Einzelfall an; *Alsberg/Nüse/Meyer* 808.

114　RGSt **16** 376; *Alsberg/Nüse/Meyer* 806; *Rieß* NJW **1977** 883; *Eisenberg* (Beweisrecht) 278; AK-

Schöch 12; KK-*Herdegen* 9; *Kleinknecht/Meyer-Goßner*43 11; SK-*Schlüchter* 21.

115　*Kleinknecht/Meyer-Goßner*43 10; vgl. die Erl. zu § 234 a.

116　BayObLGSt **1963** 171 = JZ **1964** 328 mit Anm. *Kleinknecht*; KK-*Herdegen* 9; *Kleinknecht/Meyer-Goßner*43 10; KMR-*Paulus* 20; SK-*Schlüchter* 18; *Gollwitzer* FS Tröndle 467. Bei der Abwesenheitsverhandlung nach § 232 bejahen *Alsberg/Nüse/Meyer* 805; KMR-*Paulus* 20 das Erfordernis des Verzichts des abwesenden Angeklagten – wie hier etwa KK-*Treier* 14; vgl. dazu § 232, 29; § 234 a.

117　*Alsberg/Nüse/Meyer* 805; *Eisenberg* (Beweisrecht) 278; AK-*Schöch* 13; *Kleinknecht/Meyer-Goßner*43 10; KMR-*Paulus* 20 (Ausnahme § 232); SK-*Schlüchter* 18.

118　*Alsberg/Nüse/Meyer* 805; *Rieß* NJW **1978** 2270; vgl. § 231 c, 19.

119　BGH bei *Holtz* MDR **1983** 282; KK-*Herdegen* 9; *Kleinknecht/Meyer-Goßner*43 10; SK-*Schlüchter* 18; Verstoß gegen § 338 Nr. 5; vgl. BGH StV **1995** 623.

120　RGSt **64** 341; BGH GA **1976** 115 (zu § 61 Nr. 5); NJW **1978** 1815; *Alsberg/Nüse/Meyer* 807 mit weit. Nachw.

Verwahrung gegen die Unterlassung der Beweiserhebung einlegen, kann in der Regel kein Verzicht gefunden werden, vor allem, wenn das Gericht versäumt hat, sich durch eine an die Prozeßbeteiligten gerichtete Frage davon zu überzeugen, ob sie mit dem Nichtgebrauch herbeigeschaffter Beweismittel einverstanden sind[121]. Als Verzicht ist es dagegen auszulegen, wenn ein Angeklagter einen präsenten Zeugen zur Zeugnisverweigerung veranlaßt[122]. In Zweifelsfällen ist dies durch eine ausdrückliche Frage klarzustellen[123].

Der Verzicht kann für eine **Mehrzahl von Beweismitteln** gleichzeitig erklärt werden; **37** insbesondere ist die Erklärung der Prozeßbeteiligten, daß sie mit der Abstandnahme von weiterer Beweiserhebung einverstanden seien, auch ohne Bezeichnung der einzelnen Beweismittel wirksam[124].

Der Verzicht kann sich auch auf einen **Teil des Beweismittels**, z. B. Verlesung des **38** Restes einer Urkunde, eines Protokolls, erstrecken[125]. Insbesondere steht dem nichts im Weg, daß das schriftliche Gutachten eines Sachverständigen zufolge eines Verzichts der Prozeßbeteiligten nicht in seinem ganzen Umfang, sondern nur insoweit vorgetragen wird, als es das Ergebnis und die eigentliche Begründung enthält[126]. Verzichten die Verfahrensbeteiligten im unterschiedlichen Ausmaß, ist die am weitesten eingeschränkte Verzichtserklärung maßgebend[127].

Auf die **weitere Vernehmung eines Zeugen** kann nur verzichtet werden, wenn er über **39** ein bestimmtes Ergebnis erschöpfend ausgesagt hat und der Verzicht nur bedeutet, daß er zu einem anderen, bei der Vernehmung nicht berührten Vorgang nicht gehört werden soll. Hat der Zeuge nach seiner Vernehmung zur Person[128] mit der Aussage zu einem bestimmten Tatkomplex begonnen, so kann seine unvollständige Aussage zur Sache für diesen Sachverhalt nicht durch einen allgemeinen Verzicht beendet werden[129]. Dem Zeugen kann nicht angesonnen werden, daß er die unvollständige Zeugnis mit dem Eid, nichts verschwiegen zu haben, bekräftigt. Die Vernehmung muß — auch damit durch die in die Hauptverhandlung eingeführte unabgeschlossene Vernehmung kein falsches Bild entsteht — zu Ende geführt werden; das unbeendete Zeugnis kann auch nicht als unbeeidigtes bestehenbleiben[130]. Einer **informatorischen Vernehmung**, durch die das Gericht sich erst davon überzeugen will, ob der Zeuge in der Lage ist, etwas Erhebliches auszusagen, sind also enge Grenzen gezogen[131]; sobald überhaupt auf die Sache eingegangen ist, muß die Vernehmung unter Wahrung der gesetzlichen Vorschriften **ungeachtet eines Verzichts** der Prozeßbeteiligten zum Abschluß gebracht werden. Es geht nicht an, daß eine solche „informatorische" Vernehmung des unbeeidigten Zeugen zur Sache durchgeführt

[121] RGSt **4** 398; RG JW **1922** 1585; OGHSt **1** 135; *Alsberg/Nüse/Meyer* 807 mit weit. Nachw.; *Kleinknecht/Meyer-Goßner*[43] 11; SK-*Schlüchter* 21; vgl. auch KMR-*Paulus* 24 (nur wenn nach den Umständen kein Zweifel).

[122] OLG Hamm VRS **45** (1975) 123; *Kleinknecht/Meyer-Goßner*[43] 11.

[123] AK-*Schöch* 12.

[124] RGRspr. **1** 230; **10** 91; AK-*Schöch* 17; KK-*Herdegen* 10; *Kleinknecht/Meyer-Goßner*[43] 12; KMR-*Paulus* 25; *Alsberg/Nüse/Meyer* 809 mit weit. Nachw.

[125] RG GA **48** (1901) 308; KK-*Herdegen* 10; *Kleinknecht/Meyer-Goßner*[43] 12; KMR-*Paulus* 25; SK-*Schlüchter* 22; *Alsberg/Nüse/Meyer* 809.

[126] KG JW **1927** 2476; vgl. Fußn. 122.

[127] *Alsberg/Nüse/Meyer* 809; KK-*Herdegen* 10; *Kleinknecht/Meyer-Goßner*[43] 12; SK-*Schlüchter* 23.

[128] *Alsberg/Nüse/Meyer* 810; *Schmid* Verwirkung 105; hat Zeuge nur Angaben zu seiner Person gemacht, ist ein Abbruch der Vernehmung auf Grund allseitigen Verzichts noch möglich.

[129] *Alsberg/Nüse/Meyer* 810; *Eisenberg* (Beweisrecht) 280; *Kleinknecht/Meyer-Goßner*[43] 12; KMR-*Paulus* 25; SK-*Schlüchter* 22; vgl. auch KK-*Herdegen* 10.

[130] RGSt **67** 252; *Alsberg/Nüse/Meyer* 810; *Beling* JW **1924** 973; vgl. auch vorstehende Fußn.; **a. A** RGSt **37** 194; *Schmid* Verwirkung 106 (Abbruch möglich, aber keine Beeidigung).

[131] *Alsberg/Nüse/Meyer* 810: Verneint Zeuge bei informatorischer Befragung, daß er überhaupt etwas über die Sache wisse, ist Verzicht noch möglich.

Walter Gollwitzer

wird, damit das Gericht und die Prozeßbeteiligten einen Eindruck von der Glaubwürdigkeit des Zeugen erlangen, und daß dann der Abschluß der Vernehmung und die Beeidigung im allseitigen Einvernehmen unterbleiben[132].

40   Der Verzicht muß **endgültig** und **vorbehaltlos** ausgesprochen werden, wenn er die Verpflichtung zur Beweiserhebung zum Erlöschen bringen soll. Er kann nicht an **Bedingungen** wie Freispruch oder Verurteilung unter einem bestimmten Gesichtspunkt oder Verneinung der Glaubwürdigkeit eines anderen Zeugen geknüpft werden[133]. Der Verzicht kann jedoch in Aussicht gestellt oder nur „vorläufig" oder befristet (bis zum Ende einer Zeugeneinvernahme) erklärt werden[134]. Maßgebend ist der Inhalt der jeweiligen Erklärung, die erkennen lassen muß, daß ein endgültiger Verzicht noch nicht ausgesprochen wird, weil der Erklärende sich vorbehält, je nach dem Verfahrensverlauf doch noch auf der Verwendung des präsenten Beweismittels zu bestehen. Ein solcher vorläufiger Verzicht ermöglicht dem Gericht, die Verwendung des präsenten Beweismittels zurückzustellen, die Beweiserhebungspflicht entfällt aber erst, wenn feststeht, daß darauf endgültig verzichtet wird. Ein solcher endgültiger Verzicht kann aber je nach den Umständen auch darin liegen, daß keiner auf das Beweismittel zurückkommt[135].

41   **c) Wirkung.** Die Verzichtserklärung ist **unwiderruflich**[136], falls sie nicht auf unzulässige Weise (vgl. § 136 a) herbeigeführt worden ist; der Antragsteller darf vor allem nicht durch den sachlich unrichtigen Hinweis des Gerichts, das Beweismittel sei unverwendbar, zur Abgabe der Verzichtserklärung veranlaßt worden sein[137]. Der Verzicht umfaßt in aller Regel auch einen auf die Verwendung des gleichen Beweismittels abzielenden früheren Beweisantrag[138]. Aus der Bindung an den Verzicht folgt aber nicht, daß die Prozeßbeteiligten sich des Beweismittels, auf das sie verzichtet haben, überhaupt nicht mehr bedienen können. Doch ist, falls ein Prozeßbeteiligter den Gebrauch des Beweismittels nach dem Verzicht verlangt, ein **Beweisantrag** erforderlich, auf den nicht § 245, sondern § 244 Anwendung findet[139]. Ob ein Widerruf des Verzichts in einen neuen Beweisantrag umzudeuten ist[140], hängt von den Umständen ab; im Zweifel ist der Widerrufende zu befragen, was er will.

42   Der Verzicht wirkt nur für die **jeweilige Instanz**[141], und auch dort erfaßt er, da unter den Verhältnissen der jeweiligen Hauptverhandlung erklärt, nicht die Beweismittel, die nach Aussetzung in der erneuerten Hauptverhandlung wiederum präsent sind. Ist ein Zeuge trotz des Verzichts zur Berufungsverhandlung erneut geladen worden und erschienen, so ist er dort wiederum ein präsentes Beweismittel.

---

[132] RGSt **66** 114; vgl. Fußn. 129, 130.
[133] RGSt **64** 340; *Alsberg/Nüse/Meyer* 810; KK-*Herdegen* 10; *Kleinknecht/Meyer-Goßner*[43] 13; KMR-*Paulus* 26; SK-*Schlüchter* 24.
[134] RG Recht **1906** Nr. 390; RG JW **1936** 1918; *Eb. Schmidt* 19; *Alsberg/Nüse/Meyer* 810; *Kleinknecht/ Meyer-Goßner*[43] 13; SK-*Schlüchter* 24.
[135] RGSt **64** 340; *Alsberg/Nüse/Meyer* 811; *Eisenberg* (Beweisrecht) 281; SK-*Schlüchter* 24.
[136] OLG Oldenburg NdsRpfl. **1979** 110; RG Recht **1914** Nr. 1938; *Alsberg/Nüse/Meyer* 810; KK-*Herdegen* 10; *Kleinknecht/Meyer-Goßner*[43] 14; KMR-*Paulus* 26; SK-*Schlüchter* 25; zur Unwiderruflichkeit von Prozeßerklärungen vgl. Einl. J 24.
[137] BGH bei *Dallinger* MDR **1974** 16; bei *Pfeiffer/ Miebach* NStZ **1984** 15; OLG Celle NStZ **1984**

[136]; KK-*Herdegen* 10; *Kleinknecht/Meyer-Goßner*[43] 14; SK-*Schlüchter* 25.
[138] *Alsberg/Nüse/Meyer* 812; AK-*Schöch* 17; *Kleinknecht/Meyer-Goßner*[43] 14; SK-*Schlüchter* 26 (Rücknahme).
[139] *Eb. Schmidt* 19 (in der Regel); *Kleinknecht/Meyer-Goßner*[43] 14; SK-*Schlüchter* 25.
[140] RGSt **27** 152; BGH bei *Pfeiffer/Miebach* NStZ **1984** 211; OLG Hamm GA **1971** 189; OLG Oldenburg NdsRpfl. **1979** 110; *Eisenberg* (Beweisrecht) 282; AK-*Schöch* 17; KK-*Herdegen* 10; *Kleinknecht/Meyer-Goßner*[43] 14; KMR-*Paulus* 26; SK-*Schlüchter* 25; ferner *Alsberg/Nüse/Meyer* 812 mit weit. Nachw.
[141] *Alsberg/Nüse/Meyer* 812; AK-*Schöch* 17; KK-*Herdegen* 10; *Kleinknecht/Meyer-Goßner*[43] 14; SK-*Schlüchter* 26.

d) Aufklärungspflicht. Bei allseitigem Verzicht auf ein Beweismittel hat das Gericht **43** stets noch zu prüfen, ob Anlaß zu seinem Gebrauch von Amts wegen vorliegt[142], indes bedarf es keiner ausdrücklichen Feststellung dieser Prüfung[143].

6. Ablehnender Beschluß. Lehnt das Gericht ab, die Beweiserhebung auf herbeige- **44** schaffte Beweismittel im Sinne des § 245 Abs. 1 zu erstrecken, muß dies entsprechend § 34 durch begründeten Beschluß geschehen, wenn das Gericht damit dem ausdrücklichen Antrag auf Verwendung dieses Beweismittels entgegentritt[144]. Verlangt kein Verfahrensbeteiligter die Benützung[145], dürfte genügen, wenn der **Vorsitzende** in der Hauptverhandlung bekanntgibt, daß und warum von der Einvernahme einer vom Gericht geladenen, anwesenden Beweisperson oder von der Verlesung der Niederschrift über eine vom Gericht angeordnete kommissarische Vernehmung abgesehen wird[146], was zweckmäßigerweise auch im Sitzungsprotokoll vermerkt wird[147]. Die Verfahrensbeteiligten können hiergegen das **Gericht anrufen** (§ 238 Abs. 2)[148]. Die Ablehnung durch einen förmlichen Gerichtsbeschluß ist aber vorzuziehen, weil auf diese Weise für die Verfahrensbeteiligten und auch das Revisionsgericht dargelegt wird, aus welchen Gründen das Beweismittel nicht benutzt wurde. Dies erleichtert die Prüfung, ob die Verwendung rechtsirrig unterblieben ist. Ausgenommen ist der Fall des **allseitigen Verzichts**; in diesem Falle wird durch die Beurkundung der in der Hauptverhandlung abgegebenen Verzichtserklärungen in der **Sitzungsniederschrift** die erforderliche Beurteilungsgrundlage geschaffen. Ist bei einem **eingeschränkten Verzicht** dessen Umfang zweifelhaft, ist ein klarstellender Beschluß des Gerichts zweckmäßig, wenn auch nicht notwendig[149].

7. Sitzungsniederschrift. Zur Feststellung der Präsenz der Beweismittel zu Beginn **45** der Hauptverhandlung vgl. § 243, 22. Das Verlangen eines Verfahrensbeteiligten, ein nach § 245 Abs. 1 beigebrachtes Beweismittel zu nützen (Rdn. 27), wird als wesentliche Förmlichkeit des Verfahrens angesehen, die in der Sitzungsniederschrift festzuhalten ist[150]. Gleiches gilt für den Verzicht der Verfahrensbeteiligten auf Verwendung eines solchen Beweismittels[151] oder von Teilen davon und den Beschluß des Gerichts, in dem dieses ablehnt, die Beweiserhebung auf ein bestimmtes Beweismittel zu erstrecken. Wegen der Ablehnung durch den Vorsitzenden vgl. Rdn. 44.

III. Die nach Absatz 2 beigebrachten Beweismittel

1. Beweispersonen

a) Ladung. Zeugen und Sachverständige, die auf Ladung der Staatsanwaltschaft **46** (§ 214 Abs. 3), des Nebenklägers (§ 397 Abs. 1, § 386 Abs. 2), des Angeklagten oder

---

[142] RGSt **47** 424; RG JW **1936** 1918; BGH bei *Holtz* MDR **1981** 455; StV **1938** 495; KG VRS **7** (1954) 132; OLG Hamm JMBlNW **1950** 62; OLG Koblenz VRS **71** (1986) 240; KK-*Herdegen* 10; *Kleinknecht/Meyer-Goßner*⁴³ 14; KMR-*Paulus* 19; SK-*Schlüchter* 26; ferner *Alsberg/Nüse/Meyer* 812 mit weit. Nachw.; vgl. Rdn. 7.

[143] RGSt **47** 425; RG GA **40** (1892) 152; **48** (1901) 308; *Alsberg/Nüse/Meyer* 813 mit weit. Nachw.

[144] *Alsberg/Nüse/Meyer* 802; KK-*Herdegen* 16; h. M.

[145] Wenn ein solches Verlangen erforderlich ist, um ein Beweismittel überhaupt präsent zu machen (Rdn. 25), erübrigt sich jede Entscheidung; so auch SK-*Schlüchter* 27.

[146] *Kleinknecht/Meyer-Goßner*⁴³ 7; SK-*Schlüchter* 27; ob ein Gerichtsbeschluß erforderlich ist (so KK-*Herdegen* 16), war auch früher strittig; vgl. *Alsberg/*

[147] *Alsberg/Nüse/Meyer* 802 mit Nachw. Durch die Neufassung hat der Streit an Bedeutung verloren, da nach Absatz 2 jetzt immer ein Gerichtsbeschluß ergeht.

[147] *Alsberg/Nüse/Meyer* 802; *Kleinknecht/Meyer-Goßner*⁴³ 7.

[148] *Alsberg/Nüse/Meyer* 802; AK-*Schöch* 11; *Kleinknecht/Meyer-Goßner*⁴³ 7; KMR-*Paulus* 45; SK-*Schlüchter* 27.

[149] RG GA **48** (1901); *Alsberg/Nüse/Meyer* 809.

[150] BGHSt **18** 347; *Alsberg/Nüse/Meyer* 792; vgl. auch SK-*Schlüchter* 44. Der Antrag ist nach der in Rdn. 25 a vertretenen Ansicht aber nicht gleichzusetzen mit der „Konstatierung" des Benutzungswillens durch das Gericht.

[151] BGH NJW **1976** 977; BayObLGSt **1952** 601; **1963** 171 = NJW **1963** 2238; *Alsberg/Nüse/Meyer* 807 mit weit. Nachw.

eines sonst dazu befugten Verfahrensbeteiligten (vgl. etwa §§ 433 Abs. 1, 442 Abs. 1, § 444) erschienen sind (§ 220), muß das Gericht nur vernehmen, wenn ein entsprechender **Beweisantrag** gestellt und nicht abgelehnt worden ist (Rdn. 5 ff).

47   Nur die **ordnungsgemäß**[152] **geladenen Beweispersonen** unterfallen als präsente Beweismittel dem § 245 Abs. 2. Eine Ausdehnung des Anwendungsbereiches dieser Vorschrift auf die ohne Ladung zur Hauptverhandlung **mitgebrachten ("sistierten") Zeugen** und Sachverständigen wurde ausdrücklich abgelehnt, da sonst die gegenüber § 244 Abs. 3, 4 wesentlich engere Begrenzung der zulässigen Ablehnungsgründe neue Mißbrauchsmöglichkeiten eröffnen könnte[153]. Die Vernehmung der mitgebrachten Zeugen oder Sachverständigen kann nur über einen Beweisantrag nach § 244 erzwungen werden. Die bei der alten Fassung bestehende Streitfrage dürfte damit im Sinne der herrschenden Meinung erledigt sein[154], auch wenn die Staatsanwaltschaft kraft ihrer Befugnis zur formlosen Ladung faktisch im Vorteil ist[155].

48   Die Ladung muß dem Gericht **nachgewiesen** werden, sofern sie nicht aktenkundig ist[156]. Verlangt ein Prozeßbeteiligter die Vernehmung einer in der Hauptverhandlung anwesenden Person mit der Behauptung, sie als Sachverständigen oder Zeugen geladen zu haben, so muß der Vorsitzende prüfen, ob dies zutrifft. Ohne eine solche Prüfung ist die Verweigerung der Vernehmung unbegründet[157]. Unerheblich ist dagegen, ob eine Entschädigung nach § 220 Abs. 2 hinterlegt[158] oder der Verpflichtung, die geladene Person rechtzeitig namhaft zu machen (§ 222), genügt ist[159].

49   **b) Erscheinen.** Die geladene Beweisperson muß auch erschienen sein. Dabei ist es — trotz Streichung des früheren § 245 Satz 2 — weiterhin unschädlich, wenn die geladene Beweisperson zu Beginn der Hauptverhandlung noch nicht anwesend sein sollte. Wie § 246 zeigt, genügt es, wenn die Präsenz zu einem späteren Zeitpunkt der Hauptverhandlung gegeben ist.

50   Die Präsenz — dazu gehört nicht nur die Anwesenheit, sondern auch die Verwendbarkeit (Rdn. 18 ff) — muß bis zum Ende der Beweisaufnahme[160] eintreten. Maßgebend ist an sich die Verwendbarkeit im **Zeitpunkt** der Stellung des Beweisantrags und der Entscheidung darüber. In der Regel wird zwar ein Beweisantrag nach § 245 erst gestellt werden, wenn die geladene Person präsent ist; es muß jedoch im Interesse einer wirtschaftlichen Verfahrensgestaltung auch für zulässig erachtet werden, wenn der Antrag mit dem Hinweis auf die durchgeführte Ladung und das zu erwartende Erscheinen der Beweisperson schon früher gestellt oder angekündigt wird, damit das Gericht sich schlüssig werden

---

[152] Abgesehen von der Staatsanwaltschaft, die formlos laden kann, müssen die anderen Verfahrensbeteiligten die Beweispersonen förmlich nach § 38 (durch Gerichtsvollzieher) laden; vgl. etwa RGSt **40** 140; BGH NJW **1952** 836; NStZ **1981** 401; *Alsberg/Nüse/Meyer* 815; KK-*Herdegen* 11; *Kleinknecht/Meyer-Goßner*[43] 16; KMR-*Paulus* 28; SK-*Schlüchter* 28.

[153] Begr. BTDrucks. **8** 976 S. 9; vgl. BGH bei *Holtz* MDR **1981** 982; vgl. dazu *Alsberg/Nüse/Meyer* 816 Fußn. 14.

[154] RGSt **1** 198; 297; 383; **17** 440; **23** 400; **40** 138; **54** 258; **68** 403; BGH NJW **1952** 836; NStZ **1981** 401; BayObLGSt **1949/51** 347; OLG Düsseldorf VRS **1** (1949) 210; OLG Hamm VRS **11** (1956) 59; KK-*Herdegen* 11; *Kleinknecht/Meyer-Goßner*[43] 16; KMR-*Paulus* 29; SK-*Schlüchter* 28; *Köhler* NJW **1979** 349; ferner *Alsberg/Nüse/Meyer* 815 mit weit.

Nachw., auch zur Gegenmeinung, etwa *Meyer* NJW **1962** 540; *Reinicke* NJW **1952** 1034 und *Hagemann* 89.

[155] *Alsberg/Nüse/Meyer* 816; *Hagemann* 119; SK-*Schlüchter* 28.

[156] RGSt **17** 440; **23** 400; **40** 138; RG GA **43** (1895) 51; BGH NJW **1952** 836; *Eb. Schmidt* 5; KK-*Herdegen* 11; *Kleinknecht/Meyer-Goßner*[43] 16; SK-*Schlüchter* 30; *Alsberg/Nüse/Meyer* 817 mit weit. Nachw.

[157] RG GA **43** (1895) 51.

[158] RGSt **54** 258; *Dahs* Hdb. 386; *Alsberg/Nüse/Meyer* 818; *Kleinknecht/Meyer-Goßner*[43] 16; SK-*Schlüchter* 30; vgl. § 220.

[159] *Alsberg/Nüse/Meyer* 817; ferner die Nachw. in vorstehender Fußn. und bei § 220, 15.

[160] *Alsberg/Nüse/Meyer* 818; vgl. Rdn. 13.

kann, ob es die Vernehmung aus den in Absatz 2 Satz 2, 3 aufgeführten Gründen ablehnen oder die voraussichtliche Einvernahme bei der weiteren Verhandlungsplanung berücksichtigen will. Wird der Beweisantrag abgelehnt, weil das Beweismittel nicht präsent ist, so kann er bei Eintritt der Präsenz erneut gestellt werden (vgl. Rdn. 49). Ist umgekehrt die Beweisperson bei der Antragstellung präsent, so begründet dies, sofern die Ablehnungsgründe des Absatzes 2 nicht greifen, die uneingeschränkte Beweiserhebungspflicht des Gerichts. Bei Verzögerungen der Entscheidung über den Beweisantrag oder bei einer Verschiebung der Einvernahme auf einen späteren Zeitpunkt hat dieses dann — ebenso wie nach Absatz 1 bei den von ihm selbst geladenen und erschienenen Beweispersonen — durch entsprechende Hinweise und Belehrungen dafür sorgen, daß die präsenten Beweispersonen auch zu dem für die Einvernahme vorgesehenen späteren Zeitpunkt verfügbar sind. Einer zusätzlichen, erneuten Ladung durch den Angeklagten nach § 220 bedarf es, anders als nach einer Aussetzung des Verfahrens (§ 220, 23), nicht. Die in der Mitteilung des vorgesehenen Zeitpunkts liegende formlose Ladung durch das Gericht (vgl. Rdn. 11) genügt dann.

Die Schwierigkeiten, die früher daraus entstanden, daß die bloße Anwesenheit der **51** Beweisperson nicht genügt, sondern ihre **Präsenz** für das Gericht **erkennbar** sein muß (Rdn. 17), erledigen sich weitgehend dadurch, daß das Gericht in den Fällen des Absatzes 2 jetzt nur noch auf einen entsprechenden Beweisantrag hin zum Tätigwerden verpflichtet ist und ihm die Präsenz (einschließlich der Ladung, vgl. Rdn. 47, 48) dargetan werden muß.

2. Präsente sächliche Beweismittel[161], die nicht nach § 214 Abs. 4 herbeigeschafft **52** sind und deshalb nicht unter Absatz 1 fallen, muß das Gericht nur noch auf Grund eines entsprechenden Beweisantrages verwenden. Dieser muß die Beweismittel genau (individualisiert, mit Fundort, vgl. Rdn. 25) bezeichnen, auch wenn sie in einer Urkundensammlung dem Gericht bereits vorliegen sollten, so daß sich im Anwendungsbereich des Absatzes 2 die Frage, wann die Beweismittelqualität vor Gericht „konstatiert" ist (Rdn. 25), nicht stellt.

Die **Herbeischaffung** der gegenständlichen Beweismittel ist an **keine Form** gebun- **53** den; sie setzt nicht voraus, daß vor der Verhandlung das Beweismittel zu den Akten eingereicht oder eine auf den Gebrauch des Beweismittels gerichtete Anzeige an das Gericht erstattet worden ist[162]. Es genügt, wenn sie zur Hauptverhandlung mitgebracht werden und dort dem Gericht überreicht oder in sonst geeigneter Weise ihre sofortige Verwendung als Beweismittel (vor allem als Augenscheinsobjekt) ermöglicht wird[163]. Sofern der beweiskräftige Inhalt nur mit besonderen Vorkehrungen wahrnehmbar ist, wie bei Filmen, Tonbändern, Mikrofiches usw., ist auch hier zur Präsenz erforderlich, daß diese, eventuell auch die für die Vorführung benötigten Personen, umgehend verfügbar sind (vgl. Rdn. 23). Die Beweismittel müssen bis zum Schluß der Beweisaufnahme gebrauchsfähig herbeigeschafft sein[164].

---

[161] „Sonstige Beweismittel im Sinne von § 245 Abs. 2 Satz 1 sind nur Beweisgegenstände, nicht aber mitgebrachte Zeugen oder Sachverständige", BGH bei *Holtz* MDR **1981** 982.

[162] RGSt **41** 13; BGH bei *Dallinger* MDR **1953** 723; **1975** 369; KK-*Herdegen* 12; *Kleinknecht/Meyer-Goßner*43 17; *Alsberg/Nüse/Meyer* 819; auch zur früher abweichenden Rechtsprechung des RG (etwa RGSt **1** 384).

[163] Vgl. die Nachweise in der vorstehenden Fußn.; ferner Rdn. 23.

[164] RGSt **56** 42; SK-*Schlüchter* 32; *Alsberg/Nüse/Meyer* 820, wo abgelehnt wird, den für Beweisanträge geltenden späteren Zeitpunkt (Beginn der Urteilsverkündung) auf die Präsenz der Beweismittel nach § 245 zu übertragen.

54   **Urkunden**, die von einem Zeugen überreicht werden, sind damit noch nicht herbeigeschaffte Beweismittel, sofern nicht ein Verfahrensbeteiligter ihre Verwertung verlangt.
Übergibt aber der Angeklagte dem Gericht Urkunden, so liegt darin regelmäßig das
schlüssig geäußerte Begehren, daß von diesen Schriftstücken als Beweismittel Gebrauch
gemacht werde[165]. **Ablichtungen** sind kein präsentes Beweismittel zum Nachweis von
Existenz und Inhalt der Originalurkunde[166]. Ihre Übereinstimmung mit der Originalurkunde muß erst im Strengbeweisverfahren festgestellt werden, sie sind also kein
„gebrauchsfertig vorgelegtes" Beweismittel. Gleiches gilt für **fremdsprachige Schreiben**, wenn für die Sprachübertragung kein Übersetzer sofort verfügbar ist[167].

55   **3.** Der **Beweisantrag**, von dem die Verwendung der dem Absatz 2 unterfallenden präsenten Beweismittel abhängt, muß den Anforderungen eines Beweisantrages nach § 244
entsprechen[168]; er muß also das bestimmte Verlangen ausdrücken, daß über eine
bestimmte Tatsache Beweis durch Verwendung eines bestimmt bezeichneten Beweismittels erhoben wird. Wegen der Einzelheiten kann auf die Erläuterungen zu § 244
(Rdn. 94 ff) verwiesen werden.

56   Der **Unterschied zu einem Beweisantrag** nach § 244 besteht lediglich darin, daß der
Beweisantrag nach § 245 Abs. 2 die Verwendung eines präsenten Beweismittels begehrt.
Die Präsenz des Beweismittels braucht dabei aber nicht notwendig vom Antragsteller
bewirkt zu sein. Ist das Beweismittel als solches präsent, darf **jeder Verfahrensbeteiligte**
zur Wahrnehmung der eigenen Prozeßinteressen seine Verwendung beantragen[169]. Der
Angeklagte kann deshalb die Einvernahme eines anwesenden Zeugen beantragen, den ein
Mitangeklagter oder die Staatsanwaltschaft hat laden lassen.

57   Ein **Hinweis auf die Präsenz** des Beweismittels im Beweisantrag ist zwar zweckmäßig, aber nicht unbedingt erforderlich, um den Antrag dem § 245 Abs. 2 zu unterstellen[170].
Erkennt das Gericht — etwa weil die Ladung der anwesenden Beweisperson nach § 222
Abs. 1 Satz 2, Abs. 2 aktenkundig ist —, daß der Antrag sich auf ein präsentes Beweismittel bezieht, dann muß es den Antrag immer als Beweisantrag nach § 245 Abs. 2 behandeln. In Zweifelsfällen ist der **Antragsteller zu befragen**, ob das Beweismittel präsent ist,
so, wenn der Antrag sich auf eine im Besitz des Angeklagten befindliche **Urkunde**
bezieht oder wenn auf die **Anwesenheit der Beweisperson** im Sitzungssaal hingewiesen
wird, ohne daß für das Gericht ersichtlich ist, ob sie nur formlos mitgebracht wurde oder
ob sie ordnungsgemäß geladen worden ist. Im letzteren Fall ist die anwesende Beweisperson auch dann ein präsentes Beweismittel, wenn ihre Ladung entgegen § 222 nicht oder
nicht rechtzeitig mitgeteilt wurde.

58   Der Beweisantrag nach Absatz 2 Satz 1 ist, wenn die Präsenz der Beweismittel rechtzeitig herbeigeführt werden kann, auch dann noch möglich, wenn das Gericht einem
gleichlautenden Beweisantrag nach § 244 nicht entsprochen hat. Es handelt sich insoweit nicht um die Wiederholung des bereits vom Gericht abgelehnten früheren Beweisantrags, sondern um ein neues Beweisbegehren, über das nach den Grundsätzen des
Absatzes 2 Satz 2, 3 zu befinden ist[171]. Das Beweisrecht stellt bewußt den Prozeßbeteilig-

[165] BGH bei *Dallinger* MDR **1975** 369; vgl. Rdn. 13; 50.
[166] BGH StV **1994** 525; *Alsberg/Nüse/Meyer* 248;
KK-*Herdegen* 12; vgl. auch KK-*Meyr* § 249, 12.
[167] Vgl. BGH bei *Kusch* NStZ **1993** 28.
[168] Begr. BTDrucks. **8** 976 S. 53; *Alsberg/Nüse/Meyer*
822; *Kleinknecht/Meyer-Goßner*[43] 19; KMR-*Paulus* 31; SK-*Schlüchter* 33; **a. A** *Köhler* NJW **1979**
350; krit. auch AK-*Schöch* 22; KK-*Herdegen* 13.

[169] *Alsberg/Nüse/Meyer* 46; AK-*Schöch* 23; *Klein-
knecht/Meyer-Goßner*[43] 19; KMR-*Paulus* 32; SK-
Schlüchter 33; vgl. *Gollwitzer* FS Sarstedt 27 (keine Befugnis zu Anträgen in fremder Sache).
[170] *Alsberg/Nüse/Meyer* 822.
[171] *Alsberg/Nüse/Meyer* 821; AK-*Schöch* 23; SK-
Schlüchter 33.

ten zwei verschiedene Wege zur Herbeiführung einer von ihnen gewünschten Beweisaufnahme zur Verfügung, die, wie § 246 zeigt, auch nacheinander eingeschlagen werden dürfen. Auch die Neufassung des § 245 ändert nichts an dem guten Sinn dieser Vorschrift, daß die Verfahrensbeteiligten durch die von ihnen bewirkte Präsenz der Beweismittel das Gericht zu Beweisaufnahmen zwingen können, die es nach § 244 ablehnen dürfte. Abgesehen von diesem Unterschied unterfällt der Beweisantrag nach § 245 Abs. 2 den gleichen Regeln wie der Beweisantrag nach § 244 Abs. 3 bis 6. Die Präsenz besteht aber nur hinsichtlich der **Eigenschaft, in der die Beweisperson geladen** wurde; wer als Zeuge geladen worden ist, ist nicht auch als Sachverständiger präsent. Der Antrag, ihn in dieser Eigenschaft zu hören, unterfällt dann § 244 Abs. 4, nicht § 245 Abs. 2 (vgl. Rdn. 15). Ist ein Beweisantrag nach § 245 Abs. 2 abgelehnt worden, weil das Beweismittel nicht präsent ist, kann er bei späterem Eintritt der Präsenz erneut gestellt werden[172].

Für die **Form** des Beweisantrages gilt das gleiche wie für den Beweisantrag nach **59** § 244. Er ist in der Hauptverhandlung **mündlich** zu stellen; wird er schriftlich dem Gericht übergeben, muß er verlesen werden[173]. Ein **bestimmter Zeitpunkt** dafür ist nicht vorgeschrieben. Ihn möglichst frühzeitig zu stellen, kann mitunter einem selbst geladenen Zeugen unnötige Wartezeiten ersparen und auch wegen § 246 Abs. 2 verfahrensfördernd sein; vor allem aber ist dies dann unerläßlich, wenn einem Sachverständigen die für seine Begutachtung wichtige Teilnahme an der Hauptverhandlung gesichert werden soll[174].

Der Beweisantrag nach § 245 Abs. 2 kann auch als **Hilfsantrag** gestellt werden[175], **60** etwa für den Fall, daß das Gericht einen bestimmten Sachverhalt nicht schon für erwiesen hält.

Die **Rücknahme** des Antrags ist ebenso möglich wie bei einem anderen Antrag. Ein **61** zurückgenommener Antrag kann neu gestellt werden[176]. Wegen der Einzelheiten vgl. § 244, 136 ff.

4. Die **Entscheidung über den Beweisantrag.** Das **Gericht** entscheidet über den **62** Beweisantrag durch einen zu begründenden **Beschluß**, wenn es ihn als unzulässig oder aus einem der in Satz 3 abschließend aufgezählten Gründe ablehnt. Der Beschluß ist in der Hauptverhandlung vor Abschluß der Beweisaufnahme zu verkünden, damit die Verfahrensbeteiligten ihr weiteres Verhalten darauf einrichten können[177]. Betrifft der Antrag die Zuziehung eines Sachverständigen, ist darüber möglichst bald zu entscheiden, damit der Sachverständige seine Befugnisse in der Hauptverhandlung unverkürzt wahrnehmen kann[178]. Im übrigen gelten für den Inhalt des Beschlusses und die Art seiner Bekanntgabe die gleichen Grundsätze wie für den Beschluß nach § 244 Abs. 6[179]. Es bedarf, ebenso wie bei § 244, **keiner formellen Entscheidung** des Gerichts, wenn der Vorsitzende im Interesse der Verfahrensbeschleunigung den **beantragten Beweis erhebt**[180].

---

[172] *Kleinknecht/Meyer-Goßner*[43] 20; SK-*Schlüchter* 34.

[173] *Alsberg/Nüse/Meyer* 823; KMR-*Paulus* 32; wegen der Einzelheiten vgl. § 244, 103.

[174] Vgl. *Detter* FS Salger 238.

[175] *Alsberg/Nüse/Meyer* 821; *Kleinknecht/Meyer-Goßner*[43] 20; KMR-*Paulus* 31; vgl. § 244, 160 ff.

[176] SK-*Schlüchter* 34; nach *Alsberg/Nüse/Meyer* 824; *Kleinknecht/Meyer-Goßner*[43] 20 darf ein zurückgenommener Beweisantrag nicht wiederholt werden. Man wird dies jedoch – anders als nach der Zurückweisung eines Antrags als unbegründet – bei § 245 für ebenso zulässig anzusehen haben wie bei § 244.

[177] *Alsberg/Nüse/Meyer* 830; *Kleinknecht/Meyer-*

Goßner[43] 28; SK-*Schlüchter* 37; *Rieß* NJW **1978** 2270; vgl. § 244, 144.

[178] *Detter* FS Salger 237; *Eisenberg* (Beweisrecht) 1084.

[179] Ob die Begründungspflicht unmittelbar aus § 244 Abs. 6 hergeleitet wird – so für § 245 Abs. 2 KK-*Herdegen* 16 – oder weil § 245 auf diese Vorschrift nicht verweist, aus § 33 – so *Alsberg/Nüse/Meyer* 830 –, macht im Ergebnis keinen Unterschied. Wegen der Anforderungen an die Begründung vgl. § 244, 145 ff.

[180] *Alsberg/Nüse/Meyer* 230; AK-*Schöch* 24; *Kleinknecht/Meyer-Goßner*[43] 28; KMR-*Paulus* 27; SK-*Schlüchter* 35; vgl. Rdn. 81.

63   **5. Unzulässigkeit der Beweiserhebung.** Wie bei § 244 Abs. 3 Satz 1 und § 245 Abs. 1 Satz 1 schreibt § 245 Abs. 2 Satz 2 auch für die ihm unterfallenden präsenten Beweismittel vor, daß unzulässige Beweise nicht erhoben werden dürfen.

64   Die einzelnen **Gründe der Unzulässigkeit** sind bei § 244 erläutert. Die Neufassung des § 245 Abs. 2 zieht nur insoweit die Grenzen anders, als sie jetzt eine an sich unzulässige, weil prozeßfremden Zwecken dienende Beweiserhebung in Satz 3 besonders anspricht und insoweit einer Sonderregelung unterwirft, bei der es dem Ermessen des Gerichts überlassen bleibt, ob es die Beweiserhebung ablehnen oder — weil dies prozeß-wirtschaftlich einfacher und dem Vertrauen des Antragstellers in seine Unvoreingenommenheit förderlicher ist — die präsenten Beweise erheben will[181]; dies gilt vor allem für die Ablehnungsgründe der Prozeßverschleppung und des fehlenden Zusammenhangs mit dem Gegenstand der Urteilsfindung, von denen der erstere mitunter nur schwer dargetan werden kann (vgl. Rdn. 76) und von denen der zweite von den Fällen der bedeutungslosen oder ungeeigneten Beweismittel nur schwer abgrenzbar ist[182].

6. Die Ablehnungsgründe des Absatzes 2 Satz 3

65   **a) Allgemein.** Die Ablehnungsgründe des Absatzes 2 Satz 2 sind wesentlich enger als die entsprechenden Ablehnungsgründe des § 244 Abs. 3 bis 5. Sie gelten für alle präsenten Beweismittel gleichermaßen; dem Gericht wird also — anders als bei § 244 Abs. 4, 5 — für die Ablehnung der Einvernahme eines Sachverständigen oder der Inaugenscheinnahme eines herbeigeschafften Gegenstandes **kein Ermessensspielraum** eingeräumt[183]. Das Gericht muß den **präsenten Sachverständigen** hören, es hat nicht das Auswahlrecht nach § 73[184], und es darf die Einvernahme auch nicht mit dem Hinweis auf die eigene Sachkunde ablehnen[185]. Der Gesetzgeber hat in dem Bestreben, das prozessual berechtigte Beweiserhebungsinteresse der Verfahrensbeteiligten und damit auch das Verteidigungsinteresse des Angeklagten nicht zu beeinträchtigen, dem Gericht in der Neufassung nur dort eine Ablehnungsbefugnis zugestanden, wo ein sachliches Interesse unter keinem denkbaren Gesichtspunkt bestehen kann. Aus § 244 wurden nur die Ablehnungsgründe übernommen, bei denen „auch eine entfernte Beweisantizipation bzw. auch die nur ganz ferne liegende Möglichkeit, daß das Beweiserbieten zu einer dem Antragsteller günstigeren Folgerung führen könnte, ausgeschlossen werden kann"[186].

66   Die Ablehnungsgründe des Satzes 3 geben dem Gericht die Macht, auch beim Vorliegen präsenter Beweismittel eine sachgerechte Begrenzung der Beweisaufnahme durchzusetzen. Sie zwingen es aber nicht dazu, von ihr Gebrauch zu machen. Die Ablehnung eines Beweisantrags aus den aufgeführten Gründen steht **im pflichtgemäßen Ermessen** („darf … ablehnen") des Gerichts, für das auch Gründe einer reibungslosen und rationellen Verfahrensgestaltung eine Rolle spielen. Wenn keine besonderen Anhaltspunkte den Verdacht eines Mißbrauchs erhärten, kann die Verwendung des präsenten Beweismittels einfacher und verfahrensökonomischer sein als eine Ablehnung, deren Berechtigung im Revisionsverfahren nachprüfbar ist[187].

67   Die **Aufzählung** der Ablehnungsgründe in Absatz 2 Satz 3 ist **abschließend** („nur"); sie kann nicht auf andere Fälle einer unzweckmäßigen Beweisaufnahme ausgedehnt wer-

---

[181] *Alsberg/Nüse/Meyer* 825.
[182] Zur Auslegung des Begriffs der Unzulässigkeit vgl. Rdn. 30 f; ferner § 244, 186 ff.
[183] *Alsberg/Nüse/Meyer* 828; *KK-Herdegen* 14; *Kleinknecht/Meyer-Goßner*[43] 22; *SK-Schlüchter* 37.
[184] RGSt **54** 257; BayObLG bei *Rüth* DAR **1965** 285;

Schulz StV **1983** 342; *Alsberg/Nüse/Meyer* 825 mit weit. Nachw.
[185] BGH StV **1994** 358; *Sarstedt/Hamm*[6] 738.
[186] Begr. BTDrucks. **8** 976 S. 51; *Alsberg/Nüse/Meyer* 824.
[187] Begr. BTDrucks. **8** 976 S. 52.

den[188]. Zur Ablehnung einer rechtsmißbräuchlichen Antragstellung als unzulässig vgl. Rdn. 28 ff; 63 ff; 71.

b) Erwiesene oder offenkundige Tatsachen. Erachtet das Gericht die unter Beweis **68** gestellte Tatsache als **bereits erwiesen** oder als **offenkundig**, so bedarf es keiner in die gleiche Richtung zielender Beweisaufnahme mehr, die das Verfahren nur verzögern würde, ohne am Ergebnis etwas ändern zu können. Unter diesen Umständen hat auch der Antragsteller kein anerkennenswertes Verfahrensinteresse an der Beweiserhebung. Das Gericht kann deshalb den Beweisantrag ablehnen. Es muß dann allerdings in den Entscheidungsgründen auch die unter Beweis gestellte Tatsache als erwiesen behandeln. Wegen der Einzelheiten wird auf die Erläuterungen dieser Ablehnungsgründe bei § 244 Abs. 3 verwiesen[189].

Eine Ablehnung, weil **das Gegenteil** der unter Beweis gestellten Tatsache **offenkun-** **69** **dig** oder **bereits erwiesen** sei, ist nicht zulässig. Bei Zeugen scheidet die Ablehnung wegen **Erwiesenheit** des Gegenteils ohnehin aus[190]. Abweichend von § 244 Abs. 4 Satz 2 (vgl. § 244, 308) darf aber auch ein präsenter Sachverständiger nicht aus diesem Grund abgelehnt werden[191]. Die **Offenkundigkeit** des Gegenteils (§ 244, 227) ist bei präsenten Beweismitteln kein Ablehnungsgrund, wie der gegenüber § 244 Abs. 3 Satz 2 geänderte Wortlaut des § 245 Abs. 2 Satz 3 zeigt. Die unter Umständen nur ferne liegende Möglichkeit, die Überzeugung des Gerichts zu erschüttern, soll den Verfahrensbeteiligten nicht genommen werden. Vor allem soll dem Beweisführer nicht der Versuch abgeschnitten werden, durch seine Beweismittel die Offenkundigkeit einer von ihm für unrichtig gehaltenen Feststellung in Frage zu stellen, etwa durch das Gutachten des eigenen Sachverständigen eine herrschende, vom Gericht als offenkundig angesehene wissenschaftliche oder technische Lehrmeinung zu widerlegen[192].

Auch der **Augenschein** eines präsenten Beweismittels darf nicht mit der Begründung **70** verweigert werden, das Gegenteil der Beweistatsache sei erwiesen oder offenkundig[193].

c) Der fehlende Sachzusammenhang zwischen der unter Beweis gestellten Tatsache **71** und dem Gegenstand der Urteilsfindung (§ 264) rechtfertigt auch die Ablehnung eines präsenten Beweismittels. Fehlt dem Beweisthema jede objektive Sachbezogenheit zu dem vom Gericht zu erforschenden Sachverhalt (vgl. Rdn. 86; § 244, 39), dann ist jeder Beweis hierüber überflüssig und nutzlos[194]. Auch bisher wurde diese Fallgruppe, bei der die Beweiserhebung bedeutungslos im Sinne des § 244 Abs. 3 Satz 2 ist, aus der uneingeschränkten Verpflichtung zur Verwendung präsenter Beweismittel herausgenommen. Eine Beweisaufnahme, welche völlig heterogene Umstände betrifft, die in gar keiner Beziehung zu der vorliegenden Untersuchung stehen, wurde als unzulässig angesehen. An diesen Voraussetzungen hat sich nichts geändert, auch wenn der Ablehnungsgrund jetzt in einen fakultativen umgestuft wurde[195].

---

[188] *Alsberg/Nüse/Meyer* 824.
[189] Vgl. § 244, 227 ff; 235 ff.
[190] Vgl. § 244, 184; 235.
[191] *Alsberg/Nüse/Meyer* 826; AK-*Schöch* 27; KK-*Herdegen* 15; *Kleinknecht/Meyer-Goßner*[43] 24; KMR-*Paulus* 40; SK-*Schlüchter* 39.
[192] Begr. BTDrucks. **8** 976 S. 53.
[193] *Alsberg/Nüse/Meyer* 826; KK-*Herdegen* 14; SK-*Schlüchter* 39.
[194] Die Begründung (BTDrucks. **8** 976 S. 53) weist insoweit auf RGSt **1** 241; **66** 14; BGHSt **17** 28; 339 hin. *Köhler* NJW **1979** 348 hält es für bedenklich,

die Zusammenhanglosigkeit im Sinne der Entscheidungen des Bundesgerichtshofs zu verstehen („Einfallstor des antizipierten Instruktionsermessens"); für restriktive Auslegung zur Vermeidung jeder Vorwegnahme der Beweiswürdigung auch *Rudolphi* JuS **1878** 866; vgl. § 244, 281; Fußn. 195.
[195] *Alsberg/Nüse/Meyer* 826; *Marx* NJW **1981** 1420; *Rieß* NJW **1978** 2270; KK-*Herdegen* 15; *Kleinknecht/Meyer-Goßner*[43] 25; SK-*Schlüchter* 41; *Schlüchter* 556. Vgl. auch Fußn. 194, 198.

72   Mit dem Ablehnungsgrund der **fehlenden objektiven Sachbezogenheit** übernimmt der wesentlich engere § 245 Abs. 2 Satz 3 nur einen Teil der Fälle der **Bedeutungslosigkeit** eines Beweises im Sinne des § 244 Abs. 3 Satz 2. Soweit dort die Bedeutungslosigkeit nicht aus dem objektiv fehlenden Zusammenhang zwischen der unter Beweis gestellten Tatsache und dem Gegenstand der Urteilsfindung hergeleitet wird, sondern daraus, daß die Beweistatsache trotz dieses Zusammenhangs aus rechtlichen oder tatsächlichen Gründen nicht geeignet ist, die Urteilsfindung zu beeinflussen[196], wurde dieser Ablehnungsgrund **nicht übernommen**. Wie die Begründung des Regierungsentwurfs darlegt, verlangt diese zweite, mehr auf die subjektive Überzeugung des Gerichts abstellende Fallgruppe mitunter eine gewisse Vorwegwürdigung des Beweisergebnisses. Besteht objektiv ein irgendwie gearteter sachlicher Zusammenhang zwischen dem Beweisthema und dem abzuurteilenden Ereignis, dann soll dem Antragsteller nach den Grundsätzen eines rechtsstaatlichen fairen Verfahrens die Möglichkeit unbenommen bleiben, durch ein präsentes Beweismittel die Überzeugung des Gerichts von der Bedeutungslosigkeit des Beweisthemas zu erschüttern[197].

73   Die **Rechtsprechung zur Bedeutungslosigkeit** eines Beweismittels im Sinne des § 244 Abs. 3 ist deshalb nur insoweit heranziehbar, als die Bedeutungslosigkeit des Beweisthemas ausschließlich aus dem Fehlen jedes Zusammenhangs mit dem Verfahrensgegenstand hergeleitet wird[198]. Um nicht die Möglichkeit eines unerwarteten Ergebnisses abzuschneiden, ist dieser Ablehnungsgrund restriktiv auszulegen[199]. Ob die unter Beweis gestellte Behauptung in keiner Beziehung zu einem im Rahmen der Schuld- und Rechtsfolgenfrage zu prüfenden Umstand steht, muß ex ante aus der Sicht einer noch für alle Möglichkeiten offenen Untersuchung beurteilt werden, wobei die Relevanz für eine im Prozeß vorgebrachte Behauptung ausreicht. Dies darf nicht verengt aus der Sicht eines sich bereits abzeichnenden Verfahrensergebnisses[200] beurteilt werden. Absatz 2 will ja gerade die Chance eröffnen, durch ein selbst beigebrachtes Beweismittel einer sich bereits verfestigenden Meinung entgegenzuwirken.

74   d) Die **völlige Ungeeignetheit** eines Beweismittels ist auch nach § 245 Abs. 2 Satz 3 ein Ablehnungsgrund. Wie die Begründung des Regierungsentwurfs hervorhebt, läßt sich durch kein anzuerkennendes Beweiserhebungsinteresse rechtfertigen, daß sich das Gericht ein Beweismittel aufdrängen lassen muß, von dem von vornherein feststeht, daß es keine verwertbaren Ergebnisse erbringen kann[201]. Die völlige Ungeeignetheit eines Beweismittels ist unter Anlegung strenger Maßstäbe nach allgemeinen Kriterien ausschließlich aus den Eigenschaften des Beweismittels selbst zu beurteilen, wobei jeder Rückgriff auf bisherige Beweisergebnisse zu unterbleiben hat[202].

75   Der Ablehnungsgrund der völligen Ungeeignetheit ist **aus § 244 Abs. 3 Satz 2** übernommen. Die von Rechtsprechung und Schrifttum dazu herausgearbeiteten Grundsätze gelten auch hier, soweit sie auf die **objektive völlige Ungeeignetheit** des Beweismittels und nicht auf seine Untauglichkeit abstellen. Wem jede Sachkunde auf dem in Frage kommenden Fachgebiet fehlt, braucht ebensowenig als **Sachverständiger** vernommen zu werden wie ein Sachverständiger, der mangels genügender, ihm auch nicht in der Hauptver-

---

196 BGH StV **1993** 287; vgl. § 244, 280 ff.
197 BTDrucks. **8** 976 S. 53.
198 *Alsberg/Nüse/Meyer* 827 nimmt an, daß völlige Sachfremdheit bei Tatsachen, die nur aus Rechtsgründen unerheblich sind, ausscheidet; während umgekehrt KMR-*Paulus* 41 glaubt, fehlender Sachzusammenhang könne nur bei rechtlicher,

nicht bei tatsächlicher Irrelevanz der unter Beweis gestellten Tatsache angenommen werden.
199 Vgl. Fußn. 194, 195.
200 Vgl. *Köhler* NJW **1979** 351.
201 BTDrucks. **8** 976 S. 53; kritisch dazu *Köhler* NJW **1979** 351; *Marx* NJW **1981** 1416.
202 *Alsberg/Nüse/Meyer* 828; *Kleinknecht/Meyer-Goßner*⁴³ 26; vgl. § 244, 277 ff.

handlung selbst zu vermittelnder Anknüpfungstatsachen kein Gutachten erstatten kann[203]. Bloße Zweifel an der Sachkunde berechtigen dagegen nicht zu seiner Ablehnung[204]. Bei einem **präsenten Zeugen** sind Zweifel am Wissen, am Erinnerungsvermögen oder an der Glaubwürdigkeit selbst dann kein Ablehnungsgrund, wenn dies nach § 144 Abs. 3 Satz 2 möglich wäre. Bei einem präsenten Zeugen ist die Berechtigung solcher Zweifel durch seine Anhörung zu klären[205]. Begehrt ein Beweisantrag die Verwendung eines präsenten Beweismittels in Verbindung mit einem nicht präsenten und ist das präsente Beweismittel für sich allein ohne Beweiswert, so ist der ganze Antrag nach § 244 Abs. 3 zu beurteilen[206].

e) Die **Verschleppungsabsicht** ist weiterhin ein Grund, der auch die Ablehnung **76** eines präsenten Beweismittels tragen kann. Da die Beweiserhebung sofort möglich ist, dürften ihre Voraussetzungen in der Regel in einer den strengen Anforderungen der Rechtsprechung genügenden Form nur ausnahmsweise nachweisbar sein, etwa bei einem Massenaufgebot von präsenten Zeugen oder der Vorlage einer Vielzahl von Urkunden[207] sowie beim Versuch, mit der Beweisaufnahme verfahrensfremde Zwecke zu verfolgen[208]. Wegen der Einzelheiten kann auf die Erläuterungen bei § 244, 211 ff verwiesen werden.

f) Andere Ablehnungsgründe läßt der nach dem Regelungszweck (Rdn. 1) eng aus- **77** zulegende Absatz 2 Satz 3 nicht zu. Zweck der Prüfung des Beweisantrags nach Absatz 2 ist nicht, wie bei § 244 Abs. 2 bis 5, eine auch größere Verfahrensverzögerungen rechtfertigende Beweiserheblichkeit festzustellen. Unter Ausschluß jeder Ermessensentscheidung und auch der entferntesten Beweisantizipation soll dem Gericht nur die Möglichkeit eröffnet werden, eine objektiv ungeeignete Beweiserhebung zu unterbinden[209].

Absatz 2 hat deshalb nur einen **Teil der Ablehnungsgründe des § 244 Abs. 2 bis 5 78** übernommen. Es scheidet nicht nur der bei präsenten Beweismitteln allenfalls in Extremfällen (nachträgliche Unerreichbarkeit des präsent gewesenen Zeugen) überhaupt denkbare Ablehnungsgrund der **Unerreichbarkeit** des Beweismittels aus, auch die meisten anderen Ablehnungsgründe sind auf § 245 nicht übertragbar. So ist es bei Bestehen eines nur denkbaren Sachzusammenhangs zwischen Beweisthema und Verfahrensgegenstand nicht möglich, den Beweisantrag als **bedeutungslos** abzulehnen (vgl. Rdn. 71). Desgleichen hat der Gesetzgeber die **Wahrunterstellung** nicht zugelassen, da bei einem präsenten Beweismittel die Sachaufklärung fordert, daß der Beweis über die behauptete verfahrenserhebliche Tatsache erhoben und nicht zugunsten des Angeklagten als wahr unterstellt wird[210]. Ein **Sachverständigengutachten** kann nicht etwa deshalb abgelehnt werden, weil das **Gegenteil bereits erwiesen** ist (Rdn. 69) oder weil das Gericht selbst die erforderliche Sachkunde besitzt (§ 244 Abs. 4 Satz 1), und ein **Augenschein** einer beigebrachten Sache nicht deswegen, weil ihn das Gericht nach pflichtgemäßem Ermessen für entbehrlich hält (Rdn. 70).

7. Verzicht. Auf eine nach Absatz 2 beantragte Beweiserhebung kann der **Antragstel- 79 ler** nachträglich trotz stattgebenden Beschlusses wieder verzichten. Anders als bei den

---

[203] *Alsberg/Nüse/Meyer* 828; *Kleinknecht/Meyer-Goßner*[43] 26; § 244, 284.
[204] *Detter* FS Salger 235.
[205] *Alsberg/Nüse/Meyer* 828; AK-*Schöch* 30; *Kleinknecht/Meyer-Goßner*[43] 26; KMR-*Paulus* 41.
[206] BGH StV **1987** 46 mit Anm. *Schlüchter*; KK-*Herdegen* 14; SK-*Schlüchter* 40.

[207] *Alsberg/Nüse/Meyer* 828; *Sarstedt/Hamm*[6] 739; *Kleinknecht/Meyer-Goßner*[43] 27.
[208] *Alsberg/Nüse/Meyer* 828; *Kleinknecht/Meyer-Goßner*[43] 27; vgl. § 244, 206 ff; 211 ff.
[209] BTDrucks. **8** 976 S. 51.
[210] BTDrucks. **8** 976 S. 53; *Alsberg/Nüse/Meyer* 825; so schon früher die überwiegende Rechtsprechung, etwa RGSt **65** 304; OLG Celle NJW **1962** 2315.

nach Absatz 1 beigebrachten Beweismitteln müssen die **anderen Verfahrensbeteiligten** dem Verzicht nicht zustimmen. Nur soweit sie selbst Antragsteller sind, ist ihre Einwilligung in den Verzicht notwendig. Die anderen Verfahrensbeteiligten können die Verwendung des präsenten Beweismittels nur dadurch erzwingen, daß sie ihrerseits einen entsprechenden Beweisantrag stellen[211]. Im übrigen bleibt die Verpflichtung des Gerichts unberührt, das Beweismittel trotzdem zu verwenden, wenn dies im Interesse einer umfassenden **Sachaufklärung** erforderlich ist.

80   **8. Sitzungsniederschrift. Wesentliche Förmlichkeiten** im Sinn des § 273, die nur durch das Sitzungsprotokoll bewiesen werden können, sind bei Absatz 2 der Beweisantrag nach Absatz 2 und der darüber befindende Gerichtsbeschluß, ferner der Umstand, daß eine Beweisperson vernommen oder ein sächliches Beweismittel in der vom Prozeßrecht vorgeschriebenen Form verwendet wurde, so auch, wenn während einer Einvernahme Gegenstände in Augenschein genommen wurden[212], ferner der ganze oder teilweise Verzicht auf Beweiserhebung nach Absatz 2. Die Präsenz eines Beweismittels als solches ist keine wesentliche Förmlichkeit, die nur durch das Protokoll bewiesen werden könnte, insbesondere besagt die Feststellung zur Präsenz zu Beginn der Hauptverhandlung noch nichts darüber, daß eine Beweisperson auch später noch anwesend war oder daß sie nicht erst später erschienen ist[213].

IV. Sonstige Verfahrensfragen

81   **1. Die Durchführung der Beweiserhebung** obliegt auch bei präsenten Beweismitteln dem Vorsitzenden (§ 238 Abs. 1), der allerdings an Entscheidungen des Gerichts gebunden ist. Er braucht jedoch eine solche Entscheidung nicht von sich aus herbeizuführen, wenn er ein präsentes Beweismittel verwenden will. In den Fällen des Absatzes 2 ist hierfür auch ein Antrag entbehrlich. Im Interesse einer zügigen Verhandlungsführung kann er auch ohne Antrag präsente Beweismittel uneingeschränkt verwenden, sofern die Beweiserhebung nicht unzulässig ist[214]. Wo kein Mißbrauch ersichtlich ist, wird dies vielfach der verfahrensökonomisch einfachere Weg sein, wobei es dem Vorsitzenden unbenommen ist, sich vor Anordnung der Einvernahme einer präsenten Beweisperson bei dem Verfahrensbeteiligten, der sie geladen hat, formlos zu erkundigen, was die betreffende Person bekunden soll. Der Vorsitzende hat die Beweispersonen allgemein zu dem ihm bezeichneten Lebensvorgang zu hören und dabei auf eine möglichst erschöpfende Schilderung des relevanten Sachverhalts hinzuwirken. Die Frage nach weiteren Einzelheiten kann er dem Beweisführer und den anderen Verfahrensbeteiligten überlassen[215].

82   Der Verpflichtung aus § 245 Abs. 1 ist genügt, wenn das Gericht den präsenten Zeugen oder Sachverständigen **hört**. Daß dessen Wissen voll ausgeschöpft wird, ist in Ausübung des Fragerechts von den Verfahrensbeteiligten selbst sicherzustellen[216]. Dies gilt auch bei den Beweismitteln, deren Verwendung das Gericht nach § 245 Abs. 2 beschlossen hat. Hier bestimmen Beweisantrag und Beweisbeschluß des Gerichts den Umfang der

[211] *Alsberg/Nüse/Meyer* 831; *Kleinknecht/Meyer-Goßner*[43] 29; SK-*Schlüchter* 35; vgl. Rdn. 56.
[212] So BGH bei *Kusch* NStZ **1995** 19.
[213] Vgl. RGSt **40** 140; BGHSt **18** 347; **24** 280 (unter Aufgabe einer früheren gegenteiligen Entscheidung = LM § 274 Nr. 14 mit Anm. *Kohlhaas*); *Alsberg/Nüse/Meyer* 784; 914; *Dallinger* MDR **1966** 966; ferner Rdn. 14; 50 und § 243, 22.

[214] Vgl. Rdn. 62; *Rieß* NJW **1978** 2270.
[215] *Alsberg* JW **1927** 1490; *Alsberg/Nüse/Meyer* 831; *Kleinknecht/Meyer-Goßner*[43] 29; SK-*Schlüchter* 35.
[216] *Alsberg/Nüse/Meyer* 795; OLG Hamm VRS **11** (1956) 59 fordert dagegen, daß das Gericht das ganze Wissen des Zeugen in vollem Umfang erkundet.

Vernehmung[217]. Ein Zeuge braucht nicht als Sachverständiger, ein Sachverständiger nicht als Zeuge vernommen zu werden[218].

2. Die **Fürsorgepflicht** gegenüber einem nicht mit einem Verteidiger erschienen **83** Angeklagten kann unter Umständen erfordern, diesen darauf hinzuweisen, daß er einen förmlichen Beweisantrag stellen muß, wenn er die Entscheidung des Gerichts über die vom Vorsitzenden nicht ohnehin beabsichtigte Verwendung eines präsenten Beweismittels herbeiführen will[219]. Unter Umständen kann es angebracht sein, vor einer Entscheidung über die förmliche Ablehnung eines Antrags auf eine sachgerechte Fassung hinzuwirken[220], schon damit nicht der Eindruck entsteht, das Gericht habe ihm nicht aus sachlichen Gründen, sondern nur aus Formalismus nicht entsprochen. Dies dient meist auch der Verfahrensvereinfachung, da andernfalls der Antrag in geänderter Form neu zur Entscheidung gestellt werden kann. Ist ein geladener Zeuge ausgeblieben, braucht das Gericht die Verfahrensbeteiligten in der Regel nicht darauf hinzuweisen, daß sie einen Beweisantrag nach § 244 stellen müssen, um die vom Gericht für entbehrlich angesehene Vernehmung zu erreichen. Ein solcher Hinweis kann allenfalls bei einem hilfsbedürftigen Angeklagten ohne Verteidiger angezeigt sein[221].

3. Verhältnis zum Selbstladungsrecht. Beweiserhebungspflicht nach § 245 Abs. 2 **84** und Selbstladungsrecht nach § 214 Abs. 3 und § 220 decken sich nicht mehr. Der Gesetzgeber, der dem Regierungsentwurf folgte, hat bewußt in Kauf genommen, daß künftig nicht alle der nach diesen Vorschriften geladenen und erschienenen Beweispersonen in der Hauptverhandlung vernommen werden. Dem Vorschlag, in § 222 das Gericht zu ermächtigen, eine unmittelbar geladene Beweisperson von der Pflicht zum Erscheinen zu entbinden, wenn mit ihrer Einvernahme in der Hauptverhandlung nicht zu rechnen ist[222], hat er nicht entsprochen, weil „damit dem Mißbrauch des Ladungsrechts nicht wirksam begegnet und auch nicht sicher im voraus beurteilt werden könne, ob die Voraussetzungen des Absatzes 3 Satz 3 gegeben seien"[223]. Bei der Gestaltung der Beweisaufnahme ist das Gericht aber gehalten, auf die Belange der erschienenen Zeugen und Sachverständigen Rücksicht zu nehmen und — sofern dies mit einer geordneten Verfahrensabwicklung vereinbar ist — alsbald zu entscheiden, ob die von anderen Verfahrensbeteiligten, vor allem vom Angeklagten, geladenen Zeugen und Sachverständigen vernommen werden. Der Ermessensspielraum, den der Vorsitzende bei der Gestaltung der Beweisaufnahme (§ 238 Abs. 1) hat, wäre überschritten, wenn er dazu benützt würde, die Aufrechterhaltung der Präsenz der nach § 220 geladenen Beweispersonen faktisch unmöglich zu machen[224].

4. Verfahrenstrennung. Sind mehrere Strafsachen verbunden, können alle Verfah- **85** rensbeteiligten in der einheitlichen Hauptverhandlung alle beigebrachten Beweismittel zur Förderung ihrer eigenen Verfahrensinteressen nutzen (Rdn. 56). Durch eine Abtrennung der Verfahren verlieren sie diese Möglichkeit bei den Beweismitteln des abzutrennenden

---

[217] *Alsberg/Nüse/Meyer* 831; *Kleinknecht/Meyer-Goßner*[43] 28; SK-*Schlüchter* 35.
[218] OLG Stuttgart Justiz **1971** 312; SK-*Schlüchter* 35. Früher genügte es nach Ansicht des Reichsgerichts zur Erfüllung der noch nicht durch die Bindung an den Beweisantrag eingeengten Beweiserhebungspflicht, wenn die herbeigeschaffte Beweisperson vom Gericht gehört worden ist; das sollte selbst dann gelten, wenn eine als Zeuge geladene Person als Sachverständiger vernommen wurde (RGSt **26** 388) oder umgekehrt (RGSt **27** 399).

[219] *Rudolphi* JuS **1978** 866.
[220] Begr. BTDrucks. **8** 976 S. 52.
[221] *Häner* JR **1984** 497.
[222] BTDrucks. **8** 232; 354.
[223] RAussch. BTDrucks. **8** 1844 S. 36.
[224] Vgl. *Sarstedt/Hamm*[6] 740 (die dort erwähnte Notwendigkeit, neu zu laden, dürfte bei einem bei Antragstellung präsenten Zeugen, den das Gericht nicht endgültig entlassen hat, nicht bestehen); vgl. Rdn. 50; HK-*Julius* 6.

Verfahrens. Es ist vorher in der Hauptverhandlung zu klären, welche Beweismittel in jedem der getrennten Verfahren benötigt werden, ferner, ob und wo sie dann noch präsent sind, damit die Verfahrensbeteiligten notfalls ihr Ladungsrecht ausüben können[225]. Die durch die Abtrennung ausgeschiedenen Beweismittel können sonst nur mit einem Beweisantrag nach § 244 beigezogen werden. Es kann deshalb zweckmäßig sein, präsente Beweismittel, vor allem anwesende Zeugen und Sachverständige, die für beide Verfahren benannt werden, noch vor der Trennung zu verwenden.

86   **5. Umfang der Beweisaufnahme bei Einstellung des Verfahrens.** Die durch § 245 begründete Pflicht zur Beweiserhebung besteht ohne jede Einschränkung nur so lange, wie das Gericht über die Verurteilung oder die Freisprechung des Angeklagten zu befinden hat (vgl. Rdn. 1). Ergibt sich, daß das Verfahren eingestellt werden muß, weil es an einer Verfahrensvoraussetzung fehlt oder der Durchführung ein Verfahrenshindernis entgegensteht, so ist zu unterscheiden: Schließt das Verfahrenshindernis unabhängig vom Ergebnis der weiteren Sachaufklärung jede Sachentscheidung aus, etwa weil das Gericht unzuständig oder die Sache bereits rechtskräftig entschieden ist, so ist auch kein Raum mehr für die Verwendung der präsenten Beweismittel[226]. Diese ist nur insoweit noch zulässig, als es um Fragen geht, die die Aufklärung des Verfahrenshindernisses selbst betreffen[227]. Dagegen wird man nach dem Gesetzeszweck für zulässig und damit auch für geboten ansehen müssen, daß das Gericht unter den sonstigen Voraussetzungen des § 245 die Beweisaufnahme auf die präsenten Beweismittel erstreckt, um zu klären, ob statt der Einstellung wegen Verjährung usw. ein Freispruch geboten ist[228].

V. Rechtsbehelfe

87   **1.** Die **Entscheidung des Gerichts** nach § 238 Abs. 2 können die Prozeßbeteiligten gegen Anordnungen oder Unterlassungen des Vorsitzenden herbeiführen, so wenn dieser es entgegen Absatz 1 unterläßt, ein präsentes Beweismittel zu verwenden (Rdn. 44), oder einen Antrag nach Absatz 2 anstelle des Gerichts ablehnt oder die Entscheidung des Gerichts hierüber nicht herbeiführt oder wenn sie die vom Vorsitzenden beabsichtigte Verwendung für unzulässig halten. Gegen die in der Regel nicht ermessensmißbräuchliche Entscheidung des Vorsitzenden, von der Ablehnungsmöglichkeit nach Absatz 2 Satz 3 keinen Gebrauch zu machen, kann dagegen das Gericht nicht angerufen werden. Zur Erhaltung der Revisionsrüge gegen eine rechtswidrige Anordnung des Vorsitzenden ist nach der hier vertretenen Auffassung die vorherige Anrufung des Gerichts nicht erforderlich (vgl. § 238, 44 ff)[229].

88   **2.** Die **Beschwerde** gegen den Beschluß nach § 238 Abs. 2, gegen den Beschluß, der die Verwendung eines nach Absatz 1 präsenten Beweismittels oder einen Beweisantrag nach Absatz 2 ablehnt, wird durch § 305 Satz 1 ausgeschlossen. Sie ist gegen Maßnahmen bei der Beweiserhebung nur im Rahmen des § 305 Satz 2 zulässig. Die unmittelbare Beschwerde gegen Maßnahmen des Vorsitzenden scheitert nach der jetzt vorherrschenden Meinung schon an § 304 Abs. 1 (vgl. § 238, 37).

---

[225] *Alsberg/Nüse/Meyer* 796; vgl. auch RGSt **25** 111; vgl. § 237.

[226] SK-*Schlüchter* 36; *Alsberg/Nüse/Meyer* 798 mit Nachweisen zum Streitstand.

[227] SK-*Schlüchter* 36; vgl. BGH nach *Alsberg/Nüse/Meyer* 798.

[228] Strittig; wie hier *Alsberg/Nüse/Meyer* 799 mit Nachweisen zum Streitstand; BGHSt **24** 240; BGH bei *Dallinger* MDR **1966** 965; *Hillenkamp* JR **1975** 140; KMR-*Paulus* § 244, 118; SK-*Schlüchter* 36; vgl. Einl. H 37; 39; I 77 und bei § 260.

[229] *Alsberg/Nüse/Meyer* 913.

Mit der **Revision** kann ein **Verstoß gegen Absatz 1** nach § 337 — wenn er auf einen **89**
Beschluß des Gerichts zurückging, vom Angeklagten auch nach § 338 Nr. 8 — gerügt
werden. Wurde ein nach Absatz 1 präsentes Beweismittel zu Unrecht nicht verwendet, ist
dies unter genauer Bezeichnung des Beweismittels darzulegen. Anzugeben sind alle Tatsachen, aus denen sich ergibt, daß es in der Hauptverhandlung zum maßgebenden Zeitpunkt nicht nur faktisch vorhanden, sondern als sofort verwendbares Beweismittel auch
präsent im Sinne des Absatzes 1 war (vgl. Rdn. 25, 26). Aus dem Sitzungsprotokoll kann
sich zwar die Präsenz eines Beweismittels ergeben, sein Schweigen hat keine negative
Beweiskraft[230]. Deshalb sind auch Angaben darüber erforderlich, ob und in welcher Form
das Gericht das Vorhandensein und die Beweismitteleigenschaft des konkreten Beweismittels festgestellt hat[231], ferner, ob und in welcher Form die Beweismittelverwendung
verlangt wurde und wie das Gericht darauf reagierte[232]. Zweckmäßigerweise wird bei der
Rüge eines Verstoßes gegen Absatz 1 auch das Beweisthema angegeben, zu dem das
Beweismittel hätte Erkenntnisse liefern sollen und welche Bedeutung dies für die Entscheidung gehabt hätte. Ob und in welchen Umfang dies notwendig ist, ist strittig[233]. Um
das Risiko einer Verwerfung der Rüge nach § 344 Abs. 2 zu vermeiden, sollten aber im
Hinblick auf die strengen Anforderungen der Rechtsprechung eher zu viele als zu wenige
Tatsachen zur Begründung angegeben werden, zumal dies auch für die Prüfung des Beruhens von Bedeutung sein kann[234]. Wird ein Zeuge in der irrigen Annahme eines Zeugnisverweigerungsrechts nicht vernommen, ist nach Ansicht von BGH NJW **1996** 1685 die
diesbezügliche Vorschrift und nicht § 245 verletzt[235].

Ein **Verstoß gegen Absatz 2** begründet die Revision (§ 337 bzw. § 338 Nr. 8), wenn **90**
das Gericht einen ordnungsgemäß gestellten Beweisantrag auf Verwendung eines präsenten Beweismittels zu Unrecht abgelehnt oder ihn übergangen hat. Für die Revisionsbegründung gelten die gleichen Anforderungen wie bei § 244[236], jedoch muß zusätzlich dargetan werden, daß die Beweismittel präsent waren, daß also Beweispersonen ordnungsgemäß geladen und erschienen waren oder ein Beweisgegenstand in der Hauptverhandlung
zur Beweisaufnahme verwendbar war[237], aber nicht verwendet wurde[238]. Der Inhalt des
Beweisantrags ist in der Revisionsbegründung aufzuführen; ferner ist anzugeben, ob und
mit welcher Begründung der Antrag abgelehnt wurde. Nicht unbedingt notwendig, aber
meist zweckmäßig ist bei der Rüge nach Absatz 1 die Angabe, was mit dem präsenten
Beweismittel bewiesen werden sollte[239].

Mit der Revision kann auch geltend gemacht werden, daß die Verwendung eines prä- **91**
senten Beweismittels **unzulässig** war, dagegen kann nicht gerügt werden, daß das Gericht
Beweise erhoben hat, deren Ablehnung nach § 245 Abs. 2 Satz 3 in seinem Ermessen
stand.

---

[230] Die Präsenz im maßgebenden Zeitpunkt ist durch
Freibeweis festzustellen; vgl. SK-*Schlüchter* 44.
[231] BGHSt **37** 168 = JR **1992** 34 mit Anm. *Fezer* = StV
1992 3 mit Anm. *Köhler*; BGH NStZ **1991** 48R,
vgl. auch OLG Celle StV **1989** 243; ferner etwa
BGH bei *Holtz* MDR **1976** 634; *Kleinknecht/Mey-
er-Goßner*[43] 30.
[232] KK-*Herdegen* 17; vgl. auch SK-*Schlüchter* 48;
Sarstedt/Hamm[6] 742; 743.
[233] Verneinend RGSt **65** 307; BGH GA **1966** 213;
OLG Celle NJW **1962** 2315; VRS **45** (1973) 123;
OLG Hamburg NJW **1965** 1238; OLG Hamm VRS
11 (1956) 59; AK-*Schöch* 32; KMR-*Paulus* 46;
SK-*Schlüchter* 48; *Alsberg/Nüse/Meyer* 913; vgl.
andererseits aber BGH NJW **1996** 1685.

[234] Vgl. BGH NJW **1996** 1685.
[235] Vgl. aber auch BGH StV **1996** 129 (§ 245 Abs. 1
verletzt).
[236] *Alsberg/Nüse/Meyer* 916; 875; h. M wegen der
Einzelheiten vgl. § 244, 348 ff.
[237] Dazu gehört auch der Vortrag, daß und wodurch jeder einzelne Beweisgegenstand in der Hauptverhandlung individualisiert worden ist; vgl. Rdn. 25.
[238] *Alsberg/Nüse/Meyer* 916.
[239] BGH GA **1966** 213; ferner die übrigen, bei
Fußn. 240 angeführten Entscheidungen; *Alsberg/
Nüse/Meyer* 914; KMR-*Paulus* 46; SK-*Schlüchter*
48.

Walter Gollwitzer

92   Das **Beruhen** des Urteils auf einem Verstoß gegen § 245 Abs. 1 oder Abs. 2 kann in der Regel nicht ausgeschlossen werden. Vor allem darf das Revisionsgericht nicht das Beruhen wegen der mangelnden Beweiserheblichkeit des nicht verwendeten Beweismittels verneinen, da auch dem Tatrichter die Erheblichkeitsprüfung versagt ist und das ganze Wissen der Beweisperson erschlossen werden soll[240]. Ein Beruhen des Urteils auf dem Verstoß entfällt nur dann, wenn nach den Umständen des Einzelfalls **mit Sicherheit auszuschließen** ist, daß die Verwendung des Beweismittels das Urteil beeinflußt haben kann, weil der Zeuge ohnehin befugt das Zeugnis verweigert hätte[241] oder weil er nach dem Beweisantrag nach Absatz 2 nur zu einer eng begrenzten Tatsache und nicht etwa umfassend hätte gehört werden sollen[242] oder weil das unbenutzt gebliebene sächliche Beweismittel nach Beschaffenheit und Inhalt die Entscheidung nicht beeinflußt haben kann, etwa wenn die Urkunden nicht die Tat betrafen[243] oder das Urteil ergibt, daß sich das Gericht auch ohne Heranziehung der Unfallskizze ein zutreffendes Bild vom Unfallort gemacht hat[244]. Ob ein glaubwürdiges Geständnis des Angeklagten das Beruhen ausschließt, erscheint zweifelhaft[245].

93   Auch unter dem Gesichtspunkt des § 245 kann die Revision nicht darauf gestützt werden, daß das Gericht an einen Zeugen oder Sachverständigen bestimmte **Fragen nicht gerichtet** oder sonst ein Beweismittel **nicht voll ausgeschöpft** habe[246].

94   Die Rüge, das Gericht habe durch die Nichtverwendung eines Beweismittels seine **Aufklärungspflicht verletzt**, ist unabhängig davon möglich, ob das Gericht gegen § 245 verstoßen hat. Sie kann auch durchgreifen, wenn nach § 245 keine Pflicht bestand, einen gestellten Zeugen oder Sachverständigen zu vernehmen[247], oder wenn eine Urkunde, die sich bei den Akten befand, auch ohne Verlangen eines Verfahrensbeteiligten nicht verlesen wurde. Das **Nichtausschöpfen eines verwendeten Beweismittels** kann nur bei Vorliegen besonderer Umstände unter diesem Gesichtspunkt die Revision begründen, wenn der Verfahrensverstoß ohne Rekonstruktion der Hauptverhandlung festgestellt werden kann[248].

§ 246

(1) Eine Beweiserhebung darf nicht deshalb abgelehnt werden, weil das Beweismittel oder die zu beweisende Tatsache zu spät vorgebracht worden sei.

(2) Ist jedoch ein zu vernehmender Zeuge oder Sachverständiger dem Gegner des Antragstellers so spät namhaft gemacht oder eine zu beweisende Tatsache so spät vorgebracht worden, daß es dem Gegner an der zur Einziehung von Erkundigungen erforderlichen Zeit gefehlt hat, so kann er bis zum Schluß der Beweisaufnahme die Aussetzung der Hauptverhandlung zum Zweck der Erkundigung beantragen.

---

[240] RGSt **1** 225; **45** 143; **65** 307; BGH StV **1993** 237; bei *Dallinger* MDR **1974** 16; **1975** 369; BayObLG OLGSt 5; OLG Celle NJW **1962** 2315; OLG Stuttgart OLGSt 3; *Alsberg/Nüse/Meyer* 915; KK-*Herdegen* 17; KMR-*Paulus* 46.

[241] BGH NJW **1996** 1685; bei *Holtz* MDR **1978** 459; *Kleinknecht/Meyer-Goßner*⁴³ 30; SK-*Schlüchter* 49; anders, wenn sich nicht ausschließen läßt, daß der Zeuge doch ausgesagt hätte, vgl. BGHSt **15** 202; OLG Frankfurt StV **1982** 415; vgl. Fußn. 240.

[242] *Alsberg/Nüse/Meyer* 915.

[243] BGH GA **1988** 566; bei *Dallinger* MDR **1975** 369.

[244] BGH bei *Dallinger* MDR **1975** 369; OLG Hamburg DAR **1956** 227; OLG Schleswig RdK **1954** 123.

[245] So aber BGH bei *Dallinger* MDR **1966** 200; *Alsberg/Nüse/Meyer* 915; *Koeniger* 273; KMR-*Paulus* 46; **a. A** OLG Celle NJW **1962** 2315.

[246] BGHSt **4** 125; BGH bei *Pfeiffer* NStZ **1981** 297; *Alsberg/Nüse/Meyer* 913; KMR-*Paulus* 48; vgl. § 244, 341 ff.

[247] BGH NStZ **1981** 401; KK-*Herdegen* 17.

[248] OLG Saarbrücken VRS **48** (1975) 430; KMR-*Paulus* 48; vgl. § 244, 342.

(3) Dieselbe Befugnis haben die Staatsanwaltschaft und der Angeklagte bei den auf Anordnung des Vorsitzenden oder des Gerichts geladenen Zeugen oder Sachverständigen.

(4) Über die Anträge entscheidet das Gericht nach freiem Ermessen.

Schrifttum. *Scheffler* Beweisanträge kurz vor oder während der Verkündung des Strafurteils, MDR 1993 3; *H. Schmitt* Der späte Beweisantrag, StraFo. 1993 53. Zu den Reformvorschlägen vgl. unten Fußn. 1 und Vor § 226.

Bezeichnung bis 1924: § 245.

Übersicht

I. Kein Beweisausschluß wegen verspäteten Vorbringens

1. Grundsätzliches. Absatz 1 stellt klar, daß die Pflicht des Gerichts, alles zur Erforschung der Wahrheit Notwendige zu tun, einen Ausschluß verspätet bezeichneter Beweismittel nicht zuläßt. Das Gebot der Verfahrensbeschleunigung tritt hier hinter die Erfordernisse einer erschöpfenden Sachaufklärung zurück. Jeder bis zur Urteilsverkündung gestellte Beweisantrag muß entgegengenommen und sachlich geprüft werden, selbst wenn er dem früheren Prozeßverhalten des Antragstellers widerspricht[1]. Er darf nicht allein deshalb zurückgewiesen werden, weil er verspätet gestellt worden ist. Zum Ablehnungsgrund der Verschleppungsabsicht vgl. § 244, 209 ff. **1**

2. Antragstellung bis zum Urteil. Jeder Antragsberechtigte kann einen Beweisantrag auch noch nach Schluß der Beweisaufnahme (§ 258 Abs. 1) und sogar noch **während** oder **nach der Beratung** des Gerichts bis zum Beginn der Verkündung des Urteils vorbringen, gleichviel, ob das Urteil am Schluß der Verhandlung oder gemäß § 268 später verkündet wird[2]. Das Gericht braucht zwar einen Beweisantrag, der ihm schriftlich in das Beratungszimmer geschickt wird, nicht als solchen zu berücksichtigen; es darf aber dem **2**

---

[1] Vgl. BGH NStZ **1986** 371; *Kleinknecht/Meyer-Goßner*[43] 1; SK-*Schlüchter* 1. Zu den strittigen Reformvorschlägen, die diese Befugnis einschränken wollen, vgl. etwa *Bernsmann* ZRP **1994** 331; *Brause* NJW **1992** 2869; *Frister* StV **1994** 447; *Gössel* Gutachten für den 60. DJT C 61; *Kintzi* DRiZ **1994** 329; *Perron* JZ **1994** 827; *Schlüchter* GA **1994** 413; *Schünemann* FS Pfeiffer 481; ferner Vor § 226, 53.

[2] RGSt **3** 416; **59** 420; **66** 88; RG DJZ **1908** 973; GA **44** (1896) 37; **55** (1908) 317; **59** (1912) 421; JW **1901** 499; **1912** 947; **1924** 974; BGHSt **16** 391; **21** 123; BGH NJW **1967** 2019; NStZ **1981** 311; **1982** 41; **1990** 350; **1992** 346; *Alsberg/Nüse/Meyer* 387; *Eisenberg* (Beweisrecht) 178; *Scheffler* MDR **1993** 5; KK-*Herdegen* 1; *Kleinknecht/Meyer-Goßner*[43] 1; KMR-*Paulus* 1; SK-*Schlüchter* 1; 2; vgl. auch bei § 268.

Verteidiger, wenn es in den Sitzungsraum zurückkehrt, die Möglichkeit nicht abschneiden, den Beweisantrag **vor der Verkündung des Urteils** zu stellen[3]. Wird er gestellt, ist die Verhandlung wiederaufzunehmen. Dies gilt auch, wenn eine bereits begonnene Urteilsverkündung nicht nur unterbrochen, sondern völlig abgebrochen wird, um später nochmals von vorne wiederholt zu werden; das Antragsrecht lebt dann bis zum Neubeginn der Verkündung wieder auf[4]. Lehnt der Vorsitzende es ab, den zulässigen Beweisantrag noch entgegenzunehmen, kann hiergegen das Gericht nach § 238 Abs. 2 angerufen werden[5]. Dagegen braucht das Gericht einen Beweisantrag, der erst **während der Urteilsverkündung** gestellt wird, nicht mehr zu berücksichtigen. Der Vorsitzende braucht die Verkündung nicht abzubrechen. In der Entgegennahme des Antrags liegt noch kein Wiedereintritt in die Verhandlung. Ein erst während der Verkündung gestellter Beweisantrag muß auch nicht nach § 244 Abs. 6 beschieden werden[6]. Setzt der Vorsitzende die Verkündung fort, ist die Anrufung des Gerichts hiergegen nicht möglich[7]. Dem Vorsitzenden steht es aber frei, die Verkündung zu unterbrechen und die Verhandlung wieder zu eröffnen. Der Beweisantrag ist dann nach §§ 244, 245 zu bescheiden[8].

II. Aussetzung der Hauptverhandlung

3   **1. Zweck der Aussetzung** der Hauptverhandlung nach den Absätzen 2 bis 4 ist, Staatsanwaltschaft und Angeklagten davor zu schützen, daß sie bei der Beweisaufnahme durch Vernehmung eines vorher nicht namhaft gemachten Zeugen oder durch Einbeziehung einer neuen Tatsache in die Beweisaufnahme überrumpelt werden. Sie sollen Gelegenheit haben, sich mit den neuen Beweisen kritisch auseinanderzusetzen und über Wert oder Unwert der Beweismittel Erkundigungen einzuziehen und gegebenenfalls Gegenbeweise anzubieten. Die Aussetzung erleichtert nicht nur die Verteidigung und die Vertretung der Anklage. Sie dient zugleich der Wahrheitsfindung, wenn sie Anklage und Verteidigung Raum gibt, zusätzlich zur Aufklärungspflicht des Gerichts auch aus eigener Initiative zur umfassenden Sachaufklärung beizutragen.

4   § 246 knüpft den Aussetzungsantrag formal an die **nicht rechtzeitige Benennung** der **Beweisperson** oder der **Beweistatsache** vor der Hauptverhandlung. Er ergänzt § 222, soweit er die verfahrensrechtliche Folge der Verletzung dieser Vorschrift aufzeigt. Er geht aber über § 222 hinaus, da letzterer keine Pflicht begründet, die zu beweisende Tatsache vor der Hauptverhandlung dem Gegner mitzuteilen. Diese Diskrepanz erklärt sich aus der Entstehungsgeschichte. Im Entwurf waren ursprünglich die Worte „oder eine zu beweisende Tatsache zu spät vorgebracht" nicht enthalten. Die Reichstagskommission hielt insoweit eine Ergänzung des § 246 für notwendig[9].

5   Die Aussetzung nach § 246 überlagert sich ungeachtet ihres anderen Anknüpfungspunktes in der Praxis weitgehend mit der **Aussetzung nach § 265 Abs. 4**, der — auf sachliche, statt auf formale Kriterien abstellend — das Gericht zur Aussetzung verpflichtet, wenn eine veränderte Sachlage dies zur besseren Vorbereitung der Verteidigung oder der Anklage fordert (Rdn. 15).

---

[3] RGSt **68** 89; BGHSt **21** 123; BGH NJW **1964** 21; **1967** 2019; NStZ **1981** 311; StV **1982** 58; KG StV **1990** 59.

[4] BGH NStZ **1992** 248; SK-*Schlüchter* 3.

[5] BGH MDR **1992** 636 bei *Holtz*; zur Streitfrage, ob dies zur Erhaltung der Revision nötig ist, vgl. Rdn. 22.

[6] BGH NStZ **1986** 182.

[7] BGH bei *Dallinger* MDR **1975** 42; *Eisenberg* (Beweisrecht) 179; *Scheffler* MDR **1993** 5; SK-*Schlüchter* 3; vgl. § 238.

[8] RGSt **57** 142; BGH bei *Dallinger* MDR **1975** 24; *Scheffler* MDR **1993** 5; KK-*Herdegen* 1; KMR-*Paulus* 1; SK-*Schlüchter* 3; vgl. § 244, 102 und bei § 268.

[9] *Hahn* Mat. **1** 357; **2** 1337.

2. Die sachlichen Voraussetzungen des Aussetzungsantrags

a) Ist ein **Zeuge oder Sachverständiger**, der in der Hauptverhandlung vernommen **6** werden soll, dem Gegner des Antragstellers **nicht rechtzeitig** vor der Hauptverhandlung **namhaft** gemacht worden (§ 222), kann der durch das Beweismittel überraschte Verfahrensbeteiligte nach Absatz 2, 3 die Aussetzung beantragen. An der ordnungsgemäßen Namhaftmachung fehlt es auch, wenn die Namen von Zeugen oder Sachverständigen zu Unrecht geheimgehalten oder durch Decknamen ersetzt werden[10]. Wurde dagegen Name oder Anschrift nach § 68 befugt nicht mitgeteilt, so rechtfertigt dies die Aussetzung nicht[11]. Bei einer Namensänderung braucht der neue Name nach Ansicht des Bundesgerichtshofs nicht mitgeteilt zu werden[12].

b) Eine zu beweisende Tatsache ist **zu spät vorgebracht**, wenn ihre Verfahrenser- **7** heblichkeit erst nachträglich ersichtlich wird, Staatsanwaltschaft oder Verteidigung also nicht damit rechnen mußten, daß diese Tatsache in der Hauptverhandlung Bedeutung erlangen könne. Tatsachen, deren Erheblichkeit bereits aus der Anklageschrift erkenntlich ist, sind ebensowenig neue Tatsachen im Sinne dieser Vorschrift wie etwa Tatsachen, die bereits in einer früheren Hauptverhandlung Gegenstand der Beweisaufnahme waren. Gleiches gilt für Tatsachen, deren Erheblichkeit bei Akteneinsicht erkannt werden konnte[13]. Wird allerdings dem Verteidiger die Akteneinsicht verweigert, kann auch eine aus den Akten ersichtliche Beweistatsache den Aussetzungsantrag des Verteidigers rechtfertigen[14]. Gleiches gilt, wenn der Verteidiger bei Einsicht in die beigezogenen Ermittlungsakten die früheren Aussagen der Belastungszeugen aus den nur auszugsweise vorliegenden Vernehmungsniederschriften nur unvollständig ersehen konnte[15]. Unerheblich ist, ob eine neue Beweistatsache durch ein **neues Beweismittel** in das Verfahren eingeführt werden soll oder durch ein bereits gebrauchtes Beweismittel.

„**Zu spät**" hat hier die gleiche Bedeutung wie „nicht rechtzeitig" in § 222. Zur Erläute- **8** rung dieses unbestimmten Rechtsbegriffes kann daher auf § 222, 14 verwiesen werden.

c) Zum Zweck der Erkundigung muß der Aussetzungsantrag gestellt werden. Die **9** Erkundigung kann sich dabei auf die Person des Zeugen oder Sachverständigen beziehen, etwa auf seine Glaubwürdigkeit oder sein Fachwissen, oder sie kann die zu beweisende Tatsache betreffen, etwa ob andere Beweismittel auffindbar sind, die sie bestätigen oder widerlegen oder aber in einen anderen Zusammenhang stellen.

3. Als „**Gegner**" des Beweisantragstellers im Sinne des Absatz 2 ist zur Stellung des **10** Aussetzungsantrags jeder berechtigt, der Verfahrensinteressen mit einer **gegenläufigen Zielsetzung** verfolgt[16]. Wie § 222 und auch Absatz 3 zeigen, ist hier auf den Gegensatz Staatsanwaltschaft/Angeklagter abgestellt, also auf die im Regelfall widerstreitenden Zielsetzungen von Vertretung der Anklage und der Verteidigung[17]. „Gegner" des Angeklagten und der mit Angeklagtenbefugnisse an der Hauptverhandlung teilnehmenden Nebenbeteiligten[18] sind also der Staatsanwalt und der **Nebenkläger**, und umgekehrt. Ob der Nebenklä-

---

[10] BGHSt **23** 244; **32** 128; KMR-*Paulus* 6.
[11] Zur Auslegung des § 68 vgl. dort, ferner § 222, 12; 17.
[12] *Hilger* NStZ **1992** 459; *Kleinknecht/Meyer-Goßner*[43] 5; SK-*Schlüchter* 6; ferner zur früheren Rechtslage BGHSt **29** 113; **32** 128; BVerfGE **57** 286; OLG Frankfurt NJW **1982** 1408.
[13] KK-*Herdegen* 1; SK-*Schlüchter* 7.
[14] OLG Hamm VRS **49** (1975) 113.
[15] LG Konstanz StV **1997** 239.

[16] So etwa *Pfeiffer/Fischer* 3 unter Hinweis auf BGHSt **28** 274; SK-*Schlüchter* 12.
[17] Die StPO verwendet den Begriff des „Gegners" in ähnlichem Sinn verschiedentlich bei den Rechtsmitteln, vgl. §§ 303, 308, 311 a, 335, 347, ferner §§ 368, 390, 473.
[18] Zum Antragsrecht der in eigenen Verfahrensinteressen mitbetroffenen Nebenbeteiligten vgl. etwa SK-*Schlüchter* 13 und bei § 433.

ger die Aussetzung beantragen kann ist seit der Neufassung des § 397 Abs. 1 zweifelhaft[19]. Personen, die mit gleicher Zielrichtung am Verfahren teilnehmen, sind auch bei weiter Auslegung des § 246 Abs. 2 nicht Gegner. **Mitangeklagte** sind dies im Verhältnis zueinander allenfalls, wenn ihre Verfahrensinteressen in bezug auf die konkrete Beweiserhebung gegenläufig sind[20], was vom Antragsteller darzutun ist. Soweit sie das Beweisergebnis sonst in ihrer Verteidigung berührt, können sie auch bei gleichgerichteten Interessen die Aussetzung nach § 265 Abs. 4 beantragen (vgl. Rdn. 15). Bei Beweispersonen, die auf Anordnung des Vorsitzenden oder des Gerichts geladen worden sind, haben **nach Absatz 3** alle Verfahrensbeteiligten das Antragsrecht, sofern sie durch das Beweismittel in ihren Verfahrensinteressen betroffen sind[21].

11   **4. Zeitpunkt der Antragstellung.** Der Antrag kann bis zum **Schluß der Beweisaufnahme** gestellt werden. Es braucht also nicht unmittelbar vor oder bei Verwendung des Beweismittels von den dadurch überraschten Verfahrensbeteiligten um Aussetzung nachgesucht zu werden. Maßgeblich dafür ist die Erwägung, daß der zum Antrag Berechtigte möglicherweise erst nach Erhebung aller Beweise ermessen kann, ob seine Rechtsverfolgung eine Aussetzung erfordert[22]. Mit Beginn der Schlußvorträge (§ 258 Abs. 1) kann der Aussetzungsantrag — anders als ein Beweisantrag (vgl. Rdn. 2) — nicht mehr gestellt werden, es sei denn, das Gericht tritt danach nochmals in die Beweisaufnahme ein[23]. Der bloße Protest gegen die Vernehmung hat nicht ohne weiteres die Bedeutung eines Antrags auf Aussetzung[24].

12   **5.** Eine **Belehrung** des Angeklagten oder eines anderen Verfahrensbeteiligten über das Antragsrecht nach § 246 ist nicht vorgeschrieben. Sie kann aber bei Vorliegen besonderer Umstände erforderlich werden, vor allem wenn damit der Gefahr vorgebeugt wird, daß der durch ein unerwartetes Beweismittel überrumpelte Verfahrensbeteiligte aus Unkenntnis des Antragsrechts an der sachgerechten Wahrnehmung seiner Verfahrensrechte gehindert wird. Bei einem Angeklagten, dem ein Verteidiger zur Seite steht, bedarf es keiner Belehrung[25].

13   **6. Entscheidung des Gerichts.** Das Gericht — nicht der Vorsitzende allein — entscheidet auf Antrag oder von Amts wegen (Rdn. 19) über die Aussetzung der Hauptverhandlung. Absatz 4 stellt diese Entscheidung in sein freies Ermessen, wenn die Voraussetzungen der Absätze 2 oder 3 gegeben sind.

14   Zum Begriff des **freien Ermessens** wird in den Motiven (*Hahn* **1** 193) gesagt: „Der Entwurf mußte die Beurteilung der Anträge auf Aussetzung der Verhandlung nach allen Richtungen hin dem freien Ermessen des Richters überlassen. Das Gericht soll sowohl darüber, ob es dem Gegner des Beweisführers an der erforderlichen Zeit zu Erkundigungen gefehlt hat, als auch darüber, ob es solcher Erkundigungen nach Lage der Sache überhaupt bedarf, frei entscheiden, und ebenso soll es, wenn es die Aussetzung der Verhandlung beschließt, die zu gewährende Frist nach seinem Ermessen festsetzen." Das Gericht soll also bei der Beurteilung der vom Gesetz festgelegten Voraussetzungen einer Aussetzung einen breiten Spielraum haben, der es ihm ermöglicht, frei von allgemeinen formalen

[19] HK-*Julius* 3; KK-*Herdegen* 2 bejahen dies, anders als *Beulke* DAR **1988** 118; *Kleinknecht/Meyer-Goßner*[43] 4; SK-*Schlüchter* 13; vgl. bei § 397; und zur früheren Rechtslage BGHSt **28** 274.
[20] SK-*Schlüchter* 12; nach AK-*Meier* 4 sind Mitangeklagte keine Gegner; KMR-*Paulus* 5 stellt anscheinend auch bei Absatz 2 auf das Berührtsein in den Verfahrensinteressen ab, wenn er nur Mitangeklagte ausnimmt, die von der Beweiserhebung nicht berührt werden, also ohnehin die Aussetzung nicht verlangen können; vgl. *Gollwitzer* FS Sarstedt 30.

[21] *Kleinknecht/Meyer-Goßner*[43] 4 (auch der Nebenkläger); SK-*Schlüchter* 16; vgl. auch *Gollwitzer* FS Sarstedt 30.
[22] Mot. 185; vgl. § 222, 18.
[23] SK-*Schlüchter* 9.
[24] OLG Frankfurt NJW **1947/48** 395; *Eb. Schmidt* 5; KK-*Herdegen* 2; *Kleinknecht/Meyer-Goßner*[43] 5; KMR-*Paulus* 6; SK-*Schlüchter* 9.
[25] OLG Köln OLGSt 1; *Kleinknecht/Meyer-Goßner*[43] 3; KMR-*Paulus* 5; SK-*Schlüchter* 10; vgl. § 222, 19.

Erwägungen nur auf Grund der sachlichen Gegebenheiten des Einzelfalls zu entscheiden. Es bedarf keiner Aussetzung, wenn die von § 222 geforderten Angaben für die Prüfung des Wahrheitsgehalts einer Zeugenaussage unerheblich sind[26]. Das Gericht muß seine Entscheidung an der **Aufklärungspflicht**, an dem Schutzzweck der Vorschrift und den berechtigten Belangen des vom Beweismittel **überraschten Prozeßbeteiligten** ausrichten, wie dies auch das aus dem Rechtsstaatsprinzip folgende Gebot eines fairen Verfahrens fordert[27]. Verkennt es diesen Zweck oder setzt es sich mißbräuchlich darüber hinweg, dann begründet dieser Rechtsfehler die Revision (Rdn. 22). Freies Ermessen ist hier — ebenso wie bei § 244 Abs. 5 — als pflichtgemäßes Ermessen zu verstehen[28].

Sind die **Voraussetzungen des § 265 Abs. 4** gegeben, erfordert die veränderte Lage **15** die Aussetzung zur besseren Vorbereitung der Anklage oder der Verteidigung, dann muß das Gericht nach dieser Vorschrift die Hauptverhandlung aussetzen. Für die Ermessensentscheidung nach § 246 Abs. 4 bleibt dann kein Raum.

Das Gericht kann den Aussetzungsantrag vor allem **ablehnen**, wenn der Antragsteller **16** genügend Zeit zur Erkundigung hatte oder eine solche nach den Umständen des Einzelfalls nicht erforderlich ist[29], weil die neu benannte Beweisperson dem Antragsteller bereits bekannt ist[30] oder Erkundigungen über sie keine weitere Aufklärung erwarten lassen[31] oder weil erkennbar keine ernsthaften Nachforschungen beabsichtigt sind und der Aussetzungsantrag nur als Vorwand für die Verfolgung anderer Zwecke dient[32] oder die zu beweisende neue Tatsache in jeder Hinsicht für seine Entscheidung unerheblich ist. Die Aussetzung ist ferner abzulehnen, wenn das Gericht auf die Verwertung des Beweismittels überhaupt verzichtet[33]. Letzteres ist allerdings nur mit der Aufklärungspflicht vereinbar, wenn das Beweismittel für die Entscheidung ohne wesentliche Bedeutung ist.

Der Beschluß ergeht nach Anhörung der Verfahrensbeteiligten (§ 33). Die Ablehnung **17** ist nach Maßgabe des § 34 zu **begründen**[34].

7. Unterbrechung. Der Vorsitzende kann einem Aussetzungsantrag unter Umständen **18** dadurch den Boden entziehen, daß er die Verhandlung nach § 228 Abs. 1 Satz 2 für die zu den Erkundigungen nötige Zeit unterbricht[35]. Ist der Antragsteller mit dieser Sachbehandlung ausdrücklich oder stillschweigend einverstanden, bedarf es keiner zusätzlichen förmlichen Entscheidung über den dann dadurch erledigten Aussetzungsantrag[36]. Hält der Antragsteller die Zeit für nicht ausreichend, dann kann er gegen die Anordnung des Vorsitzenden nach § 238 Abs. 2 das Gericht anrufen[37].

8. Aussetzung von Amts wegen. Wenn ein **anwesender Angeklagter** keinen Aussetzungsantrag stellt, so wird dadurch das Gericht nicht von der Verpflichtung entbunden, **19** selbst zu prüfen, ob durch die Verwendung eines nicht vorher angekündigten Beweismittels die Aussetzung oder Unterbrechung des Verfahrens erforderlich wird[38], etwa im Hin-

---

[26] Vgl. BGHSt **37** 1; BGH NStZ **1990** 244; StV **1990** 197 mit abl. Anm. *Odenthal*; KK-*Herdegen* 3; SK-*Schlüchter* 6.

[27] OLG Stuttgart NStZ **1990** 356.

[28] BGH bei *Holtz* MDR **1984** 278; OLG Stuttgart NStZ **1990** 356; KK-*Herdegen* 3; *Kleinknecht/Meyer-Goßner*43 5; KMR-*Paulus* 11; SK-*Schlüchter* 17 (unter Betonung des Spannungsfeldes zwischen Aufklärungspflicht und Beschleunigung); vgl. ferner *Warda* Ermessen 81.

[29] BGH bei *Holtz* MDR **1984** 278; KMR-*Paulus* 11.

[30] BGH StV **1982** 457.

[31] BGH bei *Holtz* MDR **1984** 278; *Kleinknecht/Meyer-Goßner*43 5; SK-*Schlüchter* 17.

[32] Vgl. BGHSt **37** 1; BGH StV **1990** 197 mit Anm. *Odenthal*.

[33] BayObLGSt **1954** 157.

[34] KK-*Herdegen* 3; *Kleinknecht/Meyer-Goßner*43 5; KMR-*Paulus* 10; SK-*Schlüchter* 18.

[35] Vgl. KMR-*Paulus* 10, der diese Befugnis des Vorsitzenden davon abhängig macht, daß der Antragsteller nicht darauf besteht, daß das Gericht über seinen Aussetzungsantrag entscheidet.

[36] *Kleinknecht/Meyer-Goßner*43 6; SK-*Schlüchter* 17; ferner vorstehende Fußn.

[37] *Eb. Schmidt* 7; KK-*Herdegen* 4; SK-*Schlüchter* 17.

[38] Zur Eigenprüfungspflicht der Gerichte vgl. *Bohnert* 151 f.

blick auf die Aufklärungspflicht oder um eine ausreichende Vorbereitung der Verteidigung zu ermöglichen[39] oder nach § 265 Abs. 4 (Rdn. 15). Dies gilt erst recht, wenn die Hauptverhandlung **ohne den Angeklagten** stattfindet und wenn für diesen auch kein Verteidiger erschienen ist. Vor allem wenn man das Gericht einen nicht vorher namhaft gemachten Belastungszeugen vernimmt, kann die Aussetzung geboten sein, um dem Angeklagten umfassendes rechtliches Gehör zu gewähren und um ihm die Möglichkeit zu erhalten, sich dagegen zu verteidigen[40]. Zur Notwendigkeit der Aussetzung im Verfahren nach § 233 vgl. dort Rdn. 35.

20　　**9. Sitzungsniederschrift.** Der Antrag auf Aussetzung der Hauptverhandlung und der daraufhin ergehende Beschluß des Gerichts oder die Anordnung des Vorsitzenden, die das Verfahren unterbricht (Rdn. 18), sowie ein ausdrücklich erklärtes Einverständnis des Antragstellers mit dieser Verfahrensweise sind als **wesentliche Förmlichkeiten** im Protokoll festzuhalten[41]; desgleichen wenn das Gericht nach § 238 Abs. 2 gegen eine Anordnung des Vorsitzenden angerufen wurde, der Antrag, die Anhörung der anderen Verfahrensbeteiligten dazu und die Entscheidung des Gerichts.

III. Rechtsmittel

21　　**1. Die Beschwerde** gegen die Entscheidung, mit der das Gericht die Aussetzung ablehnt, scheitert an § 305. Auch der Beschluß, der die Aussetzung anordnet, unterliegt nur in den Fällen der Beschwerde, in denen die Rechtsprechung annimmt, daß § 305 Satz 1 hier ausnahmsweise nicht der gesonderten Anfechtung entgegensteht[42]. Wegen der Einzelheiten vgl. § 228, 29 bis 31 und bei § 305.

22　　**2. Revision.** Wird die sachliche Bescheidung eines Beweisantrags vom Gericht **entgegen § 246 Abs. 1** abgelehnt, so begründet dies die Revision (§§ 336, 337, evtl. auch § 338 Nr. 8). Das gilt auch, wenn der Vorsitzende die Entgegennahme des Beweisantrags verweigert hat. Die Anrufung des Gerichts ist nach der hier vertretenen Ansicht (vgl. § 238, 44 ff) nicht erforderlich[43]. Die Weigerung, einen Beweisantrag entgegenzunehmen, kann — selbst wenn dies erst während der Urteilsverkündung geschieht (Rdn. 2) — auch die **Aufklärungspflicht** verletzen[44].

23　　Hat das Gericht einen **Aussetzungsantrag nach Absatz 2** rechtsirrig oder unter Fehlgebrauch seines Ermessens zu Unrecht abgelehnt (Rdn. 14) oder nicht in der Hauptverhandlung beschieden, kann dies ebenfalls mit der Revision nach § 337, vom Angeklagten auch nach § 338 Nr. 8 beanstandet werden[45]. Das Urteil muß allerdings auf dem Verfahrensverstoß beruhen, was im Einzelfall zu prüfen ist.

---

[39] Vgl. LG Nürnberg-Fürth JZ **1982** 260 (Vorlage neuer Akten mit weiteren Zeugenaussagen).

[40] OLG München HRR **1940** Nr. 484; *Eb. Schmidt* 6; KK-*Herdegen* 4.

[41] SK-*Schlüchter* 19.

[42] Vgl. OLG Frankfurt MDR **1983** 253; SK-*Schlüchter* 21.

[43] Vgl. auch BGH NStZ **1981** 311; **1982** 311; **1992** 248; *Eisenberg* (Beweisrecht) 178; **a. A** BGH NStZ **1992** 346 (Anrufung des Gerichts zur Erhaltung der Revision in der Regel nötig; aber offengelassen, ob dies auch gilt, wenn die Entgegennahme mit stillschweigender Billigung der beisitzenden Richter abgelehnt wurde oder wenn dem Antrag-

steller keine Zeit für Antragstellung gelassen wurde); zweifelnd KK-*Herdegen* 5 (fragwürdig); wohl auch SK-*Schlüchter* 23; *Scheffler* MDR **1993** 3.

[44] BGH VRS **36** (1969) 368; StV **1986** 286; KK-*Herdegen* 1; SK-*Schlüchter* 3.

[45] BGHSt **1** 284; BGH VRS **19** (1960) 132; StV **1982** 457; NStZ **1989** 237; BGH bei *Holtz* MDR **1984** 278; BayObLGSt **1954** 157; OLG Hamm JMBlNW **1968** 236; MDR **1975** 422; OLG Stuttgart NStZ **1990** 356; AK-*Meier* 6; KK-*Herdegen* 5; *Kleinknecht/Meyer-Goßner*[43] 7; KMR-*Paulus* 12; SK-*Schlüchter* 24; *Bohnert* 151; *Dahs* Hdb. 837; *Warda* Ermessen 81.

Hat dagegen der vom Beweismittel überraschte Prozeßbeteiligte **keinen Aussetzungs-** 24
antrag gestellt, so kann er nach der vorherrschenden Meinung mit der Revision nicht
rügen, daß § 222 bzw. § 246 Abs. 2 verletzt worden ist[46]. Eine Ausnahme macht die
Rechtsprechung, wenn der rechtsunkundige, durch keinen Verteidiger unterstützte Angeklagte vom Vorsitzenden nicht auf den Fehler und die Möglichkeit, Aussetzung zu beantragen, hingewiesen wurde[47]. Für den vom Erscheinen in der Hauptverhandlung befreiten
Angeklagten gilt der Rügeausschluß nicht[48].

Für diese Ansicht spricht, daß der Gesetzgeber die Verfahrensbefugnisse bei einer ver- 25
späteten Benennung eines Beweismittels in § 246 **abschließend geregelt** hat. Dies folgt
daraus, daß der Aussetzungsantrag nur bis zu einem gewissen Verfahrensabschnitt gestellt
werden kann (Ende der Beweisaufnahme) und daß die Entscheidung darüber in das
Ermessen des Gerichts gestellt ist[49]. Die Ausnahme beim **rechtsunkundigen Angeklag-**
ten ohne Verteidiger läßt sich im Ergebnis damit rechtfertigen, daß der Vorsitzende in diesem Fall kraft seiner **Fürsorgepflicht** in der Regel gehalten ist, ihn auf die Möglichkeit,
die Aussetzung zu beantragen, hinzuweisen (Tatfrage!). Der Verstoß gegen die Hinweispflicht und nicht die verspätete Benennung ist dann der die Rüge begründende Verfahrensfehler. Er muß allerdings ordnungsgemäß (§ 344 Abs. 2) gerügt worden sein, wozu
auch die Angabe der Tatsachen gehören kann, aus denen sich im Einzelfall die Belehrungspflicht des Gerichts ergibt.

Wer diesen Weg nicht gehen will, muß grundsätzlich die Revision auch dann zulassen, 26
wenn kein Aussetzungsantrag gestellt wurde, im Einzelfall aber prüfen, ob im Unterlassen
des Aussetzungsantrags ein stillschweigender **Verzicht** auf eine Beanstandung liegt (was
bei einem rechtsunkundigen Angeklagten nicht angenommen werden kann) oder ob die
Revisionsrüge durch das absichtliche Nichtergreifen der prozessualen Möglichkeit, Aussetzung zu beantragen, **verwirkt** ist[50]. Die in der Rechtsprechung vertretene Ansicht, bei
Unterlassen eines Aussetzungsantrags beruhe das Urteil nicht auf dem Verfahrensverstoß,
trifft dagegen nicht zu[51].

IV. Kosten der Aussetzung

Die Kosten der Aussetzung, die durch einen verspäteten Beweisantrag eines Verteidi- 27
gers veranlaßt wurden, können diesem nicht auferlegt werden. § 145 Abs. 4 gilt hier
nicht[52].

---

[46] Vgl. *Schmid* Verwirkung 230 mit weit. Nachw.; KK-*Herdegen* 5; KMR-*Paulus* § 222, 14.

[47] OLG Dresden HRR **1938** Nr. 935; OLG Köln OLGSt 1; KK-*Herdegen* 5; SK-*Schlüchter* 27; vgl. § 222, 22; zweifelnd, ob diese Rechtsprechung noch maßgebend ist, *Bohnert* 154.

[48] KMR-*Paulus* § 222, 16 hält insoweit nur die Rüge der Beeinträchtigung der Verteidigung für gege-ben.

[49] Vgl. § 222, 22. Ob man den Aussetzungsantrag als „Zwischenrechtsbehelf" ansieht (so *Nüse* JZ **1953**

221; SK-*Schlüchter* 25) oder als eine nicht notwen-dig einen Verstoß gegen § 222 voraussetzende Möglichkeit der Prozeßgestaltung (24. Aufl. Rdn. 25 Fußn. 32), ist hierfür nicht entscheidend.

[50] Vgl. OLG Frankfurt NJW **1948** 395. Gegen die Annahme der Verwirkung SK-*Schlüchter* 27.

[51] Vgl. § 222, 22 und § 238, 45.

[52] OLG Frankfurt JR **1950** 570; *Kleinknecht/Meyer-Goßner*[43] 5; KMR-*Paulus* 1.

§ 246 a

[1]Ist damit zur rechnen, daß die Unterbringung des Angeklagten in einem psychiatrischen Krankenhaus, einer Entziehungsanstalt oder in der Sicherungsverwahrung angeordnet werden wird, so ist in der Hauptverhandlung ein Sachverständiger über den Zustand des Angeklagten und die Behandlungsaussichten zu vernehmen. [2]Hat der Sachverständige den Angeklagten nicht schon früher untersucht, so soll ihm dazu vor der Hauptverhandlung Gelegenheit gegeben werden.

Schrifttum: *Kaatsch* Die Zuziehung des medizinischen Sachverständigen im Strafprozeß bei Anordnung der Sicherungsverwahrung (§§ 80 a; 246 a StPO), Diss. Würzburg 1983. Weiteres Schrifttum s. Vor § 72 und bei § 244.

Entstehungsgeschichte. Art 2 Nr. 20 AGGewVerbrG hat den § 246 a im Hinblick auf die §§ 42 b und 42 c StGB a. F in die Strafprozeßordnung aufgenommen. Die ursprüngliche Fassung schrieb mit Rücksicht auf den damals geltenden § 42 k die Vernehmung des Sachverständigen auch für den Fall vor, daß mit der Anordnung der Entmannung zu rechnen war. Durch Art. 9 Nr. 11 des 1. StrRG wurde die Sicherungsverwahrung in die Vorschrift eingefügt (vgl. *Wulf* JZ **1970** 160). Art. 21 Nr. 64 EGStGB hat Satz 1 neu gefaßt. Die Einbeziehung der Unterbringung in einer sozialtherapeutischen Anstalt ist infolge des mehrfachen Hinausschiebens des Inkrafttretens des § 65 StGB und schließlich der Aufhebung dieser Bestimmung nicht wirksam geworden, so daß es bei derjenigen Fassung des § 246 a verbleibt, die er gemäß Art. 326 Abs. 5 Nr. 2 Buchst. d EGStGB als Übergangsfassung erhalten hat (Art. 3 Nr. 3 Buchst. c des Gesetzes zur Änderung des Strafvollzugsgesetzes vom 20. 12. 1984 — BGBl. I 1654).

Übersicht

1   1. Zweck der Vorschrift. Die Unterbringung in einem psychiatrischen Krankenhaus oder einer Entziehungsanstalt ist ein schwerwiegender Eingriff in die Grundrechte der Betroffenen[1]. Die Entscheidung hierüber erfordert bei den Schuldunfähigen, den verminderten Schuldfähigen, den Gewohnheitstrinkern, den Betäubungsmittelsüchtigen und den sonst in ihrer Persönlichkeitsentwicklung schwer gestörten Personen die eingehende Erforschung der Persönlichkeitsstruktur. Gleiches gilt bei Tätern, bei denen die Anordnung der Sicherungsverwahrung zu erwarten ist. Die vom Gericht zu treffende Entscheidung setzt eine umfassende Beurteilung des körperlichen und geistigen Zustands des Angeklagten voraus. Die Ursachen seines Fehlverhaltens, die Frage, wieweit es krankheitsbedingt ist, und die künftige Entwicklung sowie die Behandlungsaussichten[2] und die Wahrscheinlichkeit künftiger Straftaten müssen dabei berücksichtigt werden. Diese vielschichtigen Fragen lassen sich ohnehin meist nur nach Zuziehung eines Sachverstän-

---

[1] Vgl. etwa BVerfG NStZ **1994** 578; NJW **1995** 3047.   [2] BGH bei *Kusch* NStZ **1995** 219.

digen sicher entscheiden. Um ihre bestmögliche Aufklärung zu ermöglichen und um von vornherein jedem Zweifel vorzubeugen, ob in einfach gelagerten Fällen nicht schon die eigene Sachkunde des Gerichts genügen könnte, schreibt § 246 a ausnahmslos die Anhörung eines Sachverständigen in der Hauptverhandlung **zwingend** vor[3]. Dies soll die Gründlichkeit der Prüfung aller tatsächlichen Umstände wegen der tiefgreifenden Wirkung der in Betracht kommenden Maßregeln gewährleisten[4] und das Gericht bei der oft schwierigen Auswahl der im Einzelfall angemessenen Maßnahmen fachkundig unterstützen.

Diesen Anforderungen genügt nur ein Sachverständiger, der die zur Begutachtung des **2** Zustands des Angeklagten und der Behandlungsaussichten **notwendigen Sachkenntnisse** hat. Er muß nicht notwendig ein Arzt sein[5]. In der Regel — so vor allem bei der Möglichkeit krankheitsbedingter Störungen — wird das Gericht jedoch einen Arzt mit einschlägigem Fachwissen zuziehen müssen[6]. Ausnahmsweise kann jedoch auch ein anderer Sachverständiger, etwa ein Psychologe oder Kriminologe[7], das von § 246 a vorausgesetzte Fachwissen haben, so etwa, wenn für die Anordnung der Sicherungsverwahrung im Einzelfall nur nichtmedizinische Fragen zu beurteilen sind.

Ob das Gericht **mehrere Sachverständige** zu hören hat, richtet sich nach der von **3** § 246 a geforderten sachverständigen Begutachtung aller unterbringungsrelevanten Fragen, vor allem wenn mehrere Maßregeln in Betracht zu ziehen sind (vgl. Rdn. 10), und im übrigen nach den bei § 244 aufgestellten Grundsätzen[8]. Die Vorschrift, die dem Schutze und dem wohlverstandenen Interesse des Angeklagten[9], aber auch dem öffentlichen Interesse an einer sachgerechten Anordnung und Auswahl der Maßregel[10] dient, ändert nichts daran, daß über die Voraussetzungen der Maßregeln letztlich der Strafrichter zu entscheiden hat. Auch soweit kriminologische oder ärztliche Fragen eingreifen, ist der Sachverständige nur Gehilfe des Richters[11].

§ 246 a stellt **Mindestanforderungen** auf. Im Einzelfall kann die Aufklärungspflicht **4** mehr fordern, insbesondere kann sich daraus eine Verpflichtung zur Beiziehung weiterer Sachverständiger ergeben[12]. Vor allem, wenn sich das Gericht dem Gutachten des zugezogenen Sachverständigen nicht anschließen will, muß es zumindest den Sachverständigen zu seiner vom Gutachten abweichenden Auffassung nochmals unter Mitteilung seiner Erwägungen und der sie stützenden Anknüpfungstatsachen hören, denn das Gesetz geht davon aus, daß die eigene Sachkunde des Gerichts in der Regel für eine sichere Beurteilung dieser Fragen nicht ausreicht[13].

Die **zusätzliche Verwendung** weiterer geeigneter Beweismittel (Bekundungen von **4a** Anstaltsärzten, Gutachten aus anderen Verfahren usw.), von Amts wegen oder auf Grund eines Beweisantrags, schließt § 246 a nicht aus. Unerheblich ist insoweit, daß diese für sich allein den Anforderungen des § 246 a nicht genügen würden. Ihre Mitverwertung als

---

3 Vgl. AK-*Meier* 1 „Konkretisierung der Aufklärungspflicht"; SK-*Schlüchter* 3 „abstraktes Minimum gebotener Sachaufklärung".

4 RGSt **69** 32; vgl. *Müller-Dietz* NStZ **1983** 204; SK-*Schlüchter* 1.

5 KK-*Herdegen* 1 (Mediziner nur selten entbehrlich); *Kleinknecht/Meyer-Goßner*[43] 1; KMR-*Paulus* 3; SK-*Schlüchter* 4. Nach *Eisenberg* (Beweisrecht) 1827 ist fraglich, wieweit ein Arzt relevante nichtmedizinische, vor allem kriminologische Fragen beantworten kann; vgl. auch *Konrad* NStZ **1991** 315. Die bis 31. 12. 1975 geltende Fassung

schrieb die Zuziehung eines ärztlichen Sachverständigen zwingend vor.

6 BGH bei *Dallinger* MDR **1976** 17; *Müller-Dietz* NStZ **1983** 204 (bei § 63 StGB Psychiater).

7 AK-*Meier* 2; zur Auswahl Psychiater/Psychologe vgl. § 244, 81; 88.

8 Vgl. § 244, 74 ff; zur früheren Rechtslage *Wulf* JZ **1970** 160.

9 *In der Beck/Wuttke* SchlHA **1971** 74.

10 Vgl. SK-*Schlüchter* 1.

11 RG HRR **1935** Nr. 992.

12 BGHSt **18** 374.

13 BGHSt **27** 166; SK-*Schlüchter* 6.

Walter Gollwitzer

Grundlage für das Gutachten und für die Überzeugungsbildung[14] des Gerichts wird sehr oft auch die Aufklärungspflicht gebieten[15].

5   **2. Voraussetzung der Anwendbarkeit.** § 246 a setzt, ebenso wie die eng damit zusammenhängende Sollvorschrift des § 80 a, voraus, daß mit der Anordnung der erwähnten Maßregeln der Besserung und Sicherung zu rechnen ist. Das ist weniger als die von § 126 a geforderten „dringenden Gründe für die Annahme", daß eine solche Maßregel angeordnet wird. Es genügt die **Möglichkeit**, daß eine solche Maßnahme in Betracht kommt, um die Pflicht des Gerichts zur Anhörung des Sachverständigen auszulösen[16].

6   Eine **vergleichbare Regelung** enthält § 415 Abs. 5 für das **Sicherungsverfahren**. Er stellt zugleich klar, daß der Sachverständige auch dann in der Hauptverhandlung zu hören ist, wenn diese in Abwesenheit des Angeklagten stattfindet und der Sachverständige bei der Anhörung des Angeklagten nach § 415 Abs. 2 zugegen war.

7   **3. Vernehmung des Sachverständigen in der Hauptverhandlung (Satz 1).** Die Vernehmung ist zwingend geboten. Sie darf auch nicht unterlassen werden, wenn ein Sachverständiger den Angeklagten im Vorverfahren gemäß § 80 a untersucht, ein erschöpfendes schriftliches Gutachten über das Ergebnis der Untersuchung erstattet hat und es zulässig wäre, das schriftliche Gutachten in der Hauptverhandlung zu verlesen[17]. Auch die Vernehmung des Sachverständigen durch den ersuchten Richter außerhalb der Hauptverhandlung genügt nicht der Vorschrift des § 246 a[18].

8   Der Sachverständige braucht nicht während der **ganzen Hauptverhandlung anwesend** zu sein[19]. Unerläßlich ist nur, daß er vom erkennenden Gericht zum geistigen und körperlichen Zustand des Angeklagten umfassend gehört wird. Er muß seine Beurteilung des Zustandes des Angeklagten und der Erfolgsaussichten einer Behandlung auf den gesamten dafür **relevanten Prozeßstoff** stützen können. Werden nachträglich weitere Anknüpfungstatsachen bekannt, ist dem Sachverständigen Gelegenheit zu geben, sein Gutachten zu ergänzen[20]. Im übrigen richtet es sich nach den allgemeinen Gesichtspunkten, wieweit die Anwesenheit des Sachverständigen zur Sachaufklärung notwendig oder zweckmäßig ist. Ergibt sich erst während der Hauptverhandlung, daß mit einer Unterbringung oder Sicherungsverwahrung zu rechnen ist, dann kann es genügen, wenn das Gericht einem Sachverständigen Gelegenheit gibt, den Angeklagten zu untersuchen und ihn dann vernimmt; nicht notwendig ist, daß der bereits durchgeführte Teil der Hauptverhandlung in Anwesenheit des Sachverständigen wiederholt wird. Es genügt vielfach, wenn er vom Vorsitzenden über alle gutachtensrelevanten Verhandlungsergebnisse unterrichtet und ihm ermöglicht wird, durch eigene Fragen Unklarheiten zu beheben und die Grundlagen für sein Gutachten zu verbreitern. Daraus kann sich in besonders gelagerten Fällen die Notwendigkeit zur Wiederholung eines früheren Verfahrensteils ergeben. Das Gericht

---

[14] Die Urteilsgründe dürfen sich nicht in einer Wiedergabe der Befunde und Meinungen des Gutachters erschöpfen, sondern müssen in einer Auseinandersetzung mit diesen die eigene Meinung des Gerichts und ihre tatsächlichen Grundlagen verständlich darlegen; vgl. etwa *Eisenberg* (Beweisrecht) 1830 sowie die Nachweise bei §§ 261, 267.

[15] Vgl. BGHSt **18** 375; SK-*Schlüchter* 10.

[16] BGHSt **9** 1; **27** 166; BGH NStZ **1987** 219; AK-*Meier* 2; KK-*Herdegen* 2; *Kleinknecht/Meyer-Goßner*[43] 1; SK-*Schlüchter* 2.

[17] RG HRR **1935** Nr. 993; BGH bei *Dallinger* MDR **1953** 723; KK-*Herdegen* 2; *Kleinknecht/Meyer-Goßner*[43] 2; KMR-*Paulus* 5.

[18] *Eisenberg* (Beweisrecht) 1828; KMR-*Paulus* 5.

[19] RG JW **1933** 2774; **1937** 1836; BGHSt **27** 167; BGH bei *Dallinger* MDR **1953** 725; bei *Pfeiffer/Miebach* NStZ **1987** 219; *Eisenberg* (Beweisrecht) 1828; *Eb. Schmidt* Nachtr. I 2.

[20] BGHSt **27** 167; KK-*Herdegen* 2.

muß auch von sich aus in solchen Fällen mit besonderer Sorgfalt prüfen, ob der Gutachter eine ausreichend tragfähige Grundlage für sein Gutachten hat[21].

4. Untersuchung des Angeklagten durch einen Sachverständigen vor der Haupt- 9
verhandlung (Satz 2). Die Untersuchung und die Vernehmung des Sachverständigen über den körperlichen und geistigen Zustand des Angeklagten gehören untrennbar zusammen. Obwohl Satz 2 als Sollvorschrift auftritt, wird die Untersuchung mit Recht als im Regelfall **zwingend** angesehen. Da sie eine wichtige Grundlage für das Gutachten des Sachverständigen bietet, steht es nicht im Ermessen des Gerichts oder des Gutachters, auf diese Erkenntnisquelle zu verzichten[22]. Von der Untersuchung darf daher nicht abgesehen werden, weil sie nach der Ansicht des Arztes oder des Gerichts nicht erforderlich ist, etwa weil die geistige Erkrankung offensichtlich ist[23] oder weil der Arzt den Angaben des Angeklagten über seinen Gesundheitszustand glaubt[24] oder weil der Sachverständige sein Gutachten allein auf seine in der Hauptverhandlung gewonnenen Erkenntnisse stützen will[25] oder weil der Angeklagte sich weigert, sich untersuchen zu lassen[26]. Eine Ausnahme von der Pflicht zur vorherigen Untersuchung, nicht aber von der Gutachtenerstattung in der Hauptverhandlung[27] kann allenfalls dann Platz greifen, wenn die Untersuchung gegen den Widerstand des Angeklagten und ohne seine Mitwirkung kein verwertbares Ergebnis erwarten läßt, wie etwa eine psychische Exploration[28]. Das Gericht muß dann aber darlegen, warum die an sich möglichen Maßnahmen nach §§ 80, 81 a kein verwertbares Ergebnis hätten erwarten lassen[29]. Ist die Untersuchung nicht vor der Hauptverhandlung geschehen, so muß sie während einer ausreichenden Verhandlungspause nachgeholt werden[30]. Falls nicht anders möglich, können sich dafür eignende Untersuchungen sogar in die Hauptverhandlung integriert werden[31].

Dem Erfordernis des § 246 a genügt **nicht irgendeine Untersuchung**, sondern nur 10 eine solche, die unter dem Gesichtspunkt der anzuordnenden Maßregel ausgeführt worden ist und sich auf die geistige und körperliche Beschaffenheit des Untersuchten gerade in den Beziehungen erstreckt hat, die für die hierbei zu beurteilenden Fragen ausschlaggebend sind[32]. Unerheblich ist dagegen, ob das erkennende Gericht oder die Staatsanwaltschaft die Untersuchung herbeigeführt hat[33]. Kommen **mehrere Maßregeln** in Betracht, ist eine Untersuchung unter dem Gesichtspunkt jeder in Frage kommenden Maßregel erforderlich[34]. Ist ein Sachverständiger nicht in der Lage, selbst alle danach erforderlichen maßnahmespezifischen Untersuchungen vorzunehmen, so muß das Gericht dafür mehrere Sachverständige heranziehen.

---

[21] BGH bei *Pfeiffer/Miebach* NStZ **1987** 19; zweifelnd *Eisenberg* (Beweisrecht) 1828.
[22] BGH NJW **1968** 2298; KK-*Herdegen* 2; *Kleinknecht/Meyer-Goßner*[43] 2.
[23] RGSt **68** 198; 327; **69** 129; BGHSt **9** 1; BGH NStZ **1990** 27; BVerfG NJW **1996** 3047; vgl. BGH MDR **1954** 310; *Eb. Schmidt* 5 und Nachtr. I 4; *Eisenberg* (Beweisrecht) 1829; AK-*Meier* 3; KK-*Herdegen* 3; *Kleinknecht/Meyer-Goßner*[43] 3; KMR-*Paulus* 6; SK-*Schlüchter* 7 (Sollvorschrift nur, soweit es um die Untersuchung vor der Hauptverhandlung geht).
[24] SK-*Schlüchter* 8; **a. A** RG DJ **1939** 481; KMR-*Paulus* 6.
[25] RGSt **68** 200; *Kleinknecht/Meyer-Goßner*[43] 3; KMR-*Paulus* 6; nach SK-*Schlüchter* 8 kann in einer solchen Aussage schon das Ergebnis der Untersuchung liegen; dies setzt aber voraus, daß der Arzt

sich vorher mit einem Mindestmaß an Zeit mit dem Angeklagten persönlich befaßt hat.
[26] BGH bei *Kusch* NStZ **1995** 219; *Eisenberg* (Beweisrecht) 1829.
[27] BGH NJW **1972** 348; NStZ **1994** 95; NStZ-RR **1997** 166.
[28] *Eisenberg* (Beweisrecht) 1829 (evtl. entsprechend eingeschränktes Gutachten, das aufklärungsbedürftige Umstände benennt), vgl. vorst. Fußn.
[29] BGH NStZ **1994** 95; bei *Kusch* NStZ **1995** 219.
[30] BGH NStZ-RR **1997** 166.
[31] SK-*Schlüchter* 8.
[32] RGSt **68** 327; **64** 133; BVerfG NJW **1995** 3047 gegen BGH NStZ **1994** 592 (wo allgemeine psychiatrische Untersuchung als genügend angesehen wurde); KK-*Herdegen* 3; *Kleinknecht/Meyer-Goßner*[43] 3.
[33] BGHSt **18** 374.
[34] RGSt **69** 133; *Eisenberg* (Beweisrecht) 1827.

Walter Gollwitzer

11   Die vom Gesetz verlangte Untersuchung kann nicht dadurch **ersetzt** werden, daß der beauftragte Sachverständige die Akten einsieht und sich Kenntnis vom Gutachten eines anderen Arztes verschafft[35] oder ein mehrere Jahre zurückliegendes Gutachten heranzieht[36]. Es muß also gerade der in der Hauptverhandlung gehörte Sachverständige den Beschuldigten im gleichen Strafverfahren im Hinblick auf die in Betracht zu ziehende Maßregel vorher untersucht haben.

12   **5. Revision.** Mit der Revision kann nach § 337 gerügt werden, daß die durch Satz 1 vorgeschriebene Heranziehung eines Sachverständigen zur Hauptverhandlung unterblieben ist oder daß der Angeklagte durch eine fehlerhafte Ermessensausübung bei Anwendung des Satzes 2 nicht untersucht wurde (vgl. Rdn. 9), nicht dagegen, daß die Staatsanwaltschaft im Vorverfahren keine solche Untersuchung in die Wege geleitet hat[37]. Strittig war, ob im ersten Fall die Rüge nur auf § 337 zu stützen ist oder ob auch der absolute Revisionsgrund des § 338 Nr. 5 durchgreift[38]. Die Rüge, der Angeklagte sei zu Unrecht nicht oder nicht ordnungsgemäß untersucht worden, richtet sich dagegen unstreitig nach § 337. Ob das Urteil auf dem jeweiligen Verfahrensfehler beruht, ist unter Berücksichtigung der Umstände des Einzelfalls zu prüfen[39].

13   Das Unterlassen einer ordnungsgemäßen Untersuchung, die Zuziehung eines für die maßnahmespezifische Untersuchung nicht ausreichend kompetenten Sachverständigen, gegebenenfalls auch das Unterlassen der gebotenen Zuziehung eines weiteren Gutachters (Rdn. 3) oder die Verwendung des Gutachtens eines über die Anknüpfungstatsachen nur unzureichend informierten Sachverständigen können — wenn die sonstigen Voraussetzungen gegeben sind — auch mit der **Aufklärungsrüge** geltend gemacht werden[40]. Zu ihrer Begründung sind vielfach die gleichen Tatsachen vorzutragen wie zur Begründung der fehlerhaften Anwendung des Satzes 2, so daß es nahe lag, daß die Revisionsgerichte auf sie ausgewichen sind.

14   Die **Beschränkung** der Anfechtung auf die Anordnung der Unterbringung ist in solchen Fällen nicht möglich. Das Gutachten des Sachverständigen kann auch die Schuldfrage berühren, so daß Fehler bei der Begutachtung in der Regel das Urteil im ganzen erfassen[41].

---

[35] RG HRR **1935** Nr. 405; BGHSt **9** 1 = LM Nr. 2 mit Anm. *Jagusch*.

[36] BGH NJW **1972** 348. Vgl. aber BGHSt **18** 375; BGH NStZ **1994** 592, wonach auch die ein Jahr zurückliegende Untersuchung genügen kann, wenn keine besonderen Umstände vorliegen; *Eisenberg* (Beweisrecht) 1829.

[37] BGH NStZ **1984** 134.

[38] RG HRR **1935** Nr. 993 hielt den absoluten Revisionsgrund des § 338 Nr. 5 für anwendbar (vgl. dazu BGH bei *Dallinger* MDR **1953** 723), während die jetzt wohl herrschende Meinung zu Recht die Rüge nach 337 behandelt, so BGHSt **9** 3; **27** 166; BGH NStZ **1994** 96; bei *Pfeiffer/Miebach* NStZ **1987** 219; OLG Hamm MDR **1978** 864; *Eisenberg*

(Beweisrecht) 1830; KK-*Herdegen* 4; *Kleinknecht/ Meyer-Goßner*[43] 4; SK-*Schlüchter* 11; ferner KMR-*Paulus* 7; *Eb. Schmidt* 3, wobei nach den beiden letztgenannten bei der Prüfung des Beruhens allerdings dem Grundgedanken des § 338 Nr. 5 Rechnung getragen werden soll.

[39] Vgl. RG DJ **1939** 181 (Verstoß gegen Satz 2); BGHSt **9** 3; KK-*Herdegen* 4; SK-*Schlüchter* 11.

[40] BGHSt **18** 376; BGH MDR **1954** 310; NJW **1968** 2298; AK-*Meier* 4; KK-*Herdegen* 4; *Kleinknecht/ Meyer-Goßner*[43] 4; KMR-*Paulus* 7; SK-*Schlüchter* 11; *Müller-Dietz* NStZ **1983** 203. Vgl. auch BGH NStZ **1996** 610 (Zuziehung des Betreuers).

[41] RG HRR **1939** Nr. 1211; OLG Hamm MDR **1978** 864; *Eisenberg* (Beweisrecht) 1830; KMR-*Paulus* 7.

§ 247

[1]Das Gericht kann anordnen, daß sich der Angeklagte während einer Vernehmung aus dem Sitzungszimmer entfernt, wenn zu befürchten ist, ein Mitangeklagter oder ein Zeuge werde bei seiner Vernehmung in Gegenwart des Angeklagten die Wahrheit nicht sagen. [2]Das gleiche gilt, wenn bei der Vernehmung einer Person unter sechzehn Jahren als Zeuge in Gegenwart des Angeklagten ein erheblicher Nachteil für das Wohl des Zeugen zu befürchten ist oder wenn bei einer Vernehmung einer anderen Person als Zeuge in Gegenwart des Angeklagten die dringende Gefahr eines schwerwiegenden Nachteils für ihre Gesundheit besteht. [3]Die Entfernung des Angeklagten kann für die Dauer von Erörterungen über den Zustand des Angeklagten und die Behandlungsaussichten angeordnet werden, wenn ein erheblicher Nachteil für seine Gesundheit zu befürchten ist. [4]Der Vorsitzende hat den Angeklagten, sobald dieser wieder anwesend ist, von dem wesentlichen Inhalt dessen zu unterrichten, was während seiner Abwesenheit ausgesagt oder sonst verhandelt worden ist.

Schrifttum. *Basdorf* Reformbedürftigkeit der Rechtsprechung des Bundesgerichtshofs zu § 247 StPO, FS Salger 203; *Becker-Touissant/de Boor/Goldschmidt/Lüderssen/Muck* Aspekte der psychoanalytischen Begutachtung im Strafverfahren (1981); *Becker* Schutz kindlicher und jugendlicher Zeugen vor psychischer Schädigung durch das Strafverfahren, ZBlJugR **1975** 515; *Gollwitzer* Die Verfahrensstellung des in der Hauptverhandlung nicht anwesenden Angeklagten, FS Tröndle 455; *Hassemer* Gefährliche Nähe: Die Entfernung des Angeklagten aus der Hauptverhandlung (§ 247 StPO) – BGH NJW 1985, 1478, JuS **1986** 25; *Krey* Probleme des Zeugenschutzes im Strafverfahrensrecht, GedS Meyer 239; *Lesting* § 247 S. 3 StPO – Gesundheitsschutz durch Ausschluß des Angeklagten aus der Hauptverhandlung, Recht und Psychiatrie **1991** 56; *Meyer-Goßner* Die Entwicklung der Rechtsprechung zum Begriff der Vernehmung in § 247 StPO, FS Pfeiffer 311; *Pfäfflin* Soll der Angeklagte das Gutachten nicht hören? Recht und Psychiatrie **1983** 18; *Strate* Die zeitweilige Ausschließung des Angeklagten von der Hauptverhandlung, NJW **1979** 909; *Tzschaschel* Die Information des Beschuldigten über das psychiatrisch-psychologische Gutachten, NJW **1990** 749. Vgl. auch die Schrifttumsnachweise bei § 247 a.

Entstehungsgeschichte. Art. 4 Nr. 27 des 3. StRÄndG hatte 1953 die jetzt in Satz 3 enthaltene Vorschrift zur Schonung der Gesundheit des Angeklagten eingefügt (damals Absatz 1 Satz 2). Der jetzige Wortlaut beruht weitgehend auf der Neufassung durch Art. 1 Nr. 12 des 1. StVRErgG, die die vorhergehende, noch nicht in Kraft getretene Änderung des damaligen Absatzes 1 durch Art. 21 Nr. 65 EGStGB übernahm, gleichzeitig aber den durch § 231 b ersetzten Absatz 2 aufhob. Lediglich Satz 2 wurde durch Art. 1 Nr. 3 des OpferschutzG um die Möglichkeit erweitert, den Angeklagten auch zum Schutze der Gesundheit erwachsener Personen zu entfernen; sein Wortlaut wurde gestrafft. Bezeichnung bis 1924: § 246.

Übersicht

Alphabetische Übersicht

I. Zweck und Geltungsbereich

1. Grundgedanke der Vorschrift ist, daß Recht und Pflicht des Angeklagten zur stän- **1** digen Anwesenheit in der Hauptverhandlung (§ 230, 1) trotz ihrer überragenden Bedeutung für Wahrheitsermittlung und Verteidigung, insbesondere auch für die Gewährung des rechtlichen Gehörs, durch gewichtige Belange eine Einschränkung erfahren dürfen[1]. Der Gesetzgeber hat in Abwägung der kollidierenden Interessen dem Gebot der umfassenden Sachaufklärung den Vorrang eingeräumt, wenn die Anwesenheit des Angeklagten eine wahrheitsgemäße Aussage gefährdet[2], denn die Anwesenheit des Angeklagten soll kein „Hindernis für die ungetrübte Wahrheitserforschung sein"[3]. Vorrang vor dem Anwesenheitsrecht hat ferner der Schutz kindlicher und jugendlicher Zeugen vor psychischen Schäden, die die Gegenwart des Angeklagten bei ihrer Vernehmung bei ihnen auslösen könnte[4], sowie nach der Neufassung des Satzes 2 durch das Opferschutzgesetz auch der Schutz der Gesundheit der erwachsenen Zeugen[5]. Vorrangig ist aber auch der Schutz der Gesundheit des Angeklagten, wenn sein körperlicher oder geistiger Zustand nicht ohne erhebliche Nachteile für ihn in seiner Gegenwart erörtert werden könnte. Das Recht des Angeklagten auf Anwesenheit und damit auch seine an die unmittelbare Wahrnehmung der Verfahrensvorgänge anknüpfenden Verteidigungsrechte erfahren nicht nur im Interesse der besseren Sachaufklärung (Satz 1), sondern auch im Interesse des Schutzes der Zeugen (Satz 2) sowie des Angeklagten selbst (Satz 3) eine Einschränkung. Ob deswegen die Bestellung eines Verteidigers nach § 140 Abs. 2 notwendig wird, muß nach den

---

[1] Vgl. BGHSt **26** 218; ferner *Hassemer* JuS **1986** 25.
[2] *Hahn* Mat. **2** 1363.
[3] RGSt **60** 181.
[4] Begr. zum Entwurf eines 2. StVRG BTDrucks. **7** 2526 S. 26.

[5] Dazu BTDrucks. **10** 5305 S. 27; Bericht des BTRAussch. **10** 6124 S. 19; ferner Entstehungsgeschichte.

Besonderheiten des einzelnen Falls beurteilt werden[6]. Die durch § 247 a geschaffene Möglichkeit, den Zeugen zu seinem Schutze aus der Hauptverhandlung heraus an einem anderen Ort mittels einer Bild-Ton-Übertragung zu vernehmen, schränkt den Anwendungsbereich des § 247 nicht ein. Bei Vorliegen seiner Voraussetzungen ist grundsätzlich dem Ausschluß des Angeklagten von der Hauptverhandlung der Vorrang zu geben vor einer Vernehmung des Zeugen nach § 247 a[7].

2   Das **Mindestmaß an rechtlichem Gehör**, das dem Angeklagten von Verfassungs wegen (Art. 103 Abs. 1 GG) auch hinsichtlich des ohne ihn verhandelten Verfahrensteils gewährt werden muß, wird durch die Unterrichtung nach Satz 4 noch im ausreichenden Maße sichergestellt. Er erhält dadurch Gelegenheit, seine Verteidigung auf die in seiner Abwesenheit verhandelten Verfahrensvorgänge auszudehnen, sein Fragerecht auszuüben[8] und die ihm für seine Verteidigung erforderlich erscheinenden Anträge zu stellen (Rdn. 44).

3   Soweit der Angeklagte nach § 247 von der Teilnahme an der Hauptverhandlung ausgeschlossen ist, bedarf es nach dem Sinn dieser Vorschrift auch nicht seiner **vorherigen Anhörung nach § 33 Abs. 1** zu den Entscheidungen, die ausschließlich der Durchführung des Verfahrensvorgangs dienen, für den sein Ausschluß angeordnet wurde und die keine darüber hinausreichende Wirkung haben (vgl. Rdn. 19). Bei allen anderen Entscheidungen schließt die Sonderregelung des § 247 Satz 4 die Pflicht zur vorherigen Anhörung des Angeklagten nach § 33 Abs. 1 nicht aus, auch wenn sie zeitlich oder gegenständlich mit dem Verfahrensvorgang zusammenhängen, für den der Ausschluß gilt[9]. § 247 schränkt insoweit nur das Anwesenheitsrecht des Angeklagten, nicht aber seine sonstigen Verfahrensbefugnisse ein[10].

4   **2.** Einer **ausdehnenden Auslegung** ist die Ausnahmevorschrift des § 247 wegen der Bedeutung des Anwesenheitsrechts für die Verteidigung grundsätzlich nicht zugänglich[11]. Das Recht des Angeklagten auf Anwesenheit darf **nur insoweit eingeschränkt** werden, als es zur wirksamen Strafverfolgung[12], zur ungetrübten Wahrheitserforschung[13] oder zur Verhinderung erheblicher Nachteile für die Zeugen oder für den Angeklagten selbst „notwendig und unvermeidbar" ist[14]. Es ist grundsätzlich nicht zulässig, § 247 über seinen Wortlaut hinaus zu anderen Zwecken anzuwenden (vgl. Rdn. 14) oder ihn auf andere Beweismittel, andere Verfahrensteile und andere Verfahrensbeteiligte auszudehnen.

3. Anwendungsbereich

5   **a)** Beim **Urkundenbeweis** ist eine Anordnung nach § 247 Satz 1 oder Satz 2 ausgeschlossen[15]. Im Rahmen des Satzes 3 dürfen Urkunden in Abwesenheit des Angeklagten

---

[6] Vgl. OLG Zweibrücken NStZ **1987** 89 und bei § 140.

[7] Wegen der Einzelheiten vgl. § 247 a, 11.

[8] *Gollwitzer* FS Tröndle 45. Kritisch zur Verkürzung des Fragerechts *Müller* DRiZ **1987** 469; *Weigend* NJW **1987** 1172.

[9] Das Verhältnis zu § 33 Abs. 1 ist strittig; vgl. *Gollwitzer* JR **1979** 434; Fußn. 10.

[10] Vgl. RGSt **18** 138; ob dieser Entscheidung noch zu folgen ist, läßt BGH NJW **1979** 276 (mit Anm. *Strate* NJW **1979** 909 = JR **1979** 434 mit Anm. *Gollwitzer*) offen. Zu den strittigen Fragen der Tragweite des § 247 vgl. Rdn. 19 ff.

[11] BGHSt **21** 333; **22** 18; **26** 18; BGH NJW **1957** 1161; StV **1987** 337; OLG Koblenz MDR **1977**

777; ferner BGHSt **15** 195: „Keine erweiternde Auslegung von Vorschriften, die die Durchbrechung des Anwesenheitsprinzips zulassen." Gegen eine das legislativ austarierte Verhältnis von Schutzzweck und Verteidigungsinteressen überschreitende Auslegung *Paulus* JZ **1993** 271; vgl. ferner HK-*Julius*[2] 1; KK-*Diemer*[4] 2; *Kleinknecht/Meyer-Goßner*[44] 1; SK-*Schlüchter* 1.

[12] BGHSt **1** 346; **3** 384.

[13] RGSt **60** 181.

[14] BGHSt **3** 386; KK-*Diemer*[4] 2, KMR-*Paulus* 2.

[15] BGHSt **21** 333; RGSt **38** 433; RG Recht **1912** Nr. 1863; unten Rdn. 33.

nur insoweit zum Gegenstand der Verhandlung gemacht werden, als sie den Gesundheitszustand des Angeklagten betreffen und der Zweck des Ausschlusses dies rechtfertigt.

b) Die **Vernehmung eines Sachverständigen** in Abwesenheit des Angeklagten ist im **6**
Falle des Satzes 3 vorgesehen, nicht aber im Falle des Satzes 1, der ausdrücklich nur Zeu-
gen und Mitangeklagte anführt. Zwingende Gründe, die die Einbeziehung des Sachver-
ständigen hier rechtfertigen könnten, sind im Normalfall auch nicht anzuerkennen. Vom
Sachverständigen muß verlangt werden, daß er, unbeeinflußt durch den anwesenden
Angeklagten, sein Gutachten wahrhaft erstattet.

Die Rechtsprechung hat früher bei **Vorliegen zwingender Gründe** auch in nicht in **7**
§ 247 vorgesehenen Fällen das Abtretenlassen des Angeklagten während der Aussage eines
Sachverständigen in **entsprechender Anwendung** dieser Vorschrift für zulässig gehalten[16]. Der Hauptgrund für diese Ausnahme, die Schonung des Angeklagten während der
Erörterung seines **Gesundheitszustands** durch den Sachverständigen[17], ist in das Gesetz
aufgenommen worden. Der andere Fall, daß die Staatssicherheit, insbesondere der **Schutz
von Staatsgeheimnissen**, es gebietet, den Angeklagten fernzuhalten, während der Sachverständige sein Gutachten erstattet, ist es dagegen nicht. Es erscheint fraglich, ob man
diese Ausnahme deshalb nach der Neufassung des § 247 noch anerkennen kann[18]. Eine
richtige Sachbehandlung vorausgesetzt, dürfte in der Regel ein zwingender Grund für die
Ausnahme fehlen. Für den materiellen Geheimnisschutz bringt die Entfernung des Angeklagten wenig, da der wesentliche Inhalt des Gutachtens dem Angeklagten zur Gewährung
des rechtlichen Gehörs ohnehin mitgeteilt werden müßte (Satz 4); Staatsgeheimnisse, die
für die strafrechtliche Entscheidung nicht wesentlich sind, sollten vom Sachverständigen
ohnehin nicht in der Hauptverhandlung erörtert werden. Zur Möglichkeit, den Angeklagten
nach Satz 1 im Interesse der Wahrheitsfindung auszuschließen, wenn andernfalls eine Aussagegenehmigung für einen Zeugen nicht erteilt würde[19] oder wenn andernfalls eine
Gefahr für Leib und Leben des Zeugen drohen würde, vgl. Rdn. 16, 20, 27.

c) Für die **dem Freibeweisrecht unterliegenden Beweiserhebungen** gelten an sich **8**
die Vorschriften über die Beweisaufnahme der §§ 244 ff nicht[20]. Deshalb könnte man
§ 247 entsprechend seiner Stellung im Gesetz insoweit für nicht anwendbar halten und
daraus die Folgerung ziehen, das Gericht könne hier den Angeklagten auch aus anderen
Gründen abtreten lassen[21]. Dagegen spricht: Der Grundsatz, daß in Anwesenheit des
Angeklagten zu verhandeln und ihm in dieser Form das rechtliche Gehör zu gewähren ist
(§ 230 Abs. 1), umfaßt auch die Vorgänge, die dem Freibeweisrecht unterliegen, wie etwa
die Vernehmung eines Sachverständigen über die Verhandlungsfähigkeit des Angeklagten
oder die Erörterung der Rechtzeitigkeit eines Strafantrags. Ausnahmen bedürfen deshalb
der gesetzlichen Zulassung. § 247 ist ebenso wie § 231 a und § 231 b (früher § 247
Abs. 2!) als eine das Anwesenheitsrecht einschränkende Sondervorschrift zu verstehen,
die trotz ihrer Stellung im Gesetz nach Regelungszweck und systematischem Verständnis
alle Vorgänge in der Hauptverhandlung erfaßt und nicht etwa nur die Beweiserhebung, für
die das Strengbeweisrecht gilt[22].

d) Sonstige Abgrenzungen. Eine **analoge Anwendung** des § 247 auf den Fall, daß **9**
sich der **Angeklagte vom Verhandlungsort entfernt**, um an der vom Gericht beabsich-

---

[16] RGSt **49** 40; **60** 179; **73** 306; RG GA **47** (1900)
296; RG JW **1935** 1861; vgl. *Eb. Schmidt* 13.
[17] Vgl. RGSt **49** 40.
[18] RGSt **69** 253 läßt dies offen, verneinend *Eb.
Schmidt* 12; KK-*Diemer*[4] 2; KMR-*Paulus* 12; **a. A**
wohl *Grünwald* StV **1984** 56.

[19] Vgl. Rdn. 16.
[20] Vgl. § 244, 3 ff; § 251 Abs. 3.
[21] So *Beling* ZStW **30** (1910) 44.
[22] SK-*Schlüchter* 4.

tigten Rekonstruktion des Tatgeschehens (Verkehrsunfall) mitzuwirken, während das Gericht einen Zeugen vernimmt, scheidet aus; denn hier besteht kein die Einschränkung des Grundsatzes des § 230 Abs. 1 als unvermeidbar rechtfertigender Grund. Der gegenteiligen Ansicht des Oberlandesgerichts Braunschweig[23] kann nicht gefolgt werden[24].

10   Verläßt der Angeklagte **eigenmächtig** die Hauptverhandlung, kommt nicht die Anwendung des § 247, sondern des § 231 in Betracht[25]. Weder § 247 noch § 231 rechtfertigen es, wenn das Gericht dem Angeklagten nahelegt, sich für einige Zeit „freiwillig" aus der Hauptverhandlung zu entfernen, und dieser dem Wunsch nachkommt. Weder der Angeklagte noch andere Verfahrensbeteiligte können auf die Anwesenheit des Angeklagten in der Hauptverhandlung wirksam verzichten[26].

11   Eine **Entfernung des Nebenklägers** darf in entsprechender Anwendung des § 247 nicht angeordnet werden[27]. Vernommene **Zeugen** dürfen aus sachlichen Gründen ohnehin aus dem Sitzungssaal verwiesen werden[28].

12   e) Bei einer **Beweisaufnahme** durch den **ersuchten** oder **beauftragten Richter** ist § 247 entsprechend anwendbar, da insoweit ein an sich zur Hauptverhandlung gehörender Verfahrensteil vorweggenommen wird und die Gründe, die die Entfernung des Angeklagten rechtfertigen, hier gleichfalls durchgreifen[29]. Die kommissarische Vernehmung ist aber kein Teil der Hauptverhandlung. Ein von ihr ausgeschlossener Angeklagter muß deshalb nicht nach Satz 4 belehrt werden[30]. Er bzw. sein Verteidiger können sich bis zur Hauptverhandlung über den Inhalt der Aussage selbst unterrichten, sie wird außerdem in ihrer Anwesenheit in der Hauptverhandlung verlesen. Wegen der Ausnahme im Falle des Satzes 3 vgl. Rdn. 33.

13   4. Eine **Sondervorschrift** enthält § 51 JGG, der es dem Vorsitzenden (nicht dem Gericht) ermöglicht, über die Fälle des § 247 hinaus den Angeklagten oder seine Angehörigen bei **für die Erziehung** nachteiligen **Erörterungen** auszuschließen. Zur Tragweite dieser Erweiterung des § 247 vgl. die Erläuterungsbücher zu § 51 JGG.

II. Die einzelnen Fälle des § 247

1. Befürchtung, daß Mitangeklagter oder Zeuge mit der Wahrheit zurückhält (Satz 1)

14   a) **Zweck** der Entfernung des Angeklagten aus dem Sitzungssaal ist es, die psychologischen Hemmungen zu mindern, die einer wahrheitsgetreuen Aussage entgegenstehen können, wenn sie in Gegenwart des Angeklagten erstattet werden soll. Zu einem anderen Zweck als zur Herbeiführung einer wahrheitsgetreuen Aussage des Zeugen oder Mitangeklagten ist das Abtretenlassen des Angeklagten nicht zulässig. Die Zwangsentfernung eines Angeklagten darf also nicht allein den Zweck verfolgen, die Anpassung der Einlas-

23 NJW **1963** 1322 mit abl. Anm. *Kleinknecht*.
24 *Kleinknecht/Meyer-Goßner*44 1; SK-*Schlüchter* 5; vgl. § 230, 8.
25 RGSt **52** 68; *Eb. Schmidt* 6; KMR-*Paulus* 4; vgl. § 231, 14 ff.
26 BGHSt **22** 18; **25** 317; BGH NJW **1973** 522; **1976** 1108; NStZ **1991** 296; StV **1993** 285; bei *Holtz* MDR **1983** 281; OLG Koblenz MDR **1977** 777; vgl. § 230, 2.
27 RGSt **25** 177; *Kleinknecht/Meyer-Goßner*44 1; KMR-*Paulus* 6.

28 RGSt **48** 211; KMR-*Paulus* 5; SK-*Schlüchter* 3 (jedenfalls vor ihrer Entlassung nach § 248). *Gollwitzer* JR **1976** 341; vgl. § 243, 32.
29 BGHSt **32** 32 = JZ **1984** 45 mit Anm. *Geerds*; *Eb. Schmidt* Nachtr. I 4; KK-*Diemer*4 18; *Kleinknecht/Meyer-Goßner*44 1; KMR-*Paulus* 7; SK-*Schlüchter* 4; **a. A** OLG Dresden HRR **1927** Nr. 208; vgl. § 224, 5.
30 BGH GA **1967** 371; weit. Nachw. vorst. Fußn.

sung eines Angeklagten an die Einlassung eines Mitangeklagten zu verhindern, die Aussicht auf ein Geständnis zu erhöhen, den entfernten Angeklagten in Widersprüche zu verwickeln oder sonst leichter überführen zu können[31].

b) Die **Befürchtung des Gerichts**, daß die Anwesenheit des Angeklagten den Zeugen **15** oder Mitangeklagten von einer wahren, das gesamte Wissen des Zeugen umfassenden Aussage abhalten werde, muß sich auf **konkrete**, im vorliegenden Einzelfall begründete **Tatsachen** stützen und nicht etwa nur auf allgemeine Erwägungen[32]. Maßgebend ist die Sachlage zur Zeit des Ausschlusses[33]. Entscheidend ist, daß das Gericht diese Befürchtung hat, nicht, ob der betroffene Zeuge sich fürchtet[34].

Die Entfernung des Angeklagten ist nicht schon dann zulässig, wenn ein **Zeuge** **16** **wünscht**, in Abwesenheit des Angeklagten aussagen zu dürfen[35]. Dagegen kann das Gericht die Anordnung auch treffen, wenn ein zur Verweigerung des Zeugnisses berechtigter Zeuge erklärt, daß er nur in Abwesenheit des Angeklagten aussagen wolle[36]. Der Bundesgerichtshof hält Satz 1 auch für anwendbar, wenn ein Zeuge die erforderliche **Aussagegenehmigung** nach § 54 StPO aus sachlich einsichtigen Gründen nur **mit dieser Einschränkung** erhält[37] oder wenn eine zulässige Sperre nach § 96 nur dadurch überwunden werden kann.

Kann das Gericht durch **andere Maßnahmen** als die Entfernung des Zeugen die **17** Befürchtung ausräumen, keine wahre und vollständige Aussage zu erlangen, muß es zunächst diese versuchen. Es muß, wenn die Einschränkung der Aussagegenehmigung (Rdn. 16) nicht oder für das Gericht nicht überzeugend begründet ist, vor Anwendung des § 247 auf eine Überprüfung dieser Verwaltungsentscheidung drängen[38]. Im Einzelfall mag es auch ausreichen, daß ein Zeuge mit Einwilligung des Angeklagten so gesetzt wird, daß er den Angeklagten nicht sieht oder daß der Angeklagte sich verpflichtet, keine direkten Fragen an den Zeugen zu richten[39]. Die Entfernung des Angeklagten darf aber nicht deshalb unterbleiben, weil es möglich wäre, den Zeugen außerhalb des Sitzungssaals nach § 247 a zu vernehmen. Wie die Subsidiaritätsklausel bei § 247 a zeigt, hat die unmittelbare Einvernahme des Zeugen in der Hauptverhandlung den Vorrang vor dem Anwesenheitsrecht des Angeklagten[40]. Wenn zu befürchten ist, daß der Zeuge auch bei einer audiovisuellen Vernehmung die Wahrheit zurückhalten wird, weil er weiß, daß der Angeklagte ihre Übertragung im Sitzungssaal mitverfolgen kann, ist es zulässig, den Angeklagten während der audiovisuellen Vernehmung aus dem Sitzungssaal nach § 247 zu entfernen[41].

---

[31] BGHSt **3** 384; **15** 194; BGH NJW **1957** 1161; HK-*Julius*[2] 2; KK-*Diemer*[4] 2; *Kleinknecht/Meyer-Goßner*[44] 5; KMR-*Paulus* 14; SK-*Schlüchter* 8; *Paulus* JZ **1993** 271; **a. A** RG, zuletzt HRR **1941** Nr. 314; *Hanack* JR **1972** 81 hält BGHSt **15** 194 für zu streng; krit. auch *Küster* NJW **1961** 419.

[32] OLG Düsseldorf StV **1989** 473.

[33] Die Beurteilung ex ante bleibt grundsätzlich maßgebend, vgl. Rdn. 42, 43.

[34] BGH bei *Dallinger* MDR **1972** 199; *Kleinknecht/ Meyer-Goßner*[44] 3.

[35] RG HRR **1938** Nr. 568; BGHSt **22** 21; BGH NStZ **1999** 419; bei *Dallinger* MDR **1972** 199; StV **1997** 511; *Kohlhaas* LM Nr. 4; HK-*Julius*[2] 2; KK-*Diemer*[4] 5; SK-*Schlüchter* 8.

[36] RG HRR **1935** Nr. 1361; BGHSt **22** 18; zust. *Hanack* JZ **1972** 81; KK-*Diemer*[4] 5; *Kleinknecht/Meyer-Goßner*[44] 4; SK-*Schlüchter* 7.

[37] BGHSt **32** 32 = JZ **1984** 145 mit Anm. *Geerds*; BGHSt **32** 115, 125; **42** 175 = NStZ **1996** 608 mit Anm. *Geerds*; ferner auch BGH NStZ **1985** 136; **1987** 519; sowie BVerfGE **57** 286; anders früher BGH NStZ **1982** 42 = StV **1982** 52 mit Anm. *Steck-Bromme* (offen, ob solche Verfahrensweise zur Vermeidung eines Beweismittelverlustes generell zulässig); wie hier KK-*Diemer*[4] 5; *Kleinknecht/ Meyer-Goßner*[44] 4; SK-*Schlüchter* 7; kritisch dazu *Hassemer* JuS **1986** 25; *Paulus* JZ **1993** 272; AK-*Meier* 2; HK-*Julius*[2] 5; vgl. ferner *Sarstedt/ Hamm*[6] 395; *Engels* NJW **1983** 1532.

[38] BGH NStZ **1993** 248; **1996** 608 mit Anm. *Geerds* unter Hinweis auf BVerfGE **57** 288.

[39] *Basdorf* FS Salger 214.

[40] Vgl. § 247 a, 11.

[41] Vgl. § 247 a, 18.

18   **Mitangeklagte** kann das Gericht getrennt in Abwesenheit vernehmen, wenn zu befürchten ist, daß sie sich in Gegenwart des anderen nicht zu einer wahren Aussage entschließen werden[42]. Es muß bei jedem einzelnen Angeklagten besonders geprüft werden, ob bei ihm diese Befürchtung tatsächlich besteht. Die Befürchtung einer wechselseitigen Anpassung der Einlassung rechtfertigt den Ausschluß nicht[43].

19   **c) Vernehmung** ist hier die gesamte Anhörung zur Person und Sache, auch die Befragung nach § 68[44] sowie alle damit unmittelbar zusammenhängenden Verfahrensvorgänge, wie Vorhalte, Belehrungen, sonstige die Einvernahme betreffende Anordnungen des Vorsitzenden sowie die Entscheidung des Gerichts hierüber oder über die Zulässigkeit von Fragen (§ 238 Abs. 2; § 242). Die Verfahrensbedeutung dieser Vorgänge muß sich aber ausschließlich in der Ausgestaltung und Durchführung der Vernehmung erschöpfen und darf keine zusätzliche, darüber hinausreichende, selbständige Wirkung haben[45]. So sind Vorhalte aus Urkunden vom Ausschluß umfaßt, nicht aber deren Verlesung zu Beweiszwecken[46]. Gleiches gilt bei Lichtbildern, die als Vernehmungsbehelf verwendet werden können, während der Augenscheinsbeweis in Gegenwart des Angeklagten einzunehmen ist[47]. Zur Vernehmung gehört auch nicht, wenn die Einholung eines Sachverständigengutachtens über den Zeugen erörtert[48] oder dessen Identität bestätigt[49] oder über seine Entlassung (§ 248) verhandelt wird[50].

20   Die **Vereidigung** des Zeugen ist — ebenso wie die Verhandlung hierüber — kein Teil der Vernehmung. Sie ist grundsätzlich in Anwesenheit des Angeklagten und immer erst nach dessen Unterrichtung vorzunehmen[51]. Dies entspricht sowohl dem eng auszulegenden

---

[42] RGSt **8** 155; RG HRR **1941** 314. Vgl. § 244, 10.

[43] Vgl. Rdn. 14 (am Ende).

[44] RGSt **38** 10; BGH bei *Dallinger* MDR **1972** 199.

[45] Die Abgrenzung ist strittig. Zur Entwicklung der Rechtsprechung *Meyer-Goßner* FS Pfeiffer 311. BGH NJW **1979** 276 rechnet alle Prozeßvorgänge zur Vernehmung, die mit ihr in enger Verbindung stehen oder sich daraus entwickeln; ebenso BGH bei *Dallinger* MDR **1975** 544. Die Formel ist jedoch bei Satz 1 insofern zu weit, als der Ausschluß des Angeklagten auch Verfahrensvorgänge betrifft, die sich zwar aus der Vernehmung entwickeln, die aber darüber hinaus auch eine selbständige verfahrensrechtliche Bedeutung haben. *Gollwitzer* JR **1979** 434; ferner *Strate* NJW **1979** 909; wie hier AK-*Meier* 12; KK-*Diemer*⁴ 6; *Kleinknecht/Meyer-Goßner*⁴⁴ 6; KMR-*Paulus* 15; SK-*Schlüchter* 11. Das Absehen von der Vernehmung eines erschienenen Zeugen wird nicht von Satz 1 gedeckt, BGH bei *Holtz* MDR **1983** 282.

[46] RGSt **29** 30; RG Recht **1925** 2563; BGHSt **21** 332; dazu *Hanack* JZ **1982** 71; BGH StV **1984** 102; **1992** 550; **1997** 511; bei *Holtz* MDR **1983** 450; AK-*Meier* 12; HK-*Julius*² 9; KK-*Diemer*⁴ 8; *Kleinknecht/Meyer-Goßner*⁴⁴ 7; KMR-*Paulus* 15; SK-*Schlüchter* 12; 13.

[47] BGH StV **1981** 57 mit Anm. *Strate*; StV **1984** 102; NStZ **1986** 564; **1987** 471; vgl. auch BGH bei *Dallinger* MDR **1974** 367; übersteigt eine Beobachtung am Körper des Zeugen die Grenze zur Vernehmung, erfaßt der im Grundrechtsschutz wurzelnde Schutzzweck der Sätze 1 und 2 auch diese Beweisverwendung des Zeugen; vgl. *Pfeiffer*² 4; *Hanack* JR **1989** 255 in der Anmerkung zu BGH JR **1989**

254 (dort offengelassen); anders *Paulus* JZ **1993** 272 (gesetzliche Grundlage für Ausdehnung fehlt); SK-*Schlüchter* 13 (verschiedene Beweismittel).

[48] BGH bei *Pfeiffer/Miebach* NStZ **1987** 17; KK-*Diemer*⁴ 8; SK-*Schlüchter* 12.

[49] BGH StV **1993** 343 (mit Hinweis, daß der Ausschluß des Angeklagten auch auf die Vernehmung dieses Zeugen hätte erstreckt werden können).

[50] BGH NJW **1986** 267; NStZ **1986** 133; **1987** 335; **1988** 469; **1991** 296; bei *Kusch* **1992** 28; **1993** 28; StV **1983** 3; **1992** 359; 550; **1996** 471; NStZ-RR **1999** 175; OLG Düsseldorf VRS **91** (1996) 365; *Krey* GedS Meyer 247; SK-*Schlüchter* 12. BGH NStZ **1995** 557 läßt die von *Basdorf* FS Salger 209 befürwortete weitere Auslegung des Begriffs Vernehmung offen.

[51] RGSt **39** 357; RG Recht **1908** Nr. 3369; BGHSt **8** 310; **22** 289; **26** 218 = JR **1976** 340 mit Anm. *Gollwitzer* = LM StPO 1975 Nr. 1 mit Anm. *Pelchen*; BGH NJW **1976** 1108; StV **1983** 3; **1984** 102; **1987** 377; **1988** 6; **1991** 451; **1996** 530; NStZ **1982** 256; **1983** 181; **1985** 136; **1999** 522; NStZ-RR **1997** 105; BGH bei *Holtz* MDR **1978** 460; bei *Pfeiffer/Miebach* NStZ **1983** 355; **1985** 493; **1986** 209; **1988** 19; *Meyer-Goßner* FS Pfeiffer 311; AK-*Meier* 12; HK-*Julius*² 9; KK-*Diemer*⁴ 7; *Kleinknecht/Meyer-Goßner*⁴⁴ 8; KMR-*Paulus* 15; **a. A** RGSt **74** 47; *Basdorf* FS Salger 208; *Schneider-Neuenburg* DStR **1940** 146; *Eb. Schmidt* 7 (Teil der Vernehmung). Eine andere, davon zu trennende Frage ist, ob die Vereidigung oder ihr Unterlassen in allen Fällen ein wesentlicher Teil der Hauptverhandlung ist; vgl. dazu Rdn. 53.

Wortlaut des § 247, denn die Eidesleistung ist kein Teil der Vernehmung, als auch dessen Sinn. Das Interesse an der Wahrheitserforschung gebietet nicht, den Angeklagten nach abgeschlossener Aussage auch bei der Vereidigung fernzuhalten. Ihre große Bedeutung erfordert es, unter Zuziehung des Angeklagten über die Vereidigung zu verhandeln, nachdem er vorher über den wesentlichen Inhalt der Aussage unterrichtet und ihm ermöglicht wurde, sich dazu zu erklären und — zumindest mittelbar — Vorhalte zu machen und Fragen zu stellen. Andernfalls würde der Angeklagte in seiner Verteidigung über das vom Zweck des § 247 gerechtfertigte Maß hinaus eingeschränkt und die Erforschung der Wahrheit gefährdet, zumal auch der Zeuge die Möglichkeit verliert, seine Aussage auf Grund der Einwände zu präzisieren, zu ergänzen oder auch zu berichtigen. Soweit der Schutzzweck es erfordert, kann dies wiederum in Abwesenheit des Zeugen durchgeführt werden. Unter der gleichen Voraussetzung ist es auch zulässig, den Angeklagten dann nach wiederholter Unterrichtung **bei der Vereidigung** selbst wieder auszuschließen, um eine Enttarnung oder eine schwerwiegende Gefahr für die Gesundheit des Zeugen zu verhindern[52].

Die Entscheidung, die **Öffentlichkeit** während einer in Abwesenheit des Angeklagten **21** durchzuführenden Vernehmung **auszuschließen**, ist kein Teil dieser Vernehmung, sondern ein eigenständiger Verfahrensvorgang. Der Angeklagte muß daher vorher zu ihr gehört werden; sein Ausschluß von der Vernehmung umfaßt nicht eine aus Anlaß dieser Vernehmung notwendig werdende Verhandlung und Entscheidung über den Ausschluß der Öffentlichkeit[53].

Auch für einen **Teil der Vernehmung** eines Zeugen kann der Angeklagte entfernt **22** werden[54]; sogar für einzelne Fragen. Die Notwendigkeit einer Anordnung nach § 247 wird oft erst im Verlauf einer Vernehmung erkennbar werden. Umgekehrt kann sich bei fortschreitender Vernehmung ergeben, daß die Befürchtung, die die Entfernung des Angeklagten rechtfertigt, nicht mehr besteht. Da die Entfernung des Angeklagten nicht länger als nötig dauern darf, muß dann das Gericht den Angeklagten unter Umständen schon vor Abschluß der Vernehmung wieder an der Verhandlung teilnehmen lassen (vgl. Rdn. 42).

2. Nachteil für das Wohl eines noch nicht 16 Jahre alten Zeugen (Satz 2, 1. Alternative)

a) Zweck der Entfernung. Ein erheblicher Nachteil für das Wohl des kindlichen oder **23** jugendlichen Zeugen rechtfertigt die Entfernung des Angeklagten auch dann, wenn die von Satz 1 vorausgesetzte **Gefahr für eine wahrheitsgemäße Aussage** nicht besteht. Satz 2 setzt nur voraus, daß die Vernehmung in Gegenwart des Angeklagten sich schädlich auf die Psyche des Kindes oder Jugendlichen auswirken kann. Anders als Satz 1, der der Sachaufklärung den Vorrang gibt, schützt Satz 2 das Wohl des Zeugen unter 16 Jahren vor den nachteiligen Folgen einer Vernehmung in Gegenwart des Angeklagten, unter Umständen auch auf Kosten der Sachaufklärung. Bestehen zwischen dem Angeklagten und dem jugendlichen Zeugen enge Beziehungen, insbesondere verwandtschaftlicher Art, so werden allerdings nicht selten die Voraussetzungen des Satzes 1 und des Satzes 2 gleichzeitig gegeben sein.

---

[52] BGHSt **37** 48; BGH NJW **1985** 1478; BGH NStZ **1985** 136; StV **1996** 471; *Krey* GedS Meyer 247; KK-*Diemer*[4] 7; *Kleinknecht/Meyer-Goßner*[44] 9.

[53] RGSt **18** 138; **39** 356; *Park* NJW **1996** 2215; AK-*Meier* 12; KK-*Diemer*[4] 9; *Kleinknecht/Meyer-Goßner*[44] 6; KMR-*Paulus* 15; *Pfeiffer*[2] 3; SK-*Schlüchter* 11; 12; **a. A** BGH NJW **1979** 276 = JR **1979** 434 mit abl. Anm. *Gollwitzer*; BGH StV **1995** 250 mit abl. Anm. *Stein*; vgl. *Strate* NJW **1979** 909. Für Einbeziehung in Vernehmungsbegriff *Basdorf* FS Salger 207.

[54] BGHSt **22** 297; BGH bei *Dallinger* MDR **1975** 544; KK-*Diemer*[4] 6; *Kleinknecht/Meyer-Goßner*[44] 6; 13; KMR-*Paulus* 16.

24 **b) Nur ein erheblicher Nachteil** für das Wohl des kindlichen oder jugendlichen Zeugen rechtfertigt es, den Angeklagten zu entfernen. Es muß also eine Beeinträchtigung des körperlichen oder seelischen Wohls des Zeugen durch die Vernehmung in Anwesenheit des Angeklagten zu erwarten sein, deren Wirkung über die unmittelbare Vernehmungssituation (vgl. § 241 a, § 172 Nr. 4 GVG) hinaus eine gewisse Zeit andauert[55], etwa, weil sie ein traumatisches Erleben vertieft oder die künftige Entwicklung belastet. Ob dies zu befürchten ist, hat das Gericht nach pflichtgemäßem Ermessen unter Berücksichtigung aller Umstände des Einzelfalls zu prüfen[56]. Maßgebend ist hierfür insbesondere Alter und Persönlichkeitsstruktur des jugendlichen Zeugen, sein Verhältnis zum Angeklagten, seine Abhängigkeit und Befürchtungen sowie auch die Art und Schwere des gegen diesen erhobenen Vorwurfs[57].

25 **c)** Die Entfernung des Angeklagten wird hier in der Regel **für die Dauer der Vernehmung** anzuordnen sein. Im übrigen gilt das bei Rdn. 19, 22 Ausgeführte auch hier. Die Frage der Vereidigung in Gegenwart des Angeklagten stellt sich hier nicht (§ 60 Nr. 1). Der Schutzzweck des Satzes 2 kann erfordern, daß auch die Fragen an den Zeugen, die der Angeklagte nach seiner Wiederzulassung stellt, nur in Abwesenheit des Angeklagten an den Zeugen weitergegeben werden[58]. Ob dies notwendig ist, kann immer nur auf Grund der Umstände des Einzelfalls entschieden werden. Werden bei der Vernehmung kindlicher Zeugen die **Eltern** zur Person des Kindes gehört, kann darin nach Ansicht des Bundesgerichtshofs ein auch in Abwesenheit des Angeklagten zulässiger Vernehmungsbehelf zu sehen sein[59].

3. Dringende Gefahr eines schwerwiegenden Nachteils für die Gesundheit (Satz 2, 2. Alternative)

26 **a)** Zur Verhütung eines **schwerwiegenden gesundheitlichen Nachteils** kann der Angeklagte auch bei Einvernahme eines **erwachsenen Zeugen** aus dem Sitzungssaal entfernt werden. Schwerwiegender gesundheitlicher Nachteil ist enger als der beim jugendlichen Zeugen unter 16 Jahren ausreichende „erhebliche Nachteil für sein Wohl"; letzterer schließt zwar auch die gesundheitliche Beeinträchtigung mit ein, erfaßt aber darüber hinaus auch andere Gefahren, nicht zuletzt die Gefährdung des sittlichen Wohls des Jugendlichen[60]. Beim erwachsenen Zeugen rechtfertigt nur ein schwerwiegender Nachteil für seine Gesundheit den Ausschluß des Angeklagten. Es muß — gleich aus welchem Grund — zu befürchten sein, daß seine Einvernahme in Gegenwart des Angeklagten eine erhebliche psychische oder physische Gesundheitsschädigung herbeiführen könnte. Es muß eine Gesundheitsbeeinträchtigung zu erwarten sein, die wegen ihrer Auswirkungen und/oder ihrer Dauer erhebliches Gewicht hat[61]. Sie muß so schwerwiegend sein, daß es bei Würdigung aller Umstände dem Zeugen nicht zugemutet werden kann, die wahrscheinlichen Folgen zu ertragen. Nicht notwendig ist, daß eine akute Lebensgefahr besteht, es muß auch kein bleibender Schaden zu erwarten sein, schon eine vorübergehende schwere Beeinträchtigung bei der Vernehmung genügt[62]. Bloße **Unannehmlichkeiten**, die aus der Einvernahme erwachsen, muß der Zeuge hinnehmen. So reicht eine bloße Beeinträchti-

[55] KK-*Diemer*[4] 11; *Kleinknecht/Meyer-Goßner*[44] 11, KMR-*Paulus* 17; SK-*Schlüchter* 16.
[56] Zur Wahrscheinlichkeit solcher Schäden vgl. *Dippel* FS Tröndle 606 mit weit. Nachw.; HK-*Julius*[2] 3.
[57] *Becker* Zentralblatt für Jugendrecht und Jugendpflege **1975** 515, vgl. BGH NStZ **1987** 84.
[58] BGH NJW **1969** 702; KMR-*Paulus* 17.

[59] BGH NStZ **1994** 354; HK-*Julius*[2] 9; *Kleinknecht/ Meyer-Goßner*[44] 11.
[60] Vgl. Rdn. 24 ff.
[61] KK-*Diemer*[4] 11 (nur dann fällt die Abwägung zugunsten des Schutzzwecks aus).
[62] KK-*Diemer*[4] 11; *Kleinknecht/Meyer-Goßner*[44] 12; SK-*Schlüchter* 17.

gung seines Wohlbefindens nicht aus, auch nicht, daß ihm das Zusammentreffen mit dem Angeklagten und eine Aussage in seiner Gegenwart unangenehm ist oder daß es ihn nervös macht oder seelisch belastet[63] oder daß er vor dem Angeklagten Angst hat. Ob ein schwerwiegender Nachteil zu befürchten ist, kann immer nur unter Berücksichtigung des Gesundheitszustandes des jeweiligen Zeugen, seiner Persönlichkeitsstruktur und der sonstigen Umstände des Einzelfalls einschließlich seines Verhältnisses zum Angeklagten beurteilt werden. Hier kann ins Gewicht fallen, daß der Zeuge selbst **Opfer der Straftat** war; eine allgemeine Voraussetzung für die Anwendbarkeit des Satzes 2 ist dies jedoch nicht[64]. Im übrigen kommen alle Arten gesundheitlicher Nachteile in Betracht, von der Verschlimmerung eines bestehenden organischen Leidens, der Gefahr eines Herzinfarkts, eines Schlaganfalls oder eines Nervenzusammenbruchs[65] bis hin zu Angstzuständen mit Krankheitswert.

Ein schwerer gesundheitlicher Nachteil im Sinne des Satzes 2 kann auch Zeugen drohen, die zu befürchten haben, daß sie in **Leibes- oder Lebensgefahr** geraten, wenn der Angeklagte von ihrem Aussehen Kenntnis erhält, so etwa bei der Einvernahme von V-Leuten, die dem Angeklagten vom Aussehen her unbekannt sind[66]. Voraussetzung ist aber, daß die Gefährdung des Zeugen durch die Entfernung des Angeklagten verringert werden kann. **27**

Nur die **dringende Gefahr** eines schwerwiegenden gesundheitlichen Nachteils rechtfertigt die Entfernung des Angeklagten aus dem Sitzungssaal[67]. Es muß eine auf konkrete Tatsachen gestützte **hohe Wahrscheinlichkeit** für den Eintritt einer solchen Schädigung bestehen[68]; daß sie nach den Umständen möglich oder nicht auszuschließen ist, genügt nicht. Maßgebend für die Zulässigkeit des Ausschlusses ist aber auch hier die **Beurteilung ex ante**[69]. **28**

b) Verhältnis zum Ausschließungsgrund nach Satz 1. Dem Schutz des Zeugen vor schwerwiegenden gesundheitlichen Nachteilen wurde schon vor Einfügung der 2. Alternative des Satzes 2 dadurch Rechnung getragen, daß zur Erlangung einer wahrheitsgemäßen Aussage der Angeklagte nach Satz 1 entfernt wurde, wenn andernfalls wegen der Belastung die Vernehmungsfähigkeit des Zeugen zu entfallen drohte[70] oder wenn durch eine Vernehmung in Gegenwart des Angeklagten Leib und Leben des Zeugen ernsthaft gefährdet worden wären[71]. Die zweite Alternative des Satzes 2 erfaßt jetzt unter dem Blickwinkel des Schutzes der Gesundheit des Zeugen auch diese Fälle[72]. Sie schließt die Anwendung des Satzes 1 nicht aus, sofern auch dessen Voraussetzungen vorliegen. Es steht im Ermessen des Gerichts, welchen Ausschließungsgrund es anwenden will. Es muß den Ausschluß aber immer entsprechend den Erfordernissen des jeweiligen Schutzgrundes stichhaltig begründen. Dies gilt auch, wenn es sich kumulativ auf beide beruft[73]. **29**

---

[63] *Rieß/Hilger* NStZ **1987** 150; *Hanack* JR **1989** 255; HK-*Julius*[2] 3; KK-*Diemer*[4] 11; *Kleinknecht/Meyer-Goßner*[44] 12; SK-*Schlüchter* 17.

[64] BTRAussch. Bericht BTDrucks. **10** 6124, S. 14; KK-*Diemer*[4] 11.

[65] *Böttcher* JR **1987** 139; *Kleinknecht/Meyer-Goßner*[44] 12.

[66] *Rieß/Hilger* NStZ **1987** 150; *Kleinknecht/Meyer-Goßner*[44] 12; SK-*Schlüchter* 18; 20. Dies wurde schon früher unter dem Blickwinkel des Satzes 1 für zulässig erachtet, vgl. BGHSt **32** 125; BGH NJW **1985** 1478; vgl. Rdn. 16, 17.

[67] Bei Befürchtung der Vernehmungsunfähigkeit wurde der Ausschluß früher auf Satz 1 gestützt; vgl. Rdn. 29.

[68] BTRAussch. Bericht BTDrucks. **10** 6124, S. 14; *Böttcher* JR **1987** 140; KK-*Diemer*[4] 11; *Kleinknecht/Meyer-Goßner*[44] 12; SK-*Schlüchter* 17.

[69] Vgl. Rdn. 42.

[70] Vgl. BGHSt **22** 283; OLG Hamburg NJW **1975** 1573.

[71] Vgl. Rdn. 17; 28; die Voraussetzungen beider Entfernungsgründe decken sich nur zum Teil.

[72] Vgl. Rdn. 27, 28.

[73] Vgl. BGHR § 247 Begründungserfordernis 1.

30   **c) Verfahrensfragen.** Einen **Antrag** des Zeugen setzt auch Satz 2 nicht voraus. Ob die Entfernung des Angeklagten zum Schutze der Gesundheit eines Zeugen geboten ist, hat das Gericht auf Grund der ihm obliegenden Fürsorge für den Zeugen, insbesondere, wenn er Opfer der Straftat war, unter Würdigung aller ihm bekannten Umstände **von Amts wegen** zu entscheiden. Hält allerdings der Zeuge selbst dies für nicht erforderlich und bekundet er seine Bereitschaft, in Gegenwart des Angeklagten auszusagen, so besteht in der Regel bei einem erwachsenen Zeugen kein Anlaß für das Gericht, von sich aus die Entfernung des Angeklagten nach Satz 2 anzuordnen[74]. Ausnahmefälle können entgegen der wohl vorherrschenden Meinung[75] anders zu beurteilen sein, so, wenn dem Gericht sichere Anzeichen dafür vorliegen, daß dem Zeugen entgegen seiner eigenen Einschätzung die Gefahr einer erheblichen Schädigung seiner Gesundheit droht, die vermieden oder vermindert werden kann, wenn er in Abwesenheit des Angeklagten vernommen wird. Für die Abgrenzung der Vernehmung von den nicht während des Ausschlusses des Angeklagten zulässigen anderen Vorgängen der Hauptverhandlung gelten die Ausführungen Rdn. 19 bis 22.

4. Nachteil für die Gesundheit des Angeklagten (Satz 3)

31   **a)** Zur **Schonung der Gesundheit** des Angeklagten kann seine Entfernung angeordnet werden für die Dauer der Erörterung seines Zustands und seiner Behandlungsaussichten. Dieser auch für den betroffenen Angeklagten problematische Ausschlußgrund erfordert von allen Verfahrensbeteiligten Zurückhaltung und Fingerspitzengefühl[76]. Zur Vorbereitung einer etwaigen Beschlußfassung in der Hauptverhandlung sollte nach Möglichkeit schon vorher — möglichst unter Kontaktaufnahme mit Sachverständigen und Verteidiger — geprüft werden, ob er durch eine entsprechende Gestaltung der Beweisaufnahme, insbesondere des Sachverständigengutachtens, vermieden werden kann. Das Gericht kann aber auch noch in der Hauptverhandlung die Notwendigkeit einer solchen Anordnung und ihre möglichen Folgen mit einem anwesenden Sachverständigen im Wege des **Freibeweises** unter vorläufigem Ausschluß des Angeklagten[77] klären[78]. Dieser ist unverzüglich wieder zuzulassen, wenn das Gericht dann die Entfernung des Angeklagten nach Satz 3 nicht beschließt. Zum Schutze des Angeklagten, vor allem auch vor den Belastungen durch Bekanntwerden seines Gesundheitszustandes, ist meist der **Ausschluß der Öffentlichkeit** nach § 172 Nr. 2 GVG angezeigt. Dadurch dürfte sich aber ein Ausschluß des Angeklagten nach Satz 3 nur in Ausnahmefällen erübrigen.

32   Die **Gefahr einer psychischen** oder **physischen Schädigung** des Angeklagten muß allerdings erheblich sein. Dies ist der Fall, wenn zu befürchten ist, daß der Angeklagte Selbstmord begeht, wenn er durch die Erörterungen Einzelheiten seines Gesundheitszustands oder seiner Behandlungsaussichten erfährt. Dies trifft aber auch schon zu, wenn der Heilungserfolg dadurch ungünstig beeinflußt wird oder sich das Befinden des Angeklagten durch diese Kenntnis nach Ausmaß und Zeitdauer nicht nur geringfügig verschlechtert. Zu prüfen ist in solchen Fällen aber auch, ob der Ausschluß wirklich im wohlverstan-

---

[74] Vgl. Begr. BTDrucks. **10** 6124, S. 14; *Böttcher* JR **1987** 139; *Rieß/Hilger* NStZ **1987** 150; *Kleinknecht/Meyer-Goßner*[44] 12.

[75] Einen Ausschluß gegen den Willen des Zeugen halten HK-*Julius*[2] 3; KK-*Diemer*[4] 11; SK-*Schlüchter* 19 für unzulässig.

[76] Vgl. *Tzschaschel* NJW **1990** 750; AK-*Meier* 9.

[77] Zur Begründung des vorläufigen Beschlusses, der die Entfernung zweckmäßigerweise zunächst auf die Verhandlung über die Anwendbarkeit des Satzes 3 begrenzt, dürfte der Hinweis auf die Umstände genügen, die für die Anwendung des Satzes 3 sprechen, etwa auf die Meinung eines Sachverständigen, der den Ausschluß für geboten hält.

[78] *Dallinger* JZ **1953** 440; AK-*Meier* 9; KK-*Diemer*[4] 12; *Kleinknecht/Meyer-Goßner*[44] 13; *Pfeiffer*[2] 6; SK-*Schlüchter* 23.

denen Interesse des Angeklagten liegt oder ob ihn der Ausschluß bei der Erörterung seines körperlichen oder geistigen Gesundheitszustandes weit mehr belastet als die Anhörung eines darüber erstatteten Gutachtens. Dies gilt auch für Gutachten über die psychische Beschaffenheit des Angeklagten, deren belastender, möglicherweise destabilisierender Inhalt von Angeklagten ohnehin nicht völlig ferngehalten werden kann (Unterrichtung, Urteil) und der von ihm mitunter ohne (zusätzlichen) erheblichen Nachteil für seine Gesundheit auch ertragen werden kann, wenn der Sachverständige ihn vorher dem Angeklagten gegenüber angesprochen hatte. Es hängt hier von dem zweckmäßigerweise vorher mit dem Sachverständigen und dem Angeklagten zu klärenden Einzelfall ab, ob durch den Ausschluß die konkrete Gefahr eines erheblichen Nachteils für die Gesundheit vermieden werden kann. Der bloße Wunsch des Angeklagten, das Gutachten nicht mit anhören zu müssen, genügt allein nicht[79].

b) Alle Verfahrensvorgänge. Bei der Verwendung **aller Beweismittel**, aber auch bei **33** sonstigen Vorgängen (Plädoyer usw.)[80], die in der Hauptverhandlung zu einer Erörterung des Gesundheitszustands des Angeklagten oder seiner Behandlungsaussichten Anlaß geben, kann die Entfernung des Angeklagten nach Satz 3 angeordnet werden, also nicht nur bei der Anhörung der in den Sätzen 1 und 2 angeführten Personen. Sein Hauptanwendungsgebiet ist zwar die Vernehmung medizinischer Sachverständiger, er gilt aber nach Wortlaut und Sinn auch für die Verwendung anderer Beweismittel, Zeugen, Urkunden und für sonstige Ausführungen, soweit diese den Gesundheitszustand oder Behandlungsaussichten betreffen. Da der Ausschluß des Angeklagten durch diese Beweisthemen begrenzt wird, ist es zweckmäßig, sie zur Vermeidung einer wiederholten Entfernung möglichst in einem geschlossenen Block zu verhandeln, der dann auch schon diesbezügliche Zwischenplädoyers umfassen kann. In den Schlußplädoyers kann dann darauf Bezug genommen und auf nähere Erörterungen verzichtet werden, so daß sich dadurch eine nochmalige Entfernung des Angeklagten erübrigen kann.

III. Verfahrensrechtliche Fragen

1. Anordnung durch Gerichtsbeschluß. Die Anordnungen nach § 247 erfordern **34** einen Gerichtsbeschluß; eine Verfügung des Vorsitzenden genügt nicht[81]. Der Beschluß ergeht auf Antrag oder von Amts wegen nach Anhörung der Beteiligten (§ 33), insbesondere des Angeklagten. Er ist nach § 34 mit Gründen in Anwesenheit des Angeklagten[82] zu verkünden. Der Beschluß muß den Verfahrensteil, von dem der Angeklagte ausgeschlossen wird, eindeutig festlegen, wozu meist die Angabe des jeweiligen Verfahrensvorgangs ausreicht. Ist der Ausschluß auf einen Teilvorgang begrenzt (Rdn. 22), ist dieser dem Gegenstand nach zu bezeichnen (etwa „. . . soweit betrifft").

Seine **Begründung** muß erkennen lassen, welchen Fall des § 247 das Gericht für gege- **35** ben hält und aus welchen konkreten Tatsachen und Erwägungen es den Ausschlußgrund herleitet. Berührt der Ausschluß wichtige Verteidigungsinteressen, wie etwa bei der Ver-

---

[79] BGH StV **1993** 285; *Kleinknecht/Meyer-Goßner*[44] 13; SK-*Schlüchter* 22; nach HK-*Julius*[2] 4 sollte nicht ohne Einverständnis des Angeklagten nach Satz 3 verfahren werden; kritisch auch *Hassemer* JuS **1986** 29.

[80] KK-*Diemer*[4] 12; KMR-*Paulus* 18; SK-*Schlüchter* 24.

[81] RGSt **20** 273; RG GA **48** (1901) 302; RG HRR **1934** Nr. 999; BGHSt **1** 346; **4** 364; **15** 194; **22** 18;

BGH JZ **1955** 386; BGH GA **1968** 281; NJW **1976** 1108; StV **1993** 285; BayObLGSt **1973** 160 = NJW **1974** 249; soweit ersichtlich heute herrschende Meinung, vgl. KK-*Diemer*[4] 11; *Kleinknecht/Meyer-Goßner*[44] 14; KMR-*Paulus* 9; SK-*Schlüchter* 9; vgl. aber auch BGH NStZ **1998** 528.

[82] BGH NStZ-RR **1998** 51.

Walter Gollwitzer

nehmung des einzigen Belastungszeugen, müssen diese und die für den Ausschluß sprechenden Gründe sorgfältig gegeneinander abgewogen werden[83]. Wird dieser Ausschluß
kumulativ auf mehrere Gründe gestützt, müssen beide begründet werden. Eine Wiederholung des bloßen Gesetzeswortlauts genügt nicht[84]. Ein begründeter Beschluß ist auch dann
notwendig, wenn alle Beteiligten mit der Entfernung des Angeklagten einverstanden
sind[85], denn die notwendige Anwesenheit des Angeklagten steht nicht zu ihrer Disposition.

36   Der Beschluß ist **auslegungsfähig**, auch hinsichtlich Gegenstand und Umfang des
Ausschlusses. Wird er für die Dauer der Vernehmung eines Zeugen zu einem bestimmten
Fragenkomplex angeordnet, so umfaßt er alle Verfahrensvorgänge, die mit diesem Teil
der Vernehmung zusammenhängen (Rdn. 19 ff)[86]. Die Auslegung des Beschlusses kann
jedoch die Zulässigkeit der Abwesenheitsverhandlung nicht über die Grenzen hinaus
erweitern, die der Gesetzgeber bei Einschränkung der Verteidigungsrechte des Angeklagten in den einzelnen Fällen des § 247 unterschiedlich gezogen hat[87].

37   Die **Ablehnung** eines auf die Entfernung des Angeklagten zielenden Antrags erfordert
keine weitere tatsächliche Begründung als die, daß zu der beantragten Anordnung nach
Lage der Sache kein Anlaß bestehe[88].

38   **2. Eingrenzung der Abwesenheitsverhandlung.** Während der Abwesenheit des
Angeklagten ist die Hauptverhandlung streng auf den Verfahrensteil zu begrenzen, für den
die Entfernung des Angeklagten angeordnet wurde. Andere Verfahrenshandlungen dürfen
nicht vorgenommen werden. So dürfen Urkunden zwar vorgehalten, nicht aber zu Beweiszwecken verlesen oder ein Augenschein eingenommen werden[89].

39   Beim Ausschluß des Angeklagten während der Dauer der Erörterung seines **Gesundheitszustands nach Satz 3** besteht zwar — anders als in den Fällen der Sätze 1 und 2 —
die Beschränkung auf ein bestimmtes Beweismittel nicht. Hier ist aber darauf zu achten,
daß die **thematische Grenze**, die den Erörterungen in Abwesenheit des Angeklagten
durch die sachlichen Schranken (Zustand, Behandlungsaussichten) gesetzt ist, nicht überschritten wird.

40   Für **sonstige Verfahrensvorgänge** gelten ebenfalls die durch den Wortlaut des Gesetzes und durch die Anordnung des Gerichts gezogenen Grenzen für die Abwesenheitsverhandlung. Während der Abwesenheit des Angeklagten darf nichts vorgenommen werden,
was nicht wegen seines unmittelbaren, inneren Zusammenhangs zu dem Verfahrensvorgang gehört, für den die Entfernung des Angeklagten angeordnet wurde. Zur strittigen
Frage, ob Vernehmung weit oder eng auszulegen ist, vgl. Rdn. 19 bis 21. Andere Verfahrensvorgänge werden auch dann nicht durch die Anordnung gedeckt, wenn sie während
des Verfahrensteils anfallen, für den der Angeklagte ausgeschlossen worden ist. Sie müssen aufgeschoben werden, bis der Angeklagte wieder anwesend ist. Ist ein Aufschub der
Erörterung und der Entscheidung des Gerichts nicht möglich, so muß der Angeklagte
insoweit zunächst wieder zugezogen werden. Dies gilt vor allem, wenn eine Entscheidung
des Gerichts notwendig wird, bei der der Angeklagte zur Wahrung seiner Verteidigungsinteressen vorher zu hören ist.

[83] Vgl. BGH NStZ **1999** 419; ferner die Entscheidungen bei BGHR § 247 Begründungserfordernis.
[84] BGHSt **15** 194; **22** 18; OLG Koblenz GA **1981**
475; *Basdorf* FS Salger 204; vgl. auch BGH NStZ
1983 324.
[85] BGH NStZ **1991** 296; StV **1983** 285; AK-*Meier*
11; KK-*Diemer*⁴ 13; *Kleinknecht/Meyer-Goßner*⁴⁴
14; KMR-*Paulus* 10; SK-*Schlüchter* 9.

[86] Zur strittigen Frage, ob der Begriff Vernehmung in
Satz 1, 2 eng oder weit auszulegen ist, vgl.
Fußn. 45.
[87] Keine erweiternde Auslegung, vgl. Rdn. 4.
[88] RGSt **56** 377; KMR-*Paulus* 10; SK-*Schlüchter* 10;
vgl. auch § 34, 3.
[89] H. M, etwa BGH StV **1997** 551; vgl. Rdn. 19.

3. Heilung. Ein Verfahrensvorgang, der zu Unrecht in Abwesenheit des Angeklagten 41
stattgefunden hat, kann und muß in seiner Gegenwart wiederholt werden. Die bloße nachträgliche Unterrichtung genügt zur Heilung nicht[90]. Ist eine Urkunde zu Beweiszwecken
verlesen worden, so kann der **Verfahrensverstoß** dadurch **geheilt** werden, daß das
Gericht die Verlesung nach Wiedereintritt des Angeklagten wiederholt[91], dies gilt auch,
wenn in Abwesenheit des Angeklagten ein Teil der Niederschrift einer früheren Vernehmung des Zeugen verlesen wurde[92]. Wenn es in Abwesenheit des Angeklagten zur Einnahme eines **Augenscheins** kommt, was leicht geschehen kann, wenn einem Zeugen im
Zusammenhang mit seiner Vernehmung Skizzen, Karten oder Lichtbilder vorgelegt werden, muß die Augenscheinseinnahme in Gegenwart des Angeklagten wiederholt werden;
dies muß so geschehen, daß nicht nur der Angeklagte, sondern auch die Richter und die
anderen Verfahrensbeteiligten die Möglichkeit haben, das Augenscheinsobjekt nochmals
zu besichtigen[93].

4. Veränderung der Verfahrenslage. Ob eine Befürchtung im Sinne des § 247 42
besteht und ob sie den Ausschluß rechtfertigt, ist auf Grund der Tatsachen zu beurteilen,
die dem Gericht im Zeitpunkt seiner Entscheidung bekannt waren (Beurteilung ex ante)[94].
Führen später gewonnene Erkenntnisse zu einer anderen Beurteilung dieser Frage, so
beseitigt dies die Rechtmäßigkeit des Ausschlusses nicht rückwirkend. Für die Zukunft
allerdings darf das Gericht nicht weiterhin auf Grund des Ausschließungsbeschlusses verfahren. Es muß diesen — soweit er noch nicht erledigt ist — im Interesse der Verfahrensklarheit förmlich aufheben und den Angeklagten unverzüglich wieder zuziehen[95]. Eine
Anordnung des Vorsitzenden genügt nicht.

Eine in Abwesenheit des Angeklagten durchgeführte, noch **nicht völlig abgeschlossene** 43
Einvernahme eines Zeugen muß das Gericht in einem solchen Fall nicht in dessen Anwesenheit wiederholen, wenn es erkennt, daß seine zum Ausschluß führende Befürchtung entfallen ist oder schon von Anfang an nicht begründet war[96]. War der Ausschluß zunächst
gerechtfertigt, dann besteht zu einer Wiederholung unter dem Gesichtspunkt der Heilung
eines Verfahrensfehlers kein Anlaß. Bei Aussagen von entscheidender Bedeutung kann sich
allenfalls bei Vorliegen besonderer Umstände aus der Pflicht zur „fairen" Verfahrensgestaltung oder aus der Aufklärungspflicht die Notwendigkeit ergeben, die Aussage vom Zeugen
in ihren entscheidenden Teilen in Gegenwart des Angeklagte wiederholen zu lassen.

5. Unterrichtung des Angeklagten nach Wiedereintritt

a) Zweck und Form. Die in Satz 4 zwingend vorgeschriebene Unterrichtung dient 44
dazu, dem Angeklagten hinsichtlich der in seiner Abwesenheit durchgeführten Verhandlungsteile nachträglich rechtliches Gehör zu gewähren. Sie entsteht nach jedem einzelnen

---

[90] BGHSt **30** 74; BGH bei *Pfeiffer/Miebach* NStZ
1985 496; StV **1997** 511; vgl. Vor § 226, 46 sowie
nachf. Fußn.

[91] RGSt **29** 30; **38** 433; RG JW **1923** 389; BGHSt **30**
74; BGH StV **1984** 102; **1989** 192; NJW **1990** 263;
AK-*Meier* 12; HK-*Julius*² 18; KK-*Diemer*⁴ 17;
KMR-*Paulus* 20; SK-*Schlüchter* 13; 14.

[92] RG Recht **1922** Nr. 1745; *Hanack* JZ **1972** 81 fordert auch beim Vorhalt einer Urkunde die Wiederholung; vgl. Rdn. 19.

[93] BGH StV **1981** 17; **1984** 102; **1989** 192; NStZ
1986 546; NJW **1990** 2633; SK-*Schlüchter* 13;
nach BGH NStZ **1987** 471 genügt Hinweis, daß

Bilder nochmals angesehen werden können (konkludente Beteiligung).

[94] BGH NStZ **1987** 84; *Fischer* NJW **1975** 2034;
AK-*Meier* 3; KK-*Diemer*⁴ 5; *Pfeiffer*² 2;
SK-*Schlüchter* 8; 14.

[95] *Kleinknecht/Meyer-Goßner*⁴⁴ 6; KMR-*Paulus* 21;
SK-*Schlüchter* 14; das Fehlen eines Beschlusses ist
aber unschädlich, sofern das Protokoll vermerkt, ab
wann er wieder teilgenommen hat.

[96] **A. A** OLG Hamburg NJW **1975** 1573 mit abl.
Anm. *Fischer*; KMR-*Paulus* 21. Nach *Roxin* § 42,
47; AK-*Meier* 3; KK-*Diemer*⁴ 5; *Kleinknecht/May-
er-Goßner*⁴⁴ 3; SK-*Schlüchter* 14 deckt der frühere
Beschluß den Ausschluß bis zu seiner Aufhebung.

in Abwesenheit des Angeklagten durchgeführten Verhandlungsvorgang neu. Der Vorsitzende hat sie **von Amts wegen** nach Möglichkeit in Anwesenheit des Vernommenen zu erteilen[97]. Zwingend vorgeschrieben ist dies aber nicht, der Anwesenheit des Vernommenen kann der fortbestehende Ausschlußgrund entgegenstehen[98]. Der Angeklagte kann nicht wirksam auf die Unterrichtung **verzichten**[99]. Die Art der Mitteilung ist im Gesetz nicht bestimmt. Der Vorsitzende kann die ihm geeignet erscheinende Form wählen. Die Meinung, die Mitteilung könne auch in die Form eines Vorhalts gekleidet werden[100], ist bedenklich. Wenn der Angeklagte bei seiner Vernehmung darauf hingewiesen worden ist, daß und inwiefern seine Angaben von der Aussage abweichen, die ein Zeuge im Ermittlungsverfahren gemacht hat, kann es genügen, wenn ihm nach der Vernehmung dieses Zeugen mitgeteilt wird, dieser sei bei der früheren Aussage geblieben[101]. Die Unterrichtung des Angeklagten wird nicht dadurch entbehrlich, daß ein Verteidiger des Angeklagten anwesend war, der ihn informieren konnte[102], oder daß der Mitangeklagte oder Zeuge in Abwesenheit des Angeklagten nichts gesagt hatte, was er nicht schon vorher in seiner Gegenwart angegeben hatte[103]. Besteht ihr Zweck doch auch darin, dem Angeklagten die Unsicherheit hinsichtlich des in seiner Abwesenheit Verhandelten zu nehmen.

45   b) Zum **wesentlichen Inhalt**, über den der Vorsitzende den Angeklagten zu unterrichten hat, gehört alles, was der Angeklagte wissen muß, um sich sachgerecht verteidigen zu können[104]. Insoweit muß der Vorsitzende das durch die Entfernung entstandene Informationsdefizit des Angeklagten ausgleichen. Was für dessen Verteidigung wichtig sein kann, hat er auf Grund der Einlassung des Angeklagten und der Umstände des jeweiligen Falles nach **pflichtgemäßem Ermessen** zu entscheiden[105]. Er muß dabei berücksichtigen, daß bei einem offenen Verfahrensausgang das Verteidigungsinteresse über den konkreten Vorwurf der Anklage hinausreichen kann und daß auch das spätere Urteil nicht auf Beweisergebnisse gestützt werden darf, über die der Angeklagte nicht unterrichtet wurde[106]. Dies gilt grundsätzlich auch, wenn der Verteidiger des Angeklagten anwesend war; auch wenn dadurch die Gefahr der Beeinträchtigung der Verteidigung durch ein Informationsdefizit weitgehend entfällt[107]. Neben den Angaben über den sachlichen Inhalt und mitunter auch der Form einer Aussage sowie die Berufung auf ein Zeugnis- oder Auskunftsverweigerungsrecht[108] können auch die Personalien eines Zeugen Entscheidungsre-

---

97 Vgl. BGH NJW **1957** 1161; NStZ **1982** 181.

98 BGH NJW **1985** 1478; bei *Dallinger* MDR **1969** 17; *Gollwitzer* JR **1976** 341; HK-*Julius*² 10; *Kleinknecht/Meyer-Goßner*⁴⁴ 15; SK-*Schlüchter* 30.

99 Vgl. BGHSt **38** 260; BGH NStZ **1998** 263 mit Anm. *Widmaier*.

100 RG Recht **1912** 1161; SK-*Schlüchter* 27 sieht hierin eine Überschreitung des Ermessens.

101 KMR-*Paulus* 24; SK-*Schlüchter* 28 (nicht der Regelfall).

102 BGH NJW **1957** 1326; *Kleinknecht/Meyer-Goßner*⁴⁴ 15; SK-*Schlüchter* 27.

103 BGHSt **1** 346; OLG Koblenz MDR **1977** 777; KK-*Diemer*⁴ 14; KMR-*Paulus* 24; SK-*Schlüchter* 27.

104 BGHSt **1** 350; **3** 384; BGH NStZ **1983** 181; StV **1993** 287; bei *Dallinger* MDR **1957** 1161; HK-*Julius*² 11; KK-*Diemer*⁴ 15; *Kleinknecht/Meyer-Goßner*⁴⁴ 16; KMR-*Paulus* 24; SK-*Schlüchter* 28.

105 BGH StV **1993** 287; bei *Dallinger* MDR **1957** 267; HK-*Julius*² 11; *Kleinknecht/Meyer-Goßner*⁴⁴ 16; KMR-*Paulus* 24; SK-*Schlüchter* 28; weiter AK-*Meier* 16 (freies Ermessen); die Ausrichtung auf die Verteidigungsbelange reduziert das Ermessen des Vorsitzenden hinsichtlich der mitzuteilenden Vorgänge mitunter auf Null; es besteht dann insoweit nur noch hinsichtlich der im Zusammenhang damit anzusprechenden Einzelheiten und der Form, in der dies geschieht.

106 Ein Unterrichtungsdefizit hinsichtlich eines urteilsrelevanten Umstands würde das Recht auf Gehör in der von § 247 Satz 4 vorgeschriebenen Form verletzen. Zur Widerspruchsfreiheit zwischen Urteilsbegründung und Unterrichtung vgl. OLG Hamburg JR **1950** 113; *Schorn* Menschenwürde 85.

107 HK-*Julius*² 11 (Bestellung eines Pflichtverteidigers).

108 BGH StV **1993** 287; 570; BGHR § 247 S. 4 Unterrichtung 5; SK-*Schlüchter* 28.

levanz haben[109]. Mitzuteilen sind alle Entscheidungen, die hinsichtlich des jeweiligen Beweisvorgangs ergangen sind[110], auch Vorhalte und Fragen, die nicht oder unzureichend beantwortet wurden; bei einer ordnungsgemäßen Antwort ist dagegen nur diese, nicht der Vorhalt oder die Frage wesentlich[111]. Mitzuteilen sind auch gestellte Anträge, ihre Bescheidung oder Zurücknahme[112]; dabei ist unerheblich, ob der Angeklagte schon zu ihrer Behandlung hätte zugezogen werden müssen[113]. Nicht mitzuteilen sind, sofern dadurch keine Verteidigungsinteressen berührt werden, Maßnahmen der Sitzungspolizei wie die Verhängung einer Ordnungsstrafe[114]. Ist der Zeuge unzulässigerweise (Rdn. 20) in Abwesenheit des Angeklagten vereidigt worden, oder ist beschlossen worden, den Zeugen unvereidigt zu lassen, so ist der Angeklagte auch davon zu unterrichten. In den Fällen des Satzes 3 ist die Mitteilung so zu gestalten, daß die Gesundheitsgefährdung vermieden wird[115].

Sind **mehrere Zeugen** oder Sachverständige unmittelbar nacheinander in Abwesen- **46** heit des Angeklagten vernommen worden, so genügt eine einzige Mitteilung am Schluß dieser Vernehmungen[116].

c) Zeit. Der Angeklagte ist zu unterrichten, sobald er wieder vorgelassen wird. Die **47** Unterrichtung ist also **vor jeder weiteren Verfahrenshandlung** vorzunehmen, insbesondere auch vor der Vereidigung eines Zeugen (Rdn. 20) und seiner Entlassung. Dies entspricht dem Sinn des § 247, der den Angeklagten in seinem Recht auf ununterbrochene Anwesenheit in der Hauptverhandlung nur insoweit einschränkt, als er zur Wahrung vorrangiger Interessen ausgeschlossen werden kann. Sobald er wieder am Verfahren teilnimmt, muß die Unterrichtung seinen Informationsrückstand gegenüber den anderen Verfahrensbeteiligten sofort ausgleichen, damit auch er die Verfahrensrechte in Kenntnis der wesentlichen Ergebnisse des während seiner Abwesenheit durchgeführten Verhandlungsteils ausüben kann. Dies hat Bedeutung sowohl hinsichtlich der ohne ihn durchgeführten, vorangegangenen Beweisaufnahme[117] als auch für seine Verteidigungsrechte bei den künftigen Verfahrensvorgängen, wie die Vernehmung weiterer Zeugen[118]. Die Pflicht zur sofortigen Unterrichtung entsteht deshalb auch, wenn eine in Abwesenheit des Angeklagten durchgeführte **Vernehmung** nur **unterbrochen** und der Angeklagte zunächst für eine andere Beweisaufnahme wieder zugelassen wurde[119]. Die normalerweise durch seine Anwesenheit in der Hauptverhandlung gegebene Möglichkeit, seine Verteidigung auf den

[109] Zur Bedeutung für die Beurteilung der Glaubwürdigkeit vgl. etwa BGHSt **23** 244; **32** 128. Sofern deren Mitteilung in der Hauptverhandlung befugt unterbleiben darf (vgl. § 68 Abs. 2, 3), besteht ohnehin keine weitergehende Unterrichtungspflicht; diese darf aber auch sonst bei einem Zeugenschutz nach Satz 1 oder 2 befugt angeordneten Ausschluß dessen Sinn nicht zunichte machen, da diesem dann Vorrang vor der Information zukommt. Vgl. BGH StV **1995** 250; AK-*Meier* 16; KK-*Diemer*⁴ 15; SK-*Schlüchter* 29.
[110] BGH bei *Dallinger* MDR **1952** 18; *Kleinknecht/Meyer-Goßner*⁴⁴ 16; KMR-*Paulus* 24; SK-*Schlüchter* 28; auch die Ablehnung einer Frage nach § 242, vgl. *Gollwitzer* JR **1979** 435.
[111] BGH bei *Dallinger* MDR **1952** 18; KMR-*Paulus* 25; SK-*Schlüchter* 28.
[112] BGH NStZ **1983** 181; bei *Dallinger* MDR **1952** 18; **1957** 267; OLG Frankfurt StV **1987** 9; KK-*Diemer*⁴ 15; *Kleinknecht/Meyer-Goßner*⁴⁴ 16;

SK-*Schlüchter* 28; die Begründung der Anträge braucht nach RGSt **32** 88 nicht mitgeteilt zu werden; dies dürfte jedoch nicht ausnahmslos gelten.
[113] Vgl. HK-*Julius*² 11.
[114] RG GA **56** (1909) 214; KMR-*Paulus* 25; bei Entscheidungsrelevanz kann aber auch hier die Unterrichtung geboten sein.
[115] RG Recht **1914** Nr. 1230; *Dallinger* JZ **1953** 432; KMR-*Paulus* 24.
[116] BGHSt **3** 384; **15** 194; SK-*Schlüchter* 31; vgl. *Kleinknecht/Meyer-Goßner*⁴⁴ 15 („vom BGH am 15. 11. 96 offengelassen").
[117] Vgl. Rdn. 20, 21, 50.
[118] BGH NJW **1988** 429; BGHR § 247 S. 4, Unterrichtung 3; 4.
[119] BGHSt **38** 260 = JZ **1993** 270 mit Anm. *Paulus*; BGH NStZ **1992** 346; **1999** 522; StV **1995** 339; HK-*Julius*² 10; KK-*Diemer*⁴ 14; *Kleinknecht/Meyer-Goßner*⁴⁴ 15; SK-*Schlüchter* 31.

Inhalt der Aussage abzustellen, schließt eine Zurückstellung der Unterrichtung aus, auch wenn dies die Überführung des Angeklagten erleichtern würde[120].

48   Dies gilt auch, wenn jeder von **mehreren Mitangeklagten** auf Grund einer einheitlichen Anordnung des Gerichts jeweils in Abwesenheit der anderen vernommen wird. Das Gericht muß dem später vernommenen Angeklagten vor seiner Einvernahme in Gegenwart des vorher Vernommenen mitteilen, was diese ausgesagt haben[121]. Die Rechtsprechung hielt es früher im Interesse der Wahrheitsfindung und zur Vermeidung von Verdunkelungsversuchen für zulässig, ausnahmsweise die Unterrichtung erst vorzunehmen, wenn sämtliche Mitangeklagte nach ihrer Vernehmung wieder zugelassen sind[122]. Bei der vom Bundesgerichtshof geforderten engen Auslegung des § 247, wonach eine Zwangsentfernung zu dem Zweck, die Anpassung an die Einlassung eines Mitangeklagten zu verhindern, unzulässig ist[123], erscheint eine solche Ausnahme, die unzulässigerweise Methoden des Ermittlungsverfahrens in die Hauptverhandlung überträgt, nicht vertretbar[124].

49   Jede Mitteilung über den wesentlichen Inhalt der Aussagen und des in Abwesenheit eines Angeklagten sonst Verhandelten hat in **Gegenwart aller Angeklagter** zu geschehen[125].

50   **d) Fragerecht.** Der wieder zugelassene Angeklagte muß Gelegenheit haben, sein Fragerecht nach § 240 nachträglich auszuüben. Eine über die Beantwortung der Fragen hinausgehende nochmalige Vernehmung ist dagegen nicht vorgesehen[126]. Verlangt der Schutzzweck, daß der Zeuge den Angeklagten nicht zu Gesicht bekommt, dann hat dieser keinen Anspruch darauf, sein Fragerecht persönlich auszuüben. Er kann dann nach seiner Unterrichtung in Abwesenheit des Zeugen Fragen stellen, die diesem in Abwesenheit des Angeklagten vom Vorsitzenden vorzulegen sind[127]. Danach ist er dann erneut zu unterrichten.

51   **6. Beurkundung.** Nach § 273 sind der **Beschluß**, daß der Angeklagte zu entfernen sei, seine Begründung und Verkündung sowie die Entfernung des Angeklagten in der Sitzungsniederschrift zu beurkunden[128]. Aus dem Protokoll muß eindeutig ersichtlich sein, bei welchen Verfahrensvorgängen der Angeklagte **abwesend** war, wann er abtrat und wann er wieder zugezogen wurde[129]. Sind in seiner Abwesenheit Urkunden oder Lichtbilder oder sonstige Gegenstände als Vernehmungsbehelfe verwendet worden, muß ein an sich nicht notwendiger Protokollvermerk darüber dies ausdrücklich klarstellen, andernfalls kann darin die beweiskräftige (§ 274) Feststellung ihrer Verwendung zu Beweiszwecken gesehen werden[130]. Bei Wiederholung einer Beweisaufnahme in Anwesenheit des Angeklagten zur Heilung eines Verfahrensverstoßes (Rdn. 41) sind die einzelnen

---

[120] RGSt **20** 23; **32** 120; RG DRiZ **1931** Nr. 364; HRR **1934** Nr. 999; BGHSt **3** 384; **15** 194; **22** 297; BGH NJW **1953** 1113; **1957** 1161; AK-*Meier* 15; KMR-*Paulus* 26.

[121] Vgl. BGH NJW **1957** 1161; NStZ **1991** 276.

[122] RGSt **8** 153; **32** 121; **38** 348; RG GA **1943** 34; RG Recht **1914** Nr. 1203; HRR **1935** Nr. 477; BayObLGSt **1949/51** 62.

[123] BGHSt **15** 194; vgl. Rdn. 4.

[124] Wie hier AK-*Meier* 15; KK-*Diemer*⁴ 14; *Kleinknecht/Meyer-Goßner*⁴⁴ 15; KMR-*Paulus* 26; SK-*Schlüchter* 32; *Eb. Schmidt* 17, 18; Nachr. I 4; **a. A** *Küster* NJW **1961** 419.

[125] RGSt **34** 332; BGHSt **15** 194; BGH NJW **1957** 1161; *Kleinknecht/Meyer-Goßner*⁴⁴ 15; SK-*Schlüchter* 30; vgl. auch vorstehende Fußn.

[126] RGSt **54** 110; KMR-*Paulus* 27.

[127] BGHSt **22** 289; BGH GA **1970** 111; NStZ **1985** 136; *Gollwitzer* JR **1976** 341; *Krey* GedS Meyer 249; *Kleinknecht/Meyer-Goßner*⁴⁴ 18; KMR-*Paulus* 27; SK-*Schlüchter* 30.

[128] RG LZ **1915** 846; BGHSt **1** 259, 349; **3** 384; **4** 364; **9** 82; **22** 18; BGH NJW **1953** 1925; StV **1984** 102; **1992** 359; OLG Hamburg NJW **1965** 1242; KK-*Diemer*⁴ 13; *Kleinknecht/Meyer-Goßner*⁴⁴ 14; 17; KMR-*Paulus* 28; SK-*Schlüchter* 33.

[129] RG JW **1931** 2506; OLG Hamburg NJW **1965** 1342; h. M.

[130] So etwa BGHSt **22** 333; BGH NStZ-RR **1999** 107; StV **1992** 550; BGHR § 247 Abwesenheit 4, 6, 9.

Beweiserhebungen in der Niederschrift anzuführen. Festzuhalten ist dort auch, daß und wann der Angeklagte nach Satz 4 **unterrichtet** wurde. Der Wortlaut der Unterrichtung braucht im Protokoll nicht festgehalten zu werden[131], das Protokoll hat insoweit keine Beweiskraft gemäß § 274. Ob die Unterrichtung ausreichend war, ist erforderlichenfalls im Wege des Freibeweises festzustellen[132].

7. Revision. Nimmt das Gericht die Voraussetzungen des § 247 zu Unrecht an, so **52** greift der **absolute Revisionsgrund des § 338 Nr. 5** in Verb. mit § 230 durch. Dies gilt auch, wenn ein förmlicher Gerichtsbeschluß fehlt, etwa, weil der Vorsitzende den Angeklagten abtreten ließ[133], aber auch, wenn der Gerichtsbeschluß zwar ergangen ist, aber nicht oder so ungenügend begründet wurde, daß zweifelhaft bleibt, ob die sachlichen Voraussetzungen der Entfernung des Angeklagten zu Recht bejaht wurden[134]. Der Bundesgerichtshof hat aber der Revision den Erfolg versagt, wenn sie nur formelle Fehler des Beschlusses rügte, aber nicht — oder erkennbar zu Unrecht — bestritt, daß die sachlichen Voraussetzungen für ein Abtretenlassen des Angeklagten gegeben waren[135].

Mit der Rüge nach § 338 Nr. 5 kann auch beanstandet werden, wenn während der **53** Abwesenheit des Angeklagten ein Gegenstand verhandelt, eine Anordnung getroffen[136] oder ein Beweismittel verwertet wurde, auf das sich sein **Ausschluß nicht bezog** oder bei dem er überhaupt nicht ausgeschlossen werden durfte, etwa, wenn ein Augenschein eingenommen wurde[137] oder eine Urkunde zu Beweiszwecken verwendet wurde. Vermerkt das Protokoll nur, daß eine Urkunde während der Abwesenheit des Angeklagten verlesen wurde, so ist — sofern das Protokoll nichts Gegenteiliges ergibt — davon auszugehen, daß dies zu Beweiszwecken geschehen ist[138]. Gerügt werden kann auch, wenn der Angeklagte nicht zur Verhandlung über die **Vereidigung**[139] oder — sofern der Ausschlußgrund nicht weiter entgegenstand — zur Vereidigung[140] wieder zugezogen wurde oder wenn über die Entlassung des Zeugen in seiner Abwesenheit verhandelt wurde[141]. Die Rüge der Verletzung des § 338 Nr. 5 hat aber immer nur Erfolg, wenn der Angeklagte während

131 *Kleinknecht/Meyer-Goßner*[44] 16, ferner die Nachw. in der nachf. Fußn.
132 BGH bei *Dallinger* MDR **1957** 267; OLG Koblenz MDR **1977** 777; HK-*Julius*[2] 12; 17; SK-*Schlüchter* 40; **a.A** OLG Hamburg JR **1950** 413.
133 BGHSt **4** 365; BGH NJW **1953** 1925; **1976** 1108; GA **1968** 281; BayObLGSt **1973** 160 = NJW **1974** 249, weitgehend h.M; vgl. die Nachweise in der nachf. Fußn.; **a.A** BGH JZ **1955** 386. In BGH NStZ **1983** 36; **1991** 296 wird offengelassen, ob dies auch gilt, wenn die Voraussetzungen des Ausschlusses für alle ersichtlich vorlagen.
134 BGHSt **15** 194; **22** 18; NStZ **1987** 84; **1999** 419; StV **1992** 455 (L); BGHR § 247 St. 2 Begründungserfordernis 2; BGH bei *Dallinger* MDR **1975** 544; OLG Koblenz MDR **1977** 777; AK-*Meier* 19; HK-*Julius*[2] 17; KK-*Diemer*[4] 16; *Kleinknecht/Meyer-Goßner*[44] 19; SK-*Schlüchter* 37; vgl. auch KMR-*Paulus* 31: Beanstandung des Mangels des Gerichtsbeschlusses genügt nicht, wenn nicht zugleich das Fehlen der sachlichen Voraussetzungen beanstandet wird.
135 BGH JZ **1955** 386 = LM Nr. 4; BGH StV **1987** 6; ähnlich *Eb. Schmidt* 24; KK-*Diemer*[4] 16; enger unter Hinweis auf die Formstrenge HK-*Julius*[2] 17; die Rechtsprechung hat die Anwendbarkeit des § 338 Nr. 5 nicht immer einheitlich beurteilt, vgl. RG GA

48 (1901) 302; **50** (1903) 101; JW **1911** 855; **1935** 1861; Recht **1925** Nr. 2568; HRR **1927** Nr. 1173; **1935** Nr. 1361; BGHSt **1** 350; **4** 364; **15** 196; **22** 297; dazu *Hanack* JZ **1972** 82; BGH NJW **1973** 522 läßt die Streitfrage offen.
136 Vgl. BGH bei *Holtz* MDR **1983** 282 (Absehen von der Vernehmung eines geladenen und erschienenen Zeugen).
137 BGHSt **15** 194; **21** 332; NJW **1988** 429; JR **1989** 257 mit Anm. *Hanack* StV **1981** 57; **1984** 102; **1989** 192.
138 Vgl. Rdn. 51.
139 BGHSt **22** 297; NJW **1976** 1108; bei *Pfeiffer/Miebach* **1986** 209; **1987** 17; StV **1996** 530; weit. Nachw. Rdn. 20, Fußn. 51.
140 BGHSt **26** 218; NStZ **1982** 256; **1986** 133; vgl. Rdn. 20.
141 BGH NJW **1986** 267; NStZ **1995** 667; bei *Kusch* NStZ **1992** 28; **1993** 28; StV **1996** 471; 530; **1997** 511; OLG Düsseldorf VRS **91** (1996) 365; zur Entwicklung der Rechtspr. vgl. *Meyer-Goßner* FS Pfeiffer 312; **a.A** *Basdorf* FS Salger 208. Vgl. auch BGH NJW **1998** 2541 (zweifelnd, ob Verhandlung über Entlassung wesentlicher Teil der Hauptverhandlung ist). BGH NStZ **1999** 751 teilt diese Zweifel nicht.

eines **wesentlichen Teils der Hauptverhandlung** nicht anwesend war[142]. Dies wurde etwa verneint, wenn ein Zeuge in Abwesenheit des Angeklagten nur zur Prüfung der Voraussetzungen des § 247 befragt wurde, ob er vor dem Angeklagten Angst habe[143], oder wenn sich das Absehen von der Vereidigung bereits zwingend aus dem Gesetz ergibt[144], während dann, wenn dies eine vorher zu erörternde Ermessensentscheidung ist, die Verhandlung hierüber als wesentlicher Teil angesehen wird[145]. Damit das Revisionsgericht prüfen kann, ob die Abwesenheit einen wesentlichen Teil der Verhandlung betraf, muß die Revisionsbegründung substantiiert darlegen, welche Vorgänge zu Unrecht ohne den Angeklagten verhandelt wurden[146].

54   Wird bemängelt, der Angeklagte sei vor Anordnung seiner Entfernung **nicht gehört** worden[147], so kann die Rüge nicht auf § 338 Nr. 5, sondern nur auf § 337 in Verbindung mit § 33 gestützt werden. Die Rüge, dem Angeklagten sei die effektive Ausübung seines Fragerechts nicht ermöglicht worden[148], stützt sich auf § 337; § 338 Nr. 5 scheidet aus, wenn die Einschränkung des Fragerechts nicht im unberechtigten Fernhalten des Angeklagten lag, sondern in einer anderen Maßnahme der Verhandlungsführung, etwa, daß eine Frage des Angeklagten nicht weitergegeben oder nicht zugelassen wurde oder der Angeklagte durch das vorzeitige Entlassen des Zeugen diese Möglichkeit verlor. Auch hier sind alle zur Darlegung des Verfahrensverstoßes erforderlichen Tatsachen, zu denen zum Ausschluß eines Verzichts auch der wesentliche Inhalt der Äußerungen des Angeklagten gehören kann, lückenlos anzuführen[149].

55   Bei einem **Verstoß gegen die Unterrichtungspflicht** nach § 247 Satz 4 ist die Rüge nach § 337 gegeben, unabhängig davon, ob gegen die Anordnung des Vorsitzenden das Gericht nach § 238 Abs. 2 angerufen wurde[150]. Es hängt von den Umständen des Einzelfalls ab, ob das Urteil auf dem Verstoß beruht[151]. Wenn der Angeklagte nicht, **nicht unverzüglich** nach seiner Rückkehr oder **ungenügend** vom wesentlichen Inhalt des in seiner Abwesenheit Verhandelten unterrichtet wird, ist das Beruhen oft schon deshalb nicht auszuschließen, weil der Angeklagte dann die Möglichkeit verliert, sich zum Verhandelten alsbald zu erklären, Fragen zu stellen und seine weitere Verteidigung daran auszurichten[152]. Ein **Beruhen** auf der verspäteten Unterrichtung ist aber verneint worden, wenn sich der Beschwerdeführer ebenso wie früher eingelassen hatte und keine Umstände ersichtlich

---

[142] Dies wird angenommen, wenn das Gericht zwingend nach § 60 Nr. 1 von der Vereidigung absehen muß, der Angeklagte diese Entscheidung also ohnehin nicht hätte beeinflussen können, vgl. etwa BGH StV **1986** 46; **1996** 530; nicht aber in Fällen des § 60 Nr. 2, wenn ein Einfluß des Angeklagten auf die Entscheidung über das Absehen von der Vereidigung denkbar ist, vgl. BGH NStZ **1988** 469; NStZ-RR **1997** 105; StV **1996** 530; a. A BGHSt **22** 297. Zu den strittigen Fragen vgl. § 338, 92; ferner *Meyer-Goßner* FS Pfeiffer 318; *Kleinknecht/Meyer-Goßner*[44] 19; SK-*Schlüchter* 35; vgl. auch vorstehende Fußn.

[143] BGH NStZ **1998** 528.

[144] BGH NStZ **1986** 133; **1987** 335; bei *Kusch* NStZ **1993** 28; bei *Holtz* MDR **1978** 460; KK-*Diemer*[4] 16; *Kleinknecht/Meyer-Goßner*[44] 19; SK-*Schlüchter* 35.

[145] BGH NStZ **1986** 133; **1988** 469; NStZ-RR **1997** 105; HK-*Julius*[2] 9; SK-*Schlüchter* 35; anders BGHSt **22** 289, 297, dazu *Meyer-Goßner* FS Pfeiffer 318.

[146] BGHSt **26** 91; BGH GA **1963** 19; NStZ **1983** 36; KK-*Diemer*[4] 16; SK-*Schlüchter* 38; vgl. auch § 230, 54.

[147] Vgl. BGH JZ **1955** 386; BayObLG bei *Rüth* DAR **1977** 206; *Stein* StV **1995** 251; KMR-*Paulus* 32.

[148] BGH NStZ **1995** 557.

[149] BGH NJW **1998** 2541; KK-*Diemer*[4] 16; *Kleinknecht/Meyer-Goßner*[44] 19.

[150] BGHSt **38** 260 = JZ **1993** 271 mit Anm. *Paulus*; BGH NStZ **1981** 71 begründen dies mit der Unverzichtbarkeit; HK-*Julius*[2] 16; vgl. bei § 238 Abs. 2 (Rdn. 47 ff).

[151] RGSt **8** 49; **35** 434; RG LZ **1915** 846; JW **1934** 1661; HRR **1935** Nr. 1361; BGHSt **1** 350; **3** 386.

[152] RG HRR **1938** Nr. 498; BGHSt **1** 350; **38** 260; BGH StV **1984** 103; **1991** 452; **1992** 359; **1993** 287; **1996** 471; bei *Kusch* NStZ-RR **1998** 261; KK-*Diemer*[4] 16; *Kleinknecht/Meyer-Goßner*[44] 19; SK-*Schlüchter* 40. Zur Substantiierung der Rüge vgl. BGH NStZ **1999** 107.

waren, wie er sich bei früherer Unterrichtung anders oder wirksamer hätte verteidigen können, oder wenn sein Verteidiger ihn von allem Wesentlichen unterrichtet hatte[153].

Ein **Mitangeklagter** kann sich nicht darauf berufen, daß die Rechte eines anderen **56** Angeklagten bei der Anwendung des § 247 verletzt worden seien[154]. Die unzulässige Entfernung des Nebenklägers gewährt dem Angeklagten kein Rügerecht.

Zugleich mit § 247 können auch **andere Verfahrensvorschriften** verletzt sein, so daß **57** die Revision auch auf diese gestützt werden kann, etwa auf § 258[155]. Die bei eindeutigem Vorliegen einer der Voraussetzungen der Sätze 1 bis 3 ermessensfehlerhafte[156] Nichtanwendung des § 247 begründet für sich allein nicht die Revision nach § 337, sofern der Revisionsführer nicht aufzeigen kann, daß hierdurch das Beweismittel nicht hinreichend ausgeschöpft werden konnte und dadurch auch die **Aufklärungspflicht** verletzt wurde[157].

§ 247 a

[1]**Besteht die dringende Gefahr eines schwerwiegenden Nachteils für das Wohl des Zeugen, wenn er in Gegenwart der in der Hauptverhandlung Anwesenden vernommen wird, und kann sie nicht in anderer Weise, namentlich durch eine Entfernung des Angeklagten sowie den Ausschluß der Öffentlichkeit, abgewendet werden, so kann das Gericht anordnen, daß der Zeuge sich während der Vernehmung an einem anderen Ort aufhält; eine solche Anordnung ist auch unter den Voraussetzungen des § 251 Abs. 1 Nr. 2, 3 oder 4 zulässig, soweit dies zur Erforschung der Wahrheit erforderlich ist. [2]Die Entscheidung ist unanfechtbar. [3]Die Aussage wird zeitgleich in Bild und Ton in das Sitzungszimmer übertragen. [4]Sie soll aufgezeichnet werden, wenn zu besorgen ist, daß der Zeuge in einer weiteren Hauptverhandlung nicht vernommen werden kann und die Aufzeichnung zur Erforschung der Wahrheit erforderlich ist [5]§ 58 a Abs. 2 findet entsprechende Anwendung.**

Schrifttum. *Arntzen* Video und Tonbandaufnahmen als Ersatz für richterliche Vernehmungen von Kindern zu Sexualdelikten, ZRP **1995** 291; *Bohlander* Einsatz von Videotechnologie bei der Vernehmung kindlicher Zeugen im Strafverfahren, ZStW **107** (1995) 82; *Busse/Volbert/Steller* Belastungserleben von Kindern in Hauptverhandlungen, BMJ Reihe recht (1996); *Caesar* Noch stärkerer Schutz für Zeugen und andere nicht beschuldigte Personen im Strafprozeß, NJW **1998** 2312; *Deckers*

---

[153] BGH NJW **1957** 1326; KK-*Mayr*[4] 16; KMR-*Paulus* 32; SK-*Schlüchter* 40; a. A *Eb. Schmidt* 49; vgl. auch BGH StV **1992** 359.

[154] RGSt **8** 155; **32** 120; **38** 272; **62** 260; RG GA **70** (1926) 107; HRR **1939** Nr. 1212; KMR-*Paulus* 29. Vgl. Rdn. 48 mit weit. Nachw.

[155] BGHSt **9** 77.

[156] Wegen der Bindung des pflichtgemäßen Ermessens des Gerichts, das auf jeden Fall durch seine Schutzpflichten und die Aufklärungspflicht begrenzt ist,

fällt es insoweit praktisch kaum ins Gewicht, ob man § 247 als „Kann-Vorschrift" ansieht (so etwa BGH NStZ **1987** 84; KK-*Diemer*[4] 4) oder ob man annimmt, daß sie wegen ihres Schutzzwecks in der Regel angewendet werden muß, wenn ihre Voraussetzungen vorliegen (*Kleinknecht/Meyer-Goßner*[44] 1; KMR-*Paulus* 2 „Sollvorschrift"). Vgl. auch HK-*Julius*[2] 6 (Normzweckgemäße Ermessensausübung).

[157] KK-*Diemer*[4] 4; SK-*Schlüchter* 39.

Glaubwürdigkeit kindlicher Zeugen, NJW **1999** 1365; *Diemer* Der Einsatz der Videotechnik in der Hauptverhandlung, NJW **1999** 1667; *Fischer* Empfehlen sich gesetzliche Änderungen, um Zeugen und andere nichtbeschuldigte Personen im Strafprozeß besser vor Nachteilen zu bewahren? JZ **1998** 816; *Grießbaum* Der gefährdete Zeuge, NStZ **1998** 433; *Jansen* Vernehmung kindlicher Zeugen mittels Videotechnologie, StV **1996** 123; *Jansen* Befragung von kindlichen Zeugen in der Hauptverhandlung außerhalb des Gerichtssaals mittels Videotechnologie, FS Friebertshäuser 195; *Jung* Zeugenschutz, GA **1998** 313; *Keiser* Das Kindeswohl im Strafverfahren (1998); *Kintzi* Stellung des Kindes im Strafverfahren, DRiZ **1996** 184; *Köhnken* Video im Gericht – Modelle und Erfahrungen aus Großbritannien, StV **1995** 376; *Laubenthal* Schutz sexuell mißbrauchter Kinder durch Einsatz von Videotechnologie im Strafverfahren, JZ **1996** 335; *B. Meier* Kinder als Zeugen im Strafverfahren, RdJB **1996** 451; *Mildenberger* Schutz kindlicher Zeugen im Strafverfahren durch audiovisuelle Medien (1995); *Pfäfflin* Schützen Videovernehmungen kindliche Zeugen vor sekundärer Traumatisierung? StV **1997** 95; *Rieß* Das neue Zeugenschutzgesetz, StraFo. **1999** 1; *Rieß* Zeugenschutz bei Vernehmungen im Strafverfahren, NJW **1988** 3240; *Schlothauer* Video-Vernehmung und Zeugenschutz, StV **1999** 47; *Schlüchter* Zeugenschutz im Strafprozeß, FS Schneider 445; *Schlüchter/Greff* Zeugenschutz durch das Zeugenschutzgesetz? Oder: Ist der Einsatz der Videotechnik ein wirksamer Zeugenschutz? Kriminalistik **1998** 530; *Schünemann* Der deutsche Strafprozeß im Spannungsfeld von Zeugenschutz und materieller Wahrheit, Kritische Anmerkungen zum Thema des 62. Deutschen Juristentags 1998, StV **1998** 391; *Seitz* Zeugenschutzgesetz – ZSchG, JR **1998** 309; *Strate* Zur Video-Übertragung von Zeugenvernehmungen in der Hauptverhandlung, FS Friebertshäuser 203; *Wegner* Wie Opferschutz der Wahrheit dient, ZRP **1997** 404; *Wieder/Staechelin* Das Zeugenschutzgesetz und der gesperrte V-Mann, StV **1999** 51; *Weigend* Empfehlen sich gesetzliche Änderungen, um Zeugen und andere nichtbeschuldigte Personen im Strafprozeß besser vor Nachteilen zu bewahren? Gutachten zum 62. DJT, Verh. des 62. DJT, Bd. I Teil C (1988); *Zacharias* Der gefährdete Zeuge im Strafverfahren (1997); *Zschockelt/Wegener* Opferschutz und Wahrheitsfindung bei der Vernehmung von Kindern im Verfahren wegen sexuellen Mißbrauchs, NStZ **1996** 305.

Entstehungsgeschichte. § 247 a wurde durch Art. 1 Nr. 4 des Gesetzes zum Schutze von Zeugen bei Vernehmungen im Strafverfahren und zur Verbesserung des Opferschutzes (Zeugenschutzgesetz) vom 30. 4. 1998 (BGBl. I S. 820) in die StPO eingefügt, zusammen mit anderen die Verwendung der Videotechnologie bei Vernehmungen regelnden Vorschriften (§§ 58 a, 168 a, 255 a). Vorausgegangen waren in der Öffentlichkeit weit diskutierte Fälle der Einvernahme kindlicher Opfer sexuellen Mißbrauchs in der Hauptverhandlung[1] sowie die Entscheidung des Landgerichts Mainz, unter Verwendung der Videotechnik die kindlichen Zeugen außerhalb des Sitzungssaals der Hauptverhandlung durch den Vorsitzenden zu vernehmen und diese Vernehmung in den Sitzungssaal zu übertragen[2]. All dies hatte das Bedürfnis für eine gesetzliche Regelung geweckt. Nach einem sehr kontrovers geführten Gesetzgebungsverfahren mit verschiedenen Regelungsvorschlägen[3] hat § 247 a die jetzt vorliegende, über den Schutz kindlicher Zeugen[4] hinausreichende Fassung erst durch einen Vorschlag des Vermittlungsausschusses[5] erhalten. Er trat am 1. 12. 1998 in Kraft (Art. 3 Zeugenschutzgesetz).

---

[1] Vgl. etwa *Böhm* ZRP **1996** 259; *Deckers* NJW **1996** 3105; **1999** 1365; *Hussels* NJW **1995** 1877; *Schünemann* StV **1998** 399; *Wegner* ZRP **1995** 906.

[2] LG Mainz NJW **1996** 208.

[3] Vgl. etwa *Caesar* NJW **1998** 2315; *Rieß* StraFo. **1999** 1; *Seitz* JR **1998** 309; SK-*Schlüchter* 2 mit weit. Nachw.

[4] Die Entwürfe BTDrucks. 13 3128 und BTDrucks. 13 4983 hatten nur dieses Ziel.

[5] BRDrucks. 212/98.

Übersicht

1. Regelungszweck. Vom Grundsatz, daß die Zeugen in der Hauptverhandlung körperlich anwesend sein müssen und dort vom Gericht zu vernehmen sind, macht $\S$ 247 a eine Ausnahme, wenn er gestattet, in der Hauptverhandlung einen Zeugen zu vernehmen, der sich an einem anderen Ort aufhält und mit dem Gerichtssaal nur durch eine Einrichtung zur gleichzeitigen Bild-Ton-Übertragung verbunden ist. Eine solche Vernehmung setzt voraus, daß dafür auch beim jeweiligen Gericht neben dafür geeignetem Personal[6] auch die technischen Voraussetzungen vorhanden sind oder geschaffen werden, damit diese im Kommunikationszeitalter anderweitig schon seit Jahren benutzte Möglichkeit auch bei Gericht eingesetzt werden kann. $\S$ 247 a läßt die Nutzung dieser Kommunikationsform für **zwei verschiedene Zwecke** zu. Zum einen soll — in Fortschreibung der bisherigen Bemühungen um den Zeugenschutz — eine weitere Möglichkeit geschaffen werden, einen Zeugen vor **schwerwiegenden Beeinträchtigungen seines Wohls zu schützen**, die ihm aus der Erfüllung seiner Zeugenpflicht in der Hauptverhandlung erwachsen können. Diese Zielsetzung erlaubt, die Vernehmung mittels der Videotechnik in der Hauptverhandlung über den Schutz kindlicher Zeugen hinaus auch zum Schutze anderer gefährdeter Zeugen einzusetzen. Zum anderen aber eröffnet $\S$ 247 a dem erkennenden Gericht allgemein die durch die moderne Technologie sich anbietende Möglichkeit, Zeugen, die **am Erscheinen in der Hauptverhandlung verhindert** sind oder auf deren Erscheinen **verzichtet** wird, auch an einem anderen Ort aus der Hauptverhandlung heraus selbst zu vernehmen. Dies gestattet erstmals, die modernen Kommunikationsmittel im Strafverfahren für eine weitere Form der unmittelbaren Beweiserhebung („Fernvernehmung", „Videokonferenz") durch das erkennende Gericht heranzuziehen[7].

1

---

[6] Vgl. etwa *Diemer* NJW **1999** 1671.

[7] Vgl. *Rieß* StraFo. **1999** 6; *Weigend* 62. DJT C 55; SK-*Schlüchter* 9.

2   **2. Bedeutung.** Die neue Möglichkeit der Beweiserhebung steht zwar der vom persönlichen Kontakt und der Unmittelbarkeit der Kommunikation geprägten Vernehmung des in der Hauptverhandlung anwesenden Zeugen an Erkenntniswert nach[8]. Sie ist aber eine sinnvolle Ergänzung der für den Ersatz der unmittelbaren Vernehmung entwickelten traditionellen Formen[9], da sie das Gericht und die Verfahrensbeteiligten in die Lage versetzt, ähnlich wie bei einem in der Hauptverhandlung körperlich anwesenden Zeugen dessen Aussage selbst zu hören und mit Fragen und Vorhalten zu prüfen. Dadurch können sie sich selbst ein Bild von der Person des Zeugen und Form und Inhalt seiner Bekundungen machen, das in der Regel weit aussagekräftiger ist als die Verlesung der Niederschrift über die Aussage, die der Zeuge sonst bei seiner Vernehmung durch einen ersuchten Richter abgegeben hätte. Dies erweitert die Möglichkeiten zur Sachaufklärung, wirkt Beweisverlusten entgegen und dient der Prozeßwirtschaftlichkeit und der Verfahrensbeschleunigung. Die Möglichkeit, den Zeugen an einem anderen Ort zu vernehmen, gestattet über den zunächst im Vordergrund der gesetzgeberischen Bemühen stehenden besseren Schutz der kindlichen Zeugen hinaus auch den Schutz anderer bedrohter oder durch die Vernehmung in der Hauptverhandlung übermäßig belasteter oder gefährdeter Zeugen[10]. Sie dürfte zunehmend auch für die **internationale Rechtshilfe** an Bedeutung gewinnen, da sie innerstaatlich die Rechtsgrundlage dafür schafft, daß das Gericht Zeugen auch im Ausland vernehmen kann[11]. Ein so umfassender Anwendungsbereich wäre nicht erreichbar gewesen, wenn sich der Gesetzgeber für das zunächst nur am Schutze kindlicher Zeugen orientierte und auch hier umstrittene und problematische Modell der gespaltenen Hauptverhandlung entschieden hätte, bei dem der Vorsitzende den Zeugen außerhalb des Sitzungssaals vernimmt und diese Vernehmung in den Sitzungssaal übertragen wird. Letzteres wäre außerdem nur bei den mit mehreren Berufsrichtern besetzten Kollegialgerichten, nicht aber in Verfahren vor dem Strafrichter oder dem Schöffengericht anwendbar gewesen.

3   **3. Audiovisuelle Vernehmung als Teil der Hauptverhandlung.** § 247 a läßt die audiovisuelle Vernehmung als Teil der Hauptverhandlung zu. Der Vorsitzende vernimmt **vom Sitzungssaal aus** den an einem **anderen Ort** befindlichen Zeugen. Dieser kann im gleichen Gerichtsgebäude eingerichtet sein, es kann aber auch ein beliebiger Ort[12] im In- oder Ausland dafür verwendet werden. Voraussetzung ist nur, daß zwischen dem Vernehmungsort und dem Sitzungssaal eine von fremden Einflüssen ungestörte ständige Bild-Ton-Verbindung hergestellt und aufrechterhalten werden kann. Der zu Vernehmende muß den Vorsitzenden über den Bildschirm sehen und seinerseits von diesem und den anderen an der Hauptverhandlung teilnehmenden Personen ebenfalls gesehen und gehört werden. Die Einzelheiten für die Ausgestaltung dieser wechselseitigen Bild-Ton-Verbindung zwischen Sitzungssaal und Ort der Aussage, die im Schrifttum gelegentlich als „Video-Konferenz"[13] bezeichnet wird, sind im Gesetz nicht geregelt[14]. Aus dem Zweck,

---

[8] Vgl. etwa BGH StV **1999** 580; *Diemer* NJW **1999** 1671; *Eisenberg* (Beweisrecht) 1328 f; *Fischer* JZ **1998** 820 (Bild-Ton-Verbindung ermöglicht nicht die für die Glaubwürdigkeitsbeurteilung nötige unmittelbare Kommunikation); *Wegner* ZRP **1995** 407. Zum grundsätzlichen Vorrang der unmittelbaren Einvernahme vgl. Rdn. 6.

[9] BGH StV **1999** 580; HK-*Julius*[2] 2.

[10] *Diemer* NJW **1999** 1668; zur begrenzten Eignung dieser Schutzmöglichkeit vgl. etwa *Schlüchter/Greff* Kriminalistik **1998** 533; *Kleinknecht/Meyer-Goßner*[44] 1; SK-*Schlüchter* 13; 18.

[11] Zusätzlich muß dies aber auch rechtshilferechtlich (zwischenstaatliche Rechtshilfevereinbarung; vertragloser Rechtshilfeverkehr) möglich sein; vgl. BGH StV **1999** 580 - (USA); ferner Rdn. 13, 20.

[12] Vgl. *Diemer* NJW **1999** 1668: Vernehmungsperson kann möglicherweise in ihrer vertrauten Umgebung bleiben.

[13] Etwa *Schlothauer* StV **1999** 50.

[14] Im Gesetzgebungsverfahren (BTDrucks. **13** 7165 S. 10) wurde darauf hingewiesen, daß dies in den RiStBV geschehen könne.

die Einvernahme im Sitzungssaal zu ersetzen, ergibt sich jedoch, daß die Übertragung in einer Form erfolgen muß, die allen Verfahrensbeteiligten die ungeschmälerte Ausübung ihrer Verfahrensrechte, vor allem auch der Verteidigungsrechte ermöglicht[15]. Vor allem im Vernehmungszimmer sind die Aufnahmegeräte für Bild und Ton, nach Möglichkeit zwei Kameras[16], so einzurichten, daß der Zeuge gut verstanden wird und daß zumindest seine Person stets gut sichtbar bleibt; nicht nur sein Gesichtsausdruck, sondern auch sein für die Glaubwürdigkeitsbeurteilung mitunter wichtiges Gesamtverhalten, Gestik usw. sollten gut erkennbar sein[17]. Dies gilt auch für etwaige im Aufnahmeraum anwesenden Begleitpersonen des Zeugen, Zeugenbeistand[18] usw. Andernfalls könnte die Möglichkeit einer unbemerkten Einflußnahme auf dessen Aussage nicht ausgeschlossen werden. Umgekehrt sollte auch der Zeuge den fragenden Vorsitzenden und darüber hinaus auch die Gesamtlage im Sitzungssaal auf dem Bildschirm gut wahrnehmen können[19]; vor allem, wenn Verfahrensbeteiligte Fragen oder Vorhalte an ihn richten, sollte er den Fragenden auch wegen seines nicht-verbalen Verhaltens selbst optisch voll erfassen können[20]. Bei kindlichen Opferzeugen mag anderes gelten. Bei diesen kann es mitunter angezeigt sein, auf eine optische Übertragung der Vorgänge im Sitzungssaal ganz zu verzichten oder diese nur auf den Vorsitzenden zu beschränken, zumal allein dieser sie nach § 241 a befragen darf. § 247 a hat die zulässige Form der Videoeinvernahme in der Hauptverhandlung festgelegt. Die Fälle, in denen die Vernehmung nach § 247 a ein Kind überfordert, so daß dieses durch einen beauftragten Richter unmittelbar zu vernehmen ist, sind nicht dadurch zu lösen, daß diese Vernehmung ungeachtet aller Probleme als Teil der Hauptverhandlung in diese überspielt wird[21], sondern durch die kommissarische Einvernahme nach § 168 e, deren Aufzeichnung dann nach § 255 a in der Hauptverhandlung vorgeführt werden kann[22].

4. Die Anordnung der audiovisuellen Vernehmung

a) Erforderlich ist ein **Beschluß des Gerichts**. Der Vorsitzende kann die audiovisuelle **4** Vernehmung eines Zeugen nicht etwa kraft seiner Sachleitungsbefugnis anordnen. In der Hauptverhandlung ergeht der Beschluß nach **Anhörung der Verfahrensbeteiligten** (§ 33 Abs. 1) unter Mitwirkung der Schöffen. Er ist in dieser zu **verkünden**. Er bedarf, da nicht anfechtbar (Satz 2), an sich **keiner Begründung** (§ 34)[23]. Den Verfahrensbeteiligten sollte jedoch zur Kenntnis gebracht werden, welche der Alternativen des § 247 a Satz 1 das Gericht auf Grund welcher Tatsachen als vorliegend ansieht[24]. Der Beschluß ergeht **von Amts wegen**. Des Antrags eines Verfahrensbeteiligten bedarf es nicht, jedoch ist es diesem, ebenso wie auch einem Zeugen und seinem Beistand unbenommen, unter Darlegung der dafür sprechenden Gründe eine solche Verfahrensweise anzuregen. Nur wenn

---

[15] *Rieß* StraFo. **1999** 6; KK-*Diemer*[4] 17; *Kleinknecht/Meyer-Goßner*[44] 10.

[16] Vgl. *Bohlander* ZStW **107** (1995) 89; *Eisenberg* (Beweisrecht) 1328 f; *Kintzi* DRiZ **1996** 192; HK-*Julius*[2] 12 (eine Kamera auf den Zeugen gerichtet, die andere vermittelt Gesamteindruck vom Vernehmungsraum).

[17] Dazu etwa *Bohlander* ZStW **107** (1995) 94 ff; *Diemer* NJW **1999** 1668; *Eisenberg* (Beweisrecht) 1328 f; *Schlothauer* StV **1999** 48; *Steinke* Kriminalistik **1993** 330; *Kleinknecht/Meyer-Goßner*[44] 10; vgl. ferner kritisch *Fischer* JZ **1998** 820.

[18] Vgl. § 406 f Abs. 2, 3.

[19] *Rieß* StraFo. **1999** 6; *Seitz* JR **1998** 311 Fußn. 38; *Kleinknecht/Meyer-Goßner*[44] 10.

[20] *Rieß* StraFo. **1999** 6 Fußn. 83.

[21] So etwa HK-*Julius*[2] 3 unter Berufung auf *Kintzi* DRiZ **1996** 187; *Weigend* Gutachten 62. DJT C 56; wie hier SK-*Schlüchter* 17.

[22] Dazu und zu den in ähnlicher Richtung gehenden Überlegungen im Gesetzgebungsverfahren vgl. Rdn. 20.

[23] HK-*Julius*[2] 10; SK-*Schlüchter* 15; **a. A** *Diemer* NJW **1999** 1671; KK-*Diemer*[4] 15 (Begründung, die die leitenden Erwägungen darlegt, ähnlich wie bei § 247 und § 251).

[24] HK-*Julius*[2] 10; *Kleinknecht/Meyer-Goßner*[44] 8.

die audiovisuelle Vernehmung auf die Voraussetzungen des § 251 Abs. 1 Nr. 4 gestützt werden soll, setzt ihre Anordnung das dort vorgesehene und vorher einzuholende **Einverständnis der Verfahrensbeteiligten** mit dieser Form der Beweiserhebung voraus. Die Anordnung erfordert auch dann einen förmlichen Beschluß[25]. Wird der Antrag auf Anordnung der audiovisuellen Vernehmung eines Zeugen **abgelehnt**, bedarf der Beschluß keiner Begründung, da es sich um eine von Amts wegen zu treffende und nicht anfechtbare Entscheidung handelt[26].

5   Die **Vorbereitung der audiovisuellen Vernehmung** erfordert mitunter eine erhebliche Vorlaufzeit. Kann sie nicht innerhalb des Gerichtsgebäudes mittels einer fest installierten Einrichtung durchgeführt werden, sondern soll der Zeuge an einem **Ort außerhalb des Gerichtssitzes** vernommen werden, so bedarf es meist einer aufwendigen und detaillierten organisatorischen Vorbereitung. Es müssen die technischen und personellen[27] Voraussetzungen geschaffen, eine etwa erforderliche Amtshilfe abgesprochen und Ort und Zeitpunkt der Übertragung festgelegt und mit dem Terminplan der Hauptverhandlung abgestimmt werden. Auch eine vorherige Kontaktaufnahme mit dem an den Aufnahmeort zu ladenden Zeugen dürfte zweckmäßig sein. Deshalb ist es oft unumgänglich, dies in solchen Fällen bereits vor der Hauptverhandlung in die Wege zu leiten, vor allem, wenn eine solche Vernehmung im Ausland durchgeführt werden soll. Um für alle Beteiligten Rechtsklarheit über die beabsichtigte Verfahrensweise zu schaffen, erscheint es daher zulässig, wenn das Gericht sich nicht nur intern darüber verständigt, sondern nach Anhörung der Verfahrensbeteiligten einen formellen, den Verfahrensbeteiligten mitzuteilenden Beschluß darüber faßt. Auf diesen können sich dann alle zur Vorbereitung erforderlichen Einzelmaßnahmen stützen, die dem Vorsitzenden überlassen werden können[28], wie die Ladung des Zeugen an den Vernehmungsort, Rechts- oder Amtshilfeersuchen wegen Bereitstellung des Raums und der Anlage und der erforderlichen Mitwirkung von Personal bei der Übertragung. Der Beschluß ist auch Grundlage für ein Rechtshilfeersuchen an einen ausländischen Staat. Ein solcher Beschluß, der in der für Entscheidungen außerhalb der Hauptverhandlung zuständigen Besetzung ergehen müßte, hat allerdings nur begrenzte Bestandskraft, da er das Gericht der Hauptverhandlung nicht an diese Art der Zeugeneinvernahme bindet und daher jederzeit geändert werden kann.

6   **b) Ermessensentscheidung des Gerichts.** Als „Kannvorschrift" überläßt es § 247 a dem Ermessen des Gerichts, ob es eine audiovisuelle Vernehmung anordnen will. Voraussetzung dafür ist aber immer, daß überhaupt eine der beiden in § 247 a **gesetzlich festgelegten Voraussetzungen** (Rdn. 8 ff) vorliegt, die ihm gestatten, die nach dem Gesetz grundsätzlich vorrangige persönliche Einvernahme eines Zeugen in der Hauptverhandlung[29] ausnahmsweise durch seine audiovisuelle Vernehmung zu ersetzen. Erst wenn diese Voraussetzungen bejaht werden, steht es **im pflichtgemäßen Ermessen** des Gerichts, ob es die dann zulässige Anordnung auch treffen will. Das Ermessen hat sich am jeweiligen Regelungszweck der beiden Alternativen des § 247 a zu orientieren, wobei die jeweils zu schützenden Belange des Zeugen mit den Verteidigungsinteressen des Angeklagten und den Erfordernissen der **Sachaufklärung** abzuwägen sind[30]. Bei der einzelfallbezogenen Prüfung des Beweiswerts der zu erwartenden Aussage hat das Gericht auch mit zu berücksichtigen, ob die jeweils verfügbaren technischen Möglichkeiten überhaupt eine hinreichende Gewähr für eine aussagekräftige Einvernahme bieten, sowie, ob sich

---

[25] *Kleinknecht/Meyer-Goßner*[44] 8.

[26] *Kleinknecht/Meyer-Goßner*[44] 6; strittig, vgl. § 34, 4.

[27] Vgl. *Diemer* NJW **1999** 1668 (geschultes Bedienungspersonal).

[28] *Kleinknecht/Meyer-Goßner*[44] 9.

[29] *Diemer* NJW **1999** 1669.

[30] Vgl. *Caesar* NJW **1998** 2315; *Kleinknecht/Meyer-Goßner*[44] 9; vgl. ferner Rdn. 14.

der Zeuge seiner Person nach für diese Art der Beweisaufnahme eignet. Zu bedenken ist andererseits aber auch, ob überhaupt eine andere, mindestens gleichwertige Möglichkeit der Einvernahme des Zeugen besteht; vor allem bei Zeugen im Ausland oder bei „gesperrten" Zeugen kann dies zu verneinen sein, wenn diese nur für eine audiovisuelle Vernehmung an einem anderen Ort verfügbar sind[31].

c) Unanfechtbarkeit des Beschlusses. Der Beschluß, der die audiovisuelle Verneh- 7
mung anordnet, ist nach Satz 2 unanfechtbar. Der Gesetzgeber wollte damit Verfahrensverzögerungen und Unsicherheiten im Prozeß vorbeugen[32] und eine sichere Grundlage für das weitere Verfahren schaffen, die der Beanstandung durch die Verfahrensbeteiligten entzogen und davor gesichert ist, daß den für die Ermessensentscheidung maßgebenden Abwägungen und Einschätzungen nachträglich durch eine andere Würdigung der Boden entzogen werden kann. Auf die Endgültigkeit der einmal vom Gericht getroffenen Entscheidung soll das weitere Verfahren aufbauen können. Die Unanfechtbarkeit gilt auch für den Beschluß, der die Anordnung der audiovisuellen Vernehmung ablehnt[33]. Sie schließt aber nicht aus, daß das Gericht selbst auf Grund der Entwicklung der Verfahrenslage seine eigene Entscheidung ändert.

5. Voraussetzungen bei Vernehmung zum Zeugenschutz

a) Die Anordnung muß zum Schutze des Zeugen erforderlich sein, weil die **dringende** 8
Gefahr eines **schwerwiegenden Nachteils für sein Wohl** besteht. Mit dieser einheitlichen Voraussetzung differenziert § 247 a also nicht, wie bei § 247, zwischen dem Zeugen unter 16 Jahren, bei dem dort weniger strenge Voraussetzungen aufgestellt sind[34], und dem erwachsenen Zeugen, bei dem (enger) nur eine Gefahr für seine Gesundheit die Anordnung nach § 247 rechtfertigt. Bei § 247 a reicht jeder auf der Vernehmung im Gerichtssaal beruhende schwerwiegende Nachteil für das Wohl des Zeugen aus, auch wenn er nicht in einer unmittelbaren Beeinträchtigung der körperlichen oder geistigen Gesundheit des Zeugen besteht. Unerheblich ist, von wem diese Gefahr droht[35], sie muß also nicht durch die persönliche Konfrontation des Zeugen mit dem Angeklagten ausgelöst werden[36]. Neben den massiven Gefahren, die etwa bestehen können, wenn der Zeuge bei einer Teilnahme an der Hauptverhandlung an Leib oder Leben bedroht ist, kommen auch andere Beeinträchtigungen seines Wohls in Betracht, wie etwa die seelischen Belastungen des Opferzeugen durch die Konfrontation mit dem Angeklagten oder mit anderen in der Hauptverhandlung anwesenden Personen. Sie können aber auch schon dadurch entstehen, daß der Zeuge in die Lage versetzt wird, eine seinem Intimbereich tief verletzende Tat in allen Einzelheiten in der Atmosphäre einer Hauptverhandlung in unmittelbarer Gegenwart aller Verhandlungsteilnehmer schildern zu müssen[37]. Der Nachteil muß im Hinblick auf die zu befürchtenden Auswirkungen objektiv **schwerwiegend** sein. Er muß also über die temporären seelischen oder körperlichen Belastungen hinausgehen, die vor allem für den Verletzten normalerweise mit einer Zeugeneinvernahme in der Hauptverhandlung verbunden sind[38]. Ob solche

---

[31] BGH StV **1999** 580 (zum Abdruck in BGHSt bestimmt).

[32] BTDrucks. **13** 7165 S. 10; *Rieß* StraFo. **1999** 7 Fußn. 98; KK-*Diemer*[4] 16; *Kleinknecht/Meyer-Goßner*[44] 13.

[33] *Kleinknecht/Meyer-Goßner*[44] 13; SK-*Schlüchter* 23.

[34] Bei § 247 genügt für die Anordnung ein erheblicher Nachteil für das Wohl des Zeugen.

[35] *Seitz* JR **1998** 311.

[36] *Kleinknecht/Meyer-Goßner*[44] 3; SK-*Schlüchter* 6.

[37] Vgl. HK-*Julius*[2] 4; enger *Diemer* NJW **1999** 1669; KK-*Diemer*[4] 9.

[38] *Diemer* NJW **1999** 1669 fordert unter Hinweis auf das Gesetzgebungsverfahren „massive Belastungen"; die mit der Zeugenaussage verbundenen normalen Beeinträchtigungen rechtfertigen die im Verzicht auf die unmittelbare Vernehmung liegenden Einschränkungen der anderen Prozeßmaximen, insbesondere des Verteidigungsrechts des Angeklagten, nicht.

Walter Gollwitzer

schwerwiegenden Auswirkungen gleich oder als Spätfolgen zu befürchten sind, muß unter Berücksichtigung der individuellen Belastbarkeit des jeweiligen Zeugen beurteilt werden, in Zweifelfällen eventuell auch unter Zuziehung eines Sachverständigen. Vor allem bei Kindern als Zeugen können zu befürchtende Schäden für ihre künftige Entwicklung ein solcher schwerwiegender Nachteil für ihr Wohl sein[39]. Die Sicherung der besseren Wahrheitsfindung oder der Verteidigungsinteressen ist gegenüber dem Regelungszweck der 1. Alternative nachrangig[40].

9   Ebenso wie bei § 247 wird eine **dringende Gefahr** gefordert. Wenn die Vorschrift ihren Schutzzweck erfüllen soll, muß es genügen, daß es bei einer Vorauswürdigung aller dem Gericht bekannten konkreten Umstände einschließlich der Persönlichkeitsstruktur des Zeugen wahrscheinlich ist, daß durch die unmittelbare Vernehmung im Gerichtssaal ein schwerwiegender Nachteil für sein Wohl eintreten kann. Nicht erforderlich ist, daß der Eintritt als sicher erscheint. Die bloß abstrakte, nicht durch konkrete Anhaltspunkte untermauerte Möglichkeit einer solchen Gefahr genügt dagegen nicht.

10   **b) Subsidiarität der 1. Alternative.** Die audiovisuelle Vernehmung zum Schutze des Zeugen wurde vom Gesetzgeber wegen der Bedeutung, die die unmittelbare Vernehmung des Zeugen in der Hauptverhandlung für die Wahrheitsfindung und die Wahrung der Verfahrensinteressen und vor allem für die Verteidigung des Angeklagten hat, an die weitere Voraussetzung geknüpft, daß die Gefahr eines schwerwiegenden Nachteils für den Zeugen nicht **in anderer Weise abgewendet** werden kann. Als **Beispiele** für solche anderweitigen Maßnahmen führt Satz 1 den Ausschluß der Öffentlichkeit und die Entfernung des Angeklagten aus dem Sitzungssaal nach § 247 an. Dies schließt andere Schutzmöglichkeiten nicht aus. Vorweg aber muß das Gericht prüfen, ob es überhaupt noch der Einvernahme des Zeugen bedarf. Diese kann entbehrlich sein, weil ein glaubhaftes Geständnis des Angeklagten vorliegt[41] oder weil es ausreicht, die Videoaufnahme einer früheren Vernehmung nach § 255 a vorzuspielen oder ein früheres Vernehmungsprotokoll zu verlesen. Kann auf die Vernehmung nicht verzichtet werden, ist weiter zu prüfen, ob andere Schutzmaßnahmen einzeln oder in Verbindung miteinander gestatten, den Zeugen unmittelbar in der Hauptverhandlung zu vernehmen. Welche Maßnahmen dafür jeweils geeignet sind und ausreichen, richtet sich nach den Umständen des Einzelfalls und nach der Art der zu begegnenden Gefahr. Angefangen von der Entbindung von der Pflicht zur Angabe der Personalien oder der Adresse oder der Verlegung des Sitzungsortes können alle jeweils geeigneten Maßnahmen des Zeugenschutzes dafür in Betracht kommen[42]. Das Gericht muß sich hierbei seines weiten Gestaltungsraums bewußt sein. Bei der Entscheidung, ob und welche anderen Schutzmaßnahmen den Vorzug verdienen, muß es sich einerseits von der Aufklärungspflicht und andererseits von der Effektivität der jeweiligen Schutzvorkehrungen leiten lassen. Der Gesetzgeber hat zwar wegen der Bedeutung der unmittelbaren Einvernahme im Gerichtssaal grundsätzlich den Vorrang der anderen Maßnahmen festgelegt, doch kann das Gericht bei seiner von der Abwägung der Verfahrensinteressen und der Aufklärungspflicht bestimmten Ermessensausübung[43] diejenigen ausscheiden, die ihm unter den Besonderheiten des jeweiligen Falles für den Schutz des Zeugen oder für die Sachaufklärung weniger geeignet erscheinen als die audiovisuelle Vernehmung. Der Vorrang der anderen Maßnahmen kann grundsätzlich nur für die zum Schutz des Zeugen

---

[39] *Rieß* StraFo. **1999** 6 Fußn. 84.

[40] *Diemer* NJW **1999** 1669; *Kleinknecht/Meyer-Goßner*[44] 3.

[41] Vgl. Nr. 222 Abs. 2 RiStVB; *Diemer* NJW **1999** 1669; *Kleinknecht/Meyer-Goßner*[44] 3.

[42] *Diemer* NJW **1999** 1669; KK-*Diemer*[4] 10; *Kleinknecht/Meyer-Goßner*[44] 3; zu den einzelnen Maßnahmen ferner etwa *Grießbaum* NStZ **1998** 433; *Laubenthal* JZ **1996** 339.

[43] Vgl. Rdn. 6.

vor unverhältnismäßigen Beeinträchtigungen oder zur Sachaufklärung im wesentlichen gleich gut oder besser geeigneten Modalitäten der Einvernahme gelten.

Soweit § 247 a Satz 1 allerdings ausdrücklich den **Vorrang des Ausschlusses des** **11** **Angeklagten** von der Hauptverhandlung nach § 247 festlegt, scheidet in den Fällen, in denen sich die Voraussetzungen beider Vorschriften decken[44], die audiovisuelle Vernehmung des Zeugen aus. Nur für diesen Bereich, in dem die Gefährdung allein in der Vernehmung in Gegenwart des Angeklagten liegt, hat die unmittelbare persönliche Einvernahme des Zeugen in der Hauptverhandlung in Abwesenheit des Angeklagten kraft der Festlegung des Gesetzes Vorrang vor der Anwendung des § 247 a. Es kann dann für die Anwendbarkeit der ersten Alternative des § 247 a nicht darauf ankommen, ob den Verteidigungsinteressen mit einer audiovisuellen Vernehmung des Zeugen mehr gedient wäre[45]. Soweit allerdings § 247 eine Entfernung des Angeklagten nicht erlaubt, wie etwa bei einem Augenschein am Körper des Zeugen, entfällt sein Vorrang vor der Videovernehmung insgesamt[46]. Die Subsidiaritätsregel gilt nur für die Anordnung der audiovisuellen Vernehmung zum Zwecke des Zeugenschutzes, nicht aber bei einer Anordnung unter den Voraussetzungen des § 251 Abs. 1 Nr. 2, 3 oder 4. Liegen diese vor, ist die Anordnung der audiovisuellen Vernehmung des Zeugen auch dann zulässig, wenn die Voraussetzungen des § 247 vorliegen; so vor allem auch bei gemeinsamer Zustimmung nach § 251 Abs. 1 Nr. 4[47].

6. Voraussetzungen bei Vernehmung nach § 251 Abs. 1 Nr. 2, 3 oder 4

a) Gleiche Voraussetzungen wie beim Verlesen von richterlichen Vernehmungs- **12** **niederschriften.** Die 2. Alternative des § 247 a Satz 1 eröffnet dem Gericht die Möglichkeit, die audiovisuelle Einvernahme für die Vereinfachung und Beschleunigung des Verfahrens zu benutzen. Unter der derzeit wohl noch nicht selbstverständlichen Voraussetzung, daß sie praktisch realisierbar ist, weil eine stehende Bild-Ton-Verbindung zwischen der Hauptverhandlung und dem Vernehmungsort des Zeugen in einer ausreichenden Qualität technisch und organisatorisch hergestellt und aufrechterhalten werden kann, darf sie als bessere und unmittelbare Form der Beweiserhebung durch das erkennende Gericht auch angeordnet werden, wenn die Voraussetzungen vorliegen, unter denen das Gericht andernfalls die Verlesung einer richterlichen Vernehmungsniederschrift hätte anordnen dürfen. Es müssen die **tatsächlichen Voraussetzungen** gegeben sein, an die § 251 Abs. 1 Nr. 2 bis 4 anknüpft. Es muß also der Einvernahme eines Zeugen in der Hauptverhandlung ein Hindernis entgegenstehen, das nach § 251 Nr. 2 oder 3 dem Gericht gestattet hätte, die Niederschrift über eine frühere richterliche Vernehmung zu verlesen; nach § 251 Abs. 1 Nr. 4 genügt aber auch, daß Staatsanwalt, Verteidiger und Angeklagter damit einverstanden sind. § 247 a knüpft an diese tatsächlichen Voraussetzungen des § 251 Abs. 1 Nr. 2 bis 4 an; er erweitert die Anwendbarkeit des nur für den Zeugen geltenden § 247 a nicht auf die anderen in § 251 Abs. 1 genannten Personengruppen (Sachverständige, Mitbeschuldigte)[48]. Maßgebend ist immer nur die **Verfahrensstellung im Zeitpunkt der Einvernahme**, ein früherer Mitbeschuldigter kann als Zeuge nach § 247 a vernommen wer-

---

[44] Zu den Unterschieden vgl. Rdn. 8 sowie KK-*Diemer*[4] 11; *Kleinknecht/Meyer-Goßner*[44] 4.

[45] Vgl. *Diemer* NJW **1999** 1669; *Rieß* StraFo. **1999** 6; KK-*Diemer*[4] 11; SK-*Schlüchter* 8; *Seitz* JR **1998** 311 verweist auf die nicht deckungsgleichen Regelungen und läßt im übrigen die Frage offen, während HK-*Julius*[2] 7 davon ausgeht, daß der Vorrang entfällt, wenn die audiovisuelle Vernehmung we-

gen der unmittelbaren Fragemöglichkeit des Angeklagten die bessere Sachaufklärung verspricht.

[46] *Kleinknecht/Meyer-Goßner*[44] 4 (keine kumulative Anordnung).

[47] *Rieß* StraFo. **1999** 6 Fußn. 89: „für Angeklagten vorzugswürdige Alternative".

[48] KK-*Diemer*[4] 12, *Kleinknecht/Meyer-Goßner*[44] 6.

den[49]. Die Anwendbarkeit des § 247 a hängt auch nicht davon ab, ob schon eine nach § 251 verlesbare Vernehmungsniederschrift vorliegt. Ist eine solche aber vorhanden und als Beweismittel verwendbar, ist dies für die Beurteilung der Frage von Bedeutung, ob die Anordnung der audiovisuellen Vernehmung zur Erforschung der Wahrheit trotzdem noch erforderlich ist (Rdn. 16).

13   **b)** Unter den **Voraussetzungen des § 251 Abs. 1 Nr. 2, 3** darf die audiovisuelle Vernehmung eines Zeugen angeordnet werden, wenn der persönlichen Vernehmung des Zeugen in der Hauptverhandlung für eine längere Zeit **Krankheit, Gebrechlichkeit** oder **andere nicht zu beseitigende Hindernisse** entgegenstehen (§ 251 Abs. 1 Nr. 2) oder wenn ihm das Erscheinen in der Hauptverhandlung wegen **großer Entfernung** unter Berücksichtigung der Bedeutung seiner Aussage nicht zumutbar ist (§ 251 Abs. 1 Nr. 3). Grundsätzlich beurteilen sich diese Voraussetzungen nach den gleichen Gesichtspunkten wie bei § 251 Abs. 1 Nr. 2, 3, so daß auf die dortigen Ausführungen Bezug genommen werden kann. Soweit jedoch deren Anwendung eine **Abwägung** erfordert, verschieben sich die Gewichte. Denn bei der Abwägung fällt ins Gewicht, daß das Gericht mit der audiovisuellen Einvernahme aus der Hauptverhandlung heraus in der Regel eine erheblich bessere Beweismöglichkeit hat als bei der kommissarischen Einvernahme durch einen ersuchten Richter[50]. Diese bessere Beweisqualität kann sowohl bei der Beurteilung der Zumutbarkeit des Erscheinens vor dem erkennenden Gericht die Grenze zugunsten der audiovisuellen Vernehmung verschieben und sie wird auch sonst ins Gewicht fallen, wo es darum geht, ob das Erscheinen des Zeugen vor Gericht erforderlich ist. Vor allem bei **Auslandszeugen** kann dies bedeutsam sein, da dann — sofern entsprechende internationale Rechtshilfemöglichkeiten bestehen sollten — deren Einvernahme in ihrem Aufenthaltsstaat unmittelbar durch das erkennende Gericht möglich ist, so daß deren Heranziehung als Beweismittel weder an ihrer Weigerung scheitert, an den Gerichtsort zu kommen, noch daran, daß das Gericht eine kommissarische Einvernahme als ungeeignet ansieht, weil es ihm auf einen persönlichen Eindruck vom Zeugen ankommt.

14   Für die Einvernahme **gesperrter Zeugen** eröffnet sich ebenfalls eine weitere Möglichkeit, da eine Sperrerklärung, die das Erscheinen des Zeugen in der Hauptverhandlung wirksam ausschließt, ein nicht zu beseitigendes Hindernis im Sinne des § 251 Abs. 1 Nr. 2 ist[51]. Diese wird nicht immer, aber mitunter insoweit überwunden werden können, daß es möglich ist, den für die Teilnahme an der Hauptverhandlung gesperrten Zeugen an einem anderen — eventuell geheimgehaltenen[52] — Ort aus der Hauptverhandlung heraus audiovisuell zu vernehmen[53]. Wenn Belange des Zeugenschutzes nicht entgegenstehen, hat diese Form der unmittelbaren Vernehmung unter dem Blickwinkel der Aufklärungspflicht (bestmöglicher Beweis) und der dadurch besser gewahrten Verteidigungsrechte Vorrang vor der Verlesung eines Vernehmungsprotokolls und vor der Vernehmung mittelbarer Zeugen, die nur vom Hörensagen über die Wahrnehmungen des für die unmittelbare Einvernahme im Sitzungssaal gesperrten Zeugen berichten könnten[54]. Ob bei dessen Einvernahme Schutzvorkehrungen zur Verhinderung einer Enttarnung, wie eine **optische oder akustische Abschirmung**, zulässig sind, ist wegen der Einschränkung der Verteidigungs-

[49] *Diemer* NJW **1999** 1670; *Kleinknecht/Meyer-Goßner*[44] 6.
[50] BGH StV **1999** 580; vgl. Rdn. 3; 6; 16.
[51] Vgl. SK-*Schlüchter* 13; § 251, 40.
[52] Vgl. *Caesar* NJW **1998** 2315; *Schlüchter* FS Schneider 448; *Kleinknecht/Meyer-Goßner*[44] 9.

[53] *Diemer* NJW **1999** 1670; *Griesbaum* NStZ **1998** 440; *Rieß* NJW **1998** 3242; HK-*Julius*[2] 8; *Kleinknecht/Meyer-Goßner*[44] 7; SK-*Schlüchter* 13.
[54] *Diemer* NJW **1999** 1671; vgl. § 250, 27.

rechte zweifelhaft und strittig[55]. Ist die Anordnung der audiovisuellen Einvernahme auf Grund des § 251 Abs. 1 Nr. 2 möglich, kommt es nicht darauf an, ob alle Voraussetzungen vorliegen, die diese Anordnung auch zum Schutze des Zeugen nach der ersten Alternative des § 247 a ermöglicht hätten. Gleiches gilt für die Möglichkeit bei Zeugen, deren Einvernahme in der Hauptverhandlung nicht erzwungen werden kann, wenigstens die Zustimmung zu einer audiovisuellen Einvernahme zu erreichen[56], so etwa von **Kindern**, deren Eltern die Einvernahme in der Hauptverhandlung verweigern[57].

c) Die Anwendbarkeit des **§ 251 Abs. 1 Nr. 4** läßt die Anordnung der audiovisuellen **15** Vernehmung darüber hinaus in all den Fällen zu, in denen Staatsanwalt, Angeklagter und Verteidiger sowie die anderen Verfahrensbeteiligten, deren Zustimmung nach § 251 Abs. 1 Nr. 4 ebenfalls erforderlich ist[58], mit ihr **einverstanden** sind. Dies eröffnet den Verfahrensbeteiligten einen weitreichenden Gestaltungsraum[59], in dem sie eigenverantwortlich mitentscheiden können, ob in sonstigen Fällen die audiovisuelle Vernehmung eines Zeugen genügt. Das Gericht wird durch das allseitige Einverständnis aber nicht zu dieser Form der Einvernahme verpflichtet[60]. Das Einverständnis bildet lediglich die unerläßliche Grundlage dafür, daß das Gericht bei einem an sich erreichbaren Zeugen in Abwägung aller Umstände — einschließlich des Gebots einer zügigen Verfahrensdurchführung — darüber eigenverantwortlich entscheiden kann, ob es unter Berücksichtigung seiner Aufklärungspflicht die audiovisuelle Vernehmung beschließen will.

d) Aufklärungspflicht. Satz 1 letzter Halbsatz läßt die audiovisuelle Vernehmung in **16** den Fällen des § 251 Abs. 1 Nr. 1 bis 4 zu, „soweit dies zur Erforschung der Wahrheit erforderlich ist". Versteht man diesen Einschub dahin, daß die Aufklärungspflicht letztlich dafür entscheidend ist, ob ein Zeuge im Wege einer audiovisuellen Vernehmung zu hören ist, besagt er an sich eine Selbstverständlichkeit[61], denn die Aufklärungspflicht kann die Anordnung der audiovisuellen Einvernahme ausschließen, wenn dafür nur unzulängliche technische Möglichkeiten verfügbar sind oder wenn sich der Zeuge dafür nicht eignet oder wenn sonst wegen den geringen Erkenntnismöglichkeiten der audiovisuellen Vernehmung unter den besonderen Umständen des Einzelfalls keine beweiskräftige Aussage zu erwarten ist[62]. Da der Halbsatz im Zusammenhang mit § 251 Abs. 1 Nr. 2 bis 4 steht, wird man ihn andererseits auch als Hinweis verstehen können, daß die Anordnung der audiovisuellen Vernehmung dann nicht erforderlich ist und unterbleiben soll, wenn von ihr keine weitergehende oder bessere Sachaufklärung zu erwarten ist als durch das Verlesen eines bereits vorliegenden richterlichen Vernehmungsprotokolls[63]. Ob dies allerdings der Fall ist, oder ob von der audiovisuellen Vernehmung eines Zeugen wegen der Möglichkeit seiner Befragung und der Gewinnung eines Gesamteindrucks eine bessere Sachaufklärung zu erwarten ist, welche den damit verbundenen Aufwand und die eventuelle Verfahrensverzögerung rechtfertigt, muß das Gericht unter Berücksichtigung der Verfahrensbedeu-

---

[55] *Diemer* NJW **1999** 1670; *Lesch* StV **1995** 545 (für verdeckter Ermittler); KK-*Diemer*[4] 14 halten dies für zulässig und die gegenteilige Entscheidung BGHSt **32** 115, 124 = JZ **1984** 430 mit Anm. *Fezer* durch die Gesetzesänderungen für überholt; **a. A** *Kleinknecht/Meyer-Goßner*[44] 1; § 68, 18; SK-*Schlüchter* 18 (de lege ferenda zu fordern); *Renzikowski* JZ **1999** 607. Zum Streitstand vgl. ferner *Weider/Staechelin* StV **1998** 51; *Grießbaum* NStZ **1998** 440; *Schlüchter/Greff* Kriminalistik **1998** 532; *Schlüchter* FS Schneider 445; 464 sowie bei § 68, 16.

[56] HK-*Julius*[2] 8.

[57] HK-*Julius* 6; SK-*Schlüchter* 3; vgl. § 251, 39.

[58] Vgl. § 251, 45.

[59] *Rieß* NJW **1998** 3242 Fußn. 42; StraFo. **1999** 7 Fußn. 92 hält diesen in der Begründung BTDrucks. **13** 9063 nicht angesprochenen Fall für nicht unproblematisch.

[60] Vgl. § 251, 44.

[61] BGH StV **1999** 581; *Seitz* JR **1998** 312; *Kleinknecht/Meyer-Goßner*[44] 6.

[62] *Diemer* NJW **1999** 1671 (zusätzliche Hemmungen, geringere Motivation zur wahrheitsgemäßen Aussage).

[63] HK-*Julius*[2] 9; KK-*Diemer*[4] 13; SK-*Schlüchter* 14.

tung der Aussage und seiner Pflicht zur zügigen Verfahrenserledigung nach seinem pflichtgemäßen Ermessen entscheiden. Gleiches gilt erst recht, wenn eine verlesbare Aussage nicht vorliegt und der auch unter dem Gesichtspunkt der Wahrheitserforschung vorzugswürdigeren unmittelbaren Einvernahme des Zeugen im Gerichtssaal Hindernisse entgegenstehen. Das Gericht muß dann zwischen der Anordnung der kommissarischen Einvernahme mit späterer Verlesung der Vernehmungsniederschrift oder der in der Regel aussagekräftigeren Anordnung der audiovisuellen Vernehmung unter Abwägung aller Gesichtspunkte des Einzelfalls entscheiden.

17   **7. Weiteres Verfahren.** Hat das Gericht die audiovisuelle Vernehmung eines Zeugen beschlossen, muß es bzw. der Vorsitzende dafür sorgen, daß der Zeuge an den Ort seiner Einvernahme geladen wird und daß dort zu dem vom Gericht mit dem Gang der Hauptverhandlung abzustimmenden Zeitpunkt seine audiovisuelle Einvernahme aus der Hauptverhandlung heraus durchgeführt werden kann (Rdn. 3, 4). Bleibt bei einer Vernehmung im Inland[64] der ordnungsgemäß geladene Zeuge unentschuldigt aus, können gegen ihn Maßnahmen nach § 51 verhängt werden. Einschränkungen ergeben sich beim **Ladungsrecht der Staatsanwaltschaft** nach § 214 Abs. 3 und bei dem **Selbstladungsrecht** der Verfahrensbeteiligten nach §§ 220, 38. Beide ermöglichen an sich nur die Ladung an den Ort der Hauptverhandlung; ob Umstände vorliegen, die ausnahmsweise die audiovisuelle Einvernahme eines Zeugen an einem anderen Ort erfordern, kann nicht der Ladungsberechtigte, sondern allein das Gericht entscheiden[65]. Dieses benötigt für die zu treffende Abwägung die Kenntnis aller eine solche Anordnung rechtfertigenden Umstände, bei einem nicht selbst geladenen Zeugen werden sie ihm mitunter nicht einmal ersichtlich sein. Deshalb muß ein Verfahrensbeteiligter, der erreichen will, daß ein von ihm für erforderlich gehaltener Zeuge außerhalb des Ortes der Hauptverhandlung vernommen wird, dies vorher mit dem Gericht abstimmen. Dieses hat dann, wenn es dieser Form der Einvernahme zustimmt, Ort und Zeit der Einvernahme festzulegen. Erst dann könnte, was allerdings ein wenig sinnvoller Umweg ist, das Selbstladungsrecht für diesen Ort ausgeübt werden. Einfacher ist es, wenn in solchen Fällen unter Aufzeigen der Gründe und des Beweisthemas — vom Angeklagten im Wege des § 219 — versucht wird, daß das Gericht die Einvernahme nach § 247 a beschließt[66] und den Zeugen dann von Amts wegen an den Vernehmungsort lädt. Im übrigen bleibt die Möglichkeit, einen förmlichen Beweisantrag zu stellen und diesen mit der Anregung einer audiovisuellen Vernehmung des Zeugen an einem anderen Ort zu verbinden.

18   Die **Durchführung der audiovisuellen Vernehmung** ist Teil der Hauptverhandlung. Ihr **Inbegriff** (§ 261) erstreckt sich auch auf den Raum, in dem der Zeuge vernommen wird, und die dort anwesenden Personen, ihre Bekundungen, ihr Erscheinungsbild und ihr Verhalten. Für die Vernehmung gelten die gleichen Grundsätze wie bei der eines im Sitzungssaal körperlich anwesenden Zeugen. Recht und Pflicht zur Anwesenheit der anderen Personen in der Hauptverhandlung und ihre Ausnahmen werden dadurch nicht berührt[67], desgleichen nicht das Erfordernis der **Öffentlichkeit** der Hauptverhandlung und seine Ausnahmen. Das Gebot der Öffentlichkeit gilt aber nur für den Sitzungssaal und für die dorthin übertragene Einvernahme, auf den Ort der Einvernahme des Zeugen erstreckt es

---

64 Bei einem Vernehmungsort im Ausland richtet es sich nach dessen Recht, ob die ausländischen Behörden gegen einen ausgebliebenen Zeugen Sanktionen verhängen können; vgl BGH StV **1999** 581 (für USA).

65 Nach *Schlothauer* StV **1999** 50 Fußn. 27 müßte sich das Selbstladungsrecht konsequenterweise auch hierauf erstrecken.
66 Da sich die Kompetenz des Vorsitzenden § 219 nicht darauf erstreckt, muß dieser gegebenenfalls eine Entscheidung des Gerichts herbeiführen.
67 KK-*Diemer*[4] 8.

sich nicht. Desgleichen gilt das **Anwesenheitsrecht der Verfahrensbeteiligten** grundsätzlich nur für den Sitzungssaal, nicht aber für den davon getrennten Raum der Vernehmung. Zu diesem haben neben den für die technische Durchführung und die Aufsicht benötigten Personen nur der zu vernehmende Zeuge Zugang, der sich von der vom Gericht zugelassenen Person seines Vertrauens (§ 406 f Abs. 3)[68] und einem als Zeugenbeistand zugezogenen Anwalt (auch im Falle des § 397 a) begleiten lassen darf[69]. Das Gericht kann auch anderen Personen die Anwesenheit im Vernehmungszimmer gestatten, wenn ihm dies für die Betreuung des Zeugen oder im Interesse einer sachgerechten Aussage angezeigt erscheint, etwa die Eltern eines Kindes. Verfahrensrechte, die nicht unmittelbar im Zusammenhang mit der jeweiligen Zeugenaussage stehen, können von dort aus aber nicht wahrgenommen werden; die Ausnahmeregelung des § 247 a erstreckt sich hierauf nicht. Wird für die Sprachübertragung ein **Dolmetscher** benötigt, kann dieser seine Aufgabe sowohl am Vernehmungsort als auch im Sitzungssaal der Hauptverhandlung wahrnehmen[70]. Der Angeklagte kann für die Zeit der audiovisuellen Vernehmung nach § 247 aus dem Sitzungssaal entfernt werden, wenn dann trotzdem noch einer der Gründe vorliegt, der dies nach dieser Vorschrift rechtfertigt[71].

Der **Vorsitzende** führt die Vernehmung vom Sitzungssaal aus durch, er hat dabei die **19** gleichen Belehrungspflichten und Befugnisse wie bei der Vernehmung eines im Sitzungssaal auch körperlich anwesenden Zeugen. Dies gilt — sofern der Vernehmungsort in Deutschland liegt — auch für seine **Ordnungsgewalt**, die sich auf den Vernehmungsort und den Zeugen sowie die sonstigen dort befindlichen Personen erstreckt[72]. Umgekehrt kann der Zeuge auch von dort aus das Gericht gegen eine Anordnung des Vorsitzenden nach § 238 Abs. 2 anrufen. Der Vorsitzende kann den Zeugen auch im Wege der audiovisuellen Übertragung **vereidigen**. Liegt der Ort der Vernehmung im Ausland, darf er dies nur, wenn das ausländische Recht ihm dies gestattet. Für die Ausübung des **Fragerechts** gelten die §§ 240 ff. Der Abschluß der Vernehmung und die Entlassung des Zeugen richtet sich nach § 248.

8. Kommissarische Vernehmung. Wird ein Zeuge an einem anderen Ort kommissa- **20** risch durch den Richter nach § 223 vernommen, so wird im Schrifttum[73], wie auch schon in der parlamentarischen Beratung[74], die Ansicht vertreten, daß es zulässig ist, daß das erkennende Gericht sich dieser Vernehmung durch einen nicht dem Spruchkörper angehörenden Richter durch eine zeitgleiche Bild-Ton-Übertragung zuschaltet, wobei dem Zeugen dann auch aus der Hauptverhandlung heraus Fragen gestellt werden können. Gegen eine solche Verquickung sprechen vor allem die Erfordernisse der Verfahrensklarheit. Sowohl im Interesse des betroffenen Zeugen als auch der teilnahmeberechtigten Verfah-

---

[68] *Rieß* NJW **1998** 3241.

[69] *Diemer* NJW **1999** 1668; *Kleinknecht/Meyer-Goßner*[44] 10. Dies dürfte für die Fälle der §§ 406 f und 406 g gelten; die Beratung des Zeugen wird mitunter eine vertrauliche unmittelbare Verständigung zwischen ihm und seinem Anwalt erfordern, die nicht über die Videoverbindung für alle Verhandlungsteilnehmer mithörbar abzuwickeln ist. Wenn die Einnahme an einem von Gerichtssitz weiter entfernten Ort stattfindet, kann dies allerdings zur Folge haben, daß das Anwesenheitsrecht in der Hauptverhandlung nach § 406 g Abs. 2 Satz 1 faktisch nicht wahrgenommen werden kann.

[70] BGH StV **1999** 580.

[71] Reg.Entw. BTDrucks. **13** 7165 S. 9, HK-*Julius*[2] 14; KK-*Diemer*[4] 8; SK-*Schlüchter* 7; ferner *Kleinknecht/Meyer-Goßner*[44] 10 (mit Hinweis, daß dann aber die spätere Verwendbarkeit einer Videoaufzeichnung nach § 255 a entfällt).

[72] *Rieß* StraFo. **1999** 6; SK-*Schlüchter* 4. Wird die Vernehmung im Wege der Rechtshilfe an einem Ort im Ausland durchgeführt, ist das Gericht zur Anordnung dort wirksam werdender Hoheitsakte nicht berechtigt, sofern ihm dies nicht durch eine internationale Vereinbarung gestattet ist.

[73] *Diemer* NJW **1999** 1668; *Schlüchter/Greff* Kriminalistik **1998** 532; *Weigend* Gutachten 62. DJT C 56; KK-*Diemer*[4] 3.

[74] MdB *Irmer* Prot. der 221. Sitzung, BTDrucks. **13** 221 S. 20206; vgl. auch Rdn. 3.

Walter Gollwitzer

rensbeteiligten ist zu fordern, daß eindeutig feststehen muß, wer die Vernehmung durchführt und die darauf bezüglichen Entscheidungen zu treffen hat, ferner, ob diese ein Teil der Hauptverhandlung im Sinne von § 261 ist oder ob sie verneinendenfalls erst danach durch Verlesen des Vernehmungsprotokolls oder durch Vorführung ihrer Videoaufzeichnung in die Hauptverhandlung eingeführt werden muß. Eine Zeugenvernehmung, die gleichzeitig kommissarische Vernehmung und Teil der Hauptverhandlung sein soll und bei der außerdem jeweils zwei verschiedenen Richtern die Befugnis zur Vernehmung zustehen würde, ist abzulehnen[75]. Eine solche Konstruktion ist im übrigen auch entbehrlich. Wenn das erkennende Gericht sich aus der Hauptverhandlung heraus selbst in die Vernehmung des an einem anderen Ort befindlichen Zeugen einschalten kann und will, kann es dies nur auf der Grundlage des § 247 a. Damit aber wird die Vernehmung Teil der Hauptverhandlung und obliegt allein dem Vorsitzenden des erkennenden Gerichts, auch wenn dieses vorher als Ersatz für die Vernehmung in der Hauptverhandlung die kommissarische Vernehmung angeordnet haben sollte. Letztere Anordnung wird gegenstandslos, wenn die ursprünglich als kommissarische Einvernahme gedachte Vernehmung des Zeugen an einem anderen Ort durch die nach § 247 a beschlossene audiovisuelle Vernehmung tatsächlich in die Hauptverhandlung einbezogen wird.

21   Ob bei einer **Vernehmung im Ausland** im Wege der internationalen Rechtshilfe die dann möglicherweise bestehende Notwendigkeit der Einschaltung eines ausländischen Richters zu einer Spaltung der Kompetenzen in eine formelle Verhandlungsleitung oder Verhandlungsaufsicht des ausländischen Richters einerseits und die Befugnis zur Einvernahme zur Sache und zur Stellung von Fragen andererseits führen könnte und welche verfahrensrechtlichen Konsequenzen dann innerstaatlich daraus zu ziehen wären, läßt sich nur in Ansehung des Einzelfalls beurteilen. Maßgebend dürfte sein, ob das erkennende Gericht die Einvernahme selbst nach den für die Hauptverhandlung geltenden Regeln durchführen kann. Daneben kann nach Ansicht des Bundesgerichtshofs die Mitwirkung eines Vertreters der Justizbehörden des ersuchten Staates, etwa bei der Feststellung der Identität des Zeugen förderlich sein[76]. Sobald die von den Staaten der Europäischen Union beabsichtigten Rechtshilferegelungen für Deutschland wirksam vereinbart worden sind, werden diese im Verhältnis zwischen den Vertragsstaaten maßgebend sein.

9. Aufzeichnung der Aussage (§ 247 a Satz 4, 5)

22   a) Die **Sollvorschrift des § 247 a Satz 4** sieht die Aufzeichnung der audiovisuell übertragenen Aussage für den Fall vor, daß zu besorgen ist, daß der Zeuge in einer künftigen Hauptverhandlung nicht vernommen werden kann. Sein Wortlaut läßt also — anders als § 58 a — die Aufzeichnung nicht generell zu, sondern nur, wenn es notwendig ist, sie als Beweismittel für eine künftige Hauptverhandlung zu sichern. Es muß also zumindest eine gewisse Wahrscheinlichkeit bestehen, daß die Aussage auch in einer anderen (künftigen) Hauptverhandlung als Beweismittel benötigt werden könnte[77]. Da die Aufzeichnung in das **Persönlichkeitsrecht des Zeugen** eingreift[78], ohne daß dazu dessen Einwilligung erforderlich ist[79], darf sie nicht beliebig angeordnet werden. Sie bedarf als rechtfertigenden Grund, daß sie für die Wahrheitsfindung notwendig ist und daß zu befürchten ist, daß

---

[75] *Rieß* StraFo. **1999** 6; *Kleinknecht/Meyer-Goßner*[44] § 223, 20.

[76] BGH StV **1999** 580.

[77] *Kleinknecht/Meyer-Goßner*[44] 11. Die Einschränkung des § 255 a Abs. 2 schließt zwar bei der Entfernung des Angeklagten nach § 247 die Verwen-

dung der Videoaufzeichnung nach § 255 a Abs. 2 aus, nicht aber die unter den Voraussetzungen des § 255 a Abs. 1.

[78] HK-*Julius*[2] 15; KK-*Diemer*[4] 19.

[79] *Diemer* NJW **1999** 1672.

der Zeuge in einer künftigen Hauptverhandlung nicht zur Verfügung stehen könnte[80]. Legt man die Vorschrift im Hinblick auf ihre den Zeugen schützende prozeßökonomische Zielsetzung nicht zu eng aus und berücksichtigt man dabei, daß dem Persönlichkeitsschutz des Zeugen auch schon durch die eingeschränkte Verwendbarkeit der Aufzeichnung und die Vernichtungsregelung nach Satz 4 Rechnung getragen wird[81], so werden die Voraussetzungen meist gegeben sein.

Künftige Hauptverhandlung ist jede später möglicherweise notwendige Hauptver- **23** handlung, bei der damit zu rechnen ist, daß der Zeuge zum gleichen Beweisthema erneut zu hören ist; dies kann eine Berufungsverhandlung sein, aber auch eine spätere Hauptverhandlung in der gleichen Instanz, wie sie nach einer Zurückverweisung durch das Revisionsgericht[82] oder bei einer Aussetzung notwendig wird. Zweck der Vorschrift ist, dem Zeugen die Belastung einer mehrmaligen Aussage zum gleichen Beweisthema zu ersparen. Deshalb ist auch die Hauptverhandlung in einem anderen Verfahren eine weitere Hauptverhandlung im Sinne dieser Vorschrift[83]. Dies gilt sowohl, wenn das Verfahren gegen einen Mitangeklagten nach Verfahrenstrennung weitergeführt wird, als auch bei einem anderen, von Anfang an getrennt geführten Verfahren.

Zur Erforschung der Wahrheit ist letztlich jede Aussage erforderlich, die für die **24** Urteilsfindung Gewicht hat[84], sei es, daß sie eine unmittelbar beweiserhebliche Tatsache betrifft, sei es, daß durch sie eine für die Entscheidung wesentliche Indiztatsache bezeugt oder verneint wird. Bei völlig irrelevanten Aussagen ist dagegen die Erforderlichkeit der Aufzeichnung für die Wahrheitsfindung von vornherein zu verneinen. Mit der Anordnung der Vernehmung geht das Gericht jedoch grundsätzlich selbst von der Beweiserheblichkeit der zu erwartenden Aussage aus. Deshalb wird in dem Zeitpunkt, in dem das Gericht die audiovisuelle Vernehmung eines Zeugen beschließt, diese Voraussetzung im Regelfall kaum zu verneinen sein.

Die Besorgnis, daß der Zeuge in einer **künftigen Hauptverhandlung nicht zur Ver- 25 fügung** stehen könnte, muß sich über die immer bestehende abstrakte Möglichkeit des Wegfalls des Zeugen hinaus auf **konkrete Tatsachen** gründen[85]. Dies können tatsächliche oder rechtliche Gründe sein, zum Beispiel, daß der Zeuge schwer erkrankt ist oder daß er im Ausland wohnt oder daß seiner späteren Einvernahme in der Hauptverhandlung die in §251 Abs. 1 Nr. 2 oder 3 aufgeführten Gründe entgegenstehen könnten. Die Besorgnis kann aber auch darin wurzeln, daß Belange des Zeugenschutzes einer nochmaligen Einvernahme entgegenstehen, so, wenn zu erwarten ist, daß die Eltern eines Kindes seine nochmalige Einvernahme verweigern werden[86] oder daß einer der in §255 a Abs. 2 aufgeführten Fälle vorliegt, bei dem die nochmalige Vernehmung des Zeugen durch die Vorführung der Bild-Ton-Aufzeichnung der früheren Vernehmung ersetzt werden kann, um dem Zeugen die Belastung einer nochmaligen Einvernahme zu ersparen[87]. Die **Besorgnis eines Beweisverlusts** kann sich auch auf die Befürchtung gründen, daß seine erneute Einvernahme zur Wahrheitserforschung später weniger tauglich sein kann, weil seine Aussage dann wegen in seiner Person liegender Gründe oder auch schon wegen des weiteren Zeitablaufs unergiebig werden könnte.

---

[80] Nach *Diemer* NJW **1999** 1672 müssen der Vernehmung voraussichtlich unüberwindbare Hindernisse entgegenstehen.

[81] Vgl. Rdn. 29.

[82] BTDrucks. **13** 7165 S. 5.

[83] KK-*Diemer*[4] 18; *Kleinknecht/Meyer-Goßner*[44] 11 (aus der Sicht des Zeugen zu beurteilen).

[84] KK-*Diemer*[4] 19.

[85] *Diemer* NJW **1999** 1672.

[86] HK-*Julius*[2] 16; *Kleinknecht/Meyer-Goßner*[44] 11.

[87] BTDrucks. **13** 7165 S. 5; KK-*Diemer*[4] 18; SK-*Schlüchter* 20.

Walter Gollwitzer

26   **b)** Die **Anordnung der Aufzeichnung** obliegt dem **Vorsitzenden** kraft seiner Verhandlungsleitung (§ 238 Abs. 1)[88]. Gegen die Anordnung oder ihre Unterlassung kann das
Gericht nach § 238 Abs. 2 angerufen werden. Dies kann auch der durch die Anordnung
der Aufzeichnung unmittelbar betroffene Zeuge. Man wird es jedoch als zulässig ansehen
müssen, wenn das Gericht über die Anordnung oder ihre Ablehnung gleich in dem
Beschluß mit entscheidet, der die audiovisuelle Vernehmung anordnet[89]. Dies kann ohnehin deswegen ratsam sein, weil nach anderer Ansicht die Entscheidung über die Aufzeichnung einen Beschluß des Gerichts erfordert, der nach Anhörung der Verfahrensbeteiligten
(§ 33) ergeht[90]. Wird von der **Aufzeichnung abgesehen**, obwohl die Voraussetzungen der
Sollvorschrift des Satzes 4 vorliegen, sind die Gründe dafür den Verfahrensbeteiligten zur
Kenntnis zu bringen[91], entweder in der Begründung eines den Antrag auf Anordnung der
Aufzeichnung ablehnenden Gerichtsbeschlusses oder, wenn man einen solchen nicht für
erforderlich hält, durch einen Hinweis des Vorsitzenden. Dies ermöglicht den Verfahrensbeteiligten und auch dem betroffenen Zeugen, Gegenvorstellungen zu erheben[92].

27   **c)** Nach **pflichtgemäßem Ermessen** ist über die Anordnung der Aufzeichnung **zu entscheiden**; wobei jedoch aus der Ausgestaltung als **Sollvorschrift** folgt, daß sie bei Vorliegen der gesetzlichen Voraussetzungen in der Regel anzuordnen ist und daß dann nur aus
triftigen Gegengründen davon abgesehen werden kann[93]. Maßgebend dafür, ob die Aussage aufzuzeichnen ist, kann immer nur die **Einschätzung der Sach- und Rechtslage** auf
Grund der Tatsachen sein, die dem Gericht in dem Zeitpunkt bekannt sind, in dem es über
die Aufzeichnung entscheidet. Dieser muß notwendigerweise vor Beginn der Vernehmung liegen. Unerheblich ist insoweit, daß nach deren Durchführung diese Frage möglicherweise anders zu beurteilen wäre[94]. Ob aus der Ausgestaltung als Sollvorschrift entnommen werden kann, daß die Gründe für die Anordnung **nicht abschließend geregelt**
sind, so daß das Gericht über die in Satz 4 festgelegten Voraussetzungen hinaus nach seinem Ermessen auch in weiteren Fällen unter Sachaufklärungsaspekten die Aufzeichnung
anordnen kann[95], erscheint wegen der restriktiven Wortwahl des Satzes 4 fraglich. Vom
Regelungszweck her ist es zur Vermeidung von Beweismittelverlusten, aber auch zur Entlastung des Zeugen vor einer späteren erneuten Beanspruchung vertretbar, die vorsorgliche Aufzeichnung beweiserheblicher Aussagen aus Gründen der Prozeßwirtschaftlichkeit
oder der Sicherung der Sachaufklärung auch dann zuzulassen, wenn schon wegen des
Umfangs der Aussage oder eines komplexen, nur mit Schwierigkeit zu rekonstruierenden
Sachverhalts oder wegen in der Person des Zeugen liegenden Gründe[96] oder der voraussichtlich langen Dauer der Hauptverhandlung damit zu rechnen ist, daß die Wiederholung
der Aussage nach einer längeren Zeit keinen oder nur noch einen verminderten Beweiswert hätte[97]. Eine Aufzeichnung der Aussage für rein gerichtsinterne Zwecke des erkennenden Gerichts, etwa als Gedächtnisstütze für die Beratung, kann auf Satz 4 nicht
gestützt werden[98].

28   **d)** Nach **Satz 5** ist auf die Aufzeichnungen **§ 58 a Abs. 2 entsprechend anwendbar**.
Die Aufzeichnungen dürfen deshalb **nur für die Zwecke der Strafverfolgung** und nur
insoweit verwendet werden, als die Erforschung der Wahrheit dies erfordert. In sie darf

---

88 HK-*Julius*[2] 16; SK-*Schlüchter* 20.
89 *Diemer* NJW **1999** 1672; KK-*Diemer*[4] 20.
90 KK-*Diemer*[4] 20; *Kleinknecht/Meyer-Goßner*[44] 12.
91 *Diemer* NJW **1999** 1672 hält insoweit einen be-
    gründeten Beschluß für erforderlich.
92 Nach *Schlothauer* StV **1999** 50 sollte der Verteidi-
    ger durch einen entsprechenden Antrag auf die
    Aufzeichnung hinwirken.

93 KK-*Diemer*[4] 20; SK-*Schlüchter* 20.
94 Dies kann dann aber die Anordnung der Löschung
    rechtfertigen, vgl. Rdn. 27.
95 HK-*Julius*[2] 15.
96 *Diemer* NJW **1999** 1672 unter Hinweis auf BT-
    Drucks. **13** 7165 S. 5.
97 *Kleinknecht/Meyer-Goßner*[44] 11.
98 *Diemer* NJW **1999** 1672; vgl. § 261, 89.

jedoch nach Maßgabe der §§ 147, 406 e dem Verteidiger des Angeklagten und einem Anwalt des Verletzten Einsicht gewährt werden. Die Aufzeichnungen sind unverzüglich zu **vernichten**, wenn sie weder für das laufende noch für ein anderes Strafverfahren benötigt werden (§ 100 b Abs. 6). Wenn sich ergibt, daß die Aussage, deren Aufzeichnung vorsorglich angeordnet worden war, entgegen der vorherigen Einschätzung für das weitere Verfahren völlig unergiebig ist, kann die unverzügliche Vernichtung (Löschen der Aufzeichnung) angeordnet werden. Gleiches gilt, wenn sich ergibt, daß ihrer Verwendung ein auch künftig nicht entfallendes Beweisverbot entgegensteht.

10. Sitzungsniederschrift. Der Beschluß, der die audiovisuelle Vernehmung eines Zeugen anordnet oder ablehnt, und seine Verkündung sind nach § 273 Abs. 1 in der Sitzungsniederschrift festzuhalten[99]. Als wesentliche Förmlichkeit ist dort aber auch zu vermerken, daß und an welchem Ort der Zeuge audiovisuell vernommen wurde[100]. Ferner ist die Anordnung zu beurkunden, daß die audiovisuelle Vernehmung aufzuzeichnen ist[101], aber auch die Ablehnung eines diesbezüglichen Antrags eines Verfahrensbeteiligten. Neben Ort und Zeit der audiovisuellen Vernehmung sollte im Protokoll auch vermerkt werden, welche Personen in welcher Eigenschaft (Zeugenbeistand, Vertrauensperson nach § 406 f Abs. 3, Angehörige usw.) außer dem Hilfspersonal im Vernehmungsraum neben dem Zeugen anwesend waren. Gegebenenfalls ist auch festzuhalten, wenn und wie lange die Vernehmung aus technischen Gründen unterbrochen wurde, sowie, wenn sie aus einem solchen Grund nicht zu Ende gebracht werden konnte oder wenn Vorgänge im Vernehmungsraum im Sitzungssaal von den für die Protokollführung Verantwortlichen (§ 271 Abs. 1) nicht wahrnehmbar waren. Im übrigen gelten für die Protokollierung der Verfahrensvorgänge der Hauptverhandlung keine Besonderheiten. Auch wenn die Vernehmung an zwei verschiedenen Orten stattfindet, sind alle Vorgänge so in einem einheitlichen Protokoll festzuhalten, wie dies bei einer nur an einem Ort stattfindenden normalen Hauptverhandlung geboten ist.

11. Rechtsmittel

a) Beschwerde. Der Beschluß, der die audiovisuelle Vernehmung eines Zeugen anordnet oder ablehnt, ist nach Satz 2 unanfechtbar. Er kann also weder von den Verfahrensbeteiligten angefochten werden, bei denen § 305 Satz 1 ohnehin der Beschwerde entgegenstehen würde, noch vom betroffenen Zeugen, da Satz 2 dessen sonst nach § 305 Satz 2 bestehendes Beschwerderecht ausschließt[102]. Gleiches gilt für eine ablehnende Entscheidung[103]. Bestimmt der Vorsitzende den Vernehmungsort, kann dagegen das Gericht nach § 238 Abs. 2 angerufen werden. Der Beschluß des Gerichts ist dann durch Satz 2 ebenfalls der Beschwerde entzogen[104]. Die Anordnung der Aufzeichnung der Vernehmung nach Satz 4 kann von den Verfahrensbeteiligten wegen § 305 Satz 1 nicht mit der Beschwerde angegriffen werden. Der von der Entscheidung betroffene Zeuge hat dagegen das Beschwerderecht nach § 304 Abs. 2, § 305 Satz 2[105].

b) Revision. Die Entscheidung nach Satz 1 kann — da nach Satz 2 unanfechtbar — auch nicht mit der Revision angegriffen werden (§ 336 Satz 2). Dies betrifft vor allem die

---

99 HK-*Julius*[2] 10; KK-*Diemer*[4] 15.
100 Nach HK-*Julius*[2] 10 sollte das Protokoll zusätzlich auch den Zeitraum vermerken, in dem sich der Zeuge am Ort seiner Vernehmung aufhielt; ebenso SK-*Schlüchter* 22.
101 HK-*Julius*[2] 14; KK-*Diemer*[4] 16.

102 KK-*Diemer*[4] 16; *Kleinknecht/Meyer-Goßner*[44] 13; Bedenken gegen diese Regelung *Diemer* NJW **1999** 1671.
103 *Kleinknecht/Meyer-Goßner*[44] 13.
104 *Kleinknecht/Meyer-Goßner*[44] 13.
105 *Diemer* NJW **1999** 1672; KK-*Diemer*[4] 20; *Kleinknecht/Meyer-Goßner*[44] 13.

Rüge einer rechtsfehlerhaften, vor allem ermessensfehlerhaften Anwendung des § 247 a, die der Gesetzgeber ausschalten wollte und die wohl auch die Rüge mit einschließt, daß das Gericht bei seiner Ermessensentscheidung seine Aufklärungspflicht falsch gewichtet hat[106]. Der Ausschluß setzt aber voraus, daß das Gericht ausdrücklich oder konkludent über die Anordnung oder Ablehnung einer Vernehmung nach § 247 a entschieden hat. Er tritt nicht ein, wenn das Gericht diese Möglichkeit überhaupt nicht erwogen hat, etwa, wenn es ohne sie zu prüfen, einen Beweisantrag wegen der Unerreichbarkeit eines im Ausland wohnenden Zeugen ablehnte[107]. Ob § 336 Satz 2 die Revision auch ausschließt, wenn aus der unanfechtbaren Entscheidung ein **absoluter Revisionsgrund** hergeleitet wird, wie etwa die dadurch bewirkte unzulässige Beschränkung der Verteidigung (§ 338 Nr. 8), ist strittig, aber wohl zu bejahen[108]. Andererseits dürfte kein Anlaß bestehen, den Revisionsausschluß darüber hinaus auch auf die Rüge zu erstrecken, daß das Urteil unter Verletzung der Aufklärungspflicht ergangen ist, weil das Gericht sich mit der nach § 247 a durchgeführten audiovisuellen Vernehmung des Zeugen begnügte, obwohl erst nach der Vernehmung bekanntgewordene Umstände dazu gedrängt hätten, den Zeugen zur besseren Sachaufklärung in der Hauptverhandlung selbst nochmals zu vernehmen[109].

32   Hat das Gericht die audiovisuelle Vernehmung erkennbar aus **anderen Gründen**, als in § 247 a aufgeführt, angeordnet, liegt sachlich gar kein Beschluß nach § 247 a vor, der die Revision ausschließen könnte[110]. Es fehlt dann, ebenso wie in dem Fall, daß die audiovisuelle Vernehmung rechtsfehlerhaft **ohne einen anordnenden Gerichtsbeschluß** durchgeführt worden ist, an einer die Revision ausschließenden unanfechtbaren Entscheidung im Sinne des Satzes 2[111]. Der Verstoß gegen die dann nicht durch die Ausnahme des § 247 a gerechtfertigte Pflicht, den Zeugen in der Hauptverhandlung in Gegenwart aller Verfahrensbeteiligten zu vernehmen, kann dann nach § 337 gerügt werden; er verhilft der Revision zum Erfolg, wenn nicht auszuschließen ist, daß das Urteil auf dem Verfahrensfehler beruht. Letzteres kann im Einzelfall verneint werden, wenn die gesetzlichen Voraussetzungen für die audiovisuelle Vernehmung für alle Verfahrensbeteiligten ersichtlich eindeutig vorlagen, diese damit einverstanden waren und die Form der Zeugenvernehmung den urteilsrelevanten Inhalt der Aussage ersichtlich nicht beeinträchtigen konnte.

33   Die **Anordnung der Aufzeichnung** der audiovisuellen Vernehmung nach Satz 4 oder deren Unterlassen ist für die Verfahrensbeteiligten mangels urteilsrelevanter Beschwer mit der Revision nicht angreifbar; denn maßgebend für die Urteilsfindung ist allein die Aussage des Zeugen; ob sie für etwaige spätere Hauptverhandlungen aufgezeichnet worden ist, spielt dabei keine Rolle[112]. Dies gilt auch, wenn mangels Aufzeichnung die Möglichkeit entfällt, die tatrichterlichen Urteilsfeststellungen darüber als unrichtig und damit gegen § 261 verstoßend anzugreifen[113].

34   Unter dem Blickwinkel der **Verletzung der Aufklärungspflicht** kann gerügt werden, wenn das Gericht ohne jede Beschlußfassung hierüber von der bestehenden Möglichkeit einer audiovisuellen Vernehmung trotz ihres höheren Beweiswerts keinen Gebrauch

---

106 *Diemer* NJW **1999** 1672; *Rieß* NJW **1998** 3242; StraFo. **1999** 7; HK-*Julius*² 19; KK-*Diemer*⁴ 22; *Kleinknecht/Meyer-Goßner*⁴⁴ 13.
107 BGH StV **1999** 580.
108 *Kleinknecht/Meyer-Goßner*⁴⁴ 13; *Diemer* NJW **1999** 1672; HK-*Temming*² § 336, 6; KK-*Diemer*⁴ 22 halten diese Rüge für zulässig; vgl. auch § 336, 11 ff.
109 Vgl. *Rieß* StraFo. **1999** 7; § 336, 13.

110 *Diemer* NJW **1999** 1672; KK-*Diemer*⁴ 22 (Beschluß ohne Rechtsgrundlage).
111 *Diemer* NJW **1999** 1672; KK-*Diemer*⁴ 22; *Kleinknecht/Meyer-Goßner*⁴⁴ 13.
112 *Diemer* NJW **1999** 1672; KK-*Diemer*⁴ 22; *Kleinknecht/Meyer-Goßner*⁴⁴ 13.
113 Zu dieser durch die Aufzeichnung des Inhalts der Aussage eröffneten Möglichkeit vgl. *Schlothauer* StV **1999** 50.

gemacht hat[114], obwohl konkret darzulegende Umstände dazu drängten, sich nicht mit der Verlesung einer weniger aussagekräftigen Vernehmungsniederschrift oder der Aussage eines Zeugen vom Hörensagen zu begnügen. Wird die Verletzung der Aufklärungspflicht darin gesehen, daß das Gericht einen Zeugen nur audiovisuell vernommen hat, obwohl es ihn ohne weiteres unmittelbarer in der Hauptverhandlung hätte vernehmen können und wegen besonderer ihm bis zur Urteilsverkündung bekanntgewordener Umstände auch dort hätte vornehmen müssen, ist die Rüge nur in den engen Grenzen zulässig, in denen ihr § 336 Satz 2 nicht entgegensteht[115]. Die Weigerung des Gerichts, eine wegen der Hemmungen des Zeugen **unergiebige Aussage vor dem erkennenden Gericht** als audiovisuelle Vernehmung zu wiederholen, um auf diesem Weg vielleicht zu einer brauchbaren Aussage zu kommen, kann — sofern überhaupt die gesetzlichen Voraussetzungen des § 247 a vorliegen — allenfalls als Verstoß gegen die Aufklärungspflicht gerügt werden[116]. Ein Verstoß gegen die Aufklärungspflicht kann auch darin liegen, daß das Gericht eine ersichtlich **unvollständige** oder **technisch mangelhafte Übertragung** der Vernehmung seiner Entscheidung zugrunde legte[117], obwohl die Aussage und ihre Modalitäten wegen technischer Unzulänglichkeiten oder Störungen im Sitzungssaal nicht vollständig wahrgenommen werden konnten oder zweifelhaft blieb, ob der Zeuge seinerseits die ihm gestellten Fragen überhaupt verstehen konnte. Auch in solchen Fällen darf nicht auszuschließen sein, daß das Urteil auf den Kommunikationsmängeln beruht. Ob solche Mängel vorlagen, ist im Wege des **Freibeweises** zu klären, in der Regel bedarf es dafür auch dienstlicher Erklärungen. Auch die Vorführung einer angeordneten Videoaufzeichnung kann mitunter diese Mängel und ihr Ausmaß bestätigen. Daß aus ihr keine Störungen zu ersehen sind, reicht aber für die Verneinung von Übertragungsmängeln in der Regel nicht aus, da die Qualität und Vollständigkeit der Aufzeichnung nicht notwendig immer den sicheren Schluß auf die Qualität und Störungsfreiheit der wechselseitigen Übertragung ermöglicht[118].

Die **Verletzung anderer Vorschriften** im Rahmen einer Vernehmung nach §247 a, **35** wie etwa ein Verstoß gegen § 241 a oder § 247 kann mit der Revision gerügt werden[119].

---

[114] *Rieß* StraFo. **1999** 7; HK-*Julius*[2] 19; SK-*Schlüchter* 25; enger wohl KK-*Diemer*[4] 22, wonach die Unanfechtbarkeit der Ermessensentscheidung auch nicht mit der Aufklärungsrüge ausgehebelt werden kann. Vgl. BGH StV **1999** 580 (ohne Entscheidung die dies geprüft hat, kein Ausschluß).

[115] Wegen der Einschränkung durch § 336 Satz 2 vgl. Rdn. 30; für Zulässigkeit HK-*Julius* 19.

[116] Vgl. BGH NStZ-RR **1999** 80.

[117] *Kleinknecht/Meyer-Goßner*[44] 13.

[118] *Diemer* NJW **1999** 1672; KK-*Diemer*[4] 22.

[119] *Kleinknecht/Meyer-Goßner*[44] 13; SK-*Schlüchter* 25.

§ 248

[1]**Die vernommenen Zeugen und Sachverständigen dürfen sich nur mit Genehmigung oder auf Anweisung des Vorsitzenden von der Gerichtsstelle entfernen.** [2]**Die Staatsanwaltschaft und der Angeklagte sind vorher zu hören.**

Bezeichnung bis 1924: § 247.

Übersicht

1   **1. Zweck.** Satz 1 verdeutlicht in Ergänzung der §§ 48 ff, 72 ff, daß die Anwesenheitspflicht der Zeugen und Sachverständigen über die Vernehmung hinaus andauert. Auch die vernommenen Beweispersonen sind grundsätzlich zum Verbleiben an der Gerichtsstelle verpflichtet, weil es sich im Laufe des Verfahrens als notwendig erweisen kann, sie nochmals zu befragen oder einem anderen gegenüberzustellen. Müßte man dann die Zeugen oder Sachverständigen neu herbeiholen, so könnte dies den Prozeßablauf empfindlich stören und würde außerdem auch unnötige Kosten verursachen[1]. Andererseits erfordert es die Rücksichtnahme auf die Zeugen und Sachverständigen, daß ihre Zeit nicht über Gebühr beansprucht wird. Kinder und Jugendliche sollen ohnehin nicht länger als unbedingt notwendig im Gerichtsgebäude festgehalten werden[2]. Welcher dieser gegensätzlichen Gesichtspunkte überwiegt, kann immer nur für den jeweiligen Einzelfall entschieden werden. Deshalb ermächtigt Satz 1 den Vorsitzenden, Zeugen und Sachverständige schon vor Beendigung der Hauptverhandlung zu entlassen.

2   Ob die Beweispersonen künftig noch benötigt werden, ob insbesondere die Prozeßbeteiligten auf sie nochmals zurückgreifen wollen, kann der Vorsitzende erst nach deren **Anhörung** mit einiger Sicherheit beurteilen[3]. Deshalb schreibt Satz 2 ihre vorherige Anhörung zwingend vor (Rdn. 6).

3   Der **Zeuge oder Sachverständige** selbst kann seine vorzeitige Entlassung beantragen, wobei er zweckmäßigerweise seine Gründe dafür darlegt. Der Vorsitzende muß über diesen Antrag alsbald entscheiden (vgl. Rdn. 9). Aus § 248 folgt aber weder ein Anspruch des Zeugen oder Sachverständigen, vorzeitig entlassen zu werden, noch das Recht, an der Hauptverhandlung in der Eigenschaft als Zeuge oder Sachverständiger bis zu deren Ende teilzunehmen[4]. Nach der Entlassung kann er nur als Zuhörer (also ohne Anspruch auf Entschädigung für seinen weiteren Zeitverlust) der Verhandlung beiwohnen. Zum Recht des Vorsitzenden, ihm das in Ausnahmefällen zu untersagen, vgl. § 243, 32.

4   **2. Verbleiben an der Gerichtsstelle.** Die Gerichtsstelle, von der die Zeugen und Sachverständigen sich nicht ohne Erlaubnis entfernen dürfen, ist nicht — wie in § 224

---

[1] RGSt **46** 198; AK-*Meier* 1; HK-*Julius*[2] 1; KK-*Diemer*[4] 1; KMR-*Paulus* 2; SK-*Schlüchter* 1; *Eb. Schmidt* 1.

[2] Vgl. Nr. 135 Satz 1 RiStBV.

[3] Vgl. RGRspr. **7** 279; RGSt **46** 198.

[4] RG LZ **1915** 631; HK-*Julius*[2] 4; *Kleinknecht/Meyer-Goßner*[44] 1; KMR-*Paulus* 2; SK-*Schlüchter* 3.

Abs. 2 — das Gerichtsgebäude, sondern der Ort, an dem die Verhandlung abgehalten wird[5]. Sie kann auch außerhalb des Gerichtsgebäudes liegen (Augenschein). Ein Entfernen von der Gerichtsstelle liegt bereits vor, wenn die Beweisperson sich vom Ort der Verhandlung so weit entfernt hat, daß sie für das Gericht nicht mehr sofort verfügbar ist. Wird die Hauptverhandlung unterbrochen, so haben sich die noch nicht entlassenen Beweispersonen nach der Unterbrechung wieder an der Gerichtsstelle einzufinden.

Die **ungenehmigte Entfernung** kann für den Zeugen oder Sachverständigen die gleichen Folgen auslösen wie das Nichterscheinen. Hierzu und zum Festhalterecht des Vorsitzenden vgl. § 51, 7, zu der nicht unter § 248 fallenden zeitweiligen Beurlaubung von der Anwesenheitspflicht vgl. Rdn. 12.   **5**

3. Die **Anhörung der Verfahrensbeteiligten** schreibt Satz 2 ausdrücklich nur für   **6** Staatsanwaltschaft und Angeklagten vor. Aus dem Zweck der Regelung (Rdn. 1) folgt aber, daß alle Verfahrensbeteiligten zu der vorzeitigen Entlassung gehört werden müssen, die dem Staatsanwalt oder dem Angeklagten hinsichtlich der Verfahrensbefugnisse bei der Beweisaufnahme gleichgestellt sind[6] oder sonst ein Fragerecht haben. Eine vorzeitige Entlassung kann Verfahrensbeteiligte in der Wahrnehmung eigener Verfahrensrechte beeinträchtigen. Das Recht, anwesende Beweispersonen zu befragen, besteht bis zum Abschluß der Hauptverhandlung fort. Anzuhören nach Satz 2 sind neben dem Angeklagten auch sein Verteidiger[7] und, soweit betroffen, auch Nebenbeteiligte und Nebenkläger, ferner nach § 67 Abs. 1; § 104 Abs. 1 Nr. 9 JGG Erziehungsberechtigte und gesetzliche Vertreter[8]. Ein nach § 231 c beurlaubter Angeklagter ist zu befragen, wenn der Zeuge vor der Beurlaubung zu einem Punkt vernommen worden war, der auch den beurlaubten Angeklagten betrifft[9]. Gehört werden muß auch der Angeklagte, der während der Einvernahme des Zeugen nach § 247 aus dem Sitzungssaal entfernt worden war[10].

Die Anhörung hat nach dem Sinn der Vorschrift **unmittelbar vor der Entlassung** der   **6a** Beweisperson zu geschehen; denn die Verfahrensbeteiligten sollen nochmals die Gelegenheit erhalten, auf Grund des gesamten Verfahrensgangs zu überlegen, ob sie noch Fragen, eventuell auch neue Anträge stellen wollen[11]. Eine frühere Befragung nach Satz 2, die nicht zur Entlassung der Beweisperson führte, ist deshalb in der Regel selbst dann zu wiederholen, wenn der betreffende Verfahrensbeteiligte früher sein Einverständnis mit der Entlassung erklärt hatte; denn die Verfahrenslage kann sich inzwischen geändert haben.

Die **Anhörung** des Angeklagten **nach § 257** schließt in der Regel die auf ein anderes   **7** Ziel gerichtete Anhörung nach Satz 2 nicht mit ein[12]. Wird die Beweisperson erst später entlassen, kann sie die Anhörung unmittelbar vor der Entlassung ohnehin nicht ersetzen. Aber selbst wenn die Entlassung im Anschluß an die Anhörung nach § 257 beabsichtigt ist, genügt es für den Zweck des § 248 nicht, wenn der Gehörte erklärt, (gegenwärtig) keine Fragen mehr zu haben. § 248 fordert, daß sich alle Verfahrensbeteiligten in Kenntnis der beabsichtigten vorzeitigen Entlassung dazu äußern, ob sie für möglich halten, daß die Beweisperson im weiteren Verlauf der Verhandlung wegen etwaiger sich später ergebender Fragen oder Vorhalte oder wegen eines möglichen neuen Antrags (Beeidigung, Beweisantrag) noch benötigt wird. Diese mitunter wechselseitig bedingte Meinungsbil-

---

[5] H. M., so KK-*Diemer*[4] 1; *Kleinknecht/Meyer-Goßner*[44] 1; KMR-*Paulus* 7; SK-*Schlüchter* 9.

[6] *Kleinknecht/Meyer-Goßner* 2; vgl. Vor § 226, 29.

[7] AK-*Meier* 3; HK-*Julius*[2] 2; KK-*Diemer*[4] 3 (Funktion als Beistand); SK-*Schlüchter* 5; **a. A** KMR-*Paulus* 6 (nicht vorgeschrieben, Ermessen des Vorsitzenden, Verteidiger aber befugt, Einwendungen zu erheben).

[8] KK-*Diemer*[4] 4; HK-*Julius*[2] 6; *Kleinknecht/Meyer-Goßner*[44] 3; SK-*Schlüchter* 5.

[9] BGH StV **1988** 370.

[10] Vgl. § 247, 19.

[11] RGSt **41** 32; **46** 198; KK-*Diemer*[4] 1.

[12] AK-*Meier* 6; KK-*Diemer*[4] 3; HK-*Julius*[2] 2; **a. A** RG JW **1922** 30; KMR-*Paulus* 6; SK-*Schlüchter* 6.

dung über den künftigen Prozeßverlauf ist durch eine außerhalb des Verfahrens nach § 257 liegende Frage des Vorsitzenden an alle Verfahrensbeteiligten herbeizuführen, auch wenn dies zeitlich mit der Befragung nach § 257 verbunden werden kann. Ohne die ausdrückliche Aufforderung, auch zur vorzeitigen Entlassung Stellung zu nehmen, schließen der andere Zweck und die andere inhaltliche Tragweite der Anhörung nach § 257 in der Regel aus, sie gleichzeitig auch als Anhörung des Angeklagten nach § 248 zu werten.

8   Erklärt ein Zeuge, daß er von seinem **Zeugnisverweigerungsrecht** Gebrauch macht, kann er vom Vorsitzenden ohne Anhörung der Prozeßbeteiligten entlassen werden, denn Satz 2 gilt nicht, wenn der Zeuge als Beweismittel überhaupt nicht mehr in Betracht kommt[13].

9   **4. Entscheidung des Vorsitzenden.** Über die Entlassung der vernommenen Beweispersonen entscheidet der Vorsitzende nach pflichtgemäßem Ermessen unter Berücksichtigung der Zwecke des § 248 und der von den Prozeßbeteiligten vorgetragenen Umstände, wobei die Erfordernisse der Aufklärungspflicht und des Beschleunigungsgebots mit zu berücksichtigen sind. Gegen die (sachleitende) Entscheidung des Vorsitzenden, die eine Schmälerung der Verfahrensrechte bewirkt, kann das Gericht nach § 238 Abs. 2 angerufen werden[14] mit der Begründung, daß die gegen die vorzeitige Entlassung sprechenden Gründe nicht berücksichtigt oder ermessensfehlerhaft gewürdigt wurden.

10   Ob in der Entlassung eines Zeugen durch den Vorsitzenden zugleich auch die stillschweigende Entscheidung liegt, daß der Zeuge **unbeeidigt** bleibt, hängt von den Umständen des Einzelfalls ab. Bei einer nicht unmittelbar auf die Vernehmung folgenden Entlassung ist in der Regel kaum anzunehmen, daß darin auch für alle Beteiligten ersichtlich eine konkludente Entscheidung über die Nichtbeeidigung liegt[15].

11   **5. Folgen der Entlassung.** Mit der Entlassung und Entfernung des vernommenen Zeugen erlischt das Fragerecht nach §§ 240, 241 a Abs. 2 und die an die Präsenz der Beweisperson anknüpfende Vernehmungspflicht des Gerichts nach § 245 Abs. 1 und das erleichterte Beweisantragsrecht für selbst geladene präsente Zeugen nach § 245 Abs. 2. Mit der endgültigen Entlassung ist die Vernehmung des Zeugen abgeschlossen. Erweist es sich später notwendig, ihn nochmals zu vernehmen, ist er neu zu belehren[16].

12   **6.** Für die **vorläufige Beurlaubung** der noch nicht vernommenen Zeugen und Sachverständigen gilt § 248 nicht. Der Vorsitzende kann ihnen kraft seiner Befugnis zur Verhandlungsleitung nach § 238 Abs. 1 gestatten, sich vorübergehend von der Gerichtsstelle zu entfernen. Die Verfahrensbeteiligten braucht der Vorsitzende dazu nicht vorher zu hören, da ihre Verfahrensbefugnisse durch die nur den äußeren Ablauf der Verhandlung betreffende Maßnahme unberührt bleiben und — anders als bei der endgültigen Entlassung — nicht beeinträchtigt werden[17]. Dasselbe gilt, wenn ein schon vernommener Zeuge wegen der Möglichkeit einer nochmaligen Vernehmung noch nicht entlassen ist, aber vorübergehend beurlaubt werden soll.

---

[13] RGSt **41** 31; AK-*Meier* 3; *Kleinknecht/Meyer-Goßner*44 3; KMR-*Paulus* 4; SK-*Schlüchter* 6; *Eb. Schmidt* 2.

[14] BGH StV **1985** 355; **1996** 248; HK-*Julius*2 3; KK-*Diemer*4 2; *Kleinknecht/Meyer-Goßner*44 4; KMR-*Paulus* 8; SK-*Schlüchter* 12; *Eb. Schmidt* 2; **a. A** RG JW **1931** 1098; vgl. auch Rdn. 14.

[15] OLG Hamm MDR **1972** 623; KMR-*Paulus* 8; SK-*Schlüchter* 12; *Eb.* Schmidt 2; **a. A** BGH bei *Pfeiffer/Miebach* NStZ **1988** 18; wegen weiterer Nachw. zum Streitstand vgl. § 59, 14.

[16] Wegen der Einzelheiten vgl. § 52, 51.

[17] RG JW **1931** 1098; HK-*Julius*2 2; KK-*Diemer*4 2; *Kleinknecht/Meyer-Goßner*44 2; KMR-*Paulus* 3; SK-*Schlüchter* 4.

7. Sitzungsniederschrift. Die Anhörung der Verfahrensbeteiligten nach Satz 2 ist eine **13** nach § 273 zu protokollierende wesentliche Förmlichkeit des Verfahrens. Dies folgt aus der allerdings strittigen Auffassung (vgl. Rdn. 14), daß ein Verstoß gegen Satz 2 die Revision begründen kann. Im Protokoll zu vermerken ist auch die Entlassung[18].

8. Revision. Ob sie auf den Verstoß gegen § 248 gestützt werden kann, ist strittig. Die **14** eine Ansicht verneint dies unter Hinweis auf das fortbestehende Beweisantragsrecht der Verfahrensbeteiligten und den Charakter des § 248 als Ordnungsvorschrift[19]. Die andere Ansicht[20], der zuzustimmen ist, läßt die Revision grundsätzlich zu, sofern durch eine fehlerhafte (ohne Befragung) oder ermessensmißbräuchliche Entlassung einer Beweisperson Verfahrensrechte eines Verfahrensbeteiligten beeinträchtigt worden sind. Liegt ein Beschluß des Gerichts vor, kann der Angeklagte auch rügen, daß er dadurch in seiner Verteidigung beschränkt worden ist. Der Revisionsführer muß dies durch seinen Tatsachenvortrag konkret aufzeigen. So muß er dartun, welche entscheidungsrelevanten Fragen oder Vorhalte er wegen der vorzeitigen Entlassung der Beweisperson nicht mehr stellen konnte[21]. Ein Verfahrensbeteiligter, der bei seiner Anhörung der vorzeitigen Entlassung nicht **widersprochen** hat, kann nicht mit der Revision geltend machen, der Vorsitzende habe ihn dadurch ermessensfehlerhaft in seinen Verfahrensrechten beschränkt[22]. Nach der vorherrschenden Meinung setzt die Revision ferner voraus, daß gegen die Entlassung durch den Vorsitzenden die **Entscheidung des Gerichts nach § 238 Abs. 2** herbeigeführt wurde[23]. Der Revisionsausschuß bei Nichtanrufung des Gerichts ist hier wie auch sonst bei § 238 strittig (vgl. § 238, 43 ff), vor allem, wenn ein Angeklagter ohne Verteidiger in Unkenntnis der Verschlechterung seiner Verfahrenslage sich nicht gegen die Entlassung gewandt hat[24].

Die Revision kann nur Erfolg haben, wenn nicht ausgeschlossen werden kann, daß das **15** Urteil auf dem Verfahrensverstoß **beruht**; dies ist im Einzelfall an Hand des Revisionsvortrags (vgl. Rdn. 14) zu prüfen. Es kann aber nicht generell schon deswegen verneint werden, weil die Prozeßbeteiligten jederzeit die Möglichkeit haben, unter Berufung auf die Aussagen der bereits vernommenen Zeugen und Sachverständigen neue Beweisanträge zu stellen, soweit sie die Ergänzung der Aussage in einem wichtigen Punkt (neue Tatsachen) nachträglich für notwendig halten[25]. Es hängt vom Einzelfall ab, ob aus dem Unterlassen einer solchen Antragstellung geschlossen werden kann, daß die weitere Anwesenheit der entlassenen Beweisperson nicht geeignet gewesen wäre, das Urteil zu beeinflussen. Bei einem unvereidigten Angeklagten ist diese Annahme nicht ohne weiteres gerechtfertigt[26]. Das Recht zu (weiteren) Fragen und Vorhalten kann bei einem bereits abgehandelten Beweisthema durch einen neuen Beweisantrag nur noch schwer aktualisiert werden, da dessen Ablehnung nicht mehr an die Gründe der § 244 Abs. 3, 4, § 245

[18] SK-*Schlüchter* 11.
[19] KMR-*Paulus* 9 unter Hinweis auf eine unveröffentlichte Entscheidung des BGH und auf RG JW **1922** 301; zur Frage der „Ordnungsvorschriften" vgl. bei § 337, 15 ff.
[20] OLG Kiel SchlHA **1979** 90; AK-*Meier* 4; HK-*Julius*[2] 5; KK-*Diemer*[4] 4; *Kleinknecht/Meyer-Goßner*[44] 4; vgl. aber auch SK-*Schlüchter* 13 sowie BGH NJW **1998** 2541 (kein wesentlicher Teil der Hauptverhandlung).
[21] Vgl. OLG Stuttgart NStZ **1994** 600; *Kleinknecht/Meyer-Goßner*[44] 4.
[22] BGH NStZ **1986** 133; AK-*Meier* 4; *Pfeiffer*[2] 2; insoweit wird auch das Beruhen des Urteils verneint,

jedoch wird in solchen Fällen die Revision schon daran scheitern, daß dann die Entlassung in der Regel nicht ermessensfehlerhaft ist.
[23] BGH StV **1985** 355; **1996** 248; AK-*Meier* 4; KK-*Diemer*[4] 4; *Kleinknecht/Meyer-Goßner*[44] 4; SK-*Schlüchter* 13 (Zerschlagung des normativen Zusammenhangs zwischen Rechtsfehler und Urteil).
[24] Zweifelnd insoweit HK-*Julius*[2] 8; SK-*Schlüchter* 13 verneint aus der Sicht ihrer Konstruktion jede Ausnahme für den unverteidigten Angeklagten.
[25] RG JW **1922** 301; KMR-*Paulus* 9 nehmen dies aber an.
[26] Vgl. HK-*Julius*[2] 8; § 238, 48.

gebunden ist (vgl. § 244, 133; 351; 352). Deshalb kann das Fortwirken einer Beeinträchtigung dieses Recht durch das vorzeitige Entlassen des Zeugen nicht schon generell mit dem Hinweis auf das fortbestehende Beweisantragsrecht ausgeschlossen werden.

16   Als **Verletzung der Aufklärungspflicht** kann wohl nur in besonders gelagerten Ausnahmefällen gerügt werden, daß das Gericht durch die vorzeitige Entlassung der Beweisperson eine sich aufdrängende Möglichkeit zur besseren Sachaufklärung versäumt hat[27]. Denkbar wäre dies; etwa, wenn bei konträren Zeugenaussagen der eine Zeuge vor der Einvernahme des anderen entlassen wurde und deshalb nicht mehr mit der widerstreitenden Aussage konfrontiert werden konnte.

§ 249

(1) ¹Urkunden und andere als Beweismittel dienende Schriftstücke werden in der Hauptverhandlung verlesen. ²Dies gilt insbesondere von früher ergangenen Strafurteilen, von Straflisten und von Auszügen aus Kirchenbüchern und Personenstandsregistern und findet auch Anwendung auf Protokolle über eine Einnahme des richterlichen Augenscheins.

(2) ¹Von der Verlesung kann, außer in den Fällen der §§ 253 und 254, abgesehen werden, wenn die Richter und Schöffen vom Wortlaut der Urkunde oder des Schriftstücks Kenntnis genommen haben und die übrigen Beteiligten hierzu Gelegenheit hatten. ²Widerspricht der Staatsanwalt, Angeklagte oder Verteidiger unverzüglich der Anordnung des Vorsitzenden, nach Satz 1 zu verfahren, so entscheidet das Gericht. ³Die Anordnung des Vorsitzenden, die Feststellungen über die Kenntnisnahme und die Gelegenheit hierzu und der Widerspruch sind in das Protokoll aufzunehmen.

Schrifttum. *Dolderer* Der Beweis durch Urkunden im Strafprozeß, §§ 249–256, unter besonderer Berücksichtigung der Grundsätze der Mündlichkeit und Unmittelbarkeit, Diss. Tübingen 1956; *Fezer* Grundfälle zu Verlesungs- und Verwertungsverbot im Strafprozeß, Teil 1, 3, JuS **1977** 234; 520; **1979** 186; *Geerds* Über Vorhalt und Urkundenbeweis mit Vernehmungsprotokollen, FS Blau 67; *Groth* Der Urkundenbeweis im Strafprozeß (1937); *Hanack* Protokollverlesungen und Vorbehalte als Vernehmungsbehelf, FS Schmidt-Leichner 83; *Heuer* Beweiswert von Mikrokopien bei vernichteten Originalunterlagen, NJW **1982** 1505; *Kohlhaas* Die Tonbandaufnahme als Beweismittel im Strafprozeß, NJW **1957** 81; *Krause* Der Urkundenbeweis im Strafprozeß (1966); *Kuckuck* Zur Zulässigkeit von Vorhalten aus Schriftstücken in der Hauptverhandlung des Strafverfahrens (1977); *Mitsch* Protokollverlesung nach berechtigter Auskunftsverweigerung (§ 55 StPO) in der Hauptverhandlung, JZ **1992** 174; *Paulus* Rechtsdogmatische Bemerkungen zum Urkundenbeweis in der Hauptverhandlung des Strafverfahrens, JuS **1988** 873; *Puszlai* Die Urkunde als Beweismittel im Strafverfahren, ZStW **91** (1979) 1096; *Eb. Schmidt* Zulässigkeit und Verwendbarkeit von Tonbändern im Strafverfahren, JZ **1956** 206; *Eb. Schmidt* Der Stand der Rechtsprechung zur Frage der Verwendbarkeit von Tonbandaufnahmen im Strafprozeß, JZ **1964** 537; *R. Schmitt* Tonbänder im Strafprozeß, JuS **1967** 19; *Schneidewin* Der Urkundenbeweis in der Hauptverhandlung, JR **1951** 481; *Schroth* Der Vorhalt eigener protokollierter Aussagen an den Angeklagten, ZStW **87** (1975) 103; *Schwekendieck* Analoge Anwendung von § 51 1 BZRG auf Freisprüche? NStZ **1994** 419; *Vollmuth* Die Mikroverfilmung und die durch sie entstehenden Probleme für die Strafverfolgungsbehörden und für die Gerichte, NJW **1974** 1176; *Wömpner* Zum Urkundenbeweis mit Fotokopien und anderen Reproduktionen, MDR **1980** 889; *Wömpner* Zur Verlesung früherer Urteile, NStZ **1984** 481. Weiteres Schrifttum bei § 250.

---

[27] SK-*Schlüchter* 13.

Entstehungsgeschichte. Dem unverändert gebliebenen einzigen Absatz, dem jetzigen Absatz 1, fügte Art. 1 Nr. 21 StVÄG 1979 einen Absatz 2 an, der es dem Gericht gestattete, zur Entlastung der Hauptverhandlung die von § 249 Abs. 1 Satz 1 grundsätzlich vorgeschriebene Verlesung einer Urkunde bei Einverständnis von Staatsanwalt, Angeklagten und Verteidiger dadurch zu ersetzen, daß dort nur deren wesentlicher Inhalt mitgeteilt werden mußte, nachdem alle Richter vom Wortlaut Kenntnis genommen und die anderen Verfahrensbeteiligten dazu Gelegenheit erhalten hatten. Art. 1 Nr. 16 StVÄG 1987 hat diese Regelung erheblich umgestaltet, um die Akzeptanz des Selbstleseverfahrens in der Praxis zu fördern. In den jetzt geltenden Absatz 2 ist die Bindung an das Einverständnis ebenso entfallen wie die Verpflichtung, den wesentlichen Inhalt der selbst zu lesenden Urkunden in der Sitzung festzustellen. Art. 3 des VerbrbekG hat dann im Katalog der vom Selbstleseverfahren ausgeschlossenen Fälle des Urkundenbeweises die §§ 251 und 256 zur Verfahrensvereinfachung (vgl. BTDrucks. **12** 6833 S. 33) gestrichen. Bezeichnung bis 1924: § 248.

Übersicht

Walter Gollwitzer

Alphabetische Übersicht

Walter Gollwitzer

I. Allgemeines

1. Zulässigkeit des Urkundenbeweises

1   **a) Begriff. Urkundenbeweis** ist die Ermittlung des durch Lesen erfaßbaren gedanklichen Inhalts eines Schriftstücks oder sonstigen Schriftträgers und dessen unmittelbare Verwendung zu Beweiszwecken[1]. § 249 setzt die Zulässigkeit der Verwendung der in ihm umrissenen Urkunden als Beweismittel voraus; er regelt nur die **Form**, in der eine Urkunde zu Beweiszwecken in die Hauptverhandlung einzuführen ist[2]. Die Verpflichtung des Gerichts, eine Urkunde oder andere Schriftstücke zu Beweiszwecken zu verwenden, folgt nicht aus § 249, sondern aus dem Gebot, zur Erforschung der Wahrheit alle verfügbaren Erkenntnisquellen auszuschöpfen und die dazu erforderlichen Beweise von Amts wegen zu erheben (§ 244 Abs. 2) sowie Beweisanträgen unter den Voraussetzungen der §§ 244, 245 zu entsprechen[3]. Grundsätzlich darf das Gericht alle Arten von Schriftstücken als Beweismittel verwenden. Es darf allein aus ihnen, also ohne Bestätigung durch Auskunftspersonen, nach freier Beweiswürdigung jeden denkgesetzlich möglichen tatsächlichen Schluß ziehen. § 249 spricht dies nicht aus. Die Vorschrift bestätigt den Grundsatz aber dadurch, daß sie sich auf seinen Boden stellt und für das **Strengbeweisrecht** die Formen festlegt, in denen Schriftstücke zu Beweiszwecken in der Hauptverhandlung zur Kenntnis der Beteiligten gebracht werden müssen[4].

2   § 249 schließt nicht aus, den gedanklichen Inhalt einer Urkunde **durch andere Beweismittel** in der Hauptverhandlung festzustellen, etwa im Wege des Personalbeweises. Beweismittel ist dann aber nicht das Schriftstück selbst, sondern die Aussage der Beweisperson[5]. § 250 Satz 2, der nur den umgekehrten Fall betrifft, steht dem nicht entgegen[6]. Die **Aufklärungspflicht** kann im Einzelfall jedoch gebieten, daß das Gericht den Inhalt einer greifbaren Urkunde unmittelbar aus dieser feststellt und sich nicht mit der Vernehmung eines Zeugen begnügt, der sie gelesen hat. Geht es allerdings darum, ob einem Schriftstück für ein Sachverständigengutachten Befundtatsachen zu entnehmen sind, ist es zulässig, dessen Inhalt durch Vernehmung des Sachverständigen in die Hauptverhandlung einzuführen[7].

3   **b) Einschränkungen der Zulässigkeit.** Der **Urkundenbeweis** ist **grundsätzlich zulässig**, soweit er nicht ausdrücklich ausgeschlossen wird[8]. Einschränkungen enthalten die §§ 250 bis 256. Sie ergeben sich aus den Grundsätzen der Mündlichkeit und der Unmittelbarkeit. Soweit mit Schriften nicht die in ihnen verkörperte Gedankenäußerung als solche bewiesen werden soll, sondern eine Wahrnehmung, von der die Schrift berich-

---

[1] *Alsberg/Nüse/Meyer* 241; *Kleinknecht/Meyer-Goßner*⁴⁴ 1; KMR-*Paulus* 2; *Eb. Schmidt* 1; *Schneidewin* JR **1951** 481.

[2] RGRspr. **2** 45; BGH bei *Dallinger* MDR **1972** 753; *Fezer* JuS **1977** 235; *Geppert* 189; *Schneidewin* JR **1951** 481; AK-*Meier* 1; KK-*Diemer*⁴ 1; *Kleinknecht/Meyer-Goßner*⁴⁴ 1; KMR-*Paulus* 2; SK-*Schlüchter* 1; 2.

[3] *Alsberg/Nüse/Meyer* 242; KK-*Diemer*⁴ 5 (systemimmanent); *Kleinknecht/Meyer-Goßner*⁴⁴ 1; nach KMR-*Paulus* 2 normieren auch die §§ 250, 251; 253 bis 256 bestimmte Beweiserhebungsgebote.

[4] Vgl. die Nachweise Fußn. 3; ferner *Haag* DJ **1937** 809; DStR **1938** 410; *Koeniger* 367; *Kohlhaas* NJW **1954** 535; *Schneider-Neuenburg* DStR **1938** 32; *Schneidewin* JR **1951** 481.

[5] H. M; vgl. etwa BGHSt **27** 135 = JR **1978** 117 mit Anm. *Gollwitzer*; BGH NStZ **1985** 464; KK-*Diemer*⁴ 2; *Kleinknecht/Meyer-Goßner*⁴⁴ 2; KMR-*Paulus* 2; SK-*Schlüchter* 2; 6; 54. Auf diesem Weg den Inhalt eines Schriftstücks festzustellen, halten *Eb. Schmidt* Nachtr. I, 4 und *Hanack* JZ **1972** 203 für bedenklich. Zum Vorhalt der Urkunde vgl. Rdn. 92 ff.

[6] SK-*Schlüchter* 7 (Bruch in der Beweismethode nicht schlechthin verboten).

[7] Vgl. Rdn. 31.

[8] RGSt **65** 295; BGHSt **20** 162; **27** 136 = JR **1978** 119 mit Anm. *Gollwitzer*; KK-*Diemer*⁴ 5; 6; *Kleinknecht/Meyer-Goßner*⁴⁴ 1; SK-*Schlüchter* 4; *Eb. Schmidt* 1; *Alsberg/Nüse/Meyer* 251 mit weit. Nachw.

tet, schließt § 250 die Beweisführung durch die alleinige Verlesung der Schrift grundsätzlich aus. Die Vernehmung eines Zeugen darf nur in den besonders zugelassenen Ausnahmefällen durch die Verlesung seiner schriftlich niedergelegten Angaben über seine Wahrnehmung ersetzt werden. Die Einzelheiten sind bei den §§ 250 bis 256 erörtert. Im übrigen gelten die **allgemeinen Beweisverbote** auch für den Urkundenbeweis[9]. Zu beachten sind vor allem auch die spezifischen Verwertungsverbote für Schriftstücke, die sich aus dem Beschlagnahmeverbot des § 97 oder aus partiellen Verwertungsverboten in § 98 b Abs. 3, § 100 b Abs. 5, § 100 d Abs. 2, § 108 Abs. 2, § 110 e[10] ergeben oder, wie § 51 Abs. 2 BZRG, der Verlesung von Straferkenntnissen entgegenstehen können[11].

2. Strengbeweisrecht. Die **§§ 249 bis 256**, die den Beweis durch Gebrauch schriftlicher Beweismittel bestimmen und begrenzen, sind Vorschriften für das Strengbeweisrecht[12]. Sie brauchen nur beachtet zu werden, soweit es sich um eine Beweiserhebung zur Schuld- und Rechtsfolgenfrage handelt. Im **Strengbeweisverfahren** ist in freier Beweiswürdigung (§ 261) auch zu klären, ob eine Kopie oder Abschrift mit der Urschrift übereinstimmt[13]. Wie § 251 Abs. 3 zeigt, ist das Gericht freier gestellt, wenn es darum geht, das Vorhandensein oder Nichtvorhandensein einer Verfahrensvoraussetzung oder der Voraussetzungen für eine einzelne Verfahrenshandlung im Wege des **Freibeweises** zu ergründen oder die Verfahrenslage — etwa im Bericht nach § 324 — zu erklären[14] oder das anzuwendende Recht zu ermitteln[15]. **4**

3. Beweiswert der Schriftstücke. § 249 ordnet das Verfahren mit Schriften, die gebraucht werden sollen, damit ein Beweis durch ihren Inhalt geführt werde. Ob eine Schrift nach Form und Inhalt jedoch einen hinlänglichen Beweiswert hat, ist für die Anwendbarkeit des § 249 ohne Belang. Dies ist vom Gericht bei der Urteilsfindung ebenso zu prüfen[16] wie die Notwendigkeit der Zuziehung weiterer Beweismittel. § 249 hat auch keine Bedeutung für die Frage, wie die **Echtheit** einer Schrift zu beweisen ist[17], sowie, ob die Verlesung im Einzelfall verfahrensrechtlich zulässig ist[18]. Auch einfache **Abschriften**, Durchschläge, Fotokopien[19] oder Reproduktionen von Mikrofilmen[20] sind zum Urkundenbeweis verlesbar. Die amtliche **Beglaubigung** der Übereinstimmung einer Abschrift mit dem Original ist nicht erforderlich[21], sie hat aber erheblichen Beweiswert für die auch dann in freier Beweiswürdigung festzustellende Übereinstimmung mit dem Original[22]. Verlesbar sind auch maschinell oder im Wege der Datenübertragung hergestellte Ausdrucke, deren Beweiswert mitunter besonderer Prüfung bedarf. Der Umstand, **5**

[9] Vgl. Einl. Abschn. K; § 244, 189 ff.
[10] Wegen der Einzelheiten vgl. die Erläuterungen bei den jeweiligen Vorschriften.
[11] Ob dies auch für freisprechende Urteile gilt, ist strittig; vgl. *Schweckendieck* NStZ **1994** 448 (verneinend).
[12] Zur Abgrenzung zwischen Streng- und Freibeweisrecht und zu den hier bestehenden strittigen Fragen vgl. Einl. Rdn. G 53; § 244, 3 ff; § 251, 72 ff.
[13] BGH bei *Kusch* NStZ **1994** 227; *Alsberg/Nüse/Meyer* 248; *Eisenberg* (Beweisrecht) 2009; *Wömpner* MDR **1980** 890; KK-*Diemer*12; *Kleinknecht/Meyer-Goßner*44 6; SK-*Schlüchter* 36.
[14] RGSt **59** 313; **66** 113; *Alsberg/Nüse/Meyer* 144; *Wömpner* NStZ **1984** 482; AK-*Meier* 8; KMR-*Paulus* 2; SK-*Schlüchter* 1.
[15] Zur Feststellung des anzuwendenden Rechts vgl. § 244, 2.
[16] Vgl. § 261, 97.

[17] Vgl. Rdn. 4 und zu dem dazu meist erforderlichen Augenscheinsbeweis Rdn. 30.
[18] Vgl. Rdn. 3.
[19] RGSt **36** 372; **51** 94; RG GA **39** (1891) 234; JW **1903** 217; RG Recht **1920** Nr. 242; BGHSt **15** 253; **27** 137; **33** 210; BGH NJW **1966** 1719; GA **1967** 282; StV **1994** 525; OLG Bremen NJW **1947/48** 312; OLG Düsseldorf JMBlNW **1979** 226; KK-*Diemer*4 12; *Kleinknecht/Meyer-Goßner*44 6; SK-*Schlüchter* 36; *Wömpner* MDR **1980** 889; vgl. *Alsberg/Nüse/Meyer* 248 mit weit. Nachw.
[20] Zum Beweiswert der Mikrokopien vernichteter Originalunterlagen vgl. *Heuer* NJW **1982** 1505.
[21] BGH nach KK-*Diemer*4 12, dort auch Hinweise zur uneinheitlichen Rechtsprechung des Reichsgerichts; ferner *Wömpner* MDR **1980** 890; *Kleinknecht/Meyer-Goßner*44 6; SK-*Schlüchter* 36.
[22] Vgl. KMR-*Paulus* 9.

daß die in der Schrift enthaltene Erklärung unvollendet ist oder nicht die endgültige Stellungnahme des Erklärenden offenbaren soll, wie das beim **Entwurf** eines Schreibens oder bei dem von einem verstorbenen Sachverständigen angefertigten Entwurf eines Gutachtens zutreffen mag, hindert die Benutzbarkeit als Beweismittel nicht[23]. Welcher Beweiswert derartigen, für sich allein mitunter wenig aussagekräftigen Beweismitteln — eventuell in Verbindung mit anderen — beizumessen ist, beurteilt sich nach der Beweislage des Einzelfalls. Diese Umstände sind auch dafür maßgebend, wieweit das Gericht auf Grund seiner **Aufklärungspflicht** gehalten ist, den Beweiswert des verlesenen Schriftstücks durch andere erreichbare Beweismittel zu überprüfen, etwa dadurch, daß es sich von der Zuverlässigkeit der schriftlichen Übertragung einer Tonaufzeichnung dadurch überzeugt, daß es sie selbst anhört, oder daß es den Urheber einer Schrift vernimmt[24].

II. Urkunden und andere als Beweismittel dienende Schriftstücke

6   **1. Begriff.** § 249 stellt Urkunden und andere als Beweismittel dienende Schriftstücke gleichwertig nebeneinander. Es wäre daher verfahrensrechtlich ohne Bedeutung, wenn man, veranlaßt durch den Wortlaut der Bestimmung, die Urkunden als eine durch besondere Kennzeichen herausgehobene Untergruppe der als Beweismittel dienenden Schriftstücke ansehen wollte[25]. Die herrschende Meinung, die auf die verfahrensrechtliche Funktion abstellt, verzichtet zu Recht auf diese Unterscheidung und behandelt beide Begriffe als inhaltsgleich[26]. Auch § 273 Abs. 1, der nur die Schriftstücke erwähnt, unterscheidet nicht.

7   Absatz 1 zeigt, daß alle Schriftträger, deren **gedanklicher Inhalt** sprachlich festgehalten und **durch Lesen** erfaßbar ist, nach den Regeln des Urkundenbeweises in das Verfahren eingeführt werden können, gleichviel aus welchem Stoff sie bestehen und mit welchen Zeichen der durch Verlesen reproduzierbare gedankliche Inhalt festgehalten („verkörpert") ist. Ob eintätowierte Schriftzeichen am menschlichen Körper dem Urkundenbeweis zugänglich sind, ist strittig, aber wohl zu verneinen[27]. Der **Urkundenbegriff des materiellen Strafrechts** deckt sich mit § 249 nicht, denn bei § 249 kommt es weder darauf an, ob der Text zu Beweiszwecken dienen soll, noch ob sein Aussteller erkennbar ist; auch anonyme Schreiben oder gefälschte Urkunden fallen darunter. Andererseits scheidet alles aus, was keinen durch Lesen mitteilbaren sprachlichen Ausdruck gefunden hat[28], wie etwa Beweiszeichen. Es genügt, ist aber andererseits auch erforderlich, daß der im Schriftstück verkörperte Gedanke selbst aus sich heraus verständlich ist und damit durch Verlesen in der Verhandlung allen Verfahrensbeteiligten zur Kenntnis gebracht werden kann. Abschriften, Durchschläge, Fotokopien, Mikrofilme, schriftliche Übertragungen von Tonträgeraufnahmen[29], Übersetzungen[30] sind deshalb ebenfalls nach § 249 verlesbare Schriftstücke (Rdn. 5). Eine andere, davon zu trennende Frage ist, welcher Beweiswert ihnen im

---

[23] *Alsberg/Nüse/Meyer* 243.
[24] BGHSt **27** 135; BGH StV **1991** 517.
[25] So RGSt **65** 295 (sowohl Urkunden im engeren Sinn des § 267 StGB als auch andere Schriftstücke); vgl. § 359, 13 ff.
[26] BGHSt **27** 135; AK-*Meier* 9; KK-*Diemer*[4] 9; 11; *Kleinknecht/Meyer-Goßner*[44] 3; KMR-*Paulus* 7; SK-*Schlüchter* 9; *Eb. Schmidt* 2; ferner etwa *Krause* 113; *Roxin* § 28, 4; *G. Schäfer* 744; sowie *Alsberg/Nüse/Meyer* 243 mit weit. Nachw.

[27] *Alsberg/Nüse/Meyer* 245 mit weit. Nachweisen; SK-*Schlüchter* 10 (Augenschein, ggf. Augenscheinsgehilfen).
[28] KG StV **1995** 348; *Alsberg/Nüse/Meyer* 242; *Eisenberg* (Beweisrecht) 2004; *Krause* 104; *Roxin* § 28, 6; *Paulus* JuS **1988** 875; KK-*Diemer*[4] 9; *Kleinknecht/Meyer-Goßner*[44] 3, KMR-*Paulus* 8; SK-*Schlüchter* 9.
[29] BGHSt **27** 135 = JR **1978** 117 mit Anm. *Gollwitzer*; *Alsberg/Nüse/Meyer* 249; *Fezer* JuS **1979** 188, *Kleinknecht/Meyer-Goßner*[44] 7; SK-*Schlüchter* 32.
[30] Strittig, vgl. Rdn. 32, 33.

Einzelfall zukommt und ob ihre Übereinstimmung mit dem Original durch andere Beweismittel festgestellt werden muß[31], sowie, ob es zusätzlich notwendig ist, das **äußere Erscheinungsbild** des verlesenen Schriftstücks im Wege des **Augenscheins** förmlich festzustellen[32]. Die Beweisverwendung einer Urkunde nach § 249 schließt den Augenscheinsbeweis vom äußeren Zustand dieser Urkunde nicht mit ein.

Die übliche **Klassifizierung** der Schriftstücke[33], ihre Einteilung in die von Anfang an **8** zu Beweiszwecken errichteten **Absichtsurkunden** und in die erst nachträglich Beweisbedeutung erlangenden **Zufallsurkunden** (vgl. Rdn. 14), in die die Straftat selbst verwirklichenden **Konstitutiv-** oder einen beweiserheblichen Umstand mitteilenden **Berichtsurkunden** (vgl. Rdn. 10, 11, 14) ist für die Anwendbarkeit des § 249 unerheblich. Es kommt auch nicht darauf an, daß ein Schriftstück sich einer dieser Gruppen zuordnen läßt.

Schriftstücke, deren Inhalt **nicht durch Verlesen** (bzw. durch Selbstlesen nach **9** Absatz 2) in die Hauptverhandlung eingeführt werden kann, fallen nicht unter § 249. Sie unterliegen dem **Augenscheinsbeweis**, der auch gilt, soweit die durch Besichtigung festzustellende Beschaffenheit einer Urkunde Beweisgegenstand ist[34]. § 249 ist nicht anwendbar auf Karten und Pläne, Unfall- oder Tatortskizzen, mit Ausnahme etwaiger aus sich selbst verständlicher, verlesbarer Zusätze[35], Lichtbilder[36], Radaraufnahmen[37], Röntgenbilder, Filme und andere Bildträger, Tonträger aller Art, etwa Schallplatten und Tonbänder, Fahrtschreiberaufzeichnungen und andere technische Aufzeichnungen[38], Zeichnungen, Abgüsse oder sonstige Abbildungen sowie auf Beweiszeichen[39]. Wegen der Einzelheiten vgl. bei §§ 86, 244 Abs. 5 Satz 1.

2. Beispiele verlesbarer Schriftstücke

Beispielsweise werden als verlesbar behandelt:

a) Schriften, in denen die den **Gegenstand der Untersuchung bildende strafbare 10 Handlung verkörpert** ist; dazu gehören die fälschlich angefertigte Urkunde oder die hochverräterische, unzüchtige oder beleidigende Schrift, die verlesbar ist, auch wenn sie ein Leumundszeugnis im Sinne des § 256 enthält[40];

b) in Strafsachen wegen Eidesverletzung die über die Vernehmung und Vereidigung **11** aufgenommene Niederschrift, deren Verlesbarkeit von der Einhaltung der vorgeschriebenen Formen, insbesondere von der Unterzeichnung durch den Urkundsbeamten nicht abhängt und deren Verlesung unter Umständen notwendig ist[41];

c) Schriften, die **keine Wahrnehmung wiedergeben**, sondern eine im öffentlich- **12** rechtlichen oder bürgerlich-rechtlichen Verkehr abgegebene **Willenserklärung** enthalten, zum Beispiel Steuerbescheide, staatsanwaltschaftliche Verfügungen, gerichtliche

---

[31] RGSt **34** 49; *Wömpner* MDR **1980** 891; *Alsberg/Nüse/Meyer* 249 mit weit. Nachw.

[32] Etwa BGHSt **11** 29; 159; BGH NStZ **1999** 424; BayObLG VRS **63** (1985) 211; OLG Schleswig StV **1998** 365.

[33] Vgl. etwa *Alsberg/Nüse/Meyer* 243; KMR-*Paulus* 7; *Eb. Schmidt* 3 ff.

[34] Vgl. BGH NStZ **1986** 519 (Augenschein bei Scheckfotografien); vgl. auch die Nachw. Fußn. 32.

[35] § 244, 328; § 245, 23; § 250, 10.

[36] BGH GA **1968** 305; BayObLGSt **1965** 79; OLG Koblenz VRS **44** (1973) 433; 15; vgl. § 244, 328 mit weit. Nachw. Nur soweit das Lichtbild Vermer-

ke über Aufnahmezeit, Aufnahmeort oder Hersteller enthält, ist es auch eine verlesbare Urkunde; vgl. *Alsberg/Nüse/Meyer* 245 mit weit. Nachw.

[37] OLG Hamm VRS **44** (1973) 117; OLG Saarbrücken VRS **48** (1975) 211.

[38] KK-*Diemer*[4] 27; sind sie allerdings verlesbar, wie ein vom Computer ausgedruckter Text, so ist der Urkundenbeweis zulässig.

[39] *Alsberg/Nüse/Meyer* 244; vgl. Rdn. 7, Fußn. 28.

[40] RGSt **25** 93; RG GA **48** (1901) 365; BGHSt **11** 29; BGH GA **1967** 282.

[41] RGSt **17** 15; **65** 420; RG Recht **1917** Nr. 926; RG JW **1938** 3103; 3138; KMR-*Paulus* 14.

Walter Gollwitzer

Beschlüsse[42], Erklärungen der Annahme eines Vertragsangebots[43], Schuldverschreibungen[44], Protokolle über die Beschlüsse einer Gesellschaft[45];

13　　**d) Eingaben des Angeklagten** in der anhängigen Sache; so eine schriftliche Erklärung, die er bei der Polizei[46], der Staatsanwaltschaft oder dem Gericht angebracht hat[47], eine vom Angeklagten nach § 163 a Abs. 1 Satz 2 abgegebene schriftliche Äußerung[48], auch gegenüber der Verwaltungsbehörde[49]. Gleiches gilt für eine vom Verteidiger mitgeteilte Sachdarstellung des Angeklagten, insofern eindeutig feststeht (Wortlaut, Bestätigung des Angeklagten usw.), daß der **Verteidiger** darin eine Erklärung des Angeklagten — und nicht seine eigene Meinung — festgehalten hat[50].

14　　**e) Sonstige Schriften des Angeklagten**, in denen dieser **außerhalb des Verfahrens** eine Tatsache geschildert hat, etwa ein von ihm an die vorgesetzte Behörde erstatteter Bericht, ein Brief oder ein selbstgeschriebener Lebenslauf[51]; aber auch eine andere Äußerung zur Sache[52]. Bei Tagebuchaufzeichnungen und anderen Aufzeichnungen aus dem höchstpersönlichen Lebensbereich sind aber die aus dem Grundrechtsschutz folgenden Beweisverbote zu beachten[53].

15　　**f) Schriften anderer Personen**, die irgendein Ereignis oder einen Zustand beschreiben, wie Zeitungsaufsätze[54], Handelsbücher einschließlich der Kopierbücher, Empfangsbekenntnisse[55], Buchungsbelege[56], Kontoauszüge, Briefe[57]; wobei auch hier etwaige Beweisverbote, die sich aus dem einfachen Recht oder dem Verfassungsrecht (vor allem dem Schutz des Persönlichkeitsbereichs) ergeben können, zu beachten sind.

3. Verlesbarkeit von Strafurteilen, Auszügen aus Kirchenbüchern und Personenstandsregistern

16　　**a) Bedeutung von Absatz 1 Satz 2.** Er ergänzt Absatz 1 Satz 1 durch einige Beispiele für verlesbare öffentliche Urkunden, wobei er gleichzeitig deren Verwertbarkeit im Wege des Urkundenbeweises klarstellt[58]. Zugleich verdeutlicht er den unausgesprochenen allgemeinen Grundsatz von der Zulässigkeit des Urkundenbeweises durch eine **unvollständige Aufzählung**. Deshalb verbietet sich der Schluß, daß Urkunden, die in Satz 2 nicht aufgeführt sind, aus diesem Grunde nicht verlesbar seien. Ob der Gesetzgeber darüber hinaus die **Beweisverwendbarkeit** dieser von ihm wohl als für das Strafverfahren besonders wichtig erachteten öffentlichen Urkunden unabhängig von den §§ 250 ff eigenständig festlegen wollte, ist strittig. Dies hat vor allem für die Frage Bedeutung, ob frühere Strafurteile auch insoweit als Beweismittel verwendet werden dürfen, als in ihnen Wahrneh-

---

[42] RGSt **24** 263; **46** 201; RG GA **46** (1898/99) 207.

[43] OLG Dresden HRR **1928** Nr. 91.

[44] RGSt **33** 35.

[45] RG GA **50** (1903) 106.

[46] OLG Hamm VRS **42** (1972) 99; *Günter* DRiZ **1971** 379.

[47] RGSt **18** 23; **35** 234; OLG Zweibrücken GA **1981** 273; StV **1986** 290.

[48] OLG Hamm JMBlNW **1968** 215; VRS **42** (1972) 99; vgl. bei § 163 a.

[49] OLG Düsseldorf VRS **41** (1971) 436; OLG Zweibrücken GA **1981** 275; StV **1986** 290.

[50] OLG Hamm JR **1980** 82 mit Anm. *Fezer; Günter* DRiZ **1971** 379; **a. A** OLG Celle NStZ **1988** 426; *Kleinknecht/Meyer-Goßner*[44] 13; SK-*Schlüchter*

30; auch HK-*Julius*[2] 4, 6; vgl. auch BGH NJW **1993** 3337.

[51] OGHSt **3** 26.

[52] OLG Celle MDR **1970** 786.

[53] Vgl. BGHSt **19** 325; **34** 397; BVerfG **80** 367 sowie zu den Einzelheiten Einl. K 79 ff mit weit. Nachw.

[54] RG DRiZ **1931** Nr. 51.

[55] RG Recht **1924** Nr. 492.

[56] BGHSt **15** 253.

[57] RGSt **33** 36; 357; RG LZ **1914** 401; JW **1923** 388; BGHSt **5** 278; BGH GA **1967** 282.

[58] Ob er eine vorgehende Sonderregelung für die Verlesbarkeit der aufgeführten Urkunden enthält, ist strittig (*G. Schäfer* 743); vgl. Rdn. 24.

mungen von Personen wiedergegeben werden[59]. Nach einer in der Rechtsprechung vertretenen Auffassung sind die Urteilsgründe weder im Wortsinn noch nach ihrer Zweckbestimmung Vernehmungsprotokolle oder schriftliche Erklärungen im Sinne des § 250 Satz 2[60]. Die Auslegung des Absatzes 1 Satz 2 hat auch für die Frage Bedeutung, ob Urteilsfeststellungen, deren Inhalt einem Leumundszeugnis gleichkommt (§ 256, 32), verlesen werden dürfen, ferner für die Frage, ob nichtrichterliche Augenscheinsprotokolle ungeachtet der Einschränkung des Satzes 2 als Behördenzeugnisse (§ 256, 20) verlesbar sind (Rdn. 26).

b) Früher ergangene Strafurteile. Gemeint sind sowohl die in einer **anderen Sache** **17** ergangenen Urteile als auch die im anhängigen Verfahren bisher ergangenen Urteile. Die Urteile sind zum Beweise ihrer Existenz und ihres Inhalts, nach vorherrschender Meinung auch zum Beweise der darin mitgeteilten Tatsachen verlesbar[61]. Verlesbar sind aber auch die ergangenen **Beschlüsse** und sonstigen Entscheidungen[62], nicht aber interne, das Urteil vorbereitende Aufzeichnungen eines Richters[63]. Unerheblich ist, ob das Urteil auf Verurteilung oder Freispruch lautet[64]. In der Regel wird auch nicht gefordert, daß es **rechtskräftig** ist[65], es sei denn, es kommt, wie etwa bei § 190 StGB, auf die **Bindungswirkung** des anderen Urteils an, die erst mit der Rechtskraft eintritt[66]. Die Verlesung eines noch nicht rechtskräftigen Urteils verstößt nicht gegen die **Unschuldsvermutung**[67]. Strafurteile, die gegen einen Zeugen ergangen sind, dürfen unter den Voraussetzungen des § 68 a verlesen werden[68]. Unzulässig ist die Verlesung eines Urteils, wenn ihr ein Beweisverbot entgegensteht. Dies gilt auch für § 51 BZRG; soweit sich der Verurteilte aber selbst auf das frühere Urteil beruft, darf dieses in dem zur Verifizierung nötigen Umfang (Tenor, bei Berufung auf die Einzelheiten der Tat auch Gründe) zu Beweiszwecken verlesen werden[69].

Die im **gegenwärtigen Verfahren** ergangenen Urteile können Gegenstand einer **18** Beweisaufnahme sein. Zu eng ist die früher vertretene Meinung, in einer neuen Verhandlung dürfe sowohl das Urteil des Revisionsgerichts als auch das von ihm aufgehobene Urteil der Strafkammer nur verlesen werden, sofern dies zur Aufklärung über den Gang

---

59 Die Unanwendbarkeit des Verbots des § 250 Satz 2 nehmen an RG GA **37** (1898) 166; **61** (1914) 509; **68** (1920) 357; RG JW **1935** 3395; BGHSt **6** 141; **31** 323; 332; auch BGHSt **20** 386; bei *Spiegel* DAR **1979** 186; OLG Hamm NJW **1974** 1880; *Alsberg/Nüse/Meyer* 252; *Eisenberg* (Beweisrecht) 2021; *Sarstedt/Hamm* 791 ff; AK-*Meier* 22; HK-*Julius*[2] 5; KK-*Diemer*[4] 17; *Kleinknecht/Meyer-Goßner*[44] 9; KMR-*Paulus* 11; SK-*Schlüchter* 11, 14; *G. Schäfer* 746, 747; **a. A** RG GA **50** (1903) 138; RG JW **1931** 1816 mit abl. Anm. *Alsberg*; *Eb. Schmidt* 9 ff; *Wömpner* NStZ **1984** 483 mit weit. Nachw., der aber über die analoge Anwendung der §§ 251 ff zur Verlesbarkeit in den wichtigsten Fällen kommt.

60 Vgl. RG JW **1982** 142; GA **68** (1920) 357; BGHSt **6** 143; auch BGHSt **20** 386; **a. A** *Wömpner* NStZ **1984** 484 mit weit. Nachw. § 249 Abs. 1 Satz 2 spricht dafür, daß der Gesetzgeber die Beweisverwendung der Urteile nicht einschränken wollte; der Versuch einer rein dogmatisch konstruierenden Lösung aus dem System der §§ 249 bis 256 erscheint anzweifelbar, da das System ohnehin nicht durchwegs in sich stimmig ist.

61 RGSt **8** 157; BGHSt **6** 141 = LM Nr. 6 mit Anm. *Sarstedt*; OLG Düsseldorf NStZ **1982** 512; OLG

Zweibrücken StV **1992** 565; vgl. ferner RGSt **60** 297; BGH MDR **1955** 121; GA **1976** 368 und die Nachw. Fußn. 59; 72.

62 BGHSt **31** 323, 331 f, dort auch für Einstellungsverfügungen der Staatsanwaltschaft.

63 *Kleinknecht/Meyer-Goßner*[44] 9; SK-*Schlüchter* 11; **a. A** *Flore* wistra **1989** 256.

64 RG ZStW **47** (1900) Beil. 3.

65 RGSt **8** 153; BGHSt **6** 141; OLG Düsseldorf StV **1982** 512; *Alsberg/Nüse/Meyer* 252; *Kleinknecht/Meyer-Goßner*[44] 9; KMR-*Paulus* 11; SK-*Schlüchter* 11.

66 Vgl. § 261, 65.

67 BGHSt **34** 209, dazu *Frister* Jura **1988** 356; OLG Düsseldorf **1982** 512; SK-*Schlüchter* 11; LR-Art. 6 MRK (24. Aufl. Rdn. 156).

68 RG JW **1891** 378; BGHSt **1** 341; *Alsberg/Nüse/Meyer* 252; *Eisenberg* (Beweisrecht) 2017; KMR-*Paulus* 11; SK-*Schlüchter* 11; **a. A** *Wömpner* NStZ **1984** 481 (§ 68 a begründet als Ordnungsvorschrift kein Urkundenbenutzungsverbot); vgl. § 68 a, 8.

69 BGHSt **27** 108; *Alsberg/Nüse/Meyer* 442; HK-*Julius*[2] 5; KK-*Diemer*[4] 18; SK-*Schlüchter* 11.

Walter Gollwitzer

und Stand des Verfahrens erforderlich erscheine, während die aufgehobenen Feststellungen niemals für die neu zu treffenden Feststellungen verwertet werden dürften[70]. Ein in derselben Sache ergangenes früheres Urteil darf ohnehin zur Unterrichtung der Beteiligten über die Verfahrenslage und zur Feststellung einer etwaigen Bindungswirkung verlesen werden[71]. Es ist aber auch zum Zwecke des Urkundenbeweises als (dann nochmals zu verlesendes) Beweismittel oder im Wege des Vorhalts an den Angeklagten oder an Zeugen verwendbar. Das zur eigenen Sachprüfung verpflichtete Gericht darf zwar nicht die auf Grund der **früheren Beweiswürdigung** für erwiesen erachteten Tatsachen ungeprüft übernehmen, doch ist es zulässig und mitunter durch die **Aufklärungspflicht** auch geboten, selbst ein aufgehobenes Urteil als Beweismittel dafür zu verwerten, daß sich der Angeklagte oder ein Zeuge in der früheren Verhandlung in bestimmtem Sinne geäußert hat[72]. Das Urteil eines Revisionsgerichts kann nicht zum Beweis von Tatsachen verlesen werden, die es, weil es an die Feststellungen des Tatrichters gebunden ist, seinen Rechtsausführungen zugrunde legt[73]. Ob die Heranziehung des Revisionsurteils ausnahmsweise zulässig ist, wenn das Urteil des Tatrichters nicht greifbar ist und ihm nur entnommen werden soll, was der Tatrichter festgestellt hat, ist strittig, wohl aber zu bejahen[74].

19   Die Verlesung darf sich auch auf die **Gründe** eines **in anderer Sache** ergangenen Strafurteils, insbesondere auf die darin wiedergegebenen Wahrnehmungen der Zeugen und auf ein darin angeführtes Leumundszeugnis erstrecken[75]. Macht ein Zeuge, dessen Aussage in den Urteilsgründen angeführt wird, in der Verhandlung über die jetzt zu entscheidende Sache vom Recht, das Zeugnis zu verweigern, Gebrauch, darf seine Aussage nicht verlesen werden, da die §§ 52, 252 nach ihrem Zweck ein Verwertungsverbot für alle früheren Aussagen begründen[76]. Abgesehen von dieser Sonderfrage darf nach dem Grundsatz der freien Beweiswürdigung das erkennende Gericht Tatsache und Inhalt, aber auch das Beweisergebnis der anderen Entscheidung, bei Bildung seiner eigenen, aus dem Inbegriff der Verhandlung geschöpften Überzeugung mitverwerten[77], ohne daß es dadurch aber der **Pflicht zur eigenen Beweiserhebung** in dem durch die **Aufklärungs-**

---

[70] RGSt **5** 430; **21** 436; RG GA **38** (1891) 42; **75** (1931) 215; Recht **1908** Nr. 2613; **1918** Nr. 653; JW **1931** 1816; 2825.

[71] Die Verlesung der in der gleichen Sache bereits ergangenen Urteile zur Feststellung der dem Gericht verbleibenden Entscheidungskompetenz und bereits eingetretener Bindungen an die in ihnen enthaltenen Tatsachenfeststellungen (vgl. auch § 324) oder an die rechtliche Beurteilung (§ 358 Abs. 1) ist ohnehin keine Beweisaufnahme im Rahmen des Strengbeweises nach § 249; vgl. etwa *Alsberg/Nüse/Meyer* 253; *Wömpner* NStZ **1984** 482; SK-*Schlüchter* 13, 14.

[72] RG GA **68** (1920) 357; RG JW **1924** 1767; **1935** 3395; Recht **1914** Nr. 2813; vgl. auch RGSt **60** 297; BGHSt **6** 141 = LM Nr. 6 mit Anm. *Sarstedt*; BGH MDR **1955** 121; bei *Spiegel* DAR **1977** 172; bei *Kusch* NStZ **1994** 25; OLG Köln StV **1990** 488; KK-*Diemer*⁴ 17; *Kleinknecht/Meyer-Goßner*⁴⁴ 9; KM-*Paulus* 11; **a.** A *Krause* 147; *Eb. Schmidt* 10; *Wömpner* NStZ **1984** 486 (der aber über die analoge Anwendung der §§ 251, 253 bis 256 meist zum gleichen Ergebnis kommt). Zum Streitstand vgl. auch Fußn. 61.

[73] BGHSt **7** 6.

[74] Bejahend KMR-*Paulus* 11; SK-*Schlüchter* 14; vgl. auch *Alsberg/Nüse/Meyer* 254 (Feststellung des In-

halts eines verlorenen Urteils der Tatsacheninstanz). Nach *Wömpner* NStZ **1984** 482 sind die Revisionsurteile insoweit nicht unzulässige, sondern ungeeignete Beweismittel.

[75] RGSt **8** 157; **60** 297; RG Rspr. **10** 16; RG GA **48** (1901) 365; BGHSt **6** 141; *Alsberg/Nüse/Meyer* 252; KMR-*Paulus* 11; SK-*Schlüchter* 14; vgl. *Wömpner* NStZ **1984** 483 (nur zulässig wegen des auf Inhalt und nicht auf Wahrheit des Urteils begrenzten Beweisthemas); ferner § 256, 32.

[76] BGHSt **20** 384, 386; *Wömpner* NStZ **1984** 486; HK-*Julius*² 5; *Kleinknecht/Meyer-Goßner*⁴⁴ § 252, 12; KMR-*Paulus* § 252, 17; SK-*Schlüchter* 15; *Eb. Schmidt* 11; **a.** A RG GA **68** (1920) 357; RG Recht **1914** Nr. 2813; *Alsberg/Nüse/Meyer* 252; vgl. § 252, 11 ff.

[77] RGSt **8** 158; **60** 297; **68** 357; GA **61** (1914) 509 (Vortat der Hehlerei); BGHSt **6** 142; **31** 332; OLG Düsseldorf StV **1982** 512; OLG Köln StV **1990** 488; OLG Zweibrücken StV **1992** 565; *Alsberg/Nüse/Meyer* 255; KK-*Diemer*⁴ 17; *Kleinknecht/Meyer-Goßner*⁴⁴ 9; KMR-*Paulus* 11; SK-*Schlüchter* 14; *Eb. Schmidt* 11. Zur Streitfrage, wieweit die §§ 250, 253, 254 und 256 dem Urkundenbeweis entgegenstehen, vgl. die Nachw. Fußn. 59.

pflicht gebotenen Umfang und zur eigenen Meinungsbildung entbunden wird. Es darf vor allem nicht die in einem früheren Urteil festgestellten Wahrnehmungen oder Gutachten von Menschen, die in der neuen Verhandlung als Zeugen oder Sachverständige vernommen werden könnten, dem Urteil im schwebenden Verfahren nur deshalb zugrunde legen, weil sie im früheren Urteil festgestellt sind[78].

c) Andere Urteile. Auch **Zivilurteile** können, wie sich schon aus § 262 ergibt, zu **20** Beweiszwecken verlesen werden, wenn sie auch in § 249 Satz 2 nicht aufgeführt werden[79]. Wollte man ihre Verwendbarkeit als Beweismittel einschränken, wäre § 262 Abs. 2 zwecklos. Verlesbar sind auch die Urteile **anderer Gerichte**, so der Verwaltungs-, Arbeits-, Sozial- und Finanzgerichte.

d) Straflisten. In Betracht kommen vornehmlich die Auskünfte aus dem **Bundeszen-** **21** **tralregister** zur Feststellung der Vorstrafen. Die Straflisten (Strafregisterauszüge) reichen in der Regel zum Beweis der Vorstrafen aus. Ergeben sich Zweifel an der Richtigkeit der Eintragung, so ist ihr Nachweis mit allen zulässigen Beweismitteln nach den allgemeinen Regeln zu führen[80].

Verlesbar sind ferner die Auskünfte aus dem **Erziehungsregister** (§§ 57 ff BZRG), **22** dem **Gewerbezentralregister** (§§ 150 ff GewO) und aus dem **Verkehrszentralregister** (§ 30 StVG).

e) Auszüge aus Kirchenbüchern und Personenstandsregistern. Hierzu rechnen ins- **23** besondere die Abschriften, die von den zuständigen Stellen aus den vor dem 1. 1. 1876 von Religionsgesellschaften geführten Kirchenbüchern und Registern, aus den vor dem 1. 1. 1876 von staatlichen Behörden geführten Zivilstandsregistern und aus den seit dem 1. 1. 1876 gemäß den Vorschriften des Personenstandsgesetzes von den Standesbeamten geführten Personenstandsbüchern erteilt werden. Man wird davon ausgehen können, daß diese Urkunden (vornehmlich Geburts-, Heirats- und Sterbeurkunden) verlesbar sein sollen, auch sofern sie nicht als Zeugnis eine Behörde (§ 256) behandelt werden können. Nach Möglichkeit sollen **beglaubigte Abschriften** herangezogen werden, doch können auch einfache Abschriften reichen[81].

4. Niederschriften über die Vornahme des richterlichen Augenscheins

a) Allgemeines. Nach Absatz 1 Satz 2 sind Niederschriften über den Augenschein **24** **durch einen Richter** verlesbar, gleichviel, ob der Augenschein im Vorverfahren oder gemäß § 225 nach Eröffnung des Hauptverfahrens stattgefunden hat, nicht jedoch, wenn er **im Rahmen der Hauptverhandlung** vom erkennenden Gericht selbst vorgenommen wird[82]. Verlesbar sind aber auch die Ergebnisse des Augenscheins einer früheren Hauptverhandlung[83]. Die Verlesung einer im Vorverfahren aufgenommenen richterlichen Niederschrift ist auch dann zulässig, wenn das Verfahren zur Zeit der Vornahme des Augenscheins noch nicht gegen den jetzigen Angeklagten gerichtet war[84]. Im übrigen ist es strit-

---

78 RGSt **60** 297; BGHSt **31** 332; vgl. auch OLG Düsseldorf StV **1982** 512; *Alsberg/Nüse/Meyer* 255; KK-*Diemer*[4] 17; *Kleinknecht/Meyer-Goßner*[44] 9; KMR-*Paulus* 11; *G. Schäfer* 749. Vgl. auch § 261, 29, 184.

79 RG Recht **1917** Nr. 1188; BGHSt **5** 110; *Alsberg/ Nüse/Meyer* 255; *Kleinknecht/Meyer-Goßner*[44] 9; KMR-*Paulus* 11; SK-*Schlüchter* 11; *Eb. Schmidt* 12; vgl. bei 262.

80 RGSt **56** 75; OLG Kiel SchlHA **1946** 91; *Alsberg/ Nüse/Meyer* 256; *Kleinknecht/Meyer-Goßner*[44] 10;

KMR-*Paulus* 12; SK-*Schlüchter* 18; vgl. Nr. 134 RiStBV; § 243, 95.

81 BGH bei *Kleinknecht/Meyer-Goßner*[44] 11; SK-*Schlüchter* 18.

82 RGSt **26** 277; RG DStrZ **1920** 248; *Alsberg/Nüse/ Meyer* 257; KMR-*Paulus* 13.

83 BayObLG bei *Rüth* DAR **1979** 241; *Alsberg/Nüse/ Meyer* 257; KMR-*Paulus* 13.

84 *Alsberg/Nüse/Meyer* 257.

tig, ob es sich um einen im **gleichen Strafverfahren** eingenommenen richterlichen Augenschein handeln muß, wie die vorherrschende Meinung annimmt[85].

25   Zu den hier in Betracht kommenden Niederschriften gehören auch diejenigen über eine **Leichenschau** unter Mitwirkung eines Richters (§ 87 Abs. 1)[86]. Über das Ergebnis einer **Leichenöffnung** muß — sofern die Niederschrift nicht als ein nach § 256 verlesbares Gutachten zu bewerten ist — Beweis durch mündliche Vernehmung der beteiligten Ärzte erhoben werden; die Verlesung der Niederschrift ist nur gemäß den §§ 251, 253 statthaft[87]. Ferner ist der § 249 auch auf die Niederschriften über **richterliche Durchsuchungen** insoweit anwendbar, als sie den Erfordernissen der Niederschriften über den Augenschein entsprechen[88].

26   Die von der **Polizei** oder **Staatsanwaltschaft** oder von Vertretern einer **anderen Behörde** aufgenommene Niederschrift über einen Augenschein darf dagegen auf Grund der Einschränkung in Absatz 1 Satz 2 (vgl. Rdn. 16) nicht verlesen werden, auch nicht nach § 256 Abs. 1, obwohl es sich um ein behördliches Zeugnis handelt[89]. Die Vertreter der anderen Behörde sind als Zeugen zu hören[90]. Wegen der Unfall- und Tatortskizzen vgl. § 250, 11.

27   **b) Fehlerhafte Vornahme des Augenscheins.** Leidet das bei der Vornahme des richterlichen Augenscheins beobachtete Verfahren an einem wesentlichen Mangel, so darf die Niederschrift nicht verlesen werden. Ein wesentlicher Mangel liegt insbesondere vor, wenn die **Niederschrift nicht** gemäß § 168 a **unterschrieben**[91], der mitwirkende Protokollführer nicht vereidigt[92] ist oder wenn die Vorschriften der §§ 168 d, 168 c Abs. 5, 224, 225 über die Benachrichtigung der Beteiligten nicht eingehalten worden sind[93]. Ein Verstoß gegen die **Benachrichtigungspflichten** wird jedoch durch die Einwilligung der Beteiligten in die Verlesung geheilt[94]. Dagegen kommt den im § 168 a Abs. 3 enthaltenen Vorschriften, nach denen die Niederschrift den Beteiligten vorzulesen oder vorzulegen und ein urkundlicher Vermerk hierüber aufzunehmen ist, keine so schwerwiegende Bedeutung zu, daß ein Verstoß gegen sie die Verlesung hindern könnte; vielmehr hat das Gericht angesichts eines solchen Mangels nach pflichtmäßigem Ermessen zu erwägen, ob er die Beweiskraft beeinträchtigt oder aufhebt[95]. Ist ein Augenscheinsprotokoll wegen formeller Mängel nicht verlesbar, kann sein Verfasser als Zeuge zu den beim Augenschein festgestellten Tatsachen vernommen und ihm dabei auch der Inhalt des Protokolls als Gedächtnisstütze vorgehalten werden[96].

28   **c) Umfang der Verlesung.** Waren zum Augenschein Zeugen oder Sachverständige zugezogen worden, so können ihre in der Niederschrift beurkundeten Angaben insoweit

[85] So *Alsberg/Nüse/Meyer* 257; *Krause* 149; *Wenskat* 203; HK-*Julius*[2] 5; *Kleinknecht/Meyer-Goßner*[44] 12; KMR-*Paulus* 5; **a. A** KK-*Diemer*[4] 20 unter Hinweis auf den Zweck, Beweisverluste zu vermeiden. SK-*Schlüchter* 23 stellt auf die Aufklärungspflicht ab.

[86] RGSt **53** 348; *Alsberg/Nüse/Meyer* 257; *Dähn* JZ **1978** 640; *Kleinknecht/Meyer-Goßner*[44] 7; KMR-*Paulus* 13; *Eb. Schmidt* 5; vgl. bei § 87.

[87] RGSt **2** 159; **53** 349; vgl. bei § 87.

[88] RGSt **24** 233; *Alsberg/Nüse/Meyer* 258; KMR-*Paulus* 13.

[89] *Alsberg/Nüse/Meyer* 256; *Kleinknecht/Meyer-Goßner*[44] 12; vgl. bei § 86; § 256, 17; 22.

[90] *Alsberg/Nüse/Meyer* 256; *Kleinknecht/Meyer-Goßner*[44] 12; *Koeniger* 369; *Schneidewin* JR **1951** 486.

[91] RGSt **41** 217; **53** 107; *Alsberg/Nüse/Meyer* 508; HK-*Julius*[2] 5; KMR-*Paulus* 13; SK-*Schlüchter* 21; wegen weiterer Nachw. vgl. bei § 168 a.

[92] BGHSt **27** 339 = JR **1978** 525 mit Anm. *Meyer-Goßner*; KK-*Diemer*[4] 20; SK-*Schlüchter* 21; weit. Nachw. bei § 168.

[93] RGSt **1** 256; *Alsberg/Nüse/Meyer* 508; 510; HK-*Julius*[2] 5; KK-*Diemer*[4] 20; *Kleinknecht/Meyer-Goßner*[44] 12; KMR-*Paulus* 13; SK-*Schlüchter* 21; weit. Nachw. bei § 168 d und bei § 225, 6; 10.

[94] BGH NStZ **1986** 325; *Alsberg/Nüse/Meyer* 510; *Schlüchter* 433; vgl. § 224, 23; 32 und bei § 168 c.

[95] RGSt **31** 136; **34** 397; **55** 5; RG JW **1931** 2504; *Alsberg/Nüse/Meyer* 508; KK-*Diemer*[4] 20; SK-*Schlüchter* 21 und bei § 168 a.

[96] KK-*Diemer*[4] 21.

mitverlesen werden, als es sich um Hinweise handelt, die den Vorgang der Augenscheinseinnahme betreffen[97]. Soweit die Aussagen darüber hinaus eine selbständige Beweisbedeutung für die Sachentscheidung haben, müssen aber — sofern nicht ein Fall der §§ 251 ff vorliegt — diese Zeugen oder Sachverständigen in der Hauptverhandlung nach § 250 unmittelbar vernommen werden[98]. Das gilt beispielsweise für die Zeugen, die bei einer Leichenschau zugezogen worden sind, damit festgestellt werde, wer der Verstorbene sei[99].

5. Behördliche Schriftstücke, die die Grundlage des **anhängigen Verfahrens** selbst **29** bilden, sind in diesem keine als Beweismittel verwendbaren und darum auch nicht im Urkundenbeweis zu Beweiszwecken verlesbaren Schriftstücke, sofern Beweisgegenstand nicht nur die Tatsache der in ihr enthaltenen Erklärung, sondern der auf eigenen und fremden Wahrnehmungen beruhende sachliche Inhalt ist[100]. Dies gilt für die Strafanzeige der Polizei, durch die das Verfahren ausgelöst wurde[101], ebenso wie für die Anklageschrift[102] oder den Bußgeldbescheid[103], nicht aber für Protokolle über Beweiserhebungen (vgl. § 250, 5). Nicht verlesbar sind auch die Berichte der Gerichtshilfe[104].

III. Verfahren. Allgemeines

1. Zusammentreffen von Urkundenbeweis und Augenscheinsbeweis. Soll nicht der **30** gedankliche Inhalt einer Schrift, sondern ihre **äußere Erscheinung**, ihre Beschaffenheit oder ihr Erhaltungszustand zum Beweis einer Tatsache dienen, so ist insoweit die Schrift förmlich in Augenschein zu nehmen. Die Beweiswirkung wird nicht durch Verlesen, sondern durch Besichtigen erzielt, indem etwa über die Einteilung eines Kassenbuchs oder die Art der Eintragungen oder die Schriftzüge oder die Merkmale einer Verfälschung, Ausschabung oder Überschreibung Beweis zu erheben ist[105]. § 249 ist daneben nur anwendbar, wenn zugleich auch über den gedanklichen Inhalt der Schrift Beweis erhoben werden soll. Es liegen dann **zwei verschiedene Beweiserhebungsvorgänge** vor, die einander nicht einschließen und die deshalb getrennt anzuordnen und zu protokollieren sind[106].

2. Sachverständigenbeweis. Verwendet ein Sachverständiger den **Inhalt von Urkun- 31 den** bei der Erstattung seines Gutachtens, so brauchen diese nicht gesondert verlesen zu werden, wenn es sich um Urkunden handelt, zu deren Erschließung es der Sachkunde des Sachverständigen bedarf (Befundtatsachen). Der Inhalt dieser Urkunden wird dann mit dem Gutachten, dessen Beurteilungsgrundlagen sie bilden, in die Hauptverhandlung eingeführt. So kann ein Buchsachverständiger Kontokarten als Unterlagen für sein Gutachten verwenden und in der Hauptverhandlung erörtern, ohne daß es notwendig wäre, sie gesondert zu verlesen[107]. Etwas anderes gilt, wenn die Urkunden nur **Zusatztatsachen** enthalten[108], über die in der Hauptverhandlung gesondert Beweis erhoben werden muß. Die

[97] RGSt **18** 186; *Alsberg/Nüse/Meyer* 258; KMR-*Paulus* 13; vgl. bei § 86.

[98] BGHSt **10** 10; **12** 308; **33** 217 = NStZ **1985** 468 mit Anm. *Dankert*; RG JW **1920** 579; *Alsberg/Nüse/Meyer* 258; KK-*Diemer*⁴ 20; 22; *Kleinknecht/Meyer-Goßner*⁴⁴ 12; KMR-*Paulus* 13; SK-*Schlüchter* 24; *Eb. Schmidt* 17.

[99] RGRspr. **6** 394; anders, wenn Person des Toten zweifelsfrei feststeht, RGSt **53** 348; *Alsberg/Nüse/Meyer* 258; vgl. bei § 88.

[100] Vgl. SK-*Schlüchter* 27 (zu unterscheiden: Willenserklärung und Wahrnehmung).

[101] OLG Schleswig bei *Ernesti/Jürgensen* SchlHA **1974** 187; vgl. § 256, 17; 22.

[102] BGHSt **18** 53; RGSt **41** 262; BGH GA **1968** 305; vgl. § 256, 17; 22 mit weit. Nachw.

[103] SK-*Schlüchter* 27.

[104] Vgl. Vor § 226, 46; § 256, 18.

[105] RGSt **5** 398; RGRspr. **3** 789; RG GA **37** (1889) 54; h. M; *Alsberg/Nüse/Meyer* 234; 244; *Paulus* JuS **1988** 875; AK-*Meier* 3; *Kleinknecht/Meyer-Goßner*⁴⁴ 7; SK-*Schlüchter* 3 vgl. Rdn. 7.

[106] BGHSt **11** 29; 159; BayObLG VRS **63** (1982) 211; OLG Schleswig StV **1998** 365; vgl. ferner vorstehende Fußn.

[107] BGHSt **15** 253.

[108] Vgl. bei § 79; § 250, 34.

Verlesung wissenschaftlicher Werke, die ein Sachverständiger für sein Gutachten verwertet und dem Gericht überreicht hat, kann aus § 249 nicht gefordert werden.

32   **3. Fremdsprachige Schriften** können als Beweismittel gebraucht werden. Sofern nicht alle Verfahrensbeteiligten den fremdsprachigen Urtext unmittelbar verstehen können, ist dieser in aller Regel durch eine Übersetzung in die deutsche Sprache in die Hauptverhandlung einzuführen. Da kaum jemals alle Verfahrensbeteiligten, die berechtigt sind, vom Inhalt der Schrift durch Vorlesen nach Absatz 1 oder im Selbstleseverfahren nach Absatz 2 Kenntnis zu nehmen, die Sprache des Urtextes so sicher beherrschen werden, daß sich eine Übersetzung erübrigt[109], hat die strittige Frage, ob selbst dann § 184 GVG der unmittelbaren **Beweisverwendung der Urkunde in der Originalsprache** entgegenstehen würde[110], keine große praktische Bedeutung. Sie ist zu verneinen[111]. Wie § 185 Abs. 2 GVG zeigt, schließt weder § 184 noch der Grundsatz der Öffentlichkeit ein Verhandeln in fremder Sprache schlechthin aus. Dies muß dann aber auch für die unmittelbare Einführung eines fremdsprachigen Textes in die Hauptverhandlung gelten, zumal beim Urkundenbeweis im Selbstleseverfahren die unbeteiligte Öffentlichkeit, auf die dann allein abzustellen wäre, ohnehin vom Text keine Kenntnis erhält. Abgesehen von einfachen, kurzen und leicht verständlichen Texten wird in der Regel aber auch zum Ausschluß von Mißverständnissen die **Sprachübertragung in der Hauptverhandlung** durch einen Übersetzer notwendig sein. Dieser ist insoweit nicht als Dolmetscher im Sinne des § 185 GVG, sondern als Sachverständiger tätig[112]. Er trägt das „sprachliche Gutachten", das die Übersetzung bedeutet, grundsätzlich in der Hauptverhandlung selbst vor. Ist ein Mitglied des Gerichts genügend sprachkundig, kann es kraft der eigenen Sachkunde selbst die Sprachübertragung in der Hauptverhandlung vornehmen[113].

33   Ob eine bei den Akten befindliche **schriftliche Übersetzung** im Wege des Urkundenbeweises nicht nur zum Beweise ihres Vorhandenseins, sondern auch zum **Beweise des Sinngehalts** des fremdsprachigen Originals in der Hauptverhandlung verlesen werden darf, ist strittig[114]. Die Ansicht, die dies **verneint**[115], stützt sich darauf, daß nach § 250 das Sprachgutachten, das die Übersetzung darstellt, durch mündlichen Vortrag des Gutachters in die Hauptverhandlung eingeführt werden muß[116], sofern nicht ausnahmsweise Sondervorschriften Platz greifen, die wie §§ 251, 256 das Verlesen gestatten[117], oder wenn das fremdsprachliche Original nicht greifbar ist[118].

33a   Nach der **Gegenmeinung**, die auch der Bundesgerichtshof vertritt, steht § 250 der Verlesung nicht entgegen, da die Übersetzung keine individuelle Wahrnehmung wiedergebe, sondern eine nicht an eine bestimmte Person gebundene und — solange das fremdsprachige Original greifbar ist — auch jederzeit wiederholbare und nachprüfbare Leistung

---

[109] Der Vorsitzende müßte das durch Befragen vorher feststellen.

[110] So *Alsberg/Nüse/Meyer* 246; *Eisenberg* (Beweisrecht) 2011; *Krause* 117; HK-*Julius*[2] 15; *Kleinknecht/Meyer-Goßner*[44] 5; SK-*Schlüchter* 37.

[111] RGSt **9** 51; **27** 269; **32** 239; AK-*Meier* 12; KMR-*Paulus* 10; *Eb. Schmidt* 21.

[112] BGHSt **1** 6; BGH NJW **1965** 643; NStZ **1985** 466 (Dolmetscher kann aber dazu herangezogen werden); KK-*Diemer*[4] 16; *Kleinknecht/Meyer-Goßner*[44] 5; KMR-*Paulus* 9; vgl. bei § 185 GVG.

[113] *Alsberg/Nüse/Meyer* 246; *Kleinknecht/Meyer-Goßner*[44] 5; SK-*Schlüchter* 37.

[114] Schon in der Rechtsprechung des RG war dies strittig, verneinend RGSt **7** 390; **9** 53; **25** 353; **27** 162; **32** 240; **36** 372; RG JW **1924** 707; *Beling* 147; *Hegler* Rechtsgang **2** 287; a. A RGRspr. **5** 534; RGSt **51** 94; RG GA **66** (1918/19) 568.

[115] *Alsberg/Nüse/Meyer* 246; SK-*Schlüchter* 37; *Eb. Schmidt* 21; ebenso noch LR[23] 30.

[116] Zur Streitfrage, ob dies auch gilt, wenn das Gutachten keine eigenen Wahrnehmungen des Gutachters enthält, vgl. § 250, 29.

[117] Vor allem können die von deutschen oder ausländischen Behörden gefertigten Übersetzungen nach § 256 verlesen werden.

[118] SK-*Schlüchter* 37.

sei[119]. Ähnlich wie bei der Verwendung einer Abschrift müsse sich das Gericht gegebenenfalls durch Verwendung anderer Beweismittel in freier Beweiswürdigung Gewißheit darüber verschaffen, ob die schriftliche Übersetzung den Sinngehalt des fremdsprachigen Originals richtig und vollständig wiedergibt. Die freie Beweiswürdigung (§ 261) bedeutet aber nicht die Zulässigkeit des Freibeweises. Soweit die Übersetzung für die Schuld- und Rechtsfolgenfrage von Bedeutung ist, ist ihre Übereinstimmung mit dem fremdsprachigen Original mit den Mitteln des **Strengbeweisrechts**[120] — nicht notwendig aber durch Einvernahme eines Übersetzers als Sachverständigen in der Hauptverhandlung — festzustellen[121]. Das Gericht kann seine Überzeugung von der Richtigkeit der im Urkundenbeweis verlesenen Übersetzung auch auf andere Beweismittel stützen. Dafür kann es genügen, wenn im Wege des Urkundenbeweises (Verlesen) festgestellt wird, daß ein öffentlich bestellter oder allgemein vereidigter Übersetzer[122] die Richtigkeit und Vollständigkeit der von ihm gefertigten oder überprüften Übersetzung bestätigt[123]. Ob die Sprachübertragung der Urkunde der **Hauptverhandlung vorzubehalten** ist, weil das Gericht sich dadurch einen persönlichen Eindruck vom Übersetzer und seinen fachlichen Fähigkeiten verschaffen kann und weil dies zugleich auch die Möglichkeit eröffnet, etwaige sprachliche Schwierigkeiten der Übersetzung (schwer übersetzbare oder mehrdeutige Stellen usw.) zu erörtern, beurteilt sich nach der an den Erfordernissen des Einzelfalls zu messenden **Aufklärungspflicht**. Abzulehnen ist die Ansicht, daß eine Beweisverwendung des Inhalts der Übersetzung auch dadurch möglich wird, daß der Vorsitzende den Inhalt einer fremdsprachigen Urkunde den Prozeßbeteiligten im Rahmen eines Vorhalts zur Kenntnis bringt[124].

Ist die **fremdsprachige Urschrift** unzugänglich und liegt dem Gericht nur eine deutsche Übersetzung vor, dann bedarf es in der Regel nicht der Zuziehung eines Übersetzers zur Hauptverhandlung, um das Schriftstück zu verlesen[125]. Es ist eine allgemeine Beweisfrage, auf welchem Weg sich das Gericht dann die Kenntnis vom Übereinstimmen der vorliegenden Übersetzung mit der Urschrift verschaffen will; insoweit kann es auch den Fertiger der Übersetzung als sachverständigen Zeugen hören[126] oder das Geständnis des **34**

---

[119] BGHSt **27** 137 = JR **1978** 117 mit Anm. *Gollwitzer*; BGH NJW **1993** 3337; GA **1982** 40; NStZ **1983** 181; bei *Pfeiffer/Miebach* NStZ **1983** 357; *Jessnitzer* (Dolmetscher) 66; KK-*Diemer*[4] 15; *Kleinknecht/Meyer-Goßner*[44] 5; KMR-*Paulus* 9, 10; *Pfeiffer*[2] 3. Nach AK-*Meier* 15 gilt dies nur für einfache Texte; bei komplexeren ist die Vernehmung des Übersetzers als Sachverständigen in der Hauptverhandlung wegen der möglicherweise entscheidungsrelevanten Nuancen notwendig. Vgl. auch HK-*Julius*[2] 16 (Verständlichkeitsgebot des Art. 6 Abs. 3 Buchst. a MRK erfordert wörtliche Übersetzung in der Hauptverhandlung).

[120] Vgl. etwa KMR-*Paulus* 9; *Wömpner* MDR **1980** 890; SK-*Schlüchter* 36; 37; **a. A** KMR-*Paulus* 10 (Freibeweis) unter Hinweis auf BGH bei *Pfeiffer/Miebach* NStZ **1983** 354; vgl. auch BGH GA **1982** 40; NJW **1993** 3337 und nachst. Fußn.

[121] So aber unter Hinweis auf § 250 *Alsberg/Nüse/Meyer* 246; SK-*Schlüchter* 37; *Eb. Schmidt* 21; wohl auch HK-*Julius*[2] 16; **a. A** KK-*Diemer*[4] 15; *Kleinknecht/Meyer-Goßner*[44] 5 sowie die Nachw. in voranstehender Fußn.

[122] Die Bezeichnungen sind in den Ländern nicht einheitlich; vgl. *Jessnitzer* (Dolmetscher) 22 ff; ferner zu den einzelnen landesrechtlichen Regelungen *Lichtenberger* BayVwBl. **1986** 360.

[123] HK-*Julius*[2] 16; SK-*Schlüchter* 37. Nach § 2 der als Bundesrecht fortgeltenden Verordnung zur Vereinfachung des Beurkundungswesens vom 21. 10. 1942 (BGBl. III 315–5) gilt eine Übersetzung als richtig und vollständig, wenn ein (nach dem jeweils einschlägigen Landesrecht) dazu ermächtigter Übersetzer dies bescheinigt. Vgl. dazu BayVerfGH BayVwBl. **1986** 363; *Lichtenberger* BayVwBl. **1986** 360; ferner *Ruderisch* BayVwBl. **1985** 169. Auch ohne diese widerlegbare Vermutung kann das Gericht aus dem Umstand, daß die Übersetzung von einem allgemein beeidigten Dolmetscher oder Übersetzer gefertigt wurde, auf die Richtigkeit und Vollständigkeit der Sprachübertragung schließen.

[124] So aber wohl BGH bei *Dallinger* MDR **1975** 369; die Entscheidung dürfte von der Ansicht beeinflußt sein, daß die Verlesung eines Schriftstücks durch Bekanntgabe seines Inhalts ersetzt werden darf, vgl. Rdn. 44 ff; ablehnend KMR-*Paulus* 9.

[125] *Alsberg/Nüse/Meyer* 247.

[126] *Jessnitzer* (Dolmetscher) 66 (sofern Übersetzer die Schrift nicht im anhängigen Verfahren im Auftrag des Gerichts oder Staatsanwalts übersetzt hat, da er dann als Sachverständiger zu hören sei); SK-*Schlüchter* 37.

Angeklagten verwerten[127]. Bleibt die Übereinstimmung der Übersetzung mit dem nicht greifbaren Original nicht sicher feststellbar, ist sie nach dem Zweifelssatz bei belastenden Tatsachen als nicht erwiesen zu behandeln, während sie bei entlastenden Tatsachen zu unterstellen ist[128].

35   Nicht erforderlich ist, daß die Sprachübertragung in der Hauptverhandlung oder die vorherige schriftliche Übersetzung von einem **öffentlich bestellten und/oder allgemein beeidigten Dolmetscher oder Übersetzer** bzw. ermächtigten Urkundenübersetzer erstellt wird oder daß ihre Richtigkeit förmlich bestätigt wird[129]. Unbeschadet des Umstands, daß die Übersetzung durch einen behördlich bestellten Übersetzer bei der Beweiswürdigung ins Gewicht fallen kann (vgl. Rdn. 33), ist das Gericht bei Auswahl der Übersetzer und bei der Beweiswürdigung rechtlich frei.

36   **4. Geheimschriften.** Ist eine Schrift in Ziffern oder auf andere Weise verschlüsselt niedergeschrieben, so daß ein Nichteingeweihter sie nicht zu verstehen vermag, scheidet ein Urkundenbeweis durch Verlesen aus. Es ist ein Sachverständiger zuzuziehen, der im Rahmen seines Gutachtens den Klartext der Schrift bekanntgibt[130]. Nur wenn das Gericht selbst die erforderliche Sachkunde besitzt, etwa bei einfach auflösbaren Verschlüsselungen, kann es genügen, wenn das Gericht die Übertragung in den Klartext selbst vornimmt[131]. Für das Selbstleseverfahren nach Absatz 2 eignen sich solche Fälle nicht. Im übrigen gelten die für die Übersetzung einer fremdsprachigen Schrift erörterten Grundsätze auch hier.

36a   **5.** Die in **Kurzschrift abgefaßten Schriften** werden nach denselben Grundsätzen wie die Geheimschriften in die Hauptverhandlung eingeführt, in der Regel also durch einen Sachverständigen als Gutachter[132]. Dieser wird nur dadurch entbehrlich, daß ein Richter sie kraft eigener Sachkunde sicher lesen und verlesen kann. Ist dies nicht der Fall, bedarf es schon deshalb auch bei **allgemein geläufigen Kurzschriften** der Feststellung des Inhalts durch einen Sachverständigen. Zwar mag an sich zweifelhaft sein, ob die Feststellung des Inhalts eines in einer allgemein geläufigen Schrift abgefaßten Schreibens die Zuziehung eines besonderen Sachkundigen erfordert[133]. Unter den heutigen Umständen wird man aber nicht mehr davon ausgehen können, daß die erforderlichen Kurzschriftkenntnisse noch allgemein geläufig sind und daß die Verfahrensbeteiligten eine Kurzschrift mit ihren Kürzeln und Besonderheiten so gut beherrschen, daß sie den Inhalt eines in Kurzschrift abgefaßten Schreibens selbst sicher erfassen können. Liegt die Übertragung in eine allgemein geläufige Schrift vor, scheitert deren Verlesung nicht an § 250 (vgl. § 250, 9) sondern mitunter daran, daß die Zuverlässigkeit der Übertragung nicht ohne Einvernahme des Übertragenden oder Zuziehung eines Sachverständigen sicher festgestellt werden kann.

37   **6. Formen des Urkundenbeweises.** Will das Gericht Beweis über den gedanklichen Inhalt einer Schrift erheben, kann dies durch die Urkunde selbst in einer der beiden von

[127] RGSt **36** 372; *Alsberg/Nüse/Meyer* 248; KK-*Diemer*⁴ 15.

[128] *Wömpner* MDR **1980** 390; HK-*Julius*² 7; SK-*Schlüchter* 36.

[129] Vgl. RGSt **25** 354; **51** 94; RG GA **66** (1918/19) 568.

[130] *Alsberg/Nüse/Meyer* 245; *Krause* 117; *Kleinknecht/Meyer-Goßner*⁴⁴ 4; SK-*Schlüchter* 38.

[131] SK-*Schlüchter* 38.

[132] *Alsberg/Nüse/Meyer* 245; *Krause* 116; *Kleinknecht/Meyer-Goßner*⁴⁴ 4; SK-*Schlüchter* 39; wohl auch *Eisenberg* (Beweisrecht) 2007, der wegen des Erfordernisses zusätzlicher Kenntnisse die allgemeine Geläufigkeit anzweifelt; **a.** A RGSt **65** 294; OLG Frankfurt HESt **2** 218. Vgl. auch nachf. Fußn.

[133] RGSt **65** 294; OLG Frankfurt HESt **2** 218; KK-*Diemer*⁴ 8 (verlesbare Urkunde); *Eb. Schmidt* 7.

§ 249 vorgeschriebenen Formen geschehen, durch Verlesen der Schrift nach Absatz 1 oder durch das Selbstleseverfahren nach Absatz 2. Ob als dritte Form des Urkundenbeweises auch die Feststellung des Inhalts der Schrift durch den Vorsitzenden zulässig ist, ist strittig[134].

IV. Urkundenbeweis durch Verlesen nach Absatz 1

1. Kommt es darauf an, den **Inhalt einer Schrift** den zur Urteilsfindung berufenen **38** Richtern und den übrigen Verfahrensbeteiligten zur Kenntnis zu bringen, so muß die Schrift in der Hauptverhandlung regelmäßig **wörtlich verlesen** werden[135], und zwar laut und deutlich, damit alle Anwesenden es verstehen können[136], auch wenn die Beteiligten den Inhalt der Schrift aus den Akten kennen.

2. Teil einer Schrift. Zu verlesen ist der Inhalt aber nur insoweit, als er zum Verständ- **39** nis der für die Urteilsfindung bedeutsamen Schriftstellen notwendig ist. Ob es genügt, Teile einer Schrift zu verlesen, entscheidet das Gericht unter Berücksichtigung seiner **Aufklärungspflicht** nach pflichtgemäßem Ermessen[137]. Teile der Schrift, die weder wegen ihres Inhalts noch wegen des Gesamtzusammenhangs für die Entscheidung erheblich sind, vor allem bei einem umfangreichen Druckwerk, brauchen nicht mitverlesen zu werden. Bei **inhaltlich gleichen Schriften** genügt es, eine repräsentative Auswahl zu verlesen[138]. Verlangt ein Beteiligter die Verlesung der ganzen Schrift, so hat das Gericht darüber gemäß § 238 Abs. 2 zu entscheiden[139]. Ist die Schrift ein präsentes Beweismittel, darf nur unter den Voraussetzungen des § 245 von der vollen Verlesung abgesehen werden. Die Verlesung muß auf Teile der Schrift beschränkt bleiben, wenn die anderen Teile überhaupt nicht oder zumindest nicht im Wege der Verlesung als Beweismittel verwendet werden dürfen[140].

3. Unzulänglichkeit der bloßen Vorlegung. Eine Schrift wird nicht dadurch allein, **40** daß ein Beteiligter sie in der Hauptverhandlung vorlegt, als Beweismittel gebraucht. Insbesondere darf, wenn ausweislich der Sitzungsniederschrift nichts weiter geschehen ist, als daß Akten vorgelegt worden sind, keine Feststellung auf den Inhalt einer in den Akten enthaltenen Urkunde gestützt werden[141].

4. Entscheidung über das Erfordernis der Verlesung. Wenn keinem Beweisantrag **41** zu entsprechen oder keine Schrift als präsentes Beweismittel (§ 245 Abs. 1) zu verlesen ist, hängt es von der Aufklärungspflicht ab, ob eine Schrift zu Beweiszwecken in die Hauptverhandlung eingeführt werden muß[142]. Erst danach ist nach pflichtgemäßem Ermessen zu entscheiden, ob dies durch Verlesen nach Absatz 1 oder im Wege des Selbstleseverfahrens nach Absatz 2 (Rdn. 54 ff) geschehen soll.

---

[134] Vgl. Rdn. 44 ff.
[135] RGSt **59** 100; RG DRiZ **1931** Nr. 51.
[136] *Alsberg/Nüse/Meyer* 313; KMR-*Paulus* 18.
[137] RGSt **8** 129; RG GA **69** (1925) 90; JW **1917** 554; BGHSt **11** 31; BGH GA **1960** 277; bei *Dallinger* MDR **1972** 753; bei *Pfeiffer/Miebach* NStZ **1984** 211; *Alsberg/Nüse/Meyer* 314; AK-*Meier* 24; KK-*Diemer*[4] 30; *Kleinknecht/Meyer-Goßner*[44] 15; KMR-*Paulus* 19; SK-*Schlüchter* 42; *Schlüchter* 531; *Eb. Schmidt* Nachtr. I 19.

[138] *Alsberg/Nüse/Meyer* 315; *Kleinknecht/Meyer-Goß-ner*[44] 15; KMR-*Paulus* 3; SK-*Schlüchter* 42.
[139] RG GA **46** (1898/99) 424; BGH GA **1960** 277. Vgl. § 245, 30 ff; 62 ff.
[140] *Alsberg/Nüse/Meyer* 315; *Gössel* § 27 C I a 1; SK-*Schlüchter* 42.
[141] RGRspr. **3** 259; Recht **1910** Nr. 816.
[142] RGSt **1** 383; RGRspr. **2** 45 sprachen noch vom „richterlichen Ermessen".

42   Die Entscheidung über die Verlesung steht als Akt der **Sachleitung** (§ 238 Abs. 1) dem **Vorsitzenden** zu. Er kann die Verlesung formlos anordnen[143], ohne daß er die Verfahrensbeteiligten dazu vorher anhören müßte. Er ist aber unschädlich, wenn eine Schrift ohne ausdrückliche Anordnung verlesen wird oder wenn das Gericht ohne vorgängige Anordnung des Vorsitzenden gleich selbst die Verlesung beschließt[144]. Eines **Gerichtsbeschlusses** bedarf es, wenn die Anordnung des Vorsitzenden nach § 238 Abs. 2 beanstandet wird; ferner, wenn eine Sondervorschrift wie § 251 Abs. 4 dies vorschreibt (vgl. § 251, 72). Hat der Vorsitzende eine Schrift zur Verlesung gebracht, die nach den gesetzlichen Vorschriften nicht verlesen werden durfte, so darf das Gericht die Schrift grundsätzlich nicht bei der Urteilsfindung verwerten, auch wenn kein Beteiligter die Verlesung beanstandet hat. Tut es dies trotzdem, so kann der Verfahrensfehler die Revision begründen, es sei denn, die Schrift ist nicht zur Entscheidungsgrundlage geworden, so daß das Urteil nicht darauf beruht.

43   **5. Ausführung der Verlesung.** In der Regel verliest der Vorsitzende selbst die Urkunde. Er darf dies einem mitwirkenden Richter, auch einem Ergänzungsrichter oder Schöffen, oder dem Protokollführer übertragen[145]. Ist die Schrift vom Angeklagten oder von einem anwesenden Zeugen geschrieben und schwer lesbar, so ist es statthaft, den Urheber zur Verlesung heranzuziehen[146]. In besonders gelagerten Fällen kann die Verlesung, wenn Gründe der Zweckmäßigkeit hierfür sprechen und die Gewähr vollkommener Wiedergabe gegeben ist, auch sonst einem Beteiligten übertragen werden[147]; die im § 238 Abs. 1 enthaltene Vorschrift, daß die Aufnahme der Beweise durch den Vorsitzenden erfolgt, schließt nicht aus, daß er eine andere Person mit der Verlesung beauftragt (§ 238, 15). Das Verlesen der Schrift zur unmittelbaren Beweisverwendung enthält keine eigene Erklärung des Vorlesenden. Zu unterscheiden ist davon der Fall, daß ein Prozeßbeteiligter eine Schrift als Teil seiner Vernehmung verliest; dann ist Beweismittel nicht die Schrift, sondern allein seine Aussage[148]. Schon aus diesem Grund ist es im Interesse der Verfahrensklarheit angezeigt, die Verlesung zum Zwecke des Urkundenbeweises nicht dem Einzuvernehmenden selbst zu übertragen, wenn dies zum besseren Verständnis in dessen Aussage einzublenden ist. Für eine Verlesung, die zur Beweisaufnahme gehört, ist im **Schlußvortrag** von Staatsanwalt oder Verteidiger kein Raum[149], zur Beweisverwendung ist die vom Gericht herbeigeführte Verlesung nach Wiedereintritt in die Hauptverhandlung notwendig[150].

44   **6. Die Feststellung des Inhalts** einer Schrift durch einen streng sachlichen **Bericht des Vorsitzenden** an Stelle der Verlesung hielt das Reichsgericht für zulässig, wenn die Verlesung an sich zulässig war und die Beteiligten nicht widersprachen[151]. Dies ist auch

---

[143] *Alsberg/Nüse/Meyer* 312; KK-*Diemer*⁴ 29 sowie nachf. Fußn.

[144] BGH StV **1985** 402 mit krit Anm. *Fezer*; HK-*Julius*² 7; *Kleinknecht/Meyer-Goßner*⁴⁴ 15; KMR-*Paulus* 16; *Pfeiffer*² 5; SK-*Schlüchter* 41.

[145] RGSt **27** 173; *Krause* 116; KK-*Diemer*⁴ 29; *Kleinknecht/Meyer-Goßner*⁴⁴ 15; KMR-*Paulus* 16; SK-*Schlüchter* 41; *Eb. Schmidt* 20.

[146] RG GA **56** (1909) 223; *Alsberg/Nüse/Meyer* 314; KMR-*Paulus* 16; SK-*Schlüchter* 41 (zur Mithilfe beiziehen).

[147] *Gössel* § 27 C II; AK-*Meier* 24; **a. A** RGSt **21** 69; KMR-*Paulus* 16; SK-*Schlüchter* 41; vgl. *Alsberg/Nüse/Meyer* 314 (in Ausnahmefällen) mit weit. Nachw. zum Streitstand.

[148] KMR-*Paulus* 16; SK-*Schlüchter* 41.

[149] RGSt **21** 69; RG GA **60** (1913) 432; *Alsberg/Nüse/Meyer* 314; KMR-*Paulus* 17; SK-*Schlüchter* 41.

[150] *Alsberg/Nüse/Meyer* 314 mit dem Hinweis, daß dies dann nicht erforderlich ist, wenn Verlesung nicht Beweisaufnahme ergänzen, sondern einen Begriff verdeutlichen soll oder nur eine Rechtsfrage betrifft.

[151] RGRspr **3** 789; RGSt **3** 142, 162; **26** 32; **35** 198; **64** 79; RG GA **46** (1898) 191; LZ **1915** 631; **1922** 167; Recht **1917** Nr. 1188; **1920** Nr. 241; **a. A** RGSt **2** 408; **25** 126; RG JW **1891** 53. Vgl. *Alsberg/Nüse/Meyer* 326 mit weit. Nachw.

die Ansicht des Bundesgerichtshofs[152], der daran auch nach Einführung des Selbstleseverfahrens des Absatzes 2 festhält, sofern es auf den genauen Wortlaut nicht ankommt und
die Aufklärungspflicht im Einzelfall auch sonst nicht die Verlesung fordert[153]. Ihm folgt
die Rechtsprechung der Oberlandesgerichte[154]. Die Revisionsgerichte haben die Feststellung als Verlesungsersatz oft auch in Fällen zugelassen, in denen im Protokoll der **Vermerk über die Verlesung** fehlte, bei denen aber davon ausgegangen werden konnte, daß
zumindest der wesentliche Inhalt der Urkunde in der Hauptverhandlung zur Sprache
gekommen, dem Mündlichkeitsgrundsatz also genügt war. In diesen Fällen hätte jedoch
das Urteil meist auch mit der Begründung gehalten werden können, daß es nicht auf der
unterbliebenen Verlesung beruht.

Zu Recht verneint das **Schrifttum** überwiegend die Zulässigkeit eines solchen Verfah- **45**
rens[155]. Mit gutem Grund kennt das Verfahrensrecht als Form des Urkundenbeweises nur
die Verlesung nach Absatz 1 und das Selbstleseverfahren nach Absatz 2, um die Kenntnis
aller Richter und aller Verfahrensbeteiligten vom Inhalt einer als Beweismittel verwendeten Schrift herbeizuführen. Der Bericht des Vorsitzenden über den Inhalt einer Urkunde
ist keine Beweisquelle; er sollte auch der Beweiswürdigung des Gerichts nicht durch eine
Vorauswahl der als Urkundensubstrat relevanten Tatsachen vorgreifen[156]. Die **Gegenmeinung**[157] läßt aus Praktikabilitätsgründen einen streng objektiven Bericht des Vorsitzenden
über den Urkundeninhalt als die gegenüber dem Selbstleseverfahren noch einfachere
Form des Urkundenbeweises zu. Es muß sich aber jeweils um eine einzelne, genau
bezeichnete Urkunde mit einem dafür geeigneten eindeutigen und einfachen Inhalt handeln, auf deren Wortlaut es nicht ankommt und die nicht die Straftat selbst verkörpert;
Voraussetzung ist ferner, daß alle Verfahrenbeteiligten ausdrücklich oder konkludent
durch Unterlassen jedes Widerspruchs damit einverstanden sind. Eine Erörterung des
Urkundeninhalts mit dem Angeklagten ist kein Bericht über den Urkundeninhalt[158]. Sind
diese Voraussetzungen gegeben, bleibt für den Bericht nur Raum, wo die Verlesung des
beweiserheblichen Teils der Urkunde ohnehin weder Mühe noch Zeit kostet. Die Feststellung ist ebenso wie die Verlesung zu protokollieren[159]. Gründe der Verfahrensklarheit
sprechen dagegen, diese im Gesetz nicht vorgesehene Art des Urkundenbeweises zuzulassen, zumal da sie geeignet ist, vor allem bei den Laienrichtern den grundsätzlichen Unterschied zwischen diesem und der Verwendung einer Urkunde zu einem Vorhalt zu verwischen. Bei einer Verlesung entfällt auch jeder Streit darüber, ob die Berichterstattung des
Vorsitzenden über den Inhalt der Urkunde objektiv und hinreichend erschöpfend war, um
der Aufklärungspflicht, dem Gebot zur Gewährung des rechtlichen Gehörs und dem
Mündlichkeitsgrundsatz zu genügen. *Grünwald*[160] weist mit Recht darauf hin, daß dann

[152] BGHSt **1** 94; **11** 29; 159; dazu *Hanack* JZ **1972**
202. Wie sehr sich hier die Grenzen zum Vorhalt
verwischen, zeigt BGH MDR **1975** 369 bei *Dallinger.*
[153] BGHSt **30** 10 = NStZ **1981** 231 mit Anm. *Kurth* =
JR **1982** 83 mit abl. Anm. *Gollwitzer* = StV **1981**
217 mit abl. Anm. *Wagner* = LM StPO 1975 Nr. 1
mit Anm. *Schmidt.*
[154] OLG Düsseldorf VRS **59** (1980) 269; StV **1995**
120 mit abl. Anm. *Hellmann;* OLG Frankfurt HESt
2 218; OLG Hamburg MDR **1973** 156; OLG
Hamm NJW **1958** 1359; **1969** 572; MDR **1964**
344; KG VRS **14** (1958) 453; OLG Köln MDR
1955 122; OLG Schleswig SchlHA **1954** 387.
[155] *Eisenberg* (Beweisrecht) 2052 ff; *Fezer* JuS **1977**
234; *Geerds* FS Blau 67; 71; *Gössel* C 1 a 2; *Hanack* JZ **1972** 202; *Hellmann* StV **1995** 123; *Sar-*

stedt/Hamm[6] 797; *Eb. Schmidt* ZStW **65** (1953)
161; Nachtr. I 19; *Schneidewin* JR **1951** 481; *Wagner* StV **1981** 219; AK-*Meier* 34; KMR-*Paulus* 20;
SK-*Schlüchter* 57; 58; früher schon *Beling* 320;
Graf zu Dohna 164; *Hegler* Rechtsgang **1** 422.
[156] Gegen diese Bedenken *Alsberg/Nüse/Meyer* 325.
[157] *Alsberg/Nüse/Meyer* 326 mit weit. Nachw.; *Kurth*
NStZ **1981** 232; KK-*Diemer*[4] 28;
Kleinknecht/Meyer-Goßner[44] 26; *Pfeiffer*[2] 9; ferner
abwägend, aber wohl nicht ablehnend, HK-*Julius*[2]
13.
[158] OLG Schleswig OLGSt § 256 Nr. 1; *Kleinknecht/
Meyer-Goßner*[44] 27; SK-*Schlüchter* 58.
[159] Vgl. Rdn. 50.
[160] *Grünwald*, Gutachten zum 50. DJT 19 (Verh. des
50. DJT, 1974), S. C 76; KMR-*Paulus* 20.

nur die zusammengefaßte Wiedergabe des Urkundeninhalts durch den Vorsitzenden, nicht aber der Wortlaut der nicht verlesenen Urkunde Gegenstand der Urteilsfindung (§ 261) sein kann.

46   Im übrigen ist inzwischen allgemein anerkannt, daß die **Verlesung** einer Urkunde dann **nicht ersetzbar** ist, wenn es auf die Kenntnis ihres genauen oder vollen Wortlauts, auf Stil und Ausdrucksweise[161] ankommt oder wenn das Schriftstück länger, sprachlich schwierig oder sonst schwer verständlich ist, denn seine Auslegung kann ohnehin nicht dem Vorsitzenden überlassen bleiben[162].

47   Werden nur **Teile einer Schrift** verlesen, dann ist es zulässig, wenn der Vorsitzende zur Klarstellung der Zusammenhänge die Beteiligten über den Inhalt der nicht entscheidungserheblichen und darum auch nicht verlesbaren Teile der Schrift unterrichtet[163].

48   Im **Bußgeldverfahren** läßt § 78 Abs. 1 OWiG die Bekanntgabe des wesentlichen Inhalts eines Schriftstücks durch das Gericht an Stelle der Verlesung zu, sofern es nicht auf den Wortlaut ankommt (vgl. Rdn. 64).

49   **7. Beurkundung der Verlesung.** Die Verlesung jedes einzelnen Schriftstücks muß nach § 273 Abs. 1 durch die Sitzungsniederschrift beurkundet werden[164], wobei die Tatsache der Verlesung und das verlesene Schriftstück, gegebenenfalls auch die verlesenen Teile, genau und unverwechselbar zu bezeichnen sind[165]. Ist die Beurkundung unterblieben, so gilt die Verlesung auf Grund des § 274 als nicht geschehen. Nach § 255 sind auf Antrag auch die **Gründe für die Verlesung** der dort bezeichneten Protokolle in die Sitzungsniederschrift aufzunehmen[166].

50   Zu unterscheiden ist bei der Protokollierung, ob ein Schriftstück nur zu einem **Vorhalt** verwendet wurde oder ob es zum **Zwecke des selbständigen Urkundenbeweises** in die Hauptverhandlung eingeführt wurde. Während der Vorhalt keiner Protokollierung bedarf, ist die unmittelbare Beweisverwendung einer Schrift in jeder Form eine in der Sitzungsniederschrift festzuhaltende wesentliche Förmlichkeit. Das **Reichsgericht**, das ursprünglich strenge Anforderungen gestellt hatte[167], wies später die Rüge, daß das angefochtene Urteil eine ausweislich der Sitzungsniederschrift nicht verlesene Urkunde als Beweismittel verwertet habe, vielfach mit der Begründung zurück, die Schrift könne ohne Verlesung durch eine der Beweiserhebung dienende Mitteilung des Vorsitzenden zur Kenntnis der Beteiligten gebracht oder sonstwie in ausreichender Weise besprochen worden sein[168]. Um einen Mißbrauch des Urkundenbeweises und die Verwertung eines nicht vorgetragenen Aktenstoffes zu verhindern, fordert die **heute herrschende Meinung** zu Recht, daß jede Beweisverwendung einer Schrift zu protokollieren ist. Dies gilt auch — unabhängig von der umstrittenen Zulässigkeit (Rdn. 44 ff) —, wenn der Inhalt einer Schrift durch einen Bericht des Vorsitzenden bekanntgegeben wird[169].

---

[161] BGHSt **30** 10 (vgl. Fußn. 151); BGH bei *Dallinger* MDR **1972** 18; BayObLG bei *Rüth* DAR **1983** 252.

[162] RGSt **76** 295; OGHSt **3** 26; BGHSt **5** 278; **11** 29, 159; OLG Hamm NJW **1969** 572; bei Eidesdelikten forderten auch RGSt **65** 20; **69** 90 – einschränkend RG DRZ **1933** Nr. 17 – in der Regel die Verlesung der Niederschrift über die Aussage; so etwa auch *Eisenberg* (Beweisrecht) 2052; SK-*Schlüchter* 58; weitgehend h. M.

[163] RGSt **8** 128; AK-Meier 35; SK-*Schlüchter* 57; vgl. Rdn. 39.

[164] *Alsberg/Nüse/Meyer* 315; *Kleinknecht/Meyer-Goßner*[44] 15; KMR-*Paulus* 34; *Eb. Schmidt* 22.

[165] Vgl. bei § 273.

[166] Vg. dazu § 255, 3.

[167] RGSt **2** 76; RGRspr. **2** 79; 529.

[168] RG JW **1936** 1048; vgl. OLG Hamm NJW **1956** 1359 mit weit. Nachw.

[169] RGSt **7** 79; **21** 109; **64** 79; OLG Düsseldorf VRS **59** (1980) 269; OLG Hamburg MDR **1973** 156; OLG Hamm MDR **1964** 344; OLG Köln VRS **73** (1987) 136; HK-*Julius*[2] 21; *Kleinknecht/Meyer-Goßner*[44] 27; KMR-*Paulus* 33; SK-*Schlüchter* 64; *Alsberg/Nüse/Meyer* 329 mit weit. Nachw. zum Streitstand; **a. A** RGSt **2** 76; KG VRS **14** (1958) 454; OLG Köln MDR **1955** 122.

In Sitzungsniederschriften und in Urteilen findet sich nicht selten der Vermerk, daß **51** bestimmte Urkunden **„zum Gegenstand der Verhandlung gemacht"** worden seien. Mit einer solchen unklaren und unscharfen Wendung, die auch den Vorhalt mit umfaßt, wird nicht bezeugt, daß die Urkunde selbst im Wege des Urkundenbeweises in die Hauptverhandlung eingeführt und damit als unmittelbare Urteilsgrundlage verwendbar geworden ist. Die Rechtsprechung hat sich deshalb gegen diesen Brauch, der nur als Unsitte bezeichnet werden kann, mit Recht gewandt[170]. Zum Vorhalt vgl. Rdn. 84 ff.

Werden Schriften im Wege des **Augenscheins** zu Beweiszwecken herangezogen **52** (Rdn. 7; 30), so ist dies neben dem Verlesen gesondert im Protokoll festzuhalten[171].

V. Selbstleseverfahren nach Absatz 2

1. Zweck des Absatzes 2 ist es, die Hauptverhandlung zu straffen und zu entlasten[172]. **53** Bei umfangreichen Schriftstücken, wie etwa Schriften beleidigenden, pornographischen oder staatsfeindlichen Inhalts oder ausgedehnte Geschäftskorrespondenzen oder Auflistungen, beansprucht das Verlesen in der Hauptverhandlung einen erheblichen Zeitaufwand und ermüdet die Aufmerksamkeit der Verfahrensbeteiligten. Soweit diese den Inhalt der Schrift ohnehin schon kennen, wird der Vorgang zu einer leeren Formalität. Dazu kommt, daß viele Menschen den genauen Inhalt einer Schrift durch eigenes Lesen viel besser und schneller erfassen als durch Zuhören bei einer länger dauernden Verlesung im Gerichtssaal. Diesen Umständen trägt der Absatz 2 Rechnung, wenn er dem Absatz 1 eine **Form der Beweisaufnahme** über Urkunden zur Seite stellt, deren Bedeutung darin liegt, daß die Richter den Inhalt der Schreiben selbst lesen müssen, alle anderen Verfahrensbeteiligten ihn lesen können. Von der Qualität des Erkenntnisvorgangs her ist der Urkundenbeweis durch das Selbstlesen dem Verlesen nach Absatz 1 vielfach gleichwertig. Nur dort, wo es darauf ankommt, einen bestimmten Wortlaut unmittelbar in der Hauptverhandlung bei allen Verfahrensbeteiligten zur Erörterung zu stellen, ist das Verlesen nach Absatz 1 zweckmäßiger; so auch, wenn es darum geht, deren unmittelbare Reaktionen zu beobachten.

Die auf **Prozeßwirtschaftlichkeit** und auf **Verfahrensbeschleunigung** ausgerichtete **54** **Zielrichtung** des Absatzes 2 muß **Leitschnur für seine Anwendung** sein. Er erfüllt seinen Zweck, wenn dadurch eine große, mehrtägige Hauptverhandlung vom stundenlangen Vorlesen von Urkunden entlastet oder wenn vermieden wird, daß ein allseits bekannter, unstrittiger längerer Text verlesen werden muß, nur um der für den Strengbeweis vorgeschriebenen Form zu genügen. Das Selbstleseverfahren ist in der Regel fehl am Platz, wenn es dazu führt, daß ein Verfahren, das bei Verlesen der Schriftstücke in der Hauptverhandlung in einem Zuge zu Ende geführt werden könnte, für längere Zeit unterbrochen

---

[170] RGSt **64** 78; BGHSt **11** 29; OLG Celle StV **1984** 107; OLG Düsseldorf NJW **1988** 217; **1992** 992; StV **1990** 256; OLG Hamburg VRS **44** (1973) 214; OLG Hamm NJW **1958** 1359; OLG Koblenz VRS **67** (1984) 146; OLG Schleswig SchlHA **1954** 387; *G. Schäfer* 755; AK-*Meier* 41; KK-*Diemer*⁴ 51; *Kleinknecht/Meyer-Goßner*⁴⁴ 15; KMR-*Paulus* 34; SK-*Schlüchter* 62. Vgl. bei § 273.

[171] RGSt **39** 257; OLG Köln VRS **24** (1963) 62; vgl. bei § 273.

[172] Dies war verschiedentlich gefordert worden, so *Herrmann* ZStW **85** (1973) 281; *Grünwald* 50. DJT C 75; *Tiedemann* 49. DJT C 103 ff. Schon gegen die Einfügung des Absatzes 2 im Jahre 1979

wurden grundsätzliche Bedenken geäußert, so etwa *Geppert* 191 (Durchbrechung der formellen Unmittelbarkeit und Verlust der Transparenz der Hauptverhandlung); vgl. auch *Geppert* FS v. Lübtow (1980) 779; *Peters*⁴ § 39 III 6 (S. 323); ferner *Alsberg/Nüse/Meyer* 316; *Schroeder* NJW **1979** 1530; *Rieß* NJW **1978** 2270; *Ulsenheimer* AnwBl. **1983** 379; *Zierl* DRiZ **1983** 411; zustimmend dagegen *Rudolphi* JuS **1978** 866; zur Neufassung von 1987 vgl. BTDrucks. **10** 1313 S. 28; ferner etwa *Meyer-Goßner* NJW **1987** 1164; und zur Änderung von 1994 BTDrucks. **12** 6853 S. 33; *Dahs* NJW **1995** 555; *Eisenberg* (Beweisrecht) 2034; *Scheffler* NJW **1994** 2194; *Schlüchter* GA **1994** 426.

werden muß, nur um das Selbstleseverfahren durchführen zu können. Hier ist die Verlesung nach Absatz 1 der schnellere, prozeßwirtschaftlich sinnvollere Weg, der zugleich die **Transparenz der Hauptverhandlung** wahrt. Diese Gesichtspunkte fallen grade bei kleineren, für die Zuhörer voll überschaubaren Verfahren ins Gewicht. Sie können dagegen vernachlässigt werden, wenn — wie etwa in **Großverfahren** — Serien von Einzelurkunden zum Nachweis eines einzelnen Tatbestandsmerkmals verwendet werden sollen, wie etwa in Wirtschaftsstrafsachen. In solchen Fällen würde das monotone Verlesen in öffentlicher Hauptverhandlung das Verfahren nur aufhalten, ohne den Verfahrensbeteiligten oder dem Publikum den Überblick über das Verfahren und das Erfassen der wesentlichen Verfahrensvorgänge zu erleichtern[173].

55   Das Selbstleseverfahren kann aber auch dann den Vorzug verdienen, wenn der Inhalt von Schriften nachzuweisen ist, bei deren Verlesung die **Öffentlichkeit ausgeschlossen** werden müßte (§ 171 b ff GVG). Hier kann das Verfahren nach Absatz 2 die für die zu schützenden Interessen schonendere Form der Beweisaufnahme sein[174].

56   **2. Vereinbarkeit mit anderen Verfahrensgrundsätzen.** Die **Mündlichkeit des Verfahrens** wird beim Selbstleseverfahren des Absatzes 2 eingeschränkt[175]. Der Grundsatz der Mündlichkeit kommt nur noch insoweit zum Tragen, als in der mündlichen Hauptverhandlung **formal** die Aufnahme des Urkundenbeweises in der Form des § 249 Abs. 2 angeordnet und seine Durchführung dann ausdrücklich nach § 249 Abs. 2 Satz 3 zu Protokoll festgestellt werden muß, um die betreffenden Schriften zum Gegenstand der Hauptverhandlung im Sinne des § 261 zu machen. Der eigentliche Vorgang der Beweisaufnahme, die Kenntnisnahme der Richter und der Verfahrensbeteiligten vom **beweiserheblichen Inhalt** der Schrift, vollzieht sich in der Regel außerhalb der Hauptverhandlung. Er kommt dort seit der Fassung des Absatzes 2 von 1987 überhaupt nicht mehr zur Sprache, sofern er nicht im Rahmen einer Erklärung nach § 257 oder in den Schlußvorträgen nach § 258 angesprochen wird. Gleiches gilt für Anträge und Anregungen der Verfahrensbeteiligten, wenn das Gericht nach § 257 a angeordnet hat, daß sie schriftlich zu stellen sind, und wenn sie dann — ohne daß die anderen Verfahrensbeteiligten sich dazu geäußert haben — im Selbstleseverfahren in die Hauptverhandlung eingeführt werden[176].

57   Das **Recht auf Gehör** wird durch dieses Verfahren nicht verletzt. Jeder Beteiligte, vor allem aber der Angeklagte, hat das Recht und muß auch die Möglichkeit haben, vom Inhalt der jeweiligen Urkunden Kenntnis zu nehmen. Er kann sich dann in der Hauptverhandlung dazu äußern[177] und die für erforderlich gehaltenen Anträge stellen.

58   Mit dem **Grundsatz der Unmittelbarkeit** ist diese Form des Urkundenbeweises vereinbar[178]; denn es gibt kein unmittelbareres Erfassen des Inhalts einer Schrift als das Selbstlesen.

---

[173] Nach der Begr. RegEntw. BTDrucks. **10** 1313, S. 28 ist wegen des erheblichen prozeßökonomischen Vorteils ·der Verlust an Transparenz der Hauptverhandlung für die Öffentlichkeit hinzunehmen.

[174] *Eisenberg* (Beweisrecht) 2037.

[175] Zum Grundsatz der Mündlichkeit vgl. Einl. H 56. Die Begründung BTDrucks. **10** 1313, S. 28 ging davon aus, daß das Mündlichkeitsprinzip im Kern nicht berührt ist, da sich alle Beteiligten zum Inhalt der Urkunden erklären können. Das Schrifttum nimmt weitgehend eine Durchbrechung oder partielle Aufgabe des Mündlichkeitsgrundsatzes an, so etwa *Eisenberg* (Beweisrecht) 2034; *Kempf* StV

1987 221; *Sarstedt/Hamm*[6] 797; KK-*Diemer*[4] 33; *Kleinknecht/Meyer-Goßner*[44] 17; *Pfeiffer*[2] 6; vgl. auch KMR-*Paulus* 22 (rechtsstaatlich vertretbarer Kompromiß zwischen nicht absolut geltenden Verfahrensprinzipien) und SK-*Schlüchter* 44.

[176] Kritisch dazu *Krahl* GA **1998** 329; vgl. bei § 257 a.

[177] *Kempf* StV **1987** 221 sieht eine Verletzung des Rechts auf Gehör darin, daß für den Angeklagten unklar wird, wogegen er sich verteidigen muß (Zielansprache der Verteidigung vernebelt); ebenso *Sarstedt/Hamm*[6] 797.

[178] SK-*Schlüchter* 44; zur Anhörungspflicht vgl. § 257 a.

Auch der **Grundsatz der Öffentlichkeit** ist gewahrt, da er nur verlangt, daß die Zuhö- **59** rer die Hauptverhandlung so miterleben können, wie sie nach der Verfahrensordnung abläuft. Der Grundsatz fordert nicht, daß ihnen alle Wahrnehmungen vom Richter vermittelt werden[179], auch wenn dadurch ein Stück Transparenz verlorengeht.

3. Anwendungsbereich

a) Ausnahmen. Dem Urkundenbeweis in der Form des Absatzes 2 sind **grundsätzlich** **60** **alle Schriftstücke** zugänglich, sofern sie nicht als Beweismittel aufgrund der §§ 253, 254 verwendet werden. Wie Absatz 2 Satz 1 ausdrücklich festlegt, darf der in diesen Bestimmungen in Durchbrechung des Unmittelbarkeitsgrundsatzes des § 250 zugelassene Urkundenbeweis mit den dort genannten **Vernehmungsniederschriften** nur in der Form des Absatzes 1 durch Verlesen, nicht aber in der Form des Absatzes 2 geführt werden[180]. Der früher auch bei den §§ 251 und 256 bestehende Ausschluß des Selbstleseverfahrens ist durch das Verbrechensbekämpfungsgesetz von 1994 entfallen[181].

Ist die **äußere Form** oder die **Beschaffenheit** eines Schriftstücks Beweisgegenstand, **61** so ist das Verfahren nach Absatz 2 nicht anwendbar. Der hier mitunter zusätzlich zum Verlesen oder Selbstlesen gebotene **Beweis durch Augenschein** kann nicht dadurch ersetzt werden, daß allen Verfahrensbeteiligten das Original des Schriftstücks zur persönlichen Betrachtung ausgehändigt wird oder daß sie es im Rahmen des Selbstleseverfahrens in den Händen gehalten haben[182].

b) § 249 gilt nach § 332 auch im **Berufungsverfahren**[183]. Durch die Vereinfachung **62** des Absatzes 2 konnte die Sonderregelung für das Berufungsverfahren in § 325 Abs. 2 **a. F** wieder entfallen, da die zeitliche Grenze für die Kenntnisnahme der Schöffen aufgehoben ist.

c) Im **Verfahren wegen Ordnungswidrigkeiten** (gerichtliches Bußgeldverfahren; **63** gemischtes Strafverfahren nach § 83 Abs. 1 OWiG) läßt § 78 Abs. 1 OWiG uneingeschränkt bei allen Urkunden eine **vereinfachte Form des Urkundenbeweises** zu. Sofern es nicht auf den Wortlaut ankommt, genügt es, wenn der wesentliche Inhalt der Schrift in der Hauptverhandlung bekanntgegeben wird oder wenn zu Protokoll festgestellt wird, daß der Angeklagte, sein Verteidiger und — sofern anwesend — auch der Vertreter der Staatsanwaltschaft Gelegenheit zur Kenntnisnahme erhalten hatten. Diese Form des Urkundenbeweises genügt dem § 249 Abs. 2 nicht. Sie bleibt zwar bei Ordnungswidrigkeiten anwendbar, wenn sie zusammen mit Straftaten in einem Strafverfahren verhandelt werden (§ 83 Abs. OWiG), bei Straftaten ist der Urkundenbeweis jedoch nur in den Formen des § 249 zu führen[184]. Wenn bei einem Übergang in das Strafverfahren die zunächst als Ordnungswidrigkeit angeklagte Tat als Straftat gewürdigt werden soll, ist es notwendig, einen nach § 78 Abs. 1 OWiG erhobenen Urkundenbeweis in einer dem § 249 genügenden Form zu wiederholen[185], wobei — sofern die Verfahrensbeteiligten die Urkunden bereits lesen konnten — die Anordnung nach § 249 Abs. 2 und die erforderlichen Feststellungen

---

[179] Begr. RegEntw. BTDrucks. **10** 1313, S. 28 unter Hinweis auf die Besichtigung von Augenscheinsobjekten; KMR-*Paulus* 22; SK-*Schlüchter* 44.

[180] Vgl. KK-*Diemer*[4] 34; *Kleinknecht/Meyer-Goßner*[44] 19; KMR-*Paulus* 25; SK-*Schlüchter* 45.

[181] Kritisch zu dieser Vereinfachung *Dahs* NJW **1955** 555; *Scheffler* NJW **1994** 2194; *Schlüchter* GA **1994** 426; HK-*Julius*[2] 12 (weiterer Verlust an Transparenz und an Erkenntnisgewinn wegen des

Wegfalls spontaner Reaktionen sowie Entwertung des Erklärungsrechts nach § 257).

[182] Vgl. Rdn. 8; 30.

[183] *Meyer-Goßner* NJW **1987** 1164; SK-*Schlüchter* 45.

[184] KK-*Diemer*[4] 40; SK-*Schlüchter* 45. Wegen der einzelnen Fallgruppen vgl. die Kommentare zu § 83 OWiG.

[185] § 81 Abs. 3 Satz 3 OWiG; *Böttcher* NStZ **1986** 393; KK-*Diemer*[4] 40.

zu Protokoll genügen können. Wenn die Verfahrensbeteiligten nicht wegen der geänderten Verfahrenslage oder aus sonstigen Gründen Wert auf ein nochmaliges Überlassen der Schriften legen, kann sich dann die erneute Zugänglichmachung erübrigen.

4. Anordnung des Vorsitzenden

64   **a) Pflichtgemäßes Ermessen.** Der Vorsitzende entscheidet im Rahmen seiner **Sachleitungsbefugnis** (§ 238 Abs. 1) nach **pflichtgemäßem Ermessen**, ob ein als Beweismittel zu verwendendes Schriftstück nach § 249 Abs. 1 verlesen oder im Selbstleseverfahren nach Absatz 2 zum Gegenstand der Verhandlung zu machen ist[186]. In der Anordnung ist jedes Schriftstück, über das in der Form des Absatzes 2 Beweis erhoben werden soll, so genau zu bezeichnen, daß bei den Verfahrensbeteiligten über Gegenstand und Umfang der Beweisverwendung kein Zweifel entstehen kann. Dies ist vor allem auch dann von Bedeutung, wenn nur Teile eines umfangreichen Schriftwerks zu Beweiszwecken verwendet werden sollen. Eine **Anhörung der Verfahrensbeteiligten** vor der Anordnung ist nicht zwingend geboten, es kann jedoch zweckmäßig sein, sie schon vorher darauf hinzuweisen, daß dies beabsichtigt ist[187].

65   Bei **Ausübung des Ermessens** hat der Vorsitzende neben den Erfordernissen einer **sinnvollen** und **prozeßwirtschaftlichen Gestaltung** der jeweiligen Hauptverhandlung auch die Auswirkung auf die **Transparenz der Strafrechtspflege** in einem öffentlichen Verfahren und die Bedeutung der Urkunde mit zu berücksichtigen (vgl. Rdn. 54). Steht der Wortlaut einer einzelnen, wenn auch umfangreichen Schrift im Mittelpunkt des Schuldvorwurfs, dann ist es in der Regel angebracht, die betreffende Schrift entweder ganz oder doch in ihren wichtigsten Teilen in der Hauptverhandlung zu verlesen, wobei wegen des übrigen Inhalts zusätzlich nach Absatz 2 verfahren werden kann. Handelt es sich dagegen um eine Vielzahl von Schriftstücken, von denen jedes für sich allein nur eine gewisse indizielle Bedeutung hat oder die Nebenpunkte betreffen, dann verdient bei einer länger dauernden Hauptverhandlung das Verfahren nach Absatz 2 meist den Vorzug. Wegen des Verlusts an Transparenz der Hauptverhandlung wird im Schrifttum die Ansicht vertreten, daß Absatz 2 nur **zurückhaltend** anzuwenden ist[188].

66   Die **Aufklärungspflicht** fällt bei der zu treffenden Anordnung in der Regel kaum ins Gewicht. Beide Formen des Urkundenbeweises erschließen den Inhalt der Schrift in vollem Umfang der Kognition des Gerichts[189]. Auch unmittelbar entscheidungserhebliche Urkunden dürfen im Selbstleseverfahren in die Hauptverhandlung eingeführt werden[190]. Es ist eine nach Lage des Einzelfalls zu beurteilende **Zweckmäßigkeitsfrage**, ob das Verlesen der Urkunde einer zweckmäßigen Verfahrensgestaltung förderlicher ist, so etwa, wenn ihr **Wortlaut** gleichzeitig als Vernehmungsbehelf zur Aufklärung von Widersprüchen verwendet werden soll[191] oder wenn sein sachlicher Gehalt voraussichtlich kontrovers diskutiert wird.

67   Eine **Kombination** des Selbstleseverfahrens nach Absatz 2 mit der Verlesung besonders entscheidungserheblicher Teile nach Absatz 1 ist auch bei ein und demselben Schriftstück zulässig. Ein solches Verfahren kann angezeigt sein, wenn eine umfangreiche Schrift insgesamt zu Beweiszwecken verwendet werden soll, das Gericht aber den genauen Wortlaut ein-

---

[186] KK-*Diemer*[4] 35; KMR-*Paulus* 30; SK-*Schlüchter* 46.

[187] Vgl. Rdn. 69; HK-*Julius*[2] 9; KMR-*Paulus* 30 hält Anhörung der Prozeßbeteiligten nach § 33 Abs. 1 für geboten, obwohl § 249 Abs. 2 Widerspruch vorsieht.

[188] KMR-*Paulus* 24.

[189] *Alsberg/Nüse/Meyer* 320; *Kleinknecht/Meyer-Goßner*[44] 19; KMR-*Paulus* 23, 24.

[190] Vgl. BGHSt **30** 11; *Eisenberg* (Beweisrecht) 2035; *Kleinknecht/Meyer-Goßner*[44] 19.

[191] AK-*Meier* 26; HK-*Julius*[2] 12; KMR-*Paulus* 24; vgl. auch SK-*Schlüchter* 44.

zelner Stellen in der Hauptverhandlung ausdrücklich zur Sprache bringen will, um den Angeklagten oder einen Zeugen dazu zu befragen oder um die Bedeutung zu erörtern. Obwohl bereits das Verfahren nach Absatz 2 den vollen Wortlaut der Schrift zu Beweiszwecken verwendbar macht, eine zusätzliche Anordnung nach Absatz 1 zur Verlesung bestimmter Stellen dadurch also entbehrlich wird, erscheint es zulässig, wenn der Vorsitzende trotzdem auch ausdrücklich nach Absatz 1 die Verlesung der betreffenden Stellen anordnet, um auch im Protokoll das gewählte Verfahren kenntlich zu machen[192].

b) Zeitpunkt. Einen **bestimmten Zeitpunkt** für die Anordnung des Vorsitzenden **68** schreibt das Gesetz nicht vor. Da es sich um einen Akt der Beweisaufnahme handelt, muß das Selbstleseverfahren **vor deren Abschluß beendet** sein. Eine Kenntnisnahme erst während der Schlußvorträge oder der Urteilsberatung reicht nicht aus[193]. Die den Abschluß des Urkundenbeweises nach Absatz 2 dokumentierende Feststellung des Vorsitzenden nach Absatz 2 Satz 3 muß deshalb **vor Beginn der Schlußvorträge** nach § 258 zu Protokoll erklärt worden sein. Die frühere Einschränkung, daß die **Schöffen** die Urkunden nicht vor Verlesen des Anklagesatzes ausgehändigt erhalten dürfen, ist entfallen[194]. Auch den Schöffen darf jetzt ermöglicht werden, daß sie Beweisurkunden schon **vor Sitzungsbeginn** lesen[195]. Während dies bei Vorsitzenden und Berichterstatter seit je üblich und zur Vorbereitung der Sitzung unumgänglich ist, erscheint dies bei den Schöffen wenig zweckmäßig, da sie in Unkenntnis der Akten die Beweisbedeutung der ihnen überlassenen Schriften erst nach Kenntnis der mit der Anklage erhobenen Vorwürfe voll würdigen und sinnvoll einordnen können[196]; nur in besonderen Ausnahmefällen mag dies u. a. auch aus Zeitgründen unumgänglich sein. Um dem Vorsitzenden insoweit freie Hand zu lassen, hat der Gesetzgeber deshalb jetzt bewußt auch insoweit auf jede starre Festlegung verzichtet und weder einen bestimmten Zeitpunkt noch eine bestimmte Verfahrensweise zwingend vorgeschrieben. Er überläßt es der freien **Entscheidung des Vorsitzenden** bzw. des Gerichts, welche Verfahrensweise und welchen Zeitpunkt sie im Hinblick auf die Besonderheiten des jeweiligen Falles für zweckmäßig halten. Bei größeren Verfahren, deren Dauer dies erlaubt, kann es angezeigt sein, das Selbstleseverfahren wegen des damit verbundenen Widerspruchsverfahrens erst nach Vernehmung des Angeklagten zur Sache anzuordnen, zumal dann die für die Wahl des Beweisverfahrens mit maßgebende Bedeutung der betreffenden Beweisurkunden besser beurteilt werden kann.

Dies schließt nicht aus, daß der Vorsitzende seine Absicht, nach § 249 Abs. 2 zu ver- **69** fahren, im Interesse einer rationelleren Verfahrensgestaltung schon **vorher ankündigt**, um den Zeitaufwand, den das Lesen der Schriftstücke außerhalb der Hauptverhandlung erfordert, mit dem Verfahrensablauf zu koordinieren. Deshalb wird es als zulässig zu erachten sein, im Rahmen einer bei größeren Verfahren angezeigten **Erörterung der Verfahrensgestaltung** vor Verlesen des Anklagesatzes[197] auch die Frage anzusprechen, ob und bei welchen Urkunden das Selbstleseverfahren in Betracht kommt. Gegebenenfalls kann schon dann die Art und Weise der Einsichtnahme der Verfahrensbeteiligten in diese Schriftstücke abgesprochen werden. Wichtig ist vor allem die frühzeitige Festlegung der Reihenfolge der Einsichtnahme, wenn den Verfahrensbeteiligten keine Ablichtungen überlassen werden und die Originale bei den Gerichtsakten eingesehen werden müssen.

---

[192] AK-*Meier* 27; HK-*Julius*[2] 12; SK-*Schlüchter* 44.
[193] BGHSt **30** 10; KK-*Diemer*[4] 36; *Kleinknecht/Meyer-Goßner*[44] 22; SK-*Schlüchter* 51.
[194] Deren Streichung sollte klarstellen, daß es rechtlich nicht unzulässig ist, den Schöffen schon vor Verlesen des Anklagesatzes die Urkunden zur Lektüre

zu überlassen (RegEntw. BTDrucks. **10** 1313, S. 29).
[195] HK-*Julius*[2] 10; KK-*Diemer*[4] 36; *Kleinknecht/Meyer-Goßner*[44] 22; SK-*Schlüchter* 51.
[196] KK-*Diemer*[4] 36; Bedenken äußern auch *Eisenberg* (Beweisrecht) 2043; *Kempff* StV **1987** 222.
[197] Vgl. § 243, 12.

5. Widerspruch

70   **a) Kein Einverständnis der Verfahrensbeteiligten.** Die Beweiserhebung in der Form des Selbstleseverfahrens steht nicht mehr (wie von 1979 bis 1987) zur Disposition der Verfahrensbeteiligten. Die Anordnung hängt im Gegensatz zum früheren Recht nicht davon ab, daß Staatsanwalt, Angeklagter und Verteidiger damit einverstanden sind. Die genannten Personen haben nur noch das Recht, der Anordnung dieses Verfahrens durch den Vorsitzenden zu widersprechen und dadurch eine Entscheidung des Gerichts darüber herbeizuführen, in welcher Form der Urkundenbeweis durchzuführen ist. Die Neuregelung begründet damit für die Verfahrensbeteiligten die Befugnis und zugleich auch die Obliegenheit, unverzüglich sachliche Bedenken gegen die vom Vorsitzenden angeordnete Verfahrensart dem Gericht vorzutragen und zu dessen Entscheidung zu stellen.

71   **b) Form.** Der Widerspruch ist nach Bekanntgabe der Anordnung des Vorsitzenden in der Hauptverhandlung ausdrücklich zu erklären. Dies schließt nicht aus, daß er bei Erörterung der Verfahrensgestaltung (vgl. Rdn. 69) schon vorher angekündigt wird. Eine solche Ankündigung ist aber nicht bindend, sie löst auch keine Entscheidungspflicht des Gerichts aus. Eine solche entsteht erst, wenn nach der Anordnung des Vorsitzenden dem Selbstleseverfahren widersprochen wird, was auch durch Bekräftigung der früheren Ausführungen geschehen kann. Ist unklar, ob ein Verfahrensbeteiligter einen in Aussicht gestellten Widerspruch aufrechterhält, ist er in der Regel zu befragen.

72   Einer **Begründung** des Widerspruchs bedarf es nicht[198], da der Widerspruch nur die vorgesehene Form des Urkundenbeweises betrifft und nicht, wie bei § 238 Abs. 2, die Beweisverwendung als rechtlich unzulässig beanstandet. Es ist aber in der Regel zweckmäßig, wenn der Widersprechende seine Einwände gegen die Zweckmäßigkeit dieser Form des Urkundenbeweises darlegt und aufzeigt, warum er Wert auf Verlesung der Urkunde in der Hauptverhandlung legt, vor allem, wenn dies wegen der von ihm beabsichtigten Verfahrensführung, etwa wegen an den Wortlaut anknüpfender Fragen und Vorhalte, angezeigt ist.

73   **c) Zum Widerspruch berechtigt** sind die in Absatz 2 Satz 2 ausdrücklich genannten Personen, Staatsanwalt, Verteidiger, Angeklagter, ferner auch andere Verfahrensbeteiligte, wenn und soweit sie in der Hauptverhandlung die Befugnis des Angeklagten haben und durch die Anordnung betroffen sind. Im Umfang ihrer Beteiligung können deshalb auch **Einziehungs- und Verfallsbeteiligte**[199] oder der **Vertreter einer juristischen Person** oder einer Personenvereinigung nach § 444 sowie der **Beistand** im Jugendstrafverfahren[200] nach § 67 Abs. 1 JGG Widerspruch einlegen. **Nicht zum Widerspruch berechtigt** sind dagegen der **Nebenkläger** (§ 397 Abs. 1)[201], der **Privatkläger** (§ 385 Abs. 1)[202] oder der **Beistand des Verletzten** (§§ 406 f; 406 g)[203], ferner der **gesetzliche Vertreter** und der **Erziehungsberechtigte** nach § 67 Abs. 1 JGG und nicht der **Vertreter der Finanzbehörde** im Steuerstrafverfahren nach § 407 AO[204]. Kein Recht zum Widerspruch haben ferner die sonstigen Verfahrensbeteiligten, auch soweit sie ein Recht auf Anhörung in der Hauptverhandlung haben. Unabhängig davon sind aber alle Verfahrensbeteiligten **zum Widerspruch zu hören**. Wenn sie wegen der ihnen eingeräumten Verfahrensbefugnisse das Recht haben, im vollen Umfang an der Beweisaufnahme teilzunehmen, müssen ihnen

---

[198] AK-*Meier* 29; HK-*Julius*[2] 27; KK-*Diemer*[4] 35; KMR-*Paulus* 31; SK-*Schlüchter* 49.

[199] KK-*Diemer*[4] 35; *Kleinknecht/Meyer-Goßner*[44] 21; SK-*Schlüchter* 47.

[200] HK-*Julius*[2] 34; KK-*Diemer*[4] 35; SK-*Schlüchter* 47.

[201] *Rieß/Hilger* NStZ **1987** 151; AK-*Meier* 28;

HK-*Julius*[2] 32; KK-*Diemer*[4] 35; *Kleinknecht/Meyer-Goßner*[44] 21; SK-*Schlüchter* 47; vgl. § 397, 10.

[202] HK-*Julius*[2] 32; KK-*Diemer*[4] 35; SK-*Schlüchter* 47; ferner AK-*Meier* 28 (Umkehrschluß).

[203] Vgl. bei §§ 406 f, 406 g.

[204] KK-*Diemer*[4] 35; SK-*Schlüchter* 47; h. M.

auch die **Schriftstücke zugänglich gemacht** werden, die im Selbstleseverfahren nach Absatz 2 in die Verhandlung eingeführt werden sollen. Da sie kraft ihres Informationsrechts leseberechtigt sind, muß ihnen auch die Möglichkeit offenbleiben, selbst formlos darauf hinzuweisen, wenn der Durchführung des Selbstleseverfahrens Schwierigkeiten entgegenstehen, vor allem auf solche, die in der Person eines leseberechtigten Verhandlungsteilnehmers liegen, wie etwa das Unvermögen, die Urkunden selbst zu lesen (Augenleiden; Analphabet), oder auch unzureichende deutsche Sprachkenntnisse. Sie müssen ihre Bedenken gegen das Verfahren nach Absatz 2 mit dem Vorsitzenden erörtern; bei Beeinträchtigung ihres Informationsrechts können sie das Gericht nach § 238 Abs. 2 anrufen.

Die am Verfahren mitwirkenden **Berufs- und Laienrichter** haben kein förmliches **74** Widerspruchsrecht. Sie müssen ihre Bedenken gegen das Verfahren nach Absatz 2 intern mit dem Vorsitzenden erörtern.

d) Der Widerspruch muß im Interesse der Verfahrensklarheit und Verfahrensbeschleu- **75** nigung nach Absatz 2 Satz 2 **unverzüglich**, also ohne jede vermeidbare Verzögerung — in der Regel sofort — erhoben werden[205]. Das Gericht soll entscheiden können, noch bevor das eine gewisse Zeit erfordernde Selbstleseverfahren vom Vorsitzenden in die Wege geleitet worden ist, um eine Vermischung der Beweisverfahren zu vermeiden. Eine alsbaldige Erklärung zu der Anordnung des Vorsitzenden ist vor allem dann **zumutbar**, wenn Staatsanwalt und Verteidiger die betreffenden Urkunden aufgrund ihrer Vorbereitung auf das Verfahren durch die Akteneinsicht bekannt sind oder zumindest hätten bekannt sein müssen. Dies gilt erst recht, wenn sie eine Kopie der Schrift in ihren Handakten haben, so daß sie ohne längere Nachprüfung beurteilen können, ob sie sich für das Verfahren nach Absatz 2 eignet. Wird dagegen **überraschend** eine Schrift als Beweismittel in der Hauptverhandlung vorgelegt, muß es für zulässig erachtet werden, daß ein dadurch überraschter Verfahrensbeteiligter sich vor der Erklärung über den Inhalt unterrichtet[206]. Dies gilt selbst dann, wenn es sich — wie vor allem beim Angeklagten denkbar — um ein selbstverfaßtes früheres Schreiben handelt, denn auch der genaue Inhalt eines eigenen Schreibens kann mittlerweile in Vergessenheit geraten sein.

e) Entscheidung des Gerichts. Über den Widerspruch entscheidet das Gericht durch **76** **Beschluß**. Anders als bei der Entscheidung nach § 238 Abs. 2 ist es dabei nicht auf die Prüfung der rechtlichen Zulässigkeit der Anordnung des Vorsitzenden beschränkt. Es kann nach eigenem Ermessen unter dem Blickwinkel der Praktikabilität und aller sonstigen hereinspielenden Gesichtspunkte darüber befinden, ob es die Verlesung nach Absatz 1 dem Verfahren nach Absatz 2 vorzieht[207]. Das Gericht ordnet in dem Beschluß entweder die Verlesung nach Absatz 1 an oder weist den Widerspruch als unbegründet oder, wenn er von einem nicht dazu Berechtigten erhoben wurde, als unzulässig zurück[208]. Ist der Widerspruch nicht unverzüglich erhoben, wird er als unbeachtlich und **verspätet zurückgewiesen**. Eine Entscheidung des Gerichts erübrigt sind, wenn der Vorsitzende selbst aufgrund des Widerspruchs die Verlesung nach § 249 Abs. 1 anordnet.

Als eine im freien Ermessen stehende Entscheidung über die Art der Beweisaufnahme **77** bedarf der Beschluß, der an die Stelle der verfahrensleitenden Verfügung des Vorsitzenden die Verlesung anordnet, **keiner Begründung**. Die Zurückweisung des Widerspruchs ist dagegen kurz zu **begründen**[209]. Bei einer Zurückweisung als verspätet ist die Zumut-

---

[205] AK-*Meier* 29; KK-*Diemer*⁴ 35; *Kleinknecht/Meyer-Goßner*⁴⁴ 21; SK-*Schlüchter* 48; vgl. auch *Meyer-Goßner* NJW **1987** 1164.
[206] SK-*Schlüchter* 48.
[207] KK-*Diemer*⁴ 33 (unter Hinweis, daß die Aufklä-

rungspflicht dies gebieten kann, wenn es auf den Wortlaut ankommt). Vgl. Rdn. 66.
[208] KMR-*Paulus* 31; SK-*Schlüchter* 49.
[209] SK-*Schlüchter* 49; vgl. § 34, 7; § 238, 33.

barkeit eines früheren Widerspruchs kurz darzulegen, bei einem unzulässigen Widerspruch die mangelnde Befugnis des Widersprechenden.

6. Durchführung des Selbstleseverfahrens

78   **a) Außerhalb der Hauptverhandlung** müssen die Schriftstücke in aller Regel gelesen werden. Absatz 2 schließt zwar nicht aus, daß einzelne Verfahrensbeteiligte die Urkunde während der laufenden Hauptverhandlung lesen. § 261 setzt einer solchen Verfahrensweise bei den Richtern so enge Grenzen, daß sich das Lesen eines längeren Schriftstücks während der Hauptverhandlung verbietet. Die Beachtung der Vorgänge in der Hauptverhandlung erfordert die volle und ungeteilte Aufmerksamkeit aller Richter; damit ist die ebenfalls die volle Konzentration auf den Inhalt erfordernde Lektüre während der Hauptverhandlung bei den für das Selbstleseverfahren in Frage kommenden Texten unvereinbar[210].

79   Das Lesen kann daher nur in der **verhandlungsfreien Zeit** stattfinden. Dem **Vorsitzenden** und dem **Berichterstatter** wird der Inhalt eines in den Akten befindlichen Schriftstücks vielfach zwar schon von der Vorbereitung der Hauptverhandlung her bekannt sein, die **anderen Richter**, vor allem auch ein Ergänzungsrichter, und die Schöffen sind dagegen meist darauf angewiesen, daß sie außerhalb der Hauptverhandlung in einer Sitzungspause oder während eines sitzungsfreien Tages einen dem Umfang und Inhalt der zu lesenden Schriften Rechnung tragenden, angemessenen Zeitraum für die Lektüre eingeräumt erhalten[211]. Gleiches gilt für **Staatsanwalt und Verteidiger**, sofern diese nicht erklären, daß sie den Inhalt des Schriftstücks auch ihrerseits bereits aufgrund der Verfahrensvorbereitung kennen und es nicht erneut lesen wollen. Wünschen sie die nochmalige Lektüre, etwa, weil sie bei der Verfahrensvorbereitung mit der Urkundenverlesung nach Absatz 1 rechneten, muß ihnen die Gelegenheit dazu eingeräumt werden[212]. Sie brauchen sich nicht darauf verweisen zu lassen, daß sie bereits bei der Akteneinsicht Gelegenheit zum Lesen gehabt hätten, denn daß das Gericht eine bestimmte Schrift als Beweismittel im Wege des Absatzes 2 in das Verfahren einführen will, wird erst durch die Anordnung des Selbstleseverfahrens für das jeweilige Schriftstück manifest. **Leseberechtigt** sind über den Kreis der zum Widerspruch befugten Personen (Rdn. 73) hinaus alle anwesenden **Verfahrensbeteiligten**, die ein Recht haben, gehört zu werden, und die sich mit Anträgen oder Erklärungen an der Verhandlung beteiligen können[213]. Ihnen allen müssen ausreichende Zeit und auch sonst zumutbare Bedingungen für ein gründliches Lesen eingeräumt werden, unabhängig davon, ob der Inhalt der zu lesenden Schriften sie nach Ansicht des Gerichts betrifft[214]. Ebenso wie auch bei einem unmittelbaren Verlesen in der Hauptverhandlung ist es allein Sache des jeweiligen Verfahrensbeteiligten, nach dem Lesen zu beurteilen, ob und welche Argumente er daraus für seine Verfahrensführung herleiten kann.

80   Der **Angeklagte** hat das Recht, unabhängig von seinem Verteidiger alle Schriftstücke selbst zu lesen[215]. Befindet er sich in Haft, muß der Vorsitzende dafür sorgen, daß er dies auch ungehindert und ungestört kann, eventuell durch eine entsprechende Mitteilung an den Leiter der Vollzugsanstalt. Sind umfangreiche Urkunden im Original einzusehen, kann es angezeigt sein, einen in Haft befindlichen Angeklagten zu diesem Zweck bei der

---

[210] HK-*Julius*² 30; KMR-*Paulus* 27; SK-*Schlüchter* 50.

[211] AK-*Meier* 31; HK-*Julius*² 10; KMR-*Paulus* 27; **a. A** *Kleinknecht/Meyer-Goßner*⁴⁴ 22 (nicht in den Sitzungspausen).

[212] *Alsberg/Nüse/Meyer* 322; HK-*Julius*² 11; *Kleinknecht/Meyer-Goßner*⁴⁴ 23; SK-*Schlüchter* 28.

[213] HK-*Julius*² 11; KK-*Diemer*⁴ 37.

[214] *Gollwitzer* FS Sarstedt 30; *Kleinknecht/Meyer-Goßner*⁴⁴ 23; KMR-*Paulus* 28; SK-*Schlüchter* 28.

[215] *Kleinknecht/Meyer-Goßner*⁴⁴ 23; SK-*Schlüchter* 28; **a. A** KK-*Diemer*⁴ 37 (in der Regel genügt, wenn Verteidiger Gelegenheit zur Kenntnisnahme hatte).

Geschäftsstelle vorführen zu lassen[216]. Beherrscht er — oder ein anderer leseberechtigter Verhandlungsteilnehmer — die deutsche Sprache nicht so gut, daß er den Inhalt der zu lesenden Schriften zweifelsfrei versteht, darf das Selbstleseverfahren nur angeordnet werden, wenn das Gericht gleichzeitig dafür sorgt, daß ihm durch einen **Dolmetscher** deren Inhalt vollständig in einer ihm geläufigen Sprache zur Kenntnis gebracht wird[217]; die Lage ist insoweit nicht anders zu beurteilen, als wenn die Schrift in der Hauptverhandlung nach Absatz 1 verlesen wird. In der Regel wird in solchen Fällen vom Selbstleseverfahren abzusehen sein, vor allem, wenn mehrere Leseberechtigte die Unterstützung durch den Dolmetscher benötigen sollten.

Die **Einzelheiten**, vor allem, wann und wie die Kenntnisnahme zu ermöglichen ist, **81** regelt der Gesetzgeber nicht. Er überläßt es den Verfahrensbeteiligten, besonders aber der Verhandlungsleitung des Vorsitzenden, hier eine den jeweiligen Verfahrenserfordernissen und dem Umfang und dem Schwierigkeitsgrad der Lektüre angemessene Lösung zu finden. Bei umfangreicheren Schriftstücken werden bereits bei der Verhandlungsplanung **ausreichende Zeiträume** für die Urkundenlektüre vorzusehen sein. Dabei ist auch der erhebliche Zeitaufwand zu berücksichtigen, der entsteht, wenn dieselben Urkunden im Original von mehreren Personen nacheinander gelesen werden sollen. Ist die Beweisverwendung von Drucksachen vorgesehen, sollten nach Möglichkeit dafür mehrere Exemplare beschafft werden. Im übrigen ist im Interesse der Verfahrensbeschleunigung und auch zur Sicherung des Beweismittels vor Verlust anzustreben, daß die Urkunden nicht im Original, sondern in mehreren **Ablichtungen** den Verfahrensbeteiligten überlassen werden[218], sofern dem nicht, wie etwa bei Verschlußsachen, Gründe des Geheimnisschutzes entgegenstehen. In solchen Fällen kann das Lesen meist nur auf der Geschäftsstelle stattfinden, was entsprechende organisatorische Vorbereitungen für den reibungslosen Ablauf nötig macht. Dürfen Kopien herausgegeben werden, kann dies unter Umständen auch so organisiert werden, daß mehrere Leseberechtigte (etwa Angeklagter und Verteidiger) sich in eine teilen. Bei der zweckmäßigen, aber nicht vorgeschriebenen Verwendung von Kopien[219] ist dafür Sorge zu tragen, daß sie vollständig und leserlich abgelichtet worden sind. Eine **Beglaubigung** der Ablichtungen ist nicht vorgeschrieben, zumal auch bei Aushändigung von Ablichtungen den Verfahrensbeteiligten die Einsichtnahme in die bei den Akten bleibenden Originale nicht verwehrt werden darf. Dies gilt auch, wenn sie im übrigen kein Recht auf Akteneinsicht haben. Den zur Akteneinsicht berechtigten Personen können auch die Verfahrensakten überlassen werden[220].

Ein **Verzicht auf Kenntnisnahme** von der Urkunde ist bei den Verfahrensbeteiligten, **82** anders als bei den Berufs- und Laienrichtern, zulässig. Sie haben — entsprechend ihrem Anspruch auf rechtliches Gehör — zwar ein Recht, nicht aber eine Pflicht zur Kenntnisnahme vom Inhalt einer als Beweismittel verwendeten Schrift.

Die **Gelegenheit zum Selbstlesen** gilt als **nicht eingeräumt**, wenn einem Leseberech- **83** tigten eine Schrift nicht oder nicht für einen dazu ausreichenden Zeitraum vor Abschluß der Beweisaufnahme eingeräumt wurde. Wenn dies nicht noch nachgeholt werden kann, scheitert daran das Verfahren nach Absatz 2; so, wenn die in Umlauf gegebene Originalurkunde während des Verfahrens verlorenging oder vernichtet wurde. Hat dagegen jeder Richter die Urkunde gelesen und hatte jeder andere Verfahrensbeteiligte ausreichend

[216] KK-*Diemer*[4] 37; HK-*Julius*[2] 11; KMR-*Paulus* 27; SK-*Schlüchter* 51.

[217] § 185 GVG; vgl. auch Art. 6 Abs. 3 Buchst. e) MRK.

[218] *Alsberg/Nüse/Meyer* 323; *Kleinknecht/Meyer-Goßner*[44] 23.

[219] Vorzuschreiben, daß an Verfahrensbeteiligte, die sich nicht im Besitz der betreffenden Urkunden befinden, Ablichtungen oder Abschriften herauszugeben seien, hielt der Rechtsausschuß des Bundestags für nicht nötig (BTDrucks. **8** 1844 S. 33).

[220] *Kleinknecht/Meyer-Goßner*[44] 23.

Gelegenheit dazu, dann ist es für die Wirksamkeit der Beweiserhebung unschädlich, wenn die auf diese Weise in die Hauptverhandlung eingeführte Urkunde später nicht mehr in den Akten auffindbar sein sollte.

84　　　**b) Feststellung des Vorsitzenden.** Das Selbstleseverfahren wird dadurch abgeschlossen, daß der Vorsitzende in der Hauptverhandlung **ausdrücklich** feststellt, daß die **Richter** die Schrift gelesen haben und daß die anderen Verfahrensbeteiligten dazu Gelegenheit hatten. Damit ist der Urkundenbeweis in der Form des Absatzes 2 erhoben. Ohne ausdrückliche Erklärung des Vorsitzenden wäre der Protokollführer, der neben dem Vorsitzenden dafür verantwortlich ist, daß der Gang der Hauptverhandlung richtig in der Sitzungsniederschrift festgehalten wird, mangels eigener Wahrnehmung gar nicht in der Lage, diese von § 249 Abs. 2 Satz 3 geforderte Feststellung zu beurkunden. Die Notwendigkeit einer ausdrücklichen Feststellung in der Hauptverhandlung liegt aber auch in der Sachlogik des Selbstleseverfahrens. Wenn die eigentliche Kenntnisnahme außerhalb der mündlichen Verhandlung und bei den einzelnen Verfahrensbeteiligten zu unterschiedlichen Zeitpunkten stattfindet, so fordert die für den Verfahrensfortgang nötige Verfahrensklarheit, daß der Abschluß des Urkundenbeweises nach Absatz 2 ausdrücklich in der Hauptverhandlung zur Sprache kommt[221]. Dies setzt die Verfahrensbeteiligten in die Lage, der Feststellung zu widersprechen, wenn sie aus irgendeinem, für den Vorsitzenden nicht ersichtlichen Grund an der beabsichtigten Kenntnisnahme gehindert waren.

85　　　Zu **besonderen Nachforschungen** ist der Vorsitzende vor dieser Erklärung zu Protokoll nicht verpflichtet. Es genügt, wenn ihm — nicht notwendig in der Hauptverhandlung — die anderen Richter, vor allen auch die Schöffen, auf seine Rückfrage hin bestätigen, daß sie die Urkunden gelesen haben[222]. Nicht notwendig ist, daß er sich durch **Kontrollfragen** oder auf andere Weise davon überzeugt, daß diese Auskunft auch tatsächlich zutrifft[223]. Nur wenn er die positive Kenntnis erlangt, daß ein Richter die Schriften nicht gelesen hat, darf es die abschließende Feststellung nicht treffen und muß, sofern das Lesen nicht alsbald nachgeholt werden kann, das dann gescheiterte Selbstleseverfahren durch eine Beweiserhebung nach Absatz 1 ersetzen. Die **anderen Verfahrensbeteiligten** sind ebensowenig wie sonst bei einer Beweiserhebung befugt, deren Aufnahme durch die Richter nachzuprüfen. Sie können weder Auskunft vom Gericht darüber verlangen, ob und wann die Richter die Urkunden tatsächlich gelesen haben, noch sich durch den Inhalt betreffende Kontrollfragen darüber vergewissern, daß sie deren Inhalt kennen und richtig verstanden haben[224]. Bei den anderen leseberechtigten Verfahrensbeteiligten muß der Vorsitzende nur feststellen, daß sie **Gelegenheit zur Kenntnisnahme** hatten. Ob sie diese Möglichkeit auch genützt haben, ist unerheblich[225]. Dies muß der Vorsitzende auch nicht erforschen.

86　　　Durch diese in das Protokoll aufzunehmende **förmliche Erklärung** wird außerdem der Zeitpunkt festgelegt, zu dem der Angeklagte **nach § 257 Abs. 1 zu befragen** und den

---

[221] Dies folgt auch aus dem insoweit geltenden Mündlichkeitsgrundsatz, vgl. Rdn. 3.

[222] Nach *Kleinknecht/Meyer-Goßner*[44] 24 muß der Vorsitzende bei den Schöffen nur feststellen, daß sie Gelegenheit zum Lesen hatten.

[223] *Alsberg/Nüse/Meyer* 321; KK-*Diemer*[4] 39; *Kleinknecht/Meyer-Goßner*[44] 22; KMR-*Paulus* 27; SK-*Schlüchter* 51. HK-*Meier* 32 fordert dagegen, daß der Vorsitzende sich von der Richtigkeit überzeugt hat. Nach *Eisenberg* (Beweisrecht) 2040 soll Vorsitzender bei konkret begründeten Zweifeln die Verlesung nach Absatz 1 anordnen; er soll den

Verfahrensbeteiligten Fragen nach den Umständen gestatten, unter denen sie die Urkunden gelesen haben; nach *Pfeiffer*[2] 8 steht er im pflichtgemäßen Ermessen des Vorsitzenden, wie er sich überzeugt.

[224] KMR-*Paulus* 27 hält nur inhaltliche Kontrollfragen der Verfahrensbeteiligten für unzulässig, nicht aber bei Vorliegen konkreter Anhaltspunkte Fragen nach Zeit, Ort und Dauer der Kenntnisnahme; vgl. auch vorstehende Fußn.

[225] KK-*Diemer*[4] 39; *Kleinknecht/Meyer-Goßner*[44] 24; SK-*Schlüchter* 53.

anderen Verfahrensbeteiligten Gelegenheit zu geben ist, sich nach § 257 Abs. 2 zum Beweisergebnis zu erklären[226]. Sie können dabei den ganzen Inhalt der durch das Selbstleseverfahren als Beweismittel verwendeten Schriften zum Gegenstand ihrer Erklärungen machen. Auch wenn dieser in der Hauptverhandlung bisher nicht angesprochen wurde, dürfen sie voraussetzen, daß Gericht und Verfahrensbeteiligte ihn voll kennen.

7. Keine Bindung für das weitere Verfahren. Durch die Anordnung des Verfahrens **87** nach Absatz 2 sind **weder Vorsitzender noch Gericht gebunden**. Vor allem, wenn sich Schwierigkeiten ergeben, das Selbstleseverfahren fristgerecht (vgl. Rdn. 15; 25) durchzuführen, oder wenn ein Schöffe erkennbar nicht bereit ist, die Urkunden selbst zu lesen, kann der Vorsitzende in das Beweisverfahren nach Absatz 1 übergehen und die Verlesung der Urkunden in der Hauptverhandlung anordnen. Daß die Verfahrensbeteiligten die Frist für den Widerspruch versäumt haben oder daß das Gericht den Widerspruch verworfen hat, schließt nicht aus, die Form des Urkundenbeweises von Amts wegen noch nachträglich zu ändern. Die Befristung des Widerspruchs soll im Interesse der Verfahrensbeschleunigung nur die Verfahrensbeteiligten veranlassen, ihre Einwände gegen das Selbstleseverfahren nach Absatz 2 unverzüglich geltend zu machen. Ihr Zweck ist aber nicht, das Gericht auf das einmal gewählte Verfahren festzulegen, wenn es sich nachträglich bei einer Änderung der Verfahrenslage als zu zeitraubend oder sonst unzweckmäßig oder gar als undurchführbar oder unzulässig erweist.

8. In der **Sitzungsniederschrift** sind alle in Absatz 2 geforderten Voraussetzungen **88** festzuhalten. Absatz 2 Satz 3 legt dies in Ergänzung des § 273 Abs. 1 ausdrücklich fest, da bei einigen dieser Voraussetzungen zweifelhaft sein könnte, ob sie als wesentliche Förmlichkeiten der Hauptverhandlung im Sinne des § 273 Abs. 1 anzusehen wären, so etwa die Feststellung, daß die Richter vom Wortlaut der Schrift Kenntnis genommen haben.

Die Sitzungsniederschrift muß zunächst das Schriftstück, von dessen Verlesung abge- **89** sehen wird, **konkret** und **unverwechselbar bezeichnen**. Dies legt der durch Art. 1 Nr. 24 StVÄG 1979 ergänzte § 273 Abs. 1 ausdrücklich fest. Es gelten die gleichen Anforderungen wie für die Bezeichnung der nach § 249 Abs. 1 Satz 1 verlesenen Schriftstücke[227]. Wurden nur Teile einer umfangreichen Schrift verlesen oder zum Gegenstand des Selbstleseverfahrens gemacht (vgl. Rdn. 39, 43), muß das Protokoll diese Teile unverwechselbar bezeichnen und bei jedem auch die Form angeben, in der sie zu Beweiszwecken in das Verfahren eingeführt wurden. Nicht angeführte Teile gelten als nicht zu Beweiszwecken verwendet.

Im übrigen ist festzuhalten, **90**
– daß und für welche Schriften der **Vorsitzende** das Selbstleseverfahren nach Absatz 2 **angeordnet** hat[228]. Der Grund der Verlesung braucht nicht angegeben zu werden. Die Ausnahmeregelung des § 255 greift hier nicht, da sie nur für die Protokolle nach § 253 und 254 gilt, bei denen das Selbstleseverfahren weiterhin ausgeschlossen bleibt (vgl. Rdn. 60);
– daß der Vorsitzende feststellt, daß die **Richter** vom Wortlaut der Schrift **Kenntnis genommen** haben; das gilt auch für die **Schöffen**[229], die nach dem Wortlaut des Geset-

---

[226] AK-*Meier* 32; vgl. § 257.
[227] H. M, so KK-*Diemer*[4] 39; *Kleinknecht/Meyer-Goßner*[44] 24; vgl. bei § 273.
[228] *Kleinknecht/Meyer-Goßner*[44] 24; KMR-*Paulus* 34; SK-*Schlüchter* 63.
[229] *Eisenberg* (Beweisrecht) 2044; *G. Schäfer* 756; *Kurth* NStZ **1981** 232; *Schmidt* LM StPO 1975

Nr. 1; KK-*Diemer*[4] 39; HK-*Julius*[2] 20; KMR-*Paulus* 34; SK-*Schlüchter* 63; **a. A** *Alsberg/Nüse/Meyer* 325; *Kleinknecht/Meyer-Goßner*[44] 24, nach denen nur festzustellen ist, daß die Schöffen Gelegenheit zur Kenntnisnahme hatten.

zes, das die **Protokollierung der Kenntnisnahme** fordert, insoweit nicht anders als
die Berufsrichter zu behandeln sind. Nur wenn alle Richter die Schriften selbst gelesen
haben, können sie dem Inbegriff der Verhandlung (§ 261) zugerechnet und damit
Urteilsgrundlage werden. Dem steht nicht entgegen, daß der Vorsitzende die gewissen-
hafte Erfüllung der Selbstlesepflicht außerhalb der Hauptverhandlung genausowenig
aus eigenem Wissen feststellen kann wie das konzentrierte Zuhören beim Verlesen
einer Schrift in der Hauptverhandlung. Die weiteren Einzelheiten der Kenntnisnahme,
insbesondere wann und wo die Berufsrichter und Schöffen die Schriften gelesen
haben, brauchen nicht in das Protokoll aufgenommen zu werden[230];

– daß die **anderen Verfahrensbeteiligten** Gelegenheit zur Kenntnisnahme hatten; wann
 und wodurch sie diese Gelegenheit erhalten haben, braucht nicht festgehalten zu werden[231], ein entsprechender Vermerk kann aber zweckmäßig sein, wie etwa der Hinweis, daß und an wen Ablichtungen hinausgegeben wurden oder daß auf die Möglichkeit der Einsichtnahme auf der Geschäftsstelle hingewiesen wurde;

– daß und welcher Verfahrensteilnehmer **Widerspruch** gegen die Anordnung des
 Selbstleseverfahrens erhoben hat (Absatz 2 Satz 3)[232], ob er zum Widerspruch berechtigt war, ist insoweit unerheblich;

– die verkündete **Entscheidung des Gerichts** über den Widerspruch (§ 273 Abs. 1)[233];

– der **Verzicht** eines Verfahrensbeteiligten auf das Lesen einer Urkunde, für die das
 Selbstleseverfahren angeordnet ist (§ 273 Abs. 1)[234].

91   Werden **mehrere Schriftstücke** nach § 249 Abs. 2 in die Hauptverhandlung eingeführt, dann muß das Protokoll für jedes einzelne Schriftstück diese Voraussetzungen belegen. Dies schließt einen **Sammelvermerk** nicht aus, der auch auf Besonderheiten, die sich
bei den einzelnen Schriftstücken ergeben haben, hinweisen kann. Voraussetzung dafür ist
jedoch, daß die Eindeutigkeit der von Absatz 2 Satz 3 für jedes nicht verlesene Schriftstück geforderten Feststellungen darunter nicht leidet.

VI. Formfreier Vorhalt

92   **1. Zweck.** Der Vorsitzende, der die Verhandlungsleitung nach dem ihm bekannten
Akteninhalt gestaltet, aber auch ein frageberechtigter anderer Beteiligter, wird oft durch
Zweckmäßigkeitsgründe dazu veranlaßt, als **Vernehmungsbehelf** den Inhalt eine vorliegenden berichtenden Urkunde nur für eine Frage oder einen Vorhalt[235] an den Angeklagten oder an einen Zeugen oder Sachverständigen zu verwenden[236]. Der formfreie Vorhalt
ist auch hier ein für die Aufklärung von Widersprüchen und Aussagemängeln unentbehrli-
ches Mittel der Wahrheitserforschung. Da die Quelle, aus der die vorgehaltene Tatsache
stammt, nicht selbst zum Beweismittel wird, ist auch der auf den Inhalt einer Urkunde

---

[230] *G. Schäfer* 756; SK-*Schlüchter* 63; **a. A** HK-*Julius*[2] 20 (wann und wie).

[231] *G. Schäfer* 766; **a. A** KMR-*Paulus* 34 (auch das Wie).

[232] *Kleinknecht/Meyer-Goßner*[44] 24.

[233] HK-*Julius*[2] 20; *Kleinknecht/Meyer-Goßner*[44] 24; KMR-*Paulus* 34; SK-*Schlüchter* 63.

[234] Vgl. BGHSt **14** 310; **37** 235; Rdn. 82.

[235] Aufforderung zur Stellungnahme zu einem bestimmten Sachverhalt vgl. *Eisenberg* (Beweisrecht)
869; KMR-*Paulus* § 244, 66 („informatorisches
Element").

[236] Die nicht ausdrücklich geregelte Befugnis zum
Vorhalt als Mittel der Sachaufklärung folgt beim
Vorsitzenden aus der von der Inquisitionsmaxime
bestimmten Sachleitungsbefugnis und bei den übrigen Verfahrensbeteiligten aus dem Fragerecht; vgl.
etwa *Eisenberg* (Beweisrecht) 868 ff; 2061 ff; *Geerds* FS Blau 68; *Hanack* FS Schmidt-Leichner 84;
Krause 180 ff; *Schlüchter* 537, 538; *Schroth* ZStW
87 (1975) 119; ferner etwa KK-*Diemer*[4] 41;
KMR-*Paulus* § 244, 66; SK-*Schlüchter* 59.

gestützte Vorhalt nicht an die speziellen Grenzen des Urkundenbeweises gebunden. Der Vorhalt kann auch einer **nicht verlesbaren Urkunde** entnommen werden[237].

2. Rechtsnatur. Der Vorhalt des Inhalts einer Urkunde ist **kein Beweis durch die**   **93** **Urkunde**, selbst wenn sie wörtlich verlesen werden sollte[238]. Nicht sie, sondern die Reaktion auf den Vorhalt und die darauf vom Angeklagten oder von dem sonst Befragten abgegebenen Erklärungen sind die **alleinige Grundlage** für die vom Gericht zu treffende Feststellung[239]. Beweisgrundlage[240] wird allein, was die Auskunftsperson aufgrund des Vorhalts erklärt und wie sie daraufhin reagiert. Nur was sie von den ihr vorgehaltenen Tatsachen aufgrund ihres **gegenwärtigen eigenen Wissens** selbst bekunden kann, ist für Beweiszwecke verwendbar. Kann sie das nicht, weil sie sich trotz des Vorhalts nicht mehr daran erinnert, reicht dies zur Bestätigung der vorgehaltenen Tatsachen auch dann nicht aus, wenn sie die Ansicht äußert, die vorgehaltenen Tatsachen seien früher wohl richtig festgehalten worden[241], oder sie pflege immer getreulich zu protokollieren[242]. Diese strikte Trennung zwischen dem, was nur vorgehalten wird, und der alleinigen Beweiserheblichkeit der auf den Vorhalt hin abgegebenen Bekundungen sollte schon durch die Wortwahl beim Vorhalt zum Ausdruck kommen[243]. Mitunter ist — nicht zuletzt wegen der Schöffen — auch ein ausdrücklicher **klarstellender Hinweis** des Vorsitzenden angezeigt, so, wenn Urkunden nur zum Zwecke des Vorhalts verlesen werden. Wird in der Hauptverhandlung deutlich, daß es sich bei dem Vorhalt nur um einen beweisrechtlich unmaßgeblichen Vernehmungsbehelf handelt, der die darin enthaltenen Tatsachen nur zur Diskussion stellen soll, und daß es ausschließlich darauf ankommt, was die Auskunftsperson jetzt dazu aussagen wird, wirkt dies auch etwaigen Anpassungstendenzen und der Suggestivkraft entgegen, die sonst vom Vorhalt ausgehen kann[244].

Bedenken gegen diese Unterscheidung finden sich in einem Teil des Schrifttums, das   **94** sie als gekünstelt und praktisch undurchführbar hält und sich vor allem gegen Vorhalte aus nicht verlesbaren Vernehmungsniederschriften wendet[245]. Beim **Verlesen zum**

---

[237] BGHSt **11** 160; dazu *Hanack* JZ **1972** 202; ferner etwa BGH NStZ **1983** 86 (Vermerk über informatorische Befragung); *Eisenberg* (Beweisrecht) 2061; KK-*Diemer*[4] 44; *Kleinknecht/Meyer-Goßner*[44] 28; SK-*Schlüchter* 60; wegen der Beweisverwertungsverbote vgl. Rdn. 96.

[238] BGHSt **1** 4; 8; **14** 310; 312; **21** 285; *Alsberg/Nüse/ Meyer* 330; *G. Schäfer* 753; AK-*Meier* 39; *Kleinknecht/Meyer-Goßner*[44] 28; KMR-*Paulus* § 244, 83; SK-*Schlüchter* 59. Das Schrifttum hat hiergegen vor allem bei Vernehmungsprotokollen Bedenken (u. a. Umgehung der §§ 253, 254; Verwischung der eigentlichen Beweisgrundlage, da Unterscheidung psychologisch undurchführbar, so *Fezer* JuS **1977** 523; *Grünwald* JZ **1968** 749; *Krause* 193; *Kuckuck* 223; *Niese* JZ **1953** 518; *Riegner* NJW **1961** 64; *Roxin* § 44, 18; *Eb. Schmidt* NJW **1964** 541; *Schroth* ZStW **87** (1975) 122; ferner AK-*Meier* 39; HK-*Julius*[2] § 253, 10; *Eb. Schmidt* § 250, 7. Zum Streitstand vgl. auch *Eisenberg* (Beweisrecht) 2060; KK-*Diemer*[4] 45.

[239] So etwa RGSt **36** 53; **54** 17; **61** 73; **64** 78; **69** 89; RG LZ **1915** 6311; JW **1929** 1048; **1930** 2565; **1932** 245; BGHSt **3** 201; **11** 159; 338; **14** 310; **21** 285; **34** 231; BGH NJW **1966** 211; **1986** 2063; NStZ **1985** 464; StV **1989** 4, 5; **1990** 485; 533; **1991** 197; 340; OLG Celle VRS **30** (1966) 196;

OLG Hamburg MDR **1973** 156; OLG Köln NJW **1965** 830; *Alsberg/Nüse/Meyer* 330; *Fezer* JuS **1977** 520; *Geerds* FS Blau 69; *Gössel* C 1 b 1; *Geppert* JuS **1988** 369; *Hanack* JZ **1972** 202; FS Schmidt-Leichner 84; *Paulus* JuS **1988** 875; *Sarstedt/Hamm*[6] 798; *G. Schäfer* 753; *Schneidewin* JR **1951** 488; KK-*Diemer*[4] 42; *Kleinknecht/ Meyer-Goßner*[44] 28; KMR-*Paulus* § 244, 67; SK-*Schlüchter* 60.

[240] Vgl. KMR-*Paulus* § 244, 70 ff („Beweiswürdigungsobjekt").

[241] Vgl. BGHSt **21** 149 („damals die Wahrheit gesagt").

[242] BGHSt **14** 320, dazu *Hanack* JZ **1972** 275; BGH StV **1991** 197; **1994** 413; bei *Miebach/Kusch* NStZ **1991** 121; *Hanack* FS Schmidt-Leichner 95; *Eb. Schmidt* JZ **1964** 539.

[243] RGSt **69** 89; KMR-*Paulus* § 244, 83.

[244] Vgl. etwa *Eisenberg* (Beweisrecht) 872 ff; *Kühne* NStZ **1985** 254; AK-*Meier* 37, 38; HK-*Julius*[2] 10.

[245] *Fezer* JuS **1977** 523; *Geerds* FS Blau 83; *Grünwald* JZ **1968** 754; *Hanack* FS Schmidt-Leichner 83 ff; JZ **1972** 201; *Krause* 193; *Kuckuck* 219; *Löhr* 130; *Niese* JZ **1953** 598; *Riegner* NJW **1961** 63; *Roxin* § 44, 18; *Schroth* ZStW **87** (1975) 119; HK-*Julius*[2] 10.

Zwecke des Vorhalts könnten die Laienrichter dies nicht von dem Verlesen zu Beweiszwecken auseinanderhalten, so daß die Gefahr bestehe, daß auch der von der Aussage nicht bestätigte Inhalt der Urkunde bei der Urteilsbildung mit verwertet werde. Diese Bedenken sind nicht von der Hand zu weisen. Sie lassen sich aber durch klarstellende Hinweise in der Verhandlung und auch noch bei der Beratung weitgehend entschärfen[246]. Von der Möglichkeit, längere Schriftstücke zum Zwecke des Vorhalts wörtlich zu verlesen, sollte aber eher zurückhaltend Gebrauch gemacht werden. Unzulässig ist dies aber nicht[247]. Wenn es darauf ankommt, ob sich die Auskunftsperson an den genauen Wortlaut einer Äußerung erinnert, kann der Vorhalt in Form der Verlesung sogar zur **Sachaufklärung geboten** sein. Andernfalls verdient meist der freie mündliche Vorhalt den Vorzug[248]. Die darin gesehene Gefahr von Verzerrungen durch subjektive Wertungen des Vorsitzenden[249] dürfte sich dabei schon deshalb kaum auswirken, weil es nur auf die Antwort des Befragten ankommt.

95 Die **Einschränkungen der Beweisverwendung von Urkunden** gelten für Vorhalte aus Urkunden nicht. Die Urkunden werden hier nicht selbst zum Beweis verwendet, beweiserheblich ist ausschließlich die Antwort der Auskunftsperson. Es handelt sich um einen Zeugenbeweis, deshalb verstößt der frei vorgehaltene oder nur zum Zwecke des Vorhalts verlesene Inhalt der Urkunde nicht gegen den Grundsatz der **Unmittelbarkeit**. Unerheblich ist insoweit, ob die Schriftstücke nach den §§ 250 ff im Urkundenbeweis hätten verwendet werden dürfen. Auch die ebenfalls nur für den Urkundenbeweis geltenden §§ 253, 254 stehen Vorhalte aus den dort bezeichneten Protokollen nicht entgegen[250].

96 **Beweisverwertungsverbote** schließen auch die Verwendung der von ihnen erfaßten Erkenntnisse für einen Vorhalt aus. Dies gilt für Verwertungsverbote aller Art[251]. Der **Zugriff auf Vernehmungsniederschriften** ist auch für die Verwendung zu einem Vorhalt nicht zulässig, wenn diese wegen eines Beweisverwertungsverbots nicht als Beweismittel verwendet werden dürfen, so, wenn ein Zeuge von seinem Zeugnisverweigerungsrecht Gebrauch gemacht hat[252] oder wenn eine Aussage wegen der Verletzung von Anwesenheitsrechten[253] oder wegen eines Verstoßes gegen die erforderlichen Belehrungspflichten über sein Schweigerecht oder das Recht auf Zuziehung eines Anwalts nicht verwertbar ist[254]. Steht die Verwertbarkeit noch nicht endgültig fest, weil noch offen ist, ob die Aussageperson mit der Beweisverwendung einverstanden ist oder ihr widerspricht, muß die Verwendung auch für einen Vorhalt unterbleiben[255].

97 **3. Gegenstand des Vorhalts** können grundsätzlich alle bei der Vernehmung sich aufdrängenden Gesichtspunkte sein. Als Vernehmungsbehelf zur besseren Sachaufklärung soll er der vollen Ausschöpfung des Wissens der Aussageperson dienen und sie zu ergänzenden Ausführungen, zur Behebung von Unklarheiten oder Widersprüchen veranlassen.

[246] BGHSt **21** 285; KK-*Diemer*⁴ 45; *Kleinknecht/Meyer-Goßner*⁴⁴ 28.
[247] AK-*Meier* 37; *Kleinknecht/Meyer-Goßner*⁴⁴ 28.
[248] *Eisenberg* (Beweisrecht) 873; KK-*Diemer*⁴ 45.
[249] Vgl. *Eisenberg* (Beweisrecht) 873.
[250] BGHSt **1** 4; 8; 337, 339; **3** 281, 283; **11** 338, 340; **14**, 310, 312; **21**, 285; **34** 231, 235; BGH NStZ **1983** 86; OLG Frankfurt StV **1996** 202; AK-*Meier* 37; KK-*Diemer*⁴ 45; *Kleinknecht/Meyer-Goßner*⁴⁴ 28; *Pfeiffer*² 11; SK-*Schlüchter* 49; **a. A** etwa *Eisenberg* (Beweisrecht) 871, HK-*Julius*² 10; sowie ein Teil des Schrifttums Fußn. 245.
[251] Vgl. etwa KK-*Diemer*⁴ 49 (getilgte oder tilgungsfreie Vorstrafen, § 51 BZRG); KMR-*Paulus* § 244,

107 (Grundrechtsschutz der Privatsphäre, Beschlagnahmeverbote); ferner Rdn. 98.
[252] BGHSt **2** 99; **7** 194; **21** 149; *Geppert* Jura **1988** 369; AK-*Meier* 37; KK-*Diemer*⁴ 49; *Kleinknecht/Meyer-Goßner*⁴⁴ § 252, 12; 7; KMR-*Paulus* § 244, 104; SK-*Schlüchter* 60, je mit weit. Nachw. Vgl. ferner bei § 252.
[253] BGHSt **31** 140; einschränkend BGHSt **34** 231; KK-*Diemer*⁴ 49.
[254] Vgl. BGHSt **38** 214 und BGHSt **38** 372 sowie § 136; KK-*Diemer*⁴ 49; KMR-*Paulus* § 244, 106 und § 136, 176 mit weit. Nachw.
[255] Vgl. § 252, 15.

Da der Inhalt des Vorhalts kein Beweismittel ist, kommt es nicht darauf an, welche Quelle den Anstoß für den Vorhalt gibt, ob das bisherige Ergebnis der Hauptverhandlung, die Akten oder die Lebenserfahrung oder sonstige Umstände dies nahelegen. Vor allem bieten auch frühere Aussagen der Auskunftsperson oder anderer Personen Ansatzpunkte, die vom Vorsitzenden ebenso wie von den anderen Verfahrensbeteiligten zur Kontrolle und Ergänzung einer Aussage herangezogen werden können, ohne daß die dafür verwendeten Tatsachen vorher nach den Regeln des Strengbeweisrechts in die Hauptverhandlung eingeführt werden müssen. Auch der **Inhalt fremdsprachiger Urkunden** darf zum Vorhalt verwendet werden[256].

Auch **Tonträgeraufzeichnungen** und ihre schriftlichen Übertragungen sowie Bildaufzeichnungen können durch inhaltliche Wiedergabe, durch Abspielen oder Vorlesen einer schriftlichen Übertragung zum Vorhalt verwendet werden, sofern dem nicht ein Beweisverwertungsverbot entgegensteht[257], wie dies zum Beispiel bei den durch bestimmte Fahndungsmittel erlangten personenbezogenen Informationen bestehen kann, die nur bei bestimmten schweren Straftaten zu Beweiszwecken verwendet werden dürfen (vgl. etwa § 100 d Abs. 2). **98**

Ausgeschlossen vom Vorhalt sind solche Tatsachen, die die Auskunftsperson **nicht aus eigener Wahrnehmung** bestätigen kann, wie etwa die Höhe des festgestellten BAK oder die Ergebnisse von Sachverständigengutachten[258]. Dagegen wird der Vorhalt nicht dadurch ausgeschlossen, daß die Quelle, aus der der Vorhalt entnommen wurde, auch **zu Beweiszwecken** in die Hauptverhandlung eingeführt werden kann, etwa, daß eine Urkunde auch nach § 256 hätte verlesen[259] oder ein als Vernehmungsbehelf verwendetes Lichtbild auch durch Augenschein zu einem eigenen Beweismittel hätte gemacht werden können. Ob es in solchen Fällen genügt, daß das Gericht von der möglichen Beweisverwendung absieht und sich mit den durch den Vorhalt herbeigeführten Angaben der Auskunftsperson begnügt, beurteilt sich nach der **Aufklärungspflicht.** Nach dieser ist auch zu beurteilen, ob die zum Beweis der Glaubwürdigkeit einer Zeugenaussage angeführte Aussagekonstanz dadurch festgestellt werden darf, daß der Zeuge seine nur vorgehaltene frühere Aussage als zutreffend bestätigt hat[260]. **99**

4. Zeitpunkt des Vorhalts. Der Vorhalt des Inhalts einer Urkunde ist nicht davon abhängig, daß die Auskunftsperson vorher erklärt, sich daran nicht erinnern zu können. Jedoch ist darauf Bedacht zu nehmen, daß § 69 beachtet wird, den Zeugen und Sachverständigen also ausreichend Gelegenheit gegeben wird, sich im Zusammenhang über den Gegenstand der Vernehmung zu äußern. Vorhalte sind erst angebracht, wenn feststeht, was der Zeuge noch von sich aus weiß und noch aus seiner eigenen Erinnerung berichten kann[261]. Mit dem Vorhalt braucht aber nicht zugewartet werden, bis die Auskunftsperson sich in Widersprüche verwickelt hat. Solange noch offen ist, ob eine frühere Aussage in der Hauptverhandlung verwertbar ist, darf die Aussage auch nicht zu Vorhalten verwendet werden (vgl. Rdn. 96). **100**

[256] BGH bei *Dallinger* MDR **1975** 369; SK-*Schlüchter* 60.

[257] Vgl. BGHSt **14** 340; **27** 135; **30** 317; BGH NStZ **1982** 125 mit Anm. *Odenthal*; NStZ **1982** 390; KK-*Diemer*4 48; *Kleinknecht/Meyer-Goßner*44 29.

[258] RGSt **69** 90; BGHSt **5** 278; **11** 159/162 (dazu *Hanack* JZ **1972** 203); **22** 170; BGH bei *Holtz* MDR **1987** 981; BayObLG VRS **63** (1982) 213; OLG Celle StV **1984** 107; **1988** 143; OLG Düsseldorf VRS **59** (1980) 269; StV **1987** 287; NJW **1988** 217; OLG Hamburg MDR **1973** 156; OLG Hamm MDR **1964** 344; OLG Köln VRS **24** (1983) 62;

*Kleinknecht/Meyer-Goßner*44 28; KMR-*Paulus* § 244; 71; *Pfeiffer*2 11; SK-*Schlüchter* 60.

[259] BGH bei *Kusch* NStZ **1993** 229; strittig, vgl. § 256, 33.

[260] SK-*Schlüchter* 60; OLG Stuttgart StV **1990** 257 sieht darin einen unzulässigen Kreisschluß; **a. A** BGH StV **1993** 59 mit abl. Anm. *Weider*; StV **1996** 412 (L).

[261] BGHSt **3** 281 = NJW **1953** 115; OLG Koblenz GA **1974** 222; OLG Stuttgart StV **1990** 257; HK-*Julius*2 § 253, 14; SK-*Schlüchter* 60; vgl. ferner KK-*Diemer*4 46, 47.

101   **5.** In die **Sitzungsniederschrift** braucht ein Vorhalt nicht aufgenommen zu werden, auch nicht, wenn er aus einer Urkunde geschöpft und diese zum Zwecke des Vorhalts verlesen wird[262]. Wenn aber ein Vorhalt des Zusammenhangs wegen — etwa wegen der Anrufung des Gerichts nach § 238 Abs. 2 — im Protokoll festgehalten wird, muß gegebenenfalls eindeutig erkennbar sein, daß damit keine Beweiserhebung durch Verlesen oder Bericht des Vorsitzenden beurkundet wird[263]. An der Beweiskraft des § 274 nimmt ein solcher Vermerk nicht teil[264].

102   **6.** Die **Urteilsgründe** müssen eindeutig erkennen lassen, daß **alleinige Beweisgrundlage** der Entscheidung die **Beurkundungen der Auskunftsperson** und ihre Reaktion auf den Vorhalt waren und nicht etwa auch ein von diesen nicht umfaßter Teil des Vorhalts[265]. Sie sollten zweckmäßigerweise klarstellen, an welche Aussagen die Beweiswürdigung jeweils anknüpft. Die **wörtliche Wiedergabe** eines nur vorgehaltenen und nicht selbst als Beweismittel in die Hauptverhandlung eingeführten Schriftstücks im Urteil kann mitunter zweifelhaft erscheinen lassen, ob das Gericht damit noch Angaben der Auskunftsperson wiedergibt oder ob es bei seiner Beweiswürdigung fehlerhaft auch dem Vorhalt eine ihm nicht zukommende Beweisbedeutung beigelegt hat. Zwar ist die wörtliche Aufnahme eines Vorhalts, insbesondere eines vorgehaltenen Schriftstücks, nicht schon an sich unzulässig. Sie sollte aber besser unterbleiben, da andernfalls — vor allem bei längeren Schreiben oder Urkunden mit einem schwierigen Text — oft nicht auszuschließen ist, daß als Beweismittel statt oder neben der durch den Vorhalt veranlaßte Aussage auch der Inhalt der vorgehaltenen Schrift selbst herangezogen wurde. Bei einem den Erklärungshorizont der Auskunftsperson übersteigenden Wortlaut liegt dies mitunter auf der Hand. Die wörtliche Wiedergabe vorgehaltener längerer Schreiben in den Urteilsgründen[266] ist nur dann unbedenklich, wenn zusätzlich das vorgehaltene Schriftstück zu Beweiszwecken in die Hauptverhandlung eingeführt worden und damit auch selbst als Beweismittel verwertbar ist. Auch auf Tatsachen, die die Aussageperson aus eigenem Wissen gar nicht bestätigen konnte, wie etwa den festgestellten Blutalkoholgehalt oder den Inhalt eines wissenschaftlichen Gutachtens[267], darf das Urteil ebenfalls nur gestützt werden, wenn sie selbst als Beweismittel in die Hauptverhandlung eingeführt worden sind (Rdn. 99).

VII. Rechtsbehelfe

103   **1.** Der **Widerspruch gegen die Anordnung des Selbstleseverfahrens** nach Absatz 2 Satz 2 und seine Besonderheiten sind in den Rdn. 70 ff erörtert. Soweit diese Sonderregelung Platz greift, ist der engere § 238 Abs. 2 nicht anwendbar, mit dem nur die Unzulässigkeit, nicht aber die Unzweckmäßigkeit der Anordnung gerügt werden kann. Anordnun-

---

[262] BGH bei *Holtz* MDR **1980** 631; bei *Kusch* NStZ **1995** 220; BayObLGSt **1949/51** 62; OLG Frankfurt StV **1996** 22; OLG Koblenz VRS **67** (1984) 146; OLG Köln VRS **73** (1987) 136; KK-*Diemer*⁴ 51; *Kleinknecht/Meyer-Goßner*⁴⁴ 28.

[263] *Schneidewin* JR **1951** 488; KK-*Diemer*⁴ 51. Zur Gefahr von Mißverständnissen vgl. BGH NStZ-RR **1999** 107.

[264] KK-*Diemer*⁴ 51; vgl. bei § 274.

[265] BGHSt **22** 171; BGH StV **1990** 485; HK-*Julius*² § 253, 14; KMR-*Paulus* § 244, 83; SK-*Schlüchter* 59.

[266] Vgl. etwa BGHSt **5** 278; **11** 159/162 (dazu *Hanack* JZ **1972** 203); **22** 170; BGH bei *Holtz* MDR **1987**

981; BayObLG VRS **63** (1982) 213; ferner KMR-*Paulus* § 244, 71; SK-*Schlüchter* 60 sowie die weiteren Nachw. Fußn. 267. Nach *Kleinknecht/ Meyer-Goßner*⁴⁴ 28 ist die Einführung des Inhalts schwieriger Urkunden über einen Vorhalt unzulässig; nach KK-*Diemer*⁴ 42 kann dies nicht mit dieser Allgemeinheit aus der Aufnahme des Textes hergeleitet werden.

[267] OLG Celle StV **1984** 107; **1988** 143; OLG Düsseldorf StV **1987** 287; NJW **1988** 217; OLG Hamm MDR **1964** 344; *Kleinknecht/Meyer-Goßner*⁴⁴ 28; *Pfeiffer*² 11; SK-*Schlüchter* 60.

gen des Vorsitzenden bei **Durchführung des Selbstleseverfahrens** können dagegen nur nach § 328 Abs. 2 als rechtlich unzulässig beanstandet werden (vgl. Rdn. 105).

2. Die **Entscheidung des Gerichts nach § 238 Abs. 2** kann angerufen werden, wenn **104** der Vorsitzende eine Urkunde nach § 249 zu Beweiszwecken verwenden will, deren Verwendung unzulässig ist. Der Rechtsbehelf ist dagegen nicht gegeben, soweit der Vorsitzende nach pflichtgemäßem Ermessen (Rdn. 69) darüber entscheidet, ob er eine Schrift verlesen oder ob er nach Absatz 2 verfahren will[268]. Wegen des Widerspruchs gegen die Anordnung des Selbstleseverfahrens vgl. Rdn. 70 ff; 103.

Das Gericht kann nach § 238 Abs. 2 auch angerufen werden gegen Anordnungen des **105** Vorsitzenden, die dieser zur **Durchführung des Selbstleseverfahrens** nach Absatz 2 erläßt, so, wenn er die Zeit für die Eigenlektüre völlig unzureichend bemißt[269] oder wenn er durch die von Absatz 2 Satz 1 gebotene Feststellung der Kenntnisnahme bzw. der Gelegenheit dazu das Selbstleseverfahren vorzeitig beendet, obwohl ein Richter oder ein Verfahrensbeteiligter dazu noch keine Gelegenheit hatte[270].

Gegen einen **Vorhalt des Vorsitzenden** kann die Entscheidung des Gerichts nur bean- **106** tragt werden, wenn er rechtlich unzulässig ist, so, weil er gegen ein Verwertungsverbot verstößt (Rdn. 96) oder der Auskunftsperson entgegen § 69 keine Gelegenheit zu einem zusammenhängenden eigenen Bericht gibt[271], aber auch, wenn durch die unsachliche Handhabung beim Vorhalt völlig unklar bleibt, was als Beweisergebnis verwertet werden soll, so etwa, wenn beim Vorhalt durch wörtliches Verlesen von Urkunden und zwischengeschalteten Antworten für die Verfahrensbeteiligten, vor allem auch die Schöffen, nicht mehr klar unterscheidbar ist, was als Antwort der Auskunftsperson als Beweismittel verwertet werden darf, und der Vorsitzende die geforderte Klarstellung ablehnt[272].

3. Die **Beschwerde** der Verfahrensbeteiligten gegen die Anordnungen des Vorsitzen- **107** den und gegen die Entscheidung des Gerichts nach § 249 Abs. 2 Satz 2 und nach § 238 Abs. 2 wird schon durch § 305 ausgeschlossen. Wegen der Einzelheiten vgl. § 238.

4. Revision

a) Verstoß gegen § 261. Lassen die Urteilsgründe erkennen, daß für die **Überzeugung** **108** **des Gerichts** Inhalt oder Wortlaut einer Urkunde maßgebend gewesen ist, obwohl ausweislich der Sitzungsniederschrift diese Urkunde weder nach § 249 Abs. 1 zum Zwecke des Urkundenbeweises verlesen noch nach § 249 Abs. 2 als Beweismittel verwendet wurde, kann dies unter dem Blickwinkel der Verletzung des § 261 gerügt werden[273], sofern der Inhalt der Urkunde nicht durch ein anderes Beweismittel, so etwa durch einen von der Auskunftsperson substantiiert bestätigten Vorhalt[274], in die Hauptverhandlung eingeführt worden ist. Daß der Inhalt eines nicht verlesenen Schriftstücks zum „unbestrittenen und unzweifelhaften Teil des Sachverhalts" gehört[275], läßt den Verstoß gegen § 261 nicht entfallen; da nur durch zulässige Beweismittel eingeführte Tatsachen Grundlage des Urteils sein können. Eine andere, nach den Verhältnissen des Einzelfalls zu beurteilende

---

[268] Vgl. Rdn. 76, 103.
[269] Vgl. Rdn. 79.
[270] Vgl. Rdn. 83.
[271] Vgl. Rdn. 100; BGHSt **3** 281; zur Unzulässigkeit eines sofortigen Vorhalts vgl. etwa *Eisenberg* (Beweisrecht) 2057; HK-*Julius*[2] § 253, 12; KK-*Diemer*[4] 41; sowie § 69, 6.
[272] Vgl. BGHSt **3** 101; NJW **1953** 192; MDR **1983** 623; *Hanack* JZ **1972** 203; HK-*Julius*[2] § 253, 18

(mit Hinweis, daß dadurch Art und Weise des Vorhalts für die Revision im Protokoll festgehalten werden können).
[273] BGHSt **5** 278; **6** 143; **11** 29; **22** 26; KK-*Diemer*[4] 52; *Kleinknecht/Meyer-Goßner*[44] 30; SK-*Schlüchter* 67; vgl. § 261.
[274] KK-*Diemer*[4] 52.
[275] So aber BGHSt **11** 159; dazu *Eb. Schmidt* Nachtr. I 5; vgl. auch BGH bei *Kusch* NStZ **1995** 220.

Walter Gollwitzer

Frage ist, ob das Urteil in einem solchen Fall darauf beruht[276]. Die Rüge, ein zu Beweiszwecken verwendetes Schriftstück sei nicht verlesen worden, ist unvollständig, wenn sie nicht vorträgt, daß sein Inhalt auch in keiner sonst zulässigen Weise als Beweismittel in die Hauptverhandlung eingeführt wurde, wie etwa durch das Selbstleseverfahren nach Absatz 2 oder durch die Bekundungen einer Auskunftsperson nach einem entsprechenden Vorhalt[277]. Ob dies geschehen ist, muß bei zulässig erhobener Rüge vom Revisionsgericht gegebenenfalls im **Freibeweisverfahren** nachgeprüft werden[278]. Der Umstand, daß die betreffende Urkunde vorgehalten worden ist, kann allenfalls als Indiz dafür zu werten sein, daß die Beweisperson zu ihrem Inhalt ausgesagt hat[279].

109   § 261 ist verletzt, wenn das Gericht eine zum Beweis verwendete Urkunde oder eine durch Vorhalt herbeigeführte Erklärung in der irrigen Annahme eines Verwertungsverbots **unberücksichtigt läßt**[280] oder wenn das Urteil davon ausgeht, daß eine Urkunde zu Beweiszwecken verlesen wurde, während das **Protokoll** hierüber mit negativer Beweiskraft schweigt[281], dann schließt diese Feststellung des Urteils die Möglichkeit einer anderen zulässigen Einführung des Inhalts der Urkunde in die Hauptverhandlung aus. Gegen § 261 verstößt auch, wenn der Inhalt einer **vorgehaltenen Urkunde** im Urteil verwertet wurde, obwohl die Auskunftsperson erklärt hatte, sie könne sich nicht mehr daran erinnern[282], oder wenn schon wegen des Inhalts der Urkunde auszuschließen ist, daß sie die Auskunftsperson bei einem Vorhalt aus eigenem Wissen bestätigen konnte[283].

110   **b)** Die **Ermessensentscheidung des Vorsitzenden**, ob eine Urkunde nach Absatz 1 verlesen oder im Verfahren nach Absatz 2 in die Hauptverhandlung eingeführt werden soll, kann wegen des weiten Ermessensspielraums und der Gleichwertigkeit beider Formen des Urkundenbeweises[284] grundsätzlich nicht mit Erfolg unter dem Blickwinkel eines Verstoßes gegen § 261 beanstandet werden[285]. Gleiches gilt, wenn das Gericht aufgrund eines **Widerspruchs** diese Entscheidung trifft. Die Entscheidung für eine der beiden Formen, in der jeweils der volle Urkundeninhalt der Kognition des Gerichts unterstellt wird, kann deshalb in aller Regel auch nicht die Verteidigung in einem wesentlichen Punkt (§ 388 Nr. 8) beschränken. Haben die Verfahrensbeteiligten der Anordnung des Vorsitzenden **nicht unverzüglich widersprochen**, scheitert ihre Rüge außerdem daran, daß ein nicht rechtzeitiger Widerspruch nicht mehr mit der Revision nachgeholt werden kann[286]. Sollte der Widerspruch gegen die Anordnung des Vorsitzenden nach Absatz 2 Satz 1 versehentlich vom Gericht **nicht verbeschieden** worden sein, läßt dies die Informations- und Erklärungsrechte der Verfahrensbeteiligten im Selbstleseverfahren nach Absatz 2 und damit auch die Beweisgrundlage des Urteils unberührt, so daß auch dann in aller Regel ausgeschlossen werden kann, daß das Urteil auf diesem Fehler beruht[287].

---

[276] Nach BGH bei KK-*Diemer*[4] 52 beruht das Urteil aber im allgemeinen nicht darauf, wenn der Inhalt der nicht verlesenen Schrift nicht bestritten wurde; ebenso KMR-*Paulus* 40.

[277] BGH bei *Holtz* MDR **1987** 981; bei *Kusch* NStZ **1995** 220; OLG Düsseldorf StV **1995** 30 mit abl. Anm. *Hellmann*; OLG Köln GA **1995** 220; VRS **73** (1987) 136; StV **1998** 364; *Kleinknecht/Meyer-Goßner*[44] 30; KMR-*Paulus* 40; SK-*Schlüchter* 67.

[278] BGHSt **22** 26; BGH MDR **1987** 981; wistra **1990** 197; **1992** 30; OLG Hamburg MDR **1973** 156; OLG Köln GA **1955** 220; *Kleinknecht/Meyer-Goßner*[44] 30; KMR-*Paulus* 40.

[279] SK-*Schlüchter* 67.

[280] SK-*Schlüchter* 69; vgl. BGHSt **30** 317 zu fälschlich als unzulässig bewertetem Vorhalt.

[281] So BGH bei *Holtz* MDR **1987** 981; SK-*Schlüchter* 67. Zu prüfen ist aber, ob in solchen Fällen das Urteil nur ein nicht protokollpflichtiges Verlesen zum Zwecke eines Vorhalts gemeint hat, dann muß allerdings erkennbar sein, daß als Beweisgrundlage nicht die Urkunde, sondern nur die ihren Inhalt bestätigenden Ausführungen der Auskunftsperson verwendet wurden.

[282] Vgl. die Nachw. Rdn. 93.

[283] Vgl. Rdn. 99.

[284] Vgl. Rdn. 53.

[285] AK-*Meier* 42; KMR-*Paulus* 38.

[286] Vgl. *Kindhäuser* NStZ **1987** 531.

[287] Vgl. auch SK-*Schlüchter* 70 (allenfalls ausnahmsweise, wenn größerer Beweisgewinn durch Verlesen zu erwarten war).

c) Verfahrensfehler bei Durchführung des Selbstleseverfahrens können nach § 337 **111** als Verstoß gegen § 249 Abs. 2 gerügt werden. Wird dadurch auch die zulässige Einführung der betreffenden Urkunde in das Verfahren und damit ihre Verwertbarkeit als Entscheidungsgrundlage in Frage gestellt, ist zugleich auch § 261 verletzt, so, wenn ein Richter oder sonst ein leseberechtigter Verfahrensbeteiligter — aus welchen Gründen auch immer — **keine ausreichende Gelegenheit** erhalten hatte, die bezeichneten Urkunden zu lesen[288]. Daß der Vorsitzende Gegenteiliges zu **Protokoll festgestellt** hat, steht der Rüge nicht entgegen. Die Beweiskraft des Protokolls belegt nur die Tatsache, daß der Vorsitzende dies in der Hauptverhandlung festgestellt hat, besagt aber nichts darüber, ob tatsächlich für alle Leseberechtigten außerhalb der Hauptverhandlung eine ausreichende Gelegenheit zum Lesen bestand[289]. Bei entsprechender Rüge, die zur Begründung alle Tatsachen vortragen muß, aus denen sich die fehlende oder unzureichende Gelegenheit zum Lesen für den Revisionsführer ergibt, kann dies im **Freibeweisverfahren** nachgeprüft werden. Die an sich allen Revisionsberechtigten offene Rüge, daß ein Berufs- oder Laienrichter die Urkunden entgegen § 249 Abs. 2 **nicht gelesen** hat, ist dagegen nur insoweit realisierbar, als dies schon durch äußere Umstände belegt werden kann[290]; im übrigen steht das **Beratungsgeheimnis** (§ 43, 45 DRiG) der Nachprüfung entgegen, ob und wie intensiv die Urkunden von den Richtern wirklich gelesen wurden[291]. Praktisch reduziert sich deshalb auch bei den Richtern die Rüge darauf, daß schon die äußeren Umstände eindeutig ausschließen, daß einer von ihnen ausreichende Gelegenheit zum Lesen hatte. Bei den anderen Verfahrensbeteiligten kommt es ohnehin nur darauf an, daß sie die Gelegenheit zum Lesen hatten; ob sie diese Gelegenheit genutzt haben, ist unerheblich.

d) Die **unrichtige oder unvollständige Würdigung einer Urkunde** im Urteil kann **112** nach § 261 mit der Revision beanstandet werden, wenn die Urkunde nach § 249 Abs. 1 oder 2 in das Verfahren eingeführt worden ist und der Nachweis des Fehlers ohne Rekonstruktion der Hauptverhandlung geführt werden kann[292].

e) Unter dem Blickwinkel der **Verletzung der Aufklärungspflicht** (nicht des § 249 **113** oder § 261) kann gerügt werden, wenn das Gericht einen **Urkundenbeweis nicht erhoben** hat, obwohl erkennbare Umstände zur Verwendung dieses Beweismittels gedrängt haben (vgl. § 244, 352); dies gilt auch, wenn eine Urkunde nur auszugsweise verwendet wurde, obwohl auch der nicht verlesene Teil für die Sachaufklärung relevant gewesen wäre[293]. Unterbleibt die Beweisverwendung einer Urkunde trotz eines darauf gerichteten Antrags zu Unrecht, kommt auch eine Rüge der Verletzung der §§ 244 Abs. 3, 245 in Betracht.

---

[288] *Kleinknecht/Meyer-Goßner*[44] 30.
[289] KMR-*Paulus* 39; SK-*Schlüchter* 71.
[290] Vgl. KK-*Diemer*[4] 53: „Fehler offenkundig"; *Pfeiffer*[2] 12.
[291] HK-*Julius*[2] 30; KK-*Diemer*[4] 53; *Kleinknecht/Meyer-Goßner*[44] 30; *Pfeiffer*[2] 12; SK-*Schlüchter* 71; nach KMR-*Paulus* 39 berührt der Gegenbeweis ei-

ner fehlenden Prozeßhandlungsvoraussetzung für die Feststellung des Vorsitzenden das Beratungsgeheimnis nicht.
[292] BGHSt **29** 18, 21; wegen der Einzelheiten und weiterer Nachweise vgl. § 261.
[293] BGH bei *Pfeiffer/Miebach* NStZ **1984** 211; KMR-*Paulus* 40; SK-*Schlüchter* 69.

§ 250

[1]**Beruht der Beweis einer Tatsache auf der Wahrnehmung einer Person, so ist diese in der Hauptverhandlung zu vernehmen.** [2]**Die Vernehmung darf nicht durch Verlesung des über eine frühere Vernehmung aufgenommenen Protokolls oder einer schriftlichen Erklärung ersetzt werden.**

Schrifttum

Allgemein. *Dahs* Wahrheitserforschung contra Unmittelbarkeitsprinzip? StV **1988** 169; *Dölling* Verlesbarkeit schriftlicher Erklärungen und Auskunftsverweigerung nach § 55 StPO, NJW **1986** 6; *Fezer* Grundfälle zum Verlesungs- und Verwertungsverbot im Strafprozeß; 1. Teil. Die Verlesungsverbote der §§ 250, 251, 253 und 254, JuS **1977** 234; *Geerds* Über Vorbehalt und Urkundenbeweis mit Vernehmungsprotokollen, FS Blau 67; *Geppert* Der Grundsatz der Unmittelbarkeit im Deutschen Strafverfahren (1979); *Grisebach* Der Grundsatz der Unmittelbarkeit der Beweisaufnahme im deutschen und Schweizer Strafprozeßrecht, Diss. Freiburg 1979; *Grünwald* Der Niedergang des Prinzips der unmittelbaren Zeugenvernehmung, FS Dünnebier 347; *Grünwald* Beweisverbote und Verwertungsverbote im Strafverfahren, JZ **1966** 498; *Heissler* Die Unmittelbarkeit der Beweisaufnahme im Strafprozeß unter besonderer Berücksichtigung des Zeugen vom Hörensagen, Diss. Tübingen 1973; *v. Kries* Das Prinzip der Unmittelbarkeit im Beweisverfahren der deutschen Strafprozeßordnungen, ZStW **6** (1886) 88; *Langkeit/Cramer* Vorrang des Personalbeweises bei gemäß § 55 StPO schweigenden Zeugen, StV **1996** 230; *Löhr* Der Grundsatz der Unmittelbarkeit im deutschen Strafprozeß (1972); *Maas* Der Grundsatz der Unmittelbarkeit in der Reichsstrafprozeßordnung (1907); *Mehner* Die Vernehmung von Verhörspersonen im deutschen Strafprozeß (1975); *Mitsch* Protokollverlesung nach berechtigter Auskunftsverweigerung (§ 55 StPO) in der Hauptverhandlung, JZ **1992** 174; *Oetker* Mündlichkeit und Unmittelbarkeit im Strafverfahren unter besonderer Berücksichtigung der Monstreprozesse, GS **105** (1935) 1; *Paulus* Rechtsdogmatische Bemerkungen zum Urkundenbeweis in der Hauptverhandlung des Strafverfahrens, JuS **1988** 873; *Schneidewin* Der Urkundenbeweis in der Hauptverhandlung, JR **1951** 481; *Schomburg/Klip* „Entlastung der Rechtspflege" durch weniger Auslandszeugen? StV **1993** 208; *Westhoff* Über die Grundlagen des Strafprozesses mit besonderer Berücksichtigung des Beweisrechts (1955); *Wömpner* Ergänzender Urkundenbeweis neben §§ 253, 254 StPO? – Zur Bedeutung und zum wechselseitigen Verhältnis der §§ 250, 253, 254 StPO, NStZ **1983** 293; wegen weiterer Hinweise vgl. bei § 249, § 244 und § 261.

Zum Zeugen vom Hörensagen und zum V-Mann. *Arloth* Geheimhaltung von V-Personen und Wahrheitserforschung im Strafprozeß (1987); *Arloth* Neue Wege zur Lösung des strafprozessualen „V-Mann-Problems", NStZ **1993** 469; *Backes* Abschied vom Zeugen von Hörensagen, FS Klug 447; *Bruns* Neue Wege zur Lösung des strafprozessualen V-Mann-Problems (1981); *Bruns* Der Beschluß des Großen Senats zum strafprozessualen V-Mann-Problem, MDR **1984** 177; *Bruns* Präjudizierende Randbemerkungen zum Vorlage-Beschluß des BGH 2 StR 792/82 vom 4. 5. 1983, StV **1983** 382; *Duttke* Strafprozessualer Einsatz von V-Personen und Vorbehalt des Gesetzes, JZ **1996** 556; *Emmerlich* Zum Zeugen von Hörensagen, RuP **1985** 104; *Engels* Konsequenzen der BGH-Rechtsprechung zur Vernehmung von V-Männern, NJW **1983** 1530; *Friedrichs* Der Einsatz von V-Leuten durch die Ämter für Verfassungsschutz (1981); *Geißer* Das Anklagemonopol der Staatsanwaltschaft und die Gewährsperson als Aufklärungsmittel im Ermittlungs- und als Beweismittel im Strafverfahren, GA **1983** 385; *Geppert* Der Zeuge vom Hörensagen, Jura **1991** 338; *Gribbohm* Der Gewährsmann als Zeuge im Strafprozeß, NJW **1981** 305; *Gusy* Rechtsstellung und Betätigung von V-Leuten des Nachrichtendienstes, Recht im Amt **1982** 101; *Heinisch* Der Einfluß der Exekutive auf die Wahrheitsfindung im Strafprozeß, MDR **1980** 898; *Hilger* Neues Strafverfahrensrecht durch das OrgKG, 1. Teil, NStZ **1992** 457; *Joachim* Der Hörensagenbeweis im Strafverfahren (1991); *Joachim* Anonyme Zeugen im Strafverfahren – Neue Tendenzen in der Rechtsprechung, StV **1992** 245; *Krey* Probleme des Zeugenschutzes im Strafverfahrensrecht, GedS Meyer 239; *Krey/Haubrich* Zeugenschutz, Rasterfahndung, Lauschangriff, Verdeckte Ermittler, JR **1992** 309; *Kreysel* Der V-Mann, MDR **1996** 991; *Krüger* Verfassungsrechtliche Grundlagen polizeilicher V-Mann-Arbeit, NJW **1982** 855; *Krainz* Über den Zeugen von Hörensagen. Zur strafprozessualen Problematik im Lichte kriminalistischer

Erkenntnisse, GA **1985** 402; *Lamprecht* Der Zeuge vom Hörensagen, FS R. Schmidt 285; *Lisken* Der Ausschluß des anonymen Zeugen aus dem Strafprozeß, ZRP **1984** 192; *Lüderssen* Die V-Leute-Problematik . . . oder Zynismus, Borniertheit oder „Sachzwang", Jura **1985** 113; *Lüderssen* Zur Unerreichbarkeit des V-Mannes, FS Klug 527; *Lüderssen* Verbrechensprophylaxe und Verbrechensprovokation (1974); *Lüderssen* V-Leute, die Falle im Rechtsstaat (1985); *Meier* Zwischen Opferschutz und Wahrheitssuche, JZ **1991** 638; *Meilicke* Der vom Staatsgeheimnis verhüllte V-Mann-Belastungszeuge, NJW **1963** 425; *J. Meyer* Zur prozeßrechtlichen Problematik des V-Manns, ZStW **95** (1983) 834; *J. Meyer* Zur V-Mann-Problematik aus rechtsvergleichender Sicht, FS Jescheck (1985) 1311; *Miebach* Der Ausschluß des anonymen Zeugen aus dem Strafprozeß, ZRP **1984** 81; *Neumeier* V-Leute – strafrechtliche und strafprozessuale Probleme, Diss. Freiburg 1978; *Preuß* Prozeßsteuerung durch Exekutive, StV **1981** 312; *Ranft* Verdeckte Ermittler im Strafverfahren nach Inkrafttreten des OrgKG, Jura **1993** 449; *Rebmann* Der Einsatz verdeckt ermittelnder Polizeibeamter im Bereich der Strafverfolgung, NJW **1985** 1; *Rebmann* Der Zeuge von Hörensagen im Spannungsverhältnis zwischen gerichtlicher Aufklärungspflicht, Belangen der Exekutive und Verteidigungsinteressen, NStZ **1982** 315; *Renzikowski* Fair trial und anonymer Zeuge, JZ **1999** 605; *Röhrich* Rechtsprobleme bei der Verwendung von V-Leuten im Strafprozeß, Diss. Erlangen 1974; *Rogall* Strafprozessuale Grundlage und legislative Probleme des Einsatzes verdeckter Ermittler im Strafverfahren, JZ **1987** 847; *H. Schäfer* Das Ende des V-Manns, JR **1984** 397; *S. Schäfer* Zeugnis von Hörensagen und freie Beweiswürdigung im Strafprozeß (1933); *Schmid* Der gesperrte V-Mann, DRiZ **1984** 474; *Schoreit* Die kommissarische Vernehmung des anonym bleibenden Vertrauensmanns der Polizei und dessen Verwertung als Beweismittel in der neueren Rechtsprechung, MDR **1983** 617; *Seebode/Sydow* „Hörensagen ist halb gelogen". Das Zeugnis von Hörensagen im Strafprozeß, JZ **1980** 506; *Seelmann* Zur materiell-rechtlichen Problematik des V-Manns, ZStW **95** (1983) 797; *Seelmann* Der anonyme Zeuge – ein erstrebenswertes Ziel der Gesetzgebung? StV **1984** 477; *Tiedemann* Zeugen vom Hörensagen im Strafverfahren, JuS **1965** 14; *Tiedemann/Sieber* Die Verwertung des Wissens der V-Leute im Strafverfahren. Analysen und Konsequenzen der Entscheidung des Großen Senats des BGH, NJW **1984** 753; *Weider* Zur Problematik des polizeilichen V-Mannes, StV **1981** 151; *Zaczyk* Prozeßsubjekte oder Störer? Die Strafprozeßordnung nach dem OrgKG – dargestellt an der Regelung des verdeckten Ermittlers, StV **1993** 490; *von Zwehl* Der Einsatz von V-Leuten und das Einführen des Wissens von V-Leuten in das Strafverfahren (1987). Wegen weiterer Nachweise vgl. bei § 96.

Bezeichnung bis 1924: § 249.

Übersicht

Walter Gollwitzer

Alphabetische Übersicht

1   **1. Sinn der Vorschrift.** § 250 ergänzt die vor allem in § 244 Abs. 2, § 261 festgelegten Strukturprinzipien der Hauptverhandlung dadurch, daß er der persönlichen Einvernahme der Person, die einen Vorgang wahrgenommen hat, ausdrücklich Vorrang einräumt vor der Verlesung einer Urkunde, in der sie darüber berichtet. Neben der aus §§ 226, 261 folgenden **formellen Unmittelbarkeit** der Beweisaufnahme vor dem erkennenden Gericht wird damit zur Sicherung der umfassenden Sachaufklärung für einen Teilbereich grundsätzlich auch die **materielle Unmittelbarkeit** des Beweismittels für das nachzuweisende Geschehen vorgeschrieben[1]. Dem Gericht wird in Satz 1 geboten, den Menschen, auf dessen Wahrnehmung der Beweis einer Tatsache beruht, in der Hauptverhandlung zu vernehmen, und zur Sicherung und Umgrenzung[2] dieses Gebot in Satz 2 untersagt, die Vernehmung durch Verlesung der über eine frühere Vernehmung aufgenommenen Niederschrift oder einer schriftlichen Erklärung zu ersetzen[3]. Diese Beweiserhebungsregel[4] bestimmt für ihren Anwendungsbereich den durch Rückausnahmen aufgelockerten **Vorrang des Personalbeweises** vor dem Urkundenbeweis[5]. Grund dafür ist die Tatsache, daß sich der Angeklagte, die Zeugen und Sachverständigen in der Hauptverhandlung regelmäßig nicht zum erstenmal äußern. Sehr oft sind sie schon vorher von der Polizei, der Staatsanwaltschaft oder dem Gericht gehört und ihre Äußerungen in einem Protokoll festgehalten worden. Die **im Grundsatz bestehende Freiheit des Urkundenbeweises**[6] würde es ohne § 250 ermöglichen, den Beweis zur Sache allein mit solchen Protokollen über frühere Vernehmungen, also mit Beweissurrogaten, zu führen. Es ist der Sinn der Vorschrift, dies im Interesse der besseren Sachaufklärung für den Regelfall auszuschließen, weil auch das beste Protokoll im Vergleich zur mündlichen Vernehmung der Auskunftsperson in der Hauptverhandlung das weniger anschauliche und wegen der Möglichkeit von Unvollständigkeiten, von Ausdrucks- und Aufnahmefehlern mitunter auch sonst oftmals das schlechtere Beweismittel ist[7], zumal den Richtern der für die Beweiswürdigung wichtige persönliche Eindruck von der Auskunftsperson fehlt. Das **Fragerecht** der Verfahrensbeteiligten (§ 240; Art. 6 Abs. 3 Buchst. d MRK; Art. 14 Abs. 3 Buchst. e IPBPR) wird durch die Einvernahme der Wahrnehmungsperson in der Hauptverhandlung am besten gewährleistet[8].

    2. Anwendungsbereich. § 250 ist eine Regel des **Strengbeweisrechts**[9]. Er ist bei der **2** Feststellung aller Tatsachen, auch der Hilfs- und Indiztatsachen, zu beachten, die die Entscheidung in der Schuld- und Rechtsfolgenfrage betreffen, nicht aber bei der Ermittlung prozessualer Tatsachen[10]. Von der Verpflichtung, den § 250 zu beachten, wird das Gericht auch dort nicht entbunden, wo das Gesetz wie im Verfahren vor dem Strafrichter nach Einspruch gegen den Strafbefehl oder im beschleunigten Verfahren (§ 411 Abs. 2 Satz 2; § 420 Abs. 4) oder im **Privatklage-** oder **Bußgeldverfahren** (z. B. §§ 384 Abs. 3; 77 OWiG) die Bestimmung des **Umfangs der Beweisaufnahme** in das pflichtgemäße Ermessen des Gerichts gestellt hat[11]. Von der Beachtung des § 250 darf nur in den im Gesetz **ausdrücklich vorgesehenen Fällen** abgesehen werden; auch das **Einverständnis**

---

[1] Vgl. Einl. H 62 ff; im Schrifttum wird verschiedentlich betont, daß § 250 eine besondere Ausprägung des § 244 Abs. 2 ist, so *Mitsch* JZ **1992** 175 (lex specialis zu § 244 Abs. 2); ferner etwa *Dahs* StV **1988** 170; *Paulus* JuS **1988** 873; HK-*Julius*[1]; KMR-*Paulus* 2; § 244, 192; SK-*Schlüchter* 1; vgl. ferner zum Unterschied zwischen formeller und materieller Unmittelbarkeit *Geppert* 122 ff.

[2] BGHSt **6** 209.

[3] Der Grundsatz der Unmittelbarkeit gilt nach Maßgabe der StPO; er gibt kein grundrechtlich geschütztes Gebot wieder, BVerfGE **1** 429.

[4] *Löhr* 134, auch zur Beurteilung des Satzes 2 als Beweisverbot; *Schroth* ZStW **87** (1975) 108; vgl. ferner etwa KK-*Diemer*[4] 2 (kein völliges Verbot des Urkundenbeweises); *Kleinknecht/Meyer-Goßner*[44] 1 (Beweismittelverbot); KMR-*Paulus* § 244, 193 (kein Verlesungsverbot).

[5] BGHSt **15** 253; *Alsberg/Nüse/Meyer* 459; KK-*Diemer*[4] 1; *Kleinknecht/Meyer-Goßner*[44] 2;

Wömpner NStZ **1983** 294; vgl. aber auch *Grünwald* FS Dünnebier 363. Zur strittigen Frage, wieweit auch ein Vorrang vor dem Augenscheinsbeweis besteht, vgl. Rdn. 4.

[6] Vgl. *Dahs* StV **1988** 170; § 249, 3.

[7] RGSt **18** 24; **59** 101; RGRspr. **9** 448; BGHSt **27** 137; *Schneidewin* JR **1951** 482.

[8] BGHSt **29** 109; KK-*Diemer*[4] 1; KMR-*Paulus* 2.

[9] *Kleinknecht/Meyer-Goßner*[44] 1; KMR-*Paulus* 3; SK-*Schlüchter* 3; vgl. § 244, 3.

[10] Vgl. § 244, 3; § 251, 65.

[11] BayObLG bei *Rüth* DAR **1974** 187; **1977** 211; OLG Celle NdsRpfl. **1976** 75; OLG Hamm VRS **42** (1972) 369; **43** (1972) 54; **49** (1975) 193; OLG Karlsruhe VRS **64** (1983) 40; OLG Koblenz VRS **45** (1973) 124; **59** (1980) 267; OLG Schleswig bei *Ernesti/Jürgensen* SchlHA **1977** 182; AK-*Dölling* 3; HK-*Julius*[2] 13; KK-*Diemer*[4] 18; *Kleinknecht/Meyer-Goßner*[44] 1; KMR-*Paulus* 3; SK-*Schlüchter* 3.

Walter Gollwitzer

der Verfahrensbeteiligten rechtfertigt nur in diesen Fällen eine Abweichung von § 250 (vgl. Rdn. 21). Im **Freibeweisverfahren** ist der Urkundenbeweis uneingeschränkt zulässig; die Einschränkungen durch §§ 250 ff gelten nicht.

3. Tragweite der Vorschrift

3 **a) Vorrang des Personalbeweises.** § 250 Satz 1 legt fest, daß der Beweis einer Tatsache, der sich auf die **Wahrnehmungen einer Person** stützt, grundsätzlich durch deren Einvernahme zu führen ist. Im Interesse einer verläßlicheren Sachaufklärung wird damit, wie Satz 2 zeigt, der Beweis dieser Wahrnehmungen durch eine darüber gefertigte schriftliche Aufzeichnung eingeschränkt. **Wahrnehmungen** sind alle von einer Person mit ihren Sinnen erfaßte Vorkommnisse und Zustände der Außenwelt, aber auch die Empfindungen, Gefühle und Überlegungen, die unmittelbar von einem wahrgenommenen Vorgang ausgelöst wurden[12], nicht aber sonstige Gefühle, Gedanken, Äußerungen, Erklärungen oder Handlungen, bei denen ein unmittelbarer innerer Zusammenhang mit der beweisgegenständlichen Wahrnehmung fehlt[13]. Nur für die Wahrnehmung beweiserheblicher Tatsachen folgt aus Satz 1, daß ein (möglicher) Personalbeweis durch Einvernahme des Wahrnehmenden grundsätzlich **Vorrang vor dem Urkundenbeweis** hat. Dies gilt für die eigenen Wahrnehmungen von Zeugen und Sachverständigen, dies gilt aber auch, wie die Rückausnahme des § 254 zeigt, für Wahrnehmungen des Angeklagten, vor allem der **Mitangeklagten**[14]. Diese Vorrangregelung soll die **Unmittelbarkeit des Beweises** sichern; sie rechtfertigt daher das Zurücktreten des Urkundenbeweises hinter den Personalbeweis, wenn dieser seinerseits nur ein nachrangiges Surrogat für den Urkundenbeweis ist, weil die Auskunftsperson nicht darüber aussagen soll, was sie von dem beweisgegenständlichen Geschehen selbst wahrgenommen hat, sondern nur darüber, was ihr auf Grund einer Lektüre der Urkunde von der dort geschilderten Wahrnehmung im Gedächtnis geblieben ist[15]. § 250 enthält auch keine Festlegung des Inhalts, daß der Beweis nur mit einer Originalurkunde und nicht mit einer **Ablichtung** geführt werden dürfe[16].

3a Bei der **Auslegung des § 250** bestehen eine Reihe von **Streitfragen**. Strittig ist, welche Schriftstücke neben den Vernehmungsprotokollen von dem Ersetzungsverbot erfaßt werden (dazu Rdn. 6 ff), ob und unter welchen Voraussetzungen die Verlesung der schriftlichen Fixierung einer Wahrnehmung neben der Vernehmung des Wahrnehmenden statthaft ist (Rdn. 17 ff), ferner, unter welchen Voraussetzungen die Regelungen der § 251 ff die unmittelbare Beweisverwendung der über die Wahrnehmungen berichtenden Urkunden gestatten[17], aber auch, ob und wieweit bei der Beweisverwendung auch sonst zwischen den Vernehmungsniederschriften (Rdn. 5) und den anderen über eine Wahrnehmung berichtenden Beweisurkunden (Rdn. 6 ff) zu differenzieren ist[18]. Alle diese Fragen müssen bei der Auslegung letztlich immer aus einem ergebnisbezogenen Gesamtzusammenhang heraus beurteilt werden, wenn man Lösungen vermeiden will, die zu einem von der Zielsetzung des § 250 nicht geforderten und dem Gebot der Sachaufklärung widersprechenden endgültigen und ersatzlosen Beweisverlust führen würden. § 250 will durch den Vorrang der persönlichen Einvernahme des Wahrnehmenden die auf dem persönlichen Eindruck beruhende und damit in der Regel bessere Sachaufklärung durch das erken-

---

[12] BGHSt **6** 209, 212; **15** 253, 255; **23** 213, 219; **27** 135, 137.

[13] AK-*Döling* 5; KK-*Diemer*[4] 5; *Kleinknecht/Meyer-Goßner*[44] 9.

[14] *Geppert* 193; *Wömpner* NStZ **1983** 294; AK-*Döling* 1; SK-*Schlüchter* 1; 7 unter Hinweis auf die Rückausnahme in § 254.

[15] OLG Köln NStZ **1990** 557 (durch Lesen des Vernehmungsprotokolls); AK-*Döling* 7.

[16] BGH NStZ **1986** 519.

[17] Vgl. dazu die Erläuterungen bei den §§ 251 ff.

[18] Vgl. etwa BGHSt **20** 163; BGH JR **1987** 522 mit krit. Anm. *Meyer*, dazu *Dahs* StV **1988** 169; *Döling* NStZ **1988** 8.

nende Gericht erreichen (vgl. Rdn. 1), nicht aber darüber hinaus dem Unmittelbarkeitsgrundsatz um eines von dieser Zielsetzung unabhängigen Prinzips willen auch dann Vorrang einräumen, wenn der Ausschluß des Urkundenbeweises den völligen Beweisverlust
bedeuten würde[19]. **Gegenrechte der Verfahrensbeteiligten** können der Beweisverwendung von Vernehmungsniederschriften oder sonstigen Beweisurkunden entgegenstehen;
ob dies zutrifft, ist aber auf Grund der Tragweite der jeweiligen Schutzvorschriften zu entscheiden und nicht durch eine einschränkende Auslegung des § 250. Strittig ist ferner, ob
sich aus Satz 1 allgemein eine Verpflichtung zur **Verwendung des tatnächsten Beweismittels** ableiten läßt (Grundsatz der materiellen Unmittelbarkeit)[20] sowie, ob und wieweit
er auch beim **Sachbeweis durch Augenschein** zu beachten ist[21].

b) Das **Verbot des Satzes 2** betrifft nur **berichtende Schriften**, also die Schriften, in **4**
denen eine Wahrnehmung mitgeteilt wird[22]. Sie dürfen nicht zur alleinigen Beweisführung
über den Gegenstand der Wahrnehmung verwendet werden, wenn der Wahrnehmende
selbst dazu vernommen werden kann. Ausnahmen von diesem Grundsatz finden sich vor
allem bei §§ 49; 50; 249 Abs. 1 Satz 2; §§ 251; 256; 325. Als **Gegenstand des Verbots**
bezeichnet Satz 2 Protokolle über frühere Vernehmungen und schriftliche Erklärungen.

Protokolle über frühere Vernehmungen sind alle amtlichen Niederschriften, in **5**
denen festgehalten ist, was eine Person bei der Einvernahme über ihre Wahrnehmung
geäußert hat. Unerheblich ist, ob dies vor der Polizei, der Staatsanwaltschaft, vor einem
Richter oder vor einer sonstigen Behörde und ob dies im anhängigen Strafverfahren oder
aus einem anderen Anlaß geschehen ist[23]. **Strafurteile** und **richterliche Augenscheinsprotokolle** sowie die sonstigen in § 249 Abs. 1 Satz 2 genannten Urkunden sind nach dieser Vorschrift verlesbar, auch soweit sie Wahrnehmungen enthalten[24].

Bei den **schriftlichen Erklärungen** ist die Tragweite des Verbotes des Satzes 2 strit- **6**
tig. Das Reichsgericht und ein Teil des Schrifttums verstehen darunter **alle schriftlichen
Aufzeichnungen**, die Beobachtungen derjenigen Person enthalten und wiedergeben, auf
die die Aufzeichnungen zurückzuführen sind[25], denn der Grund des Verbots treffe für **alle
berichtenden Schriften** zu. Bei beiden fehle dem Gericht die Möglichkeit, Zuverlässigkeit und Glaubwürdigkeit der Wahrnehmungsperson zu beurteilen; es bestehe keine
Gewähr für die erschöpfende Auswertung der Beweisquelle, auch sei die Beweisbestim-
mung einer Schrift vielfach zweifelhaft[26].

Die heute wohl vorherrschende **Gegenmeinung**, die auch der Bundesgerichtshof ver- **7**
tritt, beschränkt in restriktiver Auslegung des § 250 Satz 2 dessen Anwendungsbereich auf
solche Schriftstücke, die **von vornherein zu Beweiszwecken verfaßt sind**[27]. Dabei ist es

---

[19] Aufklärungspflicht und Unmittelbarkeitsgrundsatz
stehen sich daher in Abwägungsfällen nicht
als gleichrangige, gegenläufige Prozeßinteressen
schützende Prinzipien gegenüber, wie in Schrifttum gelegentlich angenommen wird; vgl. etwa
Langkeit/Cramer StV **1996** 233, die im Gebot der
formalen Unmittelbarkeit ein zentrales inhaltliches
Anliegen des rechtsstaatlichen Strafprozesses sehen.
[20] Vgl. etwa *Geppert* 127; dazu Rdn. 23.
[21] Dazu Rdn. 11.
[22] AK-*Dölling* 5; KK-*Diemer*⁴ 1; 5; *Kleinknecht/Mey-
er-Goßner*⁴⁴ 1; 9; KMR-*Paulus* 3; 6; SK-*Schlüchter* 7.
[23] BGHSt **20** 160 = JZ **1965** 649 mit Anm. *Peters;
Kleinknecht/Meyer-Goßner*⁴⁴ 7; SK-*Schlüchter* 18.

[24] BGHSt **31** 331; KK-*Diemer*⁴ 9; zu den strittigen
Fragen vgl. § 249, 17 ff.
[25] RGSt **26** 138; **71** 10; RG GA **46** (1925) 453; *Eisenberg* (Beweisrecht) 2086; *Geppert* 201; *Gössel*
§ 27 D I a 2; *Krause* 156; *Löhr* 121; HK-*Julius*² 6;
Eb. Schmidt § 251, 23.
[26] *Eisenberg* (Beweisrecht) 2086.
[27] BGHSt **6** 142; **20** 161; dazu *Hanack* JZ **1972** 202;
Peters JZ **1965** 649; auch BGHSt **6** 211 (wo dies
aber offengelassen wurde); BGH NStZ **1982** 79;
NJW **1987** 1093; OLG Hamm JMBlNW **1964** 44;
Alsberg/Nüse/Meyer 461; *Dölling* NStZ **1988** 7; *G.
Schäfer* 773; *Schlüchter* 532; *Schneidewin* JR **1951**
483; *Wömpner* NStZ **1983** 294; AK-*Dölling* 8;
KK-*Diemer*⁴ 8; *Kleinknecht/Meyer-Goßner*⁴⁴ 8;
KMR-*Paulus* 7; SK-*Schlüchter* 19; zur Gegenmei-
nung Fußn. 25.

gleichgültig, ob sie nun ausdrücklich für das gegenwärtige oder ein anderes Verfahren hergestellt sind oder ob es sich um Bescheinigungen handelt, die jemand einem andern zu beliebiger Verwendung ausgestellt hat. Für diese Auffassung wird angeführt, daß § 250 Satz 2 die „schriftliche Erklärung" in eine Reihe mit den Protokollen stellt und daß es dem in der Sicherung einer umfassenden Sachaufklärung liegenden Zweck des § 250 widersprechen würde, durch eine weite Auslegung dieses Begriffs die Verwendung beweistauglicher Schriften einzuschränken oder gar zu verhindern, weil keine der Ausnahmen der §§ 251 ff Platz greift[28]. Abzulehnen ist eine noch engere Auslegung. Diese will nur die zu Beweiszwecken **für das anhängige Strafverfahren** gefertigten Schriftstücke dem Satz 2 unterstellen[29]. Es kann jedoch hier, wie auch sonst[30], keinen Unterschied machen, für welches Verfahren oder für welche sonstige Beweisverwendung eine Wahrnehmung niedergeschrieben wurde[31]. Dem Verbot des Satzes 2 unterfallen Strafanzeigen[32], Angaben, die ein Dritter im Anhörungsbogen gemacht hat[33], schriftliche Stellungnahmen in einem behördlichen Verfahren oder Antworten auf behördliche Anfragen[34] sowie Observationsberichte[35]. Teilt der **Verteidiger** in einem Schreiben eine Stellungnahme des Angeklagten mit, darf diese nicht als Erklärung des Angeklagten behandelt werden, sofern nicht feststeht, daß er sie inhaltlich voll billigt und als seine eigene Einlassung verstanden wissen will[36]. Andernfalls läßt § 250 nur die unter den Voraussetzungen des § 53 Abs. 2 bestehende Möglichkeit, den Verteidiger als Zeugen über die von ihm wahrgenommenen Äußerungen des Angeklagten zu vernehmen[37], zu.

8   Nach dieser Auslegung läßt § 250 die unmittelbare Beweisverwendung im Urkundenbeweis bei Schreiben zu, die **eigene Willenshandlungen** des Verfassers verkörpern und in denen nicht nur Wahrnehmungen des Verfassers **zu Beweiszwecken** festgehalten werden. Solche vom Vorrang des Personalbeweises nicht erfaßten „Zufallsurkunden" sind etwa Privatbriefe, private Aufzeichnungen, Abschiedsbriefe oder Tagebücher und dergleichen[38]. Diese können schon für sich allein hervorragende Beweismittel sein. Ihrer Verwendung kann allerdings im Einzelfall ein Verwertungsverbot entgegenstehen, so, wenn ihr Inhalt zum grundrechtlich vor Ausforschungen geschützten Bereich der persönlichen Lebensgestaltung gehört[39]. Es würde den auf die Sicherung der Aufklärungspflicht abzielenden Zweck des § 250 auf den Kopf stellen, wollte man ihre Beweisverwendung dadurch einengen, daß sie nur nach Anhörung des Verfassers bzw. bei Vorliegen eines Ausnahmetatbestandes nach den §§ 251 ff zum Urkundenbeweis herangezogen werden dürften. Umgekehrt kann im Einzelfall aus der **Aufklärungspflicht** auch folgen, daß das Gericht sich nicht mit dem Verlesen der Urkunde begnügen darf und zu deren richtigem

---

[28] Das Argument mit § 244 Abs. 2 ist zweischneidig, da auch für die weite Auslegung des Verbots des § 250 Satz 2 die Sicherung der besseren Sachaufklärung angeführt werden kann; entscheidend dürfte letztlich sein, daß bei der engen Auslegung die (mögliche) Einvernahme des unmittelbar wahrnehmenden immer möglich bleibt, wenn die Aufklärungspflicht dies erfordert, während bei einer weiten Auslegung des § 250 dessen Ausnahmen bei Scheitern des Personalbeweises zwar meist, aber nicht immer den Rückgriff auf den Urkundenbeweis gestatten.

[29] BGH NStZ **1982** 79.

[30] Vgl. § 251, 8.

[31] *Alsberg/Nüse/Meyer* 462; *Schlüchter* 532; *Kleinknecht/Meyer-Goßner*[44] 8.

[32] OLG Schleswig bei *Ernesti/Jürgensen* SchlHA **1974** 187.

[33] OLG Koblenz VRS **59** (1980) 267.

[34] *Alsberg/Nüse/Meyer* 461; *Kleinknecht/Meyer-Goßner*[44] 8.

[35] BGH NStZ **1982** 79.

[36] BGHSt **39** 305 mit Anm. *Seitz* NStZ **1994** 187 läßt dies offen; vgl. ferner OLG Frankfurt bei *Göhler* NStZ **1994** 74; sowie § 243. Nach *Eisenberg* (Beweisrecht) 2088 erfordert der Unmittelbarkeitsgrundsatz die Einvernahme des Angeklagten.

[37] BGHSt **39** 305; StV **1993** 397; **1994** 468; OLG Celle NStZ **1988** 426; *Eisenberg* (Beweisrecht) 2087; SK-*Schlüchter* 7. Vgl. § 234, 16.

[38] RGSt **33** 35; BGH NJW **1994** 269; *Schneidewin* JR **1951** 481; AK-*Dölling* 8; *Kleinknecht/Meyer-Goßner*[44] 8; KMR-*Paulus* 7; SK-*Schlüchter* 19; **a. A** HK-*Julius*[2] 6.

[39] Vgl. BVerfG **80** 367, 374; ferner § 244, 196; 201 ff und Einl. K 70 ff.

Verständnis auch den Verfasser hören muß. Nach Ansicht des Kammergerichts[40] gilt dies auch für sogenannte „Treffberichte" des ehem. Ministeriums für Staatssicherheit der DDR, die als nur innerdienstliche Arbeitsunterlagen nicht zu Beweiszwecken bestimmt waren und deshalb dem § 250 nicht unterfallen.

c) Bei Aufzeichnungen von Tatsachen im Rahmen einer arbeitsteiligen oder maschi- **9** nellen Bearbeitung, die den Lebensvorgang nur in reduzierender Abstraktion wiederge- ben, wie **Eintragungen in Geschäftsbücher, Buchungsbelege**[41], Karteivermerke, tritt die eigene Wahrnehmung des Bearbeiters als bleibender Erinnerungsposten in aller Regel völlig in den Hintergrund. Sie kann daher nach dem Sinn des Satzes 2 nicht mit der dort vorausgesetzten eigenständigen persönlichen Wahrnehmung gleichgesetzt werden[42]. Da derartige Bearbeitungsvorgänge, vor allem bei mechanischer Abwicklung von Massen- vorgängen oder bei starker Arbeitsteilung, keinen bleibenden Eindruck zu hinterlassen pflegen, ist in solchen Fällen die Urkunde das bessere Beweismittel[43]. Ob eine die zuver- lässige Erinnerung ausschließende, überwiegend mechanische Dokumentation tatsächlich vorliegt, hat das Gericht im Einzelfall kraft seiner Aufklärungspflicht zu prüfen[44]. Dies gilt auch beim Fertigen von Abschriften oder bei der schriftlichen Übertragung eines **Ton- bands**, sofern dafür nur die rein mechanische Niederschrift der gehörten Worte erforder- lich ist[45]. Wirft der zu übertragende Wortlaut Verständnis- oder Wertungsfragen auf, erfordert schon die Aufklärungspflicht, daß das Gericht das Band selbst abhört. Die Ein- vernahme der mit der Übertragung beauftragten Person über das in Erfüllung dieser Hilfs- tätigkeit Wahrgenommene dürfte dann in der Regel ohnehin kaum einen zusätzlichen Erkenntnisgewinn bringen. Ob auch bei der **Übersetzung** einer fremdsprachigen Urkunde die eigene personenbezogene Wahrnehmung hinter die sachbezogene und nicht personen- gebundene Sprachübertragung zurücktritt, ist strittig, wird aber bei einfachen Texten zu bejahen sein[46]. Ob der Bearbeiter zusätzlich als Zeuge zum Zustandekommen der Eintra- gung oder zur Richtigkeit einer von ihm vorgenommenen Übertragung zu hören ist, richtet sich nach der **Aufklärungspflicht** im Einzelfall[47]. Derartige Übertragungen erweitern aber nicht die Zulässigkeit der Beweisverwendung. Diese richtet sich nach dem Original. Erfordern die darin festgehaltenen Wahrnehmungen die Einvernahme ihres Urhebers, gilt dies auch, wenn die schriftliche Übertragung des Tonbands oder die Übersetzung als Beweismittel verfügbar ist[48].

d) Lichtbilder, Filme, Videoaufnahmen und andere **Bildwiedergaben** sind als sol- **10** che keine schriftlichen Erklärungen, sondern Objekte des Augenscheins, da sie nicht die (subjektive) Wahrnehmung einer Person wiedergeben, sondern die objektive Gegebenheit im Aufnahmezeitpunkt festhalten[49]. Soweit es jedoch um die Wiedergabe dort aufge- zeichneter Vernehmungen geht, wie etwa bei Zeugenvernehmungen nach §§ 58 a, 168 e oder 255 a, unterfallen die dort aufgezeichneten Angaben über Wahrnehmungen ebenso

---

40 KG StV **1997** 11.
41 BGHSt **15** 253; SK-*Schlüchter* 13.
42 BGHSt **15** 253; **27** 135 = JR **1978** 117 mit Anm. *Gollwitzer*; *G. Schäfer* 768; *Hanack* JZ **1972** 204; AK-*Dölling* 5; KK-*Diemer*[4] 6; *Kleinknecht/Mey- er-Goßner*[44] 10; KMR-*Paulus* 7; SK-*Schlüchter* 10.
43 KK-*Diemer*[4] 6; SK-*Schlüchter* 10.
44 *Eisenberg* (Beweisrecht) 2079.
45 BGHSt **27** 135 = JR **1978** 117 mit Anm. *Gollwit- zer*; HK-*Julius*[2] 5; KK-*Diemer*[4] 6; *Kleinknecht/ Meyer-Goßner*[44] 10; SK-*Schlüchter* 13 (ohne die für die Wahrnehmung typische Selektionsleistung);

einschränkend *Eisenberg* (Beweisrecht) 2089 mit Hinweis auf LG Frankfurt StV **1987** 144.
46 *Eisenberg* (Beweisrecht) 2091; SK-*Schlüchter* 13; vgl. *Kleinknecht/Meyer-Goßner*[44] § 249, 5; ferner § 249.
47 OLG Hamm VRS **42** (1972) 369; OLG Zweibrük- ken VRS **55** (1978) 289.
48 *Krause* 119; AK-*Dölling* 10; KK-*Diemer*[4] 6; SK-*Schlüchter* 16.
49 BGH GA **1968** 305; *Alsberg/Nüse/Meyer* 460; vgl. bei § 86; § 244, 328; § 249, 8 mit weit. Nachw.; h. M., etwa *Kleinknecht/Meyer-Goßner*[44] 2; SK-*Schlüchter* 14; **a. A** *Krause* 160.

dem § 250 wie die schriftlichen Fixierungen dieser Angaben in Vernehmungsprotokollen. Wie § 255 a Abs. 1 zeigt, kann es insoweit keinen Unterschied machen, mit welchem Medium eine Aussage aufgezeichnet wurde.

Bei reinen **Tonaufzeichnungen** gelten die gleichen Erwägungen. Der durch § 250 festgelegte Vorrang des Personalbeweises erfaßt auch die im Ton festgehaltenen Bekundungen einer Person über ihre Wahrnehmungen. Die persönliche Vernehmung über das selbst Wahrgenommene darf dann genausowenig wie bei einer schriftlichen Aufzeichnung durch Abspielen der Tonaufnahme ersetzt werden[50].

11   **e) Unfall- und Tatortskizzen**, wie sie etwa zur Feststellung der örtlichen Verhältnisse bei Straftaten und Ordnungswidrigkeiten erstellt werden, sind zwar Augenscheinsobjekte[51]. Ihr Inhalt gibt aber gleichzeitig auch die Wahrnehmungen ihres Verfertigers über bestimmte örtliche Gegebenheiten (also das Ergebnis seines Augenscheins) wieder. Soweit daher nicht über das Vorhandensein der Skizze und ihren Inhalt als solchen, sondern über die Richtigkeit der in ihr festgehaltenen Wahrnehmungen ihres Verfertigers Beweis erhoben werden soll, erscheint § 250 Satz 2 zumindest entsprechend anwendbar[52]. Nach anderer Ansicht ist § 250 nicht anwendbar bei allen nicht verlesungsfähigen und daher nicht im Urkundenbeweis, sondern durch Augenschein in das Verfahren einzuführenden Schriftstücken. Die Nichtvernehmung des Herstellers verstoße nicht gegen § 250 Satz 2, sondern gegen § 244 Abs. 2; das Problem liege nicht in der Zulässigkeit, sondern in der Geeignetheit des Beweismittels[53]. Für die Gleichstellung der Unfallskizzen mit den sonstigen zu Beweiszwecken verfaßten Erklärungen spricht jedoch, daß es für die verfahrensrechtliche Behandlung keinen Unterschied machen sollte, ob die Wahrnehmungen über die örtlichen Gegebenheiten am Unfallort usw. in einer Niederschrift festgehalten worden sind oder, der besseren Übersicht wegen, in einer Skizze.

12   **f) Ist die in der Schrift verkörperte Mitteilung als solche** Beweisgegenstand und nicht der Inhalt einer dort mitgeteilten Wahrnehmung, dann schränkt § 250 die Verwendung der Schrift zu Beweiszwecken nicht ein[54]. Dies gilt für Schriften, die **Willenserklärungen** im Sinne des bürgerlichen Rechts (Verträge, einseitige rechtsgeschäftliche Erklärungen u. a.) enthalten, ebenso wie für sonstige Äußerungen oder Darstellungen, deren Abgabe oder Vorhandensein in der Schrift bewiesen werden soll, etwa, weil sie den **Gegenstand der strafbaren Handlung** verkörpern, wie bei einem Schreiben mit beleidigendem oder pornographischem Inhalt[55]. Gleiches gilt auch sonst, wenn dort festgehaltene Gefühle, Bemerkungen, Überlegungen oder Planungen[56] für sich selbst und nicht nur als Indiz für eine Wahrnehmung Beweisgegenstand sind. § 250 greift ferner nicht, wenn nur die **Existenz** eines Schriftstücks mit einem bestimmten Inhalt bewiesen werden soll oder wenn die **Ermittlung der Urheberschaft** eines Schreibens ohne oder mit falscher

[50] *Alsberg/Nüse/Meyer* 459; *Dahs/Dahs* 290; *Geppert* 202; *Gollwitzer* JR **1978** 120; *Löhr* 125; AK-*Dölling* 10; KK-*Diemer*4 3; *Kleinknecht/Meyer-Goßner*44 2; SK-*Schlüchter* 16; **a. A** *Feldmann* NJW **1958** 1168.

[51] BGHSt **18** 53; BGH VRS **27** (1964) 120; § 244, 328; § 249, 8 mit weit. Nachw.

[52] BGH VRS **36** (1969) 189; BayObLGSt **1965** 79 = JR **1966** 389 mit Anm. *Koffka*; OLG Celle VRS **33** (1967) 43; OLG Hamm VRS **28** (1965) 280; **42** (1972) 369; OLG Schleswig bei *Ernesti/Jürgensen* SchlHA **1970** 199; *Alsberg/Nüse/Meyer* 233; *G. Schäfer* 790; AK-*Dölling* 10; *Kleinknecht/Meyer-Goßner*44 2; SK-*Schlüchter* 15; BGH GA **1968**

305 läßt dies für die Unfallskizzen offen, ebenso BGHSt **18** 53.

[53] BGH VRS **27** (1964) 119; bei *Spiegel* DAR **1977** 176; OLG Hamburg VRS **10** (1956) 372; KG NJW **1953** 1118; OLG Neustadt VRS **23** (1962) 447; HK-*Julius*2 7; KMR-*Paulus* 7; *Eb. Schmidt* Nachtr. I 1.

[54] *Wömpner* NStZ **1983** 293; HK-*Julius*2 7; KK-*Diemer*4 5; KMR-*Paulus* 7; SK-*Schlüchter* 9.

[55] RGSt **22** 51; BGHSt **11** 29; HK-*Julius*2 7; *Kleinknecht/Meyer-Goßner*44 13; KMR-*Paulus* 7; SK-*Schlüchter* 9.

[56] BGHSt **6** 209, 213; *Peters* JZ **1965** 649; HK-*Julius*2 7; KK-*Diemer*4 5; SK-*Schlüchter* 9; *Eb. Schmidt* § 249, 5.

Unterschrift Beweisgegenstand ist[57]. Zur Feststellung der gegenständlichen Beschaffenheit eines Schreibens im Wege des Augenscheins vgl. § 249, 8; 30.

4. Fortbestehende Verwendbarkeit von Berichtsurkunden

a) Ausnahmen vom Ersetzungsverbot. Der Grundsatz des Satzes 1, die auf der **13** Wahrnehmung einer Person beruhenden Beweise durch deren Vernehmung in der Hauptverhandlung zu erheben, wird von der StPO durch die kasuistisch an bestimmte Voraussetzungen gebundene Zulassung der Beweisverwendung von Vernehmungsniederschriften und anderer Schriften (§ 251) sowie von Bild-Ton-Aufzeichnungen solcher Einvernahmen (§ 255 a) eingeschränkt. § 247 a ergänzt zugleich § 250, wenn er die Einvernahme einer an einem anderen Ort befindlichen Beweisperson der Einvernahme in der Hauptverhandlung gleichstellt, sofern sie aus dieser heraus mittels einer Bild-Ton-Verbindung zeitgleich durchgeführt wird[58]. Das Verbot des Satzes 2, im Normalverfahren[59] die Einvernahme einer Auskunftsperson durch die Verlesung einer früheren schriftlichen Erklärung darüber zu ersetzen, beruht auf der selbstverständlichen Voraussetzung, daß die persönliche Einvernahme in der Hauptverhandlung auch durchführbar ist. Die §§ 251 ff regeln deshalb Ausnahmen von diesem Verbot, deren Einzelheiten dort erläutert sind, § 256 nimmt darüber hinaus Erklärungen öffentlicher Behörden sowie andere diesen gleichgestellte Berichtsurkunden von dem Verbot grundsätzlich aus. Soweit aber diese Ausnahmen nicht greifen, schränkt § 250 die Beweisverwendung von Berichtsurkunden ein.

Ein **Vortrag des Vorsitzenden** ist unzulässig, der unter dem Anschein eines an den **14** Angeklagten gerichteten Vorhalts so gehalten wird, daß der Eindruck entstehen kann, als ob der Inhalt der vorgetragenen Schrift geeignet sei, die Unterlage für die Überzeugung des Gerichts von der Wahrheit der in der Schrift beschriebenen Tatsache zu bilden[60].

Anders verhält es sich mit dem **echten Vorhalt**, der sich durch seine Fassung als sol- **15** cher kennzeichnet und bei dem nicht die vorgehaltene Schrift, sondern ausschließlich die daraufhin erteilte Antwort der Auskunftsperson Beweisgrundlage ist[61]. Bestätigt diese glaubhaft die vorgehaltene Tatsache aus eigener Erinnerung, kann das Gericht seine Meinungsbildung darauf stützen, andernfalls muß es die Beweisperson hören, da es die vorgehaltene Schrift nicht als Beweismittel verwenden darf. Wegen der Einzelheiten vgl. § 249, 92 ff.

Zur **Sachaufklärung** können dem Gericht im Einzelfall weitergehende Pflichten **16** erwachsen; vor allem kann auch dann, wenn das Gericht sich wegen des Eingreifens einer Ausnahme vom Ersetzungsgebot mit der Verlesung einer Niederschrift begnügen dürfte, erforderlich sein, denjenigen zu hören, der das fragliche Ereignis selbst wahrgenommen hat, oder, wenn dies nicht möglich ist, denjenigen, der die Bekundungen über die Wahrnehmung niedergeschrieben hat, etwa den Polizeibeamten, der dies zu Protokoll genommen hat[62].

b) Ergänzende Verlesung. Neben der Einvernahme der Beweisperson ist die Verle- **17** sung einer über deren Wahrnehmung berichtenden Schrift zulässig. § 250 verbietet nach der vorherrschenden Meinung nur, eine an sich mögliche Vernehmung der Beweisperson durch die Verlesung zu **ersetzen**, er verbietet aber nicht, **zusätzlich** zu der Vernehmung

---

[57] So schon RGSt **31** 408; **32** 240; **33** 36; RGRspr. **10** 29; RG Recht **1920** Nr. 242.

[58] Zu den früher strittigen Fragen vgl. § 247 a.

[59] Wegen der Beschränkung des Anwendungsbereiches vgl. Rdn. 2.

[60] RG GA **46** (1898/99) 193; JW **1922** 494; **1930** 936. Vgl. § 249, 93.

[61] Vgl. § 249, 92 ff.

[62] Vgl. § 251, 44, 52.

auch die vorhandenen schriftlichen Erklärungen zu Beweiszwecken heranzuziehen, vor allem, wenn sie als Ergänzung der mündlichen Aussage des als Zeugen erschienenen Schreibers dienen sollen[63]. Die Berichtsurkunde ist in **Anwesenheit** der Auskunftsperson, deren Aussage sie ergänzen soll, möglichst unmittelbar im Anschluß an deren Vernehmung zu verlesen, damit die Auskunftsperson zu ihr und der dort wiedergegebenen Wahrnehmung Stellung nehmen kann. Dies gilt auch, wenn sie ihr schon vorher zum Zwecke des Vorhalts vorgehalten wurde[64]. Eine Beweisverwendung im Wege des **Selbstleseverfahrens** nach § 249 Abs. 2 ist insoweit nicht angezeigt, auch wenn dieses nicht, wie für die Fälle der §§ 253, 254 schon kraft Gesetzes (§ 249 Abs. 2 Satz 1) ausgeschlossen ist.

18   Die **Abgrenzung** ist strittig. Die Ansicht, daß die Verlesung einer Schrift zum Beweis einer Wahrnehmung, die der Verfasser oder ein anderer gemacht haben soll, **schlechthin unzulässig** sei[65], berücksichtigt zu wenig die durch Aufklärungspflicht und freie Beweiswürdigung geprägte Verfahrensstruktur. Diese verbietet einerseits, daß sich das Gericht mit der Verlesung des Berichts über die Wahrnehmung einer Beweisperson begnügt, statt sie selbst darüber zu hören. Andererseits wäre es mit dem Gebot der **umfassenden Sachaufklärung** unvereinbar, wollte man dort, wo ein solcher Bericht über die Wahrnehmungen vorhanden ist, darauf verzichten, auch diesen als zusätzliche Erkenntnisquelle mit heranzuziehen. Geht man davon aus, daß § 250 mit dem Vorrang des Personalbeweises eine bessere Sachaufklärung gewährleisten und nicht etwa Auskunftsverweigerungsrechte privilegieren oder den grundsätzlich zulässigen Urkundenbeweis weiter als für seine Zielsetzung nötig einschränken will, dann ist entgegen einem Teil des Schrifttums[66] die **eigenständige Beweisverwendung** neben der Aussage auch dann zulässig, wenn die Verlesung der in der Urkunde festgehaltenen Wahrnehmungen **Widersprüche aufzeigt** oder **Lücken der Aussage** schließt. Darin unterscheidet sich die Beweisverwendung der Urkunde von ihrem bloßen Vorhalt[67]. Im übrigen wird die Zulässigkeit der ergänzenden Verlesung zwar bei den Protokollen durch die besonderen Regelungen bei den §§ 251, 253, 254, nicht aber durch besondere Beweiszwecke begrenzt. Dies gilt, wenn sie **anderen Beweiszielen** dient als der Feststellung der Wahrnehmungstatsachen, so, wenn mit ihr für die Beweiswürdigung bedeutsamen Hilfstatsachen in die Verhandlung eingeführt werden sollen, etwa weil sich daraus Schlüsse auf die Beobachtungsgabe und das Erinnerungsvermögen der Beweisperson und auf sonstige für die Beurteilung ihrer Glaubwürdigkeit wichtige Umstände ergeben können[68]. Dies gilt aber auch, wenn dadurch die Erinnerung der Auskunftsperson an die wahrgenommenen Tatsachen aufgefrischt, ihre unvollständige Aussage ergänzt oder sie zumindest zu einer Aussage darüber veranlaßt werden soll, ob die Wahrnehmungen damals richtig und vollständig aufgezeichnet worden sind (vgl. Rdn. 20). Durch die ergänzende Verlesung darf der Inhalt der Urkunde und — im Wege der freien Beweiswürdigung — auch deren Richtigkeit festgestellt werden[69]. Neben der

---

[63] RGSt **33** 36; **60** 170; **71** 10; RGRspr. **8** 719; RG GA **48** (1901) 308; BGHSt **1** 5; **20** 162 = JZ **1965** 649 mit Anm. *Peters*; BGH NJW **1970** 1559; **1987** 1093; NStZ **1995** 609; bei *Miebach/Kusch* NStZ **1991** 121; OLG Stuttgart NJW **1979** 559; OLG Schleswig bei *Ernesti/Jürgensen* SchlHA **1973** 187; *Alsberg/Nüse/Meyer* 464; *Dölling* NStZ **1988** 7; *Hanack* JZ **1972** 203; *Koeniger* 167; *Roxin* § 44, 14; *G. Schäfer* 787 ff; *Schlüchter* 532; *Schroth* ZStW **87** (1975) 107; *Wömpner* NStZ **1983** 296; AK-*Dölling* 11; HK-*Julius*² 8; KK-*Diemer*⁴ 2; *Kleinknecht/Meyer-Goßner*⁴⁴ 12; KMR-*Paulus* 10; SK-*Schlüchter* 17.

[64] *G. Schäfer* 786.

[65] RGSt **21** 52; RG JW **1917** 554; *Geppert* 199; *Gössel* § 21 D I a 3; *Grünwald* JZ **1966** 493; *Kuckuck* 225; *Peters* Gutachten 46. DJT I 3 A 145; *Eb. Schmidt* 4; *Schneidewin* JR **1951** 483.

[66] Vgl. Fußn. 65.

[67] Vgl. § 249, 95.

[68] So etwa LG Lübeck StV **1984** 111 mit Anm. *Kröger*; *Löhr* 128; *Peters* JZ **1965** 650; vgl. dazu KK-*Diemer*⁴ 2. Einschränkend etwa *Eisenberg* 2081.

[69] BGHSt **23** 213, 220; *Alsberg/Nüse/Meyer* 464; *Wömpner* NStZ **1983** 296; AK-*Dölling* 11; KK-*Engelhardt*⁴ § 261, 23; *Kleinknecht/Meyer-Goßner*⁴⁴ 12; vgl. Fußn. 63 und § 261, 84.

Vernehmung des Zeugen darf die schriftliche Fixierung seiner Wahrnehmung zu Beweiszwecken verlesen werden, wenn der Zeuge selbst sich in der Hauptverhandlung an den Vorgang **nicht** mehr **erinnern** kann[70]. Dies spielt vor allem bei den Anzeigen der Polizeibeamten eine Rolle. So darf die eigene (nicht von einem anderen Beamten verfaßte) Anzeige eines Polizeibeamten durch Verlesen in die Hauptverhandlung eingeführt werden, wenn der Beamte erklärt, er könne sich an den Vorgang selbst nicht mehr entsinnen, er pflege aber seine Anzeigen wahrheitsgemäß zu erstatten[71]. Über den Beweiswert einer solchen Aussage in Verbindung mit dem Inhalt der verlesenen Anzeige hat das Gericht in freier Beweiswürdigung zu befinden.

Einem Sachverständigen kann auch **Einsicht** in ein dem Gericht bereits vor der Hauptverhandlung schriftlich vorgelegtes **Gutachten** gewährt werden[72]; er kann daraus im Rahmen seiner Aussage selbst vorlesen[73], die Verlesung kann aber auch zusätzlich angeordnet werden[74]. **19**

Beim **Zeugnisverweigerungsrecht** schließt § 252 die Verlesung früherer Vernehmungsniederschriften aus, nicht aber die Verwendung sonstiger Berichtsurkunden[75]. Beruft sich ein Zeuge auf ein **Auskunftsverweigerungsrecht** nach § 55, ist strittig, ob und wann die **ergänzende Verlesung** seiner Aussage bei einer früheren Vernehmung über seine Wahrnehmungen zulässig bleibt oder ob ein von § 250 Satz 2 verbotener **Ersatz** durch den Urkundenbeweis vorliegt. Die wohl vorherrschende Meinung läßt die Verlesung als Ergänzung der Vernehmung zu, wenn der Zeuge in der Hauptverhandlung aussagt und sich nur wegen eines Teiles auf § 55 StPO beruft[76]. Nach einer umstrittenen Auffassung liegt sogar dann eine Beweisverwendung zur Ergänzung der Vernehmung vor, wenn der Zeuge bei seiner Einvernahme über seine Wahrnehmungen schweigt und nur bestätigt, Urheber einer sie wiedergebenden Berichtsurkunde zu sein[77]. Macht der Zeuge in der Hauptverhandlung überhaupt keine Aussage zur Sache, ist es an sich naheliegend, anzunehmen, daß dann die Verlesung keine in der Hauptverhandlung bekundete Wahrnehmung ergänzen kann, sondern die verweigerte Sachaussage entgegen § 250 Satz 2 ersetzt. Sie wäre dann nur unter den in den §§ 251 ff festgelegten Voraussetzungen zulässig[78], die, stellt man auf den Wortlaut ab, nicht durchwegs vorliegen. Dies kann zu unbefriedigenden Ergebnissen führen, denn die Zeugnisverweigerung nach § 55 macht nach der vorherrschenden Auffassung die früheren Aussagen des Zeugen nicht unverwertbar. Falls vorhanden, kann ein vom Auskunftsverweigerer verschiedener **Verfasser der Urkunde** als Zeuge vom Hörensagen über die ihm mitgeteilten Wahrnehmungen gehört werden, wobei dann sogar die fragliche Berichtsurkunde ergänzend zu dessen Aussage verlesen werden könnte[79]. Ob all das zum **20**

---

[70] Die Fragen sind strittig; vgl. § 253, 3, 4, 10. *Langkeit/Cramer* StV **1996** 231 verneinen bei derivativen Wahrnehmungen die Verlesbarkeit.

[71] BGHSt **20** 160; **23** 213; BGH NJW **1970** 1558 = LM § 261 Nr. 57 mit Anm. *Martin*; OLG Hamm NJW **1977** 2090; *Alsberg/Nüse/Meyer* 464; vgl. § 253, 24; § 261, 84 mit weit. Nachw.

[72] RGSt **5** 129; vgl. BGH JR **1962** 111 (zulässig).

[73] KK-*Diemer*[4] 7; SK-*Schlüchter* 8.

[74] OLG Stuttgart MDR **1978** 863.

[75] Vgl. § 252, 3 ff.

[76] So etwa BGH NStZ **1982** 342; **1996** 96; offengelassen BGH JR **1957** 315 mit Anm. *Meyer*; dazu *Dahs* StV **1988** 169; *Dölling* NStZ **1988** 6; wegen der Nachweise zum Streitstand vgl. § 55, 19; ferner etwa AK-*Dölling* 19; § 251, 38; *Kleinknecht/Meyer-Goßner*[44] 12; SK-*Schlüchter* 17; § 251, 23.

[77] Strittig ist, ob hierfür ausreicht, daß er sich nur zur Urheberschaft der schriftlichen Erklärung äußert, so BGH JR **1987** 522 mit Anm. *Meyer*, dazu *Dölling* NStZ **1988** 8, oder ob wenigstens eine Teileinlassung zur Sache erforderlich ist (*Dahs* StV **1988** 169; *K. Meyer* JR **1987** 524; HK-*Julius*[2] 8; vgl. auch KK-*Diemer*[4] 251, 10, 26 sowie vorst. Fußn.).

[78] Vgl. *Mitsch* JZ **1992** 179, ferner § 251, 14.

[79] Vgl. *Wömpner* NStZ **1983** 299 (für Gedächtnis); **a. A** *Langkeit/Carsten* StV **1996** 232, die daraus, daß eine Vernehmungsniederschrift sowohl die dort festgehaltene Wahrnehmung des Aussagenden als auch die Wahrnehmung dieser Aussage durch den Protokollierenden wiedergibt, herleiten, daß eine ergänzende Verlesung neben dem Zeugen selbst zulässig ist, nicht aber zur Ergänzung der Aussage des Vernehmenden über dessen „derivaten" Wahrnehmungen.

Nachweis der Wahrnehmung selbst ausreicht, ist eine Frage der kritischen Beweiswürdigung im Einzelfall, nicht aber des § 250. Ein Rückgriff auf einen solchen Personalbeweis ist aber mitunter nicht möglich, so etwa, wenn der die Auskunft verweigernde Zeuge selbst die **eigene Wahrnehmung** schriftlich festgehalten hatte[80]. Dieses unbefriedigende Ergebnis beruht auf der Wortauslegung der einschlägigen Vorschriften, es ist nicht das gewollte Ergebnis einer gesetzgeberischen Zielvorstellung. § 250 will die Sachaufklärung durch den Vorrang des Personalbeweises sichern und nicht etwa einschränken. Ob sich eine Einschränkung aus anderen Zwecken dienenden Beweisverboten ergibt, beurteilt sich allein nach deren Rechtsgrundlage, sie könnte hier also nur aus § 55 hergeleitet werden[81]. Die herrschende Meinung verneint aber — anders als bei §§ 52, 252[82] —, daß die Auskunftsverweigerung nach § 55 die Verwendung früherer Angaben ausschließt[83], so daß kein sachlicher Grund besteht, diese rückwirkend in dessen Schutz einzubeziehen. Ihre Beweisverwendung läßt sich aber nur dadurch erreichen, daß man die Verlesung zu Beweiszwecken auch dann zuläßt, wenn die persönliche Einvernahme des Wahrnehmenden vom Gericht versucht worden ist, aber wegen der Auskunftsverweigerung nach § 55 zu keiner Aussage in der Sache geführt hat. Dann kann nicht entscheidend sein, ob er nur zu einem anderen Sachverhalt ausgesagt hat oder völlig schweigt oder nur die Tatsache einer früheren Aussage bestätigt, sowie, ob die Verweigerung vor oder in der Hauptverhandlung erklärt wurde[84]. Wer dieses Ergebnis durch Auslegung des § 250 erreichen will, müßte davon ausgehen, daß dem dort festgelegten Vorrang des Personalbeweises schon durch die versuchte Vernehmung der Wahrnehmungsperson Rechnung getragen wird und daß dem Sinn des Verbots des § 250 Satz 2 schon dann genügt ist, wenn auf die Niederschrift über die frühere Vernehmung **nur subsidiär zurückgegriffen** wird, nachdem die persönliche Einvernahme des erschienenen oder zumindest am Erscheinen nicht verhinderten Zeugen gescheitert ist. Eine solche Konstruktion erscheint bei näherer Betrachtung gar nicht einmal so weit hergeholt, denn auch bei einer teilweisen Auskunftsverweigerung des Zeugen in der Hauptverhandlung erfolgt die „ergänzende" Verlesung als Ersatz für eine den fraglichen Sachverhalt mitunter aussparenden Sachaussage[85]. Die andere Möglichkeit, die auch im Schrifttum vertreten wird, ist, das Problem im Rahmen des § 251 zu lösen und diesen analog[86] (rechtliches Hindernis) anzuwenden oder wenigstens auf dessen Grundlage Teillösungen zu finden[87].

21   **5. Einflußlosigkeit der Erklärungen der Beteiligten.** § 250 wurzelt in der Pflicht des Gerichts, alles zur Erforschung der Wahrheit Erforderliche zu tun; er zwingt das Gericht zur Benutzung des generell besseren Beweismittels. Die Beteiligten können daher an der Unzulässigkeit der Verlesung einer Niederschrift oder einer schriftlichen Erklärung nichts ändern, insbesondere nicht wirksam auf die nochmalige Vernehmung eines außerhalb der Hauptverhandlung vernommenen und noch vernehmbaren Zeugen **verzichten**[88], sofern nicht eine Ausnahmeregel wie § 251 Abs. 1 Nr. 4, § 251 Abs. 2, § 411 Abs. 2 Satz 2;

---

[80] Vgl. § 253, 16.

[81] So etwa *Eisenberg* (Beweisrecht) 1127; 1129.

[82] Vgl. § 252, 3 ff.

[83] BGHSt **6** 209; **17** 245; HK-*Lemke* § 55, 8; *Kleinknecht/Meyer-Goßner*[44] § 55, 12; § 55, 19 mit weit. Nachw.

[84] KK-*Diemer*[4] § 251, 10.

[85] So auch der Vertreter der Ansicht, die jede ergänzende Verlesung ablehnen, etwa *Grünwald* JZ **1966** 493; *Peters* JZ **1955** 650.

[86] *K. Meyer* JR **1987** 525 weist zu Recht darauf hin, daß eine sinnvolle Gesamtlösung von der Ausle-

gung des § 251 abhängt; vgl. auch *D. Meyer* MDR **1977** 543. Für dessen analoge Anwendung *Mitsch* JZ **1992** 174; gegen die Anwendung des § 251 etwa *Langkeit/Cramer* StV **1996** 230.

[87] KK-*Diemer*[4] 251, 10a bejaht die Verlesbarkeit bei Einverständnis der Verfahrensbeteiligten nach § 251 Abs. 1 Nr. 4; Abs. 2 Satz 1.

[88] RGSt **9** 49; **30** 439; **44** 11; RGRspr. **7** 401; RG JW **1935** 2380; BGH NStZ **1986** 325; OLG Hamm VRS **49** (1975) 113; OLG Stuttgart NJW **1976** 1852; h. M, etwa HK-*Julius*[2] 9; KMR-*Paulus* 3.

§ 420 Abs. 1 bis 3; § 77 a OWiG ihnen diese Dispositionsbefugnis einräumt[89]. Die Unzulässigkeit der Verlesung des Gutachtens eines Sachverständigen wird nicht durch das Einverständnis der Beteiligten behoben[90], ebenso nicht die Unzulässigkeit der Bekanntgabe einer behördlich eingeholten Auskunft[91].

6. Die Verwendung des sachnächsten oder „bestmöglichen" **Beweismittels** wird **22** durch § 250 nicht allgemein vorgeschrieben, der Indizienbeweis nicht ausgeschlossen. Die vorherrschende Meinung[92] folgert dies aus der Stellung des Satzes 1 im Gesetz und vor allem aus dem Systemzusammenhang mit § 244 Abs. 2 und § 261. Nach ihr folgt die Verpflichtung, nach Möglichkeit das tatnächste oder das sonst die beste und zuverlässigste Aufklärung versprechende erreichbare Beweismittel zu wählen, wie auch sonst beim Indizienbeweis, aus der **Aufklärungspflicht** und nicht aus den Grundsätzen der Unmittelbarkeit und Mündlichkeit[93].

Von einem Teil des **Schrifttums** wird demgegenüber die Auffassung vertreten, daß **23** das Gebot des Satzes 1 weiter reiche als das nur den Urkundenbeweis betreffende Verbot des Satzes 2. Satz 1 verpflichte deshalb den Richter generell, das jeweils verfügbare sachnächste Beweismittel anstelle von Beweissurrogaten zu verwenden und vor allem die Wahrnehmung einer Person durch deren Einvernahme in die Hauptverhandlung einzuführen. Die Streitfrage spielt vor allem beim Zeugen von Hörensagen eine Rolle (Rdn. 24 ff).

7. „Zeugen vom Hörensagen"

a) Unmittelbares Beweismittel. Nach der herrschenden Meinung ist es grundsätzlich **24** zulässig, einen Zeugen vom Hörensagen als Beweismittel heranzuziehen, also einen Zeugen, der nicht über Äußerungen berichtet, die er bei Beobachtung des Tatgeschehens selbst wahrgenommen hat, sondern der darüber aussagen soll, was ihm ein Dritter über seine Wahrnehmungen erzählt hat[94]. Zeugen, die die Tatsache, daß ein anderer eine unmittelbar zum Tathergang gehörende Erklärung abgegeben hat, aus eigenen Wahrnehmungen bekunden, sind keine Zeugen von Hörensagen[95]. Ein **Teil des Schrifttums** vertritt dagegen die Auffassung, daß verfügbare Tatzeugen nicht durch Zeugen von Hörensagen ersetzt werden dürfen[96], sie seien nur **neben diesen** heranziehbar[97]. Eine noch weiter-

---

[89] Vgl. § 251, 42 ff.
[90] RG JW **1932** 1751; OLG Schleswig DAR **1962** 214.
[91] OLG Hamm JMBlNW **1964** 6.
[92] RGSt 2 160; 7 502; **48** 246; BVerfGE **57** 250, 292; BVerfG NStZ **1991** 445; BGHSt **1** 375; **2** 99; **6** 209; **9** 296; **17** 384; **22** 270 = JZ **1974** 257 mit Anm. *Friederichs*; BGH NJW **1952** 153; BGH VRS **16** (1959) 205; bei *Spiegel* DAR **1978** 155; BayObLG VRS **63** (1982) 211; OLG Frankfurt NJW **1976** 985 mit Anm. *Geisler* NJW **1976** 1986; OLG Hamm NJW **1970** 821; OLG Köln NStZ **1990** 557; OLG Stuttgart NJW **1972** 66; *Alsberg/Nüse/Meyer* 460; *Eisenberg* (Beweisrecht) 1029; *Geppert* 216 ff; *Gössel* § 27 D I a 1; *Hanack* JZ **1972** 236; *Krainz* GA **1985** 405; *Krause* 155; *Löhr* 50; 158; *Rebmann* NStZ **1982** 317; *Sarstedt/Hamm*[6] 792; *Eb. Schmidt* Nachtr. I 3; *Schneidewin* JR **1951** 482; *Schroth* ZStW **87** (1975) 109; *Tiedemann* JuS **1965** 18; AK-*Dölling* 2; KK-*Diemer*[4] 1; *Kleinknecht/Meyer-Goßner*[44] 4; KMR-*Paulus* 11; § 244, 196 ff; SK-*Schlüchter* 21.

[93] Vgl. *Geppert* 186 (materielles Prinzip des bestmöglichen Beweises); ferner etwa *Krainz* GA **1985** 405; BVerfGE **57** 274 und die Revisionsgerichte leiten die Verpflichtung zur Ausschöpfung sachnäherer Beweismittel aus der Aufklärungspflicht her.
[94] Zum Begriff vgl. *Geppert* 216; *Krainz* GA **1985** 402; *Seebode/Sydow* JZ **1980** 506. Zeuge im formellen Sinn ist aber nur der Zeuge vom Hörensagen, nicht auch sein Gewährsmann.
[95] Vgl. etwa *Alsberg/Nüse/Meyer* 460; *Geppert* 217 („res gestae Zeugen"); *Seebode/Sydow* JZ **1980** 515; auch *Knies* ZStW **6** (1886) 105 (Tatsachen von „selbständiger Bedeutung").
[96] *Grünwald* JZ **1968** 493; *Peters* § 39 II; JR **1969** 429; *Seebode/Sydow* JZ **1980** 5; vgl. ferner die Nachw. Fußn. 97, 98, 118, 119.
[97] So OHGSt **1** 133; OLG Oldenburg JR **1951** 90; *Arndt* NJW **1962** 27; **1963** 432; *Hanack* JZ **1972** 236; *Koffka* JR **1969** 306; *Meilicke* NJW **1963** 428; früher etwa *Beling* 319; *Ditzen* ZStW **10** (1890) 154.

gehende Auffassung will Zeugen vom Hörensagen überhaupt ausschließen[98]. Diese Auffassungen lassen sich nicht auf § 250 stützen[99]. Er legt nur fest, daß der Beweis durch Zeugen dem Beweis durch berichtende Urkunden vorgeht, nicht aber, daß auch sonst stets das tatnächste Beweismittel herangezogen werden muß[100]. Auch die **Aufklärungspflicht** fordert dies nicht ausnahmslos, sondern nur nach der jeweiligen Lage des Einzelfalls[101]. In besonders gelagerten (seltenen) Ausnahmefällen kann sie sogar dafür sprechen, der Vernehmung des Zeugen vom Hörensagen den Vorrang einzuräumen, etwa die Mutter über die ihr mitgeteilten Wahrnehmungen ihres Kindes zu hören[102]. Auch der Zeuge vom Hörensagen ist **unmittelbares Beweismittel** in dem Sinn, daß zwischen den über seine eigenen Beobachtungen berichtenden Zeugen und dem Gericht kein weiteres Beweismittel dazwischengeschaltet ist[103]. Seine Bekundungen betreffen allerdings den aufzuklärenden Gegenstand nicht selbst, sondern nur ein Indiz[104], das allenfalls im Rahmen der freien Beweiswürdigung Schlüsse von der bezeugten Äußerung auf die vom Dritten wahrgenommenen Tatsachen zuläßt. Dies ist mit § 261 vereinbar, sofern das Gericht die Glaubwürdigkeit des Dritten, dessen Äußerung der Zeuge von Hörensagen bestätigt, selbst beurteilt und nicht die Einschätzung des Zeugen übernimmt[105]. Eine solche Aussage ist aber hinsichtlich ihres Beweiswerts kritisch zu prüfen[106]. Der „Zeuge vom Hörensagen" kann nur bekunden, was er gehört hat, nicht aber, ob das Gehörte auch wahr ist[107]. **Verfassungsrechtlich** bestehen gegen den Beweis vom Hörensagen weder unter dem Blickwinkel des Rechts auf Gehör noch unter dem der Achtung der Menschenwürde oder der

---

[98] *Heissler* 165 ff; *v. Kries* ZStW **6** (1886) 105 (der Begriff des Zeugen vom Hörensagen wird dort allerdings enger gesehen, vgl. dazu *Geppert* 216); *Muskat* GA **36** (1888) 281. Nach *Seebode/Sydow* JZ **1980** 515 gehört die Aussage, die nur Zwischenträgerfunktion erfülle, nicht zu den abschließend zugelassenen Beweismitteln; dagegen spricht jedoch, daß sich der numerus clausus der Beweismittel auf das formelle Beweismittel bezieht, nicht aber auf den Inhalt; auch Beweissurrogate können durch die Beweismittel eingeführt werden.

[99] So etwa BVerfGE **57** 292; vgl. ferner *Alsberg/ Nüse/Meyer* 461; *Eisenberg* (Beweisrecht) 1029; *Geppert* 197 ff; *Rebmann* NStZ **1982** 317; *G. Schäfer* 808; *Seebode/Sydow* JZ **1980** 509; ferner Rdn. 21.

[100] BVerfGE **57** 292; RGSt **48** 246; BGHSt **1** 375; **6** 210; **17** 384; **22** 270; **33** 70; 83; BGH MDR **1969** 156; NJW **1980** 770; **1985** 1789; bei *Dallinger* MDR **1971** 898; *Alsberg/Nüse/Meyer* 461; *Geppert* 186 ff; 249; *Krainz* GA **1985** 405; *Rebmann* NStZ **1982** 317; *Seebode/Sydow* JZ **1980** 509; *Schlüchter* 472; AK-*Dölling* 15; KK-*Diemer*⁴ 10; *Kleinknecht/ Meyer-Goßner*⁴⁴ 4; KMR-*Paulus* 15; 20; SK-*Schlüchter* 22.

[101] Etwa BVerfG NStZ **1991** 445; BGHSt **1** 373; **6** 209; **17** 382; **32** 115; 123; BGH bei *Pfeiffer/ Miebach* NStZ **1983** 210; 355; StV **1988** 91 mit Anm. *Strate*; *Schneidewin* JR **1951** 482; KK-*Diemer*⁴ 11; *Kleinknecht/Meyer-Goßner*⁴⁴ 4; SK-*Schlüchter* 22; vgl. § 244, 69; 158. Nach **ande-**

rer Ansicht ist ein für das Gericht erreichbarer Zeuge über das von ihm wahrgenommene Ereignis selbst zu hören, etwa OGHSt **1** 333; BayObLG StV **1982** 412; *Eisenberg* (Beweisrecht) 1031; vgl. Rdn. 26. Wegen der weit. Nachw. vgl. Fußn. 96, 97.

[102] Vgl. RGSt **48** 246; *Alsberg/Nüse/Meyer* 461; *Sarstedt/Hamm* 792; KK-*Diemer*⁴ 11; *Kleinknecht/ Meyer-Goßner*⁴⁴ 4; SK-*Schlüchter* 22.

[103] BGHSt **17** 383; OLG Hamm NJW **1970** 821; *Geppert* 218; *Rebmann* NStZ **1982** 317; ferner Fußn. 100.

[104] Vgl. BGHSt **17** 383 (Beweisanzeichen); *Alsberg/ Nüse/Meyer* 460; *Eb. Schmidt* I 450; *Lohr* 52; *Spendel* JuS **1964** 472; nach *Geppert* 219 ff darf dies aber nicht darüber hinwegtäuschen, daß es um die Reproduktion einer fremden Wahrnehmung geht. Vgl. auch *Seebode/Sydow* JZ **1980** 513 („leicht irreführend").

[105] Vgl. dazu und zum Gedankenschema der Beweiswürdigung *Geppert* 291; *Seebode/Sydow* JZ **1980** 506. Es kommt auch sonst vor, daß das Gericht die Glaubwürdigkeit eines nicht selbst gehörten Zeugen zu beurteilen hat, so bei der Würdigung der Aussagen kommissarisch vernommener Zeugen. Vgl. § 251, 83.

[106] Weitgehend unstreitig, vgl. etwa BVerfGE **57** 292; BGHSt **17** 358; **33** 178; BGH NStZ **1983** 376; ferner Fußn. 100 mit weit. Nachw.

[107] *Eb. Schmidt* 3.

Garantie eines rechtsstaatlichen (fairen) Verfahrens grundsätzliche Bedenken[108]. Er wird auch von Art. 6 MRK nicht allgemein untersagt[109].

Als **Beweismittel** ist er meist — entscheidend sind aber immer die Umstände des Einzelfalls[110] — von **geringerem Wert** als der unmittelbare Tatzeuge[111]. Es bedarf daher der Absicherung durch andere Umstände und Beweisergebnisse (Hilfstatsachen zur Beurteilung der Glaubwürdigkeit des die Wahrnehmung mitteilenden Dritten, Indizien, die die Wahrnehmung des Dritten bestätigen usw.)[112]. Das Gericht muß sich der Problematik der Beweisführung und der sich daraus ergebenden rationalen Grenzen seiner Überzeugungsbildung bewußt sein, den Beweiswert der Angaben kritisch hinterfragen und in den Urteilsgründen durch Eingehen auf die Aussage, ihren Besonderheiten und etwaigen Widersprüchlichkeiten ersichtlich machen, daß es diese besonderen Anforderungen an seine Beweiswürdigung erkannt und sie berücksichtigt hat[113]. **25**

In der Regel gebietet die **Aufklärungspflicht**, erreichbare unmittelbare Tatzeugen heranzuziehen[114] und Zeugen vom Hörensagen nur daneben anzuhören, wobei ihre Bekundungen mitunter wichtige Schlüsse auf den Beweiswert der Aussage des tatnäheren Zeugen zulassen[115]. Sind Zeugen, die über die zu beweisende Tatsache aus unmittelbarer Anschauung berichten können, nicht vorhanden oder sind sie für das Gericht aus tatsächlichen oder rechtlichen Gründen nicht erreichbar, muß sich das Gericht mit Zeugen von Hörensagen begnügen, etwa, wenn das Opfer der Tat vor seinem Tod noch das Tatgeschehen einem Dritten geschildert hat. **26**

---

[108] BVerfGE **1** 418, 429; **57** 250, 292; BVerfG JZ **1967** 570; NJW **1992** 168; BGHSt **17** 382, 387; *Geppert* 236 ff (weder Recht auf Gehör noch Menschenwürde, noch Rechtsstaatsprinzip im Normalfall verletzt); vgl. *Geppert* Jura **1991** 543; auch *Tiedemann* MDR **1963** 458; JuS **1965** 19; *Rebmann* NStZ **1983** 317; KK-*Diemer*⁴ 13; KMR-*Paulus* 17; SK-*Schlüchter* 21; a. A *Arndt* NJW **1962** 27; **1963** 433; 850; *Grünwald* JZ **1966** 494; *Koffka* JR **1969** 306; *Mehner* 132; *Meilicke* NJW **1963** 428.

[109] Wegen der Einzelheiten vgl. bei Art. 6 MRK (24. Aufl. Art. 6, 225 ff); ferner etwa BVerfGE **57** 290; BGHSt **17** 388; BGH bei *Holtz* MDR **1976** 988; OLG Stuttgart NJW **1972** 67; *Geppert* 239; *Gribbohm* NJW **1981** 305; *Hanack* JZ **1972** 237; KMR-*Paulus* § 244, 201; *Krainz* GA **1985** 407; *Rebmann* NStZ **1982** 318; *Röhrich* 293; 562; *Tiedemann* MDR **1963** 459; JuS **1965** 19; JZ **1957** 570; anders wohl BGH JR **1969** 306 mit Anm. *Koffka*; *Grünwald* JZ **1966** 494; *J. Meyer* ZStW **95** (1983) 850; *v. Zezschwitz* NJW **1972** 799. Zum Sonderfall unbekannt bleibender Gewährsmänner vgl. Rdn. 27 und Fußn. 123.

[110] Mitunter kann aber auch der Zeuge von Hörensagen das bessere Beweismittel sein; KK-*Diemer*⁴ 11; *Kleinknecht/Meyer-Goßner*⁴⁴ 4; KMR-*Paulus* § 244, 191; *Sarstedt/Hamm*⁶ 792. So kann es beispielsweise zweckmäßig sein, statt eines Kleinkinds, an dem ein Sittlichkeitsverbrechen begangen wurde, die Mutter zu hören, der das Kind das Geschehen unmittelbar nach der Tat erzählt hat. Vgl. *Kries* ZStW **6** (1886) 5; dazu *Geppert* 217 ff; ferner zum Beweiswert 167 ff.

[111] Vgl. etwa BVerfGE **57** 279; BGHSt **17** 382; BGHSt **33** 70; 83 mit Anm. *Fezer*, JZ **1985** 496; BGH MDR **1954** 628; *Geisler* NJW **1976** 1986;

[112] Weitgehend h. M, etwa BVerfG NJW **1996** 448, BGHSt **42** 15; BGH StV **1996** 583. Zur Beurteilung des Beweiswerts auf beiden „Ebenen" vgl. etwa *Geppert* 167 ff; *Geppert* Jura **1991** 543; *Fezer* JZ **1985** 497; *Joachim* StV **1992** 245; *Krainz* GA **1985** 408 ff; KMR-*Paulus* 21; ferner Fußn. 113; nach *Lamprecht* FS R. Schmidt 285 ist Beweiswert nicht beurteilbar.

Kohlhaas JR **1955** 42; *Seebode/Sydow* JZ **1980** 506; ferner Fußn. 112.

[113] BVerfGE **57** 293; BVerfG NJW **1981** 1719; **1996** 448; StV **1991** 449; **1995** 562; **1997** 1 mit Anm. *Kintzig*; BGHSt **36** 159; BGH NStZ **1988** 144; StV **1989** 518; **1991** 101; 197; **1994** 413; BGHSt **17** 385; **29** 111; **33** 83; 178; **34** 15; **42** 15; BGH bei *Dallinger* MDR **1954** 400; OLG Frankfurt NJW **1968** 1000; **1976** 985; OLG Hamm NJW **1970** 821; MDR **1976** 1040; OLG Köln StV **1996** 441; OLG Stuttgart NJW **1972** 66; *Alsberg/Nüse/Meyer* 461; *Eisenberg* (Beweisrecht) 1033; *G. Schäfer* StV **1995** 152; KK-*Diemer*⁴ 11; *Kleinknecht/Meyer-Goßner*⁴⁴ 5; KMR-*Paulus* 21; SK-*Schlüchter* 23; *Eb. Schmidt* I Nr. 367 ff; vgl. Rdn. 28.

[114] BGHSt **1** 376; **17** 384 mit Anm. *Eb. Schmidt* JZ **1962** 720; BGHSt **32** 123; BGH GA **1968** 370; JR **1969** 306 mit Anm. *Koffka*; bei *Pfeiffer/Miebach* NStZ **1983** 210; 355; *Alsberg/Nüse/Meyer* 461; *Eisenberg* (Beweisrecht) 1031; *Geppert* 184; KK-*Diemer*⁴ 11; *Kleinknecht/Meyer-Goßner*⁴⁴ 4; KMR-*Paulus* § 244, 196 ff; *Schlüchter* 572.

[115] In der Praxis ist deshalb der Unterschied zu der Auffassung, die den Zeugen von Hörensagen nur neben einem erreichbaren unmittelbaren Wahrnehmungszeugen als Beweismittel zulassen will (oben Fußn. 96), meist gering.

27   **b) Unbekannte Gewährsmänner.** Die obigen Grundsätze gelten auch, wenn die Wahrnehmungen einer dem Gericht unbekannten Vertrauensperson durch einen Zeugen vom Hörensagen in die Hauptverhandlung eingeführt werden, wo also abweichend vom Normalfall, daß ein Zeuge über die mehr oder minder zufällig zu seiner Kenntnis gekommene Äußerung eines Dritten aussagt, eine im amtlichen Auftrag tätig gewordene Person als **gerufener Zeuge**[116] darüber berichten soll, was ihr ein Gewährsmann mitgeteilt hat, dessen Identität aus Gründen des öffentlichen Wohls, wie etwa der Staatssicherheit, oder zum Schutz von Leib, Leben oder Freiheit des Gewährsmanns geheimgehalten wird. Dies gilt gleichermaßen, ob es sich um die Angaben eines verdeckten Ermittlers im Sinne der §§ 110 a, 110 b handelt[117] oder um eine private Vertrauensperson. Ein Teil des Schrifttums[118] hält die Reproduktion ihrer Aussagen durch die mit ihnen in Kontakt gekommenen Beamten für unzulässig[119]. Diese Bedenken gründen sich neben den allgemeinen Bedenken gegen Zeugen vom Hörensagen überhaupt[120], vor allem auf die darin liegenden Beschränkungen der Verteidigungsmöglichkeiten, die als Verstoß gegen die Grundsätze eines rechtsstaatlichen, fairen Verfahrens gesehen werden[121], ferner auch darauf, daß es gegen die Zuständigkeitsordnung der StPO verstößt, wenn nach Eröffnung des Hauptverfahrens nicht das zur eigenen Beweiswürdigung verpflichtete Gericht, sondern ein gerufener Zeuge die Wahrnehmungen des Dritten entgegennimmt, um sie dann vor Gericht bekunden zu können[122]. Nach der **vorherrschenden Rechtsprechung** ist die Vernehmung des Zeugen vom Hörensagen, dem der unbekannt bleibende Gewährsmann (V-Mann) seine Bekundungen mitgeteilt hat, zulässig[123]. Ihr ist zuzustimmen. Der Zeuge

---

116 Zur Zulässigkeit der Vernehmung des Zufallszeugen von Hörensagen vgl. OLG Hamm MDR **1976** 1040. Beim sogen. „gerufenen Zeugen" ist insoweit kein Unterschied zu machen, vgl. etwa BGHSt **33** 178; 181; *Geppert* 280; *Kleinknecht/ Meyer-Goßner*⁴⁴ 4; SK-*Schlüchter* 22.

117 Zur Verwendbarkeit der auf diesem Weg gewonnenen Erkenntnisse und deren Grenzen vgl. die Erl. zu den §§ 110 a bis 110 e.

118 Etwa *Arndt* NJW **1962** 1192; **1963** 433; *Bruns* MDR **1984** 182; vgl. auch StV **1983** 49; *Evers* Privatsphäre und Ämter für Verfassungsschutz, 252; *Grünwald* JZ **1966** 494; FS Dünnebier 358 ff; *Koffka* JR **1969** 306; ZStW **81** (1996) 963; *Krainz* GA **1985** 402; *Meilicke* NJW **1963** 425; *J. Meyer* ZStW **95** (1983) 849; *Peters* Gutachten 46. DJT (I 3 a) 108; 138; NJW **1966** 2051; *Spendel* JuS **1964** 473; *Woesner* NJW **1961** 533; Österreich. OGH ZfRV **1970** 207.

119 Zu den einzelnen Argumenten vgl. *Geppert* 283 ff; auch zur Frage, ob aus §§ 251 ff ein Ausschluß dieser reproduzierenden Zeugenaussage hergeleitet werden kann. *Grünwald* FS Dünnebier 353 nimmt dies an; vgl. ferner *Backes* FS Klug 455; *J. Meyer* ZStW **95** (1983) 846 (mit Grundkonzeption unseres Strafprozesses unvereinbar).

120 Vgl. Rdn. 24 Fußn. 96, 97.

121 In der Umgehung des Verbots der unmittelbaren Verwertung der Aussage eines anonymen Zeugen durch Rückgriff auf Beweissurrogate liegt nach *Tiedemann/Sieber* NJW **1984** 761 ein Verstoß gegen die Grundsätze eines fairen Verfahrens; dazu *Eisenberg* (Beweisrecht) 1050, 1051 mit weit. Nachw.; ferner *Geppert* 297 ff, der im Vorenthalten des Namens des Gewährsmanns auch einen

Verstoß gegen das Recht auf Gehör sieht; das setzt aber zumindest voraus, daß das Gericht Namen und Identität selbst kennt und als entscheidungserheblich verwertet; dazu *Eisenberg* (Beweisrecht) 1049; zur Befugnis, selbst den Namen eines vernommenen Zeugen geheimzuhalten, vgl. § 68, 13 ff.

122 *Strate* StV **1985** 340 sieht darin eine Umgehung der §§ 223, 224, da nach der Eröffnung nur vom Gericht und nur auf diesem Wege noch die für die Hauptverhandlung verwendbaren Beweise gewonnen werden dürfen; dazu *Eisenberg* (Beweisrecht) 1033 mit weit. Nachw.

123 BVerfGE **57** 292; BVerfG NJW **1992** 168; **1996** 448; BGHSt **17** 385 = NJW **1962** 1876 mit Anm. *Eb. Schmidt*; BGHSt **22** 270; **29** 109; **31** 290; **32** 115, 122 (GSSt) = NStZ **1984** 36 mit Anm. *Frenzel*; **33** 87; 181; BGH NJW **1981** 1626; **1985** 984; 1789; **1986** 1766; JR **1981** 1626; **1985** 984; 1789; **1986** 1766; JR **1981** 346 mit Anm. *Franzheim*; StV **1983** 403; **1984** 5; **1985** 137; OLG Frankfurt NJW **1976** 985 mit Anm. *Geisler* NJW **1976** 1986; OLG Hamm NJW **1970** 822; OLG Karlsruhe Justiz **1981** 368; OLG Köln NStZ **1990** 557; OLG Stuttgart NJW **1972** 67; *Alsberg/Nüse/Meyer* 460; *Gribbohm* NJW **1981** 305; *Herdegen* NStZ **1984** 202 ff; *Kohlhaas* JR **1957** 41; *Rebmann* NStZ **1982** 319; *Roxin* § 44, 27; *Eb. Schmidt* JZ **1962** 760; *Schlüchter* 472.1; *Tiedemann* MDR **1963** 456; **1965** 870; JuS **1965** 14; vgl. aber *Tiedemann/Sieber* NJW **1984** 761; *Willms* DRiZ **1964** 234; AK-*Dölling* 18; KK-*Diemer*⁴ 13; *Kleinknecht/Meyer-Goßner*⁴⁴ 5; KMR-*Paulus* 11; SK-*Schlüchter* 21. Der jeweils die Fairness des Verfahrens in einer Gesamtschau würdigende EGMR hält dies trotz eines materiellen Zeugenbegriffs unter bestimmten Kautelen [strikte

vom Hörensagen ist auch in diesen Sonderfällen kein schlechthin unzulässiges, durch § 250 ausgeschlossenes Beweismittel[124]. Es müssen bei seiner Verwendung allerdings die hier besonders ins Gewicht fallenden Schranken eingehalten werden, die sich aus der Aufklärungspflicht[125], der Pflicht zur eigenen, rational nachvollziehbaren Beweiswürdigung[126] und den sonstigen Anforderungen eines rechtsstaatlichen (fairen) Verfahrens[127] im Einzelfall ergeben. Das Recht auf Gehör kann verletzt sein, wenn das Gericht Namen und Personalien des V-Manns kennt, dem Angeklagten aber vorenthält, nicht aber, wenn er auch dem Gericht unbekannt bleibt. Auch bei befugter Sperrung einer Vertrauensperson für die Hauptverhandlung darf das Gericht bei der Beweisaufnahme die Verteidigungsmöglichkeiten nicht mehr als unvermeidbar einschränken. Es muß das Fragerecht bestmöglich sicherstellen und zumindest zulassen, daß der Vertrauensperson ein **Fragenkatalog** zu ihrer Aussage zugeleitet wird, der auch Fragen enthalten darf, die eine Prüfung ihrer Glaubwürdigkeit ermöglichen sollen. Zurückgewiesen werden dürfen allerdings Fragen, die zu einer Enttarnung der Vertrauensperson führen könnten[128].

28 Der **Beweiswert derartiger Angaben** muß auch nach der herrschenden Ansicht **besonders kritisch geprüft** werden. Er wird in der Regel gering sein, da das Gericht weder die Glaubwürdigkeit des im Dunkeln bleibenden Gewährsmanns noch die sonstigen Fehlerquellen abschätzen kann, so daß derart in den Prozeß eingeführte Tatsachen nur bei Bestätigung durch gewichtige anderweitige Indizien eine belastende Feststellung zu tragen vermögen[129]. Diese müssen in sich stimmig sein und sich mit dem Gesamtgeschehen, so wie es sich nach Überzeugung des Gerichts darstellt, ohne wesentliche Widersprüche vereinbaren lassen. Ergibt sich, daß ein V-Mann in anderen Punkten die Unwahrheit gesagt hat, darf auch seinen übrigen Angaben nicht ohne weiteres vertraut werden[130]. Nicht ausreichend ist in der Regel auch, wenn der unbekannte V-Mann seine Information selbst nur vom Hörensagen erlangt hat[131] oder wenn er Ermittlungsergebnisse „aus dem Umfeld des Angeklagten" mitgeteilt hat, so daß das Gericht die Glaubwürdigkeit der Auskunftspersonen nicht beurteilen kann[132], oder wenn sein Wissen nur durch die Angaben anderer Personen bestätigt wird, die in der Hauptverhandlung nicht selbst gehört wurden[133]. Unzureichend ist auch, wenn er sein Wissen nur durch Einsichtnahme in Protokolle von Vernehmungen gewonnen hat, an denen er nicht selbst mitgewirkt hatte[134].

28a Der Versuch einer **weiteren Sachaufklärung** ist in der Regel unerläßlich. Das Urteil muß in solchen Fällen erkennbar machen, daß sich das Gericht der besonderen Problematik bewußt war[135]. Verweigert der als Zeuge vom Hörensagen vernommene Beamte die Nennung seines Gewährsmanns, dann kann es die Aufklärungspflicht gebieten, daß das Gericht darauf hinwirkt, daß die nach §§ 54, 96, 110 b Abs. 3 Satz 3 zuständige **oberste Dienstbehörde** darüber entscheidet; die Begründung dieser Entscheidung muß zumindest

---

Abwägung der Interessen; Bestätigung durch andere Beweismittel] für zulässig; vgl. EGMR StV **1990** 483; **1991** 193; **1997** 619 mit Anm. *Wattenberg*; ferner *Renzikowski* JZ **1999** 609 mit weit. Nachw.
124 Vgl. Rdn. 24 Fußn. 98 vgl. aber auch EGMR StV **1997** 617 mit Anm. *Wattenberg*.
125 Vgl. Rdn. 25; 28; § 244, 69; KMR-*Paulus* 14.
126 Vgl. § 261, 41 ff; ferner Rdn. 25.
127 BVerfGE **57** 283; BGHSt **29** 111; **31** 149 = NStZ **1983** 228 mit Anm. *Franzheim*; ferner etwa OLG Hamburg, StV **1983** 449; LG Bremen StV **1981** 19 mit Anm. *Weider*; KK-*Diemer*[4] 14; KMR-*Paulus* 17.
128 BGH StV **1993** 171. Vgl. aber auch EGMR StV **1997** 617 mit Anm. *Wattenberg*.
129 Vgl. Rdn. 25 Fußn. 112; ferner etwa BVerfG NJW **1981** 1719; **1992** 168; **1996** 446; BGHSt **17** 382,

386; **33** 83, 87; 178, 181; **34** 15, 17; **36** 159, 166; **39** 141, 145; **42** 15; BGH NJW **1985** 1789; NStZ **1994** 502; 583; bei *Kusch* NStZ **1996** 325; StV **1989** 518; **1991** 101; 137; **1994** 413; 638; **1996** 583; OLG Köln StV **1996** 252; *Eisenberg* (Beweisrecht) 1034; *Geppert* Jura **1991** 54; *Joachim* StV **1992** 245; SK-*Schlüchter* 23.
130 LG Aachen StV **1991** 341.
131 BGH StV **1998** 3.
132 OLG Köln StV **1996** 252.
133 BGH StV **1996** 583.
134 OLG Köln StV **1990** 441.
135 Vgl. Rdn. 25 Fußn. 113; ferner etwa BVerfG NJW **1996** 448; BGH NJW **1986** 1766; bei *Holtz* MDR **1982** 971.

erkennen lassen, daß das Gericht die für und gegen die Verweigerung der Amtshilfe durch Offenlegung der Identität der Vertrauensperson sprechenden Umstände gewürdigt und abgewogen und dabei auch berücksichtigt hat, ob bei Ausschöpfen aller prozessualen Möglichkeiten (vgl. § 68 Abs. 3; §§ 247, 247 a, 255 a; § 172 GVG) der Schutzzweck auch bei einer Einvernahme der Vertrauensperson durch das Gericht gewahrt werden kann[136]. Die Entscheidung der obersten Dienstbehörde muß das Gericht hinnehmen, es kann allenfalls Gegenvorstellungen erheben[137]. Anfechten kann die Entscheidung der obersten Dienstbehörde nur der Angeklagte[138]. Bei einer offensichtlich willkürlichen und fehlerhaften Entscheidung kann das Gericht dem Angeklagten dies anheimstellen; im übrigen richtet es sich nach den Verhältnissen des Einzelfalls, ob aus der Aufklärungspflicht folgt, daß das Gericht trotzdem den Zeugen vom Hörensagen vernehmen muß und welche Folgerungen es bei der Beweiswürdigung aus dem Verhalten der Dienstbehörde zieht[139]. Daß dem Gewährsmann **Vertraulichkeit zugesichert** war, bindet das Gericht nicht, erforderlichenfalls muß es aber darauf hinwirken, daß die oberste Dienstbehörde darüber entscheidet[140]. Das Gericht wird durch das Vorliegen einer Entscheidung nach §§ 54, 96 auch nicht gehindert, einen ihm **namentlich bekannten Zeugen** zu laden, auch wenn dieser möglicherweise mit einer Vertrauensperson identisch sein sollte, deren Preisgabe verhindert werden sollte[141]. Wieweit ein Zeuge bei Geheimhaltung seiner Personalien als **unerreichbar** angesehen werden darf, ist bei §§ 244, 251 erörtert[142].

8. Sachverständige

29   **a)** Der **Vorrang des Personalbeweises** vor dem Urkundenbeweis gilt, wie § 251 zeigt, auch für Sachverständigengutachten, die, soweit nicht Ausnahmeregelungen wie vor allem § 256 eingreifen, durch **Einvernahme des Sachverständigen** und nicht durch Urkundenbeweis in die Hauptverhandlung einzuführen sind[143]. Die Anwesenheit des Sachverständigen gestattet den Verfahrensbeteiligten, ihm Fragen zu stellen und sich ein Bild von ihm und der Überzeugungskraft seiner Ausführungen zu machen. Die vorherrschende Meinung[144] nimmt dies ungeachtet des Wortlauts des § 250 im Rückschluß aus § 256 auch dann an, wenn ausnahmsweise der Sachverständige nur über **abstrakte Erfahrungssätze** und nicht zugleich auch über die mit einer Begutachtung eines konkreten Sachverhalts verbundenen Wahrnehmungen berichtet. Nach der Gegenmeinung[145] unterfallen Gutachten, die sich aus-

---

[136] Zu den Grenzen, die einer Offenlegung der sachlichen Erwägungen gesetzt sind, vgl. *G. Schäfer* 811 und bei § 96 mit weit. Nachw.

[137] Etwa BGHSt **32** 115, 129; **36** 159, 162; KK-*Diemer*⁴ 14.

[138] Vgl. bei § 96, auch zur strittigen Frage, ob dafür der Rechtsweg nach §§ 23 ff EGGVG oder der zu den Verwaltungsgerichten gegeben ist.

[139] Vgl. etwa BVerfGE **57** 250, 290; BGHSt **17** 384; **22** 270; **29** 112; **33** 70; **36** 159; NJW **1978** 113; GA **1968** 370; BGH bei *Holtz* MDR **1983** 987; OLG Hamm NJW **1970** 821; MDR **1976** 1040; OLG Koblenz MDR **1978** 691; NStZ **1981** 450; OLG Stuttgart NJW **1972** 66; *Eisenberg* (Beweisrecht) 1035; *J. Meyer* ZStW **95** (1983) 854; *Rebmann* NStZ **1982** 318; sowie wegen der Einzelheiten bei § 96 und bei § 54, 20 und § 244, 271. LG Münster will bei einer unbegründeten Weigerung unterstellen, daß die Vernehmung des V-Manns zugunsten des Angeklagten ausgegangen ist, ähnlich *Lüderssen* FS Klug 538; *Plähn* StV **1981** 110; dagegen KK-*Pelchen*⁴ Vor § 48, 63 ff (keine Rechtsgrundlage), der aber mit einem Teil des dort nachgewiesenen Schrifttums ein auch die Beweissurrogate erfassendes Beweisverbot annimmt. Letzteres erscheint jedoch fraglich. Verneinend BGHSt **36** 159; anders noch BGHSt **33** 83, 92, vgl. bei § 96.

[140] BGHSt **33** 83, 91; **36** 159; vgl. auch BGH StV **1996** 577; OLG Köln StV **1996** 252; KK-*Pelchen*⁴ Vor § 48, 59; SK-*Schlüchter* § 251, 61.

[141] BGH StV **1993** 112.

[142] Vgl. § 244, 271; § 251, 40; 59.

[143] BGHSt **1** 7; **22** 286, 270; BayObLGSt **1949/51** 304; BayObLG bei *Rüth* DAR **1965** 286; OLG Düsseldorf NJW **1949** 917; OLG Schleswig DAR **1962** 214; bei *Ernesti/Lorenzen* SchlHA **1984** 104; vgl. *Alsberg/Nüse/Meyer* 463 mit weit. Nachw.; *Eb. Schmidt* 2; *Wömpner* NStZ **1983** 294; vgl. auch Fußn. 144.

[144] *Alsberg/Nüse/Meyer* 463; *Geppert* 193 ff; *Geppert* FS v. Lübtow 779; *Kleinknecht/Meyer-Goßner*⁴⁴ 11; SK-*Schlüchter* 8; ferner auch *Löhr* 114; KK-*Diemer*⁴ 7.

[145] OLG Stuttgart JR **1977** 205 mit Anm. *Gollwitzer*; *Gössel* DRiZ **1980** 370.

schließlich auf die Wiedergabe abstrakten Wissens beschränken, dem § 250 nicht und können daher auch durch Verlesen in die Hauptverhandlung eingeführt werden[146]. In Verbindung mit der persönlichen Einvernahme des Sachverständigen ist es zulässig, ergänzend auch sein schriftliches Gutachten oder Teile davon zu verlesen[147].

b) Ein „**Sachverständiger vom Hörensagen**" ist begrifflich ausgeschlossen. Eine **30** Vertretung in der höchstpersönlichen Sachverständigenleistung ist nicht möglich; als Sachverständiger kann nur herangezogen werden, wer auf dem Sachgebiet, zu dem er sich äußern soll, eigene Sachkunde besitzt. Ergebnisse, die ein Sachverständiger kraft seiner besonderen Sachkunde gefunden hat, können nicht von einem anderen Sachverständigen, dem dieser besonderen Sachkunde ermangelt, durch seine Gutachtenerstattung in die Hauptverhandlung eingeführt werden[148]. Dies schließt nicht aus, daß der Sachverständige in seinem Gutachten die von **Hilfskräften**[149] ermittelten Teilergebnisse mitverwendet oder daß ein von mehreren Sachverständigen gemeinsam erarbeitetes Gutachten von demjenigen allein vor Gericht vertreten wird, der als Leiter des Arbeitsteams die Einzelergebnisse ausgewertet und im Gutachten zusammengefaßt hat[150]. Voraussetzung ist aber auch hier — ebenso wie bei den Befundtatsachen —, daß der Sachverständige in der Lage ist, die fachliche Richtigkeit der übernommenen Schlußfolgerungen selbst zu beurteilen und aus eigener Sachkunde die Verantwortung dafür zu übernehmen[151]. Die Grenze ist dort, wo nicht nur Ergebnisse eines genau definierten Verfahrens ermittelt oder logische Gesetze angewendet werden, sondern sich Entscheidungsräume für Wertungen auftun[152].

Die Zuziehung eines nicht selbst ausreichend sachkundigen Sachverständigen verletzt **31** die **Aufklärungspflicht**[153]. Aus dieser können sich im Einzelfall aber noch engere Grenzen ergeben, insbesondere, wenn konkrete Zweifel an der Richtigkeit eines im Gutachten übernommenen Teilergebnisses geltend gemacht werden.

c) Als **Zeuge (auch vom Hörensagen)** kann dagegen auch ein **Sachverständiger** in **32** Betracht kommen. Es ist zu unterscheiden:

Über sogen. **Befundtatsachen**, das sind Tatsachen, die der Sachverständige **nur ver-** **33** **möge seiner Sachkunde** wahrgenommen und erschöpfend verstanden hat oder gerade wegen seiner Sachkunde zutreffend beurteilen kann, darf er ohnehin in seinem Gutachten berichten, ohne daß es notwendig wäre, ihn oder einen anderen als Zeugen zu hören[154].

---

146 Das rein abstrakte Fachwissen könnte sich das Gericht ohnehin auch ohne formelle Einschaltung eines Sachverständigen durch das Schrifttum selbst aneignen. Ein rein abstrakter Gutachtenauftrag dürfte nur selten erteilt werden, denn in aller Regel erfordert schon die Aufklärungspflicht, die Gutachten nicht losgelöst von jedem Bezug zum zu beurteilenden konkreten Sachverhalt einzuholen, da andernfalls die Gefahr kaum auszuschließen ist, daß dessen für das Gericht im voraus nicht erkennbare, möglicherweise gutachtenrelevante Besonderheiten unberücksichtigt bleiben.

147 OLG Stuttgart NJW **1979** 559; KK-*Diemer*[4] 7; *Kleinknecht/Meyer-Goßner*[44] 12; zur ergänzenden Verlesung vgl. Rdn. 19 f.

148 BGH NJW **1968** 206; BayObLG bei *Rüth* DAR **1965** 286; OLG Celle NJW **1964** 462; OLG Frankfurt MDR **1983** 849; OLG Köln NJW **1964** 2218; *Bleutge* NJW **1985** 1185; *Kleinknecht/Meyer-Goßner*[44] 11; SK-*Schlüchter* 8.

149 Zur Definition der Hilfskraft *Bleutge* NJW **1985** 1185.

150 OLG Hamm NJW **1973** 1427; abl. *Friedrichs* NJW **1973** 2259; *Bleutge* NJW **1985** 1185; *Hanack* NJW **1961** 2045; vgl. bei § 72.

151 BGHSt **22** 268; OLG Frankfurt MDR **1983** 849; OLG Schleswig bei *Ernesti/Jürgensen* SchlHA **1974** 181; *Hanack* JZ **1971** 128; *Peters* JR **1969** 427; *Eb. Schmidt* JZ **1970** 34; a. A *Friederichs* JZ **1974** 257.

152 *Bleutge* NJW **1985** 1185.

153 SK-*Schlüchter* 8; vgl. § 244, 75; 213.

154 BGHSt **7** 84; **9** 292; **13** 1, 250; **18** 107; **20** 164; **22** 268; BGH NJW **1951** 171; **1963** 401; MDR **1956** 691; NStZ **1985** 182; **1986** 323; **1993** 245; weitere Beispiele für Befundtatsachen bringen *Alsberg/Nüse/Meyer* 188; *Russ* NJW **1963** 385 (zu BGHSt **18** 107). Nach *Hanack* JZ **1971** 127 ermangelt die Unterscheidung in der Rechtsprechung noch der scharfen Konturen; vgl. *Hanack* JR **1966** 425; *Eisenberg* (Beweisrecht) 1612; ferner OLG Bremen VRS **54** (1978) 65; wegen der Einzelheiten vgl. Vor § 72.

Walter Gollwitzer

Dazu rechnen Beobachtungen aus einer längerfristigen Unterbringung nach § 81 oder einer früheren Begutachtung[155] ebenso wie der fachliche Inhalt einer Krankengeschichte[156], der Befund bezüglich eines Blutbilds[157], auch wenn das Ergebnis von einem Hilfssachverständigen gewonnen wurde, oder auch fremde gutachterliche Äußerungen, sofern der Sachverständige die fremden Informationen kraft eigener Sachkunde kritisch prüft und in sein Gutachten unter eigener Verantwortung übernimmt[158].

34   Die sogen. **Zusatztatsachen**, das sind Tatsachen, zu deren Wahrnehmung und Verständnis es **nicht der besonderen Sachkunde** des Sachverständigen bedarf, können dagegen nicht über das Sachverständigengutachten in die Hauptverhandlung eingeführt werden. Dies gilt vor allem für **Angaben über das Tatgeschehen**, die dem Sachverständigen bei Erstellung des Gutachtens mitgeteilt worden sind[159]. Hierzu bedarf es der üblichen Beweismittel, insbesondere also des Zeugenbeweises. Erst wenn diese Tatsachen unter den besonderen Rechtsgarantien der Prozeßordnung in der mündlichen Verhandlung erörtert und bewiesen wurden, kann sich das Gutachten darauf stützen[160]. Insoweit wird zwar in der Regel die vom Sachverständigen gehörte Person selbst als Zeuge in der Hauptverhandlung zu hören sein; es kann jedoch auch der Sachverständige als Zeuge vom Hörensagen in Frage kommen[161], sofern der Verwertung seines Wissens nicht ein Hindernis entgegensteht, etwa, weil die Auskunftsperson später von einem **Zeugnis-** oder **Aussageverweigerungsrecht** Gebrauch macht[162]. Ob sich das Gericht mit den Bekundungen des Sachverständigen als Zeugen vom Hörensagen begnügen darf, richtet sich im übrigen auch hier nach seiner Pflicht, die Wahrheit zu erforschen[163]. Soweit der Sachverständige als Zeuge vernommen wird, ist er gemäß den für die Zeugen geltenden Vorschriften zu belehren und zu vereidigen[164]. Zusatztatsachen, die der Sachverständige Schriftstücken entnommen hat, die nach § 250 nicht verlesen werden dürfen, können nicht mittelbar über das Gutachten in die Hauptverhandlung eingeführt werden[165]. Die Person, die die Wahrnehmung gemacht hat, ist grundsätzlich selbst als Zeuge zu hören. Ein Gegenstand, dessen Beschaffenheit Grundlage des Gutachtens ist, muß vom Gericht selbst in Augenschein genommen werden, wenn seine beweisrelevante Beschaffenheit von jedermann ohne besondere Sachkenntnisse feststellbar ist. Ob dies auch bei Schreibproben gilt, auf die sich ein auf Schriftvergleichen beruhendes Gutachten stützt, oder ob es sich insoweit um Befundtatsachen handelt, ist strittig[166].

---

155 BGH StV **1995** 120.
156 BGHSt **9** 293; **22** 268, 273; BGH NJW **1956** 1526; NStZ **1993** 245; **1995** 44.
157 BGHSt **9** 292; OLG Celle GA **1961** 245.
158 Zur eigenen Verantwortung des übernehmenden Sachverständigen vgl. Rdn. 30.
159 Vgl. etwa BGH NStZ **1982** 256; **1985** 135.
160 BGHSt **9** 292, zust. *Eb. Schmidt* JZ **1957** 229; BGHSt **18** 107; **20** 166; BGH NJW **1956** 1526; JR **1962** 111; GA **1963** 18; *Heinitz* FS Engisch 696. Vgl. OLG Hamm VRS **39** (1970) 113 (keine alleinige Verlesung des klinischen Befundes des die Blutprobe entnehmenden Arztes); OLG Düsseldorf VRS **39** (1970) 277 (die Aufzeichnungen einer Fahrtschreiberscheibe können nicht allein über ein Gutachten in die Hauptverhandlung eingeführt werden); OLG Hamm StV **1984** 457 (Schriftprobe ist keine Befundtatsache). Zur Gefahr, daß der Sachverständige sein Gutachten auf die Aktenin-

halt stützt, ferner *Sarstedt* NJW **1968** 180; vgl. bei § 79 mit weit. Nachw.
161 BGH NJW **1959** 828; NStZ **1982** 256; **1985** 135; *Löhr* 117.
162 BGHSt **13** 1; 250; **18** 107; BGH NJW **1959** 828; NStZ **1997** 95. Vgl. auch § 252, 12 b.
163 *Heinitz* FS Engisch 704 nimmt an, daß für periphere Tatsachen, die das Bild nur abrunden, die Aufklärungspflicht in der Regel nicht die Anhörung der Auskunftsperson des Sachverständigen fordert, während dies notwendig ist, wenn das Gericht aus den Zusatztatsachen wesentliche Schlüsse ziehen will.
164 BGHSt **9** 293; **13** 2; 251; **18** 108; **20** 185; **22** 271; BGH NJW **1951** 771; **1979** 1371; NStZ **1982** 256; **1985** 135; 182; vgl. § 79 mit weit. Nachw.
165 BGH GA **1963** 18.
166 Vgl. KG StV **1993** 629 (Zusatztatsachen) mit Nachw. zum Streitstand. Vgl. dazu bei § 93; ferner § 244, 330.

9. Behördenauskünfte

a) Schriftliche Auskünfte von Behörden dürfen nach Strengbeweisrecht nur gemäß **35** § 256 im Wege des Urkundenbeweises in die Hauptverhandlung eingeführt werden, sofern nicht die dort erörterten Ausnahmen entgegenstehen[167]. § 250 Satz 2 gilt insoweit nicht. Im **beschleunigten Verfahren** und im Verfahren nach vorangegangenem **Strafbefehl** dürfen mit Zustimmung der Verfahrensbeteiligten Erklärungen von Behörden und ihrer Angehörigen auch verlesen werden, wenn § 256 nicht anwendbar ist (§ 420 Abs. 2, 3; § 411 Abs. 2 Satz 2). Sofern die Sachaufklärung dies erfordert, kann auch ein Behördenangehöriger über seine Wahrnehmungen als Zeuge gehört werden.

b) Fernmündliche Auskünfte von Behörden oder Privatpersonen können — abgese- **36** hen von den in § 251 Abs. 3 angesprochenen Fällen des Freibeweises — selbst mit Einverständnis der Beteiligten nicht durch Bekanntgabe in die Hauptverhandlung eingeführt werden. Dem steht § 250 Satz 1 entgegen. Der Grundsatz der Unmittelbarkeit verlangt, daß derjenige, der die Auskunft erteilt hat, als Zeuge in der Hauptverhandlung vernommen wird[168]. Wegen der mit Zustimmung der in der Hauptverhandlung anwesenden Verfahrensbeteiligten zulässigen Ausnahmen im beschleunigten Verfahren nach vorangegangenem Strafbefehl und wegen Ordnungswidrigkeiten vgl. bei §§ 420, 411 und § 77 a OWiG.

Ist eine notwendige Vernehmung der Auskunftsperson in der Hauptverhandlung nicht **37** möglich und kann sie auch nicht im Wege des § 247 a aus der Hauptverhandlung heraus an einem anderen Ort vernommen werden, so muß ihre **kommissarische Einvernahme** angeordnet werden, um die Voraussetzungen für die Verlesung der Aussage nach § 251 oder der Vorführung einer Videoaufzeichnung nach § 255a zu schaffen. Die Einholung einer schriftlichen Auskunft kann genügen, wenn § 256 ihre Verlesung zuläßt[169]. Ob es genügt, denjenigen, der die Auskunft entgegengenommen hat, über ihren Inhalt als Zeugen vom Hörensagen zu vernehmen, bestimmt sich nach der richterlichen Aufklärungspflicht.

10. Revision

a) Als **Verstoß gegen § 250** kann gerügt werden, wenn statt der gebotenen Verneh- **38** mung einer Person deren Wahrnehmungen durch Urkundenbeweis in die Hauptverhandlung eingeführt und bei der Urteilsfindung verwendet wurden[170]. Die Verwendung eines **sachferneren Beweismittels** kann dagegen nach der hier vertretenen Auffassung nur unter dem Gesichtspunkt einer Verletzung der **Aufklärungspflicht** beanstandet werden[171]. Gleiches gilt, wenn das Gericht es unterlassen hat, sich durch die ihm mögliche Zuziehung anderer Beweismittel darüber zu vergewissern, wieweit die in die Hauptverhandlung eingeführten Angaben einer unbekannt gebliebenen Gewährsperson verläßlich sind[172], oder wenn in den Fällen, in denen dies nicht von vornherein aussichtslos ist, das Gericht unterlassen hat, eine Entscheidung der obersten Dienstbehörde über die Sperre des Wahrnehmungszeugen herbeizuführen und dabei gegebenenfalls auch auf nach der Sachlage mögliche und für den Schutz der Gewährsperson ausreichende Verfahrensgestaltungen bei seiner Einvernahme hinzuweisen[173].

---

[167] Vgl. § 256, 29 ff; 40 ff.
[168] OLG Hamm VRS **49** (1975) 193; OLG Karlsruhe MDR **1976** 247; vgl. BGH NStZ **1984** 134.
[169] OLG Hamm JMBlNW **1964** 6.
[170] OLG Karlsruhe Justiz **1981** 366; OLG Koblenz NStZ **1981** 450; HK-*Julius*[2] 11; KK-*Diemer*[4] 19;

Kleinknecht/Meyer-Goßner[44] 15; KMR-*Paulus* 23; SK-*Schlüchter* 25.
[171] Vgl. BGH StV **1988** 91; AK-*Dölling* 26; KK-*Diemer*[4] 19; KMR-*Paulus* 23; SK-*Schlüchter* 26; weit. Nachw. Rdn. 25; 28a.
[172] Vgl. Rdn. 28.
[173] Vgl. Rdn. 28a; § 244, 43; 271.

39 Als **Verstoß gegen § 261** kann gerügt werden, wenn das Gericht einen Umstand im Urteil als beweiserheblich angesehen hat, der nicht ordnungsgemäß zum **Gegenstand der Hauptverhandlung** gemacht worden war, wie etwa eine aus dem Gutachten eines Sachverständigen ungeprüft übernommene Zusatztatsache[174]. Gegen § 261 kann auch verstoßen werden, wenn das Gericht bei einem Zeugen vom Hörensagen dessen Würdigung der Glaubwürdigkeit seines Gewährsmanns ungeprüft übernommen hat[175]; ferner, wenn das Urteil insoweit nicht den Anforderungen entspricht, die die Revisionsgerichte an die schlüssige Darlegung der Beweiswürdigung stellen[176]. Ein solcher die **Grenzen der freien Beweiswürdigung** überschreitender Fehler liegt auch vor, wenn das Gericht in Verkennung des eingeschränkten Beweiswerts die Verurteilung ausschließlich auf die nicht durch andere Beweisergebnisse verläßlich bestätigten Wahrnehmungen einer unbekannt gebliebenen Auskunftsperson stützte, die nur durch Zeugen vom Hörensagen in die Hauptverhandlung eingeführt worden sind[177]. Unzureichende Ausführungen zu diesen Fragen werden vielfach auch im Rahmen der **Sachrüge** beachtlich sein.

40 **b)** Zur **Begründung** des behaupteten Verstoßes gegen § 250 muß die Revision durch ihren Tatsachenvortrag aufzeigen, daß und auf welche Weise dagegen verstoßen wurde. Die allgemeine Behauptung, eine bestimmte Beweiserhebung verletze den Grundsatz der Unmittelbarkeit, genügt nicht. Erforderlich ist ein erschöpfender Tatsachenvortrag, der es dem Revisionsgericht gestattet, allein auf seiner Grundlage zu prüfen, ob bei Bestätigung der behaupteten Tatsachen ein **Verstoß gegen § 250** vorliegt[178], eine Urkunde also nicht nur zum Beweis ihrer Existenz[179] verlesen wurde. Dazu gehören die Angaben über Aussteller und genauen Inhalt der Urkunde sowie, daß sie zu Unrecht an Stelle einer erreichbaren Auskunftsperson zum Beweis einer Wahrnehmung verwendet wurde und nicht **neben deren Aussage** als ergänzendes Beweismittel[180], ferner Ausführungen, daß und warum ein möglicher Personalbeweis unterblieb, gegebenenfalls auch, daß die im Urteil wiedergegebenen Wahrnehmungen nicht auf den Aussagen einer anderen Beweisperson beruhen, die sie auf **Vorhalt** der Urkunde aus eigenem Wissen bestätigt hat[181]. Wegen der vielen Ausnahmen muß der Tatsachenvortrag auch aufzeigen, daß kein **Ausnahmetatbestand** vorlag, der den Ersatz des Personalbeweises durch den beanstandeten Urkundenbeweis zugelassen hat. Dabei darf er auch solche Tatsachen, die der Rüge den Boden entziehen können, nicht übergehen[182].

41 Wird mit der **Aufklärungsrüge** beanstandet, daß das Gericht ein erkennbares und verfügbares sachnäheres Beweismittel nicht verwendet hat, ist zur Begründung dieser Rüge darzulegen, daß und weshalb die bessere Sachaufklärung die Anhörung des unmittelbaren Wahrnehmungszeugen erfordert hätte[183]; dazu gehört auch, was der Zeuge bei seiner Einvernahme hätte bekunden können[184].

---

174 Vgl. Rdn. 34.
175 Vgl. Rdn. 24, 28; § 261, 29; 83.
176 BVerfGE **57** 292; BGHSt **17** 380; **33** 181; BGH NStZ **1982** 433; StV **1983** 433; h. M; vgl. Rdn. 25, 28 mit weit. Nachw.
177 Vgl. Rdn. 25, 28 mit weit. Nachw.
178 Etwa BGHSt **3** 213; BGH StV **1999** 197 (R); *Kleinknecht/Meyer-Goßner*[44] 15; h. M; vgl. § 344, 78 ff.
179 Vgl. etwa OLG Frankfurt StV **1996** 202 sowie Rdn. 12.
180 BGH NStZ **1995** 609; bei *Holtz* MDR **1978** 988; AK-*Dölling* 36; HK-*Julius*[2] 11; *Kleinknecht/Meyer-Goßner*[44] 12; SK-*Schlüchter* 25.
181 OLG Düsseldorf VRS **88** (1995) 203; vgl. Rdn. 15; § 249, 102.
182 BGHSt **37** 245, 248; BGH NStZ **1986** 519; StV **1996** 530.
183 Ob die Umstände dazu „drängen" mußten – so etwa BGH StV **1988** 91 mit abl. Anm. *Strate*; *Kleinknecht/Meyer-Goßner*[44] 15 –, ist strittig; **a. A** SK-*Schlüchter* 26; vgl. dazu § 244, 46 ff; 69.
184 BGH StV **1988** 91; KK-*Diemer*[4] 19; *Kleinknecht/Meyer-Goßner*[44] 15; vgl. § 244, 355; 356.

§ 251

(1) Die Vernehmung eines Zeugen, Sachverständigen oder Mitbeschuldigten darf durch Verlesung der Niederschrift über seine frühere richterliche Vernehmung ersetzt werden, wenn

1. der Zeuge, Sachverständige oder Mitbeschuldigte verstorben oder in Geisteskrankheit verfallen ist oder wenn sein Aufenthalt nicht zu ermitteln ist;
2. dem Erscheinen des Zeugen, Sachverständigen oder Mitbeschuldigten in der Hauptverhandlung für eine längere oder ungewisse Zeit Krankheit, Gebrechlichkeit oder andere nicht zu beseitigende Hindernisse entgegenstehen;
3. dem Zeugen oder Sachverständigen das Erscheinen in der Hauptverhandlung wegen großer Entfernung unter Berücksichtigung der Bedeutung seiner Aussage nicht zugemutet werden kann;
4. der Staatsanwalt, der Verteidiger und der Angeklagte mit der Verlesung einverstanden sind.

(2) ¹Hat der Angeklagte einen Verteidiger, so kann die Vernehmung eines Zeugen, Sachverständigen oder Mitbeschuldigten durch die Verlesung einer Niederschrift über eine andere Vernehmung oder einer Urkunde, die eine von ihm stammende schriftliche Erklärung enthält, ersetzt werden, wenn der Staatsanwalt, der Verteidiger und der Angeklagte damit einverstanden sind. ²Im übrigen ist die Verlesung nur zulässig, wenn der Zeuge, Sachverständige oder Mitbeschuldigte verstorben ist oder aus einem anderen Grunde in absehbarer Zeit gerichtlich nicht vernommen werden kann.

(3) Soll die Verlesung anderen Zwecken als unmittelbar der Urteilsfindung, insbesondere zur Vorbereitung der Entscheidung darüber dienen, ob die Ladung und Vernehmung einer Person erfolgen sollen, so dürfen Vernehmungsniederschriften, Urkunden und andere als Beweismittel dienende Schriftstücke auch sonst verlesen werden.

(4) ¹In den Fällen der Absätze 1 und 2 beschließt das Gericht, ob die Verlesung angeordnet wird. ²Der Grund der Verlesung wird bekanntgegeben. ³Wird die Niederschrift über eine richterliche Vernehmung verlesen, so wird festgestellt, ob der Vernommene vereidigt worden ist. ⁴Die Vereidigung wird nachgeholt, wenn sie dem Gericht notwendig erscheint und noch ausführbar ist.

Schrifttum. Vgl. die Hinweise bei den §§ 223, 244, 249, 250 sowie zum Freibeweis bei § 244. Das Schrifttum zur Problematik des Verdeckten Ermittlers und des V-Manns ist vor allem auch bei § 96, § 110 a und bei § 250 aufgeführt. Ferner etwa: *Fezer* Grundfälle zum Verlesungs- und Verwertungsverbot im Strafprozeß; 1. Teil, Die Verlesungsverbote des §§ 250, 251, 253 und 254, JuS **1977** 382; *Foth* Wie sind Beobachtungen des beauftragten Richters zur Glaubwürdigkeit des kommissarisch vernommenen Zeugen in die Hauptverhandlung einzuführen, MDR **1983** 716; *Hoffmann* Der unerreichbare Zeuge im Strafverfahren (1991); *Julius* Die Unerreichbarkeit von Zeugen im Strafprozeß (1988); *Marenbach* Aktuelle Probleme des NATO-Truppenstatuts, NJW **1974** 1070; *Ostler* Die ausgesetzte Hauptverhandlung und § 251 Abs. 1 Ziffer 4 StPO, MDR **1967** 374; *J. Meyer* Zur Verwendung polizeilicher Protokolle in der Hauptverhandlung, ZStW **105** (1993) 386; *Schomburg/Klip* „Entlastung der Rechtspflege" durch weniger Auslandszeugen? StV **1993** 208; *Schwenk* Die strafprozessualen Befugnisse des NATO-Truppenstatuts, des Zusatzabkommens und des Unterzeichnungsprotokolls zum Zusatzabkommen, NJW **1963** 1425; *ter Veen* Das unerreichbare Beweismittel und seine prozessualen Folgen — eine Übersicht zur Rechtsprechung des BGH und anderer Obergerichte, StV **1986** 295; *Thien* Zeugenvernehmung im Ausland. Zur Problematik der Verwertbarkeit im deutschen Prozeß, Diss. Köln, 1979.

Entstehungsgeschichte. Art. 4 des Dritten VereinfVO vom 29. 5. 1943 faßte § 251 neu. Absatz 1 der alten Fassung wurde zu Absatz 1 Nr. 1, während Absatz 1 Nr. 2 und 3 den ehemaligen Absatz 2 in einer vereinfachten Fassung übernahmen. Absatz 1 Nr. 4 wurde neu eingefügt, desgleichen die Absätze 2 und 3, die in der Rechtsprechung entwickelte Grundsätze in das Gesetz übernahmen. Absatz 4 stimmt inhaltlich mit dem früheren Absatz 3 überein. Im Jahre 1950 hat Art. 3 Nr. 113 VereinhG — abgesehen von einer Änderung des Absatzes 1 Nr. 3 — die Fassung der Dritten VereinfachungsVO beibehalten (vgl. zur Entstehungsgeschichte insoweit *Hanack* JZ **1971** 513), Art. 1 Nr. 17 StVÄG 1987 hat mit Wirkung vom 1. 4. 1987 den ganzen Absatz 2 neu gefaßt. Eine Neuregelung bringt jedoch nur der Satz 1, der im Interesse der Verfahrensvereinfachung gestattet, bei einem verteidigten Angeklagten mit Einverständnis der Verfahrensbeteiligten die Einvernahme eines Zeugen, Sachverständigen oder Mitbeschuldigten durch Verlesung der Vernehmungsniederschriften oder sonstiger von ihm stammender Schriften zu ersetzen. Der nur redaktionell umgestaltete Satz 2 übernimmt dagegen die auch schon bisher in Absatz 2 enthaltene Regelung. Bezeichnung bis 1924: § 250.

Übersicht

Alphabetische Übersicht

Walter Gollwitzer

I. Allgemeines

1. Ausnahme vom Grundsatz des § 250

a) Zulässigkeit. Die Worte „darf" und „dürfen" im § 251 Abs. 1 und 2 bedeuten, daß **1** die Verlesung, wenn die gesetzlichen Voraussetzungen vorliegen, ungeachtet des § 250 zulässig ist. Gleiches gilt nach § 255 a für den Ersatz der unmittelbaren Einvernahme durch Vorführung einer Bild-Ton-Aufnahme einer früheren Vernehmung. Ob der Rückgriff auf diese Aufzeichnungen **notwendig und ausreichend** ist, hat das Gericht nach Beweisgrundsätzen, vor allem unter Berücksichtigung seiner **Aufklärungspflicht**, zu entscheiden[1]. Danach kann die Verlesung selbst dann geboten sein, wenn der Zeuge, Sachverständige oder Mitbeschuldigte schon zur Zeit der Vernehmung geisteskrank war[2]. Von der Zulässigkeit und der Notwendigkeit der Verlesung muß die Frage nach dem **Beweiswert** der zu verlesenden Niederschrift oder schriftlichen Erklärung unterschieden werden. Über sie ist erst im Rahmen der Urteilsberatung abschließend zu befinden[3]. Diese Frage kann insbesondere dann auftauchen, wenn nicht die Urschrift, sondern nur eine Abschrift beigebracht wird[4].

b) Die Aufklärungspflicht, die das ganze Strafverfahren beherrscht, erfordert die in **2** § 251 Abs. 1 Nr. 1 und 2 und Abs. 2 Satz 2 vorgesehenen Ausnahmen von dem in § 250 festgelegten Vorrang des Personalbeweises vor dem Urkundenbeweis, um Beweisverluste zu vermeiden. Die anderen Ausnahmen, die vor allem die **wirtschaftliche und zügige Durchführung** des Verfahrens erleichtern sollen[5], sind mit ihr nach der Besonderheit des einzelnen Falles vereinbar, auch ein zulässiger Urkundenbeweis darf nicht die persönliche Einvernahme ersetzen, wenn diese zur besseren Sachaufklärung geboten erscheint[6]. Diese

---

[1] Vgl. § 244, 60.

[2] So schon RGSt **33** 395; **57** 188.

[3] Teilw. **a. A** RGSt **55** 3.

[4] Vgl. § 249, 5.

[5] BGHSt **10** 186, 189; **26** 18, 20; *Gründler* MDR **1986** 903; KK-*Diemer*4 1, *Kleinknecht/Meyer-Goßner*44 1, SK-*Schlüchter* 3.

[6] BGHSt **10** 186, 191; BGH NStZ **1988** 37; OLG Celle StV **1991** 294; OLG Düsseldorf StV **1991** 294; vgl. Rdn. 44.

kann andererseits aber auch das Gericht zur Verlesung der Niederschrift über eine frühere Vernehmung eines Zeugen, Sachverständigen oder Mitbeschuldigten oder seiner schriftlichen Erklärung verpflichten, insbesondere dann, wenn eine schwere körperliche Erkrankung des Zeugen, Sachverständigen oder Mitbeschuldigten der abermaligen oder erstmaligen Vernehmung durch einen beauftragten oder ersuchten Richter oder vor dem erkennenden Gericht entgegensteht[7]. Jedoch rechtfertigt das bloße **Ausbleiben eines Zeugen**, Sachverständigen oder Mitbeschuldigten oder die **unberechtigte Verweigerung der Zeugenaussage** in der Hauptverhandlung die Verlesung der über eine frühere richterliche Vernehmung aufgenommenen Niederschrift nur dann, wenn die im § 251 Abs. 1 Nr. 4 angegebene Voraussetzung erfüllt ist und Gewähr dafür besteht, daß der Sachverhalt durch die Verlesung ebensogut wie durch die Vernehmung aufgeklärt werden kann[8]. Trifft das nicht zu, so muß das Gericht das Erscheinen des Ausgebliebenen oder die Aussage des Erschienenen durch die gesetzlichen Mittel erzwingen[9].

3   **c)** Soweit sich § 251 auf den Beweis von Tatsachen bezieht, die der Beantwortung der **Schuld- oder Rechtsfolgenfrage** zugrunde liegen oder doch zugrunde liegen können, ist er nicht nur als eine **Ausnahme** zum Grundsatz des § 250 im logischen Sinne anzusehen, sondern zugleich im Sinne der **engen Interpretation**. Er beruht auf der im Regelfall zutreffenden Annahme, daß in allen Fällen, in denen jemand über einen Vorfall Beobachtungen gemacht hat, zu dem das Gericht Feststellungen treffen muß, die Vernehmung dieser Person über ihre Beobachtungen in der Hauptverhandlung zu besseren Ergebnissen führt, weil sie dem Gericht und den Verfahrensbeteiligten Fragen und Vorhalte gestattet und insgesamt eine bessere Einschätzung der Aussage über den Wahrnehmungsvorgang und damit auch Rückschlüsse auf die Zuverlässigkeit der Aussage ermöglicht. Diese breitere Beurteilungsbasis ist trotz der verstrichenen Zeit meist der sicherere Weg zu Ergebnissen, die der objektiven Wahrheit näherkommen, als die Verlesung einer Niederschrift über eine frühere Vernehmung oder eine dem Gericht gegebene schriftliche Schilderung der Beobachtungen. Deshalb soll das meist schlechtere Beweismittel, die Niederschrift über eine frühere Vernehmung oder die schriftliche Schilderung, in der Regel nur gebraucht werden, wenn das bessere Beweismittel, die Vernehmung der Auskunftsperson über die eigenen Wahrnehmungen in der Hauptverhandlung, nicht zur Verfügung steht[10]. Dies gilt wegen der fehlenden Möglichkeit für Fragen und Vorhalten und zur eigenen Vernehmungsgestaltung an sich auch, wenn eine frühere Vernehmung dem Gericht durch **Vorspielen ihrer Bild-Ton-Aufzeichnung** zur Kenntnis gebracht wird (§ 255 a); der bei entsprechender Qualität und Bildführung durch die Aufzeichnung vermittelte unmittelbare Eindruck von der Vernehmung hat jedoch einen höheren Beweiswert als das Verlesen eines Vernehmungsprotokolls.

2. Sonderregelungen

4   **a)** Art. VII Abs. 9 Buchst. b des **Nato-Truppenstatus** gewährt den Mitgliedern der Stationierungsstreitkräfte und den ihnen gleichgestellten Personen das Recht, den Belastungszeugen gegenübergestellt zu werden. Ob dies die Verlesung von Zeugenaussagen ausschließt, ist strittig. Nach der einen Auffassung verleiht das Truppenstatut keine über

---

7 RGSt **15** 409; RG GA **62** (1915/1916) 341.
8 Vgl. Rdn. 44; 49.
9 Vgl. § 70, 13; 18.
10 *Kohlhaas* NJW **1954** 535; *Eb. Schmidt* 3; vgl. § 250, 13 ff. Die Verhörsperson, die in der Hauptverhandlung bezeugt, was ein anderer bei der frü-

heren Einvernahme ausgesagt hat, ist hinsichtlich der ihr mitgeteilten Tatsachen auch Zeuge vom Hörensagen; trotzdem wird ihre Einvernahme – im Regelfall wohl zu Recht – als das bessere Beweismittel angesehen; vgl. KMR-*Paulus* § 244, 190 f; 223.

die StPO hinausgehenden Rechte[11], während nach der anderen den Angehörigen der Stationierungsstreitkräfte die Verfahrenbefugnisse — nämlich das unmittelbare Befragungs- und Erklärungsrecht — gesichert werden sollen, die sie, zumindest im angloamerikanischen Rechtskreis, vor ihren nationalen Gerichten haben[12]. Die Verlesung nach § 251 wird man zumindest dann für **zulässig** halten müssen, wenn der Angeklagte damit einverstanden ist oder Gelegenheit hatte, nach § 224 an der Vernehmung teilzunehmen und Fragen zu stellen[13], oder wenn eine Gegenüberstellung nicht möglich ist, weil der Belastungszeuge verstorben oder unbekannten Aufenthalts ist[14].

b) In **Verfahren mit vereinfachter Beweiserhebung** wie im beschleunigten Verfah 5
ren oder im Verfahren nach vorangegangenem Strafbefehl ist § 251 an sich anwendbar,
jedoch ist die Verlesbarkeit erweitert. Niederschriften über die Vernehmung eines Zeugen, Sachverständigen oder Mitangeklagten sowie von diesen stammende schriftliche
Äußerungen dürfen verlesen werden, jedoch bedarf es dafür der Zustimmung von Angeklagtem, Staatsanwalt und Verteidiger, sofern diese anwesend sind (§ 420 Abs. 1, 3; § 411
Abs. 2 Satz 2). Gleiches gilt nach § 77 a OWiG im Verfahren wegen Ordnungswidrigkeiten.

3. Verhältnis der Absätze 1 und 2. Die StPO geht davon aus, daß Niederschriften 6
über eine richterliche Vernehmung in der Regel wegen der Objektivität des nicht in die
Ermittlungen unmittelbar eingebundenen Vernehmenden, aber auch wegen der Strafbarkeit falscher Angaben nach den §§ 153, 154 StGB und vor allem wegen der Fragen
ermöglichenden Teilnahmerechte einen höheren Beweiswert haben als die ohne diese
Garantie aufgenommenen anderen Protokolle. Auf Grund dieser Erfahrungstatsache[15] hat
das Gesetz die Voraussetzungen für die Verlesung von Niederschriften über eine richterliche Vernehmung weiter gefaßt als diejenige für die Verlesung anderer Niederschriften
oder schriftlicher Erklärungen. Insbesondere rechtfertigen die Rücksicht auf gewisse Verhältnisse eines Zeugen oder Sachverständigen oder das Einverständnis der Beteiligten
uneingeschränkt nur die Verlesung der Niederschrift über eine **richterliche Vernehmung.** Kann ein Zeuge, Sachverständiger oder Mitbeschuldigter in absehbarer Zeit
gerichtlich vernommen werden, so darf die Niederschrift über seine frühere **polizeiliche
oder staatsanwaltschaftliche Vernehmung** auch bei Einverständnis der Beteiligten nur
verlesen werden, wenn der Angeklagte eine Verteidiger hat[16]. Andererseits schließt das
Vorliegen einer Niederschrift nach Absatz 1 nicht aus, auch eine Niederschrift nach
Absatz 2 zu verlesen[17]. Die Benutzung eines Beweismittels von voraussichtlich geringerem Beweiswert wird nicht schon dadurch unzulässig, daß auch ein Beweismittel von voraussichtlich höherem Beweiswert zur Verfügung steht[18]. Die **Aufklärungspflicht** wird
bei Unklarheiten in der Regel die Verwendung beider fordern. Richterliche Niederschriften, die den Formerfordernissen des Absatzes 1 nicht genügen, können nach Absatz 2 verlesbar sein (Rdn. 65).

---

11 (2 StR 89/74, unveröffentlicht) nach BGHSt **26** 19;
Alsberg/Nüse/Meyer 260; KK-*Tolksdorf*³ § 224, 2;
*Kleinknecht/Meyer-Goßner*⁴⁴ 1; KMR-*Paulus* 4;
SK-*Schlüchter* 8 unter Hinweis auf BGHSt **21** 84;
vgl. aber § 224, 3; BGHSt **26** 18 neigt ebenfalls zu
dieser Ansicht, läßt die Frage aber offen.

12 BGH bei *Dallinger* MDR **1973** 729; *Marenbach*
NJW **1963** 1429.

13 BGHSt **26** 18; KK-*Diemer*⁴ 29; vgl. § 224, 2.

14 *Marenbach* NJW **1974** 1071 f; *Schwenk* NJW **1963**
1429; KK-*Diemer*⁴ 29.

15 Zur keinesfalls einheitlichen Beurteilung des unterschiedlichen Beweiswerts vgl. etwa BGHSt **29**
111; BGH StV **1997** 512; *Eisenberg* (Beweisrecht)
614; *Eisenberg* NStZ **1988** 488; *Geppert* DRiZ
1992, 408; *Schellenberg* NStZ **1991** 72.

16 Vgl. Rdn. 53 ff.

17 BGHSt **19** 354; **27** 139; vgl. Rdn. 51.

18 BGHSt **19** 354.

II. Niederschrift über eine frühere richterliche Vernehmung (Absatz 1)

1. Begriff

7   **a) Richterliche Vernehmung.** § 251 Abs. 1 läßt nur die Verlesung der Niederschrift über eine von einem Richter ausgeführte Vernehmungen zu. Richterliche Vernehmungen sind auch solche, die ein **richterliche Befugnisse** ausübender Beamter vorgenommen hat[19]. Wird ein Zeuge durch einen **Referendar** als Richter kraft Auftrags vernommen, der zur Abnahme von Eiden nicht befugt ist (§ 10 Satz 2 GVG), und soll der Zeuge vereidigt werden, muß ein Richter vor der Eidesleistung die Verhandlung übernehmen und dem Vernommenen die Aussage vorlesen. Das muß aus der Niederschrift hervorgehen[20]. Zur Vernehmung im Ausland s. Rdn. 22 ff.

8   **b)** Grundsätzlich ist die Niederschrift **jeder richterlichen Vernehmung** verlesbar, auch wenn sich der Vernehmungsgrund geändert hat. Absatz 1 setzt nicht voraus, daß die frühere Vernehmung in der **anhängigen Strafsache** stattgefunden hat[21], noch weniger ist sein Anwendungsbereich auf die kommissarischen Vernehmungen nach § 223 beschränkt[22]. Verlesbar ist auch eine Niederschrift, die in einem **anderen Verfahren** und zu einem anderen Zweck aufgenommen wurde, so zum Beispiel die Niederschrift in einer anderen Strafsache[23], in einem bürgerlichen Rechtsstreit[24] in einem Verwaltungsgerichtsverfahren oder in einem Disziplinarverfahren[25] oder auch eine von einem Vormundschaftsrichter aufgenommene Niederschrift[26]. Hier hängt die Verlesbarkeit nicht davon ab, daß ein Urkundsbeamter mitgewirkt hat; es ist sachgerecht, die Wahrung derjenigen Form genügen zu lassen, die in dem Verfahren zu beachten ist, in dem die Niederschrift entstanden ist[27].

9   Niederschriften, die den Inhalt einer **Zeugenaussage in einer früheren Hauptverhandlung** (§ 273) wiedergeben, sind ebenfalls verlesbar[28]. Wird neu verhandelt, so kann die in der früheren Hauptverhandlung abgegebene, in der Sitzungsniederschrift beurkundete Aussage eines Zeugen, Sachverständigen oder Mitbeschuldigten, der inzwischen verstorben, in Geisteskrankheit verfallen oder flüchtig geworden ist, auch dann verlesen werden, wenn eine dem § 273 Abs. 3 entsprechende Verlesung und Genehmigung des Niedergeschriebenen nicht stattgefunden hat und nur ihr **wesentlicher Inhalt** nach § 273 Abs. 2 festgehalten ist[29]. Die Sitzungsniederschrift muß aber gewissen **Mindestanforderungen** genügen, vor allem muß sie vom Vorsitzenden und vom Protokollführer unterschrieben sein[30]. Die Bewertung einer nur sinngemäß und verkürzt festgehaltenen Aussage erheischt

---

[19] Vgl. Rdn. 30 (Konsularbeamter); RGSt **29** 433; **52** 1 (Militärjustizbeamte, Gerichtsoffiziere); RG GA **54** (1907) 290 (Disziplinarverfahren).

[20] BGHSt **12** 92; SK-*Schlüchter* 25; vgl. bei § 10 GVG.

[21] Etwa im Vorverfahren (vgl. BHGSt **10** 186; **32** 332; BGH VRS **36** [1969] 356) oder im Zwischenverfahren (vgl. RGSt **66** 213; BGH bei *Holtz* MDR **1977** 461).

[22] H. M; vgl. *Alsberg/Nüse/Meyer* 266; KK-*Diemer*[4] 12; *Kleinknecht/Meyer-Goßner*[44] 16; KMR-*Paulus* 22 mit weit. Nachw.; unzutreffend OLG Hamm JR **1950** 123 (nur Vernehmung nach § 223).

[23] BGHSt **10** 187; BayObLGSt **1953** 92 = JZ **1953** 702 mit abl. Anm. *Busch*; BayObLG StV **1981** 12; OLG Saarbrücken NJW **1974** 1959.

[24] RGSt **10** 29; **32** 75; **56** 257.

[25] *Krause* 164; *Kleinknecht/Meyer-Goßner*[44] 16; SK-*Schlüchter* 26.

[26] RGSt **56** 257.

[27] **A. A** RGSt **56** 257; *Krause* 164; BGHSt **5** 215 neigt der Gegenauffassung zu, läßt die Frage aber offen. Wie hier: KK-*Diemer*[4] 12; *Kleinknecht/Meyer-Goßner*[44] 16; KMR-*Paulus* 22; SK-*Schlüchter* 26.

[28] BGHSt **24** 183 = JR **1971** 512 mit Anm. *Hanack* = LM Nr. 20 mit Anm. *Kohlhaas;* BayObLG MDR **1982** 217; OLG Köln JMBlNW **1960** 286; OLG Saarbrücken NJW **1974** 1959; *Alsberg/Nüse/Meyer* 266; KK-*Diemer*[4] 12; *Kleinknecht/Meyer-Goßner*[44] 16; KMR-*Paulus* 22; SK-*Schlüchter* 26.

[29] RGRspr. **6** 212; RG JW **1929** 2741.

[30] *Hanack* JR **1971** 512; vgl. Rdn. 11.

freilich große Vorsicht[31]. Ob Verfahrensfehler bei der Vernehmung einer anderen Person in einem **anderen Verfahren** eine **verfahrensübergreifende Wirkung** haben und zu einem Verwertungsverbot führen, ist allein aus der Sicht des gegenwärtigen Verfahrens zu beurteilen[32]. Maßgebend ist Gewicht und Fortwirkung des Verfahrensfehlers und der Schutzzweck der verletzten Norm.

2. Mindesterfordernisse und hindernde Mängel

a) Die Verlesbarkeit der Niederschrift über eine richterliche Vernehmung nach Absatz **10** 1 setzt ein **ordnungsgemäß errichtetes Protokoll** voraus. Es müssen gewisse **Mindesterfordernisse** hinsichtlich der maßgebenden Verfahrensvorschriften erfüllt sein. Sie entfällt, wenn wesentliche Vorschriften verletzt sind. Was unter dem Blickwinkel des Absatzes 1 wesentlich ist, beurteilt sich nach der Relevanz des verfahrensrechtlichen Zwecks der jeweiligen Vorschrift für die Zielsetzung des § 251. Sonstige Mängel der Niederschrift stehen der Verlesung nicht unbedingt entgegen, müssen aber bei der Verlesung bekanntgegeben werden. Sie können allerdings den Beweiswert der Aussage in Frage stellen, wenn begründete Zweifel bestehen, ob die mangelhafte Niederschrift die Bekundungen der Beweisperson richtig und vollständig wiedergibt[33].

b) Als **wesentlicher Mangel** wurde angesehen, wenn bei der Vernehmung ein kraft **11** Gesetzes ausgeschlossener oder mit Erfolg **abgelehnter Richter** mitgewirkt hat[34] oder ein **Protokollführer** nicht vereidigt worden war[35], ferner, wenn die Unterschrift des Richters oder — sofern ein Schriftführer zugezogen war — des Schriftführers fehlt[36]; nach Ansicht von OLG Stuttgart sogar, wenn die Richtigkeit der Übertragung eines Tonbandprotokolls vom Übertragenden nicht unterschriftlich bestätigt wurde[37]. Die **fehlende Unterschrift** des Richters ist nur unschädlich, wenn der Zeuge durch ein Mitglied des erkennenden Gerichts als beauftragter Richter vernommen worden ist, der bei der Verlesung der Aussage noch dem erkennenden Gericht angehört und gegen die sachliche Richtigkeit der Niederschrift keine Einwendungen erhebt[38]. Unschädlich ist ferner, wenn der Vernommene das Protokoll entgegen § 168 a Abs. 3 nicht selbst unterschrieben hat[39]. War bei der richterlichen Vernehmung ein **Dolmetscher** zugezogen, der entgegen § 189 GVG nicht vereidigt worden war, dann darf die Niederschrift nicht nach Absatz 1, sondern nur unter den Voraussetzungen des Absatzes 2 verlesen werden[40]. *Hanack*[41] hält auch die Verlesung nach Absatz 2 nur dann für zulässig, wenn sich das Gericht von der Glaubwürdigkeit und Befähigung des Dolmetschers Beweis verschafft hat.

---

[31] RG DRiZ **1929** Nr. 900; BGH nach KK-*Diemer*[4] 13; OLG Köln JMBlNW **1960** 286; OLG Saarbrücken NJW **1974** 1959; *Ostler* MDR **1967** 374; *Kleinknecht/Meyer-Goßner*[44] 16; KMR-*Paulus* 22; SK-*Schlüchter* 26; *Eb. Schmidt* Nachtr. I 7.

[32] Verneinend für unterbliebene Benachrichtigung in einem anderen Verfahren BGH NJW **1986** 1999 mit krit. Anm. *Fezer* StV **1986** 372.

[33] BGH VRS **20** (1981) 122 (zu § 188 Abs. 3 a. F.).

[34] RGSt **30** 70; *Kleinknecht/Meyer-Goßner*[44] 18; KMR-*Paulus* 24; SK-*Schlüchter* 28.

[35] Vor allem ein Hilfsprotokollführer muß besonders vereidigt sein; vgl. BGHSt **22** 120; **27** 339 = JR **1978** 525 mit Anm. *Meyer-Goßner*; BGH NStZ **1984** 564; bei *Pfeiffer* NStZ **1981** 95; KK-*Diemer*[4] 13; *Kleinknecht/Meyer-Goßner*[44] 18; SK-*Schlüchter* 28; vgl. bei § 168.

[36] RGSt **34** 396; **41** 216; **53** 107; RGRspr. **3** 259; RG JW **1902** 581; BGHSt **9** 297; OLG Hamm JM-

BlNW **1983** 51; *Kleinknecht/Meyer-Goßner*[44] 18; KMR-*Paulus* 25; SK-*Schlüchter* 31 (Zugeständnisse nur möglich bei Niederschriften außerhalb des Strafverfahrens).

[37] OLG Stuttgart NStZ **1986** 41 mit Anm. *Mitsch* NStZ **1985** 377; vgl. dazu bei § 168 a.

[38] BGHSt **9** 298; KMR-*Paulus* 25 (es empfiehlt sich aber, Unterschrift nachzuholen).

[39] RGSt **34** 396; BGHSt **5** 214 (zu § 188 aa. F.); OLG Düsseldorf StV **1984** 107; *Kleinknecht/Meyer-Goßner*[44] 18; KMR-*Paulus* 30; SK-*Schlüchter* 32; vgl. bei § 168 a.

[40] BGHSt **22** 118 = JR **1978** 525 mit Anm. *Meyer-Goßner*; BGH StV **1984** 409; **1985** 314; bei *Pfeiffer* NStZ **1981** 95; BayObLGSt **1977** 33 = JR **1977** 475 mit abl. Anm. *Peters*; OLG Hamburg NJW **1975** 1572; vgl. § 189 GVG.

[41] *Hanack* JZ **1972** 273.

Walter Gollwitzer

12   c) Die Niederschrift über die Vernehmung eines Zeugen muß erkennen lassen, daß **§ 69 beachtet** wurde, soweit er zwingendes Recht enthält[42]. Die erforderliche zusammenhängende Äußerung bei der richterlichen Einvernahme darf nicht durch den bloßen Vorhalt früherer Angaben ersetzt worden sein. Dies schließt **Bezugnahmen** auf frühere Protokolle in der Niederschrift nicht aus, sofern klargestellt ist, daß bei der Vernehmung selbst nach § 69 Abs. 1 Satz 1 verfahren wurde[43]. Ist § 69 insoweit verletzt worden, darf die Niederschrift auch nicht mit Zustimmung des Beteiligten nach Absatz 1 Nr. 4 verlesen werden, denn auf die Beachtung des § 69 können diese nicht wirksam verzichten[44].

13   d) Die Niederschrift muß die **Personalien des Vernommenen** angeben. Beim **Zeugen** müssen sie dem § 68 entsprechen, da sie für die Beurteilung der Glaubwürdigkeit und der strafrechtlichen Verantwortlichkeit von Bedeutung sind. Fehlen sie überhaupt, ist die Niederschrift grundsätzlich nicht verlesbar[45], es sei denn, daß von den Angaben darüber nach § 68 Abs. 2, 3 befugt abgesehen werden durfte. In solchen Fällen ist dann das Vernehmungsprotokoll wegen des Fehlens der Personalangaben nicht mit einem seine Tauglichkeit aufhebenden wesentlichen Mangel behaftet und darf unbeschadet seines Beweiswerts verlesen werden[46]. Gleiches wird anzunehmen sein, wenn sich — abgesehen von den Sonderfällen des § 68 — nachträglich ergibt, daß der Zeuge bei seiner Einvernahme **falsche Personalien** angegeben hat und deshalb nicht erreichbar ist. In solchen Fällen mag zwar der Beweiswert der Aussage minimal sein, schlechthin unzulässig wird die Beweisverwendung des Protokolls dadurch nicht, zumal sich schon aus der Tatsache der Angabe der falschen Personalien und möglicherweise auch aus dem Inhalt der Aussage entlastende Gesichtspunkte ergeben können. Früher war vor allem unter dem Blickwinkel der V-Mann-Problematik strittig, ob die mangelnde Identifizierbarkeit des Zeugen die Verlesung des Protokolls grundsätzlich ausschließt oder nur bei der Beweiswürdigung ins Gewicht fällt[47]. Verlesbar ist das Protokoll auch, wenn die Person des Zeugen zwischenzeitlich den Verfahrensbeteiligten sicher bekannt ist[48]. Wieweit im übrigen die Unmöglichkeit einer ordnungsgemäßen Namhaftmachung des Zeugen in entsprechender Anwendung des § 246 der Verwendung als Beweismittel entgegensteht, beurteilt sich nach den Umständen des Einzelfalls und dem Sinn der §§ 222, 246[49].

14   e) **Belehrungen.** Die **Belehrung des Zeugen** über sein Recht, das **Zeugnis** oder die **Beeidigung zu verweigern** (§§ 52, 63), ist eine wesentliche Voraussetzung dafür, daß die Niederschrift über seine Vernehmung verlesen werden kann[50]. Ob das gleiche für die Belehrung über das **Auskunftsverweigerungsrecht** nach § 55 gilt, ist strittig. Der Bun-

---

[42] BGH JZ **1953** 121 mit Anm. *Lay*; bei *Holtz* MDR **1981** 632; vgl. § 69, 16 mit weit. Nachw.; ferner Rdn. 19 ff.

[43] Die Vorschrift darf aber nicht formalistisch ausgelegt werden; BGH bei *Dallinger* MDR **1966** 25; KK-*Diemer*4 13.

[44] RGSt **74** 35; RG JW **1934** 173; **1938** 658; BGH JZ **1953** 121 mit Anm. *Lay*; StV **1981** 269; bei *Holtz* MDR **1981** 632; KK-*Diemer*4 13; *Kleinknecht/Meyer-Goßner*44 18; KMR-*Paulus* 28; SK-*Schlüchter* 33.

[45] Wegen der Einzelheiten vgl. § 68, 2 ff und zur Verlesbarkeit nach § 251 Abs. 2 Rdn. 64.

[46] Vgl. etwa LG Frankfurt StV **1994** 475; *Zaczyk* StV **1993** 496; HK-*Julius*2 16; KK-*Diemer*4 8; 27; SK-*Schlüchter* 45, 61 b; ferner BGH NJW **1985** 984 (zu Abs. 2). Die vor den Rechtsänderungen des OrgKG im umfangreichen Schrifttum und in der

Rechtsprechung erörterten Streitfragen (vgl. 24. Aufl. Rdn. 13, SK-*Schlüchter* 45, 61 b) haben sich dadurch insoweit erledigt oder zumindest in ihrem Ansatzpunkt verschoben.

[47] Vgl. etwa BGHSt **32** 115, 128; **33** 70, 75; 83, 86; OLG Frankfurt NJW **1973** 2074; für Verlesbarkeit *Fischer* NJW **1974** 68.

[48] Vgl. BGH NStZ **1983** 569; StV **1986** 137 mit abl. Anm. *Fezer* StV **1986** 372.

[49] BGHSt **32** 128; **33** 87; BGH NStZ **1986** 231; vgl. § 246, 6.

[50] RGSt **20** 198; RG LZ **1914** 1723; BGHSt **2** 99; St 77; BayObLSt **1953** 92 = JZ **1953** 702 mit Anm. *Busch*; OLG Bremen NJW **1962** 2314; KK-*Diemer*4 14; *Kleinknecht/Meyer-Goßner*44 30; KMR-*Paulus* 5, 11; SK-*Schlüchter* 47. Wegen der Einzelheiten vgl. § 52, 54; § 252, 20.

desgerichtshof leitet daraus, daß die Belehrung nach § 55 unterblieben ist, kein Verbot der Verlesung der Niederschrift hinsichtlich des vom Auskunftsverweigerungsrecht betroffenen Teils der Aussage ab[51]. Ist der **Zeuge verstorben**, dann steht nach Ansicht des Bundesgerichtshofs selbst eine unterlassene Belehrung nach § 52 der Verlesung nicht entgegen[52].

Bei Mitbeschuldigten knüpft der Begriff an die Verfahrensrolle bei Protokollierung **15** an, nicht an den Zeitpunkt der Verwertung der Aussage. Gemeint sind frühere Mitbeschuldigte, die wegen der Erledigung oder Abtrennung des gegen sie geführten Verfahrens in dem an sich maßgebenden Zeitpunkt der Verwertung der Aussage nicht mehr als Mitangeklagte am Verfahren teilnehmen[53], denn für den anwesenden **Mitangeklagten** gilt § 254. Soweit ein Mitangeklagter befugt oder unbefugt der auch gegen ihn geführten Hauptverhandlung fernbleibt, richtet sich die Verlesbarkeit seiner Einlassung nach den dafür geltenden Vorschriften, wie § 231 a Abs. 1; § 232 Abs. 3; § 233 Abs. 3. Nicht zuletzt wegen der hier hereinspielenden strittigen grundsätzlichen Fragen (formeller oder formell-materieller Beschuldigtenbegriff, Rechtskreistheorie) ist hier strittig, ob die Verlesbarkeit entfällt, wenn der frühere Mitbeschuldigte ohne die vorgeschriebene **Belehrung** über seine Rechte (z. B. nach § 136 Abs. 1; § 163 a Abs. 4; § 243 Abs. 4) vernommen worden ist[54], ferner, ob eine Beschuldigtenbelehrung für die Verwertbarkeit der Aussage auch ausreicht, wenn der frühere Mitbeschuldigte sich auf ein **Zeugnisverweigerungsrecht** nach § 252 berufen kann[55] oder ob dann die mangelnde Belehrung hierüber wegen des bei Anwendung des formellen Beschuldigtenbegriffs eingetretenen Wechsels in der Verfahrensrolle die Verwertbarkeit ausschließt[56]. Ist der frühere Mitbeschuldigte **verstorben**, dann ist, ebenso wie beim Zeugen (Rdn. 14), seine Aussage auch bei unterbliebener Belehrung nach § 52 verlesbar[57]. Gleiches gilt nach Ansicht des Bundesgerichtshofs[58] auch, wenn sich der Mitbeschuldigte nach seiner Vernehmung absichtlich dem Verfahren gegen sich entzogen hat und **unbekannten Aufenthalts** ist.

f) Verletzung der Benachrichtigungspflichten und des Anwesenheitsrechts. Die **16** Verlesbarkeit einer richterlichen Vernehmungsniederschrift nach Absatz 1 hängt ferner davon ab, daß die jeweils einschlägigen gesetzlichen Vorschriften über die Benachrichti-

---

51 BGHSt **1** 10; **10** 186; **11** 213; BGH MDR **1951** 180; BayObLGSt **1953** 92 = JZ **1953** 702 mit abl. Anm. *Busch; Alsberg/Nüse/Meyer* 489; *Sarstedt/ Hamm* 236; *Kleinknecht/Meyer-Goßner*[44] 12; **a. A** OLG Schleswig SchlHA **1956** 331; *Gossrau* MDR **1958** 468; KMR-*Paulus* 8; *Peters* JR **1968** 429; *Eb. Schmidt* 15; JZ **1958** 596. Vgl. § 55, 19.

52 BGHSt **22** 35 = JR **1968** 429 mit abl. Anm. *Peters*; zust. *Hanack* JZ **1972** 237; JR **1977** 436; BGH bei *Dallinger* MDR **1966** 384; KK-*Diemer*⁴ 15; KMR-*Paulus* 10; **a. A** *Fezer* JuS **1978** 330; *Michaelis* NJW **1969** 730; *Peters* JR **1968** 429; **1977** 476; *Roxin* § 24, 24; SK-*Schlüchter* 47; *Eb. Schmidt* NJW **1968** 1218. Vgl. § 52, 55; § 252, 12.

53 BGHSt **10** 186; dazu *Prittwitz* Der Mitbeschuldigte im Strafprozeß 192 ff; BGH NStZ **1984** 464; **a. A** OLG Schleswig SchlHA **1956** 330; ferner BGHSt **27** 130 = JR **1977** 433 mit Anm. *Hanack*; sowie KK-*Diemer*⁴ 11; *Kleinknecht/Meyer-Goßner*⁴⁴ 2; KMR-*Paulus* 11; SK-*Schlüchter* 5 ff; *Eb. Schmidt* 7.

54 So *Kleinknecht/Meyer-Goßner*⁴⁴ 2; KMR-*Paulus* 8; SK-*Schlüchter* 7; *Eb. Schmidt* NJW **1968** 1218; an-

ders BGH **10** 186. Zur generellen Frage der Erstreckung des Verwertungsverbots auf Mitbeschuldigte vgl. § 136, 63; ferner etwa *Dencker* StV **1995** 235; *Hamm* NJW **1996** 2189; *Sarstedt/Hamm*⁶ 977 f.

55 SK-*Schlüchter* 6 nimmt dies aus der Sicht des dort vertretenen formell-materiellen Beschuldigtenbegriffs an.

56 So vorherrschende Meinung BGHSt **10** 186, 189; weit. Nachw. § 252; HK-*Julius*²⁻ 17; KK-*Diemer*⁴ 14; *Kleinknecht/Meyer-Goßner*⁴⁴ 2; KMR-*Paulus* 11; unter Hinweis auf BayObLG NJW **1978** 387 (Hinweis wäre bei Beschuldigtenvernehmung rechtlich bedeutungslos).

57 KMR-*Paulus* 10; zum Streitstand vgl. Rdn. 14 Fußn. 52.

58 BGHSt **27** 139, 141, dazu krit. *Hanack* **1977** 434; KK-*Diemer*⁴ 16; *Kleinknecht/Meyer-Goßner*⁴⁴ § 252, 11; SK-*Schlüchter* 7 rechtfertigt dieses Ergebnis mit dem formell-materiellen Beschuldigtenbegriff (kein Wechsel in Zeugenrolle).

gung Verfahrensbeteiligter vom Vernehmungstermin (vgl. etwa §§ 168 c; 224) beachtet worden sind. Soweit Verfahrensbeteiligte ein Anwesenheitsrecht bei der jeweiligen Vernehmung haben, muß ihnen durch eine rechtzeitige Benachrichtigung die Teilnahme an der richterlichen Vernehmung und die Ausübung der damit verbundenen Befugnisse (Fragerecht usw.) ermöglicht worden sein[59]; denn diese können sich auf den Inhalt der Aussage mitunter wesentlich auswirken. Unerheblich ist, ob sie tatsächlich teilgenommen haben[60]. Welche Erfordernisse und Schranken für die Terminsnachricht und für das Anwesenheitsrecht im einzelnen bestehen, richtet sich nach der Verfahrenslage im Zeitpunkt der Vernehmung (Rdn. 17) und den Vorschriften, auf Grund derer die Einvernahme durchgeführt wurde. Sind diese **nicht eingehalten** worden, ist die Verlesung nach Absatz 1 mit **Einwilligung** der Betroffenen zulässig[61]. In der Rechtsprechung wird angenommen, daß der mit einem Verteidiger anwesende Angeklagte der Verlesung bis zu dem in § 257 bezeichneten Zeitpunkt **widersprechen** muß, wenn er beanstanden will, daß sie unter Verletzung seines Anwesenheitsrechts zustande gekommen ist[62]. Ob man dies mit Relativität des erst bei Widerspruch greifenden Beweisverbots oder unter dem Blickwinkel einer allgemeinen Rügepflicht oder der Verwirkung begründen kann, erscheint ebenso fraglich wie, ob ein solches Verhalten generell als konkludentes Einverständnis mit der Verlesung zu werten ist[63]. Im Einzelfall kann ein solches **konkludentes Einverständnis** allerdings anzunehmen sein. Personen, die nach der maßgebenden Rechtslage keinen Anspruch auf Terminsnachricht oder Anwesenheit hatten, können der Verlesung nicht deshalb widersprechen, weil diese Vorschriften im Hinblick auf einen Dritten verletzt wurden[64]. Eine wegen Verstoßes gegen die Benachrichtigungspflicht nach Absatz 1 unverlesbare richterliche Vernehmungsniederschrift kann jedoch nach Absatz 2 verlesen werden, wobei allerdings ihr verminderter Beweiswert berücksichtigt werden muß[65].

17   **g) Maßgebender Zeitpunkt.** Die **Verfahrenslage zur Zeit der Verlesung** in der Hauptverhandlung ist nicht nur maßgebend dafür, ob die Niederschrift überhaupt verlesen werden darf, nach ihr richtet sich auch, ob eine und gegebenenfalls welche Belehrung des Vernommenen notwendig ist, um seine Aussage im Prozeß verwerten zu können[66]. Die Verlesung ersetzt die Anhörung der Zeugen, Sachverständigen oder Mitbeschuldigten in der Hauptverhandlung und muß deshalb den Anforderungen entsprechen, die sich aus der **Verfahrenslage im Zeitpunkt der Hauptverhandlung** ergeben. Dies gilt auch, wenn die Niederschrift über die Aussage eines früheren Mitbeschuldigten verlesen wird, der, falls er in der Hauptverhandlung gehört würde, nunmehr als Zeuge vernommen werden müßte, etwa, weil das Verfahren gegen ihn abgetrennt worden ist (vgl. Rdn. 15; § 252, 9).

---

[59] BGHSt **9** 24; **26** 332 = JR **1977** 257 mit Anm. *Meyer-Goßner*; dazu *Krause* NJW **1976** 2029; BGHSt **29** 1 = LM StPO 1975 § 168 c Nr. 2; BGHSt **31** 140 = JZ **1983** 354 mit Anm. *Fezer*; BGH GA **1976** 242; NStZ **1993** 212 mit Anm. *Wönne*; BGH bei *Holtz* MDR **1980** 456; **1977** 461; bei *Pfeiffer/Miebach* NStZ **1986** 207; BayObLGSt **1977** 37 = NJW **1977** 2037; BayObLGSt **1984** 107 = MR **1985** 164; KG StV **1984** 68; OLG Celle StV **1995** 179; OLG Koblenz VRS **50** (1976) 32; KK-*Diemer*⁴ 19; *Kleinknecht/Meyer-Goßner*⁴⁴ 18; KMR-*Paulus* 29. Zur Entwicklung der Rechtslage vgl. LR²³, 41 ff; RG HRR **1935** Nr. 82 ließ im Falle des § 251 Abs. 1 Nr. 1 die Verlesung auch bei Verletzung der Benachrichtigungspflicht zu.

[60] BGH bei *Dallinger* MDR **1972** 753.

[61] Vgl. OLG Bremen StV **1992** 59 und die Nachw. Fußn. 59, ferner Rdn. 45 ff und § 224, 32.

[62] BGH NStZ **1987** 123; NJW **1996** 2239; OLG Köln VRS **60** (1981) 441, HK-*Julius*² 23; *Kleinknecht/Meyer-Goßner*⁴⁴ 18; ferner KK-*Diemer*⁴ 19, der darauf hinweist, daß die Verwertbarkeit einer früheren Zeugenaussage ohne Rücksicht auf die Belehrung nicht schon allein daraus hergeleitet werden kann, daß der Aufenthalt des Zeugen nicht bekannt ist.

[63] SK-*Schlüchter* 33. Zum strittigen Erfordernis eines Widerspruchs vgl. § 257, 12.

[64] BGH NStZ **1986** 231; vgl. Rdn. 45.

[65] BGH StV **1993** 232; **1997** 512; KK-*Diemer*⁴ 19; vgl. Rdn. 51, 65.

[66] BGHSt **10** 186; KK-*Diemer*⁴ 11; *Kleinknecht/Meyer-Goßner*⁴⁴ 2.

Bei der **Würdigung der Aussage**, deren Niederschrift verlesen worden ist, muß das **18** Gericht jedoch andererseits von der verfahrensrechtlichen Stellung der vernommenen Person im **Zeitpunkt der Vernehmung** ausgehen. Die Aussage einer vom Richter als Beschuldigten vernommenen Person ist auch dann weiterhin als eine solche zu würdigen, wenn bei der Entscheidung über die Zulässigkeit der Verlesung darauf abgestellt wird, daß die Verlesung nunmehr an die Stelle einer Zeugeneinvernahme tritt[67].

3. Umfang der verlesbaren Niederschriften. Zu den Niederschriften, deren Verle- **19** sung der § 251 Abs. 1 ermöglicht, gehören auch die **Protokollvermerke** des vernehmenden Richters über den Gang des Verfahrens einschließlich der bei der Vernehmung gemachten Vorhalte[68] sowie über das **Verhalten des Zeugen**, Sachverständigen oder Mitbeschuldigten und über den Eindruck, den der Richter von ihm empfangen hat. Auch diese Bekundungen sind, weil ihnen eine Bedeutung für die Bewertung der Aussage zukommt, mitzuverlesen[69], sofern sie nicht erst nach Abschluß des Protokolls zu den Akten gebracht wurden[70].

Ferner ist die Verlesung auch auf die in die Niederschriften einbezogene und von dem **20** Vernommenen auf Vorlesen genehmigten **Anlagen** zu erstrecken[71]. Hat ein Zeuge oder ein Sachverständiger bei ordnungsgemäßer Einvernahme durch einen beauftragten oder ersuchten Richter eine im Vorverfahren vor einem Richter abgegebene Erklärung wiederholt und enthält die über jene Vernehmung aufgenommene Niederschrift an Stelle einer neuen Wiedergabe der Erklärung eine **Verweisung auf die frühere Niederschrift**, so ist diese als ein Bestandteil der ersteren anzusehen und somit verlesbar[72]. Das gilt entsprechend auch für nichtrichterliche Niederschriften sowie für **schriftliche Erklärungen**, zum Beispiel Anzeigen des Vernommenen, auf die die richterliche Niederschrift verweist[73]. Voraussetzung der Verlesung nach § 251 Abs. 1 Nr. 2, 3 ist jedoch, daß die polizeiliche oder staatsanwaltschaftliche Niederschrift oder die schriftliche Erklärung bei der richterlichen Vernehmung verlesen worden sind und daß das aus der richterlichen Niederschrift ersichtlich ist[74]. Bei einer richterlichen Vernehmung muß § 69 beachtet worden sein, der Zeuge also veranlaßt worden sein, zunächst von sich aus eine zusammenhängende Schilderung zu geben[75]. Die **Aussage eines anderen** darf in der Regel auch dann nicht mitverlesen werden, wenn die richterliche Niederschrift eine Verweisung auf sie enthält[76].

Zulässig ist die Verlesung nicht nur der Urschrift einer im § 251 Abs. 1 bezeichneten **21** Niederschrift, sondern auch eine **Abschrift**, wenn dem Gericht nicht die Urschrift, sondern nur eine Abschrift vorliegt[77]. Über die Frage, ob die Abschrift mit der Urschrift übereinstimme, entscheidet das Gericht innerhalb der durch den § 261 bestimmten Grenzen der Beweiswürdigung.

4. Niederschriften über Vernehmungen im Ausland

a) Leitgedanke. Die Niederschrift über eine **richterliche Vernehmung**, die im Aus- **22** land **nach den dort gültigen Rechtssätzen** stattgefunden hat, kann unter den im § 251

---

67 BGHSt **10** 186; vgl. § 261, 71.
68 BGH NStZ **1982** 41.
69 RGSt **37** 212; BGHSt **2** 2; BGH bei *Holtz* MDR **1977** 108; KK-*Diemer*⁴ 20; vgl. § 223, 42 mit weit. Nachw. zu den Streitfragen.
70 KMR-*Paulus* 47; zur Unanwendbarkeit von § 256 vgl. § 256, 22.
71 RGSt **1** 393; **14** 1; **18** 24; RGRspr. **9** 176; RG Recht **1914** Nr. 1771; BGH NJW **1953** 35; OLG Düsseldorf VRS **5** (1953) 138.

72 RGSt **1** 391; **26** 289; **62** 148; **65** 274; **74** 35; BGH NJW **1953** 35; KK-*Diemer*⁴ 13; *Kleinknecht/Meyer-Goßner*⁴⁴ 17.
73 RGSt **14** 1; RGRspr. **9** 176.
74 RG HRR **1927** Nr. 1365.
75 Vgl. Rdn. 12 und § 69, 6 und bei § 168 a.
76 RGSt **18** 24.
77 Vgl. § 249, 5.

Walter Gollwitzer

Abs. 1 bestimmten Voraussetzungen verlesen werden. Dies gilt für Vernehmungen in einem eigenständigen ausländischen Verfahren[78] ebenso wie für Vernehmungen auf Grund eines Rechtshilfeersuchens. Ein deutsches Gericht, das ein ausländisches Gericht um Rechtshilfe angeht, muß sich, sofern die Verlesbarkeit einer ausländischen Vernehmung nicht am Fehlen rechtsstaatlicher Mindestvoraussetzungen scheitert[79], grundsätzlich damit begnügen, daß die Vernehmung in den Rechtsformen verläuft, die für das ausländische Gericht maßgebend sind[80] Ihm obliegt es jedoch, durch Hinweise auf einschlägige Regelungen des deutschen Rechts, wie etwa auf Zeugnis- und Auskunftsverweigerungsrechte, sowie durch Stellen aller nach den jeweils **einschlägigen Rechtshilfeabkommen** möglichen **Anträge**[81] darauf hinzuwirken, daß die deutschen Verfahrensvorschriften beobachtet werden, soweit es nach dem ausländischen Recht einschließlich der auch dort zu beachtenden Rechtshilfeabkommen zulässig und nach den Umständen erreichbar ist. Keinesfalls geht es an, daß das deutsche Gericht selbst den Anlaß zu einem im ausländischen Recht nicht begründeten Verstoß gegen die deutschen Vorschriften gibt[82].

23   Eine **Niederschrift**, die eine für die Erledigung von Rechtshilfeersuchen zuständige **ausländische Behörde** oder sonstige Stelle unter Wahrung der von ihr zu beobachtenden Vorschriften aufgenommen hat, steht im Sinn des § 251 Abs. 1 einer richterlichen Vernehmung gleich, wenn sie nach dem maßgeblichen **Recht des Vernehmungsorts** die gleiche Funktion erfüllt wie eine Vernehmung durch einen deutschen Richter[83]. Dies gilt auch, wenn die Niederschrift von einem Staatsanwalt, einem Polizeibeamten[84] oder einem gerichtlich beauftragten Nichtbeamten errichtet worden ist[85].

24   Der Niederschrift über eine richterliche Vernehmung im Sinne des Absatzes 1 werden allerdings nur solche Vernehmungen im Ausland gleichgestellt werden können, die den **grundlegenden rechtsstaatlichen Anforderungen** genügen[86] und die nach dem maßgebenden ausländischen Recht dort eine **vergleichbare Funktion** erfüllen wie eine entsprechende innerstaatliche richterliche Vernehmung[87]. Diese Voraussetzungen sind in der Regel bei den Vernehmungen auf Grund eines Rechtshilfeersuchens gegeben, wenn sie

---

78 BGH NJW **1994** 3364.
79 Vgl. Rdn. 24, 25.
80 RGSt **11** 391; **15** 413; **40** 189; **46** 51; RGRspr. **7** 293; RG GA **47** (1900) 164; GA **54** (1907) 482; JW **1937** 2647; **1938** 658; BGHSt **1** 221; **2** 303; **7** 15; **35** 82; **42** 86 = JZ **1997** 45 mit Anm. *Lagodny* = NStZ **1998** 148 mit Anm. *Nagel*; BGH GA **1964** 176; **1976** 218; **1982** 40; StV **1982** 153; BGH VRS **20** (1961) 122; **31** (1966) 268; **41** (1971) 203; BGH ROW **1961** 251; BGH bei *Holtz* MDR **1977** 461; **1979** 637; **1984** 444; BayObLGSt **1949/51** 113; **1984** 107 = JR **1985** 477 mit Anm. *Gollwitzer*; OLG Bremen NJW **1962** 2314; OLG Celle NJW **1956** 922; OLG Düsseldorf JMBlNW **1966** 165; OLG Hamm DAR **1959** 192; *Alsberg/Nüse/Meyer* 268; *Kohlhaas* NJW **1954** 545; *Vogler* ZStW **96** (1984) 544; HK-*Julius*² 14; KK-*Diemer*⁴ 18; *Kleinknecht/Meyer-Goßner*⁴⁴ 20; KMR-*Paulus* § 223, 36; SK-*Schlüchter* 37; vgl. § 223, 38.
81 Vgl. vor allem Art. 3, 4 EuRHÜ; § 223, 39; ferner etwa BGHSt **35** 82 = NStZ **1988** 563 mit Anm. *Naucke*; BayObLGSt **1984** 107 = JR **1985** 477 mit Anm. *Gollwitzer* (Verlangen nach einer Terminsnachricht nach Art. 4 EuRHÜ). Wegen der jeweils einschlägigen Rechtshilfeverträge vgl. die Übersicht bei *Schomburg* NJW **1999** 551.

82 RG HRR **1938** Nr. 191; 637; BayObLGSt **1949/51** 113; *Alsberg/Nüse/Meyer* 268; vgl. § 223, 39.
83 Vgl. Rdn. 24.
84 BGHSt **7** 15 (Staatsanwalt des Kantons Basel-Stadt bzw. ein von ihm beauftragter Kriminalkommissar); BGH NStZ **1981** 181 (sowjetischer Staatsanwaltsgehilfe); BGH NStZ **1985** 376 (Griechenland); BGH JR **1995** 251 mit Anm. *Hauser* (Amtsstatthalter in Luzern); BGH GA **1976** 218; OLG Celle NJW **1956** 922 (Polizeirichteramt der Stadt Zürich und Bezirksamt im Kanton Thurgau); RGSt **46** 51; BGH GA **1964** 176 und OLG Düsseldorf JMBlNW **1966** 165 (franz. Officier de Police Judiciaire).
85 BGH GA **1982** 40; bei *Pfeiffer/Miebach* NStZ **1983** 212 (Commissioner des Staates New York), dazu *Grützner* GA **1953** 18.
86 BGHSt **7** 15; BGH NJW **1994** 3364; GA **1982** 40; NStZ **1983** 181; AK-*Dölling* 26; HK-*Julius*² 14; KK-*Diemer*⁴ 18; SK-*Schlüchter* 38.
87 RGSt **11** 391; **15** 413; **40** 189; **46** 53; BGHSt **2** 303; **7** 15; BGH bei *Holtz* MDR **1982** 282; OLG Düsseldorf JMBlNW **1966** 65; *Blitz* NStZ **1995** 607; *Salditt* GA **1992** 51; *Thien* 23 ff.

von der nach dem Recht des Vernehmungsorts örtlich und sachlich zuständigen Stelle des ausländischen Staates erledigt werden. Bei Vernehmungsniederschriften, die eine ausländische Stelle in einem anderen Zusammenhang — etwa in einem dort anhängigen Verfahren — gefertigt hat, muß dagegen festgestellt werden, welche Bedeutung sie nach dem ausländischen Verfahrensrecht haben, und es muß geprüft werden, ob sie nach Art ihres Zustandekommens und nach der Rechtsstellung der vernehmenden Person der Niederschrift einer richterlichen Vernehmung gleichzustellen sind. Andernfalls können sie nur unter den Voraussetzungen des Absatzes 2 verlesen werden. Im übrigen bedarf es **keiner Übereinstimmung mit dem deutschen Verfahrensrecht**. Sofern das vom ausländischen Recht vorgeschriebene Verfahren beachtet ist, entfällt die Verlesbarkeit nicht deshalb, weil die Beteiligten von Zeit und Ort der Vernehmung des Zeugen oder Sachverständigen nicht benachrichtigt worden sind[88], wenn ihnen die Anwesenheit bei der Vernehmung nicht gestattet worden ist[89] und wenn die Vereidigung unterblieben oder durch ein Handgelübde ersetzt worden ist[90]. Wesentliche Abweichungen der ausländischen Form- und Verfahrensvorschriften können im Rahmen der Beweiswürdigung berücksichtigt werden[91]. Läßt dagegen das anzuwendende ausländische Recht einschließlich des dort anwendbaren Rechtshilferechts Benachrichtigung und Teilnahme (eventuell auf Antrag) zu, schließt die Nichtbeachtung die Verwertung der Vernehmungsniederschrift aus[92]. Gleiches gilt, wenn der Vernommene nicht über sein nach deutschem Recht bestehendes Zeugnisverweigerungsrecht belehrt worden war, auch wenn das Recht des Vernehmungsorts keine entsprechende Belehrung vorsieht[93]. Ob dies auch für das Unterbleiben einer Belehrung nach § 136 gilt, ist strittig[94]. Ihr Unterlassen kann jedoch keine weitergehende Wirkung haben als bei einer innerstaatlichen Vernehmung.

Ob **Verstöße gegen das ausländische Verfahrensrecht** die Verlesbarkeit ausschlie- **25** ßen, bestimmt sich nach dem einschlägigen ausländischen Recht. Dessen Vorschriften sind insbesondere auch dafür entscheidend, ob der Mangel die Niederschrift formnichtig und damit unverlesbar werden läßt[95]. Ist dies nicht der Fall und stimmt die verletzte ausländische Verfahrensvorschrift mit dem deutschen Recht inhaltlich überein, dann zieht die Rechtsprechung zur Beurteilung der Frage, ob der Mangel der Niederschrift ihre Verlesbarkeit beseitigt, auch die Grundsätze mit heran, die hinsichtlich der Verlesbarkeit von innerstaatlichen Niederschriften entwickelt worden sind[96]. Vor allem wird als unschädlich angesehen, wenn Anforderungen des ausländischen Rechts unbeachtet geblieben sind, die

[88] RG HRR **1938** Nr. 191; BGHSt **1** 221; BGH GA **1964** 176; bei *Holtz* MDR **1977** 461; bei *Spiegel* DAR **1978** 156; vgl. auch vorstehende Fußn.

[89] RGSt **11** 391; **40** 189; **46** 51; RG Recht **1923** Nr. 1073; GA **47** (1906) 164; BGH GA **1964** 176; bei *Holtz* MDR **1985** 448; bei *Spiegel* DAR **1976** 92 (zur früheren Rechtslage in Österreich); zur jetzigen BayObLGSt **1984** 107 = JR **1985** 477 mit Anm. *Gollwitzer*.

[90] RGSt **12** 347; RG GA **47** (1900) 164; **52** (1905) 95; RG HRR **1930** Nr. 577; RG Recht **1903** Nr. 1936; **1918** Nr. 313; BGH VRS **31** (1966) 268; *Alsberg/Nüse/Meyer* 268; *Kleinknecht/Meyer-Goßner*[44] 21; KMR-*Paulus* § 223, 39; *Thien* 132; *Eb. Schmidt* 18.

[91] BGHSt **2** 304; KK-*Diemer*[4] 18; vgl. Rdn. 27.

[92] OLG Celle StV **1995** 179; vgl. auch BGHSt **35** 82 = NStZ **1988** 563 mit Anm. *Naucke*; KK-*Diemer*[4] 18; *Kleinknecht/Meyer-Goßner*[44] 21; SK-*Schlüchter* 18.

[93] BGH NStZ **1992** 394; KK-*Diemer*[4] 18; *Kleinknecht/Meyer-Goßner*[44] 21a.

[94] BGH NStZ **1994** 595 mit Anm. *Wohler*. NStZ **1995** 43 läßt dies offen, ebenso wohl *Kleinknecht/Meyer-Goßner*[44] 21a; verneinend *Rogall* JZ **1996** 954; vgl. § 136, 62.

[95] Vgl. BGH bei *Holtz* MDR **1976** 637 (wo offenblieb, wie die Nichtunterzeichnung des Protokolls nach öster. Recht zu beurteilen ist); *Kohlhaas* NJW **1954** 536; AK-*Dölling* 26.

[96] Vgl. RG JW **1938** 658 bezüglich eines Verstoßes gegen eine inhaltlich dem § 69 StPO entsprechende Verfahrensnorm; ferner BGH VRS **20** (1961) 122 bezüglich des ehem. § 188 Abs. 3 und BayObLGSt **1984** 107 = JR **1985** 477 mit Anm. *Gollwitzer* (Verletzung des Anwesenheitsrechts nach § 224); vgl. auch *Thien* 131 ff (der Verwertbarkeit weiter einschränken will).

bei einer innerstaatlichen Vernehmung ohnehin nicht Platz gegriffen hätten; es genügt, wenn die geringeren Anforderungen des deutschen Rechts erfüllt sind[97].

26   **b) Anwendbarkeit deutschen Verfahrensrechts.** Sieht das Recht des ausländischen Staates einschließlich der dort jeweils geltenden Rechtshilfeübereinkommen vor, daß bei der Einvernahme auf die Erfordernisse des ausländischen Verfahrensrechts Rücksicht zu nehmen ist, oder gestattet es sogar, daß deutsche Staatsorgane die Vernehmung nach deutschem Recht vornehmen, so ist — innerhalb der vom ausländischen Recht gesetzten Grenzen — die Einvernahme nach deutschem Verfahrensrecht durchzuführen. Führt ein deutscher Richter nach deutschem Recht eine kommissarische Zeugeneinvernahme im Ausland durch, so muß er dieses auch bei den dabei zu treffenden Entscheidungen beachten[98].

27   **c)** Von der Frage, ob die Verlesung der Niederschrift einer ausländischen Stelle zulässig ist, ist die Frage nach dem **Beweiswert der Niederschrift** streng zu scheiden. Bei der Beweiswürdigung kann der Richter berücksichtigen, daß das Recht am Vernehmungsort wesentliche Abweichungen aufweist[99], z. B. keine beschränkte Parteiöffentlichkeit i. S. des § 223 kennt. Der Beweiswert der Niederschrift der Aussage hängt ferner auch davon ab, wieweit das ausländische Verfahren genügend Garantien für eine in jeder Hinsicht unbeeinflußte und erschöpfende Darstellung des Sachverhalts durch die Auskunftsperson geboten hat. Diese Fragen sind jeweils unter Berücksichtigung aller Umstände des Einzelfalls vom Gericht in freier Beweiswürdigung zu entscheiden.

28   **d)** Die Verlesung der von einem vereidigten Dolmetscher oder Übersetzer gefertigten **Übersetzung der Niederschrift** über die Vernehmung eines Zeugen oder Sachverständigen im Ausland ist nach allerdings strittiger Ansicht statt der mündlichen Vernehmung eines Übersetzers zulässig, wenn das Gericht an der Zuverlässigkeit der Übersetzung mit Rücksicht auf ihre Herkunft nicht zweifelt und ein Einwand gegen die Richtigkeit von keiner Seite erhoben wird[100].

29   **e) Rechtsänderung.** Welche Förmlichkeiten bei der Vernehmung beachtet werden müssen, richtet sich nach dem für das jeweilige Verfahren am Vernehmungsort **zur Zeit der Vernehmung** geltenden Recht[101]. Eine spätere Rechtsänderung ist nur insoweit beachtlich, als sie die Förmlichkeiten erleichtert. Entfällt danach die nicht beachtete Förmlichkeit, so besteht kein Anlaß, die Niederschrift, die im Zeitpunkt der Verlesung dem geltenden Recht entspricht, wegen des früheren Verstoßes von der Verlesung auszuschließen[102].

30   **f) Vernehmungen**, welche die dazu befugten oder besonders ermächtigten (§ 19) **deutschen Konsularbeamten** auf Ersuchen eines deutschen Gerichts nach § 15 Konsulargesetz vorgenommen haben, sind Akte innerstaatlicher Rechtshilfe[103]. Sie stehen einer richterlichen Vernehmung gleich (§ 15 Abs. 4 KonsG); die Niederschriften dürfen nach § 251 Abs. 1 verlesen werden[104]. Die für die Vernehmung durch einen ersuchten Richter geltenden Vorschriften sind dabei sinngemäß anzuwenden, Dolmetscher brauchen

---

97 BGH nach KK-*Diemer*⁴ 18, AK-*Dölling* 27.
98 BGH StV **1997** 387 = NStZ **1996** 609; **1998** 154 mit Anm. *Rose* (Beachtung des § 60 Nr. 2 bei Zeugeneinvernahme im Kanton Zürich nach deutschem Recht); BGH JZ **1997** 45 mit Anm. *Lagodny* (Schweiz, Benachrichtigungspflicht nach § 168 c); *Kleinknecht/Meyer-Goßner*⁴⁴ 20.
99 BGHSt **2** 304; KK-*Diemer*⁴ 18.
100 RG HRR **1937** Nr. 1139; BGH bei *Pfeiffer/Miebach* NStZ **1983** 357; vgl. § 249, 33; 33 a mit

weit. Nachw.; dort ist auch die Gegenmeinung nachgewiesen.
101 *Kohlhaas* NJW **1954** 535.
102 Vgl. RGSt **48** 360; RG GA **71** (1927) 168; **a. A** *Kohlhaas* NJW **1954** 536.
103 BGHSt **26** 142; KK-*Diemer*⁴ 18.
104 BGH NStZ **1984** 128; *Kleinknecht/Meyer-Goßner*⁴⁴ 19.

jedoch nicht vereidigt zu werden. Die Mitwirkung eines Protokollführers ist entbehrlich, wenn der vernehmende Konsularbeamte selbst das Protokoll führt (§ 15 Abs. 3 KonsG)[105]. Der Konsularbeamte ist aber kein Richter und kann deshalb nicht wegen Befangenheit abgelehnt werden[106].

III. Die Fälle der Verlesbarkeit einer richterlichen Vernehmungs-niederschrift

1. Voraussetzungen des Absatzes 1 Nr. 1

a) Unmöglichkeit der Vernehmung in der Hauptverhandlung. Die Nr. 1 regelt — **31** im Gegensatz zu den Nrn. 2 bis 4 — die Fälle, in denen die Vernehmung des Zeugen, Sachverständigen oder Mitbeschuldigten überhaupt nicht mehr bewirkt oder doch nicht vorausgesehen werden kann, ob sie jemals noch ausführbar sein werde. Sie trägt drei Ereignissen Rechnung, die der Vernehmung in der Hauptverhandlung entgegenstehen, nämlich dem Tod, der Geisteskrankheit und der Abwesenheit mit unbekanntem Aufenthalt. Sind diese Ereignisse eingetreten, so ist das Gericht darauf angewiesen, sich der Niederschrift über die frühere richterliche Vernehmung statt der unausführbaren neuen Vernehmung in der Hauptverhandlung zum Beweis der aufzuklärenden Tatsache zu bedienen. In diesen Fällen dürften im übrigen auch sonstige Niederschriften nach Absatz 2 verlesen werden (vgl. Rdn. 64).

b) Tod. Die richterlichen Vernehmungsniederschriften der Aussagen, die ein Zeuge, **32** Sachverständiger oder Mitbeschuldigter vor seinem Tode gemacht hat, dürfen zu Beweiszwecken verlesen werden. Der Tod muß erwiesen sein. Die irrtümliche Annahme des Gerichts, daß ein Zeuge, Sachverständiger oder Mitbeschuldigter verstorben sei, begründet die Revision, wenn die Verlesung der Niederschrift auf dem Irrtum beruht[107]. Unerheblich ist, ob dieser bei sorgfältiger Nachforschung vermeidbar war. Doch wird in dem Falle, daß ein Gericht auf Grund seiner Nachforschungen irrig den Tod eines Zeugen bejaht, oft die andere Voraussetzung gegeben sein, daß sein Aufenthalt nicht zu ermitteln war[108].

c) Geisteskrankheit. Unheilbarkeit der Geisteskrankheit ist nicht erforderlich[109]; es **33** genügt, wenn als Folge der Erkrankung die Vernehmungsfähigkeit fehlt und ihre Wiederherstellung in absehbarer Zeit nicht zu erwarten ist[110]. Die Vernehmung eines Geisteskranken als Zeuge wird durch Nr. 1 aber nicht ausgeschlossen; es ist Sache des Gerichts, nach dem Grundsatz freier Beweiswürdigung zu prüfen, ob ein geistig erkrankter Zeuge noch imstande ist, eine der Wahrheit entsprechenden Aussage zu machen[111]. Gegebenenfalls kann auch die — eventuell nochmalige — kommissarische Vernehmung eines solchen Zeugen angezeigt sein, wenn er den Belastungen der Hauptverhandlung nicht gewachsen sein sollte[112]. Der Umstand, daß der Zeuge schon zur Zeit der Vernehmung geisteskrank war, schließt die Verlesung der Niederschrift nicht aus[113]. Doch wird in solchen Fällen besonderer Anlaß bestehen, die Glaubwürdigkeit der Aussage gewissenhaft zu prüfen.

---

[105] Vgl. RGSt **39** 319; RG JW **1893** 530; GA **54** (1907) 482; OLG Karlsruhe GA **1975** 218 (zur vergleichbaren Rechtslage nach dem Konsulargesetz von 1867); BGH bei *Spiegel* DAR **1978** 157; KK-*Diemer*[4] 18.

[106] BGH 11. 6. 1985 1 StR 828/84; OLG Düsseldorf StV **1984** 65.

[107] RG Recht **1905** Nr. 1402; *Kleinknecht/Meyer-Goßner*[44] 5; KMR-*Paulus* 31; SK-*Schlüchter* 10.

[108] *Alsberg/Nüse/Meyer* 260, KMR-*Paulus* 33.

[109] RGSt **15** 412.

[110] HK-*Julius*[2] 5; KK-*Diemer*[4] 2; *Kleinknecht/Meyer-Goßner*[44] 5; KMR-*Paulus* 33; SK-*Schlüchter* 11.

[111] RGSt **33** 394.

[112] Vgl. § 223, 9.

[113] RGSt **57** 188; KMR-*Paulus* 33; SK-*Schlüchter* 11.

34   d) **Unmöglichkeit der Ermittlung des Aufenthalts.** Diese Voraussetzung ist nicht schon dann erfüllt, wenn die Ladung dem Zeugen, Sachverständigen oder Mitbeschuldigten nicht hat zugestellt werden können, weil sein derzeitiger Aufenthalt unbekannt ist[114], sondern nur dann, wenn erfolglos versucht worden ist, den **Aufenthalt zu ermitteln**. Grundsätzlich sind dieselben Gesichtspunkte maßgebend wie bei § 244 Abs. 3[115]. Der Zeuge ist für das Gericht unerreichbar, wenn nach der Lage des Einzelfalls eine der Bedeutung seines Zeugnisses entsprechende, nach der Sachlage mögliche und mit dem Gebot der Verfahrensbeschleunigung vereinbare weitere Nachforschung keinen Erfolg verspricht[116]. Dafür genügt es, wenn die Akten Umstände ergeben, aus denen auf die Erfolglosigkeit weiterer Nachforschungen mit Sicherheit zu schließen ist; das ist etwa der Fall, wenn die Flucht des Mitbeschuldigten feststeht[117] oder der Zeuge bereits mit Haftbefehl gesucht wird[118] oder wenn sonst das Gericht keine Möglichkeit hat, den Aufenthalt des als Auskunftsperson in Betracht Kommenden zu ermitteln[119]. Daß überhaupt keine Aussicht vorhanden sei, den Aufenthalt des Zeugen jemals zu ermitteln, fordert Absatz 1 Nr. 1 nicht[120]. Die Unmöglichkeit, den Aufenthalt zu ermitteln, darf jedoch nicht leichthin angenommen werden; an ihr Vorliegen sind strenge Anforderungen zu stellen[121], ein fehlgeschlagener Ladungsversuch genügt dafür in der Regel nicht[122]. Es kommt aber immer auf den Einzelfall an. Welche **Nachforschungen** angebracht sind und ob weitere Bemühungen aussichtslos sind, hat das Gericht unter Berücksichtigung aller ihm bekannten Umstände nach seinem durch die Aufklärungspflicht gebundenen pflichtgemäßen Ermessen zu entscheiden[123]. Hierbei hat es insbesondere die Bedeutung der jeweiligen Strafsache und das Gewicht, das der zu erwartenden Zeugenaussage bei Berücksichtigung des Beweiswerts der vorhandenen Niederschrift für die zu treffende Entscheidung zukommt, in seine **Abwägung** einzubeziehen, ebenso aber auch das Erfordernis, sich um eine beschleunigte Durchführung des Verfahrens zu bemühen. Es gelten insoweit die gleichen Gesichtspunkte wie bei der Beurteilung der Erreichbarkeit nach § 244 Abs. 3 Satz 2[124], allerdings mit dem Unterschied, daß hier bei der Abwägung die bisherigen Beweisergebnisse mitberücksichtigt werden können, vor allem auch, daß bereits eine verwendbare, schriftlich festgehaltene Aussage vorliegt, die zudem meist auch eine Einschätzung der Beweisbedeutung der zu erwartenden Zeugenaussage gestattet[125].

[114] BGH GA **1968** 19; vgl. § 244, 263 mit weit. Nachw.; *ter Veen* StV **1985** 297 ff.

[115] RGSt **1** 285; **12** 104; **54** 22; RG DJZ **1925** 1588; vgl. § 244, 260; 262 mit weit. Nachw. der umfangreichen Rechtsprechung zur Unerreichbarkeit eines Zeugen.

[116] Vgl. etwa BGHSt **32** 68 (kein für alle Fälle gültiger Maßstab); BGH GA **1980** 422; JR **1969** 266 mit Anm. *Peters*; NStZ **1982** 212; **1984** 179; StV **1983** 496; bei *Holtz* MDR **1978** 806; bei *Pfeiffer/Miebach* NStZ **1985** 15; *Julius* 35; KK-*Diemer*⁴ 3; *Kleinknecht/Meyer-Goßner*⁴⁴ 5; KMR-*Paulus* 33; SK-*Schlüchter* 12; ferner zu den Einzelheiten § 244, 263; 266; *Alsberg/Nüse/Meyer* 262, 628 ff; *ter Veen* StV **1985** 297 ff mit weit. Nachw.

[117] RGSt **9** 88.

[118] BGH bei *Kusch* NStZ **1992** 28.

[119] Ob dies auf tatsächlichen Umständen oder rechtlichen Hindernissen oder auf einer Kombination beider beruht, ist letztlich vom Regelungszweck her gesehen unerheblich; dies gilt auch für das Sonderproblem der sogen. V-Leute (Rdn. 40; vgl. BVerfGE **57** 250), bei denen ein Teil des Schrifttums da-

nach differenzieren will, ob der Staat die rechtliche Unerreichbarkeit selbst herbeiführt; vgl. *Seelmann* StV **1984** 477; ferner *Fezer* JZ **1984** 434; *Grünwald* FS Dünnebier 362; *Günther* NStZ **1984** 36; *Lüderssen* FS Klug 527 ff; LG Düsseldorf MDR **1981** 249 beschränkt Anwendung auf Hindernisse tatsächlicher Art.

[120] RGSt **3** 367; **4** 416; **15** 412; RG JW **1932** 3114.

[121] RGSt **54** 22; RGRspr. **8** 459; RG LZ **1920** 803; JW **1934** 44; BGH GA **1981** 264; StV **1983** 7; BGH *Dallinger* MDR **1975** 726; OLG Celle NJW **1961** 1490; OLG Neustadt VRS **9** (1955) 465; vgl. § 244, 260.

[122] Etwa BGH GA **1968** 19; StV **1999** 196; SK-*Schlüchter* 15 ff; § 244, 263 mit weit. Nachw.

[123] BGHSt **32** 68 = JR **1984** 514 mit Anm. *Schlüchter*; BGH NJW **1990** 398; NStZ **1984** 179; bei *Pfeiffer/Miebach* NStZ **1982** 189; *Alsberg/Nüse/Meyer* 398; *Julius* 62; *ter Veen* StV **1985** 95; *Rogall* ZStW **105** (1993) 608.

[124] Vgl. § 244, 262 ff.

[125] *Schlüchter* JR **1984** 520; SK-*Schlüchter* 14; vgl. ferner die Nachw. Fußn. 122; 123.

Bei einem Zeugen, der **im Ausland** wohnt und nicht bereit ist, vor das erkennende **35** Gericht zu kommen, und dessen Vernehmung durch ein ausländisches Gericht nach Lage der Dinge untunlich ist, hat RGSt **73** 197 die Vorschrift des § 251 Abs. 1 Nr. 1 entsprechend angewendet. Das erklärt sich durch den damaligen Rechtszustand. Heute greift im Falle der Unerreichbarkeit trotz bekannten Aufenthalts die damals noch nicht geltende Vorschrift des Absatzes 1 Nr. 2 unmittelbar ein[126].

2. Voraussetzungen der Verlesung nach § 251 Abs. 1 Nr. 2 und 3

a) Allgemein. Die **Voraussetzungen**, von denen die Nr. 2 und 3 die Verlesbarkeit der **36** Niederschrift über eine frühere richterliche Vernehmung abhängig machen, stimmen, soweit Zeugen und Sachverständige in Betracht kommen, mit den Voraussetzungen überein, die nach § 223 die Anordnung der Vernehmung durch einen **beauftragten oder ersuchten Richter** begründen; sie ermöglichen darüber hinaus auch die Verlesung der Angaben, die ein früherer Mitbeschuldigter bei seiner Einvernahme gemacht hat. Gegenstand der im § 251 Abs. 1 Nr. 2 und 3 getroffenen Regelung sind vor allem Fälle, in denen die Vernehmung in der Hauptverhandlung zwar nicht auf Dauer unmöglich ist, aber entweder wegen eines nicht zu beseitigenden Hindernisses für eine **längere** oder **ungewisse Zeit aufgeschoben** werden müßte oder für einen Zeugen oder Sachverständigen mit einer ihm **nicht zuzumutenden Last** verbunden wäre. Er umfaßt aber auch die nicht von Absatz 1 Nr. 1 erfaßten sonstigen **nicht behebbaren Hindernisse**[127].

b) Hindernisse nach Absatz 1 Nr. 2 sind die als Beispiele genannten Verhinderungen **37** durch **Krankheit** und **Gebrechlichkeit**[128], ferner alle sonstigen durch das Gericht **nicht behebbaren Hindernisse** von nicht nur vorübergehender Dauer[129]. Ein solches Hindernis kann auch der **Auslandsaufenthalt** eines Zeugen sein, der nicht bereit ist, vor Gericht zu erscheinen[130]. Das Gericht muß aber alle zumutbaren und der Bedeutung der Aussage angemessenen Anstrengungen unternommen haben, um den Zeugen zum Erscheinen zu bewegen[131]. Dies erübrigt sich jedoch, wenn das Gericht von der Vernehmung eines Auslandszeugen nach § 244 Abs. 5 Satz 2 absieht, dann darf es eine Niederschrift über seine Vernehmung genau so verlesen, wie wenn der Zeuge nicht erreichbar wäre[132]. Bei einer nicht verschiebbaren Auslandsreise eines wichtigen Zeugen muß es unter Umständen den Hauptverhandlungstermin in die Zeit nach dessen Rückkehr verlegen[133].

Absatz 1 Nr. 2 greift auch ein, wenn dem Zeugen im Falle seines Erscheinens eine **38** ernsthafte, anderweitig nicht zu beseitigende **Gefahr für Leib und Leben** droht[134]. Die aus dem Grundrechtsschutz folgende, vorrangige Pflicht des Gerichts, den Zeugen keiner ernsthaften und nicht anderweitig abwendbaren Gefahr für Leben oder Gesundheit auszusetzen, kann in solchen Fällen ein Rechtsgrund sein, der es ausschließt, den Zeugen in der Hauptverhandlung zu vernehmen. Voraussetzung dafür ist allerdings, daß dieser Gefahr

---

[126] BGH MDR **1969** 234; KMR-*Paulus* 33; *Eb. Schmidt* 12.

[127] KK-*Diemer*[4] 4; SK-*Schlüchter* 12.

[128] Vgl. dazu § 223, 9; ferner BGHSt **9** 297; *ter Veen* StV **1985** 299 mit weit. Nachw.

[129] Vgl. Rdn. 53.

[130] BGHSt **7** 15; **13** 300; **32** 68 = JR **1984** 514 mit Anm. *Schlüchter*; ferner § 223, 10; § 244, 266; *ter Veen* StV **1985** 300 ff mit weit. Nachw.

[131] BGHSt **22** 118; BGH MDR **1969** 234; NStZ **1984** 179; StV **1985** 134; bei *Pfeiffer* NStZ **1982** 189.

Wegen der Einzelheiten vgl. § 223, 10; § 244, 266 mit weit. Nachw.; ferner Rdn. 33.

[132] *Maatz* FS Remmers 587; *Kleinknecht/Meyer-Goßner*[44] 7.

[133] BGH NStZ-RR **1997** 268.

[134] BGHSt **23** 311 (dazu krit. *Hanack* JZ **1972** 237) läßt dies offen; vgl. BGHSt **33** 70; ferner BGH bei *Holtz* MDR **1983** 987; BGH StV **1993** 233; *Herdegen* NStZ **1984** 201; KK-*Diemer*[4] 5; ferner zur Verlesbarkeit nach § 251 Abs. 2 Rdn. 50.

nicht durch Maßnahmen nach § 68 oder sonstigen zulässigen Vorkehrungen[135], wie Ausschluß der Öffentlichkeit oder Verlegung der Hauptverhandlung an einen anderen Ort oder Vernehmung mittels Video-Übertragung nach § 247 a begegnet werden kann[136] sowie daß sich diese Gefahr überhaupt noch dadurch vermindern oder vermeiden läßt, daß statt der Einvernahme in der Hauptverhandlung eine frühere Aussage verlesen wird[137]. Das Gericht muß verneinendenfalls prüfen, ob der Verwendung der Aussage im Prozeß nicht vorrangige andere Rechtsgüter entgegenstehen. Ob eine solche Gefahr tatsächlich vorliegt, muß das Gericht sorgfältig erforschen und im Beschluß nach Absatz 4 unter Angabe der Tatsachen, aus denen es diese Gefahr herleitet, darlegen[138]. Ein Fall des Absatzes 1 Nr. 2 liegt nach Ansicht des Bundesgerichtshofs auch vor, wenn der in der Hauptverhandlung erschienene Zeuge in ihr deshalb nicht vernommen werden kann, weil zu besorgen ist, daß er nach seiner Vernehmung und Rückkehr in seinen Heimatstaat dort in willkürlicher, nicht rechtsstaatlicher Weise verfolgt werden würde[139].

39 **Hindernisse rechtlicher Natur** können auch sonst nicht zu beseitigende Hindernisse im Sinne des Absatzes 1 Nr. 2 schaffen[140]. Dies kann der Fall sein, wenn die Eltern eines Kindes dessen Vernehmung in der Hauptverhandlung wegen drohender Erziehungs- und Entwicklungsschäden ablehnen[141]. In einem solchen Fall muß das Gericht aber klären, ob die Weigerung auch für eine Einvernahme mittels zeitgleicher Bild-Ton-Übertragung nach § 247 a Abs. 1 Satz 1 gilt; gegebenenfalls auch, ob die Bild-Ton-Aufzeichnung einer früheren Einvernahme verfügbar ist, die unter den Voraussetzungen des § 255 a Abs. 2 Vernehmung in der Hauptverhandlung ersetzen kann[142].

40 **Behördlich geheimgehaltene Zeugen** (verdeckt ermittelnde Polizeibeamte, Vertrauensleute usw.) können für die Hauptverhandlung nicht verfügbar sein, wenn ihr gegenwärtiger Aufenthalt dem Gericht vorenthalten wird[143] oder wenn ihre Gestellung zur Hauptverhandlung dem Gericht trotz bekannten Aufenthalts rechtlich nicht möglich ist, weil dies eine dazu befugte Behörde durch entsprechende Erklärungen (Verweigerung der Aussagegenehmigung, **Sperrerklärung** nach § 96) verhindert, etwa, um die in § 96 umschriebenen Staatsgeheimnisse zu wahren[144] oder um diese Personen vor einer ernsthaft drohenden **Gefahr für Leib und Leben** zu schützen[145]. In diesem Fällen, die bei unbekanntem Aufenthalt der Nr. 1, im übrigen aber der Nr. 2 unterfallen (anderes Hinder-

---

[135] Die Entscheidung des großen Senats BGHSt **32** 115 ff hatte die in mehreren Entscheidungen und von einem Teil des Schrifttums für zulässig erachteten Maßnahmen, wie Geheimhaltung der Personalien, Abschirmung des Zeugen usw. (vgl. etwa *Rebmann* NStZ **1982** 315 ff), abgelehnt.

[136] BGHSt **22** 313; KK-*Diemer*⁴ 27; *Kleinknecht/Meyer-Goßner*⁴⁴ 7; KMR-*Paulus* § 223; 13; SK-*Schlüchter* 61; vgl. § 223, 13; § 247 a, 8; 16.

[137] BVerfGE **57** 290; BGHSt **29** 115; **30** 37; vgl. § 244, 204; § 247 a, 14.

[138] BGH StV **1993** 233; OLG Saarbrücken NJW **1974** 1959; vgl. Rdn. 39.

[139] BGHSt **17** 337 (DDR); abl. *Eb. Schmidt* Nachtr. I 3; dazu ferner *Hanack* JZ **1972** 114; BGH bei *Holtz* MDR **1986** 625; vgl. § 223, 13; 244, 272.

[140] Ob — nach Ausgrenzung der Fälle rechtlich generell unzulässiger Beweiserhebung, vgl. Rdn. 52 — rechtliche Hindernisse als Verlesungsgrund anzuerkennen sind, ist strittig; da auch die rechtlichen Hindernisse in tatsächlichen Grundlagen wurzeln,

hat der Streit nur begrenzte Bedeutung, vgl. Rdn. 40; 52.

[141] OLG Saarbrücken NJW **1974** 1959 mit Anm. *Eschke* NJW **1975** 354; *Laubenthal* JZ **1996** 342; *Zschockelt/Wegner* NStZ **1996** 308; KK-*Diemer*⁴ 5; *Kleinknecht/Meyer-Goßner*⁴⁴ 7; vgl. § 244, 272 mit weit. Nachw.

[142] Wegen der Einzelheiten vgl. bei §§ 247 a, 255 a.

[143] Vgl. BVerfGE **57** 282 (verfassungsrechtlich zulässig).

[144] Wegen der Einzelheiten vgl. bei § 96 mit weit. Nachw. zur Rechtsprechung und zum umfangreichen und kontroversen Schrifttum.

[145] Vgl. etwa BGHSt **29** 115; **30** 37; **31** 294 = JR **1983** 225 mit Anm. *J. Meyer* = StV **1983** 225; BGHSt **32** 115 mit Anm. *Taschke* StV **1985** 296; BGHSt **33** 90 = NStZ **1985** 278 mit Anm. *Arloth* = StV **1985** 45 mit Anm. *Taschke*; skeptisch gegenüber der Annahme einer Gefahr *J. Meyer* ZStW **95** (1983) 855; vgl. ferner etwa KK-*Diemer*⁴ 8; *Kleinknecht/Meyer-Goßner*⁴⁴ 7; und eingehend SK-*Schlüchter* 58 ff; sowie § 223, 13; § 244, 204; 272; § 250, 27.

nis), muß das an die Entscheidung grundsätzlich gebundene Gericht alle rechtlich möglichen und der Bedeutung der jeweiligen Aussage angemessenen Schritte unternehmen, um das Erscheinen eines solchen Zeugen doch noch zu erreichen. Vor allem muß es die Gründe für die Verweigerung erforschen, eventuell auch Gegenvorstellungen erheben[146] und ihm mögliche Sicherheitsvorkehrungen anbieten. Es darf sich in der Regel auch nicht mit den Erklärungen nachgeordneter Dienststellen zufriedengeben, sondern muß auf eine verbindliche Entscheidung der zuständigen obersten Dienstbehörde hinwirken[147]. Nur wenn es alle nach den Umständen des Einzelfalls gebotenen Schritte unternommen hat, darf es davon ausgehen, daß der Vernehmung des Zeugen in der Hauptverhandlung nicht zu beseitigende Hindernisse entgegenstehen[148].

c) Unzumutbarkeit des Erscheinens wegen großer Entfernung (Absatz 1 Nr. 3) **41** rechtfertigt den Ersatz der persönlichen Einvernahme in der Hauptverhandlung durch Verlesen der richterlichen Vernehmungsniederschrift nur dann, wenn der zeitliche und finanzielle Aufwand der Reise in keinem Verhältnis zur Bedeutung der Strafsache steht. Einem Zeugen oder Sachverständigen müssen um so größere Unbequemlichkeiten zugemutet werden, je bedeutsamer seine Aussage für das Verfahren ist und je größer der zu erwartende „Aufklärungsgewinn" ist[149]. Bildet in einem Strafverfahren, das einen besonders schweren strafrechtlichen Vorwurf zum Gegenstand hat, die Aussage eines Zeugen das alleinige Beweismittel, ist ihm grundsätzlich zuzumuten, auch von Übersee aus in der Hauptverhandlung zu erscheinen[150]. Es kommt aber immer nur darauf an, ob dem Zeugen selbst das Erscheinen zugemutet werden kann, nicht, ob der Strafverfolgungsbehörde die Vorführung des an einem anderen Ort in Haft befindlichen Zeugen zumutbar ist[151]. Ob das Erscheinen zumutbar ist, hat das Gericht in **Abwägung aller Umstände** des Einzelfalls, wie Bedeutung der Sache und der Aussage, Erforderlichkeit eines persönlichen Eindrucks vom Zeugen, seinen persönlichen Verhältnissen[152], wie Alter, Gesundheitszustand und Belastungen durch die Reise, sowie Beschleunigungsbedürftigkeit des Verfahrens, nach pflichtgemäßem Ermessen zu beurteilen[153]. Danach richtet sich auch, ob die Hauptverhandlung um einen oder zwei Sitzungstage zu verlängern ist, um die persönliche Einvernahme eines Zeugen abzuwarten, dem ein vorzeitiger Abbruch seines Urlaubs nicht zumutbar war[154].

3. Einverständliche Verlesung nach Absatz 1 Nr. 4

a) Leitgedanke. § 251 Abs. 1 Nr. 4 beruht auf dem Rechtsgedanken, daß das Gericht **42** bei der Verwendung von Beweismitteln freier gestellt werden kann, wenn die Beteiligten durch ihr Einverständnis zum Ausdruck gebracht haben, daß dies den von ihnen verfolgten Verfahrensinteressen nicht widerspricht[155]. Er läßt deshalb — auch im Interesse einer

---

[146] Vgl. BGHSt **36** 161; § 54, 22 ff und bei § 96 ferner mit weit. Nachw.

[147] Vgl. § 54, 9 ff; 14 ff und bei § 96.

[148] Eine eventuell vorliegende richterliche Vernehmungsniederschrift darf dann – wenn die sonstigen Voraussetzungen erfüllt sind (vgl. insbes. Rdn. 169) – nach Absatz 1 als Beweismittel verlesen werden.

[149] BGH GA **1964** 275; NStZ **1981** 271; VRS **41** (1971) 203; BGH bei *Holtz* MDR **1979** 989; OLG Hamm VRS **41** (1971) 376; vgl. § 223, 16 ff; ferner KK-*Diemer*⁴ 8; *Kleinknecht/Meyer-Goßner*⁴⁴ 9; § 223, 8; KMR-*Paulus* § 233, 16.

[150] BGHSt **9** 230; BGH NStZ **1981** 271; OLG Düsseldorf MDR **1991** 1192; *Alsberg/Nüse/Meyer* 263.

[151] BGH GA **1970** 183; *Alsberg/Nüse/Meyer* 264; *Kleinknecht/Meyer-Goßner*⁴⁴ 9; SK-*Schlüchter* 18.

[152] BGH bei *Kusch* NStZ **1994** 228; SK-*Schlüchter* 18.

[153] BGH NStZ **1981** 271; bei *Miebach* NStZ **1990** 28; OLG Saarbrücken MDR **1974** 421; *Alsberg/Nüse/Meyer* 263; *Schlüchter* 534.2; *ter Veen* StV **1985** 302 mit weit. Nachw.

[154] BGH StV **1983** 444.

[155] Dies hatte das Reichsgericht in einer differenzierenden Rechtsprechung schon vor Einfügung des Absatzes 1 Nr. 4 angenommen; vgl. RGSt **44** 9; **58** 90; **66** 216; RGRspr. **9** 745.

zügigen und prozeßwirtschaftlichen Verfahrensgestaltung — die Verwendung der Niederschrift über eine frühere richterliche Vernehmung zu, wenn die dafür in Abs. 1 Nr. 1 bis 3 festgelegten Voraussetzungen nicht vorliegen, die Einvernahme der Beweisperson an sich möglich wäre, oder wenn die Niederschrift oder ihr Zustandekommen mit Verfahrensmängeln behaftet ist. Soweit die Verfahrensvorschriften die Zuverlässigkeit der Aussage oder die Wahrung der Verfahrensrechte der Beteiligten bei ihrem Zustandekommen garantieren sollen, steht die Beweisverwendung zur Disposition der Verfahrensbeteiligten[156]. Auf dem gleichen Grundgedanken beruht die 1987 eingefügte Regelung in § 251 Abs. 2 Satz 1, die unter etwas engeren Voraussetzungen, nämlich dann, wenn der Angeklagte einen Verteidiger hat, bei Einverständnis der Beteiligten auch die Verlesung der nichtrichterlichen Vernehmungen und sonstiger Urkunden gestattet.

43   **b) Ersatz der Voraussetzungen der Nrn. 1 bis 3.** Das Gericht darf die Verlesung einer richterlichen Niederschrift auf Grund des Einverständnisses der Beteiligten auch dann anordnen, wenn die Voraussetzungen **weder der Nr. 1 noch der Nr. 2 oder 3 erfüllt sind**, wenn also der früher schon von einem Richter vernommene Zeuge, Sachverständige oder Mitbeschuldigte in der Hauptverhandlung vernommen werden kann, und zwar alsbald und ohne daß einem Zeugen oder Sachverständigen gegenüber eine unbillige Zumutung in dem Verlangen zu erblicken wäre, daß er in der Hauptverhandlung erscheine. Gleichgültig ist, ob die richterliche Vernehmung ursprünglich die Vernehmung in der Hauptverhandlung ersetzen sollte oder ob sie im Vor- oder Zwischenverfahren stattgefunden hat[157].

44   **c)** Die aus dem Einverständnis der Beteiligten herzuleitende Voraussetzung für die Verlesung der Niederschrift erfährt jedoch die notwendige **Beschränkung durch die Aufklärungspflicht** des Gerichts[158]. Die Anordnung der Verlesung der Niederschrift hat trotz Erklärung des Einverständnisses zu unterbleiben[159], wenn mit der Möglichkeit zu rechnen ist, daß der Inhalt der Niederschrift nicht genügt, um die mögliche Vernehmung des Zeugen, Sachverständigen oder Mitbeschuldigten in der Hauptverhandlung zuverlässig zu ersetzen, so etwa, wenn die Niederschrift unklar oder ungenau ist[160] oder wenn es für die Beurteilung der Aussagesituation[161] oder der Glaubwürdigkeit der Beweisperson erforderlich ist, daß sich das Gericht einen persönlichen Eindruck verschafft, so auch, wenn die Beweisperson das einzige Beweismittel für einen bestrittenen, unmittelbar entscheidungserheblichen Sachverhalt ist[162].

45   **d) Einverständnis.** Die Verlesung setzt das **Einverständnis** sowohl **des Angeklagten** als auch des **Staatsanwalts und**, sofern ein solcher mitwirkt, des **Verteidigers** voraus. Zustimmen müssen — soweit sie in ihren eigenen Verfahrensinteressen betroffen sind[163]

---

[156] Die Aufklärungspflicht steht nicht zur Disposition der Beteiligten (vgl. Rdn. 44), ebensowenig Vorschriften zum Schutze Dritter (Rdn. 49).

[157] BGH VRS **36** (1969) 356.

[158] BGHSt **10** 191; BGH NJW **1952** 1305; NStZ **1988** 37; 283; *Fezer* JuS **1977** 382; *Paulus* JuS **1988** 878; *Rieß/Hilger* NStZ **1987** 151; KK-*Diemer*⁴ 10; *Kleinknecht/Meyer-Goßner*⁴⁴ 25; KMR-*Paulus* 35; SK-*Schlüchter* 23.

[159] Ob in diesen Fällen die Verlesung auch gegen § 251 Abs. 1 Nr. 4 verstößt (vgl. dazu vorstehenden Fußn.) oder, weil auch dann von dessen Wortlaut gedeckt, nur gegen § 244 Abs. 2 (so KMR-*Paulus* 35), ist für das Ergebnis unerheblich.

[160] OLG Celle StV **1991** 294.

[161] SK-*Schlüchter* 23 nimmt dies auch für den sonst (vgl. Rdn. 49) umstrittenen Fall an, daß ein Zeuge sich auf sein Recht aus § 55 berufen hat, da dann entweder die Vernehmung die Aussage nicht ersetzt oder bei totaler Verweigerung die Sachaufklärung gebietet, die im Wege des Urkundenbeweises nicht faßbare Dynamik der Vernehmungssituation durch den Personalbeweis (Vernehmung der Verhörsperson) einzufangen; *G. Schäfer* 785 hält die Verlesung für zulässig, ebenso KK-*Diemer*⁴ 10a.

[162] OLG Düsseldorf StV **1994** 294; HK-*Julius*² 5; *Kleinknecht/Meyer-Goßner*⁴⁴ 10; 25.

[163] Vgl. Vor § 226, 33.

— auch die **Nebenbeteiligten**[164], ferner im Jugendstrafverfahren der **Beistand** nach § 69 JGG, nicht aber der **gesetzliche Vertreter** oder die **Erziehungsberechtigten**[165] oder der nach den §§ 397 Abs. 1, 385 Abs. 1 dazu nur zu hörende **Nebenkläger**[166]. Verteidiger und Angeklagter müssen beide zustimmen; insbesondere darf die Niederschrift nicht verlesen werden, wenn zwar der Angeklagte zustimmt, der Verteidiger aber widerspricht[167]. Bei einer Hauptverhandlung, die gemäß § 231 Abs. 2, §§ 231 a, 231 b, 232 in Abwesenheit des Angeklagten durchgeführt wird, bedarf es des Einverständnisses des Angeklagten nicht[168], desgleichen nicht die eines nach § 231 c beurlaubten Mitangeklagten[169]. Dagegen ist es erforderlich bei der Hauptverhandlung nach § 233[170]. Ist der Angeklagte in der Hauptverhandlung **nicht anwesend**, genügt es nach § 234 a, wenn sein Verteidiger zustimmt[171]. Ein nach § 247 zeitweilig aus dem Sitzungssaal entfernter Angeklagter gilt dagegen als anwesend und muß selbst zustimmen[172].

Dem die Verhandlung leitenden Vorsitzenden obliegt es, die Beteiligten zu einer **46 Erklärung** darüber zu veranlassen, ob sie mit der Beweisverwendung der Niederschrift einverstanden sind. Er muß die Erklärung des Einverständnisses einholen, bevor er mit der Verlesung beginnt. Schweigt der Angeklagte, wenn sein Verteidiger der Verlesung ausdrücklich zustimmt, so liegt darin in der Regel auch die konkludente Erklärung der eigenen Zustimmung[173]. Dagegen kann das Einverständnis des rechtsunkundigen **Angeklagten ohne Verteidiger** nicht allein daraus gefolgert werden, daß er die Verlesung geschehen läßt, ohne sich gegen sie zu verwahren[174]. Dem Angeklagten ist vielmehr in solchen Fällen Gelegenheit zu geben, ausdrücklich zur Verlesung Stellung zu nehmen. Eine an sich mögliche **stillschweigende Zustimmung**[175] zur Verlesung kann nur angenommen werden, wenn auf Grund der vorangegangenen Verfahrensgestaltung (Fragen des Vorsitzenden; Beschluß, der unter Hinweis auf das allseitige Einverständnis die Verlesung anordnet) davon ausgegangen werden darf, daß sich alle Verfahrensbeteiligten der Tragweite ihres Schweigens bewußt waren[176]. Stützt dagegen das Gericht die Anordnung der Verlesung auf einen anderen Verlesungsgrund, etwa § 251 Nr. 2 oder 3, kann das Schweigen der Beteiligten nicht als stillschweigende Einverständniserklärung nach Absatz 1 Nr. 4 gedeutet werden, da diese dann davon ausgehen müssen, daß es nicht auf ihr Prozeßver-

---

[164] KK-*Diemer*[4] 10; *Kleinknecht/Meyer-Goßner*[44] 12; 24; KMR-*Paulus* 36; SK-*Schlüchter* 19.

[165] *Kleinknecht/Meyer-Goßner* 24; SK-*Schlüchter* 19.

[166] *Kleinknecht/Meyer-Goßner*[44] 12; KMR-*Paulus* 36; SK-*Schlüchter* 19. Vgl. § 397, 1; 10, auch zur anderen Rechtslage vor der am 1. 4. 1987 in Kraft getretenen Neufassung des § 397 Abs. 1.

[167] BayObLGSt **1957** 132; **1978** 17 = NJW **1957** 1566; **1978** 1817; *Alsberg/Nüse/Meyer* 265; *Kohlhaas* NJW **1954** 537; *Spendel* JZ **1959** 739; *Kleinknecht/ Meyer-Goßner*[44] 12; vgl. auch Rdn. 46.

[168] *Alsberg/Nüse/Meyer* 265; KK-*Diemer*[4] 10; *Kleinknecht/Meyer-Goßner*[44] 12; SK-*Schlüchter* 20; vgl. § 231, 29; § 231 a, 28; § 232, 23; BGHSt **3** 206 beschränkte dies auf den Fall, daß der anwesende Verteidiger Vertretungsvollmacht hat.

[169] Vgl. SK-*Schlüchter* 20; § 231 c, 19.

[170] *Alsberg/Nüse/Meyer* 265; *Kleinknecht* JZ **1965** 329; KK-*Diemer*[4] 10; *Kleinknecht/Meyer-Goßner*[44] 12; KMR-*Paulus* 36; SK-*Schlüchter* 20; vgl. § 233, 35.

[171] *Kleinknecht/Meyer-Goßner*[44] 12; SK-*Schlüchter* 20; vgl. § 234 a, 10.

[172] *Kleinknecht/Meyer-Goßner*[44] 12; SK-*Schlüchter* 20; § 234 a, 7.

[173] BayObLGSt **1978** 17 = NJW **1978** 1817 unter Aufgabe von BayObLGSt **1957** 132 = NJW **1957** 1566; *Alsberg/Nüse/Meyer* 265; *Kleinknecht/Meyer-Goßner*[44] 12; KMR-*Paulus* 37; SK-*Schlüchter* 20; **a. A** OLG Hamm VRS **36** (1969) 53; OLG Stuttgart JR **1977** 343 mit Anm. *Gollwitzer*; *Eb. Schmidt* Nachtr. I 4 a.

[174] BayObLGSt **1953** 221; **1978** 17 = NJW **1954** 323; **1978** 1817; **1993** 6; OLG Köln NStZ **1988** 31; OLG Stuttgart JR **1977** 343 mit Anm. *Gollwitzer*; KMR-*Paulus* 37; SK-*Schlüchter* 21.

[175] BGHSt **9** 230; 232; **26** 332; BGH StV **1983** 319 mit abl. Anm. *Schlothauer*; BGH NJW **1984** 66; BGH bei *Pfeiffer/Miebach* NStZ **1986** 207; BayObLG StV **1990** 399; OLG Hamm VRS **40** (1971) 197; JMBlNW **1957** 275.

[176] Vgl. vorstehende Fußn.; ferner etwa *Alsberg/Nüse/ Meyer* 265; *Kohlhaas* NJW **1954** 537; HK-*Julius*[2] 5; KK-*Diemer*[4] 10; *Kleinknecht/Meyer-Goßner*[44] 13; KMR-*Paulus* 37; SK-*Schlüchter* 21.

halten ankommt[177]. Nur wenn der Angeklagte, der Staatsanwalt und der Verteidiger eine erkennbar auf Absatz 1 Nr. 4 gestützte Verlesung widerspruchslos zulassen, kann Grund gegeben sein, ihr Einverständnis anzunehmen[178].

47   Das Einverständnis kann bereits **vor der Hauptverhandlung** erklärt werden[179]. Es kann prozeßwirtschaftlich sein, wenn die Verfahrensbeteiligten in geeigneten Fällen schon bei der Ladung zu einer Erklärung hierüber aufgefordert werden[180]. Ein solches schon vorher erklärtes Einverständnis wird aber erst mit der Verlesung bindend[181]. Wer vorher zugestimmt hat, muß aber, wenn er seine Meinung geändert hat, spätestens vor der Verlesung ausdrücklich widersprechen[182]. Mit **Anordnung der Beweisverwendung** der Niederschrift nach Absatz 4 (Verlesen, Anordnung des Selbstleseverfahrens nach § 249) ist dies nicht mehr möglich[183]. Soweit verschiedentlich in Entscheidungen und im Schrifttum davon gesprochen wird, daß die Einwilligung mit dem Verlesen unwiderruflich geworden ist, muß dies dahin präzisiert werden, daß die Bindung spätestens[184] mit Anordnung der Beweisverwendung nach § 251 Abs. 1 Nr. 4; Abs. 4 eintritt, denn für diese ist die Einwilligung die unerläßliche Entscheidungsgrundlage. Auf die Tatsache des Verlesens (Beginn?, Ende?) abzustellen, verbietet sich auch im Interesse der Verfahrensklarheit; das bei § 251 nicht ausgeschlossene Selbstleseverfahren nach § 249 Abs. 2 vollzieht sich ohne genaue zeitliche Fixierung sukzessive außerhalb der Hauptverhandlung. Eine bindend gewordene Zustimmung kann auch nicht nachträglich, etwa im Rahmen der Revision, angefochten werden[185]. Die Einwilligung und die Anordnung des Gerichts betreffen immer nur die Beweisverwendung in der **laufenden Hauptverhandlung**. Muß diese nach Aussetzung oder nach Zurückverweisung erneuert werden, können die Beteiligten neu entscheiden, ob sie unter den möglicherweise veränderten Umständen mit einer Verlesung einverstanden sind. Widerruft einer von ihnen ein früher vor Beginn der erneuten Hauptverhandlung erklärtes Einverständnis, so schließt dies die Verlesung aus[186].

48   Ist die Verlesung ausgeführt worden, ohne daß die Beteiligten zugestimmt haben, so kann der hierin liegende Verstoß dadurch **geheilt werden**, daß der Angeklagte, der Staatsanwalt und der Verteidiger die geschehene Verlesung übereinstimmend **genehmigen**, also ausdrücklich erklären, daß sie die Vernehmung des Zeugen, Sachverständigen oder Mitbeschuldigten in der Hauptverhandlung nicht verlangen[187].

49   e) Das Einverständnis aller Verfahrensbeteiligten mit der Verlesung hat immer nur die **Wirkung**, eine der Voraussetzungen des Absatzes 1 Nr. 1 bis 3, wenn sie fehlt, zu erset-

---

[177] BHG NJW **1984** 66; bei *Pfeiffer/Miebach* NStZ **1986** 207; NStZ-RR **1997** 268; BayObLG StV **1990** 399; HK-*Julius*[2] 5; *Kleinknecht/Meyer-Goßner*[44] 13; SK-*Schlüchter* 21; *Eb. Schmidt* 14; **a. A** BGH StV **1983** 319 mit abl. Anm. *Schlothauer*.

[178] Rechtsprechung und Schrifttum beurteilten diese von der Lage des Einzelfalls abhängigen Fragen nicht einheitlich; vgl. RGRspr. **5** 536; **6** 624; RGSt **4** 301; **50** 364; **58** 101; RG HRR **1933** Nr. 451; BGHSt **9** 232; **26** 332; BGH NJW **1952** 1426; NStZ **1983** 325; **1985** 376; ferner die Entscheidungen Fußn. 175 bis 177 und zur Tragweite der Rügeverzichts BGHSt **32** 32 = JZ **1984** 45 mit Anm. *Geerds.*

[179] BayObLG bei *Rüth* DAR **1971** 206; *Alsberg/Nüse/Meyer* 264; *Ostler* MDR **1967** 374; *Kleinknecht/Meyer-Goßner*[44] 11; KMR-*Paulus* 36; SK-*Schlüchter* 22.

[180] *Meyer-Goßner* NJW **1987** 1164; KMR-*Paulus* 36.

[181] Vgl. die Nachw. in Fußn. 179; ferner OLG Koblenz VRS **57** (1979) 116.

[182] BGHSt **3** 209; *Alsberg/Nüse/Meyer* 265; *Kleinknecht/Meyer-Goßner*[44] 13; KMR-*Paulus* 36.

[183] Vgl. BGH bei *Holtz* MDR **1987** 282; OLG Koblenz VRS **57** (1979) 116; *Eisenberg* (Beweisrecht) 2123; ferner KK-*Diemer*[4] 10; *Kleinknecht/Meyer-Goßner*[44] 13; SK-*Schlüchter* 22; unter Hinweis auf eine unveröffentlichte BGH-Entscheidung.

[184] Nach KMR-*Paulus* 36 wird die Einwilligung bereits mit ihrer Erklärung in der Hauptverhandlung unwiderruflich.

[185] Vgl. etwa BGH NStZ **1997** 611; Einl. J 30 ff.

[186] BayObLG bei *Rüth* DAR **1971** 206; OLG Bremen StV **1992** 59; AK-*Dölling* 19; KMR-*Paulus* 3.

[187] *Alsberg/Nüse/Meyer* 266; *Kleinknecht/Meyer-Goßner*[44] 14; KMR-*Paulus* 36; SK-*Schlüchter* 22.

zen[188] oder einen Verfahrensmangel auszugleichen, der eine zur Disposition der Verfahrensbeteiligten stehenden Regelung betrifft[189]. Es vermag aber nicht, **andere Hindernisse** zu beseitigen, wie etwa die Zuverlässigkeit des Inhalts in Frage stellende wesentliche Mängel der Niederschrift oder des ihr zugrunde liegenden Verfahrens[190] oder **Beweisverbote**[191]. Deshalb darf, wenn ein Zeuge nach § 52 in der Hauptverhandlung die Aussage verweigert, die Niederschrift über seine frühere richterliche Vernehmung entgegen dem Verbot des § 252 auch dann nicht verlesen werden, wenn alle Verfahrensbeteiligten einverstanden sind[192]. Das gilt auch für die Niederschrift über die frühere Vernehmung eines Mitbeschuldigten, der, wenn er in der Hauptverhandlung als Zeuge vernommen würde, ein Zeugnisverweigerungsrecht nach § 52 hätte[193]. Strittig ist, ob die frühere Niederschrift über die Vernehmung eines Zeugen verlesen werden darf, wenn dieser sich auf sein Auskunftsverweigerungsrecht nach § 55 beruft[194], da dieses — anders als §§ 52, 252 — kein Beweisverwendungsverbot für frühere Aussagen begründet (vgl. Rdn. 14).

IV. Verlesung von Niederschriften über nichtrichterliche Vernehmungen und von schriftlichen Erklärungen (Absatz 2)

1. Grundsätzliches. Zur Erforschung der Wahrheit ist das Gericht verpflichtet, jede **50** Schrift, die Erkenntnisse über die Wahrnehmung oder das Vorbringen eines Zeugen, Sachverständigen oder Mitbeschuldigten gewähren kann, als Beweismittel zu verwerten, wenn seine gerichtliche Vernehmung in der Zeit, in der die Sache erledigt werden muß, nicht durchführbar ist[195]. Diesem Grundsatz trägt § 251 Abs. 2 Rechnung. Um Beweisverluste zu vermeiden und um die zügige Durchführung der Verhandlung zu ermöglichen[196], sieht er in Auflockerung des § 250 seit jeher die unmittelbare Beweisverwertung von Schriften vor, wenn der Zeugen, Sachverständige oder Mitbeschuldigte, über dessen Wahrnehmung sie berichten, in absehbarer Zeit nicht selbst vernommen werden kann[197].

Die Neufassung des Absatzes 2 durch Art. 1 Nr. 17 StVÄG 1987 gestattet darüber hin- **51** aus zur Beschleunigung und Vereinfachung der Hauptverhandlung[198] die unmittelbare Verlesung der nichtrichterlichen Vernehmungsniederschriften von Zeugen, Sachverständigen oder Mitbeschuldigten und von schriftlichen Äußerungen dieser Personen, wenn die Verfahrensbeteiligten damit **einverstanden** sind. Der nur für richterliche Vernehmungsvorschriften geltende Absatz 1 Nr. 4 wird durch Absatz 2 Satz 1 erweitert. Bei Einver-

---

[188] *Alsberg/Nüse/Meyer* 264; KK-*Diemer*[4] 10; SK-*Schlüchter* 23.

[189] Etwa die unterbliebene Benachrichtigung nach § 224; vgl. BGHSt **9** 28; **26** 332 = JR **1977** 257 mit Anm. *Meyer-Goßner;* BGHSt **29** 1; BGH NJW **1952** 1426; NStZ **1983** 326; **1986** 325; BGH bei *Holtz* MDR **1977** 461; KG StV **1984** 68; OLG Schleswig bei *Ernesti/Jürgensen* SchlHA **1972** 159 (Verwirkung); *Alsberg/Nüse/Meyer* Vgl. Rdn. 16; ferner § 224, 32 und bei § 168 c.

[190] Vgl. Rdn. 10 ff; ferner etwa BGH StV **1981** 269 (Verstoß gegen § 69); *Alsberg/Nüse/Meyer* 264; KK-*Diemer*[4] 10; *Kleinknecht/Meyer-Goßner*[44] 18; SK-*Schlüchter* 23.

[191] Vgl. etwa KK-*Diemer*[4] 22; 23; BGH NStZ **1986** 325 (§ 250).

[192] BGHSt **10** 77; BGH NJW **1983** 947; vgl. § 252, 11 ff; ferner etwa KK-*Diemer*[4] 15 bis 17.

[193] BGHSt **10** 186 = LM Nr. 13 mit Anm. *Krumme*; vgl. § 252, 4.

[194] Vgl. § 55, 19; § 250, 20 mit Nachw. zum Streitstand; etwa BGH NStZ **1982** 342; StV **1996** 191 (BGH NStZ **1988** 36 läßt dies offen); *Alsberg/ Nüse/Meyer* 264; *Dölling* NStZ **1988** 9; *G. Schäfer* 785; AK-*Dölling* 38; *Kleinknecht/Meyer-Goßner*[44] 10; 28; KMR-*Paulus* § 55, 25; SK-*Schlüchter* 23. Nach KK-*Diemer*[4] 10a macht das Einverständnis nach Abs. 1 Nr. 4 die frühere Aussage verlesbar.

[195] So schon *Niethammer* in *Gürtner* Bericht der Amtl. Strafprozeßkomm. 171.

[196] BGHSt **10** 189; BGH MDR **1974** 369.

[197] Gegen das Umschalten von dem unter besseren Richtigkeitsgarantien gewonnenen Beweismittel auf ein schlechteres werden im Schrifttum Bedenken erhoben, so etwa *Bruns* NStZ **1983** 368; *Grünwald* FS Dünnebier 356.

[198] BTRAussch. BTDrucks. **10** 6592, S. 23; *Meyer-Goßner* NJW **1978** 1163; vgl. *G. Schäfer* 778 (dringendes Bedürfnis).

ständnis der Verfahrensbeteiligten sind auch alle **anderen Vernehmungsniederschriften** und **sonstige Schriften** der genannten Personen verlesbar, ohne daß es darauf ankommt, ob die Niederschriften mit Fehlern behaftet sind, die einer Verlesung nach Absatz 1 entgegenstehen, und ob die engen Verlesungsvoraussetzungen des Absatzes 2 Satz 2 vorliegen. Auch Schriften, die über eine Wahrnehmung im Sinne des § 250 berichten, werden dann uneingeschränkt verlesbar. Diese Ausdehnung erweitert die Autonomie der Verfahrensbeteiligten, die damit — allerdings nur einvernehmlich und ohne das Gericht zu binden — selbst entscheiden können, ob und wie eine vorhandene, mitunter fehlerbehaftete Beweisurkunde zu Beweiszwecken herangezogen werden soll und ob sie den unter Umständen sonst notwendigen Personalbeweis ersetzen darf[199]. Diese Befugnis findet ihr Grenze in den **Beweisverboten**, die nicht zur Disposition der Verfahrensbeteiligten stehen. Bei verfahrensrelevanten relativen Beweisverboten, die die Beweisverwendung bei Zustimmung der Geschützten zulassen, liegt jedoch in deren Einverständnis mit der Verlesung auch diese Zustimmung. Wegen der Gefahren, die mit der Ausweitung der verwendbaren Beweismittel verbunden sein können, läßt sie der Gesetzgeber nur dann zu, wenn dem Angeklagten ein **Verteidiger** zur Seite steht. Dieser kann — auch auf Grund seines Akteneinsichtsrechts — besser als der Angeklagte beurteilen, ob mit den Erfordernissen einer sachgemäßen Verteidigung vereinbar ist, daß durch die Einwilligung ein in seiner Verläßlichkeit und seinem Beweiswert mitunter schlechter zu beurteilendes Beweissurrogat an die Stelle der Vorhalte und Fragen gestattenden unmittelbaren Zeugeneinvernahme tritt[200]. Bei Bedenken gegen die Zuverlässigkeit oder Richtigkeit einer Schrift hat es jeder Verfahrensbeteiligte in der Hand, durch Verweigerung seiner Zustimmung deren vereinfachte Beweisverwendung nach Absatz 2 Satz 1 zu verhindern.

52   In der uneingeschränkt fortbestehenden **Aufklärungspflicht** des Gerichts sah der Gesetzgeber[201] eine weitere Garantie dafür, daß durch diese Vereinfachung kein Beweismittel verwendet wird, dessen Wert wegen unaufklärbarer Ungenauigkeit oder wegen der Umstände seines Zustandekommens oder wegen Widersprüche mit anderen Beweisergebnissen zweifelhaft erscheint und das daher ein verfügbares persönliches Beweismittel nicht ersetzen kann[202]. Bei verfahrensentscheidenden Beweisaufnahmen, bei denen es auf den **persönlichen Eindruck** von einer verfügbaren Beweisperson ankommt, wird es sich in der Regel verbieten, daß sich das Gericht mit der Verlesung einer nichtrichterlichen Vernehmungsniederschrift oder einer sonstigen schriftlich fixierten Bekundung einer Wahrnehmung begnügt[203]. Der Anwendungsbereich des Absatzes 2 Satz 1 wird deshalb vor allem bei Beweisaufnahmen liegen, die das Randgeschehen betreffen[204] oder bei denen sonst keine Zweifel hinsichtlich der Zuverlässigkeit und Glaubwürdigkeit des schriftlich Bekundeten bestehen, etwa, weil sie eine bereits weitgehend geklärte Beweisaufnahme bestätigen oder die Glaubwürdigkeit eines Geständnisses eines Angeklagten untermauern. Ob **Formfehler** die Beweistauglichkeit einer solchen Schrift beeinträchtigen können, hat das Gericht dabei auch im Rahmen seiner Beweiswürdigung mit zu berücksichtigen.

---

[199] Das Argument, daß das Unmittelbarkeitsprinzip nicht zur Disposition der Verfahrensbeteiligten stehe (Minderheit RAussch. BTDrucks. **10** 6592), trifft in dieser Allgemeinheit nicht zu. Dieses ohnehin nicht durchwegs verwirklichte Prinzip ist nur insoweit nicht disponibel, als die Wahrheitsforschung dies erfordert.

[200] Kritisch zur Effektivität dieser Kontrolle *Kempf* StV **1987** 222.

[201] BTRAussch. BTDrucks. **10** 6592, S. 23; *Rieß/Hilger* NStZ **1987** 151. Vgl. auch die Rechtspr. zu § 251 Abs. 1 Nr. 4; Rdn. 44 mit weit. Nachw.

[202] Vgl. Rdn. 44; der meist geringere Beweiswert der Schriften fällt hier ins Gewicht; ferner AK-*Dölling* 42; SK-*Schlüchter* 52.

[203] OLG Celle StV **1991** 294; OLG Düsseldorf StV **1991** 295; OLG Köln StV **1998** 585; *Meyer-Goßner* NJW **1987** 1164; *Rieß/Hilger* NStZ **1987** 151; vgl. Rdn. 2; § 244, 60, 69.

[204] *Rieß/Hilger* NStZ **1987** 151.

2. Die Voraussetzungen des Absatzes 2 Satz 1

a) Teilnahme eines Verteidigers. Anders als bei § 251 Abs. 1 Nr. 4 oder Absatz 2 **53**
Satz 2 erfordert Satz 1, daß dem Angeklagten in der Hauptverhandlung ein Verteidiger zur
Seite steht. Der Gesetzgeber ging davon aus, daß der unverteidigte Angeklagte selbst vielfach nicht in der Lage sein wird, die Tragweite seiner Einverständniserklärung sicher
genug abzuschätzen[205]. Da er selbst kein Akteneinsichtsrecht hat, ist er darauf angewiesen, daß der Verteidiger auf Grund seiner Aktenkenntnis beurteilt, ob durch die Verlesung
seine Verteidigungsinteressen gefährdet werden, unter Umständen auch, daß er bei einer
Verlesung darauf dringen muß, daß auch noch andere in den Akten befindliche Äußerungen derselben Beweisperson zu verlesen sind, um der Entstehung eines falschen Eindrucks entgegenzuwirken. Unerheblich ist, ob der Verteidiger ein Wahl- oder Pflichtverteidiger ist und ob die Verteidigung eine notwendige ist.

Im **Zeitpunkt der Abgabe der Einverständniserklärung** muß der Verteidiger, wie **54**
aus dem Zweck der Regelung gefolgert wird, **in der Hauptverhandlung anwesend**
sein[206]. Sein Einverständnis ist nicht durch das des Angeklagten ersetzbar. Dagegen dürfte
es unschädlich sein, wenn ein nicht notwendiger Verteidiger sich vor der Verlesung entfernt hat. Satz 1 geht zwar ersichtlich vom Regelfall des in der Hauptverhandlung anwesenden Verteidigers aus. Eine über den Zweck der Sicherung der Entscheidungsprärogative
hinausreichende Anwesenheitspflicht für den Verteidiger dürfte er jedoch nicht begründen.
Dagegen genügt es nicht, daß der fernbleibende Verteidiger schon vor der Hauptverhandlung sein Einverständnis schriftlich gegenüber dem Gericht erklärt hat, denn der Gesetzgeber dürfte davon ausgegangen sein, daß in Gegenwart des Verteidigers in der Hauptverhandlung die Vereinbarkeit der Verlesung mit der Beweislage erörtert werden kann[207].

Bei **mehreren Angeklagten** muß jedem ein Verteidiger zur Seite stehen. Ein Rechts- **55**
anwalt muß auch für die Nebenbeteiligten anwesend sein, die mit Angeklagtenbefugnissen an der Hauptverhandlung teilnehmen. Nur bei den Angeklagten oder Nebenbeteiligten, deren Zustimmung entbehrlich ist, weil sie durch die betreffende Verlesung in ihren
Verfahrensinteressen in keiner Weise berührt werden können, ist es für die Anwendbarkeit des Satzes 1 unschädlich, wenn sie keinen Verteidiger haben[208].

b) Einverständnis der Verfahrensbeteiligten. Die Verlesung der Vernehmungspro- **56**
tokolle und schriftlichen Äußerungen nach Absatz 2 Satz 1 setzt das Einverständnis der
Verfahrensbeteiligten voraus. Zustimmen müssen der **Staatsanwalt**, der **Privatkläger**[209],
nicht aber der **Nebenkläger**[210]; ferner der **Verteidiger**, wobei bei mehreren Verteidigern
schon der Widerspruch eines von ihnen die Verlesung verhindern kann[211]. Im Jugendstrafverfahren muß der **Beistand** einverstanden sein (vgl. § 69 Abs. 3 JGG), nicht aber
gesetzliche Vertreter oder Erziehungsberechtigte[212].

[205] BTRAussch. BTDrucks. **10** 6592, S. 23. Zur Tendenz, bei der Verfahrensgestaltung zwischen dem
verteidigten und den unverteidigten Angeklagten
zu differenzieren, vgl. *Kindhäuser* NStZ **1987** 535.
[206] BTRAussch. BTDrucks. **10** 6592, S. 24; *Rieß/Hil-
ger* NStZ **1987** 151 Fußn. 137; AK-*Dölling* 31;
*Kleinknecht/Meyer-Goßner*⁴⁴ 24; SK-*Schlüchter*
52.
[207] AK-*Dölling* 31.
[208] Vgl. Rdn. 45; Vor § 226, 39.
[209] Solange der Staatsanwalt das Verfahren nicht als
Offizialverfahren weiterbetreibt, hat der Privatkläger die aus der Parteistellung des Staatsanwalts fol-

genden Verfahrensgbefugnise; danach hat er, sofern er sich nicht als Nebenkläger anschließt, nur
die Befugnisse des Verletzten. Es ist also zu differenzieren: Betreibt er statt des Staatsanwalts das
Verfahren, muß er zustimmen (so *Kleinknecht/
Meyer-Goßner*⁴⁴ 24), andernfalls ist er nur dazu zu
hören (so KK-*Diemer*⁴ 10).
[210] BTRAussch. BTDrucks. **10** 6592, S. 24. Zur Änderung der Rechtslage durch das OpferschutzG vgl.
Rdn. 45 und bei §§ 395, 397.
[211] *Kleinknecht/Meyer-Goßner*⁴⁴ 24; SK-*Schlüchter*
52.
[212] *Kleinknecht/Meyer-Goßner*⁴⁴ 24; ferner Rdn. 45.

57   Der **Angeklagte** selbst muß ebenfalls sein Einverständnis erklären, wobei die Zustimmung des Verteidigers die des Angeklagten nicht ersetzen kann und umgekehrt. Nimmt allerdings der Angeklagte an der Hauptverhandlung nicht teil, genügt nach § 234 a die Zustimmung seines Verteidigers. Dies gilt in allen Fällen, in denen die Hauptverhandlung gegen einen nicht anwesenden Angeklagten durchgeführt oder fortgesetzt werden darf; nicht aber bei dem nicht von § 234 a erfaßten zeitweiligen Ausschluß des Angeklagten nach § 247[213]. Soweit **Nebenbeteiligte** mit Angeklagtenbefugnissen an der Hauptverhandlung teilnehmen, bedarf es auch ihres Einverständnisses, soweit sie in ihren Verfahrensinteressen berührt sein können[214]. Bei **mehreren Mitangeklagten** muß jeder mit der Verlesung einverstanden sein. Nur wenn einer von ihnen in seinen Verteidigungsinteressen nicht berührt werden kann, weil die Beweiserhebung ihn in keiner Weise betrifft, ist seine Einwilligung entbehrlich[215].

58   Das Einverständnis, über das das Gericht im Interesse der Verfahrensklarheit stets eine **ausdrückliche Erklärung** aller Verfahrensbeteiligten herbeiführen sollte, kann — ebenso wie bei § 251 Abs. 1 Nr. 4 — auch in einem **konkludenten Verfahren** zum Ausdruck kommen. Insoweit gelten die allgemeinen Grundsätze wie auch bei § 251 Abs. 1 Nr. 4[216]. Sollen nur **Teile** einer Schrift zu Beweiszwecken verlesen werden, muß sich das Einverständnis auch hierauf erstrecken[217].

59   Das Einverständnis muß im **Zeitpunkt der Anordnung** der Verlesung durch das Gericht vorliegen. Wird es schon vorher erklärt, etwa um schon vor Beginn der Hauptverhandlung Klarheit über die zur Hauptverhandlung zu ladenden Beweispersonen zu schaffen[218], so ist der Erklärende hierdurch noch nicht gebunden[219], da solche vorzeitigen Erklärungen nur den Charakter einer Ankündigung des späteren Prozeßverhaltens haben. Ob auf Grund der Beweislage die Verlesung tatsächlich ausreicht, können Gericht und Verfahrensbeteiligte immer erst nach der Verfahrenslage im Zeitpunkt der Anordnung der Verlesung endgültig beurteilen und entscheiden. Mit Anordnung der Verlesung wird die **Einwilligung unwiderruflich**[220]. Diese **Bindung** gilt aber nur für die **laufende Hauptverhandlung**. Wird sie nach einer Aussetzung neu begonnen, so bedarf es einer erneuten Einverständniserklärung, ein ausdrücklicher Widerruf kann allerdings angezeigt sein, um den Anschein auszuschließen, das Einverständnis bestehe auch in der erneuten Hauptverhandlung[221]. Ist eine erforderliche Zustimmung versehentlich nicht eingeholt worden, so kann der darin liegende Verstoß dadurch **geheilt** werden, daß die betroffenen Verfahrensbeteiligten das Verfahren nachträglich genehmigen[222].

3. Voraussetzungen für die Verlesbarkeit nach Absatz 2 Satz 2

60   **a) Nichtverfügbarkeit der Auskunftsperson.** Diese Voraussetzung ist sowohl erfüllt, wenn ein Zeuge **verstorben** ist oder wenn unheilbare Geisteskrankheit ihn für die Zeit seines Lebens vernehmungsunfähig macht, als auch dann, wenn sich seiner gerichtlichen Vernehmung ein sonstiges **Hindernis** entgegenstellt, das **in absehbarer Zeit nicht besei-**

---

[213] Vgl. Rdn. 45; § 234 a, 4 ff. Da die Verlesbarkeit von der Teilnahme abhängt, stellt sich die Streitfrage nicht, ob ein Angeklagter ohne Verteidiger bei unbefugtem Fernbleiben sein Sperrecht verwirkt.

[214] *Kleinknecht/Meyer-Goßner*[44] 24; vgl. Rdn. 45; Vor § 226, 33.

[215] *Kleinknecht/Meyer-Goßner*[44] 24; vgl. Vor § 226, 33.

[216] Vgl. Rdn. 46 mit Nachw.; ferner etwa OLG Köln NStZ **1988** 31.

[217] BGH NStZ **1988** 283.

[218] Im Interesse einer wirtschaftlichen Verfahrensgestaltung kann es zweckmäßig sein, wenn das Gericht schon frühzeitig zu klären versucht, ob die Ladung von Zeugen oder Sachverständigen entbehrlich ist; vgl. *Meyer-Goßner* NJW **1988** 1164 (Anfrage bei Ladung).

[219] Vgl. *Kleinknecht/Meyer-Goßner*[44] 11; Rdn. 47.

[220] KK-*Diemer*[4] 10; *Kleinknecht/Meyer-Goßner*[44] 14 (Verlesung); Rdn. 47.

[221] AK-*Dölling* 19; KMR-*Paulus* 3, 6; Rdn. 47.

[222] Vgl. Rdn. 48.

tigt werden kann[223], etwa, weil der zu Vernehmende ins Ausland geflohen ist oder sich mit unbekanntem Aufenthalt verborgen hält oder als Soldat im Feld vermißt wird oder trotz Aussicht auf spätere Heilung geisteskrank und für längere Zeit vernehmungsunfähig ist. Das Gericht darf von der Nichtverfügbarkeit des Zeugen aber erst dann ausgehen, wenn alle nach dem Gewicht der Sache und der Verfahrensbedeutung der Aussage angezeigten Nachforschungen ergebnislos geblieben sind[224]. Dagegen rechtfertigt die **Unzumutbarkeit des Erscheinens** (Absatz 1 Nr. 3)[225] die Verlesung nach Absatz 2 Satz 2 ebensowenig wie das **Einverständnis aller Beteiligten** mit der Verlesung, sofern kein Fall des Absatzes 1 Nr. 4 oder des Absatzes 2 Satz 1 vorliegt[226]. Die Hinderungsgründe müssen in der **Person des Vernommenen** vorliegen, mit der Verhinderung des Vernehmenden oder dessen Tod kann die Verlesung der Vernehmungsniederschrift nicht begründet werden[227].

Auch **Rechtsgründe** können ausschließen, daß eine Auskunftsperson in absehbarer **61** Zeit gerichtlich vernommen werden kann. Gemeint sind hier nicht die sich aus der Rechtsstellung der Auskunftsperson allgemein ergebenden Beweiserhebungsschranken, sondern das auf besonderen Umständen beruhende rechtliche Unvermögen des Gerichts, eine Auskunftsperson, vor allem einen Zeugen, zu der verfahrensrechtlich an sich zulässigen und möglichen Aussage in der Hauptverhandlung zu bringen[228]. **Beweisverwertungsverbote**, wie sie etwa nach einem ausgeübten **Zeugnisverweigerungsrecht** bestehen[229], schließen die Verlesung einer Vernehmungsniederschrift nach Absatz 2 aus, ebenso aber auch relative Beweisverwertungsverbote, die entstehen können, wenn geltend gemacht wird, daß bei der Vernehmung, deren Niederschrift verlesen werden soll, eine **Belehrungspflicht**[230] oder einer **Benachrichtigungspflicht**[231] verletzt wurde. Ob ein Zeuge, der in der Hauptverhandlung nach § 55 die **Auskunft verweigert**, deshalb ungeachtet seiner Anwesenheit und Verfügbarkeit für andere Aussagen als unerreichbar im Sinne des § 251 behandelt und deshalb die Niederschrift über eine frühere Vernehmung verlesen werden darf, ist ebenfalls strittig, wird aber von der vorherrschenden Meinung verneint[232]. Strittig ist auch, ob und unter welchen Voraussetzungen die Verlesung einer Vernehmungsniederschrift nach Absatz 2 zulässig ist, wenn die Vernehmung des Zeugen unterbleiben muß, weil ihm oder seiner Familie eine ernsthafte konkrete **Gefahr für Leib und Leben** droht, oder ob dann nur die Verhörsperson vernommen werden darf[233]. Steht die ernste Lebensgefahr der per-

223 Dies entspricht dem „nicht zu beseitigenden Hindernis" Absatz 1 Nr. 2; vgl. Rdn. 38 ff.

224 Zur Abwägung vgl. Rdn. 33, 34; ferner etwa BGH StV **1992** 6: KMR-*Paulus* 46.

225 *Alsberg/Nüse/Meyer* 270; *Kleinknecht/Meyer-Goßner*[44] 23; *Eb. Schmidt* 20.

226 BGH VRS **5** (1953) 212; BGH bei *Holtz* MDR **1976** 989; SK-*Schlüchter* 54.

227 Vgl. OLG Köln VRS **63** (1982) 265 (verstorbener Vernehmungsbeamter, spätere Aussageverweigerung des Angeklagten).

228 Vgl. Rdn. 39, 40; ferner Rdn. 68; § 223, 12, 13; § 244, 260, 270 (auch zur Ausgrenzung der unzulässigen Beweiserhebung und des ungeeigneten Beweismittels).

229 Vgl. § 252, 4; 24.

230 HK-*Julius*[2] 11. Wegen der strittigen Einzelheiten vgl. bei § 136, 53 ff sowie bei § 163 a; auch zur Frage, ob ein anderer sich darauf berufen kann.

231 Vgl. etwa KK-*Diemer*[4] 19 und bei § 168 c.

232 BGH NJW **1977** 158; NStZ **1996** 96; bei *Pfeiffer/Miebach* NStZ **1982** 342; **1984** 211; LG Düsseldorf MDR **1981** 249; BGH NStZ **1988** 36 läßt dies offen; *Dahs* StV **1988** 169; *Dölling* NStZ **1988** 8 (unter Hinweis auf Entstehungsgeschichte), *Langkeit/Cramer* StV **1996** 231; *Wömpner* NStZ **1983** 294; *Kleinknecht/Meyer-Goßner*[44] 28; KMR-*Paulus* 46; vgl. ferner SK-*Schlüchter* 53; 57 (nur Vernehmungsniederschriften, andere schriftliche Erklärungen verlesbar); KK-*Diemer*[4] 26 verneint Anwendbarkeit des Absatzes 2 Satz 2 aber die Verlesbarkeit in den Fällen des Absatzes 2 Satz 1 für gegeben; wieder anders BGH NStZ **1982** 36; *D. Meyer* MDR **1977** 543; *K. Meyer* JR **1987** 522. Die Verlesbarkeit bejahen *G. Schäfer* 785; *Mitsch* **1992** 174 (analoge Anwendung des § 251). Zu den Streitfragen vgl. § 55, 19 und § 250, 20.

233 BGH NStZ **1993** 350 mit abl. Anm. *Eisenberg*; NStZ **1993** 624; dazu SK-*Schlüchter* 61; vgl. Rdn. 40 mit weit. Nachw.; zweifelnd HK-*Julius*[2] 10.

sönlichen Einvernahme entgegen, ergibt sich die Tragweite dieses Beweisverwendungs-
verbots primär nicht aus § 251, sondern aus der durch die Verfassung verbürgten Schutzpflicht des Staates. Nach ihr beurteilt sich, ob nach den Umständen des jeweiligen Einzelfalls damit die Verlesung einer Vernehmungsniederschrift vereinbar ist oder ob auch dem
die Schutzpflicht entgegensteht. Gleiches gilt für die nach § 251 zulässige Einvernahme
der Verhörsperson. Die von Absatz 2 Satz 2 gemeinte Nichtverfügbarkeit für die gerichtliche Einvernahme hat meist tatsächliche und rechtliche Ursachen[234]; es würde eine sinnvolle Abgrenzung nur erschweren, hier allein auf die tatsächlichen Hinderungsgründe
abzustellen. Bei einem Zeugen im Ausland, dessen Wohnsitz bekannt ist, dessen Erscheinen vom Gericht aber nicht erzwungen werden kann, ist die Verlesung nach Absatz 2
ebenso gerechtfertigt wie bei einem Zeugen mit unbekanntem Aufenthalt[235]. Absatz 2 ist
deshalb grundsätzlich auch anwendbar, wenn Zeugen, deren Aufenthalt feststellbar ist,
aus Rechtsgründen nur deshalb nicht vernommen werden können, weil dem Gericht die
Möglichkeit fehlt, eine Aussage zu erreichen, wie dies etwa der Fall ist, wenn die Eltern
eines Kindes dessen Einvernahme verweigern[236] oder wenn eine Behörde in Ausübung
einer rechtlichen Befugnis (§§ 54, 96) dies verhindert[237]. Die aus der Kollision mit anderen Vorschriften entstehenden Probleme, wie etwa die Tragweite des § 55, sind nicht
durch eine restriktive Auslegung des Absatzes 2 zu lösen[238], sondern durch eine den Sinn
und Zweck der kollidierenden Vorschriften Rechnung tragende Auslegung und durch
Rückgriff auf die Grundsätze eines rechtsstaatlichen, fairen Verfahrens[239].

62   **b) „In absehbarer Zeit".** Der maßgebende Zeitraum kann nicht allgemein fest
begrenzt werden[240]. Es muß sich einen ungewissen, nicht zu kurzen Zeitraum handeln, so
daß nach Lage des Einzelfalls ein Zuwarten mit dem Gebot der Verfahrensbeschleunigung
unvereinbar wäre. **Abzuwägen** sind hierbei alle Umstände des Einzelfalls, wie Schwere
und Bedeutung der Tat, die Belange des Angeklagten und die Erfordernisse der Sachaufklärung und der zügigen Erledigung des Verfahrens, die Wichtigkeit des Beweismittels
und die mit einer Verzögerung verbundene Gefahr des Verlusts anderer Beweismittel[241].

---

[234] Vgl. Rdn. 40; die Zuordnung der Hinderungsgründe ist nicht immer einheitlich, zumal nicht immer
zwischen den Gestellung zur Hauptverhandlung
und der Erreichbarkeit einer Aussage unterschieden wird.
[235] Vgl. Rdn. 37; ferner § 223, 12 f; § 244, 266.
[236] Vgl. etwa OLG Saarbrücken NJW **1974** 1959;
SK-*Schlüchter* 57; sowie Rdn. 39 mit weit. Nachw.
[237] Die verfassungsrechtlich nicht zu beanstandende
(BVerfGE **57** 282) Rechtsprechung nimmt überwiegend an, daß die nichtrichterliche Vernehmungsniederschrift eines für die Einvernahme in
der Hauptverhandlung gesperrten Zeugen nach
Absatz 2 verlesbar ist, wenn das Gericht vorher alles versucht hat, die Einvernahme in der Hauptverhandlung zu erreichen; vgl. etwa BGHSt 29 109;
BGHSt **31** 149 = JZ **1983** 354 mit Anm. *Fezer*; **33**
70 = JR **1985** 215 mit Anm. *Bruns* = NStZ **1986**
130 mit Anm. *Meyer* = StV **1985** 269 mit Anm.
Taschke; BGHSt **33** 83 = JZ **1985** 494 mit Anm.
Fezer = NStZ **1985** 278 mit Anm. *Arloth*; BGH
NStZ **1982** 79; NJW **1980** 2088; BayObLGSt **1977**
37 = NJW **1977** 2037; LG Bremen StV **1981** 19 mit
Anm. *Weider*; SK-*Schlüchter* 58a ff; *Kleinknecht/
Meyer-Goßner*⁴⁴ 26; sowie eingehend SK-*Schlüch-
ter* 58 ff.

[238] So aber LG Düsseldorf MDR **1981** 249, das den
Streit um die Tragweite des § 55 durch eine Beschränkung des Anwendungsbereichs des Absatzes
2 auf tatsächliche Hindernisse lösen will; umgekehrt *Mitsch* JZ **1992** 174 (analoge Anwendung).
Auch *K. Meyer* JR **1987** 522 sieht die Lösung des
Problems in der Auslegung des § 251, während
KK-*Diemer*⁴ 21 auf die vollständige Verweigerung
abstellt. Zu den strittigen Fragen vgl. § 55, 19;
§ 250, 20.
[239] Vgl. § 250, 20.
[240] OGHSt **2** 326; *Alsberg/Nüse/Meyer* 270.
[241] BGHSt **13** 302; **22** 120; BGH NStZ **1993** 144; StV
1989 467; **1992** 6; bei *Dallinger* MDR **1974** 369;
bei *Holtz* MDR **1978** 806; bei *Spiegel* DAR **1978**
156; **1980** 206; BayObLG bei *Rüth* DAR **1978** 214;
OLG Hamm JMBlNW **1972** 237; JR **1998** 344 mit
Anm. *Loos*; KG StV **1983** 95; OLG Schleswig StV
1982 11; *Hanack* JZ **1972** 237; *D. Meyer* MDR
1977 544; *ter Veen* StV **1985** 299; KK-*Diemer*⁴ 7;
*Kleinknecht/Meyer-Goßner*⁴⁴ 27; KMR-*Paulus* 41;
SK-*Schlüchter* 56; § 244, 262; 265; **a. A** *Herdegen*
NStZ **1984** 338 (keine Berücksichtigung der
Schwere der Tat).

Mit der **gerichtlichen Vernehmung**, die nicht in absehbarer Zeit ausgeführt werden **63** kann, ist die Vernehmung vor dem **erkennenden Gericht** gemeint[242], im Gegensatz zur „richterlichen Vernehmung" des Absatzes 1. Die Verlesbarkeit einer Urkunde nach Absatz 2 setzt nicht zwingend voraus, daß die Auskunftsperson auch nicht durch einen ersuchten Richter vernommen werden kann. Ein solcher verfahrensverzögernder Automatismus wäre weder sinnvoll, noch würde er dem verfahrensvereinfachenden Zweck des § 251 Abs. 2 gerecht. Zwar sieht das Verfahrensrecht eine richterliche Vernehmung, wie sich aus dem Verhältnis beider Absätze ergibt, als wertvoller an als eine nichtrichterliche Vernehmung oder eine schriftliche Äußerung. Deshalb kann es je nach den Umständen des Falles unter dem Gesichtspunkt der **Aufklärungspflicht** geboten sein, auf die Verlesung einer nach Absatz 2 verlesbaren Urkunde vorerst zu verzichten, wenn die Auskunftsperson wenigstens kommissarisch vernommen werden kann[243]. Es gibt aber auch Fälle, in denen eine kommissarische Vernehmung durch einen Richter überflüssig ist, weil das Gericht letztlich zu besserer Sachaufklärung nur auf Grund eines persönlichen Eindrucks in der Lage wäre[244]. Im übrigen ist eine Niederschrift nach Absatz 2 auch dann verlesbar, wenn eine nach Absatz 1 verlesbare Niederschrift über eine richterliche Vernehmung bei den Akten ist[245]. Es bestimmt sich nach der Aufklärungspflicht im Einzelfall, ob und mit welcher Niederschrift sich das Gericht begnügen darf oder ob es beide verlesen muß.

4. Nach Absatz 2 verlesbare Schriften

a) Niederschriften über eine anderweite Vernehmung. Dieser Begriff knüpft an **64** Absatz 1 an. Jede Vernehmung, die nicht ein Richter ausgeführt hat, ist eine „anderweite" Vernehmung, ganz gleich, in welchem Verfahren und von welcher Behörde oder Stelle sie durchgeführt wurde[246]. Auch Protokolle der Behörden fremder Staaten sind verlesbar[247]. Insbesondere gehören polizeiliche und staatsanwaltschaftliche Vernehmungen hierher. Die Verlesbarkeit hängt nicht davon ab, daß die Niederschriften bestimmten **Formerfordernissen** genügen, etwa, daß Protokolle über eine polizeiliche Vernehmung von dem Verhörenden oder vom vernommenen Zeugen unterschrieben sind[248] oder daß der Zeuge anonym geblieben ist oder einen falschen Namen angegeben hat[249]. Unschädlich ist auch, wenn bei einer plötzlichen Vernehmung der in § 69 Abs. 1 Satz 1 vorgesehene zusammenhängende Bericht fehlt[250]. Auch sonstige Formfehler oder Verfahrensfehler schließen die Anwendbarkeit des Absatzes 2 nicht aus, sofern sie nicht im Einzelfall ein **Beweisverbot** zur Folge haben, was auch bei einem verfahrensrelevant gebliebenen Verstoß gegen

[242] BGH NStZ **1985** 561; **1986** 469; *Alsberg/Nüse/ Meyer* 270; *Bruns* (Neue Wege) 45; *Eisenberg* (Beweisrecht) 2137; *Kleinknecht/Meyer-Goßner*[44] 27; KMR-*Paulus* 41; SK-*Schlüchter* 55; **a.** A *Grünwald* FS Dünnebier 356; *G. Schäfer* 785; *Eb. Schmidt* 20.

[243] BGH NStZ **1985** 561; KMR-*Paulus* 43 unter Hinweis auf den höheren Beweiswert und die Möglichkeit der Vereidigung; ferner *ter Veen* StV **1985** 303 mit weit. Nachw.

[244] KK-*Diemer*[4] 23; *ter Veen* StV **1985** 303; § 244, 268.

[245] BGHSt **19** 354; **27** 140; BGH NStZ **1986** 469; *Alsberg/Nüse/Meyer* 269; *Hanack* JZ **1972** 237; *Kleinknecht/Meyer-Goßner*[44] 29; KMR-*Paulus* 36.

[246] *Alsberg/Nüse/Meyer* 271; *Kleinknecht/Meyer-Goßner*[44] 26; KMR-*Paulus* 37; *D. Meyer* MDR **1977** 544.

[247] BGH NStZ **1986** 469 (Vernehmungsprotokoll des KGB); bei *Holtz* MDR **1978** 806 (Polizeidienststelle der DDR); KK-*Diemer*[4] 18; *Kleinknecht/Meyer-Goßner*[44] 29.

[248] BGHSt **5** 214; **33** 85; OLG Düsseldorf StV **1984** 107; *Alsberg/Nüse/Meyer* 271; *Fezer* JuS **1977** 383; *Kleinknecht/Meyer-Goßner*[44] 30; KMR-*Paulus* 37.

[249] AK-*Dölling* 40; KK-*Diemer*[4] 25a; *Kleinknecht/ Meyer-Goßner*[44] 30; vgl. auch SK-*Schlüchter* 45, 61; ferner BGHSt **33** 83 = JZ **1985** 494 mit Anm. *Fezer* = NStZ **1985** 278 mit Anm. *Arloth*; **a.** A *Engels* NJW **1983** 1530; *Taschke* StV **1985** 269; *Tiedemann/Sieber* NJW **1984** 761; ferner Rdn. 13 sowie bei § 68, 13 ff; § 249, 7.

[250] SK-*Schlüchter* 45; § 136, 40.

eine Belehrungspflicht der Fall sein kann[251]. Für die **Beweiswürdigung** können solche Umstände dagegen von Bedeutung sein[252]. **Aktenvermerke der Polizei**, die keine Äußerung einer vernommenen Person wiedergeben, sind dagegen keine verlesbaren Vernehmungsniederschriften[253].

65   **Richterliche Vernehmungsniederschriften**, die wegen Formfehler nicht nach Absatz 1 verlesbar sind[254], dürfen nach der vorherrschenden Meinung nach Absatz 2 verlesen werden, wenn dessen Voraussetzungen gegeben sind[255] und keine speziellen Beweisverbote eingreifen[256]. Ob das Gericht eine fehlerhafte richterliche Vernehmungsniederschrift nach Absatz 2 in die Hauptverhandlung einführen darf, beurteilt sich danach, ob der Fehler auch die Verwendung einer Niederschrift nach Absatz 2 ausschließen würde[257]; bei Verstößen gegen Benachrichtigungspflichten, die nur bei richterlicher Einvernahme gelten, ist dies nicht der Fall[258]. Ob das Gericht eine nach Absatz 2 verwendbare fehlerhafte richterliche Vernehmungsniederschrift als Beweismittel auch heranziehen muß, richtet sich nach den Erfordernissen der **Aufklärungspflicht** im Einzelfall[259]. Nach ihr bestimmt sich auch, ob das Gericht statt dessen oder aber daneben den vernehmenden Richter als Zeugen hören muß[260]. Das Gericht muß sich hier, wie sonst bei Verwendung fehlerhafter Niederschriften, bewußt sein, daß der jeweilige Verfahrensfehler deren **Beweiswert vermindert** haben kann[261]. Ist der Fehler geeignet, Zweifel an der Korrektheit oder Vollständigkeit der inhaltlichen Wiedergabe der Aussage auszulösen, fordert dies unter Umständen die Heranziehung weiterer Beweismittel. Die **Urteilsgründe** müssen sich mit dem Beweiswert der fehlerhaften Urkunde kritisch auseinandersetzen.

66   **b) Urkunden, die eine von ihm stammende schriftliche Äußerung enthalten.** § 251 Abs. 2 hat nur Bedeutung für Schriften, die unter die Beweisbeschränkung des § 250 fallen[262]. Die anderen Schriften dürfen nach § 249 auch dann verlesen werden, wenn die Voraussetzungen des § 251 Abs. 2 nicht gegeben sind[263]. Je nach der hierzu vertretenen Auffassung (vgl. § 250, 3 a ff) kommen in Betracht: ein Brief, in dem der verstorbene Zeuge über ein angebliches Erlebnis berichtet hat, ein von ihm über die Dienste eines Arbeitnehmers ausgestelltes Zeugnis, eine von ihm errichtete letztwillige Verfügung und die schriftliche dienstliche Äußerung[264] oder die Anzeige[265] eines verstorbenen Polizeibeamten, ferner ein in Schriftform vorliegendes Gutachten eines verstorbenen Sachverständigen[266]. Es ist nicht zu fordern, daß der nicht mehr vernehmbare Zeuge, Sachverständige oder Mitbeschuldigte die Schrift **selbst geschrieben** hat, wohl aber, daß der **Inhalt der Schrift von ihm her-**

---

[251] Vgl. Rdn. 50; 56; ferner etwa OLG Celle StV **1995** 197; *Kleinknecht/Meyer-Goßner*[44] 30 und zum Unterschied zwischen den Absätzen 1 und 2 BGHSt **33** 88.

[252] BGHSt **5** 214.

[253] BGH NJW **1992** 326; OLG Düsseldorf StV **1984** 107; KMR-*Paulus* 37; *Eb. Schmidt* 21.

[254] Vgl. Rdn. 10 ff.

[255] BGHSt **22** 120; BGH NStZ **1984** 409; zum Streitstand BGH NStZ **1998** 312 mit Anm. *Wönne*; BayObLGSt **1977** 3 = JR **1977** 475 mit abl. Anm. *Peters*; *Alsberg/Nüse/Meyer* 271; *Franzheim* NStZ **1983** 230; *Gössel* § 27 D II a 2; KK-*Diemer*[4] 25a; *Kleinknecht/Meyer-Goßner*[44] 31; KMR-*Paulus* 38; *Kohlhaas* NJW **1954** 538; *Schlüchter* 534.4; *Eb. Schmidt* 21; **a. A** *Krause* StV **1984** 173; vgl. auch OLG Celle StV **1995** 179 und zur Problematik § 168 c.

[256] Vgl. Rdn. 49; § 244, 189 ff.

[257] Vgl. Rdn. 64.

[258] BGHSt **34** 231; BayObLGSt **1977** 37 = JR **1977** 475 mit abl. Anm. *Peters*; KK-*Diemer*[4] 25a; *Kleinknecht/Meyer-Goßner*[44] 31; SK-*Schlüchter* 46; **a. A** *Krause* StV **1984** 173; *Temming* StV **1983** 52; vgl. § 69, 2 sowie bei §§ 163 a, 168 c.

[259] Vgl. etwa BGH bei *Miebach/Kusch* NStZ **1991** 229.

[260] Vgl. Rdn. 63.

[261] Vgl. etwa BGH NStZ **1998** 313 mit Anm. *Wönne* (Verstoß gegen Benachrichtigungspflicht); *Eisenberg* (Beweisrecht) 2128.

[262] Vgl. § 250, 3 ff; 12 ff zu den strittigen Grenzen dieses Verbots.

[263] *Alsberg/Nüse/Meyer* 271; *Kleinknecht/Meyer-Goßner*[44] 32; KMR-*Paulus* 39.

[264] OLG Saarbrücken NJW **1971** 1904; vgl. auch BGH bei *Holtz* MDR **1978** 806 (Tatortprotokoll).

[265] OLG Köln OLGSt 13.

[266] RGSt **71** 11.

rührt, auf ihn als den Urheber und Kundgeber in dem Sinne zurückgeht, daß sie in seinem Auftrag und mit seinem Willen für ihn hergestellt ist und seine Äußerung darstellen soll[267], so etwa eine in seinem Auftrag gefertigte Anzeige[268]. **Anonyme Anzeigen** und sonstige Schriften, die ihren Urheber nicht erkennen lassen, sind nicht nur zum Beweis ihres Vorhandenseins, sondern auch wegen der darin behaupteten Wahrnehmungen verlesbar[269].

Für die Verlesbarkeit einer schriftlichen Äußerung bedeutet es keinen Unterschied, ob **67** das **Schriftstück schon vorhanden** war oder nach Eröffnung des Hauptverfahrens **zum Zwecke der Verwertung in der Hauptverhandlung** erst **hergestellt** wurde[270]. Die Herbeiführung einer solchen Äußerung kann bei Fehlen jedes Rechtshilfeverkehrs zur Erforschung des Wissens eines im Ausland befindlichen Zeugen[271] ebenso angezeigt sein wie zur Erforschung des Wissens eines von den Behörden für die gerichtliche Einvernahme befugt gesperrten Gewährsmanns[272]. Bei dem geringen Beweiswert der auf diesem Wege gewonnenen — allenfalls indiziell als Belastung heranziehbaren — Angaben hat diese Möglichkeit vor allem Bedeutung für die Bestätigung entlastender Behauptungen des Angeklagten[273]. Der Antrag, eine schriftliche Erklärung eines Zeugen herbeizuführen, der nicht in der Hauptverhandlung vernommen werden kann, ist deshalb zulässig.

5. Auf **Bild-Ton-Aufzeichnungen von einer Zeugenvernehmung** (§§ 58 a, 168 e, **68** 247 a Satz 4) ist § 251 entsprechend anwendbar (§ 255 a Abs. 1)[274]. Gleiches gilt für ein **Tonbandprotokoll** (§168 a) und seine schriftliche Übertragung. Wie bei richterlichen Protokollen können auch diese bei Formmängeln nach Absatz 2 in die Hauptverhandlung eingeführt werden[275]. Zur Vermeidung einer sachlich unvertretbaren Differenzierung wird man in Abkehr von der bisher vorherrschenden Meinung jetzt einheitlich auf alle Bild-Ton- oder Ton-Aufzeichnungen von Vernehmungen die an sich nur für den Urkundenbeweis geltenden Regeln über die Einführung von Vernehmungsniederschriften in die Hauptverhandlung, und damit auch § 251, sinngemäß anwenden müssen[276]. Diese **Gleichbehandlung mit den Vernehmungsniederschriften** und damit die analoge Anwendung der für diese geltenden Regeln des Urkundenbeweises betrifft aber nur die Voraussetzungen, unter denen solche Bild- oder Tonaufzeichnungen von Vernehmungen in der Hauptverhandlung als Beweismittel für Inhalt und Form der Aussage verwendet werden dürfen. Die Einführung selbst geschieht in den Formen des Augenscheinsbeweises[277], dessen Regeln uneingeschränkt gelten, soweit die sinngemäße Anwendung der §§ 250 ff ausscheidet, weil die Bild- oder Tonaufzeichnung nicht für die Reproduktion einer dort festgehaltenen Äußerung über eine Wahrnehmung, sondern für den Beweis einer daraus ersichtlichen objektiven Gegebenheit herangezogen werden soll[278].

---

267 BGH NJW **1992** 326; OLG Frankfurt HESt **2** 221 (Aufnahme in Kurzschrift); OLG Köln StV **1983** 97; *Alsberg/Nüse/Meyer* 271; *Kleinknecht/Meyer-Goßner*[44] 32; KMR-*Paulus* 40; *Eb. Schmidt* 21.

268 OLG Düsseldorf NJW **1970** 958.

269 Vgl. § 249, 7; § 250, 12. Zu der hiervon zu trennenden Frage, ob die Identität einer behördlich vernommenen Person den Verfahrensbeteiligten verschwiegen werden darf, vgl. § 68, 9 bis 16 mit weit. Nachw.

270 BGH GA **1954** 374 mit Anm. *Grützner*; BGH NJW **1980** 2088; **1981** 270; NStZ **1982** 79; KG StV **1995** 348; *Alsberg/Nüse/Meyer* 271; *Kleinknecht/Meyer-Goßner*[44] 33; KMR-*Paulus* 40; *a.A J. Meyer* ZStW **95** (1983) 856; NStZ **1986** 132.

271 Vgl. BGH GA **1954** 174 mit Anm. *Grützner*; BVerfGE **57** 278.

272 Vgl. BGH NJW **1980** 2088; **1981** 770; BGH NStZ **1981** 270 mit Anm. *Fröhlich*; NStZ **1982** 79, 40; *Alsberg/Nüse/Meyer* 272; *Kleinknecht/Meyer-Goßner*[44] 33; KMR-*Paulus* 40; ·a.A *Bruns* (Neue Wege) 41; *Engels* NJW **1983** 1530; *J. Meyer* ZStW **95** (1982) 855; NStZ **1986** 132; *Strate* StV **1985** 340 (Umgehung der §§ 223, 224); vgl. § 250, 27.

273 *Alsberg/Nüse/Meyer* 272; *Kleinknecht/Meyer-Goßner*[44] 33.

274 Vgl. § 255 a, 2.

275 OLG Stuttgart NStZ **1986** 41 läßt dies offen.

276 Vgl. *Kleinknecht/Meyer-Goßner*[44] 1a; SK-*Schlüchter* 51.

277 Vgl. § 255 a, 2.

278 Vgl. § 244, 333 ff.

69   **6. Beweiswert.** Da Niederschriften über nichtrichterliche Vernehmungen und schriftliche Äußerungen mitunter von geringerem **Beweiswert** sind als die Vernehmung in der Hauptverhandlung und oft nicht einmal den Wert von Protokollen über richterliche Vernehmungen erreichen, ist in jedem Fall ihr Beweiswert besonders sorgfältig, aber ohne verkürzende Verallgemeinerungen zu prüfen[279]. Die ihnen zu entnehmenden Angaben bedürfen oftmals der Absicherung durch andere Beweisergebnisse[280]. Gleiches gilt auch bei der Beweisverwendung von Tonaufzeichnungen oder **Bild-Ton-Aufzeichnungen** von Vernehmungen, deren an sich dem Wortprotokoll überlegene Aussagekraft aber im Einzelfall weitgehend von der jeweiligen Aufnahmequalität und ihrer Erfassung der Gesamtvorgänge bei der Vernehmung sowie der Lückenlosigkeit der Dokumentation abhängt[281]. Aus den **Urteilsgründen** muß bei der Beweiswürdigung gegebenenfalls ersichtlich sein, daß das Gericht seine Prüfungspflicht nicht verkannt hat. Die Zulässigkeit der Verlesung hängt jedoch auch hier nicht von dem Beweiswert ab.

70   **7. Beweisverbote.** Auch wenn die Voraussetzungen des Absatzes 2 gegeben sind, vermögen sie — ebenso wie im Falle des Absatzes 1 — **sonstige Beweisverbote** nicht außer Kraft zu setzen. Diese gelten in dem jeweils aus dem einzelnen Beweisverbot sich ergebenden Umfang[282]. Wenn kein absolutes Beweisverwertungsverbot, wie etwa § 136 a, entgegensteht, sondern es sich um relative Verbote handelt, die aus der Mißachtung einzelner Verfahrensrechte bei der Beweisgewinnung hergeleitet werden, wie etwa bei Verletzung von Belehrungspflichten, ist im Einzelfall zu prüfen, ob sie nach ihrem Schutzzweck der beabsichtigten Beweisverwendung entgegenstehen. Ob ein solcher Verstoß vorliegt, ob er die beabsichtigte Beweiserhebung ausschließt oder ob er mangels Beanstandung oder auf Grund einer Einwilligung in die Beweisverwendung unbeachtlich geworden ist, muß das Gericht im **Freibeweisverfahren** klären, bevor es nach Anhörung der Verfahrensbeteiligten nach Absatz 4 die Beweiserhebung anordnet. Niederschriften und Äußerungen, die ohne den notwendigen ausreichenden Hinweis auf ein bestehendes Zeugnisverweigerungsrecht zustande gekommen sind, dürfen nur verlesen werden, wenn und soweit § 252 dies zuläßt[283]. Ob und wieweit § 55 die Verlesung ausschließen kann, ist strittig[284].

71   **8. Ergänzende Vernehmung.** Wird die Niederschrift über eine nichtrichterliche Vernehmung verlesen, so muß das Gericht zwar nicht immer, aber doch in den Fällen, in denen die Richtigkeit der Aussage oder ihrer Wiedergabe bestritten oder sonst zweifelhaft wird, kraft seiner **Aufklärungspflicht** den Beamten, der die Niederschrift aufgenommen hat, als Zeugen über den Hergang und den Inhalt der früheren Vernehmung hören[285].

---

[279] BGHSt **5** 214; **19** 354; **29** 111; BGH StV **1997** 512; vgl. aber auch BVerfGE **57** 280 ff; dazu *Grünwald* FS Dünnebier 356; BGH bei *Holtz* MDR **1982** 971; KMR-*Paulus* 44; *Kohlhaas* NJW **1954** 538; *Eb. Schmidt* 24; *Schneidewin* JR **1951** 483; ferner *Eisenberg* JZ **1984** 912; § 250, 24; 28.

[280] Vgl. etwa BGHSt **33** 83; 181; die von der Rechtsprechung beim Zeugen vom Hörensagen entwickelten Anforderungen an die Beweiswürdigung und ihre Begründung (vgl. § 250, 29) gelten auch hier.

[281] Vgl. § 255 a, 18.

[282] Wegen der Einzelheiten vgl. bei den einzelnen Vorschriften, etwa § 136, 53 ff und bei § 163 a; ferner Einleitung Abschn. K, 28 ff.

[283] Vgl. § 252, 9 ff; ferner BGHSt **27** 139 = JR **1977** 431 mit Anm. *Hanack* (flüchtiger früherer Mitangeklagter, der nach Abtrennung Zeugnisverweigerungsrecht hätte).

[284] Vgl. § 252, 5 mit Nachw. zum Streitstand.

[285] RGSt **67** 254.

V. Unbeschränkter Gebrauch schriftlicher Beweismittel zur Feststellung von Tatsachen, die nicht Grundlage der Sachentscheidung sein sollen (Absatz 3)

1. Grundsätzliches. Die in den § 244 bis 256 enthaltenen Vorschriften über die **72** Beweisaufnahme betreffen nur das Verfahren bei Erhebung der Beweise über Tatsachen, die das Urteil über Täterschaft und Schuld und über die sich hieraus ergebenden Rechtsfolgen begründen sollen. Diese Beschränkung auf das **Strengbeweisrecht** ist in der Rechtsprechung von früh an allgemein anerkannt worden. Die vom Grundsatz der Unmittelbarkeit und Mündlichkeit beherrschten §§ 249 und 250 sind nur anzuwenden, wenn Tatsachen nachgeforscht wird, die in dem eben erörterten Sinn erheblich sind. Im übrigen gilt **Freibeweis**[286].

Der nachträglich eingefügte § 251 Abs. 3 spricht jenen Grundsatz an falscher Stelle[287] **73** in unvollkommener Fassung aus. Es handelt sich um **keine** als Ausnahme zu verstehende **Sonderregelung**. Die Freistellung von den Bindungen des Strengbeweisrechts gilt nach vorherrschender Auffassung[288] nicht nur beim Urkundenbeweis, sondern allgemein für jede Beweiserhebung zur Klärung ausschließlich verfahrenserheblicher Tatsachen.

2. Nicht unmittelbar auf die Urteilsfindung gerichteter Zweck. Die Regel des **74** § 250 und die Ausnahmen in den §§ 251 ff gelten wie alle sonstigen Regeln des Strengbeweisrechts uneingeschränkt, wenn Beweis über eine Tatsache erhoben wird, die in den tatsächlichen Unterbau des Urteilsspruchs eingefügt werden soll. Für die im § 251 Abs. 3 vorgesehene Verlesung von Schriften ist nur außerhalb der zuvor bezeichneten Beweisaufnahme Raum, also vor allem dann, wenn es sich darum handelt, das Vorhandensein oder Nichtvorhandensein einer Verfahrensvoraussetzung oder eines Verfahrenshindernisses[289] oder die Voraussetzungen einer einzelnen Verfahrenshandlung zu ergründen oder die Verfahrenslage zu klären oder das anzuwendende Recht zu ermitteln. Die im Freibeweisverfahren festgestellte Tatsache darf jedoch nur für Verfahrensentscheidungen herangezogen werden, für alle Entscheidungen, die die **Schuld- oder Rechtsfolgenfrage** betreffen, vor allem auch bei der die Sachentscheidung tragenden Beweiswürdigung darf sie nicht verwendet werden[290]. Damit hierüber bei den Verfahrensbeteiligten, vor allem aber auch bei den Schöffen kein Irrtum entsteht, muß dies der Vorsitzende gegebenenfalls durch einen entsprechenden **Hinweis** klarstellen[291].

Hat **beispielsweise** der Strafrichter die Hauptverhandlung ausgesetzt, weil eine fieber- **75** hafte Erkrankung von voraussichtlich kurzer Dauer die **Verhandlungsfähigkeit** des verhafteten Angeklagten minderte, so steht ihm frei, den Wachtmeister des Amtsgerichtsgefängnisses am übernächsten Morgen formlos als Zeugen darüber zu hören, ob der Angeklagte wieder gesund sei. Der Vorsitzende kann auch fernmündliche Erkundigungen anordnen und den Justizbediensteten, der sie durchgeführt hat, über die erteilten Auskünfte hören oder eine von diesem darüber gefertigte Niederschrift vorlesen, denn der Grundsatz der Unmittelbarkeit der Beweisaufnahme ist insoweit nicht zwingend vorgeschrieben[292].

---

[286] Vgl. § 244, 3 ff.
[287] Absatz 3 zerreißt den Zusammenhang zwischen den Absätzen 1, 2 und 4; vgl. *Alsberg/Nüse/Meyer* 114 ff; 272; *Schneidewin* JR **1951** 484.
[288] Vgl. § 244, 3 ff mit Nachw. auch zu den Gegenstimmen im Schrifttum.

[289] Zu den hier bestehenden Streitfragen vgl. § 244, 4 und zur Anwendung des Strengbeweisrechts bei den sogen. doppelrelevanten Tatsachen § 244, 6.
[290] Vgl. etwa BGH StV **1991** 148; § 244, 3 ff.
[291] KK-*Diemer*⁴ 32.
[292] BayObLGSt **1959** 315 = NJW **1960** 687; vgl. § 244, 4.

76   **3. Vorbereitung der Entscheidung über die Einvernahme von Personen.** Ob jemand als Zeuge, Sachverständiger oder Mitbeschuldigter vernommen werden soll, kann das Gericht im Wege des **Freibeweises** klären[293]. Gleiches gilt für die Frage, ob die Voraussetzungen des § 251 Abs. 1, 2 vorliegen, die es rechtfertigen, die Vernehmung eines Zeugen, Sachverständigen oder Mitbeschuldigten durch die Verlesung der Niederschrift über eine frühere Vernehmung zu ersetzen oder eine von ihm herrührende schriftliche Erklärung zu verlesen. Tod, Geisteskrankheit, unbekannter Aufenthalt und Verhinderung am Erscheinen in der Hauptverhandlung gehören hierher. Ermittlungen darüber, ob solche Zustände oder Verhältnisse vorliegen, dienen im Sinn des § 251 Abs. 3 zur Vorbereitung der hier in Frage kommenden Entscheidung, desgleichen die Nachprüfung, ob der Verlesbarkeit einer Vernehmungsniederschrift Verfahrensmängel oder Beweisverbote entgegenstehen[294]. Auch das Verfahren gegenüber Beweis- und Beweisermittlungsanträgen[295] fällt unter die Vorschrift.

77   **4. Vernehmungsniederschriften und andere als Beweismittel dienende Schriften.** Unter Vernehmungsniederschriften sind Niederschriften zu verstehen, die ein Beamter auf Grund einer gesetzlichen Vorschrift oder einer Verwaltungsanordnung oder zufolge eines ihm erteilten Auftrags oder eines an ihn gerichteten Ersuchens über die Vernehmung eines Beschuldigten, Zeugen oder Sachverständigen aufgenommen hat. Wegen des Begriffs der anderen als Beweismittel dienenden Schriften vgl. § 249, 6 ff; § 250, 4 ff. Die Erwähnung dient nur der Klarstellung, daß für die im Wege des Freibeweises zu treffenden Feststellungen auch auf den Inhalt der Vernehmungsniederschriften und der anderen Schriften ohne die sonst für ihre Beweisverwendung geltenden Einschränkungen zurückgegriffen werden kann; wegen der ohnehin bestehenden freien Verwendbarkeit aller Beweismittel stellen sich keine Abgrenzungsfragen.

78   **5. Zuständigkeit des Vorsitzenden.** Die im § 251 Abs. 3 vorgesehenen Anordnungen stehen dem Vorsitzenden kraft seiner Sachleitungsbefugnis[296] zu. Er kann sie dem Gericht überlassen. Dieses entscheidet auch, wenn eine Anordnung des Vorsitzenden nach § 238 Abs. 2 beanstandet wird.

VI. Verfahren bei der Verlesung (Absatz 4)

79   **1. Anordnung durch Gerichtsbeschluß.** In den Fällen des § 251 Abs. 1 und 2 muß das **Gericht** in der Hauptverhandlung nach **Anhörung der Verfahrensbeteiligten** (§ 33)[297] im Wege des Freibeweises prüfen und entscheiden, ob die gesetzlichen Voraussetzungen für die Verlesung der Niederschrift über eine frühere Vernehmung oder der schriftlichen Erklärung im gegenwärtigen Zeitpunkt erfüllt sind[298]. Den Verfahrensbeteiligten wird dadurch die Möglichkeit eröffnet, schon vor der Beschlußfassung Stellung zu nehmen und vor allem zu widersprechen, wenn eine zu verlesende Niederschrift unter Verletzung von Verfahrensrechten zustande gekommen ist. Der **Vorsitzende** darf nicht von sich aus — auch nicht stellvertretend für das Gericht — die Verlesung von Niederschriften oder sonstigen Urkunden nach den Absätzen 1 und 2 anordnen. Wird dagegen

---

[293] Vgl. beispielsweise BGH NStZ **1984** 134 (Verlesen des Aktenvermerks über ein Telefongespräch des Berichterstatters mit der als Zeuge in Betracht kommenden Person).
[294] Vgl. etwa BGH StV **1996** 340 (L).
[295] § 244, 120.

[296] KK-*Diemer*[4] 32; *Kleinknecht/Meyer-Goßner*[44] 34; KMR-*Paulus* 12; vgl. § 238, 1; 11.
[297] KMR-*Paulus* 14.
[298] Vgl. BayObLGSt **1959** 315 = NJW **1960** 687; ferner Rdn. 75.

von der Verlesung abgesehen, genügt die Anordnung des Vorsitzenden[299]. Eines Gerichtsbeschlusses bedarf es dann nicht, es sei denn, daß damit zugleich auch ein Beweisantrag abgelehnt werden soll[300].

2. Die **Verkündung** eines **mit Gründen versehenen Gerichtsbeschlusses** ist unerläß- **80** liches Erfordernis der Verlesung; der Mangel eines solchen Beschlusses oder seiner Begründung rechtfertigt die Revision. Das Gesetz hat mit gutem Grund die Ausnahme vom Grundsatz des § 250 an die Einhaltung einer bestimmten Form geknüpft. Dies soll sicherstellen, daß das Gericht prüft, ob die Voraussetzungen für die Verlesbarkeit (noch) vorliegen[301] und ob es von dieser Möglichkeit ohne Schaden für die Ermittlung der Wahrheit Gebrauch machen kann. Gleichzeitig wird damit den Prozeßbeteiligten zur Kenntnis gebracht, aus welchem Grund das Gericht die Verlesung für zulässig erachtet. Die **Begründung** darf sich deshalb nicht mit einem Hinweis auf die angewandte Gesetzesbestimmung begnügen, sondern muß die dafür **maßgebenden Tatsachen**[302] so konkret angeben, daß die Gesetzesanwendung nachprüfbar wird[303]. Er muß auch dartun, weshalb ein Widerspruch gegen die Verlesung unbeachtlich ist. Lediglich bei § 251 Abs. 1 Nr. 4 genügt der Hinweis auf die allseitige Einwilligung[304]. Bei möglicherweise veränderter Sachlage genügt es nicht, wenn nur auf die Gründe eines früheren Beschlusses verwiesen wird, in dem die kommissarische Vernehmung angeordnet worden war. Eine solche Bezugnahme ist nur unschädlich, wenn gleichzeitig im Beschluß eindeutig zum Ausdruck kommt, daß die erneute Prüfung der Gründe bei der Beschlußfassung ergeben hat, daß sie unverändert fortbestehen[305]. Fehlt die Begründung des Beschlusses überhaupt, wird die Verlesung aber deswegen nicht unzulässig[306].

Das Gericht darf auch mit **Zustimmung aller Verfahrensbeteiligten** von der Beach- **81** tung der durch Absatz 4 vorgeschriebenen Förmlichkeiten nicht absehen[307]. Eine Begründung ist grundsätzlich auch erforderlich, wenn der Verlesungsgrund allen Verfahrensbeteiligten bekannt ist[308].

An frühere Beschlüsse[309] und die damals gegebene Begründung ist das Gericht weder **82** gebunden, noch wird es durch sie von der Pflicht zur nochmaligen Prüfung befreit. Die Verlesung ist nur zulässig, wenn einer der in § 251 Abs. 1, 2 genannten Gründe **zur Zeit der Verlesung** vorliegt[310]. Er braucht nicht mit dem früheren Grund nach § 223 überein-

---

[299] AK-*Dölling* 46; *Kleinknecht/Meyer-Goßner*[44] 37; KMR-*Paulus* 14; SK-*Schlüchter* 67 unter Hinweis auf BGH.

[300] Vgl. § 244 Abs. 6.

[301] *Eb. Schmidt* 26; vgl. Rdn. 75; ferner BGH NStZ **1986** 325 (Beschluß, daß Gründe noch fortbestehen, genügt nicht, wenn die kommissarische Vernehmung ohne Begründung angeordnet worden war).

[302] Maßgeblich ist immer, welche Tatsachen zur Darlegung des jeweiligen Hinderungsgrundes notwendig sind; so genügt die Angabe, daß der Zeuge verstorben ist, nicht aber, daß er „krank" ist; vgl. OLG Hamm VRS **36** (1969) 51; SK-*Schlüchter* 68; ferner die Nachw. in der nachf. Fußn.

[303] RGSt **38** 254; **60** 170; **61** 73; BGHSt **9** 230; BGH NJW **1952** 1305; **1956** 1367; BGH NStZ **1983** 325; 569; **1984** 375; **1986** 325; **1988** 283; **1993** 144; bei *Miebach* NStZ **1990** 28; BayObLGSt StV **1981** 12; OLG Brandenburg NStZ **1996** 300; OLG Karlsruhe NJW **1973** 1942; OLG Köln VRS **70** (1986) 143; OLG Oldenburg NdsRpfl. **1954** 17; OLG

Stuttgart DAR **1955** 67; OLG Schleswig bei *Ernesti/Lorenzen* SchlHA **1981** 94; KK-*Diemer*[4] 30; *Kleinknecht/Meyer-Goßner*[44] 38; KMR-*Paulus* 16; SK-*Schlüchter* 67.

[304] Nach BGH bei *Kleinknecht/Meyer-Goßner*[44] 38 genügt schon der Hinweis auf § 251 Abs. 1 Nr. 4.

[305] Vgl. BGH StV **1983** 323; *Alsberg/Nüse/Meyer* 273; *Kleinknecht/Meyer-Goßner*[44] 38; SK-*Schlüchter* 68; ferner Rdn. 99.

[306] OLG Oldenburg NdsRpfl. **1954** 17; dies kann aber die Revision begründen, vgl. Rdn. 98.

[307] RGSt **1** 120; RGRspr. **6** 754; BGH NJW **1932** 1305; NStZ **1988** 283; BayObLG bei *Bär* DAR **1994** 386; OLG Hamm VRS **36** (1969) 51; AK-*Dölling* 46; *Kleinknecht/Meyer-Goßner*[44] 37; KMR-*Paulus* 14; *Eb. Schmidt* 26.

[308] Vgl. Rdn. 98, 99.

[309] Etwa nach § 223; vgl. § 223, 22 ff.

[310] RGSt **59** 302; BGHSt **1** 103; BGH bei *Dallinger* MDR **1972** 572; BayObLGSt **1957** 133; OLG Stuttgart DAR **1955** 67; KMR-*Paulus* 16. Vgl. auch BGH NStZ **1986** 325 und Fußn. 303.

stimmen, sondern kann von dem Grund für die Anordnung der Vernehmung durch einen beauftragten oder ersuchten Richter abweichen[311]. Einer **veränderten Sachlage** muß Rechnung getragen werden. Doch schließt die Anordnung der Verlesung keinen Rechtsverstoß in sich, wenn das Gericht vom Wegfall des früheren Hindernisses keine Kenntnis erlangt und keinen Anlaß hat, an seinem Fortbestand zu zweifeln[312]. Nach der Art des Grundes (Erkrankung), der Aktenlage oder auch dem Vorbringen in der Hauptverhandlung können sich jedoch **erneute Nachforschungen** nach dem Fortbestand des Hinderungsgrundes als notwendig erweisen.

83   **3. Ausführung der Verlesung.** Die Verlesung der Niederschrift oder der schriftlichen Erklärung kann durch einen Bericht des Vorsitzenden über ihren Inhalt nicht ersetzt werden[313]. Das Selbstleseverfahren nach § 249 Abs. 2 ist zwar nicht mehr kraft Gesetzes ausgeschlossen, zumindest bei kürzeren oder entscheidungserheblichen Texten sollte aber dem Verlesen wegen der Anschaulichkeit und auch wegen des Erkenntniswerts unmittelbarer Interaktionen der Vorzug gegeben werden[314]. Zu verlesen ist grundsätzlich die ganze Schrift. Soll das Verlesen auf einen **Teil beschränkt** werden, bedarf es dazu der Zustimmung aller Beteiligten[315]. Wenn der Zeuge oder Sachverständige mehrmals vernommen worden war, müssen nicht notwendig alle Niederschriften verlesen werden[316]. Es kann genügen, nur die aussagekräftigste zu verlesen, sofern nicht die **Aufklärungspflicht**, wie etwa bei inhaltlichen Divergenzen, die Verlesung aller fordert. Das Verlesen selbst obliegt grundsätzlich dem Vorsitzenden, der jedoch auch einen mitwirkenden Richter oder den Protokollführer damit beauftragen kann[317].

84   **4. Nachträgliche Veränderungen.** Die Beweiserhebung durch die Verlesung wird nicht dadurch **nachträglich unzulässig**, daß der Grund, aus dem sie angeordnet wurde, im weiteren Verlauf der Verhandlung wegfällt[318]. Das Gericht ist an seinen Beschluß, auch wenn er schon ausgeführt ist, aber auch nicht gebunden[319]. Es kann ihn widerrufen und einen erreichbar gewordenen Zeugen oder Sachverständigen in der Hauptverhandlung hören, wenn der Zeuge oder Sachverständige, obwohl er von einem beauftragten oder ersuchten Richter vernommen worden war, vor dem erkennenden Gericht erscheint. Der ausdrückliche Widerruf (Aufhebung des Verlesungsbeschlusses) ist zwar nicht unbedingt notwendig. Zumindest wenn der Beschluß noch nicht ausgeführt war, dient seine förmliche Aufhebung jedoch der Verfahrensklarheit. Sie ist erforderlich, wenn ein Verfahrensfehler geheilt werden soll[320]. Will das Gericht eine nach Absatz 1 Nr. 4 verlesene richterliche Vernehmungsniederschrift wegen Mängel nur als eine nach Absatz 2 Satz 1 verlesene Niederschrift werten, muß es die Verfahrensbeteiligten noch in der Hauptverhandlung darauf hinweisen[321], damit sie dazu Stellung nehmen und gegebenenfalls neue Anträge stellen können.

85   Wird **nachträglich die Vorladung und Vernehmung** des Zeugen beantragt, so entscheidet das Gericht über diesen Antrag nach pflichtgemäßem Ermessen[322]. Die Erforder-

---

[311] Vgl. RG GA **64** (1917) 551; **70** (1926) 107.

[312] RGSt **52** 87; RG LZ **1919** 59; *Alsberg/Nüse/Meyer* 275.

[313] *Kleinknecht/Meyer-Goßner*[44] 36; SK-*Schlüchter* 69.

[314] Vgl. § 249, 54; vgl. dazu *Bandisch* StV **1994** 158; *Schlüchter* GA **1994** 424; SK-*Schlüchter* 69.

[315] RGRspr. **9** 176; BGH NStZ **1988** 283; *Kleinknecht/Meyer-Goßner*[44] 36; KMR-*Paulus* 46; SK-*Schlüchter* 69.

[316] RGRspr. **7** 153.

[317] Vgl. § 249, 43.

[318] RGSt **49** 361.

[319] *Alsberg/Nüse/Meyer* 274; *Eb. Schmidt* 27.

[320] Vgl. Vor § 226, 49 ff.

[321] BGH StV **1997** 519.

[322] RGSt **40** 180; **51** 20; **57** 322; RG GA **57** (1910) 215; RG Recht **1917** Nr. 1198; BayObLGSt **1959** 315 = NJW **1960** 687.

nisse, die aus der Aufklärungspflicht erwachsen, sind jedoch bei Ausübung des Ermessens stets zu beachten. Bestehen die Gründe, die die Verlesung rechtfertigen, fort, so hat grundsätzlich kein Prozeßbeteiligter Anspruch auf eine nochmalige Vernehmung des Zeugen in der Hauptverhandlung[323]. Andererseits muß dem Antrag auf nochmalige Vernehmung stattgegeben werden, wenn der Antragsteller unter Angabe bestimmter Tatsachen behauptet, die erste Vernehmung des Zeugen sei nicht erschöpfend gewesen oder, der Zeuge habe sich geirrt oder er werde die Aussage bei einer Gegenüberstellung ändern[324].

5. Feststellung der Vereidigung. Ob die verlesene Aussage beeidigt ist oder nicht, **86** muß vom Vorsitzenden ausdrücklich angegeben werden, damit die Beteiligten und die zur Entscheidung berufenen Richter in den Stand gesetzt werden, die Bedenken geltend zu machen oder zu würdigen, die sich daraus ergeben, daß der Zeuge oder Sachverständige nicht vereidigt worden ist. Die Angabe kann bis zum Schluß der Hauptverhandlung **nachgeholt** oder **berichtigt** werden[325]. Wird sie unterlassen oder eine unrichtige Angabe gemacht, so kann dieser Verstoß die Revision begründen[326].

Einer **Mitteilung des Grundes**, aus dem von der Vereidigung eines vom beauftragten **87** oder ersuchten Richter vernommenen Zeugen abgesehen worden ist, bedarf es nicht; die Revision kann also nicht darauf gestützt werden, daß die verlesene Niederschrift den Grund der Nichtvereidigung nicht erkennen lasse[327].

Wird die Niederschrift über die Vernehmung eines **Beschuldigten** verlesen, so sind **88** Ausführungen zur Vereidigung überflüssig[328], desgleichen bei Eidesunmündigkeit des Zeugen[329] oder wenn sich bereits aus dem verlesenen Protokoll ergibt, daß der Zeuge nicht vereidigt wurde[330]. Bedenklich dagegen ist die Ansicht, daß die Feststellung nur der Unterrichtung der Richter diene und unterbleiben könne, wenn das Gericht den Mangel der Vereidigung gekannt habe[331].

6. Nachholung der Vereidigung. Die Frage, ob ein Zeuge zu vereidigen sei, steht zu **89** der anderen Frage, ob er vor dem erkennenden Gericht selbst zu vernehmen sei oder nicht, an sich in keiner Beziehung[332]. Hieraus folgt einerseits, daß auch die Aussage eines eidesunfähigen Zeugen verlesen werden darf, andererseits, daß die Vereidigung eines eidesfähigen Zeugen nicht dadurch entbehrlich wird, daß die Verlesung der Niederschrift über eine frühere Vernehmung an die Stelle der Vernehmung vor dem erkennenden Gericht tritt.

Das **Gericht** muß auf Grund des Ergebnisses der Hauptverhandlung — also möglicherweise unter veränderten Gesichtspunkten — **von Amts wegen** über die Vereidigung **90** entscheiden. Wenn die zu verlesende Aussage nicht beeidigt ist, hat es entsprechend den §§ 59 ff zu prüfen, ob Grund gegeben ist, den Zeugen oder Sachverständigen zu vereidigen[333]. Das Gericht erhält insoweit durch Absatz 4 keinen weiteren Ermessensspielraum.

---

[323] OLG Hamm VRS **40** (1971) 197; vgl. § 244, 132 ff.

[324] RG Recht **1915** Nr. 2783; vgl. auch BGH StV **1985** 222 (ausweichende Antwort des Zeugen auf wesentliche Fragen).

[325] RG Recht **1915** Nr. 1913; *Kleinknecht/Meyer-Goßner*[44] 40; KMR-*Paulus* 49.

[326] RGSt **2** 237; RGRspr. **1** 230.

[327] RG JW **1890** 398; HRR **1938** Nr. 771.

[328] RG LZ **1920** 718; *Kleinknecht/Meyer-Goßner*[44] 40; SK-*Schlüchter* 70.

[329] RG JW **1891** 324; *Alsberg/Nüse/Meyer* 274.

[330] OLG Stuttgart DAR **1955** 67; *Kleinknecht/Meyer-Goßner*[44] 40; SK-*Schlüchter* 70.

[331] Vgl. RG LZ **1917** 127.

[332] Mot. **1** 86.

[333] BGHSt **1** 269; BGH NStZ **1984** 179; OLG Hamm JMBlNW **1954** 12; VRS **24** (1963) 299; OLG Köln NJW **1954** 70; OLG Saarbrücken MDR **1973** 428; OLG Stuttgart StV **1987** 55; KK-*Diemer*[4] 31; *Kleinknecht/Meyer-Goßner*[44] 41; KMR-*Paulus* 53; SK-*Schlüchter* 71.

Walter Gollwitzer

Für die Entscheidung gelten dieselben Grundsätze wie für die Entscheidung über die Vereidigung der in der Hauptverhandlung vernommenen Zeugen[334].

91   Es bedarf eines **förmlichen Beschlusses** des Gerichts, der mit Gründen zu verkünden ist[335] und der Angabe der Gründe der Nichtbeeidigung im Protokoll (§ 64). Bei allseitigem Verzicht kann das Gericht von der Vereidigung absehen[336]. Hat der ersuchte Richter nach § 61 von der Vereidigung abgesehen, wird nur dann ein Gerichtsbeschluß gefordert, wenn nach § 238 Abs. 2 beanstandet wird, daß der Zeuge unvereidigt bleibt[337].

92   Das Gericht beschließt die **Vereidigung**, sofern sie noch ausführbar ist. Zugleich muß zu ihrer Nachholung die nochmalige Vernehmung angeordnet werden[338]. Dies gilt auch dann, wenn der Zeuge zur Zeit der früheren Vernehmung eidesunmündig war, zur Zeit der Hauptverhandlung dagegen eidesmündig ist[339]. Ist die nochmalige **Vernehmung unausführbar**, wie das in den Fällen des § 251 Abs. 1 Nr. 2 und Abs. 2 immer oder in der Regel zutrifft, so gestattet der § 251 Abs. 1 und 2 die Verlesung der unbeschworenen Aussage, damit dem Gericht kein sich darbietendes Beweismittel entzogen werde. Der **Unausführbarkeit** ist ein Hindernis gleichzuachten, das in absehbarer Zeit nicht behoben werden kann[340]. Die Verlesung der unbeschworenen Aussage eines Zeugen ist auch zulässig, wenn der Zeuge die Eidesleistung verweigert[341]. Die Verhängung der **Zwangshaft** nach § 70 Abs. 2 steht im pflichtgemäßen Ermessen des Gerichts[342]. Ist der Zeuge zu Unrecht vereidigt worden, muß das Gericht dies in der Hauptverhandlung feststellen und darauf **hinweisen**, daß es die Aussage nur als uneidliche würdigt[343].

93   **7. Sitzungsniederschrift.** Als wesentliche Förmlichkeiten sind zu beurkunden das **ausdrücklich erklärte Einverständnis** mit der Verlesung nach Absatz 1 Nr. 4 und Absatz 2 Satz 1, nicht aber der Umstand, daß die Verfahrensbeteiligten ihr stillschweigendes Einverständnis zum Ausdruck gebracht haben[344]. Festzuhalten ist auch, wenn ein Verfahrensbeteiligter der **Verlesung widersprochen** hat[345]. In das Protokoll aufzunehmen ist ferner der Beschluß des Gerichts nach Absatz 4, durch den die Verlesung angeordnet wurde und seine Begründung[346], sowie die in seinem Vollzug verlesene Schrift[347], die genau und unverwechselbar anzuführen ist. Werden nur Teile verlesen, sind auch diese eindeutig zu bezeichnen. Zu protokollieren ist ferner die Feststellung über die Vereidigung nach Absatz 4 Satz 3[348] und die Entscheidung des Gerichts hierüber[349].

---

[334] BGHSt **1** 269; 272; SK-*Schlüchter* 71; ferner die Nachw. in vorst. Fußn.

[335] BGHSt **1** 269; OLG Stuttgart StV **1987** 55; *Kleinknecht/Meyer-Goßner*⁴⁴ 41; KMR-*Paulus* 53; SK-*Schlüchter* 71; nach KK-*Diemer*⁴ 31 kann zunächst der Vorsitzende kraft seiner Sachleitungsbefugnis entscheiden, daß die Vereidigung nicht nachgeholt wird; eines Gerichtsbeschlusses bedarf es nur, wenn dieses nach § 238 Abs. 2 angerufen wird; vgl. auch nachf. Fußn.

[336] BGH StV **1988** 472; *Alsberg/Nüse/Meyer* 276; SK-*Schlüchter* 71.

[337] BGH bei *Miebach* NStZ **1990** 230; *Kleinknecht/Meyer-Goßner*⁴⁴ 41.

[338] RGSt **20** 60; BGHSt **1** 269; *Kleinknecht/Meyer-Goßner*⁴⁴ 41; KMR-*Paulus* 53; SK-*Schlüchter* 71; *Eb. Schmidt* 30.

[339] RG GA **57** (1910) 214; *Alsberg/Nüse/Meyer* 275; **a. A** KMR-*Paulus* 52 (keine Nachholung, sofern nicht nach § 244 Abs. 2 die nochmalige eidliche Vernehmung angeordnet wird).

[340] RG GA **57** (1910) 214; KMR-*Paulus* 53.

[341] RG GA **59** (1912) 119; *Alsberg/Nüse/Meyer* 276.

[342] RG GA **59** (1912) 119.

[343] *Alsberg/Nüse/Meyer* 276; **a. A** KMR-*Paulus* 54 (sofern möglich, nochmalige uneidliche Einvernahme des Zeugen).

[344] *Kleinknecht/Meyer-Goßner*⁴⁴ 13; SK-*Schlüchter* 73.

[345] BGHSt **1** 284; SK-*Schlüchter* 73.

[346] BGH NStZ **1988** 283; OLG Köln NStZ **1988** 31; *Kleinknecht/Meyer-Goßner*⁴⁴ 37; SK-*Schlüchter* 73.

[347] Vgl. BGH bei *Kusch* NStZ **1992** 28 (Protokollierung der Anordnung bezeugt nicht Verlesung).

[348] RGSt **1** 120; *Alsberg/Nüse/Meyer* 274; *Eb. Schmidt* 26.

[349] AK-*Dölling* 52; vgl. bei § 273.

VII. Rechtsbehelfe

1. Die **Beschwerde** gegen die Beschlüsse des erkennenden Gerichts scheitert an § 305 **94**
Satz 1.

2. Revision

a) Mit der Revision kann als **Verstoß gegen § 250** gerügt werden, wenn durch die **95**
unrichtige Anwendung der Absätze 1 und 2 eine in Wirklichkeit nicht gegebene Ausnahme von dieser Vorschrift angenommen wurde[350].

b) Unter dem Blickwinkel eines **Verstoßes** gegen die jeweils angewandte Regelung in **96**
§ 251 Abs. 1 oder 2 kann beanstandet werden, wenn die dort umschriebenen Verlesungsvoraussetzungen im Zeitpunkt der Verlesung nicht vorlagen oder vom Gericht rechtsfehlerhaft bejaht wurden, vor allem, wenn es einen Rechtsbegriff falsch ausgelegt oder bei
der Würdigung der tatsächlichen Voraussetzungen und deren Abwägung die seinem Beur-
teilungsraum gesetzten Grenzen nicht eingehalten hat[351]. Ein solcher Rechtsfehler wird
auch angenommen, wenn das Gericht das Maß der nach den gesamten Umständen **gebotenen Nachforschungen** und der dabei gebotenen Gründlichkeit ersichtlich verkannt hat[352]
oder wenn es seiner Pflicht erkennbar nicht nachgekommen ist, vor Anordnung der Verlesung mit allen möglichen und nach der Verfahrenslage gebotenen Mitteln darauf hinzuwirken, daß die Auskunftsperson für eine Einvernahme in der Hauptverhandlung verfügbar wird[353].

Ein die Revision begründender Verstoß gegen § 251 Abs. 1 kann ferner darin liegen, **97**
daß ein **richterliches Protokoll** verlesen wurde, obwohl dieses wegen **Mängel** seiner
Form oder seines Zustandekommens nicht nach Absatz 1 verlesen werden durfte[354]. Es
hängt von der Art des jeweiligen Mangels ab, ob dieser auch einer Verlesung nach Absatz
2 entgegenstand[355]. Aber auch wenn das fehlerhaft nach Absatz 1 verlesene richterliche
Protokoll nach Absatz 2 verlesbar gewesen wäre, wird wegen des meist geringeren
Beweiswerts und weil die Verfahrensbeteiligten sich dazu nicht äußern konnten, im Einzelfall meist nicht auszuschließen sein, daß das Urteil auf diesen Fehler beruht. Wird ein
richterliches Protokoll nach Absatz 1 verlesen, obwohl die Teilnahmeberechtigten vom
Vernehmungstermin zu Unrecht nicht oder verspätet **benachrichtigt** wurden, und ist der
Fehler nicht durch einen Verzicht, wie etwa durch Einwilligung nach Absatz 1 Nr. 4,
geheilt, so kann nach der wohl vorherrschenden Meinung dieser Fehler nur dann noch mit
der Revision gerügt werden, wenn die davon betroffenen Verfahrensbeteiligten[356] der
Verlesung deswegen **widersprochen** haben[357] und der Beschluß des Gerichts dem nicht
Rechnung getragen hat. Dies muß die Revisionsbegründung vortragen. Bei einem Angeklagten **ohne Verteidiger** gilt dies aber nur, wenn er vorher über diese Möglichkeit

---

[350] Vgl. etwa BGH StV **1981** 164; **1984** 5; KMR-*Paulus* 57.

[351] Vgl. Rdn. 34; 38; 41; 53 f mit Nachw.; ferner etwa
RGSt **54** 22; RGRspr. **8** 459; RG JW **1934** 44; LZ
1920 803; BGH JR **1969** 267 mit Anm. *Peters*; GA
1980 422; NStZ **1984** 179; StV **1981** 220; **1982**
507; **1983** 444; **1999** 196; VRS **41** (1971) 203; bei
Dallinger MDR **1975** 726; bei *Holtz* MDR **1976**
989; bei *Spiegel* DAR **1978** 156; **1980** 206; OLG
Celle NJW **1961** 1490; OLG Düsseldorf StV **1991**
295; OLG Köln VRS **70** (1986) 143; OLG Neustadt VRS **9** (1955) 465; *ter Veen* StV **1985** 297;
302; *Kleinknecht/Meyer-Goßner*[44] 42; KMR-*Paulus* 64; SK-*Schlüchter* 77; 78.

[352] Vgl. etwa BGH bei *Holtz* MDR **1976** 989; ferner
die Nachw. in der vorst. Fußn. und zum Verhältnis
zur Aufklärungspflicht Rdn. 34, 41, 44, 52.

[353] Vgl. Rdn. 40.

[354] Vgl. Rdn. 10 bis 16; KMR-*Paulus* 60.

[355] Vgl. Rdn. 65.

[356] Wegen des letzten Zeitpunkts für den Widerspruch
vgl. § 257, 12.

[357] BGH MDR **1976** 814; KK-*Diemer*[4] 19; *Klein-
knecht/Meyer-Goßner*[44] 42 (verwirkt); SK-*Schlüchter* 80 (Wegfall des normativen Zusammenhangs);
zur Streitfrage vgl. § 224, 31 ff mit weit. Nachw.,
ferner bei § 168 c.

belehrt worden ist[358]. Selbst wenn er — was nur selten vorkommen dürfte — aus der Begründung des anordnenden Beschlusses ersehen konnte, daß es auf seinen Widerspruch ankommt, würde dies die vorherige fehlende Belehrung nicht ersetzen.

98   c) **§ 251 Abs. 4 Satz 1, 2** ist verletzt, wenn das Gericht die Verlesung nicht durch einen **Gerichtsbeschluß** angeordnet hat oder wenn dieser nicht oder nicht ordnungsgemäß **begründet** wurde[359]. Das Urteil beruht nicht auf dem Verstoß, wenn die Beteiligten der Verlesung zugestimmt haben oder wenn ihnen der Verlesungsgrund ohnehin bekannt war[360].

99   **Unterbleibt** die **Angabe des Verlesungsgrundes**, so ist dies nur unschädlich, wenn der Grund der Verlesung allen Beteiligten ohnehin zweifelsfrei bekannt war[361]. Die Angabe der Gesetzesbestimmung ist nicht erforderlich. Sie bietet grundsätzlich auch keinen Ersatz für fehlende **tatsächliche Angaben**. Sind letztere richtig angeführt, ist die Berufung auf eine falsche Gesetzesbestimmung unschädlich[362], sofern nicht ausnahmsweise die Verfahrensbeteiligten dadurch in ihrem weiteren Prozeßverhalten in eine falsche Richtung gelenkt worden sind. Waren die Voraussetzungen für die Verlesung tatsächlich gegeben, so wird in der Regel das Urteil nicht auf der unterbliebenen oder unrichtigen Angabe des Verlesungsgrundes beruhen[363]. Soweit dies ohne Eingriff in das tatrichterliche Ermessen möglich ist, kann das Revisionsgericht an Stelle eines zu Unrecht angenommenen Verlesungsgrundes auf einen zweifelsfrei gegebenen Grund zurückgreifen[364].

100   Unterbleibt die nach Absatz 4 Satz 3 gebotene **Feststellung über die Vereidigung** oder ist sie falsch, kann das ebenso mit der Revision gerügt werden[365] wie wenn das Gericht es unterlassen hat, eine nach den §§ 59 ff notwendige und auch mögliche Vereidigung nachzuholen[366]. Der Verstoß rechtfertigt die Revision, wenn der Angeklagte dadurch in seiner Verteidigung beeinträchtigt worden ist[367]. Nur in Ausnahmefällen kann die fehlende ausdrückliche Entscheidung über die Beeidigung den Bestand des Urteils nicht gefährden, etwa, wenn sich für die Verfahrensbeteiligten zweifelsfrei ergibt, daß sich das erkennende Gericht den Grund zu eigen machen wollte, aus dem der ersuchte Richter von der Vereidigung abgesehen hat (z. B. wenn der Vernommene der Verletzte war)[368].

101   d) Als **Verletzung der Aufklärungspflicht** kann beanstandet werden, wenn das Gericht sich mit der Verlesung einer Vernehmungsniederschrift begnügt hat, obwohl die Aussage von ausschlaggebender Bedeutung war und eine Einvernahme der Auskunftsperson durch das erkennende Gericht möglich gewesen wäre[369] oder wenn es eine nach der Sachlage gebotene nochmalige kommissarische Einvernahme eines Zeugen unterlassen[370] oder von einer möglichen und nach der Beweislage notwendigen Zuziehung weiterer Beweismittel abgesehen hat[371]. Dies kann, muß aber nicht immer der Fall sein, wenn sich

---

[358] SK-*Schlüchter* 33, 80; § 224, 32.

[359] RGSt **1** 118; 242; RGRspr. **1** 657; **2** 562; RG Recht **1915** Nr. 745; BGHSt **9** 231; BGH NStZ **1983** 325; **1986** 325; OLG Schleswig bei *Ernesti/Lorenzen* SchlHA **1981** 94; **a. A** OLG Bamberg JR **1951** 692.

[360] Vgl. Rdn. 78.

[361] RGSt **59** 302; BGH NStZ **1986** 325; StV **1983** 319; bei *Dallinger* MDR **1972** 572; BayObLGSt **1957** 133; BayObLG StV **1990** 399; OLG Karlsruhe NJW **1973** 1942; OLG Köln VRS **70** (1986) 143; OLG Stuttgart DAR **1955** 67; KMR-*Paulus* 63.

[362] OLG Karlsruhe NJW **1973** 1942; OLG Köln VRS **63** (1982) 265; OLG Stuttgart DAR **1955** 67.

[363] OLG Stuttgart DAR **1955** 67; SK-*Schlüchter* 82; anders OLG Brandenburg NStZ **1996** 301 für den dort entschiedenen Fall.

[364] Vgl. BGH JR **1969** 267 mit Anm. *Peters.*

[365] RGSt **2** 237; RGRspr. **1** 230; BGH NStZ **1983** 325; **1984** 179; StV **1988** 472; KK-*Diemer*[4] 31; KMR-*Paulus* 61; SK-*Schlüchter* 83.

[366] Vgl. Rdn. 83.

[367] OLG Saarbrücken MDR **1973** 428.

[368] OLG Karlsruhe VRS **33** (1967) 288.

[369] Vgl. Rdn. 41 mit Nachw.; ferner etwa BayObLG bei *Bär* DAR **1994** 386; SK-*Schlüchter* 84.

[370] Vgl. Rdn. 6, 44, 52, 63, 82; § 244, 343 ff; *ter Veen* StV **1985** 303.

[371] Vgl. Rdn. 64; ferner § 244, 46; 60; 68.

das Gericht mit der Verlesung eines Protokolls nach Absatz 2 begnügte, obwohl zum gleichen Vernehmungsgegenstand eine nach Absatz 1 verlesbare richterliche Vernehmungsniederschrift vorhanden war[372]. Auch die rechtsirrige Verneinung der Verlesbarkeit einer Schrift kann gegen die Aufklärungspflicht verstoßen. Die Rüge, das Gericht habe den Begriff des nicht zu beseitigenden Hindernisses oder der Zumutbarkeit verkannt, kann — je nach dem Tatsachenvortrag — auch eine Rüge der Verletzung der Aufklärungspflicht enthalten. Es müssen dann allerdings alle zur Begründung einer solchen Rüge erforderlichen Tatsachen vorgetragen sein[373]. Dagegen kann — sofern kein Beweisantrag abgelehnt wurde — nur unter dem Blickwinkel der Aufklärungspflicht gerügt werden, daß das Gericht einen Zeugen, dessen Aussage nach § 251 Abs. 2 verlesen wurde, im Ausland im Wege der Rechtshilfe kommissarisch hätte vernehmen lassen müssen[374].

e) Ein **Verstoß gegen § 261** kann darin liegen, daß das Gericht im Urteil nicht aufge- **102** zeigt hat, daß es sich des geringen Beweiswerts der verlesenen Urkunden bewußt war und daß es diesem Umstand bei seiner Beweiswürdigung Rechnung getragen hat[375], aber auch darin, daß es von vornherein ohne Einzelwürdigung einer Niederschrift jeden Beweiswert abspricht[376]. § 261 ist auch verletzt, wenn das Gericht seine Sachentscheidung im Urteil auf eine nur im Freibeweisverfahren nach Absatz 3 beigezogene Urkunde gestützt hat[377].

f) Zur **Begründung** der **jeweiligen Revisionsrüge** müssen lückenlos alle Tatsachen **103** angeführt werden, aus denen sich der behauptete Rechtsverstoß ergibt[378]. Wird gerügt, daß der Urkundenbeweis zu Unrecht erhoben worden sei, müssen Verfasser und Inhalt der Urkunde dargetan, ihre Beweisverwendung im Urteil aufgezeigt[379] und alle Tatsachen vorgetragen werden, aus denen sich der behauptete Rechtsfehler ergibt. So sind beispielsweise bei der Rüge einer unrichtigen Anwendung von § 251 Abs. 1 Nr. 3 der die Verlesung anordnende Gerichtsbeschluß sowie alle für die Abwägung[380] maßgebenden Umstände, wie Bedeutung der Aussage, Entfernung zwischen Wohnort des Zeugen und Ort der Hauptverhandlung usw., anzuführen, um darzulegen, daß ihm das Erscheinen zumutbar war. Wird die Unrichtigkeit oder **Mangelhaftigkeit eines Beschlusses** beanstandet, muß dessen Inhalt zweckmäßigerweise im Wortlaut mitgeteilt werden, und es müssen die Tatsachen angeführt werden, die dessen Unrichtigkeit und — wenn sich dies nicht schon aus dem Beschlußinhalt selbst ergibt — auch dessen Unvollständigkeit belegen[381].

---

[372] Vgl. SK-*Schlüchter* 84 (Verzicht auf das bestmögliche Beweismittel); dazu § 244, 69.

[373] Vgl. § 244, 355.

[374] BGH NStZ **1983** 561.

[375] Vgl. Rdn. 40; ferner § 261, 56 ff; § 337, 125 ff; *Rebmann* NStZ **1982** 317; *Bruns* MDR **1984** 181; SK-*Schlüchter* 84.

[376] BGHSt **29** 109; vgl. auch BGH NStZ **1985** 239 (Verfahrenseinstellung).

[377] Vgl. Rdn. 74 sowie etwa BGH StV **1991** 148.

[378] Vgl. bei § 344.

[379] OLG Düsseldorf StV **1995** 458.

[380] Vgl. Rdn. 31, 44, 60, 96.

[381] Vgl. etwa BGH NStZ **1983** 325.

Walter Gollwitzer

§ 252

Die Aussage eines vor der Hauptverhandlung vernommenen Zeugen, der erst in der Hauptverhandlung von seinem Recht, das Zeugnis zu verweigern, Gebrauch macht, darf nicht verlesen werden.

Schrifttum. *Dahs/Langkeit* Demontage des Zeugnisverweigerungsrechts, StV **1992** 492; *Dölling* Verlesbarkeit schriftlicher Erklärungen und Auskunftsverweigerungsrecht nach § 55 StPO, NStZ **1988** 6; *Eisenberg* Zur „besonderen Qualität" richterlicher Vernehmung im Ermittlungsverfahren, NStZ **1988** 488; *Eser* Das Verwertungsverbot des § 252 StPO und die Vernehmung des vernehmenden Richters, NJW **1963** 234; *Fischer* Die Fortwirkung des Zeugnisverweigerungsrechts nach Verfahrenstrennung, JZ **1992** 570; *Fezer* Grundfälle zum Verlesungs- und Verwertungsverbot im Strafprozeß, JuS **1977** 234; 382; 520; 669; 813; **1978** 104; 325; 472; 612, 765; **1979** 35; 186; *Fuhrmann* Das Verwertungsverbot des § 250 StPO und die Aufklärungspflicht des Gerichts, JuS **1963** 273; *Geerds* Über Vorhalt und Urkundenbeweis mit Vernehmungsprotokollen, FS Blau 67; *Geerds* Zur Reichweite der Verwertungsverbotes (§ 252) nach früheren Aussagen – BGHSt 36, 387, JuS **1991** 199; *Geppert* Das Beweisverbot des § 252 StPO, Jura **1988** 305; 363; *Geppert* Die „qualifizierte Belehrung", GedS Meyer 93; *Geppert* Notwendigkeit und Grenzen der „informatorischen Befragung" im Strafverfahren, FS Oehler 323; *Haas* Vernehmung, Aussage und aussageähnliche Situation – zugleich ein Beitrag zur Auslegung des § 136 StPO, GA **1995** 231; *Haubrich* Informatorische Befragung von Beschuldigten und Zeugen, NJW **1981** 803; *Krey* Probleme des Zeugenschutzes im Strafverfahrensrecht, GedS Meyer 239; *Mehner* Die Vernehmung von Verhörspersonen im Strafprozeß (1975); *D. Meyer* Verwertung früherer Aussagen nach Aussageverweigerung, JA **1972** 163; *Mitsch* Protokollverlesung nach berechtigter Auskunftsverweigerung (§ 55 StPO) in der Hauptverhandlung, JZ **1992** 174; *Eb. Otto* Das Zeugnisverweigerungsrecht der Angehörigen (§ 252) im Verfahren gegen mehrere Beschuldigte, NStZ **1991** 220; *Prittwitz* Das Zeugnisverweigerungsrecht des Angehörigen und seine Wirkung für Mitbeschuldigte, NStZ **1986** 64; *Redecker* Die Verwertung des Vernehmungsprotokolls in der Hauptverhandlung, Diss. Frankfurt 1972; *Rengier* Grundlegende Verwertungsprobleme bei §§ 252, 168 c, 251 StPO, Jura **1981** 299; *Weiler* Befragung von Beschuldigten oder aussageverweigerungsberechtigten Zeugen im Ermittlungsverfahren durch V-Leute, GA **1996** 201; Vgl. ferner die Schrifttumshinweise bei den §§ 52, 53, 53 a, 55, 249, 250 und allgemein zu den Beweisverboten Einl. Abschn. K.

Entstehungsgeschichte. Die Entwürfe sahen keine dem § 252 ähnliche Vorschrift vor. Sie ist erst durch die Reichstagskommission eingefügt worden. Ausführliche Darlegung der Entstehungsgeschichte RGSt **10** 375. Bezeichnung bis 1924: § 251.

Übersicht

Alphabetische Übersicht

Walter Gollwitzer

1   **1. Anwendungsbereich.** § 252 ist an falscher Stelle in das Gesetz eingefügt worden. Er gehört nicht in den Zusammenhang der §§ 250, 251, 253 bis 256, sondern zu den §§ 52 ff, weil hier eine Rechtsfolge der Ausübung des Zeugnisverweigerungsrechts geregelt wird[1]. Die nachträgliche Ausübung des Zeugnisverweigerungsrechts macht Niederschriften über frühere Aussagen unverlesbar und ihren Inhalt — von strittigen Ausnahmen abgesehen — unverwertbar. Der Hauptanwendungsfall des § 252 ist die nachträgliche **Zeugnisverweigerung der Angehörigen** nach § 52. Er greift aber auch ein, wenn der **Träger eines Berufsgeheimnisses** nach §§ 53, 53 a sich in der Hauptverhandlung auf dieses schon bei seiner früheren Einvernahme bestehende Berufsgeheimnis beruft[2]. Ob § 252 auch die Pflicht zur Wahrung der **Amtsverschwiegenheit nach § 54** schützt, ist strittig[3]. Er sollte aber zumindest dann angewendet werden, wenn ein Amtsträger ein Zeugnis in der irrigen Meinung abgelegt hat, daß es seine Pflicht zur Amtsverschwiegenheit nicht berühre[4]. Ob der nachträgliche Widerruf einer fälschlich erteilten Aussagegenehmigung die früher befugt erstattete Aussage unverwertbar macht, ist strittig, aber wohl entgegen der herrschenden Meinung[5], die eine schutzbedürftige Konfliktlage verneint, zu bejahen[6], sofern man § 54 nicht nur unter dem Blickwinkel des Widerstreits zwischen Aussagepflicht und Schweigepflicht des betroffenen Amtsträgers versteht, sondern als Widerstreit der bei der Entscheidung über die Erteilung der Genehmigung abzuwägenden staatlichen Aufgaben (Strafverfolgung gegen Geheimhaltung fordernden anderen Staatsinteressen). Dagegen bezieht die Rechtsprechung[7] die Vorschrift des § 252 nicht auf das **Auskunft-**

---

[1] *Alsberg/Nüse/Meyer* 465.

[2] Nach allerdings strittiger Meinung erfaßt § 252 nicht die Aussagen eines von der Verschwiegenheitspflicht entbundenen Geheimnisträgers, auch wenn die Entbindung später widerrufen wurde, vgl. BGHSt **18** 146 = JR **1963** 266 mit Anm. *Eb. Schmidt*; wegen der Einzelheiten und weiterer Nachw. vgl. § 53, 68.

[3] Verneinend etwa BGH NJW **1952** 1151; KK-*Diemer*[4] 8; zur Gegenmeinung vgl. Fußn. 4.

[4] OLG Celle MDR **1959** 414; *Alsberg/Nüse/Meyer* 467; *Gössel* NJW **1981** 2220; HK-*Julius*[2] 3; *Kleinknecht/Meyer-Goßner*[44]; KMR-*Paulus* 5; SK-Schlüchter 18; vgl. § 54, 22; zur Gegenmeinung vgl. Fußn. 3..

[5] *Alsberg/Nüse/Meyer* 467; *Kleinknecht/Meyer-Goßner*[44] 4; KMR-*Paulus* 5.

[6] So auch SK-*Schlüchter* 18.

[7] In Anlehnung an die sogen. Rechtskreistheorie – BGHSt **11** 213; vgl. § 337, 95.

verweigerungsrecht des § 55[8]. Zur Anwendbarkeit des § 252 auf Sachverständige vgl. § 76. Ob ein Zeugnisverweigerungsrecht nach den §§ 52 bis 54 besteht und ob die Voraussetzungen gegeben sind, unter denen § 252 der Beweisverwendung nicht entgegensteht, hat das Gericht ohne Bindung durch Vorentscheidungen im Wege des **Freibeweises** von Amts wegen aufzuklären[9]; notfalls durch Zuziehung eines Sachverständigen, wenn es darum geht, ob der Zeuge geistig in der Lage war, die Belehrung zu verstehen[10].

Das **zwischen Mitangeklagten** bestehende nahe Verwandtschafts- oder Schwäger- **2** schaftsverhältnis gibt ihnen kein „Zeugnisverweigerungsrecht"[11]. Die Frage, ob frühere, in einem Vernehmungsprotokoll niedergelegte Erklärungen eines Angeklagten zum Beweis über sein Geständnis verlesen und gegen ihn wie gegen den Mitangeklagten verwertet werden dürfen, ist nicht nach § 252, sondern nach § 254 zu beurteilen[12].

2. Sinn und Tragweite der Vorschrift

a) Beweiserhebungs- und Verwertungsverbot. Zweck des § 252 ist es, dem Zeugen, **3** der zur Verweigerung des Zeugnisses berechtigt ist, bis zu seiner Einvernahme in der Hauptverhandlung die Freiheit der Entschließung zu erhalten und ihn in den Fällen des § 52 davor zu schützen, voreilig zur Belastung des Angeklagten beizutragen. Bei den anderen Schutzzwecken verpflichteten Verweigerungsrechten nach den §§ 53 bis 54 wird den persönlichen Geheimhaltungsinteressen der Betroffenen und dem Allgemeininteresse an der Wahrung der berufsbezogenen Geheimhaltungspflicht der Vorrang eingeräumt. Diese Zielsetzung bestimmt die heute herrschende Meinung, aus § 252 über den nur das Verlesen verbietenden Wortlaut hinaus ein Verwertungsverbot herzuleiten. Bei der Auslegung der Vorschrift standen sich lange Zeit zwei Rechtsmeinungen gegenüber: Die eine sah in § 252 ein bloßes **Verlesungsverbot** und hielt es für erlaubt, den Inhalt der früheren Aussage in anderer Weise als durch Verlesung der Niederschrift, insbesondere durch Vernehmung des Verhörsbeamten, festzustellen und als Beweisgrundlage zu verwerten[13]. Nach der anderen Meinung folgt aus § 252 ein Verwertungsverbot, das grundsätzlich[14] auch die Beweisverwendung der Aussagen bei einer früheren Vernehmung mitumfaßt[15].

[8] BGHSt **1** 39; **6** 211; **17** 245; 337; VRS **34** (1968) 218; BGH MDR **1951** 180; bei *Dallinger* MDR **1968** 202; bei *Holtz* MDR **1983** 796; bei *Pfeiffer/Miebach* NStZ **1985** 493; BayObLGSt **1953** 92; **1966** 166; **1984** 1 = NJW **1953** 1116; **1967** 1095; **1984** 1246; OLG Schleswig SchlHA **1974** 180; LG Aachen JMBlNW **1970** 273; *Dölling* NStZ **1983** 8; *Gössel* NJW **1981** 2220; *Grünwald* JZ **1966** 499; KK-*Diemer*⁴ 7; *Kleinknecht* NJW **1966** 1539; *Kleinknecht/Meyer-Goßner*⁴⁴ 19; *Otto* GA **1970** 301; *Schlüchter* 502; **a. A** *Busch* JZ **1953** 703; *Hanack* JZ **1972** 238; FS Schmidt-Leichner 6; KMR-*Paulus* 5; 10; *Kohlhaas* JR **1955** 43; *Niese* JZ **1953** 223; *Rogall* NJW **1978** 2538; *Eb. Schmidt* 3; NJW **1968** 1218 Fußn. 80. Weit. Nachw. zum Streitstand *Alsberg/Nüse/Meyer* 467; § 55, 19. Zur verfassungsrechtlichen Zulässigkeit von Einschränkungen des Auskunftsverweigerungsrechts nach § 55 vgl. BVerfG (Vorprüfungsausschuß) NStZ **1985** 277.

[9] Etwa BGHSt **26** 281; 283; BGH StV **1996** 194; *Alsberg/Nüse/Meyer* 151; KK-*Diemer*⁴ 31; *Kleinknecht/Meyer-Goßner*⁴⁴ 14; KMR-*Paulus* 27; SK-*Schlüchter* 25.

[10] BGH NStZ **1981** 93.

[11] Zum Schweigerecht und zu der Wirkung einer unterbliebenen Belehrung vgl. § 136, 53 ff; § 243, 71 ff.

[12] Vgl. § 254, 18.

[13] So etwa RGSt **5** 143, **16** 119; **35** 5; **48** 246; **51** 123; **70** 6; **72** 222; nach 1945 folgten nur OLG Kiel SchlHA **1946** 163 und OLG Stuttgart NJW **1951** 932 dem RG; **a. A** OLG Bamberg SJZ **1948** 471; OLG Bremen HESt **3** 42; OLG Düsseldorf HESt **1** 174 = MDR **1947** 274 mit Anm. *Sieverts*; OLG Hamm JMBlNW **1950** 62.

[14] Wegen der strittigen Ausnahme für die Vernehmung durch den Richter vgl. Rdn. 5 ff.

[15] Die Entstehungsgeschichte zeigt, daß § 252 die Wirkung einer berechtigten Zeugnisverweigerung umschreiben sollte; vgl. *Hahn* **2** 1880 ff.

4   **Rechtsprechung**[16] und **Schrifttum**[17] stimmen heute weitgehend überein, daß § 252 nicht nur die Beweisverwendung der Vernehmungsniederschriften ausschließt, sondern — über seinen Wortlaut hinaus — grundsätzlich auch die Feststellung des Inhalts der Aussage durch andere Beweismittel verbietet. Einem Zeugen, der aus Gründen seiner persönlichen Nähe zur Sache mit dem Zeugniszwang verschont werden soll, soll die Belastung erspart bleiben, daß sein vielleicht voreilig oder in Unkenntnis des Verweigerungsrechts oder unter Mißachtung einer Verschwiegenheitspflicht abgegebenes Zeugnis entgegen seinem Willen doch noch Einfluß auf die Entscheidung gewinnen kann[18]. Diese Rücksicht auf die Lage des Zeugen und auf die durch §§ 53 bis 54 geschützten öffentlichen Belange ist der Rechtfertigungsgrund für § 252 und nicht der Gedanke, daß alle geringwertigeren Erkenntnisquellen ausgeschlossen werden müßten, wenn das Gesetz den Verlust des am besten geeigneten Beweismittels — nämlich der Aussage des weigerungsberechtigten Zeugen in der Hauptverhandlung — zulasse[19]. Aus der Tatsache der Zeugnisverweigerung dürfen auch keinen Schlüsse zum Nachteil des Angeklagten gezogen werden[20].

5   **b) Ausnahme für Vernehmungsrichter.** Strittig ist, ob das Verbot, den Inhalt einer nach § 252 nicht verlesbaren Aussage durch andere Beweismittel festzuhalten, insoweit eine Ausnahme erfährt, als der vernehmende Richter darüber als Zeuge vernommen werden kann, sofern der Zeuge vorher über sein Verweigerungsrecht ordnungsgemäß belehrt worden war, oder ob es unterschiedslos die Einvernahme aller Verhörspersonen ausschließt, und zwar ganz gleich, ob der Zeuge über sein Weigerungsrecht belehrt worden war und ob er von einem Polizeibeamten oder einem Staatsanwalt oder einem Richter vernommen worden ist[21].

6   Die **Rechtsprechung** des Bundesgerichtshofs[22] unterscheidet zwischen richterlichen und nichtrichterlichen früheren Vernehmungen. Die Rücksicht auf die Belange des Zeugen verbietet es nur dann, die frühere Aussage zum Gegenstand der Beweiserhebung zu machen und als Beweisgrundlage zu verwerten, wenn es sich um eine nichtrichterliche Vernehmung handelt oder der Zeuge zwar vom Richter vernommen, aber entgegen § 52 Abs. 2 nicht über sein Zeugnisverweigerungsrecht belehrt worden ist. Die schutzwürdigen Belange des weigerungsberechtigten Zeugen, auf die § 252 Rücksicht zu nehmen gebiete, müssen aber dem Grundsatz der Wahrheitserforschung weichen, der zum Wohle der Allgemeinheit die Aufklärung, Verfolgung und gerechte Ahndung von Verbrechen unter Verwendung aller verfügbaren Beweismittel fordere, wenn es sich um eine Aussage handelt, die der Zeuge bei einer richterlichen Vernehmung nach Belehrung über sein damals bereits bestehendes Zeugnisverweigerungsrecht gemacht habe. In diesem Falle bestehe

---

[16] Vgl. Fußn. 22 und zur wechselnden früheren höchstrichterlichen Rechtsprechung die 23. Aufl. Rdn. 3 bis 8; ferner *Eser* NJW **1963** 234; *Fuhrmann* JuS **1963**; 273 *Otto* GA **1970** 295.

[17] Vgl. Fußn. 21 und – für die Gegenmeinung – Fußn. 24, 29; KMR-*Paulus* 3; 4.

[18] BGHSt **10** 77; *Schneidewin* JR **1951** 487.

[19] So noch OLG Bamberg SJZ **1948** 471; vgl. auch *Gössel* FS Bockelmann 806; 810 (keine Beeinträchtigung der Wahrheitsfindung durch konfliktbelastete Aussage).

[20] BGH bei *Holtz* MDR **1991** 1024; § 261, 87 ferner etwa SK-*Schlüchter* 38.

[21] Ein uneingeschränktes Verwertungsverbot, das auch die Einvernahme des Verhörsrichters ausschließt, nehmen an *Eisenberg* NStZ **1988** 488; *Eser* NJW **1963** 235; *Fezer* JuS **1977** 671; *Geerds*

FS Blau 72; *Geppert* Jura **1988** 308; *Gössel* § 24 D II e 1; *Grünwald* (Beweisrecht) 130; *Hanack* JZ **1972** 238; FS Schmidt-Leichner 91; *Heinitz* JR **1960** 226; *Niese* JZ **1953** 219; *Michaelis* NJW **1966** 117; **1967** 58; *Peters* § 39 III 3 a; NJW **1966** 2051; JR **1967** 467; 46. DJT I 3 A 118; *Reinicke* NJW **1952** 1036; 1155; *Roxin* § 44, 19; *Eb. Schmidt* 6; JZ **1957** 98; NJW **1968** 1209; *Seydel* NJW **1966** 740; *Spendel* NJW **1966** 1105; JuS **1964** 470; *Welp* JR **1996** 78; vgl. ferner *Alsberg/Nüse/Meyer* 471 mit weit. Nachw.; *Eisenberg* (Beweisrecht) 1315; sowie AK-*Meier* 11; HK-*Julius*² 2.

[22] In Fortsetzung von OGHSt **1** 299; BGHSt **2** 99, 110; **7** 195; **10** 77; **11** 97; 338; **13** 394; **18** 146; **20** 384; **22** 219; **26** 284; **27** 231; **32** 29; **36** 384; BGH NJW **1954** 204; **1955** 1289; **1956** 1886; **1973** 1139; **1979** 1722; **1996** 1501; StV **1994** 413.

kein Anlaß, dem Zeugen die Entscheidungsfreiheit über seine Zeugnisverweigerung bis zur späteren Hauptverhandlung auch hinsichtlich der Tatsachen offenzuhalten, die er in Kenntnis seines Verweigerungsrechts freiwillig und damit unter Verzicht auf dieses Recht dem Richter mitgeteilt habe[23]. Zum gleichen Ergebnis kommt *Paulus*[24]. Er leitet das Verwertungsverbot nicht aus § 252 her (nur Verlesungsverbot), sondern aus dem Schutzzweck der §§ 52 ff und rechtfertigt die Differenzierung damit, daß der Schutzzweck den Rückgriff auf frühere Aussagen nur dann gestatte, wenn der Zeuge diese in einer qualitativ gleichen Verfahrenslage wie in der Hauptverhandlung gemacht habe, also vor einem Richter und nach Belehrung durch diesen.

Diese Abgrenzung ist eine **kriminalpolitische Zweckmäßigkeitsentscheidung**[25], die **7** weder im Wortlaut noch im Regelungszweck des § 252 eine überzeugende Stütze findet. Seit der Neuregelung der Belehrungspflichten besteht auch insoweit kein durchgreifender Unterschied mehr zwischen den einzelnen Vernehmungsarten[26]. § 252 sichert mit gutem Grund die Entscheidungsfreiheit des Zeugen bis zu seiner Vernehmung in der Hauptverhandlung, da erst deren Prozeßlage ihm die Abschätzung der Folgen seines Verhaltens gestattet. Wenn die Rechtsprechung trotzdem die Vernehmung des Richters gestattet, läßt sich die Abgrenzung allenfalls als ein Kompromiß erklären, der für die Auslegung des § 252 den rechtfertigenden Grundgedanken des Schutzes der Belange des einzelnen gegen die Befugnisse der Allgemeinheit abwägt und dabei berücksichtigt, wie das Gesetz auch im übrigen die Interessen des einzelnen und der Allgemeinheit gegeneinander abgrenzt, wenn sie einmal miteinander in Widerstreit geraten[27].

Der Unterschied zwischen der richterlichen Vernehmung und der Vernehmung durch **8** andere Verhörspersonen, die dem der Bundesgerichtshof seine unterschiedliche Bewertung bei der Abwägung der widerstreitenden Interessen rechtfertigt, ist nach Ansicht des Bundesgerichtshofs trotz **Angleichung der Belehrungspflichten** beizubehalten[28]. Eine Minderheit des Schrifttums vertritt die Ansicht, daß mit der Ausdehnung der Belehrungspflicht auf Polizei und Staatsanwaltschaft der entscheidende Unterschied entfallen und deshalb auch die Vernehmung des Polizeibeamten oder des Staatsanwalts zulässig geworden sei[29], sofern der Belehrungspflicht ordnungsgemäß genügt ist.

3. Voraussetzungen des Verbots

a) Vernehmung vor der Hauptverhandlung ist jede vor der **jetzigen** Hauptverhand- **9** lung liegende Einvernahme durch ein staatliches Organ. Auch die Vernehmung in einer **früheren Hauptverhandlung** gehört hierher[30], was namentlich für das Verfahren nach Aussetzung einer Hauptverhandlung oder vor dem Berufungsgericht bedeutsam ist. Bei Vernehmungen **in anderen Verfahren** ist es unerheblich, welche **verfahrensrechtliche Stellung** der jetzige Zeuge hatte, insbesondere, wenn das frühere Verfahren ein Strafverfahren war, ob er dort als Angeklagter oder als Zeuge vernommen wurde. Maßgebend für die Anwendung des § 252 ist allein die **Zeugenstellung in der gegenwärtigen Hauptver-**

---

[23] BGH StV **1998** 360.

[24] KMR-*Paulus* 4; ebenso *Mitsch* JZ **1992** 180.

[25] *Hanack* FS Schmidt-Leicher 91; *Wömpner* NStZ **1983** 296.

[26] Vgl. etwa *Geerds* FS Blau 72.

[27] Vgl. *G. Schäfer* 676; SK-*Schlüchter* 24. Dem BGH folgen *Krey* GedS Meyer 243; KK-*Diemer*[4] 22; *Kleinknecht/Meyer-Goßner*[44] 14; KMR-*Paulus* 3, 4 kommt zum gleichen Ergebnis; vgl. Rdn. 6.

[28] BGHSt **21** 218 mit Anm. *Michaelis* NJW **1968** 58; zust. *Pelchen* LM Nr. 22 = JR **1967** 467 mit abl. Anm. *Peters*; KK-*Diemer*[4] 26; *Otto* GA **1970** 295.

[29] *Kohlhaas* NJW **1965** 1255; DRiZ **1966** 286; *Nüse* JR **1966** 283; *Roestel* SchlHA **1967** 162; *Schlüchter* 497.3; vgl. SK-*Schlüchter* 25.

[30] BGH bei *Dallinger* MDR **1969** 18; *Alsberg/Nüse/Meyer* 456; *Fuchs* NJW **1979** 17; *Kleinknecht/Meyer-Goßner*[44] 7; SK-*Schlüchter* 13; *Eb. Schmidt* 11.

handlung[31]. Nach seinem Schutzzweck umfaßt § 252, auch Aussagen in einem Zivilprozeß[32] oder einem sonstigen Verfahren. Diese weite Auslegung, die alle amtlichen Befragungen erfaßt, folgt aus dem Schutzzweck des § 252, der verhindern will, daß die Ausübung des Zeugnisverweigerungsrechts durch Rückgriff auf Aussagen in anderen Verfahren obsolet gemacht wird[33]. Dagegen wird die Heranziehung der Aussage zur Feststellung ihres Inhalts in einem Verfahren wegen eines **Aussagedelikts** für zulässig gehalten[34].

10   **Vernehmung** ist dabei im **weiten Sinn** zu verstehen. Sie umfaßt alle Bekundungen über wahrgenommene Tatsachen auf Grund einer amtlichen, von einem Staatsorgan veranlaßten Befragung, also nicht nur die förmliche Vernehmung im Sinne der §§ 136, 161 a, 163 a usw., sondern auch die gegenüber der Polizei auf **informatorisches Befragen** abgegebenen Erklärungen bei Beginn der Ermittlungen[35], einschließlich der mittels Fragebogen von Amts wegen erhobenen Angaben[36] oder einer telefonisch eingeholten Auskunft zum Tatgeschehen[37]. Unerheblich ist, ob die Angaben förmlich protokolliert oder nur in einem internen Vermerk festgehalten wurden. Es muß aber immer ein erkennbar auf die Herbeiführung einer Auskunft gerichtetes Verhalten des Amtsträgers vorgelegen haben. Ohne sein Zutun und ungefragt an ihn herangetragene Mitteilungen, insbesondere **Spontanäußerungen** des Zeugen, unterfallen dem Beweisverwertungsverbot des § 252 ebensowenig wie Äußerungen im privaten Lebensbereich[38]. Erforderlich ist, daß aus der Sicht des Zeugen eine zumindest **vernehmungsähnliche Gesamtsituation** bestand, bei der der **Beweiserhebungswille** des Amtsträgers erkennbar zutage trat[39]. Der jetzige Zeuge mußte auf Grund aller Umstände annehmen können, daß dieser in Erfüllung seiner Aufgaben von ihm Auskünfte zu einem bestimmten Sachverhalt erwartete. Dies kann auch der Fall sein, wenn die Angaben des Zeugen schon durch das plötzliche Erscheinen der Polizei an seiner Wohnungstür ausgelöst wurden, noch bevor er von der Polizei ausdrücklich danach gefragt wurde[40]. Daß die Initiative zu der Begegnung von der Polizei ausging, kann ein

---

[31] RGSt **32** 75; **35** 8; RG JW **1932** 419; BGHSt **10** 186; **20** 385; **27** 141; BGH GA **1976** 144; BayObLGSt **1977** 127; **1984** 1 = NJW **1978** 387; **1984** 1246; BayObLG StV **1981** 12; **1992** 500; OLG Frankfurt StV **1994** 117; OLG Koblenz NJW **1983** 2342; OLG Köln VRS **57** (1979) 425; OLG Schleswig bei *Ernesti/Jürgensen* SchlHA **1978** 188; OLG Stuttgart VRS **63** (1982) 52; *Alsberg/Nüse/Meyer* 465; *Dallinger* MDR **1966** 162; *Fezer* JuS **1977** 814; LM-*Pelchen* LM Nr. 21; *Rogall* NJW **1978** 2538; *Schlüchter* 510; HK-*Julius*² 6; KK-*Diemer*⁴ 14 ff; *Kleinknecht/Meyer-Goßner*⁴⁴ 7; **a. A** OLG Hamm NJW **1958** 721, das aus dem Rollenwechsel bei einem Mitangeklagten erster Instanz kein Verwertungsverbot herleitet. Nach *Hanack* JZ **1972** 239 und *Peters* Fortentwicklung (25) liegt hier eine sachlich gerechtfertigte analoge Anwendung des § 252 vor. Vgl. auch OLG Hamm NJW **1981** 1682.
[32] BGHSt **17** 324, dazu *Eser* NJW **1963** 234; *Fuhrmann* JuS **1963** 273; *Hanack* JZ **1972** 238; HK-*Julius*² 6; *Kleinknecht/Meyer-Goßner*⁴⁴ 7; KMR-*Paulus* 16; SK-*Schlüchter* 3; *Nüse* JR **1966** 283; *Schlüchter* 509; **a. A** RGSt **35** 254; RG JW **1938** 2199; OGHSt **1** 299; BGH JR **1951** 349; OLG Düsseldorf NJW **1968** mit Anm. *Hahnzog*; vgl. *Alsberg/Nüse/Meyer* 465 mit weit. Nachw. zum Streitstand.
[33] Die Probleme, die sich daraus ergeben, daß von der Rechtsprechung die Vernehmung der Richter als

Zeugen zugelassen wird, müssen durch eine Eingrenzung dieser Befugnis oder durch Anforderungen an die notwendige Belehrung gelöst werden. Vgl. Rdn. 21.
[34] OLG Hamm NJW **1981** 1682; *Alsberg/Nüse/Meyer* 465; KK-*Diemer*⁴ 5.
[35] BGHSt **29** 230 = JR **1981** 125 mit Anm. *Gollwitzer* = NJW **1980** 2142 mit Anm. *Gundlach*, krit. *Haubrich* NJW **1981** 803; BayObLGSt **1982** 167 = VRS **64** (1983) 201; BayObLG VRS **59** (1980) 205; **65** (1983) 290, bei *Rüth* DAR **1976** 176; OLG Frankfurt StV **1994** 117; OLG Stuttgart VRS **63** (1982) 52; *Alsberg/Nüse/Meyer* 468; HK-*Julius*² 6; KK-*Diemer*⁴ 17; KMR-*Paulus* 16; *Schlüchter* 501; vgl. aber auch *Haubrich* NJW **1981** 803.
[36] OLG Stuttgart VRS **63** (1982) 52; *Alsberg/Nüse/Meyer* 468.
[37] BayObLG bei *Rüth* DAR **1986** 277; *Kleinknecht/Meyer-Goßner*⁴⁴ 7.
[38] Vgl. dazu Rdn. 29, 30.
[39] SK-*Schlüchter* 6.
[40] Vgl. OLG Frankfurt StV **1994** 117; es kommt in solchen Grenzfällen einer vorauseilenden Antwort aber immer auf die Gesamtsituation im Einzelfall an, vgl. OLG Hamburg StV **1990** 538; OLG Stuttgart Justiz **1972** 323; HK-*Julius*² 6 stellt deshalb darauf ab, ob für den Zeugen eine Druck- und Konfliktslage bestand; vgl. ferner *Geppert* FS Oehler 328.

Indiz dafür sein, daß der Zeuge seine Angaben in einer vernehmungsähnlichen Lage machte, ein zwingendes Kriterium ist dies aber weder in der einen noch in der anderen Richtung[41]. Nicht notwendig ist, daß der Amtsträger im Rahmen der Strafverfolgung tätig geworden ist, die informatorische Befragung kann auch **Präventivzwecke** verfolgt haben[42].

b) Ausübung des Zeugnisverweigerungsrechts. Nur wenn dieses Recht im Zeitpunkt **11** der **gegenwärtigen Hauptverhandlung** besteht und ausgeübt wird, steht § 252 einer Verwertung der früheren Aussage entgegen. Ob das Zeugnisverweigerungsrecht auch **schon zur Zeit der früheren Vernehmung** bestanden haben muß, richtet sich nach dem jeweiligen Schutzzweck der §§ 52 bis 54 und wird dort näher erörtert. Ist ein zeugnisverweigerungsberechtigter früherer Zeuge zum **Mitangeklagten** geworden, der von seinem Schweigerecht Gebrauch macht, steht § 252 nicht entgegen, seine früheren Aussagen durch Vernehmung der Verhörsbeamten in die Hauptverhandlung einzuführen[43]. In den **Fällen des § 52** ist § 252 auch anwendbar, wenn das Recht **erst nach der früheren Vernehmung** durch das Verlöbnis oder die Eingehung der Ehe mit dem Beschuldigten oder durch die Herstellung eines sonst in Betracht kommenden Verhältnisses zum Beschuldigten entstanden ist[44].

Minderjährige sowie die ihnen in § 52 Abs. 2 gleichgestellten Personen bedürfen, **12** sofern die sonstigen Voraussetzungen des § 52 Abs. 2 gegeben sind, zur Aussage, nicht aber zur Verweigerung der Aussage, der Zustimmung des gesetzlichen Vertreters. Dessen Zustimmung und Belehrung allein reicht nur dann aus, wenn eine Belehrung des Weigerungsberechtigten dessen Bewußtsein überhaupt nicht erreicht hätte[45]. Die Einzelheiten sind bei § 52 Abs. 2 erläutert.

Ist der verweigerungsberechtigte Zeuge **gestorben**, ohne von seinem Recht Gebrauch **12a** gemacht zu haben, so ist seine frühere Aussage dem Beweis zugänglich[46]. Dasselbe gilt, wenn er zu einer Erklärung alters- oder krankheitsbedingt nicht mehr fähig ist[47]. Eine bereits **erklärte Weigerung** wirkt dagegen fort und muß auch nach dem Ableben des Zeugen beachtet werden[48]. Ist der Zeuge **unbekannten Aufenthalts**, scheitert die Verwertung seiner Aussage nicht daran, daß er in der Hauptverhandlung die Möglichkeit der Zeugnisverweigerung gehabt hätte[49]. Hat ein im **Ausland** kommissarisch oder in einem dort durchgeführten Verfahren vernommener Zeuge nach dem maßgebenden ausländischen Recht kein Zeugnisverweigerungsrecht, ist die Aussage unverwertbar, wenn er sich

---

41 BayObLGSt **1982** 167 = NJW **1983** 1132; *Kleinknecht/Meyer-Goßner*[44] 7; SK-*Schlüchter* 6; vgl. andererseits *Haubrich* NJW **1981** 804 (Initiative der Polizei).

42 BGHSt **29** 230 = NJW **1980** 2142 mit Anm. *Gundlach* = JR **1981** 125 mit Anm. *Gollwitzer*; HK-*Julius*[2] 6; *Kleinknecht/Meyer-Goßner*[44] 7; SK-*Schlüchter* 6.

43 BGH NStZ-RR **1996** 10.

44 BGHSt **22** 220; **27** 141; 231; BGH NJW **1972** 1334; **1980** 67; BayObLGSt **1965** 81 = NJW **1966** 117; StV **1988** 92; *Kleinknecht/Meyer-Goßner*[44] 2; KMR-*Paulus* 13.

45 BGH StV **1996** 196.

46 BGHSt **22** 35; BGH bei *Dallinger* MDR **1966** 384; OLG Nürnberg HESt **3** 40; *Willms* LM Nr. 17; *Michaelis* NJW **1969** 730; KK-*Diemer*[4] 13; *Kleinknecht/Meyer-Goßner*[44] 2; KMR-*Paulus* 12; SK-*Schlüchter* 15; *Schlüchter* 504; **a. A** *Eb. Schmidt* § 251, 21; NJW **1968** 1218; *Peters* Fort-

entwicklung 30: Aussageverweigerungsrecht diene nicht nur der Vermeidung von Konflikten zwischen den Angehörigen, sondern auch dem Familienschutz; es solle niemand wider Willen die Verurteilung eines Angehörigen herbeiführen; dieses Interesse wirke über den Tod hinaus und mache Aussage unverwertbar, wenn der notwendige Verzicht auf das Weigerungsrecht nicht mehr erlangt werden könne; vgl. auch § 52, 54.

47 RGSt **9** 91; *Alsberg/Nüse/Meyer* 2; *Kleinknecht/Meyer-Goßner*[44] 2; SK-*Schlüchter* 15; vgl. auch HK-*Julius*[2] 4 (zweifelhaft).

48 OLG Celle NJW **1968** 415; *Alsberg/Nüse/Meyer* 466; *Fezer* JuS **1977** 815; *Kleinknecht/Meyer-Goßner*[44] 2; **a. A** *Michaelis* NJW **1969** 730.

49 BGHSt **25** 176; dazu *Hanack* JR **1977** 436 (mit Bedenken gegen die Begründung des BGH); KK-*Diemer*[4] 12; *Kleinknecht/Meyer-Goßner*[44] 16; vgl. § 251, 8.

---

in einem in Deutschland geführten Verfahren auf sein Zeugnisverweigerungsrecht beruft[50].

12b   Die **Sperrwirkung** seiner Zeugnisverweigerung kann der Zeuge selbst **einschränken**. Er allein ist befugt, auf deren Schutzwirkung für bestimmte frühere Aussagen zu verzichten. Bei ausdrücklicher Zustimmung des über die Folgen belehrten Zeugen dürfen seine frühere Einlassung (so gegenüber Sachverständigen: BGH StraFo **2000** 17) oder von ihm übergebene Schriften (Rd. 28) trotz Fortbestehen der Zeugnisverweigerung verwertet werden.

13   Ist der weigerungsberechtigte Zeuge nur mit **einem von mehreren Angeklagten** verwandt, so wirkt das Verwertungsverbot des § 252 bei einer Zeugnisverweigerung auch zugunsten der übrigen Mitangeklagten, soweit gegen alle ein **sachlich nicht trennbarer Vorwurf** erhoben worden ist[51]. Dies ist der Fall, wenn das Verfahren die gleiche Tat im Sinne des § 264 betrifft[52] oder wenn auch sonst die Aussage zu einem Sachverhalt verlangt wird, der auch für das Verfahren gegen den Angehörigen von Bedeutung ist. Das Zeugnisverweigerungsrecht erstreckt sich dagegen nicht auf andere, selbständige Taten, derentwegen gegen den Angehörigen des Zeugen kein Vorwurf erhoben wird.

13a   Wann und in welcher Form die **Gemeinsamkeit des Verfahrens** wegen des gleichen Tatvorwurfs bestehen muß, ist strittig[53]. Die verschiedene Eingrenzung der **Mitbeschuldigteneigenschaft** ist im Kern die Folge eins Wertungswiderstreits, bei der das vom Gesetz anerkannte Interesse des Zeugen an der Vermeidung jeder Belastung seines Angehörigen im Widerstreit steht mit dem dadurch verursachten Beweismittelverlust, der die Wahrheitsfindung ebenso beeinträchtigen kann wie das Verteidigungsinteresse des anderen Angeklagten, der dadurch mitunter eine wichtige Entlastungsmöglichkeit verliert. Während eine Mindermeinung entgegen dem Wortsinn der StPO schon die materielle Beteiligung an der gleichen Tat ausreichen lassen will, wird in verschiedenen Varianten gefordert, daß der Angehörige **formell Beschuldigter** sein muß; es muß also wegen der gleichen Tat ein Verfahren gegen ihn anhängig geworden sein. Nach der weitesten Ansicht soll die Anhängigkeit jedes anderen Verfahrens genügen[54], während nach der engsten die Erstreckung des Zeugnisverweigerungsrechts auf den Mitangeklagten nur dann Platz greift, wenn und solange gegen den Angehörigen und den Mitangeklagten ein gemeinsames Verfahren anhängig ist, so daß bereits mit dessen Beendigung, etwa bei Trennung der Verfahren, das Zeugnisverweigerungsrecht entfällt[55]. Die **vorherrschende Meinung** geht einen Mittelweg, wenn sie fordert, daß zu irgendeiner Zeit ein **gemeinsames Verfahren** — und nicht etwa nur zwei getrennte Verfahren gleichzeitig[56] — wegen der gleichen Tat geführt wurde, aber nicht verlangt, daß diese Gemeinsamkeit im Zeitpunkt der Berufung auf das Zeugnisverweigerungsrecht noch bestehen muß[57]. Nach ihr beendet die spätere Trennung der Verfahren die Erstreckung auf den Mitbeschuldigten

[50] BGH NStZ **1992** 394; wegen der Einzelheiten vgl. § 251, 22 ff.

[51] BGHSt **7** 194 = LM Nr. 8 mit Anm. *Krumme*; BGHSt **27** 141; BGH NJW **1974** 758; **1980** 67; NStZ **1982** 389; **1984** 176; **1985** 419; bei *Holtz* MDR **1978** 280; bei *Pfeiffer/Miebach* NStZ **1985** 205; OLG Celle NdsRpfl. **1964** 279; *Alsberg/Nüse/ Meyer* 466; KK-*Diemer*[4] 5; *Kleinknecht/Meyer-Goßner*[44] 2.

[52] Vgl. etwa BGH GA **1984** 21; bei *Holtz* MDR **1978** 280; § 52, 19 mit weit. Nachw.

[53] Wegen der Nachweise zum Streitand vgl. vor § 48, 31 ff; § 52, 19 ff; ferner etwa *Kleinknecht/ Meyer-Goßner*[44] § 52, 11; SK-*Rogall* Vor § 133, 55, 56; SK-*Schlüchter* 11.

[54] Vgl. *Prittwitz* NStZ **1986** 64 (nach Zweck der Regelung genügt, daß Verwandter des Zeugen wegen der gleichen Tat förmlich beschuldigt wurde, auch wenn es zu keinem gemeinsamen Verfahren kam); *Prittwitz* Der Mitbeschuldigte im Strafprozeß 104 ff; SK-*Schlüchter* 11; vgl. § 51, 17; 21.

[55] Etwa *Fischer* JZ **1992** 570; *Otto* NStZ **1991** 222.

[56] Vgl. BGH NStZ **1985** 420; EzSt 8 mit abl. Anm. *Moschüring.*

[57] BHGSt **27** 141; **32** 25; **34** 138; 216; NJW **1974** 758; **1980** 67; StV **1982** 557; bei *Holtz* MDR **1978** 281; vgl. *Alsberg/Nüse/Meyer* 466; *Eisenberg* (Beweisrecht) 1251; 1309; *Kleinknecht/Meyer-Goßner*[44] § 52, 11 mit weit. Nachw.

ebensowenig[58] wie die ein erneutes Aufgreifen nicht ausschließende Einstellung des Verfahrens gegen den Angehörigen nach § 171 Abs. 2 oder § 205[59]. Das Zeugnisverweigerungsrecht entfällt dagegen nach der neueren Rechtsprechung des Bundesgerichtshofs mit dem Tod des Angehörigen[60] oder mit dessen rechtkräftiger Verurteilung oder Freispruch[61].

Im Falle der **§§ 53, 53 a** muß das Zeugnisverweigerungsrecht bereits zur Zeit der frü- **14** heren Einvernahme bestanden haben. § 252 schließt die Verwertung einer früheren Aussage nicht aus, wenn die Zeugen bei ihrer früheren Vernehmung von der Schweigepflicht entbunden waren[62]. Hat ein Arzt **nach Entbindung von der Schweigepflicht** durch einen zur Verweigerung berechtigten Zeugen vor dem Richter ausgesagt, dann hindert die nachträgliche Verweigerung des Zeugnisses durch diesen Zeugen und der Widerruf der Entbindung von der Schweigepflicht das Gericht nicht, den Richter über den Inhalt der ärztlichen Aussage zu vernehmen[63].

c) Verweigerung des Zeugnisses vor der Hauptverhandlung. Wenn auch grund- **15** sätzlich die berechtigte Zeugnisverweigerung zur Zeit der Hauptverhandlung für die Anwendung des § 252 maßgeblich ist (Rdn. 11), so schließt dies nicht aus, daß der Zeuge seinen Entschluß, in der Hauptverhandlung das Zeugnis zu verweigern, schon vorher kundtut. Auch dann greift § 252 ein. Insbesondere kann in den Fällen des § 251 Abs. 1 Nr. 2 und 3 der im Vorverfahren gemäß §§ 162 ff oder durch einen beauftragten oder ersuchten Richter nach § 223 vernommene, zur Hauptverhandlung nicht geladene Zeuge nachträglich die Zeugnisverweigerung schriftlich erklären. Wenn er zur Verweigerung des Zeugnisses berechtigt ist, kann er dadurch die Verwertung seiner Aussage ebenso hindern, wie er sie bei freiwilligem Erscheinen in der Hauptverhandlung durch eine mündliche Erklärung desselben Inhalts hindern könnte[64]. Der Zeuge muß dies aber selbst erklären; da es sich um ein höchstpersönliches Recht handelt, darf sich das Gericht nicht damit begnügen, daß es durch einen Dritten von der nunmehrigen Zeugnisverweigerung unterrichtet wird[65]. Solange ungewiß ist, ob ein Zeuge von seinem Zeugnisverweigerungsrecht Gebrauch macht, muß das Gericht von dessen Fortbestand ausgehen (vgl. Rdn. 17).

d) Verweigert ein nach Belehrung richterlich einvernommener Zeuge die Aussage, so **16** kann die **Aufklärungspflicht** dem Gericht gebieten, trotzdem auf seinem Erscheinen in der Hauptverhandlung zu bestehen, wenn der Zeuge zu seiner Weigerung durch den Irrtum veranlaßt sein kann, mit der Weigerung sei auch seine frühere Aussage unverwertbar geworden[66].

4. Verbot, nichtrichterliche Verhörsbeamte über die frühere Aussage einzuver- 17 nehmen. Verweigert der Zeuge die Aussage, so darf — wie dargelegt — der Inhalt der Aussage auch nicht anderweitig festgestellt und grundsätzlich auch die **Verhörsperson**

---

[58] BGH bei *Dallinger* MDR **1973** 902; **1979** 953; bei *Pfeiffer/Miebach* NStZ **1988** 18; SK-*Schlüchter* 16.

[59] BGHSt **27** 139, 141; StV **1988** 89; **1998** 245; bei *Holtz* MDR **1978** 230.

[60] RGSt **32** 350; BGHSt **22** 35; BGH NJW **1992** 1118; **a. A** BGH StV **1981** 117; **1984** 405; bei *Pfeiffer*[2] NStZ **1982** 188.

[61] BGHSt **38** 96 = JR **1993** 213 mit Anm. *Gollwitzer*; dazu Dokumentation *Widmaier* StV **1992** 1; BGH NJW **1993** 2326; *Rogall* JZ **1992** 951; zustimmend KK-*Diemer*[4] 5; *Kleinknecht/Meyer-Goßner*[44] § 52, 11 mit weit. Nachw. **a. A** BGHR § 52 Mitbeschuldigter 4; *Dahs/Langkeit* StV **1992** 492; SK-*Schlüchter* 16.

[62] BGHSt **18** 148 = JR **1963** 266 mit Anm. *Eb. Schmidt*; KK-*Diemer*[4]; *Kleinknecht/Meyer-Goßner*[44] 3. Wegen der Einzelheiten vgl. § 53, 60 ff.

[63] BGHSt **18** 146 = JR **1963** 266 mit Anm. *Eb. Schmidt*; dazu krit. *Hanack* JR **1972** 238; *Kleinknecht/Meyer-Goßner*[44] 3; SK-*Schlüchter* 17; **a. A** *Geppert* Jura **1988** 311; *Haffke* GA **1973** 80.

[64] BGHSt **21** 12; AK-*Meier* 6; KK-*Diemer*[4] 21; *Kleinknecht/Meyer-Goßner*[44] 1; SK-*Schlüchter* 21.

[65] BGH bei *Holtz* MDR **1979** 989; NStZ **1981** 93; KK-*Diemer*[4] 21; SK-*Schlüchter* 21.

[66] BGHSt **21** 12; KK-*Diemer*[4] 21; SK-*Schlüchter* 21.

nicht über diese Aussage als Zeuge gehört werden. Dies gilt selbst dann, wenn sie den Zeugen über sein Zeugnisverweigerungsrecht belehrt hat[67]. Weil die Zulässigkeit der Vernehmung des nichtrichterlichen Verhörsbeamten davon abhängt, daß der weigerungsberechtigte Zeuge in der Hauptverhandlung von seinem Recht keinen Gebrauch macht, darf der Verhörsbeamte erst **nach** dem weigerungsberechtigten Zeugen vernommen werden, es sei denn, der Zeuge hat bereits erklärt, daß er in der Hauptverhandlung aussagen werde[68], oder wenn das Verhalten des Zeugen den sicheren Schluß zuläßt, daß er von seinem Recht zur Zeugnisverweigerung keinen Gebrauch machen werde[69]. Das Verbot, den Inhalt einer nach § 252 nicht verlesbaren Aussage durch andere Beweismittel festzustellen, erfaßt auch die Zuhörer der amtlichen Befragung[70].

5. Vernehmung des Richters

18   a) Eine **Ausnahme** macht die Rechtsprechung nur dann, wenn der Zeuge nach ordnungsgemäßer Belehrung über sein Zeugnisverweigerungsrecht im Bewußtsein der Bedeutung und Tragweite dieses Rechts **vor dem Richter** ausgesagt hat. Dann darf der **Richter** als Zeuge vernommen werden[71]. Ob dies auch bei einem **ausländischen Vernehmungsrichter** gilt, erscheint zweifelhaft, wird aber bejaht werden können, sofern die Vernehmung vor dem ausländischen Richter unter gleichen Kautelen durchgeführt wurde, wie sie bei der Vernehmung durch einen deutschen Richter im Strafverfahren zu beachten sind[72]; vor allem Anwesenheitsrechte und Belehrung über das Zeugnisverweigerungsrecht müssen — unabhängig vom Recht des Vernehmungsorts — den Anforderungen genügen, die nach deutschem Recht Voraussetzung für die Beweisverwendung sind. Bevor das Gericht jedoch einen Richter über die Aussage vernimmt, kann die **Aufklärungspflicht** gebieten, daß das Gericht klarstellt, ob der Zeuge bei Kenntnis dieses Umstands auf seinem Zeugnisverweigerungsrecht beharrt[73]. Hatte der Zeuge das Zeugnisverweigerungsrecht erst **nach der früheren Vernehmung** erlangt, sind die Voraussetzungen für eine Einvernahme des Vernehmungsrichters nicht gegeben[74].

19   Vernommen werden dürfen **alle Richter**, bei einer Vernehmung vor einem Kollegialgericht also auch die Beisitzer und Laienrichter, die der Vernehmung beiwohnten[75]. Dagegen ist es nach Ansicht des Bundesgerichtshofs[76] unzulässig, **zusätzlich** noch **andere Personen**, wie etwa den Protokollführer oder einen anwesenden Referendar, über den Inhalt der vor dem Richter abgegebenen Zeugenaussage zu hören, denn nur der verneh-

---

[67] BGHSt **21** 218; vgl. Rdn. 8 mit weit. Nachw. auch zur Gegenmeinung.

[68] BGHSt **25** 177; BGH StV **1995** 563; **1996** 196; LG Frankfurt SJZ **1948** 475 mit Anm. *Sachs*; *Alsberg/Nüse/Meyer* 473; *Gössel* § 25 D II e 2; *Eb. Schmidt* 10; vgl. KK-*Diemer*⁴ 12.

[69] BGH StV **1996** 194. Die Fälle, in denen dies ohne ausdrückliche Erklärung wirklich zweifelsfrei festgestellt werden kann, dürften allerdings selten sein.

[70] *Geppert* Jura **1988** 364; FS Oehler 330 Fußn. 30; SK-*Schlüchter* 5.

[71] Zum Streitstand vgl. Rdn. 3 bis 8 und die dortigen Nachweise.

[72] KK-*Diemer*⁴ 27; SK-*Schlüchter* 26.

[73] BGHSt **21** 12; OLG Hamm MDR **1973** 427; vgl. Rdn. 16.

[74] BGHSt **27** 231; KK-*Diemer*⁴ 28.

[75] BGHSt **13** 398 = JR **1960** 225 mit Anm. *Heinitz*; KK-*Diemer*⁴ 25; *Kleinknecht/Meyer-Goßner*⁴⁴ 14; KMR-*Paulus* 22; SK-*Schlüchter* 25.

[76] BGHSt **13** 394 = JR **1960** 225 mit Anm. *Heinitz*; dazu *Hanack* JZ **1972** 238; BGHSt **32** 25; **36** 384; BGH NJW **1996** 1501; NStZ **1993** 294; bei *Pfeiffer/Miebach* NStZ **1985** 36; 493; *Krey* GedS Meyer 243; KK-*Diemer*⁴ 25; *Kleinknecht/Meyer-Goßner*⁴⁴ 14; vgl. auch HK-*Julius*² 6; 8; SK-*Schlüchter* 25; *Eisenberg* NStZ **1988** 488; *Eser* NJW **1963** 234; **a. A** *Fränkel* LM Nr. 16: bedenkliche Vorwegnahme der Beweiswürdigung; es liege im Interesse des Angeklagten, Mißverständnisse des Richters bei der Vernehmung des Zeugen durch die Einvernahme der anderen bei der Vernehmung anwesenden Personen zu klären; die Ansicht des BGH schneide auch dem Angeklagten den Gegenbeweis ab; ferner *Fezer* JZ **1990** 876; *Geppert* Jura **1988** 306; *Grünwald* (Beweisrecht) 130; *Welp* JR **1996** 78.

mende Richter, nicht aber andere Personen, die bei der Vernehmung anwesend waren, könnten dem erkennenden Gericht zuverlässig bestätigen, ob der Zeuge den Entschluß, auszusagen, nach der Belehrung im vollen Verständnis seiner Tragweite gefaßt habe. Dieses Verständnis, von dessen Vorliegen das erkennende Gericht überzeugt sein müsse, sei Voraussetzung für die Zulässigkeit der Vernehmung des Richters[77]. Der Bundesgerichtshof rechtfertigt seine Auffassung ferner damit, daß nur der vernehmende Richter Zuverlässiges über die Glaubwürdigkeit der Aussage bekunden könne. Folgt man trotz einiger Zweifel der Ansicht des Bundesgerichtshofs, dann fragt sich allerdings, ob man im Interesse der Sachaufklärung und der Verteidigung nicht neben dem Richter die Vernehmung anderer Zuhörer über den Inhalt der Aussage zulassen muß, wenn die Bekundungen des Richters von dem betroffenen Angeklagten oder dem Zeugen in Frage gestellt werden.

Nur bei **ordnungsgemäßer Belehrung** über das Zeugnisverweigerungsrecht ist die **20** Vernehmung des Richters über die Aussage zulässig[78]. Hat der Zeuge aber sein Recht gekannt und steht fest, daß er auch bei entsprechender Belehrung ausgesagt hätte, dann schließt die unterbliebene Belehrung die Vernehmung nicht aus[79]. Die Belehrung, die dem vernehmenden Richter obliegt, muß den Anforderungen des § 52 genügen[80]. Nicht gefordert wird dagegen von der Rechtsprechung, daß dabei darauf hingewiesen werden muß, daß auch bei einer späteren Zeugnisverweigerung die Aussage durch eine Vernehmung des Richters in die Hauptverhandlung eingeführt werden kann („qualifizierte Belehrung")[81]. Es genügt, wenn die Belehrung **vorsorglich** allgemein erteilt wurde, das für das Weigerungsrecht maßgebende konkrete Verwandtschaftsverhältnis braucht der Richter nicht zu kennen[82]. Bei einem als Beschuldigten vernommenen jetzigen Zeugen, der damals nach § 136 und zusätzlich auch nach § 52 belehrt wurde, fehlt es wegen des Widerspruchs beider Belehrungen an einer ordnungsgemäßen Belehrung nach § 52[83]. Wenn ein Zeuge in voller Kenntnis des Zeugnisverweigerungsrechts und seiner Tragweite dem vernehmenden Richter das **Angehörigenverhältnis bewußt verschwiegen** hat, darf der Richter über seine Aussage auch dann als Zeuge gehört werden, wenn er in Unkenntnis des Angehörigenverhältnisses die Belehrung unterließ. Die gebotene Abwägung der Interessen erfordert dann nicht, ein Verwertungsverbot anzunehmen[84]. Gleiches gilt, wenn der **Zeuge** nach ordnungsgemäßer Belehrung über sein Zeugnisverweigerungsrecht nachträglich sein **Einverständnis mit der Verwertung** der Aussage erklärt[85]. Auf das **Einverständnis des Angeklagten** oder seines Verteidigers kommt es insoweit nicht an[86].

b) Was der das Zeugnis verweigernde Zeuge in einem **anderen Verfahren** ausgesagt **21** hat, darf nur unter den gleichen Voraussetzungen wie bei den Aussagen im anhängigen

---

[77] BGHSt **13** 394; **14** 221; **a. A** RGSt **4** 398 (Verständnis der Zeugen und Überzeugung des Richters hierüber unerheblich).

[78] BGHSt **2** 101; **10** 79; **11** 338; **13** 394; **14** 21; **17** 324; **18** 148; **26** 284; **27** 232 = LM StPO 1975 § 252 Nr. 1; BGHSt **32** 25, 29; BGH JR **1980** mit Anm. *Foth*; BGH NStZ **1984** 43; BayObLGSt **1977** 127 = NJW **1978** 387; *Alsberg/Nüse/Meyer* 472; KK-*Diemer*⁴ 28; *Kleinknecht/Meyer-Goßner*⁴⁴ 12; SK-*Schlüchter* 22.

[79] Vgl. § 52, 54 sowie BGH NStZ **1990** 549, wo zumindest das Beruhen verneint wird; wenn jedoch wirklich eindeutig festgestellt werden kann, daß der Zeuge auch bei Belehrung ausgesagt hätte, dann greift schon das relative Beweisverbot der fehlenden Belehrung nicht; ferner etwa KK-*Diemer*⁴ 28.

[80] Wegen der Einzelheiten vgl. § 52, 45 ff.

[81] BGHSt **32** 25; 31; BGH NStZ **1985** 36; bei *Pfeiffer/Miebach* NStZ **1985** 13; StV **1984** 326; *Eisenberg* (Beweisrecht) 1316; KK-*Diemer*⁴ 28; *Kleinknecht/Meyer-Goßner*⁴⁴ 14; vgl. auch SK-*Schlüchter* 24.

[82] BGHSt **32** 25, 29.

[83] BGH GA **1979** 144; StV **1997** 234; BayObLGSt **1977** 127 = NJW **1978** 387; OLG Koblenz NJW **1983** 2342.

[84] OLG Oldenburg NJW **1967** 1872; vgl. auch BGHSt **32** 125, 131; *Alsberg/Nüse/Meyer* 472 Fußn. 335; HK-*Julius*² 10; *Kleinknecht/Meyer-Goßner*⁴⁴ 13; SK-*Schlüchter* 24.

[85] OLG Karlsruhe OLGSt 21; *Alsberg/Nüse/Meyer* 472 Fußn. 335; vgl. § 52, 52.

[86] BayObLG StV **1981** 12; vgl. Rdn. 41.

Strafverfahren durch Vernehmung der Verhörsperson in die Hauptverhandlung eingeführt werden. Nach Ansicht der Rechtsprechung dürfen also **nur Richter** über den Inhalt der Aussage vernommen werden und auch nur dann, wenn der jetzige Zeuge in dem anderen Verfahren über sein Zeugnisverweigerungsrecht **belehrt** worden war und die das Aussageverhalten motivierende **Interessenlage gleichartig** ist. Dies nimmt die vorherrschende Meinung auch an, wenn es sich um Aussagen vor einem Richter in einem nicht **den Regeln der StPO unterliegenden Verfahren** handelt, wobei als ausreichend angesehen wird, wenn die Belehrung über das Zeugnisverweigerungsrecht den jeweils einschlägigen Vorschriften des anderen Verfahrensrechts, etwa §§ 383, 384 ZPO, entsprach, sofern sie auf dem gleichen Grundgedanken beruhte wie die Belehrung nach §§ 52 ff StPO. So darf der Zivilrichter über die Aussage eines Zeugen vernommen werden, die dieser nach Belehrung gemäß §§ 383 Abs. 1 Nr. 1 bis 3, 384 ZPO in einem Ehescheidungsprozeß gemacht hatte[87]. Gleiches wurde für die Aussage in einen Sorgerechtsverfahren nach dem FGG angenommen[88]. **Gegen die Gleichsetzung** wird angeführt, daß in der Regel die damalige Konfliktsituation des Zeugen, auf Grund derer er sich in dem anderen Verfahren zu einer Aussage entschloß, wegen der anderen Interessenlage und den anderen Konsequenzen sachlich und psychologisch nicht mit der im späteren Strafverfahren gegen einen Angehörigen gleichgesetzt werden kann. Dies gilt im verstärkten Maße, wenn der jetzige Zeuge im früheren Verfahren als Antragsteller bestimmte Interesssen verfolgte oder wenn er sonst unter dem psychologischen Druck stand, seine Belange vertreten zu müssen. Durch die Aussage in dem anderen Verfahren hat er auch nicht schon eine spätere Verwendung seiner Aussage in einem Strafverfahren gegen einen Angehörigen wegen eines meist noch nicht einmal konkretisierten Vorwurfs vorweg gebilligt; sehr oft wird er diese Möglichkeit gar nicht in seine Entscheidung mit einbezogen haben. Dies spricht für die **Ansicht im Schrifttum**, die eine Vernehmung des Richters über eine frühere Aussage in einem außerstrafprozessualen Verfahren ablehnt[89]. Dazu kommen noch die Schwierigkeiten, die sich daraus ergeben können, daß der Rückgriff auf eine solche Aussage voraussetzt, daß sie unter Einhaltung bestimmter Mindesterfordernisse der StPO zustande kam, wie eine den Anforderungen der StPO sachlich genügende Belehrung oder die Beachtung der Benachrichtigungspflichten. Aussagen, die unter uneingeschränktem Aussagezwang gemacht werden mußten, sind im Strafverfahren nicht verwertbar[90].

22   c) Ob die **Beachtung der Verfahrensvorschriften** bei der früheren Vernehmung Voraussetzung für die Einvernahme des Vernehmungsrichters ist, hängt vom Schutzzweck dieser Vorschriften ab und ist in deren Zusammenhang zu erläutern[91]. Sofern man dies für zulässig hält, müssen bei Verfahren aus dem Bereich anderer Verfahrensordnungen jeweils den Anforderungen der StPO gleichwertige Garantien gewahrt worden sein. Die Vernehmung des Richters wird nicht etwa dadurch ausgeschlossen, daß die frühere Vernehmung verfahrensrechtlich nicht vorgesehen war, vorausgesetzt, daß hierdurch die besondere Lage des Zeugen nicht berührt wurde[92].

23   d) Ob die **Voraussetzungen für eine Vernehmung** des Richters gegeben sind, vor allem, ob der zur Aussageverweigerung berechtigte Zeuge bei der früheren Einvernahme

---

[87] BGHSt **17** 324; *Kleinknecht/Meyer-Goßner*[44] 14; KK-*Diemer*[4] 24 hat wegen der Gleichsetzung Bedenken, ebenso AK-*Meier* 11; vgl. *Alsberg/Nüse/ Meyer* 471.

[88] Vgl. BGH StV **1998** 360; BGH JZ **1990** 874 mit Anm. *Fezer* (läßt dies offen).

[89] *Eser* NJW **1963** 324; *Fezer* JuS **1977** 617; JZ **1990** 876; *Hanack* JZ **1972** 238; *Peters* § 39 III 3 A; HK-*Julius*[2] 10; SK-*Schlüchter* 32.

[90] BVerfGE **56** 37 ff = NJW **1981** 1431 (Gemeinschuldner im ehem. Konkursverfahren).

[91] Zum Verstoß gegen Benachrichtigungspflichten vgl. bei § 168 c; § 224, 31; ferner etwa BGHSt **26** 335; BGH bei *Holtz* MDR **1977** 461; KMR-*Paulus* 30.

[92] Vgl. KMR-*Paulus* 4.

ordnungsgemäß belehrt worden war, hat das Gericht vor Anordnung der Vernehmung **von Amts wegen zu erforschen**. Enthält die Niederschrift über die Vernehmung darüber keinen zureichenden Vermerk oder bestehenden Zweifel an dessen Richtigkeit, so muß das Gericht dies im Wege des **Freibeweises** klären[93]. An das Protokoll ist es insoweit nicht gebunden[94]. Zu prüfen ist auch, ob bei **Minderjährigen** oder **entmündigten Personen**, die von der Bedeutung des Zeugnisverweigerungsrechts keine genügende Vorstellung haben, die nach § 52 Abs. 2 notwendige Zustimmung ihres gesetzlichen Vertreters vorlag[95]. Ob der Zeuge fähig war, die Belehrung zu verstehen, ist notfalls durch Anhörung eines Sachverständigen zu klären[96]. In Zweifelsfällen kann es ratsam sein, bei einer entscheidungserheblichen Verwertung einer Aussage in den **Urteilsgründen** aufzuzeigen, daß die dafür notwendigen Voraussetzungen, vor allem die ordnungsgemäße Belehrung, vorlagen[97].

6. Verwendung der Niederschrift zu Vorhalten

a) **Niederschriften** über frühere Bekundungen des die Aussage verweigernden Zeugen **24** dürfen — soweit § 252 die Vernehmung der Verhörsperson ausschließt — auch **nicht zu Vorhalten** verwendet werden. Sie dürfen weder dem Angeklagten noch anderen Zeugen vorgehalten werden[98]. Zulässig ist es dagegen nach Ansicht des Bundesgerichtshofs, einen Polizeibeamten über die Angaben des Angeklagten vor der Polizei zu vernehmen, wenn dem Angeklagten damals Bekundungen vorgehalten worden sind, die ein weigerungsberechtigter Zeuge gemacht hatte[99].

b) **Bild-Ton-Aufzeichnungen** einer früheren Zeugeneinvernahme dürfen ebensowe- **25** nig wie Vernehmungsniederschriften in der Hauptverhandlung zu Beweiszwecken verwendet werden, wenn der Zeuge von seinem Zeugnisverweigerungsrecht Gebrauch gemacht hat. Dies folgt jetzt aus § 255 a Abs. 1, der die entsprechende Anwendung des § 252 vorschreibt. Gleiches gilt aber auch für **Tonaufzeichnungen** früherer Vernehmungen[100].

c) Soweit die **Vernehmung des Richters** zulässig ist[101], schließt § 252 nur die **Verle-** **26** **sung** der Niederschrift zum Zwecke des Beweises aus.

Ein **Vorhalt** darf jedoch dem als Zeugen vernommenen Richter aus der zu Beweis- **27** zwecken nicht verlesbaren Niederschrift gemacht werden. Das kann auch in der Weise geschehen, daß ihm die Niederschrift zum Zwecke des Vorhalts vorgelesen oder zur Durchsicht vorgelegt wird, wenn nur dabei kein Zweifel darüber aufkommen kann, daß nur die Antwort des Zeugen als Beweisgrundlage dienen soll[102]. Nach anderer Ansicht

---

93 H. M; etwa BGHSt **26** 283; KK-*Diemer*⁴ 31; *Kleinknecht/Meyer-Goßner*⁴⁴ 14.

94 H. M; etwa BGHSt **13** 398; **26** 283; **32** 30; BGH JR **1980** 123 mit Anm. *Foth*; NJW **1979** 1722.

95 Vgl. etwa BGHSt **23** 221. Wegen der Einzelheiten vgl. § 52, 25 ff.

96 BGH nach KK-*Diemer*⁴ 31.

97 BGH JR **1980** 123 mit Anm. *Foth*; eine Pflicht hierzu besteht aber entgegen der Ansicht des BGH allenfalls in Ausnahmefällen; vgl. KK-*Diemer*⁴ 32; Rdn. 42.

98 BGHSt **7** 194; **21** 150; BGH NJW **1959** 1886; **1980** 67; OLG Schleswig bei *Ernesti/Jürgensen* SchlHA **1978** 188; vgl. auch LG Darmstadt GA **1970** 250; *Geerds* FS Blau 80; *Gössel* NJW **1981** 2220; *Hanack* FS Schmidt-Leichner 91; KK-*Diemer*⁴ 1;

*Kleinknecht/Meyer-Goßner*⁴⁴ 12; KMR-*Paulus* 32; *Schlüchter* 499; ferner *Alsberg/Nüse/Meyer* 470 mit weit. Nachw.

99 BGH NJW **1953** 1289 mit abl. Anm. *Lürken*; *Alsberg/Nüse/Meyer* 473; *Nüse* JR **1966** 283; **a. A** *Koeniger* 358.

100 *Alsberg/Nüse/Meyer* 470; AK-*Meier* 19; *Kleinknecht/Meyer-Goßner*⁴⁴ 12; SK-*Schlüchter* 27.

101 Vgl. Rdn. 6 ff.

102 RGSt **72** 324; RG HRR **1939** Nr. 1213; BGHSt **11** 338; **15** 347; **21** 150; KK-*Diemer*⁴ 25; *Kleinknecht/Meyer-Goßner*⁴⁴ 15; SK-*Schlüchter* 26; **a. A** BGH NJW **1952** 556; *Fezer* JuS **1977** 672; *Riegner* NJW **1961** 63 und die ältere Rechtsprechung des RG. Vgl. *Alsberg/Nüse/Meyer* 472 mit weit. Nachw.

läßt § 252 eine Verlesung der Niederschrift auch zum Zwecke des Vorhalts nicht zu[103]. Über den Beweiswert einer solchen erst durch einen Vorhalt ausgelösten Aussage zu urteilen ist Sache des Gerichts. Er wird bisweilen gering sein, denn als Beweisergebnis ist nur verwertbar, was dem Richter in die Erinnerung zurückgekehrt ist. Was er nicht aus eigener Erinnerung bestätigen kann, scheidet als Beweisgrundlage aus. Es genügt nicht, wenn er bekundet, damals die Aussage richtig aufgenommen zu haben[104]. Die Vernehmung des Richters darf nicht durch Einvernahme anderer Verfahrensteilnehmer, etwa den Protokollführer, über ihren **Eindruck vom Zeugen** ergänzt werden[105]. Ihre Einvernahme über besondere Vorfälle anläßlich der Einvernahme des Zeugen wird dagegen durch § 252 nicht ausgeschlossen[106].

28   **7. Verwertbarkeit der bei der Aussage übergebenen Beweisstücke.** Schriftstücke (Briefe, eigene Notizen usw.) sowie sonstige Beweisgegenstände, die ein Zeuge bei seiner Vernehmung übergibt und deren Inhalt er zum Bestandteil seiner Aussage gemacht hat, dürfen ebenfalls nicht verlesen und verwertet werden, wenn der Zeuge die Aussage berechtigt verweigert; denn die Sachlage ist insoweit nicht anders, als wenn der Zeuge den Inhalt der Schriftstücke mündlich wiedergegeben hätte[107]. Da nur der Zeuge selbst über sein Verweigerungsrecht befinden kann, ist es unerheblich, ob die Verfahrensbeteiligten mit der Verlesung einverstanden sind[108]. Der weigerungsberechtigte Zeuge selbst kann dagegen die Verlesung ausdrücklich zulassen. Dagegen schließt die fortbestehende Zeugnisverweigerung nicht aus, solche Schriftstücke und sonstige Beweisgegenstände **unabhängig von der früheren Aussage** als selbständige Beweismittel in die Hauptverhandlung einzuführen, wenn diese dem Gericht auch anderweitig zugänglich sind, etwa, weil sich ein anderer Zeuge ebenfalls zu ihren Inhalt äußert oder weil Auszüge oder Abschriften auch auf anderem Wege zu den Akten gelangt sind[109].

8. Verwertung anderer Erklärungen

29   **a) Erklärungen außerhalb einer Vernehmung.** § 252 schließt nicht aus, daß über eine Erklärung Beweis erhoben wird, die ein zur Verweigerung des Zeugnisses berechtigter Zeuge nicht in der besonderen Lage einer Vernehmung oder ihr gleichzuachtenden Situation[110] abgegeben hat, um einer vermeintlichen Auskunftspflicht gegenüber staatlichen Organen nachzukommen, sondern bei **anderen Gelegenheiten**[111]. Dies gilt für alle mündlichen und schriftlichen Äußerungen im ganzen Bereich **der privaten und geschäftlichen Kommunikation** und schließt auch Äußerungen gegenüber Amtsträgern im Rahmen eines privaten Gesprächs mit ein. Alle diese Äußerungen bleiben dem Beweis

[103] *Eisenberg* (Beweisrecht) 1315; HK-*Julius*[2] 11; KMR-*Paulus* 33.
[104] BGHSt **11** 338; **21** 149; BGH StV **1994** 413; bei *Spiegel* DAR **1980** 204; *Alsberg/Nüse/Meyer* 472; *Heinitz* JR **1960** 217; *Michaelis* NJW **1968** 59; *Wömpner* NStZ **1983** 298; *Kleinknecht/Meyer-Goßner*[44] 15.
[105] BGH NJW **1979** 1722; StV **1993** 458 (L); **1998** 470; KK-*Diemer*[4] 25; *Kleinknecht/Meyer-Goßner*[44] 13; SK-*Schlüchter* 27.
[106] OLG Hamm JMBlNW **1972** 262 (Vernichtung des Protokolls durch den Zeugen); wegen weit. Nachw. vgl. vorst. Fußn.
[107] BGHSt **22** 219 = LM Nr. 25 mit Anm. *Kohlhaas*; StV **1996** 196; NStZ-RR **1998** 367; *Gössel* § 25 D II e 3; *Fezer* JuS **1977** 814; AK-*Meier* 16; *Kleinknecht/Meyer-Goßner*[44] 12; KMR-*Paulus* 19; SK-*Schlüchter* 9a; *Alsberg/Nüse/Meyer* 467 mit weit. Nachw.
[108] BGH StV **1998** 470.
[109] BGH NJW **1968** 2018.
[110] Zur Auslegung dieses Begriffs vgl. Rdn. 10.
[111] RGSt **14** 266; RG GA **39** (1891) 422; OGHSt **1** 301; BGHSt **1** 373; BGH JR **1951** 349; NJW **1956** 1886; OLG Bremen HESt **3** 42; OLG Hamm JMBlNW **1950** 62; OLG Kiel HESt **1** 77; OLG Oldenburg HESt **1** 36; *Fezer* JuS **1977** 815; *Geppert* FS v. Lübtow (1980) 794; FS Oehler 330; *Gössel* § 25 D II g; *Hahnzog* NJW **1969** 68; KK-*Diemer*[4] 20; *Kleinknecht/Meyer-Goßner*[44] 9; **a. A** OLG Bamberg SJZ **1948** 472; *Eb. Schmidt* 8; vgl. *Alsberg/Nüse/Meyer* 469 mit weit. Nachw.

zugänglich, auch Briefe an den Angeklagten, sofern sich nicht unter anderen Gesichtspunkten als dem des § 252 ein Beweisverbot ergibt, etwa unter dem Blickwinkel des Schutzes der Privatsphäre oder aus einer Vorschrift, wie etwa § 97[112]. Nicht vom Verbot des § 252 erfaßt werden auch Schreiben und Äußerungen, mit denen sich der Zeuge an Behörden gewandt hat, so etwa Angaben bei einer Sozialhilfebehörde[113] oder beim Vormundschaftsgericht[114], aber auch sonstige Eingaben bei amtlichen Stellen oder die Abgabe einer eidesstattlichen Versicherung in einem Zivilprozeß[115]. Verwertbar bleiben auch Schadensmeldungen des Zeugen bei seiner Versicherung[116]. Der private Bereich wird auch nicht dadurch verlassen, daß der Gesprächspartner ein gezielt auf den Zeugen angesetzter **verdeckter Ermittler** oder ein **V-Mann** der Polizei ist[117]. Ein solches Gespräch ist keiner Vernehmung gleichzuachten. Mangels jedes nach außen erkennbaren Beweiserhebungswillens kann der vom § 252 vorausgesetzte Konflikt zwischen der Pflicht zur wahrheitsgemäßen Aussage und der Rücksichtnahme auf familiäre Bindungen für den Zeugen gar nicht entstehen, denn ob und was der Zeuge reden will, steht in seinem freien Belieben. Ein Verwertungsverbot könnte daher allenfalls generell aus der mit der verdeckten Ermittlung verbundenen Täuschung hergeleitet werden, auf § 252 läßt es sich nicht gründen. Letzteres wäre aber denkbar, wenn der V-Mann bewußt auf den Zeugen angesetzt worden ist, um ein bereits ausgeübtes Zeugnisverweigerungsrecht zu unterlaufen[118]. Nicht von § 252 erfaßt werden auch die Informationen, die ein V-Mann der Polizei dem von ihm herbeigerufenen Polizeibeamten gibt[119].

b) Abgrenzungsfragen. Die **Strafanzeige** eines zur Verweigerung des Zeugnisses **30** berechtigten Menschen wird nicht als Aussage im Sinn des § 252 anzusehen sein, sofern sie nicht mit einer Vernehmung verbunden worden ist[120]. Gleiches gilt für Erklärungen gegenüber einem Polizeibeamten, mit denen dieser aus eigener Initiative **spontan** zur Verhütung eines bevorstehenden oder zur Abstellung eines noch andauernden Angriffs um Hilfe angegangen wird[121]. Der Charakter einer eigenen Mitteilung des Zeugen entfällt nicht schon dadurch, daß der angegangene Beamte zwischenhinein einzelne Verständnisfragen gestellt hat. Erst wenn er nach vollständiger Entgegennahme der Mitteilung mit einer **eigenen informatorischen Befragung** nach Einzelheiten beginnt, wird das Gespräch zur Vernehmung, die vom Verbot des § 252 erfaßt wird[122], so daß nur die **spon-**

---

[112] RGSt **22** 51; RG Recht **1913** Nr. 2665; JW **1917** 554; *Schlüchter* 501.

[113] BGH GA **1970** 153; AK-*Meier* 18; *Kleinknecht/ Meyer-Goßner*[44] 9; vgl. auch BGH NStZ **1986** 232 (Sozialarbeiterin).

[114] RGSt **35** 247.

[115] BGH GA **1970** 153; *Alsberg/Nüse/Meyer* 469; SK-*Schlüchter* 9.

[116] OLG Celle JR **1982** 475 mit abl. Anm. *Rengier*; *Dencker* NStZ **1982** 459; *Geppert* DAR **1982** 301; vgl. § 261, 80 mit weit. Nachw.

[117] BGHSt **40** 211 = JR **1995** 409 mit Anm. *Gollwitzer* = JZ **1995** 841 mit Anm. *Sternberg-Lieben* = NStZ **1995** 354 mit Anm. *Schlüchter/Radbruch* = StV **1995** 449 mit Anm. *Gusy*; vgl. ferner etwa *Beulke*[4] 481 f; *Weiler* GA **1996** 101; *Widmaier* StV **1993** 621; AK-*Meier* 18; HK-*Julius*[2] 7; *Kleinknecht/ Meyer-Goßner*[44] 8; anders *Haas* GA **1995** 235 (§ 136 sedes materiae).

[118] *Rogall* JZ **1996** 951; in BGHSt **40** 211 offengelassen, vgl. vorst. Fußn.

[119] LG Frankfurt MDR **1986** 340 mit abl. Anm. *Sieg* = StV **1988** 337 mit abl. Anm. *Nestler-Tremel*; *Kleinknecht/Meyer-Goßner*[44] 8; SK-*Schlüchter* 7.

[120] RG JW **1935** 2979; BGH NJW **1956** 1886; bei *Miebach* NStZ **1989** 15 mit Anm. *Joachim* NStZ **1990** 95; BayObLGSt **1949/51** 605; NJW **1952** 517; OLG Köln OLGSt **9**; 261; 96; *Fezer* JuS 1977 815; *Geppert* FS Oehler 331; *Gössel* § 25 D II g; KK-*Diemer*[4] 20; *Kleinknecht/Meyer-Goßner*[44] 8; KMR-*Paulus* 18; SK-*Schlüchter* 9; *Alsberg/Nüse/ Meyer* 469 mit weit. Nachw.; **a.A** *Rengier* Jura **1981** 301.

[121] BGH GA **1970** 153; BGH NStZ **1986** 232 mit Anm. *Kiehl* StV **1988** 48; BayObLGSt **1949/51** 605 = NJW **1952** 517; BayObLGSt **1982** 167 = VRS **64** (1983) 201; BayObLG StV **1983** 452; VRS **65** (1983) 290; OLG Stuttgart VRS **63** (1982) 53; LG Frankfurt MDR **1986** 340 mit Anm. *Sieg*; ferner das Schrifttum Fußn. 116, 112 und 123.

[122] BayObLGSt **1982** 167=NJW **1983** 262; BayObLG VRS **59** (1980) 205; 268; **65** (1983)290; bei *Rüth* DAR **1986** 247

tanen Angaben beim Hilfeersuchen, nicht aber die von den Beamten erfragten weiteren Bekundungen des Zeugen der Beweiserhebung zugänglich sind. Da auch bei einer vom Zeugen ausgehenden Initiative die Grenzen zur informatorischen Befragung fließend sein können, wird die Ansicht vertreten, daß in solchen Fällen nicht nach der Spontanität oder formellen Befragung abgestellt, sondern wegen der Druck- und Konfliktsitutation des Zeugen § 252 analog angewendet werden sollte[123]. Auch sonst sind spontane Äußerungen gegenüber der Polizei, die der Zeuge von sich aus gemacht hat, verwertbar[124], ebenso wie Angaben gegenüber einem um Hilfe angegangenen Sozialarbeiter[125], oder Angaben eines Kindes gegenüber einem Psychologen bei einer Spielsituation im Rahmen einer psycho-therapeutischen Behandlung[126], nicht aber Auskünfte, die bei einer informatorischen Befragung durch die Polizei oder sonstige staatliche Organe[127] abverlangt wurden. Uner-heblich ist dabei, ob er diese Befragung selbst herbeigeführt hat[128]. Nach Ansicht des OLG Hamm[129] ist die Vernehmung auch zulässig über eine **spontane Reaktion** des Zeu-gen unmittelbar im Anschluß an die Vernehmung. Angaben, die auf Befragung gegenüber einem Beauftragten der **Gerichts- und Jugendgerichtshilfe** abgegeben wurde, fallen unter den weiten Begriff der Vernehmung[130].

31   **c) Äußerungen gegenüber einem Sachverständigen.** Auch der Sachverständige ist eine Verhörsperson, so daß hinsichtlich der Angaben, die ein weigerungsberechtigter Zeuge gegenüber einem Sachverständigen gemacht hat, § 252 gilt, und zwar gleich, ob der Sachverständige im anhängigen Verfahren eingeschaltet worden ist oder in einem anderen Verfahren[131]. Im übrigen ist hier nach der vorherrschenden Meinung zu unterscheiden:

32   Betreffen die Angaben sogenannte **Zusatztatsachen**[132], wie etwa das Tatgeschehen oder Ereignisse aus dem Lebenslauf oder die Aussagekonstanz[133], dann können sie ohne-hin nicht durch das Sachverständigengutachten in die Hauptverhandlung eingeführt wer-den. Es muß über sie Beweis nach den allgemeinen Regeln erhoben werden. Der Sach-ständige darf als Zeuge vom Hörensagen darüber nur vernommen werden, solange der ordnungsgemäß über sein Zeugnisverweigerungsrecht belehrte Zeuge davon keinen Gebrauch macht. Die für die Einvernahme durch den Richter zugelassene Ausnahme vom Verwertungsverbot greift beim Sachverständigen nicht[134]. Der Zeuge kann aber trotz fort-bestehender Zeugnisverweigerung der Verwertung seiner gegenüber dem Sachverständi-gen gemachten Angaben zustimmen (Rdn. 12 b).

33   Bei **Befundtatsachen** dagegen, deren Vermittlung Teil der gutachterlichen Tätigkeit

---

[123] *Eisenberg* (Beweisrecht) 1303; *Joachim* NStZ **1990** 95; *Roxin* § 44, 22; HK-*Julius*[2] 6; vgl. zu den Fragen ferner *Geppert* FS Oehler 328; *Kiehl* StV **1988** 49; SK-*Schlüchter* 9 sowie die Nachw. in den vorst. Fußn. und Rdn. 10.

[124] RGSt **39** 433; RG JW **1917** 554; **1935** 2979; OGHSt **1** 299; BGHSt **1** 375; **29** 232; BGH NJW **1956** 1886; BayObLG VRS **59** (1980) 206; OLG Koblenz VRS **53** (1977) 440; OLG Stuttgart VRS **63** (1982) 52.

[125] BGH GA **1970** 153; NStZ **1986** 232 mit Anm. *Kiehl* StV **1988** 48; KK-*Diemer*[4] 20; *Kleinknecht/ Meyer-Goßner*[44] 9; SK-*Schlüchter* 5.

[126] BGH bei *Holtz* MDR **1992** 322; SK-*Schlüchter* 5; vgl. aber auch Rdn. 31 ff.

[127] Dazu Rdn. 10. Vgl. auch LG Lüneburg NJW **1969** 442, Das § 252 eingreifen ließ, wenn die Zeugin gegenüber einem Polizeibeamten „ihre Herz ausge-schüttet" hatte.

[128] BGH StV **1998** 360 (Sorgerechtsverfahren); Bay-

ObLGSt **1982** 167 = NJW **1983** 1132; *Kleinknecht/ Meyer-Goßner*[44] 7; SK-*Schlüchter* 6.

[129] OLG Hamm JMBlNW **1972** 262; *Kleinknecht/ Meyer-Goßner*[44] 8; SK-*Schlüchter* 9; a. A *Schlüch-ter* 501.

[130] *Eisenberg* (Beweisrecht) 1304; AK-*Meier* 15; KK-*Diemer*[4] 19; KMR-*Paulus* 17.

[131] BGHSt **36** 384 = JZ **1990** 874 mit Anm. *Fezer*; BGH NJW **1998** 2229.

[132] Zum Begriff vgl. vor § 78; § 244, 316 ff; § 250, 33, 34.

[133] BGH bei *Pfeiffer/Miebach* NStZ **1988** 19.

[134] BGHSt **13** 1; 250; **18** 107; **36** 284; 389 = JZ **1990** 874 mit Anm. *Fezer*; BGH NJW **1959** 828; **1995** 1501; StV **1983** 401; **1984** 453; **1987** 328; 502; bei *Spiegel* DAR **1977** 175; *Alsberg/Nüse/Meyer* 469; *Ruß* NJW **1963** 385; *Wohlers* StV **1996** 193; AK-*Meier* 14; HK-*Julius*[2] 14; KK-*Diemer*[4] 18; *Kleinknecht/Meyer-Goßner*[44] 10; KMR-*Paulus* 29; SK-*Schlüchter* 24.

ist, weil es zu ihrer sicheren Feststellung der Sachkunde des Gutachters bedarf, hängt die Verwertbarkeit der Angaben des Zeugen für das Gutachten davon ab, daß dieser vorher vom **Richter** — und nicht etwa nur vom Sachverständigen[135] — über sein Zeugnisverweigerungsrecht **belehrt** worden war. Hat der Zeuge danach die Fragen des Sachverständigen beantwortet, so hat eine spätere Weigerung, auszusagen, nur zur Folge, daß keine weiteren Untersuchungen vorgenommen und keine weiteren Fragen an den Zeugen mehr gestellt werden dürfen. Die bisher gemachten Äußerungen sind dagegen vom Sachverständigen in seinem Gutachten verwertbar[136]. Nach anderer Ansicht ist die Verwertung der Angaben im Gutachten ungeachtet der Belehrung unzulässig, wenn der Zeuge seine Einwilligung widerrufen hat[137].

Tatsachen, von deren Vorliegen das Gericht auf Grund des Ergebnisses der Hauptverhandlung **unabhängig von den Bekundungen** des weigerungsberechtigten Zeugen gegenüber dem Sachverständigen **überzeugt ist**, darf dieser auch bei Zeugnisverweigerung und ohne Rücksicht auf eine Belehrung des Zeugen seinem Gutachten zugrunde legen[138]. **34**

9. Der **Verwertung des äußeren Erscheinungsbildes** eine Zeugen, der von seinem Zeugnisverweigerungsrecht Gebrauch macht, steht § 252 nicht entgegen. Das Gericht kann seinen persönlichen Eindruck vom Zeugen, etwa von seiner Konstitution, verwerten[139]. Es darf auch eine Verhörsperson als Zeugen dazu, nicht aber auch nach seinen Eindrücken von der früheren Vernehmung hören. Aus dem Verhalten des die Aussage verweigernden Zeugen dürfen keine Schlüsse auf sein Wissen gezogen werden[140]. **35**

10. Untersuchungsverweigerungsrecht. Strittig ist, ob für das Untersuchungsverweigerungsrecht nach § 81 c Abs. 3 die Grundsätze des § 252 gelten[141]. Die Belehrung über das Recht, die Untersuchung zu verweigern, ist zusätzlich neben der Belehrung über das Recht, das Zeugnis zu verweigern, erforderlich[142]. Ergebnisse einer Untersuchung, die ohne vorherige richterliche Belehrung über das Recht, die Untersuchung zu verweigern, vorgenommen worden ist, können nur verwertet werden, wenn die Untersuchungsperson nachträglich belehrt wird und sich dann mit der Verwertung einverstanden erklärt[143]. **36**

Der Zeuge, dem ein besonderes Zeugnis- und damit Untersuchungsverweigerungsrecht zusteht, muß auch bei Untersuchungen, die kein Zeuge über sich ergehen zu lassen braucht, die also **nur mit seiner Einwilligung** vorgenommen werden können, wie psychologische Untersuchungen über seine Glaubwürdigkeit, darüber besonders richterlich belehrt werden, wenn das Ergebnis der Untersuchung verwertbar sein soll[144]. **37**

---

[135] Etwa BGH NStZ **1991** 295; vgl. § 52, 47.

[136] BGHSt **11** 97 hat die Entscheidung gebilligt, daß ein Sachverständiger in seinem Gutachten über die Glaubwürdigkeit eines Zeugen die Angaben verwertete, die ihm der Zeuge nach Belehrung über sein Zeugnisverweigerungsrecht gemacht hatte, obwohl der Zeuge später das Zeugnis verweigerte. Ebenso *Busch* FS Eb. Schmidt 576. *Alsberg/Nüse/Meyer* 469; *Fezer* JuS **1977** 816; *Geppert* FS v. Lübtow 749; *Kleinknecht/Meyer-Goßner*[44] 10; *KMR-Paulus* 30; *SK-Schlüchter* 28; vgl. auch KK-*Diemer*[4] 18, 23.

[137] *Eisenberg/Kopatsch* NStZ **1997** 299; *Geppert* Jura **1988** 365; *Rengier* Jura **1981** 305; AK-*Meier* 13; HK-*Julius*[2] 13.

[138] BGHSt **18** 107.

[139] BGH GA **1965** 108; OLG Schleswig bei *Ernesti/* *Jürgensen* SchlHA **1972** 160; KMR-*Paulus* 21; vgl. § 244, 11; 325; § 261, 81, 89.

[140] Vgl. etwa BGHSt **32** 141; BGH NStZ **1985** 87; OLG Köln VRS **57** (1979) 425; weit. Nachw. § 52, 39; § 261, 87.

[141] Bejahend BGHSt **12** 235, 238; ferner etwa *Geppert* Jura **1988** 365; KMR-*Paulus* § 81 c, 27; verneinend *Alsberg/Nüse/Meyer* 467; *Kleinknecht/Meyer-Goßner*[44] 6; SK-*Schlüchter* 20. Wegen der Einzelheiten und weiterer Nachweise zum Streitstand vgl. bei § 81 c.

[142] BGHSt **13** 394; 36 217; BGH StV **1996** 195; vgl. bei § 81 c.

[143] BGHSt **12** 235; wegen der Einzelheiten vgl. bei § 81 c.

[144] BGHSt **13** 398 = JR **1990** 225 mit Anm. *Heinitz*; weit. Nachw. bei § 81 c.

Walter Gollwitzer

38   **11. Aussagen in der Hauptverhandlung**, die ein weigerungsberechtigter Zeuge nach Belehrung nach §§ 52 bis 54 gemacht hat, dürfen auch dann verwertet werden, wenn der Zeuge später die Aussage verweigert[145]. Einer Verlesung bedarf es insoweit ohnehin nicht.

39   Dies gilt jedoch nur für Aussagen **in der gleichen Hauptverhandlung**; in einer erneuerten Hauptverhandlung — nach Aussetzung, in der Berufungsinstanz oder nach Zurückverweisung — können die in einer früheren Hauptverhandlung abgegebenen Aussagen nach Verweigerung des Zeugnisses nicht durch Verlesen eingeführt oder sonstwie verwertet werden, auch nicht durch Verlesen eines früheren Urteils[146]. Hier ist nur unter den bei Rdn. 17 angeführten Voraussetzungen die Vernehmung des Richters möglich[147].

40   **12. Keine Fernwirkung des Verwertungsverbots.** Macht ein Zeuge erst in der Hauptverhandlung von seinem Zeugnisverweigerungsrecht Gebrauch, so dürfen Beweismittel, die auf Grund des Wissens um diese Aussage durch weitere Ermittlungen erlangt worden sind, verwertet werden[148]. Das Vernehmungsergebnis selbst bleibt aber weiterhin jeder Verwertung entzogen.

41   **13. Keine Dispositionsbefugnis der Verfahrensbeteiligten.** Soweit eine Niederschrift vom Verwertungsverbot des § 252 betroffen wird, ist sie auch mit **Einwilligung der Verfahrensbeteiligten** nicht verlesbar. § 251 Abs. 1 Nr. 4, Abs. 2 Satz 1 ist insoweit nicht anwendbar[149].

42   **14. Sitzungsniederschrift.** In der Sitzungsniederschrift ist festzuhalten, wenn ein Zeuge in der Hauptverhandlung über sein Zeugnisverweigerungsrecht belehrt wurde, nicht aber die vom Gericht im Wege des Freibeweises zu ermittelnden Feststellungen über Tatsache und Inhalt einer früheren Belehrung. Festzuhalten ist ferner, wenn sich ein Zeuge auf ein Zeugnisverweigerungsrecht nach den §§ 52 bis 54 beruft oder wenn er nachträglich darauf verzichtet oder sich mit dem Verlesen einer Vernehmungsniederschrift seiner früheren Aussage einverstanden erklärt. Aufzunehmen sind ferner die Akte der Beweiserhebung, wie Vernehmung eines Richters als Zeugen über den Inhalt einer früheren Aussage oder die Verlesung einer Vernehmungsniederschrift. Wird eine Anordnung des Vorsitzenden nach § 238 Abs. 2 als unzulässig beanstandet, etwa, weil ein Zeugnisverweigerungsrecht oder Verfahrensmängel bei der richterlichen Einvernahme der beabsichtigten Beweiserhebung entgegenstanden, so ist sowohl der Antrag als auch der darüber befindende Beschluß in das Protokoll aufzunehmen[150].

15. Revision

43   **a)** Jede **gegen § 252 verstoßende Beweiserhebung**, wie etwa die danach unzulässige Verlesung einer Vernehmungsniederschrift und ihre Beweisverwendung, kann mit der Revision gerügt werden, so auch, wenn behauptet wird, das Gericht habe eine Äußerung des Zeugen zu Unrecht als eine nicht dem Verbot des § 252 unterfallende Spontanäußerung angesehen[151], oder wenn bei der Einvernahme eines zur Zeugnisverweigerung

---

[145] BGHSt **2** 107; BGH bei *Pfeiffer/Miebach* NStZ **1985** 13; vgl. § 52, 35, 36.
[146] BGHSt **20** 386; *Kleinknecht/Meyer-Goßner*[44] 12; KMR-*Paulus* 17; *Schlüchter* 510; vgl. Rdn. 3 ff.
[147] BGHSt **13** 396; BGH bei *Pfeiffer/Miebach* NStZ **1985** 493.
[148] *Otto* GA **1970** 295; SK-*Schlüchter* 27.

[149] BGHSt **10** 77; BGH NStZ **1996** 348; **1997** 95; StV **1998** 470; 522; BayObLG StV **1981** 12; OLG Karslruhe OLGSt 21.
[150] Vgl. § 238, 37.
[151] Zu den Anforderungen an den Sachvortrag zur Begründung dieser Rüge vgl. BGH NJW **1998** 2229.

berechtigten Kindes die erforderliche Zustimmung des gesetzlichen Vertreters nicht ein-geholt wurde[152] oder wenn bei der Vernehmung eines Sachverständigen gegen § 252 ver-stoßen wurde[153]. Gerügt werden kann auch, wenn der Vernehmung eines Richters über eine vor ihm erstattete Aussage ein Verfahrensmangel, wie eine fehlende oder ungenü-gende Belehrung über das Zeugnisverweigerungsrecht oder eine Verletzung der Benach-richtigungspflichten, entgegenstand[154]. Ob diese vorliegen, hat das Revisionsgericht bei einem entsprechenden Tatsachenvortrag selbst im Freibeweisverfahren nachzuprüfen, unabhängig davon, ob die Urteilsgründe dazu Ausführungen enthalten[155]. Daß das Urteil hierauf ausdrücklich eingeht, ist allerdings wegen der strittigen Rechtslage zweckmäßig. Unter dem Blickwinkel einer Verletzung des Verwertungsverbots des § 252 und zugleich auch des § 261 kann gerügt werden, wenn der Inhalt einer nur **vorgehaltenen** längeren Vernehmungsniederschrift wörtlich im Urteil wiedergegeben wird, obwohl nur das, was der Richter bei seiner Einvernahme davon bestätigen konnte, zu Beweiszwecken ver-wendbar war[156]. § 261 ist aber auch verletzt, wenn das Gericht eine in die Hauptverhand-lung eingeführte Vernehmungsniederschrift wegen § 252 zu Unrecht nicht als Beweismit-tel verwendet[157] oder wenn es bei seiner Beweiswürdigung aus dem befugten Schweigen eines Zeugen wertende Schlüsse gezogen hat[158].

Auf die Verletzung des § 252 kann sich ein **Mitangeklagter**, dem gegenüber kein Zeugnisverweigerungsrecht besteht, jedenfalls dann berufen, wenn die Aussage auch einen gegen ihn erhobenen Vorwurf betrifft[159].   **44**

b) Der **vorherigen Anrufung des Gerichts nach § 238 Abs. 2** bedarf es nicht, wenn mit der Revision gerügt werden soll, daß ein Beweismittel fälschlich entgegen § 252 her-angezogen wurde. Unabhängig von den bei § 238 Abs. 2 bestehenden Streitfragen folgt dies hier schon daraus, daß das Verbot des § 252 zwingendes Recht ist, dessen Nichtbe-achtung bei der Urteilsfindung immer gerügt werden kann[160].   **45**

c) Die **Heilung** eines Verstoßes gegen § 252 kann dadurch eintreten, daß der verwei-gerungsberechtigte Zeuge nachträglich auf sein Zeugnisverweigerungsrecht verzichtet; damit kann — sofern nicht andere Vorschriften entgegenstehen — auch die Verlesung und Beweisverwendung einer Vernehmungsniederschrift nachträglich zulässig werden[161]. Im übrigen wird zur Heilung eines Verstoßes gegen 252 für ausreichend erachtet, daß der Vorsitzende die Verfahrensbeteiligten über den Verstoß belehrt und die Richter auf-fordert, die fehlerhafte Beweiserhebung unbeachtet zu lassen[162].   **46**

---

[152] Vgl. Rdn. 12a; § 52, 26 ff mit Nachw.; ferner etwa BGH NStZ **1997** 169; SK-*Schlüchter* 39.

[153] Vgl. Rdn. 31 bis 33; sowie etwa BGH StV **1995** 594 mit Anm. *Wohlers* StV **1996** 192; HK-*Julius*² 23.

[154] Auch hier nimmt die vorherrschende Meinung an, daß die entgegen §§ 168 c, 224 unterbliebene Be-nachrichtigung vom Termin nur gerügt werden kann, wenn der Verteidiger deswegen der Verneh-mung in der Hauptverhandlung rechtzeitig wider-sprochen hat; so etwa HK-*Julius*² 21; SK-*Schlüch-ter* 42 mit weit. Nachw.

[155] KK-*Diemer*⁴ 32; SK-*Schlüchter* 39; Ausführungen im Urteil fordern dagegen BGH NJW **1979** 1722; *Kleinknecht/Meyer-Goßner*⁴⁴ 18; vgl. ferner HK-*Julius*² 23, der aus dem Schweigen der Urteilsgrün-de herleiten will, daß das Tatgericht dies nicht nachgeprüft habe. Vgl. auch § 337, 74.

[156] Vgl. etwa BGHSt **21** 151; BGH NJW **1967** 213; sowie § 261, 99, 174.

[157] SK-*Schlüchter* 38.

[158] BGH bei *Holtz* MDR **1991** 1024; SK-*Schlüchter* 38; vgl. § 261, 97.

[159] RGSt **3** 161; RGRspr. **5** 599; RG GA 38 (1891) 343; BGHSt **7** 194; **27** 139; **3** 148 = JR **1986** 53 mit Anm. *Hanack*; BGH NJW **1980** 67; **1984** 136; bei *Pfeiffer/Miebach* NStZ **1983** 354; StV **1988** 89; *Eb. Schmidt* NJW **1968** 1218; KMR-*Paulus* 35; SK-*Schlüchter* 40.

[160] Etwa BGHSt **42** 77; NStZ **1996** 348; vgl. § 52, 56; § 53, 77; § 238, 51.

[161] SK-*Schlüchter* 141; **a. A** RG GA **53** (1906) 276; HK-*Julius*² 25; KMR-*Paulus* 35.

[162] SK-*Schlüchter* 44; krit. *W. Schmidt* JZ **1969** 761.

47   **d)** Unter dem Blickwinkel der Verletzung der **Aufklärungspflicht** kann gerügt werden, wenn das Gericht in Verkennung der Tragweite des § 252 die Einvernahme eines Zeugen oder die Verlesung eines Vernehmungsprotokolls unterläßt, obwohl die Umstände zur Verwendung dieses Beweismittels drängten[163], je nach den Umständen auch, wenn das Gericht es unterläßt, einen Zeugen zu befragen, ob er bei seiner Zeugnisverweigerung bleiben will, obwohl seine frühere Aussage durch Heranziehung eines anderen Beweismittels zu Beweiszwecken verwertbar ist[164].

§ 253

(1) Erklärt ein Zeuge oder Sachverständiger, daß er sich einer Tatsache nicht mehr erinnere, so kann der hierauf bezügliche Teil des Protokolls über seine frühere Vernehmung zur Unterstützung seines Gedächtnisses verlesen werden.

(2) Dasselbe kann geschehen, wenn ein in der Vernehmung hervortretender Widerspruch mit der früheren Aussage nicht auf andere Weise ohne Unterbrechung der Hauptverhandlung festgestellt oder behoben werden kann.

Schrifttum. Siehe die Nachweise bei §§ 249, 250 und 254.

Bezeichnung bis 1924: § 252.

Übersicht

1. Grundsätzliches

1   **a)** Die Vorschrift enthält — ebenso wie die §§ 251, 254 — eine **Ausnahme von dem Grundsatz des § 250**. Anders als beim Vorhalt, bei dem nur die Antwort des Befragten, nicht der Inhalt des Vorhalts zur Beweisgrundlage wird, gestattet § 253 unter den hier beschriebenen Voraussetzungen, die im Protokoll niedergelegte Aussage des Zeugen oder Sachverständigen selbst durch Verlesung zur Beweisgrundlage zu machen. Die Ausnahme

---

[163] AK-*Meier* 21; SK-*Schlüchter* 38.   [164] Vgl. Rdn. 18.

des § 251 ist sachgemäß, weil ohne sie zum Schaden der Wahrheitserforschung wichtige Beweismittel möglicherweise ganz ungenutzt bleiben müßten. Von der Ausnahme des § 253 läßt sich das nicht uneingeschränkt sagen. Hier steht der Zeuge oder Sachverständige regelmäßig in der Hauptverhandlung zur Verfügung. Sein Wissen kann in Übereinklang mit den Grundsätzen des § 250 durch seine Vernehmung in der Hauptverhandlung festgestellt werden, so wie es dem Grundsatz der Wahrheitsforschung am besten entspricht. Wenn § 253 unter den dort aufgezählten Voraussetzungen zusätzlich die Verwertung des Ergebnisses einer früheren Vernehmung als Ersatz für die sonst unumgängliche Vernehmung der Verhörsperson gestattet, ist dies eine Verfahrensvereinfachung, die Verzögerungen vermeidet und die unter dem Blickwinkel der Sachaufklärung meist unbedenklich ist. Kann sich in den Fällen des Absatzes 1 der Zeuge in der Hauptverhandlung — etwa wegen der zwischenzeitlich verstrichenen Zeit — nicht mehr an die früher bekundeten Wahrnehmungen erinnern, besteht eine dem § 251 Abs. 2 vergleichbare Lage, denn der **Erinnerungsverlust** läßt den Zeugen als Beweismittel trotz seiner Anwesenheit in der Hauptverhandlung ebenso ausscheiden wie in den Fällen des § 251 Abs. 2 Satz 2. Der Rückgriff auf seine früheren Bekundungen ist dagegen bedenklicher, wenn auch in den Fällen **widersprüchlicher Aussagen** die Verlesung aller Niederschriften früherer Aussagen, auch der polizeilichen, uneingeschränkt zu Beweiszwecken zugelassen wird. Als Mittel, echte oder vermeintliche Widersprüche festzustellen, mag der vereinfachende Rückgriff auf das Protokoll als **Ersatz der Vernehmung der Verhörsperson** angehen; zur Klärung der Widersprüche und zur Feststellung der Wahrheit wird es jedoch mitunter wenig beitragen[1].

Um den Gefahren einer unkritischen Verwertung der qualitativ unterschiedlichen früheren Vernehmungsprotokolle[2] vorzubeugen, erlangt hier die Beachtung der **Aufklärungspflicht** besonderes Gewicht. Die vom Gesetzgeber erstrebte Verfahrensvereinfachung kann nicht in Anspruch genommen werden, wenn nicht nur generell-abstrakt, sondern auch konkret die nach den Umständen des Einzelfalls gebotene weitere Sachaufklärung unterbleiben würde[3]. Es ist stets zu fragen, ob sich das Gericht mit der nach § 253 an sich zulässigen Verwertung des Ergebnisses einer früheren Vernehmung im Wege des Urkundenbeweises begnügen darf. Vor allem in den Fällen, in denen der Zeuge oder Sachverständige nach Verlesung der Niederschrift seine frühere Aussage nicht bestätigt, sondern geltend macht, er habe sie nicht so, wie die Niederschrift erkennen lasse, geäußert und er müsse vom Vernehmenden mißverstanden worden sein, wird unter dem Gesichtspunkt des § 244 Abs. 2 die Vernehmung des Verhörsbeamten regelmäßig nicht zu umgehen sein, sofern die in der Niederschrift festgehaltene frühere Aussage als Grundlage für das Urteil verwertet werden soll[4]. Umgekehrt kann die Aufklärungspflicht aber auch fordern, zusätzlich die polizeilichen Verhörsprotokolle zu verlesen, wenn sich wesentliche Widersprüche weder durch Vorhalt an den Zeugen noch durch Vernehmung der Verhörsperson aufklären lassen[5]. **2**

---

[1] *Eisenberg* (Beweisrecht) 2159; *Geerds* FS Blau 74; *Schneidewin* JR **1951** 485; vgl. auch *G. Schäfer* § 76, 788; HK-*Julius*[2] 1.

[2] Vgl. aber *Wömpner* NStZ **1983** 296 (Ausnahmeregelung, die auf dem Vertrauen beruht, das das Gesetz in Objektivität und Zuverlässigkeit der Protokolle staatlicher Vernehmungsbeamter setzt); ferner KMR-*Paulus* § 244; 95 zur Differenzierung zwischen § 253 und § 254; kritisch zum Beweiswert der Protokolle *Bender* StV **1994** 129; *Eisen-*

berg JZ **1984** 913; *Hanack* FS Schmidt-Leichner 89.

[3] KK 6; SK-*Schlüchter* 11; KMR-*Paulus* § 244, 95 stellt die prozeßökonomische Bedeutung des § 253 heraus, während *Wömpner* NStZ **1983** 297 den Sinn des § 253 in einer Lockerung der Aufklärungspflicht sieht.

[4] KK-*Diemer*[4] 6; *Kleinknecht/Meyer-Goßner*[44] 6; SK-*Schlüchter* 5.

[5] BGH StV **1991** 337.

3   **b) Urkundenbeweis.** Die herrschende Meinung[6] geht davon aus, daß § 253 eine Kombination zwischen Zeugenbeweis und Urkundenbeweis zuläßt, daß also die in Gegenwart des Zeugen nach § 253 verlesenen Niederschriften **zu Beweiszwecken** sowohl hinsichtlich ihres Vorhandenseins als auch hinsichtlich des Inhalts der Aussage[7] **verwendbar** sind.

4   Demgegenüber vertritt ein Teil des Schrifttums[8] die Ansicht, daß § 253 nur gestatte, Protokolle über frühere Vernehmungen unter bestimmten Voraussetzungen **zum Zwecke eines Vorhalts** zu verlesen. Es sei „mit [dem] Grundprinzip des § 250 unvereinbar, daß Ergebnisse des Vorverfahrens im Wege des Urkundenbeweises zur Urteilsgrundlage werden"[9]. Versteht man unter dem Vernehmungsbehelf des Vorhalts (§ 249, 84), daß, gleichgültig wie er im einzelnen vorgenommen wird, immer nur die Antwort der Auskunftsperson auf den Vorhalt mögliche Urteilsgrundlage sein kann, nie aber das Vorgehaltene selbst, würde § 253 etwas Selbstverständliches besagen; er würde die Möglichkeit des Vorhalts zudem noch an Voraussetzungen knüpfen, die nach einhelliger Meinung nicht notwendig gegeben zu sein brauchen[10]. Die Vorschrift würde weitgehend leerlaufen, da ohne Heranziehung der Niederschrift zu Beweiszwecken nicht einmal das Vorliegen eines Widerspruchs feststellbar wäre. Ein Teil der Mindermeinung stellt deshalb eine gewisse Beweisfunktion der Verlesung auch nicht in Abrede[11]. Erkennt man aber eine auch nur indizielle Beweisbedeutung der Vernehmungsniederschrift an, ist es — auch um der Verfahrensklarheit willen — angezeigt, die Verlesung zum Zwecke des Vorhalts (bei der der Zeuge alleiniges Beweismittel bleibt) für alle Verfahrensbeteiligten erkennbar von der Verlesung abzugrenzen, durch die die Niederschrift eigene Beweismittelqualität erlangt[12].

5   Als Ausnahmeregel ist die Vorschrift, wie es auch offenbar geschieht, von den Gerichten mit großer Zurückhaltung anzuwenden und **eng auszulegen**[13].

2. Vorbedingung für die Anwendbarkeit des § 253

6   **a) Vollständige Einvernahme.** Bei der Einvernahme der Beweisperson in der Hauptverhandlung müssen zunächst die §§ 69, 72 beachtet werden. Der Zeuge oder Sachverständige ist **vollständig zu vernehmen**, und erst wenn dies nicht weiterhilft und eine sonstige Aufklärung in der Hauptverhandlung nicht möglich ist, darf auf die frühere Vernehmung zurückgegriffen werden[14]. Die in § 253 selbst enthaltenen Voraussetzungen für die

---

[6] RGSt **20** 220; **59** 144; BGHSt **3** 201; 282; **11** 340; **20** 162 = JZ **1965** 649 mit Anm. *Peters*; BGH bei *Dallinger* MDR **1970** 198; NJW **1986** 2063; BayObLGSt **1953** 215 = NJW **1954** 363; BayObLGSt **1957** 8; KG NJW **1979** 1668; OLG Koblenz GA **1974** 222; OLG Köln NJW **1965** 830; OLG Saarbrücken JR **1973** 472 mit Anm. *Fuhrmann; Eisenberg* (Beweisrecht) 2157; *Gössel* § 27 D II b 2; *Gössel* FS Bockelmann 890; *Roxin* § 45, 12; *Sachs* JZ **1967** 229; *G. Schäfer* 788; *Schneidewin* JZ **1951** 484; *Schlüchter* 536.1; *Wömpner* NStZ **1983** 296; AK-*Meier* 3; HK-*Julius*[2] 1; KK-*Diemer*[4] 1; *Kleinknecht/Meyer-Goßner*[44] 1; KMR-*Paulus* 2; SK-*Schlüchter* 2; ferner *Alsberg/Nüse/Meyer* 277 mit weit. Nachw. zum Streitstand.

[7] Zur Unterscheidung zwischen Beweisthema (Tatsache und Inhalt der damaligen Aussage) und der daraus in freier Beweiswürdigung zu beurteilenden Richtigkeit der Bekundungen vgl. etwa KMR-*Paulus* § 244, 100; *Wömpner* NStZ **1983** 296; 297; enger *Hanack* FS Schmidt-Leichner 89.

[8] *Grünwald* JZ **1966** 493; *Hanack* FS Schmidt-Leichner 87; 94 (anders noch JZ **1972** 274); *Krause* Urkundenbeweis 188; *Kuckuck* (kein selbständiger Urkundenbeweis) 128; *Löhr* Grundsatz der Unmittelbarkeit 144; *Peters* § 39 III 3 b; *Peters* Gutachten 46. DJT, 145 ff; JZ **1965** 493; *Eb. Schmidt* 1; *Eb. Schmidt* FS Jellineck (1955) 633; JZ **1964** 540.

[9] *Löhr* Der Grundsatz der Unmittelbarkeit (1972), 144.

[10] *Hanack* FS Schmidt-Leichner 87 wendet sich gegen diese Argumentation, da sie zu Unrecht die unbegrenzte Zulässigkeit des Vorhalts voraussetze.

[11] Vgl. etwa *Eb. Schmidt* 9; *Kuckuck* 143; 150.

[12] Vgl. OLG Köln StV **1998** 478.

[13] OLG Koblenz GA **1974** 224; OLG Saarbrücken JR **1973** 472 mit Anm. *Fuhrmann; Eisenberg* (Beweisrecht) 2159; AK-*Meier* 3; HK-*Julius*[2] 1; SK-*Slüchter* 1.

[14] BGHSt **3** 281; **20** 160; AK-*Meier* 9; *Kleinknecht/Meyer-Goßner*[44] 2; SK-*Schlüchter* 2.

Anwendung dieser Vorschrift besagen im Grunde genommen nicht mehr als das, was sich schon aus § 69 ergibt. Schon hieraus folgt, daß ein Vorsitzender, der die Vernehmung eines Zeugen als eine bloße Wiederholung der früheren Vernehmung gestalten und — was die Handhabung des § 253 anbelangt — sofort und verfrüht das Protokoll über eine frühere Vernehmung verlesen wollte, das Gesetz verletzt und dadurch die Erforschung der Wahrheit gefährdet[15].

Zunächst hat der Vorsitzende mit einem auf den Inhalt der Niederschrift über eine frühere Vernehmung gestützten **Vorhalt** einzugreifen, wenn ein Mangel in der Erinnerung eines Zeugen oder ein Widerspruch bemerkbar wird[16]. Diese Befugnis wird durch § 253 nicht eingeschränkt[17]. Auch steht grundsätzlich dem nichts entgegen, daß die Niederschrift dem Zeugen ausgehändigt wird, um sein Gedächtnis aufzufrischen[18]. Bleibt aber ein bloßer Vorhalt ohne Erfolg und will das Gericht, was in seinem pflichtgemäßen Ermessen steht, die frühere Aussage zu Beweiszwecken verwerten — und sei es auch nur zum Beweis der Glaubwürdigkeit —, dann muß es den Inhalt der Niederschrift durch **wörtliches Verlesen** den Mitgliedern des Gerichts und den Verfahrensbeteiligten zur Kenntnis bringen[19]. Dies gilt auch dann, wenn der Inhalt der Niederschrift schon vorher durch Vorhalt bekanntgegeben worden ist. Daß das Gericht vom Personalbeweis zum Urkundenbeweis übergeht, muß im Interesse der Verfahrensklarheit für die Verfahrensbeteiligten eindeutig erkennbar sein[20]; auch schon wegen ihres Rechts, nach § 255 zu beantragen, daß die Begründung dafür in das Protokoll aufgenommen wird. **7**

b) Die Verlesung ist grundsätzlich nur im **unmittelbaren Zusammenhang mit der Vernehmung** des Zeugen und **in dessen Gegenwart** zulässig, damit er die Möglichkeit hat, sie in seine Aussage einzubeziehen und dazu Stellung zu nehmen, und damit das Gericht auch Schlüsse aus seinem Verhalten ziehen kann[21]. Ist der Zeuge entlassen, so ist eine Verlesung nach § 253 nicht mehr statthaft[22]. **8**

c) § 253 ermöglicht nur den **Rückgriff auf die eigenen** früheren **Aussagen** der in der Hauptverhandlung vernommenen Beweisperson. Auf frühere Aussagen anderer Personen ist er nicht entsprechend anwendbar (Rdn. 5). Beim **Angeklagten** darf nur unter den engeren Voraussetzungen des § 254 (nur bei richterlichen Protokollen) eine frühere Aussage zu Beweiszwecken verwendet werden[23]. Bei **Einvernahme der Verhörsperson** kann die zusätzliche Heranziehung der von ihnen erstellten Vernehmungsniederschrift zu Beweiszwecken nicht auf § 253 gestützt werden[24]. Andererseits ist für die Anwendbarkeit des § 253 nicht erforderlich, daß hinsichtlich der Verhörsperson, deren Protokoll in Ergänzung ihrer Aussage (vgl. § 250, 17) verlesen werden soll, zusätzlich auch die Voraussetzungen des § 251 vorliegen[25]. **9**

---

[15] Zur Problematik einer vorherigen Informationspflicht der Zeugen vgl. *Nöldeke* NJW **1979** 1644 und bei § 163.

[16] RGSt **59** 145; **61** 9; **69** 88; RGRspr. **9** 123; BGHSt **20** 160; BGH NJW **1986** 2069; OLG Koblenz GA **1974** 222; *Alsberg/Nüse/Meyer* 281 mit weit. Nachw.

[17] Vgl. BGHSt **11** 338; **20** 160 = JR **1965** 649 mit Anm. *Peters*.

[18] RGSt **36** 53; *Kleinknecht/Meyer-Goßner*[44] 3; vgl. § 69, 9.

[19] RGRspr. **5** 145; RGSt **27** 163; **59** 145; RG GA **43** (1895) 242; OLG Düsseldorf StV **1987** 287; OLG Hamburg LZ **1927** 555; OLG Köln NJW **1965** 830; StV **1998** 478; *Oetker* JW **1925** 2474; SK-*Schlüchter* 2.

[20] Vgl. BGH NStZ **1986** 277; OLG Köln StV **1988** 478.

[21] KG NJW **1979** 1668; OLG Saarbrücken JR **1973** 472 mit Anm. *Fuhrmann; Wömpner* NStZ **1983** 296; AK-*Meier* 10; HK-*Julius*[2] 4; KK-*Diemer*[4] 7; *Kleinknecht/ Meyer.Goßner*[44] 3; SK-*Schlüchter* 2; zu den Ausnahmen vgl. auch Rdn. 21.

[22] BGH bei *Dallinger* MDR **1970** 198; HK-*Julius*[2] 7.

[23] Vgl. BGH bei *Holtz* MDR **1983** 624; § 254, 5 ff; *Alsberg/Nüse/Meyer* 278.

[24] Wieweit der Rückgriff auf das Protokoll neben der Einvernahme der Verhörspersonen als Zeugen zulässig ist, bestimmt sich nach § 250; vgl. *Wömpner* NStZ **1983** 299; § 250, 17.

[25] BGH bei *Holtz* MDR **1983** 824.

3. Die beiden Fallgruppen der Verlesung nach § 253

10   **a) Mangelnde Erinnerung.** Soweit die Vorschrift die **Unterstützung des Gedächt-nisses** des Zeugen oder Sachverständigen bezweckt, ist sie auch anwendbar, wenn der Zeuge behauptet, nichts mehr zu wissen[26] oder sich nur noch ungenügend erinnern zu können. Der Zeuge braucht die Erklärung nicht mit ausdrücklichen Worten abzugeben[27]. Eine ungenügende oder lückenhafte Erinnerung kann sich — ohne daß sich die Aus-kunftsperson darauf beruft — schon aus der Vernehmung selbst ergeben[28]. Das Gericht ist nicht verpflichtet, vor Anwendung des § 253 das Vorbringen des Zeugen auf seine Rich-tigkeit nachzuprüfen[29]. Es kann nach § 253 verfahren, auch wenn es glaubt, die behaup-tete Erinnerungslücke sei nur vorgetäuscht. Es ist auch nicht verpflichtet, vorher Maßnah-men nach § 70 anzuwenden[30].

11   **b) Widersprüchliche Aussagen.** Voraussetzung für die Anwendbarkeit des Absat-zes 2 ist, daß der Widerspruch erst bei der Vernehmung **in der Hauptverhandlung** her-vortritt und daß er in dieser nicht auf andere Weise, insbesondere nicht durch Vernehmung der anwesenden Verhörsperson **behoben** werden kann[31], die Verhandlung also ausgesetzt oder unterbrochen werden müßte[32].

12   War der Widerspruch für das Gericht **schon früher erkennbar**, so ist es gehalten, schon vor der Hauptverhandlung die zur Aufklärung des Widerspruchs benötigten Beweismittel herbeizuschaffen, insbesondere die Personen, die den Zeugen oder Sachver-ständigen früher vernommen haben, als Zeugen zu laden. Ist dies unterblieben, so muß zum Versuch, den Widerspruch auf andere Weise zu beheben, notfalls auch die Hauptver-handlung unterbrochen werden. Auch wenn die Voraussetzungen des § 253 an sich gege-ben sind, muß dies geschehen, wenn es die **Aufklärungspflicht** erfordert[33].

13   Der die Verlesung begründende **Widerspruch tritt** vornehmlich dann **hervor**, wenn der Zeuge bestreitet, die ihm vorgehaltene Aussage früher gemacht zu haben. Ob § 253 auch die Verlesung erlaubt, wenn es darum geht, festzustellen, daß der Zeuge früher **im gleichen Sinne ausgesagt** hat, ist strittig[34]. Geht es nur um die Feststellung der Aussage-konstanz, wird der Zeuge dies meist schon auf **Vorhalt** bestätigen[35], so daß sich der für die unmittelbare Beweisverwendung nötige Rückgriff auf die Niederschrift meist erübrigt. Bestehen aber Zweifel, ob die frühere Aussage im gleichen Sinne zu verstehen ist, läßt § 253 die Verlesung zur Aufklärung des dann **möglicherweise vorliegenden Wider-spruchs** zu. Ob dies ausreicht oder ob dann die Vernehmungsperson als Zeuge zu hören ist, richtet sich nach der Aufklärungspflicht. Geht es dagegen nicht um den Inhalt der Aus-

---

[26] RGSt **20** 220; *Alsberg/Nüse/Meyer* 278; KK-*Diemer*⁴ 5; *Kleinknecht/Meyer-Goßner*⁴⁴ 5 (Ab-satz 1 gilt entsprechend); KMR-*Paulus* 9; SK-*Schlüchter* 4.

[27] OLG Koblenz GA **1974** 222.

[28] BGHSt **1** 340; **3** 285; KK-*Diemer*⁴ 5; *Kleinknecht/Meyer-Goßner*⁴⁴ 5; *Eb. Schmidt* 12; *Alsberg/Nüse/Meyer* 278 mit weit. Nachw.; *Hanack* FS Schmidt-Leichner 87 hält unter Berufung auf den Gesetzeswortlaut eine ausdrückliche Erklärung des Zeugen für unerläßlich; ebenso HK-*Julius*² 5.

[29] RGSt **59** 248; *Alsberg/Nüse/Meyer* 278; KK-*Diemer*⁴ 5; *Kleinknecht/Meyer-Goßner*⁴⁴ 5; SK-*Schlüchter* 3.

[30] AK-*Meier* 11; SK-*Schlüchter* 3; differenzierend KMR-*Paulus* 9; *von Scanzoni* JW **1925** 2784; vgl. § 70, 8.

[31] *Alsberg/Nüse/Meyer* 279; AK-*Meier* 12; HK-*Julius*² 2; 17; KK-*Diemer*⁴ 6; *Kleinknecht/Mey-er-Goßner*⁴⁴ 6; KMR-*Paulus* 11; *Eb. Schmidt* 13.

[32] U. U. kann der Widerspruch aber auch dadurch nicht behoben werden, vgl. RGSt **34** 48.

[33] AK-*Meier* 12; KK-*Diemer*⁴ 6; *Kleinknecht/Mey-er-Goßner*⁴⁴ 6; vgl. Rdn. 2.

[34] Bejahend RGSt **31** 69; **37** 317; vgl. auch KK-*Diemer*⁴ 8; **a. A** RGSt **33** 128; *Hanack* FS Schmidt-Leichner 87; KMR-*Paulus* 11; SK-*Schlüchter* 4.

[35] Zulässig BGH StV **1993** 59 mit abl. Anm. *Wieder*; BGH StV **1996** 412 (L); *Fischer* StV **1993** 670; *Kleinknecht/Meyer-Goßner*⁴⁴ 10; **a. A** OLG Ham-burg StV **1990** 102; OLG Stuttgart StV **1990** 257.

sage, sondern um die Feststellung, ob überhaupt eine frühere Aussage vorliegt, so schließt § 253 nicht aus, darüber nach den allgemeinen Regeln (§§ 249 ff) Beweis zu erheben.

Ein Fall des Absatzes 2 liegt nicht vor, wenn der Widerspruch nicht zwischen der Aus- **14** sage in der Hauptverhandlung und der Niederschrift über eine frühere Vernehmung, sondern bereits **zwischen mehreren früheren Vernehmungen** liegt. Kommt es auf die Klärung von Widersprüchen zwischen mehreren früheren Vernehmungen an, müssen die Verhörspersonen als Zeugen geladen werden[36].

4. Verlesbare Niederschriften

a) Art der Niederschrift. Der § 253 ermöglicht — anders als die §§ 251 Abs. 1 und **15** 254 — die Verlesung von Niederschriften nicht nur über eine richterliche Vernehmung, sondern, wie der § 251 Abs. 2, auch über eine „anderweite", also insbesondere eine polizeiliche oder staatsanwaltschaftliche Vernehmung[37]. Es gilt gleich viel, ob die Niederschrift in derselben oder in einer anderen Strafsache oder in einem bürgerlichen Rechtsstreit[38] oder im Ermittlungsverfahren einer Verwaltungsbehörde aufgenommen worden ist[39]. Da es nur auf die **Zeugenstellung in der jetzigen Hauptverhandlung** ankommt, ist die Verlesung auch zulässig, wenn der Zeuge früher nicht als solcher, sondern als Beschuldigter vernommen worden war[40]. In der Niederschrift in Bezug genommene schriftliche Erklärungen der Beweisperson können mitverlesen werden[41]; dies gilt auch für das schriftliche Gutachten eines Sachverständigen[42]. Das Protokoll muß allerdings **ordnungsgemäß erstellt** worden sein. Es muß den formalen Anforderungen der jeweiligen Verfahrensvorschriften genügen[43]. Auch wenn dies der Fall ist, kann aber nach Lage des Einzelfalls seiner Verwertung im Strafverfahren ein strafprozessuales Beweisverbot, etwa § 252, entgegenstehen. Beide Fragen sind aber grundsätzlich getrennt zu beurteilen.

§ 253 betrifft nur Niederschriften, die eine **amtliche Stelle** über die **eigene Aussage** **16** des jetzt zu vernehmenden Zeugen oder Sachverständigen errichtet hat. Niederschriften, die der **Zeuge selbst** über die Aussage eines **anderen Zeugen** aufgenommen hat oder die sonstwie die Aussage eines anderen Zeugen wiedergeben, fallen nicht unter § 253. Bei ihnen gilt § 250 Satz 2; ihre Verlesung zu Beweiszwecken ist nur in den bei § 250 erörterten Fällen sowie unter den Voraussetzungen des § 251 Abs. 2 zulässig[44]. Soweit sie zu Vorhalten gegenüber einem in der Hauptverhandlung vernommenen Zeugen verwendet werden, hängt die Zulässigkeit nicht davon ab, daß die Voraussetzungen des § 253 erfüllt sind[45].

b) Die Abschrift einer Niederschrift kann auf Grund des § 253 verlesen werden, wenn **17** die Übereinstimmung mit der Urschrift feststeht[46]. Der Nachweis der Übereinstimmung kann mit jedem zulässigen Beweismittel erbracht werden.

---

[36] *Eb. Schmidt* 13.
[37] RGSt **1** 400; **39** 434; BayObLGSt **1953** 215 = NJW **1954** 363.
[38] RGSt **10** 358; RG JW **1894** 49; *Alsberg/Nüse/Meyer* 279 mit weit. Nachw.
[39] RGSt **34** 48; RG GA **68** (1920) 353; JW **1930** 922; AK-*Meier* 14; *Kleinknecht/Meyer-Goßner*[44] 7; SK-*Schlüchter* 8.
[40] RGSt **12** 118; **5** 223; RG GA **36** (1888) 319; **69** (1921) 89; HRR **1927** Nr. 203; *Kleinknecht/Meyer-Goßner*[44] 7; KMR-*Paulus* 12; *Alsberg/Nüse/Meyer* 279 mit weit. Nachw.

[41] *Alsberg/Nüse/Meyer* 280 (ohnehin verlesbar); *Kleinknecht/Meyer-Goßner*[44] 7.
[42] RG GA **46** (1898/99) 128.
[43] RGSt **50** 129; *Kleinknecht/Meyer-Goßner*[44] 7; SK-*Schlüchter* 7.
[44] Vgl. etwa OLG Hamm JMBlNW **1964** 44; *Schünemann* DRiZ **1979** 107; ferner § 251, 57.
[45] BGHSt **3** 201; 208; *Alsberg/Nüse/Meyer* 280 mit weit. Nachw.; ferner § 249, 84 ff.
[46] RGSt **50** 129; *Alsberg/Nüse/Meyer* 279; *Kleinknecht/Meyer-Goßner*[44] 7; KMR-*Paulus* 12; SK-*Schlüchter* 6; **a. A** RGSt **34** 48.

18   **5. Bild-Ton-Aufnahmen und Tonaufzeichnungen.** Wird die Vernehmung eines Zeugen nach §§ 58 a, 168 e oder § 247 a Satz 4 durch eine Bild-Ton-Aufnahme festgehalten, so darf diese ebenso wie eine Vernehmungsniederschrift zur Behebung von Erinnerungslücken oder von Widersprüchen in der Hauptverhandlung vorgespielt werden, da § 255 a Abs. 1 auch den § 253 ausdrücklich für anwendbar erklärt[47]. Es gelten also insoweit die gleichen Grundsätze wie für das Verlesen von Vernehmungsniederschriften. Ob der Zeuge der Bild-Ton-Aufzeichnung zugestimmt hat, ist unerheblich[48]. Bei **Tonaufzeichnungen** einer Vernehmung, vor allem bei Aufzeichnungen auf Tonband, ging die vorherrschende Meinung bisher davon aus, daß sie keine Urkunden und keine Niederschriften über eine frühere Vernehmung sind. Ihr Inhalt ist für Vorhalte verwendbar[49]. Sie dürfen auch als Beweismittel im Wege des **Augenscheins** in die Hauptverhandlung eingeführt werden. Die Verwendung zum Beweis dafür, daß sich die Beweisperson so geäußert hat, wie es im Tonband festgehalten ist, wird allerdings an die im Freibeweisverfahren festzustellenden Voraussetzungen geknüpft, daß die Tonbandaufnahme nicht in unzulässiger Weise erschlichen, sondern als Hilfsmittel für die Erstellung des Protokolls nach § 168 a oder im Einvernehmen mit der Auskunftsperson befugt erstellt und die Aufzeichnung auch nicht inhaltlich verändert worden ist[50]; dies muß notfalls durch andere Beweismittel festgestellt werden. Soweit das Tonband nur als Hilfsmittel für die Erstellung des Vernehmungsprotokolls eingesetzt wurde[51], ersetzt es nicht das eigentliche Vernehmungsprotokoll, das nach Maßgabe des § 253 vorrangig zu verlesen ist. Es kann nur danach zusätzlich und damit notwendigerweise ebenfalls nur im Rahmen des § 253 hilfsweise zum Nachweis der Unrichtigkeit der Übertragung (§ 168 a Abs. 4 Satz 3) als Beweismittel herangezogen werden. Aber auch dort, wo die Tonaufzeichnung einer amtlichen Vernehmung des Zeugen oder Sachverständigen nicht nur diese Hilfsfunktion haben sollte, liegt es nahe, das Tonband der Vernehmung einer Beweisperson den für Vernehmungsniederschriften geltenden Einschränkungen des § 253 zu unterstellen, so wie dies jetzt der Gesetzgeber bei den Bild-Ton-Aufzeichnungen ausdrücklich geregelt hat[52].

19   **6. Anordnung der Verlesung.** Der Vorsitzende ordnet im Rahmen seiner Verhandlungsleitung an, daß und welcher Teil der Niederschrift zu verlesen ist. Die Beweiserhebung kann nur durch Verlesen nach § 249 Abs. 1 geschehen, das **Selbstleseverfahren** nach § 249 Abs. 2 ist ausdrücklich ausgeschlossen (§ 249 Abs. 2 Satz 1). Eines Gerichtsbeschlusses bedarf es nur, wenn die Anordnung des Vorsitzenden nach § 238 Abs. 2 beanstandet wird[53].

20   **7. Beschränkung.** Die Verlesung ist — entsprechend dem Regelungszweck — grundsätzlich auf den **Teil der Niederschrift** zu beschränken, der den Tatkomplex enthält, welcher dem Zeugen nicht mehr erinnerlich ist oder vom Widerspruch betroffen wird. Die damit im inneren Zusammenhang stehenden Teile der Aussage müssen jedoch insoweit mitverlesen werden, als dies zum Verständnis der Aussage notwendig ist. Unter Umständen kann es sich deshalb als notwendig erweisen, die ganze Aussage zu verlesen[54]. Ob

---

[47] Vgl. § 255 a, 7; 16.
[48] Vgl. § 247 a , 22.
[49] KK-*Diemer*⁴ 10; KMR-*Paulus* 13; vgl. auch BayObLGSt NJW **1990** 197; *Roxin* § 28, 9; **a. A** *Hanack* FS Schmidt-Leichner 83; 87; 94.
[50] *Alsberg/Nüse/Meyer* 231; 278; *Eisenberg* (Beweisrecht) 617; *Paulus* JuS **1988** 875; *G. Schäfer* 736; AK-*Meier* 15; KK-*Diemer*⁴ 10; *Kleinknecht/Meyer-Goßner*⁴⁴ 1; KMR-*Paulus* 13; vgl. BGHSt **14** 338; § 244, 333 ff; **a. A** *Hanack* FS Schmidt-Leich-

ner 87; 94; JZ **1972** 274; KK-*Herdegen*⁴ § 244, 13; SK-*Schlüchter* 6.
[51] Wegen der Einzelheiten vgl. bei § 168 a.
[52] So schon früher SK-*Schlüchter* 6 mit weit. Nachw.
[53] RGRspr. **6** 210; KMR-*Paulus* 16; *Eb. Schmidt* 17.
[54] RGSt **57** 377; **59** 144; OLG Koblenz GA **1974** 244; *Alsberg/Nüse/Meyer* 280; AK-*Meier* 15; KK-*Diemer*⁴ 9; *Kleinknecht/Meyer-Goßner*⁴⁴ 8; KMR-*Paulus* 16; SK-*Schlüchter* 10.

dies erforderlich ist, entscheidet der Vorsitzende — bei Anrufung das Gericht — nach tatrichterlichem Ermessen, für das der Zweck des § 253 Richtschnur ist.

8. Abwesenheit des Zeugen oder Sachverständigen. Als Kombination zwischen **21** Zeugen und Urkundenbeweis setzt die Anwendung des § 253 grundsätzlich die **Anwesenheit** des betroffenen Zeugen oder Sachverständigen in der Hauptverhandlung voraus (Rdn. 8). Entgegen der vorherrschenden Meinung[55] erscheint es jedoch in Ausnahmefällen zulässig, einen in der Hauptverhandlung zutage tretenden Widerspruch zwischen einer nach § 251 verlesenen Aussage und einer nicht nach § 251 verlesbaren Vernehmungsniederschrift trotz Abwesenheit des Wahrnehmungszeugen durch Verlesen nach § 253 festzustellen und so diesen den Beweiswert meist mindernden Umstand für die Beweiswürdigung nutzbar zu machen. Zwar wird es in solchen Fällen die **Aufklärungspflicht** meist fordern, das Verfahren auszusetzen oder zu unterbrechen und sowohl den eigentlichen Wahrnehmungszeugen als auch die Verhörsperson zur Hauptverhandlung zu laden. Sind aber von der Verhörsperson keine weiterführenden Angaben zu erwarten und ist die Gestellung zur Hauptverhandlung beim Wahrnehmungszeugen nicht möglich, erübrigt sich mitunter dessen erneute kommissarische Einvernahme, wenn davon keine weitere Sachaufklärung zu erwarten ist, weil er sich bereits früher, etwa auf Vorhalt, zum Widerspruch geäußert hatte, ohne ihn aufklären zu können[56].

9. Vernehmung durch den beauftragten oder ersuchten Richter. Der beauftragte **22** oder ersuchte Richter, der einen Zeugen oder Sachverständigen außerhalb der Hauptverhandlung vernimmt, darf nach der vorherrschenden Meinung[57] § 253 nicht anwenden. Es genügt, wenn bei der kommissarischen Vernehmung der Inhalt der früheren Aussage **vorgehalten** und eine Erklärung des Zeugen auch darüber herbeigeführt wird, um Erinnerungsmängel oder Widersprüche nach Möglichkeit zu beheben oder aber als unbehebbar zu kennzeichnen. Vor allem wenn man der bei Rdn. 21 vertretenen Auffassung folgt, kann die Verlesung zu Beweiszwecken der Hauptverhandlung überlassen bleiben.

10. Protokollierung. Erklärt ein Zeuge, sich nicht mehr erinnern zu können, ist diese **23** Erklärung ebensowenig eine wesentliche Förmlichkeit (§ 273) wie die Tatsache, daß zwischen der Erklärung in der Hauptverhandlung und der Niederschrift über eine frühere Erklärung ein Widerspruch besteht. Beides braucht ohne Antrag nicht in die Sitzungsniederschrift aufgenommen zu werden[58]. Dagegen muß die Verlesung der Niederschrift über eine frühere Vernehmung nach § 273 Abs. 1 im Protokoll vermerkt werden[59]. Wird nur ein Teil verlesen (vgl. Rdn. 20), ist dieser genau zu bezeichnen. Auf Antrag[60] muß nach § 255 auch der Grund der Verlesung angegeben werden; es muß also festgehalten werden, auf welchen der in Absatz 1 oder Absatz 2 angeführten Gründe das Gericht die Verlesung

---

[55] BGH bei *Dallinger* MDR **1970** 198; KG NJW **1979** 1668; OLG Saarbrücken JR **1973** 472 mit Anm. *Fuhrmann*; *Alsberg/Nüse/Meyer* 278; *Hanack* FS Schmidt-Leichner 86; *Wömpner* NStZ **1983** 296; AK-*Meier* 15; HK-*Julius*[2] 4; KK-*Diemer*[4] 7; *Kleinknecht/Meyer-Goßner*[44] 3; KMR-*Paulus* § 244, 96; SK-*Schlüchter* 12; **a. A** RG JW **1891** 236.

[56] Anders SK-*Schlüchter* 12, die in solchen Fällen die Vernehmung der Auskunftsperson in der Hauptverhandlung für unerläßlich hält, da die Verlesung nach § 253 Abs. 2 nur die Vernehmung der Verhörsperson ersetzen kann. Vgl. auch vorstehende Fußn.

[57] AK-*Meier* 6; KK-*Diemer*[4] 7; *Kleinknecht/Meyer-Goßner*[44] 1; SK-*Schlüchter* 2; **a. A** RGSt **50** 130; KMR-*Paulus* 14.

[58] *Alsberg/Nüse/Meyer* 276; *Kleinknecht/Meyer-Goßner*[44] 5; SK-*Schlüchter* 14; ferner bezüglich des Erinnerungsmangels: RG DRiZ **1927** Nr. 640; RG HRR **1930** Nr. 1299. Der ausdrücklichen Feststellung, daß der Widerspruch nur durch Verlesen behoben werden könne, bedarf es nicht; RG Recht **1907** Nr. 3744.

[59] BGH JR **1986** 524 mit Anm. *Gollwitzer*; OLG Köln NJW **1965** 830; vgl. § 255, 3; § 273, 16.

[60] Vgl. § 255, 5.

gestützt hat. Dies kann auch ohne Antrag von Amts wegen geschehen, da es sich ohnehin empfiehlt, zur Klarstellung bei Verlesung einer Urkunde auch den Zweck, zu dem dies geschieht, im Protokoll festzuhalten[61]. Vor allem muß die Verwendung zum Zwecke des Urkundenbeweises wegen der ausschließlichen Beweiskraft des Protokolls (§ 274) eindeutig festgestellt sein[62].

24   **11. Beweiswürdigung.** Der Inhalt der verlesenen Niederschrift unterliegt, da er durch die Verlesung Gegenstand der Beweisaufnahme geworden ist, bei der Urteilsfindung gleich den anderen Beweismitteln der freien Würdigung des Gerichts, und zwar auch dann, wenn sich der Zeuge oder Sachverständige nicht mehr zur früheren Aussage bekannt hat[63]. Erklärt ein Zeuge, er könne sich **nicht mehr erinnern**, er habe aber damals seine Wahrnehmungen nach bestem Wissen zu Protokoll gegeben, dann muß es der freien Beweiswürdigung des Gerichts überlassen bleiben, welche Schlüsse es aus dem vom Zeugen nicht bestätigten Inhalt der Niederschrift zieht. Etwas anderes würde nur dann gelten, wenn man daraus, daß die Verlesung nur „zur Unterstützung des Gedächtnisses" des Zeugen zugelassen wird, wiederum eine Beschränkung der in § 253 zugelassenen Ausnahme vom Grundsatz des § 250 herleiten wollte[64], der es verbietet, die nach § 253 verlesene Niederschrift unabhängig von den Bekundungen des Zeugen als Beweismittel zu verwerten[65]. Wie bereits bei Rdn. 1 dargelegt, verdient die Ansicht den Vorzug, daß die nach § 253 verlesene Niederschrift ein zulässiges Beweismittel ist, dessen Heranziehung mitunter auch die Aufklärungspflicht gebietet[66].

25   Ob die Niederschrift, wenn der Zeuge ihren Inhalt nicht bestätigt oder für unzutreffend erklärt, für sich allein ein **genügend zuverlässiges Beweismittel** ist, hat das Gericht unter Berücksichtigung aller Umstände des Einzelfalls in freier Beweiswürdigung zu entscheiden, wobei es sich auch mit den zahlreichen Zweifeln auseinandersetzen muß, welche eine weder durch den Zeugen noch durch die Einvernahme der Verhörsperson bestätigte Niederschrift hinsichtlich der Richtigkeit ihres Inhalts hervorruft.

26   **12. Revision.** Es begründet die Revision, wenn unter Verletzung des § 253 eine Urkunde verlesen und bei der Urteilsfindung verwertet wurde; dies gilt auch, wenn die Verlesung unnötig auf andere Teile der Niederschrift ausgedehnt wurde[67]. Mit der Revision kann aber nicht geltend gemacht werden, ein Erinnerungsmangel oder ein Widerspruch mit früheren Aussagen im Sinne des § 253 sei vom Tatrichter fälschlich bejaht worden, denn die Erklärung der Beweisperson, sich nicht mehr erinnern zu können, muß der Tatrichter nicht nachprüfen; sie unterliegt ebensowenig wie sein Verständnis und seine Würdigung der Zeugenaussage in der Hauptverhandlung der Nachprüfung durch das Revisionsgericht[68]. Sind die Voraussetzungen für eine Verlesung nach § 253 nicht gegeben, kann gleichzeitig auch **§ 250 Satz 2** verletzt sein, es sei denn, daß das Urteil nicht darauf beruht, weil eine andere Vorschrift den Übergang vom Personalbeweis zum Urkundenbeweis erlaubt hat[69]. Hat das Urteil Angaben des Zeugen bei einer früheren Verneh-

---

[61] KMR-*Paulus* 17; *Eb. Schmidt* 13.
[62] Vgl. OLG Köln StV **1998** 478 (Vermerk zur Stützung seines Gedächtnisses genügt nicht).
[63] RGSt **20** 222; OLG Köln MDR **1974** 420.
[64] Vgl. etwa *Eb. Schmidt* 1; Rdn. 4.
[65] Im Ergebnis so OLG Hamm JMBlNW **1964** 44. OLG Köln NJW **1965** 830 geht dagegen vom Grundsatz der freien Beweiswürdigung aus; zu den einzelnen Varianten vgl. § 250, 20; § 252, 27; § 254, 9 und § 261, 84.

[66] Vgl. Rdn. 2; 27.
[67] Vgl. Rdn. 20; *Hanack* FS Schmidt-Leichner 86; SK-*Schlüchter* 16.
[68] BGHSt **3** 281; KMR-*Paulus* 19; SK-*Schlüchter* 16; ferner HK-*Julius*[2] 16, mit der Einschränkung, daß gerügt werden kann, wenn sich die vom Gericht zur Begründung angeführten Erinnerungsmängel oder Widersprüche auf nicht beweiserhebliche Tatsachen beziehen.
[69] KMR-*Paulus* 19; SK-*Schlüchter* 16.

mung verwertet, muß es erkennbar machen, ob dies darauf beruht, daß der Zeuge diese Angaben auf Vorhalt bestätigt hat oder ob das Protokoll der früheren Vernehmung zu Beweiszwecken verlesen worden ist[70]. Stand der Beweisverwendung der Niederschrift nach § 253 ein **Beweisverwertungsverbot** entgegen, kann dies unter dem Blickwinkel der jeweiligen Vorschriften gerügt werden, aus denen sich das Verbot herleitet. Als **Verstoß gegen § 261** kann beanstandet werden, wenn sich das Urteil auf eine ausweislich des Protokolls in der Hauptverhandlung nicht zu Beweiszwecken verlesene Vernehmungsniederschrift stützt. § 261 ist auch verletzt, wenn der Inhalt des in der Hauptverhandlung verlesenen Protokolls in den Urteilsgründen unrichtig wiedergegeben wird[71].

Die Rüge eines Verstoßes gegen die §§ 253, 250 Satz 2 ist nicht davon abhängig, daß **27** gegen die Anordnung der Verlesung durch den Vorsitzenden eine **Entscheidung des Gerichts nach § 238 Abs. 2** herbeigeführt wurde[72].

Auch wenn § 253 nicht verletzt ist, kann die Verlesung der Niederschrift einen die **28** Revision begründenden Verstoß gegen die **Aufklärungspflicht** enthalten, so, wenn die Verfahrenslage zur Einvernahme der für die Abfassung des Protokolls verantwortlichen Verhörsperson gedrängt hätte[73]. Umgekehrt kann die Aufklärungspflicht auch dadurch verletzt werden, daß zur Auffrischung der Erinnerung des Zeugen oder zur Behebung eines Widerspruchs die nach § 253 zulässige Verlesung einer früheren Vernehmungsniederschrift unterblieb[74].

§ 254

(1) Erklärungen des Angeklagten, die in einem richterlichen Protokoll enthalten sind, können zum Zweck der Beweisaufnahme über ein Geständnis verlesen werden.

(2) Dasselbe kann geschehen, wenn ein in der Vernehmung hervortretender Widerspruch mit der früheren Aussage nicht auf andere Weise ohne Unterbrechung der Hauptverhandlung festgestellt werden kann.

Schrifttum. *Bohlander* Zur Verlesbarkeit polizeilicher Protokolle von Beschuldigtenvernehmungen bei Zustimmung des Angeklagten, NStZ **1998** 396; *v. Dellingshausen* Zum Anwesenheitsrecht eines Mitbeschuldigten bei der richterlichen Vernehmung des anderen Mitbeschuldigten im Ermittlungsverfahren, FS Stree/Wessel 685; *Dencker* Zum Geständnis im Straf- und Strafprozeßrecht, ZStW **102** (1990) 51; *Hanack* Protokollverlesungen und -Vorhalte als Vernehmungsbehelf, FS Schmidt-Leichner 83; *Jerouscheck* Jenseits von Gut und Böse: Das Geständnis und seine Bedeutung im Strafrecht, ZStW **102** (1990) 793; *D. Meyer* Verwertung früherer Aussagen nach Aussageverweigerung, JA **1972** 163; *Rogall* Zur Verwertbarkeit der Aussage einer noch nicht beschuldigten Person, MDR **1977** 978; *Rogall* Der Verdächtige als selbständige Auskunftsperson im Strafprozeß, NJW **1978** 2535; *Schroth* Der Vorhalt eigener protokollierter Aussagen an den Angeklagten, ZStW **87** (1975) 103; *Wömpner* Ergänzender Urkundenbeweis neben §§ 253, 254 StPO, NStZ **1983** 293. Wegen weiterer Nachweise vgl. bei § 249 und § 250.

Bezeichnung bis 1924: § 253.

---

[70] BGH StV **1990** 485; OLG Köln StV **1998** 478; HK-*Julius*[2] 20.

[71] BGHSt **29** 18, 21; vgl. § 261, 174 mit weit. Nachw.

[72] HK-*Julius*[2] 16; SK-*Schlüchter* 16; vgl. § 238, 47; 50.

[73] HK-*Julius*[2] 19; SK-*Schlüchter* 17.

[74] BGH StV **1991** 337; SK-*Schlüchter* 18.

Übersicht

1. Grundsätzliches

1 **a) Absatz 1** läßt im Interesse der Verfahrensvereinfachung zum Beweis eines Geständnisses, das vor einem Richter abgelegt wurde, die Verlesung des **richterlichen Vernehmungsprotokolls** zu. Als Ersatz für die Vernehmung des Richters oder des Urkundsbeamten, die das Geständnis entgegengenommen und beurkundet haben, darf die richterliche Niederschrift „zum Zwecke der Beweisaufnahme" verlesen werden. Es handelt sich nicht nur um einen Vernehmungsbehelf, sondern um einen **Urkundenbeweis**, auf den sich die freie richterliche Beweiswürdigung (§ 261) stützen kann[1]. Für die richterlichen Vernehmungsprotokolle, nicht aber für alle anderen Vernehmungsniederschriften, vor allem auch nicht für polizeiliche Protokolle, begründet § 254 hinsichtlich der Verhörspersonen beim Angeklagten die gleiche **Ausnahme vom Ersetzungsverbot** des § 250 und von dem Grundsatz der Mündlichkeit und Unmittelbarkeit[2] wie § 253 für den Zeugen und Sachverständigen[3]. Er gilt auch für **Nebenbeteiligte**, soweit diese mit Angeklagtenbefugnissen an der Hauptverhandlung teilnehmen[4].

2 **b) Bei Absatz 2** darf zur Aufklärung der in der Hauptverhandlung aufgetretenen Widersprüche das richterliche Vernehmungsprotokoll verlesen werden. Nach der vorherrschenden Meinung[5] darf dies **zur Beweisverwendung** geschehen; dagegen vertritt ein Teil des Schrifttums[6] die Ansicht, Absatz 2 lasse nur die Verlesung **zum Zwecke des Vorhalts**, nicht aber zum Beweis über die Wahrheit des bekundeten Sachverhalts zu. Zwischen beiden

---

[1] RGSt **61** 74; **45** 197; OGHSt **1** 110; BGHSt **1** 337; **14** 310; KG JR **1958** 369; OLG Schleswig SchlHA **1954** 387; *Hanack* FS Schmidt-Leichner 94; *Wömpner* NStZ **1983** 294; 296.

[2] Sofern man den Grundsatz der Unmittelbarkeit nicht nur als formales Prinzip versteht; dazu *Schroth* ZStW **87** (1975) 103 („Definitionfrage").

[3] *Alsberg/Nüse/Meyer* 282; AK-*Meier* 1; HK-*Julius*[2] 1; KK-*Diemer*[4] 2; *Kleinknecht/Meyer-Goßner*[44] 1; KMR-*Paulus* 1; SK-*Schlüchter* 1; *Wömpner* NStZ **1983** 296.

[4] *Alsberg/Nüse/Meyer* 282 Fußn. 283; AK-*Meier* 4; HK-*Julius*[2] 20; *Kleinknecht/Meyer-Goßner*[44] 1; KMR-*Paulus* 4; SK-*Schlüchter* 2.

[5] BGHSt **1** 337; *Alsberg/Nüse/Meyer* 282; *Gössel* § 27 D II c 1; *Roxin* § 44, 12; *G. Schäfer* 758; *Schlüchter* 535; *Schroth* ZStW **87** (1975) 103;

HK-*Julius*[2] 1; KK-*Diemer*[4] 2; *Kleinknecht/Meyer-Goßner*[44] 1; KMR-*Paulus* 2; SK-*Schlüchter* 17.

[6] *Eb. Schmidt* 1; 10; *Krause* Urkundenbeweis, 186, 191; *Löhr* Grundsatz der Unmittelbarkeit; 148; *Schroth* ZStW **87** (1975) 103, 119 ff. Die Materialien zeigen zwar, daß zunächst zwischen der Verlesung „zum Zwecke der Beweisaufnahme über ein Geständnis" und der „Feststellung und Hebung von Widersprüchen" unterschieden wurde (*Hahn* Mat. **2** 30; § 215 E urspr. Fassung); dies gibt jedoch keinen Anlaß zu einer anderen Beurteilung des Beweiszweckes. Wäre nur ein Vorhalt gewollt, hätte die Beschränkung der Zulässigkeit der Verlesung auf richterliche Protokolle wenig Sinn. Zu den Gesetzesmaterialien vgl. auch *Wömpner* NStZ **1983** 295; 297.

Absätzen zu unterscheiden wäre jedoch gekünstelt und entspräche weder dem Wortlaut („Dasselbe") noch dem Sinnzusammenhang der beiden Absätze. Auch § 255 zeigt, daß der Gesetzgeber die einzelnen Absätze der §§ 253, 254 hinsichtlich der Protokollierung wegen ihrer Beweisbedeutung gleichbehandelt hat[7]. Mit der herrschenden Meinung ist daran festzuhalten, daß Absatz 2 ebenso wie Absatz 1 die **Verlesung zu Beweiszwecken** gestattet.

c) § 254 schließt nicht aus, daß **andere Schriften**, zum Beispiel Briefe des Angeklag- **3** ten, die ein Schuldbekenntnis enthalten, **verlesen** werden[8] oder daß der Angeklagte bei seiner Vernehmung eine schriftliche Erklärung zur Ergänzung oder Erläuterung seiner mündlichen Aussage vorträgt[9].

d) Vernehmung der Verhörspersonen. § 254 läßt die Zulässigkeit der Vernehmung **4** der an der Errichtung der Niederschrift beteiligten **Richter und Schriftführer** über die Behauptung, daß die Niederschrift die Erklärung des Angeklagten unrichtig wiedergebe, unberührt[10]. Wieweit die **Aufklärungspflicht** dies erfordert, ist nach den Umständen des Einzelfalls zu beurteilen[11].

2. Gegenstand der Verlesung

a) Auf Grund des § 254 darf eine Erklärung des Angeklagten zum Tatvorwurf der **5** Anklage (vgl. Rdn. 14) **nur aus einer richterlichen Niederschrift** verlesen werden[12]. Dies gilt auch für den Absatz 2. Zu den richterlichen Niederschriften gehören die früheren richterlichen Einvernahmen im Ermittlungsverfahren und die im Haftprüfungsverfahren vor dem Haftrichter abgegebenen Erklärungen[13], selbst wenn deren Ergebnis in der Form einer „gemeinsamen Erklärung" beider vernommenen Angeklagten protokolliert wurde, sofern feststeht, daß jeder der beiden Angeklagten die Einlassung als gemeinsame verstanden wissen wollte[14]. Verlesbar sind ferner, wie bei § 251 Abs. 1, auch die **Sitzungsniederschriften** über eine Hauptverhandlung in Strafsachen, selbst wenn der Wortlaut der Erklärung nicht gemäß § 273 Abs. 3 festgestellt ist[15]. § 254 erfaßt aber auch die Niederschriften, die aus einem bürgerlichen Rechtsstreit, einem Verfahren der freiwilligen Gerichtsbarkeit, einem Dienststrafverfahren oder einem berufs- oder ehrengerichtlichen Verfahren herrühren, vorausgesetzt, daß ein Richter für die Niederschrift verantwortlich ist[16]. Verlesbar sind ferner die Niederschriften, die kraft Gesetzes den **richterlichen Niederschriften gleichgestellt** sind, wie etwa Vernehmungen durch einen dazu ermächtigten **Konsularbeamten** sowie Vernehmungsniederschriften eines **ausländischen Richters** oder einer sonstigen ausländischen Stelle, wenn diese unter Berücksichtigung des maßgebenden ausländischen Rechts einer richterlichen Einvernahme im Inland gleichgeachtet wird[17].

---

[7] *Sax* JZ **1967** 229; vgl. andererseits *Hanack* FS Schmidt-Leichner 88, der die Unterschiede herausstellt.

[8] BGHSt **20** 160; vgl. *Alsberg/Nüse/Meyer* 310 mit weit. Nachw.; *Wömpner* NStZ **1983** 297; ferner § 250, 14.

[9] RG GA **60** (1913) 87.

[10] H. M; so etwa RG JW **1992** 1036; vgl. Fußn. 11 und Rdn. 9.

[11] *Alsberg/Nüse/Meyer* 282; *Kleinknecht/Meyer-Goßner*[44] 1; KMR-*Paulus* 2; SK-*Schlüchter* 15.

[12] RGSt **14** 258; **18** 24; **24** 94. Vgl. Rdn. 23.

[13] BGH StV **131** (L); vgl. aber auch BGHR § 254 Abs. 1, Vernehmung, richterliche 1.

[14] BGH NStZ **1997** 147 (beide Angeklagten hatten ihre Einlassung zu wirtschaftlichen Vorgängen schon vorher schriftlich abgestimmt).

[15] RGSt **20** 23; **31** 69; BGHSt **24** 183 = JR **1971** 512 mit Anm. *Hanack*; BayObLG MDR **1982** 512; *Kleinknecht/Meyer-Goßner*[44] 4; vgl. § 251, 9.

[16] RGSt **20** 25; **56** 258; **4** 427; **5** 40; **9** 174; RG Recht **1903** Nr. 1793; **1922** Nr. 361; GA **54** (1907) 290; **60** (1913) 430; OLG Hamm JMBlNW **1974** 20; BGH NStZ **1996** 612 läßt dies offen. Vgl. § 251, 7; *Alsberg/Nüse/Meyer* 284; *Schneidewin* JR **1951** 485.

[17] KK-*Diemer*[4] 4; HK-*Julius*[2] 9; *Kleinknecht/Meyer-Goßner*[44] 4; SK-*Schlüchter* 9; ferner etwa BGH NJW **1992** 1467; NStZ **1994** 595 mit Anm. *Wohlers* NStZ **1995** 45; *Britz* NStZ **1995** 607 und *Hauser* JR **1996** 253; BGHR § 254 Abs. 1; Vernehmung, richterliche 3; 4; wegen der Einzelheiten vgl. § 224, 37; § 251, 7; 30.

6   Die Verlesbarkeit hängt davon ab, daß die Niederschrift unter **Beobachtung der** für das jeweilige Verfahren **vorgeschriebenen Förmlichkeiten** aufgenommen ist[18]. Für die im Strafverfahren errichteten Niederschriften kommen vor allem die §§ 168 a, 168 c, 271 in Betracht[19], ferner bei Vernehmung eines nicht deutsch sprechenden Angeklagten unter Zuziehung eines **Dolmetschers**, daß er für die betreffende Sprachübertragung ordnungsgemäß nach § 189 GVG vereidigt war oder sich auf einen die Sprachübertragung mit erfassenden allgemeinen Eid berufen hat[20]. Welche Förmlichkeiten jeweils maßgebend sind, ist bei diesen Vorschriften erläutert. Der Beweisverwendung der Vernehmungsniederschrift dürfen aber keine **Beweisverwertungsverbote** entgegenstehen, die sich vor allem auch aus einem Verstoß gegen die jeweils zu beachtenden **Belehrungs- und Benachrichtigungspflichten** ergeben können, so vor allem, wenn der Angeklagte vom Richter ohne die erforderliche vorherige Belehrung über sein Recht zu Schweigen vernommen worden war und der Verstoß nicht deshalb unbeachtlich ist, weil der Angeklagte damals in Kenntnis seines Schweigerechts ausgesagt hatte oder weil er in der Hauptverhandlung mit der Verwertung einverstanden ist[21]. Bei den in einem **anderen gerichtlichen Verfahren** aufgenommene Niederschriften genügt die Wahrung der sie betreffenden Vorschriften; dies gilt nach der vorherrschenden Meinung auch dann, wenn sie hinter den strafprozessualen Formschriften zurückbleiben[22]. Strittig ist, ob § 254 voraussetzt, daß der jetzige Angeklagte schon bei seiner früheren Vernehmung die mit dem Schweigerecht verbundene **Rechtsstellung als Beschuldigter** hatte. Während die überkommene Meinung auch Aussagen vor dem Richter für verlesbar hält, die der jetzige Angeklagte in einer anderen Prozeßrolle, insbesondere als Zeuge, gemacht hatte[23], scheidet nach einer im Schrifttum vertretenen Ansicht die Beweisverwendung einer solchen Aussage nach § 254 aus, weil dann die Belehrung über sein Schweigerecht als Beschuldigter unterblieben ist, sie könne nur zu einem Vorhalt verwendet werden[24]. Nach einer weiteren Ansicht dagegen ist auch die Beweisverwendung einer als Zeuge abgegebenen Aussage vor dem Richter zulässig, da die Freiheit vom Selbstbelastungszwang auch dann gewährleistet ist, wenn der jetzige Angeklagte vor der früheren Vernehmung als Zeuge darauf hingewiesen wurde, daß er das Recht zur Verweigerung der Auskunft nach § 55 oder den gleichartigen Vorschriften der anderen Verfahrensordnungen habe[25]. Die Verpflichtung, keine Aussage zu verwerten, wenn dadurch die aus dem Rechtsstaatsprinzip abgeleitete Freiheit vom Selbstbelastungszwang[26] nicht gewahrt wird, hängt wegen der Relativität und Disponibilität dieses Verbots von der Lage des Einzelfalls im Zeitpunkt der Verwertung ab, nicht aber allein oder ausschließlich davon, ob der jetzige Angeklagte schon früher als Beschuldigter oder ob er als Zeuge in einem anderen Verfahren richterlich einvernommen wurde. Dies spricht dafür, bei § 254 die Verlesbarkeit einer früheren Aussage als Zeuge nicht

---

[18] RGSt **41** 217; **55** 107; **56** 257; RG GA **38** (1891) 187; OLG Hamburg NJW **1975** 1573; AK-*Meier* 10; KK-*Diemer*⁴ 5; *Kleinknecht/Meyer-Goßner*⁴⁴ 4; vgl. § 251, 11 ff.

[19] Vgl. § 224, 32 ff; § 251, 11.

[20] BGHSt **22** 118; BGH StV **1985** 314; **1993** 531; OLG Hamburg NJW **1975** 1573; vgl. § 251, 11; § 189 GVG mit weit. Nachw.

[21] Wegen der einzelnen Fallgestaltungen vgl. bei § 136, 53 ff; ferner etwa SK-*Schlüchter* 16; sowie BGHSt **38** 263 = JR **1993** 425 mit Anm. *Fezer* zu dem Sonderfall der richterlichen Vernehmung ohne Belehrung nach dem Recht der früheren DDR.

[22] *Alsberg/Nüse/Meyer* 385; **a. A** RGSt **56** 258 (Mitwirkung eines Protokollführers); § 251, 8.

[23] RGSt **9** 174; RGRspr. **4** 427; **5** 410; RG JW **1913** 1003; *Alsberg/Nüse/Meyer* 284; *v. Dellingshausen* FS Stree/Wessels 687; *Kleinknecht/Meyer-Goßner*⁴⁴ 4; KMR-*Paulus* 4; *Eb. Schmidt* 4.

[24] *Eisenberg* (Beweisrecht) 863 unter Hinweis auf den qualitativen Unterschied der Belehrungen und der Gefahr der Umgehung des § 136; KK-*Diemer*⁴ 3; SK-*Schlüchter* 2; wohl auch HK-*Julius*² 5. Zur Problematik vgl. *Rogall* Der Beschuldigte als Beweismittel gegen sich selbst, 221 f; *Rogall* NJW **1978** 2537.

[25] *G. Schäfer* 762; nach AK-*Meier* 4 genügt es, wenn bei der Einvernahme als Zeuge eine dem § 55 Abs. 2 entsprechende Belehrung über das Auskunftsverweigerungsrecht erteilt wurde.

[26] Vgl. Einl. J 88 ff.

schon generell auszuschließen, sondern — ebenso wie auch bei einer früheren Einvernahme als Beschuldigter — im Einzelfall zu prüfen, ob eine unterbliebene oder den Schutzzweck verfehlende Belehrung in Verbindung mit den sonstigen konkreten Umständen die Verlesbarkeit ausschließt, weil andernfalls der Freiheit vom Selbstbelastungszwang nicht Rechnung getragen würde.

b) Sonstige Niederschriften. Den Gegensatz zu den richterlichen Niederschriften bilden die Niederschriften über Vernehmungen des Angeklagten vor der **Polizei**, der **Staatsanwaltschaft** oder einer **sonstigen Behörde**. § 254 gestattet nur bei richterlichen Niederschriften, nicht aber bei anderen Vernehmungsprotokollen, den Ersatz der durch § 250 an sich gebotenen Einvernahme der Verhörsperson durch Verlesen der Niederschrift[27]. Ob trotz des Fehlens einer gesetzlichen Ausnahme vom Verbot des § 250 die polizeiliche Niederschrift einer früheren Vernehmung des Angeklagten dann verlesen werden darf, wenn dem alle Verfahrensbeteiligten zustimmen[28], wird angesichts des Wortlauts der diesen Fall nicht erfassenden Regelung in § 251 Abs. 1 Nr. 4, Abs. 2 Satz 1 zu verneinen sein. Zur Vermeidung des Beweismittelverbots hilft diese Ausnahme wenig, da dann, wenn der Angeklagte und sein Verteidiger der Beweisverwendung zustimmen, der Angeklagte den Inhalt seiner früheren Aussage auch auf Vorhalt bestätigen wird. Wieweit § 254 in den nicht von § 250 erfaßten Fällen die Verwendung derartiger Niederschriften zu Beweiszwecken ausschließt, ist strittig[29]. Zu deren Verwendung im Wege des Vorhalts vgl. Rdn. 24 ff. 7

§ 254 erfaßt nicht **Niederschriften**, die eine **Privatperson** über eine Äußerung des Angeklagten gefertigt hat, oder Schreiben, die der Angeklagte zu den Akten eingereicht hat[30], oder die nach § 163 a Abs. 1 Satz 2; § 46 Abs. 1, 2 OWiG im Straf- oder Bußgeldverfahren abgegebenen **schriftlichen Äußerungen**, auch wenn diese eine polizeiliche Vernehmung ersetzen sollten[31]. Sie dürfen nach Maßgabe der allgemeinen Grundsätze zu Beweiszwecken verlesen werden. 8

Kommt es darauf an, den Inhalt einer Erklärung festzustellen, die der Angeklagte vor einem **nichtrichterlichen Beamten** abgegeben hat, so muß dieser **als Zeuge vernommen** werden. Die Einvernahme der Verhörsperson darf nicht durch das Verlesen der Niederschrift ersetzt werden (§ 250). Hierin besteht kein Unterschied zwischen einer solchen Erklärung und einer anderen, außergerichtlichen Äußerung des Angeklagten[32]. Die Angaben des Angeklagten bei einer früheren nichtrichterlichen Vernehmung dürfen auch dann in dieser Weise zum Gegenstand der Beweisaufnahme gemacht werden, wenn der Angeklagte in der Hauptverhandlung erklärt, er wolle zu den früheren Angaben keine Erklärung abgeben[33]. Kann sich die Verhörsperson trotz Vorhalts an den Inhalt der Aussage nicht mehr erinnern, bekundet sie aber, die Aussage des Angeklagten „getreulich" aufgenommen zu haben, dann ist strittig, ob § 254 ausschließt, das Protokoll als Ergänzung der Zeugenaussage zu verlesen und im Rahmen der freien Beweiswürdigung auf den Inhalt der früheren Aussage und auf die Richtigkeit des damals vom Angeklagten Bekundeten zu 9

---

[27] RGSt **20** 322; RG Recht **1017** Nr. 2113; JW **1913** 1003; **1922** 1036; OGHSt **1** 110; **3** 24; BGHSt **1** 337; **14** 310; **22** 170; NStZ **1995** 47; bei *Spiegel* DAR **1977** 176; OLG Köln VRS **63** (1982) 365; OLG Zweibrücken VRS **60** (1981) 442; vgl. auch Fußn. 29; *Wömpner* NStZ **1983** 298.

[28] *Bohlander* StV **1999** 396 neigt dieser Ansicht zu.

[29] Vgl. *Wömpner* NStZ **1983** 298; ferner etwa *Alsberg/Nüse/Meyer* 286; HK-*Julius*[2] 1; *Kleinknecht/Meyer-Goßner*[44] 6; KMR-*Paulus* 9; *G. Schäfer*

763; *Schroth* ZStW **87** (1975) 103 (unzulässig); § 249, 16; § 243, 71.

[30] RGSt **18** 23; **35** 234; OLG Düsseldorf JMBlNW **1979** 247; OLG Hamm JMBlNW **1968** 215.

[31] OLG Düsseldorf JMBlNW **1979** 247; VRS **41** (1971) 436; OLG Zweibrücken VRS **60** (1981) 442; *Göhler* NStZ **1982** 12.

[32] Mot. **1** 85.

[33] BGHSt **1** 337; **14** 310; **22** 171; NJW **1996** 1524; NStZ **1995** 47; vgl. § 243, 71 mit weit. Nachw.

schließen[34]. Hierfür läßt sich zwar anführen, daß § 254 nur als eine Ausnahme vom Verbot des § 250 anzusehen ist. Für die Gegenmeinung spricht aber, daß dann eben doch das nichtrichterliche Vernehmungsprotokoll die Beweisbedeutung erlangen würde, die ihm der Gesetzgeber versagt hat.

10   **c) Tonbandaufnahmen, Videoaufzeichnungen.** Werden bei einer polizeilichen Vernehmung die Erklärungen des Angeklagten mit seinem Einverständnis auf ein **Tonband** aufgenommen, darf dieses Tonband nach der vorherrschenden Meinung im Wege des **Augenscheinsbeweises** abgespielt werden[35], wobei jedoch der Umstand, daß das Tonband Erklärungen des Angeklagten getreu wiedergibt, entweder durch die Angaben des Angeklagten oder durch Zeugenaussagen der Verhörsbeamten zur Überzeugung des Gerichts erwiesen werden muß[36]. Mehrere Stimmen im Schrifttum[37] halten dagegen **§ 254 für entsprechend anwendbar**, da das Tonband, auch wenn man es als Augenscheinsobjekt ansieht, sachlich der Niederschrift über ein Geständnis vor der Polizei gleichzuachten sei, so daß das Verbot der direkten Verwendung einer solchen Niederschrift sinngemäß auch für das Tonband gelten müsse. Für **Bild-Ton-Aufzeichnungen** einer solchen Einvernahme des Angeklagten muß gleiches gelten. § 255 a Abs. 1 StPO entscheidet die Streitfrage allerdings nicht, da er nur für die Bild-Ton-Aufzeichnung einer Zeugeneinvernahme die einschlägigen Vorschriften über den Urkundenbeweis (§§ 251, 252, 253 und 255) für entsprechend anwendbar erklärt, nicht aber § 254. Zwar spricht vieles dafür, die Bild-Ton-Aufnahmen einer Vernehmung insoweit wie eine Vernehmungsniederschrift zu behandeln; einer nach § 254 in die Hauptverhandlung einführbaren richterlichen Vernehmungsniederschrift kann eine solche Aufzeichnung aber wegen § 255 a nicht ohne weiteres gleichgestellt werden, wenn sie eine richterliche Vernehmung dokumentiert.

3. Verlesung nach Absatz 1

11   **a)** Die Verlesung gemäß Absatz 1 geschieht **zum Zweck der Beweisaufnahme** über ein **Geständnis**, also der Feststellung, ob der Angeklagte ein Geständnis abgelegt hat, welchen Inhalt es hatte und ob es wahr ist[38]. Infolgedessen können auch Niederschriften verlesen werden, um nachzuweisen, daß der Angeklagte bestimmte Tatsachen nicht eingeräumt oder ein früheres Geständnis geändert oder widerrufen hat[39]. Soll eine Vernehmungsniederschrift dagegen nur zum Nachweis ihres Vorhandenseins verlesen und nicht etwa ihr Inhalt zu Beweiszwecken verwendet werden, ist sie unabhängig davon zulässig, ob die Voraussetzungen des § 254 vorliegen[40]. Gleiches gilt, wenn im Rahmen des **Freibeweises** geklärt werden soll, ob ein Beweisverbot besteht[41]. Der Inhalt einer nur für einen solchen Zweck in die Hauptverhandlung eingeführten Urkunde darf dann aber nicht zu Beweiszwecken für die Schuld- oder Rechtsfolgenfrage herangezogen werden.

---

[34] *Wömpner* NStZ **1983** 297, 299 hält die vom Verbot des § 250 nicht erfaßte ergänzende Verlesung zu Beweiszwecken für zulässig, anders BGHSt **14** 310; **23** 220. Vgl. BGH NJW **1970** 574; *Alsberg/ Nüse/Meyer* 287; *Fezer* JuS **1977** 522; *Hanack* JZ **1972** 274; FS Schmidt-Leichner 97 (kein Rückgriff durch Verlesen, da sonst Reproduktion der Urkunde); *Langkeit/Cramer* StV **1996** 230; *G. Schäfer* 763; *Kleinknecht/Meyer-Goßner*44 8; KMR-*Paulus* 10; ferner § 261.

[35] BGHSt **14** 339; vgl. § 244, 333.

[36] *Alsberg/Nüse/Meyer* 284; *Kleinknecht/Meyer-Goßner*44 1; KMR-*Paulus* 12; vgl. KK-*Diemer*4 1 (Vernehmungsbehelf).

[37] *Hanack* JZ **1972** 275; FS Schmidt-Leichner 96; *Eb. Schmidt* JZ **1964** 539; SK-*Schlüchter* 5.

[38] *Alsberg/Nüse/Meyer* 283; *Kleinknecht/Meyer-Goßner*44 2; *Schroth* ZStW **87** (1975) 110; *Wömpner* NStZ **1983** 297.

[39] RGSt **45** 196; **54** 128; RG GA **59** (1912) 336; *Alsberg/Nüse/Meyer* 283; KK-*Diemer*4 3; *Kleinknecht/ Meyer-Goßner*44 2; *Eb. Schmidt* 3.

[40] BGHSt **3** 149; *Alsberg/Nüse/Meyer* 286; *Wömpner* NStZ **1983** 298; *Kleinknecht/Meyer-Goßner*44 6; SK-*Schlüchter* 2.

[41] *Alsberg/Nüse/Meyer* 286.

b) Unter **Geständnis** ist nicht nur ein Schuldbekenntnis oder ein Geständnis der gan- **12** zen Tat zu verstehen, sondern schon die Einräumung einer einzelnen, für den Schuld-spruch unmittelbar oder mittelbar erheblichen Tatsache[42]. Dazu gehört alles, was mit dem historischen Geschehen der angeklagten Tat zusammenhängt, so Angaben über Vorge-schichte, Planung und Ausführung der Tat, über das Verhältnis zu Mitbeteiligten und Betroffenen, ferner, wenn der Angeklagte in einem früheren Strafverfahren eine Tatsache eingeräumt hat, aus der sich die Gewerbsmäßigkeit der ihm jetzt zur Last gelegten Tat ergibt[43]. Auch die Angabe von Tatsachen, die nicht für die Schuldfrage, sondern nur für die Rechtsfolgenentscheidung bedeutsam sind, können Gegenstand eines Geständnisses sein[44]. Unerheblich ist, ob sie den Angeklagten be- oder entlasten[45].

Absatz 1 beschränkt sich nicht auf Erklärungen, die der Angeklagte bei der **Verneh-** **13** **mung als Beschuldigter** abgegeben hat; nach der vorherrschenden Meinung[46] kann auch eine Aussage verlesen werden, die er als Zeuge in der gegenwärtigen oder einer anderen Strafsache gemacht hat; das gilt auch, wenn der jetzige Angeklagte sein damaliges Zeug-nis mit dem Eid bekräftigt hatte[47]. Es kommt nur darauf an, daß er im Zeitpunkt der Beweisverwendung die Verfahrensstellung des Angeklagten hat[48].

Es muß sich aber immer um **dieselbe Beschuldigung**, denselben Prozeßgegenstand **14** handeln, der dem Tatvorwurf der Anklage zugrunde liegt. Es versteht sich von selbst, daß der § 254 Abs. 1 nicht dazu gebraucht werden kann, um überhaupt alle Geständnisse eines Angeklagten in anderen Strafsachen zu verlesen[49].

Die Voraussetzungen des Absatzes 1 sind auch gegeben, wenn der Angeklagte ein frü- **15** her zu richterlichem Protokoll erklärtes Geständnis in der Hauptverhandlung **widerruft**[50]. Die Verlesung wird möglicherweise unnötig, weil der Angeklagte damit selbst zugibt, sei-nerzeit ein Geständnis abgelegt zu haben, aber nicht unzulässig[51]. Sie bleibt aber notwen-dig, wenn das Gericht nicht die Erklärung des Angeklagten über das frühere Geständnis, sondern den Inhalt der darüber gefertigten Niederschrift selbst zu Beweiszwecken heran-ziehen will[52]. § 254 Abs. 1 knüpft die Verlesbarkeit von Erklärungen über ein Geständnis, nicht daran, daß der Angeklagte in der Hauptverhandlung bestimmte Erklärungen abgibt oder nicht abgibt. Ein Gericht kann selbst dann Anlaß haben, nach Absatz 1 zu verfahren, wenn der Angeklagte in der Hauptverhandlung schweigt oder sich genauso wie früher äußert. Es kann, wenn sich der Angeklagte über eine längere Zeit stets in derselben Weise eingelassen hat, darin ein Anzeichen für die auch bei einem Geständnis zu prüfende Glaubwürdigkeit sehen[53]. Um wieviel mehr kann im Falle des Widerrufs Anlaß zur Beweiserhebung über ein früheres Geständnis bestehen, zumal da die bloße Tatsache des Widerrufs über den Inhalt des früheren Geständnisses nichts auszusagen braucht. Macht der Angeklagte im Zusammenhang mit dem Widerruf des Geständnisses Ausführungen,

[42] RGSt **45** 197; **54** 127; RGRspr. **6** 554; RG GA **55** (1908) 328; RG JW **1913** 1003; LZ **1914** 1026; vgl. zum Geständnis allgemein Einl. G 55 ff.

[43] RG JW **1933** 453.

[44] BGH bei *Holtz* MDR **1977** 984; *Alsberg/Nüse/ Meyer* 283; *Dencker* ZStW **102** (1990) 68; *Schnei-dewin* JR **1951** 485; KK-*Diemer*[4] 3; *Kleinknecht/ Meyer-Goßner*[44] 2; KMR-*Paulus* 14; SK-*Schlüch-ter* 11; zweifelnd *Eb. Schmidt* 2.

[45] RGSt **45** 196; **54** 127; BGH bei *Holtz* MDR **1977** 984; *Alsberg/Nüse/Meyer* 283; KK-*Diemer*[4] 3; *Kleinknecht/Meyer-Goßner*[44] 2.

[46] Zum Streitstand vgl. Rdn. 6.

[47] RGRspr. **5** 410.

[48] H. M; etwa BGHSt **27** 13, 17; OLG Hamburg StV **1997** 11; KG StV **1999** 197.

[49] RGSt **54** 127; RG GA **41** (1893) 416; OLG Ham-burg StV **1997** 11; KK-*Diemer*[4] 8 (folgt aus Begriff Geständnis); ferner etwa *Kleinknecht/Mey-er-Goßner*[44] 2; SK-*Schlüchter* 11.

[50] *Alsberg/Nüse/Meyer* 284 (zulässig, aber überflüs-sig, da dann Vorhalt genügt); ebenso *Kleinknecht/ Meyer-Goßner*[44] 2; KMR-*Paulus* 5.

[51] So aber wohl OLG Schleswig SchlHA **1954** 387; *Eb. Schmidt* 2.

[52] SK-*Schlüchter* 13.

[53] SK-*Schlüchter* 13; nach *Schroth* ZStW **87** (1875) 112; HK-*Julius*[2] 4 ist die Verlesung bei identischen Erklärungen in der Regel unnötig.

Walter Gollwitzer

die im Widerspruch zu seiner früheren Einlassung stehen, dann ist die Verlesung auch unter den Voraussetzungen des Absatzes 2 zulässig.

16   Soll ein Geständnis verlesen werden, das **ein Zeuge früher als Beschuldigter**, etwa als früherer Mitangeklagter vor Trennung der Verfahren, abgelegt hat, so ist nicht § 254, sondern § 253 anwendbar[54].

17   c) Absatz 1 ist auch anwendbar, wenn die **Hauptverhandlung ohne den Angeklagten** durchgeführt wird[55]. Dagegen unterstellt Absatz 2 grundsätzlich die Anwesenheit des Angeklagten, wenn er davon ausgeht, daß der Widerspruch in der Hauptverhandlung aufgetreten ist[56]. Die nach Absatz 1 verlesene richterliche Niederschrift kann auch zu Beweiszwecken für und gegen Mitangeklagte verwendet werden[57]. Wird nicht in Anwesenheit des Angeklagten verhandelt, folgt die Verpflichtung zur Verlesung einer früheren richterlichen Vernehmung im übrigen auch aus den für das jeweilige Verfahren geltenden Sondervorschriften, so etwa aus § 232 Abs. 3; § 233 Abs. 3 Satz 2.

18   d) Wird gegen **mehrere Mitangeklagte** verhandelt, so darf die Aussage eines Mitangeklagten zu einer ihm selbst im anhängigen Verfahren zur Last gelegten Tat[58] auf Grund des § 254 Abs. 1 auch dann verlesen werden, wenn die Tatsache, daß er ein Geständnis abgelegt hat, zur Überführung eines anderen Mitangeklagten dienen kann[59]. Bei Würdigung des Beweisergebnisses ist das Gericht nicht gehindert, den über § 254 zulässig eingeführten Prozeßstoff im Zuge der einheitlichen Tatsachenfeststellung[60] auch zu Lasten der übrigen Mitangeklagten zu verwerten[61]. Dies gilt auch, wenn die Mitangeklagten miteinander nahe verwandt oder verschwägert sind; denn die Zulässigkeit der Verlesung der Niederschrift über die richterliche Vernehmung des einen und die Verwertbarkeit der früheren Angaben gegenüber den anderen Mitangeklagten ist nach § 254 und nicht nach § 252 zu beurteilen[62]. Scheitert allerdings die Einführung der Aussage eines Mitangeklagten an einem in seiner Person begründeten Verwertungsverbot, etwa einer unterbliebenen Belehrung über sein Schweigerecht, dann darf sie, solange das Verbot nicht entfällt, auch gegen den davon an sich nicht betroffenen Mitangeklagten nicht zu Beweiszwecken nach § 254 verlesen werden[63].

19   4. Verlesung nach Absatz 2. Zur Behebung eines **Widerspruchs** zwischen den Ausführungen des Angeklagten in der Hauptverhandlung und den früheren Einlassungen vor einem Richter dürfen die Protokolle über die richterliche Niederschrift ebenfalls verlesen werden, vorausgesetzt, der Widerspruch ist in der Hauptverhandlung **nicht auf andere Weise**, etwa durch Vernehmung der anwesenden Verhörspersonen oder durch ein anderes Beweismittel, zu klären. Im Gegensatz zu Absatz 1 ist also hier die Verlesung zu Beweiszwecken **nur subsidiär** gegenüber anderen Beweismitteln zulässig[64]. Wegen der Voraus-

54 RGSt **55** 223; BGHSt **27** 13.
55 OLG Frankfurt NJW **1993** 2129 (L); KMR-*Paulus* 5; SK-*Schlüchter* 14.
56 Wegen der Einzelheiten vgl. Rdn. 20.
57 Vgl. Rdn. 18.
58 Vgl. Rdn. 14.
59 RGSt **9** 88; RG JW **1899** 475; RG JW **1899** 475; Recht **1917** Nr. 1933; BGHSt **3** 149; **22** 372; *Alsberg/Nüse/Meyer* 284; *Fezer* JuS **1977** 523; *Hanack* JZ **1972** 275; AK-*Meier* 18; KK-*Diemer*4 8; *Kleinknecht/Meyer-Goßner*44 5; KMR-*Paulus* 5; SK-*Schlüchter* 15; *Eb. Schmidt* 9; JZ **1970** 342; **a. A** *Schneidewin* JR **1951** 486. *Roxin* § 44, 10 hält die Verlesung eines richterlichen Protokolls über

das Geständnis eines Mitangeklagten für unzulässig, da dieser persönlich dazu vernommen werden müsse. Vgl. auch *Prittwitz* Der Mitbeschuldigte im Strafprozeß, 21 ff; 225 ff.
60 Vgl. Vor § 226, 39; § 244, 10.
61 BGHSt **22** 372; weit. Nachw. vgl. Fußn. 59.
62 BGHSt **3** 149; *Eisenberg* (Beweisrecht) 941; KMR-*Paulus* 5; SK-*Schlüchter* 14; vgl. § 252.
63 Strittig, wie hier *Dencker* StV **1995** 45; offengelassen in BGHSt **38** 214 mit Anm. *Wohlers* NStZ **1995** 45; *Britz* NStZ **1995** 607; **a. A** BayObLGSt **1993** 207 = StV **1995** 237.
64 *Eisenberg* (Beweisrecht) 867; AK-*Meier* 6; vgl. § 253, 11.

setzungen **im einzelnen** und wegen der Bedeutung der **Aufklärungspflicht**, die durch Absatz 2 nicht eingeschränkt wird, gilt das gleiche wie bei § 253 Abs. 2[65].

Die **Anwesenheit des Angeklagten** und seine vorgängige Vernehmung in der Haupt- **20** verhandlung setzt Absatz 2 voraus, wenn er die subsidiäre Vernehmung daran knüpft, daß der Widerspruch in der Hauptverhandlung aufgetreten ist. Dies bedeutet aber nicht, daß Absatz 2 stets unanwendbar ist, wenn nicht in Anwesenheit des Angeklagten verhandelt wird[66]. Entfernt sich der Angeklagte unbefugt unmittelbar nach seiner Einvernahme und wird nach § 231 Abs. 2 weiterverhandelt, so ist dies unschädlich[67]. Ein Widerspruch kann aber auch bei einer Verhandlung ohne anwesenden Angeklagten dann auftreten, wenn sein zur Vertretung befugter Verteidiger (§ 234) für ihn eine Einlassung vorträgt, die seiner früheren Einlassung widerspricht. Auch dann muß die subsidiäre Verlesung der richterlichen Vernehmungsniederschrift nach Absatz 2 zulässig sein. Vielfach wird in Fällen eines entscheidungserheblichen, unaufgelösten Widerspruchs jedoch die **Aufklärungspflicht** gebieten, das persönliche Erscheinen des Angeklagten anzuordnen und ihn selbst zum Widerspruch zu hören[68].

5. Anordnung und Umfang der Verlesung

a) Ebenso wie bei § 253 ordnet der **Vorsitzende** die Verlesung an[69] oder nimmt sie **21** gleich selbst vor, wenn er glaubt, daß die Voraussetzungen dafür gegeben sind und die Verlesung zur Sachaufklärung notwendig ist. Auch die anderen Prozeßbeteiligten können die Verlesung anregen. Entspricht der Vorsitzende einer solchen Anregung nicht und beanstandet ein Beteiligter dies oder widerspricht ein Beteiligter der vom Vorsitzenden beabsichtigten Verlesung, so entscheidet das **Gericht** gemäß § 238 Abs. 2 darüber durch Beschluß. Das **Selbstleseverfahren** (§ 249 Abs. 2) ist durch § 249 Abs. 2 Satz 1 ausdrücklich ausgeschlossen. Die vorherrschende Meinung hält es weiterhin für zulässig, daß der Vorsitzende im allgemeinen Einverständnis den Inhalt des Geständnisses bekanntgibt, statt die Niederschrift zu verlesen[70].

b) Die Verlesung der **ganzen Niederschrift** ist nicht vorgeschrieben („**Teil des Proto- 22 kolls**")[71]. Sie ist nur angezeigt, wenn und soweit dies dem Verständnis des zu verlesenden Teils der Aussage dient. Gegenerklärungen eines Zeugen können insoweit, als sie die Bekundung des Angeklagten ergänzen[72], und zum besseren Verständnis, nicht aber zu Beweiszwecken mitverlesen werden.

c) Bei **Bezugnahme** einer richterlichen Niederschrift auf eine in einer **nichtrichterli- 23 chen Niederschrift** enthaltene Erklärung des Angeklagten darf diese mitverlesen werden, wenn und soweit ihr Inhalt als ein Teil der richterlichen Niederschrift zu gelten hat[73]. Dies setzt voraus, daß dem Angeklagten zunächst Gelegenheit gegeben wurde, sich vor dem Richter im Zusammenhang auf die Beschuldigung zu äußern, daß ihm, wenn sich dabei herausstellt, daß seine Angaben mit denjenigen einer nichtrichterlichen Niederschrift im wesentlichen übereinstimmen, diese Angaben im Laufe der richterlichen Vernehmung

---

65 Vgl. § 253, 12 ff.
66 So aber HK-*Julius*[2] 8; KMR-*Paulus* 5.
67 SK-*Schlüchter* 18.
68 SK-*Schlüchter* 18.
69 BGH VRS **32** (1967) 352; *Kleinknecht/Meyer-Goßner*[44] 1; SK-*Schlüchter* 14.
70 *Alsberg/Nüse/Meyer* 282; HK-*Julius*[2] 14; *Kleinknecht/Meyer-Goßner*[44] 1; **a. A** SK-*Schlüchter* 1; wegen weiterer Nachweise zum Streitstand und der

auch von mir vertretenen Gegenmeinung vgl. § 249, 45.
71 RG JW **1890** 270; vgl. *Hanack* FS Schmidt-Leichner 86 (zu § 253); SK-*Schlüchter* 14; vgl. bei §§ 249; 253.
72 Vgl. RG GA **51** (1904) 49; dagegen SK-*Schlüchter* 2.
73 RGSt **24** 94; **25** 31; **40** 425; RG GA **42** (1894) 395; Recht 1910 Nr. 1193; LZ **1921** 756; BGHSt **6** 281; **7** 73; vgl. Fußn. 75.

vorgelesen, nicht nur inhaltlich vorgehalten worden sind und daß er seinen Willen kundgetan hat, er wolle seine früheren Angaben auch in der ihnen gegebenen Fassung als Bestandteil seiner Erklärungen vor dem Richter betrachtet wissen[74]. Alles das muß zweifelsfrei aus dem richterlichen Protokoll hervorgehen[75]. Eine bloße Verweisung in einem vorgedruckten Protokoll genügt dafür regelmäßig nicht. Erschöpft sich die richterliche Vernehmung in der Bezugnahme oder in der Entgegennahme von Erklärungen zu der vorgelesenen polizeilichen Aussage, so liegt eine verlesbare Niederschrift einer richterlichen Vernehmung nicht vor[76].

24   **6. Formfreier Vorhalt.** Die Befugnis des Vorsitzenden, den Angeklagten bei der Vernehmung im Hinblick auf eine in einer richterlichen oder nichtrichterlichen Niederschrift enthaltene Erklärung durch eine Frage oder einen Vorhalt zu einer Äußerung darüber zu veranlassen, ob er etwa bei einer früheren Vernehmung vor einem Polizeibeamten, einem Staatsanwalt oder einem Richter ein Geständnis abgelegt oder eine Tatsache eingeräumt habe, wird durch den § 254 **nicht eingeschränkt**[77]. Doch darf eine **nicht verlesbare Niederschrift** durch einen solchen Vorhalt, der nur ausnahmsweise in einer wörtlichen Wiedergabe bestehen darf, nicht so zu Kenntnis des Gerichts gebracht werden, daß der Anschein erwächst, als ob der Inhalt der Niederschrift geeignet sei, das Geständnis zu beweisen und hiermit eine Folgerung auf Tat und Schuld zu begründen. Vielmehr schafft, wenn der Angeklagte auf den Vorhalt hin anerkennt, bei der früheren Vernehmung etwas zugestanden zu haben, allein seine in der Hauptverhandlung gemachte Angabe eine Beweisgrundlage, nicht aber der vorgehaltene Inhalt des Protokolls. Dies sollte auch das Urteil zum Ausdruck bringen[78].

25   Beim **Bestreiten des Geständnisses** durch den Angeklagten darf sich das Gericht nicht mit einem Vorhalt begnügen. Es muß, sofern es das in der Niederschrift niedergelegte Geständnis verwerten will, **Beweis über das Geständnis** erheben. Eine richterliche Vernehmungsniederschrift darf zu diesem Zweck verlesen werden; ob zusätzlich die Verhörsperson als Zeuge zu hören ist, richtet sich nach den Erfordernissen der Sachaufklärung im Einzelfall. Bei Vernehmungen durch andere Personen müssen diese als Zeugen gehört werden, da das Protokoll nach § 254 grundsätzlich nicht zum Beweis über die von ihnen dort festgehaltenen Bekundungen verlesen werden darf. Diesen von der Rechtsprechung nach einigem Schwanken[79] entwickelten Grundsätzen hat sich die vorherrschende Meinung angeschlossen[80].

26   Ein Teil des **Schrifttums** vertritt die Ansicht, § 254 schließe auch die **mittelbare Reproduktion des Vernehmungsinhalts** durch Einvernahme eines nichtrichterlichen Verhörsbeamten aus[81]. Es widerspräche außerdem dem Sinn des § 243 Abs. 4 Satz 1, wenn

[74] BGH StV **1987** 497; **1989** 95; **1991** 340; NJW **1996** 1547.
[75] BGHSt **6** 279; **7** 73; BGH NJW **1952** 1027; NStZ **1991** 500; bei *Herlan* MDR **1954** 656; *Alsberg/Nüse/Meyer* 285; KK-*Diemer*⁴ 5; *Kleinknecht/Meyer-Goßner*⁴⁴ 4; KMR-*Paulus* 4; SK-*Schlüchter* 6; **a. A** *Mittelbach* MDR **1955** 245; vgl. § 251, 20.
[76] BGH bei *Dallinger* MDR **1974** 725; bei *Kusch* NStZ-RR **1999** 36.
[77] *Alsberg/Nüse/Meyer* 286; HK-*Julius*² 10; *Kleinknecht/Meyer-Goßner*⁴⁴ 7; KMR-*Paulus* 10; SK-*Schlüchter* 7, wegen weiterer Nachw. vgl. § 249, 85; vgl. § 249, 84.
[78] BGHSt **14** 310; **2** 271; vgl. § 249, 85 mit weit. Nachw. kritisch dazu *Eisenberg* (Beweisrecht) 871 ff.

[79] RGSt **14** 258; **18** 224; **20** 231; **35** 5.
[80] RGRspr. **7** 215; RGSt **23** 58; **52** 243; **54** 16; **61** 72; RG DJZ **1913** 867; JW **1928** 2722; **1930** 936; **1931** 953; BGHSt **1** 337; **14** 310; **22** 171; BGH NJW **1952** 1027; **1966** 1524; BayObLG HRR **1934** Nr. 1000; OLG Braunschweig NdsRpfl. **1948** 203; OLG Frankfurt StV **1996** 202; OLG Hamm VRS **10** (1956) 270; OLG Köln VRS **63** (1982) 365; OLG Zweibrücken VRS **60** (1981) 442; *Kleinknecht/Meyer-Goßner*⁴⁴ 8; KMR-*Paulus* 3; SK-*Schlüchter* 7; vgl. auch *Geppert* FS Oehler (1985) 338 ff.
[81] *Grünwald* JZ **1968** 752; *Riegner* NJW **1961** 63; *Schroth* ZStW **87** (1975) 130; differenzierend *Hanack* FS Schmidt-Leichner 95; vgl. auch JZ **1972** 274; AK-*Meier* 14; HK-*Julius*² 11.

bei einem schweigenden Angeklagten seine in einem Protokoll enthaltenen früheren Angaben über einen Vorhalt zum Gegenstand der Aussage des Verhörsbeamten gemacht werden könnten; § 243 Abs. 4 Satz 1 setze dem Rückgriff auf frühere Aussagen Schranken[82].

Die Vernehmung des Verhörsbeamten über das Geständnis ist ferner im Sinne des **27** § 244 Abs. 2 regelmäßig notwendig, wenn der Angeklagte zwar anerkennt, gegenüber dem Polizeibeamten oder Staatsanwalt gestanden zu haben, aber behauptet, daß er zum Geständnis **durch eine Drohung** gezwungen oder durch eine **Zusicherung** verleitet worden sei.

7. Protokollierung. Nach § 255 ist in den Fällen der §§ 253 und 254 die **Verlesung 28** und auf Antrag der Staatsanwaltschaft oder des Angeklagten sowie der ihnen befugnismäßig gleichgestellten anderen Verfahrensbeteiligten[83] auch **ihr Grund** im Protokoll festzuhalten[84]. Die Tatsache der Verlesung muß unabhängig von einem Antrag immer gemäß § 273 Abs. 1 in der Niederschrift beurkundet werden[85]. Unabhängig von § 255 empfiehlt es sich, den Grund und Zweck der Verlesung in jedem Fall — auch ohne Antrag eines Beteiligten — zu beurkunden. Wenn eine zum Zwecke des Urkundenbeweises nicht verlesbare Urkunde zum Zwecke des Vorhalts wörtlich verlesen wird, kann es angezeigt sein, diesen Zweck im Protokoll festzuhalten[86].

8. Revision. Wird ein Geständnis aus einer nichtrichterlichen Niederschrift verlesen **29** und im Urteil verwertet, so begründet diese Verletzung des § 254 die Revision, sofern das Urteil auf dem Verstoß beruht[87]. Gleiches gilt, wenn ein wegen eines Formfehlers nicht verlesbares richterliches Protokoll nach § 254 verlesen wurde oder wenn das Verlesen des Protokolls gegen ein nicht geheiltes Verwertungsverbot verstieß. In solchen Fällen ist unter Anführung der jeweiligen Tatsachen der das Verlesungsverbot begründende Fehler (mangelnde Belehrung oder Benachrichtigung usw.) darzutun, aber auch, daß das Verwertungsverbot im Zeitpunkt der Verlesung noch fortbestand (keine Zustimmung; keine Heilung). Das **Beruhen des Urteils** kann nur in Ausnahmefällen verneint werden[88], so auch, wenn ersichtlich ist, daß das Gericht mit Sicherheit schon auf Grund der anderen Beweismittel zum gleichen Ergebnis gekommen wäre[89]. Verwertet das Urteil die Einlassung des Angeklagten vor der Polizei und erwähnt es in diesem Zusammenhang nur die polizeiliche Niederschrift, so spricht dies entweder für einen Verstoß gegen die §§ 250, 254[90] oder — falls die polizeiliche Niederschrift überhaupt nicht in die Hauptverhandlung eingeführt wurde — für einen Verstoß gegen § 261.

Die Revision kann nicht auf die Behauptung gestützt werden, die verlesene richterliche **30** Niederschrift habe **kein Geständnis** enthalten oder ein Widerspruch habe nicht vorgelegen. Dies in tatsächlicher Hinsicht zu beurteilen ist allein Sache des Tatrichters[91]. Gerügt werden kann jedoch, daß die Voraussetzungen des § 254 rechtsirrig angenommen wurden und daß deshalb weder § 254 noch sonst eine Ausnahmevorschrift das Verlesen entgegen § 250 Satz 2 gestattet hat[92].

---

82 *Eisenberg* (Beweisrecht) 884; *Grünwald* JZ **1968** 754; *Hanack* JZ **1972** 274.
83 Vgl. § 255, 5.
84 Zur Bedeutung und Tragweite des § 255 vgl. § 255, 1 bis 3.
85 Vgl. § 255, 3.
86 RGSt **61** 72.
87 OLG Frankfurt StV **1996** 202; HK-*Julius*[2] 18; *Kleinknecht/Meyer-Goßner*[44] 9; KMR-*Paulus* 18; SK-*Schlüchter* 22.
88 Vgl. BGH StV **1994** 58.

89 Ob dies auszuschließen ist, beurteilt sich nach Lage des Einzelfalls, vgl. etwa BGHSt **27** 17.
90 RGSt **61** 75; OGHSt **3** 24; OLG Hamburg VRS **10** (1950) 370; KMR-*Paulus* 18.
91 RGSt **45** 196; RG GA **55** (1908) 328; Recht **1914** Nr. 2814; BGHSt **1** 338; **14** 310; **29** 18, 21; BGH bei *Dallinger* MDR **1975** 369; HK-*Julius*[2] 18; KK-*Diemer*[4] 3; *Kleinknecht/Meyer-Goßner*[44] 9; KMR-*Paulus* 18.
92 SK-*Schlüchter* 22, ebenso *Kleinknecht/Meyer-Goßner*[44] 9.

31   Eine **Verletzung der Aufklärungspflicht** (§ 244 Abs. 2) kann darin liegen, daß das Gericht es unterlassen hat, durch Verlesen der richterlichen Vernehmungsniederschrift die Beweisaufnahme auf ein früheres Geständnis zu erstrecken oder einen Widerspruch aufzuklären. Sie kann andererseits aber — bei Beachtung der Voraussetzungen des § 254 — auch darin liegen, daß sich das Gericht mit der Verlesung der richterlichen Niederschrift begnügt und die sich nach der Sachlage aufdrängende Heranziehung weiterer Beweismittel unterlassen hat[93].

§ 255

In den Fällen der §§ 253 und 254 ist die Verlesung und ihr Grund auf Antrag der Staatsanwaltschaft oder des Angeklagten im Protokoll zu erwähnen.

     Bezeichnung bis 1924: § 254.

1   **1. Zwecke und Geltungsraum der Vorschrift.** Der erst durch die Reichstagskommission eingeführte § 255 verdankt seine Entstehung den Bedenken, die in ihr gegen die Beweisführung gemäß den §§ 253, 254 aufgetaucht waren. Er sollte den Beteiligten wenigstens die Möglichkeit geben, für das Revisionsgericht einen vollgültigen Beweis zu schaffen, wenn eine Vernehmungsniederschrift unter Verletzung einer gesetzlichen Vorschrift verlesen worden ist[1]. § 255 ist entsprechend anwendbar, wenn die Vorführung der Bild-Ton-Aufzeichnung einer Zeugenvernehmung angeordnet wird (§§ 253, 255 a Abs. 1). Für das **Ordnungswidrigkeitenverfahren** schreibt § 77 a Abs. 3 Satz 2 OWiG zusätzlich vor, daß auf Antrag auch der Inhalt einer fernmündlich eingeholten Erklärung einer Behörde in das Protokoll aufzunehmen ist.

2   Nur die **Verlesung** als Akt der Beweiserhebung bedarf als wesentliche Förmlichkeit die Erwähnung in der Sitzungsniederschrift, dagegen nicht der **Vorhalt**. Als Vernehmungsbehelf[2] bildet dieser einen Teil der Vernehmung, deren Einzelheiten nicht beurkundet zu werden brauchen. Wird dies jedoch trotzdem im Protokoll vermerkt, ist klarzustellen, daß die Urkunden nur zum Zwecke eines Vorhalts wörtlich verlesen wurden[3].

3   **2. Bedeutung der Vorschrift.** Nach § 273 Abs. 1 muß die Sitzungsniederschrift stets — auch ohne Antrag eines Beteiligten[4] — die **Tatsache der Verlesung** der genau zu bezeichnenden Niederschrift beurkunden. Nach vorherrschender Auffassung ist die Verle-

---

93 *Kleinknecht/Meyer-Goßner*[44] 9; KMR-*Paulus* 18; SK-*Schlüchter* 23.

1 Vgl. *Schneidewin* JR **1951** 485.
2 Vgl. § 249, 84 ff.
3 RGSt **61** 72; § 249, 91; § 254, 24; 28; § 273, 16.
4 BGH JR **1986** 524 mit Anm. *Gollwitzer*; OLG Hamburg LZ **1927** 555; OLG Köln NJW **1965** 830; KK-*Diemer*[4] 1; *Kleinknecht/Meyer-Goßner*[44] 1; KMR-*Paulus* 1; SK-*Schlüchter* 2; *Eb. Schmidt* 2; a. A RGSt **32** 315; RG JW **1894** 49, wonach auch die Tatsache der Verlesung nur auf Antrag zu protokollieren ist, weil darin keine selbständige Beweisaufnahme, sondern nur ein Teil der Zeugeneinvernahme gesehen wurde; ähnlich *Kuckuck* 128.

sung nach §§ 253, 254 Beweiserhebung und damit eine wesentliche Förmlichkeit des Verfahrens, die von der positiven und negativen Beweiskraft des Protokolls erfaßt wird. Die Bedeutung des § 255 besteht also ebenso wie diejenige des § 251 Abs. 4 Satz 2 darin, daß er — sofern ein entsprechender Antrag gestellt wird — zur Erleichterung der Nachprüfbarkeit (vgl. Rdn. 1) **zusätzlich** auch die Beurkundung des **Grundes der Verlesung** vorschreibt[5]. Zu beurkunden ist der vom Vorsitzenden bei Anordnung der Verlesung bzw. nach Antragstellung bekanntgegebene Grund.

Wird die Verlesung, nachdem ein Beteiligter Widerspruch gegen sie erhoben hat, **4** durch **Gerichtsbeschluß** angeordnet, so muß der Beschluß den Grund der Verlesung angeben[6].

3. Antragsberechtigt sind neben Staatsanwalt und Angeklagten auch der Verteidiger **5** in seiner Stellung als Beistand[7], ferner in den Grenzen ihrer Beteiligungsbefugnis[8] die sonstigen Nebenbeteiligten[9]; ferner der Privatkläger, nicht aber seit der Neufassung des § 397 Abs. 1 Satz 3 der Nebenkläger[10]. Der Antrag ist nach § 273 Abs. 1 ebenfalls in der Sitzungsniederschrift festzuhalten. Um die Protokollierungspflicht auszulösen, genügt es, daß ein Antragsberechtigter dies beantragt. Der Antrag kann bereits vor der Verlesung gestellt werden, so etwa auch im Rahmen eines Beweisantrags, der die Verlesung beantragt. Er ist aber auch noch nach der Verlesung möglich[11], so etwa im Rahmen der Erklärungen nach § 257. Sofern nicht bereits bei der Anordnung der Grund der Verlesung nach §§ 253, 254 bzw. der Grund der Vorführung einer Bild-Ton-Aufzeichnung nach § 255 a bekanntgegeben wurde, muß dies im Rahmen der aus Gründen der Verfahrensklarheit in der Hauptverhandlung ausdrücklich vom Vorsitzenden zu verkündenden Anordnung der Protokollierung geschehen.

4. Revision. Nur die Tatsache der Verlesung, nicht aber die Angabe ihres Grundes ist **6** eine nur durch das Protokoll zu beweisende Förmlichkeit im Sinne des § 274. Auch wenn der Grund der Verlesung trotz eines entsprechenden Antrags in der Niederschrift nicht vermerkt ist, hat das Revisionsgericht in **freier Beweiswürdigung** nachzuprüfen, ob die Voraussetzungen für die Verlesung nach den §§ 253, 254 gegeben waren[12]. Das Urteil kann daher nicht darauf beruhen, daß der Grund der Verlesung entgegen § 255 nicht protokolliert ist[13], sondern allenfalls auf einer Verletzung der §§ 253, 254.

---

[5] KK-*Diemer*[4] 1; *Kleinknecht/Meyer-Goßner*[44] 1; KMR-*Paulus* 2; **a. A** *Kuckuck* 128 (selbständige Erweiterung des § 273). Vgl. Fußn. 4.

[6] RGRspr. **3** 358.

[7] BGHSt **12** 371; *Hanack* JZ **1972** 275; *Rieß* NJW **1977** 882; KK-*Diemer*[4] 1; *Kleinknecht/Meyer-Goßner*[44] 2; KMR-*Paulus* 2; SK-*Schlüchter* 3; im Ergebnis auch *Spendel* JZ **1959** 739.

[8] Vgl. Vor § 226, 33.

[9] AK-*Meier* 2; *Kleinknecht/Meyer-Goßner*[44] 2; SK-*Schlüchter* 3.

[10] HK-*Kurth*[2] § 397, 13; *Kleinknecht/Meyer-Goßner*[44] 2; *Pfeiffer*[2] 1; SK-*Schlüchter* 3; **a. A** HK-*Julius*[2] 8.

[11] Zur Fassung eines solchen Antrags HK-*Julius*[2] 5.

[12] *Schneidewin* JR **1951** 489; *Kleinknecht/Meyer-Goßner*[44] 3; KMR-*Paulus* 3; SK-*Schlüchter* 5.

[13] KK-*Diemer*[4] 1; *Kleinknecht/Meyer-Goßner*[44] 3; KMR-*Paulus* 4; SK-*Schlüchter* 5.

§ 255 a

(1) Für die Vorführung der Bild-Ton-Aufzeichnung einer Zeugenvernehmung gelten die Vorschriften zur Verlesung einer Niederschrift über eine Vernehmung gemäß §§ 251, 252, 253 und 255 entsprechend.

(2) ¹In Verfahren wegen Straftaten gegen die sexuelle Selbstbestimmung (§§ 174 bis 184 c des Strafgesetzbuches) oder gegen das Leben (§§ 211 bis 222 des Strafgesetzbuches) oder wegen Mißhandlung von Schutzbefohlenen (§ 225 des Strafgesetzbuches) kann die Vernehmung eines Zeugen unter 16 Jahren durch die Vorführung einer Bild-Ton-Aufzeichnung seiner früheren richterlichen Vernehmung ersetzt werden, wenn der Angeklagte und sein Verteidiger Gelegenheit hatten, bei dieser mitzuwirken. ²Eine ergänzende Vernehmung des Zeugen ist zulässig.

Schrifttum. Vgl. die Nachweise bei den §§ 55 a, 168 e, 247 a.

Entstehungsgeschichte. § 255 a wurde durch Art. 1 Nr. 6 des Zeugenschutzgesetzes vom 30. 4. 1998 (BGBl. I S. 820) eingefügt. Er entspricht im wesentlichen dem vom Vermittlungsausschuß gebilligten Vorschlag des Bundesrats[1], während der ursprüngliche Koalitionsentwurf[2] nur die Regelung des Absatzes 1 in einer einschränkenden Fassung (Sachverhalt nicht durch Protokollverlesung aufklärbar) vorgesehen hatte.

Übersicht

1   **1. Zweck der Regelung.** § 255 a ermöglicht, Bild-Ton-Aufzeichnungen früherer **Zeugeneinvernahmen** (§§ 55 a, 168 e Satz 4, 247 a Satz 4) zu Beweiszwecken durch deren Vorführung in die Hauptverhandlung einzuführen. Als **Ausnahme von § 250** läßt er die Beweisverwendung dieser Aufnahmen grundsätzlich im gleichen Umfang und auch unter den gleichen formalen Voraussetzungen zu, unter denen nach §§ 251, 252 und 253 und 255 Vernehmungsniederschriften zu Beweiszwecken verlesen werden dürfen[3]. Insoweit ergänzt er diese Ausnahmeregelungen[4]. Für die Beweisverwendung der Bild-Ton-Aufzeichnung einer früheren richterlichen Vernehmung des **Angeklagten** gilt § 255 a nicht.

---

[1] Vgl. BTDrucks. **13** 4983 (Art. 1 Nr. 5 ff); BTDrucks. **13** 9542.
[2] BTDrucks. **13** 7165 S. 11; vgl. SK-*Schlüchter* 3.
[3] Vgl. *Seitz* JR **1998** 313; KK-*Diemer*[4] 2, 4; SK-*Schlüchter* 1; nach *Kleinknecht/Meyer-Goßner*[44] 5

kann von einer uneingeschränkten Gleichstellung nicht gesprochen werden, da die Verwendbarkeit einer Videoaufzeichnung davon abhängt, daß sie zur Erforschung der Wahrheit erforderlich ist.
[4] *Diemer* NJW **1999** 1673.

Die Verlesung der Vernehmungsniederschrift darf nicht durch Vorführung einer Bild-Ton-Aufzeichnung seiner früheren richterlichen Vernehmung ersetzt werden; der Gesetzgeber hat § 254 von der entsprechenden Anwendung ausdrücklich ausgenommen[5]. Die erweiterte Ausnahme vom Grundsatz der Unmittelbarkeit des § 250 gilt nur für die **Zeugeneinvernahme**, auf die Aufzeichnung von Ausführungen eines **Sachverständigen** ist sie nicht analog anwendbar[6].

Die gesetzliche **Anbindung an die Voraussetzungen des Urkundenbeweises** macht **2** den Streit, ob die Beweisverwendung der vom Gericht in Augenschein zu nehmenden Bild-Ton-Aufzeichnungen nach den für den Augenscheinsbeweis geltenden Grundsätzen oder nur bei Vorliegen der für den Urkundenbeweis festgelegten Voraussetzungen zu Beweiszwecken in die Hauptverhandlung eingeführt werden dürfen, für den Anwendungsbereich des § 255 a praktisch gegenstandslos[7]. Die Vorführung der Bild-Ton-Aufzeichnung der früheren Vernehmung ermöglicht dem Gericht auch, Schlüsse aus dem dabei wahrgenommenen Erscheinungsbild und dem Verhalten des Zeugen zu ziehen, ohne daß es insoweit darauf ankommt, wo sonst die Grenze von der Zeugenvernehmung zum Augenscheinsbeweis zu ziehen ist[8]. Soweit allerdings die Beweisverwendung der Bild-Ton-Aufzeichnung nicht das auf dem Bild festgehaltene Verhalten des Zeugen und den Inhalt seiner dort dokumentierten Aussage betrifft, sondern einen anderen Umstand, wie etwa den unveränderten Zustand der Aufzeichnung, bleibt sie Gegenstand des **Augenscheinsbeweises**[9].

Die Zulassung der Beweisverwendung früherer Bild-Ton-Aufzeichnungen nach **3** Absatz 1 kann die **verfahrenswirtschaftliche** und **beschleunigte** Durchführung der Hauptverhandlung fördern. Vor allem aber soll sie die **bessere Sachaufklärung** durch Nutzen der modernen Dokumentationsmöglichkeiten ermöglichen. Das Abspielen der Bild-Ton-Aufzeichnung einer früheren Einvernahme in der Hauptverhandlung gestattet in der Regel dem erkennenden Gericht, Gehalt und Bedeutung einer Zeugenaussage und ihre etwaige Beeinflussung durch die Vernehmungssituation besser zu beurteilen als durch die Verlesung der Aussage in einer von der Wortwahl des Protokollierenden mitbeeinflußten Vernehmungsniederschrift[10]. Die Gefahr, daß das Gericht der auf dem Bildschirm vorgeführten Aussage ohne Berücksichtigung der Filterwirkung des technischen Mediums auf Grund des optischen und akustischen Eindrucks den gleichen Beweiswert zubilligt wie einer unmittelbaren Aussage in der Hauptverhandlung[11], mag zwar bestehen. Deren Vorrang auf Grund ihres höheren Beweiswerts darf daher nicht aus den Augen verloren werden. Trotzdem wird auch bei kritischer Würdigung des verbleibenden Unterschieds in der Regel der Bild-Ton-Aufzeichnung gegenüber dem Verlesen eines Vernehmungsprotokolls der höhere Beweiswert beizumessen sein[12]. Der Gesetzgeber hat aber insoweit **keinen Vorrang** für die eine oder die andere Ersatzform der weiterhin vorrangigen unmittel-

---

5 Im Entwurf des Bundesrats BTDrucks. **13** 4983 war dies vorgesehen, wurde aber nicht übernommen, weil insoweit jeder Bezug zum Zeugenschutz fehlte (Stellungnahme der Bundesregierung BTDrucks. **13** 4983 S. 11); *Diemer* NJW **1999** 1673; KK-*Diemer*[4] 5.

6 *Kleinknecht/Meyer-Goßner*[44] 1.

7 Vgl. *Diemer* NJW **1999** 1673 (dogmatisch: Augenscheinsbeweis über eine frühere Einvernahme); *Seitz* JR **1998** 313 (je nach Standpunkt deklaratorische oder konstitutiv); *Kleinknecht/Meyer-Goßner*[44] 1 (klarstellend).

8 Vgl. *Laubenthal* JZ **1996** 342; *Kleinknecht/Meyer-Goßner*[44] 4.

9 *Diemer* NJW **1999** 1673; KK-*Diemer*[4] 3; *Kleinknecht/Meyer-Goßner*[44] 4.

10 *Diemer* NJW **1999** 1673 (größerer Beweiswert); HK-*Julius*[2] 1 (Überlegenheit an Authentizität und Vollständigkeit); KK-*Diemer*[4] 2 (Beschleunigung und Beweissicherung).

11 *Rieß* StraFo. **1999** 4; zur möglichen Beeinträchtigung des Beweiswerts vgl. *Diemer* NJW **1999** 1671; ferner *Fischer* JZ **1998** 820; *Jung* GA **1998** 325.

12 Vgl. *Scholz/Endres* NStZ **1995** 9; HK-*Julius*[2] 12; SK-*Schlüchter* 2.

baren Aussage in der Hauptverhandlung festgelegt. Er hat die Auswahl in das von der Aufklärungspflicht und den Verfahrenserfordernissen bestimmte Ermessen des Gerichts gestellt[13].

4   Dies gilt auch für den vom Gedanken des **Zeugenschutzes** bestimmten zweiten Anwendungsbereich. § 225 a Abs. 2 ermöglicht dem Gericht, unabhängig von den Voraussetzungen des § 255 a Abs. 1 bei Zeugen unter 16 Jahren bei bestimmten, sie möglicherweise besonders belastenden Straftaten von ihrer Einvernahme in der Hauptverhandlung überhaupt abzusehen. Es darf sich mit dem Vorspielen der Bild-Ton-Aufnahmen einer früheren richterlichen Vernehmung begnügen, wenn bei dieser die Verteidigungsrechte durch Mitwirkungsmöglichkeiten des Angeklagten und Verteidigers bei der früheren Vernehmung gewahrt worden sind. Die Belastungen der jugendlichen Zeugen durch Mehrfachvernehmungen sollen dadurch vermieden oder zumindest eingeschränkt werden[14]. Außerdem wird dadurch dem Gericht ermöglicht, bei der Würdigung der meist strittigen Beweislage wenigstens die erste richterliche Einvernahme des Jugendlichen ungefiltert durch die Zusammenfassung im Protokoll und frei von etwaigen weiteren Fremdeinflüssen bei späteren Vernehmungen verwerten zu können[15].

2. Die Voraussetzungen des Absatzes 1

5   a) **Ersatz der Zeugenaussage nach § 251 Abs. 1, 2.** Nur wenn die **gleichen Voraussetzungen** gegeben sind, unter denen das Gericht eine richterliche oder nichtrichterliche Vernehmung des Zeugen nach § 251 Abs. 1 oder Abs. 2 durch das Verlesen der Niederschrift einer früheren Einvernahme ersetzen darf, kann es als Ersatz für die Vernehmung in der Hauptverhandlung auch die Bild-Ton-Aufnahme dieser Einvernahme zu Beweiszwecken in die Hauptverhandlung einführen. Es muß also entweder eines der in § 251 Abs. 1 Nr. 1 bis 3; Abs. 2 Satz 2 aufgeführten Hindernisse vorliegen, oder die Verfahrensbeteiligten müssen der Vernehmung nach § 251 Abs. 1 Nr. 4 oder Abs. 2 Satz 1 zugestimmt haben. Ebenso wie bei § 251 ist dann jeweils zu unterscheiden, ob es sich um eine dem § 251 Abs. 1 unterfallende Aufnahme von einer richterlichen Einvernahme handelt oder um eine Einvernahme vor der Staatsanwaltschaft oder Polizei, deren Beweisverwendung an die engeren Voraussetzungen des § 251 Abs. 2 gebunden ist. Ebenso wie bei § 251 genügt es für die Anwendbarkeit der Vorschrift, daß der Vernommene **im Zeitpunkt der Beweisverwendung** seiner Aussage in der Hauptverhandlung die **Stellung eines Zeugen** hat. Daß er schon bei der Aufnahme als Zeuge vernommen wurde, ist nicht erforderlich, auch Bild-Ton-Aufnahmen einer früheren Einvernahme als Beschuldigter oder als Mitangeklagter in einer früheren Hauptverhandlung dürfen daher vorgeführt werden[16]. Wegen der Einzelheiten der jeweiligen Voraussetzungen kann auf die Ausführungen bei § 251 verwiesen werden.

6   Bei **Zustimmung der Verfahrensbeteiligten** lassen **§ 251 Abs. 1 Nr. 4 und Abs. 2 Satz 1** die Beweisverwendung unabhängig von den sonstigen Voraussetzungen des § 251 Abs. 1, 2 zu. Bei der Vorführung der Bild-Ton-Aufnahmen der früheren Vernehmung muß aber die dort vorgezeichnete Differenzierung zwischen der richterlichen Vernehmung nach § 251 Abs. 1 Nr. 4 und der sonstigen Vernehmung nach Absatz 2 Satz 1 beachtet werden; im letztgenannten Fall darf sie nur angeordnet werden, wenn dem Angeklagten in der Hauptverhandlung ein Verteidiger zur Seite steht. **Zustimmen** müssen jeweils die gleichen Personen wie bei § 251, also neben den dort ausdrücklich erwähnten

---

[13] *Diemer* NJW **1999** 1673 (keine Subsidiarität gegenüber den Vernehmungsprotokollen); HK-*Julius* 4; SK-*Schlüchter* 6; vgl. Rdn. 14, 18.
[14] *Seitz* JR **1998** 313.

[15] Vgl. *Deckers* NJW **1999** 1370; *Scholz/Endres* NStZ **1995** 9; HK-*Julius*[2] 2.
[16] KK-*Diemer*[4] 6; *Kleinknecht/Meyer-Goßner*[44] 1; vgl. § 251, 15; 17.

Personen (Staatsanwalt, Verteidiger, Angeklagter) auch die diesen befugnismäßig gleich-gestellten Personen, wie etwa die in ihren Verfahrensrechten mitbetroffenen Nebenbetei-ligten[17], nicht aber der vernommene Zeuge. Die Zustimmung steht auch hier im freien Belieben der Verfahrensbeteiligten und kann von diesen daher auch nur für eine bestimmte **Form der Beweiserhebung** erteilt werden. Da sie nicht nur den Ersatz der Zeugeneinvernahme in der Hauptverhandlung allgemein, sondern auch die beabsichtigte Form der Einführung des jeweiligen Beweismittels abdecken muß, erfaßt eine Zustim-mung zum Verlesen der Vernehmungsniederschrift nicht auch das Abspielen der Bild-Ton-Aufnahme der Vernehmung und umgekehrt. Es ist daher zulässig, daß ein Verfah-rensbeteiligter der Beweisverwendung durch Verlesen der Vernehmungsniederschrift widerspricht, dem Vorspielen der Bild-Ton-Aufzeichnung aber zustimmt[18]. Da alle zustimmungsberechtigten Verfahrensbeteiligten auch mit der jeweiligen Form der Beweiserhebung einverstanden sein müssen, darf die Zeugeneinvernahme in der Haupt-verhandlung nicht unterbleiben, wenn ein Teil der Zustimmungsberechtigten nur der Ver-lesung der Vernehmungsniederschrift, ein anderer aber nur deren Ersatz durch Vorspielen der Bild-Ton-Aufnahme zugestimmt hat.

b) Ergänzende Verwendung nach § 253. Bei einem anwesenden Zeugen ist die **7** zusätzliche Beweisverwendung einer Bild-Ton-Aufzeichnung an die Voraussetzungen des § 253 gebunden. Da § 253 nur die Beweisverwendung des zur Auffrischung der Erinne-rung oder zur Klärung der Widersprüche erforderlichen Teils der Vernehmungsnieder-schrift vorsieht, hat sich auch das Vorspielen der Bild-Ton-Aufzeichnung auf ihren „hier-auf bezüglichen Teil" zu beschränken. Wegen des für das Verständnis unerläßlichen Erfassens des Zusammenhangs der jeweiligen Aussage dürfen allerdings die vorzuspie-lenden Teile der Aussage nicht zu eng eingegrenzt werden.

3. Die Voraussetzungen des Absatzes 2

a) Zum **Schutze der Zeugen unter 16 Jahren** gestattet Absatz 2 das Vorspielen der **8** Bild-Ton-Aufnahmen ihrer Aussage **vor einem Richter** unabhängig davon, ob die Vor-aussetzungen des Absatzes 1 vorliegen. Maßgebend ist das Alter des Zeugen, das er im Zeitpunkt seiner Vernehmung in der Hauptverhandlung hätte[19]. Abgesehen davon, daß der durch die Bild-Ton-Vorführung ermöglichte Rückgriff auf die mitunter schon längere Zeit zurückliegende Aussage bei der ersten richterlichen Vernehmung für die Beweiswür-digung des Gerichts erhebliche Bedeutung haben kann[20], liegt das Hauptanliegen dieser Regelung im Zeugenschutz. Dem jugendlichen Zeugen soll dadurch nach Möglichkeit erspart werden, nochmals unter den Bedingungen der Hauptverhandlung über einen Vor-fall aussagen zu müssen, der ihn möglicherweise seelisch schwer belastet. Gedacht ist dabei vor allem an die Zeugen, die selbst Opfer einer der in diesem Absatz aufgeführten Straftaten waren oder die sonst durch die Tat persönlich tief berührt wurden, etwa durch die Tötung naher Angehöriger. Der Wortlaut des Absatzes 2 läßt aber — sofern die sonsti-gen Voraussetzungen vorliegen — darüber hinaus seine Anwendung bei **allen Zeugen** unter 16 Jahren zu. Dies spricht für eine am Schutzzweck orientierte restriktive Handha-bung[21].

---

[17] Vgl. § 251, 45.
[18] *Rieß* StraFo. **1999** 3 Fußn. 49.
[19] HK-*Julius*[2] 8; *Kleinknecht/Meyer-Goßner*[44] 8; SK-*Schlüchter* 10.
[20] Zum Beweiswert tatnaher Schilderungen vgl. HK-*Julius*[2] 12; SK-*Schlüchter* 2; ferner Rdn. 3.

[21] Der eigentliche Gesetzeszweck kann im Rahmen der Ermessensentscheidung über die Anwendung des Absatzes 2 restriktiv wirken, vgl. dazu Rdn. 18; ferner *Diemer* NJW **1999** 1674; KK-*Diemer*[4] 7; *Kleinknecht/Meyer-Goßner*[44] 9.

Walter Gollwitzer

9   Eine erhebliche **Einschränkung des Anwendungsbereichs** des Absatzes 2 folgt daraus, daß er mit Rücksicht auf die betroffenen Verteidigungsrechte des Angeklagten nicht allgemein anwendbar ist, sondern nur bei Verfahren wegen bestimmter Straftaten und auch nur dann, wenn eine ordnungsgemäße frühere Vernehmung vor einem Richter stattfand[22] und wenn bei dieser die Möglichkeit zur effektiven Wahrung der Verteidigungsinteressen bestanden hatte.

10   **b)** Nur wenn das Verfahren **bestimmte Gruppen von Straftaten** zum Gegenstand hat, ist Absatz 2 anwendbar; das Verfahren muß betreffen
— Straftaten gegen die sexuelle Selbstbestimmung (§§ 174 bis 184 c StGB),
— Straftaten gegen das Leben (§§ 212 bis 222 StGB),
— Straftaten wegen Mißhandlung Schutzbefohlener (§ 225 StGB).

11   Im **Zeitpunkt der Vernehmung** muß in der Hauptverhandlung noch wegen einer dieser Taten verhandelt werden; es genügt nicht, daß das Verfahren früher, etwa vor einer Trennung, auch eine solche Tat mit umfaßt hatte. Unerheblich ist dagegen bei Berücksichtigung des Schutzzwecks, daß das Verfahren zusätzlich auch noch andere, nicht unter den Katalog fallende Straftaten zum Gegenstand hat[23], denn Absatz 2 soll dem Gericht ermöglichen, den jungen Zeugen von der Hauptverhandlung fernzuhalten, wenn dies wegen einer der im Katalog aufgeführten Taten zu seinem Schutze erforderlich erscheint[24]. Absatz 2 ist daher auch anwendbar, wenn der Zeuge unter 16 Jahren nur zu einer nicht im obigen Katalog enthaltenen, aber mit ihr zur gleichen Tat im verfahrensrechtlichen Sinn gehörenden anderen Straftat vernommen werden soll. Es ist eine Frage des Einzelfalls, ob hier der Zeuge des Schutzes bedarf oder ob die sachgemäße Ermessensausübung für seine unmittelbare Einvernahme in der Hauptverhandlung spricht, weil kein schwerwiegender sachlicher Grund vorliegt, der es erfordern würde, den Zeugen zu seinem Schutze von ihr fernzuhalten. Auf Verfahren, die keine der im Katalog aufgeführten Straftaten zum Gegenstand haben, kann § 255 a nicht ausgedehnt werden; ihr Charakter als Ausnahmevorschrift schließt eine analoge Anwendung aus[25].

12   **c)** Die **Mitwirkung des Angeklagten** und seines **Verteidigers** muß bei der früheren richterlichen Vernehmung des Zeugen stattgefunden haben oder zumindest möglich gewesen sein. Dies setzt voraus, daß ihnen der Termin der früheren richterlichen Einvernahme rechtzeitig zur Kenntnis gebracht worden ist (vgl. § 168 c Abs. 5 Satz 1) und daß sie, wenn sie zu diesem erschienen sind, die Möglichkeit gehabt haben, auf die Vernehmung durch den Richter durch Fragen und Vorhalte Einfluß zu nehmen und dazu auch Anträge zu stellen. Wenn das Gesetz hier, wie auch in § 168 e, von „Mitwirkung" spricht, setzt es damit voraus, daß Angeklagter und sein Verteidiger nicht nur passiv einer Vernehmung beiwohnen durften, sondern auch aktiv durch Ausübung ihrer in der Verfahrensordnung vorgesehenen Befugnisse[26] deren Inhalt mitgestalten und nicht zuletzt durch Hinweise auf Widersprüche und durch Ausübung ihres Fragerechts auf die vollständige Ausschöpfung des Wissens des Vernommenen hinwirken konnten[27]. Ist der jetzige Zeuge früher als Mitbeschuldigter vernommen worden, werden diese Voraussetzungen oft nicht

---

[22] Vgl. *Kleinknecht/Meyer-Goßner*[44] 8: kein Ausweichen auf § 251 Abs. 2; SK-*Schlüchter* 10. Vgl. Rdn. 19.

[23] HK-*Julius*[2] 7; KK-*Diemer*[4] 8; *Kleinknecht/Meyer-Goßner*[44] 8; SK-*Schlüchter* 11.

[24] *Diemer* NJW **1999** 1674; KK-*Diemer*[4] 8.

[25] HK-*Julius*[2] 7; SK-*Schlüchter* 11.

[26] Eine Erweiterung der vom Gesetz festgelegten Befugnisse kann aus dem Wort „Mitwirken" allein

nicht hergeleitet werden; der Gesetzgeber wollte damit wohl nur den durch diese begründeten „status activus" besonders herausstellen.

[27] *Diemer* NJW **1999** 1674; *Rieß* NJW **1998** 3241; *Schlothauer* StV **1999** 50; HK-*Julius*[2] 9; KK-*Diemer*[4] 10; *Kleinknecht/Meyer-Goßner*[44] 8; SK-*Schlüchter* 13.

erfüllt sein, ebenso bei Vernehmungen im Bereich anderer Verfahrensordnungen. Nicht erforderlich ist, daß Angeklagter und Verteidiger diese Befugnisse **in körperlicher Gegenwart** des Zeugen ausüben konnten; es genügt, wenn sie der Vernehmung nach § 168 e von einem getrennten Raum aus mittels einer zeitgleichen Bild-Ton-Übertragung beiwohnen und von dort aus ihre Fragen stellen konnten. Unerheblich ist, ob sie ihre Befugnisse **tatsächlich ausgeübt** haben[28]. Es genügt, daß sie vom Termin so rechtzeitig benachrichtigt wurden, daß sie daran hätten teilnehmen können und daß sie dabei die Möglichkeit zu einer effektiven Wahrnehmung der Verteidigungsrechte gehabt hätten. Da ein Anspruch auf Terminsverlegung grundsätzlich nicht besteht (§ 168 c Abs. 5 Satz 3), schließt eine Verhinderung, der nicht durch Terminsverlegung Rechnung getragen wurde[29], die Anwendbarkeit des Absatzes 2 nicht aus. Ist dagegen die **Benachrichtigung vom Termin unterblieben**, weil der Beschuldigte damals noch unbekannt war, oder geschah dies, um den Untersuchungszweck nicht zu gefährden, sind die Voraussetzungen des § 255 a Abs. 2 nicht erfüllt[30]. Die Bild-Ton-Aufzeichnung darf die Einvernahme in der Hauptverhandlung nur ersetzen, wenn der Angeklagte und sein Verteidiger **tatsächlich** die Möglichkeit hatten, bei ihr unter den gleichen Voraussetzungen wie in der Hauptverhandlung mitzuwirken[31]. An dieser Möglichkeit fehlte es auch dann, wenn sie im konkreten Fall aus rechtlich zulässigen Gründen von einer Mitwirkung ausgeschlossen wurden[32], so etwa, wenn der Angeklagte während der Zeugeneinvernahme nach § 247 aus der Hauptverhandlung entfernt worden war. An der Voraussetzung einer **tatsächlich bestehenden Teilnahmemöglichkeit** dürfte es ferner fehlen, wenn der in Haft befindliche Beschuldigte nach § 168 c Abs. 4 zu dem an einem anderen Ort stattfindenden Termin nicht vorgeführt worden ist.

Der nur auf eine **Mitwirkungsmöglichkeit des Verteidigers** und nicht auf dessen **13** Teilnahme abstellende Wortlaut spricht dafür, daß damit nur die Befugnis eines bereits vorhandenen Verteidigers abgesichert wird[33], nicht aber, daß die Verwertbarkeit der Videoaufzeichnung davon abhängig gemacht werden sollte, daß dem Angeklagten im Zeitpunkt ihrer Aufnahme bereits ein Verteidiger zu Seite stand[34]. Wenn bei einer **Vernehmung im Ausland** Angeklagter und Verteidiger kein Teilnahmerecht oder keine dem inländischen Recht vergleichbaren Mitwirkungsbefugnisse hatten[35], ist die Voraussetzung des Absatzes 2 Satz 1 auch dann nicht erfüllt, wenn diese Beschränkung dem am Vernehmungsort maßgebenden Recht entspricht. Für die Zulässigkeit der Videovorführung nach Absatz 2 kommt es letztlich nur darauf an, ob im konkreten Fall tatsächlich die Möglichkeit bestand, diese Befugnisse wahrzunehmen.

d) Ergänzende Vernehmung. Absatz 2 Satz 2 stellt klar, daß die Beweisverwendung **14** der Videoaufzeichnung einer früheren richterlichen Einvernahme des jugendlichen Zeugen nach Absatz 2 Satz 1 nicht ausschließt, diesen dann doch noch ergänzend in der Hauptverhandlung selbst zu vernehmen. Dies kann durch seine unmittelbare Einvernahme vor dem

---

28 BTDrucks. **13** 4983 S. 8; *Diemer* NJW **1999** 1674.

29 Nach HK-*Krehl*[2] § 168 c, 5 sollte trotzdem begründeten Verlegungsanträgen entsprochen werden, wenn dadurch nicht der Untersuchungszweck gefährdet wird.

30 *Rieß* StraFo. **1999** 4 Fußn. 56; vgl. Rdn. 22.

31 HK-*Krehl*[2] § 168 e, 7; HK-*Julius*[2] 9. Zur Verwertbarkeit mit Zustimmung von Angeklagten und Verteidiger vgl. Rdn. 22.

32 Vgl. bei § 168 c Abs. 3, 5.

33 *Seitz* JR **1998** 313.

34 *Rieß* StraFo. **1999** 4 weist darauf hin, daß die Frage zweifelhaft ist. Daß die Mitwirkung eines Verteidi-

gers als Kompensation für den Verlust der unmittelbaren Einvernahme in der Hauptverhandlung gedacht ist, könnte dafür sprechen, daß der Angeklagte im Zeitpunkt der Einvernahme einen Verteidiger gehabt haben muß, während die Abweichung vom Wortlaut des § 251 Abs. 2 Satz 1 eher dagegen spricht. Nach *Schlothauer* StV **1999** 50 erfordert die effektive Verteidigung, daß über die bloße Teilnahmemöglichkeit hinaus Angeklagter und Verteidiger (nach Akteneinsicht) tatsächlich mitgewirkt haben.

35 KK-*Diemer*[4] 10.

erkennenden Gericht geschehen, dies kann aber auch in der Form des § 247 a vorgenommen werden[36], dessen Voraussetzungen in der Regel vorliegen werden. Ob eine solche ergänzende Vernehmung angezeigt ist, richtet sich nach der **Aufklärungspflicht** des Gerichts. Dieses muß **von Amts wegen** prüfen, ob sein durch die Hauptverhandlung erlangter Kenntnisstand es geboten erscheinen läßt, den jugendlichen Zeugen nochmals zum gleichen Beweisthema zu hören, so etwa, weil entscheidungsrelevante Fragen unklar geblieben sind oder das potentielle Wissen des Zeugen möglicherweise nicht voll ausgeschöpft wurde oder weil ihm nach der Vorführung der Videoaufnahmen deren Beweiswert wegen der Art der Vernehmung oder auch wegen technischer Mängel der Aufzeichnung zweifelhaft erscheint. Vor allem aber kann eine ergänzende Vernehmung deshalb notwendig werden, weil sich in der Hauptverhandlung **neue Gesichtspunkte** ergeben haben, zu denen der Zeuge noch nicht oder nicht ausreichend gehört wurde[37]. Auf solche Gesichtspunkte können auch die Verfahrensbeteiligten hinweisen. Angeklagter und Verteidiger können dabei auch geltend machen, daß sie im Rahmen ihrer früheren Mitwirkung bei der Einvernahme verfahrensrelevante Umstände deshalb nicht zur Sprache bringen konnten, weil sie ihnen in diesem Zeitpunkt unbekannt waren, etwa auch, weil dem Verteidiger keine Akteneinsicht gewährt worden war[38]. Ein **Anspruch** auf eine **ergänzende Vernehmung** erwächst ihnen aber auch aus konkret vorgetragenen Bedenken gegen die Richtigkeit und Vollständigkeit der Aussage nicht[39]. Hierüber entscheidet das Gericht in Ansehung seiner Aufklärungspflicht **von Amts wegen**. Dabei hat es auch unter Berücksichtigung von Gewicht und Entscheidungsrelevanz der noch offenen Tatsachen abzuwägen, ob der mögliche Aufklärungsgewinn die Nachteile überwiegt, die dem Zeugen aus seiner nochmaligen Einvernahme erwachsen könnten[40]. Nur wenn diese ausnahmsweise so schwerwiegend sind, daß sich jede weitere Aufklärung zu Lasten des jugendlichen Zeugen verbietet, darf es davon absehen, mit der Folge, daß dann möglicherweise der Zweifelsgrundsatz zugunsten des Angeklagten anzuwenden ist[41]. Ob eine solche Beeinträchtigung des Zeugen zu erwarten ist, muß das Gericht erforderlichenfalls im Wege des **Freibeweises** klären. In der Regel dürfte allerdings der nochmaligen Einvernahme zur weiteren Sachaufklärung — eventuell in der Form des § 247 a — der Vorrang zukommen, zumal diese ja grundsätzlich nicht vollständig wiederholt werden muß, sondern sich auf die **noch offenen Punkte** zu beschränken hat, bei denen eine ergänzende Anhörung des Zeugen notwendig erscheint. Der Vorsitzende, dem nach § 241 a allein die Vernehmung obliegt, kann Fragen, welche sich nicht in dem Rahmen einer ergänzenden Befragung halten, sondern ohne triftigen Grund eine Frage wiederholen, die durch die Bild-Ton-Aufzeichnung bereits beantwortet ist, als unzulässig zurückweisen[42].

15   Das **Beweisantragsrecht der Verfahrensbeteiligten** wird durch Absatz 2 Satz 2 an sich nicht eingeschränkt. Es ist aber davon auszugehen, daß das Vorspielen der Videoaufnahme im Falle des Absatzes 2 an die Stelle der Einvernahme des Zeugen in der Hauptverhandlung getreten ist. Ebenso wie nach Durchführung der unmittelbaren Beweisaufnahme in der Hauptverhandlung kann deren bloße Wiederholung dann nicht mehr mit einem Beweisantrag erzwungen werden[43]. Zulässig bleiben jedoch Beweisanträge, die ein **neues Beweisthema** zum Gegenstand haben, das also durch die Aussage nicht bereits voll

---

[36] So BTDrucks. **13** 4983 S. 8; *Diemer* NJW **1999** 1675; HK-*Julius*[2] 10; KK-*Diemer*[4] 13; *Kleinknecht/Meyer-Goßner*[44] 10.

[37] *Diemer* NJW **1999** 1675; HK-*Julius*[2] 10; KK-*Diemer*[4] 13; SK-*Schlüchter* 16.

[38] Vgl. Rdn. 19.

[39] *Schlüchter/Greff* Kriminalistik **1998** 534; *Kleinknecht/Meyer-Goßner*[44] 10; SK-*Schlüchter* 16; **a. A** *Schünemann* StV **1998** 400.

[40] KK-*Diemer*[4] 13.

[41] Vgl. BGH NJW **1993** 2452 (zweijähriges Kind); *Diemer* NJW **1999** 1675; KK-*Diemer*[4] 13; *Kleinknecht/Meyer-Goßner*[44] 10.

[42] *Diemer* NJW **1999** 1675.

[43] Vgl. *Rieß* StraFo. **1999** 5; ferner § 244, 132 ff.

beantwortet ist und das deshalb als Gegenstand einer ergänzenden Vernehmung in Betracht kommen kann[44]. Über einen darauf gerichteten Beweisantrag hat das Gericht nach den allgemeinen Grundsätzen zu entscheiden, wobei der Beweisantrag auch wegen Unerreichbarkeit eines kindlichen Zeugen abgelehnt werden darf, wenn dessen Eltern die erneute Einvernahme verweigern[45]. Soweit die Voraussetzungen für eine ergänzende Vernehmung nicht vorliegen, kann die Ausdehnung der Vernehmung des Zeugen auf die anderen Inhalte seiner früheren Aussage auch nicht durch einen Beweisantrag nach § 245 erzwungen werden. Soweit die Vorführung der Bild-Ton-Aufzeichnung als Beweismittel ausreicht und keine Ergänzung erfordert, folgt aus dem Schutzzweck des Absatzes 2, daß jede weitere Einvernahme in der Hauptverhandlung — ganz gleich, ob sie unmittelbar oder nach § 247 a vorgenommen werden soll — als unzulässig abgelehnt werden kann.

§ 255 a Abs. 2 ist **unanwendbar**, wenn der Zeuge an der Hauptverhandlung teilnimmt und unmittelbar vor dem erkennenden Gericht oder nach § 247 a mittels einer zeitgleichen Bild-Ton-Übertragung vernommen wird. Seine Einvernahme durch das erkennende Gericht wird dann nicht durch das Vorspielen der Aufzeichnung der früheren Vernehmung **ersetzt**. Die **ergänzende** Heranziehung der Videoaufzeichnung einer früheren Vernehmung bleibt zulässig. Sie richtet sich dann aber nicht nach Absatz 2 Satz 2, der voraussetzt, daß primär die Vorführung der Bild-Ton-Aufzeichnung der früheren Vernehmung durch den Richter an die Stelle der Einvernahme in der Hauptverhandlung treten sollte. Ebenso wie für die ergänzende Verlesung des über die frühere Vernehmung gefertigten Protokolls gelten dann die allgemeinen Regeln, so wie dies ja auch in Absatz 1 bei der entsprechenden Anwendung des § 253[46] vorgesehen ist. Zur Ergänzung der Vernehmung in der Hauptverhandlung darf auch die Videoaufzeichnung einer früheren Vernehmung vorgeführt werden, die nicht vor einem Richter stattgefunden hat. **16**

4. Verfahren

a) Beschluß des Gerichts. Die Vorführung der Bild-Ton-Aufnahmen zu Beweiszwecken ordnet das Gericht durch einen Beschluß an, der nach Anhörung der Verfahrensbeteiligten (§ 33) ergeht und in der Hauptverhandlung zu verkünden ist. Er muß begründet werden. Anzugeben ist der Grund der Vorführung; soweit es auf eine Abwägung ankommt ist dabei aufzuzeigen, daß das Gericht die dafür maßgebenden Gesichtspunkte erkannt und gegeneinander abgewogen hat[47]. Für Absatz 1 wird durch die dortige Verweisung auf § 251 Abs. 4 die Beschlußform ausdrücklich festgelegt; nur für die ergänzende Heranziehung nach § 253 genügt die Anordnung des Vorsitzenden (§ 238 Abs. 1), deren Gründe nach § 255 zu protokollieren sind. Bei dem in seiner Verfahrensbedeutung nicht minder gewichtigen Absatz 2, dessen Text zu dieser Frage schweigt, wird man wegen des inneren Zusammenhangs annehmen müssen, daß auch bei ihm § 251 Abs. 4 analog anzuwenden ist[48], der für die Ausnahmen von § 250 wegen ihrer Bedeutung Beschlußform vorschreibt und nicht etwa §§ 253, 255 analog. **17**

b) Es steht im **pflichtgemäßen Ermessen des Gerichts**, ob es nach § 255 a verfahren will. Für die Fälle des **Absatzes 1** folgt dies aus den für anwendbar erklärten §§ 251, 253, wobei grundsätzlich die gleichen Erwägungen gelten, wie sie bei diesen Vorschriften für die Anordnung der Beweisverwendung von Vernehmungsniederschriften entwickelt worden sind. Maßgebend sind hier vor allem die Erfordernisse der besseren **Sachaufklä-** **18**

---

[44] *Schünemann* StV **1998** 400; *Kleinknecht/Meyer-Goßner*[44] 10; SK-*Schlüchter* 16.

[45] HK-*Julius*[2] 11; vgl. *Kleinknecht/Meyer-Goßner*[44] 10.

[46] HK-*Julius*[2] 5.

[47] *Diemer* NJW **1999** 1675; HK-*Julius* 6; SK-*Schlüchter* 5.

rung[49]. Dabei kann ins Gewicht fallen, daß die Videoaufnahmen in der Regel einen besseren Eindruck von der Gesamtsituation der Vernehmung und der Art der Einlassung des Zeugen vermitteln als die an sich ebenfalls in Betracht zu ziehende Verlesung der Vernehmungsniederschrift. Andererseits können Mängel oder Unvollständigkeit der Aufzeichnung, aber auch Erfordernisse des Zeugenschutzes (Gefahr der Enttarnung) gegen deren Beweisverwendung in die Hauptverhandlung sprechen[50] und das Gericht veranlassen, im Interesse einer besseren Sachaufklärung anderen Beweismitteln, etwa dem über diese Einvernahme gefertigten Vernehmungsprotokoll, den Vorzug zu geben.

19   **Absatz 2 stellt** als „**Kann-Vorschrift**" den Ersatz der unmittelbaren Zeugeneinvernahme durch das Vorspielen der Videoaufzeichnung auch bei Vorliegen seiner gesetzlichen Voraussetzungen in das Ermessen des Gerichts. Bei der Entscheidung darüber hat das Gericht einzelfallbezogen die Erfordernisse zum Schutze des jugendlichen Zeugen mit denen der Aufklärungspflicht und den Verteidigungsinteressen des Angeklagten abzuwägen. Die bei der Entscheidung nach Absatz 1 mitzuberücksichtigenden Erfordernisse der Prozeßwirtschaftlichkeit und der Verfahrensbeschleunigung treten hier dagegen zurück[51]. Zu prüfen ist vorweg, ob es der **Schutzzweck des Absatzes 2** überhaupt erfordert, den jugendlichen Zeugen von der Hauptverhandlung fernzuhalten[52]. Dies ist vor allem in den Fällen zu verneinen, in denen der Wortlaut des Absatzes 2 ersichtlich über den Schutzzweck hinausreicht[53], so, wenn der Jugendliche weder Opfer der Tat noch sonst von dieser persönlich berührt ist und wenn auch im übrigen nach den Umständen nicht anzunehmen ist, daß er durch eine Aussage in der Hauptverhandlung in seiner Entwicklung erheblich gestört oder sonstwie gefährdet werden könnte. Zu denken ist hier etwa an die Fälle, in denen ein Jugendlicher nur über eine am Rande des Geschehens liegende Wahrnehmung aussagen soll. Ob der Schutz des Jugendlichen dafür spricht, ihm die Belastungen einer erneuten Aussage in der Hauptverhandlung zu ersparen, muß unter Heranziehung aller Gesichtspunkte des Einzelfalls entschieden werden, wie etwa die Modalitäten der Tatausführung, Gegenstand und Bedeutung der Aussage, in der Person des Zeugen liegende Umstände, sein Alter und seine allgemeine Situation, sein Verhältnis zum Täter und seine Betroffenheit durch die Tat. Der Grad seiner Schutzbedürftigkeit ist dann mit dem Gewicht der gegenläufigen Verfahrensinteressen abzuwägen. Zu berücksichtigen sind hierbei vor allem die **Erfordernisse der Sachaufklärung** und die mitunter stark betroffenen **Verteidigungsinteressen des Angeklagten**. Diese können durch den Wegfall der Vernehmung in der Hauptverhandlung eine wesentliche Einschränkung erleiden, vor allen in Fällen, in denen es sich um die bestrittene Aussage eines einzigen Belastungszeugen handelt. Je nach den Umständen und insbesondere der Beweislage des Einzelfalls wird hier auch ins Gewicht fallen, ob der Verteidiger bei seiner Mitwirkung bei der früheren Vernehmung in der Lage war, seine Verfahrensbefugnisse effektiv auszuüben, oder ob er bei dieser entscheidungsrelevante Vorhalte und Fragen deshalb nicht stellen konnte, weil ihm dafür wichtige Tatsachen unbekannt blieben, so etwa, weil ihm die volle **Akteneinsicht** verweigert worden war[54]. Andererseits ist bei der Abwä-

---

48 KK-*Diemer*[4] 14; **a. A** *Kleinknecht/Meyer-Goßner*[44] 10 (Vorsitzender nach § 238 Abs. 1).

49 *Kleinknecht/Meyer-Goßner*[44] 5.

50 KK-*Diemer*[4] 12.

51 *Kleinknecht/Meyer-Goßner*[44] 9.

52 Nach KK-*Diemer*[4] 12 rechtfertigt die Tatsache, daß der Angeklagte noch nicht 16 Jahre alt ist, für sich allein nicht, auf seine Aussage in der Hauptverhandlung zu verzichten; ebenso *Diemer* NJW **1999** 1674 (keine undifferenzierte Anwendung); vgl. auch *Kleinknecht/Meyer-Goßner*[44] 9.

53 Zur Berücksichtigung des über den Gesetzeszweck

hinausreichenden Wortlauts vgl. Rdn. 8; *Diemer* NJW **1999** 1674; KK-*Diemer*[4] 7; *Kleinknecht/Meyer-Goßner*[44] 9.

54 Vgl. *Kleinknecht/Meyer-Goßner*[44] 9; wonach das Gericht bei Ausübung seines Ermessens die Schmälerung der Mitwirkungsmöglichkeit berücksichtigen kann, die in der Verweigerung der vollständigen Akteneinsicht für den Verteidiger liegt; weitergehend SK-*Schlüchter* 14 (Akteneinsicht in nicht geheimhaltungsbedürftige Akten verweigert) und *Schünemann* StV **1998** 400 (Mitwirkung erfordert uneingeschränkte Akteneinsicht).

gung zu berücksichtigen, wenn keine besonderen Umstände ersichtlich sind, die die unmittelbare Einvernahme des Zeugen in der Hauptverhandlung erfordern. Wenn, wie etwa bei Kleinkindern oder bei jugendlichen Opfern, die Abwägung ergibt, daß die Belange des Zeugenschutzes überwiegen, wird sich das Gericht damit begnügen können, daß die Videoaufzeichnung der früheren richterlichen Vernehmung (zumindest zunächst) die Einvernahme des Zeugen in der Hauptverhandlung ersetzt.

c) Zeugnisverweigerungsrecht. Die Verwendung der Bild-Ton-Aufzeichnung einer **20** Vernehmung kann aus den gleichen Gründen wie die Beweisverwendung einer Vernehmungsniederschrift daran scheitern, daß sich der Zeuge auf sein Zeugnisverweigerungsrecht beruft. Dies ergibt schon die Bezugnahme auf § 252 in Absatz 1, dies folgt aber allgemein auch daraus, daß die Berufung auf das Zeugnisverweigerungsrecht allgemein der Beweisverwendung früherer Aussagen Grenzen setzt. Genausowenig wie das Protokoll einer richterlichen Vernehmung nach § 252 verlesen werden darf, wenn sich der Zeuge nachträglich auf sein Zeugnisverweigerungsrecht beruft, darf auch die Videoaufnahme einer früheren Einvernahme zu Beweiszwecken in die Hauptverhandlung eingeführt werden. Vor allem bei den in der Hauptverhandlung in der Regel nicht anwesenden kindlichen Zeugen hat das Gericht vorher zu klären, ob deren Zeugnisverweigerungsrecht der Verwendung der audiovisuellen Aufzeichnung entgegengehalten wird[55]. Verweigern die Eltern die Einvernahme in der Hauptverhandlung, ist die Vorführung der Aufnahme seiner früheren Einvernahme unzulässig, wenn ihr nicht das Kind selbst nach ordnungsgemäßer Belehrung zustimmt[56]. Wegen der Einzelheiten, insbesondere auch der Auswirkungen einer nicht ordnungsgemäßen Belehrung, vgl. die Erläuterungen zu § 252[57]. Übernimmt man die dort vorherrschende Meinung auch hier, bleibt es aber zulässig, den vernehmenden Richter als Zeugen über die Aussage des Zeugen zu hören[58]. Ein **Auskunftsverweigerungsrecht** nach § 55 hindert die Vorführung einer nach ordnungsgemäßer Belehrung aufgenommenen Videoaufnahme nicht[59].

d) Sonstige Beweisverbote, die die Verwendung einer Zeugenaussage in der Haupt- **21** verhandlung ausschließen, stehen unter den gleichen Voraussetzungen wie bei den anderen Arten der Beweisverwendung auch der Einführung der früheren Aussage in die Hauptverhandlung in Form einer Videoaufzeichnung entgegen[60]. Die beim Urkundenbeweis durch Vernehmungsniederschriften entwickelten Gesichtspunkte gelten grundsätzlich auch hier, so, wenn die nach **Absatz 1** heranziehbare Aufzeichnung einer früheren Vernehmung an einem Verfahrensfehler leidet; etwa, weil bei dieser die **Mitteilung des Vernehmungstermins** an Angeklagten und Verteidiger unterblieben ist oder weil diese bei der Vernehmung ihre **verfahrensrechtlichen Befugnisse nicht ausüben** konnten. Auch hier wird die Ansicht vertreten, daß ebenso wie bei der Verlesung der Niederschrift über eine frühere Vernehmung die betroffenen Verfahrensbeteiligten unter Hinweis auf diese Mängel der Beweisverwendung der audiovisuellen Einvernahme spätestens im Zeitpunkt der Erklärung nach § 257 **widersprechen** müssen[61]. Insoweit gelten die gleichen Grundsätze und die Ausnahme für den Angeklagten ohne Verteidiger wie bei der Verlesung von Vernehmungsniederschriften[62].

---

55 HK-*Julius*[2] 5; KK-*Diemer*[4] 11; *Kleinknecht/Meyer-Goßner*[44] 3.
56 BGH NJW **1996** 206; *Diemer* NJW **1999** 1674; *Kleinknecht/Meyer-Goßner*[44] 3.
57 Vgl. auch *Kleinknecht/Meyer-Goßner*[44] 3.
58 HK-*Julius*[2] 5; *Kleinknecht/Meyer-Goßner*[44] 4; zu der Streitfrage vgl. § 252, 5 ff, 18.

59 *Kleinknecht/Meyer-Goßner*[44] 3; wegen der Einzelheiten vgl. § 251, 14 bis 19.
60 KK-*Diemer*[4] 11; *Kleinknecht/Meyer-Goßner*[44] 2; vgl. § 251, 49; 51.
61 *Hartwig* JR **1998** 359; HK-*Julius*[2] 13; *Kleinknecht/Meyer-Goßner*[44] 2 mit weit. Nachw.; SK-*Schlüchter* 7; vgl. § 136, 57 ff.
62 Vgl. § 136, 57 ff; § 251, 97.

22   In den Fällen des **Absatzes 2** besteht eine weitergehende Einschränkung der Beweisverwendbarkeit. Er läßt den Ersatz der Einvernahme des Zeugen unter 16 Jahren in der
Hauptverhandlung durch Vorführung der Aufnahme seiner früheren **richterlichen** Vernehmung nur zu, wenn der Angeklagte und sein Verteidiger Gelegenheit hatten, daran
mitzuwirken. Hier kann diese Beweisverwendung der Videoaufzeichnung schon daran
scheitern, daß diese Zulässigkeitsvoraussetzung nicht vorliegt. Ob diese gegeben ist, hat
das Gericht vor seiner Beschlußfassung im Wege des **Freibeweises** festzustellen; mitunter
wird schon aus der Aufzeichnung selbst zu ersehen sein, daß Angeklagter oder Verteidiger
die Gelegenheit zur Mitwirkung hatten und daß sie ihre Rechte bei der Einvernahme auch
tatsächlich ausgeübt haben. Da es sich hier um eine gesetzlich festgelegte Voraussetzung
der Beweisverwendung handelt, ist insoweit für die von der Rechtsprechung bei den
gesetzlich nicht normierten relativen Beweisverboten entwickelte Widerspruchslösung
kein Raum[63]. Daß die Mitwirkungsrechte von Angeklagten und Verteidiger nicht beachtet
wurden, schließt aber nur die Beweisverwendung nach Absatz 2 aus, sie hindert nicht
daran, die Aufnahme bei Zustimmung der Verfahrensbeteiligten nach Absatz 1, § 251
Abs. 1 Nr. 4 oder bei Vorliegen der gesetzlichen Voraussetzungen nach Absatz 1, § 251
Abs. 2 in das Verfahren einzuführen[64].

23   **e) Vorhalte.** Wird die Aufzeichnung einer audiovisuellen Einvernahme nicht zu
Beweiszwecken in die Hauptverhandlung eingeführt, weil die gesetzlichen Voraussetzungen dafür nicht gegeben sind oder weil das Gericht dies aus anderen Gründen, die auch in
der mangelhaften Bild- oder Tonqualität oder Unvollständigkeit der Aufnahme liegen
können, nicht für angezeigt hält, so schließt dies nicht aus, deren Inhalt zu Vorhalten an
Angeklagte und Zeugen zu verwenden. Dies gilt auch, soweit es sich nicht nur um die
meist auch aus dem Protokoll der Vernehmung ersichtlichen Inhalte der Aussage handelt,
sondern um nur aus der Bildaufzeichnung ersichtliche Reaktionen des Zeugen oder ähnliche Vorgänge[65]. Auch die Vorführung eines Ausschnitts der Aufzeichnung dürfte zu diesem Zweck zulässig sein[66]. Von dieser Möglichkeit sollte aber wegen der Gefahr, daß sich
bei den Verfahrensteilnehmern durch die größere Suggestivwirkung der Bild-Ton-Wie-
dergabe die Grenzen zur Beweisaufnahme verwischen, nur in Ausnahmefällen und nur
nach einen ausdrücklichen Hinweis Gebrauch gemacht werden[67].

24   **5. Sitzungsniederschrift.** Der Beschluß des Gerichts, der die Beweisverwendung der
Bild-Ton-Aufzeichnung der früheren Vernehmung anordnet, ist mit seiner Begründung in
die Sitzungsniederschrift aufzunehmen, außerdem wegen der strittigen Rechtslage sicherheitshalber auch, daß der Beschluß nach Anhörung der Verfahrensbeteiligten ergangen
ist[68]. Aufzunehmen ist ferner die Anordnung des Vorsitzenden nach § 253 und bei Antrag
nach § 255 auch ihre Begründung. Zu beurkunden ist ferner die Vorführung der Bild-Ton-
Aufnahme. Dies ergibt sich schon aus § 273 Abs. 1 und folgt bei Absatz 1 aus der Bezugnahme auf § 251 Abs. 4, § 255. Gleiches muß aber wegen des Zusammenhangs auch bei
Absatz 2 gelten[69]. Im Protokoll festzuhalten ist die ergänzende Vernehmung des Zeugen
nach Absatz 2 Satz 2 und gegebenenfalls auch, wenn dies in der Form des § 247 a

---

[63] Anders wohl HK-*Julius*² 9.
[64] HK-*Julius*² 9; vgl. aber SK-*Schlüchter* 14 (Mitwirkungsrechte disponibel deshalb Beweisverwendung nicht nur nach § 251 Abs. 1 Nr. 4, sondern
schon bei Zustimmung von Angeklagten und Verteidiger möglich).
[65] *Kleinknecht/Meyer-Goßner*⁴⁴ 4; zweifelnd *Rieß*
StraFo. **1999** 4.
[66] KK-*Diemer*⁴ 5.

[67] Wegen des Vorhalts von Vernehmungsniederschriften vgl. § 249, 92 ff.
[68] Ob die Beachtung des § 33 Abs. 1 eine wesentliche
Förmlichkeit ist, ist strittig, bejahend etwa *Klein-
knecht/Meyer-Goßner*⁴⁴ § 33, 8, verneinend BGH
NStZ **1993** 500; vgl. bei § 271.
[69] KK-*Diemer*⁴ 14; anders *Kleinknecht/Meyer-Goß-
ner*⁴⁴ 11 (unmittelbar aus § 273 Abs. 1).

geschah. Aufzunehmen sind nach § 273 Abs. 1 weiterhin die darauf abzielenden Anträge der Verfahrensbeteiligten, ferner auch, wenn der Vorführung einer Bild-Ton-Aufzeichnung wegen ihres fehlerhaften Zustandekommens widersprochen wird.

6. Rechtsmittel

a) Beschwerde. Der Beschluß, der die Vorführung der Bild-Ton-Aufzeichnung einer **25** früheren Aussage des Zeugen anordnet, ist nach § 305 Satz 1 der Beschwerde durch die Verfahrensbeteiligten entzogen[70], nur der betroffene Zeuge kann nach § 304 Abs. 2, § 305 Satz 2 Beschwerde einlegen. Mangels eines Rechtsanspruchs kann er aber nicht mit der Beschwerde beanstanden, daß das Gericht sich mit der Vorführung der Aufzeichnung seiner früheren Vernehmung begnügen und von einer erneuten Einvernahme absehen will[71].

b) Revision. Die fehlerhafte Anwendung des § 255 a kann unter den gleichen Voraus- **26** setzungen wie eine fehlerhafte Beweisverwendung einer Urkunde nach den §§ 251, 252 oder 253 mit der Revision nach § 337 und — wenn die Verteidigung durch den Beschluß in einem wesentlichen Punkt beschränkt worden ist — auch nach § 338 Nr. 8 gerügt wer- den[72]. Wird ein die ergänzende Vernehmung des Zeugen nach Absatz 2 Satz 2 bezwek- kender **Beweisantrag**[73] fehlerhaft abgelehnt, kann die darin liegende Verletzung des § 244 Abs. 3 mit der Revision gerügt werden. Zur **Begründung** der jeweiligen Rüge sind nach § 344 Abs. 2 alle den Rechtsfehler lückenlos aufzeigenden Tatsachen vorzutragen. Als Verletzung des § 261 kann gerügt werden, wenn das Urteil den Inhalt einer vorgeführ- ten Videoaufzeichnung unrichtig wiedergibt; die Unrichtigkeit muß aber unmittelbar aus der Videoaufzeichnung zu ersehen sein, so daß es keiner Rekonstruktion der Beweisauf- nahme bedarf[74].

Mit der **Aufklärungsrüge** kann unter Vortrag aller die Rüge belegenden Tatsachen **27** beanstandet werden, wenn das Gericht sich mit der Vorführung der Bild-Ton-Aufzeich- nung einer früheren Vernehmung begnügt, obwohl erkennbare Umstände dazu drängten, den Zeugen in der Hauptverhandlung persönlich zu vernehmen oder ihn im Falle des Absatzes 2 Satz 2 zumindest ergänzend zu hören[75]. Die Aufklärungspflicht kann aber auch dadurch verletzt sein, daß das Gericht die Beweisverwendung vorhandener Bild- Ton-Aufzeichnungen früherer Einvernahmen unterläßt und sich statt dessen mit der Ver- lesung der Vernehmungsniederschrift begnügt, obwohl bestimmte, von der Revision kon- kret darzulegende Umstände zu deren Beweisverwendung gedrängt haben[76].

---

[70] KK-*Diemer*[4] 14; *Kleinknecht/Meyer-Goßner*[44] 12.
[71] KK-*Diemer*[4] 12; *Kleinknecht/Meyer-Goßner*[44] 12; SK-*Schlüchter* 19.
[72] *Diemer* NJW **1999** 1675; KK-*Diemer*[4] 14.
[73] Vgl. Rdn. 15.
[74] *Kleinknecht/Meyer-Goßner*[44] 13; vgl. § 337, 80 ff.
[75] *Kleinknecht/Meyer-Goßner*[44] 13; SK-*Schlüchter* 20.
[76] HK-*Julius*[2] 14; KK-*Diemer*[4] 14; *Kleinknecht/Mey- er-Goßner*[44] 13.

§ 256

(1) [1]Die ein Zeugnis oder ein Gutachten enthaltenden Erklärungen öffentlicher Behörden sowie der Ärzte eines gerichtsärztlichen Dienstes mit Ausschluß von Leumundszeugnissen sowie ärztliche Atteste über Körperverletzungen, die nicht zu den schweren gehören, können verlesen werden. [2]Dasselbe gilt für Gutachten über die Auswertung eines Fahrtschreibers, die Bestimmung der Blutgruppe oder des Blutalkoholgehalts einschließlich seiner Rückrechnung sowie für ärztliche Berichte zur Entnahme von Blutproben.

(2) Ist das Gutachten einer kollegialen Fachbehörde eingeholt worden, so kann das Gericht die Behörde ersuchen, eines ihrer Mitglieder mit der Vertretung des Gutachtens in der Hauptverhandlung zu beauftragen und dem Gericht zu bezeichnen.

Schrifttum. *Ahlf* Zur Ablehnung des Vertreters von Behördengutachten durch den Beschuldigten im Strafverfahren, MDR **1978** 981; *Dostmann* Die Rechtsstellung des Kriminalbeamten (beim Landeskriminalamt) als Sachverständiger im Strafverfahren unter besonderer Berücksichtigung dienstrechtlicher Vorschriften (dargestellt am Beispiel des Landeskriminalamts Rheinland-Pfalz), DVBl. **1974** 153; *Gollwitzer* Behördengutachten in der Hauptverhandlung des Strafprozesses, FS Walther Weißauer (1986) 23; *Gössel* Behörden und Behördenangehörige als Sachverständige vor Gericht, DRiZ **1980** 363; *Hanack* Zum Problem der persönlichen Gutachterpflicht, insbesondere in Kliniken, NJW **1961** 2041; *Jessnitzer* Gerichtliche Sachverständigengutachten von privaten Organisationen, NJW **1971** 1075; *Leineweber* Die Rechtsstellung der Polizeibediensteten als Sachverständige vor Gericht, MDR **1980** 7; *Schnellbach* Sachverständigengutachten kollegialer Fachbehörden im Prozeß, Diss. Marburg 1964; *Seyler* Das Behördengutachten im Strafprozeß, GA **1989** 546; *Stein* Persönliche Gutachterpflicht eines Klinikleiters, NJW **1969** 2304; *Steinke* Sachverständige und Vertreter von Behördengutachten im Strafprozeß, Zeitschrift für das gesamte Sachverständigenwesen, **1983** 129.

Entstehungsgeschichte. Art. 1 Nr. 75 des 1. StVRG hat Absatz 1 erweitert. In Satz 1 werden die Ärzte eines gerichtsärztlichen Dienstes den Behörden gleichgestellt. Der neu eingefügte Satz 2 dehnt die Verlesbarkeit auf einige für die Praxis besonders wichtige Schriftstücke aus. Bezeichnung bis 1924: § 255.

Übersicht

I. Grund der Vorschrift

1. Ausnahmen von § 250

a) Zur Verfahrenserleichterung läßt Absatz 1 für bestimmte schriftliche Erklärun- **1** gen auch im Rahmen des Strengbeweisrechts über den § 251 Abs. 2 hinaus weitere Ausnahmen vom Verlesungsverbot des § 250 zu. Für **fernmündliche Erklärungen** gilt er im Strafverfahren nicht[1]. Die in Absatz 1 genannten Beweismittel (Gutachten und Zeugnisse) können in den Formen **des Urkundenbeweises**[2] durch Verlesen oder im Selbstleseverfahren nach § 249 Abs. 2 in die mündliche Verhandlung eingeführt werden, auch wenn sie über Wahrnehmungen berichten und die Voraussetzungen des § 251 Abs. 2 nicht vorliegen. Es ist nicht notwendig, die Verfasser als Zeugen oder Sachverständige in der Hauptverhandlung persönlich zu hören.

Dabei ist zu unterscheiden: Bei den schriftlichen Erklärungen der **Behörden** und der **2** **Ärzte** eines **gerichtsärztlichen Dienstes** hängt die Verlesbarkeit nicht vom Inhalt der Erklärung — etwa vom Inhalt des Attestes — ab[3], mit der einzigen Einschränkung, daß es sich nicht um ein Leumundszeugnis handeln darf. Bei den **übrigen** in Absatz 1 erwähnten **Erklärungen** ist dagegen ihr Inhalt maßgebend. Nur soweit die Schriftstücke den in Absatz 1 bezeichneten Inhalt haben, kann ihre Verlesung die Vernehmung ihres Urhebers in der Hauptverhandlung ersetzen.

§ 420 Abs. 1 bis 3 erweitert für das **beschleunigte Verfahren** und für das **Verfahren** **2a** **nach vorangegangenem Strafbefehl** (§ 411 Abs. 2) die Verlesbarkeit. Nach § 420 Abs. 2, 3 dürfen bei Zustimmung des in der Hauptverhandlung anwesenden Angeklagten, Verteidigers und Staatsanwalts Erklärungen von Behörden und sonstige Stellen über ihre dienstlichen Wahrnehmungen, Untersuchungen und Erkenntnisse sowie über diejenigen ihrer Angehörigen auch dann verlesen werden, wenn die Voraussetzungen des § 256 nicht vorliegen. Eine gleichartige Regelung für das **Verfahren bei Ordnungswidrigkeiten** enthält § 77 a OWiG, der darüber hinaus auch gestattet, daß das Gericht eine behördliche Erklärung fernmündlich einholt und deren wesentlichen Inhalt in der Hauptverhandlung bekanntgibt (§ 77 a Abs. 3 OWiG).

b) Der rechtfertigende Grund für diese **Ausnahmen in § 256 Abs. 1** liegt darin, daß **3** sich die genannten Erklärungen für den Urkundenbeweis besonders gut eignen. Die Objektivität bei der schriftlichen Fixierung der bezeugten Wahrnehmungen und der dar-

---

[1] OLG Karlsruhe MDR **1976** 247; § 250, 36; vgl. Rdn. 2a.

[2] RGSt **1** 383; BGHSt **1** 96; *Ahlf* MDR **1978** 982; *Alsberg/Nüse/Meyer* 300; *Dästner* MDR **1979** 546; *Gössel* § 27 D II d; DRiZ **1980** 373; *Hanack* NJW

1961 2041; AK-*Rüping* 1; *Kleinknecht/Meyer-Goßner*44 1; **a.** A *Jessnitzer* 69 (Sachverständigenbeweis in Urkundenform); *Hegler* Rechtsgang I 385 (Sachverständigenbeweis).

[3] RG DRiZ **1931** Nr. 707; BGH VRS **48** (1975) 209.

Walter Gollwitzer

aus gezogenen Schlußfolgerungen erscheint bei ihnen hinreichend gewährleistet. Für sie spricht die Fachkunde und die Erfahrung der zur Unparteilichkeit verpflichteten Behörde oder der berufsrechtlich verpflichteten Ärzte[4]. Bei den meist routinemäßig erstellten Gutachten des Satzes 2 kann der Gutachter in der Hauptverhandlung ohnehin in der Regel kaum mehr bekunden als das, was als Ergebnis der Untersuchungen bereits schriftlich festgelegt ist. Unter diesen Umständen erfordert die Pflicht zur erschöpfenden Sachaufklärung in der Regel nicht die persönliche Einvernahme des Verfassers in der Hauptverhandlung. Es dient der Prozeßwirtschaftlichkeit und der Verfahrensbeschleunigung und entspricht dem Bedürfnis der Praxis[5], die Verlesung zuzulassen. Das uneingeschränkte Festhalten am Unmittelbarkeitsgrundsatz würde hier ohne Gewinn für die Sachaufklärung wegen der anderweitigen Verpflichtungen der Gutachter nur die Terminierung der Hauptverhandlung erschweren, ihre Durchführung verzögern und die betreffenden Beweispersonen nutzlos ihren andere Aufgaben entziehen[6] und unnötige Kosten verursachen[7].

4   **c)** Die **Aufklärungspflicht** des Gerichts wird durch die **Kann-Vorschrift** des Absatzes 1 nicht berührt. Sie setzt umgekehrt dem dadurch eingeräumten Ermessen Grenzen. Das Gericht darf sich nicht mit dem Verlesen der Erklärungen begnügen, wenn die Umstände des Einzelfalls darauf hindeuten, daß die persönliche Vernehmung des Urhebers in der Hauptverhandlung zur besseren Sachaufklärung beitragen kann[8]. Dies gilt insbesondere, wenn die Ausführungen unklar oder mißverständlich sind oder wenn konkret begründete Zweifel an der Richtigkeit oder Vollständigkeit der verlesenen Erklärung geltend gemacht werden[9].

5   **d) Auslegung.** Als Ausnahmevorschrift ist Absatz 1 unter Berücksichtigung der aus seiner **Zielsetzung** folgenden Grenzen auszulegen[10]. Entgegen seinem Wortlaut ist er nicht bei Erklärungen anwendbar, die in gleicher Sache von den mit der Strafverfolgung befaßten Behörden abgegeben worden sind[11]. Eine **analoge Anwendung** auf die Gutachten privater Organisationen oder auf routinemäßig erstellte Befundgutachten ähnlicher Art und Bedeutung wie die in Satz 2 angeführten, ist nicht möglich.

6   **2. Zweck des Absatzes 2**, der systematisch nur begrenzt mit Absatz 1 zusammengehört, sondern § 83 Abs. 2 ergänzt, ist es, den kollegial organisierten Behörden die mündliche Erläuterung eines verlesenen Behördengutachtens in der Hauptverhandlung zu erleichtern.

II. Die einzelnen Fälle des Absatzes 1

1. Erklärungen öffentlicher Behörden

7   **a) Begriff. Öffentliche Behörde** ist bei § 256 im weiten Sinne zu verstehen[12]. Der Vorschrift unterfällt jede nach öffentlichem Recht errichtete, mit der Erfüllung öffentli-

---

[4] OLG Koblenz NJW **1984** 2424; *Ahlf* MDR **1978** 982; *Alsberg/Nüse/Meyer* 295; *Kleinknecht/Meyer-Goßner*[44] 1; *Eb. Schmidt* 1; gegen die Rechtfertigung mit der besonderen Objektivität der Behörden *Seyler* GA **1989** 559; HK-*Julius*[2] 1; ferner *Eisenberg* (Beweisrecht) 1504.

[5] Begr. zum RegEntw. des 1. StVRG, BTDrucks. **7** 551, S. 81.

[6] RGSt **14** 6; KK-*Diemer*[4] 1; *Leineweber* MDR **1980** 7; *Eb. Schmidt* 1; *Schneidewin* JR **1951** 486. Vgl. auch *Seyler* GA **1989** 559; HK-*Julius*[2] 1.

[7] Mot. *Hahn* I 196; KK-*Diemer*[4] 1.

[8] BGHSt **1** 94; BGH StV **1993** 458; bei *Pfeiffer* NStZ **1981** 95; BayObLGSt **1952** 228 = NJW **1963**

194; *Alsberg/Nüse/Meyer* 300; KK-*Diemer*[4] 10; *Kleinknecht/Meyer-Goßner*[44] 1; KMR-*Paulus* 3; SK-*Schlüchter* 4; *Eb. Schmidt* 2.

[9] BGH NStZ **1993** 397; OLG Schleswig SchlHA **1978** 88.

[10] *Geppert* FS v. Lübtow (1980) 780.

[11] Vgl. Rdn. 22.

[12] Im öffentlichen Recht gibt es keinen durchgängig einheitlichen Behördenbegriff; vgl. *Dreher* Die Amtshilfe (1959) 35; *Rasch* VerwA **1959** 10 ff; *Wolff/Bachof* Verwaltungsrecht II § 76 1; ferner die Kommentare zu den Verwaltungsverfahrensgesetzen.

cher Aufgaben beauftragte Stelle des Staates oder der Körperschaften, Anstalten, Stiftungen oder einer sonstigen Organisationsform des öffentlichen Rechts[13], die in ihrem Bestand von den sie vertretenden Personen unabhängig ist[14]. Nicht notwendig ist, daß der Stelle obrigkeitliche Befugnisse mit Zwangsgewalt übertragen sind[15] oder daß sie Aufgaben der öffentlichen Verwaltung im engeren Sinn[16] wahrnimmt. Unter § 256 fallen auch Stellen, die im Bereich der leistungsgewährenden Verwaltung lediglich Aufgaben der Daseinsfürsorge wahrnehmen oder denen rein fiskalische Aufgaben zugewiesen sind[17].

Notwendig ist jedoch, daß die betreffende Stelle ihre öffentlichen Aufgaben nicht **8** durch Privatpersonen wahrnimmt, sondern durch Bedienstete ausübt, die, wie vor allem Beamte oder Angestellte im öffentlichen Dienst, in einem **Dienstverhältnis** stehen, das von **öffentlich-rechtlichen Pflichten** geprägt wird[18]. Die von § 256 vorausgesetzte Verläßlichkeit der schriftlichen Erklärung, die sich nicht zuletzt auf deren dienstrechtliche Verantwortlichkeit gründet, hängt auch hiervon ab.

Nicht entscheidend ist die **Art des Organisationsaktes** (Rechtsvorschrift, Verwal- **9** tungsanordnung), durch den die Behörde errichtet wurde, es muß sich lediglich um eine Maßnahme des öffentlichen Rechts handeln. Eine unter Verwendung der Gestaltungsformen des **privaten Rechts** (als Verein, Handelsgesellschaft, Genossenschaft) errichtete Stelle ist dagegen keine Behörde, auch wenn sie von der öffentlichen Hand kontrolliert wird und mit der Wahrnehmung einzelner öffentlicher Aufgaben betraut sein sollte[19]. Im übrigen ist es unerheblich, ob die Stelle unmittelbar in den staatlichen Behördenaufbau eingegliedert ist oder ob sie zu einer rechtsfähigen Körperschaft oder Anstalt oder Stiftung des öffentlichen Rechts gehört, die mittelbar Staatsaufgaben wahrnimmt. Dies gilt insbesondere für die Einrichtung der kommunalen Gebietskörperschaften[20], die als solche nach der vorherrschenden Meinung keine Behörden sind, sondern Behörden haben. Zu den Behörden rechnen auch die mit Verwaltungsaufgaben beauftragten Führungsstellen militärischer Einheiten, z. B. der Kompaniechef[21].

Die **innere Organisation** ist für die Frage, *ob* eine Behörde vorliegt, unerheblich; es **10** kommt also nicht darauf an, ob die Behörde monokratisch oder kollegial verwaltet wird. Die innere Organisation ist dagegen maßgebend für die Frage, wer befugt ist, für die Behörde Erklärungen abzugeben[22].

---

13 Wie etwa Zweckverbände oder kommunale Verwaltungsgemeinschaften.
14 Vgl. BVerfGE **10** 48; BGH MDR **1964** 68; VRS **11** (1956) 451; BayObLGSt **1964** 38 = NJW **1964** 1192; OLG Celle MDR **1954** 248; OLG Düsseldorf JMBlNW **1951** 20; OLG Hamburg NJW **1969** 571; OLG Karlsruhe NJW **1973** 1426; OLG Koblenz NJW **1984** 2424. Im wesentlichen ähnlich RGSt **8** 5; **17** 346; **18** 250; **25** 141; **26** 138; **32** 366; **38** 18; **40** 161; **47** 49; **52** 198; **54** 150; **57** 324; RG GA **56** (1909) 22; JW **1925** 2468; zur neueren Rechtsprechung vgl. die bei den Einzelheiten angeführten Entscheidungen und die vergleichbaren Entscheidungen zu § 272 b Abs. 2 Nr. 2 ZPO; ferner etwa *Hanack* NJW **1961** 2041; KK-*Diemer*[4] 3; *Kleinknecht/Meyer-Goßner*[44] 2; KMR-*Paulus* 6; SK-*Schlüchter* 9; *Kleinewefers/Wilts* NJW **1964** 428; und *Alsberg/Nüse/Meyer* 296 mit weit. Nachw.
15 RGSt **40** 164; BGHZ **25** 188; OLG Celle MDR

1954 248; OLG Karlsruhe NJW **1973** 1426; OLG Stuttgart RdK **1955** 124; *Alsberg/Nüse/Meyer* 296; *Kleinknecht/Meyer-Goßner*[44] 2; KMR-*Paulus* 6; SK-*Schlüchter* 9.
16 Vgl. § 1 VwVfG.
17 OLG Karlsruhe NJW **1973** 1426; *Alsberg/Nüse/ Meyer* 296 mit weit. Nachw.
18 Der beliehene Unternehmer ist auch dann, wenn er die ihm übertragene öffentliche Aufgabe wahrnimmt, keine Behörde im Sinne des § 256; SK-*Schlüchter* 9.
19 BGH bei *Pfeiffer/Miebach* NStZ **1984** 211 (Stiftung privaten Rechts); KMR-*Paulus* 6; vgl. Fußn. 48 und 54.
20 Vgl. RGRspr. **1** 770; RGSt **6** 247; **14** 130; **40** 162.
21 RGSt **18** 249; *Alsberg/Nüse/Meyer* 298; *Kleinknecht/Meyer-Goßner*[44] 3; SK-*Schlüchter* 11.
22 Vgl. Rdn. 15.

11   **Zum Beispiel** wurden von der Rechtsprechung als **öffentliche Behörden** im Sinne des § 256 angesehen: das ehem. Reichsbankdirektorium, das innerhalb des einschlägigen Gebiets durch die Falschgeldabteilung der Reichsbank vertreten wurde[23]; die Bundesbank und die Landeszentralbanken[24]; das Direktorium der Reichsdruckerei[25]; Berufskonsuln[26]; Justizvollzugsanstalten[27]; staatliche meteorologische Anstalten und Wetterwarten[28]; die Physikalisch-Technische Bundesanstalt[29]; Universitätskliniken und Krankenhäuser der öffentlichen Hand[30]; Gesundheitsämter[31]; Polizeiärzte, soweit sie zu Äußerungen namens der Behörde befugt sind[32]; Polizeidienststellen[33]; Bundeskriminalamt und Landeskriminalämter[34]; auch ein kriminaltechnisches Institut beim Kriminalpolizeiamt[35]; chemische Untersuchungsämter[36]; Institute deutscher Universitäten, insbesondere rechts- bzw. gerichtsmedizinische Institute oder ein Institut für Pharmakologie und Toxikologie[37]; staatliche Blutalkoholuntersuchungsstellen[38], insbesondere, soweit sie Gutachten über den Blutalkoholgehalt erstatten; eine staatliche bakteriologische Untersuchungsanstalt[39]; ferner ein staatliches Veterinäruntersuchungsamt[40]; Zollinspektionen[41] und das Zollkriminalinstitut in Köln[42]. Behördeneigenschaft haben auch die Vorstände (Präsidenten) der Rechtsanwaltskammern[43]; die sonstigen als Körperschaft des öffentlichen Rechts errichteten Berufskammern, Handwerkskammern[44]; Industrie- und Handelskammern[45] sowie etwa die Sachverständigenkammern[46]. Auch beim Gutachterausschuß des Landes Nordrhein-Westfalen wurde das angenommen[47].

---

[23] RGSt **63** 122; RG Recht **1922** Nr. 513.

[24] *Alsberg/Nüse/Meyer* 297; *Kleinknecht/Meyer-Goßner*[44] 3; KMR-*Paulus* 7; SK-*Schlüchter* 11.

[25] RG JW **1932** 245.

[26] RG GA **56** (1909) 222; HRR **1938** Nr. 191.

[27] BGH nach *Alsberg/Nüse/Meyer* 298; vgl. BGH bei *Pfeiffer* NStZ **1981** 295.

[28] RG Recht **1917** Nr. 904; *Alsberg/Nüse/Meyer* 297 mit weit. Nachw.

[29] OLG Koblenz NJW **1984** 2424.

[30] BGH NStZ **1984** 231; **1993** 397; VRS **34** (1968) 344; BGH nach *Alsberg/Nüse/Meyer* 297; OLG Jena DRiZ **1931** Nr. 365 (Direktor einer öffentl. Heilanstalt); OLG Karlsruhe NJW **1973** 1426; OLG Zweibrücken NJW **1968** 2301; *Hanack* NJW **1961** 2041; *Kleinewefers/Wilts* NJW **1964** 428; KK-*Diemer*[4] 4; *Kleinknecht/Meyer-Goßner*[44] 3; SK-*Schlüchter* 11. Zu den hier bestehenden Fragen der Zurechnung vgl. Rdn. 15.

[31] BGHSt **1** 95; BGH bei *Dallinger* MDR **1955** 397.

[32] RG DRiZ **1931** Nr. 707; vgl. Rdn. 14.

[33] HessVGH VGRspr. **1979** 57; *Leineweber* MDR **1980** 7.

[34] BGH NJW **1968** 206; OLG Hamburg NJW **1969** 571; OLG Schleswig bei *Ernesti/Lorenzen* SchlHA **1982** 123; **1984** 105; *Ahlfs* MDR **1978** 981; *Alsberg/Nüse/Meyer* 297; *Dästner* MDR **1979** 545; *Gössel* DRiZ **1980** 363; KK-*Diemer*[4] 4; *Kleinknecht/Meyer-Goßner*[44] 3; KMR-*Paulus* 7.

[35] OLG Düsseldorf JMBlNW **1951** 20.

[36] BGH NJW **1953** 1801; BayObLG NJW **1953** 194; OLG Hamm NJW **1953** 1528; **1969** 572; LG Stuttgart RdK **1955** 125; **a. A** OLG Frankfurt NJW **1952** 757; *Alsberg/Nüse/Meyer* 297; KK-*Diemer*[4] 4.

[37] BGH VRS **34** (1968) 344; **48** (1975) 209; NJW **1967** 299; MDR bei *Dallinger* **1956** 651; bei *Spiegel* DAR **1977** 176; **1978** 155; OLG Celle MDR **1954** 248; OLG Düsseldorf StV **1982** 273 mit Anm. *Neixler*; OLG Frankfurt VRS **44** (1973) 37; OLG Hamburg NJW **1963** 408; OLG Hamm MDR **1969** 599; OLG Koblenz VRS **39** (1970) 202; OLG Köln NJW **1964** 2218; zust. *Eb. Schmidt* JZ **1970** 343; OLG Schleswig bei *Ernesti/Jürgensen* SchlHA **1969** 153; **1972** 160; *Alsberg/Nüse/Meyer* 297 mit weit. Nachw.; SK-*Schlüchter* 11.

[38] BayObLG NJW **1953** 194; OLG Schleswig SchlHA **1978** 88; bei *Ernesti/Jürgensen* SchlHA **1979** 205.

[39] BayObLGSt **1964** 36 = NJW **1964** 1192.

[40] OLG Celle NJW **1966** 1881.

[41] RG JW **1929** 1050; SK-*Schlüchter* 11.

[42] BGH nach *Alsberg/Nüse/Meyer* 297; *Kleinknecht/Meyer-Goßner*[44] 3.

[43] KG JW **1918** 271; *Alsberg/Nüse/Meyer* 298.

[44] *Alsberg/Nüse/Meyer* 297; KMR-*Paulus* 7.

[45] RGSt **52** 198; *Alsberg/Nüse/Meyer* 297; *Kleinknecht/Meyer-Goßner*[44] 3; KMR-*Paulus* 7.

[46] RGSt **22** 258 (zu § 46 KunstUrhG); KMR-*Paulus* 7.

[47] Vgl. OVG Münster StV **1982** 430 mit Anm. *Tondorf*.

Verneint wird die Eigenschaft einer öffentlichen Behörde beim Technischen Überwa- **12** chungsverein[48]; beim Deutschen Kraftfahrzeug-Überwachungsverein[49]; beim Hygieni- schen Institut des Ruhrgebiets[50], da der Träger der Einrichtungen ein privater Verein ist, ferner beim preußischen Notar[51]. Keine Behörden sind die in Form einer GmbH oder AG betriebenen Einrichtungen der öffentlichen Hand, Verkehrsbetriebe, Krankenhäuser[52], so auch seit der Neuorganisation die Nachfolger der Bundespost (Post AG, Telekom AG, Postbank AG)[53]. Die Vorstände der Berufsgenossenschaften werden nicht zu den Behör- den gerechnet[54].

Für die Erklärungen **ausländischer Behörden** gilt § 256 ebenfalls[55]. Die für sie maß- **13** gebende Rechtslage und Organisationsform muß aber im wesentlichen mit den innerstaat- lichen Behörden vergleichbar sein, so etwa bei einer Erklärung in einer von einem öffent- lichen Notar des Staates Illinois errichteten Urkunde[56], gleiches gilt für Behörden der ehem. DDR[57].

b) Eine **verlesbare Erklärung** einer öffentlichen Behörde liegt nur vor, wenn diese **14** dabei nicht völlig außerhalb ihrer **Zuständigkeit** gehandelt hat[58]. Die Abgabe der Äuße- rung, vor allem die Erstattung eines Gutachtens, braucht jedoch nicht ausdrücklich durch Rechtssatz oder Anordnung des Dienstherrn zur Dienstaufgabe erklärt worden zu sein. Es genügt, wenn sich die Behörde im Einzelfall zu einer auch ihren Aufgabenbereich berüh- renden Angelegenheit äußert.

Das Zeugnis oder Gutachten muß von einer zur **Vertretung der Behörde** berechtigten **15** Person **im Namen der Behörde nach außen hin** abgegeben worden sein. Nicht notwen- dig ist, daß die Erklärung stets vom Leiter der Behörde oder von seinem ständigen Vertre- ter unterschrieben ist, es kann genügen, wenn ein Sachbearbeiter die Erklärung „im Auf- trag" unterfertigt hat[59] oder daß sonst eine ersichtlich für die Behörde abgegebene Erklä- rung vorliegt. Notwendig ist aber stets, daß derjenige, der die Erklärung abgegeben hat, nach der bestehenden Organisationsordnung allgemein oder kraft einer Anordnung des an sich Vertretungsberechtigten im Einzelfall[60] befugt war, die Erklärung für die Behörde

[48] BayObLGSt **1955** 89 = VRS **8** (1955) 467; OLG Hamm Blutalkohol **1981** 276; OLG Köln MDR **1964** 254; *Alsberg/Nüse/Meyer* 298; *Jessnitzer* NJW **1971** 1075; StV **1982** 179; KK-*Diemer*[4] 5; *Kleinknecht/Meyer-Goßner*[44] 6; 7; KMR-*Paulus* 6; 7; SK-*Schlüchter* 12; *Eb. Schmidt* Nachtr. I 2.

[49] OLG Koblenz MDR **1980** 336; OLG Köln MDR **1964** 254; *Alsberg/Nüse/Meyer* 298; HK-*Julius*[2] 2; KMR-*Paulus* 7.

[50] OLG Düsseldorf JMBlNW **1954** 182.

[51] RGSt **18** 249; *Alsberg/Nüse/Meyer* 398; anders die beamteten Notare in Baden-Württemberg, *Klein- knecht/Meyer-Goßner*[44] 4; SK-*Schlüchter* 11; für bayerische Notare nehmen KMR-*Paulus* 7 und *Eb. Schmidt* 3 Behördeneigenschaft an.

[52] BGH bei *Pfeiffer/Miebach* NStZ **1988** 19; *Klein- knecht/Meyer-Goßner*[44] 4; SK-*Schlüchter* 12.

[53] *Gramlich* NJW **1994** 2787; HK-*Julius*[2] 2; *Klein- knecht/Meyer-Goßner*[44] 4; SK-*Schlüchter* 12; an- ders die früheren Ämter der Bundes- oder Reichs- post, vgl. *Alsberg/Nüse/Meyer* 297.

[54] RGSt **34** 367; *Alsberg/Nüse/Meyer* 298; *Klein- knecht/Meyer-Goßner*[44] 4; KMR-*Paulus* 446.

[55] RGRspr. **10** 450; RG JW **1938** 2965; RG Recht **1914** Nr. 2023; BGH NJW **1992** 58; KK-*Diemer*[4] 4; *Kleinknecht/Meyer-Goßner*[44] 2; KMR-*Paulus* 6; SK-*Schlüchter* 10; *Eb. Schmidt* 3; *Alsberg/Nüse/ Meyer* 296 mit weit. Nachw.

[56] RG HRR **1938** Nr. 191.

[57] BGH ROW **1960** 71.

[58] BGH VRS **48** (1975) 209; OLG Hamburg NJW **1969** 408; OLG Karlsruhe NJW **1973** 1426; Justiz **1977** 104 (Gutachten des Arztes einer Justizvoll- zugsanstalt über Erwerbsfähigkeit des A); vgl. BVerwGE **53** 212; ferner *Alsberg/Nüse/Meyer* 299; *Gössel* DRiZ **1980** 369; KK-*Diemer*[4] 3; *Klein- knecht/Meyer-Goßner*[44] 6; KMR-*Paulus* 17; SK-*Schlüchter* 14.

[59] BayObLGSt **1964** 36 = NJW **1964** 1192; OLG Hamburg NJW **1969** 570. Die Unterzeichnung „i. A." spricht zwar ebenso wie „i. V." für ein Han- deln für die Behörde; ob aus dem Fehlen der umge- kehrte Schluß gezogen werden kann (so BGH NStZ **1984** 231; **1985** 36), hängt vom Einzelfall ab; vgl. Rdn. 27; zu eng OLG Köln NStZ **1996** 245 mit abl. Anm. *Schäfer*; vgl. SK-*Schlüchter* 16.

[60] OLG Karlsruhe NJW **1973** 1426.

abzugeben[61], und daß er dies auch wollte[62]. Ob die Erklärung eines Ministerialbeamten eine Erklärung des Ministeriums bedeutet[63], ist daher **im Einzelfall** ebenso zu **prüfen** wie die Frage, ob der angestellte Arzt eines von der öffentlichen Hand getragenen Krankenhauses das Gutachten im Auftrag des Leiters für dieses erstattet hat[64] oder ob der Vorstand einer öffentlichen Heilanstalt eine Erklärung für diese abgegeben oder ob er sich nur persönlich als behandelnder Arzt geäußert hat[65]. Zweifel sind an Hand der für die Behörde und ihre innere Organisation jeweils geltenden Rechts- und Verwaltungsvorschriften zu klären. Gegebenenfalls ist eine Auskunft der Behörde oder ihrer vorgesetzten Stelle über die Dienstaufgaben der Behörde und über die zur Abgabe von Erklärungen nach außen ermächtigten Personen einzuholen (Rdn. 28).

16   **Der Adressat der Erklärung** der Behörde ist für die Verlesbarkeit nach § 256 unerheblich. Es ist gleich, ob die Erklärung für das anhängige Strafverfahren vom Gericht, von der Staatsanwaltschaft oder einem anderen Verfahrensbeteiligten eingeholt wurde[66] oder ob sie von der Behörde aus einem anderen Anlaß abgegeben worden ist. Die Möglichkeit der Einholung eines Zeugnisses kann durch gesetzliche Vorschriften, vor allem besondere Geheimhaltungsvorschriften und die §§ 54, 96 StPO, eingeschränkt sein[67], desgleichen die Verwertbarkeit einer aus anderem Anlaß abgegebenen Erklärung.

17   Ausschließlich **für den innerdienstlichen Gebrauch** bestimmte Stellungnahmen oder Berichte sind keine verlesbaren Zeugnisse oder Gutachten nach Absatz 1, denn hierzu gehört, daß die Behörde sich **nach außen** — und nicht etwa nur innerdienstlich — geäußert hat. Der Bericht eines Beamten der Polizei oder der Staatsanwaltschaft an seine vorgesetzte Dienststelle ist daher nicht nach Absatz 1 verlesbar[68], desgleichen der Bericht eines Richters an den Gerichtspräsidenten über die in seinem Auftrag durchgeführte Geschäftsprüfung eines Notars[69]. Soweit derartige Erklärungen bei der Strafverfolgungsbehörde im anhängigen Verfahren angefallen sind, scheitert die Anwendbarkeit des § 256 auch daran, daß die Prozeßordnung die Art, in der die Strafverfolgungsbehörde diese Vorgänge dem Gericht zur Kenntnis bringen kann, besonders geregelt hat[70]; in der Regel ist eine solche Stellungnahme auch weder einem Gutachten noch einem Zeugnis (Rdn. 19, 20) gleichzuachten.

18   Die Berichte der **Gerichtshilfe** und der **Jugendgerichtshilfe** dürfen, auch soweit sie nicht ohnehin unverlesbare Leumundszeugnisse enthalten, in der Hauptverhandlung in der Regel nicht nach § 256 verlesen werden[71]. Dies wird zum einen daraus hergeleitet, daß es

---

[61] Vgl. ferner *Alsberg/Nüse/Meyer* 299; KK-*Diemer*[4] 3; *Kleinknecht/Meyer-Goßner*[44] 6; KMR-*Paulus* 17.

[62] Vgl. BGH VRS **11** (1956) 449; **34** (1968) 344; OLG Hamburg NJW **1963** 408; **1969** 571; SK-*Schlüchter* 16.

[63] RGSt **64** 78.

[64] BGH NStZ **1984** 231.

[65] OLG Jena DRiZ **1931** Nr. 365. Zur strittigen Abgrenzung zwischen persönlichen Gutachten und Behördengutachten vgl. *Gollwitzer* FS Weißauer (1986) 23; *Gössel* DRiZ **1980** 368; *Leineweber* MDR **1980** 7; ferner bei Ärzten der Krankenhäuser der öffentlichen Hand; BGH NStZ **1984** 231; OLG Schleswig bei *Ernesti/Lorenzen* SchlHA **1984** 105 und bei Gutachten von Polizeiangehörigen *Ahlfs* MDR **1978** 981; SK-*Schlüchter* 16.

[66] RGSt **19** 264; *Alsberg/Nüse/Meyer* 300; *Gössel* DRiZ **1980** 369; *Kleinknecht/Meyer-Goßner*[44] 7; KMR-*Paulus* 17.

[67] RG JW **1892** 415; *Alsberg/Nüse/Meyer* 301; vgl. bei § 96.

[68] RGSt **2** 301; RG GA **38** (1891) 341; RG Recht **1910** Nr. 254; *Alsberg/Nüse/Meyer* 300; SK-*Schlüchter* 17; vgl. Rdn. 22.

[69] RGSt **26** 138; RGRspr. **8** 264; *Alsberg/Nüse/Meyer* 300 mit weit. Nachw.

[70] *Eb. Schmidt* 2a; 4.

[71] *Alsberg/Nüse/Meyer* 299; *Eisenberg* StV **1998** 311; KK-*Diemer*[4] 5; *Kleinknecht/Meyer-Goßner*[44] 6; § 160, 26; HK-*Julius*[2] 4; SK-*Schlüchter* 17; *Schlüchter* 536.3 Fußn. 481 (Leumundszeugnis); vgl. bei § 160; Vor § 226, 46; 47 mit weit. Nachw.; ferner die Kommentare zu § 38 JGG. Ob der Vertreter der Gerichtshilfe in der Hauptverhandlung den eigenen Bericht vorlesen darf (so BGH NStZ **1984** 467 mit abl. Anm. *Brunner*), ist strittig; vgl. *Eisenberg* NStZ **1985** 86; HK-*Julius*[2] 4; ein Verlesen nach § 256 liegt darin nicht.

sich um Äußerungen der jeweiligen Gerichtshelfer, nicht aber um eine Behördenerklärung handelt[72]; es folgt zum anderen auch schon daraus, daß es sich um die für das Strafverfahren selbst durchgeführten Ermittlungen handelt und es keinen Unterschied machen kann, ob die für die Rechtsfolgenentscheidung maßgebenden Erhebungen von der Polizei oder der Gerichtshilfe durchgeführt wurden[73].

c) Begriff des Zeugnisses. Das Zeugnis, dessen Verlesung der § 256 zuläßt, ist **19** begrifflich verschieden von dem Zeugnis, das der 6. Abschnitt des Ersten Buchs regelt. Der Unterschied ergibt sich daraus, daß als Zeuge im Sinn des letztgenannten Abschnitts jemand anzusehen ist, der im Verfahren über seine eigene Wahrnehmung aussagen soll, und daß er — wenigstens in der Regel — nicht durch andere Zeugen oder andere Beweismittel ersetzbar ist[74]. Beim Zeugnis einer Behörde braucht derjenige, der es ausstellt, mit dem Wahrnehmenden nicht identisch zu sein. Andererseits muß er aber befugt sein, die im Zeugnis liegende Erklärung über deren amtliche Erkenntnisse **nach außen für die Behörde** abzugeben[75]. Der Übergang zum Gutachten ist fließend, was aber für die Verlesbarkeit nach § 256 keine Rolle spielt.

Zeugnis einer öffentlichen Behörde ist jede Bescheinigung über amtliche Unterlagen **20** oder Erkenntnisse, die von der Behörde einem Außenstehenen erteilt wird. Sie hat — oftmals auf Grund der bei der Amtsstelle geführten Unterlagen, Bücher, Register, Akten — **amtlich festgestellte Tatsachen** zum Gegenstand, die auf der Mitteilung eines Dritten an die Behörde oder auf der unmittelbaren Wahrnehmung eines Beamten beruhen können[76]. Doch ist es nicht ausgeschlossen, daß das Zeugnis **sonstige Wahrnehmungen** wiedergibt, die ein Beamter innerhalb seines amtlichen Wirkungskreises als Repräsentant seiner Behörde — und nicht nur bei Gelegenheit amtlichen Tätigwerdens — gemacht hat. Hierzu rechnen Auskünfte aus den amtlich geführten Büchern und Registern, wie etwa Zeugnisse des Amtsgerichts über Eintragungen im Grundbuch, im Vereins-, Güterrechts- oder Musterregister, Auskünfte des Einwohnermeldeamts über die polizeiliche An- oder Abmeldung, aber auch nicht aktenkundig gemachte Wahrnehmungen[77].

Vorgänge dagegen, die nicht **Gegenstand einer amtlichen Tätigkeit** waren, sondern **21** die ein Beamter der Behörde nur zufällig anläßlich einer amtlichen Verrichtung wahrgenommen hat, können nicht Gegenstand eines nach § 256 verlesbaren Zeugnisses sein; über sie muß der Beamte als Zeuge vernommen werden[78].

Die **aus Anlaß des Strafverfahrens**, vor allem im Vorverfahren bei der **Polizei**, der **22** **Staatsanwaltschaft** oder bei **Gericht** angefallenen Vorgänge scheiden wegen ihres verfahrensinternen Verwendungszwecks (Rdn. 17) als Gegenstand eines nach § 256 verlesbaren amtlichen Zeugnisses aus. Dies gilt für **Aktenvermerke** der Staatsanwaltschaft und der Polizei[79], so für Berichte über polizeiliche Kontrollen, Observationen oder Fluchtwegmessungen[80] in der gleichen Sache, aber auch für Niederschriften über einen von der Poli-

---

[72] Vgl. etwa *Kleinknecht/Meyer-Goßner*[44] 6; ferner vorherige Fußn. mit weit. Nachw.

[73] OLG Koblenz OLGSt § 338, 19; KMR-*Paulus* 12; SK-*Schlüchter* 17; vgl. Rdn. 22.

[74] RGSt **47** 105; vgl. Vor § 48, 1 ff; *Alsberg/Nüse/Meyer* 301.

[75] Vgl. Rdn. 14; 20.

[76] RGSt **9** 88; RG GA **37** (1889) 187.

[77] RGSt **9** 92; BayObLGSt **1953** 194; *Alsberg/Nüse/Meyer* 301; AK-*Rüping* 8; *Kleinknecht/Meyer-Goßner*[44] 8; KMR-*Paulus* 10; SK-*Schlüchter* 21; *Eb. Schmidt* 4; **a. A** OLG Frankfurt NJW **1952** 757 (nur Auskünfte aus Unterlagen).

[78] RGSt **9** 91; RGRspr. **7** 200; RG GA **38** (1891) 341; *Kleinknecht/Meyer-Goßner*[44] 8; KMR-*Paulus* 11; *Eb. Schmidt* 4; *Alsberg/Nüse/Meyer* 301 mit weit. Nachw.; **a. A** RG JW **1932** 3356 mit abl. Anm. *Mannheim*.

[79] RGSt **2** 301; **37** 212; BGH NStZ **1988** 420; *G. Schäfer* 779; KK-*Diemer*[4] 5; *Kleinknecht/Meyer-Goßner*[44] 8; KMR-*Paulus* 12; SK-*Schlüchter* 17; *Eb. Schmidt* 4; vgl. auch *Böttcher* NStZ **1986** 396 sowie nachf. Fußn.

[80] BGH NStZ **1982** 79; **1995** 143; StV **1988** 469; AK-*Rüping* 11; KK-*Diemer*[4] 2; SK-*Schlüchter* 20.

zei, der Staatsanwaltschaft oder einer anderen Behörde eingenommenen **Augenschein**[81] oder für Niederschriften über Vernehmungen. Diese Vorgänge müssen — soweit Strengbeweisrecht gilt — in den von der Prozeßordnung für sie vorgeschriebenen Formen dem Gericht zur Kenntnis gebracht werden. § 256 gilt für sie nicht. So kann beispielsweise ein Vermerk, den ein im Verfahren tätiger Richter im Hinblick auf den § 3 JGG über die geistigen oder sittlichen Fähigkeiten eines von ihm vernommenen jugendlichen Beschuldigten oder über die Glaubwürdigkeit eines von ihm gehörten Zeugen in den Akten angebracht hat, Gegenstand eines Zeugnisses des Amtsgerichts auch dann nicht sein, wenn der zugezogene Schriftführer sich der Äußerung angeschlossen hat[82]. Erklärungen einer mit der Sache selbst **nicht befaßten Strafverfolgungsbehörde**, etwa eine Auskunft über ein anderswo anhängiges Strafverfahren oder über den Aufenthalt bestimmter Personen, können nach § 256 verlesen werden[83]. Die Verlesbarkeit der Äußerungen anderer, nicht unmittelbar mit der Strafverfolgung beauftragter Stellen, die aus Anlaß des Strafverfahrens erholt wurden[84], bleibt aber zulässig[85]. Wegen der nicht verlesbaren Leumundszeugnisse vgl. Rdn. 29.

23   **d) Begriff. Behördengutachten** sind Äußerungen, die auf Grund besonderer Sachkunde oder Fachkenntnisse unter Verantwortung der Behörde in deren Namen von einer dazu befugten Person abgegeben werden[86]. Verlesbar sind auch die im Gutachten mitgeteilten Befundtatsachen. Soweit das Gutachten Zusatztatsachen enthält, kann es zugleich ein amtliches Zeugnis sein, das ebenfalls nach § 256 verlesen werden darf[87]; andernfalls muß der Behördenbedienstete, der die Tatsache wahrgenommen hat, als Zeuge vernommen werden.

24   Bei der Fertigung des Gutachtens können **mehrere Angehörige der Behörde** mitgewirkt haben[88]. Ob es sich dabei um selbständige Teilgutachten handelt oder um Hilfsgutachten, auf denen das Gesamtgutachten aufbaut, ist — anders als bei Privatgutachten (vgl. § 250, 30) — für die Anwendbarkeit des § 256 ohne Bedeutung, sofern nur alle Beiträge als Gutachten der Behörde anzusehen sind, weil sie von deren Verantwortung umfaßt sind.

25   Gutachten von Behörden **über den Blutalkoholgehalt** sind auch nach Absatz 1 Satz 1 verlesbar[89]; dies kann auch für die Diagnose des blutentnehmenden Arztes über den Grad der Trunkenheit gelten, sofern die Diagnose von den Amtsaufgaben mit umfaßt ist[90]. Der inzwischen eingefügte Absatz 1 Satz 2, bei dem die Behördeneigenschaft keine Rolle mehr spielt, läßt diese Fragen jedoch praktisch bedeutungslos werden (vgl. Rdn. 46).

---

[81] *Schneidewin* JR **1951** 486; vgl. *Alsberg/Nüse/Meyer* 302; SK-*Schlüchter* 17; **a. A** *Wömpner* NStZ **1984** 487. Ob die Unverlesbarkeit nichtrichterlicher Augenscheinsprotokolle bereits aus § 249 Abs. 1 Satz 2 hergeleitet werden kann, ist strittig, vgl. § 249, 16.

[82] RGSt **37** 212; RGRspr. **7** 199; **9** 489; *Alsberg/Nüse/Meyer* 302; KMR-*Paulus* 12.

[83] *Kleinknecht/Meyer-Goßner*⁴⁴ 8; KMR-*Paulus* 12; SK-*Schlüchter* 18.

[84] Vgl. etwa die Gutachten nach § 83 Abs. 3.

[85] SK-*Schlüchter* 18; **a. A** OLG Schleswig bei *Ernesti/Lorenzen* SchlHA **1984** 105 für ein aus Anlaß des konkreten Strafverfahrens eingeholtes Gutachten zur Schuldfähigkeit.

[86] Vgl. Rdn. 14; zum Begriff des Gutachtens vgl. Vor § 72.

[87] BGH bei *Dallinger* MDR **1955** 397; OLG Karlsruhe NJW **1973** 1426; *Alsberg/Nüse/Meyer* 302; *Leineweber* MDR **1980** 9; *Kleinknecht/Meyer-Goßner*⁴⁴ 9; KMR-*Paulus* 15; SK-*Schlüchter* 22; die Zusatztatsachen müssen dann allerdings aus dem für ein amtliches Zeugnis offenen Bereich stammen; andernfalls muß der Beamte, auf dessen Wahrnehmung sie beruhen, als Zeuge vernommen werden; **a. A** KK-*Diemer*⁴ 2 (ohne Einschränkung verlesbar).

[88] Vgl. *Hanack* NJW **1961** 2041; *Seyler* GA **1989** 551; KMR-*Paulus* 15; SK-*Schlüchter* 23 (unter Hinweis auf Aufklärungspflicht).

[89] Vgl. Rdn. 11.

[90] OLG Koblenz VRS **39** (1970) 202 einerseits; OLG Hamm NJW **1965** 1041 andererseits.

Für **Rechtsgutachten** gilt § 256 nicht. Dem Gericht steht es frei, das Recht in jeder **26** beliebigen Weise festzustellen. Soweit es dies für zweckdienlich erachtet, kann es Rechtsgutachten von Behörden ebenso wie Rechtsgutachten privater Personen ohne Bindung an die für den Beweis von Tatsachen geltenden Vorschriften in der Hauptverhandlung verlesen[91].

e) Formfragen. Eine besondere Form der behördlichen Gutachten und Zeugnisse wird **27** von § 256 nicht vorausgesetzt. Die **äußere Form** kann zwar Anhaltspunkte dafür geben, ob eine Äußerung einer Behörde oder ein privates Schreiben des Verfassers vorliegt, sie ist aber nicht allein entscheidend[92]. Es kann sich auch aus dem Inhalt der Schrift oder sonstigen Umständen wie etwa einem Begleitschreiben ergeben, daß es als verantwortliche Äußerung der Behörde gewollt ist[93]. Es ist unschädlich, wenn Dienstsiegel oder Amtsstempel fehlen[94], sogar, wenn die Unterschrift fehlt, sofern trotzdem eindeutig festgestellt ist, daß und von wem die Erklärung für die Behörde abgegeben wurde[95].

Ist dies zweifelhaft, oder ist fraglich, ob etwa eine mit dem Briefkopf der Behörde **28** abgegebene Erklärung eine solche der Behörde oder aber eine private Erklärung des Behördenleiters ist — vor allem bei Direktoren von Universitätsinstituten kann das fraglich sein —, so muß dies durch eine **Rückfrage bei der Behörde** im Freibeweisverfahren[96] möglichst schon vor der Hauptverhandlung geklärt werden[97]. Dasselbe gilt, wenn fraglich ist, ob der Behördenangehörige, der die Erklärung unterzeichnet hat, befugt war, sie für die Behörde abzugeben[98]. Stellt sich ein Gutachten nach Form (Kopf, Unterschrift usw.), Inhalt und den Begleitumständen eindeutig als Äußerung einer Behörde dar, dann zwingt der Umstand, daß der unterzeichnete Gutachter berechtigt ist, Gutachten gleichen Inhalts in privater Nebentätigkeit zu erstatten, bei Fehlen aller anderen Anhaltspunkte nicht dazu, vor der Verlesung aufzuklären, in welcher Eigenschaft der Gutachter tätig wurde[99]. Umgekehrt liegt auch nicht schon deshalb allein ein Privatgutachten vor, weil im Kopf des Gutachtens der Name des Institutsleiters vorangestellt ist[100].

2. Nicht verlesbare Leumundszeugnisse

a) Grundsätzliches. Unter **Leumund** ist nicht ausschließlich der gute oder schlechte **29** Ruf zu verstehen, der einem Menschen nach einem in weiten Kreisen verbreiteten, auf sein Verhalten und bestimmte Vorkommnisse gestützten Urteil zukommt, sondern jedes Werturteil über einen anderen, durch das sein Charakter und seine sittlichen Eigenschaften eingeschätzt werden. Unerheblich ist, ob diese Beurteilung die Meinung eines größeren

---

[91] *Alsberg/Nüse/Meyer* 137 ff; SK-*Schlüchter* 24; § 244, 2 mit weit. Nachw.; ferner Vor § 72.

[92] Wenn unter Hinweis auf RGSt **64** 80; BayObLGSt **1964** 36 = NJW **1964** 1192 gefordert wird, daß sich der amtliche Charakter der Urkunde aus ihrem Inhalt selbst ergeben muß (so etwa *Alsberg/Nüse/Meyer* 299; *Ahlfs* MDR **1978** 982), kann dem nur insoweit zugestimmt werden, daß primär bei Prüfung dieser Frage von Form und Inhalt auszugehen ist, daß aber Zweifel im Freibeweisverfahren zu klären sind; vgl. *Schäfer* Anm. zu OLG Köln NStZ **1996** 245; SK-*Schlüchter* 16.

[93] KK-*Diemer*⁴ 3; KMR-*Paulus* 17; vgl. etwa BGH VRS **11** (1956) 449; **48** (1975) 208; ferner Fußn. 92.

[94] RGSt **43** 405; *Alsberg/Nüse/Meyer* 299; *Kleinknecht/Meyer-Goßner*⁴⁴ 6.

[95] RGRspr. **7** 200; *Alsberg/Nüse/Meyer* 299 mit weit. Nachw.

[96] Etwa OLG Düsseldorf StV **1983** 273 mit Anm. *Neixler*; AK-*Rüping* 10.

[97] BGH VRS **11** (1956) 449; **44** (1973) 39; OLG Düsseldorf JMBlNW **1954** 182; StV **1983** 273 mit Anm. *Neixler*; OLG Hamburg NJW **1969** 571; OLG Karlsruhe NJW **1973** 1426; *Alsberg/Nüse/Meyer* 299; *Kleinknecht/Meyer-Goßner*⁴⁴; KMR-*Paulus* 17; vgl. auch Rdn. 15; *Gössel* DRiZ **1980** 369.

[98] Vgl. etwa BGH StV **1984** 142 (Oberarzt); ferner Rdn. 14 mit weit. Nachw.

[99] OLG Frankfurt VRS **44** (1973) 37.

[100] BGH VRS **44** (1973) 209; vgl. Fußn. 97.

oder kleineren Personenkreises ist oder die Ansicht einzelner Personen, namentlich solcher, die berufen sind, ein Urteil abzugeben[101].

30   Die **Verlesung behördlicher Leumundszeugnisse** ist schlechthin unstatthaft (Beweisverbot), ganz gleich, ob es den Angeklagten, einen Zeugen oder einen Dritten betrifft[102], ob eine eigene oder fremde Meinung wiedergegeben wird[103] und ob die Verfahrensbeteiligten damit einverstanden sind[104]. Damit sollte der Gefahr vorgebeugt werden, daß Behörden derartige Zeugnisse auf Grund subjektiver Eindrücke erstellen und daß die Laienrichter durch derartige Äußerungen über Gebühr beeindruckt werden[105]. Soweit es auf personelle Wertungen ankommt, muß sich das Gericht hierüber unbeeinflußt von der Ansicht anderer selbst eine Meinung bilden. Leumundszeugnisse können von Sympathie oder Antipathie ihres Verfassers gefärbt sein, eine Fehlerquelle, die bei Verlesen weit schwerer erkennbar ist als bei dessen persönlichen Einvernahme als Zeugen[106]. Dieses Verbot des Urkundenbeweises mußte bei § 256 besonders ausgesprochen werden. Bei privaten Leumundszeugnissen steht § 250 Satz 2 in der Regel ebenfalls der Verlesung entgegen, sofern nicht § 251 Abs. 2 eine Ausnahme zuläßt[107]. Der Beweis über den Leumund eines Menschen kann **nur durch Vernehmung von Zeugen** über ihre Wahrnehmung der dafür maßgebenden Tatsachen erhoben werden. Aber auch beim Leumundszeugnis sind die zu beweisenden Tatsachen nicht die Glaubwürdigkeit oder andere innere Eigenschaften eines Menschen, sondern äußere Vorgänge, aus denen sich das Gericht selbst ein Urteil über jene Eigenschaften bilden kann[108].

31   Sind **einzelne Tatsachen** und nicht der Leumund als solcher Gegenstand der Erklärung, so greift das Verbot des § 256 nicht ein, auch wenn die Tatsachen als solche geeignet sind, Schlüsse auf den Leumund zuzulassen[109].

32   **Ausnahmen** vom Verbot der Verlesung finden nur insofern statt, als eine Schrift, die den Gegenstand der Untersuchung verkörpert, auch dann, wenn sie sich als Leumundszeugnis darstellt, verlesen werden darf[110]; auch beim Vortrag eines in einer Strafsache oder einem bürgerlichen Rechtsstreit ergangenen Urteils ist eine in diesem wiedergegebene Würdigung von der Verlesung nicht ausgeschlossen[111]. Im übrigen muß, wenn ein **Teil** einer zur Verlesung kommenden Schrift ein Leumundszeugnis ist, von der Verlesung dieses Teils abgesehen werden[112]. Dies setzt aber voraus, daß der verlesbare Teil aus sich heraus verständlich ist und keinen Rückgriff auf den Inhalt der nicht verlesenen Aussage über den Leumund erfordert.

33   Ist die Verlesung unstatthaft, so darf der Vorsitzende den Inhalt eines Leumundszeugnisses auch **nicht auf andere Weise bekanntgeben**. Insbesondere kann der sonst zuläs-

---

[101] RGSt **53** 280; **59** 374; RG HRR **1927** Nr. 27; OGHSt **3** 80; **59** 374; OLG Hamburg GA **1985** 513; *Alsberg/Nüse/Meyer* 202; 303; AK-*Rüping* 11; KK-*Diemer*⁴ 7; *Kleinknecht/Meyer-Goßner*⁴⁴ 11; KMR-*Paulus* 13; SK-*Schlüchter* 26; *Eb. Schmidt* 5; *Schneidewin* JR **1951** 486.
[102] RGSt **30** 439; **41** 429; RG GA **38** (1891) 328; SK-*Schlüchter* 11.
[103] *Alsberg/Nüse/Meyer* 303; *Kleinknecht/Meyer-Goßner*⁴⁴ 11; SK-*Schlüchter* 27; **a. A** *Hartung* ZStW **50** (1930) 224.
[104] RG HRR **1936** Nr. 856; *Alsberg/Nüse/Meyer* 305; *Kleinknecht/Meyer-Goßner*⁴⁴ 10; KMR-*Paulus* 14.
[105] *Hahn* **1** 196; 870; vgl. AK-*Rüping* 12 (subjektive Wertungen generell wenig zuverlässig); KK-

[...] *Diemer*⁴ 7 (Gericht muß sich selbst eigene Meinung bilden).
[106] *Alsberg/Nüse/Meyer* 303.
[107] RGSt **53** 280; HK-*Julius*² 4; KK-*Diemer*⁴ 7; KMR-*Paulus* 14; SK-*Schlüchter* 31; vgl. Rdn. 36.
[108] RGSt **39** 364.
[109] *Alsberg/Nüse/Meyer* 303; *Dallinger* JZ **1953** 434; KK-*Diemer*⁴ 7; KMR-*Paulus* 13; *Eb. Schmidt* 5; vgl. Rdn. 35.
[110] Vgl. § 250, 11.
[111] RG GA **48** (1901) 365; RG Recht **1924** Nr. 884; *Alsberg/Nüse/Meyer* 304; vgl. § 249, 19.
[112] RGRspr. **1** 523; RG JW **1934** 2779; BGH nach *Alsberg/Nüse/Meyer* 305; SK-*Schlüchter* 30; Bedenken wegen Trennbarkeit *Eisenberg* (Beweisrecht) 2187; *Mannheim* JW **1930** 3486.

sige formfreie **Vorhalt** nicht dazu gebraucht werden, um das Verwertungsverbot zu umgehen und dem Gericht Kenntnis vom guten oder schlechten Leumundszeugnis zu verschaffen[113]. Einzelne Tatsachen hieraus können vorgehalten werden.

b) Einzelfälle. Mit Rücksicht auf den Zweck des Gesetzes wird der Begriff weit ausgelegt[114]. Maßgebend ist aber immer nur der Inhalt, nicht Bezeichnung, Form oder Anlaß der jeweiligen Erklärung[115]. Als Leumundszeugnisse sind insbesondere folgende Erklärungen öffentlicher Behörden anzusehen: Schulzeugnisse, soweit sie sich nicht nur über die Leistungen und geistigen Fähigkeiten eines Schülers und die durch sie bedingte Glaubwürdigkeit[116], sondern auch über sein sonstiges Verhalten, seine Charaktereigenschaften und seine Wahrheitsliebe aussprechen[117]; behördliche, vor allem polizeiliche Auskünfte über die Einschätzung des Charakters und der Eigenschaften einer Person[118]; Berichte der Jugendgerichtshilfe[119] oder eines kirchlichen Jugend- und Wohlfahrtsamts über die Anlagen, insbesondere die sittlichen Eigenschaften des Angeklagten[120]; Anträge eines Jugendamts auf Entziehung der mütterlichen Fürsorge, sofern sie über den Lebenswandel der Mutter und ihre Beziehungen zu Männern urteilen[121]; Beurteilungen von Beamten und militärische Eignungsberichte, die Angaben über die sittliche Lebensführung des Beurteilten enthalten[122]; Äußerungen eines Strafanstaltsvorstandes über die Führung eines Gefangenen in der Anstalt[123], Stellungnahmen zu einem Gnadengesuch[124]. **34**

Kein Leumundszeugnis sind dagegen das nur Leumundstatsachen wiedergebende Führungszeugnis nach dem BZRG[125], Zeugnisse, die sich nur über körperliche oder geistige Fähigkeiten oder Leistungen aussprechen[126], oder psychiatrische oder psychologische Gutachten über die Glaubwürdigkeit einer Person[127]. Auch dem **Gutachten** einer kriminalbiologischen Sammelstelle ist die Eigenschaft eines Leumundszeugnisses nicht ohne weiteres beizumessen[128]. Ferner stehen Entscheidungen der Behörden in Dienstaufsichts- und Dienststrafsachen sowie Urteile, in denen die Glaubwürdigkeit erörtert wird, den Leumundszeugnissen nicht gleich[129]. **35**

Keine Anwendung findet § 256 auf den Beweis mit Leumundszeugnissen, die nicht von einer öffentlichen Behörde, sondern im **bürgerlichen Rechtsverkehr**, insbesondere von einem Arbeitgeber, ausgestellt sind; die Zulässigkeit der Verlesung solcher Zeugnisse richtet sich nach §§ 250 ff, also grundsätzlich danach, ob § 251 Abs. 2 eine Ausnahme vom Verbot des § 250 Satz 2 zuläßt. **36**

---

113 RGSt **59** 374; RG Recht **1917** Nr. 1530; JW **1923** 516; *Alsberg/Nüse/Meyer* 305; KK-*Diemer*⁴ 7; *Kleinknecht/Meyer-Goßner*⁴⁴ 13; KMR-*Paulus* 14; SK-*Schlüchter* 30; **a. A** RG HRR **1940** Nr. 844.
114 *Kleinknecht/Meyer-Goßner*⁴⁴ 11.
115 *Alsberg/Nüse/Meyer* 303.
116 RGSt **1** 234.
117 RGSt **53** 280; RGRspr. **7** 757; RG HRR **1942** 511; SK-*Schlüchter* 29.
118 RG HRR **1940** Nr. 844; OLG Hamburg GA **1985** 513; *Kleinknecht/Meyer-Goßner*⁴⁴ 12; SK-*Schlüchter* 28.
119 Vgl. Rdn. 18.
120 RG HRR **1936** Nr. 856.
121 KG JW **1930** 3485.
122 RG GA **45** (1897) 430; **57** (1910) 225; Recht **1924** Nr. 244; OGHSt **3** 80; *Kleinknecht/Meyer-Goßner*⁴⁴ 12; SK-*Schlüchter* 28.

123 RG HRR **1935** Nr. 154; 1286; BGH nach *Alsberg/Nüse/Meyer* 304; dazu *Eb. Schmidt* 6; *Dallinger* JZ **1953** 434; *Kleinknecht/Meyer-Goßner*⁴⁴ 12; SK-*Schlüchter* 28.
124 RG JW **1901** 689; SK-*Schlüchter* 28.
125 *Alsberg/Nüse/Meyer* 304; SK-*Schlüchter* 29; **a. A** für polizeiliche Führungszeugnisse nach dem früheren Recht RG GA **45** (1897) 430.
126 RGSt **1** 234; *Alsberg/Nüse/Meyer* 304; KK-*Diemer*⁴ 7; SK-*Schlüchter* 29.
127 BGH nach *Alsberg/Nüse/Meyer* 304; *Kleinknecht/Meyer-Goßner*⁴⁴ 14; KMR-*Paulus* 14; SK-*Schlüchter* 29.
128 RG JW **1935** 2378; SK-*Schlüchter* 29.
129 RGSt **24** 263; RG GA **48** (1900) 365; RG Recht **1924** Nr. 887; *Alsberg/Nüse/Meyer* 252; 304 mit weit. Nachw.; SK-*Schlüchter* 29.

37   **3. Die Erklärungen der Ärzte eines gerichtsärztlichen Dienstes** werden hinsichtlich der Verlesbarkeit den Erklärungen der Behörden gleichgestellt, auch wenn sie nach der Struktur dieses Dienstes nicht namens der Behörde erstattet werden. Beim Landgerichtsarzt in Bayern wurde früher die Ansicht vertreten, daß er zwar einer Behörde angehöre, sie aber bei der Gutachtenerstattung nicht vertrete und daß sein Gutachten deshalb nicht verlesbar sei[130]. Die Ergänzung des Absatzes 1 Satz 1 ermöglicht es, die Gutachten und Zeugnisse der Ärzte eines gerichtsärztlichen Dienstes ohne Rücksicht auf dessen interne Organisation zu verlesen. Einschließlich der auch hier Platz greifenden Ausnahme für Leumundszeugnisse[131] gilt im übrigen das für die Zeugnisse und Gutachten öffentlicher Behörden Gesagte. Die bei den Justizvollzugsanstalten angestellten Ärzte rechnen nicht zum gerichtsärztlichen Dienst[132].

38   Auf die **im eigenen Namen** und nicht für die Behörde erstatteten Gutachten anderer, dem öffentlichen Dienst angehörender Sachverständiger ist die Ausnahmevorschrift für den gerichtsärztlichen Dienst nicht übertragbar[133]. Dies gilt auch für die Ärzte der rechts- oder gerichtsmedizinischen Institute der Universitäten[134], sofern sie nicht im Nebenamt auch zu Landgerichtsärzten bestellt worden sind[135].

4. Ärztliche Atteste über Körperverletzungen

39   **a) Begriff.** Es muß sich um die Bestätigung eines ordnungsgemäß nach dem für ihn geltenden Berufsrecht[136] bestallten Arztes[137] handeln, in der dieser Art und Umfang einer von ihm im Rahmen seiner beruflichen Tätigkeit wahrgenommenen Körperverletzung beschreibt[138]. Eine schriftliche Erklärung, die keine Äußerung über einen eigenen Befund, also über eine **eigene Wahrnehmung** enthält, sondern eine gutachtliche Stellungnahme zu der Wahrnehmung eines anderen, ist kein Attest im Sinne des § 256[139]. Niederschriften über die frühere Vernehmung eines Arztes über eine Körperverletzung fallen nicht unter § 256[140]. Im übrigen stellt § 256 **keine besonderen Formerfordernisse** an das Attest. Es genügt, wenn es von einem approbierten Arzt ausgestellt wurde, dessen Person eindeutig feststeht[141]. Auf die Lesbarkeit der Unterschrift kommt es ebensowenig an wie auf den Zweck, für den das Attest ursprünglich ausgestellt worden war[142]. Auch die Eintragungen eines Arztes in ein Krankenblatt können die Voraussetzungen des § 256 erfüllen[143].

---

[130] BayObLGSt **1949/51** 304 unter Hinweis auf RGSt **64** 80; vgl. BGH NJW **1970** 1981. Seit der Neuregelung durch Art. 3 Abs. 2 des Gesetzes über den öffentlichen Gesundheitsdienst vom 12. 7. 1986 (BayGVBl. 120) sind die Gutachten der bayerischen Landgerichtsärzte Behördengutachten.

[131] Vgl. Rdn. 29.

[132] OLG Karlsruhe Justiz **1977** 104; *Kleinknecht/Meyer-Goßner*[44] 5.

[133] *Rieß* NJW **1975** 86.

[134] KK-*Diemer*[4] 6; *Kleinknecht/Meyer-Goßner*[44] 5; KMR-*Paulus* 8.

[135] Dies geschieht im Einzelfall; in Bayern können nach Art. 3 Abs. 2 des Gesetzes über den öffentlichen Gesundheitsdienst vom 12. 7. 1986 (BayGVBl. 120) die Leiter der rechtsmedizinischen Institute mit der Wahrnehmung der Aufgaben des Landgerichtsarztes betraut werden.

[136] Dies dürfte auch für im Ausland approbierte Ärzte gelten, selbst wenn sie nicht nach EG-Recht zur Berufsausübung in der Bundesrepublik berechtigt sind; vgl. die ähnliche Rechtslage bei den ausländischen Behörden, Rdn. 13.

[137] RGSt **14** 55; **19** 364; BGHSt **4** 156; *Alsberg/Nüse/Meyer* 305; KK-*Diemer*[4] 8; *Kleinknecht/Meyer-Goßner*[44] 15; KMR-*Paulus* 20; SK-*Schlüchter* 35; *Eb. Schmidt* 8.

[138] RGSt **19** 364; RG GA **61** (1914) 350; AK-*Rüping* 11; ferner die Nachw. in vorst. Fußn.

[139] RG Recht **1913** Nr. 3321; BGHSt **4** 155; *Alsberg/Nüse/Meyer* 306; KMR-*Paulus* 20; SK-*Schlüchter* 38.

[140] RGSt **6** 254; RGRspr. **1** 633.

[141] *Alsberg/Nüse/Meyer* 305.

[142] RGSt **19** 364; *Alsberg/Nüse/Meyer* 305; *Kleinknecht/Meyer-Goßner*[44] 14; KMR-*Paulus* 20; vgl. Rdn. 45.

[143] OLG Koblenz VRS **62** (1982) 287.

b) Gegenstand des Attestes muß eine Körperverletzung sein; verlesen werden darf es **40** aber nur, wenn über ein Vergehen nach den §§ 223 bis 225 StGB verhandelt wird[144]. Bei einer **schweren Körperverletzung** im Sinne der §§ 226, 227 StGB schließt § 256 die Verlesbarkeit ausdrücklich aus. Ob das Attest eine schwere Körperverletzung betrifft, richtet sich nach der im Strafverfahren gegen den Angeklagten erhobenen Beschuldigung, wenn dieser wegen der im Attest festgestellten Körperverletzung belangt wird[145]. Ist eine **fahrlässige Körperverletzung** (§ 229 StGB) Gegenstand des Verfahrens, ist das Attest ohne Rücksicht auf die dort bezeugte Schwere der Verletzung verlesbar[146].

Die Verlesbarkeit des Attestes hängt ferner davon ab, daß das Attest **ausschließlich** **41** **zum Nachweis einer Körperverletzung** in einem wegen dieses Vorwurfs geführten Verfahren dient. Dies ist nach OLG Oldenburg[147] auch der Fall, wenn die Körperverletzung ein Amtsdelikt (§ 340 Abs. 1 StGB) ist. Wird die Tat, die zu der Verletzung führte, unter einem **anderen rechtlichen Gesichtspunkt** verfolgt, etwa als ein Sexualdelikt oder Raub, ist das Attest über die Körperverletzung in der Hauptverhandlung nicht nach § 256 verlesbar[148]; dies gilt auch, wenn die Verletzungsfolgen nur für das Vorliegen eine Regelbeispiels eines besonders schweren Falls Bedeutung haben[149]. Steht die Körperverletzung in **Tateinheit** mit einem anderen Delikt, ist das Attest in der Regel nicht verlesbar[150], denn es darf ausschließlich zum Nachweis der Körperverletzung verwendet werden. Nur wenn auszuschließen ist, daß die Verlesung des Attestes die Urteilsfindung über das andere Delikt beeinflussen kann — etwa, wenn das andere Delikt völlig aufgeklärt ist und nur Feststellungen zur Körperverletzung darauf gestützt werden sollen —, ist die Verlesung nach dem Sinn der Regelung zulässig[151]. Steht die Körperverletzung mit einem anderen Delikt in **Tatmehrheit**[152] oder wird sie nur einem von mehreren Mitangeklagten zur Last gelegt[153], so kann — aber nur zu ihrem Nachweis — das Attest verlesen werden.

Die Verlesbarkeit setzt andererseits aber nicht voraus, daß die im Attest bescheinigte **42** Körperverletzung Teil der **Straftat** ist, die **dem Angeklagten zur Last** liegt; verlesbar sind die Atteste auch, wenn sonst eine Körperverletzung verfahrenserheblich ist, etwa, weil sie der Angeklagte erlitten hat oder sie von einem Dritten begangen wurde[154]. Insoweit ist dann allerdings der Inhalt des Attestes dafür maßgebend, daß es sich nicht auf eine schwere Körperverletzung im Sinne der §§ 226 ff StGB bezieht[155].

c) Enthält das Attest außer den Angaben über den Befund der Körperverletzung noch **43** **zusätzliche Angaben**, insbesondere ein Gutachten über deren Folgen oder die Heilungs-

---

[144] RGSt **1** 188; **39** 290; RG Recht **1905** Nr. 252; BGHSt **4** 155; BGH NJW **1980** 651; *Alsberg/Nüse/Meyer* 306; KK-*Diemer*[4] 8; *Kleinknecht/Meyer-Goßner*[44] 16; KMR-*Paulus* 21; SK-*Schlüchter* 37.

[145] BGHSt **4** 155; *Alsberg/Nüse/Meyer* 307.

[146] RGSt **39** 290; BGHSt **4** 155; BGH NJW **1980** 651.

[147] OLG Oldenburg MDR **1990** 1135.

[148] RGSt **26** 38; **35** 162; RGRspr. **1** 633; RG JW **1892** 417; **1934** 3209; **1935** 542; BGHSt **4** 155 = LM Nr. 2 mit Anm. *Krumme*; BGH NJW **1980** 651; VRS **32** (1967) 56; StV **1982** 59 mit Anm. *Schwenn*; **1982** 557; **1983** 496; **1984** 142; **1996** 649; NStZ **1985** 36; BGH bei *Pfeiffer/Miebach* NStZ **1984** 211; **1985** 206; OLG Karlsruhe Justiz **1977** 104; OLG Saarbrücken OLGSt 9; vgl. *Alsberg/Nüse/Meyer* 307 mit weit. Nachw.

[149] BGH NJW **1980** 651; *Kleinknecht/Meyer-Goßner*[44] 16.

[150] Vgl. RGSt **26** 38; RG JW **1935** 542; BGH NJW **1980** 651; StV **1984** 142; VRS **32** (1967) 56; bei *Dallinger* MDR **1967** 174; bei *Pfeiffer/Miebach* NStZ **1984** 211; **1985** 206; KK-*Diemer*[4] 8; *Kleinknecht/Meyer-Goßner*[44] 16; SK-*Schlüchter* 37; vgl. auch die nachf. Fußn. AK-*Rüping* 15 stellt darauf ab, ob die Körperverletzung der gravierendere Vorwurf ist.

[151] BGHSt **33** 389; *Krumme* LM Nr. 2 (Anm. zu BGHSt **4** 155); *Alsberg/Nüse/Meyer* 307; *Kleinknecht/Meyer-Goßner*[44] 16; zweifelnd HK-*Julius*[2] 5.

[152] BGH nach *Alsberg/Nüse/Meyer* 308; KMR-*Paulus* 22; SK-*Schlüchter* 39.

[153] KMR-*Paulus* 22; SK-*Schlüchter* 39.

[154] RGSt **35** 162; *Alsberg/Nüse/Meyer* 308 mit weit. Nachw.; ferner etwa AK-*Rüping* 14; *Kleinknecht/Meyer-Goßner*[44] 14; *Eb. Schmidt* 9.

[155] *Alsberg/Nüse/Meyer* 308; SK-*Schlüchter* 38.

aussichten, dürfen diese mit dem Attest verlesen werden[156]. Zusätzliche Angaben, die nicht Gegenstand des Urkundenbeweises nach § 256 sein können, da es sich um ohne besondere Sachkunde feststellbare Zusatztatsachen handelt, dürfen jedoch **nicht mitverlesen** werden. Dies gilt insbesondere, wenn der Arzt Angaben des Verletzten oder eines Dritten über die Entstehung der Körperverletzung, über das Verhalten des Verletzten, über den Krankheitsverlauf oder über den Zustand der Kleider des Verletzten in das Attest mit aufgenommen hat[157]. Sollen aus der Art der Verletzung Rückschlüsse auf die Tatbegehung gezogen werden, ist der Arzt als Zeuge zu vernehmen[158], sofern nicht die Beteiligten der Verlesung nach § 251 Abs. 2 Satz 1 zustimmen[159].

44   Ist die **Verlesung unstatthaft**, dann darf der Inhalt des Attests auch nicht dadurch zu Beweiszwecken in die Verhandlung eingeführt werden, daß der **Vorsitzende ihn bekanntgibt**[160] oder daß andere Personen als der Aussteller über den Inhalt des Attestes als Zeugen vernommen werden[161]. Zulässig ist jedoch, ein solches Zeugnis **zu Vorhalten** zu verwenden, wenn auf Grund der Beschaffenheit der Verletzung anzunehmen ist, daß der Befragte aus eigenem Wissen von sich aus Art und Umfang der Körperverletzung glaubhaft bestätigen oder widerlegen kann[162]. Im übrigen schließt § 256 nicht aus, den Arzt oder andere Zeugen, die über die Körperverletzung Bescheid wissen, darüber als Zeugen zu vernehmen. Dies muß trotz Verlesbarkeit des Attestes geschehen, wenn besondere Umstände zu einer weiteren Sachaufklärung drängen. Im **Freibeweisverfahren**, vor allem zur Feststellung verfahrenserheblicher Tatsachen, ist die Verlesung ärztlicher Atteste nicht an die Einschränkungen des § 256 gebunden[163]. Ist das Attest von einer ärztliche Aufgaben wahrnehmenden **Behörde** ausgestellt[164], gelten die Beschränkungen hinsichtlich der Verlesbarkeit ebenfalls nicht.

45   **d) Vorlage des Attestes.** Das Gesetz läßt die Verlesung der Atteste zur Verfahrenserleichterung, zur Entlastung der Ärzte und auch zur Kostenersparung für die nicht so schwerwiegenden Fälle zu, in denen es wesentlich nur darauf ankommt, die Richtigkeit der Angaben zu prüfen, die der Verletzte oder ein anderer über die Verletzung gemacht hat. Es begründet daher keinen Unterschied, ob das Attest von Anfang an zur Verwendung vor Gericht bestimmt war und ob es vom Angeklagten, von der Staatsanwaltschaft oder von einem Sachverständigen oder von einem Zeugen dem Gericht vorgelegt worden ist[165] oder ob es das Gericht selbst erholt hat. Ein behördlicherseits vom Arzt angefordertes Attest darf auch dann verlesen werden, wenn der Arzt nicht auf sein Zeugnisverweigerungsrecht hingewiesen worden ist[166].

---

[156] RGSt **19** 364; RG JW **1891** 505; *Alsberg/Nüse/Meyer* 306 mit weit. Nachw.; vgl. Fußn. 157.

[157] RG GA **46** (1898/99) 199; JW **1903** 218; Recht **1903** Nr. 1218; BGHSt **4** 155 = LM Nr. 2 mit Anm. *Krumme*; BGH StV **1984** 142; BGH bei *Dallinger* MDR **1955** 397; *Alsberg/Nüse/Meyer* 306; KK-*Diemer*[4] 8; *Kleinknecht/Meyer-Goßner*[44] 8; KMR-*Paulus* 23; *Eb. Schmidt* 11.

[158] BGH NJW **1980** 651; bei *Pfeiffer/Miebach* NStZ **1984** 211.

[159] *Kleinknecht/Meyer-Goßner*[44] 17.

[160] RG GA **61** (1914) 130; **64** (1917) 372; JW **1914** 435; Recht **1925** Nr. 2570; *Alsberg/Nüse/Meyer* 307; KMR-*Paulus* 24.

[161] RGSt **14** 4.

[162] BGH bei *Holtz* MDR **1993** 9; *Alsberg/Nüse/Meyer* 307; *Eisenberg* (Beweisrecht) 2190; *Schneidewin* JR **1951** 486; KK-*Diemer*[4] 8; KMR-*Paulus* 24; SK-*Schlüchter* 34; **a. A** AK-*Rüping* 20; *Kleinknecht/Meyer-Goßner*[44] 17 (keine Bekanntgabe des Inhalts des Attestes beim Vorhalt).

[163] BGH NStZ-RR **1997** 304; KK-*Diemer*[4] 8; KMR-*Paulus* 22; SK-*Schlüchter* 32; vgl. § 244, 3 ff; § 251, 72 ff.

[164] Mot. *Hahn* **1** 196; zu Entstehungsgeschichte und Zweck dieser Regelung vgl. RGSt **39** 289; BGHSt **33** 389.

[165] RGSt **19** 364; RG Recht **1910** 1469; *Alsberg/Nüse/Meyer* 305; *Kleinknecht/Meyer-Goßner*[44] 14; KMR-*Paulus* 20; SK-*Schlüchter* 35.

[166] OLG Zweibrücken NJW **1968** 2310.

5. Routinegutachten nach Absatz 1 Satz 2, also die auf Grund allgemein anerkannter **46** wissenschaftlicher Erkenntnisse und Erfahrungssätze erstellten Routinegutachten[167] über die Auswertung eines Fahrtschreiberdiagramms[168], über die Bestimmung der Blutgruppe oder des Blutalkoholgehalts einschließlich seiner Rückrechnung, dürfen zur Verfahrensvereinfachung und zur Entlastung der Gutachter[169] verlesen werden, auch wenn sie nicht von einer Behörde (amtliche Untersuchungsstelle, Universitätsinstitut) erstellt worden sind, sondern von einer privaten Stelle oder einem privaten Sachverständigen. Maßgebend für die Verlesbarkeit ist nur der **Inhalt** des Gutachtens. Ob ein **Behördengutachten** im Sinne des Absatzes 1 Satz 1 vorliegt, ist nur noch von Bedeutung, wenn das Gutachten Feststellungen enthält, die über die inhaltliche Begrenzung der nach Absatz 1 Satz 2 verlesbaren Erklärungen hinausgehen.

Durch Verlesen in die Hauptverhandlung einführbar sind nach Absatz 1 Satz 2 immer **47** nur die zum jeweiligen Gutachten gehörenden **Befundtatsachen** und Schlußfolgerungen sowie das gefundene Ergebnis. Dies schließt auch Feststellungen über das ordnungsgemäße Funktionieren des Fahrtschreibers[170] oder über Besonderheiten der untersuchten Blutprobe mit ein[171]. **Sonstige Erkenntnisse**, die außerhalb der standardisierten Untersuchung liegen, sowie **sonstige Tatsachen**, die der Sachverständige aus Anlaß der Begutachtung festgestellt hat, können nicht durch Verlesen nach Absatz 1 Satz 2 in die Hauptverhandlung eingeführt werden, sondern nur durch Vernehmung des Sachverständigen[172]. Dies gilt etwa für Feststellungen über Manipulationen am Fahrtschreiber[173].

Vor Verwertung der verlesenen Gutachten bei der Beweiswürdigung ist stets zu prü- **48** fen, ob die ihm zugrunde liegenden tatsächlichen Annahmen noch dem **Ergebnis der Beweisaufnahme** entsprechen. Dies gilt vor allem bei der Rückrechnung des Blutalkoholgehalts. Ist dies nicht der Fall und kann das Gericht die Auswirkungen der veränderten Sachlage nicht aus eigener Sachkunde sicher beurteilen, muß es in Erfüllung seiner **Aufklärungspflicht** den Sachverständigen in der Hauptverhandlung hören oder ein neues, der veränderten Beweislage Rechnung tragendes Gutachten einholen. Auch sonst können Unstimmigkeiten oder ein konkreter Verdacht von Unregelmäßigkeiten die persönliche Anhörung des Sachverständigen erfordern[174].

6. Ärztliche Berichte zur Entnahme der Blutprobe, also die vom Arzt bei Entnahme **49** der Blutprobe getroffenen Feststellungen über Ort und Zeit der Entnahme und das Erscheinungsbild und das Verhalten des Betroffenen einschließlich seiner dabei gemachten Angaben, können nach Absatz 1 Satz 2 ebenfalls durch Verlesen in die Hauptverhandlung eingeführt werden[175]. Dies umfaßt auch die dabei durchgeführten klinischen Tests[176]. Damit entfällt der frühere Streit, ob diese für die Bestimmung des Blutalkoholgehalts wichtigen Tatsachen durch die Vernehmung des Sachverständigen, der den Blutalko-

---

[167] Begr. zu Art. 1 Nr. 75 des 1. StVRG (BTDrucks **7** 551).

[168] Mit Auswertung des Fahrtschreibers ist die Auswertung der Aufzeichnungen dieses Geräts gemeint; OLG Celle JR **1978** 122 mit Anm. *Puppe*; *Alsberg/Nüse/Meyer* 308; KK-*Diemer*[4] 9; *Kleinknecht/Meyer-Goßner*[44] 19.

[169] KK-*Diemer*[4] 9.

[170] OLG Celle JR **1978** 122 mit abl. Anm. *Puppe*; *Alsberg/Nüse/Meyer* 309; KK-*Diemer*[4] 9; *Kleinknecht/Meyer-Goßner*[44] 19; KMR-*Paulus* 25; SK-*Schlüchter* 42; *Schlüchter* 537 Fußn. 484.

[171] *Alsberg/Nüse/Meyer* 309; *Kleinknecht/Meyer-Goßner*[44] 20; KMR-*Paulus* 25.

[172] *Alsberg/Nüse/Meyer* 309; *Puppe* JR **1978** 122; KK-*Diemer*[4] 43; SK-*Schlüchter* 42.

[173] OLG Celle JR **1978** 122 mit Anm. *Puppe*; weit. Nachw. vgl. Fußn. 170.

[174] Zu den Erfordernissen der Aufklärungspflicht vgl. § 244, 86; 91.

[175] BGH bei *Spiegel* DAR **1979** 186; *Alsberg/Nüse/Meyer* 309; KK-*Diemer*[4] 9; *Kleinknecht/Meyer-Goßner*[44] 21; KMR-*Paulus* 25; *Rieß* NJW **1975** 87.

[176] BGH bei *Spiegel* DAR **1979** 186; *Rieß* NJW **1975** 87 Fußn. 86; KK-*Diemer*[4] 9; *Kleinknecht/Meyer-Goßner*[44] 21; KMR-*Paulus* 25; SK-*Schlüchter* 42.

holgehalt begutachtet, in die Hauptverhandlung eingeführt werden müssen. Herkunft und Verfasser des Berichts müssen aber eindeutig feststehen[177].

III. Sonstige Verfahrensfragen

50　　**1.** Die **Anordnung der Verlesung** steht im pflichtgemäßen Ermessen des Gerichts (Kann-Vorschrift)[178]. Sie erläßt in den Fällen des Absatzes 1 der **Vorsitzende**. Widerspricht ein Verfahrensbeteiligter der Verlesung, so entscheidet darüber das Gericht nach § 238 Abs. 2. Gleiches gilt, wenn der Vorsitzende die Verlesung ablehnt und der Antragsteller dagegen das Gericht anruft[179]. Eine Zustimmung der Verfahrensbeteiligten ist für die Verlesung nicht erforderlich. Das **Verlesen** selbst ist grundsätzlich Sache des Gerichts (Vorsitzender, Beisitzer); ob auch ein Zeuge ein nicht von ihm stammendes Attest verlesen darf, erscheint fraglich[180]; allerdings wird in solchen Fällen bei richtiger Wiedergabe des Inhalts ausgeschlossen werden können, daß dadurch der Inhalt des Urteils beeinflußt worden ist.

51　　Die Rechtsprechung hält es für zulässig, wenn an Stelle des wörtlichen Verlesens der **Inhalt** der Schrift vom Vorsitzenden oder von einem beisitzenden Richter **bekanntgegeben** wird[181]. Dieser Ansicht kann nicht beigetreten werden[182]. Das Selbstleseverfahren ist durch § 249 Abs. 2 Satz 1 jetzt zugelassen.

52　　**2.** In der **Sitzungsniederschrift** ist Anordnung und Ausführung der Verlesung einer unter Absatz 1 fallenden Erklärung unter genauer Bezeichnung des verlesenen Schriftstücks als **wesentliche Förmlichkeit** des Verfahrens ausdrücklich zu beurkunden[183]; einer Wiedergabe des Inhalts der verlesenen Schrift bedarf es nicht. Zu beurkunden ist auch Anordnung und Durchführung des **Selbstleseverfahrens**[184] sowie, wenn ein Beteiligter das Gericht nach § 238 Abs. 2 angerufen hat, dessen darauf ergangene Entscheidung. Ein Vermerk, wonach „festgestellt wird, daß eine bestimmte Blutalkoholkonzentration ermittelt" worden ist, bezeugt nicht die Verlesung[185]. Hält man den Ersatz der Verlesung durch einen **Bericht des Vorsitzenden** für zulässig, ist auch dieser unter genauer Bezeichnung der jeweiligen Schrift im Protokoll zu vermerken[186]. Die gleichen Grundsätze gelten auch, wenn das **Gutachten einer kollegialen Fachbehörde** (Absatz 2) durch Verlesen in die Hauptverhandlung eingeführt wird und deren anwesender Vertreter das Gutachten mündlich erläutert; dessen Anwesenheit und Erklärungen zum Inhalt des verlesenen Gutachtens sind keine wesentlichen Förmlichkeiten[187]. Nur wenn er sich darüber hinaus auch als **persönlicher Sachverständiger** äußert, ist diese Tatsache eine zusätzlich im Protokoll zu beurkundende wesentliche Förmlichkeit[188], wobei in den von § 273 Abs. 2 erfaßten Fällen dann auch das wesentliche Ergebnis seiner Ausführungen als persönlicher Sachverständiger aufzunehmen ist.

---

[177] BayObLGSt **1988** 89 = StV **1989** 6; SK-*Schlüchter* 45.
[178] KK-*Diemer*[4] 10. Vgl. Rdn. 3.
[179] KK-*Diemer*[4] 11; *Kleinknecht/Meyer-Goßner*[44] 23.
[180] OLG Koblenz VRS **62** (1982) 287 hält dies für unschädlich; vgl. *Alsberg/Nüse/Meyer* 314 (nur in Ausnahmefällen: Verfasser einer schwer lesbaren Handschrift).
[181] Vgl. etwa BGHSt **1** 94; OLG Düsseldorf VRS **59** (1980) 269; OLG Hamm NJW **1969** 572; KG VRS **14** (1958) 453; OLG Köln VRS **73** (1987) 136; *Kleinknecht/Meyer-Goßner*[44] 23; **a. A** AK-*Rüping*

[...] 19; SK-*Schlüchter* 6; *Eb. Schmidt* 2; vgl. § 249, 44 mit weit. Nachw.
[182] Zum Streitstand vgl. § 249, 44 ff.
[183] OLG Koblenz DAR **1973** 274; KK-*Diemer*[4] 11; KMR-*Paulus* 29; SK-*Schlüchter* 53.
[184] Vgl. § 249, 88 ff.
[185] OLG Koblenz DAR **1973** 274; OLG Schleswig bei *Ernesti/Lorenzen* SchlHA **1982** 123; vgl. § 273, 16; SK-*Schlüchter* 53.
[186] *Kleinknecht/Meyer-Goßner*[44] § 249, 27; § 273, 9 mit weit. Nachw.; vgl. bei § 249.
[187] SK-*Schlüchter* 54; vgl. bei §§ 272, 273.
[188] SK-*Schlüchter* 54; vgl. bei § 273.

3. Einwirkung allgemeiner Beweisgrundsätze. Ist die Verlesung einer Erklärung 53
oder eines Attestes nach § 256 zulässig, dann ist dem Beweiserhebungsanspuch genügt,
wenn diese Erklärung verlesen wird. Das Gericht darf den **Antrag auf persönliche Vernehmung des Ausstellers** der Erklärung oder des Attestes ablehnen, sofern nicht besondere Umstände diese nach § 244 Abs. 2 geboten erscheinen lassen[189]. Im übrigen gelten
die allgemeinen Grundsätze. So darf ein Beweisantrag auf Einholung der Erklärung einer
öffentlichen Behörde nicht abgelehnt werden, weil das Gegenteil der zu beweisenden Tatsachen feststehe[190]. Ob der Antrag, zusätzlich zu dem in Form des Urkundenbeweises verlesenen Behördengutachten einen **weiteren Sachverständigen** zu hören, als Antrag nach
§ 244 Abs. 3; Abs. 4 Satz 1 zu behandeln ist[191] oder, was trotz der verschiedenen Beweismittel näher liegt, als Antrag auf Anhörung eines weiteren Gutachters nach § 244 Abs. 4
Satz 2, dürfte in der Praxis keine große Rolle spielen. In solchen Fällen wird in der Regel
zu fordern sein, daß erst ein Vertreter der Behörde das Gutachten mündlich erläutert,
sofern nicht die Aufklärungspflicht ohnehin ein weiteres Gutachten erfordert[192].

Bei der **Beweiswürdigung** ist das Gericht auch gegenüber den Zeugnissen öffentlicher 54
Behörden und den ärztlichen Attesten völlig frei; insbesondere kommt dem Zeugnis einer
öffentlichen Behörde keine erhöhte Beweiskraft zu[193].

IV. Vertretung des Gutachtens einer kollegialen Fachbehörde (Absatz 2)

1. Verfahrenserleichterung. Während bei monokratisch organisierten Behörden ihr 55
Leiter und die von ihm generell oder im Einzelfall beauftragten Personen die Behörde
nach außen vertreten, kann bei Kollegialbehörden nur das Kollegium in seiner Gesamtheit
dazu befugt sein. Vor allem die Erstattung eines Behördengutachtens kann dem Kollegium vorbehalten sein, wie etwa bei Gutachterausschüssen[194]. Absatz 2 soll eine allenfalls
erforderliche mündliche Erläuterung des Gutachtens dadurch erleichtern, daß es dazu
nicht aller Mitglieder des die Behörde vertretenden Kollegiums bedarf, sondern schon **ein
Mitglied** genügt. Die Auswahl dieses Mitglieds muß der Fachbehörde vorbehalten bleiben. Das von ihr erstattete Gutachten stellt in der Regel die Meinung der Mehrheit dar[195].
Ein Mitglied, dessen Meinung in der Minderheit geblieben ist, wird deshalb in der Regel
von der Behörde nicht benannt werden[196]. Da es sich um ein Behördengutachten handelt,
ist die Auswahl des Vertreters **Sache der Behörde** und nicht des Gerichts[197], das allenfalls die Beauftragung einer bestimmten Person anregen kann[198].

---

[189] BGH bei *Pfeiffer* NStZ **1981** 295; BayObLGSt **1952** 228 = NJW **1953** 194; *Alsberg/Nüse/Meyer* 296 (Antrag ist der Sache nach kein Beweisantrag).
[190] RG JW **1930** 3417; vgl. § 244, 182 ff.
[191] *Gössel* DRiZ **1980** 374 nimmt dies wegen der Verschiedenartigkeit des Beweismittels an; zur Unterschiedlichkeit der Beweismittel vgl. *Alsberg/Nüse/Meyer* 301; Rdn. 1.
[192] Bei mündlicher Erläuterung in der Hauptverhandlung hält auch *Gössel* DRiZ **1980** 375 den § 244 Abs. 4 Satz 2 für anwendbar; er weist im übrigen zu Recht darauf hin, daß auch bei Anwendbarkeit des § 244 Abs. 4 Satz 1 das Gericht die Ablehnung auf die durch das Behördengutachten gewonnene eigene Sachkunde stützen kann.
[193] *Dästner* MDR **1979** 545.

[194] Gutachterausschüsse mit Behördeneigenschaft gibt es in den verschiedensten Formen; vgl. etwa OLG Nürnberg NJW **1967** 401 (Vorstand der Patentanwaltskammer) oder Gutachterausschüsse nach § 133 BBauG; zu den vor allem im Zivilprozeß strittigen Fragen vgl. etwa BGHZ **62** 93 und die Kommentare zu §§ 402 ff ZPO. Vgl. SK-*Schlüchter* 46.
[195] Es kann auch Kollegialbehörden geben, die Einstimmigkeit fordern.
[196] Vgl. RGSt **44** 400.
[197] *Ahlf* MDR **1978** 982; *Gössel* DRiZ **1980** 375; *Leineweber* MDR **1980** 7; *Seyler* GA **1989** 551; KMR-*Paulus* 31; SK-*Schlüchter* 48.
[198] Davon zu unterscheiden ist die Bestellung eines Behördenangehörigen als persönlichen Sachverständigen, vgl. Rdn. 60.

Walter Gollwitzer

56   **2. Voraussetzung** des Absatzes 2 ist, daß ein schriftliches Gutachten einer Kollegialbehörde Gegenstand der Beweisaufnahme in der Hauptverhandlung ist und dort zu Beweiszwecken verlesen wird[199]. Die Verlesung des Gutachtens soll durch die Vernehmung des Mitglieds der Behörde nur ergänzt, nicht aber ersetzt werden[200].

57   **3. Ersuchen des Gerichts.** Ob die Fachbehörde um **Benennung eines Mitglieds** zu ersuchen ist, entscheidet das Gericht nach pflichtgemäßem Ermessen unter Berücksichtigung seiner Aufklärungspflicht. Bei Vorbereitung der Hauptverhandlung hat regelmäßig der Vorsitzende bei der Ladung der Beweispersonen nach §§ 214, 221 darüber zu befinden, ob er ein solches Ersuchen an die Behörde richten will[201]. Das Ersuchen kann aber auch bereits bei Einholen des schriftlichen Gutachtens an die Behörde gerichtet werden.

58   **Befugt** dazu ist **nur das Gericht**, nicht aber die anderen Verfahrensbeteiligten[202], die ein solches Ersuchen bei Gericht anregen können. Das Gericht ist an die von der Fachbehörde getroffene Wahl auch dann gebunden, wenn die Fachbehörde ohne ein solches richterliches Ersuchen ihm mitteilt, welches ihrer Mitglieder befugt ist, das Gutachten im Bedarfsfall zu vertreten. Es hat nicht die Möglichkeit, ein anderes Mitglied dieser Behörde zur Vertretung des Gutachtens zu laden[203].

59   Die **Fachbehörde** wird durch § 256 **nicht verpflichtet**, dem Ersuchen stattzugeben, selbst nicht unter den Voraussetzungen des § 75[204]. Kommt sie dem Ersuchen nicht nach, so kann das Gericht zwar die ihr übergeordnete Behörde im Aufsichtsweg um Abhilfe ersuchen[205], solange aber kein Mitglied benannt ist, hat es nur die Wahl, sich mit der Verlesung des Gutachtens zu begnügen oder auf die Verlesung zu verzichten und einen anderen Sachverständigen zuzuziehen.

60   **4. Der Beauftragte des Kollegiums** hat in der Hauptverhandlung bei der mündlichen Erläuterung des Behördengutachtens die Funktion eines Sachverständigen. Er wird dabei aber für die Gutachten erstattende Behörde tätig, nicht als persönlicher Sachverständiger. Er kann deshalb nicht als Vertreter der Kollegialbehörde den Gutachtereid leisten[206]. Seine Beeidigung kommt nur in Betracht, soweit er über die Erläuterung des Inhalts des Behördengutachtens hinaus als **persönlicher Gutachter** bestellt und tätig wird[207]. Dann kann die Berufung auf den Diensteid nach § 79 Abs. 3 in Frage kommen, sofern die Gutachtenerstattung Dienstaufgabe der Fachbehörde ist[208]. Eine Ablehnung des Behördengutachtens wegen **Befangenheit der Behörde** ist nicht möglich[209]. Ob dagegen ihr Vertreter, der in der Hauptverhandlung das Gutachten erläutert, nach § 72 abgelehnt werden kann,

[199] RGSt **39** 141; *Eb. Schmidt* 13.
[200] *Hahn* Mat. **1** 870; **2** 1348; *Gössel* DRiZ **1980** 370 (streng akzessorisch).
[201] KK-*Diemer*⁴ 12; *Kleinknecht/Meyer-Goßner*⁴⁴ 22.
[202] RGSt **39** 141; *Gössel* DRiZ **1980** 375; *Kleinknecht/Meyer-Goßner*⁴⁴ 22; KMR-*Paulus* 32; SK-*Schlüchter* 48.
[203] RGSt **44** 400; SK-*Schlüchter* 48; *Eb. Schmidt* 13.
[204] AK-*Rüping* 25; HK-*Julius*² 12; *Kleinknecht/Meyer-Goßner*⁴⁴ 22; **a. A** *Gössel* DRiZ **1980** 375 (Behörde gem. § 75 zur Benennung verpflichtet); *Seyler* GA **1989** 550; SK-*Schlüchter* 48.
[205] RGSt **44** 400; KMR-*Paulus* 32; SK-*Schlüchter* 49.
[206] *Gollwitzer* FS Weißauer (1986) 33; *Gössel* DRiZ **1980** 376; *Leineweber* MDR **1980** 9; KMR-*Paulus* 32; SK-*Schlüchter* 52.
[207] Zulässig, vgl. *Gössel* DRiZ **1980** 376; AK-*Rüping* 25; KMR-*Paulus* 32; SK-*Schlüchter* 50. Das Behördengutachten bleibt daneben weiterhin verwertbar. Zum Erfordernis einer Aussagegenehmigung vgl. § 54, 7 ff; ferner *Ahlfs* MDR **1978** 982; *Dästner* MDR **1979** 546; *Gössel* DRiZ **1980** 375.
[208] *Kleinknecht/Meyer-Goßner*⁴⁴ § 83, 5; KMR-*Paulus* 33; SK-*Schlüchter* 52; *Eb. Schmidt* 13.
[209] *Ahlfs* MDR **1978** 983; *Gössel* MDR **1980** 375; AK-*Rüping* 22; vgl. ferner *Dästner* MDR **1979** 547; auch zur Verwendbarkeit eines Gutachtens, das behördenintern von einem Beamten erstellt wurde, der nach den für das Verwaltungshandeln maßgebenden Vorschriften (etwa §§ 20, 21 VwVfG) im konkreten Fall nicht hätte tätig werden dürfen; insoweit ist aber entscheidend, für welchen Zweck das Gutachten erstellt wurde. Zu den ähnlichen Fragen bei § 406 ZPO vgl. die einschlägigen Kommentare mit Nachw. zur Rechtspr. sowie bei § 74.

ist strittig[210], aber zu bejahen, da auch eine Behörde nur durch unbefangene Personen handeln darf[211].

5. Monokratisch organisierte Behörden fallen nicht unter § 256 Abs. 2. Aber auch **61** hier ist es grundsätzlich Sache der Behörde, durch welchen Bediensteten sie sich bei der Erläuterung ihres Gutachtens in der Hauptverhandlung vertreten läßt[212]. Der Beauftragte muß selbst sachkundig sein. Bei einem mehrere Sachgebiete umfassenden Behördengutachten müssen deshalb unter Umständen mehrere Behördenangehörige für die Vertretung des Gutachtens vor Gericht benannt werden[213]. Für den Behördenvertreter gelten hinsichtlich Beeidigung und Ablehnung die gleichen Grundsätze wie beim Vertreter einer Kollegialbehörde[214].

V. Revision

1. Verstoß gegen §§ 250, 256. Werden Erklärungen einer Behörde oder ärztliche **62** Zeugnisse verlesen, die nach § 256 nicht verlesen werden dürfen, so kann dieser Verfahrensfehler die Revision begründen[215], wenn das verlesene Schriftstück im Urteil für eine Sachentscheidung verwendet wurde und nicht nur im Freibeweisverfahren als Grundlage für eine Verfahrensentscheidung[216]. Ein Verstoß gegen § 250 Satz 2 kann auch vorliegen, wenn ein nur zum Teil nach § 256 verlesbares Schriftstück vollständig verlesen wurde[217]. Bei der **Begründung der Rüge** ist darzulegen, daß weder § 256 noch eine andere Ausnahme von § 250 Satz 2 die Verlesung gestattet hat[218]. Wird behauptet, daß das verlesene Schriftstück nicht von einer Behörde stammt, kann das vom Revisionsgericht im Wege des **Freibeweises** geklärt werden[219]. Da § 256 zwingendes Recht ist, hängt die Zulässigkeit der Rüge auch nach der vorherrschenden Meinung nicht davon ab, daß gegen die Anordnung des Vorsitzenden das **Gericht nach § 238 Abs. 2 angerufen** wurde[220]. Ob auszuschließen ist, daß das Urteil auf dem Verstoß beruht, ist im Einzelfall zu prüfen[221].

---

[210] OLG Hamm GA **71** (1927) 116; *Dästner* MDR **1979** 545; *Gössel* DRiZ **1980** 375 (Sachverständigenstellung) nehmen dies an; **a. A** *Ahlfs* MDR **1978** 981 (Erläuterung keine eigenverantwortliche Sachverständigentätigkeit, nur von untergeordneter Bedeutung, Vereinfachungszweck des § 256 in Frage gestellt); *Leineweber* MDR **1980** 9 (Sache des Dienstherrn). Vgl. bei § 74.

[211] SK-*Schlüchter* 51. Vgl. §§ 20, 21 VwVfG und die vergleichbaren Vorschriften mit den für die Behörde jeweils maßgebenden Regelungen. Das Gericht, das die mündliche Anhörung angeordnet hat, muß begründeten Bedenken gegen den Behördenvertreter im eigenen Verfahren Rechnung tragen, auch wenn es dessen Auswahl nicht beeinflussen konnte. Dies kann schon deshalb nicht dem jeweiligen Verwaltungsverfahren überlassen bleiben, weil die im Strafverfahren Ablehnungsberechtigten nicht notwendig Beteiligte eines Verwaltungsverfahrens sind; selbst wenn dies der Fall wäre, könnten sie die fehlerhafte Beauftragung des betreffenden Bediensteten nur im Zusammenhang mit der Anfechtung der Hauptsache geltend machen; vgl. die Kommentare zu den §§ 20, 21 VwVfG; ferner *Gollwitzer* FS Weißauer 34.

[212] *Ahlfs* MDR **1978** 982; *Gössel* DRiZ **1980** 374; *Seyler* GA **1989** 551; SK-*Schlüchter* 47a; vgl. Rdn. 14.

[213] Vgl. § 250, 30.

[214] *Ahlfs* MDR **1978** 982; SK-*Schlüchter* 52; vgl. Rdn. 60; vor allem Fußn. 210; 211.

[215] BGHSt **4** 155; BGH NJW **1980** 651; StV **1988** 469; HK-*Julius*2 18; *Kleinknecht/Meyer-Goßner*44 24; SK-*Schlüchter* 56.

[216] BGH NStZ-RR **1997** 304; dort werden auch Ausführungen dazu für die ordnungsgemäße Begründung der Verfahrensrüge gefordert, soweit nicht die bei Sachrüge zulässige Heranziehung der Urteilsgründe die Beweisverwendung für eine Sachentscheidung ergibt.

[217] BGHSt **4** 155.

[218] BGH StV **1990** 345 (L), OLG Düsseldorf StV **1995** 120 mit Anm. *Hellmann*; HK-*Julius*2 18; vgl. SK-*Schlüchter* 56. Dies ist in jedem Fall ratsam, auch wenn ausweislich des Protokolls kein anderer Verlesungsgrund vorlag, insbesondere nicht § 251 Abs. 2 Satz 1 vorlag.

[219] BGH VRS **44** (1973) 32, 39; OLG Düsseldorf StV **1983** 273 mit Anm. *Neixler*; HK-*Julius*2 18; *Kleinknecht/Meyer-Goßner*44 24; SK-*Schlüchter* 56.

[220] OLG Düsseldorf StV **1983** 273 mit Anm. *Neixler*; *Kleinknecht/Meyer-Goßner*44 24; KMR-*Paulus* 34; SK-*Schlüchter* 56.

[221] Vgl. etwa BGH StV **1982** 59 mit Anm. *Schwenn* (nur Rechtsfolgenausspruch); KG StV **1983** 273.

Bei einer urteilstragenden Tatsache kann dies nur ausgeschlossen werden, wenn feststeht, daß diese zugleich noch auf eine andere Weise zulässig und beweiskräftig[222] in die Hauptverhandlung eingeführt worden ist.

63   **2. § 261 ist verletzt**, wenn das Gericht eine Urkunde zu Beweiszwecken verwendet hat, obwohl sie ausweislich des Protokolls nicht zu Beweiszwecken in die Hauptverhandlung eingeführt worden ist, so auch, wenn danach nur Teile einer Äußerung oder eines Gutachtens verlesen wurden, das Urteil sich aber auf den Gesamtinhalt gründet[223]. Der Verstoß gegen § 261 entfällt nicht etwa deshalb, weil der Inhalt des Gutachtens in der Hauptverhandlung erörtert und nicht bestritten worden ist[224].

64   **3. Als Verletzung der Aufklärungspflicht** kann beanstandet werden, wenn sich das Gericht mit der Verlesung einer nach § 256 verlesbaren Urkunde begnügt, obwohl die Umstände des Einzelfalls es nahelegen, den Aussteller als Zeugen zu hören[225]. Die Aufklärungspflicht kann aber auch verletzt sein, wenn das Gericht ein vorliegendes und nach § 256 verlesbares beweiserhebliches Schriftstück nicht zu Beweiszwecken herangezogen hat[226].

§ 257

(1) **Nach der Vernehmung eines jeden Mitangeklagten und nach jeder einzelnen Beweiserhebung soll der Angeklagte befragt werden, ob er dazu etwas zu erklären habe.**

(2) **Auf Verlangen ist auch dem Staatsanwalt und dem Verteidiger nach der Vernehmung des Angeklagten und nach jeder einzelnen Beweiserhebung Gelegenheit zu geben, sich dazu zu erklären.**

(3) **Die Erklärungen dürfen den Schlußvortrag nicht vorwegnehmen.**

Schrifttum. *Burhoff* Fragerecht, Erklärungsrecht und Schlußvortrag des Verteidigers in der Hauptverhandlung, ZfAnwaltspraxis **1984** 831; *Dahs* Vertretung des Angeklagten durch seinen Verteidiger bei Erklärungen gemäß § 257 StPO, NJW **1962** 2238; *Dahs* Die Ausweitung des Widerspruchserfordernisses, StraFo. **1998** 253; *Hammerstein* Verteidigung in jeder Lage des Verfahrens, FS Salger 293; *Hammerstein* Die Grenzen des Erklärungsrechtes nach § 257, FS Rebmann 233; *Hartwig* Strafprozessuale Folgen des verspäteten Widerspruchs gegen eine unzulässige Beweisverwendung, JR **1998** 359; *Kiel* Neues Verwertungsverbot bei unverstandener Beschuldigtenbelehrung – und neue Tücken für die Verteidigung, NJW **1999** 1267; *Kindhäuser* Rügepräklusion durch Schweigen im Strafverfahren, NStZ **1987** 529; *Meyer-Goßner/Appl* Die Ausweitung des Widerspruchserfordernisses, StraFo. **1998** 258.

---

[222] Die Bestätigung einer Tatsache nach Vorhalt reicht vor allem dann nicht, wenn der Betreffende deren Richtigkeit selbst gar nicht beurteilen kann, wie etwa bei der Feststellung des Blutalkoholgehalts, vgl. Rdn. 44.

[223] BGH StV **1991** 549; OLG Schleswig bei *Ernesti/Lorenzen* SchlHA **1982** 123; SK-*Schlüchter* 57.

[224] SK-*Schlüchter* 57, **a. A** OLG Düsseldorf StV **1995** 210 mit abl. Anm. *Hellmann*.

[225] BGHSt **1** 96; OLG Karlsruhe Justiz **1981** 404; KK-*Diemer*[4] 13; *Kleinknecht/Meyer-Goßner*[44] 24; KMR-*Paulus* 34; SK-*Schlüchter* 55; ferner HK-*Julius*[2] 19 mit dem Hinweis auf mögliche negative Auswirkungen einer unterlassenen Antragstellung auf die Aufklärungsrüge; vgl. dazu § 244, 48; 348.

[226] Vgl. § 244, 68 ff; 356.

Entstehungsgeschichte. § 257 bestand ursprünglich nur aus dem jetzigen Absatz 1 in einer dem Wortlaut nach etwas weiteren Fassung. Die Neufassung durch Art. 1 Nr. 12 des 1. StVRErgG hat den 1964 durch Art. 7 Nr. 11 StPÄG neu eingefügten (damaligen) § 257 a als Absatz 2 nach § 257 mit etwas einschränkendem Wortlaut übernommen. Beide Absätze stellen jetzt klar („dazu"), daß sich die Erklärungen auf den vorhergehenden Verfahrensvorgang beziehen müssen, während der neue Absatz 3 zur Vermeidung von Mißbrauch ausdrücklich hervorhebt, daß die Schlußvorträge nicht vorweggenommen werden dürfen. Art. 1 Nr. 18 StVÄG 1987 hat Absatz 1 neu gefaßt, um klarzustellen, daß der Angeklagte nach jeder Beweiserhebung und nicht nur nach den in der früheren Fassung aufgezählten Beweiserhebungsvorgängen befragt werden soll. Bezeichnung des Absatzes 1 bis 1924: § 256.

Übersicht

Zweck der Vorschrift. Absatz 1 soll dem Angeklagten in Ergänzung seiner Anhörung **1** zur Sache (§ 243 Abs. 4)[1] und schon vor den Schlußausführungen (§ 258) ermöglichen, unmittelbar nach jeder Vernehmung eines Mitangeklagten und nach jeder Beweiserhebung zu dieser Stellung zu nehmen und sein **Recht auf Gehör** in einer besonders wirksamen Weise auszuüben[2]. Die Regelung gehört zu den **prozessualen Mitwirkungsrechten**, die der Stellung des Angeklagten als Prozeßsubjekt Kontur und Substanz verleihen[3]. Sie ermöglicht ihm die Ergänzung seiner Einlassung zur Sache und verbessert seine Verteidigungsmöglichkeiten. Eine unmittelbar dem Beweismittel oder der Äußerung des Mitangeklagten folgende Stellungnahme ist eindrucksvoller und wirksamer als eine erst später abgegebene. Mit ihr kann vor allem einer vorschnellen Fixierung des Gerichts auf vorläufige Beweisergebnisse entgegengewirkt werden[4]. Außerdem ist so auch die Gefahr am geringsten, daß der Angeklagte später eine von ihm für notwendig erachtete Stellungnahme zu der Vernehmung oder zu der verlesenen Schrift versehentlich unterläßt. Absatz 1 betrifft also nicht so sehr die Gewährung des rechtlichen Gehörs als solches, sondern den Zeitpunkt, zu dem es in der Regel gewährt werden soll, um die Verteidigung besonders wirksam zu gestalten. Die unmittelbare Stellungnahme des Angeklagten kann

---

[1] KK-*Diemer*[4] 1. Vgl. BGH NStZ **1986** 370 (kein Ersatz der Vernehmung zur Sache durch die Befragung nach § 257).

[2] BVerfG JZ **1983** 659; 661; *Dahs* NJW **1962** 2240; *Schroeder* NJW **1987** 302; *Sarstedt/Hamm*[6] 995; AK-*Rüping* 2; KK-*Diemer*[4] 1; HK-*Julius*[2] 1; *Kleinknecht/Meyer-Goßner*[44] 1; KMR-*Paulus* 2; SK-*Schlüchter* 1.

[3] Vgl. *Hammerstein* FS Rebmann 233 (Verteidigungsrecht mit ähnlichem, wenn nicht höherem Stellenwert als § 258); *Rüping/Dornseifer* JZ **1977** 417; *Sarstedt/Hamm*[6] 996; HK-*Julius*[2] 1; KMR-*Paulus* 1.

[4] *Hammerstein* FS Rebmann 233; HK-*Julius*[2] 1.

mitunter auch die erschöpfende Sachaufklärung erleichtern[5], nicht zuletzt dadurch, daß neue Gesichtspunkte und Zusammenhänge aufgezeigt werden können.

2   Gleiches gilt für **Verteidiger und Staatsanwalt**, denen Absatz 2 das Recht einräumt, unmittelbar nach Vernehmung jedes Angeklagten und nach jeder einzelnen Beweiserhebung **dazu** Stellung zu nehmen. Dadurch können sie rechtzeitig die von ihnen für erheblich gehaltenen Gesichtspunkte herausstellen, die Aufmerksamkeit der Richter darauf richten, sie so in ihrem Gedächtnis fixieren und ihnen, sowie den anderen Verfahrensbeteiligten, die Möglichkeit geben, erforderlichenfalls durch die weitere Verfahrensgestaltung (zusätzliche Fragen, Anträge usw.) zur bestmöglichen Aufklärung der entscheidungserheblichen Fragen beizutragen.

3   Das Recht, sich nach jeder Beweiserhebung sofort zu dieser zu erklären, ist für die **verantwortliche Führung der Verteidigung** von besonderem Gewicht. Richtig gehandhabt, trägt es den Erfordernissen eines „fairen Verfahrens"[6] in besonders eindrucksvoller Weise Rechnung.

4   Die Gefahr eines **Mißbrauchs** für verfahrensfremde Zwecke, insbesondere auch die Gefahr einer Verfahrensverschleppung durch uferlose Erklärungen, ist andererseits in Betracht zu ziehen. Die Neufassung hat deshalb bewußt die Erklärungen auf den vorhergehenden Akt der Beweisaufnahme beschränkt und in Absatz 3 die Vorwegnahme der Schlußvorträge ausdrücklich verboten.

2. Erklärungsrecht des Angeklagten (Absatz 1)

5   **a) Fragepflicht des Vorsitzenden.** Der Angeklagte, der bereits **während** der Beweisaufnahme durch Ausübung seines Fragerechts (§ 240) das Wissen der vernommenen Person für seine Verteidigung nutzen kann, hat, wie Absatz 1 zeigt, zusätzlich das Recht, **nach** der Vernehmung dazu Stellung zu nehmen. Damit er aus Unkenntnis oder Befangenheit nicht auf diese Verteidigungsmöglichkeit verzichtet, sieht Absatz 1 seine ausdrückliche Befragung vor.

6   Der Angeklagte **soll** nach jeder Vernehmung eines Mitangeklagten oder nach **jeder Beweiserhebung** „dazu" befragt werden. Um die Struktur der Hauptverhandlung nicht aufzuweichen, wird die Äußerungsmöglichkeit ausdrücklich nur zu dem jeweils vorangegangenen Akt der Beweisgewinnung gewährt[7]. Sie betrifft, wie jetzt die Fassung von 1987 klarstellt, jeden Akt der Beweiserhebung, ganz gleich, in welcher Form dies geschieht, also auch nach dem Selbstleseverfahren des § 249 Abs. 2 oder nach der Einnahme eines Augenscheins, bei dem dies auch früher schon angenommen wurde, obwohl er vom alten Wortlaut des Absatzes 1 nicht erfaßt worden war. Die grundsätzliche Verpflichtung des Vorsitzenden nach Absatz 1, den Angeklagten zu befragen, ob er sich äußern wolle[8], setzt ein **Äußerungsrecht des Angeklagten** als bestehend voraus; seine Befugnis dazu hängt nicht davon ab, daß ihn der Vorsitzende dazu auffordert. Die ausdrückliche Frage nach einer Stellungnahme aktualisiert als Maßnahme der Prozeßleitung nur den Zeitpunkt der Ausübung; auch ohne eine solche Aufforderung ist der Angeklagte berechtigt, sich nach Abschluß des jeweiligen Beweiserhebungsvorgangs von sich aus dazu zu äußern. Formal muß er dann allerdings von sich aus beantragen, daß ihm das Wort dafür erteilt wird.

---

[5] H. M, etwa OLG Hamburg StV **1990** 154; *Schlothauer* StV **1994** 469; HK-*Julius*[2] 1; *Kleinknecht/Meyer-Goßner*[44] 1; KMR-*Paulus* 1.

[6] Art. 6 Abs. 1 MRK; AK-*Rüping* 4; vgl. Vor § 226, 15; 16.

[7] Zu den sich daraus ergebenden inhaltlichen Grenzen des Äußerungsrechts vgl. Rdn. 18 ff.

[8] Vgl. dazu Rdn. 14.

b) Zeitlich ist für die Befragung des Angeklagten nach Absatz 1 und für das **Erklä-** **7** **rungsrecht des Angeklagten** erst Raum, wenn der jeweilige Beweiserhebungsvorgang endgültig abgeschlossen ist; einen Eingriff in eine noch laufende Vernehmung durch Abgabe einer „Zwischenerklärung" gestattet es nicht[9]. Dieser Unterschied zum Frager-echt, das während der Beweisaufnahme auszuüben ist, hat nicht nur wegen des unter-schiedlichen Gegenstands der Äußerungen Bedeutung, sondern auch für den Verfahrens-gang. Wenn nach § 247 eine Beweisaufnahme ohne den Angeklagten durchgeführt wurde, kann er nach seiner Wiederzulassung und Unterrichtung über die Aussage zunächst sein Fragerecht ausüben; erst wenn nach Beantwortung aller Fragen das Gericht den jeweiligen Beweiserhebungsvorgang endgültig abgeschlossen hat, ist Raum für das Erklärungs-recht[10]. Solange nicht in eine neue Beweiserhebung eingetreten ist, ist eine vom Vorsit-zenden nicht angeforderte Erklärung zum vorangegangenen Beweiserhebungsvorgang auch später noch möglich. Insoweit ist es dann unerheblich, ob die Beweisperson schon nach § 248 entlassen wurde[11]. Daß der Angeklagte der Entlassung zugestimmt hat (§ 248 Satz 2), schließt sein Erklärungsrecht nicht aus.

Nur **dem Angeklagten persönlich** steht das Erklärungsrecht des Absatzes 1 zu. Eine **8** Vertretung des anwesenden Angeklagten durch den Verteidiger oder durch eine andere Person ist nicht möglich[12] und im Hinblick auf die in Absatz 2 geregelten eigenen Rechte des Verteidigers auch nicht nötig.

3. Personen, die dem **Angeklagten verfahrensrechtlich gleichstehen**, sollen inso- **9** weit ebenfalls nach § 257 Abs. 1 befragt werden. **Nebenbeteiligte** haben im Rahmen ihrer Beteiligung (§ 433 Abs. 2; §§ 442; 444) das Recht zur persönlichen Abgabe von Erklärun-gen nach § 257 Abs. 1[13]. Nach § 67 Abs. 1 JGG steht auch den **Erziehungsberechtigten** und gesetzlichen Vertretern im Verfahren gegen Jugendliche, nicht aber gegen Heran-wachsende[14], das Erklärungsrecht nach Absatz 1 zu[15]. Dieses umfaßt ja nicht nur die allein dem Angeklagten zukommende Möglichkeit einer weiteren Einlassung zur Sache, sondern auch die Befugnis zu argumentativer Auseinandersetzung mit dem Beweisergeb-nis. Es ist kein Grund ersichtlich, warum diese entgegen dem Wortlaut des § 67 JGG den Erziehungsberechtigten und gesetzlichen Vertretern vorenthalten werden sollte.

4. Erklärung von Staatsanwalt und Verteidiger (Absatz 2)

a) Keine Fragepflicht des Vorsitzenden. Er braucht Verteidiger und Staatsanwalt **10** nicht besonders fragen, ob sie eine Erklärung nach Absatz 2 abgeben wollen. Diese haben jedoch, sofern sie dies von sich aus verlangen, nach Absatz 2 das Recht, Erklärungen abzugeben. Dieses Recht haben auch der **Nebenkläger** (§ 397 Abs. 1 Satz 3 StPO) und der Prozeßvertreter eines **Nebenbeteiligten**[16]. Das Erklärungsrecht besteht nach jeder Vernehmung eines Angeklagten und nach jedem Akt der Beweisaufnahme für alle dazu Berechtigten, bei **mehreren Angeklagten** also bei Vernehmung jedes Angeklagten für alle Verteidiger. Hat ein Angeklagter **mehrere Verteidiger**, hat jeder von ihnen das

---

9 KMR-*Paulus* 4; SK-*Schlüchter* 5.
10 Vgl. BGH MDR **1985** 246; SK-*Schlüchter* 5.
11 Vgl. auch beim Verteidiger Rdn. 11.
12 RGSt **44** 285; **64** 164; **66** 209; 265; KMR-*Paulus* 6; *Eb. Schmidt* 1; *Weber* Der Verteidiger als Vertreter in der Hauptverhandlung (1982), 167. Zur Vertre-tung des abwesenden Angeklagten vgl. § 234, 12; 16 sowie SK-*Schlüchter* 3.
13 KK-*Diemer*⁴ 8; *Kleinknecht/Meyer-Goßner*⁴⁴ 6; KMR-*Paulus* 6.

14 KMR-*Paulus* 6.
15 Strittig; wie hier AK-*Rüping* 2; HK-*Julius*² 13; KMR-*Paulus* 6; *Eb. Schmidt* 4; ferner *Eisenberg* JGG § 67, 9; **a. A** BGH bei *Spiegel* DAR **1977** 176; KK-*Diemer*⁴ 2; *Kleinknecht/Meyer-Goßner*⁴⁴ 5; SK-*Schlüchter* 3. Im Schrifttum zu § 67 JGG ist die Frage ebenfalls strittig.
16 BGHSt **28** 272; *Gollwitzer* FS Schäfer 79; KK-*Diemer*⁴ 3; HK-*Julius*² 3; *Kleinknecht/Meyer-Goßner*⁴⁴ 6; KMR-*Paulus* 11; SK-*Schlüchter* 7.

Recht[17]. Das Erklärungsrecht des Verteidigers entfällt auch nicht, wenn der Angeklagte die Einlassung zur Sache verweigert. Der Verteidiger wird dadurch nicht gehindert, Erklärungen für das Schweigen seines Mandanten abzugeben sowie darüber, wie sich der Sachverhalt aus der Sicht der Verteidigung darstellt.

11 **b) Eingrenzung.** Das Äußerungsrecht nach Absatz 2 ist wegen seines unmittelbaren Bezugs zur jeweils vorangegangenen Beweiserhebung — ebenso wie das des Angeklagten — **inhaltlich** auf deren Erörterung beschränkt (dazu Rdn. 18 ff). Auch **zeitlich** folgt aus seinem Zweck und seiner Einbindung in die Verfahrensstruktur, daß es nur zwischen der Beendigung des eigentlichen Beweiserhebungsvorgangs und dem Beginn einer neuen Beweiserhebung oder dem Abschluß der Beweisaufnahme ausgeübt werden kann. Nur in dieser relativ geringen Zeitspanne können die Erklärungsberechtigten nach Absatz 2 selbst entscheiden, wann sie sich dafür zu Wort melden wollen[18], sofern der Vorsitzende den genauen Zeitpunkt dafür nicht durch eine entsprechende Frage von sich aus vorgibt[19]. Dazu ist er kraft seiner Sachleitungsbefugnis (§ 238 Abs. 1) berechtigt; sein Gestaltungsraum ist aber ebenfalls durch den Zweck des § 257 Abs. 2 begrenzt. Aus § 257 Abs. 2 folgt im übrigen auch seine Pflicht, eine Äußerung zur vorangegangenen Beweiserhebung zu gestatten. Ist der Verteidiger oder sonst ein Äußerungsberechtigter auf Grund besonderer, von ihm nicht zu vertretender Umständen außerstande, sich sofort dazu zu erklären, etwa weil in einer umfangreichen Sache eine Zeugeneinvernahme unerwartet vorgezogen wurde, kann dies wohl allenfalls in ganz besonderen, nicht bereits von § 246 abgedeckten Ausnahmefällen einen Antrag auf Unterbrechung oder Aussetzung (§ 265 Abs. 4) rechtfertigen[20], wobei die dafür maßgebenden Umstände konkret aufzuzeigen sind. Im Hinblick auf das Erfordernis einer zügigen Verfahrensabwicklung ist aber auch dann immer zu prüfen, ob es nicht genügt, daß die Erklärung zu dem betreffenden Beweisvorgang später, und sei es in den Schlußvorträgen, nachgeholt werden kann.

12 **c) Widerspruch gegen die Beweisverwendung.** Nach einer in der neueren Rechtsprechung vertretenen Ansicht[21] ist spätestens[22] im Rahmen der Erklärung nach § 257 durch Widerspruch gegen die durchgeführte Beweiserhebung geltend zu machen, daß der Beweisverwendung ein relatives Beweisverbot entgegensteht, etwa, weil bei einer kommissarischen Einvernahme gegen die Benachrichtigungspflicht verstoßen wurde oder weil bei einer Beschuldigtenvernehmung eine gebotene Belehrung unterblieb. Der Widerspruch kann auch vorsorglich erhoben und bis zum Ende der Hauptverhandlung zurückgenommen werden[23]. Die Erforderlichkeit eines Widerspruchs wird im Schrifttum bestritten[24], u. a.,

---

[17] SK-*Schlüchter* 7.

[18] *Kleinknecht/Meyer-Goßner*[44] 5. Zu den hier hereinspielenden prozeßtaktischen Überlegungen (erst nach Entlassung des Zeugen, um Replik zu vermeiden) vgl. *Hammerstein* FS Rebmann 235; HK-*Julius*[2] 4.

[19] *Kleinknecht* JZ **1965** 159; *Kleinknecht/Meyer-Goßner*[44] 5; SK-*Schlüchter* 8.

[20] *Odenthal* NStZ **1988** 540; SK-*Schlüchter* 7; vgl. auch HK-*Julius*[2] 9 (Antrag auf kurze Sitzungsunterbrechung, um Zweckmäßigkeit einer Erklärung mit dem Mandanten zu besprechen).

[21] Etwa BGHSt **38** 214; **39** 349; **42** 15; BGH NJW **1996** 2239; NStZ **1989** 282 mit Anm. *Hilger*; StV **1997** 337; BayObLG NJW **1997** 404, dazu *Hartwig* JR **1998** 359; OLG Celle StV **1997** 68; vgl. ferner § 136, 57 ff.

[22] *Dahs* StraFo. **1998** 254; *Ventzke* StV **1997** 545 weisen zutreffend darauf hin, daß der Verteidiger sich in der Regel schon vorher der Beweisaufnahme widersetzen wird, um zu verhindern, daß das zunächst eingeführte Beweismittel trotz Feststellung seiner Unverwertbarkeit die Meinungsbildung apokryph beeinflußt; vgl. auch *Meyer-Goßner/Appl* StraFo. **1998** 263 (erkenntnispsychologisch vorteilhafter).

[23] Vgl. BGHSt **39** 349; **42** 15; 22; BGH NStZ **1997** 614.

[24] Vgl. etwa *Basdorf* StV **1997** 488; *Bernsmann* StraFo. **1998** 76; *Beulke* NStZ **1996** 257; *Bohlander* NStZ **1992** 504; *Dornach* NStZ **1995** 57; *Fezer* JR **1992** 385; JZ **1996** 686; **1996** 611; StV **1997** 57; *Gillmeister* StraFo. **1997** 8; *Hamm* NJW **1996** 2188; *Kiel* NJW **1994** 1267; *Lesch* JA **1995** 162; *Roxin* JZ **1997** 346; *Ventzke* StV **1997** 543; *Widmaier* NStZ **1992** 519; ferner *Sarstedt/Hamm*[6] 972 ff.

weil sie eine weder aus § 257 noch einer sonstigen Vorschrift ableitbare Rügepflicht voraus-setze, während die Gegenmeinung sich u. a. darauf stützt, daß erst der Widerspruch das von der Rechtsprechung entwickelte Beweisverwertungsverbot entstehen lasse[25]. In Wortlaut und Zielsetzung des § 257 findet die Notwendigkeit, der Beweisverwertung zu widerspre-chen und den Widerspruch spätestens im Rahmen der dort vorgesehenen Erklärungsmög-lichkeit zu erheben, keine Stütze. Die Rechtsprechung knüpft an ihn auch wohl nur deshalb an, weil das dort vorgesehene Recht, zur jeweiligen Beweiserhebung Stellung zu nehmen, nahelegt, sich dabei auch auf die Mängel einer früheren Einvernahme und ein sich daraus ergebendes relatives Beweisverwertungsverbot zu berufen. Die Einzelheiten dieser praeter legem entwickelten Einschränkung eines praeter legem anerkannten Beweisverbots sind bei den jeweiligen Beweisverboten erörtert[26]. Solange in der Rechtsprechung gefordert wird, daß der Beweisverwertung spätestens bei der Erklärung nach § 257 Abs. 2 widersprochen werden muß[27], wenn das aus einem früheren Verfahrensfehler erwachsene relative Beweis-verbot zum Tragen gebracht werden soll, muß der Verteidiger der Verwertung der durchge-führten Beweiserhebung spätestens zu diesem Zeitpunkt ausdrücklich widersprechen. Zweckmäßigerweise wird er dabei aber auch Bedenken gegen die sachliche Richtigkeit des Beweisergebnisses vortragen. Den Angeklagten ohne Verteidiger trifft eine solche Wider-spruchspflicht nur dann, wenn er vom Gericht darüber belehrt wurde. Geht man allerdings davon aus, daß das Beweisverwertungsverbot erst durch den Widerspruch entsteht, dann fragt sich, ob dies nicht auch für den unverteidigten und unbelehrten Angeklagten gelten müßte, der dann allerdings die unterlassene Belehrung unter dem Blickwinkel der Verlet-zung der Fürsorgepflicht rügen könnte.

5. Aufgabe des Vorsitzenden

a) Dem Vorsitzenden obliegt es kraft seiner **Sachleitungsbefugnis** (§ 238 Abs. 1), den **Angeklagten** und die ihm gleichgestellten Personen (Rdn. 9) nach jeder Vernehmung eines Mitangeklagten sowie nach jeder Beweiserhebung zu befragen, ob sie dazu sich erklären wollen. **13**

Absatz 1 ist zwar dem Wortlaut nach eine **Sollvorschrift**, die einen Hinweis des Vor-sitzenden auf das von Absatz 1 als bestehend vorausgesetzte Äußerungsrecht nicht absolut zwingend vorschreibt, sondern in das durch den Regelungszweck gebundene Ermessen des Vorsitzenden stellt. Da es sich aber um die gesetzliche Konkretisierung einer Pflicht zur Sicherung einer effektiven Gewährung des **Rechts des Angeklagten auf Gehör** han-delt und zudem auch die Aufklärungspflicht es nahelegt, festzustellen, ob und was der Angeklagte zur Beweiserhebung zu sagen hat, wäre es, zumindest in den Regelfällen, mit einer pflichtgemäßen Ermessensausübung unvereinbar, wenn der Vorsitzende von einem solchen Hinweis überhaupt absehen wollte[28]. Sein Ermessen reduziert sich hier darauf, ob er, was zweckmäßig ist, die Frage an den Angeklagten nach jedem Akt der Beweisauf- **14**

---

[25] *Meyer-Goßner/Appl* StraFo. **1998** 260; vgl. auch *Sarstedt/Hamm*[6] 973.
[26] Vgl. etwa Einl. Abschn. K 36 ff, 47 ff; § 136, 57 ff und bei § 168 c; ferner § 251, 16; 97.
[27] *Meyer-Goßner/Appl* StraFo. **1998** 161 sprechen sich für die Rückkehr zu BGHSt **31** 140 aus, wo-nach es genügt, daß der Widerspruch vor der Ver-wertung des Beweismittels erhoben wird, denn mit der Zulassung des rücknehmbaren vorsorglichen Widerspruchs sei das Ziel der Befristung, im laufenden Verfahren baldmöglichst Klarheit über die Verwertbarkeit des Beweismittels zu schaffen, oh-nehin nicht erreichbar. Vgl. auch BGH St **38** 214, 226 (bei Angeklagten ohne Verteidiger Wider-spruchspflicht nur nach Belehrung).
[28] Im Schrifttum wird zum Teil angenommen, daß aus dem Recht auf Gehör folgt, daß der Vorsitzen-de uneingeschränkt zur Befragung nach Absatz 1 verpflichtet, Absatz 1 also ungeachtet seines Wort-lauts zur zwingenden Norm geworden ist, so AK-*Rüping* 5; KMR-*Paulus* 8.

nahme wiederholt oder ob er, was zulässig, aber nur in Ausnahmefällen angezeigt ist[29], sich darauf beschränken will, den Hinweis allgemein zu erteilen, etwa bei Beginn der Verhandlung oder vor der Beweisaufnahme[30]. Allenfalls bei Vorliegen triftiger Gründe, welche jede Befragung von vornherein als zwecklose Formalität erscheinen lassen, darf der Vorsitzende davon absehen[31], so, wenn der Angeklagte eindeutig zu erkennen gegeben hat, daß er sich in keinem Fall äußern werde. Daß er von seinem **Schweigerecht** Gebrauch macht, rechtfertigt für sich allein das Absehen von der Befragung nicht, da das Schweigen zur Sache eine Stellungnahme zu den einzelnen Beweiserhebungen nicht ausschließt[32]. Die Befragung des Angeklagten wird nicht schon dadurch überflüssig, daß sich bereits sein Verteidiger zu dem Beweisvorgang erklärt hat[33].

15   **Staatsanwalt** und **Verteidiger** braucht der Vorsitzende nicht von sich aus zur Erklärung aufzufordern. Er muß ihnen nur Gelegenheit dazu geben, wenn sie sich zu Wort melden[34]. Auf die formal erforderliche ausdrückliche oder stillschweigende Worterteilung für die Abgabe der Erklärungen ist § 257 a nicht anwendbar.

16   **b) Beanstandungspflicht des Vorsitzenden.** Dieser muß im Interesse einer zügigen und nicht ausufernden Verfahrensabwicklung darüber wachen, daß die thematischen Grenzen des § 257 eingehalten werden. Er kann die Erklärung unterbrechen, wenn sie jeden Bezug auf die vorhergehende Vernehmung oder Beweisaufnahme vermissen läßt und die Überschreitung abmahnen, und er kann, wenn Mahnungen fruchtlos sind, dem Erklärenden das Wort entziehen[35]. Ob und wann er einschreiten soll, steht in seinem pflichtgemäßen Ermessen, das das Gebot der Verfahrensbeschleunigung ebenso berücksichtigen muß wie die Forderung, den Angeklagten im Interesse einer fairen Verfahrensgestaltung ausreichend zu Wort kommen zu lassen. Der Vorsitzende muß, ohne dabei kleinlich zu sein, für eine zügige, straffe und vor allem sachbezogene Durchführung des Verfahrens sorgen. Er kann Wiederholungen abmahnen; er kann aber nicht thematisch zulässige Ausführungen zeitlich begrenzen und erzwingen, daß der Erklärende sich kurz faßt[36]. Die Möglichkeit zur Sachdarstellung darf er dem Angeklagten aber selbst dann nicht abschneiden, wenn dieser sich dabei in der Wortwahl vergreift[37]. Gleiches gilt, wenn er auch über den Rahmen des § 257 Abs. 1 hinaus die Erklärungsbefugnis zum Anlaß nimmt, seine Einlassung nach § 243 Abs. 4 Satz 2 zu ergänzen, zu korrigieren oder zu widerrufen.

17   **c)** Die **Anrufung des Gerichts** nach § 238 Abs. 2 ist gegen die Anordnungen des Vorsitzenden im Rahmen des § 257 möglich[38]. Damit können vor allem die sachleitenden Anordnungen des Vorsitzenden beanstandet werden, mit denen dieser das Wort zu einer Erklärung nach § 257 erteilt oder versagt oder wegen der Überschreitung der Grenzen des Erklärungsrechts entzieht. Das Gericht entscheidet aber nur darüber, ob die Anordnung des Vorsitzenden rechtmäßig war. Eine Pflicht des Gerichts, sich darüber hinaus auch seinerseits selbst zu Inhalt oder Verständnis der einzelnen Beweisaufnahme zu äußern, etwa darzutun, wie es eine einzelne Zeugenaussage versteht, läßt sich aus § 257 nicht herleiten. Eine Anrufung des Gerichts mit diesem Ziel wäre unzulässig. Gericht und Vorsitzender

---

[29] SK-*Schlüchter* 4.

[30] *Kleinknecht/Meyer-Goßner*[44] 3; KMR-*Paulus* 8.

[31] *Eisenberg* (Beweisrecht) 804; *Sarstedt/Hamm*[6] 997; *Kleinknecht/Meyer-Goßner*[44] 2; SK-*Schlüchter* 4.

[32] SK-*Schlüchter* 4.

[33] *Kleinknecht/Meyer-Goßner*[44] 2; SK-*Schlüchter* 4.

[34] Vgl. Rdn. 10.

[35] AK-*Rüping* 8; *Gollwitzer* GedS Meyer 168.

[36] *Eisenberg* (Beweisrecht) 805; *Hammerstein* FS Rebmann 238.

[37] KMR-*Paulus* 4; SK-*Schlüchter* 4; wegen der in etwa vergleichbaren Schranken beim Fragerecht vgl. § 241, 22.

[38] *Kleinknecht* JZ **1965** 159; AK-*Rüping* 8; KK-*Diemer*[4] 4; HK-*Julius*[2] 10; *Kleinknecht/Meyer-Goßner*[44] 5; KMR-*Paulus* 14; SK-*Schlüchter* 14.

sind auch nicht gehalten, eine vom Verteidiger im Rahmen des § 257 Abs. 2 geäußerte falsche Auffassung vom Beweisergebnis zu korrigieren[39].

6. Gegenstand der Erklärungen

a) Nur der jeweils abgeschlossene Vorgang. Die Erklärung darf nur die vorhergehende, abgeschlossene Vernehmung eines Angeklagten oder einer Beweisperson oder einen sonstigen abgeschlossenen Akt der Beweisaufnahme betreffen. Diese zeitliche und inhaltliche Grenze ergibt sich schon aus dem Gesetzeswortlaut („nach"). Es kann daher nicht verlangt werden, daß der Vorsitzende eine Vernehmung unterbricht, um einem Prozeßbeteiligten Gelegenheit zu einer Erklärung nach § 257 zu geben[40]. Das **Fragerecht nach § 240**, das während der Vernehmung einer Beweisperson auszuüben ist, darf nicht dazu mißbraucht werden, daß Erklärungen nach § 257 schon vor Abschluß der jeweiligen Beweiserhebung abgegeben werden. **18**

Inhaltlich muß sich die Erklärung auf den konkreten Beweisgegenstand beziehen, also thematisch in dem **vorangegangenen Akt der Beweisaufnahme** (einschließlich der Vernehmung der Angeklagten zur Sache) einen Bezugspunkt haben. Erklärungen, welche jeden Bezug dazu vermissen lassen, gestattet § 257, wie auch sein Wortlaut („dazu") zeigt, nicht. Zudem bestätigt Absatz 3, daß für eine zum Schlußvortrag gehörende Gesamtwürdigung des (bisherigen) Beweisergebnisses kein Raum ist[41]. Die Äußerungen, zu denen der Vorsitzende den Angeklagten nach § 257 Abs. 1 auffordert und die Erklärungen nach Absatz 2 müssen einen Zusammenhang mit der unmittelbar vorangegangenen Beweisaufnahme haben. Ihr Zweck ist, die Aufmerksamkeit des Gerichts auf solche Gesichtspunkte zu lenken, die der Erklärende für entscheidungserheblich hält und die ihm deshalb als Ergebnis der jeweiligen Beweiserhebung besonders beachtenswert erscheinen. Unerheblich ist dabei, ob er sich rein wertend mit dem Beweisvorgang und seinem Beweiswert befaßt, etwa mit seiner Glaubwürdigkeit oder seinen inneren Widersprüchen, oder ob er diesen verwendet, um sich würdigend mit früheren Beweisergebnissen auseinanderzusetzen. Dies kann auch mit dem Ziel geschehen, einen neuen, bisher vernachlässigten Gesichtspunkt herauszustellen, der einen (nicht notwendig schlüssigen) verfahrensrelevanten Bezug der unmittelbar vorangegangenen Beweisaufnahme zu anderen Beweisergebnissen oder einer früheren Einlassung aufzeigen soll[42]. Die Erklärung kann aber auch Rechtsausführungen zu einem durch die Beweisaufnahme in die Hauptverhandlung eingeführten Gesichtspunkt umfassen, und sie kann dazu benutzt werden, im Zusammenhang damit **eigene Anträge** zu stellen[43]. Der Angeklagte kann die Anhörung aber auch zum Anlaß nehmen, seine frühere Sachaussage zu erläutern, zu ergänzen oder zu korrigieren. Für die Beachtlichkeit einer solchen **Einlassung zur Sache** ist es an sich nicht entscheidend, ob sie den Bezug zur vorangegangenen Beweisaufnahme wahrt oder ob sie darüber hinausgeht, wie dies etwa der Fall sein kann, wenn der bisher schweigende Angeklagte die Äußerungsbefugnis nach § 257 dazu benutzt, sich erstmals zur Sache einzulassen[44], denn solche Äußerungen des Angeklagten sind unabhängig von der Verfahrenslage, **19**

---

[39] Vgl. BGH JZ **1998** 53 (kein Zwischenverfahren vorgesehen) mit Anm. *Herdegen* = StV **1998** 113 mit abl. Anm. *König.*

[40] RG Recht **1924** Nr. 1605; KMR-*Paulus* 4.

[41] Vgl. Rdn. 20.

[42] *Eb. Schmidt* Nachtr. I 3; ferner etwa *Rieß* NJW **1975** 94; AK-*Rüping* 7; KK-*Diemer*[4] 3; HK-*Julius*[2] 5; *Kleinknecht/Meyer-Goßner*[44] 8; KMR-*Paulus* 9; SK-*Schlüchter* 5; zu den Argumentationsketten vgl. *Hammerstein* FS Rebmann 234.

[43] So schon RGSt **44** 284; RG GA **46** (1898/99) 434.

[44] *Sarstedt/Hamm*[6] 997 hält den Angeklagten ohnehin für befugt, im Rahmen des § 257 auch ohne einen solchen unmittelbaren thematischen Zusammenhang eine eigene Einlassung nachzuholen, zu ergänzen, zu korrigieren oder zu widerrufen; vgl. auch *Hammerstein* FS Rebmann 239; *Schmidt-Leichner* NJW **1975** 420.

in der sie abgegeben werden, immer vom Gericht zu beachten und bei der Urteilsfindung zu verwerten. Wenn sie außerhalb des Rahmens des § 257 liegen, hat dies nur insofern Bedeutung, als die Erklärung dann zu einer ergänzenden Vernehmung wird und, wie bei der erstmaligen Einlassung zur Sache, eine andere Sachbehandlung auslösen kann[45]. Macht ein **Nebenkläger** zusätzliche Angaben zur Sache, ist für deren Beweisverwendung notwendig, daß er insoweit als Zeuge behandelt und daß auch über seine Vereidigung entschieden wird[46]. Das Erklärungsrecht der Verfahrensbeteiligten besteht nur, soweit der jeweils abgeschlossene Verfahrensvorgang **eigene Verfahrensinteressen** des Erklärenden (im weit verstandenen Sinn) berühren kann[47]. Vermag der Erklärende einen solchen Bezug nicht aufzuzeigen und äußert er sich nur zu einer ihn in keiner Hinsicht betreffenden Beweisaufnahme, so ist ihm das Wort zu entziehen.

20   **b)** Eine **Vorwegnahme der Schlußvorträge** ist, wie Absatz 3 klarstellt und wie sich auch aus § 258 Abs. 1 ergibt, unzulässig. Der Unterschied zwischen der Erklärung nach § 257 und den Schlußvorträgen liegt nicht nur in der thematischen Begrenzung der ersteren, sondern auch darin, daß Ziel der Schlußanträge eine umfassende Würdigung des Beweismittels aus der Gesamtschau der abgeschlossenen Hauptverhandlung ist[48], während die Erklärung nach § 257 kurz und prägnant in wenigen Sätzen einige Schlaglichter setzen soll, welche für die weitere Verfahrensgestaltung oder für die Verhandlungsstrategie bedeutsame Gesichtspunkte aufscheinen lassen[49].

21   **c) Sonstiges.** Für eine **Darlegung der Prozeßstrategie** der Verteidigung oder eine Gegendarstellung zur Anklage ist, sofern nicht der Vorsitzende dazu vorher, etwa nach Verlesung der Anklage nach § 238 Abs. 1, das Wort erteilt hat, im Rahmen des § 257 Abs. 2 nur **nach der Vernehmung des Angeklagten zur Sache** Raum. Da diese den gesamten Prozeßgegenstand erfaßt, stehen die inhaltlich sonst durch das vorangegangene einzelne Beweismittel gezogenen Grenzen hier — und nur hier — einer solchen Erklärung nicht entgegen. Anders als nach dem aufgehobenen ehemaligen § 257 a hat der Verteidiger nach Verlesung der Anklage nicht mehr die Befugnis zur Abgabe einer Gegendarstellung. Sofern er eine solche überhaupt für zweckmäßig hält[50], kann er sie nur mit Einwilligung des Gerichts im Einverständnis mit allen Prozeßbeteiligten zu diesem Zeitpunkt abgeben, sonst muß er damit warten, bis er nach Vernehmung des Angeklagten zur Sache Gelegenheit für eine solche Erklärung erhält.

22   Das Recht der Verfahrensbeteiligten, **Anträge**, vor allem Beweisanträge zu stellen, wird durch § 257 nicht eingeschränkt[51].

23   **7.** In der **Sitzungsniederschrift** ist die **Befragung** nach § 257 Abs. 1 (wesentliche Förmlichkeit nach § 273) zu beurkunden. Sie muß aber nicht notwendig einzeln festgehalten werden. Es genügt eine allgemeine Feststellung, die sich auf alle Fälle des Absatzes 1 bezieht[52]. Ist der Hinweis bei einem einzelnen Beweismittel zu Recht oder Unrecht unterblieben, muß dies allerdings dann neben dem allgemeinen Vermerk im Protokoll besonders hervorgehoben werden[53]. Daß der Angeklagte sein **Erklärungsrecht** tatsächlich aus-

[45] Vgl. etwa HK-*Julius*[2] 6. Zur Frage, ob eine solche Einlassung die Protokollierungspflicht auslöst, vgl. Rdn. 23.
[46] OLG Hamburg StV **1990** 133.
[47] Vgl. KMR-*Paulus* 6; SK-*Schlüchter* 5; Vor § 226, 33.
[48] *Sarstedt/Hamm*[6] 996.
[49] Vgl. *Kleinknecht/Meyer-Goßner*[44] 5.

[50] *Dahs* Handbuch 425; vgl. andererseits *Hammerstein* FS Salger 297.
[51] KMR-*Paulus* 4; *Schmidt-Leichner* NJW **1975** 426.
[52] BGH bei *Dallinger* MDR **1967** 175; BGH StV **1994** 468 mit Anm. *Schlothauer*; *Kleinknecht/Meyer-Goßner*[44] 4; KMR-*Paulus* 14; SK-*Schlüchter* 12; zu den Beweisschwierigkeiten vgl. *Sarstedt/Hamm*[6] 998.
[53] KMR-*Paulus* 14; SK-*Schlüchter* 12.

geübt hat, braucht im Protokoll nicht festgehalten werden[54]. Dies läßt jedoch unberührt, daß für einzelne Inhalte solcher Erklärungen eine Protokollierungspflicht nach § 273 bestehen kann, so etwa für die dabei gestellten Anträge oder wenn der Angeklagte sich dabei erstmals zur Sache eingelassen hat, da andernfalls der anfängliche Protokollvermerk über sein Schweigen fortgelten würde[55]. Zu beurkunden ist ferner, wenn der Vorsitzende dem Angeklagten das **Wort entzogen** hat, nicht aber die vorangegangenen Abmahnungen; diese ebenfalls festzuhalten dürfte in einem solchen Fall jedoch zweckmäßig sein.

Die Abgabe einer **Erklärung nach Absatz 2** ist in der Sitzungsniederschrift ebenso zu **24** beurkunden wie etwa der Umstand, daß dem Staatsanwalt oder Verteidiger entgegen ihrem Verlangen die Abgabe einer Erklärung versagt wurde[56]. Dagegen braucht nicht besonders hervorgehoben zu werden, wenn Staatsanwalt und Verteidiger die Gelegenheit zu Erklärungen nicht verlangen. Im Protokoll festzuhalten ist, wenn wegen eines relativen Beweisverbots gegen die Beweisverwertung **Widerspruch** erhoben wurde[57]. Zu beurkunden sind ferner die **Anträge**, mit denen eine **Entscheidung des Gerichts** nach § 238 Abs. 2 herbeigeführt wird, und die darauf ergehende Entscheidung.

8. Revision. Die jetzt in **Absatz 1** enthaltene Regelung wurde früher als Ordnungsvor- **25** schrift angesehen, auf deren Verletzung die Revision nicht gestützt werden konnte[58]. Nachdem der Bundesgerichtshof die frühere Rechtsprechung zu den Ordnungsvorschriften aufgegeben hat und auch insoweit unter Umständen die Revision zuläßt[59], kann die Verletzung des § 257 Abs. 1 grundsätzlich mit der Revision geltend gemacht werden[60]. Obwohl Absatz 1 als Sollvorschrift dem Gericht im Regelfall kaum noch einen Ermessensspielraum einräumt, muß die Revision einen **Fehlgebrauch des Ermessens** bei Anwendung dieser Vorschrift dartun[61]. Es sind nach § 344 Abs. 2 die Tatsachen vorzutragen, aus denen sich ergibt, daß der Angeklagte sich nicht äußern konnte, der Inhalt seiner beabsichtigten Erklärung und wieso der Verlust der Möglichkeit, sie im Rahmen des § 257 Abs. 1 abzugeben, ihn in seiner Verteidigung unzulässig beschränkt hat[62]. Daß im Urteil ein Beweisanzeichen für den Angeklagten nachteilig verwertet wurde, ohne dort darzulegen, ob und was der Angeklagte dazu erklärt hatte oder ob er bei der Beweiserhebung dazu nach § 257 überhaupt die Möglichkeit hatte, wurde als Verstoß gegen § 261 gewertet[63].

Verstöße gegen Absatz 2 (eventuell in Verbindung mit Absatz 3) können grundsätz- **26** lich mit der Revision beanstandet werden. Da die Erklärungsberechtigten nach Absatz 2 sich selbst zu Wort melden müssen, ist darzutun, daß der Revisionsführer dies getan hat, daß ihm aber trotzdem die Abgabe einer Erklärung versagt oder ihm das Wort zu Unrecht

---

[54] BGH StV **1994** 468 mit Anm. *Schlothauer*; bei *Kusch* NStZ **1994** 228; KK-*Diemer*[4] 6; HK-*Julius*[2] 8; *Kleinknecht/Meyer-Goßner*[44] 4; **a. A** SK-*Schlüchter* 12 (Tatsache der Erklärung, nicht Inhalt nach § 273 Abs. 1 zu beurkunden).

[55] *Schlothauer* StV **1994** 468; HK-*Julius*[2] 8; *Kleinknecht/Meyer-Goßner*[44] § 273, 7; SK-*Schlüchter* 12; ferner allgemein zur Protokollierungspflicht der erstmaligen Einlassung zur Sache BGH bei *Kusch* NStZ-RR **1998** 246 mit weit. Nachw.; **a. A** BGH StV **1994** 468; vgl. bei § 273.

[56] *Kleinknecht/Meyer-Goßner*[44] 7; KMR-*Paulus* 14; SK-*Schlüchter* 13.

[57] BayObLG NJW **1997** 404; OLG Celle StV **1997** 68; OLG Stuttgart NStZ **1997** 405.

[58] *Hahn* Mat. **1** 863 „instruktionelle Vorschrift"; RGSt **32** 321; **42** 169; **44** 284; RGRspr. **1** 231; OGHSt **1** 110; BGH VRS **34** (1968) 344; BGH bei *Dallinger* MDR **1967** 175; OLG Koblenz VRS **46** (1974) 435; *Kleinknecht* JZ **1965** 159; *Kleinknecht/Meyer-Goßner*[44] 9.

[59] Vgl. § 337, 15 ff.

[60] BGH StV **1984** 454; KK-*Diemer*[4] 5; **a. A** weiterhin *Kleinknecht/Meyer-Goßner*[44] 9; KMR-*Paulus* 14; 15.

[61] Vgl. OLG Bremen StV **1987** 429; SK-*Schlüchter* 16 sowie nachf. Fußn.

[62] Vgl. BGH StV **1984** 454; *Hammerstein* FS Rebmann 236; *Sarstedt/Hamm*[6] 998; KK-*Diemer*[4] 5; SK-*Schlüchter* 15.

[63] OLG Bremen StV **1987** 429; SK-*Schlüchter* 16.

entzogen wurde. Aufzuzeigen ist ferner, daß er dadurch an urteilsrelevanten Ausführungen verhindert wurde, vor allem, daß ihm dadurch der rechtzeitige Widerspruch gegen die Beweisverwendung wegen eines ebenfalls unter Anführung aller Tatsachen konkret darzulegenden Beweisverbotes unmöglich wurde[64]. Hier hat die Streitfrage besondere Bedeutung, ob die Ablehnung der Worterteilung durch den Vorsitzenden oder die Entziehung des Wortes mit der Revision nur gerügt werden kann, wenn in der Hauptverhandlung das **Gericht hiergegen angerufen** wurde[65]. Soweit ein **Gerichtsbeschluß** vorliegt, kann dieser auch unter dem Gesichtspunkt angegriffen werden, daß durch ihn die Verteidigung in einem wesentlichen Punkt beschränkt worden sei[66].

27   Im allgemeinen werden derartige Revisionsrügen aber kaum **Erfolg** haben. Es liegt in der Natur der Vorschrift, daß bei den Verstößen gegen Absatz 1 ebenso wie bei denen nach Absatz 2 meist ausgeschlossen werden kann, daß das Urteil darauf **beruht**[67]. Wird der Hinweis nach Absatz 1 unterlassen, wurde eine Erklärung nach Absatz 2 nicht zugelassen oder zu Unrecht verkürzt, so ist der Betroffene im allgemeinen nicht gehindert, seine Erklärungen später, vor allem bei den Schlußvorträgen nachzuholen[68]. Sein Recht, Beweispersonen zu befragen und Beweisanträge zu stellen, wird durch eine unrichtige Anwendung des § 257 ohnehin nicht behindert.

28   Es läßt sich deshalb meist auch ausschließen, daß ein Beschluß des Gerichts nach § 238 Abs. 2, der den Verteidiger zu Unrecht an der Abgabe einer Erklärung nach § 257 Abs. 2 hindert, die **Verteidigung** in einem wesentlichen Punkt auf Dauer **beschränkt** hat. Einzelne Ausnahmefälle, in denen dies nicht ausgeschlossen werden kann, weil in ihnen der Zeitfaktor eine wesentliche Rolle spielt, sind aber denkbar, etwa bei Großverfahren, die sich über Wochen und Monate hin erstrecken[69].

29   Die Verletzung der **Aufklärungspflicht** kann nicht schon damit begründet werden, daß das Gericht § 257 nicht beachtet habe. Es müssen besondere, von der Revision darzulegende Umstände (§ 344 Abs. 2) hinzukommen, welche ergeben, daß das Gericht zur weiteren Aufklärung gedrängt worden wäre, vor allem, daß es auf Grund besonderer Umstände verpflichtet gewesen ist, darauf hinzuwirken, daß sich der Angeklagte zu einem bestimmten, offengebliebenen Punkt erklärt[70].

30   Eine im Urteil fortwirkende Verletzung des verfassungsmäßig garantierten **Rechts auf Gehör** liegt in einem Verstoß gegen § 257 in der Regel ebenfalls nicht. Es genügt, daß vor allem die Schlußanträge eine hinreichende Möglichkeit zur Abgabe einer eigenen Stellungnahme geben[71].

---

[64] Vgl. BGH StV **1997** 337.

[65] HK-*Julius*[2] 10 bejaht dies mit der vorherrschenden Meinung. Zu den strittigen Fragen vgl. § 238, 43 ff.

[66] KMR-*Paulus* 15; SK-*Schlüchter* 15.

[67] Vgl. etwa *Sarstedt/Hamm*[6] 999; es kommt aber immer auf den Einzelfall an. Zu den hier bestehenden Fragen vgl. § 337, 24; 254 ff.

[68] OLG Schleswig bei *Ernesti/Jürgensen* SchlHA **1975** 190; KMR-*Paulus* 16.

[69] SK-*Schlüchter* 17; *Eb. Schmidt* § 257 a (a. F) Nachtr. I 7.

[70] KMR-*Paulus* 16; SK-*Schlüchter* 18.

[71] KMR-*Paulus* 2.

§ 257 a

[1]**Das Gericht kann den Verfahrensbeteiligten aufgeben, Anträge und Anregungen zu Verfahrensfragen schriftlich zu stellen.** [2]**Dies gilt nicht für die in § 258 bezeichneten Anträge.** [3]**§ 249 findet entsprechende Anwendung.**

Schrifttum. *Krahl* Mißachtung rechtsstaatlicher Verfahrensgrundsätze durch die schriftliche und selbstlesende Hauptverhandlung, GA **1998** 329; *Münchhalffen* Der neue § 257 a StPO und seine praktischen Auswirkungen, StraFo. **1995** 20; *Münchhalffen* § 257 a StPO. Ein Einfallstor für richterliche Willkür und die Notwendigkeit seiner Beseitigung durch den Gesetzgeber, FS Friebertshäuser 139; *Wesemann* Zur Praxis des neuen § 257 a StPO, StV **1995** 220; Vgl. ferner das Schrifttum zum Verbrechensbekämpfungsgesetz 1994 und seine Entwürfe, Einl. Abschn. E 147 ff.

Entstehungsgeschichte. Ein früherer § 257 a, der durch das StPÄG 1964 eingefügt worden war und der vorschrieb, Staatsanwaltschaft und Verteidiger auf Verlangen Gelegenheit zur Abgabe von Erklärungen zu geben, ist durch Art. 1 Nr. 14 des 1. StVRErgG vom 20. 12. 1974 entfallen; wobei ein Teil seines Inhalts in § 257 übernommen wurde (vgl. dessen Entstehungsgeschichte). Der jetzige § 257 a wurde durch Art. 4 Nr. 7 des VerbrbekG eingefügt.

Übersicht

1. Regelungszweck, Auslegung. Durch die Befugnis des Gerichts, den Verfahrensbeteiligten aufzugeben, Anträge und Anregungen zu Verfahrensfragen schriftlich zu stellen, wollte der Gesetzgeber **Mißbräuchen vorbeugen** und das **Verfahren beschleunigen**. Dem Gericht soll dadurch ermöglicht werden, Verfahrensverzögerungen, die durch den mündlichen Vortrag einer Vielzahl von Verfahrensanträgen und ihrer Begründung in der Hauptverhandlung eintreten können, entgegenzuwirken[1]. In Verbindung mit dem durch Satz 3 für anwendbar erklärten Selbstleseverfahren des § 249 Abs. 2 kann es die mündliche Hauptverhandlung dadurch entlasten, daß es den sonst unerläßlichen mündlichen Vortrag umfangreicher Anträge und Anregungen und ihrer Begründung aus ihr fernhält; für deren Erörterung und die Entscheidung darüber gilt dies nicht. Dies hat vor allem Bedeutung für Großverfahren, bei denen umfangreiche und mitunter kompliziert begründete Anträge bei mündlichem Vortrag ohnehin die Aufnahmefähigkeit der Zuhörer überfor-

1

---

[1] BTDrucks. **12** 6853 S. 1, 19, 34.

dern können. Die Regelung soll dem Gericht außerdem ermöglichen, dem Mißbrauch einer umfangreichen Antragstellung zur Prozeßverschleppung besser vorbeugen zu können. Ob sie zu letzterem Zweck allgemein geeignet ist und ob die durch die Regelung ermöglichte Abweichung vom Mündlichkeitsprinzip in der Mehrzahl der Fälle wirklich zu einer wesentlichen Straffung des Verfahrens beitragen kann, mag zweifelhaft sein. Große praktische Bedeutung dürfte sie bisher kaum erlangt haben.

2   Die Regelung ist **im Schrifttum**[2] äußerst **umstritten**. Neben den vorerwähnten Einwendungen werden dort auch Bedenken wegen der Einschränkung der Unmittelbarkeit, Mündlichkeit und Öffentlichkeit des Verfahrens sowie wegen der Beeinträchtigung des rechtlichen Gehörs erhoben, die in der Herausnahme dieser Anträge aus dem mündlichen Prozeßgeschehen liegen soll[3]; außerdem wird die Regelung als eine Maßnahme zur apokryphen Disziplinierung der Verteidigung abgelehnt. Die ebenfalls erhobenen verfassungsrechtlichen Bedenken dürften allerdings nicht durchgreifen. Vor allem wird das Recht auf Gehör nicht verletzt, denn alle Verfahrensbeteiligten haben bei schriftlicher Antragstellung in Verbindung mit dem Selbstleseverfahren nach § 249 Abs. 2 eine mindestens genauso gute Möglichkeit der Kenntnisnahme vom schriftlichen Antrag und seiner Begründung wie bei einem mündlichen Vortrag; sie können sich bei ihrer Anhörung nach § 33 Abs. 1 StPO in der Hauptverhandlung dazu äußern, bevor die dort zu verkündende Entscheidung über den Antrag ergeht. Auch sonst erscheint manche Kritik überzogen[4], zumal manche Bedenken gegen diese Vorschrift bei einer sinnvollen, die Erfordernisse eines fairen Verfahrens berücksichtigende Anwendung[5] entfallen.

3   Bei der **Auslegung** des § 257 a ist der im Gesetzeswortlaut nicht zum Ausdruck gekommene, vom Gesetzgeber aber herausgestellte **Zweck zu berücksichtigen**. § 257 a sollte eine zusätzliche Möglichkeit zur Straffung und Beschleunigung der Hauptverhandlung und zur Eindämmung einer mißbräuchlichen Ausuferung des Antragsrechts schaffen, nicht aber eine gleichwertige generelle Alternative zum Prinzip der mündlichen Antragstellung. Die teleologische Reduktion des Wortlauts auf den eigentlichen Gesetzeszweck spricht dafür, die Vorschrift **restriktiv auszulegen**[6]. Für eine solche Anordnung ist nur dort und nur insoweit Raum, als sie der Verfahrenserleichterung oder Beschleunigung dienen kann, weil in einem Verfahren mit umfangreichen Anträgen zu rechnen ist, deren zeitraubender Vortrag und Protokollierung die Hauptverhandlung erheblich belasten würde. Dies kann der Fall sein, wenn zu befürchten ist, daß ein Antragsteller dies zur Störung oder Verzögerung des Verfahrens instrumentalisieren will. Dies kann aber auch der Fall sein, wenn dadurch die Durchführung der Verhandlung erleichtert wird, etwa um einem Antragsteller zu ermöglichen, einen umfangreicheren Antrag schriftlich zu stellen, ohne daß er wie früher dann seine schriftlich vorformulierten und dem Gericht übergebenen Beweisanträge nochmals mündlich vortragen muß, bevor sie als Anlage zu Protokoll genommen werden können. Vor Anordnung muß das Gericht in einer Beurteilung ex ante prüfen und unter Berücksichtigung aller Gesichtspunkte abwägen, ob zu erwarten ist, daß durch die Anordnung die zügige Weiterführung der Hauptverhandlung mehr gefördert werden kann als bei Fortsetzung der Verhandlung mit normaler mündlicher Antragstellung. Hierbei hat es das gesamte bisherige Prozeßverhalten des Antragstellers insoweit zu berücksichtigen, als es ein Indiz für sein zu erwartendes **künftiges Verhalten** ist. Aus

---

[2] Ablehnend etwa *Bandisch* StV **1994** 158; *Dahs* NJW **1995** 556; *Hamm* StV **1994** 459; *Krahl* GA **1998** 333; *Münchhalffen* StraFo. **1995** 20; *Münchhalffen* FS Friebertshäuser 141; *Scheffler* NJW **1994** 2194; *Wesemann* StV **1995** 220; bejahend *Nehm/Senge* NStZ **1998** 385.

[3] Vgl. etwa HK-*Julius*[2] 1.
[4] So auch KK-*Diemer*[4] 1.
[5] *König/Seitz* NStZ **1995** 5.
[6] HK-*Julius*[2] 2; *Kleinknecht/Meyer-Goßner*[44] 1; *Pfeiffer*[2] 1; SK-*Schlüchter* 1.

einem früheren Mißbrauch des Antragsrechts darf daher im Einzelfall unter Berücksichtigung aller sonstigen Umstände geschlossen werden, daß auch im weiteren Verlauf des Verfahrens verfahrensverzögernde umfangreiche Antragstellungen oder sonst ein Mißbrauch des Antragsrechts zur Störung des Verfahrensablaufs zu erwarten sind. Zwingend folgt dies aber nicht aus jeder früheren vom Gericht als mißbräuchlich erachteten Antragstellung. Es kommt auf deren Form und Anlaß an, ob sie die Gefahr weiterer Störungen rechtfertigt. Dabei darf nicht aus den Augen verloren werden, daß die Anordnung nach § 257 a keine Sanktion für ein vergangenes Prozeßverhalten ist[7], sondern eine **Präventivmaßnahme**, die den künftigen Verlauf der Hauptverhandlung entlasten und Störungen und Verzögerungen vorbeugen soll.

2. Reichweite der Vorschrift

a) Nur für **Anträge oder Anregungen zu Verfahrensfragen** kann das Gericht die **4** schriftliche Antragstellung anordnen, vor allem also für Beweisanträge, Beweisermittlungsanträge und sonstige Beweisanregungen, aber auch für sonstige Anträge zur Verfahrensgestaltung, wie etwa Einstellungs-, Aussetzungs- oder Unterbrechungsanträge oder Ausführungen zur Zulässigkeit der Beweisverwendung einzelner Beweismittel[8]. Unerheblich ist insoweit, ob die Anträge und Anregungen das Strengbeweisverfahren oder das Freibeweisverfahren betreffen. **Ausgeschlossen** sind aber kraft Gesetzes die gesamten Schlußvorträge nach § 258 (§ 257 a Satz 2) sowie die Richterablehnung (§ 26 Abs. 1 Satz 2), nicht aber die Ablehnung eines Sachverständigen (§ 74)[9]. **Nicht erfaßt** werden sonstige verfahrensrelevante Erklärungen, vor allem das Verlesen der Anklage und das Äußerungsrecht des Angeklagten dazu (§ 243 Abs. 2 bis 4); die **Zustimmungs- oder Verzichtserklärungen**, wie etwa der Verzicht auf die Beweiserhebung nach § 245 Abs. 1 Satz 2 oder Vereidigung nach § 61 Nr. 5 oder der Widerspruch gegen eine beabsichtigte Verfahrensmaßnahme, wie etwa den Widerspruch gegen das Selbstleseverfahren nach § 249 Abs. 2 oder die Zustimmung zur Verlesung von Urkunden nach § 251 Abs. 1 Nr. 4, Abs. 2 Satz 1 oder zur Erhebung der Nachtraganklage nach § 266 Abs. 1; ferner die Ausübung der **Anhörungs- und Erklärungsrechte**, etwa nach § 33 Abs. 1, § 248 Satz 2, § 257 Abs. 1, 2[10], oder das Recht zu Fragen und Vorhalten und, wenn man den Regelungszweck berücksichtigt, auch die Befugnis, auf die Sachleitung bezügliche Anordnungen des Vorsitzenden als unzulässig zu beanstanden (§ 238 Abs. 2).

Äußerungen zur materiellen Rechtslage können durch eine Anordnung nach § 257 a **5** nicht eingeschränkt werden. Soweit sie abgegeben werden dürfen (vgl. etwa die sich aus § 257 Abs. 3 ergebenden Beschränkungen), sind sie auch bei einer Anordnung nach § 257 a uneingeschränkt mündlich zulässig.

b) Die Anordnung ist **gegen alle Verfahrensbeteiligten zulässig**, die berechtigt sind, **6** in ihr Anträge zu Verfahrensfragen zu stellen oder mit Anregungen an das Gericht heranzutreten, also nicht nur gegenüber dem Angeklagten und seinem Verteidiger, sondern auch gegenüber Staatsanwalt und Nebenkläger und gegenüber Nebenbeteiligten[11]. Sie kann an sich **einheitlich** für die ganze **weitere Hauptverhandlung** und **gegen alle Verfahrensbeteiligten** erlassen werden. Dies dürfte jedoch allenfalls unter ganz besonderen Umständen in Großverfahren angezeigt sein, wo bei Schwierigkeiten und Unübersichtlichkeit der Sach- und Beweislage die vorherige schriftliche Fixierung umfangreicher

---

7 KK-*Diemer*[4] 5; *Pfeiffer*[2] 2.
8 Begr. BTDrucks. **12** 6853 S. 34; SK-*Schlüchter* 3.
9 KK-*Diemer*[4] 3; *Kleinknecht/Meyer-Goßner*[44] 7; SK-*Schlüchter* 4.

10 *König/Seitz* NStZ **1995** 5; HK-*Julius*[2] 3; *Kleinknecht/Meyer-Goßner*[44] 8.
11 KK-*Diemer*[4] 1; *Kleinknecht/Meyer-Goßner*[44] 5; SK-*Schlüchter* 2.

Beweisanträge verfahrensfördernd wirken kann, weil dann nicht nur das Gericht, sondern auch die zur Stellungnahme berechtigten anderen Verfahrensbeteiligten sofort eine sichere Grundlage für die Erörterung der Notwendigkeit weiterer Beweiserhebungen haben. In der Regel ist eine solche generelle Anordnung aber weder zur Erreichung des Zwecks des § 257 a (vgl. Rdn. 2) notwendig noch mit dem Gebot einer restriktiven Auslegung vertretbar. Diese spricht vielmehr dafür, daß das Gericht von dieser Möglichkeit nur insoweit Gebrauch macht, als es ihm angezeigt erscheint, um den Fortgang des Verfahrens zu erleichtern oder um konkret befürchteten Störungen und Verzögerungen des Verfahrensverlaufs vorzubeugen. Da diese meist nicht von allen Verfahrensteilnehmern zu erwarten sind, ist die Anordnung auf diejenigen Verfahrensbeteiligten zu beschränken, bei denen konkrete Anhaltspunkte zu einer solchen Befürchtung Anlaß geben, auch wenn die darin zum Ausdruck kommende Differenzierung das Verfahrensklima belastet.

7   **c) Zeitliche und gegenständliche Beschränkbarkeit.** Die Anordnung kann für die ganze weitere Hauptverhandlung erlassen werden; sie kann aber auch **zeitlich**, etwa nur auf einen bestimmten Verfahrensabschnitt, eine bestimmte Beweisaufnahme, einen Tag beschränkt werden[12]. Auch die **gegenständliche** Beschränkung auf bestimmte Arten von Anträgen, etwa nur Beweisanträge und Beweisermittlungsanträge, ist zulässig. Letzteres ist meist ratsam, da es für den Verfahrensablauf in der Regel förderlich ist, wenn andere verfahrensbezogene kurze Anträge weiterhin sofort mündlich gestellt werden können und wenn Auseinandersetzungen vermieden werden, ob ein bestimmter Antrag vom Schriftlichkeitsgebot des § 257 a erfaßt wird.

3. Beschluß des Gerichts

8   **a) In der Hauptverhandlung** entscheidet das Gericht (einschließlich Schöffen), nicht etwa der Vorsitzende, durch einen dort zu verkündenden Beschluß über die Anordnung.

9   **b)** Die Anordnung steht im **pflichtgemäßen Ermessen** des Gerichts, das an die Zielsetzung des § 257 a (Rdn. 2) gebunden ist. Dieses hat unter Würdigung aller ihm bekannter Umstände, wie Umfang und Gegenstand des Verfahrens und bisheriges Prozeßverhalten der Verfahrensbeteiligten, zu prüfen und abzuwägen[13], ob der zu erwartende Fortgang der Hauptverhandlung es als angebracht erscheinen läßt, zur Förderung einer reibungslosen und gestrafften Verfahrensdurchführung für bestimmte Arten von Anträgen und bestimmte Antragsteller die schriftliche Antragstellung anzuordnen, oder ob andere Maßnahmen als milderes Mittel ausreichen[14]. Bei dieser Abwägung können erhebliche Störungen des bisherigen Verhandlungsverlaufs ins Gewicht fallen, aber auch die Ankündigungen seitens eines Verfahrensbeteiligten und auch ein danach oder nach den sonstigen Umständen erst zu befürchtender Mißbrauch des Antragsrechts[15]. Mitunter wird darüber hinaus aus der gebotenen normzweckgerechten einengenden Auslegung auch hergeleitet, daß die Anordnung, künftig alle Anträge schriftlich zu stellen, wegen ihrer Tragweite die Feststellung voraussetzt, daß der Antragsteller sein Antragsrecht bereits mißbraucht hat[16]. In der Regel mag es zwar zweckmäßig und angebracht sein, eine auf Mißbrauch gestützte Anordnung erst zu erlassen, wenn in der Hauptverhandlung der Mißbrauch bereits zutage getreten ist und eine Abmahnung keinen Erfolg verspricht. Das Gericht ist jedoch nicht durchwegs verpflichtet, den Mißbrauch abzuwarten. In Einzelfällen kann schon die bloße

---

[12] *Kleinknecht/Meyer-Goßner*[44] 6.

[13] KK-*Diemer*[4] 2.

[14] Vgl. SK-*Schlüchter* 7, die dort erwähnte Beschränkung der Redezeit kann dafür geeignet sein, bei umfangreichen Anträgen können aber Probleme

entstehen, da die Befugnis zu deren Begründung nicht abgeschnitten werden darf.

[15] KK-*Diemer*[4] 5; *Pfeiffer*[2] 2; SK-*Schlüchter* 1.

[16] HK-*Julius*[2] 4; *Kleinknecht/Meyer-Goßner*[44] 2; 3.

Ankündigung eines als Mißbrauch einzustufenden Verhaltens oder sonstige darauf hindeutende konkrete Umstände eine solche Anordnung rechtfertigen. Es ist zumindest zweckmäßig, die Verfahrensbeteiligten vorher in der Hauptverhandlung auf die Möglichkeit einer solchen Anordnung und deren beabsichtigten Umfang hinzuweisen und sie dazu zu hören[17], zumal dann deren Reaktion in die Ermessensentscheidung mit einfließen kann. Ergeht die Anordnung nicht zur Eindämmung eines befürchteten Mißbrauchs, sondern sonst aus Gründen einer prozeßwirtschaftlichen Verfahrensgestaltung, so müssen deren Vorteile gegenüber den damit verbundenen Einschränkungen abgewogen werden; bei einem äußerst umfangreichen und vom Antragsteller bereits schriftlich festgehaltenen Beweisantrag, der eine Reihe von Beweismitteln umfaßt, kann schon die ersichtliche Prozeßwirtschaftlichkeit es rechtfertigen, durch einen auf diesen Antrag beschränkten Beschluß nach § 257 a die schriftliche Einbringung des Antrags unter Verzicht auf einen langwierigen Vortrag zu ermöglichen. Bei seiner Ermessensentscheidung muß das Gericht aber immer auch vorrangig berücksichtigen, wenn einem bestimmten Verfahrensbeteiligten wegen Gründen, die in seiner Person liegen, eine schriftliche Antragstellung nicht möglich oder nicht zumutbar ist[18]. § 257 a ermöglicht nur die Form zu regeln, in der bestimmte Verfahrensbefugnisse ausgeübt werden können, ihre Ausübung der Sache nach darf er nicht einschränken.

c) Begründung. Der Beschluß ist zu begründen[19]; dies wird wegen der Revisibilität **10** aus § 34 hergeleitet, ferner daraus, daß die restriktive Ausübung des Ermessens nachprüfbar sein muß. Der Beschluß muß deshalb den Grund für die Anordnung aufzeigen. Es sind die Umstände darzulegen, auf die sich die Ansicht gründet, daß die geforderte schriftliche Antragstellung zur Beschleunigung oder Vereinfachung der weiteren Hauptverhandlung beiträgt. Liegt das bei einem Verfahren mit umfangreichem und unübersichtlichem Prozeßstoff auf der Hand, kann es genügen, wenn darauf und auf den mit der schriftlichen Antragstellung erstrebten Rationalisierungseffekt hingewiesen wird[20]. Ergeht dagegen die Anordnung zur Verhütung künftigen Mißbrauchs, muß das Gericht die Tatsachen angeben, auf die sich diese Annahme stützt; wenn bereits eine mißbräuchliche Antragstellung vorausging, muß es diese aufzeigen. Der Beschluß muß ferner erkennen lassen, daß das Gericht sich bei seiner Ermessensausübung der aus dem Regelungszweck folgenden Einschränkungen und Abwägungspflichten bewußt war.

d) Änderung, Aufhebung. Das Gericht kann seinen Beschluß im Laufe des Verfahrens jederzeit abändern. Es kann bestimmte Verfahrenshandlungen aus ihm herausnehmen, wenn sich ergibt, daß bei diesen die mündliche Antragstellung die zügige Abwicklung der Hauptverhandlung erleichtert. Es kann den Beschluß auch völlig aufheben, wenn es auf Grund des weiteren Verfahrensgangs zu der Überzeugung kommt, daß er zur Sicherung der zügigen Verfahrensabwicklung und zur Verhütung eines Mißbrauchs nicht mehr nötig ist oder wenn er sich unter den besonderen Verhältnissen der jeweiligen Hauptverhandlung als ungeeignet für diesen Zweck erweist. Mit Verkündung des abändernden oder aufhebenden Beschlusses entfällt insoweit die Pflicht zur schriftlichen Antragstellung, die Anträge müssen und können dann mündlich in der Hauptverhandlung gestellt werden.

---

17 KK-*Diemer*[4] 4 (zweckmäßig mit Rücksicht auf Prozeßatmosphäre; aber rechtlich nicht erforderlich); **a. A** SK-*Schlüchter* 8 (jeweils betroffene Verfahrensteilnehmer nach § 33 zu hören).

18 Begr. BTDrucks. **12** 6853 S. 34.

19 HK-*Julius*[2] 5; KK-*Diemer*[4] 4; *Kleinknecht/Meyer-Goßner*[44] 6; *Pfeiffer*[2] 4; SK-*Schlüchter* 8.

20 Vgl. KK-*Diemer*[4] 4.

Walter Gollwitzer

4. Wirkung des Beschlusses, weiteres Verfahren

12   **a) Schriftliche Antragstellung.** Mit der **Verkündung des Beschlusses** erlischt das Recht des davon betroffenen Verfahrensbeteiligten, in der Hauptverhandlung die vom Beschluß bezeichneten Anträge mündlich zu stellen[21]. Seine vorher mündlich gestellten Anträge bleiben wirksam, auch wenn sie noch nicht beschieden sind. Nach der Verkündung des Beschlusses kann er solche Anträge dagegen **nur noch schriftlich dem Gericht übergeben**. Dafür genügen auch handschriftlich geschriebene Anträge, sofern sie leserlich sind[22]; es kann nicht gefordert werden, daß sie in Maschinenschrift eingereicht werden. Damit der Antragsteller dem Gebot der schriftlichen Antragstellung genügen kann, ist ihm nötigenfalls durch **Unterbrechung der Hauptverhandlung** Gelegenheit zur schriftlichen Abfassung seiner Anträge zu geben[23], vor allem, wenn er durch die Prozeßentwicklung gehindert war, die schriftliche Antragstellung außerhalb der Hauptverhandlung vorzubereiten. Einen darauf gerichteten Antrag sollte das Gericht im Interesse der Verfahrensvereinfachung auch zulassen, wenn er seinerseits nicht schriftlich gestellt wurde. Da mit der Anordnung die Mündlichkeit der Antragstellung in der Hauptverhandlung entfällt, wird es auch als ausreichend angesehen, wenn der Antragsteller seinen Antrag mit Begründung in der Sitzungspause schriftlich bei Gericht einreicht und in der Hauptverhandlung darauf Bezug nimmt[24]. — Zur Protokollierungspflicht vgl. Rdn. 15.

13   **b) Behandlung des Antrags.** Wird ein dem § 257 a unterfallender Antrag in der Hauptverhandlung in **schriftlicher Fassung** dem Gericht übergeben, sind weitere Erklärungen des Antragstellers dazu weder erforderlich noch zulässig. In gleicher Weise wie bei einem mündlich gestellten Antrag muß das Gericht den Antrag entgegennehmen. Da dem Antragsteller verwehrt ist, seinen Antrag in der Hauptverhandlung selbst vorzutragen, obliegt es dem Gericht, den Antrag dort einzuführen. Dies hat im Wege des **Urkundenbeweises** zu geschehen, wie Satz 3 festlegt, der § 249 entsprechend anwendbar erklärt. Der Antrag muß also nach § 249 Abs. 1 **verlesen** werden oder der Vorsitzende muß das **Selbstleseverfahren** nach § 249 Abs. 2 in die Wege leiten, damit alle Verfahrensbeteiligten den Wortlaut des Antrags und seiner Begründung auf diesem Wege zur Kenntnis nehmen können[25]; jedem von ihnen sollte dafür zweckmäßigerweise dazu eine Ablichtung überlassen werden. Die Ansicht, hier unter Berufung auf den Mündlichkeitsgrundsatz das Selbstleseverfahren grundsätzlich auszuschließen und nur die Verlesung nach § 249 Abs. 1 zuzulassen[26], findet weder im Wortlaut des Satzes 3 noch im Zweck der Regelung eine Stütze. Bei einem Vorlesen umfangreicher Anträge entfiele der mit der Regelung erstrebte Vereinfachungszweck weitgehend[27]. Außerdem wird durch die Notwendigkeit, den Abschluß des Selbstleseverfahrens durch Feststellung der Gelegenheit zur Kenntnisnahme in der Hauptverhandlung ausdrücklich anzusprechen (§ 249 Abs. 2 Satz 3) und die anderen Verfahrensbeteiligten zum Antrag zu hören (§ 33 Abs. 1), der volle Inhalt des Antrags in der Hauptverhandlung zur Erörterung gestellt, bevor das Gericht darüber entscheidet und dies in der Hauptverhandlung verkündet. Abzulehnen ist dagegen hier wie auch bei § 249 die Ansicht der vorherrschenden Meinung[28], der wesentliche Inhalt des schriftlichen Antrags dürfe auch durch einen zusammenfassenden **Inhaltsbericht des Vorsitzenden** in die Hauptverhandlung eingeführt werden[29].

---

[21] *Pfeiffer*[2] 5.

[22] *Kleinknecht/Meyer-Goßner*[44] 9.

[23] *Dahs* NJW **1995** 556; HK-*Julius*[2] 8; *Kleinknecht/ Meyer-Goßner*[44] 9.

[24] *Pfeiffer*[2] 5.

[25] HK-*Julius*[2] 6; KK-*Diemer*[4] 6; *Kleinknecht/Meyer-Goßner*[44] 10; *Pfeiffer*[2] 7.

[26] SK-*Schlüchter* 9 mit weit. Nachw. (abgesehen von neben der Sache liegenden Anträgen).

[27] Vgl. *Scheffler* NJW **1994** 2194; KK-*Diemer*[4] 6; *Kleinknecht/Meyer-Goßner*[44] 10.

[28] HK-*Julius*[2] 6; KK-*Diemer*[4] 6; *Kleinknecht/Meyer-Goßner*[44] 10.

[29] SK-*Schlüchter* 9; vgl. dazu § 249, 44 ff.

c) Ein entgegen § 257 a **mündlich gestellter Antrag** hat keine Wirkung, er ist im **14** Interesse der Verfahrensklarheit vom Vorsitzenden als unzulässig sofort zurückzuweisen, wenn der Antragsteller trotzdem dazu mündliche Ausführungen vortragen will, darf ihm das Wort entzogen werden. Der Beschluß nach § 257 a soll allerdings nicht ausschließen, daß das Gericht trotzdem auch eine mündliche Antragstellung zuläßt, wenn dies den zügigen Ablauf des Verfahrens fördert und nicht behindert[30]. Folgt man dieser Ansicht, ist im Interesse der Verfahrensklarheit zu fordern, daß alle Verfahrensbeteiligten in der Hauptverhandlung darauf hingewiesen werden, daß das Gericht den mündlichen Antrag als wirksam behandeln will, denn nur dann besteht für sie ein Anlaß, zu seinem sachlichen Gehalt Stellung zu nehmen, bevor das Gericht darüber entscheidet. Werden allerdings mehrmals mündliche Anträge ausnahmsweise zugelassen, dann wird das Gericht zu prüfen haben, ob es seinen Beschluß nach § 257 a nicht aufhebt oder aber zumindest gegenständlich so einschränkt, daß er der mündlichen Stellung der übrigen Anträge nicht mehr im Wege steht.

d) Für die **Entscheidung über den schriftlich gestellten Antrag** gelten keine Beson- **15** derheiten. Über ihn entscheidet das Gericht nach Anhörung der Verfahrensbeteiligten (§ 33) nach den allgemeinen Grundsätzen. Die Entscheidung ist, sofern es sich nicht um einen erst im Urteil zu bescheidenden Hilfsantrag handelt, in der Hauptverhandlung bekanntzugeben. Die allgemeinen Grundsätze sind auch maßgebend dafür, ob dem Gericht die Entscheidung obliegt oder ob es genügt, wenn der Vorsitzende sich mit der Anregung befaßt.

5. Sitzungsniederschrift. Der Beschluß, der die schriftliche Antragstellung anordnet, **16** ist mit Begründung in die Sitzungsniederschrift aufzunehmen[31], gleiches gilt für den Beschluß, der eine solche Anordnung aufhebt oder ändert. Als wesentliche Förmlichkeit dort zu beurkunden sind auch die Einreichung der schriftlichen Anträge und Anregungen, die als Anlage zum Protokoll genommen werden dürfen, sowie die weitere Sachbehandlung[32], also ihre Verlesung nach § 249 Abs. 1 oder Anordnung und Abschluß des Selbstleseverfahrens nach Maßgabe des § 249 Abs. 2[33], ferner die Entscheidung des Gerichts über den Antrag[34]. Aufzunehmen sind nach § 273 Abs. 1 auch entgegen § 257 a gestellte mündliche Anträge und ihre Zurückweisung als unzulässig. Wenn ein solcher Antrag ausnahmsweise zugelassen und sachlich beschieden wird, sollte die Sachbehandlung ebenfalls aus dem Protokoll ersichtlich sein.

6. Rechtsmittel

a) Die **Beschwerde** gegen den Beschluß des Gerichts wird durch § 305 Satz 1 ausge- **17** schlossen. Den von der Anordnung Betroffenen bleibt nur die Möglichkeit einer Gegenvorstellung[35].

b) Revision. Die rechtlich fehlerhafte Anwendung des § 257 a kann mit der Revision **18** nach § 337 gerügt werden, wenn durch den Beschluß des Gerichts die Verteidigung in einem wesentlichen Punkt beschränkt wurde, auch nach § 338 Nr. 8[36]. Der Rechtsfehler kann darin liegen, daß der Beschluß in rechtsfehlerhafter Ermessensausübung ergangen

---

[30] *Kleinknecht/Meyer-Goßner*[44] 9; *Pfeiffer*[2] 5; SK-*Schlüchter* 10.
[31] KK-*Diemer*[4] 4; HK-*Julius*[2] 6; SK-*Schlüchter* 10.
[32] *Kleinknecht/Meyer-Goßner*[44] 9.
[33] Vgl. § 249, 89 ff.

[34] *Kleinknecht/Meyer-Goßner*[44] 11; SK-*Schlüchter* 10.
[35] KK-*Diemer*[4] 7; *Kleinknecht/Meyer-Goßner*[44] 12; SK-*Schlüchter* 11.
[36] HK-*Julius*[2] 9; KK-*Diemer*[4] 7; *Kleinknecht/Meyer-Goßner*[44] 13; *Pfeiffer*[2] 8; SK-*Schlüchter* 12.

ist, er kann aber auch in Verfahrensfehlern liegen, etwa darin, daß nicht das Gericht, sondern der Vorsitzende die Anordnung getroffen hat. Voraussetzung für den Erfolg der Revision ist aber stets, daß nicht ausgeschlossen werden kann, daß das Urteil auf dem Fehler **beruht**; dies setzt voraus, daß der betroffene Verfahrensbeteiligte dadurch in der Wahrnehmung seiner Verfahrensinteressen irreparabel behindert wurde. Daß er die Anträge schriftlich statt mündlich stellen mußte, ist in der Regel keine solche Behinderung, denn die Antragsbefugnis wird dadurch inhaltlich nicht eingeschränkt, und auch der Erfolg des Antrags hängt in der Regel von seinem sachlichen Gewicht und nicht von der Art seines Vortrags ab[37]. Nur in Ausnahmefällen, etwa wenn eine ordnungsgemäße schriftliche Antragstellung nicht möglich war, weil das Gericht eine dazu erforderliche und erbetene Unterbrechung der Verhandlung versagte oder weil ein nicht rechtskundiger Angeklagter mit der schriftlichen Antragstellung überfordert war[38], kann dies anders zu beurteilen sein. In solchen Fällen könnte mitunter auch mit der **Aufklärungsrüge** beanstandet werden, daß der Verfahrensbeteiligte durch die fehlerhafte Anordnung verhindert war, einen für die Sachaufklärung relevanten Beweisantrag zu stellen[39].

§ 258

(1) Nach dem Schluß der Beweisaufnahme erhalten der Staatsanwalt und sodann der Angeklagte zu ihren Ausführungen und Anträgen das Wort.

(2) Dem Staatsanwalt steht das Recht der Erwiderung zu; dem Angeklagten gebührt das letzte Wort.

(3) Der Angeklagte ist, auch wenn ein Verteidiger für ihn gesprochen hat, zu befragen, ob er selbst noch etwas zu seiner Verteidigung anzuführen habe.

Schrifttum. *Alsberg* Das Plädoyer (Nachdruck), AnwBl. **1978** 1; *Baudisch* Niederschreiben der Urteilsformel vor den Schlußvorträgen, NJW **1960** 135; *Bottke* Die Wahrheitspflicht des Verteidigers, ZStW **96** (1984) 726; *Dahs sen.* Das Plädoyer des Strafverteidigers, AnwBl. **1959** 1; *Dahs sen.* Das Plädoyer des Staatsanwalts, DRiZ **1960** 106; *Dahs* Das Plädoyer des Staatsanwalts aus der Sicht des Verteidigers, AnwBl. **1979** 106; *Dästner* Schlußvortrag und letztes Wort im Strafverfahren, Recht und Politik **1982** 180; *Häger* Zu den Folgen staatsanwaltschaftlicher, in der Hauptverhandlung begangener Verfahrensfehler, GedS Meyer 171; *Hammerstein* Verteidigung mit dem letzten Wort; FS Tröndle 485; *Hammerstein* Verteidigung wider besseres Wissen? NStZ **1997** 12; *Hoffmann* Niederschreiben der Urteilsformel vor den Schlußvorträgen, NJW **1959** 1526; *Lüderssen* Wie abhängig ist der Strafverteidiger von seinem Auftraggeber? Wie abhängig kann und soll er sein? FS Dünnebier 263; *Milhan* Das letzte Wort des Angeklagten, Diss. München 1971; *Reuß* Das Plädoyer des Anwalts, JR **1965** 162; *Schlothauer* Wiedereröffnung der Hauptverhandlung und letztes Wort, StV **1984** 134; *Schütz* Unterbleiben des Schlußvortrags des Staatsanwalts als Revisionsgrund, NJW **1963** 1589; *Seibert* Das letzte Wort, MDR **1964** 471; *Solbach* Anklageschrift, Einstellungsverfügung, Dezernat und Plädoyer, 6. A. (1985); *Weinberg* Einführung in die Probleme der Sitzungsvertretung, JuS **1980** 335. Hinweise auf das Schrifttum zur Rhetorik finden sich bei *Dahs* Hdb[6] 674.

Bezeichnung bis 1924: § 257.

---

[37] Nach SK-*Schlüchter* 12 kann dagegen in der Regel nicht ausgeschlossen werden, daß der Antrag oder die Anregung mündlich hätte überzeugender vorgetragen werden können.

[38] SK-*Schlüchter* 12.
[39] HK-*Julius*[2] 9; KK-*Diemer*[4] 7; *Kleinknecht/Meyer-Goßner*[44] 13; SK-*Schlüchter* 12.

Übersicht

I. Allgemeines

1. Bedeutung. § 258 sichert, daß die Verfahrensbeteiligten unmittelbar vor der endgül- **1** tigen Beschlußfassung des Gerichts über die zu fällende Entscheidung Gelegenheit erhalten, zu dem gesamten Ergebnis der Hauptverhandlung in tatsächlicher und rechtlicher Hinsicht Stellung zu nehmen. Die verfassungsrechtliche Pflicht, allen Verfahrensbeteiligten rechtliches Gehör zu gewähren (Art. 103 Abs. 1 GG), wird dadurch näher konkretisiert[1] und, was den Angeklagten anlangt, durch die Verpflichtung zur Gewährung des letzten Worts (Absatz 2) besonders wirksam ausgestaltet[2].

Zweck der Schlußvorträge ist es, auf die Entscheidung des Gerichts durch eine **2** Gesamtwürdigung des tatsächlichen und rechtlichen Prozeßstoffes aus eigener Sicht Einfluß zu nehmen. Mit dieser Befugnis der Verfahrensbeteiligten institutionalisiert § 258 die in deren Recht auf Gehör angelegte Befugnis zur autonomen Wahrung der eigenen Verfahrensinteressen für den der Urteilsfindung unmittelbar vorausgehenden Teil der Hauptverhandlung. Die Möglichkeit, abschließend nochmals selbstverantwortlich Stellung zu nehmen und die eigene Sicht der Dinge dem Gericht nahebringen zu können, ist hier vor allem für den Angeklagten besonders wichtig[3]. Das Gericht, das die zum Inbegriff der

---

[1] BVerfGE **54** 141; zum Recht auf Gehör vgl. Einl. H 71 ff.

[2] Vgl. BGHSt **9** 79; AK-*Dästner* 1.

[3] Vgl. AK-*Dästner* 2 (autonome Möglichkeit der Selbstbehauptung in einem besonders wirksamen Abschnitt der Hauptverhandlung).

Hauptverhandlung gehörenden Erklärungen (§ 261) bei seiner Urteilsfindung berücksichtigen muß, darf sich diesem Einfluß nicht entziehen[4]. Die kontradiktorischen Stellungnahmen zum Prozeßstoff dienen auch der Wahrheitsfindung[5]. Sie fördern durch Herausstellen gegensätzlicher Auffassungen und Argumente seine gedankliche Durchdringung und erleichtern dem Gericht, die für und gegen den Angeklagten sprechenden Umstände vollständig zu erkennen, sie in ihrer Bedeutung richtig zu erfassen und sie gegeneinander abzuwägen.

2. Schluß der Beweisaufnahme

3   **a)** Es bedarf **keiner förmlichen Feststellung** durch Gerichtsbeschluß oder Anordnung des Vorsitzenden, daß die Beweisaufnahme geschlossen werde[6]. Es genügt, wenn der Vorsitzende den Verfahrensbeteiligten unmißverständlich zu erkennen gibt, daß nunmehr mit den abschließenden Ausführungen zum Ergebnis der Verhandlung begonnen werden könne, weil keine weiteren Beweise zu erheben sind und auch sonst keine den Verfahrensstoff erweiternden Verfahrenshandlungen mehr anstehen[7]. Der Hinweis des Vorsitzenden, daß die Beweisaufnahme geschlossen werde, ist üblich und zweckmäßig, aber nicht notwendig.

4   **b)** der Schluß der Beweisaufnahme hat stets nur **vorläufigen Charakter**[8]. Er hindert weder die Verfahrensbeteiligten, neue Beweisanträge zu stellen, noch das Gericht, auf Grund eines solchen Antrags oder von Amts wegen erneut in die Beweisaufnahme einzutreten, Hinweise zu erteilen oder sonst über eine Frage zu verhandeln mit der Folge, daß die schon gehaltenen Schlußvorträge oder das letzte Wort die Bedeutung einer abschließenden Äußerung verlieren und die Gelegenheit dazu den Verfahrensbeteiligten nochmals eingeräumt werden muß[9].

3. Erneuerung der Schlußvorträge

5   **a)** Die Pflicht, Schlußvorträge und letztes Wort nochmals zu ermöglichen, tritt nach dem förmlichen Wiedereintritt in die Verhandlung, aber auch sonst **nach jedem Weiterverhandeln** ein, das — als zum Inbegriff der Hauptverhandlung gehörig — die Grundlagen der Urteilsfindung in tatsächlicher Hinsicht oder auch nur argumentativ beeinflussen kann[10]. Werden Themen angesprochen, die einen irgendwie gearteten Bezug zum Gegenstand oder Inhalt der Sachentscheidung haben können, erfordert das formal gestaltete, zwingende Anhörungsgebot des § 258, daß die dort vorgesehene abschließende **Äußerung zum ganzen Verfahrensergebnis** unmittelbar vor der Urteilsberatung erneut

---

[4] BGHSt **11** 74; BGH StV **1983** 402; vgl. Rdn. 46 ff; § 261, 2.

[5] KK-*Engelhardt*[4] 2; KMR-*Paulus* 2; SK-*Schlüchter* 1.

[6] HK-*Julius*[2] 2; KK-*Engelhardt*[4] 2; *Kleinknecht/Meyer-Goßner*[44] 2; KMR-*Paulus* 4 (unter Hinweis auf BGH); SK-*Schlüchter* 2; OLG Köln NJW **1954** 46. Dort wird ausgeführt, daß ein förmlicher Beschluß sogar irreführend sein kann, insbesondere, wenn er mit dem Zusatz versehen wird, daß die Beweisaufnahme im allseitigen Einverständnis geschlossen werde. Denn die Vorläufigkeit dieser Feststellung ist für prozeßkundige Personen nicht ersichtlich (zust. *Eb. Schmidt* 1).

[7] Nach dem Zweck des § 258 ist Beweisaufnahme weit auszulegen; vgl. *Eb. Schmidt* 1 (jede Prozeß-

handlung, die ihrer Natur nach in den prozessualen Bereich der Beweisaufnahme gehört); ferner etwa BGH bei *Miebach* NStZ **1990** 28; BayObLGSt **1957** 88 = NJW **1957** 1289; *Schlothauer* StV **1984** 134; SK-*Schlüchter* 2; vgl. Rdn. 8.

[8] H. M; etwa KK-*Engelhardt*[4] 2; *Kleinknecht/Meyer-Goßner*[44] 27 ff; KMR-*Paulus* 3; SK-*Schlüchter* 2 ff.

[9] RGSt **6** 254; RGRspr. **6** 248; RG JW **1891** 450; DRiZ **1930** Nr. 22; BGHSt **13** 59; **18** 84; **20** 273; **22** 278; BGH NJW **1969** 473; StV **1981** 221; **1984** 104; bei *Dallinger* MDR **1966** 893; bei *Pfeiffer/Miebach* NStZ **1983** 217; 357; OLG Schleswig bei *Ernesti/Jürgensen* SchlHA **1970** 199; *Schlothauer* StV **1984** 134; ferner die Nachw. in vorst. Fußn.

[10] Vgl. Rdn. 8.

ermöglicht wird. Auf Umfang und Bedeutung der nochmaligen Verhandlungen kommt es dabei nicht an[11]. Auch wenn der Wiedereintritt bedeutungslos war oder nur einen von mehreren Tatvorwürfen betraf, müssen die Schlußvorträge und das letzte Wort im vollen Umfang hinsichtlich des ganzen Verfahrensgegenstands[12] — und nicht etwa nur hinsichtlich des vom Wiedereintritt betroffenen Teils — erneuert werden. Nach jedem sachbezogenen Hinweis des Gerichts und jeder Ablehnung eines Antrags[13] oder sonst einer Entscheidung, die den Verfahrensgegenstand oder die Beweislage verändert oder die sonst einen Bezug zur Sachentscheidung hat oder haben kann, etwa weil sich in ihr die Bewertung einer potentiell urteilsrelevanten Frage durch das Gericht widerspiegelt, muß die Gelegenheit zu neuen Schlußvorträgen eröffnet und danach das letzte Wort neu gewährt werden[14], denn die abschließende Äußerung zu allen in der Verhandlung angesprochenen Umständen mit möglicher Entscheidungsrelevanz kommt immer dem Angeklagten zu[15].

Zum Beispiel löst jeder mit einer **Beweiserhebung** zusammenhängende Vorgang die **6** Pflicht zur nochmaligen Ermöglichung der Schlußanträge und des letzten Worts aus, so die Verwendung eines weiteren Beweismittels[16], die nachträgliche Vereidigung eines Zeugen[17], aber auch, wenn das Gericht einen im vorangegangen Schlußvortrag gestellten **Beweisantrag ablehnt,** und zwar selbst dann, wenn es die behauptete Tatsache als wahr unterstellt[18]. Etwas anderes gilt nur, wenn ein hilfsweise oder bedingt gestellter Beweisantrag, der an sich in den Urteilsgründen abgelehnt werden könnte, ohne jede Erörterung in der Hauptverhandlung gleichzeitig mit der Urteilsverkündung durch einen besonderen Beschluß abgelehnt wird[19]. Legt ein Angeklagter beim letzten Wort ein **Geständnis** ab, muß in der Regel den anderen Verfahrensbeteiligten, vor allem den Mitangeklagten Gelegenheit zur nochmaligen Äußerung gegeben werden; dies erfordert in aller Regel auch die Pflicht zur Gewährung des rechtlichen Gehörs[20]. Auch ein **sonstiges Verhandeln über einzelne Vorgänge** oder Anträge eröffnet erneut die Schlußvorträge, so, wenn ein **Aussetzungs-** oder **Unterbrechungsantrag** aus Sachgründen abgelehnt[21], auf die **Veränderung eines rechtlichen Gesichtspunkts** nach § 265 Abs. 1 hingewiesen[22], eine **Nachtragsanklage** nicht zugelassen[23], das Verfahren gegen einen Mitangeklagten abgetrennt

---

[11] BGHSt **22** 278; KK-*Engelhardt*[4] 26; KMR-*Paulus* 4.

[12] BGHSt **20** 275; BGH VRS **30** (1966) 121; bei *Dallinger* MDR **1966** 893; KK-*Engelhardt*[4] 10; *Kleinknecht/Meyer-Goßner*[44] 27; KMR-*Paulus* 4; vgl. Rdn. 36.

[13] Vgl. etwa BayObLGSt **1957** 88 = NJW **1957** 1289.

[14] Vgl. etwa BGH NStZ **1993** 551; StV **1993** 344; NStZ-RR **1998** 15; OLG Frankfurt StV **1993** 463; *Schlothauer* StV **1984** 134.

[15] Vgl. Rdn. 31 ff mit weit. Nachw.

[16] Vgl. BGH bei *Pfeiffer/Miebach* NStZ **1983** 357 (Verlesen eines Schreibens, wobei offenblieb, zu welchem Zweck dies geschah); *Schlothauer* StV **1984** 134.

[17] *Schlothauer* StV **1984** 134; *Kleinknecht/Meyer-Goßner*[44] 29; KMR-*Paulus* 4.

[18] RGSt **20** 380; **26** 32; RGRspr. **7** 519; RG JW **1922** 1037; BGH bei *Kusch* NStZ-RR **1998** 26; **1999** 36; StV **1998** (L); BGHR § 258 Abs. 3 Wiedereintritt 6; OLG Düsseldorf VRS **64** (1983) 203; KK-*Engelhardt*[4] 24; *Kleinknecht/Meyer-Goßner*[44] 29; SK-*Schlüchter* 5; **a. A** RG JW **1922** 496.

[19] RGSt **29** 438; **55** 109; OLG Karlsruhe MDR **1966** 948; *Eb. Schmidt* 1, wonach der Angeklagte mit Stellung des Eventualantrags grundsätzlich darauf verzichtet, daß dieser vor den Schlußworten verbeschieden wird. Anders, wenn der Staatsanwalt auf den Hilfsantrag erwidert hat; OLG Celle StV **1985** 7 oder der Hilfsantrag in der Hauptverhandlung erörtert wurde (BGH bei *Kusch* NStZ-RR **1999** 260).

[20] BGH nach *Kleinknecht/Meyer-Goßner*[44] 1; KMR-*Paulus* 4; SK-*Schlüchter* 5.

[21] RG HRR **1938** Nr. 193; BGH bei *Pfeiffer*[2] NStZ **1982** 190; BGH StV **1993** 344; vgl. aber auch BGH NStZ **1993** 94 (kein Einfluß auf Entscheidung); KG JR **1950** 633; KMR-*Paulus* 4; *Schlothauer* StV **1984** 135.

[22] BGHSt **19** 156; **22** 278; BGH bei *Pfeiffer*[2] NStZ **1981** 295; bei *Pfeiffer/Miebach* NStZ **1985** 494; StV **1994** 63 (L); NStZ **1993** 551; BayObLG bei *Rüth* DAR **1982** 253.

[23] BGH StV **1981** 221; **1982** 4; bei *Pfeiffer/Miebach* NStZ **1983** 212.

Walter Gollwitzer

wird[24] oder wenn einige der angeklagten Taten abgetrennt werden[25] oder ein Teil des Verfahrens in Anwendung des § 154 a[26] oder nach §§ 153 ff **eingestellt** wird[27]. In diesen und ähnlichen Fällen besteht fast immer die Möglichkeit, daß die Verfahrensgestaltung und die daraus herzuleitenden Rückschlüsse auf die Beurteilung des verbleibenden Verfahrensstoffes Anlaß zu weiterem Sachvortrag oder zur argumentativen Auseinandersetzung geben können[28]. Aus den gleichen Gründen erfordert auch die Aufrechterhaltung eines **Haftbefehls** oder die Erörterung seiner Invollzugsetzung die Erneuerung der Schlußanträge und des letzten Wortes[29]. Gleiches gilt, wenn der Antrag, die Beweisaufnahme wieder zu eröffnen, abgelehnt wird, da die Mitteilung der Gründe für die Ablehnung wegen ihres Inhalts Anlaß zu einer Äußerung geben kann[30]. Unter diesem Blickwinkel ist auch zu beurteilen, ob in der Verwerfung des Ablehnungsgesuchs ein Wiedereintritt liegt[31].

7   Gibt dagegen ein Zeuge nach Beendigung der Beweisaufnahme **unaufgefordert eine Erklärung** ab, so braucht den Prozeßbeteiligten nicht nochmals das Wort erteilt zu werden, vorausgesetzt, diese Erklärung wird nicht vom Vorsitzenden zum Gegenstand der mündlichen Verhandlung gemacht. Im Urteil darf eine solche Erklärung dann aber keinesfalls verwertet werden. Dasselbe gilt bei Unmutsäußerungen oder **Zwischenbemerkungen** des Staatsanwalts ohne konkreten Inhalt[32] oder wenn der Vorsitzende den Angeklagten beim letzten Wort zu einer Ergänzung auffordert, ohne dabei in eine Vernehmung überzugehen[33]. Erklärt der Staatsanwalt unmittelbar vor der Urteilsverkündung auf Frage des Richters, daß er der Einstellung **nach § 153 nicht zustimme**, so bedarf es ebenfalls keiner Wiederholung der Schlußvorträge; etwas anderes gilt jedoch, wenn der Staatsanwalt hierbei Ausführungen macht, die auch für die Schuld- oder Straffrage bedeutsam sein können[34].

[24] BGH NStZ **1988** 512; StV **1984** 233; vgl. dazu *Schlothauer* StV **1984** 134; SK-*Schlüchter* 5. Ob schon die bloße Tatsache eines ohne jede Verhandlung verkündeten Trennungsbeschlusses als solcher eine erneute Anhörungspflicht auslösen würde, mag fraglich sein; werden aber, wie meist, zu seiner Begründung verfahrensbezogene Erwägungen angeführt und ist auszuschließen, daß die Gründe für die Trennung auch auf die Beweislage Einfluß haben oder vom Angeklagten zumindest argumentativ im nicht abgetrennten Verfahren verwendet werden können, muß die Möglichkeit zu Schlußanträgen und letztem Wort erneut gewährt werden; vgl. die Fallgestaltungen in den oben und in der nachf. Fußn. angeführten Entscheidungen.

[25] BGH StV **1982** 4; **1983** 232; **1984** 104; ferner etwa HK-*Julius*2 15; KK-*Engelhardt*4 24; *Kleinknecht/Meyer-Goßner*44 29; ferner die Nachw. in vorst. Fußn.

[26] BGH bei *Dallinger* MDR **1966** 892; OLG Hamm VRS **23** (1962) 54 (zu § 153); *Schlothauer* StV **1984** 135; KK-*Engelhardt*4 24; *Kleinknecht/Meyer-Goßner*44 29; KMR-*Paulus* 4.

[27] Ob schon aus der bloßen Verkündung des Einstellungsbeschlusses ein Wiedereintritt liegt, ist strittig; bejahend für die dort entschiedenen Fälle BGH StV **1981** 221; **1982** 4; **1983** 323; **1984** 104; 469; KMR-*Paulus* 4; *Schlothauer* StV **1984** 135; *Kleinknecht/Meyer-Goßner*44 29; SK-*Schlüchter* 5. BGH NStZ **1999** 244; JR **1986** 166 (mit Anm. *Pelchen*) lassen dies offen. *Pelchen* sieht in der bloßen Verkündung des Einstellungsbeschlusses keinen Wie-

dereintritt; bei anderen Beschlüssen scheint er dies anzunehmen. Wegen einer verneinenden Entscheidung vgl. die nachf. Fußn.

[28] Vgl. BGH NJW **1985** 211 = JR **1986** 166 mit Anm. *Pelchen*. Die von *Schlothauer* StV **1984** 135 mitgeteilte Entscheidung des BGH, wonach nicht nach jedem Abtrennungs- oder Einstellungsbeschluß nochmals das letzte Wort zu erteilen ist, betraf den Fall, daß die Verfahrenseinstellung bezüglich zweier Anklagevorwürfe bereits früher beantragt worden war und der Einstellungsbeschluß zusammen mit dem Urteil verkündet wurde.

[29] BGH NStZ **1984** 376; **1986** 270; StV **1997** 339; *Schlothauer* StV **1984** 135; HK-*Julius*2 15; KK-*Engelhardt*4 24; *Kleinknecht/Meyer-Goßner*44 29; SK-*Schlüchter* 5.

[30] BayObLGSt **1957** 88 = NJW **1957** 1289; KMR-*Paulus* 4.

[31] Vgl. KK-*Engelhardt*4 25; *Kleinknecht/Meyer-Goßner*44 30; SK-*Schlüchter* 6 (kein Wiedereintritt bei Verwerfung als unzulässig); BGH bei *Miebach* NStZ **1988** 448; BGH NStZ **1985** 465 läßt dies bei Ablehnung von Sachverständigen offen; vgl. ferner BGH bei *Spiegel* DAR **1986** 197.

[32] OLG Saarbrücken JBl Saar **1961** 14; KK-*Engelhardt*4 25; *Kleinknecht/Meyer-Goßner*44 30.

[33] BGH nach KK-*Engelhardt*4 25; *Kleinknecht/Meyer-Goßner*44 30; vgl. aber wegen eines Geständnisses Rdn. 6.

[34] BGH nach KK-*Engelhardt*4 25; OLG Hamm VRS **23** (1962) 54; *Kleinknecht/Meyer-Goßner*44 30; SK-*Schlüchter* 6.

Nimmt der Vorsitzende **nach Beginn der Urteilsverkündung** einen Beweisantrag entgegen, liegt darin noch kein Wiedereintritt in die Hauptverhandlung[35]. Ob ein Wiedereintritt in die Verhandlung verneint werden kann, wenn lediglich die **Verhandlungsfähigkeit des Angeklagten** erörtert wurde[36], erscheint fraglich[37]. Da es nicht auf die Sicht des Gerichts, sondern darauf ankommt, daß den Verfahrensbeteiligten die Möglichkeit nicht beschnitten werden darf, alle ihnen geeignet erscheinenden Gesichtspunkte zur Vertretung ihrer Verfahrensinteressen zu nutzen[38], wird vielfach nicht auszuschließen sein, daß hierbei auch Gesichtspunkte zur Sprache kamen, die für einen Punkt der Entscheidungsfindung argumentativ verwertbar sein konnten.

b) Es bedarf **keiner förmlichen Anordnung** des Wiedereintritts in die Beweisauf- **8** nahme, da dafür allein der tatsächliche Verfahrensgang maßgebend ist[39]. Wird dies aber vom Vorsitzenden oder in einem Beschluß des Gerichts ausdrücklich erklärt, so folgt schon daraus die Pflicht zur Wiederholung[40], da die Verfahrensbeteiligten ihre Prozeßführung darauf eingestellt haben können.

c) Die **früheren Schlußvorträge** sind durch den Wiedereintritt zwar nicht gegen- **9** standslos geworden — insbesondere die in ihnen gestellten Anträge bleiben wirksam —, aber die besondere rechtliche Bedeutung als Schlußausführungen, die das gesamte Ergebnis der Hauptverhandlung unmittelbar vor der Urteilsberatung und Verkündung zusammenfassen, haben sie nicht mehr[41]. Die Verfahrensbeteiligten und der Angeklagte sind nicht gezwungen, ihre früheren Ausführungen und die dabei gestellten Anträge nochmals zu wiederholen. Es genügt, wenn sie ausdrücklich oder stillschweigend darauf Bezug nehmen oder sonst zu erkennen geben, daß es trotz des Wiedereintritts bei ihren früheren Ausführungen sein Bewenden haben soll[42]. Gibt ein nicht rechtskundiger Angeklagter keine oder nur eine auf den nach Wiedereintritt verhandelten Verfahrensteil beschränkte Erklärung ab, so kann daraus allerdings nicht ohne weiteres geschlossen werden, daß er in Kenntnis seines Rechts, umfassende Ausführungen zu machen, auf diese verzichten will. Dies wird in der Regel nur bei einer entsprechenden Belehrung durch das Gericht angenommen werden können[43]. Ein solch besonderer Hinweis ist dagegen beim Verteidiger oder beim Staatsanwalt entbehrlich[44].

II. Schlußvorträge (Absatz 1)

1. Worterteilung. Der Vorsitzende erteilt das Wort zu den Schlußvorträgen **von Amts** **10** **wegen**, ohne Rücksicht darauf, ob es von den dazu berechtigten Personen verlangt wird. Die Worterteilung braucht nicht ausdrücklich geschehen[45], sie muß aber **unmißverständlich** sein. Eine bloße Handbewegung genügt nur, wenn die Wortergreifung zeigt, daß sie verstanden wurde[46]. Wenn Staatsanwalt und Verteidiger dagegen später das Wort erneut zu

---

[35] BGH NStZ **1986** 182; bei *Kusch* NStZ-RR **1998** 261; StV **1986** 286; vgl. § 244, 102; § 246, 2.

[36] BGH bei *Miebach* NStZ **1990** 228 verneint dies; ebenso SK-*Schlüchter* 6.

[37] *Kleinknecht/Meyer-Goßner*[4] 30.

[38] Vgl. Rdn. 2.

[39] BGH nach KK-*Engelhardt*[4] 24; OLG Düsseldorf StV **1991** 554; *Schlothauer* StV **1984** 136; HK-*Julius*[2] 15; *Kleinknecht/Meyer-Goßner*[4] 27; KMR-*Paulus* 4; SK-*Schlüchter* 4; entscheidend ist aber der tatsächliche Verfahrensgang und nicht der Wille des Gerichts, die Hauptverhandlung wiederaufzunehmen.

[40] Vgl. BGHSt **22** 278; *Schlothauer* StV **1984** 136.

[41] Vgl. Rdn. 4 und vor allem die Nachw. Fußn. 9.

[42] BGH bei *Dallinger* MDR **1966** 893; KK-*Engelhardt*[4] 26; KMR-*Paulus* 4.

[43] BGHSt **20** 273; BGH NStZ **1987** 36; OLG Düsseldorf GA **1976** 371 (L); KK-*Engelhardt*[4] 17; *Kleinknecht/Meyer-Goßner*[4] 27; SK-*Schlüchter* 24.

[44] BGHSt **20** 273; **22** 278; BGH NStZ **1993** 95; *Hanack* JZ **1972** 275; *Kleinknecht/Meyer-Goßner*[4] 27.

[45] BGH bei *Miebach* NStZ **1990** 28; BayObLGSt **1955** 269; VRS **62** (1982) 374; KK-*Engelhardt*[4]; *Kleinknecht/Meyer-Goßner*[4] 7; SK-*Schlüchter* 10.

[46] RGSt **61** 317; KK-*Engelhardt*[4] 4; KMR-*Paulus* 7.

Walter Gollwitzer

einer Erwiderung wünschen, müssen sie sich selbst zu Wort melden. Der Vorsitzende ist nicht verpflichtet, sie von sich aus dazu ausdrücklich aufzufordern[47]. Vor der Worterteilung muß der Vorsitzende gegebenenfalls durch eine Rückfrage klären, welche Zeit für die **Vorbereitung der Schlußvorträge** benötigt wird. Dies ist vor allem in größeren oder schwerwiegenden Sachen besonders wichtig, denn Staatsanwalt und Verteidiger können beanspruchen, daß ihnen für die sachgerechte Vorbereitung der Plädoyers eine ausreichende Zeit eingeräumt wird[48].

11   **2. Berechtigte.** Absatz 1 nennt nur den **Staatsanwalt** und den **Angeklagten**. Das Recht zu Schlußausführungen steht aber auch dem **Nebenkläger** zu (§ 397 Abs. 1 Satz 3)[49], auch dem **Privatkläger** (§ 385 Abs. 1 Satz 1) und dem **Widerkläger** (§ 388), ferner — soweit sachlich betroffen und anwesend — dem **Einziehungsbeteiligten** nach § 433 Abs. 1 und dem Vertreter einer juristischen Person oder einer Personenvereinigung nach § 444 Abs. 2 und deren Prozeßbevollmächtigte (§ 434)[50]. Bei einem jugendlichen Angeklagten müssen anwesende **Erziehungsberechtigte** und **gesetzliche Vertreter** von Amts wegen das Wort erhalten (§§ 67, 104 Abs. 1 Nr. 9 JGG), und zwar auch dann, wenn sie in einem früheren Verfahrensabschnitt bereits gehört wurden[51]. Für den Staatsanwalt kann auch ein der Staatsanwaltschaft zur Ausbildung zugeteilter Referendar die Ausführungen machen und Anträge stellen, wenn er unter der Aufsicht eines Vertreters der Staatsanwaltschaft steht[52].

12   Der **Verteidiger** wird in Absatz 1 nicht genannt. Wie Absatz 3 zeigt, geht das Gesetz aber davon aus, daß er den Schlußvortrag für den Angeklagten halten kann[53]. Da der Wunsch des Verteidigers, Schlußausführungen zu machen, regelmäßig bereits dadurch zum Ausdruck kommt, daß er vor Gericht auftritt, ist es sachgerecht, wenn der Vorsitzende auch dem anwesenden Verteidiger **von Amts wegen** das Wort zu den Schlußvorträgen erteilt[54]. Im übrigen ist der Verteidiger befugt, für den Angeklagten zu sprechen, wenn dieser zu Schlußausführungen nach Absatz 1 aufgefordert wird[55]. Da strittig ist, ob insoweit eine Rechtspflicht des Gerichts besteht, ist es — auch zur Absicherung einer späteren Revisionsrüge — angezeigt, daß der Verteidiger ausdrücklich das Wort für die Schlußausführungen verlangt[56]. Einem Verteidiger, der bei den Schlußanträgen nicht anwesend war, der aber vor Verkündung des Urteils erscheint, muß auf Antrag Gelegenheit zum Plädoyer gegeben werden[57] ohne Rücksicht darauf, ob er seine Abwesenheit während der Schlußausführungen zu vertreten hat[58].

---

47 Vgl. BGH NStZ **1984** 468; AK-*Dästner* 9; ferner Rdn. 25 ff.
48 KG NStZ **1984** 523; *Sarstedt/Hamm*[6] 1004; AK-*Dästner* 7; KK-*Engelhardt*[4] 35; *Kleinknecht/Meyer-Goßner*[44] 33; SK-*Schlüchter* 41.
49 So auch schon vor der Neufassung des § 397, vgl. RGSt **16** 253; BGHSt **28** 272; *Gollwitzer* FS Schäfer 79.
50 AK-*Dästner* 10; KK-*Engelhardt* 3; *Kleinknecht/Meyer-Goßner*[44] 6; KMR-*Paulus* 7; SK-*Schlüchter* 8.
51 RGSt **42** 52; BGHSt **17** 33; **21** 288; BGH NStZ **1985** 230; **1996** 612; **1999** 426; OLG Frankfurt StV **1994** 604; OLG Schleswig bei *Ernesti/Jürgensen* SchlHA **1970** 199; AK-*Dästner* 10; KK-*Engelhardt* 3; *Kleinknecht/Meyer-Goßner*[44] 6; KMR-*Paulus* 7; SK-*Schlüchter* 8; ferner die Kommentare zu § 67 JGG. Soweit ein Heranwachsender einen gesetzlichen Vertreter haben sollte (etwa bei Entmündigung), wäre auch dieser im Falle des § 109 Abs. 2 JGG zu hören.

52 Wegen der Einzelheiten vgl. § 226, 4 und bei § 142 GVG.
53 RGSt **42** 54; BGH bei *Holtz* MDR **1980** 274; OLG Hamm JMBlNW **1980** 81; KG NStZ **1984** 521; OLG Koblenz VRS **55** (1978) 278.
54 BayObLGSt **1955** 270; OLG Hamm JMBlNW **1954** 156; VRS **48** (1975) 433; *Sarstedt/Hamm*[6] 1002; *Kleinknecht/Meyer-Goßner*[44] 5; SK-*Schlüchter* 10; einschränkend (Anspruch nur, wenn verlangt) KG NStZ **1984** 521; KK-*Engelhardt*[4] 5; KMR-*Paulus* 7; ferner Fußn. 56.
55 Vgl. etwa RGSt **42** 52; KMR-*Paulus* 7.
56 RGSt **41** 51; BGHSt **20** 273; **22** 278; BGH bei *Holtz* MDR **1980** 274; OLG Koblenz VRS **55** (1978) 278; KK-*Engelhardt*[4] 5; **a. A** OLG Hamm VRS **48** (1975) 433; wohl auch BayObLG VRS **62** (1982) 374.
57 BayObLG VRS **61** (1981) 128; OLG Hamm MDR **1970** 784; *Kleinknecht/Meyer-Goßner*[44] 5.
58 OLG Hamm JMBlNW **1980** 81.

3. Die **Reihenfolge** der Schlußvorträge wird nicht zwingend vorgeschrieben. Die Rei- **13** henfolge des Absatzes 1 entspricht allerdings einer zweckmäßigen Verfahrensgestaltung. Der Vorsitzende kann jedoch von ihr abweichen, wenn er das für sachdienlich hält[59]. So kann er — entgegen dem Grundgedanken des Absatzes 1 — ausnahmsweise den Neben- kläger nach dem Verteidiger zu Wort kommen zu lassen[60]. Zweckmäßig ist dies im Regel- fall allerdings nicht, da der Verteidiger sich dann in einer Erwiderung mit dessen Argu- menten auseinandersetzen muß[61]. **Mehrere Staatsanwälte** können den Schlußvortrag nach eigenem Ermessen unter sich teilen, desgleichen **mehrere Verteidiger** eines Ange- klagten[62]. Für die Berufungsverhandlung gilt § 326 Abs. 1.

Sind **mehrere Angeklagte** vorhanden, so bestimmt der Vorsitzende kraft seiner Ver- **14** handlungsleitung (§ 238 Abs. 1) nach pflichtgemäßem Ermessen auch die Reihenfolge, in der sie und ihre Verteidiger sprechen können[63]. Gleiches gilt für die Reihenfolge, in der Nebenbeteiligte und die sonstigen zu Schlußausführungen berechtigten Verfahrensbetei- ligten zu Worte kommen. Schlagen die Verfahrensbeteiligten, vor allem die Verteidiger, eine bestimmte Reihenfolge vor, in der sie sprechen wollen, so ist darauf nach Möglich- keit Rücksicht zu nehmen, es sei denn, daß darin ein Mißbrauch liegt oder ein nicht vertei- digter Angeklagter benachteiligt würde.

4. Verpflichtung zu Schlußausführungen

a) § 258 begründet grundsätzlich **keine Verpflichtung** zu Schlußausführungen[64]. Dies **15** gilt für den **Angeklagten**, dessen Schweigerecht auch insoweit nicht eingeschränkt ist, und für die ihm befugnismäßig gleichstehenden Nebenbeteiligten; dies gilt aber auch für alle **Verfahrensbeteiligten**, die, wie der Nebenkläger, ohnehin nicht zur Anwesenheit verpflichtet sind[65]. Es beeinträchtigt den Fortgang des Verfahrens nicht, wenn sie von der durch § 258 eingeräumten Möglichkeit keinen Gebrauch machen, nachdem sie der Vorsit- zende dazu aufgefordert hat. Sie können insoweit auch ausdrücklich auf Ausführungen oder auf Anträge verzichten.

b) Der **Staatsanwaltschaft** erwächst aus ihrer besonderen Stellung die (ungeschrie- **16** bene) verfahrensrechtliche **Pflicht, Schlußausführungen** zu machen und Anträge zu stel- len. Sie ist nicht befugt, in zweifelhaften Fällen die Entscheidung dem Gericht anheimzu- geben und sich der Stellung eines Antrags zu enthalten. Die Stellung bestimmter Anträge ist dem Staatsanwalt nicht nur innerdienstlich[66] zur Pflicht gemacht, sie folgt auch aus der besonderen Stellung, die ihm im Offizialverfahren eingeräumt ist. Mit dieser wäre es unvereinbar, wenn sich der Staatsanwalt seiner Mitverantwortung für ein gerechtes Urteil dadurch entziehen wollte, daß er von Schlußvorträgen oder von einer Antragstellung absieht[67]. Setzt das Gericht ohne Schlußvortrag und Antrag des Staatsanwalts die Haupt-

---

[59] RGSt **64** 134; OLG Hamburg JR **1955** 233; KK-*Engelhardt*[4] 6; *Kleinknecht/Meyer-Goßner*[44] 8; KMR-*Paulus* 8; SK-*Schlüchter* 12; **a. A.** *Gössel* § 30 B I c 1 (zwingend vorgeschrieben, daß Ange- klagter und Verteidiger nach den Klägern spre- chen).

[60] BGH nach KK-*Engelhardt*[4] 6.

[61] *Kleinknecht/Meyer-Goßner*[44] 8; SK-*Schlüchter* 12.

[62] Vgl. § 227, 9 ff.

[63] RGSt **57** 265; KK-*Engelhardt*[4] 6; *Kleinknecht/ Meyer-Goßner*[44] 8; KMR-*Paulus* 8; SK-*Schlüchter* 12; **a. A** AK-*Dästner* 11, der darin eine veraltete Prozeßauffassung sieht, nach ihm können die Ver- teidiger die Reihenfolge ihrer Plädoyers selbst ab-

sprechen, der Vorsitzende entscheidet nur im Streitfall.

[64] AK-*Dästner* 12; *Kleinknecht/Meyer-Goßner*[44] 9; KMR-*Paulus* 9; SK-*Schlüchter* 15; *Eb. Schmidt* 10.

[65] KK-*Engelhardt*[4] 8; SK-*Schlüchter* 17.

[66] Vgl. Nr. 138, 139 RiStBV.

[67] BGH NStZ **1984** 468; OLG Düsseldorf NJW **1963** 1167; OLG Köln GA **1964** 156; OLG Stuttgart NStZ **1992** 98; OLG Zweibrücken StV **1986** 17; *Häger* GedS Meyer 176; KK-*Engelhardt*[4] 8; *Klein- knecht/Meyer-Goßner*[44] 10; KMR-*Paulus* 9; SK- *Schlüchter* 17; **a. A** *Koeniger* 425; *Eb. Schmidt* Nachtr. I 7; *Schütz* NJW **1963** 1589 (nur inner- dienstliche Pflicht).

verhandlung fort, liegt darin ein Verfahrensverstoß, der die Revision begründen kann, sofern nach der Verfahrenslage nicht auszuschließen ist, daß das Urteil darauf beruht[68]. Das Gericht darf deshalb nicht weiterverhandeln, sondern muß den Dienstvorgesetzten des Staatsanwalts um eine entsprechende Weisung ersuchen[69]. Nur wenn auch dann keine Antragstellung zu erreichen ist, fordert das Beschleunigungsgebot, daß es das Verfahren auch ohne Antragstellung abschließt[70]. Es ist keine Urteilsvoraussetzung schlechthin, daß der Staatsanwalt Sachanträge für den Urteilsspruch gestellt hat[71]. **Welche Anträge** der Staatsanwalt stellen will, steht ihm dagegen frei. Er ist keinesfalls gezwungen, bei einer nach seiner Ansicht nicht genügend aufgeklärten Sache zwischen Verurteilung und Freisprechung zu wählen, sondern kann in diesen Fällen die Beiziehung weiterer Beweismittel oder die Aussetzung beantragen. Er kann aber auch diesen Hauptantrag mit einem Hilfsantrag (z. B. hilfsweise Freisprechung) verbinden[72]. Der Staatsanwalt darf sich auch dann nicht eines bestimmten Antrags enthalten, wenn in der Berufungsverhandlung allein über die Berufung des Nebenklägers entschieden wird, denn auch dann liegt weiterhin ein auf öffentliche Klage erhobenes Verfahren vor[73].

17   **c)** Der **Verteidiger** wird durch § 258 schon dem Wortlaut nach zu den Schlußvorträgen nicht verpflichtet[74], auch nicht in den Fällen der notwendigen Verteidigung oder als Pflichtverteidiger[75]. Es ist zwar eine wesentliche Aufgabe der Verteidigung, das Verhandlungsergebnis aus ihrer Sicht in den Schlußvorträgen umfassend zu würdigen. Es muß aber der eigenen Entscheidung des Verteidigers überlassen bleiben, in welcher Form und mit welchen Erklärungen er die Verteidigung führen will. Anders als der Staatsanwalt darf er sich jeder aktiven Mitwirkung enthalten und dem Gericht die Entscheidung anheimstellen. Gegen seinen Willen kann das Gericht den Schlußvortrag nicht erzwingen[76]. Weigert er sich, obwohl er dazu in der Lage wäre[77], ist dem Verfahren sein Fortgang zu geben[78].

---

[68] Strittig; wie hier wohl auch BGH bei *Holtz* MDR **1984** 789; ferner OLG Düsseldorf NJW **1963** 1167; OLG Stuttgart NStZ **1992** 98; OLG Zweibrücken StV **1986** 51; *G. Schäfer* 881; *Kleinknecht/Meyer-Goßner*⁴⁴ 10; KMR-*Paulus* 9; SK-*Schlüchter* 17; **a. A** AG Bad Oldesloe MDR **1976** 776; KK-*Engelhardt*⁴ 6; vgl. § 338, 87 (kein absoluter Revisionsgrund nach § 338 Nr. 5).

[69] OLG Stuttgart NStZ **1992** 98; *Sarstedt/Hamm*⁶ 1006; *Kleinknecht/Meyer-Goßner*⁴⁴ 10; zur Problematik *Häger* GedS Meyer 176 f; SK-*Schlüchter* 18.

[70] OLG Stuttgart NStZ **1992** 98; vgl. *Häger* GedS Meyer 177 (kein die Revision begründender Verfahrensfehler des Gerichts); **a. A** SK-*Schlüchter* 17.

[71] *Häger* GedS Meyer 177; *Sarstedt/Hamm*⁶ 1005; KK-*Engelhardt*⁴ 8.

[72] Vgl. OLG Stuttgart NStZ **1992** 98; AG Bad Oldesloe MDR **1976** 776; KK-*Engelhardt*⁴ 8; *Kleinknecht/Meyer-Goßner*⁴⁴ 10; **a. A** OLG Düsseldorf NJW **1963** 1167 mit abl. Anm. *Schütz*; KMR-*Paulus* 9 (über anderweitigen Antrag ist vorweg zu entscheiden und dann der Staatsanwalt erneut zum Schlußantrag aufzufordern); SK-*Schlüchter* 17; BGH NStZ **1984** 468 läßt offen, ob Antrag, das Verfahren nach § 154 einzustellen, genügt.

[73] RGSt **63** 55; OLG Köln GA **1964** 156; OLG Zweibrücken StV **1986** 51; KK-*Engelhardt*⁴ 8; *Klein-knecht/Meyer-Goßner*⁴⁴ 11; SK-*Schlüchter* 17; **a. A** OLG Frankfurt NJW **1956** 1250.

[74] Vgl. etwa BGH NStZ **1981** 295; bei *Pfeiffer/Miebach* NStZ **1987** 217; OLG Köln NJW **1962** 1735 (Vertretung erfordert keine Antragstellung); § 334, 17 mit weit. Nachw.; ferner bei § 411.

[75] BGH bei *Holtz* MDR **1980** 274; AK-*Dästner* 12; vgl. auch vorst. Fußn.

[76] **A. A** *Schlüchter* 561.3 (notwendiger Verteidiger, der sich weigert, ist als ausgeblieben zu behandeln und nach § 145 zu verfahren); SK-*Schlüchter* 18; *Eb. Schmidt* Nachtr. I 10 (keine Pflicht, bestimmte Anträge zu stellen; aber völlige Ablehnung käme Niederlegung der Verteidigung gleich); anders BGH nach *Hilger* NStZ **1983** 341 (kein Verstoß gegen § 338 Nr. 5); vgl. OLG Frankfurt StV **1994** 288; *Sarstedt/Hamm*⁶ 1005 (nur Entpflichtung des Pflichtverteidigers); ferner bei § 145.

[77] Vgl. KG NStZ **1984** 523; Rdn. 12.

[78] BGH bei *Pfeiffer* NStZ **1981** 295; bei *Pfeiffer/Miebach* NStZ **1987** 217; OLG Köln StV **1991** 9; *Sarstedt/Hamm*⁶ 1006; *Dahs/Dahs* 157a; AK-*Dästner* 12; 17; KK-*Engelhardt*⁴ 5; 7; *Kleinknecht/Meyer-Goßner*⁴⁴ 11; KMR-*Paulus* 9; vgl. *Hilger* NStZ **1983** 341; zur Gegenmeinung vgl. Fußn. 76; vgl. ferner § 338, 96.

5. Gegenstand der Schlußvorträge

a) Die Schlußvorträge dürfen nicht jeden Bezug zur Sache vermissen lassen. Sie dürfen **18** sich nur mit **Inhalt und Ergebnis der Hauptverhandlung** beschäftigen, nicht aber Tatsachen erörtern, über die nicht mündlich verhandelt wurde. Die Einführung eines **verhandlungsfremden Stoffes** ist unzulässig[79], so etwa die Bezugnahme auf den Inhalt einer anderen Untersuchung oder Verhandlung[80] oder das Vortragen oder Vorlesen von Schriften, über die nicht verhandelt worden ist[81], oder die Einführung privaten Wissens[82]. Etwas anderes gilt nur, wenn die **neuen Tatsachen** nicht in Würdigung der bisherigen Verfahrensergebnisse, sondern zur Begründung eines den Wiedereintritt in die Beweisaufnahme bezweckenden Haupt- oder Hilfsantrags vorgetragen werden. Unzulässig ist auch, im Schlußvortrag die ganze Anklageschrift zu verlesen, während es nach Lage des hier auch sonst maßgebenden Einzelfalls[83] statthaft sein kann, einzelne Teile aus ihr vorzutragen[84]. Unzulässig sind ferner Ausführungen, die sich über ein **Verwertungsverbot** hinwegsetzen[85].

Für die Schlußvorträge **aller** dazu befugter **Personen**[86] gilt, daß sie um so wirkungs- **19** voller sind, je mehr es gelingt, unter Vermeidung aller tönender Phrasen **die Sache sprechen zu lassen** und die Zusammenhänge klar und einsichtig darzustellen. Wird der Prozeßstoff wohlgeordnet, objektiv und unter Hervorhebung aller tatsächlichen und rechtlichen Zweifelsfragen unter Konzentration auf das Wesentliche knapp erörtert, dann stellen die Schlußvorträge — gerade wenn sie strittige Fragen kontradiktorisch herausstellen — eine wesentliche Entscheidungshilfe für das Gericht dar[87]. Dies bedeutet aber nicht, daß der Prozeßstoff schematisch und trocken abgehandelt werden soll. Es ist zwar zulässig, wenn die Prozeßbeteiligten ihren Vortrag auf eine schriftliche Ausarbeitung stützen und aus ihr vorlesen[88], aber wirkungsvoller ist das frei gesprochene Wort.

Die Verpflichtung, die **Menschenwürde zu achten** (Art. 1 Abs. 1 GG) und die Ehre und **20** den privaten Persönlichkeitsbereich anderer Personen nicht unnötig zu verletzen, gilt auch und gerade für die Plädoyers von Staatsanwalt, Nebenkläger und Verteidiger gleichermaßen. Jede sachlich nicht notwendige Herabwürdigung des Angeklagten, der Zeugen oder anderer Personen sollte ebenso unterbleiben wie der Form nach verletzende Ausführungen[89]. Wird die Grenze zur Formalbeleidigung nicht überschritten, sind sachliche Auseinandersetzungen und Wertungen anderer Personen in der Regel durch § 193 StGB gedeckt[90]. Die Schlußvorträge sind aber nicht grundsätzlich jeder strafrechtlichen Würdigung entzogen[91].

---

[79] KK-*Engelhardt*⁴ 9; *Kleinknecht/Meyer-Goßner*⁴⁴ 13; KMR-*Paulus* 19; SK-*Schlüchter* 13; *Peters* § 29 V 5.

[80] RGRspr. **8** 271.

[81] RG GA **60** (1913) 432; **a. A** RGRspr. **5** 550.

[82] *Kleinknecht/Meyer-Goßner*⁴⁴ 13; KMR-*Paulus* 19; SK-*Schlüchter* 20; *Mayer* SchlHA **1955** 348.

[83] RGSt **41** 261; *Eb. Schmidt* 4; enger (nicht über Anklagesatz hinaus) SK-*Schlüchter* 13.

[84] RGSt **21** 65; **39** 19; **41** 262.

[85] Vgl. etwa *Kleinknecht/Meyer-Goßner*⁴⁴ 13; KMR-*Paulus* 19: Verwertung eines nicht verlesbaren Leumundszeugnisses; § 256, 29.

[86] Zum Plädoyer des Staatsanwalts vgl. etwa *Dahs* DRiZ **1960** 106; zu dem des Verteidigers *Dahs* AnwBl. **1959** 1; *Dahs* Hdb. 598 ff; *Detter* StraFo. **1997** 198; *Hammerstein* NStZ **1997** 12; *Ostendorf* NJW **1978** 1345; *Reuss* JR **1965** 162; *G. Schäfer* 882; *Zieger* StV **1982** 305; zur Bedeutung des dialektischen Zusammenwirkens von Staatsanwalt,

Verteidiger und Gericht für die Urteilsfindung *Mangakis* GA **1966** 327 ff.

[87] Zur sachlichen Gediegenheit des Plädoyers *Dahs* Hdb. 606a; 611 ff; *G. Schäfer* 882 f.

[88] BGHSt **3** 368; *Dahs* Hdb. 603.

[89] KMR-*Paulus* 20; zur Respektierung des von § 172 Nr. 2, 3 GVG bezweckten Persönlichkeitsschutzes vgl. *Kleinknecht/Meyer-Goßner*⁴⁴ 5 und die Erl. zu § 172 GVG.

[90] Vgl. etwa BVerfG NJW **1995** 3303; StV **1991** 458; BGH NStZ **1987** 554; KG NStZ-RR **1998** 12; OLG Köln OLGSt § 185 StGB 13; 16; OLG Saarbrücken AnwBl. **1979** 193; LG Hechingen NJW **1983** 1766; HK-*Julius*² 35; KMR-*Paulus* 20; ferner SK-*Schlüchter* 13 und die Kommentare zu §§ 185 ff StGB.

[91] Vgl. etwa BGHSt **18** 204; **31** 16 = JR **1983** 118 mit abl. Anm. *Gössel*; ferner zur Begünstigung BGHSt **38** 345; *Jahn* ZRP **1998** 103; *v. Stetten* StV **1995** 606; HK-*Julius*² 36 sowie Rdn. 23, 24; 40.

21   b) Für die **Ausführungen des Staatsanwalts** gilt das Gebot absoluter Objektivität und Unvoreingenommenheit im besonderen Maße. Nicht der Inhalt der Anklageschrift, sondern allein das Ergebnis der Hauptverhandlung darf die Grundlage seiner sowohl die tatsächliche wie auch die rechtliche Seite des Falls umfassenden Erörterungen sein[92].

22   Die **Anträge des Staatsanwalts**[93] sollen sich auf alle Punkte erstrecken, die das Gericht in dem Tenor der vom Staatsanwalt vorgeschlagenen Entscheidung zu treffen hat. Der Staatsanwalt hat daher, wenn er die Verurteilung beantragt, Art und Höhe der Haupt- und Nebenstrafen ebenso konkret zu bezeichnen wie die in Frage kommenden Nebenfolgen oder Maßregeln der Sicherung und Besserung. Kommt Strafaussetzung zur Bewährung in Frage, hat er sich auch damit auseinanderzusetzen. Bei in Untersuchungshaft befindlichen Angeklagten ist außerdem die Notwendigkeit der Haftfortdauer zu erörtern. Beantragt der Staatsanwalt Freispruch, muß er auch dazu Stellung nehmen, ob dem Angeklagten die Erstattung der notwendigen Auslagen zu versagen ist[94]. Die Frage der Weisungsgebundenheit ist bei § 146 GVG erläutert.

23   **Bewußt unrichtige Anträge** zu Lasten des Angeklagten — dazu gehört auch das vorsätzliche Stellen überhöhter Strafanträge — setzen den Staatsanwalt der Gefahr einer Strafverfolgung nach § 344 StGB aus[95].

24   c) **Der Schlußvortrag des Verteidigers**[96] wird von diesem zwar für den Angeklagten, aber in eigener Verantwortung gehalten[97]. Als Organ der Rechtspflege ist auch der Verteidiger an sich zu einer objektiven Würdigung des Ergebnisses der Hauptverhandlung verpflichtet, er braucht jedoch hierbei nicht entgegen den Interessen seines Mandanten die belastenden Gesichtspunkte besonders anzusprechen und darf sich auch damit begnügen, einseitig die zugunsten des Angeklagten sprechenden Umstände herauszustellen[98]. Er muß und darf seine Erörterungen auf das Ergebnis in der Hauptverhandlung beschränken und aus diesem seine Anträge begründen. Er darf sich nicht darauf verlassen, daß das Gericht ihn besonders darauf hinweisen werde, wenn es einer für den Angeklagten günstigeren Ansicht im Plädoyer des Staatsanwalts nicht folgen wolle. Zu einem solchen Hinweis ist das Gericht nicht verpflichtet[99]. Eigenes **privates Wissen** hat er dabei unbeachtet zu lassen[100]. Er darf deshalb, ohne seine Standespflicht zu verletzen oder ohne sich wegen Begünstigung strafbar zu machen, auch dann die Freisprechung beantragen, wenn er die Schuld des Angeklagten kennt. Unzulässig ist nur die bewußte Verdunkelung des Sachverhalts und die Verwendung unerlaubter verfahrensrechtlicher Mittel[101].

25   **6. Recht zur Erwiderung.** Absatz 2 sieht nur für den Staatsanwalt ein Recht zur Erwiderung ausdrücklich vor. Für den Nebenkläger folgt dieses Recht aus § 397 Abs. 1. Für den Angeklagten und seinen Verteidiger bedurfte es einer solchen ausdrücklichen Bestimmung nicht, da dem Angeklagten ohnehin das letzte Wort zusteht und der Verteidiger befugt ist, hierbei für den Angeklagten zu sprechen[102].

---

[92] *Dahs* DRiZ **1960** 106; *G. Schäfer* 885 ff; *KK-Engelhardt*[4] 11; *Kleinknecht/Meyer-Goßner*[44] 11; KMR-*Paulus* 14; *Eb. Schmidt* Nachtr. I 7.

[93] Zur Pflicht, Anträge zu stellen, vgl. Rdn. 16.

[94] Vgl. Nr. 138, 139 RiStBV; ferner etwa *G. Schäfer* 890; SK-*Schlüchter* 17.

[95] KMR-*Paulus* 14; *Less* JR **1951** 193; *Mohrbotter* JZ **1969** 491.

[96] Zum Recht des Verteidigers dazu vgl. Rdn. 12; 17.

[97] Vgl. Vorbem. zu § 137.

[98] *G. Schäfer* 852; AK-*Dästner* 16; *Kleinknecht/Meyer-Goßner*[44] 15.

[99] BGH bei *Dallinger* MDR **1971** 18; *Dahs* Hdb. 625.

[100] Vgl. Rdn. 18.

[101] BGHSt **2** 375; **10** 393; **38** 345; *Hammerstein* NStZ **1997** 12; *Lüderssen* FS Sarstedt 158; HK-*Julius*[2] 36. Zur Wahrheitspflicht des Verteidigers vgl. ferner *Beulke* Der Verteidiger im Strafverfahren (1980), 149 f; *Bottke* ZStW **96** (1984) 726; *Dahs* Hdb. 38 ff; *Ostendorf* NJW **1978** 1345; *Pfeiffer* DRiZ **1984** 341; ferner Vor § 137.

[102] BGH NJW **1976** 1951; BGH bei *Holtz* MDR **1978** 281; OLG Bremen MDR **1967** 608; OLG Oldenburg NJW **1957** 839; KK-*Engelhardt*[4] 13; *Kleinknecht/Meyer-Goßner*[44] 5; KMR-*Paulus* 22.

Aus der Regelung des Absatzes 2 ist zu folgern, daß kein Prozeßbeteiligter im Rahmen **26** der Schlußvorträge Anspruch darauf hat, **mehr als zweimal** das Wort zu erhalten[103]. Eine sachlich begründete Bitte um erneute Erteilung des Worts wird jedoch nicht abgelehnt werden können, so, wenn auf einen neu angeschnittenen Gesichtspunkt erstmals erwidert werden soll[104]. Der Vorsitzende und — falls seine Entscheidung beanstandet wird — das Gericht ist aber befugt, die nochmalige Worterteilung zu versagen, wenn in dem öfteren Sprechen eine mißbräuchliche Ausdehnung der Schlußvorträge auf nicht zur Sache gehörende Gesichtspunkte zu finden ist[105]. Der anwesende Verteidiger muß aber immer wieder gehört werden, wenn der Staatsanwalt noch ein weiteren Mal gesprochen hat[106].

Nur das **Recht zur mehrmaligen Erwiderung** kann bei Mißbrauch **beschränkt** wer- **27** den, nicht aber das **Recht, Anträge zu stellen** und zu begründen[107]. Auch dem Prozeßbeteiligten, der kein Recht zur Erwiderung mehr hat, muß das Wort erteilt werden, wenn er zum Zwecke der Antragstellung darum nachsucht. Etwas anderes gilt nur dann, wenn der Vorsitzende oder das Gericht die Überzeugung gewinnt, der Angeklagte beabsichtige, nicht seine Verteidigung zu fördern, sondern wolle nur unter dem Schein der Antragstellung unzulässige Zwecke verfolgen[108]. Eine solche Überzeugung muß jedoch eingehend begründet werden, da andernfalls eine den Bestand des Urteils gefährdende Beschränkung der Verteidigung vorliegt[109].

III. Recht des Angeklagten auf das letzte Wort

1. Letztes Wort

a) Als höchstpersönliches Recht des Angeklagten ist das letzte Wort seiner Natur **28** nach nicht übertragbar[110]. Eine Vertretung beim letzten Wort ist nicht möglich, auch der Verteidiger ist nur befugt, sich für den anwesenden Angeklagten[111], nicht aber an seiner Stelle als letzter zu äußern[112]. Es ist dem Angeklagten vorbehalten, mit eigenen Worten abschließend zu sprechen[113]. Ob auch beim **abwesenden Angeklagten** der Verteidiger nicht zum Schlußwort aufzufordern ist, wie die herrschende Meinung[114] annimmt, erscheint zweifelhaft, vor allem, wenn der Verteidiger auch zur Vertretung des Angeklagten ermächtigt ist. In diesen Fällen sollte ohnehin dem Verteidiger des Angeklagten als letztem nochmals die Gelegenheit zu einer Äußerung eingeräumt werden[115].

b) Reihenfolge. Die im Gesetz vorgesehene **Reihenfolge der Schlußvorträge** ent- **29** spricht zwar der Regel, ist aber nicht zwingend[116]. Wesentlich ist jedoch immer, daß dem

---

[103] RGSt **11** 135; KK-*Engelhardt*[4] 13; KMR-*Paulus* 22; SK-*Schlüchter* 21.

[104] HK-*Julius*[2] 27; AK-*Dästner* 19; KK-*Engelhardt*[4] 13; SK-*Schlüchter* 21 (einmalige Erwiderung bezogen auf den jeweiligen Schlußvortrag).

[105] RGSt **11** 136; **16** 365; **41** 259; KK-*Engelhardt*[4] 13; *Kleinknecht/Meyer-Goßner*[44] 18.

[106] RGSt **42** 51; BGH NJW **1976** 1951; bei *Holtz* MDR **1978** 281; BayObLG VRS **61** (1981) 128; OLG Bremen MDR **1967** 608; OLG Celle StV **1985** 7; OLG Koblenz VRS **55** (1978) 278; OLG Oldenburg NJW **1957** 839; KK-*Engelhardt*[4] 13; *Kleinknecht/Meyer-Goßner*[44] 18; KMR-*Paulus* 23; SK-*Schlüchter* 22.

[107] RGSt **22** 335; KK-*Engelhardt*[4] 13; KMR-*Paulus* 22; SK-*Schlüchter* 21; vgl. § 244, 102; § 246, 2.

[108] RGSt **22** 336.

[109] RGSt **13** 153; **20** 207; **22** 336. Vgl. Rdn. 55.

[110] BGH GA **1978** 376; KK-*Engelhardt*[4] 14; *Kleinknecht/Meyer-Goßner*[44] 20; KMR-*Paulus* 25.

[111] RGSt **57** 265; BGH bei *Spiegel* DAR **1978** 153; ferner etwa OLG Koblenz NJW **1978** 2257.

[112] OLG Schleswig bei *Ernesti/Jürgensen* SchlHA **1970** 199; *Eb. Schmidt* 11; *Weiß* NJW **1983** 89.

[113] RGSt **64** 133; BGHSt **13** 59; **17** 32; **18** 87; **20** 273; **22** 273; BGH VRS **41** (1971) 159; BGH bei *Pfeiffer/Miebach* NStZ **1985** 494; AK-*Dästner* 20; KK-*Engelhardt*[4] 14; *Kleinknecht/Meyer-Goßner*[44] 21; KMR-*Paulus* 25.

[114] BGHSt **17** 28; BGH GA **1978** 376; BayObLG VRS **61** (1981) 128; *Eisenberg* (Beweisrecht) 810; *Kleinknecht/Meyer-Goßner*[44] 20; KMR-*Paulus* 25; SK-*Schlüchter* 26.

[115] HK-*Julius*[2] 13.

[116] Vgl. Rdn. 13.

Angeklagten das letzte Wort gebührt. Ohne Rücksicht auf die Reihenfolge der Schlußvorträge und die Zahl der Erwiderungen stehen die abschließenden Ausführungen stets dem Angeklagten zu. Soweit Absatz 2 das Verhältnis zwischen dem Angeklagten und den für ihn sprechenden Personen einerseits und dem Staatsanwalt und Nebenkläger andererseits regelt, brauchte dies an sich nicht unbedingt nach dem **Verteidiger** oder **Beistand** geschehen[117]. Jedoch folgt aus Absatz 3 — und auch aus dem Begriff des letzten Worts nach Absatz 2 —, daß die **letzten Ausführungen** immer **dem Angeklagten persönlich** zustehen, und zwar auch dann, wenn er bereits früher das Wort für Schlußausführungen erhalten hat und wenn danach nur für ihn andere Personen gesprochen haben[118]. Die Ausführungen seines **Erziehungsberechtigten** oder **gesetzlichen Vertreters** anders zu behandeln als die seines Verteidigers besteht kein überzeugender Grund[119], zumal in keinem dieser Fälle ohne weiteres davon ausgegangen werden darf, daß sich die Ausführungen inhaltlich decken werden[120]. Auch im Verhältnis zu den **Nebenbeteiligten**, die ebenfalls Anspruch auf Gewährung des letzten Worts haben[121], steht dem Angeklagten das letzte Wort zu. Er ist daher nach ihnen nochmals zu hören.

30   Nicht notwendig ist dagegen, daß der Angeklagte im Rahmen der Schlußvorträge **ebenso oft das Wort erhält** wie sein Verteidiger oder Beistand; insbesondere muß ihm nicht, sofern er das nicht ausdrücklich verlangt, bei jeder Erwiderung erneut Gelegenheit zu Ausführungen gegeben werden. Unerläßlich ist nur, daß er als letzter sprechen kann.

31   **2. Inhalt.** Der Angeklagte ist grundsätzlich frei, was er im Rahmen seines Schlußvortrags und des letzten Worts ausführen will[122]. Die Gewährung des letzten Worts hängt insbesondere nicht davon ab, daß er die Wahrheit sagt. Es ist daher unzulässig, ihm die Entziehung für den Fall anzudrohen, daß er nicht bei der Wahrheit bleibe[123]. Der Sinn der Schlußausführungen des Angeklagten besteht darin, daß er das, was er aus seiner Sicht für wichtig hält und was ihm auf dem Herzen liegt, dem Gericht darlegen kann[124]. Es soll ihm ermöglicht werden, am Schluß des Verfahrens selbst auf die Überzeugungsbildung des Gerichts mit eigener Sachschilderung und eigenen Argumenten Einfluß zu nehmen und für ihn günstige Umstände herauszustellen. Er muß also bis zu einem gewissen Umfang auch mit Ausführungen gehört werden, die sich auf den Anlaß zu seiner Tat beziehen[125], unbedeutende Nebenpunkte betreffen oder die neben der Sache liegen. Er darf auch unabhängig vom Vortrag seines Verteidigers eigene Rechtsausführungen machen[126]. Nur wenn der Angeklagte alles, was ihm wichtig erscheint, vortragen kann, hat er das Empfinden, daß er fair behandelt wurde[127]. Das Gericht sollte deshalb hier, wo es um die Verwirklichung eines so wichtigen Grundrechts wie des Anspruchs auf rechtliches Gehör geht, nicht ungeduldig werden. Der Vorsitzende sollte deshalb nur eingreifen, wenn dies für

---

[117] So etwa RGRspr. **7** 191; RGSt **57** 265; OLG Saarbrücken VRS **17** (1959) 63 (Verhältnis zum Nebenkläger).

[118] BGHSt **18** 84; **20** 273; BGH bei *Pfeiffer/Miebach* NStZ **1985** 494; BayObLG bei *Bär* DAR **1988** 363; KK-*Engelhardt*⁴ 14; *Kleinknecht/Meyer-Goßner*⁴⁴ 21; SK-*Schlüchter* 24; vgl. auch nachf. Fußn.

[119] **A. A** RGSt **57** 265; KK-*Engelhardt*⁴ 20; SK-*Schlüchter* 28 (Vorsitzender kann Reihenfolge bestimmen); KMR-*Paulus* 25 (keine nochmalige Anhörung).

[120] Vgl. BGHSt **20** 273; AK-*Dästner* 24.

[121] BGHSt **17** 32; OLG Saarbrücken VRS **17** (1959) 63; KK-*Engelhardt*⁴ 18; *Kleinknecht/Meyer-Goßner*⁴⁴ 21; SK-*Schlüchter* 28; vgl. Rdn. 39.

[122] BGHSt **9** 77; BGH StV **1985** 355; *Rüping/Dornseifer* JZ **1977** 419; *Eb. Schmidt* 10; *Seibert* MDR **1964** 472.

[123] BGH JR **1965** 348; AK-*Dästner* 22; KK-*Engelhardt*⁴ 21; *Kleinknecht/Meyer-Goßner*⁴⁴ 25.

[124] BGH StV **1985** 355; *Hammerstein* FS Tröndle 488; *Rüping/Dornseifer* JZ **1977** 419; *Sarstedt/Hamm*⁶ 1015; *Tröndle* DRiZ **1970** 217.

[125] BGHSt **31** 16 = JR **1983** 118 mit Anm. *Gössel* (Angriffe auf die Gesellschaftsordnung); BGH StV **1985** 355 (Beweggründe für seine Tat); SK-*Schlüchter* 31.

[126] BGH bei KK-*Engelhardt*⁴ 21; SK-*Schlüchter* 31.

[127] *Seibert* MDR **1964** 472.

einen geordneten Verfahrensfortgang unerläßlich wird, und auch dann sollte er nach Möglichkeit vermeiden, den Angeklagten durch scharfe Unterbrechungen und Ermahnungen aus dem Konzept zu bringen[128].

Dem Angeklagten darf auch nicht verwehrt werden, bei seinen Ausführungen **schrift-** **32** **liche Aufzeichnungen** zu verwenden[129] oder die Unfallvorgänge an Hand eines Modells zu erklären[130].

3. Kein Ausschluß. Wegen der großen rechtsstaatlichen Bedeutung, die der Gewäh- **33** rung des letzten Worts zukommt, verwirkt dies ein **Angeklagter** nicht dadurch, daß er **eigenmächtig** (§ 231 Abs. 2) sich aus der Hauptverhandlung **entfernt** hat und bei den Schlußvorträgen nicht anwesend war. Erscheint er vor der Urteilsverkündung wieder, hat er Anspruch auf das letzte Wort[131]. Davon darf auch ein Angeklagter, der aus dem Sitzungssaal nach § 231 b entfernt worden ist, nicht ohne weiteres ausgeschlossen werden. Das Gericht darf von dem Versuch, ihm das letzte Wort zu erteilen, nur absehen, wenn der Versuch von vornherein als völlig aussichtslos erscheint[132]. In der Regel muß es den Angeklagten wieder zuziehen, um zu versuchen, ob er die Gelegenheit zu seiner Verteidigung nutzen will.

Auch sonst muß das Gericht alles tun, um dem Angeklagten das **letzte Wort zu** **34** **ermöglichen.** Erleidet der Angeklagte während des letzten Worts einen Schwächeanfall, so obliegt es dem Gericht, sich davon zu überzeugen, ob er sich so weit erholt hat, daß er seine Ausführungen fortsetzen kann, und es muß ihm dann dazu die Gelegenheit geben[133]. Hindert den Angeklagten eine sich plötzlich verschlimmernde Sprachstörung am Schlußwort, so soll er das dem Gericht durch Zeichen oder schriftlich mitteilen[134]. Bleibt er passiv, entbindet das das Gericht allerdings nicht von der eigenen Prüfung, ob der Angeklagte nicht sprechen will oder ob er nicht sprechen kann[135].

4. Befragung des Angeklagten. Absatz 3 will sicherstellen, daß der Angeklagte per- **35** sönlich als letzter zu Wort kommt, und zwar auch dann, wenn ein Verteidiger für ihn gesprochen hat[136]. Der Angeklagte — auch wenn er es nicht verlangt — muß deshalb am Schluß der Verhandlung vom Vorsitzenden befragt werden, was er zu seiner Verteidigung noch auszuführen habe.

Auf die **Form und den Wortlaut** kommt es dabei nicht entscheidend an, doch ist eine **36** den Verzicht auf eigene Ausführungen in den Mund legende Suggestivfrage („Sie schließen sich doch den Ausführungen Ihres Verteidigers an") zu vermeiden[137]. Es muß für den Angeklagten in einer jedes Mißverständnis ausschließenden Weise erkennbar sein, daß er nunmehr als letzter sich zum ganzen Verfahren umfassend abschließend äußern kann[138]. Stellt das Gericht nach Wiedereintritt in die mündliche Verhandlung nur noch eine Einzelfrage zur Erörterung, so kann es nicht ohne weiteres annehmen, der Angeklagte wisse ohne Hinweis von sich aus, daß er sich nochmals umfassend zum ganzen Verfahren

---

[128] BGH nach KK-*Engelhardt*[4] 21; vgl. Rdn. 40 ff.
[129] BGHSt **3** 368; BayVerfGHE **24** 178; KK-*Engelhardt*[4] 21; SK-*Schlüchter* 34.
[130] OLG Hamm VRS **35** (1968) 370; *Kleinknecht/ Meyer-Goßner*[44] 12.
[131] BGH NStZ **1986** 372; **1990** 291; KK-*Engelhardt*[4] 22; *Kleinknecht/Meyer-Goßner*[44] 20; § 231, 13.
[132] BGHSt **9** 77; KG StV **1987** 519; OLG Koblenz MDR **1975** 424; KK-*Engelhardt*[4] 22; *Kleinknecht/ Meyer-Goßner*[44] 20; vgl. § 231 b, 12.

[133] RG DRiZ **1932** 453; KMR-*Paulus* 25; SK-*Schlüchter* 35.
[134] RG JW **1932** 3105.
[135] *Oetker* Anm. zu RG JW **1932** 3105 (Fußn. 134).
[136] Vgl. Rdn. 28.
[137] AK-*Dästner* 24.
[138] OLG Hamm VRS **41** (1971) 159; KK-*Engelhardt*[4] 17; *Kleinknecht/Meyer-Goßner*[44] 24; KMR-*Paulus* 26; SK-*Schlüchter* 35; OLG Schleswig SchlHA **1956** 212 verlangt eine ausdrückliche Befragung; ebenso *Sarstedt/Hamm*[6] 1017.

äußern könne[139]. Die Aufforderung zur nochmaligen Antragstellung kann nicht ohne weiteres der Aufforderung zur umfassenden Stellungnahme gleichgestellt werden[140]. Eine nicht erkennbare Erteilung steht der Nichterteilung gleich[141].

37   Die ausdrückliche **Befragung** nach Absatz 3 **erübrigt sich**, wenn der Angeklagte ohnehin sich als letzter (in Kenntnis seines Rechts) zur Sache äußert oder wenn er von sich aus um das Wort gebeten hat, um Ausführungen zu machen oder um sich den Ausführungen seines Verteidigers anzuschließen[142]. Es muß sich dabei aber immer erkennbar um Schlußausführungen im Sinne des § 258 handeln. Eine Erklärung, die der Angeklagte nach § 257 abgibt, ersetzt selbst dann nicht das letzte Wort, wenn ihr keine weitere Erklärung eines Prozeßbeteiligten folgt[143]. Gleiches gilt, wenn der Angeklagte nach Wiedereintritt in die Hauptverhandlung vom Gericht nochmals vernommen worden ist[144].

38   **5. Mehrere Angeklagte.** Bei mehreren Angeklagten bestimmt der Vorsitzende zweckmäßigerweise nach Abstimmung mit den Verteidigern die Reihenfolge, in der sie und ihre Verteidiger sprechen können[145]. Der Verpflichtung zur Erteilung des Schlußworts ist genügt, wenn jeder Angeklagte nach den gegen oder für ihn sprechenden Personen (Verteidiger, Beistand usw.) als letzter zu Wort kam[146]. Daß nach ihm noch ein anderer Angeklagter sein Schlußwort spricht, liegt bei mehreren Angeklagten in der Natur der Sache und ist daher verfahrensgemäß[147]; die Ausführungen können allerdings Anlaß für eine erneute Wortmeldung sein, wenn sie neue, bisher nicht erörterte Tatsachen zum Gegenstand haben. Werden nach einem Wiedereintritt in die Hauptverhandlung nur Vorgänge angesprochen, die einen Mitangeklagten betreffen, so braucht einem anderen Mitangeklagten nicht nochmals das letzte Wort gewährt zu werden, wenn sie auf das Urteil gegen diesen ohne jeden Einfluß sind[148].

39   **6. Den Nebenbeteiligten**, Einziehungsbeteiligten usw. gebührt im Umfang ihrer Beteiligung ebenso wie dem Angeklagten das letzte Wort[149]. Dies gilt auch im selbständigen Verfahren[150].

IV. Sonstige verfahrensrechtliche Fragen

1. Grenzen der Redefreiheit

40   **a) Befugnis zum Eingreifen.** Der Vorsitzende, dessen Pflicht zur Leitung der Verhandlung (§ 238 Abs. 1) sich auch auf die Schlußvorträge erstreckt[151], darf nur einschreiten, wenn die Befugnis zu den Schlußausführungen oder zum letzten Wort von einem Prozeßbeteiligten offensichtlich mißbraucht wird oder wenn dies unerläßlich ist, um die Ordnung in der Sitzung und einen geregelten Verhandlungsgang zu wahren[152]. So kann er

[139] BGHSt **20** 273; BGH bei *Dallinger* MDR **1966** 893; OLG Düsseldorf GA **1976** 371; *Hanack* JZ **1972** 275; KK-*Engelhardt*⁴ 17; KMR-*Paulus* 26; vgl. Rdn. 9.

[140] BGH StV **1999** 5; *Hanack* JZ **1972** 276 zu BGHSt **18** 86.

[141] RGSt **61** 317; BGHSt **13** 59; **18** 84; **20** 273; **22** 278; OLG Braunschweig NdsRpfl. **1956** 77; SK-*Schlüchter* 35.

[142] BGHSt **18** 84; **20** 273; KK-*Engelhardt*⁴ 16.

[143] BayObLGSt **1955** 270; vgl. § 257, 7.

[144] OLG Schleswig bei *Ernesti/Jürgensen* SchlHA **1973** 187.

[145] RGSt **55** 265; *Gollwitzer* FS Sarstedt 18; KK-

*Engelhardt*⁴ 19; *Kleinknecht/Meyer-Goßner*⁴⁴ 22; SK-*Schlüchter* 28; nach AK-*Dästner* 25 ist dies den Verteidigern überlassen; der Vorsitzende entscheidet nur im Streitfall; ähnlich HK-*Julius*² 14. Vgl. auch Rdn. 14.

[146] KK-*Engelhardt*⁴ 19.

[147] AK-*Dästner* 25.

[148] BGH StV **1992** 551; **1997** 339.

[149] KK-*Engelhardt*⁴ 18; *Kleinknecht/Meyer-Goßner*⁴⁴ 23; SK-*Schlüchter* 27.

[150] BGHSt **17** 32.

[151] *Hahn* Mat. **1** 196; RG HRR **1939** Nr. 210; h. M, etwa KK-*Engelhardt*⁴ 10; SK-*Schlüchter* 35.

[152] KK-*Engelhardt*⁴ 10.

abmahnen, wenn im Schlußvortrag Tatsachen verwertet werden, die nicht Gegenstand des Verfahrens gewesen sind oder deren Verwertung ein Beweisverbot entgegensteht oder wenn die Ausführungen in der Form fehlgreifen, insbesondere, wenn sie die Ehre des Gerichts, des Staatsanwalts, eines Zeugen oder Sachverständigen oder die eines anderen Prozeßbeteiligten unnötig oder in einer ungehörigen Form antasten[153]. Ein Mißbrauch des Schlußworts kann aber auch in fortwährenden Abschweifungen oder in der öfteren und unbegründeten Wiederholung derselben Ausführungen liegen[154]. Ein Eingreifen des Vorsitzenden durch Fragen oder Hinweise kann aber auch im Interesse des jeweiligen Verfahrensbeteiligten angebracht sein, um einen völlig neben der Sache liegenden Schlußvortrag zum Gegenstand des Prozesses und zu den in diesem entscheidungserheblichen Umständen zurückzuführen oder um die ergänzende Erörterung eines nach Ansicht des Gerichts wichtigen Punkts anzuregen[155]. Hält aber das Schlußwort die sehr weit gezogenen äußeren Grenzen ein, ist es nicht Sache des Gerichts oder des Vorsitzenden, seinen Inhalt und den Schwerpunkt der Ausführungen zu bestimmen. Der jeweilige Verfahrensbeteiligte hat eigenverantwortlich selbst zu befinden, mit welchen Ausführungen er seine Verfahrensinteressen vertreten will. Die Möglichkeit dazu darf ihm nicht beschnitten werden[156]. Vor allem beim Schlußwort des Angeklagten darf der Vorsitzende diesen nicht durch zu häufige Unterbrechungen und Zeichen von Ungeduld aus dem Konzept bringen[157].

b) Maßnahmen. Der Vorsitzende muß in Erfüllung seiner Sachleitungsaufgabe in der **41** Regel Ungehörigkeiten **abmahnen**, im übrigen soll er den Ausführungen größtmöglichen Freiraum lassen. Er soll nur bei völlig neben der Sache liegenden Ausführungen durch Hinweise, Anregungen oder Fragen zu steuern versuchen.

Die **Entziehung des Worts** ist nur als das letzte Mittel und in der Regel nur dann **42** zulässig, wenn wiederholte Mahnungen ohne Erfolg geblieben sind[158]. Der Vorsitzende kann sowohl dem Angeklagten als auch dem Verteidiger, dem Staatsanwalt oder dem Nebenkläger oder sonst einem nach § 258 zu Schlußausführungen Berechtigten das Wort entziehen. Das Recht, Beweisanträge zu stellen, darf dadurch aber nicht beeinträchtigt werden[159].

Eine **bestimmte Redezeit** darf weder im voraus noch während der Ausführungen fest- **43** gesetzt werden, denn das Recht, die für erforderlich angesehenen Ausführungen zu machen, darf nicht begrenzt werden. Eine solche Begrenzung würde die Revision selbst dann begründen, wenn der Angeklagte oder der sonstige Prozeßbeteiligte deswegen erklärt hat, er wolle dann auf Ausführungen überhaupt verzichten[160]. Lediglich für Ausführungen, die der Vorsitzende als nicht zur Sache gehörig ganz unterbinden könnte, kann er eine begrenzte Redezeit gewähren[161]. Die von einem Verfahrensbeteiligten beantragte interne Tonaufzeichnung der Schlußvorträge kann — unabhängig von der Verbotsnorm

---

[153] RGSt **16** 367; **41** 261; RG GA **39** (1891) 309; *Meves* GA **39** (1891) 305; KK-*Engelhardt*[4] 10; *Kleinknecht/Meyer-Goßner*[44] 36.

[154] BGH MDR **1964** 72; StV **1985** 355; *Rüping/Dornseifer* JZ **1977** 419; *Schorn* NJW **1958** 1333 (Glosse); *Seibert* MDR **1964** 471.

[155] BGH nach KK-*Engelhardt*[4] 10; AK-*Dästner* 30; *Kleinknecht/Meyer-Goßner*[44] 25; KMR-*Paulus* 19.

[156] BGH StV **1985** 355; OLG Köln VRS **69** (1985) 444; KK-*Engelhardt*[4] 9; vgl. Rdn. 31.

[157] Vgl. etwa *Sarstedt/Hamm*[6] 1015 sowie die Nachw. in beiden vorstehenden Fußn.

[158] Ob schon eine vergebliche Abmahnung genügt (so wohl HK-*Julius*[2] 7; *Kleinknecht/Meyer-Goßner*[44]

26) oder ob mehrere vorangegangen sein müssen (AK-*Dästner* 31; KK-*Engelhardt*[4] 21; SK-*Schlüchter* 36), hängt von den Umständen des Einzelfalls ab.

[159] Rdn. 27. Nach RGSt **20** 207; **22** 336; KMR-*Paulus* 20 hindern Scheinbeweisanträge die Maßnahmen des Vorsitzenden nicht; SK-*Schlüchter* 20.

[160] RGSt **64** 57; RG DJZ **1912** Nr. 162; BGH bei *Dallinger* MDR **1953** 598; AK-*Dästner* 31; KK-*Engelhardt*[4] 21; *Kleinknecht/Meyer-Goßner*[44] 15; 25; SK-*Schlüchter* 14; 20.

[161] SK-*Schlüchter* 14.

des § 169 Satz 2 GVG — vom Vorsitzenden nach pflichtgemäßem Ermessen auch abgelehnt werden, wenn kein konkreter Mißbrauch zu befürchten, die Möglichkeit eines solchen aber nicht auszuschließen ist[162].

44   **c) Entscheidung des Gerichts nach § 238 Abs. 2.** Dieses kann gegen die sachleitenden Anordnungen des Vorsitzenden, insbesondere gegen die Beschränkung oder völlige Entziehung des Worts, angerufen werden[163].

45   **d) Anregungen und Fragen des Vorsitzenden**, die auf eine sinnvolle Gestaltung des Schlußvortrags hinwirken oder eine Ergänzung des Schlußvortrags herbeiführen sollen, stellen keinen **Wiedereintritt in die Verhandlung** dar und lösen deshalb auch nicht erneut Schlußanträge aller Beteiligten aus. Etwas anderes gilt nur dann, wenn sich aus den Fragen eine nochmalige Vernehmung des Angeklagten entwickeln sollte[164]. Ein Wiedereintritt ist auch erforderlich, wenn der Angeklagte beim Schlußwort ein Geständnis ablegt[165].

2. Schlußvorträge und Beratung

46   **a) Berücksichtigung der Schlußvorträge.** Der Inhalt der Schlußvorträge einschließlich des letzten Worts des Angeklagten gehört zum **Inbegriff der Verhandlung** im Sinne des § 261[166]. Das Gericht darf seine Überzeugung nicht ohne Berücksichtigung der Schlußvorträge bilden. Dies folgt auch aus Art. 103 Abs. 1 GG.

47   Dazu gehört auch, daß die Richter den Schlußanträgen mit der **gebotenen Aufmerksamkeit** zuhören[167] und daß sie alles vermeiden, was sie davon ablenken könnte, so das Studium anderer Akten, das Sprechen untereinander oder mit dritten Personen. In einem solchen Fall wird nur bei ganz kurzfristigen und die Aufmerksamkeit des Richters nicht voll beanspruchenden Abhaltungen angenommen werden können, daß dem Richter keine wesentlichen Teile des Schlußvortrags entgangen sind. Andernfalls liegt ein Verstoß gegen § 258 und gegen § 261 vor, der die Revision begründet[168].

48   Die **Beratung** muß den Schlußvorträgen und dem letzten Wort des Angeklagten **zeitlich nachfolgen**[169]. Wurde die Sache schon vorher beraten, was nicht unzulässig ist[170] und stets dann zutrifft, wenn das Gericht nach durchgeführter Beratung noch einmal in die Verhandlung eintritt, darf — auch wenn sich kein neuer Prozeßstoff ergeben hat — ein schon vorher beschlossenes Urteil erst verkündet werden, nachdem das Gericht **erneut beraten** hat[171].

49   **In Ausnahmefällen** kann es genügen, wenn sich alle Mitglieder eines Kollegialgerichts nach einem nochmaligen Wiedereintritt in die Verhandlung **im Sitzungssaal** darüber verständigen, daß es bei dem beschlossenen Urteil bleiben soll[172]. Es muß jedoch

---

[162] OLG Düsseldorf NJW **1996** 1360; vgl. bei § 169 GVG sowie wegen der Tonaufzeichnung für den Gerichtsgebrauch § 261, 39.

[163] H. M; so schon RGRspr. **4** 151; **9** 271; RG HRR **1939** Nr. 210; 1450; KK-*Engelhardt*⁴ 10; vgl. § 238, 19 ff; 25; ferner KG NStZ **1984** 521 (Weigerung des Vorsitzenden, die Hauptverhandlung zur Vorbereitung des Plädoyers zu unterbrechen).

[164] BGH nach KK-*Engelhardt*⁴ 25; KMR-*Paulus* 27; vgl. Rdn. 7 und § 260, 4.

[165] BGH nach *Kleinknecht/Meyer-Goßner*⁴⁴ 1; HK-*Julius*² 17.

[166] Vgl. Rdn. 2; § 261, 37; KK-*Engelhardt*⁴ 28.

[167] *Sarstedt* JR **1956** 274; *Eb. Schmidt* JZ **1970** 340; KK-*Engelhardt*⁴ 28; SK-*Schlüchter* 11.

[168] BGHSt **11** 74; BGH NJW **1962** 2212; bei *Dallinger* MDR **1956** 398; ferner etwa *Marr* NJW **1963** 310; *Ostler* DRiZ **1958** 64; vgl. vorst. Fußn.; § 226, 2.

[169] Vgl. § 260, 3.

[170] Vgl. Rdn. 50.

[171] BGH NStZ **1988** 470; § 260, 4.

[172] RGSt **42** 85; OGHSt **2** 139; BGHSt **19** 156, dazu *Martin* LM § 260 Nr. 31; BGHSt **24** 171; BGH NJW **1951** 206; *Hanack* JZ **1972** 313; *Hülle* NJW **1951** 297; KK-*Engelhardt*⁴ 30; 32; *Kleinknecht/ Meyer-Goßner*⁴⁴ § 266, 4; KMR-*Paulus* 30; *Eb. Schmidt* Nachtr. I 5.

eine echte (wenn auch abgekürzte) Beratung und Beschlußfassung stattfinden, in die auch die Laienrichter für die Prozeßbeteiligten erkennbar einbezogen sind. Erforderlich ist, daß die Laienrichter ausdrücklich befragt werden; denn ihnen ist mitunter unbekannt, daß die endgültige Beschlußfassung über das Urteil erst jetzt stattfindet. Ein solches, „nur mit größter Zurückhaltung" anzuwendendes Verfahren[173] ist allenfalls angängig, wenn bei der Entscheidung einfacher Fragen rascheste Verständigung und Beschlußfassung möglich ist, so, wenn der neue Verfahrensteil ohne sachlichen Gehalt geblieben ist[174], nicht aber, wenn ein umfangreicherer Verhandlungsstoff hinzugekommen ist[175]. Um Mißdeutungen zu vermeiden[176], ist es in der Regel besser, wenn das Gericht sich nochmals zur **Beratung zurückzieht**. Ergeht das Urteil ohne nochmalige Beratung, so wird in der Regel nicht ausgeschlossen werden können, daß das Urteil auf dem Verstoß gegen §§ 258, 261 beruht[177], der meistens zugleich eine Verletzung des Grundrechts auf rechtliches Gehör (Art. 103 Abs. 1 GG) bedeutet[178].

b) Zulässig ist dagegen, wenn das Urteil schon während der Verhandlung in Sitzungs- **50** pausen vom Gericht **vorberaten** und das Ergebnis dieser Vorberatungen auch schon schriftlich festgehalten wird — was insbesondere in umfangreichen Punktesachen zweckdienlich sein kann —, sofern nur die **endgültige Beschlußfassung** über das Urteil erkennbar erst nach Beendigung der Schlußvorträge vorgenommen wird[179]. Unter der gleichen Voraussetzung ist auch das Verwenden einer bereits vor der Hauptverhandlung vorgeschriebenen Urteilsformel ohne Strafhöhe[180] oder eines vom Berichterstatter vorbereiteten Urteilsentwurfs[181] rechtlich nicht zu beanstanden. Es sollte jedoch alles vermieden werden, was Außenstehende als eine vorzeitige Festlegung des Gerichts mißdeuten könnten.

c) Niederschrift der Urteilsformel während der Sitzung. Der **Richter beim Amtsge-** **51** **richt als Strafrichter** verstößt nicht gegen § 258 (und § 261), wenn er die Urteilsformel schon während der Schlußvorträge niederschreibt[182], sofern dies nur als Entwurf der späteren Entscheidung gedacht ist und erkennbar ist, daß der Richter die endgültige Entscheidung erst nach den Schlußvorträgen und dem letzten Wort des Angeklagten getroffen hat. Der Inhalt der Schlußvorträge wird dadurch in der Regel nicht seiner Aufmerksamkeit entzogen. Eine solche Übung, die den Eindruck erwecken kann, der Richter habe sich bereits entschieden und sei nicht mehr bereit, die Schlußvorträge zu berücksichtigen, sollte schon des bösen Scheins wegen im Interesse des Ansehens der Rechtspflege unterbleiben[183].

---

[173] BGHSt **19** 156; **24** 170; BGH NJW **1992** 3181; NStZ **1987** 472; NStZ-RR **1998** 142; vgl. auch OLG Köln StV **1996** 13; *Hamm* NJW **1992** 3147; KK-*Engelhardt*[4] 32; *Kleinknecht/Meyer-Goßner*[44] § 260, 4; SK-*Schlüchter* 11; vgl. § 260, 4.

[174] BGHSt **24** 171 (keine Erklärung mit Hinweis gemäß § 265); BGH NJW **1987** 3210; **1992** 3181; kritisch dazu *Hamm* NJW **1992** 3147; HK-*Julius*[2] 7.

[175] Vgl. BGH StV **1991** 547 (erstmalige Einlassung des Angeklagten).

[176] Nach BGHSt **24** 172 ist das Unterlassen einer nochmaligen förmlichen Beratung meist schlechter Verhandlungsstil und ein gegenüber Staatsanwalt und Angeklagten unangemessenes Verfahren, das den Eindruck erwecken kann, das Gericht handele nicht mit der gebotenen Gründlichkeit und dem erforderlichen Ernst.

[177] RGSt **42** 85; **43** 51; **46** 373; OGHSt **2** 193; BGH NJW **1951** 206; OLG Braunschweig NJW **1952** 677; KK-*Engelhardt*[4] 30; *Kleinknecht/Meyer-Goßner*[44]; KMR-*Paulus* 28; SK-*Schlüchter* § 260, 5.

[178] BVerfGE **54** 141; *Baudisch* NJW **1960** 50; OLG Köln VRS **69** (1985) 444.

[179] BGHSt **17** 338; BGH bei *Spiegel* DAR **1977** 178; **1978** 154; HK-*Julius*[2] 21; KK-*Engelhardt*[4] 31; SK-*Schlüchter* 11.

[180] OLG Karlsruhe Justiz **1972** 41; KMR-*Paulus* 29.

[181] BVerfGE **9** 215; AK-*Dästner* 29.

[182] BGHSt **11** 74; OLG Bremen VRS **5** (1956) 297; OLG Celle JZ **1958** 30; OLG Frankfurt JR **1965** 431; *Baudisch* NJW **1960** 135; *Lienen* NJW **1960** 136; *Swarzenski* JZ **1958** 31; ferner KK-*Engelhardt*[4] 29; KMR-*Paulus* 29; a. A OLG Hamburg VRS **10** (1956) 374; OLG Köln NJW **1955** 1291; OLG Hamm DAR **1956** 254; *Hanack* JZ **1972** 314; *Hoffmann* NJW **1959** 1526; *Sarstedt/Hamm*[6] 1013; *Eb. Schmidt* JZ **1970** 340; *Schlüchter* 727; vgl. § 338, 44. Zur Möglichkeit einer Ablehnung nach § 24 Abs. 2 vgl. BayObLG bei *Rüth* DAR **1979** 239; § 24, 37.

[183] Vgl. *Sarstedt* JR **1956** 274; AK-*Dästner* 29; SK-*Schlüchter* 11.

52   **3. Sitzungsniederschrift.** Als **wesentliche Förmlichkeit** des Verfahrens ist zu beurkunden, daß nach Abschluß der Beweisaufnahme alle dazu berechtigten Personen Schlußvorträge gehalten haben, auch, daß ihnen das Wort zu den Schlußausführungen erteilt worden ist[184], daß der Angeklagte gegebenenfalls nach Absatz 3 befragt wurde[185], daß ihm das letzte Wort gewährt wurde[186]; ferner, daß er als letzter sich äußern konnte. Nach vorherrschender Auffassung beweist der Protokollvermerk, daß der Angeklagte das letzte Wort hatte, in der Regel auch, daß bei dieser Gelegenheit auch der Verteidiger die Möglichkeit hatte, für ihn zu sprechen[187]. Soweit es auf die Reihenfolge der Verfahrensvorgänge und die eventuelle Erneuerung der Schlußvorträge und des letzten Worts ankommt (vgl. Rdn. 5 ff; 29), ist die protokollierte Reihenfolge maßgebend. Eine wesentliche Förmlichkeit liegt ferner in der Anordnung, die einem Verfahrensbeteiligten das Wort zu Schlußausführungen ausdrücklich verweigert oder es ihm entzieht[188]; ferner, wenn gegen eine Beanstandung des Vorsitzenden das Gericht angerufen wurde sowie die hierauf ergangene Entscheidung des Gerichts[189]. Die Beobachtung dieser Förmlichkeiten kann nach § 274 nur durch das Protokoll bewiesen werden[190].

53   Das Protokoll muß nicht den Gesetzeswortlaut wiederholen; sein **Inhalt ist auslegungsfähig**[191], wobei die dienstlichen Äußerungen des Vorsitzenden und des Protokollführers ebenso außer Betracht zu bleiben haben[192] wie eine Protokollberichtigung, die der bereits erhobenen Revisionsrüge den Boden entziehen würde[193]. Nur wenn die positive und negative Beweiskraft des Protokolls entfällt, etwa, weil die Vermerke widersprüchlich[194] oder unklar sind[195], weil ihre Auslegung selbst mehrere Möglichkeiten offenläßt, kann im Wege des **Freibeweises** unter Heranziehung dienstlicher Erklärungen geprüft werden, ob das letzte Wort tatsächlich erteilt worden ist[196]. Schließt die Sitzungsniederschrift in der Angabe über die Schlußvorträge nur mit dem Satz ab: „Die Beteiligten blieben bei ihren Anträgen" bzw. „Ausführungen", so wird dadurch nicht ersichtlich, daß dem Angeklagten das letzte Wort gewährt wurde. Dagegen ließ BGHSt **13** 59 den Vermerk „Der Staatsanwalt, der Verteidiger und der Angeklagte blieben bei ihren Anträgen" genügen[197]. Der Vermerk: „Der Angeklagte hatte das letzte Wort" reicht aus[198], nicht aber

---

184 OLG Koblenz OLGSt 5; OLG Schleswig bei *Ernesti/Jürgensen* SchlHA **1970** 199; OLG Zweibrücken StV **1986** 51; KK-*Engelhardt*⁴ 33; *Kleinknecht/Meyer-Goßner*⁴⁴ 31; KMR-*Paulus* 31; SK-*Schlüchter* 37.

185 BGHSt **22** 278; BGH bei *Pfeiffer/Miebach* NStZ **1985** 494; OLG Hamm VRS **41** (1971) 159; OLG Koblenz VRS **76** (1989) 44; h. M, vgl. bei § 273.

186 BGH StV **1982** 103; bei *Pfeiffer/Miebach* NStZ **1985** 494; KK-*Engelhardt*⁴ 33; KMR-*Paulus* 31.

187 So BGH NJW **1979** 1668 (wo offenblieb, ob dies wesentliche Förmlichkeit); vgl. BayObLGSt **1955** 269; OLG Koblenz NJW **1978** 2257; OLG Köln VRS **57** (1979) 18; KK-*Engelhardt*⁴ 33; *Kleinknecht/Meyer-Goßner*⁴⁴ 32; KMR-*Paulus* 31; ferner Rdn. 12. Soweit es dem Verteidiger überlassen ist, neben dem Angeklagten für diesen zu sprechen, dürfte auch keine wesentliche Förmlichkeit vorliegen.

188 *Kleinknecht/Meyer-Goßner*⁴⁴ 31; SK-*Schlüchter* 37; vgl. Rdn. 33.

189 Vgl. bei § 273; zur negativen Beweiskraft vgl. OLG Zweibrücken MDR **1969** 780; § 274, 20.

190 BGHSt **13** 59; **22** 278; BGH StV **1982** 103; bei *Pfeiffer/Miebach* NStZ **1983** 212; OLG für Hessen HESt **1** 118; OLG Hamm JMBlNW **1954** 156; OLG Koblenz VRS **44** (1973) 43; OLG Köln GA

1971 217; OLG Schleswig bei *Ernesti/Jürgensen* SchlHA **1970** 199; *Hanack* JZ **1972** 275.

191 RG JW **1926** 2761; BGHSt **13** 59; BGH VRS **34** (1968) 346; Bedenken bei *Hanack* JZ **1972** 275.

192 BGHSt **13** 59; **22** 280; BGH NStZ **1993** 94; bei *Pfeiffer/Miebach* NStZ **1983** 212; OLG Hamm JMBlNW **1954** 156; KMR-*Paulus* 33; KK-*Engelhardt*⁴ 33.

193 BGH bei *Pfeiffer/Miebach* NStZ **1985** 494; OLG Zweibrücken MDR **1969** 780; vgl. bei § 271.

194 OLG Hamm JMBlNW **1954** 156; § 274, 23 ff.

195 BGH bei *Kusch* NStZ **1997** 71.

196 Vgl. BGH StV **1999** 5; OLG Braunschweig NdsRpfl. **1956** 77; OLG Hamm VRS **48** (1975) 433.

197 Ebenso KK-*Engelhardt*⁴ 17; dagegen *Hanack* JZ **1972** 276; *Kleinknecht/Meyer-Goßner*⁴⁴ 32; KMR-*Paulus* 31; SK-*Schlüchter* 38 (beweist Absatz 2 und 3 nicht).

198 RGSt **23** 320; **57** 266; BGH bei *Kusch* NStZ **1997** 71; OLG Hamm JMBlNW **1959** 210 unter Aufgabe von NJW **1958** 1836; *Schmitt* NJW **1959** 62; *Hanack* JZ **1972** 276; KK-*Engelhardt*⁴ 33; a. A OLG Hamm NJW **1958** 1836; VRS **41** (1971) 159; *Eb. Schmidt* Nachtr. I 11, wonach ins Protokoll aufzunehmen ist, daß der Angeklagte nach Absatz 3 befragt wurde; *Schorn* Strafrichter 299.

Vermerke, wonach dem Angeklagten „neben Staatsanwalt und Verteidiger Gelegenheit zu Ausführungen" oder „Anträgen" gegeben worden sei[199] oder daß „die Angeklagten keine weiteren Erklärungen abgaben"[200]; letzterer beweist nicht, daß der Angeklagte nach Absatz 3 befragt wurde. Um Auslegungsschwierigkeiten zu vermeiden, sollte die Gewährung des letzten Worts im Protokoll ausdrücklich und eindeutig festgestellt werden. Ein besonderer Vermerk über die Befragung erübrigt sich dann. Ein zusätzlicher Hinweis auf eine etwaige Belehrung des Angeklagten über den Umfang des letzten Worts (Rdn. 36) ist nicht notwendig, kann im Einzelfall aber zweckmäßig sein.

V. Revision

1. Mögliche Verfahrensrügen. Nach §§ 337, 258 kann mit der Revision gerügt wer- **54** den, daß einem dazu berechtigten Verfahrensbeteiligten die **Möglichkeit zu Schlußvorträgen** versagt oder verkürzt wurde[201]; eine solche unzulässige Verkürzung kann darin liegen, daß er nicht alles, was er für erforderlich hielt, vortragen durfte, aber auch darin, daß ihm entgegen seinem Antrag die erforderliche Zeit für die Vorbereitung des Plädoyers versagt wurde[202]. Gerügt werden kann auch, daß das Gericht ohne jeden Schlußvortrag der Staatsanwaltschaft entschieden hat[203]. Gerügt werden kann ferner, wenn der Angeklagte oder ein ihm gleichgestellter Verfahrensbeteiligter weder das **letzte Wort** hatte[204] noch nach Absatz 3 befragt worden war[205] oder daß die Befragung ungenügend war, weil sie nicht erkennbar machte, daß damit die Möglichkeit eröffnet wurde, im vollen Umfang Ausführungen zur Verteidigung zu machen[206]. Der Nichtgewährung des letzten Worts steht eine unzulässige Beschränkung gleich[207]. Die Rüge greift vor allem auch durch, wenn nach einem Wiedereintritt in die Verhandlung versäumt wurde, den Verfahrensbeteiligten Gelegenheit zu geben, die Schlußvorträge und das letzte Wort zu wiederholen[208]. Wird das Urteil ohne nochmalige Beratung verkündet, ist auch § 260 Abs. 1 verletzt.

Die vorherige **Anrufung des Gerichts** gegen die Maßnahmen des Vorsitzenden ist zur **55** Erhaltung der Verfahrensrüge nicht erforderlich[209]. Dies folgt — unabhängig von der allgemein bei § 238 vertretenen Auffassung[210] — schon daraus, daß das Gericht nicht entscheiden darf, wenn es nicht vorher den Verfahrensbeteiligten, vor allem dem Angeklagten, Gelegenheit gegeben hat, sich abschließend umfassend zum Verfahrensergebnis zu äußern[211]. Dies gilt für jede durch nachträgliche Anhörung nicht geheilte[212] Beschränkung der Äußerungsmöglichkeit, die § 258 verletzt[213]. Für eine Differenzierung zwischen sachleitenden Anordnungen des Vorsitzenden, die einer Nichterteilung des Worts gleich-

---

[199] BGH StV **1999** 5; *Kleinknecht/Meyer-Goßner*[44] 32.
[200] BGH bei *Kusch* NStZ-RR **1999** 36 („Keine Anträge mehr gestellt"); *Kleinknecht/Meyer-Goßner*[44] 32; SK-*Schlüchter* 38.
[201] Vgl. Rdn. 5 ff; mit weit. Nachw.; etwa auch OLG Köln VRS **69** (1985) 44.
[202] KG NStZ **1984** 521; AK-*Dästner* 33; KK-*Engelhardt*[4] 35; *Kleinknecht/Meyer-Goßner*[44] 33.
[203] Vgl. Rdn. 16; ferner § 338, 37 (kein absoluter Revisionsgrund nach § 338 Nr. 1) sowie wegen des Verteidigers Rdn. 56.
[204] Vgl. Rdn. 28 ff; 37.
[205] SK-*Schlüchter* 41; vgl. Rdn. 35 ff.
[206] Vgl. Rdn. 36.
[207] BGHSt **3** 370; BGH StV **1985** 355; vgl. Rdn. 31 ff.
[208] Vgl. Rdn. 5 ff.
[209] RG JW **1933** 1591; BGHSt **3** 370; **21** 290; BGH JR **1965** 348; OLG Karlsruhe MDR **1966** 948; OLG

Köln GA **1971** 217; OLG Schleswig bei *Ernesti/ Jürgensen* SchlHA **1970** 199; *Fuhrmann* NJW **1963** 1235; *Hanack* JZ **1972** 276; AK-*Dästner* 33; HK-*Julius*[2] 32; *Kleinknecht/Meyer-Goßner*[44] 33; KMR-*Paulus* 34; *Eb. Schmidt* Nachtr. I 4; **a. A** OLG Neustadt GA **1961** 186.
[210] Vgl. § 238, 43 ff.
[211] Dies gilt erst recht, wenn dadurch auch der Verfassungsanspruch auf rechtliches Gehör verletzt wird; vgl. Rdn. 56.
[212] OLG Hamm JMBlNW **1980** 81 (Nachholung des Schlußvortrags nach Urteilsberatung, auch wenn Verteidiger seine vorherige Abwesenheit zu vertreten hat); ferner Rdn. 60.
[213] Bei zulässigen Einschränkungen stellt sich die Frage nicht; bei unzulässigen, aber unwesentlichen Beschränkungen wird das Beruhen ausgeschlossen werden können.

Walter Gollwitzer

kommen, und anderen gegen § 258 verstoßenden Anordnungen ist kein Raum[214], denn jede unzulässige Beschränkung der Äußerungsmöglichkeit — ganz gleich in welcher Form — verletzt § 258 und damit zwingendes Recht, dessen Beachtung in die unmittelbare Gesamtverantwortung des Gerichts fällt[215]. Hat das Gericht eine Anordnung des Vorsitzenden bestätigt, die das Äußerungsrecht von Verteidiger oder Angeklagten in einem wesentlichen Punkt zu Unrecht einschränkte, so kann dies unter dem Blickwinkel eines die Verteidigung beschränkenden Beschlusses auch nach **§ 338 Nr. 8** beanstandet werden[216].

56   Der Angeklagte kann mit seiner Revision nach § 337 geltend machen, daß sein eigener Verteidiger oder sonst eine für ihn an der Hauptverhandlung teilnehmende Person entgegen § 258 in ihren **Äußerungsrechten beschnitten** wurde. Verweigert jedoch sein Verteidiger von sich aus den Schlußvortrag, kann er auf dieses dem Gericht nicht anzulastende Verhalten nach der vorherrschenden Meinung seine Revision nicht stützen[217]. Andererseits kann er aber dadurch beschwert sein, daß das Urteil **ohne Schlußvortrag des Staatsanwalts** erlassen wurde[218]. An einer eigenen Beschwer fehlt es dagegen, wenn nur bei einem Mitangeklagten gegen § 258 verstoßen wurde, denn der Angeklagte war dadurch nicht gehindert, alles für ihn Wichtige selbst oder durch seinen Verteidiger zur Sprache zu bringen. Desgleichen können andere Verfahrensbeteiligte — etwa der Nebenkläger oder der Staatsanwalt — die Revision zu Lasten des Angeklagten nicht darauf stützen, daß der Angeklagte nicht das letzte Wort hatte[219].

57   Soweit die Beschränkung der Äußerungsbefugnis zur Folge hatte, daß ein Verfahrensbeteiligter sich zu neuem tatsächlichem Vorbringen nicht äußern konnte, ist sein verfassungsrechtlich verbürgtes **Recht auf Gehör** verletzt[220], was zusätzlich zum Verstoß gegen § 258 mit der Revision geltend gemacht werden kann und zur Erhaltung der Verfassungsbeschwerde auch geltend gemacht werden muß[221].

58   Ein **Verstoß gegen § 261** und eventuell auch **gegen § 338 Nr. 1** (geistig abwesend) kann vorliegen, wenn ein Richter den Schlußvorträgen und dem letzten Wort nicht das für ihre Würdigung unerläßliche Mindestmaß an Aufmerksamkeit schenkt[222].

59   **2.** Für die **Begründung** der Rüge der Verletzung des § 258 ist erforderlich, daß die behauptete Verletzung des § 258 durch Angabe aller Tatsachen (§ 344 Abs. 2) dargetan wird, die den konkreten Fehler — sehr oft ein Unterlassen — lückenlos belegen[223]. Die bloße Behauptung des Verstoßes als solchen genügt nicht. In der Regel ist die vollständige Darlegung des für die Beurteilung der Rüge relevanten Verfahrensverlaufs notwendig, so etwa die Vorgänge, die einen Wiedereintritt in die Hauptverhandlung bedeuteten, und der sich daran anschließende Verfahrensgang, aus dem sich die Nichtbeachtung einer von § 258 geforderten Verfahrensgestaltung ergibt[224]. Dagegen muß nicht angegeben werden,

[214] KMR-*Paulus* 34; **a. A** RG GA **46** (1898/99) 337; BGHSt **3** 369; OLG Neustadt GA **1961** 186; KK-*Engelhardt*⁴ 35; SK-*Schlüchter* 40.
[215] Vgl. § 238, 51.
[216] Vgl. etwa OLG Hamm JMBlNW **1980** 81; ferner § 338, 41.
[217] Vgl. Rdn. 17; **a. A** SK-*Schlüchter* 43, die nur beim nicht notwendigen Verteidiger eine Beschwer verneint.
[218] OLG Zweibrücken StV **1986** 51; OLG Stuttgart NStZ **1992** 92; SK-*Schlüchter* 43; 44; **a. A** *Häger* GedS Meyer 171; vgl. Rdn. 16.
[219] BGH nach KK-*Engelhardt*⁴ 36; SK-*Schlüchter* 44; vgl. § 339, 4; 6 mit weit. Nachw.

[220] Vgl. Rdn. 1; Einl. H 72 ff.
[221] SK-*Schlüchter* 39; zur Subsidiarität der Verfassungsbeschwerde vgl. Einl. H 88 ff.
[222] Vgl. Rdn. 46 ff; BGH NJW **1962** 2212; KMR-*Paulus* 35; SK-*Schlüchter* 39.
[223] BGHSt **21** 288; BGH bei *Kusch* NStZ **1995** 19; HK-*Julius*² 30.
[224] BGH bei *Miebach* NStZ **1990** 230; StV **1995** 176 mit abl. Anm. *Ventzke*; *Kleinknecht/Meyer-Goßner*⁴⁴ 33; SK-*Schlüchter* 45; vgl. auch HK-*Julius*² 31 (ausführliche Schilderung des Verfahrensgangs wegen der schwer abschätzbaren Rechtsprechung empfehlenswert).

welche Anträge und Ausführungen der in seinem Recht Verletzte vorgebracht hätte[225]. Um der Möglichkeit vorzubeugen, daß das Revisionsgericht das Beruhen verneint, können diese Angaben angebracht sein[226].

3. Beruhen. Ist § 258 verletzt, so wird in aller Regel die Möglichkeit nicht ausge-   **60** schlossen werden können, daß das Urteil auf dem Verfahrensverstoß beruht. Die Nichtbeachtung des § 258 ist zwar ebensowenig wie der Verstoß gegen § 260 Abs. 1 oder gegen § 261 ein absoluter Revisionsgrund, doch ist nur in besonders gelagerten Ausnahmefällen auszuschließen, daß das Urteil auf dem Verstoß beruhen kann. Die Rechtsprechung stellt zu Recht auf den Einzelfall ab[227]. Nach diesem beurteilt sich auch, ob für das ganze Urteil oder nur für einen abtrennbaren Verfahrensteil, wie etwa den Schuldspruch, jede Auswirkung des Verfahrensverstoßes auf die Entscheidung verneint werden kann, so etwa bei einem in allen Einzelheiten geständigen Angeklagten oder bei einem nur den Rechtsfolgenausspruch betreffenden Wiedereintritt in die Verhandlung[228]. Das Beruhen kann immer nur insoweit ausgeschlossen werden, als mit Sicherheit feststellbar ist, daß das Urteil auch bei Beachtung dieser Vorschriften nicht anders gelautet hätte[229]. Bei einem Angeklagten, der sich nicht zur Sache eingelassen hat, kann das Beruhen aber nicht allein deswegen verneint werden[230]. Andererseits kann das Urteil nicht allein darauf beruhen, daß ein Verfahrensbeteiligter nicht gehindert wurde, beim Schlußwort nicht zur Sache gehörende Ausführungen zu machen[231], oder daß bei der Worterteilung von der in § 258 Abs. 1 angegebenen Reihenfolge abgewichen wurde[232].

4. Heilung noch während der Urteilsverkündung. Die Verstöße gegen § 258, insbe-   **61** sondere die Nichtgewährung des letzten Worts, können bis zur Beendigung der Urteilsverkündung dadurch **geheilt** werden, daß sie ordnungsgemäß nachgeholt werden[233].

---

[225] RGSt **9** 69; RG JW **1933** 1591; BGHSt **10** 202; **21** 288; BGH bei *Spiegel* DAR **1978** 153; OLG Schleswig SchlHA **1953** 284; KK-*Engelhardt*⁴ 36; *Kleinknecht/Meyer-Goßner*⁴⁴ 33; KMR-*Paulus* 33.

[226] BGHSt **22** 281; OLG Hamm VRS **41** (1971) 159; KK-*Engelhardt*⁴ 36; KMR-*Paulus* 33.

[227] BGHSt **21** 290; **22** 278; BGH NJW **1951** 206; **1985** 221; **1987** 3211; NStZ **1985** 465; **1987** 36; 423; **1999** 244; 257; NStZ-RR **1998** 15; StV **1985** 355; **1996** 297; bei *Holtz* MDR **1977** 639; bei *Pfeiffer/Miebach* NStZ **1981** 295; **1983** 357; bei *Kusch* NStZ-RR **1999** 36; 260; OLG Braunschweig Nds-Rpfl. **1956** 77; OLG Düsseldorf VRS **64** (1983) 205; OLG Hamburg JR **1955** 233; OLG Hamm DAR **1964** 113; VRS **41** (1971) 159; OLG Karlsruhe MDR **1966** 948; OLG Koblenz VRS **44** (1973) 43; OLG Köln VRS **57** (1979) 355; OLG Schleswig bei *Ernesti/Jürgensen* SchlHA **1974** 182; OLG Zweibrücken MDR **1969** 780; KK-*Engelhardt*⁴ 37 (mit Beispielen aus der Rechtspr.); ferner etwa HK-*Julius*² 30; *Kleinknecht/Meyer-Goßner*⁴⁴ 34; KMR-*Paulus* 36; SK-*Schlüchter* 45; **a. A** *Eb. Schmidt* JR **1969** 234; *Hanack* JZ **1972** 276 (Ausschluß des Beruhens wird der rechtsstaatlichen Be-

deutung des § 258 Abs. 3 nicht gerecht). Ob Bay-ObLGSt **1957** 89 = NJW **1957** 1289 ausnahmslos das Beruhen bejahen wollte, erscheint nicht ganz sicher.

[228] BGH NStZ **1993** 551; bei *Kusch* NStZ **1993** 29; StV **1998** 63 (L); *Kleinknecht/Meyer-Goßner*⁴⁴ 34; SK-*Schlüchter* 45.

[229] Vgl. etwa BGH NJW **1969** 473; NStZ-RR **1998** 15; bei *Kusch* NStZ **1993** 29; StV **1985** 355; **1999** 585; OLG Düsseldorf VRS **65** (1983) 389; vgl. OLG Koblenz VRS **65** (1983) 389 (zweifelhaft, ob das Beruhen schon deshalb ausgeschlossen werden konnte, weil nach dem Verteidiger niemand mehr sprach, denn der Angeklagte hätte möglicherweise weitere Gesichtspunkte zu seinen Gunsten, etwa für die Strafzumessung, vortragen können).

[230] BGHR § 258 Abs. 3 letztes Wort 1; *Kleinknecht/Meyer-Goßner*⁴⁴ 34; SK-*Schlüchter* 45.

[231] RGSt **32** 241; SK-*Schlüchter* 46.

[232] OLG Hamburg JR **1955** 233; SK-*Schlüchter* 46.

[233] OLG Hamm JMBlNW **1955** 237; *Schmid* JZ **1969** 763 mit weit. Nachw. zur strittigen Frage; HK-*Julius*² 32; SK-*Schlüchter* 47.

§ 259

(1) **Einem der Gerichtssprache nicht mächtigen Angeklagten müssen aus den Schlußvorträgen mindestens die Anträge des Staatsanwalts und des Verteidigers durch den Dolmetscher bekanntgemacht werden.**

(2) **Dasselbe gilt von einem tauben Angeklagten, sofern nicht eine schriftliche Verständigung erfolgt.**

Schrifttum. *Basdorf* Strafverfahren gegen die deutsche Sprache nicht mächtige Beschuldigte, GedS Meyer 19; *Kabbani* Dolmetscher im Strafprozeß, StV **1987** 410; *J. Meyer* „Die Gerichtssprache ist deutsch" – auch für Ausländer? ZStW **93** (1981) 505; *Sommer* Verteidigung und Dolmetscher, StraFo. **1995** 45; wegen weiterer Nachweise vgl. bei § 185 GVG.

Bezeichnung bis 1924: § 258.

1   **1. Einschränkung der §§ 185, 186 GVG.** Absatz 1 schränkt die für die Zuziehung eines Dolmetschers und den Umfang der Sprachübertragung maßgebende Bestimmung des § 185 GVG für die Schlußvorträge ein; Absatz 2 enthält in bezug auf einen tauben Angeklagten die gleiche Einschränkung des § 186 GVG. Die Einschränkung trägt dem Umstand Rechnung, daß eine vollständige Sprachübertragung der mitunter langen Schlußvorträge vor allem dann, wenn keine Simultanübertragung möglich ist, erhebliche Schwierigkeiten bereiten kann[1]. § 259 legt für die Fälle, in denen §§ 185, 186 GVG die Zuziehung eines Dolmetschers zwingend gebieten, eine unverzichtbare **Mindestanforderung** fest. Er schließt eine weitergehende Sprachübertragung nicht aus[2].

2   **2.** Nur die sprachliche **Vermittlung der Schlußvorträge** (§ 258) an den sprachunkundigen oder tauben Angeklagten wird durch § 259 eingeschränkt. Im übrigen muß nach § 185 GVG der **gesamte Verhandlungsinhalt** übertragen werden[3]. Dies gilt für die eigenen Erklärungen des Angeklagten einschließlich seines letzten Worts ebenso wie für die sonstigen Erklärungen in der Hauptverhandlung, wie etwa den Vortrag des Anklagesatzes[4] oder die Ausführungen im Rahmen des § 257 oder für alle Vorgänge im Rahmen der Beweiserhebung (Aussagen der Zeugen, Ausführungen eines Sachverständigen usw.) und auch für die Sprachübertragung der mündlichen Urteilsbegründung[5].

3   Die **Anträge** von Staatsanwalt und Verteidiger, aber auch die Anträge sonstiger Verfahrensbeteiligter, wie etwa eines Nebenklägers oder eines Nebenbeteiligten, müssen einem der deutschen Sprache unkundigen oder tauben Angeklagten durch den Dolmetscher durch wörtliche Übersetzung zur Kenntnis gebracht werden[6]. Für den **übrigen Inhalt** der Schlußvorträge fordert § 259 keine Sprachübertragung. Er überläßt es dem **pflichtgemäßen Ermessen** des Vorsitzenden, anzuordnen, ob auch sie dem Angeklagten wörtlich übersetzt werden sollen oder ob es genügt, wenn ihm wenigstens ihr wesentlicher Inhalt in einer Zusammenfassung mitgeteilt wird[7]. Das Gericht ist dazu aber auch bei umfangreichen Verfahren nicht ausnahmslos verpflichtet[8]; auch nicht durch Art. 6 Abs. 3

---

[1] Mot. *Hahn* **1** 197.
[2] Vgl. Rdn. 3.
[3] BVerfGE **64** 148; RGSt **36** 356; KK-*Engelhardt*[4] 1; *Basdorf* GedS Meyer 21; HK-*Julius*[2] 8; KK-*Engelhardt*[4] 1; *Kleinknecht/Meyer-Goßner*[44] 1; KMR-*Paulus* 1; SK-*Schlüchter* 4; *Eb. Schmidt* Nachtr. I 1; vgl. ferner bei § 185 GVG.
[4] BGH StV **1993** 2; OLG Hamburg StV **1994** 65.

[5] BGH GA **1963** 148; KK-*Engelhardt*[4] 1; KMR-*Paulus* 1; *Eb. Schmidt* Nachtr. I 1; *Kabbani* StV **1987** 412; weit. Nachw. Fußn. 3.
[6] *Gollwitzer* FS Schäfer 80; SK-*Schlüchter* 4.
[7] *Kleinknecht/Meyer-Goßner*[44] 1; SK-*Schlüchter* 3.
[8] BGH GA **1963** 148; *Kleinknecht/Meyer-Goßner*[44] 1; ferner die Nachw. Fußn. 5; *Kabbani* StV **1987** 411; SK-*Schlüchter* 3.

Buchst. a, e MRK, der die Sprachübertragung jedoch in dem Umfang fordert, der zur Gewährleistung eines fairen Verfahrens erforderlich ist[9]. Den Angeklagten in einer ihm verständlichen Sprache zumindest vom wesentlichen Inhalt der Schlußvorträge in Kenntnis zu setzen, ist jedoch in der Regel angezeigt, schon um ihm zu ermöglichen, im Rahmen seines letzten Worts selbst auf die vorgetragenen Argumente einzugehen[10]. Es ist zur Gewährung des Rechts auf Gehör und eines die Verteidigungsrechte wahrenden fairen Verfahrens allerdings dann unerläßlich, wenn in den Schlußvorträgen Tatsachen und Argumente vorgetragen wurden, zu denen der Angeklagte sich noch nicht äußern konnte[11].

3. Mangelnde Sprachkenntnisse; Taubheit. Ob ein Dolmetscher zum Verfahren **4** zugezogen werden muß, weil der Angeklagte der deutschen Sprache nicht mächtig ist, und unter welchen Voraussetzungen begrenzte deutsche Sprachkenntnisse des Angeklagten als ausreichend zum Verständnis aller Verfahrensvorgänge und zur Wahrung seiner Verfahrensrechte angesehen werden dürfen, ist bei § 185 GVG erläutert. **Taubheit** im Sinne von § 186 GVG liegt vor, wenn eine „unmittelbare Verständigung durch das gesprochene Wort" nicht mehr möglich ist[12]. Hochgradige Schwerhörigkeit steht der Taubheit nicht gleich. Im Falle bloßer Schwerhörigkeit muß das Gericht diejenigen Mittel anwenden, die eine sachgemäße Verständigung möglich machen. Über die zu ergreifenden Maßnahmen entscheidet zunächst der Vorsitzende. Es kommen in Betracht: lautes Sprechen, Zuziehung von Angehörigen, die des Umgangs mit dem Schwerhörigen gewohnt sind, Verwendung von Hörapparaten, auch schriftliche Verständigung[13].

4. Sitzungsniederschrift. Wird der Dolmetscher zur ganzen Verhandlung hinzugezo- **5** gen und die Zuziehung als wesentliche Förmlichkeit[14] im Protokoll vermerkt, braucht die Beachtung der einschränkenden Vorschrift des § 259 ebensowenig beurkundet zu werden[15] wie jedes einzelne Tätigwerden, da vermutet wird, daß die Funktion gesetzesgemäß ausgeübt wurde[16]. Auch Maßnahmen, die der Vorsitzende zum Zwecke der Verständigung trifft, brauchen nicht beurkundet zu werden, da es sich insoweit um keine wesentliche Förmlichkeit handelt[17]. Nach § 273 Abs. 1 im Protokoll festzuhalten ist dagegen, daß der Dolmetscher nach § 189 Abs. 1 GVG vereidigt wurde oder daß er sich nach § 189 Abs. 2 GVG auf einen allgemein geleisteten Eid berufen hat[18].

5. Revision. Nach § 338 Nr. 5; § 185 GVG kann unter Anführung aller nach § 344 **6** Abs. 2 erforderlichen Tatsachen gerügt werden, wenn bei einem der deutschen Sprache nicht mächtigen Angeklagten die Übersetzung der Schlußanträge deshalb unterblieb, weil zur Hauptverhandlung kein Dolmetscher zugezogen worden war oder weil er während

---

[9] Vgl. österr. OGH ZfRV **1974** 148 mit Anm. *Liebscher*; KMR-*Paulus* 1; SK-*Schlüchter* 4; *Frowein/Peukert* EMRK[2] Art. 6, 205; vgl. ferner bei Art. 6 MRK (24. Aufl. Rdn. 246); sowie unter Fußn.

[10] Vgl. BVerfGE **64** 135, 148. Gegen die Einschränkung der Information des Angeklagten durch § 259 werden unter diesem Blickwinkel Bedenken erhoben, so HK-*Julius*[2] 1; 8; vgl. auch bei § 185 GVG.

[11] Zur Pflicht, den Beschuldigten in einer ihm verständlichen Sprache über die erhobene Beschuldigung zu unterrichten, vgl. Art. 6 Abs. 3 Buchst. a; e MRK Art. 14 Abs. 3 Buchst. a, f IPBPR (LR, 24. Aufl. MRK Art. 6, 171; 246 ff).

[12] RGSt **15** 173; BGH LM Nr. 1; KK-*Engelhardt*[4] 2; KMR-*Paulus* 2; SK-*Schlüchter* 2.

[13] RGSt **33** 181; BGH LM Nr. 1; OLG Freiburg JZ **1951** 23.

[14] Vgl. bei § 273 und bei § 185 GVG.

[15] RG JW **1890** 270; BGH nach KK-*Engelhardt*[4] 4; *Kleinknecht/Meyer-Goßner*[44] 2; KMR-*Paulus* 3; SK-*Schlüchter* 5; vgl. bei § 273 und bei § 185 GVG.

[16] RGSt **43** 442; KK-*Engelhardt*[4] 4; *Kleinknecht/Meyer-Goßner*[44] 2; SK-*Schlüchter* 5.

[17] BGH LM Nr. 1; OLG Freiburg JZ **1951** 23; SK-*Schlüchter* 5.

[18] Vgl. etwa BGH NStZ **1998** 204; bei *Pfeiffer/Miebach* NStZ **1988** 20; StV **1997** 515; OLG Schleswig bei *Lorenzen/Thamm* SchlHA **1996** 88.

dieser Anträge nicht zugegen war[19]. Gleiches gilt für den Verstoß gegen § 186 GVG bei einem tauben Angeklagten[20]. Als Verstoß gegen §§ 337, 259 kann dagegen unter Angabe der nach § 344 Abs. 2 erforderlichen Tatsachen gerügt werden, wenn nicht alle Schlußanträge von dem anwesenden Dolmetscher übersetzt wurden[21]. Ob die Übertragung der durch das Sitzungsprotokoll gem. §§ 273, 274 nachgewiesenen Anträge zu Unrecht unterblieben ist, muß — da es sich insoweit um keine wesentliche Förmlichkeit handelt — im Wege des **Freibeweises** (dienstliche Erklärungen, eventuell auch Akten) geklärt werden[22]. Ob ausgeschlossen werden kann, daß das Urteil auf dem die Verteidigungschancen möglicherweise beeinträchtigenden Fehler beruht, ist eine Frage des Einzelfalls. Die allgemeine Behauptung, der Dolmetscher habe unrichtig übertragen, kann die Revision nicht begründen[23]. Als Verstoß gegen § 189 GVG kann nach § 337 gerügt werden, wenn der Dolmetscher nicht vereidigt wurde[24].

§ 260

(1) **Die Hauptverhandlung schließt mit der auf die Beratung folgenden Verkündung des Urteils.**

(2) **Wird ein Berufsverbot angeordnet, so ist im Urteil der Beruf, der Berufszweig, das Gewerbe oder der Gewerbezweig, dessen Ausübung verboten wird, genau zu bezeichnen.**

(3) **Die Einstellung des Verfahrens ist im Urteil auszusprechen, wenn ein Verfahrenshindernis besteht.**

(4) [1]**Die Urteilsformel gibt die rechtliche Bezeichnung der Tat an, deren der Angeklagte schuldig gesprochen wird.** [2]**Hat ein Straftatbestand eine gesetzliche Überschrift, so soll diese zur rechtlichen Bezeichnung der Tat verwendet werden.** [3]**Wird eine Geldstrafe verhängt, so sind Zahl und Höhe der Tagessätze in die Urteilsformel aufzunehmen.** [4]**Wird die Strafe oder Maßregel der Besserung und Sicherung zur Bewährung ausgesetzt, der Angeklagte mit Strafvorbehalt verwarnt oder von Strafe abgesehen, so ist dies in der Urteilsformel zum Ausdruck zu bringen.** [5]**Im übrigen unterliegt die Fassung der Urteilsformel dem Ermessen des Gerichts.**

(5) [1]**Nach der Urteilsformel werden die angewendeten Vorschriften nach Paragraph, Absatz, Nummer, Buchstabe und mit der Bezeichnung des Gesetzes aufgeführt.** [2]**Ist bei einer Verurteilung, durch die auf Freiheitsstrafe oder Gesamtfreiheitsstrafe von nicht mehr als zwei Jahren erkannt wird, die Tat oder der ihrer Bedeutung nach überwiegende Teil der Taten auf Grund einer Betäubungsmittelabhängigkeit begangen worden, so ist außerdem § 17 Abs. 2 des Bundeszentralregistergesetzes anzuführen.**

---

[19] BGHSt **3** 285; BGH bei *Holtz* MDR **1991** 1029; HK-*Julius*[2] 13; KK-*Engelhardt*[4] 3; SK-*Schlüchter* 6; vgl. ferner bei § 185 GVG und bei § 338 Nr. 5 (§ 338, 100).

[20] Vgl. bei § 338 Nr. 5 und bei § 186 GVG.

[21] BGH NStZ **1985** 376; BGH nach KK-*Engelhardt*[4] 3; *Kleinknecht/Meyer-Goßner*[44] 3; KMR-*Paulus* 4; SK-*Schlüchter* 6; *Eb. Schmidt* 1.

[22] Vgl. Rdn. 5; KK-*Engelhardt*[4] 3; *Kleinknecht/Meyer-Goßner*[44] 3; *Eb. Schmidt* 3.

[23] RGSt **76** 177; vgl. BGH NStZ **1985** 376; ferner bei § 185 GVG.

[24] Wegen der Einzelheiten, insbesondere auch der Frage, ob ausgeschlossen werden kann, daß das Urteil darauf beruht, vgl. *Kleinknecht/Meyer-Goßner*[44] § 189 GVG, 3; ferner § 338, 100 und bei § 189 GVG.

Schrifttum. *Achenbach* Strafprozessuale Ergänzungsklage und materielle Rechtskraft, ZStW **87** (1975) 74; *Berz* Der Urteilstenor bei Zusammentreffen von Straftaten und Ordnungswidrigkeiten, Zeitschrift für Verkehrs- und Ordnungswidrigkeitenrecht **1973** 262; *Bindokat* Freispruch bei fehlendem Strafantrag, NJW **1955** 1863; *Bloy* Zur Systematik der Einstellungsgründe im Strafverfahren, GA **1980** 161; *Foth* „Die besondere Schwere der Schuld" i. S. von § 57 a StGB, NStZ **1993** 368; *Furtner* Das Urteil im Strafprozeß (1970); *Granderath* Erschwerungsgründe in der strafgerichtlichen Urteilsformel, MDR **1984** 988; *Grünhut* Das Minderheitsvotum, FS Eb. Schmidt 620; *Hamm* Öffentliche Urteilsberatung, NJW **1992** 3147; *Hohmann* Zu den Möglichkeiten einer Einstellung des Hauptverfahrens im Strafprozeß wegen eines Verfahrenshindernisses, NJ **1993** 110; *Jasper* Die Sprache des Urteils, MDR **1986** 198; *Koch* Freispruch oder Einstellung? GA **1961** 344; *Kroschel/Meyer-Goßner* Die Urteile in Strafsachen[26] (1994); *Kühl* Unschuldsvermutung, Freispruch, Einstellung (1983); *Kugler/Solbach* Zur Fassung der Urteilsformel im Strafverfahren, DRiZ **1971** 56; *Kuhlmann* Teilurteile im Strafverfahren, DRiZ **1975** 77; *Lemke* Probleme der strafprozessualen Vorab- und Ergänzungsklage, ZRP **1980** 141; *Lenzen* Die besondere Schwere der Schuld i. S. von § 57 a StGB in der Bewertung durch die Oberlandesgerichte, NStZ **1983** 543; *Meyer-Goßner* Hinweise zur Abfassung des Strafurteils aus revisionsrechtlicher Sicht, NStZ **1988** 529; *Michel* Die Urteilsformel bei Freispruch und Einstellung, MDR **1993** 110; *Naucke* Die Formulierung des Tenors bei der Verurteilung zur Geldstrafe, NJW **1978** 407; *Palder* Anklage, Eröffnungsbeschluß, Urteil. Eine Trias mit Tücken, JR **1986** 94; *Peters* Die Parallelität von Prozeß- und Sachentscheidungen, ZStW **68** (1956) 374; *Regel* Gesamtstrafe aus Geldstrafen bei Tagessätzen unterschiedlicher Höhe, MDR **1977** 446; *Roeder* Die Begriffsmerkmale des Urteils im Strafverfahren, ZStW **79** (1967) 250; *Schnapp* Zur Tenorierung bei natürlicher Handlungseinheit und Fortsetzungszusammenhang, DRiZ **1966** 187; *Sternberg-Lieben* Einstellungsurteil oder Freispruch, ZStW **108** (1996) 721; *Stree* Teilrechtskraft und fortgesetzte Tat, FS Engisch 676; *Sulanke* Die Entscheidung bei Zweifeln über das Vorhandensein von Prozeßhindernissen und Prozeßvoraussetzungen im Strafverfahren (1974); *Többens* Der Freibeweis und die Prozeßvoraussetzungen im Strafprozeß, NStZ **1982** 184; *Többens* Der Freibeweis und die Prozeßvoraussetzungen im Strafprozeß, Diss. Freiburg 1979; *Wagner* Die selbständige Bedeutung des Schuldspruchs im Strafrecht, insbesondere beim Absehen von Strafe gemäß § 16 StGB, GA **1972** 33; *Willms* Zur Fassung der Urteilsformel in Strafsachen, DRiZ **1976** 82.

Entstehungsgeschichte. § 260 hatte ursprünglich folgenden Wortlaut:

§ 259

Die Hauptverhandlung schließt mit der Erlassung des Urteils. Das Urteil kann nur auf Freisprechung, Verurteilung oder Einstellung des Verfahrens lauten.

Die Einstellung des Verfahrens ist auszusprechen, wenn bei einer nur auf Antrag zu verfolgenden strafbaren Handlung sich ergibt, daß der erforderliche Antrag nicht vorliegt, oder wenn der Antrag rechtzeitig zurückgenommen ist.

und blieb in dieser Form unverändert bis 1933. Art. 2 Nr. 21 AGGewVerbrG fügte als Absatz 2 den gegenwärtigen Ansatz 2 in inhaltlich gleicher Form ein und ergänzte Absatz 1 Satz 1 um die Erwähnung der Anordnung oder Zulassung von Maßregeln der Sicherung und Besserung. Durch § 8 des Gesetzes über Reichsverweisungen vom 23. 3. 1934 (RGBl. I S. 213) wurde dort die Erwähnung der „Zulassung" wieder gestrichen. Art. 9 § 8 der 2. VereinfVO fügte Absatz 4 in folgender Fassung ein:

„Der Urteilsspruch gibt die Tat, deren der Angeklagte schuldig gesprochen wird, und ihre Bezeichnung an. Strafen oder Maßregeln der Sicherung und Besserung, die neben anderen verwirkten Strafen oder Maßregeln nicht vollstreckt werden können, werden in den Urteilsspruch nicht aufgenommen; sie werden nur in den Urteilsgründen aufgeführt. Im übrigen unterliegt die Fassung des Urteilsspruchs dem Ermessen des Gerichts."

Das VereinhG gab dem Absatz 1 Satz 1, Absatz 3 und Absatz 4 Satz 1 ihre jetzige Fassung. Durch Art. 4 Nr. 28 des 3. StRÄndG wurde als neuer Absatz 4 Satz 2 der jetzige

Satz 3, beschränkt auf die Strafaussetzung zur Bewährung, eingefügt. § 65 des BZRG ergänzte Absatz 4 Satz 1 um die Verpflichtung zur Angabe der angewendeten Strafvorschrift.

Durch die Neufassung in Art. 21 Nr. 66 EGStGB 1974 erhielt die Vorschrift weitgehend ihre jetzige Fassung. Das 2. BZRÄndG fügte in Absatz 5 Satz 2 ein; die dortige Verweisung auf das BZRG wurde durch Art. 2 Nr. 1 des 23. StRÄndG der Umnumerierung der Paragraphenfolge angepaßt. Durch das gleiche Gesetz wurde Absatz 4 Satz 5, nach dem nicht vollstreckbare Strafen oder Maßregeln nicht in den Urteilsspruch aufzunehmen waren, gestrichen. Bezeichnung bis 1924: § 259.

Übersicht

Alphabetische Übersicht

I. Urteilsverkündung als Teil der Hauptverhandlung

1   **1.** Absatz 1 verdeutlicht, daß die Verkündung des Urteils einen **wesentlichen Teil** der Hauptverhandlung bildet[1]. Für sie gelten deshalb die Anwesenheitserfordernisse der §§ 226, 230 ff sowie §§ 169 ff GVG. Aus Absatz 1 folgt ferner, daß die Hauptverhandlung durch ein die Instanz beendendes Urteil abgeschlossen werden muß, soweit nicht das

---

[1] BGHSt **4** 279.

Gesetz ausdrücklich eine andere Form vorschreibt, wie beispielsweise in § 153 Abs. 2 oder § 270.

Die jetzige Fassung zeigt deutlicher als die frühere, daß sich die Urteilsverkündung **2** unmittelbar **an die Beratung anschließen** muß, ohne daß sich ein anderer Verhandlungsteil dazwischenschieben darf[2]. Der frische und durch andere Verfahrensvorgänge nicht getrübte Eindruck von der Hauptverhandlung und deren Würdigung in den Schlußvorträgen und dem letzten Wort (§ 258) soll Beratung und Urteil bestimmen[3]. Sie müssen deshalb wiederholt werden, wenn das Gericht nochmals in die Verhandlung eingetreten ist[4].

2. Urteilsberatung. Die zwischen dem letzten Wort und der in § 268 näher geregelten **3** Urteilsverkündung zwischengeschaltete Urteilsberatung[5] ist allein Sache der Richter und geheim[6]. Sie ist kein Teil der Hauptverhandlung; die für diese geltenden Regeln, insbesondere über Anwesenheit oder Öffentlichkeit, sind auf die Beratung nicht anwendbar. Die **Dauer der Beratung** wird — abgesehen von der auch sie begrenzenden Höchstfrist für die Urteilsverkündung (§ 268 Abs. 2 Satz 2) — zeitlich nicht festgelegt. Ob, wo, wie lange und in welcher Form das Gericht sein Urteil beraten hat, ist keine durch das Sitzungsprotokoll nachzuweisende **wesentliche Förmlichkeit** des Verfahrens[7] und wegen des Beratungsgeheimnisses grundsätzlich auch der Nachprüfung entzogen[8]. Dies gilt auch, wenn sie von außen ersichtlich nur von kurzer Dauer war, obwohl anschließend ein langes und kompliziertes Urteil verkündet wurde; können doch die zu entscheidenden Fragen längst in Vorberatungen geklärt worden sein, so daß auch in einem langen und umfangreichen Verfahren die Schlußberatung nur noch eine Verständigung der Richter darüber erforderte, ob es bei den früher gefundenen Ergebnissen bleibt[9]. **Ort der Beratung** ist grundsätzlich ein außerhalb des Sitzungssaals gelegenes **Beratungszimmer.** Die Richter können dafür aber auch einen anderen dafür geeigneten Raum benutzen. Der Strafrichter als Einzelrichter kann sich sein Urteil auch im Sitzungssaal überlegen und entwerfen, ohne die Sitzung unterbrechen zu müssen[10]. Eine Beratung am **Tatort** ist wegen der Möglichkeit neuer, nicht zum Inbegriff der Hauptverhandlung gehörender Eindrücke unzulässig[11].

Eine **Nachberatung** ist notwendig nach jedem Wiedereintritt in die Hauptverhand **4** lung. Dann muß nach § 258 erneut die Gelegenheit zu Schlußanträgen und zum letzten Wort des Angeklagten gegeben und das Urteil erneut beraten werden. Auch dies sollte grundsätzlich außerhalb des Sitzungssaals stattfinden. Es wird jedoch als zulässig angesehen, daß in den Fällen, in denen über einfache Fragen eine rasche Verständigung zwischen allen Richtern (Berufs- und Laienrichtern) möglich ist, diese **im Sitzungssaal** stattfinden darf. Diese Nachberatung unter Einbeziehung aller Richter muß aber als solche deutlich erkennbar sein[12]. Es genügt nicht, daß der Vorsitzende die anderen Richter nur fragt, ob

---

[2] BGHSt **24** 170 = LM Nr. 38 mit Anm. *Martin;* BGH NJW **1951** 206; **1987** 3210; StV **1991** 547; KK-*Engelhardt*[4] 2; *Kleinknecht/Meyer-Goßner*[44] 2; SK-*Schlüchter* 4.
[3] KK-*Engelhardt*[4] 2; SK-*Schlüchter* 4; vgl. § 258.
[4] Vgl. § 258, 5 ff.
[5] Vgl. dazu §§ 192 bis 197 GVG; und bei 263.
[6] §§ 43, 45 Abs. 1 Satz 2 DRiG.
[7] RGSt **27** 5; BGHSt **5** 294; OLG Schleswig bei *Ernesti/Jürgensen* SchlHA **1973** 187; **1974** 184; ferner etwa BGH nach KK-*Engelhardt*[4] 3; *Kleinknecht/Meyer-Goßner*[44] 2; § 273, 8; SK-*Schlüchter* 4, 57.

[8] HK-*Julius*[2] 6; *Kleinknecht/Meyer-Goßner*[44] 2; vgl. bei § 337, 70.
[9] BGHSt **37** 141 = NStZ **1990** 556 mit kritischer Anm. *Rüping* NStZ **1991** 193; HK-*Julius*[2] 6, 26; SK-*Schlüchter* 4.
[10] HK-*Julius*[2] 6; *Kleinknecht/Meyer-Goßner*[44] 3; SK-*Schlüchter* 4.
[11] RGSt **66** 28; OLG Hamm NJW **1959** 1192; SK-*Schlüchter* 6; vgl. § 230, 8, § 261, 23.
[12] BGHSt **19** 156; **24** 170; BGH NJW **1992** 3181; dazu *Hamm* NJW **1992** 3148; NStZ **1987** 472; BGH NStZ-RR **1998** 142; KK-*Engelhardt*[4] § 258, 32; *Kleinknecht/Meyer-Goßner*[44] 4; SK-*Schlüchter* 5, kritisch dazu HK-*Julius*[2] 7. Vgl. § 258, 49.

Walter Gollwitzer

sie eine neue Beratung wünschen[13] oder daß in der vorhergehenden Beratung beschlossen wurde, nur dann nochmal zu beraten, wenn sich einer der Verfahrensbeteiligten nach dem Wiedereintritt zur Sache äußern sollte[14]. Auch die Nachberatung im Sitzungssaal ist keine durch das Protokoll zu beweisende **wesentliche Förmlichkeit**[15]. Es wird jedoch empfohlen, sie trotzdem im Sitzungsprotokoll festzuhalten[16].

5   **3.** Absatz 1 bezieht sich nur auf die Fälle, in denen der Schluß der Hauptverhandlung zugleich das **Verfahren in der Instanz abschließen** soll. Über die bloße Aussetzung einer Hauptverhandlung (§§ 228, 246 Abs. 2, 265 Abs. 3 und 4) und über die nur vorläufige Einstellung des Verfahrens nach § 205 wird durch **Beschluß** entschieden[17]. Außerhalb der Hauptverhandlung kann das Verfahren durch Beschluß endgültig eingestellt werden, wenn es an einer Verfahrensvoraussetzung fehlt und der Mangel auch ohne Hauptverhandlung einwandfrei festgestellt werden kann. Die Rechtsprechung hat das schon immer angenommen[18]; § 206 a spricht das ausdrücklich aus; ebenso § 206 b.

II. Wesen und Bedeutung des Urteils

6   **1. Erledigungsfunktion.** Nach Absatz 1 schließt das Urteil die Hauptverhandlung mit der in der Urteilsformel kundzugebenden Entscheidung des Gerichts ab. Er befaßt sich unmittelbar nur mit den in erster Instanz ergehenden Urteilen, die immer auf die Erledigung des Prozesses angelegt sind, an dieser Wirkung aber durch ein zulässiges Rechtsmittel gehindert werden können. Da § 270 für die in erster Instanz mögliche Verweisung vorschreibt, daß sie durch Beschluß zu geschehen hat, kommt die Erwähnung eines auf Verweisung lautenden Urteils innerhalb der Regelung des Abschlusses der erstinstanzlichen Hauptverhandlungen nicht in Betracht. Soll aber klargestellt werden, wodurch sich die Urteile von anderen Entscheidungen, den Beschlüssen und Verfügungen, unterscheiden, so müssen auch die Urteile ins Auge gefaßt werden, die die **Hauptverhandlung über ein Rechtsmittel** abschließen. Diese können auf Verweisung lauten und hiermit zwar das Verfahren in der Instanz beenden, aber den Prozeß im übrigen weiterleiten.

7   **2. Wesensmerkmale. Allen Urteilen ist wesentlich**, daß sie auf Grund einer vollständig durchgeführten Hauptverhandlung verkündet werden und vermöge ihres Inhalts entweder dem Prozeß ein Ende bereiten, weil sie dessen Gegenstand erschöpfend erledigen, oder daß sie die Beziehung des Gerichts, bei dem die Klage anhängig geworden ist, zu dem Prozeß lösen und zugleich eine solche Beziehung mit Wirkung für ein anderes Gericht herstellen[19]. Im allgemeinen herrscht Übereinstimmung darüber, daß Entscheidungen, die nicht auf Grund einer Hauptverhandlung erlassen werden, nicht als Urteile zu gelten haben und daß der Zweck, den Prozeß überhaupt oder doch in der Instanz zu beenden, die Urteile kennzeichnet[20].

[13] *Kleinknecht/Meyer-Goßner*[44] 4; SK-*Schlüchter* 5.
[14] BGH NStZ **1988** 470; KK-*Engelhardt*[4] 2; SK-*Schlüchter* 5.
[15] BGHSt **5** 294; BGH NJW **1987** 3210; OLG Karlsruhe Justiz **1985** 173; *Kleinknecht/Meyer-Goßner*[44] 4; SK-*Schlüchter* 57; **a. A** *Eb. Schmidt* § 273, 10.
[16] BGH NJW **1987** 3210; **1993** 3182; BGH nach KK-*Engelhardt*[4] 3; *Kleinknecht/Meyer-Goßner*[44] 4; SK-*Schlüchter* 57; nach HK-*Julius*[2] 25 sollte die Verteidigung die Aufnahme eines solchen Vermerks zur Beweissicherung beantragen.
[17] BGHSt **25** 242 = JR **1974** 522 mit Anm. *Kohlhaas*; vgl. bei § 205; § 228, 5; 17; § 246, 17; und bei § 265.
[18] RGSt **53** 52, 249; BayObLGSt **2** 388; **3** 93, 179; vgl. bei § 206 a.
[19] RGSt **65** 397; BGH NJW **1993** 3338; bei *Pfeiffer/Miebach* NStZ **1984** 212; KK-*Engelhardt*[4] 15; 17; *Kleinknecht/Meyer-Goßner*[44] 5.
[20] *Beling* 224; *Gössel* § 33 D I; *Oetker* JW **1930** 3556; *Peters* § 52, I 1; *Roxin* § 23, 1; 5; *G. Schäfer* 902; *Eb. Schmidt* I Nr. 36; SK-*Schlüchter* 567; KK-*Engelhardt*[4] 15; KMR-*Paulus* 6; SK-*Schlüchter* 9. Nach *Roeder* ZStW **79** (1967) 270 ist die Instanzbeendigung Wirkung und nicht Begriffsmerkmal des Urteils.

Die gesetzlich vorgeschriebene **Urteilsurkunde** ist kein wesentliches Merkmal des **8**
Urteils, da es schon mit der Verkündung rechtlich entstanden ist[21]. Wenn es, was die
Regel ist, in Gegenwart des Angeklagten verkündet wurde, wird es mangels Anfechtung
mit dem Ablauf der in § 314 Abs. 1 und § 341 Abs. 1 gesetzten Fristen rechtskräftig, auch
wenn die Urteilsurkunde zu dieser Zeit noch nicht angefertigt ist. Selbst die Unmöglichkeit der Abfassung vermag die Rechtskraft des verkündeten Urteils nicht zu beeinträchtigen. Stirbt der Strafrichter, der auf Freisprechung erkannt hat, vor der Niederschrift des
Urteils, so ist die Sache, wenn keine Berufung eingelegt wird, durch das Urteil endgültig
erledigt, wie andererseits das Fehlen der Urteilsurkunde im Fall der Verurteilung weder
der Anfechtung des Urteils mit der Berufung oder Revision[22] noch, sofern nur eine
Abschrift der Urteilsformel gemäß § 451 — etwa mit Hilfe der Sitzungsniederschrift —
erteilt werden kann, der Vollstreckung entgegensteht. Wenn demnach ein rechtswirksa-
mes Urteil ungeachtet des Nichtvorhandenseins der Urteilsurkunde bestehen kann, so
schließt erst recht ein in der vorhandenen Urkunde unterlaufener Fehler die Anerkennung
einer Entscheidung als Urteil nicht aus[23].

Die Verurteilung ist auch nicht vom **Bestand der Akten**, von der rechtzeitigen Abfas- **9**
sung der Urteilsgründe nach § 275 oder vom Fortbestand der Urteilsurkunde abhängig[24].

Nach **Inhalt** und **Funktion** einer Entscheidung beurteilt sich, ob sie als **Beschluß oder** **10**
als **Urteil** anzusehen ist. Es hängt nicht davon ab, von welcher Vorstellung das Gericht bei
Erlassung der Entscheidung ausgegangen ist und mit welcher **Bezeichnung** es demzufolge die Entscheidung ausgestattet hat. Trägt eine auf Grund einer Hauptverhandlung
erlassene, instanzbeendende Entscheidung die Überschrift „Beschluß", so ist sie, sofern
das Gesetz nicht die Beschlußform vorschreibt, wie etwa bei § 153 Abs. 2, trotzdem Urteil
und der Anfechtung zugänglich, die das Gesetz gegenüber den Urteilen gewährt[25]. Andererseits muß eine Entscheidung, die ohne urteilsmäßigen Inhalt in der äußeren Erscheinung eines Urteils auftritt, als Beschluß gewertet werden[26].

3. Zu unterscheiden ist zwischen **Sachentscheidungen** im engeren Sinn und bloßen **11**
Prozeßentscheidungen (Formalentscheidungen)[27]. Von den in **erster Instanz** erlassenen
Urteilen gehören die auf Freisprechung, Verurteilung, Anordnung einer Maßregel der
Besserung und Sicherung oder einer sonstigen Rechtsfolge lautenden zu den Sachentscheidungen, während die Urteile, die es wegen des Mangels einer Prozeßvoraussetzung
ablehnen, in eine Sachentscheidung einzutreten, oder die das Verfahren gemäß § 389 einstellen, weil der Prozeß zwar nicht überhaupt, aber doch in der gewählten besonderen Prozeßart unzulässig ist, reine Prozeßentscheidungen sind.

In den **Rechtsmittelinstanzen** greifen andere Erwägungen ein. Hier sind nur die **12**
Urteile, die sich wegen Unzulässigkeit des Rechtsmittels weigern, darüber zu befinden, ob
das angefochtene Urteil dem Angriff des Beschwerdeführers standhalte oder nicht, als
reine Prozeßentscheidungen gekennzeichnet. Allen anderen Urteilen der Rechtsmittelge-

---

[21] RGSt **47** 323; vgl. § 35 Abs. 1 Satz 1; ferner bei
§ 268 mit weit. Nachw.; **a. A** *Beling* 224.

[22] RGSt **40** 184; **65** 337; vgl. *Kleinknecht/Meyer-*
Goßner[44] 5; SK-*Schlüchter* 19; vgl. bei §§ 268,
275; § 338, 115 ff.

[23] Vgl. OLG Hamm VRS **60** (1981) 206 (unvollständige Urteilsformel); *Roeder* ZStW **79** (1967)
250 ff; 116 ff; § 333, 4 ff mit weit. Nachw.

[24] OLG Hamm *Alsb.* E **2** 133 Nr. 96; *W. Schmid* FS
Lange 783; weit. Nachw. bei § 275 und bei § 316.

[25] RGSt **63** 247; **65** 398; RG JW **1933** 967; BGHSt **8**
383; **18** 381; **26** 108; KG JR **1956** 478; OLG Celle
NJW **1960** 114; vgl. Vor § 296, 43 mit weit.
Nachw.; ferner KK-*Engelhardt*[4] 15; KMR-*Paulus*
6; SK-*Schlüchter* 9.

[26] BGHSt **25** 242 = LM Nr. 39 mit Anm. *Börtzler*;
Oetker JW **1930** 3557.

[27] *Gerland* 278; *Beling* 224; *Graf zu Dohna* 179; *Sau-*
er Grundlagen 518; *Oetker* JW **1930** 3555; h. M,
etwa KK-*Engelhardt*[4] 16; *Kleinknecht/Meyer-*
Goßner[44] 7; SK-*Schlüchter* 17.

richte kommt die Eigenschaft von Sachentscheidungen zu, gleichviel, welchen Inhalt die angefochtene Entscheidung hat und ob das Rechtsmittelgericht veranlaßt ist, das den Gegenstand der Klage bildende Ereignis zu ermitteln oder die Anwendung des Strafgesetzes auf den festgestellten Sachverhalt nachzuprüfen oder sich nur mit einer verfahrensrechtlichen Frage zu beschäftigen[28]. Stützt der Beschwerdeführer die Revision ausschließlich auf einen Mangel im Verfahren, so ist das Urteil des Revisionsgerichts, obwohl es sich auf die Überprüfung des behaupteten Verfahrensfehlers beschränkt, doch Sachentscheidung.

13   Im gesamten hebt sich also ein **Unterscheidungsmerkmal** hervor. Die reinen Prozeßentscheidungen beruhen durchweg auf der Unzulässigkeit des Prozesses oder der Prozeßart oder der Prozeßhandlung, die den Prozeß in die Rechtsmittelinstanz weitertreiben will; sie sprechen sich niemals über die Begründetheit der Klage oder des Rechtsmittels oder sonstigen Antrags aus. Wo immer ein Urteil über die Begründetheit ergeht, liegt eine Sachentscheidung vor. Zur Rechtsnatur des Verwerfungsurteils nach § 329 siehe die dortigen Erläuterungen.

4. Besondere Urteilsformen

14   **a)** Die Strafprozeßordnung kennt **keine Zwischenurteile**, durch die einzelne, den Gegenstand der Urteilsfällung bildende Fragen vorab entschieden werden; die zugelassene Anklage muß, soweit es sich um **eine Tat** im verfahrensrechtlichen Sinn handelt, durch eine einheitliche Entscheidung, durch ein Urteil, **erschöpfend erledigt** werden (vgl. Rdn. 40) Einzelne Sach- oder Rechtsfragen oder einzelne Rechtsfolgen können nicht Gegenstand eines gesonderten Urteils sein. Die Möglichkeit, die Nachprüfung der Rechtsmittelgerichte auf einzelne Urteilsteile zu beschränken, ist bei § 318 erörtert.

15   **b) Teilurteile**, mit denen das Gericht unselbständige, nicht abtrennbare Teile des Prozeßstoffs vorweg erledigt, kennt das geltende Strafprozeßrecht nicht. Nur im **Adhäsionsverfahren** läßt dies § 406 Abs. 1 Satz 2 bei den geltend gemachten zivilrechtlichen Ansprüchen zu[29]. Die strafrechtliche Aburteilung einer Tat im verfahrensrechtlichen Sinn kann nicht aufgespalten werden. Bilden dagegen mehrere selbständige Taten im Sinne des § 264 den Gegenstand der Anklage oder sind sie im Wege der Nachtragsanklage (§ 266) in die Verhandlung einbezogen worden, dann hindert § 260 Abs. 1 das Gericht nicht, das Verfahren hinsichtlich einer Tat, die noch der weiteren Aufklärung bedarf, **abzutrennen** und **auszusetzen** und zunächst den nicht abgetrennten Teil durch Urteil zu entscheiden[30].

16   Ein **isolierter Schuldspruch** ist nach geltendem Recht grundsätzlich nicht zulässig[31], sofern nicht in einem Sonderfall das Gesetz ausdrücklich etwas anderes vorsieht (vgl. Rdn. 78). Er könnte für sich allein ebensowenig Bestand haben wie ein Ausspruch über Rechtsfolgen, bei dem der Schuldspruch fehlt[32].

17   **c)** Ein **Ergänzungsurteil**, durch das ein ergangenes Urteil hinsichtlich eines versehentlich unterbliebenen Teils des Entscheidungssatzes nachträglich ergänzt wird, ist in der

[28] *Oetker* JW **1930** 3357.
[29] Vgl. § 406, 7 f.
[30] BGH bei *Dallinger* MDR **1975** 23; vgl. bei § 237; KK-*Engelhardt*4 17; *Kleinknecht/Meyer-Goßner*44 8; SK-*Schlüchter* 7; ferner *Kuhlmann* DRiZ **1975** 77, der de lege ferenda auch für den Strafprozeß Teil- und Zwischenurteile fordert.
[31] BGHSt **20** 120; BayObLGSt **1959** 129 = NJW **1959** 1646; OLG Hamm NJW **1981** 697; *Roeder*

ZStW **79** (1967) 291; *Wagner* GA **1972** 33. Vgl. ferner das Schrifttum zum formalen Schuldinterlokut Vor § 226, 53.
[32] OLG Hamm NJW **1981** 967. Zu den Sonderfällen der Rechtsfolgenfestsetzung ohne Schuldspruch im Sicherungsverfahren vgl. BGH bei *Holtz* MDR **1985** 449; §§ 413 ff; ferner für das selbständige Einziehungsverfahren §§ 444 ff.

Strafprozeßordnung nicht vorgesehen[33]. Die Möglichkeit und die Grenzen einer **Berichtigung** des Urteilsspruchs sind bei § 268 erörtert; die strittigen Fragen der Nachholung einer unterbliebenen Kosten- oder Auslagenentscheidung bei § 464. Vgl. ferner Rdn. 126.

Ein **Nachverfahren** hinsichtlich einzelner Urteilsfolgen ist nur dort und nur in dem **18** Umfang zulässig, in dem dies das Gesetz ausdrücklich vorsieht, wie etwa bei der Einziehung in den §§ 439, 441.

d) Ein bedingter Schuldspruch oder ein Urteil unter einem **Vorbehalt** sind — von **19** Ausnahmen abgesehen — nach der Strafprozeßordnung grundsätzlich nicht zulässig. Die vom Gericht zu treffende Entscheidung hat auf Grund der Ergebnisse der Hauptverhandlung zu ergehen, das Gericht darf sie nicht von späteren, außerhalb der Hauptverhandlung zu treffenden Feststellungen abhängig machen. Es darf also nicht auf eine Maßregel der Besserung und Sicherung nur unter der Voraussetzung erkennen, daß ihre Notwendigkeit vor der Vollziehung zu prüfen sei[34]. Auch wenn das Gericht die Voraussetzung für die Anwendung eines Straffreiheitsgesetzes zu prüfen hat und darüber noch nicht entscheiden kann, weil die Anwendbarkeit vom Ausgang eines anderen Strafverfahrens abhängt, darf es nicht mit einem entsprechenden Vorbehalt verurteilen[35].

Ein **Vorbehalt** ist nur dort zulässig und wirksam, wo ihn das Gesetz ausdrücklich vor- **20** sieht, wie etwa beim Vorbehalt der Einziehung[36].

Die **Verwarnung mit Strafvorbehalt** (§ 59 StGB) ist die Verhängung einer besonde- **21** ren Rechtsfolge. Das Urteil, das sie ausspricht, ist kein Vorbehaltsurteil im verfahrensrechtlichen Sinn[37].

5. Nichtigkeit. Nur in besonders gelagerten Ausnahmefällen sind Urteile wegen eines **22** ihnen anhaftenden groben Mangels nichtig, mit der Folge, daß sich die Nichtigkeit auch durchsetzt, wenn kein Rechtsmittel eingelegt wird. Wegen der Einzelheiten wird auf die Einleitung verwiesen[38].

III. Urteilsformel. Allgemein

1. Das Urteil und damit auch die Urteilsformel ist bei Kollegialgerichten das **Ergebnis 23 einer Mehrheitsentscheidung** (vgl. § 263). Es ist in der Strafprozeßordnung nicht vorgesehen, daß die überstimmten Richter ihre abweichende Meinung zugleich mit dem Urteil bekanntgeben[39]. In der Urteilsformel hätte ein derartiger Hinweis ohnehin nichts zu suchen.

2. Eindeutigkeit; Vollständigkeit

a) Eindeutigkeit. Die Urteilsformel muß aus sich selbst heraus verständlich sein und **24** eindeutig zum Ausdruck bringen, welche Entscheidung das Gericht für jede angeklagte, rechtlich selbständige Straftat getroffen hat. Es muß erkennbar sein, ob es sich um eine

---

[33] RGSt **61** 391; BGHSt **10** 109; **25** 333; BGH NStZ **1984** 279; OLG Schleswig bei *Ernesti/Jürgensen* SchlHA **1970** 199; KK-*Engelhardt*⁴ 17; *Kleinknecht/Meyer-Goßner*⁴⁴ 8; SK-*Schlüchter* 8.

[34] BGHSt **5** 350; KK-*Engelhardt*⁴ 17. Auch wenn das materielle Recht eine solche Prüfung vorschreibt (vgl. § 67 c StGB), gehört ein solcher Vorbehalt nicht in die Urteilsformel.

[35] BGH NJW **1953** 1522; BayObLGSt **1975** 91 = VRS **50** (1976) 96; KMR-*Paulus* 17; **a. A** OLG

Frankfurt NJW **1950** 477; OLG Braunschweig NdsRpfl. **1951** 110; OLG Köln NJW **1952** 808; vgl. bei § 264.

[36] Vgl. § 74 b StGB; ferner bei §§ 439, 441.

[37] SK-*Schlüchter* 8; vgl. Rdn. 77.

[38] Vgl. dort Abschn. J VI; ferner etwa *Kleinknecht/ Meyer-Goßner*⁴⁴ Einl. 105.

[39] KK-*Engelhardt*⁴ 4; KMR-*Paulus* 2. Wegen der Einzelheiten und der Nachweise vgl. § 43 DRiG.

Prozeß- oder um eine Sachentscheidung (Rdn. 11) handelt, sowie, welchen Inhalt die Sachentscheidung hat. **Bezugnahmen** sind unzulässig; allenfalls können Entscheidungen der Rechtsmittelgerichte auf einen Urteilssatz der Vorinstanz Bezug nehmen, sofern hierdurch keine Unklarheiten entstehen[40].

25   Als **möglichen Inhalt** der Urteilsformel hatte früher der durch Art. 21 Nr. 66 EGStGB aufgehobene Absatz 1 Satz 2 Freisprechung, Verurteilung, Anordnung einer Maßregel der Sicherung und Besserung oder Einstellung aufgezählt. Dies gilt auch heute noch. Mit der Streichung des Satzes 2 wollte der Gesetzgeber lediglich den Eindruck vermeiden, diese Aufzählung sei abschließend[41]. Die Entscheidung über die Begründetheit der zugelassenen Anklage kann nur durch Freisprechung, Verurteilung oder Anordnung einer Maßregel der Sicherung und Besserung getroffen werden; bloße **Feststellungsurteile** sind dem Strafverfahren fremd, soweit nicht gewisse Vorschriften des sachlichen Rechts Schuldigsprechung verbunden mit Straffreierklärung[42] oder das Absehen von Strafe (vgl. § 60 StGB) vorsehen[43].

26   **b) Vollständigkeit.** Die Urteilsformel muß den Gegenstand der Urteilsfindung (§ 264), so wie er sich aus der zugelassenen Anklage und einer eventuellen Nachtragsklage ergibt, **erschöpfend erledigen**[44]. Er muß das vom Gericht Beschlossene grundsätzlich vollständig wiedergeben[45]. **Rechtsfolgen**, die notwendig in die Formel aufzunehmen sind, gelten als nicht verhängt oder als abgelehnt, wenn die verkündete Urteilsformel über sie schweigt[46]. Eine nachträgliche Ergänzung der Formel im Wege der Berichtigung ist nur zur Korrektur offensichtlicher Verkündungsversehen in Ausnahmefällen möglich[47].

27   Bei Entscheidungen, deren **Aufnahme** in die Urteilsformel **nicht zwingend** vorgeschrieben ist und die auch isoliert ergehen können, liegt im **Schweigen der Formel** dagegen noch keine Ablehnung. Bei der Entscheidung nach § 8 StrEG war dies strittig, da eine Entscheidung außerhalb der Hauptverhandlung nur ergehen darf, wenn sie in der Hauptverhandlung nicht möglich ist (§ 8 Abs. 1 Satz 2 StrEG). Die vorherrschende Meinung vertritt jedoch die Ansicht, daß das Schweigen des Urteils keine Ablehnung der Entschädigung bedeute, die Entscheidung darüber vielmehr nachgeholt werden könne, auch wenn das Urteil insoweit keinen Vorbehalt enthalte[48].

28   **3. Trennung von Formel und Gründen.** Wenngleich Formel und Gründe des Urteils ein Ganzes derart bilden, daß jene aus den Gründen ausgelegt und unter gewissen Voraussetzungen ergänzt werden kann[49], wenn Art und Umfang der getroffenen Entscheidung unklar ist, so muß doch zwischen Formel und Gründen scharf unterschieden werden. Grundsätzlich ist eine Entscheidung, die in der Formel keinen Ausdruck gefunden hat, nicht getroffen. Andererseits kann nur eine Gesetzesverletzung, die die Entscheidung in der Formel beeinflußt hat, den Erfolg einer Revision begründen[50].

---

[40] KMR-*Paulus* 18; vgl. Rdn. 30.
[41] *Willms* DRiZ **1976** 82; gegen die Streichung *Peters* Der neue Strafprozeß 176.
[42] RGSt **65** 63.
[43] BGH NJW **1957** 552; BayObLG NJW **1972** 696; vgl. Rdn. 36.
[44] Vgl. etwa BGH NStZ **1998** 551; StV **1994** 63; bei *Pfeiffer/Miebach* NStZ **1984** 212; vgl. Rdn. 41.
[45] Zur früheren Ausnahme vgl. Rdn. 91.
[46] Vgl. Rdn. 17, 18; ferner KK-*Engelhardt*⁴ 17.

[47] Zur Berichtigung vgl. bei § 268; ferner etwa KK-*Engelhardt*⁴ 13.
[48] BayObLG bei *Rüth* DAR **1973** 210; OLG Düsseldorf NJW **1973** 1660; OLG Hamm NJW **1974** 374; OLG München NJW **1977** 2090; OLG Koblenz GA **1985** 461; OLG Zweibrücken VRS **47** (1974) 443.
[49] RGSt **2** 379; **4** 180; **46** 326; **54** 291; vgl. bei § 268 mit weit. Nachw.
[50] RGSt **63** 185; BGH StV **1994** 63; *Meyer-Goßner* JR **1985** 452; vgl. Vor § 296, 57.

4. Es steht im **Ermessen des Gerichts**, wie die Urteilsformel **im einzelnen** zu fassen **29** ist (Absatz 4 Satz 5), soweit nicht Einzelvorschriften des Verfahrensrechts (wie die Absätze 2 und 4 oder § 464 Abs. 1) oder sonstige Gesetze (wie etwa § 200 StGB) bestimmte Anforderungen an Wortlaut oder Inhalt der Formel stellen[51].

Bei Ausübung des Ermessens ist der im Gesetz zum Ausdruck gekommenen **Zweck- 30 bestimmung des Tenors** Rechnung zu tragen. Er ist in knapper, verständlicher Sprache abzufassen und von allem freizuhalten, was nicht unmittelbar der Erfüllung seiner Aufgabe dient[52]. Er ist unter Vermeidung jeder überflüssigen juristischen Förmelei so **einfach und verständlich** wie möglich zu halten. Dabei ist zu berücksichtigen, daß die Urteilsformel die Grundlage für die Vollstreckung und die Eintragung der Verurteilung in das Strafregister bildet und aus sich selbst heraus verständlich sein muß. Hat das Revisionsgericht ein Urteil aufgehoben und die Sache zurückverwiesen, so darf das neue, wiederum verurteilende Erkenntnis nicht lauten: „Das erste Urteil wird aufrechterhalten"; die Verurteilung muß vielmehr in der üblichen Form erneut ausgesprochen werden[53]. Der Urteilsausspruch muß sich mit allen angeklagten Taten befassen, die im Zeitpunkt der Urteilsfällung noch zur Entscheidung anstehen, ganz gleich, ob sie durch die ursprüngliche Anklage, durch eine Nachtragsanklage oder durch Verfahrensverbindung in das Verfahren eingeführt worden sind. Andererseits hat es die Taten außer Betracht zu lassen, hinsichtlich derer das Verfahren abgetrennt wurde oder hinsichtlich derer das Verfahren eingestellt worden ist, etwa nach §§ 153 Abs. 2, 154 Abs. 2. Gleiches gilt für die nach § 154 a Abs. 2 ausgeschiedenen Teile einer Tat.

5. Ist der Hauptverhandlung ein **Strafbefehls- oder ein Bußgeldverfahren** vorausge- **31** gangen, so kommt dies in der Urteilsformel nicht zum Ausdruck. Ist der Einspruch gegen den Strafbefehl oder gegen den Bußgeldbescheid wirksam, dann ist das Urteil so zu fassen, wie wenn diese Bescheide nicht vorhanden wären[54]. Die förmliche Aufhebung des Bußgeldbescheids ist dagegen notwendig, wenn der Verurteilung wegen einer Straftat ein rechtskräftiger Bußgeldbescheid wegen der gleichen Tat vorangegangen ist[55].

IV. Urteilsformel bei Freispruch

1. Voraussetzungen. Freispruch ist geboten, wenn die **Unschuld** des Angeklagten **32** festgestellt oder seine Schuld **nicht zur Überzeugung des Gerichts erwiesen** ist[56]. Sind diese Voraussetzungen gegeben, muß das Gericht freisprechen, auch wenn ein Verfahrenshindernis besteht, das an sich die Einstellung erlauben würde (Rdn. 100 ff), oder wenn zugleich eine Maßregel der Besserung und Sicherung oder eine Nebenfolge angeordnet wird[57].

2. Die Strafprozeßordnung kennt **nur eine Art von Freispruch**. Mit der Unschulds- **33** vermutung (Art. 6 Abs. 2 MRK) unvereinbare Zusätze wie „mangels Nachweises" oder

---

[51] BGHSt **24** 205.

[52] BGHSt **27** 289; BGH NStZ **1985** 524; OLG Düsseldorf NJW **1987** 1958; *Meyer-Goßner* NStZ **1986** 198; KK-*Engelhardt*⁴ 28; *Kleinknecht/Meyer-Goßner*⁴⁴ 20; SK-*Schlüchter* 20; vgl. Rdn. 55; 60 ff; ferner allgemein zum Erfordernis einer knappen, sprachlich guten Fassung des Urteilsspruchs *Jasper* MDR **1986** 198; *Willms* DRiZ **1976** 82.

[53] RG GA **53** (1906) 331; KK-*Engelhardt*⁴ 28; *Kleinknecht/Meyer-Goßner*⁴⁴ 20; SK-*Schlüchter* 20.

[54] RGSt **63** 345; OLG Düsseldorf JMBlNW **1972** 84; KK-*Engelhardt*⁴ 28; *Kleinknecht/Meyer-Goßner*⁴⁴ 20; SK-*Schlüchter* 20.

[55] BayObLGSt **1978** 187 = NJW **1979** 827. Wegen der Einzelheiten vgl. die Kommentare zu § 86 OWiG.

[56] OLG Frankfurt HESt **2** 253; KK-*Engelhardt*⁴ 24; KMR-*Paulus* 20; *Eb. Schmidt* 6.

[57] KK-*Engelhardt*⁴ 24; *Kleinknecht/Meyer-Goßner*⁴⁴ 18; KMR-*Paulus* 22; SK-*Schlüchter* 24; 39; vgl. auch *Willms* DRiZ **1976** 82.

„wegen erwiesener Unschuld" oder „aus Rechtsgründen" dürfen in die Urteilsformel nicht aufgenommen werden[58]. Die Urteilsformel beschränkt sich auf den Freispruch als solchen. Sie braucht nicht anzugeben, von welcher Anklage freigesprochen wird. Bei einem Urteil, das zu mehreren Anklagepunkten ergeht und das teils verurteilt, teils freispricht oder einstellt, genügt der „Freispruch im übrigen"[59]. In der Urteilsformel anzugeben, worauf sich der Freispruch bezieht[60], ist nicht notwendig, und da der Freispruch die Tat nicht nur hinsichtlich des angeklagten Vorwurfs, sondern unter jedem rechtlichen Gesichtspunkt erfaßt, in aller Regel auch nicht angebracht; unzulässig ist eine solche allenfalls in Sonderfällen angezeigte Klarstellung aber nicht.

34   Der Angeklagte hat keinen Anspruch, **aus einem bestimmten Grund** freigesprochen zu werden. Sobald feststeht, daß der Angeklagte freizusprechen ist, muß diese Entscheidung grundsätzlich (vgl. Rdn. 100 ff) ohne weitere Sachaufklärung ergehen[61]. Ein Freispruch, der sich auf § 20 StGB stützt, aber offenläßt, ob der Angeklagte die Tat überhaupt begangen hat, ist aber nur angebracht, wenn der Sachverhalt auf Grund der Hauptverhandlung nicht weiter aufklärbar ist und eine Anordnung nach § 63 StGB ausscheidet. Kommt das Gericht dagegen zu der Überzeugung, daß dem Angeklagten die Tat nicht nachweisbar ist, so muß es deswegen und nicht wegen § 20 StGB freisprechen[62].

35   **3. Maßregeln. Neben einem Freispruch** aus § 20 StGB können die Unterbringung in einem psychiatrischen Krankenhaus oder in einer sonstigen Anstalt, ein Berufsverbot, Einziehung oder die Entziehung der Fahrerlaubnis angeordnet werden (§ 71 StGB). Zur Kostenentscheidung, insbesondere zur Erstattung der notwendigen Auslagen des Freigesprochenen, vgl. § 467. Wird ein Angeklagter freigesprochen, so hat das Gericht nach § 8 StrEG grundsätzlich im Urteil, eventuell auch durch besonderen Beschluß, darüber zu befinden, ob ein Anspruch auf **Entschädigung für erlittene Strafverfolgungsmaßnahmen** besteht[63].

36   **4. Absehen von Strafe.** Die **Schuldigsprechung**, bei der das Gericht für straffrei erklärt (§ 199 StGB) oder von Strafe absieht (vgl. beispielsweise §§ 46 a, 60 StGB), ist keine Freisprechung, sondern Verurteilung, wie Absatz 4 Satz 4 und § 468 zeigen[64].

V. Teilweise Freisprechung

37   **1. Wegen einer und derselben Tat** (i. S. des § 52 StGB) eines und desselben Angeklagten kann das Urteil nur einheitlich auf Freisprechung, Einstellung oder auf Verurteilung lauten[65]. Neben der Verurteilung ist insbesondere kein Raum für eine Freisprechung, wenn das erkennende Gericht die angeklagte Tat **rechtlich anders würdigt** als die zugelassene Anklage, etwa nicht als Täterschaft, sondern als Anstiftung oder nicht als Diebstahl, sondern als Unterschlagung[66], oder wenn es statt der zunächst angenommenen Ver-

---

[58] BGHSt **16** 374; *Kempf* NJW **1997** 1734; *KK-Engelhardt*[4] 25; *Kleinknecht/Meyer-Goßner*[44] 17; *KMR-Paulus* 21; *Schwenck* NJW **1960** 1932; *Seibert* JZ **1970** 543 (Freispruch mit Bedauern).

[59] *KK-Engelhardt*[4] 24; *Kleinknecht/Meyer-Goßner*[44] 17; *SK-Schlüchter* 38.

[60] Vgl. *KMR-Paulus* 23.

[61] BGHSt **16** 379; **a. A** OLG Schleswig JZ **1958** 374 mit Anm. *Eb. Schmidt.*

[62] *Schwenck* NJW **1964** 1455. Dies gilt unabhängig von der strittigen Frage, ob in dem auf § 20 StGB gestützten Freispruch dann eine Rechtsmittel auslösende Beschwer liegt, vgl. Vor § 296, 75; *SK-Frisch* Vor § 296, 159 ff mit weit. Nachw.

[63] Vgl. Rdn. 27.

[64] *KK-Engelhardt*[4] 24; *KMR-Paulus* 20; *Wagner* GA **1972** 38. Vgl. Rdn. 25.

[65] BGH bei *Pfeiffer/Miebach* NStZ **1985** 15; BayObLGSt **1991** 39; OLG Stuttgart VRS **67** (1984) 356; *KK-Engelhardt*[4] 19; *Kleinknecht/Meyer-Goßner*[44] 12; *KMR-Paulus* 26; *SK-Schlüchter* 11; *Eb. Schmidt* 7; *Schlüchter* 568; *G. Schäfer* 987. Vgl. Rdn. 107.

[66] RGSt **3** 4; 43.

letzung mehrerer Strafgesetze durch eine Handlung im Sinne des § 52 StGB nur ein Gesetz anwendet[67] oder einen die Strafbarkeit erhöhenden Umstand nicht mehr für gegeben erachtet[68] oder die angeklagte Tat nicht im vollen **Umfang** (z. B. Entwendung von 10 statt von 20 Uhren) als erwiesen ansieht[69]. Wird in solchen Fällen trotzdem zugleich verurteilt und freigesprochen, so hat die Freisprechung keine selbständige Bedeutung; sie ist der Rechtskraft nicht fähig[70].

Wird nur wegen einer **Ordnungswidrigkeit** und nicht wegen der angeklagten Straftat **38** verurteilt, so ist nach der herrschenden Meinung für einen gesonderten Freispruch kein Raum[71]. Eine abweichende Meinung[72] fordert dagegen, daß zur Wiederherstellung der durch die Anklage angetasteten sozialen Stellung des Angeklagten auch in der Urteilsformel zum Ausdruck gebracht werde, daß der Vorwurf einer schwerer wiegenden Tat entfällt, wenn in einem solchen Fall nur wegen einer Ordnungswidrigkeit verurteilt wird.

Rechtlich unzulässig ist es, daß über eine **einheitliche Tat** nach **einzelnen tatsächlichen Richtungen** oder unter **einzelnen rechtlichen Gesichtspunkten** durch Urteil entschieden und gleichzeitig — sei es durch Beschlußfassung gemäß § 270 oder in anderer Weise — die Erledigung im übrigen einem **späteren Urteil vorbehalten** wird[73]. Einzelne abtrennbare Teile einer Tat oder einzelne von mehreren rechtlichen Gesichtspunkten kann das Gericht nur nach § 154 a Abs. 2 ausscheiden.

2. Mehrere Taten

a) Erschöpfung des Verfahrensgegenstands. Der Urteilsspruch muß — unbeschadet **40** der Möglichkeit einer vorherigen Abtrennung — den gesamten Verfahrensgegenstand erschöpfend erledigen. Hatte das Verfahren **mehrere Taten** (im materiellrechtlichen Sinn) des Angeklagten zum Gegenstand — sei es, daß bereits die durch den Eröffnungsbeschluß zugelassene Anklage (oder der Strafbefehl) mehrere selbständige Handlungen im Sinne des § 53 StGB annahm, sei es, daß erst das Gericht auf Grund der Hauptverhandlung zu diesem Ergebnis kam —, dann ist bei jeder **selbständigen Tat** gesondert zu entscheiden, ob freizusprechen, zu verurteilen oder das Verfahren einzustellen ist, auch wenn die selbständigen Handlungen zu *einer* Tat im verfahrensrechtlichen Sinn (§ 264) gehören[74].

b) Wieweit neben einer Verurteilung ein Freispruch notwendig ist, beurteilt sich durch **41** einen **Vergleich des Urteilsspruchs** mit der **zugelassenen Anklage**[75]. Der Urteilsspruch, der das Ergebnis der Hauptverhandlung wiedergibt, ist hinsichtlich des Erfordernisses eines Teilfreispruchs daran zu messen, was dem Angeklagten in der zugelassenen Anklage zur Last gelegt worden war; denn nur, wenn die Verurteilung den dort festgelegten Verfahrensgegenstand nicht erschöpft, ist ein Teilfreispruch geboten. Sind später **wei-**

---

[67] RGRspr. **4** 210; **5** 604; RGSt **36** 276; **52** 190; 270; **53** 50; **57** 302; **66** 54; BGH bei *Pfeiffer/Miebach* NStZ **1985** 15; OLG Hamburg NJW **1964** 2435; OLG Hamm VRS **53** (1977) 125; OLG Schleswig bei *Ernesti/Jürgensen* SchlHA **1970** 200; OLG Stuttgart VRS **67** (1984) 356.
[68] RGSt **9** 327.
[69] RGSt **18** 297.
[70] RG JW **1928** 2265; LG Bochum MDR **1978** 510; KK-*Engelhardt*[4] 19; KMR-*Paulus* 27.
[71] OLG Karlsruhe NJW **1973** 1989; KK-*Engelhardt*[4] 20; KMR-*Paulus* 27; *Schlüchter* 569. Vgl. die Kommentare zu § 21 OWiG und die dort nachgewiesene Rechtsprechung.
[72] *Kugler/Solbach* DRiZ **1971** 56.

[73] RGSt **61** 225; vgl. Rdn. 19; 37.
[74] H. M etwa BGH VRS **39** (1970) 190; MDR **1993** 674; OLG Saarbrücken VRS **46** (1974) 23; KK-*Engelhardt*[4] 21; *Kleinknecht/Meyer-Goßner*[44] 13; SK-*Schlüchter* 12; vgl. auch Rdn. 43; **a. A** *Roxin* § 47, 13 (bei einem einheitlichen historischen Vorgang i. S. des § 264 keine Aufspaltung; also nur Verurteilung oder nur Freispruch).
[75] BGH NJW **1993** 3338; bei *Pfeiffer/Miebach* NStZ **1984** 212; bei *Miebach* NStZ **1988** 212; bei *Schmidt* MDR **1984** 186; BayObLGSt **1960** 116 = NJW **1960** 2014; OLG Köln NJW **1958** 838; VRS **64** (1983) 206; *G. Schäfer* 989; KK-*Engelhardt*[4] 18; *Kleinknecht/Meyer-Goßner*[44] 10; KMR-*Paulus* 28 ff; SK-*Schlüchter* 12; *Schlüchter* 568 ff.

tere Taten zum Gegenstand des Verfahrens gemacht worden — etwa durch Einbeziehung einer Nachtragsanklage oder weiterer unselbständiger Handlungen einer fortgesetzten Tat —, dann muß das Urteil sich auch darauf erstrecken[76]. Die zugelassene Anklage ist für die Urteilsgestaltung nur insoweit nicht maßgebend, als sie das Verhältnis der mehreren Tatbestandsverwirklichungen zueinander **offensichtlich** rechtlich falsch beurteilt. Dann ist insoweit von der Rechtslage auszugehen, wie sie sich im Zeitpunkt des Urteils darstellt[77].

42   Abgesehen davon aber wird ein Eröffnungsbeschluß nicht dadurch gegenstandslos, daß ein weiterer ergeht, der die Fälle, die der erste als selbständige Straftaten würdigt, als Teile einer Fortsetzungstat auffaßt[78]. Werden aber, wenn wegen derselben Tat unzulässigerweise **zwei Eröffnungsbeschlüsse** ergangen sind, die beiden Verfahren zu gemeinsamer Verhandlung und Entscheidung miteinander verbunden, so erledigt das in der Sache ergehende Urteil beide Verfahren, ohne daß in einem auf Einstellung oder Freisprechung gesondert zu erkennen wäre[79].

43   **c) Im einzelnen:** Hat die zugelassene Anklage **Tateinheit** angenommen und wird nur wegen einer einzigen Gesetzesverletzung verurteilt, so bedarf es, wie bei Rdn. 37 ausgeführt, keines Freispruchs, wenn die andere Tatbestandserfüllung entfällt. Dies gilt auch, wenn ein alternativ angeklagter Vorwurf als erwiesen in die Verurteilung aufgeht[80]. Trifft eine minderschwere Dauerstraftat mit zwei unter sich selbständigen Verstößen rechtlich zusammen, so ist kein Raum für eine besondere Freisprechung, wenn eines der schwereren Delikte entfällt, der Angeklagte aber wegen der Dauerstraftat verurteilt wird[81]. Für einen Teilfreispruch ist auch kein Raum, wenn zwar eine Tat als nicht erwiesen wegfällt, eine andere aber weiterhin den ganzen angeklagten Vorgang abdeckt, so, wenn der Vorwurf der unerlaubten Entfernung vom Unfallort (§ 142 StGB) entfällt, das Gericht aber wegen einer zusammenhängenden Trunkenheitsfahrt (§ 316 StGB) verurteilt[82]. Ein Teilfreispruch ist dagegen angezeigt, wenn die Annahme von Tateinheit bereits bei Eröffnung **rechtlich fehlerhaft** war, weil die dem Angeklagten zur Last gelegten Gesetzesverletzungen schon nach dem dort zugrunde gelegten Sachverhalt offensichtlich in Tatmehrheit gestanden haben oder wenn die Hauptverhandlung klar ergeben hat, daß der nicht erwiesene oder aus sonstigen Gründen nicht zur Bestrafung führende Vorwurf mit dem zur Verurteilung führenden in Tatmehrheit gestanden hätte. Dann entspricht es der Billigkeit, den Angeklagten von dem gesonderten Vorwurf freizusprechen[83], da nur so die nach Sach- und Rechtslage gebotene Kostenteilung möglich ist und der Umfang des Verbrauchs der Strafklage klargestellt wird.

44   Hat die zugelassene Anklage **Tatmehrheit** angenommen und führt eine der Anschuldigungen nicht zur Bestrafung, so ist der Angeklagte insoweit freizusprechen. Dies gilt selbst dann, wenn das Gericht — sofern es zur Verurteilung gekommen wäre — insoweit

---

[76] OLG Hamm JMBlNW **1965** 34; vgl. bei § 266.
[77] KK-*Engelhardt*[4] 18; *Kleinknecht/Meyer-Goßner*[44] 12; KMR-*Paulus* 28; vgl. Rdn. 43, 44.
[78] RGSt **70** 342.
[79] RG HRR **1939** Nr. 478; vgl. § 237, 3.
[80] BGHSt **36** 262 = JR **1990** 203 mit Anm. *Otto* = JZ **1990** mit Anm. *Rudolphi*; *Kleinknecht/Meyer-Goßner*[44] 12; SK-*Schlüchter* 12; **a. A** *Prittwitz/Schloderer* NStZ **1990** 387.
[81] BGH VRS **21** (1961) 341; BayObLG bei *Rüth* DAR **1986** 247; OLG Hamm VRS **50** (1976) 419; OLG Stuttgart VRS **67** (1984) 356.
[82] BayObLG VRS **45** (1973) 275; bei *Rüth* DAR

1986 247; OLG Hamm VRS **50** (1976) 419; KG VRS **60** (1981) 107; OLG Stuttgart VRS **67** (1984) 356; OLG Zweibrücken VRS **85** (1993) 206; *Kleinknecht/Meyer-Goßner*[44] 13; SK-*Schlüchter* 16.
[83] BGH NJW **1993** 2125; NStZ **1992** 396; NStZ-RR **1996** 202; BayObLGSt **1960** 116 = NJW **1960** 2014; OLG Hamm VRS **43** (1972) 370; **46** (1974) 338; OLG Köln NJW **1958** 838; OLG Saarbrücken JBlSaar **1961** 219; OLG Schleswig bei *Ernesti/Jürgensen* SchlHA **1970** 200; *Kleinknecht/Meyer-Goßner*[44] 12; SK-*Schlüchter* 11; **a. A** RGSt **52** 190.

Tateinheit mit der abgeurteilten Verfehlung oder eine natürliche Handlung hätte annehmen müssen[84]. Dagegen ist für einen Teilfreispruch kein Raum, wenn eine als rechtlich selbständig angeklagte Tat sich als Bestandteil der Tat erweist, wegen der verurteilt wurde.

Kommt das Gericht zu dem Ergebnis, daß statt der zwei angeklagten selbständigen **45** Taten nur eine **Rauschtat** (§ 323 a StGB) vorliegt, weil der Täter bei beiden schuldunfähig war, so ist für eine teilweise Freisprechung kein Raum, weil die Verurteilung wegen eines Vergehens nach § 323 a StGB den Eröffnungsbeschluß hinsichtlich beider Anschuldigungen erschöpft[85]. Ist aber eines der als selbständige Taten angeklagten Vergehen nicht nachweisbar, so ist gesonderter Freispruch notwendig, auch wenn dieses andernfalls unter die gleiche Rauschtat fallen würde[86].

Die **straflose Nachtat** steht, sofern der angeklagte Lebenssachverhalt sie mit umfaßt, **46** in der Regel in einem so engen Zusammenhang mit der abgeurteilten Vortat, daß es insoweit eines besonderen Freispruchs nicht bedarf[87].

3. Fortgesetzte Tat; Dauerstraftat; Sammelstraftat

a) Fortsetzungszusammenhang. Durch die geänderte Rechtsprechung[88] ist die fort- **47** gesetzte Handlung als Zusammenfassung mehrerer an sich selbständiger gleichartiger Straftaten zu einer Tat entfallen. Danach soll die Rechtsfigur einer fortgesetzten Tatbegehung allenfalls dann noch in Betracht kommen, wenn sie „zur sachgerechten Erfassung des verwirklichten Unrechts und der Schuld unumgänglich" ist. Dies rückt die allenfalls noch denkbare fortgesetzte Handlung neuen Typs[89] in die Nähe der Straftatbestände, die so gefaßt sind, daß sie eine Mehrzahl verschiedener strafbarer Handlungen zu einer einzigen Straftat zusammenfassen. Diese müssen dann als Teile einer einzigen Tat gewertet werden, so daß der Wegfall einer oder mehrerer ihrer Teilakte grundsätzlich keinen Teilfreispruch auslösen kann. Da die Spannweite der Zusammenfassung zu einer einheitlichen Tat im materiellen Sinn aber von der Fassung des die einzelnen Begehungsweisen zu einer Einheit verklammernden jeweiligen Straftatbestands abhängt, können dessen Besonderheiten auch bei der Frage der Notwendigkeit eines Teilspruchs genauso eine Rolle spielen wie bisher bei einem Fortsetzungszusammenhang oder einer Dauerstraftat. Hierfür und für die fortgesetzte Tat im Sinne des neuen Verständnisses haben die Grundgedanken der bisherigen Rechtsprechung zur fortgesetzten Handlung und die daraus sich ergebenden Entscheidungsvarianten weiterhin Bedeutung[90]. Mit dieser Maßgabe gilt weiterhin:

[84] BGHSt **22** 76; BGH NJW **1952** 432; **1992** 989; VRS **39** (1976) 190; bei *Pfeiffer/Miebach* NStZ **1984** 212; bei *Miebach* NStZ **1988** 212; OLG Köln VRS **64** (1983) 207.

[85] BGHSt **13** 233; BGH bei *Kusch* NStZ **1993** 29; OLG Hamm VRS **53** (1977) 125; *Hanack* JZ **1952** 313; *Kleinknecht/Meyer-Goßner*[44] 13; SK-*Schlüchter* 13; vgl. RG HRR **1936** Nr. 854.

[86] OLG Köln VRS **64** (1983) 206; KK-*Engelhardt*[4] 21; *Kleinknecht/Meyer-Goßner*[44] 13; SK-*Schlüchter* 13; Rdn. 47 zur ähnlichen Rechtslage bei der fortgesetzten Tat.

[87] OLG Hamm JMBlNW **1957** 177; KK-*Engelhardt*[4] 21.

[88] Großer Senat des BGH, BGHSt **40** 138; vgl. dazu die Kommentare zum StGB und das dort nachgewiesene Schrifttum, etwa *Tröndle/Fischer*[49] Vor § 52, 25 ff; ferner etwa *Geppert* NStZ **1996** 59; *Gribbohm* FS Odersky 387; *Gubitz* JR **1998** 419; *Hamm* NJW **1994** 1636; *Schlüchter/Duttge* NStZ **1996** 465; *Ruppert* MDR **1994** 973; *Zschockelt* NStZ **1994** 361.

[89] Solche Sachverhalte werden, wenn sie überhaupt vorkommen, selten sein, da dann meist Dauerdelikte oder aber Tatbestände vorliegen, die ohnehin die verschiedenen Tathandlungen zu einer Tat zusammenfassen; vgl. die Beispiele bei *Tröndle/Fischer*[49] Vor § 52, 25c oder die Zusammenfassung aller dem gleichen Betäubungsmittelumsatz dienenden Taten zu einer Bewertungseinheit (etwa BGHSt **30** 31; *Körner* StV **1998** 626); vgl. ferner bei § 264.

[90] Vgl. KK-*Engelhardt*[4] 22; *Kleinknecht/Meyer-Goßner*[44] 14; SK-*Schlüchter* 14.

47a   Werden die **mehrfachen Tatbestandsverwirklichungen** als **eine Tat angeklagt**, bedarf es keines Freispruchs, wenn das Gericht einige der bei Eröffnung angenommenen unselbständigen Einzelhandlungen als nicht nachgewiesen ansieht[91]; und zwar auch dann nicht, wenn nicht feststeht, ob die unbewiesenen Handlungen, wenn sie nachgewiesen wären, überhaupt in den Fortsetzungszusammenhang fallen würden. Dagegen muß das Gericht, wenn es nur wegen **einer** oder wegen **mehrerer selbständiger Handlungen** verurteilt und die anderen, als unselbständige Teilhandlungen beurteilten Einzelhandlungen für nicht erwiesen hält, hinsichtlich dieser Einzelhandlungen freisprechen. Andernfalls wäre die zugelassene Anklage nicht erschöpft, denn die Rechtskraft der Verurteilung würde nur die abgeurteilten Handlungen erfassen[92]. Ein Freispruch erübrigt sich also nur, wenn das Urteil an dem Zusammenhang festhält, seine Rechtskraft sich also mit dem Umfang der zugelassenen Anklage deckt.

48   Nimmt die zugelassene Anklage mehrere **selbständige Handlungen**, das Urteil dagegen eine einzige Tatbestandsverwirklichung an, aus der es jedoch einzelne Fälle als nicht erwiesen ausscheidet, dann muß es insoweit freisprechen[93]. Werden jedoch alle Einzelhandlungen in die Verurteilung mit einbezogen, so bedarf es keines Freispruchs. Hält das Gericht von zwei angeklagten Taten nur eine für erwiesen, dann muß es wegen der anderen auch dann freisprechen, wenn es bei Nachweisbarkeit der anderen eine einzige Tat angenommen hätte[94].

49   Nimmt die zugelassene Anklage nur eine aus einer **einzigen Handlung** bestehende Tat an, ergibt aber die Hauptverhandlung, daß es sich um den Teil einer mehrere Einzelhandlungen einschließenden (fortgesetzten) Tat handelt, ist der Angeklagte deswegen zu verurteilen, vorausgesetzt, daß er zugleich damit auch wegen des angeklagten Tatteils verurteilt wird. Andernfalls ist er freizusprechen[95], sofern nicht die anderen Taten durch Nachtragsanklage nach § 266 in das Verfahren mit einbezogen worden sind. Hat der Erstrichter weitere, nach dem Eröffnungsbeschluß begangene Teile der angeklagten fortgesetzten Handlung zum Gegenstand des Verfahrens gemacht, so muß, wenn diese einbezogenen Einzelhandlungen nicht nachweisbar sind, insoweit Freispruch erfolgen, auch wenn die Verurteilung allein den Eröffnungsbeschluß abdecken würde[96].

50   **b)** Bei **Dauerstraftaten** beurteilt sich die Notwendigkeit eines Teilfreispruchs nach den gleichen Gesichtspunkten wie bisher bei der fortgesetzten Tat[97]. Nimmt das Urteil einen kürzeren Zeitraum der Dauerstraftat an als die Anklage, bedarf es wegen des überschießenden Teils keiner Teilfreisprechung[98]; dies gilt auch, wenn ein mit der Dauerstraf-

---

[91] RGSt **39** 146; **57** 302; BGHSt **9** 324; OLG Tübingen NJW **1953** 1605; KK-*Engelhardt*⁴ 22; KMR-*Paulus* 30; *Eb. Schmidt* 8; *Schlüchter* 573; **a. A** *Peters* § 52 II 2 (Freispruch wegen der nicht erwiesenen Einzelakte).

[92] RGSt **51** 81; **57** 304; RG GA **53** (1906) 279; JW **1930** 3222; **1931** 945; 1611; 1826; BGH NJW **1951** 411; 726; JZ **1951** 309; LM Nr. 7; BGH bei *Holtz* MDR **1980** 987; bei *Pfeiffer/Miebach* NStZ **1981** 295; **1985** 13; bei *Miebach* NStZ **1988** 448; bei *Kusch* NStZ **1993** 29; **1996** 324; OLG Celle NdsRpfl. **1958** 195; OLG Hamm NJW **1960** 1025; JMBlNW **1965** 34; MDR **1970** 347; **1974** 597; *Oetker* JW **1925** 1012; *Schlüchter* 574; *Kleinknecht/Meyer-Goßner*⁴⁴ 14a; KMR-*Paulus* 31; *Eb. Schmidt* 9.

[93] RGSt **50** 351; RG GA **53** (1906) 729; **59** (1912) 328; BGHSt **22** 67; BGH NJW **1952** 432; VRS **39** (1976) 190; OLG Celle NdsRpfl. **1963** 95.

[94] RGSt **50** 351; OLG Hamm MDR **1970** 347; **1974** 597; OLG Karlsruhe VRS **43** (1972) 261; vgl. SK-*Schlüchter* 12.

[95] BGHSt **9** 324; BGH bei *Pfeiffer/Miebach* NStZ **1985** 13; BayObLGSt **1963** 115; **1966** 108; OLG Köln JMBlNW **1964** 215.

[96] OLG Hamm JMBlNW **1965** 34; vgl. auch OLG Hamm MDR **1970** 347.

[97] BGHSt **19** 286; KK-*Engelhardt*⁴ 23; *Kleinknecht/Meyer-Goßner*⁴⁴ 15; KMR-*Paulus* 30; SK-*Schlüchter* 15.

[98] BGHSt **19** 280; KK-*Engelhardt*⁴ 23; *Kleinknecht/Meyer-Goßner*⁴⁴ 15; SK-*Schlüchter* 15.

tat tateinheitlich zusammentreffendes schwereres Delikt mit angeklagt worden war, das als nicht erweislich wegfiel[99].

c) Gewerbsmäßige, gewohnheitsmäßige und geschäftsmäßige Handlungen wur- **51** den, soweit die Gewerbsmäßigkeit, Gewohnheitsmäßigkeit oder Geschäftsmäßigkeit der Begehung Tatbestandsmerkmal war, vom Reichsgericht früher als Sammelstraftat zu einer rechtlichen Einheit zusammengefaßt. Wurden nur Teilstücke erwiesen, tauchten für den Urteilsspruch ähnliche Fragen auf wie bei der fortgesetzten Handlung[100]. Mit dem Beschluß des Großen Senats (RGSt **72** 164) leitete das Reichsgericht eine Entwicklung ein, die sachlichrechtlich wie verfahrensrechtlich beim Sammeldelikt die Verbrechenseinheit aufgab[101]. Der Bundesgerichtshof und das neuere Schrifttum sind dieser Auffassung gefolgt[102]. Damit entfallen bei den gewerbs-, gewohnheits- und geschäftsmäßig begangenen Straftaten die Besonderheiten.

VI. Urteilsformel bei Verurteilung

1. Allgemeines. Absatz 4 enthält Bestimmungen, wie der Urteilsspruch bei Verurtei- **52** lung zu fassen ist. Den Schuldspruch betreffen die Sätze 1 und 2, die Festsetzung der auf Grund dieses Schuldspruchs angeordneten Rechtsfolgen — Haupt- und Nebenstrafen, Nebenfolgen und Maßregeln der Besserung und Sicherung — die Sätze 3 und 4. Für die Untersagung der Berufsausübung enthält Absatz 2 eine Sonderregelung.

Welche Entscheidung das Gericht zu treffen hat, insbesondere, welche Rechtsfolgen **53** das Gericht verhängen darf, richtet sich nach dem **materiellen Strafrecht**. Diesem ist zu entnehmen, wieweit die einzelnen Rechtsfolgen nebeneinander und neben einem Freispruch oder einer Einstellung ausgesprochen werden können.

Im übrigen entscheidet das Gericht nach **pflichtgemäßem Ermessen**, wie im Hinblick **54** auf deren Zweck die Urteilsformel zu fassen ist (Absatz 4 Satz 5; Rdn. 29).

2. Schuldspruch

a) Rechtliche Bezeichnung der Tat (Absatz 4 Satz 1). Der Urteilsspruch muß die **55** rechtliche Bezeichnung der Tat — nicht etwa Merkmale des tatsächlichen Geschehens — angeben. Grundsätzlich („soll") sind die Bezeichnungen zu verwenden, die das Gesetz selbst in der Überschrift für bestimmte Straftaten gebraucht[103]. Fehlen solche oder passen sie nicht für den abgeurteilten Tatbestand[104], sind die herkömmlichen Bezeichnungen zu verwenden, andernfalls eine sonst die Tat charakterisierende Bezeichnung[105], die aus sich selbst heraus verständlich ist und die Tat unter Verzicht auf wenig aussagekräftige Generalisierungen[106] knapp und anschaulich und so genau wie möglich kennzeichnet. Die Urteilsformel soll durch eine **knappe und prägnante Fassung** für Angeklagten und

---

99 BGH VRS **21** (1961) 341; SK-*Schlüchter* 16 (mit Hinweis, daß aber bei Tatmehrheit auf Grund eines neuen Entschlusses die Verurteilung wegen der Dauerstraftat allein den Eröffnungsbeschluß nicht erschöpfen würde).

100 RGSt **33** 142; **51** 81.

101 RGSt **72** 257; 285; 313; 401; **73** 216.

102 BGHSt **1** 41.

103 Vgl. etwa BGH bei *Kusch* NStZ **1997** 71 („unerlaubter Waffenhandel").

104 Vgl. die Überschrift des § 132 a StGB für das unerlaubte Tragen von Uniformen (§ 132 a Abs. 1 Nr. 4 StGB).

105 Vgl. KK-*Engelhardt*[4] 29; *Granderath* MDR **1984** 988 („Wegen unerlaubten Handeltreibens mit Betäubungsmitteln" und nicht „wegen Verstoßes gegen das Betäubungsmittelgesetz"); ferner zu den Verstößen gegen das Betäubungsmittelgesetz BGH bei *Kusch* NStZ **1992** 546.

106 Vgl. BGH bei *Kusch* NStZ **1995** 19: statt „Verstoß gegen das Waffengesetz" „unerlaubte Ausübung der tatsächlichen Gewalt über eine halbautomatische Selbstladekurzwaffe"; SK-*Schlüchter* 23.

Öffentlichkeit leichter verständlich werden. Alles, was nicht unmittelbar zur verständlichen Kennzeichnung der Straftat dient, ist wegzulassen[107]. Die Formel soll nach Möglichkeit keine Paragraphen enthalten, da deren Anführung nach der Urteilsformel (Absatz 5) genügt. Nur wenn weder eine geeignete Gesetzesüberschrift noch sonst eine allgemein bekannte oder aus sich selbst heraus verständliche Bezeichnung für die Tat in der gebotenen knappen Form zu finden ist[108], kann ausnahmsweise in der Urteilsformel auch der Paragraph des verletzten Strafgesetzes — möglichst in Verbindung mit einem die Tat charakterisierenden Begriff — aufgenommen werden[109]. Die rechtliche Bezeichnung der Tat wird nicht dadurch entbehrlich, daß nach der Urteilsformel die angewandten Strafvorschriften in einer Liste aufzuführen sind[110].

56   Die **Klassifizierung** der Tat als Verbrechen, Vergehen oder Ordnungswidrigkeit ist zu ihrer rechtlichen Bezeichnung nicht erforderlich[111]. Ein solcher Zusatz ist zwar nicht untersagt, er macht den Urteilsspruch jedoch sprachlich schwerfällig, so daß darauf verzichtet werden sollte. Es empfiehlt sich auch nicht, die Tat durch sonstige Zusätze näher zu kennzeichnen, etwa „wegen Fahrraddiebstahls" oder „Unterschlagung eines Rundfunkempfängers".

57   Zur rechtlichen Bezeichnung der Tat gehört, auch bei Ordnungswidrigkeiten, die Angabe der **Schuldform**, wenn dies zur Kennzeichnung der Tat erforderlich ist, insbesondere, wenn der gleiche Tatbestand sowohl vorsätzlich wie auch fahrlässig begangen werden kann und beide Begehungsformen nicht gleichwertig sind[112]. Kann die Tat nur vorsätzlich begangen werden, ist die Erwähnung des Vorsatzes überflüssig[113]. Aufzunehmen in die Formel ist, wenn nur ein **Versuch** vorliegt[114].

58   Zur rechtlichen Bezeichnung der Tat gehört ferner die **Teilnahmeform**. Es muß ersichtlich sein, ob der Verurteilte Täter, Teilnehmer oder Anstifter, nicht dagegen, ob er Allein- oder Mittäter war[115]. Bei § 30 StGB ist der Versuch der Beteiligung oder die Verabredung des jeweiligen Verbrechens, das konkret zu nennen ist, kenntlich zu machen[116].

59   **Bei Auffangdelikten** gilt anderes. Bei einer Verurteilung nach § 323 a StGB braucht die im Rausch begangene Tat im Urteilsspruch nicht zu erscheinen[117].

---

[107] BGHSt **27** 287; BGH NStZ **1983** 524; OLG Düsseldorf NJW **1987** 1958; *Jasper* MDR **1986** 198; *Meyer-Goßner* NStZ **1988** 529; KK-*Engelhardt*⁴ 28; *Kleinknecht/Meyer-Goßner*⁴⁴ 20; KMR-*Paulus* 34; SK-*Schlüchter* 20. Nach *Willms* DRiZ **1976** 82 braucht dabei nicht alles zum Ausdruck zu kommen, was in den Paragraphen der Liste nach Absatz 5 aufzuführen ist.

[108] Vgl. BGH wistra **1990** 150; „gewerbsmäßiger Schmuggel" KK-*Engelhardt*⁴ 29; ferner wegen weiterer Beispiele *Kroschel/Meyer-Goßner* 17 ff.

[109] KK-*Engelhardt*⁴ 29; *Kleinknecht/Meyer-Goßner*⁴⁴ 23; KMR-*Paulus* 37.

[110] KK-*Engelhardt*⁴ 29; KMR-*Paulus* 38.

[111] BGH bei *Dallinger* MDR **1973** 730; BGH NJW **1986** 1116; *Michel* MDR **1992** 432.

[112] BGH VRS **65** (1983) 359; bei *Miebach/Kusch* NStZ **1991** 229; OLG Koblenz NStZ **1984** 370; für Bußgeldverfahren: OLG Karlsruhe VRS **54** (1978) 68; **58** (1980) 263; OLG Koblenz VRS **58** (1980) 379; *Schalscha* DRiZ **1958** 193; KK-*Engelhardt*⁴ 30; *Kleinknecht/Meyer-Goßner*⁴⁴ 24; KMR-*Paulus* 35. Gegen die Einschränkung SK-*Schlüchter* 25, da wegen des größeren Handlungsunwerts der vorsätzlichen Tatbegehung keine Gleichwertigkeit vorliegen kann.

[113] *Michel* MDR **1992** 432; KK-*Engelhardt*⁴ 30; *Kleinknecht/Meyer-Goßner*⁴⁴ 24; KMR-*Paulus* 35; SK-*Schlüchter* 25. Nach BGH NStZ **1992** 546 bedarf es bei den Betäubungsmitteldelikten der besonderen Erwähnung des Vorsatzes nicht, da nur in wenigen Ausnahmefällen fahrlässige Begehungsweisen strafbar sind.

[114] KK-*Engelhardt*⁴ 30; *Kleinknecht/Meyer-Goßner*⁴⁴ 24; KMR-*Paulus* 36.

[115] BGHSt **27** 289; BGH bei *Holtz* MDR **1977** 108; NStZ **1999** 205; NStZ-RR **1999** 139; *Willms* DRiZ **1976** 83.

[116] Vgl. BGHSt **2** 360; BGH NStZ **1987** 72; bei *Kusch* NStZ **1997** 332; NStZ-RR **1998** 262; bei *Dallinger* MDR **1969** 777; BGHR § 260 IV 1 Tatbezeichnung IV 4; *Schalscha* DRiZ **1958** 193 zu § 49 a StGB a. F; KK-*Engelhardt*⁴ 30; *Kleinknecht/Meyer-Goßner*⁴⁴ 24; KMR-*Paulus* 35.

[117] RGSt **69** 187; OLG Oldenburg NdsRpfl. **1970** 239; KK-*Engelhardt*⁴ 32; *Kleinknecht/Meyer-Goßner*⁴⁴ 30; SK-*Schlüchter* 24.

b) Tatbestände, die **keine eigene Straftat beschreiben**, sondern nur **Strafzumes-** 60
sungsregeln enthalten, sind in die Urteilsformel nicht aufzunehmen[118], so beispielsweise
die verminderte Schuldfähigkeit nach § 21 StGB[119] oder früher das Vorliegen der Rückfallvoraussetzungen nach § 48 StGB a. F[120], oder die Anwendung unbenannter Strafschär-
fungs- oder Strafmilderungsgründe (§ 12 Abs. 3 StGB: besonders schwere oder minder
schwere Fälle)[121].

Im übrigen ist zu unterscheiden: Ist unter Verwendung echter **Qualifikationsmerk-** 61
male ein **eigener Straftatbestand** mit eigenem Strafrahmen gebildet worden, ist dieser
mit seiner Bezeichnung in die Urteilsformel aufzunehmen[122]. Werden dagegen besonders
schwere oder minder schwere Fälle im Gesetz durch **zwingende Beispiele** oder durch
Regelbeispiele verdeutlicht, muß deren Vorliegen nicht in der Urteilsformel festgestellt
werden[123]. Die Aufnahme ist aber nicht unzulässig, vor allem, wenn das betreffende
Regelbeispiel auch in der Gesetzlichen Überschrift verwendet wird wie bei § 177 StGB
„Vergewaltigung"[124]. Die gewählte Bezeichnung darf aber nicht mißverständlich sein,
wie es bei der Verwendung des Begriffs „schwerer Diebstahl" bei § 243 angenommen
wird[125]. Bei Verhängung von Jugendstrafe scheidet die Bezeichnung als besonders schwerer Fall schon wegen der anderen Bemessungsgrundlage aus[126].

c) Konkurrenzen. Bei **tateinheitlichem Zusammentreffen** sind alle verletzten Tat- 62
bestände aufzuführen[127]; das Vorliegen der Tateinheit ist deutlich zu machen („zugleich"
oder „durch eine und dieselbe Handlung", „in Tateinheit mit"). Bei gleichartiger Tateinheit ist anzugeben, in wie vielen Fällen der Tatbestand verwirklicht wurde[128]. Falls der
Tenor dadurch zu unübersichtlich würde, kann das Gericht davon absehen, alle Fälle ausdrücklich zu erwähnen, es braucht auch bei gleichartiger Tateinheit dort nicht alle Tatbestandsalternativen aufzuführen[129].

Bei **Gesetzeseinheit** ist dagegen allein die angewandte Strafvorschrift in den Urteils- 63
ausspruch aufzunehmen, selbst wenn Nebenfolgen aus einer verdrängten Vorschrift angeordnet worden sind[130].

---

[118] BGHSt **27** 389; KK-*Engelhardt*[4] 31 ff; *Klein-
knecht/Meyer-Goßner*[44] 25; KMR-*Paulus* 39;
Schalscha DRiZ **1958** 193.

[119] BGHSt **27** 289.

[120] BGHSt **23** 237; **27** 289; *Willms* DRiZ **1976** 821;
Kroschel/Meyer-Goßner 18.

[121] *Kleinknecht/Meyer-Goßner*[44] 25; KMR-*Paulus* 39;
SK-*Schlüchter* 24; vgl. ferner *Granderath* MDR
1984 988; *Willms* DRiZ **1976** 82.

[122] BGH NStZ **1982** 29 (zu § 260 StGB gewerbsmäßige Hehlerei); NStZ **1994** 285; weitere Beispiele:
„Diebstahl mit Waffen" § 244 Abs. 1 Nr. 2 StGB;
„Schwerer Raub" § 250 StGB; „Unerlaubte Einfuhr von Betäubungsmitteln in nicht geringen Men-
gen" § 30 Abs. 1 Nr. 1 BtMG; *Granderath* MDR
1984 988; vgl. dazu *Kleinknecht/Meyer-Goßner*[44]
25; KMR-*Paulus* 39; SK-*Schlüchter* 25; *Kroschel/
Meyer-Goßner* 19.

[123] BGHSt **23** 254; **27** 289; BGH NStZ **1984** 262; bei
Kusch NStZ **1993** 29; **1998** 27; *Granderath* MDR
1984 988; *Kleinknecht/Meyer-Goßner*[44] 25; KMR-
Paulus 39; SK-*Schlüchter* 24; *Kroschel/Meyer-
Goßner* 18.

[124] So etwa BGHR § 177 Abs. 2 StGB, Strafrahmenwahl 10; vgl. ferner BGH NJW **1970** 2120; **1977**

1830; BGH bei *Dallinger* MDR **1975** 543; nach
Granderath MDR **1984** 988 ist diese Entscheidung
durch BGHSt **27** 287 überholt; anders SK-*Schlüchter* 24. Vgl. auch *Börtzler* NJW **1971** 682; KK-
Engelhardt[4] 33.

[125] Vgl. *Börtzler* NJW **1971** 682, der „Diebstahl in einem besonders schweren Fall" für zulässig hält.
Nach *Granderath* MDR **1984** 988 streicht der BGH
diese Bezeichnung in jeder Urteilsformel.

[126] BGH MDR **1976** 769; KK-*Engelhardt*[4] 34; *Kaiser*
NJW **1981** 1028.

[127] RGSt **27** 86; OGHSt **1** 34; KK-*Engelhardt*[4] 34;
Kroschel/Meyer-Goßner 20; vgl. auch BGH StV
1999 422 („versuchter Totschlag in Tateinheit mit
vorsätzlicher Körperverletzung") — Aufgabe von
BGHSt **16** 122; **21** 265; **22** 248.

[128] BGH NStZ **1996** 610; KK-*Engelhardt*[4] 34; *Klein-
knecht/Meyer-Goßner*[44] 26; SK-*Schlüchter* 26.

[129] Vgl. etwa BGH NStZ **1996** 610; JR **1995** 124 mit
Anm. v. *Hippel*.

[130] *Dünnebier* GA **1954** 274; *Hartung* NJW **1954** 587;
KK-*Engelhardt*[4] 34; *Kleinknecht/Meyer-Goßner*[44]
26; KMR-*Paulus* 37.

64   Bei **Tatmehrheit** muß die Urteilsformel alle verletzten Tatbestände anführen und erkennen lassen, daß es sich um mehrere selbständige Straftaten handelt („wegen . . . und wegen . . .“). Erforderlichenfalls ist jeweils die Zahl der Fälle hervorzuheben („wegen Betrugs in drei Fällen, davon in einem in Tateinheit mit Urkundenfälschung“). Einer näheren Kennzeichnung der einzelnen Taten bedarf es nicht[131]. Wenn zweifelhaft bleibt, ob der Angeklagte den Straftatbestand durch eine oder mehrere Taten verwirklicht hat, wird er auf Grund des Zweifelssatzes nur wegen einer verurteilt (vgl. § 261, 113; 116 ff).

65   d) Wird der Angeklagte wegen einer **fortgesetzten Handlung** verurteilt, ist es nicht notwendig[132], dies im Urteilsspruch auszudrücken. Der Angeklagte ist nicht beschwert, wenn es unterbleibt[133]. Besteht die fortgesetzte Handlung zum Teil aus **vollendeten**, zum Teil aus **versuchten** Straftaten, ist im Entscheidungssatz nur wegen einer vollendeten fortgesetzten Tat zu verurteilen[134]. Schließt die fortgesetzte Handlung eine **einzelne schwerere Begehungsart** mit ein, dann hat dieser Einzelfall nicht die Kraft, die Bezeichnung der ganzen Fortsetzungstat zu prägen und so den irrigen Eindruck zu erwecken, der Täter wäre fortgesetzt in der erschwerten Form strafbar geworden. Hier entspricht es dem Zweck des § 260, wegen der leichteren Form zu verurteilen und den Einzelfall mit der erschwerten Form daneben gesondert zu erwähnen („wegen fortgesetzter Erpressung, in einem Fall in der Form der versuchten räuberischen Erpressung“)[135].

66   e) **Sonstiges.** Erfüllt die Tat zugleich die Merkmale einer **nur auf Antrag** und einer von Amts wegen zu verfolgenden Straftat, so hindert das Fehlen des Strafantrags nicht, daß der Angeklagte auf Grund des von Amts wegen zu verfolgenden Delikts verurteilt wird[136]. Hat die zugelassene Anklage eine fortgesetzte Handlung angenommen und erachtet das Gericht mehrere selbständige Handlungen für vorliegend, von denen eine mangels Strafantrags nicht verfolgt werden kann, so erfordert die Erschöpfung der Klage insoweit die Einstellung[137]. Zur Frage, wieweit statt der Einstellung Freisprechung geboten ist, vgl. Rdn. 100 ff.

67   Zur Fassung des Urteilsspruchs bei einer **Verurteilung auf mehrdeutiger Tatsachengrundlage** siehe § 261, 166 ff.

68   **3. Rechtsfolgen; Allgemeines.** Die Bezeichnung „Rechtsfolgen der Tat“ ist dem Strafgesetzbuch entnommen (vgl. Überschrift des Dritten Abschnitts). Sie umfaßt alle staatlichen Reaktionen, auf die der Strafrichter wegen der Straftat erkennen kann, also Strafen, Maßregeln der Besserung und Sicherung, und alle sonstigen Nebenfolgen, wie etwa Einziehung und Verfall. Welche Rechtsfolge das Gericht im Einzelfall verhängen darf oder muß, richtet sich nach dem materiellen Recht.

69   In die Urteilsformel sind **alle Rechtsfolgen** aufzunehmen, die das Gericht auf Grund des Schuldspruchs verhängt. Dies gilt auch für solche Rechtsfolgen, die neben anderen

---

[131] Vgl. etwa BGH NJW **1986** 1116; *Willms* DRiZ **1976** 83; KK-*Engelhardt*⁴ 34; *Kleinknecht/Meyer-Goßner*⁴⁴ 26; *Kroschel/Meyer-Goßner* 29; KMR-*Paulus* 37; SK-*Schlüchter* 26.

[132] BGHSt **27** 289; BGH nach *Schmidt* MDR **1978** 7; OLG Düsseldorf VRS **74** (1988) 180; *Willms* DRiZ **1976** 83; KK-*Engelhardt*⁴ 34; *Kleinknecht/Meyer-Goßner*⁴⁴ 26; KMR-*Paulus* 37; SK-*Schlüchter* 24; 26.

[133] Vgl. BGHSt **6** 93; OLG Bremen DRZ **1950** 165; *Kroschel/Meyer-Goßner* 22.

[134] OGHSt **2** 352; BGH NJW **1957** 1288; bei *Dallin-*

ger MDR **1975** 542; OLG Düsseldorf SJZ **1950** 284; KK-*Engelhardt*⁴ 34.

[135] BGH NJW **1957** 1288; bei *Dallinger* MDR **1958** 564; vgl. die Beispiele bei *Börtzler* NJW **1971** 682; wegen des weitgehenden Wegfalls der fortgesetzten Handlung sind die Beispiele hinsichtlich der konkret angesprochenen Fälle überholt; vgl. ferner BGHSt **10** 230 (für den gleichgelagerten Fall der natürlichen Handlungseinheit).

[136] RGRspr. **4** 211; RGSt **18** 286; **31** 281; **33** 341; **46** 47.

[137] RG GA **75** (1931) 291.

nicht vollstreckbar sind[138], so, wenn eine zeitliche Freiheitsstrafe nicht in der lebenslangen Freiheitsstrafe als Gesamtstrafe aufgeht (§ 54 Abs. 1 StGB); sondern getrennt auszusprechen ist[139]. Die Urteilsformel muß die Rechtsfolgen nach Art und Umfang klar und eindeutig bezeichnen. Es sind die im materiellen Strafrecht verwendeten Bezeichnungen zu gebrauchen und die dort gezogenen Grenzen und die dort festgelegten Bemessungseinheiten zu beachten.

Werden mehrere Rechtsfolgen für **mehrere Straftaten** verhängt, muß die Urteilsformel **eindeutig** ersehen lassen, für welche Tat jede einzelne Rechtsfolge festgesetzt wird. Dies ist insbesondere bei neben der Hauptstrafe ausgesprochenen **Nebenstrafen, Maßregeln** der Besserung und Sicherung und sonstigen Nebenfolgen zu beachten. Beispielsweise muß der Urteilsspruch erkennen lassen, wenn nur wegen eines von mehreren Verkehrsdelikten ein Fahrverbot ausgesprochen worden ist[140]. **70**

4. Strafen

a) Bei **Freiheitsstrafe** ergeben sich die Grenzen aus den §§ 38, 39 StGB. Die Bemessung nach Tagen ist ausgeschlossen; im übrigen ist es aber zulässig, eine kleinere Zeiteinheit auch bei Überschreiten der nächstgrößeren beizubehalten (7 Wochen; 15 Monate usw.)[141]. Erkennt das Gericht anstelle einer vom Gesetz ausschließlich angedrohten Freiheitsstrafe auf eine Geldstrafe (§ 47 StGB), so ist nur die Geldstrafe anzuführen. Bei der **lebenslangen Freiheitsstrafe** ist außerdem in den Tenor aufzunehmen, wenn das Gericht die **besondere Schwere der Schuld** (§ 57 a Abs. 1 StGB) bejaht[142], nicht dagegen, wenn es sie verneint[143], oder ein Ausspruch über die Mindestverbüßungsdauer[144]. **71**

b) Bei **Geldstrafe** schreibt Absatz 4 Satz 3 vor, daß **Zahl und Höhe** der **Tagessätze** in die Urteilsformel aufzunehmen sind. Dabei genügt es, wenn die Höhe eines Tagessatzes bestimmt wird. Der Gesamtbetrag, der sich aus der Höhe des einzelnen Tagessatzes und der Zahl der Tagessätze ergibt, muß nicht in den Urteilsspruch aufgenommen werden[145]; desgleichen erübrigt sich die Angabe der **Ersatzfreiheitsstrafe**. Ihr Umfang ist jetzt bereits durch § 43 StGB festgelegt[146]. Bewilligte **Zahlungserleichterungen** (§ 42 StGB) sind anzuführen[147]. Bei der **Vermögensstrafe** (§ 42 a StGB) ist ihr zu beziffernder Geldbetrag in den Urteilstenor aufzunehmen sowie die hierauf entfallende Ersatzfreiheitsstrafe, da diese sich aus dem Gesetz nicht von selbst ergibt[148]. **72**

---

138 Seit der Streichung des Absatzes 4 Satz 5 durch das 23. StRÄndG gilt dies ausnahmslos; vgl. KK-*Engelhardt*[4] 36.

139 Vgl. etwa BGH bei *Kusch* NStZ **1992** 226.

140 *Koffka* JR **1969** 394 zu OLG Köln JR **1969** 392; *Kleinknecht/Meyer-Goßner*[44] 31; SK-*Schlüchter* 28; **a. A** KMR-*Paulus* 54 (es genügt, wenn aus den Urteilsgründen ersichtlich).

141 KK-*Engelhardt*[4] 37; *Kleinknecht/Meyer-Goßner*[44] 33; SK-*Schlüchter* 29; vgl. ferner die Kommentare zu §§ 38, 39 StGB.

142 BGHSt **39** 121 = JR **1993** 250 mit Anm. *Meurer*; vgl. BVerfGE **86** 288 = NJW **1992** 2947; dazu *Meurer* JR **1992** 441; BGHSt (GrS) **40** 360; HK-*Julius*[2] 15; KK-*Engelhardt*[4] 33; *Kleinknecht/Meyer-Goßner*[44] 33; SK-*Schlüchter* 25.

143 BGH NJW **1993** 2001.

144 BGH NJW **1997** 878.

145 KK-*Engelhardt*[4] 38; *Kleinknecht/Meyer-Goßner*[44] 34; KMR-*Paulus* 56; SK-*Schlüchter* 30; *Göhler* NJW **1974** 829; *Zipf* JuS **1974** 139; **a. A** *Naucke* NJW **1978** 407; *Vogler* JR **1978** 353. Vgl. die Kommentare zu § 40 StGB mit weit. Nachw. zur Streitfrage.

146 KK-*Engelhardt*[4] 38; KMR-*Paulus* 56; h. M.

147 RGSt **60** 16; *Kleinknecht/Meyer-Goßner*[44] 34; KMR-*Paulus* 60; SK-*Schlüchter* 30; vgl. die Kommentare zu § 42 StGB.

148 Vgl. BGHSt **41** 20; 28; OLG Düsseldorf StV **1996** 549; HK-*Julius*[2] 15; *Kleinknecht/Meyer-Goßner*[44] 34; ferner die Kommentare zu § 43 a StGB, etwa *Tröndle/Fischer*[49] § 43 a, 14.

73   **c)** Wird bei Tatmehrheit nach §§ 53, 54 StGB auf eine **Gesamtstrafe** (Gesamtgeldstrafe) erkannt, ist nur diese in den Urteilsspruch aufzunehmen[149]. Die Anführung der Einzelstrafen im Urteilsspruch ist nicht üblich; sie würde den Urteilsspruch oft unübersichtlich und schwerfällig machen; es genügt, daß die Einzelstrafen in den Urteilsgründen ausgewiesen werden[150]. Bereits rechtskräftig erkannte Einzelstrafen einer früher verhängten Gesamtstrafe, die unter Auflösung der früheren **Gesamtstrafe gemäß § 55** StGB in eine neue **einbezogen** werden, bestehen als solche in dieser fort. Durch die neue Gesamtstrafenbildung entfällt nur die frühere Gesamtstrafe, nicht aber das frühere Urteil[151] und die darin festgesetzten Einzelstrafen. Diese werden so, wie sie rechtskräftig festgesetzt sind, in die neue Gesamtstrafe einbezogen[152]. Der Urteilstenor muß neben dem Wegfall der früheren Gesamtstrafe eindeutig erkennen lassen, welche Einzelstrafen aus der früheren Verurteilung in die neu gebildete Gesamtstrafe einbezogen worden sind. Neben der neuen Gesamtstrafe bleiben nach § 53 Abs. 2 Satz 1 StGB **nicht einbezogene Geldstrafen** und die nicht in die Gesamtstrafe einzubeziehenden **Nebenfolgen** bestehen[153]. Sie müssen aber nicht im Tenor nochmals einzeln aufgeführt werden[154], der pauschale Hinweis, daß sie aufrechterhalten bleiben, genügt. Sind sie allerdings durch Zeitablauf bereits erledigt, wie etwa eine im früheren Urteil ausgesprochene Entziehung der Fahrerlaubnis, ist dies auszusprechen[155]. Strittig ist, wie bei der nachträglichen Bildung einer Gesamtgeldstrafe **Tagessätze unterschiedlicher Höhe** zusammenzufassen sind[156]. Müssen in eine neu zu bildende **einheitliche Jugendstrafe** mehrere rechtskräftige frühere Verurteilungen mit einbezogen werden (§ 31 Abs. 2 JGG), müssen die Urteile, deren Sanktionen übernommen wurden, im Urteilstenor aufgeführt werden[157].

74   Werden Freiheitsstrafe und Geldstrafe **nicht zu einer Gesamtstrafe** zusammengefaßt, so darf auch nicht für den Fall der Uneinbringlichkeit der Geldstrafe eine aus der Freiheitsstrafe und der Ersatzfreiheitsstrafe gebildete Gesamtstrafe festgesetzt werden[158]. Treffen **mehrere Straftaten** zusammen, bei denen jeweils **Freiheitsstrafe** und **Geldstrafe getrennt festgesetzt** werden müssen, so sind aus Freiheitsstrafen und Geldstrafen gesonderte Gesamtstrafen zu bilden[159], nicht dagegen, wenn mehrere Freiheits- und Geldstrafen zu einer einzigen Gesamtfreiheitsstrafe zusammengezogen werden[160].

75   Das erkennende Gericht darf eine ihm mögliche Gesamtstrafenbildung nicht dem **nachträglichen Beschlußverfahren** gemäß § 460 überlassen[161]. Etwas anderes kann u. a. gelten, wenn die Einbeziehung weiterer Strafen den Abschluß des Verfahrens verzögernde Ermittlungen (Aussetzung) erfordern würde[162] oder wenn der Bestand der einzubeziehen-

[149] OLG Oldenburg NdsRpfl. **1951** 56; OLG Hamm JR **1979** 74; h. M vgl. KK-*Engelhardt*[4] 37; *Kleinknecht/Meyer-Goßner*[44] 36; KMR-*Paulus* 57; *Eb. Schmidt* 17. Die Aufnahme der Einzelstrafen in den Urteilstenor ist aber nicht unzulässig. Vgl. RGSt **25** 297 ff; OLG Hamm JMBlNW **1956** 68.

[150] Vgl. BGHSt **4** 345 sowie vorstehende Fußn.

[151] Vgl. BGH bei *Kusch* NStZ **1992** 225: Einbezogen werden nicht das frühere Urteil, sondern die darin ausgesprochenen Strafen.

[152] BGHSt **12** 99; BGH bei *Kusch* NStZ **1992** 225; *Meyer-Goßner* NStZ **1988** 530; KK-*Engelhardt*[4] 37.

[153] Vgl. KG JR **1986** 119 sowie nachf. Fußn.

[154] Vgl. BGH NJW **1979** 2133; BGH nach SK-*Schlüchter* 31; *Meyer-Goßner* NStZ **1988** 530.

[155] BGH bei SK-*Schlüchter* 31; *Meyer-Goßner* NStZ **1988** 530; *Tröndle/Fischer*[49] § 55, 9.

[156] Wegen der Einzelheiten vgl. die Kommentare zu § 55 StGB und den dort nachgewiesenen Streitstand, etwa *Tröndle/Fischer*[49] § 55, 8 ff.

[157] Vgl. BGH bei *Holtz* MDR **1992** 933 sowie die Kommentare zu § 31 JGG.

[158] BayObLGSt **1971** 7 = MDR **1971** 860; **1971** 141 = NJW **1971** 2318; SK-*Schlüchter* 31; vgl. *Meyer-Goßner* NStZ **1988** 530.

[159] BGHSt **23** 200.

[160] BayObLGSt **1971** 141 = NJW **1971** 2318.

[161] BGHSt **12** 1; dazu *Fitzner* NJW **1966** 1206; BGHSt **23** 98; **25** 382; **32** 190; **35** 208; OLG Stuttgart Justiz **1968** 233; KMR-*Paulus* 58; **a. A** *Bohnert* GA **1994** 110; vgl. die Kommentare zu § 55 StGB mit weit. Nachw.; ferner bei § 460, 2 ff.

[162] RGSt **34** 267; **37** 284; BGHSt **12** 1, 10; **23** 98 mit Anm. *Küper* MDR **1970** 885; OLG Hamm NJW **1970** 1200 mit Anm. *Küper* NJW **1970** 1559; KMR-*Paulus* 58.

den Einzelstrafen wegen eines aussichtsreichen Wiedereinsetzungsantrags zweifelhaft ist[163]. In solchen Fällen muß das Urteil in den Gründen darlegen, warum es von der Einbeziehung absieht. Das Schweigen zu einer nach der Sachlage naheliegenden Einbeziehung einer früheren Verurteilung könnte sonst als sachlichrechtlicher Mangel des Urteils gewertet werden[164]. Wegen der weiteren Einzelheiten vgl. bei § 460.

d) Die **Aussetzung einer Strafe** oder einer **Maßregel der Besserung und Sicherung** **76** zur Bewährung ist im Urteilsspruch ausdrücklich anzuordnen (Absatz 4 Satz 4). Schweigt der Urteilsspruch darüber, so bedeutet das, daß die Strafe nicht zur Bewährung ausgesetzt ist. In den Urteilsspruch gehört nur die Anordnung der Aussetzung. Die Dauer der Bewährungsfrist und etwaige Bewährungsauflagen sind in einem gesondert zu verkündenden Beschluß (§ 268 a) festzulegen[165].

e) Bei **Verwarnung mit Strafvorbehalt** (§ 59 StGB) ist sowohl die Verwarnung als **77** auch der Vorbehalt einschließlich der bereits bestimmten Strafe in den Urteilsspruch aufzunehmen[166]. Die Nebenentscheidungen (Bewährungszeit; Auflagen) bleiben einem Beschluß nach § 268 a vorbehalten.

f) Wird **von Strafe abgesehen** (§§ 46 a, 60 StGB), so ist das im Urteilsspruch neben **78** dem Schuldspruch zum Ausdruck zu bringen (Absatz 4 Satz 4)[167]. Der Schuldspruch muß im übrigen den Rdn. 54 ff aufgezeigten Grundsätzen genügen. Die Pflicht, die Kosten des Verfahrens zu tragen, ist ebenfalls auszusprechen[168].

g) Die **Anrechnung der Untersuchungshaft** und anderer Freiheitsentziehungen auf **79** die festgesetzte Freiheits- oder Geldstrafe braucht das Gericht nicht mehr ausdrücklich anzuordnen, da dies nunmehr kraft Gesetzes allgemein vorgeschrieben ist (§ 51 StGB)[169]. Die Anrechnung kraft Gesetzes ist Aufgabe der Strafvollstreckungsbehörde. Dies gilt auch, wenn die Untersuchungshaft für eine nicht zur Verurteilung führenden Tat bereits beendet war, bevor die abgeurteilte Tat begangen wurde[170], oder wenn eine einbezogene rechtskräftige Freiheitsstrafe bereits verbüßt ist[171].

Eine **besondere richterliche Entscheidung** in der Urteilsformel ist nur dann notwen- **80** dig, wenn **ausnahmsweise** eine **konstitutive Entscheidung** ergeht, so, wenn das Gericht abweichend von der Regel anordnet, daß die Anrechnung ganz oder zum Teil unterbleibt[172], oder wenn es den **Maßstab für die Anrechnung** einer Freiheitsentziehung im Ausland nach § 51 Abs. 4 Satz 2 StGB nach seinem Ermessen zu bestimmen hat[173]. Einer Anordnung bedarf es ferner, wenn **Zweifel über die Art und Weise der Anrechnung** bestehen können. Beispiele: Es werden mehrere Freiheitsstrafen oder verschiedenartige Strafen (Geld- und Freiheitsstrafen) nebeneinander verhängt und es muß über die Anrech-

---

163 BGHSt **23** 98 mit Anm. *Küper* MDR **1970** 885.
164 BGHSt **23** 98; OLG Stuttgart Justiz **1968** 233.
165 KK-*Engelhardt*⁴ 39; *Kleinknecht/Meyer-Goßner*⁴⁴ 37; KMR-*Paulus* 59; SK-*Schlüchter* 34.
166 Vgl. Rdn. 12; *Kroschel/Meyer-Goßner* 36; SK-*Schlüchter* 34.
167 Vgl. Rdn. 36; KK-*Engelhardt*⁴ 40; *Kleinknecht/Meyer-Goßner*⁴⁴ 37; KMR-*Paulus* 59; *Kroschel/Meyer-Goßner* 35.
168 Vgl. OLG Hamm VRS **5** (1953) 400; ferner bei § 465.
169 BGHSt **24** 30; **27** 287 (deklaratorische Aufnahme überflüssig); BGHSt **28** 29 = JR **1979** 73 mit Anm. *Tröndle*; BGH NStZ **1983** 524; KK-*Engelhardt*⁴

41; *Kleinknecht/Meyer-Goßner*⁴⁴ 35; KMR-*Paulus* 61; *Mösl* NStZ **1983** 494.
170 BGHSt **28** 29 = JR **1979** 73 mit Anm. *Tröndle*; OLG Schleswig NJW **1978** 115; **a. A** RGSt **58** 95; **71** 140.
171 BGHSt **21** 186 (schon zur früheren Rechtslage); KK-*Engelhardt*⁴ 41.
172 BGHSt **27** 287; *Horstkotte* NJW **1969** 1605; vgl. die Kommentare zu § 51 Abs. 1 Satz 2 StGB.
173 BGH NJW **1990** 228; NStZ **1984** 214; **1985** 21; GA **1982** 470; StV **1982** 72; **1985** 503; OLG Oldenburg NJW **1982** 2741; *Kroschel/Meyer-Goßner* 32; *Mösl* NStZ **1982** 454; **1983** 495; *Kleinknecht/Meyer-Goßner*⁴⁴ 35; SK-*Schlüchter* 32.

nung auf die verschiedenen Strafen entschieden werden[174] oder bei einer die Freiheitsstrafe übersteigenden Dauer der Untersuchungshaft ist klarzustellen, daß die Strafe nicht
durch die Untersuchungshaft in voller Höhe, sondern schon durch die Untersuchungshaft
gleicher Zeitdauer verbüßt ist[175]. Ist der Angeklagte in zwei getrennten Verfahren verurteilt worden, so ist die Untersuchungshaft, die er im zweiten Verfahren erlitten hat, auf die
aus beiden Verurteilungen nach § 55 StGB zu bildende Gesamtstrafe auch dann anzurechnen, wenn sie die Einzelstrafen übersteigt, die in der zweiten Sache verhängt wurden[176].
Eines Ausspruchs über die Anrechnung bedarf es auch, wenn die in einem nach § 154 eingestellten Verfahren erlittene Untersuchungshaft auf die in der anderen Sache erkannte
Freiheitsstrafe angerechnet werden soll[177]. Wird ein Verfahren, für das sich der Angeklagte in Untersuchungshaft befand, später getrennt, so ist bei Freispruch im ersten Urteil
die Entscheidung über Haftentschädigung bzw. Anrechnung der Untersuchungshaft einheitlich dem späteren Urteil vorzubehalten[178]. Nach § 52 a Satz 2, 3 JGG bedarf es einer
ausdrücklichen Entscheidung des Tatrichters[179] über die Anrechnung der Untersuchungshaft auf Jugendstrafe oder Jugendarrest, wenn diese nicht kraft Gesetzes nach § 52 a
Satz 1 JGG angerechnet werden soll[180].

81   Die Anrechnung einer vorläufigen Entziehung der Fahrerlaubnis oder einer Beschlagnahme oder Sicherstellung des Führerscheins auf ein **Fahrverbot** oder eine Sperre für
die Erteilung der Fahrerlaubnis nach § 69 a Abs. 4 StGB wird nach § 51 Abs. 5 StGB ebenfalls automatisch vorgenommen, wenn die Urteilsformel nichts Gegenteiliges bestimmt[181].

82   **5.** Die Anordnung einer **Maßregel der Besserung und Sicherung** (§ 61 StGB) ist mit
dem abstrakten gesetzlichen Wortlaut in die Urteilsformel aufzunehmen[182]. Zugleich sind
die sonstigen Anordnungen zu treffen, soweit diese nach materiellem Recht in den Urteilsspruch und nicht in den besonderen Beschluß nach § 268 a gehören oder dem Vollstrek-
kungsverfahren vorbehalten bleiben können[183]. Die Anordnung, daß die Strafe vor der
Maßregel zu vollziehen ist (§ 67 Abs. 2 StGB), ergeht im Urteilsspruch, desgleichen die
Bestimmung der Reihenfolge der Vollstreckung nach § 73 Abs. 3 Satz 1 StGB.

83   Die **Ablehnung eines Antrags** auf Anordnung einer Maßregel der Sicherung gehört
nur dann in den Urteilsspruch, wenn im **selbständigen Sicherungsverfahren** der Antrag
auf Unterbringung abgelehnt wird (§ 414 Abs. 2 Satz 2). Nur in diesem Falle bildet die
Ablehnung des Antrags den einzigen Inhalt der Entscheidung. In allen übrigen Fällen bildet sie nur einen Teil der im übrigen die Freisprechung oder die Verurteilung ausspre-
chenden Entscheidung, so daß sie nur in den Urteilsgründen zu erörtern ist[184]. Enthält aber
der andere Entscheidungen umfassende Urteilsspruch nichts über die Anordnung einer
Maßregel der Besserung und Sicherung, so bedeutet das Schweigen darüber die Ablehnung eines darauf gerichteten Antrags[185]. Jedoch kann es nicht als unzulässig angesehen

---

[174] BGHSt **24** 290; **27** 287; BGH bei *Dallinger* MDR **1970** 196; OLG Frankfurt NStZ **1990** 147; KK-*Engelhardt*⁴ 41; KMR-*Paulus* 61; SK-*Schlüchter* 32; *Kroschel/Meyer-Goßner* 32. Vgl. auch BGH NJW **1971** 1373; OLG Frankfurt NStZ **1990** 147.

[175] BGH bei *Dallinger* MDR **1974** 544; KK-*Engelhardt*⁴ 41; SK-*Schlüchter* 32.

[176] BGHSt **3** 297; KK-*Engelhardt*⁴ 41; vgl. Fußn. 175, 177.

[177] Vgl. BVerfG StV **1999** 102 (Anrechnung bei funk-tionaler Einheit beider Verfahren); anders wohl OLG Oldenburg NdsRpfl. **1984** 100; KK-*Engelhardt*⁴ 41; SK-*Schlüchter* 32.

[178] OLG Schleswig SchlHA **1976** 71.

[179] Nicht des Revisionsrichters, BGH GA **1972** 366.

[180] Vgl. BGHSt **37** 75 mit Anm. *Walter/Pieplow* NStZ **1991** 332; *Kleinknecht/Meyer-Goßner*⁴⁴ 35 sowie die Kommentare zu § 52 a JGG.

[181] LG Köln VRS **44** (1973) 14; KK-*Engelhardt*⁴ 41; KMR-*Paulus* 61; SK-*Schlüchter* 32.

[182] RG HRR **1940** Nr. 50; BGH MDR **1952** 530; KMR-*Paulus* 62; *Kroschel/Meyer-Goßner* 32.

[183] So die Bezeichnung einer bestimmten Anstalt; vgl. RGSt **70** 176; KK-*Engelhardt*⁴ 36.

[184] Vgl. Rdn. 69; KK-*Engelhardt*⁴ 36; *Kleinknecht/Meyer-Goßner*⁴⁴ 38; KMR-*Paulus* 62; SK-*Schlüchter* 33.

[185] RG HRR **1940** Nr. 50; BGH MDR **1952** 530.

werden, die Ablehnung eines Antrags auf Anordnung einer Maßregel der Besserung und Sicherung im Urteilsspruch selbst zum Ausdruck zu bringen.

Die **einzelnen Maßnahmen** und die dabei im Urteil zu treffenden Entscheidungen **84** sind in den §§ 63 bis 72 StGB geregelt. Dies gilt vor allem auch für die bei **Entziehung der Fahrerlaubnis** in die Urteilsformel aufzunehmenden Entscheidungen[186].

6. Bei einem Berufsverbot[187] muß der Urteilsspruch dessen zeitliche Dauer sowie den **85** Beruf, das Gewerbe oder den Gewerbezweig, dessen Ausübung untersagt wird, genau bezeichnen (Absatz 2)[188]. Das Verbot, „sich als Manager zu betätigen", genügt diesen Anforderungen nicht[189], ebensowenig das Verbot des „Kaufmannsgewerbes"[190] oder „jeder selbständigen Geschäftätigkeit"[191]. Dagegen kann die Untersagung der Ausübung „des Berufs eines Redakteurs oder Verlegers"[192] oder der „Ausübung des Vertreterberufs im weitesten Sinn" noch genügen[193]. Es ist zulässig, einem Gewerbetreibenden, der nur in einem Zweig seines Gewerbes Straftaten begangen hat, die Ausübung dieses Gewerbes allgemein zu untersagen. Die Fassung der Urteilsformel muß jedoch — auch um den Bestimmtheitsanforderungen des § 145 c StGB zu genügen[194] — immer eindeutig zum Ausdruck bringen, welche Berufs- oder Gewerbetätigkeit dem Verurteilten künftig verboten sein soll. Etwaige Zweifel über die Tragweite eines Berufsverbots hat das Gericht nach § 458 zu entscheiden.

7. Verfall, Einziehung, Wertersatz. Wird auf **Verfall** einer Sache oder eines Rechts **86** oder auf **Einziehung** erkannt, so sind die betroffenen Gegenstände grundsätzlich in der Urteilsformel aufzuzählen und einzeln so **genau zu bezeichnen**, daß bei der Vollstreckung ihre zweifelsfreie Identifizierung möglich ist[195]. Dazu kann die Angabe von Art und Menge der einzuziehenden Sachen erforderlich sein[196]. Maßgebend sind die Umstände des Einzelfalls, insbesondere auch, ob der einzuziehende Gegenstand bereits im amtlichen Gewahrsam ist; dann kann eine Gattungsbezeichnung ausreichen[197]. Es kann auch genügen, das „bei der Tat benutzte Messer" einzuziehen, wenn dieses Messer sichergestellt ist und für alle zweifelsfrei erkennbar ist, daß sich die Anordnung nur auf dieses Messer bezieht. Ist dies dagegen nicht der Fall, dann muß das betreffende Messer so genau beschrieben werden, daß feststellbar ist, an welchem Gegenstand der Staat nach §§ 73 d, 74 e StGB mit Rechtskraft des Urteils Eigentum erwirbt und worauf sich das Veräußerungsverbot der §§ 73 d Abs. 2, 74 e Abs. 3 StGB bezieht[198]. Wird ein Kraftfahrzeug ein-

---

[186] Wegen der Einzelheiten vgl. die Kommentare zum StGB.

[187] Zu dessen materiellrechtlichen Voraussetzungen vgl. § 70 StGB.

[188] KK-*Engelhardt*⁴ 42; KMR-*Paulus* 62; SK-*Schlüchter* 33; vgl. auch BGH NJW **1992** 1181 (für ehrengerichtliches Verfahren).

[189] BGH bei *Dallinger* MDR **1958** 139.

[190] BGH bei *Dallinger* MDR **1956** 143; **1958** 783; vgl. aber auch RGSt **71** 69; BGH NJW **1958** 1404 („Verbot jedweden Handelsgewerbes" genügt den Anforderungen).

[191] BGH VRS **30** (1966) 275; BGH bei *Dallinger* MDR **1952** 530; ferner BGH bei *Dallinger* MDR **1974** 12 (zu unbestimmt: „Geschäftätigkeit, die Verfügung über fremde Gelder ermöglicht"); KMR-*Paulus* 62; SK-*Schlüchter* 33.

[192] BGH NJW **1965** 1388; KK-*Engelhardt*⁴ 42; SK-*Schlüchter* 33.

[193] OLG Celle NJW **1965** 265; KMR-*Paulus* 62; strittig; vgl. die Kommentare zu § 70 und § 145 c StGB; ferner BGH NJW **1965** 1389 (Verleger und Redakteur).

[194] Vgl. OLG Karlsruhe NStZ **1995** 446 mit Anm. *Stree*.

[195] RGSt **70** 341; BGHSt **8** 212; **9** 89; BGH bei *Kusch* NStZ **1992** 226; **1996** 22; *Kleinknecht/Meyer-Goßner*⁴⁴ 32; KMR-*Paulus* 63; *Kroschel/Meyer-Goßner* 30.

[196] Z. B. bei Betäubungsmitteln, BGH bei *Kusch* NStZ **1992** 226 und nach KK-*Engelhardt*⁴ 43; *Kroschel/Meyer-Goßner* 31.

[197] BGHSt **9** 88; *Kleinknecht/Meyer-Goßner*⁴⁴ 39; SK-*Schlüchter* 35.

[198] Nach BGH bei *Kusch* NStZ **1994** 228 genügt „das zu diesem Verfahren sichergestellte Falschgeld" nicht.

Walter Gollwitzer

gezogen, sind nach Möglichkeit dessen Zulassungsmerkmale anzuführen[199]. Werden mehrere Gegenstände eingezogen, so kann deren Beschreibung in einer (mitzuverkündenden) **Anlage zum Urteilsspruch** aufgenommen werden[200]. Eine Bezugnahme auf eine in die Anklageschrift aufgenommene Aufstellung dieser Gegenstände oder auf ein Asservatenverzeichnis ist dagegen nicht zulässig, denn das Urteil muß aus sich heraus verständlich sein[201]. Wird eine Schrift allgemein eingezogen, so müssen der volle Titel und das Impressum dieser Schrift in die Urteilsformel oder die Anlage dazu aufgenommen werden[202].

87   Wird der Verfall eines Gegenstands oder die Einziehung **gegen einen Dritten** ausgesprochen (§ 73 Abs. 3, 4, §§ 74, 74 a StGB), so sind dessen **Personalien** im Urteil genau zu bezeichnen[203]. Nur wenn allein der Angeklagte betroffen ist, erübrigt sich dies.

88   Ordnet das Urteil den Verfall oder die Einziehung des **Wertersatzes** an (§§ 73 a, 74 c StGB), so muß es den Betrag des Wertersatzes in der Urteilsformel angeben[204].

89   Der **Vorbehalt der Einziehung** ist zugleich mit der Anweisung, die Gegenstände **unbrauchbar** zu machen oder zu ändern oder über sie in einer bestimmten Weise zu verfügen, in den Fällen des § 74 b Abs. 2 StGB in die Urteilsformel aufzunehmen[205]. Die zur Vermeidung der Einziehung zu treffenden Maßnahmen sind dabei genau zu bezeichnen.

90   **8.** Wird die **Bekanntmachung des Urteils** angeordnet, so muß die Urteilsformel so gefaßt werden, daß die Vollstreckung keinen Schwierigkeiten begegnet[206]. Wenn Zweifel möglich sind, vor allem, wenn nur ein Teil der Verurteilung veröffentlicht werden soll, ist im Urteilsspruch selbst anzugeben, welche Urteilsteile zur Veröffentlichung bestimmt sind[207] und wie diese zu fassen ist. Wird die Veröffentlichung nicht von Amts wegen angeordnet (z. B. im Falle des § 200 Abs. 2 StGB), dann ist der Verletzte, dem die Veröffentlichungsbefugnis zugestanden wird, im Urteil mit Namen zu bezeichnen[208]. Die Art der Bekanntmachung ist unter Festlegung des Veröffentlichungsvorgangs nach Inhalt, Form und Frist genau zu bestimmen. Dem Verletzten darf nicht die Auswahl unter mehreren Tageszeitungen überlassen bleiben[209]. Das Urteil ist ferner so zu fassen, daß von mehreren Verletzten jeder die Veröffentlichung unabhängig von den anderen betreiben kann[210].

91   **9. Nicht vollstreckbare Rechtsfolgen.** Strafen oder Maßregeln der Besserung und Sicherung, die neben anderen Strafen oder Maßregeln nicht vollstreckt werden können, wurden früher im Interesse einer Entlastung des Urteilsspruchs und einer „volkstümlicheren" Fassung nach dem jetzt aufgehobenen Absatz 4 Satz 5 (a. F.) nicht in den Urteilsspruch aufgenommen, sondern nur in den Urteilsgründen ausgewiesen[211]. Für den Haupt-

---

[199] BGHSt **8** 205, 212; SK-*Schlüchter* 35.

[200] BGHSt **9** 89; BGH LM Nr. 28; nach BGH StV **1981** 396; bei *Pfeiffer* NStZ **1981** 295 genügt äußerstenfalls die genaue Beschreibung in den Urteilsgründen.

[201] Vgl. BGH NJW **1962** 2019; bei *Pfeiffer* NStZ **1981** 295; StV **1981** 396; SK-*Schlüchter* 36.

[202] BGHSt **9** 88; BGH NJW **1962** 2019; *Kleinknecht/ Meyer-Goßner*44 39; vgl. die Kommentare zu § 74 d StGB.

[203] KK-*Engelhardt*4 43; SK-*Schlüchter* 35. Wegen der Einzelheiten vgl. die Kommentare zum StGB und bei §§ 436 ff.

[204] KK-*Engelhardt*4 43; *Kleinknecht/Meyer-Goßner*44 39; KMR-*Paulus* 63.

[205] *Kroschel/Meyer-Goßner* 30; vgl. die Kommentare zu § 74 b StGB.

[206] Vgl. die Hinweise dafür in Nr. 231 RiStBV.

[207] BGHSt **10** 311.

[208] BGHSt **3** 377; KK-*Engelhardt*4 44; *Kroschel/Meyer-Goßner* 30.

[209] BayObLGSt **1954** 72; KK-*Engelhardt*4 44; *Kleinknecht/Meyer-Goßner*44 40; SK-*Schlüchter* 37.

[210] BGHSt **10** 311; BayObLGSt **1961** 141; OLG Hamm NJW **1974** 466; KK-*Engelhardt*4 44; KMR-*Paulus* 64; SK-*Schlüchter* 37.

[211] Absatz 4 Satz 5 ist durch Art. 2 Nr. 1 Buchst. a des 23. StRÄndG aufgehoben. Zur Rechtslage bis 1982 vgl. etwa KMR-*Paulus* 54.

anwendungsfall der früheren Regelung, der verwirkten zeitlichen Freiheitsstrafe neben einer lebenslangen Strafe, hatte die vorherrschende Meinung[212] seit Einfügung des § 57 a StGB die Aufnahme einer aus den zeitlichen Freiheitsstrafen zu bildende gesonderte Gesamtstrafe[213] in den Urteilstenor gefordert, desgleichen für mehrere lebenslange Freiheitsstrafen[214] und für freiheitsentziehende Maßregeln der Besserung und Sicherung[215]. Seit der **Neufassung des § 54 Abs. 1 Satz 1 StGB** ist jetzt unter Einbeziehung der Einzelstrafen auf die **lebenslange Freiheitsstrafe als Gesamtstrafe** im Urteilsspruch zu erkennen[216], neben der auch freiheitsentziehende Maßregeln anzuführen sind.

Rechtsfolgen, die durch eine **Anrechnungsregelung** (vgl. Rdn. 79) ausgeglichen und deshalb nicht mehr zu vollstrecken sind, wie eine durch Untersuchungshaft verbüßte Freiheitsstrafe oder ein wegen der Anrechnung der vorläufigen Fahrerlaubnisentziehung nicht mehr zu vollstreckendes Fahrverbot, sind als solche verhängt und deshalb in die Urteilsformel aufzunehmen[217].   **92**

10. Die **Kostenentscheidung** ist ebenfalls Bestandteil der Urteilsformel. Die Einzelheiten sind bei §§ 464 ff erläutert.   **93**

VII. Einstellung (Absatz 3)

1. Allgemeines. Die alte Fassung des § 260 ordnete nur an, daß die Einstellung des Verfahrens auszusprechen sei, wenn bei einer nur auf Antrag zu verfolgenden Straftat sich ergebe, daß der erforderliche Antrag nicht vorliegt, oder wenn der Antrag zurückgenommen sei (§ 260 Abs. 2 **a. F**). Die auf das Vereinheitlichungsgesetz 1950 zurückgehende Fassung des jetzt geltenden Absatzes 3 trägt den Erkenntnissen Rechnung, zu denen Rechtsprechung und Rechtslehre in der Zwischenzeit hinsichtlich der Lehre von den Verfahrensvoraussetzungen gelangt sind[218].   **94**

2. Der **Begriff der Verfahrensvoraussetzungen** und die für sie geltenden Rechtssätze sind in der Einleitung J 43 ff und bei § 206 a näher erläutert[219]. Mangelnde Gerichtsbarkeit oder Gerichtsunterworfenheit oder die Unzulässigkeit der Verfolgung nach Auslieferungsrecht gehören ebenso hierher wie der Verbrauch der Strafklage oder eine fehlende oder unwirksame Anklage oder ein fehlender oder unwirksamer Eröffnungsbeschluß[220], ferner dauernde Verhandlungsunfähigkeit[221] oder das Vorliegen der zur Strafverfolgung   **95**

---

[212] BGHSt **32** 93 = StV **1984** 6 mit Anm. *Beckmann*; BGH NJW **1984** 674; *v. Bubnoff* JR **1982** 444; *Groß* ZRP **1979** 133; *Horn* JR **1983** 382; *Lackner* FS Leferenz 609; **a. A** *Böhm* NJW **1982** 135; vgl. ferner die Kommentare zu §§ 57 a, 66 StGB, aber auch BGH JZ **1986** 454 (keine Sicherungsverwahrung neben lebenslanger Freiheitsstrafe).

[213] BGH bei *Pfeiffer*[2] NStZ **1981** 295; KK-*Engelhardt*[4] 36.

[214] BGH NJW **1984** 674; früher schon RGSt **54** 290.

[215] Für Sicherungsverwahrung neben zusätzlicher zeitiger Freiheitsstrafe waren etwa BGH NJW **1985** 2839; **a. A** *Böhm* NJW **1982** 135; für Unterbringung im psychiatrischen Krankenhaus *Böhm* NJW **1982** 135.

[216] Vgl. die Erläuterungen zu § 54 StGB. Eine Übergangsvorschrift enthält Art. 316 EG-StGB (Art. 4 Nr. 2 des 23. StRÄndG).

[217] BGHSt **29** 58.

[218] Vgl. Einl. J 43 ff.

[219] Vgl. bei § 206 a, auch zum Unterschied zwischen § 260 Abs. 3 und § 206 a; ferner zu den einzelnen Verfahrensvoraussetzungen SK-*Schlüchter* 41; zur strittigen Frage, ob der Tod des Angeklagten ein Verfahrenshindernis ist, vgl. Einleitung J 135 und bei § 206 a; ferner SK-*Schlüchter* 45 mit weit. Nachw.

[220] Vgl. bei § 207, ferner etwa BGHSt **29** 94; 355; **33** 167; BGH IVStZ-RR **1999** 303; StV **1986** 329; **1998** 469; BayObLGSt **1985** 52 = StV **1985** 357 (in sich widersprüchlicher Eröffnungsbeschluß); OLG Frankfurt GA **1992** 136; OLG Karlsruhe StV **1986** 336; OLG Koblenz StV **1995** 119; OLG Zweibrücken StV **1998** 66.

[221] Vgl. etwa BGH StV **1992** 553; **1996** 250; zur Abgrenzung von der die endgültige Einstellung nicht rechtfertigenden vorübergehenden Verhandlungsunfähigkeit vgl. bei §§ 205, 206 a.

notwendigen Strafanträge oder Verfolgungsermächtigungen oder die Bejahung des öffentlichen Interesses sowie die Verjährung oder die Niederschlagung des Verfahrens auf Grund eines Straffreiheitsgesetzes[222].

96   **Kein Verfahrenshindernis** bilden die **überlange Prozeßdauer**[223] oder sonstige schwerwiegende Verfahrensverstöße[224]. Wenn ein Angeklagter erst so spät zu dem gegen ihn erhobenen Vorwurf gehört wird, daß er sich an den Vorgang, der den Gegenstand der zugelassenen Anklage bildet, nicht mehr erinnern kann, etwa bei von einem Polizeibeamten beobachteten Verkehrsverstößen, muß der Richter diesem Umstand bei der Beweiswürdigung dadurch Rechnung tragen, daß er an den Schuldnachweis besonders strenge Anforderungen stellt. Dies hindert aber nicht die Durchführung der Hauptverhandlung[225].

3. Einstellungsurteil; Grundsätzliches

97   **a) Verfahrensentscheidung.** Eine Sachentscheidung ist ausgeschlossen, soweit ein Verfahrenshindernis vorliegt[226]. Das Verfahren ist insoweit in der Regel einzustellen. Es sind aber auch andere Verfahrensentscheidungen möglich. Das Gesetz kann ausdrücklich eine andere Entscheidung vorschreiben, wie etwa die Verweisung nach § 270. Die vorübergehende Einstellung nach § 154 e Abs. 2 ergeht durch Beschluß; § 260 Abs. 3 ist nicht anzuwenden[227]; gleiches gilt für die vorläufige Einstellung wegen Abwesenheit des Angeklagten nach § 205[228]. Bei Verfahrenshindernissen, mit deren **Behebung in absehbarer Zeit** zu rechnen ist, kann es die Prozeßökonomie gebieten, das Verfahren nur zu unterbrechen oder auszusetzen[229], um ihre Beseitigung, etwa die Nachholung eines fehlenden Antrags, zu ermöglichen. Es genügt, wenn die Verfahrensvoraussetzungen im Zeitpunkt der Urteilsfällung gegeben sind[230].

98   Bei **Unzulässigkeit eines Rechtsbehelfs** ist nicht das weitere Verfahren einzustellen, sondern der Rechtsbehelf zu verwerfen[231]. Eine zu Unrecht auf diesen Rechtsbehelf hin ergangene Sachentscheidung ist aufzuheben, etwa, wenn trotz Rechtskraft eines Strafbefehls auf Grund des verspäteten Einspruchs eine Sachentscheidung erlassen worden ist[232]. Wird dagegen in Unkenntnis der Rücknahme des Einspruchs gegen einen Bußgeldbescheid ein Urteil erlassen, so ist die Einstellung des ganzen gerichtlichen Verfahrens möglich, da der Bestand des Bußgeldbescheids dadurch nicht berührt wird[233].

99   **b)** Der **Umfang der Einstellung** reicht so weit wie die fehlende Prozeßvoraussetzung. Sie erfaßt aber die jeweilige Straftat **im vollen Umfang**, auch wenn der Schuldspruch rechtskräftig ist oder nur noch eine Rechtsfolge, wie etwa die Gesamtstrafe, zur Entschei-

---

[222] Vgl. bei § 206 a.

[223] Vgl. Einl. J 53 ff; bei § 206 a und Vor § 213, 22; vgl. aber auch den Sonderfall BGHSt **35** 137.

[224] Vgl. bei § 206 a; Einl. J 53 ff; ferner beispielsweise BGH NStZ **1984** 419 mit Anm. *Gössel* (Kenntnis vom Verteidigungskonzept); BGH StV **1985** 399 mit Anm. *Becker* (Versuch der Polizei, Verurteilung um jeden Preis zu erreichen); BGH NStZ **1985** 464 (Verletzung fremder Hoheitsrechte bei Festnahme); vgl auch *Rieß* JR **1985** 45; SK-*Schlüchter* 42.

[225] OLG Celle NJW **1963** 1320; OLG Düsseldorf NJW **1961** 1734; OLG Schleswig NJW **1963** 455; *Bockelmann* DAR **1963** 321; *Mendler* NJW **1961** 2103; ferner Einl. J 54 ff mit weit. Nachw.; **a. A** *Arndt* NJW **1962** 27; **1963** 455; *Dahs* Das rechtliche Gehör 40.

[226] Einl. J 50 und bei § 206 a; zur Systematik der Einstellungsgründe *Bloy* GA **1980** 161.

[227] BGHSt **8** 151; GA **1979** 223; vgl. bei § 154 e.

[228] Vgl. bei § 205.

[229] RGSt **77** 34; OLG Düsseldorf JMBlNW **1961** 111; KK-*Engelhardt*[4] 46; *Kleinknecht/Meyer-Goßner*[44] 43; KMR-*Paulus* 66; SK-*Schlüchter* 40; *Eb. Schmidt* I Nr. 195; vgl. ferner die Nachw. Fußn. 237.

[230] Vgl. bei § 206 a.

[231] OLG Hamm VRS **41** (1971) 381; zur Frage, ob die wirksame Anfechtung eine Verfahrensvoraussetzung des Rechtsmittelverfahrens ist, vgl. bei § 206 a.

[232] BGH VRS **18** (1960) 157; OLG Karlsruhe DAR **1960** 237.

[233] OLG Koblenz NJW **1973** 2118.

dung offensteht[234]. Im Urteilstenor ist die Einstellung auszusprechen, wenn bei einer selbständigen Tat im Sinne des § 264 oder bei einer von mehreren sachlich zusammentreffenden Straftaten (§ 53 StGB) innerhalb der gleichen Tat im verfahrensrechtlichen Sinn die Voraussetzungen für ein Sachurteil fehlen[235]. Betrifft der Mangel dagegen nur **eine in Tateinheit stehende Gesetzesverletzung** (§ 52 StGB), so entfällt diese, ohne daß im Urteilstenor die Einstellung neben dem verurteilenden Erkenntnis ausgesprochen werden müßte[236]. Wegen der Besonderheiten bei einem noch behebbaren Verfahrenshindernis vgl. Rdn. 102. Die Einstellung im Urteil nach § 260 Abs. 3 beendet das anhängige Strafverfahren. Ist dies aus Gründen der Prozeßwirtschaftlichkeit nicht angezeigt, ist das Verfahren auszusetzen oder zu unterbrechen, in der Rechtsmittelinstanz eventuell auch zurückzuverweisen, nicht aber die Einstellungswirkung durch einen entsprechenden Zusatz im Urteilstenor auf einzelne Verfahrensabschnitte zu beschränken[237].

c) Vorrang der Sachentscheidung. Für eine Einstellung nach Absatz 3 ist kein Raum, **100** wenn die Hauptverhandlung bereits ergeben hat, daß der Angeklagte aus tatsächlichen oder rechtlichen Gründen **freizusprechen** wäre. Dann gebührt dem Sachurteil, das mit dem Freispruch klarstellt, daß sich der Angeklagte keiner Straftat schuldig gemacht hat, der Vorrang vor der Einstellung wegen eines Verfahrenshindernisses[238], etwa auf Grund eines Straffreiheitsgesetzes[239]. Eine Ausnahme würde dann nur gelten, wenn der Freispruch noch nicht gesichert erscheint, weil die naheliegende Möglichkeit besteht, durch eine Aussetzung des Verfahrens zum Zwecke der weiteren Sachaufklärung noch Beweise für die Schuld des Angeklagten zu erlangen[240]. Ist diese Aufklärung durch präsente Beweismittel ohne nennenswerte Verfahrensverzögerung möglich, dann ist es ein nobile officium des Gerichts, vor der Entscheidung diese Beweismittel zu benutzen[241].

d) Einheitlichkeit der Entscheidung. Betrifft das Verfahrenshindernis nur **eine von 101 zwei rechtlich** zusammentreffenden Straftaten, kann im Urteil nur einheitlich entschieden werden[242]. Vor allem darf wegen einer und derselben Straftat im Urteilsspruch nicht gleichzeitig auf Freisprechung und auf Einstellung erkannt werden[243]. Im Urteilsspruch kann jeweils nur einer dieser Gesichtspunkte zum Zuge kommen. Hier wird unterschieden, ob das Verfahrenshindernis bereits endgültig eingetreten ist oder ob es noch entfallen kann.

4. Entscheidung bei behebbarem Verfahrenshindernis. Ist das Verfahrenshindernis **102** noch behebbar, etwa weil die Strafantragsfrist noch nicht abgelaufen ist, dann ist das Verfahren hinsichtlich der jeweiligen Tat im verfahrensrechtlichen Sinn einzustellen, sofern nicht eine **Unterbrechung** oder **Aussetzung des Verfahrens** sachdienlicher ist, weil Wegfall oder Endgültigkeit des Verfahrenshindernisses in absehbarer Zeit geklärt sein

---

[234] BGHSt **8** 269 = JZ **1956** 417 mit Anm. *Jescheck*; BGH NJW **1954** 1776.
[235] OLG Karlsruhe VRS **57** (1979) 114.
[236] BayObLGSt **1963** 157; OLG Stuttgart Justiz **1971** 147; *Kleinknecht/Meyer-Goßner*[44] 43; KMR-*Paulus* 68.
[237] BayObLGSt **1985** 52 = JR **1986** 430 mit abl. Anm. *Ranft*; zweifelnd OLG Köln NJW **1962** 1385; bejahend *v. Steuber* MDR **1978** 890; vgl. bei §§ 206 a, 207; ferner oben Rdn. 97.
[238] RGSt **70** 193; BGHSt **13** 273; **20** 333; BayObLGSt **1963** 47; OLG Celle NJW **1968** 2119; OLG Düsseldorf NJW **1950** 360; OLG Oldenburg NJW **1982** 1166; *Hanack* JZ **1972** 313; *Hillenkamp* JR

1975 140; *Jagusch* NJW **1962** 1417; *Koch* GA **1961** 344; AK-*Wassermann* 17; KK-*Engelhardt*[4] 50; *Kleinknecht/Meyer-Goßner*[44] 44; KMR-*Paulus* 67; SK-*Schlüchter* 47; *Kühl* Unschuldsvermutung 88.
[239] Vgl. vorstehende Fußn.; ferner RG DStR **1937** 206: Fehlt Strafantrag, ist deswegen und nicht auf Grund eines Straffreiheitsgesetzes einzustellen; gleiches gilt bei Verjährung (KK-*Engelhardt*[4] 47).
[240] Vgl. § 244, 57; 58; weit. Nachw. Fußn. 238.
[241] Vgl. § 245, 86.
[242] Vgl. Rdn. 37; 99.
[243] Vgl. BGHSt **1** 231 = LM § 260 Abs. 1 Nr. 4 mit Anm. *Jagusch*; *Kleinknecht/Meyer-Goßner*[44] 46.

wird[244]. Sofern man der Ansicht folgt, daß auch ein Einstellungsurteil das vom Verfahrenshindernis nicht betroffene, rechtlich oder sachlich konkurrierende Delikt mit erledigt, weil es wegen seiner formellen Rechtskraft insoweit wie ein Sachurteil wirkt[245], ist dies zur Erhaltung einer alle Gesichtspunkte der Tat erfassenden Strafverfolgung notwendig, wenn das Gericht das nicht vom Verfahrenshindernis betroffene Delikt für erwiesen hält[246]. Ist umgekehrt wegen des sachlich oder rechtlich konkurrierenden Delikts ein Freispruch angezeigt, darf dieser nach herrschender Meinung nicht isoliert ergehen, da er die Strafklage für die gesamte Tat verbrauchen würde. Ein auf Einstellung lautendes Formalurteil muß die Möglichkeit offenlassen, die Tat später unter dem rechtlichen Gesichtspunkt zu verfolgen, bei dem gegenwärtig die Prozeßvoraussetzungen noch fehlen. Auf das gegenseitige Wertverhältnis der konkurrierenden Gesichtspunkte kommt es insoweit nicht an[247]. Die Einstellung ist auch dann auszusprechen, wenn für das Gericht nicht feststellbar ist, ob das Verfahrenshindernis bereits endgültig eingetreten ist, etwa, wenn die Möglichkeit nicht auszuschließen ist, daß für einen Strafantragsberechtigten die Antragsfrist noch läuft.

5. Entscheidung bei endgültigem Verfahrenshindernis

103   **a) Sachentscheidung.** Steht dagegen fest, daß das **Verfahrenshindernis nicht mehr behebbar** ist, insoweit also eine Sachentscheidung auch in Zukunft nicht mehr ergehen kann, dann ist über die nicht vom Verfahrenshindernis betroffenen Anklagepunkte, selbst wenn sie mit der nicht mehr verfolgbaren Tat in Idealkonkurrenz stehen, eine Sachentscheidung möglich[248]. Ist insoweit Freispruch geboten, bestimmt nach **vorherrschender Auffassung** der schwerer wiegende Vorwurf den Tenor der Urteilsformel[249]. Dem Angeklagten soll billigerweise durch den Freispruch bestätigt werden, daß sich der schwerer belastende Vorwurf, der in der Regel die Optik des Verfahrens in der Öffentlichkeit bestimmt, nicht bestätigt hat. Das Wertverhältnis, das zwischen der nachgewiesenen, aber nicht verfolgbaren und der verfolgbaren, aber nicht nachweisbaren Rechtsverletzung besteht, ist dann maßgebend dafür, ob das Urteil auf Einstellung oder Freispruch lautet. Dies gilt insbesondere, wenn ein angeklagtes Vergehen nicht nachweisbar, die damit rechtlich zusammentreffende Ordnungswidrigkeit aber verjährt ist oder sonst wegen eines endgültig eingetretenen Verfahrenshindernisses nicht mehr abgeurteilt werden kann[250].

---

[244] HK-*Julius*[2] 19; KK-*Engelhardt*[4] 46; *Kleinknecht/ Meyer-Goßner*[44] 43; vgl. Rdn. 97 mit weit. Nachw.

[245] So etwa RGSt **46** 363; BGH GA **1959** 18; SK-*Schlüchter* 46 (Formalentscheidung enthält insoweit auch Sachentscheidung); *Peters* ZStW **68** (1956) 372; *Eb. Schmidt* 28; vgl. Rdn. 115. Wieweit in der Rechtsmittelinstanz die Zurückverweisung statt der Einstellung angezeigt ist, hängt von den Umständen des Einzelfalls ab; vgl. etwa OLG Hamm VRS **53** (1977) 189; OLG Karlsruhe GA **1985** 134 einerseits; OLG Frankfurt VRS **55** (1978) 52 andererseits; ferner § 354, 8.

[246] RGSt **46** 363; **66** 51; **72** 300; BGHSt **1** 231; **7** 261; **32** 10; BGH GA **1959** 18; *Gössel* § 33 C III a 2; *G. Schäfer* 990; KMR-*Paulus* 68; *Eb. Schmidt* 28.

[247] RGSt **72** 300; BayObLGSt **1952** 112; SK-*Schlüchter* 48.

[248] Vgl. Rdn. 99.

[249] RGSt **66** 51; **72** 300; BGHSt **1** 235; **7** 261; **13** 268; BGH GA **1959** 18; bei *Pfeiffer/Miebach* NStZ **1985** 495; BayObLGSt **1961** 186; **1963** 44; **1978** 158 =

MDR **1979** 518; **1963** 44; OLG Bremen VRS **28** (1965) 440; OLG Braunschweig NdsRpfl. **1956** 208; OLG Celle MDR **1957** 117; **1970** 164; OLG Hamburg NJW **1964** 2435; OLG Hamm JMBlNW **1952** 270; VRS **7** (1954) 208; DAR **1955** 307; KG VRS **8** (1955) 468; OLG Köln NJW **1962** 2118; OLG Stuttgart NJW **1957** 1488; **1963** 1417; OLG Schleswig bei *Ernesti/Jürgensen* SchlHA **1963** 190; **1976** 171; *Jagusch* NJW **1962** 1418; *Hertweck* NJW **1968** 1462; *Jagusch* NJW **1962** 1418; *G. Schäfer* 990; KK-*Engelhardt*[4] 51; *Kleinknecht/ Meyer-Goßner*[44] 46; KMR-*Paulus* 68; ferner die Entscheidungen Fußn. 250. Anders *Bindokat* NJW **1955** 1863, der unter Hinweis auf die frühere Rechtsprechung des Reichsgerichts immer die Einstellung für angezeigt hält.

[250] BGHSt **6** 375; BGH GA **1978** 371; OLG Düsseldorf NJW **1982** 2883; OLG Frankfurt NJW **1980** 2824; OLG Karlsruhe MDR **1975** 426; OLG Oldenburg NJW **1985** 1177; *Göhler* NStZ **1986** 22.

Bei **Beurteilung des Wertverhältnisses**, in dem die einzelnen rechtlichen Gesichts- **104**
punkte untereinander stehen, muß von der vom Gesetzgeber vorgenommenen Einteilung
der Straftaten in Verbrechen, Vergehen und Ordnungswidrigkeiten ausgegangen werden[251], innerhalb der gleichen Deliktsart von der Höhe der gesetzlichen Strafdrohun-
gen[252]. Freizusprechen ist auch, wenn die angeklagte vorsätzliche Tat nicht erwiesen und
die fahrlässige Tat verjährt ist[253]. Bei gleicher Schwere bleibt es bei der Einstellung[254].
Eine Wertung, die darauf abstellt, ob eine Tat mit Kriminalcharakter mit einer Tat ohne
einen solchen zusammentrifft[255], wird zwar sehr oft zum gleichen Ergebnis führen, sie ist
aber praktisch wenig brauchbar, vor allem, wenn es sich um Straftaten aus dem Bereich
des Nebenstrafrechts handelt[256].

Eine Minderheit[257] vertritt demgegenüber die Auffassung, daß **in allen Fällen**, in **105**
denen das Verfahrenshindernis endgültig eingetreten ist, die **Sachentscheidung den Vorrang vor der Formalentscheidung** hat. Nach ihr ist stets und ohne Rücksicht auf das
Wertverhältnis der konkurrierenden rechtlichen Gesichtspunkte freizusprechen, wenn die
Tat unter dem einen rechtlichen Gesichtspunkt wegen des Fehlens einer Verfahrensvoraussetzung nicht verfolgbar und unter dem anderen nicht erwiesen ist oder aus Rechtsgründen entfällt. Für diese Auffassung spricht ihre Folgerichtigkeit. Bei einer Verurteilung hat die Sachentscheidung ebenfalls den Vorrang vor der Formalentscheidung, ohne
daß es auf das Wertverhältnis ankommt; denn eine Verurteilung kann niemals allein in
den Urteilsgründen angesprochen werden, sondern immer nur in der Formel, während die
Formalentscheidung, welche die Verfolgbarkeit eines rechtlichen Gesichtspunkts wegen
eines Verfahrenshindernisses verneint, in den Urteilsgründen abgehandelt werden kann.

b) Andere rechtliche Würdigung. Ändert sich bei einer angeklagten Straftat, die nur **106**
ein Strafgesetz verletzt, die rechtliche Würdigung auf Grund des Ergebnisses der Hauptverhandlung und kann die Straftat in der nun hervortretenden rechtlichen Gestalt nicht
verfolgt werden, weil ein Verfahrenshindernis vorliegt, so kommt es nach der vorherrschenden Meinung ebenfalls auf das Wertverhältnis an, das zwischen der in der Anklage
bezeichneten Rechtsverletzung und der nach dem Ergebnis der Hauptverhandlung gesche-
henen Rechtsverletzung obwaltet[258]. Fällt die nicht verfolgbare Rechtsverletzung schwerer ins Gewicht oder ist sie der anderen mindestens gleichwertig, so wird das Verfahren
eingestellt; sonst wird der Angeklagte freigesprochen.

c) Bei irriger Annahme von Tatidentität bedarf es im Hinblick auf eine ohne Eröff- **107**
nungsbeschluß zum Gegenstand des Strafverfahrens gemachten Straftat neben dem Freispruch wegen der angeklagten, aber nicht erwiesenen Straftat keiner ausdrücklichen Einstellung[259]. Einzustellen ist dagegen das Verfahren, wenn wegen einer Namensverwech-
selung der Bußgeldbescheid einer falschen Person zugestellt und über dessen Einspruch
verhandelt wurde[260]. Freispruch und nicht Einstellung ist aber angezeigt, wenn bei einer

---

[251] BGHSt **1** 231; **7** 256; BGH GA **1959** 17; bei *Dallinger* MDR **1951** 495; bei *Pfeiffer/Miebach* NStZ
1985 495; OLG Düsseldorf NJW **1982** 2883; VRS
78 (1990) 112; KK-*Engelhardt*⁴ 51; *Kleinknecht/
Meyer-Goßner*⁴⁴ 46; KMR-*Paulus* 68.
[252] OLG Düsseldorf NJW **1982** 2832; OLG Frankfurt
NJW **1980** 2824; vgl. auch KK-*Engelhardt*⁴ 51;
*Kleinknecht/Meyer-Goßner*⁴⁴ 46.
[253] BGHSt **36** 340.
[254] *Michel* MDR **1993** 110; *Kleinknecht/Meyer-
Goßner*⁴⁴ 46.

[255] *Koch* GA **1961** 344; *Peters* ZStW **68** (1956) 394.
[256] SK-*Schlüchter* 49.
[257] OLG Karlsruhe VRS **57** (1979) 114; HK-*Julius*² 8;
SK-*Schlüchter* 49; *Eb. Schmidt* 27.
[258] Vgl. Rdn. 103; Fußn. 249.
[259] BayObLGSt **1978** 158 = MDR **1979** 518 unter teil-
weiser Aufgabe von BayObLGSt **1970** 29; **1974**
58; ferner KG VRS **64** (1983) 42; OLG Koblenz
VRS **63** (1982) 372; OLG Stuttgart VRS **71** (1986)
295 (unter Aufgabe der früheren Rechtspr.).
[260] OLG Karlsruhe Justiz **1985** 211.

Walter Gollwitzer

angeklagten **fortgesetzten Handlung** die in nichtverjährter Zeit liegenden Tathandlungen nicht erweisbar, die nachgewiesenen aber verjährt sind[261].

6. Sonstige Verfahrensfragen

108   **a) Erörterung der Verfahrensvoraussetzungen in der Hauptverhandlung.** Das Gericht muß **von Amts wegen prüfen**, ob alle erforderlichen Verfahrensvoraussetzungen vorliegen. Da sie jedoch nicht zu den Tatbestandsmerkmalen gehören, so bedarf es ihrer Erörterung in der Verhandlung nur, wenn hierzu Anlaß besteht[262]. — Soweit das Gericht dazu Feststellungen treffen muß, gilt **Freibeweis**[263]; beispielsweise ist es dem Ermessen des Gerichts überlassen, in welcher Weise es das Vorhandensein eines Strafantrags feststellen will. So ist es nicht notwendig, den Antrag zu verlesen[264]; er muß jedoch zum Gegenstand der mündlichen Verhandlung gemacht werden. Die Verlesung wird jedoch meist zweckmäßig sein. Es würde gegen das Gebot zur Gewährung des rechtlichen Gehörs verstoßen, wollte das Gericht das Vorhandensein des Antrags nur im Beratungszimmer aus den Akten entnehmen.

109   **b) Fassung des Urteilsspruchs.** Auch wenn das Gericht für möglich hält, daß eine im Zeitpunkt der Urteilsfällung fehlende Verfahrensvoraussetzung später vorliegen könne, ist schlechthin die Einstellung des Verfahrens, nicht etwa die Einstellung auf Zeit in der Urteilsformel auszusprechen[265]. Es genügt, daß aus den Urteilsgründen hervorgeht, daß und welches Hindernis der Sachentscheidung zur Zeit entgegensteht. Die Wirkung eines auf Einstellung lautenden Urteils hat auch ein unangefochten bleibender, in der Hauptverhandlung ergehender Beschluß des erkennenden Gerichts, durch den es sich sachlich und örtlich für unzuständig erklärt[266].

110   **c)** Für die **Urteilsgründe** fordert § 267 nicht ausdrücklich die positive Feststellung, daß die erforderlichen Verfahrensvoraussetzungen vorliegen oder keine Verfahrenshindernisse bestehen. Deshalb braucht auch, wenn die Strafverfolgung von der Stellung eines Strafantrags abhängt, nicht ausdrücklich festgestellt zu werden, daß er ordnungsgemäß gestellt ist[267]. Ob die Behauptung, daß ein Verfahrenshindernis bestehe, nach § 267 Abs. 2 die Begründungspflicht auslöst, ist ohne praktische Bedeutung, wenn es auch angebracht ist, daß sich die Urteilsgründe dazu äußern. Da das Revisionsgericht, ohne insoweit an die Feststellungen des Tatrichters gebunden zu sein, stets von Amts wegen und selbständig darüber zu entscheiden hat, ob alle Verfahrensvoraussetzungen vorliegen, kann das Schweigen der Urteilsgründe dazu in der Regel für sich allein keinen Revisionsgrund bilden[268].

111   **d) Umfang der Beweisaufnahme bei Einstellung des Verfahrens.** Die Strafprozeßordnung enthält keine Bestimmungen darüber, ob, wenn wegen eines Verfahrenshindernisses das Verfahren einzustellen ist, alsbald und ohne Eingehen auf die Sache das Urteil gefällt werden darf oder ob vorher die Hauptverhandlung, insbesondere die Beweisaufnahme, vollständig durchgeführt werden muß. Die Frage ist je nach der Art des Hindernisses verschieden zu beantworten.

---

[261] BayObLGSt **1963** 4; 52; KMR-*Paulus* 68.

[262] RGRspr. **4** 207.

[263] BGHSt **14** 138; **16** 166; **21** 81; **30** 315; BayObLGSt **1995** 87; ferner etwa OLG Frankfurt NJW **1983** 1208; OLG Karlsruhe GA **1985** 134; KK-*Engelhardt*[4] 40; SK-*Schlüchter* 40; zur Gegenmeinung *Többens* NStZ **1982** 184 mit weit. Nachw. Vgl. ferner Einl. J 52; § 244, 4; § 251, 65 ff.

[264] RGSt **4** 264.

[265] RGSt **4** 211; **41** 155; **52** 264.

[266] BGHSt **18** 1; *Hanack* JZ **1972** 313; vgl. bei § 204.

[267] RG GA **61** (1914) 339.

[268] Vgl. bei § 267; ferner OLG Hamm MDR **1986** 778 (Erforderlichkeit tatsächlicher Feststellungen bei § 109 UrhG).

Ist das Hindernis **unabhängig** von der **strafrechtlichen Würdigung** der Tat und kann **112** infolgedessen das Ergebnis der die Sache selbst betreffenden Beweisaufnahme das Urteil darüber, ob ein Hindernis vorliegt, nicht beeinflussen, so ist es statthaft, alsbald das Urteil zu fällen. Wie nach § 206 a das Verfahren außerhalb der Hauptverhandlung durch Beschluß eingestellt werden darf, wenn ohne Durchführung der Hauptverhandlung ein Verfahrenshindernis einwandfrei festgestellt werden kann, so ist es in der Hauptverhandlung trotz § 245 ohne Durchführung der Beweisaufnahme zur Sache selbst statthaft, das Verfahren durch Urteil einzustellen, wenn das Verfahrenshindernis ohne Beweisaufnahme zur Sache festgestellt werden kann[269].

Anders verhält es sich, wenn das Hindernis von der **strafrechtlichen Würdigung** der **113** Sache **abhängt** und eine Abweichung des Urteils von der Würdigung des Sachverhalts im Eröffnungsbeschluß zu dem Ergebnis führen kann, daß ein Hindernis, das von der Würdigung des Eröffnungsbeschlusses aus bejaht werden müßte, bei einer als möglich in Betracht kommenden anderen Würdigung nicht gegeben ist. In solchen Fällen müßte strenggenommen die Beweisaufnahme stets durchgeführt werden, da rechtlich die Möglichkeit niemals auszuschließen ist, daß sie zu einer anderen Beurteilung der Tat führt (§ 264). Doch würde es dann vielfach zu nutzlosen Beweisaufnahmen kommen. Es ist deshalb richtig, auch in solchen Fällen die **sofortige Urteilsfällung** zuzulassen, sofern das Gericht nach Prüfung der Akten keinen Anhalt für die Annahme findet, es könne die Beweiserhebung eine veränderte Würdigung der Tat zur Folge haben. Das Gericht ist auch durch § 245 Abs. 1 nicht genötigt, einen für die Vorfrage bedeutungslosen Beweis nur deshalb zu erheben, weil die **Beweismittel zur Stelle** sind. Ob ein Antrag nach § 245 Abs. 2 abgelehnt werden kann, weil jeder Zusammenhang mit dem Gegenstand der Urteilsfindung fehlt, beurteilt sich nach den Umständen des Einzelfalls[270]. § 245 greift aber ein, wenn und soweit sich die Beweismittel auf Tatsachen beziehen, auf die es bei der Entscheidung der Vorfrage ankommen kann. Sind einzelne abtrennbare Teile einer fortgesetzten Handlung nach § 154 a Abs. 1 und 2 vorläufig ausgeschieden worden, so müssen sie wieder einbezogen werden, wenn anderweitig die Verjährung der fortgesetzten Tat nicht abschließend beurteilt werden kann[271].

Wieweit das Verfahren fortzusetzen ist, wenn die Voraussetzungen eines **Straffrei-** **114** **heitsgesetzes** gegeben sind, richtet sich mitunter nach den speziellen Vorgaben des jeweiligen Gesetzes[272]. Zur Frage des Übergangs vom Strafverfahren zum Sicherungsverfahren vgl. bei § 416.

e) Wirkung der Einstellung. Das Einstellungsurteil beendet das anhängige Strafver- **115** fahren ebenso wie ein Sachurteil. Es ist der formellen Rechtskraft fähig. Es stellt bindend fest, daß im Zeitpunkt seines Erlasses der Sachentscheidung ein Prozeßhindernis entgegenstand. Auf welches Prozeßhindernis sich diese Entscheidung bezieht und ob die Sachentscheidung dadurch endgültig oder nur vorübergehend ausgeschlossen ist, muß den Urteilsgründen entnommen werden. Hieraus ergibt sich, ob die Bindungswirkung des rechtskräftigen Einstellungsurteils jedes neue Verfahren hindert oder ob nach Wegfall des Hindernisses ein neues Verfahren wegen des von der Einstellung umfaßten Vorwurfs möglich ist. Als Verfahrensentscheidung, die über die sachliche Richtigkeit des angeklagten Vorwurfs nicht befindet, verbraucht die Einstellung als solche die Anklage nicht. Das Einstellungsurteil kann aber zugleich eine im Tenor nicht zum Ausdruck gekommene **Sachentscheidung mit umfassen**, etwa, wenn das Gericht ein ideell konkurrierendes,

---

[269] Vgl. Rdn. 125; ferner § 244, 221; § 245, 86.

[270] Vgl. § 245, 86. Zur Pflicht, präsente Beweismittel auszuschöpfen, wenn zwischen Freispruch und Einstellung zu entscheiden ist, vgl. Rdn. 100.

[271] BGH NJW **1980** 2821; vgl. auch bei § 154 a.

[272] Wegen weiterer Einzelheiten vgl. bei § 206 a.

weniger schwerwiegendes Delikt sachlich geprüft und nicht für erwiesen gehalten hat (vgl. Rdn. 101 f). Insoweit erledigt auch ein formell nur auf Einstellung lautendes Urteil die Strafklage endgültig[273]. Die Tat, deren Nichterweislichkeit in den Urteilsgründen festgestellt ist, kann später nicht erneut angeklagt werden[274], wohl aber die sachlich damit zusammentreffende Straftat hinsichtlich der das Verfahren eingestellt wurde. Daß es sich hierbei um ein und dieselbe Tat im verfahrensrechtlichen Sinn handelt, steht nach der wohl herrschenden Meinung dieser Aufspaltung nicht entgegen. Die Verzehrwirkung der materiellen Rechtskraft reicht nicht weiter als die Befugnis des Gerichts zur Sachentscheidung. Sie umfaßt daher zwar die im Urteil mitenthaltene oder die bei Ausschöpfung des Verfahrensgegenstands (§ 264) mögliche Sachentscheidung[275], nicht aber den wegen eines Verfahrenshindernisses davon ausgenommenen Tatteil[276]. Der Ablauf der Frist für die Verfahrensverjährung nach § 78 b StGB wird auch durch ein Einstellungsurteil gehemmt[277].

VIII. Bezeichnung der angewandten Strafvorschriften (Absatz 5)

116   **1. Allgemeines.** Zur Entlastung der Urteilsformel vom Paragraphenwerk und zur Erleichterung einer zuverlässigen Erfassung des Urteils im Bundeszentralregister (vgl. §§ 5, 20 BZRG) und anderen Registern schreibt Absatz 5 vor, daß nach der Urteilsformel die angewandten Gesetzesbestimmungen aufgeführt werden[278]. Absatz 5 gilt auch im Bußgeldverfahren[279].

117   Die Liste der angewandten Vorschriften gehört **nicht zur Urteilsformel** (vgl.: „nach der Urteilsformel") und auch nicht zu den Urteilsgründen. Sie ist also weder nach § 268 Abs. 2 bei der Verkündung des Urteils zu verlesen[280] noch sonst bekanntzugeben[281]. Sie muß bei der Urteilsverkündung nicht schriftlich vorliegen. Sie kann erst später zusammengestellt werden. Zweckmäßig und auch zur Selbstkontrolle des Gerichts hilfreich ist es allerdings, die Vorschriften bereits bei der Beratung niederzuschreiben, denn in die Liste sind diejenigen Vorschriften genau und detailliert aufzunehmen, auf die das Gericht bei der Beratung sein Urteil gestützt hat[282]. In der schriftlichen Ausfertigung des Urteils ist

---

[273] Dies ist bei einstellenden Urteilen, die das Verfahren wegen der Behebbarkeit des Verfahrenshindernisses nicht endgültig erledigen sollen, im Ergebnis nicht streitig. Umstritten auch in der Konstruktion ist dagegen, ob ein das Verfahren endgültig einstellendes Urteil der materiellen Rechtskraft fähig ist und wie weit gegebenenfalls bei Unanfechtbarkeit seine formelle Sperrwirkung reicht. Vgl. etwa RGSt **25** 150; **32** 51; BGHSt **18** 5; BayObLGSt **1985** 52; KK-*Engelhardt* 48; *Kleinknecht/Meyer-Goßner*[44] 48; Einl. 172. Einen Strafklageverbrauch bezüglich des materiellrechtlichen Gehalts der Verfahrensentscheidung nehmen im unterschiedlichen Umfang an *Gössel* § 33 E III a 2; KMR-*Sax* Einl. XIII 12; *G. Schäfer* 1217; *Schlüchter* 601; ferner *Peters* § 54 III 2; *Peters* ZStW **68** (1956) 374; *Roxin* § 50, 20; *Többens* NStZ **1982** 186. Wegen des Streitstands im einzelnen vgl. bei § 206 a.

[274] RGSt **46** 369; **66** 54; OLG Frankfurt NStZ **1987** 573; *Gössel* § 33 E III a 2; KMR-*Sax* Einl. XIII 12; *Peters* ZStW **68** (1956) 374; *Schlüchter* 601;

G. Schäfer 1217; *Eb. Schmidt* I 270; 28; vgl. auch BGHSt **18** 5; **18** 385; **32** 209.

[275] Vgl. dazu *Peters* ZStW **68** (1956) 374; ferner die Nachw. Fußn. 273.

[276] RGSt **32** 57; **37** 88; **46** 368; BGHSt **18** 5; KK-*Engelhardt*[4] 48; *Kleinknecht/Meyer-Goßner*[44] 48; *Eb. Schmidt* I 269.

[277] BGHSt **32** 209.

[278] *Peters* Der neue Strafprozeß 177 lehnt die Neuregelung ab.

[279] OLG Karlsruhe VRS **54** (1978) 68; KMR-*Paulus* 72; § 72 Abs. 4 OWiG (i. d. F. des Gesetzes vom 7. 7. 1986 – BGBl. I 977) schreibt dies jetzt ausdrücklich vor.

[280] *Grauham* DRiZ **1975** 171; KK-*Engelhardt*[4] 52; *Kleinknecht/Meyer-Goßner*[44] 51; KMR-*Paulus* 72.

[281] BGH NStZ-RR **1997** 166.

[282] Vgl. *Meyer-Goßner* NStZ **1988** 530; *Kleinknecht/Meyer-Goßner*[44] 52; SK-*Schlüchter* 50 (Beurkundung in der Sitzungsschrift zweckmäßig, aber nicht notwendig).

die Liste nach der Urteilsformel vor den Entscheidungsgründen aufzuführen[283]. Die Unterschrift der Richter unter dem Urteil bestätigt auch die Übereinstimmung der Aufstellung mit dem Beratungsergebnis[284].

Anzugeben sind die **angewendeten Rechtsvorschriften** genau nach Gesetz, Paragraphen, Absatz, Nummer, Buchstabe oder sonstiger für die genaue Kennzeichnung vom Gesetzgeber verwendeter Bezeichnung (Artikel, Abschnitt u. a.). Das angewandte Gesetz darf mit der vom Gesetzgeber vorgesehenen oder einer allgemein üblichen Kurzbezeichnung oder Abkürzung angegeben werden; jedoch darf die Eindeutigkeit und Verständlichkeit der Aussage darunter nicht leiden. **118**

Bei **mehreren Angeklagten** ist für jeden eine gesonderte Liste zu erstellen. Nur wenn die anzuführenden Vorschriften bei den Angeklagten vollständig übereinstimmen, ist eine Zusammenfassung vertretbar[285]. **119**

2. Bei Verurteilungen sind sowohl die Vorschriften aufzunehmen, die die Straftat rechtlich bezeichnen, als auch die Vorschriften, die die verhängten Rechtsfolgen bestimmen. Dazu gehören die **angewandten Straftatbestände** mit den einschlägigen Qualifizierungen[286] und Modalitäten, die die Art des Verschuldens, der Beteiligung und besondere Formen der Tatbestandsverwirklichung kennzeichnen (z. B. §§ 22, 25 Abs. 2, 26, 27, 30), ferner die **Angabe des Konkurrenzverhältnisses** mehrerer Strafvorschriften (§§ 52, 53 StGB). Bei **Blankettgesetzen** ist sowohl das einschlägige Blankettstrafgesetz wie auch die ausfüllende Norm genau anzugeben[287]. Bei einer **wahlweisen Verurteilung** sind unter deren Kenntlichmachung die Tatbestände anzuführen, auf die sich die wahlweise Verurteilung stützt[288]. **120**

Die für die **Bestimmung der Rechtsfolgen** maßgebenden Vorschriften müssen ebenfalls in der Liste ausgewiesen werden. Ergibt sich der Strafrahmen nicht bereits aus der die Straftat kennzeichnenden Norm, so sind auch die mitgestaltenden Schärfungs- oder Milderungsvorschriften aufzuzeigen[289], etwa die Vorschriften, die eine Strafmilderung nach den Grundsätzen des § 49 StGB vorsehen. Bei Strafaussetzung zur Bewährung ist § 56 anzugeben; bei einer ausdrücklichen Anordnung über die Anrechnung einer Freiheitsentziehung auf die Strafe (vgl. Rdn. 79 ff) auch die entsprechende Bestimmung des § 51 StGB (z. B. § 51 Abs. 1 Satz 2 oder § 51 Abs. 4 Satz 2) oder § 57 a Abs. 1 Satz 1 Nr. 2 StGB, wenn das Gericht die besondere Schwere der Schuld festgestellt hat[290], ferner § 59 StGB bei Verwarnung mit Strafvorbehalt und § 60 bzw. § 46 a StGB, wenn das Gericht von Strafe abgesehen hat[291]. Vorschriften, die nicht die Besonderheiten des jeweiligen Falls charakterisieren, sondern die in jedem Fall geltende **allgemeine Grundsätze** enthalten, wie etwa § 46 StGB oder bei der Freiheitsstrafe die §§ 38, 39, 47, 49 StGB oder bei der Geldstrafe die §§ 40, 43 StGB, können in der Liste weggelassen werden[292]. Bei Verurteilungen zu einer zwei Jahre nicht übersteigenden Freiheits- oder Gesamtfreiheitsstrafe ist nach der ausdrücklichen Regelung in Absatz 5 Satz 2 außerdem § 17 Abs. 2 BZRG in die Liste aufzunehmen, wenn die Tat oder der nach seiner Bedeutung überwiegende Teil der Taten auf Grund einer **Betäubungsmittelabhängigkeit** begangen wurde. **121**

---

[283] OLG Karlsruhe Justiz **1977** 435; VRS **58** (1980) 263; KK-*Engelhardt*[4] 52; *Kleinknecht/Meyer-Goßner*[44] 53; KMR-*Paulus* 72; SK-*Schlüchter* 50.

[284] *Kleinknecht/Meyer-Goßner*[44] 53; SK-*Schlüchter* 50.

[285] KK-*Engelhardt*[4] 55; *Kleinknecht/Meyer-Goßner*[44] 55; KMR-*Paulus* 73; SK-*Schlüchter* 52; vgl. Nr. 141 Abs. 1 Satz 4 RiStBV.

[286] KK-*Engelhardt*[4] 53; *Kleinknecht/Meyer-Goßner*[44] 57; KMR-*Paulus* 74; *Kroschel/Meyer-Goßner* 58.

[287] *Kleinknecht/Meyer-Goßner*[44] 57; SK-*Schlüchter* 53.

[288] KMR-*Paulus* 74; SK-*Schlüchter* 53.

[289] *Willms* DRiZ **1976** 82.

[290] *Kleinknecht/Meyer-Goßner*[44] 58.

[291] *Kleinknecht/Meyer-Goßner*[44] 58; SK-*Schlüchter* 53.

[292] *Kleinknecht/Meyer-Goßner*[44] 58; KMR-*Paulus* 77.

122   Die Bestimmungen, auf denen die angeordneten **Maßregeln** der **Besserung und Sicherung** oder Nebenfolgen beruhen, sind ebenfalls aufzuzeigen. Gleiches gilt für die Normen, auf die sich eine wegen einer Ordnungswidrigkeit verhängte Geldbuße stützt, wobei im Falle des § 21 Abs. 1 Satz 2 OWiG auch die subsidiäre Bußgeldvorschrift anzuführen ist[293].

123   Die für **Annexentscheidungen** maßgebenden Vorschriften brauchen dagegen nicht in die Liste aufgenommen zu werden. Dies gilt für die Vorschriften über die **Verfahrenskosten** ebenso wie für die Entscheidung über die Entschädigung und für die Bestimmungen, auf die sich die zugleich mit dem Urteil verkündeten Beschlüsse stützen[294].

124   **3.** Bei einem **Freispruch** sind die Vorschriften, auf die sich die Anklage stützt, nicht angewendet worden. Sie sind deshalb nicht in der Liste anzuführen. Beruht der Freispruch dagegen auf § 20 StGB (Schuldunfähigkeit), so ist § 20 StGB anzugeben. Aufzunehmen sind ferner die Vorschriften, die für Rechtsfolgen bestimmend sind, die neben einem Freispruch verhängt werden[295], wie etwa Maßregeln der Besserung und Sicherung, Verfall, Einziehung u. a.

125   **4.** Bei einem **Einstellungsurteil** (nicht bei Beschlüssen nach §§ 153 Abs. 2, 153 a Abs. 2) sind nach dem Wortlaut des Absatzes 5 ebenfalls die angewandten Vorschriften anzuführen. Bei einer Einstellung des Verfahrens wegen Verjährung sind dies die einschlägigen Verjährungsregelungen, insbesondere § 78 StGB[296]. Werden neben der Einstellung Nebenfolgen verhängt, ist deren Rechtsgrundlage (etwa §§ 72 ff StGB zusammen mit § 76 a Abs. 3 StGB) anzuführen[297].

126   **5.** Die **Richtigstellung** der Liste ist möglich, wenn sie das Beratungsergebnis unvollständig oder unrichtig wiedergibt[298]. Das Rechtsmittelgericht darf ebenfalls die vom Erstrichter erstellte Liste berichtigen oder ergänzen, auch wenn es das Rechtsmittel verwirft. Wenn es selbst in der Sache entscheidet, hat es die bei der eigenen Entscheidung angewandten Vorschriften anzugeben, wobei eine eigene Liste zur Klarstellung zweckmäßig ist[299]. Bei Urteilsteilen, die nicht angefochten sind, ist dem Rechtsmittelgericht eine Berichtigung möglich, um die Übereinstimmung mit dem aus Urteilsgründen und Urteilstenor ersichtlichen Beratungsergebnis herzustellen, nicht aber, um einen nicht angefochtenen Urteilsteil rechtlich zu korrigieren[300].

IX. Revision

127   **1.** Nach dem **Inhalt der Entscheidung**, nicht nach der vom Gericht gewählten Bezeichnung beurteilt es sich, ob eine Entscheidung als Urteil zu behandeln und mit den gegen Urteile gegebenen Rechtsmitteln anfechtbar ist[301].

---

[293] KMR-*Paulus* 74.
[294] KK-*Engelhardt*⁴ 53; *Kleinknecht/Meyer-Goßner*⁴⁴ 59; KMR-*Paulus* 77; *Kroschel/Meyer-Goßner* 59.
[295] KK-*Engelhardt*⁴ 54; *Kleinknecht/Meyer-Goßner*⁴⁴ 59; KMR-*Paulus* 75; SK-*Schlüchter* 75.
[296] KK-*Engelhardt*⁴ 54; *Kleinknecht/Meyer-Goßner*⁴⁴ 61; KMR-*Paulus* 76.
[297] *Kleinknecht/Meyer-Goßner*⁴⁴ 61; SK-*Schlüchter* 55.
[298] KK-*Engelhardt*⁴ 52; *Kleinknecht/Meyer-Goßner*⁴⁴ 62; KMR-*Paulus* 78.

[299] KK-*Engelhardt*⁴ 56; *Kleinknecht/Meyer-Goßner*⁴⁴ 62 (berichtigte Fassung).
[300] BGH NJW **1979** 1259; **1986** 1116; BayObLGSt **1972** 1 = MDR **1972** 342; OLG Saarbrücken MDR **1975** 334.
[301] H. M, etwa BGHSt **8** 384; **18** 1; **18** 385; **25** 242; **26** 192; LG Flensburg VRS **68** (1985) 53; vgl. Vor § 296, 43.

2. Mit der Revision kann unter dem Gesichtspunkt eines Verstoßes gegen § 260 Abs. 1 **128** gerügt werden, daß ein Urteil ohne unmittelbar vorausgegangene **Beratung** erlassen wurde[302]. In diesen Fällen wird meist auch ein Verstoß gegen § 258 vorliegen (vgl. § 258, 48; 54). Die Dauer der Urteilsberatung unterliegt nicht der Prüfung durch das Revisionsgericht[303].

3. Ist die **Urteilsformel unrichtig**, so kann dies mit der Verfahrensrüge nach § 260 **129** geltend gemacht werden, wobei die Revisionsbegründung die entsprechenden Tatsachen (§ 344 Abs. 2) vortragen muß[304]. Eine unrichtige Urteilsformel ist jedoch auch im Rahmen der Sachrüge zu beachten[305], da Urteilsformel und Urteilsgründe eine Einheit bilden und einander entsprechen müssen[306]. Beschränkt sich der Fehler auf die **unrichtige Fassung** der Urteilsformel, etwa, weil ein gebotener Teilfreispruch unterblieben ist, so kann das Revisionsgericht dies in der Regel richtigstellen, ohne daß deshalb eine Zurückverweisung erforderlich wird[307], auch ein unrichtiger Schuldspruch kann geändert oder ergänzt oder auch nachgeholt werden, sofern eindeutige Feststellungen in den Urteilsgründen dafür ausreichen[308]. Mit der Revision kann unter dem Blickwinkel eines Verstoßes gegen § 264 auch geltend gemacht werden, daß das Urteil den **Verfahrensgegenstand nicht erschöpft**, weil es einen durch die zugelassene Anklage seiner Kognition unterstellten Sachverhalt übergangen hat[309] oder weil es zu Unrecht seine Entscheidung auf eine Tat erstreckte, die nicht durch eine wirksame Anklage und Eröffnung oder einen diesen gleichzuachtenden Verfahrensvorgang seiner Entscheidung unterstellt worden war[310].

Mit der Revision kann auch gerügt werden, daß das Verfahren zu **Unrecht nach § 260 130 Abs. 3 eingestellt** wurde, sei es, daß überhaupt kein Verfahrenshindernis vorlag[311], sei es, daß wegen des Verfahrenshindernisses eine andere Entscheidung, etwa die Verweisung an ein anderes Gericht oder die Zurückverweisung, geboten war[312] oder aber, daß auf Grund des bereits festgestellten Sachverhalts statt der Einstellung ein Freispruch hätte ergehen müssen[313]. Letzteres kann der Angeklagte rügen; er ist beschwert, wenn statt des möglichen Freispruchs das Verfahren eingestellt wird[314], nicht aber, wenn bei noch ungeklärter Sachlage das Verfahren wegen des Verfahrenshindernisses nicht weitergeführt wurde[315]. Reicht der festgestellte Sachverhalt nicht aus, um zu entscheiden, ob die Aburteilung einer

---

[302] *Hamm* NJW **1992** 3147; HK-*Julius*[2] 26; SK-*Schlüchter* 58; vgl. Rdn. 2; § 258, 48 ff.

[303] BGHSt **37** 141; wegen weit. Einzelheiten vgl. Rdn. 3, 4.

[304] OLG Karlsruhe NJW **1973** 1989.

[305] BGH LM Nr. 7; OLG Karlsruhe VRS **43** (1972) 261; NJW **1973** 1989; HK-*Julius*[2] 26; KMR-*Paulus* 79; SK-*Schlüchter* 60; zur Berichtigung der Formel vgl. BGHSt **34** 11.

[306] Vgl. etwa OLG Hamm JMBlNW **1981** 107; OLG Stuttgart JZ **1951** 345; § 268, 36.

[307] Vgl. etwa BGH bei *Kusch* NStZ **1994** 25; **1995** 220; **1998** 262; OLG Karlsruhe VRS **43** (1972) 261.

[308] OLG Hamm NJW **1981** 697; vgl. aber auch OLG Düsseldorf StV **1985** 361 (kein Ersatz des Freispruchs durch Schuldspruch, wenn Angeklagter wegen des Freispruchs Urteilsfeststellungen nicht angreifen konnte); ferner § 354, 15.

[309] Vgl. Rdn. 26, 40 ff. Soweit allerdings nicht nur ein zur gleichen Tat im verfahrensrechtlichen Sinn gehörender Sachverhalt nicht mit abgeurteilt wurde, sondern eine von mehreren angeklagten selbständi-

gen Taten im Sinne des § 264, kann zweifelhaft sein, ob dies mit der Revision gegen das nicht umfassende Urteil geltend gemacht werden kann; vgl. etwa *Meyer-Goßner* NStZ **1985** 452; ferner Rdn. 26 und bei § 264.

[310] Vgl. Rdn. 95 ff.

[311] Vgl. SK-*Schlüchter* mit Hinweis, daß dann meist auch die Verfahrensrüge greift.

[312] Vgl. etwa BGH NStZ **1996** 47; ferner Rdn. 97.

[313] Vgl. Rdn. 100 mit Nachw.

[314] RGSt **66** 51; BGH GA **1959** 17; OLG Celle MDR **1970** 164; OLG Frankfurt NJW **1980** 2824; OLG Hamburg JZ **1967** 546; OLG Oldenburg NJW **1985** 147; *Göhler* NStZ **1986** 22; HK-*Julius*[2] 27; KK-*Engelhardt*[4] 51; SK-*Schlüchter* 59; *Kleinknecht/Meyer-Goßner*[44] Vor § 296, 14; **a. A** RGSt **46** 370; vgl. § 296, 69; ferner LG Bochum MDR **1978** 510 (Revision des Staatsanwalts).

[315] Zum Abstellen auf die „Freispruchsreife" vgl. *Kleinknecht/Meyer-Goßner*[44] Vor § 296, 14; SK-*Frisch* Vor § 296, 15; ferner Vor § 296, 69 mit weit. Nachw.

Straftat an einem Verfahrenshindernis scheitert, kann das Verfahren an die Vorinstanz zurückverwiesen werden[316].

131   **4.** Ist der im Anschluß an die Urteilsformel zu bringende **Katalog der angewandten Vorschriften** (Absatz 5) unrichtig oder unvollständig, so vermag das für sich allein die Revision nicht zu begründen. Gegenstand der Anfechtung kann allein der im Tenor zum Ausdruck gekommene Urteilsspruch und seine Übereinstimmung mit den Urteilsgründen sein[317]. Die Liste selbst ist nicht Gegenstand der Anfechtung, die in ihr angeführten Vorschriften können allenfalls als Anzeichen dafür herangezogen werden, daß sich hinter einem unklaren Urteil ein Rechtsirrtum verbirgt. Das Revisionsgericht kann ihn ändern oder ergänzen, und zwar auch dann, wenn ein Teil des Urteils bereits unanfechtbar geworden ist[318].

132   Zur **Berichtigung** der Urteilsformel vgl. bei § 268; ferner BGHSt **34** 11.

§ 261

Über das Ergebnis der Beweisaufnahme entscheidet das Gericht nach seiner freien, aus dem Inbegriff der Verhandlung geschöpften Überzeugung.

Schrifttum

Allgemeines. *Albrecht* Überzeugungsbildung und Sachverständigenbeweis in der neueren strafrechtlichen Judikatur zur freien Beweiswürdigung, NStZ **1983** 486; *Alwart* Darf ein Angeklagter aus Mangel an Beweisen verurteilt werden? Eine Studie zur Überzeugungsbildung des Strafrichters (§ 261 StPO), GA **1992** 545; *Arntzen* Psychologie der Zeugenaussage[3] (1993); *Arzt* Zum Verhältnis von Strengbeweis und freier Beweiswürdigung, FS Peters 223; *Atzler* Das Recht des ehrenamtlichen Richters, die Verfahrensakten einzusehen, DRiZ **1991** 207; *Bach* Wider Vermutungen im Strafverfahren, MDR **1976** 19; *Bender* Der Irrtum ist der größte Feind der Wahrheitsfindung vor Gericht, StV **1982** 484; *Bender* Merkmalskombinationen in Aussagen. Theorie und Empirie zum Beweiswert beim Zusammentreffen von Glaubwürdigkeitskriterien (1987); *Bender/Nack* Grundzüge einer Allgemeinen Beweislehre, DRiZ **1980** 121; *Bender/Nack/Röder* Tatsachenfeststellung vor Gericht[2] (1995); *Bendix* Zur Psychologie der Urteilstätigkeit des Berufsrichters (1968); *Berkemann* Die richterliche Entscheidung in psychologischer Sicht, JZ **1971** 537; *Bohne* Zur Psychologie der richterlichen Überzeugungsbildung (1948); *Bruns* Der Verdächtige als schweigeberechtigte Auskunftsperson und als selbständiger Prozeßbeteiligter neben dem Beschuldigten und Zeugen? FS Schmidt-Leichner 1; *Bruns* Richterliche Überzeugung bei Prognoseentscheidungen über Sicherungsmaßregeln, JZ **1958** 647; *Bull* Von der Bequemlichkeit, einem Zeugen zu glauben, DRiZ **1972** 205; *Döhring* Die Erforschung des Sachverhalts im Prozeß (1964); *Esser* Richterrecht, Gerichtsgebrauch, Gewohnheitsrecht, FS von Hippel (1967) 95; *Fezer* Tatrichterlicher Erkenntnisprozeß – „Freiheit" der Beweiswürdigung –, StV **1995** 95; *Fezer* Reduktion von Beweiserfordernissen – Systemverändernde Tendenzen der tatrichterlichen Praxis und der Gesetzgebung, StV **1995** 263; *Fincke* Die Gewißheit als hochgradige Wahrscheinlichkeit, GA **1973** 266; *Fischer* Glaubwürdigkeit aus Glaubwürdigkeit? Zur Abgrenzung von Zirkelschluß und erlaubter Beweiswürdigung, StV **1993** 670; *Fischer* Glaubwürdigkeitsbeurteilung und Beweiswürdigung. Von der Last der „ureigenen Aufgabe", NStZ **1994** 1; *Foth* Tatgericht,

---

316 Zur Zurückverweisung bei fraglichem Verfahrenshindernis vgl. etwa BGHSt **16** 399, 403; OLG Celle MDR **1960** 343; OLG Hamm MDR **1986** 778; OLG Karlsruhe GA **1985** 134; OLG Neustadt GA **1962** 125; ferner OLG Hamm MDR **1986** 778; SK-*Schlüchter* 59; § 337, 33; 36; 41; 58; 60; 64.

317 BGH NStZ-RR **1997** 166; *Meyer-Goßner* **1988** 531; HK-*Julius*[2] 26; SK-*Schlüchter* 61.
318 BayObLGSt **1972** 1 = MDR **1972** 342; OLG Saarbrücken MDR **1975** 334; KMR-*Paulus* 79; vgl. Rdn. 126.

Revisionsgericht – Wer würdigt die Beweise? DRiZ **1997** 201; *Francke* Die irrationalen Elemente der richterlichen Entscheidung, in Heckel, Das Richteramt (1958); *Freund* Normative Probleme der Tatsachenfeststellung (1987); *Geerds* Revision bei Verstoß gegen Denkgesetze oder Erfahrungssätze, FS Peters 267; *Graßberger* Psychologie des Strafverfahrens² (1968); *Greger* Beweis und Wahrscheinlichkeit (1978); *Gschwind/Peterson/Rautenberg* Die Beurteilung psychiatrischer Gutachten im Strafprozeß (1982); *Günther* Die Schweigebefugnis des Tatverdächtigen im Straf- und Bußgeldverfahren aus verfassungsrechtlicher Sicht, GA **1978** 193; *Günther* Judex dormans; MDR **1990** 875; *Guradze* Schweigerecht und Unschuldsvermutung im englisch-amerikanischen und bundesdeutschen Strafprozeß, FS Karl Loewenstein (1971) 151; *Habscheid* Über das Verhältnis Richter und Recht, Beiträge zum Richterrecht (1968); *Hamm* Der strafprozessuale Beweis der Kausalität und seine revisionsrechtliche Überprüfung, StV **1997** 159; *Hanack* Maßstäbe und Grenzen richterlicher Überzeugungsbildung im Strafprozeß, JuS **1977** 727; *Hellmiß* Interpretation und Einbeziehung von kriminaltechnischen Gutachten in die Urteilsfindung – Gedanken über ein grundsätzliches Problem und Vorschläge für eine Vorgehensweise, NStZ **1992** 24; *Herdegen* Tatgericht und Revisionsgericht – insbesondere Kontrolle verfahrensrechtlicher Ermessensentscheidungen, FS Kleinknecht 173; *Herdegen* Bemerkungen zur Beweiswürdigung, NStZ **1987** 193; *Herdegen* Die Rüge des Nichtausschöpfens eines Beweismittels, FS Salger 301; *Herdegen* Die Überprüfung der tatrichterlichen Feststellung durch das Revisionsgericht auf Grund der Sachrüge, StV **1992** 527; *Herdegen* Die Überprüfung der tatrichterlichen Feststellung durch das Revisionsgericht auf Grund einer Verfahrensrüge, StV **1992** 590; *Herdegen* Die strafprozessuale Beweiswürdigungstheorie des Bundesgrichtshofs, FS Hanack 311; *Hetzer* Wahrheitsfindung im Strafrecht (1982); *Hiegert* Die Sphäre der Offenkundigkeit in der Strafprozeßordnung (1980); *Himmelreich* Verwertung der getilgten Ordnungswidrigkeiten, NJW **1978** 800; *v. Hippel* Gefahrurteile und Prognoseentscheidungen in der Strafrechtspraxis (1972); *v. Hippel* Pragmatische Aspekte zur Rollenverkehrung beim Sachverständigenbeweis, FS Peters 285; *Hirschberg* Das Fehlurteil im Strafprozeß (1960); *Höcherl* Die richterliche Überzeugung, FS II Peters 17; *Hruschka* Die Konstitution des Rechtsfalls (1965); *Hruschka* Über Schwierigkeiten mit dem Beweis des Vorsatzes, FS Kleinknecht 191; *Husmann* Zur Revision in Strafsachen. Die Rüge der fehlenden Übereinstimmung des festgestellten Sachverhalts mit dem Inbegriff der Verhandlung, MDR **1977** 894; *Jäger* Subjektive Verbrechensmerkmale als Gegenstand psychologischer Wahrheitsfindung, Kriminologie im Strafprozeß (1980) 173; *Jerouschek* Wie frei ist die freie Beweiswürdigung? GA **1992** 493; *Jung* Der Kronzeuge – Garant der Wahrheitsfindung oder Instrument der Überführung, ZRP **1986** 38; *Käser* Wahrheitserforschung im Strafprozeß (1974); *Kaspar* Freie Beweiswürdigung und moderne Kriminaltechnik, Kriminologische Schriftenreihe Bd. 61 (1975); *Kaufmann* Die Beurteilung hypothetischer Erfolgsursachen in Strafrecht, FS Schmidt 200; *Keller* Verwissenschaftlichung versus Rationalität der strafprozessualen Beweiswürdigung. Ga **1999** 256; *Klug* Die Verletzung von Denkgesetzen als Revisionsgrund, FS Philipp Möhring (1965) 363 ff; *Köhnken/Sporer* Identifizierung von Tatverdächtigen durch Augenzeugen (1990); *Körner* Die Glaubwürdigkeit und die Strafbarkeit von V-Personen, StV **1982** 382; *Krauß* Das Prinzip der materiellen Wahrheit im Strafprozeß, FS Friedrich Schaffstein (1975) 411; *Krauß* Schweigepflicht und Schweigerecht der ärztlichen Sachverständigen im Strafprozeß, ZStW **97** (1985) 81; *Krause* Grenzen richterlicher Beweiswürdigung im Strafprozeß, FS Peters 323; *Krause* Richter und Sachverständiger im Strafverfahren, ZStW **85** (1973) 320; *Kube* Kommunikationsprobleme zwischen Polizei und Gericht, JZ **1976** 17; *Küper* Die Richteridee der Strafprozeßordnung und ihre geschichtliche Grundlage (1967); *Krüger* Beweisführung durch vertrauliche Hinweise, Polizei **1983** 77; *Kuchinke* Grenzen der Nachprüfbarkeit tatrichterlicher Würdigung und Feststellungen in der Revisionsinstanz (1964); *Kunert* Strafprozessuale Beweisprinzipien im Wechselspiel, GA **1979** 401; *Kühl* Freie Beweiswürdigung des Schweigens des Angeklagten und der Untersuchungsverweigerung angehörigen Zeugen, JuS **1986** 115; *Küper* Historische Bemerkungen zur „freien Beweiswürdigung" im Strafprozeß, FS II Peters 24; *Lampe* Richterliche Überzeugung, FS Pfeiffer 353; *Larenz* Über die Bindungswirkung von Präjudizien, FS Hans Schima (Wien 1969) 247; *Lenckner* Mitbeschuldigter und Zeuge, FS Peters 333; *Ling* An den Grenzen rationaler Aufhellbarkeit. Überzeugung und richterliche Verantwortung am Beispiel des Vorsatznachweises bei atypischen Sachverhalten, JZ **1999** 335; *Luther* Freie Beweiswürdigung und ihre revisionsgerichtliche Überprüfung im Strafverfahren, NJ **1994** 294; 364; *Maeffert* „Licht und Schatten". Einzelfragen zur Beurteilung der Glaubwürdigkeit von Polizeibeamten, StV **1982** 386; *Maiwald* Kausalität und Strafrecht, Studien zum Verhältnis von Naturwissenschaften und Jurisprudenz (1980); *Mattil* Überzeugung, GA **1954** 334; *Maul* Die Überprüfung der tatsächlichen Feststellungen durch das Revisionsgericht in der neueren Rechtsprechung des Bundesgerichtshofs, FS Pfeiffer 409; *Meurer* Denkgesetze und Erfahrungsregeln, FS Ernst Wolf (1985) 48; *Meurer* Beweis und Beweisregeln im deutschen Strafprozeß, FS Oehler 357; *Meurer* Beweiswürdigung und Strafurteil, FS Kirchner 249; *Meurer* Beweiserhebung und Beweiswürdigung, GedS Hilde Kaufmann 947; *Meurer* Beweiswürdigung, Überzeugung und Wahrscheinlichkeit, FS Tröndle 533; *Meurer/Sporer* Zum Beweiswert von Personenidentifizierungen (1991); *Meyer-Goßner* Über die „Gerichtskundigkeit", FS Tröndle 551, *Meyer-Goßner* Fortschritt durch Rückschritt um 100 Jahre? DRiZ **1997** 471; *Michel* Einlassung durch den Anwalt? MDR **1994** 648; *Mittendorf* Prozeßvereitelung und Fehlurteil, SchlHA **1973** 2; *Momsen* Zur Zulässigkeit der strafprozessualen Sachrüge bei Angriffen gegen die Beweiswürdigung, GA **1998** 564; *Müller-Luckmann* Spezielle Probleme psychiatrisch-psychologischer Begutachtung (Glosse), FS Schüler-Springorum, 557; *Nack* Der Indizienbeweis, MDR **1986** 366; *Nack* Verteidigung bei der Glaubwürdigkeitsbeurteilung von Aussagen, StV **1994** 555; *Nell* Wahrscheinlichkeitsurteile in juristischen Entscheidungen (1983); *Nickl* Das Schweigen des Beschuldigten und seine Bedeutung für die Beweiswürdigung, Diss. München 1978; *Niemöller* Die strafrichterliche Beweiswürdigung in der neueren Rechtsprechung des Bundesgerichtshofes, StV **1984** 431; *Odenthal* Die Gegenüberstellung zum Zwecke des Wiedererkennens, NStZ **1985** 433; *Pelz* Die revisionsgerichtliche Überprüfung der tatrichterlichen Beweiswürdigung, NStZ **1993** 361; *Peters* Fehlerquellen im Strafprozeß Bd. 1 bis 3 (1970, 1972, 1974); *Peters* Zur Problematik der freien Beweiswürdigung, Kriminologische Aktualität (1974) 29; *Peters* Übergänge im Strafprozeß. Dargestellt am Grundsatz der freien Beweiswürdigung, FS Rudolf Gmür (1983) 311; *Pötters* Richterrecht und richterliches Gewissen, Beiträge zum Richterrecht (1968); *Prüfer* Aussagebewertung in Strafsachen. Abgrenzungsmerkmale und Beurteilungskriterien (1986); *Renning* Die Entscheidungsfindung durch Schöffen und Berufsrichter in rechtlicher und psychologischer Sicht (1993); *Richter* II Reden – Schweigen – Teilschweigen. Anmerkungen zum Verteidigungsverhalten eines Beschuldigten, StV **1994** 687; *Rieß* Zur Revisibilität der freien tatrichterlichen Überzeugung, GA **1978** 257; *Rödig* Die Theorie des gerichtlichen Erkenntnisverfahrens (1973); *Rogall* Der Beschuldigte als Beweismittel gegen sich selbst (1977); *Roschmann* Das Schweigerecht des Beschuldigten im Strafprozeß. Seine rechtlichen und tatsächlichen Grenzen, Diss. Bremen 1983; *Sachs* Beweiswürdigung und Strafzumessung (1932); *Samson* Hypothetische Kausalverläufe im Strafrecht (1972); *Sarstedt* Beweisregeln im Strafprozeß, FS Hirsch 171; *G. Schäfer* Freie Beweiswürdigung und revisionsrechtliche Kontrolle, StV **1995** 147; *Schefold* Zweifel des erkennenden Gerichts (1971); *Schindler/Stadler* Tatsituation oder Fahndungsfotos, StV **1991** 38; *Schlothauer* Unvollständige und unzutreffende tatrichterliche Urteilsfeststellungen, StV **1992** 134; *Schlüchter* Wahrunterstellung und Aufklärungspflicht bei Glaubwürdigkeitsfeststellungen (1992); *B. Schmitt* Die richterliche Beweiswürdigung im Strafprozeß (1992); *Schneider* Logik für Juristen^2 (1972); *Schneider* Der mögliche Einfluß von Soziologie und Psychologie auf den Entscheidungsvorgang des Richters, DRiZ **1975** 265; *Schneider* Die strafprozessuale Beweiswürdigung des Schweigens des Beschuldigten und angehörigen Zeugen, Jura **1990** 572; *Schöneborn* Das Problem der Rollenvertauschung und des Zeugnisverweigerungsrechts bei mehreren Mitbeschuldigten in vergleichender Betrachtung, ZStW **86** (1974) 921; *Schreiber* Akteneinsicht für Laienrichter, FS Welzel 941; *Schulz* Sachverhaltsfeststellung und Beweistheorie (1992); *Schweling* Die Revisibilität der Erfahrung, ZStW **83** (1971) 435; *Sello* Die Irrtümer der Strafjustiz und ihre Ursachen (1911); *Stamp* Die Wahrheit im Strafverfahren; eine Untersuchung zur prozessualen Wahrheit unter besonderer Berücksichtigung der Perspektive des erkennenden Gerichts in der Hauptverhandlung, Diss. Kiel 1998; *Steffen* Der Geständniswiderruf als forensisches Erkenntnisproblem, StV **1990** 563; *Stein* Das private Wissen des Richters (1893); *Stimpfig* Prüfkriterien für den Aussagewert eines Zeugenbeweises, MDR **1995** 451; *Täschner* Probleme der Aussagetüchtigkeit bei Drogenabhängigen, NStZ **1993** 322; *Terhorst* Information und Aktenkenntnis der Schöffen im Strafprozeß, MDR **1988** 809; *Thomann* Der Polizeibeamte als Zeuge, Kriminalistik, **1982** 110; 156; *Vest* Zur Beweisfunktion des materiellen Strafrechts im Bereich des objektiven und subjektiven Tatbestandes, ZStW **103** (1991) 584; *Vogler* Die strafschärfende Verwertung strafbarer Vor- und Nachtaten bei der Strafzumessung und die Unschuldsvermutung, FS Kleinknecht (1985) 429; *Volk* Anscheinsbeweis und Fahrlässigkeit im Strafprozeß, GA **1973** 177; *Volk* In dubio pro reo und Alibibeweis, JuS **1975** 25; *Volk* Wahrheit und materielles Recht im Strafprozeß (1980); *Volk* Diverse Wahrheiten, FS Salger 411; *Volk* Kausalität im Strafrecht, NStZ **1996** 105; *Wagner* Die

Beweiswürdigungspflicht im tatrichterlichen Urteil im Falle der Verurteilung, ZStW **106** (1994) 259; *Walter* Freie Beweiswürdigung (1979); *Walter* Sachverständigenbeweis zur Schuldfähigkeit und strafrichterliche Überzeugungsbildung, Diss. Berlin 1982; *Waider* Die Bedeutung der präsumptio doli für die Strafrechtsentwicklung in Deutschland, JuS **1972** 305; *Weimar* Psychologische Strukturen richterlicher Entscheidung (1969); *Wimmer* Parapsychologen als Sachverständige, NJW **1976** 1131; *Wimmer* Parapsychologie, Wissenschaft und Rechtsordnung, NJW **1979** 5; *Wohlers* Generelle Kausalität als Problem richterlicher Überzeugungsbildung, JuS **1995** 1019, *Ziegert* Die prozessuale Wahlfeststellung, StV **1996** 279.

Zum Grundsatz im Zweifel für den Angeklagten: *Bringewat* Fortsetzungstat und in dubio pro reo, JuS **1970** 329; *Foth* Bemerkungen zum Zweifelssatz (in dubio pro reo), NStZ **1996** 423; *Frisch* Zum Wesen des Grundsatzes in dubio pro reo, FS Henkel 273; *Hauf* Beweisverwertungsverbot: „In dubio pro reo" beim Nachweis von Verfahrensfehlern, MDR **1993** 195; *Heine* Beweislastumkehr im Strafverfahren, JZ **1995** 651; *v. Hippel* Über funktional gleichwertige Tatbestandsbildungen im Strafprozeß, FS Oehler 43; *Holtappels* Die Entwicklungsgeschichte des Grundsatzes in dubio pro reo (1960); *Hoyer* Der Konflikt zwischen richterlicher Beweiswürdigungsfreiheit und dem Prinzip „in dubio pro reo", ZStW **105** (1993) 523; *Lehmann* Die Behandlung zweifelhaften Tatverstoßes im Strafprozeß (1983); *Mann* Die Anwendbarkeit des Grundsatzes „In dubio pro reo" auf Prozeßvoraussetzungen, ZStW **76** (1964) 264; *Michael* Der Grundsatz in dubio pro reo im Strafverfahrensrecht (1981); *Montenbruck* In dubio pro reo (1985); *Sax* Zur Anwendbarkeit des Satzes in dubio pro reo im prozessualen Bereich, FS Stock 143; *Seibert* In dubio pro reo und Revision, NJW **1955** 172; *Stree* In dubio pro reo (1962); *Terhorst* Bewährungsprognose und der Grundsatz in dubio pro reo, MDR **1978** 973; *Volk* In dubio pro reo und Alibibeweis, JuS **1975** 25; *Wolter* Contra in dubio pro reo, MDR **1981** 441.

Zur Verurteilung auf Grund mehrdeutiger Tatsachenfeststellungen: *Beulke/Fahl* Prozessualer Tatbegriff und Wahlfeststellung – Strafprozessuale Probleme bei alternativen Tatsachenfeststellungen Jura **1998** 262; *Blei* Wahlfeststellung zwischen Vorsatz und Fahrlässigkeit, NJW **1954** 500; *Dreher* Im Irrgarten der Wahlfeststellung, MDR **1970** 369; *Endruweit* Die Wahlfeststellung und die Problematik der Überzeugungsbildung, der Identitätsbestimmung, der Urteilssyllogistik sowie der sozialen und personalen Gleichwertigkeit von Straftaten (1973); *Fuchs* Die Wahlfeststellung zwischen Vorsatz und Fahrlässigkeit im Strafrecht, Diss. Freiburg 1962; *Fuchs* Wahlfeststellung und Tatidentität, NJW **1966** 1110; *Fuchs* Die rechtethische und psychologische Vergleichbarkeit bei der Wahlfeststellung, DRiZ **1967** 16; *Fuchs* Zur Wahlfeststellung, DRiZ **1968** 16; *Günther* Verurteilungen im Strafprozeß trotz subsumptionsrelevanter Tatsachenzweifel (1976); *Heinitz* Die Grenzen der zulässigen Wahlfeststellung im Strafprozeß, JZ **1952** 100; *Heinitz* Zum Verhältnis der Wahlfeststellung zum Satz in dubio pro reo, JR **1957** 126; *v. Hippel* Zum Problem der Wahlfeststellung, NJW **1963** 1533; *v. Hippel* Über funktional gleichwertige Tatbestandsbildungen im Strafprozeß, FS Oehler (1985) 43; *Hruschka* Zum Problem der Wahlfeststellungen, MDR **1967** 265; *Hruschka* Zur Logik und Dogmatik von Verurteilungen aufgrund mehrdeutiger Beweisergebnisse im Strafprozeß, JZ **1970** 637; *Hruschka* Wahlfeststellung zwischen Diebstahl und sachlicher Begünstigung? NJW **1971** 1392; *Jakobs* Probleme der Wahlfeststellung, GA **1971** 257; *Joerden* Postpendenz- und Präpendenzfeststellungen im Strafverfahren, JZ **1988** 847; *Küper* Wahlfeststellung und Anwendung des § 158 StGB bei einander widersprechenden Zeugenaussagen, NJW **1976** 1828; *Küper* Probleme der „Postpendenzfeststellung" im Strafverfahren, FS Lange 65; *Mannheim* Zur wahldeutigen Tatsachenfeststellung, ZStW **44** (1924) 440; *Montenbruck* Wahlfeststellung und Werttypus im Strafrecht und Strafprozeßrecht (1976); *Montenbruck* Wahlfeststellung – und kein Ende, GA **1988** 531; *Nüse* Das Problem der Zulässigkeit von Alternativschuldfeststellungen, Strafrechtl. Abh. 324; *Nüse* Die Zulässigkeit von wahlweisen Feststellungen, GA **1953** 33; *Otto* In dubio pro reo und Wahlfeststellung, FS Peters 373; *Rheinen* Zur Praxis der Wahlfeststellungen im Strafprozeß, NJW **1957** 942; *Richter* Die Postpendenzfeststellung, Jura **1994** 130; *Sax* Wahlfeststellung bei Wahldeutigkeit mehrerer Taten, JZ **1965** 745; *von Schack* Die Grenzen der wahldeutigen Feststellungen im Strafrecht, Strafrechtl. Abh. 380; *Schaffstein* Die neuen Voraussetzungen der Wahlfeststellung im Strafverfahren, NJW **1952** 725; *Schneidewin* Vollrausch und Wahlfeststellung, JZ **1957** 324; *Schönke* Wahlfeststellung im Strafprozeß, DRiZ **1947** 48; *Schorn* Die Problematik wahlweiser Feststellungen im Strafprozeß, DRiZ **1964**

45; *Schröder* Wahlfeststellung und Anklageprinzip, NJW **1985** 780; *Schulz* Wahlweise Feststellung einer nicht verwirklichten Straftat, NJW **1983** 268; *Schulz* Wahlfeststellung und Tatbestandsreduktion, JuS **1974** 635; *Schwarz* Rauschtat und Wahlfeststellung, NJW **1957** 401; *Siever* Das Verhältnis der wahldeutigen Feststellung zu dem Grundsatz in dubio pro reo, Diss. Münster 1950; *Tröndle* Zur Begründung der Wahlfeststellung, JR **1974** 133; *Weber* Zur Frage der Zulässigkeit der Wahlfeststellung im Strafrecht, Diss. Freiburg 1950; *Willms* Zum Begriff der Wahlfeststellung, JZ **1962** 628; *Wolter* Alternative und eindeutige Verurteilung auf mehrdeutiger Tatsachengrundlage im Strafrecht (1972); *Wolter* Wahlfeststellung und in dubio pro reo (1987); *Zeiler* Verurteilung aufgrund wahldeutiger Tatsachenfeststellung, ZStW **40** (1919) 168; *Zeiler* Verurteilung auf wahldeutiger Tatsachengrundlage, ZStW **64** (1952) 156; *Zeiler* Zur Frage der Verurteilung auf wahldeutiger Tatsachengrundlage, ZStW **72** (1960) 4. Weiteres Schrifttum: zu den Beweisverboten vgl. Einleitung vor Abschn. K; zur Revisibilität der Beweiswürdigung und der Tatsachenfeststellung vgl. Vor § 337; zur Wahlfeststellung vgl. die Kommentare zum StGB.

Bezeichnung bis 1924: § 260.

Übersicht

Alphabetische Übersicht

Walter Gollwitzer

I. Bedeutung

1. § 261 ist eine das **ganze Strafverfahren bestimmende Grundsatznorm**. Aus ihr **1** folgt, daß die für das Urteil maßgebenden tatsächlichen Feststellungen als Ergebnis einer in sich schlüssigen, nachvollziehbaren logischen Würdigung aller für und gegen sie sprechenden Umstände auch von der **vollen persönlichen Überzeugung** des Richters von ihrer Richtigkeit getragen werden müssen. Beides ist erforderlich, um aufzuzeigen, daß das Gericht selbst von der Richtigkeit seines Urteils überzeugt ist und daß es diese Gewißheit frei von sachfremden Überlegungen und Willkür gewonnen hat[1]. Erst dadurch wird der Schuldspruch zu dem über einen bloßen Verdacht oder eine Vermutung hinausreichenden „gesetzlichen Nachweis" der Schuld, der notwendig ist, um die verfassungsrechtlich durch Rechtsstaatsprinzip und Grundrechtsschutz und international durch Art. 6 Abs. 2 MRK, Art. 14 Abs. 2 IPBPR garantierte **Unschuldsvermutung**[2] zu widerlegen[3].

2   Diese subjektive Gewißheit[4] kann nicht durch die Bindung des Richters an eine zu Beweisregeln verfestigte „generalisierte Durchschnittserfahrung" gewonnen werden, sondern nur durch einen individuellen Erkenntnisakt, der nach vorangegangener rationaler Würdigung der Beweisergebnisse auf Grund logischer Schlußfolgerungen den für die Rechtsanwendung erheblichen Sachverhalt persönlich für erwiesen hält. Die hierin liegende **Freiheit der Beweiswürdigung**, die § 261 festlegt, bildet neben der Pflicht des Gerichts zur Erforschung der Wahrheit (§ 244 Abs. 2) einen tragenden Eckpfeiler des Beweisrechts[5]. Durch das damit verknüpfte Gebot, die richterliche Überzeugung nur aus dem **Inbegriff der Hauptverhandlung** zu schöpfen, sichert § 261 in Ergänzung der §§ 250 ff auch die Grundsätze der **Unmittelbarkeit** und **Mündlichkeit**[6]. Das Verfassungsgebot zur Gewährung des **rechtlichen Gehörs** wird dadurch in der bestmöglichen Form, nämlich der Beweiserhebung in Gegenwart aller Verfahrensbeteiligten, verwirklicht[7].

3   **2. § 261 umfaßt im wesentlichen folgende Pflichten des Gerichts:**
Der Richter darf seine Überzeugung von den Tatsachen, auf die sich seine Entscheidung über Schuld und Strafe stützt, nur aus dem **Inhalt der Hauptverhandlung** selbst, nicht aber aus anderen Erkenntnisquellen, wie etwa den Akteninhalt oder privates Wissen, schöpfen[8].

4   Der Richter darf seine Entscheidung nur die **eigene Überzeugung**, nicht aber die von ihm nicht voll geteilte Meinung anderer Personen zugrunde legen[9]. In Berücksichtigung des Grundsatzes, daß im Zweifel zugunsten des Angeklagten zu entscheiden ist[10], darf er ein verurteilendes Erkenntnis nur auf Tatsachen stützen, die er nach umfassender Würdigung aller in die Hauptverhandlung zulässig eingeführten Erkenntnisquellen selbst für erwiesen hält. Bei dieser Wertung ist er — selbstverständlich nur in den Grenzen der auch hier geltenden Verpflichtung zu einer alle objektiven Gegebenheiten einbeziehenden rationalen und intersubjektiv nachvollziehbaren Beurteilung[11] — grundsätzlich unabhängig. Er ist insoweit nicht gezwungen, etwas gegen seine Überzeugung für erwiesen zu hal-

---

[1] Vgl. etwa BVerfGE **18** 85, 96; **74** 102, 127.

[2] Vgl. etwa BVerfGE **19** 342, 347; **22** 254, 265; **74** 385, 370; **82** 106, 114; BVerfG NJW **1991** 1530; dazu Einl. I 75 ff, Vor § 226, 23 und bei Art. 6 MRK (24. Aufl. Rdn. 105 ff); ferner KMR-*Stukkenberg* 74.

[3] HK-*Julius*[2] 2; *Kleinknecht/Meyer-Goßner*[44] 2; SK-*Rogall* Vor § 133, 76.

[4] Der Begriff der Gewißheit wird in verschiedener Weise gebraucht, oft als Synonym für Überzeugung im Sinne von subjektivem Nichtbezweifeln; nach *Greger* 21 sollte er nur für die objektive Unbezweifelbarkeit verwendet werden.

[5] Zur Entwicklung des Grundsatzes der freien Beweiswürdigung *Jerouschek* GA **1992** 493; *Meurer* FS Kirchner 249; ferner *Fezer* StV **1995** 95; NStZ **1987** 194; StV **1992** 528; *Krause* FS Peters 323; *Kunert* GA **1979** 401; *Küper* FS II Peters 25; AK-*Maiwald* 2; KMR-*Stuckenberg* 18 ff.

[6] BGH NStZ **1988** 374; NJW **1990** 585; Einl. H 50 ff; § 250, 1; *Geppert* 138; 141; ferner zum Zusammenhang dieser Grundsätze mit dem Erfordernis der subjektiven Überzeugung *Peters* FS Gmür 319; *Walter* 329; SK-*Schlüchter* 3.

[7] Einl. H 73, 86; vgl. *Geppert* 236 ff.

[8] Vgl. etwa AK-*Maiwald* 3; 5; SK-*Schlüchter* 15 ff (Rahmenfunktion); sowie Rdn. 29 ff.

[9] Vgl. etwa BGH **17** 382; **29** 109; **34** 15; BGH bei *Dallinger* MDR **1973** 190; OLG Saarbrücken VRS **30** (1966) 52; dies gilt auch für die Gutachten Sachverständiger, vgl. SK-*Schlüchter* 5, sowie Rdn. 90.

[10] Vgl. Rdn. 103 ff.

[11] H. M; etwa KK-*Engelhardt*[4] 13; SK-*Schlüchter* 4; KMR-*Stuckenberg* 27 (keine Freistellung von den Regeln einer rationalen Argumentation).

ten[12]. Die Beweisfragen hat er grundsätzlich ohne Bindung durch ein System vorgegebener, formaler **Beweisregeln** zu entscheiden[13]. Das Gesetz kann Ausnahmen von diesem Grundsatz zulassen. Diese sind jedoch eng zu begrenzen. Der Kernbereich der verfassungsmäßig garantierten richterlichen **Unabhängigkeit** (Art. 97 GG) darf durch diese Ausnahmen nicht ausgehöhlt werden[14].

Damit diese Freiheit nicht zur Willkür werde, erwächst aus ihr die **Pflicht** für das **5** Gericht, sie auch **selbst zu nutzen**. Seine Mitglieder müssen alle Vorgänge der Hauptverhandlung mit uneingeschränkter Aufmerksamkeit zur Kenntnis nehmen und alle in der Hauptverhandlung zulässig gewonnenen Erkenntnisse und Beweisergebnisse in ihre Überlegungen einbeziehen und **erschöpfend würdigen**[15].

3. Verhältnis zu § 267. § 261 betrifft die Überzeugungsbildung der Richter als Grund- **6** lage der Urteilsfindung, § 267 die nachträgliche Dokumentation der tragenden Urteilsgründe[16]. Die Beachtung des § 261 und die Einhaltung der daraus hergeleiteten Grundsätze kann jedoch von den nachfolgenden Instanzen nur an Hand dessen überprüft werden, was in den Urteilsgründen festgehalten worden ist oder dort nach § 267 bzw. nach den von der Rechtsprechung aus dem materiellen Recht und aus § 261 entwickelten Anforderungen an die lückenlose Wiedergabe der Beweiswürdigung im Urteil hätte festgehalten werden müssen[17]. Beide Vorschriften überdecken sich deshalb vielfach trotz ihrer in der Zielsetzung unterschiedlichen Regelungsgegenstände. In der nicht einheitlichen Rechtsprechung wird von Fall zu Fall einmal der eine oder der andere Gesichtspunkt in den Vordergrund gestellt[18].

II. Die richterliche Überzeugung

1. Wesen der Überzeugung

a) Begriff. Unter **Überzeugung** ist eine bestimmte, aus dem Inbegriff der Verhandlung **7** erwachsene, innere Stellungnahme des Richters zum Gegenstand der Untersuchung zu verstehen. Der Richter muß seine Überzeugung von einem tatsächlichen Hergang nach einer gewissenhaften Prüfung der vorgeführten Beweise auf Grund objektivierbarer, rational einleuchtender, nachvollziehbarer Erwägungen[19] gewinnen unter strenger Beachtung des Grundsatzes, daß von mehreren Möglichkeiten allemal die dem Angeklagten günstigere anzunehmen ist. **Überzeugt** ist er aber erst, wenn er die unter Beachtung dieser Grundsätze gewonnene Erkenntnis von einer zumindest hoher Wahrscheinlichkeit des Geschehens auch subjektiv **für zutreffend**[20] **hält**. Hierbei üben nicht nur verstandesmäßige Erwägungen

---

[12] Vgl. BGH bei *Pfeiffer* NStZ **1982** 190; *Krause* 330; sowie Rdn. 7; ferner *Geppert* 183, wonach positive Beweisregeln, die zwingend die Beweiskraft eines bestimmten Beweismittels festlegen, mit dem Prinzip der freien Beweiswürdigung grundsätzlich unvereinbar sind. Ausnahme: § 191 StGB; vgl. Rdn. 65.

[13] BGHSt **39** 291; 295; StV **1988** 239.

[14] Dies schließt einzelne Beweisregeln und Beweisverbote nicht aus; vgl. Rdn. 64.

[15] SK-*Schlüchter* 11 ff (Ausschöpfungsgebot); vgl. Rdn. 41 ff; bei § 267; § 337, 120 ff.

[16] SK-*Schlüchter* 2.

[17] Der Umfang der Darlegungspflicht ist streitig, vgl. bei § 267; § 337, 122 ff. ferner etwa *Eisenberg* (Beweisrecht) 89; *Jerouschek* GA **1992** 506 ff; *Niemöller* StV **1984** 432.

[18] Vgl. *Jerouschek* GA **1992** 511 ff; *Niemöller* StV **1984** 432 (Beweiswürdigungsfehler und Darstel-

lungsmangel verschmelzen in der Sicht des Revisionsgerichts); ferner Rdn. 171 ff; § 337, 157 ff.

[19] Vgl. BGH NStZ-RR **1998** 275 (nur gedachte, abstrakt-theoretische Möglichkeiten reichen nicht). Vgl. im übrigen Rdn. 13; 49; 50.

[20] Im Sinne von wirklich geschehen; vgl. *Peters* FS Gmür 316 (Überzeugung, daß realer Vorgang der Außenwelt stattgefunden hat). Zum Wahrheitsbegriff im Strafprozeß Einl. G 43 ff; *Krauß* FS Schaffstein 411; *Lampe* FS Pfeiffer 367; *Rieß* GA **1978** 257; *Schmidt* JuS **1973** 204; *van der Venn* FS Schaffstein 411; vgl. ferner *Fezer* StV **1995** 95; *Geppert* 181; *Greger* 34; *Herdegen* FS Hanack 312; 318; *Küper* FS Peters 45; *Peters* FS Gmür 312; *Volk* (Wahrheit) 8; AK-*Maiwald* 10; HK-*Julius*[2] 1; KK-*Engelhardt*[4] 14; *Kleinknecht/Meyer-Goßner*[44] 1; KMR-*Stuckenberg* 19, 20; SK-*Schlüchter* 53.

einen Einfluß aus; vielmehr wirkt auch das Gefühl mit[21]. Die richterliche Überzeugungsbildung ist ein komplexer Vorgang, dessen einzelne Elemente auch nicht quantifizierbare Wahrscheinlichkeitserwägungen und sich wechselseitig beeinflussende Beurteilungen mitumfassen[22]. Die den objektivierbaren rationalen Erkenntnisvorgang bestätigende subjektive Überzeugung, daß das gefundene Ergebnis dem tatsächlichen Lebenssachverhalt entspricht oder daß dies wegen eines konkreten Umstands zweifelhaft bleibt, ist Sache des **Tatrichters**. Diesem muß zur Erfüllung seines Richteramts ein eigenverantwortlicher Entscheidungsraum verbleiben, wenn auf Grund rationaler Beweiswürdigung nur eine sehr hohe, durch keine erkennbaren Umstände in Frage gestellte Wahrscheinlichkeit eines bestimmten Sachhergangs feststellbar ist. Läßt in solchen Fällen aber die von Verstand und Gefühl beherrschte Wertung auch nur einen leisen realen Zweifel an der Täterschaft oder der Schuld des Angeklagten übrig, so fehlt es, wenn sich gleich erdrückende Verdachtsgründe zusammendrängen, doch an der zur Verurteilung erforderlichen Überzeugung[23].

8 Der die **Verurteilung hindernde Zweifel** darf allerdings nicht lediglich aus dem Bewußtsein der allgemeinen Unzulänglichkeit des menschlichen Erkenntnisvermögens hergeleitet werden[24]. Von dem Gedanken „Ich sehe, daß wir nichts wissen können" darf sich ein Tatrichter nicht leiten lassen. Vielmehr gibt immer nur der **reale Zweifel** den Ausschlag, der im Hinblick auf die besondere Beschaffenheit des einzelnen Falls nicht behebbar erscheint. Maßgebend ist allein der rationale, auf konkrete Tatsachen gestützte eigene Zweifel des Richters und nicht der im Hinblick auf die Unvollkommenheit menschlicher Erkenntnis an sich abstrakt denkbare, theoretische Zweifel[25]. Die richterliche Überzeugung setzt **keine mathematische**, jede theoretische Möglichkeit des Gegenteils ausschließende **objektive Gewißheit** voraus. Ein ausreichendes Maß an Sicherheit, der gegenüber vernünftige Zweifel nicht mehr laut werden können, genügt als Grundlage der Überzeugung[26]. Läßt

---

[21] *Mösl* DRiZ **1970** 11: „Vielschichtiges geistig-seelisches Geschehen, das vom logisch geschulten Verstand ebenso getragen wird wie vom Gefühl"; ferner *Fezer* StV **1995** 99; *Herdegen* StV **1992** 531 ff; *Mayer* FS Mezger 455 ff; *Francke*: „Die irrationalen Elemente der richterlichen Entscheidung"; *Francke* DRiZ **1960** 434 gegen *Böhme* DRiZ **1960** 20; *Greger* 19 ff; *Niese* GA **1954** 148; *Mattil* GA **1954** 334; *Wimmer* DRZ **1950** 390; *Sarstedt/Hamm* 843 (Überzeugung ist subjektiv individuelles Gewißheitserlebnis, das in einem Gegenseitigkeitsverhältnis zum objektivierbaren rationalen Erkenntnisvorgang steht); *Peters* § 37 XI lehnt die Mitwirkung des Gefühls bei der Wertung ab; **a. A** auch *Hoyer* ZStW **103** (1993) 533 (objektive Wahrscheinlichkeit bei subjektiver Überzeugung von ihr).

[22] Zum psychologischen Faktor des Erkenntnisvorgangs vgl. AK-*Maiwald* 10, 12 mit Nachweisen von Schrifttum zur Psychologie des Strafverfahrens.

[23] RGSt **66** 163; RG JW **1928** 116; BGH NStZ **1988** 237; VRS **39** (1970) 103; **62** (1982) 120; bei *Spiegel* DAR **1978** 160; BGH LM Nr. 6; BayObLGSt bei *Bär* DAR **1988** 368; OLG Koblenz VRS **65** (1983) 377; *Eisenberg* (Beweisrecht) 90; *Fezer* StV **1995** 100; *Mannheim* JW **1928** 117; *v. Scanzoni* JW **1928** 2181; *Ehrenzweig* JW **1929** 85; *Alsberg* JW **1929** 863; **1930** 761; vgl. § 337, 158; 164 mit weit. Nachw.

[24] RGSt **61** 206; **66** 163; BGH NJW **1951** 83; MDR **1951** 122; **1989** 371; bei *Pfeiffer/Miebach* NStZ **1985** 15; bei *Miebach* NStZ **1990** 28; bei *Kusch* NStZ **1997** 377; NStZ-RR **1998** 275; GA **1969** 181.

[25] BGHSt **5** 34; **25** 365; **34** 29; 206; BGH NStZ **1982** 478; **1983** 277; **1988** 373; **1990** 402; OLG Koblenz VRS **46** (1974) 38; **67** (1984) 267; **70** (1986) 18; OLG Schleswig bei *Ernesti/Jürgensen* **1977** 182.

[26] RGSt **51** 127; **66** 164; BGH NJW **1951** 83 (dazu kritisch *v. Scanzoni* NJW **1951** 222); NJW **1951** 325; **1967** 360; 1643; **1993** 606; JZ **1996** 315 mit Anm. *Puppe*; BGH MDR **1967** 226; NStZ **1982** 478; **1983** 277; NStZ-RR **1988** 102; 275; GA **1954** 152; **1969** 181; StV **1994** 580; **1990** 5; VRS **16** (1959) 438; **24** (1963) 207; **29** (1965) 14; **39** (1970) 103; **49** (1975) 429; **53** (1977) 110; **55** (1978) 186; **63** (1982) 39; BGH bei *Holtz* MDR **1978** 806; bei *Pfeiffer/Miebach* NStZ **1984** 212; bei *Schmidt* MDR **1986** 974; bei *Spiegel* DAR **1978** 157; 160; **1985** 197; BayObLG GA **1970** 186; OLG Celle NJW **1976** 2030; OLG Düsseldorf VRS **66** (1984) 358; OLG Hamm VRS **41** (1971) 30; JMBlNW **1976** 18; OLG Karlsruhe VRS **22** (1962) 368; NJW **1972** 2237; *Justiz* **1982** 26; OLG Koblenz VRS **44** (1973) 44; **45** (1973) 118; **46** (1974) 37; **65** (1983) 377; **67** (1984) 267; GA **1975** 220; OLG Schleswig bei *Ernesti/Jürgensen* SchlHA **1974** 183; **1975** 190; OLG Zweibrücken JZ **1968** 675; *Hanack* JuS **1977** 727; *Niese* GA **1954** 148; *Mösl* DRiZ **1970** 110; *Peters* JR **1978** 82; ferner Fußn. 25; KMR-*Stuckenberg* 23; SK-*Schlüchter* 55.

---

ein Urteil aber keine Anhaltspunkte für einen vernünftigen, auf nachvollziehbaren Erwägungen beruhenden Zweifel ersehen, kann dies den Schluß nahelegen, daß das Gericht nur einen abstrakt bestehenden theoretischen Zweifel für nicht ausräumbar hielt und damit die Anforderungen an seine Überzeugungsbildung verkannt hat[27].

Nach **anderer Auffassung** genügt die **an Sicherheit grenzende Wahrscheinlichkeit** 9 eines durch festgestellte Tatsachen schlüssig belegten Sachhergangs für die von § 261 geforderte Überzeugung, auch wenn das Gericht keine darüber hinausreichende volle subjektive Gewißheit erlangt hat. Das Reichsgericht hat mit Rücksicht auf die Unerreichbarkeit einer unbedingten Gewißheit in einer viel kritisierten Entscheidung[28] ausgesprochen, daß der Richter in der geistigen Arbeit, die er bei der abschließenden Würdigung des Verhandlungsergebnisses zu leisten hat, sich durchgehend mit einem so **hohen Grad von Wahrscheinlichkeit** begnügen dürfe, wie er bei möglichst erschöpfender und sorgfältiger Anwendung der vorhandenen Erkenntnismittel entstehe; ein solcher Grad von Wahrscheinlichkeit gelte als Wahrheit[29]. Dagegen spricht, daß das Wahrscheinlichhalten dem Fürwahrhalten nicht gleichkommt. Mit dem **Verzicht auf die subjektive Gewißheit** des Tatrichters als unabdingbares Element der Überzeugung würde ein Korrekturmechanismus aufgegeben, der zwar nur in Ausnahmefällen praktisch ins Gewicht fallen mag, der aber unentbehrlich ist, weil es einen Unterschied macht, ob der Tatrichter sich damit begnügen kann, nur objektiv die an Sicherheit grenzende Wahrscheinlichkeit des Sachhergangs festzustellen, oder ob er das Urteil zusätzlich auch als Ergebnis seiner persönlichen Überzeugung zu verantworten hat. Der an Gewißheit grenzende hohe Wahrscheinlichkeitsgrad ist vielfach nur ein juristischen Konstrukt, das mitunter weder in seinem Ergebnis noch in seinen dazu führenden Elementen sicher quantifizierbar ist, da diese ihrerseits wieder auf einer nicht eindeutig zwingenden Würdigung einzelner Beweisergebnisse beruhen können. Aber selbst wenn eine sichere Einstufung des Wahrscheinlichkeitsgrades praktisch möglich wäre, würde eine nur darauf gestützte Verurteilung ohne das richterliche Gewißheitsurteil an moralischer Überzeugungskraft verlieren. Die Entscheidungen des Tatrichters würden dann nicht nur wie jetzt hinsichtlich der ausreichenden Darlegung ihrer objektiven Grundlage nachprüfbar, sie würden in beiden Richtungen zum Ergebnis einer Wahrscheinlichkeitsberechnung werden; nicht die auf Menschenkenntnis und Erfahrung beruhende subjektive Überzeugung des Tatrichters, sondern der Umstand würde dann über Freispruch oder Verurteilung entscheiden, ob die Wahrscheinlichkeit des Sachhergangs etwa mit 96 oder nur 95% zu bewerten ist[30]. Die vorherrschende Rechtsprechung hält daher zu Recht daran fest, daß zu dem objektiven, für jedermann nachvollzieh-

---

27 Vgl. HK-*Julius*[2] 8 (objektive Beweismaßkriterien grenzen subjektive Beweiswürdigung in beiden Richtungen ein); KMR-*Stuckenberg* 23; ferner *Schlüchter* 55 (am Ende), die Unterschiede zwischen der subjektiven und der objektiven Theorie werden dadurch praktisch weitgehend eingeebnet; ähnlich *Meurer* FS Tröndle 541, 545.

28 RGSt **61** 202; vgl. auch RG DRiZ **1929** Nr. 75; JW **1930** 761; **1933** 454; **1935** 543; ähnliche Sätze finden sich in BGHSt **5** 34; BGH NJW **1953** 83; 122; **1988** 3273; StV **1995** 453; GA **1969** 181; ferner *Bohne* NJW **1953** 1377; *Bender/Nack* DRiZ **1980** 121; *Bender/Nack* (Tatsachenfeststellungen) 363 ff; *Herdegen* NStZ **1987** 198 (hoher Wahrscheinlichkeitsgrad genügt); JZ **1998** 56; FS *Hanack* 328 (Argumentation, die sich auf Schlußregeln stützen kann, die die Folgerungen als im hohen Maße plausibel erscheinen lassen). Zur Pro-

blematik *Fincke* GA **1973** 266; *Greger* 38 ff; 60 ff; *Hanack* JuS **1977** 730; *Meurer* FS Tröndle 353 ff; HK-*Julius*[2] 8 (Annäherung an objektive Beweismaßtheorie); vgl. ferner § 337, 158 mit weit. Nachw.

29 Vgl. etwa *Herdegen* JZ **1998** 54; FS *Hanack* 328. *Greger* 60 nimmt auf Grund einer Gesamtwürdigung an, daß sich diese Entscheidungen nur mißverständlich ausgedrückt haben und in Wirklichkeit das Erfordernis der subjektiven Überzeugung gar nicht in Frage stellen, sondern nur die Anforderungen an deren objektive Grundlagen zurechtrücken wollten. Vgl. auch KMR-*Paulus* § 244, 149.

30 Vgl. die mathematischen Wahrscheinlichkeitserwägungen bei *Hoyer* ZStW **103** (1993) 533; 548; gegen die Übersetzung der Wahrscheinlichkeit in Zahlenwerten *Eisenberg* (Beweisrecht) 919.

Walter Gollwitzer

baren Wahrscheinlichkeitsurteil die subjektive Gewißheit des Richters hinzukommen muß[31].

10   b) Für die richterliche Überzeugung vom **ursächlichen Zusammenhang** zwischen einer Handlung oder Unterlassung des Angeklagten und einem bestimmten Erfolg gilt grundsätzlich nicht anderes als sonst von der Bildung der richterlichen Überzeugung. Nach der Rechtsprechung ist der Erfolg verursacht durch eine Handlung, wenn diese nicht hinweggedacht werden kann, ohne daß der Erfolg entfiele[32]. Vom ursächlichen Zusammenhang zwischen einer Handlung des Angeklagten und einem bestimmten Erfolg muß der Richter **subjektiv** überzeugt sein. Dies setzt aber voraus, daß die Überzeugung vom Kausalverlauf im konkreten Fall auf der Grundlage in sich schlüssiger, lückenloser und objektiv nachvollziehbarer Erwägungen gewonnen wurde, die den Erkenntnissen der Wissenschaft und der Lebenserfahrung entsprechen und die bei Würdigung aller, auch dagegen sprechender Umstände ein so ausreichendes Maß an Sicherheit begründen, daß keine vernünftigen Zweifel am Ursachenzusammenhang fortbestehen. Andernfalls fehlt es an einer ausreichend objektivierbaren Grundlage für die Bejahung der Kausalität. Wenn in der Wissenschaft umstritten ist, ob nach den derzeitigen Erkenntnissen überhaupt ein genereller Ursachenzusammenhang zwischen der Handlung und dem Erfolg bejaht werden kann, besteht kein das Gericht bindendes allgemeingültiges Erfahrungswissen. Hält man dann das Gericht zu einer eigenen Stellungnahme dazu nicht für befugt, müßte es freisprechen, weil es am sicheren Nachweis der Kausalität fehlt. Nimmt man dagegen an, daß das Gericht in diesen Fällen ähnlich wie bei einem Widerstreit nicht zwingender Erfahrungssätze, zur eigenen Beweiswürdigung befugt und verpflichtet ist[33], dann muß es sich im Rahmen seiner eigenen Meinungsbildung auch mit der nicht sicher feststehenden, aber nach der einer Meinung gegebenen oder mit hoher Wahrscheinlichkeit bestehenden generellen Kausalität befassen. Es muß sich dann mit den Argumenten des Meinungsstreits auseinandersetzen und in einer Gesamtwürdigung unter Berücksichtigung aller Tatsachen des konkreten Falls selbst darüber entscheiden. Das Urteil muß dann schlüssig und logisch nachvollziehbar darlegen, warum das Gericht nach Ausschluß aller anderen in Betracht kommenden Möglichkeiten von der Kausalität überzeugt ist, oder aber, auf Grund welcher Tatsachen und Erwägungen es diese Überzeugung nicht gewinnen konnte[34].

---

[31] So auch BGHSt **10** 208; **29** 20 = JR **1980** 169 mit Anm. *Peters;* BGHSt **25** 367; BGH NJW **1967** 360; GA **1954** 152; LM Nrn. 6; 14; BayObLG NJW **1959** 1189 („die bloße ,Annahme' ist noch keine Überzeugung"); GA **1970** 186; OLG Celle NdsRpfl. **1976** 181; OLG Schleswig bei *Ernesti/Jürgensen* SchlHA **1974** 183; *Hartung* SJZ **1948** 586; *Lampe* FS Pfeiffer 353; *G. Schäfer* StV **1995** 148; *Volk* NStZ **1996** 106; ferner etwa KMR-*Stuckenberg* 22 (notwendige Bedingung); *Eb. Schmidt* 11, 12; JZ **1970** 337; *Mösl* DRiZ **1970** 110; vgl. OLG Hamburg DAR **1952** 187; wonach dies nicht zu einer Beweisvermutung zu Lasten des Angeklagten führen dürfte; ferner *Greger* 113; 121 ff.

[32] Ständige Rechtspr. vgl. RGSt **56** 348; **57** 393; **58** 130; **63** 214; 392; **66** 184; **69** 47; **75** 49; BGHSt **1** 332; **2** 24; zum strafrechtlichen Kausalitätsbegriff vgl. die Erläuterungsbücher zum StGB.

[33] Vgl. BGHSt **37** 106 (Lederspray), dazu *Kuhlen* NStZ **1990** 566; *Samson* StV **1991** 183; GA **1994**

348; JZ **1994** 1144; ferner LG Frankfurt NStZ **1990** 512; BGHSt **41** 206 (Holzschutzmittel); dazu *Hamm* StV **1997** 159; *Herdegen* FS Hanack 320; *Hilgendorf* NStZ **1994** 456; GA **1995** 522; FS Lencker 699; *Hoyer* ZStW **105** (1993) 525; 529; GA **1996** 160; *Puppe* JR **1992** 31; JZ **1996** 318; *Volk* NStZ **1996** 105; *Wohlers* JuS **1995** 1019 ff; ferner LG Aachen JZ **1971** 510 (Contergan); dazu *A. Kaufmann* JZ **1971** 570; *Keller* GA **1999** 255, 270; sowie *Kleinknecht/Meyer-Goßner*[44] 11; SK-*Schlüchter* 62 und die nachfolgende Fußn. sowie wegen weiterer Nachweise die Kommentare zum StGB, etwa *Tröndle/Fischer*[49] Vor § 13, 18.

[34] Dazu eingehend *Wohlers* JuS **1995** 1019 ff mit weit. Nachweisen zum Streitstand; vgl. ferner KMR-*Stuckenberg* 34; *Eisenberg* (Beweisrecht) 107 und *Hoyer* ZStW **105** (1993) 525; 529 ff, der auf den hohen Grad objektiver Wahrscheinlichkeit abstellt.

Abzulehnen ist die Ansicht, daß an das Urteil über den ursächlichen Zusammenhang **10a** zwischen einem bestimmten Verhalten und einem bestimmten Erfolg **weniger strenge Anforderungen** zu stellen seien als sonst bei der richterlichen Überzeugungsbildung, vor allem, wenn die Ursächlichkeit einer Unterlassung zu beurteilen sei und daß insoweit eine „an Sicherheit grenzende Wahrscheinlichkeit" genügt[35]. Für diese Unterscheidung fehlt es an einem zureichenden Grunde[36]. Hinsichtlich der subjektiven Gewißheit kann zwischen richterlicher Überzeugung, die einen Ursachenzusammenhang betrifft, und richterlicher Überzeugung, die sich auf andere, dem Schuldspruch zugrundeliegenden Tatsachen bezieht, nicht unterschieden werden[37]. Allerdings sind manche Entscheidungen nicht ganz frei von mißverständlichen Formulierungen[38]. So spricht BGHSt **11** 1 im Zusammenhang mit der Frage, ob die bloß gedachte Möglichkeit eines anderen Kausalverlaufs zu berücksichtigen ist, von der „Überzeugung von der an Sicherheit grenzenden Wahrscheinlichkeit des Gegenteils", obwohl andere Ausführungen des Urteils dahin verstanden werden können, daß sich die richterliche Überzeugung vom Ursachenzusammenhang von der richterlichen Überzeugung zu anderen Teilen des Schuldspruchs nicht unterscheidet[39].

c) Prognosen. Entscheidungen, die eine **Voraussage für die Zukunft** erfordern, wie **11** etwa die Anordnung von Maßregeln der Besserung und Sicherung, müssen sich hinsichtlich der Prognose mit einer Wahrscheinlichkeitsfeststellung begnügen[40]. Soweit eine solche Entscheidung von bestimmten, zeitlich **vor dem Urteilsspruch liegenden Tatsachen** abhängig ist, hat sie das Gericht in einer Weise für erwiesen zu halten, die sich durch nichts von der Überzeugung unterscheiden darf, die das Gericht von den sonstigen, dem Schuld- und Rechtsfolgenausspruch zugrundeliegenden Tatsachen gewinnen muß[41]. Daneben muß das Gericht aber regelmäßig prüfen, ob eine bestimmte **zukünftige Entwicklung** zu erwarten ist, etwa, ob eine bestimmte Maßregel der Besserung und Sicherung erforderlich ist, um einer vom Angeklagten in der Zukunft ausgehenden Gefahr zu begegnen. Die Meinungsbildung des Gerichts über ein mögliches oder wahrscheinliches Verhalten eines Menschen in der Zukunft unterscheidet sich von der Überzeugung, dem Fürwahrhalten eines in der Vergangenheit liegenden Vorgangs, wie die Aussage über das wahrgenommene und erlebte Wetter des vorhergegangenen Tages von der Wettervorhersage für die kommenden Tage. An die Stelle des Fürwahrhaltens muß notwendig das unter Verwertung aller sachlich in Betracht kommenden Anhaltspunkte zustande gekommene Urteil treten, daß sich der Angeklagte in Zukunft nach aller Erfahrung wahrscheinlich so und nicht anders verhalten werde. Das vom Gesetz in Fällen dieser Art geforderte Urteil hinsichtlich eines zukünftigen Verhaltens muß nach dem Grad der Sicherheit notwendig hinter der Überzeugung über ein abgeschlossenes Ereignis zurückstehen.

---

[35] So etwa RGSt **15** 151; **51** 127; **58** 130; **63** 211; **75** 49; 324; 372; RG JW **1928** 2716; **1931** 2576; **1937** 3087; dazu *Greger* 64.

[36] *Eb. Schmidt* 12; I Nr. 374; *Mösl* DRiZ **1970** 110. *Greger* 177 ff verneint ebenfalls einen Unterschied im Beweismaß, nimmt als Bezugsgröße des Beweismaßes aber an, daß es genügt, wenn das Gericht von der nach der Lebenserfahrung bestehenden Wahrscheinlichkeit der Kausalität überzeugt ist. Vgl. *Keller* GA **1999** 270 (Indizwirkung im Rahmen freier Beweiswürdigung).

[37] BGH LM Nr. 6 mit Anm. *Neumann*; LM Nr. 14; BGH NJW **1951** 122; VRS **16** (1959) 432; OLG Celle NJW **1976** 2030; OLG Koblenz GA **1975** 220; vgl. *Greger* 67; 176 ff.

[38] BGH NJW **1954** 1047; **1955** 1487; VRS **10** (1956) 359; bei *Dallinger* MDR **1951** 274; **1953** 20; bei *Holtz* MDR **1978** 806; vgl. KMR-*Paulus* § 244, 149.

[39] Vgl. den durch BGHSt **11** 1 erledigten Vorlagebeschluß OLG Hamm VRS **13** (1957) 39; ferner *Greger* 67; *Mezger* JZ **1958** 281; vgl. aber auch SK-*Schlüchter* 73.

[40] *Krause* FS Peters 326; *Kleinknecht/Meyer-Goßner*[44] 27; vgl. auch *Nell* Wahrscheinlichkeitsurteile in juristischen Entscheidungen; ferner *Greger* 39; *Montenbruck* „In dubio" 96; ferner etwa BVerfGE **70** 313; Rdn. 119.

[41] Vgl. BGH bei *Dallinger* MDR **1973** 990; SK-*Schlüchter* 73; vgl. auch Rdn. 119.

12   **2. Persönliche Überzeugung und objektive, rational einleuchtende Beweiswürdigung.** Die durch die Beweiswürdigung gewonnene, von Zweifeln freie Gewißheit des Tatrichters von einem bestimmten Geschehensverlauf ist höchstpersönlich. Eine übereinstimmende Überzeugung kann auch bei einem **Kollegialgericht** durch das gemeinsame Erleben der Hauptverhandlung (vgl. Rdn. 14 ff) und durch den Meinungsbildungsprozeß der Beratung dessen Entscheidung tragen, notfalls als Entscheidung der überzeugten Mehrheit. Hat der Tatrichter auf Grund der Hauptverhandlung eine bestimmte Überzeugung gewonnen, so kann sie nicht deshalb in Frage gestellt werden, weil die gezogenen Schlüsse zwar möglich, aber nicht zwingend sind[42] oder ein anderer vielleicht noch gezweifelt hätte[43]. Zur Freiheit der Überzeugung gehört auch die Freiheit der Entschließung gegenüber einem an sich objektiv möglichen Zweifel[44]. Konnte umgekehrt der Tatrichter die sichere Gewißheit nicht erlangen, so ist dies — sofern alle einschlägigen Gesichtspunkte erschöpfend und fehlerfrei gewürdigt sind — ebenfalls hinzunehmen, auch wenn nach den Urteilsgründen ein anderer Geschehensverlauf wahrscheinlicher erscheint. Abgesehen von einigen Ausnahmefällen gibt es keine Normen, die verbindlich festlegen, welche Überzeugung der Richter auf Grund bestimmter Beweise haben müsse, insbesondere, welchen Wert er bestimmten Beweisen beizumessen habe[45].

13   Das Abstellen auf die **subjektive Gewißheit** als unerläßliches Erfordernis[46] der richterlichen Überzeugung bedeutet aber nicht, daß sie allein schon für eine Verurteilung ausreicht. Dazu ist nach heute herrschender Meinung unerläßlich, daß die Überzeugung sich auf eine sie untermauernde Tatsachenfeststellung stützen kann, die durch intersubjektiv nachvollziehbare, rational einsichtige Erwägungen gewonnen wurde; das Für und Wider aller einschlägigen Gesichtspunkte muß dabei lückenlos und fehlerfrei erwogen worden sein[47]. Subjektive Gewißheit ist ein auf Menschenkenntnis und Einfühlungsvermögen des Richters aufbauendes Korrektiv der rationalen Beweiswürdigung. Es ersetzt sie aber nicht. Rein **intuitive Einsichten** oder bloße **Vermutungen** vermögen keine Verurteilung zu tragen. Die Überzeugung des Richters muß sich auf von ihm für erwiesen erachtete konkrete Tatsachen gründen, die seine Würdigung der einzelnen Beweisgründe und insgesamt den daraus gefolgerten Tathergang auch objektiv mit hinreichender Sicherheit logisch nachvollziehbar belegen. Nur dann ist dargetan, daß die so gewonnene Überzeugung mehr ist als nur eine nicht objektiv verifizierte bloße **Vermutung**. Ohne Darlegung einer in sich schlüssigen, verstandesmäßig einsichtigen Beweisführung ist allenfalls eine nicht hinrei-

[42] BGHSt **10** 208; **25** 367; **26** 63; **29** 20 = JR **1980** 169 mit Anm. *Peters*; BGH NJW **1951** 325; **1967** 359; NStZ **1982** 478; VRS **30** (1966) 101; **32** (1967) 198; bei *Pfeiffer/Miebach* NStZ **1983** 357; **1984** 17; bei *Spiegel* DAR **1983** 206; **1985** 15.

[43] Eine solche Feststellung wäre ohnehin hypothetisch, da die richterliche Überzeugung, die subjektive Gewißheit, sich nur in der Hauptverhandlung mit ihren oft unwägbaren Nuancierungen bilden kann. Sie ist für einen Dritten nicht nachvollziehbar.

[44] BGH NJW **1967** 360; GA **1954** 152; bei *Spiegel* DAR **1983** 206; vgl. auch BGH NStZ **1983** 277; **1985** 516; ferner die Entscheidungen Fußn. 42.

[45] BGHSt **10** 208; BGH VRS **33** (1967) 431; **55** (1978) 186; bei *Pfeiffer* NStZ **1982** 190; bei *Spiegel* DAR **978** 160; OLG Köln MDR **1954** 631; OLG Schleswig bei *Ernesti/Jürgensen* SchlHA **1984** 105; *Eb. Schmidt* JR **1957** 387; **1970** 337.

[46] Zur Unersetzlichkeit der subjektiven Gewißheit vgl. *Greger* 113 ff; KMR-*Stuckenberg* 21 ff; ferner Rdn. 8.

[47] BGH NStZ **1981** 33; **1982** 478; JR **1981** 304 mit Anm. *Peters*; StV **1988** 93 mit Anm. *Sessar*; StV **1988** 138 mit Anm. *Schlothauer*; BGH StV **1993** 510; **1995** 453; bei *Holtz* MDR **1980** 631; bei *Pfeiffer/Miebach* NStZ **1988** 19; bei *Spiegel* DAR **1978** 160; BayObLGSt **1971** 129 = JR **1972** 30 mit Anm. *Peters*; BayObLG bei *Rüth* DAR **1985** 245; OLG Köln NJW **1977** 398; VRS **80** (1991) 34; OLG Zweibrücken StV **1985** 358; *Albrecht* NStZ **1983** 488; *Eisenberg* (Beweisrecht) 91; *Geerds* SchlHA **1964** 65; *Herdegen* StV **1992** 527; *Luther* NJ **1994** 297; *Sarstedt/Hamm*[6] 842; *Peters* JR **1977** 84; *Roxin* § 15, 13; *Schneider* MDR **1962** 868; 951; vgl. ferner *Klug* FS Möhring 363; *Krause* FS Peters 332; *Stree* In dubio pro reo 40; *Herdegen* FS Kleinknecht 175; FS Hanack 321; 324; AK-*Maiwald* 9; KK-*Engelhardt*[4] 43; *Kleinknecht/Meyer-Goßner*[44] 2; KMR-*Paulus* § 244, 155; KMR-*Stuckenberg* 26 ff; SK-*Schlüchter* 55.

chende Wahrscheinlichkeit, ein bloßer **Verdacht** belegt, der eine Verurteilung nicht zu tragen vermag[48]. Eine richterliche Überzeugung, welche des **rationalen Unterbaus** einer objektiv hohen Wahrscheinlichkeit des Tatgeschehens (vgl. Rdn. 9, 42) ermangelt, wäre willkürlich und damit fehlerhaft[49]. Dies gilt vor allem dort, wo nach der objektiven Beweislage verstandesmäßig die erforderliche Gewißheit nicht gewonnen werden kann[50].

III. Inbegriff der Verhandlung

1. Daß das Gericht seine Überzeugung aus dem **Inbegriff** der Verhandlung zu schöp- **14** fen hat, hat eine **doppelte Bedeutung**. Negativ bedeutet der Grundsatz, daß der Richter bei der Überzeugungsbildung nur das benutzen darf, was in **verfahrensrechtlich zulässiger Weise Gegenstand der Verhandlung** geworden ist[51], also nicht sein privates Wissen (Rdn. 17 ff). Zum anderen umschließt er aber auch die Verpflichtung, für die Überzeugungsbildung **alles zu berücksichtigen**, was ordnungsgemäß in die Hauptverhandlung eingeführt worden ist, sofern nicht ausnahmsweise ein Beweisverbot entgegensteht. Die an sich auf Beibringung des Verfahrensstoffs zur Hauptverhandlung gerichtete Aufklärungspflicht setzt sich notwendig in der Würdigungspflicht des gesamten beigebrachten Verfahrensstoffs fort (**Ausschöpfungsgebot**), denn ohne die Pflicht zur ernsthaften Einbeziehung in die Beweiswürdigung verlöre die Beibringung des Verfahrensstoffs ihren Sinn. Alle Beweiserhebungsvorgänge und alle Beweisergebnisse sind erschöpfend zu würdigen, alle Möglichkeiten, die sich daraus und aus den Ausführungen der Verfahrensbeteiligten ergeben können, sind in Betracht zu ziehen[52]. Die Richter, und zwar Berufsrichter ebenso wie Laienrichter, müssen den Geschehnissen in der Hauptverhandlung mit voller, uneingeschränkter Aufmerksamkeit folgen.

2. Gesamteindruck der Hauptverhandlung. Zum Inbegriff der Verhandlung gehört **15** alles, was in ihr vom Aufruf der Sache bis einschließlich des letzten Worts verhandelt wurde[53]. Dies schließt auch eine Zeugeneinvernahme mit ein, die nach § 247 a mittels einer Bild-Ton-Verbindung in die Hauptverhandlung einbezogen worden ist. Auch wenn wegen verschiedener Taten gegen mehrere Angeklagte gemeinsam verhandelt wird, bildet die Hauptverhandlung eine **einheitliche Erkenntnisquelle**, die das Gericht für und gegen

---

[48] BGH MDR **1980** 849; NJW **1982** 2882; NStZ **1986** 373; **1994** 501; StV **1982** 256; **1985** 92 (L); **1986** 61; **1992** 262; **1994** 429; **1995** 453; **1996** 5; **1997** 120; bei *Pfeiffer* NStZ **1981** 296; bei *Pfeiffer/ Miebach* NStZ **1986** 208; BayObLG bei *Rüth* DAR **1984** 225; **1985** 245; OLG Düsseldorf VRS **71** (1986) 287; **85** (1993) 112; KG StV **1996** 488; OLG Köln NJW **1977** 398; OLG Schleswig bei *Ernesti/Jürgensen* SchlHA **1984** 104; OLG Stuttgart VRS **71** (1986) 281; OLG Zweibrücken StV **1985** 359; vgl. auch BGH bei *Spiegel* DAR **1983** 207 (keine Beweisgrundlagen); *Herdegen* NStZ **1987** 198; HK-*Julius*[2] 22; KK-*Engelhardt* 45; *Kleinknecht/Meyer-Goßner*[44] 2; KMR-*Stuckenberg* 26; SK-*Schlüchter* 56; **a. A** AK-*Maiwald* 10 (keine Abwertung der Überzeugung als Vermutung).

[49] BVerfG NJW **1994** 847; weitgehend h. M; zur Wissenschaftlichkeit der Beweiswürdigung vgl. Rdn. 42 ff; ferner *Fincke* GA **1973** 266; *Gössel* GA **1974** 241; *Herdegen* FS Kleinknecht 178; *Krause* FS Peters 332; *Musielak/Stadler* JuS **1980** 427; *Peters* Der neue Strafprozeß 172; *Peters* JR **1980** 168;

Roxin § 15, 21 ff; *Rieß* GA **1978** 257; *G. Schäfer* 937; *Schlüchter* 567; *Stree* In dubio pro reo 40; *Stree* JR **1977** 84.

[50] Vgl. etwa BGH NStZ **1988** 236; NJW **1999** 1562 mit Anm. *Salditt* NStZ **1999** 420; bei *Miebach/ Kusch* NStZ **1991** 229; ferner etwa BGH NStZ **1995** 204; StV **1994** 175; 528 (vage umschriebene Tatvorwürfe). Wegen Beispiele aus der Rechtsprechung vgl. Rdn. 42; 49, insbesondere auch zu dem als alleiniges Indiz nicht ausreichenden Schluß vom Halter auf den Fahrer eines Kraftfahrzeugs (BGHSt **25** 365); weit. Nachw. Fußn. 47 bis 49; SK-*Schlüchter* 56.

[51] Vgl. BGHSt **19** 195 (nur Wissen, das in und durch Verhandlung erworben).

[52] Vgl. Rdn. 56 ff. Auch die Aufklärungspflicht, deren Hauptziel das Beibringen der Beweismittel für die Hauptverhandlung ist, fordert das Ausschöpfen der beigebrachten Beweismittel in der Hauptverhandlung; vgl. § 244, 51; 52.

[53] KK-*Engelhardt*[4] 6; SK-*Schlüchter* 12; vgl. Rdn. 5.

jeden Angeklagten verwenden darf[54]. Für Vorgänge, die vor der **Verbindung** oder nach einer **Trennung der Verfahren** liegen, gilt das nicht[55]. Verwendbar als Gegenstand der Beweiswürdigung ist aber nur, was in einer für den jeweiligen Beweiszweck zulässigen Form in die Hauptverhandlung eingeführt wurde. Soweit eine Beweisverwendung im Rahmen des für die Schuld- und Rechtsfolgenfrage geltenden Strengbeweisrechts notwendig ist, reichen deshalb nur informatorisch erörterte Tatsachen[56] nicht aus. Verwendbar sind dann nur die durch den **Gebrauch der förmlichen Beweismittel**[57] oder durch die Einlassung des Angeklagten ordnungsgemäß in die Hauptverhandlung eingeführten und verwertbaren Erkenntnisse. Nur **vorgehaltene Tatsachen** sind dies nicht; dies gilt auch, wenn eine Schrift nur zu diesem Zweck verlesen wurde. Für die Entscheidung verwertbar ist dann lediglich, was der Angeklagte oder Zeuge auf Grund des Vorhalts bekundet hat. Macht er dazu keine Angaben, sind die vorgehaltenen Tatsachen für die Urteilsfindung nicht heranziehbar, es sei denn, daß sie auf einem ihre unmittelbare Beweisverwertung gestattenden anderen Weg zum Gegenstand der Hauptverhandlung gemacht worden sind[58]. Der nach Wortlaut und Sinn des § 261 **umfassend zu verstehende Inbegriff** der Hauptverhandlung reicht aber über die Würdigung der zur Beweisverwendung nach Strengbeweisrecht herangezogenen Verhandlungsvorgänge hinaus[59]. Er umfaßt — unbeschadet ihrer Beweismitteleignung — auch die zwar nicht als Beweismittel verwendbaren, wohl aber vom Gericht bei seiner Entscheidungsfindung argumentativ in Erwägung zu ziehenden Ausführungen aller Verfahrensbeteiligten. Dies folgt aus dem Recht auf Gehör[60] und vor allem aus der Funktion der mündlichen Verhandlung, die darauf angelegt ist, daß die richterliche Meinungsbildung in kontradiktorischer Erörterung der Beweisergebnisse gewonnen wird. Zum Inbegriff der Hauptverhandlung rechnen daher nicht nur die Einlassung des **Angeklagten**[61] einschließlich seines letzten Worts[62], sondern auch Äußerungen des **Privat-** und **Nebenklägers**; letzterer muß aber — anders als beim Privatkläger, der nicht Zeuge sein kann[63] — in der Hauptverhandlung als Zeuge vernommen werden, wenn seine Aussage über seine Wahrnehmungen nicht nur argumentativ, sondern als Beweismittel verwendet werden soll[64]. Erklärungen des **Verteidigers** müssen vom Gericht als Verteidigungsmittel gewürdigt werden[65]; als Beweismittel gegen den Ange-

---

[54] Vgl. Vor § 226, 39; *Eb. Schmidt* JZ **1970** 342.

[55] BGH JR **1985** 125 mit Anm. *Gollwitzer*; BGH StV **1984** 186; vgl. § 230, 12 ff; § 231 c, 21; ferner Rdn. 17.

[56] BGH StV **1994** 527.

[57] Was beim Gebrauch der förmlichen Beweismittel zum Inbegriff der Hauptverhandlung wird, ist bei diesen erörtert; vgl. § 249, 30; 37 ff (Verlesung von Urkunden); § 250, 23 ff (Zeugen vom Hörensagen); § 250, 30, 31 (Befundtatsachen beim Sachverständigenbeweis). Zur abschließenden Festlegung der Beweismittel vgl. § 244, 8; zur Unverwertbarkeit informatorischer Befragung § 244, 12.

[58] Vgl. § 249, 99; ferner etwa BGH bei *Kusch* NStZ **1993** 30; StV **1990** 533.

[59] Es ist strittig, ob § 261 nur die Würdigung der förmlichen Beweismittel regelt, so etwa *Prittwitz* 170 ff unter Hinweis auf das Wechselspiel zwischen freier Beweiswürdigung und Bindung bei der Beweisaufnahme; ferner *Seebode/Sydow* JZ **1980** 512, oder ob er für sämtliche prozessual zulässigen Erkenntnisquellen gilt; vgl. etwa KMR-*Paulus* 2; SK-*Schlüchter* 12 und die Rechtspr. Fußn. 67; 68.

[60] Vgl. Einl. H 71 ff.

[61] BGHSt **3** 384; **21** 285; **23** 372; BayObLG MDR **1973** 692; OLG Hamm VRS **44** (1973) 46; *Eb. Schmidt* JZ **1970** 342; vgl. § 244, 10, auch zur Frage, ob die Einlassung eines Mitangeklagten als Beweismittel in Richtung gegen einen anderen Mitangeklagten verwendet werden darf; ferner Rdn. 69; 71.

[62] BGHSt **11** 74; BGH StV **1983** 402; vgl. Rdn. 37; 38. Soweit der Angeklagte dabei neue Tatsachen vorträgt oder ein Geständnis ablegt, gehört dies zum Inbegriff der Hauptverhandlung, auch wenn das Gericht in der Regel nicht ohne Erörterung darauf eine Verurteilung stützen darf, vgl. OLG Köln NJW **1961** 1224.

[63] BayObLGSt **1953** 26 = MDR **1953** 377; OLG Hamm RPfl. **1956** 240; HK-*Kurth*² § 374, 19.

[64] *Prittwitz* 166; SK-*Schlüchter* 12.

[65] Auch wenn der Inhalt der Erklärung nicht als Beweismittel zu Lasten des Angeklagten verwendet werden kann, gehört sie entgegen OLG Köln VRS **59** (1980) 349 zum Inbegriff der Hauptverhandlung; SK-*Schlüchter* 12.

klagten sind sie nur heranziehbar, wenn der Verteidiger sie als Einlassung des Angeklagten mit dessen ausdrücklicher oder stillschweigender Billigung vorträgt[66].

Der Inbegriff der Hauptverhandlung umfaßt das gesamte **Verhalten der Verhand-** **16** **lungsteilnehmer**, ihre Angaben, ihre Reaktion bei bestimmten Verhandlungsvorgängen, wie etwa bei einer Gegenüberstellung[67], der Eindruck, den sie machen, ferner ihr äußeres Erscheinungsbild (Alter, Ähnlichkeit, offen erkennbare Körperbeschaffenheit usw.), und zwar unabhängig davon, ob der Angeklagte von seinem Recht zum Schweigen Gebrauch macht oder ob der erschienene Zeuge berechtigt die Aussage verweigert[68]. **Ausnahmen** von dem Grundsatz, daß das Gericht das Gesamtverhalten der Verhandlungsteilnehmer bei der Beweiswürdigung berücksichtigen darf und muß, können sich aus anderen Rechtsvorschriften ergeben[69]. Erkenntnisse, die das Gericht aus der **Beobachtung von Zuhö-rern** der Hauptverhandlung gewonnen hat, gehören nicht schon deshalb zum Inbegriff der Hauptverhandlung. Dazu ist erforderlich, daß die beobachteten Tatsachen vom Gericht in die Hauptverhandlung eingeführt werden und die Verfahrensbeteiligten dazu Stellung nehmen können[70].

3. Außerhalb der Hauptverhandlung erworbene Erkenntnisse

a) Die Beweiswürdigung darf nur auf die Erkenntnisse der Hauptverhandlung gestützt **17** werden, in der über die Anklage gegen den jeweiligen Angeklagten entschieden wird. Der **Inhalt anderer Hauptverhandlungen**, auch frühere in der gleichen Sache, gehört nicht zum Inbegriff der Hauptverhandlung im Sinne des § 261. Gegen diesen Grundsatz wird erfahrungsgemäß leicht verstoßen, wenn Verfahren gegen mehrere Angeklagte verbunden, getrennt und dann abermals verbunden werden[71]. Nach § 154 **vorläufig eingestellte** **Tatkomplexe** oder nach § 154 a ausgeschiedene Teile einer Tat dürfen in die Beweiswürdigung erst einbezogen werden, wenn die ihnen zugrundeliegenden Tatsachen Gegenstand der Hauptverhandlung waren und dort konkret festgestellt wurden und wenn ein Angeklagter, der damit nicht rechnen mußte, vorher darauf hingewiesen worden ist[72]. Zur Einführung gerichtskundiger Tatsachen vgl. Rdn. 25 ff.

b) Die Aussage, die ein Zeuge vor dem ihn **kommissarisch vernehmenden Berufs-** **18** **richter** macht, ist kein Teil der Hauptverhandlung. Sie wird es erst, wenn sie durch Verlesen der Vernehmungsniederschrift oder durch Vorführung ihrer Bild-Ton-Aufzeichnung

[66] BGH StV **1994** 467; BayObLGSt **1974** 36; **1982** 156 = VRS **47** (1974) 115; **64** (1983) 134; ferner unter Blickwinkel des Revisionsvortrags BayOb-LG VRS **91** (1996) 47; *Michel* MDR **1994** 648; *Kleinknecht/Meyer-Goßner*[44] 5 sowie § 234, 16 mit weit. Nachw.

[67] Vgl. § 58, 13; § 243, 7; § 244, 17; ferner BVerfGE **56** 42 und zum Wiedererkennen in der Hauptverhandlung etwa BGH NStZ **1982** 342; StV **1986** 287; OLG Köln StV **1986** 12; AG Unna StV **1982** 109 mit Anm. *Budde*; *Nöldeke* NStZ **1982** 194; *Odenthal* NStZ **1984** 137; *Rogall* 37; ferner Rdn. 89; 101.

[68] BGH GA **1965** 108. Ferner für den Angeklagten BGH MDR bei *Dallinger* **1974** 368; KG NJW **1979** 1668; OLG Koblenz VRS **47** (1974) 441; § 244, 11 und für den Zeugen bei § 86; § 244, 325. Ob es dazu bei einem die Aussage zu Recht verweigernden Zeugen der Anordnung eines Augenscheins bedarf, ist strittig; vgl. OLG Hamm VRS **48** (1975) 105; *Rogall* MDR **1975** 813.

[69] Vgl. Rdn. 74; 86.

[70] BGH NStZ **1995** 609.

[71] Vgl. etwa BGHSt **33** 119; BGH JR **1985** 125 mit Anm. *Gollwitzer*; JR **1986** 165 mit Anm. *Pelchen*; StV **1984** 186; 364; **1985** 354 mit Anm. *Rogall*; OLG Düsseldorf VRS **77** (1989) 137; OLG Hamm VRS **95** (1998) 83; KK-*Engelhardt*[4] 9; SK-*Schlüchter* 27; ferner § 230, 12 ff; 52; § 237, 27 mit weit. Nachw.

[72] BGHSt **30** 147; 197; **31** 302; **33** 119 = StV **1985** 354 mit Anm. *Rogall*; BGH NJW **1985** 1479; NStZ **1998** 51; StV **1984** 364; **1985** 221; BGH bei *Holtz* MDR **1995** 121; vgl. bei § 154. Zur Rechtsprechung und zum Schrifttum vgl. etwa *Schimansky* MDR **1986** 283; SK-*Schlüchter* 28; *Vogler* FS Kleinknecht 429 lehnt wegen der Unschuldsvermutung die Verwertung nicht rechtskräftig abgeurteilter Taten ab; dagegen etwa *Jähnke* FS Salger 51; *Tepperwien* FS Salger 196; vgl. bei Art. 6 MRK (24. Aufl. Rdn. 133; 157 ff).

Walter Gollwitzer

(§ 255 a) dort eingeführt wird. Der persönliche Eindruck, den die Richter bei der Einvernahme gewonnen haben, ihre Wahrnehmungen über das nichtverbale Aussageverhalten dürfen bei der Urteilsfindung nur verwertet werden, wenn er in der Niederschrift über die Vernehmung festgehalten und der Vermerk in der Hauptverhandlung verlesen worden ist[73]. Verwendbar ist aber, was das erkennende Gericht selbst wahrnehmen kann, wenn in der Hauptverhandlung die Bild-Ton-Aufzeichnung einer solchen Vernehmung zu Beweiszwecken vorgeführt wird.

19   **c) Dienstliches Wissen**, das die Richter außerhalb der Hauptverhandlung erlangt haben, dürfen sie — unbeschadet der Möglichkeit eines Vorhalts — als solches grundsätzlich bei der Beweiswürdigung nicht verwerten, so etwa Äußerungen, die ein Angeklagter außerhalb der Hauptverhandlung abgegeben hat, oder die Stellungnahme eines Ministeriums oder eines Fachverbandes[74]. Eine Ausnahme gilt nur, wenn das Wissen als **gerichtskundig** in die Hauptverhandlung eingeführt werden durfte und auch tatsächlich eingeführt worden ist (Rdn. 26).

20   Auf den **Inhalt der Akten** darf das Gericht nicht zurückgreifen und ihnen Beweise entnehmen, die nicht Gegenstand der mündlichen Verhandlung waren[75]. In der Hauptverhandlung darf den Verfahrensbeteiligten, vor allem dem Angeklagten und seinem Verteidiger, nichts unbekannt bleiben, was für die Bildung des Urteils Bedeutung hat. Sie müssen dazu in der Hauptverhandlung Stellung nehmen können; dies folgt im übrigen auch aus dem Recht auf Gehör. Soweit Beweise dem Strengbeweisrecht unterliegen, können diese außerdem nur unter den im Gesetz vorgesehenen Voraussetzungen unter Beachtung der dafür vorgeschriebenen Formen zum Gegenstand der Hauptverhandlung gemacht werden; die **informatorische Bekanntgabe** des Inhalts einer bei den Akten befindlichen Zeugeneinvernahme zur Klärung, ob es dieses Zeugen bedarf, gestattet deren Beweisverwendung nicht[76]. Das Gericht verletzt § 261, wenn es die Aussage eines Zeugen, der in der Verhandlung nicht vernommen und dessen Zeugnis nicht verlesen oder nicht durch das Selbstleseverfahren nach § 249 Abs. 2 eingeführt wurde, oder ein zu den Akten eingereichtes, in der Verhandlung nicht vorgetragenes Gutachten berücksichtigt. Für einen Verstoß gegen § 261 spricht auch, wenn das Urteil umfangreiche Schriftstücke wörtlich wiedergibt, obwohl diese nicht nach § 249 zu Beweiszwecken in die Verhandlung eingeführt, sondern nur zu einem Vorhalt verwendet wurden, denn dann erscheint es ausgeschlossen, daß das Gericht insoweit nur die auf dem Vorhalt hin abgegebene Erklärung der Beweisperson als Beweismittel verwendet hat[77]. § 261 ist ferner verletzt, wenn in den Akten befindliche Schriften und Unterlagen, wie etwa ein Lichtbild[78] oder das Ergebnis einer Radarmessung[79] oder die Mitteilung über Eintragungen in das Straf- oder Verkehrszen-

[73] BGHSt **2** 1; BGH NStZ **1983** 182; **1986** 469; **1989** 382 mit Anm. *Itzel*; BGH bei *Holtz* MDR **1977** 108; OLG Koblenz MDR **1980** 689; HK-*Julius*[2] 6; KK-*Engelhardt*[4] 9; *Kleinknecht/Meyer-Goßner*[44] 6; KMR-*Stuckenberg* 5; **a. A** SK-*Schlüchter* 29; 32 (nur durch Zeugenaussage); zu den strittigen Fragen vgl. § 223, 34; 40; aber auch § 223, 42.

[74] Vgl. etwa BGH StV **1985** 401; OLG Koblenz GA **1977** 313 (Äußerung des Angeklagten vor Hauptverhandlung); VRS **65** (1983) 379 (Stellungnahme eines Ministeriums oder Fachverbandes); KK-*Engelhardt*[4] 8; SK-*Schlüchter* 26. Zur ordnungsgemäßen Einführung solcher Äußerungen vgl. § 249, 14 ff; § 250, 5 ff.

[75] So schon RGRspr. **2** 529; RGSt **1** 81; **2** 76; z. B. auch BGH bei *Martin* DAR **1971** 122; BGH StV

1985 401 mit Anm. *Sieg*; OLG Düsseldorf VRS **77** (1989) 136; *Husmann* MDR **1977** 896; SK-*Schlüchter*.

[76] BGHR § 261 Inbegriff der Verhandlung 33; KK-*Engelhardt*[4] 8.

[77] OGHSt **2** 334; **3** 26; BGHSt **11** 29; BGH NJW **1954** 361; StV **1985** 401 mit Anm. *Sieg*; StV **1989** 4; **1991** 340; **1994** 358; OLG Düsseldorf StV **1993** 515; OLG Hamburg StV **1981** 333; SK-*Schlüchter* 37; vgl. aber auch Rdn. 99; vgl. § 249, 102; § 250, 15.

[78] H. M; vgl. etwa BGH StV **1991** 149; **1998** 471; bei *Kusch* NStZ **1993** 30; NStZ-RR **1999** 37; sowie § 249, 9.

[79] OLG Celle VRS **30** (1966) 199.

tralregister[80], im Urteil verwertet werden, ohne daß sie vorher ordnungsgemäß in die Hauptverhandlung eingeführt worden waren. Soweit für die Strafzumessung der **Bericht der Gerichtshilfe** oder **Jugendgerichtshilfe** verwertet wird, müssen alle Umstände, die das Gericht aus ihm für die Strafzumessung berücksichtigen will, in der Hauptverhandlung erörtert und bewiesen werden[81].

Beim **Sachverständigenbeweis** ist — sofern nicht ausnahmsweise die Beweisverwen- **21** dung eines schriftlichen Gutachtens zugelassen ist (vgl. §§ 251, 256) — ausschließlich das in der Hauptverhandlung mündlich erstattete Gutachten Beweisgrundlage. Soweit sich dieses auf außerhalb der Hauptverhandlung getroffene Feststellungen (Akteninhalt, Ergebnis eigener Befragungen) stützt, ist zwischen den sogenannten **Befundtatsachen** und den **Zusatztatsachen** zu unterscheiden. Die **Befundtatsachen**, die der Sachverständige nur kraft seiner besonderen Sachkunde wahrnehmen oder verstehen kann, dürfen über das Gutachten in die mündliche Verhandlung eingeführt werden. Die sogenannten **Zusatztatsachen**, die ohne besondere Sachkunde wahrgenommen werden können, müssen durch Beweisaufnahme zum Gegenstand der Verhandlung gemacht werden; sie dürfen bei der Entscheidung nicht verwertet werden, wenn dies unterblieben ist[82]. Setzt ein Sachverständiger sich in seinem in der Hauptverhandlung erstatteten Gutachten mit einem in einem anderen Verfahren abgegebenen früheren Gutachten auseinander, so wird dadurch ein als Tatsachengrundlage verwendetes früheres Gutachten in die Hauptverhandlung eingeführt[83], was nur zulässig ist, wenn es sich dabei um Befundtatsachen handelt.

Außerhalb der Hauptverhandlung darf das Gericht Lücken in der Beweiserhebung **22** oder nachträglich aufgetauchte Zweifelsfragen nicht durch **Fragen an Zeugen oder Sachverständige** beheben[84]. Ergibt sich die Notwendigkeit zu klärenden Fragen, muß das Gericht nochmals in die Verhandlung eintreten und dort die Fragen stellen. Es darf nicht vom Beratungszimmer aus ermitteln[85]. Dagegen darf sich das Gericht wissenschaftliche Werke, auf die ein Sachverständiger sein Gutachten gestützt hat, vom Sachverständigen in das Beratungszimmer bringen lassen. Nach Ansicht des Reichsgerichts ist es zulässig, daß das Gericht außerhalb der Verhandlung technische Versuche anstellt, um sich darüber schlüssig zu machen, ob es der Anhörung eines Sachverständigen bedürfe[86].

Das Gericht darf seine **Beratung** nicht **am Tatort** abhalten, um den Eindruck eines **23** vorausgegangenen Augenscheins auf diese Weise zu vertiefen. Hierin sieht die Rechtsprechung eine Beweiserhebung, deren Vornahme in Abwesenheit des Staatsanwalts, des Urkundsbeamten und des Angeklagten nicht etwa nur dem § 261, sondern den §§ 226 und 230 zuwiderläuft, so daß die Folge des § 338 Nr. 5 eintritt[87]. Gegen § 261 wird verstoßen, wenn einzelne Richter die **Kenntnis der Örtlichkeit**, die sie für sich allein gewonnen haben, bei der Urteilsfällung verwerten[88]; sie dürfen sie aber zu Vorhalten verwenden, um eine als Beweis geeignete Äußerung herbeizuführen. Daraus allein, daß einzelne Mitglieder

[80] Vgl. etwa OLG Düsseldorf VRS **64** (1983) 128; OLG Koblenz VRS **65** (1983) 379; ferner § 243, 91 ff; § 249, 21 ff.
[81] Vgl. auch § 244, 41. Zur Gerichtshilfe vgl. bei § 160; zur Jugendgerichtshilfe bei §§ 38, 50 JGG; ferner etwa BGH MDR **1984** 682; *Schaffstein* FS Dünnebier 661, 673; Vor § 226, 46; 47; § 256, 18.
[82] Wegen der Einzelheiten vgl. die Erl. Vor § 72 (24. Aufl. Rdn. 8); § 250, 33 ff.
[83] BGH bei *Holtz* MDR **1977** 108.
[84] RG HRR **1939** Nr. 1214; BGH bei *Dallinger* MDR **1952** 532; OLG Stuttgart NJW **1968** 2022; zu groß-

zügig RGSt **71** 326; nach *Eb. Schmidt* 4 verstoßen solche Besprechungen im Beratungsstadium gegen § 261.
[85] OLG Schleswig bei *Ernesti/Jürgensen* SchlHA **1974** 183 (Einholen einer Auskunft).
[86] RGSt **45** 104; RG GA **74** (1930) 200.
[87] Vgl. § 226, 19; § 230, 8; § 260, 3.
[88] RGSt **26** 272; **50** 155; OLG Frankfurt StV **1983** 192; OLG Hamburg NJW **1952** 1271; OLG Hamm VRS **12** (1957) 448; OLG Koblenz MDR **1971** 507; KK-*Engelhardt*⁴ 9; SK-*Schlüchter* 32; vgl. § 255, 9 mit weit. Nachw.

des erkennenden Gerichts aus eigenem Entschluß den Tatort eingesehen haben, kann ein Verstoß gegen § 261 nicht hergeleitet werden, sofern nichts dafür spricht, daß das Gericht seine Überzeugung aus einer Quelle geschöpft habe, die in der Hauptverhandlung nicht erschlossen wurde[89].

24   **d) Privat erworbenes Tatsachenwissen** (das nicht offenkundig ist) darf der Richter nicht zur Grundlage der Beweiswürdigung machen[90]. Er darf es nur zum Vorhalt verwenden. Verwertbar ist aber nur, was die Auskunftsperson erwidert hat. Der Vorhalt selbst wird weder Gegenstand der Beweisaufnahme noch Grundlage der Bewürdigung[91]. Der Richter kann sein privates Tatsachenwissen auch nicht etwa dadurch zum Gegenstand der Hauptverhandlung machen, daß er es in ihr bekanntgibt, denn er kann nicht zugleich Zeuge sein[92]. Auch für die Bekanntgabe privaten Wissen in Form einer „dienstlichen Erklärung" ist — zumindest soweit nicht dienstliche Belange berührt sind[93] — kein Raum[94]. Nur die **allgemeinkundigen** oder **gerichtsbekannten** Tatsachen dürfen vom Gericht in das Verfahren eingeführt und nach Erörterung in der Hauptverhandlung der Entscheidung zugrunde gelegt werden[95]. Davon zu unterscheiden ist der Fall, daß das Gericht besonderes Fachwissen für sich beansprucht[96].

4. Offenkundige Tatsachen

25   **a)** Offenkundige Tatsachen bedürfen, wie § 244 Abs. 3 Satz 2 zeigt, **keines Beweises** in der Hauptverhandlung[97]. Sie müssen aber trotzdem durch einen Hinweis des Vorsitzenden oder sonst in geeigneter Weise zum **Gegenstand der mündlichen Verhandlung** gemacht werden, damit sie bei der Urteilsfällung verwendet werden können[98]. Der Grundsatz, daß die Hauptverhandlung die alleinige Erkenntnisquelle ist, darf auch durch die Verwertung offenkundiger Tatsachen in seinem wesentlichen Gehalt nicht angetastet werden[99]. Zu erörtern sind sowohl die Tatsache als auch ihre Offenkundigkeit. Die Prozeßbeteiligten müssen Gelegenheit haben, zu beiden Stellung zu nehmen[100]. Dies gilt für allgemeinkundige gleich wie für gerichtskundige Tatsachen und ist nur insofern einzuschränken, als unter den offenkundigen Tatsachen solche hervortreten, die so unerschütterlich feststehen und so selbstverständlich sind oder deren Bedeutung für die Untersuchung allen Beteiligten so offensichtlich ist, daß es keiner ausdrücklichen Erörterung bedarf[101]. Die Voraussetzungen, unter denen Tatsachen als **allgemeinkundig** oder **gerichtskundig** behandelt werden dürfen, sind bei § 244, 227 ff erläutert[102].

[89] RG HRR **1938** NR. 65; KG VRS **17** (1959) 285; § 225, 9; § 226, 19.
[90] H. M; vgl. etwa *Arzt* FS Peters 223; KK-*Engelhardt*[4] 10; *Kleinknecht/Meyer-Goßner*[44] 6; SK-*Schlüchter* 18; 32.
[91] Vgl. RGSt **40** 54; BGH bei *Dallinger* MDR **1952** 532; OLG Frankfurt NJW **1952** 638; OLG Hamburg NJW **1952** 1271; vgl. § 249, 92 ff mit weit. Nachw.
[92] Vgl. Vor § 48, 23; ferner etwa OLG Frankfurt StV **1983** 192 (Hinweis auf eigene Ortskenntnisse).
[93] Vgl. BGH StV **1993** 507; § 244, 207.
[94] LG Aachen StV **1984** 20; *Schmid* GA **1980** 285; SK-*Schlüchter* 32.
[95] Vgl. Rdn. 25 ff.
[96] Vgl. § 244, 302; strittig.
[97] Vgl. § 244, 227.
[98] BVerfGE **10** 183; RGSt **16** 328; **28** 172; RG GA **39** 342, 343; JW **1903** 94; Recht **1919** Nr. 846;

BGHSt **6** 295; BGH NJW **1963** 598; BayObLG bei *Rüth* DAR **1986** 247; vgl. § 244, 234 mit weit. Nachw.; ferner *Schlothauer* StV **1986** 228, der die Hinweispflicht dem Grundsatz des fairen Verfahrens zuordnet.
[99] BGHSt **26** 61; vgl. § 244, 234.
[100] BVerfGE **10** 179, 183; 274, 282; **48** 209; BGHSt **6** 292; StV **1981** 223 mit Anm. *Schwenn/Strate*; **1985** 514; OLG Hamm VRS **41** (1971) 49; StV **1985** 225; BSG MDR **1975** 965; *Alsberg/Nüse/Meyer* 572; *Nüse* GA **1955** 74; KK-*Engelhardt*[4] 11; *Kleinknecht/Meyer-Goßner*[44] 7; KMR-*Stuckenberg* 4; SK-*Schlüchter* 22. Vgl. § 224, 234 mit weit. Nachw.
[101] *Alsberg/Nüse/Meyer* 570; KK-*Engelhardt*[4] 11; SK-*Schlüchter* 22.
[102] Vgl. auch *Alsberg/Nüse/Meyer* 534.

b) Auch **Erfahrungssätze** können, sofern weite Kreise vermöge allgemeiner Lebens- **26** erfahrung und Bildung an ihnen teilhaben, allgemeinkundig und, sofern sie in der besonderen Sachkunde des Gerichts feststehen, gerichtskundig sein[103]. Die in der einzelnen Sache beweisbedürftigen Tatsachen können nur mit Hilfe der aus der Beobachtung anderer Lebensvorgänge gewonnenen, zuverlässigen Erfahrungen festgestellt und zu dem abgeschlossenen Bild ineinandergefügt werden, das als das Ergebnis der Verhandlung der rechtlichen Würdigung zu unterziehen ist[104]. Wo immer die dem Gericht ohne weiteres zu Gebot stehenden Erfahrungssätze für die Beurteilung nicht ausreichen, muß es sich, um die fehlenden Kenntnisse zu beschaffen, des **Beistands eines Sachverständigen** bedienen. Die für offenkundige Tatsachen angeführten Regeln sind zwar nicht durchweg, aber doch in weitem Maße hinsichtlich der Voraussetzungen der Offenkundigkeit der Erfahrungssätze und ihrer Verwertung im Verfahren anzuwenden[105]. Erfahrungssätze sind keine Tatsachen, sondern hypothetische Urteile von allgemeingültiger Bedeutung[106]. Sie kommen aber, insbesondere wenn sie bestimmte Geschehnisse der Vergangenheit betreffen, allgemeinkundigen Tatsachen sehr nahe, da der Unterschied zwischen einer auf Grund allgemeinkundigen Wissens feststehenden Tatsache und einer aus einem feststehenden Erfahrungswissen nur gefolgerten Tatsache praktisch meist gering ist. Es liegt daher nahe, wenn insoweit nicht nur die Tatsachen, an die das Erfahrungswissen anknüpft und die meist ihrerseits wieder allgemeinkundig sind, sondern auch bestimmte, für die Schlußfolgerung verwandte Erfahrungssätze oder auch das Ergebnis der Schlußfolgerung wie offenkundige Tatsachen in der Verhandlung zur Erörterung gestellt werden. Soweit die Erfahrungssätze bestimmte tatsächliche Gegebenheiten, also räumlich und zeitlich fixierbare Tatsachen betreffen, fordert der Grundsatz der Gewährung des rechtlichen Gehörs ihre **Erörterung in der Hauptverhandlung**[107]. Davon zu unterscheiden sind die zahlreichen, in jeder Sache eingreifenden und vielfach völlig unbewußt verwendeten Erfahrungssätze, deren Inhalt kein konkretes Ereignis betrifft und die selbstverständlich und allgemein geläufig sind. Bei diesen kann sowohl die Allgemeinkundigkeit als auch der Einfluß auf die Sachgestaltung so sehr auf der Hand liegen, daß sich die ausdrückliche Erörterung in der Hauptverhandlung erübrigt[108].

c) Sonstige Verfahrensfragen. Die Erörterung der Offenkundigkeit einer Tatsache in **27** der Hauptverhandlung ist keine **wesentliche Förmlichkeit** des Verfahrens, die in der Sitzungsniederschrift festgehalten werden muß[109]. Zum Nachweis (Freibeweis), daß die Beteiligten hierzu gehört wurden, kann dies aber trotzdem zweckmäßig sein[110].

Die Feststellung einer offenkundigen Tatsache setzt nicht voraus, daß die Kenntnis von **28** ihr bei **allen zur Entscheidung berufenen Richtern** vorhanden ist[111]. Dies ist strittig. Bei allgemeinkundigen Tatsachen, die jeder weiß oder ohne besondere Fachkenntnisse aus zuverlässigen Quellen (Nachschlagewerken, Kursbüchern usw.) sicher feststellen kann[112], wird diese Frage zwar kaum auftauchen; sie ist aber von Bedeutung bei den

---

[103] *Alsberg* JW **1923** 758; *Klee* GA **70** (1926) 158; *Alsberg/Nüse/Meyer* 534 mit weit. Nachw.

[104] *Stein* 12 ff; *Sauer* Grundlagen 66.

[105] RGSt **45** 403; RG LZ **1915** 754.

[106] *Eb. Schmidt* 22.

[107] Vgl. BVerfGE **10** 183; BGHSt **26** 59; BayObLG JR **1966** 227; OLG Köln VRS **68** (1985) 51; KK-*Engelhardt*⁴ 11; KMR-*Paulus* 7; SK-*Schlüchter* 17; § 244, 234; auch BVerwG NStZ **1983** 738; ferner Rdn. 25 mit weit. Nachw.

[108] *Stein* 98; *Roxin* § 24, 11; KMR-*Paulus* § 244, 207; SK-*Schlüchter* 22; vgl. Rdn. 25; § 244. 227 ff; ferner *Alsberg/Nüse/Meyer* 534 mit weit. Nachw.

[109] RGSt **28** 171; RG Recht **1902** Nr. 1539; **1919** Nr. 846; **1921** Nr. 1481; BGHSt **36** 354; BGH NJW **1963** 598; bei *Spiegel* DAR **1977** 175; OLG Hamm NJW **1956** 1729; VRS **41** (1971) 49; StV **1985** 225; OLG Koblenz VRS **63** (1982) 134; *Alsberg/Nüse/Meyer* 573; **a. A** *Eb. Schmidt* Nachtr. I § 273, 4. Zum Streitstand vgl. *Meyer-Goßner* FS Tröndle 560 sowie § 244, 234 mit weit. Nachw.

[110] BGH NJW **1963** 598.

[111] Vgl. § 244, 233 mit weit. Nachw. zum Streitstand.

[112] BGHSt **6** 192.

gerichtskundigen Tatsachen. Der Gegenmeinung, wonach die sonst für die Meinungsbildung des Gerichts maßgebenden Vorschriften der § 196 GVG und § 263 StPO hier nicht eingreifen, kann nicht gefolgt werden. Abgesehen davon, daß das Gericht das Stimmverhältnis in den Urteilsgründen grundsätzlich nicht mitzuteilen braucht und dem Revisionsgericht verwehrt ist, darüber Erhebungen anzustellen, ist kein einleuchtender Grund für jene Auffassung zu erkennen. Die nach § 196 GVG oder § 263 StPO maßgebliche Mehrheit, die von der Richtigkeit einer Tatsache überzeugt ist, kann durch die Minderheit nicht zu einer weiteren Beweiserhebung über diese Tatsache gezwungen werden, gleichgültig, worauf die Überzeugung der Mehrheit beruht[113].

5. Verpflichtung zum eigenen Urteil

29   **a)** Die Verpflichtung zum eigenen Urteil kann das Gericht dadurch verletzen, daß es seiner Entscheidung nicht die von ihm durch die Hauptverhandlung selbst festgestellten Tatsachen zugrunde legt, sondern die **Auffassung anderer Personen** oder Stellen, gleich ob Gerichte, Behörden oder Privatpersonen, ungeprüft übernimmt. Es darf sich weder mit der bloßen Berufung auf Feststellungen in anderen Entscheidungen oder auf allgemein verbreitete Meinungen oder Werturteile begnügen (Angeklagter als Schläger „allgemein bekannt")[114], noch darf es sich ungeprüft die Beurteilung der Glaubwürdigkeit zu eigen machen[115], die ein Zeuge vom Hörensagen seinem Gewährsmann beimißt. Auch die Ansicht der Sachverständigen darf das Gericht nicht ohne eigene Prüfung übernehmen[116].

30   Wenn Auffassungen anderer Personen über das **Ergebnis der Beweisaufnahme** — etwa durch **Zeitungsnachrichten** — dem Richter zur Kenntnis kommen, dürfen sie keinen Einfluß auf die Bildung seiner Überzeugung gewinnen[117]. Geschähe es, würde dadurch § 261 verletzt werden. Ein Nachweis für eine durch solche Vorgänge verursachte Verletzung des § 261 wird freilich kaum erbracht werden können[118]. Ein Verstoß gegen § 261 kann je nach den Umständen vorliegen, wenn der Richter außerhalb der Hauptverhandlung und vor der Urteilsverkündung die **Sache mit einem Dritten bespricht**[119]. Bloße Vermutungen insoweit reichen allerdings nicht aus, den Verstoß zu begründen[120].

31   **b)** Während die **Aushändigung der Anklageschrift** mit dem Ermittlungsergebnis an die Berufsrichter regelmäßig nicht zu beanstanden ist[121], hielt bisher die Rechtsprechung die **Aushändigung der vollständigen Anklageschrift** an die Schöffen für einen Verstoß gegen die durch § 261 gesicherten Grundsätze der Unmittelbarkeit und Mündlichkeit, weil zu befürchten sei, daß sich die Eindrücke, die den Schöffen aus verschiedenen Quellen zufließen, verwischen und sie deshalb ihre Überzeugung nicht mehr allein aus dem Inbegriff der Hauptverhandlung bilden, sondern durch die Bewertung des Tatverdachts durch die Staatsanwaltschaft beeinflußt werden könnten[122]. Nr. 126 Abs. 2 Satz 3 RiStBV verbietet deshalb, den Schöffen eine Abschrift der Anklageschrift zu überlassen. § 261 ist

---

[113] *Alsberg/Nüse/Meyer* 564 mit weit. Nachw.
[114] BGH bei *Dallinger* MDR **1973** 190; vgl. auch OLG Saarbrücken JZ **1968** 308; KK-*Engelhardt*[4] 13; KMR-*Paulus* 9.
[115] Vgl. BGHSt **17** 382; **29** 111; **34** 15; § 250, 25.
[116] Vgl. Rdn. 12; § 244, 233.
[117] OLG Saarbrücken JZ **1968** 308; KK-*Engelhardt*[4] 13; KMR-*Paulus* 9; SK-*Schlüchter* 23; *Eb. Schmidt* DRiZ **1962** 402; **1963** 376; JZ **1970** 337. Vgl. den Bericht der Bundesregierung „Öffentliche Vorverurteilung und faires Verfahren", BTDrucks. **10** 4608 vom 27. 12. 1985, sowie Rdn. 83 ff; 89.
[118] RGSt **65** 436; KK-*Engelhardt*[4] 3.

[119] OLG Hamm NJW **1958** 74; da die Fallgestaltungen sehr unterschiedlich sind, kommt es auf den Einzelfall an; SK-*Schlüchter* 20, 23.
[120] OLG Saarbrücken JZ **1968** 308; KK-*Engelhardt*[4] 13.
[121] RG HRR **1935** Nr. 1640; GA **62** (1915/16) 155; vgl. auch *Schreiber* FS Welzel 941.
[122] RGSt **32** 318; **53** 178; **69** 120; RG LZ **1920** 834; JW **1922** 1039; BGHSt **5** 261; **13** 73 = JR **1961** 30 mit zust. Anm. *Eb. Schmidt*; BGH GA **1959** 148; **1960** 314; LG Kiel SchlHA **1977** 56 stellt auf Einzelfall ab. Vgl. § 243, 15.

aber nicht schon bei einer Mißachtung dieser den Richter ohnehin nicht bindenden Verwaltungsanordnung verletzt, sondern allenfalls dann, wenn der Schöffe vor Abschluß des Verfahrens vom Inhalt der Anklage auch **tatsächlich Kenntnis** genommen hat[123]. Der Bundesgerichtshof hat eine Verletzung des Grundsatzes der Mündlichkeit und Unmittelbarkeit des Verfahrens (§ 261) sogar in dem Falle bejaht, daß ein Schöffe dem neben ihm sitzenden armamputierten Richter während der Verhandlung beim Umblättern der Anklageschrift behilflich war und dadurch Gelegenheit erhielt, die Anklageschrift teilweise zu lesen, dies auch tat und das in ihr enthaltene Ermittlungsergebnis mit den Angaben des Angeklagten und Bekundungen von Zeugen in der Hauptverhandlung verglich[124]. Das Oberlandesgericht Hamburg hat gebilligt, daß das Landgericht die Schöffen von einer Haftentscheidung ausschloß, damit sie nicht während der noch nicht abgeschlossenen Beweisaufnahme Kenntnis vom Inhalt der Akten erhielten[125].

Vor allem neuere Entscheidungen des Bundesgerichtshofs zweifeln an der Stichhaltig- **31a** keit dieser Befürchtung und der sich darauf gründenden Rechtsprechung[126], die — anders als sonst, wenn in der Hauptverhandlung ein Umstand angesprochen wird, der für die Urteilsfindung nicht verwertet werden darf — einen Verstoß gegen § 261 schon dann annimmt, wenn ein Schöffe von der für die Anklageerhebung maßgebenden Würdigung des Ermittlungsergebnisses durch die Staatsanwaltschaft Kenntnis erhalten hat. Nach heutiger Auffassung haben die Schöffen als gleichberechtigte Richter (§ 30 GVG) **Recht auf Akteneinsicht**[127]. Ihnen dürfen, wie auch § 249 Abs. 2 bestätigt, Unterlagen aus den Akten überlassen werden, so auch die Abschriften eines in der Hauptverhandlung vorgespielten Tonbands[128]. Zwar hat noch keine neuere Entscheidung die angezweifelte Rechtsprechung, daß schon die Kenntnisnahme eines Schöffen vom wesentlichen Ergebnis der Ermittlungen gegen § 261 verstoße, ausdrücklich aufgegeben, wohl aber wurde für andere Fälle ein solcher Verstoß verneint, so, wenn der Staatsanwalt versehentlich einen nicht zugelassenen Anklagesatz verliest, vom Vorsitzenden unterbrochen und das Versehen durch Verlesen der zugelassenen Anklage richtiggestellt wird[129] oder wenn in der Hauptverhandlung des um Übernahme ersuchten Gerichts fälschlich der Vorlagebeschluß verlesen wurde, in dem das vorläufige Ermittlungsergebnis bewertet worden ist[130]. Auch in der Verlesung eines vom Revisionsgericht **aufgehobenen Urteils** in der erneuerten Hauptverhandlung zu Informationszwecken hat der Bundesgerichtshof keine unzulässige Beeinträchtigung der Unvoreingenommenheit der Schöffen gesehen[131]. In der heutigen Informationsgesellschaft sind die Schöffen hinsichtlich der Tat schon vor und während der Hauptverhandlung vielerlei Fremdeinflüssen ausgesetzt; vor allem in der Presse werden bei bestimmten Verfahren die Verdachtsmomente schon vorher ausgiebig erörtert. § 261 geht davon aus, daß sich die Schöffen — ebenso wie die Berufsrichter — von solchen Einflüssen frei machen können und daß sie, nicht zuletzt auf Grund der gemeinsamen Beratung, in der Lage sind, nur das Ergebnis der Hauptverhandlung und die dort zulässig ein-

[123] BGH bei *Dallinger* MDR **1973** 19; AG Dortmund StV **1994** 413; KK-*Engelhardt*[4] 14; SK-*Schlüchter* 19.

[124] BGHSt **13** 73 = JR **1961** 30 mit zust. Anm. *Eb. Schmidt*; abl. *Hanack* JZ **1972** 314 („rechtlich nicht gebotene Ängstlichkeit").

[125] OLG Hamburg MDR **1973** 69 mit Anm. *Stadie* (zu LG Hamburg); OLG Schleswig NStZ **1990** 198; **a. A** OLG Düsseldorf MDR **1984** 424.

[126] BGHSt **43** 36 = JR **1999** 297 mit Anm. *Imberger-Bayer* = StV **1997** 450 mit Anm. *Lunnebach*; BGH GA **1976** 368; JR **1987** 389 mit Anm. *Rieß*; HK-*Julius*[2] 3.

[127] Näher LR-*Siolek* § 30 GVG, 4 ff mit weit. Nachw.

[128] BGHSt **43** = StV **1997** 450 mit abl. Anm. *Lunnebach* = JR **1999** 297 mit zust. Anm. *Imberger-Bayer*; ferner die vorherrschende Meinung im Schrifttum (*Hanack* JZ **1972** 314; *Rieß* JR **1987** 389; *Schreiber* FS Welzel 941; *Terhorst* MDR **1988** 809; *Volk* FS Dünnebier 382); HK-*Julius*[2] 3; vgl. § 30 GVG, 4 ff mit weit. Nachw. zum Streitstand.

[129] BGH bei *Pfeiffer/Miebach* NStZ **1984** 15.

[130] BGHSt **43** 360 = NJW **1998** 1163.

[131] BGH GA **1976** 368; *Terhorst* MDR **1988** 811; KK-*Engelhardt*[4] 14.

Walter Gollwitzer

geführten Tatsachen unter Ausschaltung sonstigen Wissens berücksichtigen. Zumindest unter den heutigen Verhältnissen[132] kann daher nicht mehr verallgemeinernd angenommen werden, daß jede vorzeitige Kenntnis der Schöffen von den nach Ansicht der Staatsanwaltschaft wesentlichen Ergebnissen der Ermittlungen die Schöffen auf ein bestimmtes Bild vom Sachverhalt festlegt, so daß sie dann ihr Urteil nicht mehr allein aus dem Inbegriff der Hauptverhandlung schöpfen. Nicht übersehen sollte man hier, daß von den Schöffen auch sonst verlangt wird, daß sie in der Hauptverhandlung angesprochene Tatsachen bei ihrer Überzeugungsbildung unberücksichtigt lassen, wie etwa beim Vorhalt[133] und daß sie auch die meist viel intensivere Stellungnahmen der Staatsanwaltschaft in der Verhandlung, vor allem aber in den Schlußplädoyers, bei ihrer Überzeugungsbildung ebenso verarbeiten müssen wie die des Verteidigers. Es ist daher nicht einsichtig, allein aus der Tatsache, daß ein Schöffe vom wesentlichen Ergebnis der Ermittlungen Kenntnis hatte[134], schon zu folgern, daß er dann auch entgegen § 261 seine Überzeugung nicht mehr allein auf Grund der Hauptverhandlung gewonnen hat. Ein Verstoß gegen § 261 kommt allenfalls dann in Frage, wenn — wie auch sonst — im Einzelfall festgestellt werden konnte, daß durch diese Kenntnis die Beweiswürdigung unzulässig beeinflußt worden ist[135].

32   **c)** Die Verpflichtung zum eigenen Urteil gilt auch bei **Bemessung der Strafen** und der anderen Rechtsfolgen. Der Richter hat nur die vom Gesetz aufgestellten Voraussetzungen (vgl. §§ 46 ff StGB) zu beachten. In deren Rahmen hat er frei zu entscheiden, ohne daß er an örtliche (gerichtsübliche usw.) **Taxen** oder **Strafzumessungsempfehlungen** amtlicher oder privater Stellen gebunden wäre. Dies gilt auch für die Bußgeldkataloge der Verwaltungsbehörden. Alle diese Verwaltungsvorschriften, Regelsätze oder Empfehlungen haben für das Gericht nur die Bedeutung einer Orientierungshilfe. Sie dürfen im Interesse der Gleichbehandlung gleichgelagerter Sachverhalte nicht völlig außer acht gelassen werden, sie entbinden das Gericht aber nicht von der Verpflichtung, die Strafe oder Rechtsfolge unter Würdigung aller Umstände des Einzelfalls eigenverantwortlich festzusetzen[136]. Andererseits muß es ins Gewicht fallende Abweichungen begründen[137].

33   **6. Beschränkung der Wahrnehmungsfähigkeit der Richter.** Eine die Revision begründende Verletzung des § 261 kann unter Umständen darin liegen, daß einer der mitwirkenden Richter seine Aufgabe, bei der Bildung seiner Überzeugung den gesamten Inbegriff der Hauptverhandlung zu erfassen und zu berücksichtigen, nicht wahrnimmt

---

[132] Ob frühere Schöffengenerationen zu Recht für unkritischer und obrigkeitsgläubiger gehalten wurden, mag dahinstehen.

[133] *Hanack* JZ **1972** 315; KMR-*Stuckenberg* 15; vgl. § 249, 93 ff.

[134] Unerheblich ist insoweit, ob dies durch einen Verstoß gegen § 243 Abs. 3 geschehen ist.

[135] SK-*Schlüchter* 19 (so, wenn aus Hauptverhandlung nicht bekannte Umstände zum Gegenstand der Urteilsfindung gemacht wurden); vgl. ferner HK-*Julius*² 3; KMR-*Stuckenberg* 15. Nach *Kleinknecht/Meyer-Goßner*⁴⁴ 40 stellt die neuere Rechtsprechung darauf ab, daß besondere Umstände eine Beeinflussung der Schöffen befürchten lassen; **a. A** *Imberger-Bayer* JR **1999** 301. Zu den verschiedenen Konstruktionen der Revisionsrüge vgl. *Rieß* JR **1987** 392.

[136] BVerfG NJW **1996** 1809; BGHSt **38** 125; 231; BayObLGSt **1969** 125 = MDR **1970** 258; BayObLGSt **1974** 62; OLG Celle NdsRpfl. **1972** 122; VRS **40** (1971) 125; NStZ **1986** 464 mit Anm. *Schall*; OLG Hamburg NJW **1972** 1150; OLG Hamm NJW **1972** 1150; VRS **43** (1972) 215; **50** (1976) 377; OLG Köln NJW **1972** 1152; OLG Stuttgart VRS **38** (1970) 211; OLG Schleswig SchlHA **1971** 225; *Jagusch* NJW **1970** 401; *Janiszewski* NStZ **1985** 544; *Tröndle* DRiZ **1971** 211; *Peters* und *Schröder* Gutachten für den 41. DJT; ferner KK-*Engelhardt*⁴ 15; KMR-*Stuckenberg* 14; vgl. nachf. Fußn.; ferner bei § 267; § 337, 216 mit weit. Nachw.

[137] OLG Düsseldorf VRS **52** (1977) 367; **58** (1980) 268; **61** (1981) 454; OLG Hamm JMBlNW **1981** 69; *Janiszewski* NStZ **1985** 544; vgl. Rdn. 66 und bei § 267.

oder nicht wahrnehmen kann[138]. Dies ist der Fall, wenn die Wahrnehmungsfähigkeit als Folge einer Erkrankung nicht nur vorübergehend kurzfristig aufgehoben ist[139] oder wenn er in seiner **Aufmerksamkeit** durch eine mit der Verhandlung der Sache nicht zusammenhängende Tätigkeit (Durchsicht von Häftlingsbriefen, Studium anderer Akten usw.) von den Vorgängen in der Hauptverhandlung abgelenkt wird, sofern ihm dadurch wesentliche Teile entgehen[140]. *Eb. Schmidt*[141] hält insoweit einen strengeren Standpunkt für angebracht, da alle Vorgänge in der Hauptverhandlung die ungeteilte Aufmerksamkeit des Richters erforderten.

34 **Schläft** ein Richter während der Hauptverhandlung, so verletzt dies neben § 338 Nr. 1[142] auch § 261. Dauert der Schlaf eine nicht nur völlig unerhebliche Zeitspanne an, so wird das Beruhen des Urteils auf diesem Verstoß nicht ausgeschlossen werden können[143]. Eine auf Übermüdung oder auf sonstige Gründen beruhende, nur vorübergehende Unaufmerksamkeit wird dagegen von § 338 Nr. 1 nicht erfaßt[144]. Ob sie § 261 verletzt, hängt davon ab, ob dem Richter wegen ihrer Dauer wesentliche Teile der Hauptverhandlung entgangen sind[145].

35 Die Mitwirkung eines **blinden Richters** an der Hauptverhandlung verstößt nach allerdings strittiger Auffassung nicht schlechthin gegen § 261[146]. Sie ist nach einhelliger Meinung aber ausgeschlossen, wenn die Verwertung visueller Eindrücke (Ortsbesichtigung, Einsicht in Karten, Pläne usw.) nach dem Ergebnis der Hauptverhandlung im Einzelfall für die Beweiswürdigung unerläßlich ist[147]. Für die Aufgabe des **Vorsitzenden** wird die Fähigkeit zur Wahrnehmung visueller Eindrücke ebenfalls als unverzichtbar und nicht durch den geschärften Gehörsinn kompensierbar angesehen[148].

36 Ein **tauber Richter** dagegen, der, anders als ein nur schwerhöriger, den Verlust seiner Hörfähigkeit nicht durch Hilfsmittel ausgleichen kann, darf an der mündlichen Verhandlung in der Regel nicht mitwirken[149].

37 7. Eine **vorzeitige Festlegung** des **Urteils** vor Abschluß der mündlichen Verhandlung würde § 261 verletzen. Es verstößt jedoch noch nicht gegen diese Vorschrift, wenn der Richter schon vor der Hauptverhandlung einen Entwurf der Urteilsformel vorbereitet[150]. In den Akten haben solche Entwürfe aber vor der Verkündung nichts zu suchen. Der böse

---

[138] BGHSt **4** 193; *Meurer* GedS H. Kaufmann 958; SK-*Schlüchter* 9; vgl. auch § 338, 38 ff mit weit. Nachw.

[139] BGH bei *Dallinger* MDR **1971** 723; vgl. § 338, 42 mit weit. Nachw.

[140] BGH NJW **1962** 2212 = JR **1963** 229 mit Anm. *Eb. Schmidt*; dazu *Marr* NJW **1963** 309; *Hanack* JZ **1972** 315; *Seibert* NJW **1963** 1044; OLG Schleswig bei *Ernesti/Lorenzen* SchlHA **1982** 125; weit. Nachw. § 258, 47; § 338, 44.

[141] JZ **1970** 340; vgl. ferner KK-*Engelhardt*⁴ 18; KMR-*Paulus* 10; § 258, 35.

[142] Sofern ihm ein wesentlicher Teil der Verhandlung entging; vgl. § 338, 43.

[143] BGHSt **2** 14; **11** 77; strenger *Hanack* JZ **1972** 315; AK-*Maiwald* 4; vgl. § 338, 43 mit weit. Nachw.

[144] Vgl. § 338, 44 mit weit. Nachw.

[145] BGHSt **2** 14; **11** 74; *Kleinknecht/Meyer-Goßner*⁴⁴ § 338, 14.

[146] BGHSt **11** 78; **18** 51; zust. *Hanack* JZ **1972** 314; vgl. BGHSt **4** 191; **5** 354; BGH MDR **1964** 522; BVerfGE **20** 55; BVerwG DÖV **1983** 121; ferner § 338, 39; BGH bei *Miebach/Kusch* NStZ **1989**

220; *Schulze* MDR **1988** 736; **1995** 670; *Wolf* ZRP **1992** 15; SK-*Schlüchter* 9. Die Mitwirkungsfähigkeit selbst wird verneint als Beisitzer von BGH bei *Miebach/Kusch* NStZ **1991** 122; *Fezer* NStZ **1987** 335; **1988** 375; *Eb. Schmidt* JZ **1970** 340; *Kleinknecht/Meyer-Goßner*⁴⁴ § 338, 11; zum Streitstand vgl. § 338, 39.

[147] BGHSt **4** 191 = JZ **1953** 670 mit Anm. *Wimmer*; BGHSt **5** 354; **11** 78; **18** 51; MDR **1964** 522; OLG Hamm VRS **11** (1956) 223; JMBlNW **1969** 308; h. M; vgl. SK-*Schlüchter* 9; § 338, 39 mit weit. Nachw.

[148] BGHSt **35** 164 = NStZ **1988** 378 mit Anm. *Fezer*; BGH bei *Miebach* NStZ **1989** 220; AK-*Maiwald* 4; HK-*Teming*² § 338, 4; KK-*Engelhardt*⁴ 19; *Kleinknecht/Meyer-Goßner*⁴⁴ § 338, 11; KMR-*Stuckenberg* 10; **a. A** OLG Zweibrücken MDR **1991** 1083 (für Berufungsstrafkammer) mit Anm. *Schulze*; dazu BVerfG NJW **1992** 2075 (engere Schutzbereich des Art. 101 Abs. 1 Satz 2 GG nicht verletzt); vgl. § 338, 39.

[149] SK-*Schlüchter* 9; vgl. § 338, 41.

[150] BVerfGE **9** 215. Vgl. § 258, 50; 51 mit Nachw.

Schein einer Voreingenommenheit muß vermieden werden. Gleiches gilt für die Niederschrift der Urteilsformel noch während der Verhandlung[151]. Zur Zulässigkeit der Vorberatung von Urteilsteilen vgl. § 258, 50.

38   Ein Verstoß gegen § 261 liegt auch vor, wenn das Gericht nicht den ganzen Verfahrensstoff in seine **Beratung** einbezieht, etwa, wenn es nach Wiedereintritt in die Hauptverhandlung die **erneute Beratung** unterläßt[152].

39   **8. Aufzeichnungen über die Verhandlung.** § 261 verbietet weder, daß der Vorsitzende die Verhandlung in Kurzschrift oder auf Tonband aufnehmen läßt, noch, daß er diese Aufzeichnungen, die den Prozeßbeteiligten nicht vorgelegt zu werden brauchen, den Mitgliedern des Gerichts zugänglich macht[153]. Die Entscheidung über Form und Umfang solcher Aufzeichnungen steht im Ermessen des Vorsitzenden; die Verfahrensbeteiligten haben keinen Anspruch hierauf[154]. Ob solche für den internen Gebrauch bestimmten Tonbandaufnahmen nur mit Zustimmung des Sprechenden zulässig sind, ist strittig[155]. Solche internen Aufzeichnungen (Notizen, Abschriften von Tonbändern) unterliegen nicht der Akteneinsicht[156], auch wenn sie sich versehentlich bei den Akten befinden. Etwas anderes gilt nur, wenn sie ausdrücklich zu den Akten genommen worden sind[157]. Die Richter dürfen **in der Beratung** die Aufzeichnungen verwerten, die sie sich während der Verhandlung gemacht haben. Ihre Verwendbarkeit hängt nicht davon ab, daß sie in der Hauptverhandlung verlesen werden, weil sie keine zusätzlichen Erkenntnisquellen neben der Hauptverhandlung, sondern selbst Niederschlag des Verhandlungsergebnisses sind. Von der Aufzeichnung zu ausschließlich gerichtsinternen Zwecken des erkennenden Gerichts sind die **Videoaufzeichnungen** einer Zeugeneinvernahme zur Sicherung ihrer **Beweisverwendung** in einer anderen Hauptverhandlung (vgl. § 255 a) zu unterscheiden. Diese sollen nach § 247 a Satz 4 bei Vorliegen der dort festgelegten Voraussetzungen angeordnet werden. Ihre durch eine Zweckbindung eingeschränkte Verwendbarkeit und Löschung ist durch § 247 a Satz 5; § 58 a Abs. 2 geregelt.

40   **9. Sitzungsniederschrift.** Ob das Urteil ausschließlich auf den Erkenntnissen beruht, die aus dem Inbegriff der mündlichen Verhandlung gewonnen wurden, ist auf Grund der Sitzungsniederschrift nur bei den Vorgängen feststellbar, bei denen es sich um **wesentliche Förmlichkeiten** des Verfahrens (§ 273) handelt. Insoweit ist die Sitzungsniederschrift positiv und negativ beweiskräftig (§ 274). Aus ihr ergibt sich vor allem, ob und auf welche Weise bei Strengbeweis ein Beweismittel in der Hauptverhandlung verwendet wurde (vgl. Rdn. 172 und bei § 273), so auch, welche Zeugen vernommen wurden, ob der Angeklagte anwesend war und ob er sich zur Sache eingelassen hat[158].

---

[151] BGHSt **11** 74; dazu *Hanack* JZ **1972** 314; *Eb. Schmidt* JZ **1970** 340; vgl. § 258, 51 mit weit. Nachw.

[152] OGHSt **2** 193; BGHSt **24** 171; BGH NJW **1951** 206; wegen der Einzelheiten vgl. § 258, 5 ff und bei § 268.

[153] RGSt **65** 436; BGHSt **19** 193; OLG Koblenz NStZ **1988** 42; *Hanack* JZ **1971** 170; **1972** 314; *Eb. Schmidt* JZ **1964** 538; KK-*Engelhardt*⁴ 27; *Kleinknecht/Meyer-Goßner*⁴⁴ GVG § 169, 11; SK-*Schlüchter* 24; vgl. 24. Aufl. GVG § 169, 45 ff.

[154] Zu deren Möglichkeit, mit Erlaubnis des Vorsitzenden Verhandlungsteile für persönliche Zwecke selbst aufzeichnen zu lassen, falls davon kein Mißbrauch zu befürchten ist, vgl. *Kleinknecht/Meyer-Goßner*⁴⁴ GVG § 169, 12.

[155] Dazu BGH bei *Dallinger* MDR **1968** 729; OLG Hamburg MDR **1968** 729; OLG Schleswig NStZ **1992** 399 mit Anm. *Molketin*; NStZ **1993** 145; *Kleinknecht* NJW **1966** 1541; *Marxen* NJW **1977** 2189; *Praml* MDR **1977** 14; *Roggemann* JR **1966** 47; *Kleinknecht/Meyer-Goßner*⁴⁴ GVG § 169, 11 (Zustimmung nur für weitergehende Zwecke). Zum Streitstand vgl. bei § 169 (24. Aufl. Rdn. 47).

[156] *Praml* MDR **1977** 16; *Marxen* NJW **1977** 2189 fordert unter dem Gesichtspunkt der Chancengleichheit ihr Zugänglichmachung an den Verteidiger.

[157] OLG Karlsruhe Justiz **1981** 483; vgl. bei § 271.

[158] Etwa BGH StV **1983** 8; **1992** 1; BayObLGSt **1995** 202; wegen weit. Nachw. vgl. bei § 273; vgl. ferner Rdn. 80; 172.

IV. Inhalt und Grenzen der freien Beweiswürdigung

1. Wesen der freien Beweiswürdigung. Die freie Beweiswürdigung besteht darin, **41** daß der Richter nicht an Beweisregeln, d. h. an gesetzliche Vorschriften über die Wirkung der Beweise, an Bestimmungen darüber, unter welchen Voraussetzungen eine Tatsache als bewiesen anzusehen sei, gebunden ist[159]. Das Gesetz trägt damit dem Umstand Rechnung, daß sich allgemeingültige Regeln, die mit Sicherheit auch im Einzelfall Geltung beanspruchen können, nicht aufstellen lassen, insbesondere, daß sich der Wert eines Beweismittels vielfach nicht rein abstrakt beurteilen läßt[160]. Aus der Freiheit, die das Gesetz dem Tatrichter einräumt, erwächst ihm die schwere Aufgabe, „nach seiner persönlichen Umsicht und Erfahrung, seinem Verantwortungsbewußtsein und Wissen" über die Ergebnisse der Beweisaufnahme zu entscheiden[161].

Die Freiheit, die dem Richter bei der Beweiswürdigung eingeräumt ist, ist aber niemals **42** Freiheit zur Willkür, sie entbindet ihn nicht von der Verpflichtung zu einer rationalen Beweisführung. Auch wenn seine Entscheidung letztlich immer nur von seiner subjektiven Gewißheit getragen werden kann, ist sie nur dann rechtsfehlerfrei zustande gekommen, wenn sie auf einer **tragfähigen Tatsachengrundlage** und auf **verstandesmäßig einsichtigen Schlußfolgerungen** beruht[162], die alle zulässig gewonnenen Ergebnisse der Beweisaufnahme in einer Gesamtschau berücksichtigen. Die Denkgesetze und die gesicherten wissenschaftlichen Erkenntnisse müssen ebenso beachtet worden sein wie das vielfältige Erfahrungswissen, das aus der Lebenskenntnis und den Erkenntnissen der hereinspielenden Wissenszweige, vor allem aus kriminalistischen, psychologischen und medizinischen Gegebenheiten, erwächst[163]. Die subjektive Überzeugung muß sich auf rationale Überlegungen von intersubjektiver Gültigkeit stützen, die mit dem heutigen Bildungsgut und Wissenschaftsstand vereinbar sind. **Persönliche Offenbarungen** und sonstige, nicht von Tatsachen verstandesmäßig ableitbare Einsichten und intuitive Eingebungen reichen dafür nicht aus[164].

Die **Grenzen der freien Beweiswürdigung**[165], ihre Einschränkung durch übergeord- **43** nete verfahrensrechtliche Gesichtspunkte[166] oder eine ausdrückliche gesetzliche Regelung[167] sind zu beachten. Gegenstand der freien tatrichterlichen Beweiswürdigung sind grundsätzlich nur diejenigen Beweismittel und Vorgänge in der Hauptverhandlung, deren Verwertung nach Verfahrensrecht, vor allem nach dem Beweisrecht, zulässig ist[168].

---

[159] RGSt **20** 323; BGHSt **29** 18 = JR **1980** 168 mit Anm. *Peters*; BGH NJW **1982** 2883; NStZ **1984** 180.
[160] *Peters* § 37 XI; *Roxin* § 15, 18.
[161] *Peters* § 37 XI.
[162] BGH StV **1988** 93 mit Anm. *Sessar*; **1988** 138 mit Anm. *Schlothauer*; BayObLGSt **1971** 128 = JR **1972** 30 mit Anm. *Peters*; zur heute allgemein anerkannten Notwendigkeit einer rationalen Beweisführung vgl. etwa *Eisenberg* (Beweisrecht) 913; KMR-*Stuckenberg* 25 ff; SK-*Schlüchter* 55; dazu Rdn. 13; 50; § 337, 149 ff.
[163] Z. B. BGHSt **17** 385: Gericht darf nicht die aus den Erfahrungen des Lebens, den Gesetzen der Wissenschaft und der Logik, insbesondere auch der Zeugenpsychologie, sich ergebenden Gesichtspunkte

unberücksichtigt lassen. Wegen der Einzelheiten vgl. Rdn. 81 ff.
[164] BGH NJW **1978** 1207 (Parapsychologie); *Krause* FS Peters 328; *Wimmer* NJW **1976** 1131 (keine wissenschaftlichen Beweise für okkulte Phänomene) mit weit. Nachw.; dagegen *Bender* NJW **1977** 1089; vgl. Rdn. 13.
[165] Vgl. OLG Bremen VRS **47** (1974) 37 (§ 261 verletzt, wenn die Grenzen zu eng oder zu weit angenommen werden).
[166] Z. B. Verwertungsverbote, die aus der Verletzung einer bestimmten Verfahrensvorschrift erwachsen (vgl. § 244, 188 ff; Einl. Abschn. K; ferner Rdn. 76; 87).
[167] Vgl. Rdn. 64 und bei § 262.
[168] *Hanack* JZ **1972** 314; vgl. Rdn. 14.

Walter Gollwitzer

2. Beachtung der Denkgesetze, der Erfahrungssätze und der wissenschaftlichen Erkenntnisse

44　**a) Denkgesetze**, also die Regeln der Logik, muß der Tatrichter bei seiner Beweiswürdigung beachten. Vor allem muß seine Argumentation klar, folgerichtig und frei von Lücken[169], Begriffsverwechslungen[170], Rechenfehlern[171], Widersprüchen[172] und Kreisschlüssen[173] sein. Die Denkgesetze sind auch verletzt, wenn das Gericht in Verkennung bestehender Alternativen seine Schlußfolgerung als einzig mögliche und damit als zwingend ansieht[174].

45　**b)** Die **Erfahrungssätze**, die empirisch aus der Beobachtung und Verallgemeinerung von Einzelfällen und nicht durch reines Denken gewonnenen Einsichten[175] werden unterschieden

nach der **Erkennbarkeit**; also danach, ob sie für jedermann auf Grund eigener Erfahrung einsichtig sind, weil sie Vorgänge des täglichen Lebens betreffen, oder ob ihre Erkennbarkeit örtlich oder zeitlich begrenzt oder durch Spezialkenntnisse bedingt ist. Die ersteren Sätze werden meist als „Lebenserfahrung", die letzteren als „spezielle Erfahrungssätze" bezeichnet;

46　nach dem Grad der **Allgemeingültigkeit** der in den Sätzen enthaltenen Aussage; also danach, ob diese Erfahrungssätze eine allgemeingültige, im Anwendungsbereich ausnahmslos zutreffende Aussage enthalten oder ob sie nur eine mehr oder weniger große Wahrscheinlichkeit für die Verknüpfung zweier Gegebenheiten aufzeigen, also der Ergänzung durch andere Beweise bedürfen. Ausnahmslos geltende Erfahrungssätze, also Sätze, die ähnlich den Naturgesetzen im praktischen Anwendungsbereich mit einer der Sicherheit gleichzuachtenden Wahrscheinlichkeit gelten, so daß deren Beachtung verbindlich ist, werden oft als **allgemeine Erfahrungssätze** bezeichnet[176].

47　Rechtsprechung und Schrifttum verwenden diese **Bezeichnungen** aber **keinesfalls einheitlich**[177]. Weder die verfahrensrechtliche Behandlung noch auch die Beurteilung der Bedeutung eines Erfahrungssatzes für die richterliche Beweiswürdigung hängen von der

---

[169] Vgl. etwa BGH StV **1994** 360; **1995** 341; NStZ-RR **1999** 96.

[170] BGHSt **3** 213; BGHSt **28** 310; OLG Schleswig bei *Ernesti/Jürgensen* SchlHA **1983** 111; *Niemöller* StV **1984** 435; *Sarstedt/Hamm*⁶ 909; SK-*Schlüchter* 58; § 337, 167.

[171] Vgl. etwa OLG Bremen VRS **54** (1978) 656; *Sarstedt/Hamm*⁶ 903.

[172] Vgl. etwa BGH StV **1982** 343; **1995** 341; *Sarstedt/Hamm*⁶ 899; KK-*Engelhardt*⁴ 47; SK-*Schlüchter* 58.

[173] Vgl. etwa BGHSt **3** 214; **19** 34; **28** 311; BGH StV **1986** 467; **1993** 59 mit abl. Anm. *Weider*, dagegen *Fischer* StV **1993** 670; **1996** 366; BGH bei *Dallinger* MDR **1974** 365; VRS **35** (1968) 264; KG StV **1986** 469; OLG Koblenz VRS **59** (1980) 125; OLG Köln VRS **30** (1966) 313; **58** (1980) 23; OLG Schleswig bei *Ernesti/Lorenzen* SchlHA **1983** 112; OLG Stuttgart StV **1990** 257; OLG Zweibrücken VRS **45** (1973) 443; *Meurer* FS Wolf 486; *Niemöller* StV **1984** 435 (mit Beispielen) KK-*Engelhardt*⁴ 47; KMR-*Paulus* § 244, 19; SK-*Schlüchter* 58; 58a. Vgl. ferner § 337, 165 ff mit weit. Nachw.

[174] Etwa BGHSt **12** 316; BGH StV **1995** 341; bei *Herlan* MDR **1955** 19; ferner KMR-*Paulus* § 244, 163; SK-*Schlüchter* 58; § 337, 168 mit weit. Nachw.

[175] Dazu *Schweling* ZStW **83** (1971) 435 ff; ferner *Meurer* FS Wolf 493 ff; SK-*Schlüchter* 60.

[176] Vgl. BGHSt **31** 89 = JR **1983** 128 mit Anm. *Katholnigg*; *Geerds* FS Peters 267; *Hellmiß* NStZ **1992** 24; § 337, 171 mit weit. Nachw.; *Schweling* ZStW **83** (1971) 447 ff unterscheidet neun Stufen, von dem mit Gewißheit ausnahmslos geltenden Erfahrungssatz über die mit Ausnahmen geltende Erfahrungsregel bis zu den Stufen einer immer weniger sicheren Erfahrung. Das OLG Köln VRS **48** (1975) 24 stellt die zwingenden „allgemeinen Erfahrungssätze" der nicht immer und unbedingt geltenden „Alltagserfahrung" gegenüber. Es folgt damit der Rechtsprechung des Bundesverwaltungsgerichts (MDR **1974** 957; *Grave-Mühle* MDR **1975** 278 mit weit. Nachw.) und des Bundessozialgerichts (NJW **1971** 167); ähnlich OLG Koblenz VRS **50** (1976) 296. Der Bundesgerichtshof verwendet in Zivilsachen die Bezeichnung Erfahrungssatz auch für die nicht ausnahmslos geltenden Sätze, die nur eine gewisse Wahrscheinlichkeit begründen (vgl. BGH MDR **1973** 748).

[177] *Schweling* ZStW **83** (1971) 464 mit weit. Nachw.; § 337, 171 ff.

gewählten Bezeichnung ab. Maßgebend ist immer, ob das Gericht unabhängig von der gewählten Bezeichnung **Erkennbarkeit** und **Gültigkeitsgrad** des herangezogenen Erfahrungssatzes richtig beurteilt hat. Die allgemeine Bekanntheit hat Bedeutung für die Art und Weise, in der ein Erfahrungssatz in die Hauptverhandlung einzuführen ist. Für die richterliche Beweiswürdigung ist dagegen entscheidend, ob der Erfahrungssatz, bezogen auf den entscheidungserheblichen Anwendungsbereich, eine schlechthin zwingende Folgerung enthält oder nur eine Wahrscheinlichkeitsaussage. **Zwingenden Erfahrungssätzen** muß das Gericht bei seiner Beweiswürdigung entsprechen. **Wahrscheinlichkeitsaussagen**, die ein bestimmtes Ergebnis als naheliegend erscheinen lassen, muß es insoweit Rechnung tragen, daß es sich mit ihnen auseinandersetzt und an Hand weiterer Beweisanzeichen prüft, ob diese ausreichen, um die Wahrscheinlichkeit zur Gewißheit zu machen. Setzt sich das Gericht über eine solche Wahrscheinlichkeitsaussage hinweg, muß es im Urteil die Gründe dafür aufzeigen, wenn es seiner Verpflichtung zur erschöpfenden Beweiswürdigung genügen will.

Ob ein Erfahrungssatz besteht und welches **Maß von Allgemeingültigkeit** ihm **48** zukommt, kann mitunter **zweifelhaft** sein[178]. Insbesondere besteht hier die Gefahr, daß rein persönliche Erfahrungen zu Unrecht verallgemeinert[179] oder Pauschalurteile unbedacht übernommen werden[180] oder daß eine Allgemeinaussage, die allenfalls eine Wahrscheinlichkeit begründen kann, als zwingend einer Schlußfolgerung zugrunde gelegt wird[181]. Bei seiner Beweiswürdigung darf das Gericht aber auch eine solche Wahrscheinlichkeit nicht übergehen; es muß sich mit ihr auseinandersetzen[182]. Eine Verurteilung trägt ein nur eine mitunter hohe Wahrscheinlichkeit aufzeigender Erfahrungssatz aber für sich allein nicht. Er muß durch weitere Tatsachen bestätigt werden[183]. Wenn es sich um nicht allgemeinkundige Erfahrungssätze aus besonderen Lebensbereichen handelt, kann es der Zuziehung eines Sachverständigen bedürfen. **Offenkundige** Erfahrungssätze müssen, auch wenn sie nicht Gegenstand der Beweisaufnahme sind, grundsätzlich in der Hauptverhandlung erörtert werden[184].

Ein vom Revisionsgericht nachprüfbarer **Verstoß gegen Erfahrungssätze** kann **49** sowohl darin liegen, daß das Gericht einen bestehenden Erfahrungssatz ohne hinreichenden Grund mißachtet hat, als umgekehrt auch darin, daß es zu Unrecht einen solchen Satz für gegeben hielt oder daß es seine Allgemeingültigkeit zu Unrecht bejahte oder verneint hat[185]. Dies ist insbesondere der Fall, wenn aus einer Tatsache ein Schluß auf eine andere

[178] Vgl. beispielsweise BGH MDR **1970** 253 (zur Frage, ob es einen Erfahrungssatz gibt, daß der Kraftfahrer Übermüdung wahrnimmt) oder BGHSt **19** 82 (alkoholbedingte Fahruntüchtigkeit der Radfahrer). Vgl. § 337, 170.

[179] *Hartung* SJZ **1948** 579; *Schneider* MDR **1962** 954 (Verallgemeinerungen können Denkfehler sein). Vgl. etwa BGH StV **1981** 605 (von früherer Einlassung abweichende Aussage unrichtig); BGH bei *Holtz* MDR **1982** 972 (gleichförmige Tatausführung Indiz für Reife); BayObLG VRS **67** (1984) 427 (ausgeschlossen, daß niemand in verkehrsdichter Straße feststellungsbereit gewesen wäre); OLG Karlsruhe VRS **56** (1979) 359 (alle Türken lügen vor Gericht); OLG Koblenz VRS **64** (1983) 281; OLG Köln VRS **48** (1975) 24 (Polizeibeamte ziehen niemanden in Gegenwart von Zeugen an den Haaren).

[180] BGH StV **1993** 116; VRS **63** (1982) 452; OLG Düsseldorf StV **1993** 572.

[181] Vgl. etwa BGH StV **1982** 60; **1988** 513; § 337, 175 mit weit. Nachw.

[182] Vgl. SK-*Schlüchter* 61 mit Beispielen aus der Rechtsprechung.

[183] So z. B. bei der DNA-Analyse, deren negatives Ergebnis zwingend ist, während die festgestellten Übereinstimmungen nur eine sehr hohe statistische Wahrscheinlichkeit begründen und es daher der Bestätigung durch weitere Beweisanzeichen bedarf, BGHSt **37** 157; **38** 320 = JR **1993** 123 mit Anm. *von Hippel* = JZ **1993** 102 mit Anm. *Keller*; ferner Anm. *Vogt*; StV **1993** 173; BGH NStZ **1994** 554; *Eisenberg* (Beweisrecht) 103; 1638 ff; weit. Nachw. SK-*Schlüchter* 61 sowie bei den §§ 81 e und 81 f.

[184] Dazu und zu den Ausnahmen vgl. Rdn. 27.

[185] Vgl. etwa BGH NStZ **1991** 481 (BAK); StV **1993** 116; 570; **1997** 460; BGH bei *Spiegel* DAR **1983** 206; weit. Nachw. oben Fußn. 179 und § 337, 172. Zu den Typen der Verstöße gegen Erfahrungssätze vgl. *Meurer* FS Wolf 494 sowie § 337, 170.

gezogen wird, obwohl kein einsichtiger Grund diese Schlußfolgerung trägt, wie etwa beim Schluß von einem ehebrecherischen Verhältnis auf die Begehung eines Ladendiebstahls[186] oder der nur bei weiteren Beweisanzeigen mögliche Schluß vom Halter auf den Fahrer eines Kraftfahrzeugs[187]. Auch wenn ein **typischer Geschehensablauf** nach der Lebenserfahrung den Schluß auf ein bestimmtes Verhalten des Angeklagten naheliegt, müssen die anderen Alternativen ausgeschieden werden, bevor die Überzeugung sich auf den Erfahrungssatz stützen darf. Ob ernsthafte Möglichkeiten eines anderen Geschehensablaufs bestehen, unterliegt der richterlichen Beweiswürdigung. Nachprüfbar ist nur, ob die anderen Alternativen erkannt und fehlerfrei gewürdigt worden sind[188], ferner Verstöße gegen die **Aufklärungspflicht**, die auch darin liegen können, daß eine Tatsache, die auf einen von den angenommenen Erfahrungssatz abweichenden Sachhergang hindeuten kann, unbeachtet geblieben ist. Zu dem sogenannten Beweis des ersten Anscheins vgl. Rdn. 107.

50   **Unzulängliche Schlußfolgerungen**, bei denen sich das Gericht auf einen Schluß beruft, der aus den festgestellten Tatsachen allein nicht gezogen werden konnte, machen die Beweiswürdigung fehlerhaft[189]. Die Schlüsse dürfen sich nicht so sehr von den festgestellten Tatsachen entfernen, daß sie nach der Lebenserfahrung letztlich nicht mehr als Vermutungen sind, die allenfalls einen Verdacht begründen[190]. **Statistische Wahrscheinlichkeitsberechnungen**, etwa die „Hochrechnung" der Zahl der einzelnen Taten bei Serientätern, reichen als Grundlage des Schuldspruchs nicht aus[191]. Jede Tat, wegen der verurteilt wird, muß durch Feststellung der konkret bei ihr für erwiesen erachteten objektiven und subjektiven Merkmale des Delikttatbestands belegt werden. Ist bei einer Mehrzahl gleichartiger Taten die konkrete Feststellung der Zahl der Einzelakte, die diesen Tatbestand mit Sicherheit erfüllen, nicht möglich, wie etwa bei gleichartigen Vermögensdelikten, die sich über einen längeren Zeitraum erstrecken, so wird es für zulässig gehalten,

---

[186] OLG Hamm GA **1969** 26. Vgl. dazu *Eb. Schmidt* JZ **1970** 339, der die schwer zu bestimmende Grenze der Nachprüfbarkeit der Schlußfolgerungen dort ziehen will, wo keinerlei „Adäquanzverhältnis" besteht, wo also nach vernünftiger Würdigung der Umstände des Einzelfalls ein innerer Zusammenhang zwischen den durch die Schlußfolgerung verknüpften Tatsachen nicht ersichtlich ist, insbesondere auch vom Tatrichter nicht ersichtlich gemacht wird; beispielsweise BGH bei *Dallinger* MDR **1969** 194, wo als rechtlich bedenklich bezeichnet wird, wenn Tatrichter die Überzeugung, die Pistole des Räubers sei geladen gewesen, allein damit begründet, der Räuber habe einige Tage vorher bei einem anderen Raub eine geladene Pistole mit sich geführt. An sich dürfte aber der natürlich nicht zwingende Schluß von einer „üblichen Arbeitsweise" des Täters auf die Begehungsweise der abzuurteilenden Tat möglich sein.

[187] Z. B. BGHSt **25** 365 = JR **1975** 382 mit Anm. *Gollwitzer*, BayObLGSt **1980** 79 = VRS **59** (1980) 348; BayObLG VRS **62** (1982) 273; bei *Rüth* DAR **1973** 197; **1982** 253; **1983** 252; OLG Bremen VRS **48** (1975) 435; OLG Celle VRS **45** (1973) 445; OLG Düsseldorf DAR **1974** 246; VRS **55** (1978) 360; OLG Hamburg MDR **1980** 780; VRS **59** (1986) 351; OLG Hamm NJW **1974** 249; KG VRS

45 (1973) 287; OLG Karlsruhe VRS **49** (1975) 47; 117; OLG Koblenz VRS **58** (1980) 377; **59** (1980) 434; **64** (1983) 281; OLG Köln VRS **47** (1974) 39; 191; **56** (1979) 149; **57** (1979) 429; **61** (1981) 361; OLG Saarbrücken VRS **47** (1974) 438; OLG Schleswig SchlHA **1976** 158; bei *Ernesti/Jürgensen* SchlHA **1979** 205; bei *Ernesti/Lorenz* SchlHA **1982** 123; OLG Stuttgart VRS **69** (1985) 295; **a. A** OLG Hamm NJW **1973** 159; JMBlNW **1973** 233. Bei privaten Kleinflugzeugen hält OLG Frankfurt MDR **1974** 688 es für zulässig, allein aus der Haltereigenschaft zu schließen, dieser sei der Pilot gewesen; dagegen *Bach* MDR **1976** 19. Vgl. ferner OLG Frankfurt VRS **64** (1983) 221 (Schluß vom Abholen des abgeschleppten Fahrzeugs auf Täterschaft beim Falschparken). Vgl. Rdn. 13.

[188] Vgl. § 337, 175 ff.

[189] Vgl. etwa BayObLG VRS **66** (1984) 34 (Schluß von der Aufgabe eines Briefes auf Zugang); weitere Beispiele: OLG Zweibrücken StV **1985** 359; *Niemöller* StV **1984** 434; ferner vorst. Fußn.; Rdn. 13; 49; 50.

[190] BGH MDR **1980** 948; vgl. Rdn. 42.

[191] Zur Zulässigkeit der Schätzung des Mindestumfangs der für erwiesen erachteten Tat bei der Strafzumessung vgl. etwa BGH StV **1998** 473; *Hellman* GA **1997** 503 und bei § 267.

deren Mindestzahl ebenso wie auch sonst den Schuldumfang im Rahmen einer dem Zweifelssatz Rechnung tragenden Schätzung zu ermitteln[192].

c) Gesicherte wissenschaftliche Erkenntnisse können sowohl auf rein verstandesmäßig erschlossenen Gesetzmäßigkeiten (Denkgesetze) als auch auf empirisch gewonnenen speziellen Erfahrungssätzen beruhen. Meist tragen beide Erkenntnisquellen dazu bei, daß eine bestimmte Folgerung zu einer allgemeinen wissenschaftlichen Erkenntnis geworden ist. **51**

Über **gesicherte wissenschaftliche Erkenntnisse** darf sich der Tatrichter bei der Beweiswürdigung nicht hinwegsetzen[193]. Folgt aus ihnen eine bestimmte Tatsache **zwingend**, muß er auch bei der Beweiswürdigung davon ausgehen[194]. Zur Feststellung, ob solche gesicherten Erkenntnisse vorliegen, wird er sich allerdings oft der Sachverständigen bedienen müssen[195]. Ergibt die Anhörung, daß die betreffende Frage Gegenstand eines wissenschaftlichen Meinungsstreits ist, dann muß der Richter trotz aller Schwierigkeiten selbst entscheiden, welcher Meinung er sich anschließen will[196]. Vereinzelte Ansichten, die sich nicht auf eine ausreichende Erfahrungsbreite stützen können, vermögen jedoch in der Regel die Verbindlichkeit des von der herrschenden Lehre **als gesichert erachteten Wissens** nicht zu beseitigen[197]. Das Gericht darf hiervon nur abweichen, wenn es seine Gegenmeinung auf sorgfältige und überzeugende Gegenuntersuchungen oder auf die Meinung anerkannter Autoritäten stützen kann[198]. **52**

An gesicherte wissenschaftliche Erkenntnisse ist der Richter auch dann gebunden, wenn er die Richtigkeit der Ergebnisse **selbst nicht nachprüfen** kann, wie dies insbesondere bei den mitunter äußerst komplizierten Gesetzmäßigkeiten im Bereich der Naturwissenschaft der Fall ist[199]. Ob gesicherte wissenschaftliche Erkenntnisse oder nur Erfahrungssätze in dem Sinn einer Wahrscheinlichkeitsaussage vorliegen, ist mitunter zweifelhaft. Die Rechtsprechung verwendet den Begriff Erfahrungssatz oftmals auch bei gesicherten Erkenntnissen (z. B. „nach den Ergebnissen der wissenschaftlichen Erfahrung" usw.). Maßgebend für die richterliche Beweiswürdigung ist aber nicht die gewählte Bezeichnung, sondern nur, ob der Satz, bezogen auf den entscheidungserheblichen Anwendungsbereich, eine zwingende Folgerung enthält oder eine Wahrscheinlichkeitsaussage. **53**

---

192 BGHSt **42** 107; BGH NStZ **1995** 204; **1998** 208; **1999** 381; 581; bei *Holtz* MDR **1978** 803. Dies gilt nach Wegfall der „fortgesetzten" Tat auf Grund der Entscheidung des Großen Senats jetzt auch uneingeschränkt für alle jetzt selbständigen Einzeltaten eines Serientäters (BGHSt **40** 138; 159 ff), da nicht mehr auf dem Gesamtumfang der einheitlichen (fortgesetzten) Tat oder einem nicht nachgewiesene, sondern nur geschätzte Mindestzahl von Taten abgestellt werden kann. Vgl. auch BGHSt **40** 374; abl. *Bohnert* NStZ **1995** 460; *Geppert* NStZ **1996** 63; vgl. aber auch BGHSt **36** 320; **38** 186; **40** 374; StV **1993** 66; **1998** 474 mit Anm. *Hefendehl*; *Niemöller* StV **1984** 434; HK-*Julius*[2] 39; KMR-*Stukkenberg* 26; ferner Rdn. 113. Zur Beweiskraft statistischer Wahrscheinlichkeiten vgl. *Allgaier* MDR **1986** 626.

193 Vgl. etwa BGHSt **5** 34; **6** 70; **10** 211; **17** 385; **21** 159; BGHR § 261 Erfahrungssätze 1–5; *Eb. Schmidt* JZ **1970** 338; ferner § 337, 171 ff. Die zahlreichen Entscheidungen, die zu einzelnen naturwissenschaftlichen Gesetzmäßigkeiten ergangen sind, wie etwa zu den Methoden des Vaterschaftsnachweises, zur Blutgruppen- und Blutalkoholbe-

stimmung, zur Fahrgeschwindigkeitsbestimmung oder zum Nachweis von Unfallursachen, sind in den Übersichtsblättern der Deutschen Rechtsprechung IV 456 bei § 261 nachgewiesen. Bei Heranziehung der Rechtsprechung ist zu beachten, daß der Ausdruck Erfahrungssätze sehr oft auch für zwingende naturwissenschaftliche Erkenntnisse verwendet wird.

194 BGHSt **5** 34; **6** 70; **10** 211; **21** 159; **24** 203; **25** 248; BGH NJW **1978** 1207; BGH bei *Holtz* MDR **1980** 987; bei *Spiegel* DAR **1982** 206.

195 Vgl. § 244, 71 ff; 302 ff.

196 *Eb. Schmidt* JZ **1970** 338; vgl. Rdn. 10; 22.

197 BGHSt **6** 70 = LM Nr. 17 mit Anm. *Kohlhaas*; vgl. *Mösl* DRiZ **1970** 113; zur Bedeutung des Verstoßes gegen Naturgesetze in der Revision vgl. § 337, 170 ff. Im Schrifttum ist insbesondere auf *Eb. Schmidt* JZ **1970** 337 ff und auf *Sarstedt* FS Hirsch 171 ff hinzuweisen.

198 BGH bei *Dallinger* MDR **1952** 274; vgl. § 244, 80 ff; 310 ff.

199 Vgl. BGHSt **10** 208; **21** 159; OLG Hamm JMBlNW **1969** 260.

54 Die Bindung besteht grundsätzlich auch, wenn die naturwissenschaftliche Forschung das Ergebnis nur durch Wertungen und **Wahrscheinlichkeitsrechnungen** gewinnen konnte[200], sofern nur — wenn auch eventuell unter Berücksichtigung einer Toleranzgrenze — im praktischen Anwendungsbereich eine genügende Sicherheit (Zwangsläufigkeit) des Ergebnisses gewährleistet bleibt. Ist aber auch in diesem Bereich der Wissenschaft nur eine Wahrscheinlichkeitsaussage möglich, dann besteht keine Bindung. Der Tatrichter muß dann in freier Beweiswürdigung entscheiden, ob er unter Berücksichtigung des Wahrscheinlichkeitsgrades und anderer Beweisanzeichen den Beweis für erbracht hält[201]. Ob **technische Regelwerke** die Bedeutung einer Festlegung allgemein geltender wissenschaftlich-technischer Erfahrungswerte haben oder ob darin auch nicht zwingend notwendige, aber wünschenswerte Sollvorgaben enthalten sind, läßt sich nicht allgemein beurteilen, sondern muß im Einzelfall für die jeweilige Aussage geprüft werden[202].

55 Bei Verwertung wissenschaftlicher Erkenntnisse muß das Gericht in den Urteilsgründen seine Sachkunde ausweisen und unter Umständen auch die **Quelle angeben**, aus der es diese Erkenntnis gewonnen hat[203]. Eine Ausnahme gilt bei den allgemein bekannten Sätzen, deren Gültigkeit offenkundig (Rdn. 27 ff) ist.

3. Erschöpfende Beweiswürdigung

56 **a) Pflicht zur erschöpfenden Würdigung.** Die Freiheit, die dem Richter bei der Beweiswürdigung eingeräumt ist, findet ihre Ergänzung in der Verpflichtung, sie auch zu nutzen[204]. Der Richter muß alle aus dem Inbegriff der Hauptverhandlung gewonnenen Erkenntnisse zur Bildung seiner Überzeugung heranziehen und unter allen für die Urteilsfindung wesentlichen Gesichtspunkten **erschöpfend** würdigen. Soweit kein Beweisverwertungsverbot entgegensteht, sind alle in der Hauptverhandlung ordnungsgemäß eingeführten oder dort zutage getretenen Umstände in die Überlegung einzubeziehen und in ihrem Beweiswert gegeneinander abzuwägen[205]. Erforderlich ist eine **Gesamtschau**; es genügt nicht, wenn einzelne Vorgänge allein für sich und ohne Zusammenhang mit den sonst festgestellten Tatsachen beurteilt werden[206]. Von der Gesamtwürdigung dürfen einzelnen Beweismittel nicht deshalb von vornherein ausgeschlossen werden, weil sie keinen zwingenden, sondern nur einen möglichen Schluß zulassen[207] oder weil ihre Wertung schwierig ist[208].

57 Läßt eine Tatsache oder ein Tatsachenkomplex mehrere **verschiedene Deutungen** zu, darf sich der Tatrichter nicht für eine von ihnen entscheiden, ohne die übrigen in seine Überlegung einzubeziehen und sich mit ihnen auseinanderzusetzen. Er braucht zwar nicht jeder denkbaren, den Umständen nach fernliegenden Fallgestaltung nachzugehen, er darf aber von mehreren naheliegenden tatsächlichen Möglichkeiten nicht nur eine in Betracht

---

[200] BGHSt **21** 159, dazu *Haffke* JuS **1972** 448; *Mösl* DRiZ **1970** 113; *Eb. Schmidt* JZ **1970** 338; zur unterschiedlichen Denkweise vgl. auch *Arbab-Zadeh* NJW **1970** 1214; vgl. ferner zur wissenschaftlichen Nachweisbarkeit der Kausalität Rdn. 10.

[201] BGH NJW **1973** 1411. Die Fehlbewertung statistischer Häufigkeiten ist Rechtsfehler, vgl. etwa BGHSt **37** 157; **38** 320; BGM StV **1999** 583.

[202] Vgl. etwa *Rittstieg* NJW **1983** 1098; *Nicklisch* NJW **1983** 841; BB **1983** 261; auch BVerfGE **49** 135 ff.

[203] Vgl. § 244, 304 und bei § 267.

[204] Vgl. Rdn. 5; zum Verhältnis zur Aufklärungspflicht vgl. *Niemöller* StV **1984** 431.

[205] RGSt **77** 79; BGHSt **12** 315; **14** 164; **25** 285; **29**

109; **31** 42; ferner BGH GA **1974** 61; NJW **1967** 140; **1980** 2423; **1988** 290; VRS **53** (1977) 109; NStZ **1982** 478; **1983** 277; StV **1981** 14; 221; **1982** 210; bei *Pfeiffer/Miebach* **1983** 357; **1984** 17; 212; **1985** 495; bei *Spiegel* DAR **1978** 157; OLG Düsseldorf VRS **65** (1983) 381; **66** (1984) 358; KK-*Engelhardt*⁴ 49; *Kleinknecht/Meyer-Goßner*⁴⁴ 6; KMR-*Paulus* 11; SK-*Schlüchter* 63.

[206] BGH NJW **1980** 2423; BGH bei *Dallinger* MDR **1974** 548; bei *Holtz* MDR **1978** 988; bei *Pfeiffer/Miebach* NStZ **1983** 357; bei *Spiegel* DAR **1986** 202; BayObLG NJW **1994** 3177; *Niemöller* StV **1984** 439.

[207] BGH StV **1994** 6; HK-*Julius*² 21.

[208] *Kleinknecht/Meyer-Goßner*⁴⁴ 6.

ziehen und die anderen außer acht lassen[209]. Welche Möglichkeiten naheliegen, beurteilt sich nach der Lebenserfahrung sowie danach, ob der Gang der Hauptverhandlung oder dort festgestellte Tatsachen konkrete Ansatzpunkte für eine solche Möglichkeit ergeben haben. Naheliegend ist eine Möglichkeit insbesondere dann, wenn die Beweisanzeichen nach der gegebenen Sachlage mit ihr ebenso zu vereinen sind wie mit dem vom Gericht für erwiesen erachteten Sachverhalt[210].

b) Urteilsgründe. Die Pflicht des Gerichts, in den schriftlichen Urteilsgründen aufzu- **58** zeigen, daß seine Überzeugung von den Tatsachen, die die Anwendung des materiellen Rechts tragen, auf einer umfassenden, von rational nachvollziehbaren Überlegungen bestimmten Beweiswürdigung beruht, wird heute von den Revisionsgerichten allgemein bejaht[211]. Sie fordern schon bei Nachprüfung der materiellen Rechtsanwendung, daß das Urteil ersehen lassen muß, daß die **Beweise erschöpfend gewürdigt** worden sind. Auch wenn das Gericht nicht gehalten ist, auf jedes Vorbringen einzugehen[212] und jeden erhobenen Beweis im Urteil zu behandeln[213], muß es unter Würdigung der dafür und dagegen sprechenden Beweise und Überlegungen lückenlos darlegen, was für die Bildung seiner Überzeugung maßgebend war[214]. Umstände, welche geeignet sind, die Entscheidung wesentlich zu beeinflussen, dürfen **nicht stillschweigend übergangen** werden. Für jede ernsthaft in Betracht kommende Fallgestaltung ist aufzuzeigen, daß das Gericht diese Möglichkeit erwogen, daß es die Beweisbedeutung der jeweils in Betracht kommenden Tatsachen erkannt hat[215], ferner, aus welchen verstandesmäßig einsichtigen Gründen es eine der Möglichkeiten für erwiesen und die anderen für ausgeschlossen erachtet hat. Der die Nachprüfung des Revisionsgerichts beschränkende Grundsatz, daß die Beweiswürdigung des Tatrichters und die von ihm gezogenen Schlüsse denkgesetzlich möglich, aber nicht zwingend sein müssen, greift nur ein, wenn das Urteil den festgestellten Sachverhalt, soweit er Schlüsse zugunsten oder zuungunsten des Angeklagten zuläßt, erschöpfend gewürdigt hat[216].

Um der Nachprüfbarkeit willen fordert die Rechtsprechung zunehmend, daß sich die **59** Urteilsgründe **mit allen festgestellten Tatsachen** auseinandersetzen müssen, wenn diese unter irgendeinem Gesichtspunkt entscheidungserheblich sein können (Ausschöpfungsgebot)[217]. Es wird beanstandet, wenn die Beweisbedeutung der festgestellten Tatsachen nicht in jeder Richtung ausgeschöpft wird[218]. Die Erörterungsbedürftigkeit wird dabei

---

[209] BGHSt **10** 208; **12** 315; **25** 365 = JR **1975** 381 mit Anm. *Gollwitzer*; BGH NJW **1959** 780; GA **1974** 61; VRS **53** (1977) 110; StV **1981** 221; 508; **1982** 59; 508; **1983** 359; **1994** 360; bei *Pfeiffer* NStZ **1981** 296; bei *Pfeiffer/Miebach* **1983** 212; 358; **1984** 17; bei *Spiegel* DAR **1982** 206; **1983** 206; OLG Bremen VRS **48** (1975) 270; OLG Köln VRS **50** (1976) 348; **51** (1976) 213; OLG Saarbrücken VRS **47** (1974) 438; OLG Schleswig bei *Ernesti/Jürgensen* SchlHA **1976** 171; **1977** 182; ferner die zahlreichen Entscheidungen zum Schluß vom Halter auf den Fahrer eines Kraftfahrzeugs bei Rdn. 49 Fußn. 187; vgl. auch *Niemöller* StV **1984** 440.

[210] BGHSt **25** 367; BGH bei *Holtz* MDR **1977** 284; **1983** 793; KK-*Engelhardt*⁴ 49.

[211] Zur Ableitung der in § 267 nicht vorgesehenen Begründungspflicht und der Forderung, die Grundlagen für die Anwendung des materiellen Rechts lückenlos aufzuzeigen, vgl. bei § 267 und § 337, 120 ff; 145 ff; ferner HK-*Julius*² 267, 11 (Verfassungsgebot).

[212] Eine solche Pflicht folgt auch nicht aus dem Recht auf Gehör, vgl. BVerfGE **5** 24; **13** 149; **42** 368; und bei § 267.

[213] BGH NJW **1951** 325; vgl. bei § 267.

[214] Etwa BGH bei *Holtz* MDR **1978** 281; **1979** 637; bei *Pfeiffer/Miebach* NStZ **1984** 212; bei *Spiegel* DAR **1985** 197; OLG Düsseldorf VRS **66** (1984) 36; vgl. bei § 267; § 337, 134; 144 ff mit weit. Nachw.

[215] BGH StV **1982** 157; VRS **55** (1978) 186; BGH bei *Holtz* MDR **1976** 813.

[216] BGH NJW **1964** 325; GA **1974** 61; StV **1981** 227; weit. Nachw. Fußn. 209; 217; § 337, 146.

[217] BGH NJW **1980** 2423; GA **1974** 61; NStZ **1981** 401; bei *Holtz* MDR **1980** 806; BayObLG bei *Rüth* DAR **1986** 248; *Niemöller* StV **1982** 210; **1984** 440; vgl. Rdn. 14; 15; 183; § 337, 151; ferner bei § 267 mit weit. Nachw.

[218] Vgl. bei § 267; sowie § 337, 151; 156 und vorstehende Fußn.; ferner etwa BGH bei *Spiegel* DAR **1983** 206.

Walter Gollwitzer

auch aus dem konkreten Vorbringen der Verfahrensbeteiligten[219], vor allem aus der Verteidigung des Angeklagten[220], mitunter auch schon aus der Sachlogik des zur Aburteilung stehenden Vorgangs[221] hergeleitet. Ihr muß durch Anführung sachlicher Erwägungen genügt werden[222]. Bei einem Freispruch genügt es nicht, wenn ohne Mitteilung des festgestellten Sachverhalts und daran anknüpfende sachliche Erwägungen lediglich mitgeteilt wird, das Gericht habe „verbleibende letzte Zweifel nicht überwunden"[223].

60   **4.** Der **Indizienbeweis**, bei dem die unmittelbar entscheidungserheblichen Tatsachen aus anderen Tatsachen erschlossen werden[224], ist keine andere Beweisart als der direkte Beweis. Er erfordert lediglich mehr Schlüsse als dieser[225]. Auch hier gilt der Grundsatz der freien Beweiswürdigung[226]. Die Verpflichtung zur erschöpfenden Beweiswürdigung[227] und ihrer lückenlosen Darstellung in den Urteilsgründen erlangt hier besonderes Gewicht. Lassen die festgestellten Tatsachen mehrere Möglichkeiten zu, so ist aufzuzeigen, daß das Gericht dies erkannt und warum es sich für eine entschieden hat[228]. Es kann gegen die Denkgesetze verstoßen, wenn das Gericht die Ambivalenz eines Indizes nicht erkannt hat[229].

61   Die **Tatsachen**, von denen der Indizienbeweis **ausgeht**, müssen als solche **zweifelsfrei feststehen**[230]. Der Indizienbeweis darf nicht mit unerwiesenen Indiztatsachen geführt werden[231], wohl aber mit erwiesenen Indiztatsachen, die nur eine gewisse Wahrscheinlichkeit für eine umittelbar entscheidungserhebliche (indizierte) Tatsache (einen „Verdacht") begründen[232]. Dies gilt auch für die Heranziehung noch wenig erprobter wissenschaftlicher Untersuchungsmethoden[233]. Es ist nicht erforderlich, daß ein einzelnes Beweisanzeichen für sich allein schon dem Richter die volle Gewißheit verschafft, maßgebend ist bei mehreren auf die entscheidungserhebliche Tatsache hindeutenden Indizien die **Gesamtschau**[234]. Die volle Überzeugung des Gerichts vom Vorliegen der aus Indizien gefolgerten, unmittelbar entscheidungserheblichen Tatsache muß auf Grund einer

[219] Etwa auch aus Gesichtspunkten, die bei der Würdigung einer Zeugenaussage eine Rolle spielen können, vgl. BGH NStZ **1981** 271; StV **1983** 496; **1984** 412.

[220] Vgl. etwa BGH NStZ **1985** 136; StV **1984** 411; OLG Hamm VRS **69** (1985) 221; *Niemöller* StV **1984** 439; ferner zur subjektiven Tatseite BGH StV **1984** 411; bei § 267.

[221] Vgl. Rdn. 42.

[222] Vgl. Rdn. 13; 42.

[223] OLG Köln MDR **1978** 338. Vgl. ferner BGH bei *Pfeiffer/Miebach* NStZ **1984** 212 (Fehlen realer Anknüpfungspunkte für Irrtum der Zeugen); vgl. bei § 267 und bei § 337, 162.

[224] Mittelbar beweiserhebliche Tatsachen, vgl. OGHSt **1** 166; § 244, 219 ff; auch zu den Hilfstatsachen, die den Wert eines Beweismittels betreffen; ferner *Nack* MDR **1986** 368 und die Nachw. Fußn. 230.

[225] *Grünwald* FS Honig 60; vgl. ferner etwa *Alsberg/Nüse/Meyer* 578; KK-*Engelhardt*⁴ 64; *Kleinknecht/Meyer-Goßner*⁴⁴ 25; KMR-*Paulus* § 244, 47.

[226] RGSt **48** 246; BGH NJW **1991** 1894; NStZ **1983** 133; JR **1983** 84 mit Anm. *Peters.*

[227] Vgl. Rdn. 56 ff; ferner zur Prüfung, mit welcher Wahrscheinlichkeit eine belastende Schlußfolgerung aus dem Indiz herzuleiten ist, *Nack* NJW **1983** 1035; MDR **1986** 368.

[228] BGHSt **12** 316; **25** 285; BGH StV **1993** 509; OLG Bremen VRS **48** (1975) 276; OLG Schleswig SchlHA **1956** 184; vgl. § 337, 156.

[229] BGH NJW **1991** 1894.

[230] OGHSt **1** 166; 361; BGHSt **36** 286; BGH NJW **1980** 2433; JR **1954** 468; JR **1975** 34 mit Anm. *Peters*; StV **1985** 48 (L); OLG Hamm NJW **1960** 398; OLG Schleswig bei *Ernesti/Jürgensen* SchlHA **1970** 199; *Sarstedt/Hamm*⁶ 831; *G. Schäfer* StV **1995** 150; KK-*Engelhardt*⁴ 64; *Kleinknecht/Meyer-Goßner*⁴⁴ 25; KMR-*Stuckenberg* 71; SK-*Schlüchter* 75; *Eb. Schmidt* 13; **a. A** (Wahrscheinlichkeit genügt): *Bender/Nack* DRiZ **1980** 121; *Grünwald* FS Honig 58; *Montenbruck* In dubio 143; *Nacke* MDR **1986** 370; *Volk* NStZ **1983** 423; vgl. Rdn. 114 mit weit. Nachw.

[231] BGH bei *Dallinger* MDR **1969** 194: „Aus mehreren Wahrscheinlichkeiten darf keine Gewißheit konstruiert werden"; vgl. § 337, 160; 169.

[232] BGH JR **1975** 34 mit Anm. *Peters.*

[233] BGH StV **1994** 227.

[234] BGH JR **1975** 34 mit Anm. *Peters*; BGH NStZ **1983** 133; **1991** 596; **1998** 265; bei *Pfeiffer* NStZ **1987** 220; bei *Dallinger* MDR **1974** 584; bei *Herlan* MDR **1955** 18; StV **1987** 238; **1993** 509; OLG Stuttgart Justiz **1971** 63; *Nack* MDR **1986** 368; KK-*Engelhardt*⁴ 64; *Kleinknecht/Meyer-Goßner*⁴⁴ 25; KMR-*Stuckenberg* 71; SK-*Schlüchter* 64.

Gesamtwürdigung aller be- und entlastenden Umstände gewonnen werden; das Gericht darf sich daher nicht mit einer isolierten Würdigung der einzelnen Indizien begnügen[235]. Aus der Notwendigkeit einer Gesamtwürdigung folgt andererseits, daß deren Ergebnis in der Regel fehlerhaft wird, wenn nur die Tragfähigkeit eines Indizes verkannt[236] oder wenn es überhaupt zu Unrecht mit verwendet wurde, wie etwa bei Annahme eines nicht existierenden Erfahrungssatzes[237]. Die weiteren Einzelheiten, die sich aus dem Grundsatz ergeben, daß im Zweifel für den Angeklagten zu entscheiden ist, sind bei Rdn. 114 erläutert.

Die Schlüsse, die den Indizienbeweis tragen, müssen **denkgesetzlich möglich**, sie **62** brauchen aber nicht zwingend zu sein[238]. Mehrere Indizien können sich gegenseitig stützen, wenn sie sich unabhängig voneinander auf denselben beweiserheblichen Umstand beziehen (Indizienring)[239], oder sie können logisch aufeinander aufbauen (Indizienkette). Sind mehrere Zwischenschlüsse erforderlich, so muß die Beweiskette, also die logisch aufeinander aufbauenden Folgerungen aus den in diese Kette eingeordneten erwiesenen Indizien, lückenlos sein[240]. Daß Indizien mitunter nur einen sehr geringen Beweiswert haben, muß das Gericht ebenso erkennbar berücksichtigen wie den Umstand, daß sie auch noch eine andere Deutungsmöglichkeit zulassen[241]. Weder der Beweiswert noch die Tragfähigkeit eines einzelnen Indizes darf überschätzt werden[242]. Der Indizienbeweis ist relativ sicher, soweit er mit objektiven Beweismitteln geführt werden kann. Er wird um so unsicherer, je mehr er auf persönlichen Beweismitteln beruht und je mehr Zwischenschlüsse er erfordert[243]. Sofern die Schlußfolgerung nicht schlechthin zwingend ist, kann er nicht mit einem einzelnen Indiz geführt werden[244]. Er kann sich nicht ausschließlich auf Tatsachen von geringem Beweiswert stützen, die der Tat weit vorgelagert sind[245], oder sich verschieden deuten lassen[246] oder die in keiner unmittelbaren Beziehung zur Tat stehen, wie etwa Lebenswandel oder Vorstrafen des Angeklagten[247]. Statthaft und in vielen Fällen sogar unerläßlich ist es, von äußeren Umständen auf die **innere Einstellung des Angeklagten** zur Tat zu schließen, um die Feststellung treffen zu können, ob der Angeklagte vorsätzlich, bedingt vorsätzlich oder fahrlässig gehandelt hat[248]. Das Gericht muß diese Tatsachen im Urteil anführen[249].

---

[235] BGH NStZ **1983** 133.
[236] BGH StV **1995** 453.
[237] Vgl. BayObLG JR **1990** 436 mit Anm. *Loos.*
[238] BGH NStZ **1997** 269; StV **1998** 116; bei *Dallinger* MDR **1970** 198; bei *Spiegel* DAR **1983** 206; vgl. Rdn. 57 ff; § 337, 168 mit weit. Nachw.; ferner EKMR NJW **1977** 2011; *Grünwald* FS Honig 57; *Peters* § 37 VII fordert dagegen, daß die gezogenen Schlüsse zwingend sind; die unmittelbar erwiesenen Tatsachen dürfen keine anderen Folgerungen zulassen.
[239] KK-*Engelhardt*[4] 64; vgl. *Kleinknecht/Meyer-Goßner*[44] 25; KMR-*Stuckenberg* 71; ferner *Grünwald* FS Honig 59; *Nack* MDR **1986** 368.
[240] Vgl. BGH StV **1981** 114; BGH bei *Pfeiffer/Miebach* **1988** 19; *Nack* MDR **1986** 368; *Sarstedt/Hamm*[6] 838 (wenn-dann-Schluß); § 337, 152 mit weit. Nachw.
[241] BGH StV **1993** 509.
[242] BGH StV **1994** 227; **1995** 453.
[243] *Kleinknecht/Meyer-Goßner*[44] 25 (Kette so stark wie ihr schwächstes Glied); vgl. § 244, 222.
[244] OLG Frankfurt VRS **64** (1983) 221; vgl. die zahlreiche Rechtsprechung zum Schluß vom Halter auf

den Fahrer Rdn. 49 Fußn. 187; ferner zur Wertung der Beweiskraft der Indizien *Nack* MDR **1986** 369.
[245] BGH StV **1981** 330; bei *Pfeiffer* NStZ **1981** 296; bei *Pfeiffer/Miebach* NStZ **1985** 495; KK-*Engelhardt*[4] 64; vgl. auch SK-*Schlüchter* 64 (Vorsicht geboten).
[246] Vgl. etwa BayObLG NJW **1994** 3177; OLG Düsseldorf JMBlNW **1998** 81 sowie Fußn. 244.
[247] BGH bei *Holtz* MDR **1985** 630; auch BGH NStZ **1986** 325 (Tatsache, daß ein anderer Tatbeteiligter seine Verurteilung nicht angefochten hat).
[248] BGH bei *Dallinger* MDR **1970** 198; zu den Anforderungen vgl. etwa BGH StV **1998** 584; NStZ-RR **1996** 4; BGHR § 261 Überzeugungsbildung 18; BayObLGSt **1971** 129 = JR **1972** 30 mit Anm. *Peters*; KMR-*Stuckenberg* 169; bei § 267, § 337, 143; ferner Rdn. 73.
[249] Vgl. BGHSt **35** 145; **36** 1; BGH NStZ **1983** 19; **1987** 362 mit Anm. *Puppe; JR* **1988** 115 mit Anm. *Freud*; StV **1984** 187; 411; **1991** 510; OLG Koblenz StV **1994** 290 (Vorstrafen als Indiz); zum Vorsatznachweis ferner etwa *Frisch* GedS Meyer 550; *Hruschka* FS Kleinknecht 191; *Ling* JZ **1999** 335; *Otto* NJW **1978** 8; sowie vorst. Fußn.

63   Der **Alibi-Beweis** ist eine besondere Form des Indizienbeweises. Er kann ein unter Umständen zwingendes Indiz dafür schaffen, daß der Angeklagte nicht der Täter gewesen sein kann. Sein Scheitern ist für sich allein aber noch kein Indiz für die Täterschaft des Angeklagten (dazu Rdn. 115). Gleiches gilt für die Behauptung des Angeklagten, er wisse nicht, wo er zur Tatzeit gewesen sei[250].

64   **5. Einschränkungen, Beweisverbote, Beweisvermutungen.** Ausdrückliche **Ausnahmen vom Grundsatz der freien Beweiswürdigung** stellen diesen als solchen nicht in Frage, solange sie nur vereinzelt zur Verwirklichung rechtsstaatlicher Zielsetzungen oder zum Schutze öffentlicher oder privater Belange von Gewicht[251] die Verwertung bestimmter Beweisergebnisse insgesamt ausschließen oder für die ihren Nachweis zulässigen Beweismittel einschränken, wie etwa § 274. Gleiches gilt für die generellen Grenzen, die die StPO der freien Beweiswürdigung dadurch setzt, daß es diese bei der Schuld- und Rechtsfolgenfrage auf die nach den Regeln des Strengbeweises gewonnenen Erkenntnisse beschränkt. Erkenntnisse, die auf anderem Weg gewonnen wurden, hat der Richter bei seiner Beweiswürdigung dann insoweit ebenso außer Betracht zu lassen wie sonst nicht verwertbares dienstliches oder privates Wissen[252]. Er muß vorher allerdings prüfen, ob das jeweilige Verbot seiner Zielsetzung nach den Rückgriff auf ein Beweisergebnis schlechthin untersagt oder ob es nur die Verwertung zum Nachteil des Angeklagten ausschließt[253].

65   Die **Rechtsgrundlagen** für solche Einschränkungen finden sich bei den jeweiligen Einzelregelungen, etwa für den Wahrheitsbeweis in § 190 StGB[254] oder für die Verwertung von Vorstrafen selbst als Indiz in §§ 51, 52 BZRG[255]. Auch aus der StPO erwachsen solche Verbote, etwa aus § 81 c Abs. 3 Satz 5, §§ 97, 100 a, 100 b Abs. 5, § 100 d Abs. 3 Satz 2, §§ 110 e, 136 a Abs. 3[256]. Die Einzelheiten sind bei den jeweiligen Vorschriften erläutert, ferner allgemein in der Einl. Abschn. K; das Verbot, das Schweigen des Angeklagten zu seinem Nachteil zu verwerten, ist außerdem bei Rdn. 75 ff behandelt, das Verbot, aus dem Verhalten eines befugt schweigenden Zeugen Schlüsse zu Lasten des Angeklagten zu ziehen, bei Rdn. 86 ff.

66   Soweit das materielle Recht an bestimmte Tatbestandsmerkmale bestimmte **Vermutungen** anknüpft, die den Schuldnachweis erleichtern sollen[257], ändert es nur das Beweisthema sowie den Beziehungspunkt für die Beweiswürdigung. Eine darüber hinausgehende Einschränkung der freien Beweiswürdigung liegt darin aber ebensowenig wie etwa eine Überbürdung der Beweislast auf den Angeklagten[258]. Das Gericht hat auch insoweit den

---

[250] BGH VRS **90** (1996) 389.

[251] Zu den Gründen solcher Beschränkungen der freien Beweiswürdigung vgl. etwa BVerfGE **9** 167; **34** 238; **36** 188; *Amelung* (Informationsbeherrschungsrechte) 14; *Arzt* FS Peters 223; *Rogall* ZStW **91** (1979) 8; HK-*Julius*[2] 10 ff; *Kleinknecht/Meyer-Goßner*[44] Einl. 50 ff; SK-*Schlüchter* 65; ferner Einl. Abschn. K 10 ff; § 244, 188 ff.

[252] Zur Problematik bei den Prozeßvoraussetzungen vgl. etwa *Többens* 90 ff; *Volk* (Prozeßvoraussetzungen) 57; ferner § 244, 4 ff mit weit. Nachw.

[253] „Belastungsverbot" vgl. *Rogall* ZStW **91** (1979) 38; BGHSt **27** 108; Einl. Abschn. K 154 ff.

[254] RGSt **44** 257; KG GA **74** (1930) 32. Zur Frage, ob § 190 StGB als Beweisverbot oder als Beweisregel zu betrachten ist, SK-*Schlüchter* 67; vgl. § 244, 194 und die Kommentare zum StGB mit Nachw.;

ferner *Meurer* FS Oehler 375; *Stern* FS Oehler 486 (verfassungsrechtliche Bedenken).

[255] Dazu BVerfGE **36** 188; ferner KK-*Engelhardt*[4] 36; *Segger* NJW **1976** 1189; *Kleinknecht/Meyer-Goßner*[44] 14; KMR-*Stuckenberg* 42; § 243, 96; § 244, 198 mit weit. Nachw.; ferner zum Verhältnis zu § 190 StGB *Dähn* JZ **1973** 51.

[256] Vgl. KK-*Engelhardt*[4] 34; *Rogall* ZStW **91** (197) 4; ferner *Alsberg/Nüse/Meyer* 476 ff mit weit. Nachw.

[257] Zu den engen verfassungsrechtlichen Grenzen solcher Vermutungen vgl. BVerfGE **9** 167; BayVerfGHE **35** 47; KG NStZ **1986** 560.

[258] BayVerfGHE **35** 47; BGHSt **6** 292; OLG Hamm VRS **41** (1971) 49; KG NStZ **1986** 560; KK-*Engelhardt*[4] 38; *Kleinknecht/Meyer-Goßner*[44] 23; SK-*Schlüchter* 68; *Louven* MDR **1970** 295.

Sachverhalt im vollen Umfang von Amts wegen zu erforschen und frei zu würdigen[259]. Die Regel-Ausnahme-Verhältnisse, die das materielle Strafrecht beispielsweise in § 69 Abs. 2 StGB oder bei den Regelbeispielen für schwere Fälle wie etwa § 243 Abs. 1 StGB aufstellt, erleichtern dem Gericht zwar die Begründung bei Annahme eines Regelfalls, sie schränken aber die freie Beweiswürdigung nicht ein[260]. Soweit der Verordnungsgeber eine Vorbewertung dadurch trifft, daß er zur Sicherung der Gleichbehandlung bei bestimmten, häufig vorkommenden Verstößen bestimmte Sanktionen vorgibt, wie etwa für den Straßenverkehr in der auf § 20 a StVG beruhenden KatVO, binden diese Sanktionsempfehlungen den Richter nur insoweit, daß er auf ihrer Grundlage im Rahmen einer Gesamtwürdigung prüfen muß, ob die Besonderheiten des von ihm zu entscheidenden Einzelfalls eine davon nach oben oder unten abweichende Sanktion erfordern[261]. Daß er sich dieser Prüfungspflicht bewußt war, muß er auch dann im Urteil zum Ausdruck bringen, wenn er nicht vom Regelsatz abweicht[262].

Soweit **landesrechtliches Strafrecht** möglich ist, können auch im Landesrecht Vermutungen zu Lasten des Angeklagten begründet werden. Das wichtigste Beispiel dürfte die Vermutung der Kenntnis und Billigung der Veröffentlichung zu Lasten des verantwortlichen Redakteurs in einigen Pressegesetzen der Länder sein (§ 11 Abs. 2 BayPresseG; § 11 Abs. 1 Hess. PresseG)[263]. **67**

Die auf **anderen Rechtsgebieten** bestehenden Beweisregeln binden den Strafrichter grundsätzlich nicht. Dies wurde auch bei den in den Vorschriften des bürgerlichen Rechts aufgestellten Beweisvermutungen früher allgemein angenommen[264]. In Schrifttum und Rechtsprechung mehren sich allerdings die Stimmen, wonach auch der Strafrichter diese Vermutungen zu beachten habe, wenn er inzidenter über das Bestehen eines bürgerlich-rechtlichen Anspruchs, wie etwa das Bestehen der Unterhaltspflicht im Rahmen des § 170 b StGB, entscheidet[265]. **68**

Eine Einschränkung des Grundsatzes der freien Beweiswürdigung im eigentlichen Sinne liegt dagegen nicht vor, soweit das erkennende Gericht an **Vorentscheidungen** anderer Gerichte oder Verwaltungsbehörden **gebunden** ist, denn insoweit entfällt die Entscheidungskompetenz überhaupt und nicht nur die freie Würdigung bei einer der richterlichen Entscheidung offenen Frage[266]. **69**

6. Sonstige verfahrensrechtliche Bindungen. Die Zusage der **Wahrunterstellung** bestimmter Tatsachen schränkt die freie Beweiswürdigung als solche nicht ein. Kommt das Gericht zu der Erkenntnis, daß die als wahr unterstellte Tatsache nicht zutrifft, kann und muß es die Bindung, die es mit der Zusage der Wahrunterstellung eingegangen ist, in einer den verfahrensrechtlichen Anforderungen genügenden Form noch in der Hauptverhandlung wieder lösen. Die Einzelheiten sind bei § 244 Rdn. 247 erörtert. Das **Verbot der** **70**

---

[259] Vgl. BayObLGSt **1972** 39 = GA **1972** 349 (zu § 395 AO **a. F**). Ob es im Zweifelsfall contra reum zu entscheiden hat, ist eine Auslegungsfrage des materiellen Strafrechts und dort meist streitig; vgl. etwa *Eb. Schmidt* I 372; Rdn. 109; ferner zum ehem. § 245 a StGB: LG Heidelberg NJW **1959** 1932 mit Anm. *Schröder* NJW **1959** 1903; OLG Braunschweig MDR **1964** 342.

[260] KK-*Engelhardt*[4] 38; vgl. Rdn. 110.

[261] Vgl. BVerfG NJW **1996** 1809; BGHSt **38** 125; 231; sowie Rdn. 33.

[262] Vgl. etwa BGH NStV **1992** 135; OLG Düsseldorf VRS **90** (1996) 47.

[263] Vgl. auch BayVerfGHE **35** 47 zu § 11 Abs. 3 Satz 1 **a. F** BayPresseG. KMR-*Stuckenberg* 38 hält dies für verfassungsrechtlich bedenklich.

[264] RGSt **36** 333; **57** 277; RG GA **53** (1906) 73; **59** (1912) 342; Motive zum BGB **4** 883; vgl. KMR-*Stuckenberg* 44 sowie bei § 262.

[265] OLG Stuttgart NJW **1960** 2204; OLG Celle NJW **1962** 600 (**a. A** NJW **1955** 563); OLG Braunschweig NJW **1964** 214; OLG Köln NJW **1966** 2131; *Schröder* JZ **1959** 346; *Koffka* JR **1968** 228; *Mattmer* NJW **1967** 1593; *Eggert* MDR **1974** 445; *Kaiser* NJW **1972** 1847; ferner die Kommentare zu § 170 b StGB.

[266] Vgl. bei § 262.

Vorwegnahme der Beweiswürdigung soll sichern, daß das Gericht sich seine endgültige Überzeugung erst nach Ausschöpfung der vorhandenen Beweismittel bildet; vgl. dazu § 244, 45; 182.

V. Einzelfragen der Beweiswürdigung

71   **1. Unabhängigkeit von der Verfahrensrolle.** Freie Beweiswürdigung bedeutet, daß es dem Gericht grundsätzlich freisteht, aus den durch die Hauptverhandlung erschlossenen Erkenntnisquellen die von ihm für richtig gehaltenen, denkgesetzlich möglichen Schlüsse zu ziehen, ohne an die Auffassung der anderen Prozeßbeteiligten gebunden zu sein. Bei einem Widerspruch zwischen mehreren Erkenntnisquellen entscheidet es ohne Rücksicht auf deren Art und Zahl darüber, in welchen von ihnen die Wahrheit ihren Ausdruck gefunden hat. Stehen die Bekundungen eines Zeugen den Einlassungen des Angeklagten gegenüber, dann hat das Gericht auch insoweit frei und ohne durch die **Verfahrensrollen** voreingenommen zu sein zu entscheiden, wem es glauben will[267]. Maßgebend ist nicht die formale Stellung im Prozeß, sondern der innere Wert der Aussage. Steht **Aussage gegen Aussage**, darf das Gericht den Bekundungen des Anzeigenerstatters oder Verletzten nicht von vornherein ein größeres Gewicht beimessen als den Angaben des Angeklagten[268]. Es muß dann in einer eingehenden **Gesamtwürdigung aller Umstände** entscheiden, ob und wieweit es einer Aussage glauben will[269]. In diese Würdigung sind insbesondere Person und Motivation des Aussagenden, die innere Plausibilität der Aussage, ihre Entstehungsgeschichte und die Aussagekonstanz beim Kerngeschehen sowie ihre Vereinbarkeit mit anderen vom Gericht für erwiesen erachteten Tatsachen einzubeziehen[270]. Die Verfahrenslage und die Verfahrensstellung, in der die Aussage gemacht wurde, ist mit zu berücksichtigen[271], so vor allem, ob bei den Angaben eines Mitangeklagten oder an der Tat Mitbeteiligten die Möglichkeit besteht, daß dieser sich durch falsche Angaben entlasten will[272], oder ob sonst eine Motivation des Aussagenden für eine Falschbelastung besteht[273], ferner, ob sonst ein die Zeugentauglichkeit einschränkender Umstand ersichtlich ist. Daß das Gericht diese Grundsätze beachtet und alle für die Beurteilung der Glaubwürdigkeit im konkreten Fall wesentlichen Gesichtspunkte erkannt und gewürdigt hat, muß es in kritischen Fällen in den Urteilsgründen objektiv nachvollziehbar darlegen[274]. So muß es begründen, weshalb es einem Belastungszeugen nur hinsichtlich eines Teils seiner Bekundungen Glauben schenkt[275] oder warum es ihm glaubt, obwohl dieser in einem wesentlichen Punkt seine Aussage geändert hat[276]. Hat das Gericht deswegen ein Glaubwürdigkeitsgutachten eingeholt, muß es sich nicht nur mit den wechselnden Zeu-

[267] BGHSt **18** 238; **26** 62; BGH GA **1968** 303; StV **1982** 501; OLG Düsseldorf VRS **94** (1998) 273. Zu den strittigen Fragen des Rollentausches vgl. etwa *Bruns* FS Schmidt-Leichner 1; *v. Hippel* FS Peters 285; *Lenckner* FS Peters 333; *Prittwitz* Der Mitbeschuldigte im Strafprozeß (1984); *Rogall* NJW **1978** 2535; *Schöneborn* ZStW **86** (1974) 921; ferner Vor § 48; 33 ff; § 237, 18; 27; § 244, 192.

[268] OLG Bremen NJW **1991** 508 (L); OLG Düsseldorf VRS **94** (1998) 273; OLG Koblenz VRS **48** (1975) 29.

[269] BGHSt **35** 308; 316; BGH NStZ-RR **1997** 405; **1998** 15; StV **1987** 428 (L); **1991** 409; 451; **1994** 6; 358; **1995** 5; 340; **1996** 582; **1997** 514; **1999** 136; 304; vgl. etwa auch SK-*Schlüchter* 63, 64b.

[270] BGH StV 1994 64; 1995 6; 1998 362; vgl. Rdn. 81, 83.

[271] BGH StV **1982** 2; aber auch BGH StV **1982** 501.

[272] BGH StV **1992** 98; 149; **1993** 4; **1997** 441; BGH bei *Holtz* MDR **1990** 1071.

[273] Vgl. BGH NStZ-RR **1997** 405; **1998** 276; StV **1990** 485; **1992** 97; 149; **1994** 562; **1998** 362; **1999** 306.

[274] BGH StV **1990** 99; NStZ **1990** 402; **1992** 347.

[275] BGH NStZ **1990** 603. StV **1994** 358: Schon eine gegenteilige Wahrunterstellung kann ergeben, daß das Gericht einen Teil der Zeugenaussage für objektiv unrichtig hielt; vgl. BGH StV **1990** 485; OLG Zweibrücken StV **1988** 363.

[276] Vgl. BGH NJW **1998** 3788; **1999** 802; StV **1990** 533; **1992** 149 (L); 261; 556; **1994** 6; 6 (L); 64; **1996** 367; OLG Zweibrücken StV **1988** 363.

genangaben, sondern auch mit den wesentlichen Anknüpfungstatsachen des Sachverständigen und dessen Ausführungen auseinandersetzen[277].

Auch daraus, daß ein Angeklagter oder sonst eine Auskunftsperson **jugendlich** oder **72**
geisteskrank oder geistesschwach oder drogenabhängig ist, ergibt sich keine Abweichung
von diesem Grundsatz[278].

2. Aussageverhalten des Angeklagten

a) Die **Einlassung des Angeklagten** hat das Gericht ebenso wie seinen äußeren Ein- **73**
druck[279] und sein ganzes Verhalten in der Verhandlung ohne Voreingenommenheit frei zu
würdigen[280]; es muß sich vergewissern, ob die vorgetragenen be- und entlastenden
Umstände zutreffen[281]. Dies gilt auch, wenn die Einlassung des Angeklagten durch Verlesen[282] oder durch eine Erklärung seines Verteidigers[283] in die Hauptverhandlung eingeführt wurde. Auf Grund der aus dem Inbegriff der Hauptverhandlung gewonnenen Überzeugung von der durch andere Tatsachen bestätigten Glaubwürdigkeit kann es einem
Geständnis folgen, auch wenn der Angeklagte dies erst auf Grund einer Absprache
ablegt[284]. Es kann ein aufrechterhaltenes Geständnis für unglaubwürdig halten[285] oder,
obwohl es widerrufen ist, für glaubhaft erachten[286] oder aus einer vom Angeklagten eingeräumten Tatsache, die der Richter auf Grund der Einlassung für erwiesen hält, auf eine
von ihm bestrittene Tatsache folgern oder die Einlassung des Angeklagten teils annehmen,
teils verwerfen[287] oder den Wechsel in der Einlassung als Indiz für deren Unglaubwürdigkeit werten[288], oder der Bezichtigung eines Mitangeklagten gegen einen anderen Glauben
beimessen[289].

In den **Urteilsgründen** ist die Einlassung mitzuteilen. Das Urteil muß sich mit ihr in **74**
der Regel auseinandersetzen, um die Tragfähigkeit seiner Grundlagen aufzuzeigen[290]. Nur
bei völlig einfacher Sach- und Rechtslage mag unschädlich sein, wenn dies unterbleibt[291].

---

277 BGH StV **1993** 235; **1994** 359.

278 BGHSt **2** 269; BGH bei *Pfeiffer/Miebach* NStZ **1984** 209; OLG Hamm StV **1999** 360; OLG Karlsruhe Justiz **1999** 327; vgl. etwa *Hetzer/Pfeiffer* NJW **1964** 441; *Niemöller* StV **1984** 438; *Täscher* NJW **1984** 638 (Drogenabhängige); ferner § 244, 82 ff; Vor § 48, 23 ff.

279 Vgl. Rdn. 16; § 244, 11.

280 Etwa BGH StV **1983** 8; OLG Düsseldorf VRS **65** (1983) 43; OLG Koblenz VRS **71** (1986) 42; KMR-*Stuckenberg* 47; *Niemöller* StV **1984** 439.

281 BGHSt **25** 287; BGH bei *Holtz* MDR **1978** 108; **1979** 637; bei *Pfeiffer* NStZ **1982** 190; bei *Kusch* NStZ **1996** 325; OLG Hamm JZ **1968** 676; OLG Koblenz VRS **60** (1981) 217; ferner OLG Düsseldorf NStZ **1985** 81 (keine undifferenzierte Bewertung als „Schutzbehauptung"); *Niemöller* StV **1984** 434; BGH bei *Pfeiffer/Miebach* NStZ **1986** 208 (keine ungeprüfte Übernahme als unwiderlegbar).

282 BGH StV **1994** 468; OLG Düsseldorf VRS **41** (1971) 436; **55** (1978) 360; vgl. § 231 a, 27; § 232, 27; § 233, 30; § 243, 98.

283 Vgl. Rdn. 15; § 234, 16; § 243, 98; ferner etwa OLG Zweibrücken StV **1986** 290.

284 Vgl. BGHSt **43** 195; BGH NJW **1999** 370; StV **1998** 175; ferner zur Problematik des Geständnisses auf Grund von Absprachen vgl. Einl. Abschn. G 66, 81 ff.

285 Vgl. OLG Schleswig bei *Ernesti/Jürgensen* SchlHA **1980** 175 (Einräumung des Verkehrsverstoßes als solchen genügt nicht, Geständnis muß sich auf Tatsachen beziehen); ferner OLG Koblenz VRS **60** (1981) 217 („A. räumt ein" läßt nicht erkennen, ob die Tatsachen zur Überzeugung des Gerichts feststehen).

286 BGHSt **21** 285 = LM Nr. 52 mit Anm. *Martin* (Gericht muß aber sorgfältig prüfen, weshalb der Angeklagte die früheren Angaben gemacht und weshalb er sie widerrufen hat); *Eb. Schmidt* JZ **1970** 342; vgl. zum Geständniswiderruf *Steffen* StV **1990** 563; ferner OLG Köln NJW **1961** 1224 (Prüfungspflicht); KMR-*Paulus* 21.

287 In der Regel bedarf es dann einer näheren Begründung, die diese Differenzierung einsichtig macht. Vgl. etwa BGH StV **1984** 411; *Niemöller* StV **1984** 438; ferner Rdn. 71.

288 Vgl. Rdn. 74.

289 BGHSt **3** 384; **21** 285; **22** 375, dazu *Eb. Schmidt* JZ **1970** 342; BGH NStZ **1985** 136. Zur Prüfung etwaiger Motive für eine Falschbelastung vgl. Rdn. 71; ferner § 244, 10 mit weit. Nachw.

290 BGH NStZ-RR **1999** 45; StV **1990** 438; OLG Düsseldorf NStZ **1985** 323; OLG Köln VRS **87** (1994) 205.

291 BGH bei *Dallinger* MDR **1975** 198.

In der Regel muß das Urteil ersehen lassen, daß es die Einlassung des Angeklagten bei der Beweiswürdigung in Betracht gezogen hat und aus welchen nachvollziehbaren Erwägungen und welchen Indizien es ihr gefolgt ist oder sie für widerlegt hielt[292]. Schließt das Gericht die Unglaubwürdigkeit aus dem **Wechsel der Einlassung**, sind die verschiedenen Einlassungen mitzuteilen[293]. Daß der Angeklagte einen für ihn günstigen Umstand **verspätet** geltend macht, rechtfertigt für sich allein noch nicht den Schluß auf die Unrichtigkeit dieser Einlassung[294]. Ein solcher Schluß ist nur bei Hinzutreten weiterer Umstände zulässig[295]. Hält das Gericht für erwiesen, daß der Angeklagte **lügt**, ist dies in der Regel noch kein tragfähiges Indiz für seine Täterschaft[296]. Auch eine widerrufene Einlassung kann für sich allein keine Grundlage einer für den Angeklagten ungünstigen Sachverhaltsfeststellung sein[297]. Dem Angeklagten darf auch nicht zur Last gelegt werden, daß er sich fragwürdiger Verteidigungsmittel bedient habe[298]. Gleiches gilt für das Verhalten seines Verteidigers[299]. Andererseits dürfen Angaben des Angeklagten, für deren Richtigkeit oder Unrichtigkeit es keinen unmittelbaren Beweis gibt, nicht ohne weiteres als unwiderlegt dem Urteil zugrunde gelegt werden; auch wenn sich ihr Gegenteil nicht positiv feststellen läßt, hat das Gericht auf Grund des Gesamtergebnisses der Beweisaufnahme zu entscheiden, ob es ihnen für seine Überzeugungsbildung Gewicht beimessen will[300].

75   **b) Schweigen.** Eine **Einschränkung der freien Beweiswürdigung** ergibt sich daraus, daß das Recht des Angeklagten, zu den gegen ihn erhobenen Beschuldigungen **zu schweigen**, nach der herrschenden Meinung grundsätzlich nicht dadurch verkürzt werden darf, daß dieses Verhalten als belastendes Indiz zu seinen Ungunsten verwertet wird. Dies würde dem Sinn des Weigerungsrechts widersprechen, da der Angeklagte andernfalls gezwungen wäre, sich zur Sache zu äußern, schon um zu verhindern, daß in seinem Schweigen ein Eingeständnis der Schuld gesehen wird. Die Gründe, warum ein Angeklagter schweigt, können im übrigen sehr verschiedenartig sein, so daß sich auch deshalb ein sicherer Schluß auf die Schuld des Angeklagten verbietet. Das Gericht darf den Motiven für das Schweigen im übrigen auch gar nicht nachforschen[301]. Dies gilt auch, wenn sich der Angeklagte bei einer früheren Einvernahme als Zeuge auf sein Auskunftsverweigerungsrecht nach § 55 berufen hatte, denn dieses Recht ist eine notwendige Ergänzung des Schweigerechts[302].

---

[292] BGH GA **1965** 208; BGH bei *Holtz* MDR **1978** 108; BayObLGSt **1972** 103 = NJW **1972** 1433; OLG Celle NJW **1966** 2325; OLG Düsseldorf VRS **65** (1983) 43; **66** (1984) 36; NStZ **1985** 81; StV **1986** 378; OLG Koblenz VRS **71** (1986) 42; OLG Stuttgart Justiz **1972** 209; vgl. bei § 267; § 337, 150 mit weit. Nachw. Zur Erörterungspflicht bei Widersprüchen mit Zeugenaussagen vgl. OLG Düsseldorf VRS **66** (1984) 36 und bei Rdn. 57; ferner *Niemöller* StV **1984** 437.

[293] BayObLG bei *Rüth* DAR **1985** 245; vgl. auch BGH NStZ **1981** 488 (Wechsel hinsichtlich des Tatmotivs); BGH StV **1986** 191 (sofern kein besonderer Vertrauenstatbestand geschaffen wurde, muß Gericht den Angeklagten nicht darauf hinweisen, daß es seine Einlassung für widerlegt hält).

[294] Vgl. BGH bei *Kusch* NStZ **1995** 20 (Nachschieben entlastender Angaben in der Hauptverhandlung).

[295] BGHSt **41** 153; BGH StV **1997** 956; OLG Köln JMBlNW **1964** 6; StV **1986** 192; auch OLG Hamm JMBlNW **1970** 71; 238; ferner § 246, 1.

[296] BGHSt **25** 287; NStZ **1986** 325; StV **1982** 158; **1985** 356; BGH bei *Holtz* MDR **1979** 637; vgl. auch BGH bei *Pfeiffer* NStZ **1982** 190; bei

Spiegel DAR **1986** 202; OLG Köln StV **1986** 192; *Kleinknecht/Meyer-Goßner*⁴⁴ 16; KMR-*Stuckenberg* 55; *Niemöller* StV **1984** 434. Zum Scheitern des Alibi-Beweises vgl. Rdn. 115.

[297] BGH NStZ **1997** 96; bei *Kusch* NStZ **1995** 220; StV **1985** 356; **1986** 369; **1998** 251; BGHR § 261 Aussageverhalten 5; OLG Koblenz StV **1996** 14; vgl. auch BGH NStZ-RR **1996** 73 (Ausschluß eines Rechtfertigungsgrundes).

[298] OLG Koblenz StV **1996** 14.

[299] BGH NStZ **1990** 447; StV **1986** 515; OLG Celle NStZ **1988** 426; KMR-*Stuckenberg* 55.

[300] BGHSt **34** 34; BGH NJW **1980** 2423; VRS **27** (1964) 105; bei *Spiegel* DAR **1983** 159; **1986** 201; *Hanack* JR **1974** 383; *Niemöller* StV **1984** 434; 442.

[301] *Dahs/Langkeit* NStZ **1993** 213; *Günther* JR **1978** 94; *Wessel* JuS **1966** 172; AK-*Maiwald* 21; HK-*Julius*² 25; KK-*Engelhardt*⁴ 39; *Kleinknecht/Meyer-Goßner*⁴⁴ 16; KMR-*Stuckenberg* 50; SK-*Schlüchter* 36 ff.

[302] BGH NJW **1992** 2305; *Dahs/Langkeit* NStZ **1993** 214.

Wählt der Angeklagte das Schweigen als eine ihm durch den Hinweis ausdrücklich **76** freigestellte Verteidigungsform, so darf das Gericht dies weder bei der Beweiswürdigung noch beim Strafmaß **zu seinen Ungunsten** werten[303]; noch bei der Bescheidung von Verfahrensanträgen ungünstige Schlüsse daraus herleiten[304]. Es muß sich bemühen, den Sachverhalt ohne Mitwirkung des Angeklagten aufzuklären, dabei muß es auch allen den Angeklagten entlastenden Umständen nachgehen, sofern konkrete Anhaltspunkte für solche Umstände ersichtlich sind. Rein theoretisch denkbare Möglichkeiten kann es dagegen ohne weitere Sachaufklärung für ausgeschlossen erachten[305].

Aus dem Schweigen des Angeklagten dürfen belastende Schlüsse nicht gezogen wer- **77** den, auch wenn er sich **früher zur Sache eingelassen** hatte[306] oder wenn er früher, etwa bei seiner Einvernahme durch die Polizei, geschwiegen hatte und sich erst in der Hauptverhandlung zur Sache äußert[307], sogar, wenn er sich dann erstmals auf Notwehr[308] oder ein Alibi[309] beruft. Das Verbot greift auch ein, wenn er nur zum Tathergang schweigt und zur Frage der Rechtsfolgen aussagt[310] oder umgekehrt oder wenn er nur zu einer von mehreren ihm zur Last gelegten Straftaten schweigt[311], selbst einer früheren Tat, die für das anhängige Verfahren lediglich indizielle Bedeutung hat[312]. Dem völligen Schweigen steht es gleich, wenn der Angeklagte sich auf die **allgemeine Erklärung** beschränkt, er sei nicht der Täter, er sei unschuldig[313] oder er wolle sich seine Äußerung noch überlegen oder er wolle dazu beitragen, die gegen ihn erhobenen Vorwürfe zu klären[314]. Gleiches gilt, wenn er — ohne konkrete Angaben zum Tathergang — andere, die Tat **nur allge-**

---

[303] BVerfG NJW **1981** 1431; NStZ **1995** 555; BGHSt **20** 281 = LM Nr. 48 mit Anm. *Martin*; dazu *Kleinknecht* JR **1966** 270; BGHSt **25** 368; BGHSt **32** 140; **34** 324 = JR **1988** 78 mit Anm. *J. Meyer*; BGH NStZ **1984** 377; **1986** 325; BGH GA **1969** 307; BGH bei *Dallinger* MDR **1971** 18; bei *Spiegel* DAR **1986** 202; BayObLGSt **1980** 79 = NJW **1981** 1385; OLG Braunschweig JZ **1966** 618; OLG Celle NJW **1974** 202; JZ **1982** 341; OLG Hamburg VRS **59** (1980) 351; OLG Hamm VRS **42** (1972) 219; **43** (1972) 346; **46** (1974) 143; 292; KG VRS **42** (1972) 217; OLG Koblenz VRS **45** (1973) 365; **58** (1980) 377; **73** (1987) 72; OLG Oldenburg NJW **1969** 806 mit Anm. *Ostermeyer* und *Güldenpfennig* NJW **1969** 1187, 1867; OLG Schleswig bei *Ernesti/Jürgensen* SchlHA **1972** 160; bei *Ernesti/Lorenzen* SchlHA **1980** 175; OLG Stuttgart NStZ **1981** 272; **1986** 182; VRS **69** (1985) 295; OLG Zweibrücken StV **1986** 290; *Arndt* NJW **1966** 870; *Berz* DAR **1974** 197; *Schmidt-Leichner* NJW **1966** 190; *Seibert* NJW **1966** 1706; *Spendel* NJW **1966** 1105; *Stree* JZ **1966** 593; *Tzschach* DAR **1973** 286; *Wessel* JuS **1966** 171; vgl. Fußn. 301 mit weit. Nachw.; **a. A** RG JW **1930** 713; *Kohlhaas* DRiZ **1965** 299; NJW **1965** 2282; *Liepmann* ZStW **44** (1924) 673; *Stümpfler* DAR **1973** 1 (mehr im Grundsätzlichen als im Regelfall im Ergebnis); vgl. auch Einl. I 88 ff; § 136, 26.

[304] BGH StV **1985** 485.

[305] BGH StV **1998** 250; BayObLG bei *Rüth* DAR **1969** 237; **1971** 206; OLG Hamburg VRS **41** (1971) 195; OLG Hamm VRS **46** (1974) 366; KG VRS **45** (1973) 287; OLG Koblenz VRS **70** (1986) 18; *Kleinknecht* JR **1966** 271; KK-*Engelhardt*[4] 39;

Kleinknecht/Meyer-Goßner[44] 16; KMR-*Stuckenberg* 50; SK-*Schlüchter* 36.

[306] BGHSt **20** 281; **38** 302; BGH NStZ **1999** 47; bei *Dallinger* MDR **1971** 18; OLG Schleswig bei *Ernesti/Lorenzen* SchlHA **1986** 107; OLG Hamm NJW **1974** 1880; OLG Köln NStZ **1991** 52; OLG Zweibrücken StV **1986** 290; KK-*Engelhardt*[4] 39; *Kleinknecht/Meyer-Goßner*[44] 17; **a. A** *Rogall* 250 ff.

[307] BGHSt **20** 281 = LM Nr. 19 mit Anm. *Martin*; BGHSt **34** 324; BGH GA **1969** 307; StV **1983** 321; **1984** 143; OLG Düsseldorf MDR **1984** 164; OLG Hamm JMBlNW **1968** 154; NJW **1974** 1881; OLG Karlsruhe DAR **1983** 93; OLG Stuttgart StV **1986** 191.

[308] BGH StV **1984** 143; bei *Pfeiffer/Miebach* NStZ **1984** 16.

[309] BGH StV **1985** 401; bei *Pfeiffer/Miebach* NStZ **1986** 208. Vgl. Rdn. 63.

[310] BayObLGSt **1983** 153; KK-*Engelhardt*[4] 39; *Kleinknecht/Meyer-Goßner*[44] 17.

[311] OLG Köln VRS **61** (1981) 361; *Hanack* JR **1981** 432; *Kleinknecht* JR **1966** 270; *Kühl* JuS **1986** 119; *Rüping* JR **1974** 135; *Stree* JZ **1966** 597; vgl. vorstehende Fußn.

[312] BGHSt **32** 140 = JR **1985** 70 mit Anm. *Pelchen* = NStZ **1984** mit Anm. *Volk*; AK-*Maiwald* 21; HK-*Julius*[2] 26; ferner zur Auskunftsverweigerung als Zeuge in einem anderen Verfahren OLG Stuttgart NStZ **1981** 272.

[313] BGHSt **34** 324 = JR **1988** 78 mit Anm. *J. Meyer*; BGH StV **1992** 548; OLG Celle NJW **1974** 864; OLG Hamburg MDR **1976** 864; OLG Hamm NJW **1973** 1708.

[314] BGH NStZ **1997** 147.

Walter Gollwitzer

mein in Abrede stellende Äußerungen abgibt[315], etwa, er sei zwar der Halter des Kraftfahrzeugs, habe es aber zur Tatzeit nicht gefahren[316], oder wenn er nur den vorangegangenen Alkoholgenuß bestreitet und im übrigen schweigt[317] oder wenn er nur Rechtsausführungen macht[318] oder auf ein Verfolgungshindernis hinweist[319] oder Verfahrensrechte ausübt[320]. Eine der Beweiswürdigung offene Teileinlassung liegt in solchen Erklärungen nicht. Unverwertbar ist auch das sonstige Verhalten des schweigenden Angeklagten, so seine Mimik und Gestik, mit der er Verfahrensvorgänge begleitet[321].

78   Das **teilweise Schweigen** des Angeklagten zu einem einheitlichen Tatkomplex ist nach der vorherrschenden Meinung der Beweiswürdigung offen. Wenn der Angeklagte sich zur Sache einläßt, sich damit selbst zum Beweismittel macht und nur zu einigen Punkten eines einheitlichen Sachverhalts die Einlassung ablehnt oder lückenhaft oder ausweichend antwortet, kann das Gericht daraus Schlüsse ziehen und dies auch zum Nachteil des Angeklagten verwerten[322], sofern er eine Antwort verweigert, die ihm erkennbar möglich ist, nicht aber, wenn es glaubhaft ist, daß er sich nicht erinnern kann[323]. Bewertbar ist, wenn er die Tat voll eingeräumt hat und sich danach weigert, weitere Einzelfragen zu beantworten[324], oder der Widerruf einer umfangreichen Einlassung in der Hauptverhandlung und ihr späterer Ersatz durch eine dem Verhandlungsergebnis angepaßte andere Tatversion[325]. Nach der im Schrifttum vertretenen **Gegenansicht**[326] ist auch das Teilschweigen der Beweiswürdigung entzogen, da es dem Angeklagten freistehe, wieweit er sich zum Beweismittel machen und an der Sachaufklärung mitwirken wolle. Dieses Recht würde durch die Möglichkeit einer Würdigung des Teilschweigens als Schuldindiz entwertet. Die Motive des Teilschweigens können vielfältig sein und nicht nur in der Unfähigkeit zu einer sachgerechten Verteidigung liegen. Auch nach der vorherrschenden Meinung müssen die aus einem Teilschweigen hergeleiteten Schlußfolgerungen immer der konkreten Situation des Angeklagten Rechnung tragen, da auch das Teilschweigen unterschiedliche

[315] BGHSt **25** 368; BGHSt **34** 324 = JR **1988** 78 mit Anm. *J. Meyer*; BGH JR **1981** 432 mit Anm. *Hanack*; BayObLG VRS **66** (1984) 207; bei *Rüth* DAR **1985** 245; OLG Celle NJW **1974** 202; OLG Düsseldorf VRS **55** (1978) 360; OLG Hamburg VRS **50** (1976) 366; **51** (1976) 44; OLG Hamm NJW **1973** 1708; **1974** 1880; OLG Karlsruhe VRS **54** (1978) 158; OLG Saarbrücken VRS **47** (1974) 440; OLG Stuttgart VRS **69** (1985) 295; *Dencker* StV **1985** 498.

[316] BVerfG NJW **1994** 847; BayObLG NJW **1981** 138; VRS **59** (1980) 348; OLG Celle NJW **1974** 202; OLG Köln VRS **61** (1981) 361; **79** (1990) 29.

[317] OLG Düsseldorf MDR **1988** 796; *Kleinknecht/Meyer-Goßner*[44] 16.

[318] BayObLG JZ **1988** 670.

[319] Z. B. Verjährung: BayObLG VRS **62** (1982) 373; bei *Rüth* DAR **1980** 270; OLG Hamburg VRS **59** (1980) 351; OLG Koblenz VRS **59** (1980) 434; OLG Köln OLGSt 55; OLG Stuttgart VRS **69** (1985) 295; vgl. auch BayObLG bei *Rüth* DAR **1983** 252 (Zahlung des Verwarnungsgeldes).

[320] Vgl. BGH NStZ **1990** 447; OLG Schleswig bei *Ernesti/Lorenzen* SchlHA **1980** 175 (Stellungnahme zu Beweisantrag); SK-*Schlüchter* 37.

[321] BGH StV **1993** 458; HK-*Julius*[2] 25; *Kleinknecht/Meyer-Goßner*[44] 16; KMR-*Stuckenberg* 50; SK-*Schlüchter* 36.

[322] BGHSt **20** 298 = LM Nr. 49 mit Anm. *Martin* = JR **1966** 351 mit Anm. *Meyer*; BGHSt **38** 302, 307 = JR **1993** 378 mit Anm. *Rogall*; OLG Celle NJW **1974** 202; OLG Hamm NJW **1974** 1880; OLG Köln VRS **57** (1979) 429; OLG Oldenburg NJW **1969** 806; OLG Schleswig bei *Ernesti/Lorenzen* SchlHA **1985** 132; OLG Stuttgart NStZ **1981** 272; OLG Zweibrücken StV **1986** 209; KK-*Engelhardt*[4] 41; *Kleinknecht/Meyer-Goßner*[44] 17; KMR-*Paulus* § 244, 181; 54 ff; SK-*Schlüchter* 39; zur Gegenmeinung vgl. Fußn. 326; *Roxin* § 15, 26; *Rieß* JA **1980** 295.

[323] OLG Hamm NJW **1974** 249.

[324] BGH NStZ **1994** 325.

[325] BGH NStZ **1998** 209; *Kleinknecht/Meyer-Goßner*[44] 16; zweifelnd HK-*Julius*[2] 26 (bedenklich).

[326] So etwa *Dahs* GA **1978** 90; *Eisenberg* (Beweisrecht) 907 ff; *Eser* ZStW **79** (1967) 576; *Günther* JR **1978** 91; *Kühl* JuS **1986** 120; *Rogall* (Der Beschuldigte als Beweismittel gegen sich selbst) 255; *Rüping* JR **1974** 138; *Schneider* Jura **1990** 570; *Eb. Schmidt* Nachtr. I 17, vgl. aber auch JZ **1970** 34; *Stree* JZ **1966** 598 (Schlußfolgerung nur aus Schweigen zu entlastenden Tatsachen zulässig); ferner AK-*Maiwald* 21; wohl auch HK-*Julius*[2] 26 (bedenklich) und KMR-*Stuckenberg* 54.

Motive haben kann[327], es hat daher — ebenso wie das Leugnen — als Schuldindiz meist nur einen geringen Beweiswert[328].

Verweigert der Angeklagte durch ein **sonstiges Verhalten** einen Beitrag zur Sachauf- **79** klärung, so dürfen — da er hierzu nicht verpflichtet ist[329] — allein daraus keine nachteiligen Schlüsse hergeleitet werden, wenn er auch sonst geschwiegen hat. Es hängt, ebenso wie beim Teilschweigen, von den Umständen des Einzelfalls ab, wieweit es neben einer Einlassung bewertbar ist[330]. Dies gilt auch, wenn der Angeklagte sich weigert, einen Zeugen, der zu einer von ihm selbst aufgestellten Schutzbehauptung etwas bekunden könnte, von der **Schweigepflicht zu entbinden**[331]. Schlüsse zu seinen Ungunsten dürfen auch nicht daraus hergeleitet werden, daß er keine entlastenden Beweisanträge gestellt hat[332]. Gibt der **Verteidiger** in der Hauptverhandlung Erklärungen zur Sache ab, ohne daß der schweigende Angeklagte sie bestätigt, liegt darin keine das Schweigen als Teilschweigen bewertbar machende Teileinlassung[333]. Gleiches gilt für den sachlichen Gehalt der vom Angeklagten oder vom Verteidiger gestellten Beweisanträge[334]. Nur wenn der Verteidiger sich für den Angeklagten mit dessen ausdrücklicher oder stillschweigender Billigung zur Sache äußert, kann darin eine Einlassung des im übrigen schweigenden Angeklagten liegen[335].

Daß das Schweigen nicht zu Lasten des Angeklagten gewürdigt werden kann, schließt **80** nicht aus, die frühere Äußerung durch ein **zulässiges anderes Beweismittel** in die Hauptverhandlung einzuführen und bei der Urteilsfindung zu verwerten[336], sofern nicht insoweit ein **Beweisverwertungsverbot** entgegensteht. Ein solches kann sich auch aus dem **Verbot jedes Zwangs zur Selbstbezichtigung** für solche Angaben ergeben, die der Angeklagte in Erfüllung einer **strafbewehrten außerstrafprozessualen Auskunftspflicht** machen mußte[337], nicht aber bei Angaben, die ohne den Druck einer Strafsanktion eingefordert werden, wie etwa die privaten Stellen zu erteilenden Auskünfte[338]. Ob und

---

327 Vgl. KMR-*Paulus* § 244, 182 ff; SK-*Schlüchter* 39; *Wessel* JuS **1966** 172; *Eisenberg* (Beweisrecht) 908 weist auf die faktischen Schwierigkeiten hin, auf die Motive des Schweigens zu schließen. § 136, 27.

328 KMR-*Stuckenberg* 54.

329 BGHSt **1** 347; **20** 298; OLG Stuttgart Justiz **1986** 328; **a. A** OLG Düsseldorf StV **1990** 442 (Ausübung eines Prozeßrechts unterliegt nicht Beweiswürdigung).

330 *Dingeldey* JA **1984** 413; *Günther* JR **1978** 94; *Eb. Schmidt* JZ **1970** 341; dagegen stellen *Meyer* JR **1966** 352; *Kleinknecht/Meyer-Goßner*[44] 17 darauf ab, ob nach der Lebenserfahrung ein Unschuldiger sich da verteidigt hätte, wo der Angeklagte geschwiegen hat. Ob dies aber sicher beurteilt werden kann, ist zweifelhaft; vgl. HK-*Julius*[2] 22; KMR-*Stuckenberg* 54; ferner *Eb. Schmidt* JZ **1970** 341 (kein Erfahrungssatz). Nach SK-*Schlüchter* 39 sind die Begleitumstände und alle Deutungsmöglichkeiten zu berücksichtigen.

331 BGHSt **20** 298 (vgl. Fußn. 322); KK-*Engelhardt*[4] 41; **a. A** *Schmidt-Leichner* NJW **1966** 190. Vgl. auch *Stree* JZ **1966** 599, wonach aus der Weigerung des Angeklagten, die Entlastungsbehauptung näher zu substantiieren, auf die Glaubwürdigkeit dieses Vorbringens geschlossen werden darf.

332 BGH StV **1988** 286; KK-*Engelhardt*[4] 39a.

333 BGHSt **39** 305 = NStZ **1994** 184 mit Anm. *Seitz*;

334 *Kleinknecht/Meyer-Goßner*[44] 16; KMR-*Stuckenberg* 50.

334 BGH NStZ **1990** 447; KMR-*Stuckenberg* 50.

335 BGH StV **1994** 467; **1998** 59 mit abl. Anm. *Park*; vgl. auch BGH NStZ **1994** 352; *Kleinknecht/Meyer-Goßner*[44] 16.

336 Etwa BGHSt **1** 337; NJW **1966** 1524; *Dallinger* MDR **1968** 202; **1971** 18; OLG Celle JR **1982** 475 mit Anm. *Rengier*; NJW **1985** 640; OLG Hamm NJW **1974** 1880; OLG Koblenz VRS **45** (1973) 365; OLG Schleswig bei *Ernesti/Jürgensen* SchlHA **1977** 182; OLG Zweibrücken StV **1986** 290; LG Hamburg MDR **1984** 867; *Geppert* DAR **1981** 305; *Günther* DRiZ **1971** 379; *Kühl* JuS **1986** 120; *Rejewski* NJW **1967** 200; KK-*Engelhardt*[4] 39; *Kleinknecht/Meyer-Goßner*[44] 18; SK-*Schlüchter* 41.

337 Vgl. etwa BVerfGE **56** 50 (Gemeinschuldner), dazu *Dingeldey* NStZ **1984** 529; *K. Schäfer* FS Dünnebier 11; *Stürner* NJW **1981** 1757; Einl. I 98; vgl. auch BGHSt **36** 240 sowie nachf. Fußn.

338 Vgl. etwa BGHSt **36** 328; OLG Düsseldorf StV **1992** 503 mit Anm. *Kadelbach*; *Ventzke* StV **1990** 279 (Angaben im Asylverfahren); BVerfG NStZ **1995** 599; OLG Celle NJW **1985** 640; KG NStZ **1995** 146 (Angaben gegenüber Versicherung); OLG Karlsruhe NStZ **1989** 287 mit Anm. *Rogall* (Angaben gegenüber Arbeitgeber); SK-*Rogall* Vor § 133, 135 ff mit weit. Nachw.; KMR-*Stuckenberg* 51; SK-*Schlüchter* 48a.

wie sich ein Angeklagter in der Hauptverhandlung zur Sache eingelassen hat, beurteilt das Revisionsgericht im Rahmen der Sachrüge nur an Hand der schriftlichen Urteilsgründe[339]. Ist dagegen eine entsprechende Verfahrensrüge erhoben worden, belegt allein die Sitzungsniederschrift beweiskräftig (§ 274), **ob** der Angeklagte sich zur Sache eingelassen hat[340].

3. Zeugen

81　　**a)** In der **Würdigung der Zeugenaussage** ist der Tatrichter ebenfalls nicht an feste Regeln gebunden. Er muß kraft seiner eigenen Menschenkenntnis unter Berücksichtigung der Besonderheiten des Einzelfalls und der Erkenntnisse der Aussagepsychologie ein eigenes Bild von der Aussagefähigkeit und Glaubwürdigkeit des Zeugen zu gewinnen suchen. Er muß sich auf Grund des äußeren Eindrucks vom Zeugen, seines Aussageverhaltens[341] und aller anderen hereinspielenden Umstände[342], wie Persönlichkeitsstruktur, Alter, kognitive Fähigkeiten und Geisteszustand[343], und seiner affektiven Einbindung in das Geschehen[344] darüber schlüssig werden, wieweit die Wahrnehmungen des Zeugen verläßlich sind und wieweit er unter Berücksichtigung des sonstigen Beweisergebnisses ihnen glauben darf. In Betracht zu ziehen sind dabei auch mögliche **Fehlerquellen**, vor allem, wenn sie erfahrungsgemäß immer wieder vorkommen, so etwa bei der Gegenüberstellung[345] oder beim Wiedererkennen von Personen, auch auf Grund von Lichtbildern oder Radarfotos[346] oder durch Stimmvergleich[347] oder bei Aussagen von Zeugen, die durch ein gemeinsames Ziel verbunden sind[348]. Ein **Sachverständigengutachten** über die Glaubwürdigkeit[349] kann ihm dabei helfen, es entbindet ihn aber niemals von der eigenen Verantwortung für diese mitunter sehr schwierige Entscheidung[350], die kritische Distanz, Einfühlungsvermögen und Lebensklugheit erfordert. Die Beurteilung der Glaubwürdigkeit des Zeugen durch andere Richter in einem früheren Verfahren kann die eigene Ent-

---

[339] BGH bei *Holtz* MDR **1981** 268.

[340] Vgl. BGH StV **1999** 360; Rdn. 40; 172.

[341] BGH MDR **1986** 950; vgl. z. B. *Undeutsch* Die Verwendbarkeit unwillkürlicher Ausdruckserscheinungen bei der Aussagewürdigung ZStW **87** (1975) 650; *Bender* StV **1984** 127; *Bender/Nack* Tatsachenfeststellung vor Gericht Bd. 1; *Eisenberg* (Beweisrecht) 1363; ferner *Bull* DRiZ **1972** 205; *Kühne* NStZ **1985** 252; *Niemöller* StV **1984** 438; *Peters* § 44; ZStW **87** (1975) 663; *Prüfer* DRiZ **1977** 41; *Reinecke* MDR **1986** 630; *Schuhmacher* DRiZ **1960** 286; *Wegener* Typische Fehlerquellen bei Aussagen von Opferzeugen im Strafverfahren in „Die Behandlung des Opfers von Straftaten im Strafverfahren" (1985) 52; HK-*Julius*² 27.

[342] Vgl. BGH StV **1982** 255 mit Anm. *Bendler* (Umstände und Zeitpunkt der Einführung des Zeugen) oder BGH StV **1983** 496 (Tatbeteiligung).

[343] Vgl. Rdn. 71; *Knippel* MDR **1980** 112; § 244, 82 ff; ferner etwa BGH NStZ **1982** 432; StV **1981** 330; **1984** 143; 412; bei *Pfeiffer* NStZ **1982** 190; OLG Düsseldorf StV **1982** 12.

[344] Vgl. etwa *Eisenberg* (Beweisrecht) 1373.

[345] Zur Gegenüberstellung vgl. § 58 Abs. 2; § 244, 17; ferner zur Beweiswürdigung des Wiedererkennens bei Gegenüberstellungen vgl. etwa *Eisenberg* (Beweisrecht) 1353a ff, 1383 ff; *Niemöller* StV **1984** 435; *Odenthal* Die Gegenüberstellung im Straf-

fahren 11 ff; 59 ff; 105 ff; *Odenthal* NStZ **1985** 433; *Schlüchter* 397; ferner *Kleinknecht/Meyer-Goßner*⁴⁴ 11; HK-*Julius*² 40; KMR-*Stuckenberg* 61; SK-*Schlüchter* 13, 64 c und die Entscheidung in der nachst. Fußn.

[346] Vgl. etwa BGHSt **16** 204; **28** 310; BGH NStZ **1982** 342; **1987** 288; **1997** 355; **1998** 265; 266; StV **1986** 287; **1995** 452; BayObLGSt **1994** 248; OLG Düsseldorf StV **1994** 8; OLG Köln StV **1992** 412; **1994** 67; **1998** 640; OLG Oldenburg StV **1994** 8; OLG Schleswig SchlHA **1993** 228; LG Berlin StV **1996** 423; LG Frankfurt **1986** 291; LG Gera StV **1997** 180; LG Hamburg StV **1998** 150; AG Bremen StV **1992** 214. Zur Identifizierung von Personen vgl. die Standards zur anthropologischen Identifikation NStZ **1999** 230 sowie die vorsteh. Fußn.

[347] Vgl. etwa BGH NStZ **1994** 597 mit Anm. *Eisenberg*; StV **1994** 282; OLG Düsseldorf StV **1996** 370; OLG Köln StV **1998** 178 mit Anm. *Meurer*.

[348] Etwa KG JR **1984** 393 mit Anm. *Peters*; *Nack* StV **1994** 555; vgl. § 244, 331.

[349] Zu der in Ausnahmefällen bestehenden Notwendigkeit zur Zuziehung eines solchen § 244, 82 ff; ferner BGH NStZ **1998** 528; StV **1990** 532; **1995** 398; **1997** 63; OLG Brandenburg StV **1999** 481; LG Gera NJW **1996** 2437.

[350] BGHSt **21** 62; **23** 8; BGH bei *Holtz* MDR **1977** 284; § 244, 82 ff.

scheidung nicht ersetzen[351]. Aktenkenntnis schließt die Einvernahme nicht aus[352], kann aber das Gericht veranlassen, aufzuklären, wieweit der Zeuge eigene Wahrnehmungen aus eigener Erinnerung wiedergibt[353].

Welchen **Inhalt** eine Zeugenaussage hat, ist Sache der tatrichterlichen Würdigung. Der **82** Tatrichter hat zu entscheiden, wie eine Aussage zu verstehen ist[354].

Bei der **Bewertung** der Zeugenaussagen sind neben den für innere Stimmigkeit spre- **83** chenden, aber niemals kritiklos und undifferenziert heranziehbaren Gesichtspunkten wie Homogenität, Aussagekonstanz, Detailreichtum und Ergänzbarkeit[355] auch die vor allem bei Kindern als Zeugen wichtige Entstehungsgeschichte der Beschuldigung sowie alle in der Hauptverhandlung zutage getretenen Umstände heranzuziehen[356]. Es bedarf stets einer **Gesamtwürdigung** aller für und gegen die Richtigkeit einer Aussage sprechenden Umstände; eine Zeugenaussage darf nie isoliert für sich allein gewürdigt werden. Im übrigen kann schon das Zusammentreffen mehrerer für sich allein erklärbarer Unstimmigkeiten zu gewichtigen Zweifeln an der Richtigkeit der Aussage führen[357]. Als Ergebnis kann das Gericht beispielsweise bei einem Widerspruch zwischen einer beeidigten und einer unbeeidigten Zeugenaussage der unbeeidigten Aussage glauben oder es kann einer Zeugenaussage nur bezüglich eines Beweisthemas glauben[358], es muß eine solche Differenzierung aber mit vertretbaren Erwägungen begründen[359]. Besteht Anlaß, Glaubwürdigkeit oder Beweiswert einer Zeugenaussage besonders kritisch zu prüfen, wie etwa bei einem Zeugen, der sich erkennbar selbst entlasten will oder bei anderen Punkten bewußt oder unbewußt die Unwahrheit gesagt hat (vgl. Rdn. 71) oder bei einem im Ausland kommissarisch vernommenen Zeugen[360], bei Kindern als Opferzeugen[361] oder bei den Bekundungen eines **Zeugen vom Hörensagen**[362], müssen die Urteilsausführungen erkennen lassen, daß sich das Gericht dieses Umstands bewußt war[363]. Bei einem Zeugen vom Hörensagen, vor allem, wenn er Bekundungen eines unbekannt gebliebenen Vertrauensmannes wiedergibt, ist der ungewisse Beweiswert zu berücksichtigen; Feststellungen zu Lasten des Angeklagten dürfen auf solche Aussagen nur gestützt werden, wenn auch andere Beweismittel von Gewicht für deren Richtigkeit sprechen[364]. Glaubt das Gericht einem Zeugen

---

351 H. M; vgl. OLG Hamm VRS **40** (1971) 456; Rdn. 30.
352 OLG Oldenburg VRS **58** (1980) 31; vgl. auch Rdn. 83.
353 Vgl. § 244, 50 ff.
354 BGHSt **15** 347; **21** 151; **26** 62; **29** 20; BGH VRS **37** (1969) 28; **38** (1970) 104; vgl. § 267, 59; 165; § 273, 60.
355 Zu den Glaubwürdigkeitskriterien ausführlich und kritisch *Eisenberg* (Beweisrecht) 1426 ff; ferner etwa *Fabian* StV **1995** 97; *Fabian/Greuel/Stadler* StV **1996** 347; *Fezer* StV **1995** 97; *Meurer/Sporer* StV **1992** 348; *Michaelis-Arntzen* StV **1990** 71; *Nack* StV **1994** 555; ferner etwa BGH StV **1999** 305; HK-*Julius*[2] 27 ff; KMR-*Stuckenberg* 58.
356 BGHSt **20** 333; 341; BGH NJW **1980** 2423; StV **1991** 409; **1992** 261; **1998** 250; **1999** 307; auch BGH MDR **1986** 950 (Zusammentreffen mehrerer Umstände); OLG Hamm StV **1999** 360; ferner ausführlich *Eisenberg* (Beweisrecht) 1363 ff (Einschränkung der Aussagefähigkeit); 1462 ff (Glaubwürdigkeit); sowie HK-*Julius*[2] 27; KK-*Engelhardt*[4] 49; KMR-*Stuckenberg* 58; SK-*Schlüchter* 63. Vgl. auch Rdn. 20.
357 BGH StV **1996** 98; 582; **1998** 117; 496; **1999** 307; *Kleinknecht/Meyer-Goßner*[44] 11.
358 Vgl. BGH NJW **1993** 2451; StV **1996** 365; **1998** 580; **1999** 305; OLG Köln NJW **1968** 1247; vgl. auch OLG Schleswig bei *Ernesti/Jürgensen* **1977** 182 (daß der Zeuge die Aussage hätte verweigern können, begründet keine höhere Zuverlässigkeit).
359 BGH StV **1981** 330; **1984** 412; **1986** 236; *Niemöller* StV **1984** 438.
360 Vgl. 251, 27.
361 Vgl. etwa BGH NStZ **1996** 98; StV **1994** 227; **1995** 6; 451; **1996** 365; OLG Düsseldorf JR **1994** 379 mit Anm. *Blau* sowie neuerdings etwa *Drewes* DRiZ **1999** 249; *Lorenz* DRiZ **1999** 253; *Kilian* DRiZ **1999** 256; *Kleinknecht/Meyer-Goßner*[44] 4; ferner bei §§ 247 a, 255 a.
362 BVerfGE **57** 292; StV **1997** 1; BGHSt **17** 385; **33** 83; 181; **34** 15; **36** 159; **39** 141; BGH NStZ **1981** 270; **1982** 433; **1983** 133; 376; **1995** 502; *Körner* StV **1982** 382; *Niemöller* StV **1984** 438; KMR-*Stuckenberg* 60; vgl. Rdn. 29; § 250, 28; § 251, 40.
363 BGH StV **1982** 382; 509; vgl. § 250, 25; und bei § 267.
364 Etwa BVerfGE **57** 277; 292; BVerfG StV **1995** 561; BGHSt **17** 382; **33** 83; 178; **36** 159; **39** 151; StV **1994** 637; **1996** 147; OLG Köln StV **1994** 289; ferner bei Art. 6 Abs. 3 Buchst. d MRK (24. Aufl. Rdn. 225); sowie SK-*Schlüchter* 64 f.

nicht, sind zusammen mit der Wiedergabe der Aussage die Gründe dafür aufzuzeigen[365]. Gleiches gilt, wenn Aussagen in einem entscheidungserheblichen Punkt einander widersprechen[366] oder der Zeuge sich an einen Umstand nicht erinnert, der ihm unmöglich entgangen sein könnte[367].

84   Es ist ein Verstoß gegen den Grundsatz der freien Beweiswürdigung, wenn sich das Gericht bei der Bewertung einer Zeugenaussage durch einen nicht bestehenden Satz der Alltagserfahrung für gebunden hält, so, wenn es einem Zeugen glaubt, weil er ein **„klassischer Zeuge"** sei[368], oder wenn es die Glaubwürdigkeit einer Aussage auf Tatsachen stützt, die es durch diese Aussage erfahren hat[369], oder wenn es die Aussagekonstanz allein daraus herleitet, daß nur der Zeuge selbst bestätigt, sich früher in gleicher Weise geäußert zu haben[370]. Kann ein Polizeibeamter sich an den zur Anzeige führenden Verkehrsvorgang **nicht mehr erinnern** und erklärt er nur, er hätte den Verkehrsteilnehmer unter den von diesen behaupteten Umständen nicht angezeigt, so obliegt es der freien Beweiswürdigung des Gerichts, ob es nach Aufklärung der Umstände, unter denen der Verkehrsvorgang beobachtet und die Anzeige erstattet wurde[371], diese Äußerung zur Widerlegung der Einlassung des Angeklagten als ausreichend ansieht. Fehlerhaft wäre es, wenn es insoweit einen nicht bestehenden Erfahrungssatz angenommen hätte, wonach eine solche Aussage schlechthin beweiskräftig sei[372], oder wenn von der Richtigkeit ihres Inhalts ausgegangen würde, obwohl der Zeuge an ihrer Abfassung weder mitgewirkt noch sich sonst von ihrer Richtigkeit überzeugt hatte[373].

85   Oft wird verlangt, daß ein **beeidigtes** Zeugnis als **unbeeidigt gewürdigt** werde, wenn sich nachträglich ergibt, daß der Zeuge, insbesondere etwa wegen des Verdachts der Teilnahme, unbeeidigt hätte vernommen werden müssen[374]. Diese Zumutung läuft auf die Verleugnung einer in Wirklichkeit vorgenommenen Verfahrenshandlung hinaus; für erforderlich und genügend ist vielmehr in solchen Fällen zu erachten, daß das Gericht bei

---

[365] BGH bei *Pfeiffer/Miebach* NStZ **1984** 212; BGH StV **1983** 186 (LS); StV **1986** 6 (bei Behauptung von Putativ-Notwehr); bei *Spiegel* DAR **1986** 201; OLG Hamm JMBlNW **1982** 30.

[366] Vgl. Rdn. 58; 59; § 267, 60; § 337, 150; ferner etwa BGH StV **1983** 445; OLG Düsseldorf VRS **66** (1984) 36.

[367] BGH StV **1986** 287 (Exzeß des Täters).

[368] OLG Bremen VRS **47** (1974) 37; vgl. auch Bay-ObLG MDR **1995** 304; KMR-*Stuckenberg* 58; Fußn. 371.

[369] Vgl. Rdn. 44; BGH StV **1993** 59; dazu *Fischer* StV **1993** 670; *Weider* StV **1993** 60; ferner BGH StV **1996** 412 (L). NStZ **1999** 45 (Verwendung struktureller Elemente der Aussage kein Kreisschluß).

[370] OLG Stuttgart StV **1990** 257; ob hier wirklich ein unzulässiger Zirkelschluß vorliegt, hängt von den Umständen ab, vgl. *Fischer* StV **1993** 670; ferner OLG Hamburg StV **1992** 102 (L).

[371] OLG Düsseldorf VRS **62** (1974) 282; ZfS **1981** 387; OLG Hamm VRS **57** (1979) 291; OLG Köln NStZ **1981** 76; VRS **61** (1981) 360; **65** (1983) 376; allgemein zu Polizeibeamten als Zeugen *Kube* JZ **1976** 17; *Maeffert* StV **1982** 386; *Thomann* Kriminalistik **1982** 110; 156; ferner zur Pflicht, handschriftliche Aufzeichnungen zuzuziehen, die die Grundlage der Anzeige bildeten, OLG Hamm JMBlNW **1980** 70; § 244, 70.

[372] BGHSt **23** 213 = LM Nr. 57 mit Anm. *Martin*; Nr. 58; BGH NJW **1970** 1558; vgl. OLG Köln JR **1969** 392 mit zust. Anm. *Eb. Schmidt* JR **1969** 473; und die durch die angeführten Entscheidungen des Bundesgerichtshofs erledigten Vorlagebeschlüsse des OLG Hamm NJW **1969** 2032; **1970** 264. Wegen ähnlicher Fälle vgl. BGH NStZ-RR **1999** 272; OLG Hamm MDR **1967** 1029; VRS **52** (1977) 431; **53** (1977) 40; **55** (1978) 135; *Kohlhaas* DAR **1971** 165; ferner OLG Köln VRS **62** (1982) 451 (strengere Anforderungen, wenn Polizeibeamter ein ihn selbst betreffendes Verkehrserlebnis angezeigt hat) und OLG Hamm **1982** 30 (Anforderungen an Beweiswürdigung, wenn Insassen den Bekundungen widersprechen).

[373] Für die vielfach geforderte Erklärung, der Zeuge „übernehme die Verantwortung" (was immer sie besagen soll), fehlt es dann an jeder tatsächlichen Grundlage, da der Zeuge aus eigenem Wissen einen Irrtum bei der Anzeigenerstattung nicht ausschließen kann; vgl. OLG Köln VRS **60** (1981) 205; **65** (1983) 376; OLG Hamm VRS **52** (1977) 431; **53** (1977) 40; **54** (1958) 138; **55** (1978) 134.

[374] So RGSt **59** 94; **72** 219; RG JW **1931** 1599; BGHSt **4** 131; BGH NJW **1952** 1146; **1982** 1602; **1986** 266; vgl. aber auch StV **1986** 89; dazu *Schlothauer* StV **1986** 90.

der Würdigung des Zeugnisses den Grund nicht außer acht läßt, der zur unbeeidigten Vernehmung hätte führen sollen[375]. Hierauf sind die Verfahrensbeteiligten hinzuweisen[376].

b) Schweigt ein Zeuge in der Hauptverhandlung **unberechtigt** ganz oder zu einer einzelnen Frage, so kann das Gericht aus diesem Schweigen im Rahmen seiner Beweiswürdigung Schlüsse ziehen, sofern nach den ganzen Umständen das Motiv dieses Schweigens erkennbar wird[377]. Die Verwertbarkeit für die Beweiswürdigung hängt nicht davon ab, ob der Richter versucht hat, gemäß § 70 den Zeugen zu einer Aussage zu veranlassen[378]; ob dies notwendig ist, beurteilt sich nach den Erfordernissen der Aufklärungspflicht[379]. **86**

c) Bei einer **berechtigten Zeugnisverweigerung** ist die freie Beweiswürdigung des Gerichts eingeschränkt, wenn der Zeuge nach § 52 und nach den §§ 53 und 53 a sein Zeugnis verweigert oder die Beeidigung der Zeugnisse nach § 63 ablehnt. Hier fordert der Schutz der Entscheidungsfreiheit des Zeugen, daß aus der Tatsache der Zeugnisverweigerung keine **Schlüsse zu Lasten des Angeklagten** gezogen werden[380]; die Motive für die Weigerung sind nicht zu erforschen[381]. Schlüsse zugunsten des Angeklagten bleiben zulässig[382]. Das Verbot einer nachteiligen Würdigung gilt auch, wenn das Aussageverhalten des Angehörigen wechselt, etwa, wenn er erst in der Berufungsverhandlung das Zeugnis verweigert[383] oder wenn er in der Hauptverhandlung zunächst das Zeugnis verweigert hatte und später dann doch noch aussagt und das Gericht zu prüfen hat, ob seine den Angeklagten entlastenden Angaben glaubhaft sind[384], oder wenn der Zeuge zwar belanglose Angaben macht, hinsichtlich aller für die Sachentscheidung wesentlichen Tatsachen aber sein Weigerungsrecht ausübt[385] oder wenn er nur zu einem von mehreren getrennt zu beurteilenden Tatkomplexen aussagt[386]. Daß der Angeklagte einen zur Zeugnisverweigerung berechtigten Zeugen verspätet benannt[387] oder daß er die Zeugnisverweigerung seines Angehörigen erwartet oder gewollt hat, darf ebenfalls bei der Beweiswürdigung nicht zu seinem Nachteil verwendet werden[388]. Äußert der Zeuge sich dagegen zu einem einheitlichen Tatgeschehen und verweigert nur zu **Teilfragen** die Aussage, muß das Gericht das teilweise Schweigen bei der Beweiswürdigung berücksichtigen, da es von indizieller Bedeutung für die Bewertung der Bekundungen sein kann, deren Lückenhaftigkeit nicht **87**

---

[375] *Gössel* § 27 E 5 a; *Schlothauer* StV **1986** 90; *W. Schmid* FS Maurach 535; ferner allgemein zur Heilung Vor § 226, 54; § 337, 262; 263.

[376] BGH StV **1981** 329; OLG Bremen StV **1984** 369; *Schlothauer* StV **1986** 226.

[377] BGH NJW **1966** 351, dazu *Meyer* JR **1966** 351; KK-*Engelhardt*[4] 44; *Kleinknecht/Meyer-Goßner*[44] 19; KMR-*Paulus* § 244, 181.

[378] KK-*Engelhardt*[4] 44; *Kleinknecht/Meyer-Goßner*[44] 19. SK-*Schlüchter* 43.

[379] Vgl. § 244, 52.

[380] BGHSt **22** 113 = LM Nr. 54 mit Anm. *Pelchen*; BGHSt **32** 140 = JR **1985** 70 mit Anm. *Pelchen*; **34** 324 = JR **1988** 78 mit Anm. *J. Meyer*; BGH NJW **1980** 794; JR **1985** 432 mit Anm. *Hanack*; StV **1982** 101; **1985** 485; **1991** 450; **1997** 171; bei *Pfeiffer* NStZ **1981** 296; OLG Hamm VRS **46** (1974) 364; KG NJW **1966** 605 mit Anm. *Arndt* NJW **1966** 869; OLG Karlsruhe GA **1975** 182; KK-*Engelhardt*[4] 42; *Kleinknecht/Meyer-Goßner*[44] 20; KMR-*Stuckenberg* 62; SK-*Schlüchter* 44; *Eb. Schmidt* JZ **1970** 340; **a. A** *Ostermeyer* NJW **1968** 1789; die Rechtsprechung hatte früher die nachteilige Verwertung der Tatsache der Zeugnisverweigerung zugelassen, vgl. RGRspr. **8** 502; RGSt **55**

20; BGHSt **2** 351; dagegen früher schon *Alsberg* JW **1931** 1596; *Buchwald* SJZ **1949** 360 und die Vorauflagen. Zu diesen Fragen ferner *Schneider* JuS **1970** 271.

[381] BGH NJW **1954** 1496; KG NJW **1966** 605; KK-*Engelhardt*[4] 42; KMR-*Stuckenberg* 62; vgl. auch (zur Unzulässigkeit ihrer Protokollierung) bei § 168 a.

[382] BGH NStZ **1988** 561; StV **1991** 450; **1992** 97; **1993** 61; **1997** 171; HK-*Julius* 35; KMR-*Stuckenberg* 62.

[383] BayObLG NJW **1969** 200.

[384] BGH NJW **1980** 794; NStZ **1985** 87; **1989** 281; StV **1987** 188; 281; **1992** 97; BayObLGSt **1968** 83 = NJW **1969** 200; OLG Karlsruhe DAR **1983** 93; vgl. § 252, 9; 15.

[385] BGH JR **1981** 432 mit Anm. *Hanack* JZ **1979** 766; NStZ **1985** 87; KK-*Engelhardt*[4] 42; *Kleinknecht/Meyer-Goßner*[44] 20.

[386] Die zum teilweisen Schweigen des Angeklagten entwickelten Grundsätze gelten auch hier; vgl. Rdn. 79.

[387] BGH StV **1993** 61; SK-*Schlüchter* 45.

[388] OLG Hamm MDR **1970** 162.

außer Betracht gelassen werden darf[389]. Bei der Beweiswürdigung verwertbar ist auch, wenn der Zeuge zwar trotz eines Weigerungsrechts aussagt, aber die Kontrolle seiner Aussage durch eine von seiner Zustimmung abhängigen Untersuchung verweigert[390]. Hat der Zeuge in Kenntnis seines Aussageverweigerungsrechts ausgesagt, so darf und muß seine Aussage auch dann verwertet werden, wenn er sich in der gleichen Hauptverhandlung nachträglich auf sein Aussageverweigerungsrecht beruft[391].

88   Schützt dagegen das Zeugnisverweigerungsrecht nicht das **Verhältnis** zwischen dem **Zeugen** und dem **Angeklagten** und scheidet es deshalb aus, daß der Zeuge durch die Möglichkeit einer dem Angeklagten nachteiligen Verwertung seiner Zeugnisverweigerung in seiner freien Entscheidung über den Gebrauch seines Zeugnisverweigerungsrechts beeinträchtigt wird, wie etwa im Falle des § 54 und auch in den meisten Fällen des § 55, kann die Tatsache der Zeugnisverweigerung bei der Beweiswürdigung mit herangezogen werden[392]. Dann besteht kein zwingender Grund, den Grundsatz der freien Beweiswürdigung ausnahmsweise einzuschränken. Allerdings wird in diesen Fällen eine Verwertung zu Lasten des Angeklagten meist daran scheitern, daß die Motivation zur Zeugnisverweigerung, die ja gerade nicht in bezug auf den Angeklagten erfolgt, nicht eindeutig aufklärbar ist[393]. Schlüsse zugunsten des Angeklagten erscheinen dagegen eher möglich[394].

89   c) Den durch Augenschein feststellbaren **äußeren Eindruck**, den der Zeuge macht, darf das Gericht bei seiner Entscheidung verwerten, auch wenn der Zeuge berechtigt die Aussage verweigert[395].

90   4. Beim **Sachverständigenbeweis** obliegt dem Gericht nicht nur bei den Rechtsfragen (wie etwa der Schuldfähigkeit)[396], sondern auch bei den Fachfragen die letzte Entscheidung, die es auf Grund der ihm von den Sachverständigen vermittelten Sachkunde in eigener Würdigung der mitgeteilten Gründe zu treffen hat[397]. Dies müssen die Urteilsgründe erkennen lassen. Abgesehen von den Fällen den § 256 ist dabei grundsätzlich das in der Hauptverhandlung mündlich erstattete Gutachten maßgebend, nicht die in den Akten einliegende schriftliche Fassung[398]. Besteht aber ein entscheidungserheblicher Widerspruch zwischen beiden, muß das Gericht diesen in der Hauptverhandlung aufzuklären versuchen und sich im Urteil damit auseinandersetzen[399]. Beruht das Gutachten nicht auf zwingenden wissenschaftlichen Erkenntnissen, sondern auf wissenschaftlichen Erfahrungssätzen, die nur eine hohe Wahrscheinlichkeit begründen, muß erkennbar sein, daß das Gericht deren Beweiswert richtig eingeschätzt und geklärt hat, ob und wieweit die Wahrschein-

---

[389] BGHSt **32** 140 = JR **1985** 70 mit Anm. *Pelchen*; *Hanack* JR **1981** 432; *Kleinknecht/Meyer-Goßner*[44] 21; **a. A** *Kühl* JuS **1986** 121.

[390] BGHSt **32** 140 (Verweigerung der Blutprobe nach § 81 c Abs. 3 Satz 1); vgl. vorsteh. Fußn.

[391] BGH StV **1984** 326; bei *Pfeiffer/Miebach* NStZ **1985** 493; vgl. § 252 mit weit. Nachw.

[392] RGSt **55** 20; OLG Hamm JMBlNW **1950** 62; KK-*Engelhardt*[4] 43; *Kleinknecht/Meyer-Goßner*[44] 20; KMR-*Stuckenberg* 63; *G. Schäfer* 690; 693; ·a. A *Rogall* 235; JR **1993** 378; vgl. § 55, 21.

[393] Vgl. BGH StV **1992** 158; **1984** 233 (Urteil muß sich mit Motiven auseinandersetzen); HK-*Julius*[2] 35; KK-*Engelhardt*[4] 43; KMR-*Stuckenberg* 63; SK-*Schlüchter* 46; vgl. § 55, 21 mit weit. Nachw.

[394] *Kleinknecht/Meyer-Goßner*[44] 20.

[395] BGH GA **1965** 108; OLG Schleswig bei *Ernesti/Jürgensen* SchlHA **1972** 160; KK-*Engelhardt*[4] 42; SK-*Schlüchter* 45; vgl. Rdn. 16; zu den strittigen

Einzelheiten vgl. § 244, 325; ferner OLG Köln VRS **57** (1979) 425 (kein Schluß vom äußeren Verhalten auf Wissen).

[396] vgl. *Kaufmann* JZ **1985** 1065; *Walter* Sachverständigenbeweis zur Schuldfähigkeit und strafrichterliche Überzeugungsbildung; Diss. Berlin 1982; ferner auch *Geppert* FS v. Lübtow (1980) 773.

[397] BGHSt **8** 117; **12** 311; BGH NJW **1993** 3082; NStZ **1982** 342; bei *Holtz* MDR **1977** 637; OLG Köln GA **1983** 43; *Albrecht* NStZ **1983** 490; Hellmiß NStZ **1992** 24; ferner zur Distanzierung gegenüber sich differenzierenden wissenschaftlichen Erkenntnissen *Keller* GA **1999** 255; vgl. § 244, 300 ff.

[398] BGH NJW **1970** 525; BGH bei *Pfeiffer* NStZ **1981** 296; *Kleinknecht/Meyer-Goßner*[44] 8.

[399] BGH NStZ **1990** 224.

lichkeitsaussage durch andere Beweismittel bestätigt wird[400], so etwa bei der DNA-Analyse[401], bei Faserspurengutachten[402] oder Haarvergleichen[403] und bei vielen anderen Meß- und Untersuchungsmethoden[404].

Setzt sich das Gericht mit seiner Beweiswürdigung in **Widerspruch** zu der Ansicht **91** des Sachverständigen, dann muß es die Gegengründe des Sachverständigen ausführlich erörtern und mit eigenen Gründen so widerlegen, daß ersichtlich wird, daß es das von ihm beanspruchte bessere Sachwissen auf dem zur Erörterung stehenden Teilbereich des fremden Wissensgebietes zu Recht für sich in Anspruch nimmt[405].

Schließt sich das Gericht dem Gutachten des Sachverständigen an, dann muß es im **92** Urteil kenntlich machen, daß es dies auf Grund eigener Überzeugung getan hat[406]. Dazu reicht in der Regel nicht aus, daß es nur das Ergebnis des Sachverständigengutachtens wiederholt oder dessen Ergebnis pauschal als „überzeugend" oder „einleuchtend" bezeichnet[407]. Das Gericht muß vielmehr im Urteil die gedankliche Schlüssigkeit durch Wiedergabe der wesentlichen Anknüpfungstatsachen und Schlußfolgerungen aufzeigen und zu erkennen geben, daß und warum es die Ausführungen des Sachverständigen in eigener Verantwortung billigt[408]. Weicht es dabei von einer Annahme des Sachverständigen ab, etwa weil es von einem anderen Tatmotiv ausgeht, muß es darlegen, warum es trotzdem dessen Ergebnis für richtig hält[409]. Wenn dem Gericht eine eigene wissenschaftliche Auseinandersetzung mit dem Gutachten nicht möglich ist[410], hat es wenigstens die wesentlichen tatsächlichen Grundlagen des Gutachtens und die daraus vom Sachverständigen gezogenen Schlußfolgerungen, denen es folgen will, insoweit mitzuteilen, als dies zum Verständnis des Gutachtens und seiner gedanklichen Schlüssigkeit notwendig ist[411].

Die **tragenden Anknüpfungstatsachen**[412] müssen lückenlos wiedergegeben und **93** unter allen vernüftigerweise in Betracht kommenden Erklärungsmöglichkeiten gewürdigt

[400] *Hellmiß* NStZ **1992** 24; *Keller* GA **1999** 255; *Schweling* ZStW **83** (1971) 444; HK-*Julius*² 37; SK-*Schlüchter* 61.

[401] BGHSt **37** 157; **38** 320 = JR **1993** 123 mit Anm. *v. Hippel* = JZ **1993** 102 mit Anm. *Keller*; mit Anm. *Vogt* StV **1993** 174; BGH StV **1993** 58; **1994** 580; weit. Nachw. *Eisenberg* (Beweisrecht) 1904 ff; HK-*Julius*² 38; SK-*Schlüchter* 61.

[402] BGH StV **1993** 340; **1994** 114; **1996** 251; *Adolf* NStZ **1990** 66; *Eisenberg* (Beweisrecht) 1920 f.

[403] BGH StV **1992** 312; *Eisenberg* (Beweisrecht) 1903.

[404] Vgl. *Eisenberg* (Beweisrecht) 1895 ff; *Foth/Karcher* NStZ **1989** 166; HK-*Julius*² 38; KMR-*Stukkenberg* 64; SK-*Schlüchter* 61.

[405] Vgl. etwa BGH GA **1977** 275; NStZ **1983** 377; **1985** 421; **1994** 563; bei *Dallinger* MDR **1972** 570; bei *Holtz* MDR **1977** 284; 637; 810; bei *Pfeiffer*² NStZ **1991** 296; OLG Stuttgart Justiz **1971** 312; ferner § 244, 73 ff; 303 ff; § 337, 140.

[406] Vgl. etwa BGHSt **12** 311; BGH NStZ **1982** 342; OLG Hamm VRS **40** (1971) 197; KK-*Engelhardt*⁴ 32; *Kleinknecht/Meyer-Goßner*⁴⁴ § 267, 13; *Mösl* DRiZ **1970** 113; weit. Nachw. bei § 267.

[407] BGH NStZ **1982** 342; BGH bei KK-*Engelhardt*⁴ 32 („vom Gutachten überzeugt" genügt nur in einfachen Fällen), vgl. Rdn. 95.

[408] Vgl. etwa BGHSt **7** 238; **8** 113; **12** 311; BGH NJW **1959** 780; StV **1986** 47; **1991** 339; VRS **31** 107; BGH bei *Pfeiffer/Miebach* NStZ **1984** 17; OLG

Bremen VRS **48** (1975) 272; **54** (1978) 65; OLG Celle MDR **1963** 334; VRS **25** (1963) 55; **42** (1972) 41; OLG Düsseldorf VRS **64** (1983) 208; OLG Frankfurt StV **1994** 9; VRS **51** (1976) 120; OLG Hamm NJW **1963** 405; **1967** 691; VRS **40** (1971) 197; **41** (1971) 276; OLG Koblenz DAR **1974** 134; VRS **51** (1976) 116; **55** (1978) 46; **67** (1984) 443; OLG Köln GA **1965** 156; **1983** 43; VRS **47** (1974) 281; **56** (1979) 446; OLG Schleswig bei *Ernesti/Jürgensen* SchlHA **1977** 271; *Albrecht* NStZ **1983** 486; ferner die nachf. Fußn.; § 337, 140 mit weit. Nachw.; zu Schriftgutachten vgl. BGH NJW **1982** 2882; dazu *Peters* JR **1983** 164; *Eisenberg* (Beweisrecht) 1965 ff; HK-*Julius*² 38; § 244, 313 mit weit. Nachw.

[409] Vgl. BGH StV **1997** 290.

[410] Vgl. Rdn. 54.

[411] BGHSt **12** 331; BGH NStZ **1981** 488; BGH StV **1989** 332 mit krit. Anm. *Wasserburg*; VRS **71** (1986) 23; auch BGH VRS **27** (1964) 264; BayObLGSt **1968** 70 = NJW **1968** 2299; *Detter* NStZ **1998** 60; *Seibert* NJW **1960** 1285; ferner die Nachw. Fußn. 408.

[412] Zur Unterscheidung zwischen Befund und Zusatztatsachen vgl. Vor § 72 und § 250, 33 ff; der Unterschied ist wegen der Form der Einführung in die Hauptverhandlung wichtig, nicht für die Darlegungspflicht, da das Gutachten aus beiden Tatsachengruppen seine Schlüsse ziehen kann. Ferner § 244, 316; 317.

Walter Gollwitzer

werden[413]. Das Gericht hat besonders darauf zu achten, daß der Sachverständige seinem Gutachten nur solche Tatsachen zugrunde gelegt hat, die in ordnungsgemäßer Form in die Hauptverhandlung eingeführt worden sind[414] und die es für erwiesen erachtet. Hier besteht vor allem bei den Zusatztatsachen die Gefahr eines Verstoßes gegen § 261, wenn der Sachverständige sein Gutachten unter Verwendung der Akten oder der Angaben dritter Personen vorbereitet hat[415].

94   Liegen mehrere **widersprüchliche Sachverständigengutachten** vor, muß das Gericht entscheiden und schlüssig begründen[416], welcher Auffassung es folgen will. Es genügt nicht, lediglich die unterschiedlichen Ergebnisse mitzuteilen[417]. Von der für den Angeklagten günstigsten Meinung darf es nur ausgehen, wenn es die Widersprüche nicht aufklären kann, etwa dadurch, daß es ein weiteres Gutachten einholt[418]. Reicht seine durch die Gutachten erlangte Sachkunde dafür aus, braucht es keinen weiteren Sachverständigen zuzuziehen[419]. Grundsätzlich sind alle Gutachten nach der Überzeugungskraft ihrer Argumente zu beurteilen, ein „Obergutachten"[420] hat dabei keine höhere Beweiskraft.

95   Bei **ständig wiederkehrenden Sachverständigenfragen**, die wegen ihrer Häufigkeit in der Gerichtspraxis allen Beteiligten geläufig sind, kann die Schlüssigkeit des Ergebnisses bei einfachen Fragen unter Umständen auch ohne nähere Darlegung der **standardisierten Untersuchungsmethoden** zweifelsfrei sein[421]; die Anknüpfungstatsachen müssen aber auch dann in ausreichendem Maße dargelegt werden[422].

96   Stützt der Tatrichter die Entscheidung im wesentlichen auf **eigene Feststellungen und Überlegungen**, die ohne Mitwirkung des Sachverständigen gewonnen wurden, dann kann es genügen, wenn das Urteil den Inhalt des Gutachtens und Anknüpfungstatsachen nur bezüglich des bei der Entscheidung **mitverwendeten Teils** wiedergibt[423], vorausgesetzt, daß dadurch das Verständnis der mitgeteilten Erwägungen nicht leidet.

97   **5.** Beim **Urkundenbeweis** gilt freie Beweiswürdigung für die **Auslegung** des Urkundeninhalts[424], für die **Beurteilung des Beweiswerts** der Urkunde und die daraus zu ziehenden Schlüsse. Dies ist Sache des Tatrichters. Die unrichtige Feststellung des Wortlauts einer verlesenen Urkunde im Urteil wird dadurch aber nicht gedeckt[425]. Im übrigen beste-

[413] OLG Hamm VRS **40** (1971) 94; vgl. § 244, 303 ff; und bei § 267 mit weit. Nachw.
[414] Vgl. etwa BGHSt **9** 293; **13** 3; **18** 108; **22** 271; **28** 236; BGH NStZ **1985** 135; 182; ferner § 250, 34 mit weit. Nachw. und zur Pflicht des Gerichts, den Sachverständigen anzuleiten, sein Gutachten dem Beweisergebnis anzupassen, BGH StV **1986** 138 mit Anm. *Deckers.*
[415] Vgl. BGH bei *Spiegel* DAR **1986** 200; bei *Holtz* MDR **1993** 407; *Sarstedt* NJW **1968** 180; Rdn. 21; § 250, 34.
[416] BGH NStZ **1981** 488; **1990** 244; **1994** 503; bei *Spiegel* DAR **1978** 158; vgl. § 244, 307; und bei § 267 mit weit. Nachw.
[417] BGH StV **1983** 8.
[418] BGH StV **1997** 62.
[419] BGH bei *Holtz* MDR **1977** 810; vgl. § 244, 73 ff; 309.
[420] Vgl. § 244, 307 ff.
[421] BGHSt **12** 314; **28** 238; **39** 291; BGH NStZ **1982** 342; **1993** 95; bei *Pfeiffer/Miebach* NStZ **1984** 17; OLG Karlsruhe VRS **43** (1972) 135; **48** (1975) 129; OLG Köln VRS **56** (1979) 446 (Urteil beruht nicht auf Fehlern); HK-*Julius*² 38; KMR-*Stuckenberg* 67.

[422] BGH VRS **27** (1964) 264; **31** (1966) 107.
[423] OLG Schleswig bei *Ernesti/Jürgensen* SchlHA **1971** 271.
[424] KG JR **1980** 291 mit Anm. *Volk*; OLG Köln NStZ **1981** 183; JMBlNW **1984** 47; *W. Schmid* ZStW **85** (1973) 377; vgl. § 337, 117 mit weit. Nachw. auch zu den Grenzen der Revisibilitität des Auslegungsergebnisses.
[425] Die Überzeugungsbildung beruht dann auf einer Tatsachengrundlage, die nicht dem Inbegriff der Hauptverhandlung entnommen sein kann. Diesen Verstoß kann das Revisionsgericht feststellen, da es dazu keiner Rekonstruktion der Hauptverhandlung bedarf; BGHSt **29** 21 = JR **1980** 168 mit Anm. *Peters*; BGH StV **1983** 321 (L); **1984** 411; **1991** 548; **1993** 115; bei *Holtz* MDR **1976** 989; **1986** 625; BayObLG StV **1985** 226; OLG Bremen VRS **48** (1975) 372; OLG Hamm MDR **1973 516**; **1975** 245; OLG Köln NJW **1974** 1150; StV **1998** 364; OLG Zweibrücken StV **1994** 545; KK-*Engelhardt*⁴ 52; *Kleinknecht/Meyer-Goßner*⁴⁴ § 337, 14; KMR-*Paulus* 40; **a. A** *Willms* FS Heusinger 405; vgl. bei 267; § 337, 83; 84; 105.

hen auch hier die Grenzen, die der freien Beweiswürdigung allgemein gesetzt sind, vor allem ihre Bindung an Denkgesetze und zwingende Erfahrungssätze, zu denen auch **allgemeine Auslegungsregeln** gehören[426]. Kommt es dagegen nicht nur auf den Wortlaut, sondern auf die materielle Beschaffenheit oder das Erscheinungsbild (Schriftbild, Korrekturen, Veränderungen) einer Urkunde an, genügt es nicht, daß deren Wortlaut nach § 249 in das Verfahren eingeführt wurde, die Urkunde muß dann ausdrücklich auch zum Gegenstand eines im Hauptverhandlungsprotokoll festzuhaltenden **Beweises durch Augenschein** gemacht werden[427].

Die Strafprozeßordnung kennt keine Regelung, die bestimmten Urkunden eine **besondere Beweiskraft** zuerkennt, insbesondere sind die Erklärungen öffentlicher Behörden mit keiner verstärkten Beweiskraft ausgestattet. Die Ausnahme des § 274 ist für die Sachverhaltsfeststellungen des Tatrichters ohne praktische Bedeutung. Das Gericht kann aus einem in der Hauptverhandlung verlesenen rechtskräftigen Strafurteil nicht nur den Beweis der Verurteilung herleiten, es kann auch für erwiesen halten, daß der Verurteilte die Tat begangen hat[428]. Das Gericht ist grundsätzlich auch insoweit zur freien Beweiswürdigung berechtigt und verpflichtet. Es darf nicht von einer eigenen Würdigung der Tatsachen absehen[429]. Die tatsächliche und rechtliche Würdigung, die ein gleichgelagerter Sachverhalt durch andere Gerichte erfahren hat, bindet es nur in Ausnahmefällen[430].

98

Voraussetzung für die Einbeziehung einer Urkunde in die freie Beweiswürdigung ist aber immer, daß deren Inhalt in einer verfahrensrechtlich zulässigen Weise zum **Gegenstand der mündlichen Verhandlung** gemacht worden ist[431]. Dies muß, vor allem, wenn es nicht auf den genauen Wortlaut ankommt, nicht notwendig in den für den Urkundenbeweis vorgeschriebenen Formen (§ 249 ff) geschehen[432]. Der Inhalt einer Urkunde kann auch durch Zeugenaussagen oder durch Bekundungen des Angeklagten in die Hauptverhandlung eingeführt werden[433], wobei die Urkunde selbst auch zum Zwecke des Vorhalts oder sonst als Vernehmungsbehelf verwendet werden kann. Beweisgegenstand ist dann aber nicht die Urkunde, sondern allein das, was der Zeuge zu ihr erklärt hat[434]. Deshalb spricht für einen Verstoß gegen § 261, wenn der Inhalt einer längeren Urkunde im Urteil ganz oder zum Teil wörtlich wiedergegeben wird, obwohl diese selbst nicht nach § 249 zu Beweiszwecken in die Hauptverhandlung eingeführt worden war; denn anders als bei einem einzelnen kurzen Satz läßt sich durch einen Zeugen zwar der Sinn, nicht aber der genaue Wortlaut eines längeren Schreibens in die Hauptverhandlung einführen[435].

99

---

[426] Vgl. § 337, 118; 119.

[427] BGH NJW **1990** 1189; NStZ **1991** 143 (Vergleich zweier Schriftstücke) OLG Schleswig StV **1998** 365; vgl. *Kleinknecht/Meyer-Goßner*[44] 38a; SK-*Schlüchter* 25; wegen weit. Nachw. vgl. § 249, 30. Dies gilt auch für das Verfahren nach § 249 Abs. 2. Auch wenn bei diesem die Verfahrensbeteiligten die Urkunde selbst (und nicht nur eine Ablichtung) in die Hand bekommen sollten und damit auch ihre Beschaffenheit feststellen können, erübrigt sich dadurch der besondere Augenschein nicht, denn das Verfahren § 249 Abs. 2 kann nur das Verlesen der Urkunde in der Hauptverhandlung ersetzen.

[428] Vgl. § 249, 17 ff; ferner etwa *Alsberg/Nüse/Meyer* 253.

[429] BGHSt **17** 390; § 249, 19.

[430] Vgl. BGH NJW **1973** 1805; Rdn. 65 und bei § 262.

[431] Vgl. Rdn. 20; § 249, 2; 37. Maßgebend ist insoweit die Sitzungsniederschrift, sofern es sich um eine wesentliche Förmlichkeit handelt, vgl. BGH bei *Pfeiffer/Miebach* NStZ **1985** 495; vgl. bei § 273.

[432] Wieweit die Aufklärungspflicht gebietet, den Wortlaut einer Urkunde nach § 249 in die Hauptverhandlung einzuführen, hängt von den Umständen des Einzelfalls ab; vgl. § 244, 46; 51; § 249, 2.

[433] Etwa BGHSt **6** 143; **11** 159; BGH NJW **1985** 465; vgl. § 249, 2; 31; 93; 102.

[434] Zu den Grenzen dieser Verfahrensgestaltung, die sich aus § 244 Abs. 2 und § 261 ergeben, vgl. Rdn. 20 und § 249, 99; 102.

[435] Vgl. Rdn. 174 mit weit. Nachw.; ferner etwa KMR-*Stuckenberg* 69.

Walter Gollwitzer

100   **6. Augenschein.** Beweisgegenstände, die ordnungsgemäß durch Augenschein zum Gegenstand der Hauptverhandlung gemacht wurden[436], kann und muß das Gericht bei seiner Beweiswürdigung mitberücksichtigen. Seine Beweiswürdigung ist auch hier grundsätzlich frei, muß sich aber im Rahmen der Denkgesetze, der wissenschaftlichen Erkenntnisse und der allgemeinen Erfahrungssätze halten[437]. Das Gericht darf insbesondere aus dem Beweisgegenstand keine Schlußfolgerungen herleiten, die nach der Natur der Sache aus diesem nicht gefolgert werden können[438], oder sich mit der Darlegung einer von mehreren möglichen Folgerungen begnügen[439]. Wieweit der Gegenstand des Augenscheins in den Urteilsgründen darzustellen ist, richtet sich nach den jeweiligen Umständen des Einzelfalls[440]. Sind **Bilder, Filme, Tonaufnahmen** bei der Beweiswürdigung entscheidungserheblich, muß das Gericht ihren Inhalt in dem für das Verständnis seiner Beweiswürdigung erforderlichen Umfang im Urteil sprachlich schildern, wobei der Möglichkeit der Bezugnahme nach § 267 Abs. 1 Satz 3 eine gewisse Vereinfachung der Detailschilderung des Lichtbilds erlaubt[441]. Bild-Ton-Aufzeichnungen von Vernehmungen, die nach § 255 a in Anwendung der für den Urkundenbeweis geltenden Grundsätze in die Hauptverhandlung eingeführt worden sind, müssen, wie auch sonstige ordnungsgemäß eingeführte Aussagen, zum Gegenstand der umfassenden Beweiswürdigung des Gerichts gemacht und deshalb im gebotenen Umfang auch in den Urteilsgründen erörtert werden[442].

101   Werden Lichtbilder (Radarfotos) zur **Identifizierung einer Person** herangezogen, genügt es in der Regel nicht, nur festzustellen, daß das Gericht von der Identität überzeugt ist. Die Urteilsgründe müssen dartun, worauf sich diese Überzeugung stützt. Soweit sich dies nicht durch die Verweisung nach § 267 Abs. 1 Satz 3 erübrigt, muß das Urteil neben der Bildqualität die charakteristischen Merkmale anführen und aufzeigen, wieweit sie bei der Abbildung mit der zu identifizierenden Person übereinstimmen[443]. Bei der Beweiswürdigung können — vor allem wenn der Vergleich zu keinem eindeutigen Ergebnis führt — auch sonstige, aus dem Inbegriff der Hauptverhandlung gewonnene Erkenntnisse herangezogen werden[444]. Aus der Tatsache, daß ein von der Pflicht zum Erscheinen entbundener Angeklagter (Betroffener) der Hauptverhandlung fernbleibt, kann nicht geschlossen werden, er sei nur ferngeblieben, um seine Identifizierung an Hand eines Bildes zu verhindern[445]. Zum Wiedererkennen des Täters vgl. im übrigen Rdn. 81; § 58, 12 ff.

102   **Protokolle** über einen **außerhalb der Hauptverhandlung** aufgenommenen Augenschein sind nach den Regeln des Urkundenbeweises (§ 249) in die Hauptverhandlung einzuführen[446]; dabei dürfen Angaben einer Auskunftsperson, die zum besseren Verständnis in das Protokoll aufgenommen wurden, zwar mitverlesen werden, sie dürfen aber, da kein zulässiges Beweismittel, bei der Beweiswürdigung nicht berücksichtigt werden[447]; erforderlichenfalls ist die Auskunftsperson als Zeuge zu vernehmen.

---

[436] Vgl. Rdn. 14; § 244, 324 ff; 333 ff; ferner zum Nachweis des Augenscheins durch die Sitzungsniederschrift BGH StV **1985** 223 (L); bei *Pfeiffer/ Miebach* NStZ **1985** 495; OLG Hamm VRS **56** (1979) 362 und bei § 273.

[437] Vgl. Rdn. 13; 42; 44 ff.

[438] Vgl. OLG Düsseldorf VRS **68** (1985) 220; OLG Stuttgart VRS **71** (1986) 281; Rdn. 50.

[439] Vgl. Rdn. 57 ff.

[440] Zu den strittigen Fragen vgl. Rdn. 13; 58 ff; bei § 267; § 337, 106 ff; Vor § 333, 4.

[441] Wegen der Einzelheiten vgl. bei § 267 und § 337, 107; 138.

[442] Vgl. bei § 255 a; ferner Rdn. 58 ff und zur Freiheit der Beweiswürdigung BGHSt **29** 18 = JR **1980** 168 mit Anm. *Peters*; vgl. bei § 267 und § 337, 147 ff.

[443] BGHSt **29** 18 = JR **1980** 168 mit Anm. *Peters*; BGHSt **41** 376; BGH StV **1981** 55; BayObLGSt **1994** 248; BayObLG MDR **1996** 841; 1059; VRS **61** (1981) 41; OLG Celle NStZ **1995** 243; OLG Frankfurt NJW **1984** 1128; OLG Hamm VRS **90** (1996) 196; OLG Karlsruhe Justiz **1996** 65; OLG Köln VRS **61** (1981) 437; **94** (1998) 112; OLG Schleswig bei *Ernesti/Lorenzen* SchlHA **1985** 132; OLG Stuttgart VRS **71** (1986) 281; Justiz **1991** 202; LG Frankfurt StV **1985** 228; **1986** 13; 291; *Knußmann* StV **1983** 127; vgl. Rdn. 16; 89.

[444] Vgl. Rdn. 16; 61.

[445] OLG Düsseldorf VRS **68** (1985) 220.

[446] Vgl. § 249, 24 ff.

[447] BGHSt **33** 217 = NStZ **1985** 468 mit Anm. *Dankert*; SK-*Schlüchter* 30; vgl. § 250, 10.

VI. Im Zweifel für den Angeklagten

1. Bedeutung

a) Die gesamte Urteilsfindung wird von dem Grundsatz beherrscht, daß bei Anwendung des materiellen Strafrechts jeder nach sorgfältiger Beweiswürdigung nicht behebbare **Zweifel im Tatsächlichen** zugunsten des Angeklagten ausschlagen müsse (in dubio pro reo). Dieser „rechtsstaatliche Fundamentalgrundsatz"[448] ist allgemein anerkannt, nur die Rechtsnatur und die Ableitung des in der Strafprozeßordnung nirgends ausdrücklich ausgesprochenen Satzes sind strittig[449]. Daß Tatsachenzweifel, die das Gericht nicht überwinden kann, eine Verurteilung nicht zu tragen vermögen, folgt schon daraus, daß § 261 für eine Verurteilung die volle Überzeugung des Gerichts von den sie tragenden Tatsachen voraussetzt, Verdachtsstrafen kennt das heutige Strafrecht nicht mehr, sie wären auch unzulässig. Insoweit entspricht der Zweifelssatz der ebenfalls aus dem Rechtsstaatsprinzip ableitbaren und in einigen Länderverfassungen und in Art. 6 Abs. 2 MRK, Art. 14 Abs. 2 IPBR ausdrücklich festgelegten **Unschuldsvermutung**[450]. Aus verfassungsrechtlicher Sicht ist das Gebot, bei nicht zu überwindenden Zweifeln für den Angeklagten zu entscheiden, Ausdruck des dem Grundrechtsschutz und einer fairen Verfahrensgestaltung verpflichteten Rechtsstaatsprinzips, das jeden Eingriff in die verfassungsrechtlich verbürgten Rechte und Freiheiten, insbesondere aber jede Bestrafung nur dann zuläßt, wenn die vom Gesetz tatbestandsmäßig festgelegten Voraussetzungen (vgl. Art. 103 Abs. 2 GG) sicher erfüllt sind[451], die Schuld des Angeklagten zu vollen Überzeugung nachgewiesen ist. Eine Verurteilung trotz Zweifel hinsichtlich des die Rechtsanwendung tragenden Sachverhalts verletzt als Defizit der die Normanwendung tragenden tatsächlichen Feststellungen auch die Anwendung des sachlichen Rechts; dies ist auf Sachrüge hin zu beachten[452]. Insoweit ist der Zweifelssatz „die Kehrseite des materiellrechtlichen Schuld-

---

[448] *Roxin* § 15, 31 ff; KK-*Engelhardt*[4] 56.

[449] Zu den Fragen der rechtsgeschichtlichen Entwicklung vgl. *Holtappels* Die Entwicklungsgeschichte des Grundsatzes in dubio pro reo; *Sax* FS Stock 143 ff; *Stree* 14; *Wasserburg* ZStW **94** (1982) 922; ferner die Darstellungen bei *Lehmann* 65; *Montenbruck* In dubio 17 ff. OLG Hamm NJW **1951** 286 nimmt eine „gewohnheitsrechtlich entstandene Rechtsnorm" an; ähnlich *Schünemann* ZStW **84** (1972) 870. *Montenbruck* (aaO) hält diese „vulgärrechtliche Formel" (65) zur Lösung der Zweifelsfragen für entbehrlich.

[450] KMR-*Stuckenberg* 74; vgl. *Stuckenberg* Unschuldsvermutung 419 ff; 480 ff und 579 (Zusammenfassung). Ob der Zweifelssatz aus der Unschuldsvermutung ableitbar ist, ist strittig, dazu (verneinend) *Montenbruck* In dubio 67 ff. Nach *Hoyer* ZStW **105** (1993) 538 stellt die Unschuldsvermutung der MRK keine eigenen Anforderungen für den Schuldnachweis auf, sondern verweist auf die ohnehin bestehenden Anforderungen des innerstaatlichen Rechts. Vgl. HK-*Julius*[2] 16 (verstärkt Unschuldsvermutung).

[451] BayVerfGH **35** 48 = NJW **1983** 100 (Teilhabe am Verfassungsrang des Grundsatzes nulla poena sine culpa, sonst Freispruch geboten); *Born* Wahrunterstellung 28; *Schöneborn* MDR **1975** 444; *Wasserburg* ZStW **94** (1982) 922; vgl. auch den Bericht

der BReg BTDrucks **10** 4608 Nr. 27 ff (prozessuale Ergänzung des Satzes nulla poena sine culpa); ferner BGHSt **18** 27 (Ausdruck fortschreitender Entwicklung rechtsstaatlichen Denkens); BVerfG MDR **1975** 469; NJW **1988** 477; **1992** 35 lassen den eigenen Verfassungsrang des Zweifelssatzes offen. Nach KMR-*Stuckenberg* 74 nimmt der Satz als Ausprägung des Willkürverbots an dessen Verfassungsrang teil.

[452] OGHSt **1** 166, 361; BGHSt **10** 37; **14** 274; LM Nr. 19; OLG Celle MDR **1957** 435; OLG Koblenz VRS **44** (1973) 192; OLG Oldenburg NdsRpfl. **1959** 115; *Arndt* NJW **1959** 7; *Seibert* NJW **1955** 172; **1960** 20; *Sarstedt* FS Hirsch 186; *Sarstedt/Hamm*[6] 888; *Stree* JZ **1974** 299; *Volk* JuS **1975** 25; KK-*Engelhardt*[4] 56; *Kleinknecht/Meyer-Goßner*[44] 26; *Pfeiffer*[2] 16; vgl. ferner SK-*Schlüchter* 69 (materiellrechtliche und verfahrensrechtliche Sicht kumulativ); andererseits etwa KMR-*Stuckenberg* 75 (nur Regel des Verfahrensrechts) je mit weit. Nachw. zum Streitstand; dieser fällt praktisch kaum ins Gewicht, weil die aus den Urteilsgründen ersichtlichen Zweifel nach der h. M schon auf die Sachrüge hin zu beachten sind; daß dadurch gleichzeitig auch das Verfahrensrecht verletzt ist, spielt dann keine Rolle, desgleichen auch der Verfassungsverstoß; ferner § 337, 14 mit weit. Nachw.

Walter Gollwitzer

prinzips", das eine Verurteilung auf Verdacht nicht zuläßt[453]. Er reicht aber darüber hinaus[454]. Er verdeutlicht und ergänzt die Regeln über die richterliche Überzeugungsbildung im Rahmen der freien Beweiswürdigung nach § 261. Aus ihm ergibt sich, wie zu entscheiden ist, wenn das Gericht die zur Verurteilung erforderliche Gewißheit (Rdn. 6 ff) von einem bestimmten Sachverhalt oder einer entscheidungserheblichen Tatsache nicht gewinnen kann (Entscheidungsregel)[455].

104   Der Grundsatz „Im Zweifel für den Angeklagten" ist keine Regel für die **Bildung der richterlichen Überzeugung**[456]. Ihm ist nicht zu entnehmen, daß das Gericht bei Vorliegen bestimmter objektiver Beweistatsachen zweifeln müsse oder daß es bei mehreren möglichen Schlußfolgerungen nur die für den Angeklagten günstigsten für erwiesen halten dürfte. Eine Verletzung dieses Grundsatzes liegt nicht schon vor, wenn der Richter verurteilt hat, obwohl er auf Grund bestimmter objektiver Gegebenheiten hätte zweifeln müssen, sondern nur dann, wenn die Urteilsgründe ersehen lassen, daß er hinsichtlich eines seine Entscheidung tragenden Umstandes gezweifelt hat[457], so, wenn er eine Verurteilung auf eine Tatsache stützte, die er nicht für erwiesen, sondern nur für wahrscheinlich oder unwiderlegbar hielt[458]. Der Grundsatz in dubio pro reo kommt erst nach Vorliegen des Endergebnisses der Beweiswürdigung zum Zuge, wenn das Gericht alle Mittel der Sachaufklärung erschöpft hat, um zu eindeutigen Feststellungen zu gelangen[459]. Er ist keine Beweisregel, die das Gericht zu bestimmten Tatsachenfeststellungen zwingt[460]. Er gilt für die Feststellung rechtserheblicher Tatsachen, nicht aber für deren Bewertung[461]. Läßt das Gericht bei seiner Beweiswürdigung naheliegende Umstände, die zugunsten des Angeklagten sprechen, ersichtlich außer Betracht oder entbehrt seine Überzeugung einer tragfähigen, objektiv nachvollziehbaren rationalen Grundlage, so daß sie in Wirklichkeit nur als eine Vermutung erscheint, so rechtfertigt diese Verletzung der für die Überzeugungsbildung maßgebenden Grundsätze die Revision[462]; der Zweifelsgrundsatz als solcher ist aber nach der hier vertretenen Auffassung, nach der der Zweifelsgrundsatz erst nach abgeschlossener Meinungsbildung eingreift, nicht verletzt[463].

---

[453] *Lehmann* 83; *Sax* **1958** 179; vgl. *Frisch* FS Henkel 283 (materiellrechtliche Rechtsanwendungsnorm); *Montenbruck* In dubio 52 ff (Behandlung begünstigender Normen als negative Tatbestandsmerkmale); *Volk* JuS **1975** 26 (zur Frage Beweisregel oder Beweislastregel); vgl. Auch § 337,14.

[454] Vgl. *Montenbruck* In dubio 33 ff; früher war strittig, ob der Zweifelssatz für Strafausschließungsgründe gilt (verneinend etwa OGHSt **1** 389; **2** 126).

[455] BayVerfGH **35** 48 = NJW **1983** 100; vgl. KK-*Engelhardt*⁴ 56; *Kleinknecht/Meyer-Goßner*⁴⁴ 26; SK-*Schlüchter* 69; 70.

[456] Vgl. etwa *Kleinknecht/Meyer-Goßner* 26; SK-*Schlüchter* 69.

[457] So h. M; anders wohl nur, wenn allein auf die hohe objektive Wahrscheinlichkeit als Grundlage der Verurteilung abgestellt wird, der Zweifelssatz also nicht nach abgeschlossener Überzeugungsbildung greifen soll, vgl. etwa *Hoyer* ZStW **105** (1993) 523.

[458] Dies wird bei Rügen, die eine Verletzung dieses Grundsatzes behaupten, häufig übersehen, obwohl dies der h. M entspricht, vgl. etwa BVerfG MDR

1975 469; BayVerfGH **35** 48; BGH NJW **1957** 1039; bei *Dallinger* MDR **1970** 899; OLG Nürnberg DRiZ **1950** 423; dazu krit. *Wimmer* DRZ **1950** 395; ferner BGH NJW **1951** 286; GA **1970** 86; OLG Schleswig bei *Ernesti/Jürgensen* SchlHA **1971** 216; *Seibert* NJW **1955** 172; *Kleinknecht/Meyer-Goßner*⁴⁴ 26; KMR-*Stuckenberg* 173.

[459] Zum Vorrang der Aufklärungspflicht vgl. BGHSt **13** 328; BGH NStZ-RR **1997** 269; § 244, 40; 45 mit weit. Nachw.

[460] OLG Koblenz VRS **44** (1973) 192. Vgl. *Volk* NStZ **1983** 423 (die tatsächliche Ungewißheit bleibt, gesichert wird lediglich die eindeutige Rechtsentscheidung).

[461] BGH bei *Martin* DAR **1974** 122.

[462] Vgl. Rdn. 1; 12 ff.

[463] KK-*Engelhardt*⁴ 59; BGH NStZ **1992** 48; StV **1997** 120 führen dagegen wegen des Mangels einer tragfähigen Grundlage für die Verurteilung insoweit auch den Zweifelsgrundsatz an; vgl. auch *Hoyer* ZStW **105** (1993) 523, der den Zweifelsgrundsatz schon vorher greifen lassen will.

b) Bei **rechtlichen Zweifelsfragen**, insbesondere bei Fragen der Gesetzesauslegung, **105** ist der Satz im Zweifel für den Angeklagten nicht anwendbar[464]. Er gilt also beispielsweise nicht bei der Frage, ob eine Buchführungspflicht im Sinne des § 283 Abs. 1 Nr. 5, 6 StGB besteht. Ob eine Auslegung zugunsten oder zuungunsten des Angeklagten angebracht ist, richtet sich nach den für die Auslegung der jeweiligen Norm maßgebenden Gesichtspunkten. So ist etwa bei der Auslegung von Grundrechten grundsätzlich der Auslegung für den Bürger der Vorzug zu geben[465]. Der Satz „in dubio pro reo" gilt nicht bei der zur Gesetzesanwendung zählenden Vertragsauslegung[466], er gilt ferner nicht für die Bewertung der festgestellten Tatsachen[467] und er gilt auch nicht bei Schwierigkeiten bei der Ermittlung **ausländischen Rechts**[468].

Eine sachbedingte **Einschränkung seines Anwendungsbereichs** erfährt der Zweifels- **106** satz dort, wo das materielle Recht eine zukunftsbezogene Wahrscheinlichkeitsaussage erfordert, wie bei den **Prognosen** eines künftigen Verhaltens, so, wenn eine Rechtsfolgenentscheidung an die Erwartung eines künftigen Wohlverhaltens oder die Gefahr weiterer Straftaten anknüpft. In solchen Fällen ist der Zweifelssatz auf die (prognostische) Einschätzung des künftigen Verhaltens selbst unanwendbar, die **Basistatsachen**, von denen die Prognose ausgeht, müssen aber zur Überzeugung des Gerichts erwiesen sein[469], wenn daraus auch Schlüsse zu Lasten des Angeklagten gezogen werden sollen. Dagegen können zweifelhafte Tatsachen, die eine dem Angeklagten günstige Prognoseentscheidung rechtfertigen könnten, vom Gericht für seine Entscheidung mit herangezogen werden[470]. Sie werden dann Bestandteile der Einschätzung der größeren oder geringeren Wahrscheinlichkeit des zu erwartenden Verhaltens. Für **dem Urteil vorgelagerte** vorläufige **Entscheidungen**, die im Rahmen des Strafverfahrens getroffen werden müssen, gilt der Zweifelssatz nicht; für sie reicht eine gewisse Wahrscheinlichkeit aus, insbesondere bei den an einen Tatverdacht unterschiedlicher Stärke gebundenen vorläufigen Anordnungen und Eingriffen[471].

2. Keine Beweislast. Zu Lasten des Angeklagten darf das Gericht nur Tatsachen ver- **107** werten, die es für voll erwiesen hält. Dies gilt auch bei negativen Tatbestandsmerkmalen. Es gibt keine Umkehrung der Beweislast[472]; es ist nicht Sache des Angeklagten, seine Unschuld darzutun[473]. Für den Strafprozeß wird die Rechtsfigur des **Beweises des ersten Anscheins** zu Recht allgemein abgelehnt[474], auch wenn, wie *Volk*[475] aufzeigt, die Über-

---

[464] BGHSt **14** 73; BGH bei *Dallinger* MDR **1972** 572; OLG Hamm JMBl **1964** 203, KK-*Engelhardt*⁴ 61; *Kleinknecht/Meyer-Goßner*⁴⁴ 37; KMR-*Stuckenberg* 87; *Roxin* § 15, 41; vgl. auch OLG Celle GA **1969** 153.

[465] BVerfGE **15** 281; **30** 162.

[466] BGH bei *Dallinger* MDR **1972** 572.

[467] BGH bei *Martin* DAR **974** 122.

[468] Vgl. SK-*Schlüchter* 72 (allenfalls wenn nicht ermittelbar).

[469] BayObLGSt **1994** 186; OLG Koblenz NJW **1978** 2034; VRS **53** (1977) 29; AK-*Maiwald* 31; *Kleinknecht/Meyer-Goßner*⁴⁴ 27; KMR-*Stuckenberg* 85, SK-*Schlüchter* 73; *Montenbruck* In dubio 100 ff stellt diesen Ansatz in Zweifel (Auslegungsproblem). Zu den strittigen Fragen vgl. *Montenbruck* (aaO) 96 ff; 131 ff; AK-*Maiwald* 31; ferner Rdn. 117 und die Kommentare zu §§ 56; 57; 63 ff StGB mit weit. Nachw.

[470] BGH bei *Dallinger* MDR **1973** 900.

[471] *Kleinknecht/Meyer-Goßner*⁴⁴ 28; SK-*Schlüchter* 73.

[472] OLG Celle NdsRpfl. **1969** 214; OLG Hamburg MDR **1953** 121; OLG Hamm JMBlNW **1963** 182; **1976** 68; KG VRS **13** (1957) 53; *Gössel* § 22 C; *Louven* MDR **1970** 295. Soweit die Rechtsprechung (z. B. BGH NJW **1951** 530; **1968** 1888) bei § 182 StGB a. F annahm, bis zum Nachweis des Gegenteils sei von der Unbescholtenheit auszugehen, ist sie im Schrifttum auf Ablehnung gestoßen, vgl. *Deubner* NJW **1969** 147; *Stree* 21; *Van Els* MDR **1971** 635. Vgl. auch *Volk* JuS **1975** 25.

[473] *Eb. Schmidt* I 366 ff; vgl. etwa BGH StV **1983** 186 (fehlerhaft, wenn Urteilsgründe besorgen lassen, Gericht habe sich nicht streng daran gehalten, daß es nicht Sache des Angeklagten sei, seine Unschuld darzutun).

[474] BayObLG VRS **63** (1982) 277; OLG Hamm JMBlNW **1976** 68; *Henkel* FS Eb. Schmidt 589; *Louven* MDR **1970** 295.

[475] *Volk* GA **1973** 161.

zeugungsbildung auf Grund von Erfahrungssätzen dem Beweis des ersten Anscheins im Ergebnis nahekommen kann[476]. Die den Strafprozeß beherrschenden Grundsätze für die richterliche Aufklärungspflicht und für die richterliche Überzeugungsbildung auf Grund von Erfahrungssätzen (evtl. auch bei mehrdeutiger Tatsachengrundlage) würden durch die Übernahme dieses Rechtsbegriffs nur verdunkelt. Soweit einzelne Entscheidungen wegen einer unzulässigen Verwendung des „Beweises des ersten Anscheins" angegriffen werden, verbirgt sich hinter dieser Kritik oft der Vorwurf, daß das Gericht sich entweder mit einer Wahrscheinlichkeit der Schuld begnügt oder aber, daß es einen in Wirklichkeit nicht bestehenden Erfahrungssatz seiner Überzeugungsbildung zugrunde gelegt habe.

108   Der Strafrichter darf sich nicht damit begnügen, daß der sich auf den Sachhergang gründende **erste Anschein** die Schuld des Angeklagten nach der Lebenserfahrung als äußert wahrscheinlich erscheinen läßt und insbesondere der Angeklagte nichts vorgetragen hat, was diese Wahrscheinlichkeit erschüttern könnte. Er muß entsprechend seiner Aufklärungspflicht allen konkreten Anhaltspunkten für einen anderen Geschehensablauf nachgehen und er darf nur verurteilen, wenn er die volle Überzeugung von der Schuld des Angeklagten erlangt hat. Daß der auf einen typischen Geschehensablauf nach der Lebenserfahrung bestehende erste Anschein dafür spricht, bindet den Strafrichter nicht mehr als andere, nicht zwingende Erfahrungssätze[477].

109   In den wenigen **Ausnahmefällen**, in denen das materielle Recht die Beweisanzeichen für das an sich strafwürdige Verhalten **zu Tatbestandsmerkmalen verselbständigt** hat (wie früher bei den Umständen i. S. des § 259 StGB a. F), genügt die sichere Feststellung dieser Tatbestandsmerkmale[478]. Insoweit gilt der Grundsatz in dubio pro reo aber uneingeschränkt.

110   Auch die **Regelbeispiele** des materiellen Strafrechts verschieben nur den Bezugspunkt für die Beweisaufnahme und Beweiswürdigung[479]. Sie heben aber den Grundsatz in dubio reo hinsichtlich der Feststellung der vom Gesetz geforderten Tatbestandsmerkmale nicht auf. Gleiches gilt, soweit das materielle Strafrecht bei der Bemessung bestimmter Rechtsfolgen **Schätzungen** erlaubt[480] für die Ausgangstatsachen, die es der Schätzung zugrunde legen will.

3. Geltung bei Anwendung des materiellen Rechts

111   **a) Nur sicher erwiesene Tatsachen.** Der Grundsatz im Zweifel für den Angeklagten gilt uneingeschränkt für die tatsächlichen Feststellungen, die die **Anwendung des materiellen Rechts** einschließlich der Bestimmung der Rechtsfolgen betreffen[481]. Sie tragen eine Verurteilung nur, wenn sie zur vollen Überzeugung des Gerichts feststehen[482]. Der Richter muß einen zugunsten des Angeklagten wirkenden Umstand unterstellen, wenn er

---

[476] Ob im Zivilprozeß der sich auf einen typischen Geschehensablauf gründende „Beweis des ersten Augenscheins" eine Umkehrung der Beweislast bewirkt, ist strittig; die heute vorherrschende Meinung sieht in ihm eine die Beweislast nicht berührende Beweiswürdigungsregel, die mit der freien richterlichen Überzeugungsbildung vereinbar ist, weil sie nur „eine immanente oder gewohnheitsrechtlich gezogene Schranke der Freiheit der Beweiswürdigung auf der Grenze zur Willkür" bedeutet (*Volk* GA **1973** 161 ff, insbes. 175 mit weit. Nachw.).

[477] Vgl. Rdn. 48 ff.

[478] *Henkel* FS Eb. Schmidt 578; *Sarstedt* FS Heusinger 349; *Roxin* § 15, 37 weist darauf hin, daß das materielle Strafrecht heute eigentliche Schuldvermutungen nicht mehr kennt. Die Ausnahmen seien nur scheinbar, so sei z. B. § 186 StGB als Risikodelikt ausgestaltet. Vgl. Rdn. 66 ff mit weit. Nachw.

[479] Vgl. Rdn. 66.

[480] Vgl. Rdn. 113 ff; ferner § 244, 21 ff.

[481] Vgl. Rdn. 7 ff; 50.

[482] Ein fortbestehender Zweifel kommt z. B. dadurch zum Ausdruck, wenn ein Gericht eine Tatsache „mit großer Wahrscheinlichkeit" für gegeben hält (OLG Saarbrücken VRS **44** [1973] 218); vgl. KK-*Engelhardt*⁴ 60; KMR-*Stuckenberg* 173.

dessen Nichtvorhandensein nicht sicher für ausgeschlossen hält[483]. Er darf zu Lasten des Angeklagten keine Rechtsfolgen festsetzen, wenn er eine dafür erhebliche Tatsache nicht für sicher erwiesen hält, wenn bei ihm insoweit noch Zweifel fortbestehen[484]. Läßt sich nicht sicher klären, bei welcher von mehreren Taten ein strafschärfender Umstand vorlag, darf das Gericht ihn bei keiner annehmen[485].

b) Der Grundsatz findet Anwendung bei allen Tatumständen, in denen das Gericht die **112** **Merkmale des gesetzlichen Tatbestands** sieht. Dies trifft auch zu, wenn der Angeklagte die vom Gericht bezweifelte Tatsache selbst zu seiner Entlastung behauptet hat[486]. Das Gericht darf aus der **Einlassung des Angeklagten** nur dann eine für ihn nachteilige Folgerung ableiten, wenn es von deren Richtigkeit überzeugt ist[487] oder wenn nach Lage des Falles für den Angeklagten günstigere Feststellungen nicht in Frage kommen[488], nicht aber, wenn es die Behauptung „für nicht widerlegt" hält[489]. Der Zweifelssatz fordert aber nicht, daß das Gericht von der dem Angeklagten günstigsten Fallgestaltung auch dann ausgehen muß, wenn hierfür keine Anhaltspunkte bestehen[490]. Hält das Gericht auf Grund der getroffenen Feststellungen jedoch konkret eine für den Angeklagten günstigere Fall-gestaltung für gleichfalls möglich, muß es von dieser auch dann ausgehen, wenn der Angeklagte hierzu nichts vorgetragen hat[491]. Dem Angeklagten darf kein Nachteil daraus erwachsen, daß er dazu nicht in der Lage ist, weil der die Tat bestreitet[492]. Aus einer nicht bewiesenen Tatsache, die zugunsten eines Angeklagten **als wahr unterstellt** wird, darf keine für ihn oder einen Mitangeklagten nachteilige Folgerung hergeleitet werden[493]. Dies kann zu **wechselnden Unterstellungen** zwingen (Rdn. 118). Bleibt zweifelhaft, welche von mehreren Handlungen des Täters den Erfolg herbeigeführt hat, muß das Gericht von der Handlung ausgehen, bei der die Rechtslage für den Angeklagten am günstigsten ist[494].

c) Schätzungen über die **Zahl der Taten** bei Serientätern sowie Schätzungen **über** **113** **den Tatumfang** vermögen als Wahrscheinlichkeitsaussage für sich allein ein Urteil nicht zu tragen. Der Richter darf nur von der **Mindestzahl der Taten** und den **Mindestumfang** ausgehen, den er für sicher erwiesen hält[495]. Hierzu bedarf es einer auf konkrete Anhalts-punkte beruhenden, umfassenden und nachvollziehbaren Beweiswürdigung, die auch auf einem Indizienbeweis beruhen kann, in dem die Schätzungen mit einfließen. Eine **Hoch-rechnung** von den untersuchten Fällen auf die Gesamtzahl der Taten ist nicht zulässig[496]. Gegenstand der Verurteilung kann stets nur eine wenigstens in den Umrissen noch genü-gend individualisierte Tat sein, deren äußerer und innerer Tatbestand nach Überzeugung

---

483 RGSt **73** 58; BGH bei *Holtz* MDR **1979** 635; StV **1990** 535 (L).

484 BGH NJW **1951** 283; StV **1983** 457; BayObLGSt **1958** 244; vgl. Rdn. 12.

485 BGH StV **1990** 535 (L).

486 Vgl. OGHSt **1** 361; BayObLGSt **1988** 97; vgl. auch nachf. Fußn.

487 BGH NJW **1951** 532; **1967** 3267; **1988** 779; NStZ **1986** 325; **1987** 474; VRS **30** (1966) 99; KK-*Engelhardt*⁴ 57; *Kleinknecht/Meyer-Goßner*⁴⁴ 29; SK-*Schlüchter* 70.

488 OLG Hamm VRS **44** (1973) 46.

489 BGH NJW **1951** 532; **1967** 2367; VRS **30** (1966) 99; BGH bei *Dallinger* MDR **1975** 198; bei *Holtz* MDR **1979** 637; OLG Hamm VRS **47** (1974) 279.

490 BVerfG MDR **1957** 468; BayVerfGH NJW **1983** 1600; BGHSt **25** 365; OLG Koblenz VRS **44** (1973) 192; **67** (1984) 267; KK-*Engelhardt*⁴ 56; *Klein-knecht/Meyer-Goßner*⁴⁴ 26; KMR-*Stuckenberg* 76; vgl. SK-*Schlüchter* 69 (vernünftige Zweifel).

491 Vgl. BGH StV **1986** 5.

492 BGH StV **1990** 9; *Kleinknecht/Meyer-Goßner*⁴⁴ 26; SK-*Schlüchter* 69.

493 RG JW **1931** 2030; BGH StV **1983** 140 mit Anm. *Strate* **1983** 321; vgl. § 244, 242 mit weit. Nachw.

494 RGSt **71** 365; BGH bei *Holtz* MDR **1979** 279; **1984** 542; vgl. aber auch *Wolter* MDR **1981** 441; ferner zur Unterstellung des jeweils günstigsten Sachverhalts Rdn. 118.

495 BGHSt **40** 138; 159; 374; **42** 107; BGH GA **1978** 279; bei *Theune* NStZ **1986** 493; StV **1998** 472; 476; *Pelchen* MDR **1982** 10; vgl. Rdn. 50; § 267, 40; ferner zum Mindestumfang einer fortgesetzten Tat BGH bei *Dallinger* MDR **1971** 545; StV **1984** 243 (L).

496 BGH StV **1996** 362; **1998** 63; bei *Holtz* MDR **1978** 803; HK-*Julius*² 39; vgl. zur Problematik solcher Schätzungen im Bereich der Betäubungsmittelkri-minalität *Körner* StV **1998** 627; ferner Rdn. 50.

des Gerichts voll erwiesen ist. Kann die Zahl gleichartiger Taten nicht festgestellt werden, muß das Urteil von der sicher erwiesenen Mindestzahl ausgehen (vgl. Rdn. 50). Vor allem bei Taten, die sich gegen höchstpersönliche Rechtsgüter wenden, wie etwa bei Taten gegen die sexuelle Selbstbestimmung, würden die Verteidigungsmöglichkeiten des Angeklagten unerträglich eingeengt, wenn er die Möglichkeit verlöre, sich konkret gegen jede einzelne ihm vorgeworfene Tat zu wehren[497]. Auch eine bloße Einschätzung des **Umfangs des Schadens** kann das Erfordernis des zur vollen Überzeugung des Gerichts feststehenden Mindestumfangs jeder einzelnen Tat nicht ersetzen, auch nicht bei Vermögensdelikten. Gleiches gilt für den Tatumfang, etwa bei Betäubungsmitteldelikten[498]. Strittig ist, ob es bei Serientaten genügt, wenn nur der sicher für erwiesen erachtete Gesamtschaden festgestellt wird, oder ob auch dann der Schaden auf die einzelnen Straftaten aufgeteilt werden muß. Geht man davon aus, daß nach Wegfall der fortgesetzten Tat jede einzelne Straftat selbständig ist und deshalb auch prozessual ein selbständiges Schicksal (Rechtsmittelbeschränkung, Wiederaufnahme, Strafklageverbrauch usw.) haben kann, dann zeigt sich, daß die getrennte Feststellung des Schadens für jede Tat ebenso unerläßlich ist wie die Festsetzung der daran anknüpfenden Einzelstrafe, auch wenn dann wegen der tatsächlichen Schwierigkeiten einer genauen Zuordnung bei Beachtung des Zweifelssatzes der den Einzeltaten mit Sicherheit zuzuordnende Mindestschaden summenmäßig hinter dem für erwiesen erachteten Gesamtschaden zurückbleibt[499]. Es wird für zulässig gehalten, die Aufteilung des festgestellten Gesamtschadens im Wege der Schätzung vorzunehmen, weil sich der wesentliche Unrechtsgehalt der Serientaten nicht so sehr in ihrer Zahl als in ihrem Ausmaß offenbart[500]. Diese Überlegungen haben zwar bei der Bemessung der **Gesamtstrafe** Gewicht. Sie können aber unter dem Blickwinkel des Zweifelssatzes nicht rechtfertigen, bei Bemessung der Einzelstrafe über den bei der jeweiligen Tat zur Überzeugung des Gerichts für voll erwiesenen Mindestumfang der Tatfolgen hinauszugehen. Weder erlauben sie, die Zahl der mindestens festgestellten Taten zu überschreiten noch den Umfang des Schadens bei der Bildung der Gesamtstrafe höher festzustellen, als sich aus der Summe der bei den Einzeltaten festgestellten Mindesthöhe des Schadens ergibt. Eine Hochrechnung ist daher nur dann mit dem Zweifelssatz vereinbar, wenn sie sich nicht allein in der Wiedergabe der auf der Hochrechnung beruhenden (meist hohen) Wahrscheinlichkeit erschöpft, sondern wenn ihr Ergebnis in eine alle Beweisanzeichen umfassende, nachvollziehbare Beweiswürdigung eingeht, auf die sich die volle Überzeugung des Gerichts von dem mit Sicherheit für erwiesen erachteten Mindesttatumfang gründet[501]. Dies gilt auch im Steuerstrafrecht, wo der Tatrichter nicht von den mittels Schätzung nach der Abgabenordnung festgesetzten Steuern ausgehen darf, sondern nur von den mit Sicherheit als verkürzt nachgewiesenen Beträgen[502]. Das Gericht darf deshalb die Schätzungen des Finanzamts nicht ungeprüft übernehmen; eine eigene Schätzung der Besteuerungsgrundlagen wird dagegen in der Rechtsprechung für zulässig gehalten, sofern das Gericht die ihr zugrunde liegenden Tatsachen selbst feststellt und in den Urteilsgründen nachvollziehbar darlegt[503].

---

[497] Vgl. BGHSt **42** 107; BGH StV **1998** 472; 474 mit Anm. *Hefendehl;* vgl. auch KMR-*Stuckenberg* 80.

[498] Vgl. *Bohnert* NStZ **1995** 460; *Geppert* NStZ **1996** 118; *Körner* StV **1998** 626; *Zschockelt* NStZ **1998** 238.

[499] Vgl. *Bohnert* NStZ **1995** 461 (Verzicht auf fortgesetzte Tat eröffnet Strafbarkeitslücken).

[500] BGHSt **40** 374; BGH NStZ **1994** 586; StV **1998** 472; 474 mit Anm. *Hefendehl*; BGH wistra **1999** 99; BGHR StGB § 54 Serienstraftaten 1; 3; KMR-*Stuckenberg* 80.

[501] Eine durch Hochrechnung gewonnene Wahrscheinlichkeitsaussage von 99 % genügt für sich allein nicht, anders BGH NStZ **1990** 149 mit Anm. *Salditt*. Zur Ansicht, die nur auf die objektive Wahrscheinlichkeit abstellen will, vgl. Rdn. 50; *Hoyer* ZStW **105** (1993) 523 ff.

[502] BGH NJW **1953** 873; BB **1967** 948; OLG Braunschweig NJW **1952** 67; OLG Düsseldorf MDR **1973** 337 (L); *Lohmeier* SchlHA **1970** 83.

[503] BGH StV **1992** 260; BGHR AO § 370 Steuerschätzung 1, 2.

114

d) Beim **Indizienbeweis** (Rdn. 60 ff) gilt der Grundsatz im Zweifel für den Angeklagten für jede unmittelbar entscheidungserhebliche Tatsache (Tatbestandsmerkmal usw.), die durch Indizien bewiesen werden soll[504]. Sie muß nach **Gesamtwürdigung** aller Indizien zur vollen Überzeugung des Gerichts feststehen. Auf die einzelnen Verdachtsmomente, auf die sich der Indizienbeweis stützt, ist der Grundsatz jedoch nicht zusätzlich anwendbar. Diese sind nur vorgelagerte, unselbständige Bestandteile des komplexen Vorgangs der **einheitlichen richterlichen Beweiswürdigung**[505]. Das bedeutet aber nicht, daß ein Verdacht auf **unbewiesene Tatsachen** gestützt werden darf. Die Ausgangstatsachen (Beweisanzeichen) als solche müssen zur Überzeugung des Gerichts feststehen[506], andernfalls scheiden sie aus der Beweismasse aus. Bleibt ungewiß, ob die Tatsachen vorliegen, aus denen ein Verdachtsmoment gefolgert werden könnte, darf dieses auch im Rahmen des Indizienbeweises nicht zu Lasten des Angeklagten herangezogen werden[507]. Das Gericht ist aber andererseits nicht gehalten, bei der Gesamtbeweiswürdigung umgekehrt zugunsten des Angeklagten zu unterstellen, daß das Verdachtsmoment widerlegt sei. Es kann insoweit im Rahmen der seiner Überzeugungsbildung gesetzten Grenzen diesen Umstand frei würdigen[508]. Eine für den Angeklagten günstige unerwiesene Indiztatsache darf bei der Beweiswürdigung nicht zu dessen Gunsten als wahr unterstellt werden, sie ist aber in die auch Wahrscheinlichkeiten als solche mitberücksichtigende Gesamtbeweiswürdigung einzubeziehen[509]. Da der Zweifelsatz nicht auf die einzelnen Indizien als solche anwendbar ist, können im übrigen im Rahmen des Indizienbeweises auch Verdachtsmomente, die nur eine **Wahrscheinlichkeit** für den indizierten Vorgang begründen, in die Gesamtbeweiswürdigung mit einbezogen werden. Sie müssen sich aber auf erwiesene Ausgangstatsachen gründen[510]. Bei der unerläßlichen **Gesamtschau** muß das Gericht alle be- und entlastenden Indizien in ihrem Verhältnis zueinander unter Berücksichtigung ihres mitunter relativ geringen Beweiswerts würdigen, vor allem auch bei Wahrscheinlichkeitsaussagen[511]; bei unterschiedlichen Deutungsmöglichkeiten sind alle in Erwägung zu ziehen; seine dadurch gewonnene Überzeugung muß es lückenfrei und nachvollziehbar darlegen.

---

504 KK-*Engelhardt*⁴ 65; *Kleinknecht/Meyer-Goßner*⁴⁴ 29; KMR-*Stuckenberg* 71; ferner KMR-*Paulus* § 244, 329 (Scheinproblem, da jeder Beweis Indizienbeweis und immer nur die Gesamtwürdigung maßgebend).

505 Etwa *Foth* NJW **1974** 1572; *Grünwald* FS Honig 65; *Hanack* JR **1974** 383; JuS **1977** 731; *Schneider* MDR **1974** 945; *Schöneborn* MDR **1975** 444; *Stree* JZ **1974** 298; *Tenckhoff* JR **1978** 348; *Volk* NStZ **1983** 423; ferner *Alsberg/Nüse/Meyer* 665; KMR-*Stuckenberg* 83.

506 OGHSt **1** 166; 361; BGHSt **36** 286; BGH StV **1985** 48 (L); BGH JR **1954** 468; NJW **1990** 779; NStZ **1981** 33; bei *Dallinger* MDR **1969** 194; *Herdegen* NStZ **1984** 342; AK-*Maiwald* 26; HK-*Julius*² 17; 39; KK-*Engelhardt*⁴ 64; *Kleinknecht/Meyer-Goßner*⁴⁴ 29; KMR-*Stuckenberg* 83; SK-*Schlüchter* 75; **a. A** *Grünwald* FS Honig 58; *Nack* MDR **1986** 368; *Montenbruck* Wahlfeststellung 55, der darauf hinweist, daß der Streit um die Zulässigkeit von Schlußfolgerungen aus wahrscheinlich vorliegenden Indizien meist ein Scheinproblem ist, da sich die Wahrscheinlichkeit ihrerseits auf festge-

stellte Tatsachen gründet. Weit. Nachw. zum Streitstand Rdn. 61.

507 BGHSt **25** 285 = JR **1975** 34 mit Anm. *Peters*; BGH LM 19; VRS **30** (1966) 99; **78** (1990) 202; OLG Hamm VRS **40** (1971) 363; OLG Stuttgart Justiz **1971** 63.

508 Es gelten die allgemeinen Grundsätze für die Beweiswürdigung einschließlich der Bindung durch Erfahrungsgrundsätze und an zwingende Schlußfolgerungen; vgl. etwa *Tenckhoff* JR **1978** 349.

509 Vgl. BVerfG MDR **1975** 468; BGHSt **35** 308; 316; **36**; 390 = JR **1990** 294 mit Anm. *Blau*; BGHSt **43** 66; BGH NJW **1983** 1865; **1989** 1043; JR **1978** 348 mit abl. Anm. *Tenckhoff*; KMR-*Stuckenberg* 83; SK-*Schlüchter* 76; insoweit besteht Übereinstimmung, auch wenn sonst strittig ist, ob der Zweifelsatz auch auf unerwiesene Indizien angewendet werden kann, so etwa BGH JR **1989** 337 mit Anm. *Blau; Herdegen* NStZ **1984** 342; vgl. dazu KK-*Engelhardt*⁴ 65; SK-*Schlüchter* 74, 75 mit weit. Nachw.

510 Vgl. Rdn. 61 und oben Fußn. 506.

511 Vgl. etwa BGH NStZ-RR **1997** 269; StV **1993** 509.

115   Der **Alibi-Beweis**, der wegen der erstrebten negativen Ausschließlichkeit des aus ihm abzuleitenden Schlusses eine besondere Form des Indizienbeweises ist[512], macht hiervon keine Ausnahme. Die Pflicht, im Zweifel für den Angeklagten zu entscheiden, zwingt das Gericht nicht, ein mißlungenes Alibi bei der Gesamtbeweiswürdigung zugunsten des Angeklagten als zutreffend zu unterstellen[513]. Der Angeklagte muß aber sein Alibi nicht beweisen. Ein mißlungener Alibi-Beweis ist für sich allein kein Beweisanzeichen für die Täterschaft[514], ebenso, wenn der Angeklagte erklärt, er wisse nicht, wo er zur Tatzeit war[515]. Auch daß der Angeklagte bestrebt war, sich ein falsches Alibi zu verschaffen, trägt für sich allein den Schluß auf seine Täterschaft nicht[516]. Ein ungeklärtes Alibi muß — ebenso wie andere behauptete beweiserhebliche Tatsachen — bei der Gesamtbeweiswürdigung mit in Erwägung gezogen werden[517]. Das Gericht hat diesen Umstand in freier Beweiswürdigung ebenso zu prüfen wie eine andere nicht erwiesene, aber auch nicht widerlegte Einlassung des Angeklagten[518]. Es muß entscheiden, ob es unter Berücksichtigung aller Umstände einschließlich des ungeklärten Alibis des Angeklagten seine Tatbeteiligung für nicht erwiesen hält oder aber, ob diese auf Grund anderer Umstände zu seiner Überzeugung feststeht, das Alibi also damit widerlegt ist[519].

116   **e) Einzelfragen.** Ob mehrere Tatbestandsverwirklichungen selbständige Straftaten sind oder unselbständige Teile einer einheitlichen Tat, richtet sich zunächst danach, ob sie rechtlich einem mehrere Begehungsakte umfassenden Tatbestand, etwa unter dem Blickwinkel eines Dauerdelikts oder einer Bewertungseinheit oder — sofern noch möglich — einer fortgesetzten Handlung zuzuordnen sind. Für die damit verbundenen Rechtsfragen gilt der Zweifelssatz nicht[520], er ist aber anzuwenden, wenn das Vorliegen einer für die Zuordnung entscheidenden Tatsache zweifelhaft bleibt. Ohne einen solchen konkreten Ansatzpunkt für einen Zweifel im Tatsächlichen ist von selbständigen Taten auszugehen[521]. Die Rechtsprechung nimmt vielfach schon dann mehrere rechtlich selbständige Taten als den Regelfall an, wenn die tatsächlichen Voraussetzungen für den rechtlichen Gesichtspunkt nicht erwiesen sind, der die Zugehörigkeit mehrerer Tatbestandsverwirklichungen zu einer einheitlichen Tat begründet, so etwa, wenn nicht feststeht, daß mehrere Verkäufe von Betäubungsmitteln die gleiche für den Absatz erworbene Rauschgiftmenge betreffen[522]. Auch bei der **fortgesetzten Handlung** wurde früher von der Rechtsprechung

---

[512] *Alsberg/Nüse/Meyer* 578; *Hanack* JR **1974** 383; *Schneider* MDR **1974** 945; *Stree* JZ **1972** 299; *Volk* JuS **1975** 27; **a. A** *Peters* § 37 III 1 d (Alibifrage ist keine Indizfrage). Vgl. Rdn. 63.

[513] BGHSt **25** 286 = LM Nr. 61 mit Anm. *Willms*. Die Entscheidung wird wegen einiger in ihrer Allgemeinheit mißverständlicher Sätze kritisiert, vgl. die Anm. von *Blei* JA **1974** 468; *Stree* JZ **1974** 298; *Hanack* JR **1974** 383; *Foth* NJW **1974** 1574; *Schneider* **1974** 512; *Volk* JuS **1975** 25; ferner *Peters* Der neue Strafprozeß 174; vgl. ferner BGH JR **1978** 348 mit Anm. *Tenckhoff*; BGH NStZ **1983** 422 mit Anm. *Volk*; OLG Hamm JZ **1968** 676; OLG Celle JR **1977** 82 mit Anm. *Peters*; KK-*Herdegen*⁴ § 244, 5; *Kleinknecht/Meyer-Goßner*⁴⁴ 29; KMR-*Paulus* § 244, 329; KMR-*Stuckenberg* 84.

[514] BGHSt **41** 158; BGH NStZ **1983** 422 mit Anm. *Volk*; **1996** 363; NStZ-RR **1998** 303; BGH StV **1982** 158 mit Anm. *Strate*; BGH StV **1986** 369; **1992** 259; **1994** 175; **1997** 9 (L); VRS **90** (1996) 389; HK-*Julius*² 39; KK-*Engelhardt*⁴ 66; *Kleinknecht/Meyer-Goßner*⁴⁴ 25; SK-*Schlüchter* 76.

[515] BGHSt **41** 153; BGH StV **1982** 158 mit Anm. *Strate*; KK-*Engelhardt*⁴ 66; *Kleinknecht/Meyer-Goßner*⁴⁴ 25; KMR-*Stuckenberg* 84; SK-*Schlüchter* 75.

[516] BGH StV **1984** 495; anders, wenn damit ein nur dem Täter nicht aber den Ermittlungsbeamten bekannter Tatumstand entkräftet werden sollte, BGH NStZ **1999** 423; vgl. auch Rdn. 63.

[517] BGH VRS **90** (1996) 389.

[518] BGH NStZ **1983** 133; **1986** 325; OLG Köln StV **1986** 192; vgl. Rdn. 73; 74 mit weit. Nachw.

[519] BGH NStZ **1983** 422 mit Anm. *Volk*; ferner etwa HK-*Julius*² 17 sowie das bei Fußn. 514 angeführte Schrifttum mit Nachweisen zu den im einzelnen strittigen Fragen. Vgl. auch BGH bei *Holtz* **1978** 460 (Wahrunterstellung des Alibis).

[520] Vgl. Rdn. 105; ferner etwa SK-*Schlüchter* 78.

[521] HK-*Julius*² 18; KMR-*Stuckenberg* 80.

[522] BGH StV **1995** 417; **1997** 20; 470; 636; **1998** 594; **1999** 431; BGHR BtMG § 29 Bewertungseinheit 4-6; *Körner* StV **1998** 628; *Zschockelt* NStZ **1998** 239; *Kleinknecht/Meyer-Goßner*⁴⁴ 31.

unter Hinweis auf ein Regel-Ausnahme-Verhältnis die Anwendung des Zweifelssatzes verneint mit der Folge, daß von mehreren selbständigen Taten auch dann auszugehen ist, wenn der Gesamtvorsatz nicht zweifelsfrei erwiesen werden kann[523]. Eine Mindermeinung im Schrifttum neigt dagegen dazu, den Zweifelssatz dann anzuwenden, wenn konkrete tatsächliche Anhaltspunkte für einen Gesamtvorsatz vorlagen, dieser aber nicht zweifelsfrei festgestellt werden konnte[524], wobei es dann eine Frage des Einzelfalls war, ob in der (zusätzlichen) Annahme eines Gesamtvorsatzes die für den Angeklagten günstigere Alternative gesehen werden könnte[525]. Bei den übrigen Voraussetzungen der fortgesetzten Handlung wurde der Zweifelssatz angewendet, so, wenn die Tatzeit oder die Zahl der Einzelfälle nicht aufklärbar war[526].

Ob **Tateinheit** oder **Tatmehrheit** vorliegt, kann eine Frage der rechtlichen Subsumtion sein[527] und damit nicht unter den Grundsatz in dubio pro reo fallen. Hängt aber die richtige rechtliche Subsumtion von einer Tatsache ab, die das Gericht für nicht sicher erwiesen hält, dann greift der Grundsatz Platz. Im Zweifel ist dann zugunsten des Angeklagten von Tateinheit auszugehen[528].   **117**

Der Zweifelssatz gilt bei allen **entscheidungserheblichen Tatsachen**, so bei den objektiven und subjektiven Tatbestandsmerkmalen, etwa, wenn zweifelhaft ist, ob der Angeklagte mit direktem oder mit bedingtem Vorsatz gehandelt hat[529], ferner, wenn offenbleibt, ob er Anstifter oder Gehilfe war[530], oder wenn das Vorliegen eines **Tatbestandsirrtums**[531] oder der tatsächlichen Grundlagen eines Verbotsirrtums[532] oder Voraussetzungen des **Notstands** oder der **Notwehr** nicht sicher feststellbar sind[533] oder wenn Zweifel hinsichtlich der **Schuldfähigkeit** des Angeklagten nicht behoben werden können[534]. Der Grundsatz in dubio pro reo gilt auch, wenn zweifelhaft bleibt, ob **sonstige** zugunsten des Angeklagten sprechende **Umstände** vorliegen, so bei Zweifel hinsichtlich   **118**

---

[523] So etwa RG HRR **1940** Nr. 281; BGHSt **23** 35; **35** 318; BGH NStZ **1983** 311; 414; StV **1984** 242 mit Anm. *Schlothauer*; BGH bei *Dallinger* MDR **1956** 9; **1972** 923; bei *Herlan* MDR **1955** 16; OLG Braunschweig GA **1954** 222; OLG Hamm NJW **1953** 1724; DAR **1969** 162; OLG Stuttgart NJW **1978** 712, KK-*Engelhardt*[4] 61; *Kleinknecht/Meyer-Goßner*[44] 31; KMR-*Paulus* § 244, 323 (der aber Begründung mit Regel-Ausnahme-Verhältnis ablehnt). Zum Meinungsstreit vgl. nachf. Fußn. sowie die Kommentare zu §§ 52, 53 StGB und allgemein zur Problematik *Montenbruck* In dubio 115 ff.

[524] So etwa *Bringewat* JuS **1970** 329; *Bender/Nack* DRiZ **1980** 121; *Sarstedt* 242; *Ostendorf* DRiZ **1983** 426; *Stree* 24.

[525] BGH bei *Holtz* MDR **1984** 89; OLG Hamm NJW **1962** 67; OLG Schleswig bei *Ernesti/Lorenzen* SchlHA **1980** 175. OLG Hamburg NJW **1955** 920 will das Problem durch Wahlfeststellung lösen. Vgl. ferner *Montenbruck* In dubio 120 ff, der im Ergebnis (Durchbrechung der rechtlichen Fiktion des Fortsetzungszusammenhangs) der herrschenden Rechtspr. folgt.

[526] BGH StV **1984** 242 mit Anm. *Schlothauer*; KK-*Engelhardt*[4] 61; SK-*Schlüchter* 78.

[527] KK-*Engelhardt*[4] 61; *Kleinknecht/Meyer-Goßner*[44] 31; vgl. *Montenbruck* In dubio 108 ff. Vgl. Fußn. 522; 523.

[528] BGH NStZ **1983** 365; BGH bei *Dallinger* MDR **1972** 925; bei *Holtz* MDR **1987** 978; **1995** 443;

BGH StV **1984** 242; **1988** 202; **1992** 54; HK-*Julius*[2] 17; KK-*Engelhardt*[4] 61; *Kleinknecht/Meyer-Goßner*[44] 31; SK-*Schlüchter* 78; *Montenbruck* In dubio 110 ff wirft die Frage auf, ob die Annahme von Tateinheit für den Angeklagten immer günstiger ist.

[529] BGH NJW **1984** 1693; das Gericht muß dann unter Umständen prüfen, welche Annahme für den Angeklagten günstiger ist. Vgl. ferner BGH bei *Holtz* MDR **1984** 542.

[530] Vgl. etwa BGH JZ **1983** 115 mit Anm. *Baumann* = NStZ **1983** 165 mit Anm. *Dingeldey*; eine Wahlfeststellung scheidet insoweit aus, vgl. Rdn. 135.

[531] RGSt **64** 26.

[532] BayObLG NJW **1954** 811.

[533] BGH NStZ **1983** 453; StV **1986** 6 (Putativnotwehr); **1991** 511; **1995** 463; BGH bei KK-*Engelhardt*[4] 58; *Kleinknecht/Meyer-Goßner*[44] 30; ferner zum rechtfertigenden Notstand nach § 34 StGB *Montenbruck* In dubio 126 ff (mit Hinweis, daß Anwendung des Zweifelssatzes oft Wertung verdeckt).

[534] RGSt **70** 127; **73** 44; BGHSt **8** 113; **14** 70; **18** 167; **33** 308; BGH NJW **1967** 297; **1990** 778; NStZ **1987** 70; GA **1965** 250; bei *Holtz* MDR **1983** 619 (Zweifel an Stärke des Affekts); *Montenbruck* In dubio 132; zur strittigen Frage der Zweifel an der Schuldunfähigkeit bei Rauschtaten im Sinne von § 223 a vgl. Rdn. 132.

der Tatzeit[535], hinsichtlich des freiwilligen Rücktritts vom Versuch[536], hinsichtlich der besonderen Umstände im Sinne des § 56 Abs. 2 StGB[537], bei den Voraussetzungen des § 157 StGB[538], des § 199 StGB[539], bei den Voraussetzungen des § 213 StGB[540], ferner, wenn zweifelhaft bleibt, ob Jugendstrafrecht anzuwenden ist[541], oder wenn Zweifel hinsichtlich eines für die Strafbemessung wesentlichen Umstands bestehen[542].

119   Zweifel, ob die **tatsächlichen** Voraussetzungen für eine **Maßregel der Besserung und Sicherung**[543] oder eine an **Prognosen** geknüpfte Rechtsfolge vorliegen, sind, soweit es im Rahmen der Gesamtwürdigung auf die zweifelhafte Tatsache überhaupt ankommt[544], zugunsten des Angeklagten zu entscheiden. Auf die Prognose als solche ist der Zweifelssatz nicht anwendbar[545]. Es richtet sich nach der jeweiligen Vorschrift, welche Folge es hat, wenn das Gericht nach Erschöpfen aller Beweismittel die dort vorausgesetzte Erwartung nicht sicher beurteilen kann[546]. Eine Beweislast trifft den Angeklagten aber auch insoweit nicht.

120   **f)** Die **Unterstellung der günstigeren Möglichkeit** ist dafür maßgebend, ob und gegebenenfalls welche Rechtsfolge bei einem offenen Sachverhalt gegen den Angeklagten festgesetzt werden darf[547]. Was im Einzelfall für den Angeklagten günstiger ist, kann letztlich nur **nach den Rechtsfolgen beurteilt** werden, die jede der betreffenden Tatsachen, sofern sie zur Gewißheit des Gerichts feststünde, auslösen würde[548]. Da ein zweifelhafter Sachverhalt oft für verschiedene Rechtsfolgen von Bedeutung sein kann, muß für jede dieser Rechtsfolgen gesondert geprüft werden, welche Annahme die für den Angeklagten günstigste ist. Dies kann zu **entgegengesetzten Unterstellungen** bei einem und demselben Angeklagten führen[549]. So kann bei der Feststellung des Blutalkohols für die Feststellung der Schuldfähigkeit von einem hohen und für die Feststellung der Fahrtüchtigkeit von einem niedrigeren Wert auszugehen sein[550]. Bei einem zweiaktigen Tatgeschehen kann dies bedeuten, daß ein Erfolg keinem der beiden Akte zugerechnet werden

[535] BGHSt **18** 274; OLG Oldenburg GA **1960** 28.

[536] BGH StV **1995** 509; bei *Dallinger* MDR **1966** 892; **1969** 532.

[537] BGH bei *Dallinger* MDR **1973** 900.

[538] BGH GA **1968** 304; BGH bei *Dallinger* MDR **1952** 407.

[539] BGHSt **10** 373 = JZ **1958** 373 mit Anm. *Kern*; dazu *Küper* JZ **1968** 656; BayObLGSt **1958** 244; *Roxin* § 15, 35; **a. A** *Reiff* NJW **1958** 982; *Schwarz* NJW **1958** 10.

[540] KK-*Engelhardt*⁴ 58.

[541] BGHSt **5** 366; **12** 116; 129; 134; BGH bei *Holtz* MDR **1982** 104; OLG Schleswig SchlHA **1978** 193; LG Münster NJW **1979** 938.

[542] BGH bei *Holtz* MDR **1986** 622.

[543] So setzt etwa die Unterbringung im psychiatrischen Krankenhaus voraus, daß zweifelsfrei feststeht, daß der Angeklagte zumindest vermindert schuldfähig oder seine schwere Abartigkeit erwiesen ist; vgl. BGHSt **18** 167 mit Anm. *Foth* JZ **1963** 404; BGH NJW **1967** 297; GA **1965** 250; bei *Holtz* MDR **1981** 98; 265; StV **1986** 16; **1999** 489; ferner auch BVerfGE **70** 313; *Bruns* JZ **1958** 647; *Mösl* NStZ **1982** 456.

[544] Vgl. Rdn. 106, ferner *Montenbruck* 101 ff, wonach bei Prognosen die sogen. Basistatsachen in der Regel in der Gesamtbetrachtung aufgehen.

[545] Etwa BGHSt **27** 301 (zu § 60 StGB); BGH bei *Dallinger* MDR **1973** 900; BayObLG StV **1994**

186; vgl. Rdn. 106 mit weit. Nachw.; *Montenbruck* In dubio 96 ff, 131 ff zweifelt an der Trennbarkeit; er stellt auf die durch Auslegung festzustellenden Erfordernisse der einzelnen Tatbestände ab. Vgl. auch *Terhorst* MDR **1978** 975.

[546] Vgl. etwa BGH NJW **1978** 768 zu § 60 StGB.

[547] Insoweit liegt der Entscheidung eine ungeklärte Tatsachenalternative zugrunde, also ebenso wie bei der sogen. Wahrfeststellung eine mehrdeutige Tatsachengrundlage; mitunter stehen die Alternativen auch in einem Stufenverhältnis, das den Rückgriff auf einen mit Sicherheit erfüllten Tatbestand erlaubt, so wie etwa Vollendung und Versuch; vgl. Rdn. 135, ferner BGH JZ **1984** 852 mit Anm. *Ulsenheimer*.

[548] BGH NStZ-RR **1997** 268; BGH bei *Holtz* MDR **1981** 455; bei *Spiegel* DAR **1982** 206; KK-*Engelhardt*⁴ 57.

[549] Vgl. etwa BGHSt **25** 250; BGH NJW **1957** 1643; dazu abl. *Peters* GA **1958** 97; BGH StV **1992** 7 (L); vgl. Fußn. 550; 551; VRS **12** (1957) 211; **21** (1961) 54; KMR-*Paulus* § 244, 312 ff mit weit. Beispielen; weit. Nachw. in nachf. Fußn.

[550] BGH bei *Pfeiffer/Miebach* NStZ **1986** 114; StV **1993** 519; VRS **21** (1961) 54; **23** (1962) 209; OLG Hamm NJW **1977** 344; *Martin* DAR **1962** 70; *Salger* DRiZ **1989** 174; KK-*Engelhardt*⁴ 57; *Kleinknecht/Meyer-Goßner*⁴⁴ 32; KMR-*Stuckenberg* 78; SK-*Schlüchter* 70.

kann[551]. Wendet das Gericht den für den Angeklagten günstigsten Tatbestand an, darf es die darin vorgesehenen schuld- oder straferhöhenden Umstände nur dann zu Lasten des Angeklagten annehmen, wenn deren Vorliegen zu seiner vollen Überzeugung feststehen[552]. Bei **mehreren Angeklagten** muß für jeden Mitangeklagten von den für ihn günstigsten Möglichkeiten ausgegangen werden[553]. Dies kann die Annahme mehrerer, einander ausschließender Fallgestaltungen zur Folge haben; so muß, wenn die Tatbeteiligung des einen Angeklagten nicht zweifelsfrei feststellbar ist und dieser deshalb freigesprochen wird, bei dem wegen der Tat allein verurteilten anderen Mitangeklagten trotzdem davon ausgegangen werden, daß der Freigesprochene daran teilgenommen hat[554], oder es muß, wenn nicht aufklärbar ist, welcher von mehreren Mitangeklagten der Täter und welche die Gehilfen waren, bei jedem unterstellt werden, er sei nur Gehilfe gewesen[555]. Läßt sich nicht klären, durch wie viele Handlungen ein Angeklagter als Mittäter oder Gehilfe eine Tat gefördert hat, ist zu seinen Gunsten davon auszugehen, daß er nur einmal gehandelt hat[556]. Haben mehrere einen Dritten vergiftet, steht aber nicht fest, wessen Gift den Tod herbeigeführt hat, dann können alle nur wegen Versuchs bestraft werden[557]. Eine unwiderlegte Einlassung eines Angeklagten darf nicht zu Lasten eines Mitangeklagten verwendet werden[558].

Soweit jedoch eine Rechtsfolge bei einem Angeklagten zu beurteilen ist, kann der **121** Grundsatz in dubio pro reo innerhalb eines und desselben Geschehnisses auf die Beweislage **nur einmal angewendet** werden. Die Unterstellung des für den Angeklagten günstigsten Sachverhalts bei Beurteilung der Schuldfrage kann beispielsweise nicht etwa deshalb ihrerseits wieder in Frage gestellt werden, weil die Möglichkeit eines eine schwerere Schuld begründenden Tathergangs nicht ausgeschlossen ist[559].

Die Verpflichtung, im Zweifelsfall den für den Angeklagten günstigsten Tatsachenver- **122** lauf zu unterstellen, gilt grundsätzlich auch, wenn diese Unterstellung nicht zum Freispruch, sondern nur zu einer **milderen rechtlichen Beurteilung** führt. Die zahlreichen Fragen, die sich hier stellen, insbesondere die Frage, ob und unter welchen Voraussetzungen eine solche wahldeutige Tatsachenfeststellung überhaupt noch eine Verurteilung zu tragen vermag, vor allem die Anforderungen an die Einordnung der Tatbestände in ein diese Bewertung ermöglichendes Stufenverhältnis sind bei Rdn. 127 ff erörtert.

4. Bei den **Verfahrensvoraussetzungen** ist im einzelnen strittig, ob und wieweit der **123** Grundsatz in dubio pro reo gilt. Der Bundesgerichtshof geht davon aus, daß eine einheitliche Lösung für alle Prozeßvoraussetzungen und Verfahrenshindernisse nicht möglich ist, so daß diese Frage für jede Verfahrensvoraussetzung gesondert geprüft werden müsse[560]. Der derzeitige Sach- und Streitstand und die Einzelheiten sind bei den jeweiligen Prozeßvoraussetzungen erörtert[561].

---

[551] BGH StV **1996** 131; NStZ **1988** 565 (Körperverletzung mit Todesfolge und versuchter Mord); ähnlich BGH bei *Holtz* MDR **1979** 279 (versuchter Totschlag oder Körperverletzung mit Todesfolge); dazu kritisch *Wolter* MDR **1981** 441; KK-*Engelhardt*[4] 57.

[552] BGH StV **1988** 328; BayObLGSt **1998** 97; KMR-*Stuckenberg* 78.

[553] BayObLGSt **1952** 45.

[554] BGH StV **1992** 260; **1996** 131; OLG Köln NJW **1953** 157.

[555] RGSt **71** 365; BGHSt **4** 216; **10** 373.

[556] BGH NStZ **1996** 121.

[557] BGH GA **1992** 470; KK-*Engelhardt*[4] 57; *Kleinknecht/Meyer-Goßner*[44] 32; SK-*Schlüchter* 71.

[558] OLG Köln VRS **14** (1958) 368.

[559] *Peters* GA **1958** 97 abl. zu BGH GA **1958** 109 = NJW **1957** 1643. Vgl. BGH NStZ **1999** 205; *Foth* NStZ **1996** 423, ferner zu entgegengesetzten Unterstellungen bei den einzelnen Rechtsfolgen Rdn. 120.

[560] BGHSt **18** 274; BayObLGSt **1968** 75; NJW **1968** 2118.

[561] Vgl. § 206 a; ferner Einl. H 48; J 52; § 337, 34; ferner etwa KK-*Engelhardt*[4] 62; *Kleinknecht/Meyer-Goßner*[44] 34; KMR-*Stuckenberg* 142; SK-*Schlüchter* 83 ff; aber auch HK-*Julius*[2] § 206 a, 5 (Einstellung, da Staat zum Nachweis der Prozeßvoraussetzungen verpflichtet).

124   **5.** Beim Nachweis der sonstigen **verfahrensrechtlich erheblichen Tatsachen** wendet die Rechtsprechung den Grundsatz im Zweifel für den Angeklagten nicht an[562]. Welche Bedeutung es hat, wenn eine für die Verfahrensgestaltung erhebliche Tatsache nicht sicher festgestellt werden kann, muß grundsätzlich nach Sinn und Zweck der jeweils in Frage kommenden verfahrensrechtlichen Norm und unter Berücksichtigung der jeweils betroffenen Verfahrensbelange und Verantwortungsbereiche entschieden werden. Eine undifferenzierte, formelhafte Heranziehung des nur zugunsten des Angeklagten wirkenden Zweifelssatzes würde dem nicht gerecht. So geht es etwa zu Lasten der Behörde, wenn interne Verfahrensabläufe ungeklärt bleiben[563]. Ausnahmeregelungen sind nur anwendbar, wenn ihre Voraussetzungen sicher vorliegen, desgleichen greift eine Verfahrensrüge nur durch, wenn der behauptete Verfahrensverstoß nachgewiesen ist[564].

VII. Verurteilung auf Grund mehrdeutiger Tatsachenfeststellungen (Wahlfeststellung)[565]

125   **1. Mehrere Alternativen des Tatsachenverlaufs.** Kann das Gericht nach Ausschöpfen aller zur Sachaufklärung dienlicher Mittel nicht zu einer festen Überzeugung von einem bestimmten Sachhergang gelangen, sondern ist es lediglich davon überzeugt, daß für den Tatsachenverlauf mehrere Möglichkeiten in Betracht kommen, dann stellt sich die Frage, ob es den Angeklagten auf Grund dieser Alternativfeststellung verurteilen darf oder ob es ihn nach dem Grundsatz in dubio pro reo freisprechen muß, weil keine der ausschließlich in Betracht kommenden Alternativen des Tatgeschehens zu seiner vollen Überzeugung erwiesen ist[566]. Es sind **verschiedene Fallgruppen** zu unterscheiden, die auch in Kombination[567] auftreten können. Nachfolgend werden die wichtigsten erörtert, wobei jedoch immer vorausgesetzt wird, daß sich die Alternativen des Tathergangs **im Rahmen der angeklagten Tat** oder der angeklagten Taten im Sinne des § 264 halten, die Aburteilungsbefugnis des Gerichts also nicht überschritten wird[568]. Unter dieser Voraus-

---

[562] BGHSt **16** 164; **17** 353; **21** 10; weit. Nachw. *Lehmann* 52 ff; § 337, 76; ferner etwa *Alsberg/Nüse/Meyer* 894; *Foth* JR **1976** 255; *Sax* FS Stock 165; *Stree* 78; *Schlüchter* 692; 2; KK-*Engelhardt*⁴ 63. Im Schrifttum ist die Frage strittig. So neigen etwa *Kleinknecht/Meyer-Goßner*⁴⁴ 33 (nur zum Teil); KMR-*Paulus* § 244, 345 ff; *Roxin* § 15, 340; *Eb. Schmidt* JR **1962** 109; *Wasserburg* ZStW **94** (1982) 514 zu einer differenzierenden Betrachtung; vgl. auch § 337, 76. Zu den einzelnen Lösungsansätzen *Lehmann* 36 ff; dieser lehnt zwar die Anwendung des Grundsatzes In dubio pro reo ab, kommt aber unter Berufung auf das Rechtsstaatsprinzip und die Justizförmigkeit des Verfahrens zur Beachtlichkeit zweifelhafter Verfahrensverstöße; ähnlich *Hauf* MDR **1993** 195.

[563] Vgl. etwa OLG Hamm NStZ **1997** 97; KMR-*Stukkenberg* 145.

[564] Dies gilt nach BGHSt **16** 164 selbst für die Behauptung eines Verstoßes gegen § 136 a. Wegen der strittigen Einzelheiten vgl. die Erläuterungen zu den einzelnen Verfahrensvorschriften, insbesondere § 136 a, 69 mit Nachw.; ferner *Montenbruck* In dubio 163 ff; KK-*Engelhardt*⁴ 63; *Kleinknecht/*

*Meyer-Goßner*⁴⁴ 35; KMR-*Stuckenberg* 143 ff; SK-*Schlüchter* 80; je mit Nachw. zum Streitstand.

[565] Der übliche Begriff „Wahlfeststellung" ist irreführend; vgl. *Willms* JZ **1062** 628; LK-*Tröndle*¹⁰ § 1, 64.

[566] Vgl. Rdn. 118.

[567] Vgl. *Hruschka* NJW **1971** 1392; **1973** 1804; *Jakobs* GA **1971** 258; *Küper* Probleme der Postpendenzfeststellung im Strafverfahren, FS Lange 65; *Wolter* JuS **1983** 363; 602; 769; **1984** 37; 530; 606.

[568] BGHSt **10** 137; **32** 146; dazu *Schröder* NJW **1985** 780; BGHSt **35** 86; **38** 172; BGH NJW **1955** 1240; **1957** 1886; GA **1967** 184; JZ **1970** 327; OLG Celle NdsRpfl. **1986** 259 (unter Aufgabe von NJW **1968** 2390); OLG Hamm GA **1974** 84; **a. A** BayObLGSt **1965** 52 = JR **1965** 430 mit abl. Anm. *Koffka*; vgl. ferner BayObLG NJW **1989** 2828; NStZ **1991** 405 (Erwähnung der Sachverhaltsalternative in der Anklage genügt); OLG Düsseldorf JR **1980** 470. Die Fragen sind strittig, vgl. HK-*Julius*² 19; KK-*Engelhardt*⁴ 67; KMR-*Stuckenberg* 139; SK-*Schlüchter* 87; Rdn. 163 und bei § 264 mit weit. Nachw.

setzung ist eine Wahlfeststellung bei einer echten Alternative des historischen Geschehens auch zwischen Vorgängen möglich, die verschiedene Taten im Sinne des § 264 sind[569].

Bei **mehreren Tatbeteiligten** eines nur alternativ feststellbaren Sachhergangs muß für **126** jeden einzelnen gesondert geprüft werden, welche Alternativen bei ihm in Frage kommen und welche für ihn die günstigste Beurteilung ermöglichen.

2. Anwendung des Grundsatzes im Zweifel für den Angeklagten

a) Der Grundsatz im Zweifel für den Angeklagten führt zum **Freispruch**, wenn von **127** den in Frage kommenden Möglichkeiten des Sachhergangs eine Alternative nicht sicher auszuschließen ist, bei der **jede Strafbarkeit entfällt** (exklusive Alternativität). Jede Verurteilung setzt voraus, daß zur sicheren Überzeugung des Gerichts feststeht, daß der Angeklagte sich nach jedem in Betracht kommenden Tatsachenverlauf strafbar gemacht hat[570]. Bei mehreren in Betracht kommenden, voneinander abweichenden Geschehensabläufen erfordert dies eine eingehende Begründung[571].

b) Rückgriff auf den mit Sicherheit gegebenen Tatbestand. Er bildet das alleinige **128** Lösungsprinzip in all den Fällen, in denen ein Straftatbestand mit Sicherheit gegeben ist und die Tatsachenalternativität sich nur darauf beschränkt, daß **daneben** oder aber **statt dessen auch ein anderer Straftatbestand** zutreffen kann. Hier ist stets die dem Angeklagten günstigste Möglichkeit zu unterstellen. Wenn es die Anwendung des Zweifelssatzes ermöglicht, von einem eindeutig gegebenen Tatbestand auszugehen, hat dieser Weg den **Vorrang** vor einer wahldeutigen Verurteilung[572]. Ist der sicher festgestellte Tatbestand der mildere, ist der Angeklagte nur wegen dieses Tatbestands zu verurteilen; würde dagegen die offengebliebene Alternative zu einer milderen Beurteilung der Tat führen, so ist zugunsten des Angeklagten von ihr auszugehen[573]. Die Probleme der echten Gesetzesalternativität stellen sich bei dieser Fallgruppe nicht, denn der Rückgriff auf einen mit Sicherheit erfüllten minderschweren Tatbestand oder die Unterstellung eines nicht mit Sicherheit ausschließbaren Tathergangs zugunsten des Angeklagten ist immer zulässig. Hierher rechnen vor allem die Fälle, in denen die alternativ in Frage kommenden Straftatbestände in einem gesetzeslogischen oder wertmäßigen Stufenverhältnis stehen, und die sogenannten Auffangtatbestände.

c) Ein **(sachlogisches) Stufenverhältnis** liegt vor, wenn die zur Überzeugung des **129** Gerichts festgestellten Tatsachen einen Straftatbestand voll erfüllen und der nicht eindeutig feststellbare Teil des Tathergangs sich nur auf Tatbestandsmerkmale bezieht, die denselben Grundtatbestand straferschwerend oder strafmildernd abwandeln, so daß ihr Vorwurf ein „Mehr" oder „Weniger" bedeutet. Hier greift der Grundsatz in dubio pro reo durch. Ist das strafrechtlich relevante Mehr nicht zur vollen Überzeugung des Gerichts nachgewiesen, darf nur wegen des (bei seinem Wegfall) mit Sicherheit erfüllten weniger schweren Tatbestands verurteilt werden. Es stehen sich auf der normativen Ebene nicht zwei einander ausschließende Alternativen gegenüber, das Lösungsprinzip ist hier die

---

569 Z. B. wenn nicht feststeht, welche von zwei verschiedenen Aussagen falsch ist (RGSt **72** 342; BGHSt **2** 351; BGH NJW **1957** 1887; OLG Braunschweig JZ **1951** 235; NJW **1952** 38. Auch bei BGHSt **13** 70 lagen zwei alternierende Sachverhalte vor. Vgl. Fußn. 568 und bei § 264.

570 BGHSt **12** 386; **16** 184; **38** 85; BGH NStZ **1987** 474; StV **1987** 378; OLG Celle NJW **1988** 1225; OLG Hamm NJW **1972** 836; *Hruschka* JW **1971** 1392; vgl. auch nachf. Fußn.

571 Etwa BGH NJW **1983** 405; NStZ **1981** 333; **1986** 373; KMR-*Stuckenberg* 93; SK-*Schlüchter* 86; vgl. auch OLG Stuttgart NJW **1996** 2879 (kein Ausschluß weiterer Alternativen).

572 BGH NJW **1983** 405; GA **1984** 373; OLG Hamm NJW **1981** 2269; VRS **77** (1989) 136; vgl. Rdn. 118.

573 BGHSt **11** 100; **22** 156; BayObLGSt **1975** 98 = NJW **1976** 860 mit Anm. *Küper*; vgl. ferner Rdn. 130.

durch den Grundsatz in dubio pro reo gebotene Reduktion des strafbaren Verhaltens auf einen mit Sicherheit erfüllten Grundtatbestand[574]. So auch bei Verurteilung wegen Körperverletzung bei möglicherweise bestehendem Mordvorsatz[575].

130   Ein solches sachlogisches Stufenverhältnis besteht zwischen allen **Grundtatbeständen** und den darauf aufbauenden Qualifizierungen[576] und Privilegierungen, etwa zwischen Mord und Totschlag[577] oder zwischen § 242 und §§ 244, 247, 248 a, 248 b StGB[578]. Die Rechtsprechung hat dies beispielsweise auch angenommen zwischen eidlicher und uneidlicher Aussage[579], zwischen versuchter Gewaltunzucht und versuchter Notzucht[580] oder zwischen Verführung und Notzucht[581], zwischen Beihilfe zum Diebstahl und Hehlerei und der Hehlerei allein[582], ferner zwischen Versuch und Vollendung[583]. Bleibt zweifelhaft, ob der Angeklagte auch an der Ausführung eines verabredeten Verbrechens beteiligt war, ist er nur wegen Verbrechensverabredung zu verurteilen[584].

131   **Präpendenz, Postpendenz.** Eine nach dem Zweifelssatz zu behandelnde einseitige Sachverhaltsungewißheit besteht dann, wenn von zwei sachlich aneinander anknüpfenden Taten die eine voll erwiesen ist, während die Beteiligung an der anderen möglich ist, aber nicht sicher festgestellt werden kann. Handelt es sich bei der sicher festgestellten Tat um die erste Tat und ist der Tatbestand der anderen nur möglicherweise erfüllt, spricht man von **Präpendenz**, während der umgekehrte Fall als **Postpendenz** bezeichnet wird[585]. Die korrespondierenden Sachverhalte können je nach dem Sachverhalt eine oder mehrere Taten im Sinne des § 264 sein. Soweit die Anklage beide Sachverhalte mit umfaßt, darf auf den mit Sicherheit erfüllten (milderen) Tatbestand auch dann zurückgegriffen werden, wenn diese Tat bei Erweislichkeit der vorangegangenen Tat nur eine straflose Nachtat wäre, denn deren Tatbestand liegt vor und ist strafbar, wenn die Haupttat als nicht erweislich nach dem Zweifelssatz außer Betracht bleibt[586]. Ob dies auch gilt, wenn die spätere Tat beim Nachweis der vorangegangenen tatbestandslos würde, etwa, weil ein erforderliches Tatbestandsmerkmal, nämlich die für ihren Tatbestand relevante Vortat eines anderen, nicht sicher erweislich ist, ist strittig[587]. Ein Postpendenzverhältnis wurde in der

[574] *Schulz* JuS **1974** 635; NJW **1983** 268; *Küper* NJW **1976** 1828; ferner KK-*Engelhardt*⁴ 68; *Kleinknecht/Meyer-Goßner*⁴⁴ 36, KMR-*Paulus* § 244, 312; sowie die Kommentare zu § 1 StGB.

[575] BGH NJW **1991** 990; vgl. auch BGH MDR **1993** 671.

[576] BayObLGSt **1954** 41 = NJW **1954** 122.

[577] BGHSt **35** 305; *Hruschka* MDR **1967** 265; nach BGH GA **1967** 182 scheidet ein Stufenverhältnis aus, wenn nicht feststellbar, ob die Tat Mord, Totschlag oder leichte Körperverletzung war und der Tatbeitrag der beiden beteiligten Personen nicht aufklärbar ist.

[578] BGHSt **13** 70; KK-*Engelhardt*⁴ 68; SK-*Schlüchter* 101 e.

[579] BGH NJW **1957** 1886; bei *Dallinger* MDR **1957** 396; SK-*Schlüchter* 101 e (normatives Stufenverhältnis).

[580] BGHSt **11** 100 (zu § 176 Abs. 1 Nr. 1/§ 177 Abs. 1 StGB a. F).

[581] BGHSt **22** 154 (zu § 177/182 StGB a. F); **a. A** *Deubner* NJW **1969** 147; SK-*Schlüchter* 101 e.

[582] BGHSt **15** 66.

[583] RGSt **41** 352; BGHSt **22** 156.

[584] Vgl. BGHSt **38** 83 = JR **1993** 247 mit Anm. *Schmoller*, KMR-*Stuckenberg* 108.

[585] *Hruschka* JZ **1970** 641; NJW **1971** 1393; ferner etwa BGHSt **35** 86; *Beulke/Fahl* Jura **1998** 266,

[585] (Forts.) *Joerden* JZ **1988** 852; *Küper* FS Lange 69; *Wolter* 39; JuS **1983** 602; KMR-*Stuckenberg* 113 ff; SK-*Schlüchter* 101 ff.

[586] BGH JZ **1968** 710; bei *Dallinger* MDR **1955** 269; OLG Hamm JMBlNW **1955** 236; **1974** 190; KMR-*Paulus* § 260, 41 (wenn früheres konkurrenzrelevant ist, nicht aber, wenn es tatbestandsrelevant ist); vgl. KMR-*Stuckenberg* 115 ff; SK-*Schlüchter* 101; ferner BGH GA **1984** 373 (keine wahldeutige Verurteilung wegen Beihilfe zum Diebstahl und anschließender Hehlerei).

[587] *Hruschka* JZ **1970** 641; NJW **1971** 1392 nimmt dies an, ebenso etwa *Joerden* JZ **1988** 852, während die Rechtsprechung zur wahldeutigen Verurteilung neigt, etwa BGHSt **23** 360; **35** 86 = NStZ **1988** 555 mit Anm. *Wolter*; BGH NJW **1990** 1867; NStZ **1974** 804; bei *Holtz* MDR **1991** 482; DRiZ **1972** 30; OLG Hamm JMBlNW **1967** 138; OLG Saarbrücken NJW **1976** 65 (auf Erlangung von Eigenbesitz gerichteten Betrug und Hehlerei). Zu den strittigen Fragen ferner *Günther* JZ **1976** 665; *Küper* FS Lange 65; *Montenbruck* Wahlfeststellung 182; *Otto* FS Peters 374; *Richter* Jura **1994** 133; *Röhmel* JA **1975** 378, *Schröder* JZ **1971** 141; *Wolter* GA **1974** 161; JuS **1983** 603; KMR-*Stuckenberg* 116 ff; SK-*Schlüchter* 101 a ff; ferner die Kommentare zum StGB.

Rechtsprechung bejaht zwischen Hehlerei und zweifelhafter Mittäterschaft am vorangegangenen Betrug[588] oder vorangegangenen Diebstahl[589] oder schwerer räuberischer Erpressung[590], Diebstahl und Unterschlagung[591], Geldwäsche und erpresserischem Menschenraub[592]. Wegen weiterer Einzelfälle[593] und deren strittige Beurteilung vgl. die Aufstellung bei SK-*Schlüchter* 101 e.

d) Bei den **Auffangtatbeständen**, die nach dem Willen des Gesetzgebers Platz greifen **132** sollen, wenn die Verwirklichung eines anderen, meist schwereren Tatbestands nicht nachweisbar ist, bleibt kein Raum für eine Verurteilung auf wahldeutiger Grundlage[594]. Auch § 323 a StGB wird als Auffangtatbestand bzw. unter Verzicht auf diesen Begriff als normatives Stufenverhältnis[595] gesehen. Es greift Platz, wenn nicht feststellbar ist, ob der Täter bei im Rausch begangener Tat schuldunfähig oder nur vermindert schuldfähig war; eine wahldeutige Verurteilung zwischen § 323 a StGB und der im Zustand verminderter Schuldfähigkeit (im Rausch) begangenen Tat scheidet aus[596]. Bei der Strafzumessung ist auch hinsichtlich der Rechtsfolgen dem Zweifelssatz Rechnung zu tragen[597].

e) Anders als bei dem gesetzeslogischen Stufenverhältnis, das durch den Tatbestands- **133** aufbau vorgegeben ist und bei dem immer ein mit Sicherheit erfüllter, milderer Straftatbestand bleibt, besteht bei dem sogenannten **wertlogischen Stufenverhältnis** (normativen Stufenverhältnis) an sich eine echte Alternativität der Straftatbestände. Keine der in Betracht kommenden Straftaten kann mit Sicherheit festgestellt werden. Es liegt eine wahldeutige Verurteilung vor, die Besonderheit besteht jedoch darin, daß keine in etwa gleichwertigen Tatbeständen zur Wahl stehen, sondern ungleichwertige, die nach Art der Rechtsgutverletzung und nach ihrer Einordnung in den mehrdeutigen Geschehensablauf so miteinander korrespondieren, daß bei vergleichender Unrechtsbewertung eine **wertende Abstufung** sicher möglich ist. Ähnlich wie beim echten Stufenverhältnis hält es eine allerdings strittige Auffassung für zulässig, die Verurteilung in Anwendung des Zweifelssatzes auf die **mildeste Form** der in Betracht kommenden Rechtsgutverletzungen zu stützen[598]. Die Hilfskonstruktion der Rechtsprechung vom Auffangtatbestand bezweckt im Grunde nichts anderes.

Ein solches Stufenverhältnis, zwar nicht in logischer, aber in rechtlich wertender **134** Betrachtung, besteht zwischen der **vorsätzlichen und der fahrlässigen Begehung** des

---

[588] BGH NJW **1989** 1867; vgl. OLG Hamburg MDR **1994** 712.

[589] BGH NStZ **1989** 574; anders aber BGH bei *Holtz* MDR **1991** 482; SK-*Schlüchter* 101 e; vgl. auch OLG Düsseldorf NStZ-RR **1999** 304; OLG Hamburg MDR **1994** 712.

[590] BGH StV **1988** 196.

[591] OLG Stuttgart MDR **1991** 176; SK-*Schlüchter* 101 c, 101 e; offengelassen BGH NJW **1974** 1957; **a. A** BGHSt **25** 182.

[592] OLG Hamburg MDR **1994** 712.

[593] Vgl. etwa BGH StV **1995** 522; BGH wistra **1998** 25.

[594] Ob und mit welcher Tragweite eine Strafnorm Auffangtatbestand ist, ist durch Auslegung des materiellen Strafrechts zu ermitteln; vgl. auch nachfolg. Fußn.; ferner Rdn. 135; 136.

[595] BGHSt **32** 48; 55; BGH StV **1997** 18, KMR-*Stuckenberg* 110; für Verzicht auf die Rechtsfigur des Auffangtatbestands auch SK-*Schlüchter* 100.

[596] Vgl. (zum Teil zu früheren Fassungen) BGHSt **9** 390; **16** 187; **32** 48; BGH GA **1968** 371; VRS **50** (1976) 358; **56** (1979) 447; BayObLGSt **1977** 178; **1978** 161 = NJW **1978** 957 mit Anm. *Montenbruck*; **a. A** SK-*Schlüchter* 101 e; vgl. zu den strittigen Einzelfragen OLG Hamm VRS **53** (1977) 24; OLG Karlsruhe MDR **1979** 778; OLG Köln VRS **60** (1981) 41; **68** (1985) 38; OLG Schleswig MDR **1977** 247; bei *Ernesti/Lorenzen* SchlHA **1980** 173; *Dencker* NJW **1980** 2162; JZ **1984** 453; *Heiß* NStZ **1983** 67; *Horn* JR **1982** 6; *Montenbruck* GA **1978** 265; Wahlfeststellung 376, *Otto* FS Peters 382; *Ranft* JA **1983** 197; *Schuppner/Sippel* NStZ **1984** 67; *Wolter* JuS **1983** 775; KMR-*Stuckenberg* 110; sowie die Kommentare zu § 323 a StGB mit weit. Nachw.

[597] BGH MDR **1992** 504; StV **1986** 5; **1988** 328.

[598] Zur Problematik vgl. etwa *Schröder* JZ **1971** 141 zu BGHSt **23** 260; ferner BGH bei *Holtz* MDR **1979** 635; *Hruschka* JZ **1970** 715; *Löhr* JuS **1976** 715; außerdem KK-*Engelhardt*⁴ 69; wegen der Einzelheiten vgl. die Kommentare zum StGB.

gleichen Tatbestands. Zwar ist die vorsätzliche Begehung im begriffslogischen Sinn kein Mehr gegenüber der fahrlässigen Tatbestandsverwirklichung[599]. Die Fahrlässigkeit erfordert eine andere innere Einstellung als der Vorsatz. Beide sind qualitativ verschieden[600] und schließen einander aus. In der rechtliche Bewertung wiegt jedoch die Fahrlässigkeit regelmäßig weniger schwer als die vorsätzliche Tat. Die Bewertung, daß der Täter fahrlässig gehandelt hat, ist dem Gericht in aller Regel auch möglich, wenn es die Feststellung, daß der Täter vorsätzlich gehandelt hat, nicht sicher treffen kann. Das Gericht kann deshalb, wenn es die volle Überzeugung von einem vorsätzlichen Handeln des Angeklagten nicht erlangt hat, nach dem Grundsatz in dubio pro reo dieses verneinen und wegen einer fahrlässigen Tatbegehung verurteilen, sofern feststeht, daß die Tat zumindest fahrlässig begangen wurde[601]. Die Rechtsprechung des Bundesgerichtshofs, die zunächst eine Wahlfeststellung angenommen hatte, begründete dieses Ergebnis zunächst unter dem Blickwinkel des Auffangtatbestands[602] und später dann mit dem normethischen Stufenverhältnis[603]. Für eine wahlweise Verurteilung zwischen vorsätzlicher und fahrlässiger Tatbestandsverwirklichung ist dann kein Raum[604]. Etwas anderes gilt nur für den **Ausnahmefall**, daß zwei getrennte tatsächliche Vorgänge zur Wahl stehen, von denen einer vorsätzlich, der andere fahrlässig begangen worden ist[605].

135 Ist nicht aufklärbar, ob der Angeklagte als **Täter** oder als **Gehilfe** gehandelt hat, dann ist er aus der gleichen Grundüberlegung heraus, daß er für den geringeren Unwert einzustehen habe, unter Anwendung des Zweifelssatzes als Gehilfe zu verurteilen[606]. Gleiches gilt im Verhältnis zwischen **Beihilfe** und **Anstiftung**[607]. Bleibt dagegen offen, ob **Täterschaft** oder **Anstiftung** vorlag, wurde auf wahldeutiger Grundlage verurteilt[608].

136 Ist nicht feststellbar, ob ein strafrechtlich relevanter Erfolg durch ein **Tun** oder **Unterlassen** herbeigeführt worden ist, wird, obwohl auch hier kein logisches Stufenverhältnis

---

[599] So aber etwa RGSt **7** 185; **41** 389; **59** 83.

[600] Vgl. *Fuchs* GA **1964** 65: „Vorsatz ist wertfrei, kognitiv-psychologische Tatsache auf der Seins-Ebene, Fahrlässigkeit normativer Begriff auf der Wertebene." Dagegen *Otto* FS Peters 378 (Vorsatz ist als „Mehr" zu verstehen; unterschiedlicher Grad der Rechtsgutverletzung). Vgl. ferner *Blei* NJW **1954** 500; *Heinitz* JR **1957** 126; *v. Hippel* FS Oehler 43; *Jakobs* GA **1971** 260; *Peters* GA **1958** 104; *Schneider* DRiZ **1956** 12; *Schröder* JZ **1970** 423; *Schulz* NJW **1983** 268; KK-*Engelhardt*⁴ 69; *Eb. Schmidt* § 244, 11.

[601] BVerfG GA **1969** 246; im Ergebnis auch KK-*Engelhardt*⁴ 69; *Kleinknecht/Meyer-Goßner*⁴⁴ 36; KMR-*Paulus* § 244, 319; KMR-*Stuckenberg* 101.

[602] BGHSt **17** 210 in Anlehnung an BGHSt **9** 390; dazu *Dreher* MDR **1970** 370; *v. Hippel* NJW **1963** 1533; *Willms* JZ **1962** 628.

[603] BGHSt **32** 48; 56; **35** 305; KMR-*Stuckenberg* 101.

[604] Vorherrschende Meinung; vgl. Nachw. in den vorst. Fußnoten; SK-*Schlüchter* 90. Anders BGHSt **4** 340, wo die Wahlfeststellung zwischen Meineid und unbewußt fahrlässigem Falscheid für zulässig erklärt wird, obwohl, wie die Urteilsbegründung zeigt, die festgelegten Tatsachen die Bewertung der Tat als fahrlässigen Falscheid rechtfertigen, weil der Angeklagte die Unrichtigkeit seiner Aussage hätte erkennen können und nur der für den Vorsatz erforderliche zusätzliche Nachweis fehlte, daß er die Unrichtigkeit auch erkannt hat.

[605] *Fuchs* GA **1964** 74; vgl. *Montenbruck* Wahlfeststellung 360.

[606] BGHSt **23** 207; **31** 136 (dazu nachf. Fußn.). Ähnlich wie hier RGSt **71** 365 (leichtere Form) und *Dreher* MDR **1970** 369; BGHSt **23** 204 (dazu *Fuchs* NJW **1970** 1953) kommt zu gleichem Ergebnis, die Entscheidung will aber den Grundsatz in dubio pro reo nur analog anwenden; ein Stufenverhältnis (in logischem Sinn) wird wegen der psychologischen Andersartigkeit der Tatbegehung verneint; zust. *Schröder* JZ **1970** 422; **a. A** BGH MDR **1953** 21 (Wahlfeststellung); *Löhr* JuS **1976** 715; BayObLGSt **1966** 137 = NJW **1967** 361 (Auffangtatbestand), dazu abl. *Fuchs* NJW **1967** 739; *Otto* FS Peters 379 (psychologische Andersartigkeit begründet keinen Artunterschied innerhalb des Unrechts); ferner *Jakobs* GA **1971** 272. Wie hier KK-*Engelhardt*⁴ 69; KMR-*Stuckenberg* 103; SK-*Schlüchter* 90; vgl. ferner OLG Hamm NJW **1981** 2269 (zu § 14 OWiG).

[607] BGHSt **31** 136 (= JZ **1983** 115 mit Anm. *Baumann* = NStZ **1983** 166 mit Anm. *Dingeldey* = JR **1983** 202 mit Anm. *Hruschka* JR **1983** 177) behandelt die Beihilfe als wertungsmäßige Abstufung gegenüber der Anstiftung und wendet deshalb den Grundsatz in dubio pro reo an.

[608] Wahlfeststellung nehmen an BGHSt **1** 127; OLG Düsseldorf NJW **1976** 579; KK-*Engelhardt*⁴ 75.

vorliegt, wegen der Strafmilderungsmöglichkeit nach § 13 Abs. 2 StGB im Zweifel zugunsten des Angeklagten von einer Tatbegehung durch Unterlassen auszugehen sein[609].

3. Alleinige Tatsachenalternativität

a) Bei der alleinigen Tatsachenalternativität legt das Gericht zwar auch seinem Urteil **137** eine mehrdeutige Tatsachenfeststellung zugrunde, die Tatsachenalternative führt aber zu keiner alternativen Gesetzesanwendung, da sie so geartet ist, daß die **Eindeutigkeit des Schuldspruchs**[610] von ihr nicht berührt wird.

Eine solche Tatsachenalternativität liegt vor, wenn die Ungewißheit über den tatsäch- **138** lichen Geschehensverlauf überhaupt **kein Tatbestandsmerkmal**, sondern sonst für die Rechtsanwendung — etwa nur für die Strafzumessung — bedeutsame Umstände betrifft. Die Tatsachenalternativität kann aber auch daraus herrühren, daß nicht aufklärbar ist, ob der Täter das **gleiche Tatbestandsmerkmal** durch das eine oder andere Verhalten erfüllt hat, so, wenn ungewiß bleibt, zu welchem Zeitpunkt oder durch welche von mehreren Handlungen der Täter das Tatbestandsmerkmal verwirklicht hat, etwa, welcher von mehreren Schüssen tödlich war[611] oder aus welchen von mehreren als niedrig zu bewertenden Motiven ein Mord begangen wurde[612] oder ob die Tat an dem einen oder dem anderen Tag begangen wurde[613]. Schwierigkeiten ergeben sich bei dieser Fallgruppe nur, wenn die alternativen Tatsachen, welche den Straftatbestand erfüllen, örtlich und zeitlich so weit auseinanderliegen, daß sie nicht mehr demselben Lebensvorgang, derselben Tat im Sinne des § 264 angehören[614].

b) Gleichwertige Tatbestandsmerkmale. Eine alternative Tatsachenfeststellung, die **139** den Urteilsausspruch nicht beeinflußt, obwohl sie — anders als die vorerwähnten Fälle — zu einer alternativen Gesetzesanwendung führt, liegt vor, wenn nicht aufklärbar ist, ob das Verhalten des Angeklagten das eine oder das andere gleichwertige Tatbestandsmerkmal eines Straftatbestands erfüllt hat[615]. Eine solche Alternativverurteilung, die nur in den Urteilsgründen zum Ausdruck kommt, wird seit jeher für zulässig gehalten[616].

Sie liegt beispielsweise vor, wenn nicht feststellbar ist, ob sich ein **Unfall** auf die eine **140** oder andere, vom Angeklagten aber in jedem Fall verschuldete Weise ereignet hat, sofern hier nicht ohnehin nur das gleiche Tatbestandsmerkmal erfüllt worden ist[617], oder wenn nicht feststellbar ist, ob der Tod eines Menschen durch die eine oder andere fahrlässige Verhaltensweise herbeigeführt worden ist[618]. In diesem Fällen berührt die Alternativfeststellung den Schuldspruch des Urteils nicht, das Gericht muß aber im übrigen, etwa bei

609 BGH NJW **1964** 731 mit Anm. *Schröder* JR **1964** 227; KMR-*Paulus* § 244, 314; KMR-*Stuckenberg* 108; SK-*Schlüchter* 90; vgl. auch *Montenbruck* In dubio 124 ff.

610 *Hruschka* MDR **1967** 579.

611 BGHSt **22** 12; BGH bei *Holtz* MDR **1981** 267; vgl. etwa auch OLG Karlsruhe VRS **33** (1967) 127 (verschiedene Unfallursachen).

612 BGH NJW **1957** 1643; dazu abl. *Peters* GA **1958** 97; NJW **1966** 1823; StV **1987** 378; NStZ-RR **1999** 106; VRS **62** (1982) 274; vgl. KK-*Engelhardt*⁴ 72; KMR-*Paulus* § 260, 41; ferner *Montenbruck* Wahlfeststellung 45 ff (Lösung durch höheren Abstraktionsgrad des normativen Begriffs).

613 OLG Braunschweig JZ **1951** 255.

614 Vgl. Rdn. 125; und bei § 264.

615 Vgl. *Heinitz* JZ **1952** 100.

616 Etwa BGHSt **22** 12: Mord aus niedrigen Beweggründen oder zur Verdeckung einer Straftat. KK-*Engelhardt*⁴ 72; KMR-*Paulus* § 260, 41; SK-*Schlüchter* 101 e.

617 Vgl. BGHSt **2** 351; BGH NJW **1959** 1139; VRS **12** (1957) 213; **15** (1958) 432; bei *Dallinger* MDR **1955** 270; BayObLGSt **1952** 45; OLG Braunschweig JZ **1951** 235; NJW **1952** 38; OLG Celle VRS **40** (1971) 16; OLG Hamm VRS **8** (1953) 155; **10** (1956) 364; **16** (1959) 353; KG VRS **35** (1968) 390; OLG Karlsruhe VRS **33** (1967) 127; OLG Köln JMBlNW **1959** 208; OLG Neustadt VRS **23** (1962) 448; MDR **1956** 312; GA **1957** 256; vgl. Rdn. 137.

618 OLG Karlsruhe NJW **1980** 1859 gegen OLG Koblenz NJW **1965** 1926; OLG Schleswig SchlHA **1978** 185.

Bemessung der Rechtsfolgen, zugunsten des Angeklagten stets von der Alternative ausgehen, die nach der **konkreten Fallgestaltung** für den Angeklagten **am günstigsten** ist[619].

4. Verurteilung bei alternativ verletzten Strafgesetzen

141   **a)** Eine Verurteilung auf Grund **zweier oder mehrerer alternativ verletzter Strafbestimmungen**, also die eigentliche wahldeutige Verurteilung, greift Platz, wenn eine eindeutige Verurteilung durch Rückgriff auf einen mit Sicherheit „zumindest" erfüllten Tatbestand nicht möglich ist[620]. Auf Grund der vom Gericht festgestellten Tatsachen müssen sich mehrere für die rechtliche Zuordnung der Tat relevante Möglichkeiten des Tathergangs derart gegenüberstehen, daß sie sich **gegenseitig ausschließen**, das Gericht aber keine volle Überzeugung von der Richtigkeit einer Variante erlangen kann. Darüber hinaus muß für das Gericht zweifelsfrei feststehen, daß der Angeklagte entweder der einen oder der anderen Straftat schuldig ist. Es muß also die Möglichkeit eines Tathergangs, bei dem sich der Angeklagte überhaupt nicht strafbar gemacht hätte, mit Sicherheit auszuschließen sein[621]. Andernfalls ist nach dem Grundsatz in dubio pro reo freizusprechen.

142   **b)** Besteht eine solche **echte Alternativität** der Straftatbestände, dann läßt die **Rechtsprechung**[622] eine wahldeutige Verurteilung zu, wenn die in Betracht kommenden Tatbestände **rechtsethisch und psychologisch vergleichbar** sind[623]. Sie müssen nach ihrem kriminellen Gehalt untereinander nahe verwandt sein, sich gegen das gleiche oder zumindest gegen ein ähnliches Rechtsgut richten; die Handlungsweise des Täters muß die gleiche sittliche Mißbilligung verdienen und eine im wesentlichen gleichartige innere Einstellung des Täters für ihre Begehung erfordern[624]. Wie die angeführten Beispiele (Rdn. 147) zeigen, sind die von der Rechtsprechung gezogenen Grenzen im einzelnen flüssig und umstritten. Die Tendenz, die Formel von der Vergleichbarkeit aus Gerechtigkeitserwägungen auszuweiten, ist dabei nicht zu übersehen[625].

---

[619] BGH NJW **1959** 1139.

[620] Vgl. etwa BGHSt **22** 154; BGH MDR **1980** 948; zu deren Vorrang vgl. Rdn. 128; zum Erfordernis einer erschöpfenden Sachaufklärung vgl. Rdn. 159.

[621] BGHSt **12** 386; **15** 63; BGH NJW **1983** 405; vgl. Rdn. 127.

[622] Das Reichsgericht hatte die Verurteilung auf Grund doppeldeutiger Feststellungen zunächst nur zugelassen, wenn verschiedene Ausführungsarten desselben Delikts (wenn auch in verschiedenen Vorschriften geregelt) in Betracht kamen. Erst in RGSt **68** 257 erklärten die Vereinigten Strafsenate die Wahlfeststellung zwischen Diebstahl und Hehlerei für zulässig, um „einem dringenden praktischen Bedürfnis" zu genügen, wobei hervorgehoben wurde, daß „die Sicherheit der Urteilsfindung und die Gerechtigkeit der Urteilswirkung bei Zulassung dieser stofflich streng begrenzten Ausnahme keinen Schaden" litten. Der kurz darauf im Jahre 1935 eingefügte § 2 b StGB führte die wahldeutige Verurteilung allgemein ein. Nach seiner Aufhebung durch das Kontrollratsgesetz Nr. 11 kehrte die Rechtsprechung zu den Grundsätzen RGSt **68** 257 zurück und ließ die wahldeutige Verurteilung innerhalb der dort angezeigten Grenzen zu (OGHSt **2** 89). Auch der Bundesgerichtshof vertritt nunmehr (seit BGHSt **9** 390) in ständiger Rechtsprechung

die Ansicht, daß aus rechtsstaatlichen Gründen eine wahldeutige Feststellung nur zugelassen werden kann, wenn die zur Wahl stehenden Straftaten ethisch und psychologisch gleichwertig sind. Dem hat sich nur ein Teil des Schrifttums angeschlossen; vgl. etwa *Fuchs* DRiZ **1967** 16; *Koeniger* 551; KK-*Engelhardt*[4] 73; KMR-*Paulus* § 260, 42 ff; dazu KMR-*Stuckenberg* 122; ablehnend etwa *Alwart* GA **1992** 562; ferner zum Streitstand Rdn. 145 ff.

[623] Im Schrifttum wird die Abgrenzungsformel von der rechtsethischen und psychologischen Vergleichbarkeit als unzutreffend und unbrauchbare Leerformel bekämpft (vgl. *Hruschka* MDR **1967** 265; *Deubner* JuS **1962** 23; NJW **1969** 147; *Dreher* MDR **1957** 179; *Tröndle* GA **1966** 4).

[624] BGHSt **25** 184; vgl. ferner etwa BGHSt **5** 280; **9** 394; **11** 28; **16** 187; **20** 101; **21** 153; **22** 156; **23** 204; 306; **30** 77; NStZ **1985** 123; BGH bei *Holtz* MDR **1985** 89; BayObLG NJW **1958** 560; JR **1974** 208; OLG Hamm NJW **1974** 1958; **1982** 192; GA **1974** 85; OLG Karlsruhe NJW **1976** 902; OLG Koblenz NJW **1965** 1928; OLG Saarbrücken NJW **1976** 67.

[625] Vgl. etwa die Kritik von *Hruschka* NJW **1973** 1804; *Tröndle* JR **1974** 133.

Ob einzelne Tatbestände vergleichbar sind, ist immer durch **Vergleich** der im Einzel- **143** falls als Alternative in Betracht kommenden **konkreten Formen** der Tatbestandsverwirklichung zu ermitteln und nicht allgemein durch einen abstrakten Normenvergleich der mitunter sehr weitgespannten Tatbestände. Es ist erforderlich und ausreichend, wenn die Tatbestände in ihren konkreten Begehungsformen den Anforderungen genügen[626].

Liegt Vergleichbarkeit nur bei einem **Teil der alternativ möglichen Straftatbestände** **144** vor, so schließt das die wahldeutige Verurteilung nicht aus, es müssen jedoch diejenigen Tatbestände oder qualifizierenden Tatbestandsmerkmale außer Betracht bleiben, bei denen diese Vergleichbarkeit fehlt[627], z. B., weil sie nur bei einer Alternative mit einem der vergleichbaren Tatbestände rechtlich zusammentreffen oder weil sie einen vergleichbaren Grundtatbestand zu einer unvergleichbar schwereren Tat qualifizieren[628].

c) Die **unterschiedlichen Auffassungen des Schrifttums** reichen von der Ablehnung **145** der wahldeutigen Verurteilung aus rechtsstaatlichen Überlegungen[629] bis zur Bejahung ihrer Zulässigkeit über die herrschende Rechtsprechung hinaus aus dem Blickwinkel eines kriminalpolitischen Bedürfnisses[630].

An Stelle der ethischen und psychologischen Vergleichbarkeit sieht eine im Schrifttum **146** in verschiedenen Varianten vertretene Auffassung in der **Verwandtschaft des verletzten Rechtsguts** und **im gleichen Unrechtskern** der Delikte die Voraussetzungen für die wahlweise Feststellung zwischen den bestehenden Tatbestandsalternativen[631]. In verschiedenen Varianten wird dabei abgestellt auf die Vergleichbarkeit des vertypten Unrechtswertgehalts, der Ähnlichkeit der Rechtsgutverletzung und die Gleichwertigkeit des Unrechtsgehalts der Handlungsabläufe[632] oder auf die Zurückführbarkeit der graduellen Unwertverschiedenheit auf einen gemeinsamen Grundtatbestand[633] oder auf einen im Wege der Abstraktion gewonnenen Werttypus[634]. Soweit dabei die Anforderungen an die Kriterien der Gleichwertigkeit von Art und Unrechtsgehalt nicht gelockert werden, führen die im Schrifttum vertretenen Auffassungen weitgehend zu den gleichen Ergebnissen wie die Kriterien der Rechtsprechung[635], bei deren konkreter Anwendung weitgehend gleichartige Bewertungsgesichtspunkte herangezogen werden.

Dreher[636] sucht die Lösung in einer (erweiterten) Anwendung des Grundsatzes **in** **147** **dubio pro reo**, wonach bei Nichterweisbarkeit des schwereren Tatbestands der bei der Verneinung des schwereren sicher gegebene leichtere Tatbestand Anwendung finden soll. Wegen weiterer Einzelheiten vgl. die Erläuterungsbücher zum StGB.

---

[626] OLG Saarbrücken NJW **1976** 65; auch BayObLGSt **1977** 35 = JR **1978** 25 mit Anm. *Hruschka*; OLG Karlsruhe NJW **1976** 902; *Schulz* JuS **1974** 637; *Wolter* 107 ff; KMR-*Paulus* § 260, 48; KMR-*Stuckenberg* 122; BGH StV **1985** 92 läßt dies offen; **a. A** wohl BGHSt **11** 28; **20** 101; *Günther* JZ **1976** 665.

[627] KMR-*Paulus* § 260, 48.

[628] BGHSt **25** 182 für Unterschlagung und dem im schweren Raub enthaltenen Diebstahl; dazu *Hruschka* NJW **1973** 1466; *Schulz* JuS **1974** 635; *Tröndle* JR **1974** 133.

[629] Z. B. *Endruweit* 189 ff; ferner (nur beschränkt auf die Erscheinungsformen desselben Delikts) *Heinitz* JZ **1952** 100; JR **1957** 126; *Eb. Schmidt* § 244, 17; *Schorn* DRiZ **1964** 45; SK-*Schlüchter* 95; Art. 103 Abs. 2 GG wird aber durch die wahldeutige Verurteilung, die sich auf gesetzlich festgelegte Straftatbestände stützt, nicht verletzt; dazu KMR-*Stuckenberg* 131.

[630] *v. Hippel* NJW **1963** 1533; *Nüse* GA **1953** 33; *Zeiler* ZStW **64** (1952) 156; **72** (1960) 4; dazu KMR-*Stuckenberg* 129 ff.

[631] *Deubner* NJW **1967** 738; **1969** 147; JuS **1962** 23; *Fleck* GA **1966** 336; *Hartwig* FS Eb. Schmidt 484; *Hruschka* JR **1978** 26; *Jakobs* GA **1971** 270; *Otto* FS Peters 373; *Tröndle* JR **1974** 133; vgl. dazu *Montenbruck* Wahlfeststellung 141 ff.

[632] *Wolter* 117; GA **1974** 161; JuS **1984** 609; SK-*Schlüchter* 95 (Gleichwertigkeit von Rechtsgutverletzung und Handlungsunwert).

[633] Vgl. etwa *Günther* 106; 123; JZ **1976** 665; ferner OLG Saarbrücken NJW **1976** 67; *v. Hippel* FS Oehler 43 (funktionsgleichwertige Tatbestandsbildungen).

[634] *Montenbruck* Wahlfeststellung 117 ff.

[635] KMR-*Stuckenberg* 124.

[636] *Dreher* MDR **1970** 371.

148   **d) Beispiele aus der Rechtsprechung.** Die nachfolgenden Beispiele aus der Rechtsprechung sind zum Teil zu Straftatbeständen des materiellen Rechts ergangen, die sich zwischenzeitlich — mitunter mehrfach — geändert haben. Sie können daher nicht ohne weiteres auf das gegenwärtig geltende Strafrecht übernommen werden.

149   Unter ausdrücklicher Bejahung der ethischen und psychologischen Vergleichbarkeit wurde die alternative Verurteilung zugelassen

zwischen vollendeter **Abtreibung** entweder in Tateinheit mit vollendetem Totschlag oder in Tatmehrheit mit versuchtem Totschlag (BGHSt **10** 294);

150   zwischen falscher **Aussage** und wissentlich falscher Verdächtigung (BGHSt **32** 146; OLG Braunschweig NJW **1959** 1114; BayObLG JZ **1974** 392);

zwischen **Meineid** und falscher Verdächtigung (BayObLGSt **1977** 35 = JR **1978** 25 mit Anm. *Hruschka*); zwischen Meineid und falscher Versicherung an Eides Statt (OLG Hamm GA **1974** 84); zwischen Meineid und fahrlässigem Falscheid (BGHSt **4** 340; BayObLG NJW **1962** 2211; beide Taten müssen aber der Urteilsfindung unterstellt sein, vgl. Rdn. 125, 163);

151   zwischen **Betrug** und Untreue (OLG Hamburg JR **1956** 28; BGH GA **1970** 24); Betrug und Hehlerei (BGH NJW **1974** 804; jedoch nicht abschließend entschieden);

zwischen **Betrug** und Unterschlagung (OLG Hamm MDR **1974** 682; NJW **1974** 804; OLG Saarbrücken NJW **1976** 65; dazu *Günther* JZ **1976** 66);

zwischen **Betrug** und Diebstahl in besonderen Fällen (Trick-Diebstahl; OLG Karlsruhe NJW **1976** 902; BGH bei *Holtz* MDR **1985** 89 läßt dies offen; vgl. unten Rdn. 157);

152   zwischen **betrügerischem Bankrott** und Gläubigerbegünstigung (BGH GA **1955** 365 bei *Herlan*);

153   zwischen **Diebstahl** und Hehlerei (BGHSt **1** 302; **12** 386; BGH NJW **1952** 114; **1988** 115; OLG Celle GA **1955** 29; NdsRpfl. **1986** 258); auch wenn als dritte Möglichkeit noch die Beihilfe in Tatmehrheit mit Hehlerei dazukommt (BGHSt **15** 63; vgl. auch OLG Hamm MDR **1950** 57)[637]; schwerem Diebstahl, Unterschlagung und Hehlerei (BGHSt **16** 184); schwerem Diebstahl und gewerbsmäßiger Hehlerei (BGHSt **11** 26; BGH NJW **1954** 931; JR **1959** 300); Mundraub und Hehlerei (OLG Neustadt NJW **1953** 1443);

zwischen **Diebstahl** und sachlicher Begünstigung (BGHSt **23** 260 = JZ **1971** 141 mit Anm. *Schröder*; dazu *Hruschka* NJW **1971** 1392; *Wolter* GA **1974** 167);

zwischen **Diebstahl** und Unterschlagung (OLG Köln GA **1974** 121; **a. A** *Hruschka* NJW **1973** 1805); Diebstahl als Grundtatbestand des Raubes und Unterschlagung (BGHSt **25** 182; *Hruschka* NJW **1973** 1864; *Tröndle* JR **1974** 133; dazu Rdn. 133);

zwischen Diebstahl und erschwerter Amtsunterschlagung (BayObLGSt **1958** 17 = NJW **1958** 560);

zwischen Diebstahl, Unterschlagung und Hehlerei (BGH NJW **1961** 1936);

zwischen Diebstahl und Pfandkehr (OLG Düsseldorf NJW **1989** 115);

bei den Regelbeispielen (§ 243 StGB) für besonders schwere Fälle scheidet eine wahldeutige Verurteilung aus, da die einzelnen Modalitäten der erschwerten Tatbegehung

---

[637] BGH bei *Dallinger* MDR **1970** 13 läßt offen, ob die Wahlfeststellung auch zwischen Diebstahl und gewohnheitsmäßiger Hehlerei möglich ist; die Frage stellt sich aber nur, wenn die Gewohnheitsmä- ßigkeit durch mehrere Hehlereihandlungen, die sicher – und nicht nur auf wahldeutiger Grundlage – festgestellt sind, nachgewiesen ist. Vgl. ferner BGH bei *Dallinger* MDR **1967** 549; **1971** 547.

keine Tatbestandsqualität haben; eine wahlweise Feststellung zwischen verschiedenen Begehungsformen des § 243 ist aber möglich;

zwischen **Fahren in angetrunkenem Zustand** und Duldung, daß ein anderer in einem 154 solchen Zustand oder ohne Fahrerlaubnis gefahren ist (OLG Celle NJW **1965** 1173; OLG Hamm NJW **1982** 192; OLG Karlsruhe NJW **1980** 1859; OLG Köln GA **1968** 24; **a. A** OLG Koblenz NJW **1965** 1926);

zwischen vom **Halter selbst** begangenem Parkverstoß und der Förderung des Parkver- 155 stoßes eines anderen (BayObLG bei *Rüth* DAR **1983** 107; OLG Hamm VRS **61** [1981] 368; KG StV **1984** 107);

zwischen **Raub** und räuberischer Erpressung (BGHSt **5** 280; vgl. auch *v. Hippel* FS 156 Oehler 55); Verabredung eines Raubes und räuberischer Erpressung (BayObLGSt **1954** 41 = NJW **1954** 1248);

zwischen versuchtem schweren **Raub** und versuchtem räuberischen Diebstahl (BGH NStZ **1984** 506);

zwischen **Geiselnahme** und Verabredung eines Verbrechens der Geiselnahme (BGHSt **38** 83 = JR **1993** 245 mit Anm. *Schmoller*);

zwischen **Steuerhinterziehung** und Steuerhehlerei (BGHSt **4** 128; **8** 37; BGH GA **1954** 242; BayObLGSt **1951** 592; **1953** 177 = NJW **1954** 122);

Abgelehnt wurde eine wahldeutige Verurteilung beispielsweise zwischen 157

Vortäuschen einer Straftat und Diebstahl (OLG Köln NJW **1982** 347);

Nichtanzeigen eines Verbrechens und Beteiligung an der anzuzeigenden Straftat (BGHSt **36** 167, 174; BGH StV **1988** 202; BGH bei *Holtz* MDR **1979** 635; **1986** 791);

Landesverrat und landesverräterischer Fälschung (BGHSt **20** 100; krit. *Fleck* GA **1966** 334);

Mord und schwerer Körperverletzung (BGH NJW **1991** 990);

Totschlag und Bedrohung (OLG Karlsruhe MDR **1981** 430);

vorsätzlicher Tötung und Beihilfe zur Körperverletzung (BGH NJW **1991** 990; GA **1967** 182);

Abtreibung und versuchten Betrugs (BGH bei *Dallinger* **1958** 739);

Diebstahl und Betrug (BGH StV **1985** 92 — für Sachbetrug —, OLG Karlsruhe Justiz **1973** 57; vgl. Rdn. 151); Diebstahl und Beihilfe zum Versicherungsbetrug (BGH NStZ **1985** 123);

Diebstahl und Erpressung (BGH DRiZ **1972** 30);

Diebstahl, Hehlerei und Unterschlagung (OLG Stuttgart NStZ **1991** 285 mit Anm. *Stree*);

schwerem **Raub** und Hehlerei (BGHSt **21** 152);

Beihilfe zum Raub und Strafvereitelung (BGH bei *Holtz* MDR **1989** 111);

Betrug und Bestechlichkeit (BGHSt **15** 99);

Betrug und Urkundenfälschung (OLG Düsseldorf NJW **1974** 1833);

Betrug und Steuerhinterziehung (BGH bei *Holtz* MDR **1984** 89);

Strafvereitelung und Betäubungsmitteldelikt (BGHSt **30** 77 = JR **1982** 80 mit Anm. *Günther*);

Hehlerei und Untreue (BGHSt **15** 266);

Gefährdung des Straßenverkehrs und Widerstand (OLG Hamm VRS **20** (1961) 347);

Vollrausch (§ 323 a StGB) und der im Rausch begangenen Tat (BGHSt **1** 275; **9** 390; **32** 48; vgl. Rdn. 132).

158   Soweit BGHSt **21** 152 die wahldeutige Verurteilung zwischen **schwerem Raub** und **Hehlerei** abgelehnt hatte[638], ist die Entscheidung zum Teil in BGHSt **25** 182 aufgegeben worden (vgl. Rdn. 153), eine wahldeutige Verurteilung wegen Beihilfe zum Diebstahl und anschließender Hehlerei scheidet aus, weil die beiden Alternativen sich nicht gegenseitig ausschließen (BGH GA **1984** 373). Zur Frage, unter welchen Voraussetzungen ein Postpendenzverhältnis anzunehmen ist, vgl. Rdn. 131.

5. Verfahrensfragen

159   **a)** Bevor das Gericht sich zu einer Verurteilung auf einer mehrdeutigen Tatsachengrundlage entschließt, muß es kraft seiner Aufklärungspflicht **alle Beweismöglichkeiten ausschöpfen**, um zu versuchen, doch noch zu eindeutigen Feststellungen zu gelangen[639]. Erst wenn alle Beweismöglichkeiten erschöpft sind, darf das Gericht sich mit der Feststellung einer doppeldeutigen Tatsachengrundlage begnügen, sofern es dann alle anderen Handlungsverläufe ausschließen kann, die — eventuell unter Anwendung des Zweifelssatzes — zu einem Freispruch führen müßten. An Stelle der im Regelfall notwendigen Überzeugung, daß der Angeklagte so und nicht anders gehandelt habe, tritt die Überzeugung, daß nur mehrere, im einzelnen genau umschriebene, sich gegenseitig ausschließende Möglichkeiten vorgelegen haben können und alle anderen Möglichkeiten auszuschließen sind.

160   **b)** Für diese **Überzeugungsbildung** gelten im übrigen die **allgemeinen Regeln**. Das Gericht darf deshalb unglaubhafte oder nur nicht widerlegte Angaben des Angeklagten den Alternativen, von denen es unter Ausschluß aller anderen Möglichkeiten bei Urteilsfindung ausgehen möchte, grundsätzlich ebensowenig zugrunde legen wie bei eindeutigen Feststellungen[640]. Nur wenn neben der Möglichkeit oder den Möglichkeiten, die das Gericht aus anderen Gründen als gegeben ansieht, nach seiner Überzeugung die Darstellung des Angeklagten richtig sein muß, falls jene andere Möglichkeit nicht zutreffen sollte, darf es bei Verurteilung auf doppeldeutiger Grundlage auch von der nicht widerlegten, vielleicht sogar für nicht sehr glaubhaft gehaltenen Darstellung des Angeklagten als einer weiteren Möglichkeit ausgehen[641]. Vermag das Gericht mehrere Möglichkeiten des Handlungshergangs nicht auszuschließen, ist die dem Angeklagten günstigste zugrunde zu legen. Der Grundsatz in dubio pro reo wandelt sich im Falle der Verurteilung auf doppeldeutiger oder mehrdeutiger Grundlage zu dem Grundsatz in dubio mitius ab[642].

161   Allen diesen Fällen der Verurteilung auf doppeldeutiger oder mehrdeutiger Tatsachengrundlage ist gemeinsam, daß der Urteilspruch zum Teil auf einer tatsächlichen Annahme beruht, von deren Richtigkeit das Gericht, anders als im Regelfall, nicht die volle Überzeugung erlangen kann, weil es auch mindestens einen weiteren tatsächlichen Geschehensverlauf für nicht ausgeschlossen hält. Es muß darüber hinaus aber der gesicherten Überzeugung sein, daß außer den in die wahldeutige Verurteilung einbezogenen Tatalternativen **keine weiteren Modalitäten** des Sachhergangs in Betracht kommen (exklusive Alternativität)[643].

---

[638] Vgl. dazu *Deubner* NJW **1967** 738; *Oellers* MDR **1967** 506; *Fuchs* DRiZ **1968** 16; ferner *Deubner* NJW **1962** 95, wonach die Wahlfeststellung zwischen der Unterschlagung und den als ihre Vortaten in Betracht kommenden Aneignungsdelikten zulässig ist.

[639] RGSt **71** 343; RG JW **1939** 221; 365; BGHSt **11** 100; **12** 388; **21** 152; **22** 154; BGH LM Nr. 16; BGH NJW **1954** 932; GA **1070** 24; bei *Holtz* MDR **1985** 285; BayObLG NJW **1967** 361; OLG Hamburg NJW **1955** 920; JR **1962** 229; **a. A** OLG

Zweibrücken NJW **1966** 1828 (bei Bagatellfällen in der Revisionsinstanz). Vgl. § 244, 40.

[640] BGH NJW **1954** 932; bei *Spiegel* DAR **1983** 159; vgl. Rdn. 74; ferner *Kroschel/Meyer-Goßner* 114.

[641] BGH LM Nr. 16.

[642] Vgl. Rdn. 122.

[643] BGH JR **1981** 305 mit Anm. *Peters*; NJW **1983** 405; NStZ **1986** 373; *Kroschel/Meyer-Goßner* 113; KMR-*Stuckenberg* 119; SK-*Schlüchter* 98; vgl. Rdn. 141.

Die für erwiesen erachteten Tatsachen, in denen die **Merkmale der Straftat** liegen, sind für alle — sich gegenseitig ausschließenden — Alternativen in der von § 267 geforderten Weise im Urteil nach Ort, Zeit und Umständen sicher festzustellen[644]. Sind die Voraussetzungen für eine wahldeutige Feststellung gegeben, darf das Gericht nicht von ihr absehen[645].

Eine wahldeutige Verurteilung entfällt nicht deshalb, weil eine der in Frage kommenden Strafvorschriften nach der einen Tatalternative mit einer **weiteren Strafvorschrift** rechtlich zusammentreffen würde. Der nur bei einer Alternative zusätzlich gegebene rechtliche Gesichtspunkt, der bei den anderen Alternativen keine Entsprechung findet, darf jedoch der Verurteilung nicht mit zugrunde gelegt werden[646]. **162**

Eine wahldeutige Verurteilung ist unzulässig, wenn auch nur bei einer für die Alternativverurteilung in Betracht kommenden Tat ein **Verfahrenshindernis** entgegensteht[647]. Handelt es sich bei den alternativ in Betracht kommenden Sachverhalten um **zwei verschiedene Taten** im Sinne des § 264, setzt die wahldeutige Verurteilung voraus, daß die Anklage alle in Betracht kommenden Taten umfaßt[648]. Ist dies nicht der Fall, weil nur eines von zwei in Betracht kommenden historischen Geschehen angeklagt ist, muß das andere im Wege der Nachtragsanklage oder, falls dies nicht möglich ist, im Wege einer getrennten Anklage und nachträglichen Verfahrensverbindung zum Gegenstand der Hauptverhandlung gemacht worden sein. Andernfalls ist eine wahldeutige Verurteilung nicht möglich, der Zweifelssatz würde dann Freispruch erfordern. **163**

c) Das Gericht muß den Angeklagten auf die **Veränderung des rechtlichen Gesichtspunkts** nach § 265 Abs. 1 hinweisen, wenn es ihn statt der angeklagten Straftat wahlweise auch wegen einer anderen verurteilen will[649], wenn dies in der zugelassenen Anklage noch nicht enthalten war. Dabei genügt der Hinweis, daß auch eine Verurteilung unter dem Gesichtswinkel der anderen Straftat in Betracht kommen kann; auf die Möglichkeit einer Wahlfeststellung als solcher braucht sich der Hinweis in der Regel nicht zu erstrecken[650]; in Einzelfällen kann dies wegen der Veränderung der Sachlage und der veränderten Verteidigungsmöglichkeiten aber trotzdem angebracht sein[651]. **164**

d) Die **Strafe** ist dem Gesetz zu entnehmen, das nach der Lage des Einzelfalls die mildeste Bestrafung zuläßt[652]; dabei sind auch die Milderungsmöglichkeiten eines an sich strengeren Gesetzes mit in Betracht zu ziehen[653]. Der Angeklagte darf durch die wahldeutige Feststellung keinen Nachteil erleiden, insbesondere darf der Verdacht der schweren Verfehlung nicht zu seinen Ungunsten ins Gewicht fallen. Dies gilt auch bei den Nebenfolgen. Auf sie darf nur erkannt werden, wenn sie bei allen die Verurteilung tragenden Tatbeständen rechtlich zulässig und bei jedem der möglichen Geschehensabläufe sachlich gerechtfertigt sind[654]. **165**

---

[644] BGH GA **1967** 182; 184; JR **1981** 305 mit Anm. *Peters*; NJW **1954** 932; NStZ **1986** 373; vgl. bei § 267.

[645] BayObLGSt **1953** 177 = NJW **1954** 122.

[646] BGH NJW **1957** 1643; **1961** 790; GA **1970** 24.

[647] OLG Braunschweig NJW **1951** 38.

[648] Zur wahldeutigen Anklageerhebung vgl. BGH NJW **1957** 1886; *Beulke/Fahl* Jura **1998** 263. KMR-*Stuckenberg* 135; SK-*Schlüchter* 84; ferner Rdn. 125 mit weit. Nachw. zu den teilweise strittigen Fragen.

[649] Vgl. bei § 265; ferner etwa KMR-*Stuckenberg* 135.

[650] BGH bei *Dallinger* MDR **1974** 369.

[651] Vgl. bei § 265.

[652] RGSt **68** 363; **69** 373; **70** 281; **71** 73; BGHSt **25** 186; BGH NJW **1952** 114; **1954** 931; **1959** 119; BGH bei *Dallinger* MDR **1957** 397; *Nüse* GA **1953** 42; *Otto* FS Peters 391; KK-*Engelhardt*⁴ 79; KMR-*Paulus* § 260, 51; KMR-*Stuckenberg* 138; sowie die Kommentare zum StGB.

[653] BGHSt **13** 70 (zu § 158 StGB); KMR-*Stuckenberg* 138; SK-*Schlüchter* 98.

[654] RGSt **68** 263; KK-*Engelhardt*⁴ 79; *Kleinknecht/Meyer-Goßner*⁴⁴ § 260, 31; KMR-*Paulus* § 260, 51.

166   e) Die **Fassung des Urteilsspruchs** ist bei **alleiniger Tatsachenalternativität** (gleichartige Wahlfeststellung) unproblematisch, da die Alternativen denselben Straftatbestand erfüllen und schon deshalb im Urteilstenor nicht erscheinen[655]. Auch bei einer Postpendenzfeststellung wird — wie bei allen dem Zweifelssatz Rechnung tragenden eindeutigen Verurteilungen — nur das angewandte Strafgesetz in die Urteilsformel aufgenommen[656].

167   Wie der Urteilsspruch bei der Verurteilung auf Grund mehrerer **alternativ angewandter Strafbestimmungen** (Gesetzesalternativität) zu lauten hat, ist nirgends vorgeschrieben. Es steht somit nach § 260 Abs. 4 Satz 5 im Ermessen des Gerichts[657]. Die Rechtsprechung hat sowohl zugelassen, daß nur das mildeste Gesetz in den Urteilsspruch aufgenommen wird[658], als auch, daß die wahlweise Verurteilung und das angewandte Strafgesetz im Urteilsspruch angeführt werden[659]. Im Schrifttum wird sowohl die Auffassung vertreten, daß die wahlweise angewandten Gesetze in der Urteilsformel erscheinen müssen[660], als auch, daß, um Benachteiligung des Angeklagten zu vermeiden, nur das mildeste Gesetz angeführt werden darf[661], wobei verschiedentlich gefordert wird, daß zum Schutze des Angeklagten kenntlich zu machen ist, daß die Verurteilung auf Grund einer Wahlfeststellung erfolgte, etwa durch den Zusatz „Wahlfeststellung" oder „auf wahldeutiger Grundlage"[662]. Vertreten werden auch einige dazwischenliegende Varianten, etwa, daß nur, wenn die Vorschriften gleich schwer sind, beide nebeneinander angeführt werden müssen, während sonst nur das mildere Gesetz anzugeben ist[663].

168   Geht man davon aus, daß die Fassung im **pflichtgemäßen**, am Zweck der Formel auszurichtenden **Ermessen** des Gerichts steht, dann erscheint es angezeigt, wenn diejenige Formel gewählt wird, welche sicherstellt, daß der Angeklagte durch den Urteilsspruch — der allein im Strafregister eingetragen wird — nicht über Gebühr belastet ist; insbesondere, daß nicht später eine möglicherweise gegebene Straftat als voll erwiesen behandelt wird. Welcher Teil der Verurteilung später einmal Bedeutung erlangen kann, läßt sich nicht mit Sicherheit vorhersehen[664]. Dies spricht dafür, die wahldeutige Verurteilung auf jeden Fall in der Urteilsformel kenntlich zu machen[665] und hier die alternativ verletzten Gesetze anzuführen oder zumindest auf die Wahldeutigkeit in der Urteilsformel hinzuweisen.

---

[655] KK-*Engelhardt*⁴ § 260, 35; *Kleinknecht/Meyer-Goßner*⁴⁴ § 260, 27; KMR-*Paulus* § 260, 52; SK-*Schlüchter* § 260, 27.

[656] BGHSt **35** 86; 89; BGH NStZ **1989** 266; 574; *Kleinknecht/Meyer-Goßner*⁴⁴ § 260, 27; SK-*Schlüchter* § 260, 27.

[657] BGHSt **1** 302; **4** 130; OLG Zweibrücken NJW **1966** 1828; *Kroschel/Meyer-Goßner* 24; früher schrieb § 267 b Abs. 1 StPO vor, daß in die Formel nur das anzuwendende (mildere) Gesetz aufzunehmen sei.

[658] BGHSt **1** 302; **4** 340; BGH NJW **1959** 1140; JZ **1952** 116; dazu *Heinitz* JZ **1952** 100; OLG Celle NdsRpfl. **1951** 91; OLG Hamburg MDR **1950** 57; OLG f. Hessen HESt **2** 110; OLG Hamm HESt **3** 54; OLG Neustadt NJW **1953** 1443; OLG Zweibrücken NJW **1966** 1828.

[659] RGSt **68** 261; OGHSt **2** 93; BGHSt **8** 34; **15** 66; **25** 186; BGH NJW **1973** 1466; **1952** 114; OLG Celle HannRpfl. **1947** 48; JZ **1951** 465; OLG Hamm SJZ **1950** 55; OLG Braunschweig NJW **1957** 1933.

[660] *Jakobs* GA **1971** 272; *Jescheck* AT § 16 III 2 c; *Schönke/Schröder/Eser* § 1, 113; *Tröndle/Fischer*⁴⁹ § 1; 20; *Eb. Schmidt* 13; 14; HK-*Julius*² 14; KK-*Engelhardt*⁴ § 260, 35; *Kleinknecht/Meyer-Goßner*⁴⁴ § 260, 27.

[661] *Deubner* JuS **1962** 23; NJW **1967** 359; *Heinitz* JZ **1952** 101; *Henkel* § 92 Fußn. 4; KMR-*Stuckenberg* 136; ferner Rdn. 165.

[662] KMR-*Stuckenberg* 136. vgl. auch SK-*Schlüchter* § 260, 27.

[663] *Hruschka* MDR **1967** 269; NJW **1973** 1805.

[664] Man denke z. B. an die vorzeitige Straftilgung im Rahmen eines auf bestimmte Deliktsgruppen beschränkten Straffreiheitsgesetzes. Nach BGH bei *Dallinger* MDR **1970** 899 war der Angeklagte bei der durch § 17 StGB a. F (entsprach dem jetzt aufgehobenen § 48 StGB) geschaffenen Rechtslage nicht beschwert, wenn er statt wahldeutig wegen Diebstahls und Hehlerei allein wegen Hehlerei verurteilt wird.

[665] *Kroschel/Meyer-Goßner* 24 mit Beispielen für die Fassung des Urteilsspruchs.

Wenn der Verurteilung in Anwendung des Grundsatzes in dubio pro reo Tatbestände **169** zugrunde liegen, zwischen denen zumindest in der juristischen Wertung ein **Stufenverhältnis** besteht, ist allein das mildeste Gesetz in die Urteilsformel aufzunehmen[666].

f) Die **Urteilsgründe** müssen, wie auch sonst, die sicher erwiesenen Tatsachen ange- **170** ben, in denen die gesetzlichen Merkmale der Straftat gefunden werden. Soweit dies an nicht behebbaren Zweifeln scheitert, ist an deren Stelle der äußere und innere Sachverhalt der alternativen Verhaltensweisen zu schildern, die nach der Überzeugung des Gerichts als allein möglich in Betracht kommen. Es muß erkennbar sein, daß und warum unter Ausschöpfung aller Beweismittel keine eindeutigen Feststellungen möglich sind[667] und daß statt dessen zur Überzeugung des Gerichts feststeht, daß nur eine der aufgezeigten, sich nach der konkreten Sachlage gegenseitig ausschließenden Alternativen in Betracht kommt[668] und insbesondere die Annahme eines straflosen Verhaltens mit Sicherheit ausscheidet. Dabei darf die Ungewißheit, welcher von mehreren Tatbeständen verwirklicht ist, nur darauf beruhen, daß jeweils die Verwirklichung der anderen Möglichkeiten nicht ausgeschlossen werden kann[669]. Da mit Divergenz und Zahl der als möglich in Betracht kommenden Geschehensverläufe die Gefahr eines Irrtums wächst, werden an die Darstellung aller Tatmodalitäten und an die Ausführungen zum Ausschluß jeder anderen Möglichkeit strenge Anforderungen gestellt[670]. Bei Ermittlung des nach Sachlage mildesten Gesetzes sind zwar alle konkret in Betracht kommenden Umstände, insbesondere auch die für die jede Alternative spezifischen Strafmilderungsgründe (hypothetisch) zu berücksichtigen, es ist aber nicht erforderlich, zu Vergleichszwecken für jede in Betracht kommende Tat die angemessene Strafe in den Urteilsgründen auszuwerfen[671]. Wenn sich das nicht von selbst ergibt, kann es zweckmäßig sein, in den Gründen aufzuzeigen, aus welchen Erwägungen die Strafvorschriften, die für die Bemessung der Strafe bestimmend waren, als milderes Gesetz angesehen wurden. **Nebenstrafen, Nebenfolgen** und **Maßregeln der Besserung und Sicherung** können nur angeordnet werden, wenn sie bei allen alternativ in Frage kommenden Tatbeständen rechtlich zulässig und sachlich angemessen sind[672].

VIII. Revision

1. Nicht aus dem Inbegriff der Hauptverhandlung gewonnene Umstände. Hat das **171** Gericht **Tatsachen, die nicht Gegenstand der Hauptverhandlung** waren, bei seiner Urteilsfindung verwendet, kann dies mit der Verfahrensrüge nach § 261 geltend gemacht werden. Das Gebot, nur den Inbegriff der Hauptverhandlung der Entscheidung zugrunde zu legen, ist verletzt, wenn das Gericht in seine Überlegungen Erkenntnisse einbezieht, die es nicht in der Verhandlung gegen den betreffenden Angeklagten gewonnen hat[673]. Ein solcher Fehler liegt vor, wenn die Urteilsgründe Feststellungen enthalten, die aus einem Verfahrensteil stammen, in dem nicht gegen den betreffenden Angeklagten, sondern ausschließlich gegen **Mitangeklagte verhandelt** wurde[674] oder wenn eine Feststellung weder in den verwendeten Beweismitteln noch in den sonstigen zum Inbegriff der Hauptverhand-

---

[666] H. M; vgl. etwa BGH GA **1954** 22 (fahrlässiger Falscheid bei Zweifel, ob dieser oder Meineid vorliegt). *Kroschel/Meyer-Goßner* 115.
[667] OLG Hamburg NJW **1955** 920; OLG München HRR **1936** 1594; *Kroschel/Meyer-Goßner* 116; KMR-*Stuckenberg* 137.
[668] OLG Celle VRS **40** (1971) 16; vgl. Rdn. 125.
[669] BGHSt **12** 386.

[670] BGH NJW **1983** 405; NStZ **1986** 373; JR **1981** 304 mit Anm. *Peters.*
[671] BGH bei *Dallinger* MDR **1957** 397; vgl. KMR-*Stuckenberg* 138.
[672] RGSt **68** 257; KK-*Engelhardt*⁴ 79; KMR-*Stuckenberg* 138; SK-*Schlüchter* 98.
[673] Vgl. dazu Rdn. 17 ff.
[674] Vgl. Rdn. 17; § 231 c, 24; 237, 27 mit weit. Nachw.

lung gehörenden Vorgängen eine Grundlage finden kann[675], zum Beispiel wenn sie sich auf eine ausweislich der Sitzungsniederschrift nicht in die Hauptverhandlung eingeführte Aussage eines Zeugen stützt[676] oder sonst auf ein Beweismittel, das nicht oder nicht in zulässiger Form in der Hauptverhandlung verwendet worden war[677]. Gleiches gilt, wenn das Gericht irrigerweise einen Verfahrensvorgang als in der Hauptverhandlung geschehen behandelt, so, wenn es Schlußfolgerungen aus einer in Wirklichkeit unterbliebenen Belehrung[678] oder Vereidigung[679] herleitet. Als Verstoß gegen § 261 kann auch gerügt werden, wenn das Gericht sein Urteil auf offenkundige oder gerichtskundige Tatsachen stützt, ohne daß diese vorher in der Hauptverhandlung zur Erörterung gestellt worden waren[680].

172   Der **Nachweis** eines solchen Verstoßes gegen § 261 kann durch Vergleich der schriftlichen Urteilsgründe mit dem Sitzungsprotokoll erbracht werden, dessen positive und negative Beweiskraft (§ 274) die Einhaltung der wesentlichen Förmlichkeiten und die Verwendung der Beweismittel in der Hauptverhandlung bezeugt[681]. Nur soweit die **Beweiskraft der Sitzungsniederschrift** nicht den Rückgriff auf andere Beweismittel verwehrt, weil es sich nicht um protokollierungspflichtige wesentliche Förmlichkeiten handelt, gilt **Freibeweis**, so etwa für die Frage, ob offenkundige oder gerichtskundige Tatsachen in der Hauptverhandlung erörtert worden sind[682]; dann kann der Nachweis durch andere Erkenntnisquellen geführt werden, nicht zuletzt auch durch dienstliche Erklärungen der Richter und anderer Verfahrensbeteiligter[683].

173   **2. Vom Ergebnis der Hauptverhandlung abweichende Urteilsfeststellungen.** Von der Rüge, der Beweisstoff sei außerhalb der Verhandlung geschöpft worden, ist die Rüge zu unterscheiden, ein in der Hauptverhandlung verwendetes Beweismittel habe **inhaltlich etwas anderes** ergeben, als im Urteil festgestellt worden ist. Diese Rüge scheitert in der Regel daran, daß es grundsätzlich Sache des Tatrichters ist, festzustellen, welchen Inhalt ein in der Hauptverhandlung verwendetes Beweismittel, etwa die Aussage eines dort gehörten Zeugen hat. Was er darüber in den Urteilsgründen festgestellt hat, bindet das Revisionsgericht bei der Urteilsüberprüfung im Rahmen der Sachrüge. Aber auch die Möglichkeit eines Gegenbeweises im Rahmen einer Verfahrensrüge scheitert grundsätzlich daran, daß dem Revisionsgericht die **Rekonstruktion des Inhalts der Beweisaufnahme** verwehrt ist. Es darf grundsätzlich weder selbst feststellen, welchen Inhalt eine Aussage in der Hauptverhandlung hatte, etwa um zu prüfen, ob sie in den Urteilsgründen richtig wiedergegeben ist, noch sonst das Ergebnis eines Beweiserhebungsvorgangs selbst würdigen[684]. Mit der Revision kann daher grundsätzlich nicht geltend gemacht werden, daß die im Strengbeweis getroffenen Feststellungen des Urteils dem Ergebnis der Hauptverhandlung nicht entsprechen[685]. Dies gilt auch dann, wenn die Aufzeichnungen eines

[675] BGH bei *Spiegel* DAR **1983** 207.
[676] BGH bei *Dallinger* MDR **1976** 989.
[677] Vgl. Rdn. 14; 18; h. M; etwa BGH StV **1985** 401 mit Anm. *Sieg*; BGH StV **1992** 359 (nicht verlesene Urkunde); OLG Köln StV **1998** 364; vgl. ferner § 249, 109 (Vorhalt); § 250, 35; 37.
[678] BayObLGSt **1964** 141 = JZ **1965** 291.
[679] BGH bei *Dallinger* MDR **1955** 297; vgl. § 59, 21.
[680] BGH NStZ **1995** 246; BayObLG StV **1994** 532; OLG Frankfurt StV **1999** 138; vgl. Rdn. 25; 26.
[681] Vgl. Rdn. 40 und bei §§ 273, 274.
[682] BGHSt **36** 354; weit. Nachw. vgl. Fußn. 27.
[683] Vgl. etwa BGHSt **22** 26; dazu Rdn. 175; *Husmann* MDR **1977** 896; § 337, 74.
[684] BGHSt **21** 149; 371; **26** 56; **29** 21; BGH bei *Holtz* MDR **1986** 625; StV **1993** 459; vgl. § 267, 1; 165;

§ 337, 77 ff mit weit. Nachw.; ferner etwa KK-*Engelhardt*[4] 53; *Kleinknecht/Meyer-Goßner*[44] 38a; KMR-*Stuckenberg* 156; SK-*Schlüchter* 106; einschränkend *Fezer* JZ **1992** 108.
[685] Vgl. etwa BGHSt **15** 347; **17** 352; **21** 149; **26** 56; **43** 212; BGH NJW **1992** 2840; NStZ-RR **1998** 17; StV **1992** 2; **1993** 115; 459; **1997** 561; VRS **37** (1969) 28; bei *Dallinger* MDR **1975** 369; **1981** 268; bei *Holtz* MDR **1986** 625; LM Nr. 15 mit Anm. *Hengsberger*; OLG Hamm NJW **1997** 69; *Husmann* MDR **1977** 894; *Eb. Schmidt* JZ **1970** 340; *Sarstedt/Hamm* 279; *Willms* FS Heusinger 402 Fußn. 25; KK-*Engelhardt*[4] 53; *Kleinknecht/Meyer-Goßner*[44] 38a; KMR-*Stuckenberg* 156; SK-*Schlüchter* 104b.

Verfahrensbeteiligten über den Inhalt der Aussage zu Protokoll genommen wurden[686]. Noch weniger ist für die Rüge der **Aktenwidrigkeit** der im Urteil getroffenen Feststellungen Raum[687]. Letzteres kann allenfalls unter Darlegung aller dafür erforderlichen Tatsachen zur Begründung einer Rüge der **Verletzung der Aufklärungspflicht** herangezogen werden[688]. Das Revisionsgericht muß grundsätzlich die Feststellungen des Tatrichters über den Inhalt einer Aussage[689], über das Ergebnis eines Sachverständigengutachtens oder eines Augenscheins[690] oder der Einlassung des Angeklagten[691] als richtig und vollständig hinnehmen.

Nur in den **Ausnahmefällen**, in denen es keiner inhaltlichen Rekonstruktion der **174** Beweisaufnahme bedarf, weil schon äußere Umstände ergeben, daß das Urteil sich auf Vorgänge oder Tatsachen stützt, die so nicht aus dem Inbegriff der Hauptverhandlung gewonnen sein können, hat die Revision Erfolg. Wenn das Gericht sein Urteil auf den Wortlaut oder den Inhalt einer in der Hauptverhandlung verlesenen Urkunde oder Vernehmungsniederschrift oder eine nach § 249 Abs. 2 in die Hauptverhandlung eingeführten Urkunde gründet, die in Wirklichkeit einen anderen Inhalt oder Wortlaut hatte[692], kann der Fehler ohne jede Rekonstruktion der Hauptverhandlung und ohne Eingriff in den eigentlichen Beweiswürdigungsvorgang vom Revisionsgericht festgestellt werden[693]. Gleiches gilt bei Aussagen, die nach **§ 273 Abs. 3 wörtlich in das Protokoll aufgenommen** und genehmigt worden sind[694] oder deren Inhalt deshalb eindeutig festgestellt werden kann, weil sie nach § 247 a, 255 a durch eine Videoaufzeichnung in die Hauptverhandlung eingeführt wurde[695], oder wenn das im Urteil für den Identitätsnachweis herangezogene **Lichtbild** absolut unergiebig ist, so daß schlechthin ausgeschlossen werden kann, daß darauf irgendwelche Vergleiche hätten gestützt werden können[696]. Die Grenze besteht dort, wo das Bild nicht absolut unergiebig ist, sondern trotz seiner den Beweiswert erheblich mindernder Mängel noch die Heranziehung seines Inhalts für die Beweiswürdigung ermöglicht, denn diese ist dann allein Sache des Tatrichters[697]. Gleiches dürfte bei einer mangelhaften oder lückenhaften Bild-Ton-Aufzeichnungen gelten, bei denen dann — zumindest in dem von den Mängeln betroffenen Bereich — die sichere Feststellung eines Fehlers eine Rekonstruktion der Beweisaufnahme bedürfte, die dem Revisionsgericht verwehrt ist.

Rügt die Revision, zugleich mit § 261 sei auch der Verfassungsgrundsatz der **Gewäh-** **175** **rung des rechtlichen Gehörs** (Art. 103 Abs. 1 GG) verletzt worden, weil sich das Urteil

---

686 BGHSt **15** 347; **43** 212; BGH NStZ **1990** 35; *Herdegen* JZ **1998** 55; *Kleinknecht/Meyer-Goßner*[44] 38a; KMR-*Stuckenberg* 156.

687 BGH NJW **1992** 2840; OLG Koblenz VRS **46** (1974) 441; *Sarstedt/Hamm* 279; KMR-*Stuckenberg* 156; SK-*Schlüchter* 104b; *Eb. Schmidt* 34.

688 Vgl. § 244, 45; 351 ff; ferner etwa *Herdegen* FS Salger 313; *Herdegen* StV **1992** 540; *Pelz* NStZ **1993** 364; *Schäfer* StV **1995** 156; *Schlothauer* StV **1992** 134; SK-*Schlüchter* 104c; aber auch Rdn. 183.

689 BGHSt **21** 149; 372; **26** 62; BGH bei *Holtz* MDR **1986** 625; OLG Hamm NJW **1974** 1150; vgl. Rdn. 82; ferner § 337, 77 ff mit weit. Nachw.

690 BGH bei *Kusch* NStZ **1995** 220; KK-*Engelhardt*[4] 53; *Kleinknecht/Meyer-Goßner*[44] 38a; vgl. Rdn. 100; 101 und § 337, 85 mit weit. Nachw.

691 BGH bei *Dallinger* MDR **1975** 369; ferner BGH bei *Holtz* MDR **1981** 268; OLG Hamm MDR **1973** 516; VRS **29** (1965) 39; bei § 267 und § 337, 77.

692 Zur Frage, wann ein anderer Inhalt vorliegt, vgl. BGH bei *Miebach* NStZ **1988** 212; § 337, 81.

693 Vgl. Rdn. 97; § 337, 79 ff mit weit. Nachw.

694 BGHSt **38** 14 = JZ **1992** 106 mit Anm. *Fezer*; BGH NStZ **1991** 500; OLG Zweibrücken StV **1994** 545; vgl. § 337, 86 mit weit. Nachw.

695 Vgl. bei § 255 a; ferner etwa KMR-*Stuckenberg* 157, auch zur Konstruktion der Rüge („nicht existenten Inhalt des Beweismittels gewürdigt", bzw. ohne Rekonstruktion der tatrichterlichen Beweisaufnahme offensichtlicher Fehler); dazu ferner § 337, 79 ff.

696 Vgl. etwa BGHSt **41** 376; 381; *Herdegen* StV **1992** 594; *Maul* FS Pfeiffer 424; *G. Schäfer* StV **1995** 156; KMR-*Stuckenberg* 157; ferner § 337, 85.

697 Vgl. BGHSt **29** 18 = JR **1980** 168 mit Anm. *Peters*; *Kleinknecht/Meyer-Goßner*[44] 38a; KMR-*Stuckenberg* 157; vgl. aber auch BGHSt **23** 64 (Schallplattenaufnahme).

auf Tatsachen stützt, zu denen der Beschwerdeführer in der Hauptverhandlung nicht gehört wurde, so hat das Revisionsgericht nach Ansicht des Bundesgerichtshofs unter Heranziehung aller Beweismittel im Wege des Freibeweises nachzuprüfen, ob der Vorwurf des Verfassungsverstoßes, der zugleich ein Verfahrungsverstoß ist, zutrifft. Es würde der Prozeßwirtschaftlichkeit widersprechen, die Entscheidung hierüber nach Erschöpfung des Rechtszugs dem Bundesverfassungsgericht zu überlassen[698]. Unterbleibt eine demnach uneingeschränkt mögliche Verfahrensrüge, hat dies zur Folge, daß eine spätere Verfassungsbeschwerde an der Nichterschöpfung des Rechtswegs scheitert.

176   **3. Nichtberücksichtigung von Teilen der Verhandlung.** Die Rüge, das Gericht habe nicht das **ganze Ergebnis der Hauptverhandlung** seiner Entscheidung zugrunde gelegt, greift durch, wenn schon äußere Umstände dies belegen. Dies ist zum Beispiel der Fall, wenn aus der Sitzungsniederschrift erkennbar ist, daß das Gericht sein Urteil nach Wiedereintritt in die Hauptverhandlung ohne erneute Beratung und damit ohne Berücksichtigung des nach dem Wiedereintritt verhandelten Verfahrensstoffes verkündet hat[699], oder wenn sich ergibt, daß Mitglieder des Gerichts einen Teil der Vorgänge in der Hauptverhandlung **nicht wahrgenommen** haben können, sei es, daß ihre Fähigkeit zur Wahrnehmung der Verhandlungsvorgänge aufgehoben war (Schlaf, andere Abhaltungen, ungünstige räumliche Gegebenheiten usw.) oder daß ihnen die Kenntnisnahme dadurch unmöglich wurde, daß ihnen versehentlich nach § 249 Abs. 2 in die Verhandlung eingeführte Schriften nicht zugänglich gemacht worden waren[700]. Die Nichtberücksichtigung eines Verhandlungsteils liegt auch dann vor, wenn das Gericht im Urteil davon ausgeht, daß der Angeklagte zu den Vorwürfen geschwiegen habe, während er sich ausweislich des Protokolls zur Sache geäußert hatte[701], oder wenn er in der irrigen Annahme eines Beweisverwertungsverbots einen in die Hauptverhandlung eingeführten entscheidungserheblichen Umstand bei der Urteilsfindung unberücksichtigt gelassen hat[702]. Letztlich führen alle Verfahrensfehler, die den für die Urteilsfindung zu würdigenden Verhandlungsstoff zu Unrecht schmälern, zugleich auch zu einem Verstoß gegen § 261. Grundsätzlich kann zwar nicht allein aus dem **Schweigen der Urteilsgründe** der Schluß hergeleitet werden, das Gericht habe einen Vorgang der Hauptverhandlung oder ein verwendetes Beweismittel, etwa den Vortrag eines Verfahrensbeteiligten oder die Aussage eines Zeugen, zu Unrecht nicht gewürdigt. Das Gericht muß nicht alles, was Gegenstand der Hauptverhandlung war, in die schriftlichen Urteilsgründe aufnehmen[703]. Soweit dies jedoch notwendig

[698] BGHSt **22** 26 mit zust. Anm. *Eb. Schmidt* JZ **1968** 435; zust. *Hanack* JZ **1973** 729; OLG Düsseldorf VRS **64** (1983) 128; *Husmann* MDR **1977** 896; *Meyer* FS Kleinknecht 275; KK-*Engelhardt*[4] 55; KMR-*Stuckenberg* 155; SK-*Schlüchter* 107. Nach *Herdegen* StV **1992** 593, FS Salger 315 ff ist der Umweg über Art. 103 Abs. 2 GG nicht nötig, da es sich um eine Frage des äußeren Ablaufs der Hauptverhandlung und nicht um Feststellung und Würdigung eines Beweisergebnisses handelt.

[699] Vgl. etwa BGHSt **24** 170; *Rieß* GA **1978** 263; KK-*Engelhardt*[4] 20; Rdn. 14 ff; § 258, 54; § 260, 4 je mit weit. Nachw. Nach SK-*Schlüchter* 104a rechtfertigt der Verstoß gegen § 260 für sich allein aber nicht den Schluß, das Gericht habe Teile der Hauptverhandlung nicht in seine Beratung einbezogen; es muß dadurch die notwendige erneute Würdigung unterblieben sein.

[700] Vgl. Rdn. 38; SK-*Schlüchter* 103; ferner § 249, 111; § 258, 47; 51.

[701] BGH StV **1983** 8; **1992** 1; KK-*Engelhardt*[4] 28; KMR-*Stuckenberg* 159; vgl. auch OLG Koblenz VRS **71** (1986) 42 (Verpflichtung, sich mit der im Urteil nicht erwähnten, im Protokoll aber festgehaltenen Einlassung des Angeklagten auseinanderzusetzen).

[702] Vgl. KMR-*Stuckenberg* 154 für den umgekehrten Fall. § 261 ist nicht nur bei Überschreiten seiner Rahmenfunktion verletzt (so SK-*Schlüchter* 105 ff), sondern auch, wenn der Inbegriff der Hauptverhandlung nicht ausgeschöpft wurde, so daß ihm unterfallende Verfahrensvorgänge in die Beweiswürdigung fehlerhaft nicht mit einbezogen worden sind.

[703] Etwa BGH NJW **1992** 2849; StV **1991** 340; KK-*Engelhardt*[4] 20; SK-*Schlüchter* 14, 104; § 337, 82; mit weit. Nachw.

ist, um die gewonnene Überzeugung und ihre objektiven, rationellen Grundlage nachvollziehbar darzulegen, erfordert die Rechtsprechung eine Auseinandersetzung mit allen sich
nach der Sachlage aufdrängenden wesentlichen beweiserheblichen Umständen[704]. Wieweit im Einzelfall eine Erörterungspflicht besteht, ist strittig, vgl. Rdn. 6 und bei § 267;
ferner § 337, 66 ff und die dortige Darstellung der Revisionsrechtsprechung, in der sich in
diesem Bereich die Unterschiede zwischen Verfahrens- und Sachrüge verwischt haben[705].

4. Die **tatrichterliche Überzeugung**, die subjektive Gewißheit des Tatrichters vom **177**
Vorliegen eines bestimmten Sachverhalts als solche, muß das Revisionsgericht ebenso
hinnehmen wie das aus konkreten Umständen abgeleitete Unvermögen des Tatgerichts,
letzte Zweifel zu überwinden[706]. Es darf und kann, schon weil ihm die aus dem Inbegriff
der gesamten Hauptverhandlung gewonnenen Erkenntnisse fehlen, seine eigene Überzeugung nicht an der Stelle der tatrichterlichen setzen.

Nachprüfbar an Hand der Urteilsgründe ist aber, ob die Tatrichter die **rechtlichen** **178**
Anforderungen an die Überzeugungsbildung verkannt haben, ob die Urteilsausführungen zeigen, daß sie an das für die objektiven oder subjektiven Grundlagen ihrer Überzeugung erforderliche Maß an Gewißheit zu niedrige oder zu hohe Anforderungen gestellt
haben. So ist vor allem auch nachprüfbar, ob sie sich des Umstandes bewußt waren, daß
die Überzeugung keine mathematische Sicherheit und nicht den Ausschluß jedes abstrakt
denkbaren theoretischen Zweifels voraussetzt[707]. Wegen der Einzelheiten vgl. Rdn. 8 ff;
ferner § 337, 157 ff.

Nachprüfbar ist ferner, ob die Überzeugung des Tatgerichts in den getroffenen Fest- **179**
stellungen und den daraus hergeleiteten Schlußfolgerungen auch objektiv eine **zurei-**
chende Grundlage findet. Es ist heute allgemein anerkannt[708], daß sich die subjektive
Gewißheit des Tatrichters auf tragfähige, konkrete Tatsachenfeststellungen und intersubjektiv nachvollziehbare, rational einsichtige und lückenlose Schlüsse gründen muß, die
mit den Denkgesetzen und der Lebenserfahrung vereinbar sind und die das gefundene
Ergebnis auch objektiv durch die hochgradige Wahrscheinlichkeit der Übereinstimmung
seiner Schlußfolgerungen mit der Wirklichkeit als hinreichend gesichert[709] erscheinen lassen. Bloße Vermutungen oder eine rein irrational fundierte Gewißheit genügt dafür
nicht[710]. Wegen der Einzelheiten vgl. Rdn. 13; 41 ff; 182 und § 337, 157 ff.

Stehen nach den insoweit allein maßgeblichen schriftlichen Urteilsgründen die getrof- **180**
fenen Feststellungen **nicht zur vollen Überzeugung** des Gerichts fest, etwa, weil sich
ausdrücklich oder aus dem Gesamtzusammenhang der Begründung ergibt, daß das
Gericht hinsichtlich eines die Entscheidung mittragenden Umstands selbst zweifelte, so

---

[704] § 337, 82 ff; 144 ff; vgl. Rdn. 178 ff.
[705] Vgl. § 337, 68; 120 ff; 127 ff.
[706] Vgl. Rdn. 12; § 337, 144; 154 ff mit weit. Nachw.
[707] Rdn. 8; § 337, 144 ff; 157 mit weit. Nachw.; *Hanack* JuS **1977** 731; ferner etwa OLG Koblenz VRS **70** (1986) 18 (unwahrscheinlicher Geschehensverlauf kann nur unterstellt werden, wenn Urteil dies plausibel begründet).
[708] Vgl. etwa *Fincke* GA **1973** 272; *Gössel* GA **1979** 241; *Gössel* Tatsachenfeststellung in der Revisionsinstanz, in *Schlosser/Jonquères/Tasenack/Chapus/Gössel/Decocq* Arbeiten zur Rechtsvergleichung Bd. **112** (1982) 132; *Herdegen* FS Kleinknecht 175 (1985); *Herdegen* NStZ **1987** 193; *Herdegen* StV **1992** 527; *Jerouschek* GA **1992** 493; *Klug* FS Möhring 363; *Krause* FS Peters 45; *Küper* FS II Peters 45; *Maul* FS Pfeiffer 409; *Paeff-*

gen FS II Peters 85; *Peters* FS Gmür 316; *Petes* JR **1972** 30; JR **1977** 84; *Rieß* GA **1978** 257; *Roxin* § 15, 13; *Sarstedt/Hamm*[6] 843; *G. Schäfer* StV **1995** 147; *G. Schäfer* 935; 937; *Schlüchter* 567; 694.1; *Schneider* MDR **1962** 868; 591; *Stree* In dubio pro reo 40. Vgl. Rdn. 13 und § 337, 157 ff.
[709] Im Schrifttum (vgl. vorst. Fußn. sowie Rdn. 9 ff) werden an den Grad der Wahrscheinlichkeit unterschiedliche Anforderungen gestellt (hinreichend, hochgradig, an Sicherheit grenzend usw.); vgl. dazu KMR-*Stuckenberg* 24; große Bedeutung dürften diese Unterscheidungen kaum haben, da die Revisionsgerichte die als Ausdruck rationaler Argumentation geforderte hohe Plausibilität der Gründe immer nur einzelfallbezogen beurteilen.
[710] Vgl. Rdn. 13; 42.

Walter Gollwitzer

begründet auch dies eine Revision, so, wenn die Ausführungen ersehen lassen, daß das Gericht nur von dem wahrscheinlichen Vorliegen eines Tatbestandsmerkmals oder eines sonst entscheidungstragenden Umstands ausgegangen ist. Die Verurteilung darf sich nur auf Tatsachen stützen, die das Gericht für erwiesen hält[711]. Dagegen kann unter dem Blickwinkel des § 261 in der Regel nicht gerügt werden, daß das Tatgericht hätte zweifeln müssen[712].

181   Bei einer **wahldeutigen Verurteilung** müssen sich deren Voraussetzungen aus den Urteilsgründen ergeben. Wegen der Einzelheiten vgl. Rdn. 170.

182   Die **Beweiswürdigung** des Tatrichters als solche ist der Nachprüfung des Revisionsgerichts entzogen[713], sofern sich die in den Urteilsgründen mitgeteilten Erwägungen im Rahmen der durch das Gesetz gezogenen Grenzen halten[714], mit den Denkgesetzen und Erfahrungssätzen vereinbar sind[715] und der Pflicht zur Darlegung der Beweisgründe und zu einer objektiv nachvollziehbaren und erschöpfenden Beweiswürdigung genügen[716]. Die Ausführungen des Urteils dürfen weder Argumentationslücken aufweisen noch die Erörterung sich aufdrängender Gesichtspunkte vermissen lassen[717]. Daran fehlt es auch, wenn das Urteil zur Einlassung der Angeklagten schweigt oder nur die Einlassung des Angeklagten und die Aussagen der Zeugen wiedergibt, ohne sich selbst damit auseinanderzusetzen[718], oder wenn es den Ausführungen eines Angeklagten oder Zeugen nur zum Teil folgt, ohne plausibel darzutun, warum es den einen Teil der Aussage für glaubhaft hält und den anderen nicht[719]. Das **Revisionsgericht** hat nur zu beurteilen, ob das Gericht bei seiner Beweiswürdigung diesen Gesetzmäßigkeiten Rechnung getragen, die sich aus ihnen ergebenden Gesichtspunkte in ihrer Wertigkeit richtig erkannt, gegeneinander abgewogen und folgerichtig ausgewertet hat. Diese Nachprüfung erfaßt aber grundsätzlich immer nur den rational faßbaren, objektivierbaren Teil der Beweiswürdigung, nicht aber den darauf aufbauenden subjektiven Wertungsvorgang, der letztlich erst die volle Überzeugung des Tatrichters begründet. Hat die Beweiswürdigung alle festgestellten Tatsachen ausgeschöpft, sind die Schlüsse des Tatrichters möglich und mit den getroffenen Feststellungen vereinbar, dann kann das Revisionsgericht das Ergebnis nicht deshalb in Zweifel ziehen, weil es selbst davon nicht voll überzeugt ist (Rdn. 180).

183   **5. Alternativrügen.** Strittig ist, ob das Urteil mit einer alternativen Verfahrensrüge angegriffen werden kann, wenn die **Urteilsgründe** einen nach Ansicht der Revision beweiserheblichen Umstand mit Schweigen übergehen. Ist der Umstand wirklich (potentiell) entscheidungserheblich, stellt sich die Frage, ob das Gericht ihn bei seiner Beweiswürdigung versehentlich unberücksichtigt ließ oder ob und aus welchen Erwägungen es ihn als unerheblich betrachtet. In solchen Fällen liegt entweder ein Verstoß gegen das Gebot zur einer den ganzen Inbegriff der Hauptverhandlung ausschöpfenden Beweiswürdigung vor oder aber ein Verstoß gegen die von der Rechtsprechung entwickelte Pflicht, in den Urteilsgründen nachvollziehbar darzulegen, warum dieser Umstand das Ergebnis seiner Beweiswürdigung nicht beeinflussen konnte. Die ohne Rekonstruktion der Beweiswürdigung mögliche Überprüfung eines Vorgangs der Beweismittelverwendung überschneidet sich hier mit der Möglichkeit, daß die im Urteil nicht erwähnte Tatsache vom Gericht bei seiner Beweiswürdigung mitberücksichtigt wurde, das Urteil aber pflichtwid-

---

[711] Vgl. Rdn. 103; § 337, 160 ff.
[712] Vgl. § 337, 161.
[713] Vgl. Rdn. 41 ff; 56 ff; § 337, 144; 146 ff.
[714] Vgl. Rdn. 43 ff.
[715] Vgl. Rdn. 44 ff; § 337, 165 ff.
[716] Vgl. etwa *Herdegen* StV **1992** 590; Rdn. 56 ff; § 337, 148 ff.

[717] Vgl. etwa BGH StV **1993** 115; **1999** 139; NStZ-RR **1999** 301; OLG Karlsruhe StV **1999** 139.
[718] BGH NStZ-RR **1999** 45; OLG Hamm VRS **95** (1998) 162.
[719] BGH bei *Miebach/Kusch* NStZ **1991** 229; StV **1997** 292.

rig die Mitteilung des Ergebnisses dieser Würdigung unterläßt. Gegen die Zulässigkeit einer solchen Alternativrüge wird deshalb eingewandt, daß sie eine unzulässige Rekonstruktion der tatrichterlichen Beweiswürdigung in der Hauptverhandlung erfordern würde[720]. Dieser Einwand trifft jedoch nur dann zu, wenn zumindest bei der einen Alternative aufgeklärt werden müßte, wie das Tatgericht den fraglichen Umstand bei seiner Beweiswürdigung gewichtet hat. Einer solchen Nachprüfung des eigentlichen Beweiswürdigungsvorgangs bedarf es aber nicht, sofern man die Rüge auf die Fälle beschränkt, in denen das Gericht nach der neueren Rechtsprechung im Urteil aufzeigen muß, warum es einer zumindest potentiell erheblichen Tatsache bei seiner Beweiswürdigung kein entscheidendes Gewicht beigemessen hat[721]. In solchen Fällen ist das Schweigen der Urteilsgründe für das Revisionsgericht bewertbar, ohne daß es einer Rekonstruktion der Beweiswürdigung selbst bedarf. Denn ob die im Urteil übergangene Tatsache zumindest potentiell beweiserheblich und damit erörterungspflichtig war, kann im Wege des Freibeweises durch einen Vergleich mit den Urteilsgründen ebenso festgestellt werden wie der Umstand, daß sie das Gericht bei seiner Beweiswürdigung hätte mit heranziehen müssen, weil sie in die Hauptverhandlung eingeführt worden war oder weil sie in Erfüllung der Aufklärungspflicht dort hätte eingeführt werden müssen[722]; mitunter enthält schon das Protokoll hierüber eine beweiskräftige Aussage. Steht die Erörterungsbedürftigkeit fest, kann das Schweigen des Urteils nur bedeuten, daß das Gericht die Tatsache entweder übersehen oder daß es versäumt hat, im Urteil die Gründe dafür aufzuzeigen, warum es ihr kein entscheidendes Gewicht beigemessen hat. Es hat also entweder seine Aufklärungs- bzw. Ausschöpfungspflicht[723] verletzt oder seine Begründungspflicht. Hinter dem Begründungsmangel kann sich ein Würdigungsfehler verbergen. Diese — soweit die Beweiskraft des Protokolls nicht ohnehin greift — dem Freibeweis zugänglichen äußeren Tatsachen einschließlich der Form der Einführung oder die Nichteinführung in die Hauptverhandlung sind im Revisionsverfahren ebenso feststellbar wie auch sonst die tatsächlichen Grundlagen anderer Verfahrensrügen. Der Rückgriff auf den Akteninhalt, der nicht mit der unzulässigen Rüge der Aktenwidrigkeit der Urteilsfeststellungen gleichgesetzt werden darf, ist hier, wie auch sonst bei Verfahrensrügen und vor allem bei der normalen Aufklärungsrüge, zulässig[724]. Dies spricht für die Ansicht, die eine solche Alternativrüge für zulässig hält[725], auch um zu verhindern, daß sich das Tatgericht seiner Pflicht zu einer erschöpfenden Beweiswürdigung gerade bei einem seiner gewonnenen Überzeugung widerstreitenden Umstand dadurch entziehen kann, daß es diesen entgegen seiner Erörterungspflicht im Urteil mit Stillschweigen übergeht.

6. Die Verletzung der Pflicht zur eigenen Entscheidung kann als Verstoß gegen **184** § 261 gerügt werden, wenn das Gericht sich in einer Frage zu Unrecht an die Vorentscheidung einer anderen Stelle, ein anderes Urteil oder die Festsetzungen oder Empfehlungen einer Verwaltungsbehörde gebunden glaubte und so den ihm eingeräumten Raum zur

---

[720] BGH NJW **1992** 2840; NStZ **1997** 294; StV **1995** 175; *Kleinknecht/Meyer-Goßner*[44] § 337, 15a; vgl. andererseits auch BGH StV **1990** 454; 485; **1992** 2; OLG Zweibrücken StV **1994** 545; dazu ferner *G. Schäfer* StV **1995** 154 ff.

[721] Vgl. Rdn. 58; § 337, 84. Soweit diese Prämisse nicht greift, ist das Schweigen der Urteilsgründe für das Revisionsgericht nicht bewertbar.

[722] Die Pflicht zum Ausschöpfen der in die Hauptverhandlung eingeführten Tatsachen wird aus der Aufklärungspflicht abgeleitet, vgl. etwa KMR-*Stuckenberg* 159; SK-*Schlüchter* 104a, 104c (Auf-

klärungsrüge bzw. „verlängerte Aufklärungsrüge"); ferner *Herdegen* StV **1992** 590 ff sowie bei § 337, 83; zur Übereinstimmung dieser Pflichten vgl. auch Rdn. 14.

[723] Zu den im einzelnen strittigen Erörterungspflicht vgl. Rdn. 71 und § 337, 83; 151 ff.

[724] Vgl. § 244. 46 ff; 51; 357.

[725] Etwa *Herdegen* FS Salger 318; *Herdegen* StV **1992** 596; *Sarstedt/Hamm* 287; *Schlothauer* StV **1992** 139; *Ziegert* StV **1996** 279; KMR-*Stuckenberg* 148; 161; 172 sowie § 337, 84. Vgl. ferner BGHSt **43** 216; BGH NStZ **1999** 423 (in engen Grenzen).

eigenverantwortlichen Entscheidung nicht genützt hat[726]. Gleiches gilt auch, wenn es Ausführungen und Ergebnis eines Sachverständigengutachtens ungeprüft übernimmt[727]. Wegen der Einzelheiten wird auf Rdn. 29 ff und auf § 267 verwiesen.

185   **7. Zur Begründung der Verfahrensrüge** muß der Revisionsführer nach § 344 Abs. 2 lückenlos alle Tatsachen anführen, die notwendig sind, um den Verstoß gegen § 261 unter Berücksichtigung aller in Betracht kommenden tatsächlichen Varianten aufzuzeigen. Der Umfang des erforderlichen Tatsachenvortrags ist je nach Art und Richtung der Rüge unterschiedlich. Während es genügen kann, wenn vorgetragen wird, daß die Urteilsfeststellung über den Blutalkoholgehalt ohne Beweiserhebung getroffen worden sei[728], weil ausweislich der Sitzungsniederschrift kein dazu taugliches Beweismittel verwendet worden ist, bedarf es in anderen Fällen für die Rüge der Verwertung einer nicht aus dem Inbegriff der Hauptverhandlung gewonnenen Tatsache eines eingehenderen Tatsachenvortrags, um aufzuzeigen, daß die festgestellte Tatsache weder durch die Einlassung des Angeklagten noch durch ein Beweismittel in die Hauptverhandlung eingeführt worden war. Wird beanstandet, daß im Urteil eine Urkunde zu Unrecht verwertet wurde, muß die Revision den Inhalt der Urkunde anführen und darlegen, daß diese auf keinem zulässigen Weg als Beweismittel in die Hauptverhandlung eingeführt wurde, vorsorglich unter Umständen auch, daß der Inhalt nicht dadurch zum Gegenstand der Hauptverhandlung wurde, daß er auf Grund eines Vorhalts von einer Beweisperson bestätigt worden ist[729]. Eine Revisionsbegründung, die sich nur in Angriffen gegen die Beweiswürdigung erschöpft, genügt nicht den Anforderungen des § 344 Abs. 2.

186   **8.** Mit der **Sachrüge** können nur die aus den Urteilsgründen ersichtlichen Fehler oder Mängel bei der Beweiswürdigung, Verstöße gegen Beweisverbote, zu strenge oder zu geringe Anforderungen an die Überzeugungsbildung oder die Verwertung nicht erwiesener Tatsachen gerügt werden, so auch, wenn die Schlußfolgerungen des Urteils einer hinreichenden Tatsachengrundlage entbehren und mangels jeder objektiv einsichtigen und nachvollziehbaren Beweiswürdigung nur Vermutungen sind, die eine Verurteilung nicht zu tragen vermögen[730]. Mit der Sachrüge kann auch beanstandet werden, wenn das Urteil keine Beweisgründe und keine Beweiswürdigung enthält, da dann nicht nachprüfbar ist, ob es auf einer tragfähigen Beweisgrundlage beruht[731]. Zu den Einzelheiten vgl. § 337, 99 ff.

---

[726] Vgl. BGH bei *Dallinger* MDR **1973** 1990; KK-*Engelhardt*[4] 13; KMR-*Stuckenberg* 12; Rdn. 29 ff mit weit. Nachw.; **a. A** SK-*Schlüchter* 103 (Sachrüge, da Gericht entschieden hat, wenn auch unter Verletzung der Pflicht, selbst abzuwägen).
[727] Vgl. Rdn. 30; 97; ferner § 244, 300 ff und bei § 217.
[728] Vgl. etwa OLG Hamburg MDR **1981** 693.

[729] Vgl. etwa BGH NJW **1990** 1189; StV **1999** 197 (L); OLG Düsseldorf StV **1995** 38 mit abl. Anm. *Hellmann*; OLG Köln StV **1998** 364; vgl. § 249, 102; 108.
[730] BGH NStZ **1981** 33; **1986** 373; **1990** 501; bei *Kusch* NStZ-RR **1997** 377; StV **1982** 95; *Kleinknecht/Meyer-Goßner*[44] 38; KMR-*Stuckenberg* 166; SK-*Schlüchter* 111; 118; vgl. Rdn. 13.
[731] BGH NStZ-RR **1999** 45.

§ 262

(1) Hängt die Strafbarkeit einer Handlung von der Beurteilung eines bürgerlichen Rechtsverhältnisses ab, so entscheidet das Strafgericht auch über dieses nach den für das Verfahren und den Beweis in Strafsachen geltenden Vorschriften.

(2) Das Gericht ist jedoch befugt, die Untersuchung auszusetzen und einem der Beteiligten zur Erhebung der Zivilklage eine Frist zu bestimmen oder das Urteil des Zivilgerichts abzuwarten.

Schrifttum. *Arnhold* Strafbarer Ungehorsam gegen rechtswidrige Verwaltungsakte, JZ **1977** 789; *Benfer* Zum Begriff „Rechtmäßigkeit der Amtshandlung" in § 113 Abs. 3 StGB, NStZ **1985** 255; *Bruns* Bindet die Rechtskraft deklaratorischer Urteile der Zivil- und Verwaltungsgerichte auch den Strafrichter? FS Lent (1957) 107; *Eggert* Die Bedeutung der Statusakte i. S. des § 1600a BGB für den Strafrichter, MDR **1974** 445; *Erichsen/Knocke* Bestandskraft von Verwaltungsakten, NVwZ **1983** 185; *Fortun* Die behördliche Genehmigung im strafrechtlichen Deliktsaufbau, Diss. Tübingen 1998; *Franzheim* Die Bewältigung der Verwaltungsrechtsakzessorietät in der Praxis, JR **1988** 319; *Gerhards* Die Strafbarkeit des Ungehorsams gegen Verwaltungsakte, NJW **1978** 86; *Glauben* Strafbarkeit von Amtsträgern, Abfallbesitzern und Anlagenbetreibern bei der Sonderabfallentsorgung, DRiZ **1998** 23; *Haaf* Die Fernwirkung gerichtlicher und behördlicher Entscheidungen. Dargestellt am Problem der Bindung des Strafrichters an Zivil- und Verwaltungsgerichtsurteile sowie an Verwaltungsakte (1984); *Hamm* Mißbrauch des Strafrechts, NJW **1996** 2981; *Haueisen* Unterschiede in den Bindungswirkungen von Verwaltungsakt, öffentlich rechtlichen Vertrag, gerichtlichen Vergleich und Urteil, NJW **1963** 1329; *Heine* Verwaltungsakzessorietät des Umweltstrafrechts, NJW **1990** 2425; *Hellmann* Die Bindung des Strafrichters an Straf-, Zivil- und Verwaltungsgerichtsurteile, Diss. Münster 1954; *Hundt* Die Wirkungsweise der öffentlich-rechtlichen Genehmigung (1994); *Isensee* Aussetzung des Steuerstrafverfahrens – rechtsstaatliche Ermessensdirektiven, NJW **1985** 1007; *Jörgensen* Die Aussetzung des Strafverfahrens zur Klärung außerstrafrechtlicher Rechtsverhältnisse (1991); *Kaiser* Die Bindung des Strafrichters an Zivilurteile im Verfahren wegen Verletzung der Unterhaltspflicht, NJW **1972** 1847; *Kern* Die Aussetzung des Strafverfahrens zur Klärung präjudizieller Fragen nach § 262 Abs. 2 StPO, FS Reichsgericht 131; *Kissel* „Fremde" Verfahrensgegenstände des deutschen Strafverfahrens, FS Pfeiffer 189; *Knöpfle* „Tatbestands"- und „Feststellungswirkung" als Grundlage der Verbindlichkeit von gerichtlichen Entscheidungen und Verwaltungsakten, BayVBl. **1982** 225; *Kühl* Probleme der Verwaltungsakzessorietät des Strafrechts, insbesondere im Umweltstrafrecht, FS Lackner 815; *Lagemann* Der Ungehorsam gegenüber sanktionsbewehrten Verwaltungsakten (1978); *Lorenz* Die Folgepflicht gegenüber rechtswidrigen Verwaltungsakten und die Strafbarkeit des Ungehorsams, DVBl. **1971** 165; *Marx* Die behördliche Genehmigung im Strafrecht (1993); *Merten* Bestandskraft von Verwaltungsakten, NJW **1983** 1993; *Mittenzwei* Die Aussetzung des Prozesses zur Klärung von Vorfragen (1971); *Mohrbotter* Bindung des Strafrichters an das Handeln der Verwaltung? JZ **1971** 213; *von Mutius* Sind Gerichte im verwaltungsgerichtlichen Normenkontrollverfahren antragsbefugt? VerwArch **1973** 95; *Nicklisch* Die Bindung des Gerichts an gestaltende Gerichtsentscheidungen und Verwaltungsakte (1969); *Ostendorf* Die strafrechtliche Rechtmäßigkeit rechtswidrigen hoheitlichen Handelns, JZ **1981** 165; *Rogall* Die Verwaltungsrechtsakzessorietät des Umweltstrafrechts – alte Streitfragen, neues Recht, GA **1995** 299; *Scheele* Zur Bindung des Strafrichters an fehlerhafte behördliche Genehmigungen (1993); *Schenke* Probleme der Bestandskraft von Verwaltungsakten, DÖV **1983** 320; *Schenke* Die Strafbarkeit der Zuwiderhandlung gegen einen sofort vollziehbaren, nachträglich aufgehobenen Verwaltungsakt, JR **1970** 449; *Schima* Gedanken zur Auslegung behördlicher Entscheidungen, FS Larenz (1983) 265; *Schlüchter* Tatbestandsmerkmal in der Krise. Überflüssige Reform oder Versöhnung des Konkursstrafrechts mit dem Schuldprinzip, MDR **1978** 977; *Schlüchter* Verfahrensaussetzung nach § 296 AO als Funktion des Prozeßzwecks JR **1985** 360; *K. Schmidt* Aussetzungszwang gemäß § 96 II GWB, NJW **1977** 10; *Schwab* Bindung des Strafrichters an rechtskräftige Zivilurteile? NJW **1960** 2169; *Schwarz* Zum richtigen Verständnis der Verwaltungsakzessorietät des Umweltstrafrechts, GA **1993** 318; *Skouris* Die schwebende Rechtssatzprüfung als Aussetzungsgrund gerichtlicher Verfahren, NJW **1975** 713; *Vitt* Gedanken zum Begriff der „Rechtmäßigkeit der Diensthandlung" bei § 113 StGB, ZStW **106** (1994) 581; *Waniorek* Zur Straf- und Bußgeldbewehrung rechtswidriger Verwaltungsakte – OLG Karlsruhe NJW **1988** 1604, JuS **1989** 24; *Weber* Freiheit und Bindung des Strafrichters bei der Beurteilung bürgerlicher Rechtsverhältnisse (§ 262 Abs. 1 StPO), FS Trusen 591; *Weidemann* Tatbestandswirkung und Rechtskraftbindung im Steuerstrafverfahren? GA **1987** 205; *Wüterich* Die Bedeutung von Verwaltungsakten für die Strafbarkeit wegen Umweltvergehen (§§ 324 ff StGB) NStZ **1987** 106; *Zacyk* Bindungswirkungen eines rechtskräftigen Strafurteils für das materielle Strafrecht; GA **1988** 356.

Weitere Hinweise: Zur Frage, wieweit bei den einzelnen Straftatbeständen die materielle Rechtmäßigkeit eines Hoheitsaktes Tatbestandsmerkmal ist, vgl. die Kommentarliteratur zu den einzelnen Straftatbeständen des StGB und des Nebenstrafrechts; zur Vorlage an das Bundesverfassungsgericht vgl. bei § 337, 26 ff sowie die Kommentarliteratur zu Art. 100 GG; zur Vorlage an den EuGH vgl. etwa *Dauses* Das Vorabentscheidungsverfahren nach Art. 177 EG-Vertrag, 2. Aufl. (1995); *Everling* Das Vorabentscheidungsverfahren vor dem Gerichtshof der Europäischen Gemeinschaften (1986); *Lenz* Die Rolle und der Wirkmechanismus des Vorabentscheidungsverfahrens, DRiZ **1995** 213; *Koch* Zur Vorlagepflicht nationaler Gerichte an den EuGH in Verfahren des vorläufigen Rechtsschutzes, NJW **1995** 2331; sowie die Kommentarliteratur zu Art. 177 EG-Vertrag (= Art. 234 EGV nach der neuen Zählung des Amsterdamer Vertrages).

Bezeichnung bis 1924: § 261

Übersicht

Alphabetische Übersicht

I. Anwendungsbereich

1   **1. Vorfragen aus allen Rechtsgebieten** kann der Strafrichter grundsätzlich (Ausnahmen vgl. Rdn. 6 ff) selbst entscheiden. § 262 spricht dies nur für die Beurteilung **bürgerlicher Rechtsverhältnisse** aus. Er gilt auch bei Fragen anderer Rechtsgebiete[1], vor allem solcher des öffentlichen Rechts. Dies folgt aus dem Gewaltenteilungsgrundsatz des Art. 20 Abs. 3[2] und aus § 97 Abs. 1 GG in Verb. mit §§ 1 GVG, § 25 GG; wonach jeder Richter nur an das Gesetz gebunden ist. Soweit dies zur Erfüllung seiner Aufgabe notwendig ist, ent- scheidet der Strafrichter in sachlicher Unabhängigkeit auf Grund der allein aus der Hauptverhandlung in Erfüllung seiner Amtsaufklärungspflicht gewonnenen tatsäch- lichen Erkenntnisse in freier Beweiswürdigung (§§ 250 ff, 261) grundsätzlich auch die Vorfragen aus anderen Rechtsgebieten[3]. Absatz 2 ist entsprechend anwendbar, wenn das Gericht ein Strafverfahren **aussetzen** will, um die Klärung einer für seine Entscheidung erheblichen Frage durch die **Verwaltungs-, Finanz-, Sozial- oder Arbeitsgerichte** anzu- regen oder abzuwarten[4]. § 262 gilt auch im **Bußgeldverfahren** (§ 46 Abs. 1, § 71 OWiG).

2   **2.** Eine **Sonderregelung** enthält § 396 AO; der Strafrichter kann nach dieser Vor- schrift das Strafverfahren wegen Steuerhinterziehung bis zum rechtskräftigen Abschluß des Besteuerungsverfahrens aussetzen[5].

---

[1] H. M; vgl. nachf. Fußn.

[2] Vgl. etwa BVerfGE **75** 329, 346; **80** 244, 256; **87** 399, 407; BayVerfGH NJW **2000** 3705.

[3] H. M.; so schon RGSt **14** 374; **39** 64; **43** 377; ferner etwa AK-*Moschüring* 2; HK-*Julius*[2] 1; KK-*Engel- hardt*[4] 2; *Kleinknecht/Meyer-Goßner*[44] 1; KMR- *Stuckenberg* 5; SK-*Schlüchter* 2; *Eb. Schmidt* 2 sowie vorst. Fußn.

[4] RGSt **12** 3; **17** 26; **32** 110, **39** 64; **43** 42; 377; Bay- ObLGSt **1960** 94 = NJW **1960** 1534; BayVerfGHE **16** 64 = GA **1963** 375; *Kaiser* NJW **1961** 1190; *Kirchhof* NJW **1985** 2982; h. M; vgl. auch bei § 154d und vorst. Fußn.

[5] Vgl. bei § 154d mit weit. Nachw. Zur Frage, ob sich die auch hier ins Ermessen des Gerichts gestellte Frage in Ausnahmefällen in eine Aussetzungspflicht verwandeln kann, vgl. ferner noch OLG Karlsruhe NStZ **1985** 227; LG Bonn NJW **1985** 3033; *Groh* NJW **1985** 997; *Isensee* NJW **1985** 1007; *Kirchhof* NJW **1985** 2977; *Kollmann* FS Klug 524; *Lerche* FS für Hugo von Wallis (1985) 465; *Rößler* NJW **1986** 972; *Schlüchter* JR **1985** 360; *Vogel* NJW **1985** 2986; *Weidemann* GA **1987** 205 und die Nachw. Fußn. 117.

II. Kompetenz zur Entscheidung außerstrafrechtlicher Vorfragen

1. Entscheidungsbefugnis des Strafgerichts

a) Absatz 1 stellt den **Grundsatz** auf, daß das Strafgericht – und zwar nach den für **3** das Verfahren und den Beweis in Strafsachen geltenden Vorschriften, also nach seiner freien Überzeugung und ohne an die Einlassung der Parteien, an Beweisregeln, widerlegbare Vermutungen und dergleichen gebunden zu sein – auch über solche **bürgerliche Rechtsverhältnisse** (Rechtszustände, Berechtigungen usw.) zu entscheiden hat, von deren Vorhandensein oder Nichtvorhandensein die Strafbarkeit einer Handlung abhängt. Der in § 261 anerkannte Grundsatz der freien Beweiswürdigung gilt auch für die vom Strafgericht zu lösenden **Vorfragen** aus dem bürgerlichen Recht. Selbst wenn ein Zivilgericht über das zu beurteilende bürgerliche Rechtsverhältnis zur Zeit der vom Strafgericht abzuurteilenden Handlung schon rechtskräftig entschieden hatte, ist das Strafgericht im allgemeinen nicht gehalten, das bürgerliche Rechtsverhältnis seiner Entscheidung so zugrunde zu legen, wie es im Urteil des Zivilgerichts behandelt ist. Dies folgt schon daraus, daß für das Strafverfahren die **Inquisitionsmaxime** gilt, während der Zivilprozeß von dem Dispositionsgrundsatz geprägt wird, der Richter also an den unstreitigen Sachvortrag und das Beweiserbieten der Parteien gebunden ist und daher nur innerhalb dieser Grenzen die (formale) Wahrheit finden kann. Bei **Zweifeln** ist im Strafverfahren zu Gunsten des Angeklagten zu entscheiden und nicht nach den Beweisregeln des Zivilprozesses[6].

Die **Ausnahmen** von diesem Grundsatz werden in § 262 nicht angesprochen. Durch **4** ihn sollte zwar, wie die Motive[7] ergeben, die Geltung der Grundregel des § 261 auch in den Fällen gesichert werden, in denen das Strafgericht zivilrechtliche Vorfragen zu entscheiden hat; damit sollte aber die Tatsache eines vor der Tat ergangenen zivilrechtlichen Urteils nicht schlechthin als bedeutungslos bezeichnet werden. Der Gesetzgeber war sich vielmehr darüber im klaren, daß ein solches Urteil nicht nur als Beweisanzeichen, sondern aus sachlichrechtlichen oder verfahrensrechtlichen Gründen unmittelbar die Entscheidung des Strafgerichts beeinflussen kann, glaubte aber, dafür keine auf alle möglichen Fälle passenden Vorschriften geben zu können.

b) Gesetzlicher Richter (Art. 101 Abs. 1 Satz 1 GG). Die dem Strafgericht einge- **5** räumte Befugnis, auch Vorfrage aus anderen Rechtsgebieten mitzuentscheiden, läßt es auch bezüglich dieser Vorfrage zum gesetzlichen Richter werden. Entscheidet es diese mit, so wird dadurch das Recht des Angeklagten auf den gesetzlichen Richter nicht verletzt[8]. Nur wenn die Kompetenz zur Entscheidung einer Frage **ausschließlich** einem anderen Richter vorbehalten ist, ist der Strafrichter, da nicht entscheidungsbefugt, auch nicht gesetzlicher Richter[9].

2. Ausnahmen

a) Ausschließliche Entscheidungskompetenz einer anderen Stelle. Der Grundsatz, daß **6** das Strafgericht Vorfragen aus anderen Rechtsgebieten nach den für den Strafprozeß geltenden Grundsätzen selbst entscheidet, erfährt dort Ausnahmen, wo der Gesetzgeber

---

[6] Vgl. OLG Oldenburg NJW **1952** 118; ferner etwa *Weber* FS Trusen 599; AK-*Moschüring* 9; KK-*Engelhardt*[4] 3; *Kleinknecht/Meyer-Goßner*[44] 1; KMR-*Stuckenberg* 1; 29; SK-*Schlüchter* 2.

[7] *Hahn* 202.

[8] Vgl. BayVerfGHE **16** 64 = GA **1963** 375; ferner BGH NJW **1963** 446.

[9] Vgl. BVerfGE **3** 363; **9** 215; **13** 143; **18** 447; **23** 319; **64** 14; **75** 329, 346; **80** 244, 256; BayVerfGH NJW **1985** 2894. Ein Verstoß gegen die verfassungsrechtliche Garantie des gesetzlichen Richters liegt aber nur vor, wenn die Bejahung der eigenen Zuständigkeit willkürlich, nämlich bei objektiver Betrachtung unverständlich und völlig unhaltbar war.

die Entscheidung bestimmter Fragen ausdrücklich einem anderen Gericht oder einer anderen Stelle vorbehalten hat [10]. Hierher gehört das Entscheidungsmonopol der Verfassungsgerichte und des Europäischen Gerichtshofs (dazu Rdn. 48 ff). In diesen Fällen muß das Gericht das Verfahren aussetzen und selbst die Entscheidung der Vorfrage durch das allein dazu berufene Gericht herbeiführen [11]. Gleiches gilt für die ausschließliche Entscheidungskompetenz der Kartellgerichte nach § 95 GWB oder die Anerkennung als Asylbewerber [12].

7   **b) Landesrecht** kann Ausnahmen von den Regeln der §§ 261, 262 nur insoweit zulassen, als die Strafprozeßordnung und die §§ 3 und 6 EGStPO sie ausdrücklich gestatten.

3. Bindung durch Hoheitsakte

8   **a) Grundsätzlich keine Bindung.** Das Strafgericht ist – wie § 262 zeigt – grundsätzlich an die **Entscheidungen anderer Gerichte** nicht gebunden. Dies gilt selbst, wenn die Gültigkeit einer Ehe in Frage steht; die Reichstagskommission hat einen Antrag, der eine abweichende Behandlung dieses Falls bezweckte, abgelehnt [13]. Das Strafgericht hat also auch hierüber selbst zu entscheiden, wenn sich diese Frage ihm als Vorfrage (zu unterscheiden von den Fällen der Tatbestandswirkung) stellt. Die **Rechtsauffassung anderer Behörden**, ihre allgemein oder in der gleichen Sache vertretene Ansicht, ist für den Strafrichter unverbindlich [14]. Sie befreit ihn grundsätzlich nicht von der Pflicht, die jeweilige Frage in tatsächlicher und rechtlicher Hinsicht selbst zu prüfen und zu entscheiden. Etwas anderes gilt, wenn das Vorliegen einer Verwaltungsentscheidung lediglich die Bedeutung eines Tatbestandsmerkmals hat [15]. Zur Bindung durch rechtsgestaltende Verwaltungsakte und durch Gestaltungsurteile vgl. Rdn. 11 ff.

9   **b) Einzelfragen zur Bindung an Urteile.** Urteile in **bürgerlichen Rechtssachen**, einschließlich der arbeitsgerichtlichen Urteile, binden den Strafrichter grundsätzlich nicht. Abzulehnen ist die Ansicht, daß **Zivilurteile**, die **bereits vor der Tat** das Bestehen oder Nichtbestehen eines durch Rechtssatz begründeten Rechtsverhältnisses mit Wirkung gegen den Angeklagten rechtskräftig festgestellt haben, das Strafgericht binden, sofern sie nicht erschlichen sind [16]. Die Bindung des Strafgerichts an die Entscheidung eines anderen Gerichts kann nicht davon abhängen, wann diese Entscheidung ergangen ist. Eine andere Frage ist, ob ein vor der Tat ergangenes Urteil nach dem materiellen Recht als eine Pflichten begründende oder beseitigende Tatsache zu beachten ist [17]. Dies muß durch Auslegung des einzelnen Straftatbestands ermittelt werden. Im Einzelfall mag eine solche Auslegung des materiellen Rechts angebracht sein [18], wollte man dies aber

---

[10] Zur Frage, ob die Bindung an die Entscheidung einer nichtrichterlichen Stelle mit Art. 19 Abs. 4 GG und dem Rechtsprechungsmonopol der Gerichte (Art. 92, 97 GG) vereinbar ist, vgl. *Mohrbotter* JZ **1971** 213; zum Aussetzungszwang nach § 96 Abs. 2 GWB vgl. *Schmidt* NJW **1977** 10; ferner OLG Karlsruhe Justiz **1983** 133 (keine Bindung an die Auffassung des Auswärtigen Amts bei Auslegung des Art. 38 WÜD); dazu auch bei § 18 GVG.

[11] Vgl. Rdn. 33.

[12] BayObLGSt **1985** 39 = NStZ **1985** 321.

[13] Prot. *Hahn* 422 ff.

[14] So etwa BVerfGE **75** 346; BayObLGSt **1960** 95 = NJW **1960** 1534 mit Anm. *Karch*; OLG Karlsruhe Justiz **1983** 133; vgl. auch BVerwGE **6** 42; *Franzheim* JR **1988** 319; *Rogall* GA **1995** 306 ff.

[15] Vgl. Rdn. 20 ff.

[16] Wie hier BGHSt **5** 108; OLG Stuttgart NJW **1960** 2204; **a.A** OLG Königsberg GA **56** (1909) 254; OLG Dresden GA **61** (1914) 370; *Binding* Abh. **2** 306; dazu vgl. *Schwab* NJW **1960** 2169 ff.

[17] Die Motive (*Hahn* 201) sahen in dieser Unterscheidung die Lösung des Problems, ähnlich OLG Braunschweig NJW **1953** 558; *Dünnebier* JZ **1961** 672 und *Bötticher* FS zum hundertjährigen Bestehen des Deutschen Juristentags Bd. I 511 ff; vgl. dazu *Schwab* NJW **1960** 2169 ff.

[18] Wieweit ein rechtskräftiges Unterhaltsurteil den Strafrichter bindet, ist vor allem beim abweisenden Urteil strittig; vgl. Rdn. 11 und die Kommentare zu § 172b StGB.

allgemein annehmen, so würde das bedeuten, daß jedem Urteil Gestaltungswirkung beigemessen würde.

Eine Bindung tritt auch nicht dadurch ein, daß das Gericht das Verfahren nach **10** Absatz 2 oder nach § 154d ausgesetzt und die **Entscheidung** eines anderen Gerichts **abgewartet** hat. Sofern dieser nicht aus einem anderen Grund Bindungswirkung zukommt, steht es in seinem an der **Aufklärungspflicht** auszurichtenden, pflichtgemäßen Ermessen, ob es ein solches Urteil seiner Entscheidung zugrunde legen will[19]. Das Strafgericht, das die Entscheidung eines Zivilgerichts für zutreffend hält, kann, wie die §§ 262, 359 Nr. 4 zeigen, sein Urteil auf diese Entscheidung stützen. Es ist in diesem Fall in der Regel nicht genötigt, seinerseits nochmals die Beweise zu erheben, auf denen das Urteil des Zivilrichters beruht. Dieses kann, vor allem wenn rechtskräftig, hinsichtlich des Rechtsverhältnisses die strafgerichtliche Beweisführung ersetzen, also selbst als Beweismittel wirken, sofern es für das Strafgericht überzeugend ist[20]. Andererseits ist das Strafgericht aber nicht gehalten, sich einer Feststellung zu unterwerfen, die in dem abgewarteten Zivilurteil wegen des bürgerlichen Rechtsverhältnisses rechtskräftig getroffen ist[21].

Entscheidungen des Zivilrichters, die **für und gegen alle** wirken, wie etwa die Fest- **11** stellung der Vaterschaft nach §§ 1600a BGB, §§ 640 ff ZPO sind nach heute herrschender Ansicht für das Strafgericht bindend[22]. Bindungswirkung haben auch **Gestaltungsurteile**[23]. Soweit Vorschriften die Entscheidungskompetenz für bestimmte Fragen nur einem bestimmten Gericht oder einem bestimmten Verfahren zuweisen, ist dies auch für den Strafrichter verbindlich. So kann nach § 1593 BGB die Nichtehelichkeit eines während der Ehe oder 302 Tage danach geborenen Kindes nur durch eine erfolgreiche Anfechtungsklage festgestellt werden[24]. Nicht inter omnes wirkende **Feststellungsurteile** und Urteile über eine **Leistungspflicht** binden den Strafrichter dagegen nicht. So vertritt die vorherrschende Meinung weiterhin die Ansicht, daß das Strafgericht im Verfahren **wegen Verletzung einer gesetzlichen Unterhaltungspflicht** (§ 170b StGB) nicht an eine rechtskräftige Verurteilung des Angeklagten zur Unterhaltszahlung gebunden ist[25]. Es entscheidet auch hier nach den allgemeinen, für das Strafverfahren maßgebenden Grundsätzen, zu denen auch die Anwendung des Grundsatzes im Zweifel für den Angeklagten gehört[26]. Dies schließt nach allerdings strittiger Ansicht nicht aus, daß bei der Entscheidung über das Bestehen eines bürgerlich-rechtlichen Unterhaltsanspruchs die

---

[19] BayObLGSt **1952** 224; OLG Oldenburg NJW **1952** 118; KK-*Engelhardt*[4] 3.

[20] Motive (*Hahn* 202); RG GA **61** (1914) 509; BGHSt **5** 108; OLG Oldenburg NJW **1952** 118; OLG Celle NJW **155** 563; BayObLGSt **1952** 224; Strittig, vgl. § 249 ff.

[21] Wegen der Ausnahmen vgl. Rdn. 11; 15.

[22] BGHSt **26** 111 zu Art. 12 § 3 Abs. 1, 2 NEG (mit Hinweis, daß BGHSt **5** 108 überholt); OLG Hamm JMBlNW **1974** 19; OLG Stuttgart NJW **1973** 2305; OLG Zweibrücken MDR **1974** 1034; LG Zweibrücken NStZ **1993** 300; *Heimann-Trosien* JR **1976** 1034; *Kaiser* NJW **1972** 1847; *Kleinknecht/Meyer-Goßner*[44] 3; KMR-*Stuckenberg* 15; SK-*Schlüchter* 4. *Roxin*[25] § 15, 24; *Schwab* NJW **1960** 2172. Nach der früher vorherrschenden Meinung bindet auch ein im Statusprozeß ergangenes Urteil den Strafrichter nicht, da es ein Feststellungsurteil ist, BGH LM Nr. 6 zu § 640 ZPO; OLG Stuttgart NJW **1960** 2204; *Eb. Schmidt* Nachtr. I 6; *Müller-Sax*[6] 1c;

Bruns FS Lent (1957) 105 ff; **a. A** auch *Eggert* MDR **1974** 445 (Tatbestandswirkung).

[23] Vgl. Rdn. 15.

[24] RGSt **12** 166; BayObLGSt **1961** 110 = JZ **1961** 672 mit Anm. *Dünnebier*; OLG Frankfurt FamRZ **1957** 367; *Weber* FS Trusen 598; KMR-*Stuckenberg* 13; SK-*Schlüchter* 2; **a. A** OLG Saarbrücken FamRZ **1959** 35.

[25] Strittig, vgl. BGHSt **5** 106; BayObLGSt **1967** 1 = NJW **1967** 1287; aber auch BGHSt **12** 166; BayObLGSt **1961** 110 = JZ **1961** 672 mit Anm. *Dünnebier*; OLG Bremen NJW **1964** 1286; OLG Celle NJW **1955** 563 sowie die weit. Nachw. zum Streitstand in den Erläuterungsbüchern zu § 172b StGB; ferner Fußn. 27. Wie hier KK-*Engelhardt*[4] 3; *Kleinknecht/Meyer-Goßner*[44] 4; KMR-*Stuckenberg* 31; SK-*Schlüchter* 2.

[26] Vgl. die Kommentare zu § 172b StGB; ferner § 261, 103 ff.

dem System des materiellen Rechts zugehörigen Beweisvermutungen beachtet werden müssen, da es sich bei diesen um Anwendungsregeln für das materielle Recht und nicht nur um verfahrensrechtliche Beweiserleichterungen handelt, die die Aufklärungspflicht nicht einschränken könnten[27]. Hat allerdings das Zivilgericht das Bestehen einer Pflicht zur Zahlung von Unterhalt rechtskräftig verneint, wirkt dies zugunsten des Angeklagten, der dann zumindest in einem ihm nicht anzulastenden Verbotsirrtum gehandelt hat. Nach umstrittener Ansicht darf darüber hinaus die zivilrechtlich nicht durchsetzbare Pflicht strafrechtlich nicht pönalisiert werden[28].

12   **Rechtskräftige strafgerichtliche Urteile** aus einem anderen Verfahren[29] binden den Strafrichter nicht, selbst wenn sie dieselbe Tat betreffen, wie etwa das abgetrennte Verfahren gegen einen Mittäter. Nur in ausdrücklich geregelten **Ausnahmefällen**, wie etwa § 190 StGB, begründet das Gesetz die Verbindlichkeit einer in anderer Sache ergangenen strafrichterlichen Entscheidung[30].

13   An die **Urteile der Gerichte anderer Gerichtszweige** ist das Strafgericht grundsätzlich nicht automatisch gebunden, auch soweit in diesen Verfahren – anders als im normalen Zivilprozeß – der Grundsatz der Amtsuntersuchung gilt[31]. Sofern nicht Sondervorschriften bestehen, ist es frei, ob es ein solches Urteil zur Grundlage seiner Entscheidung machen will. Dies gilt für die Urteile aller Gerichtszweige, so für die Urteile der **Arbeits-** und **Sozial-**, **Finanz-** und **Verwaltungsgerichte**. Es hängt vom Einzelfall ab und ist vielfach auch strittig, ob und aus welchem Rechtsgrund aus solchen Entscheidungen Bindungen des Strafrichters erwachsen können[32]. Dies gilt vor allem wenn sie über die Rechtmäßigkeit eines Verwaltungsakts entschieden haben[33]. Bei Berücksichtigung der besonderen Aufgabe des Strafprozesses und seinen besonderen Rechtsgarantien wird man jedoch entsprechend dem Grundgedanken des § 262 Abs. 1 die grundsätzliche Bindung des Strafgerichts an Vorentscheidungen der Verwaltungsgerichte nicht schon aus dem dem Prinzip der Gewaltenteilung und aus dem ungeschriebenen kompetenzrechtlichen Grundsatz der gegenseitigen Respektierung kompetenzgerechter Hoheitsakte herleiten können[34] oder aus einer nur inter partes bestehenden Rechtskraftwirkung (§ 121 VwGO)[35]. Ob und wieweit die Vorfragenkompetenz des Strafrichters einge-

---

[27] Vgl. etwa OLG Braunschweig NdsRpfl. **1959** 230; OLG Celle NJW **1962** 600; KMR-*Paulus* § 244, 282; *Koffka* JR **1968** 228; *Mattmer* NJW **1967** 1593; *Schröder* JZ **1959** 347; vgl. auch OLG Braunschweig NJW **1964** 214; **a. A** OLG Celle NJW **1955** 563. Wegen weiterer Nachweise zum Streitstand vgl. *Weber* FS Trusen 591, 598 und die Kommentare zu § 172b StGB.

[28] HK-*Julius*[2] 5; **a. A** BGH NJW **1954** 82; OLG Stuttgart NJW **1960** 2205, AK-*Moschüring* 6; vgl. ferner die Kommentare zu § 170b StGB.

[29] Zu unterscheiden davon sind die innerhalb des gleichen Verfahrens durch Rechtsmittelbeschränkung oder begrenzter Zurückverweisung eintretenden Bindungen sowie die Bindungen durch § 358 Abs. 1.

[30] Vgl. § 261, 64.

[31] HK-*Julius*[2] 1; *Kleinknecht/Meyer-Goßner*[44] 5; KMR-*Stuckenberg* 5; SK-*Schlüchter* 2.

[32] Es hängt vom Einzelfall ab und ist weitgehend strittig, ob, in welchem Umfang und aus welchem Rechtsgrund sich Bindungen ergeben etwa *Knöpfle* BayVBl. **1982** 225 (rechtsdogmatisch unsicheres und kontroverses Terrain). Vgl. etwa Fußn. 34; 72.

[33] Vgl. BayVerfGHE **16** 64 = GA **1963** 375, wo die Frage offengelassen wird; ferner BayObLGSt **1961** 256. Zur strittigen Frage der Bindung an die Entscheidung der Finanzgerichte über das Bestehen eines Steueranspruchs vgl. OLG Hamm NJW **1978** 283; die Nachweise bei Fußn. 5, ferner zur früheren Rechtslage BGHSt **14** 11.

[34] Vgl. Rdn. 1. Zur Ableitung der wechselseitigen Bindung der Gerichte aus allgemeinen Grundsätzen vgl. *Knöpfle* BayVBl. **1982** 225; mit weit. Nachw. Soweit für andere Verfahren eine grundsätzliche Bindung an die Entscheidungen anderer Gerichte bejaht wird, sind die dafür maßgebenden Erwägungen nicht ohne weiteres auf den Strafprozeß übertragbar.

[35] Zu den Grenzen der nicht nur auf den Bereich der Verwaltungsrechtspflege beschränkten materiellen Bindung der Beteiligten durch § 121 VwGO vgl. die einschlägigen Kommentare zur VwGO; ferner etwa BGHZ **15** 19; BGH DÖV **1981** 337 (zu § 47 VwGO); NVwZ **1982** 148.

schränkt wird, kann der Gesetzgeber unter Berücksichtigung etwaiger besonderer Schutzanforderungen der betroffenen Grundrechte[36] frei bestimmen[37]. Durch **Auslegung des Straftatbestandes**[38] ist zu ermitteln, ob dieser die materielle Rechtmäßigkeit des Verwaltungshandelns voraussetzt oder ob rechtsgestaltende Verwaltungsakte und die sie bestätigenden oder aufhebenden verwaltungsgerichtlichen Entscheidungen vom Strafrichter hinzunehmen sind[39].

Aus den **Entscheidungen der Verfassungsgerichte**[40] und des **Europäischen Gerichtshofs**[41] kann über die entschiedene Sache hinaus eine auch für andere Verfahren geltende Bindung an eine bestimmte Rechtsauffassung erwachsen. Wird im **Normenkontrollverfahren** nach § 47 VwGO eine im Rang unter den Landesgesetzen stehende Norm (Verordnung u. a.) für ungültig erklärt, ist dies auch für die Strafgerichte verbindlich[42]. **14**

c) Rechtsgestaltende Urteile und **rechtsgestaltende Entscheidungen der Verwaltungsbehörden** muß das Strafgericht grundsätzlich beachten[43]. Es muß den Rechtszustand, der durch ein rechtskräftiges Gestaltungsurteil – etwa ein Grenzscheidungsurteil (§ 920 BGB) oder ein Ehescheidungsurteil – geschaffen wurde, anerkennen und seiner Entscheidung zugrunde legen[44]. Dasselbe gilt für einen **rechtsgestaltenden Verwaltungsakt**, wie etwa die Verleihung der Beamteneigenschaft oder der Staatsangehörigkeit[45] oder die Erteilung oder den Widerruf einer Erlaubnis oder der Widmung eines öffentlichen Wegs[46], aber auch die Aufhebung eines Verwaltungsakts[47]. **Entscheidungen des Patentamts** über die Erteilung, Nichtigkeit oder Zurücknahme eines Patents[48] oder über die Eintragung eines Warenzeichens in die Zeichenrolle binden den Richter[49], nicht aber die Eintragung von Gebrauchsmustern[50]. **15**

Den unmittelbar eine Rechtsänderung bewirkenden echten gestaltenden Verwaltungsakten werden insoweit auch die vollstreckungsfähigen und -bedürftigen **befehlenden Verwaltungsakte** gleichgestellt, die inter omnes wirken oder die einzelne Betroffene zu **15a**

---

[36] Vgl. Rdn. 17.

[37] Vgl. etwa BVerfGE **75** 329, 346; **80** 244, 256; **87** 399, 407, 410.

[38] Vgl. Rdn. 17. Wenn der Straftatbestand auf die Rechtmäßigkeit des Verwaltungshandelns abstellt, kann ohnehin nicht angenommen werden, daß der Gesetzgeber die Kontrollbefugnis allein den Verwaltungsgerichten zugewiesen hat. Vgl. die Hinweise Fußn. 43; 44; *Bachof* JZ **1952** 212; *Lorenz* DVBl. **1971** 171; *Knöpfle* BayVerwBl. **1982** 230; *Schenke* JZ **1970** 450.

[39] Vgl. Rdn. 15; ferner BGHSt **31** 314 (Auslegung von Auflagen). Ob der Richter auch an Verwaltungsakte ohne konstitutive Wirkung gebunden ist, ist strittig; vgl. *Bachof* JZ **1962** 605, 748; *Bettermann* Grundrechte III/2 534 ff; 905; *Knöpfle* BayVerwBl. **1982** 228; *Menger* VerwA **1955** 78; **1963** 205; *Merten* NJW **1983** 1993; ferner Einl. I 193.

[40] Vgl. insbes. § 31 BVerfGG; ferner Rdn. 49 ff.

[41] Vgl. Rdn. 60; ferner etwa *Herdegen* MDR **1985** 543.

[42] Vgl. Rdn. 69 und die Kommentare zu § 47 VwGO.

[43] BayVerfGHE **16** 64 = GA **1963** 375; BayObLGSt **1953** 186; **1959** 260; **1961** 256; BayObLGZ **1962** 87; RGSt **18** 440; **43** 375; RGZ **151** 193; BGHZ **1** 225; OLG Köln GA **59** (1912) 213; BVerwGE **4** 331; *Rogall* GA **1995** 307; AK-*Moschüring* 9; KK-*Engel-*

hardt[4] 6; *Kleinknecht/Meyer-Goßner*[44] 8; KMR-*Stuckenberg* 18; SK-*Schlüchter* 5; *Eb. Schmidt* 14; vgl. Fußn. 39, 78, 81 mit weit. Nachw.

[44] RGSt **14** 374; BayVerfGH **16** 64 = GA **1963** 75; OLG Hamm GA **63** (1916) 455; KK-*Engelhardt*[4] 5; KMR-*Stuckenberg* 17.

[45] KK-*Engelhardt*[4] 6; *Kleinknecht/Meyer-Goßner*[44] 8; KMR-*Stuckenberg* 18; SK-*Schlüchter* 5.

[46] Vgl. etwa BGHZ **1** 225; **48** 243; **77** 341; **90** 12; ferner die Kommentare zur VwGO.

[47] KMR-*Stuckenberg* 17.

[48] RGSt **3** 253; **7** 147; **14** 262; vgl. RGZ **59** 133; **61** 21; BGH GRUR **1957** 270; *Spendel* NJW **1966** 1104; KK-*Engelhardt*[4] 6; *Kleinknecht/Meyer-Goßner*[44] 8; SK-*Schlüchter* 5. Zur Bindungswirkung eines Patents vgl. die Kommentare zu § 14 PatG; ferner die internationalen Übereinkommen, etwa Art. 76 des Übereinkommens über das Europäische Patent für den Gemeinsamen Markt.

[49] RGSt **28** 277; **30** 214; **33** 308; **42** 88; **44** 194; **46** 23; **48** 391; *Schenke* JZ **1970** 453; KK-*Engelhardt*[4] 6; *Kleinknecht/Meyer-Goßner*[44] 8; KMR-*Stuckenberg* 19; SK-*Schlüchter* 5.

[50] RGSt **46** 93; *Reimer* Patentgesetz und Gebrauchsmustergesetz[3] 5 zu § 5 GmbG; vgl. auch § 11 GmbG; KMR-*Stuckenberg* 19.

einem bestimmten Verhalten verpflichten[51]. Auch bei diesen muß der Strafrichter von ihrer Existenz und grundsätzlich auch von ihrer Pflichten begründenden oder konkretisierenden Wirkung ausgehen. Vor allem im Ordnungs- oder Polizeirecht, wo solche Anordnungen ein bestimmtes Handeln gebieten oder verbieten und bei Nichtbefolgen neben Vollstreckungsmaßnahmen auch Sanktionen auslösen, besteht grundsätzlich eine solche Bindung, der einzelne Ahndungstatbestand kann jedoch vorsehen, daß neben der formellen auch die materielle Rechtmäßigkeit der jeweiligen Anordnung Voraussetzung für eine Ahndung ist[52]. Nach anderer Ansicht[53] folgt bei den befehlenden Verwaltungsakten die Bindung des Strafrichters nicht daraus sondern ist allein eine Frage der Auslegung des materiellen Rechts (Tatbestandswirkung)[54].

16   Betrifft die **Gestaltungswirkung** allerdings ein **Tatbestandsmerkmal**, dann muß sie bereits vor der Tat eingetreten sein; eine Rückwirkung wäre strafrechtlich unbeachtlich[55]. Ob dies auch gilt, wenn der mißachtete Verwaltungsakt rückwirkend aufgehoben wird, ist strittig[56]. Eine zu Unrecht im Strafregister vorgenommene Löschung einer Vorstrafe ist als begünstigender Verwaltungsakt verbindlich[57].

17   Bei rechtsgestaltenden Hoheitsakten besteht ausnahmsweise **keine Bindung**, wenn der einzelne Straftatbestand nicht nur auf ihre **Wirksamkeit** (bzw. Vollziehbarkeit) und die dadurch herbeigeführte pflichtbegründende oder konkretisierende Rechtswirkung abstellt, sondern darauf, ob sie **rechtmäßig** waren[58]. Die **Auslegung der Straf- oder Bußgeldvorschrift** kann ergeben, daß die Zuwiderhandlung gegen eine Verwaltungsanordnung nur geahndet werden soll, wenn diese Anordnung auch **materiell rechtmäßig** war. Dies ist bei einzelnen Straftatbeständen streitig[59]. Das Bundesverfassungsgericht hat in verfassungskonformer Auslegung bei einigen im Grundrechte eingreifende Bußgeldtatbeständen angenommen, daß unbeschadet der durch die jeweilige behördliche Anordnung begründeten Pflicht zu ihrer sofortigen Befolgung die Ahndung des Ungehorsams als Ordnungswidrigkeit voraussetzt, daß die Anordnung nicht nur formell sondern auch materiell rechtmäßig war, so bei der Verweigerung der Personalangaben nach § 111 OWiG[60] oder bei der Weigerung, sich aus einer aufgelösten Versammlung zu entfernen[61]. *Lorenz*[62] nimmt abweichend von der herrschenden Meinung auch dann ein Prüfungsrecht des Strafgerichts an, wenn die Auslegung des Straftatbestandes

---

[51] OLG Celle NJW **1967** 1623; OLG Düsseldorf NStZ **1995** 307; *Rogall* GA **1995** 68; *Kleinknecht/Meyer-Goßner*[44] 8; HK-*Julius*[2] 4; SK-*Schlüchter* 5; vgl. auch Rdn. 20; Fußn. 72.

[52] *Knöpfle* BayVerwBl. **1982** 228 sieht die Nachprüfbarkeit der Rechtmäßigkeit der Verwaltungsakte durch den Strafrichter in diesen Fällen als eine durch den jeweiligen Straftatbestand begründete, gesetzliche Ausnahme von der durch die Kompetenzordnung festgelegten Maßgeblichkeit an.

[53] KMR-*Stuckenberg* 21.

[54] Vgl. Rdn. 20. Da nach beiden Auffassungen für den Umfang der Nachprüfbarkeit der jeweilige Tatbestand entscheidend ist, hat die strittige Frage einer doppelten Ableitung der Bindung keine praktische Bedeutung.

[55] Vgl. BayObLGSt **1961** 256; KK-*Engelhardt*[4] 6, zur Beachtlichkeit auf Grund der Tatbestandswirkung vgl. Rdn. 21 ff.

[56] Vgl. Rdn. 37 und KMR-*Stuckenberg* 23 mit weit. Nachw.

[57] BGHSt **20** 205; BGH NJW **1976** 1030.

[58] Strittig. Vgl. *Arnold* JZ **1977** 789; *Bachof* JZ **1952** 212; *Benfer* NStZ **1985** 255; *Bettermann* Grundrechte III/2, 902 ff; *Günther* NJW **1973** 311; *Lorenz* DVBl. **1971** 172; *W. Meyer* NJW **1972** 1845; *Schenke* JZ **1970** 450; *Wagner* JuS **1975** 224; ferner etwa OLG Celle NJW **1971** 444 (keine Bindung durch rechtswidrige Auflage); ferner *Horn* NJW **1981** 2; *Ostendorf* JZ **1981** 165 stellt den Unterschied zwischen Grund- und Vollzugsakt heraus (auch rechtswidriger Hoheitsakt kann rechtmäßig vollstreckt werden); vgl. ferner *Gerhards* NJW **1978** 86 *ViH* ZStW **106** (1994) 581.

[59] Wegen der mitunter insoweit streitigen Auslegungen der einzelnen Straftatbestände wird auf die Erläuterungen zu den Kommentaren des StGB verwiesen, vgl. zu § 113 StGB etwa *Tröndle/Fischer*[50], § 213, 10 ff., ferner *Vitt* ZStW **106** (1994) 581; KMR-*Stuckenberg* 25.

[60] BVerfG StV **1996** 143; vgl. dazu KK-OWiG/*Rogall*[2] § 111, 26.

[61] BVerfGE **87** 399, 410.

[62] DVBl. **1971** 172.

ergibt, daß die Verletzung der im Verwaltungsakt konkretisierten materiellen öffentlichen Interessen und nicht der formale Ungehorsam mit Strafe bedroht ist; dann könne das Strafgericht selbst nachprüfen, ob der in seiner Existenz nicht in Frage gestellte Verwaltungsakt rechtmäßig sei.

d) Nichtigkeit. Eine Bindung entfällt, wenn das **Gestaltungsurteil nichtig** ist[63]. Desgleichen sind **nichtige Verwaltungsakte** als rechtlich nicht existent zu betrachten (vgl. §43 Abs. 3; § 44 VwVfG). Sie binden das Strafgericht nicht[64]. Es kann, sofern dies nicht ausnahmsweise einem besonderen Verfahren vorbehalten ist, ihre Nichtigkeit selbst feststellen, es kann jedoch auch das Verfahren nach § 262 Abs. 2 aussetzen, wenn die Nichtigkeit Gegenstand eines verwaltungsgerichtlichen Verfahrens ist, in dem für die Nichtigkeit Gründe von Gewicht angeführt werden. **18**

e) Akte fremder Hoheitsgewalt. Die Entscheidungen **aller Gerichte der Bundesrepublik** sind in dem aufgezeigten Rahmen beachtlich, auch soweit sie nicht auf einer bundeseinheitlichen Verfahrensordnung, sondern auf Landesrecht beruhen. **Ausländische Urteile** sind insoweit beachtlich, als sich dies aus einem innerstaatlichen Rechtssatz oder dem Völkerrecht, vor allem aus internationalen Vereinbarungen ergibt, so vor allem auch die Urteile des Gerichtshofs der Europäischen Gemeinschaften[65]. Aus der bundesstaatlichen Kompetenzordnung folgt ferner, daß auch **andere Hoheitsakte** eines Bundeslandes, vor allem rechtsgestaltende Verwaltungsakte, in den anderen Ländern zu beachten sind, und zwar ganz gleich, ob sie auf Grund Bundesrechts[66] oder Landesrechts erlassen werden[67]. Soweit dies durch Rechtssatz[68] ausdrücklich festgelegt ist, gilt dies auch für Hoheitsakte ausländischer Staaten und Staatengemeinschaften[69]. Gleiches gilt nach Art. 18, 19 EinigungsV in den dort bezeichneten Grenzen für Urteile und andere Hoheitsakte der **früheren DDR** (vgl. 24. Aufl., Nachtr. II Rdn. C 4 ff). **19**

4. Tatbestandswirkung

a) Allgemein. Das materielle Strafrecht stellt mitunter auf das Vorliegen eines bestimmten Urteils, Verwaltungsakts oder sonstigen Hoheitsaktes **als bloßes Faktum** ab; für den Straftatbestand genügt dann die Tatsache, daß ein solcher Hoheitsakt wirksam ergangen ist oder fehlt. Ob sich die strafrechtliche Bedeutung des Hoheitsakts in einer solchen **Tatbestandswirkung**[70] erschöpft, ist durch **Auslegung des jeweiligen Straftatbestandes** zu ermitteln, bei dem der fragliche Hoheitsakt oder sein Fehlen (z. B. „ohne Erlaubnis")[71] ein Tatbestandsmerkmal oder eine objektive Bedingung der Strafbarkeit **20**

---

[63] Vgl. Einl. I 123 ff.
[64] BayVerfGHE **16** 64 = GA **1963** 375; *Bachof* SJZ **1949** 387; *Bettermann* Grundrechte III/2, 906; *Bergmann* VerwA **1958** 352; vgl. BGH NJW **1957** 1403; *Gerhards* NJW **1978** 86; *Knöpfle* BayVerwBl. **1982** 22. *Rogall* GA **1995** 309 sowie die Kommentare zur VwGO.
[65] Zur Bindungswirkung der Entscheidungen des EuGH vgl. BVerfGE **45** 162; **52** 201; ferner Rdn. 60 ff; einschlägig sind auch die Kollisionsnormen des internationalen Privat- und Strafrechts.
[66] So BVerfGE **11** 19; die Abgrenzung ist aber zu eng.
[67] Zu den wenig geklärten Fragen vgl. *Bleckmann* NVwZ **1986** 1.
[68] Hierher rechnen auch die internationalen Abkommen.
[69] Vgl. *Bleckmann* JZ **1985** 1072 mit weit. Nachw.;

ferner zur Rechtsnatur der öffentlichen Gewalt zwischenstaatlicher Einrichtungen etwa BVerfGE **58** 26 ff.
[70] Zu den unterschiedlichen Definitionen dieses auf *Kormann* (AöR **30** (1913) 255: „Wirkung, die ein Staatsakt als solcher durch die bloße Tatsache seines Vorhandenseins hat") zurückgehenden Begriffs vgl. *Knöpfle* BayVerwBl. **1982** 226; ferner *Jörgensen* 118 f; *Rogall* GA **1995** 304; zur Unterscheidung zwischen Tatbestandswirkung und Bestandskraft ferner etwa *Merten* NJW **1983** 1993.
[71] Stellt der Straftatbestand darauf ab, daß eine Erlaubnis fehlt, genügt es, wenn zur Zeit der Tat keine vorliegt. Es ist unerheblich, ob die Versagung angefochten ist; vgl. OLG Saarbrücken JMBl. Saar **1964** 208.

Walter Gollwitzer

bilden[72]. In diesen Fällen braucht die Rechtmäßigkeit des Urteils oder des Verwaltungshandelns[73] nicht nachgeprüft zu werden. Vom Strafgericht ist lediglich Vorhandensein und Wirksamkeit des Urteils oder des Verwaltungsakts, oder – sofern der Straftatbestand darauf abstellt oder der Eintritt der Gestaltungswirkung davon abhängt – die Rechtskraft oder Bestandskraft des Hoheitsaktes festzustellen. Ein **nichtiger Hoheitsakt** kann auch keine Tatbestandswirkung zeitigen, seine Unwirksamkeit ist von jedermann zu beachten[74].

21 **b) Beispiele.** Manche Straftatbestände setzen eine bestimmte **rechtskräftige richterliche Entscheidung** voraus, so beispielsweise § 84 Abs. 1 StGB, daß das Bundesverfassungsgericht eine Partei für verfassungswidrig erklärt hat[75] oder § 258 Abs. 2 StGB, daß ein vollstreckungsfähiges Urteil vorliegt[76] oder die §§ 283 ff StGB, daß das Insolvenzverfahren durch einen rechtskräftigen Beschluß eröffnet oder der Eröffnungsantrag mangels Masse abgewiesen worden ist (§ 283 Abs. 6 StGB)[77].

22 Straf- und Bußgeldtatbestände fordern vielfach nur, daß ein bestimmter (wirksamer) **Verwaltungsakt** ergangen ist, etwa eine wirksame Pfändung bei § 137 StGB oder eine bestimmte Verwaltungsanordnung wie das Anbringen eines Verkehrszeichens[78] oder eine wirksam gewordene Auflage[79] oder auch einen wirksamen Widerruf eines begünstigenden Verwaltungsakts[80]. Für die Strafbarkeit einer Zuwiderhandlung gegen die Anordnung einer Verwaltungsbehörde ist meist ausreichend, aber stets auch erforderlich, daß der mit seinem Erlaß wirksam werdende, aber noch nicht bestandskräftige Verwaltungsakt, der die Anordnung enthält, im Zeitpunkt der Tat **unanfechtbar oder vollziehbar** und damit vom Angeklagten ohne Rücksicht auf eine etwaige Anfechtung zu befolgen war[81]. Ist er dagegen nicht sofort vollziehbar, so kann nicht geahndet werden,

72 Grundsätzlich wird davon auszugehen sein, daß die Bestandskraft als Eigenschaft des Verwaltungsaktes sich aus den für ihn geltenden Regeln des allgemeinen oder besonderen Verwaltungsrechts ergibt, während eine darüber hinausgehende Feststellungswirkung auch aus Sondervorschriften folgen kann. Die Tragweite der Tatbestandswirkung ist dagegen aus dem Blickwinkel der Rechtsnorm zu beurteilen, für deren Anwendung der Verwaltungsakt als Tatbestandsmerkmal Bedeutung hat. Die verschiedenen Betrachtungsweisen bringen notwendig Überschneidungen mit sich; vgl. Rdn. 22.
73 Etwa das Vorliegen einer behördlichen Erlaubnis, vgl. *Ostendorf* Jz **1981** 174 (auch zur Frage einer rechtsmißbräuchlich erschlichenen Erlaubnis); ferner *Horn* NJW **1981** 3.
74 Weitgehend h. M. *Kleinknecht/Meyer-Goßner*[44] 8; vgl. etwa *Lorenz* DVBl. **1971** 166 mit weit. Nachw. und Rdn. 18.
75 Ferner etwa § 82 StGB, § 20 VereinsG.
76 *Sturm* JZ **1975** 11; KMR-*Sax* Einl. Kap. **16** XIII und die Kommentare zu § 250 StGB.
77 Vgl. dazu etwa BGHSt **28** 231; *Schlüchter* MDR **1978** 977; *Tiedemann* NJW **1977** 717; zum früheren Recht etwa RGSt **26** 37; BGH bei *Herlan* GA **1955** 365.
78 Herrschende, wenn auch umstrittene Rechtsprechung; vgl. BVerfG NJW **1965** 2395; BGHSt **20** 128; **23** 88; BayObLGSt **1967** 69; **1975** 144; **1977** 47; 192; **1979** 6; **1981** 54; **1983** 17; **1984** 57; **1985** 12;

OLG Celle NJW **1967** 7; OLG Koblenz NJW **1994** 2302; BVerwGE **27** 182; **59** 224. BVerwG JZ **1996** 777 mit Anm. *Hendler*.
79 Vgl. BGHSt **31** 314 (Aufenthaltsbeschränkung nach AuslG).
80 Vgl. auch OLG Stuttgart NJW **1977** 1408 (Wegfall einer Bedingung).
81 BVerfGE **22** 27; BGHSt **23** 91; BayObLGSt **1957** 204; **1962** 31; **1985** 64; BayObLG VRS **35** 195; NStZ **1986** 36; OLG Düsseldorf NStZ **1981** 68; OLG Hamm MDR **1979** 516; NJW **1980** 1476; *Bachof* SJZ **1949** 388; JZ **1952** 212; **1962** 605; 748; *Bettermann* Grundrechte III 2 904; *Horn* NJW **1981** 2; vgl. ferner etwa *Ostendorf* JZ **1981** 165; *Schenke* JR **1970** 749; *Vogel* BayVerwBl. **1977** 617; zur ähnlichen Rechtslage bei Anordnung von Zwangsgeld vgl. etwa BayVGH BayVerwBl. **1976** 86 mit abl. Anm. *Kalkbrenner*; OVG Lüneburg NdsRpfl. **1985** 264. Die im Verwaltungsrecht strittige Frage, ob der grundsätzlich mit Bekanntgabe wirksam werdende Verwaltungsakt (vgl. § 43 Abs. 1 VwVfG) durch die aufschiebende Wirkung der Anfechtung in seiner Wirksamkeit oder nur in seiner Vollziehbarkeit gehemmt wird (dazu etwa *Erichsen/Klenke* DÖV **1976** 833; *Merten* NJW **1983** 1933; und die Kommentare zu § 80 VwGO mit weit. Nachw.), spielt insoweit keine Rolle. Bei einem öffentlich-rechtlichen Hausverbot ist die Frage strittig; vgl. OLG Hamburg JR **1981** 33 mit Anm. *Oehler*; OLG Karlsruhe NJW **1978** 116, dazu *Arnhold* JZ **1977**

wenn der Betroffene ihm in der Schwebezeit bis zum Eintritt seiner Bestandskraft nicht nachkommt[82], zumal bei rechtzeitiger Einlegung eines zulässigen Rechtsbehelfs dessen Suspensiveffekt zurückwirkt. Der eigentliche Grund, der dies rechtfertigt, liegt aber darin, daß die Überlegungsfrist, die dem Betroffenen bei einem nicht sofort vollziehbaren Verwaltungsakt für die Prüfung eingeräumt wird, ob er ihn befolgen oder ob er ihn anfechten will, weitgehend entwertet würde, wenn er gezwungen wäre, dem Verwaltungsakt trotzdem sofort nachzukommen, um eine Sanktion zu vermeiden. Ob der Verwaltungsakt später aufgehoben oder bestätigt wird, spielt, wenn es nicht auf die materielle Rechtmäßigkeit der Anordnung ankommt[83], keine Rolle. In Ausnahmefällen, etwa, wenn der Verwaltungsakt nur eine bereits bestehende Verpflichtung konkretisiert, hat die Rechtsprechung allein auf die mit Erlaß des Verwaltungsaktes eingetretene Wirksamkeit abgestellt[84]. Was der Gesetzgeber gewollt hat, ist durch **Auslegung** des jeweiligen Straf- oder Bußgeldtatbestands zu ermitteln[85]. Mitunter ergibt dies schon der Wortlaut der Straf- oder Bußgeldnorm, wenn sie ausdrücklich auf die Unanfechtbarkeit oder Vollziehbarkeit des Verwaltungsakts abstellt[86].

Kommt es nach dem Straf- oder Bußgeldtatbestand nur auf die **Wirksamkeit** des **23** Verwaltungsaktes und der durch **Bestandskraft** oder **Anordnung der Vollziehbarkeit** begründeten Pflicht des Bürgers zu seiner Befolgung an, muß – abgesehen von der immer zu prüfenden Frage der Nichtigkeit – das Gericht nur die Unanfechtbarkeit oder die Vollziehbarkeit (§ 80 VwGO) im Zeitpunkt der Begehung der Tat nachprüfen, insbesondere, ob die Anordnung kraft Gesetzes ohnehin sofort vollziehbar war (§ 80 Abs. 2 Nrn. 1 bis 3 VwGO) oder ob sofortige Vollziehung nach § 80 Abs. 2 Nr. 4 wirksam angeordnet wurde. Die **materielle Rechtmäßigkeit** des Verwaltungsaktes selbst oder der Anordnung, welche die sofortige Vollziehbarkeit begründet, ist in diesen Fällen der Nachprüfung durch das Strafgericht entzogen[87]. Dabei ist es insoweit meist unerheblich, ob man hierin eine bloße Tatbestandswirkung sieht oder eine Bindung des Strafgerichts an die Gestaltungswirkung des Verwaltungsakts (Rdn. 15). Die Bindungswirkung ist zwar von der bloßen Tatbestandswirkung zu unterscheiden, da sie eine Eigenschaft des betreffenden Hoheitsaktes ist[88], während die Tatbestandswirkung lediglich auf der besonderen Ausformung des strafrechtlichen Tatbestands beruht, also auch für Hoheitsakte gelten kann, denen jede Gestaltungs- oder Bindungswirkung fehlt. In beiden Fällen ist aber – wenn auch aus unterschiedlichen Gründen – die Nachprüfung der Rechtmäßigkeit des Hoheitsaktes im Strafverfahren in der Regel[89] ausgeschlossen und deshalb auch kein Raum für eine Aussetzung des Verfahrens nach § 262 Abs. 2 (Rdn. 25).

789; *Gerhards* NJW **1978** 86; ferner etwa OLG Celle MDR **1965** 594; **1966** 944; OLG Bremen VRS **23** (1962) 265.

[82] BGHSt **23** 86; BGH NJW **1982** 188; BayObLGSt **1969** 262; *Odenthal* NStZ **1991** 419 mit weit. Nachw. zu den strittigen Fragen, ferner etwa *Wüterich* NStZ **1987** 107.

[83] Vgl. Rdn. 17.

[84] Vgl. etwa BayObLGSt **1962** 296; **1969** 262 = BayVerwBl. **1963** 193; **1969** 328 (Vorladung zum Verkehrsunterrricht), dazu andererseits aber BVerfGE **22** 27. Zur Pflicht, die Verkehrszeichen zu beachten, vgl. die Nachw. Fußn. 78.

[85] Zur Maßgeblichkeit der jeweiligen Norm vgl. BayObLGSt **1962** 262. *Lorenz* (DVBl. **1971** 165,

170 ff) unterscheidet, ob der Schutzzweck des Straftatbestands ein bestimmtes, durch den Verwaltungsakt verfolgtes materielles Interesse des gemeinen Wohls ist oder die Störung der durch den Verwaltungsakt begründeten formellen Ordnung oder ob er die Befolgung der Anordnung als solche garantieren soll; dazu OLG Karlsruhe Justiz **1977** 304. Vgl. ferner *Mohrbotter* JZ **1971** 213; *Schenke* JR **1970** 449.

[86] Vgl. die allgemeine Regelung in Art. 4 Abs. 2 BayLStVG (BayRS 2011-2-1).

[87] Vgl. die Nachw. Fußn. 81 bis 86.

[88] Vgl. *Erichsen/Knocke* NVwZ **1983** 185.

[89] Wegen der Ausnahme von der Bindungswirkung vgl. Rdn. 17.

Walter Gollwitzer

24   **5.** Die **Auslegung des Verwaltungsaktes** zur näheren Bestimmung seines Gegenstands und Inhalts, bei einer Strafbewehrung nicht zuletzt auch zur Kontrolle der erforderlichen rechtsstaatlichen Bestimmtheit, obliegt dem Strafrichter, auch wenn er von dessen Vorliegen auszugehen hat. Er muß den Inhalt nach den für die Auslegung des öffentlichen Rechts maßgebenden Grundsätzen feststellen. Maßgebend ist der erklärte Wille, so wie ihn der Empfänger bei objektiver Würdigung verstehen muß. Unklarheiten gehen zu Lasten der Verwaltung[90].

III. Befugnis, das Verfahren auszusetzen

25   **1. Sinn des Absatzes 2.** Die Regelung wurde seinerzeit zur Einschränkung des Mißbrauchs des Strafverfahrens im Interesse der Prozeßwirtschaftlichkeit erlassen und nicht etwa zur Vermeidung divergierender Entscheidungen oder zur besseren Sachaufklärung. Die Motive[91] sagen hierzu: „Wenn der Absatz 2 dem Strafrichter gestattet, die Untersuchung auszusetzen und das Urteil des Zivilgerichts über die zivilrechtliche Vorfrage abzuwarten, so sind es wesentlich Gründe praktischer Zweckmäßigkeit, welche zu dieser Bestimmung geführt haben. Die Erfahrung lehrt nämlich, daß nicht selten von den Beteiligten Untersuchungen in solchen Fällen anhängig gemacht werden, wo die Rechtsverletzung, wenn eine solche überhaupt vorliegt, lediglich zivilrechtlicher Natur ist und also nur Anlaß zu einem Zivilprozeß vorlag. Nicht selten wird der Versuch gemacht, die Erhebung einer Zivilklage dadurch zu umgehen, daß man die Einleitung einer Kriminaluntersuchung herbeiführt, weil man auf dem Wege und durch die Mittel einer solchen leichter, müheloser und ohne Aufwendung eigener Kosten zur Befriedigung des Anspruchs zu gelangen hofft. Namentlich werden aus solchen Beweggründen in Fällen, in denen Sozietätsverträge, Geschäftsverbindungen, Auftragsverhältnisse usw. gelöst worden sind, öfter ganz unbegründete Denunziationen wegen Betruges oder Unterschlagung erhoben. In solchen Fällen würde der Strafrichter durch das widerrechtliche Vorgehen des denunzierenden Beteiligten gezwungen sein, weitläufige Auseinandersetzungen vorzunehmen und in der Tat die Aufgaben eines Zivilprozesses innerhalb des Strafverfahrens zu lösen, wenn ihm nicht die Befugnis beigelegt würde, die Entscheidung des Zivilrichters abzuwarten". Zweck der Aussetzung nach Absatz 2 ist also primär, zu verhindern, daß das Strafverfahren als weniger kostenaufwendiger Ersatz für andere Klagen mißbraucht wird[92], etwa, um unter Umgehung der eigenen Beweislast bessere Tatsachengrundlagen für die Durchsetzung zivilrechtlicher Ansprüche zu gewinnen. Daneben werden heute aber auch in der Prozeßwirtschaftlichkeit (Verfahrensvereinfachung) und in der Vermeidung divergierender Entscheidungen weitere Gründe für die Aussetzung gesehen[93].

26   **2. Anwendungsbereich.** Die Vorschrift greift nur Platz, wenn die Strafbarkeit einer Handlung von der dem Strafrichter obliegenden **Beurteilung eines außerstrafrechtlichen Rechtsverhältnisses** abhängt[94]. Es kann dies ein Rechtsverhältnis des bürgerlichen Rechts sein, wie etwa das Eigentum an einer Sache oder das Bestehen einer Unterhaltspflicht

---

[90] BGHSt **31** 314 und Hinweis auf BVerwGE **60** 228. *Rogall* GA **1995** 307.

[91] *Hahn* 202.

[92] Vgl. etwa *Hamm* NJW **1996** 2981; ferner *Groß* GA **1996** 151; SK-*Schlüchter* 1.

[93] BayObLGSt **1994** 74; *Kissel* FS Pfeiffer 197; KK-*Engelhardt*[4] 8; KMR-*Stuckenberg* 2.

[94] KK-*Engelhardt*[4] 7. Die Pflicht zur Aussetzung bei vorgreiflichen Rechtsfragen, die der Entscheidungskompetenz des Strafrichters entzogen sind, folgt aus dem jeweiligen Sonderrecht; vgl. Rdn. 22 ff.

gegenüber Angehörigen[95], es kann dies aber auch ein Rechtsverhältnis des öffentlichen Rechts sein, wie etwa die Beamteneigenschaft, die Rechtmäßigkeit eines bestimmten Verwaltungshandelns[96] oder das Bestehen einer öffentlich-rechtlichen Pflicht. Ob die Strafbarkeit von der Beurteilung des Rechtsverhältnisses abhängt, also für die strafgerichtliche Entscheidung vorgreiflich ist, ist durch Auslegung des jeweiligen Straftatbestands zu ermitteln.

Absatz 2 gilt über § 332 auch in der **Berufungsinstanz**. Im Verfahren vor den **Revi-** **27** **sionsgerichten** ist er nach vorherrschender Meinung nicht anwendbar[97]. Das Revisionsgericht könnte auf Grund seiner eingeschränkten Prüfungskompetenz in der Regel das auf der Feststellung anderer Tatsachen und ihre Würdigung umfassende Ergebnis des anderen Verfahrens gar nicht mehr berücksichtigen. Prüft es auf Grund der Sachrüge die Anwendung des materiellen Rechts, ist es auch bei den Vorfragen aus anderen Rechtsgebieten auf die tatrichterlichen Feststellungen in den Gründen des angefochtenen Urteils beschränkt. Gleiches gilt für das Rechtsbeschwerdegericht in Bußgeldsachen. **Ausnahmsweise** wird die Aussetzung auch noch in der Rechtsbeschwerdeinstanz für zulässig erachtet, wenn die außerstrafrechtliche Rechtsnorm, die Grundlage der Verurteilung bildet, Gegenstand eines anhängigen und nicht offensichtlich unbegründeten **Normenkontrollverfahrens** ist und ein Freispruch auf der Grundlage der sonstigen tatrichterlichen Feststellungen nicht in Betracht kommt[98]. Da die Aussetzung dann nur eine Rechtsfrage betrifft, greifen die vorstehenden Bedenken insoweit nicht. Wie die Stellung des § 262 im Gesetz zeigt, hat er in erster Linie die Aussetzung in der Hauptverhandlung im Auge, jedoch ist schon vorher, im **Zwischenverfahren** vor Erlaß des Eröffnungsbeschlusses, die Aussetzung zulässig[99]. Dies gebietet schon die Prozeßökonomie.

Die **Staatsanwaltschaft** ist durch § 262 nicht unmittelbar angesprochen. Sie ist aber **28** ebenfalls befugt, im Ermittlungsverfahren innezuhalten und die gerichtliche Entscheidung eines für das Strafverfahren vorgreiflichen Rechtsverhältnisses abzuwarten, sie kann bei Vergehen dem Anzeigeerstatter nach § 154d eine Frist zur Klageerhebung setzen. Der Grundgedanke, auf dem § 262 beruht, gilt im übrigen auch für das staatsanwaltschaftliche Ermittlungsverfahren[100].

Im **Beschwerdeverfahren** hat das OLG Schleswig[101] § 262 Abs. 2 entsprechend an- **29** gewendet, um die Entscheidung über einen Sicherungshaftbefehl bis zur Entscheidung der ausländischen Behörde über ein Auslieferungsbegehren abzuwarten.

3. Keine Aussetzung

a) Tatsachenfeststellungen. § 262 betrifft nicht den Fall, daß **Tatsachen**, die in dem **30** Strafverfahren erheblich sind, auch **in einem anderen Verfahren Bedeutung** haben. Die Feststellung dieser Tatsachen darf das Strafgericht nicht dem anderen Verfahren über-

---

[95] Vgl. BGHSt **26** 117; Rdn. 11.
[96] Vgl. Rdn. 13.
[97] RGSt **3** 253; KG VRS **41** (1971) 288; wohl auch BayObLGSt **1994** 199, 205; AK-*Moschüring* 29; KK-*Engelhardt*[4] 12; *Pfeiffer*[3] 2; SK-*Schlüchter* 13; *Eb. Schmidt* 9; **a.A** *Jörgensen* 57, 350; HK-*Julius*[2] 7; *Kleinknecht/Meyer-Goßner*[44] 9; KMR-*Stuckenberg* 34; auch BayObLGSt **1994** 74 (obiter dictum).
[98] BayObLGSt **1994** 74 = NJW **1994** 2104; KMR-

Stuckenberg 9; *Pfeiffer*[3] 2; vgl. auch vorst. Fußn. sowie Rdn. 69.
[99] OLG Köln *Alsb.* E **2** Nr. 67; KK-*Engelhardt*[4] 12; KMR-*Stuckenberg* 34; SK-*Schlüchter* 14, 12; *Eb. Schmidt* 10.
[100] *Eb. Schmidt* 10; nach KMR-*Stuckenberg* 34 ist im staatsanwaltschaftlichen Ermittlungsverfahren § 154d lex specialis; zu § 154d vgl. die dortigen Erläuterungen.
[101] Bei *Ernesti/Lorenzen* SchlHA **1984** 105.

lassen[102]. Wieweit es die tatsächlichen Feststellungen einer anderen Entscheidung für die Bildung seiner eigenen Überzeugung mit verwenden darf, ist bei Rdn. 10 erörtert. Tatsächliche Umstände, die in einem Verfahren wegen fahrlässiger Körperverletzung oder fahrlässiger Tötung zu ermitteln sind, muß das Strafgericht selbständig feststellen, es darf also nicht abwarten, zu welchem Ergebnis die Beweisaufnahme eines den selben Fall betreffenden Schadensersatzprozesses führt[103].

31   **b) Tatbestandswirkung.** Eine Aussetzung nach Absatz 2 scheidet ferner dort aus, wo für die Erfüllung des Straftatbestands die Tatsache ausreicht, daß ein bestimmter Hoheitsakt ergangen ist[104]. Hier kann und muß sich das Strafgericht mit der von ihm selbst zu treffenden Feststellung begnügen, daß der fragliche Hoheitsakt vorhanden und wirksam und – soweit er eine Pflicht begründet – vollziehbar ist. Eine Aussetzung kommt allenfalls dann in Betracht, wenn die Nichtigkeit des Hoheitsaktes in einem anderen Verfahren mit triftigen Gründen (vgl. § 44 VwVfG) geltend gemacht wird[105].

32   **c)** Soweit das Strafgericht die **Gestaltungswirkung**[106] eines Urteils oder anderen Hoheitsaktes beachten muß, ist in der Regel für eine Aussetzung des Strafverfahrens kein Raum. Etwas anderes gilt nur in den Ausnahmefällen, in denen in dem anderen Verfahren die ex tunc wirkende Nichtigkeit des betreffenden Hoheitsaktes und damit der Nichteintritt der Gestaltungswirkung verbindlich festgestellt werden soll[107].

33   **d)** § 262 gestattet keine Aussetzung, um die **Entscheidung eines anderen Strafgerichts** über eine vom Gericht zu entscheidende **strafrechtliche Frage** abzuwarten. So darf das Gericht eine entscheidungsreife Strafsache nicht etwa deswegen aussetzen, weil der Bundesgerichtshof die zur Entscheidung heranstehende grundsätzliche Frage in einer anderen Sache in Bälde entscheiden wird[108]. Strittig ist, ob in entsprechender Anwendung des § 262 Abs. 2 zulässig ist, das Verfahren **ohne gleichzeitige Vorlage an ein Verfassungsgericht** auszusetzen, wenn die Klärung der Verfassungswidrigkeit einer anzuwendenden Norm bereits Gegenstand eines dort anhängigen Verfahrens ist, oder ob dem die in BGHSt **24** 6, 8 ff aufgeführten Erwägungen (u. a. Verbreiterung der Entscheidungsgrundlagen des Verfassungsgerichts, Ungewißheit über Zeit und Art der Erledigung des anderen Verfahrens) entgegenstehen. Nach der einen Ansicht, die im Interesse der Verfahrensklarheit und auch der Verfahrensbeschleunigung den Vorzug verdient, schließt das Sonderrecht, das die zwingende Richtervorlage an das Verfassungsgericht an strenge Voraussetzungen bindet, die Aussetzung ohne gleichzeitige Richtervorlage aus[109]. Eine neuere Ansicht hält es dagegen unter Hinweis auf die verwaltungsgerichtliche Rechtsprechung zu § 94 VwGO[110] für zulässig, zur Wahrung der einheitlichen Rechtsprechung und der Prozeßwirtschaftlichkeit in entsprechende Anwendung des § 262 Abs. 2 das Verfahren ohne eigene Vorlage auszusetzen, um die Entscheidung einer entscheidungserheblichen Rechtsfrage durch ein Verfassungsgericht

---

[102] KK-*Engelhardt*[4] 7; *Kleinknecht/Meyer-Goßner*[44] 10; KMR-*Stuckenberg* 36.

[103] KK-*Engelhardt*[4] 7; *Eb. Schmidt* 5.

[104] BGH NJW **1969** 2026; **1982** 189; HK-*Julius*[2] 9; SK-*Schlüchter* 16; vgl. Rdn. 21 ff.

[105] Vgl. Rdn. 20; 21.

[106] Vgl. Rdn. 15 ff ferner SK-*Schlüchter* 16.

[107] AK-*Moschüring* 33 verneint auch in diesem Fall eine Pflicht zur Aussetzung; KMR-*Stuckenberg* 39 bejaht sie.

[108] OLG Hamm HESt **2** 102; AK-*Moschüring* 30; KK-*Engelhardt*[4] 7; *Kleinknecht/Meyer-Goßner*[44] 10; SK-*Schlüchter* 15; *Eb. Schmidt* 7; zur allgemeinen Problematik vgl. *Jörgensen* 26 ff; *Skouris* NJW **1975** 713 (zu § 148 ZPO).

[109] LG Osnabrück MDR **1986** 517; SK-*Schlüchter* 15 vgl. Rdn. 48 ff.

[110] Vgl. die Kommentare zu § 94 VwGO, ferner auch zu § 148 ZPO, wo diese Frage ebenfalls strittig ist.

oder dem Europäischen Gerichtshof abzuwarten, sofern zu erwarten ist, daß über diese in einer dort anhängigen anderen Rechtssache (Musterprozeß) in absehbarer Zeit entschieden wird[111].

4. Die Entscheidung über die Aussetzung

a) Das Gericht hat nach **pflichtgemäßem Ermessen** darüber zu befinden, ob es von **34** der Befugnis, das Verfahren nach Absatz 2 auszusetzen, Gebrauch machen will[112]. Es ist dazu befugt, ganz gleich, ob der Rechtsstreit über die Vorfrage anhängig ist oder erst anhängig gemacht werden soll. Ob die Aussetzung angebracht ist, muß es unter Berücksichtigung von Art und Gewicht der Strafsache, des Gebots der Verfahrensbeschleunigung und der Schwierigkeit der Vorfrage und ihrer Bedeutung für die anhängige Sache entscheiden, wobei neben Zweckmäßigkeitserwägungen[113] auch andere Verfahrensgesichtspunkte mit berücksichtigt werden dürfen. Für eine Aussetzung ist kein Raum, wenn das Rechtsverhältnis, auf das es ankommt, bereits rechtskräftig entschieden ist, oder wenn aus tatsächlichen oder rechtlichen Gründen eine Entscheidung in einer mit dem Beschleunigungsgebot zu vereinbarenden Zeit[114] nicht zu erwarten ist. Der Angeklagte kann nicht verlangen, daß die Untersuchung bis zur Entscheidung über einen von ihm anhängig gemachten Zivilprozeß ausgesetzt werde[115]. Umgekehrt gibt der Umstand, daß noch keine Zivilklage erhoben ist, dem Staatsanwalt auch keine Handhabe, die Aussetzung zu verhindern.

b) Eine **Pflicht zur Aussetzung** kann aus § 262 seiner Zielsetzung nach nicht hergeleitet **35** werden[116]. § 262 Abs. 2 berechtigt das Gericht zur Aussetzung, verpflichtet es aber nicht dazu. Er betrifft grundsätzlich nur die Fälle, in denen das Gericht zur eigenen Entscheidung befugt ist. Deshalb erscheint es fraglich, ob sich hier selbst bei Vorliegen gewichtiger Gesichtspunkte für eine Aussetzung der Ermessensspielraum des Gerichts so verengen kann, daß nur die Aussetzung als einzig sachgerechte Entscheidung verbleibt[117]. Bei einem offensichtlichen Mißbrauch des Strafverfahrens nur zur Durchsetzung oder Vorbereitung außerstrafrechtlicher Ansprüche wird dies unter Hinweis auf den Zweck des § 262 vereinzelt angenommen[118].

Eine solche Aussetzungspflicht kann sich aber aus einer **Sonderregelung** ergeben, die **36** einem anderen Gericht oder Behörde die alleinige Entscheidungskompetenz vorbehält[119], so wenn die entscheidungserhebliche Vorfrage nur von dem anderen Gericht

[111] KMR-*Stuckenberg* 37; AK-*Schlüchter* 10; ferner die weiteren Nachweise zum Streitstand BGH NJW **1993** 1279, wo diese Frage ausdrücklich offen gelassen wurde; auch BayVerfGH NJW **2000** 3705 läßt sie offen. Vgl. auch Rdn. 49.

[112] RGSt **49** 309; BayVerfGH **16** 64 = GA **1963** 375; OLG Düsseldorf StV **1995** 459 (L); *Jörgensen* 192; *Kissel* FS Pfeiffer 196; KK-*Engelhardt*⁴ 8; *Kleinknecht/Meyer-Goßner*⁴⁴ 11; KK-*Stuckenberg* 38; SK-*Schlüchter* 18.

[113] AK-*Moschüring* 32; vgl. Rdn. 25.

[114] Hierbei ist der Zeitverlust durch die Aussetzung ebenso mitzuberücksichtigen wie andererseits ein etwaiger Zeit- und Rationalisierungsgewinn durch die anderweitige Entscheidung vgl. KMR-*Stuckenberg* 37, 39; SK-*Schlüchter* 18.

[115] RG Recht **1911** Nr. 1856.

[116] SK-*Schlüchter* 16; vgl. Rdn. 25; ferner nachf. Fußn.

[117] Strittig; *Gerhards* NJW **1978** 89 nimmt Aussetzungs-

pflicht an, wenn es um die Nichtigkeit des bewehrten Verwaltungsaktes geht. Weitere Nachw. vgl. Fußn. 124. Ob sich das Aussetzungsermessen „auf null reduzieren" und in eine Aussetzungspflicht verwandeln kann, ist bei § 396 AO in Schrifttum und Rechtsprechung stark umstritten, vgl. etwa BVerfG (Vorprüfungsausschuß) NJW **1985** 1950 (offen lassend); verneinend BGHSt **34** 272; **37** 266; BGH NStZ **1985** 126; OLG Hamm NJW **1978** 283; OLG Karlsruhe JR **1985** 387, dazu *Schlüchter* JR **1985** 360; LB Bonn NJW **1985** 3033 und das umfangreiche Schrifttum, das auch auf die zwischen § 262 und § 396 AO nach Zielsetzung und Ausgestaltung bestehenden Unterschiede eingeht; dazu die Nachw. Fuß. 5; und in den Kommentaren zu § 396 AO.

[118] HK-*Julius*² 9.

[119] KK-*Engelhardt*⁴ 8; *Kleinknecht/Meyer-Goßner*⁴⁴ 11; KMR-*Stuckenberg* 35; SK-*Schlüchter* 17.

mit bindender Wirkung entschieden werden kann[120], oder wenn in Strafsachen wegen Verletzung von Patenten und Warenzeichen die Nichtigkeit einer Eintragung behauptet wird[121], denn hier kann eine von Anfang an bestehende Nichtigkeit nur durch die dafür ausschließlich zuständige Stelle festgestellt werden. Eine Pflicht zur Aussetzung kann auch bestehen, wenn das Urteil eines anderen Gerichts eine das Strafgericht bei seiner Entscheidung bindende Gestaltungswirkung hat. Diese Fälle werden jedoch selten sein, da es für die Strafbarkeit einer Tat grundsätzlich nur auf die Rechtslage im Zeitpunkt ihrer Begehung ankommt, so daß ein Gestaltungsurteil, selbst wenn es Rückwirkung haben sollte, in der Regel schon deswegen nicht geeignet ist, die Strafbarkeit herbeizuführen. Auch wenn eine wirksam erteilte Genehmigung nachträglich als rechtswidrig aufgehoben wird, kann dies grundsätzlich nicht rückwirkend die Strafbarkeit unter dem Blickwinkel eines ungenehmigten Verhaltens begründen[122]. Strittig ist nur, ob dies ausnahmslos, also selbst bei rechtsmißbräuchlicher Herbeiführung der Genehmigung gilt[123]. Betrifft die entscheidungserhebliche Vorfrage kein Tatbestandsmerkmal, hängt es von den Umständen des Einzelfalls ab, ob eine Aussetzung bis zu ihrer Entscheidung angezeigt ist.

37   Wird ein **vollziehbarer Verwaltungsakt**, dessen Mißachtung mit Strafe bedroht ist, vor den Verwaltungsgerichten angefochten, so ist strittig, ob das Strafgericht das Strafverfahren aussetzen muß oder darf oder ob die Aussetzung insoweit unzulässig ist, weil die Aufhebung des Verwaltungsakts durch das Verwaltungsgericht die bereits eingetretene Strafbarkeit der im Nichtbefolgen liegenden Zuwiderhandlung selbst dann nicht mehr beseitigen kann, wenn man in der Aufhebung ein ex tunc wirkendes rechtsgestaltendes Urteil sieht. Der Bundesgerichtshof hat sich – veranlaßt durch einen Vorlagebeschluß des Bayerischen Obersten Landesgerichts – der letztgenannten Meinung angeschlossen[124].

5. Fristbestimmung

38   **a) Adressat.** Wenn das Verfahren nicht ausgesetzt wird, um das Ergebnis eines **bereits anhängigen** Verfahrens abzuwarten, muß das Gericht zugleich einem Beteiligten eine Frist für die Klageerhebung setzen. **Beteiligte** in diesem Sinn sind neben dem Angeklagten alle Personen, die im Strafverfahren als Anzeigeerstatter, Strafantragsteller, Privat- oder Nebenkläger aufgetreten sind[125]. Auch ein als Zeuge im Verfahren auftretender Verletzter kann Beteiligter in diesem weiten Sinn sein. Der Beteiligte muß allerdings rechtlich in der Lage sein, durch Klageerhebung eine Klärung des fraglichen Rechtsverhältnisses herbeizuführen[126] und es darf nicht bereits offensichtlich sein, daß er nicht klagen will.

---

[120] OLG Düsseldorf StV **1995** 459 (L); OLG Saarbrücken JBl Saar **1964** 208; *Kleinknecht/Meyer-Goßner*[44] 11.

[121] RGSt **7** 146; **48** 422; *Schenke* JZ **1970** 453; KK-*Engelhardt*[4] 8; SK-*Schlüchter* 17; *Eb. Schmidt* 13.

[122] Vgl. etwa *Rengier* ZStW **101** (189) 892; *Schall* NJW **1990** 1267; sowie nachf. Fußn.

[123] Zum Streitstand vgl. *Rogall* GA **1995** 312 mit weit. Nachw.

[124] BGHSt **23** 86; BayObLG VRS **35** (1968) 195; dazu *Schreven* NJW **1970** 155; BayObLGSt **1962** 31; OLG Celle NJW **1967** 744; OLG Hamburg JZ **1970** 586; JR **1981** 31 mit Anm. *Oehler*; OLG Karlsruhe NJW **1978** 116; vgl. ferner BVerfGE **22** 21; *Horn* NJW **1981** 8 (Aufhebung des Verwaltungsakts wirkt

strafrechtlich nur ex nunc); **a. A** OLG Frankfurt NJW **1967** 262; vgl. OLG Saarbrücken JBl. Saar **1964** 208; LG Dortmund NJW **1964** 2028. AG Bonn JZ **1968** 106; KMR-*Stuckenberg* 39 (unter dem Blickwinkel seiner Auffassung Rdn. 23, daß die Strafbarkeit aus rechtsstaatlichen Gründen dann entfällt), ähnlich *Janicki* JZ **1968** 94; vgl. auch *Lorenz* DVBl. **1971** 165; *Mohrbotter* JZ **1971** 213; *Schenke* JR **1970** 449; *Schreven* NJW **1970** 155; *Stern* FS Lange 863; *Waniorek* JuS **1989** 24; *Wüterich* NStZ **1987** 106.

[125] KK-*Engelhardt*[4] 10; *Kleinknecht/Meyer-Goßner*[44] 12; KMR-*Stuckenberg* 42; SK-*Schlüchter* 20; *Eb. Schmidt* 14.

[126] KK-*Engelhardt*[4] 10; weit. Nachw. vorst. Fußn.

b) Die **Frist**, die zweckmäßigerweise dem Datum nach bestimmt wird, kann verhält- **39** nismäßig kurz bemessen werden, da sie ja nur für die Klageerhebung gilt[127] und dem aussetzenden Gericht Gewißheit verschaffen soll, ob überhaupt die Entscheidung der Vorfrage durch ein anderes Gericht zu erwarten ist. Soweit die Anfechtung eines Ver- waltungsaktes in Frage kommt, muß allerdings berücksichtigt werden, daß der Betroffene unter Umständen erst das Vorverfahren nach § 68 ff VwGO durchzuführen hat. Das gleiche gilt, wenn sonst ein Abhilfeverfahren der Klageerhebung vorausgehen muß[128].

c) Die Fristsetzung begründet für den betroffenen Beteiligten **keine Verpflichtung zur** **40** **Klageerhebung.** Läßt er die Frist ungenützt verstreichen, so können ihm daraus keinerlei Nachteile erwachsen, er hat – anders als bei § 154d – allenfalls zu gewärtigen, daß das Gericht möglicherweise aus seinem Unterlassen im Rahmen der Beweiswürdigung gewisse Schlüsse zieht, wenn es nach Fristablauf das Verfahren fortsetzt. Das Gericht kann deshalb mit der Bekanntmachung des Beschlusses an den Beteiligten keine andere Warnung verbinden, als die, das andernfalls mit dem Strafverfahren fortgesetzt werde. Die Warnung wird freilich für andere Personen als den Angeklagten meist bedeutungs- los sein, insbesondere wird sie jemanden, der seine Zivilansprüche erst nach Klärung des Sachverhalts durch das Strafverfahren geltend machen will, kaum zu einer vorzeitigen Klageerhebung unter Übernahme des Prozeßrisikos bewegen. Die Androhung, daß das Gericht bei Unterlassen der Klage bei der Beweiswürdigung ungünstige Schlüsse für den Beteiligten ziehen könnte, erscheint nicht angebracht, da das Gericht sich seiner Pflicht zur Sachaufklärung und zur objektiven Wahrheitsfindung nicht entziehen kann[129].

6. Beschluß des Gerichts

a) Durch Beschluß ordnet das Gericht die Aussetzung an. In der Hauptverhandlung **41** entscheidet nach Anhörung der Verfahrensbeteiligten (§ 33) das erkennende Gericht unter Mitwirkung der Schöffen, im Zwischenverfahren und nach Eröffnung des Haupt- verfahrens das nach §§ 201 ff zuständige Gericht.

Begründung. Der Beschluß, der die **Aussetzung anordnet**, muß entweder das anderweitig **42** anhängige Verfahren und die Frage benennen, wegen der das Strafverfahren ausgesetzt wird oder er muß unter Fristsetzung festlegen, von wem und weswegen eine Klage erhoben werden soll. Darüber hinaus bedarf er keiner Begründung, da er im Regelfall nicht anfechtbar ist[130]. Der Beschluß, durch den ein Antrag auf Aussetzung **abgelehnt** wird, ist nach § 34 zu begründen, auch wenn es sich in der Regel um eine Ermessensentschei- dung handelt und § 305 Satz 1 der Beschwerde entgegensteht[131].

b) Der Beschluß des Gerichts, durch den ein Beteiligter zur Klageerhebung binnen **43** einer bestimmten Frist aufgefordert wird, ist allen Verfahrensbeteiligten nach § 35 zur Kenntnis zu bringen. Wird ein Dritter zur Klageerhebung binnen einer bestimmten Frist aufgefordert, so ist er auch diesem **bekannt** zu **machen**, sofern er nicht in der Haupt- handlung in Anwesenheit dieses Beteiligten verkündet wird (§ 35 Abs. 1 Satz 1). Einer förmlichen Zustellung bedarf es nicht, da der Beteiligte durch den Beschluß zu nichts

---

[127] *Kleinknecht/Meyer-Goßner*[44] 12; *Eb. Schmidt* 14.
[128] KMR-*Stuckenberg* 42; SK-*Schlüchter* 20.
[129] KK-*Engelhardt*[4] 10; KMR-*Stuckenberg* 42; SK- *Schlüchter* 22; *Eb. Schmidt* 14.
[130] AK-*Moschüring* 38; KK-*Engelhardt*[4] 9; *Klein- knecht/Meyer-Goßner*[44] 13; einschränkend KMR- *Stuckenberg* 39 (nur, wenn ausnahmsweise gegen ihn Beschwerde statthaft); nach SK-*Schlüchter* 19

erfordert die in Ausnahmefällen auch gegen die Aussetzung mögliche Beschwerde eine Begründung des aussetzenden Beschlusses.
[131] HK *Julius*[2] 11; KK-*Engelhardt*[4] 9; KMR-*Stucken- berg* 40; SK-*Schlüchter* 19; **a. A** *Kleinknecht/Meyer- Goßner*[44] 13 unter Hinweis auf RGSt **57** 44; vgl. auch § 34.7.

verpflichtet wird[132]. Da er deshalb durch ihn auch nicht beschwert ist, hat er hiergegen kein Beschwerderecht.

44   **c) Keine Bindung.** Das Gericht ist an seinen Beschluß nicht gebunden. Es kann schon vor Ablauf der Frist oder trotz Klageerhebung das Verfahren fortsetzen, wenn es dies aus sachlichen Gründen für angezeigt hält[133]. Dies ist insbesondere dann angebracht, wenn der Beteiligte dem Gericht zweifelsfrei zu verstehen gibt, daß er nicht beabsichtige, die ihm angesonnene Klage zu erheben.

45   **7. Folgen der Aussetzung.** Setzt das Gericht gemäß § 262 Abs. 2 nach pflichtgemäßem Ermessen das Verfahren aus, so ruht die **Verjährung** nicht[134]. § 78b Abs. 1 StGB trifft nur den Fall, in dem das Gericht das Verfahren wegen der Notwendigkeit der Entscheidung der Vorfrage in einem anderen Verfahren aussetzen muß[135]. Wegen der Sonderregelungen vgl. Rdn. 46 ff, 48 ff.

46   **8. Sonderregelungen** in anderen gesetzlichen Bestimmungen gehen der Anwendung des § 262 vor; so z. B. die Pflicht zur Einstellung des Verfahrens wegen falscher Verdächtigung und Beleidigung bis zum Abschluß des Straf- oder Disziplinarverfahrens nach § 154e Abs. 2 oder die Möglichkeit der Aussetzung des Steuerstrafverfahrens bis zum rechtskräftigen Abschluß des Besteuerungsverfahrens nach § 396 AO[136].

47   In diesen Fällen sind auch die Auswirkungen der Einstellung bzw. Aussetzung auf die **Verjährung** besonders geregelt (§ 154e Abs. 3; § 396 Abs. 3 AO).

IV. Sonderfälle der Aussetzung

48   **1. Grundsätzliches.** § 262 Abs. 2 betrifft nicht die Fälle, in denen das Gericht das Verfahren aussetzen und die Entscheidung eines Verfassungsgerichts einholen muß. **Recht und Pflicht zur Vorlage** bestimmen sich ausschließlich nach den jeweiligen Sondervorschriften in den einschlägigen Gesetzen des Bundes und der Länder[137]. In Betracht kommen vor allem die Aussetzung zur Vorlage beim Bundesverfassungsgericht oder dem Verfassungsgericht eines Landes und beim Gerichtshof der Europäischen Gemeinschaften.

2. Aussetzung und Vorlage beim Bundesverfassungsgericht oder beim Verfassungsgericht eines Landes

49   **a) Konkrete Normenkontrolle.** Der Richter hat grundsätzlich die Verfassungsmäßigkeit des anzuwendenden Rechts selbst zu prüfen und zu entscheiden. Nur wenn er eine **entscheidungserhebliche** Vorschrift in einem nachkonstitutionellen förmlichen Gesetz[138] und nicht etwa nur eine bestimmte Auslegung[139] – für verfassungswidrig hält, hat er nach Art. 100 Abs. 1 GG, § 13 Nr. 11, §§ 80 bis 82 BVerfGG die Entscheidung des

---

[132] AK-*Moschüring* 39; KMR-*Stuckenberg* 40; SK-*Schlüchter* 21.

[133] KK-*Engelhardt*⁴ 10; *Kleinknecht/Meyer-Goßner*⁴⁴ 13; h. M.

[134] KK-*Engelhardt*⁴ 11; *Kleinknecht/Meyer-Goßner*⁴⁴ 13; KMR-*Stuckenberg* 43; SK-*Schlüchter* 25; *Eb. Schmidt* 18.

[135] Vgl. die Kommentare zu § 78 StGB; ferner etwa BGHSt **24** 6 (zu Art. 100 GG) und Rdn. 47.

[136] Vgl. Rdn. 2, Rdn. 35 Fußn. 117.

[137] BayVerfGH NStZ **1986** 88; *Schäfer* NJW **1954** 2; *Schmidt* NJW **1975** 289; *Kleinknecht/Meyer-Goßner*⁴⁴ Einl. 221; KMR-*Stuckenberg* 4 ff; vgl. Rdn. 4.

[138] Vgl. § 337, 26.

[139] BVerfGE **22** 373; § 337, 25 ff; ferner *Aretz* JZ **1984** 918.

Bundesverfassungsgerichts einzuholen. Jede andere Entscheidung ist dann ausgeschlossen[140]. Bloße **Zweifel an der Verfassungsmäßigkeit** einer Norm rechtfertigen die Vorlage nicht[141]. Die Entscheidung über die Verfassungsmäßigkeit der Norm, wegen der vorgelegt wird, muß für die konkret zu treffende Entscheidung rechtlich erheblich und nach der Verfahrenslage unerläßlich sein. Das Gericht muß bei Gültigkeit der Norm zu einem anderen Ergebnis kommen als im Falle der Ungültigkeit[142]. Es darf die nach seiner Ansicht bestehende Verfassungswidrigkeit nicht durch eine **verfassungskonforme Auslegung**[143] beheben können. Es darf auch nicht die Möglichkeit bestehen, daß die Frage bei Durchführung der Beweisaufnahme gegenstandslos werden kann[144]; deshalb muß das Gericht vor der Vorlage alle insoweit erheblichen Beweise erheben[145]. An der Entscheidungserheblichkeit fehlt es auch, wenn das vorlegende Gericht die Frage nicht selbst entscheiden darf, weil insoweit eine Vorlagepflicht bei einem anderen Gericht besteht[146] oder weil es insoweit durch eine vorangegangene Entscheidung bereits gebunden ist[147]. Die Vorlage wird nicht dadurch ausgeschlossen, daß das Bundesverfassungsgericht die Frage früher bereits einmal entschieden hat. An die Begründung einer solchen erneuten Vorlage sind dann aber erhöhte Anforderungen zu stellen[148]. Die spezialgesetzliche Regelung der zwingende Richtervorlage an das Bundesverfassungsgericht schließt als vorgehendes Sonderrecht aus, daß das Gericht **ohne eigene Vorlage** an das Verfassungsgericht sein Verfahren in analoger Anwendung des § 262 Abs. 2 **lediglich aussetzt**, um den in absehbarer Zeit zu erwartenden Ausgang eines bereits beim Verfassungsgericht anhängigen einschlägigen anderen Verfahrens abzuwarten[149], etwa weil es an der Verfassungsgemäßheit einer Norm nur zweifelt oder weil bei noch ungeklärter Beweislage die Voraussetzungen für die Vorlage noch nicht gegeben sind. Gegen eine solche mit der Prozeßökonomie begründete Verfahrensweise spricht unter anderem, daß mehrfache Richtervorlagen zur gleichen Frage die Entscheidungsbasis des Bundesverfassungsgericht erweitern[150] und daß außerdem stets ungewiß ist, ob die andere Sache tatsächlich mit einer auch für das ausgesetzte Verfahren erheblichen Klärung der Verfassungswidrigkeit enden wird[151].

Soweit nach Landesrecht auch eine Vorlage bei einem **Verfassungsgericht eines Landes** 50 in Betracht kommt, gilt grundsätzlich das gleiche; das Landesrecht kann aber auch die Nachprüfung der Verfassungsmäßigkeit vorkonstitutioneller Normen dem Landesverfassungsgericht vorbehalten. Die Zuständigkeit des Bundesverfassungsgerichts wird

---

[140] BVerfGE **34** 324: „zwingendes Verfahrenshindernis"; vgl. § 337, 27.

[141] BVerfGE **1** 184; **68** 352, 359.

[142] BVerfGE **34** 259; **37** 334; **48** 396; **51** 164; BVerfG NJW **1980** 1946; *Ulsamer* BayVerwBl. **1980** 519. Die Vorlage kann nicht begründet werden mit einem aus einem konstruierten Sachverhalt hergeleiteten Verfassungsverstoß (BVerfGE **66** 231) oder mit einer nur Dritte belastende Gleichheitsverletzung (BVerfGE **67** 239); dazu *Sachs* DVBl. **1985** 1106. Zum Einfluß nachträglich eintretender Umstände auf die Erheblichkeit vgl. BVerfG **51** 161.

[143] BVerfGE **48** 45; **51** 323; **68** 344; **80** 65; **85** 392; § 337, 28.

[144] BVerfGE **48** 40, 45; BVerfG NJW **1995** 772.

[145] *Ulsamer* BayVerwBl. **1980** 520; vgl. auch vorst. Fußn.

[146] Etwa § 121 Abs. 2; § 136 GVG.

[147] BVerfGE **65** 140; **68** 345; 352 (zu § 61 Abs. 3 IRG).

[148] Vgl. BVerfG NJW **1999** 2581 (Offen, ob grundlegender Wandel der Rechtsauffassung die erneute Vorlage rechtfertigt).

[149] So KMR-*Stuckenberg* 37; SK-*Schlüchter* 10 mit weit. Nachw. zum Streitstand; vgl. Rdn. 33; ferner BGH NJW **1993** 1278, wo die Frage aber letztlich doch offenblieb. BayVerfGH NJW **2000** 3705 läßt die Frage ebenfalls offen.

[150] Dazu eingehend BGHSt **24** 6; OLG Köln NJW **1961** 2264; LG Osnabrück MDR **1986** 507; *Höhn* NJW **1961** 443; *Kleinknecht/Meyer-Goßner*[44] Einl. Rdn. 222 mit weit. Nachw.

[151] Vgl. BGHSt **24** 6; OLG Köln NJW **1961** 2269; OLG Schleswig bei *Ernesti/Jürgensen* SchlHA **1976** 178; *Frowein* NJW **1962** 1091; § 337, 27; ferner Rdn. 26. Wegen der Einzelheiten, die hier nicht erörtert werden können, vgl. die Kommentare zu Art. 100 GG und zu §§ 80 bis 82 BVerfGG.

jedoch nicht dadurch berührt, daß nach Landesrecht auch eine Prüfungszuständigkeit des Landesverfassungsgerichts besteht[152] und dieses gleichzeitig angerufen worden ist.

51   b) Bei **Zweifeln**, ob eine **Regel des Völkerrechts** Bestandteil des Bundesrechts ist oder ob sie unmittelbare Rechte oder Pflichten für den einzelnen erzeugt (Art. 25 GG), hat das Gericht nach Art. 100 Abs. 2 GG, § 13 Nr. 12, §§ 83, 84 BVerfGG die Entscheidung des Bundesverfassungsgerichts einzuholen. Für das Recht der Europäischen Gemeinschaften gilt dies nicht, da insoweit der Europäische Gerichtshof zur Entscheidung berufen ist[153]. Anders als bei der konkreten Normenkontrolle (Rdn. 49) genügt es hier, daß **objektiv ernste Zweifel** hinsichtlich der Geltung der Völkerrechtsregel bestehen[154]; ob das Gericht selbst zweifelt, ist unerheblich. Die Vorlage ist auch erforderlich, wenn die Völkerrechtsregel sich nur an die Staaten und ihre Organe wendet[155] oder wenn nur ihre Tragweite zweifelhaft ist[156]. Dagegen ist nicht Prüfungsgegenstand der Vorlage nach Art. 100 Abs. 2 GG, ob innerstaatliches Recht mit einer Regel des Völkerrechts übereinstimmt[157]. Die Rechtsfrage muß auch bei der Vorlage nach Art. 100 Abs. 2 GG entscheidungserheblich sein[158].

52   Das Gericht muß sich, bevor es vorlegt, um eine **Klärung der Rechtsfrage** bemühen. Kommt es zu dem Ergebnis, daß die Rechtslage eindeutig ist, so kann es – anders als im Falle des Art. 100 Abs. 1 GG (Rdn. 49) – die Rechtsfrage nach beiden Richtungen hin selbst entscheiden[159]. Nur wenn beachtliche Zweifel erkenntlich sind, etwa, weil nennenswerte Meinungen im Schrifttum oder gerichtliche Entscheidungen die Frage unterschiedlich beurteilen, hat es vorzulegen[160].

53   c) **Normenqualifikationsprüfung.** Ist im Verfahren streitig und entscheidungserheblich, ob Recht als Bundesrecht fortgilt, so hat das Gericht nach Art. 126 GG, § 13 Nr. 14, § 86 Abs. 2 BVerfGG die Entscheidung des Bundesverfassungsgerichts einzuholen. Die Vorlagepflicht besteht nicht nur bei förmlichen Gesetzen, sondern bei allen Rechtsnormen[161], bei denen es streitig ist, daß sie nach Art. 124 ff GG als Bundesrecht fortgelten[162]. Grundsätzlich muß sich das Gericht zunächst selbst um eine Klärung bemühen. Es ist aber zur Vorlage verpflichtet, wenn es selbst Zweifel hat oder wenn die Rechtsfrage im Schrifttum oder Rechtsprechung umstritten ist. Dies trifft zu, wenn das Gericht bei seiner Entscheidung sich mit einer beachtlichen Auffassung im Schrifttum oder mit der Rechtsprechung anderer Gerichte, insbesondere eines oberen Bundesgerichts oder eines Verfassungsgerichts, in Widerspruch setzen müßte[163]. Eine rein wissenschaftliche Meinungsverschiedenheit soll dagegen nicht genügen[164], desgleichen nicht, wenn die Frage nur zwischen den Beteiligten des vorliegenden Verfahrens streitig geworden ist, das Gericht selbst aber keine ernstlichen Zweifel hat. Ernsthafte Zweifel des Gerichts genügen zur Vorlage[165].

54   Die Rechtsfrage, nämlich die Fortgeltung als Bundesrecht, muß auch hier **entscheidungserheblich** sein. Dies ist nicht der Fall, wenn es für die vom Gericht zu

---

152   BVerfGE **17** 180.

153   Vgl. BVerfGE **73** 339 („Solange II"); *Hirsch* NJW **1996** 2457; § 337, 26 und Rdn. 60 ff.

154   BVerfGE **23** 288; **46** 360; **61** 14; **64** 14 § 337, 26.

155   BVerfGE **15** 33; **16** 33; **46** 302; **64** 14.

156   BVerfGE **15** 31; **16** 32.

157   Vgl. die Kommentare zu 83 BVerfGG; etwa *Leibholz/ Rupprecht* BVerfGG Vor § 83, 1; die Frage ist strittig.

158   BVerfGE **4** 321; **15** 30; **16** 278; **18** 447. Nach BVerfGE **46** 360 kann bei Gefahr einer Völkerrechtsverletzung schon die Erheblichkeit für einen Beweisbeschluß genügen.

159   BVerfGE **64** 14.

160   Vgl. *v. Münch* JZ **1964** 163; ferner die Kommentare zu Art. 100 GG und zu den §§ 83, 84 BVerfG.

161   BVerfGE **28** 119.

162   BVerfGE **4** 216; **8** 191; **13** 367.

163   BVerfGE **7** 23; **8** 191; **11** 92; **17** 291; **23** 122.

164   BVerfGE **4** 369.

165   BVerfGE **4** 369; **11** 92; **23** 121; vgl. aber auch BVerfGE **7** 24; **9** 157; wegen der Einzelheiten vgl. die Kommentare zu § 86 Abs. 2 BVerfGG.

treffende Entscheidung dahingestellt bleiben kann, auf welcher Ebene die Rechtsnorm fortgilt.

d) Der **Vorlagebeschluß**, der in der Regel mit dem Aussetzungsbeschluß zu verbinden **55** ist, ist vom Gericht in der gleichen Besetzung und im gleichen Verfahren zu erlassen wie die Sachentscheidung, an deren Stelle er zunächst tritt. Er ist also – soweit er das Urteil ersetzt – auf Grund der Hauptverhandlung in der dafür vorgeschriebenen Besetzung – also unter Mitwirkung der Laienrichter – zu beschließen[166]. Unterschrieben braucht er dagegen, ebenso wie das Urteil, nur von den Berufsrichtern zu werden[167].

Der Beschluß ist zu **begründen**. Er muß **aus sich heraus verständlich** sein (keine Bezug- **56** nahmen). In ihm ist gem. § 80 Abs. 2 BVerfGG der Sachverhalt darzustellen, ferner sind die rechtlichen Erwägungen mitzuteilen, aus denen sich die Unvereinbarkeit der jeweiligen Norm mit dem konkret zu schildernden höherrangigen Recht und die Entscheidungserheblichkeit der Vorlegungsfrage ergibt[168], sowie auch, daß eine verfassungskonforme Auslegung nicht möglich ist[169]. Ist der Beschluß ergangen, so leitet der **Vorsitzende** des Spruchkörpers, der den Beschluß erlassen hat (eventuell auch sein Vertreter), ihn unter Beifügung der Akten (§ 80 Abs. 2 Satz 2 BVerfGG) unmittelbar – und nicht etwa auf dem Dienstweg – dem Bundesverfassungsgericht zu[170].

Der Vorlagebeschluß ist **unanfechtbar**[171], und zwar auch, wenn das Rechtsmittel auf **57** die mangelnde Entscheidungserheblichkeit der Vorlegungsfrage gestützt werden soll[172].

Die **Rücknahme** des Vorlagebeschlusses ist auch dann noch möglich, wenn die Sache **58** bereits dem Bundesverfassungsgericht zugeleitet ist[173]. Voraussetzung für die Aufhebung des Vorlagebeschlusses ist, wie auch sonst bei der nachträglichen Änderung von verfahrensgestaltenden Beschlüssen, daß neue Tatsachen vorliegen oder daß sich die Rechtslage geändert hat, etwa, wenn dadurch die Entscheidungserheblichkeit der Vorlegungsfrage entfällt. Dazu bedarf es in der Regel eines begründeten Beschlusses, der auch außerhalb der Hauptverhandlung ergehen kann und der dem Bundesverfassungsgericht mitzuteilen ist[174]. Ist die Vorlage durch eine Änderung der Prozeßlage gegenstandslos geworden (z.B. wirksame Rechtsmittelrücknahme, Tod des Angeklagten), so genügt es, wenn dies dem Bundesverfassungsgericht vom Vorsitzenden mitgeteilt wird.

Eine **Ergänzung des Vorlagebeschlusses** durch einen weiteren Beschluß ist zulässig **59** und notwendig, wenn die nachträglich eingetretenen Umstände, etwa eine Gesetzesänderung, zu Zweifeln Anlaß geben, ob die Entscheidungserheblichkeit der Vorlegungsfrage noch fortbesteht. Die Vorlage wird unzulässig, wenn die Ergänzung vom vorlegenden Gericht nicht in angemessener Zeit vorgenommen wird[175].

---

[166] BVerfGE **1** 80; **16** 305; **19** 72; **21** 149; **29** 179; OLG Düsseldorf NJW **1993** 411; vgl. § 337, 28.

[167] BVerfGE **2** 276; **9** 27; **34** 260.

[168] BVerfGE **13** 129; **19** 141; **22** 177; **26** 307; **34** 259; **66** 100; BVerfG NJW **1973** 1319; vgl. § 337, 28; *Aretz* JZ **1984** 919.

[169] Vgl. Rdn. 49, Fußn. 149.

[170] Vgl. Nr. 190 Abs. 3 RiStBV; 1 beglaubigte und 50 einfache Abschriften des Vorlagebeschlusses.

[171] BVerfG NJW **1973** 1319, OLG Bremen NJW **1956** 387; § 337, 28. Wegen der Einzelheiten vgl. die Kommentare zu § 80 BVerfGG. Muster für Vorlage-

beschlüsse und die dazu gehörigen Begleitschreiben finden sich bei *Leibholz/Rupprecht* Anh. II Nr. 4 bis 6; *Maunz/Bleibtreu/Klein/Ulsamer* BVerfGG § 80, 306.

[172] Strittig; wie hier *Maunz/Bleibtreu/Klein/Ulsamer* BVerfGG § 80, 306; **a.A** *Brüggemann* MDR **1952** 185.

[173] *Maunz/Schmidt-Bleibtreu/Klein/Ulsamer* BVerfGG § 80, 318.

[174] *Maunz/Bleibtreu/Klein/Ulsamer* BVerfGG § 80, 322; § 337, 28.

[175] BVerfGE **51** 61.

2. Vorlage an den Europäischen Gerichtshof

60　　a) Art. 234 EGV (= Art. 177 EGV in der bis 1. 5. 1999 geltenden alten Zählung[176]) überträgt dem Europäischen Gerichtshof die bindende präjudizielle **Vorabentscheidung bei Zweifeln** über die Auslegung des EG Vertrags einschließlich aller dazugehörenden Vorschriften und Vereinbarungen und der für die Rechtsordnung der Gemeinschaft verbindlichen Grundsätze, ferner über die Gültigkeit und Auslegung von rechtsverbindlichen Handlungen der Organe der Gemeinschaft (dazu gehören auch Verordnungen, Richtlinien und Empfehlungen im Sinne des Art. 249 EGV (= Art. 189 alte Zählung) sowie – eingeschränkt – über die Auslegung der Satzungen der Gemeinschaftseinrichtungen[177]. Eine gleichartige Vorschrift enthalten Art. 150 Euratom (EAGV) sowie § 1 des Gesetzes betreffend die Anrufung des Gerichtshofs der Europäischen Gemeinschaften im Wege des Vorabentscheidungsverfahrens auf dem Gebiet der polizeilichen Zusammenarbeit und der justitiellen Zusammenarbeit in Strafsachen nach Art. 35 des EU Vertrages (EuGHG)[178]. Dagegen sieht Art. 41 des Vertrags über die Gründung der Europäischen Gemeinschaft für Kohle und Stahl (EGKSV) das Vorabentscheidungsverfahren nur vor, wenn die Gültigkeit von Beschlüssen der Kommission oder des Rates in Frage gestellt werden, nicht aber für Fragen der Auslegung des Vertrages. Das Vorabentscheidungsverfahren soll durch die Verknüpfung der nationalen Gerichtsbarkeiten mit dem Europäischen Gerichtshof und durch dessen Letztentscheidungskompetenz die Einheit der in den europäischen Verträgen angelegten Rechtsordnung der Gemeinschaft als ein Mittel zu deren Integration sichern. Die Überstaatlichkeit des Gemeinschaftsrechts als eine für alle Mitgliedstaaten verbindliche und einheitlich ausgelegte und angewandte Rechtsordnung wird dadurch gewährleistet[179]. Soweit dem Europäischen Gerichtshof die endgültige Entscheidung über Fragen des Gemeinschaftsrechts übertragen ist, ist er **gesetzlicher Richter** im Sinne des Art. 101 Abs. 2 Satz 2 GG[180]. Die Vorabentscheidung ergeht in einem durch die Richtervorlage ausgelösten (objektiven) **Zwischenverfahren**, das nur die Gültigkeit oder Auslegung bestimmter Normen oder Rechtsakte des Gemeinschaftsrechts zum Ziele hat. Die endgültige Entscheidung des konkreten Rechtsstreits, der das Zwischenverfahren ausgelöst hat, bleibt den nationalen Gerichten vorbehalten. Soweit keine Vorlagepflicht besteht[181], haben diese auch das Gemeinschaftsrecht, das sie anwenden, selbst auszulegen[182].

61　　Die Vorabentscheidung des Europäischen Gerichtshofs ist von den nationalen Gerichten nach Maßgabe der europäischen Gemeinschaftsverträge einzuholen, wenn die Gültigkeit der Handlung eines Organs oder eine Auslegungsfrage des Gemeinschaftsrechts **entscheidungserheblich** ist[183] und insoweit **Zweifel** bestehen. Bestehen keine Zweifel,

---

[176] Art. 12 des am 1. 5. 1999 in Kraft getretenen Vertrags von Amsterdam vom 2. 9. 1997 (BGBl. 1998 II S. 387; 1999 II 296) hat in der in diesem Vertrag als Anhang beigefügten Übereinstimmungstabelle (Buchst. B) den Vertrag zur Gründung der Europäischen Gemeinschaft (EGV) neu durchnummeriert.

[177] Vgl. dazu *Tomuschat* Die gerichtliche Vorabentscheidung nach den Verträgen über die Europäische Gemeinschaft (1964) 76 ff; *van Themaat* BayVerwBl. **1986** 483; ferner die Kommentare zu den jeweiligen Vertragsartikeln.

[178] EuGHG vom 6. 8. 1998 (BGBl. I S. 2035; 1999 I S. 728).

[179] *Dauses* JZ **1979** 125; *Leibrock* DVBl. **1991** 113; *Lutter* ZZP **1973** 107; *Oppermann/Hiermaier* JuS

1980 788; *Pescatore* BayVwBl. **1987** 33; 68; *Rodi* DÖV **1989** 756; *Tomuschat* (Fußn. 132) 6 ff. *Vedder* NJW **1987** 528. Vgl. dazu ferner *Hirsch* NJW **1996** 2457; *Hirsch* FS zum 50-jährigen Bestehen des Bayerischen Verfassungsgerichtshofs 52.

[180] BVerfGE **73** 339, 336; **82** 159, 194; BVerfG NJW **1992** 678; **2001** 1267; früher offen gelassen BVerfGE **29** 207, 219; **31** 169; **45** 181: BayVerfGH NJW **1985** 2894 (weil Willkür bei Unterlassen der Vorlage verneint wurde).

[181] Vgl. Rdn. 63 ff.

[182] BVerfGE **29** 209; BayVerfGH NJW **1985** 2894.

[183] EuGHE **1963** 24; **1978** 2368; *Knopp* JZ **1961** 305. Maßgebend ist die Ansicht des vorlegenden Gerichts. Anders als das Bundesverfassungsgericht

weil bereits einschlägige Entscheidungen des Europäischen Gerichtshofs vorliegen oder weil das Gericht nach sorgfältiger Prüfung der Rechtsprechung die auszulegende Norm für klar und völlig eindeutig hält, so braucht es nicht vorzulegen [184], es sei denn, daß es sich damit in Widerspruch zu einer Auffassung des Europäischen Gerichtshofs setzen würde [185]. Die Voraussetzung für die Vorlage ist jedoch gegeben, wenn die Auslegung – auch trotz einer bereits ergangenen Entscheidung des Europäischen Gerichtshofs – zweifelhaft sein kann [186] oder wenn das Gericht an der Gültigkeit eines Aktes eines Gemeinschaftsorgans zweifelt oder wenn es sie verneinen will [187]. Soweit die verbindliche Auslegung dem Europäischen Gerichtshof obliegt, ist für eine Divergenzvorlage an den BGH (§ 121 Abs. 2 GVG) kein Raum [188].

Die Vereinbarkeit **nationalen Rechts** und nationaler Hoheitsakte mit dem Gemein- **62** schaftsrecht kann nicht Gegenstand der Vorlage sein, ebensowenig die Vereinbarkeit des Gemeinschaftsrechts mit dem Grundgesetz. Hierüber haben die Gerichte selbst zu entscheiden bzw. die Entscheidung des Bundesverfassungsgerichts nach Art. 100 GG einzuholen [189].

b) Eine **Vorlagepflicht** besteht nach Art. 41 EGKSV für **alle Gerichte**, nach Art. 234 **63** EGV, Art. 150 EAGV und § 1 EuGHG jedoch nur für die **Gerichte der letzten Instanz**, also nur für die Gerichte, deren Entscheidungen nach innerstaatlichem Recht im konkreten Fall nicht mehr mit einem Rechtsmittel angefochten werden können [190]. Die Anrufung eines Verfassungsgerichts ist kein Rechtsmittel in diesem Sinn [191].

Die **anderen Gerichte** sind zur Einholung einer Vorabentscheidung nicht verpflichtet. **64** Sie können über die Auslegung des Gemeinschaftsrechts selbst entscheiden. Wenn sie allerdings die **Ungültigkeit einer Gemeinschaftshandlung** feststellen wollen, sind sie – auch wenn die Vertragsbestimmungen insoweit keine Ausnahme vorsehen – daran gehindert; nach der Ansicht des Europäischen Gerichtshofs müssen dann auch die Instanzgerichte die Vorabentscheidung des Europäischen Gerichtshofs einholen [192]. Sie dürfen jedoch bei ernsthaftem Zweifel an der Gültigkeit des Rechtsakts der Gemeinschaft den Vollzug der darauf gestützten innerstaatlichen Maßnahme **vorläufig aussetzen** [193]. Unabhängig davon sind aber auch alle Instanzgerichte nach den Gemein-

---

(vgl. Rdn. 56) prüft der EuGH die Entscheidungserheblichkeit – abgesehen von offensichtlich mißbräuchlichen Vorlagen – nicht nach, *Calliess/Ruffert/Wegener* Kommentar der Verträge über die Europäische Union und der Verträge zur Gründung der Europäischen Gemeinschaft EGV Art. 234, 16; *Schwarze* EU-Kommentar EGV Art. 234, 35 mit weit. Nachw.

[184] Vgl. Hinweise des EuGH zum Vorlageverfahren NJW **1997** 1765; ferner etwa BVerfG NJW **2001** 1267; BGHSt **36** 92; NJW **1988** 659; *Sensburg* NJW **2001** 1259.

[185] BVerwGE **31** 284; BayVerfGH NJW **1985** 2894, BGHSt **33** 78; *Dauses* JZ **1979** 125; *Herdegen* MDR **1985** 542; *Oppermann/Hiermaier* JuS **1980** 780; *Schwarze* (Fußn. 183) EGV Art. 234, 46.

[186] Etwa wenn ein nationales Gericht das EG-Recht anders ausgelegt hat; vgl. *Herdegen* MDR **1985** 543; zu BGHSt **33** 76. Vgl. auch BVerfG NJW **2001** 1267 sowie vorst. Fußn.

[187] Vgl. EuGH NJW **2001** 1265; *Dauses* JZ **1979** 126.

[188] BGHSt **33** 79; **36** 92.

[189] BVerfGE **31** 170 = NJW **1971** 2122 mit Anm. *Meier*; BVerfGE **37** 283; **52** 202; **73** 339 („Solange II"). Zum Verhältnis zur Vorlagepflicht mit Art. 100 GG und zur strittigen Frage der Kollision der Grundrechtsgarantien mit dem Vorrang des Gemeinschaftsrechts vgl. EuGH NJW **1978** 1741; BVerwG DÖV **1983** 343; *Benda/Klein* DVBl. **1974** 389; *Herdegen* MDR **1985** 542; *Hirsch* NJW **1996** 2457; *Nicolaysen/Nowak* NJW **2001** 1233 sowie Kommentare zu den EG-Verträgen.

[190] Vgl. OLG Stuttgart NJW **1980** 1242 (Oberlandesgerichte im Rechtsbeschwerdeverfahren nach OWiG); *Herdegen* MDR **1985** 543.

[191] *Darg* AöR **83** (1958) 196; *Koch* NJW **1995** 2331; *Schwarze* (Fußn. 184) Art. 234, 42.

[192] EuGH NJW **1988** 1257; 1451 mit Anm. *Glaesner* EuR **1990** 143; vgl. die Hinweise des EuGH Nr. 2; NJW **1997** 1765.

[193] EuGH NJW **1986** 1333; NVwZ **1991** 460; vgl. EuGH NJW **1991** 2271; Hinweise des EuGH NJW **1997** 1765 Nr. 2; ferner *Koch* NJW **1995** 2331.

schaftsverträgen **vorlageberechtigt**, wenn sie Zweifel an der Gültigkeit oder Auslegung des Gemeinschaftsrechts oder eines sonstigen Rechtsakts der Gemeinschaft haben. Dies gilt selbst dann, wenn sie nach innerstaatlichem Recht an die rechtliche Beurteilung eines übergeordneten Gerichts gebunden sind[194].

65   c) Über die Vorlage ist unabhängig von Anträgen und dem Vortrag der Verfahrensbeteiligten **von Amts wegen zu entscheiden**. Gleichzeitig damit ist das Verfahren durch Beschluß **auszusetzen**[195]. Die Entscheidung sollte jedoch erst ergehen, wenn das Gericht nach dem Verfahrensstand in der Lage ist, die tatsächlichen und rechtlichen Voraussetzungen der die Vorlegung erfordernden Frage zumindest hypothetisch mit ausreichender Sicherheit zu beurteilen[196].

66   Der Vorlagebeschluß ist, ähnlich dem Vorlagebeschluß nach Art. 100 GG, zu **begründen**[197]. Unter Schilderung des Sachverhalts und der rechtlichen Gesichtspunkte des Ausgangsverfahrens ist aufzuzeigen, warum die zur Vorlegung Anlaß gebende Frage des Gemeinschaftsrechts im konkreten Fall entscheidungserheblich ist und welche Gründe das Gericht zur Vorlegung bestimmt haben. Die Ausführungen im Vorlagebeschluß sollen so klar und genau abgefaßt sein, daß sie den Europäischen Gerichtshof in die Lage versetzen, die seiner Entscheidung unterstellte Frage des Gemeinschaftsrecht in Ansehung der Besonderheiten des jeweiligen Falles sachgerecht zu beantworten und daß sie auch den anderen Mitgliedstaaten und Gemeinschaftsorganen, die sich am Verfahren beteiligen können die dafür nötige Beurteilung ermöglichen[198]. Die Vorlegungsfrage sollte nach Möglichkeit abstrakt gefaßt werden, doch ist auch eine auf den konkreten Fall abstellende Fassung unschädlich[199]. Den Vorlagebeschluß und die relevanten Unterlagen (Akten, Wortlaut der einschlägigen innerstaatlichen Rechtsvorschriften usw.) übermittelt das vorlegende Gericht unmittelbar dem Europäischen Gerichtshof (Kanzlei) per Einschreiben[200]. Dies kann der Vorsitzende verfügen.

67   d) **Anfechtbarkeit.** Der Aussetzungs- und Vorlagebeschluß ist – ähnlich wie bei Art. 100 GG, der als Vorbild für diese vertragliche Regelung diente – im Strafverfahren nicht anfechtbar, da er nur die Klärung einer objektiven Rechtsfrage zum Ziele hat[201]. Dies ist allerdings eine Folgerung aus dem innerstaatlichen Prozeßrecht und nicht etwa eine ausdrückliche Regelung der Verträge[202]. Der Europäische Gerichtshof vertritt die Ansicht, daß ihn eine innerstaatliche Anfechtung des Vorlagebeschlusses nicht an der Vorabentscheidung hindert[203]. Das vorlegende Gericht kann seine Vorlage zurücknehmen, so wenn sich die Vorlagungsfrage anderweitig erledigt hat.

68   e) **Bindung.** Die Vorabentscheidung des Europäischen Gerichtshofs ist nur in der Sache, in der sie ergangen ist, für die innerstaatlichen Gerichte bindend[204]. Eine weiter-

---

[194] EuGH DVBl. **1974** 624; BVerwG NJW **1986** 1448; *Dauses* JZ **1979** 125; *Calliess/Ruffert/Wegener* (Fußn. 183) EGV Art. 234, 17; *Schwarze* (Fußn. 183) EGV Art. 234, 33.

[195] *Barth* SchlHA **1972** 67; *Dauses* JZ **1979** 125; *Ipsen* Europäisches Gemeinschaftsrecht 769; *Schumann* ZZP **78** 78; *Tomuschat* (Fußn. 132) 126.

[196] Vgl. Hinweise des EuGH NJW **1997** Nr. 7.

[197] Zwar nicht ausdrücklich vorgeschrieben; aber Selbstverständlichkeit *Tomuschat* (Fußn. 132) 126 ferner *Van Themaat* BayVerwBl. **1986** 483 und die Hinweise des EuGH NJW **1997** 1765.

[198] Wegen der weiteren Einzelheiten vgl. die Hinweise des EuGH, NJW **1997** 1765.

[199] *Dauses* JZ **1979** 127; *Oppermann/Hiermaier* JuS **1980** 790.

[200] Hinweise des EuGH Nr. 8; NJW **1997** 1766.

[201] *Dauses* JZ **1979** 125; *Oppermann/Hiermaier* JuS **1980** 790.

[202] *Schwarze* (Fußn. 183) EGV Art. 234, 99. Vgl. *Pfeiffer* NJW **1994** 1996 (zu § 252 ZPO), der bei einer Vorlage ohne Vorlagepflicht die Beschwerde zulassen will und in der dadurch bedingten Verfahrensverzögerung auch eine Beschwer sieht.

[203] *Runge* Einführung in das Recht der Europäischen Gemeinschaften (1972), 143.

[204] BVerfGE **31** 174; *Ipsen* (Fußn. 145) 770; *Oppermann/Hiermaier* JuS **1980** 790; *Runge* (Fußn. 203) 144.

gehende Bindungswirkung – etwa für alle gleichgelagerte Fälle – kommt ihr nicht zu. Die erneute Einholung einer Vorabentscheidung ist deshalb möglich, bei eindeutig bereits entschiedenen Fragen dürfte sie aber entbehrlich sein, wenn kein Anlaß besteht, daran zu zweifeln, daß der Europäische Gerichtshof an seiner Auffassung festhält[205]. Will das Gericht davon abweichen, muß es aber erneut vorlegen[206].

3. Verwaltungsgerichtliches Normenkontrollverfahren. Nach § 47 VwGO kann das **69** Landesrecht vorsehen, daß ein Oberverwaltungsgericht im Rahmen seiner Gerichtsbarkeit über die Gültigkeit von landesrechtlichen Verordnungen oder anderen im Rang unter den Landesgesetzen stehenden Rechtsvorschriften entscheidet. Diese Entscheidung ist allgemeinverbindlich, wenn die Gültigkeit der betreffenden Vorschrift verneint wird. Dies ist auch vom Strafrichter zu beachten. Er kann deshalb das Verfahren nach § 262 Abs. 2 aussetzen, um einem Verfahrensbeteiligten Gelegenheit zu geben, eine Entscheidung im Normenkontrollverfahren herbeizuführen, nach allerdings strittiger Auffassung auch, um die Entscheidung in einem bereits anderweitig anhängigen Normenkontrollverfahren abzuwarten[207]. Ob auch die Gerichte befugt oder verpflichtet sind, aus Anlaß eines bei ihnen anhängigen Verfahrens von sich aus ein solches Verfahren in die Wege zu leiten, ist strittig, wird aber von der vorherrschenden Meinung verneint, da die Gerichte keine Behörden im Sinne des § 47 VwGO sind[208]. Das Strafgericht muß selbst entscheiden, ob die Verordnung oder Rechtsnorm, auf deren Anwendung es im Strafverfahren ankommt, gültig ist[209]. Die verwaltungsgerichtliche Prüfungskompetenz erstreckt sich im Normprüfungsverfahren ohnehin nicht auf den Bestand einer **Bußgeldnorm** als solcher, sondern nur auf eine sie ausfüllende untergesetzliche Rechtsnorm des Verwaltungsrechts[210].

Der **Geschäftsverteilungsplan** eines ordentlichen Gerichts kann nicht auf Antrag **69a** eines vor diesem Gericht an einem Verfahren Beteiligten der Normenkontrolle unterzogen werden. Die Verwaltungsgerichte sind auch bei der Normenkontrolle den anderen Gerichten nicht übergeordnet und daher für die Normenkontrolle nur insoweit zuständig, als auch sonst die Überprüfung der Norm im Verwaltungsrechtsweg vorzunehmen ist[211].

V. Rechtsmittel

1. Beschwerde. Der Beschluß, der die Aussetzung nach § 262 Abs. 2 **ablehnt**, ist, **70** wenn er vom erkennenden Gericht erlassen worden ist, nicht mit der **Beschwerde** anfechtbar, da er im Sinne des § 305 Satz 1 der Vorbereitung des Urteils dient[212]. Bei dem die **Aussetzung anordnenden** Beschluß schließt § 305 Satz 1 die Beschwerde

---

[205] *Runge* (Fußn. 203) 194.

[206] *Schwarze* (Fußn. 183) EGV Art. 234, 46, 63; *Rengeling* DVBl. **1986** 306.

[207] Vgl. Rdn. 23, 26; ferner etwa BGH DÖV **1981** 337.

[208] Bejahend etwa *Menger* VerwA **1963** 402. Zum Streitstand vgl. die Kommentare zu § 47 VwGO.

[209] BayVerwGHE **25** 29 = BayVerwBl. **1972** 209 327; dazu krit. *Mutius* VerwA **1973** 95; VGH Mannheim DVBl. **1963** 399; OVG Kassel DÖV **1967** 420; sowie *Mößle* BayVerwBl. **1976** 609; *Staudacher* JZ **1985** 969.

[210] BayVGH BayVerwBl. **1979** 176; VGHBW DVBl. **1983** 1070.

[211] BayVGH NJW **1979** 1472; wegen der weiteren Einzelheiten vgl. bei § 21e GVG.

[212] RGSt **43** 181; BayObLGSt **9** 408; OLG Celle GA **38** (1891) 218; OLG Hamm NJW **1978** 283; KG GA **73** (1929) 260; KK-*Engelhardt*⁴ 9; *Kleinknecht/Meyer-Goßner*⁴⁴ 16; KMR-*Stuckenberg* 45; SK-*Schlüchter* 26; *Eb. Schmidt* 17; vgl. zu § 396 AO: OLG Hamm NJW **1978** 283; *Schlüchter* JR **1985** 360; ferner § 228, 29 und zur ähnlichen Rechtslage im verwaltungs- und finanzgerichtlichen Verfahren VGH BW DÖV **1986** 707; BFHE **132** 217.

grundsätzlich ebenfalls aus, da auch er die Förderung des Verfahrens bezweckt. Ob das Gericht eine entscheidungserhebliche Vorfrage selbst entscheiden oder die vorgreifliche Entscheidung eines anderen Gerichts abwarten will, ist seinem eigenen pflichtgemäßen Ermessen überlassen, in das ein übergeordnetes Gericht nicht dadurch eingreifen kann, daß es sein eigenes Ermessen an die Stelle des Ermessen des erkennenden Gerichts setzt[213]. Mit der einfachen Beschwerde kann aber unbeschadet des § 305 Satz 1[214] geltend gemacht werden, daß die Aussetzung zur Förderung des Verfahrens überhaupt nicht geeignet ist, da die rechtlichen Voraussetzungen für sie überhaupt nicht vorlagen[215], etwa, weil die Strafbarkeit der Tat überhaupt nicht von der Vorfrage abhängt, wegen der ausgesetzt wurde. Angefochten werden als rechtsirrig kann auch, wenn das Gericht die ausschließliche Vorfragenkompetenz einer anderen Stelle angenommen[216] und dadurch verkannt hatte, daß es insoweit eine Ermessensentscheidung zu treffen hatte. Beanstandet kann mit der Beschwerde auch werden, wenn die Aussetzung ersichtlich ermessensfehlerhaft ist, weil nach den Umständen in noch vertretbarer Zeit mit keinem entscheidungserheblichem Ergebnis in einem anderen Verfahren zu rechnen ist, die nutzlose Aussetzung also das Verfahren nicht fördern kann und das Beschleunigungsgebot verletzt[217].

71   Die **Aufforderung zur Klageerhebung** (Rdn. 36 ff) binnen einer **bestimmten Frist** (Rdn. 36 ff) kann als solche schon mangels Beschwer von keinem Verfahrensbeteiligten, auch nicht vom Adressaten der Aufforderung, mit Beschwerde angefochten werden[218].

72   **2. Revision.** Mit der Revision kann unter dem Blickwinkel einer Verletzung der §§ 261, 262 Abs. 1 beanstandet werden, wenn der Strafrichter sich zu Unrecht an ein anderes Urteil oder durch die Auffassung einer Verwaltungsbehörde gebunden glaubte und dieses deshalb **ohne eigene Nachprüfung** seiner Entscheidung zugrunde gelegt hat[219]. Gerügt werden kann auch, wenn das Gericht in Verkennung seiner Entscheidungskompetenz eine **Vorfrage selbst entschieden** hat, zu deren Prüfung es nicht befugt war, so, wenn es sich dabei zu Unrecht über die Bindung durch die Entscheidung eines anderen Gerichts oder einer Verwaltungsbehörde hinweggesetzt hat[220].

73   Macht das Gericht von der Befugnis, das Verfahren **nach § 262 Abs. 2 auszusetzen**, keinen Gebrauch, so kann die Revision in der Regel nicht darauf gestützt werden[221]. Dies gilt auch dann, wenn das Gericht einen **Aussetzungsantrag nicht** ausdrücklich **beschieden** hat[222]. Bei dem weiten Ermessensrahmen des Absatzes 2 ist allenfalls in besonders gelagerten Ausnahmefällen denkbar, daß dem Gericht als einzige sachgerechte Entscheidung nur die Aussetzung verblieb[223]. Auch unter dem Blickwinkel einer Ver-

---

[213] Vgl. § 28, 30; ferner zu § 396 AO OLG Karlsruhe NStZ **1985** 227.

[214] Der für den Beschwerdeausschluß erforderliche innere Zusammenhang mit der Urteilsfindung fehlt dann, vgl. bei § 305.

[215] OLG Frankfurt NJW **1954** 1012; **1966** 992; OLG Düsseldorf MDR **1992** 989; OLG Köln wistra **1991** 74, LG Osnabrück MDR **1986** 517; AK-*Moschüring* 45; HK-*Julius*[2] 12; *Kleinknecht/Meyer-Goßner*[44] 16; KMR-*Stuckenberg* 45; SK-*Schlüchter* 26; *Eb. Schmidt* 16; vgl. aber auch OLG Karlsruhe NStZ **1985** 247.

[216] KMR-*Stuckenberg* 45 vgl. auch die Sonderfälle Rdn. 57; 67.

[217] Vgl. die Nachweise Fußn. 215.

[218] AK-*Moschüring* 46; HK-*Julius*[2] 12; *Kleinknecht/ Meyer-Goßner*[44] 16; KMR-*Stuckenberg* 45; SK-*Schlüchter* 26.

[219] KK-*Engelhardt*[4] 13; *Kleinknecht/Meyer-Goßner*[44] 17; KMR-*Stuckenberg* 46; SK-*Schlüchter* 28; vgl. § 261, 30.

[220] AK-*Moschüring* 46; KK-*Engelhardt*[4] 13; KMR-*Stuckenberg* 46; SK-*Schlüchter* 28; vgl. Rdn. 5.

[221] RGSt 7 146; **18** 123; BGH NStZ **1985** 125; OLG Düsseldorf StV **1995** 459; OLG Schleswig bei *Ernesti/Jürgensen* SchlHA **1973** 187; *Jörgensen* 365; HK-*Julius*[2] 14; *Kleinknecht/Meyer-Goßner*[44] 17; KMR-*Stuckenberg* 46; SK-*Schlüchter* 29.

[222] KK-*Engelhardt*[4] 13 unter Hinweis auf BGH; AK-*Moschüring* 48.

[223] Bei § 396 AO ist dies strittig geworden; vgl. etwa (verneinend) BGH NStZ **1985** 387; OLG Hamm NJW **1978** 283; OLG Karlsruhe JR **1985** 387; dazu *Schlüchter* JR **1985** 360; ferner das bei den Fußn. 5, angeführte umfangreiche Schrifttum.

letzung der Aufklärungspflicht kann in der Regel nicht mit Erfolg gerügt werden, daß das Gericht von der Aussetzungsbefugnis des Absatzes 2 keinen Gebrauch gemacht hat[224]. Die an sich mögliche Aufklärungsrüge[225] setzt voraus, daß die Revision ein entscheidungserhebliches Aufklärungsdefizit aufzeigen kann, das darauf beruht, daß das Gericht bewußt oder unbewußt in Verkennung einer Aussetzungspflicht oder einer Aussetzungsmöglichkeit selbst entschieden hat, obwohl die für ihn ersichtlichen Umstände dazu gedrängt hatten, durch die Aussetzung einen entscheidungstragenden Umstand besser aufzuklären.

Mit der Revision kann ferner geltend gemacht werden, daß das Gericht gegen eine **74** aus einer **Spezialnorm** sich ergebende **Aussetzungs- und Vorlagepflicht**[226] verstoßen hat. Dadurch kann auch der Anspruch auf den **gesetzlichen Richter** verletzt sein, wobei aber nur dessen willkürliche Entziehung nach Erschöpfung des Rechtswegs die Verfassungsbeschwerde eröffnet[227]. Ein Verfassungsverstoß liegt andererseits nicht bereits darin, daß der Strafrichter einen ihn bindenden konstitutiven Verwaltungsakt ohne Nachprüfung seiner Rechtmäßigkeit seiner Entscheidung zu Grunde legen muß, denn die Betroffenen haben die Möglichkeit, im Verwaltungsverfahren Gehör und richterliche Überprüfung herbeizuführen[228]. Soweit der Europäische Gerichtshof eine Frage im Rahmen seiner Zuständigkeit bindend entschieden hat, kann aus Art. 19 Abs. 4 GG kein Recht auf einen innerstaatlichen Rechtsbehelf hergeleitet werden[229].

§ 263

(1) **Zu jeder dem Angeklagten nachteiligen Entscheidung über die Schuldfrage und die Rechtsfolgen der Tat ist eine Mehrheit von zwei Dritteln der Stimmen erforderlich.**

(2) **Die Schuldfrage umfaßt auch solche vom Strafgesetz besonders vorgesehene Umstände, welche die Strafbarkeit ausschließen, vermindern oder erhöhen.**

(3) **Die Schuldfrage umfaßt nicht die Voraussetzungen der Verjährung.**

Schrifttum. *Beling* Bindings Lehre von der Abstimmung im Strafgericht, ZStW **37** (1916) 365; *Beling* Zur Lehre von der ratsgerichtlichen Abstimmung ZStW **42** (1921) 599; *Binding* Die Beschlußfassung im Kollegialgericht. Abh. II 141 (1915); *Grünhut* Das Minderheitsvotum, FS Eb. Schmidt, 620; *Kern* Die qualifizierten Mehrheiten im Strafverfahren, DJ **1938** 1386; *Mellinghoff* Fragestellung, Abstimmungsverfahren und Abstimmungsgeheimnis im Strafverfahren (1988); *Michel* Beratung, Abstimmung und Beratungsgeheimnis, DRiZ **1992** 263. Vgl. auch das Schrifttum zu § 192 ff GVG.

---

[224] Vgl. BGH NStZ **1985** 126; KMR-*Stuckenberg* 46; SK-*Schlüchter* 28 mit Hinweis auf die Schwierigkeit, dies substantiiert darzulegen; vgl. Fußn. 221.

[225] Vgl. OLG Saarbrücken JBl. Saar **1964** 208; OLG Schleswig bei *Ernesti/Jürgensen* SchlHA **1973** 187; AK-*Moschüring* 48; HK-*Julius*[2] 14; KK-*Engelhardt*[4] 13; sowie vorst. Fußn.

[226] Vgl. vor allem die Vorlagepflichten nach Art. 100 GG und nach den Verträgen der Europäischen Gemeinschaften Rdn. 48 ff.

[227] Vgl. etwa BVerfGE **64** 13; **67** 95; **86** 143; BayVerfGH NJW **1985** 363; KMR-*Stuckenberg* 46; weit. Nachw. Rdn. 5.

[228] Vgl. etwa BVerfG NStZ **1990** 545; BGH NJW **1963** 446; BayObLGSt **1959** 258; vgl. SK-*Schlüchter* 28.

[229] BVerfGE **58** 26 ff (keine subsidiäre deutsche Gerichtsbarkeit); vgl. ferner BVerfGE **82** 195 sowie Rdn. 60; 61.

Entstehungsgeschichte. Ursprünglich (bis 1924) forderte § 263 nur für den Schuldspruch die Zweidrittelmehrheit; im übrigen genügte die einfache Mehrheit. Absatz 3 ist als Rest der alten Regelung stehen geblieben, nur die Erwähnung des Rückfalls wurde dort durch Art. 21 Nr. 67 Buchst. b EGStGB 1974 gestrichen. Seine jetzige Fassung hat Absatz 1 durch Art. 21 EGStGB erhalten, der eine frühere Neufassung dieses Absatzes durch Art. 2 AGGewVerbrG ablöste. Der 1953 durch das 3. StRÄndG eingefügte Absatz 4, der die Strafaussetzung zur Bewährung betraf, ist durch Art. 21 Nr. 67 Buchst. c EGStGB wieder aufgehoben worden. Bezeichnung bis 1924: § 262.

Übersicht

I. Allgemeines

1   **1. Verhältnis zu den §§ 192 ff GVG.** § 263 ist eine **Sondervorschrift für den Strafprozeß**, die den allgemeinen Regeln über Abstimmung und Beratung bei Kollegialgerichten (§§ 192 ff GVG) vorgeht. Soweit er keine abweichenden Bestimmungen trifft, gelten die §§ 192 ff GVG, die auch die Art der Abstimmung regeln[1]. Das **Beratungsgeheimnis** ist in § 43 DRiG festgelegt. Auf die Erläuterungen zu diesen Vorschriften wird verwiesen.

2   **2. Bedeutung.** Die **Abgrenzung von Schuld- und Rechtsfolgenfrage** in § 263 hat für den ganzen Strafprozeß Bedeutung, auch wenn jetzt § 263 Abs. 1 bei beiden Fragen die Zweidrittelmehrheit fordert. Bei der Abstimmung spielt der Unterschied im Rahmen des § 196 Abs. 3 GVG weiterhin eine Rolle, da über Schuld- und Rechtsfolgenfrage getrennt abzustimmen ist und über die Schuldfrage nur einheitlich (vgl. Rdn. 5) abgestimmt werden darf. Bedeutsam ist die Unterscheidung ferner für die Beschränkung der Rechtsmittel (§§ 318, 344) sowie für den Umfang der Aufhebung eines Urteils durch ein Rechtsmittelgericht (vgl. § 353). Es besteht kein Anlaß, bei den letztgenannten Vorschriften Schuld- und Rechtsfolgenfrage anders abzugrenzen als in § 263[2]. Desgleichen sind die **Umstände**, welche die **Strafbarkeit erhöhen**, in Absatz 2 grundsätzlich im gleichen Sinn zu verstehen wie in § 265 Abs. 2[3] und § 267 Abs. 2.

---

[1] KK-*Engelhardt*[4] 1; *Kleinknecht/Meyer-Goßner*[44] 1; KMR-*Paulus* 2; SK-*Schlüchter* 3; *Eb. Schmidt* 2.

[2] *Eb. Schmidt* 8; OLG Bremen NJW **1953** 1034; **a. A** OLG Hamm MDR **1954** 631, das § 157 StGB bei

§ 263 zur Schuldfrage und bei der Rechtsmittelbeschränkung zur Straffrage rechnet; ferner BayObLGSt **1949/51** 111.

[3] BGHSt **3** 30.

II. Mehrheit von zwei Dritteln

1. Für **jede dem Angeklagten nachteilige Entscheidung** bei der Schuldfrage und über **3** die Rechtsfolgen fordert Absatz 1 die **Zweidrittelmehrheit.** Für das Schöffengericht in seinem regelmäßigen Bestand – Richter beim Amtsgericht und zwei Schöffen, § 29 Abs. 1 GVG – ist die Vorschrift ohne Bedeutung, da in diesem die Zweidrittelmehrheit mit der einfachen Mehrheit zusammenfällt. Dasselbe gilt von der kleinen Strafkammer § 76 Abs. 2 GVG. Dagegen ist bei dem erweiterten mit zwei Berufsrichtern und zwei Laien besetzten Schöffengericht (§ 29 Abs. 2 GVG) eine Mehrheit von drei Stimmen erforderlich[4]. Ebenso kann in der mit drei Richtern und zwei Schöffen besetzten großen Strafkammer (§ 76 Abs. 2 GVG) eine dem Angeklagten nachteilige Entscheidung der Schuldfrage und des Strafmaßes nur mit mindestens vier Stimmen erfolgen. Bei einer nur mit zwei Berufsrichtern und zwei Schöffen besetzten großen Strafkammer sind auch für die Zweidrittelmehrheit 3 Stimmen notwendig. Entscheidet das Oberlandesgericht als Gericht erster Instanz, erfordern seine Entscheidungen nach § 263 Abs. 1, 2 ebenfalls eine Zwei-Drittel-Mehrheit[5]. § 263 ist über § 332 im **Berufungsrechtszug** entsprechend anwendbar[6].

Für die **Revisionsinstanz** fehlt eine ähnliche Vorschrift. Das hat einen guten Grund, **4** denn das Revisionsgericht entscheidet in der Regel nur über Rechtsfragen. Es ist ihm verwehrt, sich eine selbständige Überzeugung über die seinem Spruch zugrunde liegenden Tatsachen zu bilden (§ 354, 1). Wieweit § 263 Abs. 1 ausnahmsweise anwendbar ist, wenn das Revisionsgericht selbst in der Schuld- oder Rechtsfrage endgültig entscheidet, ist strittig[7].

2. Schuldfrage

a) Einheit der Entscheidung. Die Zweidrittelmehrheit muß jede dem Angeklagten **5** nachteilige Entscheidung in der Schuldfrage decken, also der Frage, ob der Angeklagte die angeklagte Handlung begangen hat, ob sie den Tatbestand eines Strafgesetzes erfüllt, ob sie rechtswidrig ist und dem Angeklagten als Verschulden angelastet werden kann; einschließlich aller damit zusammenhängender Umstände. Maßgeblich ist der Handlungs- und Tatbegriff des materiellen Strafrechts (§§ 52 ff StGB)[8]. Die Schuldfrage ist innerhalb einer Straftat **unteilbar**, da die hierzu nötigen Feststellungen innerlich zusammenhängen und über sie einheitlich zu befinden ist. Hierüber hat das Gericht in **Totalabstimmung** und nicht etwa abgestuft nach den einzelnen Tat- und Rechtsfragen abschließend zu entscheiden[9]. Dabei darf aber die Schuld des Angeklagten nicht nur allgemein bejaht werden; abzustimmen ist darüber, ob er bei Würdigung aller Gesichtspunkte einer bestimmten Straftat schuldig ist[10]. Bei **mehreren Straftaten** ist über jede einzeln abzustimmen, auch wenn sie tateinheitlich zusammentreffen. Bei der fortgesetzten Handlung wurde früher angenommen, daß über jede der nur durch einen Gesamt-

---

[4] *Deisberg/Hohendorf* DRiZ **1984** 261.

[5] *KK-Engelhardt*[4] 2; *KMR-Paulus* 2; *Eb. Schmidt* 11.

[6] *Kleinknecht/Meyer-Goßner*[44] 1, *KMR-Paulus* 4.

[7] Zum Streitstand vgl. § 351, 11; ferner etwa SK-*Schlüchter* 3.

[8] *AK-Moschüring* 5; *HK-Julius*[2] 2; *KK-Engelhardt*[4] 3; *Kleinknecht/Meyer-Goßner*[44] 2; *KMR-Paulus* 8; SK-*Schlüchter* 4; **a. A** OGH NJW **1950** 195, der auf den verfahrensrechtlichen Tatbegriff des § 264 abstellte.

[9] RGSt **18** 220; BGH bei *Holtz* MDR **1976** 989; *Mellinghoff* 30, 115; *Michel* DRiZ **1992** 264; HK-*Julius*[2] 2; *KK-Engelhardt*[4] 3; *Kleinknecht/Meyer-Goßner*[44] 2; *KMR-Paulus* 8; SK-*Schlüchter* 9.

[10] OLG Hamm JMBlNW **1964** 7; *Beling* ZStW **37** (1916) 365; **42** (1921) 599; *KK-Engelhardt*[4] 4; *KMR-Paulus* 9, *Eb. Schmidt* 12.

Walter Gollwitzer

vorsatz verknüpften Einzeltaten gesondert abzustimmen ist[11]. Daß über die Schuldfrage nur einheihlich abgestimmt werden darf, schließt nicht aus, die Meinung zu Einzelfragen durch **informelle Abstimmungen** vorweg abzuklären. Diese rein informatorischen Einzelabstimmungen haben aber keine bindende Wirkung für die einheitliche Abstimmung über die Schuldfrage[12]. Wird die Zweidrittelmehrheit für eine bestimmte rechtliche Würdigung der Tat **nicht erzielt**, indem etwa von den fünf Richtern einer großen Strafkammer drei die Tat als Betrug und zwei als Unterschlagung ansehen, dann kann der Angeklagte nicht verurteilt werden[13]. Verurteilt werden kann aber bei solchen Divergenzen wegen eines Delikts, das in den streitigen Tatbeständen enthalten ist; so kann wegen Diebstahls verurteilt werden, wenn nach der insoweit übereinstimmenden Auffassung von zwei Dritteln der Richter mindestens dessen Voraussetzungen vorliegen, auch wenn im übrigen strittig bleibt, ob Raub oder Diebstahl vorliegt[14]. Bei einer **wahldeutigen Verurteilung** muß zunächst über die einzelnen, zur Wahl stehenden Delikte und dann über die wahldeutige Verurteilung abgestimmt werden[15].

6   Die Schuldfrage umfaßt auch die in Absatz 2 zur Klarstellung besonders aufgeführten **strafmildernden**, **straferhöhenden** oder **strafausschließenden** Umstände.

7   **b) Umstände, welche die Strafbarkeit ausschließen.** Dieser Ausdruck umfaßt sowohl die **Rechtfertigungsgründe** wie Notwehr, Notstand, rechtlich beachtliche Einwilligung, Wahrnehmung berechtigter Interessen, auch wenn sie sich nicht aus dem Strafgesetz, sondern aus anderen Gesetzen ergeben, wie §§ 228, 904 BGB, §§ 758, 758a ZPO; § 127 Abs. 1 StPO[16], und die **Schuldausschließungsgründe**, wie Schuldunfähigkeit[17], mangelnde Einsicht, Drohung, Irrtum, Überschreitung der Notwehr, Notstand, als auch die **Strafausschließungsgründe** (etwa §§ 173 Abs. 3 StGB) und die **Strafaufhebungsgründe** (z. B. §§ 24, 163 Abs. 2, 306e, 314a StGB). Die große Strafkammer muß also freisprechen, wenn zwei Richter die Schuldunfähigkeit des Angeklagten bezweifeln oder Notwehr, freiwilligen Rücktritt vom Versuch, Wahrheit der behaupteten ehrenrührigen Tatsache oder rechtzeitiges Löschen des Brandes seitens des Täters für dargetan erachten[18].

8   **c) Umstände, welche die Strafbarkeit vermindern** sind alle im Gesetz tatbestandsmäßig festgelegten Privilegierungen, welche die mildere Beurteilung eines Grundtatbestandes zulassen[19], wie etwa die Merkmale der §§ 248a, 263 Abs. 4 StGB, deren Tatbestände sich vom allgemeinen Vergehenstatbestand unterscheiden[20]. Ferner gehören beispielsweise hierher die in den §§ 157, 158, 213 erste Alternative[21], § 216 StGB aufgeführten Umstände[22]. Strittig ist, ob § 21 StGB hierher oder zur Straffrage zählt[23].

---

[11] AK-*Moschüring* 5.

[12] RGSt **8** 218; **61** 217; BGH bei *Holtz* MDR **1976** 989; *Michel* DRiZ **1992** 265, sowie die Nachw. Fußn. 9.

[13] HK-*Julius*[2] 3; KK-*Engelhardt*[4] 3; KMR-*Paulus* 9; SK-*Schlüchter* 9, sowie AK-*Moschüring* 6 mit weiteren Beispielen.

[14] *Michel* DRiZ **1992** 265; HK-*Julius*[2] 3.

[15] KK-*Engelhardt*[4] 3; SK-*Schlüchter* 9.

[16] KK-*Engelhardt*[4] 4; *Kleinknecht/Meyer-Goßner*[44] 2; KMR-*Paulus* 7; SK-*Schlüchter* 10; *Eb. Schmidt* 4.

[17] Die Feststellung, daß der Angeklagte im schuldfähigen Zustand mit der Trunkenheitsfahrt rechnen mußte, gehört zum Schuldspruch (BayObLGSt **1968** 70 = NJW **1968** 2299).

[18] RGRspr. **4** 782.

[19] KK-*Engelhardt*[4] 5; *Kleinknecht/Meyer-Goßner*[44] 5.

[20] RGSt **5** 404; **6** 327; **24** 38. Vgl. bei § 318.

[21] KK-*Engelhardt*[4] 5; *Kleinknecht/Meyer-Goßner*[44] 5 **a. A** SK-*Schlüchter* 11 (unbenannter Strafänderungsgrund) mit weit. Nachw.; *Eb. Schmidt* 9.

[22] RGSt **1** 423; **6** 26; **14** 298; **20** 352; RG GA **52** 92; BayObLGSt **1949/51** 111 (zu § 213). OLG Braunschweig NdsRpfl. **1953** 166 rechnet § 157 StGB hierher, ebenso KMR-*Paulus* 7, während BGHSt **2** 379 ihn der Straffrage zuweist; vgl. auch OLG Hamm MDR **1954** 631.

[23] Nach OLG Hamm NJW **1972** 1149 und *Eb. Schmidt* 5 gehörte § 51 Abs. 2 StGB **a. F.** hierher, nach KMR-*Paulus* 10 zur Straffrage; ebenso SK-*Schlüchter* 12, sofern nicht die Abstimmung auch die Anwendbarkeit des § 20 StGB umfaßt, weil auch die Schuldfähigkeit als solche zweifelhaft ist.

d) Umstände, welche die Strafbarkeit erhöhen sind alle Merkmale, bei deren Vor- **9**
liegen das Gesetz eine höhere Strafe als im Grundtatbestand androht; die also qualifizie-
rend wirken, wie beispielsweise die §§ 224 bis 227 StGB gegenüber der einfachen Körperverletzung oder die öffentliche Begehung einer Beleidigung[24]. Hierher gehört bei
bestimmten Tatbeständen, daß der Täter Amtsträger ist (§ 11 Abs. 1 Nr. 2 StGB) oder
gewerbs- oder gewohnheitsmäßig gehandelt hat[25].

Soweit das materielle Strafrecht für „besonders schwere" Fälle nur **Regelbeispiele** **10**
aufstellt, war zunächst fraglich, ob über das Vorliegen eines solchen nicht mehr zwingend
straferhöhenden Umstands im Zusammenhang mit der Schuldfrage oder erst im Rahmen
der Straffrage zu entscheiden ist[26]. Vom Strafgesetz besonders vorgesehene Umstände
wird man hier aber im gleichen Sinn zu verstehen haben wie bei § 267 Abs. 2. Hierzu
rechnen nur solche Umstände, die der Gesetzgeber als Grund der Straferhöhung **tatbestandsmäßig abschließend** festgelegt hat. Bei den nur „in der Regel" straferhöhenden
Umständen oder den unbenannten besonders schweren Fällen[27] trifft dies nicht zu.
Über ihr Vorliegen ist, wie der Gesetzgeber in § 267 Abs. 3 Satz 3 klargetellt hat, im
Rahmen der Straffrage zu entscheiden.

3. Bei der **Festsetzung der Rechtsfolgen**, bei ihrer Auswahl und Bemessung erfordert **11**
ebenfalls jede dem Angeklagten nachteilige Entscheidung eine Zweidrittelmehrheit,
wobei über jede einzelne Rechtsfolge gesondert abzustimmen ist[28]. Dies gilt für alle
staatlichen Reaktionsmittel, die im Strafverfahren festgesetzt werden, für die **Haupt- und
Nebenstrafen** ebenso wie für Maßregeln der **Besserung und Sicherung** und sonstige
Nebenfolgen oder die Verhängung einer **Geldbuße** bei Ordnungswidrigkeiten und die
Erziehungsmaßregeln und **Zuchtmittel** des Jugendrechts. Die Straffrage umfaßt insbesondere auch die Entscheidung, ob Jugendrecht oder Erwachsenenrecht anzuwenden ist[29];
ob ein minder schwerer Fall vorliegt[30] (im Gegensatz zu den besonders tatbestandsmäßig beschriebenen, gesetzlichen Milderungsgründen[31]) oder ein durch Regelbeispiele
beschriebener besonders schwerer Fall[32]. Zu ihr gehört ferner, ob an Stelle einer Freiheitsstrafe nach dem § 47 StGB eine Geldstrafe zu verhängen, Untersuchungshaft oder eine
andere Freiheitsentziehung nach § 51 StGB anzurechnen sowie, ob von Strafe abzusehen
oder der Täter für straffrei zu erklären (199 StGB) ist[33].

Auch bei der **Strafaussetzung zur Bewährung** bedarf es jetzt nach Wegfall des früheren **12**
Absatzes 4 der Zweidrittelmehrheit, wenn sie zu Lasten des Angeklagten versagt werden
soll[34].

[24] BayObLGSt **1960** 248 = NJW **1961** 569; OLG Hamm JMBlNW **1951** 63; RGSt **68** 432; **70** 304; BGH NJW **1959** 996; **1977** 1830.
[25] KK-*Engelhardt*[4] 6; *Kleinknecht/Meyer-Goßner*[44] 6; KMR-*Paulus* 7; *Eb. Schmidt* 6. Vgl. auch BGH bei *Dallinger* MDR **1952** 532 sowie § 265, 41.
[26] BGHSt **23** 256; BGH NJW **1977** 1830; StV **1983** 14; vgl. *Otto* JZ **1985** 24; vgl. § 265, 43.
[27] BGH NJW **1977** 1830; KK-*Engelhardt*[4] 6; *Kleinknecht/Meyer-Goßner*[44] 6; SK-*Schlüchter* 13.
[28] *Mellinghoff* 40, 127; *Kleinknecht/Meyer-Goßner*[44] 8; SK-*Schlüchter* 9.
[29] BGHSt **5** 207; BayObLGSt **1956** 7 = NJW **1956** 921; LG Nürnberg-Fürth NJW **1968** 120; HK-*Julius*[2] 7; *Kleinknecht/Meyer-Goßner*[44] 8.
[30] Zum Begriff des minder schweren Falls BGH JR **1976** 24 mit Anm. *Zipf*; ferner § 267, 95.
[31] BayObLGSt **1949/51** 111; vgl. Rdn. 8; a. A *Eb. Schmidt* 9.
[32] Rdn. 10; vgl. BGH NJW **1959** 996; *Furtner* JR **1969** 11; ferner § 265, 43; 267, 96.
[33] *Kleinknecht/Meyer-Goßner*[44] 8; vgl. § 260, 36.
[34] KK-*Engelhardt*[4] 7; *Kleinknecht/Meyer-Goßner*[44] 8; KMR-*Paulus* 10.

III. Einfache Stimmenmehrheit

13   **1.** Bei den **sonstigen** im Prozeß zu entscheidenden **Fragen** bleibt es bei der Regel des § 196 Abs. 1 GVG. Es genügt einfache Stimmenmehrheit. Wegen der Einzelheiten vgl. die Erläuterungen zu § 193 GVG. Einfache Mehrheit genügt insbesondere bei den nachfolgenden Entscheidungen:

14   **2.** Über die **Verfahrensvoraussetzungen** entscheidet das Gericht mit einfacher Mehrheit[35], wie Absatz 3 für die Verjährung besonders hervorhebt. Die mit der einfachen Mehrheit getroffenen Feststellungen über die tatsächlichen Grundlagen der Verfahrensvoraussetzungen dürfen allerdings nicht den Feststellungen widersprechen, die im Rahmen der Schuldfrage getroffen worden sind. Dies gilt insbesondere auch für die bei Prüfung der Verjährung getroffene Feststellung über die **Tatzeit**[36]. Bei **doppelrelevanten Tatsachen** sind die mit Zweidrittelmehrheit beim Schuldspruch festzustellenden Tatsachen maßgebend[37].

15   **3.** Bei den **objektiven Bedingungen der Strafbarkeit** ist strittig, ob sie – da vom Verschulden unabhängig – zur Schuld- oder Straffrage zählen oder ob für ihre Feststellung wie bei den Verfahrensvoraussetzungen einfache Stimmenmehrheit genügt[38]. Für die Zurechnung zur Schuldfrage und damit für das Erfordernis einer Zweidrittelmehrheit wird angeführt, daß sie notwendiger Teil der Entscheidung sind, ob der Angeklagte einen Unrechtstatbestand erfüllt hat[39].

16   **4.** Über **Kosten** einschließlich der Entscheidung über die Erstattung der notwendigen Auslagen und über die Entschädigung für unschuldig erlittene Strafverfolgungsmaßnahmen wird mit einfacher Mehrheit entschieden[40].

17   **5. Vermögensrechtliche Ansprüche** des Verletzten gegen den Angeklagten, die im Adhäsionsverfahren nach den §§ 403 ff geltend gemacht werden, werden nach § 196 Abs. 1 GVG mit einfacher Mehrheit entschieden[41].

18   **6.** Über **Verfahrensfragen** entscheidet das Gericht auch bei der Urteilsberatung mit einfacher Stimmenmehrheit[42]. Dies gilt auch, soweit es darum geht, ob eine Tatsache als offenkundig zu betrachten[43] oder das Verfahren nach § 153 ff einzustellen ist[44].

IV. Revision

19   **Fehler bei der Abstimmung** können mit der Revision nach § 337 gerügt werden. Sie müssen aber vom Revisionsführer ganz konkret unter Anführung der Tatsachen, aus denen sich der Fehler ergibt, behauptet werden. Die bloße Behauptung, bei der Abstim-

---

[35] BGH bei *Dallinger* MDR **1953** 532; *Friedlaender* JW **1924** 278; KK-*Engelhardt*[4] 8; KMR-*Paulus* 3.

[36] RGSt **15** 107; vgl. *Koeniger* 435.

[37] KMR-*Paulus* 3; vgl. § 244, 6.

[38] BGHSt **16** 124, 127; AK-*Moschüring* 2; KK-*Engelhardt*[4] 8; *Kleinknecht/Meyer-Goßner*[44] 1; *Eb. Schmidt* 7.

[39] So *Mellinghoff* 117, 144; *Roxin*[25] § 46, 12; HK-*Julius*[2] 3; SK-*Schlüchter* 6 (unter Hinweis auf BGHSt 17 333 Rauschtat).

[40] RGSt **39** 293; KK-*Engelhardt*[4] 8; KMR-*Paulus* 3; SK-*Schlüchter* 6; *Eb. Schmidt* 14.

[41] AK-*Moschüring* 2; KK-*Engelhardt*[4] 8; SK-*Schlüchter* 6.

[42] *Ditzen* Dreierlei Beweis 37; *Friedlaender* JW **1924** 278; AK-*Moschüring* 2; KK-*Engelhardt*[4] 8; *Kleinknecht/Meyer-Goßner*[44] 1; KMR-*Paulus* 3; SK-*Schlüchter* 6.

[43] Strittig, ob Einstimmigkeit notwendig, vgl. § 244, 233.

[44] *Kleinknecht/Meyer-Goßner*[44] 1.

mung sei gesetzwidrig verfahren worden, genügt nicht[45]. Die substantiierte Darlegung einer solchen Rüge und ihr Nachweis werden meist am Beratungsgeheimnis (§ 43 DRiG) scheitern, da grundsätzlich das Ergebnis der Abstimmung weder in den Urteilsgründen noch in sonstiger Weise offenzulegen ist[46] und daher in der Regel auch vom Revisionsgericht nicht festgestellt werden kann. Darüber, ob höherwertige Interessen der Rechtspflege eine Durchbrechung des Beratungsgeheimnisses gestatten, hat nicht das Revisionsgericht zu entscheiden, sondern allein die an der Beratung beteiligten Richter. Diese können daher nicht ohne weiteres als Zeugen über die Vorgänge bei der Beratung und Abstimmung vergenommen werden[47], wohl aber kann das Revisionsgericht ihnen anheimgeben, ob sie eine dienstliche Äußerung darüber abgeben wollen[48]. Dies erscheint wegen der erforderlichen sicheren Feststellung des behaupteten Verfahrensverstoßes auch dann angezeigt, wenn sich die Revision auf ein durch eine Indiskretion bekannt gewordenes Abstimmungsergebnis[49] stützt. Unabhängig davon ist es ein nobile officium, wenn nicht sogar eine Pflicht der Richter, im Interesse der Gerechtigkeit in den Urteilsgründen auf bewußt gewordene Beratungsfehler, insbesondere auf Abstimmungsfehler, hinzuweisen. Auch bei **Zweifel** oder **Meinungsverschiedenheiten** des Gerichts über Abstimmungsfragen kann es aus den gleichen Erwägungen angebracht sein, wenn das Gericht von sich aus in der schriftlichen Begründung des Urteils die Art der Abstimmung, die Reihenfolge und das Stimmverhältnis darlegt, um dem Revisionsgericht die rechtliche Nachprüfung zu ermöglichen[50]. Soweit durch Vortrag der entsprechenden Tatsachen belegbar ist, kann mit der Revision auch gerügt werden, daß eine Beratung und Abstimmung **nicht stattgefunden** haben[51].

§ 264

(1) Gegenstand der Urteilsfindung ist die in der Anklage bezeichnete Tat, wie sie sich nach dem Ergebnis der Verhandlung darstellt.

(2) Das Gericht ist an die Beurteilung der Tat, die dem Beschluß über die Eröffnung des Haupverfahrens zugrunde liegt, nicht gebunden.

Schrifttum. *Achenbach* Strafprozessuale Ergänzungsklage und materielle Rechtskraft, ZStW **87** (1975) 74; *Achenbach* Tat, Straftat, Handlung und die Strafrechtsreform, MDR **1975** 19; *Arzt* Die fortgesetzte Handlung geht – die Probleme bleiben, JZ **1994** 1000: *Barthel* Der Begriff der Tat im Strafprozeßrecht (1972); *Bauer* Erneute Neubestimmung des Tatbegriffs als Konsequenz der Postpendenz-Rechtsprechung des Bundesgerichtshofs, wistra **1990** 218; *Bauer* Der Tatbegriff im Steuerstrafrecht, wistra **1991** 56; *Behrendt* Der Tatbegriff im materiellen und formellen Steuerstraf-

[45] BGH nach KK-*Engelhardt*[4] 9; RGSt **26** 202; **36** 373; **61** 218; RG GA **56** (1909) 212; **64** (1917) 255; OLG Celle MDR **1958** 182; *Kleinknecht/Meyer-Goßner*[44] 10; KMR-*Paulus* 12; SK-*Schlüchter* 15.

[46] BGH bei *Holtz* MDR **1976** 989; KK-*Engelhardt*[4] 9.

[47] RGSt **36** 373; **61** 217; vgl. bei § 43 DRiG.

[48] KK-*Engelhardt*[4] 9; vgl. *Eb. Schmidt* 15, der unter Hinweis auf OGHSt **1** 223 die Anforderung solcher dienstlicher Äußerungen als zulässiges und gebotenes Mittel zur Feststellung von Beratungsfehlern ansieht.

[49] Vgl. OLG Celle MDR **1958** 182; KK-*Engelhardt*[4] 9; *Eb. Schmidt* 15.

[50] BGH bei *Holtz* MDR **1976** 989; ferner RGRspr. **4** 198; RGSt **8** 219; **60** 296; BayObLGZ DJZ **1916** Nr. 665; LG Mannheim JW **1929** 1026; OLG Celle MDR **1958** 182; OLG Hamm JMBlNW **1964** 7; *Koeniger* 433; AK-*Moschüring* 15; KK-*Engelhardt*[4] 9; KMR-*Paulus* 12; SK-*Schlüchter* 15; vgl. auch *Mellinghoff* 176 (vollständige Bekanntgabe); **a. A** *Alsberg* DJT **35** I 450 Anm. 17.

[51] BGHSt **19** 156; BGH NJW **1987** 3210; vgl. § 258, 48 ff; § 260, 3 ff; 128 je mit weiteren Nachweisen.

recht, ZStW **94** (1982) 888; *Bertel* Die Identität der Tat. Der Umfang von Prozeßgegenstand und Sperrwirkung im Strafprozeß (1970); *Beulke* Der prozessuale Tatbegriff, Fünfzig Jahre Bundesgerichtshof – Festgabe aus der Wissenschaft (2000) 781; *Beulke/Fahl* Prozessualer Tatbegriff und Wahlfeststellung – Strafprozessuale Probleme der alternativen Tatsachenfeststellung, Jura **1998** 262; *Bindokat* Zur Frage des prozessualen Tatbegriffs, GA **1967** 362; *Bohnert* Tatmehrheit, Verfahrensmehrheit und nachträgliche Gesamtstrafenbildung, GA **1994** 97; *Bringewat* Fortsetzungstat und in dubio pro reo – BGHSt 23, 33, JuS **1970** 329; *Büchner* Der Begriff der strafprozessualen Tat, Diss. Würzburg 1976; *Cording* Der Strafklageverbrauch bei Dauer- und Organisationsdelikten (1993); *Dedes* Die Identität der Tat im Strafprozeß, GA **1965** 102; *Fleischer* Verhältnis von Dauerstraftat und Einzelstraftaten, NJW **1979** 1337; *Dettmer* Der Begriff der Tat im strafprozessualen Sinn (1989); *Dürig* Art. 103 III GG und die „Zeugen Jehovas", JZ **1967** 426; *Erb* Die Reichweite des Strafklageverbrauchs bei Dauerdelikten und bei fortgesetzten Taten, GA **1994** 265; *Endriß/Kinzig* Eine Straftat – zwei Strafen – Nachdenken über ein erweitertes „ne bis in idem", StV **1997** 666; *Fezer* §§ 129, 129a StGB und der strafprozessuale Tatbegriff in: K. Schmidt Rechtsdogmatik und Rechtspolitik, (1990) 125; *Fliedner* Die verfassungsrechtlichen Grenzen mehrfacher stattlicher Bestrafungen auf Grund desselben Verhaltens, AöR **99** (1974) 242; *Geerds* Zur Lehre von der Konkurrenz im Strafrecht, (1961); *Geisler* Der Beschluß des großen Senats zum Fortsetzungszusammenhang, Jura **1995** 74; *Gillmeister* Zur normativ-faktischen Bestimmung der strafprozessualen Tat, NStZ **1989** 1; *Grünwald* Der Verbrauch der Strafklage bei Verurteilungen nach den §§ 129, 129a StGB, FS Bockelmann 737; *Hamm* Das Ende der fortgesetzten Handlung, NJW **1994** 1636; *v. Heintschel-Heinegg* Die Entbehrlichkeit des Fortsetzungszusammenhangs, JA **1994** 586; *Helmken* Strafklageverbrauch, Rechtssicherheit contra Einzelfallgerechtigkeit, MDR **1982** 715; *Herzberg* Ne bis in idem, JuS **1972** 113; *Hruschka* Der Begriff der Tat im Strafverfahrensrecht, JZ **1966** 700; *Jähnke* Grenzen des Fortsetzungszusammenhang, GA **1989** 376; *Jakobs* Probleme der Wahlfeststellung, GA **1971** 257; *Jung* Die fortgesetzte Handlung, JuS **1989** 289; *Kinnen* Zum verfahrensrechtlichen Begriff der Tat, MDR **1978** 545; *Körner* Zur Praxis im Bereich des Betäubungsmittelrechts nach Wegfall der fortgesetzten Tat, StV **1998** 626; *Kröpil* Verfahrensrechtliche Konsequenzen aus dem prozessualen Tatbegriff im Verkehrsstrafrecht, DAR **1987** 75; *Kröpil* Prozessualer Tatbegriff und Wahlfeststellung, NJW **1988** 1188; *Kröpil* Die prozessuale Tat als Zentralbegriff in der strafrechtlichen Ausbildung und Prüfung, JuS **1986** 211; *Kröpil* Die Bedeutung der Tatbegriffe für den Strafklageverbrauch, DRiZ **1986** 448; *Krauth* Zum Umfang der Rechtskraftwirkung bei Verurteilung von Mitgliedern krimineller und terroristischer Vereinigungen, FS Kleinknecht 215; *Loos* Probleme der beschränkten Sperrwirkung strafprozessualer Entscheidungen, JZ **1978** 592; *Maatz* Doppelverurteilung in Fällen fortgesetzter Handlungen, MDR **1986** 285; *Maatz* Zur materiell- und verfahrensrechtlichen Beurteilung des verbotenen Waffenbesitzes in Notwehrfällen, MDR **1985** 881; *Marxen* Der prozessuale Tatbegriff in der neueren Rechtsprechung, StV **1985** 472; *Marxen* Straftatensystem und Strafprozeß (1984); *Mitsch* Dauerdelikt und Strafklageverbrauch, MDR **1988** 1005; *Müller* Zur Frage des Strafklageverbrauchs bei dem Verleih, der Vermittlung oder der Beschäftigung illegaler Arbeitnehmer, NStZ **1985** 343; *Neuhaus* Fortsetzungszusammenhang und Strafklageverbrauch – BGH NJW 1985, 2429 und NJW 1985, 1174, JuS **1986** 964; *Neuhaus* Der strafprozessuale Tatbegriff und seine Identität, MDR **1988** 1012; *Neuhaus* Der strafverfahrensrechtliche Tatbegriff – ne bis in idem (1985); *Oehler* Neuere Verschiebungen beim prozessualen Tatbegriff, GedS Schröder, 439; *Oehler* Die Identität der Tat, FS Rosenfeld, 139; *Palder* Anklage – Eröffnungsbeschluß – Urteil. Eine Trias mit Tücken, JR **1986** 143; *R. Peters* Was bleibt von der „Idealkonkurrenz durch Klammerwirkung"? JR **1993** 265; *Puppe* Funktion und Konstitution der ungleichartigen Idealkonkurrenz, GA **1982** 143; *Puppe* Die Individualisierung der Tat in Anklageschrift und Bußgeldbescheid und ihre nachträgliche Korrigierbarkeit, NStZ **1982** 230; *Ruppert* Der Tag danach: Praktische Auswirkungen des Bechlusses zur fortgesetzten Handlung, MDR **1994** 973; *Schlehofer* Der Verbrauch der Strafklage für die abgeurteilte Tat, GA **1997** 101; *Schlüchter* Von der Unabhängigkeitsthese zu materiell-rechtlich begrenzter Tateinheit beim Dauerdelikt, JZ **1991** 1057; *M. J. Schmid* Verletzung gleichrangiger Unterhaltspflichten – eine prozessuale Tat? MDR **1978** 547; *Schöneborn* Zum Problem der materiellrechtlichen und prozessualen Tateinheit durch Verklammerung, NJW **1974** 735; *Schöneborn* Alternativität der Handlungsvorgänge als Kriterium des strafprozessualen Tatbegriffs, MDR **1974** 529; *C. Schröder* Wahlfeststellung und Anklageprinzip, NJW **1985** 780; *Schumann* Fortgesetzte Tat, Verjährungsbeginn und Art. 103 II GG, StV **1992** 392;

Schwinge Identität der Tat im Sinne der Strafprozeßordnung ZStW **52** (1932) 203; *Stein* Strafprozessualer Tatbegriff und Alternativität von Vorwürfen, JR **1980** 444; *Struensee* Mehrfache Zivil-
dienstverweigerung, JZ **1984** 645; *Tiedemann* Entwicklungstendenzen der strafprozessualen Rechtskraftlehre (1969); *Werle* Die Beteiligung an kriminellen Vereinigungen und das Problem der
Klammerwirkung, JR **1979** 93; *Werle* Konkurrenz und Strafklageverbrauch bei der mitgliedschaft-
lichen Beteiligung an kriminellen und terroristischen Vereinigungen, NJW **1980** 2671; *Wolter* Tatidentität und Tatumgestaltung im Strafprozeß, GA **1986** 143; *Wolter* Verurteilung aus nicht tat-
bestandsmäßiger Nachtat, GA **1974** 161; *Wolter* Natürliche Handlungseinheit, normative
Sinneinheit und Gesamtgeschehen, StV **1986** 315; *Zschokelt* Die praktische Handhabung nach dem
Beschluß des großen Senats für Strafsachen zur fortgesetzten Handlung, NStZ **1994** 361; *Zschokelt*
Verbrechen und Vergehen gegen das Betäubungsmittelgesetz, NStZ **1998** 238.

Bezeichnung bis 1924: 263.

Übersicht

Alphabetische Übersicht

I. Allgemeines

1   1. § 264 behandelt das **Verhältnis des Urteils zur Anklage**. Nur die Tat, die durch die zugelassene Anklage (oder einen sie ersetzenden Verfahrensvorgang) formell der Entscheidung des Gerichts unterbreitet worden ist, bildet den Gegenstand der Urteilsfindung[1]. Dies ist die einzige Grenze, die der Kognition des Gerichts – nicht zuletzt auch zum Schutze des Angeklagten vor Überraschungen – gezogen ist. Im übrigen ist das Gericht weder an die Darstellung des Tathergangs in tatsächlicher Hinsicht noch an seine rechtliche Beurteilung in der Anklage oder im Eröffnungsbeschluß gebunden. Entsprechend dem Mündlichkeitsgrundsatz geht die Prozeßordnung davon aus, daß die Hauptverhandlung nicht nur eine Verhandlung über die in der Anklage erhobene konkrete Beschuldigung sein soll, sondern, daß gerade sie die **eigentliche Untersuchung** ist, in der erst die wahre Beschaffenheit der durch die Anklage vor Gericht gebrachten Tat ermittelt und festgestellt werden muß. Das Gericht ist somit zu einer selbständigen und erschöpfenden Beurteilung des ihm in der Hauptverhandlung unterbreiteten Prozeßstoffs berechtigt und verpflichtet, sofern nur die Identität des durch die Anklage festgelegten Lebensvorgangs gewahrt bleibt.

2. Diese allseitige und umfassende Erkenntnispflicht deckt sich nach der vorherrschenden Meinung[2] mit dem **Umfang**, in welchem die richterliche Entscheidung die **Strafklage verbraucht**[3], das verfassungsrechtliche Verbot der Doppelbestrafung ein neues Verfahren anschließt[4] und mit dem Umfang der **Sperrwirkung** einer **anderweitigen Rechtshängigkeit**[5]. Die mitunter bestehende prozeßökonomische Zweckmäßigkeit einer weitgespannten Untersuchungs- und Erledigungsbefugnis des Gerichts und die Notwendigkeit einer vernünftigen Einengung der Erledigungswirkung des rechtskräftigen Urteils rechtfertigen aber keine unterschiedliche Abgrenzung[6]. **2**

II. Der verfahrensrechtliche Tatbegriff

1. Der verfahrensrechtliche Begriff der Tat, von dem § 264 ausgeht, bestimmt und **3** begrenzt den Lebenssachverhalt, den das Gericht auf Grund der zugelassenen Anklage umfassend untersuchen muß. Er stellt auf die **Einheit eines Lebenssachverhalts** ab und deckt sich deshalb nicht mit dem Rechtsbegriff der Handlung des **materiellen Strafrechts** im Sinne der §§ 52 ff StGB. Er ist weiter als diese und kann daher auch mehrere sachlich zusammentreffende Straftaten (§ 53 StGB) einheitlich umfassen[7]. Mehrere tateinheitlich

---

[1] Zur Bedeutung des Anklagegrundsatzes vgl. Einl. H 10 ff; ferner zur rechtsstaatlichen Bedeutung der Beschränkung der Untersuchung auf die angeklagte Tat *Gössel* GA **1980** 332.

[2] Vgl. etwa BGHSt **25** 390; **29** 292 = NStZ **1981** 72 mit Anm. *Rieß*; BGHSt **32** 150; BGH NStZ **1999** 15; BayObLG JZ **1991** 1095; *Jung* JZ **1984** 535; *Neuhaus* MDR **1988** 1012; **1989** 213; *Oehler* GedS Schröder 443; *Schlüchter* JZ **1991** 1058; *Schöneborn* MDR **1974** 530; *Wolter* GA **1986** 154; AK-*Loos* § 264 Anh. 27 ff; KK-*Engelhardt*⁴ 2; *Kleinknecht/Meyer-Goßner*⁴⁴ 1; SK-*Schlüchter* 7; s. auch Einl. J 59 ff.

[3] HK-*Julius*² 1 (Vertrauensschutz des Angeklagten fordert weiteren Tatbegriff beim Verbrauch der Strafklage), **a. A** *Peters* § 54 II, der der Entscheidung des Gerichts einen weit zu fassenden Lebensvorgang unterstellt, zu dem alles gehört, was mit den die Anklage tragenden Tatsachen im Zusammenhang steht, und der nur bei der Rechtskraftlehre unter Hinweis auf die verschiedene Prozeßsituation – die

weit gefaßte Untersuchung hat sich auf einen Schuldvorwurf im Urteil konzentriert – eine engere, auf die Tätigkeitsrichtung abstellende (materielle) Abgrenzung vertritt; ähnlich *Krauth* FS Kleinknecht 233; *Marxen* StV **1985** 492, vgl. auch BVerfGE **56** 35.

[4] Vgl. Einl. J 83 ff; BVerfGE **23** 202; **45** 434; **56** 28 = JR **1982** 108 mit Anm. *Gössel*.

[5] Vgl. § 12, 10 ff.

[6] Vgl. dazu die Zusammenstellung der Argumente bei *Wolter* GA **1986** 154, der auch anführt, daß die Prozeßdynamik nicht nur eine Verengung sondern auch eine Ausweitung der abzuurteilenden Tat zur Folge haben könne.

[7] RGSt **24** 370; **56** 325; **61** 317; **62** 112; BGHSt **9** 11; **10** 396; **13** 23; 322; **16** 200; **23** 141; 273; **24** 185; **29** 288; BGH NJW **1954** 122; **1969** 994; **1970** 255; BGH VRS **60** (1981) 292; BGH bei *Dallinger* MDR **1957** 396; bei *Pfeiffer* NStZ **1982** 190; bei *Pfeiffer/Miebach* NStZ **1983** 212; **1984** 212; BayObLGSt **1957** 199; **1960** 5, 160 = MDR **1960** 160;

zusammentreffende strafbare Handlungen werden wegen ihrer durch die Sachstrukturen bedingten inneren Verknüpfungen des tatsächlichen Geschehens in aller Regel auch eine Tat im verfahrensrechtlichen Sinn sein[8]. Strittig ist lediglich, ob dies **ausnahmslos** gilt. Hierfür wird angeführt, daß die umfassende Untersuchungs- und Aburteilungspflicht nach Absatz 2 das Gericht dazu verpflichtet, alle ideell konkurrierenden Delikte nur mit einer Strafe zu ahnden, so daß alle zur einer materiell-rechtlichen Tat gehörenden Handlungen unter allen rechtlichen Gesichtspunkten notwendig nur einheitlich abgeurteilt werden können[9]. Dagegen spricht die andere Zielsetzung des verfahrensrechtlichen Tatbegriffs. Wenn bei besonders gelagerten Sachverhalten handlungsmäßig selbständige Straftaten mit einem Teilabschnitt der angeklagten Tat tateinheitlich zusammentreffen, müssen sie allein dadurch nicht notwendig auch zum Teil des angeklagten Geschehens werden.

3a   Nach dem weitgehenden Wegfall der Rechtsfigur der fortgesetzten Handlung hat die Frage vor allem praktische Bedeutung, wenn eine **Dauerstraftat** vorliegt[10] oder wenn ein Tatbestand des materiellen Rechts auf Grund eines speziellen Gesichtspunkts, wie etwa des damit verfolgten verbrecherischen Zieles, verschiedenartige, nach Ort, Zeit und Handlungsablauf an sich selbständige Lebensvorgänge und Handlungen **rechtlich als eine einheitliche Tat** wertet[11], wie etwa bei der geheimdienstlichen Agententätigkeit (§ 99 StGB) oder den Organisationsdelikten nach §§ 129, 129a StGB[12]. Anders als im Normalfall, in dem alle Verhaltensweisen, die zu einer Handlung im Sinne des § 52 StGB gehören, schon vom tatsächlichen Geschehen her notwendigerweise auch Elemente des vom Gericht zu beurteilenden Lebensvorganges sind, können hier selbständige Geschehensabläufe mit einem Teilakt der angeklagten Tat rechtlich zusammentreffen, die außerhalb der Bandbreite des Handlungskomplexes des mit der Anklage vor Gericht gebrachten tatsächlichen Geschehens liegen[13]. Sie trotzdem in den verfahrensrechtlichen Tatbegriff mit einzubeziehen, würde die Kognitionspflicht des Gerichtes überfordern, die Schutzfunktion der Beschränkung der Verhandlung auf den angeklagten Sachverhalt aushebeln und wegen des Verbrauchs der Strafklage bei nicht erkennbaren Taten zu unbefriedigenden Ergebnissen führen. Verfahrensrechtlich sollte als einheitliche Tat nur der jeweils in der Anklage angesprochene konkrete Lebenssachverhalt angesehen werden, den das Gericht untersuchen und aburteilen kann, nicht aber andere in der Anklage nicht einmal im Ansatz erwähnte, nach Ort, Zeit und Rechtsgut verschiedene selbständige Taten, die nur wegen des vom Täter verfolgten Zweckes oder wegen eines sonstigen, die Vorgänge rechtlich verknüpfenden Tatbestandsmerkmals materiell-recht-

---

NJW **1953** 1482; **1971** 22; OLG Celle NJW **1961** 1080; OLG Hamm NJW **1981** 237; StV **1984** 15; KG DAR **1968** 244; OLG Stuttgart MDR **1975** 423; vgl. auch BVerfGE **45** 434 und zum Verhältnis der beiden Tatbegriffe *Beulke* Festgabe 50 Jahre BGH, 781 ff.

[8] Vgl. etwa BGHSt **8** 94; **26** 284; **29** 292; BGH NJW **1981** 997; ferner die Rdn. 7; 11; 26 ff mit weit. Nachw. *Beulke* Festgabe 50 Jahre BGH, 797 ff; KK-*Engelhardt*[4] 4; *Kleinknecht/Meyer-Goßner*[44] 6; KMR-*Paulus* 14. Strittig ist, ob bei Idealkonkurrenz notwendig immer eine Tat im verfahrensrechtlichen Sinn vorliegt (nur eine Strafe!) oder ob in atypischen Ausnahmefällen (Rdn. 7) Tatidentität verneint werden kann. Vgl. etwa *Grünwald* JZ **1970** 327; *Rieß* NStZ **1981** 74; Einl. J 71 ff.

[9] So etwa *Bohnert* GA **1994** 99; *Gillmeister* NStZ **1989** 3; *Grünwald* StV **1981** 326; FS Bockelmann 742, 747; *Mitsch* MDR **1988** 1008; *Schlüchter* JZ **1991** 10; *Werle* NJW **1980** 2671; *Kleinknecht/ Meyer-Goßner*[44] 6; SK-*Schlüchter* 9 mit weit. Nachw., Vgl. andererseits *Krauth* FS Kleinknecht 240; *Neuhaus* StV **1990** 343; NStZ **1993** 202; *Roxin*[25] § 20, 9; AK-*Loos* § 264 Anh. 58; KK-*Engelhardt*[4] 4; HK-*Julius*[2] 5.

[10] Wegen der Dauertaten vgl. Rdn. 7a.

[11] *Gössel* JZ **1986** 48; AK-*Loos* 39 sprechen von materiell-rechtlichen Kunstprodukten.

[12] Vgl. Rdn. 7a, ferner etwa BGH NJW **2000** 3147; weit. Nachw. Rdn. 65.

[13] Zur begrenzt konsolidierenden Kraft des Dauerdelikts vgl. *Schlüchter* JZ **1990** 1059.

lich zu einer Tat zusammengefaßt werden[14]. Dies gilt dort, wo schon das **materielle Recht** annimmt, daß eine Dauertat nicht die Kraft hat, mehrere mit ihr ideell konkurrierenden schwereren Delikte zu einer einzigen Tat im materiell-rechtlichen Sinn zusammenzufassen und wo die am Ergebnis orientierte Rechtsprechung dann meist auch von mehreren Taten im verfahrensrechtlichen Sinn ausgeht[15]. Dies sollte wegen der unterschiedlichen Funktion der Tatbegriffe aber grundsätzlich ohne Rücksicht auf die Schwere der von der Idealkonkurrenz erfaßten Taten gelten[16]. Die Meinungen, nach denen eine normativ-orientierte Einengung des materiellen Tatbegriffes solche Fälle ohnehin als selbständige Taten erscheinen läßt[17], – führen ungeachtet des anderen Ansatzes – meist zum gleichen Ergebnis.

§ 264 begrenzt nur den Verfahrensstoff, der **für die Entscheidung der Schuldfrage** **3b** maßgebend ist. Er hindert nicht die Erforschung und Verwendung anderer Tatsachen, auch anderer Straftaten[18], wenn diese ausschließlich für **Beweiszwecke** oder die **Bemessung der Rechtsfolgen** Bedeutung haben. Insoweit dürfen auch in der Anklage nicht enthaltene Vorgänge zum Gegenstand der Hauptverhandlung gemacht und verwertet werden[19]. Dies schließt auch die Heranziehung noch nicht rechtskräftig abgeurteilter Straftaten mit ein[20]; sofern sie vom Gericht selbst sicher festgestellt werden, steht die **Unschuldsvermutung** (Art. 6 Abs. 2 MRK, Art. 14 Abs. 2 IPBPR) dem nicht entgegen[21].

2. Tat als historischer Vorgang

a) Begriff. Nach der in der Rechtsprechung herrschenden Auffassung ist entspre- **4** chend dem Zweck des § 264[22] als Tat der gesamte (geschichtliche) Lebensvorgang einschließlich aller damit zusammenhängender oder darauf bezüglicher Vorkommnisse zu verstehen, aus dem die zugelassene Anklage gegen den jeweiligen Angeklagten den Vorwurf einer Straftat oder Ordnungswidrigkeit herleitet[23]. Dieser geschichtliche Vorgang wird in seiner Gesamtheit, also soweit er nach der **Auffassung des Lebens** eine **sinnvolle Einheit** bildet, der Entscheidung des Gerichts unterstellt (ontologischer Tatbegriff). Auf die in der Anklage hervorgehobenen Einzelvorkommnisse und ihre rechtliche Würdigung sowie die daraus erkennbare Ermittlungsrichtung kommt es nicht an. Unerheb-

---

[14] AK-*Loos* § 264 Anh. 56. Der aus der Idealkonkurrenz folgenden Notwendigkeit einer einheitlichen Strafe kann nach *Krauth* FS Kleinknecht 234; AK-*Loos* 40 im Zweitverfahren Rechnung getragen werden.

[15] Vgl. Rdn. 7a.

[16] Strittig; *Neuhaus* NStZ **1993** 204 will bei zeitlich gestreckten Gesetzesverletzungen die prozessuale Aufspaltung auf Verbrechen beschränken sowie darauf, daß diese nicht Gegenstand der Untersuchung des Erstverfahrens waren; AK-*Loos* Anh. 58 stellt auf den Grundsatz der Verhältnismäßigkeit ab.

[17] Zum Streitstand vgl. *Beulke* Festgabe 50 Jahre BGH, IV 799, ferner etwa *Schlüchter* JZ **1961** 1057; SK-*Schlüchter* 13 und Rdn. 7; 10 ff.

[18] Vgl. BGHSt **30** 117; 165 = JR **1982** 247 mit Anm. *Terhorst*; ferner etwa BGH NJW **1951** 765; **1987** 660; NStZ RR **1997** 130; bei *Dallinger* MDR **1957** 654; *Kleinknecht/Meyer-Goßner*[44] 11; Bedenken HK-*Julius*[2] 3 (Indizverwertung und unzulässige Ahndung psychologisch kaum durchführbar).

[19] Zur Verwertbarkeit anderer Straftaten bei der Strafzumessung vgl. § 261, 20; 65; § 267, 82; *Kleinknecht/Meyer-Goßner*[44] 11; ferner zur Berücksichtigung der nach §§ 154, 154a ausgeschiedenen bzw. eingestellten Taten und Tatteile bei §§ 154, 154a.

[20] BGHSt **34** 209 = JR **1988** 340 mit zust. Anm. *Gollwitzer* = NStZ **1987** 127 mit abl. Anm. *Vogler*; BGH NStZ **1981** 66; *Bruns* NStZ **1981** 83; KK-*Engelhardt*[4] 24; *Kleinknecht/Meyer-Goßner*[44] 11; SK-*Schlüchter* 5. a.A *Vogler* FS-Kleinknecht 429; HK-*Julius*[2] 3; vgl. auch nachf. Fußn.

[21] Vgl. *Frister* Jura **1988** 361; *Meyer* FS Tröndle 73; *Peukert* EuGRZ **1980** 261; sowie vorst. Fußn. a.A *Haberstroh* NStZ **1984** 291; *Ostendorf* StV **1990** 231; *Vogler* FS Kleinknecht 437; wegen weiterer Nachw. vgl. bei Art. 6 Abs. 2 MRK (24. Aufl. Rdn. 158).

[22] Vgl. Rdn. 1. Zur Funktion des prozessualen Tatbegriffs vgl. Rdn. 1; ferner etwa KMR-*Paulus* 2.

[23] Vgl. BGH **32** 216; dazu *Marxen* StV **1885** 475, sowie nachf. Fußn.

lich ist auch, wieweit der eigentliche rechtliche Gehalt der Tat erkennbar war und welche faktischen Aufklärungsmöglichkeiten bestanden. Bei **mehreren Angeklagten** wird die Hauptverhandlung zwar zur einheitlichen Erkenntnisquelle für die Urteilsfindung gegen alle; die individuelle Schranke, die sich bei jedem aus dem Sachverhalt der gegen ihn zugelassenen Anklage ergibt, wird dadurch allerdings nicht aufgehoben[24]. Diese Eingrenzung hat vor allem dann Bedeutung, wenn die Anklage gegen mehrere Mitangeklagte nicht ein einheitliches Geschehen zum Gegenstand hat, dessen strafrechtlichen Gehalt das Gericht ohne Rücksicht auf die Zielrichtung des in der Anklage erhobenen Vorwurfs gegen jeden Mitangeklagten umfassend prüfen muß, sondern wenn sie sich gegen einem der Mitangeklagten auch auf ein davon getrenntes, völlig anderes tatsächliches Geschehen stützt.

5   Ein **einheitlicher, geschichtlicher Vorgang** liegt vor, wenn die einzelnen zu beurteilenden Lebenssachverhalte über den räumlichen und zeitlichen Zusammenhang hinaus auch innerlich so miteinander verknüpft sind, daß sie nach der Lebensauffassung eine Einheit bilden, dergestalt, daß ihre Behandlung in getrennten Verfahren als unnatürliche Aufspaltung eines zusammengehörenden Geschehens erscheinen würde[25]. Die innere Zusammengehörigkeit der Ereignisse muß sich aus diesen selbst ergeben[26], die beiläufige Erwähnung eines Geschehens in der Anklage, etwa im wesentlichen Ergebnis der Ermittlungen, stellt sie nicht her[27]. Das tatsächliche Geschehen muß objektiv auch für einen Dritten als Teil eines einheitlichen, vom Geschehensablauf her nicht sinnvoll getrennt zu beurteilenden Lebenssachverhalts erscheinen. Dies gilt auch bei einer **sukzessiven Tatausführung**, bei der die einzelnen Betätigungsakte die gleiche Rechtsgutverletzung den gleichen Unrechtserfolg zum Ziele haben und durch das gemeinsame subjektive Element des sie einheitlich umfassenden Willensentschlusses verbunden sind[28]. Die bloße **zeitliche** oder **örtliche Aufeinanderfolge** der einzelnen Vorgänge genügt für sich allein ebensowenig[29], wie der Umstand, daß die Taten sich logisch auseinander entwickelt haben[30] oder der Täter aus der **gleichen Grundsituation**, bei Erfüllung eines einheitlichen Aufgabenkreises[31] oder aus einer einheitlichen inneren Grundhaltung her-

---

[24] Vgl. vorst. Fußn. sowie Rdn. 26, 32.

[25] Dies ist die von der Rechtsprechung im Grundsatz wenn auch mit Varianten bisher weitgehend vertretene Auffassung; vgl. RGSt **9** 420; **15** 11; **24** 371; **41** 165; **44** 30; **51** 128; 371; **56** 324; **58** 116; **61** 236; **62** 130; **65** 109; 292; **66** 21; **70** 398; **71** 361; **72** 340; JW **1927** 1595; **1931** 66; BGHSt **2** 374; **6** 92; **8** 94; **9** 10; **10** 396; **13** 21; 320; **15** 268; **16** 202; **23** 141; 270; **25** 388; **29** 288; **32** 216 = JR **1984** 344 mit Anm. *Roxin* = JZ **1984** 533 mit Anm. *Jung*; BGHSt **35** 14 = JR **1988** 25; BGH bei *Dallinger* MDR **1954** 17; **1957** 396; **1958** 565; NJW **1954** 122; **1955** 1240; **1969** 995; **1970** 225; **1981** 997; **1992** 1776; 2838; **1995** 315, **1999** 38; NStZ **1983** 87; **1984** 469; **1985** 81; StV **1981** 606; BayObLGSt **1957** 252; **1964** 95; **1965** 46; **1991** 51 mit abl. Anm. *Neuhaus* NStZ **1993** 202; *Schlüchter* JZ **1991** 1057; OLG Celle NJW **1979** 228; OLG Düsseldorf NJW **1983** 768; OLG Frankfurt StV **1994** 119; OLG Hamm NJW **1981** 237; OLG Karlsruhe JR **1978** 36 mit Anm. *Meyer*; Justiz **1973** 27; OLG Oldenburg NdsRpfl. **1955** 159; OLG Zweibrücken NJW **1980** 2144; ferner BVerfGE **23** 202; **45** 434; **56** 22, 28; Zur Rechtsprechung vgl. etwa *Bauer* wistra **1990** 218; **1995** 170; *Bindokat*

GA **1967** 362; *Busch* ZStW **68** (1920) 3; *Grünwald* JZ **1970** 330; *Hanack* JZ **1972** 355; *Kröpil* DRiZ **1986** 448; *Marxen* StV **1985** 472; *Roxin*[25] § 20, 5; *Eb. Schmidt* JZ **1951** 21; **1954** 706; JR **1959** 427; *G. Schmidt* JZ **1966** 89; AK-*Loos* § 264 Anh. 37 ff; HK-*Julius*[2] 2; KK-*Engelhardt*[4] 5; *Kleinknecht/Meyer-Goßner*[44] 2; 3; KMR-*Paulus* 6; SK-*Schlüchter* 8; 14 ff; ferner die Beispiele Rdn. 44 ff.

[26] Vgl. etwa BGHSt **13** 25; **32** 146; Rdn. 20.

[27] Vgl. Rdn. 15, sowie zur Aufnahme mehrere Alternativen in den Sachverhalt Rdn. 9

[28] BGHSt **41** 368 = JR **1996** 511 mit Anm. *Puppe*; BGH NStZ **2000** 25 (Körperverletzung über längere Zeit).

[29] BGHStZ **23** 273; BayObLGSt **1984** 78; **1985** = NStZ **1984** 569; vgl. Rdn. 26; zu den während einer Fahrt begangenen Taten vgl. Rdn. 52.

[30] BGH NStZ **1983** 87 (Betrug und spätere räuberische Erpressung).

[31] BGHSt **13** 25; **23** 145; BGHSt **26** 287 (arbeitsteilige Begehung im Gewerbebetrieb); BGH NJW **1981** 997; MDR **1976** 593; StV **1981** 606 (mehrere Untreuehandlungen eines GmbH-Gesellschafters).

aus gehandelt hat oder im Zuge der Verwirklichung eines **Gesamtplans** oder in Verfolgung des gleichen **Endzwecks**[32] tätig geworden ist. Ein großer zeitlicher Zwischenraum zwischen den einzelnen Vorkommnissen kann die Einheit des geschichtlichen Vorgangs beseitigen[33]. Für sich allein genügt auch nicht, daß der Täter das gleiche Rechtsgut verletzt oder den gleichen Partner benützt hat[34].

Ob eine solche innere **Verknüpfung der tatsächlichen Vorgänge** vorliegt, insbesondere, **6** ob zwei (strafbare) Handlungen als eine oder als zwei Taten im verfahrensrechtlichen Sinn zu betrachten sind, erfordert wegen der Unmöglichkeit einer klaren und eindeutigen begrifflichen Abgrenzung[35] eine sich am Regelungszweck der §§ 155, 264 orientierende **funktionale Gesamtbetrachtung** (vgl. auch Rdn. 7 ff; 26 ff). Primär ist darauf abzustellen, ob jeder der in Frage kommenden Sachverhalte als Teil eines **zusammengehörenden individuellen Lebensvorgangs** anzusehen ist[36]. Bei einem unverwechselbaren tatsächlichen Geschehen erlauben dessen räumliche und zeitliche Konturen vielfach schon für sich allein die eindeutige Eingrenzung. Fehlen aber, – wie bei Taten mit geringem eigenspezifischen Handlungsgehalt der strafrechtlich relevanten äußeren Handlung – solche unterscheidungskräftigen Abgrenzungsmerkmale oder fehlt überhaupt eine spezifisch tatbestandsbezogene Handlung, weil dem Täter zur Last liegt, nicht gehandelt zu haben, so muß für eine sinnvolle, die Besonderheiten des Einzelfalls[37] wertenden Abgrenzung auch die **normative Unrechtsbeschreibung der angeklagten Tat** mit herangezogen werden, um das von der Anklage erfaßte tatsächliche Geschehen von allen anderen örtlich und zeitlich damit zusammentreffenden Handlungsverläufen zu trennen **(faktisch normativer Tatbegriff)**[38]. Dadurch kann die schrankenlose Ausweitung der gerichtlichen Aburteilungspflicht auf Lebenssachverhalte verhindert werden, bei denen weder für das Gericht noch für den Angeklagten und die anderen Verfahrensbeteiligten erkennbar ist, daß sie trotz der anders lautenden Anklage zum Gegenstand des Verfahrens geworden sind. Diese Eingrenzung des Tatbegriffes wird verschiedentlich mit dem Gebot einer gerechten Gesetzesanwendung und der Überschaubarkeit der Hauptverhandlung begründet[39]. Die unter diesem Blickwinkel gebotene Abgrenzung des Verhandlungsgegenstands kann im Hinblick auf die über den rechtlichen Vorwurf der Anklage hinausreichende Kognitionspflicht des Gerichts[40] und das auch nicht erkennbare Vorkommnisse mit einschließenden Verbot der Doppelbestrafung[41] letztlich nur darin gefunden werden, daß zwar grundsätzlich an der Zugehörigkeit zum gleichen tatsächlichen Lebensvorgang festgehalten wird, daß in Zweifelsfällen zu dessen Abgrenzung aber auch die Art des in der Anklage

---

32 BGH NJW **1959** 997; **1981** 997; NStZ **1983** bei *Holtz* MDR **1985** 92 (mehrere Betrugstaten auf Grund einer Zeitungsanzeige); OLG Celle Nds-Rpfl. **1961** 112; NJW **1992** 190; OLG Köln OLGSt 45; KMR-*Paulus* 21 mit weit. Nachw.
33 BayObLG VRS **59** (1980) 270; OLG Düsseldorf JMBlNW **1965** 281.
34 KK-*Engelhardt*[4] 6; SK-*Schlüchter* 13; vgl. Rdn. 8.
35 Ein überzeugender Ersatz für den historischen Tatbegriff wurde bisher nicht gefunden, vgl. *Beulke* Festgabe 50 Jahre BGH, 782; 806.
36 Vgl. Rdn. 4, 5.
37 Vgl. etwa BGHSt **35** 60; KK-*Engelhardt*[4] 8; *Kleinknecht/Meyer-Goßner*[44] 2a.
38 Vgl. etwa BGHSt **32** 215; dazu *Roxin* JR **1984** 346; *Marxen* StV **1985** 472; *Wolter* GA **1986** 145 („gestufter faktisch-normativer Tatbegriff"); *Wolter*

StV **1986** 320; *Schlüchter* JZ **1991** 1060; vgl. *Beulke* Festgabe 50 Jahre BGH; 794 („juristisch wertend ermittelte Untrennbarkeit"); ferner AK-*Loos* § 264 Anh. 58; SK-*Schlüchter* 17 (einheitliches Geschehen in Blick auf die Handlung, ausgerichtet am Handlungsobjekt und gemessen am Rechtsgut).
39 Vgl. etwa BGHSt **35** 14; 19; ferner BGHSt **30** 28 (Handeltreiben mit Betäubungsmitteln als strafrechtliche Bewertungseinheit); BGHSt **13** 21; **23** 146; BGH NJW **1984** 808; BGH bei *Pfeiffer/Miebach* NStZ **1983** 212; OLG Hamm StV **1984** 15. OLG Koblenz NJW **1978** 716 will auch die unterschiedliche sittliche Bewertung bei der Beurteilung der Einheitlichkeit mit heranziehen.
40 Vgl. Rdn. 17 ff.
41 Vgl. Rdn. 5, 7.

Walter Gollwitzer

erhobenen Tatvorwurfes (Tatrichtung, deliktsimmanente Verbindung, usw.) bewertend mit herangezogen wird[42].

7 **Sonderprobleme** ergeben sich bei den Straftatbeständen des materiellen Rechts, die verschiedene Lebensvorgänge zusammenfassen, wie bei den **Dauerstraftaten** oder **Zustandsdelikten** oder bei Straftatbeständen, bei denen auf Grund eines besonderen Normzwecks[43] eine Mehrzahl von Einzelakten unter dem Blickwinkel des einheitlichen Unrechtserfolges[44] als eine einzelne Tat gewertet werden **(„Bewertungseinheit")**[45], so auch bei der früher als Rechtsfigur häufig angewandten **fortgesetzten Tatbegehung**, bei der nur die Annahme eines Gesamtvorsatzes die einzelnen selbständigen Taten verband[46]. In allen Fällen einer sich über einen längeren Zeitraum erstreckenden einheitlichen Straftat besteht das Problem, ob andere damit in irgend einen Zusammenhang stehenden Straftaten ebenfalls Teil der einheitlichen Tat werden, mit der Folge, daß sie, auch wenn nicht in der Anklage erwähnt, mit abgeurteilt werden müssen und daß die Strafklage auch verbraucht ist, wenn sie für das Gericht nicht erkennbar waren. Um unvertretbare Ergebnisse zu vermeiden, geht die Rechtsprechung hier in bewußter **Abstellung auf den Einzelfall**[47] zunehmend dazu über, die außerhalb der jeweiligen Deliktsstruktur liegenden Taten als selbständige andere Taten auszugrenzen[48]. Wird, wie etwa bei bestimmten Dauerdelikten, nur eine bestimmte, auf einen Blickwinkel eng begrenzte Verhaltensweise pönalisiert, kann dieser eng begrenzte Normzweck nicht bewirken, daß andere, auf strukturell verschiedenen Geschehensverläufen beruhende selbständige Straftaten nur deshalb der gleichen Tat zugerechnet werden, weil sie mit ihr in irgend einem Zusammenhang stehen. Solchen sich über einen längeren Zeitraum erstreckenden Taten, die nur einen eng begrenzten Lebensbereich erfassen, wird man die Kraft versagen müssen, außerhalb ihrer Bandbreite liegende andersartige und meist auch schwerer wiegende selbständige Straftaten zu einer Tat im verfahrensrechtlichen Sinn zusammenzufassen. Aus der Sicht des Regelungszwecks des § 264 spricht viel dafür, selbständige Taten im Sinne des § 264 anzunehmen, auch wenn allen Taten ein einheitliches Motiv (Gesamtplan u. a.) zugrunde liegen sollte[49].

7a Bei den **Organisationsdelikten** der §§ 129, 129a wird die Ansicht vertreten, daß sie die im Zusammenhang mit ihnen begangenen schwereren Straftaten mit weitergehenden Rechtsgüterverletzungen nicht zu einer einzigen verfahrensrechtlichen Tat zusammenfügen können[50]. Weder unter den Blickwinkeln der Rechtsstaatlichkeit, des Vertrauensschutzes

---

[42] In der Mehrzahl der Fälle führt dies zu praktikablen Ergebnissen; daß in besonders gelagerten Ausnahmefällen die Wertungen unterschiedlich ausfallen, vgl. etwa Rdn. 7, 40 ff, 45 ff, muß mangels einer überzeugenden trennscharfen Lösung in Kauf genommen werden.

[43] Vgl. *Puppe* JZ **2000** 735 in der Anmerkung zu BGH JZ **2000** 733.

[44] Vgl. etwa zum Völkermord BGH JZ **1999** 1176 mit Anm. *Werle*.

[45] Vgl. Rdn. 47.

[46] Vgl. Rdn. 32.

[47] BGHSt **35** 60; HK-*Julius*[2] 6; KK-*Engelhard*[4] 8; KMR-*Paulus* 4. Vgl. Rdn. 7a mit weit. Nachw.

[48] Zu den strittigen Fragen etwa BGHSt **29** 288 (dazu Fußn. 50); BGHSt **36** 151 = JR **1990** 161 mit Anm. *Mitsch* = StV **1990** 341 mit Anm. *Neuhaus*; BGHSt **43** 312; BGH JZ **2000** 733 mit Anm. *Puppe*; OLG Braunschweig GA **1978** 34; OLG Hamm JR **1986** 203 mit Anm. *Puppe*; *Achenbach* ZStW **87** (1975)

81; *Beulke* Festgabe 50 Jahre BGH, 795 (einheitliches Unrechtsgepräge); *Neuhaus* NStZ **1987** 138; **1993** 202; *Kröpil* DRiZ **1986** 450; *Meyer* JR **1978** 36; *Wolter* GA **1986** 143 ff; AK-*Loos* § 264 Anh. 56; 58; *Kleinknecht/Meyer-Goßner*[44] 6a; SK-*Schlüchter* 29 ff; vgl. auch HK-*Julius*[2] 5, KK-*Engelhardt*[4] 8; ferner die nachf. Fußn.

[49] Vgl. etwa BGHSt **23** 141; BGH NStZ **1983** 87; ferner Rdn. 5.

[50] Im Ergebnis ebenso BGHSt **29** 288 = NStZ **1981** 72 mit Anm. *Rieß* = NJW **1980** 2671 mit Anm. *Werle*; BGHSt **32** 146 = NJW **1985** 780 mit Anm. *Schröder* BGH NStZ **1999**, 415; BVerfGE **45** 434; **56** 22 = JR **1982** 108 mit Anm. *Gössel* = StV **1981** 323 mit Anm. *Grünwald*. OLG Karlsruhe JR **1978** 34 mit Anm. *Meyer* nimmt Tatmehrheit und verschiedene verfahrensrechtliche Taten an, ebenso *Werle* NJW **1980** 267. Vgl. aber auch BGH MDR **1989** 371; bei *Schmidt* MDR **1991** 190; sowie zu den strittigen Fragen *Beulke* Festgabe 50 Jahre BGH, 798; *Bottke*

oder der Prozeßwirtschaftlichkeit erfordert der Zweck des § 264 eine solche Hintansetzung des Gebots der materiellen Gerechtigkeit, die darin liegen würde, wenn die Aburteilung des Dauerdelikts auch die Strafklage hinsichtlich aller damit in Verbindung stehender, zunächst unbekannt gebliebener schwererer Straftaten verbrauchen würde. Gleiches wurde beim Verbot des § 20 Abs. 1 Nr. 4 des Vereinsgesetzes angenommen[51], sowie bei sich über längere Zeiträume hinweg erstreckende Dauerstraftaten, wie etwa den **unerlaubten Waffenbesitz**[52]. Wieweit die bei **einer Fahrt** mit einem Kraftwagen begangenen Straftaten dadurch zu einem einheitlichen geschichtlichen Vorgang werden, ist in den Einzelheiten umstritten[53].

c) Die **mitbestrafte Vor- oder Nachtat** kann, muß aber nicht notwendig zum gleichen geschichtlichen Vorgang im Sinne des § 264 gehören[54]. Bei den **Unterlassungstaten** gilt ähnliches, wenn sie gegenüber Begehungsdelikten subsidiär sind[55]. Maßgebend dafür, ob die Anklage einen subsidiären Straftatbestand, eine Vor- oder Nachtat mit umfaßt, ist zunächst, ob das mit der Anklage vor Gericht gebrachte tatsächliche Geschehen auch den Lebenssachverhalt mit einschließt, in dem diese zu sehen ist[56]. Ergibt die Anklage zweifelsfrei, daß auch dieser Sachverhalt der Kognitionsbefugnis des Gerichts unterstellt werden sollte, stellt sich die Abgrenzungsfrage nicht, denn dann ist unerheblich, ob man im angeklagten tatsächlichen Geschehen eine oder mehrere Taten im Sinne des § 264 sieht. Gleiches gilt auch bei **mehraktigen Straftaten**, deren Straftatbestand oft Handlungen aus verschiedenen Lebensvorgängen umfaßt. Ob dies die einzelnen Formen der Tatbestandsverwirklichung in jedem Fall zu einer Tat im Sinne des § 264 zusammenschließt, hängt von den sachlichen Gegebenheiten des jeweiligen Falles ab. Beschränkt sich die Anklage auf nur einen von ihnen, wird dies zu verneinen sein. Der Angeklagte ist freizusprechen, wenn die allein angeklagte Begehungsweise als nicht strafbar ausscheidet, eine in Frage kommende andere aber erhebliche Zeit zurückliegt[57].

d) Ein spezifisch **prozeßrechtliches Abgrenzungskriterium** wird verschiedentlich in der möglichen **Alternativität der** in Betracht zu ziehenden, sich gegenseitig ausschließenden **Handlungsvorgänge** gesehen[58]. Man war der Auffassung, nach der für die Auslegung des § 264 maßgebenden Prozeßökonomie müsse die Umgestaltungsbefugnis des Gerichts so weit reichen, daß die einheitliche Ahndung alternativer Handlungssituationen bei gleichem Tatobjekt[59] möglich sei, um zwei Verfahren mit möglicherweise widersprechenden

JA **1979** 596; *Fleischer* NJW **1979** 1339; *Grünwald* FS Bockelmann 737; *Kröpil* DRiZ **1986** 451; *Schlüchter* 362; 363 (kein einheitlicher Lebensvorgang); *Werle* JR **1979** 93; ferner KK-*Engelhardt*[4] 6 (Gewicht der anderen Straftaten muß die als Bindeglied in Betracht kommende Dauer- oder Fortsetzungstat erheblich übersteigen).

51 Vgl. Rdn. 65.
52 Die Frage der Verknüpfung ist auch bei Vergehen nach dem Waffengesetz und schweren Straftaten, die mit der Waffe begangen wurden, strittig, OLG Hamm JR **1986** 203 mit Anm. *Puppe*, *Beulke* Festgabe 50 Jahre BGH, 799; Rdn. 67 mit weit. Nachr.
53 Vgl. BayObLGSt **1991** 3 = NStZ **1991** 405 dazu Anm. *Neubauer* NStZ **1993** 202; *Maatz* MDR **1986** 285; ferner Rdn. 52.
54 BGH NStZ **2000** 216; *Wolter* GA 1986 173; zur Möglichkeit der Einbeziehung in die Umgestaltung vgl. aber 171; KK-*Engelhardt*[4] 4; 8; weitergehend *Roxin*[25] § 20, 5 (alle Vorbereitungs-, Neben- und Nachhandlungen); a. A *Bindokat* GA **1967** 364.

55 OLG Celle NJW **1961** 1080. Vgl. auch BGH NJW **1986** 1820 (bei einem Subsidiaritätsverhältnis zweier Straftatbestände nicht notwendig eine Tat).
56 Vgl. etwa BGH NStZ-RR **1999** 48.
57 Vgl. BayObLGSt **1957** 196; **1966** 109; OLG Oldenburg NdsRpfl. **1951** 227; vgl. auch OLG Celle NdsRpfl. **1986** 258.
58 BayObLGSt **1983** 109 = NJW **1984** 187; OLG Celle NJW **1968** 2390 mit abl. Anm. *Fuchs*; **1979** 228 (zum selben Lebenssachverhalt gehört auch negatives Spiegelbild); StV **1984** 15; OLG Düsseldorf JR **1980** 470; OLG Zweibrücken NJW **1980** 2144; *Schöneborn* MDR **1974** 529; vgl. auch *Schlüchter* JR **1989** 51. OLG Hamm NJW **1981** 237 (läßt offen, ob Alternativität notwendig zur Tatidentität führt); anders etwa BGHSt **32** 146; **35** 60; vgl. Rdn. 41.
59 BGHSt **1** 302 in Anlehnung an die Rechtsprechung des RG, dazu *Beulke*, Festgabe 50 Jahre BGH, 789 ff, der in der Angriffsrichtung des Täterverhaltens ein brauchbares Kriterium sieht, vgl. ferner auch BGHSt **35** 60.

Urteilen zu vermeiden. Die heute vertretenen Meinungen stimmen insoweit überein, daß die Alternativität zweier in Betracht kommender Tatbestände diese nicht notwendig zur gleichen Tat zusammen faßt, daß aber im Einzelfall auch eine mögliche Alternative zum angeklagten Verhalten noch Teil des der angeklagten Tat sein kann[60]. Die Kriterien für die Annahme der Tatgleichheit, wie örtliche und zeitliche Übereinstimmung, gleiches Tatobjekt oder gleiche Angriffsrichtung oder sonst ein deliktsimmanenter Zusammenhang werden dabei unterschiedlich gewichtet[61]. Trotz einer zunehmenden restriktiven Tendenz[62] ist auf Grund einer von Gerechtigkeits- und Praktikabilitätsüberlegungen mitbestimmten Gesamtschau dieser Gesichtspunkte zu entscheiden, ob auch die zu prüfende Alternative noch vom gleichen einheitlichen Lebensvorgang mitumfaßt ist. Letztlich bestimmt nicht die Alternativität den Umfang der Aburteilungsbefugnis sondern umgekehrt die Zugehörigkeit zum gleichen, innerlich auch strukturell zusammenhängenden Geschehenskomplex die Berücksichtigungsfähigkeit der Alternativität[63].

10   3. Ein **einheitlicher Tatbegriff** mit vorherberechenbaren und für alle Fälle passenden Abgrenzungskriterien, der über die in der Rechtsprechung verwendeten unscharfen Formel von einheitlichen, nicht aufspaltbarem Lebensvorgang[64] und von der innerlichen Verknüpfung der nur einheitlich zu beurteilenden Lebenssachverhalte hinausführt, wurde bisher nicht gefunden[65]. Ein **Teil des Schrifttums** versucht, den naturalistisch/ historischen Tatbegriff[66] durch einen an den materiellen Strafnormen sich orientierenden **normativen Tatbegriff** zu ersetzen, wobei an die Handlungssubstanz, an den rechtlichen Geschehenskern, an den Unwertgehalt oder an die verletzten Rechtsgüter angeknüpft wird[67]. Es wird, nicht zuletzt im Hinblick auf die Großverfahren, eine Einengung des prozessualen Tatbegriffes für erforderlich gehalten[68]. Ausgangspunkt dieser Überlegungen ist neben der Unmöglichkeit, allgemeingültige Kriterien für den natürlichen Tatbegriff zu finden, vor allem auch das Bestreben, die Rechtskraftwirkung zu begren-

---

[60] BGHSt **32** 146 = NJW **1984** 2109 mit Anm. *Schröder* NJW **1985** 780; BGH NJW **1955** 1240; **1957** 1886; OLG Celle NJW **1988** 1225, ferner etwa *Beulke/Fahl* Jura **1998** 266; *Neuhaus* MDR **1989** 214; AK-*Loos*, § 264 Anh. 17; HK-*Julius*[2] 11; KK-*Engelhardt*[4] 22; *Kleinknecht/Meyer-Goßner*[44] 2b; SK-*Schlüchter* 38 ff mit weiteren Beispielen aus der Rechtsprechung. Gegen die Alternativität als Kriterium *Bottke* JA **1982** 219; *Roxin*[25] § 50, 18; *Schröder* NJW **1985** 780; *Stein* JR **1980** 444; *Wolter* GA **1986** 161; KMR-*Paulus* 10 (zu eng und zu weit). Vgl. auch nachf. Fußnoten.

[61] Zur Entwicklung der Rechtsprechung und zu den einzelnen Abgrenzungsversuchen *Beulke*, Festgabe 50 Jahre BGH, 788 ff.

[62] Vgl. etwa BGHSt **32** 215; **35** 60; 80.

[63] Etwa BGH NJW **1988** 3108; BayObLGSt **1989** 56; **1991** 3 = NJW **1989** 2828; MDR **1991** 985; sowie vorst. Fußn.

[64] Vgl. Rdn. 4.

[65] So auch *Beulke* Festgabe 50 Jahre BGH, 796, 806 mit einer Darstellung der unterschiedlichen Rechtsprechung.

[66] Die Kritik sieht in ihm vielfach nur eine Leerformel.

[67] Ein am materiellen Strafrecht sich orientierender Tatbegriff wird im Schrifttum in den verschiedensten Varianten vertreten; vgl. den Überblick bei *Wolter* GA **1986** 157. Die Gleichheit der Tat wird nach der „Handlungssubstanz", der „Tätigkeitsrichtung", dem „Handlungserfolg" und der „Einheitlichkeit der Rechtsgutverletzung" hergeleitet, so etwa *Bertel* 140 (Identität des verletzten Rechtsguts); *Geerds* 359 („sozialer Sinnzusammenhang", der sich aus Tatsachen im Hinblick auf Deliktstyp ergibt); *Herzberg* JuS **1972** 117 (Übereinstimmung im Handlungselement); *Oehler* FS Rosenfeld 139; Gedächtnisschrift Schröder 439 (Überlagerung des rechtlich normierten Geschehens); *Hruschka* JZ **1966** 703 (gleicher rechtlicher Geschehenskern). Einen materiell-rechtlich orientierten normativen Tatbegriff vertreten ferner *Busch* ZStW **68** (1956) 3; *Gössel* § 33 A II a; *Jescheck* JZ **1957** 29; *Puppe* JR **1986** 205 (andere Beurteilung der materiell-rechtlichen Konkurrenz). Die Kombinationstheorien stellen bei nicht abgrenzbaren Handlungen allein auf die Handlungseinheit und nicht auf die rechtliche Qualifikation der Taten ab, während sie bei „abgrenzbaren" Geschehnissen, Gleichartigkeit der Rechtsgutverletzung fordern. Vgl. etwa *Schwinge* ZStW **52** (1932) 203; *Roxin* JR **1984** 346; *Wolter* GA **1986** 164.

[68] Vgl. etwa *Oehler* GedS Schröder 446; *Sack* ZRP **1976** 257.

zen und in bestimmten Fällen einen mit dem Gerechtigkeitsgefühl schwer zu vereinbarenden Strafklageverbrauch auszuschließen. Es ist richtig, daß jede Sachverhaltsdarstellung in Strafverfahren die Lebensvorgänge immer nur selektiv erfaßt und unter Sinnzusammenhängen verknüpft, die dem materiellen Strafrecht entnommen sind. Diese „Bedeutungsbezüge" können jedoch für sich allein nicht allgemeingültig den prozessualen Tatbegriff bestimmen, denn mit der Veränderung der materiell-rechtlichen Beurteilung der Tat ändern notwendigerweise auch sie sich. Zur allseitigen Kognitation des Gerichts gehört aber, daß es gerade auch befugt sein soll, den ihm unterbreiteten Lebensvorgang unter dem Gesichtswinkel verschiedener, einander ergänzender oder auch sich gegenseitig ausschließender strafrechtlicher Gesichtspunkte zu würdigen, auch wenn diese zueinander weder in einem Mehr-Weniger-Verhältnis stehen noch einander nach ihrem Unrechtsgehalt gleichwertig sind.

Für die als Verfahrensgrundlage für das Gericht ebenso wie für die Verteidigung des **11** Angeklagten unerläßliche **Individualisierung der Tat** und damit für die Eingrenzung der Kognitionspflicht des Gerichts können die sehr unterschiedlich aufgebauten Unrechtsbeschreibungen der einzelnen materiellen Straftatbestände zwar mitunter wichtige Anhaltspunkte geben [69]. Grundsätzlich können diese Grenzen aber nicht von dem erst zu findenden materiell-rechtlichen Ergebnis her bestimmt werden [70]. Deshalb bleibt Gegenstand der gerichtlichen Untersuchung stets das durch die Anklage festgelegte historische Geschehen [71]. Die Frage, wann die Tatgleichheit nicht mehr gewahrt ist, ist vielschichtig und nur in Ansehung des Einzelfalls zu beurteilen [72]. Geht es darum, die Ausdehnung der angeklagten Tat festzustellen, etwa, welche Vorgänge während einer Autofahrt noch zur angeklagten Tat gehören [73], dann bieten die Tatbetände und Grundsätze des materiellen Strafrechts brauchbare Abgrenzungshilfen [74]. Gleiches gilt, wenn das materielle Strafrecht verschiedene Lebensvorgänge zu einer rechtlichen Einheit verbindet, wie bei **mehraktigen Delikten** und den Tatbeständen, die eine Vielzahl von Begehungsweisen materiell-rechtlich zu einer Tat zusammenfassen. Geht es aber darum, ob der vom Gericht in Abweichung von der Anklage festgestellte tatsächliche Geschehensverlauf, der den Tatbestand eines anderen Strafgesetzes erfüllt, noch die Tatgleichheit wahrt, dann muß die Abgrenzung aus dem historischen Geschehen selbst unter Abwägung des Gewichts der oft nur quantitativen Unterschiede des konkreten Falles gewonnen werden [75]. Ergibt beispielsweise die Hauptverhandlung, daß der Angeklagte den Einbruchdiebstahl nicht, wie die Anklage angenommen, am Sonntag, sondern schon am Freitag ausgeführt hat, so wird dies in der Regel die Tatgleichheit nicht in Frage stellen [76], da sie durch die konkrete **Rechtsgutverletzung** eindeutig individualisiert bleibt. Ergibt sie aber, daß der Angeklagte vor mehreren Jahren in das fragliche Haus eingebrochen und dabei andere Gegenstände entwendet hat, dann fehlt die Tatgleichheit [77]. Bei reinen Begehungsdelikten ohne jede konkrete Gefährdung oder Verletzung eines Rechtsguts sind **Ort und Zeit der Tat** in der Regel zu deren Individuali-

---

[69] Vgl. Rdn. 6.

[70] *Achenbach* ZStW **87** (1975) 90.

[71] Vgl. Rdn. 4; ferner etwa *Schöneborn* MDR **1974** 529.

[72] Vgl. *Dedes* GA **1965** 102, der den Maßstab für die Beurteilung der Tatgleichheit daraus gewinnen will, ob der in der Anklage erhobene Vorwurf ein bloßes Tun oder Unterlassen oder die Herbeiführung eines Erfolgs betrifft oder sich aus beiden Elementen zusammensetzt; vgl. dazu *Bindokat* GA **1967** 362.

[73] Beispielsweise OLG Stuttgart VRS **27** (1964) 361;

OLG Hamm VRS **36** (1969) 122; OLG Köln NJW **1970** 961; ferner Rdn. 50.

[74] *Oehler* Gedächtnisschrift Schröder 446.

[75] Vgl. die Beispiele bei *Bindokat* GA **1967** 362.

[76] Vgl. etwa BGH NJW **1970** 904, wo die Tatidentität bejaht wird, wenn der Anzug nicht durch Erbrechen des Kraftfahrzeuges, sondern anderswo aus einem Spind gestohlen wurde.

[77] Im Ergebnis ebenso *Oehler* GedS Schröder 446 vgl. Rdn. 26.

sierung unerläßlich und darum nicht austauschbar[78]. Dies gilt vor allem auch, wenn die angeklagten Taten nur dadurch und nicht durch andere aussagekräftige Merkmale individualisiert werden[79].

12   Eine zu starke Einengung der Rechtskraftwirkung auf rechtliche Gesichtspunkte wäre im übrigen kaum mit **Art. 103 Abs. 3 GG** vereinbar, denn diese Verfassungsbestimmung will verhindern, daß jemand wegen des gleichen Lebensvorgangs zweimal vor Gericht gestellt werden kann. Insoweit deckt sie sich in ihrer Zielsetzung mit dem überkommenen Tatbegriff des Prozeßrechts[80], sie legt ihn aber nicht in allen Einzelheiten fest[81]. Sie folgt aber auch nicht Veränderungen, welche ihre Zielsetzung teilweise aufheben würden[82].

III. Die in der Anklage bezeichnete Tat

1. Bindung an Anklage

13   **a) Abgrenzungsfunktion.** Das erkennende Gericht ist an die zugelassene Anklage insoweit gebunden, als es das dort konkret beschriebene, individuelle Geschehen[83] – also die Tat im verfahrensrechtlichen Sinn des § 264 – nicht aber ein anderes zum Gegenstand der Aburteilung machen darf, und zwar auch dann nicht, wenn die andere Tat nur eine Wiederholung der angeklagten Tat ist[84]. Durch die konkrete Beschreibung in der Anklage (bzw. im Strafbefehl) wird der Lebenssachverhalt umgrenzt, auf den sich die Verhandlung – einschließlich der Verteidigung des Angeklagten – und die Urteilsfindung erstrecken[85]. Maßgebend ist, was die zugelassene Anklage dem Angeklagten zur Last gelegt hat. Deshalb durfte das Gericht, das den Angeklagten wegen mehrerer selbständiger Einzeltaten verurteilt, in sein Urteil keine Einzeltaten einbeziehen, die in der nach einer fortgesetzten Tatbegehung annehmenden Anklage nicht hinreichend konkretisiert (Ort, Zeit und Modalitäten der Tatausführung usw.) worden sind[86].

14   **b)** Hat die Staatsanwaltschaft das Ermittlungsverfahren wegen einer Tat nach § 154 Abs. 1 **vorläufig eingestellt**, kann das Gericht sie mangels Anklage nicht in das eine andere Tat betreffende Strafverfahren miteinbeziehen; anders allerdings, wenn § 154 Abs. 1 fälschlich angewendet wurde und die Einstellung in Wirklichkeit nur einen abtrennbaren Teil der angeklagten Tat i. S. von § 154a betraf[87]. Bei den vorläufig **vom Gericht** eingestellten Verfahren nach § 154 Abs. 2 ist dies dagegen dem Gericht von

---

[78] AG Gemünden NJW **1980** 1477. Vgl. aber auch OLG Schleswig bei *Ernesti/Lorenzen* SchlHA **1986** 115 (Fahrt mit abgefahrenen Reifen einige Tage vor der im Bußgeldbescheid bezeichneten Tat).

[79] BGH NJW **2000** 3293.

[80] Vgl. BVerfGE **3** 149; **9** 96; **12** 66; BayVerfGHE **11** 18; BGHSt **9** 11; **28** 119; BGH NStZ **1984** 469; KK-*Engelhardt*[4] 2. Vgl. Einl. J 86 ff.

[81] BVerfGE **56** 33 = JR **1982** 109 mit Anm. *Gössel* = StV **1981** 323 mit Anm. *Grünwald*; *Oehler* Gedächtnisschrift Schröder 441 (keine Versteinerung).

[82] Vgl. BVerfGE **23** 202 (Grundsatz im Lichte des Grundgesetzes zu interpretieren).

[83] Zum Erfordernis, in der Anklage die Tat unverwechselbar zu individualisieren, vgl. § 200, 11 ff;

ferner etwa BGHSt **40** 44; BGH NStZ **1992** 553; StV **1995** 113; **1996** 362; OLG Düsseldorf NStZ **1996** 298; OLG Karlsruhe StV **1993** 403; sowie zu Serientaten BGH NStZ **1999** 42.

[84] RGRspr. **2** 101. Vgl. etwa OLG Koblenz VRS **71** (1986) 43 (Verweigerung der Personalangaben in zwei Fällen).

[85] RG HRR **1938** Nr. 1265; **1940** Nr. 340; BGH NJW **1959** 898; NStZ **1986** 275; OLG Saarbrücken NJW **1974** 375; KG VRS **64** (1983) 42; zu der daraus folgenden Notwendigkeit einer genügenden Konkretisierung vgl. *Krause/Thon* StV **1985** 252; *Puppe* NStZ **1982** 230 und bei § 200.

[86] BGH NJW **1991** 2716.

[87] BGHSt **25** 388; SK-*Schlüchter* 5.

Amts wegen möglich[88]. Desgleichen hindert die vorläufige Einstellung nach § 154a die spätere Einbeziehung nicht[89].

c) **Verfolgungswille.** Aus welchem **Lebensvorgang** sich der in der Anklage erhobene **15** Vorwurf eines strafbaren Verhaltens herleitet, muß nötigenfalls durch **Auslegung der Anklage** in ihrer durch den Eröffnungsbeschluß zugelassenen Form ermittelt werden. Hierbei ist zu unterscheiden zwischen den dort geschilderten Vorgängen, welche nach dem Willen der Staatsanwaltschaft mit der Anklage verfolgt werden sollen, und denen, die nur zum besseren Verständnis der erhobenen Anklage oder zum Zwecke des Beweises (beiläufig) erwähnt werden ohne aber selbst Gegenstand eines im Anklagesatz erhobenen Vorwurfes oder Teil des einheitlichen Lebensvorganges zu sein, aus dem dieser hergeleitet wird[90]. Solche beiläufig erwähnten Vorgänge werden, sofern sie selbständige Taten im prozessualen Sinn sind, damit nicht der Entscheidung des Gerichts unterstellt[91]. Der in der Anklage manifestierte Verfolgungswille der Staatsanwaltschaft erstreckt sich nicht auf sie. Auf diesen Willen kommt es allerdings nur an, soweit zu beurteilen ist, ob ein bestimmter **Lebenssachverhalt** überhaupt Gegenstand der Anklage ist oder ob es sich um die bloße Erwähnung zusätzlicher und selbständiger geschichtlicher Ereignisse handelt, die aber inhaltlich kein Teil des angeklagten tatsächlichen Geschehens sind[92]. Gehören die beiläufig erwähnten Geschehnisse dagegen **zum angeklagten Lebensvorgang selbst**, unterliegen sie der Entscheidung des Gerichts, auch wenn sie die Staatsanwaltschaft nicht als strafbares Verhalten gewürdigt hat. Mit der Erhebung der Anklage hat die Staatsanwaltschaft ohnehin den gesamten Lebenssachverhalt mit all seinen bekannten oder unbekannten Facetten in rechtlicher und tatsächlicher Hinsicht dem Gericht unterbreitet und damit zum Gegenstand der richterlichen Entscheidung gemacht[93]. Der hierdurch erklärte Verfolgungswille ist grundsätzlich **unteilbar**. Deshalb ist es weder nötig noch vom Gericht erzwingbar, daß die Staatsanwaltschaft eine den angeklagten Sachverhalt rechtlich nicht ausschöpfende, aber bereits zugelassene Anklage nachträglich ergänzt[94]. Nur in Ausnahmefällen ist die grundsätzlich das gesamte Geschehen umfassende Kognitionspflicht des Gerichts rechtlich eingeschränkt[95].

d) Bei den durch einen **Bußgeldbescheid** eingeleiteten Verfahren ist das Gericht weder **16** durch das für die Verwaltungsbehörden geltende Opportunitätsprinzip noch durch Zuständigkeitsregelungen im Verwaltungsbereich gehindert, den ihm unterbreiteten Sachverhalt[96] unter dem Gesichtspunkt einer im Bußgeldbescheid nicht erwähnten Ord-

---

[88] Vgl. KK-*Engelhardt*[4] 13; wegen der Pflicht zur Wiedereinbeziehung und wegen weit. Nachw. vgl. Rdn. 69 und bei §§ 154, 154a.

[89] BGHSt **25** 388; vgl. Rdn. 69; ferner bei § 154a mit weit. Nachw.

[90] BGH NStZ **1996** 563.

[91] BGHSt **13** 26; **43** 96; NJW **1959** 898; KMR-*Paulus* 31.

[92] Vgl. BayObLGSt **1991** 3 = NStZ **1991** 405; ferner AK-*Loos* 3, wonach zur Abgrenzung, ob sich der Verfolgungswille der Staatsanwaltschaft auf ein anderes, mehr beiläufig erwähntes Geschehen erstreckte, die in der Anklage erhobene materiellrechtliche Vorwurf mit heranziehbar ist; sowie zum Sonderfall alternativer Anklagen Rdn. 9.

[93] BGHSt **10** 396; **16** 200; **23** 275; BGH LM Nr. 19;

VRS **37** (1969) 41; BayObLGSt **1960** 160 = MDR **1960** 947; BayObLGSt **1964** 95 = NJW **1964** 1813; BayObLGSt **1965** 46 = VRS **29** (1965) 110; BayObLGSt **1991** 3; OLG Braunschweig MDR **1975** 862; OLG Düsseldorf JMBlNW **1970** 213; NJW **1983** 767; JMBlNW **1986** 93; OLG Saarbrücken NJW **1974** 375; *Hanack* JZ **1972** 356; ferner KK-*Engelhardt*[4] 9; *Kleinknecht/Meyer-Goßner*[44] 7a; KMR-*Paulus* 31.

[94] So aber OLG Hamm NJW **1977** 68 mit abl. Amn. *Bliesener*; vgl. KK-*Engelhardt*[4] 9 (praktisch bedeutungslos), vgl. § 207 Abs. 3.

[95] Vgl. Rdn. 57.

[96] Zur Abgrenzungsfunktion des Bußgeldbescheids in persönlicher und sachlicher Hinsicht vgl. etwa KG VRS **65** (1963) 42.

nungswidrigkeit zu ahnden[97], erst recht ist es befugt, den zur Aburteilung gestellten Sachverhalt unter Beachtung des § 81 OWiG als Straftat zu würdigen[98].

17   **2. Erschöpfung der Anklage.** Das Gericht muß die Anklage, wie sie im Eröffnungsbeschluß zugelassen ist, vollständig erschöpfen, d. h. es muß den seiner Entscheidung unterstellten Sachverhalt ohne Bindung an die Annahmen der Anklage erschöpfend **unter jedem denkbaren strafrechtlichen Gesichtspunkt** würdigen[99], es muß sich in seiner Entscheidung über die Erweislichkeit des angeklagten tatsächlichen Geschehens einschließlich der relevanten Indiztatsachen aussprechen und es darf auch die in ihr angenommene strafrechtliche Würdigung der Tat nicht mit Stillschweigen übergehen. Dies bezieht sich aber nur auf den wesentlichen Inhalt der Anklage. Sind in sie Umstände aufgenommen, die unter dem Aspekt der tatkonkretisierenden Funktion der Anklage nicht hinein gehören (z. B. die Strafmilderungsgründe, §§ 157, 158 StGB), so braucht über diese Umstände keine ausdrückliche Entscheidung zu ergehen[100]. Die Pflicht zur erschöpfenden Würdigung des Unrechtsgehalts der angeklagten Tat ist verletzt, wenn das Gericht aus Kostengründen nur 10 von 300 angeklagten Betrugsfällen aburteilt[101]; den Verfahrensstoff auf das Wesentliche zu beschränken, ist nach §§ 154, 154a zu verfahren. Das Erfordernis einheitlicher und erschöpfender rechtlicher Würdigung gilt vor allem bei einem **Freispruch** (vgl. § 267, 148). Wenn die Verletzung mehrerer Strafgesetze durch eine und dieselbe Handlung in Betracht kommt, greift es auch gegenüber der Berufung des Nebenklägers Platz, dessen Recht zum Anschluß sich nur auf eines der verletzten Gesetze stützt[102].

18   Der Pflicht zu einer umfassenden Würdigung der angeklagten Tat in tatsächlicher und rechtlicher Hinsicht hat das Gericht **im anhängigen Verfahren** nachzukommen, sofern der Pflicht zur umfassenden Kognition nicht rechtliche Hindernisse entgegenstehen[103]. Zu berücksichtigen sind alle Umstände, die dem Gericht bis zum Abschluß der Hauptverhandlung (maßgebend **letzte Tatsachenverhandlung zur Schuldfrage**) bekannt werden[104]. Setzt die Erschöpfung der Anklage eine weitere Sachaufklärung oder eine weitere Beweiserhebung voraus, muß das Verfahren unter Umständen ausgesetzt werden[105]. Bei mehreren angeklagten Taten im verfahrensrechtlichen Sinn müssen alle durch das Urteil erledigt werden; ist dies bei einer nicht möglich, ist das Verfahren insoweit abzutrennen.

19   Durch **Teilurteil** darf das Gericht nicht einen zur gleichen Tat gehörenden Teil des Prozeßstoffes vorweg erledigen[106], auch nicht dadurch, daß es über einen Teil selbst entscheidet und wegen des anderen an ein dafür zuständiges anderes Gericht nach § 270 verweist[107]. Der **Vorbehalt einer anderweitigen Verfolgung** ist nicht zulässig[108]. Lediglich hinsichtlich einiger Rechtsfolgen läßt die StPO ein Nachverfahren

[97]   OLG Hamm MDR **1972** 440; OLG Köln NJW **1970** 221; *Kleinknecht/Meyer-Goßner*[44] 4; SK-*Schlüchter* 6. Wegen der Einzelfragen vgl. die Kommentare zum OWiG.
[98]   Vgl. die Kommentare zu § 81 OWiG.
[99]   Vgl. etwa BGHSt **39** 164; SK-*Schlüchter* 4; 5.
[100] RGSt **30** 209.
[101] BGH bei *Holtz* MDR **1978** 460; BGH nach KK-*Engelhardt*[4] 10; KMR-*Paulus* 32; SK-*Schlüchter* 5.
[102] RGSt **41** 349; **45** 326; **46** 366; **61** 349; **63** 67; **65** 62; 131.
[103] Vgl. Rdn. 19, 68 ff.

[104] Vgl. Rdn. 33; KK-*Engelhardt*[4] 12; *Kleinknecht/ Meyer-Goßner*[44] 9; SK-*Schlüchter* 24.
[105] KMR-*Paulus* 32.
[106] AK-*Loos* 8; KK-*Engelhardt*[4] 11; KMR-*Paulus* 32; SK-*Schlüchter* 20; Die Möglichkeit, einen Teil des Verfahrens abzutrennen und nur über den entscheidungsreifen Teil zu entscheiden, besteht nur bei verschiedenen verfahrensrechtlichen Taten.
[107] RGSt **61** 225; KK-*Engelhardt*[4] 11; *Kleinknecht/ Meyer-Goßner*[44] 10; SK-*Schlüchter* 20.
[108] Die StPO hat diese in früheren Prozeßrechten vorgesehene Möglichkeit nicht übernommen; vgl. § 260, 14 ff.

zu[109]. Eine **Ergänzungsklage** oder **Vervollständigungsklage** sieht die StPO nicht vor[110]. Ist ein einheitlicher Lebensvorgang bei zwei verschiedenen Gerichten angeklagt, muß von Amts wegen nach den für die Beseitigung der doppelten Rechtshängigkeit geltenden Grundsätzen die Voraussetzung für eine umfassende einheitliche Aburteilung geschaffen werden[111]. Der Vorbehalt einer späten Entscheidung für einen Teil der Tat ist rechtlich wirkungslos. Er hindert, wenn das Urteil nicht angefochten wird, den Verbrauch der Strafklage hinsichtlich der ganzen Tat nicht[112]. Gleiches gilt, wenn das Gericht durch sein Urteil die Anklage nicht erschöpft hat, weil es über eine mitangeklagte selbständige Tat versehentlich nicht entschieden hat[113].

3. „Umgestaltung" der zugelassenen Anklage

a) Soweit **dieselbe Tat** vorliegt und damit die eigene Entscheidung ein späteres Verfahren sperrt, ist das erkennende Gericht berechtigt und verpflichtet **von Amts wegen** – also ohne daß es dazu eines Antrags bedarf – alle in der Hauptverhandlung hervorgetretenen tatsächlichen Umstände in Betracht zu ziehen und den zu seiner Überzeugung feststehenden Sachverhalt unter allen denkbaren rechtlichen Gesichtspunkten zu würdigen, ohne Rücksicht darauf, auf welche Einzeltatsachen sich die Anklage und der sie zulassende Eröffnungsbeschluß gestützt haben und wie diese dort rechtlich beurteilt worden sind[114] und ob sich dadurch der Charakter der Tat und ihr Unrechtsgehalt völlig ändern. An die Anklage ist es nur insoweit gebunden, als es den geschichtlichen Vorgang, der ihr zugrunde liegt, nicht völlig verlassen oder einen damit nicht zusammenhängenden Vorgang in das Verfahren einbeziehen darf[115].

20

Im übrigen ist es unerheblich, ob die Umstände, die zur anderen Beurteilung des Prozeßstoffes führen, in der Hauptverhandlung **neu zu Tage getreten** sind[116], oder ob sie schon aus den Akten ersichtlich waren. Die freie Beurteilung des Gerichts greift innerhalb der Grenzen der angeklagten Tat[117] selbst bei solchen Umständen Platz, die als unerheblich oder unerwiesen ausdrücklich ausgeschieden wurden, so auch, wenn – ohne daß ein Fall des § 154a vorlag – die Anklage nur beschränkt zugelassen worden ist[118]. Das Gericht ist auch nicht gehindert, ein Strafgesetz anzuwenden, dessen Anwendung im Eröffnungsbeschluß ausdrücklich abgelehnt wurde[119].

21

---

[109] Vgl. §§ 439, 440, 442.

[110] BVerfGE **65** 377, 381 = NStZ **1984** 325 mit Anm. *Schnarr*; *Achenbach* ZStW **87** (1975) 101; *Groth* MDR **1985** 716; *Kühne* JZ **1984** 376; *Neumann* NJW **1984** 779, *Schlüchter* JZ **1991** 1068; AK-*Loos* § 264 Anh. 46, *Kleinknecht/Meyer-Goßner*[44] 10; Einl. 171; SK-*Schlüchter* 11. Einl. J 99 auch mit Nachweisen der Gegenmeinungen.

[111] Vgl. BGH NStZ-RR **2000** 332; Einl. J 66; § 12, 16 ff; § 237, 3.

[112] BGHSt **16** 280; **18** 381 = JZ **1963** 714 mit Anm. *Eb. Schmidt*; dazu *Hanack* JZ **1972** 356; BGH LM Nr. 5; NJW **1953** 273; BGH NStZ **1991** 549; StV **1987** 521; GA **1978** 2782; bei *Dallinger* MDR **1975** 544; RGSt **4** 34; **7** 229; **15** 133; **21** 79; **44** 118; **48** 91; **61** 225; **66** 22; **68** 384. *Kleinknecht/Meyer-Goßner*[44] 9; SK-*Schlüchter* 45. Anders kann die Rechtslage bei Urteilen der ehem. Besatzungsgerichte sein; vgl. BayObLGSt **1949/51** 100.

[113] KK-*Engelhardt*[4] 10; vgl. auch AK-*Loos* 9 (Sachbehandlung noch klärungsbedürftig).

[114] BGHSt **10** 396; **16** 202; **22** 106; **23** 275; **25** 72; **32** 84; BGH bei *Dallinger* MDR **1975** 544; BayObLGSt **1964** 95 = NJW **1964** 1813; HK-*Julius*[2] 9; KK-*Engelhardt*[4] 9; 10; *Kleinknecht/Meyer-Goßner*[44] 9; 10; KMR-*Paulus* 38 ff; SK-*Schlüchter* 48 ff.

[115] BGH LM Nr. 9; BayObLGSt **1953** 101 = NJW **1953** 1482; OLG Celle VRS **30** (1966) 196; OLG Düsseldorf JMBlNW **1970** 213; NJW **1983** 767; OLG Hamm DAR **1957** 162; *Hanack* JZ **1972** 356. Vgl. Rdn. 13.

[116] OLG Saarbrücken VRS **46** (1974) 22; vgl. Fußn. 104.

[117] BGH NStZ-RR **1996** 203; bei *Kusch* NStZ RR **1998** 263; *Kleinknecht/Meyer-Goßner*[44] 9; SK-*Schlüchter* 50.

[118] BGH nach KK-*Engelhardt*[4] 10. Zur Pflicht, nach §§ 154, 154a ausgeschiedene Teile vor Freispruch einzubeziehen, vgl. Rdn. 69.

[119] RGRspr. **2** 637; RGSt **23** 395; **46** 220; RG GA **49** (1903) 119; BayObLGSt **1964** 95 = NJW **1964** 1813; vgl. auch Fußn. 114.

22   Der **Antrag** eines Prozeßbeteiligten, die angeklagte Tat in tatsächlicher oder rechtlicher Hinsicht anders zu würdigen, hat nur die Bedeutung, daß das Gericht in den Urteilsgründen sich gegebenenfalls mit behaupteten Umständen im Sinne des § 267 Abs. 2 ausdrücklich auseinandersetzen muß, während es ohne einen solchen Antrag nicht gehalten ist, die Gründe zu erörtern, aus denen es eine abweichende Beurteilung verneint[120].

23   **b)** Jede über den Schuldspruch urteilende **Tatsacheninstanz** ist innerhalb der Grenzen der Tatidentität berechtigt und verpflichtet, das entscheidungsrelevante Tatgeschehen unabhängig von Anklage und Vorinstanzen selbst festzustellen, so vor allem das **Berufungsgericht**[121], dessen Urteilsfindung bei uneingeschränkter Anfechtung nicht durch das Ersturteil, sondern durch die zugelassene Anklage bestimmt und begrenzt wird[122]. Sein Urteil muß sich nicht nur auf alles erstrecken, was vom angefochtenen Urteil im Rahmen des § 264 bei erschöpfender tatsächlicher und rechtlicher Würdigung als die unter Anklage gestellte Tat zu erfassen gewesen wäre, sondern auch noch auf die zu dieser Tat gehörenden Ereignisse, die erst **nach dem angefochtenen Urteil** eingetreten sind[123]. Dies ist insbesondere bei Dauertaten und fortgesetzten Taten von Bedeutung[124]. Unerheblich ist dabei, wer das Urteil angefochten hat. Hebt das Revisionsgericht das Urteil im Schuldspruch samt den Feststellungen auf und verweist es die Sache an den Tatrichter zurück, so ist auch dieser zur Umgestaltung befugt[125].

24   Ist dagegen ein Rechtsmittel **wirksam** auf den Rechtsfolgenausspruch **beschränkt** worden, so endet mit der Möglichkeit der Umgestaltung auch die Möglichkeit der Einbeziehung weiterer, zur abgeurteilten Tat gehörender Einzelhandlungen[126]. Gleiches gilt, wenn nach einer auf den Rechtsfolgenausspruch beschränkten **Zurückverweisung** der Schuldspruch nicht mehr der Nachprüfung unterliegt.

25   **c) Die Verteidigung des Angeklagten** darf durch die Umgestaltung nicht beeinträchtigt werden. Er muß wissen, aus welchen Tatsachen ein Schuldvorwurf gegen ihn hergeleitet werden soll, um sich dagegen zur Wehr zu setzen und sachgerechte Beweisanträge stellen zu können. Die gegenüber der Anklage **veränderten Umstände** müssen in einer Form zum Gegenstand der mündlichen Verhandlung gemacht werden, daß für den Angeklagten kein Zweifel besteht, daß auch diese Vorkommnisse Gegenstand des gegen ihn erhobenen Vorwurfs sind. Ist der Angeklagte mit seiner Verteidigung nicht genügend darauf vorbereitet, so hat das Gericht unter Umständen die Hauptverhandlung nach § 265 Abs. 4 **auszusetzen**[127]. Ändert sich der **rechtliche Gesichtspunkt**, so ist der Angeklagte nach § 265 Abs. 1 oder 2 darauf hinzuweisen.

4. Einzelheiten zur Abgrenzung

26   **a)** Eine unschädliche **tatsächliche Abweichung** liegt in der Regel vor, wenn **Zeit** oder **Ort** der Tat, die **Person des Verletzten**, der **Gegenstand**, auf den sich die Tat bezieht oder die **Begehungsart** anders als in der Anklage festgestellt werden. Abweichungen dieser

---

[120] Vgl. § 267, 67
[121] RGSt **56** 324; **62** 130; **66** 45.
[122] RGSt **10** 56; **61** 399; **62** 130; RG JW **1931** 2311; OLG Koblenz VRS **45** (1973) 289; OLG Oldenburg NdsRpfl. **1955** 160; KK-*Engelhardt*[4] 12; *Kleinknecht/Meyer-Goßner*[44] 9; vgl. bei § 327; zur Nachholung der Entscheidung, wenn Urteil Eröffnungsbeschluß nicht erschöpft, vgl. *Meyer-Goßner* JR **1985** 452.

[123] RGSt **62** 131; **66** 48; BGHSt **9** 324; BayObLGSt **1957** 218 = NJW **1958** 110.
[124] Dazu Rdn. 32 ff.
[125] BGHSt **9** 324; BayObLGSt **1957** 217 SK-*Schlüchter* 44.
[126] Vgl. bei § 318.
[127] BGHSt **8** 96; **19** 88; KK-*Engelhardt*[4] 18; vgl. § 265, 99 ff mit weit. Nachw.

Art stellen meist – aber nicht immer – die Identität der Tat nicht in Frage, sofern die Abweichung nur einzelne Merkmale betrifft, der Geschehensverlauf als solches aber durch die unverändert gebliebenen Einzelheiten weiterhin unverwechselbar so charakterisiert wird[128], daß die singulare Individualität und damit die Unterscheidbarkeit von anderen Taten gewahrt ist[129]. Dann wird es sogar für zulässig gehalten, daß die Tat einem anderen **Mitangeklagten** als Täter zugerechnet wird[130]. An der notwendigen Erkennbarkeit der Wahrung der Singularität des angeklagten Geschehens fehlt es, wenn die **Tatzeit** einer nur allgemein und nicht durch unverwechselbare konkrete Einzelheiten eindeutig individualisierten (fortgesetzte) Tat um zwei Jahre vorverlegt wird[131]. Bei **Serienstraftaten** dürfen ohnehin nur diejenigen Fälle abgeurteilt werden, die bereits in der Anklage individuell dargestellt sind[132]. Liegt dem Angeklagten das **Unterlassen einer bestimmten Handlung** zur Last, kann das Unterlassen einer anderen Handlung nur dann als Teil des gleichen historischen Geschehens angesehen werden, wenn zwischen den die jeweilige Handlungspflicht begründenden Umständen auch faktisch ein enger innerer Zusammenhang besteht[133]. Strafbares Tun und Unterlassen können inhaltlich Teil des gleichen Geschehens sein[134].

Richtet sich die Tat gegen **höchstpersönliche Rechtsgüter** einer bestimmten Person, **26a** entfällt bei einem Wechsel der **Person des Opfers** in aller Regel auch die Identität der Tat[135]. Die Tatidentität kann aber in Ausnahmefällen zu bejahen sein, wenn sich bei einer zeitlich, räumlich und nach dem Geschehensverlauf eindeutig individualisierten Tat nachträglich ergibt, daß eine **andere Person** das Opfer dieser Tat war, wie dies bei den schon durch das Tatgeschehen unverwechselbar festgelegten Delikten der Fall sein kann, vor allem, wenn jeder weitere Persönlichkeitsbezug zu dem zufällig betroffenen Opfer fehlt. Wird allerdings dem Angeklagten vorgeworfen, an einem bestimmten Tag an einem bestimmten Ort ein 6jähriges Mädchen unzüchtig berührt zu haben, so handelt es sich nicht um dieselbe Tat, wenn das Gericht statt dessen annimmt, er habe zu einer anderen Zeit an einem anderen Ort ein unbekannt gebliebenes 4jähriges Kind in einer anderen Weise unzüchtig berüht[136]. Das **Tatbild der Anklage** darf in keinem Fall so verändert werden, daß an Stelle des durch Zeit, Ort, Objekt und Richtung der Tat und durch das Täterverhalten insgesamt festgelegten Vorwurfs ein völlig anderer tritt[137] oder daß das der Anklage zugrunde liegende Geschehen durch ein gleichartiges anderes ersetzt wird[138]. Hat die Anklage gleichartige selbständige Einzeltaten nicht oder nur

---

[128] RGSt **10** 149; **15** 69; **23** 296; **24** 370; RGRspr. **1** 549; **3** 493; **9** 430; BGHSt **19** 89; **22** 90; BGH bei *Dallinger* MDR **1957** 396; 397; BayObLGSt **1971** 66 = VRS **41** (1971) 209; OLG Karlsruhe MDR **1982** 248; vgl. *Dedes* GA **1965** 105; *Puppe* NStZ **1982** 231.

[129] *Jacobs* GA **1971** 258; *Puppe* NStZ **1982** 234 (unverändert bleibender Teil des Vorwurfs muß Tat eindeutig charakterisieren). BGHSt **40** 44, 46; BGH NJW **1999** 802.

[130] BGH NStZ **1996** 243; *Kleinknecht/Meyer-Goßner*[44] 9.

[131] BGH NJW **1994** 2906.

[132] BGH NStZ **1997** 145; vgl. BGH bei *Kusch* NStZ-RR **1999** 274; *Erb* GA **1995** 431; HK-*Julius*[2] 4; *Kleinknecht/Meyer-Goßner*[44] 7b; SK-*Schlüchter* 21 unter Hinweis auf die weitere Auffassung von BGH NStZ **1995** 203; vgl. auch § 200, 14a ff.

[133] BGH NJW **1995** 46; *Kleinknecht/Meyer-Goßner*[44] 9.

[134] Vgl. BGH NStZ-RR **1998** 204; Rdn. 31.

[135] BGH bei *Dallinger* MDR **1954** 17; **1956** 271; KK-*Engelhardt*[4] 16; KMR-*Paulus* 13; 14 (Beleidigung mehrerer Personen); vgl. aber auch *Wolter* StV **1986** 320; *Wolter* GA **1986** 167; HK-*Julius*[2] 10; SK-*Schlüchter* 51 verneinen ausnahmslos die Tatidentität.

[136] BGH bei *Dallinger* MDR **1956** 271; der Bundesgerichtshof hat dort die Ansicht vertreten, daß bei derartigen Unzuchtshandlungen schon der Austausch der Person des Verletzten die Tatgleichheit beseitigt; vgl. andererseits aber BGH bei *Dallinger* MDR **1954** 17.

[137] Vgl. BGHSt **32** 215 = JZ **1984** 535 mit Anm. *Jung* = JR **1984** 346 mit Anm. *Roxin* (Anklage wegen Strafvereitelung, Verurteilung wegen Mordes); dazu auch *Marxen* StV **1985** 472.

[138] BGH LM StPO **1975** Nr. 10 mit Anm. *Mösl*; BayObLGSt **1953** 101 = NJW **1953** 1482; OLG Koblenz VRS **58** (1980) 378; KK-*Engelhardt*[4] 17; KMR-*Paulus* 32; vgl. Fußn. 89.

ungenügend unterscheidungsfähig individualisiert, so soll neben den zeitlichen Eingrenzungen der Anklage auch die dort festgestellte Zahl der Taten die im gleichen Verfahren aburteilungsfähige Höchstzahl festlegen[139].

27   Bei Verstößen gegen die **Straßenverkehrsvorschriften** wird Zeit und Ort der Tat entscheidende Bedeutung beigemessen, so daß die Gleichheit der Tat schon entfallen kann, wenn die Hauptverhandlung ergibt, daß der Angeklagte nicht an dem in der Anklage angenommenen **Ort**, sondern an einem anderen zur gleichen Zeit falsch gefahren ist[140]. Entscheidend sind aber auch hier die Umstände des Einzelfalls. Von diesen hängt es auch ab, ob **Abweichungen der Tatzeit** die Tatidentität beseitigen oder ob sie unschädlich sind, weil der angeklagte Lebensvorgang durch besondere Tatumstände oder durch ein damit zusammenhängendes Ereignis (Unfall, eventuell auch nur die Art der Kontrolle) so eindeutig charakterisiert ist, daß Zweifel an seiner Identität auch bei einer Datumsverschiebung oder sonstigen Veränderung nicht entstehen können[141].

28   **b)** Eine **rechtliche Abweichung** liegt vor, wenn das Gericht zwar den Sachverhalt der Anklage für erwiesen hält, ihn aber anders rechtlich würdigt, so auch, wenn es einem Vorgang, der als nebensächlich oder nur als Beweisanzeichen angesehen wurde, nunmehr die Bedeutung eines Tatbestandsmerkmals beimißt; etwa, wenn es statt einer Unterschlagung einen Betrug annimmt, weil es in einer unrichtigen Mitteilung des Angeklagten, die zunächst als unwesentlich behandelt wurde, eine „Vorspiegelung" sieht[142]. Das Gericht muß, soweit keine zulässige Beschränkung eingetreten ist und keine rechtlichen Hindernisse entgegenstehen, den **Unrechtsgehalt** der Tat **voll ausschöpfen**[143].

29   Die Änderung des rechtlichen Gesichtspunkts kann auch darin bestehen, daß das erkennende Gericht auf den durch die Hauptverhandlung ermittelten Sachverhalt **zwei Strafgesetze** anwendet (§ 52 StGB), während der Eröffnungsbeschluß nur eins für anwendbar erachtet hatte[144]. Liegt eine **Handlungseinheit** vor, die sich über einen gewissen Zeitraum erstreckt, so ist es gleichgültig, ob bei ihrer Unterordnung unter die verschiedenen verletzten Strafgesetze sich ergibt, daß die Verletzung des einen Gesetzes früher rechtlich vollendet wurde als die des anderen; wenn sie nur in einem Teil zusammentreffen, so daß mindestens dieser Teil zugleich den Tatbeständen der mehreren als verletzt in Betracht kommenden Gesetze angehört[145]. Es können aber auch **mehrere selbständige Handlungen** angenommen werden, solange der gleiche geschichtliche Vorgang nicht verlassen wird[146]. Dies ist jedoch der Fall, wenn in das Urteil eine gleichartige, zeitlich aber weit entfernte andere selbständige Tat mit einbezogen wird[147].

---

[139] BGH bei *Kusch* NStZ **1994** 274 (Zahl des inzestösen Geschlechtsverkehrs innerhalb eines Zeitraums).
[140] BayObLG VRS **59** (1980) 270; **62** (1982) 131; OLG Hamm VRS **36** (1969) 122; OLG Köln VRS **27** (1964) 216; NJW **1970** 961; NStZ **1988** 568; OLG Stuttgart VRS **27** (1964) 361; AG Gemünden NJW **1980** 1477 (gegen OLG Saarbrücken VRS **50** [1976] 439). Nach OLG Hamm NJW **1973** 1709 ist die Angabe einer falschen Straße unschädlich, wenn Fahrzeug, Tathergang und Tatzeit richtig bezeichnet sind und keine Verwechslungsgefahr besteht. Vgl. aber BayObLG VRS **67** (1984) 362 (verbotswidriges Parken eines bestimmten Kfz erfaßt nicht das Parken eines anderen am gleichen Ort); OLG Stuttgart VRS **71** (1986) 294. Vgl. ferner HK-*Julius*[2] 12; KK-*Engelhardt*[4] 17; KMR-*Paulus* 39; SK-*Schlüchter* 52.
[141] BGHSt **32** 215; 218; **40** 44; BGH NJW **1999** 802; OLG Düsseldorf VRS **60** (1981) 48; OLG Hamm GA **1972** 60; OLG Karlsruhe MDR **1982** 248; OLG Köln VRS **62** (1982) 57; OLG Saarbrücken VRS **50** (1976) 439; OLG Stuttgart Justiz **1985** 214. Vgl. auch OLG Karlsruhe NStZ **1986** 321 mit Anm. *Hermann*.
[142] RGSt **9** 420; RGRspr. **6** 289.
[143] BGHSt **25** 75; vgl. Rdn. 17 mit weit. Nachw.
[144] So schon RGRspr. **1** 681.
[145] RGSt **1** 111; **25** 149; **30** 397; **32** 139, 384; **44** 31; **49** 273; **52** 288, 300; **54** 247, 256; **55** 96, 112; **56** 59; 329; **57** 200; **58** 35; **60** 40; 243; **64** 20.
[146] Vgl. Rdn. 3; 6 ff.
[147] Vgl. OLG Koblenz VRS **71** (1986) 43 (Abstand von einem Monat zwischen zwei gleichartigen Taten).

c) Sehr oft werden sich auf Grund der Hauptverhandlung gleichzeitig **in tatsächlicher und rechtlicher Hinsicht Abweichungen** von der zugelassenen Anklage ergeben, so etwa, wenn das Gericht Umstände feststellt, die gegenüber der Anklage eine verminderte oder erhöhte Strafbarkeit begründen. Insbesondere darf das Gericht auch die Tat als Verbrechen einer schwereren Gattung würdigen, also beispielsweise als Mord oder Totschlag, obwohl die zugelassene Anklage auf Körperverletzung mit tödlichem Ausgang oder auf fahrlässige Tötung oder auch nur auf ein Vergehen nach § 53 Waffengesetz lautet[148]. **30**

Durch die Umgestaltung der Anklage kann der **Vorwurf**, gegen den sich der Angeklagte verteidigen muß, eine **völlig andere Richtung** und ein völlig anderes Gewicht bekommen; die Schuldform kann wechseln[149], an Stelle eines strafbaren Tuns kann dem Angeklagten auch ein Unterlassen zur Last gelegt werden, sofern nur die Tatidentität gewahrt bleibt. **31**

d) Fortgesetzte Handlung. Soweit nach der Entscheidung des großen Senats des Bundesgerichtshofs[150] überhaupt noch eine von einem Gesamtvorsatz zu einer Einheit zusammengefaßten Begehung mehrerer an sich selbständiger Tatbestandsverwirklichungen in Frage kommen kann, behalten die von der Rechtsprechung entwickelten Grundsätze ihre Geltung. Diese sind weiterhin sinngemäß anwendbar, wenn andere Rechtsfiguren, wie eine fortgesetzte **Handlungseinheit**[151] oder **Dauertaten** oder die in bestimmten Straftatbeständen vorgesehene Zusammenfassung mehrerer an sich auch allein strafbarer Handlungen zu einer einzigen Tat, wie etwa bei der sogen. **Bewertungseinheit**[152], die Frage nach der Zulässigkeit der Aburteilung weiterer Handlungen aufwirft. Danach erledigt das Urteil, das gegen den Angeklagten wegen einer im Fortsetzungszusammenhang begangenen Gesetzesverletzung ergeht alle vor der letzten Tatsachenverhandlung (Rdn. 34) begangenen, in den Fortsetzungszusammenhang gehörigen Einzelhandlungen, gleichviel, ob das erkennende Gericht sie berücksichtigt hat oder nicht, ob es sie kannte und ob es Anlaß und Gelegenheit hatte, sich Kenntnis von ihnen zu verschaffen[153]. Dies gilt auch, wenn die abgeurteilte Fortsetzungstat nur zwei Teilakte erfaßte und der überwiegende Teil aller Teilakte unbekannt und unberücksichtigt blieb. Die aus der **umfassenden Erledigungswirkung** folgende Pflicht zur Einbeziehung aller erkennbaren Teilakte besteht auch, wenn der Einzelakt in der Anklage bisher einem anderen Mitangeklagten angelastet worden war[154] oder wenn ein Teilakt Gegenstand eines anderen Verfahrens war, das nach § 206a wegen der umfassenderen Rechtshängigkeit eingestellt wurde[155]; ferner, wenn das Hauptverfahren wegen einer selbständigen Handlung eröffnet ist, in der Hauptverhandlung sich aber noch andere ergeben, die das Gericht mit jener in Fortsetzungszusammenhang stehend ansieht[156]. **32**

[148] Zur früheren Rechtslage (§ 367 Abs. 1 Nr. 8 StGB a. F.) vgl. RGSt **70** 30; *Schöneborn* MDR **1974** 531; im Schrifttum wird bei Erörterung der Rechtskraft die Tatidentität zum Teil verneint, weil der Unrechtsgehalt der Tat im wesentlichen unberücksichtigt blieb (*Henkel* § 100 III 1b) oder weil die Tätigkeitsrichtung verschieden war (*Hruschka* JZ **1966** 703).

[149] Vgl. etwa BGH bei *Holtz* MDR **1983** 282.

[150] BGHSt **40** 138.

[151] SK-*Schlüchter* 21 vgl. auch *Kleinknecht/Meyer-Goßner*[44] § 260 14, 14a (seltene Ausnahme).

[152] Vgl. etwa BGHSt **30** 28 ff; NStZ **2000** 207; Rdn. 47.

[153] RGSt **44** 398; **51** 254; **54** 333; **66** 50; BGHSt **6** 97; **9**

324; BGH StV **1986** 141; bei *Dallinger* MDR **1953** 273; **1954** 17; **1957** 396; bei *Holtz* MDR **1980** 272; OLG Koblenz JR **1981** 520 mit Anm. *Rieß*; vgl. ferner die Nachw. Fußn. 104 u. Rdn. 37.

[154] RGSt **66** 50; RG GA **73** (1929) 107; JW **1930** 1870, 3222; BGHSt **6** 95; 122; **9** 326; 334; **27** 115; BGH GA **1958** 366; NStZ **1982** 128; 213; 519; bei *Holtz* MDR **1980** 272; BayObLGSt **1982** 92 = MDR **1983** 72; OLG Schleswig SchlHA **1951** 93.

[155] BGH bei *Hürxthal* DRiZ **1978** 86; BGH GA **1970** 84; *Kleinknecht/Meyer-Goßner*[44] 9; vgl. auch BGH bei *Pfeiffer/Miebach* NStZ **1984** 212.

[156] RGSt **73** 41; BGH NJW **1952** 1263.

Walter Gollwitzer

33   **Zeitlich** begrenzt die Urteilsfällung den Gegenstand der Urteilsfindung so, daß alles, was danach liegt, vom Urteil nicht erfaßt und erledigt wird[157]. Auf den Zeitpunkt des Eintritts der Rechtskraft kommt es nicht an[158]. Die Aburteilung, die kein zukünftiges Geschehen einbeziehen kann[159], stellt rechtlich die Selbständigkeit einer nach der Urteilsfällung begangenen Einzelhandlung her, auch wenn diese andernfalls als ein unselbständiges Glied der vom Urteil ergriffenen Tat zu beurteilen wäre.

34   Für diese Trennung ist stets der Schluß der **letzten Tatsachenverhandlung** maßgebend, deren Schuldspruch rechtskräftig wird[160]. Legt nur der Angeklagte Berufung ein, unterliegen die nach dem ersten Urteil bis zum Berufungsurteil liegenden Teilstücke der fortgesetzten Handlung noch der Erkenntnis des Berufungsgerichts. Das Verbot der Schlechterstellung gilt nur für den Teil der fortgesetzten Handlung der vor der Entscheidung zur Schuldfrage begangen wurde[161]. Bei **Ordnungswidrigkeiten** können die Tatteile, die erst nach dem rechtskräftigen Bußgeldbescheid liegen, als neue Taten geahndet werden[162].

35   Eine **Einbeziehung** von Taten, die zeitlich **nach dem Eröffnungsbeschluß** liegen, ist jedoch nur möglich, wenn das Gericht wenigstens eine **vor** dem Eröffnungsbeschluß liegende Einzelhandlung für erwiesen hält. Ein Fortsetzungszusammenhang kann nur zwischen erwiesenen und verfolgbaren Straftaten bestehen. Entfallen alle vor dem Eröffnungsbeschluß liegenden oder in ihm erfaßten Taten, dann fehlt das verbindende Band, das eine Ausdehnung der Entscheidungsbefugnis des Gerichts auf nach der Eröffnung liegende Taten rechtfertigen könnte, denn diese sind dann keine unselbständigen Teilstücke der Tat, die in der zugelassenen Anklage der Entscheidung des Gerichts unterstellt wurde[163]. Der Angeklagte ist von der angeklagten Tat freizusprechen. Die nach der Eröffnung begangenen Taten können nur abgeurteilt werden, wenn sie durch eine **Nachtragsanklage** und einen Einziehungsbeschluß nach § 266 nachträglich zum Gegenstand des Verfahrens gemacht worden sind[164]. Ist dies unterblieben, ist strittig, ob es insoweit überhaupt einer Entscheidung bedarf[165]. Die **förmliche Einstellung** nach § 260 Abs. 3 erscheint jedoch zur Klarstellung zumindest dann angezeigt, wenn über die vom Eröffnungsbeschluß nicht erfaßten Taten verhandelt und vor allem, wenn in der Vorinstanz hierüber sachlich entschieden worden war. Dasselbe gilt, wenn sich die angeklagte fortgesetzte Tat nach dem Ergebnis der Hauptverhandlung als **mehrere selbständige**

---

[157] RGSt **42** 374; **53** 44; **66** 48; h. M. OLG Düsseldorf VRS **61** (1981) 301; KK-*Ruß*[4] JR **1981** 523; vgl. aber Rdn. 66 zu Ausnahmefällen, in denen der Fortsetzungszusammenhang die Aburteilung überdauert.

[158] RGSt **42** 374; **66** 48; BGHSt **33** 367; OLG Bremen NTW **1954** 1695.

[159] BGHSt **9** 324; BGH StV **1986** 141; AK-*Loos* 51; KK-*Engelhardt*[4] 19; *Kleinknecht/Meyer-Goßner*[44] 9; Einl. 175; SK-*Schlüchter* 24.

[160] BGHSt **9** 237; **33** 367; BGH GA **1968** 228; weit. Nachw. Fußn. 161.

[161] RGSt **66** 49 (gegen RGSt **49** 353); BGHSt **9** 324 = JZ **1957** mit krit. Anm. von *Peters*; BGHSt **17** 5; **21** 259; BGH bei *Holtz* MDR **1980** 272; BayObLGSt **1957** 83, 218 = NJW **1958** 111 (unter Aufgabe von BayObLGSt **1955** 77); OLG Braunschweig NJW **1964** 1237; OLG Düsseldorf StV **1984** 425; OLG Hamburg NJW **1962** 2119; *Hanack* JZ **1972** 356; OLG Stuttgart NJW **1965** 2218; **1978** 712; KK-

Engelhardt[4] 19; *Kleinknecht/Meyer-Goßner*[44] Einl. 172; KMR-*Paulus* 42; SK-*Schlüchter* 24 **a. A** OLG Hamm NJW **1955** 313.

[162] OLG Düsseldorf JMBlNW **1981** 155.

[163] BGHSt **17** 157; **27** 116; BGH LM Nr. 9; NStZ **1982** 519; StV **1982** 159; **1984** 363; BayObLGSt **1959** 377 = JR **1960** 189; BayObLGSt **1963** 115; BayObLG JR **1986** 30 mit Anm. *Keller*; OLG Hamburg NJW **1962** 2119; OLG Hamm JMBlNW **1955** 83; MDR **1977** 951, KG VRS **64** (1983) 42; KK-*Engelhardt*[4] 19; *Kleinknecht/Meyer-Goßner*[44] 9; KMR-*Paulus* 19.

[164] BGHSt **27** 115; BGH StV **1982** 159; **1984** 363; OLG Köln VRS **27** (1964) 216; vgl. ferner BGH NStZ **1982** 519, wonach der Verweisungsbeschluß nach § 270 die förmliche Einbeziehung durch einen eröffnenden Beschluß nicht ersetzt.

[165] Verneinend KMR-*Paulus* 19; vgl. etwa auch OLG Koblenz VRS **71** (1986) 43; die Revisionsentscheidungen Fußn. 163 haben das Verfahren insoweit nach § 260 Abs. 3 ausdrücklich eingestellt.

Einzelhandlungen darstellt, auch dann entfällt mit der Verneinung des Fortsetzungs-zusammenhangs mit einer vom Eröffnungsbeschluß erfaßten Tat die Möglichkeit einer Einbeziehung[166].

Die **Freisprechung** vom Vorwurf einer Tat, die nach der zugelassenen Anklage **36** im Fortsetzungszusammenhang begangen sein soll, verbraucht die Strafklage nach vor-herrschender Meinung nur hinsichtlich der in der Anklage in den Zusammenhang ein-bezogenen und der Entscheidung unterworfenen Einzelhandlungen[167]. Die Frage, ob zwei oder mehr Vorgänge zueinander im Verhältnis einer fortgesetzten strafbaren Hand-lung stehen, kann überhaupt nur unter der Voraussetzung entstehen, daß es sich bei allen diesen Vorgängen um Straftaten handelt. Steht also durch die Freisprechung des Angeklagten von dem Vorwurf, eine bestimmte fortgesetzte strafbare Handlung begangen zu haben, fest, daß die diesem Vorwurf zugrundeliegenden Vorgänge straf-rechtlich gleichgültig und nicht als Straftaten zu beurteilen sind, so kann gar nicht die Frage auftauchen, ob andere Straftaten mit den als nicht strafbar erkannten Vorgängen eine fortgesetzte Handlung bilden. Es geht auch nicht an, statt vom freisprechenden – also Straftaten verneinenden – Urteil von der andersartigen Annahme der Anklage oder des Eröffnungsbeschlusses auszugehen; denn die Annahme hat sich in der Hauptver-handlung ja gerade als unrichtig erwiesen.

Die **Verurteilung** wegen einer **selbständigen Einzeltat** steht der späteren Aburteilung **37** der vor oder nach ihr liegenden gleichartigen Taten, die Teil einer fortgesetzten Hand-lung bilden, nicht entgegen, nur kann die selbständig abgeurteilte Einzeltat nicht in die fortgesetzte Handlung mit einbezogen werden[168]. Ob die **frühere Aburteilung** mehrerer Taten als **selbständige Einzeltaten** ein neues Verfahren ausschließt, wenn die Taten nach Ansicht des jetzt erkennenden Gerichts in den Fortsetzungszusammenhang fallen, ist strittig[169]. Geht man davon aus, daß die frühere Tat grundsätzlich der späteren Kognitions-befugnis entzogen ist, dann gilt dies sowohl für die Bejahung des Fortsetzungszusam-menhangs als auch für dessen ausdrückliche oder konkludente Verneinung. Von diesem Standpunkt aus steht die frühere Aburteilung (auch Freispruch) einer oder mehrerer Einzeltaten der späteren Aburteilung anderer Teilakte unter dem Blickwinkel einer fort-gesetzten Tat nicht entgegen[170]. Gleiches gilt für die **Einstellung wegen eines Teilakts** nach §154 Abs. 2[171]. Anderseits kann dann ein später erkennender Richter nicht berufen sein, den Strafklageverbrauch durch die frühere Verurteilung wegen einer fortgesetzten Tat deshalb zu verneinen, weil die frühere Entscheidung den Begriff des Fortsetzungs-zusammenhangs rechtsirrig zu weit gefaßt habe und in Wirklichkeit mehrere rechtlich

---

[166] BGH StV **1984** 363; VRS **24** (1963) 292; KMR-*Paulus* 41.

[167] RGSt **23** 232; **24** 420; **41** 110; **47** 400; **54** 383; **66** 26: RG JW **1931** 216; BGH nach KK-*Engelhardt*[4] 19; BayObLG MDR **1994** 505; OLG Celle NdsRpfl. **1963** 44, OLG Düsseldorf JMBlNW **1979** 64; StV **1987** 241; *Kleinknecht/Meyer-Goßner*[44] Einl. 175; **a. A** *Beling* JW **1931** 216; *Herzberg* JuS **1972** 114; *Eb. Schmidt* I Nr. 307; 308; vgl. ferner *Gössel* JZ **1986** 46; KMR-*Sax* Einl. XIII 126 ff.

[168] BGH NJW **1985** 1174; NStZ **1993** 51; VRS **24** (1963) 192; OLG Hamm VRS **74** (1988) 194; *Klein-knecht/Meyer-Goßner*[44] Einl. 175.

[169] Den Strafklageverbrauch verneinen RGSt **47** 401; **54** 285; 335; **72** 258; BGHSt **29** 63; BGH NJW **1963** 549; **1985** 1174; GA **1984** 231; GA **1970** 84; bei *Dallinger* MDR **1953** 273; bei *Hürxthal* DRiZ **1978**

86; KK-*Engelhardt*[4] 19; *Kleinknecht/Meyer-Goßner*[44] Einl. 175; anders BGHSt **32** 122 mit abl. Anm. *Gössel* JZ **1986** 46; BGH NStZ **1993** 51; KMR-*Sax* Einl. XIII 26 ff; ferner die Erörterung der Probleme der fortgesetzten Handlung in den Kommentaren zum StGB.

[170] BGHSt **3** 165; **6** 92; 122 (dazu *Eb. Schmidt* JZ **1954** 705); BGHSt **15** 268 = JZ **1961** 425 mit Anm. *Peters*; *Hanack* JZ **1972** 356 (bedenklich); vgl. auch vorst. Fußn.

[171] BGH bei *Hürxthal* DRiZ **1978** 46; *Kleinknecht/Meyer-Goßner*[44] Einl. 175. **a. A** BGH NStZ **1989** 381; vgl. auch BGH NStZ **1992** 142 (Strafklage-verbrauch, wenn schon beim früheren Verfahren Beweismittel für Gesamtvorsatz zur Verfügung standen).

selbständige Taten vorgelegen hätten[172]. Die Prüfungsbefugnis des später erkennenden Gerichts beschränkt sich dann darauf, festzustellen, ob die jetzt zur Aburteilung stehende Tat in den bereits früher rechtskräftig abgeurteilten Fortsetzungszusammenhang fällt, ohne aber dessen Bejahung in Frage zu stellen[173].

38   **e)** Bei **Dauerstraftaten** gelten grundsätzlich dieselben Gesichtspunkte wie bei der fortgesetzten Tat[174]. Da nur eine einzige Tat vorliegt, ist die Einbeziehung des nach dem Eröffnungsbeschluß liegenden Tatteiles auch dann zulässig, wenn der vorherliegende Teil der Tat wegen eines Verbotsirrtums dem Angeklagten nicht als verschuldet angelastet werden kann[175]. Wieweit Dauerdelikte mit anderen Delikten in Tateinheit oder Tatmehrheit stehen und diese zu einer nicht aufspaltbaren einheitlichen verfahrensrechtlichen Tat verknüpfen können, ist strittig[176]. Liegen materiell-rechtlich mehrere Taten vor, bleiben in der Regel auch orts- oder zeitgleich mit dem Dauerdelikt begangene Straftaten selbständige Taten im verfahrensrechtlichen Sinn, auch wenn sie zu einem das Verhalten des Täters motivierenden Gesamtplan gehören[177]. Zur gleichen Tat wie die Dauerstraftat gehören sie nur, wenn sie bei Berücksichtigung der Verflechtung der Handlungen, der sonstigen Zusammenhänge und des die beiderseitigen Tatkonturen eingrenzenden strafrechtlichen Gehalts auch innerlich so zusammengehören, daß ihre getrennte Aburteilung die unnatürliche Aufspaltung eines einheitlichen Lebensvorgangs bedeuten würde[178].

39   **f) Gewerbs- und Gewohnheitsmäßigkeit.** Bei Straftaten, zu deren Tatbestand die Gewerbsmäßigkeit oder Gewohnheitsmäßigkeit gehört, nahm die Rechtsprechung früher an, daß sie ein sog. Sammeldelikt bilden, bei dem die einzelnen Verwirklichungen des Tatbestandes wie die Teilstücke einer fortgesetzten Handlung keiner selbständigen rechtlichen Betrachtung zugänglich seien. Die bei der fortgesetzten Handlung erörterten Grundsätze galten deshalb auch für die Sammeldelikte. Die Rechtsprechung[179] sieht jetzt gewerbsmäßig und gewohnheitsmäßig begangene Straftaten, sofern sie nicht unselbständige Teilakte eines von einem Straftatbestand als Einheit umfaßten Gesamtverhaltens[180] sind, als rechtlich selbständige Taten an. Für sie gelten daher bei der Prüfung der Frage, über welche Tat das Gericht zu urteilen hat, keine besonderen Grundsätze mehr. Das Gericht darf also nur diejenigen Fälle berücksichtigen, die zu den im Eröffnungsbeschluß enthaltenen geschichtlichen Vorgänge gehören[181].

40   **g) Ein Alternativverhältnis zwischen mehreren an sich selbständigen Taten** im Sinne des § 264 kann sich daraus ergeben, daß wegen der besonderen Fallgestaltung zwar sicher feststeht, daß sich der Angeklagte entweder auf Grund des einen oder des anderen Lebensvorgangs strafbar gemacht haben muß, das Gericht aber nicht in der Lage ist, eine der beiden Möglichkeiten sicher auszuschließen. Die in Frage kommenden Hand-

---

[172] Zur Tendenz der Rechtsprechung, hier unterschiedlich zu verfahren *Gössel* JZ **1986** 46 zu BGHSt **33** 122 einerseits und BGH NJW **1985** 1174 andererseits.

[173] Vgl. RGSt **51** 21; *Gössel* JZ **1986** 47 zur Bindung an die Bewertung der Vorentscheidung.

[174] BGHSt **8** 96; BayObLGSt **1957** 218; **1971** 125; **1980** 54 = GA **1978** 81 (L); NJW **1958** 110; MDR **1980** 1043; BayObLG VRS **41** (1971) 443; OLG Braunschweig NJW **1964** 1237; KK-*Engelhardt*[4] 20; *Kleinknecht/Meyer-Goßner*[44] 9; KMR-*Paulus* 40; vgl. ferner etwa OLG Düsseldorf VRS **61** (1981) 301; OLG Stuttgart Justiz **1980** 394; NStZ **1982** 514.

[175] BayObLGSt **1960** 168 = JR **1960** 385.

[176] Vgl. Rdn. 7.

[177] Vgl. etwa BGH NStZ **1975** 508; OLG Düsseldorf NStZ-RR **1999** 178; OLG Hamburg NStZ-RR **1999** 247; ferner die Rechtspr. zu den Organisationsdelikten Rdn. 7.

[178] Vgl. Rdn. 5.

[179] RGSt **72** 164; **73** 216; BGHSt **1** 41; KK-*Engelhardt* 21; KMR-*Paulus* 23; a. A *Eb. Schmidt* I Nr. 311.

[180] Etwa bei den zu einer Bewertungseinheit im Sinne des § 29 BtMG gehörenden Handlungen vgl. Rdn. 47.

[181] RG HRR **1938** Nr. 1320; **1939** Nr. 1138.

lungsalternativen müssen nicht notwendig innerhalb des gleichen geschichlichen Vorgangs liegen[182], die Vorgänge, aus denen der Vorwurf einer Straftat alternativ hergeleitet wird, müssen aber als solche **Gegenstand der Anklage** sein. Die korrespondierende Alternativität allein verknüpft nach vorherrschender Auffassung das in Betracht kommende Geschehen nicht notwendig zu einer historischen Tat[183]. Nur wenn alle Geschehensabläufe, denen die Alternativen entnommen werden, der Kognitionspflicht des Gerichts unterstellt worden sind, kann – sofern die sonstigen Voraussetzungen vorliegen[184] – das Gericht auch eine Alternativverurteilung aussprechen; etwa, wenn die beiden festgestellten Alternativen denselben Strafbestand erfüllen[185] oder wenn die in Frage kommenden verschiedenen Taten Tatbestände betreffen, die in einem Stufenverhältnis zueinander stehen. Es müssen aber für jede der einzelnen Alternativen alle erforderlichen tatsächlichen Feststellungen möglich sein[186].

Ist dagegen **nur eine Alternative** Gegenstand der zugelassenen Anklage, dann fordert **41** der Bundesgerichtshof den mitunter nicht gangbaren Weg der **Nachtragsanklage** nach § 266, um die Entscheidungsgrundlage für die Alternativverurteilung zu schaffen[187] oder aber eine getrennte Anklageerhebung mit nachfolgender Verbindung mit dem bereits anhängigen und bis dahin auszusetzenden Verfahren[188].

Das Bayerische Oberste Landesgericht ließ früher auch **ohne Nachtragsanklage** die **42** **Einbeziehung** des anderen, nicht zur angeklagten Tat gehörenden Vorgangs zu, da andernfalls der Freispruch wegen des einen Vorgangs einer später notwendig werdenden Alternativanklage entgegenstünde; die Befugnis zur Aburteilung könne nicht enger sein als die Rechtskraftwirkung des Urteils; aus diesem Grund reiche, ähnlich wie bei der fortgesetzten Handlung, die Befugnis zur Aburteilung über den angeklagten Lebensvorgang hinaus[189]. Diese Auffassung vermeidet die verfahrensrechtlichen Schwierigkeiten, die der Ansicht des Bundesgerichtshofs entgegenstehen, sie führt aber praktisch zu einer schwer eingrenzbaren Ausweitung des Tatbegriffs des § 264 und ist deshalb abzulehnen[190]; auch das Bayerische Oberste Landesgericht hat sie aufgegeben[191].

Die **verfahrensrechtlichen Folgen** sind je nach der vertretenen Auffassung verschieden. **43** Hält man eine Nachtragsanklage nicht für erforderlich, dann hat das Gericht beide

[182] Vgl. etwa BayObLGSt **1989** 56 = NJW **1989** 2828; KK-*Engelhardt*4 22; KMR-*Paulus* § 260, 47; **a. A** *Koffka* JR **1965** 430; *Sax* JZ **1965** 745; *Schmitt* NJW **1957** 1886.

[183] Vgl. Rdn. 9.

[184] Vgl. § 261, 125.

[185] Etwa, wenn nur offen ist, ob der Angeklagte bei der einen oder anderen Aussage einen Meineid geschworen hat.

[186] Vgl. BGH GA **1967** 184; § 261, 141; 170.

[187] BGHSt **32** 146.

[188] BGHSt **32** 146; BGH NJW **1957** 1886 mit abl. Anm. *Schmitt*; GA **1967** 184; OLG Braunschweig NJW **1959** 1144; *Zeiler* DJ **1934** 906; *Dalma* ZStW **55** (1936) 580; *Nüse* GA **1963** 37; vgl. auch BGHSt **2** 351; BGH NJW **1959** 1139; KK-*Engelhardt*4 22; *Kleinknecht/Meyer-Goßner*44 § 260, 29; KMR-*Paulus* § 260, 47; *Schröder* NJW **1985** 780.

[189] BayObLGSt **1965** 53 = NJW **1965** 2211 = JR **1965** 428 mit abl. Anm. *Koffka*; abl. *Sachs* JZ **1965** 745; *Fuchs* NJW **1966** 1110; *Jakobs* Ga **1971** 258; ähnlich OLG Celle NJW **1968** 2390 mit abl. Anm.

Fuchs = JR **1969** 153 mit abl. Anm. *Koffka*; vgl. auch *Tröndle* JR **1974** 135. Nach OLG Celle NJW **1979** 228 umschließt die Tat wegen der offenen Alternativität einzelner Tatsachen auch das negative Spiegelbild; OLG Celle NdsRpfl. **1986** 259 hält an beiden Entscheidungen nicht mehr fest; vgl. ferner OLG Düsseldorf JR **1980** 470 (abl. *Stein* JR **1980** 444); OLG Hamm NJW **1981** 237 (dazu *Bottke* JA **1982** 219); KG NJW **1979** 228; OLG Schleswig bei *Ernesti/Lorenzen* SchlHA **1984** 106; OLG Zweibrücken NJW **1980** 2144; ferner Fußn. 40, 41 mit weit. Nachw. zum Streitstand. Auch BayObLGSt **1983** 109 stellte noch auf das Alternativverhältnis ab; BayObLGSt **1984** 78 hat dies aufgegeben; vgl. Rdn. 63

[190] BGHSt **32** 146, BayObLGSt **1991** 3; weit. Nachw. vorst. Fußn. Zur Kritik an einem die Alternativität als Abgrenzungskriterium benützenden Tatbegriff vgl. Rdn. 9.

[191] BayObLGSt **1984** 78; **1991** 3; vgl. auch OLG Celle NJW **1988** 1225.

Alternativen zu prüfen und kann auch wahlweise verurteilen. Hält man dies jedoch mit der vorherrschenden Meinung nur dann für zulässig, wenn auch die als eine andere Tat anzusehende Alternative entweder von Anfang an durch eine Alternativanklage oder später durch eine Nachtragsanklage der Untersuchung des Gerichts unterstellt worden ist, dann muß das Gericht über beide Lebenssachverhalte entscheiden. Kommt es zu keiner Alternativverurteilung, sondern verurteilt es wegen eines der beiden Vorgänge, dann bedarf es wegen des Alternativverhältnisses keines **besonderen Freispruchs** wegen des anderen Vorgangs, sofern die zugelassene Anklage oder die Nachtragsanklage bereits von einem Alternativverhältnis ausgegangen ist und nicht etwa in dessen Verkennung zwei selbständige Straftaten angenommen hat. Ist nur eine der beiden Alternativen angeklagt, und will das Gericht wegen dieser auch verurteilen, so steht, da verschiedene Taten, dem nicht entgegen, wenn der Angeklagte bereits rechtskräftig wegen der nach Ansicht des Gerichts unzutreffenden anderen Alternative verurteilt worden ist. Strittig ist aber, ob das Gericht befugt ist, dann die unzutreffende frühere Verurteilung wegen der anderen Alternative unter Anrechnung der Strafe selbst aufzuheben[192] oder ob dies dem Wiederaufnahmeverfahren vorbehalten werden muß[193].

44   **5. Beispiele aus der Rechtsprechung**[194]. Die nachstehend angeführten Beispiele aus der Rechtsprechung betreffen das materielle Recht in der jeweils zur Tatzeit geltenden Fassung. Sie geben lediglich Hinweise, da letztlich immer nur der tatsächliche Geschehensablauf entscheidend ist. Wenn nichts anderes erwähnt ist, wurde die Tatidentität bejaht.

Abtreibung und Tötung des dadurch vorzeitig geborenen Kindes sind zwei Taten[195];

Anstiftung statt Täterschaft[196]; die versuchte Anstiftung und die auf neuem Tatentschluß beruhende Anstiftung verschiedener Personen sind zwei Taten, auch wenn sie das gleiche Verbrechen betreffen[197], versuchte **Anstiftung zur Tötung** und spätere eigenhändige Tötung des gleichen Opfers sind zwei Taten[198],

Anzeigepflicht nach § 138 StGB und der Vorwurf, die sie auslösende Katalogtat begangen zu haben und umgekehrt[199],

Aufsichtspflichtverletzung (§ 130 OWiG) ist eine Dauertat, auch wenn sie eine Vielzahl von Zuwiderhandlungen zur Folge hat[200],

45   eine **Aussage**, die mehrere Angaben enthält, ist in der Regel eine Tat; so ist bei Meineid oder fahrlässigem Falscheid die gesamte beeidigte Aussage Gegenstand des Verfahrens; das Gericht kann also die Verurteilung auch auf in der Anklage nicht genannte Teile der Aussage stützen[201]. Auch eine in mehreren Punkten falsche uneidliche Aussage ist nur eine Tat im Sinne des § 264[202], nicht aber mehrere bei verschiedener Gelegenheit abgegebene, inhaltlich verschiedene Aussagen[203];

---

[192] *Meyer-Goßner* FS Salger 353; *Kleinknecht/Meyer-Goßner*[44] 13; anders BGHSt **35** 60 = JZ **1988** 258 mit Anm. *Roxin*, wo nur die frühere Strafe nach § 51 Abs. 2 StGB angerechnet worden war.
[193] Vgl. LG Saarbrücken NStZ **1989** 546 mit Anm. *Gössel*; SK-*Schlüchter* 58.
[194] Weitere Beispiele bei *Oehler* GedS *Schröder* 439; KK-*Engelhardt*[4] 7; SK-*Schlüchter* 18.
[195] BGHSt **13** 21; *Oehler* GedS *Schröder* 448.
[196] RGSt **3** 95.
[197] BGH StV **2000** 350; vgl. BGH NStZ **1998** 180 mit Anm. *Geppert*.

[198] BGH NStZ **2000** 216.
[199] BGH NStZ **1993** 50.
[200] BGH wistra **1990** 67; OLG Frankfurt NJW **1992** 2772; KG NStZ **1999** 253; *Göhler* OWiG § 130, 31 mit weit. Nachw.
[201] RGSt **61** 225; **62** 154; RG JW **1927** 2045; BGHSt **15** 274; bei *Dallinger* MDR **1969** 904; OLG Oldenburg NdsRpfl. **1958** 99.
[202] OLG München NJW **1967** 2219; **a. A** OLG Düsseldorf NJW **1965** 2070 mit Anm. *Oppe*.
[203] BGHSt **32** 146; BGH NJW **1955** 1240; **1957** 1887.

Äußerungen in ein und derselben Schrift oder Rede; diese können je nach dem inneren **46** Zusammenhang der in ihnen zum Ausdruck gebrachten Gedanken eine und dieselbe oder aber mehrere Taten sein[204];

Bauen ohne Genehmigung und Fortsetzung des Baus nach behördlicher Einstellungs- **47** anordnung sind in der Regel verschiedene Taten[205],

Begünstigung statt Mittäterschaft[206]. Eigennützige Begünstigung in Bezug auf einen durch Hehlerei erworbenen Kraftwagen statt Anstiftung zum Diebstahl dieses Wagens[207]; sachliche Begünstigung statt Hehlerei in Bezug auf dieselben Sachen[208],

Beihilfe statt Täterschaft und umgekehrt[209],

Beleidigung statt Verführung[210]. Die spätere Wiederholung einer Beleidigung kann eine neue Tat sein[211],

Betäubungsmittelgesetz. Beim Handeltreiben mit Betäubungsmitteln faßt die Rechtsprechung alle Teilakte, die dem Umsatz derselben Rauschgiftmenge dienen, wie Erwerb, Besitz und Absatz, auch bei einer längeren Zeitspanne und bei neuen Willensentschlüssen bezüglich der einzelnen Absatzhandlungen zu einer Tat im materiell-rechtlichen Sinn zusammen (Bewertungseinheit)[212]. Diese schließt jedoch – ähnlich wie bei der fortgesetzten Tat – den Absatz einer Restmenge nach rechtskräftigem Schuldspruch nicht mehr mit ein[213]. Der Umsatz getrennt erworbener Rauschgiftmengen gehört nicht zur gleichen Bewertungseinheit[214], ebensowenig andere Verstöße gegen das Betäubungsmittelgesetz. Der gleichzeitige Besitz allein klammert mehrere Straftaten des unerlaubten Handelns nicht zu einer Tat zusammen[215]. Verfahrensrechtlich wird man die von der materiell-rechtliche Bewertungseinheit umfaßten Einzelhandlungen als eine Tat anzusehen haben[216]. Beschafft sich der Täter die ihm gestohlene, zum Handeltreiben bestimmte Rauschgiftmenge gewaltsam wieder, so liegt darin eine neue, gegenüber dem früheren Handeltreiben selbständige Tat[217]. Der Erwerb und der Besitz von Betäubungsmitteln und eine danach angetretene Autofahrt im fahrunfähigen Zustand werden als zwei selbständige Taten angesehen[218].

Betrug statt Unterschlagung und umgekehrt[219]; Betrug statt Untreue[220], Betrug zum **48** Nachteil einer Versicherungsgesellschaft statt Betrug zum Nachteil eines Zeugen, auch wenn die den Tatbestand erfüllende Handlung verschieden ist[221]. Betrug zu Lasten der

---

[204] RGSt **62** 83; RG JW **1925** 2781; *Kern* Äußerungsdelikte 51; vgl. die Kommentare zu § 185 ff StGB.

[205] BayObLGSt **1970** 205; **1972** 252; anders OLG Stuttgart Justiz **1980** 394 (bei baldiger Fortsetzung der Arbeiten).

[206] RGSt **25** 334; **55** 76; **62** 112.

[207] BGHSt **2** 374.

[208] BGHSt **13** 320.

[209] RGSt **9** 161; **13** 148; RGRspr. **6** 654.

[210] RGSt **30** 11.

[211] Vgl. OLG Hamburg NStZ-RR **1997** 103.

[212] Bay ObLGSt **1973** 104. BGHSt **30** 28, **41** 385 = JZ **1997** 101 mit Anm. *Kindhäuser*, BGHSt **42** 162; **43** 1 = JR **1999** 89 mit Anm. *Paeffgen*; BGH NStZ **1993** 44; **1994** 495; **1995** 193; **1996** 93; **2000** 216; StV **1981** 127; **1882** 60; **1984** 366; **1986** 6; **1996** 650; **1997** 470; 636; BGHR BtMG § 29 I Nr. 1 Nr. 4, 5, 12, 27, OLG Zweibrücken MDR **1993** 73. *Meurer* NJW **2000** 2940; *Körner* StV **1998** 627; *Zschockelt* NStZ **1997** 226; 266; **1998** 238.

[213] OLG Karlsruhe Justiz **1998** 127.

[214] BGHSt **30** 28; BGH NStZ **1997** 234; 344, vgl. auch BGH NStZ **1999** 411 (einheitlicher Zahlungsvorgang). StV **1984** 366 (Bewertungseinheit).

[215] BGH NStZ **1995** 37; 38.

[216] Zu den Grenzen ihrer Klammerwirkung vgl. BGH StV **1998** 26, NStZ **1999** 411; *Schlüchter* JZ **1991** 1059.

[217] BGH StV **1998** 26.

[218] BGH StV **1981** 127; **1982** 60; **1986** 6; BayObLGSt JZ **1991** 1095, dazu kritisch *Schlüchter* JZ **1991** 1057.

[219] RGSt **9** 420; **44** 118; **46** 221.

[220] RG GA **42** (1894) 124.

[221] OLG Stuttgart NJW **1965** 2218; vgl. OLG Düsseldorf OLGSt NF § 263 StGB Nr. 2 (Betrug des Zeitschriftenwerbers zum Nachteil des Verlags und Betrug zum Nachteil des Kunden).

Versicherung steht zwar in Tatmehrheit zur betrügerischen Brandstiftung nach § 265 StGB[222], er kann jedoch von einer unter den Gesichtspunkten der §§ 265, 306 StGB angeklagten Tat mit umfaßt werden[223]. Betrug durch Hingabe von Prolongationswechsel statt durch Hingabe der ursprünglichen Wechsel wurde als eine Tat angesehen[224], ebenso Betrug, der die vorzeitige Aufgabe der Beteiligung an einer Gesellschaft verhindern soll gegenüber der Verleitung zur Beteiligung an dieser Gesellschaft[225]. Hat A dagegen Möbel von B erschwindelt und an C verkauft, wo B sie zurückerhielt, so ist Betrug zu Lasten des B eine andere Tat als der Betrug zu Lasten des C[226]. Die im Rahmen eines Geschäftsbetriebs begangenen Betrügereien sind verschiedene Taten, wenn sie in eine Vielzahl von Einzelhandlungen zerfallen[227]. Eine nach Scheitern des Betrugsversuchs begangener Versuch einer räuberischen Erpressung ist eine neue Tat[228].

49   **Diebstahl** und Begünstigung[229]; Diebstahl statt Erwerb unter Verstoß gegen Preisvorschriften[230]; bei Hehlerei statt des vorangegangenen Diebstahls, es kommt auf den Einzelfall an[231]; vor allem auch im umgekehrten Fall, wenn es darum geht, ob die Verurteilung wegen Hehlerei die Strafklage wegen des vorangegangenen Diebstahls oder Raubs verbraucht hat oder ob dieser nach Tatobjekt und Tatbild unter Berücksichtigung von Tatzeit und Tatort als ein räumlich und zeitlich getrennter andersartiger Lebensvorgang zu werten ist[232]. Ein Mittäter des Diebstahls kann auch zusätzlich wegen Hehlerei an der Beute belangt werden[233] oder wegen versuchten Betrugs beim Absatz des Diebesguts[234]. Fortgesetztes Fahren ohne Führerschein und fortgesetzte Diebstähle, auch wenn der Täter zum Tatort fuhr und das Diebesgut abtransportierte, sind verschiedene Taten[235].

50   **Entführung** faßt die in der Trunkenheitsfahrt liegende Verkehrsgefährdung und die **versuchte Vergewaltigung** zu einer Tat zusammen[236],

51   **Falschgeld**, Beschaffen und in Verkehr bringen[237],

52   **fahrlässige** statt vorsätzliche Begehung einer Tat und umgekehrt[238],

eine **Fahrt** mit einem Fahrzeug kann eine oder mehrere Taten im Sinne des § 264 umfassen. Es hängt dies von den Umständen des Einzelfalls ab, wobei allerdings die nur verkehrsbedingten Anhaltevorgänge die Fahrt nicht schon in mehrere Taten aufspalten, wegen der strittigen Einzelfragen muß auf die Erläuterungsbücher zum Straßenverkehrsrecht verwiesen werden. Es können hier nur einige Beispiele aus der Recht-

---

[222] BGHSt **11** 398; vgl. die Kommentare zu § 265 StGB.

[223] RG HRR **1939** Nr. 670. BGHSt **45** 211 = JR **2000** 425 mit Anm. *Radtke*.

[224] BGH bei *Kusch* NStZ **1994** 228.

[225] BGH NJW **1992** 2838.

[226] BGH bei *Dallinger* MDR **1970** 199.

[227] BGHSt **26** 284 = LM StPO **1975** Nr. 1 mit Anm. *Willms*; ferner Rdn. 5 mit weit. Nachw.

[228] BGH NStZ **1983** 87.

[229] BGHSt **2** 371; OLG Köln NStZ **1990** 203; vgl. aber auch BGHSt **35** 80 = JZ **1988** 260, mit Anm. *Roxin*; OLG Frankfurt GA **1988** 374.

[230] **A. A** OGHSt **2** 80.

[231] Früher bejahte man die Tatidentität uneingeschränkt – etwa RGSt **2** 187; **8** 135; BGH bei *Dallinger* MDR **1954** 17; wohl auch BGHSt **35** 172; vgl. zu den Einzelfragen ferner BGHSt **32** 215; **35** 86 = NStZ **1988** 455 mit Anm. *Wolters*; BGHSt **36** 151; BGH NStZ **1989** 266; sowie nachf. Fußn.

[232] BGHSt **35** 60 = JZ **1988** 260 mit Anm. *Roxin*; BGH NStZ **1999** 363; OLG Celle **1988** 1225; LG Saarbrücken NStZ **1989** 546 mit Anm. *Gössel*; zu den strittigen Fragen ferner etwa *Beulke/Fahl* Jura **1998** 262; *Gillmeister* NStZ **1989** 4.

[233] BGH JZ **1953** 85; vgl. aber auch Rdn. 8.

[234] OLG Oldenburg NdsRpfl. **1955** 159.

[235] BGH GA **1961** 346; BGH NJW **1981** 997 differenziert danach, ob Tateinheit vorliegt, weil Abtransport noch zur Diebstahlshandlung gehört.

[236] BGH VRS **60** (1981) 292; vgl. *Pfeiffer/Miebach* NStZ **1984** 212; ferner BGH bei *Dallinger* MDR **1973** 556; zust. *Schöneborn* NJW **1974** 735.

[237] BGH NJW **1986** 2960; GA **1984** 92 NStZ **2000** 105; OLG Düsseldorf JMBlNW **1986** 93.

[238] Seit RGRspr. **1** 798; **2** 332 (vgl. Rdn. 31) ständige Rechtsprechung; etwa BGH VRS **48** (1975) 354; **49** (1975) 177; BayObLGSt **1973** 96; **1980** 13 = VRS **59** (1980) 195; OLG Hamm NJW **1973** 1852; VRS **48** (1975) 226.

sprechung gebracht werden: Eine Fahrt, die von Anfang an geplant war, ist eine Tat, auch wenn sie unterbrochen wurde[239]; mehrere auf derselben Fahrt begangene Verkehrs- verstöße können aber je nach den Umständen auch mehrere Taten sein, so, wenn sie in keinem inneren Zusammenhang stehen und örtlich und zeitlich voneinander getrennt sind[240]. Mehrere durch einen Unfall verursachte Körperverletzungen sind eine Tat[241].

Die fahrlässige Verkehrsgefährdung ist bei der **Trunkenheitsfahrt** eine Dauerstraftat, die mit Herbeiführung der Gemeingefahr zwar vollendet, aber nicht beendet ist, so daß auch spätere Vorkommnisse auf dieser Fahrt zur gleichen Tat gehören[242], so auch Trunkenheitsfahrt und Widerstand[243], oder die Trunkenheitsfahrt und die mit ihr began- gene unerlaubte Einfuhr von Betäubungsmitteln[244]. Ob eine Trunkenheitsfahrt mehrere voneinander unabhängige Verkehrsverstöße zu einer Tat zusammenfassen kann, ist strittig und hängt von der Gestaltung des Einzelfalls ab[245].

Das **unerlaubte Entfernen vom Unfallort** und die vorangegangene Herbeiführung eines **53** Verkehrsunfalls sind eine Tat[246], desgleichen alle bei der ununterbrochenen Fluchtfahrt begangenen Verstöße[247]. Ob das unerlaubte Entfernen vom Unfallort und das Über- lassen der Führung des KFZ an einen Dritten ohne Fahrerlaubnis innerlich zu einer Tat verknüpft sind, hängt von den jeweiligen Umständen ab[248].

Fahren **ohne Fahrerlaubnis** kann – je nach den Umständen – eine (fortgesetzte) Tat **54** sein[249], in Verbindung damit auch die Urkundenfälschung durch Gebrauch eines gefälschten Führerscheins[250]. Der Diebstahl eines Kraftwagens und das Fahren dieses Fahrzeugs ohne Fahrerlaubnis wurden als verschiedene Taten gewürdigt[251], während im Fahren ohne Fahrerlaubnis und der bei der Fahrt begangenen räuberischen Erpressung und sexuellen Nötigung eine Tat gesehen wurde[252], aber auch, wenn nach einer räuberi- schen Erpressung die Art der Flucht eine wesentliche Rolle gespielt hatte[253]. Mehrere

---

[239] BGH NJW **1963** 549; BayObLG bei *Rüth* DAR **1986** 248; OLG Celle VRS **30** (1966) 196; OLG Hamburg VRS **35** (1968) 184; OLG Hamm DAR **1957** 162; OLG Karlsruhe VRS **57** (1979) 114; Justiz **1973** 27; KG VRS **57** (1979) 354; OLG Saar- brücken DAR **1960** 361.

[240] BGHSt **23** 141; 271; BayObLGSt **1968** 57 = VRS **35** (1968) 421; BayObLGSt **1970** 51; **1997** 17; 40 = NZV **1997** 282; 484; BayObLG bei *Rüth* DAR **1982** 254; **1985** 245; **1986** 247; OLG Düsseldorf VRS **90** (1996) 296; NZV **1994** 118; **1996** 503; OLG Hamm VRS **46** (1974) 277; **47** (1974) 193; **50** (1976) 449; OLG Jena NStZ **1999** 336; OLG Köln NJW **1970** 961; VRS **88** (1993) 366; OLG Nürnberg NJW **1995** 3332.

[241] OLG Braunschweig NdsRpfl. **1975** 128.

[242] BayObLGSt **1963** 46; **1980** 13 = VRS **29** (1965) 110; **59** (1980) 195; KG VRS **57** (1979) 354; OLG Karlsruhe Justiz **1973** 27.

[243] OLG Stuttgart MDR **1975** 423.

[244] BGH StV **1995** 62.

[245] Verneinend BGHSt **23** 141 = JZ **1970** mit abl. Anm. *Grünwald*; vgl. etwa auch BGH NJW **1969** 257; BGH VRS **63** (1982) 39 (eine Tat); BayObLG bei *Rüth* DAR **1986** 247 (verschiedene Taten); OLG Düsseldorf NJW **1967** 1768 mit Anm. *Oppe*; KG VRS **35** (1968) 347; OLG Karlsruhe Justiz **1973** 27; ferner die Sonderfälle BayObLG VRS **59** (1980) 197 (Übermüdung); **69** (1985) 37 (vorsätzliche Kör-

perverletzung); OLG Zweibrücken VRS **69** (1985) 296 (Trunkenheit nach Unfall).

[246] BGHSt **23** 141; **24** 185; **25** 77; (vgl. Vorlage- schlüsse BayObLG VRS **38** (1970) 252; OLG Hamm NJW **1969** 80); BGH VRS **63** (1982) 39; BGH nach *Hürxthal* DRiZ **1982** 388; BayObLG VRS **59** (1980) 197; bei *Rüth* DAR **1986** 248; OLG Celle VRS **34** (1968) 350; **36** (1969) 352; **54** (1978) 38; OLG Hamburg VRS **49** (1975) 378; OLG Hamm NJW **1970** 1244; VRS **68**; VRS **42** (1972) 360; KG VRS **35** (1968) 347; **39** (1970) 71; OLG Köln VRS **63** (1982) 128; OLG München NJW **1970** 261; OLG Saarbrücken VRS **46** (1974) 22; OLG Zweibrücken VRS **63** (1982) 53; OLG Stutt- gart Justiz **1984** 404.

[247] BGH NStZ-RR **1997** 331.

[248] OLG Karlsruhe VRS **92** (1997) 255.

[249] Etwa BGH NJW **1963** 549; OLG Hamm DAR **1957** 162.

[250] OLG Frankfurt VRS **56** (1979) 37; OLG Köln VRS **49** (1975) 360; vgl. auch KG JR **1976** 516 mit Anm. *Meyer-Goßner*.

[251] BGH NJW **1981** 997 (keine innerliche Verknüp- fung); OLG Koblenz VRS **46** (1974) 204; vgl. Rdn. 49.

[252] BGH NStZ **1984** 135; zur Klammerwirkung der Entführung vgl. Rdn. 50.

[253] BGH StV **1996** 472 (unnatürliche Aufspaltung eines einheitlichen Lebensvorgangs).

Taten wurden angenommen, wenn die Fahrt jeweils unterbrochen wurde, um in geeignet erscheinende Häuser einzubrechen[254]. Auch die Fahrt zum Tatort der Brandstiftung wurde als andere Tat als die Brandstiftung angesehen[255]. Wird statt des angeklagten Fahrens ohne Fahrerlaubnis Vortäuschen einer Straftat und persönliche Begünstigung (A hat sich zu Unrecht als Fahrer ausgegeben) angenommen, liegt nicht die gleiche Tat vor[256]; ebenso zwischen dem eigenen Fahren und dem Dulden, daß ein anderer fährt[257]; zu den Problemen des sog. Alternativverhältnisses vgl. Rdn. 9; 40 ff.

55   Der Vorwurf, **falsch gefahren** zu sein, und der Vorwurf, durch **mangelhafte Sicherung** des Kraftfahrzeuges dessen Gebrauch durch einen Unbefugten ermöglicht zu haben, betreffen zwei verschiedene Taten[258]; desgleichen verbotswidriges Parken und unterlassene Anmeldung eines Kraftfahrzeugs[259] oder das Unterlassen gebotener Eintragungen und ein Verkehrsverstoß[260]. Verschiedene Taten sind auch die Dauerordnungswidrigkeit der Nichtanmeldung beim TÜV zur Hauptuntersuchung und das Nichtwiedervorführen zur Überprüfung der Mängelbeseitigung[261] oder die Inbetriebnahme trotz erloschener Betriebserlaubnis[262] oder eine durch einen Fahrfehler begangene fahrlässige Körperverletzung[263]. Zu einer Tat gerechnet werden der Verstoß gegen § 29 StVZO und die darauf beruhenden Verstöße gegen die Straßenverkehrsordnung[264], das Nichtmitführen der Fahrzeugpapiere und ein auf der Fahrt begangener Verkehrsverstoß[265] oder der Verkehrsordnungswidrigkeit und die sich unmittelbar daran anschließende Verweigerung der Angaben der Personalien gegenüber der Polizei[266] oder ein Verkehrsverstoß und eine damit zusammenhängende Beleidigung[267]. Als eine Tat behandelt wurden ferner die fahrlässige Trunkenheitsfahrt und die versuchte Vergewaltigung[268] oder versuchte Nötigung und Unfallflucht[269], während in der Dauerordnungswidrigkeit nach § 24a StVG und in der in ihrer Unterbrechung begangenen sexuellen Nötigung verschiedene Taten gesehen wurden[270].

Die **Förderung der Prostitution** (§ 180a StGB) läßt nicht die im zeitlichen Zusammenhang damit begangenen schwereren Straftaten wie Menschenhandel zur gleichen Tat werden[271]. Kuppelei und zuhälterische Handlungen bei derselben Frau wurden als eine Tat angesehen[272].

56   **Fortsetzungszusammenhang** statt eine Mehrzahl selbständiger Straftaten[273]; zu den Besonderheiten der fortgesetzten Tat s. Rdn. 32;

57   **Insolvenzstraftaten.** Vergehen nach § 240 Nr. 4 statt § 240 Nr. 3 KO a. F[274] (vgl. jetzt §§ 283 ff StGB) oder mehrere innerhalb eines bestimmten Zeitraums liegende Verstöße

---

[254] BGH NStZ **1997** 508; vgl. auch BGH NStZ **1995** 300; **1996** 563.
[255] BGH NStZ **1995** 300.
[256] OLG Celle NJW **1968** 2390; dazu *Fuchs* NJW **1968** 2390; vgl. OLG Schleswig bei *Ernesti/Lorenzen* SchlHA **1984** 106 (Strafvereitelung); weit. Nachw. Rdn. 55.
[257] BayObLG VRS **65** (1983) 208; OLG Köln VRS **63** (1982) 128; vgl auchBayObLG bei *Rüth* DAR **1986** 248 (Ermächtigung zum Fahren ohne Fahrerlaubnis und Unfallflucht im Vollrausch).
[258] OLG Hamm JMBlNW **1964** 237; vgl. auch OLG Koblenz VRS **63** (1982) 72.
[259] OLG Koblenz VRS **58** (1980) 378.
[260] OLG Hamm VRS **60** (1981) 50.
[261] BayObLGSt **1982** 97 = VRS **63** (1980) 366.
[262] OLG Stuttgart VRS **60** (1981) 64.
[263] OLG Hamm VRS **48** (1973) 344.

[264] OLG Hamm NJW **1968** 1248; vgl. BayObLG VRS **61** (1981) 447; **62** (1982) 131 (Bußgeldbescheid wegen der abgefahrenen Reifen erfaßt auch das vorausgegangene Fahren); ähnlich, aber weitergehend OLG Schleswig bei *Ernesti/Lorenzen* SchlHA **1986** 115.
[265] BayObLGSt **1984** 95.
[266] OLG Düsseldorf MDR **1971** 320; vgl. auch BayObLG MDR **1971** 597.
[267] BayObLGSt **1971** 22; 106 = NJW **1971** 1325; MDR **1971** 1030.
[268] BGH bei *Dallinger* MDR **1975** 544; vgl. Rdn. 50.
[269] BGH NJW **1975** 176.
[270] Vgl. OLG Koblenz NJW **1978** 716; dazu abl. *Kinnen* MDR **1978** 544.
[271] OLG Düsseldorf NStZ-RR **1999** 178.
[272] BGH GA **1958** 366.
[273] RGSt **9** 344; vgl. § 260, 47 ff.
[274] RGSt **11** 251.

gegen die Buchführungspflicht (§ 283 Abs. 1 Nr. 5 StGB)[275]. Ein durch Vorlage der gefälschten Bilanz begangener Betrug ist dagegen eine andere Tat[276];

Körperverletzung durch Unterlassen bei Obhutspflicht und vorsätzliche Tötung[277]; Körperverletzung und unterlassene Hilfeleistung bei Verletzten[278]; über längere Zeit andauernde Körperverletzung[279]. **58**

Lebensmittelvergehen; das In-den-Verkehr-bringen eines nachgemachten Lebensmittels wird von der Anklage mit umfaßt, das Lebensmittel in der Absicht nachgemacht zu haben, es in den Verkehr zu bringen[280];

Mehrzahl selbständiger Straftaten statt einer einheitlichen Handlung[281]; mehrere selbständige Taten können durch eine mit ihnen rechtlich zusammentreffende Straftat zu einer Tat i. S. des § 264 zusammengefaßt werden. Wieweit durch diese Klammerwirkung ein auch innerlich zusammengehörender einheitlicher Lebensvorgang entsteht, hängt von den Umständen des jeweiligen Sachverhalts ab und ist, vor allem bei sich über einen längeren Zeitraum erstreckenden Fortsetzungs- oder Dauertaten strittig[282]; dies gilt auch für die Frage, ob eine minderschwere Tat dies bewirken kann[283]; **59**

Menschenhandel (180b Abs. 2 Nr. 1 StGB) und Vergewaltigung der in eine hilflose Lage gebrachten Person[284] sowie Menschenhandel und der bei den gleichen Fahrten durchgeführten Transport von Waffen und Betäubungsmitteln über die Grenze[285].

Unterlassen der **Nacheichung** (Vorführen der Waage beim Eichamt) ist nicht dieselbe Tat **60** wie das Bereithalten der nicht nachgeeichten Waage für den Verkehr[286].

Nichtabführung von Arbeitnehmeranteilen zur Sozialversicherung und unerlaubte Beschäftigung von Ausländern[287]; ob die Nichtabführung der Lohnsteuer eine davon verschiedene Tat ist, ist strittig[288].

Nichtanzeige eines Verbrechens (§ 139 StGB) kann je nach der Lage des Falls dieselbe Tat sein wie die Teilnahme am Verbrechen[289];

Pressedelikt (Beleidigung) und Verantwortlichkeit als Redakteur[290]; fahrlässiges **61** **Pressevergehen** nach dem ehem. § 21 RPresseG statt vorsätzlicher Verstoß nach § 20 RPressG[291];

Rauschtat. Begeht der Täter im Vollrausch (§ 323a StGB) mehrere Straftaten, so liegt nur ein Vergehen des Vollrausches und nur eine Tat vor[292], desgleichen, wenn er bei einem Teil der Taten für diese nach den Grundsätzen der actio libera in causa zur Verantwortung gezogen werden kann[293].

Steuerhinterziehung und Bestechung[294]. Das Steuervergehen kann eine andere Tat sein **62** als das damit zusammenhängende Wirtschaftsvergehen[295]. Die Steuererklärung faßt

---

[275] BGH NStZ **1995** 347.
[276] BGH bei *Herlan* GA **1955** 365.
[277] BGH NStZ **1984** 469.
[278] BGHSt **8** 19; 96.
[279] BGH NStZ **2000** 251.
[280] BayObLGSt **1957** 252 (zum früheren § 4 LMG).
[281] Seit RGRspr. **2** 163 h. M. vgl. Rdn. 3; 29.
[282] Vgl. Rdn. 7; 11; 50 mit weit. Nachw.
[283] So BGHSt **6** 97; vgl. Rdn. 7 mit weit. Nachw.
[284] BGH NStZ **1999** 311.
[285] OLG Braunschweig NStZ-RR **1997** 80.
[286] BayObLGSt **1953** 101 = NJW **1953** 1482.
[287] OLG Stuttgart NStZ **1982** 514; vgl. auch *Müller* NStZ **1985** 397.
[288] Verneinend BayObLGSt **1985** 131 = NStZ **1986**

173; OLG Stuttgart MDR **1986** 693; OLG Zweibrücken NJW **1975** 128 nimmt eine Tat an; ebenso OLG Stuttgart NStZ **1982** 514 (bei unerlaubter Beschäftigung); *Müller* NStZ **1985** 397.
[289] RGSt **14** 78; **21** 78; **28** 12; **53** 169; RG JW **1926** 820; BGH JZ **1955** 344.
[290] OLG Schleswig bei *Ernesti/Lorenzen* **1981** 94; vgl. OLG Stuttgart Justiz **1980** 487 (Presseorganisationsdelikt und Strafbarkeit als verantwortlicher Redakteur).
[291] RGSt **29** 143.
[292] BGHSt **23** 273; BGH bei *Holtz* MDR **1990** 989.
[293] OLG Schleswig bei *Lorenzen/Thamm* SchlHA **1991** 117.
[294] BGHSt **10** 396.
[295] OLG Frankfurt NJW **1953** 557 mit Anm. *Leise*.

Walter Gollwitzer

durch die Versicherung ihrer Richtigkeit die verschiedenen Angaben zu einer Tat zusammen[296]. Eine Tat sind auch die durch die gleiche Unterlassungshandlung begangene Beihilfe zur Lohnsteuerverkürzung und zur Nichtabführung der Sozialabgaben[297]. Im Steuerstrafrecht wird der prozessuale Tatbegriff meist mit der Tateinheit gleichgesetzt[298]. Die Verkürzung mehrerer Steuern durch Nichtabgabe der Steuererklärungen für den gleichen Veranlagungszeitraum sind mehrere Taten[299]; desgleichen die Steuerhinterziehung und der Verstoß gegen das Gesetz zur Regelung der Arbeitnehmerüberlassung[300]. Vgl. ferner Rdn. 60;

63   **Strafvereitelung** durch Beihilfe zur Beseitigung der Leiche und Mord sind verschiedene Taten[301]; desgleichen die Strafvereitelung und der durch die Behauptung, selbst gefahren zu sein, ausgelöste Vorwurf der fahrlässigen Tötung oder der unerlaubten Entfernung vom Unfallort[302].

Der fortgesetzte Erwerb von **unedlem Metall** unter Verstoß gegen das frühere UMG umfaßte auch den Ankauf von gestohlenem Metall von Minderjährigen[303],

Unterdrückung des Personenstands statt Kindesaussetzung[304],

64   **Unterlassene Hilfeleistung** statt Raufhandel oder Körperverletzung[305], statt Beihilfe zum Raub[306] oder statt sexueller Nötigung und umgekehrt[307], denn die den Unglücksfall auslösende Straftat gehört zum gleichen Lebensvorgang; ist die Tatbeteiligung nicht nachweisbar, lebt das sonst subsidiäre Delikt auf.

Unterschlagung statt Diebstahl[308] oder statt Untreue[309]; Anstiftung der Unterschlagung statt Hehlerei[310],

Untreue durch Nichtabführung eingenommener Gelder kann auch Hingabe ungedeckter Schecks einschließen[311]. Mehrere Untreuehandlungen zum Nachteil der Gesellschafter einer GmbH sind mehrere Taten[312]; desgleichen Untreue und eine damit zusammenhängende, später begangene Körperschaftsteuerhinterziehung[313] oder die Veruntreuung vermögenswirksamer Leistungen und die zeitgleiche Vorenthaltung von Sozialversicherungsbeiträgen[314].

65   **Urkundenfälschung** statt Betrug[315]; erfüllt der angeklagte Gebrauch eines verfälschten Passes nicht den Tatbestand des § 267 StGB, so gehört die längere Zeit vorher vorgenommene Verfälschung nicht zur gleichen Tat[316], wohl aber die falsche Beurkundung im Amt (§ 348 StGB) statt fahrlässiger Tötung bei falscher Bescheinigung von Trichinen-

---

[296] Vgl. BGH NJW **1980** 2591; **1985** 1967 mit weit. Nachw. zu den in Einzelheiten strittigen Fragen; ferner etwa *Leise* NJW **1953** 167; *Reinisch* MDR **1966** 896. Wegen der Einzelheiten vgl. die Kommentare zur AO und die dort nachgew. Rechtsprechung.

[297] BayObLGSt **1992** 71.

[298] Vgl. etwa BGH NJW **1985** 1967; wistra **1982** 226; **1983** 187; bei *Holtz* MDR **1979** 279; **1981** 100; ferner *Behrendt* ZStW **94** (1982) 888 mit weit. Nachw. Vgl. aber BGH NStZ **1999** 206 mit krit. Anm. *Bauer*.

[299] BayObLGSt **1992** 71 = MDR **1993** 75.

[300] LG Oldenburg NdsRpfl. **1995** 254.

[301] BGHSt **32** 215 = JR **1984** 346 mit Anm. *Roxin* = JZ **1984** 535 mit Anm. *Jung*; dazu ferner *Marxen* StV **1985** 472.

[302] BayObLGSt **1984** 78 = VRS **67** 440 unter Aufgabe von BayObLGSt **1983** 109 = JZ **1984** 533 mit Anm. *Jung*; BayObLG bei *Rüth* DAR **1985** 245; **a. A** OLG

Schleswig bei *Ernesti/Lorenzen* SchlHA **1984** 105; OLG Zweibrücken NJW **1980** 2144.

[303] BGHSt **6** 92.

[304] RGSt **2** 15.

[305] BGHSt **16** 200; BGH StV **1984** 190; NStZ **1997** 127; OLG Celle NJW **1961** 129.

[306] BGH bei *Holtz* MDR **1985** 284.

[307] OLG Düsseldorf OLGSt NF § 178 StGB Nr. 1.

[308] RGSt **12** 88.

[309] RGSt **2** 116.

[310] RGRspr. **9** 722.

[311] OLG Celle NdsRpfl. **1956** 230.

[312] BGH StV **1981** 606.

[313] BGH NStZ **1996** 563.

[314] OLG Celle NdsRpfl. **1991** 246.

[315] RGSt **44** 29.

[316] BayObLGSt **1957** 196.

freiheit[317]. Der Vorwurf der Urkundenunterdrückung betrifft dagegen eine andere Tat als der Vorwurf der schweren passiven Bestechung[318].

Vereinsgesetz. Das **Betätigungsverbot** nach § 20 Abs. 1 Nr. 4 Vereinsgesetz ist ein Ungehorsamstatbestand (BGHSt **43** 312); mehrere zeitlich und räumlich voneinander unabhängige Verstöße sind mehrere Taten[319].

Verletzung der Unterhaltspflicht durch Unterlassen der möglichen getrennten Geldüber- **66** weisungen an zwei verschiedene, getrennt lebende, nicht ranggleiche Unterhaltsberechtigte sind zwei selbständige Taten[320]; anders dagegen, wenn ein pflichtwidriges Verhalten ursächlich für die Pflichtverletzung gegenüber zwei Personen ist[321] oder wenn ein leistungsunwilliger Schuldner zur vollen Befriedigung mehrerer gleichrangiger Unterhaltsgläubiger außer Stande ist[322].

Verrat von Geschäfts- oder Betriebsgeheimnissen (§ 17 UWG), sofern zwischen den in Betracht kommenden Verhaltensweisen ein enger sachlicher Zusammenhang besteht[323].

Verweigerung des Militär- oder Zivildienstes kann bei Totalverweigerung eine Tat auch über die rechtskräftige Aburteilung hinaus sein[324]; es können aber auch mehrere Taten vorliegen[325].

Verweigerung der Personalienangaben beim Einschreiten der Polizei zur Unterbindung einer Ordnungswidrigkeit und die dazu Anlaß gebende Ordnungswidrigkeit sind eine Tat[326]; anders dagegen, wenn die Polizei die Angaben bei der Verfolgung einer längst abgeschlossenen Ordnungswidrigkeit fordert[327].

Volltrunkenheit allein begründet keine Tatidentität zwischen dem Diebstahl von Geld **67** und einer anschließend vom Täter unternommenen Trunkenheitsfahrt[328].

Vortäuschen einer Straftat und das Begehen der vorgetäuschten Straftat werden als verschiedene Taten angesehen[329]; ebenso die Verkehrsstraftat und das in der unrichtigen Behauptung selbst gefahren zu sein liegende Vortäuschen einer Straftat[330].

Waffenbesitz und **Waffenführen** ohne die erforderliche waffenrechtliche Erlaubnis und die mit der Waffe begangenen Straftaten wurden, vor allem, wenn materiell-rechtlich Tateinheit vorlag, meist als eine Tat angesehen; in der neueren Rechtsprechung ist dies strittig[331]; vor allem wird dies im Hinblick auf schwerer wiegende Taten verneint[332], so auch zwischen dem illegalen Erwerb und dem Ausprobieren einer Schußwaffe und dem

---

[317] RG JW **1893** 333.

[318] BGH bei *Dallinger* MDR **1958** 565.

[319] BGH NJW **2000** 3147; NStZ **1999** 38; JZ **2000** 733 und Anm. *Puppe*; a. A OLG Düsseldorf MDR **1997** 90.

[320] BayObLGSt **1960** 5.

[321] BayObLGSt **1961** 135 = NJW **1961** 1685; OLG Hamm NJW **1978** 2210 (L); OLG Köln JMBlNW **1970** 120. OLG Stuttgart MDR **1977** 1034; LG Krefeld NJW **1992** 1248.

[322] OLG Stuttgart MDR **1977** 1034; abl. *Schmid* MDR **1978** 547.

[323] BGH NJW **1992** 1776.

[324] BVerfGE **23** 206; OLG Düsseldorf StV **1986** 6; LG Duisburg StV **1986** 99; *Nestler/Tremel* StV **1985** 343; *Struensee* JZ **1985** 955.

[325] BVerfG (Vorprüfungsausschuß) NJW **1984** 1675; **1985** 1519; BayObLG StV **1985** 315; OLG Celle StV **1986** 5; vgl. auch OLG Düsseldorf StV **1986** 6 mit Anm. *Friedeck*.

[326] BayObLG NJW **1994** 63; bei Rüth DAR **1984** 233; 248.

[327] OLG Düsseldorf VRS **69** (1985) 235.

[328] OLG Hamm NJW **1961** 366.

[329] BGH NStZ **1992** 555; OLG Celle NJW **1985** 393; a. A OLG Düsseldorf JMBlNW **1979** 178; OLG Köln GA **1968** 24.

[330] OLG Celle NdSRpfl. **1997** 264.

[331] BGHSt **1** 67 (unerlaubter Erwerb); BGHSt **31** 30 (auch wenn Delikt schwerer wiegt – Totschlag – als unerlaubter Waffenbesitz und Waffenführen; gegen BGHSt **3** 165); BayObLGSt **1977** 89.

[332] OLG Braunschweig GA **1978** 246; OLG Hamm JR **1986** 205 mit Anm. *Puppe* = StV **1986** 241 mit Anm. *Grünwald*; OLG Zweibrücken NJW **1986** 2841; *Kröpil* DRiZ **1986** 451; RGSt **59** 361; BGHSt **36** 151; BGH NStZ **1981** 299, dagegen *Maatz* MDR **1985** 881; BGH NStZ **1995** 300; OLG Zweibrücken NJW **1986** 2841 mit Anm. *Mitsch* NStZ **1987** 457; vgl. HK-*Julius*[2] 13; SK-*Schlüchter* 29 ff.

auf Grund eines späteren Entschlusses unter Mitführen dieser Waffe begangenen schweren räuberischen Erpressung[333]. Beim zeitgleichen Besitz mehrerer Waffen wird in der Regel eine tateinheitliche waffenrechtliche Dauerstraftat angenommen[334].

6. Einschränkung der Umgestaltungsbefugnis des Gerichts

68   **a) Verfahrensvoraussetzungen.** Das Recht und die Pflicht des Gerichts, innerhalb der durch die **Tatidentität gezogenen Grenzen** (vgl. Rdn. 15) den in der Hauptverhandlung erwiesenen Sachverhalt tatsächlich und rechtlich voll auszuschöpfen, wird dadurch eingeschränkt, daß auch für die neue Straftat **alle Verfahrensvoraussetzungen** (insbesondere auch ein gegebenenfalls erforderlicher Strafantrag) vorliegen müssen. Fehlt es daran, ist weder eine Umgestaltung noch eine Einbeziehung weiterer unselbständiger Teilhandlungen möglich[335]. Dies gilt auch, soweit die Sperrwirkung des § 153a reicht[336].

69   **b)** Eine Beschränkung der richterlichen Kognitation innerhalb der angeklagten Tat tritt auch ein, wenn **rechtliche Gesichtspunkte nach § 154a** ausgeschieden worden sind; dies gilt jedoch nur, solange die ausgeschiedenen Teile oder Gesetzesverletzungen nicht wieder einbezogen werden. Hierzu ist das Gericht auch ohne Antrag verpflichtet, wenn es den Angeklagten wegen des nicht ausgeschiedenen Teils freisprechen will[337] oder wenn sich erst dann beurteilen läßt, ob eine Tat verjährt ist[338]. Die Pflicht zur Einbeziehung besteht auch, wenn rechtsirrig § 154 statt § 154a angewendet wurde[339]. Sie entfällt nur dann, wenn hinsichtlich des ausgeschiedenen Teils Freispruch geboten wäre[340].

70   **c)** Der **Grundsatz der Spezialität**[341] kann die Ahndung der Tat unter einem rechtlichen Gesichtspunkt verbieten, für den die Auslieferung nicht bewilligt worden ist[342]. Wenn das Gericht den von einem ausländischen Staat ausgelieferten Angeklagten wegen einer Tat, derentwegen er nicht ausgeliefert ist, verurteilt und das Urteil rechtskräftig wird, steht jedoch der Einwand der bereits entschiedenen Sache einer späteren, nunmehr die Auslieferungsbedingungen nicht verletzenden Aburteilung wegen derselben Tat entgegen.

71   **d)** Eine Einschränkung kann sich auch daraus ergeben, daß der Angeklagte kraft Völkerrechts (Vertrag oder eine nach Art. 25 GG unmittelbar geltende allgemeine Regel des Völkerrechts) nicht oder wegen bestimmter Taten oder auf Grund eines besonderen Anlasses **nicht der deutschen Strafgerichtsbarkeit** unterliegt, wie etwa ausländische Staatsoberhäupter, oder die Angehörigen internationaler Organisationen oder die in den §§ 18 bis 20 GVG aufgezählten Personen. Vor allem kann für die Umgestaltung der Strafklage nach § 264 bedeutsam werden, wenn der Angeklagte nicht – wie etwa ein

---

[333] BGH JR **1995** 168 mit Anm. *Erb.*

[334] BGH StV **1999** 643; vgl. auch BGH StV **1999** 644; 645.

[335] Vgl. etwa BGHSt **17** 157; KK-*Engelhardt*[4] 13; *Kleinknecht/Meyer-Goßner*[44] 5; KMR-*Paulus* 35.

[336] Vgl. BGH StV **1984** 366 (bezüglich Teilakte einer fortgesetzten Tat); OLG Frankfurt NJW **1985** 1850. Wegen der teilweise strittigen Fragen des Umfangs der Sperrwirkung vgl. § 153a, 91 ff.

[337] BGHSt **22** 106; **29** 315; **32** 85; BayObLG JR **1990** 382 mit Anm. *Geerds*; vgl. § 154a, mit weit. Nachw.; ferner AK-*Loos* 4; KK-*Engelhardt*[4] 10; 13; KMR-*Paulus* 35; SK-*Schlüchter* 5; aber auch BayObLGSt

1960 302 = JR **1961** 224 (vor Geltung des § 154a), wonach in entsprechender Anwendung des § 154 abgespaltene Teilakte einer fortgesetzten Tat nicht unerörtert bleiben dürfen, wenn das Gericht freisprechen will.

[338] BGHSt **29** 315; BGH MDR **1980** 947; vgl. bei 154a.

[339] BGHSt **25** 388; SK-*Schlüchter* 5.

[340] BGH StV **1997** 566 (L).

[341] Vgl. etwa § 11 IRG; Art. 14 EuAlÜbK.

[342] RGSt **21** 182; **27** 128, 416; **29** 271; **33** 387; **37** 91; **41** 275; **45** 276; **64** 189; **65** 111; **66** 173, 347; BGHSt **15** 126; BGH NStZ **1999** 363; vgl. 206a, 48.

ausländischer Diplomat[343] – voll von der deutschen Strafgerichtsbarkeit befreit ist, sondern – wie etwa ein Konsul – nur in bestimmten Fällen[344] nicht strafrechtlich zur Verantwortung gezogen werden darf; ferner wenn sonst die deutsche Gerichtsbarkeit für bestimmte Straftaten nicht besteht, wie dies etwa früher bei bestimmten Verstößen der Fall war, deren Ahndung sich die Besatzungsmächte vorbehalten hatten. Internationale Vereinbarungen können auch vorsehen, daß unter bestimmten Voraussetzungen die Aburteilung bestimmter Taten oder Personen ausschließlich einem anderen Staat oder einem internationalen Gerichtshof obliegt[345].

e) Die Umgestaltung ist ferner ausgeschlossen, soweit der Bundestag oder ein Land- **72** tag die **Immunität** eines Abgeordneten nicht aufgehoben hat. In der Regel wird allerdings die Genehmigung der Strafverfolgung für den ganzen, mit der Tat zusammenhängenden historischen Vorgang erteilt[346], sie kann aber auch auf einzelne sachlich zusammentreffende Taten beschränkt werden[347].

IV. Rechtsmittel

1. Im Rechtsmittelverfahren ist von **Amts wegen** zu prüfen, ob das Gericht die **73** Grenzen seiner Aburteilungsbefugnis überschritten hat. Es darf keine Taten einbezogen haben, die nicht **Gegenstand der zugelassenen Anklage** waren[348]. Wurde der Angeklagte nur wegen einer nicht von der Anklage umfaßten Tat verurteilt, ist er von der angeklagten **Tat freizusprechen**, einer besonderen **Einstellung** wegen der nicht angeklagten Tat bedarf es daneben nicht[349]. Ist er dagegen auch wegen einer angeklagten Tat verurteilt worden, genügt es, wenn die nichtangeklagte Tat aus dem Schuldspruch herausgenommen wird[350]. Von Amts wegen zu beachten ist ferner, wenn die abgeurteilte Tat anderweitig rechtshängig oder bereits Gegenstand eines früheren Strafverfahrens war, die neue Befassung eines Gerichts somit gegen das verfassungsrechtliche **Verbot der Doppelbestrafung** verstößt[351]. Dies ist vom Revisionsgericht selbständig und auf Grund einer eigenen Untersuchung der Sache im **Freibeweisverfahren** aufzuklären[352]. Sind dazu weitere Beweiserhebungen zum genauen Sachhergang der möglicherweise zum gleichen Lebensvorgang zu rechnenden Taten erforderlich, kann das Revisionsgericht die Ermittlung und Würdigung dieser Tatsachen dem Tatrichter überlassen und die Sache unter Aufhebung des Urteils an diesen zurückverweisen[353]. Andernfalls hat es selbst die jeweils erforderliche Entscheidung zu treffen, so hat es wegen einer von der Anklage nicht

---

343 Vgl. Wiener Übereinkommen über die diplomatischen Beziehungen vom 18. 4. 1961 – Gesetz vom 6. 8. 1964 (BGBl. II 957); ferner die Erläuterungen bei § 18 ff GVG.

344 Sog. Amtsimmunität, vgl. das Wiener Übereinkommen über die konsularischen Beziehungen vom 24. 4. 1963 – Gesetz vom 24. 8. 1969 (BGBl. II 1585); vgl. § 19 GVG und Einl. D 7; ferner *Bothe* ZaöRV **31** 247 f.

345 Vgl. dazu auch die Gesetze vom 10. 4. 1995 (BGBl. I S 485) und 4. 5. 1998 (BGBl. I 843), die die zusammenarbeit mit den Internationalen Strafgerichtshöfen für Jugoslawien und Ruanda regeln.

346 BGHSt 15 274; BGH bei *Herlan* JR **1951** 327; *Hanack* JZ **1972** 356; ferner bei § 152a, § 206a, vgl. auch Einl. D 7.

347 Vgl. Einl. D 7 und bei § 152a, ferner Nr. 191 ff RiStBV.

348 Vgl. Einl. J 59 ff; § 337, 43, 44 und bei den §§ 200, 206a, 207 je mit Nachw.

349 BayObLGSt **1978** 158 = VRS **57** (1979) 39; **58** (1980) 432; KG VRS **64** (1983) 42, OLG Koblenz VRS **63** (1982) 372, OLG Stuttgart VRS **71** (1986) 294; *Kleinknecht/Meyer-Goßner*[44] 12, SK-*Schlüchter* 56; **a. A** BGHSt **27** 115; BayObLGSt **1974** 58 = VRS **47** (1974) 297.

350 OLG Koblenz VRS **71** (1986) 43; *Kleinknecht/Meyer-Goßner*[44] 12.

351 Vgl. Einl. J 86 ff; § 337, 62 sowie bei §§ 200, 206, 206a, 207 je mit Nachw.

352 *Kleinknecht/Meyer-Goßner*[44] § 337, 6.

353 BGHSt **16** 399; OLG Düsseldorf MDR **1997** 716; OLG Karlsruhe GA **1985** 134.

erfaßten Tat das Verfahren einzustellen [354]. Das Verbot der Doppelbestrafung ist auch dann zu berücksichtigen, wenn erst nach Erlaß des angefochtenen Urteils eine irrige, aber rechtskräftige Einbeziehung einer früheren Verurteilung in eine andere Gesamtstrafe dazu geführt hat [355].

74   **2.** Mit der **Revision** kann geltend gemacht werden, daß das Gericht seiner Verpflichtung zur **erschöpfenden Aburteilung** des von der angeklagten Tat umfaßten Gesamtgeschehens nicht nachgekommen ist [356]. Beschwert werden dadurch allerdings in der Regel nur die Staatsanwaltschaft und die ihr gleichstehenden Privat- oder Nebenkläger sein [357]. Die nicht erschöpfende Würdigung der angeklagten Tat unter allen in Betracht kommenden tatsächlichen und rechtlichen Gesichtspunkten ist im Rahmen der **Sachrüge** beachtlich [358] und kann vielfach auch unter dem Blickwinkel eines Verstoßes gegen § 261 gerügt werden [359]. Wenn mitzuberücksichtigende Tatsachen ungeklärt blieben, kann auch die **Aufklärungsrüge** durchgreifen [360]. Staatsanwaltschaft und Nebenkläger, mangels Beschwer aber nicht der Angeklagte, können mit einer den Anforderungen an den Tatsachenvortrag (§ 344 Abs. 2) genügenden Verfahrensrüge beanstanden, daß das Gericht den Angeklagten freigesprochen hat, ohne ausgeschiedene Tatteile wieder mit einzubeziehen [361].

§ 265

(1) Der Angeklagte darf nicht auf Grund eines anderen als des in der gerichtlich zugelassenen Anklage angeführten Strafgesetzes verurteilt werden, ohne daß er zuvor auf die Veränderung des rechtlichen Gesichtspunktes besonders hingewiesen und ihm Gelegenheit zur Verteidigung gegeben worden ist.

(2) Ebenso ist zu verfahren, wenn sich erst in der Verhandlung vom Strafgesetz besonders vorgesehene Umstände ergeben, welche die Strafbarkeit erhöhen oder die Anordnung einer Maßregel der Besserung und Sicherung rechtfertigen.

(3) Bestreitet der Angeklagte unter der Behauptung, auf die Verteidigung nicht genügend vorbereitet zu sein, neu hervorgetretene Umstände, welche die Anwendung eines schwereren Strafgesetzes gegen den Angeklagten zulassen als des in der gerichtlich zugelassenen Anklage angeführten oder die zu den im zweiten Absatz bezeichneten gehören, so ist auf seinen Antrag die Hauptverhandlung auszusetzen.

(4) Auch sonst hat das Gericht auf Antrag oder von Amts wegen die Hauptverhandlung auszusetzen, falls dies infolge der veränderten Sachlage zur genügenden Vorbereitung der Anklage oder der Verteidigung angemessen erscheint.

---

[354] BGH NJW **1994** 1906; SK-*Schlüchter* 55.

[355] BGHSt **9** 190; **44** 1; HK-*Julius*[2] 7.

[356] BayObLGSt **1986** 100; h. M; HK-*Julius*[2] 19; KK-*Engelhardt*[4] 25; *Kleinknecht/Meyer-Goßner*[44] 12; KMR-*Paulus* 49; SK-*Schlüchter* 57.

[357] Zu einem Sonderfall der Beschwer des Angeklagten (Aburteilung eines einzigen Teilakts einer fortgesetzten Tat) vgl. BayObLGSt **1982** 92 = VRS **63** (1982) 278.

[358] BGH StV **1981** 128; *Meyer-Goßner* JR **1985** 452; KK-*Engelhardt*[4] 25; *Kleinknecht/Meyer-Goßner*[44] 12; SK-*Schlüchter* 57.

[359] SK-*Schlüchter* 57; vgl. § 261, 176; 182.

[360] SK-*Schlüchter* 57; vgl. § 244, 39.

[361] BGH NStZ **1996** 241; *Kleinknecht/Meyer-Goßner*[44] 12; § 154a 24, SK-*Schlüchter* 57. **a. A** BGH NStZ **1995** 540.

Schrifttum. *Ditzen* Was versteht § 264 Abs. 1 StPO unter einem anderen Strafgesetz, LZ **1917** 1213; *Furtner* Der „schwere", „besonders schwere" und „minder schwere Fall" im Strafrecht, JR **1969** 11; *Geis* Mordverurteilung durch das Revisionsgericht, NJW **1990** 2735; *Gillmeister* Die Hinweispflicht des Tatrichters, StraFo **1997** 8; *Gillmeister* Die Hinweispflicht des Tatrichters, FS Friebertshäuser 223; *Hänlein/Moos* Zur Reichweite und rechtlichen Problematik der Hinweispflicht nach § 265 I StPO, NStZ **1990**; *Heldmann* Der verhinderte Verteidiger, StV **1981** 82; *Heubel* Die Verschiebung der Hauptverhandlung wegen Verspätung des Verteidigers, NJW **1981** 2678; *Küpper* Die Hinweispflicht nach § 265 StPO bei verschiedenen Begehungsformen desselben Strafgesetzes, NStZ **1986** 249; *Lachnit* Voraussetzungen und Umfang der Pflicht zum Hinweis auf die Veränderungen des rechtlichen Gesichtspunktes nach § 265 (1965); *Meves* Was will § 264 der Strafprozeßordnung? GA **38** (1891) 93, 253; *Meyer* Entsprechende Anwendung des § 265 Abs. 1 StPO bei veränderter Sachlage, GA **1965** 257; *Michel* Die richterliche Hinweispflicht, JuS **1991** 850; *Michel* Richterliche Hinweis- und Protokollierungspflicht, MDR **1996** 773; *Niemöller* Die Hinweispflicht des Strafrichters bei Abweichen vom Tatbild der Anklage (1988); *Scheffler* Die Rückkehr zur bisherigen Rechtsauffassung nach einem rechtlichen Hinweis gem. § 265 I StPO ohne erneuten Hinweis? JR **1989** 232; *Schlothauer* Gerichtliche Hinweispflichten in der Hauptverhandlung, StV **1986** 213; *Schorn* Die Fürsorgepflicht im Strafverfahren, MDR **1966** 639; *Wertheimer* Die Mischgesetze des deutschen StGB (1903) Strafr. Abh. Heft 47; *Wessels* Zur Problematik der Regelbeispiele für „schwere" und „besonders schwere Fälle", FS Maurach 295.

Entstehungsgeschichte. Die jetzige Fassung des **Absatzes 2** geht auf Art. 2 Nr. 23 AGGewVerbrG zurück. Sie ersetzte, ohne daß sich daraus eine sachliche Änderung ergab, die ursprüngliche Fassung: „wenn ... Umstände behauptet werden", durch die Wendung: „wenn sich ... Umstände ergeben", und fügte die Umstände hinzu, welche „die Anordnung einer Maßregel der Sicherung und Besserung rechtfertigen"; im übrigen hat Art. 3 Nr. 117 VereinhG 1950 die alte Fassung der Absätze 1 und 2 wieder hergestellt. Art. 7 Nr. 12 StPÄG 1964 ersetzte – als Folge der Neufassung des § 207 – in den **Absätzen 1 und 3** die Worte „in dem Beschluß über die Eröffnung des Hauptverfahrens" durch „in der gerichtlich zugelassenen Anklage". Art. 21 Nr. 68 EGStGB hat in **Absatz 2** nur die Worte „Sicherung" und „Besserung" umgetauscht. Der durch Art. 1 Nr. 15 des 1. StVRErgG 1974 neu eingefügte **Absatz 5** wurde durch Art. 1 Nr. 19 StVÄG mit Wirkung vom 1.4.1987 wieder gestrichen, da seine Regelung in den neu geschaffenen § 234a übernommen wurde. Bezeichnung bis 1924: § 264.

Walter Gollwitzer

Alphabetische Übersicht

I. Bedeutung

1   **1. Sinn der Vorschrift.** Das Gericht muß in der Hauptverhandlung den in der zugelassenen Anklage umschriebenen tatsächlichen Vorgang, die Tat im Sinne des § 264, unter allen in Betracht kommenden rechtlichen Gesichtspunkten umfassend würdigen. Es ist an die Rechtsauffassung der Anklage nicht gebunden[1]. Die umfassende Kognitionspflicht hat mitunter zur Folge, daß sich im Laufe der Verhandlung ihr Gegenstand gegenüber dem mit der Anklage erhobenen Vorwurf wesentlich verändert. Da sich Anträge und Sachvortrag der Prozeßbeteiligten und vor allem auch die Verteidigung auf die tatsächlichen und rechtlichen Vorwürfe der Anklage konzentrieren dürfen, sollen die Hinweise nach Absatz 1 und 2 ebenso wie die Aussetzungsmöglichkeiten nach den Absätzen 3 und 4 sichern, daß diese Befugnisse auch im Hinblick auf die neu aufgetretenen Gesichtspunkte effektiv ausgeübt werden können.

2   Vor allem die **Verteidigung des Angeklagten** ist daraufhin ausgerichtet. Ändert sich der rechtliche Gesichtspunkt, so kann plötzlich bis dahin Unwichtiges und Nebensächliches entscheidende Bedeutung erlangen. Dem trägt § 265 Rechnung. Als gesetzlich geregelter Fall der gerichtlichen **Fürsorgepflicht**[2] will er verhüten, daß der Angeklagte durch eine Verlagerung der rechtlichen Bewertung überrascht und gehindert wird, seine Verteidigung dieser Änderung anzupassen[3]. Gleiches gilt, wenn erst in der Hauptverhandlung besondere Umstände hervortreten, welche eine erhöhte Strafbarkeit begründen oder eine Maßregel der Besserung und Sicherung angezeigt erscheinen lassen (§ 265 Abs. 2)[4]. § 265 sichert die **sachgemäße Verteidigung** des Angeklagten und damit einen „fairen Prozeß" im Sinne der rechtsstaatliche Erfordernisse[5] und des Art. 6 Abs. 1, MRK (Art. 14 Abs. 1 IPBPR), wozu nach Art. 6 Abs. 3 Buchst a MRK (Art. 14 Abs. 3 Buchst a IPBPR) auch die Verpflichtung zur Unterrichtung über Art und Grund der erhobenen Beschuldigung in allen Einzelheiten gehört. Dies gewährleistet in Zusammenschau mit den anderen Vorschriften, daß der Angeklagte von allen tatsächlichen und rechtlichen Gesichtspunkten Kenntnis erhält, aus denen Vorwürfe gegen ihn hergeleitet werden[6]. Er trägt zugleich zur **Aufklärung des Sachverhalts** bei; jede Beeinträchtigung der Verteidigung begründet auch die Besorgnis, daß die Sachaufklärung darunter leiden könnte. Die Einlassung des Angeklagten ist eine wichtige Quelle zur Erforschung des Sachverhalts und zur Wahrheitsfindung[7].

3   **2.** Für die **Auslegung** des nicht nur rein prozeßtechnisch als formale Ergänzung der zugelassenen Anklage[8] zu verstehenden § 265 ist diese Zielsetzung maßgebend[9]. Die Erforderlichkeit eines Hinweises beurteilt sich aber grundsätzlich nach dem Inhalt der Anklage[10]. Eine **andere verfahrensrechtliche Tat** als die in der zugelassenen Anklage

---

[1] Dazu § 264, 20; 28 ff; *Schlothauer* StV **1986** 213.

[2] KK-*Engelhardt*[4] 1; KMR-*Paulus* 3; *Küpper* NStZ **1986** 249; *Maiwald* FS Lange 746; *Schorn* MDR **1966** 460; vgl. Einl. H 120 ff; Vor § 226, 17 ff.

[3] BGHSt **2** 373; **11** 19; **18** 288; **23** 96; **25** 287; **29** 278; BGH NJW **1980** 714; NStZ **1983** 34; **1985** 85 mit Anm. *Berz*; **1985** 563; bei *Holtz* MDR **1985** 982; OLG Hamm NJW **1980** 1587; *Hanack* JZ **1972** 433; KK-*Engelhardt*[4] 1; *Kleinknecht/Meyer-Goßner*[44*] 1; KMR-*Paulus* 3; *Küpper* NStZ **1986** 249.

[4] Dazu KG VRS **53** (1977) 42; vgl. Rdn. 47 ff.

[5] Für den effektiven Rechtsschutz in einem rechtsstaatlich geführten Verfahren ist unerläßlich, daß der Angeklagte die Möglichkeit hat, sich gegen alle

ihm angelasteten Tatsachen unter allen rechtlichen Gesichtspunkten zu verteidigen; vgl. *Schlothauer* StV **1986** 215; Vor § 226, 16; 23 ff.

[6] Vgl. etwa EKMR NJW **1977** 2011; *Schlothauer* StV **1986** 216; weit. Nachw. Fußn. 3.

[7] RGSt **76** 82; BGHSt **13** 323; **19** 141; **28** 198; BGH GA **1980** 185; AK-*Loos* 3; KK-*Engelhardt*[4] 1; KMR-*Paulus* 3; vgl. § 244, 54.

[8] Vgl. aber KG VRS **53** (1977) 42.

[9] *Hanack* JZ **1972** 433; vgl. Rdn. 79 ff; 96.

[10] *Kaiser* NJW **1981** 1028. Zur Umgrenzungs- und Informationsfunktion der Anklage vgl. § 200, 3 ff; *Schlothauer* StV **1986** 216.

umschriebene kann auch über einen Hinweis nach § 265 nicht zum Gegenstand des Verfahrens gemacht werden[11].

3. § 265 ist eine Norm des **einfachen Prozeßrechts** und nicht etwa die Ausprägung **4** unmittelbar geltendes Verfassungsrechts. Mit dem verfassungsrechtlichen **Anspruch auf rechtliches Gehör** (Art. 103 Abs. 1 GG) besteht zwar ein grundsätzlicher Zusammenhang. Die Pflicht des Gerichts, durch einen Hinweis dafür zu sorgen, daß der Angeklagte sich gegen alle vom Gericht in Erwägung gezogenen Vorwürfe ausreichend verteidigen kann, aktualisiert sein Recht auf Gehör: Dieses wurzelt, ebenso wie die damit eng verwandte Pflicht, durch die erforderlichen Hinweise und notfalls durch Aussetzung des Verfahrens eine sachgerechte Verteidigung zu ermöglichen, im Gebot zur Achtung der Menschenwürde (Art. 1 Abs. 1 GG). Die Hinweis- und Aussetzungspflicht nach § 265 ist aber mit dem Anspruch aus Art. 103 Abs. 1 GG nicht völlig deckungsgleich. Trotz weitgehender inhaltlicher Übereinstimmung ist sie kein bloßer Unterfall oder Anwendungsfall des Anspruchs auf rechtliches Gehör in dem Sinn, daß die Verletzung des § 265 notwendig zugleich auch eine Verletzung des Art. 103 Abs. 1 GG enthalten müsse[12]. Insbesondere gewährleisten Art. 103 Abs. 1 GG gerade nicht die **Erörterung von Rechtsfragen**. Umgekehrt können sich aus dem Gebot zur Gewährung des rechtlichen Gehörs auch über den § 265 hinausreichende Pflichten des Gerichts ergeben[13].

Es dient der Sicherung der **umfassenden Sachaufklärung** und der **fairen Prozeßgestaltung**[14] gleichermaßen, wenn zum **Schutz vor Überraschungen** auch über die in § 265 **5** angesprochenen Fälle hinaus vom Gericht verlangt wird, die Beteiligten auf **entscheidungserhebliche Umstände** hinzuweisen, wenn sich trotz gleichbleibendem rechtlichen Vorwurf die Tatsachen ändern, aus denen er hergeleitet werden soll, wenn der Anklagevorwurf eine andere Richtung erhält oder wenn sonst die beabsichtigte Entscheidung auf dafür wesentliche neue Tatsachen gestützt werden soll. Soweit diese Umstände **neue Tatsachen** enthalten, gebietet es schon der Grundsatz des **rechtlichen Gehörs**, daß sie in der Hauptverhandlung zur Sprache kommen und daß alle Beteiligten, insbesondere der Angeklagte, sich zu ihnen äußern können. Hinsichtlich des Angeklagten folgt die Verpflichtung, ihn auf neu als entscheidungserheblich angesehene Tatsachen hinzuweisen und ihn dazu zu hören, auch aus § 243 Abs. 4, sowie aus dem Recht auf Unterrichtung über den Gegenstand der Beschuldigung (Art. 6 Abs. 3 Buchst. a MRK, Art. 14 Abs. 3 Buchst. a IPBPR) sowie auch aus der allgemeinen Fürsorgepflicht, die eingreift, weil der Angeklagte ohne einen solchen Hinweis darauf vertrauen darf, daß der rechtliche Vorwurf der Anklage nur aus den dort umrissenen Tatsachen hergeleitet wird[15]. Eine solche Unterrichtung des Angeklagten erübrigt sich nur, wenn bereits auf Grund des Gangs der Hauptverhandlung zweifelsfrei ersichtlich ist, daß der Angeklagte diese Veränderungen in ihrer vollen Bedeutung bereits erkannt und in seine Verteidigung einbezogen hat.

[11] Vgl. Rdn. 1; Fußn. 1; § 264, 20 ff.
[12] BayVerfGH **11** 19 = NJW **1959** 285 mit Anm. *Röhl*; BayVerfGH **15** 40; **17** 74; **33** 104; BGHSt **13** 325 = LM Nr. 18 mit Anm. *Geier* = JZ **1960** 227 mit Anm. *Eb. Schmidt*; BGHSt **16** 47; **19** 88; 141; **22** 339; NJW **1969** 941; KG VRS **53** (1977) 42; *Niemöller* (Hinweispflicht) 43; KK-*Engelhardt*[4] 1; KMR-*Paulus* 4; *Eb. Schmidt* Nachtr. I 2; *Jagusch* NJW **1959** 265; a. A BGHSt **11** 91, wo die Hinweispflicht aus dem Anspruch auf rechtliches Gehör abgeleitet wird; vgl. auch BGH NJW **1988** 501; *Arndt* NJW **1959** 1297; *Schlothauer* StV **1986** 214; AK-*Loos* 2 (Infor-

mation Voraussetzung des effektiven rechtlichen Gehörs), ferner etwa *Kleinknecht/Meyer-Goßner*[44] 5; SK-*Schlüchter* 1 sowie Einl. H 75 und die Kommentare zu Art. 103 Abs. 1 GG.
[13] BGHSt **29** 278. Zu den Einzelheiten vgl. Einl. H 80 ff.
[14] Vgl. Rdn. 2 Fußn. 6; 7; Einl. H 99 ff, Vor § 226, 15; ferner etwa *Jagusch* NJW **1959** 265; *Meyer* GA **1965** 268; *Schlothauer* StV **1986** 216.
[15] Näher dazu Rdn. 79 ff auch zur strittigen Frage, ob in bestimmten Fällen einer wesentlichen Änderung der tatsächlichen Grundlagen der Anklage Absatz 1 analog anzuwenden ist.

II. Die Hinweispflicht nach Absatz 1 und 2

1. Allgemeine Voraussetzungen

6   **a) Änderung der rechtlichen Beurteilung.** Die Absätze 1 und 2 setzen voraus, daß sich – mit oder ohne Veränderung der tatsächlichen Umstände [16] – die **rechtliche Beurteilung** der Tat gegenüber der zugelassenen Anklage **ändert**, der Angeklagte also auf Grund eines anderen Strafgesetzes oder eines dort nicht angeführten straferhöhenden Umstandes **verurteilt** oder eine dort nicht angegebene Maßregel der Besserung und Sicherung gegen ihn verhängt werden soll. Ändert sich der in der Anklage erhobene rechtliche Vorwurf nicht, bedarf es grundsätzlich keines förmlichen Hinweises nach Absatz 1, so auch, wenn das Verschulden des Angeklagten nicht in der Tatbegehung selbst sondern unter dem Blickwinkel der vorverlegten Verantwortlichkeit (actio libera in causa) in dem vorangegangenen Verhalten gesehen wird [17].

7   **b) Ausgangspunkt** ist die **Anklage**, so wie sie vom Gericht im Eröffnungsbeschluß gemäß § 207 **zugelassen** wurde. Hat das Gericht die Anklage nur mit Änderungen zugelassen, etwa mit einer anderen rechtlichen Würdigung nach § 207 Abs. 2 Nr. 3, so ist sie in dieser Form und nicht etwa in der ursprünglichen Fassung maßgebend. Es ist also ein Hinweis notwendig, wenn das Gericht zu der Rechtsauffassung der ursprünglichen Anklage zurückkehren will [18].

8   Ist infolge eines **Schreibfehlers** oder eines **sonstigen Versehens** in der zugelassenen Anklage eine falsche Paragraphenzahl angeführt oder fehlt dort die Angabe der verletzten Strafbestimmung überhaupt, ist aber die Tat mit ihren gesetzlichen Merkmalen richtig bezeichnet, dann bedarf es keines Hinweises nach § 265 [19]. Etwas anderes gilt dann, wenn unklar ist, welche Gesetzesverletzung dem Angeklagten zur Last gelegt werden soll; dann ist das Gericht gehalten, dies in entsprechender Anwendung des § 265 klarzustellen [20]. Desgleichen muß das Gericht bei einer zwar noch zulässigen, aber die Taten nur ungenau umreißenden Anklage, wie dies vor allem bei Serientaten der Fall sein kann, durch einen Hinweis an den Angeklagten die Taten nach Ort, Zeit und Form der Tatbegehung und Zahl so genau konkretisieren, daß der Angeklagte nicht im Unklaren bleibt, gegen welche konkreten Vorwürfe er sich zu verteidigen hat [21].

9   **c)** Der **zugelassenen Anklage**, die hier als der Hauptfall erwähnt wird, **stehen gleich** der **Strafbefehl** sowie die mündlich erhobene Anklage im beschleunigten Verfahren nach § 418 Abs. 3 sowie **Anklage und Einbeziehungsbeschluß** nach § 266, wobei bei den mündlich erhobenen Anklagen der Vermerk über ihren Inhalt im Sitzungsprotokoll maßgebend ist [22]. Gleiches gilt für den **Hinweis nach § 81 Abs. 2 OWiG**, durch den das gerichtliche Bußgeldverfahren in ein Strafverfahren übergeleitet wird. Will das Gericht den Angeklagten wegen eines rechtlichen Gesichtspunktes verurteilen, der nicht Gegenstand des Hinweises nach § 81 Abs. 2 OWiG war, muß es ihn nach § 265 Abs. 1 auf die erneute Veränderung hinweisen [23]. Neben dem Hinweis nach § 81 Abs. 2 OWiG kann aber der **Bußgeldbescheid** insoweit weiterhin die zugelassene Anklage ersetzen, als das übergeleitete Strafverfahren zusätzlich auch Ordnungswidrigkeiten umfaßt. Ebenso tritt

[16] BGHSt **18** 288; KK-*Engelhardt*[4] 2; *Kleinknecht/Meyer-Goßner*[44] 8a.

[17] BayObLGSt **1992** 161 = MDR **1993** 567 (Trunkenheitsfahrt).

[18] OLG Hamm HESt **3** 52 AK-*Loos* 6.

[19] RGSt **6** 169; **53** 186; RG GA **46** (1898/99) 214; OGHSt **2** 322; KK-*Engelhardt*[4] 3; KMR-*Paulus* 9.

[20] KK-*Engelhardt*[4] 3; SK-*Schlüchter* 5.

[21] BGHSt **40** 44; **44** 153; BGH StV **1996** 197; **2000** 6 *Kleinknecht/Meyer-Goßner*[44] 22.

[22] KK-*Engelhardt*[4] 4; *Kleinknecht/Meyer-Goßner*[44] 6; KMR-*Paulus* 10; *Meves* GA **38** (1891) 97; *Eb. Schmidt* 6.

[23] Vgl. die Kommentare zu § 81 OWiG.

im gerichtlichen Bußgeldverfahren, in dem § 265 entsprechend anwendbar ist, der Buß-geldbescheid an die Stelle der zugelassenen Anklage[24].

Verweist das Gericht die Sache nach § 270 an ein Gericht höherer Ordnung, so tritt **10** der **Verweisungsbeschluß** an die Stelle der zugelassenen Anklage. Auf die dort angeführten rechtlichen Gesichtspunkte braucht demnach nicht nochmals besonders hingewiesen zu werden[25]. Wenn das Gericht in der rechtlichen Würdigung von diesem Beschluß abweichen will, muß es auf die Veränderung selbst dann hinweisen, wenn es zur ursprünglichen Rechtsauffassung der Anklage zurückkehrt[26], sogar, wenn neben dem Verweisungsbeschluß fälschlich der ursprüngliche Anklagesatz mitverlesen wurde[27]. Gleiches gilt für den Beschluß, mit dem ein Gericht eine Sache übernimmt, die außer-halb der Hauptverhandlung abgegeben wurde[28], ferner für ein Verweisungsurteil.

Wird die Verhandlung nach einem Hinweis nach § 265 **ausgesetzt**, um dem Angeklagten **11** Gelegenheit zu geben, seine Verteidigung der veränderten Rechtslage anzupassen, dann bedarf es in der **erneuerten Hauptverhandlung** in der Regel keines nochmaligen Hinweises. Dies gilt auch sonst bei einer Aussetzung des Verfahrens, sofern nicht nach den Umständen anzunehmen ist, daß der Angeklagte den früheren Hinweis vergessen haben kann[29].

Hat ein **Rechtsmittelgericht** das Urteil aufgehoben und die Sache zurückverwiesen, **12** dann erübrigt sich, sofern nicht besondere Umstände vorliegen, ein Hinweis auf diejenigen Gesichtspunkte, die das aufgehobene und das aufhebende Urteil erörtert haben. Denn diese Ausführungen enthalten bereits einen genügenden Hinweis, der es dem Angeklagten gestattet, seine Verteidigung darauf einzurichten[30], und zwar ganz gleich, ob der Ange-klagte bei der Verkündung dieses Urteils anwesend war oder ob es ihm zugestellt wurde. Darauf, ob der entsprechende Teil des aufhebenden Urteils in der neuen Hauptverhand-lung nochmal verlesen wurde, kommt es nicht an[31].

In der **Berufungsinstanz** gilt § 265 entsprechend (§ 332). Das Berufungsgericht muß **13** den Angeklagten darauf hinweisen, wenn sich der rechtliche Gesichtspunkt gegenüber der zugelassenen Anklage ändert. Hat allerdings bereits das Erstgericht wegen eines ver-änderten Gesichtspunkts verurteilt, dann bedarf es insoweit keines Hinweises mehr[32], auch wenn der Hinweis in der ersten Instanz unterlassen wurde. Ein solcher kann aber umgekehrt angezeigt sein, wenn das Berufungsgericht wieder zur rechtlichen Würdigung der Anklage zurückkehren will. Nur wenn der Angeklagte nach der Verfahrenslage ohnehin damit rechnen muß, daß dies geschehen kann, ist der Hinweis entbehrlich[33]. Bei einer der Anklage entsprechenden Verurteilung erübrigt sich der ausdrückliche Hin-

---

[24] BGH VRS **59** (1980) 129; BayObLGSt **1981** 25; BayObLG NStZ **1984** 225; OLG Koblenz VRS **63** (1982) 372; **71** (1986) 209; OLG Oldenburg NZV **1993** 278; vgl. § 270, 38.

[25] BGHSt **22** 31; *Hanack* JZ **1972** 434; vgl. auch nachf. Fußn.

[26] RGSt **65** 363; AK-*Loos* 6; KK-*Engelhardt*[4] 4; *Kleinknecht/Meyer-Goßner*[44] 6; KMR-*Paulus* 12; SK-*Schlüchter* 4.

[27] RGSt **15** 289; KK-*Engelhardt*[4] 4; *Eb. Schmidt* 5; vgl. § 243, 60.

[28] Vgl. § 225a, 31.

[29] BGH bei *Dallinger* MDR **1971** 363; KK-*Engelhardt*[4] 20; *Kleinknecht/Meyer-Goßner*[44] 25; SK-*Schlüchter* 21; BGH NStZ **1998** 529 läßt dies offen.

[30] RGSt **58** 52; RG GA **57** (1910) 17; BGHSt **22** 29; BGH JZ **1951** 655; OLG Köln NJW **1957** 473 (L);

OLG Stuttgart MDR **1976** 2235; KK-*Engelhardt*[4] 20; 21; *Kleinknecht/Meyer-Goßner*[44] 25; *Eb. Schmidt* 20 hat hiergegen Bedenken. BGH LM Nr. 1 hält den Hinweis selbst dann für entbehrlich, wenn der wegen Totschlags Angeklagte wegen Beihilfe zum Mord verurteilt worden ist und nunmehr – nach Aufhebung des Urteils – wegen Beihilfe zum Tot-schlag verurteilt werden soll. Vgl. BGH bei *Dallin-ger* MDR **1971** 363.

[31] RG GA **41** (1893) 362; **46** (1898/99) 340; **49** (1903) 272; BGHSt **22** 29.

[32] OLG Köln MDR **1947** 311; NJW **1957** 473 (L); AK-*Loos* 9; *Kleinknecht/Meyer-Goßner*[44] 26; SK-*Schlüchter* 22.

[33] OLG Koblenz VRS **52** (1977) 128; KK-*Engelhardt*[4] 20.

weis in der Berufungsinstanz aber nicht schon allein dadurch, daß im angefochtenen Urteil der nicht zum Tragen gekommene rechtliche Gesichtspunkt bereits mit erörtert wurde[34]. Im übrigen entspricht es dem Schutzzweck des § 265 wohl am besten, wenn das Berufungsgericht in allen Zweifelsfällen einen Hinweis gibt[35]. Die vorherrschende Ansicht[36] sieht die Hinweispflicht eingeschränkter, der für das ganze Verfahren wirkende Hinweis der ersten Instanz braucht danach in der Berufungsinstanz nicht wiederholt zu werden, sofern nicht ausnahmsweise anzunehmen ist, daß ihn der Angeklagte nicht mehr in Erinnerung hat. Dem Zweck des § 265 dürfte es jedoch besser gerecht werden, wenn der Hinweis wiederholt wird, sofern der rechtliche Gesichtspunkt nicht in das Urteil eingegangen ist und nicht ersichtlich ist, daß der Angeklagte bei seiner Verteidigung auch den früheren Hinweis berücksichtigt[37].

14   Zur Anwendbarkeit des § 265 **vor dem Revisionsgericht** und zu dessen Befugnis, den Schuldspruch zu ändern, vgl. die Erläuterungen zu § 354[38]. Die Überleitung eines Bußgeldverfahrens in das Strafverfahren ist auch in der Rechtsbeschwerdeinstanz möglich[39].

15   Im **Wiederaufnahmeverfahren** braucht der Hinweis ebenfalls nicht wiederholt zu werden, wenn der Angeklagte bereits in der früheren Hauptverhandlung unter diesem Gesichtspunkt verurteilt worden war[40]; anders dagegen, wenn nicht damit zu rechnen ist, daß ein nicht in das Urteil eingegangener früherer Hinweis dem Angeklagten noch geläufig ist[41].

16   **d)** Nur bei einer **Verurteilung** ist ein Hinweis nach Absatz 1 oder 2 erforderlich, nicht aber, wenn das Gericht im Zusammenhang mit einem **Freispruch** auch andere in der Anklage nicht erwähnte rechtliche Gesichtspunkte erörtert.

17   Eine **Verurteilung** im Sinne des § 265 Abs. 1, 2 ist jede gegen den Angeklagten ausgesprochene Strafe, Maßregel der Besserung und Sicherung oder sonstige Rechtsfolge. Eine Verurteilung in diesem Sinn liegt auch vor, wenn das Gericht von Strafe absieht[42], ferner, wenn es wegen einer Ordnungswidrigkeit eine Geldbuße verhängt oder gegen einen Jugendlichen oder Heranwachsenden auf Erziehungsmaßregeln oder Zuchtmittel erkennt[43]. Fällt nur ein ideell konkurrierendes Delikt ohne sonstige Auswirkungen weg, bedarf es in der Regel keines Hinweises[44].

18   Vor **einer Einstellung** bedarf es in der Regel keines Hinweises. Etwas anderes gilt aber dann, wenn die mitangeklagte Tat, hinsichtlich der das Verfahren eingestellt wird, Auswirkungen auf die Schuld- und Rechtsfolgenfrage eines bis zur Verurteilung fortgeführten anderen Verfahrensteils haben kann, so, wenn die (verjährte) Verkehrsordnungswidrigkeit, weiterhin Bedeutung für den Vorwurf der fahrlässigen Körperverletzung hat[45]. Ein Hinweis ist auch notwendig, wenn das Gericht das Verfahren unter Anwendung eines anderen als des in der Anklage angeführten Strafgesetzes auf Grund eines **Straffreiheitsgesetzes** einstellen will, weil der Angeklagte dadurch genauso wie durch eine Verur-

---

[34] BayObLG VRS **61** (1981) 31; SK-*Schlüchter* 22.
[35] OLG Schleswig SchlHA **1956** 332.
[36] RGSt **59** 423; ebenso BGH bei *Dallinger* MDR **1971** 363; KK-*Engelhardt*[4] 20; *Kleinknecht/Meyer-Goßner*[44] 26; SK-*Schlüchter* 22.
[37] Vgl. BayObLGSt **1994** 158.
[38] Vgl. § 354, 19 f.
[39] Vgl. etwa OLG Düsseldorf VRS **70** (1986) 153; OLG Stuttgart Justiz **1981** 247 und die Kommentare zu § 81 OWiG.

[40] RGSt **57** 10; **58** 52; AK-*Loos* 9; KK-*Engelhardt*[4] 21; *Kleinknecht/Meyer-Goßner*[44] 27; SK-*Schlüchter* 23.
[41] KMR-*Paulus* 6; vgl. § 275, 15.
[42] KK-*Engelhardt*[4] 3; *Kleinknecht/Meyer-Goßner*[44] 7; SK-*Schlüchter* 16; vgl. § 260, 36.
[43] RG GA **50** (1903) 125; SK-*Schlüchter* 16.
[44] Vgl. Rdn. 6; auch zu den Ausnahmen.
[45] BayObLGSt **1964** 133 = VRS **28** (1965) 215; BayObLG bei *Rüth* DAR **1978** 211; OLG Karlsruhe NJW **1965** 1773; KK-*Engelhardt*[4] 5; KMR-*Paulus* 26; SK-*Schlüchter* 17.

teilung überrascht und in der Wahrnehmung seiner Rechte aus dem Straffreiheitsgesetz beeinträchtigt sein kann[46].

Bei **anderen Entscheidungen**, etwa einem Verweisungsbeschluß nach § 270, wird ein **19** Hinweis nicht gefordert[47].

2. Anderes Strafgesetz (Absatz 1)

a) Ein anderes Strafgesetz bildet den Grund der Verurteilung, wenn es einen **20** Straftatbestand enthält, der **anstatt** oder **neben** einem in der zugelassenen Anklage angeführten Straftatbestand für den Schuldspruch des Urteils in Betracht kommt[48]. Dies gilt auch, wenn sich die **Zahl der Verstöße** gegen das gleiche Strafgesetz erhöht (etwa sechs statt fünf Urkundenfälschungen)[49].

Nicht notwendig ist dabei, daß der neue Tatbestand auch **in der Urteilsformel** **21** erscheint; es genügt, wenn seine Anwendung dem Schuldvorwurf eine andere oder weitere Grundlage gibt[50] oder sonst für die Entscheidung von Bedeutung ist. Es muß deshalb auch auf eine wegen Verjährung nicht anwendbare Strafvorschrift hingewiesen werden[51] oder auf eine Ordnungswidrigkeit, auch wenn diese nach § 21 OWiG im Urteilsspruch nicht erscheint[52]. Dagegen bedarf es keines Hinweises, wenn das Vorliegen des verjährten Straftatbestands oder des Ordnungswidrigkeitentatbestandes für die Beurteilung der Schuldfrage ohne Bedeutung ist und auch für die Strafzumessung keine Rolle spielt[53].

b) Wahldeutige Verurteilung. Ein anderes Strafgesetz ist auch dann mit Grund der **22** Verurteilung, wenn es vom Gericht wahlweise mit einem in der Anklage bezeichneten Straftatbestand angewandt werden soll[54]. In der Regel genügt der Hinweis, daß auch das andere Strafgesetz in Betracht kommt. Auf die Möglichkeit der Wahlfeststellung als solche braucht dann nach § 265 Abs. 1 nicht noch besonders hingewiesen werden[55]. Sind mehrere Straftaten wahldeutig angeklagt, wird aber nur wegen einer von ihnen (eindeutig) verurteilt, bedarf es keines Hinweises[56].

c) Die **Anwendung eines milderen Gesetzes** macht den Hinweis nicht überflüssig. Der **23** Angeklagte muß die Möglichkeit erhalten, darzutun, daß auch das mildere Gesetz in seinem Fall nicht verletzt ist[57], daß er also beispielsweise weder vorsätzlich noch fahrlässig gehandelt hat; insbesondere der Vorwurf der Fahrlässigkeit erfordert meist eine andere Verteidigung[58].

---

46 BGH NJW **1952** 1346; KK-*Engelhardt*[4] 5; *Kleinknecht/Meyer-Goßner*[44] 7; KMR-*Paulus* 13; *Eb. Schmidt* 7; SK-*Schlüchter* 16.
47 Vgl. OLG Köln JMBlNW **1960** 222 (Kostenurteil); KMR-*Paulus* 13.
48 BGHSt **22** 338; *Küpper* NStZ **1986** 250; *Schlothauer* StV **1986** 216.
49 BGH bei *Holtz* MDR **1977** 461; vgl. auch BGH NStZ **1985** 563 (weitere Vergehen der Zuhälterei); SK-*Schlüchter* 5.
50 BGHSt **29** 127; **29** 277; KK-*Engelhardt*[4] 6.
51 Vgl. Rdn. 17; weit. Nachw. Fußn. 45.
52 KMR-*Paulus* 26.
53 Vgl. Rdn. 17.
54 RGSt **63** 430; RG HRR **1937** Nr. 837; BGH NJW **1985** 2488; BGH NStZ **1990** 449; bei *Holtz* MDR **1977** 108; OLG Düsseldorf DAR **1970** 190; OLG Hamburg NJW **1955** 920; *Montenbruck* GA **1988**

541; *Schlothauer* StV **1986** 217; vgl. ferner nachf. Fußn. und § 261, 164.
55 BGH bei *Dallinger* MDR **1974** 369; KK-*Engelhardt*[4] 11; *Kleinknecht/Meyer-Goßner*[44] 10; KMR-*Paulus* 25; *Pfeiffer*[2] 3; SK-*Schlüchter* 5; strittig **a.A** AK-*Loos* 14; HK-*Julius* 5; vgl. auch die Kommentare zum StGB; ferner § 261, 164.
56 BGH nach KK-*Engelhardt*[4] 11; OLG Karlsruhe Justiz **1985** 445.
57 RGSt **5** 200 (§ 270 StGB a.F statt § 242 StGB); RGRspr. **4** 298; RG DJZ **1926** 379; BGHSt **2** 250; BGH NStZ **1983** 424; BGH NStZ-RR **1996** 10; MDR **1977** 63; OLG Köln VRS **56** (1979) 281; *Schlothauer* StV **1986** 217; AK-*Loos* 13; KK-*Engelhardt*[4] 12; *Kleinknecht/Meyer-Goßner*[44] 8; KMR-*Paulus* 20; SK-*Schlüchter* 6, 12.
58 *Sarstedt* JR **1958** 352; vgl. Rdn. 27 mit weit. Nachw.

24   **Der Hinweis ist nur entbehrlich**, wenn auszuschließen ist, daß die mildere rechtliche Beurteilung die Verteidigungsmöglichkeiten des Angeklagten auch hinsichtlich der verbleibenden Vorwürfe berührt, so, wenn das mildere Gesetz lediglich deshalb angewendet wird, weil ein Tatbestandsmerkmal des in der Anklage bezeichneten Gesetzes **wegfällt**[59]. Dies trifft etwa zu beim Übergang von § 255 StGB zu § 253 StGB oder von § 244 Abs. 1 Nr. 1 StGB zu § 242 StGB[60]. Beim Übergang von Verleumdung zur üblen Nachrede ist dagegen ein Hinweis notwendig, da beide Tatbestände rechtlich „nichts gemein" haben[61]. Ob der Übergang zum milderen Gesetz eine Tatbestandsänderung enthält, welche die Verteidigung beeinflussen kann, muß immer an Hand der Umstände des Einzelfalls geprüft werden[62].

25   Ein Hinweis ist erforderlich, wenn der Wegfall eines Tatbestandsmerkmals bewirkt, daß die Strafverfolgung von einem **Antrag abhängig** wird[63], oder wenn sich die Möglichkeit einer **Kompensation** (§ 199 StGB) eröffnet oder wenn nunmehr den Strafrahmen beeinflussende Umstände geltend gemacht werden können[64].

26   Eines Hinweises bedarf es nicht, wenn von mehreren Strafgesetzen, die die zugelassene Anklage als rechtlich zusammentreffend anführt, eines **ausscheidet**[65], sofern sich dadurch nicht ausnahmsweise auch andere Verteidigungsmöglichkeiten hinsichtlich der verbleibenden Tat eröffnen können. Erforderlich ist ein Hinweis, wenn **Versuch** statt **Vollendung** angenommen wird[66].

27   **d)** Eine **Änderung der Schuldform** (Vorsatz statt Fahrlässigkeit und umgekehrt) erfordert einen Hinweis[67]. Dies gilt grundsätzlich auch, wenn beide Begehungsweisen im gleichen Straftatbestand erfaßt werden, denn der Angeklagte darf seine Verteidigung allein auf den in der zugelassenen Anklage erhobenen Schuldvorwurf abstellen. Fehlt die Angabe der Schuldform überhaupt, bedarf es zumindest dann eines Hinweises, wenn das Gericht Vorsatz annehmen will[68].

28   **e)** Ein **Wechsel in der Teilnahmeform** – etwa unmittelbare statt mittelbarer Täterschaft, Alleintäterschaft statt Mittäterschaft, Täterschaft statt Anstiftung oder Begünstigung – erfordert wegen der Möglichkeit einer anderen sachgemäßen Verteidigung ebenfalls einen Hinweis nach § 265 Abs. 1[69], desgleichen, wenn die Person des Haupt-

---

[59] RGSt **53** 100; **56** 333; **59** 424; RG GA **55** (1908) 309; JW **1930** 2792.

[60] RGSt **53** 100; BGH NJW **1970** 904; BGH nach KK-*Engelhardt*[4] 12.

[61] RGSt **5** 211; **20** 33; RG JW **1922** 301; **a. A** RGRspr. **2** 191.

[62] RGSt **51** 125 hat für den Übergang vom versuchten Einstiegdiebstahl nach § 243 Nr. 2 StGB **a. F** zum versuchten einfachen Diebstahl eine Hinweispflicht deshalb bejaht, weil der Beginn der Ausführung beim Einstiegdiebstahl zeitlich anders liege als beim einfachen Diebstahl (ebenso *Müller/Sax*[6] 4). Diese Begründung überzeugt allerdings nicht, wie *Eb. Schmidt* 12 ausführt.

[63] KK-*Engelhardt*[4] 12; SK-*Schlüchter* 15.

[64] RGSt **5** 199; **7** 200; **17** 296; RGRspr. **6** 213; RG GA **49** (1903) 266.

[65] RGSt **37** 102; KK-*Engelhardt*[4] 12; *Kleinknecht/ Meyer-Goßner*[44] 9; KMR-*Paulus* 15; SK-*Schlüchter* 15; *Eb. Schmidt* 13.

[66] RGRspr. **5** 536; BGHSt **2** 250; BGH bei *Miebach/Kusch* NStZ **1991** 229; BayObLG bei *Rüth*

DAR **1971** 207; OLG Köln VRS **56** (1979) 281; *Schlothauer* StV **1986** 271; 281; KK-*Engelhardt*[4] 10; KMR-*Paulus* 20; SK-*Schlüchter* 6.

[67] RGSt **6** 349; BGH VRS **49** (1975) 184; bei *Hürxthal* DRiZ **1975** 283; OLG Hamm MDR **1973** 783; OLG Koblenz VRS **63** (1982) 50; OLG Neustadt JR **1958** 352 mit Anm. *Sarstedt*; OLG Schleswig bei *Ernesti/Jürgensen* SchlHA **1975** 191; *Schlothauer* StV **1986** 217; **a. A** BayObLG bei *Rüth* DAR **1971** 207 (bei Fahrlässigkeit statt Vorsatz). Weit. Nachw. nachf. Fußn.

[68] BayObLG bei *Rüth* DAR **1986** 248; OLG Hamm VRS **61** (1981) 292; **63** (1982) 58; *Doller* DRiZ **1981** 202.

[69] RGSt **22** 367; **63** 430; RGRspr. **5** 23; 190; RG GA **43** (1985) 393; **54** (1907) 71; HRR **1937** Nr. 984; BGHSt **2** 371; **11** 19; **28** 196; BGH LM Nr. 1; 7; MDR **1977** 63; NJW **1952** 1385; **1985** 2488; NStZ **1983** 569; **1986** 85 mit Anm. *Berz*; StV **1983** 403; **1984** 368; **1990** 449; **1992** 292; 450; **1994** 46; **1996** 449; BGH bei *Pfeiffer* NStZ **1981** 296; bei *Pfeiffer/ Miebach* NStZ **1983** 358; **1996** 82; **1992** 293; **1994**

täters, dem der Angeklagte Beihilfe geleistet hat, wechselt[70] oder wenn statt Täterschaft Teilnahme im weiten Sinn des § 14 OWiG angenommen wird[71].

f) Wechsel der Konkurrenzen. Ein Hinweis ist notwendig, wenn sachliches statt **29** rechtliches Zusammentreffen und umgekehrt[72] angenommen wird. Gleiches galt bei Annahme eines **Fortsetzungszusammenhangs** statt mehrerer selbständiger Einzelhandlungen und umgekehrt[73] oder einer fortgesetzten Handlung statt einer Einzeltat[74]. Dagegen bedurfte es keines Hinweises nach Absatz 1, wenn einzelne von mehreren Einzelakten in den Fortsetzungszusammenhang einbezogen wurden[75] oder aus ihm ausschieden, selbst wenn nur eine Einzeltat übrig blieb[76]; ferner nicht, wenn statt der fortgesetzten Begehung natürliche Handlungseinheit angenommen wurde[77]. Wieweit von einer mit keiner rechtlichen Veränderung verbundenen Änderung bei den entscheidungserheblichen Tatsachen der Angeklagte zu unterrichten ist, richtet sich nach den Umständen des Einzelfalls[78].

g) Verschiedene Begehungsweisen. Ein anderes Strafgesetz liegt auch vor, wenn ver- **30** schiedene Tatbestände aus äußeren Gründen in einem Satz derselben Strafvorschrift zusammengefaßt sind, sofern die Begehungsweisen **ihrem Wesen** nach verschieden sind. Dem Angeklagten muß erkennbar sein, welche von mehreren in der Tatbestandsbeschreibung nebeneinander gestellten Begehungsweisen ihm vorgeworfen wird[79] und in welchen konkreten Tatsachen das Gericht die Tatbestandsmerkmale dieser anderen Begehungsweise sieht[80]. Ein solcher Hinweis muß übrigens auch nachgeholt werden, wenn diese Angaben bereits in der zugelassenen Anklage fehlen[81]. Hinzuweisen ist der Angeklagte auch, wenn an Stelle der Tatbegehung durch ein **Tun** nunmehr die Tatbestandsverwirklichung **durch Unterlassen** angenommen wird oder umgekehrt[82]. Nur bei einem Wechsel zwischen **wesensgleichen Begehungsformen** derselben Straftat bedarf es keines Hinweises[83]. Ob zwei Begehungsformen gleich sind, bestimmt sich nicht nach ihrem rechtlichen Gewicht, auch nicht allein nach den äußeren Tatbestandsmerkmalen. Entscheidend ist nach dem **Regelungszweck**, ob der Wechsel des Vorwurfs dem Angeklagten Anlaß geben

46; **1996** 449; BGH wistra **1996** 69; OLG Schleswig bei *Ernesti/Jürgens* SchlHA **1971** 217; **1975** 191; **1984** 212; *Schlothauer* StV **1986** 217; KK-*Engelhardt*[4] 10; *Kleinknecht/Meyer-Goßner*[44] 14; KMR-*Paulus* 23; SK-*Schlüchter* 7; vgl. auch nachf. Fußn.

[70] OLG Hamburg HESt **3** 54; vgl. auch BGH bei *Holtz* MDR **1977** 108 (Hinweispflicht aus § 265 Abs. 4); ferner Rdn. 60.

[71] BayObLGSt **1978** 175 = VRS **57** (1979) 33; OLG Düsseldorf VRS **56** (1979) 3.

[72] RGSt **9** 429; **16** 437; **56** 58; RGRspr. **2** 163; BGH StV **1991** 102; *Schlothauer* StV **1986** 217; KK-*Engelhardt*[4] 10; *Kleinknecht/Meyer-Goßner*[44] 15; KMR-*Paulus* 24; SK-*Schlüchter*.

[73] RGSt **9** 426; **20** 226; RGRspr. **8** 659; RG GA **58** (1911) 194; BGH StV **1984** 26; **1985** 489; BGH bei *Dallinger* MDR **1951** 464; **1973** 19; **1974** 369; bei *Herlan* MDR **1954** 656; bei *Holtz* MDR **1985** 982; bei *Pfeiffer/Miebach* NStZ **1984** 213; bei *Kusch* NStZ **1994** 24; OLG Schleswig bei *Ernesti/Jürgensen* SchlHA **1973** 187; *Schlothauer* StV **1986** 217; KK-*Engelhardt*[4] 10; *Kleinknecht/Meyer-Goßner*[44] 15; KMR-*Paulus* 24; SK-*Schlüchter* 8.

[74] RG HRR **1937** Nr. 906; BGH StV **1984** 26; KK-*Engelhardt*[4] 10; KMR-*Paulus* 24.

[75] BGH NStZ **1985** 325 (aber Unterrichtung nach § 265 Abs. 4).

[76] KK-*Engelhardt*[4] 10; KMR-*Paulus* 15.

[77] BGH nach KK-*Engelhardt*[4] 10; ebenso zum umgekehrten Fall OLG Dresden DRiZ **1928** Nr. 969.

[78] Vgl. Rdn. 79 ff.

[79] BGH NStZ **1984** 328; *Küpper* NStZ **1986** 250; *Schlothauer* StV **1986** 217; weitere Nachweise Rdn. 39 sowie nachf. Fußnoten.

[80] BGH StV **1993** 179; **1995** 462; **1997** 237; bei *Holtz* MDR **1991** 1025; BayObLG VRS **61** (1981) 31; OLG Frankfurt StV **1992** 60.

[81] Vgl. etwa BGHSt **40** 44; NJW **1998** 3654; 3788; NStZ **1996** 295; BGH bei *Holtz* MDR **1991** 1025.

[82] BGH StV **1984** 367 (L); HK-*Julius*[2] 5; KK-*Engelhardt*[4] 10; *Kleinknecht/Meyer-Goßner*[44] 12; SK-*Schlüchter* 6.

[83] Vgl. etwa BGHSt **21** 1 (Verfälschen oder Nachmachen bei Wein); BGHSt **23** 95; BGH bei *Miebach* NStZ **1988** 213; *Kleinknecht/Meyer-Goßner*[44] 13; SK-*Schlüchter* 10; 14 mit weit. Nachw. ferner Rdn. 39.

kann, **seine Verteidigung zu ändern**[84]. Bei Tatbestandsmerkmalen, die im **konkreten Fall**[85] auf andere normausfüllende Tatsachen abstellen oder eine andere innere Einstellung des Täters voraussetzen oder die der Tat eine andere Zielrichtung geben, ferner bei Übergang von einem tatbezogenen zu einem täterbezogenen Merkmal ist in der Regel ein Hinweis geboten[86]. Ist zweifelhaft, ob eine gleichartige Erscheinungsform desselben Straftatbestandes oder aber eine andersartige Begehungsform vorliegt, so empfiehlt sich zur Vermeidung von Revisionsrügen immer ein Hinweis[87].

31   Wird abweichend von der Anklage eine **andere Person** als **Verletzter** der gleichen Straftat angesehen, so liegt darin nicht die Anwendung eines anderen Strafgesetzes sondern eine Veränderung der tatsächlichen Grundlage der Anklage. Einige Entscheidungen haben dies dagegen unter Hinweis auf den Zweck des Absatzes 1 angenommen[88]. Zu der hier maßgebenden Streitfrage der analogen Anwendung des Absatzes 1 bei **Veränderung der tatsächlichen Grundlagen** der Anklage vgl. Rdn. 79 und zur Veränderung der **Tatzeit** Rdn. 82. Eine Veränderung des rechtlichen Gesichtspunkts liegt aber vor, wenn durch das Hinzutreten eines weiteren Verletzten nunmehr statt des einen zwei tateinheitliche Verstöße gegen den gleichen Tatbestand in Frage kommen[89].

32   **h) Allgemein geltende Vorschriften. Keines Hinweises** nach § 265 bedarf es, soweit in der zugelassenen Anklage nur solche Vorschriften nicht angeführt sind, die, wie etwa § 18 StGB, **allgemein** bestimmte Straftatbestände zugunsten des Täters **inhaltlich ändern**[90], oder die **neben dem Strafgesetz berücksichtigt** werden müssen, wie etwa §§ 11, 28, 29 StGB[91], oder die, wie etwa §§ 21, 49 Abs. 1 StGB[92] oder §§ 157, 213 StGB, bei der Strafzumessung sich allgemein zugunsten des Angeklagten auswirken[93].

33   **i)** Eine generelle Hinweispflicht auf alle **Vorschriften**, die für die **Bestimmung der Unrechtsfolgen** der Tat allgemein in Betracht kommen können, schreibt § 265 Abs. 1, 2 nicht vor. Wieweit diese in der zugelassenen Anklage aufzuführen sind, ist strittig[94].

34   Die Hinweispflicht des Absatzes 1 ist grundsätzlich auf die für den **Schuldspruch maßgebenden Strafgesetze** ausgerichtet, sie betrifft nicht alle Vorschriften, welche die **Rechtsfolgen** regeln. In Absatz 2 wird die Hinweispflicht nur auf die Umstände ausgedehnt, welche die **Strafbarkeit erhöhen** oder die Anordnung einer **Maßregel der Besserung und Sicherung** rechtfertigen. Wegen der Einzelheiten vgl. Rdn. 41. Nicht hinzuweisen ist nach der vorherrschenden Meinung auf Vorschriften, die die Anordnung von **Neben-**

---

[84] BGHSt **2** 371; **23** 95 = LM Nr. 29 mit Anm. *Martin*, BGHSt **25** 287 = LM Nr. 32 mit Anm. *Kohlhaas*; BGH LM Nr. 9; NJW **1984** 2593; NStZ **1983** 34; **1984** 328; BGH StV **1992** 226; bei *Holtz* MDR **1981** 102; OGH NJW **1950** 195; OLG Köln NStZ **1983** 31; *Hanack* JZ **1972** 433; KK-*Engelhardt*[4] 7; KMR-*Paulus* 16; *Schlothauer* StV **1986** 217. Vgl. aber auch voranst. Fußn.

[85] Vgl. *Küpper* NStZ **1986** 253 (Wesensverschiedenheit abhängig von der jeweiligen Begehungsweise in concreto). *Schlothauer* StV **1986** 217; SK-*Schlüchter* 10; nach AK-*Loos* 12 ist allein die Erforderlichkeit für die sachgerechte Verteidigung im konkreten Fall maßgebend.

[86] Vgl. z. B. BGHSt **25** 287; ferner Rdn. 39.

[87] *Küpper* NStZ **1986** 253; vgl. Rdn. 39.

[88] BGH NJW **1964** 308; OLG Schleswig bei *Ernesti/Jürgensen* SchlHA **1974** 183; OLG Stuttgart MDR **1967** 235; HK-*Julius*[2] 9; KK-*Engelhardt*[4] 11;

Kleinknecht/Meyer-Goßner[44] 22 (bei Änderung der Tatrichtung Abs. 1 analog); KMR-*Paulus* 17; *Schlothauer* StV **1985** 224 leitet ebenso wie Änderung der Tatzeit (Rdn. 82) die Hinweispflicht aus der wesentlichen Änderung der Sachlage her.

[89] Vgl. BGH GA **1962** 358 (unmittelbar aus Abs. 1); KK-*Engelhardt*[4] 11.

[90] *Küpper* NStZ **1986** 250 SK-*Schlüchter* 9. Zur Korrespondenz der Hinweispflicht mit dem notwendigen Inhalt der zugelassenen Anklage, vgl. BGHSt **29** 278; ferner etwa BGH NJW **1956** 1246 (zu § 56 StGB a. F.).

[91] KK-*Engelhardt*[4] 6.

[92] BGH NStZ **1988** 191 mit Anm. *Hilgendorf-Schmidt*; *Kleinknecht/Meyer-Goßner*[44] 9.

[93] RGSt **4** 40; **29** 21; **53** 185; vgl. ferner RGSt **50** 11 zum ehem. § 151 GewO (jetzt § 1 StGB); *Eb. Schmidt* 8 hält diese Entscheidung für bedenklich.

[94] Vgl. § 200, 18 ff.

strafen und Nebenfolgen festlegen[95]. Der Angeklagte muß sich danach selbst darüber unterrichten, welche Unrechtsfolgen außer den von § 265 Abs. 1, 2 erfaßten Hauptstrafen und Maßregeln der Besserung und Sicherung ihn treffen können[96]; so wurde eine Hinweispflicht auf die Möglichkeit der Einziehung[97], die früher mögliche Anordnung der Polizeiaufsicht[98] oder die nach § 32a StGB **a. F.** zulässige Aberkennung der bürgerlichen Ehrenrechte[99] verneint. Eines besonderen Hinweises, daß neben der lebenslangen Freiheitsstrafe auch die Feststellung der **besonderen Schwere der Schuld** (§ 57a StGB) in Betracht kommt, bedarf es nicht, da hierüber bei jeder lebenslangen Freiheitsstrafe entschieden werden muß[100].

Hängt die Anordnung einer **fakultativen Rechtsfolge** von **besonderen Umstände** ab, so **35** ist strittig, ob nicht in entsprechender Anwendung des § 265 Abs. 1, 2 ein Hinweis auf die Möglichkeit ihrer Verhängung angezeigt ist, um den Angeklagten entsprechend dem Grundgedanken dieser Vorschrift die Möglichkeit zu einer entsprechenden Verteidigung zu geben[101]. Der Sinn des § 265 spricht für einen Hinweis in allen Fällen, in denen die Verhängung der Nebenfolge **besondere Umstände** voraussetzt[102], deren Vorliegen erst in der Hauptverhandlung neu zu Tage getreten ist, wie etwa in der Anklage nicht angeführte besondere Modalitäten des Tatgeschehens[103]. Darüber hinaus kann es im Einzelfall auch angezeigt sein, den Angeklagten in geeigneter Form Gelegenheit zu geben, bei seiner Verteidigung auch Umstände zu berücksichtigen, die sich zwar schon aus der Anklage ergeben, deren Bedeutung für die Anordnung einer Nebenfolge aber erst in der Hauptverhandlung **erkannt** wurde und die er ersichtlich auch nicht erkannt hat[104]. Ein solcher nicht notwendig förmliche Hinweis[105] mit dem Zweck, eine Erklärung zu entscheidungsrelevanten Tatsachen herbeizuführen, entspricht dem § 243 Abs. 4 und der Pflicht zu einer die volle Wahrung der Verteidigungsrechte ermöglichenden fairen Verfahrensgestaltung. Bei den erst in der Hauptverhandlung neu zu Tage getretenen Tatsachen folgt er auch aus der Verpflichtung zur Wahrung des rechtlichen Gehörs (Art. 103 Abs. 1 GG). Dieses verlangt zwar keinen Hinweis auf die Unrechtsfolgen einer Straftat[106], wohl aber eine Anhörung zu allen neu zu Tage getretenen Tatsachen, wenn diese einer Entscheidung des Gerichts zu Grunde gelegt werden sollen[107].

Bei dem **Fahrverbot** des § 44 StGB, das – anders als das Fahrverbot nach § 25 StVG – **36** keine über die Erfüllung des jeweiligen Straftatbestandes hinausreichenden Feststellungen

---

[95] RGSt **33** 398 (Bekanntmachungsbefugnis); BGHSt **2** 88; **22** 336; **29** 1; GA **1968** 303; KG VRS **53** (1977) 42; OLG Stuttgart VRS **44** (1973) 134; sowie nachf. Fußn.

[96] RGSt **5** 139; *Meyer* JZ **1971** 518; KK-*Engelhardt* 6; *Kleinknecht/Meyer-Goßner*[44] 24; SK-*Schlüchter* 35; ferner vorst. Fußn.; **a. A** KMR-*Paulus* 30.

[97] BGHSt **16** 47; anders aber BGH StV **1984** 453 mit Anm. *Schlothauer*; *Schlothauer* StV **1986** 222.

[98] BGHSt **18** 66; BGH MDR **1955** 530.

[99] BGHSt **22** 339 = LM Nr. 28 mit Anm. *Martin*; BGH GA **1968** 303.

[100] BGH NJW **1996** 3285; *Kintzi* DRiZ **1993** 343; *Kleinknecht/Meyer-Goßner*[44] 15a (keine Rechtspflicht, aber sinnvoll); **a. A** *Wollweber* NJW **1998** 122; für analoge Anwendung unter dem Blickwinkel der Fürsorgepflicht auch HK-*Julius*[2] 2.

[101] Verneinend BGHSt **22** 338; **29** 274 (Kein Unterschied, ob zwingend oder fakultativ); KK-*Engelhardt*[4] 6; *Kleinknecht/Meyer-Goßner*[44] 24; bejahend OLG Hamm MDR **1971** 776; *Hanack* JZ **1971** 220;

1972 433; *Schlothauer* StV **1986** 221; KMR-*Paulus* 30. Vgl. Fußn. 109 bis 112 zur strittigen Frage beim Fahrverbot.

[102] Vgl. AK-*Loos* 20 (bei Vertatbestandlichung in Form richterlicher Regelbildung).

[103] Es kommt nicht so sehr darauf an, ob sie fakultativ angedroht sind, sondern ob ihre Anordnung von den neu hervorgetretenen Tatsachen mitbestimmt wird.

[104] Zu der auch hier einschlägigen Streitfrage, ob der bei Änderung der Tatsachengrundlage notwendige Hinweis förmlich erteilt werden muß, vgl. Rdn. 79 ff.

[105] *Schlothauer* StV **1986** 222; AK-*Loos* 7; SK-*Schlüchter* 30; strittig, **a. A** KK-*Engelhardt*[4] 13 – sowie die vorherrschende Meinung, die nur darauf abstellt, ob die Tatsachen erst in der Hauptverhandlung neu hervorgetreten sind.

[106] *Meyer* JR **1971** 518.

[107] *Schlothauer* StV **1986** 220 (Angeklagter muß Anknüpfungspunkt für seine Verteidigung erhalten).

voraussetzt[108], ist das Erfordernis eines **förmlichen Hinweises** strittig. Die verneinende Meinung beruft sich darauf, daß hinsichtlich der Rechtsfolgen § 265 keine förmliche Hinweispflicht mit Ausnahme der in Absatz 2 besonders angeführten Maßregeln begründet[109]. Die Gegenmeinung stützt die Annahme einer förmlichen Hinweispflicht auf den über den Wortlaut hinausreichenden Zweck des § 265, auf das Erfordernis einer besonderen Verteidigung bei Ermessenentscheidungen und auf die Pflicht zur fairen Verfahrensgestaltung[110]. Verschiedentlich wird auch differenziert: Ein Hinweis darf nur unterbleiben, wenn der Angeklagte nach dem bisherigen Verfahrensverlauf mit einer solchen Nebenfolge rechnen mußte[111]. Bei dem **Fahrverbot des § 25 StVG** nimmt die herrschende Meinung eine Hinweispflicht an[112]. Hat bereits der Bußgeldbescheid ein Fahrverbot ausgesprochen, muß das Gericht nicht besonders darauf hinweisen, daß es ein Fahrverbot von einer längeren Dauer anordnen will[113].

37   **j) Anwendung von Jugendrecht.** Wird erst in der Hauptverhandlung bekannt, daß der Angeklagte Jugendlicher oder Heranwachsender ist, so muß er auf das Eingreifen der Vorschriften des Jugendgerichtsgesetzes hingewiesen werden[114]. Eines erneuten Hinweises bedarf es aber nicht, wenn das Gericht dann trotz eines solchen Hinweises doch Erwachsenenrecht anwendet[115].

3. Beispiele aus der Rechtsprechung

38   **a) Maßgebend Einzelfall.** Die nachstehend angeführten **Beispiele**[116] aus der Rechtsprechung zur Hinweispflicht bei Veränderungen der Tatmodalitäten sind zu verschiedenen Fassungen der jeweiligen Strafgesetze ergangen. Es ist stets im Einzelfall zu prüfen, ob der Grund, warum damals die Hinweispflicht bejaht oder verneint wurde, auch nach dem nunmehr geltenden Recht noch zutrifft.

39   **b)** In den folgenden Fällen hielt die Rechtsprechung einen **Hinweis für erforderlich**

§ 113 StGB – tätlicher Angriff statt Widerstandsleistung, wobei freilich zu beachten ist, daß im einzelnen Fall dieselbe Handlung zugleich Angriff und Widerstand sein kann[117]

§ 123 StGB – widerrechtliches Eindringen statt unbefugten Verweilens[118];

§ 142 StGB – Absatz 2 statt Absatz 1 und umgekehrt[119];

---

[108] Vgl. BGHSt **24** 348.
[109] So KG VRS **53** (1972) 42; OLG Koblenz NJW **1971** 1472 mit Anm. *Händel*; vgl. KK-*Engelhardt*[4] 15; *Kleinknecht/Meyer-Goßner*[44] 24; vgl. BGHSt **24** 348; **29** 274.
[110] BayObLGSt **1978** 89 = JZ **1978** 576; OLG Hamm VRS **34** (1968) 418; JR **1971** 517 mit abl. Anm. *Meyer*; GA **1981** 174 (L); *Schlothauer* StV **1986** 221 HK-*Julius*[2] 7; KMR-*Paulus* 31.
[111] OLG Celle VRS **54** (1978) 268; (Hinweis in Anklage auf § 69; 69a StGB) OLG Düsseldorf MDR **1994** 822; OLG Hamm OLGSt § 44 StGB, 1; OLG Koblenz NJW **1971** 1472 (wenn keine Überraschung); ähnlich VRS **71** (1986) 209 (wenn Bußgeldbescheid mit Fahrverbot zurückgenommen und durch einen ohne diese Nebenfolge ersetzt worden war). Vgl. OLG Karlsruhe Justiz **1980** 210 (Ausschluß des Beruhens).
[112] BGHSt **29** 274 (kein anderes Strafgesetz, aber analog Absatz 2 nach Sinn und Zweck des § 265); OLG

Düsseldorf JMBlNW **1978** 54; OLG Hamm MDR **1980** 161; DAR **1975** 219; VRS **41** (1971) 100; OLG Koblenz VRS **71** (1986) 209; OLG Köln VRS **48** (1975) 52; OLG Schleswig bei *Ernesti/Jürgensen* SchlHA **1971** 220; OLG Stuttgart VRS **44** (1973) 134; *Schlothauer* StV **1986** 222; SK-*Schlüchter* 35; **a.A** OLG Saarbrücken OLGSt 15; *Meyer* JR **1971** 517.
[113] BayObLG VRS **98** (2000) 33.
[114] KK-*Engelhardt*[4] 11; *Eb.* Schmidt 14; so schon zum früheren Recht RGSt **33** 166; **53** 187.
[115] BGH NJW **1998** 3654.
[116] Vgl. die Beispiele bei KK-*Engelhardt*[4] 8; *Kleinknecht/Meyer-Goßner*[44] 12; SK-*Schlüchter* 11 ff.
[117] RGSt **28** 99; RG GA **48** (1901) 359.
[118] RGSt **19** 401.
[119] BayObLG VRS **61** (1981) 31; OLG Celle VRS **54** (1998) 38; OLG Frankfurt StV **1992** 60. OLG Schleswig bei *Ernesti/Jürgensen* SchlHA **1985** 132.

§ 146 StGB – Absatz 1 Nr. 3 statt Absatz 1 Nr. 1 [120];

§ 163 StGB – fahrlässige statt vorsätzliche Verletzung der Eidespflicht [121]. Legt jedoch der Eröffnungsbeschluß dem Angeklagten ein Vergehen gegen § 153 in Fortsetzungszusammenhang mit Meineid zur Last, und hält das Gericht nur die Verurteilung wegen Meineids für zulässig, weil die uneidliche Falschaussage durch den Meineid aufgezehrt werde, bedarf es keines Hinweises [122];

§ 166 StGB – Beschimpfung kirchlicher Gebräuche statt beschimpfenden Unfugs in einer Kirche [123],

§ 176 Abs. 1 Nr. 1 StGB a. F. – versuchte gewaltsame Vornahme unzüchtiger Handlungen statt versuchte Notzucht [124];

§ 181 a StGB – verschiedene Begehungsformen [125];

§§ 185, 187 StGB – Beleidigung statt Verleumdung; Beleidigung statt Unzucht mit Minderjährigen [126];

§ 211 StGB – Mord zur Verdeckung einer Straftat oder aus Haß statt Mord zur Befriedigung des Geschlechtstriebs [127]; zur Begehung oder Verdeckung einer Straftat und umgekehrt, auch bei einer anderen als der in der Anklage bezeichneten Tat [128], oder Tötung aus Rachgier statt aus Habsucht [129]; grausame Tötung statt aus niedrigen Beweggründen [130]; niedere Beweggründe statt Befriedigung des Geschlechtstriebs oder statt Heimtücke; Verdeckungsabsicht statt Wut oder Rachsucht [131];

§ 222 StGB – statt Aussetzung mit Todesfolge (§ 221 Abs. 3), die trotz § 18 StGB ein anderer Tatbestand ist [132];

§ 223a StGB a. F. Verübung mit gefährlichen Werkzeugen statt gemeinschaftlich [133] oder durch hinterlistigen Überfall [134];

§ 224 StGB a. F. – Andere Tatfolgen [135];

§ 243 StGB a. F. – Erbrechen eines Behältnisses statt Einbruchs oder Einbruchs statt Einsteigen [136]; die einzelnen Regelbeispiele der Neufassung des § 243 StGB sind keine Tatbestandsmerkmale mehr; dazu Rdn. 43;

§§ 243, 252 StGB – schwerer statt räuberischer Diebstahl [137];

§ 244 StGB – Bandendiebstahl statt Diebstahl unter Mitführung einer Schußwaffe [138];

§§ 246, 266 StGB – Unterschlagung statt Untreue [139] oder statt Amtsunterschlagung [140];

§ 250 StGB – Bandenraub statt Raub mit Waffen; Verabredung zum schweren Raub statt Raub mit Waffen [141];

---

[120] BGH wistra **1993** 193.
[121] RGSt **65** 363.
[122] BGH LM Nr. 12.
[123] RG Recht **1910** Nr. 1470.
[124] RG HRR **1940** Nr. 206 (zur früheren Fassung).
[125] RG JW **1936** 2554.
[126] BGH GA **1962** 338.
[127] BGHSt **23** 95; OGH NJW **1950** 195; OLG Kiel SchlHA **1948** 191; *Küpper* NStZ **1986** 251.
[128] BGH StV **1984** 367; bei *Holtz* MDR **1981** 102: offengelassen in BGHSt **23** 95; **25** 287; *Küpper* NStZ **1986** 251.
[129] KG HESt **1** 189.
[130] BGH bei *Dallinger* MDR **1970** 382.
[131] BGHSt **25** 287; *Geiß* NJW **1990** 2736; *Küpper* NStZ **1986** 251.

[132] BGH NStZ **1983** 424; *Schlothauer* StV **1986** 217, Fußn. 50.
[133] RGSt **12** 379; **30** 177; RGRspr. **9** 204; BGH NStZ **1984** 328; vgl. *Küpper* NStZ **1986** 251 zu den einzelnen Tatbestandsvariationen des § 223a (a. F.).
[134] BGH nach KK-*Engelhardt*⁴ 8; vgl. auch BGH NStZ **1997** 237.
[135] BGH NStZ **1984** 328; StV **1997** 237; *Küpper* NStZ **1986** 251.
[136] RGRspr. **7** 138; RG GA **46** (1898/1899) 321; *Oetker* JW **1922** 1016.
[137] RG Recht **1927** Nr. 231; BGH VRS **65** (1983) 128.
[138] BGH nach KK-*Engelhardt*⁴ 8.
[139] RGSt **46** 378
[140] RGSt **17** 294.
[141] BGH nach KK-*Engelhardt*⁴ 8.

§ 257 StGB – persönliche statt sachlicher Begünstigung[142]; eigennützige sachliche Begünstigung statt Anstiftung zum Diebstahl und Hehlerei[143];

§ 259 StGB – Mitwirken zum Absatz statt Ansichbringens oder Verheimlichens oder dieses statt Ansichbringens[144];

§ 260 StGB – gewerbsmäßige statt gewohnheitsmäßige Hehlerei[145];

§ 266 StGB – Treubruchtatbestand statt des Mißbrauchstatbestands bei der Untreue[146], für den umgekehrten Fall kann etwas anderes gelten[147];

§ 274 StGB – Wegnahme statt Unkenntlichmachens eines Grenzmerkmals[148];

§ 289 StGB – Wegnahme einer fremden statt der eigenen Sache[149];

§ 308 StGB a. F. – Übergang von der zweiten zur ersten Alternative[150];

§ 316 StGB und § 24a StVG[151];

§ 323a (§ 330a a. F.) StGB – bei Änderungen des Grunddelikts[152];

§ 348 Abs. 2 StGB – Vernichtung einer amtlich zugänglichen statt einer amtlich anvertrauten Urkunde[153];

verschiedene **Verkehrsverstöße** sind in der Regel keine gleichartigen Erscheinungsformen derselben Tat[154].

40 c) Der **Hinweis** wurde **für entbehrlich** gehalten[155];

§ 117 StGB – vom Eigentümer bestellter Aufseher statt Forstbeamter[156];

§ 175 StGB a. F. – Verführen zum Unzuchttreiben statt Verführung zum Mißbrauchenlassen[157];

§ 176 Nr. 3 StGB a. F. – Verleitung zur Verübung einer unzüchtigen Handlung statt Verübung einer solchen[158];

§ 180 StGB a. F. – Absatz 2 statt Absatz 1[159];

§ 223a StGB a. F. – Benutzung eines gefährlichen Werkzeugs statt eines Messers[160];

§ 223b StGB a. F. – Vernachlässigen statt quälen[161];

§ 226 StGB – Lähmung statt Verlust eines Gliedes[162];

§ 250 StGB – Anderes Tatwerkzeug[163];

§ 257 StGB – Begünstigung eines Vergehens statt eines Verbrechens[164];

---

[142] RG JW **1920** 649.

[143] BGHSt **2** 371.

[144] RG GA **42** (1894) 395; **51** (1904) 354; JW **1928** 2259; **a. A** RG GA **65** (1918) 544.

[145] RGSt **27** 138.

[146] BGHSt **26** 174; BGH NJW **1954** 1616; **1984** 2539 = JR **1985** 28 mit Anm. *Otto*; **a. A** OLG Oldenburg HESt **2** 45. Zu den einzelnen Fallgestaltungen vgl. *Küpper* NStZ **1986** 252.

[147] BGH JR **1985** 28 mit Anm. *Otto*; vgl. auch BGHSt **24** 386; *Küpper* NStZ **1986** 252.

[148] RG GA **52** (1905) 255; **a. A** RGRspr. **4** 62.

[149] RG Recht **1902** Nr. 2772.

[150] BGH StV **1989** 468.

[151] OLG Schleswig bei *Ernesti/Lorenzen* SchlHA **1981** 94.

[152] BGH bei *KK-Engelhardt*⁴ 8; BayObLGSt **1954** 45 = NJW **1954** 1579; OLG Schleswig bei *Ernesti/Jürgensen* SchlHA **1969** 153; *Schlothauer* StV **1986** 217 Fußn. 53.

[153] RGSt **24** 89.

[154] BayObLGSt **1956** 286; OLG Hamm VRS **42** (1972) 115; KG VRS **10** (1956) 58; OLG Köln VRS **12** (1957) 284; OLG München DAR **1951** 67; OLG Saarbrücken VRS **48** (1975) 187; OLG Schleswig DAR **1962** 157; bei *Ernesti/Lorenzen* SchlHA **1980** 176; vgl. aber auch KG VRS **12** (1957) 451.

[155] Vgl. auch die Beispiele bei KK-*Engelhardt*⁴ 9; *Kleinknecht/Meyer-Goßner*⁴⁴ 13; SK-*Schlüchter* 14.

[156] RGSt **33** 224.

[157] BGH MDR **1953** 629 zu § 175a Nr. 2 StGB **a. F.**

[158] RG LZ **1914** 784.

[159] RGSt **63** 160.

[160] RGSt **30** 176.

[161] RGSt **70** 358.

[162] BGH JR **1989** 294 mit abl. Anm. *Kratzsch*.

[163] BGH bei *Miebach* NStZ **1988** 212; BGHR § 265 Hinweispflicht 1.

[164] RGSt **13** 136.

§ 263 StGB – Vorspiegelung falscher statt Unterdrückung wahrer Tatsachen[165];

§ 266 StGB – Vermögensgefährdung statt Vermögensbeschädigung[166];

§ 274 StGB – Unterdrückung statt Vernichtung einer Urkunde[167]; fälschliches Setzen eines Grenzsteins statt Verrückung[168];

§ 286 StGB – Lotterie statt Ausspielung[169];

§ 302a StGB a. F. (vgl. jetzt § 291 StGB) – Ausbeutung des Leichtsinns statt Notlage[170];

§ 4 Nr. 1 LebMG a. F. – Verfälschen statt Nachmachen[171];

§§ 239, 240 KO a. F. (vgl. jetzt § 283 StGB ff). – Zahlungseinstellung statt Konkurseröffnung[172]; einfacher statt betrügerischer Bankrott[173]; unordentliches Führen der Bücher statt Unterlassen der Buchführung[174].

4. Straferhöhende Umstände und Maßregeln der Besserung und Sicherung (Absatz 2)

a) Straferhöhende Umstände sind in der Hauptverhandlung **neu hervorgetretene Tatsachen**[175], die zur Anwendung einer nach Art oder Umfang schwereren oder einer zusätzlichen Strafsanktion führen können und die der Angeklagte nicht aus der zugelassenen Anklage entnehmen und auf die er sich daher zu seiner Verteidigung nicht vorbereiten konnte[176]. Beim **Wegfall** straferhöhender Umstände oder strafmildernd wirkender Tatsachen[177] oder beim Hinzutreten eines strafmildernden Gesichtspunkts[178] bedarf es in der Regel keines Hinweises[179]. **41**

Unter den Umständen, welche die **Strafbarkeit erhöhen**, ist grundsätzlich dasselbe wie in § 263 Abs. 2 zu verstehen. Dazu gehören unstreitig alle echten Qualifikationstatbestände, bei denen durch Festlegung bestimmter zusätzlicher Tatumstände ein gegenüber dem Grundtatbestand verselbständigter neuer Tatbestand geschaffen wurde, wie etwa § 221 Abs. 2, 3; §§ 224, 226; § 239 Abs. 3, 4; § 239a Abs. 3 oder § 250 Abs. 1; 260 Abs. 1 StGB[180]. Bloße Strafzumessungsgründe, die innerhalb des ordentlichen Strafrahmens zu berücksichtigen sind, fallen nicht unter Absatz 2[181]. **42**

Bei den nur durch **Regelbeispiele** verdeutlichten **Strafschärfungsgründen**, die keine tatbestandsmäßige Verselbständigung bedeuten[182], war die Hinweispflicht strittig, da Absatz 2 – ebenso wie §§ 263 Abs. 2, § 67 Abs. 3 Satz 2 – nur auf die tatbestandsmäßig ausformulierten Fälle abstellte. Die wohl jetzt vorherrschende Meinung nimmt in **analoger Anwendung des Absatzes 2** eine Hinweispflicht an, sofern sich das Vorliegen der für das Regel- **43**

---

[165] BGH bei KK-*Engelhardt*[4] 9.
[166] BGH bei KK-*Engelhardt*[4] 9.
[167] RGSt **40** 114.
[168] RGSt **19** 402; RGRspr. **4** 62.
[169] RGSt **31** 71.
[170] RGSt **17** 440.
[171] BGHSt **21** 1; dazu *Hanack* JZ **1972** 433; zur Rechtslage nach dem LMBG vgl. die einschlägigen Kommentare.
[172] RGSt **36** 266.
[173] BGH LM Nr. 9.
[174] RGSt **3** 417; **19** 402.
[175] *Schlothauer* StV **1986** 222 stellt den erst in der Hauptverhandlung neu hervorgetretenen Tatsachen diejenigen gleich, die zwar schon vorher bekannt waren, deren Relevanz für die schärfere Rechtsfolge aber erst in der Hauptverhandlung erkannt wurde; ebenso AK-*Loos* 7; SK-*Schlüchter* 30.
[176] RGSt **52** 249; RG JW **1926** 1217; BGHSt **29** 279;

KK-*Engelhardt*[4] 13; *Kleinknecht/Meyer-Goßner*[44] 18; KMR-*Paulus* 28; SK-*Schlüchter* 29. Für eine weite Auslegung, die alle Sanktionen – einschließlich Nebenfolgen und Nebenstrafen – umfaßt, *Schlothauer* StV **1986** 225.
[177] BGH NJW **1955** 31; **1988** 501 (Wegfall des § 21 StGB).
[178] Vgl. Rdn. 46.
[179] H. M; KK-*Engelhardt*[4] 14; *Kleinknecht/Meyer-Goßner*[44] 17; SK-*Schlüchter* 28, 29.
[180] Vgl. § 263, 9; 10.
[181] Vgl. OLG Hamm NJW **1980** 1587; die Frage, ob wegen der Befugnis zur Einspruchszurücknahme der Betroffene auf die Möglichkeit einer höheren Geldbuße hinzuweisen ist, ist keine Frage des § 265 Abs. 1, 2.
[182] RGSt **70** 357; BGH NJW **1959** 996; **1977** 1830 mit Anm. *Braunsteffer* NJW **1978** 60.

Walter Gollwitzer

beipiel maßgebenden Tatumstände nicht bereits aus dem Sachverhalt der Anklage ergibt[183] vor allem, wenn er erst später hervorgetreten ist, aber auch, wenn er nicht ohne weiteres dem äußeren Sachverhalt der Angeklagte zu entnehmen ist. Ob dies darüber hinaus auch für Umstände gilt, aus denen außerhalb der Regelbeispiele die Annahme eines schweren Falls hergeleitet wird, ist strittig[184].

44   **Unbeschriebene Strafschärfungsgründe,** die für nicht tatbestandsmäßig näher umschriebene **besonders schwere Fälle** eine höhere Strafe androhen, fallen nach der Rechtsprechung nicht unter Absatz 2[185]. Ist dagegen der besonders schwere Fall durch **Regelbeispiele** verdeutlicht, wird die Hinweispflicht ebenso wie sonst bei Regelbeispielen bejaht[186]. Das Schrifttum[187] nimmt auch darüber hinaus eine Hinweispflicht an, wenn Tatsachen hervortreten, auf die das Gericht das Vorliegen eines nicht im Gesetz typisierten besonders schweren Falls gründen will. Der Angeklagte muß seine Verteidigung auch hierauf einstellen können.

45   Unabhängig von der strittigen Tragweite der analogen Anwendung des Absatzes 2 dürfte die **prozessuale Fürsorgepflicht** immer dann einen ausdrücklichen Hinweis gebieten, wenn das Gericht einen tatsächlichen Umstand für die Findung des Strafrahmens Gewicht beimessen will und dies dem Angeklagten weder aus der Anklage noch aus dem Gang der Hauptverhandlung ersichtlich ist. Der Angeklagte muß zu diesen Tatsachen und ihrer Bedeutung gehört werden[188], er muß seine Verteidigung auch hierauf erstrecken können.

46   Die Anwendung besonderer gesetzlicher **Milderungsgründe** ist auch ohne einen entsprechenden Hinweis zulässig[189]; etwas anderes gilt, wenn sich der mildere Fall zu einem Sonderstraftatbestand verfestigt hat[190].

47   **b)** Kommt eine **Maßregel der Besserung und Sicherung** in Betracht, bedarf es stets eines Hinweises, wenn die Anklage die Möglichkeit ihrer Anordnung nicht erwähnt hat. Dies gilt schon, wenn im übrigen der angeklagte Sachverhalt unverändert geblieben ist und es gilt erst recht, wenn erst die in der Hauptverhandlung festgestellten Tatsachen ergeben, daß eine solche Maßregel in Betracht kommen kann. Der Schutzzweck des Absatzes 2 erfordert, daß der Angeklagte nicht im Zweifel darüber bleibt, auf Grund welcher Tatsachen das Gericht die Anordnung einer bestimmten Maßregel erwägt[191].

---

[183] BGH NJW **1980** 714 unter Einschränkung von BGH NJW **1977** 1830 (für die Gewerbsmäßigkeit beim Handeln mit Betäubungsmitteln); ebenso *Arzt* JuS **1972** 512; *Braunsteffer* NJW **1978** 60; *Fabry* NJW **1986** 15; *Furtner* JR **1969** 11; *Roxin* § 42, 27; *Schlüchter* 366.3; *Schlothauer* StV **1986** 221; *Sarstedt/Hamm*[6] 1053; *Wessel* FS Maurach 308; AK-*Loos* 17; HK-*Julius*[2] 7; KK-*Engelhardt*[4] 14; *Kleinknecht/Meyer-Goßner*[44] 19; KMR-*Paulus* 28; vgl. auch SK-*Schlüchter* 29; 30 verneinend BGH NJW **1977** 1830; VRS **56** (1979) 189; OLG Hamm NJW **1980** 1587 (kein Hinweis bei höherer Geldbuße) läßt die Frage offen.

[184] *Schlothauer* StV **1986** 221; HK-*Julius*[2] 7 nehmen dies an; vgl. dazu Rdn. 45.

[185] RGSt **70** 357; RG JW **1935** 2433; BGHSt **29** 274; 279; BGH NJW **1959** 996; **1977** 1830; KK-*Engelhardt*[4] 14; *Kleinknecht/Meyer-Goßner*[44] 19; SK-*Schlüchter* 29.

[186] *Arzt* JuS **1972** 516; *Sarstedt/Hamm*[6] 1053; *Schlothauer* StV **1986** 221; *Kleinknecht/Meyer-Goßner*[44] 19.

[187] *Furtner* JR **1969** 11; *Kaiser* NJW **1981** 1028; AK-*Loos* 17 („richterliche Regelbildung").

[188] Soweit es sich um neue Tatsachen handelt, fordert dies auch die Verpflichtung zur Gewährung des rechtlichen Gehörs, vgl. auch Rdn. 79 ff.

[189] BGH NJW **1956** 1246; *Kleinknecht/Meyer-Goßner*[44] 17.

[190] Vgl. Rdn. 23.

[191] BGHSt **2** 85; **18** 228, BGH StV **1988** 329; **1991** 8; bei *Pfeiffer/Miebach* NStZ **1983** 358; OLG Koblenz VRS **50** (1976) 30; *Schlothauer* **1986** 218; AK *Loos* 19; KK-*Engelhardt*[4] 15; *Kleinknecht/Meyer-Goßner*[44] 20; KMR-*Paulus* 29; SK-*Schlüchter* 31.

Soll beispielsweise ein **Berufsverbot** ausgesprochen werden, so ist der Angeklagte in **48** der Hauptverhandlung ausdrücklich auf die Möglichkeit dieser Maßregel hinzuweisen, wenn die ihm zur Last gelegten Straftaten im Eröffnungsbeschluß nicht als Voraussetzungen dafür gekennzeichnet sind[192]. Gleiches gilt für die Unterbringung im **psychiatrischen Krankenhaus**[193], für die Anordnung der **Sicherungsverwahrung**[194], für die Führungsaufsicht[195] und für die **Entziehung der Fahrerlaubnis**[196].

Da die einzelnen Maßregeln der Besserung und Sicherung ihrem Wesen nach verschieden sind, ersetzt der Hinweis auf eine Maßnahme den Hinweis auf eine andere **49** möglicherweise auch in Betracht zu ziehende Maßnahme nicht. Deshalb muß der Angeklagte nach Absatz 2 auch darauf hingewiesen werden, wenn eine **andere Maßregel** in Betracht kommt als die zugelassene Anklage angeführt hat[197].

5. Hinweis durch das Gericht

a) Der **Vorsitzende** erteilt den Hinweis (§ 238 Abs. 1) für das Gericht[198]. Er kann ihn **50** ohne vorgängigen Gerichtsbeschluß aussprechen[199]; er muß ihn geben, wenn das Gericht dies (etwa im Rahmen der Urteilsberatung) beschlossen hat. Der Hinweis kann auch durch **Gerichtsbeschluß** erteilt werden, etwa im Falle des § 238 Abs. 2, wenn der Vorsitzende einen darauf gerichteten Antrag abgelehnt hat. Der Hinweis selbst ist dagegen keine Anordnung im Sinne des § 238 Abs. 2, so daß gegen ihn das Gericht nicht angerufen werden kann[200].

Der Hinweis nach Absatz 1, 2 erfordert eine **an den Angeklagten** gerichtete **förmliche 51 Erklärung**, die eine den rechtlichen Rahmen der Hauptverhandlung bestimmende Prozeßhandlung ist[201] und nur durch das Sitzungsprotokoll bewiesen werden kann (Rdn. 74 ff). Da die Änderung des Anklagevorwurfs gegenüber dem Angeklagten durch einen **ausdrücklichen und förmlichen Hinweis** erklärt werden muß, ersetzt ein Beschluß, in dem das Gericht lediglich die Einholung eines Gutachtens über die Schuldfähigkeit des Angeklagten und über die Notwendigkeit seiner eventuellen Unterbringung in einem psychiatrischen Krankenhaus anordnet, nicht den Hinweis nach Absatz 1 oder 2[202]. Der Hinweis muß dem Angeklagten aber nicht notwendig in der Hauptverhandlung erteilt werden. Er kann ihm auch **außerhalb der Hauptverhandlung** zur Kenntnis gebracht werden, etwa bei der Einvernahme durch einen ersuchten Richter oder schriftlich bei einer Ladung zu einem neuen Termin oder auch schon im **Eröffnungsbeschluß**[203].

---

[192] BGHSt **2** 82.

[193] BGHSt **22** 29; BGH NJW **1964** 459; BGH bei *Holtz* MDR **1976** 815; bei *Pfeiffer/Miebach* NStZ **1983** 358; *Schlothauer* StV **1986** 218.

[194] BGH GA **1966** 180; StV **1994** 232; bei *Holtz* MDR **1976** 815.

[195] *Schlothauer* StV **1986** 219.

[196] BGHSt **18** 288 = JZ **1963** 514 mit Anm. *Weber*; BGH StV **1988** 329; **1994** 2232; bei *Kusch* NStZ **1994** 24 (Sperrfrist); OLG Koblenz VRS **50** (1976) 30; *Schlothauer* StV **1986** 219. Zur Hinweispflicht beim Fahrverbot vgl. Rdn. 36.

[197] RG HRR **1939** Nr. 133 BGHSt **29** 274; BGH StV **1991** 198; KK-*Engelhardt*[4] 15; *Kleinknecht/Meyer-Goßner*[44] 20; KMR-*Paulus* 29; SK-*Schlüchter* 31.

[198] AK-*Loos* 26; KK-*Engelhardt*[4] 16; *Kleinknecht/Meyer-Goßner*[44] 28; SK-*Schlüchter* 18.

[199] Prot. *Hahn* 878.

[200] KK-*Engelhardt*[4] 16; KMR-*Paulus* 38; SK-*Schlüchter* 18; *Eb. Schmidt* 15.

[201] BGHSt **22** 31; OLG Koblenz VRS **50** (1976) 30; OLG Köln MDR **1975** 164. AK-*Loos* 27; KK-*Engelhardt*[4] 16; *Kleinknecht/Meyer-Goßner*[44] 29; KMR-*Paulus* 46; SK-*Schlüchter* 19.

[202] Vgl. Rdn. 54, aber andererseits auch BGH StV **1992** 249. Nach BayObLG bei *Rüth* DAR **1974** 182; KMR-*Paulus* 29; SK-*Schlüchter* 31 soll ein Hinweis auch entbehrlich sein, wenn der Angeklagte bereits durch eine vorbereitende Sicherungsmaßnahme (§ 111a) auf die mögliche Verhängung der Maßregel hingewiesen ist.

[203] BGHSt **23** 304 = LM § 200 Nr. 3 mit Anm. *Martin*; näher § 207, 26 mit weit. Nachw.

52   **Dem Verteidiger** wird der Hinweis in der Hauptverhandlung dadurch zur Kenntnis gebracht, daß er in seiner Gegenwart dem anwesenden Angeklagten als dem eigentlichen Adressaten erteilt wird, und zwar auch dann, wenn dieser jede Einlassung zur Sache abgelehnt hat[204]. Ist allerdings der Angeklagte in der Hauptverhandlung nicht anwesend, gestattet **§ 234a**, dem Verteidiger den Hinweis zu erteilen (vgl. Rdn. 66 ff). Die in der Hauptverhandlung anwesenden **anderen Verfahrensbeteiligten** erhalten schon durch den Hinweis an den Angeklagten Kenntnis von der vom Gericht erwogenen Änderung. Ein zusätzlicher förmlicher Hinweis an sie ist nicht vorgeschrieben und für die sachgemäße Wahrung ihrer Verfahrensinteressen auch entbehrlich. Ein Verfahrensbeteiligter, der nach § 433 Abs. 1 Angeklagtenbefugnisse hat und dem nach § 435 Abs. 2 die Anklage mitzuteilen ist, muß aber auch von deren rechtlicher Veränderung in Kenntnis gesetzt werden, sofern diese auch seine Verfahrensinteressen betrifft und der Hinweis weder in seiner Gegenwart oder in Gegenwart einer ihn vertretenden Person (§ 434) bekannt gegeben wurde.

53   Der Hinweis wird nicht dadurch entbehrlich, daß der rechtliche Gesichtspunkt, auf den hinzuweisen ist, ohnehin vor oder in der Hauptverhandlung **zwischen den Verfahrensbeteiligten erörtert** wurde[205] und zwar selbst dann nicht, wenn das Gericht dabei mitgewirkt hatte[206] oder wenn der Staatsanwalt den Hinweis angeregt oder die Verurteilung unter diesem Gesichtspunkt beantragt hatte[207] oder dieser vom Verteidiger oder sonst einem Verfahrensbeteiligten, Nebenkläger, Zeugen oder Sachverständigen oder auch vom Angeklagten selbst angesprochen worden ist[208]. Einer solchen Erörterung fehlt die verbindliche Wirkung der gerichtlichen Handlung. Sie würde nicht bedeuten, daß das Gericht die Anwendung des anderen Gesetzes, den straferhöhenden Umstand oder die Maßregel der Besserung und Sicherung in Abweichung von der von ihm zugelassenen Anklage ernsthaft erwägt. Daß dies der Fall ist, muß dem Angeklagten unmißverständlich durch das Gericht, in der Regel durch den Vorsitzenden, selbst zur Kenntnis gebracht werden[209].

54   Abgesehen von solchen gerichtlichen Entscheidungen, die – wie etwa ein Verweisungsbeschluß nach § 270 – in Änderung oder Ergänzung des Eröffnungsbeschlusses den neuen Gesichtspunkt förmlich zum Gegenstand der Hauptverhandlung machen, (Rdn. 10 ff), wird der Hinweis nicht durch **Rechtsausführungen in anderen Entscheidungen** ersetzt. Es genügt nicht, daß er aus Anlaß einer anderen Entscheidung dort angesprochen wurde, etwa, daß der neue rechtliche Gesichtspunkt zur Begründung eines die Haftfortdauer anordnenden Beschlusses mit angeführt worden ist[210] oder daß das Gericht damit einen Beweisantrag abgelehnt hat[211].

55   **b)** Der **Inhalt des Hinweises** und die Art, in der er zu erteilen ist, wird von § 265 nicht näher vorgeschrieben. Aus dem Zweck der Regelung ergibt sich, daß der Hinweis

---

[204] Vgl. BGH NStZ **1983** 35; NStZ **1993** 200; *Kleinknecht/Meyer-Goßner*[44] 30.

[205] H. M. vgl. BGHSt **19** 141; **22** 29; BGH StV **1994** 232; NStZ **1998** 529; sowie die nachfolg. Fußnoten.

[206] Vgl. BGH NJW **1964** 459.

[207] BGH StV **1988** 329; wistra **1996** 69; bei *Dallinger* MDR **1952** 532; **1973** 19; bei *Holtz* MDR **1976** 815; bei *Pfeiffer/Miebach* NStZ **1983** 358; bei *Kusch* NStZ **1994** 25; BayObLG VRS **62** (1982) 129; OLG Koblenz VRS **50** (1976) 30, OLG Köln MDR **1975** 164; VRS **56** (1979) 281.

[208] RGSt **20** 33; BGHSt **19** 141; **22** 29; BGH bei *Dallinger*

MDR **1952** 532; **1976** 815; RG JW **1927** 2046 (vor Hauptverhandlung eingereichte Schutzschrift).

[209] BGH MDR **1977** 63; NStZ **1985** 325; BGH StV **1994** 232; AK-*Loos*[2] 27; HK-*Julius*[4] 11; KK-*Engelhardt*[4] 16; *Kleinknecht/Meyer-Goßner*[44] 29; SK-*Schlüchter* 19. Vgl. vorstehende Fußn.

[210] BGHSt **22** 31 = LM Nr. 27 mit Anm. *Willms*; *Hanack* JZ **1972** 434. KK-*Engelhardt*[4] 16; *Kleinknecht/Meyer-Goßner*[44] 29.

[211] KK-*Engelhardt*[4] 16; *Kleinknecht/Meyer-Goßner*[44] 29; KMR-*Paulus* 11; SK-*Schlüchter* 27.

Angeklagten und Verteidiger in die Lage versetzen soll, die Verteidigung auf den neuen Gesichtspunkt einzurichten[212]. Aus dem Hinweis selbst – ggf. in Verbindung mit Anklage und Eröffnungsbeschluß und den Umständen der Hauptverhandlung[213] – muß eindeutig erkennbar sein, welches Strafgesetz, gegebenenfalls welche Begehungsform, das Gericht bei einem bestimmten Sachverhalt in Betracht zieht und in welchen Tatsachen die gesetzlichen Tatbestandsmerkmale gesehen werden[214]. Was der Hinweis im einzelnen enthalten muß, folgt aus der jeweiligen Sachlage und aus seinem Zweck, den Angeklagten im Interesse einer effektiven Verteidigung und im Dienste der Sachaufklärung vor Überraschungen zu schützen.

Nicht genügt die bloße Befragung des Angeklagten, ob er für den Fall der Verände- **56** rung des rechtlichen Gesichtspunktes Anträge zu stellen habe[215], oder, wenn der Angeklagte rechtsunkundig ist, die bloße Bezeichnung der neu in Betracht kommenden Paragraphen[216]. Diese können allenfalls ausreichen, wenn der Angeklagte einen Verteidiger hat[217], sofern für diesen eindeutig ersichtlich ist, in welchen Tatsachen das Gericht die Tatbestandsmerkmale des neuen rechtlichen Gesichtspunktes erblickt[218] oder wenn nur eine andere Würdigung des unverändert gebliebenen Sachverhalts erwogen wird[219].

In der Regel muß das Gericht die **Tatbestandsmerkmale** des neuen Gesichtspunkts **57** eindeutig herausstellen, um in Ergänzung der zugelassenen Anklage dem Angeklagten aufzuzeigen, auf welche tatsächlichen Annahmen sich der neue Vorwurf nunmehr gründet[220]. Es ist unschädlich, wenn es daneben die Nummern der Paragraphen nicht erwähnt[221]. Der Hinweis kann in Ausnahmefällen durch **Bezugnahme** auf die Ausführungen eines anderen Prozeßbeteiligten, etwa des Staatsanwalts, erteilt werden[222]; jedoch muß dann stets zweifelsfrei klargestellt werden, daß das Gericht die Anwendung des rechtlichen Gesichtspunkts in Betracht zieht.

Die **Erwägungen**, aus denen **das Gericht** den neuen rechtlichen Gesichtspunkt oder **58** den erschwerenden Umstand für gegeben hält, braucht es andererseits bei dem Hinweis nicht offenzulegen[223]. Der Hinweis braucht mit keiner Belehrung und keinem Rechtsgespräch verbunden zu werden. Das Gericht muß nur die Tatsachen als solche mitteilen, bei deren Vorliegen die Änderung des rechtlichen Gesichtspunktes in Betracht kommen kann. Zur Offenlegung seiner (vorläufigen) Beweiswürdigung, die dieser Veränderung zugrunde liegen kann, ist es, wie auch sonst[224], nicht verpflichtet.

Der Hinweis muß **eindeutig** sein. Er muß dem Angeklagten klar erkennbar machen, **59** was ihm nunmehr möglicherweise zur Last gelegt wird, insbesondere, welche von mehreren, konkret zu bezeichnenden Begehungsformen der neuen Straftat das Gericht in Betracht

---

[212] BGHSt **18** 56; BGH NStZ **1983** 34; NStZ **1985** 563; BGH bei *Dallinger* MDR **1975** 545; bei *Holtz* MDR **1984** 444; vgl. Rdn. 1 und nachf. Fußn.

[213] Vgl. BGH VRS **65** (1983) 128; KK-*Engelhardt*[4] 17.

[214] BGHSt **2** 373; **11** 88; **13** 323 = JZ **1960** 227 mit Anm. *Eb. Schmidt*; BGHSt **18** 56; **22** 29; **23** 96; **25** 287; BGH NStV **1984** 328; **1993** 200; **1998** 529; StV **1982** 408; **1985** 489; **1988** 329; **1988** 414 mit abl. Anm. *Park*; BGH bei *Dallinger* MDR **1975** 545; *Hänlein/Moos* NStZ **1990** 481; KK-*Engelhardt*[4] 17; *Kleinknecht/Meyer-Goßner*[44] 31; KMR-*Paulus* 44; SK-*Schlüchter* 27; *Eb. Schmidt* 17; vgl. Rdn. 57; 61.

[215] RGSt **2** 116; RGrspr. **8** 623; *Meves* 253; KMR-*Paulus* 44.

[216] *Fuchs* JW **1922** 1394, KMR-*Paulus* 44.

[217] BGHSt **13** 320; BGH bei *Dallinger* MDR **1975** 653; vgl. auch nachf. Fußn.

[218] BGHSt **18** 56 AK-*Loos* 28; KK-*Engelhardt*[4] 17; *Kleinknecht/Meyer-Goßner*[44] 31; SK-*Schlüchter* 27.

[219] BGH bei *Dallinger* MDR **1970** 198; BGH nach KK-*Engelhardt*[4] 17.

[220] EKMR NJW **1977** 2011 (zu Art. 6 MRK); BGHSt **13** 320; **19** 143; BGH NStZ **1983** 94; **1994** 46; **1998** 529; BGH bei *Dallinger* MDR **1970** 198; bei *Pfeiffer* NStZ **1981** 190; BayObLG bei *Rüth* DAR **1974** 182; *Hanack* JZ **1972** 434; KK-*Engelhardt*[4] 17.

[221] BGHR § 265 Abs. 1 Hinweis 2; AK-*Loos* 28; KK-*Engelhardt*[4] 17; KMR-*Paulus* 44; SK-*Schlüchter* 27.

[222] RG ZStW **47** (1927) 269.

[223] BGHSt **13** 320; BGH NJW **1954** 1089; bei *Dallinger* MDR **1971** 18; BGHR § 265 Abs. 1 Hinweis 2; KK-*Engelhardt*[4] 17; *Kleinknecht/Meyer-Goßner*[44] 91; KMR-*Paulus* 44; SK-*Schlüchter* 27.

[224] Vgl. BGH NJW **1997** 3182.

zieht[225] oder auf welchen Gesichtspunkt es nunmehr ankommen kann. Zwischen ähnlichen Tatbeständen muß deutlich unterschieden werden.

Verändert sich mit dem rechtlichen Gesichtspunkt auch die **Richtung des Vorwurfs** (Begünstigung des A, statt Hehlerei nach Diebstahl des B), so muß auch das aus dem Hinweis hervorgehen[226]; ebenso, wenn dies mit einer Änderung des **Tatobjekts** oder der **Tatbeteiligten** verbunden ist[227].

61   **Erläuterungen tatsächlicher Art** können je nach den Umständen[228] zur **Ergänzung des Hinweises** notwendig werden, wenn dieser von einem Sachhergang ausgeht, der sich von den tatsächlichen Annahmen der zugelassenen Anklage entfernt hat. Der Zweck des Hinweises erfordert, daß der Angeklagte erkennen kann, in welchen von den tatsächlichen Annahmen der zugelassenen Anklage abweichenden tatsächlichen Vorgängen die Merkmale der neu genannten Strafvorschrift gefunden werden könnten und in welchen **konkreten Tatsachen** das Gericht eine bestimmte Begehungsweise bei mehreren in einem Tatbestand enthaltenen Tatmodalitäten in Betracht zieht[229]. Verbleiben nach dem Hinweis Unklarheiten auf welche tatsächlichen Vorgänge das Gericht nunmehr abstellen will, ist es dem Angeklagten oder seinem Verteidiger unbenommen, hierüber vom Gericht eine eindeutige Konkretisierung der Tatsachen zu verlangen, auf die es die rechtliche Veränderung gegenüber der Anklage stützt[230].

62   Bei **mehreren Angeklagten** ist im Interesse der Verfahrensklarheit grundsätzlich jeder gesondert auf die für ihn in Betracht kommenden Veränderungen hinzuweisen, auch wenn die jeweiligen Änderungen zueinander in einem Wechselverhältnis stehen und sich gegenseitig bedingen, wie etwa eine geänderte Rollenverteilung bei der Tatbeteiligung. Ein gemeinsamer Hinweis ist nur dann unschädlich, wenn dadurch die Verständlichkeit nicht leidet und jeder Mitangeklagte eindeutig erkennen kann, was ihm nunmehr zur Last gelegt werden soll. Vor allem bei Angeklagten ohne Verteidiger sind deshalb gesonderte Hinweise vorzuziehen. Sind zwei Angeklagte als Mittäter beschuldigt worden, ersetzt der Hinweis gegenüber dem einen, daß er auch wegen Beihilfe bestraft werden könne, in der Regel nicht den Hinweis an den anderen, daß er nun als Alleintäter angesehen werden könne[231]. Ob dies bei einem Angeklagten mit Verteidiger als Hinweis noch ausreichen kann, ist eine nach den Umständen des Einzelfalls zu beurteilende Frage[232].

63   c) Ein **Zeitpunkt für den Hinweis** wird von § 265 nicht vorgeschrieben[233]. Er ist zulässig bis zur Verkündung des Urteils. Aus dem Zweck des § 265, eine sachgemäße Verteidigung zu sichern, folgt jedoch, daß der Hinweis **so früh wie möglich** zu geben ist[234]. Dies ist notwendig, damit der Angeklagte möglichst frühzeitig den neuen Gesichtspunkt in

---

[225] Vgl. etwa BGHSt **23** 96; **25** 187; BGH bei *Dallinger* MDR **1975** 545; ferner Rdn. 61.
[226] BGHSt **2** 374; OLG Köln MDR **1975** 164. *Schlothauer* StV **1986** 225.
[227] Zu den Fällen in denen mit diesen tatsächlichen Veränderungen keine rechtliche Veränderung verbunden ist vgl. Rdn. 80 ff.
[228] BGHSt **19** 143.
[229] BGHSt **11** 88; **13** 320 = JZ **1960** 227 mit zust. Anm. *Eb. Schmidt*; BGHSt **18** 56; **22** 39; NStZ **1983** 34; **1984** 328; **1993** 200; **1998** 529 StV **1985** 489; **1988** 329; BGH bei *Dallinger* MDR **1970** 198; **1971** 18; **1975** 545; *Hänlein/Moos* NStZ **1990** 481; AK-*Loos* 29; HK-*Julius*[2] 11; KK-*Engelhardt*[4] 17; *Kleinknecht/ Meyer-Goßner*[44] 31; SK-*Schlücher* 25; vgl. Rdn. 57 mit weit. Nachw.

[230] BGH StV **1998** 416 mit Anm. *Park*.
[231] BGHSt **2** 371; BGH GA **1962** 338; NStZ **1990** 449; bei *Dallinger* MDR **1957** 653; AK-*Loos* 11; KK-*Engelhardt*[4] 16; weit. Nachw. Rdn. 28 sowie nachf. Fußn.
[232] RG GA **43** (1885) 394; *Berz* NStZ **1986** 87, HK-*Julius*[2] 24; SK-*Schlüchter* 25. Nach BGH bei *Pfeiffer/Miebach* NStZ **1983** 569; KK-*Engelhardt*[4] 10, *Kleinknecht/Meyer-Goßner*[44] 31 reicht dies als Hinweis.
[233] RGRspr. **6** 174; h. M.
[234] AK-*Loos* 30; KK-*Engelhardt*[4] 18; *Kleinknecht/ Meyer-Goßner*[44] 32; KMR-*Paulus* 42; *Eb. Schmidt* 18. SK-*Schlüchter* 26. Auch Art. 6 Abs. 3 Buchst a MRK fordert die unverzügliche Unterrichtung.

seine Verteidigung mit einbeziehen kann; es beugt auch Verfahrensverzögerungen vor, wie sie ein erst kurz vor Verfahrensabschluß erteilten Hinweis auslösen kann[235]. Der Hinweis sollte andererseits aber erst erteilt werden, wenn konkrete Anhaltspunkte dafür sprechen, daß eine Verurteilung unter dem neuen rechtlichen Gesichtspunkt ernsthaft in Betracht kommen kann. Bei ungeklärter Rechtslage nur vorsorglich erteilte Hinweise auf nur theoretisch denkbare Veränderungen belasten das Verfahren unnötig[236]. Der förmliche Hinweis auf eine Veränderung des rechtlichen Gesichtspunkts ist **nicht Teil der Zeugenvernehmung**. Ist nur während dieser die Öffentlichkeit ausgeschlossen, darf er erst nach deren Wiederherstellung erteilt werden, der nicht förmliche Hinweis auf mögliche tatsächliche Veränderungen kann dagegen Teil einer Zeugenvernehmung sein und auch schon während dieser ausgesprochen werden[237].

Bei Erteilung des Hinweises auf die rechtliche Veränderung muß das Gericht den **64** Angeklagten gegebenenfalls auch darüber belehren, daß nunmehr ein Fall der **notwendigen Verteidigung** vorliegt, sowie, daß er die **Bestellung eines Pflichtverteidigers** beantragen könne. Die geänderte Bewertung der Tat kann das Gericht auch veranlassen, den Pflichtverteidiger von Amts wegen zu bestellen[238].

d) Nach dem Hinweis muß der Angeklagte **ausreichend Gelegenheit zur Verteidigung** **65** erhalten[239]. Wenn der Hinweis unmittelbar vor der Urteilsverkündung erteilt wird, vor allem, wenn erst nach der Beratung die Hauptverhandlung zur Erteilung des Hinweises wieder aufgenommen wird[240], muß der Vorsitzende durch sein Verhalten unzweideutig zum Ausdruck bringen, daß das Gericht bereit ist, mit Rücksicht auf die eingetretene Veränderung Erklärungen und Anträge des Angeklagten entgegen zu nehmen. Dem Angeklagten muß zu solchen Erklärungen und Anträgen ausreichend Zeit gelassen werden[241]. Auch soweit die nochmalige Befragung des Angeklagten nicht schon nach § 243 Abs. 4 geboten ist, erscheint es ratsam, wenn der Vorsitzende den Angeklagten ausdrücklich fragt, was er dem veränderten Gesichtspunkt gegenüber zu seiner Verteidigung anzuführen habe[242].

6. Die Abwesenheit des Angeklagten läßt die Hinweispflicht des Gerichts unberührt. **66** Ein Hinweis, der dem Angeklagten nicht in der Hauptverhandlung eröffnet werden kann, ist ihm in geeigneter Form zur Kenntnis zu bringen. Vielfach kann er der Ladung beigefügt werden, wenn ein neuer Termin zur Fortsetzung der Hauptverhandlung bestimmt werden muß[243].

Der Hinweis, der den Inhalt der Anklage verändert, ist dem **Angeklagten** grundsätz- **67** lich **persönlich** zu erteilen, (vgl. Rdn. 52). Nur wenn ohne Anwesenheit des Angeklagten verhandelt wird, können **nach § 234a dem Verteidiger** die Hinweise nach den Absätzen 1 und 2 erteilt werden, unabhängig davon, ob der Verteidiger zur Vertretung des Angeklagten nach § 234 bevollmächtigt ist. Gleiches gilt nach § 74 Abs. 4 OWiG. Die Tragweite dieser Ausnahme ist vor allem dort strittig, wo das Gesetz die Abwesenheitsverhandlung davon abhängig macht, daß der Angeklagte zur Anklage gehört wurde, was auch die Anhörung zu deren Veränderung einschließt. Im einzelnen:

---

[235] Wiedereintritt in die Hauptverhandlung, Unterbrechung usw, vgl. Rdn. 65.

[236] *Pfeiffer*[3] 10.

[237] BGH StV **2000** 248 mit Anm. *Ventzke*.

[238] Vgl. etwa OLG Düsseldorf StV **1984** 369; KG StV **1995** 184; SK-*Schlüchter* 25; wegen der Einzelheiten vgl. bei §§ 140, 141.

[239] BayObLG bei *Rüth* DAR **1986** 248.

[240] Zur Notwendigkeit, erneut das letzte Wort zu erteilen und erneut zu beraten vgl. § 258, 6.

[241] RGSt **21** 372; **25** 340; KK-*Engelhardt*[4] 22.

[242] BGH nach KK-*Engelhardt*[4] 22; *Eb. Schmidt* 18.

[243] Vgl. BayObLG bei *Rüth* DAR **1986** 248; KK-*Engelhardt*[4] 19; *Kleinknecht/Meyer-Goßner*[44] 30.

Walter Gollwitzer

68   Ist der Angeklagte nach § 247 von der **Teilnahme an einzelnen Teilen der Haupt-verhandlung** zeitweilig ausgeschlossen, ist ihm persönlich der Hinweis nach seiner Wiederzulassung zu erteilen[244]. Es genügt nicht, daß der anwesende Verteidiger in seiner Abwesenheit auf die Veränderungen hingewiesen wird.

69   Hat der Angeklagte, der nach § 231b von der **Teilnahme an der Verhandlung aus-geschlossen** wurde, keinen Verteidiger, so ist ihm der Hinweis nach seiner Wiederzulassung in der Hauptverhandlung zu erteilen. Ist dies nicht möglich oder wegen besonderer Umstände nicht angezeigt, genügt es, wenn ihm der in der Hauptverhandlung ergehende Hinweis schriftlich oder durch einen beauftragten Richter mündlich bekannt gegeben wird[245].

70   Die **Fortsetzung der Hauptverhandlung ohne den Angeklagten** nach § 231 Abs. 2 setzt dessen Anhörung zur Anklage voraus (Absatz 2 Satz 1). Daraus wird hergeleitet, daß bei einer Änderung der Anklage der Hinweis an den durch § 234a gesetzlich zur Ent-gegennahme ermächtigten Verteidiger nicht ausreicht[246]. Nach anderer Ansicht[247] genügt auch in einem solchen Fall der Hinweis an den anwesenden Verteidiger, sofern nicht andere Gründe, wie etwa die Aufklärungspflicht, die persönliche Anhörung des Angeklagten zu dem geänderten Vorwurf erforderlich erscheinen lassen.

71   Bei der **Abwesenheitsverhandlung nach § 233** kann der Hinweis nach § 265 Abs. 1, 2 dem Angeklagten schon vor der Hauptverhandlung bereits bei seiner **kommissarischen Einvernahme** nach § 233 Abs. 2 erteilt werden. Gleiches gilt, wenn die sich in der Haupt-verhandlung abzeichnenden Sach- und Rechtslage seine erneute Einvernahme zur Gewährung des rechtlichen Gehörs oder zur Sachaufklärung notwendig erscheinen läßt. Ist dies aber nach den Umständen nicht notwendig, so genügt es nach allerdings strittiger Auffassung, wenn der Hinweis seinem an der Hauptverhandlung teilnehmenden **Verteidiger nach § 234a** gegeben und diesem überlassen wird, ob er wegen Veränderung die Aussetzung und nochmalige kommissarische Einvernahme beantragen will[248].

72   **7. Wirkung des Hinweises.** Der Hinweis wirkt grundsätzlich für das **gesamte weitere Verfahren**. Zur Rechtslage bei mehreren Instanzen und nach Aussetzung vgl. Rdn. 10 ff. Er gestattet dem Gericht, sein Urteil abweichend von der zugelassenen Anklage auf die im Hinweis angeführten rechtlichen Gesichtspunkte zu stützen, er verwehrt ihm aber auch nicht, der Rechtsauffassung der zugelassenen Anklage zu folgen. Die Prozeß-beteiligten, vor allem der Angeklagte und sein Verteidiger müssen nach einem Hinweis grundsätzlich **mit beiden Möglichkeiten** rechnen und sie bei ihrem Prozeßverhalten berücksichtigen[249].

73   Ein **neuer Hinweis** ist aber geboten, wenn Gericht oder Vorsitzender ausdrücklich zu erkennen gegeben haben, daß eine Verurteilung unter dem ursprünglichen rechtlichen Gesichtspunkt der Anklage nicht mehr erwogen werde und das Verteidigungsverhalten deswegen auf den neuen Gesichtspunkt beschränkt wurde. Dann erfordert die **Fürsorge-pflicht** wegen des dadurch entstandenen Vertrauenstatbestandes einen neuen Hinweis, wenn das Gericht zur **ursprünglichen Rechtsauffassung der Anklage** zurückkehren

---

[244]   Vgl. § 247, 38.
[245]   KK-*Engelhardt*[4] 19; *Kleinknecht/Meyer-Goßner*[44] 30; vgl. § 231b, 18.
[246]   *Kleinknecht/Meyer-Goßner*[44] 30.
[247]   AK-*Loos* 26; HK-*Julius*[2] § 231, 8; KK-*Engelhardt*[4] 19; SK-*Schlüchter* 25.
[248]   HK-*Julius*[2] § 234a, 2; SK-*Schlüchter* § 234a, 4, 10;

ferner § 234a, 34 mit weit. Nachw.; **a. A** KK-*Tolks-dorf* § 234a 2, 11; *Kleinknecht/Meyer-Goßner*[44] 30; § 233, 11.
[249]   AK-*Loos* 32; KK-*Engelhardt*[4] 20; *Kleinknecht/ Meyer-Goßner*[44] 33; SK-*Schlüchter* 24; vgl. auch nachf. Fußn.

will[250]. Die ausdrückliche Erklärung, daß der ursprüngliche Vorwurf nicht mehr erwogen werde, kann zur Prozeßbeschleunigung sinnvoll sein, da hierdurch überflüssige Ausführungen und Anträge der Prozeßbeteiligten vermieden werden können. Im bloßen Hinweis nach § 265 Abs. 1, 2 ist eine solche Erklärung in der Regel jedoch nicht enthalten, auch wenn der Eindruck erweckt wird, die alte Vorschrift komme nicht mehr in Betracht[251]. Wollen die Verfahrensbeteiligten auf Grund des Hinweises ihr Prozeßverhalten ausschließlich auf den neuen Gesichtspunkt beschränken, ist es deshalb ratsam, vorher eine ausdrückliche Erklärung des Gerichts hierüber herbeizuführen.

8. Als **wesentliche Förmlichkeit** des Verfahrens kann der Hinweis nach § 265 Abs. 1, 2 **74** nur durch die **Sitzungsniederschrift** nachgewiesen werden[252]. Ein Vermerk in den Urteilsgründen reicht hierzu nicht aus[253].

Zu den wesentlichen Förmlichkeiten des Verfahrens gehört aber nicht nur, daß ein **75** Hinweis erteilt wurde, sondern auch, welchen wesentlichen **Inhalt** er hatte[254]. Es genügt nicht, wenn das Protokoll lediglich anführt, daß der Angeklagte auf die mögliche Anwendbarkeit eines bestimmten Paragraphen hingewiesen wurde. Sofern das Gericht nach Absatz 1, 2 mehr zu tun hat[255], muß auch das Protokoll dies ausweisen, denn es ist gemäß § 274 davon auszugehen, daß der Hinweis den aus dem Protokoll ersichtlichen Inhalt hatte.

Der **Wortlaut des Hinweises** muß dabei nicht in das Protokoll aufgenommen werden, **76** es genügt, wenn das Protokoll seinen **wesentlichen Inhalt** wiedergibt. Dazu gehört beispielsweise bei einem Strafgesetz, das mehrere Begehungsarten kennt, die Angabe der Begehungsart, die das Gericht für anwendbar hält.

Die dem konkreten Tatbestandsmerkmal **zuzuordnenden Tatsachen** braucht der Hin- **77** weis nach der vorherrschenden Meinung[256] nicht aufzuzeigen; es genügt, wenn die in Frage kommenden rechtlichen Gesichtspunkte zuverlässig erkennbar gemacht werden. Die mit dem Hinweis zu verbindende Erläuterung der entscheidungserheblichen Tatsachen ist keine wesentliche Förmlichkeit; ein Protokollvermerk hierüber ist aber zweckmäßig. Soweit man bei Veränderung der Tatsachen Absatz 1 und 2 für **entsprechend anwendbar** hält[257], ist strittig, ob eine analoge Anwendung dieser Vorschriften auf **tatsächlichen Veränderungen** auch zur Folge hätte, daß dann der Hinweis auf solche Veränderungen ebenfalls zu einer nur durch das Protokoll zu beweisenden **wesentlichen Förmlichkeit** würde[258] oder ob dies auch dann zu verneinen ist, zumal die Möglichkeit solcher Veränderungen und ihre Entscheidungsrelevanz den Verfahrensbeteiligten vom

---

[250] BGH bei *Dallinger* MDR **1972** 925. Weitergehend (stets neuer Hinweis) Scheffler JR **1989** 232; HK-*Julius*[2] 14. Zur Frage eines Hinweises nach einem Verweisungsbeschluß nach § 270 der Berufungsinstanz und in einer erneuerten Hauptverhandlung nach Aussetzung oder Zurückverweisung vgl. Rdn. 10 ff.

[251] Vgl. BGH bei *Dallinger* MDR **1972** 925.

[252] BGHSt **2** 373, **19** 143; **23** 95; BGH NStZ **1985** 325; vgl. auch StV **1984** 63; **1994** 232; BGH bei *Dallinger* MDR **1975** 545; BayObLG VRS **62** (1982) 129; OLG Hamm JMBlNW **1974** 214; NJW **1980** 1587; OLG Köln MDR **1975** 164; VRS **56** (1979) 281; OLG Saarbrücken VRS **48** (1975) 187; OLG Schleswig SchlHA **1980** 57; vgl. § 273, 12.

[253] RGRspr. **1** 67; vgl. § 274, 21.

[254] BGHSt **2** 373; bei *Dallinger* MDR **1957** 635; **1970**

198; **1975** 545; AK-*Loos* 31; HK-*Julius*[2] 33; KK-*Engelhardt*[4] 23; *Kleinknecht/Meyer-Goßner*[44] 33; KMR-*Paulus* 46; SK-*Schlüchter* 52. Das Reichsgericht (RG JW **1922** 1394) hatte dies nicht gefordert.

[255] Vgl. Rdn. 28; 30 ff.

[256] BGHSt **2** 373; **19** 143; vgl. Rdn. 81.

[257] So früher BGHSt **19** 88 (Tatzeit, dazu. Rdn. 81); OLG Schleswig MDR **1980** 516; spätere Entscheidungen des BGH lassen dies offen, so BGH NStZ **1988** 571; StV **1995** 116; **1997** 237; **1999** 304; vgl. auch *Gillmeister* StraFo. **1997** 8; sowie Rdn. 82 und nachf. Fußn.

[258] BGH StV **1991** 502; SK-*Schlüchter* 53; *Kleinknecht/Meyer-Goßner*[44] 22, 23 (differenzierend); ferner AK-*Loos* 21, 22; HK-*Julius*[2] 12, 22; KK-*Engelhardt*[4] 24 je mit weit. Nachw.; vgl. Rdn. 85.

Gericht auch in anderer Weise als durch einen formalisierten Hinweis zur Kenntnis gebracht werden können [259].

78   Gibt das Protokoll aber der **Wortlaut des Hinweises** wieder, so erstreckt sich seine Beweiskraft auch darauf. Will dagegen das Protokoll ersichtlich nicht den genauen Wortlaut des Hinweises beurkunden, sondern ihn nur in einer inhaltlichen Zusammenfassung festhalten, oder ist sonst aus ihm ersichtlich, daß seine Angaben unvollständig sind, dann schließt die Beweiskraft nach § 274 nicht aus [260], daß das Revisionsgericht im Wege des **Freibeweises** feststellt, welchen genauen Inhalt der erteilte Hinweis hatte [261], sowie, welche Tatsachen zusammen mit ihm vom Gericht angesprochen wurden. Im Wege des Freibeweises sind gegebenenfalls auch die **äußeren Umstände** festzustellen, unter denen der Hinweis erteilt wurde, ferner, woraus sich ergab, daß die Verfahrensbeteiligten erkannten, welche tatsächlichen Änderungen dem Hinweis zugrunde lagen. Auch wenn es sich nach der vorherrschenden Meinung insoweit nicht um eine protokollierungspflichtigen Umstand im Sinne des § 273 Abs. 1 handelt, wird zu Recht empfohlen, wegen dieser Streitfrage, aber auch zur Erleichterung des Freibeweises etwaige in diesem Zusammenhang erteilten Hinweise schriftlich zu fixieren und in des Protokoll aufzunehmen [262].

III. Hinweis bei bloßer Änderung der Sachlage

79   **1. Problem.** Ändert sich in der Hauptverhandlung die **Sachlage**, ohne daß damit eine Änderung des rechtlichen Gesichtspunkts verbunden ist, so sind die Absätze 1 und 2 ihrem Wortlaut nach nicht anwendbar [263]. Es entspricht heute der **allgemeinen Auffassung**, daß die Verfahrensbeteiligten und vor allem der Angeklagte, der seine Verteidigung auf den in der Anklage herausgestellten Sachverhalt abgestellt hat, vom Gericht nicht im Unklaren gelassen werden darf, wenn es in Erfüllung seiner den gesamten geschichtlichen Sachverhalt umfassenden Kognitionspflicht [264] den rechtlichen Vorwurf der Anklage **auf anderen Tatsachen** stützen will, in denen nunmehr die Tatbestandsmerkmale gesehen werden oder durch die sich Tatrichtung, Tatort, Tatopfer, Tatbeteiligte oder Tatzeit wesentlich ändern. Der Angeklagte muß dann ausreichende Gelegenheit

---

[259] H.M. etwa BGHSt **19** 141; **23** 95; *Kleinknecht/ Meyer-Goßner* [44] 33; SK-*Schlüchter* 52.

[260] Enthält das Protokoll keinen Vermerk, daß sich der Hinweis auf tatsächliche Umstände erstreckt hat, dann soll nach § 274 davon auszugehen sein, daß auf solche Umstände nicht hingewiesen wurde (BGH bei *Dallinger* MDR **1957** 654). Nach *Jagusch* NJW **1959** 265 kann § 274 das Revisionsgericht nicht daran hindern, festzustellen, ob dem Art. 103 Abs. 1 GG genügt ist.

[261] BGHSt **11** 88; **13** 320; **19** 143; OLG Frankfurt StV **1985** 224; AK-*Loos* 31; HK-*Julius*[2] 30; KK-*Engelhardt*[4] 23; *Kleinknecht/Meyer-Goßner*[44] 33; KMR-*Paulus* 46; SK-*Schlüchter* 52 **a.A** etwa BGH bei *Dallinger* MDR **1970** 198; *Hänlein/Moos* NStZ **1990** 482.

[262] BGH NJW **1998** 3728; StV **1996** 297; bei *Kusch* NStZ **1997** 71; *Eb. Schmidt* JR **1964** 188; *Kleinknecht/Meyer-Goßner*[44] 23.

[263] Vgl. *Hanack* JZ **1972** 433; *Meyer* GA **1965** 257;

Schlothauer StV **1986** 222. Auf die „Lücke" haben schon *Alsberg* (Anm. zu RG JW **1922** 811) und *Ditzen* LZ **1917** 1213 hingewiesen.

[264] Bei Änderung der Tatrichtung wurde mitunter ohne nähere Erörterung von der Rechtsprechung ein Hinweis nach § 265 gefordert, so etwa, wenn bei einer Anklage wegen Beihilfe die Person des Haupttäters wechselt (OLG Hamburg HESt **3** 54) oder wenn statt der Gefährdung des Kindes A die Gefährdung des Kindes B (BGH MDR **1954** 17 bei *Dallinger*) oder statt Betrug zum Nachteil des A Betrug zum Nachteil des B (OLG Stuttgart MDR **1967** 233) in Frage kommt; nach BGH GA **1962** 338 auch, wenn das Gericht nicht nur wegen Beleidigung des belästigten Mädchens, sondern auch wegen Beleidigung von dessen Eltern verurteilen will; die Notwendigkeit des Hinweises folgt hier jedoch unproblematisch unmittelbar aus § 265 Abs. 1, da die mehreren Beleidigungen rechtlich zusammentreffen.

erhalten, sich auch gegen den dadurch veränderten Vorwurf zu verteidigen[265]. **Strittig** ist nur, ob und gegebenenfalls unter welchen Voraussetzungen für die hiernach gebotene Klarstellung des konkreten Verfahrensgegenstandes ein **formalisierter Hinweis** unerläßlich ist. Die eine Auffassung verneint dies, da es von der Bedeutung der jeweiligen tatsächlichen Veränderung im Einzelfall und vom konkreten Verlauf der Hauptverhandlung abhängt, ob und in welchem Umfang das Gericht den Angeklagten zur Sicherung einer sachgerechten und umfassenden Verteidigung darauf besonders hinweisen muß, daß es möglicherweise den Schuldvorwurf der Anklage aus anderen Tatsachen herleiten will[266]. Nach der anderen Ansicht bedarf es in ausdehnender Auslegung des Absatzes 1[267] oder, was bei dessen eindeutigem Wortlaut näher liegt, in dessen **analoger Anwendung** bei jeder Änderung der den Tatbestand des Anklagevorwurf tragenden Tatsachen eines förmlichen Hinweises, wobei die Grenzen zu den nicht von der Analogie erfaßten sonstigen Tatsachenänderungen unterschiedlich gezogen werden[268] und auch die Frage unterschiedlich beantwortet wird, ob ein in analoger Anwendung von Absatz 1 und 2 erteilter Hinweis dann beweiskräftig nur durch das Protokoll nachgewiesen werden kann[269].

2. Grundlagen der Unterrichtungspflicht

a) Rechtsgrundlagen. Im Grundsatz **allgemein anerkannt** ist die Verpflichtung des **80** Gerichts, vor allem des die Verhandlung leitenden Vorsitzenden, jede in Betracht gezogene Veränderung einer entscheidungserheblichen Tatsache in dieser Bedeutung in der Hauptverhandlung zur Erörterung zu stellen und den Verfahrensbeteiligten, vor allen aber dem Angeklagten, Gelegenheit zu geben, sich dazu zu äußern. Diese Pflicht wird aus verschiedenen Rechtsgrundsätzen hergeleitet, die sie, auch wenn sie sich nur zum Teil decken, zumindest in einer Gesamtschau als Ausdruck einer fairen Verfahrensgestaltung geboten erscheinen lassen[270]. Für die Ableitung dieser Verpflichtung werden neben dem Hinweis auf den Rechtsgedanken des § 265 verschiedene allgemeine Rechtsgrundsätze angeführt. Aus dem **Recht auf Gehör folgt** daß **neu zu Tage getretene Tatsachen** der Entscheidung nur zugrunde gelegt werden dürfen, wenn der Angeklagte Gelegenheit hatte, sich gemäß § 243 Abs. 4 Satz 2 zu ihnen zu äußern. Auf welchem Weg er dazu Gelegenheit erhält, ist aus der Sicht des Art. 103 Abs. 1 GG unerheblich. In der Regel wird es genügen, wenn die neuen Tatsachen in Gegenwart des Angeklagten erörtert werden und wenn er Gelegenheit hat, zu jedem einzelnen Beweismittel, durch das diese Tatsachen in die Hauptverhandlung eingeführt werden und dann zum Ergebnis der Hauptverhandlung insgesamt Stellung zu nehmen (§§ 257, 258). Die strafrechtliche Bedeutung der einzelnen Tatsachen kann jedoch dem Angeklagten verborgen bleiben. Geben sie dem gegen ihn erhobenen Vorwurf eine völlig **neue Richtung** oder ein **gesteigertes Gewicht**, dann fordert der Schutz der Angeklagten vor Überraschungen, daß ihn das Gericht erforderlichenfalls ausdrücklich darauf hinweist, welche Tatsachen nunmehr als entscheidungserheblich in Betracht gezogen werden. Dies erübrigt sich nur, wenn aus seinem Prozeßverhalten, insbesondere seinen Erklärungen und Anträgen,

---

[265] Zur rechtlichen Herleitung dieser als solche unstrittigen Unterrichtungspflicht vgl. Rdn. 80.

[266] Vgl. etwa BGH NStZ 2000 48; SK-*Schlüchter* 33, ferner Rdn. 51; 83.

[267] Dagegen etwa AK-*Loos* 21; vgl. Rdn. 81; 83.

[268] Vgl. etwa *Sarstedt/Hamm*[6] 1056; AK-*Loos* 21; HK-*Julius*[2] 9; *Kleinknecht/Meyer-Goßner*[44] 22; ferner die bei KK-*Engelhardt*[4] 24 angegebene Rechtsprechung, sowie Rdn. 75 ff, 85.

[269] Vgl. Rdn. 74; 81; 85.

[270] Diese weisen, wenn auch mit verschiedenen Grenzen, alle in die gleiche Richtung; deshalb sollte diese bei der Gesamtstruktur des Verfahrens an sich selbstverständlichen Verpflichtung nicht nur selektiv aus dem Blickwinkel des einen oder anderen Grundsatzes erklärt und dieser dann allein zur Abgrenzung herangezogen werden. Zur Gesamtschau vgl. etwa *Sarstedt/Hamm*[6] 1055.

ersichtlich ist, daß er die mögliche Erheblichkeit dieser Tatsachen ohnehin erkannt hat und bei seiner Verteidigung berücksichtigt[271]. Die Pflicht zu einer solchen Klarstellung folgt schon daraus, daß das Gericht mit der zugelassenen Anklage auch den tatsächlichen Ausgangspunkt für die Verteidigung umrissen hat. Hiervon darf es, wie auch sonst, wenn es eine das künftige Prozeßverhalten der Verfahrensbeteiligten strukturierende Entscheidung (**„Vertrauenstatbestand“**) getroffen hat, nicht abgehen, ohne vorher auf die mögliche Änderung hinzuweisen[272]. Dies entspricht seiner **Fürsorgepflicht** und dem **Gebot eines fairen Verfahrens** und deckt sich mit der **Unterrichtungspflicht** des Art. 6 Abs. 3 Buchst. a MRK[273] (= Art. 14 Abs. 3 Buchst. a IPBPR), die auch nachträgliche rechtliche und tatsächliche Veränderungen umfaßt. Auch die **Aufklärungspflicht**[274] wird dies vielfach erfordern, denn der Angeklagte, der sich unter dem Gesichtswinkel des ihm in der Anklage zur Last gelegten Verhaltens erfolgreich wehrt, unterläßt es möglicherweise aus Unkenntnis der von Gericht in Betracht gezogenen Veränderungen, Umstände anzuführen, die zwar nicht für den ursprünglich erhobenen, wohl aber für den neuen Vorwurf von Bedeutung sind.

81   **b)** Für eine **förmliche Hinweispflicht in analoger Anwendung des Absatzes 1** spricht der auch bei wesentlichen tatsächlichen Änderungen zutreffende Rechtsgedanke. Wenn die Tatbestandsmerkmale der angeklagten Tat möglicherweise in anderen als den von der Anklage herausgestellten Tatsachen gesehen werden oder wenn sich der mit in Betracht zu ziehende Tathergang hinsichtlich Ort, Zeit, beteiligte oder betroffenen Personen wesentlich ändert, so ist dies für die Verteidigung mitunter weit bedeutsamer als die Veränderung eines rechtlichen Gesichtspunktes. Es stellt sich mitunter sogar die Frage, ob es sich dann überhaupt noch um die gleiche Tat im Sinne des § 264 handelt. **Gegen eine Formalisierung** der Hinweispflicht bei Veränderung der den Tatbestand bildenden oder die Tatrichtung bestimmenden Tatsachen spricht aber, daß es – anders als bei der eindeutig feststellbaren Veränderung des rechtlichen Gesichtspunkts – wenig sinnvoll erscheint, solche tatsächlichen Veränderungen von den anderen Veränderungen entscheidungserheblicher Tatsachen abzugrenzen. Notwendigkeit und angemessene Form der gebotenen Unterrichtung hängen immer vom Einzelfall ab, von der Ausformung des jeweiligen Tatbestandes, der Struktur des angeklagten Geschehens und auch vom Prozeßverhalten des Angeklagten. Insoweit besteht zwischen den Tatsachen, die den Anklagevorwurf konstituieren und den sonstigen entscheidungserheblichen Tatsachen, bei denen die analoge Anwendung des Absatzes 1 allgemein abgelehnt wird, kein Unterschied. Der Angeklagte ist grundsätzlich in beiden Fällen zu hören und ihm sind in beiden Fällen alle Verteidigungsmöglichkeiten zu eröffnen. Es hängt von der tatsächlichen Struktur des angeklagten Geschehens im Einzelfall ab, welches Gewicht eine tatsächliche Veränderung für die Verteidigung hat. Selbst wenn sie eindeutig ein Tatbestandsmerkmal betrifft, kann es sich um eine für die Verteidigung letztlich belanglose Tatmodalität handeln, während andererseits eine nicht unmittelbar tatbetandsverändernde Verschiebung der tatsächlichen Annahmen für die Führung der Verteidigung entscheidendes Gewicht haben kann[275]. So kann etwa je nach Einzelfall eine geringfügige Änderung der **Tatzeit** für die Führung der Verteidigung belanglos sein oder aber entscheidende Bedeutung haben[276]. Gleiches gilt für eine Änderung beim **Tatwerkzeug** oder

---

[271] Vgl. Rdn. 83.
[272] Vgl. etwa BGH StV **1994** 116; ferner § 244, 155; 255.
[273] *Niemöller* (Hinweispflicht 51 ff) sieht darin die Grundlage der Hinweispflicht.
[274] Vgl. Rdn. 2; § 244, 54.
[275] Vgl. Rdn. 99 ff.
[276] Zur unterschiedlichen Bedeutung der Veränderung der Tatzeit vgl. Rdn. 82.

bei personellen Veränderungen, bei anderen **Tatbeteiligten** oder anderen **Geschädigten**. Der konkrete Verfahrensgang ist auch bestimmend dafür, was das Gericht tun muß, um sicherzustellen, daß die Verfahrensbeteiligten und vor allem der Angeklagte erkennen, welchen tatsächlichen Sachhergang das Gericht nunmehr in Erwägung zieht und gegen welche tatsächlichen Annahmen sich der Angeklagte nunmehr verteidigen muß. Dies spricht gegen die Annahme einer **protokollpflichtigen wesentlichen Förmlichkeit** und dafür, es dem Gericht zu überlassen, in welcher Form es dafür sorgen will, daß alle möglicherweise entscheidungsrelevanten tatsächlichen Umstände von den Verfahrensbeteiligten in dieser Bedeutung erkannt und in der Hauptverhandlung angesprochen werden können. Ob man dies dann mit der analogen Anwendung des Absatzes 1 bei besonders gewichtigen tatsächlichen Veränderungen begründet oder ob man hierauf verzichtet, und alle entscheidungserheblichen tatsächlichen Veränderungen einheitlich behandelt, ändert am Ergebnis nichts, sofern man nicht aus der analogen Anwendung des Absatzes 1 herleitet, daß es sich deshalb um eine nur durch das Protokoll beweisbare wesentliche Förmlichkeit handelt[277].

3. Bei **Veränderungen der Tatzeit** darf das Gericht den Angeklagten und die anderen **82** Verfahrensbeteiligten darüber und über die dafür maßgebenden Tatsachen nicht im Unklaren lassen. Strittig ist auch hier nur, ob ein (protokollpflichtiger) förmlicher Hinweis notwendig ist, wenn die Annahme einer **anderen Tatzeit** für die Verteidigung gegen den Schuldvorwurf von ausschlaggebender Bedeutung ist[278], oder ob es auch dann genügt, daß der Angeklagte durch den Gang der Verhandlung oder auf sonstige Weise, vor allem auch durch einen formlosen (nicht protokollpflichtigen) Hinweis des Gerichts, sichere Kenntnis davon erlangt, von welcher Tatzeit das Gericht nunmehr ausgehen will[279]. Für die erstgenannte Auffassung läßt sich anführen, daß der Anklagesatz bei einer wesentlich anderen zeitlichen Zuordnung eine für die Verteidigung mitunter viel bedeutsamere Umgestaltung erfahren kann, als bei der Änderung eines rechtlichen Gesichtspunkts[280]. Gegen die Annahme einer förmlichen Hinweispflicht bei Annahme einer von der Anklage wesentlich abweichenden Tatzeit spricht aber, daß nicht jede von der Anklage abweichende oder deren Vorwurf zeitlich konkretisierende zeitliche Verschiebung gleiches Gewicht hat. Vielfach würde es schwierig sein, abzugrenzen ob und ab wann bei ungenauen oder pauschalen Zeitangaben in der Anklage ihre Konkretisierung oder Verschiebung eine förmliche Hinweispflicht auslöst. Die Beurteilung, ob

---

[277] Vgl. KK-*Engelhardt*[4] 24; ferner zu den strittigen Fragen der Protokollierungspflicht etwa AK-*Loos* 21; HK-*Julius*[2] 2, 12, *Pfeiffer*[2] 8, SK-*Schlüchter* 53. Verneint man mit der wohl vorherrschenden Meinung die Protokollpflicht; besteht kein Anlaß, bei der Unterrichtungspflicht des Gerichts, zwischen den zwei Gruppen der Änderung entscheidungserheblicher Tatsachen zu unterscheiden; so aber etwa BGH NStZ **2000** 48.

[278] BGHSt **19** 88 = JR **1964** 65 mit Anm. *Dünnebier* = LM Nr. 24 mit Anm. *Willms*; jetzt wohl eingeschränkt auf die Fälle, in denen Tatzeit von ausschlaggebender Bedeutung ist, BGH NStZ **1981** 190; BGH StV **1988** 9; **1995** 116; vgl. BGH StV **1999** 304 (in BGHSt **44** 256 nicht mit abgedruckt); für förmlichen Hinweis analog Absatz 1 auch AK-*Loos* 22 (zu erwägen); SK-*Schlüchter* 34; ferner OLG Köln MDR **1984** 962, OLG Schleswig MDR

1980 516. BGH NJW **1988** 571; **1991** 1900; StV **1995** 116; OLG Bremen StV **1996** 301 lassen dies offen. Vgl. auch HK-*Julius*[2] 12; 22 (analog Abs. 1, jedoch keine Protokollierungspflicht); KK-*Engelhadt*[4] 24.

[279] BGHSt **19** 144; **28** 197; BGH MDR **1984** 683; NStZ **1981** 190; **1984** 422; **1985** 325; BGH StV **1990** 250; **1991** 149; 502; **1997** 237; bei *Holtz* MDR **1977** 108; BGH bei *Miebach* NStZ **1989** 220; bei *Kusch* NStZ **1993** 30; **1999** 42; NStZ-RR **2000** 293; OLG Bremen StV **1996** 301; OLG Frankfurt StV **1985** 224; OLG Saarbrücken VRS **50** (1976) 438; *Hanack* JZ **1972** 43; *Meyer* GA **1965** 268; *Eb. Schmidt* JR **1964** 188; *Kleinknecht/Meyer-Goßner*[44] 23; KMR-*Paulus* 33; vgl. ferner HK-*Julius*[2] 12; SK-*Schlüchter* 35 (förmliche Hinweispflicht bei Veränderung der rechtlichen Qualität).

[280] Vgl. *Niemöller* (Hinweispflicht) 48.

Walter Gollwitzer

eine zeitliche Verschiebung der Tatzeit für die Wahrnehmung der Verfahrensbefugnisse ohne Belang oder aber für die Verteidigung gegen den Schuldvorwurf von erheblicher Bedeutung ist, weil sie im konkreten Fall neue Verteidigungsmöglichkeiten eröffnet, kann letztlich immer nur vom Angeklagten und nicht auf Grund einer Einschätzung des Gerichts beurteilt werden[281]. Besondere Bedeutung hat dies vor allem bei der Behauptung eines **Alibis**[282]. Alle in Betracht gezogenen Zeitvarianten müssen deshalb ebenso wie alle sonstigen relevanten Abweichungen vom Tatbild der Anklage in der Hauptverhandlung zur Sprache kommen. Soweit das nicht ohnehin eindeutig ersichtlich ist, muß das Gericht die zeitlichen Verschiebungen und die dafür maßgebenden Tatsachen von sich aus ansprechen. Es muß dafür sorgen, daß die Verfahrensbeteiligten deutlich erkennen, daß und aus welchen Gründen das Gericht andere Zeiten als entscheidungsrelevant ansieht als die Anklage; dies gilt, wenn es eine von der Anklage wesentlich abweichende Zeit der Tatbegehung in Betracht zieht, das gilt aber auch bei anderen für die Entscheidung wesentlichen Zeitangaben.

83   **4. Einzelheiten der Unterrichtung über sachliche Veränderungen.** Verneint man eine förmliche Hinweispflicht analog Absatz 1 bei Änderungen der tatsächlichen Annahmen der Anklage, auch wenn sich daraus andere Tatbestandsmerkmale oder eine andere Tatrichtung ergeben, dann muß das Gericht, vor allem aber der die Verhandlung leitende Vorsitzende, kraft der dem Gericht obliegenden Fürsorge- und Aufklärungspflicht bei allen möglicherweise entscheidungserheblichen tatsächlichen Veränderungen gegenüber der Anklage dafür sorgen, daß alle Verfahrensbeteiligten dazu Stellung nehmen können, vor allem aber, daß der Angeklagte sich nach § 243 Abs. 4 dazu äußern und seine Verteidigung auch darauf einstellen kann[283]. Aus dieser Zielsetzung ist abzuleiten, ob, in welcher Form und in welchem Umfang auf die Veränderungen hinzuweisen ist. Es gelten die gleichen Gesichtspunkte wie bei einer mit einer Tatsachenänderung verbundenen Veränderung des rechtlichen Gesichtspunktes[284]. Aus dem Zweck dieser Unterrichtungspflicht folgt, daß Hinweise an den Angeklagten dann entbehrlich sind, wenn feststeht, daß er die Veränderung ohnehin aus dem Gang der Verhandlung erkannt hat[285], so, wenn er sich dazu geäußert hat, vor allem, wenn sie durch sein Geständnis in das Verfahren eingeführt wurden[286]. Die Wiedergabe der Einlassung des Angeklagten im Urteil kann dies belegen, sie kann mitunter aber auch das Gegenteil ergeben[287]. Dagegen **genügt** es **nicht**, daß der neue tatsächliche Gesichtspunkt von einer **Beweisperson** oder einem **anderen Verfahrensbeteiligten** angesprochen wurde, denn es muß für den Angeklagten deutlich erkennbar sein, daß auch das Gericht diesen neuen Gesichtspunkt in seine Urteilsfindung mit einbeziehen will. Bei Zweifel muß das Gericht den Angeklagten

---

[281] Ob die Veränderung „von ausschlaggebender Bedeutung ist", kann schon nicht der Tatrichter und noch weniger der Revisionsrichter aus seiner Sicht sicher beurteilen, es erscheint daher nicht angezeigt, die Protokollpflicht von einer solchen Wertung abhängen zu lassen. Gegen die Unterscheidung *Schlothauer* StV **1986** 224, der aber eine „förmliche Hinweispflicht gemäß § 243 Abs. 4 S. 2, 136 Abs. 2" annimmt.

[282] BGH NStZ **1984** 422; **1994** 502; StV **1997** 237; BGHR 265 Abs. 4 Hinweispflicht 2; *Sarstedt/Hamm*[6] 1057.

[283] RGSt **76** 85; RG JW **1928** 820; RG HRR **1931** Nr. 636; BGHSt **8** 92; **11** 88 sehen diesen Grundsatz als

ungeschriebenes, aber verbindliches Verfahrensrecht an; der Grundsatz läßt sich aber, worauf *Eb. Schmidt* (JR **1958** 267) hinweist, wohl auch aus dem geschriebenen Recht ableiten; vgl. dazu BGHSt **28** 196; NJW **1988** 571; NStZ **1985** 325; StV **1991** 149; BGH GA **1980** 185; *Meyer* GA **1965** 259.

[284] Vgl. Rdn. 35, 61.

[285] Vgl. BGH NStZ **2000** 48.

[286] BGHR § 265 Abs. 4 Hinweispflicht 10.

[287] Vgl. BGHSt **28** 196 unter Hinweis auf BGH bei *Holtz* MDR **1977** 108; BGH bei *Holtz* MDR **1980** 107; OLG Saarbrücken VRS **50** (1976) 438; *Kleinknecht/Meyer-Goßner*[44] 23.

befragen[288]. Es darf sich in der Regel nicht darauf verlassen, daß die Bedeutung des neuen Gesichtspunkts aus dem Gang der Hauptverhandlung für die Beteiligten erkennbar geworden ist[289]. Es muß vielmehr durch einen entsprechenden Hinweis, der zweckmäßigerweise mit einer Aufforderung zur Stellungnahme verbunden ist, dafür sorgen, daß der Angeklagte die Prozeßlage tatsächlich richtig beurteilt[290] und so seine Verteidigung darauf einstellen, unter Umständen die Aussetzung beantragen kann.

Keine Unterrichtungspflicht besteht dagegen in der Regel, wenn das Gericht selbst **84** weiterhin vom unveränderten Sachverhalt ausgeht, andere Verfahrensbeteiligte aber in ihren Ausführungen solche Änderung für gegeben halten. Das Gericht ist auch nicht verpflichtet, den Angeklagten darauf hinzuweisen, wenn es den für ihn günstigen Ausführungen im Plädoyer des Staatsanwalts nicht folgen will[291].

5. Sitzungsniederschrift. Die Unterrichtung des Angeklagten über eine nicht mit **85** einer Rechtsänderung verbundene **Änderung einer entscheidungserheblichen Tatsache** ist, anders als diese[292], **keine wesentliche Förmlichkeit** des Verfahrens[293], das Schweigen des Protokolls über die Unterrichtung beweist in solchen Fällen nichts. Auch dort, wo bei wesentlichen tatsächlichen Veränderungen gegenüber der Anklage die Hinweispflicht mit der **entsprechenden Anwendung des Absatzes 1** begründet wird[294], wird von der vorherrschenden Meinung die Unterrichtung über solche tatsächlichen Veränderungen nicht als eine protokollpflichtige und nur durch das Protokoll nachzuweisende wesentliche Förmlichkeit des Verfahrens angesehen[295]. Das **Revisionsgericht** muß deshalb in allen Fällen einer entscheidungserheblichen tatsächlichen Änderung im Wege des **Freibeweises** klären, ob eine Unterrichtung des Angeklagten bei der besonderen Lage des Einzelfalls notwendig war und ob sie mit der erforderlichen Eindeutigkeit erteilt worden ist[296]. Gerade deshalb erscheint es in solchen Fällen ratsam, Vornahme und wesentlichen Inhalt dieser Unterrichtung im Sitzungsprotokoll festzuhalten[297]; auch wenn ein solcher Vermerk der Beweiskraft des § 274 ermangelt, erleichtert er den Nachweis der Unterrichtung. Angezeigt ist ein solcher Vermerk erst recht dort, wo die Grenzen zur förmlichen Hinweispflicht des Absatzes 1 zweifelhaft sein können[298].

---

[288] BGHSt **28** 198; BGH StV **1988** 329; **1991** 149; **1996** 197; **1997** 237; OLG Bremen StV **1996** 301; KK-*Engelhardt*[4] 24; *Kleinknecht/Meyer-Goßner*[44] 23; SK-*Schlüchter* 33.

[289] So aber möglicherweise BGHSt **19** 141.

[290] *Dünnebier* JR **1964** 66.

[291] BGH bei *Dallinger* MDR **1971** 18.

[292] Vgl. Rdn. 75 ff.

[293] BGHSt **28** 196; OLG Frankfurt StV **1985** 224; HK-*Julius*[2] 12; KK-*Engelhardt*[4] 24; *Kleinknecht/Meyer-Goßner*[44] 23; SK-*Schlüchter* 33; 53.

[294] Vgl. Rdn. 81.

[295] Vgl. BGHSt **19** 141; **28** 198; BGH StV **1988** 329; **1996** 297; ferner die Nachw. Fußn. 226b, sowie *Meyer* GA **1965** 268; *Eb. Schmidt* JR **1964** 188; Nach **anderer Ansicht**, so etwa BGHSt **19** 88; OLG Hamm VRS **18** (1960) 461; BayObLG DAR **1962** 216; *Michel* JuS **1991** 851; *Niemöller* (Hinweis-

pflicht) 75; *Sarstedt/Hamm*[6] 1059 rechnet der Hinweis bei einer Veränderung der tatsächlichen Umstände ebenfalls zu den wesentlichen Förmlichkeiten, so daß auch für ihn die Beweiskraft des Protokolls gilt. *Schlothauer* StV **1986** 223 leitet die Hinweispflicht aus § 243 Abs. 4 Satz 2 ab und nimmt deshalb eine wesentliche Förmlichkeit an, dies dürfte jedoch nicht weiterführen, da nur die Tatsache der Befragung, nicht aber Gegenstand der Frage als wesentliche Förmlichkeit anzusehen wäre (vgl. AK-*Loos* 21).

[296] Vgl. Rdn. 76 ff.

[297] BGH NJW **1998** 3728; NStZ-RR **1997** 72; bei *Kusch* NStZ **1997** 71; StV **1996** 297; *Eb. Schmidt* JR **1964** 188 AK-*Loos* 21; HK-*Julius*[2] 12; *Kleinknecht/Meyer-Goßner*[44] 23.

[298] Vgl. Rdn. 28; 30; 35; 82.

IV. Aussetzung bei veränderter Sach- und Rechtslage (Absatz 3)

86   **1.** Der Angeklagte hat ein uneingeschränktes **Recht auf Aussetzung**, wenn bei ihm selbst – und nicht etwa nur bei einem Mitangeklagten[299] – die Voraussetzungen des Absatzes 3 **sämtlich** vorliegen[300] und er einen entsprechenden **Antrag** stellt. Absatz 3 verpflichtet das Gericht nicht, den Angeklagten über diesen Anspruch zu **belehren**. Ob es in Ausnahmefällen die **Fürsorgepflicht** gebietet, daß das Gericht einen Angeklagten ohne Verteidiger auf die Möglichkeit eines solchen Antrags hinweist, ist strittig[301]. Ein solcher Hinweis kann allenfalls in besonders gelagerten Fällen unter dem Blickwinkel einer die Verteidigungsmöglichkeiten betont offen haltenden fairen Verfahrensgestaltung angezeigt sein, so etwa, wenn der Angeklagte vorträgt, daß er auf die Widerlegung der neuen Sachannahmen nicht genügend vorbereitet sei. Wenn das Gericht sich auch selbst von der Aussetzung eine bessere Förderung des Verfahrens, vor allem aber die Möglichkeit einer besseren **Sachaufklärung** verspricht, kann und muß es dieses unabhängig von jedem Antrag des Angeklagten nach Absatz 4 **von Amts wegen** aussetzen. Im **Privatklageverfahren** entfällt das Recht aus Absatz 3, während die anderen Absätze auch im Privatklageverfahren gelten (§ 384 Abs. 3).

2. Voraussetzungen

87   **a)** Die **Veränderung der Sachlage** muß in dem Hervortreten **neuer Tatsachen oder tatsächlicher Verhältnisse** bestehen, die der Angeklagte weder aus dem Eröffnungsbeschluß, noch aus der Anklageschrift ersehen, auch nicht aus einer früheren Hauptverhandlung entnehmen konnte[302]. Aus den bei Rdn. 47 ff erörterten Gründen liegen neue Tatsachen im Sinne des Absatz 3 auch vor, wenn das Gericht die Tatsachen als Voraussetzung für die Anordnung einer **Maßregel der Besserung und Sicherung** bezeichnet, die Anklage und Eröffnungsbeschluß nicht in diesem Sinne gekennzeichnet haben[303]. Gleichgültig ist, ob die neue Tatsache zur äußeren oder inneren Tatseite gehört. Ein neu hervorgetretener Umstand ist kein **neues Beweismittel**[304]. Insoweit gilt § 246. Anwendbar ist auch Absatz 4[305].

88   Selbstverständlich genügt das Hervortreten **eines neuen Umstands**. Eine veränderte Sachlage ist auch gegeben, wenn in einer Untersuchung wegen Meineids das Urteil die Eidesverletzung in einem anderen Teil der Aussage findet als der Eröffnungsbeschluß, oder wenn eine andere Person als verletzt oder als Täter der Haupttat bezeichnet wird[306]. **Mangels neuer Umstände** begründet die Veränderung des rechtlichen Gesichtspunkts (Absatz 1) allein den Anspruch auf Aussetzung nicht; dies gilt auch, wenn das Gericht aus dem unveränderten Sachverhalt der Anklage andere Schlüsse zieht[307].

---

[299] HK-*Julius*[2] 25; ob die nur bei einem anderen Mitangeklagten gegebenen Voraussetzungen des Absatzes 3 für den davon nicht unmittelbar betroffenen Mitangeklagten eine wesentliche Veränderung ist, auf die ein Aussetzungsantrag nach Absatz 4 gestützt werden kann, hängt davon ab, wieweit sie im Einzelfall auch seine eigenen Verfahrensinteressen berührt, vgl. *Gollwitzer* FS Sarstedt 35.

[300] RGSt **1** 106; **3** 404; KK-*Engelhardt*[4] 25; *Kleinknecht/Meyer-Goßner*[44] 36; KMR-*Paulus* 52.

[301] Verneinend *Kleinknecht/Meyer-Goßner*[44] 35; SK-*Schlüchter* 40. Dagegen halten *Eb. Schmidt* 22; AK-*Loos* 28; HK-*Julius*[2] 15; KK-*Engelhardt*[4] 28; KMR-*Paulus* 52 unter Berufung auf RGSt **57** 147; **65** 246

eine Belehrung des Angeklagten auf Grund der Fürsorgepflicht des Gerichts für geboten, wenn dieser den Antrag nicht stellt, obwohl es bei vernünftiger Führung seiner Verteidigung zu erwarten wäre. BGH StV **1998** 252 läßt die Frage offen.

[302] RGSt **39** 19; **52** 250; RGRspr. **7** 474; KK-*Engelhardt*[4] 26.

[303] BGHSt **2** 85; vgl. Rdn. 49.

[304] RGSt **52** 251; *Kleinknecht/Meyer-Goßner*[44] 36; SK-*Schlüchter* 36; vgl. § 246.

[305] SK-*Schlüchter* 36; vgl. Rdn. 28; 81.

[306] Vgl. Rdn. 28; 30; 31.

[307] BGH nach KK-*Engelhardt*[4] 26 (Aussetzung nach Absatz 4 zu beurteilen).

b) Anwendung eines schwereren Strafgesetzes. Unter dem schwereren Strafgesetz ist **89** ein solches zu verstehen, das die Verhängung einer schwereren Strafe gegen den Angeklagten zuläßt, als das in der zugelassenen Anklage angeführte Strafgesetz[308]. Es kommt also nur auf die abstrakt angedrohte Strafe an; Art und Maß der im vorliegenden Fall wirklich zu verhängenden Strafe kann die Ablehnung des Antrags auf Aussetzung nicht begründen. Es ist nicht vorgeschrieben, das in Betracht kommende Strafgesetz durch Verlesung bekanntzugeben[309].

Den Umständen, die die Anwendung eines schwereren Strafgesetzes rechtfertigen, **90** stehen diejenigen gleich, die **straferhöhend** wirken oder zur Anwendung einer **Maßregel** der **Besserung und Sicherung** führen können.

c) Der Angeklagte muß die neu hervorgetretenen Umstände **bestreiten**, d. h. die **91** Richtigkeit der Tatsachen in Abrede stellen. Widerspricht er nur in rechtlicher Beziehung, so liegt die Voraussetzung des Absatzes 3 nicht vor; desgleichen nicht, wenn er die neue Tatsache als solche einräumt, die Aussetzung aber zur besseren Vorbereitung seiner Verteidigung begehrt[310].

d) Der Angeklagte muß **behaupten**, auf die Verteidigung **nicht genügend vorbereitet** **92** zu sein. Die Richtigkeit dieser Behauptung unterliegt nicht der Prüfung des Gerichts[311]; dieses darf also die Aussetzung nicht deshalb verweigern, weil eine anderweitige Vorbereitung der Verteidigung nicht erforderlich ist.

Eine andere Frage ist die, ob neue Umstände wirklich in der Weise hervorgetreten **93** sind, daß von ihrer **Berücksichtigung bei der Urteilsfällung** die Rede sein kann. In dieser Beziehung ist das Ermessen des Angeklagten nicht maßgebend, da ihm sonst in vielen Fällen die Handhabe geboten sein würde, willkürlich Aussetzungen herbeizuführen und seine Verurteilung hinzuhalten. Es ist allein Sache des Gerichts, zu beurteilen, ob die Umstände im Urteil **als erwiesen** angesehen und dem Angeklagten **zur Last gelegt** werden und ob dies zur Anwendung eines schwereren Strafgesetzes oder zu schwereren Rechtsfolgen oder Maßregeln führen kann. Ist dies nicht der Fall, so kann der Angeklagte aus der Ablehnung seines Aussetzungsantrags keinen Beschwerdegrund entnehmen. Die Frage ist also vom Gericht zu entscheiden[312].

3. Die **Entscheidung des Gerichts** über den Aussetzungsantrag soll unverzüglich er- **94** gehen[313]. Sie hängt aber mitunter von dem Gesamtergebnis der Beweisaufnahme ab. Daher muß das Gericht für befugt erachtet werden, den **Beschluß** über den Aussetzungsantrag bis zum Schluß der Beweisaufnahme aufzuschieben. Er muß aber noch **in der Hauptverhandlung bekanntgegeben** und begründet werden. Der Angeklagte muß nach Ablehnung seines Aussetzungsantrags Gelegenheit haben, noch in der Hauptverhandlung weitere Ausführungen zu machen und weitere Anträge zu stellen[314]. Die Entscheidung darf daher nicht dem Urteil vorbehalten werden[315]. Bei Bemessung der **Dauer der Aussetzung** muß das Gericht dem Angeklagten unter Würdigung seiner im Aussetzungsantrag dafür vorgetragenen Umstände[316] ausreichende Zeit für die Vorbereitung seiner

---

[308] Prot. *Hahn* 878; KK-*Engelhardt*[4] 26.

[309] RG GA **71** (1927) 17.

[310] KK-*Engelhardt*[4] 27.

[311] AK-*Loos* 37; KK-*Engelhardt*[4] 27; *Kleinknecht/ Meyer-Goßner*[44] 36; KMR-*Paulus* 52; SK-*Schlüchter* 39; *Eb. Schmidt* 23.

[312] AK-*Loos* 36; KK-*Engelhardt*[4] 26; *Kleinknecht/ Meyer-Goßner*[44] 36; SK-*Schlüchter* 37.

[313] SK-*Schlüchter* 42.

[314] AK-*Loos* 39; KK-*Engelhardt*[4] 28; *Kleinknecht/ Meyer-Goßner*[44] 39, SK-*Schlüchter* 42.

[315] H. M.; vgl. vorst. Fußn. und Rdn. 107.

[316] Vgl. HK-*Julius*[2] 28, wonach der Aussetzungsantrag nach Absatz 3 auch die Mindestzeit angeben sollte, die zur Vorbereitung der Verteidigung benötigt wird.

Walter Gollwitzer

Verteidigung gegen den neu aufgetauchten Gesichtspunkt einräumen, im übrigen bestimmt sich die Dauer der Aussetzung nach dem Ermessen des Gerichts, bei dessen Ausübung auch das Beschleunigungsgebot und die allgemeine Terminlage des Gerichts zu berücksichtigen sind[317]. Gerade im Hinblick auf letztere erscheint es auch zulässig, wenn das Gericht den Termin für den Neubeginn der Hauptverhandlung nicht im Aussetzungsbeschluß festlegt, sondern einer späteren Bestimmung vorbehält. Mitunter dürfte zur Vorbereitung der Verteidigung gegenüber den neu hervorgetretenen Umständen bereits eine **Unterbrechung der Verhandlung** ausreichen. Ob dann aber dieser prozeßökonomisch sinnvollere Weg zulässig ist, wenn der Angeklagte auf sein Recht auf Aussetzung nach Absatz 3 besteht, ist strittig[318].

V. Aussetzung bei veränderter Sachlage (Absatz 4)

95   **1. Bedeutung des Absatzes 4.** Während die Veränderung der Sach- und Rechtslage den Angeklagten unter den Voraussetzungen des Absatzes 3 einen **Anspruch auf Aussetzung gibt**, steht die Aussetzung bei einer veränderten Sachlage im **pflichtgemäßen Ermessen des Gerichts**. Es muß **auf Antrag eines Verfahrensbeteiligten** (Staatsanwalt, Privatkläger; Nebenbeteiligte mit Angeklagtenbefugnisse, aber nicht mehr der Nebenkläger)[319] oder **von Amts wegen** prüfen, ob die Veränderung der Sachlage die Aussetzung, eventuell auch nur eine Unterbrechung zur besseren Vorbereitung der Anklage oder der Verteidigung, aber auch allgemein zur besseren Sachaufklärung[320], angezeigt erscheinen läßt. Dagegen kann es das Verfahren nicht aussetzen, um sich selbst auf die Veränderung einzustellen; insoweit ist nur eine Unterbrechung möglich.

96   Absatz 4 darf **nicht eng ausgelegt** werden[321]. Er enthält einen über die vorangehenden Absätze **hinausweisenden Grundsatz**, der besagt, daß das Gericht im Rahmen seiner Justizgewährungspflicht für eine Verfahrensgestaltung zu sorgen hat, die die Wahrung der Verfahrensinteressen aller Verfahrensbeteiligten, vor allem aber die Verteidigungsmöglichkeiten des Angeklagten in der Hauptverhandlung nicht verkürzt. Die Verpflichtung zur fairen Verfahrensgestaltung kommt hierin ebenso zum Ausdruck wie in der Verpflichtung, gegebenenfalls durch entsprechende Hinweise sicherzustellen, daß die Verfahrensbeteiligten die Veränderungen der Sachlage und ihre mögliche Bedeutung für die Entscheidung erkennen und bei ihrer Verfahrensführung berücksichtigen[322] und nicht etwa aus Unkenntnis einen aus ihrer Sicht angezeigten Aussetzungsantrag nach Absatz 4 unterlassen.

97   Eine Aussetzung der Hauptverhandlung **zu anderen Zwecken**, etwa, um den Angeklagten Gelegenheit zu geben, sich bis zur nächsten Hauptverhandlung zu bewähren[323] oder um die Entscheidung eines anderen Gerichts abzuwarten[324], kann nicht mit der analogen Anwendung des § 265 Abs. 4 begründet werden.

---

[317] SK-*Schlüchter* 43.

[318] Verneinend AK-*Loos* 39; HK-*Julius*[2] 16, bejahend unter Hinweis auf das Beschleunigungsgebot SK-*Schlüchter* 43. Vgl. auch Rdn. 108, sowie BGH StV **1993** 288 (Unterbrechung von 2 Stunden unzureichend).

[319] AK-*Loos* 40; HK-*Julius*[2] 29; KK-*Engelhardt*[4] 29; *Kleinknecht/Meyer-Goßner*[44] 39; SK-*Schlüchter* 49.

[320] Vgl. AK-*Loos* 40; ferner § 244, 57, 68.

[321] RGSt **71** 354; RG JW **1926** 1219; BGH NJW **1958** 1736; OLG Hamburg NJW **1966** 843; OLG Zweibrücken StV **1984** 148; LG Duisburg StV **1984** 19; AK-*Loos* 41; KK-*Engelhardt*[4] 29; *Kleinknecht/Meyer-Goßner*[44] 39.

[322] Vgl. Rdn. 79 ff.

[323] OLG Karlsruhe Justiz **1974** 97; KK-*Engelhardt*[4] 29.

[324] KK-*Engelhardt*[4] 29; vgl. § 262, 30; 33.

Absatz 4 ist nach § 154a Abs. 3 Satz 3 entsprechend anzuwenden, wenn Teile einer **98** Tat, die nach §§ 154a, 207 Abs. 2 ausgeschieden worden sind, wieder in das Verfahren einbezogen und zum Nachteil des Angeklagten verwertet werden sollen[325]. Eines **besonderen Hinweises** bedarf es aber auch, wenn das Gericht Elemente der nach § 154 ausgeschiedenen Taten oder Tatteile bei der Beweiswürdigung oder der Rechtsfolgenentscheidung mit **verwerten will.** Ohne einen solchen darf sich der Angeklagte in der Regel darauf verlassen, daß diese Taten oder Tatteile und die allein ihnen zugrunde liegenden Tatsachen aus dem Prozeßstoff ausgeschieden sind, so daß er darauf bei seiner Verteidigung nicht mehr einzugehen braucht[326]. Gehören die Tatsachen sowohl zur ausgeschiedenen Tat als auch zu der weiterhin zur Aburteilung anstehenden Tat, bleiben sie auch ohne besonderen Hinweis verwertbar[327]. Ein **Vertrauenstatbestand** entsteht dagegen, wenn das Gericht selbst anregt, das Verfahren wegen bestimmter Fälle einzustellen und die Staatsanwaltschaft daraufhin den entsprechenden Antrag stellt; dann darf das Gericht nicht ohne Hinweis in Abweichung von seinem Vorschlag in dem gemeinsam mit dem Urteil verkündeten Einstellungsbeschluß die Einstellung nur auf einen Teil der von seiner Anregung umfaßten Fälle beschränken und die anderen in das Urteil mit einbeziehen[328].

2. Veränderungen

a) Änderung des Sachverhalts. Eine veränderte Sachlage liegt vor, wenn im Rahmen **99** des § 264 Handlungen oder sonstige Tatsachen zum Gegenstand der Urteilsfindung gemacht werden sollen, die in der zugelassenen Anklage nicht erwähnt worden sind. Diese **neuen Tatsachen** müssen **entscheidungserheblich** sein. Sie können den Umfang der Schuld betreffen, sie können aber auch für den Strafausspruch oder die Anordnung einer Maßregel der Besserung oder Sicherung von Bedeutung sein. Es muß sich aber immer um neu zu Tage getretene, in der zugelassenen Anklage nicht erwähnte tatsächlichen Umstände handeln, mit deren Verwertung die Verfahrensbeteiligten nicht zu rechnen brauchten[329] und zu denen sie sich daher in der Hauptverhandlung nicht abschließend äußern können.

Es hängt immer von den **Umständen des Einzelfalls** ab, ob die Aussetzung zur ge- **100** nügenden Vorbereitung der Anklage oder der Verteidigung erforderlich ist. Dies kann, muß aber nicht zutreffen, wenn bei einer angeklagten **Dauerstraftat** oder bei einem mehrere Verhaltensweisen tatbestandsmäßig zu einer einzigen Tat zusammenfassenden Straftatbestand („Bewertungseinheit") oder – soweit es sie noch gibt – bei einer **fortgesetzten Straftat** nicht mitangeklagte Taten, die sich als deren unselbständige Teilakte darstellen, in das Verfahren mit einbezogen werden[330]. Kommen in einem wegen des Vorwurfs eines Vergehens nach § 170d StGB durchgeführten Strafverfahren Handlungen des Angeklagten zur Sprache, die in der Anklage nicht erwähnt wurden und von denen der Angeklagte deshalb nicht anzunehmen brauchte, daß sie ihm zur Last gelegt werden sollen, so kann diese Veränderung der Sachlage zur Aussetzung zwingen[331]. Daß der **Umfang der Tat,** etwa der Beute eines Diebstahls, größer war, als in der Anklage angenommen, wird

---

[325] Vgl. bei § 154a.
[326] BGHSt **31** 302; NStZ **1994** 195; StV **1984** 364; **1985** 221; **1988** 91; **1990** 249; **1992** 252; **1996** 585; **1998** 252, BGH bei *Kusch* NStZ **1995** 220; NStZ-RR **1998** 264; wegen weiterer Einzelheiten vgl. bei §§ 154, 154a, auch zur Verneinung der Hinweispflicht, wenn keine Vertrauensgrundlage bestand; ferner etwa *Schlothauer* StV **1986** 226.

[327] BGH NJW **1996** 2585.
[328] BGH StV **1999** 353.
[329] BayObLGSt **1971** 91 = VRS **41** (1971) 374.
[330] BGH NStZ **1985** 325; bei *Kusch* NStZ **1994** 24; bei *Holtz* MDR **1992** 935; vgl. § 264, 33 ff; KMR-*Paulus* 55; *Schlothauer* StV **1986** 225.
[331] BGHSt **8** 92 = LM Nr. 6 zu § 170d StGB mit Anm. *Kohlhaas.*

meist – es kommt auch hier auf den Einzelfall an – noch nicht als eine wesentliche Veränderung der Sachlage aufzufassen sein[332], ebenso, wenn neu eingeführte Sachbeweismittel dem Angeklagten bereits bekannt sind[333]. Vom Einzelfall hängt auch ab, ob die Konkretisierung einer ungenau gefaßten Anklage hinsichtlich Ort, Zeit und Tathergang[334] eine so wesentliche Veränderung bringt, daß dies die Aussetzung nach Absatz 4 rechtfertigt.

101   **b)** Die Veränderung der Sachlage kann aber auch in Veränderungen der **Verfahrenslage** liegen, sofern diese eine **weitere Vorbereitung** der Anklage oder der Verteidigung notwendig macht. Vernimmt beispielsweise das Gericht in der Hauptverhandlung einen **neuen Belastungszeugen**, so kann zur Vorbereitung der Verteidigung und zur Gewährung des rechtlichen Gehörs die Aussetzung geboten sein, so, wenn der Angeklagte von der Pflicht zum Erscheinen entbunden und auch nicht durch einen Verteidiger vertreten war[335]. Gleiches gilt, wenn der Verteidiger keine Gelegenheit hatte, die Stichhaltigkeit des Gutachtens eines erst in der Hauptverhandlung zugezogenen Sachverständigen nachzuprüfen[336] oder wenn erst in der Hauptverhandlung möglicherweise zur Entlastung geeignete **Akten** oder **Beweismittel** (z. B. Lichtbilder) vorgelegt werden[337] oder wenn dem Verteidiger keine oder nur unzureichende Akteneinsicht gewährt wurde[338] oder der Angeklagte die Anklageschrift nicht erhalten hatte[339]. Eine wesentliche Veränderung der Verfahrenslage liegt nicht allein darin, daß ein der deutschen Sprache unkundiger Angeklagter die **Anklage** nur in deutscher Sprache **ohne beigefügte Übersetzung** erhalten hat. War der Gegenstand der Anschuldigung leicht überschaubar und dem Angeklagten bereits aus seiner Einvernahme im Ermittlungsverfahren bekannt, so reicht es in der Regel aus, wenn ihm die Anklage bei Beginn der Hauptverhandlung mündlich übersetzt wird[340], etwas anderes kann aber dann gelten, wenn sich im Einzelfall ergibt, daß seine Möglichkeiten zur Vorbereitung der Verteidigung dadurch wesentlich beeinträchtigt worden sind. Eine wesentliche Veränderung der Verfahrenslage kann aber auch dadurch eintreten, daß das Gericht darauf hinweist, daß es an einer früher bestimmt **zugesagten Sachbehandlung** nicht mehr festhalten will, sofern diese Zusage das Prozeßverhalten der Verfahrensbeteiligten wesentlich bestimmt hat, wie etwa das Inaussichtstellen einer bestimmten Strafobergrenze im Rahmen einer Verständigung[341]. Einer **Aussetzung** bedarf es aber nur, wenn Umstände vorliegen, die es ausschließen, daß der Änderung bereits im laufenden Verfahren ohne Beeinträchtigung der Verteidigung Rechnung getragen werden kann, so etwa durch Nachholen unterbliebener Beweisanträge[342].

102   Verliert der Angeklagte durch nicht von ihm selbst zu vertretene Umstände unvorhergesehen **den Beistand eines Verteidigers seines Vertrauens**[343], so liegt darin eine Verän-

---

[332] OLG Schleswig bei *Ernesti/Jürgensen* SchlHA **1973** 187; KK-*Engelhardt*[44] 30; KMR-*Paulus* 55.
[333] LG Bochum NJW **1988** 1833; AK-*Loos* 45; vgl. § 246, 16.
[334] Vgl. Rdn. 8 und § 200, 14b; 58.
[335] Vgl. OLG München HRR **1940** 484; BayObLGSt **1971** 91 = VRS **41** (1971) 374; ferner § 246, 6 ff.
[336] OLG Koblenz VRS **60** (1981) 119.
[337] BayObLGSt **1981** 14 = VRS **61** (1981) 129; BayObLG VRS **60** (1981) 378; KG StV **1989** 8 mit Anm. *Dankert*; LG Bochum NJW **1988** 1533; LG Duisburg StV **1984** 19; LG Nürnberg-Fürth JZ **1982** 260; Odenthal StV **1991** 441; *Schlag* FS Koch 238; AK-*Loos* 43; *Kleinknecht/Meyer-Goßner*[44] 42; KK-*Engelhardt*[4] 29; SK-*Schlüchter* 45.

[338] BGH StV **1985** 4; **1996** 268; **1998** 415; VRS **31** (1966) 188, OLG Hamburg NJW **1966** 343.
[339] BGH nach KK-*Engelhardt*[4] 29. Wegen weiterer Beispiele vgl. *Schlothauer* StV **1986** 226.
[340] Vgl. OLG Düsseldorf JZ **1985** 200; OLG Hamburg MDR **1993** 164; SK-*Schlüchter* 45; s. a. LR-*Rieß* § 201, 15.
[341] Vgl. etwa BGHSt **36** 210, KK-*Engelhardt*[4] 31a; **43** 195; Einl. G 68 ff.
[342] Vgl. etwa § 219, 27; § 244, 247 ff.
[343] Vgl. etwa BVerfGE **9** 36, 38; **39** 238, 243; **68** 237, 256; BGH StV **1992** 53; **1998** 415 sowie bei § 142 und Art. 6 Abs. 3 Buchst. c MRK.

derung der Sachlage, die die Aussetzung rechtfertigen kann, wenn dem Angeklagten nach Lage der Sache eine Verhandlung ohne Verteidiger oder mit einem vom Gericht ad hoc bestellten Verteidiger nicht zumutbar ist[344]. Die Ursachen dafür können verschiedenartig sein, sie reichen von der plötzlichen Erkrankung[345] oder dem Tod[346] des Verteidigers bis zu dessen für den Angeklagten **unvorhersehbaren Verhinderung**[347], wie etwa einer Fahrzeugpanne[348]. Die Verpflichtung, eine sachgerechte Verteidigung zu ermöglichen, kann die Aussetzung erfordern, wenn der Verteidiger für den Angeklagten nicht vorhersehbar sein Mandat zu einem Zeitpunkt niederlegt, in dem es dem Angeklagten nicht mehr möglich war, rechtzeitig einen anderen Verteidiger zu bestellen[349] oder wenn ein als Verteidiger geladener Referendar für den abwesenden Angeklagten unvorhersehbar vom Gericht nicht als Wahlverteidiger zugelassen wird[350] oder wenn der Verteidiger wegen unvorschriftsmäßiger Kleidung zurückgewiesen wird[351] oder wenn dem nicht rechtskundigen Angeklagten die Ablehnung seines rechtzeitig gestellten Antrags auf Beiordnung eines Pflichtverteidigers so spät mitgeteilt wird, daß er weder eine Änderung des Beschlusses herbeiführen noch einen Wahlverteidiger beauftragen kann[352]. Eine Aussetzung kann aber auch dann notwendig werden, wenn im Falle einer notwendigen Verteidigung der eine von zwei gewählten Verteidigern das Mandat niederlegt und der andere wegen der zwischen ihnen abgesprochenen Aufgabenteilung die Verantwortung für die ganze Verteidigung nicht zu übernehmen bereit ist[353], ferner, wenn der Angeklagte wegen der Untätigkeit des Pflichtverteidigers[354] oder wegen der Verhinderung seines Verteidigers einen Anwalt seiner Wahl beauftragt und dieser sich nicht mehr rechtzeitig vorbereiten kann[355] oder wenn bei einem vom Angeklagten nicht zu vertretenden Verteidigerwechsel die Wiederholung der verfahrensentscheidenden Beweisaufnahme in Gegenwart des neuen Verteidigers für die sachgerechte Verteidigung unerläßlich ist[356]. Dasselbe gilt auch, wenn ein neu bestellter Pflichtverteidiger die Verteidigung nach einer für die Schwierigkeit der Sache ersichtlich nicht ausreichenden Vorbereitungszeit übernimmt[357].

§ 145 Abs. 3 regelt die Pflicht des Gerichts zur Aussetzung oder Unterbrechung **nicht** **103** **abschließend**. Er berührt insbesondere die Pflicht des Gerichts nicht, von Amts wegen auszusetzen, wenn dies § 265 Abs. 4 zur Wahrung des Rechts auf Verteidigung erfordert. Gleiches gilt für § 228 Abs. 2[358]. Umgekehrt machen dies Vorschriften aber auch deutlich, daß der Angeklagte nicht in jedem Fall wegen der Verhinderung seines Verteidigers die Aussetzung verlangen kann. Es kommt auf Anlaß, Vorhersehbarkeit und Dauer der Verhinderung sowie auf die Bedeutung der Sache und die sonstigen **Umstände des**

[344] BGH NJW **2000** 1350; BayObLG VRS **64** (1983) 129; OLG Celle NJW **1965** 2264; OLG Düsseldorf wistra **1993** 352; OLG Frankfurt NStZ-RR **1996** 304; OLG Hamm MDR **1971** 68; **1972** 254; DRiZ **1977** 84; OLG Zweibrücken StV **1984** 148; vgl. *Heldmann* StV **1981** 82; *Heubel* NJW **1981** 2678; *Schlothauer* StV **1986** 228; KK-*Engelhardt*⁴ 31; *Kleinknecht/Meyer-Goßner*⁴⁴ 48; SK-*Schlüchter* 46 ff; vgl. § 228, 20; 21.
[345] OLG Celle NJW **1965** 2264; OLG Düsseldorf StV **1995** 69.
[346] BayObLG VRS **64** (1983) 129; StV **1983** 270 mit Anm. *Weider*.
[347] OLG Düsseldorf VRS **63** (1982) 458; OLG Zweibrücken StV **1984** 148; vgl. aber auch BGH MDR **1977** 767 mit abl. Anm *Sieg*; ferner LG Dortmund StV **1986** 13; *Heldmann* StV **1981** 82; § 228, 18.

[348] BayObLG StV **1989** 94; OLG Düsseldorf wistra **1993** 352.
[349] OLG Celle NdsRpfl. **1964** 234.
[350] OLG Köln NJW **1970** 720.
[351] OLG Köln VRS **70** (1986) 21.
[352] RGSt **57** 147; RG JW **1932** 406.
[353] RGSt **71** 353; OLG Köln VRS **23** (1962) 295; vgl. auch RG JW **1926** 1218 mit Anm. *Oetker/Mamroth*.
[354] BGH NJW **1958** 1736.
[355] BGH VRS **26** (1964) 46; **31** (1966) 188.
[356] BGH NJW **2000** 1350; vgl. auch BGHSt **13** 337.
[357] BGH NJW **1965** 2164 mit Anm. *Schmidt-Leichner*; MDR **1977** 767 mit Anm. *Sieg*; BGH NStZ **1983** 281. Vgl. auch Rdn. 104.
[358] BGH bei *Dallinger* MDR **1966** 26; OLG Düsseldorf wistra **1993** 252; KMR-*Paulus* 55. Vgl § 228, 19 ff und bei § 145.

Einzelfalls an, ob bei Abwägung aller Belange die Aussetzung nach Absatz 4 aus der Sicht des unverteidigten Angeklagten[359] geboten ist. Die Schwierigkeit der Sach- oder Rechtslage, die Fähigkeit des Angeklagten, sich selbst zu verteidigen, sind ebenso zu berücksichtigen wie die Lage des Verfahrens bei Eintritt der Verhinderung und das Gebot der Verfahrensbeschleunigung[360], bei dem auch zu berücksichtigen ist, innerhalb welcher Zeit das Gericht bei seiner Geschäftsbelastung mit der Neuverhandlung der Sache beginnen könnte.

104   Grundsätzlich kann jede vom Angeklagten nicht verschuldete **Verschlechterung seiner Verteidigungsmöglichkeit** den Anlaß zur Aussetzung geben, beispielsweise auch, wenn der Verteidiger ohne Verschulden des in der Hauptverhandlung nicht anwesenden Angeklagten außerstande ist, sich bei einem neu aufgetretenen Gesichtspunkt zur Sache zu äußern[361] oder wenn das Gericht entgegen der in Aussicht gestellten Einstellung in Abwesenheit des Verteidigers dann doch zur Sache verhandelt[362], oder wenn das Gericht nach Weggang des Wahlverteidigers eines minderjährigen Angeklagten vor der Urteilsverkündung unerwartet nochmals in die mündliche Verhandlung eintritt und auf eine vom Angeklagten in der Tragweite nicht übersehbare Veränderung des rechtlichen Gesichtspunkts hinweist[363]; unter Umständen auch, wenn dem Gericht mitgeteilt wurde, der Verteidiger werde sich verspäten[364]. Andererseits kann der Verteidiger im Falle einer nicht notwendigen Verteidigung die Aussetzung nicht dadurch erzwingen, daß er nach Ablehnung seines Vertagungsantrags zur Hauptverhandlung nicht erscheint[365] oder sein Mandat ohne sonst einen dies sachlich rechtfertigenden Grund niederlegt[366]. Erklärt der neu bestellte Verteidiger, er sei zur Verteidigung genügend vorbereitet, darf sich das Gericht im Normalfall darauf verlassen[367], sofern ihm nicht Umstände bekannt sind, die dem widersprechen[368].

105   **3. Entscheidung des Gerichts.** Ob das Verfahren nach Absatz 4 auszusetzen ist, hat das Gericht nach **pflichtgemäßem Ermessen** zu entscheiden. Für die Ausübung des Ermessens ist neben den Anforderungen, die sich aus der **Aufklärungspflicht** und der Pflicht zur Gewährung des **rechtlichen Gehörs** nach Art. 103 Abs. 2 GG ergeben, vor allem die Pflicht zur Gewährleistung eines fairen Verfahrens und die daraus folgende **Fürsorgepflicht** maßgebend. Hierbei ist auch zu berücksichtigen, ob die von der jeweiligen Geschäftsbelastung abhängige Dauer der Aussetzung noch mit dem **Beschleunigungsgebot** vereinbar ist und ob ihr nach Lage des Einzelfalls sonstige Verfahrensnachteile wie ein zu befürchtender Beweismittelverlust oder Verlängerung der Untersuchungshaft entgegenstehen[369]. Zu prüfen ist deshalb auch immer, ob im Einzelfall der Fürsorgepflicht des Gerichts bereits dadurch genügt werden kann, daß statt der Aussetzung nur eine

[359] BayObLG StV **1983** 270 mit Anm. *Weider*.
[360] BGH NJW **1973** 1985 = JR **1974** 247 mit zust. Anm. *Peters* = LM Nr. 31; BGH GA **1981** 37; OLG Koblenz VRS **52** (1977) 430; vgl. Fußn. 269 mit weit. Nachw. KK-*Engelhardt*[4] 31; *Kleinknecht/ Meyer-Goßner*[44] 43; SK-*Schlüchter* 50 ff. HK-*Julius*[2] 21 hat Bedenken gegen diese Abwägungskriterien; es darf nicht zu Lasten des Angeklagten gehen, wenn das Ausscheiden des Verteidigers auf Umständen beruht, die außerhalb seines Einflußbereiches liegen, vgl. auch AK-*Loos* 45 (Verschulden des Verteidigers vom Angeklagten nicht zu vertreten).
[361] BayObLG DAR **1957** 131.
[362] BayObLG VRS **63** (1982) 279.

[363] OLG Saarbrücken VRS **25** (1963) 66.
[364] Vgl. § 228, 22 ff.
[365] OLG Köln VRS **23** (1962) 295.
[366] BGH NJW **2000** 1350 läßt dies offen.
[367] BGH NStZ **1998** 111; bei *Holtz* MDR **1996** 120; BGH JR **1998** 251 mit Anm. *Rogat*; BGH StV **2000** 402 mit Anm. *Stern* sowie bei § 145; BGH bei KK-*Engelhardt*[4] 31.
[368] Etwa BGH NJW **1965** 2164 mit Anm. *Schmidt-Leichner*; BGH NJW **1973** 1985; NStZ **1983** 281; **1998** 531,vgl. auch Rdn. 102; zur Aussetzungs- oder Unterbrechungspflicht im umgekehrten Fall vgl. bei § 145.
[369] Zu den Abwägungspunkten bei Ausfall des Verteidigers vgl. Rdn. 103.

Verfahrensunterbrechung als die mit dem Beschleunigungsgebot verträglichere und pozeßwirtschaftlich meistens sinnvollere Maßnahme angeordnet wird[370]. In Einzelfällen können allerdings besondere Umstände vorliegen, die zur Wahrung der Verteidigungsinteressen einen Neubeginn der Hauptverhandlung, eventuell aber auch nur eine Wiederholung der Beweisaufahme erforderlich erscheinen lassen[371]. In solchen Fällen muß die sachgemäße Ausübung der prozessualen Rechte von Anklage und Verteidigung gesichert bleiben. Der Angeklagte soll nicht hilflos einer veränderten prozessualen Lage ausgesetzt werden, sondern Gelegenheit erhalten, seine wohlverstandenen Belange im Verfahren wahrzunehmen[372]. Ist nach der Sachlage allerdings damit zu rechnen, daß sich ein bei Terminbeginn ausgebliebener Verteidiger lediglich verspätet, ist für eine sofortige Entscheidung über die Aussetzung kein Raum. Das Gericht muß zunächst die nach der Sachlage angemessene Zeit **zuwarten**, ob der Verteidiger doch noch erscheint[373].

Die **Ermessensentscheidung** des Gerichts ist – ganz gleich, ob sie in einem die Aus- **106** setzung ablehnenden Beschluß oder nur in der weiteren Durchführung des Verfahrens stillschweigend ihren Ausdruck gefunden hat – **vom Revisionsgericht nachprüfbar**, zumindest, soweit ihre Anwendung von rechtlichen Erwägungen abhängt. Dies ist etwa der Fall, wenn sie eine zu enge Auslegung des § 265 Abs. 4 erkennen läßt oder auf einen Fehlgebrauch des Ermessens hindeutet[374], vor allem, wenn bei sachgemäßer Würdigung der maßgebenden Gesichtspunkte die Aussetzung für eine sachgerechte Vertretung der Verfahrensinteressen, unabweisbar erscheint[375]. Fehlerhaft ist es beispielsweise, einen Vertagungsantrag, der zur Beibringung von Belegen für ein Verteidigungsvorbringen gestellt wird, mit der Begründung abzulehnen, das Gegenteil der Schutzbehauptung sei erwiesen[376]. Ist ein Hinweis nach § 265 Abs. 1 gegeben worden, und ist für die Anwendung des neuen Strafgesetzes ein Tatumstand von Bedeutung, der bei Anwendung des in der Anklage angeführten Strafgesetzes unerheblich gewesen wäre, dann bedarf der Antrag, die Verhandlung nach Absatz 4 auszusetzen, um das Vorliegen jenes Tatumstands zu klären, nicht als Beweisermittlungsantrag zurückgewiesen werden[377].

Ein Aussetzungsantrag nach Absatz 4 muß **in der Hauptverhandlung beschieden** **107** werden. Der ablehnende Beschluß muß die dafür wesentlichen Gesichtspunkte anführen. Wird das Verfahren nur für eine kürzere als die beantragte Zeit ausgesetzt oder unterbrochen, ist auch anzuführen, weshalb (Sachgründe, Beschleunigungsgebot) diese Frist nach Ansicht des Gerichts ausreichen muß[378]. Die Begründung muß den Prozeßbeteiligten ermöglichen, noch in der Hauptverhandlung ihr weiteres Prozeß-

---

[370] Vgl. Rdn. 108.
[371] Vgl. BGH NJW **2000** 1350 (Wiederholung der Beweisaufnahme nach sachlich gerechtfertigtem Verteidigerwechsel; ob, dies auch gilt, wenn eine Mandatsniederlegung nur den Abbruch der Hauptverhandlung erzwingen soll, wird ausdrücklich offen gelassen). Vgl. Rdn. 108.
[372] OLG Hamm NJW **1973** 381; OLG Koblenz VRS **50** (1976) 294; OLG Saarbrücken VRS **65** (1963) 66; KK-*Engelhardt*[4] 31.
[373] Wegen der Einzelheiten der Wartepflicht vgl. § 228, 22 mit Nachw., ferner etwa HK-*Julius*[2] 20 sowie zur Fürsorgepflicht des Gerichts OLG Köln StV **1990** 257.
[374] BGHSt **8** 96; BayObLG DAR **1957** 131; OLG Celle NdsRpfl. **1964** 234 (übermäßige Einschränkung des § 137 nachprüfbar); vgl. RGSt **28** 124; **57** 147; **65**

247; RG JW **1925** 372; *Mezger* ZStW **47** (1927) 160; JW **1922** 820; *Mannheim* und *Mamroth* JW **1926** 1216. OLG Hamm GA **1971** 25 sieht in der Ablehnung der Vertagung wegen Verhinderung des Verteidigers keinen Ermessensfehler, wenn es sich um einen einfach gelagerten Fall handelt. Ferner OLG Koblenz VRS **51** (1976) 288; OLG Hamm VRS **47** (1974) 358 (Zuwarten bei kurzfristiger Verhinderung) und die bei Rdn. 102 bis 104 angeführten Entscheidungen.
[375] Reduktion des Ermessens auf Null, vgl. etwa BayObLG VRS **60** (1981) 8.
[376] RG GA **75** (1931) 213; vgl. auch § 246, 15; 19 ff.
[377] RG JW **1933** 967.
[378] HK-*Julius*[2] 19; vgl. auch SK-*Schlüchter* 51 (soweit zu begründen, daß sich Ermessensfehler ausschließen lassen).

Walter Gollwitzer

verhalten danach einstellen und die entsprechenden Anträge stellen können. Es ist unzulässig, die Ablehnung erst mit der Urteilsverkündung bekannt zu geben[379].

107a   Der Aussetzungsantrag ist eine **wesentliche Förmlichkeit des Verfahrens**, die im Protokoll festzuhalten ist und nur durch dieses bewiesen werden kann (§ 274). Gleiches gilt für den darüber entscheidenden Gerichtsbeschluß, der eine nach § 273 Abs. 1 im Protokoll aufzunehmende Entscheidung ist.

108   **4. Die Dauer der Aussetzung** nach Absatz 3 und 4 wird durch das richterliche Ermessen bestimmt, das danach auszurichten ist, welche Zeit der Angeklagte und sein Verteidiger – im Falle des Absatzes 4 gegebenenfalls auch die Staatsanwaltschaft oder Nebenbeteiligte mit Angeklagtenbefugnissen – brauchen, um ihre Rechte sachgemäß wahrnehmen zu können. Die Schwierigkeiten der Sach- und Rechtslage und die Bedeutung der neu aufgetretenen Umstände sowie das Erfordernis angekündigter Nachforschungen sind dabei zu berücksichtigen. Nach ihnen bemißt sich der Zeitraum, der für die weitere Vorbereitung einschließlich etwaiger notwendig gewordener Ermittlungen zuzubilligen ist. Dem Gericht ist es unbenommen, die Antragsteller über die nach ihrer Ansicht zur weiteren Vorbereitung beabsichtigten Maßnahmen und die dafür erforderliche Zeit befragen. Der nach Ansicht des Gerichts dafür angemessene Zeitbedarf ist entscheidend dafür, ob hierfür eine bloße **Unterbrechung** der Verhandlung genügt und wie lange diese zu bemessen ist[380]. Mitunter muß ohne Rücksicht auf die Fristen des § 229 die Hauptverhandlung neu begonnen werden, so, wenn bei einem Verteidigerwechsel der neue Verteidiger wichtigen Vorgängen der Beweisaufnahme nicht beiwohnen konnte, ihm also mangels persönlichen Eindrucks eine Beurteilung der wesentlichen Belastungszeugen nicht möglich war[381].

VI. Rechtsmittel

109   **1. Beschwerde.** Der Hinweis nach Absatz 1, 2 oder die Unterrichtung über sachliche Veränderungen sind keine beschwerdefähigen Verfügungen im Sinne des § 304 Abs. 1. Im übrigen sind auch gerichtliche Entscheidungen über Erteilung oder Unterlassen eines Hinweises durch § 305 der Beschwerde entzogen. Sie können nur im Rahmen der Urteilsanfechtung beanstandet werden. Gleiches gilt für den Beschluß, der die Aussetzung des Verfahrens ablehnt und grundsätzlich auch für den Beschluß, der nach Absatz 3 oder 4 das Verfahren aussetzt. Nur in Ausnahmefällen, in denen der aussetzende Beschluß nicht der Vorbereitung der Urteilsfindung dient, sondern einen von § 265 nicht gedeckten Zweck verfolgt (vgl. Rdn. 97), kann ebenso wie bei §§ 228, 246 die Beschwerde zulässig sein (vgl. § 228, 30 ff).

2. Revision

110   **a)** Ein **Verstoß gegen die Absätze 1 bis 4** eröffnet die Revision nach § 337 und, soweit ein Beschluß des Gerichts die Verteidigung beschränkt hat, auch nach § 338 Nr. 8. Soweit allerdings ausschließlich die Verteidigung des Angeklagten gesichert werden soll, kann

---

[379] H.M.; so schon OLG Dresden GA **72** (1928) 388; ferner etwa AK-*Loos* 46; *Kleinknecht/Meyer-Goßner*[44] 45; SK-*Schlüchter* 51.

[380] Vgl. BGH bei KK-*Engelhardt*[4] 30 (Unterbrechung über Wochenende); BGH StV **1993** 289 (2 Stunden unzureichend bei Mordmerkmalen); *Heubel* NJW

1981 2678 (Hinausschieben des Verhandlungsbeginns); ferner HK-*Julius*[2] 19; *Kleinknecht/Meyer-Goßner*[44] 45; KMR-*Paulus* 55; sowie § 246, 18.

[381] BGH NJW **2000** 1350; NStZ **1983** 281; VRS **26** (1964) 46 (notwendige Verteidigung).

die Verletzung nicht zu seinem Ungunsten von Staatsanwalt, Nebenkläger oder Privatkläger geltend gemacht werden[382]. Ein Verstoß gegen die **Absätze 1 und 2** setzt voraus, daß ein nach diesen Absätzen notwendiger Hinweis überhaupt nicht oder nur mit einem den Gesetzeszweck verfehlenden unzulänglichen Inhalt erteilt wurde. Daß er in der Hauptverhandlung zu spät erteilt wurde, so daß sich die Prozeßführung nicht mehr darauf einstellen konnte, kann allenfalls in Verbindung mit einem darauf gestützten Aussetzungsantrag unter dem Blickwinkel eines Verstoßes gegen Absatz 4 gerügt werden[383]. Ein **Verstoß gegen Absatz 3** setzt voraus, daß das Gericht den Aussetzungsanspruch des Angeklagten abgelehnt hat, obwohl alle in diesem Absatz dafür geforderten Voraussetzungen vorlagen[384]. Als **Verletzung des Absatzes 4** kann dagegen nur geltend gemacht werden, daß das Gericht die Voraussetzungen dieses Absatzes verkannt oder bei dessen Anwendung Rechtsbegriffe falsch, zu eng oder zu weit ausgelegt oder sein Ermessen fehlerhaft ausgeübt hat[385].

Ob ein **Verstoß** gegen die **Absätze 1 oder 2** vorliegt, ist unter Berücksichtigung der **111** **Beweiskraft des Hauptverhandlungsprotokolls** zu beurteilen[386]. Für sonst erforderliche Hinweise auf tatsächliche Veränderungen gegenüber der Anklage gilt dies nicht[387]. Ob ein solcher Hinweis nach der Verfahrenslage angezeigt war und ob und in welcher Form er erteilt wurde, ist im Wege des **Freibeweises** festzustellen[388]. Ob der Angeklagte einen **Anspruch auf Aussetzung** nach Absatz 3 hatte, kann das Revisionsgericht im Wege des Freibeweises auch unter Heranziehung des Akteninhalts feststellen[389]. Gleiches gilt für die tatsächlichen Voraussetzungen der Ermessensentscheidung nach Absatz 4. Es geht zu Lasten des Beschwerdeführers, wenn die Behauptung einer unzureichenden Belehrung im Freibeweisverfahren nicht erwiesen ist[390].

Hat das Gericht einen Aussetzungsantrag des Angeklagten nach **Absatz 3 oder 4** zu **112** Unrecht abgelehnt oder nicht beschieden, kann es dieser auch unter dem Gesichtspunkt des der Beschränkung der Verteidigung nach § 338 Nr. 8 rügen[391].

b) Zur **Begründung der Revision** muß der Revisionsführer angeben (§ 344 Abs. 2), wie **113** die zugelassene Anklage in dem betreffenden Punkt lautete[392], sowie, daß das Gericht den Angeklagten ohne den erforderlichen Hinweis wegen einer anderen Vorschrift oder wegen eines anderen Sachverhalts abgeurteilt hat, daß und gegebenenfalls auch, daß und warum ein erteilter Hinweis unrichtig oder unvollständig gewesen ist[393]. Sind mehrere Fälle angeklagt, muß die Revision die Einzelfälle bezeichnen, in denen ohne Hinweis von der Würdigung der Anklage abgewichen wurde. Die Rüge, das Gericht habe versäumt, auf

---

[382] RGSt **5** 221; **59** 100; BGH bei *Dallinger* MDR **1966** 18; OLG Schleswig bei *Ernesti/Jürgensen* SchlHA **1974** 183; OLG Stuttgart MDR **1955** 505 (L); KK-*Engelhardt*[4] 32; *Kleinknecht/Meyer-Goßner*[44] 46; KMR-*Paulus* 56; vgl. § 339, 4.

[383] BGH nach KK-*Engelhardt*[4] 18; HK-*Julius*[2] 30.

[384] *Sarstedt/Hamm*[6] 1058; SK-*Schlüchter* 61; vgl. Rdn. 86 ff.

[385] BGHSt **8** 92, 96; **11** 88, 91; BGH NJW **1958** 1736; StV **1998** 252; BayObLG VRS **63** (1982) 279, OLG Koblenz VRS **51** (1976) 288; *Sarstedt/Hamm*[6] 1058; KK-*Engelhardt*[4] 32; *Kleinknecht/Meyer-Goßner*[44] 46; SK-*Schlüchter* 61; vgl. Rdn. 96 ff mit weit. Nachw.

[386] Vgl. Rdn. 74 ff.

[387] Vgl. Rdn. 85; auch zum Streitstand bei der analogen Anwendung von Absatz 1 und 2.

[388] Vgl. Rdn. 85, auch zur Bedeutung des zur Beweis-

erleichterung empfohlenen Protokollvermerks über einen solchen Hinweis.

[389] KK-*Engelhardt*[4] 32; KMR-*Paulus* 61.

[390] BGHSt **19** 143; vgl. aber auch BGH NStZ **1985** 325 (Behauptung nicht widerlegt).

[391] Vgl. etwa BGH NJW **1965** 2164; NStZ **1983** 281; KK-*Engelhardt*[4] 32; KMR-*Paulus* 60. Vgl. § 338, 126 ff.

[392] Weitgehend h. M.; vgl. AK-*Loos* 49; *Kleinknecht/Meyer-Goßner*[44] 47; SK-*Schlüchter* 57. Nach HK-*Julius*[2] 30 ist zweifelhaft, ob die Revisionsbegründung den als Prozeßvoraussetzung von Amts wegen festzustellenden Inhalt der Anklage wiedergeben mußte, OLG Stuttgart MDR **1990** 569 verneint dies.

[393] BGH bei *Holtz* MDR **1977** 461; *Kleinknecht/Meyer-Goßner*[44] 47; KMR-*Paulus* 58; SK-*Schlüchter* 57.

wesentliche Veränderungen bei den von ihm als **entscheidungserheblich** angesehenen **Tatsachen** hinzuweisen, erfordert von der Revision den Vortrag, in welchen konkreten Tatsachen das Gericht in Abweichung von der zugelassenen Anklage die Merkmale des gesetzlichen Tatbestands gefunden hat, daß das Gericht hierauf nicht hingewiesen habe und daß deren Bedeutung für den Revisionsführer auch nicht bereits aus dem Gang der Hauptverhandlung ersichtlich gewesen sei[394]. Wird beanstandet, daß das Gericht die **Aussetzung abgelehnt** habe, müssen der gestellte Antrag und der ablehnende Beschluß dem Inhalt nach – am besten aber wörtlich – mitgeteilt werden. Bei der Rüge einer Verletzung des Anspruchs auf Aussetzung nach **Absatz 3** muß die Sachdarstellung außerdem aufzeigen, daß alle Voraussetzungen dieses Anspruchs gegeben waren; bei der Behauptung eines Verstoßes gegen **Absatz 4** muß unter Anführung aller Tatsachen dargelegt werden, aus welchen Gründen eine Vertagung geboten gewesen wäre, und warum die ablehnende Entscheidung ermessensfehlerhaft war[395]. Ausführungen zum Beruhen des Urteils auf dem Verfahrensverstoß sind an sich nicht unbedingt erforderlich, sie können aber zweckmäßig sein (vgl. Rdn. 114). Wird geltend gemacht, die Verteidigung habe aus Zeitmangel nicht mehr den veränderten Umständen angepaßt werden können, muß die Revision diese Umstände und den Verfahrensgang dartun und sie muß aufzeigen, warum die Zeit nicht ausreichte und an welches Vorbringen und welche Fragen oder Anträge dadurch verhindert wurden[396].

114   c) **Beruhen.** Die Revision hat Erfolg, wenn nicht auszuschließen ist, daß das Urteil auf dem Verfahrensverstoß beruht (§§ 337, 338 Nr. 8). Daß dies nur wenig wahrscheinlich ist, genügt nicht, um die Möglichkeit einer anderweitigen Verteidigung und damit auch das Beruhen zu verneinen. Ob und wieweit dies **ausnahmsweise** ausgeschlossen werden kann, hängt von der Sach- und Rechtslage des Einzelfalls ab. Es muß feststehen, daß der Angeklagte und sein Verteidiger sich auch bei einem Hinweis nicht anders und erfolgreicher hätten verteidigen können[397]. Dies kann hinsichtlich des Schuldspruchs der Fall sein, wenn ein wegen Mordes Angeklagter wegen Totschlags verurteilt wird, da der Vorwurf des Mordes (in der Regel) den Vorwurf des Totschlags so in sich schließt, daß sich der Angeklagte dagegen nur in derselben Weise verteidigen kann[398]. Das gleiche gilt, wenn Mittäterschaft statt Alleintäterschaft angenommen wird und der Angeklagte alle zum Tatbestand gehörenden Ausführungshandlungen in eigener Person verwirklicht hat[399] oder wenn das unveränderte Tatgeschehen nur aus Rechtsgründen statt als vollendeter nur als versuchter Diebstahl gewertet wird[400]. Das Beruhen wird ferner verneint, wenn der Angeklagte und sein Verteidiger zu dem rechtlichen Gesichtspunkt auch ohne Hinweis durch das Gericht in der Hauptverhandlung ausführlich Stellung genommen

---

[394] BayObLGSt **1992** 161= MDR **1993** 567; vgl. Rdn. 83.

[395] BGH StV **1990** 532; **1996** 298; BGH bei *Holtz* MDR **1977** 461; OLG Koblenz VRS **51** (1976) 289; KMR-*Paulus* 60; vgl. auch OLG Düsseldorf StV **1985** 361 (Notwendigkeit des Aussetzungsantrags).

[396] BGH NStZ **1996** 99 („ähnlich wie bei Aufklärungsrüge"); vgl. auch BGH StV **1988** HK-*Julius*[2] 30; *Kleinknecht/Meyer-Goßner*[44] 47, ferner Rdn. 114.

[397] BGHSt **2** 250 = LM Nr. 2; BGHSt **18** 288; **23** 98; BGH NJW **1964** 459; BGH NJW **1985** 2488; StV **1988** 329; **1990** 54; 532; **1993** 179; **1996** 82; 298; VRS **51** (1973) 184; bei *Dallinger* MDR **1974** 548; bei *Holtz* MDR **1989** 685; BGHR § 265 Abs. 2 Hinweispflicht 5; 6; BayObLG VRS **62** (1982) 129; bei *Rüth* DAR **1986** 248; OLG Koblenz VRS **50** (1976) 30; OLG Saarbrücken MDR **1970** 439; VRS

48 (1975) 187; *Hanack* JZ **1972** 434; *Michel* JuS **1991** 852; HK-*Julius*[2] 30; KK-*Engelhardt*[4] 33; *Kleinknecht/Meyer-Goßner*[44] 48; KMR-*Paulus* 59; SK-*Schlüchter* 58. Vgl. auch AK-*Loos* 50 (keine überspannten Anforderungen). *Eb. Schmidt* 26 beanstandet zu Recht, daß das Reichsgericht das Beruhen mitunter zu großzügig verneint hat, z. B. RGSt **76** 253; **77** 257; vgl. auch OLG Oldenburg HESt **2** 45; KG JR **1950** 633; OLG Neustadt JR **1958** 352 mit abl. Anm. *Sarstedt*.

[398] BGH bei *Dallinger* MDR **1952** 532; KK-*Engelhardt*[4] 33.

[399] BGH NJW **1952** 1385; NStZ **1992** 293; **1995** 247.

[400] BGH StV **1998** 8 (Strafausspruch kann aber wegen der Möglichkeit einer fakultativen Strafmilderung darauf beruhen).

haben, etwa, weil der Staatsanwalt in seinen Schlußausführungen eine dementsprechende Rechtsansicht vertreten hat[401], und ersichtlich keine andere Verteidigungsmöglichkeit bestand[402]. Daß der veränderte Gesichtspunkt nur von anderen Verfahrensbeteiligten, etwa den Staatsanwalt, angesprochen wurde, nicht aber vom Angeklagten und seinem Verteidiger, reicht in der Regel nicht, um das Beruhen auszuschließen[403]; desgleichen nicht, daß der Angeklagte die Tat insgesamt bestreitet[404] oder daß er jede Einlassung zur Sache verweigert, denn in diesen und ähnlichen Fällen ist kaum mit der erforderlichen Sicherheit auszuschließen, daß er sich anders verteidigt hätte, wenn ihm ein Hinweis des Gerichts die Bedeutung der Veränderung vor Augen geführt hätte. Schon im Hinblick auf diese Rechtsprechung ist es angebracht, wenn vor allem bei den Verstößen gegen die formelle Hinweispflicht nach den Absätzen 1 und 2 die Revisionsbegründung aufzeigt, welche besseren Verteidigungsmöglichkeiten der Angeklagte bei einem ordnungsmäßigen Hinweis gehabt hätte[405].

115 Soweit die **Aussetzung** nach **Absatz 3 oder 4** zu Unrecht abgelehnt wurde, wird das Beruhen des Urteils auf diesem Verstoß in der Regel nur in Ausnahmefällen verneint werden können[406].

116 **d) Andere Verfahrensrügen.** Ein Verstoß gegen § 265 kann auch gleichzeitig unter dem Blickwinkel einer Verletzung des **Rechts auf Gehör**[407] oder der **Aufklärungspflicht**[408] beanstandet werden, sofern die tatsächlichen Voraussetzungen für diese Rügen, die nicht notwendig mit denen der Rüge nach § 265 übereinstimmen[409], gegeben sind. Gerügt werden können in diesem Zusammenhang etwa auch Verstöße gegen die Fürsorgepflicht oder das Recht auf Anhörung (§ 243 Abs. 4) oder auf Unterrichtung über den Gegenstand der Anklage und die Rechte auf Verteidigung und auf einen Verteidiger der eigenen Wahl (Art. 6 Abs. 3 Buchst. a, c MRK; Art. 14 Abs. 3 Buchst. a, d IPBPR) oder auf Bestellung eines durch die Änderung notwendig gewordenen Pflichtverteidigers[410]. Werden zugleich mit der Verletzung des § 265 auch andere Rechtsvorschriften als verletzt beanstandet, muß die Revision auch insoweit sämtliche Tatsachen, aus denen der (zusätzliche) Rechtsverstoß hergeleitet wird, vollständig und lückenlos zu ihrer Begründung anführen.

[401] BGH NJW **1951** 726; NStZ **1995** 247; NStZ **1992** 292; bei *Kusch* NStZ **1994** 25; StV **1988** 329 (L); KG JR **1950** 633; OLG Köln NJW **1948** 148; KK-*Engelhardt*⁴ 33; KMR-*Paulus* 59; SK-*Schlüchter* 58 ff.
[402] BGH MDR **1977** 63; OLG Köln MDR **1975** 164.
[403] AK-*Loos* 51.
[404] So aber BGH nach KK-*Engelhardt*⁴ 33; SK-*Schlüchter* 58; a.A HK-*Julius*² 30 (andere Verteidigungsmöglichkeit dadurch nicht notwendig ausgeschlossen).
[405] BGHR § 265 Abs. 1 Hinweispflicht 9; *Sarstedt/Hamm*⁶ 1062; *Kleinknecht/Meyer-Goßner*⁴⁴ 48; vgl. Rdn. 113; § 338, 87.
[406] Vgl. etwa BGHSt **8** 96; AK-*Loos* 52; zur Frage, ob ein kausaler Zusammenhang zwischen Verstoß und Urteil konkret bestehen muß, vgl. BGH NStZ **2000**, 212; § 338, 125 mit weit. Nachw.
[407] Vgl. etwa BVerfGE **49** 252; **60** 305; 310; **74** 228,

233; BayVerfGH NJW **1959** 285 mit Anm. *Röhl*, dazu *Arndt* NJW **1959** 1300; BGHSt **16** 47; **19** 141; **22** 336; BGH NJW **1958** 1963; ferner auch OLG Düsseldorf (Rechtsbeschwerde nach OWiG) NStZ **1984** 320 mit Anm. *Bauckelmann* 297; *Eckert* NStZ **1985** 32.
[408] Vgl. Rdn. **5**; 80; § 244, 345 8 ff.
[409] Ob die Verfassungsrechte aus Art. 103 Abs. 1 GG und den entsprechenden Verfassungsbestimmungen der Länder § 265 voll abdecken oder aber nur den von der „Basisgarantie" erfaßten Bereich ist strittig; vgl. Rdn. 5; sowie die Kommentare zu Art. 103 Abs. 1 GG. Einschränkend wie hier etwa SK-*Schlüchter* 65; KK-*Engelhardt*⁴ 1; vgl. aber auch *Schlothauer* StV **1986** 214; AK-*Loos* 2, *Kleinknecht/Meyer-Goßner*⁴⁴ 5; Einl. 23.
[410] Vgl. etwa KG StV **1984** 184, sowie Rdn. 62 und bei § 140.

§ 265a

[1]Kommen Auflagen oder Weisungen (§§ 56b, 56c, 59a Abs. 2 des Strafgesetzbuches) in Betracht, so ist der Angeklagte in geeigneten Fällen zu befragen, ob er
sich zu Leistungen erbietet, die der Genugtuung für das begangene Unrecht dienen,
oder Zusagen für seine künftige Lebensführung macht. [2]Kommt die Weisung in
Betracht, sich einer Heilbehandlung oder einer Entziehungskur zu unterziehen oder
in einem geeigneten Heim oder einer geeigneten Anstalt Aufenthalt zu nehmen, so
ist er zu befragen, ob er hierzu seine Einwilligung gibt.

Entstehungsgeschichte. § 265a ist durch Art. 9 Nr. 12 des 1. StrRG 1969 eingefügt
worden. Er steht im engen Zusammenhang mit der am 1.4.1970 in Kraft getretenen
Neuregelung der Strafaussetzung zur Bewährung (§§ 23 ff StGB a. F.) durch das
1. StrRG. Später hat Art. 21 Nr. 69 EGStGB nur die Verweisungen auf das Strafgesetzbuch den neuen Paragraphennummern angepaßt.

Übersicht

1   **1. Sinn der Vorschrift.** Wird die Freiheitsstrafe zur Bewährung ausgesetzt, so kann
das Gericht dem Angeklagten nach § 56b StGB die dort in Absatz 2 vorgesehenen **Auflagen** machen und es kann ihm nach § 56c StGB **Weisungen** für seine Lebensführung
erteilen. Erbietet sich der verurteilte Angeklagte aber selbst zu angemessenen Leistungen
oder macht er Zusagen für seine künftige Lebensführung, so soll das Gericht in der
Regel von Auflagen und Weisungen absehen, wenn zu erwarten ist, daß der Angeklagte
sein Versprechen hält (§ 56b Abs. 3, § 56c Abs. 3 StGB). Um eine sachgerechte Entscheidung vorzubereiten[1] und um den Angeklagten Gelegenheit zu geben, seinen Willen zur
Wiedergutmachung und Sühne seiner Tat und seine Bereitschaft zur Änderung seiner
Lebensführung unter Beweis zu stellen, sieht § 265a Satz 1 vor, daß das Gericht dem
Angeklagten in der Hauptverhandlung Gelegenheit gibt, entsprechende Erklärungen
abzugeben. Gleiches gilt bei Auflagen und Weisungen nach § 59a Abs. 2 Satz 3 StGB[2].

2   § 265a soll ferner dem Gericht ermöglichen, in der Hauptverhandlung den Angeklagten dazu zu hören, welche Auflagen und Weisungen für ihn **zumutbar** (§ 56b Abs. 1,
§ 56c Abs. 1) sind. Hierdurch kann Auflagen und Weisungen vorgebeugt werden, welche
nicht den besonderen Lebensverhältnissen des Täters Rechnung tragen und deshalb
leicht ihren Zweck verfehlen. Zugleich soll für den Täter der Anreiz geschaffen werden,

---

[1] KK-*Engelhardt*[4] 1; KMR-*Paulus* 1 (Konkretisierung der Aufklärungspflicht).

[2] AK-*Loos* 1; HK-*Julius*[2] 1; *Kleinknecht/Meyer-
Goßner*[44] 1.

sich selbst Gedanken darüber zu machen, auf welche Art er dem Verletzten oder der Allgemeinheit Genugtuung für seine Tat leisten will, sowie, ob eine Änderung seiner Lebensführung angezeigt ist. Es soll ein Anreiz für den Täter geschaffen werden, aktiv – und nicht nur passiv – an der Wiedergutmachung seiner Tat und an seiner Resozialisierung mitzuwirken[3].

Die nach Satz 2 vorgesehene Frage, ob der Angeklagte bereit ist, sich einer **Heilbehandlung** oder einer Entziehungskur zu unterziehen oder in einem Heim oder einer geeigneten Anstalt Aufenthalt zu nehmen, ist ferner deshalb notwendig, weil nach § 56c Abs. 3, 59a Abs. 2 Satz 3 StGB derartige Weisungen die **Einwilligung des Angeklagten** erfordern. **3**

2. Voraussetzungen

a) Das Gericht muß – ggf. aufgrund des Ergebnisses einer Zwischenberatung[4] – der Ansicht sein, daß ein Schuldspruch und die **Aussetzung einer Strafe zur Bewährung** mit einiger **Wahrscheinlichkeit** zu erwarten ist. Es muß ferner in Erwägung ziehen, diese mit Auflagen und Weisungen zu verbinden. **4**

b) Nach Satz 1 muß ein „**geeigneter Fall**" vorliegen. Ein solcher dürfte vor allem dann gegeben sein, wenn der Angeklagte nach seiner Persönlichkeit erwarten läßt, daß seine Zusagen glaubhaft sind. Bestreitet der Angeklagte seine Schuld nachdrücklich, so wird allerdings bei ihm keine Bereitschaft zu irgendwelchen Zusagen in der Hauptverhandlung bestehen; ob dann die Befragung nach Satz 1 trotzdem angebracht ist, hängt von den Umständen des Einzelfalls ab. Ist bei der Person des Angeklagten oder sonst nach den Umständen ein echtes und annehmbares Anerbieten nicht zu erwarten, scheidet eine Befragung nach Satz 1 aus[5]. **5**

3. Wenn eine **Weisung nach Satz 2** in Betracht kommt, ist der Angeklagte immer – also nicht nur wie bei Satz 1 „in geeigneten Fällen" – zu befragen, ob er in die vorgeschriebene Maßnahme einwilligt. Ohne Einwilligung wäre die Weisung nach § 56c Abs. 3 StGB nicht zulässig. **6**

Weisungen nach Satz 2 haben in der Regel nur Erfolg, wenn der Angeklagte auch innerlich gewillt ist, die meist längere Zeit erfordernde **Behandlung** auf sich zu nehmen. Es erscheint daher angezeigt, wenn das Gericht bei Befragung des Angeklagten klärt, ob er dazu bereit ist. Dies setzt voraus, daß der Vorsitzende den Angeklagten über die **Bedeutung seiner Einwilligung** und über die Behandlungsmaßnahme aufklärt, die das Gericht zum Gegenstand einer Weisung machen will[6]. Die nach § 268a Abs. 2 vorgeschriebene Belehrung, die dem Beschluß nachfolgt, der die Auflagen und Weisungen festsetzt, käme zu spät. In ihrem Rahmen ist für die Erörterung der Zweckmäßigkeit der einzelnen Maßnahmen kein Raum mehr. Gerade letzteres aber will die Neuregelung erreichen, wenn sie vorschreibt, daß der Angeklagte vorher gehört werden soll. **7**

4. Die **Befragung** ist als Maßnahme nach § 238 Abs. 1 **Aufgabe des Vorsitzenden**, der vorher mit den übrigen Mitgliedern des Gerichts abklären muß, ob nach der Verfahrenslage eine solche Frage überhaupt in Betracht kommt[7]. Da der Angeklagte zu befragen **8**

---

3 AK-*Loos* 1; HK-*Julius*[2] 1; SK-*Schlüchter* 1.
4 KK-*Engelhardt*[4] 2; *Kleinknecht/Meyer-Goßner*[44] 5; KMR-*Paulus* 5; *Schmidt-Hieber* NJW **1982** 1020.
5 OLG Koblenz VRS **71** (1986) 44; AK-*Loos* 4;

KK-*Engelhardt*[4] 2; *Kleinknecht/Meyer-Goßner*[44] 6; KMR-*Paulus* 6.
6 KK-*Engelhardt*[4] 1; *Eb. Schmidt* Nachtr. II 8.
7 KMR-*Paulus* 8.

ist, bevor das Gericht über seine Schuld endgültig entschieden hat, muß der Vorsitzende alles unterlassen, was den Eindruck erwecken könnte, er nehme vor Abschluß der Hauptverhandlung deren Ergebnis vorweg.

9   **5.** Der **Zeitpunkt der Befragung**, den das Gesetz nicht festsetzt, ist regelmäßig so zu wählen, daß der **Eindruck einer Vorverurteilung** vermieden werden kann. Die Befragung erscheint in der Regel erst **nach Beendigung der Beweisaufnahme** vor dem letzten Wort[8] angezeigt. Nur in den Fällen, in denen der Angeklagte voll geständig ist, kann es zweckmäßig sein, die Frage schon bei der Vernehmung des Angeklagten zur Sache zu stellen[9]. Kommen eine Heilbehandlung, eine Entziehungskur oder sonst ein Anstaltsaufenthalt als Gegenstand einer Weisung in Betracht, so kann die Frage an den Angeklagten, ob er damit einverstanden sei, unter Umständen auch nach Einvernahme eines Sachverständigen, der in seinem Gutachten diese Möglichkeit erörtert hat, gestellt werden[10]. Sie ist dann zweckmäßigerweise mit der Befragung nach § 257 zu verbinden.

10   Die Befragung muß vor **Verkündung** des Urteils **nachgeholt** werden, wenn das Gericht erst auf Grund der Urteilsberatung zu dem Ergebnis kommt, daß eine Strafaussetzung zur Bewährung mit entsprechenden Auflagen oder Weisungen in Betracht kommt. Das Gericht muß dann nochmals in die Hauptverhandlung eintreten[11].

11   Hält das Gericht eine Befragung des Angeklagten vor Verkündung des Urteils für ungeeignet, so ist es durch § 265a andererseits nicht gehindert, **nach Verkündung des Urteils**, aber vor Verkündung des Beschlusses nach § 268a, den Angeklagten zu befragen und dann erst den Beschluß nach erneuter Beratung zu erlassen[12].

12   **6. Keine Antwortpflicht des Angekagten.** Ihm steht es frei, ob er die Frage beantworten will. Daß er die Einlassung dazu verweigert, darf als solches nicht zu seinem Nachteil verwertet werden[13]. Soweit allerdings seine Einwilligung in eine der in Satz 2 aufgeführten Maßnahmen erforderlich ist, darf diese ohne ausdrückliche Zustimmung nicht zum Gegenstand einer Weisung nach § 56 Abs. 3 StGB gemacht werden. Das Gericht muß dann prüfen, ob es die Strafaussetzung mit anderen Weisungen anordnen kann oder ob es überhaupt von ihr Abstand nehmen muß, weil ihr Zweck ohne eine entsprechende Behandlung des Angeklagten nicht erreichbar erscheint. Bleiben Zusagen der Angeklagten bei der Entscheidung nach § 268a unberücksichtigt, muß das Gericht in der Begründung seines Beschlusses auch darauf eingehen[14].

13   Der Angeklagte kann seine **Einwilligung** bis zur Erteilung der Weisung **widerrufen**[15]. Ist die Weisung erteilt, kann er nur nach § 56e StGB beantragen, sie nachträglich zu ändern. Das Gericht hat dann im Verfahren nach § 453 darüber zu entscheiden.

14   **7. Vertretung.** Ist der Angeklagte nicht anwesend, so kann auch ein zu seiner Vertretung berechtigter Verteidiger (§ 234) befragt werden und die entsprechenden Erklärungen für ihn abgeben[16]. Bei einem von der Pflicht zum Erscheinen entbundenen

---

[8] AK-*Loos* 6; KK-*Engelhardt*[4] 3; *Kleinknecht/Meyer-Goßner*[44] 10; KMR-*Paulus* 9; SK-*Schlüchter* 8; *Wulf* JZ **1970** 161.

[9] SK-*Schlüchter* 8.

[10] KMR-*Paulus* 8; SK-*Schlüchter* 16.

[11] KK-*Engelhardt*[4] 3; *Kleinknecht/Meyer-Goßner*[44] 10; KMR-*Paulus* 9; SK-*Schlüchter* 8. Vgl. § 258, 5; 48.

[12] KK-*Engelhardt*[4] 3; *Kleinknecht/Meyer-Goßner*[44] 10; SK-*Schlüchter* 8; *Wulf* JZ **1970** 161 unter Hinweis

auf den schriftlichen Bericht des Sonderausschusses des Bundestags BTDrucks. V 4094, S. 42.

[13] KMR-*Paulus* 8; SK-*Schlüchter* 9.

[14] HK-*Julius*[2] 4; vgl. § 268a, 5.

[15] BGH NJW **1989** 1556; *Kleinknecht/Meyer-Goßner*[44] 8; KMR-*Paulus* 10; SK-*Schlüchter* 15.

[16] KK-*Engelhardt*[4] 3; *Kleinknecht/Meyer-Goßner*[44] 9; KMR-*Paulus* 8; SK-*Schlüchter* 9; 14; vgl. § 233, 34; § 234, 12.

Angeklagten (§ 233) ist dieser grundsätzlich bereits bei seiner kommissarischen Einvernahme auch selbst zu befragen[17].

8. In die **Sitzungsniederschrift** ist aufzunehmen, daß der Angeklagte nach Satz 1 und **15** gegebenenfalls auch nach Satz 2 befragt wurde, sowie, ob und welche Zusagen er gemacht und zu welchen Leistungen er sich erboten hat, desgleichen, in welche konkrete Maßnahme nach Satz 2 er einwilligt oder aber die Einwilligung verweigert hat. Die Befragung und die daraufhin abgegebenen Erklärungen sind **wesentliche Förmlichkeiten** nach § 273 Abs. 1[18].

9. Rechtsmittel

a) Mit der **Beschwerde** gegen den Bechluß nach § 268a kann nur geltend gemacht **16** werden, daß eine Auflage oder Weisung **gesetzwidrig** ist. Dies ist der Fall, wenn bei einer Weisung nach § 56c Abs. 3 StGB die Einwilligung fehlt oder wenn eine Auflage oder Weisung unzumutbar ist; das bloße Unterlassen der Anhörung als solches macht die Anordnung aber noch nicht gesetzwidrig[19].

b) Mit der **Revision** kann allenfalls unter den Blickwinkel einer Verletzung der **17** **Aufklärungspflicht** beanstandet werden, daß das Gericht eine sich nach Sach- und Verfahrenslage aufdrängende Befragung nach § 265a unterlassen und deshalb die Strafaussetzung zur Bewährung versagt hat[20]. Im übrigen aber können Verstöße gegen § 265a schon deshalb nicht mit der Revision geltend gemacht werden, weil auf ihnen nicht das Urteil, sondern allenfalls der Beschluß nach § 268a beruhen kann[21]. Werden Weisungen und Auflagen versehentlich in das Urteil aufgenommen, ist dieser Urteilsteil in Wirklichkeit ein Beschluß nach § 268a, eine sich hiergegen richtende Revision ist als Beschwerde zu behandeln[22].

§ 266

(1) **Erstreckt der Staatsanwalt in der Hauptverhandlung die Anklage auf weitere Straftaten des Angeklagten, so kann das Gericht sie durch Beschluß in das Verfahren einbeziehen, wenn es für sie zuständig ist und der Angeklagte zustimmt.**
(2) **Die Nachtragsanklage kann mündlich erhoben werden.** [2]**Ihr Inhalt entspricht dem § 200 Abs. 1.** [3]**Sie wird in die Sitzungsniederschrift aufgenommen.** [4]**Der Vorsitzende gibt dem Angeklagten Gelegenheit, sich zu verteidigen.**
(3) [1]**Die Verhandlung wird unterbrochen, wenn es der Vorsitzende für erforderlich hält oder wenn der Angeklagte es beantragt und sein Antrag nicht offenbar mutwillig oder nur zur Verzögerung des Verfahrens gestellt ist.** [2]**Auf das Recht, die Unterbrechung zu beantragen, wird der Angeklagte hingewiesen.**

---

[17] Vgl. § 233, 20.
[18] KK-*Engelhardt*[4] 3; *Kleinknecht/Meyer-Goßner*[44] 11; KMR-*Paulus* 11; SK-*Schlüchter* 17; *Eb. Schmidt* Nachtr. II 6; 10.
[19] AK-*Loos* 9; *Kleinknecht/Meyer-Goßner*[44] 12; KMR-*Paulus* 12; SK-*Schlüchter* 18; vgl. bei § 305a.

[20] HK-*Julius*[2] 7; SK-*Schlüchter* 20.
[21] BGH nach KK-*Engelhardt*[4] 4; *Kleinknecht/Meyer-Goßner*[44] 9; KMR-*Paulus* 12; vgl. § 268a, 5.
[22] AK-*Loos* 10; KK-*Engelhardt*[4] 4; *Kleinknecht/Meyer-Goßner*[44] 13; SK-*Schlüchter* 19.

Walter Gollwitzer

Schrifttum. *Hilger* Kann auf eine Nachtragsanklage (§ 266) die Eröffnung des Hauptverfahrens mangels hinreichenden Tatverdachts abgelehnt werden? JR **1983** 441; *Meyer-Goßner* Nachtragsanklage und Ablehnung der Eröffnung des Hauptverfahrens, JR **1984** 53; *Meyer-Goßner* Nachholung fehlender Entscheidungen durch das Rechtsmittelgericht, JR **1985** 452; *Palder* Anklage – Eröffnungsbeschluß – Urteil. Ein Trias mit Tücken, JR **1986** 94.

Entstehungsgeschichte. Eine dem § 266 entsprechende Vorschrift fehlt in den Entwürfen. Sie wurde erst von der Reichstagskommission (Protokolle *Hahn* 927; 1354) aufgenommen. Die ursprüngliche Fassung lautete:

> (1) Wird der Angeklagte im Laufe der Hauptverhandlung noch einer anderen Tat beschuldigt, als wegen welcher das Hauptverfahren wider ihn eröffnet worden, so kann sie auf Antrag der Staatsanwaltschaft und mit Zustimmung des Angeklagten zum Gegenstande derselben Aburteilung gemacht werden.
> (2) Diese Bestimmung findet nicht Anwendung, wenn die Tat als ein Verbrechen sich darstellt oder ihre Aburteilung die Zuständigkeit des Gerichts überschreitet.

Die jetzt geltende Fassung beruht auf Art. 9 § 7 der 2. VereinfVO vom 13. 8. 1942 und auf Art. 3 Nr. 118 VereinhG, das die Fassung der 2. Vereinfachungsverordnung übernahm, aber die dort beseitigte Zustimmung des Angeklagten wieder zur Voraussetzung der Einbeziehung machte. Bezeichnung bis 1924: § 265.

Übersicht

1   **1. Zweck der Vorschrift.** Die Vorschrift dient – ähnlich wie die §§ 417 ff – der Vereinfachung und Beschleunigung, die unter Überspringung gewisser, regelmäßig vorgeschriebener Verfahrenshandlungen durch eine außergewöhnliche Art der Verbindung erreicht wird. Die Vermeidung unnötiger Weitläufigkeiten ermöglicht § 266 namentlich dann, wenn die Untersuchung mehrere gleichartige Straftaten betrifft, in der Hauptverhandlung aber sich noch neue Straffälle ergeben, die alsbald ohne Schwierigkeit abgeurteilt werden können[1], weil die Beweismittel präsent sind oder der Angeklagte

---

[1] Bericht der Reichstagskommission 71; *Hahn* Prot. 927; 1354; vgl. auch zur Entstehungsgeschichte unter Einbeziehung der Reformentwürfe *Rieß* FS Reichsjustizamt, 403.

geständig ist. Eine solche Einbeziehung dient der Prozeßwirtschaftlichkeit. Sie kann auch im Interesse des Angeklagten liegen, dem dadurch die Belastungen und Kosten eines gesondert durchgeführten Strafverfahrens erspart werden[2].

2. Voraussetzung der Nachtragsanklage

a) Eine „**weitere Straftat**" soll entsprechend dem Angklageprinzip der Kognitions- **2** befugnis des Gerichts unterstellt werden. Straftat ist hier nicht im Sinne des materiellen Strafrechts (§ 53 StGB) zu verstehen, sondern im Sinne des prozessualen Tatbegriffs des § 264. Die Nachtragsanklage setzt begriffsnotwendig voraus, daß eine **andere Tat**, ein anderes geschichtliches Ereignis als das von der zugelassenen Anklage bereits erfaßte Geschehen **zusätzlich** der Entscheidung des Gerichts unterstellt werden soll[3]. Die Hauptverhandlung muß also wegen einer anderen Tat im Sinne des § 264 bereits begonnen haben. Sie darf im Zeitpunkt der Erhebung der Nachtragsanklage noch nicht beendet sein; unerheblich ist dagegen, mit welchem Ergebnis sie danach wegen der anderen Tat abzuschließen ist[4]. Im Einspruchsverfahren nach einem Bußgeldbescheid kommt eine entsprechende Anwendung des § 266 nicht in Betracht[5]. Im Strafverfahren kann die Staatsanwaltschaft wegen einer Ordnungswidrigkeit Nachtragsanklage nur erheben, wenn sie deren Verfolgung nach § 42 OWiG übernimmt[6].

Innerhalb der angeklagten Tat hat das Gericht ohnehin von Amts wegen die Unter- **3** suchung auf alle in Betracht kommenden tatsächlichen und rechtlichen Gesichtspunkte zu erstrecken, so daß es insoweit **keiner Nachtragsanklage** bedarf[7]. Insbesondere muß das Gericht auch ohne Nachtragsanklage weitere, erst nachträglich bekannt werdende Teilakte einer **Dauerstraftat** oder einer mehrere Tatbestandsverwirklichungen zusammenschließenden einheitlichen Tat (Bewertungseinheit u. a) oder – soweit noch möglich – einer fortgesetzten Handlung in die Untersuchung mit einbeziehen[8]. Wenn allerdings für den vom Eröffnungsbeschluß umfaßten Zeitraum kein strafbarer Einzelakt nachweisbar ist, werden später begangenen Handlungen von der zugelassenen Anklage nicht umfaßt, sie müssen dann durch Nachtragsanklage der Entscheidung des Gerichts unterstellt werden[9]. Gleiches gilt, wenn eine erst in der Hauptverhandlung festgestellte strafbare Handlung kein Teilakt der angeklagten fortgesetzten Tat ist[10]. Eine Nachtragsanklage ist auch notwendig, wenn die in der Anklage allein einem Mitangeklagten zur Last gelegte Tat nunmehr nicht diesem, sondern einen **anderen Mitangeklagten** als Allein- oder Mittäter angelastet werden soll[11].

2 *Gollwitzer* JR **1985** 126; AK-*Loos* 1; HK-*Julius*[2] 1; SK-*Schlüchter* 1.
3 BGH JZ **1971** 105 mit Anm. *Kleinknecht*; OLG Koblenz VRS **46** (1974) 204; OLG Saarbrücken NJW **1974** 375; *Achenbach* MDR **1975** 19; AK-*Loos* 2; KK-*Engelhardt*[4] 2; *Kleinknecht/Meyer-Goßner*[44] 2; SK-*Schlüchter* 3; *Eb. Schmidt* 3. Daß die 2. VereinfVO „Tat" durch „Straftat" ersetzte, ändert daran nichts. Die Formulierung mag durch den damaligen Streit, ob zwischen dem materiell-rechtlichen und verfahrensrechtlichen Tatbegriff ein Unterschied bestehe (vgl. *Eb. Schmidt* I Nr. 300) beeinflußt worden sein.
4 Vgl. Rdn. 4.
5 BayObLGSt **1970** 31 = VRS **38** (1976) 36; OLG Koblenz VRS **60** (1981) 49; 458; **63** (1982) 140;

Göhler OWiG § 71, 52; HK-*Julius*[2] 19; KMR-*Paulus* 4.
6 *Göhler* OWiG § 42, 11; § 71, 52; *Kleinknecht/Meyer-Goßner*[44] 2; vgl. auch Rdn. 3.
7 OLG Saarbrücken NJW **1974** 375; BGH bei *Engelhardt*; vgl. § 264, 20 ff.
8 Vgl. § 264, 32 ff mit weit. Nachw.; *Kleinknecht/Meyer-Goßner*[44] 2.
9 BGHSt **27** 115; BayObLGSt **1963** 115 = OLGSt 1; *Kleinknecht/Meyer-Goßner*[44] 2, vgl. auch SK-*Schlüchter* 3; Rdn. 12 und § 264, 35.
10 BGH NStZ **1982** 128; **1982** 519; NJW **1993** 3338; (Serientaten); vgl. § 264, 35 mit weit. Nachw.
11 BGH StV **1985** 448; BGH bei KK-*Engelhard*[4] 2; SK-*Schlüchter* 4.

4　　　**b)** Die weitere Straftat braucht im übrigen mit der bereits angeklagten Tat in **keinerlei** sachlichen **Zusammenhang** zu stehen[12]. Sie braucht weder gleichartig zu sein, noch kommt es darauf an, ob die Bildung einer Gesamtstrafe zu erwarten ist. Gleichgültig ist ferner, ob der Angeklagte wegen der in der zugelassenen Anklage bezeichneten Tat verurteilt oder freigesprochen oder ob das Verfahren wegen der anderen Tat eingestellt wird[13], ferner, ob die weitere Straftat ein Verbrechen (anders die frühere Fassung) oder ein Vergehen[14] oder eine Ordnungswidrigkeit ist[15].

3. Nachtragsanklage

5　　　**a) Antrag des Staatsanwalts.** Die Nachtragsanklage erfüllt die Prozeßvoraussetzung der Erhebung der öffentlichen Klage[16]. Es steht im pflichtgemäßen Ermessen des Staatsanwalts, ob er Nachtragsanklage erheben oder ob er die Verfolgung der neuen Straftat einem gesonderten Verfahren vorbehalten will[17]. Hierbei muß er die je nach Fall verschieden zu gewichtenden Gesichtspunkte der Prozeßwirtschaftlichkeit der Einbeziehung und der dadurch mitunter ohne zusätzlichen Prozeßaufwand möglichen schnellen Aburteilung der weiteren Tat ebenso abwägen wie die Auswirkungen auf die zügige Erledigung der bereits anhängigen und möglicherweise nach Absatz 3 zu unterbrechenden Hauptverhandlung. Das Gericht kann insoweit allenfalls mit Anregungen an die Staatsanwaltschaft herantreten. Das Fehlen einer Nachtragsanklage wird nicht dadurch geheilt, daß das Gericht das Verfahren wegen der einzubeziehenden Tat nach § 270 an ein anderes Gericht verwiesen hat[18].

6　　　Voraussetzung für die Erhebung der Nachtragsanklage ist jedoch, daß dafür – ebenso wie bei der Erhebung der Anklage nach § 170 Abs. 1 – ein genügender Anlaß besteht. Es muß also ein **hinreichender Tatverdacht** gegeben sein, der eine Verurteilung wahrscheinlich erscheinen läßt[19].

7　　　Der **Inhalt** der Nachtragsanklage muß, auch wenn sie nur mündlich vorgetragen wird, dem § 200 Abs. 1 entsprechen. Sie hat entsprechend der Umgrenzungs- und Informationsfunktion[20] jeder Anklage die dem Angeklagten zur Last gelegte Tat unter Hervorhebung ihrer gesetzlichen Merkmale und der konkreten Tatsachen, die diese Merkmale erfüllen, sowie Ort und Zeit der Tatbegehung anzuführen und das anzuwendende Strafgesetz zu bezeichnen[21]. Das wesentliche Ergebnis der Ermittlungen braucht nicht mitgeteilt zu werden, denn auf § 200 Abs. 2 wird in Absatz 2 Satz 2 nicht verwiesen[22].

8　　　**b)** Die Nachtragsanklage muß vom Staatsanwalt **in der Hauptverhandlung mündlich** erhoben werden. Reicht der Staatsanwalt – was zweckmäßig sein kann – vorher eine Anklageschrift ein, wird diese erst dadurch, daß sie in der Hauptverhandlung mündlich vorgetragen wird, zu der in der Hauptverhandlung abzugebenden Prozeßerklärung. Dies gilt auch dann, wenn die schriftliche Abfassung der Nachtragsanklage dem Gericht,

---

[12] H. M., etwa KK-*Engelhardt*[4] 2; *Kleinknecht/Meyer-Goßner*[44] 2; SK-*Schlüchter* 3.

[13] BGH NStZ **1986** 276 läßt offen, ob für eine Nachtragsanklage Raum ist, wenn die andere Tat wegen Fehlens einer Verfahrensvoraussetzung (Eröffnungsbeschluß) eingestellt werden muß.

[14] KK-*Engelhardt*[4] 2; *Eb. Schmidt* 8.

[15] *Göhler* OWiG § 42, 11; *Kleinknecht/Meyer-Goßner*[44] 3; KMR-*Paulus* 6.

[16] Einl. H 17; § 200, 3.

[17] *Lüttger* GA **1957** 206; KMR-*Paulus* 8; SK-*Schlüchter* 5.

[18] BGH NStZ **1981** 519; StV **1982** 256; vgl. § 270, 5; 32.

[19] H. M., etwa *Hilger* JR **1983** 442; *Lüttger* GA **1957** 206; vgl. dazu § 203, 2; 6 ff.

[20] Vgl. § 200, 3a.

[21] BGH NStZ **1986** 276; NStZ-RR **1996** 14; bei *Pfeiffer/Miebach* NStZ **1986** 207; BayObLGSt **1953** 1 = NJW **1953** 674, OLG Koblenz VRS **49** (1975) 43; KK-*Engelhardt*[4] 3; *Kleinknecht/Meyer-Goßner*[44] 6; SK-*Schlüchter* 8.

[22] H. M.; etwa AK-*Loos* 5; KK-*Engelhardt*[4] 3; *Kleinknecht/Meyer-Goßner*[44] 6; *Eb. Schmid* 8.

dem Angeklagten und den anderen Verfahrensbeteiligten zur Verfügung gestellt wurde. Überreicht der Staatsanwalt eine Anklageschrift unter mündlichem Vortrag ihres Inhalts, so kann diese Schrift als Anlage zum Protokoll genommen und zu seinem Bestandteil gemacht werden[23].

Die Nachtragsanklage kann **bis zum Schlusse der Verhandlung**, also bis zum **9** Abschluß der Urteilsverkündung, erhoben werden[24]. Die Gegenmeinung[25] hält die Erhebung der Nachtragsanklage dagegen nur bis zum **Beginn der Urteilsverkündung** für zulässig. Diese Streitfrage dürfte kaum große Bedeutung haben. In der Regel wird das Gericht bei einer nach Beginn der Urteilsverkündung erhobenen Nachtragsanklage im Hinblick auf das Beschleunigungsgebot ohnehin die Einbeziehung ablehnen, es sei denn, daß die Nachtragsanklage nur erhoben wird, um das erst verspätet erkannte Fehlen einer Prozeßvoraussetzung für eine ohne ordnungsgemäße Anklage zum Gegenstand des Verfahrens und der Urteilsfindung gemachten Tat zu beseitigen. Wird die Nachtragsanklage nach Abschluß der Beweisaufnahme erhoben, muß das Gericht erneut in die mündliche Verhandlung eintreten, den Angeklagten dazu hören und unabhängig von einer etwaigen weiteren Beweisaufnahme erneut Gelegenheit zu den Schlußanträgen und zum letzten Wort (§ 258) gewähren.

4. Voraussetzung für die Einbeziehung

a) Zuständigkeit des Gerichts. Das Gericht muß zur Aburteilung – einschließlich **10** einer etwaigen Gesamtstrafenbildung[26] – **sachlich** zuständig sein. Die Nachtragsanklage darf nicht die Zuständigkeit eines höheren Gerichts begründen. Dagegen ist es, wie die ursprüngliche Fassung des Absatzes 2 deutlicher gezeigt hat, unschädlich, wenn die nachträglich angeklagte weitere Tat für sich allein vor ein Gericht niederer Ordnung gehören würde (§ 269); das höherrangige Gericht ist auch sonst zur Aburteilung solcher Taten befugt, die mit den in seine Zuständigkeit fallenden Straftaten gemeinsam angeklagt oder verbunden werden. Eine Straftat dagegen, deren Aburteilung seine Zuständigkeit übersteigt, darf das Gericht auch nicht zu dem Zweck einbeziehen, sie danach entweder allein oder zusammen mit den übrigen bereits anhängigen Taten nach § 270 an das zuständige höhere Gericht zu verweisen[27]. Stellt sich allerdings erst im Laufe des weiteren Verfahrens heraus, daß die einbezogene Tat vor ein Gericht höherer Ordnung gehört, so kann das Gericht abtrennen und nach § 270 verfahren[28]. Die **örtliche Zuständigkeit** ist stets gegeben (§ 13).

b) In der **Berufungsinstanz** scheitert die Möglichkeit einer Nachtragsanklage jetzt in **11** der Regel schon daran, daß – abgesehen von der großen Jugendkammer – das mit der Berufung befaßte Gericht für ein Verfahren der ersten Instanz funktional nicht mehr zuständig ist, eine Hürde, die auch durch das Einverständnis des Angeklagten nicht beseitigt werden kann[29]. Vor der Zuständigkeitsänderung durch das Rechtspflegeentlastungsgesetz 1993 war die Zulässigkeit einer Nachtragsanklage vor dem Berufungs-

---

[23] *Kleinknecht/Meyer-Goßner*[44] 7; SK-*Schlüchter* 8; vgl. Rdn. 33.

[24] KMR-*Paulus* 9; SK-*Schlüchter* 9.

[25] Vgl. BGH bei *Dallinger* MDR **1955** 397; AK-*Loos* 7; HK-*Julius*[2] 3; KK-*Engelhardt*[4] 4; *Kleinknecht/Meyer-Goßner*[44] 4; *Pfeiffer*[3] 2.

[26] KMR-*Paulus* 8; SK-*Schlüchter* 10.

[27] RGRspr. **3** 91; *Meyer-Goßner* JR **1985** 455; AK-*Loos* 13; KK-*Engelhardt*[4] 6; *Kleinknecht/Meyer-*

Goßner[44] 9; KMR-*Paulus* 7; SK-*Schlüchter* 10. Vgl. ferner *Deisberg/Hohendorf* DRiZ **1984** 265 (keine Verweisung vom einfachen an das erweiterte Schöffengericht).

[28] KMR-*Paulus* 7; *Eb. Schmidt* 10 u. vorst. Fußn.

[29] OLG Stuttgart NStZ **1995** 51; AK-*Loos* 8; HK-*Julius*[2] 5; *Kleinknecht/Meyer-Goßner*[44] 10; SK-*Schlüchter* 11; vgl auch nachf. Fußnoten.

gericht, nicht zuletzt auch wegen des damit verbundenen Instanzverlustes, allgemein strittig[30].

12   Wenn das Gericht des ersten Rechtszuges den Angeklagten auch wegen einer Tat verurteilt hatte, die nicht von Anklage und Eröffnungsbeschluß umfaßt war, soll nach strittiger Ansicht der **Mangel dieser Prozeßvoraussetzung** im Berufungsrechtszuge durch Nachtragsanklage analog § 266 behoben werden können[31]. Die fehlenden Prozeßvoraussetzungen der verfahrensgegenständlichen Tat können aber nicht im Wege der Nachtragsanklage, die die Einbeziehung einer zusätzlichen Tat ermöglichen soll, geheilt werden[32]. In einem solchen Sonderfall wird man auch dann, wenn die erste Instanz in der Sache entschieden hat, keine rückwirkende Heilung ihres Verfahrens und damit keine Befugnis zur Sachverhandlung im Berufungsrechtszug annehmen können[33]. Nach der Nachtragsanklage müßte das Verfahren insoweit als erstinstanzielles Verfahren durchgeführt werden[34]. Wurde der Angeklagte in der ersten Instanz nur wegen einer Tat verurteilt, die nicht Gegenstand der zugelassenen Anklage war, dann kann die fehlende Anklage in der Berufungsinstanz nicht im Wege der Nachtragsanklage nachgeholt werden[35].

13   c) In der **Revisionsinstanz** kann keine Nachtragsanklage erhoben werden, weil dem Revisionsgericht in dieser Eigenschaft jede tatrichterliche Zuständigkeit mangelt[36].

14   **5. Zustimmung des Angeklagten.** Der Angeklagte muß zu dem Antrag des Staatsanwalts gehört werden. Er muß der Einbeziehung **ausdrücklich** und **unzweideutig** zustimmen. Es genügt nicht, daß er schweigt und keine Einwendungen erhebt, oder sich nur auf die neu erhobene Anklage einläßt[37], oder die Unterbrechung beantragt[38]. Wird die Nachtragsanklage gegen mehrere **Mitangeklagte** erhoben, muß jeder von ihnen für sich zustimmen. Nicht erforderlich ist dagegen die Zustimmung von Mitangeklagten, gegen die sich die Nachtragsanklage nicht richtet[39].

15   Die Zustimmungserklärung des Angeklagten gehört zu den das Verfahren **gestaltenden Willenserklärungen**. Die Zustimmung kann deshalb **nicht widerrufen** werden. Ist allerdings im Zeitpunkt des Widerrufs der Einbeziehungsbeschluß des Gerichts noch nicht ergangen, wird das Gericht prüfen müssen, ob es nicht wegen des „Widerrufs" die beantragte Einbeziehung ablehnen sollte[40].

16   Die Zustimmung zur Einbeziehung kann **nur der Angeklagte selbst** erteilen. Wird die Hauptverhandlung in seiner Abwesenheit durchgeführt, kann auch ein zur Vertretung des Angeklagten nach § 234 ermächtigter **Verteidiger** diese Zustimmung nicht für den

---

[30] Bejahend etwa KK-*Engelhardt*[4] 5; KMR-*Paulus* 3; 6; Verneinend RGSt **42** 91; **62** 132; RG GA **42** (1894) 251; *Eb. Schmidt* 5; Zum Streitstand vgl. *Meyer-Goßner* JR **1985** 454; *Palder* JR **1986** 96, sowie die 24. Auflage. Rdn. 11 mit weit. Nachw.

[31] RGSt **56** 113; OLG Hamm JMBlNW **1955** 83; KMR-*Paulus* 3.

[32] *Eb. Schmidt* 5; vgl. Fußn. 35.

[33] So aber KMR-*Paulus* 3.

[34] RGSt **65** 113; KMR-*Paulus* 3.

[35] BGHSt **33** 167 = JR **1986** 119 mit Anm. *Naucke*; *Meyer-Goßner* JR **1985** 454; AK-*Loos* 8; KK-*Engelhardt*[4] 5; *Kleinknecht/Meyer-Goßner*[44] 10; SK-*Schlüchter* 3. Anders OLG Hamburg MDR **1985** 604; vgl. auch BGH NStZ **1986** 276, wo offen blieb, ob Nachtragsanklage wegen einer weiteren Tat zulässig ist, wenn wegen der ursprünglich angeklagten Tat nicht wirksam eröffnet worden war. *Palder* JR

1986 96 hält Nachtragsanklage zur Heilung eines unwirksamen oder fehlenden Eröffnungsbeschlusses für zulässig, da es auch sonst genüge, wenn die fehlende Verfahrensvoraussetzung bei Erlaß des Berufungsurteils bestehe und dadurch weder zwingende Zuständigkeitsregeln verletzt würden noch der Angeklagte eine Instanz verliere.

[36] So schon RG HRR **1928** Nr. 295; h. M.

[37] RG GA **47** (1900) 154; BGH JR **1985** 126 mit Anm. *Gollwitzer*; BayObLGSt **1953** 1 = NJW **1953** 674; KG DAR **1956** 334; LG München MDR **1978** 161; KK-*Engelhardt*[4] 7; *Kleinknecht/Meyer-Goßner*[44] 11; KMR-*Paulus* 11; SK-*Schlüchter* 13; **a. A** RGSt **4** 76.

[38] OLG Hamm StV **1996** 532.

[39] *Gollwitzer* FS Sarstedt 32; HK-*Julius*[2] 13.

[40] AK-*Loos* 10; KK-*Engelhardt*[4] 7; *Kleinknecht/Meyer-Goßner*[44] 13; KMR-*Paulus* 12; *Eb. Schmidt* 11.

Angeklagten erklären[41]. Eine vom Verteidiger in Gegenwart des Angeklagten erklärte Zustimmung ist unwirksam, wenn der Angeklagte ihr widerspricht[42]. Schweigt er dazu, und ergibt sein Verhalten, daß er mit der Einbeziehung einverstanden ist, wird in der Regel angenommen werden können, daß der Verteidiger die Zustimmung auch für ihn erklärt hat[43]. Wegen der Bedeutung der Einbeziehung und auch im Hinblick auf deren Nachweis durch das Protokoll sollte der Angeklagte aber stets selbst **ausdrücklich befragt werden**. Ein Widerspruch des Verteidigers gegen die Einbeziehung ist unbeachtlich, wenn der Angeklagte ihr zustimmt[44]. Hier handelt es sich nicht lediglich um die Ausübung einer prozessualen Befugnis bei Führung der Verteidigung gegenüber der erhobenen Anklage, bei der der Wille des fachkundigen Verteidigers den Vorrang hat, sondern – ähnlich der Rechtslage bei § 297 – um die **höchstpersönliche Entscheidung des Angeklagten**[45], ob er sich der neuen Anklage sofort stellen will. Selbst wenn er dies nur tut, um sich Aufregung oder Kosten zu sparen, muß sein Wille dem des Verteidigers vorgehen. Dem Angeklagten sollte allerdings Gelegenheit gegeben werden, sich vor einer endgültigen Erklärung mit seinem Verteidiger zu besprechen[46]. Eine andere Frage ist, welche Folgerungen das Gericht daraus ziehen muß, wenn in einem solchen Fall der Verteidiger erklärt, er sei außer Stande, die Verteidigung wegen der neuen Tat zu führen und ankündigt, daß er dann die Aussetzung beantragen werde. Dann muß das Gericht nach den bei § 265 Abs. 4 erörterten Gesichtspunkten prüfen, ob insoweit die Verhandlung ohne Verteidiger zumutbar ist[47]; ist dies nicht der Fall, wird es unter Umständen von der Einbeziehung trotz der Einwilligung des Angeklagten im Interesse der Verfahrensbeschleunigung absehen (vgl. Rdn. 27 ff).

Die Zustimmung des Angeklagten ist **keine** von Amts wegen in jeder Lage des Verfahrens zu beachtende **Verfahrensvoraussetzung**[48]. Der Mangel der Zustimmung ist ein Verfahrensfehler, der die Wirksamkeit des Einbeziehungsbeschlusses nicht berührt und auch sonst nicht von Amts wegen zu beachten ist, sondern nur, wenn er mit der Berufung oder Revision gerügt wird. Ob der Mangel einer vorherigen Zustimmung dadurch **geheilt** werden kann, daß der Angeklagte der Einbeziehung **nachträglich zustimmt**, ist strittig, aber mit der vorherrschenden Meinung im Hinblick auf die dem Angeklagten von § 266 eingeräumten Dispositionsbefugnis zu bejahen[49]. **17**

6. Einbeziehungsbeschluß

a) Beschluß des Gerichts. Der Beschluß, durch den die weitere Straftat in das Verfahren einbezogen wird, ersetzt den Eröffnungsbeschluß. Er muß vom Gericht – nicht vom Vorsitzenden – erlassen und in der Hauptverhandlung **verkündet** werden (§ 35 Abs. 1)[50]. **18**

[41] AK-*Loos* 9; KK-*Engelhardt*[4] 7; *Kleinknecht/Meyer-Goßner*[44] 12; KMR-*Paulus* 11; SK-*Schlüchter* 13; *Eb. Schmidt* Nachtr. II 15; vgl. § 234, 12 mit weit. Nachw. auch zur Gegenmeinung.

[42] H. M., etwa KK-*Engelhardt*[4] 7; vgl. vorst. Fußn.

[43] HK-*Julius*[2] 5, KK-*Engelhardt*[4] 7 *Kleinknecht/Meyer-Goßner*[44] 12; SK-*Schlüchter* 13, **a.A** AK-*Loos* 9 (nicht angängig, Ausdrücklichkeit notwendig, wesentliche Förmlichkeit)

[44] *Beling* 151; AK-*Loos* 9; HK-*Julius*[2] 5; KK-*Engelhardt*[4] 7; *Kleinknecht/Meyer-Goßner*[44] 12; KMR-*Paulus* 11; **a.A** *Rieß* NJW **1977** 883 Fußn. 34; *Spendel* JZ **1959** 741.

[45] Vgl. *Beling* 151: Abwägung der Vor- und Nachteile der Einbeziehung ist eigene Angelegenheit des Angeklagten; RGSt **4** 80.

[46] AK-Loos 9.

[47] Dazu § 265, 102.

[48] RG GA **47** (1900) 154; BGH bei *Holtz* MDR **1977** 984; OLG Karlsruhe wistra **2000** 357; auch BGH JR **1985** 126 mit Anm. *Gollwitzer*; KK-*Engelhardt*[4] 7; *Kleinknecht/Meyer-Goßner*[44] 14; KMR-*Paulus* 12; SK-*Schlüchter* 29; **a.A** AK-*Loos* 12; vgl. auch LG München I MDR **1978** 161.

[49] Bejahend *Kleinknecht/Meyer-Goßner*[44] 14; KMR-*Paulus* 12; SK-*Schlüchter* 15; **a.A** LG München I MDR **1978** 161; AK-*Loos* 10.

[50] BGH StV **1995** 342; AK-*Loos* 16; HK-*Julius*[2] 10; KK-*Engelhardt*[4] 8; *Kleinknecht/Meyer-Goßner*[44] 15; KMR-Paulus 14; SK-*Schlüchter* 17, 21 (nach § 35 Abs. 1).

Walter Gollwitzer

Ebenso wie beim Eröffnungsbeschluß muß die in die Hauptverhandlung einbezogene Tat in tatsächlicher und rechtlicher Hinsicht eindeutig umrissen sein. Nicht notwendig ist aber, daß der Beschluß alle dafür erforderlichen Angaben selbst anführt. Er kann auf die vorgetragene und protokollierte Nachtragsanklage oder auf die als Anlage zum Protokoll genommene Nachtragsanklageschrift Bezug nehmen, falls er nicht in rechtlicher oder tatsächlicher Beziehung von ihr abweicht (§ 207 Abs. 2). In diesem Fall müssen sich die Abweichungen aus dem Beschluß ergeben. Daß für den Einbeziehungsbeschluß nicht dieselbe Formstrenge wie für den Eröffnungsbeschluß gilt, kann daraus entnommen werden, daß § 266 nicht auf § 207 verweist, während hinsichtlich der Nachtragsanklage auf § 200 Abs. 1 verwiesen wird[51]. Der Einbeziehungsbeschluß muß aber für sich allein oder in Verbindung mit der aus dem Protokoll ersichtlichen Anklage für alle Verfahrensbeteiligten eindeutig erkennen lassen, welche tatsächlichen Vorgänge und welche rechtlichen Vorwürfe durch die Nachtragsanklage zum Gegenstand des Verfahrens gemacht werden[52].

19   Der Einbeziehungsbeschluß erfordert ferner, daß hinsichtlich der einzubeziehenden Tat ein **hinreichender Tatverdacht** vom Gericht bejaht wird[53]. Insoweit besteht kein Unterschied zum Eröffnungsbeschluß.

20   Auch wenn alle förmlichen Voraussetzungen für eine Einbeziehung gegeben sind und insbesondere auch der Angeklagte damit einverstanden ist, steht es im **pflichtgemäßen Ermessen** des Gerichts, ob es die weitere Tat einbeziehen will. Entsprechend dem prozeßökonomischen Zweck des § 266 wird es dabei zu berücksichtigen haben, daß die Einbeziehung in der Regel nur dann sinnvoll ist, wenn dadurch die weitere Fortsetzung der Hauptverhandlung nicht gefährdet wird[54]. Wie Absatz 3 zeigt, muß die Einbeziehung mit dem Gebot der beschleunigten und zügigen Erledigung des bereits anhängigen Verfahrens vereinbar sein[55].

21   **b)** Für den **Einbeziehungsbeschluß** ist keine bestimmte Form vorgeschrieben. Er muß nicht schriftlich erlassen, wohl aber in der Hauptverhandlung **verkündet** werden. Einer über die eindeutige tatsächliche und rechtliche Umschreibung des erhobenen Vorwurfs hinausgehenden **Begründung** bedarf es nicht. Als **Verfahrensvoraussetzung** ist der Erlaß des Einbeziehungsbeschlusses eine wesentliche Förmlichkeit des Verfahrens. Er kann nicht „stillschweigend" dadurch ergehen, daß die Tat nach Erhebung der Nachtragsanklage für die Verfahrensbeteiligten ersichtlich zum Gegenstand der Hauptverhandlung gemacht wird[56]. In Ausnahmefällen wurden in der Rechtsprechung das Fehlen eines ausdrücklichen Einbeziehungsbeschlusses als unschädlich angesehen, wenn das Gericht durch seine Verfahrensgestaltung unmißverständlich zum Ausdruck gebracht hat, daß die Vorwürfe der Nachtragsanklage Gegenstand der Verhandlung und Entscheidung sind[57]. Dem ist nicht zu folgen. Der Einbeziehungsbeschluß ist eine **Verfahrensvoraussetzung** die die Kognitionsbefugnis des Gerichts auf die neu einbezogene Tat ausdehnt. Wegen der Folgen der Einbeziehung muß eindeutig und durch das

---

[51] OLG Oldenburg MDR **1970** 946; KK-*Engelhardt*[4] 8; *Kleinknecht/Meyer-Goßner*[44] 15; KMR-*Paulus* 15.

[52] BayObLGSt **1953** 1 = NJW **1953** 674; KK-*Engelhardt*[4] 8; *Kleinknecht/Meyer-Goßner*[44] 15; SK-*Schlüchter* 17.

[53] *Hilger* JR **1983** 441; *Lüttger* GA **1957** 206; *Meyer-Goßner* JR **1984** 53; AK-*Loos* 14 sowie vorst. Fußn.

[54] KK-*Engelhardt*[4] 8.

[55] Vgl. Rdn. 27.

[56] BGH StV **1995** 342; **1996** 5; AK-*Loos* 16; KMR-*Paulus* 15; SK-*Schlüchter* 17; vgl. auch nachf. Fußn.

[57] OLG Oldenburg JR **1963** 109; MDR **1970** 946; OLG Schleswig bei *Ernesti/Jürgensen* SchlHA **1969** 153; ferner den Sonderfall BGH NJW **1990** 1055 (Verhandlung nur noch über die Nachtragsanklage nach Einstellung aller anderen Vorwürfe); zustimmend insoweit KK-*Engelhardt*[4] 9; *Kleinknecht/Meyer-Goßner*[44] 15; zweifelnd HK-*Julius*[2] 6.

Sitzungsprotokoll nachweisbar sein, daß und mit welchem Inhalt sie förmlich zum Gegenstand des Verfahrens gemacht wurde.

c) Mit der Verkündung des Einbeziehungsbeschlusses wird die nachträglich an- **22** geklagte Tat **rechtshängig** und der Disposition der Staatsanwaltschaft entzogen (§ 156). Auch das Gericht kann die Einbeziehung nicht mehr widerrufen[58]. Es treten die vollen Wirkungen der Rechtshängigkeit ein; das Verfahren bleibt auch dann bei dem Gericht rechtshängig, wenn es später insoweit abgetrennt wird. Die Wirksamkeit oder Unwirksamkeit eines fehlerhaften Einbeziehungsbeschlusses beurteilt sich nach den gleichen Gesichtspunkten wie bei einem normalen Eröffnungsbeschluß[59].

d) Die Nachtragsanklage ist vom Gericht durch Beschluß **als unzulässig zurück-** **23** **zuweisen**, wenn die rechtlichen Voraussetzungen für eine Anklage bei ihm nicht gegeben sind, etwa, wenn die Sache in die Zuständigkeit eines Gerichtes höherer Ordnung fällt[60]. Hat die Staatsanwaltschaft (zu Unrecht) Nachtragsanklage erhoben, obwohl es sich um einen **Teil der bereits angeklagten Tat** handelt, so braucht das Gericht keinen förmlichen Einbeziehungsbeschluß erlassen. Es genügt, wenn der Vorsitzende darauf hinweist, daß die Nachtragsanklage überflüssig ist, weil der Sachverhalt der Nachtragsanklage ohnehin bereits als Teil der ursprünglich angeklagten Tat (§ 264) der umfassenden Kognition des Gerichts unterliegt[61]. Nach Ansicht des Bundesgerichtshofs kann es aber auch die Nachtragsanklage als unnötig durch Beschluß förmlich zurückweisen[62], wenn sie nicht von der Staatsanwaltschaft zurückgenommen wird. Ein **Einbeziehungs-beschluß**[63] erscheint allenfalls in den Fällen vertretbar, in denen es zweifelhaft sein kann, ob es sich noch um die gleiche Tat im Sinne des § 264 handelt und der späteren Rüge einer Überschreitung der Grenzen des § 264 damit vorgebeugt werden kann. Notwendig ist in solchen Fällen jedoch immer eine Klarstellung der Rechtslage in der Hauptverhandlung. Diese kann mit den meist ohnehin erforderlich werdenden Hinweisen nach § 265 verbunden werden[64]. Ist dies geschehen und hat das Gericht zu Recht angenommen, daß auch der nachträglich angeklagte Sachverhalt zur bereits angeklagten Tat gehört, dann ist für das weitere Verfahren unbehelflich, ob es die Nachtragsanklage als „unnötig" oder „unzulässig" zurückweist. Wichtig ist nur, daß bei den Prozeßbeteiligten und insbesondere beim Angeklagten außer jedem Zweifel klargestellt ist, daß die nachträglich angeklagte Tat trotz Zurückweisung der Nachtragsanklage Gegenstand des Verfahrens ist[65].

7. Ablehnender Beschluß. Der Beschluß, der die Einbeziehung ablehnt, ist zu begrün- **24** den, soweit er sich auf den Rechtsgrund der **Unzulässigkeit** stützt[66]. Soweit das Gericht

[58] Die formale Aufhebung des Einbeziehungsbeschlusses durch das Gericht, das ihn erlassen hat, ist allenfalls zur Klarstellung zulässig, wenn Wirksamkeit und Bestand des Einbeziehungsbeschlusses ohnehin wegen eines Verfahrensfehlers entfallen würde. Anders früher *Oetker* Das Verfahren von den Schwur- und Schöffengerichten (1907) 340, 641. Diese Ansicht hängt jedoch mit einer früher vertretenen Rechtsauffassung zusammen, die aus dem ursprünglichen Wortlaut des § 266 („zum Gegenstand derselben Aburteilung gemacht") eine Akzessorität der „Zusatz"- oder „Incident"-Klage herleitete, die diese hinfällig werden ließ, wenn die gemeinsame Aburteilung nicht möglich war (*Rosenfeld*, Reichsstrafprozeß [1912] 291).

[59] Vgl. § 207, 37 ff.
[60] Vgl. Rdn. 10; HK-*Julius*[2] 7; *Kleinknecht/Meyer-Goßner*[44] 19; SK-*Schlüchter* 19.
[61] *Kleinknecht/Meyer-Goßner*[44] 19.
[62] BGH NJW **1970** 904 = LM Nr. 1; *Kleinknecht* JZ **1971** 105 (wegen bereits bestehender Rechtshängigkeit) KK-*Engelhardt*[4] 2; KMR-*Paulus* 6; SK-*Schlüchter* 19.
[63] Dagegen *Kleinknecht* JZ **1951** 105.
[64] OLG Saarbrücken NJW **1974** 375.
[65] OLG Saarbrücken NJW **1974** 375; KMR-*Paulus* 6; SK-*Schlüchter* 19.
[66] SK-*Schlüchter* 18.

dagegen in Ausübung des ihm eingeräumten **Ermessens** die Einbeziehung ablehnt, bedarf diese nicht selbständig anfechtbare Ermessensentscheidung, die schon durch die Ablehnung zum Ausdruck kommt, keiner näheren Begründung[67]. Dies gilt auch dann, wenn das Gericht zweifelt, ob die Nachtragsanklage überhaupt durch einen hinreichenden Tatverdacht getragen wird; es ist nicht gehalten, solchen Zweifeln nachzugehen, wenn es ohnehin für angezeigt hält, die Hauptverhandlung nicht durch Einbeziehung eines solchen zweifelhaften Falles zu belasten. Scheitert die Einbeziehung bereits daran, daß der Angeklagte seine Zustimmung verweigert hat, stellt das Gericht ebenfalls in einem förmlichen Beschluß fest, daß die Nachtragsanklage dadurch hinfällig geworden ist. Mit welchen Worten dies geschieht (etwa mangels Zustimmung unzulässig) ist dabei nicht entscheidend. Die Verfahrensklarheit erfordert nur, daß in ihr ausdrücklich festgestellt wird, daß das Gericht den Vorwurf der Nachtragsanklage nicht mehr als Verhandlungsgegenstand ansieht.

24a   Mit **Ablehnung der Einbeziehung** ist die Tat, die Gegenstand der Nachtragsanklage bildet, nicht mehr bei Gericht anhängig, denn die Nachtragsanklage verliert entsprechend der prozeßökonomischen Zielsetzung des § 266 mit Ablehnung der Einbeziehung jede verfahrensrechtliche Wirkung. Sie wird dadurch gegenstandslos, ohne daß es einer Rücknahme nach § 156 bearf oder einer besonderen Verfahrenseinstellung hinsichtlich ihres Gegenstandes[68]. Begründet andererseits das Gericht die Ablehnung damit, daß ein hinreichender Tatverdacht nicht bestehe, so hat diese (überflüssige) Begründung nicht die **Sperrwirkung**, die der Ablehnung der Eröffnung des Hauptverfahrens durch das Gericht normalerweise zukommt. § 211 gilt hier nicht[69]. Die Staatsanwaltschaft kann die durch Ablehnung der Einbeziehung nicht rechtshängig gewordene Tat ohne jede Bindung erneut zum gleichen oder einem anderen Gericht anklagen.

25   **8. Verfahren nach Erlaß des Einbeziehungsbeschlusses.** Mit Erlaß des Einbeziehungsbeschlusses wird die weitere Tat (im Sinne des § 264) der Untersuchung und Entscheidung des Gerichts unterstellt. Einer Verlesung des bereits durch die mündliche Klageerhebung in die Verhandlung eingeführten Anklagesatzes nach § 243 Abs. 3 Satz 1 bedarf es nicht[70]. Da die Nachtragsanklage auch noch erhoben werden kann, wenn das ursprüngliche Verfahren bereits einen fortgeschrittenen Stand erreicht hat, kann der regelmäßige Verfahrensgang, so wie ihn die §§ 243, 244 Abs. 1 vorsehen, in der Regel nicht mehr eingehalten werden[71]. Für die Entscheidung über die nachträglich angeklagte Tat sind die **Vorgänge der gesamten Hauptverhandlung** verwertbar, auch soweit sie vor dem Einbeziehungsbeschluß lagen. Sofern sie in Gegenwart des Angeklagten[72] stattfanden, gehören sie zum Inbegriff der Hauptverhandlung (§ 261). Die Urteilsfindung kann sich uneingeschränkt darauf stützen. Einer **Wiederholung der Beweisaufnahme** bedarf es insoweit nicht[73]. Das Recht des Angeklagten, sich **gegen die Nachtragsanklage zu verteidigen** (Absatz 2 Satz 3), schließt aber die Befugnis ein, zu den früheren Beweisergebnissen unter den durch die Nachtragsanklage möglicherweise veränderten Gesichtspunkten erneut Stellung zu nehmen. Ob deswegen eine bereits durchgeführte

---

[67] *Meyer-Goßner* JR **1984** 53; AK-*Loos* 15; KK-*Engelhardt*⁴ 8; *Kleinknecht/Meyer-Goßner*⁴⁴ 15; KMR-*Paulus* 14; **a. A** SK-*Schlüchter* 19; 20.

[68] Vgl. OLG Karlsruhe wistra **2000** 357.

[69] *Gössel* § 33 A III b; *Meyer-Goßner* JR **1984** 53; AK-*Loos* 14; *Kleinknecht/Meyer-Goßner*⁴⁴ 18; SK-*Schlüchter* 19; 5; **a. A** *Hilger* JR **1983** 441.

[70] KK-*Engelhardt*⁴ 9; KMR-*Paulus* 15.

[71] BGH bei *Dallinger* MDR **1955** 387.

[72] Anders aber für die Erkenntnisse, die wegen einer zeitweiligen Verfahrenstrennung aus einem allein gegenüber einem Mitangeklagten geführten Verhandlungsteil gewonnen wurden; vgl. BGH JR **1985** 125 mit Anm. *Gollwitzer*.

[73] BGH bei *Dallinger* MDR **1955** 397 JR **1985** 125 mit Anm. *Gollwitzer*; KK-*Engelhardt*⁴ 9; *Kleinknecht/Meyer-Goßner*⁴⁴ 21; SK-*Schlüchter* 21.

Beweisaufnahme zu wiederholen ist, richtet sich nach § 244 Abs. 2[74]. Im übrigen ist § 243 Abs. 4 Satz 2 auf die Nachtragsanklage anwendbar, auch wenn der Gesetzgeber den § 266 nicht an dessen Neuregelung angepaßt hat. Der Angeklagte muß also nach der Einbeziehung zum **Gegenstand der Nachtragsanklage vernommen** werden[75]. Daß er vor Erlaß des Einbeziehungsbeschlusses Gelegenheit hatte, zur Nachtragsanklage Stellung zu nehmen, ersetzt seine spätere Einvernahme zur Sache nicht[76]; dies gilt auch für seine Anhörung vor der Entscheidung über die Einbeziehung[77]. Eine nochmalige Belehrung über sein Schweigerecht bedarf es nicht[78].

Der ausdrückliche **Hinweis an den Angeklagten**, daß er das Recht habe, die **Unter-** **26** **brechung der Hauptverhandlung zu beantragen** (Absatz 3 Satz 2) ist spätestens nach Erlaß des Einbeziehungsbeschlusses und noch vor seiner Einvernahme zur Nachtragsanklage zu erteilen[79], sofern dies nicht bereits früher, etwa bei der Befragung, ob er der Einbeziehung zustimme, geschehen ist[80].

9. Unterbrechung des Verfahrens

a) Absatz 3 läßt zur **Vorbereitung der Verhandlung** über die Nachtragsanklage nur die **27** Unterbrechung der Hauptverhandlung im Rahmen der in § 229 festgelegten Höchstdauer zu und nicht, wie etwa § 265 Abs. 3 und 4 auch die Aussetzung. Der Grund liegt darin, daß eine Tat, bei der die Aussetzung der Hauptverhandlung erforderlich wird, nicht in das Verfahren einbezogen werden soll, weil in diesem Fall der mit Zulassung der Nachtragsanklage erstrebte prozeßökonomische Zweck sich in sein Gegenteil verkehren würde[81]. Der Angeklagte, dessen Verteidigungsbelange bereits durch das Zustimmungserfordernis geschützt werden, soll nicht die Zustimmung zur Einbeziehung dafür benutzen können den Fortgang des gesamten Verfahrens durch einen Aussetzungsantrag zu hemmen und eine neue Hauptverhandlung zu erzwingen. Normalerweise wird eine Einbeziehung nur in Frage kommen, wenn die Hauptverhandlung innerhalb der Zehntagefrist des § 229 Abs. 1 fortgesetzt werden kann. Erscheint eine längere Unterbrechung im Rahmen des § 229 Abs. 2 möglich und notwendig, so werden in der Regel das Gebot der Verfahrensbeschleunigung und die Erfordernisse der Prozeßwirtschaftlichkeit gegen die Einbeziehung sprechen[82]. Zulässig ist eine solche Unterbrechung nach Absatz 3 aber dennoch.

Absatz 3 schließt nicht aus, daß das Gericht das Verfahren trotzdem **aussetzen** kann, **28** wenn dazu aus einem **anderen Grund** ein hinreichender Anlaß besteht[83]. Auf Absatz 3 kann jedoch eine solche Aussetzung nicht gestützt werden. Einen **Verzicht** des Angeklagten auf Aussetzung nach anderen verfahrensrechtlichen Gesichtspunkten (vor allem § 265 Abs. 4) enthält die Zustimmung des Angeklagten zur Einbeziehung nicht. Es ist zulässig, die mit der Einbeziehung der weiteren Straftat ausgesprochene Verbindung der Strafsachen wieder rückgängig zu machen und nur das Verfahren wegen der einbezogenen Tat **nach Abtrennung auszusetzen**[84].

---

[74] HK-*Julius*[2] 10.

[75] BGHSt **9** 243; AK-*Loos* 18; HK-*Julius*[2] 10; KK-*Engelhardt*[4] 9; *Kleinknecht/Meyer-Goßner*[44] 21; KMR-*Paulus* 17; SK-*Schlüchter* 21; *Eb.* Schmidt Nachtr. I, § 243, 34; **a.A** OLG Frankfurt HESt **2** 109.

[76] BGH NJW **1956** 1367 ferner die Nachw. in vorst. Fußn.

[77] BGHSt **9** 245.

[78] BGH nach KK-*Engelhardt*[4] 9; *Kleinknecht/Meyer-Goßner*[4] 21, **a.A** HK-*Julius*[2] 10; KMR-*Paulus* 17;

SK-*Schlüchter* 21; vgl. ferner AK-*Loos* 18 (zur Klarstellung anzuraten).

[79] AK-*Loos* 21.

[80] AK-*Loos* 21; HK-*Julius*[2] 9; KMR-*Paulus* 13.

[81] KK-*Engelhardt*[4] 10; KMR-*Paulus* 20; *Eb.* Schmidt 16.

[82] KK-*Engelhardt*[4] 10; *Kleinknecht/Meyer-Goßner*[44] 22; SK-*Schlüchter* 22.

[83] AK-*Loos* 19; KK-*Engelhardt*[4] 10; SK-*Schlüchter* 23.

[84] SK-*Schlüchter* 23.

Walter Gollwitzer

29   b) Der **Vorsitzende** (§ 228 Abs. 1 Satz 2; § 238 Abs. 1) und bei längerer Dauer das **Gericht** (§ 228 Abs. 1 Satz 1) ordnen die Unterbrechung **von Amts wegen** an, wenn sie sie für erforderlich für die sachgemäße Vorbereitung des weiteren Verfahrens halten, insbesondere, um dem Angeklagten Gelegenheit zu geben, seine Verteidigung vorzubereiten oder um selbst weitere Beweismittel beizuziehen oder um den Verfahrensbeteiligten weitere Nachforschungen zu ermöglichen[85]. Ob diese Voraussetzungen oder sonstige Gründe für eine Unterbrechung von Amts wegen gegeben sind und für welche Zeitspanne die jeweiligen Gründe eine Unterbrechung erfordern, ist dabei unter Berücksichtigung der gesamten Prozeßlage nach eigenem pflichtgemäßen Ermessen zu entscheiden.

30   c) Auf **Antrag des Angeklagten** muß der Vorsitzende die Hauptverhandlung unterbrechen, sofern nicht offenkundig ist, daß der Antrag **mutwillig**, das heißt ohne jeden, ein nachvollziehbares Verteidigungsinteresse verfolgenden sachlichen Grund, etwa aus Lust am Widerspruch oder nur zur **Verzögerung des Verfahrens**, gestellt ist[86]. Diese alleinigen Gründe für die Ablehnung des Unterbrechungsantrags des Angeklagten müssen zweifelsfrei vorliegen[87]. Eine mutwillige Antragstellung scheidet schon dann aus, wenn der Angeklagte dafür ein nachvollziehbares Verteidigungsinteresse anführt, denn insoweit ist nur die Sicht des Angeklagten maßgebend. Andere Gründe rechtfertigen es nicht, den Unterbrechungsantrag des Angeklagten abzulehnen.

31   d) Beantragen dagegen **andere Prozeßbeteiligte**, etwa der Staatsanwalt oder ein Mitangeklagter, dessen Verfahrensinteressen durch die nicht gegen ihn gerichteten Nachtragsanklage berührt werden[88], oder sonst ein Verfahrensbeteiligter die Unterbrechung, dann ist dieser Antrag, sofern er nicht ohnehin nur als eine Anregung der Unterbrechung von Amts wegen zu verstehen ist, nicht an die engen Ablehnungsgründe des Absatzes 3 gebunden. Der Vorsitzende kann den aus anderen Rechtsgrundlagen (§ 265 Abs. 4) herzuleitenden Antrag auch aus anderen als den in Absatz 3 Satz 1 angeführten Gründen ablehnen.

32   e) Die Entscheidung des Vorsitzenden über die Unterbrechung (§ 228 Abs. 1 Satz 2) ist eine **Maßnahme der Sachleitung** (§ 238 Abs. 1). Gegen sie kann um **Entscheidung des Gerichts** nach § 238 Abs. 2 nachgesucht werden[89].

33   **10. Sitzungsniederschrift.** Die Erhebung der Nachtragsanklage, ihr Inhalt, die Zustimmung des Angeklagten und Inhalt und Verkündung des Einbeziehungsbeschlusses gehören zu den **wesentlichen Förmlichkeiten** des Verfahrens (§ 273), die nur durch das Protokoll bewiesen werden können[90]. Ist der Wortlaut der Nachtragsanklage in einem besonderen Schriftstück dem Protokoll beigefügt, muß diese Anlage durch ausdrückliche Bezugnahme zum Gegenstand des Protokolls gemacht werden[91]. Die Zustimmung des Angeklagten muß dem Protokoll eindeutig zu entnehmen sein; der Satz, daß gegen die Einbeziehung „keine Bedenken erhoben" wurden, genügt dafür ebensowenig wie der Vermerk, daß der Angeklagte auf Befragen die Unterbrechung nicht beantragt habe[92].

---

[85] *Kleinknecht/Meyer-Goßner*[44] 22; SK-*Schlüchter* 22.
[86] AK-*Loos* 22; KK-*Engelhardt*[4] 10; SK-*Schlüchter* 22.
[87] Vgl. auch *Burhoff* StV **1997** 434; HK-*Julius*[2] 15 (Antragstellung um Einstellung nach § 154 zu erreichen).
[88] HK-*Julius*[2] 13; vgl. Vor § 226.
[89] KK-*Engelhardt*[4] 10; *Kleinknecht/Meyer-Goßner*[44] 22; KMR-*Paulus* 18; SK-*Schlüchter* 26.
[90] BGH JR **1985** 125 mit Anm. *Gollwitzer*; BGH bei *Holtz* MDR **1977** 984; OLG Hamm StV **1996** 532; OLG Koblenz VRS **49** (1975) 43; OLG Stuttgart NStZ **1995** 51 OLG Stuttgart NStZ **1995** 51; LG München I MDR **1978** 161; AK-*Loos* 6; 11; 17; HK-*Julius*[2] 11; KK-*Engelhardt*[4] 3; 7; *Kleinknecht/Meyer-Goßner*[44] 7; 13; 17; SK-*Schlüchter* 25.
[91] BayObLG bei *Rüth* DAR **1985** 245; vgl. Rdn. 8.
[92] BGH JR **1985** 125 mit Anm. *Gollwitzer*.

Zu den protokollpflichtigen wesentlichen Förmlichkeiten gehört ferner, daß der **34** Angeklagte hinsichtlich des Gegenstands der Nachtragsanklage zur **Sache vernommen** wurde[93], sowie, daß er nach **Absatz 3 Satz 2** belehrt wurde. In das Protokoll aufzunehmen ist auch, wenn der Angeklagte die **Unterbrechung beantragt** hat sowie die **Entscheidung** über diesen Antrag; ferner, wenn gegen eine Entscheidung des Vorsitzenden das Gericht nach § 238 Abs. 2 angerufen wurde sowie dessen Entscheidung hierüber.

11. Rechtsmittel

a) Beschwerde. Der Beschluß, der die Einbeziehung einer nachträglich angeklagten **35** Tat anordnet, ferner der Beschluß, der die Unterbrechung der Verhandlung nach Absatz 3 Satz 1 anordnet oder ablehnt, wird durch § 305 Satz 1 der Beschwerde entzogen[94]. Nicht anfechtbar ist aber nach der vorherrschenden Meinung auch der Beschluß, der die Einbeziehung der im Wege der Nachtragsanklage vor Gericht gebrachten Tat ablehnt[95]. Nur wer entgegen dieser Meinung annimmt, der ablehnende Beschluß löse die Sperrwirkung des § 211 aus, müßte der Staatsanwaltschaft in entsprechender Anwendung des § 210 Abs. 2 das Recht zur sofortigen Beschwerde einräumen[96].

b) Revision. Die Erhebung der Nachtragsanklage und der Einbeziehungsbeschluß in **36** einer den Mindestanforderungen genügenden Form[97] gehören zu den **Verfahrensvoraussetzungen**[98]. Fehlen sie, ist dieser Mangel in jeder Lage des Verfahrens auch ohne diesbezügliche Rüge von Amts wegen zu berücksichtigen und das Verfahren einzustellen[99]. In geeigneten Fällen (etwa bei einem unzulänglichen Einbeziehungsbeschluß[100] und einer auch sonst notwendigen Zurückverweisung) kann die Sache statt der an sich gebotenen Einstellung nach § 260 Abs. 3 an die Vorinstanz zurückverwiesen werden[101].

Die **fehlende Zustimmung** zur Einbeziehung (Rdn. 14 ff) ist, sofern man in ihr keine **37** eigenständige Verfahrensvoraussetzung oder Wirksamkeitsvoraussetzung des Einbeziehungsbeschlusses sieht, nur auf ordnungsgemäß begründete Verfahrensrüge hin zu beachten[102]. Greift die Rüge durch, ist, um jedes Weiterwirken des Rechtsfehlers auszuschließen, das Verfahren in der Regel vom Revisionsgericht hinsichtlich der Tat einzustellen, für deren Einbeziehung die Zustimmung fehlt[103]. Sonstige Fehler bei Anwendung des § 266, wie etwa die unterbliebene oder unzulängliche Unterrichtung über das Recht auf Unterbrechung (Absatz 3 Satz 2) oder sonst nur unzulänglich eröffnete Verteidigungsmöglichkeiten[104] oder entgegen § 243 Abs. 4 Satz 2 unterbliebene Vernehmung zur Nachtragsanklage[105], sind auf ausdrückliche Rüge hin zu beachten, sofern

[93] OLG Frankfurt HESt **2** 109; KK-*Engelhardt*[4] 9; SK-*Schlüchter* 25.
[94] AK-*Loos* 23; KK-*Engelhardt*[4] 8; *Kleinknecht/Meyer-Goßner*[44] 24; KMR-*Paulus* 23; SK-*Schlüchter* 27.
[95] Gössel § 33 A III b; *Meyer-Goßner* JR **1984** 53; ferner vorst. Fußn.
[96] *Hilger* JR **1983** 441.
[97] BGH NStZ **1986** 276; BGH bei *Pfeiffer/Miebach* NStZ **1986** 207; BayObLGSt **1953** 1 = NJW **1953** 674; vgl. Rdn. 7.
[98] Vgl. Rdn. 2; § 264, 1 ff, 13.
[99] H. M. etwa BGH StV **1996** 5; BGH bei *Holtz* MDR **1977** 984, OLG Hamm StV **1996** 532; OLG Stuttgart NStZ **1995** 51.
[100] Vgl. OLG Koblenz VRS **49** (1975) 43; vgl. Rdn. 18; 19.

[101] BayObLGSt **1963** 115 = OLGSt 1; vgl. BGH JR **1985** 126 mit Anm. *Gollwitzer*; BGH NJW **1970** 904 (hier fehlte allerdings keine Verfahrensvoraussetzung, da die Nachtragsanklage gar keine andere Tat im Sinne des § 264 betraf); KK-*Engelhardt*[4] 11; KMR-*Paulus* 25; SK-*Schlüchter* 28; ferner § 260, 97; 99 und bei § 328.
[102] BGH bei *Holtz* MDR **1977** 984; OLG Hamm StV **1996** 532; vgl. die Nachw. zum Streitstand Rdn. 17, sowie zweifelnd AK-*Loos* 12.
[103] BGH bei *Holtz* MDR **1977** 984; *Kleinknecht/Meyer-Goßner*[44] 14; SK-*Schlüchter* 29; vgl. AK-*Loos* 12, der deswegen bezweifelt, ob das Fehlen der Zustimmung nur auf Rüge zu berücksichtigen ist.
[104] Vgl. Rdn. 28 ff.
[105] Vgl. Rdn. 25.

der Revisionsführer alle zu ihrer Begründung erforderlichen Tatsachen (§ 344 Abs. 2) vorgetragen hat.

38   Die **Ablehnung der Unterbrechung** nach Absatz 3 oder eine zeitlich für die Vorbereitung der Verteidigung nicht ausreichende Unterbrechung kann der Angeklagte nach § 338 Nr. 8 rügen, wenn ein Beschluß des Gerichts hierüber ergangen ist[106]. Ohne einen solchen Beschluß kann er die ablehnende Entscheidung nach § 337 beanstanden[107]. Auch hier ist strittig, ob zur Wahrung der Revision erforderlich ist, daß gegen die Anordnungen des Vorsitzenden das Gericht nach § 238 Abs. 2 angerufen wurde[108]. Wieweit ausgeschlossen werden kann, daß das Urteil auf dem Verfahrensfehler beruht, ist im Einzelfall zu prüfen[109].

§ 267

(1) ¹Wird der Angeklagte verurteilt, so müssen die Urteilsgründe die für erwiesen erachteten Tatsachen angeben, in denen die gesetzlichen Merkmale der Straftat gefunden werden. ²Soweit der Beweis aus anderen Tatsachen gefolgert wird, sollen auch diese Tatsachen angegeben werden. ³Auf Abbildungen, die sich bei den Akten befinden, kann hierbei wegen der Einzelheiten verwiesen werden.

(2) Waren in der Verhandlung vom Strafgesetz besonders vorgesehene Umstände behauptet worden, welche die Strafbarkeit ausschließen, vermindern oder erhöhen, so müssen die Urteilsgründe sich darüber aussprechen, ob diese Umstände für festgestellt oder für nicht festgestellt erachtet werden.

(3) ¹Die Gründe des Strafurteils müssen ferner das zur Anwendung gebrachte Strafgesetz bezeichnen und die Umstände anführen, die für die Zumessung der Strafe bestimmend gewesen sind. ²Macht das Strafgesetz Milderungen von dem Vorliegen minder schwerer Fälle abhängig, so müssen die Urteilsgründe ergeben, weshalb diese Umstände angenommen oder einem in der Verhandlung gestellten Antrag entgegen verneint werden; dies gilt entsprechend für die Verhängung einer Freiheitsstrafe in den Fällen des § 47 des Strafgesetzbuches. ³Die Urteilsgründe müssen auch ergeben, weshalb ein besonders schwerer Fall nicht angenommen wird, wenn die Voraussetzungen erfüllt sind, unter denen nach dem Strafgesetz in der Regel ein solcher Fall vorliegt; liegen diese Voraussetzungen nicht vor, wird aber gleichwohl ein besonders schwerer Fall angenommen, so gilt Satz 2 entsprechend. ⁴Die Urteilsgründe müssen ferner ergeben, weshalb die Strafe zur Bewährung ausgesetzt oder einem in der Verhandlung gestellten Antrag entgegen nicht ausgesetzt worden ist; dies gilt entsprechend für die Verwarnung mit Strafvorbehalt und das Absehen von Strafe.

(4) ¹Verzichten alle zur Anfechtung Berechtigten auf Rechtsmittel oder wird innerhalb der Frist kein Rechtsmittel eingelegt, so müssen die erwiesenen Tatsachen, in denen die gesetzlichen Merkmale der Straftat gefunden werden, und das angewendete Strafgesetz angegeben werden; bei Urteilen, die nur auf Geldstrafe lauten oder neben einer Geldstrafe ein Fahrverbot oder die Entziehung der Fahrerlaubnis und damit zusammen die Einziehung des Führerscheins anordnen, kann hierbei auf

---

[106] KMR-*Paulus* 26; SK-*Schlüchter* 31.
[107] Vgl. § 337, 279 ff, § 338, 129; KMR-*Paulus* 26.
[108] So etwa HK-*Julius*² 16; SK-*Schlüchter* 31; zur Streitfrage vgl. § 238, 50 ff.
[109] Vgl. BGH NJW **1970** 904; KK-*Engelhardt*⁴ 10; KMR-*Paulus* 26.

den zugelassenen Anklagesatz, auf die Anklage gemäß § 418 Abs. 3 Satz 2 oder den Strafbefehl sowie den Strafbefehlsantrag verwiesen werden. ²Den weiteren Inhalt der Urteilsgründe bestimmt das Gericht unter Berücksichtigung der Umstände des Einzelfalls nach seinem Ermessen. ³Die Urteilsgründe können innerhalb der in § 275 Abs. 1 Satz 2 vorgesehenen Frist ergänzt werden, wenn gegen die Versäumung der Frist zur Einlegung des Rechtsmittels Wiedereinsetzung in den vorigen Stand gewährt wird.

(5) ¹Wird der Angeklagte freigesprochen, so müssen die Urteilsgründe ergeben, ob der Angeklagte für nicht überführt oder ob und aus welchen Gründen die für erwiesen angenommene Tat für nicht strafbar erachtet worden ist. ²Verzichten alle zur Anfechtung Berechtigten auf Rechtsmittel oder wird innerhalb der Frist kein Rechtsmittel eingelegt, so braucht nur angegeben zu werden, ob die dem Angeklagten zur Last gelegte Straftat aus tatsächlichen oder rechtlichen Gründen nicht festgestellt worden ist. ³Absatz 4 Satz 3 ist anzuwenden.

(6) ¹Die Urteilsgründe müssen auch ergeben, weshalb eine Maßregel der Besserung und Sicherung angeordnet oder einem in der Verhandlung gestellten Antrag entgegen nicht angeordnet worden ist. ²Ist die Fahrerlaubnis nicht entzogen oder eine Sperre nach § 69 a Abs. 1 Satz 3 des Strafgesetzbuches nicht angeordnet worden, obwohl dies nach der Art der Straftat in Betracht kam, so müssen die Urteilsgründe stets ergeben, weshalb die Maßregel nicht angeordnet worden ist.

Schrifttum. *Baldus* Versäumte Gelegenheiten; zur Auslegung des § 338 Nr. 8 und des § 267 Abs. 1 Satz 2 StPO, FS Heusinger 373; *Blunk* Beweiswürdigung und rechtliche Würdigung im Strafurteil, MDR **1970** 470; *Brüggemann* Die richterliche Begründungspflicht (1971); *Brünger* Noch einmal: Das abgekürzte Strafurteil, DRiZ **1974** 230; *Bruns* Strafzumessungsrecht, Allgemeiner Teil, 2. Aufl. (1974); *Bruns* Zum Revisionsgrund der – ohne sonstige Rechtsfehler – „ungerecht" bemessenen Strafe, FS Engisch 709; *Bruns* Zum Verbot der Doppelbewertung von Tatbestandsmerkmalen oder strafrahmenbildenden Umständen, FS Mayer, 353; *Bruns* Zur Tragweite des Verbots der Doppelverwertung von Strafmilderungsgründen JR **1980** 226; *Cuypers* Die Revisibilität der strafrichterlichen Beweiswürdigung, Diss Bochum 1976; *Dahm* Das freisprechende Urteil (1936); *Doller* Urteilsgründe in Bußgeldsachen, DRiZ **1981** 209; *Dreher* Über die gerechte Strafe (1947); *Drost* Das Ermessen des Strafrichters (1930); *Elmering* Die kriminologische Frühprognose. Kriminologische Schriftenreihe Hamburg (1969); *Eschelbach* Sachlich-rechtliche Fehler in Strafurteilen nach aktueller BGH-Rechtsprechung, JA **1998** 498; *Exner* Studien über Strafzumessungspraxis der deutschen Gerichte (1931); *von Feldmann* Richter müssen zuviel schreiben, DRiZ **1977** 183; *Foth* Angabe der Beweismittel im Strafurteil, DRiZ **1974** 23; *Franke* Nochmals: Richter müssen zuviel schreiben, DRiZ **1977** 244; *Freud* Normative Probleme der „Tatsachenfeststellung" (1987); *Frisch* Revisionsrechtliche Probleme der Strafzumessung (1971); *Fuhrmann* Ist die Bezugnahme auf ein früheres Urteil in den Urteilsgründen zulässig? JR **1962** 81; *Furtner* Das Urteil im Strafprozeß (1970); *Furtner* Feststellung und Beweiswürdigung im Strafurteil, JuS **1969** 419; *Furtner* Die „schweren", „besonders schweren" und „milderschweren" Fälle im Strafrecht, JR **1969** 11; *Graßberger* Die Strafzumessung (1932); *Hassemer* Die Formalisierung der Strafzumessungsentscheidung, ZStW **90** (1978) 64; *Henkel* Die „richtige" Strafe (1969); *von Hentig* Die Strafe (1932); *Huber* Das Strafurteil (1993); *Hülle* Die Begründung der Urteile in Strafsachen, DRiZ **1952** 92; *Kalf* Der Umfang revisionsrechtlicher Prüfung bei minder schweren und besonders schweren Fällen NJW **1996** 1447; *Köndgen* Ehrverletzung durch Gerichtsentscheid und Spruchrichterprivileg, JZ **1979** 246; *Krehl* die Ermittlung der Tatsachengrundlage zur Bemessung der Tagessatzhöhe bei der Geldstrafe (1985); *Kroschell/ Meyer-Goßner* Die Abfassung der Urteile in Strafsachen, 26. A. (1994); *Maul* Die Überprüfung der tatsächlichen Feststellungen durch das Revisionsgericht in der neueren Rechtsprechung des BGH; FS Pfeiffer 409; *Meurer* Beweiswürdigung und Strafurteil, FS Kirchner 249; *Meves* Das Urteil im deutschen Strafverfahren, GA **36** (1888) 102 ff.; *Meyer-Goßner* Hinweise zur Abfassung des Strafurteils aus revisionsrechtlicher Sicht, NStZ **1988** 529; *Middendorf* Die kriminologische Prognose in

Theorie und Praxis. Strafrecht, Strafverfahren, Kriminologie Bd. 17 (1967); *Mösl* Zum Strafzumessungsrecht, NStZ **1981** 131; 425; **1982** 483; **1983** 160; **1984** 492; *Müller* NStZ **1985** 158; *Munkwitz* Die Prognose der Frühkriminalität (1967); *Paeffgen* Ermessen und Kontrolle, FS II Peters 61; *Pelz* Die revisionsgerichtliche Überprüfung der tatrichterlichen Beweiswürdigung NStZ **1993** 361; *Peters* Die Aufgaben des Gerichts bei der Anwendung der Strafen, ZStW **81** (1969) 63; *Peters* Die Persönlichkeitserforschung im Strafverfahren. Gedächtnisschrift Schröder 425; *Sachs* Beweiswürdigung und Strafzumessung (1932); *Sander* Zur Beweiswürdigung, vor allem bei Aussage gegen Aussage, StV **2000** 45; *G. Schäfer* Praxis der Strafzumessung (1990); *G. Schäfer* Freie Beweiswürdigung und revisionsgerichtliche Kontrolle StV **1995** 147; *v. Schledorn* Die Darlegungs- und Beweiswürdigungspflicht des Tatrichters im Falle der Verurteilung (1997, Diss Passau); *Schlothauer* Unvollständige und unzutreffende tatrichterliche Urteilsfeststellungen – Verteidigungsmöglichkeiten in der Revisions- und Tatsacheninstanz, StV **1992** 134; *Seebald* Ausgeglichene Strafzumessung und tatrichterliche Selbstkontrolle, GA **1974** 193; *Seibert* Fehler bei Strafurteilen, DRiZ **1955** 32; *Seibert* Angreifbare Strafurteile NJW **1960** 1285; *Stree* Deliktsfolgen und Grundgesetz. Zur Verfassungsmäßigkeit der Strafen und sonstiger Maßnahmen (1960); *Streng* Die Strafzumessungsbegründung und ihre Orientierungspunkte, NStZ **1989** 393; *Theune* Grundsätze und Einzelfragen der Strafzumessung aus der Rechtsprechung des Bundesgerichtshofs, StV **1985** 162; 205; *Tröndle* Die Aufgabe des Gerichts bei der Anwendung der Strafen, ZStW **81** (1969) 84; *Vogler* Die strafschärfende Verwertung strafbarer Vor- und Nachtaten bei der Strafzumessung und die Unschuldsvermutung (Art. 6 Abs. 2 EMRK), FS Kleinknecht (1985) 429; *Wagner* Die Beweiswürdigungspflicht im tatrichterlichen Urteil im Falle der Verurteilung, ZStW **106** (1994) 259; *Walter* Freie Beweiswürdigung (1979); *v. Weber* Die richterliche Strafzumessung. Schriftenreihe der Jur. Studiengesellschaft, Karlsruhe Heft 24 (1956); *Wenzel* Das Fehlen der Beweisgründe im Strafurteil als Revisionsgrund, NJW **1966** 577; *Werner* Das abgekürzte Strafurteil, DRiZ **1974** 125; *Wolf* Das Wesen des gerichtlichen Urteils, Gedächtnisschrift für Rudolf Bruns, 221 (1980); *Zillmer* Lückenhafte Beweiswürdigung im Strafprozeß als Revisionsgrund, NJW **1961** 720; *Zipf* Strafmaßrevision (1969).

Zu Fragen der freien Beweiswürdigung vgl. auch das bei § 261 aufgeführte Schrifttum. Wegen des Schrifttums zu den materiell-rechtlichen Fragen der Strafrahmenbestimmung, der besonders schweren und minder schweren Fälle und der Strafzumessung muß auf die Nachweise in den Kommentaren zum StGB verwiesen werden.

Entstehungsgeschichte. Die jetzige Fassung des § 267 ist das Ergebnis mehrfacher Änderungen und Ergänzungen, mit denen den Änderungen des materiellen Strafrechts Rechnung getragen und die Anforderungen an die Begründungspflicht teils erweitert, teils wieder vereinfacht wurden. Eine grundlegende Neukonzeption der für die schriftliche Abfassung der Urteile maßgebenden Vorschrift war damit nicht verbunden, wenn man von der Änderung des Absatzes 3 absieht, die ab 1951 zur Angabe der Strafzumessungsgründe verpflichtete. Die Änderungen im einzelnen:

In dem im Prinzip unverändert gebliebenen **Absatz 1** hat Art. 21 Nr. 70 Buchst. a EGStGB nur „strafbare Handlung" durch „Straftat" ersetzt. Ferner hat Art. 1 Nr. 22 Buchst. a StVAG 1979 den Satz 3 angefügt.

Bei **Absatz 3** wurde die ursprüngliche Sollvorschrift des Satzes 1 durch Art. 3 Nr. 119 VereinhG zu einer Mußvorschrift. Der auf Art. 9 Nr. 13 des 1. StrRG beruhende Wortlaut des Satzes 2 wurde durch Art. 21 Nr. 70 Buchst. b EGStGB neu gefaßt. Art. 21 Nr. 71 Buchst. c EGStGB fügte gleichzeitig den jetzigen Satz 3 neu ein, während der bisherige Satz 3, der auf Art. 4 Nr. 30 des 3. StRÄndG beruhte, unter Neufassung seines zweiten Halbsatzes zu Satz 4 wurde.

Der auf das Entlastungsgesetz 1921 zurückgehende **Absatz 4**, der ursprünglich sogar die später wieder beseitigte Vereinfachung enthielt, daß bei Angabe der für erwiesen erachteten Tatsachen auf den Eröffnungsbeschluß Bezug genommen werden durfte, wurde durch Art. 1 Nr. 76 Buchst. a des 1. StVRG neugefaßt, der die Änderung durch

Art. 21 Nr. 70 Buchst. a EGStGB mit übernahm. Zur weiteren Vereinfachung der Urteilsbegründung bei den nicht angefochtenen Urteilen läßt ein durch Art. 1 Nr. 20 Buchst. b StVÄG 1979 bei Satz 1 angefügter Halbsatz jetzt wiederum bei bestimmten Urteilen die Bezugnahme auf den Anklagesatz oder auf ihm gleichstehende Schriftstücke zu. Diese Vereinfachungsmöglichkeit war zunächst nur bei Urteilen des Strafrichters und der Schöffengerichte vorgesehen. Durch Art. 1 Nr. 20 StVÄG 1987 ist diese Einschränkung dann entfallen. lm Zuge der Neuregelung des beschleunigten Verfahrens hat dann das Verbrechensbekämpfungsgesetz von 1994 die Verweisung auf den früheren § 212a Abs. 2 Satz 3 ohne sachliche Änderung durch die Verweisung auf § 418 Abs. 3 Satz 2 ersetzt.

Bei **Absatz 5** hat Art. 1 Nr. 76 Buchst. 1 des 1. StVRG die Sätze 2 und 3 angefügt.

Der auf Art. 2 Nr. 27 AGGewVerbrG und auf Art. 3 Nr. 120 VereinhG zurückgehende **Absatz 6** Satz 1 und der auf dem 2. Gesetz zur Sicherung des Straßenverkehrs beruhende Absatz 6 Satz 2 wurden durch Art. 21 Nr. 70 Buchst. e und f EGStGB redaktionell dem neuen Strafrecht angepaßt.

Übersicht

Alphabetische Übersicht

Stand: 1. 3. 2001

I. Bedeutung der Urteilsgründe

1. Gegenstand und Zweck

1   **a) Allgemeines. Grundlagen.** § 267 geht davon aus, daß ein Urteil **schriftlich zu begründen** ist. Dies ist aus mehrerlei Gründen nötig, so um den Lebenssachverhalt zu umreißen, über den entschieden wurde (Definitionsfunktion); als Grundlage für die Nachprüfung des Urteils durch ein übergeordnetes Gericht (Kontrollfunktion), aber auch wegen des späteren Rückgriff anderer Stellen auf das rechtskräftige Urteil (Informationsfunktion), denn ohne schriftlich festgehaltene Gründe wäre der Urteilstenor allein nicht genügend aussagekräftig[1]. **Hauptzweck** der schriftlichen Urteilsgründe muß aber sein, dem Angeklagten als dem eigentlichen Adressaten[2] und den anderen Verfahrensbeteiligten sichtbar machen, welche nachvollziehbaren sachlichen Erwägungen der Spruch des Gerichts bestimmt haben[3]. Die Urteilsgründe sollen belegen, daß die Entscheidung in willkürfreier Anwendung des Rechts gefunden wurde, so wie es dem für die Ausübung aller Staatsgewalt verbindlichen **Rechtsstaatsgebot** (Art. 20 Abs. 3 GG) entspricht[4]. Verurteilende Erkenntnisse müssen zur Legitimation des in ihnen angeordneten Eingriffs aufzeigen, daß und welche rational einsichtigen Erwägungen sie rechtfertigen und die ebenfalls aus dem Rechtsstaatsprinzip folgende **Unschuldsvermutung** widerlegen[5]. Soweit das Urteil mit einem Rechtsmittel anfechtbar ist, ergibt sich die Begrün-

---

[1] Zu den verschiedenen Funktionen der Urteilsgründe vgl. SK-*Schlüchter* 2 ff; ferner im einzelnen Rdn. 5; 6; 8.

[2] Vgl. BGH GA **1965** 208; *Wagner* ZStW **106** (1994) 277.

[3] *Wagner* ZStW **106** (1994) 281.

[4] Vgl. *Wagner* ZStW **106** (1994) 277, ferner Rdn. 5. Nach AK-*Wassermann* 3 ist die Pflicht, jede Entscheidung zu begründen keine unerläßliche Essentiale des Rechtsstaatsprinzips.

[5] *Freud* GA **1991** 387; *Wagner* ZStW **106** (1994) 283; HK-*Julius*[2] 1; 11.

dungspflicht gegenüber dem Anfechtungsberechtigten auch daraus, daß jede effektive Anfechtung voraussetzt, daß die Anfechtungsberechtigten die Gründe kennen, auf denen die Entscheidung beruht[6]. Unter diesem Blickwinkel hat der Europäische Gerichtshof für Menschenrechte auch aus dem Gebot eines fairen Verfahrens (Art. 6 Abs. 1 MRK; Art 14 Abs. 1 IPBPR) die Pflicht zur Begründung anfechtbarer Entscheidungen hergeleitet[7]. Ob auch das verfassungsrechtlich gewährleistete **Recht auf Gehör** (Art. 103 Abs. 1 GG) das Gericht verpflichtet, seine Beachtung dadurch aufzuzeigen, daß es sich in den tragenden Gründen seiner Entscheidung mit den wesentlichen vorgetragenen Argumenten auseinandersetzt, ist strittig[8]. Aus dem Recht auf Gehör kann aber nach weitgehend herrschender Meinung nicht hergeleitet werden, daß das Gericht verpflichtet ist, in den Urteilsgründen auf jedes einzelne Vorbringen einzugehen[9]. Daß das Gericht auch ein im Urteil nicht erwähntes Vorbringen zur Kenntnis genommen hat, wird vermutet, sofern nicht schon die Urteilsgründe selbst oder anderen Tatsachen ergeben, daß dies nicht geschehen ist[10].

b) Gegenstand der Urteilsgründe. Die Urteilsgründe haben die tatsächlichen und **2** rechtlichen Grundlagen aufzuzeigen, auf die sich die im wesentlichen in der Urteilsformel (§ 260) zum Ausdruck gekommene Entscheidung des Gerichts stützt. Sie halten das für den Urteilsspruch maßgebliche **Ergebnis der Hauptverhandlung** fest, so wie es auf Grund der Beratung zur Überzeugung des Gerichts feststeht[11]; nicht aber deren Inbegriff[12]. Sie sind keine Dokumentation aller Vorgänge, aus denen das Gericht seine Entscheidung nach § 261 gewonnen hat. Schweigen sie zu bestimmten Vorgängen in der Hauptverhandlung, so kann daraus allein noch nicht gefolgert werden, daß das Gericht diese Beweismittel nicht gewürdigt habe[13]. Die formelhafte Aufzählung der in der Hauptverhandlung herangezogenen Beweismittel beweist insoweit nichts[14]. Sie ist ebenso überflüssig wie die bloße inhaltliche Wiedergabe aller Aussagen, die deren Wertung im Rahmen der eigenen Beweiswürdigung nicht ersetzen kann[15]. Die Dokumentation von **Gang und Ergebnis der Hauptverhandlung** ist Sache des **Sitzungsprotokolls** (§ 273), nicht der Urteilsgründe. Die Pflicht zur erschöpfenden Würdigung aller Beweise (§ 261) wirkt sich jedoch insoweit auf den Inhalt der schriftlichen Urteilsgründe aus, als diese durch Erörterung der Sachargumente unter Umständen dartun müssen, daß sie beachtet wurde (vgl. Rdn. 47 ff). Gleiches gilt für die Erfüllung der Aufklärungspflicht.

---

6   AK-*Wassermann* 2 leitet deshalb die Begründungspflicht auch aus Art. 19 Abs. 4 GG ab.

7   Vgl. EGMR EuGRZ **1993** 70; LR[24] MRK Art. 6, 73 mit weit. Nachw.

8   Bejahend etwa *Wagner* ZStW **106** (1994) 273 ff; 278; BonnerKom-*Rüping* GG Art. 103 Abs. 1, 55; *Maunz/Düring/Schmidt-Aßmann* GG Art. 103 Abs. 1, 99 (aus Erwägungspflicht folgt Begründungspflicht für Hauptpunkte); AK-*Wassermann* 2, HK-*Julius*[2] 11; **verneinend** etwa *Schmidt/Bleibtreu/Klein* GG Art. 103, 4; vgl. auch BVerfGE **86** 144; *Kunze* NJW **1995** 2752 (zu § 495a ZPO).

9   BVerfGE **5** 24; **13** 149; **22** 274; **25** 140; **27** 252; **28** 340; **34** 347; **40** 104; **47** 187; **54** 91; **66** 211; **86** 145; **96** 217; BonnerKom-*Rüping* Art. 103 Abs. 1, 56; *Leibholz/Ring/Hesselberger* GG Art. 103, 558.

10   Vgl. etwa BVerfGE **42** 368; **47** 187; **54** 46; BayVerfGHE **20** 61 sowie vorst. Fußnoten.

11   KK-*Engelhardt*[4] 1; 2; *Kleinknecht/Meyer-Goßner*[44] 1; KMR-*Paulus* 4.

12   H. M.; etwa BGH NStZ **1998** 51; bei Kusch NStZ **1995** 20; BGHR Darstellung 1; *Meyer-Goßner* NStZ **1988** 531; KK-*Engelhardt*[4] 1; *Kleinknecht/Meyer-Goßner*[44] 1.

13   BGH NJW **1951** 325; 413; 533; GA **1961** 172; **1965** 109; **1969** 280; OLG Hamm NJW **1970** 69; MDR **1973** 516; VRS **41** (1971) 123; **42** (1972) 43; OLG Koblenz VRS **46** (1974) 436; *Foth* DRiZ **1974** 23 (Erwähnung sinnvoll soweit das einzelne Beweismittel Gegenstand der ausdrücklichen Beweiswürdigung ist; sonst nur Gefahrenquelle für Bestand des Urteils).

14   BGH GA **1969** 280; NJW **1951** 533; NStZ **1985** 184; **1998** 51; 475; **2000** 48; 211; NStZ-RR **1997** 270; OLG Hamm NJW **1970** 70; *Foth* DRiZ **1974** 23.

15   BGH NStZ **1997** 377; **1998** 475; NStZ-RR **1997** 290; **1998** 277; 474; **1999** 272; bei *Kusch* NStZ **1995** 220; **1996** 326; NStZ-RR **2000** 293; vgl. auch vorst. Fußn.

3   **Verfahrensvorgänge** sind im Urteil grundsätzlich nicht zu erörtern. Eine Ausnahme gilt dann, wenn die Entscheidung über Anträge, die in der Hauptverhandlung gestellt wurden, dem Urteil vorbehalten worden ist, wie etwa die Entscheidung über Hilfsbeweisanträge (§ 244, 160 ff). Dann muß auch der Inhalt der Hilfsbeweisanträge im Urteil mitgeteilt werden[16]. Die Gründe für die Beeidigung eines Zeugen sind nur ausnahmsweise dort darzulegen (§ 59, 18). Ob Ausführungen im Urteil geeignet sind, einen bei der Beratung erkannten und berücksichtigten Verfahrensfehler zu heilen, hängt von der Art des jeweiligen Fehlers ab, sowie davon, ob es notwendig ist, die prozessuale Lage noch in der Hauptverhandlung für alle Beteiligte klarzustellen[17]. Zur Frage, wieweit die Erörterung der Tatsachen notwendig ist, die in der Hauptverhandlung als offenkundig oder erwiesen behandelt wurden oder deren Unterstellung als wahr zugesichert wurde, vgl. Rdn. 63.

4   Ist zweifelhaft, ob die **Prozeßvoraussetzungen** gegeben sind, so kann – trotz der Verpflichtung, dies in jeder Lage des Verfahrens von Amts wegen zu prüfen – eine Erörterung im Urteil angezeigt sein[18]. Zur Begründung des Einstellungsurteils vgl. Rdn. 158.

5   **c) Zweck.** Die Urteilsgründe sollen den Leser, nicht zuletzt den Angeklagten selbst, von der **Richtigkeit** und **Gerechtigkeit** des Urteils überzeugen. Dieser Zweck muß die Art der Darstellung bestimmen[19]. Durch die Erwägungen, die den individuellen Fall einer allgemeinen Norm zuordnen, legitimieren sie den an Gesetz und Recht (Art. 20 Abs. 3 GG) gebundenen Richterspruch[20]. Sie sollen zeigen, daß er auf einer willkürfreien Anwendung des geltenden Rechts beruht; zugleich verdeutlichen und bestätigen sie die für die Gemeinschaft verbindlichen Wertvorstellungen[21]. Der Zwang, die maßgebenden Urteilsgründe schriftlich festzulegen, dient zugleich auch der Eigenkontrolle der Richter; schon bei der Beratung müssen sie im Auge behalten, ob das gewonnene Urteil mit den erwiesenen Tatsachen und den sich darauf stützenden nachvollziehbaren Schlußfolgerungen hinreichend zu begründen ist[22].

6   Die schriftlichen Urteilsgründe sind bedeutsam für das **weitere Verfahren** in derselben Sache, insbesondere für das Rechtsmittelverfahren. Sie sollen dem Revisionsgericht die sachlich-rechtliche Nachprüfung des Urteils ermöglichen[23]. Die Zulässigkeit einer **Rechtsmittelbeschränkung** hängt davon ab, daß die nicht angefochtenen Teile der Entscheidung widerspruchsfrei und so ausreichend begründet sind, daß das Rechtsmittelgericht eine sichere Grundlage für die ihm verbleibende Entscheidung findet (vgl. bei § 318 und § 344, 26). Ob der **Wiederaufnahmegrund** des § 359 Nr. 5 gegeben ist, läßt sich nur aus den Urteilsgründen ermitteln[24]. Aus ihnen ist zu entnehmen, welche Tat im Sinne des § 264 abgeurteilt ist, wie weit also die **klageverbrauchende Wirkung** des Urteils

---

[16] Vgl. etwa BGHSt **2** 300; OLG Hamm NJW **1962** 66; KK-*Engelhardt*[4] 2; § 244, 267 ff.

[17] Vgl. Vor § 226, 54 ff; § 244, 150 ff; § 337, 256.

[18] OLG Hamburg MDR **1989** 666; OLG Hamm GA **1986** 562; *Kleinknecht/Meyer-Goßner*[44] 1; SK-*Schlüchter* 2.

[19] Dann entfällt der Vorwurf, daß die Urteile nicht mehr für den Angeklagten sondern nur noch für die Revisionsgerichte geschrieben werden (*Kunkis* DRiZ **1993** 191), auch wenn der Urteilsinhalt gleichzeitig den von der Revisionsrechtsprechung aufgestellten Anforderungen Rechnung trägt.

[20] So etwa *Wagner* ZStW **106** (1894) 278 mit weit. Nachw.

[21] *Roelleeke/Stark* VVDStRL **34** 7; 72; *Roxin*[25] § 48, 4;

Wagner StV **1984** 190; *Wolf* Gedächtnisschrift R. Bruns 230.

[22] *Krehl* GA **1987** 170; *Stark* VVDStRL **34** 72; *Wagner* ZStW **106** (1994) 279; SK-*Schlüchter* 2; vgl. auch *Maul* FS Pfeiffer 420 (Begründungszwang wirkt objektivierend auf Beratung zurück).

[23] Zur Bedeutung der Urteilsgründe als Grundlage der revisionsrichterlichen Nachprüfung vgl. § 337, 2ff; ferner zu den ständig steigenden Anforderungen an die Revisionsgerichte an die Urteilsgründe im Rahmen der Darstellungsrüge § 337, 120 ff; vgl. aber auch *Sarstedt* FS Dreher 685 (Richter soll bekunden, wovon er überzeugt ist, es ist nicht seine Aufgabe, den Revisionsrichter zu überzeugen).

[24] Vgl. bei § 359, 39.

reicht[25]. Sie bilden eine wichtige Grundlage für die Ausübung des Gnadenrechts, können aber auch für **andere Verfahren** von großer Bedeutung sein, so für die Strafzumessung oder die Anordnung von Maßregeln der Besserung und Sicherung in einem späteren Strafverfahren oder für ein Dienststrafverfahren oder ein berufs- oder ehrengerichtliches Verfahren. Wenn sie den Inhalt von Zeugenaussagen wiedergeben, können sie eine Unterlage für ein späteres Verfahren wegen Meineids oder falscher uneidlicher Aussage bieten[26].

Der Aufgabe, von der sachlichen und gedanklichen Richtigkeit, der inneren Schlüssig- **7** keit und der Gerechtigkeit der gefällten Entscheidung zu überzeugen, werden die Urteilsgründe am besten gerecht, wenn sie die entscheidenden Überlegungen in **klarer und einfacher Sprache** aufzeigen und auf alle Weitschweifigkeit und unnötige juristische Förmelei und papierne Gelehrsamkeit verzichten. Frei von polemischer Schärfe und Ironie sollen sie die Sachlichkeit und Ausgewogenheit der Urteilsfindung dokumentieren und sich jeder unnötigen, weil für die Begründung der Entscheidung nicht erforderlichen persönlichen Herabsetzung von Angeklagten und Zeugen enthalten[27]. Stil und Wortwahl der Urteilsgründe sollen der Bedeutung des Strafurteils als eines mitunter in die Rechte eines Bürgers schwer eingreifenden staatlichen Rechtsspruchs angemessen sein. Damit verträgt sich in der Regel nicht, daß sie betont lustig oder in der Form einer Satire abgefaßt werden[28]. Zu einer auf den Einzelfall bezogenen, sachlichen und zugleich lebensnahen Darstellung gehört beispielsweise auch, daß die Verfahrensbeteiligten mit ihrem Namen und nicht etwa nur mit ihrer Verfahrensrolle bezeichnet werden[29]. Die Urteilsgründe können ihren Zweck nur dann voll erfüllen, wenn sie nach sorgfältiger Sichtung des verhandelten und erwiesenen Stoffes unter Verzicht auf alle unwichtigen Einzelheiten das für die Entscheidung Wesentliche gedanklich und zeitlich gut geordnet und übersichtlich gegliedert darstellen[30]. Bei einer größeren Zahl von Taten, vor allem bei Serientaten, ist es zur Erleichterung der Übersicht zweckmäßig, die einzelnen Taten mit eigenen Ordnungsziffern so zu kennzeichnen, daß die jeweiligen Ausführungen mühelos den einzelnen Taten eindeutig zugeordnet werden können. Dabei kann es sich empfehlen, die Numerierung der einzelnen Taten aus der Anklage zu übernehmen oder aber, wenn das Urteil die Taten in einer anderen Abfolge wiedergibt, den Ordnungsziffern des Urteils diejenigen der Anklage in Klammern beizufügen[31].

2. Übereinstimmung mit dem Beratungsergebnis. Die Urteilsgründe müssen, ohne **8** daß die abweichende Ansicht des überstimmten Urteilsverfassers Ausdruck finden darf, so angegeben werden, wie sie in der Beratung kraft des Willens der Mehrheit oder der nach § 263 maßgebenden Minderheit beschlossen worden sind (vgl. § 275, 40). Es ist sowohl unzulässig, nachträglich angestellte Erwägungen oder Erkenntnisse hineinzuarbeiten[32], als auch, um das Urteil vor erfolgreicher Anfechtung zu bewahren, Gründe

---

[25] Vgl. § 264, 2.

[26] Vgl. bei § 249, 17 ff.

[27] *Kroschell/Meyer-Goßner* 78; zur Beleidigung durch Urteilsgründe OLG Oldenburg NdsRpfl. **1981** 88; *Köndgen* JZ **1979** 246; ferner BGHSt **10** 298; NJW **1978** 824; BGHZ **70** 1 = NJW **1971** 824 mit Anm. *Wolf*; zur Zulässigkeit einer dienstaufsichtlichen Beanstandung vgl. bei § 26 DRiG.

[28] BGH bei *Kusch* NStZ-RR **1999** 261; **2000** 293. Zu Urteilen in Gedichtform vgl. etwa OLG Karlsruhe NJW **1990** 2009; LG Frankfurt NJW **1982** 650; ferner LG Köln NJW **1987** 1421; AG München

NJW **1987** 1425; dazu *Putzo* NJW **1987** 1426; *Bedumont* NJW **1989** 372; **1990** 1969.

[29] *Obermeyer* DRiZ **1971** 58.

[30] Wegen der Einzelheiten vgl. die Bücher von *Furtner*, *Huber* und *Kroschell/Meyer-Goßner*; insbes. auch zum Stil der Urteilsgründe.

[31] BGH NStZ **1994** 400; NStZ-RR **1996** 336; **1999** 139 (L); bei *Kusch* NStZ **1997** 72.

[32] RG JW **1928** 2270; BGH bei *Miebach* NStZ **1988** 213 (Verhalten des Angeklagten nach Urteilsverkündung); AK-*Wassermann* 4; KK-*Engelhardt*[4] 1.

herzustellen, die von denen abweichen, mit denen sich die obsiegende Mehrheit oder Minderheit durchgesetzt hat[33]. Auch über die Einzelheiten der Urteilsfassung und ihr Übereinstimmen mit dem Beratungsergebnis entscheiden die Berufsrichter mit Stimmenmehrheit[34].

II. Form der Urteilsgründe

9   **1. Geschlossene Darstellung.** Die Urteilsgründe müssen aus sich heraus verständlich sein und allen Erfordernissen des § 267 entsprechen[35]. Üblicherweise werden die Urteilsgründe zum leichteren Verständnis in sachlich getrennte Abschnitte unterteilt, die als solche zwar keiner besonderen Überschrift bedürfen, die aber gedanklich und auch in der Form der Darstellung auseinander gehalten werden sollten. Bei einer Verurteilung ergeben sich fünf Hauptabschnitte, nämlich 1. die Erörterungen der persönlichen Verhältnisse des Angeklagten (Rdn. 79 ff), 2. die Feststellungen zum Tathergang unter Angabe der für erwiesen erachteten äußeren und inneren Tatsachen (Rdn. 22 ff), und der nach Absatz 2 zu berücksichtigenden Umstände (Rdn. 64 ff), 3. die Darlegung der Beweiswürdigung unter Angabe der Tatsachen, die den festgestellten Tathergang tragen (Rdn. 47 ff), 4. die Angaben über das angewandte Recht (Rdn. 73 ff) und 5. die Begründung des Rechtsfolgenausspruchs (Rdn. 78 ff)[36]. Für das Verständnis des Urteils unerläßlich ist es in der Regel, daß der vom Gericht auf Grund der Hauptverhandlung für erwiesen erachtete Sachhergang (§ 261) in einer **geschlossenen Darstellung**[37] geschildert wird. In der Regel genügt es nicht, wenn der vom Gericht für erwiesen erachtete Sachverhalt allenfalls aus verstreuten Einzelfeststellungen einer umfangreichen Beweiswürdigung erschlossen werden kann[38]. Das Gericht darf das Urteil nur auf seine **eigenen Feststellungen** gründen. Diese dürfen nicht durch eine **Verweisung auf** andere **Schriften**, auch nicht auf Schriften **in den Akten** ersetzt werden. Nur unter den Voraussetzungen des Absatz 4 Satz 1 darf die Bezugnahme auf die dort genannten Urkunden an die Stelle der eigenen Sachverhaltsdarstellung treten. Im übrigen genügt weder ein Hinweis auf die Anklageschrift[39], noch auf den Eröffnungsbeschluß[40], noch auf einen vorangegangenen Bußgeldbescheid[41], noch auf die Sitzungsniederschrift[42], noch auf den Inhalt eines bei den Akten befindlichen Gutachtens[43] oder auf bei den Akten befindliche Schriftstücke[44] noch sonst auf den Akteninhalt[45]. Unzulässig ist weiterhin die Bezug-

[33] *Jung* JW **1927** 363; *Sachse* GA **70** (1926) 161; *Seibert* MDR **1957** 597; AK-*Wassermann* 4; KMR-*Paulus* 4; teilw. **a. A** *Alsberg* JW **1926** 2164; JW **1930** 2521; zur Zulässigkeit der Bekanntgabe der abweichenden Meinung vgl. die Erläuterungen zu § 43 DRiG.

[34] BGHSt **26** 92, vgl. § 275, 40 mit weit. Nachw.

[35] BGHSt **30** 227; **33** 59; BGH NStZ **1992** 49; **1994** 400; NStZ-RR **1996** 109; StV **1981** 396; bei *Pfeiffer* NStZ **1981** 296; bei *Kusch* NStZ **1992** 225; OLG Bremen NJW **1964** 738; KK-*Engelhardt*4 3; *Kleinknecht/Meyer-Goßner*44 2; KMR-*Paulus* 18; 21; SK-*Schlüchter* 12.

[36] Vgl. *Kroschell/Meyer-Goßner*26 75 ff, ferner etwa AK-*Wassermann* 6; SK-*Schlüchter* 5; die die Erörterung der persönlichen Verhältnisse des Angeklagten den Rechtsfolgen zuordnen.

[37] So etwa BGH VRS **5** (1953) 606; BGH nach KK-*Engelhardt*4 8; sowie Rdn. 32 mit weit. Nachw.

[38] So etwa BGH StV **1991** 346; zur Trennung zwischen der Feststellung der erwiesenen Tatsachen und der Beweiswürdigung vgl. etwa BGH bei *Kusch* NStZ **1992** 225; BGHR § 267 Abs. I Satz 1 Sachdarstellung 2 ff.

[39] RGSt **4** 382; RG HRR **1927** Nr. 769; BGH bei KK-*Engelhardt*4 3.

[40] RGSt **4** 381; OLG Braunschweig NJW **1956** 27.

[41] OLG Bremen NStZ **1996** 287; OLG Düsseldorf wistra **1990** 78; SK-*Schlüchter* 13.

[42] RGRspr. **1** 558; BGH bei KK-*Engelhardt*4 3.

[43] OLG Schleswig bei *Ernesti/Jürgensen* SchlHA **1976** 171.

[44] BGH NStZ-RR **1999** 139 (L); **2000** 304; vgl. Rdn. 10; 25 ff.

[45] RGSt **62** 216; BGH nach KK-*Engelhardt*4 3.

nahme auf eine bei den Akten befindliche Skizze oder ein dort befindliches Lichtbild[46], sofern sie an die Stelle der Sachverhaltsdarstellung treten sollen[47]; nur wegen der Einzelheiten läßt Absatz 1 Satz 3 eine **ergänzende Verweisung** auf solche **Abbildungen** zu[48]. Hinweise auf Schriften in den Urteilsgründen sind grundsätzlich (Ausnahmen Rdn. 12) für das **Revisionsgericht unbeachtlich** (Rdn. 24 ff). Sie gefährden den Bestand des Urteils nur dann nicht, wenn dieses unbeschadet des Hinweises selbst alle erforderlichen Feststellungen enthält und die Geschlossenheit und Lückenlosigkeit der Darstellung durch den Hinweis auch nicht in Frage gestellt wird.

Die möglichst wörtliche **Wiedergabe der entscheidungserheblichen Teile** einer Schrift **10** oder einer Tonaufnahme ist deshalb unerläßlich. Mitunter kann eine Schrift dem Urteil beigeheftet und in dieser Form als Bestandteil des Urteils in die geschlossene Darstellung der Entscheidungsgründe integriert werden[49]. Ist dies wegen des Umfangs der Schrift oder wegen der Gemengelage der über das Werk verstreuten entscheidungserheblichen Teile nicht möglich oder zu deren klarer und eindeutiger Herausstellung nicht förderlich, muß bei einer auszugsweisen Wiedergabe in den Urteilsgründen auch dargetan werden, in welchem Sinnzusammenhang diese Teile untereinander und zum Gesamtinhalt des Werkes stehen und welche Bedeutung ihnen aus der Sicht des Gesamtinhaltes zukommt. Da das Urteil aus sich heraus verständlich sein muß, entfallen die erforderlichen Feststellungen des den Tatbestand einer Straftat erfüllenden Inhalts einer Schrift oder eines Ton- oder Bildträgers nicht etwa deshalb, weil der Inhalt des allgemein zugänglichen Werkes **offenkundig** ist[50]. Auch allgemeinkundige Tatsachen müssen in den Urteilsgründen festgestellt werden, das Revisionsgericht darf fehlende tatsächliche Feststellungen über die den Straftatbestand erfüllenden Tatsachen nicht von sich aus unter Hinweis auf die Offenkundigkeit ergänzen. Werden Bilder oder Skizzen in das Urteil selbst aufgenommen, so kann dies zur Verdeutlichung der sprachlichen Sachverhaltsfeststellung dienen, es kann sie aber nicht völlig ersetzen[51].

2. Bezugnahme auf Abbildungen (Absatz 1 Satz 3)

a) **Zweck** des in Absatz 1 nachträglich eingefügten Satzes 3 ist es, „zur Verein- **11** fachung der schriftlichen Urteilsgründe und zur Verringerung des Schreibwerks"[52] die Bezugnahme auf Abbildungen zuzulassen, die sich bei den Akten befinden. Das Prinzip, das die Urteilsgründe aus sich selbst heraus verständlich sein müssen, wird beibehalten. Die wenn auch knappe Schilderung des wesentlichen Aussagegehalts der Abbildung bleibt erforderlich[53], nur **wegen der Einzelheiten** darf **ergänzend** auf die Abbildung verwiesen werden. Der Gesetzgeber wollte auch bei Abbildungen das Verweisungsverbot nur in „einer vorsichtigen, die Verständlichkeit der schriftlichen Urteilsgründe nicht beeinträchtigenden Form" lockern[54]. Früher mußte der Inhalt einer dem Urteil nicht

---

[46] BGH VRS **5** (1953) 393; OLG Braunschweig NJW **1956** 72; OLG Frankfurt DAR **1957** 191; OLG Schleswig bei *Ernesti/Jürgensen* SchlHA **1970** 200.

[47] RGSt **41** 22; RG Recht **1915** Nr. 278; **1918** Nr. 1646; OLG Frankfurt DAR **1957** 191; OLG Stuttgart DAR **1968** 337; OLG Schleswig bei *Ernesti/ Jürgensen* SchlHA **1972** 161.

[48] Dazu Rdn. 11 ff.

[49] Vgl. RGSt **53** 257; BGHSt **23** 40; BGH NStZ **1987** 374; ferner Rdn. 25.

[50] So aber *Heiligmann* NJW **1972** 1961; KMR-*Paulus* 11; mit Einschränkung auch *W. Schmid* ZStW **85** (1973) 903; vgl. § 337, 106; ferner § 244, 231.

[51] BayObLG JR **1997** 38 mit Anm. *Göhler*; *Eb. Schmidt* 4; § 337, 107.

[52] Begr. BTDrucks. **8** 976, S. 24; vgl. Rdn. 21.

[53] BayObLGSt **1992** 150; OLG Düsseldorf VRS **74** (1988) 449; JMBlNW **1997** 263; OLG Frankfurt JZ **1974** 516; OLG Stuttgart GA **1979** 471; *Rieß* NJW **1978** 2279; AK-*Wassermann* 9, HK-*Julius*[2] 6; KK-*Engelhardt*[4] 6; *Kleinknecht/Meyer-Goßner*[44] 10; KMR-*Paulus* 17; SK-*Schlüchter* 37; vgl. Rdn. 21.

[54] Begr. BTDrucks. **8** 976, S. 55. Vgl. OLG Celle Nds-Rpfl. **1985** 47 (Bezugnahme auf Radarfoto in den Akten macht Beschreibung der einzelnen Identifizierungsmerkmale entbehrlich); ferner § 261, 101.

beigefügten Abbildung auch hinsichtlich aller entscheidungserheblichen Einzelheiten in den Urteilsgründen mit Worten umständlich beschrieben werden, obwohl die Betrachtung der bei den Akten befindlichen Abbildung einen viel exakteren und anschaulicheren Eindruck vermittelt.

12   Durch die Verweisung wird die Abbildung als Ganzes so zum **Bestandteil der Urteilsgründe**, wie wenn sie in diese aufgenommen worden wäre (Rdn. 10). Das Revisionsgericht, das bisher bei der Beurteilung einer Abbildung im Rahmen der Sachrüge ausschließlich auf den Urteilsinhalt beschränkt und an die dortigen Feststellungen gebunden war, kann die bei den Akten befindliche Abbildung aus eigener Anschauung würdigen und zumindest prüfen, ob die vom Tatrichter aus der Abbildung gezogenen Schlüsse tatsächlich möglich und rechtlich fehlerfrei sind[55]. Damit werden überflüssige Aufhebungen wegen einer ungenügenden Beschreibung der Darstellung in den Urteilsgründen vermieden und dem Revisionsgericht wird eine bessere und umfassendere Überprüfung der Schlüssigkeit der tatsächlichen Urteilsgrundlagen ermöglicht[56]. Die technisch mitunter schwierige Aufnahme einer Abbildung in das Urteil erübrigt sich.

13   **b) Alle Arten von bildlichen Darstellungen**, also alle durch Gesichts- und Tastsinn in ihrem Aussagegehalt erfaßbaren Gebilde[57], können durch Verweisung zum Bestandteil der Urteilsgründe gemacht werden. Der Regierungsentwurf nennt als Beispiele beleidigende oder pornographische Darstellungen oder Lichtbilder, ferner Skizzen zur Verdeutlichung einer Örtlichkeit[58]. Es kommt jede Art von Abbildung in Betracht, in der der Tatbestand einer Straftat gefunden wird oder die sonst für eine zu treffende Tatsachenfeststellung von Bedeutung ist, also nicht nur gemalte oder gezeichnete Bilder oder Lichtbilder, sondern auch Lageskizzen oder Landkarten; auch sonstige, der optischen Wahrnehmung durch Augenschein zugängliche Aufzeichnungen gehören hierher, wie etwa technische Diagramme oder die graphische Darstellung einer Statistik. Format und Material des Bildträgers spielen dabei ebensowenig eine Rolle wie die Mittel der bildlichen Gestaltung oder Gegenstand und Zweck der Darstellung oder die Frage, ob es sich um ein Original oder eine Kopie handelt.

14   Fraglich kann allenfalls sein, ob eine für die Bezugnahme geeignete Abbildung auch dann vorliegt, wenn **technische Hilfsmittel** notwendig sind, um sie betrachten zu können, wie etwa bei Abbildungen in Mikroformat, bei Diapositiven oder bei Verwendung elektronischer Bildträger[59]. Vom Regelungszweck her wird man dies jedoch bejahen müssen; selbst bei Filmen und Videoaufnahmen dürfte die Verweisung auf ihren Bildteil zulässig sein, während die sie begleitende Musik und ihr Begleittext nicht mehr dazu gerechnet werden können[60].

15   Die Unzulässigkeit der Verweisung auf Schriftstücke (Rdn. 25) schließt die Verweisung auf Abbildungen nicht aus, wenn diese zu ihrer Ergänzung einen **unselbständigen Text** enthalten. Soweit sich seine Bedeutung darin erschöpft, das Verständnis der Abbildung zu erleichtern oder sie zu erläutern, wie etwa bei Straßennamen auf Landkarten

---

[55] Zu den strittigen Fragen, in welchem Umfang die verwiesene Abbildung bei der revisionsrichterlichen Nachprüfung herangezogen werden kann vgl. etwa BGHSt **41** 380; BayObLGSt **1992** 150; *Neumann* GA **1988** 396; § 337, 107 mit. weit. Nachw.

[56] Begr. BTDrucks. **8** 976, S. 55; KK-*Engelhardt*[4] 6; zur Problematik § 337, 107.

[57] AK-*Wassermann* 8; KK-*Engelhardt*[4] 6; HK-*Julius*[2] 6; *Kleinknecht/Meyer-Goßner*[44] 9; KMR-*Paulus* 15; SK-*Schlüchter* 35; enger Neumann GA **1988** 396

(nur Darstellungen, die ein tatsächliches Geschehen beschreiben oder beweisen sollen, nicht Karikaturen); vgl. auch die Erläuterungen zum Begriff der Abbildung bei § 11 Abs. 3 StGB.

[58] BTDrucks. **8** 967 S. 55.

[59] KK-*Engelhardt*[4] 6.

[60] HK-*Julius*[2] 6, vgl. SK-*Schlüchter* 35 (akustisch erfaßbare Aufnahmen auf Tonträger unterfallen nicht dem Anwendungsbereich des Absatzes 1 Satz 3.)

oder Begleittexten bei Statistiken, wird er von der Bezugnahme mitumfaßt. Die Grenze dürfte dort liegen, wo ein auf einer Abbildung angebrachter Vermerk nicht mehr im Wege des Augenscheins, sondern im Wege des Urkundenbeweises nach § 249 in die Hauptverhandlung eingeführt werden muß, weil sein gedanklicher Inhalt aus sich heraus verständlich ist und eine vom Inhalt der Darstellung lösbare eigene Beweisbedeutung hat[61].

c) Voraussetzung für die Zulässigkeit der Bezugnahme ist, daß sich die Abbildung im **16** Zeitpunkt der Urteilsfindung **bei den Akten befindet** und zu erwarten ist, daß sie zumindest für die Dauer des Verfahrens dort verbleibt. Nur dann ist sie – weil für Gericht und Verfahrensbeteiligte jederzeit einsehbar – geeignet, das Urteil zu ergänzen. **Abbildungen im Besitz anderer Behörden** oder von **Privatpersonen** scheiden für die Verweisung ebenso aus wie Abbildungen, die zwar in allgemein zugänglichen, offenkundigen Schriften einsehbar sind[62], ohne daß jedoch ein Stück den Akten beiliegt. Auch auf ein Bild, das sich nur in den Handakten der Staatsanwaltschaft befindet, darf nicht verwiesen werden.

Bei den Akten befindet sich eine Abbildung nicht nur dann, wenn sie in die Haupt- **17** akten eingeheftet ist; es genügt, wenn sie rechtlich Bestandteil der Akten des betreffenden Strafverfahrens ist, auch wenn sie gesondert aufbewahrt wird[63]. Es dürfte ausreichen, wenn sich die Abbildung in den Strafakten eines im Zeitpunkt des Urteils mit dem Verfahren gegen den Angeklagten **verbundenen anderen Verfahrens** befindet, oder in Akten, die zum Strafverfahren beigezogen worden sind[64], denn auch dann sind die Abbildungen später bei Bedarf für Gericht und Verfahrensbeteiligte greifbar. Abbildungen, die dem Gericht in einem anderen, nicht verbundenen Verfahren vorliegen, kommen dagegen für die Bezugnahme nicht in Betracht.

Bei Abbildungen, die nach Rechtskraft des Verfahrens **an andere Personen hinaus-** **18** **gegeben** werden müssen, wie etwa von Dritten erlangte Beweismittel[65], könnte die Zulässigkeit der Bezugnahme fraglich sein. Diese Abbildungen stehen bei einer späteren Verwendung des rechtskräftigen Urteils (Strafvollstreckung, Gnadenverfahren, Wiederaufnahmeverfahren usw.) nicht mehr zur Verfügung und sind unter Umständen später auch nicht mehr beizubringen. Da die Bezugnahme das Urteil jedoch nur hinsichtlich der Einzelheiten ergänzt und seine Allgemeinverständlichkeit nicht beeinträchtigt, scheint eine Bezugnahme auch dann noch rechtlich vertretbar, wenn die Abbildung nach Rechtskraft des Urteils aus den Akten entfernt und an eine andere Person hinausgegeben werden muß[66]. Praktisch sollte späteren Schwierigkeiten allerdings dadurch vorgebeugt werden, daß in solchen Fällen ein Lichtbild oder eine Kopie der Abbildung für dauernd zu den Hauptakten genommen wird.

Eine Bezugnahme muß nach dem Sinn der Regelung **unterbleiben**, wenn sich die **19** betreffende Abbildung im Zeitpunkt der Urteilsabsetzung bereits **nicht mehr bei den Akten** befindet oder wenn voraussehbar ist, daß sie nicht mehr greifbar sein wird, wenn sich die nächste Instanz, vor allem das Revisionsgericht, mit dem Urteil befaßt. Der Umstand, daß das Urteil auf eine Abbildung Bezug genommen hat, würde für sich allein ihre Herausgabe an den Berechtigten (vgl. § 111k) nicht hindern. Schwierigkeiten für die Praxis dürften hieraus allerdings kaum entstehen, denn eine Bezugnahme kommt

---

61 Vgl. § 249, 9; 30; 250, 10 ff.
62 Vgl. Rdn. 10.
63 KK-*Engelhardt*[4] 6; *Kleinknecht/Meyer-Goßner*[44] 10; SK-*Schlüchter* 36; vgl. bei § 147 und § 199.
64 KK-*Engelhardt*[4] 6; SK-*Schlüchter* 36.
65 Vgl. bei §§ 94; 98; 111k.
66 SK-*Schlüchter* 36.

nur bei entscheidungserheblichen Abbildungen in Frage, also bei Bildern, die ohnehin noch für die Zwecke des Strafverfahrens benötigt werden und bei denen schon deshalb eine vorzeitige Freigabe ausscheidet.

20   Das **Original** der Abbildung braucht nicht vorliegen, es darf auch auf eine in den Akten befindliche Kopie verwiesen werden. Durch die Reproduktion bedingte wesentliche Unterschiede in der Wiedergabe (z. B. schwarz/weiß statt farbig) sind in den Urteilsgründen darzulegen. Soweit sie entscheidungserhebliche Tatsachen betreffen, bedarf es unter Umständen ergänzender Feststellungen.

21   **d) Urteilsgründe bei Bezugnahme.** Die Bezugnahme nach Absatz 1 Satz 3 soll nur die Schilderung der Einzelheiten ersetzen, nicht jedoch die für die Verständlichkeit des Urteils aus sich heraus notwendige zusammenhängende, in sich geschlossene Darstellung aller Tatsachen, in denen die gesetzlichen Merkmale der Straftat gefunden werden[67]. Was hierzu notwendig ist, bestimmt sich nach den Erfordernissen einer aus sich heraus verständlichen Gesamtdarstellung sowie danach, unter welchem Gesichtspunkt die Abbildung rechtlich für die Urteilsfindung relevant ist, kann also je nach der Bedeutung der Abbildung für die Urteilsfindung unterschiedlich zu beurteilen sein. Aber auch wo ihr Inhalt als solcher den objektiven Straftatbestand erfüllt, genügt es, wenn sich das Urteil auf eine knappe Hervorhebung des Wesentlichen beschränkt. Alle Einzelheiten, etwa die Details einer beleidigenden oder pornographischen Darstellung, können auch dann durch die Verweisung ersetzt werden, wenn sie für die Urteilsfindung von Bedeutung sind[68].

22   **Form der Bezugnahme.** Daß zur Ergänzung des tatsächlichen Feststellungen wegen der Einzelheiten auf eine bestimmte, in den Akten befindliche Abbildung verwiesen wird, muß in den Urteilsgründen eindeutig und zweifelsfrei zum Ausdruck kommen. Dies braucht, obwohl zweckmäßig, nicht unbedingt mit dem Wortlaut des Gesetzes geschehen[69]. Es genügt aber nicht, wenn die Urteilsgründe lediglich anführen, daß die betreffende Abbildung „in Augenschein" genommen wurde[70]. Die Bezugnahme muß das Auffinden der betreffenden Abbildung in den Akten eindeutig ermöglichen. Auch wenn der Gesetzgeber dies nicht ausdrücklich fordert[71], sollte deshalb die Aktenstelle angegeben werden. Bei mehreren, nicht alle in Bezug genommenen Abbildungen ähnlichen Inhalts, bei umfangreichen Akten oder bei Bezugnahme auf einer den Beiakten einliegenden Abbildung ist dies unerläßlich.

23   **e) Freisprechende** oder einstellende **Urteile.** Die Bezugnahme auf Abbildungen nach Absatz 1 Satz 3 ist auch bei den freisprechenden Urteilen im gleichen Ausmaß wie bei den verurteilenden Erkenntnissen zulässig[72]. Soweit diese tatsächliche Feststellungen enthalten müssen, ging der Gesetzgeber davon aus, daß Absatz 1 Satz 3 auf Grund des Gesamtzusammenhangs des § 267 ebenfalls anwendbar ist. Eine ausdrückliche gesetzliche Regelung, die Absatz 1 Satz 3 bei Absatz 5 für entsprechend anwendbar erklärt,

---

[67] Vgl. Rdn. 32 ff.

[68] BGH ArchPR **1978** 103 (keine Verpflichtung, sexualbezogene Filmszenen mit besonderer Genauigkeit zu schildern); ähnlich OLG Frankfurt JZ **1974** 516; OLG Hamm OLGSt § 184 StGB, 63. Die bloße Wiedergabe des Ergebnisses der Wertung genügt aber nicht: OLG Stuttgart GA **1979** 471 (Nacktfilme mit pornographischem Inhalt); OLG Karlsruhe NJW **1974** 2016; ferner BayObLG NJW **1972** 1961.

[69] OLG Celle NdsRpfl **1987** 258; AK-*Wassermann* 8;

Kleinknecht/Meyer-Goßner[44] 8; SK-*Schlüchter* 38; vgl. auch nachf. Fußn.

[70] OLG Brandenburg NStZ-RR **1998** 240; OLG Hamm NStZ-RR **1998** 238; VRS **92** (1997) 418; VRS **93** (1997) 349; vgl. auch vorst. Fußn.

[71] Der Entwurf des Bundesrats (BTDrucks. **8** 354, S. 6) hatte eine „Bezugnahme mit Angabe der Aktenstelle" vorgesehen.

[72] Vgl. BGH NStZ **1991** 596; KK-*Engelhardt*[4] 6; *Kleinknecht/Meyer-Goßner*[44] 8.

wurde für entbehrlich gehalten[73]. Bei **einstellenden Urteilen** muß dann das Gleiche gelten, da insoweit an die Urteilsbegründung auch der Form nach keine strengeren Anforderungen gestellt werden können als bei verurteilenden Erkenntnissen nach § 267 Abs. 1 bis 4.

3. Keine Bezugnahme auf Tonträger und Schriftstücke

a) Keine analoge Anwendung von Absatz 1 Satz 3. Tonträger, deren Inhalt akustisch 24 wahrnehmbar ist, fallen nicht unter den Begriff der Abbildung. Bei ihnen wäre die Möglichkeit einer Bezugnahme genauso sinnvoll und zweckmäßig wie bei Abbildungen. Die analoge Anwendung des Absatzes 1 Satz 3 auf Tronträger läge deshalb nahe. Gegen sie spricht jedoch derzeit, daß der Gesetzgeber die Ausnahmeregelung für Abbildungen bewußt eng gefaßt und die Zulässigkeit der Bezugnahme auf Schriftstücke ausdrücklich abgelehnt hat[74].

Schriftstücke dürfen nicht durch Verweisung zum Bestandteil der Urteilsgründe 25 gemacht werden. Der Gesetzgeber hat dies in Übereinstimmung mit dem Regierungsentwurf entgegen dem Vorschlag des Bundesrates abgelehnt, weil er eine solche Regelung wegen praktischer Schwierigkeiten und der nur geringen Arbeitsentlastung nicht für sachgerecht hielt[75]. Der Regierungsentwurf hatte darauf hingewiesen, daß die wörtliche Aufnahme von Schriftstücken in die Urteilsgründe wegen der Möglichkeit, Abdrucke in die Urteilsgründe einzufügen, weder Richter noch Kanzleien wesentlich belaste; wo dies nicht notwendig sei, würde der Zwang, neben der Verweisung noch den wesentlichen Inhalt der Urkunde in eigenen Worten zusammenzufassen, eher zu einer Mehrarbeit führen und außerdem die Gefahr von Unklarheiten und Widersprüchen in den Urteilsfeststellungen in sich bergen[76]. Bei dem erklärten gegenteiligen Willen des Gesetzgebers ist für eine analoge Anwendung des Absatzes 1 Satz 3 auf Schriftstücke kein Raum.

b) Urteilsgründe bei entscheidungserheblichen Schriften. Ergeben sich die Merkmale 26 einer Straftat aus einem Schriftstück, etwa einem Brief oder einem Zeitungsaufsatz oder einer anderen Druckschrift, so muß der für die Entscheidung bedeutsame **wesentliche Inhalt** des Schriftstücks in die Urteilsgründe aufgenommen werden. Diese müssen in sich verständlich sein, eine Verweisung auf das in den Akten enthaltene Schriftstück reicht nicht aus[77]. Es bedarf nicht immer einer vollständigen und wörtlichen Wiedergabe oder, wenn eine Mehrzahl von Schriftstücken strafbaren Inhalts in Betracht kommt, einer Erörterung aller einzelnen Schriftstücke. Es genügt, wenn das Gericht in den Urteilsgründen den Inhalt des Schriftstücks so beschreibt, daß die Nachprüfung rechtsirrtumsfreier Anwendung des Strafgesetzes ermöglicht wird, und wenn es bezüglich der mitherangezogenen Schriftstücke feststellt, daß diese einen gleichen oder durchaus ähnlichen Inhalt haben[78]. Soweit es allerdings auf den **Wortlaut** ankommt, muß dieser in seinen für die Strafrechtsanwendung wesentlichen Sätzen wiedergegeben werden[79]. Auch die **Berechnungsgrundlagen** für die Höhe einer hinterzogenen Abgabe und für den Wertersatz müssen in den Urteilsgründen enthalten sein; auch insoweit dürfen sich diese

---

[73] BTDrucks. **8** 976, S. 55.

[74] *Paeffgen* FS II Peters 83 lehnt die Anwendung des Absatzes 1 Satz 3 auf Tonträger ab. Für die Ausdehnung de lege ferenda AK-*Wassermann* 6.

[75] RAussch. BTDrucks. **8** 1844, S. 32.

[76] BTDrucks. **8** 967, S. 55.

[77] RGSt **53** 258; **62** 216; **66** 8; RG JW **1929** 1051; **1931**

1571; HRR **1939** Nr. 548; 1009; BGHSt **11** 31; **17** 389; **23** 78; BayObLG NJW **1972** 1961; OLG Braunschweig NJW **1956** 72; *Hanack* JZ **1972** 488; KK-*Engelhardt*[4] 3; KMR-*Paulus* 11; *Eb. Schmidt* 4.

[78] RG JW **1929** 2739.

[79] BayObLG NJW **1972** 1961 mit abl. Anm. *Heiligmann*.

nicht auf Einzelheiten in den Akten beziehen[80]. Zulässig ist dagegen, derartige Berechnungen und Aufstellungen in einer dem Urteil als Bestandteil beigefügten Anlage aufzunehmen[81]. Wird entgegen dem zuvor besprochenen Erfordernis im Urteil auf ein den strafbaren Tatbestand erfüllendes Schriftstück ohne ausreichende Wiedergabe seines Inhalts verwiesen, so fehlt die von § 267 geforderte Urteilsbegründung[82]; der Bestand des Urteils ist nur dann nicht gefährdet, wenn seine sonstigen Feststellungen ausreichen um die Verurteilung zweifelsfrei zu tragen.

27   **c) Urteilsgründe bei Tonträgern.** Erfüllt der Inhalt einer **Schallplatte** (Text und Musik) den Tatbestand einer strafbaren Handlung, dann müssen die Urteilsgründe den wesentlichen Inhalt der Platte wiedergeben; unter Umständen muß auch die musikalische Untermalung in ihrer Eigenart geschildert werden, soweit dies für die strafrechtliche Würdigung von Bedeutung sein kann[83]. Für andere Tonträger gilt gleiches.

4. Bezugnahme auf Urteile

28   **a) Auf Urteile,** die in einer **anderen Sache** ergangen sind, darf nicht verwiesen werden, um die vom Gericht selbst zu treffenden tatsächlichen Feststellungen zu ersetzen oder um selbständige Formulierungen zu ersparen. Dabei ist es gleich, ob diese Urteile gegen den Angeklagten oder eine andere Person ergangen sind[84].

29   **b)** Bei Urteilen, die in der **gleichen Sache** ergangen sind, ist zu unterscheiden: Sind tatsächliche Feststellungen in früheren Urteilen für **das weitere Verfahren bindend** geworden, etwa weil ein Rechtsmittel wirksam beschränkt oder die Sache nur zum Teil zur neuen Entscheidung zurückverwiesen wurde, darf hierauf verwiesen werden[85]. Insoweit ist das Gericht zu eigenen Feststellungen nicht befugt, die bindend gewordenen Teile der früheren Entscheidungen sind Bestandteil der aus mehreren sich ergänzenden Urteilen zusammengesetzten (einheitlichen) Gesamtentscheidung[86]. **Unzulässig** ist dagegen die Bezugnahme auf frühere Urteile oder Urteilsteile, die samt den zugrunde liegenden Feststellungen **aufgehoben** wurden, so die Bezugnahme auf ein aufgehobenes eigenes Urteil[87] oder auf ein Revisionsurteil, das ein früheres Urteil samt Feststellungen aufgehoben und die Sache an die Vorinstanz zurückverwiesen hatte[88]. Die **persönlichen Verhältnisse** des Angeklagten müssen grundsätzlich nach jeder den Rechtsfolgenausspruch betreffenden Aufhebung im neuen Urteil neu festgestellt werden; soweit sie für die zu

---

[80] RG HRR **1938** Nr. 637.

[81] BGH NStZ **1987** 374; *Kleinknecht/Meyer-Goßner*[44] 2; SK-*Schlüchter* 13.

[82] RGSt **66** 4; RG DRiZ **1927** Nr. 841; BGH LM § 352 Nr. 4; KK-*Engelhardt*[4] 3; vgl. § 337, 136.

[83] OLG Köln GA **1968** 344; vgl. auch BGHSt **23** 78.

[84] RGSt **4** 367; **30** 143; RG GA **51** (1904) 394; **69** 92; JW **1923** 395; **1932** 404; **1934** 44; BGH NJW **1951** 413; BayObLGSt **1959** 71; OLG Köln MDR **1954** 413; *Fuhrmann* JR **1962** 81; AK-*Wassermann* 7; KK-*Engelhardt*[4] 4; *Kleinknecht/Meyer-Goßner*[44] 2; KMR-*Paulus* 10; SK-*Schlüchter* 15; vgl. auch BGH NStZ **1992** 49; (nur Verweisung wegen Einzelheiten).

[85] BGHSt **24** 274; **30** 225; **33** 59; BGH NJW **1982** 589; **1985** 638; *Fuhrmann* JR **1962** 81; KK-*Engelhardt*[4] 4; *Kleinknecht/Meyer-Goßner*[44] § 354, 46; KMR-*Paulus* 10; SK-*Schlüchter* 15; 16.

[86] BGHSt **30** 225; BGH NJW **1985** 638; vgl. ab Bay-

ObLG bei *Rüth* DAR **1983** 253 (zum Umfang der Bezugnahme bei Rechtsmittelbeschränkung auf Rechtsfolgenausspruch).

[87] RG JW **1934** 44; **1938** 1814 mit Anm. *Klee*; HRR **1942** Nr. 746; BGHSt **24** 274; BGH NJW **1977** 1247; JR **1956** 307; StV **1982** 105; **1991** 503; bei *Holtz* MDR **1978** 460, bei *Martin* DAR **1975** 121; bei *Pfeiffer* NStZ **1982** 196; bei *Pfeiffer/Miebach* NStZ **1984** 18; bei *Miebach/Kusch* NStZ **1991** 122; bei *Spiegel* DAR **1985** 193; BayObLGSt **1959** 71; OLG Bremen NJW **1964** 738; **a. A** RG JW **1938** 513; OLG Saarbrücken NJW **1960** 590. BGHSt **30** 225 läßt offen, ob dies auch uneingeschränkt gilt, wenn das erkennende Gericht dieselben Feststellungen erneut in eigener Verantwortung getroffen hat.

[88] RG JW **1938** 1814 mit Anm. *Klee*; BGHSt **24** 275; BGH JR **1956** 307; NJW **1977** 1247; LM § 253 Nr. 4.

treffende Entscheidung relevant sind, scheidet die Verweisung auf die Ausführungen in einem früheren Urteil aus[89]. Auch bei **Begründung der Strafe** und der sonstigen **Rechtsfolgen**, die dem neu erkennenden Gericht eigene Erwägungen und Abwägungen abverlangt, dürfen die Ausführungen aus einem früheren Urteil nicht einfach durch Bezugnahme übernommen werden[90]. Dies gilt auch, wenn das neu erkennende Gericht die gleichen Feststellungen wie im früheren Urteil treffen will[91]. Mit dem Ausschluß der Verweisung soll in diesen Fällen nicht nur die Urteilsklarheit, sondern auch die Pflicht zu eigenständigen Würdigung und Feststellungen gesichert werden[92]. Deshalb kann auch in der **wörtlichen Wiederholung** der Feststellungen eines aufgehobenen Urteils eine unzulässige Bezugnahme liegen[93]. Stimmen einige Absätze des neuen Urteils wörtlich mit dem aufgehobenen Urteil überein, so bedeutet das andererseits noch nicht, daß das Gericht seine Überzeugung nicht aus der neuen Hauptverhandlung gewonnen habe[94].

c) Eine **Ausnahme** macht die Rechtsprechung lediglich für die **Berufungsurteile**, in denen auf das gegen den Beschwerdeführer ergangene Urteil der ersten Instanz Bezug genommen wird. Voraussetzung für eine solche Bezugnahme ist aber, daß genau und zweifelsfrei angegeben ist, in welchem Umfang das Berufungsgericht die tatsächlichen und rechtlichen Ausführungen übernimmt[95]. Die Gesamtdarstellung darf dadurch in keinem Stück unsicher oder unklar oder der Umfang der Verweisung zweifelhaft werden[96]; es muß erkennbar sein, daß das Berufungsgericht seiner Pflicht zu eigenen Feststellungen und zur eigenen Beweiswürdigung voll nachgekommen ist[97]. **Unzulässig** sind daher in der Regel **Pauschalverweisungen**[98]. Gleiches gilt für Bezugnahmen „soweit sich nicht aus dem Folgenden Abweichendes ergibt" oder „im Wesentlichen", denn das Berufungsgericht darf nicht dem Leser überlassen, die Abweichungen durch einen Vergleich beider Urteile zu ermitteln[99]. Eine Bezugnahme auf Teile des Ersturteils wird verschiedentlich auch dann als unzulässig angesehen, wenn nicht gesichert erscheint, daß die Pflicht zu eigenen Feststellungen voll beachtet wurde, etwa, wenn auf die Gründe des Ersturteils verwiesen wurde, obwohl das Berufungsurteil auf einer anderen Beweis- **30**

---

[89] BGH NJW **1977** 1247; NStZ **1985** 309; **1992** 49; StV **1981** 115; VRS **50** (1976) 342; BGH bei *Holtz* MDR **1978** 460; BGH bei *Pfeiffer* NStZ **1981** 296; bei *Pfeiffer/Miebach* NStZ **1983** 213; 358; **1984** 18; NStZ **1985** 207; **1987** 220; bei *Miebach* NStZ **1989** 15; bei *Miebach/Kusch* NStZ **1991** 121; bei *Kusch* NStZ **1992** 29; **1994** 25; bei *Spiegel* DAR **1985** 193.

[90] BGH StV **1982** 105; VRS **75** (1988) 202; vgl. auch nachfolgende Fußn.

[91] BGH NJW **1977** 1247; StV **1991** 503; BGH bei *Holtz* MDR **1978** 460, bei *KK-Engelhardt*[4] 4.

[92] *Fuhrmann* JR **1962** 81; *KK-Engelhardt*[4] 4; *KMR-Paulus* 10.

[93] BGH StV **1982** 105; OLG Stuttgart NJW **1982** 897; vgl. BGH bei *Pfeiffer/Miebach* NStZ **1983** 213 (Feststellungen, die nahezu wörtlich mit denen des aufgehobenen Urteils übereinstimmen). Es ist aber immer nach den Besonderheiten des Einzelfalls zu beurteilen, ob die Eigenständigkeit der Feststellungen gesichert ist.

[94] BGH bei *Dallinger* MDR **1957** 653; *KK-Engelhardt*[4] 4.

[95] Vgl. OLG Hamm NStZ-RR **1997** 369; *KK-Engelhardt*[4] 5; *Kleinknecht/Meyer-Goßner*[44] 2a (genaue

Angabe der in Bezug genommenen Urteilsstellen nach Seite, Absatz und Zeile).

[96] BGHSt **33** 59; OLG Hamm VRS **94** (1993) 117.

[97] BGH StV **1989** 5; OLG Stuttgart StV **1991** 340.

[98] OLG Stuttgart Justiz **1979** 270; 271; *KMR-Paulus* 13; *SK-Schlüchter* 18; vgl. auch nachf. Fußn.

[99] RGSt **59** 78; 427; **66** 8; RG JW **1931** 212; OLG Hamm NJW **1952** 77; JMBlNW **1980** 71; OLG Karlsruhe Justiz **1974** 98; OLG Koblenz GA **1977** 248; VRS **53** (1977) 186; OLG Köln VRS **7** (1954) 219; MDR **1954** 566; OLG Neustadt VRS **23** (1962) 40; OLG Oldenburg NdsRpfl. **1954** 35; OLG Saarbrücken NJW **1960** 590; OLG Stuttgart GA **1968** 285; Justiz **1973** 332; **1979** 271; OLG Schleswig bei *Ernesti/Jürgensen* SchlHA **1975** 191; *Fuhrmann* JR **1962** 81; *Lichti* DRiZ **1952** 152; *Seibert* JR **1952** 77; OLG Schleswig bei *Ernesti/Jürgensen* SchlHA **1970** 200 hält es für zulässig, wenn auf bestimmte Seiten des Ersturteils „soweit rot eingeklammert" Bezug genommen wird. Für das Revisionsgericht mag damit zwar der Umfang der Bezugnahme genau erkennbar sein, für die anderen Prozeßbeteiligten ist er aber ohne Akteneinsicht nicht feststellbar.

grundlage ergangen ist[100], oder wenn trotz Änderung des Schuldspruchs (Beihilfe statt Mittäterschaft) auf die „zutreffenden" Strafzumessungsgründe des Ersturteils Bezug genommen wurde[101].

31   **5.** Die **Verwendung von Vordrucken** für die Urteilsbegründung ist nicht grundsätzlich ausgeschlossen. Es muß aber für die individuelle Feststellung der Besonderheiten des Einzelfalls genügend Raum bleiben und dieser muß auch genutzt worden sein[102]. Die Einzelfallbezogenheit der Urteilsfeststellungen muß erkennbar gewahrt sein. Daran fehlt es, wenn der Vordruck, um einer Vielzahl von Fällen gerecht zu werden, so verallgemeinernd gehalten ist, daß er die Besonderheiten des Tatgeschehens nicht mehr hinreichend kennzeichnet[103]. Die von § 267 Abs. 1 Satz 1 geforderten eigenen Feststellungen des konkreten Sachverhalts dürfen nicht durch formelhafte Wendungen ersetzt werden. Ein Vordruck, der für die Feststellung aller Besonderheiten des Einzelfalls Raum läßt, wäre zwar nicht zu beanstanden, sein Rationalisierungseffekt ist aber gering. Die Übersendung des Vordrucks als Urteilsausfertigung an außenstehende Prozeßbeteiligte sollte auf jeden Fall unterbleiben, da sie weder der Bedeutung des Strafurteils noch der Würde des Gerichts entspricht[104]. Die Verwendung elektronisch gespeicherter **Textbausteine** ist ebenfalls zulässig, sofern die Einzelfallbezogenheit der Urteilsgründe gewahrt bleibt.

III. Feststellungen zum Tathergang

1. Merkmale der Straftat

32   **a)** Die Urteilsgründe müssen in einer **geschlossenen, aus sich selbst heraus verständlichen Darstellung** (Rdn. 9) die für erwiesen erachteten konkreten Tatsachen angeben, in denen die gesetzlichen Merkmale der Straftat gefunden werden. In der Schilderung des vom Gericht für erwiesen erachteten Sachverhalts müssen alle Merkmale der Straftat, jedoch aufgelöst in bestimmte Tatsachen[105], wiederkehren. Eine Feststellung, die nur die Worte des Gesetzes wiederholt, oder mit einem gleichbedeutenden Wort oder einer allgemeinen, formelhaften Redewendung umschreibt, reicht nicht aus. Die abstrakten Tatbestandsmerkmale müssen in einzelne, konkrete Tatsachen des für erwiesen erachteten Lebensvorgangs aufgelöst werden, wobei bei **normativen Merkmalen** zusätzlich zu den rein deskriptiven Tatsachen auch deren Wertung mitzuteilen ist[106]. Die Darstellung muß so eingehend und klar sein, daß das Revisionsgericht nachprüfen kann, ob das Straf-

---

[100] OLG Hamm JMBlNW **1970** 145; OLG Oldenburg NdsRpfl. **1954** 95; nach KMR-*Paulus* 13 kann die eigene Beweiswürdigung im Urteil nicht durch Bezugnahme ersetzt werden.

[101] OLG Köln MDR **1979** 865; OLG Schleswig bei *Ernesti/Lorenzen* SchlHA **1985** 133; *Kleinknecht/Meyer-Goßner*[44] 2a; vgl. Rdn. 88.

[102] BVerfG NJW **1982** 29; BayObLG bei *Rüth* DAR **1977** 207; KMR-*Paulus* 9.

[103] OLG Frankfurt VRS **35** (1968) 375; **37** (1969) 60; MDR **1969** 72; OLG Hamm JMBlNW **1980** 69.

[104] KK-*Engelhardt*[4] 7; vgl. Fußn. 66.

[105] Zur geschlossenen Sachdarstellung vgl. § 337, 133;

ferner etwa BGH NStZ **1992** 49; **2000** 607; StV **1984** 64; BGHR § 267 Abs. 1 Satz 1 Sachdarstellung 2; 3; BGH bei *Pfeiffer/Miebach* NStZ **1984** 213; OGHSt **1** 87; BayObLGSt **1949/51** 546; BGH NStZ **1982** 79 läßt ausnahmsweise die bloße Angabe der Tatbestandsmerkmale genügen, da die Gesamtheit der Urteilsgründe mit der erforderlichen Sicherheit ergab, daß die zugrunde liegenden Tatsachen einwandfrei festgestellt waren.

[106] Vgl. dazu § 337, 111 ff mit Nachw., ferner etwa OLG Düsseldorf JR **1985** 157 mit Anm. *Lampe* und Rdn. 21.

gesetz mit Recht auf das nachgewiesene Ereignis angewendet worden ist[107]. Nach dem Zweck der Urteilsgründe (Rdn. 5) darf die geschlossene Darstellung grundsätzlich nicht durch **verstreute Feststellungen** in den Urteilsgründen, vor allen in der Beweiswürdigung, ersetzt werden; denn dann besteht weder die erforderliche Sicherheit, daß alle die Entscheidung tragenden Umstände auch Eingang in die Urteilsgründe gefunden haben, noch ist das Revisionsgericht gehalten, sich die tatsächlichen Feststellungen zusammenzusuchen[108].

Die **zusammenhängende, zeitlich und gedanklich geordnete Darstellung** des Sachverhalts zur äußeren und inneren Tatseite, von dem das Gericht bei der rechtlichen Beurteilung ausgeht, hat keinen **rein verfahrensrechtlichen Selbstzweck** in dem Sinne, daß eine sie mißachtende Urteilsbegründung bei entsprechender Revisionsrüge stets zur Aufhebung des Urteils führen müßte. Die verfahrensrechtliche Forderung steht vielmehr im Dienste der richtigen **Anwendung des sachlichen Rechts**. Die Forderung einer in sich geschlossenen Darstellung der für erwiesen erachteten Tatsachen bezweckt, den festgestellten Sachverhalt als Grundlage für die Anwendung des materiellen Rechts eindeutig und nachvollziehbar aufzuzeigen. Da alle Urteilsgründe eine **Einheit** bilden, und deshalb alle als solche erkennbaren tatsächlichen Feststellungen unabhängig von ihrem Standort im Urteil zu berücksichtigen sind[109], wird zwar der Bestand des Urteils nicht schon durch das Fehlen einer geordneten zusammenhängenden Sachdarstellung gefährdet, wohl aber dann, wenn wegen dieses Mangels unklar bleibt, welche Tatsachen das Gericht auf Grund der Hauptverhandlung für erwiesen hält und welchen Sachverhalt es seiner rechtlichen Beurteilung eigentlich zugrunde gelegt hat[110]. In sich widersprüchliche, unklare oder unvollständige Feststellungen können dem Revisionsgericht die Nachprüfung der richtigen Anwendung des sachlichen Rechts unmöglich machen[111]. Fehlen zwingend vorgeschriebene Urteilsgründe, so können sie durch einen **Berichtigungsbeschluß** nicht rechtswirksam nachgeschoben werden[112]. **33**

b) Die für erwiesen erachteten **äußeren Tatsachen** müssen sich vollständig aus dem wenn möglich in gedrängter Kürze darzustellenden, für erwiesen erachteten Sachverhalt ergeben[113]. Alle den angewandten Tatbestand tragenden Tatsachen sind konkret anzuführen, abstrakte Begriffe oder vage allgemeine Umschreibungen ohne Angabe bestimmter, genau umrissener Lebensvorgänge reichen dafür nicht aus[114]. **Ort** und **Zeit der Tat** sind möglichst genau festzustellen. Sie sind anzuführen, wenn dies zu einer ausreichenden Individualisierung der Tat notwendig ist[115], denn die konkret abgeurteilte Tat, ihre Reichweite und ihr Schuldumfang müssen eindeutig und zweifelsfrei feststehen. Glei- **34**

---

[107] RGSt **2** 419; **3** 201; **71** 25; RGRspr. **1** 558; **2** 112; **3** 636; **4** 281; OGHSt **1** 117; 148; BGH NStZ **2000** 607; BayObLGSt **1949/51** 546; **1952** 40; OLG Hamm VRS **43** (1972) 448; KG DAR **1962** 56; OLG Koblenz VRS **45** (1973) 210; **47** (1974) 265; **51** (1976) 106; ferner etwa *Fuhrmann* JR **1962** 81; *Meyer-Goßner* NStZ **1988** 531; *Seibert* NJW **1960** 1285; Rdn. 28 ff.

[108] BGH StV **1991** 346; BGH nach KK-*Engelhardt*⁴ 8; vgl. auch BGH VRS **5** (1953) 606; StV **1984** 213; § 337, 122; SK-*Schlüchter* 12; vgl. auch Rdn. 30.

[109] BGHR § 267 Abs. 1 S. 1 Feststellungen 1; BayObLGSt **1989** 4 = VRS **76** (1989) 446; KK-*Engelhardt*⁴ 8; *Kleinknecht/Meyer-Goßner*⁴⁴ 3; KMR-*Paulus* 18; SK-*Schlüchter* 12; Bedenken hiergegen bei HK-*Julius*² 7.

[110] OGHSt **2** 270; OLG Oldenburg NJW **1962** 693 (geschlossene Darstellung nicht zwingend; „soll").

[111] RG HRR **1937** Nr. 541; OGHSt **1** 146; **2** 269; BGHSt **7** 77; weit. Nachw. Fußn. 105; 107; § 337, 151; 154 f.

[112] RG HRR **1939** Nr. 1010; vgl. § 268, 42 ff mit weit. Nachw.

[113] BGH bei *Pfeiffer/Miebach* NStZ **1986** 208; OLG Düsseldorf JZ **1991** 10; StV **1994** 545; zur Bestimmtheit der Feststellungen vgl. bei § 261, 103; 177 ff; ferner § 337, 160.

[114] BGH NStZ **1986** 275; **1994** 352; vgl. § 264, 11; 26.

[115] BGHSt **22** 92; dazu *Hanack* JZ **1972** 488; vgl. KG JW **1927** 925; OLG Hamm NJW **1962** 66; OLG Koblenz VRS **51** (1976) 41; OLG Schleswig bei *Ernesti/Jürgensen* SchlHA **1975** 191; *G. Schäfer* JR **1988** 476; vgl. Rdn. 38 und § 264 26, 27.

ches gilt für die **Namen** der Beteiligten und Verletzten, soweit diese feststellbar sind[116]. Bei **Blankettgesetzen** sind sowohl der Tatbestand der Blankettbestimmung als auch die jeweils blankettausfallenden Normen durch ausreichende tatsächliche Feststellungen zu belegen.

35   Allgemein bekannte und verständliche **Rechtsbegriffe** wie Kauf und Verkauf, können verwendet werden, ohne daß es ihrer Auflösung in die zugrundeliegenden tatsächlichen Vorgänge bedarf. Im Einzelfall kann dies jedoch zum Verständnis des Geschehens notwendig sein. Kompliziertere oder in ihrem tatsächlichen Gehalt nicht eindeutig festliegende Rechtsbegriffe müssen durch Feststellung der ihnen zugrunde liegenden Tatsachen im Urteil belegt werden[117]. Eine formelhafte Wiederholung des Gesetzeswortlauts gehügt nicht[118].

36   Bei **Verkehrsstrafsachen** muß der gesamte Verkehrsvorgang dargestellt werden mit Angaben von Ort und Zeit[119] und allen Tatsachen, die den Verkehrsverstoß und die daraus entstandenen Folgen kennzeichnen[120]. Dies gilt auch bei Ordnungswidrigkeiten[121].

37   Bei einer Verurteilung wegen **Abgabenverkürzung** müssen die Tatsachen, aus denen sich der verkürzte Steueranspruch dem Grunde und der Höhe nach ergibt, in der Regel für jede Steuerart und jeden Steuerabschnitt im Urteil aufgezeigt werden, um die Berechnung der verkürzten Steuern nachprüfbar zu machen[122]. Wird der Mindestumfang der hinterzogenen Steuer durch Schätzung ermittelt, müssen deren auf eigenen Feststellungen des Gerichts beruhende tatsächliche Grundlagen in den Urteilsgründen nachvollziehbar festgestellt werden, eine Bezugnahme auf die Feststellungen der Finanzbehörden genügt nicht[123]. Bei einer Verurteilung wegen **Verletzung der Unterhaltspflicht** sind die Einkommensverhältnisse des Angeklagten, seine anderweitigen Verpflichtungen sowie die ihm danach möglichen Leistungen zahlenmäßig darzulegen[124].

---

[116] BGH NStZ **1992** 602 mit Anm. *Molketin*; BGH bei *Holtz* MDR **1985** 81; KK-*Engelhardt*[4] 9; *Kleinknecht/Meyer-Goßner*[44] 5, SK-*Schlüchter* 7.

[117] Wie etwa bei Widerstand gegen Vollstreckungsbeamte alle Umstände einschließlich des Dienstgrades des Beamten, aus denen sich die Rechtmäßigkeit seines Handelns ergibt (OLG Schleswig StV **1983** 204) oder der Inhalt einer pornographischen Schrift (BayObLG NJW **1972** 1691; OLG Düsseldorf JR **1985** 157 mit Anm. *Lampe*; OLG Stuttgart GA **1979** 471; dazu Rdn. 21) oder das Vorliegen einer Pfändung (BayObLGSt **1951** 439), das Bestehen einer Unterhaltspflicht (OLG Köln NJW **1958** 720) oder die Beendigung der ehelichen Lebensgemeinschaft (OLG Zweibrücken NStZ-RR **2001** 56) oder bei Verstößen gegen das Wohnungsbindungsgesetz die überhöhte Mietforderung (OLG Köln MDR **1971** 1030) oder eine Sicherungsübereignung (BGH nach KK-*Engelhardt*[4] 9); vgl. ferner § 337, 142.

[118] OLG Braunschweig NJW **1954** 363 (zum öffentlichen Interesse); OLG Köln MDR **1971** 1030.

[119] Vgl. Rdn. 34; nur in Ausnahmefällen stellt eine fehlende oder falsche Angabe der Tatzeit die Identität der Tat nicht in Frage; vgl. etwa OLG Celle VRS **94** (1998) 116 mit weit. Nachw.

[120] Etwa die Unübersichtlichkeit einer Straße (BayObLGSt **1951** 546; DAR **1962** 272; KG VRS **11** (1956) 71; **30** (1966) 383; OLG Hamm VRS **38** (1970) 50; **51** (1976) 449; OLG Koblenz VRS **53** (1977) 360); die Umstände, aus denen sich die Vorfahrt ergibt (OLG Koblenz VRS **64** (1983) 297; OLG Schleswig SchlHA **1960** 148) oder die überhöhte Geschwindigkeit (BGH VRS **38** (1970) 432; OLG Hamm VRS **51** (1976) 448; OLG Koblenz VRS **50** (1976) 289; **53** (1977) 360; OLG Stuttgart DAK **1963** 335; OLG Schleswig bei *Ernesti/Jürgensen* SchlHA **1979** 205; vgl. aber auch KG VRS **33** (1967) 55; OLG Köln VRS **26** (1964) 223). Für weitere Beispiele vgl. etwa BayObLGSt **1952** 40; NJW **1968** 313; OLG Hamm VRS **48** (1975) 377; OLG Koblenz VRS **61** (1981) 437; OLG Schleswig bei *Ernesti/Jürgensen* SchlHA **1976** 271; § 337, 142.

[121] OLG Hamm VRS **59** (1980) 271; OLG Schleswig bei *Ernesti/Lorenzen* SchlHA **1985** 132 (Rotlichtverstoß); *Doller* DRiZ **1981** 209.

[122] BGH NJW **1983** 404; NStZ **1984** 498; **1990** 496; StV **1981** 222; **1982** 458 (L); **1992** 260; **1996** 375; BGH bei *Holtz* MDR **1980** 455; **1990** 1967; wistra **1992** 103; BGHR AO § 370 Berechnungsdarstellung 2 bis 8; BayObLGSt **1993** 69 = StV **1993** 528; OLG Düsseldorf MDR **1973** 337; JMBlNW **1984** 92; OLG Saarbrücken wistra **2000** 38; OLG Schleswig bei *Ernesti/Jürgensen* SchlHA **1972** 192.

[123] Vgl. etwa BGH NStZ **1990** 496; StV **1992** 260; **1998** 473; BGH bei *Kusch* NStZ **1993** 29; BayObLGSt **1993** 69 = StV **1993** 528; ferner § 261, 113 und Rdn. 39.

[124] Vgl. etwa OLG Bremen JR **1961** 227; OLG Hamm NJW **1975** 457; OLG Köln NJW **1958** 720; OLG Schleswig StV **1985** 110; ferner Fußn. 81.

Wird der Angeklagte wegen **mehrerer selbständiger Straftaten** verurteilt, so müssen **38** die Gründe für jede Tat die erwiesenen Tatsachen angeben, und zwar nach Zeit, Ort und Art der Begehung so deutlich, daß das Revisionsgericht nachprüfen kann, ob das Strafgesetz auf jede einzelne Tat ohne Rechtsirrtum angewandt ist, und daß nach Eintritt der Rechtskraft beim Auftauchen einer neuen Beschuldigung gegen den Verurteilten festgestellt werden kann, ob er wegen dieser Tat schon abgeurteilt worden ist[125]. Dies gilt auch bei der Verurteilung wegen einer größeren Zahl im wesentlichen gleichartiger Straftaten. **Zusammenfassungen** sind nur insoweit möglich, als dadurch die Identifizierung jeder einzelnen Tat in ihrem konkreten Verlauf nicht vereitelt wird[126]. Die Sachdarstellung darf nicht durch eine **Tabelle** mit pauschalen Angaben über die einzelnen Taten (Tatzeit, Tatort, Tatbeteiligte, Diebesgut usw.) ersetzt werden, wenn daraus bei der einzelnen Tat weder die Modalitäten der jeweiligen Tatausführung noch die Art des Tatbeitrags der einzelnen Mittäter noch die sonstigen für die Strafzumessung erforderlichen Einzelheiten entnommen werden können[127].

Bei Serientaten mit im wesentlichen gleichen Tatverläufen gelten an sich die gleichen **39** Grundsätze. Jede Tat muß mit dem vollen äußeren und inneren Sachverhalt unter Angabe von Tatort, Tatzeit, Tatopfer und dem konkreten Geschehen eindeutig individualisierbar festgestellt werden, wobei es für die Individualisierung als unverwechselbares einmaliges Geschehen aber auch ausreichen kann, wenn einige der an sich erforderlichen Angaben nicht oder nur ungenau möglich sind[128]. Eine sich allein mit Wahrscheinlichkeitsüberlegungen begnügende bloße **Schätzung** der Zahl der Taten würde dem Grundsatz widersprechen, daß der Richter von jeder einzelnen Tat überzeugt sein muß[129]. Bei nicht mehr näher konkretisierbaren Geschehensverläufen ist es bei gleichartigen Taten aber zulässig, dem Urteil die **Mindestzahl** der Taten zugrunde zulegen, die nach sicherer Überzeugung des Gerichts innerhalb eines bestimmten Zeitraums begangen wurden, so etwa bei Sexualstraftaten gegenüber dem gleichen Opfer[130], oder bei einer Serie von Diebstählen.

Bei einer **rechtlich einheitlichen Tat**, die mehrere an sich selbständige Handlungen **40** unter einem rechtlichen Gesichtspunkt (Bewertungseinheit usw.) zusammenfaßt und bei den **fortgesetzten Taten**, so wie sie bis zur Entscheidung des Großen Senats des BGH[131] in der Rechtsprechung anerkannt wurden, ist das Tatgeschehen grundsätzlich so darzustellen, daß die Tatbestandsmäßigkeit jedes Einzelakts rechtlich nachprüfbar ist[132]. **Zusammenfassungen** bei der Beschreibung gleichartiger Einzelfälle sind zulässig, jedoch ist jeder Einzelfall zusätzlich durch ihn allein betreffende Angaben so zu individualisieren,

---

[125] RG HRR **1939** Nr. 1011; vgl. BGHSt **1** 222; BGH GA **1959** 371; BGH NStZ **1992** 602 mit Anm. *Molketin*, KK-*Engelhardt*[4] 9.

[126] Vgl. etwa BGH NStZ **1982** 79; **1994** 555; MDR **1992** 596; StV **1997** 173; OLG Köln StV **1996** 369; zur Problematik bei nicht völlig gleichgelagerten Fällen vgl. BGH NStZ **1992** 602 mit Anm. *Molketin*; *Achenbach* NStZ **1993** 429; ferner bei Rdn. 39.

[127] BGHR JR **1988** 475 mit Anm. *G. Schäfer*; § 267 Abs. 1 Satz 1 Sachdarstellung 1 HK-*Julius*[2] 8; *Kleinknecht/Meyer-Goßner*[44] 5; SK-*Schlüchter* 8; Zur Möglichkeit, umfangreiche Berechnungen in einer durch genaue Bezugnahme in das Urteil integrierte und ihm als Bestandteil beigefügte Anlage zu bringen vgl. Rdn. 26.

[128] Vgl. ewa BGHSt **40** 138; **42** 107; BGH NStZ **1994**

352; 393; 502; 555; StV **1995** 287; 342 (L); **1996** 6; **1998** 472, BGHR § 267 Abs. 1 Satz 1 Mindestfeststellungen 7; 8; Erb GA **1995** 437; *Kukein* StraFo. **1997** 37. *Kleinknecht/Meyer-Goßner*[44] 6a; *Pfeiffer*[2] 7; SK-*Schlüchter* 20.

[129] Dies würde eine den Zweifelssatz verletzende Verdachtsverurteilung bedeuten; zur Problematik vgl. *Zopfs* Anm. zu BGH StV **2000** 60; ferner § 261, 50; 113.

[130] Vgl. etwa BGH NStZ **1994** 352; 393; 502; **1998** 208; NStZ-RR **1999** 79; StV **1994** 361; **1998** 472; BGHR § 267 Abs. 1 Satz 1 Mindestfeststellungen 2; Sachdarstellung 9; BGH bei *Holtz* MDR **1985** 91.

[131] BGHSt **42** 138.

[132] BGH GA **1965** 92; JR **1954** 268; NStZ **1982** 128; **1984** 565.

daß über seine rechtskräftige Aburteilung keine Zweifel auftreten können[133]. Dem Urteil dürfen nur die mit Sicherheit erwiesenen Teilakte zugrunde gelegt werden[134]. Werden mehrere an sich selbständige Handlungen rechtlich zu einer Tat verklammert, wie früher bei der fortgesetzten Handlung, so ist auch hier beim Schuld- und Strafausspruch nur deren erwiesene (Verdacht genügt nicht) **Mindestzahl**[135] auszugehen[136]. Die rein mathematische Hochrechnung ist unzulässig[137]. Das Fehlen von Angaben über die dem Urteil zugrunde liegende Mindestzahl der festgestellten Einzelhandlungen ist nur dann unschädlich, wenn der erfaßte Schuldumfang anderweitig sicher feststeht oder jede Tat anderweitig (Zeit, Ort, Ausmaß, beteiligte Personen) sicher eingegrenzt ist[138].

41 c) Die gesetzlichen Merkmale der **inneren Tatseite** sind ebenfalls durch tatsächliche Feststellungen zu belegen. Ihr Fehlen ist nur dort unschädlich, wo sie eindeutig schon den Darlegungen zur äußeren Tatseite zu entnehmen sind[139]. Unerheblich ist, ob die jeweilige Strafnorm die Schuldform und sonstige innere Tatbestandsmerkmale ausdrücklich hervorhebt oder ob sie sich nur aus dem Zusammenhang ergeben[140]. Die Rechtsbegriffe des inneren Tatbestandes müssen in ihre tatsächlichen Bestandteile aufgelöst und diese klar aufgezeigt werden[141]. Dies gilt vor allem bei **fahrlässiger Tatbegehung**, bei der auch die Tatsachen anzugeben sind, aus denen die Pflichtwidrigkeit des Handelns und die Vermeidbarkeit des Erfolgs gefolgert wurde[142]. Unterscheiden sich zwei Straftatbestände nur durch die Schuldform, so muß die Urteilsbegründung zweifelsfrei dartun, welche Schuldform für erwiesen erachtet wurde[143] und auf welchen erwiesenen äußeren Tatsachen dies beruht[144].

42 Die Tatsachen, die den **Vorsatz** des Täters aufzeigen sowie die daraus gewonnene Überzeugung von der Vorsätzlichkeit der Tatbegehung sind in dem durch die Lage des Einzelfalls gebotenem Umfang festzustellen[145]. Dies gilt auch, wenn der Vorsatz ungeschriebenes Tatbestandsmerkmal ist und in der Hauptverhandlung kein Tatbestands-

---

[133] BGH NStZ **1983** 326; **1984** 565; **1985** 310 (L); **1995** 287; StV **1981** 542; bei *Holtz* MDR **1985** 91; OLG Düsseldorf JMBlNW **1987** 287; VRS **74** (1988) 50; OLG Schleswig bei *Ernesti/Jürgensen* SchlHA **1975** 19; KK-*Engelhardt*[4] 9; *Kleinknecht/Meyer-Goßner*[44] 6; KMR-*Paulus* 23; SK-*Schlüchter* 20; vgl. auch Fußn. 132.

[134] BGH JR **1954** 268.

[135] BGH GA **1959** 326; JR **1954** 268; NStZ **1983** 326; bei *Dallinger* MDR **1971** 545; bei *Holtz* MDR **1985** 91; OLG Düsseldorf VRS **74** (1988) 204; OLG Hamm VRS **48** (1979) 239.

[136] BGH bei *Holtz* MDR **1985** 326; KK-*Engelhardt*[4] 6; vgl. § 261, 50; 113.

[137] BGH bei *Holtz* MDR **1978** 803; *Kleinknecht/Meyer-Goßner*[44] 6; *Pfeiffer*[2] 7; SK-*Schlüchter* 20. Der Umfang des Mindestschadens kann im Wege einer statistischen Berechnung ermittelt werden, vgl. BGHSt **36** 320 = StV **1990** 149 mit Anm. *Saldfit*; ferner § 261, 50; 113 mit weit. Nachw.

[138] BGH **1983** 326; vgl. auch BGH GA **1959** 371.

[139] RG JW **1926** 1183; OLG Celle NJW **1966** 2325; OLG Düsseldorf VRS **87** (1994) 378; OLG Hamm VRS **98** (2000) 440, OLG Koblenz VRS **47** (1974) 24; OLG Saarbrücken VRS **40** (1971) 450; NJW **1974** 1391; vgl. § 337, 143.

[140] BGHSt **5** 143 *Kleinknecht/Meyer-Goßner*[44] 7; SK-*Schlüchter* 8; wegen der gegenteiligen frühen Rechtsprechung des RG vgl. Fußn. 146.

[141] KG DAR **1962** 56; OLG Köln VRS **82** (1992) 30, OLG Oldenburg VRS **32** (1967) 272; KK-*Engelhardt*[4] 10, *Kleinknecht/Meyer-Goßner*[44] 7. Wieweit die äußeren Umstände hervorzuheben sind, aus denen sie erschlossen werden, hängt von der Lage des Falles ab. OLG Hamburg MDR **1971** 414 verneint dies im Regelfall; ähnlich KMR-*Paulus* 29. Vgl. auch OLG Celle NdsRpfl. **1981** 150 (Trunkenheit im Verkehr); SK-*Schlüchter* 9 unter Hinweis auf BGH StV **1991** 262 (Frage gehört zur Beweiswürdigung); § 337, 143.

[142] BGH NStZ **1983** 134; OLG Koblenz VRS **63** (1982) 354; OLG Schleswig bei *Ernesti/Jürgensen* SchlHA **1971** 217.

[143] BayObLG DAR **1977** 201; OLG Saarbrücken NJW **1974** 1391; OLG Schleswig bei *Ernesti/Jürgensen* SchlHA **1971** 220; bei *Ernesti/Lorenzen* SchlHA **1981** 95.

[144] Vgl. OLG Schleswig bei *Ernesti/Jürgensen* SchlHA **1977** 183.

[145] Nach *Hruschka* FS Kleinknecht 191 ist die Annahme des Tatvorsatzes ein Zurechnungsmerkmal; die Verwendung der Bezeichnung „innere Tatsachen" lehnt er ab. Zum strafrechtlichen Vorsatzbegriff vgl. *Schmidhäuser* FS Oehler 135, ferner die Kommentare zum StGB.

irrtum (§ 16 Abs. 1 StGB) behauptet wird[146]. Das vorsätzliche Handeln muß für alle relevanten Tatbestandsmerkmale aus der Sicht des Täters festgestellt werden. Es kann, sofern kein glaubwürdiges Geständnis vorliegt, nur aus den festgestellten Indizien erschlossen werden[147]. Bei der Darstellung ist zwischen dem Kennen und Wollen der einzelnen Tatbestandsmerkmale und dem Kennenkönnen und Kennenmüssen deutlich zu unterscheiden, denn beim Vorsatz kommt es darauf an, was der Täter tatsächlich erkannt und gewollt hat und nicht, was er hätte erkennen können und müssen[148]. Die sorgfältige Darstellung der inneren Tatseite ist vor allem notwendig beim **bedingten Vorsatz**, der mit der bewußten Fahrlässigkeit nahe beisammen liegt[149]; die Wendung, der Täter habe den Erfolg in Kauf genommen, ist allein noch nicht ausreichend[150]. Sofern das bedingt vorsätzliche Handeln nicht offen zu Tage liegt, ist näher aufzuzeigen, daß der Täter die als möglich erkannte Folge seines Handelns auch für den Fall ihres Eintritts im voraus billigte, daß also bewußt fahrlässiges Handeln ausscheidet[151]. Erfordert der Straftatbestand eine bestimmte **Absicht**, ist darzutun, daß der Angeklagte den betreffenden Erfolg herbeiführen wollte oder daß dieser von seinem Streben mitumfaßt war[152]. Fehlerhaft sind Darlegungen, die – ohne daß insoweit eine wahldeutige Feststellung beabsichtigt ist[153] – an die Feststellung, daß der Täter mit direktem Vorsatz gehandelt habe, die **Hilfserwägung** anschließen, daß er aber jedenfalls mit bedingtem Vorsatz gehandelt habe. Hilfserwägungen dieser Art erwecken den Verdacht, daß das Gericht entgegen der vorangegangenen Versicherung vom unbedingten Vorsatz nicht überzeugt ist. Dadurch kann eine den Bestand des Urteils gefährdende Unsicherheit in die Feststellungen hineingetragen werden[154].

Zur inneren Tatseite gehört auch, ob der Angeklagte das **Unrechtsbewußtsein** (§ 17 StGB) hatte[155] oder ob er sich irrte. Ausführungen im Urteil sind dazu jedoch nur erforderlich, wenn der Angeklagte behauptet hat, im Irrtum gehandelt zu haben oder wenn der Sachverhalt auch ohne eine diesbezügliche Behauptung des Angeklagten dazu Anlaß bietet[156]. Zur Frage der Entschuldbarkeit eines **Verbotsirrtums** ist erst Stellung zu nehmen, wenn er feststeht oder seine Möglichkeit nicht ausgeräumt werden kann. **43**

---

[146] BGHSt **5** 144; jetzt **h. M**; KK-*Engelhardt*[4] 10; *Kleinknecht/Meyer-Goßner*[44] 7; KMR-*Paulus* 31; SK-*Schlüchter* 8; *Eb. Schmidt* 8; **a. A** RGSt **1** 169; **8** 46; **27** 179; **51** 204.

[147] Zu den Problemen des Nachweises fremdpsychischer Sachverhalte vgl. *Freud* Normative Probleme der Tatsachenfeststellung (1986).

[148] Vgl. etwa BayObLG VRS **91** (1996) 280; OLG Hamm NStZ-RR **1997** 90; *Meyer-Goßner* NStZ **1988** 536; HK-*Julius*[2] 9 („hat erkannt" und nicht „war für Angeklagten erkennbar").

[149] Vgl. etwa RGSt **72** 43; **76** 115; BGHSt **7** 369; **19** 101; **36** 1; 9; BGH NStZ **1982** 506; **1983** 407; **1987** 362 mit Anm. *Puppe*; **1988** 175; BGH StV **1991** 510; **1997** 7; BGH VRS **50** (1976) 94; **59** (1980) 183; **64** (1983) 112; StV **1982** 509; **1984** 187; BGH bei *Dallinger* MDR **1952** 16; bei *Holtz* MDR **1977** 105; 485; **1978** 458; **1980** 812; bei *Hürxthal* DRiZ **1981** 103; *Freud* JR **1988**, 116; *Schneider* NJW **1957** 372 vgl. nachf. Fußn. und § 337, 143. Zu den im materiellen Recht strittigen Einzelfragen vgl. die Erläuterungsbücher zum Strafgesetzbuch.

[150] Vgl. etwa BGH VRS **50** (1976) 94; bei *Holtz* MDR **1977** 105; *Spendel* FS Lackner 167; HK-*Julius*[2] 9;

KK-*Engelhardt*[4] 10; KMR-*Paulus* 31; SK-*Schlüchter* 10; vgl. auch vorst. Fußn.

[151] Eine Auseinandersetzung mit beiden Schuldformen im Urteil kann geboten sein, vgl. BGH NStZ **1982** 506; **1983** 407; GA **1979** 106, *Meyer-Goßner* NStZ **1986** 49; ferner BGHSt **31** 1, 11 (Prüfung des voluntativen Vorsatzelements unerläßlich).

[152] BGHSt **4** 107; **16** 1; **18** 151; BGH NJW **1953** 835; **1963** 915; *Oehler* NJW **1966** 1633; KK-*Engelhardt*[4] 10; KMR-*Paulus* 33; SK-*Schlüchter* 11; ferner die Erläuterungsbücher zum StGB.

[153] Zur Anwendung des Grundsatzes im Zweifel für den Angeklagten vgl. § 261, 143.

[154] RG JW **1931** 3559; KK-*Engelhardt*[4] 10; SK-*Schlüchter* 10.

[155] BGHSt **2** 199; OLG Braunschweig NJW **1957** 640; OLG Köln MDR **1980** 161; OLG Oldenburg VRS **32** (1967) 276; OLG Schleswig bei *Ernesti/Jürgensen* SchlHA **1972** 161.

[156] BGH nach *Kleinknecht/Meyer-Goßner*[44] 7; OLG Braunschweig NJW **1957** 639; KK-*Engelhardt*[4] 10; KMR-*Paulus* 32; SK-*Schlüchter* 11; vgl. vorst. Fußn.; ferner Rdn. 58; § 337, 143.

44   Die **Schuldfähigkeit** braucht im Urteil nur erörtert zu werden, wenn Anhaltspunkte vorliegen, daß sie beeinträchtigt sein könnte. Werden allerdings Umstände ersichtlich, die dies nahelegen, dann muß sich das Urteil ausdrücklich damit auseinandersetzen [157]. Je nach den Umständen muß es auch aufzeigen, daß das Gericht die Frage aus eigener Sachkunde beurteilen konnte. Wurde ein Sachverständigengutachten erholt, sind die maßgebenden Anknüpfungs- und Befundtatsachen sowie die daraus zu ziehenden Schlußfolgerungen wiederzugeben [158].

45   Begeht ein Täter **mehrere gleichartige Straftaten**, brauchen die dazugehörenden Feststellungen zur inneren Tatseite nicht notwendig in jedem Falle mit besonderen Worten getroffen zu werden. Im Urteil können vielmehr in solchen Fällen aus Gründen der besseren Darstellung oder aus anderen Gründen Feststellungen zur inneren Tatseite, die für mehrere Fälle in gleicher Weise zutreffen, gemeinsam nach der Erörterung der Besonderheiten des äußeren Tathergangs getroffen werden, wenn nur kein Zweifel darüber entstehen kann, auf welche Fälle sich solche Feststellungen zur inneren Tatseite im einzelnen beziehen [159].

46   **d) Mehrdeutige Tatsachengrundlagen.** Kann das Gericht zu keinen eindeutigen Tatsachenfeststellungen kommen, weil es keine von mehreren Möglichkeiten des tatsächlichen Geschehens mit Sicherheit ausschließen kann, so muß es an Stelle der für erwiesen erachteten Tatsachen, in denen die Merkmale der Straftat zu finden sind, den äußeren und inneren Sachverhalt der Verhaltensweisen schildern, die nach der Überzeugung des Gerichts als **allein möglich** in Betracht kommen [160]. Die Zulässigkeit der Verurteilung auf einer mehrdeutigen Tatsachengrundlage und die bei der Urteilsbegründung zu beachtenden Einzelheiten sind bei § 261, 159 ff erörtert.

2. Angabe der Beweistatsachen (Absatz 1 Satz 2)

47   **a) Pflicht zur Feststellung im Urteil.** Der Entwurf der StPO wollte die Beweisgründe nicht in das Urteil aufnehmen, weil nach dem Grundsatz der freien Beweiswürdigung die Überzeugung von der Schuld des Angeklagten bei dem einen Richter auf anderen Gründen beruhen kann als bei dem anderen [161]. Die Reichstagskommission hielt es jedoch für notwendig, das unbeschränkte richterliche Ermessen einer Art von Selbstüberwachung zu unterwerfen; sie nahm deshalb die Bestimmung des Absatz 1 Satz 2 auf [162]. Nach dieser „sollen" die Beweistatsachen, also die Tatsachen, aus denen der Beweis der Tat „gefolgert" wird (Anzeichen), in den Urteilsgründen angeführt werden. Wird z. B. der Angeklagte des ihm zur Last gelegten Diebstahls für schuldig erachtet, weil man ihn um die Zeit der Tat in der Nähe des Tatortes bemerkt, weil er nach der Tat ungewöhnliche Ausgaben gemacht hat usw., so bedarf es der Anführung dieser Tatsachen. Wenn dagegen z. B. bei einer Anklage wegen Körperverletzung die verschiedenen Augenzeugen den Hergang verschieden darstellen, so soll es keiner Angabe der Gründe bedürfen, aus denen das eine Zeugnis für beweisend, das andere für nicht beweisend

---

[157] Vgl. etwa BGH NJW **1964** 2213; VRS **34** (1968) 274; **61** 261; StV **1984** 419; 463; OLG Düsseldorf NJW **1983** 354 (L); OLG Köln VRS **65** (1983) 426; **68** (1985) 351; JMBlNW **1984** 251; OLG Hamburg VRS **60** (1981) 190; **61** (1981) 341; KK-*Engelhardt*[4] 10; SK-*Schlüchter* 11; vgl. Rdn. 65 ff und § 244, 76 ff.

[158] Vgl. Rdn. 61 und § 261, 93; ferner § 244, 303 ff; 308 ff; § 337, 140.

[159] Vgl. etwa OGHSt **3** 36; ferner Rdn. 40.

[160] BGHSt **12** 386; BGH JR **1981** 305 mit Anm. *Peters*; KK-*Engelhardt*[4] 11; § 261, 170 mit weit. Nachw.

[161] Motive *Hahn* 211.

[162] Protokolle *Hahn* 882; 1356. Zur Entstehungsgeschichte vgl. *Baldus* FS Heusinger 385; *Meurer* FS Kirchner 349 ff; *Wenzel* NJW **1966** 577.

angesehen worden ist[163]. Nur **voll bewiesene**, nicht aber nur mögliche oder wahrscheinliche Tatsachen, von deren Vorliegen das Gericht nicht überzeugt ist, können als Beweistatsache festgestellt werden[164].

Aus der Fassung der Bestimmung („sollen") wurde früher gefolgert, daß sie nur eine **48** **Ordnungsvorschrift** ist, die mangelnde Angabe der Beweistatsachen also unter dem Blickwinkel des § 267 Abs. 1 Satz 2 keine Gesetzesverletzung im Sinn des § 337 enthält[165]. Angesichts des Wortlauts und der Entstehungsgeschichte der Vorschrift wird man nicht bestreiten können, daß die bei der Gesetzgebung beteiligten Organe § 267 Abs. 1 seinerzeit in diesem Sinne verstanden wissen wollten. Trotzdem muß bezweifelt werden, ob § 267 Abs. 1 auch heute noch so verstanden werden darf. Tatsächlich geschieht es in der Praxis nicht. Abgesehen von den Fällen des Absatzes 4 besteht im Ergebnis weitgehend Übereinstimmung, daß die Gerichte verpflichtet sind, in den Urteilsgründen nicht nur den alle Tatbestandsmerkmale belegenden Sachverhalt anzugeben, von dessen Vorliegen sie überzeugt sind, sondern daß sie, soweit dies zum Verständnis und zur Nachprüfung der Entscheidung notwendig ist[166] auch aufzeigen müssen, auf Grund welcher festgestellter Tatsachen und welcher Überlegungen sie diese Überzeugung gewonnen haben. Diese **Begründungspflicht**, die nur hinsichtlich Ableitung[167] und Abgrenzung[168] unterschiedlich beurteilt wird, reicht nach heutiger Auffassung über die von § 267 Abs. 1 Satz 2 geforderte Angaben der Beweistatsachen hinaus. Sie wird daraus hergeleitet, daß für die Nachprüfbarkeit der Anwendung des materiellen Rechts die Wiedergabe der Beweiswürdigung einschließlich der ihr zugrunde liegenden Tatsachen erforderlich ist, sowie auch daraus, daß die Angabe der Beweistatsachen notwendig ist, um die von § 261 geforderte erschöpfende Beweiswürdigung nachvollziehbar aufzuzeigen[169]. Neben dieser umfassenden Begründungspflicht ist es praktisch ohne Bedeutung, mit welcher Stringenz auch § 267 Abs. 1 Satz 2 die Angabe der Beweistatsachen fordert. Da diese Angaben in der Regel für die Darstellung der Beweiswürdigung unentbehrlich sind, kann heute aber die Sollvorschrift nicht mehr als bloße Ordnungsvorschrift verstanden werden[170].

---

[163] RGRspr. **8** 598.

[164] OGHSt **1** 166. Wegen der Einzelfragen des Indizienbeweises vgl. § 261, 60 ff; 114 ff; und § 337, 152.

[165] BGHSt **12** 315; vgl. auch BGHSt **14** 165; so schon RGSt **47** 109; ferner z. B. OLG Celle NdsRpfl. **1965** 161; OLG Düsseldorf VRS **65** (1983) 381; OLG Karlsruhe Justiz **1977** 244; GA **1977** 24; OLG Schleswig bei *Ernesti/Jürgensen* SchlHA **1977** 182; **1979** 205; *Börker* DRiZ **1953** 64; *Wenzel* NJW **1966** 578; *Blunk* MDR **1970** 47; zu BGHSt **12** 311 ff; vgl. *Baldus* FS Heusinger 384.

[166] Vgl. etwa BGH NStZ **1985** 184; OLG Bremen VRS **50** (1978) 129; OLG Celle NdsRpfl. **1965** 161; OLG Hamburg MDR **1971** 414; OLG Hamm VRS **39** (1970) 347; ferner etwa *Baldus* FS Heusinger 386; *Hanack* JZ **1972** 489. *Eb. Schmidt* 6 führt unter Berufung auf *v. Hippel* (364) aus, daß ein Indizienurteil, das nur die für erwiesen erachteten Tatsachen enthält, in denen das Gericht die gesetzlichen Merkmale der strafbaren Handlung gefunden hat, ohne die Beweisanzeichen anzugeben und zu erörtern, auf denen diese Feststellungen beruhen, in Wahrheit nur Behauptungen enthält, aber keine Begründung; vgl. § 337, 145 und die nachf. Fußn.

[167] Zu den verfassungsrechtlichen Grundlagen einer die Beweiswürdigung einschließenden Begründungspflicht vgl. Rdn. 1.

[168] Vgl. etwa *Wagner* ZStW **106** (1994) 259 ff mit weit. Nachw.; ferner AK-*Wassermann* 10 (Verpflichtung); *Kleinknecht/Meyer-Goßner*[44] 11 (soweit für Nachprüfbarkeit erforderlich); SK-*Schlüchter* 23 (wenn für Beweiswürdigung erforderlich verengt sich Ermessen auf Darlegungsgebot); KK-*Engelhardt*[4] 12 (Streit wegen sachlich rechtlicher Begründungspflicht nur noch von untergeordneter Bedeutung).

[169] Vgl. *Maul* FS Pfeiffer 412; 420 (Gebot einer rational nachvollziehbaren Urteilsfindung macht Wiedergabe der Beweiswürdigung unabweislich).

[170] So etwa *Eb. Schmidt* 6; Nachtr. I 3 (bei vernünftiger rechtsstaatlicher Auslegung keine Ordnungsvorschrift); ferner *Baldus* FS Heusinger 385; *Wenzel* NJW **1966** 578; SK-*Schlüchter* 22; anders die frühere Rechtsprechung (vgl. Fußn. 165 und zu deren Entwicklung § 337, 120 ff). Nach KMR-*Paulus* 38 ist Absatz 1 Satz 2 eine entbehrliche Ordnungsvorschrift, weil er nur unvollständig eine Folge aus § 261 normiert; nicht seine Verletzung, sondern der Verstoß gegen § 261 begründe die Revision.

48a　　Wenn man nicht annimmt, Richtergewohnheitsrecht habe die **Sollvorschrift** des Absatzes 1 Satz 2 in eine **Mußvorschrift** verwandelt[171], lassen Wortlaut und Entstehungsgeschichte die Deutung des Satzes 2 als einer absoluten Mußvorschrift nicht zu. Das von *Baldus*[172] aufgezeigte Verständnis der Sollvorschrift als eine Norm, die das richterliche Ermessen zwar nicht aufhebt, für seine Ausübung aber eine bestimmte Richtung aufzeigt, eröffnet den Weg für eine praktisch brauchbare Lösung, die die Anforderungen an die aus verschiedenen Prinzipien abgeleiteten Begründungspflichten weitgehend zur Konkordanz bringt und dem an sich denkbaren Rückschluß den Boden entzieht, daß die Beweiswürdigung nur insoweit nachprüfbar ist, als eine Pflicht besteht, sie und die ihr zugrunde liegenden Indizien in das Urteil aufzunehmen (vgl. Rdn. 51 f).

49　　Nach dieser Auffassung ist bei Absetzung des Urteils zu entscheiden, ob die besonderen Umstände des Falles bei Berücksichtigung der Bedeutung der Sache und des Zweckes der Urteilsbegründung (Rdn. 1 ff) erlauben, von der durch die **Sollvorschrift aufgestellten Regel ausnahmsweise abzugehen**, weil die Bedeutung der Sache so gering und die Rechts- und Sachlage so einfach ist, daß auf die Wiedergabe der Beweistatsachen verzichtet werden kann[173]. Der Tatrichter hat zwar noch einen gewissen Ermessensspielraum, er ist jedoch schon durch die Sollvorgabe bei seiner Ermessensausübung weitgehend gebunden, zumal er auch in deren Rahmen zu berücksichtigen hat, wenn Begründungspflichten, die sich aus anderen Rechtsgrundsätzen ergeben, wie etwa die Beweiswürdigungspflicht, den nur die Angabe der Beweistatsachen fordernden Absatz 1 Satz 2 mit einschließen. In solchen Fällen einer fehlenden oder unzureichenden Beweiswürdigung wird zwar in der Regel die als Verletzung des materiellen Rechts behandelte Darstellungsrüge im Vordergrund des Revisionsangriffs stehen[174]. Jedoch verstößt der dann zugleich vorliegende Fehlgebrauch des Ermessens auch gegen den verfassungskonform auszulegenden Absatz 1 Satz 2, was auch mit der entsprechenden Verfahrensrüge gerügt werden kann[175], wie auch sonst die Überschreitung der Ermessensgrenzen bei der Verfahrensgestaltung.

50　　b) Die **Urteilsstelle**, an der die festgestellten Beweistatsachen (Indizien) mitzuteilen sind, ist nicht festgelegt. Zweckmäßigkeitsgründe, vor allem die Erfordernisse einer verständlichen Darstellung, entscheiden darüber, ob die Beweisanzeichen bereits in der Sachverhaltsdarstellung oder erst im Zusammenhang mit der Beweiswürdigung abzuhandeln sind. Es kommt also auf den Einzelfall an[176]; wichtig ist aber immer, daß eindeutig aus dem Urteil ersichtlich ist, welche konkreten Beweisanzeichen das Gericht für erwiesen hält.

3. Wiedergabe der Beweiswürdigung

51　　a) **Keine ausdrückliche Regelung.** Eine Pflicht des Gerichts, die volle Beweiswürdigung im Urteil wiederzugeben, findet sich in § 267 nicht. Der Gesetzgeber hat sich mit der **Sollvorschrift** über die Angabe der **Beweistatsachen** beim Indizienbeweis begnügt[177].

---

[171] Vgl. *Jerouscheck* GA **1992** 508; *Rieß* GA **1978** 264 (Gewohnheitsrecht); ferner § 337, 145 ff.

[172] FS Heusinger 386 ff.

[173] BGH bei *Dallinger* MDR **1975** 198; bei *Holtz* MDR **1980** 631; OLG Celle NdsRpfl. **1965** 161; OLG Schleswig bei *Ernesti/Jürgensen* SchlHA **1975** 191; **1976** 171; KK-*Engelhardt*⁴ 18; KMR-*Paulus* 39. Nach *Wenzel* NJW **1966** 580 rechtfertigen auch einfach gelagerte Sachen keine Ausnahme. Zu diesem Ergebnis kommt er jedoch über die materiell-rechtliche Ableitung der Begründungspflicht, nicht in

Auslegung der hier zunächst allein interessierenden Sollvorschrift des § 267 Abs. 1 Satz 2.

[174] *Hanack* JZ **1972** 489; § 337, 144 ff.

[175] Zur Revisibilität von Sollvorschriften vgl. § 337, 15 ff; ferner § 337, 120; aber auch § 337, 120 ff; 131; 144 ff.

[176] *G. Schäfer*⁶ 1484; *Eb. Schmidt* Nachtr. I 13 hält die Mitteilung im Rahmen der Beweiswürdigung für angebracht.

[177] Vgl. Rdn. 47.

Die bloße Aneinanderreihung von Beweistatsachen könnte aber keine verfahrensrechtliche Aufgabe erfüllen. Absatz 1 Satz 2 gewinnt nur einen Sinn, wenn die Urteilsgründe
auch aufzeigen, welche Schlüsse das Gericht bei seiner Beweiswürdigung aus ihnen
gezogen hat[178]. Die Beweisbeziehung der festgestellten Indizien zu den Tatsachen, die
die gesetzlichen Tatbestandsmerkmale begründen, muß lückenlos aufgezeigt werden[179].
Dies deckt sich mit der heute herrschenden Auffassung, daß über die Angabe der Indiztatsachen und deren Würdigung hinaus die Urteilsgründe allgemein die rationalen
Grundlagen der Beweiswürdigung durch Mitteilung der sie tragenden Gründe aufzeigen
müssen, um dazutun, daß das Gericht seiner Pflicht zur erschöpfenden Würdigung der
Beweise nachgekommen ist[180] und daß das materielle Recht richtig angewendet wurde.
Um den Revisionsgerichten diese Nachprüfung, einschließlich der Beachtung der Denkgesetze und Erfahrungssätze zu ermöglichen, muß das Urteil alle unter Berücksichtigung
der Einlassung des Angeklagten und sonstiger sich aufdrängender Umstände entscheidungserheblichen Teile der Beweiswürdigung lückenlos mitteilen[181]. Dies gilt aber nur
für die nachprüfbaren, rationalen Grundlagen der Überzeugungsbildung; eine Offenlegung aller Einzelheiten des komplexen psychologischen Vorgangs der Gewinnung der
richterlichen Überzeugung wird nicht gefordert[182].

b) Auseinandersetzung mit festgestellten Tatsachen. Nach der herrschenden Meinung **52**
muß sich das Gericht mit den im Urteil wiedergegebenen Tatsachen und mit den nach
der Sachlage naheliegenden Möglichkeiten des Geschehensablaufs unter allen rechtlich
oder sachlich für die Entscheidung erheblichen Gesichtspunkten auseinandersetzen[183].
Die Begründungsanforderungen zur Gewährleistung einer umfassenden Nachprüfung,
die die Schlüssigkeit und Plausibilität der Beweiswürdigung mit einschließt, überlagert
die geringeren Anforderungen, die sich aus dem Wortlaut des § 267 Abs. 1 ergeben. Dies
stimmt mit den heute in verschiedenen Varianten vertretenen Auffassungen überein, die
bei wechselnden Ableitungen im Ergebnis übereinstimmend sowohl einen Mangel in
der sachlichen Begründung als auch einen Verfahrensverstoß bejahen, wenn das Urteil
zur Beweiswürdigung und den dazu festgestellten Tatsachen schweigt oder seine Ausführungen dazu unvollständig oder lückenhaft sind[184]. Die Frage, ob das Schweigen
des Urteils zu den Beweistatsachen und zur Beweiswürdigung ermessensfehlerhaft ist
(Rdn. 49), läßt sich an Hand der übrigen Urteilsgründe beurteilen[185].

---

[178] *Baldus* FS Heusinger 386.
[179] BGH NJW **1959** 780; StV **1981** 161; vgl. § 261, 60 ff; ferner § 337, 152.
[180] Vgl. etwa *Maul* FS Pfeiffer 412 ff; *Wagner* ZStW **106** (1994) 259 ff; AK-*Wassermann* 11; HK-*Julius*[2] 11; KK-*Engelhardt*[4] 12, 13; *Kleinknecht/Meyer-Goß-ner*[44] 13; SK-*Schlüchter* 28; ferner 261, 58 ff und § 337, 144 ff.
[181] Z. B. BGHSt **12** 311; **14** 165; BGH NJW **1961** 2069; GA **1965** 109; StV **1981** 509; BGH bei *Dallinger* MDR **1971** 898; **1974** 502; **1975** 198; bei *Holtz* MDR **1980** 631; bei *Pfeiffer/Miebach* NStZ **1985** 15; OLG Bremen VRS **50** (1976) 129; OLG Celle NdsRpfl. **1976** 181; OLG Düsseldorf VRS **65** (1983) 381; OLG Hamm NJW **1966** 581; **1972** 916; JMBlNW **1980** 69; OLG Karlsruhe Justiz **1977** 244; OLG Koblenz VRS **57** (1979) 32; **64** (1983) 281; OLG Köln VRS **51** (1976) 213. Zu den steigenden Anforderungen der Revisionsgerichte vgl. § 337, 144 ff; 157 ff.

[182] BGH NJW **1951** 413; GA **1961** 172; OLG Schles-wig bei *Ernesti/Jürgensen* SchlHA **1979** 205; KK-*Engelhardt*[4] 12; KMR-*Paulus* 37; vgl. ferner die Entscheidungen Fußn. 179; sowie § 261, 7; 12 ff; 51 ff; und § 337, 146; 158 mit weit. Nachw.
[183] BGHSt 6 68; **12** 314; **25** 285; **20** 315; **20** 331; BGH NJW **1959** 780; **1980** 2423; GA **1974** 61; StV **1981** 169; **1984** 188 mit Anm. *Wagner*; BayObLGSt **1954** 39; OLG Celle NdsRpfl. **1985** 47; OLG Koblenz VRS **56** (1979) 360; OLG Celle NdsRpfl. **1985** 47; OLG Frankfurt VRS **64** (1983) 34.
[184] SK-*Schlüchter* 26; a. A KMR-*Paulus* 38 (nur § 261 verletzt).
[185] Vgl. BGH bei *Dallinger* MDR **1952** 272: Gericht muß Umstände erörtern, die erfahrungsgemäß berücksichtigt werden müssen; ferner beispielsweise OLG Neustadt DAR **1961** 204 und Rdn. 54.

Walter Gollwitzer

53   Nur in den wenigen **Ausnahmefällen** aber, in denen wegen der geringen Bedeutung der Sache und wegen einer klaren und ohne weiteres einsichtigen Beweislage besondere Ausführungen zur Beweiswürdigung sachlich entbehrlich sind, kann das Urteil nicht schon allein wegen des Fehlens der von § 267 Abs. 1 Satz 2 geforderten eigenen Feststellungen beanstandet werden[186]. Der beim partiellen Fehlen von Urteilsausführungen in Betracht kommende Schluß, daß sich dahinter möglicherweise ein Rechts- oder Denkfehler verbergen könnte, ist dann nicht ohne weiteres zulässig[187]. Für ihn ist nur Raum, soweit die Begründungspflicht reicht, immer aber, wo der Gesamtzusammenhang des Urteils oder einzelne Ausführungen das Schweigen bewertbar machen, wie etwa, wenn festgestellte Tatsachen, die eine andere Entscheidung hätten rechtfertigen können, ungewürdigt geblieben sind.

54   Die **Beweiswürdigung** ist trotz ihrer beschränkten Nachprüfbarkeit insoweit darzustellen, als notwendig ist, um aufzuzeigen, auf welche Tatsachen und rational nachvollziehbare Erwägungen sich die Überzeugung des Gerichts von dem für erwiesen erachteten Sachverhalt gründet, daß hierbei weder gegen Denkgesetze oder Erfahrungssätze verstoßen wurde und daß alle nach der Beweislage naheliegenden Möglichkeiten erwogen worden sind. Die Wiedergabe der Beweiswürdigung ist unvollständig, wenn eine im Urteil **festgestellte Tatsache unerörtert** bleibt, die für das Hereinspielen eines im Urteil nicht erwähnten rechtlichen Gesichtspunkts spricht oder die an sich geeignet wäre, das Beweisergebnis in einem entgegengesetzten Sinn zu beeinflussen[188], ferner wenn die festgestellten Tatsachen in erheblicher Weise voneinander abweichen[189]. Fehlerhaft ist auch, wenn von **mehreren** naheliegenden **Möglichkeiten** nur eine erörtert, die Begründung also lückenhaft wird[190].

55   Die im Urteil **mitgeteilte Beweiswürdigung** muß in sich logisch geschlossen, klar und lückenfrei sein[191]. Sie muß die Grundzüge der Überlegungen des Gerichts und die Vertretbarkeit des gefundenen Ergebnisses sowie die Vertretbarkeit des Unterlassens einer weiteren Würdigung aufzeigen. Es müssen alle aus dem Urteil ersichtlichen Tatsachen und Umstände, die Schlüsse zugunsten oder zuungunsten des Angeklagten zulassen, ausdrücklich erörtert werden[192]. Das Urteil enthält einen sachlich-rechtlichen Mangel, wenn seine Beweiserwägungen diesen Anforderungen nicht entsprechen[193]. Eine darüber hinausgehende Detailschilderung oder eine erschöpfende Würdigung aller, auch der ferner liegenden Umstände oder nur theoretischen Möglichkeiten kann nicht gefordert werden[194]. Es besteht keine verfahrensrechtliche Pflicht, im Urteil **alles zu erörtern**, was Gegenstand der Hauptverhandlung war[195].

---

[186] BGH NStZ **1985** 323; bei *Dallinger* MDR **1975** 198; KK-*Engelhardt*[4] 18; *Kleinknecht/Meyer-Goßner*[44] 11; SK-*Schlüchter* 28.

[187] *Blunk* MDR **1970** 471; vgl. auch KG JR **1962** 389 mit krit. Anm. *Dünnebier*, **a. A** *Wenzel* NJW **1966** 577 ff, der auch hier eine Lösung des Problems im Rahmen der Sachrüge sucht.

[188] Zur umfangreichen Rechtspr. vgl. etwa BGH NJW **1953** 1440; **1959** 780; NJW **1962** 549; **1967** 1140; VRS **53** (1977) 110; BGH MDR **1974** 502; bei *Pfeiffer/Miebach* NStZ **1985** 15; RGSt **77** 79; 261; OLG Bremen NJW **1954** 613; OLG Hamburg MDR **1971** 414; OLG Hamm MDR **1950** 120; NJW **1960** 398; **1963** 405; **1972** 916; OLG Köln NJW **1954** 1091; OLG Koblenz VRS **56** (1979) 360.

[189] OLG Düsseldorf VRS **65** (1983) 42; JMBlNW **1983** 274; OLG Saarbrücken VRS **47** (1974) 49.

[190] BGHSt **25** 365; BGH MDR **1951** 276; vgl. § 337, 156.

[191] BGHSt **3** 213; BGH StV **1984** 188 mit Anm. *Wagner*; vgl. § 261, 12 ff und § 337, 148.

[192] BGH MDR **1974** 502; § 337, 151.

[193] Z. B. BGHSt **1** 266; **12** 311; **14** 162; **15** 1; **18** 204; weit. Nachw. bei § 261, 58 und § 337, 149 ff.

[194] BGH NJW **1951** 325; *Baldus* FS Heusinger 390; *Koeniger* 524 (nur Hauptgesichtspunkte); *Eb. Schmidt* Nachtr. I 3.

[195] Vgl. Rdn. 3.

4. Einzelfragen

a) Wieweit auf **einzelne Beweismittel** im Rahmen der mitgeteilten Beweiswürdigung **56** einzugehen ist, hängt von den Umständen des jeweiligen Falles und nicht zuletzt von der Einlassung des Angeklagten ab. Der Umfang der Darlegungspflicht, richtet sich nach Beweislage und Bedeutung der Beweisfrage unter Berücksichtigung von Inhalt und Richtung der Verteidigung[196]. Die Verfahrensbeteiligten, insbesondere der Angeklagte und das Revisionsgericht, müssen in der Lage sein, die für die Schuldfeststellung entscheidenden Gründe rechtlich sowie daraufhin zu überprüfen, ob sie auf rational nachvollziehbaren Erwägungen beruhen und im Einklang mit den für die Überzeugungsbildung maßgebenden Grundsätzen, insbesondere den Denkgesetzen und den allgemeinen Erfahrungssätzen stehen[197]. Das kann mitunter erfordern, auch abweichende Fallgestaltungen oder mögliche Fehlerquellen zu erwähnen und darzulegen, weshalb sie auszuschließen sind[198]. **Schweigt** das Urteil zu einem bestimmten Beweismittel, während es andere erwähnt, so kann daraus allein noch nicht geschlossen werden, das Gericht habe entgegen § 261 das unerwähnt gebliebene Beweismittel bei seiner Beweiswürdigung übersehen[199]. Andererseits besagt die bloße Erwähnung eines Beweismittels noch nichts darüber, ob sich daraus etwas Wesentliches für die Urteilsfindung ergeben habe[200]; die bloße Aufzählung aller Beweismittel ist überflüssig, da sie die eigene Beweiswürdigung nicht ersetzen kann[201].

b) In der Regel ist es nicht notwendig, das tatsächliche **Vorbringen der Prozeß-** **57** **beteiligten**, besondere die Angaben des Angeklagten und seines Verteidigers **in allen Einzelheiten** referierend wiederzugeben[202] und sich mit jeder Schutzbehauptung auseinanderzusetzen[203]. Auch das Recht auf Gehör (Art. 103 Abs. 1 GG) fordert dies nicht[204]. In sachlich und rechtlich einfach gelagerten Fällen von geringer Bedeutung wird es für zulässig angesehen, wenn das Gericht auf die Wiedergabe des Prozeßvorbringens ganz verzichtet[205].

Die **Einlassung des Angeklagten**[206] ist grundsätzlich mitzuteilen. Das Urteil muß vor **58** allem aber aufzeigen, wie das Gericht die Einlassung des Angeklagten gewürdigt hat,

---

[196] Etwa BGHSt **12** 311; NJW **1967** 1140; NStZ **1985** 184; MDR **1974** 562; StV **1983** 360; **1985** 184; OLG Köln VRS **47** (1974) 281. *Maul* FS-Pfeiffer 412.

[197] Etwa BGH bei *Pfeiffer/Miebach* NStZ **1983** 357; BayObLG bei *Rüth* DAR **1985** 246; OLG Düsseldorf VRS **65** (1983) 42; JMBlNW **1983** 274; weit. Nachw. § 261, 44 und § 337, 165 ff.

[198] Vgl. etwa BayObLG VRS **61** (1981) 41; 143; OLG Düsseldorf VRS **66** (1984) 359.

[199] BGH GA **1969** 28; StV **1991** 340; vgl. Rdn. 2 mit weit. Nachw.; ferner § 261, 58.

[200] OLG Hamm VRS **41** (1971) 123.

[201] Vgl. etwa BGH bei *Kusch* NStZ **2000** 293; Rdn. 3 mit weit. Nachw.

[202] Vgl. etwa BGH NStZ **1985** 184; **2000** 48; 211; NStZ-RR **1997** 270; **1998** 277; 474; bei *Kusch* NStZ **1995** 220; **1996** 326; BGHR § 267 Abs. 1 Satz 2 Einlassung 1; *Basdorf* SchlHA **1993** 57; *Meyer-Goßner* NStZ **1988** 532; *Sander* StV **2000** 46; *Kleinknecht/Meyer-Goßner*44 12; SK-*Schlüchter* 28; ferner nachst. Fußn. und bei Rdn. 3.

[203] BGH GA **1961** 172; BGH NJW **1951** 325; 413; 533; OLG Hamm NJW **1970** 69; VRS **42** (1972) 43;

OLG Schleswig bei *Ernesti/Jürgensen* SchlHA **1972** 161; vgl. ferner vorst. Fußn. und bei Rdn. 1.

[204] BVerfGE **13** 149; **42** 368; **51** 129; **86** 146; **87** 392; anders nur, wenn eindeutig erkennbar ist, daß das Gericht wesentliches tatsächliches Vorbringen nicht zur Kenntnis genommen und bei der Entscheidung nicht erwogen hat, vgl. BVerfG **27** 251; **42** 368; **47** 182; *Wagner* ZStW **106** (1994) 282. Hält unter Hinweis auf Entscheidungen des BVerfG zu Art. 103 Abs. 1 GG wohl in allen Fällen für geboten, daß das Urteil erkennen lassen muß, ob und gegebenenfalls wie der Angeklagte sich eingelassen hat; vgl. auch BayObLG bei *Bär* DAR **1994** 386 und bei Rdn. 1.

[205] BGH NStZ **1985** 323; bei *Dallinger* MDR **1975** 198; KK-*Engelhardt*4 14; SK-*Schlüchter* 28; 9; KMR-*Paulus* 39 (bei Geständnis des Angeklagten).

[206] Sie gehört nicht zur Feststellung des erwiesenen Sachverhalts sondern ist im Rahmen der Beweiswürdigung zu erörtern; BGH nach KK-*Engelhardt*4 14.

gegebenenfalls auch, auf Grund welcher festgestellten Tatsachen es sie für zutreffend[207], für widerlegt oder als neben der Sache liegend erachtet[208]. Bei einem als glaubhaft angesehenen Geständnis ist dessen wesentlicher Inhalt mitzuteilen, da sonst nicht beurteilt werden kann, ob dieses alle Feststellungen zur äußeren oder inneren Tatseite trägt[209]. Auch für die Feststellungen zur inneren Tatseite, für die Beurteilung eines Rechtfertigungs- oder Entschuldigungsgrundes oder bei erheblichen Widersprüchen mit den Bekundungen eines Zeugen[210] ist die Mitteilung der Einlassung des Angeklagten in der Regel unentbehrlich. Andernfalls würden mitunter Zweifel bleiben, ob das Gericht sich mit der Einlassung des Angeklagten überhaupt auseinandergesetzt oder ihn zu neu aufgetretenen Tatsachen gehört hat[211]. Schweigt der Angeklagte, muß jede ernsthaft in Betracht kommende Fallgestaltung erwogen und abgehandelt werden[212].

59   c) Die **Zeugenaussagen** müssen in den Urteilsgründen grundsätzlich nicht in allen Fällen inhaltlich wiedergegeben und erörtert werden[213]. Dies ist nur dann und nur in dem Umfang notwendig, in dem das Verständnis des Urteilsspruchs und seine Nachprüfbarkeit dies erfordern. Maßgebend sind stets die Umstände des Einzelfalls. Nach diesen beurteilt sich, was das Gericht anführen muß, um aufzuzeigen, daß es seiner Pflicht zu einer rational nachvollziehbaren und umfassenden Beweiswürdigung genügt hat[214]; so ist etwa der Teil der Aussage mitzuteilen, dem bei einem sonst unklaren Beweisergebnis entscheidende Bedeutung beigemessen wurde[215]. Hat das Gericht einen die Vereidigung des Zeugen ausschließenden Tatverdacht verneint, muß es in den Urteilsgründen nur dann darauf eingehen, wenn die festgestellten Tatsachen einen solchen Verdacht als naheliegend erscheinen lassen[216]. Umgekehrt kann eine Pflicht zur Erörterung der Zeugenaussage daraus erwachsen, daß sich das Urteil im wesentlichen auf die Aussage eines Zeugen stützt, obwohl nach § 61 Nr. 3 von der Vereidigung mit der Begründung abgesehen wurde, daß die Aussage keine wesentliche Bedeutung habe[217].

60   Eine **ausdrückliche Auseinandersetzung** mit Zeugenaussagen verlangt die Rechtsprechung jedoch insoweit, wie die Bedeutung der Aussage oder die Besonderheiten der Beweislage dies erfordern[218], so etwa dann, wenn der Angeklagte schweigt und das Urteil allein auf den Bekundungen von Belastungszeugen beruht[219] oder wenn Wider-

---

[207] *Kleinknecht/Meyer-Goßner*[44] 12; SK-*Schlüchter* 30.
[208] BGH NJW **1953** 1441; GA **1965** 109; 208; NStZ **1984** 233; BGH NStZ-RR **1997** 172; 1; StV **1981** 509; **1984** 64 (L); 188 mit Anm. *Wagner*; BayOb-LGSt **1972** 103 = NJW **1972** 1433; VRS **57** (1979) 32; bei *Rüth* DAR **1979** 243; **1970** 70; **1972** 916; OLG Düsseldorf NStZ **1985** 232; VRS **88** (1995) 444; KG StV **2000** 188; OLG Köln VRS **87** (1994) 205; Justiz **1990** 372; OLG Saarbrücken VRS **51** (1976) 213; OLG Stuttgart NJW **1977** 1410; OLG Zweibrücken VRS **51** 213. Vgl. ferner etwa *Blunk* MDR **1970** 471; *Sander* StV **2000** 45; *G. Schäfer* StV **1995** 151; *Wagner* ZStW **106** (1994) 282; *Wenzel* NJW **1966** 577; sowie die nachf. Fußnoten, ferner § 261, 71.
[209] BGH bei *Kusch* NStZ **1997** 72; KG StV **2000** 188.
[210] Vgl. etwa OLG Düsseldorf VRS **65** (1983) 43; JMBlNW **1983** 274. *Sander* StV **2000** 46; *G. Schäfer* StV **1995** 153; ferner Rdn. 60.
[211] Vgl. BGHSt **28** 196; § 337, 150.
[212] BGH bei *Holtz* MDR **1980** 108; OLG Koblenz

VRS **57** (1979) 33; vgl. § 337, 150; weit. Nachw. bei § 261, 76.
[213] Vgl. etwa BGH bei *Holtz* MDR **1979** 637; OLG Koblenz VRS **46** (1974) 436; OLG Schleswig bei *Ernesti/Jürgensen* SchlHA **1972** 161; **1973** 87; **1975** 191; ferner § 261, 58, 81 ff und Rdn. 56.
[214] BGH NStZ **1983** 133; BGH bei *Holtz* MDR **1978** 988; **1979** 637; **1985** 630; bei *Spiegel* DAR **1985** 197; OLG Düsseldorf VRS **88** (1995) 442; OLG Koblenz GA **1976** 185; KK-*Engelhardt* 15; *Kleinknecht/Meyer-Goßner*[44] 12; KMR-*Paulus* 42; SK-*Schlüchter* 30. Vgl. § 261, 58; § 337, 144 ff.
[215] BGH NStZ **1985** 563 (L).
[216] BGH bei *Spiegel* DAR **1985** 194; vgl. § 60, 50.
[217] OLG Schleswig SchlHA **1991** 43.
[218] Vgl. etwa BGHSt **12** 315; BayObLG bei *Rüth* DAR **1984** 245; OLG Köln VRS **47** (1974) 282; **59** 374.
[219] OLG Koblenz GA **1976** 25; VRS **50** (1976) 442; ferner BGH StV **2000** 599 (Angaben eines Mitangeklagten); vgl. Fußn. 155 und § 261, 75 ff.

sprüche aufgetreten sind[220], so wenn Aussage gegen Aussage steht[221] oder nach der Lebenserfahrung oder auf Grund der anderen Urteilsfeststellungen Zweifel in der Zuverlässigkeit einer Zeugenaussage bestehen können[222] oder wenn nur ein Teil der Bekundungen für glaubwürdig gehalten wird[223]. Wird die Aussage in den Urteilsgründen wiedergegeben, müssen diese zweifelsfrei erkennen lassen, ob das Gericht damit nur ihren Inhalt mitteilen wollte oder ob es deren Inhalt als erwiesen der Entscheidung zugrunde gelegt hat. Die Darstellung der erhobenen Beweise kann die Wiedergabe der eigenverantwortlichen Beweiswürdigung nicht ersetzen[224]. Unter besonderen Umständen kann es sogar notwendig sein, den Teil einer Zeugenaussage in den Urteilsgründen mitzuteilen und zu erörtern, den das Gericht bei der Urteilsfindung nicht verwertet hat[225].

d) Bei **Sachverständigengutachten** fordert die Rechtsprechung[226] neben den erforder- **61** lichen tatsächlichen Feststellungen eine eigene Stellungnahme des Gerichts zu der Fachfragen, um aufzuzeigen, daß es gemäß dem Gebot zur freien Beweiswürdigung (§ 261) die Frage mit Hilfe der Sachverständigen selbst entschieden hat[227]. Schließt sich das Gericht dem Gutachten im Vertrauen auf die Sachkunde des Gutachtens an, so muß es dies deutlich zum Ausdruck bringen; es muß dann die wesentlichen tatsächlichen Grundlagen dieses Gutachtens (die Anknüpfungstatsachen) und die vom Sachverständigen daraus gezogenen Schlußfolgerungen insoweit mitteilen, als dies zum Verständnis des Gutachtens und seiner gedanklichen Schlüssigkeit nötig ist[228]. Handelt es sich dabei um neue, noch nicht allgemein anerkannte Erkenntnisse, bedürfen sowohl die methodischen Grundlagen des Gutachtens einschließlich der Gegenmeinungen als auch die Abwägung der für und gegen die Anwendung im konkreten Fall sprechenden Gesichtspunkte einer

---

[220] Vgl. etwa RGSt **71** 25; BGH NJW **1961** 2069; StV **1987** 516 (L); **1995** 563; BGH bei *Martin* DAR **1971** 123; OLG Köln VRS **30** (1966) 313.

[221] Vgl. etwa BGHSt **44** 153; NStZ **2000** 496; StV **1983** 445; **1996** 365; **1998** 250; 362; *Sander* StV **2000** 45; § 261, 71; 83; § 337, 49 mit weit. Nachw.

[222] Etwa BGH NStZ **1990** 402; StV **1984** 190 (L); **1988** 237 mit Anm. *Weider*, StV **1992** 2; 556; OLG Hamm VRS **58** (1960) 380 (Geschwindigkeitsschätzungen). OLG Köln VRS **59** (1980) 374 (Zweifel an Zuverlässigkeit des Zeugen); vgl. § 261, 83; § 337, 149.

[223] BGHSt **44** 153; BGH NStZ **2000** 496; BGH StV **1983** 321; **1988** 8; **1994** 358; BGH bei *Holtz* MDR **1978** 988; § 261, 183; OLG Celle OLGSt § 267 Abs. 3, 8; OLG Köln JMBlNW **1973** 15; OLG Koblenz VRS **57** (1979) 33; OLGSt **62** § 261, 83,

[224] BGH NJW **1998** 1788; **1999** 802; NStZ **1985** 184; StV **1982** 157; **1983** 445; **1988** 8; **1990** 533; **1992** 261; **1996** 367; § 261, 71; 337, 150.

[225] OLG Celle OLGSt § 267 Abs. 3, 8 (Auseinandersetzung mit Glaubwürdigkeit und Beweiswert der Angaben eines Alibi-Zeugen bei einem Indizienurteil); OLG Köln JMBlNW **1973** 151 (Aussage des Verletzten).

[226] BGHSt **8** 118; **12** 311; BGH GA **1977** 275; StV **1982** 210; bei *Spiegel* DAR **1980** 208; **1982** 206; BayObLG bei *Rüth* DAR **1981** 281; **1984** 253; OLG Hamm VRS **40** (1971) 197; StV **2000** 547; OLG Koblenz VRS **56** (1979) 360; **67** (1984) 442; OLG

Schleswig bei *Ernesti/Jürgensen* SchlHA **1977** 182; bei *Ernesti/Lorenzen* SchlHA **1983** 112; ferner zu Fragen der Blutalkoholgutachten: BGHSt **28** 238; OLG Düsseldorf NJW **1978** 1208; VRS **56** (1979) 292; OLG Hamburg MDR **1979** 693; 1261; OLG Hamm VRS **47** (1974) 296; OLG Karlsruhe Justiz **1977** 20; OLG Köln VRS **57** (1979) 23; OLG Koblenz VRS **56** (1979) 361; OLG Schleswig NJW **1978** 1209; bei *Ernesti/Lorenzen* SchlHA **1984** 106.

[227] Die (zusätzliche) besondere Wiedergabe der wesentlichen Ausführungen des Sachverständigen ist bei Übereinstimmung entbehrlich; vgl. BGH bei *Pfeiffer* NStZ **1981** 296.

[228] BGHSt **7** 238; **8** 118; **12** 311; **34** 29; BGH NStZ **1981** 488; **1986** 311; **1991** 596; **1998** 83; **2000** 106; StV **1983** 210; **1984** 241; **1987** 528; **1991** 339; VRS **27** (1964) 264; **31** (1966) 107; BGH bei *Pfeiffer/Miebach* NStZ **1984** 77; **1985** 200; bei *Kusch* NStZ **1994** 228; BayObLGSt **1968** 70 = NJW **1968** 2299; BayObLG bei *Rüth* DAR **1985** 246; OLG Bremen VRS **48** (1974) 272; OLG Celle MDR **1963** 334; **1972** 259; VRS **25** (1963) 55; OLG Düsseldorf NStZ **1983** 283; VRS **64** (1983) 208; OLG Hamm NJW **1963** 405; **1967** 691; VRS **40** (1971) 197; **41** (1971) 276; OLG Köln GA **1965** 156; **1983** 43; VRS **47** (1974) 281; OLG Koblenz DAR **1974** 134; VRS **51** (1976) 116; **53** (1977) 360; **56** (1976) 360; OLG Schleswig bei *Ernesti/Lorenzen* SchlHA **1983** 12; **1984** 106; vgl. § 261, 92 ff und Fußn. 167.

eingehenden Erörterung in einem sich darauf stützenden Urteil[229]. Folgt es dem Gutachten nicht, müssen die Urteilsgründe die Überlegungen des Gutachtens und die nach Ansicht des Gerichts dagegen sprechenden Erwägungen aufzeigen[230]. Gleiches gilt bei einander widersprechenden Gutachten[231] oder wenn das Gericht eine nicht allgemeinkundige Fachfrage aus **eigenem Wissen** entscheidet[232]. Die Notwendigkeit, die eigene Sachkunde und unter Umständen auch ihre Grundlage im Urteil darzulegen, entfällt nur dann, wenn die Beweislage so eindeutig und die hereinspielenden Fachfragen so bekannt sind, daß das Revisionsgericht die Richtigkeit des Ergebnisses auch ohne diese Ausführungen beurteilen kann[233]. So kann bei **standardisierten Untersuchungsverfahren** die Mitteilung des Ergebnisses des Gutachtens ausreichen, so vor allem, wenn von keiner Seite Einwendungen gegen die Begutachtung und das Ergebnis erhoben worden sind[234].

62   e) Ist das **Ergebnis eines Augenscheins** eine wesentliche Grundlage der Entscheidung, müssen die Urteilsgründe in nachprüfbarer Weise darlegen, auf welche festgestellten Einzelheiten und welchen daran anknüpfenden Erwägungen sich die Beweiswürdigung des Gerichts stützt[235]. Bei Identifizierung eines Angeklagten an Hand eines Bildes (Foto, Videoaufnahme) muß das Urteil, auch wenn es wegen der Einzelheiten der Abbildung auf diese Bezug nimmt[236], in eigener Beweiswürdigung neben der Bildqualität grundsätzlich auch erörtern, in welchen charakteristischen Merkmalen die Abbildung und das Erscheinungsbild der zu identifizierenden Person übereinstimmen, sofern es die Identität von beiden bejahen will[237]. Einer solchen Erörterung bedarf es auch, wenn es die Übereinstimmung verneint.

63   f) **Verfahrensrechtlich gebotene Erörterung.** Soweit im vorausgegangenen Verfahren Tatsachen als **erwiesen** oder **unerheblich** behandelt oder ihre **Unterstellung als wahr** zugesichert worden ist, muß die Beweiswürdigung dem Rechnung tragen[238]. Wenn nicht offensichtlich ist, daß dies geschehen ist, wird je nach den Umständen in den Urteilsgründen darauf einzugehen sein. Wegen der strittigen Einzelheiten vgl. bei § 244 und § 261[239].

5. Besondere Umstände, die die Strafbarkeit ausschließen, vermindern oder erhöhen (Absatz 2)

64   a) **Begriff.** Um die Urteilsbegründung zu erleichtern und nicht mit unnötigen negativen Feststellungen zu belasten, fordert Absatz 2 eine Erörterung der dort genannten Umstände nur, wenn sie **behauptet** worden sind. Ebenso wie § 263 Abs. 2 betrifft Absatz 2

---

[229] BGHSt **41** 206; BGH NStZ **1994** 250; **2000** 106.

[230] BGH GA **1977** 275; NStZ **1983** 377; **1985** 421; **1994** 503; StV **1990** 248; **1993** 234; **1994** 359; BGH bei *Dallinger* MDR **1972** 570; bei *Holtz* MDR **1977** 284; 637; 810; **1994** 436; bei *Pfeiffer* NStZ **1981** 296; OLG Stuttgart Justiz **1971** 312; *G. Schäfer* 1489; weitere Nachweise § 244, 42 ff; § 337, 140; vgl. ferner § 261, 91.

[231] BGH StV **1990** 339; KK-*Engelhardt*[4] 16; SK-*Schlüchter* 32; vgl. § 244, 72 ff; 308 ff.

[232] BGHSt **12** 18; vgl. § 244, 71 ff; 303 ff.

[233] Vgl. etwa BGH bei *Spiegel* DAR **1983** 207.

[234] Weitgehend h. M.; *Kleinknecht/Meyer-Goßner*[44] 13; standardisierte Verfahren bejahend BGHSt **12** 311 (Blutgruppe); BGHSt **28** 235 (Blutalkohol); BGHSt **39** 291; BGH NStZ **1993** 95 (daktyloskopische Gutachten); verneinend BGH NStZ **2000** 106 (anthropologisches Vergleichsgutachten; Jeansfalten-

vergleichsgutachten); OLG Frankfurt StV **1994** 9; (Schriftsachverständigengutachten).

[235] Vgl. § 244, 338; § 261, 100 und bei § 86.

[236] Zu Grenzen der Bezugnahme vgl. Rdn. 11 ff.

[237] Aus der umfangreichen Rechtsprechung vgl. etwa BGHSt **29** 18 = JR **1980** 169 mit Anm. *Peters*; BGHSt **41** 376; BayObLGSt **1996** 34 = JR **1997** 38 mit Anm. *Göhler*; BayObLG VRS **61** (1981); 41; bei *Rüth* DAR **1982** 253; OLG Düsseldorf VRS **92** (1997) 417; OLG Hamm NStZ **1990** 546 mit Anm. *Janiszewski*; VRS **90** (1996) 290; OLG Köln DAR **1982** 24; OLG Oldenburg VRS **92** (1997) 337; OLG Schleswig bei *Lorenzen/Schiemann* SchlHA **1997** 170; 261, 101 m weit. Nachw.

[238] Vgl. § 261, 94.

[239] Vgl. § 244, 225, 236; § 261, 25; zur Wahrunterstellung § 244, 249 ff; 256; ferner BGH StV **1984** 142.

nur diejenigen Umstände, welche **gesetzlich nach Art einer Tatbestandsschilderung** konkretisiert sind[240]. Sie müssen in einem Gesetz besonders vorgesehen sein. Hierzu gehören die Rechtfertigungs-, Schuld- oder Strafausschließungsgründe sowie die Strafmilderungs- oder -erhöhungsgründe, wenn sie tatbestandsmäßig voll umschrieben sind[241]. Beschränkt sich das Strafgesetz darauf, **Regelbeispiele** für besonders schwere Fälle (z. B. § 243 StGB) oder unbenannte Strafmilderungs- oder Strafschärfungsgründe aufzustellen, so fallen diese nicht unter Absatz 2, sondern unter Absatz 3[242].

Beispielsweise fallen unter Absatz 2 die Voraussetzungen der erheblich verminderten **65** Schuldfähigkeit nach § 21 StGB[243]; die Voraussetzungen des § 23 Abs. 2[244] und Abs. 3[245] StGB; § 24 Abs. 1 StGB[246]; die Bereicherungsabsicht nach § 41 StGB[247]; ferner § 60 StGB[248] oder die Straftatbestände, die auf § 49 StGB verweisen[249]. Unter Absatz 2 fallen ferner neben Tatbeständen des besonderen Teils auch zahlreiche Tatbestände des Nebenstrafrechts[250]. Auf den in der Hauptverhandlung gestellten Antrag des Verteidigers, Jugendrecht anzuwenden, ist Absatz 2 entsprechend anwendbar[251].

Nicht nach Absatz 2 zu beurteilen sind die Begründungspflichten bei der Behauptung, **66** daß eine **Prozeßvoraussetzung** fehle[252] oder daß die Tat einer vom Eröffnungsbeschluß abweichenden rechtlichen Beurteilung zu unterziehen sei[253]. Noch weniger kann von einer Verletzung des Absatzes 2 die Rede sein, wenn andere Behauptungen tatsächlicher Art in den Urteilsgründen nicht widerlegt oder nicht angeführt sind[254].

b) Erörterungspflicht. Werden in der Hauptverhandlung Umstände im Sinne des **67** Absatzes 2 **behauptet**, so muß das Gericht in den Urteilsgründen darlegen, ob sie gegeben sind oder auf Grund welcher tatsächlicher oder rechtlicher Überlegungen sie entfallen. Die Erörterungspflicht nach Absatz 2 wird durch die **bloße Behauptung** solcher Umstände ausgelöst[255], die auch ohne ausdrückliche Benennung des jeweiligen Umstandes in einem **entsprechenden Sachvortrag** liegen kann; die bloße Beantragung einer „milden Strafe" genügt dafür aber nicht[256]. Unerheblich ist, ob die Behauptung vom Angeklagten oder seinem Verteidiger oder aber vom Staatsanwalt oder Nebenkläger aufgestellt worden ist, sowie, ob die vom Gericht festgestellten Tatsachen zu der Erörterung dieser Umstände drängten[257].

---

[240] AK-*Wassermann* 13; HK-*Julius*[2] 13; KK-*Engelhardt*[4] 19; *Kleinknecht/Meyer-Goßner*[44] 15; KMR-*Paulus* 26; SK-*Schlüchter* 40; vgl. § 263, 9.

[241] AK-*Wassermann* 13; KK-*Engelhardt*[4] 19; *Kleinknecht/Meyer-Goßner*[44] 15; **a.A** KMR-*Paulus* 25; SK-*Schlüchter* 40 (Absatz 3).

[242] KK-*Engelhardt*[4] 19; *Kleinknecht/Meyer-Goßner*[44] 15; weit. Nachw. vgl. vorstehend Fußn. und § 263, 10.

[243] OLG Hamm NJW **1972** 1149; KK-*Engelhardt*[4] 19; *Kleinknecht/Meyer-Goßner*[44] 15; **a.A** SK-*Schlüchter* 40 (Fall des Absatz 3, wenn § 20 StGB eingreifen kann, ist Absatz 2 maßgeblich).

[244] KK-*Engelhardt*[4] 19; *Kleinknecht/Meyer-Goßner*[44] 15; KMR-*Paulus* 26.

[245] KMR-*Paulus* 26; SK-*Schlüchter* 40 (wie alle auf § 49 verweisenden Bestimmungen); vgl. Fußn. 249.

[246] KK-*Engelhardt*[4] 19; *Kleinknecht/Meyer-Goßner*[44] 15; SK-*Schlüchter* 40.

[247] AK-*Wassermann* 13; KK-*Engelhardt*[4] 19; *Kleinknecht/Meyer-Goßner*[44] 15; KMR-*Paulus* 26.

[248] *Kleinknecht/Meyer-Goßner*[44] 15; SK-*Schlüchter* 40.

[249] KK-*Engelhardt*[4] 19; AK-*Wassermann* 13; SK-*Schlüchter* 40; § 337, 228 mit weit Nachw.

[250] Etwa § 31 Nr. 1 BtMG (BGHSt **31** 139; OLG Köln JMBlNW **1984** 188); vgl. HK-*Julius*[2] 13; KMR-*Paulus* 26.

[251] BGH bei *Herlan* GA **1956** 367; KK-*Engelhardt*[4] 19; SK-*Schlüchter* 40.

[252] RGSt **53** 59; KMR-*Paulus* 25; *Kroschel/Meyer-Goßner*[26] 139.

[253] RGSt **20** 351; zur materiell-rechtlichen Begründungspflicht, wenn anderseits die festgestellten Umstände zur Erörterung drängten, vgl. Rdn. 72.

[254] Vgl. dazu Rdn. 57; § 261, 73.

[255] AK-*Wassermann* 13; HK-*Julius*[2] 13; KK-*Engelhardt*[4] 20; KMR-*Paulus* 27; SK-*Schlüchter* 41.

[256] Vgl. BGHSt **31** 139.

[257] Letzteres ist aber von Bedeutung für die aus der Pflicht zur erschöpfenden Sachwürdigung abgeleitete Pflicht des Gerichts, die festgestellten Tatsachen unter allen entscheidungserheblichen Gesichtspunkten zu prüfen, die unabhängig davon besteht, ob in der Hauptverhandlung Umstände im Sinne des Absatzes 2 behauptet wurden; vgl. Rdn. 72; § 337, 244.

68   Nach Absatz 2 ist auch zu verfahren, wenn solche Umstände entgegen der **zugelassenen Anklage** für nicht erwiesen erachtet werden[258]; denn mit der zugelassenen Anklage wurden diese ausdrücklich zum Gegenstand der Verhandlung, sie sind also in ihr „behauptet" worden. Das Gericht muß bei einer anderen Würdigung ausdrücklich aussprechen, welche Merkmale nicht festgestellt sind. Dessen bedarf es nicht, wenn es eine Abweichung zwar erwägt, im Ergebnis aber verneint[259].

69   Die Erörterung muß den behaupteten Umstand sachlich und rechtlich **erschöpfend** unter Darlegung der für und gegen ihn sprechenden Umstände[260] abhandeln. Die floskelhafte Wendung, „ein besonders schwerer Fall liege nach dem festgestellten Sachverhalt nicht vor", genügt in der Regel den Anforderungen des Absatzes 2 nicht[261].

70   **c)** Die Behauptung eines Umstandes nach Absatz 2 in der Hauptverhandlung ist **keine wesentliche Förmlichkeit** (§ 273), die nur durch das Sitzungsprotokoll nachgewiesen werden könnte (§ 274)[262].

71   **d)** Wird mit der **Revision** die Verletzung der Verfahrensvorschrift des Absatzes 2 gerügt, dann kann nach Ansicht von BGHSt **31** 139[263] das Revisionsgericht nicht durch eine eigene Beweiserhebung prüfen, ob der Angeklagte besondere Umstände im Sinne des Absatzes 2 vorgetragen hat, denn dies würde auf eine der Ordnung des Revisionsverfahrens widersprechende Wiederholung der tatrichterlichen Verhandlung hinauslaufen. Die frühere Rechtsprechung und das Schrifttum[264] vertreten demgegenüber zu Recht[265] die Ansicht, daß das Revisionsgericht im Wege des **Freibeweises** nachprüfen kann, ob in der Hauptverhandlung ein Umstand behauptet wurde, der nach Absatz 2 im Urteil hätte erörtert werden müssen. Daß eine solche Behauptung aufgestellt wurde, kann sich beispielsweise schon aus den Urteilsgründen[266] oder aus dem Gang der Hauptverhandlung ergeben[267], so kann aus der Vernehmung eines Psychiaters als Sachverständigen auf die Behauptung der Schuldunfähigkeit oder der verminderten Schuldfähigkeit geschlossen werden[268], oder aus dem Protokoll nach § 273 Abs. 2[269]. Auch die Einholung dienstlicher Erklärungen erscheint zulässig. Die Feststellung, ob in der Hauptverhandlung ein die Begründungspflicht auslösender Umstand im Sinne des Absatzes 2 behauptet wurde,

---

[258] BGH nach KK-*Engelhardt*[4] 20; SK-*Schlüchter* 41; *Eb. Schmidt* 17.

[259] Vgl. RGSt **60** 22 (Hinweis nach § 265 löst keine Erörterungspflicht hinsichtlich der nichtangewandten Tatbestände aus); ob dies auch gilt, wenn auf Umstände nach Absatz 2 hingewiesen wurde, erscheint fraglich.

[260] OLG Düsseldorf JR **1948** 199; KMR-*Paulus* 27.

[261] BGH bei *Dallinger* MDR **1972** 199; vgl. auch BGHSt **31** 139; AK-*Wassermann* 13; SK-*Schlüchter* 41.

[262] BGHSt **31** 139 = NJW **1983** 186 mit Anm. *Sieg* NJW **1983** 2014 = NStZ **1983** 278 mit Anm. *Fezer*; BayObLGSt **1960** 300 = JR **1961** 151; OLG Hamm NJW **1972** 1149; HK-*Julius*[2] 13; KK-*Engelhardt*[4] 20; KMR-*Paulus* 26; SK-*Schlüchter* 41. Soweit unter Berufung auf RGSt **17** 346 die Ansicht vertreten wird, daß der Nachweis einer solchen Behauptung nur aus der Sitzungsniederschrift geführt werden könne, kann dem nicht gefolgt werden. RGSt **17** 346 betrifft die Anwendung der §§ 199, 233 StGB, die ohnehin nicht unter Absatz 2 sondern unter Absatz 3 fällt (*Eb. Schmidt* 15). Das

Reichsgericht hat dies in späteren Entscheidungen auch nicht gefordert; vgl. Fußn. 206.

[263] Vgl. vorst. Fußn.; ebenso OLG Hamm HESt **2** 255; einschränkend auch KK-*Engelhardt*[4] 20; SK-*Schlüchter* 42 (nur Protokoll und Urteil zum Nachweis der Behauptung heranziehbar).

[264] RG JW **1922** 495; **1927** 2628; **1930** 1601 mit Anm. *Alsberg*; BayObLGSt **1960** 300 = JR **1961** 151; *Fezer* NStZ **1983** 278; *Hanack*-Symp 89; *Herdegen* FS Salger 316; *Sieg* NJW **1983** 2014; AK-*Wassermann* 13; KMR-*Paulus* 28; *Kroschell Meyer-Goßner*[26] 140; *Kleinknecht/Meyer-Goßner*[44] 15 (referierend).

[265] Vgl. § 337, 80; ferner *Fezer* NStZ **1983** 278; *Sieg* NJW **1983** 2014. Da auch keine Protokollierungspflicht besteht (vgl. Fußn. 204) würde Absatz 2 andernfalls leerlaufen; es hinge von den Umständen ab, ob ein Verstoß gegen die Begründungspflicht im Rahmen der Sachrüge durchgreifen würde.

[266] OLG Dresden JW **1931** 1625.

[267] BayObLGSt **1960** 300 = JR **1961** 151.

[268] RG JW **1930** 1601.

[269] OLG Hamm NJW **1972** 1149.

betrifft einen äußeren Vorgang und erfordert in der Regel keine inhaltliche Bewertung des betreffenden Vorbringens.

e) Auch **ohne Behauptung** nach Absatz 2 müssen die Urteilsgründe zum Vorliegen **72** der dort genannten Umstände Stellung nehmen, wenn der festgestellte Sachverhalt dies nahelegt und andernfalls die richtige Anwendung des sachlichen Rechts nicht nachgeprüft werden könnte[270].

IV. Bezeichnung des angewandten Strafgesetzes (Absatz 3 Satz 1 1. Halbsatz)

1. Die Urteilsgründe müssen die **angewandten Strafgesetze** ersehen lassen. Absatz 3 **73** Satz 1 trägt der Bindung der Strafgewalt an das Gesetz (Art. 103 Abs. 3 GG) Rechnung[271], wenn er fordert, daß die Urteilsgründe zur Legitimation des angeordneten Eingriffs anführen, welche gesetzlich festgelegten Straftatbestände und welche konkrete Begehungsart das Gericht für gegeben hielt und welche Vorschriften für die Bestimmung der Rechtsfolgen, vor allem für die Bemessung der Strafe maßgebend waren[272]. Auch die Vorschriften über den Versuch und die Art der Teilnahme und die Konkurrenzen gehören hierher[273]; ferner die Vorschrift, der der **Strafrahmen** entnommen wurde, sofern er sich nicht bereits aus dem angeführten Gesetz ergibt[274]. Bei **Blankettgesetzen** sind auch die blankettausfüllenden Normen aufzuführen, bei Tateinheit alle Vorschriften, gegen die der Täter verstoßen hat[275]. Die hinter dem Urteilstenor anzuführende Liste der angewandten Vorschriften (§ 260 Abs. 5) ersetzt die Bezeichnung der angewandten Vorschriften in den Urteilsgründen nicht[276].

Zweck der Vorschrift ist es, jeden Zweifel darüber auszuschließen welche gesetzlichen **74** Bestimmungen vom Gericht angewendet wurden[277]. Es muß eindeutig ersichtlich sein, daß das Gericht die Rechtslage des entschiedenen Falles in ihrer vollen Breite erkannt und in all ihren im konkreten Fall hereinspielenden Verästelungen bedacht und gewürdigt hat[278]. Dies trägt der strengen Bindung der staatlichen Strafgewalt an das Gesetz (Art. 103 Abs. 3 GG) Rechnung und erleichtert das Verständnis des Urteils und seine Nachprüfung[279].

Die **Form**, in der das angewandte Strafgesetz **zu bezeichnen** ist, legt Absatz 3 Satz 1 **75** nicht näher fest; erforderlich ist nur, daß das Urteil zweifelsfrei ersehen läßt, welche gesetzliche Vorschrift – bei mehreren Begehungsarten eines Straftatbestandes auch welche von ihnen – das Gericht für gegeben erachtet hat[280]. Ein bloßes **Schreibversehen** bei der Angabe der Paragraphenzahl ist unschädlich. Fehlt diese überhaupt, so genügt

---

[270] Etwa OLG Braunschweig NJW **1957** 639; OLG Düsseldorf NJW **1983** 358; OLG Köln MDR **1980** 245; VRS **68** (1985) 351; **69** (1983) 38; *Meyer-Goßner* NStZ **1988** 533; HK-*Julius*[2] 13; zur materiell-rechtlichen Begründungspflicht vgl. Rdn. 43; 52; 53.

[271] AK-*Wassermann* 14; HK-*Julius*[2] 12; KMR-*Paulus* 45; vgl. Rdn. 1; 5.

[272] RGRspr. **5** 175; RGSt **54** 202; RG GA **45** (1897) 367; KG VRS **16** (1959) 44; DAR **1962** 56; AK-*Wassermann* 14; KK-*Engelhardt*[4] 21; KMR-*Paulus* 45; *Eb. Schmidt* 17.

[273] RGSt **19** 213; **25** 418; **32** 351; OGHSt **1** 53; *Furtner* Strafurteil 122; AK-*Wassermann* 14; KK-*Engelhardt*[4] 21; KMR-*Paulus* 45; SK-*Schlüchter* 43.

[274] OLG Schleswig SchlHA **1982** 96; *Mösl* NStZ **1981** 136.

[275] *Kroschell Meyer-Goßner*.

[276] AK-*Wassermann* 14; *Kleinknecht/Meyer-Goßner*[44] 17; KMR-*Paulus* 45; SK-*Schlüchter* 43.

[277] OGHSt **1** 54; KG VRS **16** (1959) 44; KK-*Engelhardt*[4] 21. Vgl. BayObLGSt **1988** 181 = NJW **1989** 1685.

[278] Vgl. etwa SK-*Schlüchter* 43.

[279] Zur Legitimation des Urteilsspruches durch die Urteilsgründe vgl. Rdn. 1; 5; 73.

[280] KMR-*Paulus* 45; vgl. Fußn. 277; ferner BGHSt **1** 53.

Walter Gollwitzer

auch die zweifelsfreie Bezeichnung des Gesetzes durch Wiedergabe seines Wortlauts[281]. Es kann ferner genügen, wenn sich das angewandte Gesetz eindeutig aus dem Zusammenhang der sonstigen Urteilsausführungen[282] ergibt, etwa daraus, daß ein Berufungsurteil ausführt, weswegen der Angeklagte in der ersten Instanz verurteilt wurde und dann darlegt, daß die Berufung keinen Erfolg hatte[283].

76   **2. Nicht angewendete** gesetzliche Bestimmungen, deren Anwendung das Gericht zwar erwogen, dann aber verworfen hat, brauchen nach dem Wortlaut des Absatzes 3 Satz 1 im Urteil nicht erwähnt zu werden, es sei denn, daß das Gericht sich damit wegen der besonderen Begründungspflichten (§ 267 Abs. 2, Abs. 3 Sätze 2 bis 4; Abs. 6)[284] oder wegen der besonderen Lage des konkreten Falls[285] auseinandersetzen muß.

77   **3.** Ob und in welchem Ausmaß die Urteilsgründe außer der Anführung des angewandten Strafgesetzes weitere **Rechtsausführungen** enthalten müssen, hängt von den jeweiligen Umständen ab, vor allem davon, ob solche Betrachtungen zum Verständnis der Rechtsanwendung erforderlich sind. Es darf nicht zweifelhaft bleiben, ob das Gericht eine sich im konkreten Fall aufdrängende Rechtsfrage erkannt und wie es sie beurteilt hat[286]. Rechtsausführungen sind zum Beispiel auch bei Ermittlung des milderen Gesetzes nach § 2 Abs. 3 StGB im Regelfall angezeigt. Mehr als nach der Sachlage zur Begründung des Urteilsspruches und zur Abhandlung sich aufdrängender Rechtsfragen nötig, sollte jedoch nicht erörtert und entschieden werden[287]. Rechtstheoretische Abhandlungen sind in der überwiegenden Mehrzahl aller Fälle ebenso überflüssig wie das Belegen der vertretenen Meinung mit Nachweisen aus Rechtsprechung und Schrifttum. Hier das rechte Maß zu finden, ist – nicht zuletzt im Hinblick auf das Vorbringen der Verfahrensbeteiligten – auch eine Frage des richterlichen Taktes[288].

V. Begründung des Rechtsfolgenausspruchs (Absatz 3 Satz 1 2. Halbsatz)

78   **1. Allgemeines.** Seit dem VereinhG 1950 schreibt § 267 Abs. 3 Satz 1 **zwingend** vor, die für die Strafzumessung bestimmenden Umstände in den Urteilsgründen wiederzugeben[289]. Welche Umstände bei der Strafzumessung berücksichtigt werden dürfen und müssen, hängt davon ab, wie man die Frage nach dem Sinn und Zweck der Strafe beantwortet und welche Anforderungen das sachliche Recht, vor allem §§ 46ff StGB, an die Begründung der jeweiligen Rechtsfolge stellt[290]. Im Rahmen des Rechtsfolgenausspruchs muß das Gericht aber auch etwaige **Beeinträchtigungen kompensieren**, die der Angeklagte dadurch erlitten hat, daß im Zusammenhang mit dem Strafverfahren in seine durch die **Verfassung** oder durch die **Menschenrechtskonventionen geschützten Rechte** un-

---

[281]   Vgl. RGSt **51** 33; KK-*Engelhardt*[4] 21; KMR-Paulus 45; SK-Schlüchter 43; ferner *Meyer-Goßner* NStZ **1988** 533 (in der Regel überflüssig).

[282]   BGH nach KK-*Engelhardt*[4] 21; *Meyer-Goßner* NStZ **1988** 533; AK-*Wassermann* 14; KK-*Engelhardt*[4] 21.

[283]   OGHSt **1** 53; OLG Karlsruhe DAR **1959** 217; KMR-*Paulus* 45.

[284]   Vgl. Rdn. 67; 97; 102; 109; 111.

[285]   Vgl. Rdn. 77.

[286]   KK-*Engelhardt*[4] 22; *Kleinknecht/Meyer-Goßner*[44] 17; KMR-*Paulus* 46; vgl. etwa BGH bei *Holtz* MDR **1980** 104.

[287]   *Kroschell/Meyer-Goßner*[26] 142; KK-*Engelhardt*[4] 27; *Kleinknecht/Meyer-Goßner*[44] 17; KMR-*Paulus* 45; *Blunk* MDR **1970** 473 hält weitere Rechtsausführungen immer für überflüssig.

[288]   *Kroschell/Meyer-Goßner*[26] 73 ff; 142.

[289]   Zur Umwandlung der ehem. Sollvorschrift in zwingendes Recht vgl. Entstehungsgeschichte.

[290]   Die zur Begründung des Rechtsfolgenausspruchs notwendigen Feststellungen bemessen sich nach dem, was jeweils zur Darlegung der richtigen Anwendung des materiellen Rechts erforderlich ist; insoweit wird auf die Erläuterungsbücher zum StGB verwiesen. Vgl. ferner § 337, 181 ff.

gerechtfertigt eingegriffen wurde. Vor allem kommen hier die Verletzung des **Beschleunigungsgebots** durch einen den Staatsorganen anzulastenden verzögerlichen Betrieb des Strafverfahrens[291] oder auch Verstöße gegen das Gebot eines **fairen Verfahrens**[292] in Betracht. Diese erlittene Beeinträchtigung muß das Gericht nach Möglichkeit noch im anhängigen Strafverfahren ausgleichen. Zu diesem Zweck kann es eine an sich verwirkte Rechtsfolge mildern. Es hat dann aber zunächst die verwirkte Strafe nach den dafür maßgebenden Grundsätzen festzustellen und erst danach unter Darlegung von Art und Umfang des Verfassungs- oder Konventionsverstoßes nachvollziehbar aufzeigen, in welchem konkreten Ausmaß es die an sich verwirkte Strafe zum Ausgleich reduziert hat[293].

2. Auf die **persönlichen Verhältnisse und den Werdegang des Angeklagten** einzugehen, **79** fordert § 267 nicht ausdrücklich[294]. Nach heutiger Auffassung läßt sich jedoch ohne Kenntnis der Persönlichkeit des Täters, seiner persönlichen und wirtschaftlichen Verhältnisse und seiner sonstigen Lebensumstände weder das Maß seiner Schuld noch seine Strafempfindlichkeit noch seine Resozialisierungsbedürftigkeit sicher beurteilen[295]. Soweit diese Umstände für die Strafzumessung mitbestimmend sind, müssen sie auch in den Urteilsgründen wiedergegeben werden[296]. Vor allem, wenn eine Prognoseentscheidung zu treffen ist[297] oder wenn die Angemessenheit einer Rechtsfolge nicht ohne Ganzheitsbetrachtung von Tatgeschehen und Täterpersönlichkeit sicher beurteilt und die gebotene Berücksichtigung aller Gesichtspunkte vom Revisionsgericht andernfalls nicht nachgeprüft werden kann, muß das Urteil in dem nach Lage des Einzelfalls gebotenen Umfang auch Feststellungen zu den persönlichen Verhältnissen des Angeklagten enthalten[298]. Ganz weggelassen werden dürfen sie allenfalls bei **massentypischen Bagatelltaten**, wenn sie weder für die Beurteilung der Tat nach für die Bemessung der im Bereich des Üblichen liegenden Rechtsfolge ins Gewicht fallen[299]. In allen anderen Fällen ist ein Mindestmaß an Feststellungen zur Person des Angeklagten unerläßlich. Wenn zwischen der Entscheidung des Berufungsgerichts und dem Ersturteil ein langer Zeitraum vergangen ist, müssen die Feststellungen des Berufungsgerichts zu den persönlichen Verhältnissen

---

[291] Etwa BGHSt **24** 239; **45** 368; BGH NJW **1990** 56; NStZ **1982** 292; **1983** 167; **1986** 217; **1992** 229; **1996** 328; **1999** 181; NStZ-RR **1999** 108; vgl. ferner Einl. G 38 ff; Vor § 213, 23 mit weit. Nachw. und bei Art. 6 Abs. 1 MRK.

[292] Vgl. etwa BGHSt **32** 345; BGH NJW **2000** 1123 (gegen des Gebot eines fairen Verfahrens – Art. 6 Abs. 1 MRK verstoßender Lockspitzeleinsatz).

[293] BVerfG NStZ **1997** 591; BGH NStZ RR **1999** 108, sowie vorst. Fußn.; ferner etwa *Kleinknecht/Meyer-Goßner*[44] 18.

[294] Dies erklärt sich aus der damaligen Sicht, bei der die Ahndung der Tat im Vordergrund der strafrichterlichen Wertung stand.

[295] Zur Ganzheitsbetrachtung von Tatgeschehen und Täterpersönlichkeit (als Forderung des materiellen Rechts) vgl. etwa BGHSt **7** 31; **16** 353; **24** 270; BGH JR **1977** 162 mit Anm. *Bruns*; NStZ **1989** 389; StV **1990** 438; **1992** 463; BGH bei *Holtz* MDR **1979** 105; bei *Pfeiffer* NStZ **1981** 296; bei *Pfeiffer/Miebach* NStZ **1983** 213; **1984** 18; bei *Spiegel* DAR **1978** 160; **1982** 203; *Mösl* NStZ **1981** 161; *G. Schäfer*[6] 1461; HK-*Julius*[2] 16; KK-*Engelhardt*[4] 26; KMR-*Paulus* 81.

[296] § 267 Abs. 3 Satz 1 fordert damit mitunter weniger als das materielle Recht; vgl. KK-*Engelhardt*[4] 25; ferner etwa *Bruns* NStZ **1982** 288; *Zipf* JR **1980** 425; § 337 181.

[297] Etwa im Zusammenhang mit einer Maßregel der Besserung und Sicherung oder der Strafaussetzung zur Bewährung vgl. Rdn. 112; § 337, 235; 245. Die wirtschaftlichen Verhältnisse sind u.a. für die Bemessung des Tagessatzes unentbehrlich. Zur Feststellung der Vorstrafen vgl. Rdn. 82.

[298] Vgl. Fußn. 295; BGHR **1977** 162 mit Anm. *Bruns*; NJW **1976** 2220; NStZ **1991** 231; **1996** 49; StV **1992** 463; BGHR § 267 Abs. 3 Satz 1 Strafzumessung 8; ferner etwa BGH NStZ **1981** 389 (bei schwereren Schuldvorwürfen sorgfältige Erörterung der Persönlichkeit des Täters und seines Vorlebens unerläßlich). Nach HK-*Julius*[2] 16 ist das Gewicht der Straftat unerheblich, da jede strafrechtliche Schuld nicht ohne Schilderung der Täterpersönlichkeit plausibel erklärt werden kann.

[299] Vgl. *Doller* DRiZ **1981** 209 und vorst. Fußn.

Walter Gollwitzer

auch das Nachtatverhalten in der Zeit nach dem Ersturteil mit umfassen[300]. Unterbleiben die Feststellungen zu den persönlichen Verhältnissen ganz oder sind sie in wesentlichen Teilen unvollständig, gefährdet diese Lücke den Bestand des Rechtsfolgenausspruchs, da die Revisionsgerichte im Regelfall nicht ausschließen können, daß das Gericht der Pflicht zur umfassenden Würdigung von Tat und Täterpersönlichkeit nicht genügt habe[301]. Verweigert der Angeklagte die Angaben hierzu, muß das Gericht versuchen, sich durch andere Beweismittel, (Zeugen, frühere Urteile usw.) ein Bild von Person und Lebensumständen des Angeklagten zu machen[302]. Soweit ihm auch dann genauere Feststellungen zum Lebensgang des Angeklagten nicht möglich, muß das Urteil zumindest darlegen, daß und wodurch sich das Gericht um anderweitige Aufklärung bemüht hat[303].

80   In welcher **Ausführlichkeit** das Urteil die persönlichen Verhältnisse des Angeklagten erörtern muß, richtet sich nach den Erfordernissen des sachlichen Rechts, nach der Art der Straftat und den in Betracht kommenden Sanktionen. Danach beurteilt sich auch, in welchem Umfang Feststellungen zu den wirtschaftlichen Verhältnissen des Angeklagten notwendig sind[304]. Soweit Feststellungen zu den persönlichen Verhältnissen mit einer Bloßstellung oder sonst mit einem Eingriff in den höchstpersönlichen Bereich des Angeklagten oder einer anderen Person verbunden sind[305], ist zu prüfen, ob sie zur Begründung des Urteilsspruches überhaupt erforderlich sind sowie bejahendenfalls, ob bei Abwägung der kollidierenden Interessen die Schwere der Straftat den mit der Erörterung verbundenen Eingriff rechtfertigt. Alle für das Verständnis der Rechtsanwendung nicht erforderlichen Ausführungen, die den Angeklagten unnötig herabwürdigen oder bloßstellen, sollten unterbleiben[306], da sie die Akzeptanz des Urteils erschweren und die Resozialisierung gefährden können.

81   Üblicherweise werden in einem **eigenen Abschnitt** die persönlichen und wirtschaftlichen Verhältnisse des Angeklagten, sein Werdegang, seine Anlagen und seine Umwelt geschildert. Die Ausführungen stehen meist am Anfang der Urteilsgründe, auch wenn sie nur für den Rechtsfolgenausspruch und nicht auch für den Schuldspruch, wie etwa bei der Beurteilung der Schuldfähigkeit, Bedeutung haben. Notwendig ist dies nicht[307]. Sofern die Klarheit der Urteilsfeststellungen nicht darunter leidet, können die jeweils erforderlichen Feststellungen auch an anderer Stelle der Urteilsgründe mitgeteilt werden[308].

82   Für die **Feststellung** der für die Rechtsfolgen erheblichen Umstände gelten dieselben Grundsätze wie für die Feststellung der Tatsachen, in denen der Strafrichter die Merkmale der Straftat findet[309]. Sie müssen, soweit das Gericht daraus negative Schlüsse her-

---

[300] OLG Stuttgart StV **1991** 340; vgl. auch BGH NStZ-RR **1999** 168 (Verfahrensverzögerung).

[301] Vgl. etwa BGH **1981** 389; **1982** 433 (L); BGH bei *Holtz* MDR **1979** 105; BGH bei *Pfeiffer* NStZ **1981** 296; bei *Pfeiffer/Miebach* **1983** 213; 358; **1984** 18; **1985** 207; OLG Köln GA **1980** 267; KK-*Engelhardt*⁴ 26; vgl. ferner Rdn. 29 zur Bezugnahme auf ein früheres Urteil; § 337, 183.

[302] BGH NStZ **1991** 231; bei *Kusch* NStZ **1993** 30; BGHR § 267 Abs. 3 S. 1 Strafzumessung 8 ff; OLG Stuttgart StV **1991** 340; HK-*Julius*² 16; vgl. auch vorst. und nachf. Fußn.

[303] BGH NJW **1976** 2220; NStZ **1991** 231; NStZ-RR **1998** 17. StV **1986** 287; **1992** 463. KK-*Engelhardt*⁴ 26, sowie vorst. Fußn.

[304] Vgl. etwa OLG Düsseldorf MDR **1991** 277.

[305] Vgl. die gleichartigen Erwägungen bei § 243, 45 ff.

[306] *Kroschell/Meyer-Goßner*²⁶ 86; *Peters* Gedächtnisschrift Schröder 426; SK-*Schlüchter* 6.

[307] *Kroschell/Meyer-Goßner*²⁶ 86; *Kleinknecht/Meyer-Goßner*⁴⁴ 4; vgl. ferner nachf. Fußn. Bedenken gegen das Voranstellen der Ausführungen finden sich bei *Peters* GedS Schröder 426; SK-*Schlüchter* 6.

[308] AK-*Wassermann* 6; KK-*Engelhardt*⁴ 26 (dort zu erörtern, wo es für das Verständnis der Entscheidung notwendig); vgl. auch KMR-*Paulus* 20 (dort, wo für Urteil bedeutsam), ferner auch die Nachw. in vorst. Fußn.; vgl. BGHSt **24** 271; BGH bei *Pfeiffer/Miebach* NStZ **1983** 358.

[309] BGHSt **1** 51; SK-*Schlüchter* 44; vgl. Rdn. 32 ff; § 337, 181 ff.

leitet, **erwiesen sein**. So reicht es beispielsweise nicht aus, eine ungünstige Täterprognose allein daraus herzuleiten, daß der Angeklagte in der Hauptverhandlung einen ungünstigen Eindruck gemacht habe[310]. Eine negative Persönlichkeitsbeurteilung muß von den festgestellten Tatsachen getragen werden[311]. Pauschalbewertungen, die nicht durch Tatsachen belegt sind, genügen nicht[312]. **Frühere Verfehlungen** sind nach Art, Zeit, Umfang und Vollstreckung festzustellen[313], soweit sie für die getroffene Entscheidung von Bedeutung sind[314]. Es ist dann in einer auf das Wesentliche beschränkten, knapper Schilderung der früheren Verfehlung und ihres Anlasses darzutun, weshalb sie im gegebenen Fall straferschwerend ins Gewicht fällt oder eine Prognoseentscheidung beeinflußt[315]. Die eigene Feststellung der relevanten Vorstrafen dürfen nicht dadurch ersetzt werden, daß lediglich ein ungekürzter Ausdruck des Bundeszentralregisters in die Urteilsgründe eingefügt wird[316]. Die Verwertungsverbote des BZRG sind zu beachten[317]. Bei einer positiven Prognose muß sich das Gericht andererseits mit festgestellten Vorstrafen auseinandersetzen[318]. Zu den strittigen Fragen, wieweit das Gericht nicht rechtskräftig abgeurteilte Straftaten bei der Strafzumessung berücksichtigen darf vgl. die Kommentare zum StGB, § 261, 17 und bei § 154.

3. Die für die Strafzumessung bestimmenden Umstände

a) Absatz 3 Satz 1 fordert nur die Anführung der Umstände, die für die Strafzumessung **bestimmend** gewesen sind, er verlangt **keine erschöpfende Aufzählung**[319]. Mit Recht sieht *Eb. Schmidt*[320] den Sinn der Vorschrift darin, daß sie den Tatrichter dazu anhält, diejenigen Umstände und Erwägungen wahrheitsgemäß anzugeben, die ihn bei der Beratung dazu bestimmt haben, diese und keine andere (höhere oder geringere) Strafe zu verhängen[321]. Das Gericht muß in einer „Gesamtschau"[322] die als erwiesen erachteten Tatsachen, durch die sein Rechtsfolgenausspruch im wesentlichen bestimmt wird, in einer sie wertenden und gegeneinander abwägenden Darstellung mitteilen[323]. Die für **Auswahl** und **Bemessung der Rechtsfolgen** maßgebenden Feststellungen und Erwägungen **83**

[310] OLG Köln GA **1967** 187; OLG Schleswig bei *Ernesti/Jürgensen* SchlHA **1969** 153.

[311] Vgl. OLG Köln VRS 34 (1968) 104; OLGSt 14; OLG Koblenz VRS 69 (1985) 298; HK-*Julius*[2] 16; KK-*Engelhardt*[4] 26.

[312] BGH wistra **1988** 64; KK-*Engelhardt*[4] 26.

[313] BGH bei *Dallinger* MDK **1976** 13 („erheblich vorbestraft" genügt nicht); OLG Düsseldorf VRS **68** (1985) 65; OLG Koblenz VRS **64** (1983) 215; zur Verwertbarkeit sonstiger Verfehlungen BGHSt 30 147; 165; ferner etwa BGH NJW **1954** 1416; **1971** 1758; BayObLG NStZ **1982** 288 mit Anm. *Bruns* (zu den Grenzen der Verwertbarkeit); wegen der Einzelfragen wird auf die Erläuterungen zu § 46 StGB verwiesen; dazu ferner § 337, 214.

[314] BGHR § 267 Abs. 3 Satz 1 Strafzumessung 16; vgl. auch Rdn. 80.

[315] BGH StV **1984** 151; **1992** 120; OLG Düsseldorf StV **1992** 120; OLG Frankfurt StV **1989** 155; OLG Koblenz VRS **71** (1986) 46; OLG Köln StV **1996** 321; VRS **74** (1988) 210.

[316] BGH NStZ **1995** 300.

[317] Es kommt darauf an, ob das Verbot in der letzten mündlichen Verhandlung der Tatsacheninstanz wirksam geworden ist, vgl. BGH NStZ **1983** 30; OLG Düsseldorf VRS **54** (1978) 50; OLG Hamburg MDR **1977** 162; OLG Hamm NStZ **1983** 175; VRS **47** (1974) 42; OLG Karlsruhe VRS **55** (1978) 284; OLG Stuttgart Justiz **1985** 174; *Mösl* NStZ **1983** 493.

[318] OLG Koblenz VRS **62** (1982) 442.

[319] BGHSt 3 179; 7 28; 8 205; 20 246; 24 268 = NJW **1972** 454 mit Anm. *Jagusch* BGHSt 27 2; BGH GA **1961** 172; VRS **18** (1960) 432; NJW **1976** 2220; **1979** 21; NStZ **1981** 299; BGH bei *Dallinger* MDR **1951** 276; **1970** 899; **1971** 721; bei *Pfeiffer/Miebach* NStZ **1983** 358; OLG Hamburg JZ **1980** 160 mit Anm. *Spiegel*; OLG Hamm NJW **1972** 1150; *Mösl* NStZ **1981** 131; HK-*Julius*[2] 15; KK-*Engelhardt*[4] 24 (Leitgesichtspunkte), vgl. ferner KMR-*Paulus* 49; SK-*Schlüchter* 46; sowie § 337, 180 ff.

[320] *Eb. Schmidt* 19; ebenso KK-*Engelhardt*[4] 24.

[321] Vgl. *Hassemer* ZStW **90** (1978) 64 zur Schwierigkeit, Darstellung und emotional mitbeeinflußte Entscheidungsmotive in Einklang zu bringen.

[322] Vgl. etwa BGH NStZ **1991** 231; bei *Kusch* NStZ **1996** 326.

[323] Vgl. etwa BGH StV **1989** 546 (L); BGH bei *Holtz* MDR **1980** 105; OLG Koblenz VRS **56** (1979) 338; *Bruns* ZStW **94** (1982) 123; *Kleinknecht/Meyer-Goßner*[44] 18; SK-*Schlüchter* 44; *G. Schäfer* 1503.

und ihr Bezug zum konkreten Sachverhalt des Schuldspruchs und zur Person des Angeklagten müssen nachvollziehbar sein. Eine bloße Aufzählung der in Betracht kommenden Gesichtspunkte genügt dafür nicht, ebensowenig allgemeine und nichtssagende Wendungen, wie, daß die Strafe nach Abwägung aller strafschärfenden und strafmildernden Umstände angemessen sei oder daß das Gericht sie als angemessene und erforderliche Sühne ansehe[324]. Es brauchen aber nicht alle nach materiellem Recht denkbaren Umstände abgehandelt zu werden[325].

84   Der **Umfang der Darlegungspflicht** und die Gesichtspunkte, auf die hierbei ausdrücklich einzugehen ist, richten sich nach dem materiellen Strafrecht, vor allem nach §§ 46 ff StGB, aber auch nach den sich auf Grund der Besonderheiten des Einzelfalls aufdrängenden Umständen[326]. Hierbei ist es auch von Bedeutung, ob die vom Gericht ausgesprochene Strafe sich im Rahmen des bei **Durchschnittsfällen** gleicher Art Üblichen hält. Weicht das Gericht hiervon erheblich nach unten oder oben ab, muß es die Gründe hierfür besonders sorgfältig angeben[327], um aufzuzeigen, daß es bei der Bewertung des Einzelfalls weder willkürlich gehandelt, noch bei dem festgestellten Sachverhalt nahe liegende Strafzumessungserwägungen übersehen oder unzutreffend gewürdigt hat. Bei Verhängung der Höchststrafe dürfen Milderungsgründe nicht unerörtert bleiben[328]. Besonderer Darlegungen zum Ausschluß der Willkür bedarf es auch, wenn ein Gericht nach Zurückverweisung trotz niedrigeren Strafrahmens auf die gleiche Strafe erkennt[329]. Bei **Bagatellfällen**, bei denen Geldstrafen oder Geldbußen nahe der unteren Grenze ausgesprochen werden, kann nach den Grundsätzen der Prozeßökonomie keine umfangreiche Begründung gefordert werden[330]. Erhebliche Abweichungen von den Sätzen eines Bußgeldkatalogs können aber auch hier eine Begründung aus den Besonderheiten des Einzelfalls erfordern[331].

85   Die Strafzumessungsgründe setzen sich aus **Tatsachen** und **Erwägungen** zusammen[332], ohne daß freilich immer scharf zwischen beiden unterschieden werden kann. Soweit das Gericht für die Strafzumessung noch andere Tatsachen als diejenigen, die dem Schuldspruch zugrunde liegen, verwertet, müssen auch diese zur **vollen Überzeugung** des Gerichts **feststehen**. Es ist rechtlich fehlerhaft, nicht voll Bewiesenes, nur leicht Mög-

---

[324]   Vgl. etwa BGH NJW **1976** 220; BayObLG NJW **1954** 1212; OLG Celle StV **1994** 131; OLG Frankfurt VRS **37** (1969) 60; OLG Hamm VRS **69** (1985) 137; KK-*Engelhardt*[4] 24; *Eb. Schmidt* 23.

[325]   BGH nach KK-*Engelhardt*[4] 24; vgl. auch vorst. Fußn.

[326]   Vgl. etwa *Mösl* NStZ **1983** 496; *Meyer-Goßner* NStZ **1988** 534; *G. Schäfer*[6] 1515; AK-*Wassermann* 17; HK-*Julius*[2] 15; KK-*Engelhardt*[4] 24; *Kleinknecht/Meyer-Goßner*[44] 18; SK-*Schlüchter* 45; § 337, 181; 189 ff.

[327]   BGHSt **1** 136; **20** 265; BGH GA **1974** 78; MDR **1954** 495; NJW **1990** 846; MDR **1954** 495; StV **1984** 152; **1986** 57; **1988** 202; **1992** 271; BGH bei *Dallinger* MDR **1967** 698; bei *Herlan* MDR **1954** 331; bei *Holtz* MDR **1978** 623; bei *Spiegel* DAR **1978** 149; BGHR StGB § 46 Beurteilungsrahmen 9; OLG Hamm NJW **1977** 2087; OLG Karlsruhe NJW **1980** 133; OLG Köln NJW **1954** 1053; *Grünwald* MDR **1959** 714; *Hanack* JZ **1973** 728; *Mösl* DRiZ **1979** 166 ; *Stöckel* NJW **1968** 1862; *Theune* StV **1985** 205; *Theune* FS Pfeiffer 455; AK-*Wassermann* 17; KK-*Engelhardt*[4] 25; *Kleinknecht/Meyer-*

[328]   *Goßner*[44] 18; KMR-*Paulus* 31; SK-*Schlüchter* 46; vgl. § 337, 186; 187, 197 ff.

[328]   BGH bei *Dallinger* MDR **1976** 14 (Fußn. 3), bei *Holtz* MDR **1978** 110; KK-*Engelhardt*[4] 25; KMR-*Paulus* 52; vgl. *Müller* NStZ **1985** 158; § 337, 187.

[329]   BGH JR **1983** 376 mit Anm. *Terhorst*; OLG Braunschweig StV **1984** 77 (L); OLG Hamm StV **1993** 365 (L).

[330]   OLG Celle NdsRpfl. **1972** 122; AK-*Wassermann* 17; KK-*Engelhardt*[4] 25; KMR-*Paulus* 49; vgl. BGH VRS **25** (1963) 42 (Strafe an Untergrenze); aber auch OLG Frankfurt VRS **37** (1969) 60 (keine umfangreichen Darlegungen, aber Mitteilung der bestimmenden Gesichtspunkte).

[331]   BayObLG NJW **1972** 70; 1150; VRS **45** (1973) 472; **50** (1976) 70; 304; **51** (1976) 294; **54** (1978) 290; OLG Düsseldorf VRS **58** (1980) 268; OLG Koblenz VRS **52** (1977) 200; OLG Köln NJW **1972** 1152; KMR-*Paulus* 51; vgl. Rdn. 89 und bei § 261, 32.

[332]   *Wimmer* NJW **1947/48** 126; 176; *Bruns* ZStW **94** (1982) 121 ff; vgl. Rdn. 83; § 337, 84 ff.

liches, also einen bloßen Verdacht, strafschärfend zu berücksichtigen[333]. Wertneutrale Gesichtspunkte dürfen nicht strafschärfend oder strafmildernd gewichtet werden. Sind aus einer festgestellten Tatsache sowohl strafschärfende als auch strafmildernde Gesichtspunkte abzuleiten, muß sich das Gericht mit beiden Möglichkeiten auseinandersetzen[334]. Statt negativen Erwägungen (keine Milderungsgründe ersichtlich) sollten positive Aussagen gewählt werden[335].

b) Der **angewandte Strafrahmen** muß ausdrücklich angegeben werden, sofern er nicht **86** von selbst feststeht. So ist etwa bei einer ungleichen Tateinheit (§ 52 StGB) anzugeben, welcher Vorschrift die Strafe entnommen wurde. Sind **Sonderstrafrahmen** mit in Betracht zu ziehen, wie sie etwa für minderschwere oder besonders schwere Fälle im Gesetz vorgesehen sein können oder ergibt sich wegen des Vorliegens sogenannter vertypter Milderungsgründe die zwingende oder fakultative Möglichkeit einer Strafmilderung, wie sie etwa § 49 StGB für seinen Anwendungsbereich eröffnet, muß das Urteil aufzeigen, von welchem Strafrahmen es ausgegangen ist und warum es diesen und nicht einen anderen angewendet hat[336]. Je nach den Umständen ist aufzuzeigen, daß das Gericht die verschiedenen Möglichkeiten der Strafrahmenbildung erkannt, gegeneinander abgewogen und aus welchen Gründen es sich für eine von ihnen entschieden hat. Das Doppelverwertungsverbot des § 50 StGB ist zu beachten[337].

Auszugehen ist immer nur von den **im konkreten Fall festgestellten Umständen**. Das **87** Gericht darf nicht statt dessen von einem **nur vorgestellten Sachverhalt** ausgehen und erwägen, welche Strafe in diesem Falle angemessen wäre. Kann also z. B. die Strafe nach § 49 StGB gemildert werden und entschließt sich das Gericht, von der Möglichkeit der Milderung Gebrauch zu machen, so muß es bei der Strafzumessung von dem danach sich ergebenden Strafrahmen ausgehen. Es widerstreitet der Forderung nach der wahrheitsgemäßen Angabe der bestimmenden Strafzumessungsgründe, müßte allerdings wohl auch als sachlich-rechtlich fehlerhaft angesehen werden, wenn das Gericht zunächst erwägen wollte, welche Strafe angemessen, wäre, wenn der Milderungsgrund nicht vorläge, um dann die Strafe zu ermäßigen[338]. **Eventualbegründungen** sind unvereinbar mit dem Erfordernis, bei der Bemessung der Rechtsfolgen eindeutig an dem für erwiesen erachteten Straftatbestand anzuknüpfen. Die Hilfserwägung, das Gericht hätte dieselbe Strafe auch dann ausgesprochen, wenn es bei der Strafzumessung tatsächlich oder rechtlich von einem anderen Sachverhalt hätte ausgehen müssen, als es ihn für erwiesen erachtet hat, ist unbeachtlich. Sie gefährdet zwar einen durch die Haupterwägungen ausreichend getragenen Strafausspruch nicht, sie versagt aber gerade in dem Fall, in dem das Revisionsgericht die Beurteilung des Sachverhalts durch den Tatrichter nicht billigt, sondern im Gegensatz zum ihm gerade diejenige Sach- und Rechtslage für gegeben hält, für die die Hilfserwägung gelten soll[339].

[333] RG HRR **1932** Nr. 1183; BayObLG NJW **1951** 311; KK-*Engelhardt*[4] 26; vgl. bei § 261, 111.
[334] BGH StV **1987** 62; VRS **56** (1979) 189; *Kroschel/Meyer-Goßner*[26] 148; SK-*Schlüchter* 47.
[335] *Mösl* NStZ **1981** 131.
[336] BGH MDR **1980** 104 (Aufhebung, wenn zweifelhaft, ob dies beachtet); BGH NStZ **1983** 407; **1984** 213; 357; **1985** 30; OLG Celle NdsRpfl. **1985** 284; *Bruns* ZStW **94** (1982) 121; *G. Schäfer*[6] 1508. Vgl. Rdn. 73; § 337, 212.
[337] Vgl. dazu die in den Kommentaren zu § 50 StGB ausgewiesene Rechtsprechung.

[338] RGSt **59** 154; OGHSt **1** 194; BGHSt **1** 115; KK-*Engelhardt*[4] 25; § 337, 215.
[339] RGSt **70** 403; **71** 104; RG JW **1935** 1938; BGHSt **7** 359; BGH JR **1955** 228; BGH bei *Dallinger* MDR **1955** 269; OLG Celle DAR **1958** 273; OLG Schleswig SchlHA **1978** 182; AK-*Wassermann* 18; KK-*Engelhardt*[4] 25; *Kleinknecht/Meyer-Goßner*[44] 20; KMR-*Paulus* 57; SK-*Schlüchter* 47; 88; anders aber OLG Hamm VRS **12** (1957) 434 (unschädlich, wenn kein Einfluß auf Höhe der Strafe); vgl. § 337 215.

Walter Gollwitzer

88　　c) Das Gericht muß die Strafe **selbständig** und **bezogen** auf den abzuurteilenden **Einzelfall** bestimmen. Dem Absatz 3 Satz 1 wird nicht genüge getan, wenn das Urteil wegen der Strafzumessungsgründe nur pauschal auf die Ausführungen zur Bestimmung des Strafrahmens Bezug nimmt[340] oder wenn es auf ein anderes Urteil[341] oder die „ständige Praxis"[342] verweist. Die Art, wie **Mittäter** von anderen Gerichten bestraft worden sind, darf ihn nur dann zu einer ähnlichen Strafe veranlassen, wenn er sie auch im konkreten Fall nach seiner eigenen Überzeugung für rechtlich geboten hält. Das muß aus dem Urteil hervorgehen[343]. Dieses hat aber andererseits auch zu berücksichtigen, daß die bei mehreren Tatbeteiligten verhängten Strafen in einem gerechten Verhältnis zueinander stehen sollen[344]. Dem Erfordernis einer auf den konkreten Einzelfall abstellenden Strafzumessung genügt es in der Regel nicht, von einem nicht näher definierten „Durchschnittsfall" auszugehen und die Strafhöhe des Einzelfalls durch einen Vergleich mit dieser zu bestimmen[345]. Wird die Strafe vom Revisionsgericht nebst den dazugehörenden Feststellungen aufgehoben, hat der Tatrichter **ohne Bindung** an seine **frühere Entscheidung** die für die Strafzumessung wichtigen Tatsachen, soweit sie nicht durch die Rechtskraft des Schuldspruchs und die diesem zugrundeliegenden Tatsachen feststehen, erneut zu ermitteln und sie mit seinen Erwägungen in den Urteilsgründen darzulegen. Er darf weder ausdrücklich noch stillschweigend auf die – aufgehobenen – früheren Strafzumessungsgründe verweisen oder sich durch sie für gebunden erachten[346].

89　　Diese Pflicht ist auch verletzt, wenn der Tatrichter sich durch **amtliche** oder **private Strafzumessungsempfehlungen**, Richtsätze oder von der Verwaltung aufgestellte Bußgeldkataloge **gebunden** glaubt. Die letzteren geben jedoch eine Orientierungshilfe für die gleichmäßige Behandlung massenhaft vorkommender Durchschnittsfälle. Der dem Gebot der Gleichbehandlung ebenfalls verpflichtete Richter muß deshalb im Urteil die besonderen Umstände darlegen, wenn er eine davon erheblich abweichende Strafe oder Buße festsetzen will[347].

89a　　d) Die **Feststellung der besonderen Schwere der Schuld**, die nach den §§ 57a, 57b StGB bei einer Verurteilung zu einer lebenslangen Freiheitsstrafe schon der Tatrichter im Urteil zu treffen hat[348], erfordert eine einzelfallbezogene Gesamtwürdigung von Tat und Täter. Für diese gelten die gleichen Erfordernisse wie bei den eigentlichen Strafzumessungsgründen[349].

---

[340] BGH StV **1991** 346.
[341] BGH NJW **1951** 413; OLG Hamm JMBlNW **1980** 71; KK-*Engelhardt*[4] 25.
[342] BGH JR **1979** 382; dazu *Bruns* JR **1979** 353; OLG Hamburg NJW **1963** 2387; OLG Hamm NJW **1964** 254; OLG Köln NJW **1966** 895; OLG Neustadt DAR **1963** 304; *Leonhard* DAR **1979** 89; KK-*Engelhardt*[4] 25; vgl. auch § 261, 32 und zur neueren Tendenz, das „für vergleichbare Fälle übliche Maß" mit heranzuziehen, § 337, 203 mit wait. Nachw.
[343] BGHSt **28** 323; BGH NJW **1951** 532; NStZ **1991** 581; BGH bei *Holtz* MDR **1977** 808; **1979** 986; vgl. § 337, 203.
[344] BGH StV **1991** 557; **1998** 481; BGHR StGB § 46 Abs. 2 Zumessungsfehler 1.
[345] BGH NStZ **1984** 450; andererseits aber auch BGH StV **1984** 450; zu den Theorien zur Strafzumessung vgl. § 337,190 ff. Zur Vergleichbarkeit als Prüfungskriterium vgl. § 337, 203.
[346] Vgl. Rdn. 29.

[347] BGH bei *Martin* DAR **1963** 187; BayObLG DAR **1969** 277; OLG Braunschweig VRS **52** (1977) 262; OLG Celle NdsRpfl. **1984** 16; VRS **40** (1971) 125; OLG Düsseldorf JMBlNW **1969** 223; MDR **1991** 561; VRS **58** (1980) 268; **61** (1981) 454; **99** (2000) 136; 137; OLG Hamburg VRS **58** (1980) 52; 220; 397; OLG Hamm NJW **1972** 1150; **1975** 1848; MDR **1964** 254; **1987** 1050; VRS **53** (1977) 63; **56** (1979) 368; KG VRS **30** (1966) 280; OLG Köln NJW **1966** 895; VRS **62** (1982) 138; OLG Stuttgart VRS **38** (1970) 211; *Göhler* NStZ **1986** 19; *Jagusch* NJW **1970** 401; *Janiszewski* NStZ **1985** 544; *Schall* NStZ **1986** 1; *Sebald* GA **1974** 197; AK-*Wassermann* 18; KK-*Engelhardt*[4] 25; KMR-*Paulus* 55; vgl. Rdn. 84, 91; § 261, 32; § 337, 197 ff.
[348] BVerfG **86** 288; BGHSt **40** 366; dazu *Krey* JR **1995** 223; *Krümpelmann* NStZ **1995** 337; *Sarstedt/Hamm*[6] 78 ff.
[349] Vgl. etwa BGH NStZ-RR **1996** 321; *Stree* NStZ **1992** 464; *Kleinknecht/Meyer-Goßner*[44] 20a; ferner § 337, 240a mit wait. Nachw.

4. Bei der **Geldstrafe** ist sowohl die **Zahl der Tagessätze** als auch die **Höhe des** einzelnen **90** **Tagessatzes** festzustellen und unter Angabe der dafür maßgebenden Feststellungen und Erwägungen zu begründen und zwar auch dann, wenn die Geldstrafe in eine Gesamtstrafe einbezogen wird[350]. Unter Berücksichtigung der persönlichen Verhältnisse des Angeklagten ist aufzuzeigen, welche Gesichtspunkte für die nach den allgemeinen Strafzumessungsgrundsätzen zu bestimmende Zahl der Tagessätze maßgebend waren und wie das Gericht unter Berücksichtigung der wirtschaftlichen Verhältnisse des Angeklagten das für die Tagessatzhöhe maßgebende Nettoeinkommen ermittelt hat, gegebenenfalls auch, welche sonstigen Gesichtspunkte für die Festsetzung des Tagessatzes mit in Erwägung gezogen wurden; eine erschöpfende Erörterung aller Umstände ist nicht erforderlich[351]. Maßgebend ist vor allem § 46 StGB für die Bemessung der Zahl und § 42 Abs. 2 StGB für die Bestimmung der Höhe der Tagessätze[352]. Folgt der Richter der dort aufgestellten Regel nicht, so muß er darlegen, welche besonderen Umstände ihn dazu veranlaßt haben. Folgt er dagegen der Regel, so muß er nur bei Vorliegen besonderer Umstände dartun, warum diese keine Abweichung von der Regel erfordern[353]. Bei **extrem hohen oder niedrigen Gesamtsummen** muß dargetan werden, daß sie die Ermessensgrenze nicht überschreiten, die darin liegt, daß Strafe und Bedeutung der Tat in einem angemessenen Verhältnis stehen müssen[354]. Wegen der im einzelnen mitunter strittigen Fragen wird auf die Erläuterungsbücher zum StGB verwiesen. Macht das Gericht von der Möglichkeit der **Schätzung** (§ 40 Abs. 3 StGB) Gebrauch, muß es die Tatsachen und Überlegungen, auf die sich seine Schätzung gründet, im Urteil festhalten[355]. Die Entscheidung über die Bewilligung von **Zahlungserleichterungen** brauchen zwar nicht nach § 267 Abs. 3 besonders begründet zu werden. Eine Erörterung kann jedoch zur Darlegung der richtigen Anwendung des materiellen Rechts auch unabhängig von jedem Antrag notwendig sein[356].

5. Bei **Geldbußen** nach § 17 OWiG sind die Bedeutung der Ordnungswidrigkeit und **91** der Vorwurf, der den Täter trifft, sowie dessen wirtschaftliche Verhältnisse in Betracht zu ziehen[357]. Bei geringfügigeren Ordnungswidrigkeiten, die sich im Rahmen des Üblichen halten, braucht jedoch auf letztere im Urteil nicht besonders eingegangen zu werden, wenn sich auch die Geldbuße in diesem Rahmen hält[358]. Die Anforderungen an die Begründungspflicht dürfen in solchen Fällen nicht überspannt werden[359]. An die Bußgeldkataloge der Verwaltungsbehörden sind die Gerichte nicht gebunden; eine wesentliche Abweichung bedarf jedoch der Begründung[360].

---

[350] BGHSt **30** 93; OLG Hamm JZ **1978** 408; *Kroschell Meyer-Goßner*[26] 160; *Mösl* NStZ **1981** 435.

[351] OLG Schleswig bei *Ernesti/Jürgensen* SchlHA **1976** 165; *Meyer* MDR **1981** 280.

[352] *Kroschell/Meyer-Goßner*[26] 151. Zu den strittigen Einzelheiten vgl. § 337, 205 ff und die Kommentare zum StGB.

[353] BayObLGSt **1975** 73 = MDR **1975** 1038; KK-*Engelhardt*[4] 27.

[354] Vgl. etwa BGH NJW **1976** 1510; OLG Hamburg NJW **1978** 551 mit Anm. *Naucke* NJW **1978** 1171; *Horn* NStZ **1990** 270; § 337, 205.

[355] Vgl. § 244, 21 ff; § 337, 206 und bei § 261; ferner etwa BGH GA **1978** 279; OLG Celle NJW **1984** 185; OLG Frankfurt StV **1984** 157; OLG Hamm JR **1978** 165; OLG Koblenz NJW **1976** 1275; *Grebing* JR **1978** 142; *Hellmann* GA **1997** 503 ff; *Meyer* MDR **1981** 275; *Kroschell/Meyer-Goßner*[26] 153; § 337, 206.

[356] BGHSt **33** 40; *Zipf* zu OLG Schleswig JR **1980** 425; zur Erörterungspflicht auf Grund des materiellen Rechts vgl. die Erläuterungsbücher zu § 42 StGB; ferner § 337, 208.

[357] Wegen der Einzelheiten vgl. die Erläuterungen in den Kommentaren zu § 17 OWiG und bei Verkehrsordnungswidrigkeiten zu § 24 StVG; ferner *Kroschell/Meyer-Goßner*[26] 241; *Kaiser* NJW **1979** 1533; dazu *Schnupp* NJW **1979** 2240; *Schall* NStZ **1986** 1 zu OLG Düsseldorf NStZ **1986** 36.

[358] Vgl. etwa OLG Düsseldorf VRS **99** (2000) 131; OLG Frankfurt VRS **54** (1978) 290; **57** (1979) 358; OLG Zweibrücken VRS **53** (1977) 61. Wegen der Einzelheiten vgl. etwa *Kroschell/Meyer-Goßner*[26] 253; und die Erläuterungen zu § 17 Abs. 3 OWiG in den einschlägigen Kommentaren.

[359] Vgl. Rdn. 84 und Fußn. 280.

[360] Dazu Rdn. 88, 89.

Walter Gollwitzer

92   **6. Die Bildung der Gesamtstrafe** (§§ 54, 55 StGB) ist ein gesonderter Strafzumessungsvorgang, der neben der Bestimmung der Einzelstrafen im Urteil gesondert zu begründen ist[361]. Das bedeutet jedoch nicht, daß für jede der Einzelstrafen gesondert alle Gründe schriftlich niedergelegt werden müßten und unabhängig davon die Gründe für die Gesamtstrafe ohne jede Beziehung zu den Einzelstrafen darzulegen sind. Schon im Interesse einer übersichtlichen und gefälligen Darstellung ist es den Gerichten nicht verwehrt, eine Mehrzahl von Straftaten für die Darlegung der bestimmenden Strafzumessungsgründe zusammenzufassen, wobei die allen Straftaten eigenen, für die Strafzumessung wichtigen Umstände gemeinsam geschildert und die nur für einige von ihnen kennzeichnenden Tatsachen gesondert angegeben werden[362]. Soweit allerdings eine frühere Verurteilung in die Gesamtstrafe miteinbezogen wird, ist die im früheren Urteil festgelegte Begründung der rechtskräftigen Einzelstrafen jeder Neubewertung entzogen. Für eine zusammenfassende Würdigung ist insoweit kein Raum[363]. Eine von einem **ausländischen Gericht** verhängte Strafe kann nicht in eine Gesamtstrafe einbezogen werden. Dies ist bei der Bemessung der innerstaatlichen Strafe ausgleichend zu berücksichtigen[364]. Eingehend muß die Gesamtstrafe allerdings dann begründet werden, wenn eine Einsatzstrafe nur unerheblich überschritten oder die Summe aller Einsatzstrafen nahezu erreicht wird[365] oder wenn eine Geldstrafe in die Gesamtstrafe einbezogen wird und die Gesamtstrafe dadurch zu einem schwereren Übel wird, weil die Bedingungen für die Strafaussetzung erschwert werden[366]. Überläßt das Gericht die Einbeziehung einer früheren Verurteilung dem **Nachverfahren**, muß es in den Urteilsgründen darlegen, warum es ausnahmsweise von der Entscheidung über die Gesamtstrafenbildung nach § 55 StGB absehen durfte, etwa weil die dafür erforderlichen Unterlagen unzureichend sind oder weil damit zu rechnen ist, daß die zu bildende Gesamtstrafe wegen anderer Verfahren später wieder aufgelöst werden müßte[367]. Ist eine solche Gesamtstrafenbildung nicht mehr möglich, weil die an sich einzubeziehende Strafe bereits vollstreckt ist, muß aufgezeigt werden, wieweit die darin liegende Härte im Rahmen der Strafzumessung ausgeglichen wurde[368].

93   **7.** Bei Anwendung von **Jugendrecht** gegen Jugendliche oder Heranwachsende muß auch das Erwachsenengericht bei der Begründung seines Urteils den besonderen (zusätzlichen) Anforderungen von § 54 JGG genügen, bei einer Jugendstrafe ist deren Erziehungszweck (§ 18 Abs. 2 JGG) zu erörtern[369]. Nach sachlichrechtlichen Gesichtspunkten bestimmt sich auch, ob Erörterungen über die Tatschwere erforderlich sind,

---

[361] BGHSt **24** 268 = NJW **1972** 454 mit Anm. *Jagusch*; BGH NJW **1995** 2234; h. M; vgl. § 337, 231 ff. Wegen der weiteren Einzelheiten, nicht zuletzt auch wegen der Frage der Doppelbewertung der Strafzumessungstatsachen, muß auf die Erläuterungen zu § 54 StGB verwiesen werden.

[362] AK-*Wassermann* 18; KK-*Engelhardt*[4] 28.

[363] KK-*Engelhardt*[4] 28.

[364] BGHSt **36** 270; BGH NJW **1990** 523; NStZ-RR **2000** 105.

[365] BGHSt **8** 205; **24** 268; BGH NJW **1995** 2234; OLG Hamburg NJW **1981** 1282; vgl. Rdn. 84; KK-*Engelhardt*[4] 28; KMR-*Paulus* 86; § 337, 199; 231.

[366] BGH VRS **43** (1972) 422; BGH bei *Dallinger* MDR **1973** 17; KK-*Engelhardt*[4] 28; KMR-*Paulus* 86; vgl.

auch OLG Koblenz GA **1978** 188 (Begründung der Wahl, Gesamtstrafe zu bilden oder Geldstrafe neben der Freiheitsstrafe gesondert zu verhängen); OLG Schleswig SchlHA **1976** 166; § 337, 232.

[367] BGH NJW **1997** 2892; OLG Düsseldorf VRS **68** (1985) 365; OLG Hamm NJW **1970** 1200; OLG Stuttgart Justiz **1968** 233; *Mösl* NStZ **1983** 495; vgl. § 337, 233 mit weit. Nachw.

[368] BGHSt **31** 103; **33** 131; **34** 310 = NStZ **1996** 382 mit Anm. *Peters*; BGHSt **43** 36; KK-*Engelhardt*[4] 28; § 337, 233 mit weit. Nachw.

[369] Vgl. dazu die Kommentare zu § 54 JGG; ferner etwa BGHSt **15** 224; StV **1998** 334; AK-*Wassermann* 18; HK-*Julius*[2] 39; *Kleinknecht/Meyer-Goßner*[44] 22; KMR-*Paulus* 88.

auch wenn die Bewertung als besonders schwerer oder minderschwerer Fall hier keinen eigenen Strafrahmen eröffnet[370]. Wird Erwachsenenstrafrecht angewandt (§ 105 Abs. 1 JGG) bedarf dies einer eingehenden Begründung[371].

8. Minder schwere Fälle, besonders schwere Fälle (§ 267 Abs. 3 Satz 2, 3)

a) Grundsatz. Die Vorschrift spricht nicht mehr von mildernden Umständen und **94** sonstigen, allgemein umschriebenen Fällen, von denen das Strafrecht Milderungen oder Strafschärfungen abhängig macht, sondern nur noch von minder schweren und besonders schweren Fällen[372]. Für die **Abgrenzung** zu den Fällen des **Absatzes 2** ist aber weiterhin von Bedeutung, daß Absatz 2 die tatbestandsmäßig festgelegten, benannten Strafänderungen betrifft[373], während Absatz 3 Satz 2, 3 die unbenannten Strafänderungen erfaßt, einschließlich der Fälle, in denen eine abschließende tatbestandsmäßige Ausformung der Milderungs- und Erschwerungsgründe fehlt[374]. Verfahrensrechtlich muß – unabhängig davon, ob nach dem festgestellten Sachverhalt naheliegende Umstände eine materiell-rechtliche Erörterungspflicht auslösen[375] – im Prinzip jeweils nur die **Ausnahme von der Regel** besonders gerechtfertigt werden[376].

b) Einzelne Fälle. Bei den **minder schweren Fällen**, die an die Stelle der mildernden **95** Umstände und des besonders leichten Falls getreten sind[377], muß das Gericht im Urteil die Umstände angeben, auf die es seine Annahme eines solchen Falles stützt. Soweit sich diese nicht bereits aus den Feststellungen zur äußeren und inneren Tatseite ergeben, bedarf es dazu besonderer Feststellungen. Da diese den **Strafrahmen** bestimmen, sind sie grundsätzlich von den Ausführungen zur Strafzumessung zu trennen[378]. Das Urteil muß zweifelsfrei erkennen lassen, von welchem Strafrahmen das Gericht ausgegangen ist und daß es dabei auch die mögliche Anwendbarkeit anderer Strafrahmen erkannt und erwogen hat[379]. Bei der Bestimmung des Strafrahmens kann das Gericht alle Umstände heranziehen, die für die Wertung von Tat und Täter in Betracht kommen, gleichgültig, ob sie der Tat selbst innewohnen, sie begleiten, ihr vorausgehen oder ihr nachfolgen. Entscheidend ist die in Abwägung dieser Umstände gewonnene Gesamtwürdigung[380].

Bei den **besonders schweren Fällen**, die im Strafgesetz durch **Regelbeispiele** verdeut- **96** licht sind, stellt Absatz 3 Satz 3 jetzt klar, daß sie nicht unter Absatz 2 fallen und daß die Abweichungen von der Regel besonders zu begründen sind. Das Gericht muß besonders

---

[370] BGH NStZ **1993** 551; KK-*Engelhardt*[4] 29.

[371] Vgl. etwa BGH MDR **1964** 694; OLG Hamm MDR **1969** 113; OLG Zweibrücken VRS **54** (1978) 115; AK-*Wassermann* 18.

[372] Seit der Neufassung durch Art. 21 Nr. 70 Buchst. b, c EGStGB zur Anpassung an die Änderungen des materiellen Strafrechts.

[373] Vgl. Rdn. 64.

[374] Vgl. § 337, 218 und die Nachw. in der nachst. Fußn.

[375] Vgl. Rdn. 100.

[376] BGH GA **1987** 226; bei *Holtz* MDR **1978** 987; **1979** 105; BayObLGSt **1973** 65 = NJW **1973** 1808; KG JR **1966** 307; OLG Koblenz VRS **57** (1979) 22; AK-*Wassermann* 19; HK-*Julius*[2] 14; KK-*Engelhardt*[4] 29; *Kleinknecht/Meyer-Goßner*[44] 21; KMR-*Paulus* 61; *G. Schäfer*[6] 1511; ferner § 337, 219.

[377] BGHSt **26** 97 = JR **1976** 24 mit Anm. *Zipf*.

[378] BGH GA **1984** 374; NStZ **1983** 407; **1984** 357; **1985**

546; BGH bei *Holtz* MDR **1980** 104; OLG Frankfurt StV **1994** 131; *Dankert* StV **1983** 476; KK-*Engelhardt*[4] 30; SK-*Schlüchter* 48.

[379] Zur Strafrahmenwahl vgl. die Beispiele bei *Kroschell/Meyer-Goßner*[26] 155 ff, ferner die in den jährlichen Übersichten von *Detter* angeführten Entscheidungen, etwa NStZ **1995** 169; **1996** 182; **1997** 476; **1998** 182; 500; **1999** 495; **2000** 184; 578.

[380] BGHSt **4** 8; BGH GA **1976** 303; **1979** 313; 339; **1984** 374; NStZ **1981** 389; StV **1981** 169; bei *Holtz* MDR **1979** 105; bei *Spiegel* DAR **1982** 202; OLG Karlsruhe NJW **1980** 133; OLG Koblenz VRS **57** (1979) 22; KMR-*Paulus* 58 ff; *Kroschell/Meyer-Goßner*[26] 156 ff. Wegen der Einzelheiten muß auf die Kommentare zum StGB verwiesen werden. Zum Verhältnis zwischen der Ganzheitsbetrachtung und § 50 StGB vgl. § 337, 218 mit. weit. Nachw.

darlegen, warum es trotz Vorliegens der tatbestandsmäßigen Voraussetzungen eines Regelbeispiels einen besonders schweren Fall verneint und es muß umgekehrt die Umstände dartun, in denen es einen besonders schweren Fall erblickt, wenn kein Regelbeispiel eingreift[381]. Wird ein besonders schwerer Fall trotz Vorliegen eines Regelbeispiels verneint und darüber hinaus sogar ein minderschwerer Fall angenommen, so bedarf die nur bei ganz außergewöhnlichen Umständen in Betracht kommende doppelte Milderung des Strafrahmens einer eingehenden Begründung[382].

97   **c) Antrag.** Bei **Verneinung** eines minder schweren Falles fordert Absatz 3 Satz 2 eine Begründung nur, wenn in der Hauptverhandlung die Annahme eines solchen Falls etwa in den Schlußanträgen beantragt worden war[383]. Die bloße Behauptung entsprechender Umstände löst – anders als bei Absatz 2 – noch keine Begründungspflicht aus[384]. Der Antrag muß nicht ausdrücklich auf die Anwendung des besonderen Milderungs- oder Schärfungsgrundes lauten, es kann genügen, wenn eine Strafe beantragt wird, die nur bei Vorliegen eines solchen Grundes verhängt werden darf. Ein solcher Antrag liegt auch darin, daß die „mildeste Strafe" oder eine nur bei Annahme eines minder schweren Falls zulässige Strafe beantragt wird[385]. Daß eine „milde Strafe" beantragt wird, genügt nicht[386].

98   Der Antrag, der die Begründungspflicht auslöst, ist eine **wesentliche Förmlichkeit**, die nur durch das Sitzungsprotokoll nachgewiesen werden kann (§§ 273, 274)[387]. Es ist jedoch unschädlich, wenn das Urteil die Frage erörtert, obwohl das Protokoll zu einem solchen Antrag schweigt[388].

99   Welche Ausführungen zur **Begründung** notwendig sind, richtet sich nach den Erfordernissen des sachlichen Rechts und nach den Umständen des Einzelfalls. Wird einem Antrag nicht entsprochen, so muß sich das Urteil ausdrücklich damit auseinandersetzen. Es dürfte dann nicht genügen, wenn aus dem Gesamtinhalt der Urteilsausführungen die Gründe der versagenden Entscheidung ersichtlich sind[389], jedoch wird in einem solchen Fall ausgeschlossen werden können, daß das Urteil auf dem Unterlassen der Begründung beruht. Der Antrag muß auch abgehandelt werden, wenn die einheitliche Tat **mehrere Strafgesetze** verletzt, von denen nur eines einen minder schweren Fall vorsieht[390]. Dies gilt nach Ansicht des Bayerischen Obersten Landesgerichts jedoch nur, wenn die Annahme zu einem milderen Strafrahmen führen kann[391].

100   Eine meist weitergehende **Begründungspflicht** kann sich daraus ergeben, daß die Darlegung der **richtigen Anwendung des materiellen Rechts** Ausführungen zu diesen Fragen erfordert. Werden Umstände festgestellt, die einen minder schweren oder besonders schweren Fall nahelegen, muß sich das Gericht im Urteil damit auseinandersetzen, ohne daß es darauf ankommt, ob in der Hauptverhandlung ein diesbezüglicher Antrag

---

[381] Vgl. die Erläuterungen zu den einschlägigen Vorschriften des StGB; ferner etwa BGH GA **1980** 143; NStZ **1982** 465; BGH bei *Holtz* MDR **1975** 368; **1976** 16; **1977** 638; § 337, 220.

[382] BayObLG NJW **1991** 1245.

[383] Nach KMR-*Paulus* 61; SK-*Schlüchter* 67 folgt die Begründungspflicht aus § 34 und nicht so sehr aus § 267 Abs. 3.

[384] BGH bei *Dallinger* MDR **1953** 149; vgl. auch BGH GA **1961** 172; KK-*Engelhardt*⁴ 31; KMR-*Paulus* 61; SK-*Schlüchter* 67.

[385] RGSt **29** 276; **43** 297; **45** 331; BGH bei *Dallinger* MDR **1953** 149; **1967** 15; BayObLGSt **1955** 254;

OLG Köln NJW **1952** 198; AK-*Wassermann* 19; KK-*Engelhardt*⁴ 31; KMR-*Paulus* 81; SK-*Schlüchter* 52.

[386] BGH MDR **1953** 149; AK-*Wassermann* 19.

[387] RGSt **29** 277; *Dankert* StV **1983** 476; AK-*Wassermann* 19; KK-*Engelhardt*⁴ 31; *Kleinknecht/Meyer-Goßner*⁴⁴ 21; SK-*Schlüchter* 52.

[388] *Eb. Schmidt* Nachtr. II 1.

[389] KK-*Engelhardt*⁴ 31; **a.A** OLG Köln NJW **1952** 198; KMR-*Paulus* 61.

[390] RGRspr. **10** 158; RGSt **5** 156; **14** 10.

[391] BayObLGSt **1955** 254.

gestellt wurde[392]. Ob ein minderschwerer oder besonders schwerer Fall vorliegt, ist für jeden Angeklagten in Würdigung seines Tatbeitrags gesondert zu begründen[393].

9. Erkennt das Gericht auf **Freiheitsstrafe unter sechs Monaten**, so muß es nach § 267 **101** Abs. 3 Satz 2 die Umstände darlegen, auf Grund derer es die Voraussetzungen des § 47 StGB für gegeben erachtete, während umgekehrt eine Begründung nur gefordert wird, wenn ein Antrag auf Verhängung einer Freiheitsstrafe unter sechs Monaten abgelehnt wurde. Die Rechtslage ist insoweit die gleiche wie bei den minder schweren Fällen[394]. Nach der kriminalpolitischen Zielsetzung[395] ist dem Begründungserfordernis mit allgemeinen Wendungen nicht genügt[396]. Damit die Rechtsanwendung nachprüfbar ist, müssen auf den Einzelfall bezogene, aus Tat oder Täter rational hergeleitete Gründe dafür angeführt werden, weshalb die Verhängung einer kurzfristigen Freiheitsstrafe unerläßlich ist. Auch wenn dies mit der **Verteidigung der Rechtsordnung** begründet werden soll, darf dies nicht allein mit generalpräventiven Gesichtspunkten[397] geschehen. Notwendig ist auch hier eine eingehende Würdigung von Tat und Täter[398]. Der Umfang des formellen Begründungszwangs nach § 267 Abs. 3 Satz 2 deckt sich insoweit mit den strengen Anforderungen, die das materielle Recht an die Darlegung der Unerläßlichkeit einer kurzfristigen Freiheitsstrafe stellt. Die Rechtsprechung nimmt aber auch eine aus der sachlich-rechtlichen Begründungspflicht abgeleitete Erörterungspflicht an, wenn trotz eines gewichtigen Tatvorwurfs, der eine Freiheitsstrafe nahelegt, nur auf eine Geldstrafe erkannt wurde[399].

10. Strafaussetzung zur Bewährung

a) Die **Bewilligung** der **Strafaussetzung zur Bewährung** ist im Urteil unter Darlegung **102** der dafür maßgeblichen Erwägungen (vgl. § 56 StGB) in einer den Anforderungen des sachlichen Rechts genügenden Weise zu begründen[400]. Für die **Ablehnung** fordert Absatz 3 Satz 4 eine Begründung nur, wenn sie beantragt worden war[401].

b) Der **Antrag** ist nicht dem Angeklagten und seinem Verteidiger vorbehalten, auch **103** der Staatsanwalt kann ihn stellen. Der Antrag kann auch hilfsweise, etwa bei den Schlußanträgen in Verbindung mit einem Hauptantrag auf Freispruch, eingebracht werden[402]. Wird er ausdrücklich gestellt, ist er als **wesentliche Förmlichkeit** des Verfahrens in der Sitzungsniederschrift zu beurkunden[403]. Der **Antrag** muß aber **nicht aus-**

---

[392] Etwa BGH NStZ **1982** 465; StV **1981** 169; **1999** 138; OLG Düsseldorf StV **1991** 68; OLG Koblenz VRS **57** (1979) 22; KMR-*Paulus* 58; 61; *Mösl* NStZ **1981** 134; **1984** 494; *Schlothauer* StV **1990** 101; SK-*Schlüchter* 52; § 337, 219.

[393] BGHSt **29** 244; BGH NStZ **1982** 206; **1984** 27.

[394] Vgl. *Horstkotte* NJW **1969** 1601 (Ausnahme von der Regel); § 337, 224 ff.

[395] *Eb. Schmidt* Nachtr. II 3; *Wulf* JZ **1970** 160.

[396] OLG Braunschweig NdsRpfl. **1969** 67; OLG Karlsruhe Justiz **1981** 132 (Hinweis auf Rückfall); KK-*Engelhardt*[4] 32; § 337, 225 mit weit. Nachw.

[397] Zur Darlegung der die Generalprävention rechtfertigenden Gesichtspunkte vgl. etwa BGH NStZ **1982** 463; **1983** 501; **1984** 409; **1986** 358; OLG Düsseldorf StV **1992** 232; OLG Hamburg StV **2000** 353.

[398] BGH StV **1994** 370; BayObLGSt **1971** 191; *Eb. Schmidt* Nachtr. II 3; wegen der Einzelheiten vgl.

die Kommentarliteratur zu § 47 StGB; ferner KMR-*Paulus* 62 und § 337, 226.

[399] Vgl. OLG Braunschweig GA **1970** 87; OLG Hamm MDR **1986** 72; OLG Koblenz MDR **1970** 693; OLG Stuttgart VRS **41** (1971) 413; KK-*Engelhardt*[4] 32; KMR-*Paulus* 62; SK-*Schlüchter* 54 und § 337, 225 mit weit. Nachw.

[400] Vgl. etwa *Mösl* NStZ **1983** 496.

[401] In Nichtbefassen trotz Antrags liegt Verfahrensfehler BGH StV **1982** 61 mit Anm. *Schlothauer*; StV **1982** 257; BGH bei *Schmidt* MDR **1983** 4. Vgl. § 337, 234.

[402] BayObLG MDR **1980** 951; OLG Düsseldorf StV **1997** 123; OLG Hamm VRS **81** (1991) 20; *Kleinknecht/Meyer-Goßner*[44] 23.

[403] KK-*Engelhardt*[4] 33; SK-*Schlüchter* 58; wegen der ähnlichen Rechtslage vgl. Rdn. 98; ferner § 273, 23.

drücklich auf Zubilligung von Strafaussetzung zur Bewährung lauten. Ähnlich wie bei Absatz 3 Satz 2 genügt auch hier, wenn das Begehren nach Strafaussetzung in einem anderen Antrag mittelbar oder hilfsweise mit enthalten ist[404], etwa auf Freispruch oder auf Verwerfung der eine Freiheitsstrafe anstrebenden Berufung der Staatsanwaltschaft[405]. Ob ein anderer Antrag das Begehren auf Strafaussetzung sinngemäß mit einschließt, ist eine Auslegungsfrage, die nach den jeweiligen Umständen des Einzelfalls zu beurteilen ist[406].

104   Obwohl § 267 Abs. 3 Satz 4 eine Begründung nur für den Fall vorschreibt, daß die Strafe zur Bewährung **ausgesetzt** oder ein darauf gerichteter **Antrag abgelehnt** wird, kann aus dem Zwang zur Anführung der bestimmenden Strafzumessungsgründe und aus **sachlich-rechtlichen Erwägungen** die Verpflichtung zu näheren Ausführungen erwachsen; so, wenn nach der Höhe der Strafe und den sonstigen Feststellungen eine Strafaussetzung naheliegt, das Gericht von ihr aber absieht, ohne daß ein solcher Antrag gestellt worden war. Das gilt vor allem, wenn der Angeklagte nicht gut einen Antrag auf Strafaussetzung stellen konnte, ohne sich mit seiner sonstigen Verteidigung in Widerspruch zu setzen[407]. Die Urteilsgründe müssen in solchen Fällen, aber auch sonst, wenn die festgestellten Umstände dies nahelegen, die Frage der Strafaussetzung unabhängig von jeder Antragstellung erörtern. Zumindest müssen sie erkennen lassen, daß das Gericht der Möglichkeit, nach § 56 StGB zu verfahren, geprüft hat. Ohne solche Darlegungen kann meist nicht ausgeschlossen werden, daß § 56 StGB übersehen wurde oder das Gericht insofern von rechtlich fehlerhaften Erwägungen ausgegangen ist[408]. Aus der materiell-rechtlichen Prüfungspflicht, die immer besteht, erwächst jedoch nicht immer auch eine uneingeschränkte Begründungspflicht für die ablehnende Entscheidung des Gerichts. Sind keine dahin drängenden Umstände ersichtlich, kann die innere Schlüssigkeit der Urteilsgründe auch gewahrt sein, wenn das Gericht die Strafaussetzung zur Bewährung ohne nähere Erörterung der bei der Entscheidung zu berücksichtigenden Gesichtspunkte ablehnt[409]. Dies gilt insbesondere für die Fälle des § 56 Abs. 2 StGB, in denen Strafaussetzung nur ausnahmsweise gewährt werden darf. Sind keine besonderen Umstände im Urteil festgestellt oder nach der Sachlage naheliegend, dann gebietet das materielle Recht keine Erörterung dieser Ausnahmefälle im Urteil[410]. Eine nähere Begründung der Versagung ist dann nur veranlaßt, wenn ein gestellter Antrag die Begründungspflicht nach Absatz 3 Satz 3 auslöst.

---

[404] AK-*Wassermann* 20; HK-*Julius*[2] 22; KK-*Engelhardt*[4] 33; KMR-*Paulus* 90; SK-*Schlüchter* 57; vgl. auch nachf. Fußn. *Eb. Schmidt* 30.

[405] OLG Braunschweig NJW **1954** 284; OLG Bremen NJW **1954** 613; KG JR **1964** 107.

[406] So z. B. auch, ob im Einzelfall im Antrag auf „milde Beurteilung" ein Antrag nach Absatz 3 Satz 4 enthalten ist; bejahend OLG Braunschweig NJW **1954** 284; HK-*Julius*[2] 22; *Kleinknecht/Meyer-Goßner*[44] 23; KMR-*Paulus* 90; SK-*Schlüchter* 57; verneinend BGH nach KK-*Engelhardt*[4] 33; KG JR **1962** 389 mit Anm. *Dünnebier* läßt dies offen. Wegen der weitgehenden Darlegungspflicht bei Anwendung des sachlichen Rechts (Rdn. 104) hat diese Frage kaum noch praktische Bedeutung; ebenso KK-*Engelhardt*[4] 33.

[407] BGH JR **1955** 471; BGH LM Nr. 27 zu § 23 StGB a. F; BayObLG OLGSt 21; KG JR **1964** 107; VRS **22** (1962) 33; KK-*Engelhardt*[4] 33; *Kleinknecht/*

Meyer-Goßner[44] 23; SK-*Schlüchter* 58; KMR-*Paulus* 90 (der diesen Fall der verfahrensrechtlichen Begründungspflicht zuordnet); vgl. § 337, 234; 235.

[408] BGHSt **6** 68; 172; BGH NStZ **1986** 374; BayObLG bei *Rüth* DAR **1975** 203; OLG Hamm VRS **8** (1955) 121; **36** (1969) 177; **54** (1978) 28; OLG Koblenz GA **1975** 370; OLG Köln NJW **1954** 1091; KG JR **1964** 107; VRS **22** (1962) 33; OLG Oldenburg StV **1983** 274 (L); OLG Schleswig bei *Ernesti/Lorenzen* SchlHA **1984** 106; KK-*Engelhardt*[4] 33; KMR-*Paulus* 90; *Eb. Schmidt* 30; vgl. § 337, 234; ferner die Kommentare zu § 56 StGB.

[409] KG JR **1962** 389 mit krit. Anm. *Dünnebier*; vgl. OLG Köln NStZ **1985** 139 (L); auch OLG Braunschweig NJW **1954** 284.

[410] BGH NJW **1976** 1414; OLG Hamm VRS **46** (1974) 131; OLG Karlsruhe NJW **1980** 133; OLG Köln VRS **61** (1981) 367; § 337, 23 ff; vgl. aber auch BGHSt **24** 5.

Zur **Erfüllung der Begründungspflicht** genügen die Wiederholung des Gesetzeswort- **105**
lauts oder allgemeine Wendungen nicht[411], auch nicht die Bezugnahme auf die Darlegungen in einem einbezogenen Urteil[412] oder der pauschale Hinweis auf Vorverur-
teilungen. Wird auf letztere abgestellt, müssen die ihnen zugrunde liegenden Taten und
die daraus hergeleitete Prognose dargelegt werden[413]. Unzureichend ist in der Regel
auch die nicht näher begründete Ansicht, daß die Verteidigung der Rechtsordnung die
Vollstreckung der Strafe erfordere[414]. Die Strafaussetzung zur Bewährung darf bei
Straftaten bestimmter Art nicht grundsätzlich und allgemein versagt werden[415]. Es
kommt vielmehr stets auf die Umstände des einzelnen Falles an, die darzulegen sind.
Rechtlich fehlerhaft wäre es, die an sich angemessene Strafe geringer zu bemessen, weil
der Angeklagte keine Strafaussetzung zur Bewährung verdient, sondern seine Strafe ver-
büßen muß[416].

Ob die Strafe zur Bewährung auszusetzen ist, muß auf Grund einer **Gesamtwür-** **106**
digung der in § 56 StGB aufgeführten Umstände entschieden werden, wobei unter
Umständen eine günstige Täterprognose mit den sich aus § 56 Abs. 3 StGB ergebenden
besonderen Belangen abzuwägen ist[417]. Ebenso wie bei der Bemessung der Strafart und
der Strafhöhe haben auch hier nur **hilfsweise mitgeteilte Überlegungen** zu unterbleiben,
da sie die Entscheidung bei Fehlerhaftigkeit der Haupterwägung in der Regel nicht zu
retten vermögen, sie andererseits aber nur unnötig gefährden[418].

c) Die **Bewährungsanordnungen** (Bewährungszeit, Auflagen und Weisungen) werden **107**
in einem besonderen Beschluß festgesetzt (§ 268a). In den Urteilsgründen sind diese
Anordnungen nicht zu behandeln[419].

d) Im **Jugendstrafverfahren** ist § 267 Abs. 3 Satz 4 auf die Entscheidung über die **108**
Aussetzung einer Jugendstrafe entsprechend anzuwenden (§ 57 Abs. 4 JGG)[420].

11. Für die **Verwarnung mit Strafvorbehalt** gilt nach § 267 Abs. 3 Satz 4 ebenfalls, **109**
daß das Gericht die **Anwendung** dieser mildesten Sanktion des Strafrechts unter
Darlegung der Voraussetzungen des § 59 StGB entsprechend den Anforderungen des
materiellen Rechts begründen muß, während die **Nichtanwendung** nur bei einem entsprechenden **Antrag** zu erörtern ist. Ein solcher Antrag kann auch hilfsweise im Schlußvortrag gestellt werden[421]. Wenn die festgestellten Umstände die Anwendung des
§ 59 StGB so nahelegen, daß die Unterlassung von Ausführungen nach sachlichem

[411] Vgl. etwa BGH NJW **1983** 1624; StV **1982** 569;
BGH bei *Holtz* MDR **1977** 808; OLG Celle DAR
1956 248; KG GA **1955** 219; *Zipf* JR **1974** 520;
KK-*Engelhardt*⁴ 33; KMR-*Paulus* 92; SK-*Schlüch-
ter* 58 (regelmäßig zu begründen). Vgl. aber auch
OLG Köln MDR **1985** 248; *Kleinknecht/Meyer-
Goßner*⁴⁴ 23 (Unterlassen von Ausführungen nicht
immer fehlerhaft).

[412] BGH NJW **1983** 1624; NStZ **1992** 50; HK-*Julius*²
22.

[413] OLG Koblenz VRS **71** (1986) 444; OLG Köln StV
1996 321; SK-*Schlüchter* 58 mit weit. Nachw. auch
zur Begründungspflicht bei Bewilligung der Strafaussetzung trotz einschlägiger Vorstrafen; dazu
auch OLG Düsseldorf VRS **99** (2000) 117.

[414] *Kleinknecht/Meyer-Goßner*⁴⁴ 23.

[415] BGHSt **6** 298; KK-*Engelhardt*⁴ 33; vgl. die Kommentare zu § 56 StGB mit weit. Nachw.

[416] BGH NJW **1954** 39; KK-*Engelhardt*⁴ 33.

[417] Vgl. etwa BGH NJW **1955** 996; NStZ **1994** 336;
1995 341; BayObLGSt **1974** 32 = JR **1974** 517 mit
Anm. *Zipf*; BayObLG NJW **1988** 3027; OLG
Hamm NJW **1967** 1332; OLG Koblenz VRS **49**
(1975) 318; KK-*Engelhardt*⁴ 33; KMR-*Paulus* 92;
SK-*Schlüchter* 58; ferner § 337, 237.

[418] BGHSt **7** 359; KK-*Engelhardt*⁴ 33; *Kleinknecht/
Meyer-Goßner*⁴⁴ 23; SK-*Schlüchter* 58.

[419] Vgl. § 268a, 1.

[420] Auch wenn ein Antrag nach § 267 Abs. 3 Satz 4
gestellt wird, kann die Entscheidung dem Nachverfahren vorbehalten werden, BGH NJW **1960**
587; vgl. die Kommentare zum JGG.

[421] BayObLG MDR **1980** 951; OLG Düsseldorf StV
1997 123; vgl. § 337, 241. Nach *Horn* NJW **1980**
106 ist auch die erfolglose Zustimmung des Angeklagten zur Verfahrenseinstellung als ein die Begründungspflicht auslösender Antrag zu werten.

Recht fehlerhaft wäre, besteht unabhängig von der Antragstellung eine Erörterungspflicht[422].

110   Die **vorbehaltene Strafe** muß bei der Verwarnung mit Strafvorbehalt in den Urteilsgründen nach den allgemein für die Begründung einer Strafe geltenden Grundsätzen
(Rdn. 83 ff) begründet werden[423].

111   **12. Absehen von Strafe** (Absatz 3 Satz 4 zweiter Halbsatz). Soweit das Gericht nach
§ 60 StGB oder auf Grund einer Sondervorschrift wie etwa § 157 Abs. 2, § 158 Abs. 1
oder § 175 Abs. 2 StGB von Strafe absieht, muß es dies begründen[424]. Das gleiche gilt,
wenn es einem darauf abzielenden **Antrag** nicht entspricht. Im übrigen gelten die
gleichen Gesichtspunkte, wie sie bei Rdn. 101 ff erörtert sind. Die Ausführungen des
Gerichts müssen erkennen lassen, daß es alle nach der Sachlage sich aufdrängenden
Gesichtspunkte rechtsfehlerfrei gegeneinander abgewogen hat[425].

13. Maßregeln der Besserung und Sicherung (Absatz 6)

112   **a) Allgemeines.** Absatz 6 stellt ebenfalls die bereits bei Absatz 3 Satz 2 bis 4 erörterte
Regel auf, daß das Urteil angeordnete Maßregeln unter Darlegung der vom materiellen
Recht vorausgesetzten Tatsachen und Prognoseentscheidungen zu begründen hat,
während beim Unterbleiben einer solchen Anordnung verfahrensrechtlich erst ein in der
Verhandlung gestellter Antrag die Begründungspflicht auslöst[426].

113   Eine **über Absatz 6 hinausgehende Begründungspflicht** kann sich jedoch daraus ergeben,
daß die ausdrückliche Erörterung einer nach den Umständen in Betracht zu ziehenden
Maßregel einschließlich der für die Prognose wichtigen Tatsachen notwendig ist, um die
richtige Anwendung des **sachlichen Rechts** aufzuzeigen[427]. So müssen bei fehlender oder
erheblich verminderter Schuldfähigkeit die Urteilsgründe erkennen lassen, ob das
Gericht die Notwendigkeit der Unterbringung in einem psychiatrischen Krankenhaus
(§ 63 StGB) geprüft hat, sofern die Sachlage zu Überlegungen in dieser Richtung
drängt[428]. Gleiches gilt, wenn das Urteil die Frage der Anordnung einer sonstigen
Maßregel übergeht, obwohl die festgestellten Umstände dies nahe gelegt hätten[429].

114   Die Rechtsprechung stellt **hohe Anforderungen an die Begründung**, mit der Maßregeln
der Besserung und Sicherung gerechtfertigt werden, wenn diese mit einem erheblichen
Eingriff in die Freiheit verbunden sind oder einen einschneidenden Eingriff in die
Handlungsfreiheit bedeuten, wie etwa beim Berufsverbot. Die einzelnen Anforderungen,
denen die Begründung genügen muß, ergeben sich aus dem materiellen Recht[430]. Soweit
die Anordnung der Maßregel im Ermessen des Gerichts steht, muß das Urteil auch
erkennen lassen, daß sie das Gericht dieses Umstandes bewußt war und die für und
gegen die Anordnung sprechenden Gesichtspunkte erwogen hat[431]. Sind den Voraus-

---

[422] OLG Zweibrücken VRS **66** (1984) 196; KK-*Engelhardt*[4] 34; vgl. OLG Düsseldorf JR **1985** 376 mit
Anm. *Schöch* = NStZ **1985** 362 mit Anm. *Horn*
(materiell-rechtliche Darlegungspflicht nur in Ausnahmefällen); ferner Rdn. 104; § 337, 241.

[423] KK-*Engelhardt*[4] 34.

[424] Vgl. § 337, 242; 243 und die Erläuterungen zu den
einschlägigen Vorschriften des materiellen Rechts.

[425] OLG Karlsruhe NJW **1974** 1005.

[426] KK-*Engelhardt*[4] 35; *Kleinknecht/Meyer-Goßner*[44]
37; KMR-*Paulus* 98; *Kroschell/Meyer-Goßner*[26] 192;
§ 337, 244.

[427] HK-*Julius*[2] 24; KK-*Engelhardt*[4] 35; *Kleinknecht/
Meyer-Goßner*[44] 37; SK-*Schlüchter* 82; § 337, 244.

[428] Vgl. BGHR StGB § 64 Anordnung 1; KMR-*Paulus*
98 sowie vorst. Fußn. ferner § 244, 46; 76 ff; § 337,
244.

[429] Vgl. etwa BGHSt **37** 6; BGH bei *Holtz* MDR **1990**
886 (Entziehungsanstalt); BGH JR **2000** 207 mit
Anm. *Schöch* (Sicherungsverwahrung); ferner § 337,
244.

[430] Vgl. die Erläuterungen zu §§ 62 ff StGB; ferner
Kroschell/Meyer-Goßner[26] 192 ff; § 337, 245 ff.

[431] BGH StV **1994** 479; **1996** 541; HK-*Julius*[2] 24.

setzungen nach **mehrere Maßregeln zulässig** und geeignet, muß das Gericht seine Wahl begründen, wobei gegebenenfalls auch darzulegen ist, weshalb der Angeklagte durch die angeordnete Maßregel am wenigsten beschwert ist[432]. Kommt nach dem festgestellten Sachverhalt die Anordnung mehrerer Maßnahmen nebeneinander in Betracht, muß das Urteil sich damit ausdrücklich auseinandersetzen[433]. Ordnet das Gericht den **Vorwegvollzug** der Strafe vor der Maßregel (§ 67 Abs. 2 StGB) an, bedarf es einer auf die Umstände des Einzelfalls eingehenden besonderen Begründung, die auch darlegen muß, daß dies zur Erreichung des Maßregelziels förderlicher ist, als die umgekehrte Reihenfolge[434]. Auch die Möglichkeit einen Teil der Strafe vorweg zu vollstrecken, muß dabei erwogen werden[435].

b) Hinsichtlich der **Entziehung der Fahrerlaubnis** nach § 69 StGB und der an ihre **115** Stelle tretenden Sperre für die Erteilung der Fahrerlaubnis nach § 69a Abs. 1 Satz 3 StGB erweitert **Absatz 6 Satz 2** die **Begründungspflicht.** Das Gericht muß also nicht nur nach Satz 1 die Anordnung einer solchen Maßnahme begründen, sondern es muß auch, ohne Rücksicht darauf, ob ein dementsprechender Antrag gestellt wurde, in den Urteilsgründen darlegen, weshalb es die Maßregel nicht angeordnet hat, wenn ihre Verhängung nach der Art der Straftat in Betracht kam[436]. Bei allen mit Strafe bedrohten Handlungen, die bei oder im Zusammenhang mit dem Führen eines Kraftfahrzeugs oder unter Verletzung der Pflichten eines Kraftfahrzeugführers begangen wurden (§ 69 Abs. 1), muß also das Gericht im Urteil zur Anwendbarkeit des § 69 StGB Stellung nehmen, ganz gleich, wie es sich entschieden hat. Die Begründungspflicht besteht ohne Rücksicht auf die Umstände des Einzelfalls bereits dann, wenn die objektiven Voraussetzungen des § 69 StGB gegeben sind[437].

Wegen der **Erfordernisse der Begründung,** insbesondere wegen der Bedeutung **116** der Regelbeispiele des § 69 Abs. 2 StGB, die auch der Erleichterung der Begründung dienen[438], muß auf die Erläuterungen zu § 69 StGB und die dort angeführte Rechtsprechung verwiesen werden[439].

14. Für das **Fahrverbot** nach § 44 StGB, § 25 StVG gilt die erweiterte Begründungs- **117** pflicht nach Absatz 6 Satz 2 nicht. Wird diese Nebenstrafe verhängt, sind nach § 267 Abs. 3 Satz 1 die dafür bestimmenden Gesichtspunkte in Übereinstimmung mit den Erfordernissen des materiellen Rechts darzulegen[440], wobei mitunter gleichzeitig die Ablehnung der Entziehung der Fahrerlaubnis zu begründen ist (Rdn. 115). Wird ein Fahrverbot nicht angeordnet, braucht dies nur begründet zu werden, wenn die festgestellten Umstände dazu drängten und dies notwendig ist, um die fehlerfreie Anwendung des materiellen Rechts aufzuzeigen[441].

15. Verfall, Einziehung, Unbrauchbarmachung und sonstige Nebenfolgen. Soweit diese **118** Nebenfolgen Strafcharakter haben, folgt die Verpflichtung, die Umstände, die für ihre

---

[432] Vgl. BGH bei *Holtz* MDR **1981** 809; SK-*Schlüchter* 81; vgl. auch BGH StV **1988** 260.

[433] Vgl. BGH NJW **2000** 3015.

[434] Vgl. etwa BGH NJW **1986** 141; 142; ferner die Kommentare zu § 67 StGB und § 337, 250 mit weit. Nachw.

[435] *Meyer-Goßner* NStZ **1988** 536.

[436] Zweck dieser Erweiterung ist, dem Ergebnis des Strafverfahrens nach § 4 Abs. 3 StVG den Vorrang vor Entscheidungen im Verwaltungswege zu sichern;

vgl. OLG Hamm VRS **43** (1972) 21; *Lackner* JZ **1965** 125, KK-*Engelhardt*[4] 35; *Kleinknecht/Meyer-Goßner*[44] 37; KMR-*Paulus* 99; SK-*Schlüchter* 82.

[437] OLG Hamm VRS **43** (1972) 21.

[438] Vgl. *Kroschell/Meyer-Goßner*[26] 200; *Schreiner* DAR **1978** 272.

[439] Ferner *Kroschell/Meyer-Goßner*[26] 199 ff.

[440] Vgl. *Kroschell/Meyer-Goßner*[26] 183.

[441] Vgl. Rdn. 84.

Walter Gollwitzer

Verhängung bestimmend waren, im Urteil anzugeben, aus Absatz 3 Satz 1[442]. Werden Nebenfolgen verhängt, muß das Urteil die tatsächlichen und rechtlichen Grundlagen dafür angeben. Was im einzelnen anzuführen ist, richtet sich nach den Anforderungen des materiellen Rechts, dessen richtige Anwendung aufzuzeigen ist. § 267 enthält insoweit keine speziellen Vorschriften[443]. Die Maßnahmen sind in die für die Findung einer schuldangemessenen Sanktion erforderlichen **Gesamtschau aller Strafen** mit einzubeziehen, sofern ihre Auswirkungen dabei ins Gewicht fallen, wie etwa bei Einziehung einer Sache von beträchtlichem Wert[444] oder bei einer durch einen Geldbetrag zu bestimmenden **Vermögensstrafe**[445]. Soweit eine Nebenfolge als Strafe oder als Sicherungsmaßnahme angeordnet werden kann, wie etwa die Einziehung, muß schon wegen der jeweils zu berücksichtigenden verschiedenen Gesichtspunkte erkennbar sein, ob das Gericht sie zum Zwecke der Ahndung oder zum Zwecke der Sicherung angeordnet hat[446]. Bei Sicherungsmaßnahmen muß wegen des auch hier geltenden Übermaßverbotes erörtert werden, ob der Zweck dieser Anordnungen mit weniger einschneidenden Maßnahmen erreichbar ist[447].

119   Bei **Verfall und Einziehung** müssen die Voraussetzungen, von denen sie abhängen, tatbestandsmäßig aufgezeigt werden, bei § 74 StGB also die Beziehung der genau zu bezeichnenden eingezogenen Sache zur Tat sowie, daß die Sache dem Täter gehört oder die Allgemeinheit gefährdet usw. Insoweit muß auf die Erläuterung zu §§ 73 ff StGB verwiesen werden[448]. Steht die Anordnung im **Ermessen des Gerichts**, müssen die Gründe erkennen lassen, daß sich das Gericht dieses Umstandes bewußt war[449]. Gleiches gilt, wenn dem Gericht mehrere Alternativen zur Wahl standen[450].

120   Werden Verfall, Einziehung oder die Anordnung einer sonstigen Nebenfolge **nicht ausgesprochen**, obwohl sie nach den getroffenen Feststellungen in Betracht kommen, dann müssen die Urteilsgründe erkennen lassen, weshalb dies unterblieben ist[451].

VI. Abgekürztes Urteil (Absatz 4)

121   **1. Anwendungsbereich.** Absatz 4 betrifft nur die abgekürzte Begründung eines **verurteilenden Erkenntnisses**. Für die Abkürzung freisprechender Urteile gilt Absatz 5 Satz 2 und 3[452]. Enthält das Urteil neben der Verurteilung einen Freispruch, so ist für Zulässigkeit und Inhalt der abgekürzten Fassung im einen Fall Absatz 4, im anderen

---

442 Nach BGH bei KK-*Engelhardt*[4] 36; SK-*Schlüchter* 59 folgt die Begründungspflicht nur aus dem sachlichen Recht und nicht aus der analogen Anwendung des Absatzes 3 Satz 1.

443 Nach BGH bei KK-*Engelhardt*[4] 36; SK-*Schlüchter* 59 ist nur das materielle Recht maßgebend, vgl. Fußn. 442.

444 BGH GA **1983** 521; NStZ **1985** 362; StV **1989** 529; **1993** 360; **1995** 301; OLG Schleswig bei *Ernestil Lorenzen* SchlHA **1985** 140; anders, wenn nach der Sachlage die Einziehung die Bemessung der Hauptstrafe nicht wesentlich zu beeinflussen vermag, BGH MDR **1984** 241; StV **1988** 201; vgl. ferner etwa BGHSt **28** 369; OLG Köln NJW **1965** 2360; OLG Saarbrücken NJW **1975** 66; § 337, 252.

445 Vgl. etwa BGHSt **41** 20, 28; BGH NJW **1995** 136; OLG Düsseldorf StV **1996** 136.

446 BayObLG NJW **1994** 535; SK-*Schlüchter* 59.

447 BGHSt **23** 269; BGH bei *Holtz* MDR **1981** 266; OLG Düsseldorf VRS **80** (1991) 23; OLG Stuttgart NJW **1975** 66; vgl. vorst. Fußn. und § 337, 253.

448 Vgl. auch KMR-*Paulus* 95, ferner § 337, 252 und die Erläuterungen in den einschlägigen Kommentaren zum StGB.

449 BGHSt **19** 256 („war einzuziehen" genügt dafür nicht); BGH bei *Dallinger* MDR **1951** 657; OLG Köln NJW **1965** 2360; OLG Koblenz GA **1974** 378; OLG Saarbrücken NJW **1975** 66; KMR-*Paulus* 95; SK-*Schlüchter* 59; § 337, 252.

450 OLG Oldenburg NJW **1971** 769; KMR-*Paulus* 95; vgl. BGHSt **28** 369; § 337, 252.

451 KK-*Engelhardt*[4] 36; SK-*Schlüchter* 59.

452 Vgl. Rdn. 154 und zur Frage der abgekürzten Fassung bei Einstellungsurteilen Rdn. 158.

Absatz 5 Satz 2 maßgebend. Im **Jugendstrafverfahren** sind diese Bestimmungen entsprechend anwendbar, das Urteil muß hier jedoch den von § 54 JGG geforderten Inhalt haben, sodaß sich bei Verurteilungen der Entlastungseffekt des Absatzes 4 meist in Grenzen hält[453]. Im **Bußgeldverfahren** enthält § 77b OWiG eine weitgehend gleichartige Regelung, die jedoch seit der Neufassung von 1998 die abgekürzte Fassung des Urteils auch in einigen Fällen zuläßt, in denen es noch nicht rechtskräftig geworden ist, so, wenn die Staatsanwaltschaft an der Hauptverhandlung nicht teilgenommen hat, ferner bei Geldbußen bis zu 500 DM auch, wenn der Betroffene von der Verpflichtung zum Erscheinen entbunden und in Verlauf der Hauptverhandlung von einem Verteidiger vertreten war[454]. In diesen Fällen läßt § 77b Abs. 2 OWiG dann die nachträgliche Ergänzung des Urteils zu[455].

2. Rechtskraft. Voraussetzung für die abgekürzte Abfassung des Urteils ist, daß das **122** Urteil im Schuld- und Rechtsfolgenausspruch unanfechtbar geworden ist. Alle, die den konkreten Urteilsspruch in einem Punkt anfechten können[456], müssen entweder auf Rechtsmittel verzichtet oder innerhalb der eventuell unterschiedlich endenden Anfechtungsfristen kein Rechtsmittel eingelegt haben. Dem steht es gleich, wenn ein eingelegtes Rechtsmittel zurückgenommen worden ist oder wenn ein Anfechtungsberechtigter auf Rechtsmittel verzichtet hat, während die anderen die Anfechtungsfrist ungenützt verstreichen ließen. Unerläßlich ist seit der Neufassung nur noch, daß im Zeitpunkt der Urteilsabfassung feststeht, daß das Urteil in seinen entscheidenden Teilen, also sowohl hinsichtlich des Schuld- als auch des Rechtsfolgenausspruchs, unanfechtbar geworden ist. Daß die Kostenentscheidung mit Beschwerde nach § 464 Abs. 3 angefochten ist oder daß die Entscheidung nach § 8 Abs. 3 StrEG oder der Beschluß nach § 268a Gegenstand einer Beschwerde ist, schließt die abgekürzte Fassung nicht aus[457].

Für Urteile, die überhaupt **keiner Anfechtung unterliegen**, weil sie mit der Verkün- **123** dung rechtskräftig werden, wie etwa die Urteile der Revisionsgerichte, gilt Absatz 4 nicht[458].

Betraf das Urteil **mehrere Angeklagte** und ist es nur gegen einen unanfechtbar gewor- **124** den, so ist die abgekürzte Abfassung nur hinsichtlich solcher Taten möglich, an denen die Mitangeklagten unbeteiligt waren[459]. Bei **mehreren Taten** im Sinne des § 264 kann für die eine die Abkürzung zulässig sein und für die andere nicht[460].

3. Ermessen des Gerichts. Ob das Gericht von der Möglichkeit des Absatzes 4 **125** Gebrauch machen will, steht in seinem Belieben. Auch wenn die Voraussetzungen vorliegen, ist es dazu nicht verpflichtet. Es kann von der Arbeitsweise her rationeller sein, wenn das Urteil sofort nach der Hauptverhandlung vollständig abgesetzt wird, als abzuwarten, ob nach Ablauf der Anfechtungsfrist die Voraussetzungen für ein abgekürztes Urteil eintreten[461].

---

[453] *Peters* § 52 IV (§ 54 JGG ist vorgehende Spezialvorschrift); *Kroschell/Meyer-Goßner*.

[454] Vgl. *Katholnigg* NJW **1998** 5571.

[455] Wegen der Einzelheiten vgl. die Kommentare zu § 77b OWiG.

[456] Vgl. BGH bei *Dallinger* MDR **1971** 898; ferner bei § 296.

[457] KK-*Engelhardt*[4] 37; *Kleinknecht/Meyer-Goßner*[44] 24; KMR-*Paulus* 108; SK-*Schlüchter* 61.

[458] KK-*Engelhardt*[4] 37; SK-*Schlüchter* 60, *Eb. Schmidt* 34.

[459] BGH bei *Dallinger* MDR **1971** 898; KMR-*Paulus* 108; SK-*Schlüchter* 61.

[460] HK-*Julius*[2] 26; KK-*Engelhardt*[4] 37; *Kleinknecht/Meyer-Goßner*[44] 24.

[461] *Brünger* DRiZ **1974** 230; *Rieß* NJW **1975** 87; *Werner* DRiZ **1974** 215; KK-*Engelhardt*[4] 37; KMR-*Paulus* 109; SK-*Schlüchter* 64.

126　　**4. Inhalt.** Eine abgekürzte Urteilsfassung sollte das Gericht durch einen entsprechenden **Vermerk** – zweckmäßigerweise in Verbindung mit der Überschrift „Gründe" „abgekürzt nach § 267 Abs. 4 StPO" – kenntlich machen[462].

127　　Die abgekürzten Urteilsgründe müssen nur die für erwiesen erachteten Tatsachen angeben, in denen das Gericht die **gesetzlichen Merkmale der Straftat** gefunden hat (vgl. Rdn. 32 ff) sowie das angewandte Strafgesetz (Rdn. 73 ff); Ausführungen zur Beweislage bedarf es nicht. Anzugeben sind ferner die verhängten Rechtsfolgen und die sie tragenden Bestimmungen[463]. Die durch § 267 Abs. 1 Satz 2, Abs. 2, 3 und 6 Satz 1 festgelegten **besonderen Begründungspflichten** sind für das abgekürzte Urteil nicht zwingend[464]. Die Angaben nach Absatz 6 Satz 2 sind dagegen wegen der Bindungswirkung des Strafurteils stets erforderlich[465].

128　　Abgesehen von dem durch Absatz 4 Satz 1 festgelegten Mindestinhalt entscheidet das **Ermessen** des Gerichts, was unter Berücksichtigung der Umstände des Einzelfalls in die Urteilsbegründung noch aufzunehmen ist. Dieses Ermessen hat sich am Zweck der Urteilsgründe zu orientieren[466], wobei allerdings der Gesichtspunkt, daß dem Revisionsgericht die Nachprüfung der Rechtsanwendung ermöglicht werden soll, ausscheidet. Gedacht ist vor allem an Ausführungen, die für den Strafvollzug, für nachträgliche Entscheidungen über die Rechtsfolgen, wie den Widerruf der Strafaussetzung oder über die bedingte Entlassung, wichtig sind oder die für spätere Verfahren Bedeutung haben, jedoch nicht ohne weiteres aus den Akten feststellbar sind[467]. Vor allem bei der Anordnung längerer Freiheitsstrafen oder bei Maßregeln der Besserung und Sicherung ist die Würdigung der Täterpersönlichkeit und die Mitteilung der für die Strafzumessung und die Anordnung der Maßregel bestimmenden Erwägungen am Platze[468]. Überhaupt wird auch beim abgekürzten Urteil die **Bedeutung der Sache** die Ermessensausübung beeinflussen müssen; während sich bei Bagatellsachen, die mit einer Geldstrafe geahndet werden, meist jede über den Mindestinhalt hinausgehende Begründung erübrigt[469], sind bei schwerwiegenden Strafen zusätzliche Ausführungen meist angezeigt.

5. Bezugnahme auf Anklage

129　　**a) Zweck.** Um die schnelle Urteilsabsetzung bei rechtskräftigen Urteilen noch weiter zu erleichtern, Richter und Schreibkanzleien von überflüssigem Aufwand zu entlasten und so zur Verfahrensbeschleunigung beizutragen, läßt Absatz 4 Satz 2 jetzt bei allen Urteilen zu, die nach Satz 1 auch bei abgekürzten Urteilen erforderliche Angabe der erwiesenen tatbestandsrelevanten Tatsachen und der angewandten Rechtsvorschriften

---

[462] KK-*Engelhardt*[4] 37; *Kleinknecht/Meyer-Goßner*[44] 24; KMR-*Paulus* 109; *Kroschel/Meyer-Goßner*[26] 206 mit weit. Beispielen („bezüglich der Verurteilung wegen … abgekürzt gem. § 267 Abs. 4" oder „in Richtung gegen den Angeklagten A abgekürzt gem. „§ 267 Abs. 4").

[463] KK-*Engelhardt*[4] 38; *Kleinknecht/Meyer-Goßner*[44] 25; KMR-*Paulus* 110; *Kroschel/Meyer-Goßner*[26] 206.

[464] Vgl. KK-*Engelhardt*[4] 38; *Kleinknecht/Meyer-Goßner*[44] 25; KMR-*Paulus* 110; *Kroschell/Meyer-Goßner*[26] 206. Nach SK-*Schlüchter* 64 entfallen die Anforderungen des Absatzes 6 nicht. Zur Sachdienlichkeit solcher Angaben vgl. Rdn. 158.

[465] Begr. BTDrucks. **8** 976 S. 56 (wegen § 4 Abs. 2, 3 StVG immer erforderlich); vgl. auch Rdn. 115.

[466] Amtl. Begründung BTDrucks. **7** 551, 82, wiedergegeben bei *Werner* DRiZ **1974** 125, der auch darauf hinweist, daß es oft nicht vorhersehbar ist, unter welchen Gesichtspunkten ein Urteil später Bedeutung erlangen kann.

[467] KK-*Engelhardt*[4] 38; *Kleinknecht/Meyer-Goßner*[44] 28; SK-*Schlüchter* 67; ferner etwa *Kroschel/Meyer-Goßner*[26] 207; *Rieß* NJW **1975** 87; *G. Schäfer*[6] 1538; *Werner* DRiZ **1974** 125.

[468] KMR-*Paulus* 110; *Franke* DRiZ **1977** 244 gegen *Feldmann* DRiZ **1977** 183; *Schalast/Leygraf* DRiZ **1994** 174.

[469] *Kleinknecht/Meyer-Goßner*[44] 28; *Kroschel/Meyer-Goßner*[26] 207; *G. Schäfer*[6] 1538.

durch die Bezugnahme auf den Anklagesatz bzw. die ihm gleichgestellten Schriftstücke (Rdn. 136; 137) zu ersetzen[470]. Vor allem bei geständigen Tätern ergibt die Hauptverhandlung vielfach den gleichen Sachverhalt wie er bereits der Anklage zugrunde liegt, so daß er als überflüssiges Schreibwerk erscheint, wenn dieser im Urteil nochmals wiederholt werden muß, obwohl er dem Angeklagten und allen Verfahrensbeteiligten bereits aus der Anklageschrift bekannt ist. Die Bezugnahme auf den Anklagesatz soll vor allen den Richtern die besondere Urteilsabsetzung ersparen. Bei allseitigem Rechtsmittelverzicht können sie das Urteil nebst den auf die Bezugnahme beschränkten Gründen gleich in das Hauptverhandlungsprotokoll gemäß § 275 Abs. 1 Satz 2 aufnehmen[471].

b) Die **tragenden Urteilsfeststellungen** werden durch die Bezugnahme auf den An- **130** klagesatz ersetzt. Anders als bei der nur ergänzenden Verweisung auf die Einzelheiten von Abbildungen nach Absatz 1 Satz 3 wird hier der Grundsatz durchbrochen, daß das Urteil aus sich heraus verständlich sein muß[472]. Durch die Bezugnahme wird der Wortlaut des Anklagesatzes inhaltlich zum **Bestandteil des Urteils**[473]. Seine Kenntnis ist zum Verständnis des Urteils unerläßlich. Deshalb muß er den Urteilsausfertigungen zumindest dann in Abschrift oder Ablichtung beigefügt werden, wenn diese an Personen oder Stellen hinausgehen, die nicht die Anklageschrift oder die sie ersetzende Schrift (vgl. Rdn. 136 ff) in Händen haben[474]. Es wird ferner dafür zu sorgen sein, daß die zur Ergänzung des Urteils notwendigen Aktenteile ebenso lange aufbewahrt werden wie das rechtskräftige Urteil.

Die Verweisung ist auch wegen **einzelner, prozessual selbständiger Taten** möglich, bei **131** denen die Tatsachen unverändert geblieben sind[475]. Ob dies aber auch gilt, wenn die auf Geldstrafe lautende Einzelstrafe bei einer solchen Tat in eine auf Freiheitsstrafe lautende Gesamtstrafe mit einbezogen wird, erscheint zweifelhaft[476]. Das Urteil als Grundlage der Vollstreckung der Freiheitsstrafe wird in diesen Fällen ohne Verweisungen abzufassen sein. Dies erscheint um so eher angezeigt, als in solchen Fällen der Vereinfachungseffekt der Bezugnahme gering wäre.

c) **Voraussetzungen der Bezugnahme** ist, daß das Urteil keine anderen als die in **132** Absatz 4 Satz 1 zweiter Halbsatz angeführten **Rechtsfolgen** (Geldstrafe, Fahrverbot, Entziehung der Fahrerlaubnis, Einziehung des Führerscheins) verhängt (Rdn. 134) und daß es den gleichen Sachverhalt für erwiesen hält, wie der in Bezug genommene Anklagesatz (Rdn. 139). Liegen diese **keiner ausdehnenden Auslegung** zugänglichen Voraussetzungen nicht vor, dürfen die auch bei abgekürzten Urteilen in den Urteilsgründen zu treffenden Feststellungen der für erwiesen erachteten Tatsachen (Rdn. 127) nicht durch eine Bezugnahme auf den Anklagesatz ersetzt werden.

Die **frühere Beschränkung** der Bezugnahme auf die Urteile des Strafrichters und des **133** Schöffengericht ist entfallen, so daß jetzt die abgekürzten Urteile **aller Gerichte**[477], deren

---

[470] Das StVÄG 1979 hat die Bezugnahme auf den Anklagesatz erneut zugelassen; nachdem die 1921 eröffnete Möglichkeit der Bezugnahme auf den Eröffnungsbeschluß – später dann auf die Anklageschrift – durch das Vereinheitlichungsgesetz 1950 entfallen war. Zu den früheren Regelungen vgl. *Kiesow* JW **1921** 376; *Dittmann* JW **1922** 993.

[471] Begr. BTDrucks. **8** 976 S. 56; *Rieß* NJW **1978** 2271, SK-*Schlüchter* 65.

[472] Hiergegen hatte das Schrifttum bereits früher Bedenken erhoben; vgl. *v. Hippel* 366; Bedenken äußert auch *Kroschel/Meyer-Goßner*[26] 207; *Meyer-*

Goßner NJW **1987** 1164; HK-*Julius*[2] 27 (kaum Arbeitsersparnis und für Klarheit wenig förderlich).

[473] *Kleinknecht/Meyer-Goßner*[44] 26; KMR-*Paulus* 115.

[474] AK-*Wassermann* 26; *Kleinknecht/Meyer-Goßner*[44] 26; KMR-*Paulus* 115; SK-*Schlüchter* 65.

[475] RegEntw. BTDrucks. **8** 976 S. 56; *Kleinknecht/Meyer-Goßner*[44] 26; KMR-*Paulus* 112.

[476] KMR-*Paulus* 112.

[477] HK-*Julius*[2] 27; KK-*Engelhardt*[4] 38; *Kleinknecht/Meyer-Goßner*[44] 26; SK-*Schlüchter* 65; vgl. auch *Rieß/Hilger* NJW **1987** 1164.

Rechtsfolgenausspruch sich in den vorgegebenen Grenzen hält, von dieser Möglichkeit Gebrauch machen können. Dies dürfte sogar für ein Berufungsurteil gelten, das unter Aufhebung des Ersturteils eine Geldstrafe verhängt. In der Regel dürfte dies aber kaum eine nennenswerte Vereinfachung bringen noch der Sache gerecht werden.

134   Das Urteil darf nur **auf Geldstrafe** lauten; daneben darf allenfalls ein **Fahrverbot** oder die **Entziehung der Fahrerlaubnis** sowie eine mit dieser verbundenen **Einziehung des Führerscheins** (§ 69 Abs. 3 Satz 2; § 74 Abs. 4 StGB) angeordnet worden sein. Geldbußen wegen Ordnungswidrigkeiten stehen den Geldstrafen gleich[478]. Bei **anderen Strafen** oder **Nebenfolgen** muß wegen der Bedeutung der Strafe oder den Besonderheiten der erkannten Rechtsfolgen die Bezugnahme auf den Anklagesatz unterbleiben. Vor allem ist abgekürzten Urteilen, die auf Freiheitsstrafe lauten oder eine Verwarnung mit Strafvorbehalt aussprechen oder die eine andere Maßregel der Besserung und Sicherung verhängen, für einen Ersatz der eigenen Urteilsbegründung durch eine Bezugnahme kein Raum[479].

135   **d) Gegenstand der Bezugnahme** ist der Anklagesatz (§ 200 Abs. 1 Satz 1), so wie ihn das Gericht zugelassen hat. Sofern das Gericht die erhobene Anklage nur mit Änderungen zuläßt, ist dies der Anklagesatz der nachgereichten Anklage nach § 207 Abs. 2 Nr. 1, 2 oder der Anklagesatz, der gemäß § 243 Abs. 3 Satz 3 mündlich vorgetragenen Anklage nach § 207 Abs. 2 Nr. 3; 4[480]. Dabei wird vorausgesetzt, daß letzterer in den Fällen des § 207 Abs. 2 Nr. 4 in seinem Wortlaut eindeutig feststellbar und keine Unklarheiten entstehen. Fälle einer veränderten Anklage dürften sich deshalb für die Bezugnahme nur in Ausnahmefällen empfehlen.

136   Der zugelassenen Anklage stehen der Anklagesatz im **Strafbefehl** und im **Strafbefehlsantrag** (§§ 408 Abs. 2, 409 Abs. 1 Nr. 3, 4) gleich[481], ferner die Anklage gemäß § 418 Abs. 3 Satz 2 im **beschleunigten Verfahren**[482]. Im **Bußgeldverfahren** folgt aus der sinngemäßen Anwendung (§ 46 OWiG) des § 267 Abs. 4, daß das Urteil auf den Bußgeldbescheid verweisen darf[483].

137   Der **Verweisungsbeschluß** nach § 270 Abs. 2[484] oder der **Übernahmebeschluß** nach § 225a Abs. 3 scheiden für die Bezugnahme ebenso aus wie die **Nachtragsanklage** nach § 266 Abs. 2[485].

138   **e) Ermessen des Gerichts.** Ob die Begründung eines abgekürzten Urteils durch die Bezugnahme auf den Anklagesatz noch weiter verkürzt werden kann, entscheidet das Gericht nach pflichtgemäßem Ermessen. Die **Entscheidung** obliegt an sich nicht dem Vorsitzenden oder dem Urteilsfasser allein, sondern ist von den für die Urteilsfassung verantwortlichen Berufsrichtern[486] zu treffen.

139   Die **Ermessensausübung** hat sich an dem Zweck der schriftlichen Urteilsgründe zu orientieren, die den Verfahrensbeteiligten und den später mit dem Urteil befaßten Personen Klarheit über den Grund der Verurteilung und über den Gegenstand der Urteilsfindung verschaffen sollen. Die Bezugnahme setzt voraus, daß nach dem Ergebnis der

---

[478] Vgl. § 46 OWiG; KK-*Engelhardt*[4] 38; sowie aber auch § 77b OWiG und Rdn. 121.

[479] Vgl. KMR-*Paulus* 112.

[480] Begr. BTDrucks. **8** 976, S. 56; *Kleinknecht/Meyer-Goßner*[44] 27; KMR-*Paulus* 113.

[481] KK-*Engelhardt*[4] 38; *Kleinknecht/Meyer-Goßner*[44] 27; SK-*Schlüchter* 65.

[482] KK-*Engelhardt*[4] 38; *Kleinknecht/Meyer-Goßner*[44] 27; SK-*Schlüchter* 65.

[483] Begr. BTDrucks. **8** 976, S. 56; OLG Hamm VRS **62** (1982) 294; **64** (1983) 44; KK-*Engelhardt*[4] 38; vgl. aber § 77b OWiG (Absehen von Urteilsgründen).

[484] KK-*Engelhardt*[4] 38; KMR *Paulus* 113; SK-*Schlüchter* 66.

[485] KMR-*Paulus* 113; SK-*Schlüchter* 66.

[486] Vgl. § 275 36 ff.

Hauptverhandlung im wesentlichen die **gleichen Tatsachen** erwiesen sind, die im Anklagesatz angegeben wurden. Dies folgt aus der Entstehungsgeschichte[487] und dem Vereinfachungszweck der Bezugnahme, der nicht erreicht würde, wenn man neben der Bezugnahme noch abweichende Tatsachenfeststellungen hinsichtlich der gesetzlichen Merkmale der Straftat zulassen würde. Es ist zwar möglich, einige zusätzliche klarstellende Feststellungen in das Urteil aufzunehmen, etwa Tatort oder Tatzeit zu präzisieren, um der Klarheit der Urteilsgründe willen bleibt dafür aber nur ein eng begrenzter Raum[488].

Unklarheiten durch die Bezugnahme dürfen nicht entstehen. Sind größere Ergänzungen zur Klarstellung notwendig, so ist der mit der Verweisung erstrebte Vereinfachungseffekt ohnehin nicht erreichbar. Grundsätzlich kommt für die Bezugnahme nur ein Anklagesatz in Frage, der sich nach Inhalt und Wortlaut uneingeschränkt dafür eignet, vom Gericht für die Wiedergabe der eigenen Feststellungen übernommen zu werden. Vor allem muß in ihm auch die Tat so konkret beschrieben sein, daß später keine Zweifel hinsichtlich des Gegenstandes der Aburteilung und des Verbrauchs der Strafklage entstehen können. Wird die Anklage nur mit Änderungen zugelassen, so wird vielfach von einer Bezugnahme abzusehen sein[489]. **140**

Unterbleiben sollte die Bezugnahme auch sonst, wenn von ihr keine Vereinfachung zu erwarten ist, etwa bei der Verweisung auf ganz kurze Anklagesätze, deren inhaltliche Wiedergabe im Urteil nicht mehr Aufwand erfordert als die Formulierung der Verweisung, ferner, wenn der Rechtsfolgenausspruch eine nähere Begründung erfordert[490], die auch auf den zum Tatbestand festgestellten Sachverhalt eingehen muß, etwa, um aufzuzeigen, weshalb trotz der festgestellten Tatsachen eine Entziehung der Fahrerlaubnis unterbleiben konnte[491]. Eine Bezugnahme auf den Anklagesatz würde in solchen und ähnlichen Fällen nur das Verständnis des Urteils erschweren, ohne dessen beschleunigte Absetzung wesentlich zu fördern. **141**

f) Für die **Bezugnahme** selbst ist **keine bestimmte Formel** vorgeschrieben; es muß jedoch eindeutig erkennbar sein, daß, gegebenenfalls in welchem Umfang, sich das Gericht die im zugelassenen Anklagesatz enthaltenen Feststellungen zu eigen macht. Dies kann auch dadurch geschehen, daß das Gericht ausführt, es erachte die im Anklagesatz bezeichnete Tat für erwiesen[492]. **142**

6. Nachträgliche Ergänzung des abgekürzten Urteils

a) Zweck. Absatz 4 Satz 3 läßt die nachträgliche Ergänzung eines abgekürzten Urteils zu, wenn die Unanfechtbarkeit als Voraussetzung für die Kurzfassung nachträglich entfällt, weil einem Anfechtungsberechtigten gegen die Versäumung der Frist zur Einlegung des Rechtsmittels **Wiedereinsetzung** gewährt worden ist. Der Grundsatz von der Unabänderlichkeit der Urteilsbegründung erfährt dadurch eine Ausnahme[493]. Das abgekürzte Urteil ist zwar ein mit Gründen versehenes Urteil im Sinne des § 338 Nr. 7[494], **143**

---

[487] Begr. BTDrucks. **8** 976 S. 56.
[488] Vgl. *Rieß* NJW **1978** 2271 (Deckung in allen wesentlichen Feststellungen). KMR-*Paulus* 114; *G. Schäfer*[6] 1539.
[489] Vgl. Rdn. 135.
[490] Vgl. Rdn. 128.
[491] Vgl. Rdn. 127.
[492] Vgl. die Beispiele bei *Kroschel/Meyer-Goßner*[26] 207; ferner *Kiesow* JW **1921** 376.
[493] OLG Stuttgart MDR **1984** 118. Zu unterscheiden

ist zwischen der bei allen Urteilen – auch den abgekürzten Urteilen – bestehenden Möglichkeit, die Gründe zu ändern oder zu ergänzen, solange sie den internen Gerichtsbereich noch nicht verlassen haben (vgl. OLG Köln VRS **63** (1982) 460; § 268, 41; § 275, 56 ff) und der bei abgekürzten Urteilen unabhängig davon bestehenden, aber erst nach diesem Zeitpunkt praktisch bedeutsamen Änderungsbefugnis nach § 267 Abs. 4 Satz 3.
[494] KMR-*Paulus* 122; KK-*Engelhardt*[4] 37.

Walter Gollwitzer

wird es aber der Nachprüfung durch das höhere Gericht unterstellt, muß sein Inhalt den Anforderungen genügen, die sich aus dem sachlichen Recht und den § 267 Abs. 1 bis 3, 6 ergeben[495]. Um unnötige Aufhebungen zu vermeiden, ist die nachträgliche Ergänzung notwendig[496]. Für eine Bezugnahme auf den Anklagesatz ist dann kein Raum mehr; die Tatbestandsmerkmale sind durch eigene Feststellungen in den Urteilsgründen zu belegen.

144   **b)** Die Ergänzung des Urteils ist nur innerhalb der **Frist** des **§ 275 Absatz 1 Satz 2** zulässig. Diese Frist (fünf Wochen, ggf. länger) läuft in § 275 von der Verkündung des Urteils ab. Nach dem Wortlaut des Absatz 4 Satz 3 könnte angenommen werden, daß die eigentliche Frist des § 275 Abs. 1 Satz 2 auch hier der Ergänzung des Urteils eine absolute zeitliche Grenze setzt, ohne Rücksicht darauf, wann die Wiedereinsetzung gewährt worden ist. Dies würde mit dem Zweck des § 275 Abs. 1 Satz 2 übereinstimmen, der den Gefahren einer zu lange nach der Urteilsverkündung zu Papier gebrachten Urteilsbegründung begegnen will. Gegen diese Auslegung läßt sich aber anführen, daß die Wiedereinsetzung mitunter erst nach Ablauf der von der Urteilsverkündung an laufenden Frist beantragt oder bewilligt wird, es aber nicht Sinn der Regelung sein kann, die Ergänzung der Begründung in diesen Fällen auszuschließen und den Bestand des zulässigerweise in abgekürzter Form erstellten Urteils zu gefährden. Nach vorherrschender Ansicht bestimmt die Verweisung nur die Dauer der Frist. Sie **beginnt** mit dem Erlaß des die Wiedereinsetzung bewilligenden Beschlusses[497] und nicht etwa erst mit dessen Zustellung. Erlassen ist der Beschluß in dem Zeitpunkt, in dem er – auch ohne Anordnung des Vorsitzenden – aus dem inneren Dienstbetrieb hinausgegeben wird[498]. Eine nach Ablauf der Frist vorgenommene Ergänzung ist für das Revisionsgericht unbeachtlich[499]. Im übrigen aber scheitert die Ergänzung nach Bewilligung der Wiedereinsetzung nicht daran, daß das Urteil in der abgekürzten Fassung an Verfahrensbeteiligte hinausgegeben worden ist.

145   **c)** Wird das Urteil vom Gericht **in Unkenntnis seiner rechtzeitigen Anfechtung** – etwa, weil die rechtzeitig eingegangene Rechtsmittelschrift verspätet zu den Akten gelangte – in abgekürzter Form erstellt, so scheidet nach der vorherrschenden Meinung eine Urteilsergänzung in **entsprechender Anwendung von Absatz 4 Satz 3** aus, weil die Voraussetzungen für die Abkürzung von Anfang an nicht vorlagen; Prämissengleichheit also nicht bestehe und der Grundsatz von der Unabänderlichkeit des Urteils es verbiete, bei Rechtsmitteleinlegung nachträgliche Änderungen zuzulassen[500]. Zwingend ist diese

---

[495]   BGH nach KK-*Engelhardt*[4] 37; OLG Schleswig bei *Ernesti/Lorenzen* SchlHA **1983** 112.

[496]   *Gössel* § 33 D IIIc 5; HK-*Julius*[2] 34; SK-*Schlüchter* 68 (Ermessen reduziert sich zur Begründungspflicht), *Peters* Der neue Strafprozeß (1975) 178 lehnt die nachträgliche Ergänzung wegen der Durchbrechung des Grundsatzes der Unveränderlichkeit des einmal festgelegten Urteils ab.

[497]   BayObLGSt **1981** 84 = NJW **1981** 2589; vgl. auch BayObLGSt **1979** 148 = VRS **58** (1980) 34; BayObLGSt **1977** 77 = MDR **1977** 778; OLG Düsseldorf JMBlNW **1982** 139; OLG Köln VRS **63** (1982) 460; AK-*Wassermann* 27; KK-*Engelhardt*[4] 39; *Kleinknecht/Meyer-Goßner*[44] 30; SK-*Schlüchter* 69; früher **a.A** *Kleinknecht*[33] (Zustellung des Beschlusses); vgl. auch *Rieß* NStZ **1982** 445 Fußn. 101 (Eingang beim Gericht, das das Urteil zu ergänzen hat, erwägenswert).

[498]   BayObLGSt **1979** 148 = VRS **58** (1986) 34 (in Gerichtsauslauf gegeben); ähnlich BayObLGSt **1981** 84 = NJW **1981** 2589; HK-*Julius*[2] 34; KK-*Engelhardt*[4] 39; SK-*Schlüchter* 69 (Tag, an den Beschluß in Gerichtsauslauf gelangt); **a.** KMR-*Paulus* 118 (wenn vom Vorsitzenden der Geschäftsstelle zugeleitet). Vgl. auch Fußn. 391.

[499]   OLG Hamburg MDR **1978** 247; KK-*Engelhardt*[4] 39; *Kleinknecht/Meyer-Goßner*[44] 30. Vgl. § 275, 18.

[500]   BGH bei *Holtz* MDR **1990** 490; BayObLGSt **1977** 77 = MDR **1977** 778; **1977** 137 = VRS **53** (1977) 441; **1981** 84 = NJW **1981** 2589; NStZ **1991** 342; OLG Celle StV **1997** 402; OLG Düsseldorf MDR **1993** 894; OLGSt NF 3; OLG Hamm VRS **69** (1985) 137; KG VRS **82** (1992) 135; OLG Koblenz VRS **70** (1980) 24; OLG Köln VRS **56** (1979) 149; **63** (1982) 460; **67** (1984) 45; OLG Stuttgart MDR **1984** 118; OLG Schleswig bei *Ernesti/Lorenzen* **1981**

Ansicht nicht, zumal der Gesetzgeber den Grundsatz von der Unabänderlichkeit des abgekürzten Urteils aus Gründen der Prozeßwirtschaftlichkeit selbst gelockert hat, die nachträgliche Ergänzung der Gründe auch keine schützenswerten Belange des Angeklagten und der anderen Verfahrensbeteiligten beeinträchtigt und so eine Urteilsaufhebung aus Formalgründen vermieden werden kann. Die Gründe der Prozeßwirtschaftlichkeit, die auch sonst die Auslegung des Absatzes 4 bestimmen, sprechen dafür, seinen Satz 3 entsprechend anzuwenden, wenn das Gericht in Unkenntnis der Anfechtung das Urteil in abgekürzter Form erstellt hat[501]. Die Änderungsfrist beginnt dann mit der Kenntnis des Gerichts von Nichteintritt der Rechtskraft zu laufen. Der analogen Anwendung der Ergänzungsbefugnis des Absatzes 4 Satz 3 bedarf es nicht, wenn das abgekürzte Urteil den **internen Gerichtsbereich** noch nicht verlassen hat. Dann ist seine Ergänzung nach den allgemein für Änderungen geltenden Grundsätzen bis zum Ablauf der Absetzungsfrist des § 275 Abs. 1 Satz 2 ohnehin möglich[502]. Nach Ablauf dieser Frist ist ebenso wie nach der Hinausgabe aus dem inneren Geschäftsbereich nur noch innerhalb enger Grenzen eine Berichtigung des Urteils zur Richtigstellung offensichtlicher Versehen möglich, die zweifelsfrei erkennbar und klar zu Tage liegen müssen[503].

7. Sonstige Verfahrensfragen. Werden die abgekürzten Urteilsgründe zu einer vollständigen Urteilsbegründung ausgeweitet, wird in der Regel zur Vermeidung urteilsgefährdender Unklarheiten die Neufassung der Gründe angezeigt sein. In ihr ist klarzustellen, daß sie an die Stelle der abgekürzten Urteilsfassung tritt, die aber bei den Akten bleibt. Die **Wahrung der Ergänzungsfrist** ist – ebenso wie bei der ursprünglichen Kurzfassung die Wahrung der Absetzungsfrist (§ 275 Abs. 1 Satz 5) – von der Geschäftsstelle zu vermerken[504]. Die neue Fassung des Urteils ist den Verfahrensbeteiligten neu **zuzustellen**, um die Frist für die Rechtsmittelbegründung in Lauf zu setzen[505]. Eine **nach Ablauf der Ergänzungsfrist** zu den Akten gegebene komplette Fassung des Urteils ist dagegen für das Revisionsgericht unbeachtlich[506] und nicht geeignet, das ursprüngliche abgekürzte Urteil zu ersetzen. Ob die Urteilsergänzungsfrist ebenso wie die ursprüngliche Begründungsfrist nach § 275 Abs. 1 Satz 4 bei Eintritt eines nicht vorhersehbaren, unabwendbaren Umstands überschritten werden darf, kann wegen der begrenzten Verweisung auf § 275 Abs. 1 Satz 2 zweifelhaft sein, für die entsprechende Anwendung spricht jedoch die verfahrenswirtschaftliche Zielsetzung der gesamten Regelung. **146**

Hat ein Urteil, das nur im Schuldspruch nicht angefochten worden war, **zu Unrecht** auf den **Anklagesatz Bezug genommen**, ist die **Berufungsbeschränkung** auf den Rechtsfolgenausspruch unwirksam, weil eigene Feststellungen zum Schuldspruch im angefochtenen Urteil fehlen. Das Berufungsgericht muß deshalb zum Schuld- und Rechtsfolgenausspruch neu verhandeln und in seinem Urteil eigene Feststellungen dazu treffen[507]. **147**

95; KK-*Engelhardt*[4] 39; *Kleinknecht/Meyer-Goßner*[44] 30; KMR-*Paulus* 120; SK-*Schlüchter* 27. Vgl. auch BGHSt **43** 22 = JR **1998** 74 mit Anm. *Gollwitzer*; OLG Hamburg MDR **1978** 247 läßt die Frage offen.

[501] Ebenso früher *Kleinknecht/Meyer*[37] 24; *Gollwitzer* FS Kleinknecht 169; *Rieß* NStZ **1982** 445. Vgl. auch BGHSt **43** 22 = JR **1998** 74 mit Anm. *Gollwitzer* (zu § 77b OWiG), ferner die Ausweitung der nachträglichen Urteilsbegründung durch den neugefaßten § 77 Abs. 2 OWiG.

[502] BGHSt **43** 22; BayObLGSt **1981** 84 = NJW **1981** 2589; BayObLG bei *Rüth* DAR **1985** 246; OLG

Düsseldorf MDR **1993** 894; OLG Köln VRS **63** (1982) 460; *Kleinknecht/Meyer-Goßner*[44] 39; SK-*Schlüchter* 83; vgl. § 268; 41; § 275, 56 ff.

[503] Vgl. etwa BGH GA **1969** 119; BayObLG NStZ-RR **1999** 140; OLG Düsseldorf MDR **1981** 606; *Kleinknecht/Meyer-Goßner*[44] 39; SK-*Schlüchter* 84.

[504] Vgl. § 275, 54; 58.

[505] BGHSt **12** 376; BayObLG NStZ-RR **1999** 140; OLG Düsseldorf OLGSt NF 3; SK-*Schlüchter* 85; vgl. § 268, 42 ff.

[506] OLG Köln VRS **56** (1979) 149; vgl. § 275, 18.

[507] OLG Schleswig bei *Ernesti/Lorenzen* SchlHA **1983** 112.

VII. Das freisprechende Urteil

1. Begründung nach Absatz 5 Satz 1

148   **a) Allgemeines.** Das Gesetz „fordert von den Gründen eines freisprechenden Urteils zum mindesten ein klares und bestimmtes Auseinanderhalten der tatsächlichen und der rechtlichen Gesichtspunkte, andererseits in tatsächlicher Beziehung eine deutliche Bezeichnung derjenigen Tatsachen, welche das erkennende Gericht als nicht erwiesen erachtet, und in rechtlicher Beziehung eine Hervorhebung des Rechtsgrundes, welcher für die Entscheidung bestimmend gewesen ist"[508]. Die Urteilsgründe müssen den Anklagevorwurf und die für erwiesen erachteten Tatsachen mitteilen sowie anführen, welche entscheidungserheblichen Tatsachen nicht erwiesen sind und auf dieser Grundlage den Sachverhalt unter allen für die Entscheidung über die angeklagte Tat (§ 264) nach der Sachlage vernünftigerweise in Betracht zu ziehenden tatsächlichen und rechtlichen Gesichtspunkten – also nicht nur unter dem Blickwinkel der von der Anklage angenommenen Straftaten – erschöpfend würdigen[509]. Dem Revisionsgericht muß die Prüfung ermöglicht werden, ob der Sachverhalt erschöpfend und frei von sachlich-rechtlichen Mängeln gewürdigt worden ist[510]. Einer vollständigen Darlegung aller Umstände, vor allem die ausdrückliche Verneinung nicht erwiesener Möglichkeiten, bedarf es aber nicht[511]. Ist das Urteil in tatsächlicher oder rechtlicher Beziehung mangelhaft, so wird dieser Mangel durch einen Hinweis auf die Anklageschrift[512] oder auf die Gründe eines anderen Urteils nicht ersetzt[513].

149   Bei einem Freispruch unter dem Gesichtspunkt der **Notwehr** sind deren tatsächliche Voraussetzungen so darzustellen, daß sie die Rechtsanwendung tragen[514]. Im Verfahren wegen übler Nachrede (§ 186 StGB) ist grundsätzlich auf die Frage der **Wahrnehmung berechtigter Interessen** (§ 193 StGB) erst einzugehen, nachdem die Erweislichkeit der behaupteten oder verbreiteten Tatsache geprüft worden ist[515]. Liegen **mehrere Rechtfertigungsgründe** vor, genügt es, die Voraussetzungen eines von ihnen festzustellen. Rechtfertigungsgründe sind in der Regel vor **Schuldausschließungsgründen** zu behandeln[516].

150   **b)** Hält das Gericht den Angeklagten in **tatsächlicher Hinsicht** für **nicht überführt**, muß die Begründung die erwiesenen Tatsachen feststellen und dartun, welche Merkmale

---

[508] So schon RGRspr. **1** 811; RGSt **3** 147; **5** 225; **13** 34; **15** 217; **41** 19; OLG Hamm MDR **1964** 853; vgl. auch *Wimmer* ZStW **80** (1968) 369 und nachf. Fußn.

[509] BGHSt **37** 21, BGH NJW **1980** 2423; **1999** 1015; NStZ **1990** 448; **1991** 596; BGH bei *Miebach/Kusch* NStZ **1991** 230; AK-*Wassermann* 28; HK-*Julius*² 28; KK-*Engelhardt*⁴ 41; *Kleinknecht/Meyer-Goßner*⁴⁴ 33; SK-*Schlüchter* 71; vgl. auch nachf. Fußn.

[510] BGH NJW **1959** 780; BGH bei *Pfeiffer/Miebach* NStZ **1985** 15; bei *Holtz* MDR **1980** 406; OLG Köln VRS **65** (1983) 383; OLG Oldenburg VRS **57** (1979) 62; OLG Schleswig bei *Ernesti/Jürgensen* SchlHA **1979** 205; KK-*Engelhardt*⁴ 41; 42; KMR-*Paulus* 103; § 264; 17 sowie vorst. Fußn.

[511] BGH bei *Holtz* MDR **1978** 281; AK-*Wassermann* 29; *Kleinknecht/Meyer-Goßner*⁴⁴ 33; KMR-*Paulus* 103; *Kroschell/Meyer-Goßner*²⁶ 209; vgl. Rdn. 47; 52 ff.

[512] RGSt **4** 137; wegen der nur bei nicht angefochtenen Urteilen zulässigen Bezugnahme vgl. Rdn. 129 ff, 154 ff.

[513] RGSt **30** 145; RG GA **51** (1904) 394; AK-*Wassermann* 28; KMR-*Paulus* 103.

[514] OLG Hamm Rpfleger **1956** 240; KK-*Engelhardt*⁴ 42; SK-*Schlüchter* 73.

[515] BGHSt **4** 198; **7** 391; **11** 273; *Graul* NStZ **1991** 437; *Kroschell/Meyer-Goßner*²⁶ 210; *Kleinknecht/Meyer-Goßner*⁴⁴ 33.

[516] *Hirsch* JR **1980** 113 zu BGH JR **1980** 113, das dahinstehen ließ, ob die Voraussetzungen eines rechtfertigenden Notstands (§ 34 StGB) gegeben waren, weil der Angeklagte jedenfalls nach § 35 StGB ohne Schuld gehandelt habe. Vgl. *G. Schäfer* 1534 (Feststellungen zu den nach Deliktsaufbau vorrangigen Gesichtspunkten).

des angeklagten Straftatbestandes vom Gericht für nicht erwiesen gehalten werden. Sie muß die getroffenen Feststellungen unter allen nach der konkreten Sachlage naheliegenden Gesichtspunkten würdigen[517] und darlegen, warum die getroffenen und möglichen Feststellungen nach seiner Überzeugung zum Nachweis des Straftatbestandes nicht ausreichen. Es läßt sich nur nach den Umständen des Einzelfalls beurteilen[518], in welchem Umfang das Gericht im übrigen gehalten ist, die Grundlagen seiner **Beweiswürdigung** und den Inhalt der erhobenen, zum Nachweis eines Strafbestandes nicht ausreichenden oder gegen das Vorliegen eines solchen sprechenden Beweises mitzuteilen. Zu der von Absatz 5 geforderten Angabe, *ob* der Angeklagte für nicht überführt erachtet worden ist, gehört eine Erörterung der Einzelheiten des *warum* nicht unbedingt[519]. Um die richtige Anwendung des materiellen Rechts aufzuzeigen, und um darzutun, daß die Beweiswürdigung des Gerichts frei von Widersprüchen und Denkverstößen ist und daß bei ihr naheliegende Gesichtspunkte nicht außer acht geblieben sind, fordert die Rechtsprechung jedoch eine diesen Anforderungen genügende Beweiswürdigung, die auch erkennen lassen muß, daß die Anforderungen an die richterliche Überzeugung nicht überspannt worden sind[520]. Dazu gehört, daß das Gericht sich mit entscheidungserheblichen Beweisergebnissen[521], mit den für den Freispruch maßgebenden Teilen eines Gutachtens[522], eventuell auch mit Zeugenaussagen[523] auseinandersetzt und daß es entlastende Angaben des Angeklagten, deren Richtigkeit oder Unrichtigkeit offen ist, nicht ohne weiteres als unwiderlegt der Entscheidung zugrunde gelegt[524]. Mitunter wird auch gefordert, die Gründe müßten so ausführlich sein, daß das mit der Entscheidung über einen Antrag auf Wiederaufnahme des Verfahrens betraute Gericht die Frage beantworten könne, ob eine falsche Urkunde oder ein falsches Zeugnis oder Gutachten das Urteil im Sinn des § 362 Nr. 1, 2 beeinflußt habe[525].

151 Die Feststellung des äußeren Tatbestands ist zwar nicht unter allen Umständen erforderlich; ausnahmsweise kann allein die **Verneinung der inneren Tatseite** genügen, sofern nur der Rechtsstandpunkt, von dem das Gericht ausging, klar erkennbar ist[526]. Für den Regelfall gilt jedoch, daß sich einwandfreie Feststellungen zur inneren Tatseite erst treffen lassen, nachdem zuvor festgestellt ist, was der Angeklagte im einzelnen getan hat, weil häufig erst daraus Schlüsse auf die Richtung seines Willens und den Inhalt seines Bewußtseins gezogen werden können. Verneinende Feststellungen zur inneren Tatseite vermögen allein die Freisprechung dann nicht zu tragen, wenn sie wegen fehlender – aber möglicher – Aufklärung der äußeren Tatseite der Rüge der Verletzung des

---

[517] BGH GA **1974** 61; NJW **1951** 325; **1959** 780; **1980** 2423; BGH bei *Holtz* MDR **1978** 806; **1980** 108; BayObLGSt **1954** 39; OLG Köln VRS **65** (1983) 383; OLGSt 51; vgl. Rdn. 148 mit weit. Nachw.; ferner Rdn. 51 ff.

[518] Die meist einzelfallbezogenen Entscheidungen der Revisionsgerichte dürfen daher nicht unbesehen verallgemeinert werden. Vgl. etwa BGH NStZ-RR **2000** 171.

[519] *Blunk* MDR **1970** 473 hält es für ausreichend, wenn das Gericht beim Freispruch aus tatsächlichen Gründen angibt, welche den Straftatbestand begründenden Tatsachen es für erwiesen und welche es für nicht erwiesen hält; die Beweiswürdigung mitzuteilen, sei nicht erforderlich. Kritisch dazu SK-*Schlüchter* 72.

[520] Vgl. § 261, 7 ff; 56 ff; § 337, 162 ff und die dort nachgewiesene umfangreiche Rechtsprechung.

[521] Vgl. RGSt **77** 160; BGH NJW **1962** 549; KK-*Engelhardt*⁴ 41; Rdn. 52; § 337, 162.

[522] Vgl. etwa OLG Köln MDR **1978** 338; und Rdn. 61; ferner die bei § 244, 73; 303 ff und bei § 261, 68 ff; § 337, 162 nachgewiesene Rechtsprechung.

[523] Vgl. Rdn. 51 ff; 59 ff; 62.

[524] BGH NStZ **1983** 133; **1990** 448; vgl. Rdn. 58 und § 261, 73 ff.

[525] BayObLG JW **1931** 957 mit Anm. *Mannheim*; OLG Hamm NJW **1964** 863; vgl. Fußn. 517.

[526] RGSt **4** 355; **43** 397; **47** 419; RG JW **1917** 555; BGHSt **16** 374; **31** 286; BGH GA **1974** 61; NJW **1980** 2423; KK-*Engelhardt*⁴ 41; *Kleinknecht/Meyer-Goßner*⁴⁴ 33; KMR-*Paulus* 105; SK-*Schlüchter* 72; vgl. auch *Kroschel/Meyer-Goßner*²⁶ 210 (seltene Ausnahmefälle) ferner *Hirsch* Anm. zu BGH JR **1980** 113.

§ 244 Abs. 2 ausgesetzt sind[527]. Dies gilt insbesondere auch beim Freispruch wegen Schuldunfähigkeit[528].

152   **c)** In **rechtlicher Hinsicht** muß das freisprechende Urteil die Erwägungen aufzeigen, auf Grund derer es im festgestellten Sachverhalt keine Straftat sieht[529], wobei die festgestellten Tatsachen unter allen in Betracht kommenden rechtlichen Gesichtspunkten zu würdigen sind[530]. Der Umfang der erforderlichen Rechtsausführungen hängt dabei von den Besonderheiten der jeweiligen Rechtslage ab; er sollte sich jedoch stets auf die für das Verständnis der Entscheidung unerläßlichen Erörterungen beschränken. Rechtsfragen, die dahingestellt bleiben können, sollten nicht erörtert werden. Soweit es dabei nur um Rechtsfragen geht, ist eine Beweiswürdigung entbehrlich[531].

153   **d)** Die **Bezugnahme auf Abbildungen** nach Absatz 1 Satz 3 ist auch bei den freisprechenden Urteilen zulässig, soweit diese tatsächliche Feststellungen enthalten müssen[532].

154   **2.** Ein **abgekürztes freisprechendes Urteil** ist nach Absatz 5 Satz 2 jetzt ebenfalls zulässig. Die Voraussetzungen sind die gleichen wie bei Absatz 4 Satz 1. Gegen das Urteil darf innerhalb der Einlegungsfrist kein Rechtsmittel eingelegt worden sein. Wegen der Einzelheiten vgl. Rdn. 121 bis 126.

155   Die **Urteilsgründe** können sich beim abgekürzten Urteil darauf beschränken, anzugeben, ob eine Straftat aus tatsächlichen oder aus rechtlichen Gründen verneint wurde. Feststellungen zum Sachverhalt erübrigen sich[533]. Der Anklagesatz und die nicht für erwiesen Tatbestandsmerkmale sollten jedoch in bündiger Kürze angeführt werden[534], zwingend notwendig ist dies jedoch nicht, da er auch aus den Akten festgestellt werden kann. Deshalb ist es unschädlich, wenn das abgekürzte Urteil ausdrücklich darauf verweist[535]. **Rechtsausführungen** sind in der Regel entbehrlich; beim Freispruch aus Rechtsgründen sollte jedoch der für die Rechtsauffassung bestimmende Gesichtspunkt angegeben werden. Bei Freispruch wegen **Schuldunfähigkeit** (§ 20 StGB) ist dies wegen § 11 BZRG in den Urteilsgründen festzustellen[536].

156   Die **Ergänzung** der abgekürzten Urteilsgründe ist bei Wiedereinsetzung eines Anfechtungsberechtigten gegen die Versäumung der Einlegungsfrist unter den gleichen Voraussetzungen zulässig wie bei Absatz 4 Satz 3 (vgl. die Verweisung in Absatz 5 Satz 3). Auch hier setzt also die von Erlaß des Wiedereinsetzungsbeschlusses an laufende Frist des § 275 Abs. 1 Satz 2 der Ergänzung eine zeitliche Grenze[537].

---

[527] RGSt **47** 417; OGHSt **1** 188; BGH NJW **1991** 2094; BGH bei *Dallinger* MDR **1956** 272; vgl. BGHSt **14** 165; BGH NJW **1962** 549; **1980** 2423; GA **1974** 61; BayObLGSt **1985** 61; **1988** 148; **1998** 15; KK-*Engelhardt*[4] 41; KMR-*Paulus* 105; SK-*Schlüchter* 71; vgl. § 244, 58; 65.

[528] BGH NStZ **1983** 280; bei *Dallinger* MDR **1956** 272; KK-*Engelhardt*[4] 41; SK-*Schlüchter* 72.

[529] H. M, etwa BGH NStZ-RR **1997** 374; OLG Oldenburg VRS **57** (1979) 62; AK-*Wassermann* 30; KK-*Engelhardt*[4] 42; *Kleinknecht/Meyer-Goßner*[44] 34; SK-*Schlüchter* 73.

[530] BGH GA **1974** 61; BayObLGSt **1954** 42; KK-*Engelhardt*[4] 42; SK-*Schlüchter* 73.

[531] *Kleinknecht/Meyer-Goßner*[44] 34; SK-*Schlüchter* 73.

[532] Vgl. Rdn. 11 ff; Absatz 1 Satz 3 ist auf Grund des Zusammenhangs des § 267 anwendbar (Rdn. 23).

[533] KK-*Engelhardt*[4] 44; *Kleinknecht/Meyer-Goßner*[44] 36; KMR-*Paulus* 116; SK-*Schlüchter* 75; *Kroschell/Meyer-Goßner*[26] 214; *G. Schäfer* 1540.

[534] Vgl. vorst. Fußn.

[535] Absatz 5 Satz 3 verweist nur auf Absatz 4 Satz 3, nicht auf dessen sonstigen Inhalt. Deshalb kann zweifelhaft sein, ob der Gesetzgeber die Bezugnahme auf den Anklagesatz auch für das freisprechende Urteil übernehmen wollte. Die vorherrschende Meinung bejaht dies, vgl. KK-*Engelhardt*[4] 44; *Kleinknecht/Meyer-Goßner*[44] 36; KMR-*Paulus* 116; SK-*Schlüchter* 75.

[536] *Kroschell/Meyer-Goßner*[26] 215; *Rieß* NJW **1975** 87 KMR-*Paulus* 116.

[537] Wegen der Einzelheiten vgl. Rdn. 143 bis 146.

3. Wird eine **Maßregel der Besserung und Sicherung** neben dem Freispruch angeordnet, **157** so gelten für die Begründung des Freispruchs keine Besonderheiten. Zur Begründung der angeordneten Maßregel muß das Urteil jedoch – ebenso wie sonst ein verurteilendes Erkenntnis – den Sachverhalt, auf den es die Maßregel stützt, in einer geschlossenen Schilderung feststellen, insoweit Anknüpfungstatsachen und Beweiswürdigung nach Maßgabe von Absatz 1 Satz 2, Absatz 6 wiedergeben und die angeordnete Rechtsfolge auch sonst nach den Anforderungen des sachlichen Rechts begründen[538].

VIII. Einstellende Urteile. Verfahrensurteile

1. Über den **notwendigen Inhalt** der Begründung eines auf **Einstellung** lautenden **158** Urteils enthält der auf Sachentscheidungen ausgerichtete § 267 keine Vorschrift. Der Begründungszwang ergibt sich vielmehr aus § 34 und der Natur der Sache[539]. Die Begründung muß darlegen, an welcher Verfahrensvoraussetzung es fehlt oder welches Verfahrenshindernis der Durchführung des Verfahrens entgegensteht. Bei der Mannigfaltigkeit und Unterschiedlichkeit der einzelnen Verfahrensvoraussetzungen und -hindernisse hängt es ganz von der Art des Hindernisses ab, was das Urteil an notwendigen Feststellungen enthalten muß. Jedenfalls muß das Gericht zunächst von dem unter Anklage gestellten Sachverhalt ausgehen und in einer vom Revisionsgericht nachprüfbaren Weise[540] seine Verfahrensentscheidung begründen. Ob dabei Feststellungen über die Erwiesenheit der angeklagten Tat in das Urteil aufzunehmen sind, richtet sich nach dem Grund für die Einstellung[541]. Das Gericht muß aber immer in den Urteilsgründen seine Rechtsauffassung darlegen sowie den für das Einstellungsurteil maßgebenden Tatsachenstoff unterbreiten, auch wenn das Revisionsgericht in der Lage wäre, diesen selbständig zu ermitteln. Solche Feststellungen können z. B. unerläßlich sein, wenn für die Prüfung der Rechtzeitigkeit des Strafantrags der Zeitpunkt der Tat oder der Zeitpunkt der Kenntnis des Verletzten von ihr Bedeutung gewinnt oder wenn für das Eingreifen eines Amnestiegesetzes die Modalitäten einer Tat oder der Zeitpunkt ihrer Begehung wichtig sind[542]. Unter den gleichen Voraussetzungen wie beim verurteilenden oder freisprechenden Erkenntnis nach § 267 dürften aber auch beim einstellenden Urteil **Bezugnahmen** auf Abbildungen (vgl. Rdn. 11) oder nach Eintritt der Rechtskraft eine **abgekürzte Fassung** zulässig sein, denn an Prozeßentscheidungen sind insoweit keine strengeren Anforderungen zu stellen als an Sachentscheidungen[543].

2. Verfahrensurteile, die das Verfahren aus sonstigen verfahrensrechtlichen Gründen **159** abschließen, etwa, indem sie den Einspruch gegen den Strafbefehl nach § 412 oder gegen den Bußgeldbescheid nach § 74 Abs. 2 OWiG oder die Berufung nach § 329 verwerfen, fallen ebenfalls nicht unter § 267. Die Pflicht zu ihrer Begründung folgt aus § 34 und den jeweiligen Sondervorschriften, deren Voraussetzungen und richtige Anwendung aufzuzeigen ist. Die Einzelheiten sind bei den betreffenden Vorschriften erläutert.

---

[538] KK-*Engelhardt*[4] 43; *Kleinknecht/Meyer-Goßner*[44] 37; KMR-*Paulus* 103; *Kroschell/Meyer-Goßner*[26] 213.
[539] RGSt **69** 159; KK-*Engelhardt*[4] 45; *Kleinknecht/Meyer-Goßner*[44] 29; KMR-*Paulus* 106; SK-*Schlüchter* 76; *Eb. Schmidt* 38; vgl. *Kroschell/Meyer-Goßner*[26] 215; *G. Schäfer*[6] 1536 (kein festes Schema).
[540] RGSt **69** 159; KK-*Engelhardt*[4] 45; SK-*Schlüchter* 76 (Sachverhaltsausschnitte); *Eb. Schmidt* 38.

[541] Vgl. OLG Hamm MDR **1986** 778; OLG Köln NJW **1963** 1265; *Kleinknecht/Meyer-Goßner*[44] 29; SK-*Schlüchter* 76; *Eb. Schmidt* 38.
[542] SK-*Schlüchter* 76; *Eb. Schmidt* 38; vgl. Einl. I 52.
[543] SK-*Schlüchter* 76.

IX. Förmlichkeiten. Berichtigung

160   § 267 betrifft nur den verfahrensrechtlichen Mindestinhalt der schriftlichen Urteilsgründe. Die **Formalien der Urteilsbegründung** sind in § 275 geregelt und dort behandelt, desgleichen auch die Fragen des Ersatzes einer verloren gegangenen Urschrift des Urteils. Wegen der Zulässigkeit und der Grenzen einer **Berichtigung** der Urteilsgründe wird auf § 268, 42 ff verwiesen; wegen der Übersetzung in eine fremde Sprache auf §§ 184 ff GVG.

X. Revision

161   **1. Allgemeines.** Die schriftlichen Urteilsgründe sind die allein maßgebliche **Grundlage für die Sachrüge**[544]. Der mündlichen Urteilsbegründung kommt insoweit keine Bedeutung zu[545]. Ob die schriftlichen Urteilsgründe wirklich das für das Urteil bestimmende Ergebnis der Hauptverhandlung beurkunden, so wie es auf Grund der Beratung beschlossen wurde, ist für das Revisionsgericht grundsätzlich nicht nachprüfbar[546]. Die verfahrensrechtliche Vorschrift des § 267 mit ihren aus heutiger Sicht unvollkommen geregelten Begründungserfordernissen hat unter anderem den Zweck, die Nachprüfung des Urteils durch das Revisionsgericht in sachlich-rechtlicher Beziehung sicherzustellen[547]. Diesem Zweck dienen auch die speziellen Begründungspflichten der Absätze 2, 3 Satz 2 bis 4 und 6. Verstöße gegen § 267 führen in der Regel zu unzureichenden Urteilsfeststellungen, bei denen die Sachrüge durchgreift. Deshalb fällt die an sich mögliche Verfahrensrüge eines Verstoßes gegen § 267 neben der Sachrüge in der Regel kaum ins Gewicht[548], sie erlangt jedoch dort eine eigenständige Bedeutung, wo die formell festgelegten Begründungspflichten des § 267 auch greifen, wenn im Einzelfall weder die Anwendung des materiellen Rechts noch die Darlegung der erschöpfenden Beweiswürdigung im Urteil eine Begründung erfordern würden. Anders als die hier mitunter ebenfalls in Betracht kommenden Verfahrensrügen eines Verstoßes gegen § 244 Abs. 2 oder § 261 kann sie auch nur dahingehen, daß wegen eines Verstoßes gegen § 267 die Rechtsanwendung des Tatrichters nicht nachprüfbar sei, bzw., daß wegen des Fehlens entsprechender Urteilsausführungen nicht ersichtlich sei, ob das Gericht bei der Urteilsfindung den übergangenen Gesichtspunkt berücksichtigt habe. Fehlen die Urteilsgründe überhaupt oder sind sie nicht fristgerecht zu den Akten gebracht worden, greift auch der **absolute Revisionsgrund des § 338 Nr. 7** durch[549].

2. Verstoß gegen Absatz 1

162   **a)** Bei einer **dem Absatz 1 Satz 1 nicht genügenden Urteilsbegründung**, die nicht sämtliche Merkmale des Unrechtstatbestandes durch festgestellte Tatsachen belegt, enthält das Urteil zugleich einen sachlich-rechtlichen Mangel[550]. Deshalb führt in solchen Fällen schon die Sachrüge zum Ziel, ohne daß es einer besonderen, auf die Verletzung des § 267 gestützten Verfahrensrüge bedarf. Geben also die Urteilsgründe entgegen § 267

---

[544] § 268, 19; § 275, 2; 71 ff; § 337, 101.
[545] RGSt **4** 382; RG GA **64** (1917) 553; BGHSt **2** 66; **7** 370; **15** 263; BGH bei *Dallinger* MDR **1951** 539; KK-*Engelhardt*⁴ 47; SK-*Schlüchter* 88; § 268, 19; § 337, 102 mit weit. Nachw.
[546] Rdn. 1; 8. Vgl. *Maul* FS Pfeiffer 404.
[547] KK-*Engelhardt*⁴ 47.

[548] Vgl. insbes. Rdn. 32; 51 ff; *Sarstedt/Hamm*⁶ 268 ff; 1160 ff; SK-*Schlüchter* 88.
[549] Vgl. § 275, 71; § 338, 116.
[550] Vgl. Rdn. 6; 32 ff. Zur Darstellungsrüge vgl. etwa *Sarstedt/Hamm*⁶ 265 ff; § 337, 120 ff.

nicht die für erwiesen erachteten Tatsachen klar und widerspruchsfrei an, in denen das Gericht die gesetzlichen Merkmale der Straftat gefunden hat, oder ist sonst nicht sicher erkennbar, welchen Sachverhalt der Tatrichter der Verurteilung zugrunde gelegt hat, etwa durch eine ungenaue Bezugnahme[551], so kann das Revisionsgericht die Anwendung des sachlichen Rechts nicht zuverlässig nachprüfen; das Urteil muß dann schon auf die allgemeine Sachrüge hin aufgehoben werden. Eine **unzulässige Verweisung** auf die Gründe eines anderen Urteils oder eine andere Urkunde oder einen Bild- oder Tonträger gefährdet den Bestand des Urteils nur dann nicht, wenn die Feststellungen in den Urteilsgründen auch ohne die Verweisung für sich allein noch ausreichen, um das Urteil zu tragen[552]. Soweit die Feststellungen eines Urteils unzureichend sind, muß ihre Ergänzung dem Tatrichter überlassen bleiben. Eigene Feststellungen zur Ausfüllung der Lücken sind dem Revisionsgericht verwehrt[553], es darf insoweit auch nicht im Wege des Freibeweises auf die Sitzungsniederschrift zurückgreifen[554].

Verstöße gegen Absatz 1 Satz 3 sind für das Revisionsgericht nur insoweit beachtlich,   **163** als durch eine danach **unzulässige Bezugnahme** die Urteilsfeststellungen unzureichend werden und nicht mehr den an sie zu stellenden inhaltlichen Anforderungen genügen[555], so daß bereits die Sachrüge durchgreift. Dies gilt auch, wenn eine in Bezug genommene Abbildung in den Akten nicht mehr auffindbar ist und deshalb, aus welchen Gründen auch immer, im späteren Verfahren nicht mehr zur Ergänzung des Urteils herangezogen werden kann. Ist eine ausdrückliche Bezugnahme versehentlich unterblieben und kann eine solche Bezugnahme auch nicht der Gesamtheit der Urteilsgründe im Wege der Auslegung entnommen werden, dann ist dem Revisionsgericht die Ergänzung der Urteilsfeststellungen durch einen Rückgriff auf die bei den Akten befindliche Abbildung weiterhin verwehrt[556].

b) Die Rüge eines Verstoßes gegen **§ 267 Abs. 1 Satz 2** erscheint zwar möglich[557],   **164** gegenüber der Sachrüge hat sie aber wegen der gestiegenen Anforderungen an die Darstellung der materiellen Rechtsanwendung nur geringe selbständige Bedeutung. In Grenzfällen, in denen zweifelhaft ist, ob die Sachrüge beim Schweigen des Urteils zu den Beweistatsachen greift oder wo dem Revisionsgericht eine über die Bindung an die Urteilsgründe hinausreichende Nachprüfung eröffnet werden soll, kann es zweckmäßig sein, sie zusätzlich zu erheben[558].

Ob die Urteilsfeststellungen dem in der Urteilsberatung festgestellten **Ergebnis der**   **165** **Hauptverhandlung** entsprechen, kann das Revisionsgericht dagegen grundsätzlich nicht nachprüfen[559], dies gilt auch für die Frage, ob ein bestimmtes **Beweismittel verwertet** worden ist[560]. Die Feststellung des Inhalts einer Zeugenaussage ist Sache der tatrichterlichen Würdigung und damit der Nachprüfung durch das Revisionsgericht entzogen[561]. Eine Beweiserhebung über den **Inhalt einer Zeugenaussage** ist dem Revisionsgericht

---

[551] Rdn. 28 ff.
[552] BGH bei *Kusch* NStZ **1995** 20; KK-*Engelhardt*⁴ 3; vgl. Rdn. 28; SK-*Schlüchter* 90; 92.
[553] Vgl. § 337, 132.
[554] OLG Schleswig bei *Ernesti/Jürgensen* SchlHA **1973** 188.
[555] Vgl. Rdn. 21 ff.
[556] Vgl. § 337, 106 ff; 136 ff.
[557] Rdn. 48 ff; **a. A** BGHSt **12** 315; weit. Nachw. Fußn. 115; 116; vgl. auch *Sarstedt/Hamm*⁶ 340 (Streit wegen Sachrüge geringe Bedeutung); § 337, 181.
[558] Zu den strittigen Fragen vgl. Rdn. 48; ferner etwa

KMR-*Paulus* 38, wonach nicht die Verletzung der Sollvorschrift des § 267 Abs. 1 Satz 2, sondern der Verstoß gegen § 261 Revisionsgrund ist; vgl. § 337, 127; 144 ff.
[559] Vgl. § 261, 1; 6; ferner § 337, 132.
[560] Zum Schweigen der Urteilsgründe vgl. Rdn. 1; 59; 61.
[561] H. M.; so BGHSt **15** 349; **17** 351; **21** 151; dazu *Hanack* JZ **1973** 729; OLG Schleswig bei *Ernesti/Jürgensen* SchlHA **1973** 187; OLG Hamm VRS **40** (1971) 456; weit. Nachw. bei § 261, 82.

grundsätzlich verwehrt; es kann nicht mit der Revision geltend gemacht werden, daß der im Urteil wiedergegebene Inhalt einer Aussage unrichtig wiedergegeben ist, etwa, daß sie nach den Aufzeichnungen eines Verfahrensbeteiligten einen anderen Inhalt hatte[562] und nach der vorherrschenden Meinung auch nicht, daß sie mit dem in das Sitzungsprotokoll nach § 273 Abs. 2 aufgenommenen Angaben ihres wesentlichen Inhalts nicht übereinstimmt[563]. Etwas anderes gilt aber dann, wenn die Nichtübereinstimmung der Urteilsfeststellungen mit einer im Wortlaut fixierten Aussage nach § 273 Abs. 3 oder in einem in die Hauptverhandlung eingeführten Vernehmungsprotokoll ohne Rekonstruktion der Hauptverhandlung festgestellt werden kann[564].

166　　c) Die **Beweiswürdigung** ist als solche nur angreifbar, wenn das Urteil lückenhaft oder in sich widersprüchlich ist oder wenn die Ausführungen in den Urteilsgründen es als möglich erscheinen lassen, daß sie durch einen Verstoß gegen wissenschaftliche Erfahrungssätze oder einen sonstigen Denkfehler beeinflußt ist[565]. Fehlt die Beweiswürdigung im Urteil ganz, kann darin eine Verletzung der aus § 261 oder dem materiellen Recht abgeleiteten Begründungspflichten liegen[566].

167　　3. Für die in **Absatz 2** aufgeführten Umstände gilt, daß ein Urteil auch ohne die Rüge der Verletzung dieser Vorschrift auf die **Sachrüge** hin aufgehoben werden muß, wenn der Inhalt der Urteilsgründe den Verdacht begründet, daß ungeprüft blieb, ob einer der Umstände vorliegt, welche die Strafbarkeit ausschließen, vermindern oder erhöhen[567]. So muß beispielsweise das Gericht im Urteil erörtern, ob die Schuldfähigkeit des Angeklagten erheblich vermindert (§ 21 StGB) war, wenn es Umstände (z. B. erheblichen Alkoholgenuß) feststellt, die dies als möglich erscheinen lassen[568]. In der Nichterörterung des Eidesnotstandes nach § 157 StGB kann ein die Revision begründender sachlich-rechtlicher Mangel auch dann liegen, wenn der eine Eidesverletzung in Abrede stellende Angeklagte sich nicht darauf beruft (und nach der Art seiner Verteidigung auch nicht gut darauf berufen kann), im Eidesnotstand gehandelt zu haben[569].

168　•　Die **Verfahrensrüge** eines Verstoß gegen § 267 Abs. 2 hat neben der allgemeinen Sachrüge Bedeutung, wenn die Ausführungen des angefochtenen Urteils keine solche Umstände ersehen lassen, solche Umstände in der Hauptverhandlung aber **behauptet** worden sind[570]. Die Einzelheiten, vor allem auch die strittige Frage, ob das Revisionsgericht das Vorliegen einer solchen Behauptung im Wege des Freibeweises feststellen kann, sind bereits bei Rdn. 70 ff erörtert. Die **Aufklärungsrüge** ist in solchen Fällen ebenfalls denkbar, sie setzt aber voraus, daß die Sachlage insoweit zu einer weiteren

---

[562] BGHSt **15** 349.

[563] BGHSt **29** 18; **38** 14 = JZ **1992** 106 mit Anm. *Fezer*; BGH NJW **1967** 61; **1969** 1074; JR **1966** 305 mit Anm. *Lackner*; BGH bei *Dallinger* MDR **1966** 164; **1974** 369; BayObLGSt NStZ **1990** 508; OLG Hamm NJW **1970** 69; VRS **40** (1971) 456; OLG Koblenz VRS **46** (1974) 435; OLG Schleswig bei *Ernesti/Jürgensen* SchlHA **1973** 187; **1975** 192; **a.A** § 337, 86; wegen weit. Nachw. vgl. § 261, 173; § 273, 60.

[564] BGHSt **38** 14; BGH NStZ **1991** 500; OLG Bremen VRS **48** (1975) 372; OLG Düsseldorf VRS **64** (1983) 112; OLG Hamm MDR **1973** 516; **1975** 245, OLG Köln MDR **1974** 420; **a.A** OLG Schleswig bei *Ernesti/Jürgensen* SchlHA **1973** 188; § 337, 86; vgl. auch vorst. Fußn. ferner § 261, 173; § 273, je mit weit. Nachw.

[565] Vgl. § 261, 44 ff; 182 und § 337, 144 ff; 165 ff.

[566] Rdn. 51 ff; etwa BGH GA **1974** 61; NJW **1980** 2423; NStZ **1981** 401; wegen weiterer Einzelheiten vgl. § 261, 12; 56 ff und § 337, 125 ff; ferner wegen des Schweigens der Urteilsgründe als auslösendes Moment für die Aufklärungsrüge § 244, 344; *Sarstedt/Hamm*[6] 546 ff.

[567] Vgl. Rdn. 72.

[568] BGH bei *Dallinger* MDR **1956** 526; OLG Koblenz VRS **43** (1972) 260; OLG Köln MDR **1957** 858; vgl. § 261, 58 ff und unter dem Blickwinkel der Aufklärungsrüge § 244, 76 ff; ferner bei § 337, 148 ff.

[569] OLG Düsseldorf StV **1991** 68; OLG Hamm JZ **1950** 207; vgl. auch BGHSt **17** 131.

[570] Vgl. Rdn. 67 ff.

Sachaufklärung drängte[571], was bei der bloßen Behauptung eines Umstandes im Sinne des § 267 Abs. 2 oft, aber nicht immer der Fall sein wird.

4. Fehlt im Urteil die Anführung des **angewandten Gesetzes** (Absatz 3 Satz 1), so **169** kann dies der Sachrüge nur zum Erfolg verhelfen, wenn auch unter Heranziehung der Urteilsformel zweifelhaft bleibt, welche Strafvorschrift das Gericht für gegeben erachtete; im übrigen ist lediglich das Urteil zu berichtigen. Gleiches gilt für die Verfahrensrüge eines Verstoßes gegen § 267 Abs. 3 Satz 1, die nur Erfolg haben könnte, wenn das Urteil auf diesem Begründungsfehler beruht[572]. Dies kann unter Umständen nicht auszuschließen sein, wenn wegen der fehlenden Erörterung einer Gesetzesbestimmung die Möglichkeit besteht, daß eine weitere Feststellungen erfordernde Frage deshalb ungeprüft geblieben ist oder daß bei Abwägungsfragen die volle Tragweite der hereinspielenden rechtlichen Gesichtspunkte nicht erkannt wurde[573].

5. Bei Revisionsangriffen gegen die **Strafzumessung** und die Anordnung der sonstigen **170** **Rechtsfolgen** ist ebenfalls das sachliche Strafrecht (insbes. die §§ 46 ff StGB) der bessere Ausgangspunkt als § 267 Abs. 3 Satz 1. Soweit der Angriff gegen die Strafzumessung darauf gestützt wird, daß der Tatrichter bei der Strafzumessung unter Verletzung des Zweifelssatzes von verfahrensrechtlich nicht sicher erwiesenen Tatsachen ausgegangen sei, dienen dem Angriff nicht § 267 Abs. 3, sondern andere verfahrensrechtliche Vorschriften zur Stütze[574]. Soweit geltend gemacht wird, der Tatrichter habe die von ihm bei der Strafzumessung berücksichtigten Umstände rechtlich fehlerhaft oder unter Verletzung der Denkgesetze oder der Lebenserfahrung falsch gewürdigt, wird eine Verletzung des sachlichen Rechts behauptet. Gleiches gilt, wenn gerügt wird, eine nach den Umständen sich aufdrängende Strafzumessungserwägung sei unerörtert geblieben oder das Urteil habe dadurch gegen die allgemeinen Bewertungsgrundsätze verstoßen, daß es einen danach zu berücksichtigenden Gesichtspunkt völlig überging, so, wenn Ausführungen zur Person des Täters[575], zu seinem Vorleben und seinem Nachtatverhalten einschließlich seiner Bemühungen um Schadenswiedergutmachung[576] oder zu den für ihn mit der Tat verbundenen Folgen[577] fehlen oder wenn sonst nach der Sachlage naheliegende Gesichtspunkte, wie etwa die besonderen Auswirkungen auf das Tatopfer[578] oder Besonderheiten des Tathergangs[579] oder die Beteiligung Dritter oder unter Umständen auch die Erfordernisse der Spezial- oder Generalprävention[580] übergangen werden. Alle diese Gesichtspunkte folgen aus dem materiellen Recht. Dessen richtige Anwendung ist im Rahmen der Sachrüge nicht nur daraufhin zu prüfen, ob die mitgeteilten Strafzumessungserwägungen frei von Rechtsfehlern, Denkverstößen und Widersprüchen sind, sondern auch darauf hin, ob sie dem Erfordernis einer umfassenden Würdigung von Tat und Täter genügen[581]. Bleiben Erwägungen von Gewicht, die sich auf Grund der festgestellten Tatsachen hätten aufdrängen müssen, völlig unerwähnt[582], ist in der Regel davon auszugehen, daß das Gericht ihnen zu Unrecht keinen bestimmenden Einfluß auf seine Strafzumessung beigemessen hat. Denn die in den

---

[571] Vgl. § 244, 40 ff.

[572] RGSt **32** 35; **43** 299; KK-*Engelhardt*[4] 21; vgl. Rdn. 74; 77; § 337, 108.

[573] Vgl. Rdn. 77; KK-*Engelhardt*[4] 22.

[574] BGHSt **1** 51; vgl. Rdn. 85; § 337, 181 ff; 213.

[575] Vgl. Rdn. 79 ff.

[576] Vgl. BGH bei *Detter* **2000** 186, § 337, 222 (Täter-Opferausgleich).

[577] So berufsrechtliche Folgen, vgl. etwa BGH bei

Detter NStZ **2000** 186; *Sarstedt/Hamm*[6] 1210; § 337, 217.

[578] Vgl. § 337, 222.

[579] Etwa Verleitung durch einen Lockspitzel, BGH NJW **2000** 1123; KG NJW **1982** 838.

[580] Vgl. OLG Düsseldorf StV **1992** 232; *Theune* FS Pfeiffer 453; § 337, 216; 226.

[581] Vgl. § 337, 181 ff.

[582] Vgl. Rdn. 83 und § 337, 188.

Walter Gollwitzer

schriftlichen Urteilsgründen niedergelegten Strafzumessungserwägungen müssen als die für die Straffindung des Gerichts bestimmenden Gesichtspunkte angesehen werden, die auch hinsichtlich ihrer Vollständigkeit an den strenger gewordenen Anforderungen des materiellen Rechts gemessen werden. Wegen der zu berücksichtigenden einzelnen Gesichtspunkte muß auf die Erläuterungen zu den einschlägigen Vorschriften des StGB verwiesen werden. Die Fragen der grundsätzlichen Revisibilität der Strafzumessung sind bei § 337, 189 ff behandelt, die bei den einzelnen Rechtsfolgen bestehenden Fragen bei § 337, 205 ff.

171   Wer die **Verletzung des § 267 Abs. 3 Satz 1** rügen will, muß geltend machen, daß das Urteil die **bestimmenden Strafzumessungsgründe** vermissen lasse. Dem völligen Fehlen solcher Ausführung steht es gleich, wenn das Gericht sich mit allgemeinen, nichtssagenden Wendungen begnügt[583]. Fehler, die auch im Rahmen der Sachrüge zu beachten sind. Die vielfach zu beobachtende Gepflogenheit, Angriffe gegen die Strafzumessung damit zu begründen, daß § 267 Abs. 3 Satz 1 verletzt sei, übersieht vielfach die rechtlichen Gegebenheiten. Nicht weil diese Vorschrift verletzt, sondern weil sie beachtet wurde, und die in den Urteilsgründen enthaltenen Strafzumessungsgründe als die „bestimmenden Strafzumessungsgründe angesehen werden müssen, ergibt sich die Möglichkeit, sie als fehlerhaft zu bekämpfen. Das kann regelmäßig nur aus **sachlich-rechtlichen Erwägungen** geschehen. Als Verstoß gegen § 267 Abs. 3 Satz 1 könnte gedanklich die Rüge in Betracht kommen, daß das Gericht der ihm durch § 267 Abs. 3 auferlegten Pflicht zur **wahrheitsgemäßen Angabe** der Strafzumessungsgründe nicht genügt habe, sondern sich in Wirklichkeit von anderen als in den Urteilsgründen angegebenen Gründen habe leiten lassen. Eine solche Rüge wird jedoch kaum beweisbar sein, denn daß anderen als dem in der Begründung angeführten Gesichtspunkten bei der Urteilsberatung Gewicht beigemessen wurde, ist grundsätzlich dem Beweis nicht zugänglich[584]. Möglich ist diese Verfahrensrüge dagegen, wenn die Begründung fehlt oder nichtssagend ist oder wenn das Urteil selbst ergibt, daß es nicht alle vom Gericht als bestimmend angesehenen Umstände ordnungsgemäß wiedergegeben worden sind, wie etwa bei einer unzulässigen und damit unbeachtlichen Bezugnahme[585] oder einem unzulässig abgekürzten Urteil[586].

172   Hat ein **Antrag formelle Begründungspflichten** nach § 267 Abs. 3 Satz 2 bis 4; Abs. 6 Satz 1 ausgelöst, kann auch mit der Verfahrensrüge geltend gemacht werden, daß das Gericht seiner Erörterungspflicht nicht genügt hat, obwohl es dem Antrag nicht entsprochen hatte[587]. Daß ein solcher Antrag[588] gestellt worden war, muß die Revisionsbegründung unter Angabe der entsprechenden Tatsachen vortragen (§ 344 Abs. 2). Fehlt im Urteil eine nach diesen Vorschriften **erforderliche Begründung**, so kann dies der Revision zum Erfolg verhelfen, sofern das Urteil auf dem Verstoß beruhen kann[589].

173   **6.** Ist ein Urteil unter **Verstoß gegen Absatz 4**, aber innerhalb der Frist des § 275 Abs. 1 Satz 2 in abgekürzter Form zu den Akten gebracht worden, so kann der **Mangel ausreichender tatsächlicher Feststellungen** (die Verweisung ist dann unbeachtlich)[590] der

---

[583] Vgl. Rdn. 7; § 337, 188.

[584] BGH nach KK-*Engelhardt*[4] 47; SK-*Schlüchter* 95; BGH bei *Dallinger* MDR **1970** 899 spricht nur undifferenziert davon, daß unter verfahrensrechtlichen Gesichtspunkten gerügt werden kann, daß das Gericht die Umstände nicht anführt, die für die Strafzumessung bestimmend waren. Vgl. Rdn. 161.

[585] Etwa BGH NStZ-RR **2000** 304; vgl. Rdn. 28.

[586] Vgl. Rdn. 122 ff; 154 ff.

[587] Vgl. Rdn. 94; 104.

[588] Wesentliche Förmlichkeit, vgl. Rdn. 98; 103.

[589] RGSt **43** 298; vgl. BGH bei *Pfeiffer/Miebach* NStZ **1984** 359 (nicht auszuschließen, daß Richter zu einer anderen Entscheidung gekommen, wenn er Begründungspflicht erwogen hätte); BayObLG MDR **1980** 951.

[590] Vgl. Rdn. 146.

Sachrüge zum Erfolg verhelfen, soweit das Urteil bzw. die Unmöglichkeit seiner Überprüfung auf dem gerügten Verstoß beruht[591]. Der absolute Revisionsgrund des § 338 Nr. 7 ist dagegen nicht gegeben, denn das abgekürzte Urteil ist kein Urteil ohne Gründe[592]. Für das abgekürzte freisprechende Urteil nach **Absatz 5 Satz 2, 3** gilt Gleiches.

Das **Berufungsgericht** kann dagegen bei seiner Nachprüfung des Urteils (§ 327) die **174** fehlenden Feststellungen selbst nachholen[593].

§ 268

(1) Das Urteil ergeht im Namen des Volkes.
(2) [1]**Das Urteil wird durch Verlesung der Urteilsformel und Eröffnung der Urteilsgründe verkündet.** [2]**Die Eröffnung der Urteilsgründe geschieht durch Verlesung oder durch mündliche Mitteilung ihres wesentlichen Inhalts.** [3]**Die Verlesung der Urteilsformel hat in jedem Falle der Mitteilung der Urteilsgründe voranzugehen.**
(3) [1]**Das Urteil soll am Schluß der Verhandlung verkündet werden. Es muß spätestens am elften Tage danach verkündet werden, andernfalls mit der Hauptverhandlung von neuem zu beginnen ist.** [2]**§ 229 Abs. 3 und Abs. 4 Satz 2 gilt entsprechend.**
(4) War die Verkündung des Urteils ausgesetzt, so sind die Urteilsgründe tunlichst vorher schriftlich festzustellen.

Schrifttum. *Batereau* Die Schuldspruchberichtigung (1971); *Bertel* Die Urteilsberichtigung im Strafverfahren, Juristische Blätter **1968** 541; *Hammerstein* Beschränkung der Verteidigung durch Hinausschieben der Beratung und Urteilsverkündung; Hanack Symposion (1993) 71; *Hammerstein* Der öffentliche Tadel. Über die mündliche Urteilsbegründung im Strafprozeß, FS Beusch (1993), 351; *Hillenkamp* Die Urteilsabsetzungs- und die Revisionsbegründungsfrist im deutschen Strafprozeß (1998); *Laubenthal* Wiederaufnahme des Verfahrens zugunsten eines vor Rechtskraft des Urteils verstorbenen Angeklagten? GA **1989** 20; *Molketin* Die Anwesenheit des Verteidigers während der Urteilsverkündung im Strafverfahren, AnwBl. **1983** 254; *Perels* Zum Verhältnis von Wiederaufnahmeantrag und Urteilsberichtigung und seinen kostenrechtlichen Folgen, NStZ **1985** 538; *Poppe* Urteilsverkündung in Abwesenheit notwendiger Prozeßbeteiligter, NJW **1954** 1914; *Poppe* Urteilsverkündung unter Ausschluß der Öffentlichkeit, NJW **1955** 6; *W. Schmid* Zur Heilung gerichtlicher Verfahrensfehler durch den Instanzrichter, JZ **1969** 757; *Schönfelder* Die Urteilsberichtigung im Strafverfahren JR **1962** 368; *Seibert* Berichtigung des Urteilsspruchs in Strafsachen, NJW **1964** 239; *Thier* Aussetzung der Urteilsverkündung im Strafprozeß, NJW **1958** 1478; *Werner* Mündliche und schriftliche Urteilsbegründung im Strafprozeß, JZ **1951** 779; *Wiedemann* Die Korrektur strafprozessualer Entscheidungen außerhalb des Rechtsmittelverfahrens (1981); *Zietkern* Das Urteilsberichtigungsverfahren (1932).

Entstehungsgeschichte. Das Gesetz vom 27. 12. 1926 änderte Absatz 2 und fügte einen Absatz 4 an, der die Rechtsmittelbelehrung vorschrieb und durch Art. 4 Nr. 31 des 3. StRÄndG 1953 mit Rücksicht auf die allgemeine Vorschrift des § 35a wieder gestrichen wurde. Im übrigen hatte Art. 3 Nr. 121 VereinhG 1950 die Frist für die Urteils-

---

[591] Rdn. 146; vgl. § 338, 116 ff.
[592] BayObLG bei *Rüth* DAR **1985** 246; vgl. Rdn. 143, Fußn. 392; § 338, 117.

[593] Vgl. Rdn. 147; OLG Schleswig bei *Ernesti/Lorenzen* SchlHA **1983** 112.

Walter Gollwitzer

verkündung (damals Absatz 2) auf vier Tage verkürzt und im jetzigen Absatz 4 (damals Absatz 3) das Wort „tunlichst" eingefügt. Die jetzige Fassung beruht im wesentlichen auf Art. 1 Nr. 77 des 1. StVRG, das in einem neuen Absatz 3 den Zeitpunkt, bis zu dem das Urteil verkündet sein muß, neu regelte und im Zusammenhang damit auch Absatz 2 Satz 1 neu faßte. Der bisherige Absatz 3 wurde zu Absatz 4. Art. 1 Nr. 20 StVÄG 1984 hat lediglich Absatz 3 Satz 3 neu gefaßt, um durch die Änderung der Verweisung auf § 229 Absatz 3 und Absatz 4 Satz 2 auch den Ablauf der Urteilsverkündungsfrist bei einer Erkrankung des Angeklagten im gleichen Maße wie bei der Unterbrechungsfrist nach § 229 Abs. 3 zu hemmen. Bezeichnung bis 1924: § 267.

Übersicht

Alphabetische Übersicht

I. Urteilsverkündung

1. Teil der Hauptverhandlung

a) Schluß der Verhandlung. Die Urteilsverkündung bildet einen Teil der Haupt- **1**
verhandlung (§ 260 Abs. 1 Satz 1), ganz gleich, ob sie sich unmittelbar an die Verhandlung mit den Verfahrensbeteiligten anschließt, also „am Schluß der Verhandlung" vorgenommen wird oder erst nachher in einem besonderen Verkündungstermin. Soweit
Absatz 3 vom Schluß der Verhandlung spricht, ist damit nur der Schluß des Verhandelns
mit den Verfahrensbeteiligten im Gerichtssaal gemeint (Rdn. 12). Die Ansicht, daß deshalb die „ausgesetzte" Urteilsverkündung nicht mehr Teil der mündlichen Verhandlung
sei[1], wird – soweit ersichtlich – heute nicht mehr vertreten[2].

Die Hauptverhandlung ist erst **abgeschlossen**, wenn in ihr das Urteil, bestehend aus **2**
Urteilsformel und Urteilsgründen, vollständig eröffnet, die Verkündung des Urteils also

---

[1] *Hegler* JW **1932** 679.
[2] Wie hier KK-*Engelhardt*[4] 7; *Kleinknecht/Meyer-*

Goßner[44] 14; KMR-*Müller* 3; *Pfeiffer*[2] 4; SK-*Schlüch-ter* 17; *Eb. Schmidt* 3.

Walter Gollwitzer

beendet ist[3] und wenn das Gericht die etwa sonst noch erforderlichen Entscheidungen (§§ 268a, 268b) erlassen und die notwendigen Belehrungen (§§ 35a, 268a Abs. 3, § 268c) erteilt hat. **Vorgänge bei der Urteilsverkündung**, etwa das Verhalten des Angeklagten während der Urteilsverkündung dürfen aber nicht mehr in das bereits vorher beschlossene Urteil einfließen[4]. Wenn das Gericht sie verwerten will, muß es die Urteilsverkündung unterbrechen, den Vorfall zum Gegenstand der wieder aufgenommenen Verhandlung machen und nach deren ordnungsgemäßen Abschluß und erneuter Beratung das Urteil neu verkünden.

3   **b) Neue Anträge.** Da die Verkündung Teil der Hauptverhandlung ist, können auch in einem zur Urteilsverkündung anberaumten Termin noch neue Anträge, insbesondere neue Beweisanträge, gestellt werden. Werden sie **vor der Verkündung** gestellt, müssen sie vom Gericht noch beschieden werden[5].

4   Hat das Gericht mit der **Verkündung** des Urteils **begonnen**, hat der Antragsteller keinen Anspruch mehr darauf, daß das Gericht die Verkündung unterbricht und ihm Gelegenheit zur Antragstellung gibt, noch weniger, daß es die mündliche Verhandlung nochmals aufnimmt und sein Antrag sachlich beschieden[6]. Der Vorsitzende, zu dessen Aufgabe die Urteilsverkündung gehört, kann deren Unterbrechung ablehnen. Diese Entscheidung bedarf keiner Begründung[7]. Der Antragsteller kann dagegen **nicht das Gericht nach § 238 Abs. 2 anrufen**[8]. Der Vorsitzende darf die Verkündung auch noch fortsetzen, wenn er sich mit dem Kollegium beraten hat, ob der Antrag Anlaß zum Wiedereintritt in die mündliche Verhandlung gibt. Ein **Wiedereintritt in die Hauptverhandlung** liegt in einer solchen Beratung und der Mitteilung der Ablehnung des Wiedereintritts noch nicht[9]. Das Gericht kann aber den Antrag zum Anlaß nehmen, nochmals in die Verhandlung einzutreten, solange die Verkündung noch nicht beendet, das Urteil also noch nicht endgültig erlassen und deshalb noch abänderbar ist[10]. Es muß dies tun, wenn es die **Aufklärungspflicht** erfordert[11]. Tut es das, so muß es die neu aufgenommene mündliche Verhandlung nach den allgemeinen Grundsätzen zu Ende führen und nach Gewährung der Schlußvorträge und des letzten Wortes sowie nach erneuter Beratung das Urteil nochmals neu verkünden[12].

5   **2. Alle Personen**, deren **Anwesenheit** für die Hauptverhandlung vorgeschrieben ist (§§ 226, 230 Abs. 1, § 145), müssen bei der Verkündung des Urteils anwesend sein. Die Verkündung kann deshalb nur in Gegenwart der **Berufs- und Laienrichter**, die in der Hauptverhandlung mitgewirkt haben, stattfinden[13]. Ist das Gericht aus irgendeinem

---

[3] RGSt **47** 232; **57** 142; **61** 390; BGHSt **8** 41; **15** 263; **25** 333; BGH NJW **1953** 155; vgl. Rdn. 17.

[4] BGH bei *Kusch* NStZ **2000** 203.

[5] RG GA **44** (1896) 27; **59** (1912) 343; JW **1926** 1215; Recht **1912** Nr. 961; OLG Schleswig bei *Ernesti/Jürgensen* SchlHA **1976** 171; zu Beweisanträgen vgl. § 244, 102; § 246, 2.

[6] RGSt **57** 142; **59** 420; BGHSt **15** 263; BGH StV **1985** 398; bei *Dallinger* **1975** 24; OLG Neustadt NJW **1962** 1632; OLG Schleswig bei *Ernesti/Jürgensen* SchlHA **1972** 161.

[7] Dem Gericht ist es jedoch unbenommen, in den schriftlichen Urteilsgründen darzutun, warum die Sachaufklärung keinen Wiedereintritt in die Hauptverhandlung erforderte, BGH NStZ **1986** 182.

[8] BGH bei *Dallinger* MDR **1975** 23; KK-*Engelhardt*[4]

[9] BGH bei *Dallinger* MDR **1975** 23; *Alsberg/Nüsel* Meyer 387; KK-*Engelhardt*[4] 14; *Kleinknecht/Meyer-Goßner*[44] 15; SK-*Schlüchter* 4; vgl. § 258,7.

[10] BGHSt **25** 336; BGH StV **1985** 398; bei *Dallinger* MDR **1972** 199. Zur Möglichkeit des Verteidigers, noch in diesem Verfahrensabschnitt offensichtliche Versehen zu korrigieren vgl. *Molketin* AnwBl. **1983** 254.

14; *Kleinknecht/Meyer-Goßner*[44] 15; SK-*Schlüchter* 27; vgl. § 238, 27.

[11] BGH NStZ **1986** 182; VRS **36** (1969) 368; *Alsberg/Nüsel/Meyer* 388; *Molketin* AnwBl. **1983** 254; HK-*Julius*[2] 8; KK-*Engelhardt*[4] 14; *Kleinknecht/Meyer-Goßner*[44] 15; SK-*Schlüchter* 5; vgl. § 244, 38; 102; § 246, 2 und Fußn. 7.

[12] Vgl. § 258, 5 ff; § 260, 2.

[13] Vgl. § 226, 1; 2.

Grund, zum Beispiel wegen des Todes eines Richters, am Zusammentritt in der früheren Besetzung verhindert, muß die Hauptverhandlung erneuert werden [14]. Eine Ausnahme kann selbst dann nicht zugelassen werden, wenn das Urteil schon nach § 268 Abs. 4, § 275 zu den Akten gebracht ist.

Bei der Verkündung müssen ferner ein **Staatsanwalt**, ein **Urkundsbeamter** der **6** Geschäftsstelle, sowie, wenn die Verteidigung eine notwendige ist, auch der **Verteidiger** anwesend sein [15]. Die Abwesenheit des Pflichtverteidigers ist unschädlich, wenn mit seinem Einverständnis ein vom Gericht nach § 138 Abs. 2 zugelassener Verteidiger anwesend ist [16]. Ob der Privatkläger bei der Urteilsverkündung anwesend sein muß und ob sein Ausbleiben bei einem besonderen Verkündungstermin die Versäumnisfolge des § 391 Abs. 2 nach sich zieht, ist strittig [17].

Der **Angeklagte** muß bei der Verkündung ebenfalls anwesend sein, sofern nicht die **7** Voraussetzungen der §§ 231 Abs. 2, 231a, 231b, 232, 233 vorliegen [18], die die Verhandlung und Urteilsverkündung in Abwesenheit des Angeklagten rechtfertigen oder die Sonderfälle der § 329 Abs. 1, 2, § 412 gegeben sind. Greifen diese Sonderbestimmungen nicht ein, fehlt es etwa an der Eigenmacht im Sinne des § 231 Abs. 2, weil der Angeklagte nach unterbrochener Hauptverhandlung verspätet erscheint [19] oder weil er durch eine ernsthafte Erkrankung am Erscheinen verhindert ist, so muß das Gericht die Verhandlung unterbrechen oder, wenn dies nicht ausreicht, aussetzen [20]. Der nicht auf freiem Fuß befindliche Angeklagte muß zur Urteilsverkündung gleich wie zur sonstigen Verhandlung vorgeführt werden [21].

3. Verkündungstermin. Die Anberaumung eines besonderen Verkündungstermins ist **8** entbehrlich, wenn das Urteil unmittelbar **im Anschluß** an die mündliche Verhandlung beraten und verkündet werden soll, auch wenn die Beratung – eventuell mit Pausen – bis zum nächsten Tag dauert [22].

Beabsichtigt das Gericht dagegen nicht, das Urteil unmittelbar im Anschluß an die **9** Verhandlung zu beraten und zu verkünden, muß der Vorsitzende den **Zeitpunkt** der Urteilsverkündung am Ende der Verhandlung **bekanntgeben**. Der anwesende Angeklagte braucht nicht geladen zu werden, da der Verkündungstermin Teil der Hauptverhandlung ist. Wird der Termin dagegen **außerhalb der Hauptverhandlung bestimmt**, etwa nachträglich auf einen früheren oder späteren Zeitpunkt verlegt, so sind die Verfahrensbeteiligten, vor allem der Angeklagte, zum neuen Termin zu **laden** [23]. Dies kann nach § 35 Abs. 2 Satz 2 auch mündlich geschehen [24].

4. Frist für die Urteilsverkündung. Nach Absatz 3 soll das Urteil nach Möglichkeit **10** am Schlusse der mündlichen Verhandlung, also ohne Anberaumung eines eigenen Verkündungstermins (vgl. Rdn. 8), verkündet werden. Ist dies nicht möglich, so hat dies **spätestens am elften Tage** danach zu geschehen, andernfalls muß die Hauptverhandlung

---

[14] RGSt **3** 116; **62** 198.

[15] RGSt **57** 264; **63** 249 (RGSt **54** 292 ist aufgegeben); vgl. § 226, 3 ff; 9 ff; 12 ff; § 227, 1; 5 und bei § 140; ferner *Molketin* AnwBl. **1983** 254 (nicht nur nobile officium für jeden Verteidiger).

[16] OLG Bremen VRS **65** (1982) 36.

[17] Vgl. § 391, 29 ff.

[18] Etwa BGHSt. **16** 180; KK-*Engelhardt*[4] 7; *Kleinknecht/Meyer-Goßner*[44] 14; SK-*Schlüchter* 17; vgl. § 231, 14 ff.

[19] OLG Bremen StV **1985** 50.

[20] OLG Düsseldorf GA **1957** 417; vgl. § 231, 17.

[21] RGSt **31** 398; RG Recht **1922** 696; § 231, 23 ff.

[22] RG JW **1930** 3326; *Koeniger* 461; *Kleinknecht/Meyer-Goßner*[44] 16; SK-*Schlüchter* 18.

[23] KMR-*Müller* 21; vgl. auch vorst. Fußn.

[24] *Hilger* in abl. Anm. zu BGH NStZ **1984** 41, wo eine schriftliche Ladung gefordert wird; vgl. § 35, 17 (Zustellung aus Beweisgründen vorzuziehen); ferner RiStBV Nr. 117.

von neuem begonnen werden (vgl. § 229, 17). Die **Frist in Absatz 3 Satz 2** entspricht jetzt der Normalfrist des § 229 Abs. 1, so daß sich für den Regelfall die früher durch den Unterschied beider Fristen aufgeworfenen Fragen [25] nicht mehr stellen. Nach dem Wortlaut (keine Verweisung auf § 229 Abs. 2) und dem Willen des Gesetzgebers wurde die Frist für die Urteilsverkündung in Absatz 3 **abschließend geregelt**. Auch in Großverfahren kann die Urteilsverkündung nicht über den elften Tag hinaus aufgeschoben werden [26].

11 Bei der **Berechnung der Frist** zählen die Sonn- und Feiertage mit; das Urteil muß also spätestens am elften Kalendertag nach dem Schluß der Verhandlung verkündet werden. Kann die Verkündung, die aus Bekanntgabe der Urteilsformel und der Urteilsgründe besteht, wegen ihres Umfangs nicht am elften Tage abgeschlossen werden, so ist dies unschädlich, es sei denn, daß das Gericht nur formal am elften Tage mit der Verkündung begonnen hatte. Ist der elfte Tag ein Sonntag, ein allgemeiner Feiertag oder ein Sonnabend, dann darf, da Absatz 3 Satz 3 den § 229 Abs. 4 Satz 2 für entsprechend anwendbar erklärt, der Beginn der Verkündung auf den **nächstfolgenden Werktag** verschoben werden [27].

12 Die Frist läuft auch während der Zeit der **Beratung**, die nach der herrschenden Meinung nicht zur Verhandlung rechnet [28]. Die Schwierigkeiten, die sich bei großen Verfahren mit einer längere Zeit erfordernden Beratung ergeben können, müssen dadurch gemeistert werden, daß das Gericht noch während der Hauptverhandlung die einzelnen Punkte vorberät [29]. Nicht angängig ist es dagegen, zunächst einen Verkündungstermin unter Einhaltung der Frist des § 268 anzuberaumen und dann in diesem die Urteilsverkündung insgesamt über die Frist des § 229 Abs. 1 hinaus zu verlegen [30]. Tritt dagegen das Gericht im Verkündungstermin erneut in die mündliche Verhandlung ein, beginnt die Frist nach deren Abschluß erneut zu laufen [31].

12a **Hemmung der Frist des § 268 Abs. 3 Satz 2.** Der Ablauf der nicht verlängerbaren Höchstfrist für die Ureilsverkündung ist nach dem entsprechend anwendbaren § 229 Abs. 3 gehemmt, wenn ein Angeklagter während ihres Laufes so schwer erkrankt, daß er an dem vorgesehenen Verkündungstermin nicht teilnehmen kann und dieser abgesetzt werden muß, weil kein Fall vorliegt in dem das Gesetz die Verkündung des Urteils in Abwesenheit des Angeklagten gestattet. Soweit dies zulässig ist, etwa weil § 231 Abs. 2 anwendbar ist, besteht vom Regelungszweck her kein Anlaß, die Urteilsverkündung hinauszuschieben. Es ist dann unerheblich, ob der Fristablauf an sich gehemmt wäre. War allerdings die Höchstfrist für die Urteilsverkündung bei Eintritt der Erkrankung bereits abgelaufen, bewirkt die spätere Erkrankung keine Hemmung mehr [32].

---

[25] Vgl dazu BGHSt **9** 302 und LR[22] 3.

[26] BGH StV **1982** 4 mit Anm. *Peters*; Begr. zu Art. 1 Nr. 80 Entw. 1. StVRG BTDrucks. **7** 551, S. 3; *Rieß* NJW **1975** 86; vgl. § 229, 21; *KK-Engelhardt*[4] 9; *Kleinknecht/Meyer-Goßner*[44] 16; SK-*Schlüchter* 22. Bedenken gegen die Länge der Frist *Hammerstein* Hanack Symposion 71 ff.

[27] Vgl. § 229, 10.

[28] *KK-Engelhardt*[4] 8; *Kleinknecht/Meyer-Goßner*[44] 16; so auch die herrschende Meinung beim früheren Absatz 2, etwa *Eb. Schmidt* 13; **a. A** *Thier* NJW **1958** 1467; *Peters* § 53 II, wonach die Beratung noch ein Teil der Verhandlung im Sinne des § 268 ist, so daß die Frist erst vom Beratungsschluß an läuft, die Frist des § 229 muß aber gewahrt bleiben

(auch *Peters* StV **1982** 5). Gegen diese Auslegung sprachen der Wortlaut des Absatzes 2 und die Entstehungsgeschichte (*Dallinger* MDR **1956** 528). Für den jetzigen Absatz 3 folgt dies aus der amtlichen Begründung des Entwurfs BTDrucks. **7** 551, 83.

[29] Vgl. § 258, 48 ff; Bedenken dagegen bei *Peters* § 53 II 3 (Gefahr der Verletzung des rechtlichen Gehörs vorprogrammiert).

[30] Vgl. RGSt **57** 423.

[31] Die zulässige Dauer der ersten, im Endergebnis nicht zur Urteilsverkündung führenden Unterbrechung beurteilt sich dann unmittelbar nach § 229; vgl. § 229, 13 bis 16.

[32] BGH bei *Kusch* NStZ-RR **2000** 293.

Beginn und Ende der Hemmung sind von Amts wegen (Freibeweis) durch einen **12b** unanfechtbaren **Gerichtsbeschluß** festzustellen. Sind alle Voraussetzungen des § 229 Abs. 3 gegeben, tritt die Hemmung mit Beginn des Tages ein, an dem der Angeklagte durch seine Erkrankung unfähig wurde, am Verkündungstermin teilzunehmen. Es kommt dabei nur auf diese Wirkung und nicht auf Art und Ursache der Erkrankung an. Ist die Erkrankung allerdings von so kurzer Dauer, daß der Angeklagte am vorgesehenen Verkündungstermin wieder teilnehmen kann, hat sie keine Fristhemmung zur Folge. Ist der Angeklagte dagegen am vorgesehen Verkündungstermin noch teilnahmeunfähig, ist die Verkündungsfrist bis zu dem Tage gehemmt, an dem seine Teilnahmefähigkeit wieder hergestellt ist. Die Hemmung ist allerdings auf höchstens **sechs Wochen** begrenzt. Mit dem Ende der Hemmung beginnt die **Zehntagefrist** des § 229 Abs. 3 Satz 1 zweiter Halbsatz zu laufen, so daß das Urteil spätestens an dem ihrem Ablauf folgenden Tag, bzw., wenn dies ein Samstag oder ein Sonn- oder Feiertag ist, an dem darauf folgenden Werktag verkündet werden muß[33].

Für Urteile des **Revisionsgerichts** ist die auf die Verhältnisse der Tatsacheninstanzen **13** abstellende Frist des § 268 Abs. 3 ohne Bedeutung[34].

5. Urteilsverkündung

a) Eingangssatz. Das Urteil ergeht im Namen des Volkes (Absatz 1), denn nach **14** Art. 20 Abs. 2 GG geht alle Staatsgewalt vom Volke aus; dies gilt mittelbar auch für die richterliche Gewalt[35]. Es ist aber kein den Bestand des Urteils gefährdender Verfahrensverstoß (Sollverschrift), wenn diese Worte nicht gebraucht werden[36].

b) Es ist **Aufgabe des Vorsitzenden** als des Verhandlungsleiters, die Urteilsformel zu **15** verlesen und den wesentlichen Inhalt der Urteilsgründe mitzuteilen[37]. Daß er sich aus besonderen Gründen – etwa bei stimmlicher Behinderung – durch ein berufsrichterliches Mitglied des erkennenden Gerichts darin vertreten läßt, wird man für zulässig halten müssen. Unzulässig ist es dagegen, den Staatsanwalt oder einen dem Gericht zur Ausbildung überwiesenen Referendar damit zu betrauen[38]. Der Mangel der ordnungsmäßigen Verkündung wird auch nicht durch Zustellung des Urteils geheilt. Das falsch verkündete Urteil ist aber nicht nichtig, sondern nur anfechtbar (§ 338 Nr. 1).

c) Reihenfolge. Absatz 2 Satz 3 schreibt vor, daß **zunächst die Urteilsformel** verlesen **16** werden muß, ehe die Urteilsgründe mitgeteilt werden. Dadurch wird die Bedeutung der Urteilsformel besonders hervorgehoben. Die Vorschrift nimmt zugleich Rücksicht auf die Lage des Angeklagten für den es eine starke seelische Belastung bedeuten kann, einer vielleicht langen Urteilsbegründung folgen zu müssen, ehe er das Ergebnis erfährt, auf das es ihm regelmäßig am meisten ankommt. Wird die Verkündung unterbrochen, um die Formel zu ändern, muß mit der Bekanntgabe der Gründe nochmals neu begonnen werden[39].

---

[33] Wegen der Einzelheiten vgl. § 229, 29 ff.

[34] RGSt **27** 116; **a. A** KK-*Engelhardt*[4] 10; SK-*Schlüchter* 20 (nach § 356 anwendbar, aber keine Anfechtbarkeit). Vgl. § 356, 1.

[35] Eingehend dazu AK-*Wassermann* 2, 3; KK-*Engelhardt*[4] 1; vgl. ferner die Kommentare zu Art. 20 Abs. 2 GG und zu den einschlägigen Artikeln der einzelnen Landesverfassungen.

[36] RG Recht **1934** Nr. 221; *Gössel* § 33 D IV c; AK-*Wassermann* 4; KK-*Engelhardt*[4] 1; 16; *Kleinknecht/ Meyer-Goßner*[44] 1; KMR-*Müller* 1; *Eb. Schmidt* 7.

[37] BGH bei *Dallinger* MDR **1975** 24.

[38] OLG Oldenburg NJW **1952** 1310; KK-*Engelhardt*[4] 2; *Kleinknecht/Meyer-Goßner*[44] 3; SK-*Schlüchter* 7; *Eb. Schmidt* 6.

[39] KK-*Engelhardt*[4] 5.

17   d) Die Verkündung des Urteils muß sich stets, auch wenn der Angeklagte nicht anwesend ist, auf **Urteilsformel und Urteilsgründe** erstrecken. Beide bilden eine Einheit, so daß die Verkündung des Urteils erst mit Bekanntgabe der Gründe abgeschlossen ist[40]. Auch wenn der Angeklagte nicht anwesend ist, wird das Urteil mit der Verkündung – und nicht etwa erst mit der Zustellung an ihn – existent[41]. Die **Liste der angewendeten Vorschriften** (§ 260 Abs. 5) wird nicht mit verkündet[42]. Die Verkündung eines **Beschlusses nach §§ 268a, 268b** und die zu erteilenden Belehrungen gehören nicht mehr zur Urteilsbegründung[43].

18   Die **Urteilsformel** enthält den eigentlichen Urteilsspruch. Nur wenn sie verlautbart wird, liegt ein Urteil im Rechtssinne vor[44]. Ihre Bekanntgabe ist ein wesentlicher Teil der Hauptverhandlung im Sinne des § 338 Nr. 5[45]. Die **mündliche Eröffnung der Urteilsgründe** durch den Vorsitzenden ist dagegen **keine Wirksamkeitsvoraussetzung** für das Urteil. Unterbleibt sie, so liegt trotzdem ein wirksames Urteil vor[46]. Dies gilt auch, wenn der Vorsitzende nach der Verlesung der Urteilsformel während der Eröffnung der Urteilsgründe krank wird oder stirbt[47]. Die Gründe, auf denen das Urteil beruht, werden nur durch die von allen Berufsrichtern unterzeichnete, **schriftliche Begründung** des Urteils nachgewiesen, nicht durch die vom Vorsitzenden mündlich eröffneten Gründe[48]. Die mündliche Urteilsbegründung hat die Aufgabe, die Verfahrensbeteiligten **vorläufig** darüber **zu unterrichten**, welche Gründe das Gericht zu seiner Entscheidung bestimmt haben[49]. Unterbleibt sie, vermag dieser Mangel regelmäßig nicht die Anfechtung des Urteils zu begründen[50]. Die vorherrschende Meinung sieht in ihrer Eröffnung deshalb keinen wesentlichen Teil der Hauptverhandlung[51].

19   Die **Bedeutung der mündlichen Urteilsgründe** darf nicht danach beurteilt werden, daß sie für das Revisionsgericht hinter die schriftliche Begründung zurücktreten und daß sich die Frage, ob ein Urteil existent geworden ist, allein nach der Verlesung der Urteilsformel richtet. Während die schriftlichen Urteilsgründe hauptsächlich – wenn auch selbstverständlich nicht nur – ein Werk von Juristen für Juristen sind, ist die mündliche Urteilsbegründung, „eine der ganz wenigen Gelegenheiten, wo das Gericht die Welt der Akten verläßt und unmittelbar der Öffentlichkeit gegenübergestellt ist"[52]. Die Gründe die die Entscheidung tragen, sind daher in einer für den Empfängerkreis allgemeinverständlichen Wortwahl sachlich und unter Verzicht auf alle sachlich nicht notwendigen Herabwürdigungen darzulegen[53]. Aus Art und Form der mündlichen Urteilsbegründung wird der Angeklagte ein Urteil darüber gewinnen, ob Richter mit Mut und Verantwortungsbewußtsein, mit Menschenkenntnis und Lebenserfahrung, aber auch mit Mit-

---

[40] RGSt **4** 179; **46** 326; **61** 390; BGHSt **5** 5; **25** 335; BGH NStZ **1984** 279; OLG Düsseldorf MDR **1984** 604; OLG Hamm VRS **57** (1979) 35; KK-*Engelhardt*[4] 4; *Kleinknecht/Meyer-Goßner*[44] 3; KMR-*Müller* 3; SK-*Schlüchter* 6; vgl. Rdn. 2.

[41] *Roeder* ZStW **79** (1967) 279.

[42] BGH NStZ-RR **1997** 166, *Kleinknecht/Meyer-Goßner*[44] § 260, 51; vgl. § 260, 117.

[43] BGHSt **25** 335; KK-*Engelhardt*[4] 6; *Kleinknecht/Meyer-Goßner*[44] 8; § 268a, 2.

[44] BGHSt **8** 41; **15** 264; **25** 335; weit. Nachw. bei § 260, 7.

[45] BGH bei *Dallinger* MDR **1973** 373; OLG Bremen StV **1985** 50; vgl. § 338, 84.

[46] OLG Düsseldorf MDR **1984** 604; *Kleinknecht/Meyer-Goßner*[44] 6; SK-*Schlüchter* 9.

[47] BGHSt **8** 41.

[48] Vgl. § 267, 161; § 275, 63.

[49] BGHSt **2** 66. Anders *Peters* § 53 II 5, der die mündliche Begründung aufwerten, und die „Doppelbegründung" abschaffen will. Vgl. auch *Peters* FS v. Weber 384, wo er vorschlägt, entgegen der herrschenden Meinung die in der Hauptverhandlung gegebene Urteilsbegründung für maßgebend zu erklären; der schriftlichen Urteilsbegründung will er aber die Beweiskraft des § 274 beimessen, so daß nur, wenn diese entfällt, der maßgebliche Inhalt der mündlichen Begründung im Wege des Freibeweises festgestellt werden kann.

[50] Vgl. Rdn. 66.

[51] Vgl. BGHSt **15** 263; *Kleinknecht/Meyer-Goßner*[44] 4; SK-*Schlüchter* 9; **a.A** RG JW **1938** 1644; HK-*Julius*[2] 1; weit. Nachw. § 338, 85.

[52] *Werner* JZ **1951** 779.

[53] AK-*Wassermann* 8.

gefühl und Herz bemüht gewesen sind, in seinem Falle das richtige und gerechte Urteil zu finden[54]. Auch die breite Öffentlichkeit wird sich ihr Bild von der Strafrechtspflege zu einem nicht geringen Teil aus der ihr bekannt werdenden mündlichen Urteilsbegründung formen. Im Bewußtsein einer solchen weiten Wirkungsmöglichkeit sollte der Vorsitzende bei der Mitteilung des wesentlichen Inhalts der Urteilsbegründung seine Worte mit Bedacht wählen[55].

e) Die **Urteilsformel** muß stets **verlesen**, folglich vor der Verkündung des Urteils **20 niedergeschrieben** werden; die Bestimmung will die Möglichkeit einer Abweichung der verkündeten von der beschlossenen Entscheidung ausschließen[56]. Daß die Urteilsformel vor der Verkündung protokolliert, unterschrieben und aus dem Sitzungsprotokoll verlesen werde, ist nicht vorgeschrieben[57]. Der Zettel, auf dem die Urteilsformel für das Verlesen niedergeschrieben wird, braucht nicht unterschrieben zu werden[58]. Bis zur Verkündung ist die niedergeschriebene Urteilsformel ein jederzeit abänderbarer Entwurf[59]. Dies gilt auch bei einer vorgefertigten Urteilsformel, z. B. einem Formular, das bis auf die Strafhöhe ausgefüllt ist[60].

f) Einem jugendlichen Angeklagten und einem Heranwachsenden, dessen Tat nach **21** Jugendstrafrecht beurteilt wird (§§ 105, 109 Abs. 2 JGG) sind die Urteilsgründe nicht mitzuteilen, soweit davon Nachteile für die Erziehung zu befürchten sind (§ 54 Abs. 2 JGG)[61].

g) Die Öffentlichkeit darf bei Verkündung der Urteilsformel niemals ausgeschlossen **22** werden (§ 173 Abs. 1 GVG; vgl. Art. 6 Abs. 1 Satz 2 MRK; Art. 14 Abs. 1 IPBR). Für die Verkündung der Urteilsgründe ist dagegen ein Ausschluß der Öffentlichkeit zulässig[62]. Im **Jugendgerichtsverfahren** ist dagegen die Öffentlichkeit nach § 48 Abs. 1 JGG auch bei der Verkündung des Urteils ausgeschlossen.

h) Ein **Dolmetscher** ist zur Urteilsverkündung hinzuzuziehen, wenn der Angeklagte **23** der deutschen Sprache nicht mächtig oder taub oder stumm ist (§§ 185, 18 GVG). Er muß Formel und Begründung des Urteils dem Angeklagten übersetzen[63]. Die Verkündung der Urteilsgründe ist erst dann abgeschlossen, wenn der Dolmetscher dem Angeklagten den letzten Satz zur Kenntnis gebracht hat[64].

6. Die vorherige **schriftliche Feststellung der Urteilsgründe** ist auch dann nicht **24** zwingend vorgeschrieben, wenn die Urteilsverkündung ausgesetzt war. **Absatz 4** ist, wie die Einfügung des Wortes „tunlichst" zeigt, keine zwingende Vorschrift, so daß die Revision nicht darauf gestützt werden kann, wenn dies unterblieben ist[65]. Zur schriftlichen Feststellung der Urteilsgründe gehört die **Unterschrift sämtlicher Berufsrichter**, die bei der Entscheidung mitgewirkt haben[66]. Auch wenn die Urteilsgründe nach Absatz 4 vorher schriftlich festgestellt worden sind, können sie durch die mündliche **Mitteilung ihres**

---

[54] Der Angeklagte sollte deshalb nach Möglichkeit persönlich angesprochen werden; *Less* JZ **1951** 468; KMR-*Müller* 9; vgl. auch *Nagel* DRiZ **1974** 79.

[55] Ähnlich AK-*Wassermann* 8; *Eb. Schmidt* 9.

[56] RGSt **3** 131; KK-*Engelhardt*[4] 3.

[57] RGRSpr. **4** 382; RGSt **60** 270 *Kleinknecht/Meyer-Goßner*[44] 4; SK-*Schlüchter* 8.

[58] OLG Hamm JMBlNW **1975** 165; *Eb. Schmidt* 8; vgl. auch vorst. Fußn.

[59] Vgl. § 258, 51.

[60] OLG Hamm JMBlNW **1975** 165; OLG Karlsruhe

Justiz **1972** 42; vgl. § 261, 37; ferner BVerwG BayVerwBl. **1980** 56.

[61] Wegen der Einzelheiten vgl. die Kommentare zum JGG.

[62] Vgl. bei § 173 GVG.

[63] BGH GA **1963** 148, SK-*Schlüchter* 17; vgl. § 259, 2 und bei § 185 GVG.

[64] BGH NStZ-RR **1996** 337; HK-*Julius*[2] 7; *Pfeiffer*[2] 4.

[65] KK-*Engelhardt*[4] 19; *Kleinknecht/Meyer-Goßner*[44] 20; KMR-*Müller* 24; SK-*Schlüchter* 23.

[66] § 275 Abs. 2; RGSt **13** 68; **54** 256.

wesentlichen Inhalts eröffnet werden. Eine Verlesung der schriftlichen Gründe ist nicht erforderlich [67].

25   Liegen die in diesem Sinne schriftlich festgestellten Gründe bei der Verkündung als ihre Unterlage vor, dürfen sie unstreitig nachträglich mit **nebensächlichen Zusätzen** versehen, insbesondere in der sprachlichen Fassung verbessert werden. Strittig ist dagegen, ob sie auch **sachlichen Änderungen** noch offen sind, solange das fristbezogene Änderungsverbot des § 275 Abs. 1 Satz 3 nicht Platz greift und die Urteilsurkunde den inneren Bereich des Gerichts noch nicht verlassen hat. Da in der mündlichen Eröffnung der Urteilsgründe als solcher noch keine Hinausgabe der schriftlichen Begründung liegen dürfte, wird man die Änderungsbefugnis auch insoweit bejahen können [68]. Die von allen Richtern unterschriebene Urteilsbegründung darf aber nicht bereits von dem Vorsitzenden zur Hinausgabe bestimmt und von einem Verfahrensberechtigten eingesehen worden sein. Ist das Urteil nach Absatz 4 in das Protokoll aufgenommen worden, kann es nachträglich nicht mehr als besondere Urkunde nach § 275 Abs. 1 zu den Akten gegeben werden [69].

26   **7. Sitzungsniederschrift.** Die Verkündung des Urteils muß durch das Protokoll beurkundet werden. Die Urteilsformel ist in das Protokoll aufzunehmen (§ 273 Abs. 1), bei den Gründen ist dagegen lediglich zu vermerken, daß sie eröffnet wurden. Sie können aber auch – wie § 275 Abs. 1 zeigt – in die Sitzungsniederschrift aufgenommen werden. Zweckmäßig ist das aber nur bei kurzen Begründungen [70].

27   Weicht die Formel, die in das Protokoll aufgenommen ist, von der Formel in der Schrift ab, die zum Verlesen der Urteilsformel gedient hat, so ist nach § 274 die in der Sitzungsniederschrift **beurkundete Fassung maßgebend** [71]. Gleiches gilt, wenn die in der Urteilsurkunde wiedergegebene Formel nicht mit der protokollierten übereinstimmt. Ist allerdings der Protokollvermerk selbst widersprüchlich oder ungenau, verliert er seine Beweiskraft [72].

28   Nur der **neue Urteilsspruch** ist maßgebend, wenn das Gericht die Verkündung unterbrochen hat, um nochmals in die mündliche Verhandlung einzutreten oder um seine Entscheidung zu ändern; dann ist nur der neue Urteilsspruch, nicht aber der nicht wirksam gewordene überholte, in das Protokoll aufzunehmen [73]. Der erste Urteilsspruch ist dagegen ebenfalls im Protokoll festzuhalten, wenn das Gericht das zweite (korrigierende) Urteil erst zu einem Zeitpunkt erlassen hat, an dem das erste nicht mehr geändert werden durfte [74].

29   Im Protokoll zu beurkunden ist auch, wenn ein **besonderer Verkündungstermin** bestimmt wird.

30   **8. Zustellung des Urteils.** War der Angeklagte bei der Verkündung des Urteils nicht anwesend (§ 231 Abs. 2, § 231a Abs. 2; §§ 232, 233) oder hatte er sich vor Abschluß der Verkündung entfernt, so muß ihm das Urteil mit den Gründen durch Zustellung

---

[67] RGRspr. **9** 603; SK-*Schlüchter* 24.

[68] KK-*Engelhardt*[4] 12; *Kleinknecht/Meyer-Goßner*[44] 17; SK-*Schlüchter* 24, **a.A** RGSt **44** 308 und die Vorauflagen (z.B. LR[23] 29). BayObLG NStZ-RR **2000** 87 läßt dies offen.

[69] BayObLG NStZ-RR **2000** 87.

[70] Vgl. § 275, 21.

[71] RGRspr. **4** 398; BGHSt **34** 11; OLG Hamm VRS **60** (1981) 206; KK-*Engelhardt*[4] 16; *Kleinknecht/ Meyer-Goßner*[44] 18; SK-*Schlüchter* 26.

[72] Vgl. OLG Celle NdsRpfl. **1952** 231; OLG Hamm VRS **60** (1981) 206; ferner 274, 23 ff; § 275, 64.

[73] BGH NJW **1952** 155; vgl. auch nachf. Fußn.

[74] Dazu BGH NStZ **1984** 279; SK-*Schlüchter* 26.

bekanntgemacht werden[75]. Dies gilt nach der vorherrschenden Meinung auch, wenn die Urteilsformel noch in seiner Gegenwart verkündet worden war[76].

Dem **Einziehungsbeteiligten**, der bei der Urteilsverkündung weder anwesend noch **31** vertreten war, ist das Urteil gemäß § 436 Abs. 4 zuzustellen. Das gleiche gilt für ein Urteil, das gegen eine in der Hauptverhandlung nicht vertretene juristische Person oder eine Personenvereinigung ergeht (§ 444 Abs. 2). Wegen der Einzelheiten wird auf die Erläuterungen zu den §§ 436 Abs. 4 und 444 Abs. 2 verwiesen, wegen der Zustellung an den **Nebenkläger** auf § 401.

Soweit **Sondervorschriften**, wie etwa § 407 Abs. 2 AO bei Steuerstraftaten oder §§ 83 **32** Abs. 1, 76 Abs. 4 OWiG dies vorschreiben, ist das Urteil auch bestimmten **Verwaltungsbehörden** mitzuteilen.

9. Rechtsmittelbelehrung

a) Bis zum Inkrafttreten des § 35a sah der 1926 eingefügte Absatz 4 eine Rechts- **33** mittelbelehrung in der Form einer Ordnungsvorschrift vor (vgl. Entstehungsgeschichte). Nunmehr ist sie **durch § 35a allgemein und zwingend** vorgeschrieben. Diese Vorschrift greift bei der Verkündung von Urteilen ein, soweit sie durch ein Rechtsmittel anfechtbar sind. Die Unterlassung der Belehrung begründet die Wiedereinsetzung (§ 44 Satz 2). Soweit nur die Staatsanwaltschaft ein Rechtsmittel hat, bedarf es keiner Belehrung[77].

b) Der **Inhalt** der Belehrung ist nicht im einzelnen vom Gesetz vorgeschrieben, jedoch **34** sind der Angeklagte und die sonst Anfechtungsberechtigten außer der Staatsanwaltschaft[78] auf **alle in Betracht kommenden Rechtsmittel** hinzuweisen. Eine in der Hauptverhandlung zu Tage getretene unrichtige Rechtsauffassung hinsichtlich der Anfechtbarkeit des Urteils muß dabei unter Umständen korrigiert werden[79]. Die ordnungsgemäße Rechtsmittelbelehrung kann auch den Hinweis erfordern, daß das Rechtsmittel in deutscher Sprache eingelegt werden muß[80]. Neben die allgemeine Rechtsmittelbelehrung nach § 35a, die auch die Belehrung über die **sofortige Beschwerde gegen die Kostenentscheidung** nach § 464 Abs. 3 mit einschließen muß, treten gegebenenfalls noch die in den §§ 268a und 268c vorgesehenen **besonderen Belehrungen**.

c) **Form.** Die Belehrung ist **grundsätzlich mündlich** zu erteilen; wegen der Einzelheiten **35** ist die Verweisung auf ein ausgehändigtes **Merkblatt** möglich[81]. Bei nicht genügend sprachkundigen **Ausländern** kann sich trotz Übersetzung durch den Dolmetscher empfehlen, ihnen ein Merkblatt in einer ihnen geläufigen Sprache auszuhändigen[82]. Die Belehrung ist in der Sitzungsniederschrift festzuhalten[83]. War der Angeklagte bei der Verkündung des Urteils **nicht anwesend**, ist bei der Zustellung des Urteils eine schriftliche Rechtsmittelbelehrung beizufügen[84]. Wegen der Einzelheiten, auch wegen der Möglichkeit eines Verzichts auf die Belehrung vgl. § 35a.

---

[75] Vom Vorsitzenden anzuordnen; vgl. BGH bei *Holtz* MDR **1976** 814; BayObLGSt **1982** 12 = MDR **1982** 600.

[76] BGHSt **15** 265; BayObLGSt 1993 **60**; OLG Düsseldorf MDR **1984** 118; OLG Stuttgart NStZ **1986** 521 mit abl. Anm. *Paulus*; HK-*Julius*[2] 3; *Kleinknecht/Meyer-Goßner*[44] 19; **a. A** KG NJW **1955** 565. Zur Streitfrage vgl. § 341, 20 und bei § 314.

[77] Vgl. § 35a, 7.

[78] Vgl. § 35a, 7 bis 12.

[79] So OLG Köln VRS **47** (1974) 189 hinsichtlich der

Unwirksamkeit einer bereits im Schlußplädoyer vorsorglich erklärten Anfechtung. Vgl. ferner § 35a, 22.

[80] BGHSt **30** 182; § 35a, 26 mit weit. Nachw.

[81] Vgl. Nr. 142 Abs. 1 RiStBV; § 35a, 16.

[82] *Meyer* ZStW **93** (1981) 526; vgl. bei § 35a, 16, 26 und bei § 185 GVG.

[83] Wesentliche Förmlichkeit (§ 273 Abs. 1); vgl. § 35a, 27; Nr. 142 Abs. 1 RiStBV.

[84] Nr. 142 Abs. 3 RiStBV; § 35a, 24.

Walter Gollwitzer

II. Abänderung und Berichtigung des Urteils

1. Zulässigkeit der Abänderung

36   **a)** Der **Urteilsformel** kommt zwar gegenüber den Urteilsgründen das größere Gewicht zu, da sie die Willenserklärung des Gerichts enthält, den Umfang der Rechtskraft bestimmt[85] und ein der Rechtskraft fähiges Urteil auch dann vorliegt, wenn die Eröffnung der Urteilsgründe aus irgendeinem Anlaß unterbleibt[86]. Die Eröffnung der Urteilsgründe bildet aber zusammen mit der Verlesung der Urteilsformel ein zusammengehörendes Ganzes, so daß die Verkündung erst mit der vollständigen Eröffnung beider Urteilsteile abgeschlossen ist[87].

37   **Bis zum Abschluß der Verkündung** kann das in der Urteilsformel zum Ausdruck gekommene Urteil ohne weiteres noch vom Gericht **geändert** werden, wenn sich hierzu während der Eröffnung – mit oder ohne Wiedereintritt in die mündliche Verhandlung – ein Anlaß ergibt[88]. Auch die Ergänzung der Urteilsformel ist bis zu diesem Zeitpunkt zulässig. Dies geschieht am besten dadurch, daß die Verkündung der Gründe an geeigneter Stelle unterbrochen und zur Klarstellung die ganze Formel in der neuen Fassung nochmals bekanntgegeben wird. Jedoch ist es nicht rechtsfehlerhaft, wenn nur die Ergänzung nachgeholt wird[89]; sofern die Klarheit des Urteilsspruchs dadurch nicht leidet. Nach der Bekanntgabe der Änderungen der Urteilsformel ist mit der Eröffnung der Urteilsgründe neu zu beginnen[90].

38   **Nach Beendigung der Verkündung**, also nach dem letzten Satz, mit dem die Bekanntgabe der Urteilsgründe erkennbar abgeschlossen wurde[91], ist jede **sachliche Änderung** oder Ergänzung des ergangenen Urteilsspruches unstatthaft[92]. Nur Fassungsfehler können dann noch berichtigt werden, wenn offen zu Tage liegt, wie das Gericht in Wirklichkeit entscheiden wollte[93].

39   Die Unabänderlichkeit des Urteils tritt auch dann mit dem Abschluß der Urteilsbegründung ein, wenn **anschließend noch Beschlüsse** über Bewährungsauflagen (§ 268 a) oder über die Fortdauer der Untersuchungshaft verkündet werden müssen[94], oder wenn noch die **Rechtsmittelbelehrung**[95] oder andere Belehrungen zu erteilen sind. Unerheblich ist insoweit auch, daß der Vorsitzende die Hauptverhandlung noch nicht förmlich für geschlossen erklärt hat[96].

40   Ist das Urteil **unabänderlich**, dann darf das Gericht weder die mündliche Verhandlung wieder eröffnen, um über einen übergangenen Antrag zu entscheiden[97], oder um

---

[85] RGSt **57** 52; RG DRiZ **1929** Nr. 304.

[86] BGHSt **8** 40; Rdn. 18.

[87] BGHSt **25** 333; weit. Nachw. Rdn. 17; Fußn. 40.

[88] RGSt **47** 323; **57** 142; **61** 390; **71** 379; BGHSt **2** 248; **3** 248; **8** 41; **15** 263; BGH NJW **1953** 155 = LM Nr. 6 mit Anm. *Kohlhaas*; BayObLGSt **1952** 110 = MDR **1952** 631 mit Anm. *Mittelbach*; OLG Düsseldorf VRS **89** (1995) 124; **90** (1996) 47; OLG Hamm JMBlNW **1965** 105; OLG Koblenz VRS **49** (1975) 194; **72** (1987) 194; OLG Berlin NJW **1968** 1734; *v. Stackelberg* NJW **1951** 774; AK-*Wassermann* 11; HK-*Julius*[2] 6; KK-*Engelhardt*[4] 4; *Kleinknecht/Meyer-Goßner*[44] 9; KMR-*Müller* 4; SK-*Schlüchter* 10; *Eb. Schmidt* 5.

[89] OLG Koblenz VRS **49** (1975) 94.

[90] Vgl. Rdn. 66.

[91] Wird das Urteil dem Angeklagten übersetzt, ist dies erst der Abschluß der Sprachübertragung, vgl. Rdn. 23.

[92] RGSt **28** 81; 247; RG JW **1926** 553; GA **71** (1927) 379; BGHSt **2** 248; **3** 245; **8** 41; **15** 263; **25** 335; BGH GA **1969** 119; NStZ **1984** 279; BGH bei *Kusch* NStZ **1993** 30; OLG Hamm VRS **57** (1979) 35; vgl. ferner BGH NStZ-RR **1996** 337.

[93] Etwa BGH NStZ **2000** 386 (Zahl der abgeurteilten Fälle), BGHR § 260 Abs. 1 Urteilstenor 4; vgl. Rdn. 49.

[94] BGHSt **25** 333 = LM Nr. 15 mit Anm. *Börtzler*; h. M; vgl. Fußn. 88, 92.

[95] BGH NStZ **1984** 279; vgl. Rdn. 33 ff, 38.

[96] RGSt **5** 173; RGRspr. **7** 245; RG Recht **1911** Nr. 959.

[97] H. M; so schon RGSt **42** 341; **61** 388.

einen vergessenen Urteilsausspruch nachzuholen[98], noch darf ein sachlicher oder rechtlicher Fehler korrigiert werden. Wird ein solcher nachträglich offenbar, bleibt dem Gericht nur die Möglichkeit, in den schriftlichen Urteilsgründen – sofern sie noch nicht abgefaßt sind – auf den Fehler hinzuweisen, um dem Rechtsmittelgericht die Möglichkeit einer Richtigstellung zu eröffnen[99]. Für nachträgliche Anordnungen, welche den Urteilsinhalt verändern, ist nur dort Raum, wo sie durch Sondervorschriften ausdrücklich zugelassen sind.

b) Die **schriftliche Urteilsbegründung** ist nur innerhalb der durch § 275 Abs. 1 Satz 2 **41** mit 4 gezogenen **Frist** und nur solange abänderbar, solange das schriftliche Urteil den inneren Bereich des Gerichts noch nicht verlassen hat[100]. Wegen der Einzelheiten vgl. § 275, 56 ff und wegen der Besonderheiten für die Ergänzung abgekürzter Urteile § 267, 143 ff; 156.

2. Berichtigung

a) Die **Berichtigung** bedeutet **keine inhaltliche Änderung** des vom Gericht beschlossenen **42** Urteils. Sie soll im Gegenteil dem Beschlossenen besseren Ausdruck verleihen, wenn es in der verkündeten **Urteilsformel** oder in einer aus dem inneren Gerichtsbereich hinausgegebenen **schriftlichen Begründung** ungenau oder unrichtig wiedergegeben ist. Eine nachträgliche Berichtigung der **mündlichen Urteilsbegründung** bedarf es dagegen nicht[101], da nicht diese sondern nur die schriftlichen Urteilsgründe das Beratungsergebnis verbindlich wiedergeben.

Die Strafprozeßordnung enthält keine dem § 319 ZPO entsprechende Vorschrift[102], **43** jedoch folgern Rechtsprechung und Lehre die **Zulässigkeit der Urteilsberichtigung** in den oben erörterten Grenzen aus § 267, der das Gericht verpflichtet, im Urteil die Ergebnisse der Hauptverhandlung (§ 261) so, wie sie in der Beratung gesehen und gewürdigt wurden, vollständig und wahrheitsgetreu wiederzugeben. Eindeutige Versehen, die diese Übereinstimmung in Frage stellen, können und sollen deshalb durch einen nachfolgenden Beschluß des Gerichts behoben werden[103].

b) Die **Abgrenzung zwischen Berichtigung und Änderung** liegt darin, daß bei der **44** Änderung oder Ergänzung des Urteils nachträglich etwas sachlich Neues, eine auf einem **neuen Denkvorgang** beruhende Erkenntnis rechtlicher oder tatsächlicher Art, in das Urteil hineingenommen wird[104]. Eine solche inhaltliche Änderung oder Ergänzung ist nach Beendigung der Urteilsverkündung nicht mehr möglich. Berichtigt werden können danach nur noch offensichtliche Fehler oder Unklarheiten in der **äußeren Urteilsfassung**, nicht dagegen Fehler bei der **Urteilsfindung**[105]. Irrtümer des Gerichts bei

---

[98] OLG Schleswig bei *Ernesti/Jürgensen* SchlHA **1970** 199; LG Bonn AnwBl. **1978** 318.

[99] *Kohlhaas* NJW **1953** 402; *Schorn* Strafrichter 312 (nobile officium); SK-*Schlüchter* 10.

[100] Vgl. etwa RGSt **54** 21; RG GA **71** (1927) 92; BayObLGSt **1963** 138 = NJW **1963** 1512; OLG Köln VRS **63** (1982) 460; vgl. auch Rdn. 25; § 275, 59 ff.

[101] *Schönfelder* JR **1962** 330; AK-*Wassermann* 12.

[102] § 319 ZPO wird teilweise ausdrücklich für entsprechend anwendbar erklärt (z. B. BGHSt **7** 75; OLG Hamm MDR **1957** 501; OLG Hamburg NJW **1968** 215; OLG Saarbrücken VRS **28** [1965] 439); es dürfte aber nicht diese, einem anderen Verfahren

zugehörige Vorschrift als solche entsprechend anwendbar sein, sondern der allgemeine Rechtsgedanke, der in § 319 ZPO, § 118 VwGO, § 138 SGG und anderen vergleichbaren Verfahrensvorschriften seinen Ausdruck gefunden hat.

[103] BGHSt **12** 376; *Wiedemann* 31 ff.

[104] RGSt **56** 233; **61** 388; OGHSt **3** 93; BGHSt **2** 248; **3** 245; **12** 374; BGH StV **1985** 401 mit Anm. *Sieg*; OLG Celle GA **1960** 218; *Sieg* MDR **1986** 16; *Wiedemann* 39.

[105] *Hanack* JZ **1972** 489; *Kleinknecht/Meyer-Goßner* 10; KMR-*Müller* 15; *Schönfelder* JR **1962** 368; *Wiedemann* 42; vgl. ferner die Entscheidungen Fußn. 104.

Walter Gollwitzer

der Beweiswürdigung oder Rechtsfehler dürfen deshalb niemals im Wege der Urteilsberichtigung behoben werden.

45   Ob ein Fehler des Urteils auf einem bloßen **Fassungsversehen** oder auf einen **Rechts- oder Denkfehler bei der Urteilsfindung** beruht, ist mitunter für andere Personen als die beteiligten Richter nicht ersichtlich; so kann beispielsweise die bei der Beratung beschlossene Verhängung einer Nebenstrafe nur versehentlich in der Urteilsformel keinen Ausdruck gefunden haben, das Gericht kann aber auch übersehen haben, darüber bei der Beratung einen Beschluß zu fassen. In solchen **Zweifelsfällen** kann nicht auf das an sich allein maßgebende Ergebnis der Beratung abgestellt werden, sondern nur auf das, was das Gericht als seine Entscheidung verkündet hat, wobei allerdings das erkennbar Entschiedene nicht allein aus dem Wortlaut der Formel, sondern auch aus der Gesamtheit der Verlautbarungen des Gerichts bei der Verkündung erschlossen werden kann. Es ist ein **strenger Maßstab** anzulegen, um zu verhindern, daß sich hinter der Berichtigung eine unzulässige Abänderung des Urteils verbirgt[106]. Die Rechtsprechung ist insoweit nicht immer einheitlich[107], sie stimmt aber grundsätzlich darin überein, daß eine Berichtigung schon dann ausscheidet, wenn es zweifelhaft ist, ob es sich nur um die Berichtigung eines Fassungsversehens handelt oder um eine nachträgliche Meinungsänderung. Sobald dieser Zweifel Platz greifen kann, hat „das Bedürfnis, die schriftlichen Urteilsgründe dem anzupassen, was das Gericht auf Grund des Ergebnisses der Hauptverhandlung in der allein maßgeblichen Beratung sachlich festgestellt und rechtlich gewollt hat, gegenüber der Geltungskraft zurückzutreten, welche dem von den beteiligten Richtern unterzeichneten und den Verfahrensbeteiligten mitgeteilten Urteil zukommt"[108].

46   Die Berichtigung setzt somit voraus, daß aus dem Zusammenhang der Urteilsgründe oder den Vorgängen bei der Verkündung **offenkundig** ist, daß ein bloßes Fassungsversehen vorliegt, ferner aber auch, daß **erkennbar** ist, was das Gericht **tatsächlich gewollt** hat. Es muß also nicht nur das Versehen aus den zu Tage liegenden Tatsachen für alle Verfahrensbeteiligten, einschließlich des Angeklagten – und auch für jeden Dritten, der die gesamten Vorgänge kennt – zweifelsfrei hervorgehen[109], es muß darüber hinaus auch

---

[106] BGHSt **12** 376; BGH NJW **1954** 730; OLG Düsseldorf MDR **1981** 606.

[107] Da die einzelnen Entscheidungen auf den Einzelfall und seine Besonderheiten abstellen, sind sie nicht immer vergleichbar. Nach OLG Hamm JMBlNW **1965** 105 ist der unterbliebene Ausspruch der Ersatzfreiheitsstrafe (früher notwendig) nicht im Wege der Berichtigung nachholbar; KG JR **1962** 69 ließ demgegenüber zu, daß eine bei einer Übertretung ausgesprochene Ersatzfreiheitsstrafe von 30 Tagen Gefängnis in eine Ersatzfreiheitsstrafe von 30 Tagen Haft berichtigt wurde, da es „ausgeschlossen ist, daß das Gericht eine Ersatzgefängnisstrafe auch nur erwogen haben könnte". Vgl. ferner OLG Neustadt JR **1958** 352 (Auswechseln des verletzten Strafgesetzes in der Urteilsformel) mit abl. Anm. *Sarstedt*; BGHSt **3** 145 hielt demgegenüber ein Auswechseln des in der Urteilsformel angeführten Strafgesetzes (§ 174 Abs. 1 Nr. 1 statt § 176 Abs. 1 Nr. 3 StGB **a. F**) trotz des offensichtlichen Fehlers für unzulässig; ähnlich BGH bei *Pfeiffer/Miebach* NStZ **1983** 212; BGH GA **1969** 119 erhob dagegen insoweit keine Bedenken; vgl. ferner RGSt **5** 173

(keine nachträgliche Anrechnung der Untersuchungshaft); BGH NJW **1953** 155 und RGSt **61** 388 (Aberkennung der bürgerlichen Ehrenrechte); RGSt **56** 233; (Ablehnung der nachträglichen Anordnung des Wertersatzes); OLG Düsseldorf MDR **1981** 606 (Nichteinbeziehung einer früheren Verurteilung in Gesamtstrafe).

[108] BGHSt **12** 376. In RGSt **61** 390 hat das Reichsgericht die früher vertretene Ansicht, die es – selbst wenn das Versehen nicht „offenbar" war – gestattete, einen beschlossenen, aber nicht mitverkündeten Teil eines Urteils innerhalb der in § 268 bestimmten Frist durch die Verkündung eines Nachtragsurteils herauszubringen (RGSt **15** 271; RG GA **41** [1893] 45), mit der zutreffenden Begründung aufgegeben, daß das, was in der Urteilsformel durch Verlesung als Urteil verkündet werde, als das vollständige Urteil, die beschlossene Entscheidung angesehen werden müsse (im wesentlichen wie hier *Eb. Schmidt* 20 bis 24).

[109] OLG Düsseldorf MDR **1981** 606; *Schönfelder* JR **1962** 369; AK-*Wassermann* 14; HK-*Julius*[2] 6; KMR-*Müller* 13; enger (Beteiligte); BGHSt **5** 5;

ersichtlich sein, was das Gericht tatsächlich ausdrücken wollte[110]; bei einem Fassungs-fehler der Urteilsformel also insbesondere, wie es in Wirklichkeit entschieden hat[111].

Schreib- und Rechenfehler, bei denen sich die Unrichtigkeit eindeutig aus den übrigen **47** Urteilsausführungen ergibt, können berichtigt werden[112]. Dies gilt auch, wenn die Gesamtzahl der Taten, deretwegen der Angeklagte verurteilt wurde, falsch zusammen-gezählt ist, sofern die richtige Zahl aus den in der mündlichen Urteilsbegründung erörterten Einzelfällen zweifelsfrei hervorgeht[113] oder bei einem Multiplikationsfehler[114].

Zulässig ist die Berichtigung auch, wenn sich beim Abschreiben einer wörtlich in die **48** schriftlichen Urteilsgründe **aufgenommenen Urkunde** ein Schreibfehler eingeschlichen hat, der unter Zuhilfenahme des Akteninhalts auch ohne Berichtigung zweifelsfrei als solcher zu erkennen gewesen wäre[115], oder wenn der **Name** eines in der Hauptver-handlung gehörten Sachverständigen in den Urteilsgründen falsch wiedergegeben wird, sofern ersichtlich ist, daß das Urteil mit dem falschen Namen den wirklich in der Haupt-verhandlung gehörten Sachverständigen meinte[116]. Auch die Berichtigung des **Namens des Angeklagten** ist zulässig, wenn sich nachträglich ergibt, daß gegen ihn unter einem falschen Namen verhandelt worden war[117].

Unter der Voraussetzung, daß eindeutig feststeht, was das Gericht in Wirklichkeit **49** wollte, darf die **Urteilsformel ergänzt, geändert** und sogar in ihr **Gegenteil verkehrt** werden, so etwa, wenn die mündliche Urteilsbegründung eindeutig ergibt, daß das Revisionsgericht der Revision stattgeben wollte, während die Formel auf Verwerfung lautete[118], oder wenn ein Vergehen nach § 265a StGB angenommen wurde, die Urteils-formel aber statt dessen § 263 StGB anführte[119] oder wenn ein der Beihilfe zur Aussage-erpressung für schuldig befundener Angeklagter im Urteilssatz wegen Aussageerpres-sung verurteilt worden ist[120].

Es muß aber in diesen Fällen immer aus der mündlichen Urteilsbegründung **eindeutig 50 erkennbar** sein, welches Urteil das Gericht in Wirklichkeit beschlossen hatte, so daß schon der Verdacht, das Gericht wolle sein Urteil nachträglich ändern, ausscheidet[121].

BGH NJW **1953** 155; OLG Düsseldorf MDR **1990** 359; KK-*Engelhardt*[4] § 267, 46; *Kleinknecht/Meyer-Goßner*[44] 10; SK-*Schlüchter* 13. Zur unterschied-lichen Rechtsprechung, für wen der Fehler offen-sichtlich sein muß, vgl. *Vent* JR **1980** 403; *Wiedemann* 33 ff. Da es sich um ein offen zu Tage liegendes und damit auch für Dritte bei Kenntnis der Umstände einsichtiges Versehen handeln muß, besteht kaum ein praktischer Unterschied.

[110] BGHSt **12** 376; BGH NJW **1954** 730; GA **1969** 119; BGH bei *Pfeiffer/Miebach* NStZ **1983** 212; *Schön-felder* JR **1962** 369; vgl. *Sarstedt*: LM Nr. 17 zu § 267, wonach Berichtigungen im allgemeinen nur zulässig sind, wenn sie nicht nötig sind; ferner OLG Zweibrücken MDR **1971** 597 („Fahrer" statt „Halter"); LG Flensburg (keine Berichtigung: zehn Tage in zehn Monate).

[111] BGH GA **1969** 119; BGH bei *Pfeiffer/Miebach* **1983** 212; *Wiedemann* 38; vgl. auch RG GA **71** (1927) 92.

[112] Vgl. die Beispiele bei *Schönfelder* JR **1962** 369; „drei Fässer Bier" statt „drei Gläser Bier" oder die Angabe einer erst in der Zukunft liegenden Tatzeit.

[113] OGHSt **3** 93; BGH bei *Pfeiffer/Miebach* NStZ **1983** 212; bei *Kusch* NStZ-RR **2000** 293; *Seibert* NJW

1964 239 mit Beispielen aus der Rechtsprechung des Bundesgerichtshofs; vgl. ferner RGSt **13** 267; **28** 82; 250; **56** 233; **61** 392.

[114] LG Zweibrücken NStZ-RR **1997** 311.

[115] BGH NJW **1952** 797.

[116] OLG Köln JMBlNW **1968** 130.

[117] OLG Düsseldorf MDR **1994** 609; OLG Köln MDR **1983** 174; **a. A** BayObLG JW **1929** 2750; zwei-felnd *Perels* NStZ **1985** 538; *Kleinknecht/Meyer-Goßner*[44] Einl. 174; ferner Einl. J 133; § 230, 11.

[118] BGHSt **5** 5; vgl. auch BGHSt **7** 75.

[119] OLG Saarbrücken JMBlSaar **1962** 59.

[120] OGH NJW **1950** 316. Vgl. ferner OLG Hamburg NJW **1968** 215; (Körperverletzung statt Hausfriedens-bruch); OLG Saarbrücken MDR **1975** 334. OLG Schleswig bei *Ernesti/Jürgensen* SchlHA **1981** 95 (fahr-lässige statt vorsätzliche Tatbegehung im Tenor).

[121] BGH bei *Pfeiffer/Miebach* NStZ **1983** 212. Zur Abgrenzung vgl. Rdn. 44. Sprechen die Umstände dafür, daß das Gericht die fehlerhafte Formel bewußt beschlossen hat (Sitzungsniederschrift, schriftliche Festlegung der Formel usw.), so kann sie nach der Verkündung nicht berichtigt werden (BGH NJW **1953** 155 für den Fall einer unrichtigen Gesamtstrafe). Vgl. ferner Fußn. 110.

Unter dieser Voraussetzung wurde für zulässig gehalten, eine in der Urteilsformel nicht erwähnte, aber bei Eröffnung der Urteilsgründe erörterte Nebenstrafe im Wege der Berichtigung in die Urteilsformel einzufügen[122] oder die schriftlichen Urteilsgründe, die durch ein Übertragungsversehen keine Ausführungen zu den in der mündlichen Urteilsbegründung und in der Hauptverhandlung eingehend erörterten Rückfallvoraussetzungen enthielten, entsprechend zu ergänzen[123] oder um das Urteil richtigzustellen, wenn bei einer Freiheitsstrafe von drei Jahren versehentlich die Strafaussetzung zur Bewährung mit verkündet wurde[124]. **Unzulässig ist die Berichtigung**, wenn sie einen Irrtum bei der Beratung richtigstellen soll, der für die Bemessung der Einsatzstrafe bestimmend war[125] oder wenn das Versehen des Gerichts und das wirklich Gewollte nicht eindeutig ersichtlich sind und daher die Möglichkeit einer unzulässigen nachträglichen sachlichen Korrektur der Entscheidung nicht ausgeschlossen werden kann[126].

51   Die nachträglich gefertigte **schriftliche Urteilsbegründung** reicht für sich allein nicht aus, um gegenüber einer unvollständigen oder unrichtigen Urteilsformel die wahre Entscheidung des Gerichts aufzuzeigen[127], wenn diese nicht auch bereits aus der mündlichen Urteilsbegründung erkennbar geworden ist. Die Berichtigung einer **unvollständigen Kostenentscheidung** wird deshalb schon aus diesem Grunde sehr oft nicht möglich sein[128]. Im übrigen ist zwar bei einem Widerspruch zwischen Urteilsformel und Gründe die Formel dafür maßgebend, was das Gericht entschieden hat[129], dies gilt aber nur bei einem echten Widerspruch, der durch die Berichtigung ohnehin nicht behebbar ist. Ist dagegen das vom Gericht Gewollte offenkundig, dann kann aus der gedanklichen Einheit des Urteils heraus auch die Formel berichtigt und so die nur scheinbar gestörte Übereinstimmung zwischen Formel und Gründen hergestellt werden[130].

52   **c)** Ist nach den Umständen des Einzelfalls ausgeschlossen, daß sich hinter der Berichtigung eine sachliche Änderung des Urteils verbirgt und liegen die Voraussetzungen für eine Berichtigung auch im übrigen vor, dann darf diese durchgeführt werden, ohne Rücksicht darauf, ob sie sich **zugunsten** oder **zu ungunsten des Angeklagten** auswirkt[131], ob das berichtigte Urteil angefochten oder rechtskräftig ist[132] und ob sie einer schon erhobenen Revisionsrüge den Boden entzieht[133]. Es kommt insoweit dann auch nicht

---

[122] BGH NJW **1953** 155 = LM Nr. 6 mit Anm. *Kohlhaas.*

[123] BGHSt **12** 374.

[124] OLG Karlsruhe NStZ-RR **1999** 113.

[125] BGH bei *Dallinger* MDR **1973** 902.

[126] Vgl. etwa zu Ergänzung oder Änderungen der Urteilsformel BGHSt **3** 245; BGH NStZ **1984** 279; bei *Pfeiffer/Miebach* NStZ **1983** 212; bei *Kusch* NStZ **1993** 30; OLG Düsseldorf VRS **88** (1995) 358; **89** (1995) 124; zu Andeutung der Urteilsgründe BGH bei *Miebach* NStZ **1990** 229; bei *Miebach/ Kusch* NStZ **1991** 121. Weitere Beispiele SK-*Schlüchter* 15.

[127] OGHSt **3** 93; OLG Düsseldorf MDR **1981** 606; OLG Hamm JMBlNW **1958** 32; **1976** 105.

[128] Vgl. OLG Celle GA **1960** 217 (keine Berichtigung, wenn Berufungsgericht nach Zurückverweisung nicht über die Revisionskosten entschieden hat); BayObLGSt **1960** 146 = NJW **1960** 2065; OLG Frankfurt NJW **1970** 1432; OLG Karlsruhe DRpfl. **1961** 350; OLG Saarbrücken JMBlSaar **1962** 15 (keine Nachholung der Entscheidung über die notwendigen Auslagen); LG Berlin NJW **1968** 1734

(keine Nachholung der unterlassenen Kostenentscheidung); LG Bonn AnwBl. **1978** 319; LG Dortmund AnwBl. **1975** 367; OLG Hamm JMBlNW **1976** 105; OLG Hamm JMBlNW **1954** 190 läßt dagegen zu, daß in einem Privatklageverfahren der Freispruch auf Kosten der Staatskasse in einen Freispruch auf Kosten des Privatklägers berichtigt wird.

[129] BGH LM Nr. 1; vgl. Rdn. 67 mit weit. Nachw.

[130] Vgl. OLG Schleswig bei *Ernesti/Jürgensen* SchlHA **1978** 188; *Jagusch* LM Nr. 7; *Schönfelder* JR **1962** 371; *Kleinknecht/Meyer-Goßner*[44] 11; *Eb. Schmidt* 26, 27; mit weiteren Beispielen.

[131] RGSt **61** 392; *Jagusch* LM Nr. 7; AK-*Wassermann* 15; KMR-*Müller* 14; *Eb. Schmidt* 21; *Wiedemann* 81 (keine echte Änderung).

[132] *Schönfelder* JR **1962** 370; AK-*Wassermann* 15; anders *Sarstedt* JR **1958** 352.

[133] BGHSt **12** 374; BGH NJW **1952** 797; **1953** 155; **1954** 730; NStZ **1991** 195; KG JR **1962** 69; KK-*Engelhardt*[4] § 267, 46; KMR-*Müller* 14; *Eb. Schmidt* 24.

darauf an, ob die Berichtigung nur einen nebensächlichen oder einen entscheidungserheblichen Umstand betrifft[134], sofern nur die Grenzen der Berichtigung – Offenkundigkeit des Fehlers und des vom Gericht Gewollten – eingehalten werden.

3. Die Berichtigung wird durch einen **Beschluß des erkennenden Gerichts** herbeigeführt, der auf **Anregung eines Beteiligten** oder **von Amts wegen** ergeht. Das Gericht erläßt ihn in der für Entscheidungen außerhalb der Hauptverhandlung zuständigen Besetzung. Da nicht der sachliche Inhalt, sondern für jedermann erkennbare Unstimmigkeiten berichtigt werden können, ist der eine absolute Mehrheit (§ 196 Abs. 1 GVG) erforderliche Beschluß nicht notwendig den Richtern vorbehalten, die das Urteil erlassen haben[135]. Soweit sich der Irrtum nicht ohne weiteres aus dem Zusammenhang der Urteilsgründe ergibt, können dienstliche Erklärungen über die Vorgänge eingeholt werden. Es ist verfassungsrechtlich unbedenklich, daß durch Beschluß ohne mündliche Verhandlung entschieden wird[136]. Einer Anhörung der betroffenen Verfahrensbeteiligten bedarf es nur, wenn das Gericht nicht lediglich offensichtliche Unrichtigkeiten sofort ohne weiteres bereinigt, sondern wenn es in einem Berichtigungsverfahren Erklärungen anderer Verfahrensbeteiligter eingeholt hat und diese mitverwerten will[137]. **53**

Der Berichtigungsbeschluß ist den Verfahrensbeteiligten **zuzustellen.** Auf ihn ist durch einen **Vermerk auf der Urteilsurkunde** hinzuweisen[138]. Er ergänzt das Urteil, dessen Feststellungen er zwar nicht der Sache nach, wohl aber im Sinne einer Klarstellung verändert. Ist der Berichtigungsbeschluß zulässig, so wird die Frist zur Begründung der Revision erst durch die Zustellung des Berichtigungsbeschlusses in Lauf gesetzt[139], sofern die Berichtigung nicht nur einen für die Anfechtung in jeder Hinsicht bedeutungslosen Urteilsinhalt betrifft[140]. **54**

4. Anfechtung

a) Der **Berichtigungsbeschluß** wird **Teil der Sachentscheidung** und damit Grundlage für die sachliche Überprüfung des Urteils. Ob die Berichtigung zulässig war oder ob der Beschluß eine unzulässige Änderung des Urteils bedeutete, ist im weiteren Verfahren von Amts wegen zu prüfen[141]. Eine unzulässige Berichtigung ist grundsätzlich unbeachtlich[142]. Dies gilt uneingeschränkt bei lediglich ergänzender Berichtigung. Wird der Urteilsinhalt dagegen durch die Berichtigung geändert, kann dies zur Folge haben, daß der ursprüngliche Urteilsinhalt nicht mehr durch die Unterschrift der Richter gedeckt **55**

---

[134] *Schönfelder* JR **1962** 370.

[135] Strittig; wie hier RGSt **61** 392; auch BGHSt **7** 75; OLG Schleswig bei *Ernesti/Lorenzen* SchlHA **1981** 95 (aber fehlerhafte Zusammensetzung unschädlich); AK-*Wassermann* 16; SK-*Schlüchter* 14; ferner h. M bei § 319 ZPO, etwa BGHZ **20** 192; **78** 22; OLG Hamburg MDR **1978** 583; BAG NJW **1964** 1877; ferner bei § 118 VwGO; 138 SGG. Die Gegenmeinung (nur die Richter die am Urteil mitgewirkt und Urteil unterschrieben haben; evtl. ersetzt durch Verhinderungsvermerk) wird im Anschluß an eine Entscheidung des BGH bei KK-*Engelhardt*[4] 46; *Kleinknecht/Meyer-Goßner*[44] § 267, 39 vertreten; würde man ihr folgen, dürften die Instanzgerichte im Rahmen ihrer Befugnisse das Urteil zwar sachlich richtigstellen, aber niemals die Wortfassung der Urteilsurkunde selbst berichtigen.

[136] BVerfGE **9** 235.

[137] Vgl. AK-*Wassermann* 16 (Gewährung rechtlichen Gehörs).

[138] RG HRR **1927** Nr. 443; AK-*Wassermann* 16; SK-*Schlüchter* 14.

[139] BGHSt **12** 375; dazu *Hanack* JZ **1972** 489; BGH NStZ **1991** 195; RG HRR **1939** Nr. 1010; AK-*Wassermann* 16; KK-*Engelhardt*[4] § 267, 46; SK-*Schlüchter* 14; **a. A** KMR-*Müller* 16 (offensichtliches Versehen muß auch so für Rechtsmittelführer erkennbar sein).

[140] BayObLGSt **1982** 12 = MDR **1982** 600; BGHSt **12** 375 und RG HRR **1939** Nr. 1010 (Fußn. 123) haben dies offen gelassen.

[141] OLG Hamm MDR **1973** 951; OLG Schleswig bei *Ernesti/Lorenzen* SchlHA **1981** 95.

[142] BGHSt **2** 248; **3** 245; **7** 75; BGH NJW **1991** 1900; StV **1985** 401 mit Anm. *Sieg*; OLG Celle GA **1960** 217; OLG Düsseldorf VRS **88** (1995) 358.

Walter Gollwitzer

ist und die Urteilsgründe dadurch lückenhaft werden[143]. Je nach Sachlage kann dies zur Aufhebung des Urteils auf die Sachrüge hin führen.

56   Vor allem das **Revisionsgericht** hat auch ohne besondere Verfahrensrüge im Rahmen einer zulässigen Revision nachzuprüfen, ob eine Berichtigung zulässig war. Eine vom Tatrichter unterlassene Berichtigung kann es nachholen[144]. Es kann in seiner Entscheidung den Urteilsspruch des angefochtenen Urteils auf Grund der darin getroffenen Feststellung auch dann richtigstellen, wenn eine vorgenommene Berichtigung für das Revisionsgericht unbeachtlich ist[145].

57   **b) Beschwerde.** Nach der vorherrschenden Ansicht ist die Beschwerde **gegen den Berichtigungsbeschluß** zwar grundsätzlich statthaft. Sie ist nach der vorherrschenden Meinung **unzulässig**, solange das berichtigte Urteil angefochten werden kann oder wenn es (hinsichtlich des berichtigten Teils) angefochten und damit ohnehin der Nachprüfung durch das Rechtsmittelgericht unterstellt worden ist[146]. Dies wird daraus gefolgert, daß der Berichtigungsbeschluß auch ohne gesonderte Anfechtung zusammen mit der Sachentscheidung der Nachprüfung durch das Rechtsmittelgericht unterliegt und daß auch die Beschwerdeentscheidung das Revisionsgericht nicht bindet, daß widersprechende Entscheidungen über die Zulässigkeit der Berichtigung dadurch vermieden werden und daß bei anhängigem Rechtsmittel in der Sache ein besonderes Rechtsschutzbedürfnis nicht besteht[147]. Ein **genereller Ausschluß der Beschwerde** allein wegen der noch bestehenden Möglichkeit einer Anfechtung durch Berufung und Revision ist zu verneinen (vgl. Rdn. 58). Bei einem unanfechtbar gewordenen Urteil besteht ein Bedürfnis für die Überprüfung des Berichtigungsbeschlusses[148]. Der Ansicht, daß es der Absicht des Gesetzgebers zuwiderlaufen würde, gegen die Berichtigung einer Entscheidung ein Rechtsmittel zu eröffnen, wenn diese selbst nicht angefochten werden könne[149], ist nicht zu folgen[150]. Das Argument, der Berichtigungsbeschluß sei Teil der Sachentscheidung, versagt gerade dort, wo die eigentliche Bedeutung der Beschwerde liegt, nämlich dort, wo geltend gemacht wird, es liege keine Berichtigung eines offensichtlichen Versehens, sondern eine unzulässige Änderung des Urteils vor. Hier bei einer unanfechtbaren Entscheidung die Beschwerde auszuschließen, wäre von der Sache her völlig ungerechtfertigt, zumal die Berichtigung auch einen für die Vollstreckung bedeutsamen Teil der Urteilsformel betroffen haben kann.

58   Die **einfache Beschwerde** nach § 304 (nicht etwa die sofortige Beschwerde in analoger Anwendung des § 319 Abs. 3 ZPO) sollte aber auch entgegen der vorherrschenden

---

143 BGHSt **7** 75; OLG Celle MDR **1973** 951; AK-*Wassermann* 16; KMR-*Müller* 14.

144 OLG Schleswig bei *Ernesti/Jürgensen* SchlHA **1976** 172. Vgl. auch OLG Köln VRS **63** (1982) 460 (zur Ergänzung eines abgekürzten Urteils).

145 BGHSt **3** 247; vgl. OLG Stuttgart Justiz **1974** 270; OLG Schleswig bei *Ernesti/Lorenzen* SchlHA **1984** 106.

146 OLG Düsseldorf MDR **1981** 606; OLG Hamburg NJW **1966** 362; OLG Oldenburg MDR **1959** 60; OLG Stuttgart Justiz **1974** 270; OLG Schleswig bei *Ernesti/Lorenzen* SchlHA **1984** 106; bei *Lorenzen/Görl* SchlHA **1990** 119; KK-*Engelhardt*[4] 46; *Kleinknecht/Meyer-Goßner*[44] 12; KMR-*Müller* 17; SK-*Schlüchter* 28.

147 Ob die Zulässigkeit der Beschwerde der StPO ein Rechtsschutzbedürfnis voraussetzt, ist strittig; vgl. verneinend AK-*Wassermann* 17; Vor § 296, 56.

148 OLG Celle GA **1960** 217; OLG Köln JMBlNW **1968** 130; OLG Stuttgart Justiz **1972** 42; *Wiedemann* 85; AK-*Wassermann* 17; HK-*Julius*[2] 9; vgl. ferner die Nachw. Fußn. 146.

149 OLG Hamm MDR **1957** 501.

150 Diese Ansicht knüpft an eine auch bei § 319 ZPO vertretene Meinung an, vgl. OLG Breslau JW **1931** 1764 (mit abl. Anm. *Roquette*), **1938** 859; OLG Düsseldorf NJW **1952** 1220; OLG Karlsruhe MDR **1968** 421; **a. A** (Beschwerde statthaft) OLG Braunschweig JW **1935** 1046; OLG Frankfurt MDR **1984** 823; OLG Hamm MDR **1969** 850; ferner die Mittelmeinung OLG Düsseldorf NJW **1973** 1132; KG NJW **1972** 1132. Vgl. dazu die Kommentare zu § 319 ZPO. Zur Unanfechtbarkeit nachgeholter Nebenentscheidungen bei Unanfechtbarkeit der ergänzten Entscheidung vgl. BayObLG GA **1971** 247.

Meinung (Rdn. 57) ohne Rücksicht auf Anfechtung und Anfechtbarkeit des Urteils für zulässig angesehen werden. Offensichtliche Unrichtigkeiten beschweren wegen der vermeintlichen Dokumentationswirkung und der damit verbundenen Gefahr von Mißverständnissen die Verfahrensbeteiligten, die auch insoweit eine in Nebenpunkten richtige und zweifelsfreie Fixierung des ergangenen Urteils beanspruchen können. Sie können auch ein rechtlich anzuerkennendes Interesse daran haben, daß schon vor der Entscheidung über ihr Rechtsmittel geklärt wird, ob die Berichtigung Bestand hat; hiervon kann die Entscheidung über die Durchführung des Rechtsmittels in der Hauptsache abhängen, vor allem, wenn zweifelhaft ist, ob die Grenzen der Berichtigung bei einer Änderung der Urteilsformel nicht überschritten sind[151]. Die Beschwerde kann allerdings durch die Entscheidung des Rechtsmittelgerichts in der Sache überholt werden[152], wenn dieses das berichtigte Urteil zur Grundlage der Rechtsmittelentscheidung macht oder aber, wenn es dabei den Berichtigungsbeschluß für unbeachtlich erklärt.

Der **Beschluß**, der einen Antrag auf Berichtigung **ablehnt**, dürfte der Beschwerde **59** unter den gleichen Voraussetzungen wie ein Berichtigungsbeschluß zugänglich sein[153]. Diese kann jedoch nach Lage der Dinge im wesentlichen nur darauf gestützt werden, daß das Gericht die Voraussetzungen nicht geprüft oder die Berichtigung aus rechtsirrigen Erwägungen, etwa in Verkennung der an die Offenkundigkeit des Fehlers zu stellenden Anforderungen, abgelehnt hat.

c) Über die Zulässigkeit einer sich auf die Strafvollstreckung auswirkenden Berichtigung kann nach Eintritt der Rechtskraft auch nach § 458 Abs. 1 eine Entscheidung des **60** Gerichts herbeigeführt werden[154].

III. Heilung von Mängeln bei der Verkündung

1. Mit dem Abschluß der Verkündung wird auch ein nicht ordnungsgemäß ver- **61** kündetes **Urteil existent**[155]. Das erkennende Gericht verliert die Befugnis, Formfehler bei der Verkündung und sachliche Fehler des Urteilsinhalts selbst zu beheben. Für Fehler aus der Zeit vor der Urteilsverkündung ist dies unstreitig[156]. Fehler, die bei der Urteilsverkündung begangen werden, können ebenfalls nur bis **zum Abschluß der Verkündung** durch Wiederholung der Verkündung geheilt werden[157]. Vereinzelt wird allerdings eine nachträgliche Heilung durch eine **Wiederholung der bereits abgeschlossenen Urteilsverkündung** in fehlerfreier Form für zulässig gehalten, sofern dies innerhalb der Frist des § 268 Abs. 3 Satz 2 möglich ist[158], etwa, daß das versehentlich in Abwesenheit des Urkundsbeamten verkündete Urteil zur Heilung des Verfahrensverstoßes in form-

---

[151] Vor allem, wenn dem Rechtsmittel andernfalls die Grundlage entzogen würde; vgl. BGHSt **12** 377 und die Fälle Rdn. 49 ff.

[152] Vgl. Vor § 304.

[153] Nach *Wiedemann* 86 ist die Zurückweisung der Berichtigung nicht mit Beschwerde anfechtbar, sondern nur mit dem Rechtsmittel gegen das Urteil selbst. Bei § 319 ZPO läßt die herrschende Meinung die Beschwerde zwar nicht gegen die eigentliche Sachentscheidung, wohl aber insoweit zu, als das Gericht sich weigert, über die Berichtigung sachlich zu entscheiden oder wenn es die Berichtigung aus

rechtsirrigen Erwägungen, insbesondere in Verkennung des Rechtsbegriffs der Offenkundigkeit, abgelehnt hat; vgl. die Kommentare zu § 319 ZPO.

[154] SK-*Schlüchter* 28; vgl. bei § 458, 2.

[155] OLG Schleswig SchlHA **1979** 21.

[156] Vgl. RG JW **1906** 475; OLG Bremen StV **1985** 50; OLG Hamm JMBlNW **1955** 237; Rdn. 38 ff.

[157] Vgl. Rdn. 37; *W. Schmidt* JZ **1969** 762.

[158] *Poppe* NJW **1954** 1914; **1955** 6; dagegen *Eb. Schmidt* 4; *W. Schmid* JZ **1969** 764; AK-*Wassermann* 11; SK-*Schlüchter* 16; zur Gegenmeinung vgl. auch nachf. Fußn.

gerechter Weise nochmals verkündet wird[159]. Für diese Ansicht sprechen zwar Gründe der Prozeßökonomie, gegen sie spricht jedoch, daß das fehlerhaft verkündete Urteil, das nur anfechtbar und nicht etwa nichtig ist, mit Beendigung der fehlerhaften Verkündung für das erkennende Gericht unabänderlich geworden ist[160]. Jede Wiederholung der Verkündung würde die bereits abgeschlossene Hauptverhandlung wiedereröffnen und Raum für neue Anträge geben, die zu einem anderen Urteil, zumindest aber zu einer neuen Beschlußfassung über das Urteil führen müßten. Es wird also nicht lediglich ein und dasselbe Urteil zweimal verkündet, sondern das bereits existente Urteil unzulässigerweise durch ein zweites ersetzt, das aber ebenfalls nicht nichtig ist und deshalb – im Gegensatz zum ersetzten Urteil – in Rechtskraft erwachsen kann, wenn es unangefochten bleibt[161]. Ob man eine Neuverkündung der Urteilsformel als Beschluß zur Berichtigung des Urteils umdeuten kann[162], hängt vom Gegenstand und Inhalt der Richtigstellung ab (inhaltlicher Fehler, nicht äußerer Verfahrensfehler bei der Verkündung).

62   **2.** Aus denselben Gründen erscheint auch fraglich, ob das **Revisionsgericht** bei einer entsprechenden Rüge des Verkündungsfehlers das Urteil lediglich zur **Nachholung der** ordnungsgemäßen **Verkündung** und nicht zur erneuten Verhandlung an die Vorinstanz **zurückverweisen** kann.

IV. Revision

63   **1. Verkündungsfehler.** Wird **entgegen Absatz 1** bei der Verkündung des Urteils nicht zum Ausdruck gebracht, daß das Urteil im Namen des Volkes ergeht, so begründet dies nicht die Revision[163]. Gleiches gilt, wenn der Sollvorschrift des **Absatzes 4** nicht entsprochen wurde[164].

64   Ist die **Verkündung der Formel** völlig unterblieben, liegt kein Urteil im Rechtssinne vor (Rdn. 17). Dies schließt jedoch nicht aus, diesen Fehler mit der Revision zu rügen, da auch nur scheinbar existente Urteile im Rechtsmittelverfahren beseitigt werden können[165]. Ist das Urteil von einer dazu nicht befugten Person verkündet worden, kann dies nach § 338 Nr. 4 beanstandet werden[166].

65   Ist die Formel nicht **durch Verlesen** verkündet worden, bildet dies nicht ohne weiteres einen Revisionsgrund, zumal das Urteil nicht auf diesem Verfahrensfehler beruht[167]. Es muß eine Verschiedenheit zwischen der verkündeten Urteilsformel (Protokoll[168]) und der Urteilsformel in der Urteilsurkunde behauptet und deren Erheblichkeit für die Entscheidung durch Anführung aller relevanter Tatsachen dargetan werden[169]. Ein Widerspruch kann aber auch auf Grund der Sachrüge beachtlich sein, wenn die

---

[159] OLG Bremen StV **1985** 50; OLG Oldenburg Nds-Rpfl. **1954** 34; vgl. auch RG GA **41** (1893) 45 (Wiederholung der nicht öffentlichen Urteilsverkündung); *Kleinknecht/Meyer-Goßner*[44] § 338, 3.

[160] BGHSt **25** 335; BGH NStZ **1984** 279; vgl. Rdn. 38 ff; § 337, 102 mit weit. Nachw.

[161] BGH NStZ **1984** 279; SK-*Schlüchter* 16.

[162] Vgl. OLG Oldenburg NdsRpfl. **1994** 165.

[163] Rdn. 14.

[164] Vgl. Rdn. 24.

[165] Vgl. *Gössel* § 33 D III d 2; IV c 1; HK-*Julius*[2] 11; SK-*Schlüchter* 30; *Kleinknecht/Meyer-Goßner*[44] Einl. 109; Einl. J 140.

[166] BGH bei *Dallinger* MDR **1954** 151; OLG Oldenburg NJW **1952** 1310; vgl. Rdn. 15.

[167] RGSt **71** 379; BGH NJW **1986** 1820; OLG Düsseldorf VRS **88** (1985) 358; OLG Hamm VRS **60** (1981) 206; KK-*Engelhardt*[4] 16 KMR-*Müller* 22; SK-*Schlüchter* 31; vgl. OLG Hamm JMBlNW **1975** 165 (Verwendung eines Vordrucks, in dem nachträglich Geldbuße eingesetzt).

[168] Vgl. Rdn. 27.

[169] RGSt **3** 131; **16** 317; RGRechtspr. **4** 398; **7** 233; *Schmid* FS Lange 785; KK-*Engelhardt*[4] 16; SK-*Schlüchter* 31.

Urteilsgründe die in der Formel verkündete Entscheidung nicht zu tragen vermögen (vgl. Rdn. 67).

Unterblieb die **Eröffnung** der **Urteilsgründe**, vermag dieser Mangel der Revision nicht **66** zum Erfolg zu verhelfen[170]. Auf den Verstoß gegen Absatz 2 kann das vorher beschlossene Urteil nicht beruhen (§ 337). Gleiches gilt, wenn das Gericht die Verkündung der Urteilsgründe unterbrochen hat, um die Urteilsformel zu berichtigen oder zu ergänzen und wenn es danach die Verkündung der Gründe einfach fortgesetzt und nicht, wie es die Reihenfolge des Absatzes 2 Satz 3 erfordert, damit nochmals neu begonnen hat[171]. Der absolute Revisionsgrund des § 338 Nr. 7 gilt nur für die schriftlichen Entscheidungsgründe, nicht für die mündliche Urteilsbegründung nach § 268 Abs. 2[172]. Allerdings beginnt der Lauf der Frist für die Einlegung eines Rechtsmittels in diesem Falle nicht schon mit der Verkündung, sondern erst mit der (deshalb hier notwendigen) Zustellung des Urteils[173].

2. Bei einem **Widerspruch** zwischen den **mündlich** eröffneten und den **schriftlich** fest- **67** gestellten **Urteilsgründen** sind letztere maßgebend. Auf die Nichtübereinstimmung der mündlich verkündeten Gründe mit den schriftlich abgefaßten kann die Revision nicht gestützt werden[174]. Dagegen kann ein echter Widerspruch zwischen **Urteilsformel** und den **schriftlichen Urteilsgründen** die Revision begründen, da beide zusammen eine untrennbare Einheit bilden, deren Inkongruenz in einem entscheidungserheblichen Teil meist zur Aufhebung führt[175]. Ob ein Widerspruch besteht, beurteilt sich nach dem im **Sitzungsprotokoll** festgehaltenen Wortlaut der Formel[176]. Ist der verkündete Urteilsspruch dort unvollständig wiedergegeben, entfällt die Beweiskraft des Protokolls (§ 274) auch ohne Berichtigung, wenn Protokollführer und Vorsitzender dies nachträglich erklären[177]. Nennt der verkündete Urteilssatz eine niedrigere Strafe als die schriftlichen Urteilsgründe und beruht die Angabe in den Gründen zur Gewißheit des Revisionsgerichts auf einem Schreibversehen, nötigt der scheinbare Widerspruch nicht zur Aufhebung des Urteils. Maßgebend ist dann der verkündete Urteilssatz[178]. Auch umgekehrt ist bei einem offensichtlich irrigen Abweichen des Urteilssatzes vom Inhalt des verkündeten Urteils eine Berichtigung zur Behebung des nur scheinbaren Widerspruchs möglich (vgl. Rdn. 46 ff).

3. Die **Überschreitung der Frist** des **Absatz 3 Satz 2** ist ein Rechtsfehler, der einer **68** darauf gestützten Revision nach § 337 zum Erfolg verhilft, da nur in Ausnahmefällen ausgeschlossen werden kann, daß das Urteil darauf beruht[179]. Die Begründung der Ver-

---

[170] RGRspr. **1** 249; 467; **2** 51; BGHSt **8** 40; **15** 265; vgl. KK-*Engelhardt*[4] 6; *Kleinknecht/Meyer-Goßner*[44] 26; SK-*Schlüchter* 32.

[171] BGH nach KK-*Engelhardt*[4] 5; SK-*Schlüchter* 33; vgl. Rdn. 16; 37.

[172] H. M; so schon *Oetker* JW **1926** 1216; **1928** 267.

[173] RGSt **1** 192; **2** 78; OLG Stuttgart NStZ **1986** 520.

[174] RGRspr. **4** 210; RGSt **4** 382; **13** 68; **71** 379; RG GA **64** (1917) 553; BGHSt **2** 66; **7** 370; **8** 42; **15** 263; **16** 178; BGH VRS **10** (1956) 213; **25** (1963) 113; LM Nr. 1; BGH bei *Dallinger* MDR **1951** 539; BayObLGSt **1952** 234 = NJW **1953** 248; OLG Hamburg SJZ **1948** 700; OLG Koblenz VRS **47** (1974) 446; OLGSt 9; KK-*Engelhardt*[4] § 267, 47; KMR-*Müller* 20; *Eb. Schmidt* 26.

[175] RGSt **46** 326; KG VRS **16** (1959) 44; OLG Schleswig bei *Ernesti/Jürgensen* SchlHA **1971** 217; *Gössel*

§ 33 D III d 2; 3; KK-*Engelhardt*[4] 16; KMR-*Müller* 19; *Eb. Schmidt* 27. Vgl. Rdn. 56.

[176] Vgl. Rdn. 26 ff; 51; ferner § 275, 63.

[177] OLG Hamm VRS **60** (1981) 206; die förmliche Protokollberichtigung ist in solchen Fällen aber angezeigt.

[178] RG HRR **1927** Nr. 443; BGH JZ **1952** 282; NJW **1952** 797; KMR-*Müller* 19; *Eb. Schmidt* 27.

[179] RGSt **57** 423; **69** 23; BGH StV **1982** 5 mit Anm. *Peters*; BGH StV **1990** 100; BGH nach KK-*Engelhardt*[4] 18; HK-*Julius*[2] 12; *Kleinknecht/Meyer-Goßner*[44] 20; SK-*Schlüchter* 11; 34. Vgl. Rdn. 10 ff. Nach KMR-*Müller* 23 kann Beruhen verneint werden, wenn Urteilsformel fristgerecht festgelegt worden war, die Verkündungsfrist aber aus technischen Gründen oder wegen Erkrankung des Richters nicht eingehalten werden konnte.

Walter Gollwitzer

fahrensrüge erfordert hier nach § 344 Abs. 2 die Angabe des Tages, an dem die Frist begonnen hat und des Tages der Urteilsverkündung, nicht dagegen auch die Angabe des Tages, an dem die Frist abgelaufen ist[180].

69   **4. Anwesenheit.** Der absolute Revisionsgrund des **§ 338 Nr. 5** greift durch, wenn die **Urteilsformel** in Abwesenheit des Staatsanwalts oder einer Person, deren Anwesenheit das Gesetz vorschreibt, ergangen ist[181]. Ob dies auch für die Verkündung der **Urteilsgründe** gilt, ist strittig. Im Gegensatz zur Verkündung der Urteilsformel sieht vor allem die Rechtsprechung in der Verkündung der Urteilsgründe keinen wesentlichen Teil der Hauptverhandlung im Sinne des § 338 Nr. 5[182]. Haben sich die Richter oder der Staatsanwalt während der zur Verkündung der Urteilsgründe gehörenden Übersetzung der Urteilsbegründung für den Angeklagten entfernt[183], so greifen die absoluten Revisionsgründe des § 338 Nrn. 1, 5 nicht. Auf den darin liegenden Verstoß gegen § 268 Abs. 2 kann das Urteil in der Regel nicht beruhen, es sei denn, der Angeklagte kann in seiner Revision plausibel geltend machen, daß er bei Anwesenheit des Gerichts einen Gesichtspunkt vorgetragen hätte, der dieses zum Abbruch der Begründung und zum Wiedereintritt in die Verhandlung hätte veranlassen müssen[184].

70   **5. Öffentlichkeit.** Ist das Urteil nicht in öffentlicher Sitzung verkündet worden, greift der absolute Revisionsgrund des **§ 338 Nr. 6** ein. Er ist auch gegeben, wenn die Öffentlichkeit nur während der Urteilsbegründung in einer nicht dem § 173 Abs. 2 GVG entsprechenden Weise ausgeschlossen worden ist[185]. Das Unterlassen der Verkündung der Urteilsgründe kann unter dem Gesichtspunkt einer Verletzung des Öffentlichkeitsgrundsatzes gerügt werden[186].

71   **6. Aufklärungsrüge.** Hat der Vorsitzende einen während der Urteilsverkündung gestellten Antrag, diese zu unterbrechen und wegen eines entscheidungsrelevanten Umstands erneut in die Beweisaufnahme einzutreten, keine Folge gegeben, so kann dies auch dann, wenn zugleich mit diesem Antrag ein neuer Beweisantrag gestellt wurde, allenfalls unter dem Blickwinkel der Verletzung der Aufklärungspflicht gerügt werden. Voraussetzung ist, daß mit dem nach § 344 Abs. 2 erforderlichen Tatsachenvortrag aufgezeigt werden kann, daß die für den Wiedereintritt in die Hauptverhandlung angeführten Tatsachen das Gericht hinsichtlich des von ihm für erwiesen erachteten Sachverhalts zu einer weiteren Sachaufklärung hätten drängen müssen[187].

---

[180] BGH StV **1982** 5 mit Anm. *Peters*; KK-*Engelhardt*[4] 18; SK-*Schlüchter* 34.

[181] BGHSt **8** 41; **15** 263; **16** 180; BGH NJW **1953** 155; BGH bei *Dallinger* MDR **1956** 11; **1957** 141; **1973** 372; OLG Bremen StV **1985** 50; KK-*Engelhardt*[4] 17; SK-Schlüchter 37; vgl. Rdn. 5 ff; § 338, 80 ff; 138 mit weit. Nachw.; ferner § 260, 2.

[182] BGHSt **15** 263; **16** 180; LM § 338 Ziff. 5 Nr. 7; a. A RG JW **1938** 1644 mit Anm. *Rilk*; vgl. Rdn. 18; ferner § 338, 84; 85 mit weit. Nachw.

[183] Vgl. Rdn. 23.

[184] BGH NStZ-RR **1996** 337; vgl. Rdn. 71.

[185] BGHSt **4** 279; KK-*Engelhardt*[4] 17; SK-*Schlüchter* 38; vgl. § 338, 112; ferner § 173 GVG mit weit. Nachw.

[186] KMR-*Müller* 24; SK-*Schlüchter* 38.

[187] Vgl. BGH bei *Dallinger* MDR **1975** 24; *Molketin* AnwBl. **1983** 255; HK-*Julius*[2] 8; 13; KK-*Engelhardt*[4] 14; SK-*Schlüchter* 36; Rdn. 4.

§268a

(1) Wird in dem Urteil die Strafe zur Bewährung ausgesetzt oder der Angeklagte mit Strafvorbehalt verwarnt, so trifft das Gericht die in den §§ 56a bis 56d und 59a des Strafgesetzbuches bezeichneten Entscheidungen durch Beschluß; dieser ist mit dem Urteil zu verkünden.

(2) Absatz 1 gilt entsprechend, wenn in dem Urteil eine Maßregel der Besserung und Sicherung zur Bewährung ausgesetzt oder neben der Strafe Führungsaufsicht angeordnet wird und das Gericht Entscheidungen nach den §§ 68a bis 68c des Strafgesetzbuches trifft.

(3) ¹Der Vorsitzende belehrt den Angeklagten über die Bedeutung der Aussetzung der Strafe oder Maßregel zur Bewährung, der Verwarnung mit Strafvorbehalt oder der Führungsaufsicht, über die Dauer der Bewährungszeit oder der Führungsaufsicht, über die Auflagen und Weisungen sowie über die Möglichkeit des Widerrufs der Aussetzung oder der Verurteilung zu der vorbehaltenen Strafe (§ 56 f Abs. 1, §§ 59b, 67g Abs. 1 des Strafgesetzbuches). ²Erteilt das Gericht dem Angeklagten Weisungen nach § 68b Abs. 1 des Strafgesetzbuches, so belehrt der Vorsitzende ihn auch über die Möglichkeit einer Bestrafung nach § 145a des Strafgesetzbuches. ³Die Belehrung ist in der Regel im Anschluß an die Verkündung des Beschlusses nach den Absätzen 1 oder 2 zu erteilen. ⁴Wird die Unterbringung in einem psychiatrischen Krankenhaus zur Bewährung ausgesetzt, so kann der Vorsitzende von der Belehrung über die Möglichkeit des Widerrufs der Aussetzung absehen.

Entstehungsgeschichte. § 268a wurde durch das 3. Strafrechtsänderungsgesetz 1953 als verfahrensrechtliche Ergänzung zu der durch dasselbe Gesetz geregelten Strafaussetzung zur Bewährung (§§ 23 ff StGB a. F) eingefügt. Die Änderung des materiellen Rechts durch Art. 9 Nr. 14 des 1. StRG vom 25. 6. 1969 führte zur Angleichung des § 268a an den neuen Rechtszustand. (Berichtigung der Verweisung in Absatz 1, Neufassung des Absatzes 2 Satz 1; vgl. *Wulf* JZ **1970** 161). Die jetzige Fassung hat § 268a durch Art. 21 Nr. 71 EGStGB erhalten, der die Vorschrift an das neue Strafrecht anpaßte.

Übersicht

1. Urteil und ergänzender Beschluß

1   **a) Inhaltliche Abgrenzung.** Die Aussetzung einer Strafe zur Bewährung, die Verwarnung unter Strafvorbehalt, die Aussetzung einer Maßregel der Besserung und Sicherung und die Anordnung der Führungsaufsicht spricht das Gericht **im Urteil** aus[1]. Die vom Strafgesetzbuch vorgesehenen weiteren Anordnungen, die diese Entscheidungen erfordern oder zulassen (§§ 56a bis 56d, § 59a, § 67b, §§ 68a bis 68c StGB) verweist § 268a in einen **besonderen Beschluß**[2]. Dies entlastet den Urteilsspruch und ist auch deshalb zweckmäßig, weil die Anordnungen und Weisungen nachträglich geändert oder ergänzt werden können (vgl. § 56a Abs. 2 Satz 2, § 56e, § 59a, § 68b, § 68d, § 70a StGB).

2   **b)** Der Beschluß, den das Gericht in der für die Hauptverhandlung vorgeschriebenen Besetzung – also unter Mitwirkung der Laienrichter – trifft, ist **mit dem Urteil zu verkünden** (Absatz 1 letzter Halbsatz). Er schließt an das Urteil an, dessen Anordnung über die Strafaussetzung zur Bewährung u. a. er näher regelt. Er ist **kein Teil des Urteils**[3], steht aber mit diesem in einem akzessorischen sachlichen Zusammenhang, so daß er ohne das Urteil, dem er zugeordnet ist, keinen Bestand haben kann. Er wird von selbst gegenstandslos, wenn das Urteil nicht rechtskräftig wird.

2. Inhalt des Beschlusses

3   **a) Maßgeblichkeit des materiellen Rechts.** Das jeweils angewandte materielle Recht bestimmt Gegenstand und Inhalt des Beschlusses[4]; insoweit muß auf die Erläuterungsbücher zum Strafgesetzbuch verwiesen werden. Neben § 265a regelt dieses auch die sonstigen Erfordernisse, von denen die Entscheidung des Gerichts hinsichtlich der einzelnen Anordnungen abhängt, so etwa das Erfordernis der Einwilligung des Angeklagten (§ 56c Abs. 3 StGB).

4   **b)** Im **Tenor** des Beschlusses sind die **einzelnen Anordnungen**, etwa die Dauer der Bewährungszeit, die einzelnen Auflagen und Weisungen, die Anordnung der Führungsaufsicht entsprechend den jeweiligen Erfordernissen des materiellen Strafrechts eindeutig und möglichst konkret festzulegen. Besonders bei den Weisungen während der Dauer der Führungsaufsicht fordert das Gesetz, daß das Gericht in seiner Weisung das verbotene oder verlangte Verhalten genau bestimmt (§ 68b Abs. 1 Satz 2 StGB). Eine dem Bestimmtheitsgrundsatz des Art. 103 Abs. 2 GG genügende Festlegung der einzelnen Gebote oder Verbote nach Zeit, Ort und Gegenstand ist hier deshalb unerläßlich, weil eine Zuwiderhandlung gegen die Weisungen nach § 68b Abs. 1 StGB in § 145a StGB mit Strafe bedroht ist.

5   **c)** Der Beschluß ist zu **begründen** (§ 34). Zwar bedarf es in der Regel keiner näheren Begründung, soweit das Gericht bei der Anordnung von Auflagen und Weisungen sein Ermessen ausübt[5], es muß aber erkennbar sein, daß das Gericht sich in den seinem Ermessen gezogenen Grenzen hielt; darzulegen ist auch, daß die materiell-rechtlichen Voraussetzungen für die Anordnungen und die sonstigen rechtlichen Erfordernisse – insbesondere die Einwilligung des Angeklagten – gegeben sind. Daß eine Begründung des Beschlusses in § 268a nicht verlangt wird, rechtfertigt hier – ebenso wie bei § 453[6] – nicht

---

[1] Vgl. bei § 260, 76 ff.
[2] BGHSt **6** 302; BGH NJW **1954** 522; *Pentz* NJW **1954** 14.
[3] BGHSt **25** 333; § 268, 17 mit weit. Nachw.

[4] Vgl. KK-*Engelhardt*[4] 3 mit 6; *Kleinknecht/Meyer-Goßner*[44] 5; KMR-*Müller* 1 ff.
[5] Vgl. § 34, 7; KK-*Engelhardt*[4] 8; SK-*Schlüchter* 9.
[6] Vgl. bei § 453.

den Schluß, daß eine Begründung nicht erforderlich sei[7]. Nach der Neuregelung der §§ 56 ff StGB kann dies noch weniger angenommen werden, weil nicht alle der zu treffenden Entscheidungen dem reinen Ermessen des Gerichts überlassen sind. So bedarf etwa die Unterstellung unter die Aufsicht eines Bewährungshelfers im Regelfall des § 56d Abs. 2 StGB dann einer näheren Begründung, wenn Tatsachen naheliegen, aus denen sich das Fehlen der Voraussetzungen des § 56d Abs. 1 ergeben könnten, während umgekehrt stets zu begründen ist, wenn das Gericht ausnahmsweise von der Regel des Absatzes 2 absehen möchte[8]. In der Begründung wird regelmäßig auch darzulegen sein, wenn das Gericht von Auflagen oder Weisungen nur deshalb vorläufig abgesehen hat, weil der Angeklagte entsprechende Zusagen gemacht hatte (§ 56b Abs. 3, 56c Abs. 4 StGB). Zu begründen ist auch, warum das Gericht ein Anerbieten des Angeklagten als nicht sachdienlich oder angemessen erachtet oder wenn es der Ansicht ist, daß eine Erfüllung dieses Anerbietens nicht zu erwarten ist (§ 56b Abs. 2; § 56c Abs. 4 StGB)[9].

3. Zeitpunkt für den Erlaß des Beschlusses

a) Der Beschluß ist **in der Hauptverhandlung zu verkünden**, wobei es dem Gericht **6** überlassen ist, ob es in Anschluß an die Verlesung der Urteilsformel auch den Tenor des Beschlusses bekannt gibt, um den Angeklagten schnell über die Tragweite aller Entscheidungen ins Bild zu setzen, oder ob es es für zweckmäßiger hält, den Beschluß erst nach Bekanntgabe der Urteilsgründe zu verkünden[10].

Eine **Abschrift des Beschlusses** über Strafaussetzung zur Bewährung ist nach Nr. 140 **7** RiStBV[11] mit Rechtskraft des Urteils dem Verurteilten und seinem Verteidiger zu übersenden. Im Verfahren gegen Jugendliche und Heranwachsende sowie in Staatsschutzsachen kann davon abgesehen werden. Ein Antrag nach § 35 Abs. 1 Satz 2 ist nicht erforderlich.

b) Dem **nicht anwesenden Angeklagten** wird der Beschluß zusammen mit dem Urteil **8** **zugestellt.** Soweit neben einem Strafbefehl ein Beschluß nach § 268a in Betracht kommt (Verwarnung mit Strafvorbehalt), wird er zugleich mit dem Strafbefehl vom Richter erlassen und dem Angeklagten zugestellt[12]. Notwendig ist die Zustellung des Beschlusses an sich nicht (§ 35 Abs. 2 Satz 2).

c) Die **Möglichkeit nachträglicher Entscheidungen** über die Strafaussetzung zur **9** Bewährung nach § 453 gestattet dem erkennenden Gericht nicht, bereits die erste Entscheidung über Dauer und Modalitäten der Strafaussetzung dem späteren Verfahren vorzubehalten[13]. Das erkennende Gericht muß diese Entscheidung selbst treffen. Es ist auf Grund der ihm durch die Hauptverhandlung vermittelten Erkenntnisse und auf Grund seines persönlichen Eindrucks vom Angeklagten dazu auch am besten in der Lage. Die Frage, ob Auflagen und insbesondere Weisungen bei der Persönlichkeit des Angeklagten erfolgversprechend sind, ist mitunter entscheidend dafür, ob eine Strafaussetzung überhaupt angeordnet werden kann. Die Bestellung eines Bewährungshelfers

---

[7] KK-*Engelhardt*[4] 8; *Eb. Schmidt* 6; **a. A** (keine Begründung): KMR-*Müller* 5; *Pentz* NJW **1954** 141; *Kleinknecht/Meyer-Goßner*[44] 7.

[8] Vgl. die Kommentare zum StGB.

[9] KK-*Engelhardt*[4] 8; vgl. § 265a, 5.

[10] Vgl. BGHSt **25** 337; KK-*Engelhardt*[4] 9; *Kleinknecht/Meyer-Goßner*[44] 6; KMR-*Müller* 4.

[11] Für Bayern enthält Nr. 1.3 EBekRiStBV (JMBl. **1976** 358) eine von Nr. 140 RiStBV abweichende Regelung, die ebenfalls die Übersendung einer Abschrift des Beschlusses nach § 268a an den Angeklagten vorschreibt.

[12] KK-*Engelhardt*[4] 10; KMR-*Müller* 4.

[13] *Kleinknecht/Meyer-Goßner*[44] 1; SK-*Schlüchter* 2.

Walter Gollwitzer

nach § 68a StGB kann allerdings zurückgestellt werden, wenn der Verurteilte eine Freiheitsstrafe verbüßt[14].

4. Belehrung (Absatz 3)

10   **a)** Absatz 3 schreibt, ähnlich wie § 35a für die Rechtsmittelbelehrung, **zwingend** vor, daß der Vorsitzende den Angeklagten über Inhalt, Bedeutung und Folgen belehrt, wenn das Gericht eine der in § 268a Abs. 1, 2 aufgezählten Entscheidungen getroffen hat[15]. Die Bestandskraft des Beschlusses nach Abs. 1, 2 hängt aber nicht davon ab, daß, wann und in welcher Form eine Belehrung erteilt wurde[16].

11   Eine **Ausnahme** enthält insoweit lediglich Satz 4, der es bei der Aussetzung der Unterbringung in einem psychiatrischen Krankenhaus in das **pflichtgemäße Ermessen des Vorsitzenden** stellt, ob er den Angeklagten über die Möglichkeit des Widerrufs der Aussetzung belehren will. Über die Dauer der Bewährungszeit und – wenn das Gericht wegen der kraft Gesetzes eintretenden Führungsaufsicht Weisungen nach § 68b StGB erteilt – hinsichtlich dieser Weisungen muß der Angeklagte aber auch in diesem Fall belehrt werden.

12   **b)** Den **Inhalt der Belehrung** legt Absatz 3 Satz 1, 2 nur durch die Aufzählung einiger **Mindestvoraussetzungen** fest. Die kriminalpolitische Zielsetzung der Vorschrift erfordert, daß sich der konkrete Inhalt der Belehrung und ihre Intensität an den Erfordernissen des jeweiligen Einzelfalls orientiert. Die Belehrung soll nach Möglichkeit persönlich gehalten werden. Eine rein formale und unpersönliche Wiederholung des abstrakten Gesetzestextes verfehlt meist ihren Zweck.

13   Nach Satz 1 muß die Belehrung dem Angeklagten die **Bedeutung der ausgesetzten Strafe** oder Maßregel der Besserung und Sicherung, der Verwarnung mit Strafvorbehalt oder der Führungsaufsicht vor Augen führen (Absatz 3 Satz 1). Sie muß ihm nachdrücklich bewußt machen, daß er den Widerruf der Aussetzung oder die Verurteilung zu der vorbehaltenen Strafe zu erwarten hat, wenn er die in ihn gesetzten Erwartungen enttäuscht, vor allem, wenn er innerhalb der Bewährungszeit erneut straffällig wird. Auch auf die sonstigen Widerrufsgründe des materiellen Rechts ist, sofern dies im Einzelfall angezeigt erscheint, einzugehen.

14   Gleichzeitig ist dem Angeklagten die Bedeutung und Tragweite der Pflichten vor Augen zu halten, die ihm aus den auferlegten **Auflagen und Weisungen** erwachsen, sowie die Folgen, die ein Verstoß gegen diese Pflichten auslösen kann[17]. Dies ist besonders bedeutsam bei Weisungen im Rahmen der Führungsaufsicht nach § 68b Abs. 1 StGB, deren Mißachtung in § 145a StGB mit Strafe bedroht ist. Auf die Möglichkeit einer solchen Bestrafung ist der Angeklagte bei der Belehrung ausdrücklich hinzuweisen, wie Absatz 3 Satz 2 vorschreibt.

15   **c) Zeit und Form der Belehrung.** Die in Absatz 3 vorgeschriebene Belehrung ist vom Vorsitzenden in der Regel im Anschluß an die Verkündung des Beschlusses nach den Absätzen 1 und 2 zu erteilen (Absatz 3 Satz 3), sie kann aber auch später erfolgen[18]; insbesondere können, wenn noch weitere Beschlüsse zu verkünden und weitere Belehrungen (z. B. nach § 268c) notwendig sind, alle Belehrungen am Ende der Verhandlung zusammengefaßt werden. Ist die Belehrung in der Hauptverhandlung versehentlich

---

[14] OLG Hamm NStZ **1982** 260 (L); KK-*Engelhardt*[4] 5; SK-*Schlüchter* 8.

[15] OLG Celle MDR **1972** 967; KK-*Engelhardt*[4] 11.

[16] SK-*Schlüchter* 14; vgl. aber Rdn. 26; 27.

[17] Vgl. Koch NJW **1977** 419; AK-*Wassermann* 5.

[18] KK-*Engelhardt*[4] 14; KMR-*Müller* 11.

unterblieben oder war sie aus irgendeinem Grund nicht möglich, so muß sie nach § 453a **nachgeholt** werden; das gleiche gilt, wenn der Vorsitzende aus Zweckmäßigkeitsgründen in der Hauptverhandlung davon abgesehen hat, was in Ausnahmefällen zulässig sein kann (vgl. Absatz 3, Satz 4), etwa, wenn der Angeklagte nicht in der Lage ist, die Belehrung aufzunehmen[19].

Die Belehrung nach § 268a ist grundsätzlich **mündlich** zu erteilen[20]. Dies schließt **16** jedoch nicht aus, daß dem Angeklagten in Verbindung mit der mündlichen Belehrung ein **Merkblatt** übergeben werden kann, in welchem die wichtigsten Gesichtspunkte nochmals zusammengefaßt sind. Bei **Ausländern** kann zusätzlich zur Übersetzung durch den Dolmetscher die Aushändigung eines Merkblatts in einer ihnen geläufigen Sprache angezeigt sein[21]. Die eindrucksvollere mündliche Belehrung, durch die der Angeklagte vom Richter persönlich angesprochen wird, darf jedoch dadurch in der Regel nicht ersetzt werden. Im **Strafbefehlsverfahren** wird die von § 409 Abs. 1 Satz 2 vorgeschriebene Belehrung grundsätzlich zugleich mit dem Strafbefehl und dem Beschluß nach § 268a schriftlich erteilt[22]. Ist sie unterblieben, kann sie nach § 453a nachgeholt werden.

d) Über sein **Beschwerderecht nach § 305a** braucht der Angeklagte bei Bekanntgabe **17** des Beschlusses nach § 268a nicht *belehrt* zu werden, da dieses Rechtsmittel nicht befristet ist (§ 35a)[23]. Die hinsichtlich des Urteils zu erteilende Rechtsmittelbelehrung muß sich also nicht auf die Anfechtungsmöglichkeiten des Beschlusses nach § 268a erstrecken; gleiches gilt für die Belehrung nach Absatz 3.

5. Sitzungsniederschrift. Der Beschluß nach § 268a Abs. 1, 2 ist nach § 273 Abs. 1 **18** (Entscheidung) mit dem Wortlaut seines Tenors in der Sitzungsniederschrift zu beurkunden[24]. Auch die Tatsache der Belehrung nach Absatz 3 (nicht ihr Wortlaut) ist eine wesentliche Förmlichkeit, die in die Sitzungsniederschrift aufzunehmen ist[25].

6. Das Berufungsgericht hat über die Anordnungen, die sich auf die Strafaussetzung **19** zur Bewährung beziehen, **neu zu entscheiden**, wenn es nach durchgeführter Berufung eine Freiheitsstrafe zur Bewährung aussetzt oder eine bereits vom Erstrichter angeordnete Strafaussetzung unter Verwerfung des Rechtsmittels bestätigt. § 268a gilt auch für die Berufungsinstanz (§ 332)[26]. Das Berufungsgericht ist bei seiner Entscheidung weder durch den Beschluß des Erstrichters noch durch den nur für die Beschwerdeentscheidung geltenden § 305a gebunden. Wegen des akzessorischen Zusammenhangs zwischen Urteil und Beschluß (Rdn. 2) wird der Beschluß des Erstrichters mit Erlaß des Berufungsurteils von selbst **gegenstandslos**[27]. Das Berufungsgericht muß ihn durch eine eigene Entscheidung ersetzen, die allerdings auch dahin lauten kann, daß es den Beschluß des

---

[19] *Kleinknecht/Meyer-Goßner*[44] 9; KMR-*Müller* 14; SK-*Schlüchter* 14.

[20] KK-*Engelhardt*[4] 13; *Kleinknecht/Meyer-Goßner*[44] 9; KMR-*Müller* 12; SK-*Schlüchter* 12.

[21] Vgl. § 268, 35; § 35a, 21.

[22] *Böttcher/Mayer* NStZ **1993** 156; KK-*Engelhardt*[4] 13; SK-*Schlüchter* 13; vgl. bei §§ 408; 409.

[23] KK-*Engelhardt*[4] 12; vgl. § 35a, 4.

[24] KK-*Engelhardt*[4] 15.

[25] KK-*Engelhardt*[4] 15; *Kleinknecht/Meyer-Goßner*[44] 9; KMR-*Müller* 13; *Eb. Schmidt* 11.

[26] H. M etwa OLG Düsseldorf MDR **1982** 1042; KK-*Engelhardt*[4] 1; 16; *Kleinknecht/Meyer-Goßner*[44] 2; KMR-*Paulus* § 305a 9.

[27] OLG Celle MDR **1970** 68; OLG Düsseldorf MDR **1982** 1042; OLG Hamm NJW **1967** 510; MDR **1992** 989; LG Osnabrück NStZ **1985** 378; KK-*Engelhardt*[4] 1; 16; *Kleinknecht/Meyer-Goßner*[44] 2; SK-*Schlüchter* 3.

Erstrichters bestätigt[28]. Versäumt das Berufungsgericht die gebotene eigene Entscheidung überhaupt, muß es sie analog § 453 Abs. 1 nachholen[29].

20   Das Berufungsgericht erläßt den neuen Beschluß als **erstinstanzielles Gericht**, das eine mit dem Berufungsurteil in innerer Wechselwirkung stehende, unselbständige Nebenentscheidung selbst trifft, und **nicht als Beschwerdegericht** nach § 305a. Es ist daher unerheblich, ob neben dem Ersturteil auch der Beschluß des Erstrichters mit Beschwerde angefochten worden ist[30], denn auch diese wird gegenstandslos, wenn durch das Berufungsurteil der angefochtene Beschluß gegenstandslos geworden ist[31]. Das **Verschlechterungsverbot** (§ 331) erfaßt die neue Entscheidung weder unmittelbar noch kann es analog herangezogen werden[32], da der Beschluß nach § 268a unter dem Vorbehalt nachträglicher Änderungen steht, dem Angeklagten also keine Rechtsposition einräumt, auf die er vertrauen darf; außerdem steht der analogen Anwendung auch die kriminalpolitische Zielsetzung der Regelung entgegen[33], die gerade keine starren Festlegungen schaffen, sondern einer flexiblen Anpassung der einzelnen Anordnungen ermöglichen sollte. Die neue Entscheidung des Berufungsgerichts ist mit der Beschwerde nach § 305a anfechtbar[34].

21   **7. Das Revisionsgericht** muß die Entscheidung nach § 268a grundsätzlich dem Tatrichter überlassen[35]. Nur wenn es in Übereinstimmung mit der Staatsanwaltschaft die Mindestdauer der Bewährungszeit für angemessen hält, kann es diese neben dem (verwerfenden) Urteil selbst durch Beschluß festsetzen, wobei aber auch dann die Entscheidung über die Auflagen dem Tatrichter (in Nachverfahren) vorbehalten ist[36]. Hebt es auf die Revision das Urteil in einem für den Beschluß nach § 268a relevanten Teil auf, wird dieser gegenstandslos[37].

8. Rechtsbehelfe

22   **a) Nachholen der unterbliebenen Verkündung.** Ist in der Hauptverhandlung der nach dem Urteilsinhalt notwendige **Beschluß** nach § 268a versehentlich nicht verkündet worden, gilt zunächst nur die Mindestbewährungszeit von zwei Jahren ohne Auflagen und Weisungen[38]. Der versehentlich unterbliebene Beschluß darf aber bis zur Rechts-

---

[28] OLG Hamm NJW **1967** 510; MDR **1992** 989; KG Osnabrück NStZ **1985** 19; *Kleinknecht/Meyer-Goßner*[44] 2; SK-*Schlüchter* 3.

[29] OLG Düsseldorf MDR **1982** 1042; OLG Koblenz MDR **1981** 423; SK-*Schlüchter* 3; wegen der hier bestehenden Streitfragen vgl. Rdn. 22.

[30] OLG Celle MDR **1970** 68; OLG Düsseldorf NJW **1956** 1889; OLG Hamm JMBlNW **1964** 176; **1967** 510; MDR **1992** 989; KG VRS **11** (1956) 364; LG München DAR **1956** 111; KK-*Engelhardt*[4] 1; *Kleinknecht/Meyer-Goßner*[44] 2; KMR-*Paulus* § 305a, 10; SK-*Schlüchter* 3; 4.

[31] Vgl. etwa OLG Hamm NJW **1967** 510; *O. H. Schmitt* NJW **1956** 1729 in der abl. Anm. zur gegenteiligen Ansicht von BayObLG NJW **1956** 1728, ferner die Nachw. in vorst. Fußn.

[32] BGH bei *Kusch* NStZ **1995** 200; OLG Düsseldorf NStZ **1994** 199; JMBl **1986** 273; OLG Hamburg NJW **1981** 470 mit Anm. *Loos* NStZ **1981** 363; OLG Hamm NJW **1978** 1596; OLG Karlsruhe Justiz **1979** 211; OLG Koblenz NStZ **1981** 154; OLG Oldenburg NStZ-RR **1997** 9; *Kleinknecht/Meyer-Goßner*[44] 9; KMR-*Paulus* § 305a, 10; SK-

Schlüchter 5 (zumindest nicht, soweit Abänderung zulässig); vgl. auch *Horn* MDR **1981** 15, ferner (zu § 358 Abs. 2) BGH JR **1982** 415 mit Anm. *Meyer* (die Entscheidung läßt die Streitfrage offen, was gilt, wenn die materiell-rechtlichen Voraussetzungen für eine Abänderung nicht vorlagen); **a. A** OLG Koblenz JR **1977** 346 mit abl. Anm. *Gollwitzer*; OLG Frankfurt NJW **1978** 959; *Wittschier* Das Verbot der reformatio in peius im strafprozessualen Beschlußverfahren (1985) 134 ff; HK-*Julius*[2] 6; zweifelnd AK-*Wassermann* 6.

[33] OLG Hamburg NJW **1981** 470. Vgl. *Gollwitzer* JR **1977** 347.

[34] KMR-*Paulus* § 305a, 10; vgl. bei § 305a.

[35] Vgl. BGH bei *Kusch* NStZ **1997** 73; KK-*Engelhardt*[4] 2; vgl. bei § 305a.

[36] BGH bei *Kusch* NStZ **1997** 73; BGH nach KK-*Engelhardt*[4] 2.

[37] KK-*Engelhardt*[4] 16; vgl. Rdn. 19 und bei § 305a.

[38] H. M, etwa OLG Frankfurt StV **1983** 24; OLG Hamm MDR **1992** 989; LG Kempten NJW **1978** 840.

kraft des Urteils von dem Gericht, das den Beschluß hätte erlassen müssen[39], analog § 453 nach Anhörung des Angeklagten[40] und danach von dem nach § 462a zuständigen Gericht noch nachgeholt werden. Durch das bloße Unterlassen des gesetzlich zwingend gebotenen Beschlusses wird kein Vertrauenstatbestand geschaffen; jede Strafaussetzung zur Bewährung steht ohnehin unter den Vorbehalt späterer Änderungen sowohl hinsichtlich ihrer Dauer als auch hinsichtlich des Inhalts der mit ihr verknüpften Auflagen und Weisungen. Das **Verschlechterungsverbot** greift nach der vorherrschenden Meinung insoweit nicht[41]. Strittig ist, ob die **Nachholbefugnis uneingeschränkt** besteht[42] oder nur insoweit, als das materielle Recht ohnehin nachträgliche Abänderungen zuläßt[43] oder, noch enger, ob die versehentlich unterbliebenen Anordnungen nur insoweit nachgeholt werden dürfen, als deren Modalitäten bereits aus dem Urteilsgründen ersichtlich und nachvollziehbar sind[44]. Vertreten wird auch die Ansicht, daß wegen des Zusammenhangs mit der dem gesamten Spruchkörper (Schöffen) vorbehaltenen Entscheidungsfindung jede Nachholung des Beschlusses überhaupt zu unterbleiben hat[45], so daß es bei der Mindestdauer der Bewährungszeit frei von Auflagen und Weisungen sein Bewenden haben muß. Einer Nachholung bedarf es nicht, wenn **Berufung** eingelegt ist, weil das Berufungsgericht den Beschluß neu erlassen muß, so daß auch kein Raum für eine Zurückverweisung ist[46]. Die Revision kann auf das Fehlen eines Beschlusses nach § 268a nicht gestützt werden, da das Urteil hierauf nicht beruhen kann[47].

b) Rechtsmittel gegen Beschluß. Während die Berufung gegen das Urteil automatisch **23** zu einer **neuen, eigenen Entscheidung** des Berufungsgerichts nach § 268a führt[48], kann eine allein gegen den Beschluß gerichtete Beschwerde nach § 305a nur darauf gestützt werden, daß eine der dort getroffenen Anordnungen gesetzwidrig ist, also insbesondere den im materiellen Strafrecht getroffenen Einzelregelungen widerspricht[49]. **Beschwerdeberechtigt** sind neben der Staatsanwaltschaft der Verurteilte und sein gesetzlicher Vertreter, nicht aber der Nebenkläger und der durch die Straftat Geschädigte[50].

Soweit das **Revisionsgericht** über die Beschwerde nach § 305a Abs. 2 zu befinden hat, **24** entscheidet es durch selbständigen **Beschluß** und nicht etwa im Revisionsurteil. Die Revision gegen das Urteil kann nicht mit Angriffen gegen Bewährungsanordnungen begründet werden[51].

c) Eine **unterbliebene Belehrung nach Absatz 3** ist nachzuholen (Rdn. 15); ein Rechts- **25** mittel kann hierauf nicht gestützt werden, da der Bestand des Beschlusses nicht von der Belehrung abhängt[52].

---

[39] *Kleinknecht/Meyer-Goßner*[44] 8.

[40] OLG Düsseldorf JMBlNW **1986** 273.

[41] Vgl. Rdn. 20.

[42] OLG Celle NJW **1957** 276; MDR **1970** 68; OLG Düsseldorf JMBlNW **1986** 273; OLG Hamburg NJW **1981** 470 mit Anm. *Loos* NStZ **1981** 363; OLG VRS **11** (1956) 357; OLG Karlsruhe Justiz **1979** 211; OLG Koblenz NStZ **1981** 154; *Kleinknecht/Meyer-Goßner*[44] 8; KMR-*Paulus* § 305a, 10.

[43] Vgl. OLG Koblenz MDR **1981** 423; LG Osnabrück NStZ **1985** 378; KMR-*Müller* 9; ferner SK-*Schlüchter* 5.

[44] OLG Frankfurt StV **1983** 24; LG Osnabrück (keine Nachholung von Auflagen); KK-*Engelhardt*[4] 9. OLG Köln NStZ-RR **2000** 338 läßt die Fragen offen, hält aber die nachträgliche Auflage einer Geldbuße für nicht zulässig.

[45] LG Kempten NJW **1978** 840; HK-*Julius*[2] 4; vgl. auch LG Freiburg MDR **1992** 789 (Keine Nachholbarkeit im Strafbefehlsverfahren, da das Fehlen von Auflagen entscheidend für Verzicht auf Einspruch sein kann).

[46] OLG Düsseldorf MDR **1982** 1042; vgl. Rdn. 19, 20.

[47] OLG Koblenz MDR **1981** 423.

[48] Vgl. Rdn. 19; 20.

[49] Wegen der Einzelheiten vgl. bei § 305a.

[50] OLG Düsseldorf JMBlNW **2000** 123; vgl. § 305a.

[51] Etwa OLG Hamm NJW **1969** 890; KG NJW **1957** 275. Wegen der Einzelheiten vgl. bei § 305a.

[52] OLG Koblenz MDR **1981** 423; AK-*Wassermann* 5; KK-*Engelhardt*[4] 11; *Kleinknecht/Meyer-Goßner*[44] 9.

26   **9. Folgen einer unrichtigen Belehrung nach Absatz 3.** Der **Widerruf der Strafaussetzung** hängt zwar grundsätzlich nicht davon ab, daß der Angeklagte ordnungsgemäß belehrt worden ist. Im Einzelfall kann es jedoch für die Beurteilung seines Verhaltens, insbesondere bei der Würdigung der Schwere eines Verstoßes gegen Auflagen und Weisungen zugunsten des Angeklagten ins Gewicht fallen, daß er nicht ordnungsgemäß belehrt worden ist[53], da dann ein gröblicher oder beharrlicher Verstoß gegen Auflagen und Weisungen (§ 56 f Abs. 1 Nrn. 2, 3 StGB) mitunter nicht vorliegen wird (Tatfrage!)[54]. Gleiches gilt bei den anderen Entscheidungen nach § 268a Abs. 1, 2.

27   Die **Strafbarkeit** der Zuwiderhandlung gegen bestimmte Weisungen im Rahmen der **Führungsaufsicht** nach § 145a StGB hängt nicht davon ab, daß der Angeklagte gemäß Absatz 3 Satz 1 und 2 belehrt worden ist. Es ist eine Tatfrage, ob eine fehlende oder unzureichende Belehrung den von dieser Strafvorschrift vorausgesetzten (mindestens) bedingten Vorsatz entfallen läßt, etwa, weil der Angeklagte nicht erkannte, daß er durch sein Verhalten den Zweck der Maßregel gefährdete.

§ 268b

[1]Bei der Urteilsfällung ist zugleich von Amts wegen über die Fortdauer der Untersuchungshaft oder einstweiligen Unterbringung zu entscheiden. [2]Der Beschluß ist mit dem Urteil zu verkünden.

Entstehungsgeschichte. § 268 b ist durch Art. 4 Nr. 32 des 3. StRÄndG 1953 eingefügt worden.

Übersicht

1. Sinn der Vorschrift

1   **a) Die Notwendigkeit der Haftfortdauer** hat das erkennende Gericht **während der ganzen Hauptverhandlung** zu prüfen. Es hat von Amts wegen einen Haft- oder Unterbringungsbefehl unverzüglich aufzuheben, wenn seine Voraussetzungen nicht mehr gegeben sind (§ 120). Es darf die Aufhebung nicht bis zur Verkündung des Urteils und

---

[53] Vgl. BVerfG NJW **1992** 2877; OLG Celle NJW **1958** 1009; OLG Düsseldorf VRS **91** (1996) 115; ferner OLG Hamm StV **1992** 22 mit Anm. *Budde*; HK-*Julius*[2] 7; SK-*Schlüchter* 14.

[54] Vgl. *Koch* NJW **1977** 419.

der in § 268b vorgeschriebenen Beschlußfassung über die Haftfortdauer aufschieben, sofern diese Entscheidungen nicht alsbald[1] ergehen können. Dies gilt auch, wenn die Haftprüfung nach § 122 Abs. 3 Satz 2 dem Oberlandesgericht obliegt[2].

b) Besteht dagegen im **Zeitpunkt der Urteilsfällung** noch ein Haft- oder Unter- **2** bringungsbefehl, so hat das Gericht zugleich mit Verkündung des Urteils über dessen **Fortdauer** zu entscheiden, und zwar ganz gleich, ob es den Angeklagten verurteilt oder freispricht[3]. Die Entscheidung hat auch zu ergehen, wenn der Vollzug des Haftbefehls nach § 116 ausgesetzt ist[4].

§ 268b legt eine auch schon vorher in der Praxis gepflogene Übung gesetzlich fest. Er **3** entscheidet die Streitfrage, ob das erkennende Gericht über die Haftfortdauer auch dann beschließen dürfe, wenn das Urteil alsbald mit der Verkündung **rechtskräftig** wird, sei es, daß alle Anfechtungsberechtigten auf Einlegung eines Rechtsmittels verzichten, sei es, daß gegen das Urteil überhaupt kein Rechtsmittel gegeben ist. § 268b unterscheidet nicht zwischen anfechtbaren und solchen Urteilen, die mit der Verkündung oder alsbald nach ihr rechtskräftig werden, sondern begründet die Zuständigkeit des erkennenden Gerichts für die Entscheidung über die Haftfortdauer für jeden Fall ohne Ausnahme[5].

2. Entscheidung über Fortdauer der Untersuchungshaft ist die Entscheidung, ob der **4** Haftbefehl aufrechtzuerhalten, sein Vollzug auszusetzen oder ob er aufzuheben ist. Dies muß das Gericht nach den Regeln des **materiellen Haftrechts** (insbesondere §§ 112 bis 113, 116, 120) auf Grund der in der Hauptverhandlung gewonnenen Erkenntnisse, insbesondere des nach seiner Überzeugung feststehenden Sachverhalts, von Amts wegen prüfen. Die prozessualen Voraussetzungen der Haftentscheidung können aber im Wege des **Freibeweises** festgestellt werden[6]. Bestehen die Haftgründe fort, ist der Haftbefehl unter Umständen der neuen Sach- und Rechtslage ausdrücklich anzupassen[7], denn der Haftbefehl muß aus sich selbst heraus verständlich sein. Weshalb der Angeklagte der Tat, wegen der er verurteilt wurde, dringend verdächtig ist, braucht aber nicht noch besonders dargelegt zu werden[8]. Darzutun ist aber jede Änderung der Haftgründe, so wenn der Haftbefehl nunmehr auf Fluchtgefahr gestützt werden soll statt auf die mit Durchführung der Hauptverhandlung meist entfallende Verdunkelungsgefahr. Wird der Angeklagte freigesprochen oder wird das Verfahren nicht nur vorläufig eingestellt, so ist der Haftbefehl nach § 120 aufzuheben[9].

Gegen den auf **freiem Fuß** befindlichen Angeklagten kann im Zusammenhang mit **5** dem Erlaß des Urteils Haftbefehl ergehen, wenn auch bei den mit der Verkündung rechtskräftig werdenden Urteilen Verdunkelungsgefahr als Haftgrund wohl stets ausscheiden wird[10].

---

[1] AK-*Wassermann* 1 (noch am selben Tage); *Kleinknecht/Meyer-Goßner*[44] 1 (sofort).

[2] *Kleinknecht/Meyer-Goßner*[44] 2; SK-*Schlüchter* 2; vgl. § 121 20; 24.

[3] HK-*Julius*[2] 2; KK-*Engelhardt*[4] 2; weit. Nachw. nachfolg. Fußn.

[4] AK-*Wassermann* 2, HK-*Julius*[2] 2; KMR-*Müller* 1; SK-*Schlüchter* 3; **a. A** *Kleinknecht/Meyer-Goßner*[44] 2 (keine Fortdauer der Untersuchungshaft, wenn Haftbefehl ausgesetzt).

[5] *Schmitt* NJW **1959** 1718; KK-*Engelhardt*[4] 2; KMR-*Müller* 4; SK-*Schlüchter* 2.

[6] *Alsberg/Nüse/Meyer* 122; vgl. § 114, 22.

[7] Vgl. OLG Karlsruhe wistra **1991** 277 (Aufrechterhaltung „nach Maßgabe des Urteils" genügt nicht); HK-*Julius*[2] 2; SK-*Schlüchter* 6.

[8] SK-*Schlüchter* 6.

[9] *Kleinknecht/Meyer-Goßner*[44] 2.

[10] Vgl. OLG Hamm NJW **1954** 298; *Schneidewin* NJW **1954** 298; AK-*Wassermann* 4; KK-*Engelhardt*[4] 4; SK-*Schlüchter* 6; *Eb. Schmidt* 2; **a. A** *Wolff* NJW **1954** 60.

Walter Gollwitzer

6 3. Für den **Unterbringungsbefehl** gelten die vorstehenden Ausführungen entsprechend[11].

7 4. Der **Beschluß** nach § 268b wird vom erkennenden Gericht in der für die Urteilsfällung vorgeschriebenen Besetzung – also unter Mitwirkung der Laienrichter – erlassen[12]. Während einer Unterbrechung der Hauptverhandlung kann die Haftentlassung (§§ 116, 128) auch ohne die Schöffen beschlossen werden[13]. Die Entscheidung nach § 268b ist gemäß § 34 zu **begründen**[14]. Die inhaltlichen Anforderungen an die Begründung werden durch das materielle Haftrecht bestimmt, wobei allerdings zusätzliche Ausführungen zum dringenden Tatverdacht wegen des ergangenen Urteils sich erübrigen.

8 5. **Unterlassung der Beschlußfassung.** Unterläßt es das Gericht entgegen § 268b versehentlich, einen Beschluß über die Haftfortdauer zu fassen, so kann es das Versäumnis jederzeit von Amts wegen oder auf Antrag nachholen. Unterbleibt nur die Verkündung, muß der Beschluß zugestellt werden[15]. In Eilfällen, vor allem, wenn nach Freisprechung des Angeklagten die Aufhebung des Haftbefehls übersehen ist, kann der Vorsitzende nach § 124 Abs. 2 und 3 im Einvernehmen mit der Staatsanwaltschaft allein handeln. Unterbleibt die Beschlußfassung oder die Verkündung, wird ein bestehender Haftbefehl nicht von selbst unwirksam[16]. Nur die Haftbefehle nach § 127b Abs. 2, § 230 Abs. 2 machen hier eine Ausnahme[17].

9 6. **Zeitpunkt der Verkündung.** Der Beschluß über die Aufhebung des Haftbefehls oder die Fortdauer der Haft ist nach Satz 2 „mit dem Urteil" zu verkünden. Dies soll den inneren Zusammenhang beider, an sich selbständiger Entscheidungen verdeutlichen, denn gleichzeitig mit dem Urteil muß das Gericht auch über die Haftfrage neu entscheiden. Nach der Sachlogik hat dies erst **nach Verkündung der Urteilsformel** zu geschehen. Im übrigen aber steht es dem Gericht frei, ob es die Verkündung seiner Haftentscheidung wegen ihrer Bedeutung für den Angeklagten und auch für die Öffentlichkeit unmittelbar an die Verkündung des Urteilstenors anschließt und erst danach die Urteilsgründe eröffnet oder ob es erst nach Abschluß der mündlichen Mitteilung der Urteilsgründe[18] die Haftentscheidung zusammen mit anderen Beschlüssen und Belehrungen (§§ 35a, 268a) bekannt gibt.

10 7. **Rechtsbehelfe, Belehrung.** Ergeht bei der Urteilsverkündung ein neuer Haftbefehl, so ist der Angeklagte nach § 115 Abs. 4 über das Recht der Beschwerde und die anderen **Rechtsbehelfe** gegen den **Haftbefehl** zu belehren[19]. Wird nur die Haftfortdauer angeordnet, bedarf es keiner neuen Belehrung über die Zulässigkeit der Beschwerde (§ 304) gegen diesen Beschluß. Die Rechtsbehelfe gegen die Haftentscheidung sind auch gegeben,

---

[11] KK-*Engelhardt*[4] 9; KMR-*Müller* 6.

[12] KK-*Engelhardt*[4] 3; *Kleinknecht/Meyer-Goßner*[44] 3; SK-*Schlüchter* 5; vgl. OLG Düsseldorf StV **1984** 159 sowie § 125, 14.

[13] *Kleinknecht/Meyer-Goßner*[44] 1; SK-*Schlüchter* 1; vgl. auch § 125, 16 *Kunisch* StV **1998** 688; sowie vorstehende Fußn., ferner zu den neuerdings aufgetretenen Streitfragen LR-*Siolek* § 30, 18 GVG.

[14] KK-*Engelhardt*[4] 6; *Kleinknecht/Meyer-Goßner*[44] 3; *Eb. Schmidt* 3.

[15] AK-*Wassermann* 5; KK-*Engelhardt*[4] 7; *Kleinknecht/Meyer-Goßner*[44] 4; SK-*Schlüchter* 9.

[16] KK-*Engelhardt*[4] 7; *Kleinknecht/Meyer-Goßner*[44] 4; SK-*Schlüchter* 9; *Eb. Schmidt* 5.

[17] Vgl. § 127b, 15; § 230, 41.

[18] KK-*Engelhardt*[4] 5; *Kleinknecht/Meyer-Goßner*[44] 3; SK-*Schlüchter* 8.

[19] Vgl. *Eb. Schmidt* 3 (Rechtsbehelfsbelehrung bei jeder Anordnung über die Haftfortdauer); a.A KMR-*Müller* 4 (Belehrung nicht vorgeschrieben).

wenn das Urteil sogleich rechtskräftig wird[20]. Erst wenn die Strafvollstreckung eingeleitet ist, werden sie gegenstandslos[21].

8. In der **Sitzungsniederschrift** ist der Beschluß nach § 268b gemäß § 273 Abs. 1 zu **11** beurkunden[22].

§ 268c

[1]**Wird in dem Urteil ein Fahrverbot angeordnet, so belehrt der Vorsitzende den Angeklagten über den Beginn der Verbotsfrist (§ 44 Abs. 4 Satz 1 des Strafgesetzbuches).** [2]**Die Belehrung wird im Anschluß an die Urteilsverkündung erteilt.** [3]**Ergeht das Urteil in Abwesenheit des Angeklagten, so ist er schriftlich zu belehren.**

Entstehungsgeschichte. § 268c ist durch Art. 2 EGOWiG in das Gesetz eingefügt worden. Die Vorschrift, die im Regierungsentwurf nicht enthalten war, beruht auf einem Vorschlag des Rechtsausschusses (Schriftl. Bericht, BTDrucks. V 2600 und 2601, 18). Art. 21 Nr. 72 EGStGB hat ohne sachliche Änderung die Verweisung den neuen Paragraphenbezeichnungen des Strafgesetzbuchs angepaßt.

Übersicht

1. Zweck der Vorschrift. Mit der Belehrung soll verhindert werden, daß der Ange- **1** klagte, gegen den ein mit Rechtskraft des Urteils wirksames Fahrverbot ausgesprochen worden ist, einen Rechtsnachteil dadurch erleidet, daß er aus Unkenntnis der komplizierten Rechtslage, nach der zwar das Fahrverbot mit der Rechtskraft wirksam wird, die Verbotsfrist aber erst mit der Ablieferung des Führerscheins zu laufen beginnt, seinen Führerschein nicht alsbald in amtliche Verwahrung gibt[1]. Nur wenn sich der Führerschein bereits in amtlichen Gewahrsam befindet, läuft die Frist bereits ab der Rechtskraft.

2. Anwendungsbereich. § 268c schreibt die Belehrung über den Beginn der Verbots- **2** frist nur für den Fall vor, daß das Gericht wegen einer Straftat ein Fahrverbot nach § 44 StGB verhängt hat, nicht jedoch für den Fall, daß die Fahrerlaubnis nach § 69 StGB

---

[20] Zur Begründung der Haftbeschwerde vgl. HK-*Julius*[2] 3.

[21] *Schmidt* NJW **1959** 1718.

[22] KK-*Engelhardt*[4] 6; *Kleinknecht/Meyer-Goßner*[44] 3; SK-*Schlüchter* 10.

[1] HK-*Julius*[2] 1; KK-*Engelhardt*[4] 1; *Kleinknecht/Meyer-Goßner*[44] 1; SK-*Schlüchter* 1.

Walter Gollwitzer

entzogen worden ist. Spricht das Gericht wegen einer Ordnungswidrigkeit ein Fahrverbot nach § 25 StVG aus, so folgt die Pflicht, den Betroffenen über den Beginn der Verbotsfrist im Anschluß an die Verkündung der Bußgeldentscheidung zu belehren, aus § 25 Abs. 8 StVG[2]. Einer solchen Belehrung bedarf es auch dann, wenn der Betroffene bereits bei Zustellung des Bußgeldbescheids von der Verwaltungsbehörde belehrt worden war.

3   Die Belehrungspflicht gilt auch für die **Berufungsinstanz** (§ 332). Sie wird nicht dadurch hinfällig, daß bereits der Erstrichter eine entsprechende Belehrung erteilt hatte[3]. Für das **Strafbefehlsverfahren** schreibt § 409 Abs. 1 Satz 2 die Belehrung nach § 268c vor.

4   **3. Gegenstand der Belehrung** ist der Beginn der Frist des Fahrverbots nach § 44 Abs. 4 Satz 1 StGB. Die Dauer des Verbots ist dem Angeklagten bereits durch das Urteil selbst bekannt gemacht worden. Der Vorsitzende soll den Angeklagten aber auch darauf hinweisen, daß das Fahrverbot mit der Rechtskraft des Urteils wirksam wird, die Zuwiderhandlung gegen das Verbot in § 21 StVG mit Strafe bedroht ist und nicht nur, daß die für sein Ende maßgebende Frist erst zu laufen beginnt, wenn er den Führerschein in amtlichen Gewahrsam gegeben hat[4]. Die Belehrung wird, auch wenn dies § 268c nicht vorschreibt, zweckmäßigerweise durch den Hinweis ergänzt, wo der Führerschein in Gewahrsam zu geben ist[5].

5   Hat der Angeklagte einen **ausländischen Fahrausweis**, dann ist er zu belehren, daß die Frist erst mit der Eintragung des Verbots in diesem Ausweis läuft.

6   **Weitergehende Belehrungen**, etwa über die Berechnung der Verbotsfrist und über die Nichteinrechnung der Zeit, in der der Angeklagte sich in Haft befindet oder sonst auf Grund einer behördlichen Anordnung in einer Anstalt verwahrt wird (§ 44 Abs. 4 Satz 2 StGB), sieht das Gesetz nicht vor.

7   **4. Der Vorsitzende** erteilt die Belehrung im Anschluß an die Urteilsverkündung, und zwar zweckmäßigerweise erst nach Verkündung etwaiger, gemeinsam mit dem Urteil ergehender Beschlüsse[6], da er dann die Belehrung nach § 268c mit einer etwaigen Belehrung nach § 268a Abs. 3 und mit der Rechtsmittelbelehrung zusammenfassen kann. Ob er die Belehrung nach § 268c dabei vor der Rechtsmittelbelehrung nach § 35a oder erst nach dieser erteilt, ist unerheblich. Ebenso wie bei der Rechtsmittelbelehrung[7] kann sich der Vorsitzende auch hier eines Merkblatts bedienen, das aber die Belehrung nur ergänzen und nicht etwa vollständig ersetzen kann[8].

8   **5. Bei Abwesenheit des Angeklagten** bei der Urteilsverkündung ist die Belehrung schriftlich zu erteilen (Satz 3). Sie ist dem Angeklagten, ebenso wie beim Strafbefehl, zweckmäßigerweise gemeinsam mit dem Urteil zuzustellen[9].

9   **6. Die Nachholung** einer zu Unrecht unterbliebenen Belehrung im Vollstreckungsverfahren ähnlich § 453a Abs. 1 ist für die Belehrung nach § 268c StGB nicht vorgesehen. Ist die Belehrung durch das Gericht unterblieben, so kann allerdings die Vollstreckungs-

---

[2] KK-*Engelhardt*[4] 1.

[3] KK-*Engelhardt*[4] 5; SK-*Schlüchter* 3.

[4] OLG Celle VRS **54** (1978) 118; KK-*Engelhardt*[4] 3; KMR-*Müller* 1.

[5] *Kleinknecht/Meyer-Goßner*[44] 3; SK-*Schlüchter* 4, nach HK-*Julius*[2] 2 muß dies geschehen.

[6] KK-*Engelhardt*[4] 4; *Kleinknecht/Meyer-Goßner*[44] 4; KMR-*Müller* 4; SK-*Schlüchter* 6.

[7] Vgl. RiStBV Nr. 142 Abs. 1 Satz 2; § 268, 35.

[8] *Kleinknecht/Meyer-Goßner*[44] 2; SK-*Schlüchter* 5.

[9] KK-*Engelhardt*[4] 9; *Kleinknecht/Meyer-Goßner*[44] 4; KMR-*Müller* 3; SK-*Schlüchter* 7.

behörde die Belehrung nachholen, wenn sie den Führerschein zur Vollstreckung nach § 59a Abs. 4 Satz 1 StVollstrO anfordert[10]. Eine Nachholung der Belehrung durch den Richter ist nicht vorgeschrieben[11].

7. Sitzungsniederschrift. Die mündliche Belehrung durch den Vorsitzenden ist zweck- **10** mäßigerweise in der Sitzungsniederschrift zu vermerken, auch wenn man in der Belehrung keine wesentliche Förmlichkeit im Sinne des § 273 Abs. 1 sieht, weil ihr Unterlassen keine prozessualen Rechtsfolgen hat[12].

8. Anfechtbarkeit. Da das Urteil auf einen Verstoß gegen § 268c nicht beruhen kann **11** und dieser auch sonst keine prozessualen Rechtsfolgen hat, kann weder die Revision noch eine Beschwerde darauf gestützt werden[13].

§ 269

Das Gericht darf sich nicht für unzuständig erklären, weil die Sache vor ein Gericht niederer Ordnung gehöre.

Schrifttum. Wegen der Nachweise vgl. bei § 270 sowie bei den §§ 6a und 209.

Übersicht

1. Anwendungsbereich

a) § 269 betrifft die **sachlichen Zuständigkeit** (§ 1) im engeren Sinn, d. h. die Zustän- **1** digkeit der ordentlichen Strafgerichte in ihrem Verhältnis zueinander[1]. Wegen der örtlichen Zuständigkeit vgl. § 16, wegen der funktionellen Zuständigkeit Vor § 1, 7 ff; wegen der geschäftsplanmäßigen Zuständigkeit Vor § 1, 11 ff; § 209, 7 ff. Zu den Besonderheiten, die sich aus der in § 74e GVG festgelegten Rangfolge an sich gleichrangiger Spruchkörper und bei den Jugendgerichten ergeben vgl. §§ 6a, 209a, 225a, 270.

---

[10] AK-*Wassermann* 4; KK-*Engelhardt*[4] 7; nach *Kleinknecht/Meyer-Goßner*[44] 6; SK-*Schlüchter* 8 muß die Vollstreckungsbehörde die Belehrung nachholen.
[11] KK-*Engelhardt*[4] 7; *Kleinknecht/Meyer-Goßner*[44] 6.
[12] KK-*Engelhardt*[4] 8; *Kleinknecht/Meyer-Goßner*[44] 4; SK-*Schlüchter* 9; *Eb. Schmidt* Nachtr. II 4 (Ordnungsvorschrift); KMR-*Müller* 5 läßt dies offen.
[13] HK-*Julius*[2] 11; SK-*Schlüchter* 10.

[1] Zum Begriff der sachlichen Zuständigkeit vgl. Vor § 1, 1 ff.

Walter Gollwitzer

2   **b)** § 269 erfaßt das **gesamte Hauptverfahren** von der Eröffnung an[2]; für die Entscheidung über die Eröffnung gilt er nicht (§ 209 Abs. 1)[3]. Bei der Vorlage nach § 225a greift er erst ein, wenn das Gericht höherer Ordnung durch den Übernahmebeschluß seine Zuständigkeit begründet hat[4]. Zur Begründung der Zuständigkeit des Gerichts höherer Ordnung durch den Verweisungsbeschluß nach § 270 vgl. dort Rdn. 33 ff.

3   **c)** § 269 schließt die Abgabe an ein Gericht niederer Ordnung aus; der Abgabe an ein Gericht **höherer Ordnung** (Vorlage zur Übernahme § 225a; Verweisung § 270) steht er nicht entgegen. Er gilt auch nicht für die Abgabe zwischen **gleichrangigen Spruchkörpern**[5], selbst wenn zwischen ihnen eine Rangfolge festgelegt ist, wie bei den Strafkammern in § 74e GVG[6]. Insoweit richtet sich die Abgabe nach § 225a Abs. 4 und § 270 Abs. 1 Satz 2.

4   **2. Zweck** der Regelung ist es, aus Gründen der Prozeßwirtschaftlichkeit und der Verfahrensbeschleunigung Verweisungen rechtshängiger Verfahren entgegenzuwirken, die nicht wegen der mangelnden Strafkompetenz unerläßlich sind[7]. Wie § 6 zeigt, gehört die sachliche Zuständigkeit zu den in jeder Lage des Verfahrens von Amts wegen zu prüfenden Verfahrensvoraussetzungen. Ihr Fehlen oder ihre Veränderungen durch das spätere Verhandlungsergebnis müßte deshalb an sich zu mitunter wiederholten Verweisungen an vor- oder nachrangige Gerichte führen. Wenigstens letzteres will § 269 ausschließen. Er bestimmt deshalb in Ergänzung von § 6, daß die fehlende sachliche Zuständigkeit unbeachtlich ist, wenn sich ein Gericht höherer Ordnung mit der Sache befaßt, das Verfahren also vor ihm eröffnet ist[8]. Nach der Auffassung der Strafprozeßordnung schließt die größere sachliche Zuständigkeit die **geringere** ein[9]. Es wird auch nicht als Nachteil für den Angeklagten angesehen, wenn seine Sache vor dem höheren Gericht behandelt wird[10]. Nur soweit die vorrangige Auffangzuständigkeit des § 269 nicht eingreift, ist die Einhaltung der originären sachlichen Zuständigkeit nach § 6 von Amts wegen zu beachten[11].

5   **3.** § 269 enthält **zwingendes Recht**; die Verweisung an ein Gericht niederer Ordnung ist auch bei Einverständnis aller Verfahrensbeteiligten ausgeschlossen. Sein Verbot tritt aber zurück, wenn dies erforderlich ist, um **vorrangiges Recht**, wie etwa die Verfassungsgarantie des gesetzlichen Richters (vgl. Rdn. 9a) oder die verfassungsrechtlich gebotene Beachtung der grundgesetzlichen Kompetenzordnung[12] zu wahren.

---

[2] KK-*Engelhardt*[4] 2; *Kleinknecht/Meyer-Goßner*[44] 2; KMR-*Müller* 1; SK-*Schlüchter* 2. Auch § 225a bestätigt, daß § 269 einen Grundsatz enthält, der nicht nur für die Hauptverhandlung, sondern für das ganze Verfahren nach der Eröffnung gilt.

[3] Vgl. § 209, 19.

[4] BGHSt **44** 121; vgl. § 225a, 32.

[5] BGHSt **27** 99; 102; AK-*Wassermann* 1; KK-*Engelhardt*[4] 7; *Kleinknecht/Meyer-Goßner*[44] 6; KMR-*Müller* 2; vgl. § 270, 7; ferner *Meyer-Goßner* NStZ **1981** 168.

[6] Vgl. bei § 74e GVG; ferner die bei Rdn. 1 genannten Sondervorschriften für die Abgabe an nachrangige Kammern; ferner bei § 209a.

[7] BGH NJW **1997** 2689; *Hahn* Motive 213; HK-*Julius*[2] 1; KK-*Engelhardt*[4] 1; *Kleinknecht/Meyer-Goßner*[44] 1.

[8] *Eb. Schmidt* 1. Wegen der Zugehörigkeit des § 269 zu einem umfassenden System, das § 6 erst praktikabel macht, vgl. *Rieß* GA **1976** 10 und § 209, 2.

[9] *Hahn* Motive 212; KMR-*Müller* 1.

[10] RGSt **62** 271; BGHSt **43** 53; BGH NJW **2001** 1359; *Dünnebier* JR **1975** 3; *Gössel* 16 C IIg; *Hohendorf* NStZ **1987** 390; *Meyer-Goßner* NStZ **1989** 90; AK-*Wassermann* 1; *Kleinknecht/Meyer-Goßner*[44] 1; SK-*Schlüchter* 1, zweifelnd HK-*Julius*[2] 1 (Verlust einer Tatsacheninstanz, Stigmatisierung der Verurteilung durch höheres Gericht); ferner *Sowada* JR **1995** 259; vgl. § 270, 7.

[11] Vgl. BGH MDR **1994** 710. KK-*Engelhardt*[4] 5; *Kleinknecht/Meyer-Goßner*[44] 5.

[12] BGH NJW **2001** 1359 (für BGHSt bestimmt).

4. Gericht niederer Ordnung. Maßgebend für die Ordnung, der das jeweilige Gericht **6** angehört, ist die Stufenfolge, in der die Gerichte des gleichen Gerichtszweiges nach der geltenden Gerichtsverfassung eingereiht sind und ihre unterschiedliche Besetzung[13]. Zur Rangordnung vgl. § 2, 11 ff, § 209, 11 ff, § 338, 69 ff.

Als ein Gericht niederer Ordnung ist auch der **Strafrichter** im Verhältnis zum **Schöffen-** **7** **gericht** anzusehen[14], während der Unterschied zwischen dem dreigliedrigen und dem erweiterten Schöffengericht nicht die Zuständigkeit, sondern nur die Besetzung betrifft[15]. Das **Schwurgericht** ist seit Änderung seiner Besetzung als besondere Strafkammer (§ 74 Abs. 2 GVG) gegenüber der großen Strafkammer und der Jugendkammer kein Gericht höherer Ordnung mehr[16], wohl aber die **große Strafkammer** gegenüber der kleinen[17]. Der Kartellsenat eines Oberlandesgerichts ist gegenüber den Strafgerichten beim Amts- und Landgericht kein Gericht höherer Ordnung, da nur die letzteren die Befugnis zur Aburteilung von Strafsachen haben[18].

Für die **Jugendgerichte** enthält § 47a JGG eine dem § 269 vergleichbare Regelung, die **8** – unbeschadet des § 103 Abs. 2 Satz 2, 3 JGG[19] – die Verweisung an ein für allgemeine Strafsachen zuständiges Gericht gleicher oder niedrigerer Ordnung ausschließt[20]. Im übrigen ist anerkannt[21], daß Jugendgerichte und Erwachsenengerichte Abteilungen – wenn auch kraft Gesetzes verschieden besetzte Abteilungen – der ordentlichen Gerichte sind und daß auch zwischen Jugendgerichten und Erwachsenengerichten das Verhältnis von Gerichten höherer und niederer Ordnung im Sinne des § 269 besteht[22]. Das irrtümlich angegangene Erwachsenengericht darf daher die Sache nur an ein gleichrangiges Jugendgericht abgeben, nicht aber an ein Jugendgericht niederer Ordnung[23]. Ob § 103 Abs. 3 JGG eine dem § 269 vorgehende Sonderregelung enthält, kann zweifelhaft sein[24]. Bei § 47a JGG nimmt die Rechtsprechung an, daß dieser entgegen dem Wortlaut des § 103 Abs. 3 JGG eine Abgabe der abgetrennten Erwachsenensache an die Erwachsenengerichte nach Eröffnung ausschließt[25].

5. Anwendungsfälle. Dem § 269 ist angesichts seines Zwecks (Rdn. 4) eine möglichst **9** weite Ausdehnung zu geben. Er gilt nicht nur, wenn nachträglich die für die Zuständigkeit des höheren Gerichts maßgebenden Gesichtspunkte entfallen; er ist auch anzuwenden, wenn die Annahme, das Gericht höherer Ordnung sei zuständig, rechtlich fehlerhaft war. Unerheblich ist insoweit, ob die Zuständigkeit eines Gerichts niederer Ordnung schon aus dem Eröffnungsbeschluß ersichtlich war[26] oder ob das Gericht höherer Ordnung durch eine sachlich zu Unrecht erlassene Unzuständigkeitserklärung des Gerichts

---

[13] Vgl. *Rieß* GA **1976** 1.
[14] BGHSt **19** 178; h. M, vgl. § 2, 11; § 209, 11 mit weit. Nachw.
[15] RGSt **62** 270; § 2, 12; und bei § 209.
[16] BGHSt **26** 191 = JR **1976** 164 mit Anm. *Brunner*; = NJW **1976** 201 mit Anm. *Sieg*; BGHSt **27** 101; OLG Düsseldorf OLGSt § 210, 3.
[17] Vgl. OLG Düsseldorf MDR **1993** 459, die kleine Strafkammer ist aber jetzt kein erstinstanzliches Gericht mehr.
[18] BGHSt **39** 202; 207; KK-*Engelhardt*[4] 4.
[19] Vorrang der besonderen Strafkammer nach § 74 GVG und der Wirtschaftsstrafkammer nach § 74e GVG.
[20] *Kleinknecht/Meyer-Goßner*[44] 5; vgl. die Kommentare zu § 47a JGG; § 209a, 20; ferner § 102 JGG (Zuständigkeit für Strafsachen nach § 120 Abs. 1, 2 JGG).

[21] Die Auffassung, die Jugendgerichtsbarkeit sei ein besonderer Gerichtszweig hat mit der Beschluß des Großen Senats BGHSt **18** 79 aufgegeben; so auch BGHSt **18** 175; **22** 51; **26** 198; vgl. § 209, 12 mit weit. Nachw.
[22] Vgl. § 209, 12; § 209a, 20 ff.
[23] BGHSt **18** 173.
[24] OLG Stuttgart Justiz **1978** 175 läßt dies offen, neigt aber zur Annahme einer vorrangigen Spezialvorschrift.
[25] BGHSt **30** 260; BayObLGSt **1980** 46 = NJW **1980** 2090; ferner die Kommentare zu § 47a JGG vgl. auch § 209a.
[26] RGSt **16** 39; *Kleinknecht/Meyer-Goßner*[44] 3; KMR-*Müller* 1; *Eb. Schmidt* 3.

Walter Gollwitzer

niederer Ordnung mit der Sache befaßt worden ist[27]. Dies gilt selbst, wenn der Verweisungsbeschluß nicht formgerecht zustande gekommen, aber rechtlich bindend ist[28].

9a   Eine **Ausnahme** von der Bindung des höheren Gerichts durch § 269 greift Platz, wenn diese mit vorrangigem Recht unvereinbar ist, so, wenn dessen Befassung gegen das Verbot des Art. 101 Abs. 1 Satz 2 GG verstößt, weil der Angeklagte dadurch (zumindest objektiv) **willkürlich seinem gesetzlichen Richter entzogen** würde. Das Gericht höherer Ordnung kann dann durch § 269 nicht zu einem ebenfalls zuständigen gesetzlichen Richter werden. Es ist dann nicht gehindert, das Verfahren an ein nach § 6 sachlich zuständiges Gericht niedrigerer Ordnung abzugeben. Dies gilt vor allem, wenn das Gericht durch einen gegen Art. 101 Abs. 1 Satz 2 GG verstoßenden Verweisungsbeschluß nach § 270 mit der Sache befaßt wird. Nimmt man mit der zumindest früher vorherrschenden Meinung an, daß der gegen Art. 101 Abs. 1 Satz 2 GG verstoßende Befassungsakt überhaupt nichtig ist[29], ist die Sache ohnehin bei dem vorlegenden niedrigeren Gericht anhängig geblieben und das höhere Gericht kann sie an dieses zurückleiten. Verneint man aus guten Gründen die Nichtigkeit, ist zwar die Sache durch den Vorlagebeschluß wirksam beim Gericht höherer Ordnung anhängig geworden (Transportwirkung), die bindende Wirkung des § 269 entfällt aber wegen der sonst eintretenden Perpetuierung des Verfassungsverstoßes[30]. Das Gericht höherer Ordnung ist dann nicht gehindert, die Sache an ein nach § 6 sachlich zuständiges Gericht niederer Ordnung zurück zuverweisen[31]. Die Annahme, daß die Herbeiführung der sachlichen Zuständigkeit willkürlich und deshalb wegen des Verstoßes gegen Art. 101 Abs. 1 Satz 2 GG nicht bindend sei, ist aber **nur in Ausnahmefällen** gerechtfertigt. Dann genügt es, wenn objektive Kriterien belegen, daß sie nur auf sachfremden oder völlig unhaltbaren Erwägungen beruhen kann, weil sie sich soweit von jeder denkbaren Rechtsanwendung entfernt hat, daß sie unter keinem Gesichtspunkt mehr vertretbar erscheint[32]. Insoweit ist ein strenger Maßstab anzulegen[33]. Dafür reicht für sich allein nicht aus, daß die Befassung des höheren Gerichts fehlerhaft war, etwa weil ihr ein fehlerhaftes oder unzulängliches Verfahren vorausging oder daß sie auf einem Versehen oder einer unzutreffenden, vom höheren Gericht abgelehnten Rechtsauffassung beruhte[34].

---

[27] RGSt **44** 395; **62** 271; RG-Rechtspr. **7** 641; BGH bei *Pfeiffer* NStZ **1981** 297; OLG Karlsruhe NStZ **1987** 375; *Kleinknecht/Meyer-Goßner*[44] 3; vgl. § 270, 37 mit weit. Nachw.

[28] RGSt **62** 271; KMR-*Müller* 1; vgl. § 270, 35 ff.

[29] Etwa BGHSt **29** 216; HK-*Julius*[2] § 270, 9; KK-*Engelhardt*[4] § 270, 26; SK-*Schlüchter* § 270, 28 weit. Nachw. Fußn. 27; 27a; sowie § 270, 37 und zur Problematik der Nichtigkeit allgemein Einl. J 116 ff.

[30] BGHSt **45** 58; *Kleinknecht/Meyer-Goßner*[44] § 270, 20; vgl. Rdn. 5 und § 270, 37.

[31] H. M, etwa BGHSt **38** 172; 212; **40** 120; **42** 205; **45** 58 sowie die Nachw. in den nachf. Fußn.

[32] BVerfGE **58** 167; **71** 205; **89** 1, 13; BVerfG NJW **1995** 125; **2001** 1125; 1200; BGHSt **42** 205; **45** 58; BGH NJW **1993** 1607; NStZ **1999** 578; StV **1995** 620; **1999** 585; ferner die nachf. Fußnoten; kritisch dazu *Weidemann* wistra **2000** 45 (hinter der Formel von der objektiven Willkür verbirgt sich die Abgrenzung nach der nicht näher definierten Intensität des Normenverstoßes). Zur Einschränkung des § 269 durch das Willkürverbot ferner AK-*Wassermann* 5; HK-*Julius*[2] 7; KK-*Engelhardt*[4] 9; *Kleinknecht/Meyer-Goßner*[44] 8; SK-*Schlüchter* 7.

[33] Vgl. etwa OLG Bremen NStZ RR **1998** 53; OLG Karlsruhe StV **1998** 252, ferner etwa BGHSt **42** 205; BGH StV **1998** 1. In dem Bestreben, Zuständigkeitsfehler zu korrigieren und Tendenzen zur Verweisung entgegenzuwirken, werden mitunter unterschiedlich strenge Anforderungen an die Bejahung eines Verstoßes gegen Art. 101 Abs. 1 Satz 2 GG gestellt, vgl. etwa OLG Düsseldorf NStZ **1986** 426; NStZ-RR **1996** 41; StV **1993** 254; JMBlNW **1996** 47; OLG Frankfurt NStZ-RR **1996** 42; **1996** 338; OLG Hamm MDR **1993** 1002; StV **1996** 300; OLG Karlsruhe NStZ **1990** 100; OLG Köln StV **1996** 298; OLG Koblenz StV **1996** 588; OLG Oldenburg MDR **1994** 1139; OLG Zweibrücken MDR **1992** 178; NStZ-RR **1998** 280; LG Köln StV **1996** 591; LG Berlin StV **1996** 16; LG Bremen StV **1992** 523.

[34] Vgl. etwa BGHSt **29** 216, 219; BGH bei *Kusch* NStZ **1992** 29; OLG Düsseldorf MDR **1993** 459; OLG Karlsruhe MDR **1980** 599; StV **1998** 253; OLG Stuttgart Justiz **1983** 164; **1999** 403; SK-*Schlüchter* 7.

6. Fortwirkung bei Trennung. § 269 wirkt auch nach der **Trennung verbundener Ver-** **10**
fahren fort. Dies ist strittig[35]. Es entspricht dem Regelungszweck besser, wenn die abgetrennte Sache nicht automatisch an das an sich für sie zuständige niedere Gericht zurückfällt[36].

7. Bei **mehrfacher Rechtshängigkeit**[37] hindert § 269 die Bereinigung der Verfahrens- **11**
lage auch dann nicht, wenn das Verfahren vor dem Gericht niederer Ordnung durchzuführen ist[38], denn dessen Zuständigkeit besteht ohnehin, wird also nicht erst neu begründet. § 269 gibt dem höheren Gericht nicht die Befugnis, sich in solchen Fällen für zuständig zu erklären[39]. Ob es sein Verfahren einstellen muß, richtet sich allein nach den für die Bereinigung einer mehrfachen Rechtshängigkeit entwickelten Grundsätzen[40]. Nach diesen ist zu entscheiden, ob dem höheren Gericht der Vorrang gebührt, etwa, weil die Sache zuerst bei ihm anhängig geworden ist oder weil ihm die umfassendere, die Sache erschöpfende Aburteilung möglich ist.

8. Die **Revision** kann grundsätzlich weder nach § 337 noch unter dem Gesichtspunkt **12**
des § 338 Nr. 4 rügen, daß ein Gericht niederer Ordnung zuständig gewesen wäre[41]. Etwas anderes gilt nur dann, wenn § 269 nicht greift, weil der Angeklagte willkürlich, also aus objektiv sachfremden, nicht mehr verständlichen und offensichtlich unhaltbaren Erwägungen[42] seinem gesetzlichen Richter entzogen wurde[43]. Ob Art. 101 Satz 2 GG verletzt worden ist, muß das Revisionsgericht auf zulässig erhobene **Verfahrensrüge** hin prüfen. Liegt eine Verletzung dieses Verfassungsgrundsatzes vor, steht § 269 der Rüge aus § 338 Nr. 4 nicht entgegen[44]. Ob das Revisionsgericht darüber hinaus bereits nach dem dann nicht durch § 269 eingeschränkten § 6 auch **von Amts wegen** beachten muß, daß das Vordergericht im angefochtenen Urteil die sachliche Zuständigkeit willkürlich bejaht hat, wird in der Rechtsprechung unterschiedlich beurteilt[45]. Die Sonderfrage, ob das Revisionsgericht auch von Amts wegen beachten muß, wenn das Beru-

---

[35] Daß § 269 auch bei der Trennung nach § 4 gilt, nehmen an OLG Hamburg MDR **1970** 523; OLG Stuttgart NStZ **1995** 248 mit Anm. *Meyer-Goßner* NStZ **1996** 51; *Mutzbauer* NStZ **1995** 214; AK-*Wassermann* 3; KK-*Engelhardt*[4] 5; *Kleinknecht/ Meyer-Goßner*[44] 4; SK-*Schlüchter* 3; *Eb. Schmidt* § 4, 11; anders aber § 269, 4; **a. A** KMR-*Müller* 4; § 2, 50 ff; (Ausnahme von § 269). HK-*Julius*[2] 6 bezweifelt, ob § 269 der Abgabe an ein niedrigeres Gericht entgegensteht, wenn alle Beteiligten einverstanden sind und dadurch keine Verzögerung zu erwarten ist.

[36] Vgl. die Rechtsprechung zu § 47a JGG; Fußn. 22.

[37] Einl. I 66; § 12, 10 ff.

[38] BGHSt **22** 232; KK-*Engelhardt*[4] 6; *Kleinknecht/ Meyer-Goßner*[44] 3; KMR-*Müller* 3.

[39] BGHSt **37** 15, 20; **38** 172, 176; BGH wistra **1998** 312; *Kleinknecht/Meyer-Goßner*[44] 1, 4; SK-*Schlüchter* 7.

[40] Vgl. § 12, 7 ff, 17 ff; ferner etwa BGHSt **36** 175; OLG Stuttgart Justiz **1982** 304.

[41] BGHSt **9** 368; **21** 358; **38** 176; 202; **43** 53; BGH GA **1963** 100; bei *Pfeiffer* NStZ **1981** 297; *Gössel* § 16 C II g; HK-*Julius*[2] 7; KK-*Engelhardt*[4] 10; *Kleinknecht/Meyer-Goßner*[44] 8; 5; KMR-*Müller* 1; SK-*Schlüchter* 8; vgl. § 338, 70 mit weit. Nachw.

[42] Zum Begriff der Willkür vgl. etwa BVerfG **9** 230; **29** 49; 207; **58** 167; **71** 205; **89**, 1, 13; BayVerfGHE **15** 15 = NJW **1962** 790; BayVerfGHE **24** 111; NJW **1985** 2894; BGHSt **25** 71; ferner Rdn. 9a und § 338, 10 mit weit. Nachw.

[43] Etwa BGHSt **38** 172; **38** 212; BGH GA **1970** 25; vgl. Rdn. 9a mit weit. Nachw.

[44] BGH GA **1970** 25; vgl. Rdn. 9; § 338, 70 mit weit. Nachw.

[45] Bejahend BGHSt **38** 172; 212; BGHSt **40** 120 = JR **1995** 255 mit Anm. *Sowada* = JZ **1995** 261 mit Anm. *Engelhard*; BGHSt **42** 205; **45** 58; BGHR StPO § 269 Unzuständigkeit 4; BGH NStZ **1992** 397; StV **1995** 620; OLG Düsseldorf NStZ **1990** 292; **1996** 206 mit Anm. *Bachem* (Sprungrevision), OLG Hamm StV **1995** 182; **1996** 300; OLG Oldenburg NdsRpfl. **1992** 201; anders unter Berufung auf BGHSt **18** 79 (GS) BGHSt **42** 53 = JZ **1998** 627 mit Anm. *Bernsmann*; BGH NJW **1993** 1607; **1997** 2689; *Kalf* NJW **1997** 1489; Zur Streitfrage vgl. ferner *Weidemann* wistra **2000** 45; HK-*Julius*[2] 7; *Kleinknecht/Meyer-Goßner*[44] 8; KK-*Engelhardt*[4] 10 sowie § 338, 70 und § 24 GVG, 25 ff.

Walter Gollwitzer

fungsgericht unbeanstandet ließ, daß statt des Strafrichters das Schöffengericht entschieden hat, wurde von BGHSt **42** 205 dahin entschieden, daß der Verstoß gegen § 328 Abs. 2 nur bei ordnungsgemäß erhobener Verfahrensrüge zu prüfen ist[46].

§ 270

(1) [1]**Hält ein Gericht nach Beginn einer Hauptverhandlung die sachliche Zuständigkeit eines Gerichts höherer Ordnung für begründet, so verweist es die Sache durch Beschluß an das zuständige Gericht; § 209a Nr. 2 Buchstabe a gilt entsprechend.** [2]**Ebenso ist zu verfahren, wenn das Gericht einen rechtzeitig geltend gemachten Einwand des Angeklagten nach § 6a für begründet hält.**

(2) In dem Beschluß bezeichnet das Gericht den Angeklagten und die Tat gemäß § 200 Abs. 1 Satz 1.

(3) [1]**Der Beschluß hat die Wirkung eines das Hauptverfahren eröffnenden Beschlusses.** [2]**Seine Anfechtbarkeit bestimmt sich nach § 210.**

(4) [1]**Ist der Verweisungsbeschluß von einem Strafrichter oder einem Schöffengericht ergangen, so kann der Angeklagte innerhalb einer bei der Bekanntmachung des Beschlusses zu bestimmenden Frist die Vornahme einzelner Beweiserhebungen vor der Hauptverhandlung beantragen.** [2]**Über den Antrag entscheidet der Vorsitzende des Gerichts, an das die Sache verwiesen worden ist.**

Schrifttum. *Behl* Verweisungsbeschluß gemäß § 270 StPO und fehlende örtliche Zuständigkeit des höheren Gerichts, DRiZ **1980** 182; *Deisberg/Hohendorf* Verweisung an erweitertes Schöffengericht, DRiZ **1984** 261; *Grünwald* Die sachliche Zuständigkeit der Strafgerichte und die Garantie des gesetzlichen Richters, JuS **1968** 452; *Kalf* Die willkürliche Zuständigkeitsbestimmung des Schöffengerichts, NJW **1997** 1489; *Meyer-Goßner* Die Prüfung der funktionellen Zuständigkeit im Strafverfahren, insbesondere beim Landgericht, JR **1977** 353; *Meyer-Goßner* Die Behandlung von Zuständigkeitsstreitigkeiten zwischen allgemeiner und Spezialstrafkammer beim Landgericht, NStZ **1981** 161; *Michel* Aus der Praxis. Der unwirksame Verweisungsbeschluß, JuS **1993** 766; *Müller* Zum negativen Kompetenzkonflikt zwischen zwei Gerichtsabteilungen, DRiZ **1978** 14; *Neuhaus* Die Revisibilität der sachlichen Zuständigkeit des Schöffengerichtes im Verhältnis zu der des Strafrichters (§ 25 Nr. 2 GVG) StV **1995** 212; *Rieß* Die Bestimmung und Prüfung der sachlichen Zuständigkeit und verwandter Erscheinungen im Strafverfahren, GA **1976** 1; *H. Schäfer* Willkürliche oder objektiv willkürliche Entziehung des gesetzlichen Richters bei Verkennung der sachlichen Zuständigkeit in Strafsachen, DRiZ **1997** 168; *Traut* Der Umfang der Beweisaufnahme im Falle der Unzuständigkeitserklärung des § 270 der Strafprozeßordnung, GS **59** (1901) 193; *Weidemann* Zur Bindungswirkung eines Verweisungsbeschlusses nach § 270 StPO, wistra **2000** 45. Weitere Nachweise bei §§ 6a; 209.

Entstehungsgeschichte. Die geltende Fassung beruht auf Art. 3 Nr. 123 VereinhG, das den Absatz 2 einfügte und im übrigen der Vorschrift zum Teil eine andere Fassung gab, ohne damit sachliche Änderungen zu verbinden. Die Absätze 2 und 3 wurden durch Art. 7 Nr. 13 StPÄG 1964 an die geänderten §§ 200, 207 angeglichen. Art. 1 Nr. 78

---

[46] BGHSt **42** 205 = JR **1997** 430 mit Anm. *Gollwitzer* auf Vorlage von OLG Celle NdsRpfl. **1995** 293; **a. A** (Beachtung unabhängig von Rüge nach § 328 Abs. 2) etwa OLG Düsseldorf JMBlNW **1996** 8; 47; OLG Hamm StV **1995** 182; OLG Oldenburg NStZ **1994** 449; vgl. *Neuhaus* StV **1995** 212.

des 1. StVRG hat in Absatz 4 Satz 1 „Amtsrichter" durch „Strafrichter" ersetzt und einen die Voruntersuchung ansprechenden Halbsatz gestrichen.

Art. 1 Nr. 23 StVÄG 1979 hat den bisherigen Absatz 1 Satz 1 neu gefaßt; er wurde um einen Halbsatz erweitert. Ferner wurde Satz 2 eingefügt. Die Neuregelung ist Teil einer Gesamtlösung, mit der dieses Gesetz die Abgabe eines Verfahrens wegen Fehlens der sachlichen Zuständigkeit bzw. wegen der gesetzlich festgelegten Zuständigkeit eines Spezialspruchkörpers und das dabei zu beachtende Verfahren nach dem Vorrangprinzip geordnet hat.

Übersicht

Alphabetische Übersicht

Walter Gollwitzer

I. Zweck und Anwendungsbereich

1   **1. Zweck.** § 270 soll – ebenso wie §§ 225a, 269 – dem Gericht einen Weg eröffnen, der es erlaubt, Veränderungen der **sachlichen Zuständigkeit** prozeßwirtschaftlich Rechnung zu tragen. Dies ist notwendig, da das Gericht nach § 6 seine sachliche Zuständigkeit in jeder Lage des Verfahrens prüfen muß und der Fortgang des Verfahrens – aber auch eine gewandelte Rechtsauffassung – noch während der Hauptverhandlung zu einer abweichenden Beurteilung führen können[1]. Ergibt sich dabei die sachliche Zuständigkeit eines Gerichts höherer Ordnung, soll dem Angeklagten die Rechtsgarantie des Verfahrens vor dem höheren Gericht gewährt[2], gleichzeitig aber die Umständlichkeit einer Verfahrenseinstellung und Neuanklage vermieden werden. Die Bindungswirkung der

---

[1] Vgl. *Rieß* GA **1976** 14 ff.   [2] KK-*Engelhardt*[4] 1; *Eb. Schmidt* Nachtr. I 1; vgl. Rdn. 7; § 269, 3.

Verweisung soll verfahrensverzögernde Zuständigkeitsstreitigkeiten ausschließen[3]. Die gleichen prozeßwirtschaftlichen Zwecke veranlaßten das StVÄG 1979 zur Ausdehnung des Anwendungsbereiches dieser bisher nur die Verweisung an ein sachlich zuständiges höheres Gericht regelnden Vorschrift auf die Abgabe an die Jugendgerichte und an die besonderen Strafkammern[4].

2. Anwendungsbereich

a) § 270 greift nur ein, wenn **nach Beginn der Hauptverhandlung** das Verfahren an ein **2** sachlich zuständiges Gericht höherer Ordnung, an ein Jugendgericht oder – beim Einwand nach § 6a – an eine besondere Strafkammer verwiesen werden muß. Beginn der Hauptverhandlung ist der **Aufruf der Sache** im Sinne des § 243 Abs. 1 Satz 1. Gegenüber der früheren Fassung, die vom „Ergebnis der Hauptverhandlung" sprach, wird damit klargestellt, daß die Verweisung schon alsbald nach Beginn der Hauptverhandlung zulässig ist; sofern schon dann ihre Voraussetzungen[5] gegeben sind. **Vor Beginn der Hauptverhandlung** muß das Gericht nach § 225a verfahren. Gleiches gilt, wenn die Hauptverhandlung ausgesetzt wurde, bis zum Beginn der neuen Hauptverhandlung[6]. Während einer Unterbrechung der Hauptverhandlung ist § 270 und nicht § 225a anwendbar.

b) Geschäftsordnungsmäßige Aufteilung. § 270 greift nicht ein, wenn die Sache an **3** einen gleichartigen und gleichrangigen Spruchkörper desselben Gerichts abgegeben werden muß, weil dieser nach dem Geschäftsverteilungsplan dafür zuständig ist. Die geschäftsordnungsmäßige Aufteilung der Sachen zwischen gleichartigen Spruchkörpern eines Gerichts (§ 21e GVG) betrifft keine Verfahrensvoraussetzung. Erkennt ein Spruchkörper, daß er nach dem Geschäftsverteilungsplan nicht zur Aburteilung berufen ist, so kann er formlos die Sache dem zuständigen gleichartigen Spruchkörper zuleiten[7]. Vor der Hauptverhandlung kann dies auch der Vorsitzende. Zuständigkeitsstreitigkeiten, die sich aus der **Auslegung des Geschäftsverteilungsplanes** ergeben, entscheidet nach Maßgabe des Geschäftsverteilungsplanes das Präsidium[8].

c) Die örtliche Zuständigkeit wird vorausgesetzt. § 270 ist im Falle örtlicher Un- **4** zuständigkeit auch nicht entsprechend anwendbar[9]. Eine fehlende örtliche Zuständigkeit muß der Angeklagte nach § 16 rechtzeitig geltend machen[10]. Die Konzentration bestimmter Strafsachen bei einem für mehrere Gerichtsbezirke zuständigen Gericht[11] wird der Regelung der örtlichen Zuständigkeit zugerechnet[12].

d) Besondere Verfahrensarten. Im beschleunigten Verfahren nach §§ 417 ff ist die **5** Sonderregelung des § 419 anzuwenden[13]. Im Privatklageverfahren gilt nicht § 270, sondern § 389[14].

---

[3] Der Gesetzgeber hat dabei die „Irregularität" der bindenden Feststellung der Zuständigkeit eines höheren Gerichts durch das niederrangigere in Kauf genommen; *Rieß* GA **1976** 16; vgl. Rdn. 15.

[4] Zur Übernahme des Vorrangprinzips vgl. § 209a, 1; § 225a, 2; *Katholnigg* NJW **1978** 2375; *Rieß* NJW **1978** 2267.

[5] Dazu Rdn. 8 ff, 16 ff.

[6] Vgl. § 225a, 4.

[7] BGH NJW **1977** 1070; (ausdrücklicher Beschluß zweckmäßig).

[8] Wegen der Einzelheiten vgl. Vor § 1, 19; § 209, 9 mit weit. Nachw.; § 338, 66; ferner bei § 21e GVG.

[9] OLG Braunschweig GA **1962** 284; OLG Hamm NJW **1961** 232; JMBlNW **1969** 66; KK-*Engelhardt*[4] 4; *Kleinknecht/Meyer-Goßner*[44] 3; *Eb. Schmidt* 3; vgl. bei § 16, 10.

[10] Vgl. § 16, 11 ff. Zur Verbindung der Entscheidung über die örtliche Zuständigkeit mit der Verweisung nach § 270 vgl. KK-*Engelhardt*[4] 6; SK-*Schlüchter* 11.

[11] Etwa § 58 GVG; § 391 AO; § 43 AWG; § 34 MOG; § 13 WiStG.

[12] Vgl. Vor § 7, 11 f; § 209, 14 mit weit. Nachw.

[13] *Kleinknecht/Meyer-Goßner*[44] 3. Vgl. bei § 419.

[14] *Herrmann* DJZ **1908** 809; vgl. § 389, 20.

Walter Gollwitzer

6 e) In der **Berufungsinstanz** ist § 270 nur anwendbar (§ 332), soweit nicht die Sonderregelung in § 328 Abs. 2 Platz greift[15]. § 270 ist anzuwenden, wenn die Entscheidung über die Berufung zwischen den allgemeinen Strafkammern und den Wirtschaftsstrafkammern aufgeteilt ist, ohne daß dem eine entsprechende Zuständigkeitsaufteilung in der ersten Instanz vorangegangen ist[16]. Hier muß der Angeklagte die Befugnis haben, den erstmals in der Berufungsinstanz möglichen **Antrag nach § 6a** bis zu seiner Vernehmung zur Sache zu stellen und damit das Verfahren nach § 270 Abs. 1 Satz 2 auszulösen[17].

II. Verweisung an ein Gericht höherer Ordnung

7 **1. Sachliche Zuständigkeit.** Wie § 269 so betrifft auch § 270 die sachliche Zuständigkeit im engeren Sinn[18] und die ihr insoweit gleichgestellte Vorrangregelung zugunsten der Jugendgerichte und bei den besonderen Strafkammern. Während aber im Falle des § 269 das mit der Sache befaßte, sachlich an sich unzuständige höhere Gericht das Verfahren in diesem Rechtszug durch Sachurteil abschließen darf, muß im Falle des § 270 das sachlich unzuständige Gericht die Sache an das sachlich zuständige Gericht höherer Ordnung verweisen. Die **Gerichte der höheren Ordnung** werden vom Gesetz zugleich als Gerichte mit höherer Rechtsgarantie angesehen. Dies hat zur Folge, daß der Angeklagte, der durch ein Gericht höherer Ordnung abgeurteilt wird, obwohl ein Gericht einer niederen Ordnung dazu ausgereicht hätte, dadurch keinen Rechtsnachteil erleidet, während umgekehrt der Angeklagte als benachteiligt angesehen wird, wenn er, obwohl seine Sache vor ein Gericht höherer Ordnung gehört hätte, es hinnehmen mußte, von dem Gericht niederer Ordnung und damit von einem Gericht mit geringeren Rechtsgarantien abgeurteilt zu werden[19].

2. Voraussetzungen der Verweisung

8 **a) Zeitpunkt.** Die Verweisung an ein Gericht höherer Ordnung[20] wird notwendig, wenn sich in der Hauptverhandlung herausstellt, daß das mit der Sache befaßte Gericht zur Aburteilung des angeklagten historischen Vorgangs (der Tat im Sinne des § 264) sachlich nicht zuständig ist. Die sachliche Zuständigkeit eines höheren Gerichts ist nach § 6 von Amts wegen in jeder Lage des Verfahrens zu beachten. Das Gericht bleibt jedoch insoweit durch den Eröffnungsbeschluß gebunden, als dieser bestimmte normative

---

[15] So, wenn bereits das Gericht der ersten Instanz sich zu Unrecht für zuständig gehalten hatte; vgl. BayObLG JR **1978** 474 mit Anm. *Gollwitzer*; OLG Karlsruhe NStZ **1985** 423 mit Anm. *Seebode* = JR **1985** 521 mit Anm. *Meyer*; OLG Koblenz GA **1977** 374; *Meyer-Goßner* NStZ **1981** 171; weit. Nachw. bei § 328.

[16] OLG Düsseldorf JR **1982** 514 mit zust. Anm. *Rieß*; *Meyer-Goßner* NStZ **1981** 173; *Rieß* JR **1980** 79; KK-*Engelhardt*[4] 2 (analoge Anwendung des § 270); *Kleinknecht/Meyer-Goßner*[44] § 6a, 14; SK-*Schlüchter* 16; vgl. § 6a, 28; **a. A** (Zuständigkeitsbestimmung nach §§ 14, 19) OLG München NStZ **1980** 77 mit abl. Anm. *Rieß*.

[17] § 6a ist analog anwendbar (§ 6a, 26 mit weit. Nachw.); *Meyer-Goßner* NStZ **1981** 172; *Rieß* JR

1980 80; **1982** 515; auch zur strittigen Frage, ob die Prüfung von Amts wegen mit Beginn des Vortrags des Berichterstatters oder erst mit Abschluß der Berichterstattung endet (analog zum Eröffnungsbeschluß der ersten Instanz); dazu § 6a, 26 ff. Zur Frage, ob nach Ablauf der Frist für den Einwand das Berufungsgericht als erstinstantielle Strafkammer auch dann zu entscheiden hat, wenn eine Sonderstrafkammer zuständig ist, vgl. OLG Karlsruhe NStZ **1985** 423 mit zust. Anm. *Seebode* = JR **1985** 521 mit abl. Anm. *Meyer*; ferner bei § 328.

[18] RGSt **42** 265.

[19] Vgl. § 269, 4.

[20] Zur Stufenfolge der Gerichtsverfassung vgl. § 1, 2 ff; § 2, 11 ff; § 209, 11 ff; § 209a, 8 ff; § 269, 6 ff.

Merkmale (Fälle besonderer oder minderer Bedeutung) bejaht oder verneint hat[21]. Die Verweisung ist bereits zulässig und geboten, wenn mit genügender Sicherheit erkennbar geworden ist, daß eine Sachentscheidung erforderlich wird, die in die sachliche Zuständigkeit des höheren Gerichts fällt; sei es, daß die eigene Kompetenz von vornherein im Eröffnungsbeschluß zu Unrecht angenommen worden ist (Rdn. 16), sei es, daß später zu Tage getretene Umstände eine Würdigung der Tat unter Gesichtspunkten fordern, für die das Gericht nicht zuständig ist, sei es, daß die Hauptverhandlung einen Sachhergang ergeben hat, zu dessen Ahndung das Gericht seinen Strafbann als nicht ausreichend erachtet.

Die Verweisung setzt die hinreichende **Klärung der für sie maßgebenden Umstände**[22], **9** nicht aber die Durchführung der gesamten Hauptverhandlung oder den **Abschluß der Beweisaufnahme** voraus[23], selbst präsente Beweismittel (§ 245) braucht das Gericht nicht vorher auszuschöpfen[24]. Vor allem bei der „korrigierenden Verweisung", bei der sich die Zuständigkeit des Gerichts höherer Ordnung bereits aus dem angeklagten Sachverhalt ergibt, kann die Verweisung alsbald nach Verlesen des Anklagesatzes[25] ausgesprochen werden[26]. Es ist nicht einmal notwendig, den Angeklagten vorher gemäß § 243 Abs. 4 zur Sache zu hören[27]. Da eine solche „korrigierende Verweisung" bereits auf Grund des § 225a vor Beginn der Hauptverhandlung möglich ist, werden die Fälle, in denen sie sofort nach Beginn der Hauptverhandlung notwendig wird, selten sein. Denkbar ist aber, daß die Zuständigkeit des Jugendgerichts sehr schnell erkennbar wird (z. B. anderes Alter) und vor allem, daß der Angeklagte gleich zu Beginn der Hauptverhandlung den Einwand der Zuständigkeit einer besonderen Strafkammer nach § 6a erhebt.

b) Anlaß. Die Verweisung setzt – ebenso wie der Eröffnungsbeschluß, den sie zumin- **10** dest hinsichtlich der Zuständigkeit verändert – voraus, daß der Angeklagte **hinreichend verdächtig** ist, durch die angeklagte Tat (im Sinne des § 264) eine in die Zuständigkeit des Gerichts höherer Ordnung fallende Straftat begangen zu haben[28]. Ein hinreichender Verdacht ist ebenso wie bei § 203 nur gegeben, wenn die Verurteilung wegen des neu hervorgetretenen Vorwurfs mit einer gewissen **Wahrscheinlichkeit** zu erwarten ist. Ob diese Wahrscheinlichkeit besteht, hat das Gericht nach den gleichen Maßstäben zu prüfen wie bei § 203[29]. Es muß also nicht nur erwägen, ob die äußere und innere Tatseite mit hinreichender Wahrscheinlichkeit nachweisbar ist, sondern es muß auch das Vorliegen von Rechtfertigungs-, Schuldausschließungs- oder Strafausschließungsgründen sowie von Verfahrenshindernissen berücksichtigen[30]. Soweit dies offen ist, muß es dies durch Erhebung der dafür verfügbaren Beweise vor der Verweisung zu klären versuchen[31].

Die Verweisung muß ausgesprochen werden, wenn sich der hinreichende **Verdacht 11 genügend verfestigt** hat, ein Wegfall des Verdachts insoweit also nicht zu erwarten ist[32].

---

[21] Vgl. etwa *Rieß* GA **1976** 11; Rdn. 22; ferner bei §§ 24, 120 GVG mit weit. Nachw.

[22] Vgl. Rdn. 10 ff; 16 ff.

[23] So schon zur früheren Fassung RGSt **8** 251; **9** 327; **41** 408; **64** 179.

[24] *Kleinknecht/Meyer-Goßner*[44] 8; KMR-*Müller* 6; SK-*Schlüchter* 5.

[25] KMR-*Müller* 5; SK-*Schlüchter* 5; vgl. Rdn. 16.

[26] OLG Düsseldorf NStZ **1986** 426; HK-*Julius*[2] 3; KK-*Engelhardt*[4] 10; *Kleinknecht/Meyer-Goßner*[44] 8; vgl. Rdn. 8; ferner die Begr. zur Neufassung des Absatzes 1 BTDrucks. **8** 976 S. 57.

[27] *Kleinknecht/Meyer-Goßner*[44] 8; KMR-*Müller* 6; *Eb. Schmidt* Nachtr. I 8.

[28] Motive zu § 229 Entw. (*Hahn* 213); RGSt **64** 180; RG GA **50** (1903) 284; **69** (1925) 94; RG HRR **1937** Nr. 70; BGHSt **29** 219; 341; BGH bei *Dallinger* MDR **1972** 18; KK-*Engelhardt*[4] 7; *Kleinknecht/Meyer-Goßner*[44] 9; KMR-*Müller* 6; SK-*Schlüchter* 7; *Eb. Schmidt* Nachtr. I 10.

[29] Vgl. § 203, 3 ff.

[30] OLG Celle NJW **1963** 1886; KK-*Engelhardt*[4] 7; *Rieß* GA **1976** 17; § 203; **a. A** *Eb. Schmidt* Nachtr. I 11.

[31] HK-*Julius*[2] 3.

[32] BGH NStZ **1988** 236; OLG Frankfurt NStZ-RR **1997** 311; *Rieß* GA **1976** 17; *Kleinknecht/Meyer-Goßner*[44] 9; KMR-*Müller* 7.

Der *volle Nachweis* der Tatumstände, die die Zuständigkeit des Gerichts höherer Ordnung begründen, ist weder notwendig noch steht dem sachlich unzuständigen Gericht hierüber die Entscheidung zu[33].

12   Bei der Beurteilung, wann die Verdachtsgründe hierfür ausreichen, hat das Gericht einen gewissen **Prüfungsspielraum**. Es steht in seinem **pflichtgemäßen Ermessen**, welche Beweise es erheben will, um zu klären, ob sich der Verdacht verfestigt oder ob er wieder entfällt[34]. Es würde aber dem Zweck des § 270 widersprechen, wenn das Gericht schon einen entfernten Verdacht zu Anlaß einer Verweisung nehmen würde.

13   c) Die **Grenzen der Kognitionsbefugnis**, die das Gericht hinsichtlich der Vorgänge hat, die den Tatbestand einer in die sachliche Zuständigkeit des höheren Gerichts fallenden Straftat erfüllen, sind im einzelnen strittig[35]. Einerseits wird die Ansicht vertreten, daß das Gericht zwar nicht wegen einer Straftat verurteilen darf, die außerhalb seiner sachlichen Zuständigkeit liegt, daß es aber unschädlich ist, wenn es das Vorliegen einer solchen Straftat prüft und verneint[36], während nach anderer Ansicht dem Gericht von einer „gewissen Verdachtsqualität" an[37] schon die Prüfung verwehrt ist, ob eine solche Straftat erwiesen oder erweisbar ist.

14   Auszugehen ist davon, daß die **fehlende Kompetenz zur Sachentscheidung** die **Verurteilung** wegen einer Straftat **ausschließt**, für die ein Gericht höherer Ordnung zuständig ist. Wenn § 270 aus Gründen der Prozeßwirtschaftlichkeit dem niedrigeren Gericht die Befugnis einräumt, bei hinreichendem Verdacht das Verfahren mit bindender Wirkung an das höhere Gericht zu verweisen[38], schließt das die Kompetenz zur sachlichen Prüfung ein, ob die festgestellten Tatsachen einen solchen Verdacht rechtfertigen. Hierüber hat das rangniedrigere Gericht ebenso wie ein eröffnendes Gericht in freier Beweiswürdigung zu entscheiden. Der Umstand, daß das Bejahen einer solchen Straftat seiner endgültigen Beurteilung entzogen ist, hindert es nicht, das Vorliegen des hinreichenden Verdachts einer solchen Straftat zu verneinen[39] und zwar ganz gleich, ob es den Angeklagten freispricht oder wegen einer in seine sachliche Zuständigkeit fallenden Tat verurteilt.

15   Das Recht und die Pflicht des Gerichts zur uneingeschränkten Kognition (§ 264 Abs. 2) über die angeklagte Tat besteht im Rahmen des § 270 also auch hinsichtlich der Straftaten, zu deren Aburteilung ein Gericht höherer Ordnung zuständig ist[40]. Es findet seine Grenze erst bei genügender Verfestigung der **Verdachtsschwelle**, die die Eröffnung vor dem höheren Gericht und damit auch die bindende Verweisung der Sache an dieses fordert. Erst jenseits dieser Schwelle entfällt die Befugnis zur weiteren sachlichen Prüfung. Es kommt also nicht darauf an, ob die Straftat, die der Zuständigkeit eines Gerichts höherer Ordnung unterfällt, zur vollen Überzeugung des niedrigeren Gerichts erwiesen ist, sondern nur darauf, ob letzteres einen hinreichenden Verdacht bejaht. Zur

---

[33] Vgl. RGSt **8** 251, **9** 327; **41** 408; **64** 180; *Dallinger* MDR **1952** 118 (zu BGHSt **1** 346); *Rieß* GA **1976** 17; AK-*Wassermann* 4; *Kleinknecht/Meyer-Goßner*[44] 9; SK-*Schlüchter* 8.

[34] RGSt **41** 410; **64** 180; KMR-*Müller* 6; HK-*Julius*[2] 3 hält es für sachgerecht, dem Angeklagten durch eine Beweisaufnahme zu ermöglichen, den dringenden Verdacht noch vor der Verweisung zu widerlegen.

[35] Vgl. *Rieß* GA **1976** 1.

[36] BGHSt **1** 346 = MDR **1952** 118 mit abl. Anm. *Dallinger;* zu den hier hereinspielenden revisionsrecht-

lichen Überlegungen vgl. § 38, 72 ff; ferner *Rieß* GA **1976** 16 Fußn. 88.

[37] BGH GA **1962** 149; bei *Dallinger* MDR **1972** 18; SK-*Schlüchter* 8; strenger *Eb. Schmidt* Nachtr. I 10; vgl. auch KMR-*Müller* 9 (wenn Gericht sich im Urteil mit Tatverdacht auseinandersetzen muß); *Kleinknecht/Meyer-Goßner*[44] 32a (wenn hinreichender Tatverdacht fortbesteht).

[38] *Rieß* GA **1976** 16.

[39] RGSt **8** 253.

[40] RGSt **8** 253; **61** 1225.

Verneinung des hinreichenden Verdachtes ist das niedrigere Gericht dagegen sachlich befugt. Diese Abgrenzung entspricht dem Sinn des § 270, der eine prozeßwirtschaftliche und einfach zu erledigende Lösung erstrebt, wozu auch die Vermeidung im Ergebnis unnötiger Verweisungen gehört.

3. Die einzelnen Fallgruppen der Verweisung

a) Korrigierende Verweisung. Ergibt schon die Verlesung des Anklagesatzes (§ 243 **16** Abs. 3 Satz 1), daß für die angeklagte Tat ein Gericht höherer Ordnung zuständig und das Verfahren nur aus Versehen vor dem Gericht niederer Ordnung eröffnet worden ist, dann ist der Verweisungsbeschluß alsbald nach Verlesung des Anklagesatzes zu erlassen, um den in der Eröffnung vor dem falschen Gericht liegenden Fehler zu korrigieren[41]. Das zur Entscheidung über den Vorwurf der zugelassenen Anklage nicht zuständige Gericht darf insbesondere nicht die Hauptverhandlung durchführen, um aufzuklären, ob sich der Vorwurf der Anklage bestätigt oder ob sich der Angeklagte möglicherweise einer anderen, in seine sachliche Entscheidungskompetenz fallenden Straftat schuldig gemacht haben könnte[42]. In diesem Falle ist das Gericht, auch wenn es zur Aburteilung derjenigen Tat zuständig ist, die es nach dem Ergebnis der Hauptverhandlung für erwiesen erachtet, doch rechtlich nicht befugt, verbindlich den weitergehenden Verdacht zu verneinen, der, wenn er erwiesen wäre, die Zuständigkeit eines Gerichts höherer Ordnung begründen würde[43].

b) Änderung des Tatverdachts. Ergeben erst die im **Laufe der Hauptverhandlung** zu **17** Tage getretenen Tatsachen den Verdacht einer Straftat, die in die Zuständigkeit eines Gerichts höherer Ordnung fällt, dann muß das Gericht in eigener Zuständigkeit prüfen, ob dieser Verdacht hinreicht, um das Strafverfahren nunmehr vor dem höheren Gericht unter dem Vorwurf der neuen Tat durchzuführen[44]. Der Verdacht muß sich aus dem Sachverhalt ergeben, der der Kognition des Gerichts bereits unterliegt; nur angekündigte oder beabsichtigte Ausweitungen des Verfahrensgegenstandes rechtfertigen noch keine Verweisung. Eine Nachtragsanklage muß erst wirksam erhoben, eine nach § 154a ausgeschiedene Gesetzesverletzung wieder einbezogen worden sein, bevor die Verweisung darauf gestützt werden darf[45]. Die **Verneinung** eines zur Verweisung hinreichenden Verdachtes liegt noch im Rahmen der Zuständigkeit des Gerichts[46]. Werden einerseits in der Hauptverhandlung Umstände ersichtlich, nach denen die Tat der Zuständigkeit eines Gerichts höherer Ordnung unterfallen könnte, ergibt aber andererseits die Hauptverhandlung, daß der Angeklagte die Tat nicht begangen hat, so fehlt in der Regel der für die Verweisung erforderliche hinreichende Verdacht und das Gericht darf durch Urteil freisprechen[47].

Hält das Gericht ein **endgültiges Verfahrenshindernis** für gegeben, dann stellt es das **18** Verfahren auch dann ein, wenn andererseits Umstände ersichtlich werden, die an sich geeignet wären, die Zuständigkeit eines höheren Gerichts zu begründen[48]. Auch hier

---

[41] OLG Düsseldorf NStZ **1986** 427; vgl. Rdn. 9.
[42] Vgl. *Eb. Schmidt* Nachtr. I 11; *Dallinger* MDR **1952** 118 zu BGHSt **1** 346; *Rieß* GA **1976** 17; ferner KK-*Engelhardt*[4] 10 (keine Verweisung, wenn Prüfung des Eröffnungsbeschlusses ergibt, daß Gericht bei richtiger rechtlicher Würdigung des angeklagten Sachverhalts zuständig).
[43] BGH GA **1962** 149; SK-*Schlüchter* 7; vgl. aber auch vorst. Fußn.
[44] Vgl. Rdn. 14, 15.

[45] Vgl. OLG Düsseldorf JMBlNW **1979** 152 (Nachtragsanklage); BGHSt **29** 344 (zu § 154a); KK-*Engelhardt*[4] 12; SK-*Schlüchter* 9; vgl. bei §§ 154, 154a.
[46] *Eb. Schmidt* Nachtr. I 10; vgl. Rdn. 15.
[47] Dies war auch schon früher strittig, wie hier *Bischoff* GA **44** (1896) 81 ff; *Traut* GerS **59** (1901) 215 ff; **a. A** *Gerland* 373.
[48] Vgl. BayObLG JW **1929** 1492 mit Anm. *Mannheim* (Einstellung statt Verweisung an das damals höherrangige Schwurgericht).

besteht dann im Endergebnis kein die Verurteilung erwarten lassender hinreichender Verdacht; im übrigen geht die Pflicht, das Verfahren wegen des Prozeßhindernisses einzustellen, der Verweisung vor[49].

19   **c) Unzureichende Strafgewalt.** Ergibt sich die Notwendigkeit der Verweisung daraus, daß das Gericht zwar zur Aburteilung der Tat an sich zuständig ist, daß es aber eine **Rechtsfolge** für angemessen hält, die es **nicht verhängen** darf, so rechtfertigt die bloße Vermutung, daß eine solche Rechtsfolge in Betracht kommen könnte, noch nicht die Verweisung. Das Gericht hat die Hauptverhandlung solange weiter zu führen, bis ihr Ergebnis bestätigt, daß der Angeklagte schuldig und im konkreten Falle eine den Strafbann des Gerichts übersteigende Rechtsfolge angezeigt ist[50]. Dabei muß es auch prüfen, ob kein noch im Rahmen seines Strafbanns liegender minderschwerer Fall vorliegt[51] oder ob die Verhängung einer außerhalb seiner Zuständigkeit liegenden Maßregel der Besserung und Sicherung nach den festgestellten Tatsachen auch tatsächlich mit genügend großer Wahrscheinlichkeit in Betracht kommt[52].

20   **d)** Zeigt sich in der Hauptverhandlung, daß ein **Jugendgericht** zuständig ist, so kann an dieses nicht nur (wie bis 1979) verwiesen werden, wenn es ohnehin ein Gericht höherer Ordnung ist, sondern auch dann, wenn es – was die Regel sein wird – gerichtsverfassungsmäßig zur gleichen Ordnung gehört wie das verweisende Gericht. Die Fiktion des § 209a Nr. 2 stellt jetzt die gleichrangigen Jugendgerichte insoweit den Gerichten höherer Ordnung gleich und ermöglicht so die Verweisung, um die Schwierigkeiten auszuräumen, die bisher entstanden, wenn in solchen Fällen eine einvernehmliche Übernahme nicht zustande kam[53]. An ein Jugendgericht niederer Ordnung darf nicht verwiesen werden[54]. Wegen der Einzelheiten, insbesondere, wann sich die von Amts wegen zu beachtende Zuständigkeit eines Jugendgerichts ergibt, wird auf die Erläuterungen zu § 209 verwiesen[55]. Eine Verweisung an die gleichrangige **Jugendschutzkammer** ist dagegen nicht möglich[56].

21   **e)** Die **Zuständigkeit** einer **besonderen Strafkammer** (§ 74 Abs. 2, §§ 74a, 74c GVG) führt nach der Eröffnung des Hauptverfahrens nur noch bei **rechtzeitigem Einwand** des Angeklagten, aber nicht mehr von Amts wegen zur Verweisung[57]. Eine Verweisung zwischen den Strafkammern ist dann aber zulässig, ganz gleich, ob die Strafkammer, an die verwiesen wird, der verweisenden in der Rangordnung des § 74e GVG vorgeht oder nachsteht. Der Rechtsgedanke des § 269 greift hier nicht ein[58].

22   Ist der **Einwand rechtzeitig**, also vor Beginn der Vernehmung des jeweiligen Angeklagten zur Sache[59] erhoben, so hat das Gericht an die besondere Strafkammer zu

---

[49] *Eb. Schmidt* Nachtr. I 12.
[50] OLG Düsseldorf NStZ **1986** 426; OLG Frankfurt StV **1996** 533, NStZ-RR **1997** 311; OLG Karlsruhe JR **1991** 36 mit Anm. *Gollwitzer*, LG Berlin StV **1996** 16; *Rieß* GA **1976** 17; HK-*Julius*[2] 3; *Kleinknecht/Meyer-Goßner*[44] 10; SK-*Schlüchter* 10. Vgl. BayObLGSt **1985** 33 = NStZ **1985** 470 mit abl. Anm. *Achenbach* (nach Eröffnung keine Prüfung, ob höhere Strafe als ein Jahr Freiheitsstrafe zu erwarten).
[51] Vgl. etwa OLG Zweibrücken MDR **1992** 178.
[52] OLG Frankfurt NStZ-RR **1996** 42; OLG Zweibrücken NStZ-RR **1998** 280; vgl. auch BayObLGSt **1999** 280 (zu § 328 Abs. 2).

[53] Begr. BTDrucks. **8** 976, S. 57 AK-*Wassermann* 5; KK-*Engelhardt*[4] 14; *Kleinknecht/Meyer-Goßner*[44] 11; KMR-*Müller* 3; SK-*Schlüchter* 12.
[54] H. M; KK-*Engelhardt*[4] 14; sowie vorst. Fußn.
[55] Vgl. bei §§ 209, 209a; auch zu den Fragen der Verbindung mit Erwachsenenstrafsachen.
[56] BGH MDR **1996** 229; KK-*Engelhardt*[4] 15; *Kleinknecht/Meyer-Goßner*[44] 11; KMR-*Müller* 3; SK-*Schlüchter* 12.
[57] § 6a, 11 ff.
[58] *Meyer-Goßner* NStZ **1981** 171; KK-*Engelhardt*[4] 16; *Kleinknecht/Meyer-Goßner*[44] 12; SK-*Schlüchter* 13; vgl. § 6a, 11.
[59] § 6a, 15 ff.

verweisen, wenn es auf Grund des bisherigen Verfahrensergebnisses[60] den Einwand für begründet hält, vor allem also, wenn es den hinreichenden Verdacht einer in die Zuständigkeit der besonderen Strafkammer fallenden Straftat nunmehr bejaht[61]. Bei rechtzeitigem Einwand muß das Gericht nach § 270 Abs. 1 verweisen, wenn es auf Grund des bisherigen Verhandlungsergebnisses, etwa auf Grund der Einlassung eines vor Erhebung des Einwands zur Sache vernommenen Mitangeklagten, zu dem Ergebnis kommt, daß die mit dem Einwand behauptete Zuständigkeit der Spezialstrafkammer hinreichend begründet ist. Erst nach dem durch § 6a für jeden Angeklagten gesondert festgelegten Endzeitpunkt für den Einwand tritt die vom Gesetzgeber gewollte Zuständigkeitsperpetuierung ein[62], die es verbietet, bei der Beweisaufnahme neu zutage getretene Tatsachen als Grundlage für einen Einwand zu verwenden[63]. Wegen der Einzelheiten vgl. bei § 6a. Die **Vorentscheidung über normative Zuständigkeitsmerkmale** darf durch das verweisende Gericht aber nicht in Frage gestellt werden; es ist hieran gebunden[64].

III. Der Verweisungsbeschluß

1. Verweisung von Amts wegen. Die Verweisung wird vom Gericht in der für die 23 Hauptverhandlung vorgeschriebenen Besetzung – also unter Mitwirkung der Schöffen – mit einfacher Mehrheit beschlossen[65] und zwar auch dann, wenn er in einer Unterbrechung der Hauptverhandlung ergeht[66]. Abgesehen von den Fällen des § 6a (dazu Rdn. 21, 22) bedarf es dazu **keines Einwands** oder **Antrags**, da das Gericht nach § 6 seine sachliche Zuständigkeit in jeder Lage des Verfahrens von Amts wegen zu prüfen hat[67]. **Anträge**, die Verweisung zu beschließen, haben nur die Bedeutung einer **Anregung**[68]. Das Gericht kann sie dadurch verwerfen, daß es in der Sache selbst erkennt; es kann den Antrag aber auch durch einen in der Hauptverhandlung verkündeten Beschluß förmlich zurückweisen. Letzteres kann unter Umständen zur Klarstellung der Verfahrenslage angezeigt sein; etwa, wenn möglicherweise Sachanträge wegen eines Verweisungsantrags nicht gestellt worden sind.

2. Anhörung der Verfahrensbeteiligten. Vor **Erlaß** des Verweisungsbeschlusses sind 24 die Verfahrensbeteiligten zu den die Verweisung begründenden Umständen zu hören (§ 33 Abs. 1), ganz gleich, ob die Verweisung von Amts wegen oder durch einen darauf abzielenden Antrag oder durch den Einwand des Angeklagten nach § 6a veranlaßt ist. Die Umstände, die Anlaß zur Verweisung geben, müssen in der Hauptverhandlung zur Sprache gebracht werden. Wann die Entscheidung möglich und die Anhörung der Verfahrensbeteiligten sinnvoll ist, hängt von dem jeweiligen Grund der Verweisung ab[69]. Über die Verweisung an eine besondere Strafkammer auf Grund eines Einwands

---

[60] SK-*Schlüchter* 14; (bis zum Einwand); nach *Kleinknecht/Meyer-Goßner*[44] 13 ist Entscheidungsgrundlage die Sachlage bei Beginn der Hauptverhandlung (Nachprüfung des Eröffnungsbeschlusses); ähnlich KMR-*Müller* 22.

[61] Vgl. Rdn. 10 ff; ferner § 6a, 20; § 338, 74; 76.

[62] Begr. BTDrucks. **8** 976 S. 57, *Rieß* NJW **1978** 2266; § 6a, 19 ff.

[63] Z. B. Tod des Opfers, BGHSt **30** 187 = JR **1982** 511 mit Anm. *Schlüchter*; *Rieß* NJW **1978** 2266.

[64] BGH NStZ **1985** 464; BayObLGSt **1985** 33 = NStZ **1985** 470 mit Anm. *Achenbach*; **1979** 1336; *Klein*

knecht/*Meyer-Goßner*[44] 12; SK-*Schlüchter* 13; vgl. bei § 209a; *Rieß* NJW **1978** 2268.

[65] BGHSt **6** 112; KK-*Engelhardt*[4] 17; *Kleinknecht/Meyer-Goßner*[44] 14; SK-*Schlüchter* 19.

[66] KK-*Engelhardt*[4] 17; SK-*Schlüchter* 19.

[67] BGHSt **25** 319; § 6, 2.

[68] KK-*Engelhardt*[4] 8; SK-*Schlüchter* 19a; vgl. auch Rdn. 45 ff.

[69] Vgl. Rdn. 8 ff; 15 ff.

Walter Gollwitzer

nach § 6a ist entsprechend dem Sinn dieser Regelung grundsätzlich vor Beginn der Beweisaufnahme zu entscheiden [70].

25　　**3. Inhalt des Verweisungsbeschlusses.** Der Verweisungsbeschluß muß in seinem **Tenor** das Gericht bezeichnen, an das verwiesen wird, ferner muß er den Angeklagten und die ihm zur Last gelegte Tat so beschreiben, wie dies § 200 Abs. 1 Satz 1 für den Anklagesatz fordert [71]. Grundsätzlich ist ein neuformulierter Anklagesatz in den Beschluß aufzunehmen. Nur soweit sich am früheren Anklagesatz nichts ändert, ist eine Bezugnahme unschädlich. Dies gilt vor allem, wenn die Verweisung lediglich deshalb ausgesprochen wird, weil der Strafbann des Gerichts nicht ausreicht [72] oder weil das Gericht seine Zuständigkeit bei der Zulassung der Anklage ohnehin zu Unrecht angenommen hatte [73]. Eine ausdrückliche Unzuständigkeitserklärung fordert Absatz 2 nicht [74].

26　　**Begründet** zu werden braucht der Verweisungsbeschluß nur in Ausnahmefällen [75], in denen sich der Verweisungsgrund nicht bereits aus dem neu formulierten Anklagesatz ergibt, so etwa die Angabe, warum der Strafbann des verweisenden Gerichts nicht ausreicht oder die Umstände, aus denen sich die Zuständigkeit des Jugendgerichts oder eine nicht bereits aus dem Anklagesatz erkennbare Zuständigkeit einer besonderen Strafkammer ergibt. Ein den Einwand nach § 6a ablehnender Beschluß ist zu begründen (§ 34); desgleichen ein Beschluß der einen Antrag auf Verweisung ablehnt [76].

27　　**4. Bekanntgabe.** Der Verweisungsbeschluß wird in der Hauptverhandlung verkündet (§ 35 Abs. 1). Einem abwesenden Angeklagten ist er schon wegen der Fristsetzung nach Absatz 4 förmlich zuzustellen (§ 35 Abs. 2) [77]. Dem Gericht, an das die Sache verwiesen worden ist, wird er dadurch zur Kenntnis gebracht, daß ihm die Akten mit dem Beschluß vorgelegt werden. Anders als bei § 225a Abs. 1 Satz 1 ist die Einschaltung der Staatsanwaltschaft bei der Vorlage nicht zwingend vorgeschrieben. Sie ist aber andererseits auch nicht unzulässig [78]. Mit der Bekanntmachung beginnt für die Staatsanwaltschaft die Beschwerdefrist. Für den Angeklagten beginnt eine Frist nur, wenn ihm eine solche nach Absatz 4 gesetzt wird.

28　　**5. Vervollständigung eines mangelhaften Beschlusses.** Ein fehlerhafter Verweisungsbeschluß kann vom Gericht, das ihn erlassen hat, nicht mehr aufgehoben werden [79]; es wird jedoch für zulässig gehalten, daß es nachträglich einen ungenügenden Beschluß vervollständigt [80]. Das Gericht, an das verwiesen worden ist, darf seinerseits im Beschlußwege bereits vor der neuen Hauptverhandlung eine solche Ergänzung vornehmen [81], nicht zuletzt, um schon vorher Unklarheiten zu beseitigen, die andernfalls der zügigen Durchführung der Hauptverhandlung im Wege stehen könnten. In der Hauptverhandlung selbst obliegt es dem Vorsitzenden, ähnlich wie auch sonst, Unklar-

---

[70] *Kleinknecht/Meyer-Goßner* [44] 13; vgl. Rdn. 22.

[71] Vgl. bei § 200.

[72] BGH bei *Dallinger* MDR **1966** 894 (Bezugnahme auf unverändertem Anklagesatz genügt), LG Hannover StV **1983** 194; AK-*Wassermann* 7; KK-*Engelhardt* [4] 18; *Kleinknecht/Meyer-Goßner* [44] 15; KMR-*Müller* 12; SK-*Schlüchter* 19.

[73] *Kleinknecht/Meyer-Goßner* [44] 15; SK-*Schlüchter* 19.

[74] *Eb. Schmidt* Nachtr. I 16.

[75] *Kleinknecht/Meyer-Goßner* [44] 16; KMR-*Müller* 12; SK-*Schlüchter* 21; *Eb. Schmidt* Nachtr. I 6.

[76] *Kleinknecht/Meyer-Goßner* [44] 16; SK-*Schlüchter* 21; vgl. § 6a, 21; § 225a, 25.

[77] RGSt **4** 373; KK-*Engelhardt* [4] 22; *Kleinknecht/Meyer-Goßner* [44] 17; KMR-*Müller* 12.

[78] SK-*Schlüchter* 22.

[79] RG GA **37** (1890) 191; Zur Frage der Nichtigkeit vgl. Rdn. 37.

[80] KMR-*Müller* 15. **a. A** SK-*Schlüchter* 25.

[81] RG GA **37** (1890) 191; **64** (1917) 372; SK-*Schlüchter* 25.

heiten oder Unvollständigkeiten des Verweisungsbeschlusses durch entsprechende Erklärungen zu bereinigen [82].

6. Sachentscheidung neben Verweisungsbeschluß. Der Verweisungsbeschluß umfaßt **29** notwendig die **ganze Tat im Sinne des § 264**. Neben ihm ist daher für eine Sachentscheidung über die gleiche Tat kein Raum [83]; insbesondere darf wegen der in der zugelassenen Anklage angeführten Straftaten kein gesonderter Freispruch ergehen [84]. Eine „**Teilverweisung**" ist nicht möglich [85].

Dagegen kann, wenn sich in einer **mehrere verbundene Strafsachen** umfassenden Verhandlung (§§ 4, 237) die Unzuständigkeit des Gerichts wegen *einer* selbständigen Tat im **30** Sinne des § 264 ergibt, diese **abgetrennt** und im übrigen das Urteil erlassen werden [86]. Ob dies sachdienlich ist, hat das Gericht nach **pflichtgemäßem Ermessen** unter Berücksichtigung der Besonderheiten des Einzelfalls zu entscheiden. Es hängt von der jeweiligen Verfahrenslage ab, ob die weitere gemeinsame Behandlung der selbständigen Taten zur besseren Sachaufklärung oder aus prozeßwirtschaftlichen Gründen zweckmäßiger ist oder ob das Beschleunigungsgebot dafür spricht, die Verweisung auf die aus der sachlichen Zuständigkeit herausfallenden Tat zu beschränken und nach der Trennung die Hauptverhandlung wegen der übrigen Taten unverzüglich zu Ende zu führen [87]. Das Gericht höherer Ordnung hat jedoch in *allen* Sachen, auf die sich die Verweisung erstreckt, zu verhandeln und zu entscheiden [88].

7. Fortdauer der Untersuchungshaft. Da § 270 nicht ausdrücklich auf § 207 verweist, **31** nimmt die vorherrschende Meinung [89] an, das Gericht dürfe zwar **vor Verkündung** des Verweisungsbeschlusses, nicht aber **danach** über die Fortdauer der Untersuchungshaft entscheiden; § 207 Abs. 4 sei nicht entsprechend anwendbar. Der Übergang der Zuständigkeit [90] dürfte jedoch kein Hindernis sein, daß das Gericht **zugleich mit der Verweisung** von Amts wegen über die Anordnung oder die Fortdauer der Untersuchungshaft oder der einweiligen Unterbringung (analog § 207 Abs. 4) beschließt. Eine solche Verfahrensgestaltung erscheint auch deshalb prozeßwirtschaftlich und sinnvoll, weil gerade durch die Verweisung sich die Grundlagen der Haftanordnung ändern können (geänderter Tatverdacht; Änderungen in der Beurteilung des Haftgrunds). Auch die Vorlage der Akten an das Oberlandesgericht nach §§ 121, 122, die nach einer verbreiteten Auffassung trotz Übergangs der Zuständigkeit dem abgebenden Gericht obliegt, solange sich die Akten noch bei ihm befinden [91], setzt voraus, daß das vorlegende Gericht das Fortbestehen der Haftgründe prüft.

---

[82] RGRspr. **5** 227; **9** 439; RGSt **62** 272; **68** 335; RG GA **37** (1890) 286; vgl. § 243, 56 ff.

[83] KMR-*Müller* 11.

[84] RGSt 3 4; SK-*Schlüchter* 20.

[85] RGSt **61** 225; vgl. BGHSt **10** 19; KK-*Engelhardt*[4] 19; SK-*Schlüchter* 20.

[86] KK-*Engelhardt*[4] 19, SK-*Schlüchter* 20.

[87] Dies ist oft der Fall, vgl. *Traut* GerS **57** (1900) 322; anders KMR-*Müller* 11. Vgl. ferner SK-*Schlüchter* 20.

[88] RG GA **37** (1889) 179.

[89] AK-*Wassermann* 8; KK-*Engelhardt*[4] 21; 23; *Kleinknecht/Meyer-Goßner*[44] 21; SK-*Schlüchter* 23; *Eb. Schmidt* Nachtr. I 16.

[90] Zur strittigen Frage des Übergangs der Zuständigkeit vgl. Rdn. 33.

[91] Vgl. OLG Karlsruhe Justiz **1984** 429; *Kleinknecht/Meyer-Goßner*[44] 21; SK-*Schlüchter* 23; § 122, 4.

Walter Gollwitzer

IV. Wirkung der Verweisung

32 **1. Änderung des Eröffnungsbeschlusses.** Der Verweisungsbeschluß ändert den Eröffnungsbeschluß für das weitere Verfahren ab, ersetzt ihn aber nicht. Das Fehlen eines Eröffnungsbeschlusses kann durch ihn allein nicht geheilt werden[92]. Der Verweisungsbeschluß ändert auch nichts daran, daß das Verfahren bereits mit Erlaß des Eröffnungsbeschlusses rechtshängig geworden ist[93]. Nach dem Zeitpunkt seines Erlasses beurteilt sich, bei welchem Gericht die Sache zuerst rechtshängig geworden ist. Die durch den Verweisungsbeschluß eingetretene Instanzverschiebung ist maßgebend dafür, welchem Gericht die umfassendere Aburteilung möglich ist.

33 **2. Übergang des Verfahrens.** Durch die Verweisung geht das gesamte Verfahren in der Lage, in der es sich befindet, auf das Gericht über, an das zu Recht oder Unrecht[94] verwiesen worden ist. Dieses wird für die weiteren Entscheidungen einschließlich aller anfallenden Nebenentscheidungen so zuständig, wie wenn das Verfahren von Anfang an dort eröffnet worden wäre. Als **Zeitpunkt des Übergangs** nimmt die herrschende Meinung[95] die Verkündung des Verweisungsbeschlusses an, denn mit deren Abschluß ist das verweisende Gericht sachlich nicht mehr zuständig. Dies ermöglicht an sich eine klare Abgrenzung, hat aber den Nachteil, daß etwa nötige **eilbedürftige Nebenentscheidungen** faktisch nicht getroffen werden könnten, bevor die Akten bei dem Gericht, an das verwiesen wird, eingegangen sind. Dies spricht dafür, bis zu diesem Zeitpunkt, in dem das Gericht höherer Ordnung tatsächlich mit der Sache „befaßt" wird, noch eine den Verweisungsbeschluß überdauernde Zuständigkeit des abgebenden Gerichts für solche Eilentscheidungen anzunehmen, damit in der Zwischenzeit nicht aufschiebbare Entscheidungen sofort getroffen werden können[96]. Ob man dies damit begründet, daß die Zuständigkeit – ähnlich wie nach Einlegung der Berufung[97] – erst mit Eingang der Akten auf das Gericht höherer Ordnung übergeht oder damit, daß trotz des sofortigen Übergangs der Sachentscheidungskompetenz das abgebende Gericht noch für eilbedürftige Nebenentscheidungen zuständig bleibt, solange sich die Akten noch bei ihm befinden und es noch mit der Sache befaßt ist, ist für das praktische Ergebnis nicht entscheidend.

34 Das Verfahren wird allerdings nur hinsichtlich der **Tat im Sinne** des § 264, die der Verweisungsbeschluß umfaßt, beim Gericht höherer Ordnung **anhängig**. Dieses kann daher eine andere Tat, hinsichtlich der das früher befaßte Gericht das Verfahren nach § 154 eingestellt hatte, nicht von sich aus wieder in das Verfahren einbeziehen[98]. Nach § 154a ausgeschiedene Teile der gleichen Tat kann es dagegen wieder in das Verfahren einbeziehen[99].

---

[92] BGH NStZ **1988** 236; KK-*Engelhardt*[4] 23; SK-*Schlüchter* 24. Einige Entscheidungen nahmen früher an, daß der Verweisungsbeschluß – auch wenn zu Unrecht ergangen – für das weitere Verfahren selbst das Fehlen einer Anklage (RG GA **37** [1889] 191) oder des Eröffnungsbeschlusses (RGSt **68** 332) heilt; vgl. auch Fußn. 12.

[93] Vgl. § 199, 5; Vor § 213, 2.

[94] Vgl. Rdn. 35 ff.

[95] So AK-*Wassermann* 8; HK-*Julius*[2] 8; KK-*Engelhardt*[4] 21; 23; *Kleinknecht/Meyer-Goßner*[44] 18; 21; KMR-*Müller* 17; SK-*Schlüchter* 23; *Eb. Schmidt* Nachtr. I 21; vgl. OLG Karlsruhe MDR **1980** 599.

[96] Vgl. Rdn. 31; insbes. vgl. OLG Karlsruhe Justiz **1984** 429 (Zuständigkeitsübergang mit Erlaß des Verweisungsbeschlusses, aber Fortbestand der Befugnis zu eilbedürftigen Haftentscheidungen).

[97] Etwa *Fezer* JR **1996** 29; *Kleinknecht/Meyer-Goßner*[44] § 321, 2; vgl. bei § 321; ferner auch OLG Celle VRS **55** (1978) 285.

[98] BGH bei *Dallinger* MDR **1973** 192; vgl. SK-*Schlüchter* 24; vgl. bei § 154.

[99] SK-*Schlüchter* 24; vgl. bei § 154a.

3. Der Verweisungsbeschluß **bindet** das verweisende Gericht. Er bindet auch das **35** Gericht, an das verwiesen worden ist, insofern, als es die Sache nicht mehr an das ursprünglich zuständige Gericht zurückverweisen darf. Jeder Verweisung an ein Gericht niederer Ordnung steht § 269 entgegen; bei den Jugendgerichten ergibt sich ihr Vorrang vor den für allgemeine Strafsachen zuständigen Gerichten gleicher Ordnung aus Absatz 1 Satz 1 in Verbindung mit § 209a Nr. 2 Buchst. a und § 47a, 103 Abs. 2 Satz 1 JGG (Ausnahme § 103 Abs. 2 Satz 2 JGG[100]). Zwar legt bei den besonderen Strafkammern die Rangfolge des § 74e GVG die Kompetenz-Kompetenz der jeweils vorrangigen Strafkammer fest, die Verweisung nach § 270 Abs. 1 Satz 2 bindet jedoch sowohl die nachrangige als auch eine im Range vorgehende Spezialstrafkammer[101].

Die **Weiterverweisung** nach §§ 225a, 270 an ein Gericht höherer Ordnung oder an **36** ein Jugendgericht wird dadurch nicht ausgeschlossen[102], vor allem nicht die Berücksichtigung eines erst nach der Verweisung erhobenen Einwands nach § 6a; desgleichen ist die Abgabe zwischen gleichartigen Gerichten auf Grund des Geschäftsplans weiterhin möglich[103].

Die Verweisung ist auch **wirksam** und **bindend**, wenn der verweisende Beschluß **37** unvollständig, **formell fehlerhaft** oder **sachlich falsch** ist[104]. Eine der prozeßwirtschaftlichen Zielsetzung der §§ 269, 270 vorgehende **Ausnahme** von der bindenden Wirkung der Verweisung macht die Rechtsprechung[105] dann, wenn die Wahrung vorrangigen Rechts dies erfordert, vor allem, wenn der Angeklagte durch den fehlerhaften Verweisungsbeschluß unter Verstoß gegen Art. 101 Abs. 2 Satz 2 GG **willkürlich dem gesetzlichen Richter** entzogen würde. Willkür liegt nicht schon vor, wenn die Verweisung verfahrensrechtlich oder materiell-rechtlich fehlerhaft ist, sondern nur, wenn sie bei objektiver Würdigung der Sach- und Rechtslage unter keinem denkbaren Aspekt rechtlich vertretbar ist, so daß sich der Schluß aufdrängt, daß sie auf sachfremden Erwägungen beruht[106]. Für die Annahme der Willkür läßt die Rechtsprechung genügen, daß der Verweisungsbeschluß jedes rechtlichen Bezugs zur angewandten Norm entbehrt, kraß fehlerhaft ist und deshalb zumindest **objektiv willkürlich** den Angeklagten seinem **gesetzlichen Richter** entzieht[107]. Wegen des Vorrangs des Verfassungsrechts kann eine solche Verweisung das für die Verfassungsgemäßheit seiner Zuständigkeit selbst verantwortliche Gericht höherer Ordnung nicht binden. Andernfalls würde es an dem willkürlichen Entzug des gesetzlichen Richters mitwirken und den erkannten Verstoß

---

[100] Vgl. Rdn. 20; § 269, 8; § 338, 77 und bei § 209.

[101] Vgl. Rdn. 21; § 209a, 20.

[102] RGSt **59** 244; RG GA **50** (1903) 275; BGHSt **21** 270; KK-*Engelhardt*[4] 24; *Kleinknecht/Meyer-Goßner*[44] 19; KMR-*Müller* 16.

[103] Vgl. Rdn. 3.

[104] RGSt **62** 265; RG GA **37** (1890) 191; BGHSt **27** 99 = NJW **1977** 2371 mit Anm. *Meyer-Goßner* = JR **1977** 524 mit Anm. *Rieß*; BGHSt **29** 216; BGH NStZ **1988** 236; bei *Kusch* NStZ **1992** 29; OLG Düsseldorf JMBlNW **1979** 152; OLG Frankfurt NStZ-RR **1997** 311; OLG Hamm JMBlNW **1976** 106; **1996** 259; OLG Karlsruhe MDR **1980** 599; Justiz **1988** 74; JR **1991** 36; OLG Schleswig NStZ **1981** 491; OLG Stuttgart Justiz **1983** 164; AK-*Wassermann* 8; *Kleinknecht/Meyer-Goßner*[44] 19; KMR-*Paulus* 14; SK-*Schlüchter* 29; *Eb. Schmidt* 21; LG Hannover StV **1983** 194 nimmt dagegen Unwirksamkeit auch bei wesentlichen inhaltlichen

Mängeln an; ähnlich auch LG München I NStZ **1983** 427 mit Anm. *Hilger*; vgl. Fußn. 110.

[105] BGHSt **38** 212; **40** 120; BGH NJW **2001** 1359; zur mitunter weitergehenden Tendenz, auch mangels anderer Korrekturmöglichkeiten „objektive Willkür" schon bei allen schwerer wiegenden Normverstößen anzunehmen; vgl. *Neuhaus* StV **1995** 212; HK-*Julius*[2] 9; KK-*Engelhardt*[4] 27, SK-*Schlüchter* 37 sowie § 269, 9 mit Nachw. der unterschiedlichen Rechtsprechung.

[106] Vgl. etwa BVerfG NJW **2000** 2492; **2001** 1125; OLG Karlsruhe JR **1991** 38 mit Anm. *Gollwitzer*; HK-*Julius*[2] 9; sowie nachf. Fußn.

[107] Zum Willkürbegriff vgl. etwa BVerfGE **6** 53; **17** 104; **19** 43; **29** 49; 207; **42** 72; **58** 167; **71** 205; **89** 1, 13; **96** 189, 203; BVerfG NJW **1995** 124; **2001** 1125; 1200; vgl. § 269, 9, 12; § 338, 10; *Sarstedt/Hamm*[6] 373; zu den Bedenken gegen die Willkürformel ferner etwa *Weidemann* wistra **2000** 47.

gegen Art. 101 Abs. 1 Satz 2 GG perpetuieren[108]. Die sonst durch die Verweisung begründete bindende sachliche Zuständigkeit entsteht nicht. Das Gericht ist deshalb auch durch § 269 nicht gehindert, die Sache an das verweisende Gericht zurückzugeben bzw. zurückzuverweisen[109]. Dies gilt unabhängig davon, ob man mit der vorherrschenden Meinung annimmt, daß der objektiv willkürliche Verweisungsbeschluß des vorlegenden Gerichts **nichtig** ist, so daß die Sache in Wirklichkeit bei dem abgebenden Gericht weiter anhängig geblieben ist[110] oder ob man, wofür einiges spricht[111], annimmt, daß auch ein gegen Art. 101 Abs. 1 Satz 2 GG verstoßender Verweisungsbeschluß ungeachtet dieses Verstoßes wirksam bleibt[112], er also die Sache bei dem Gericht höherer Ordnung kraft seiner Transportwirkung anhängig macht, dieses aber wegen seiner Verfassungswidrigkeit nicht binden kann[113]. Es ist auch nach dieser Ansicht nicht gehindert, die Sache durch einen zu begründenden Beschluß an das abgebende Gericht zurückzuverweisen. Bei Annahme der Nichtigkeit der Verweisung geschieht die Rückgabe zweckmäßigerweise ebenfalls durch einen ihrer Unwirksamkeit aufzeigenden förmlichen Beschluß. **Weiterverweisen** an ein anderes zuständiges Gericht kann das Gerichts höherer Ordnung die Sache aber nur nach der Ansicht, die die Transportwirkung bejaht[114]. Hält man den Verweisungsbeschluß dagegen für nichtig, ist die Sache in Wirklichkeit weiterhin beim verweisenden Gericht anhängig, so daß das nur scheinbar mit ihr befaßte höhere Gericht sie nicht an ein anderes zuständiges Gericht verweisen kann[115].

37a   Die **Entscheidung des gemeinsamen oberen Gericht** über die Zuständigkeit analog den §§ 14, 19 kann zur Bereinigung eines Zuständigkeitskonfliktes jedes der an dem Verweisungsvorgang beteiligten Gerichte herbeiführen, so, wenn das höherrangige Gericht den Verweisungsbeschluß für willkürlich hält und deshalb Zuständigkeit und Bindung verneint, während das Gericht niedrigerer Ordnung darauf beharrt, daß es die Sache bindend verwiesen hat[116].

38   4. Das Verfahren vor dem Gericht, an das verwiesen worden ist, ist **dasselbe Hauptverfahren** wie das durch den Eröffnungsbeschluß vor dem niederen Gericht eröffnete. Die Hauptverhandlung muß allerdings vor dem nunmehr urteilenden Gericht höherer Ordnung vollständig wiederholt werden; ein bereits im Verfahren vor dem abgebenden Gericht vereidigter Zeuge braucht aber nicht nochmals vereidigt zu werden[117]. Der

---

[108] Vgl. § 269, 9; ferner auch *Eb. Schmidt* 21 (mangelnde Qualität einer Sachurteilsvoraussetzung). Etwas anderes gilt, wenn es seine sachliche Zuständigkeit aus einem anderen Grund als das vorlegende Gericht für gegeben hält, vgl. *Weidemann* wistra **2000** 48 zu BGH NJW **1999** 2604.

[109] Für eine Bindung auch in diesen Fällen *Weidemann* wistra **2000** 50.

[110] Vgl. etwa BGHSt **29** 216 und die bei § 269 Rdn. 9 angeführte weitere Rechtspr.; ferner AK-*Wassermann* 8; KMR-*Müller* 14; SK-*Schlüchter* 27, 28; ähnlich HK-*Julius*[2] 9; gegen eine Ausweitung AK-*Wassermann* 8; KK-*Engelhardt*[4] 26 scheint die Grenzen der Unwirksamkeit nicht so eng ziehen zu wollen, da die Nichtigkeitsfolge sehr oft die einzige Korrekturmöglichkeit sei.

[111] Auch sonst macht ein Verfassungsverstoß gerichtliche Entscheidungen grundsätzlich nur anfechtbar, nicht aber nichtig. Wieweit überhaupt gerichtliche

Entscheidungen nichtig sein können, ist strittig, vgl. etwa *Kleinknecht/Meyer-Goßner*[44] Einl. 105; Einl. J 120 ff, 138 ff mit Nachweisen zum Streitstand

[112] Vgl. BGHSt **45** 58; *Kleinknecht/Meyer-Goßner*[44] 20.

[113] BGHSt **45** 58; BGH StV **1999** 524; *Kleinknecht/Meyer-Goßner*[44] 20; nach *Weidemann* wistra **2000** 48, 50 sollte dagegen auch in diesen Fällen die durch die Verweisung begründete sachliche Zuständigkeit des Gerichts höherer Ordnung nicht in Frage gestellt werden.

[114] Vgl. BGH StV **1999** 524.

[115] SK-*Schlüchter* 28.

[116] BGHSt **45** 26 = NJW **1999** 1876 mit Anm. *Franke* NStZ **1999** 524; OLG Düsseldorf NStZ **1986** 426; JMBlNW **1992** 57; **1995** 287; OLG Stuttgart Justiz **1983** 164; kritisch dazu *Weidemann* wistra **2000** 46 ff.

[117] KMR-*Müller* 38; SK-*Schlüchter* 23; *Eb. Schmidt* Nachtr. I 4; § 67, 9.

Angeklagte muß auf die Veränderung des rechtlichen Gesichtspunkts hingewiesen werden, wenn das Gericht, an das die Sache gemäß § 270 verwiesen ist, nunmehr wieder im Sinne des Eröffnungsbeschlusses verurteilen will[118].

V. Einzelne Beweiserhebungen (Absatz 4)

1. Absatz 4 trägt dem Umstand Rechnung, daß bei einer Verweisung durch den **Strafrichter** oder das **Schöffengericht** der Sachverhalt unter dem zur Verweisung führenden neuen Gesichtspunkt mitunter noch nicht genügend aufgeklärt ist. Dem Angeklagten, der möglicherweise ohne Verteidiger ist, soll damit bewußt gemacht werden, daß er im Hinblick darauf Gelegenheit hat, zur besseren Vorbereitung seiner Verteidigung einzelne Beweiserhebungen vor der Hauptverhandlung zu beantragen, so wie er das auch nach § 201 Abs. 1 Satz 1 bei Mitteilung der Anklage konnte[119]. **39**

Bei einem Verweisungsbeschluß, den **Gerichte höherer Ordnung** erlassen haben, also regelmäßig in den schwerwiegenderen Fällen, in denen der Sachverhalt vor Anklageerhebung bereits unter allen hereinspielenden Gesichtspunkten aufgeklärt sein dürfte, ist diese Möglichkeit nicht vorgesehen[120]. Der Angeklagte, der in diesen Fällen stets einen Verteidiger hat (§ 140 Abs. 1 Nr. 1), kann in diesen Fällen auch ohne den mit der Fristsetzung verbundenen ausdrücklichen Hinweis nach §§ 219, 223 bis 225 auf eine Beweiserhebung vor der Hauptverhandlung oder auf die Zuziehung weiterer Beweismittel zur Hauptverhandlung hinwirken[121]; diese Vorschriften werden durch Absatz 4 nur ergänzt, nicht aber eingeschränkt. **40**

2. Die **Frist**, innerhalb der der Antrag auf einzelne Beweiserhebungen zu stellen ist, wird bei Bekanntgabe des Verweisungsbeschlusses bestimmt. Sie muß angemessen sein, denn der Angeklagte muß prüfen können, ob er gegen den veränderten Vorwurf neue Beweismittel benennen kann. Ebenso wie die Frist des § 201 Abs. 1 Satz 1 kann die Frist auf Antrag oder von Amts wegen verlängert werden[122]. **41**

Die Fristbestimmung obliegt dem **Vorsitzenden des verweisenden Gerichts**, es ist aber auch zulässig, die Fristbestimmung in den Verweisungsbeschluß aufzunehmen[123]. Die Fristsetzung wird grundsätzlich in der Hauptverhandlung mitverkündet. Andernfalls ist nach § 35 Abs. 2 die Verfügung, die die Fristbestimmung enthält, förmlich zuzustellen[124]. Mit der Fristsetzung wird zweckmäßigerweise der Hinweis verbunden, daß Beweisanträge bei dem Gericht einzureichen sind, an das verwiesen wurde[125]. **42**

3. Der **Beweisantrag** muß die Beweistatsachen und Beweismittel bezeichnen, ist aber sonst an keine besondere Form gebunden. Über ihn **entscheidet** der **Vorsitzende** des Gerichts, an das verwiesen worden ist, unter Berücksichtigung der Erfordernisse der Sachaufklärung nach **pflichtgemäßem Ermessen**. Für seine Entschließung kommt es **43**

---

[118] RGSt **65** 363; SK-*Schlüchter* 23; vgl. bei § 265, 10.

[119] *Alberg/Nüsel/Meyer* 365; *Kleinknecht/Meyer-Goßner*[44] 23; SK-*Schlüchter* 31; vgl. § 225a, 34.

[120] Zur strittigen Frage, ob Absatz 4 auch bei einer Verweisung vom Strafrichter an den Jugendrichter usw. anzuwenden ist, vgl. § 225a, 35 verneinend SK-*Schlüchter* 31.

[121] *Alsberg/Nüsel/Meyer* 365; KK-*Engelhardt*[4] 27; SK-*Schlüchter* 31.

[122] *Alsberg/Nüsel/Meyer* 367; *Kleinknecht/Meyer-Goßner*[44] 24; vgl. § 225a, 39; 40.

[123] *Alsberg/Nüsel/Meyer* 367; KK-*Engelhardt*[4] 20; *Kleinknecht/Meyer-Goßner*[44] 24; vgl. Rdn. 27.

[124] KMR-*Müller* 23.

[125] *Kleinknecht/Meyer-Goßner*[44] 24; SK-*Schlüchter* 32.

Walter Gollwitzer

nicht nur darauf an, ob die beantragte Beweiserhebung für die Urteilsfindung erheblich ist, sondern, daß Gründe bestehen, die die Erhebung des Beweises vor der Hauptverhandlung erforderlich machen[126]. Das kann zutreffen, wenn der Verlust des Beweismittels zu besorgen ist oder wenn zu erwarten ist, daß sich aus der Beweiserhebung weitere geeignete Beweismittel ergeben, aber auch, wenn es darum geht, vorweg zu klären, ob ein bisher unbekanntes Beweismittel zur Hauptverhandlung zuzuziehen ist, auch um vorzubeugen, daß die Hauptverhandlung später nicht wegen eines in gleicher Richtung zielenden Beweisantrages ausgesetzt werden muß[127]. Über die Vernehmung von Zeugen oder Sachverständigen durch einen **beauftragten oder ersuchten Richter** nach §§ 223, 224 oder die Einnahme eines **Augenscheins** nach § 225 muß das **Gericht** entscheiden[128]. Andere Maßnahmen, wie etwa die Anordnung der vorsorglichen Einvernahme eines möglicherweise in Betracht kommenden Zeugen durch die Polizei, kann der Vorsitzende anordnen[129]. Lehnt der Vorsitzende die Beweiserhebung ab, muß er dies nach § 34 begründen (vgl. § 225a, 40), wobei auch hier wie bei § 219 die Ablehnung nicht mit der Zusage einer Wahrunterstellung begründet werden darf[130]. Die ablehnende Entscheidung, die nicht an die Ablehnungsgründe des § 244 Abs. 3 bis 5 gebunden ist, soll so rechtzeitig ergehen, daß der Angeklagte noch von seinem Recht Gebrauch machen kann, eine Beweisperson nach § 220 selbst zu laden[131]. Soweit dem Antrag stattgegeben wird, bedarf die Anordnung der Beweisaufnahme keiner weiteren Begründung[132].

VI. Rechtsbehelfe

1. Beschwerde

44   a) **Verweisungsbeschluß.** Absatz 3 Satz 2 erklärt § 210 für anwendbar. Dem **Angeklagten** steht eine Anfechtung des Verweisungsbeschlusses in keinem Fall zu[133].

45   Hinsichtlich der **Staatsanwaltschaft** führt die entsprechende Anwendung des § 210 dazu, daß ihr die (sofortige) Beschwerde nur zusteht, wenn entgegen einem von ihr gestellten Antrag der Beschluß die Sache nicht an das im Antrag bezeichnete, sondern an ein Gericht niederer Ordnung verwiesen hat[134], oder wenn das Gericht bei der Beschlußfassung seine gesetzlichen Befugnisse überschritten hat[135].

46   b) Die **Ablehnung** der von **der Staatsanwaltschaft** beantragten **Verweisung** durch das erkennende Gericht ist eine der Urteilsfällung vorausgehende Entscheidung im Sinne des § 305. Sie kann nur zusammen mit dem Urteil angefochten werden. Eine dem § 210 Abs. 2 entsprechende Beschwerdemöglichkeit scheidet aus, da die Ablehnung einer beantragten Verweisung – anders als die Ablehnung der Eröffnung des Hauptverfahrens nach

---

[126] *Alsberg/Nüse/Meyer* 367; 368; *KK-Engelhardt*[4] 29; *Kleinknecht/Meyer-Goßner*[44] 26; *KMR-Müller* 24; *SK-Schlüchter* 33.

[127] *KMR-Müller* 24; *SK-Schlüchter* 33.

[128] *Alsberg/Nüse/Meyer* 368; *KK-Engelhardt*[4] 29; *Kleinknecht/Meyer-Goßner*[44] 26; *KMR-Müller* 24; *SK-Schlüchter*; *Eb. Schmidt* Nachtr. I 26.

[129] Die allgemeine Abgrenzung der Befugnisse bei Vorbereitung der Hauptverhandlung wird durch Absatz 4 nicht aufgehoben. Zur Abgrenzung vgl. Vor § 213, 10.

[130] *Alsberg/Nüse/Meyer* 369; *Kleinknecht/Meyer-Goßner*[44] 26; *SK-Schlüchter* 33; vgl. § 219, 13 ff.

[131] *Alsberg/Nüse/Meyer* 369; *Kleinknecht/Meyer-Goßner*[44] 26; *SK-Schlüchter* 34.

[132] *Kleinknecht/Meyer-Goßner*[44] 26; *SK-Schlüchter* 34.

[133] RGSt **3** 311; RGRspr. **5** 691; *KK-Engelhardt*[4] 25; *Kleinknecht/Meyer-Goßner*[44] 22; *KMR-Müller* 18; *SK-Schlüchter* 29; *HK-Julius*[2] 12 läßt die Beschwerde bei Willkür zu; dies kann aber ohnehin im weiteren Verfahren geltend gemacht werden.

[134] *AK-Wassermann* 10; *KK-Engelhardt*[4] 25; *Kleinknecht/Meyer-Goßner*[44] 22; *KMR-Müller* 18; *SK-Schlüchter* 29; *Eb. Schmidt* 16; vgl. auch OLG Schleswig bei *Ernesti/Lorenzen* SchlHA **1985** 119; ferner § 6a, 23.

[135] *SK-Schlüchter* 29; strittig, vgl. bei § 210.

---

§ 210 Abs. 2 – das Verfahren nicht beendet sondern nur eine Zwischenentscheidung ist, die im Rechtsmittelverfahren bei Anfechtung des Urteils zusammen mit diesem nachgeprüft werden kann[136].

Der **Angeklagte** kann nach § 305 Satz 1 ebenfalls keine Beschwerde einlegen, wenn **47** die von ihm angeregte Verweisung an ein höheres Gericht abgelehnt oder seinem Einwand nach § 6a nicht entsprochen wurde[137].

c) Mit der **einfachen Beschwerde** ist der Beschluß anfechtbar, durch den das Gericht **48** in **irriger Anwendung** des § 270 die Sache wegen **örtlicher Unzuständigkeit** an ein gleichgeordnetes Gericht verwiesen hat[138].

d) Die Entscheidungen, mit der die **Frist nach Absatz 4** bestimmt oder durch die eine **49** **beantragte Beweiserhebung** angeordnet oder abgelehnt wird, sind durch § 305 Satz 1 der Beschwerde entzogen[139]. Bei Ablehnung ist es dem Angeklagten unbenommen, in der Hauptverhandlung einen entsprechenden **Beweisantrag neu zu stellen** und gegebenenfalls die Aussetzung nach § 265 Abs. 4 zu beantragen. Die **Anrufung des Gerichts** nach § 238 Abs. 2 ist gegen die ablehnende Verfügung des Vorsitzenden nicht möglich[140].

2. Revision

a) **Verweisung.** Auf einen Verstoß gegen § 270 kann die Revision nur gestützt **50** werden, wenn das Urteil des Gerichts, das auf der Grundlage eines solchen **Verweisungsbeschlusses** ergangen ist, auf dem Mangel beruhen kann[141]. Grundsätzlich ist zu unterscheiden:

Die Revision kann die sachliche Unzuständigkeit des Gerichts geltend machen, wenn **51** der Verweisungsbeschluß gegen höherrangiges Recht verstößt, so, wenn er auf sachfremden Überlegungen beruht und sich soweit von jeder vertretbaren Rechtsanwendung entfernt hat, daß er einen zumindest **objektiv willkürlichen Entzug des gesetzlichen Richters** (Art. 101 Abs. 1 Satz 2 GG) bedeutet. Eine solche Verweisung hat keine bindende, die Zuständigkeit nach § 269 begründende Wirkung, ganz gleich ob man den Verweisungsbeschluß als nichtig ansieht oder ob man ihm eine formale Transportwirkung zuerkennt[142]. Strittig ist nur, ob die sachliche Unzuständigkeit des Gerichts nur bei einer formgerechten **Verfahrensrüge** nachzuprüfen ist oder ob sie als Verfahrensvoraussetzung auch ohne jede Rüge vom Revisionsgericht **von Amts wegen** (§ 6) berücksichtigt werden muß, wie die vorherrschende Meinung annimmt[143]. Nicht von Amts wegen sondern nur auf Grund einer auf § 328 Abs. 2 gestützten ordnungsgemäßen **Verfahrensrüge** ist nachzuprüfen, ob das Berufungsgericht die sachliche Zuständigkeit des Gerichtes erster Instanz zutreffend beurteilt oder eine willkürliche Verweisung vom Strafrichter an das Schöffengericht zu Unrecht hingenommen hat[144].

Liegt sonst ein **wirksamer**, wenn auch **sachlich falscher Verweisungsbeschluß** vor, **52** so ist das Gericht, an das verwiesen wurde, daran gebunden und nach § 269 für die

---

[136] OLG Braunschweig GA **1959** 89 mit Anm. *Kleinknecht*; KK-*Engelhardt*[4] 25; *Kleinknecht/Meyer-Goßner*[44] 22; KMR-*Müller* 18; SK-*Schlüchter* 30. Ausführlicher dazu die Vorauflage Rdn. 40. *Eb. Schmidt* Nachtr. I 15.

[137] Vgl. § 6a, 22.

[138] OLG Hamm NJW **1961** 232; SK-*Schlüchter* 29.

[139] KK-*Engelhardt*[4] 29; SK-*Schlüchter* 36.

[140] *Alsberg/Nüse/Meyer* 370; KMR-*Müller* 24; SK-*Schlüchter* 37.

[141] Vgl. RGSt **59** 300; **62** 271.

[142] Vgl. Rdn. 37.

[143] BGHSt **6** 109; **38** 376; BGH NStZ **38** 272; 276; **40** 120; **45** 58; BGH NStZ **1992** 397; AK-*Wassermann* 8; HK-*Julius*[2] 15; KK-*Engelhardt*[4] 32; SK-*Schlüchter* 38; anders (Prüfung nur auf Verfahrensrüge) BGH GA **1970** 25; NJW **1993** 1607; **1997** 2689; zum Streitstand etwa *Sarstedt/Hamm*[6] 373; vgl. ferner nachf. Fußn. sowie § 338, 66; 69.

[144] BGHSt **42** 205; vgl. Rdn. 37.

Entscheidung sachlich zuständig. Die Verfahrensvoraussetzungen sind gegeben, der Angeklagte ist grundsätzlich auch nicht dadurch beschwert, daß seine Sache von einem Gericht höherer Ordnung entschieden worden ist[145]. Gerügt werden kann jedoch, wenn statt des Gerichts, an das verwiesen wurde, ein ranghöheres Gericht zuständig gewesen wäre, so daß das Gericht hätte weiter verweisen müssen[146].

53　　Ist der **Verweisungsbeschluß** als solcher **mangelhaft**, so ist im Einzelfall zu prüfen, ob das Urteil auf dem Mangel beruhen kann. Dies wurde beispielsweise auch verneint, wenn dieser (nach damaliger Ansicht unzulässig) außerhalb der Hauptverhandlung erlassen worden war, ein auf Grund einer Verhandlung erlassener Beschluß aber den Angeklagten nicht hätte besser stellen können[147]; desgleichen bei ausreichender Ergänzung eines inhaltlich lückenhaften Verweisungsbeschlusses[148], oder, wenn im Verweisungsbeschluß zwar der Anklagesatz fehlt, durch die Verweisung sich aber an der zugelassenen Anklage nichts geändert hatte[149]. Wird ein inhaltlich unzulänglicher Verweisungsbeschluß ohne die erforderliche Ergänzung oder Klarstellung der Hauptverhandlung zu Grunde gelegt, kann darin je nach den Umständen ein Verstoß gegen § 243 Abs. 3 liegen[150].

54　　**b)** Ergibt sich aus dem Urteil, daß das Gericht eine nach § 270 gebotene **Verweisung unterlassen** hat, kann die Verletzung des § 270 gerügt werden. Der Mangel der sachlichen Zuständigkeit muß vom Rechtsmittelgericht auch ohne Rüge **von Amts wegen** berücksichtigt werden[151]. Hält sich das Urteil allerdings im Rahmen der sachlichen Zuständigkeit des Gerichts, das die Verweisung unterlassen hat, so ist strittig, ob die unterlassene Verweisung vom Angeklagten mit Erfolg beanstandet werden kann[152]. Daß ein rechtzeitig erhobener Einwand nach § 6a zu Unrecht verworfen wurde, kann nach der herrschenden Rechtsprechung nur bei **ausdrücklicher Rüge** nach § 338 Nr. 4 mit der Revision beanstandet werden[153]; ebenso, daß die Verweisung an das Jugendgericht unterblieben ist[154]. Auch ein erwachsener Mitangeklagter kann beanstanden, daß statt des Jugendgerichts ein für Erwachsene zuständiges Gericht entschieden hat[155].

55　　**c)** Wird **keine Frist gemäß Absatz 4** gesetzt, kann daraus ein Revisionsgrund nur hergeleitet werden, wenn dies in der Hauptverhandlung gerügt und die beantragte Aussetzung der Hauptverhandlung entgegen § 265 Abs. 4 abgelehnt worden ist[156]. Auf die Ablehnung der beantragten Beweiserhebung kann die Revision in der Regel nicht gestützt werden; die entsprechenden Beweisanträge müssen in der Hauptverhandlung neu gestellt werden[157]. Unter dem Blickwinkel der Verletzung der **Aufklärungspflicht** dürfte eine solche Rüge nur bei Darlegung besonderer Umstände Erfolg haben[158].

---

[145] BGHSt **21** 334; 358, BGH NJW **2001** 1359; bei *Pfeiffer* NStZ **1981** 297; KK-*Engelhardt*[4] 33; SK-*Schlüchter* 38, vgl. Rdn. 35; 37; § 269, 12; § 338, 70.

[146] SK-*Schlüchter* 38.

[147] RGSt **52** 306; **58** 125; **62** 272.

[148] RGSt **55** 242; vgl. Rdn. 28.

[149] BGH bei *Dallinger* MDR **1966** 894.

[150] HK-*Julius*[2] 15; vgl. § 243, 107.

[151] BGHSt **10** 76; BGH bei *Dallinger* MDR **1972** 18; BayObLGSt **1985** 33 = NStZ **1985** 470 mit Anm. *Achenbach*; AK-*Wassermann* 11, KK-*Engelhardt*[4] 30; *Kleinknecht/Meyer-Goßner*[44] 27; KMR-*Müller* 25; vgl. § 338, 66.

[152] BGHSt **1** 346 verneint die Beschwer; ebenso KK-*Engelhardt*[4] 30; *Kleinknecht/Meyer-Goßner*[44] 27; SK-*Schlüchter* 39; abl. *Dallinger* MDR **1952** 118;

vgl. BGHSt **10** 64; *Rieß* GA **1976** 16 Fußn. 88; ferner § 338, 71 ff.

[153] AK-*Wassermann* 11; *Kleinknecht/Meyer-Goßner*[44] 27; KMR-*Müller* 26; vgl. § 6a, 24; § 338, 76.

[154] BGHSt **18** 79; HK-*Julius*[2] 14; *Kleinknecht/Meyer-Goßner*[44] 27, vgl. § 338, 77 mit weit. Nachw.

[155] BGHSt **30** 260; BGH StV **1981** 77; **1985** 358 (L); SK-*Schlüchter* 40; vgl. bei § 209 und § 338, 77.

[156] Vgl. RGSt **62** 272; HK-*Julius*[2] 15; *Kleinknecht/Meyer-Goßner*[44] 27; KMR-*Müller* 28; SK-*Schlüchter* 41.

[157] Vgl. § 225a, 49.

[158] Vgl. § 225a, 49; § 244, 46; 100; SK-*Schlüchter* 141.

3. Wird das Urteil eines Gerichts **rechtskräftig**, das in Verkennung seiner sachlichen **56** Unzuständigkeit entschieden hat, so ist es wirksam und verbraucht die Strafklage auch hinsichtlich des zur Zuständigkeit des höheren Gerichts gehörenden Gesichtspunkts[159].

§ 271

(1) ¹Über die Hauptverhandlung ist ein Protokoll aufzunehmen und von dem Vorsitzenden und dem Urkundsbeamten der Geschäftsstelle zu unterschreiben. ²Der Tag der Fertigstellung ist darin anzugeben.

(2) ¹Ist der Vorsitzende verhindert, so unterschreibt für ihn der älteste beisitzende Richter. ²Ist der Vorsitzende das einzige richterliche Mitglied des Gerichts, so genügt bei seiner Verhinderung die Unterschrift des Urkundsbeamten der Geschäftsstelle.

Schrifttum zu §§ 271 bis 274. *Börtzler* Die Fertigstellung des Protokolls über die Hauptverhandlung, MDR **1972** 185; *Bohne* Berichtigung des Hauptverhandlungsprotokolls und Verfahrensrüge, SJZ **1949** 760; *Busch* Die Zuständigkeit zur Berichtigung des Hauptverhandlungsprotokolls, JZ **1964** 746; *Gigerl* Die öffentliche Urkunde im Strafrecht, insbes. ihre Beweisbedeutung für und gegen jedermann, Diss. 1981; *Hendrix/Reiss* Die Protokollführung in der Hauptverhandlung der Strafgerichte⁷ (1989); *Kroschel/Meyer-Goßner*²⁶ Die Urteile in Strafsachen sowie Beschlüsse, Protokoll der Hauptverhandlung, Anklage und Privatklageschrift (1994); *Kirchberg* Der Gegenstand der Vernehmung oder der Beweisaufnahme im Strafprozeß, DRiZ **1968** 233; *Kohlhaas* Zur Beweiskraft des Sitzungsprotokolls nach § 274 StPO, NJW **1974** 23; *Krekeler* Wehret auch den kleinen „Anfängen" oder § 273 Abs. 3 muß bleiben, AnwBl. **1984** 417; *Marxen* Tonaufnahmen während der Hauptverhandlung für Zwecke der Verteidigung, NJW **1977** 2188; *Mertens* Die Protokollierung von Beweisergebnissen in der Hauptverhandlung, FS Grünwald (2000) 367; *Mittelbach* Das Protokoll im Strafprozeß, JR **1955** 327; *Ortloff* Die Hauptverhandlungsprotokolle, GA **44** (1896) 98; *Ott* Die Berichtigung des Hauptverhandlungsprotokolls im Strafverfahren und das Verbot der Rügeverkümmerung, Diss. Göttingen 1970; *Pecher* Über zivilrechtliche Vergleiche im Strafverfahren, NJW **1981** 2170; *Ranft* Hauptverhandlungsprotokoll und Verfahrensrüge im Strafprozeßrecht, JuS **1994** 785; 867; *Rassow* Sitzungsprotokoll und Tonband NJW **1958** 653; *Röhl* Hauptverhandlungsprotokoll auf Tonband? JZ **1956** 591; *Roggemann* Das Tonband im Verfahrensrecht (1962); *Roggemann* Tonbandaufnahmen während der Hauptverhandlung, JR **1966** 47; *Sailer* Inhaltsprotokoll und rechtliches Gehör, NJW **1977** 24; *G. Schäfer* Gedanken zur Beweiskraft des tatrichterlichen Verhandlungsprotokolls unter besonderer Berücksichtigung der Rechtsprechung des Bundesgerichtshofs, FS BGH (2000) 707; *M. Schmid* Die wörtliche Protokollierung einer Aussage in der Hauptverhandlung, NJW **1981** 1353; *W. Schmid* Haben die Verfahrensbeteiligten in der Hauptverhandlung Anspruch auf Protokollierung von Verfahrensfehlern? GA **1962** 353; *Sieg* Protokollierungspflicht und freie Beweiswürdigung im Strafprozeß, NJW **1982** 1625; *Sieg* Protokollformulare und Zeugenbelehrung, StV **1985** 130; *Stenglein* Das Protokoll in der Hauptverhandlung, GerS **45** (1891) 81; *Ulsenheimer* Die Verletzung der Protokollierungspflicht im Strafprozeß und ihre revisionsrechtliche Bedeutung, NJW **1980** 2273; *Werner* Das Protokoll im Strafprozeß, DRiZ **1955** 180; *Wißmann* Handbuch der Protokollführung in Strafsachen für Anwärter und Praktikanten zusammengestellt 3. Aufl. (1987). Vgl. ferner die Verhandlungen des 41. Deutschen Juristentages Bd. II Das Protokoll im Strafprozeß; dazu JZ **1955** 653.

Entstehungsgeschichte. Abgesehen von der Anpassung der Bezeichnungen in den Jahren 1924 („Vorsitzender" statt „Amtsrichter" in Absatz 2 Satz 2) und 1927 („Urkundsbeamter" statt „Gerichtsschreiber") blieb die Vorschrift inhaltlich im wesent-

---

[159] RGSt **56** 351; KMR-*Müller* 29.

lichen unverändert. Art. 7 Nr. 14 StPÄG 1964 hat bei Absatz 1 den zweiten Satz angefügt, um der gleichzeitigen Neufassung des § 273 Abs. 4, wonach das Urteil nicht vor Fertigstellung des Protokolls zugestellt werden darf, Rechnung zu tragen.

Übersicht

Alphabetische Übersicht

I. Verhandlungsprotokoll

1. Begriff. Verhandlungsprotokoll[1] ist eine allgemein lesbare Niederschrift (Rdn. 2), **1** die die Hauptverhandlung und ihren Verlauf nach Maßgabe der §§ 272, 273 mit Beweiskraft beurkundet (§ 274), wenn die Urkundspersonen durch ihre Unterschrift die Verantwortung dafür übernommen haben[2]. **Tonband- oder Videoaufzeichnungen** der Hauptverhandlung oder einzelner ihrer Abschnitte können nicht das Protokoll ersetzen[3], ganz gleich, auf wessen Veranlassung und zu welchen Zwecken sie aufgenommen worden sind und wieweit für die Aufnahme die Zustimmung des Sprechenden erforderlich war[4].

---

[1] Zur Rechtsnatur des Protokolls als gerichtliche Urkunde vgl. § 274, 2.

[2] Zum Zweck des Protokolls vgl. § 273, 1; ferner RGSt **55** 1; KK-*Engelhardt*[4] 4; KMR-*Müller* 1.

[3] BGHSt **19** 193; BGH NStZ **1982** 204; bei *Spiegel* DAR **1982** 204; OLG Karlsruhe Justiz **1981** 483; OLG Koblenz NStZ **1988** 42; *Rassow* NJW **1958** 653; *Röhl* JZ **1956** 206; *H. Schmidt* JZ **1956** 206; *Eb. Schmidt* JZ **1956** 206; h.M, so auch AK-*Wassermann* 1 und die Nachw. in der nachf. Fußn.

[4] Insoweit sind einzelne Fragen strittig, vgl. etwa restriktiv OLG Düsseldorf mit Anm. *Kühne* StV **1991** 102; OLG Schleswig NStZ **1992** 399 mit Anm. *Molketin* NStZ **1993** 345; *Marxen* NJW **1977** 2188; *Roggemann* JR **1966** 47; *H. Schäfer* NStZ **1984** 205; HK-*Julius*[2] 2; KK-*Engelhardt*[4] 4; *Kleinknecht/Meyer-Goßner*[44] 8; KMR-*Müller* 4; SK-*Schlüchter* 10.

Stehen sie den Urkundsbeamten zur Verfügung, können sie als Hilfsmittel zur Gedächtnisstütze bei der Fertigstellung des Protokolls herangezogen werden wie etwa die üblicherweise in Kurzschrift aufgenommene Notizen[5]. Solche Aufzeichnungen außerhalb des Protokolls sind zulässig.

2. Form

2   **a)** Das Protokoll muß in einer **gewöhnlichen**, im alltäglichen Leben für die deutsche Sprache **allgemein gebräuchlichen Schrift** (Hand- oder Maschinenschrift, vgl. bei § 168a) gefertigt sein, nicht etwa in Kurzschrift[6]. Dies gilt auch für **Äußerungen, die nach § 273 Abs. 3** wörtlich in das Protokoll aufgenommen werden. Da das in Schreibmaschinenschrift oder handschriftlich in gewöhnlicher Langschrift zu fertigende Protokoll nicht in der Sitzung hergestellt werden muß, sondern auch nachträglich gefertigt werden darf[7], ist es zulässig und bei länger dauernden Hauptverhandlungen meist unerläßlich, in der Hauptverhandlung Aufzeichnungen in Kurzschrift zu machen, um eine brauchbare und verläßliche Grundlage für die spätere Fertigung des Protokolls zu haben. Das mit Beweiskraft nach § 274 ausgestattete Protokoll ist aber immer nur die **unterschriebene Reinschrift** und nicht die ihr zugrunde liegenden Notizen oder Tonbänder. Ob § 168a Abs. 2 Satz 1 auf die vorläufigen Aufzeichnungen anwendbar ist, ist strittig[8], eine entsprechende Anwendung des § 168a Abs. 3 wird dagegen verneint[9]. Anders als etwa die zu Beweiszwecken nach § 247a Satz 4 vorgenommenen Aufzeichnungen sind Aufzeichnungen, die nur der Erleichterung der Protokollierung dienen sollen, lediglich Hilfsmittel für diesen Zweck; wollte man ihnen eine darüber hinausreichende selbständige Bedeutung zuerkennen, wäre dies mit der Bedeutung des allein maßgeblichen Sitzungsprotokolls unvereinbar. Solche ausschließlich für den persönlichen Gebrauch gefertigte Gedächtnisstützen werden nach vorherrschender Ansicht nicht Bestandteil der Akten; sie müssen weder aufbewahrt noch den Verfahrensbeteiligten zugänglich gemacht werden[10].

3   Die nach § 273 in das Protokoll aufzunehmenden Verfahrensvorgänge sind grundsätzlich in der **Reihenfolge** im Protokoll festzuhalten, in der sie sich ereignet haben[11]. Die Einhaltung der für die Hauptverhandlung vorgeschriebenen Ordnung des Verfahrensganges muß erkennbar sein[12]. Nur wenn dies nicht in Frage gestellt wird, sind **Zusammenfassungen** gleichartiger Vorgänge in einem Vermerk zulässig, etwa, daß der Angeklagte nach jedem Beweismittel gemäß § 257 befragt wurde[13]. Auf welche Verfahrensvorgänge sich ein solcher Sammelvermerk bezieht, muß eindeutig klargestellt werden[14].

4   **Die äußere Beschaffenheit des Protokolls** muß seiner Bedeutung entsprechen; ein Ausschaben oder Überkleben ist unstatthaft[15], ein Durchstreichen oder Hineinschreiben von Sätzen oder Worten ist möglichst zu vermeiden[16]; vorzuziehen ist die Änderung durch

---

[5] RGSt **65** 436; *Bruns* GA **1960** 162; *Henkels* JZ **1957** 158; 154; *Rassow* NJW **1958** 653; *Schmitt* JuS **1961** 19.

[6] RGSt **55** 1; BGHSt **19** 193; KK-*Engelhardt*[4] 4; *Kleinknecht/Meyer-Goßner*[44] 6; 9.

[7] BGH GA **1960** 61.

[8] Verneinend OLG Koblenz NStZ **1988** 42; SK-*Schlüchter* 10; bejahend *Kühne* StV **1991** 104; vgl. auch HK-*Julius*[2] 2.

[9] *Kleinknecht/Meyer-Goßner*[44] 9.

[10] BGHSt **29** 394; BGH bei *Dallinger* MDR **1973** 903; OLG Koblenz NStZ **1988** 42; vgl. auch OLG Karlsruhe Justiz **1981** 483; KK-*Engelhardt*[4] 5; *Klein-*

knecht/*Meyer-Goßner*[44] 10; KMR-*Müller* 5; SK-*Schlüchter* 10; **a. A** *Arndt* NJW **1966** 2204; *Marxen* NJW **1977** 2189; *H. Schäfer* NStZ **1984** 205; vgl. auch HK-*Julius*[2] 11.

[11] Vgl. KMR-*Müller* 10 (Zug-um-Zug-Protokoll).

[12] *Kleinknecht/Meyer-Goßner*[44] 12.

[13] *Kleinknecht/Meyer-Goßner*[44] 12; KMR-*Müller* 10; SK-*Schlüchter* 8; weitere Beispiele *Kroschel/Meyer-Goßner* 324.

[14] Vgl. Rdn. 12 bei Wechsel des Urkundsbeamten.

[15] RG GA **47** (1900) 377; *Kleinknecht/Meyer-Goßner*[44] 11; SK-*Schlüchter* 11.

[16] *Kleinknecht/Meyer-Goßner*[44] 11.

Randvermerke, die vom Vorsitzenden und vom Protokollführer abzuzeichnen sind[17]. Die Wirkung etwaiger Verstöße ist nicht besonders geregelt. Es bleibt dem Richter überlassen, den Einfluß eines Verstoßes der fraglichen Art auf die Beweiskraft des Protokolls nach freiem Ermessen zu würdigen[18]. Regelmäßig kann durch einen solchen Verstoß nicht die Beweiskraft des ganzen Protokolls, sondern nur die des betreffenden Satzes oder Teils in Frage gestellt werden[19].

Werden dem Protokoll **Randvermerke** hinzugefügt, so bedürfen diese der besonderen **5** Beglaubigung durch die Unterschriften des Vorsitzenden und des Urkundsbeamten[20]; die Folge des Mangels dieser Beglaubigung würde indes auch nur sein können, daß der Randvermerk und unter Umständen auch der Satz, zu dessen Ergänzung er dienen soll, der Beweiskraft entbehren würde[21].

b) **Vordrucke** dürfen für das Protokoll verwendet werden. Dies kann zweckmäßig **6** sein, da hierdurch die Beachtung der in jedes Protokoll gehörenden Formalien erleichtert wird. Die Verwendung von Formularen birgt aber eine Reihe von Gefahren in sich[22]. Vor allem ist auf die Streichung der im Einzelfall nicht zutreffenden Teile des Vordrucks erhöhte Aufmerksamkeit zu richten, um eine häufige Fehlerquelle auszuschließen.

c) Die **Niederschrift** einzelner Aussagen usw. in einer **fremden Sprache** ist nach § 185 **7** GVG zulässig nicht jedoch die Abfassung des ganzen Protokolls[23].

d) Eine **Verlesung** und Genehmigung **des Protokolls** findet nicht statt; eine Aus- **8** nahme findet sich in § 273 Abs. 3.

3. Einheit des Protokolls

a) Das Protokoll über die Hauptverhandlung bildet eine **zusammengehörende Einheit**, **9** auch wenn die Hauptverhandlung mehrere Tage gedauert hat und für jeden Tag ein besonderes Protokoll aufgenommen worden ist[24].

Es steht im Ermessen der für die Protokollführung verantwortlichen Personen (Vor- **10** sitzender und Urkundsbeamter), ob sie bei einer mehrtägigen Hauptverhandlung für jeden Tag ein besonderes **Abschnittsprotokoll** oder nur ein auch rein äußerlich einheitliches Protokoll mit nur einmaligem Abschluß herstellen wollen[25]. Es ist allerdings wenig zweckmäßig, wenn das Protokoll einer mehrere Monate andauernden Verhandlung erst nach der Urteilsverkündung erstellt wird[26]. Die Verfahrensbeteiligten, insbes. Verteidiger, haben aber keinen Anspruch, daß das Protokoll bei einer mehrwöchentlichen Verhandlung durch mehrere Abschlüsse unterteilt wird[27]. Auch bei abschnittsweiser Erstellung bleibt das Sitzungsprotokoll ein aus seiner Gesamtheit heraus „auslegungsfähiges Ganzes"[28]. Die im Protokoll zu Beginn des Prozesses festgestellte Anwesenheit der Personen bestätigt dies auch dann grundsätzlich für die ganze Hauptverhandlung, wenn

---

[17] SK-*Schlüchter* 11; vgl. Rdn. 5.

[18] RG GA **46** (1898/99) 132; LZ **1914** 196.

[19] RGSt **27** 169; *Kleinknecht/Meyer-Goßner*[44] 11; SK-*Schlüchter* 11; vgl. § 274 23 ff.

[20] Vgl. Rdn. 15.

[21] RGRSpr. **2** 658; RGSt **1** 242; **20** 425; RG GA **61** (1914) 341; *Kleinknecht/Meyer-Goßner*[44] 11.

[22] *Kohlhaas* NJW **1974** 23; *Sieg* StV **1985** 130 (zu BGH StV **1984** 405); ferner *Kroschell/Meyer-Goßner* 324 (Notwendigkeit, auch bei Platzmangel im Vordruck Übersichtlichkeit zu wahren).

[23] Wegen der Einzelheiten vgl. bei § 185 GVG.

[24] BGHSt **16** 306; **29** 394; BGH bei *Dallinger* MDR **1975** 742; bei *Pfeiffer* NStZ **1981** 297; *Hanack* JZ **1972** 489; AK-*Wassermann* 2; KK-*Engelhardt*[4] 3; *Kleinknecht/Meyer-Goßner*[44] 2; KMR-*Müller* 6.

[25] RGSt **30** 205; RG JW **1901** 690; **1925** 2785; BGHSt **16** 301; OLG Düsseldorf JMBlNW **1963** 215.

[26] *Bendix* ZStW **39** (1918) 12; *Kleinknecht/Meyer-Goßner*[44] 2; KMR-*Müller* 7. *Busch* JZ **1964** 750 empfiehlt de lege ferenda für jeden Tag ein besonderes Protokoll.

[27] BGH NStZ **1993** 141.

[28] *Hanack* JZ **1972** 489.

nicht an einer späteren Stelle festgehalten ist, daß eine zu Beginn noch nicht anwesende Person hinzugekommen ist oder sich eine Person entfernt hat[29]. Das beweiskräftige Sitzungsprotokoll ist erst fertiggestellt (Absatz 1 Satz 2; § 273 Abs. 4), wenn die Urkundspersonen nach Schluß der Hauptverhandlung den letzten Teilabschnitt und damit die ganze Niederschrift unterschrieben haben[30].

11   Wird die Hauptverhandlung **unterbrochen**, braucht das Protokoll nicht jedesmal abgeschlossen werden. Es kann zweckmäßig sein, die Unterbrechung und ihre Dauer zu vermerken, jedoch gehören kürzere Unterbrechungen am gleichen Tage – etwa für eine Mittagspause – nicht zu den wesentlichen Förmlichkeiten, die nur durch das Protokoll beweisbar sind[31].

12   **b) Wechselt** der **Urkundsbeamte** während der Hauptverhandlung, hat jeder Beamte den von ihm beurkundeten Teil zu unterschreiben und damit abzuschließen[32]. Dabei sind grundsätzlich **Sammelvermerke**, über die nach bestimmten Verfahrensvorgängen wiederkehrende Aufforderungen usw, die an sich für die ganze Hauptverhandlung gelten sollen und deshalb üblicherweise am Schluß des Protokolls aufgenommen werden, wie etwa die Beachtung der Vorschrift des § 257, von jedem der mehreren Urkundsbeamten für den von ihm protokollierten Verfahrensteil zu bezeugen. Er muß sie deshalb in den von ihm beurkundeten Teil der Hauptverhandlung aufnehmen[33]; andernfalls muß ein nur am Schluß des Protokolls gebrachter Sammelvermerk – zweckmäßigerweise in Verbindung mit dem Hinweis, daß er auch für die gesondert protokollierten Verfahrensabschnitte gilt – durch die zusätzlichen Unterschriften aller Protokollführer gedeckt sein. Der Vorsitzende ist nicht gehalten, die Sitzungsniederschrift jeweils dann durch seine Unterschrift abzuschließen, wenn der Urkundsbeamte wechselt. Seine Unterschrift am Schluß der Sitzungsniederschrift deckt ihren ganzen Inhalt auch dann, wenn der Urkundsbeamte im Laufe der Verhandlung gewechselt hat[34].

4. Verantwortlichkeit

13   **a)** Die Beurkundung der Vorgänge der Hauptverhandlung in der Sitzungsniederschrift ist dem **Vorsitzenden** und dem **Urkundsbeamten** der Geschäftsstelle (§ 226) zur selbständigen Erledigung zu übertragen. Sie üben insoweit eine **eigene Befugnis als Urkundsperson** aus; sie handeln nicht für das Gericht (vgl. Rdn. 70). Das Festhalten der protokollierungsbedürftigen Vorgänge in der Hauptverhandlung und die Fertigung des Protokolls, die nicht in der Hauptverhandlung zu geschehen braucht, obliegt dem **Urkundsbeamten** in eigener Verantwortung, wobei ihn Nr. 144 Abs. 1 RiStBV anhält, das Protokoll über die Hauptverhandlung wegen seiner weittragenden Bedeutung besonders sorgfältig abzufassen.

14   **b)** Der **Vorsitzende**, nicht das Gericht, ist für die richtige und vollständige Beurkundung der Hauptverhandlung im gleichen Maße wie der Urkundsbeamte der Geschäftsstelle verantwortlich. Vor der Unterzeichnung durch den Vorsitzenden liegt kein fertiggestelltes Protokoll vor. Es ist seine Aufgabe (vgl. Nr. 144 Abs. 1 RiStBV), den Urkundsbeamten zur sachgerechten Beurkundung anzuhalten, den Protokollentwurf zu

---

[29]   BGH NJW **1994** 3364; *Kleinknecht/Meyer-Goßner*[44] 2; vgl. auch Rdn. 12.

[30]   BGH bei *Dallinger* MDR **1975** 724; *Kleinknecht/ Meyer-Goßner*[44] 2 unter Hinweis auf BVerfG, vgl. Rdn. 28; 37.

[31]   BGH JZ **1967** 185; AK-*Wassermann* 2; vgl. § 272, 7 mit weit. Nachw.

[32]   BGH bei *Kusch* NStZ **1992** 29; OLG Braunschweig NdsRpfl. **1947** 89; vgl. § 226, 9; § 272, 11.

[33]   KMR-*Müller* 10; SK-*Schlüchter* 12; vgl. Rdn. 3.

[34]   *Kleinknecht/Meyer-Goßner*[44] 2; KMR-*Müller* 11.

prüfen und auf die erforderlichen Änderungen oder Ergänzungen hinzuwirken[35]. Eine Aufgabe, die nicht ernst genug genommen werden kann; in der Praxis führen zahlreiche Verfahrensrügen nicht etwa deshalb zum Erfolg, weil dem Gericht ein Fehler unterlaufen ist, sondern weil das Protokoll unzulänglich geführt und im Drang der Geschäfte nicht gründlich genug vom Vorsitzenden überprüft worden ist und deshalb Unrichtigkeiten und Mängel enthält, auf die sich die Verfahrensrügen, insbesondere auch wegen der negativen Beweiskraft (§ 274), mit Erfolg gründen lassen. Hat der Vorsitzende das Protokoll unterschrieben ohne es durchzusehen, so kann er dessen Abschluß (Fertigstellung) nicht damit in Abrede stellen, daß er das nur getan habe, um die Urteilsformel zu decken[36].

Werden dem Vorsitzenden die vom Urkundsbeamten gefertigten und unterzeichneten **15** Protokolle vorgelegt, so ist er berechtigt und verpflichtet, für alle erforderlichen **Berichtigungen oder Ergänzungen** der Niederschrift zu sorgen[37]. Er kann das Protokoll zu diesem Zweck dem Protokollführer nochmals zurückgeben, es ist aber auch zulässig, daß er selbst die Änderungen und Ergänzungen in das Protokoll hineinschreibt, da nirgends vorgeschrieben ist, daß das Protokoll von der Hand des Urkundsbeamten fertiggestellt werde. Unerläßlich ist aber stets, daß der Protokollführer den Abänderungen zustimmt, was voraussetzt, daß er sich zumindest nachträglich an den Vorgang noch oder wieder erinnert, so daß er die Protokollierung auch insoweit mittragen kann[38]. Daß der Urkundsbeamte nachträglich einer vom Vorsitzenden selbst vorgenommenen Änderung zugestimmt hat, muß zwar nicht zwingend notwendig im Protokoll selbst zum Ausdruck kommen[39]. Um in solchen Fällen aber jeden die Beweiskraft zerstörenden Zweifel auszuschließen, sollte das Protokoll selbst unzweideutig (am besten durch Abzeichnung der Änderung am Rande mit Datum[40]) erkennen lassen, daß **beide Urkundspersonen** durch ihre Unterschrift die Verantwortlichkeit für die Änderung übernommen haben, damit die Ergänzung oder Umarbeitung als beweiskräftiger Teil des Protokolls (§ 274) gelten kann[41].

Die im **voraus erklärte Einwilligung** des Urkundsbeamten in die dem Vorsitzenden **16** angebracht erscheinenden Änderungen des vom Urkundsbeamten aufgenommenen und unterschriebenen Protokolls ist nicht geeignet, die vom Vorsitzenden bewirkten Änderungen beweiskräftig zu machen[42].

c) Der Vorsitzende kann den Urkundsbeamten bei einer **Meinungsverschiedenheit 17** über den **tatsächlichen Verlauf** eines zu beurkundenden Vorgangs nicht anweisen, die von ihm für richtig gehaltene Darstellung in das Protokoll aufzunehmen[43]. Er muß bei Meinungsverschiedenheiten über den Verfahrenshergang versuchen, die tatsächlichen Vorgänge eventuell durch Befragung der anderen Prozeßbeteiligten aufzuklären, um so doch noch zu einer übereinstimmenden Beurkundung zu kommen. Betrifft die Meinungsverschiedenheit dagegen nur die **Rechtsfrage**, ob ein unstrittiger tatsächlicher Vorgang

[35] KK-*Engelhardt*[4] 6; *Kleinknecht/Meyer-Goßner*[44] 3; SK-*Schlüchter* 5.

[36] RGSt **68** 244.

[37] RGRspr. **5** 191; RGSt **20** 227; BGH GA **1954** 119; vgl. Fußn. 29.

[38] Weitgehend h. M; vgl. BGH bei *Kusch* NStZ **1996** 22; nach OLG Düsseldorf MDR **1990** 743 soll die Änderung erst nach einer schriftlichen Äußerung des Protokollführers vorgenommen werden.

[39] BGH GA **1992** 319; KK-*Engelhardt*[4] 7; vgl. Rdn. 19.

[40] KK-*Engelhardt*[4] 7; vgl. KMR-*Müller* 9. Es genügt

aber auch die Genehmigung aller Änderungen am Ende des Protokolls, BGH bei *Pfeiffer* NStZ **1981** 290; *Kroschell/Meyer-Goßner* 382; *Kleinknecht/ Meyer-Goßner*[44] 14; SK-*Schlüchter* 5.

[41] RGSt **1** 242; **20** 425, **22** 244; BGH GA **1954** 119; BayObLGSt **1985** 57; vgl. auch vorst. Fußn. Vgl. Fußn. 55.

[42] RG DRiZ **1931** Nr. 366; AK-*Wassermann* 5; *Kleinknecht/Meyer-Goßner*[44] 14; SK-*Schlüchter* 5.

[43] AK-*Wassermann* 5; KK-*Engelhardt*[4] 8; *Kleinknecht/ Meyer-Goßner*[44] 4; KMR-*Müller* 13; SK-*Schlüchter* 7.

Walter Gollwitzer

im Protokoll festgehalten werden muß, kann der Vorsitzende die von ihm aus **Rechts-gründen** für notwendig gehaltene Protokollierung anordnen[44]. Ob er umgekehrt auch anordnen könnte, daß eine von ihm aus Rechtsgründen als überflüssig angesehene Protokollierung unterbleibt, ist zweifelhaft[45], praktisch wird sich in solchen Fällen die Aufnahme empfehlen. An die Anordnung der Protokollierung nach § 273 Abs. 3 ist der Protokollführer gebunden.

18   Eine den Inhalt des Protokolls betreffende, **unerledigt gebliebene Meinungsverschiedenheit** zwischen dem Vorsitzenden und dem Urkundsbeamten darf nicht mit Stillschweigen übergangen, muß vielmehr **in dem Protokoll selbst zum Ausdruck gebracht** werden[46]. Dem Gericht legt das Gesetz nicht die Befugnis bei, über solche Meinungsverschiedenheiten zu entscheiden und den Inhalt des Protokolls durch Beschluß festzustellen. Die nicht ausgeglichene Meinungsverschiedenheit läßt insoweit die Beweiskraft des § 274 nicht entstehen[47].

5. Unterschriften

19   **a) Unterzeichnung.** Um Beweiskraft (§ 274) zu haben, muß das Protokoll vom Vorsitzenden und vom Urkundsbeamten unterschrieben sein. Die **eigenhändige Unterschrift** darf nicht durch den Gebrauch eines Namensstempels ersetzt werden[48]. Die Unterschrift muß nicht unbedingt leserlich sein, sie muß sich aber als Schriftzug darstellen, der die Identität des Unterschreibenden ausreichend kennzeichnet; eine lediglich geschlängelte Linie genügt nicht[49]. Erst wenn das Protokoll insgesamt in allen Teilen durch beide Unterschriften gedeckt ist und auch etwaige Änderungen unterschriftlich genehmigt sind, ist es fertiggestellt (Rdn. 28). Werden **Anlagen** zum Protokoll genommen, ist dies durch einen die Anlage eindeutig kennzeichnenden Vermerk im Protokoll festzuhalten. Es ist nicht notwendig, daß die Protokollführer dies auch durch ihre Unterschrift auf der Anlage bestätigen[50]. Wegen der als Anlage zu Protokoll genommenen Beschlüsse vgl. § 273, 26.

20   Das Gesetz schreibt keinen **Zeitpunkt** vor, bis zu dem spätestens die Unterzeichnung geschehen sein müsse. Daran hat auch die Einfügung des Absatzes 1 Satz 2 nichts geändert (vgl. Rdn. 28). Es ist daher statthaft, die aus Versehen unterbliebene **Unterzeichnung** nachzuholen, und zwar selbst nach Einlegung eines Rechtsmittels, das den Mangel der Unterschrift rügt[51]. Vorsitzender und Urkundsbeamter sind sogar verpflichtet, die

44 HK-*Julius*[2] 3; KK-*Engelhardt*[4] 7; *Kleinknecht/ Meyer-Goßner*[44] 4; SK-*Schlüchter* 6; *Eb. Schmidt* Nachtr. 3; OLG Köln NJW **1955** 843 nimmt ein Weisungsrecht des Vorsitzenden an. Nach *Gössel* § 34 C II kann der Vorsitzende in der Hauptverhandlung die Protokollierung bestimmter Vorgänge nach § 238 Abs. 1 anordnen. Der Protokollführer ist daran (und an etwaige Beschlüsse nach § 238 Abs. 2) gebunden; vgl. aber Rdn. 70.

45 Ein Weisungsrecht verneinen HK-*Julius*[2] 3; SK-*Schlüchter* 6 und wohl auch *Gössel* § 34 C II (nach Abschluß der Hauptverhandlung). Nach KMR-*Müller* 12 kann jeder Verantwortliche zwar etwas Überflüssiges unterschreiben, nicht aber ein seiner Meinung nach unvollständiges Protokoll. Anders wohl KK-*Engelhardt*[4] 7 (Weisungsrecht in Rechtsfragen). Vgl. Rdn. 14. Wegen der Pflicht, Meinungsverschiedenheiten offen zu legen, ist der praktische Unterschied gering.

46 HK-*Julius*[2] 3; KK-*Engelhardt*[4] 7; *Kleinknecht/ Meyer-Goßner*[44] 4; KMR-*Müller* 13; SK-*Schlüchter* 7.

47 RGSt **57** 396; RG GA **50** (1903) 116; **61** (1914) 13; 352; BGHSt **4** 364; *Ranft* JuS **1994** 786; *Zweigert* GA **60** (1913) 265; ferner die Nachw. vorst. Fußn. und § 274, 4 ff; ferner Rdn. 19; **a. A** RG GA **60** (1913) 265.

48 RG JZ **1920** 443; SK-*Schlüchter* 12.

49 OLG Düsseldorf NJW **1956** 923; vgl. auch § 345, 24.

50 OLG Düsseldorf MDR **1986** 166; *Kleinknecht/ Meyer-Goßner*[44] 13.

51 RGSt **13** 351; RG LZ **1920** 443; JW **1932** 2730; BGHSt **10** 145; **12** 270; KK-*Engelhardt*[4] 12; *Kleinknecht/Meyer-Goßner*[44] 15; KMR-*Müller* 15; SK-*Schlüchter* 13.

Unterschrift nachzuholen, es sei denn, daß sie wegen der verstrichenen Zeit nicht mehr für die Richtigkeit des Inhalts des Protokolls einstehen können[52].

Gibt das Protokoll den Gang einer **mehrtägigen Hauptverhandlung** wieder, so decken **21** die es abschließenden Unterschriften seinen ganzen Inhalt (Rdn. 10); es bedarf, sofern nicht die Urkundsbeamten gewechselt haben (Rdn. 12), keiner besonderen Unterschriften für jeden, einen einzelnen Sitzungstag betreffenden Abschnitt.

Ist das **Urteil mit Gründen** vollständig **in das Protokoll** aufgenommen worden (§ 275 **22** Abs. 1), so genügt es nicht, wenn der Urkundsbeamte Protokoll mit Urteilsformel, der Vorsitzende aber ebenso wie die beisitzenden Richter nur die Gründe unterschreiben; ist so verfahren worden, so liegt ein Mangel des Protokolls vor[53].

b) Bei Verhinderung des Vorsitzenden unterschreibt für ihn der dienstälteste, nur **23** ersatzweise der lebensälteste (analog § 21h GVG) beisitzende Berufsrichter (Absatz 2 Satz 1)[54]. Ist kein solcher vorhanden, weil der Vorsitzende das einzige berufsrichterliche Mitglied des Gerichts ist, wie etwa beim Schöffengericht, so genügt die Unterschrift des Urkundsbeamten (Absatz 2 Satz 2).

Ein **Hindernis** im Sinne des Absatzes 2 liegt vor, wenn dem Vorsitzenden die Unter- **24** schrift aus rechtlichen oder tatsächlichen Gründen dauernd oder (voraussichtlich) für eine solche Zeitspanne unmöglich ist, daß ein Zuwarten bis zum Wegfall des Hindernisses die geregelte Abwicklung des Verfahrens wesentlich verzögern würde; so etwa, wenn der Vorsitzende längere Zeit in Urlaub oder ernsthaft oder für nicht absehbare Zeit erkrankt ist[55]. Dienstliche Überlastung ist kein Hinderungsgrund[56]. Dagegen liegt ein solches Hindernis vor, wenn der Vorsitzende verstorben oder aus dem aktiven Richterdienst ausgeschieden ist, sei es, daß er pensioniert wurde, sei es, daß er ein nichtrichterliches Amt übertragen erhalten hat. Ist der Vorsitzende dagegen nur aus dem Spruchkörper ausgeschieden, so hat er die Fähigkeit, das Protokoll als Richter zu unterzeichnen, dadurch nicht verloren[57].

Die Verhinderung des Urkundsbeamten ist im Gesetz nicht geregelt. Hier hat jedoch **25** grundsätzlich das gleiche zu gelten wie bei der Verhinderung des Vorsitzenden. Es muß genügen, daß nur der Vorsitzende das Protokoll allein unterschreibt[58]. Eine Verhinderung des Urkundsbeamten ist auch gegeben, wenn er aus dem aktiven Justizdienst ausscheidet oder wenn er sonst die Fähigkeit zur Beurkundung verloren hat[59]. Eine solche ersatzweise Unterschrift durch den Vorsitzenden kann jedoch daran scheitern, daß noch kein Protokollentwurf vorliegt und ein solcher auch nicht aus den vorhandenen Unterlagen und Notizen mit der erforderlichen Zuverlässigkeit erstellt werden kann[60].

---

[52] BGHSt **10** 115; KMR-*Müller* 15.
[53] RGSt **64** 214; *Kleinknecht/Meyer-Goßner*[44] § 275, 1; **a. A** KMR-*Müller* 14 (zu formalistisch; Unterschrift des Vorsitzenden unter das in das Protokoll aufgenommene Urteil deckt auch den sonstigen Protokollinhalt).
[54] KK-*Engelhardt*[4] 10; *Kleinknecht/Meyer-Goßner*[44] 16; KMR-*Müller* 16; SK-*Schlüchter* 19.
[55] KK-*Engelhardt*[4] 10 (Abwarten mit geregeltem Dienstbetrieb unvereinbar); KMR-*Müller* 16 (wesentliche Verfahrensverzögerung); *Kleinknecht/Meyer-Goßner*[44] 16 (ungebührliche Verzögerung); SK-*Schlüchter* 18 (unangemessen lang); enger wohl Prot. *Hahn* 891. Maßgebend ist die (prognostische) Beurteilung ex ante; entfällt das Hindernis früher als angenom-

men, berührt das eine zunächst zu Recht angenommene Vertretungsbefugnis nicht.
[56] *Kleinknecht/Meyer-Goßner*[44] 16; SK-*Schlüchter* 18; **a. A** KMR-*Müller* 16.
[57] *Busch* JZ **1964** 748; KK-*Engelhardt*[4] 10; zur ähnlichen Lage bei Unterzeichnung des Urteils vgl. § 275, 46 ff.
[58] OLG Schleswig bei *Lorenzen/Schiemann* SchlHA **1997** 171; *Feisenberger* ZStW **38** (1916) 660; KK-*Engelhardt*[4] 11; *Kleinknecht/Meyer-Goßner*[44] 17; KMR-*Müller* 16; SK-*Schlüchter* 20; *Eb. Schmidt* 11.
[59] *Busch* JZ **1964** 749.
[60] KMR-*Müller* 16 (unter Hinweis auf OLG Düsseldorf OLGSt § 274, 5); SK-*Schlüchter* 20.

26   **Kein Hindernis**, das den Vertretungsfall auslöst, liegt vor, wenn eine der Urkunds-personen infolge einer **Gedächtnislücke** sich außer Stande fühlt, die Verantwortung für die Richtigkeit des Protokolls oder eines Teiles davon zu übernehmen[61]. Läßt sich die Erinnerung nicht durch den zunächst gebotenen Rückgriff auf die Verhandlungsunter-lagen oder durch Befragung der anderen Verfahrensteilnehmer wieder auffrischen, muß dies bei Unterschrift des Protokolls unter Kennzeichnung des nicht bestätigten Teiles vermerkt werden.

27   **c) Verhinderungsvermerk.** Auf die Verhinderung ist von demjenigen, der für den Ver-hinderten unterschreibt, zur Kennzeichnung seiner Beurkundungsbefugnis hinzuweisen. Der Grund der Verhinderung ist dabei zweckmäßigerweise anzuführen[62]. Die ihn be-legenden Feststellungen sind aktenkundig zu machen.

6. Vermerk des Tags der Fertigstellung

28   **a) Fertigstellung.** Absatz 1 Satz 2 verlangt im Hinblick auf § 273 Abs. 4, daß der zeit-lich an keine bestimmte Frist (Rdn. 20) gebundene Tag der Fertigstellung im Protokoll zu vermerken ist. Fertiggestellt ist das Protokoll erst, wenn es in allen Teilen[63] vom Urkundsbeamten und vom Vorsitzenden unterschrieben ist; bei Änderungen (Rdn. 15) erst mit der letzten, die Änderung genehmigenden Unterschrift[64]. Nachträgliche Ände-rungen durch den Vorsitzenden muß der Protokollführer gebilligt haben[65].

29   Genügt wegen der Verhinderung einer dieser Personen ausnahmsweise die **alleinige Unterschrift** der anderen (Rdn. 23, 25), dann ist das Protokoll fertiggestellt, sobald die eine Unterschrift vorliegt und die Verhinderung ausdrücklich von der zu ihrer Fest-stellung allein befugten anderen Urkundsperson an Stelle der zweiten Unterschrift auf dem Protokoll vermerkt wird[66]. Erst dadurch wandelt sich der bis dahin der zweiten Unterschrift entbehrende Entwurf zum verbindlichen Protokoll.

30   **Verweigert** eine Urkundsperson die **Unterschrift**, weil sie den Inhalt des Protokolls nicht mehr aus ihrer Erinnerung bestätigen kann, dann muß das Protokoll von dem Zeitpunkt an als fertiggestellt gelten, an dem feststeht, daß die Unterschrift endgültig unterbleibt. Die Weigerung ist auf dem Protokoll zu vermerken; die diesbezügliche Erklärung ist zu den Akten zu nehmen oder sonst aktenkundig zu machen. In den Akten festzuhalten ist auch, wenn eine Fertigstellung des Protokolls aus sonstigen Gründen unmöglich ist[67].

31   Eine **nachträgliche Berichtigung** des fertigen Protokolls (Rdn. 38 ff) berührt den Zeit-punkt der Fertigstellung nicht mehr[68]. Mit den endgültigen, auch etwaige Änderungen bestätigenden Unterschriften ist es fertiggestellt, auch wenn es sachlich oder formell fehlerhaft ist oder Lücken aufweist[69].

32   Werden über eine Hauptverhandlung mehrere, jeweils durch Unterschriften abge-schlossene **Teilprotokolle** erstellt (Rdn. 10), dann braucht der Zeitpunkt des Abschlusses

---

[61] KMR-*Müller* 16; SK-*Schlüchter* 18.

[62] SK-*Schlüchter* 21; *Börtzler* MDR **1972** 187 hält die Angabe des Verhinderungsgrundes wegen § 273 Abs. 4 für unerläßlich; ebenso wohl *Kroschell/Meyer-Goßner* 371; *Kleinknecht/Meyer-Goßner*[44] 18.

[63] BGH bei *Dallinger* MDR **1975** 724; bei *Kusch* NStZ **1992** 29; OLG Düsseldorf JMBlNW **1995** 225. Vgl. auch nachf. Fußn. und § 273, 56; 57.

[64] BGHSt **23** 115 = JR **1971** 208 mit Anm. *Koffka*; BGHSt **27** 80; BGH GA **1992** 319; BayObLGSt

1980 140 = NJW **1981** 1795; StV **1985** 360; OLG Düsseldorf OLGSt § 51 BZRG Nr. 1; *Börtzler* MDR **1972** 185.

[65] Vgl. etwa vgl. BGHSt **37** 287; BGH wistra **1995** 273 sowie Rdn. 15.

[66] Vgl. Rdn. 29.

[67] *W. Schmid* FS Lange 696.

[68] *Börtzler* MDR **1972** 187.

[69] *Kleinknecht/Meyer-Goßner*[44] 19; vgl. auch § 273, 56.

dieser Teilprotokolle nicht vermerkt zu werden. Im Hinblick auf die Einheit des gesamten Protokolls und auf den Zweck des Vermerks nach § 271 Abs. 1 Satz 2 kommt es nur auf den Zeitpunkt an, an welchem das letzte dieser Teilprotokolle unterschriftlich abgeschlossen ist, das gesamte Protokoll also fertig vorliegt[70].

Daß das Protokoll **vor Urteilsfällung** insoweit fertig ist, daß es für das Gericht bereits **33** bei der Beratung verwendbar ist, kann nicht gefordert werden[71]. Zum einen sind die Verkündung des Urteils und der damit zusammenhängenden Nebenentscheidungen zu protokollierende Vorgänge, so daß schon deshalb eine endgültige Fertigstellung nicht möglich ist. Zum andern darf Grundlage der Urteilsberatung allein der Inbegriff der Hauptverhandlung sein, so wie ihn die Richter aus eigener Wahrnehmung selbst aufgefaßt haben, dafür kann nicht maßgebend sein, welche Formalien die Urkundspersonen aus ihrer Sicht bezeugen[72].

Der am Protokoll anzubringende **Vermerk** über dessen Fertigstellung gehört nicht zu **34** den **Förmlichkeiten der Hauptverhandlung**, die durch das Protokoll mit Beweiskraft (§ 274) beurkundet werden. Er soll lediglich die Feststellung des Zeitpunkts der Fertigstellung erleichtern, ohne jedoch auszuschließen, daß dieser Zeitpunkt mit anderen Beweismitteln abweichend von ihm festgestellt werden kann[73].

Seine **Anbringung** rechnet daher nicht mehr zur Fertigstellung des Protokolls. Dieses **35** ist vielmehr mit der letzten Unterschrift der Urkundspersonen fertiggestellt, auch wenn der Vermerk noch fehlt[74]. Der Vermerk kann nachträglich angebracht werden. Können sich die beiden Urkundspersonen an den Tag der Fertigstellung nicht sicher erinnern, genügt es, wenn sie bekunden, daß das Protokoll „spätestens am … fertiggestellt" war[75].

b) Die **Form des Vermerks** ist im Gesetz nicht näher geregelt. Dieses schreibt auch **36** nicht vor, wo er im Protokoll anzubringen ist. Es genügt jeder Hinweis, der zweifelsfrei erkennen läßt, daß er den Zeitpunkt der Fertigstellung bezeugen soll. Erkennbar muß ferner sein, daß der Vermerk von einer dazu befugten Person stammt. Am zweckmäßigsten dürfte es sein, wenn der Vermerk nach den Unterschriften des Protokolls angebracht wird[76] und wenn der Letztunterschreibende, in der Regel also der Vorsitzende (sofern er keine Änderungen vornimmt), in dem bereits vorgeschriebenen Vermerk das Datum einsetzt und dann auch noch den Vermerk unterschreibt[77].

c) Einsichtnahme, Abschriften. Solange das gesamte Protokoll nicht fertiggestellt ist, **37** solange es nicht in all seinen Teilen von beiden Urkundspersonen unterschrieben ist[78], bildet es, wie auch sonst Entwürfe, noch keinen notwendigen Bestandteil der Akten. Erst nach der Fertigstellung wird er Bestandteil der Akten und unterliegt dann der Akteneinsicht nach § 147[79]. Vorher können auch keine Abschriften oder Ablichtungen von bereits im Entwurf vorliegenden Teilen verlangt werden[80]. Ein Recht auf Übermitt-

---

[70] Rdn. 10; 12.

[71] RG JW **1930** 3404; KMR-*Müller* 17.

[72] Zum Verhältnis zwischen Urteil und Protokoll vgl. *Sarstedt/Hamm*[6] 173, 289.

[73] OLG Düsseldorf MDR **1991** 557; *Sarstedt/Hamm*[6] 174; AK-*Lemke* 8; KK-*Engelhardt*[4] 8; *Kleinknecht/Meyer-Goßner*[44] 20; KMR-*Müller* 17; 18.

[74] BGHSt 23 115 = JR **1971** 208 mit abl. Anm. *Koffka* = LM Nr. 3 mit Anm. *Börtzler*; BGHSt **27** 80; BayObLGSt **1980** 140; OLG Köln MDR **1972** 260; *Börtzler* MDR **1972** 186; AK-*Lemke* 8; KK-*Engelhardt*[4] 8; *Kleinknecht/Meyer-Goßner*[44] 19; KMR-*Müller* 18.

[75] *Börtzler* MDR **1972** 187.

[76] BGHSt 23 115; vgl. Fußn. 74; *Kleinknecht/Meyer-Goßner*[44] 20.

[77] A.A *Koffka* JR **1971** 209 (Unterschriften beider Urkundspersonen notwendig).

[78] Zur Einheitlichkeit des Protokolls vgl. Rdn. 9 ff; 28.

[79] BGHSt **29** 394; BGH bei *Dallinger* MDR **1975** 724; HK-*Julius*[2] 10; KK-*Engelhardt*[4] 22; *Kleinknecht/Meyer-Goßner*[44] 19; KMR-*Müller* 8; SK-*Schlüchter* 16.

[80] BGHSt **29** 394; vgl. Fußn. 79.

lung einer Abschrift hat der Verteidiger nach Ansicht des Bundesgerichtshofs ohnehin nicht[81]. Hinsichtlich der im Protokoll beurkundeten Beschlüsse besteht jedoch ein solcher Anspruch nach § 35 Abs. 1 Satz 2[82]. Eine Abschrift des fertigen Protokolls selbst zu fertigen oder auf eigene Kosten fertigen zu lassen, kann dem Verteidiger nicht verwehrt werden[83], sofern nicht vorrangige öffentliche Geheimhaltungspflichten, eventuell auch grundrechtlich geschützte Individualinteressen, entgegenstehen[84]. Auch wenn kein Anspruch darauf besteht, darf der Vorsitzende nach seinem Ermessen dem Verteidiger schon während der noch laufenden Hauptverhandlung abgeschlossene Teilprotokolle zugänglich machen. Bei Protokollentwürfen, bei denen spätere Änderungen vor der endgültigen Fertigstellung nicht auszuschließen sind, ist jedoch im Hinblick auf die Rechtssprechung des Bundesgerichtshofs (Rdn. 40) Vorsicht geboten; zumindest erscheint ein ausdrücklicher Hinweis, daß es sich noch nicht um ein fertiggestelltes Protokoll handelt, angezeigt. Auf die **gerichtsinternen Aufzeichnungen** über die Hauptverhandlung bezieht sich das Einsichtsrecht nicht, es sei denn, sie sind ausnahmsweise auf Grund einer richterlichen Anordnung zum Bestandteil der Akten gemacht worden[85].

II. Änderung und Berichtigung des Protokolls

38   **1. Änderungen und Ergänzungen des noch nicht abgeschlossenen Protokolls.** Das Protokoll ist erst abgeschlossen, wenn sein Inhalt durch die Unterschriften vom Vorsitzenden und Urkundsbeamten gedeckt ist. Bis dahin kann der Entwurf geändert und ergänzt werden, wobei die dazu notwendige Übereinstimmung zwischen Vorsitzenden und Urkundsbeamten auch aus dem Protokoll ersichtlich sein muß (Abzeichnung nachträglich eingefügter Ergänzungen oder Änderungen usw.)[86].

39   Die **Einlegung der Revision** und dabei eventuell vorzeitig erhobene Verfahrensrügen stehen der Änderung und Ergänzung des noch nicht fertiggestellten Protokolls grundsätzlich nicht entgegen, wobei es unerheblich ist, ob der Verteidiger den noch nicht fertiggestellten Protokollentwurf bei den Akten eingesehen hat[87].

40   Davon zu unterscheiden ist die Frage, ob das **Revisionsgericht** eine nach Eingang der Revisionsbegründung vorgenommene **Änderung** der noch nicht fertiggestellten Niederschrift **berücsichtigen** darf, wenn dadurch einer Verfahrensrüge der Boden entzogen wird. Der Bundesgerichtshof hatte dies verneint[88] und die von der Rechtsprechung bei der Protokollberichtigung entwickelten Grundsätze (Rdn. 55) für entsprechend anwendbar erklärt, da dem Beschwerdeführer nur eine verhältnismäßig kurze Frist für die Revisionsbegründung zur Verfügung stehe, so daß er sich für die Frage, ob und in welcher Form er Verfahrensrügen zu erheben habe, auf die bei den Akten befindliche Niederschrift verlassen müsse. Nach Änderung der Rechtslage durch das StPÄG 1964

---

[81] BGH bei *Dallinger* MDR **1975** 725; KK-*Engelhardt*[4] 23; SK-*Schlüchter* 16. Vgl. KG Rpfleger **1983** 325 (Vorsitzender entscheidet über Erteilung von Abschriften des fertigen Protokolls nach pflichtgemäßem Ermessen).

[82] RGSt **44** 53; KK-*Engelhardt*[4] 23; vgl. § 35, 8 ff.

[83] BGHSt **18** 371; OLG Hamburg NJW **1963** 1024; HK-*Julius*[2] 10; KK-*Engelhardt*[4] 22; 23; SK-*Schlüchter* 16.

[84] Vgl. bei § 147.

[85] OLG Karlsruhe NStZ **1982** 299; vgl. Rdn. 1; 2.

[86] Vgl. Rdn. 14 ff.

[87] RGRspr. **5** 191; RGSt **13** 351; BGHSt **10** 145.

[88] BGHSt **10** 145 = JZ **1957** 587 mit Anm. *Bohne*; KMR-*Müller* 30; KK-*Engelhardt*[4] 26 unter Hinweis auf die Ausnahme von der Ausnahme in BGHSt **12** 270 (vgl. Rdn. 41); zur Gegenmeinung vgl. die nachf. Fußn.; KK-*Engelhardt*[4] 26; KMR-*Müller* 30.

sollte dieser Auffassung nicht mehr gefolgt werden. Da das Urteil nicht vor Fertigstellung des Protokolls zugestellt werden darf (§ 273 Abs. 4), ist sichergestellt, daß dem Verteidiger ausreichend Zeit zur Begründung der Revision innerhalb der auf einen Monat verlängerten Frist des § 345 verbleibt. Er kann jetzt regelmäßig die Fertigstellung des Protokolls abwarten, bevor er seine Revisionsbegründung dem Gericht einreicht. Er darf deshalb die Verfahrensrügen nicht mehr auf eine den Akten zwar einliegende aber noch nicht unterschriebene und damit ersichtlich noch nicht endgültig fertiggestellte Niederschrift stützen. Reicht er trotzdem vor Fertigstellung des Protokolls die Revisionsbegründung ein, so fehlt es, anders als bei der nachträglichen Protokollberichtigung, an einem schutzwürdigen Interesse daran, dem ordnungsgemäß hergestellten Protokoll die Beweiskraft nur deshalb zu versagen, weil damit einer verfrüht erhobenen Verfahrensrüge möglicherweise der Boden entzogen wird. Dem Verteidiger ist es außerdem unbenommen, nach Fertigstellung des Protokolls innerhalb der Revisionsbegründungsfrist neue Verfahrensrügen auf der Grundlage des Protokolls nachzuschieben. Die für eine Berichtigung des Protokolls aufgestellten Grundsätze zum Schutze des Revisionsführers sind wegen der grundsätzlich anderen Ausgangslage auf Änderungen des noch nicht fertiggestellten Protokolls unanwendbar[89].

Für den Fall, daß die **Unterschrift des Vorsitzenden** unter das vor Eingang der Revisions- **41** begründung gefertigte, von ihm lediglich noch nicht unterschriebene Protokoll ohne inhaltliche Änderungen nachgeholt wird, hat auch der Bundesgerichtshof[90] die Anwendung dieser Grundsätze abgelehnt und dem Protokoll die volle Beweiskraft (§ 274) zugebilligt.

2. Begriff und Gegenstand der Berichtigung

a) Begriff. Unter **Berichtigung** des Protokolls wird im Gegensatz zur textlichen **42** Abänderung der noch nicht fertiggestellten Sitzungsniederschrift (Rdn. 38) die **nachträgliche inhaltliche Richtigstellung** oder Ergänzung des bereits abgeschlossenen, zu den Akten gegebenen Protokolls durch die Urkundspersonen verstanden[91].

b) Der Berichtigung sind **alle in das Protokoll aufgenommenen** Ereignisse zugänglich, **43** also auch solche, die nicht die Förmlichkeiten des Verfahrens bezeugen und auf deren Aufnahme die Prozeßbeteiligten keinen Anspruch haben[92]. Die Beurkundung von Vorgängen, die nicht in das Protokoll aufgenommen werden müssen, weil sie keine wesentliche Förmlichkeit betreffen, kann im Wege eines Berichtigungsantrags nicht gefordert werden[93]. Der **Berichtigung entzogen** ist lediglich der in der Hauptverhandlung unter Mitwirkung der Verfahrensbeteiligten festgelegte Protokollinhalt, dessen Wortlaut nach § 273 Abs. 3 verlesen und genehmigt wurde[94].

[89] OLG Karlsruhe JR **1980** 517 mit Anm. *Gollwitzer*; *Alsberg/Nüsel/Meyer* 888; *Kleinknecht/Meyer-Goßner*[44] 22; vgl. auch AK-*Lemke* 16; HK-*Julius*[2] 15; *Schlüchter* 591.

[90] RGSt **13** 351; RG JW **1932** 2730 mit Anm. *Jonas*; BGHSt **12** 270 = LM Nr. 1 mit Anm. *Busch*; ebenso OLG Hamm JMBlNW **1954** 156; vgl. BayObLGSt **1960** 125, ferner *Hanack* JZ **1972** 490, der die Möglichkeit einer unbefristeten Nachholung der Unterschrift für bedenklich hält.

[91] KK-*Engelhardt*[4] 15.

[92] KMR-*Müller* 20

[93] OLG Düsseldorf OLGSt § 273; 2; *Kleinknecht/Meyer-Goßner*[44] 23; SK-*Schlüchter* 23.

[94] OLG Hamburg NJW **1965** 1342; OLG Nürnberg MDR **1984** 74; OLG Schleswig NJW **1959** 162; KMR-*Müller* 21; a. A OLG Hamburg NJW **1971** 1326.

3. Voraussetzungen

44   **a)** Die Protokollberichtigung ist **zeitlich unbegrenzt** zulässig[95]. Nur das Erinnerungsvermögen der für die Beurkundung zuständigen Gerichtspersonen setzt ihrer Amtspflicht[96] zur Berichtigung eines nachträglich als unrichtig erkannten Protokollvermerks eine Grenze. Die Berichtigung ist auch noch zulässig, wenn das Verfahren rechtskräftig abgeschlossen ist[97]. Auch dann kann an der Vornahme der Berichtigung noch ein Bedürfnis bestehen, etwa, wenn die Richtigstellung des Protokolls deshalb geboten ist, weil es (wenn auch nicht nach § 274) Erklärungen beweist, die für einen Zivilprozeß von Bedeutung sind[98] oder die im Wiederaufnahmeverfahren eine Rolle spielen können.

45   Die Zulässigkeit der Protokollberichtigung wird deshalb grundsätzlich nicht dadurch ausgeschlossen, daß die Berichtigung für das Rechtsmittelgericht, insbesondere für das Revisionsgericht unter bestimmten Umständen (Rdn. 54) **unbeachtlich** ist[99]. Es gibt auch kein „prozessuales Recht" eines Verfahrensbeteiligten auf Unterlassung der Berichtigung eines als fehlerhaft erkannten Protokolls[100].

46   **b)** Die Berichtigung kann **auf Antrag** eines Verfahrensbeteiligten[101] oder von **Amts wegen** vorgenommen werden[102]. Aus der Verpflichtung des Vorsitzenden und des Urkundsbeamten, für eine wahrheitsgemäße und vollständige Protokollierung der Verfahrensvorgänge zu sorgen, folgt die Amtspflicht[103], daß sie von sich aus eine Berichtigung in die Wege leiten müssen, wenn sie nachträglich zu der Überzeugung gelangen, daß sich ein Fehler in die Beurkundung eingeschlichen habe[104], etwa, wenn sie nachträglich übereinstimmend der Ansicht sind, daß ein nicht beurkundeter Beweisantrag in der Hauptverhandlung gestellt worden ist.

47   **c)** Jede Berichtigung setzt voraus, daß beide Urkundspersonen, **Vorsitzender** und **Urkundsbeamter**, hinsichtlich der Unrichtigkeit des Protokolls und der im Wege der Berichtigung einzufügenden Tatsachen übereinstimmen. Sie sind verpflichtet, bei der Berichtigung des Protokolls im gleichen Maße wie bei dessen Herstellung zusammenzuwirken, um die Übereinstimmung herbeizuführen. Der Vorsitzende ist daher auch bei genauer eigener Erinnerung nicht befugt, eine abweichende Äußerung des Urkundsbeamten als unerheblich zu behandeln[105], noch geht es an, daß der Beamte der Geschäftsstelle den Vorsitzenden ermächtigt, die diesem angebracht erscheinenden Änderungen vorzunehmen[106].

48   Erweist sich die Erinnerung des Urkundsbeamten oder die Erinnerung des Vorsitzenden bei der Prüfung, ob und wie ein Protokoll zu ändern sei, als nicht mehr ganz zuverlässig,

---

[95]   BGHSt **2** 125; OLG Hamm JMBlNW **1974** 214; OLG Karlsruhe GA **1971** 216, h.M. etwa KK-*Engelhardt*[4] 18; *Kleinknecht/Meyer-Goßner*[44] 23; SK-*Schlüchter* 23.

[96]   Vgl. Rdn. 46.

[97]   OLG Hamm JMBlNW **1951** 182.

[98]   OLG Schleswig NJW **1959** 162.

[99]   OLG Braunschweig NdsRpfl. **1955** 136; OLG Karlsruhe GA **1971** 214; *Oetker* JW **1927** 918; *Alsberg/Nüsel/Meyer* 886 gegen RGSt **43** 1. Die Revisionsgerichte gehen in der Regel auf die Frage nicht ein, da es für die von ihnen zu treffende Entscheidung genügt, daß die Wirkung der Berichtigung nicht eintritt, diese also insoweit „rechtsunwirksam" ist.

[100]   RGSt **43** 1.

[101]   OGHSt **1** 278; BGHSt **1** 261; OLG Hamm JMBlNW **1951** 182; OLG Braunschweig NdsRpfl. **1955** 136; *Alsberg/Nüsel/Meyer* 886.

[102]   H. M; etwa KK-*Engelhardt*[4] 16; *Kleinknecht/Meyer-Goßner*[44] 23; KMR-*Müller* 20.

[103]   BGHSt **10** 145; *Alsberg/Nüsel/Meyer* 885; *Busch* JZ **1964** 748; *G. Schäfer* FS 50 Jahre BGH 716.

[104]   RGSt **19** 367; RG JW **1893** 335; OGHSt **1** 278; BGH JZ **1952** 281; OLG Hamm JMBlNW **1974** 214. Vgl. auch vorst. Fußn.

[105]   OLG Hamburg NJW **1971** 1326; OLG Schleswig MDR **1960** 521; *Alsberg/Nüsel/Meyer* 886; *Busch* JZ **1984** 749; 23; *Kleinknecht/Meyer-Goßner*[44] 23.

[106]   RGSt **20** 427; RG DRiZ **1931** Nr. 366; KG GA **74** (1930) 310.

so muß der Vorsitzende **Erhebungen** veranlassen, die den Vorgang ins Gedächtnis beider Urkundspersonen zurückrufen können[107], so etwa die Einholung von Stellungnahmen anderer Verhandlungsteilnehmer oder der Rückgriff auf deren Aufzeichnungen. Solcher Ermittlungen bedarf es aber nicht, wenn beide Urkundsbeamte selbst keinen Zweifel an der Richtigkeit des Verfahrensvorgangs haben, den sie im Wege der Berichtigung im Protokoll festhalten wollen[108]. Vermag sich eine der Urkundspersonen trotzdem nicht an den Vorgang zu erinnern, so scheidet die Berichtigung selbst dann aus, wenn die andere davon überzeugt ist und glaubwürdige Zeugen die Richtigkeit bestätigen[109]. Ein die Berichtigung fordernder Antrag ist dann abzulehnen.

Ist die Übereinstimmung der Urkundspersonen, die bei einer Berichtigung mitwirken **49** müssen, nicht erzielbar, so ist diejenige, welche das Protokoll für unzutreffend hält, berechtigt und verpflichtet, dies in den Akten zu vermerken. Eine solche **einseitige Erklärung** ist zwar keine Protokollberichtigung in dem Sinn, daß nunmehr der in der Berichtigung festgestellte Inhalt des Protokolls die volle Beweiskraft des § 274 erlangt, sie beseitigt aber die **Beweiskraft des alten Protokolls**, dessen Inhalt nicht mehr von den beiden Urkundspersonen übereinstimmend bestätigt wird[110]. Eine solche einseitige Erklärung ist aber ebensowenig wie eine Berichtigung geeignet, einer bereits erhobenen Revisionsrüge den Boden zu entziehen[111].

Bei **Verhinderung einer der beiden Urkundspersonen** an der Mitwirkung an der Berich- **50** tigung gelten für die Vertretung die gleichen Grundsätze wie bei der Unterzeichnung des Protokolls[112]. Ist der **Vorsitzende gestorben**, in den Ruhestand getreten oder sonst aus irgendeinem Grund für dauernd oder doch längere Zeit verhindert, bei der Berichtigung mitzuwirken, so ist an seiner Stelle bei den Kollegialgerichten der dienstälteste beisitzende Richter zur Mitwirkung bei der Berichtigung befugt[113]. War der verhinderte Vorsitzende der alleinige Berufsrichter, so kann der Urkundsbeamte in entsprechender Anwendung des Absatzes 2 Satz 2 die Berichtigung allein unterzeichnen[114]. *Busch*[115] hält dagegen eine Vertretung der Personen, die das Protokoll unterschrieben haben, für unzulässig. Nach ihm können nur sie selbst ihr Protokoll berichtigen.

4. Form der Berichtigung. Die Berichtigung des ordnungsgemäß abgeschlossenen **51** (fertigen) Protokolls kann nicht mehr durch eine einfache Änderung der bereits zu den Akten gegebenen Niederschrift geschehen.

Sie ist in einer vom Vorsitzenden und Urkundsbeamten unterzeichneten **eigenen** **52** **Niederschrift** vorzunehmen, die als nachträgliche eindeutig erkennbar und von der ursprünglichen Niederschrift deutlich unterscheidbar sein muß. Die Berichtigung erfolgt deshalb zweckmäßigerweise in einer besonderen, dem Protokoll angefügten Erklärung,

---

[107] KG GA **75** (1931) 304; 386; OLG Hamm JMBlNW **1951** 182; **1959** 247; OLG Nürnberg MDR **1984** 74; OLG Schleswig SchlHA **1957** 129; MDR **1960** 521; LG Düsseldorf JMBlNW **1961** 211; vgl. Rdn. 17.

[108] OLG Schleswig bei *Lorenzen/Schiemann* SchlHA **1997** 171.

[109] OLG Nürnberg MDR **1984** 74; OLG Saarbrücken OLGSt 5.

[110] BGHSt **4** 364; BGH NJW **1969** 281; GA **1963** 1; bei *Dallinger* MDR **1953** 273; BayObLGSt **1978** 98 = MDR **1979** 160; *Alsberg/Nüse/Meyer* 889 mit weit. Nachw. Vgl. insbesondere auch die bei den vorst. Fußn. angeführten Entscheidungen, ferner § 274, 5; 27.

[111] BayObLGSt **1956** 226 = NJW **1957** 34 (L); vgl. Rdn. 55 ff.

[112] KK-*Engelhardt*⁴ 17; *Kleinknecht/Meyer-Goßner*⁴⁴ 23; KMR-*Müller* 25; **a.** A SK-*Schlüchter* 25.

[113] OLG Hamburg NJW **1965** 1342; OLG Hamm JMBlNW **1962** 38; OLG Saarbrücken OLGSt 5; vgl. auch OLG Hamm MDR **1964** 344 (nachträgliche Ablehnung des Vorsitzenden kein Hinderungsgrund).

[114] KK-*Engelhardt*⁴ 17; KMR-*Müller* 25 in Verb. mit 16.

[115] JZ **1964** 747; ebenso SK-*Schlüchter* 25.

Walter Gollwitzer

die von beiden Urkundsbeamten unterzeichnet ist und die den Tag der Berichtigung angibt[116]. Nur bei ganz kurzen Änderungen oder Ergänzungen kann es vertretbar sein, wenn sie bei der Stelle des Protokolls, zu der sie gehören, am Rande vermerkt werden[117]. Ihre nachträgliche Anbringung muß dann aber eindeutig erkennbar sein (Datum), wenn die Beweiskraft des Protokolls nicht gefährdet sein soll (Rdn. 54).

53   **5.** Die **Ablehnung des Antrags** auf Protokollberichtigung kann vom Vorsitzenden allein ausgesprochen werden. Sofern der Antrag nicht bereits aus Rechtsgründen abzulehnen ist[118], muß er vorher eine Äußerung des Urkundsbeamten zum Antrag herbeigeführt haben, damit aktenkundig feststeht, ob auch dieser den Berichtigungsantrag für unbegründet erachtet oder ob zur Klärung etwaiger Meinungsverschiedenheiten zwischen den Urkundspersonen Nachforschungen zur Auffrischung des Erinnerungsvermögens angezeigt sind[119]. Stimmen Vorsitzender und Urkundsbeamter darin überein, daß der Berichtigungsantrag unbegründet ist, so ist der Antragsteller ablehnend zu bescheiden. Das gleiche hat auch zu geschehen, wenn zwischen den Urkundspersonen eine Übereinstimmung über die Berechtigung des Berichtigungsantrags nicht erzielt werden kann[120]. Im letzten Fall entfällt allerdings die Beweiskraft des Protokolls, weil auch keine Übereinstimmung über die Richtigkeit des ursprünglichen Protokolls mehr besteht (vgl. Rdn. 18).

6. Wirksamkeit

54   **a)** Die ordnungsgemäße (Rdn. 52) Protokollberichtigung ist grundsätzlich **für** und **gegen alle Verfahrensbeteiligten** wirksam. Die **volle Beweiskraft** des Protokolls (§ 274) tritt auch bei der Fassung ein, die es erst auf Grund der Berichtigung erhalten hat[121] (wegen der relativen Unwirksamkeit vgl. Rdn. 55, 60, 61).

55   **b)** Eine **Ausnahme** gilt nur insoweit, als eine Berichtigung **für das Rechtsmittelgericht unbeachtlich** ist, weil sie einer erhobenen Verfahrensrüge nachträglich den Boden entziehen würde. Soweit der Beschwerdeführer wegen der Beweiskraft des Protokolls von diesem ausgehen muß, darf der Erfolg einer auf das Protokoll gestützten Verfahrensrüge nicht vereitelt werden (Unzulässigkeit der „Rügeverkümmerung"). Spätere Erklärungen, die den für die erhobene Rüge entscheidenden Punkt der Niederschrift betreffen und ihr die tatsächliche Grundlage entziehen würden, sind vom Rechtsmittelgericht nicht zu berücksichtigen[122]. Hierfür spricht der Schutz des Revisions-

---

[116] RGSt **57** 369; OLG Köln NJW **1952** 758; AK-*Lemke* 12; HK-*Julius*[2] 8; KK-*Engelhardt*[4] 19; *Kleinknecht/Meyer-Goßner*[44] 23; KMR-*Müller* 23; SK-*Schlüchter* 25.

[117] SK-*Schlüchter* 25.

[118] OLG Frankfurt StV **1993** 463 (kein zu protokollierender Vorgang).

[119] OLG Düsseldorf MDR **1990** 743; StV **1985** 359; **1999** 201; OLG Hamburg NJW **1971** 1326; OLG Hamm JMBlNW **1951** 182; **1959** 247; OLG Schleswig SchlHA **1957** 129. Vgl. Rdn. 48.

[120] Vgl. etwa OLG Düsseldorf wistra **1999** 39 (L).

[121] RGSt **3** 47; **19** 367; **21** 200; 323; KK-*Engelhardt*[4] 20; KMR-*Müller* 29.

[122] Das Reichsgericht hatte diese Auffassung in ständiger Rechtsprechung vertreten (RGRspr. **5** 451; RGSt **2** 76; **12** 121; **13** 352; **19** 369; **21** 200; 324; **28** 250; **43** 9; **59** 429; **61** 18; **63** 410; **68** 244; RG JW **1914** 435; **1932** 421), war dann aber mit Beschluß des Großen Senats (RGSt **70** 241) davon abgegangen und hatte dahin entschieden, daß das Revisionsgericht eine Berichtigung der Verhandlungsniederschrift auch dann berücksichtigen müsse, wenn sie einer vorher erhobenen Rüge den Boden entziehe. Die Rechtsprechung nach 1945 ist dieser Entscheidung nicht gefolgt, sondern zur früheren Auffassung des RG zurückgekehrt (OGHSt **1** 277; BGHSt **2** 125; **10** 145; **12** 270; BGH JZ **1952** 281; StV **1985** 135; BayObLGSt **1956** 226; OLG Hamm JMBlNW **1974** 214; OLG für Hessen HESt **1** 118; OLG Zweibrücken MDR **1969** 780); das Schrifttum ist der Ansicht des BGH meist beigetreten, so etwa *Eb. Schmidt* 19; *Alsberg/Nüse/Meyer* 887; *Bohne* SJZ **1949** 760; *Dallinger* NJW **1950** 256; *Cüppers*

führers[123], der wegen der Beweiskraft des Protokolls seine Verfahrensrügen auf dessen Grundlage aufbauen muß (vgl. Rdn. 74), zumal er wegen des Ablaufs der Revisionsbegründungsfrist meist gar nicht mehr in der Lage wäre die Verfahrenslage, die sich erst auf Grund einer noch ausstehenden möglichen Protokollberichtigung ergeben könnte, bei seinem Revisionsvortrag zu berücksichtigen. Weniger Gewicht hat daneben das andere Argument, daß bei nachträglichen Berichtigungen die erhöhte Gefahr von Erinnerungstäuschungen[124] bestehe. Um schon den Anschein einer Manipulation zu vermeiden, soll von vornherein jede Möglichkeit ausgeschaltet werden, eine begründete Rüge durch eine nachträgliche Änderung des Protokolls zu Fall zu bringen.

Unbeachtlich für das Revisionsgericht ist die eine Revisionsrüge vereitelnde Berichtigung nach der vorherrschenden Meinung dann, wenn sie vorgenommen wird (entscheidend ist auch hier die letzte Unterschrift[125]) nachdem die **Revisionsbegründung** mit der entsprechenden zulässigen Rüge **bei Gericht eingegangen** ist[126]. **56**

Ob die Beurkundungspersonen bei der Berichtigung vom Inhalt der Revisionsbegründung **Kenntnis** hatten, ist insoweit unerheblich; im Interesse der Rechtssicherheit kann hierauf nicht abgestellt werden. Der Zeitpunkt des Eingangs der Revisionsbegründung ist auch maßgebend, wenn der Verteidiger die **Akten vorher eingesehen** hatte[127]. Im Sonderfall, daß der Beschwerdeführer seine Absicht, einen konkreten Verfahrensfehler zu beanstanden, bereits vor der formellen Rechtsmittelbegründung dem Gericht gegenüber eindeutig erklärt hatte, wurde die Protokollberichtigung unter Berufung auf den Grundgedanken der Ausnahmeregelung bereits von diesem Zeitpunkt an als unbeachtlich angesehen[128]. **57**

Eine **Mindermeinung**[129] zog die Grenze schon bei der **Einlegung** des Rechtsmittels; der Rechtsmittelführer müsse sich darauf verlassen können, daß eine etwaige Berichtigung sein Rechtsmittel nicht mehr berühre. Hierauf kann jedoch schon aus praktischen Gründen nicht abgestellt werden. Im Regelfall läuft die Anfechtungsfrist von der Verkündung des Urteils an, das Protokoll wird deshalb bei Rechtsmitteleinlegung oft noch gar nicht fertiggestellt sein, die Frage, ob das Vertrauen des Rechtsmittelführers auf den (unrichtigen) Inhalt des Protokolls schon in diesem Zeitpunkt schutzwürdig ist, stellt sich meist gar nicht; im übrigen würden auch hier jetzt die bei Rdn. 40 aufgezeigten Überlegungen gelten. **58**

Haben **mehrere Verfahrensbeteiligte** Revision eingelegt, so ist grundsätzlich bei jedem der Zeitpunkt entscheidend, in dem seine entsprechende Rüge bei Gericht eingeht[130]. **59**

NJW **1950** 930; **1951** 259; *Ventzke* StV **1999** 192; *Werner* DRiZ **1955** 183; **a. A** *Beling* ZStW **38** (1916) 632; **41** 124; JW **1925** 2790; *Mannheim* JW **1925** 2818; **1932** 3110; ZStW **48** (1928) 687; *Jonas* JW **1936** 3009; *Oetker* JW **1927** 918; *Schafheutle* DJ **1936** 1300; *Niethammer* SJZ **1948** 191 und DRZ **1949** 451; *Ditzen* 60 ff; *Simader* 243; vgl. *Stenglein* GerS **45** (1891) 86 ff. Neuerdings auch *G. Schäfer* FS 50 Jahre BGH, 716 ff (unter Hinweis auf § 164 Abs. 1 ZPO).

[123] So etwa AK-*Lemke* 15; HK-*Julius*² 15; KK-*Engelhardt*⁴ 26; *Kleinknecht/Meyer-Goßner*⁴⁴ 26; SK-*Schlüchter* 26.

[124] BGHSt **12** 270; *Mannheim* JW **1925** 2818.

[125] RGSt **24** 214 stellt nicht auf das Datum der Berichtigung ab, sondern darauf, wenn sie zu den Akten gelangt ist; ebenso *Alsberg/Nüse/Meyer* 887.

[126] RGSt **21** 200; **24** 214; OGHSt **1** 278; BGHSt **2** 125; **7** 218; BGH JZ **1952** 281; NStZ **1984** 521; BGH bei *Pfeiffer/Miebach* NStZ **1985** 494; BayObLGSt **1960** 126; OLG Karlsruhe GA **1971** 216; Justiz **1980** 155; *Alsberg/Nüse/Meyer* 887; AK-*Lemke* 16; HK-*Julius*² 8; KK-*Engelhardt*⁴ 26; *Kleinknecht/Meyer-Goßner*⁴⁴ 26; SK-*Schlüchter* 26.

[127] BGH JZ **1952** 281.

[128] OLG für Hessen HESt **1** 121; OLG Hamm JMBlNW **1974** 214; *Alsberg/Nüse/Meyer* 888; vgl. ferner BayObLG bei *Rüth* DAR **1982** 253 (für dienstliche Erklärungen nach Eingang der Verfahrensrüge).

[129] RGSt **2** 76; *Gerland* 386; *Eb. Schmidt* Nachtr. I 10.

[130] Das Reichsgericht hat in einer bei *Sabarth* DJZ **1912** 1399 wiedergegebenen Entscheidung die Berichtigung gegenüber dem einen Revisionswerber

60   c) Die Protokollberichtigung ist dagegen auch nach Eingang der Revisionsbegründung **unbeschränkt wirksam**, wenn sie **zugunsten des Revisionsführers** wirkt, wenn sie also erst die Voraussetzungen für einen Erfolg der erhobenen Verfahrensrüge schafft[131], indem sie die zur Begründung der Verfahrensrüge vorgetragenen Tatsachen bestätigt. Dies gilt selbst dann, wenn die Rüge auf Grund dieser Tatsachen als unbegründet zu verwerfen ist.

61   Eine Berichtigung, die die Revisionsbehauptung **zum Teil bestätigt**, zum Teil aber **widerlegt**, ist unbeachtlich, soweit sie einer vorher erhobenen Rüge den Boden entzieht. Sie ist in vollem Umfang beachtlich, wenn ohne ihre Vornahme die Revision ohnehin am Inhalt des unberichtigten Protokolls scheitern müßte. Dies ist insbesondere dann der Fall, wenn das Protokoll über den Vorgang, auf den sich die Rüge gründet, schweigt[132]. Der Revisionsführer muß in solchen Fällen die Berichtigung im ganzen gegen sich gelten lassen[133].

62   d) **Berichtigungen, welche die Beweiskraft des Protokolls nicht berühren**, wie etwa die Berichtigung von Protokolleinträgen, die keine wesentlichen Förmlichkeiten des Verfahrens betreffen, wie Protokollpassagen ohne sachlichen Gehalt[134] oder die Klarstellung eines Umstands, der sich auch ohnehin bei Auslegung des unberichtigten Protokolls aus diesem ergäbe, ferner die Richtigstellung offensichtlicher Schreibfehler oder einer offensichtlichen Namensverwechslung[135], sind ohnehin unbegrenzt wirksam[136]. Der Irrtum muß aber zweifelsfrei zu Tage liegen. Um auszuschließen, daß sich hinter der Berichtigung eine sachliche Änderung verbirgt, ist ein strenger Maßstab anzulegen[137]. Auch das Rechtsmittelgericht kann solche offensichtlichen Irrtümer ohne Berichtigung richtigstellen[138].

63   Eine **Ausnahme** von dem Grundsatz, daß die Protokollberichtigung, die erst nach Eingang der entsprechenden Rüge des Rechtsmittelführers vorgenommen wird, für das Rechtsmittelgericht unbeachtlich ist, wenn sie dem Rechtsmittel den Boden entzieht, wird in der Rechtsprechung dann gemacht, wenn das **Beschwerdegericht** ohne Bindung durch § 274 und ohne die Möglichkeit einer Zurückverweisung auf Grund der Beschwerde in der Sache selbst entscheidet, wie etwa im Verfahren über die sofortige Beschwerde gegen eine Ordnungsstrafe nach § 181 GVG[139].

64   **7. Die Wiederherstellung eines verlorengegangenen Protokolls** ist zulässig[140]. Vorsitzender und Protokollführer können, soweit ihr Gedächtnis reicht oder aus vorhandenen Aufzeichnungen oder durch Bekundungen der Verfahrensbeteiligten wieder aufgefrischt werden kann, eine abhanden gekommene Sitzungsniederschrift neu erstellen[141]. Der

---

für wirksam, gegenüber dem anderen für unwirksam erachtet; vgl. *Alsberg/Nüse/Meyer* 887 mit Hinweis auf eine ähnliche Entscheidung des Bundesgerichtshofs.

[131] RGSt **19** 367; **21** 200; 323; RG JW **1932** 3109; OGHSt **1** 282; BGHSt **1** 259; OLG Köln NJW **1952** 753; OLG Saarbrücken VRS **17** (1959) 63; AK-*Lemke* 17; HK-*Julius*[2] 6; *Kleinknecht/Meyer-Goßner*[44] 26; KMR *Müller* 31.

[132] RGSt **56** 29; RG GA **57** (1910) 396; JW **1932** 3109; BGHSt **1** 259; vgl. auch BGH LM § 274, Nr. 10; KMR-*Müller* 32.

[133] BGHSt **1** 259.

[134] OLG Düsseldorf MDR **1991** 557.

[135] BGH NStZ **2000** 216.

[136] Vgl. BGH NStZ **1991** 297; sowie die vorst. Fußn.; ferner *Hanack* JZ **1972** 489; *Kleinknecht/Meyer-Goßner*[44] 23; SK-*Schlüchter* 22.

[137] Vgl. BGHSt **16** 306.

[138] AK-*Lemke* 11; HK-*Julius*[2] 6; KK-*Engelhardt*[4] 15; SK-*Schlüchter* 22. Vgl. OLG Karlsruhe Justiz **1980** 155 (verneinend für „Aussagerecht" statt „Aussageverweigerungsrecht").

[139] OLG Bremen JR **1951** 693; OLG Hamm JMBlNW **1952** 86; OLG Hamm JMBlNW **1956** 8 läßt die Frage offen.

[140] Dazu VO vom 18. 6. 1942 – BGBl III 315-4.

[141] *Alsberg/Nüse/Meyer* 888; *W. Schmid* FS Lange 796; KK-*Engelhardt*[4] 12; *Kleinknecht/Meyer-Goßner*[44] 27; SK-*Schlüchter* 28.

Vorsitzende muß hierfür alle erreichbaren Erkenntnisquellen heranziehen. Die neu erstellte Niederschrift hat – ähnlich wie bei einer Protokollberichtigung – die volle Beweiskraft nach § 274[142] soweit nicht erkennbare Lücken oder Unvollständigkeiten oder eine nicht übereinstimmende Erinnerung der Urkundspersonen dies ausschließen. Im wiederhergestellten Protokoll ist kenntlich zu machen, für welche Feststellungen Vorsitzender oder Protokollführer mangels sicherer eigener Erinnerung die Verantwortung nicht übernehmen können. Wieweit der Inhalt eines wiederhergestellten Protokolls für das Revisionsgericht beachtlich ist, richtet sich nach den bei Rdn. 54 ff dargelegten Grundsätzen[143].

III. Rechtsmittel

1. Beschwerde. Die Berichtigung und die Ablehnung eines Berichtigungsantrags **65** durch den Vorsitzenden sind, allerdings mit der **Beschränkung auf Rechtsfragen** (Rdn. 66 bis 70), der Beschwerde nach § 304 zugänglich. Ein unrichtiges Protokoll beschwert die Verfahrensbeteiligten auch dann, wenn seine Beweiskraft durch einen nachträglichen Vermerk (Rdn. 49) entfallen ist[144].

Es kann geltend gemacht werden, daß die Berichtigung oder die Ablehnung **nicht** **66** **im vorgeschriebenen Verfahren** zustande gekommen ist[145], insbesondere, daß die Übereinstimmung zwischen Vorsitzenden und Urkundsbeamten nicht herbeigeführt wurde. Ist bei Ablehnung eines Berichtigungsantrags durch den Vorsitzenden die Beteiligung des Urkundsbeamten unterblieben, so ist der Beschwerdeführer dadurch immer beschwert[146]. Denn selbst wenn man – was aber in der Regel nicht sicher vorhersehbar ist – davon ausgehen könnte, daß der Vorsitzende bei seiner in der Ablehnung des Berichtigungsantrags zum Ausdruck gekommenen Meinung beharrt, so daß die Berichtigung schon daran scheitert[147], würde allein die fehlende Stellungnahme des Urkundsbeamten die Beschwer begründen, da diese, wenn sie zugunsten des Beschwerdeführers ausfällt, zwar für sich allein nicht zur Berichtigung führen, wohl aber die Beweiskraft des Protokolls beseitigen kann[148].

Mit der Beschwerde kann auch gerügt werden, daß die Berichtigung oder ihre Ab- **67** lehnung auf **rechtlich fehlerhaften Erwägungen** beruht, etwa, wenn zu Unrecht verneint wird, daß ein bestimmter, in tatsächlicher Hinsicht nicht strittiger Verfahrensvorgang zu den in das Protokoll aufzunehmenden wesentlichen Förmlichkeiten des Verfahrens gehört oder wenn auf Grund der unstreitig gegebenen Tatsachen die Hauptverhandlung zu Unrecht als öffentliche bezeichnet wurde[149].

Nicht nachprüfbar mit der Beschwerde ist dagegen die **Beurkundung der Tatsachen,** **68** die diesen und ähnlichen Rechtsbegriffen zugrunde liegen. Hierüber entscheidet immer nur die eigene Erinnerung der Urkundspersonen, die nicht durch eine auch andere Erkenntnisquellen verwertende Überzeugung des Beschwerdegerichts ersetzt werden

---

[142] RGSt **60** 270; KG NStZ **1990** 405.
[143] BGH GA **1962** 305.
[144] OLG Hamburg NJW **1971** 1326; OLG Saarbrücken OLGSt 3.
[145] Dazu gehört auch die Frage, wer den Vorsitzenden vertreten darf (Rdn. 50); vgl. KG GA **74** (1930) 310; **75** (1931) 305; JW **1927** 1331; OLG Hamburg NJW **1965** 1342.

[146] OLG Hamm JZ **1951** 460; OLG Hamburg NJW **1971** 1326; OLG Schleswig bei *Lorenzen/Schiemann* SchlHA **1997** 171; *Kleinknecht/Meyer-Goßner*[44] 26; SK-*Schlüchter* 30.
[147] OLG Schleswig MDR **1960** 521; *Busch* JZ **1964** 746; vgl. Rdn. 53.
[148] OLG Saarbrücken OLGSt **5**.
[149] *Dünnebier* JR **1960** 28; **a. A** KG JR **1960** 28.

kann[150]. Die Beschwerde kann deshalb niemals zum Ziele haben, daß das Beschwerde-gericht das **Protokoll selbst berichtigt**. Das Beschwerdegericht ist weder befugt, inhalt-liche Änderungen des Protokolls selbst vorzunehmen, noch kann es die für die Richtig-keit der dort beurkundeten tatsächlichen Vorgänge allein verantwortlichen Urkundspersonen zu bestimmten Änderungen oder Ergänzungen ihrer in der Niederschrift festgehaltenen Wahrnehmungen anweisen[151].

69   Die Beschwerde ist auch zulässig, wenn einer der Ausnahmefälle vorliegt, in denen der **Urkundsbeamte** das Protokoll **allein** berichtigen darf (Rdn. 24). Der Ansicht[152], wonach in diesem Fall die Beschwerde nicht zulässig sei, weil keine richterliche Entschei-dung vorliege, kann nicht gefolgt werden.

70   Das **erkennende Gericht** ist – abgesehen von dem Sonderfall des § 273 Abs. 3 Satz 2 – nicht befugt, darüber zu entscheiden, was in das Protokoll aufgenommen werden darf. Die Beurkundung der Sitzungsvorgänge ist eine dem Vorsitzenden gesondert über-tragene Aufgabe, die weder zu seiner richterlichen Entscheidungstätigkeit gehört noch zu seiner Aufgabe, die Verhandlung zu leiten. Es ist daher nicht möglich, gegen eine den Inhalt des Protokolls betreffende Entscheidung des Vorsitzenden das **Gericht nach § 238 Abs. 2** anzurufen[153].

71   **2. Revision.** Nach dem Grundsatz des § 337 Abs. 1 können **Mängel des Protokolls** (z. B. das Fehlen der Unterschrift oder die unrichtige Bezeichnung eines Beisitzers) oder auch sein völliges Fehlen[154] nie die Revision begründen, da das Urteil auf ihnen nicht beruhen kann. Die Revision kann auch niemals allein darauf gestützt werden, daß im Protokoll ein Vorgang undeutlich, unvollständig oder gar nicht beurkundet sei; die sog. **Protokollrügen** sind wirkungslos[155].

72   Die Bedeutung des Protokolls für die Revisionsinstanz besteht darin, daß es den Beweis hinsichtlich der Vorkommnisse in der Hauptverhandlung liefert, in denen ein Mangel des Verfahrens gefunden wird. Gerügt werden muß der **Mangel des Verfahrens** unter Anführung der Tatsachen, aus denen er sich ergibt, nicht aber die Mängel des Protokolls. Diese können nur die Wirkung haben, daß seine gesetzliche Beweiskraft ganz oder teilweise aufgehoben wird. – Das von den Mängeln des Protokolls Gesagte gilt ent-sprechend auch von einer Fälschung[156].

73   Die Revision kann auch nicht darauf gestützt werden, daß die **Sitzungsniederschrift** **fehle**[157]. Fehlt es an einem ordnungsgemäß abgeschlossenen Protokoll und kann dies auch nicht nachträglich hergestellt oder rekonstruiert (Rdn. 64) werden, so entfällt die Beweiskraft des § 274. Der Nachweis eines Verfahrensverstoßes, der sonst nur durch die

---

[150] OLG Celle NdsRpfl. **1951** 211; OLG Hamburg JR **1951** 218; OLG Hamm JZ **1951** 466; KG GA **75** (1931) 304; JR **1960** 28; OLG Karlsruhe GA **1974** 285; Justiz **1977** 387; OLG Schleswig NJW **1959** 162; bei *Lorenzen/Schiemann* SchlHA **1997** 171.

[151] OLG Düsseldorf StV **1985** 359; Rpfleger **1991** 124; OLG Frankfurt StV **1993** 463; OLG Hamm JMBlNW **1959** 247; OLG Karlsruhe Justiz **1977** 387; OLG Köln NJW **1955** 843; KK-*Engelhardt*⁴ 21; *Kleinknecht/Meyer-Goßner*⁴⁴ 29; KMR-*Müller* 26; SK-*Schlüchter* 30; *Eb. Schmidt* 18.

[152] *Busch* JZ **1964** 748.

[153] KG JR **1960** 28; OLG Köln NJW **1955** 843.

[154] *Ranft* JuS **1994** 787 will das völlige Fehlen analog

dem Fehlen eines Protokollführers nach § 338 Nr. 5 behandeln.

[155] RGRspr. **2** 39; **9** 55; 480; RGSt **12** 119; **42** 170; **47** 237; **48** 38, 289; **58** 143; **64** 215; **68** 273; BGHSt **7** 162; BayObLGSt **1949/51** 32; OLG Hamm NJW **1953** 839; OLG Celle NJW **1956** 1168; OLG Koblenz VRS **45** (1973) 292; **46** (1974) 450; OLG Schleswig bei *Ernesti/Jürgensen* SchlHA **1954** 387; **1969** 153; *Dallinger* NJW **1951** 256; HK-*Julius*² 14; KK-*Engelhardt*⁴ 27; *Kleinknecht/Meyer-Goßner*⁴⁴ 30; KMR-*Müller* 34; SK-*Schlüchter* 31; *Eb. Schmidt* 21. Vgl. § 273, 59.

[156] Vgl. § 274, 28; RGSt **7** 388.

[157] RG HRR **1940** Nr. 343; KK-*Engelhardt*⁴ 27.

Sitzungsniederschrift zu führen ist, kann durch jedes sonst zulässige Beweismittel erbracht werden. Es gilt dann der Grundsatz der freien Beweiswürdigung[158].

Aus der ausschließlichen Beweiskraft des Protokolls (§ 274) folgt, daß der Revisions- **74** führer bei Verfahrensrügen grundsätzlich von den **Verfahrensvorgängen** auszugehen hat, so **wie sie im Protokoll beurkundet sind**[159]. Stimmen sie mit der Wirklichkeit nicht überein, so kann der Revisionsführer zwar die Berichtigung des Protokolls beantragen, er ist dazu aber nicht verpflichtet; unter Umständen ist er wegen des Ablaufs der Revisionsbegründungsfrist auch gar nicht in der Lage, eine etwaige Berichtigung abzuwarten und sein Rechtsmittel dann auf den durch das berichtigte Protokoll bezeugten Verfahrenshergang zu stützen. Wegen der ausschließlichen Beweiskraft des Protokolls greift eine Verfahrensrüge, die einen aus dem Protokoll ersichtlichen Verfahrensfehler bestimmt (als in Wirklichkeit vorliegend) behauptet, auch dann durch, wenn in Wirklichkeit der Verfahrensfehler gar nicht vorlag[160]; denn die absolute Beweiskraft des Protokolls ist in beiden Richtungen bindend. Ob allerdings der Verteidiger standesrechtlich zur Begründung der Revision wider besseres Wissen einen in Wahrheit gar nicht gegebenen Verfahrensfehler behaupten darf, ist fraglich[161].

Hat der **Verteidiger** an der Hauptverhandlung selbst **nicht teilgenommen**, so steht **75** es in seinem Ermessen, ob er sich mit dem Protokoll begnügen oder ob er sich nach dem wirklichen Verfahrensverlauf bei Angeklagten oder beim früheren Verteidiger erkundigen will[162].

§ 272

Das Protokoll über die Hauptverhandlung enthält
1. **den Ort und den Tag der Verhandlung;**
2. **die Namen der Richter und Schöffen, des Beamten der Staatsanwaltschaft, des Urkundsbeamten der Geschäftsstelle und des zugezogenen Dolmetschers;**
3. **die Bezeichnung der Straftat nach der Anklage;**
4. **die Namen der Angeklagten, ihrer Verteidiger, der Privatkläger, Nebenkläger, Verletzten, die Ansprüche aus der Straftat geltend machen, der sonstigen Nebenbeteiligten, gesetzlichen Vertreter, Bevollmächtigten und Beistände;**
5. **die Angabe, daß öffentlich verhandelt oder die Öffentlichkeit ausgeschlossen ist.**

Schrifttum vgl. bei § 271.

Entstehungsgeschichte. Art. 2 Nr. 9 EG OWiG hat bei Nr. 4 die Worte „der sonstigen Nebenbeteiligten" eingefügt; Art. IV Nr. 6 des Gesetzes vom 26. 5. 1972 strich bei Nr. 2 das Wort „Geschworenen". Art. 21 Nr. 73 EGStGB hat in Nr. 3 „strafbare Handlung" durch „Straftat", ersetzt.

---

[158] KK-*Engelhardt*[4] 27; *W. Schmid* FS Lange 798; vgl. § 274, 4; 23 ff; § 337, 72.

[159] BGHSt **7** 164; OGHSt **1** 280; BayObLGSt **1956** 226; § 337, 71.

[160] RGSt **43** 1; BGHSt **2** 125; **7** 162; **26** 281; **36** 354; *Cüppers* NJW **1950** 930; **1951** 259; *Sarstedt/Hamm*[6] 292 ff; *Schneidewin* MDR **1951** 193; *Ventzke* StV **1999** 193; ferner BGH StV **1999** 582 mit Anm.

Dockel v. Döllen/Momsen; BGH StV **1999** 586; *G. Schäfer* FS 50 Jahre BGH 725; HK-*Julius*[2] 12.

[161] Vgl. *Pfeiffer* DRiZ **1984** 347; BGH StV **1999** 582 mit Anm. *Dockel v. Döllen/Momsen* läßt die Frage offen, vgl. auch vorst. Fußn. sowie § 337, 71 und Vor § 137 mit weit. Nachw.

[162] BGHSt **7** 164; vgl. Vor § 137.

Übersicht

1. Allgemeines

1 **a)** § 272 legt die **äußeren Formalien** des Hauptverhandlungsprotokolls fest, die jedes Protokoll enthalten muß. Sie werden üblicherweise in den „Kopf" der Sitzungsniederschrift aufgenommen, da sie zur **Identifizierung der Hauptverhandlung** dienen, deren Gang im jeweiligen Protokoll festgehalten ist.

2 **Verändern** sich die nach § 272 zu beurkundenden Tatsachen im Laufe der Hauptverhandlung, wird die Hauptverhandlung beispielsweise an einem anderen Ort fortgesetzt (Rdn. 5) oder tritt in der Besetzung der Richterbank ein Wechsel ein, so ist dies – ohne Änderung des Kopfes der Niederschrift – an der Stelle zu vermerken, an der im Verfahrensgang der Wechsel stattgefunden hat[1].

b) Die **Beweiskraft**, die § 274 dem Protokoll beimißt, erstreckt sich nicht auf alle in § 272 geforderten Angaben; sie erfaßt sie nur, soweit sie die Tatsache der Hauptverhandlung und ihre vom Gesetz vorgeschriebenen Förmlichkeiten bezeugen[2].

3 **c)** Es ist zulässig, das Protokoll hinsichtlich der von § 272 geforderten Angaben bereits vor der Hauptverhandlung entsprechend **vorzubereiten**[3]. In diesen Fällen ist aber erhöhte Aufmerksamkeit darauf zu richten, daß kurz vor der Hauptverhandlung eintretende Änderungen nicht unberücksichtigt bleiben[4]. Bei Verwendung von **Vordrucken** ist besondere Sorgfalt geboten, da die Gefahr von Widersprüchen durch ungenaues Ausfüllen besonders groß ist[5].

2. Die Angaben im Einzelnen

4 **a) Ort und Tag der Verhandlung (Nr. 1).** Findet die Hauptverhandlung am Sitz des Gerichtes statt, so genügt in der Regel zur Angabe des **Ortes** die jeweilige Ortsbezeichnung, die sich mitunter schon eindeutig aus dem Namen des Gerichts ergibt, das mit der genauen Bezeichnung des Spruchkörpers im Kopf des Protokolls vermerkt wird[6]. Fehlt diese Übereinstimmung, etwa weil die Verhandlung am Sitz einer Zweigstelle durchgeführt wird, so ist diese anzugeben. Wird außerhalb der Gerichtsstelle verhandelt, sind der Ort, an dem dies geschieht, genau identifizierbar (Straße, Hausnummer, Gebäudeteil, Wohnung, Zimmernummer usw.) zu bezeichnen; die bloße Angabe des kommunalen Ortsnamens reicht hierfür nicht.

---

[1] *Hendrix/Reiss* 21; HK-*Julius*[2] 5; *Kleinknecht/Meyer-Goßner* 1; KMR-*Müller* 6; SK-*Schlüchter* 1.
[2] BGHSt **16** 306; vgl. § 274, 10 ff; auch zur strittigen Frage, ob damit nur die „wesentlichen Förmlichkeiten" im Sinne des § 274 Abs. 1 gemeint sind; ferner RGSt **46** 112 (Beweiskraft erstreckt sich nicht auf Personenidentität).

[3] KMR-*Müller* 10.
[4] Vgl. *Hendrix/Reiss* 16; SK-*Schlüchter* 13.
[5] Vgl. § 271, 6.
[6] *Kleinknecht/Meyer-Goßner* 3.

Nimmt das Gericht im Laufe der Verhandlung einen **Ortswechsel** vor, nimmt es etwa **5** den Tatort in Augenschein oder vernimmt es einen Zeugen in seiner Wohnung oder im Krankenhaus, muß sich das aus der Sitzungsniederschrift ergeben[7], wobei auch ersichtlich sein muß, welche Teile der Verhandlung jeweils an dem betreffenden Ort vorgenommen wurden.

Der **Tag**, an dem die Hauptverhandlung stattfindet, bei einer mehrtägigen Hauptverhand- **6** lung, die Tage, an denen verhandelt wurde, sind mit dem Kalenderdatum zu bezeichnen. Die vollständige und beweiskräftige (§ 274) Aufzählung aller Tage, an denen verhandelt wurde, ist auch wegen der sich danach berechnenden Frist für die Urteilsabsetzung (§ 275 Abs. 1 Satz 3) notwendig. Erstreckt sich die Verhandlung über mehrere Tage, muß die Verhandlungsniederschrift ergeben, welche Verfahrenshandlungen in welcher Reihenfolge an jedem einzelnen dieser Tage geschehen sind; Stunde und Minute der Verhandlungsunterbrechung und des Wiederbeginns sind zu vermerken[8].

Dies gilt nicht für **kürzere Pausen**, die im Laufe ein und desselben Tages die Sitzung **7** unterbrechen, etwa, wenn eine Mittagspause gemacht wurde. Solche Pausen müssen weder nach Nr. 1 in das Sitzungsprotokoll aufgenommen werden[9] noch gehören sie zu den wesentlichen Förmlichkeiten nach § 273 Abs. 1. Die Beweiskraft des Protokolls erstreckt sich auf sie nicht[10].

Bei der **Urteilsverkündung** ist der Zeitpunkt maßgebend, an dem die Verkündung **8** beendet wurde. Die Angabe eines falschen Tages (etwa, wenn die Urteilsverkündung erst nach Mitternacht beendet worden ist) beeinträchtigt aber nicht den Bestand des Urteils[11].

b) Namen der Richter, der Vertreter der Staatsanwaltschaft usw. Auch die Namen der **9** etwa zugezogenen **Ergänzungsrichter** (Ergänzungsschöffen) sind anzugeben; vgl. GVG § 192. – Bei den Richtern ist **Funktion** (als Vorsitzender, Beisitzer, Ergänzungsrichter usw.) und Dienstbezeichnung, eventuell auch ein akademischer Grad, beizufügen[12]. Eine bestimmte Reihenfolge (üblich nach Dienstalter oder Alphabet) ist nicht vorgeschrieben. Bei Schöffen empfiehlt es sich, auch ihren Vornamen sowie Beruf und Wohnort zu vermerken, zwingend notwendig ist dies nicht[13]. Ein Hinweis über ihre Vereidigung, über die ein besonderes Protokoll aufzunehmen ist (§ 45 Abs. 8 DRiG), schreibt Nr. 2 nicht vor, es handelt sich insoweit auch um keine Förmlichkeit der betreffenden Hauptverhandlung[14].

Mehrere **Staatsanwälte** sind nebeneinander anzuführen, wenn sie gemeinsam an der **10** Hauptverhandlung teilgenommen haben. Lösen sie sich während der Sitzung ab, wird der Wechsel zweckmäßigerweise chronologisch an der entsprechenden Protokollstelle vermerkt. Dem Protokoll muß aber in jedem Fall eindeutig zu entnehmen sein, welcher Staatsanwalt an welchen Sitzungsteilen mitgewirkt und wer die Anträge gestellt hat[15].

Bei einem Wechsel des **Urkundsbeamten** der Geschäftsstelle ist dies im Protokoll an **11** der Stelle ersichtlich zu machen, an der der Wechsel eingetreten ist. Der ausscheidende

---

[7] AK-*Lemke* 2; *KK-Engelhardt*[4] 1; *Kleinknecht/ Meyer-Goßner*[44] 3; SK-*Schlüchter* 3: *Eb. Schmidt* 3.

[8] *Kleinknecht/Meyer-Goßner*[44] 3; SK-*Schlüchter* 5; *Eb. Schmidt* 3; **a. A** KMR-*Müller* 3 (genaue Zeitangaben üblich, aber nicht notwendig).

[9] *KK-Engelhardt*[4] 2; *Kleinknecht/Meyer-Goßner*[44] 3; KMR-*Müller* 3; SK-*Schlüchter* 4.

[10] BGH JZ **1967** 185; KMR-*Müller* 3.

[11] RG JW **1932** 3105 mit zust. Anm. *Oetker*.

[12] *Kleinknecht/Meyer-Goßner*[44] 4; SK-*Schlüchter* 5; vgl. § 222a, 3.

[13] AK-*Lemke* 4; *Kleinknecht/Meyer-Goßner*[44] 4; KMR-*Müller* 4; SK-*Schlüchter* 5.

[14] BGH bei *Dallinger* MDR **1973** 372; KMR-*Müller* 4. SK-*Schlüchter* 5.

[15] AK-*Lemke* 5; *Kleinknecht/Meyer-Goßner*[44] 4; KMR-*Müller* 6; SK-*Schlüchter* 6.

Urkundsbeamte hat den von ihm gefertigten Teil der Niederschrift durch seine Unterschrift abzuschließen[16].

12   **Dolmetscher** sind Sprachkundige, deren Aufgabe es ist, den Prozeßverkehr zwischen dem Gericht und einem der deutschen Sprache nicht mächtigen Prozeßbeteiligten zu ermöglichen. Sie sind zu unterscheiden von den sprachkundigen Sachverständigen, die nach den Grundsätzen des Sachverständigenbeweises nur zur Sprachübertragung einer Erklärung zugezogen werden, die außerhalb der Hauptverhandlung abgegeben wurde, wie etwa zur Übersetzung einer fremdsprachigen Urkunde[17]. Nur der Dolmetscher braucht im Kopf des Protokolls angeführt zu werden[18]. Der Dolmetscher muß zu Beginn der Verhandlung **vereidigt** werden, wenn er nicht als Dolmetscher für seine Tätigkeit vor dem betreffenden Gericht allgemein vereidigt ist[19] und sich auf den geleisteten Eid beruft (§ 189 GVG). Daß das eine oder das andere geschehen ist, muß im Protokoll eindeutig vermerkt werden[20]. Dies folgt aber nicht aus Nr. 2, sondern aus § 273 Abs. 1, denn die Beachtung des § 189 GVG ist eine wesentliche Förmlichkeit[21].

13   **c) Bezeichnung der Straftat (Nr. 3).** Diese ist mit ihrer rechtlichen Bezeichnung im Protokoll aufzuführen. Auszugehen ist dabei von dem in der zugelassenen Anklage erhobenen Vorwurf, über den verhandelt wird, und nicht etwa vom Urteil[22]. Der zugelassenen Anklage stehen auch hier der **Strafbefehl** sowie der **Verweisungsbeschluß** nach § 270 gleich. In **beschleunigten Verfahren** ist die mündlich erhobene Anklage (§ 418) maßgebend[23].

14   Es genügt, wie bei § 260, die **rechtliche Bezeichnung** der Straftat. Umfaßt die Anklage eine Vielzahl von Straftaten, müssen im Kopf des Protokolls nicht alle einzeln angegeben werden. Es dürfte für den Zweck des § 272 Nr. 4 ausreichen, wenn die in der Anklage erhobenen Vorwürfe schwerpunktmäßig umrissen werden und kenntlich gemacht wird, daß es sich insoweit um keine abschließende Aufzählung handelt (z. B.: „wegen schweren Raubes u. a.")[24].

15   **d) Namen der Angeklagten, Verteidiger und der sonstigen Verfahrensbeteiligten (Nr. 4).** Anzugeben sind die Namen in dem für die Identifizierung notwendigen Umfang[25], gegebenenfalls auch ein akademischer Grad. Die Anforderungen sind bei den einzelnen Personengruppen unterschiedlich.

16   Beim **Angeklagten** wird mitunter gefordert[26], daß im Kopf des Protokolls neben dem Vor- und Familiennamen – einschließlich des Geburtsnamens – alle sonstigen Angaben zur Person aufzuführen sind, die die Anklageschrift zur Bezeichnung des Angeklagten nach Nr. 110 Abs. 2 RiStBV enthalten muß, also Geburtsdatum und Geburtsort, An-

---

16 Vgl. KMR-*Müller* 6; SK-*Schlüchter* 6; HK-*Julius*[2] 3; *Hendrix/Reiss* 22 („Fortgesetzt am … um … Uhr durch …"); ferner § 273, 12; § 226, 9.

17 Vgl. BGHSt 1 4; KK-*Engelhardt*[4] 5; ferner bei § 185 GVG.

18 SK-*Schlüchter* 6; *Eb. Schmidt* 5; KK-*Engelhardt*[4] 5, der darauf hinweist, daß ein zur Hauptverhandlung generell zugezogener Dolmetscher diese Eigenschaft nicht verliert, wenn er auch die Richtigkeit der Sprachübertragung außerhalb der Hauptverhandlung abgegebener Äußerungen bestätigt.

19 § 189 Abs. 2 GVG; die allgemeine Beeidigung ist in den Ländern unterschiedlich geregelt und mitunter in der Geltung örtlich eng (Landgerichtsbezirk) begrenzt; vgl. *Jessnitzer* Dolmetscher (1982) 25; *Ruderisch* BayVBl. **1985** 172.

20 BGHSt **31** 39 (Vermerk „allgemein vereidigt" reicht nicht); KMR-*Müller* 5; SK-*Schlüchter* 6; vgl. auch nachf. Fußn.

21 Vgl. BGH NStZ **1981** 69 (L) mit Anm. *Liemersdorf*; NStZ **1981** 190; **1982** 517; bei *Pfeiffer/Miebach* NStZ **1983** 359; HK-*Julius*[2] 6 ferner § 274, 10 und bei § 189 GVG.

22 KK-*Engelhardt*[4] 6; *Kleinknecht/Meyer-Goßner*[44] 5; KMR-*Müller* 7.

23 *Kleinknecht/Meyer-Goßner*[44] 5.

24 AK-*Lemke* 8; KK-*Engelhardt*[4] 6; KMR-*Müller* 7. Die Angabe des schwersten Vorwurfs fordern *Kleinknecht/Meyer-Goßner*[44] 5; SK-*Schlüchter* 7.

25 KMR-*Müller* 8; *Eb. Schmidt* 7.

26 *Hendrix/Reiss* 22.

schrift, Beruf, Staatsangehörigkeit und Angaben über Untersuchungshaft u. a.[27]. Wortlaut und Zweck des § 272 fordern derartige Angaben jedoch nur insoweit, als sie zur eindeutigen Identifizierung des Angeklagten notwendig sind; wozu nähere Angaben über die Untersuchungshaft u. a. Einzelheiten nicht unbedingt gehören. Nur wenn das Urteil nach § 275 Abs. 1 Satz 1 in das Protokoll aufgenommen wird, muß die Sitzungsniederschrift alle für den Urteilskopf erforderlichen Angaben enthalten[28]. **Mehrere Angeklagte** sind zweckmäßigerweise in der Reihenfolge der Anklageschrift im Protokoll aufzuführen.

Nach § 272 müssen die Namen **aller Angeklagten** angegeben werden, ohne Rücksicht **17** darauf, ob sie zur Hauptverhandlung erschienen sind. Die Feststellung der **Anwesenheit** ist als wesentliche Förmlichkeit nach § 273 Abs. 1 **gesondert zu beurkunden**[29].

Mit Namen aufzuführen sind ferner der oder die **Verteidiger**, und zwar ganz gleich, **18** ob es sich um eine notwendige Verteidigung handelt, bei der die Anwesenheit des Verteidigers eine wesentliche Förmlichkeit des Verfahrens ist[30]. Anzugeben sind alle Verteidiger, die zumindest an einem Teil der Haupverhandlung teilgenommen haben, also auch ein Verteidiger, der bei der Urteilsverkündung nicht anwesend war[31]. Ob auch ein Verteidiger im Kopf angeführt werden muß, der überhaupt nicht erschienen ist, ist strittig[32]. Unerheblich, und deshalb nicht zu erwähnen ist, ob es sich um einen Wahl- oder Pflichtverteidiger handelt.

Zu den **sonstigen Verfahrensbeteiligten** im Sinne des § 272 Nr. 4 rechnen der **Beistand** **19** (§ 149), der **Nebenkläger** und die **Nebenbeteiligten**, die im allgemeinen Interesse oder zur Abwehr eigener Rechtsnachteile am Verfahren teilnehmen[33] und ihre Bevollmächtigten. Dazu gehören der Einziehungsbeteiligte nach § 431 Abs. 1, dem die juristische Person oder Personenvereinigung im Verfahren nach § 444 gleichgestellt wird, und der Verfallsbeteiligte (§ 442), ferner, nach Maßgabe der einzelnen Sondergesetze (z. B. § 407 AO; § 13 Abs. 2 WiStG), auch bestimmte Behörden, wenn sie zur Hauptverhandlung einen Vertreter entsenden[34]. Ob diese Personen nur aufgeführt werden müssen, wenn sie auch tatsächlich in der Hauptverhandlung anwesend sind, ist ebenfalls strittig[35].

e) Öffentlichkeit der Verhandlung (Nr. 5). Das Protokoll muß angeben, ob öffentlich **20** verhandelt wurde[36]. Hierbei handelt es sich um eine wesentliche Förmlichkeit des Verfahrens im Sinne des § 273 Abs. 1. Gilt dies kraft Gesetzes unverändert während der ganzen Hauptverhandlung, genügt ein entsprechender Vermerk am Anfang des Protokolls[37]. Wegen der Einheit des Protokolls gilt dies auch bei einer mehrtägigen Verhandlung[38], wobei allerdings bei einem Wechsel des Protokollführers darauf zu achten ist, daß der neue Protokollführer den Vermerk für den von ihm protokollierten Verhandlungsteil auch selbst bestätigt[39]. Wird die Öffentlichkeit ausgeschlossen, so muß das

27 Vgl. § 200.
28 *Kleinknecht/Meyer-Goßner*[44] 6; KMR-*Müller* 8; vgl. § 275, 21.
29 Vgl. etwa BGH bei *Pfeiffer/Miebach* NStZ **1985** 494; KK-*Engelhardt*[4] 7; KMR-*Müller* 8; *Werner* DRiZ **1955** 182; ferner bei § 273, 9 mit weit. Nachw.
30 Vgl. § 273, 9; § 338, 82.
31 OLG Koblenz Rpfleger **1973** 219.
32 AK-*Lemke* 9; HK-*Julius*[2] 2; KK-*Engelhardt*[4] 7 bejahen dies; verneinend *Kleinknecht/Meyer-Goßner*[44] 6; SK-*Schlüchter* 9; ferner KMR-*Müller* 9 („insoweit ist Kopf Anwesenheitsliste"); *Eb. Schmidt* 4 („wirklich Erschienenen") Vgl. Fußn. 37.
33 Vgl. *Kleinknecht/Meyer-Goßner*[44] Einl. 73; KMR-*Müller* 9; *Eb. Schmidt* Nachtr. II 2.

34 Vgl. Vor § 226, 48.
35 *Kleinknecht/Meyer-Goßner*[44] 9; KMR-*Müller* 9; SK-*Schlüchter* 9 nehmen dies an; während andere, so KK-*Engelhardt*[4] 7, diese Angabe auch fordern, wenn die in Nr. 4 Genannten nicht erschienen sind; das Ausbleiben ist dann besonders zu beurkunden. Vgl. Fußn. 32.
36 Vgl. §§ 169 bis 175 GVG; 48 Abs. 1 JGG.
37 *Kleinknecht/Meyer-Goßner*[44] 7; KMR-*Müller* 2; SK-*Schlüchter* 10; vgl. auch nachf. Fußn.
38 Vgl. etwa OLG Düsseldorf JMBlNW **1963** 2153 (Auslegungsfrage); KK-*Engelhardt*[4] 8; SK-*Schlüchter* 10.
39 Vgl. § 271 12.

Protokoll ersehen lassen, ob über den Ausschluß öffentlich oder nicht öffentlich verhandelt wurde und ob der Beschluß, durch den die Öffentlichkeit ausgeschlossen worden ist, öffentlich verkündet wurde[40]. Desgleichen ist die Vollziehung des über die Ausschließung ergangenen Beschlusses und die Wiederherstellung der Öffentlichkeit im Protokoll an der jeweiligen Stelle ersichtlich zu machen; ferner, daß der Beschluß auch vollzogen wurde. Die Wiederherstellung der Öffentlichkeit (Anordnung und Vollzug) ist im Protokoll vor dem jeweiligen Verfahrensvorgang zu vermerken, von dem an wieder öffentlich verhandelt wurde. Aus dem Protokoll muß eindeutig zu ersehen sein, bei welchen Verfahrensteilen die Öffentlichkeit ausgeschlossen war[41] und daß danach wieder öffentlich weiterverhandelt wurde. Ist das Protokoll insoweit erkennbar lückenhaft, etwa weil es nur die Wiederherstellung der Öffentlichkeit, nicht aber deren Ausschluß feststellt, entfällt seine Beweiskraft nach § 274; die ohne Öffentlichkeit verhandelten Verfahrensteile können dann im Wege des Freibeweises festgestellt werden[42].

21   **f) Andere Personen.** Auf Grund des § 272 muß das Gericht nur die in § 272 Nrn. 2 und 4 genannten Personen im Protokoll namentlich festhalten, nicht aber **andere Personen**, die, wie etwa die Referendare, zu Ausbildungszwecken oder aus sonst einem Grund der Hauptverhandlung beiwohnen. Dies gilt auch für die Vertreter der Finanzbehörde nach § 407 AO und sonstige, in amtlicher Eigenschaft an der Hauptverhandlung teilnehmende **Behördenvertreter**[43]. Ob und wieweit die Namen der **Beweispersonen** zu beurkunden sind, ergibt sich aus § 273 Abs. 1 und nicht aus § 272. Nicht beurkundet zu werden braucht, wenn jemandem die Anwesenheit in der Hauptverhandlung nach § 175 Abs. 2 GVG oder § 48 JGG **gestattet** wird[44].

§ 273

(1) Das Protokoll muß den Gang und die Ergebnisse der Hauptverhandlung im Wesentlichen wiedergeben und die Beobachtung aller wesentlichen Förmlichkeiten ersichtlich machen, auch die Bezeichnung der verlesenen Schriftstücke oder derjenigen, von deren Verlesung nach § 249 Abs. 2 abgesehen worden ist, sowie die im Laufe der Verhandlung gestellten Anträge, die ergangenen Entscheidungen und die Urteilsformel enthalten.

(2) Aus der Hauptverhandlung vor dem Strafrichter und dem Schöffengericht sind außerdem die wesentlichen Ergebnisse der Vernehmungen in das Protokoll aufzunehmen; dies gilt nicht, wenn alle zur Anfechtung Berechtigten auf Rechtsmittel verzichten oder innerhalb der Frist kein Rechtsmittel eingelegt wird.

(3) [1]Kommt es auf Feststellung eines Vorgangs in der Hauptverhandlung oder des Wortlauts einer Aussage oder einer Äußerung an, so hat der Vorsitzende von Amts wegen oder auf Antrag einer an der Verhandlung beteiligten Person die vollständige Niederschreibung und Verlesung anzuordnen. [2]Lehnt der Vorsitzende die Anordnung ab, so entscheidet auf Antrag einer an der Verhandlung beteiligten Person das Gericht. [3]In dem Protokoll ist zu vermerken, daß die Verlesung geschehen und die Genehmigung erfolgt ist oder welche Einwendungen erhoben worden sind.

(4) Bevor das Protokoll fertiggestellt ist, darf das Urteil nicht zugestellt werden.

---

[40] RGSt **10** 92; RG GA **38** (1891) 195; bei *Herlan* MDR **1955** 653; bei *Holtz* MDR **1977** 810; vgl. § 338, 110 mit weit. Nachw.

[41] BGH StV **1994** 471.

[42] BGH nach KK-*Engelhardt*[4] 8; ferner etwa BGHSt **17** 220; AK-*Lemke* 11; SK-*Schlüchter* 7. Vgl. § 274, 23 ff.

[43] KMR-*Müller* 9; SK-*Schlüchter* 11.

[44] Vgl. bei § 175 GVG.

Schrifttum vgl. bei § 271.

Entstehungsgeschichte. Art. 7 Nr. 15 StPÄG 1964 hatte Absatz 2 dahin erweitert, daß der wesentliche Inhalt der Vernehmungen nunmehr bei allen als Tatsacheninstanz urteilenden Gerichten in das Protokoll aufzunehmen ist, während dies früher nur bei den Verhandlungen vor dem Amtsrichter und dem Schöffengericht vorgeschrieben war. In Absatz 3 wurde den Verfahrensbeteiligten das Recht eingeräumt, die Protokollierung bestimmter Verfahrensvorgänge oder des Wortlauts bestimmter Aussagen zu beantragen und, falls der Vorsitzende dies ablehnt, gegen seine Entscheidung das Gericht anzurufen. Eingefügt wurde ferner der Absatz 4, der die Urteilszustellung und damit den Beginn der Fristen nach §§ 341 Abs. 2, 345 von der Fertigstellung des Protokolls abhängig macht. Art. 1 Nr. 79 des 1. StVRG (1974) hat die frühere Fassung des Absatzes 2 wieder hergestellt[1], lediglich „Amtsrichter" wurde durch „Strafrichter" ersetzt. Art. 1 Nr. 24 StVÄG 1979 hat bei § 273 Abs. 1 hinter „Schriftstücke" die Worte eingefügt „oder derjenigen, von deren Verlesung nach § 249 Abs. 2 abgesehen worden ist" (Folgeänderung zu § 249 Abs. 2). Art. 1 Nr. 22 StVÄG 1987 hat bei Absatz 2 einen Halbsatz angefügt, der es gestattet, von der Protokollierung der wesentlichen Ergebnisse der Vernehmung abzusehen, wenn das Urteil nicht angefochten wird.

Übersicht

---

[1] *Rieß* NJW **1975** 88.

Alphabetische Übersicht

I. Allgemeines

1. Zweck. Das Protokoll soll den Gang der Hauptverhandlung so wiedergeben, daß **1** nachprüfbar ist, ob in ihr dem Gesetz entsprechend verfahren wurde. Dies soll insbesondere den Gerichten der höheren Instanzen die Prüfung erleichtern, ob Prozeßvorschriften verletzt worden sind. Seine Bedeutung hierfür erhellt die Beweiskraft, die ihm durch § 274 beigelegt wird. Sein Inhalt kann aber auch für Zwecke, die außerhalb des Verfahrens liegen, von Bedeutung sein. Das gilt insbesondere für die Äußerungen, die nach Absatz 3 wörtlich in das Protokoll aufgenommen wurden.

2. Verhältnis des § 273 zu anderen Vorschriften. Während § 271 die Aufnahme eines **2** Protokolles über die Hauptverhandlung vorschreibt und die Verantwortlichkeit dafür regelt, legen die §§ 272 bis 273 Abs. 1 bis 3 den **Inhalt** dieser Sitzungsniederschrift fest, der dann von § 274 zum Teil mit besonderer Beweiskraft ausgestattet wird. § 273 Abs. 4 bindet die Urteilszustellung an die Fertigstellung des Protokolls. Die §§ 272, 273 werden durch **Sondervorschriften** für bestimmte Einzelfälle ergänzt (beispielsweise §§ 64, 68, 249 Abs. 2 Satz 2, 255, ferner §§ 174 Abs. 1 Satz 2, 182, 183, 185 Abs. 1 Satz 2 GVG). Die Protokollierung von **Vorgängen außerhalb der Hauptverhandlung** richtet sich nach den §§ 168 bis 168b (vgl. auch § 223, 25), doch gelten die §§ 271 bis 273 für die mündliche Haftprüfung (§ 118a Abs. 3 Satz 3) und die Verhandlung über die Ausschließung des Verteidigers (§ 138d Abs. 4 Satz 3).

II. Protokollierung der Hauptverhandlung (Absatz 1)

1. Gang der Hauptverhandlung. Das Protokoll muß den Gang der Hauptverhand- **3** lung, vor allem die Reihenfolge, in der die einzelnen Verfahrensabschnitte durchgeführt wurden (vgl. dazu insbes. die §§ 243, 244 Abs. 1, 257, 258, 260 Abs. 1) erkennbar machen[2]. Ersichtlich sein muß aus dem Protokoll der Ablauf, also die **zeitliche Reihenfolge** aller wesentlichen Vorgänge. Welche Ereignisse außer den in Absatz 1 besonders genannten hierzu rechnen, bestimmt sich nach dem Zweck des Protokolls, den höheren Instanzen mit seiner Beweiskraft die Nachprüfung der Gesetzmäßigkeit des Verfahrens zu erleichtern[3]. Weicht das Gericht von dem normalen Verfahrensgang ab, was ins-

---

[2] HK-*Julius*[2] 2; KK-*Engelhardt*[4] 2; *Kleinknecht/Meyer-Goßner*[44] 5; KMR-*Müller* 3 ff; SK-*Schlüchter* 4. Zu den Einzelheiten des Protokollinhalts vgl. *Kroschell/Meyer-Goßner*[26] 321 ff; G. *Schäfer*[6] § 91 (Rdn. 1424 ff); dort finden sich auch Beispiele für die Fassung der Protokollvermerke.

[3] AK-*Lemke* 2; KK-*Engelhardt*[4] 2; *Kleinknecht/Meyer-Goßner*[44] 1.

Walter Gollwitzer

besondere in den sogenannten Punktesachen angezeigt sein kann, dann muß das Protokoll dies eindeutig aufzeigen[4]. Wird ein Teil der Hauptverhandlung wiederholt, um einen Verfahrensfehler zu heilen, so sind neben der Anordnung die wiederholten Verfahrensvorgänge in der Reihenfolge ihrer Wiederholung erneut im Protokoll festzuhalten[5].

4　　Wenn Absatz 1 Satz 1 auch die **Ergebnisse der Hauptverhandlung** erwähnt, so erscheint dies insofern müßig, als die Ergebnisse der Beweisaufnahme hier nicht gemeint sein können, da für sie Absatz 2 gilt, im übrigen aber als Ergebnisse der Verhandlung nur die Entscheidungen bezeichnet werden können, die am Schlusse des Absatzes 1 besonders genannt werden[6]. Die Aufzählung in Absatz 1 enthält aber auch sonst Überschneidungen.

5　　Die **Beratungen des Gerichts**, vor allem die **Urteilsberatung** gehört dagegen nicht zu den in der Sitzungsniederschrift zu beurkundenden und nur durch sie beweisbaren Förmlichkeiten der Hauptverhandlung[7]. Dies gilt auch für eine kurze Nachberatung im Sitzungssaal, obwohl letztere für den Urkundsbeamten wahrnehmbar wäre und ein Vermerk hierüber zweckmäßig sein kann[8].

6　　2. **Die Beachtung der wesentlichen Förmlichkeiten** des Verfahrens muß das Protokoll beurkunden. Hierzu gehören alle Vorgänge der Verhandlung, die für die Gesetzmäßigkeit des Verfahrens von Bedeutung sind, wobei als **wesentlich** nur diejenigen Formvorschriften anzusehen sind, deren Mißachtung unter Umständen den Bestand des Urteils gefährden könnte. Es kommt insoweit nur auf das vorliegende Verfahren an; daß der Vorgang für ein **anderes Verfahren** von Bedeutung ist, rechtfertigt zwar unter Umständen seine Beurkundung in der Sitzungsniederschrift nach Absatz 3, macht ihn jedoch nicht zu einer wesentlichen Förmlichkeit im Sinne des Absatzes 1[9]. Ob eine Verfahrensregel zu den wesentlichen Förmlichkeiten rechnet, ist bei den einzelnen Verfahrensvorschriften erörtert. Soweit dies zweifelhaft oder strittig ist, empfiehlt sich die Protokollierung, um den Bestand des Urteils nicht unnötig zu gefährden.

7　　Nicht alles, was das Gericht zur Erfüllung seiner **Aufklärungspflicht** oder zur **Einhaltung eines Verfahrensgrundsatzes** im konkreten Fall tun muß, ist notwendig auch eine wesentliche Förmlichkeit. Dies wird vor allem bei solchen Grundsätzen verneint, deren Beachtung zwar für die Gesetzmäßigkeit des Verfahrens von entscheidender Bedeutung ist, deren Erfordernissen aber das Gericht bei seiner Verfahrensgestaltung in verschiedener Weise Rechnung tragen kann, ohne dafür an eine bestimmte äußere Form und damit an die Einhaltung einer bestimmten Förmlichkeit gebunden zu sein[10]. So kann vor allem das Verfassungsgebot zur Wahrung des **Rechts auf Gehör** vom Gericht in der Hauptverhandlung in den verschiedensten Formen erfüllt werden; unter anderem kann ihm schon dadurch genügt sein, daß die entscheidungserheblichen Tatsachen und Beweismittel in Gegenwart des Angeklagten in der Hauptverhandlung angesprochen wurden und dieser

[4] Vgl. § 243, 5.

[5] Vgl. BGH NStZ-RR **1999** 107, ferner Rdn. 19.

[6] KK-*Engelhardt*[4] 3; *Eb. Schmidt* 5; allenfalls könnte die zulässige (vgl. *Pecher* NJW **1981** 2170) Aufnahme eines privatrechtlichen Vergleichs in das Protokoll als ein Ergebnis der Hauptverhandlung betrachtet werden, das nicht zugleich eine Entscheidung ist. Vgl. SK-*Schlüchter* 4.

[7] BGHSt **5** 294 = LM Nr. 5 mit Anm. *Krumme*; OLG Schleswig bei *Ernesti/Jürgensen* SchlHA **1973** 187; **1974** 184; KMR-*Müller* 5; teilw. **a. A** *Eb. Schmidt* 10; vgl. auch § 268, 12 mit weit. Nachw.

[8] Vgl. § 260, 4.

[9] *Sarstedt* JZ **1965** 293; KK-*Engelhardt*[4] 4; *Kleinknecht/Meyer-Goßner*[44] 6; KMR-*Müller* 7; *Eb. Schmidt* 5; **a. A** BayObLGSt **1964** 141 = JZ **1965** 291; SK-*Schlüchter* 5 (für abstrakte, nicht auf das konkrete Verfahren abstellende Betrachtung); vgl. dazu auch HK-*Julius*[2] 5.

[10] Die Beachtung solcher Grundsätze bei der Verfahrensgestaltung ist deshalb keine wesentliche Förmlichkeit in dem engen Sinn, der es rechtfertigen könnte, sie vor allem auch der negativen Beweiskraft des Protokolls (§ 274) zu unterstellen.

Gelegenheit hatte, sich dazu zu äußern[11]. Hierzu kann auch ein einfacher Vorhalt ausreichen[12]. Ein Teil des Schrifttums nimmt dagegen eine wesentliche Förmlichkeit in den Ausnahmefällen an, in denen besondere förmliche Hinweise zur Wahrung des rechtlichen Gehörs erforderlich sind, auch wenn sie das Gesetz nicht ausdrücklich vorschreibt[13].

3. Beispiele für wesentliche Förmlichkeiten

a) Zu den **wesentlichen Förmlichkeiten** des Verfahrens, die die Sitzungsniederschrift **8** nachweisen muß, gehört, ob **öffentlich** verhandelt wurde[14], die Verhandlung über den Ausschluß[15], der Beschluß und seine Durchführung sowie die Wiederherstellung der Öffentlichkeit[16]. Der Verhandlungsteil, der unter Ausschluß der Öffentlichkeit verhandelt wurde, muß aus dem Protokoll eindeutig erkennbar sein[17].

b) Die **Anwesenheit der Personen**, deren ununterbrochene Gegenwart in der Haupt- **9** verhandlung das Gesetz (insbes. § 226) **zwingend** vorschreibt, rechnet ebenfalls hierher[18]. Wenn eine solche Person an der Hauptverhandlung nicht teilnimmt oder sich aus dem Sitzungssaal entfernt, muß das Protokoll dies in einer Weise beurkunden, die erkennen läßt, bei welchen Verfahrensvorgängen sie fehlte. Dies gilt insbesondere, wenn ohne den Angeklagten verhandelt wird, wie etwa in den Fällen der §§ 231 Abs. 1, 231a, 231b, 232, 233[19] oder wenn der Angeklagte zeitweilig nach § 247 aus der Hauptverhandlung entfernt wird[20]. Für die Anwesenheit des notwendigen Verteidigers gilt das gleiche[21]. Bei den **anderen Personen**, deren Gegenwart das Gesetz für die Durchführung der Hauptverhandlung nicht zwingend fordert, gehört die Tatsache ihrer Anwesenheit nicht zu den nur durch das Protokoll zu beweisenden wesentlichen Förmlichkeiten. Dies gilt für Zeugen und Sachverständige[22], für einen gesetzlichen Vertreter oder Erziehungsberechtigten des Angeklagten[23], ferner, wenn die Verteidigung nicht notwendig ist, auch für seinen Verteidiger[24]. Nach § 272 Nr. 4 sind allerdings alle Verteidiger im Protokoll aufzuführen[25].

Wird ein **Dolmetscher** gemäß §§ 185, 186 GVG zugezogen, muß das Protokoll ver- **10** merken, daß und warum er zugezogen wurde[26]; ferner seine Vereidigung oder Berufung auf einen allgemeinen Eid[27]. Die einzelnen Vorgänge, bei denen er tätig war, brauchen dagegen nicht angeführt zu werden[28]. Die Sprachübertragung der in der Hauptverhand-

---

[11] BGH NStZ **1990** 291 mit weit. Nachw.; vgl. *G. Schäfer* FS 50 Jahre BGH 722 – anders etwa OLG Hamm VRS **16** (1959) 451.

[12] BGHSt **22** 26; AK-*Lemke* 4; vgl. auch BGH NStZ-RR **1999** 107; Rdn. 16 mit weit. Nachw.

[13] Vgl. BayObLG DAR **1962** 216; ferner; AK-*Lemke* 4; SK-*Schlüchter* 5. Wenig geklärt ist aber, wo nach dieser Ansicht ein förmlicher Hinweis unerläßlich und nicht nur seine Protokollierung zum besseren Nachweis der Wahrung des rechtlichen Gehörs zweckmäßig ist. Vgl. auch *G. Schäfer* FS 50 Jahre BGH, 722, wonach weder dem Gesetz noch der Rechtsprechung eine Pflicht zur Protokollierung aller entscheidungserheblichen Tatsachen zu entnehmen ist.

[14] Vgl. § 272, 20; ferner bei § 169 GVG.

[15] RGSt **20** 21.

[16] BGHSt **4** 279; **27** 189, BGH bei *Holtz* MDR **1977** 810; BGH StV **1994** 471; vgl. § 272, 20.

[17] Vgl. § 272, 20.

[18] BGHSt **24** 281; OLG Bremen OLGSt § 274, 13.

[19] BGH GA **1963** 19.

[20] BayObLGSt **1973** 160; OLG Hamburg NJW **1965** 1342; vgl. § 247, 45 mit weit. Nachw.

[21] BGHSt **9** 243; **24** 280 = LM § 274 Nr. 14 mit Anm. *Kohlhaas*; vgl. bei § 140.

[22] Für Zeugen etwa RGSt **40** 140; BGHSt **24** 280; vgl. § 745, 80; ferner BGH bei *Holtz* MDR **1985** 92; für Sachverständige BGH NStZ **1985** 455; BGH bei *Pfeiffer/Miebach* NStZ **1985** 207.

[23] BGH StV **1999** 656.

[24] BGHSt **24** 280.

[25] Vgl. § 272, 18.

[26] § 272, 10; vgl. § 259, 5 und bei § 185 GVG.

[27] BGH NStZ **1982** 517; bei *Pfeiffer/Miebach* NStZ **1988** 20; StV **1996** 531; BGH nach KK-*Engelhardt* 4; OLG Schleswig bei *Lorenzen/Thamm* SchlHA **1996** 88; vgl. § 272, 12; ferner bei § 189 GVG.

[28] RGSt **1** 137; **43** 442.

Walter Gollwitzer

lung abgegebenen Erklärungen als solche ist keine wesentliche Förmlichkeit[29]. Die **zum Zwecke der Verständigung** mit einem **schwerhörigen Angeklagten** getroffenen Maßnahmen, etwa, daß der Angeklagte einen Hörapparat benutzt hat, sind keine wesentlichen Förmlichkeiten, die in der Sitzungsniederschrift festzuhalten sind[30].

11   **c)** Zu den wesentlichen Förmlichkeiten **des Verfahrensgangs** rechnet, daß die zugelassene **Anklage** oder eine der an ihrer Stelle tretenden Entscheidungen verlesen[31] und daß der Angeklagte vorher zur Person und erst nach der Verlesung zur Sache vernommen wurde[32], wobei nur die Tatsache der **Vernehmung**, nicht aber der Inhalt der Aussage festzuhalten ist[33]. Der Vermerk, daß der Angeklagte Gelegenheit zur Äußerung erhalten habe, bezeugt aber nicht, daß er sich tatsächlich zur Sache eingelassen hat[34]. Verweigert der Angeklagte die Einlassung zur Sache, ist dies im Protokoll festzuhalten; da der Vermerk für die ganze Hauptverhandlung gilt, ist im Protokoll dann aber als wesentliche Förmlichkeit zu beurkunden, wenn er sich später doch noch zur Sache äußert, etwa bei seiner Anhörung nach § 257 oder beim letzten Wort[35]. Trägt der Verteidiger an Stelle des abwesenden Angeklagten dessen Einlassung zur Sache vor[36] oder wird sie nach § 233 Abs. 3 Satz 2 verlesen[37], so ist dies zu protokollieren. Die **Befragung nach § 257**[38] oder nach § 265a, die Aufforderung zu den **Schlußvorträgen**, diese selbst und die Gewährung des **letzten Wortes** nach § 258[39] sind als solche ebenfalls wesentliche Förmlichkeiten, nicht aber die Erklärungen, die der Angeklagte daraufhin abgibt[40], sofern darin nicht eine im Protokoll zu vermerkende erstmalige sachliche Stellungnahme zum Anklagevorwurf liegt[41]. Werden **Entschädigungsansprüche nach § 404** geltend gemacht, ist im Protokoll festzuhalten, daß der Angeklagte dazu Stellung nehmen konnte[42].

12   **d)** Grundsätzlich sind alle dem Gericht kraft Gesetzes obliegenden **Hinweise**, Belehrungen, Unterrichtungen oder **Aufforderungen zur Stellungnahme** im Protokoll zu beurkunden. So z. B. die Belehrungen nach §§ 52, 55, 63, 72 oder nach § 243 Abs. 4 Satz 1; oder die Unterrichtung nach § 231a Abs. 2; § 231b Abs. 2; § 247 Satz 4[43]. Wesentliche Förmlichkeiten sind auch die rechtlichen Hinweise nach § 265 Abs. 1 und 2[44], nicht aber die in Zusammenhang mit einem solchen Hinweis oder nach § 265 Abs. 4 erforderlich werdenden, nicht an eine bestimmte Form gebundenen sachlichen Belehrungen[45]. Zu beurkunden ist der Hinweis nach § 266 Abs. 3 Satz 2[46]. Der vom Gesetz nicht vorgeschriebene Hinweis an den Angeklagten, daß die unterbrochene Hauptverhandlung bei seinem Ausbleiben gegen ihn nach § 231 Abs. 2 fortgesetzt werden könne, ist dagegen keine nur durch das Protokoll zu beweisende Förmlichkeit[47].

---

[29] Vgl. bei § 185 GVG.

[30] OLG Freiburg JZ **1951** 23; § 259, 5.

[31] Vgl. etwa BGH NStZ **1984** 521; NStZ **1986** 39; **2000** 214; OLG Hamburg MDR **1985** 517 (zu § 324 Abs. 1); ferner § 243, 63.

[32] KK-*Engelhardt*[4] 4; vgl. § 243, 101.

[33] RGSt **58** 59; BGH NStZ-RR **1997** 73.

[34] BGH StV **1995** 5; **2000** 123; OLG Hamm StV 2000 298.

[35] BGH NJW **1996** 533; 2804; BGH StV **1983** 8; **1992** 1; **1999** 189 mit Anm. *Ventzke*; StV **2000** 123; BGHR § 274 Beweiskraft 5; 11; 18; *Schlothauer* StV **1994** 468; HK-*Julius*[2] 5; KK-*Engelhardt*[4] 4; *Kleinknecht/Meyer-Goßner*[44] 7; SK-*Schlüchter* 6.

[36] BGHSt **37** 260; OLG Hamm JMBlNW **1964** 214; OLG Köln VRS **59** (1980) 349; *Kleinknecht/Meyer-Goßner*[44] 7; SK-*Schlücher* 6; vgl. § 234, 18.

[37] § 233, 36.

[38] KK-*Engelhardt*[4] 4; ferner bei § 257, 27.

[39] Vgl. bei § 258, 52.

[40] BGH NJW **1996** 533; bei *Kusch* NStZ **1994** 228; vgl. § 257.

[41] Vgl. Fußn. 35; sachliche Stellungnahmen zu einem Beweisergebnis nach § 257 sind aber nicht notwendig schon eine Einlassung zur Sache, vgl. BGH StV **1994** 468 mit Amn. *Schlothauer*.

[42] BGHSt **37** 260; vgl. bei § 404.

[43] Vgl. bei den einzelnen Vorschriften, andererseits § 57, 8, 9.

[44] BGHSt **2** 373; **19** 141; vgl. bei § 265, 74 ff.

[45] BGHSt **19** 141; **28** 197; BGH bei *Holtz* MDR **1985** 449; vgl. bei § 265, 85.

[46] Vgl. bei § 266, 34.

[47] OLG Düsseldorf NJW **1970** 1889.

e) Wesentliche Förmlichkeiten sind neben den besonders erwähnten Anträgen (Rdn. 23) **13** alle **Erklärungen**, mit denen ein Verfahrensbeteiligter von einem **prozessualen Recht Gebrauch** macht, sein **Einverständnis** zu bestimmten Verfahrenshandlungen erklärt (etwa nach § 251 Abs. 1 Nr. 4; § 266 Abs. 1; § 303; § 325 Abs. 1)[48] oder der Verwendung eines bestimmten Beweismittels ausdrücklich **widerspricht**[49] oder gegen die Anordnung des Selbstleseverfahrens nach § 249 Abs. 2 Widerspruch erhebt[50] oder auf die Einhaltung bestimmter Verfahrensvorschriften (z. B. § 217 Abs. 3) oder auf die Vornahme bestimmter Verfahrenshandlungen, etwa die Durchführung der beantragten Beweiserhebung, die Vernehmung präsenter Zeugen nach § 245 Abs. 1 Satz 2 oder die Kenntnisnahme von einer Beweisurkunde **ausdrücklich verzichtet**[51]; für einen stillschweigenden (konkludenten) Verzicht gilt dies nicht. Eine wesentliche Förmlichkeit ist auch die **Anrufung des Gerichts** nach § 238 Abs. 2, § 242[52].

f) Zu beurkunden ist **jede Art von Beweiserhebung** und zwar der Vorgang, der der **14** Beweiserhebung dient und nicht etwa deren Ergebnis. Die **Tatsache der Einvernahme** der Zeugen und Sachverständigen – nicht der Inhalt ihrer Bekundungen[53] (dazu Absatz 2, 3) – ist in der Reihenfolge ihrer Anhörung anzuführen, wobei festzustellen ist, ob sie vereidigt worden sind oder die Richtigkeit ihrer Aussage unter Berufung auf einen früher geleisteten Eid nach § 67 versichert haben[54]. Ob die Anwendbarkeit des § 61 geprüft wurde, braucht aus dem Protokoll nicht ersichtlich zu sein[55]. Der Grund für eine etwaige Nichtbeeidigung ist nach § 64 anzugeben[56]; wenn auf die Vereidigung eines Zeugen ausdrücklich verzichtet wurde, ist auch dies im Protokoll festzuhalten[57]. Zu protokollieren ist, wenn ein Zeuge die **Aussage verweigert**[58]. Ob auch die Frage an einen nicht von der Verschwiegenheitspflicht entbundenen Arzt, ob er trotzdem aussagen wolle, und seine Antwort hierauf eine wesentliche Förmlichkeit ist, erscheint fraglich[59]. Einzelne **Fragen**, die ein Verfahrensbeteiligter an den Angeklagten oder an einen Zeugen oder Sachverständigen stellt, gehören nicht zu den wesentlichen Förmlichkeiten[60]. Sie müssen zum besseren Verständnis der Vorgänge aber aufgenommen werden, wenn ihre Zulässigkeit beanstandet und eine Entscheidung des Gerichts nach § 238 Abs. 2, § 242 herbeigeführt wird[61], dann handelt es sich insoweit um die von Amts wegen gebotene Feststellung eines Vorgangs (Absatz 3).

Nimmt das Gericht in der Hauptverhandlung zu Beweiszwecken einen **Augenschein** **15** ein, muß dies unter Angabe der vom Gericht besichtigten Gegenstände (Fotos, usw.) beurkundet werden. Bei einem Ortstermin ist der Ort des Augenscheins anzugeben. Das Ergebnis des Augenscheins braucht im Protokoll nicht geschildert zu werden[62]. Kommt

---

[48] Vgl. bei §§ 251, 93; § 266 33, ferner bei §§ 303; 325.

[49] Vgl. BayObLG NStZ **1997** 99; OLG Celle StV **1997** 68; OLG Stuttgart NStZ **1997** 404; HK-*Julius*[2] 5; *Kleinknecht/Meyer-Goßner*[44] 7; vgl. § 257, 24; BGH NStZ **1997** 614 mit Anm. *Müller-Dietz* läßt dies offen.

[50] Vgl. § 249, 70 ff; 90.

[51] Vgl. § 217, 11; § 244, 176; § 245, 45 und bei § 249, 90.

[52] BGHSt 3 199; vgl. § 238, 37; § 242, 8.

[53] KMR-*Müller* 12; vgl. Rdn. 36; § 245, 80.

[54] BGHSt 4 141; vgl. § 59, 19; § 67, 19. Bei einem kommissarisch vernommenen Zeugen schreibt dies § 251 Abs. 4 Satz 3 vor.

[55] BGH NStZ **1993** 293.

[56] Vgl. § 64, 5. Bei Verlesung der Aussage eines kommissarisch vernommenen Zeugen bedarf es dies

nicht; vgl. *Alsberg/Nüse/Meyer* 274 und bei § 251, 87 mit weit. Nachw.

[57] OLG Koblenz StV **1992** 263.

[58] § 52, 52; § 53, 57; § 64, 5.

[59] BGHSt **15** 200 nimmt dies aber an; vgl. auch § 53, 67.

[60] BayObLGSt **1966** 168; vgl. *Alsberg/Nüse/Meyer* 399; § 244, 174 mit weit. Nachw.

[61] BGHSt 3 202; vgl. § 241, 23.

[62] RGSt **26** 277; **39** 257; BGH StV **1985** 223 (L); bei *Pfeiffer/Miebach* NStZ **1985** 495; OLG Bremen JR **1982** 252 mit Anm. *Foth*; OLG Hamm VRS **56** (1979) 362; OLG Köln NJW **1955** 843; VRS **24** (1963) 161; OLG Neustadt MDR **1965** 407; OLG Saarbrücken VRS **48** (1975) 211; *Alsberg/Nüse/Meyer* 240; § 244, 337.

---

es auf den Inhalt eines Schriftstückes an, ersetzt der Vermerk über den Augenschein aber nicht den Vermerk, daß dieser im Wege des Urkundenbeweises in die Hauptverhandlung eingeführt wurde[63]. Nicht besonders protokollierungspflichtig sind dagegen die Wahrnehmungen über Person und **Verhalten eines Zeugen**, die bei dessen Vernehmung in der Hauptverhandlung gemacht werden[64].

16   Die **Bezeichnung der verlesenen Schriftstücke** und der Schriftstücke, die im Wege des § 249 Abs. 2 in die Hauptverhandlung eingeführt wurden, fordert § 273 Abs. 1 ausdrücklich. Diese sind im Protokoll so aufzuführen, daß sie identifizierbar sind; ihr Inhalt muß nicht aufgenommen werden. Sind nur Teile einer Schrift verlesen worden, so sind diese Teile zu bezeichnen. Der Vermerk, daß ein Schriftstück „zum Gegenstand der Verhandlung gemacht wurde", ist unklar; er läßt nicht erkennen, auf welche Weise dies geschehen ist. Das Verlesen bezeugt er nicht[65]. Noch weniger genügt der Vermerk, daß die Beiakten „zum Gegenstand der Verhandlung" gemacht wurden[66]. Die Verwendung eines Schriftstücks zu Beweiszwecken und die Form, in der dies in der Hauptverhandlung geschehen ist, muß als wesentliche Förmlichkeit stets protokolliert werden. Auch in den Fällen des § 255 kommt es nicht darauf an, ob ein entsprechender Antrag gestellt wurde; dieser hat nach heutiger Auffassung nur Bedeutung für die Beurkundung des Grundes der Verlesung[67]. Hat das Gericht den Grund der Verlesung bekanntzugeben (vgl. § 251 Abs. 3 Satz 2), so muß das Protokoll nicht nur ausweisen, daß dies geschehen ist, es muß auch erkennen lassen, welchen Grund das Gericht bekanntgegeben hat[68]. Für Schriftstücke, die im **Selbstleseverfahren nach § 249 Abs. 2** in die Hauptverhandlung eingeführt wurden, legt § 249 Abs. 2 Satz 3 in Ergänzung von § 273 Abs. 1 ausdrücklich fest, welche Schritte dieses Verfahrens neben der genauen Bezeichnung des jeweiligen Schriftstücks im Protokoll festzuhalten sind[69]. Hält man für zulässig, daß der Inhalt eines kurzen Schriftstücks statt durch Verlesen durch **Feststellung seines Inhalts** in die Verhandlung eingeführt werden kann, so muß die Sitzungsniederschrift bekunden, daß dies geschehen ist[70]. Bloße **Vorhalte** aus Schriftstücken sind dagegen keine wesentlichen Förmlichkeiten, die im Protokoll zu vermerken sind[71], ebensowenig die vom Angeklagten oder Zeugen auf Grund eines Vorhalts abgegebenen Erklärungen.

17   Keine wesentlichen Förmlichkeiten sind die Erörterungen, die über die **Allgemeinkundigkeit** einer Tatsache geführt werden[72]. Ob dies auch gilt, wenn bei gerichtskundigen oder sonst nur beschränkt offenkundigen Tatsachen notwendig ist, daß das Gericht sie in der Hauptverhandlung zur Sprache bringt, ist strittig; ein Teil des Schrifttums nimmt hier die Verpflichtung des Gerichts zu einem protokollpflichtigen förmlichen Hinweis an[73]. Um der Rüge einer Verletzung des Rechts auf Gehör besser begegnen zu

---

[63] OLG Saarbrücken NStZ-RR **2000** 48; vgl. § 244, 337 f; § 249, 7, 30, 49 ff.

[64] BGHSt **5** 345; OLG Zweibrücken MDR **1992** 1173; vgl. § 244, 11; 325 und bei § 86.

[65] RGSt **64** 78; BGHSt **11** 29; OLG Celle StV **1984** 107; OLG Düsseldorf NJW **1988** 217; OLG Hamm NJW **1958** 1359; OLG Koblenz VRS **67** (1984) 146; OLG Schleswig SchlHA **1954** 387; vgl. § 249, 51; ferner *Kleinknecht/Meyer-Goßner*[44] 9.

[66] Vgl. etwa OLG Saarbrücken NStZ-RR **2000** 48; und bei § 249, 51.

[67] BGH StV **1986** 92; vgl. § 255, 3 ferner KK-*Engelhardt*[4] 6.

[68] Vgl. bei § 251, 93; § 255, 3.

[69] Wegen der Einzelheiten vgl. § 249, 89; 90.

[70] Zu den strittigen Fragen vgl. etwa OLG Hamm MDR **1964** 344; ferner § 249; 44 ff; 50; OLG Köln VRS **73** (1987) 136; weit. Nachw. § 249, 44 ff; 50.

[71] BGHSt **22** 26; ferner etwa BGH NStZ-RR **1999** 107; vgl. § 249, 92 ff; 101 mit weit. Nachw.

[72] RGSt **28** 171; RG JW **1929** 48; BGH NJW **1963** 598 = LM Nr. 2; bei *Spiegel* DAR **1977** 175; BayObLGSt **1949/51** 62; OLG Hamm NJW **1956** 1729; VRS **41** (1971) 49; OLG Koblenz VRS **63** (1982) 134; *Alsberg/Nüse/Meyer* 573; zweifelnd *Eb. Schmidt* Nachtr. I 4.

[73] *Meyer-Goßner* FS Tröndle 560; *Kleinknecht/Meyer-Goßner*[44] 7. OLG Frankfurt StV **1989** 97; A.A BGHSt **36** 354; KK-*Engelhardt*[4] 5; SK-*Schlüchter* 7. BGH StV **1988** 514 läßt dies offen.

können, dürfte jedoch unabhängig von dieser Streitfrage zweckmäßig sein, den Weg, auf dem eine solche nur beschränkt allgemeinkundige Tatsache in die Hauptverhandlung eingeführt wurde, im Protokoll zu vermerken[74].

g) Ordnungsvorschriften wurden von der Rechtsprechung und vom Schrifttum nicht **18** als wesentliche Förmlichkeiten angesehen[75]. Da aber streitig ist, ob eine solche Gruppe der Revision entzogener Verfahrensvorschriften überhaupt noch anzuerkennen ist[76], ferner, ob es sich bei der jeweiligen Bestimmung um eine Ordnungsvorschrift handelt, empfiehlt sich schon deshalb meist die Aufnahme in das Protokoll. Dies gilt insbesondere, soweit bestimmte Hinweise und Belehrungen des Angeklagten herkömmlich als Ordnungsvorschriften betrachtet werden.

h) Zu protokollieren sind auch die vom Gericht zur **Heilung eines Verfahrensfehlers 19** getroffenen Maßnahmen, einschließlich des fehlerhaften Aktes und seiner Behebung sowie der dazu notwendigen Belehrungen[77] und Hinweise, etwa, daß ein beeidetes Zeugnis nur als unbeeidet gewertet wird[78]. Zu beurkunden ist unter Einhalten der chronologischen Reihenfolge auch, wenn ein Teil der Hauptverhandlung wiederholt wird; dabei sind nach den im Protokoll verbleibenden fehlerhaften Vorgängen dort alle zur Heilung wiederholten Verfahrensvorgänge und die damit zusammenhängenden Erklärungen erneut festzuhalten[79].

i) Maßnahmen der Sitzungspolizei sind keine wesentlichen Förmlichkeiten des Ver- **20** fahrens; sie sind nur insoweit in das Protokoll aufzunehmen, als dies in § 182 GVG vorgeschrieben ist[80]. Die Beweiskraft des Protokolls (§ 274) gilt insoweit nicht[81].

k) Die Erklärung über **Einlegung** oder **Verzicht auf ein Rechtsmittel** ist, auch wenn **21** sie im Anschluß an die Verkündung des Urteils erklärt und im Protokoll beurkundet wird, **keine wesentliche Förmlichkeit** des Verfahrens. Der Rechtsmittelverzicht nach Verkündung des Urteils ist kein Teil der Hauptverhandlung mehr, mit deren Vorgängen er nur in einem rein äußeren Zusammenhang steht. Er kann aber in Anwesenheit des Vorsitzenden und des Urkundsbeamten wirksam zu Protokoll erklärt werden. Die Beweiskraft des § 274 erstreckt sich nicht auf ihn[82]. Dies gilt auch, wenn die Verzichtserklärung auf Grund einer Anordnung nach **§ 273 Abs. 3** wörtlich in das Protokoll aufgenommen, vorgelesen und genehmigt worden ist, denn § 273 Abs. 3 bietet keine Möglichkeit, einen Vorgang außerhalb der Hauptverhandlung den strengen Beweisregeln des § 274 zu unterstellen[83]. Die Aufnahme der Verzichtserklärung in der Form des § 273 Abs. 3, die für die Wirksamkeit des Verzichts nicht notwendig ist[84], hat lediglich deshalb einen höheren Beweiswert, weil sie den Wortlaut der Erklärung festhält, sie schließt aber die Nachprüfung der Wirksamkeit der Verzichtserklärung im Wege des Freibeweises nicht

74 Vgl. § 244, 234; § 261, 25; KMR-*Paulus* 244, 207 mit weit. Nachw.

75 RGSt **56** 67; KMR-*Müller* 8.

76 Vgl. § 337, 15 ff.

77 BGHSt **4** 130; **a. A** OLG Karlsruhe MDR **1970** 438; RG JW **1932** 3109; *Schmid* JZ **1969** 758; *Kleinknecht/Meyer-Goßner*[44] 7; SK-*Schlüchter* 6 (nicht fehlerhafter sondern nur heilender Vorgang zu protokollieren).

78 RGSt **72** 221; BGHSt **4** 132; *Strate* StV **1984** 44; vgl. auch HK-*Julius*[2] 5; § 261, 85.

79 OLG Köln NStZ **1987** 244. (Verstoß gegen § 226).

80 BGHSt **17** 40; vgl. bei § 182 GVG.

81 OLG Hamm NJW **1963** 1791 1; h. M; vgl. bei § 182 GVG.

82 BGHSt **18** 257; vgl. § 274, 16, § 302, 17 sowie nachf. Fußn.

83 OLG Frankfurt NJW **1971** 949; *Hanack* JZ **1972** 49; *Stratenwerth* JZ **1964** 264; KMR-*Müller* 10; SK-*Schlüchter* 7; 20; § 274; 4. § 302, 17. Vgl. auch die nachf. Fußn.

84 Die Aufnahme der Erklärung in das Sitzungsprotokoll genügt an sich, RGSt **32** 280; **40** 134; **66** 418; RG JW **1893** 335, BGH NStZ-RR **1997** 305; OLG Bremen MDR **1951** 696; vgl. bei § 302, 17 und nachf. Fußn.

aus[85]. Die wohl vorherrschende Meinung nimmt dagegen an, daß auch eine nach Verkündung des Urteils nach Absatz 3 wörtlich protokollierte, vorgelesene und genehmigte Verzichtserklärung durch dieses mit der Beweiskraft des § 274 bewiesen wird[86]. Ein mündlich erklärter Rechtsmittelverzicht, der wegen **fehlender Protokollierung** nicht wirksam ist, kann nicht dadurch nachträglich Wirksamkeit erlangen, daß das Hauptverhandlungsprotokoll nachträglich im Wege der Berichtigung durch einen Vermerk über die Verzichtserklärung ergänzt wird[87]. Die gleichen Grundsätze gelten für die Erklärung über die **Beschränkung** oder die **Zurücknahme** eines **Rechtsmittels**, wenn sie im Anschluß an die Hauptverhandlung der unteren Instanz in der Sitzungsniederschrift beurkundet werden oder vor dem Rechtsmittelgericht *vor* Eintritt in die Hauptverhandlung[88].

22　　　Wird dagegen eine solche Erklärung **in der Hauptverhandlung** vor dem Rechtsmittelgericht abgegeben, so ist diese Erklärung ebenso wie die nach § 303 erforderliche Zustimmung des Rechtsmittelgegners eine **wesentliche Förmlichkeit** des Verfahrens vor dem Rechtsmittelgericht, die in der Sitzungsniederschrift zu beurkunden ist[89]. Erklärungen über andere Rechtsbehelfe als das den Verhandlungsgegenstand bildende Rechtsmittel können in die Sitzungsniederschrift aufgenommen werden; eine Pflicht besteht dazu nicht[90].

23　　　**4. Alle im Laufe der Verhandlung gestellten Anträge**[91] müssen unter Angabe von Antragsteller und Inhalt (am besten wörtlich) im Protokoll beurkundet werden, damit für das Rechtsmittelgericht bei der Nachprüfung ihrer Behandlung beweiskräftig (§ 274) feststeht, daß, von wem und mit welchem Inhalt der Antrag gestellt worden ist[92]. Zu protokollieren sind grundsätzlich auch **unzulässige Anträge**[93], ferner die nur **hilfsweise gestellten Anträge**[94]. Die Beurkundung kann auch dadurch geschehen, daß ein schriftlich übergebener Antrag als Anlage zum Protokoll genommen und in diesem darauf eindeutig verwiesen wird[95]. Dies gilt auch bei Anträgen, die in der Hauptverhandlung auf Grund einer Anordnung nach **§ 257a** schriftlich gestellt werden. Werden sie in entsprechender Anwendung des § 249 Abs. 2 im Selbstleseverfahren in die Hauptverhandlung eingeführt, muß das Protokoll die von § 249 Abs. 2 Satz 3 geforderten Angaben enthalten[96]. Die **Rücknahme eines Antrags** ist ebenfalls im Protokoll festzuhalten[97].

---

[85]　Vgl. etwa BGHSt **19** 103; BGH NJW **1983** 213; wistra **1994** 29; OLG Düsseldorf NJW **1996** 190; VRS **97** (1999) 138; OLG Frankfurt NJW **1966** 1376; OLG Zweibrücken StV **1994** 362.

[86]　BGHSt **18** 257 = JZ **1964** 263 mit abl. Anm. *Stratenwerth*; BGH NJW **1984** 1974; OLG Düsseldorf NJW **1997** 1718; NStZ **1984** 44 (L); VRS **92** (1997) 257; OLG Köln JMBlNW **1964** 82; AK-*Lemke* 7; HK-*Julius*[2] § 302, 8; KK-*Engelhardt*[4] 4; *Kleinknecht-Meyer-Goßner*[44] § 274, 11.

[87]　OLG Schleswig SchlHA **1959** 157.

[88]　OLG Hamburg NJW **1955** 1201; *Kleinknecht/Meyer-Goßner*[44] § 274, 9; KMR-*Müller* 9; vgl. bei § 302.

[89]　RGSt **66** 418; OLG Hamburg NJW **1955** 1201; OLG Koblenz VRS **42** (1972) 135; *Kleinknecht/Meyer-Goßner*[44] § 274, 11; vgl. bei §§ 302, 303 mit weit. Nachw.

[90]　Vgl. etwa OLG Koblenz VRS **61** (1981) 356; **62** (1982) 297.

[91]　Antrag ist hier jede prozessuale Erwirkungshandlung. Nach dem Zweck des Protokolls, die Nachprüfbarkeit zu sichern, kann es nur auf die äußere Form des Begehrens, nicht auf die inhaltliche Zulässigkeit ankommen; vgl. Fußn. 74 (Beweisermittlungsantrag); ferner *Schulz* GA **1981** 318.

[92]　Vgl. KK-*Engelhardt*[4] 8; *Kleinknecht/Meyer-Goßner*[44] 10; KMR-*Müller* 6.

[93]　KK-*Engelhardt*[4] 9; *Kleinknecht/Meyer-Goßner*[44] 10; SK-*Schlüchter* 11; *Eb. Schmidt* 7; vgl. Rdn. 24.

[94]　RG JW **1930** 1505; BGH bei *Dallinger* MDR **1975** 368; KG VRS **43** (1972) 199; *Alsberg/Nüse/Meyer* 400; 883; vgl. § 244, 174.

[95]　HK-*Julius*[2] 7; KK-*Engelhardt*[4] 11; SK-*Schlüchter* 12.

[96]　Vgl. § 257a, 16.

[97]　AK-*Lemke* 3; HK-*Julius*[2] 7; SK-*Schlüchter* 12.

Bei **Beweisanträgen** sind der oder die Antragsteller[98] sowie die Tatsachen, über die **24** Beweis erhoben werden soll, und die in Vorschlag gebrachten Beweismittel in der Niederschrift anzugeben[99]. Auch unvollständige oder fehlerhafte Beweisanträge und Beweisermittlungsanträge müssen in die Sitzungsniederschrift aufgenommen werden[100]. Ob ein fehlerhafter Beweisantrag oder nur ein Beweisermittlungsantrag vorliegt, ergibt sich nicht selten erst nach umfangreicher gewissenhafter Prüfung. Das Ergebnis einer solchen Prüfung darf nicht dadurch vorweggenommen werden, daß der Antrag überhaupt nicht im Protokoll aufgenommen und damit der Überprüfung durch das Revisionsgericht entzogen wird.

Dagegen braucht die **Begründung** der Anträge nicht in die Sitzungsniederschrift auf- **25** genommen zu werden; die Prozeßbeteiligten können ihre Beurkundung also nicht verlangen[101]. Es ist jedoch zulässig, einen in Schriftform übergebenen Antrag samt seiner Begründung als Anlage zum Protokoll zu nehmen.

5. Beurkundung der Entscheidungen. Die im Lauf der Verhandlung ergehenden Ent- **26** scheidungen (Beschlüsse des Gerichts, Anordnungen des Vorsitzenden) sind mit ihrem vollen Wortlaut und, soweit sie einer Begründung bedürfen (§ 34), mit den Gründen in das Protokoll aufzunehmen. Wird der Beschluß samt seiner Begründung besonders abgefaßt, so kann er dem Protokoll als Anlage beigefügt werden. Sie muß dann als solche in der Niederschrift ausdrücklich in Bezug genommen werden[102]. Der durch das Protokoll bezeugte Beschluß bedarf aber keiner Unterschrift der Richter, die ihn erlassen haben. Die Tatsache der Verkündung solcher Beschlüsse gehört aber wegen der Notwendigkeit der Mitwirkung des Urkundsbeamten bei der Beurkundung in das Protokoll selbst[103].

6. Beurkundung der Urteilsformel. Der Wortlaut der in der Hauptverhandlung ver- **27** kündeten Urteilsformel muß im Protokoll selbst beurkundet sein[104], es genügt nicht, daß sie in eine Anlage aufgenommen wird[105]. War die Urteilsformel bei der Verkündung noch nicht protokolliert, und ist sie folglich aus einem **anderen Schriftstück verlesen** worden, so muß die protokollarische Beurkundung mit dieser Schrift wörtlich übereinstimmen. Weicht die Formel in der Urteilsurkunde von der Formel ab, die in der Verhandlungsniederschrift beurkundet ist, so ist letztere maßgebend[106].

Ist die Urteilsformel im Protokoll nicht oder nicht ordnungsgemäß festgehalten, so **28** ist wegen der Beweiskraft des Sitzungsprotokolls mitunter nicht einmal der **Nachweis der Verkündung** des Urteils möglich, was bei entsprechender Rüge im Rechtsmittelverfahren

[98] Dazu gehören auch diejenigen, die sich dem Antrag angeschlossen haben; vgl. § 244, 97 ff; *Alsberg/Nüse/Meyer* 400.

[99] RGSt **1** 32; RGRspr. **8** 306; BGH GA **1960** 315; vgl. § 244, 174 mit weit. Nachw.; ferner § 245, 45; 80.

[100] OLG Nürnberg MDR **1984** 74; OLG Saarbrücken JBl Saar **1959** 184; *Alsberg/Nüse/Meyer* 400; *Sarstedt/Hamm*[6] 277; zur Streitfrage, ob ein Beweisermittlungsantrag ein protokollpflichtiger Antrag ist, vgl. § 244, 121; *Alsberg/Nüse/Meyer* 88; *Schulz* GA **1981** 301.

[101] RGSt **32** 239; BGH GA **1960** 315; BayObLGSt **24** 2; KG GA **75** (1931) 304; OLG Nürnberg MDR **1984** 74; AK-*Lemke* 10; KK-*Engelhardt* 10; *Klein-*

knecht/Meyer-Goßner[44] 10; KMR-*Müller* 6; SK-*Schlüchter* 12.

[102] BGH bei *Holtz* MDR **1991** 297; OLG Celle Nds-Rpfl. **1953** 231, OLG Hamm VRS **38** (1970) 293; *Alsberg/Nüse/Meyer* 766; AK-*Lemke* 11; *Kleinknecht/Meyer-Goßner*[44] 11; SK-*Schlüchter* 13.

[103] RGSt **25** 248; 334; OLG Hamm VRS **38** (1970) 293; KK-*Engelhardt* 13.

[104] RGSt **58** 143; vgl. § 268, 26.

[105] KK-*Engelhardt*[4] 14; *Kleinknecht/Meyer-Goßner*[44] 12; SK-*Schlüchter* 14.

[106] BGH NJW **1986** 1820; vgl. § 268, 27; ferner RG HRR **1939** Nr. 215 (versehentliche Abweichung); AK-*Lemke* 11; KK-*Engelhardt*[4] 14; SK-*Schlüchter* 14.

zur Zurückverweisung führt[107]. Auf die Tatsache der unrichtigen Protokollierung der Formel allein kann jedoch ein Rechtsmittel nicht gestützt werden[108].

29   Bei den **Urteilsgründen** genügt es dagegen, wenn das Protokoll vermerkt, daß sie mündlich eröffnet wurden, sofern nicht nach § 275 das gesamte Urteil in das Protokoll aufgenommen wird.

30   Die **mit dem Urteil** zu verkündenden **Entscheidungen** nach § 268a, 268b und die Erteilung der vom Gesetz vorgeschriebenen Belehrungen sind ebenfalls im Protokoll festzuhalten[109].

III. Das Inhaltsprotokoll nach Absatz 2

31   **1. Anwendungsbereich.** Absatz 2 ist jetzt (vgl. Entstehungsgeschichte) wieder eine Sondervorschrift für das Verfahren vor dem Strafrichter und dem Schöffengericht. Die Wiedergabe des wesentlichen Inhalts der Aussage ist wegen der Beweiserleichterung des § 325 nur bei den Gerichten angebracht, deren Urteil mit Berufung anfechtbar ist[110].

32   Nur bei **Vernehmung** des Angeklagten, der Zeugen und der Sachverständigen fordert Absatz 2 ein Inhaltsprotokoll, nicht bei **sonstigen Beweiserhebungen**. Beim Urkundenbeweis ist die Aufnahme überflüssig, weil die verlesene Urkunde vorliegt und die Tatsache ihrer Verlesung bereits nach Absatz 1 aufgenommen werden muß. Gleiches gilt bei der Augenscheinseinnahme, deren Ergebnisse nur im Falle des Absatzes 3 aufzunehmen sind.

33   **Abgesehen werden** kann von der Aufnahme der wesentlichen Ergebnisse der Vernehmungen in das Protokoll, wenn das Urteil durch allseitigen Rechtsmittelverzicht oder mit Ablauf der Rechtsmittelfrist rechtskräftig wird (Absatz 2 Halbsatz 2). Da aber nicht vorhersehbar ist, ob dieser Fall eintritt, bleibt der Urkundsbeamte verpflichtet, sich in der Hauptverhandlung über die Aussagen die erforderlichen Notizen zu machen; die Vereinfachungsvorschrift entbindet ihn also nur von der späteren Übertragung dieser Notizen in das Protokoll[111]. Er wird deshalb in geeigneten Fällen mit der Übertragung zuwarten dürfen, bis die Anfechtungsfrist abgelaufen oder ein allseitiger Rechtsmittelverzicht erklärt ist. Hängt allerdings der Beginn einer Anfechtungsfrist von der erst nach Fertigstellung des Protokolls zulässigen (§ 273 Abs. 4) Zustellung des Urteils ab, müssen die wesentlichen Ergebnisse der Vernehmungen in das Protokoll aufgenommen werden, da dann im Zeitpunkt seiner Erstellung die Voraussetzungen des 2. Halbsatzes (noch) nicht vorliegen. Die Verpflichtung zu deren Aufnahme in das Protokoll besteht auch dann uneingeschränkt, wenn das Urteil nicht vollständig sondern nur **zum Teil angefochten wird**[112], etwa nur im Strafausspruch oder nur von einem Mitangeklagten. Die Freistellung in Absatz 2, 2. Halbsatz setzt die vollständige Rechtskraft des Urteils voraus, denn ob eine Aussage für eine im Rechtsmittelverfahren zu treffende Entscheidung von Bedeutung sein kann, hat allein das Rechtsmittelgericht zu beurteilen. Im übrigen müssen die über die wesentlichen Ergebnisse der Vernehmungen in der Hauptverhandlung gefertigten Notizen auch dann zu den Akten genommen und dort aufbewahrt werden, wenn sich deren Protokollierung erübrigt. Im Falle einer späteren

---

[107] *W. Schmid* FS Lange 786 mit weit. Nachw.

[108] RGSt **38** 143; zur Unbehelflichkeit der Protokollrüge vgl. § 271, 71; § 344, 86.

[109] Vgl. § 268a, 18; § 268b, 11; § 268c, 10.

[110] Vgl. *Ulsenheimer* NJW **1980** 2273; AK-*Lemke* 12; KK-*Engelhardt*[4] 16; SK-*Schlüchter* 15.

[111] *Meyer-Goßner* NJW **1987** 1164; *Rieß/Hilger* NStZ **1987** 151.

[112] SK-*Schlüchter* 19.

Gewährung der **Wiedereinsetzung** entfällt die Freistellung von der Protokollierungs-pflicht. Das Protokoll ist dann nachträglich von Amts wegen vollständig unter Auf-nahme der wesentlichen Ergebnisse der Vernehmungen zu erstellen[113].

2. Wesentliche Ergebnisse. Es muß nur der wesentliche Inhalt der Aussagen, nicht **34** der Wortlaut, in knapper Form protokolliert werden. Inwieweit der Inhalt einer Aussage wesentlich ist, hängt von der Lage des einzelnen Falles ab. Was in die Sitzungsnieder-schrift aufzunehmen ist, haben allein der **Vorsitzende** und der **Urkundsbeamte** zu ent-scheiden. In der Regel wird der Urkundsbeamte den Inhalt der Aussage selbständig zusammenfassen, wobei ihn jedoch der Vorsitzende anweisen kann, was als wesentlich festzuhalten ist[114]. Es ist auch zulässig, aber weder üblich noch in der Regel angebracht, daß der Vorsitzende die Zusammenfassung der Aussage ins Protokoll diktiert. Die anderen Verfahrensbeteiligten haben insoweit kein Antragsrecht, sie wissen ohnehin meist nicht, was in das Protokoll aufgenommen wird und können nur Anregungen geben[115] oder aber nach Absatz 3 die vollständige Niederschreibung des Wortlauts der Aussage bean-tragen.

3. Form. Das Inhaltsprotokoll ist als im weiteren Verfahren verwertbare Nieder- **35** schrift über eine richterliche Vernehmung (§ 251 Abs. 1; § 254; § 325) mit der gebotenen Sorgfalt abzufassen. Jede Aussage ist einzeln niederzuschreiben; ein Zusammenfassen mehrerer ist unstatthaft. War ein Zeuge bereits im Vorverfahren, wenn auch nur außer-gerichtlich, vernommen, so ist es statthaft, auf das betreffende Protokoll Bezug zu nehmen und im übrigen die Protokollierung auf die etwaigen Änderungen der früheren Aussage und die etwaigen Zusätze zu beschränken[116], sofern die Klarheit der Wieder-gabe darunter nicht leidet. Auch bei einem Sachverständigen kann auf den Inhalt seines bei den Akten befindlichen schriftlichen Gutachtens Bezug genommen werden[117]. Dem Grundsatz der Mündlichkeit widerstreitet eine solche Bezugnahme nicht.

4. Die Beweiskraft des Sitzungsprotokolls (§ 274) erstreckt sich nur auf die **Tatsache** **36** **der Einvernahme**, nicht aber auf den nach Absatz 2 in das Protokoll aufgenommenen wesentlichen Inhalt der Vernehmungen[118]. Insoweit gilt der Grundsatz der freien Beweiswürdigung. Das im Protokoll wiedergegebene wesentliche Ergebnis der Ver-nehmungen hat vor allem Beweiswert für spätere Hauptverhandlungen der Tatsachen-instanzen[119].

Die **Feststellung des Sachverhalts im Urteil** ist Aufgabe der bei der Urteilsfällung mit- **37** wirkenden Richter und unterliegt ihrer Beratung und Abstimmung. Zu der ausschließ-lich den Richtern zustehenden Sachverhaltsfeststellung gehört auch die (nicht notwendig ins Urteil aufzunehmende, aber ihm stets zugrunde liegende) Feststellung, was die Zeugen im einzelnen gesagt haben und wie ihre Aussagen auszulegen sind[120]. Das Gericht ist bei der Beratung hierüber an das zu diesem Zeitpunkt auch noch gar nicht unterschriebene Protokoll, für das Vorsitzender und Urkundsbeamter allein verantwort-

---

[113] HK-*Julius*[2] 10; SK-*Schlüchter* 19.
[114] KK-*Engelhardt*[4] 17; *Kleinknecht/Meyer-Goßner*[44] 14; SK-*Schlüchter* 17.
[115] KK-*Engelhardt*[4] 17; *Kleinknecht/Meyer-Goßner*[44] 14; SK-*Schlüchter* 17.
[116] KK-*Engelhardt*[4] 18; *Kleinknecht/Meyer-Goßner*[44] 15; KMR-*Müller* 13; SK-*Schlüchter* 16; vgl. Nr. 144 Abs. 2 RiStBV.

[117] BGH GA **1964** 275; sowie vorst. Fußn.
[118] RGSt **42** 160; **58** 58 RGRspr. **7** 106; RG JW **1925** 1009; BGH bei *Dallinger* MDR **1973** 557.
[119] Vgl. RGSt **31** 69; **43** 438; ferner bei § 325.
[120] Vgl. § 261, 82; ferner etwa *Husmann* MDR **1977** 895; § 337, 77.

Walter Gollwitzer

lich sind, nicht gebunden. Auch das Revisionsgericht muß – das ist im Rahmen der Sachrüge unstreitig – allein von dem im Urteil wiedergegebenen Inhalt der Aussage ausgehen; eine Rekonstruktion von Aussagen ist nicht seine Aufgabe. Widerspricht der Inhalt einer nach Absatz 2 protokollierten Aussage den Ausführungen in den schriftlichen Urteilsgründen, so sind nach herrschender Rechtsprechung allein letztere maßgebend [121]. Wieweit im Rahmen der Verfahrensrüge nach § 244 Abs. 2; § 261 eine den Urteilsfeststellungen widersprechende Wiedergabe des wesentlichen Ergebnisses der Vernehmungen heranziehbar ist, ist strittig [122].

38   **Außerhalb des Verfahrens** kann das Inhaltsprotokoll von Bedeutung sein, z. B. in einem Wiederaufnahmeverfahren oder in einem Strafverfahren gegen einen Zeugen wegen unrichtiger Aussage.

IV. Beurkundung eines Vorgangs oder des Wortlauts einer Äußerung (Absatz 3)

39   **1. Feststellung eines Verfahrensvorgangs.** Ein Vorgang ist, wenn es auf seine Feststellung ankommt, vollständig niederzuschreiben und die Niederschrift zu verlesen. Absatz 3 gilt auch im Bußgeldverfahren [123]. Die Vorgänge müssen sich aber immer **in der Hauptverhandlung** zugetragen haben; Vorgänge vor ihrem Beginn oder in einer Sitzungspause oder Vorgänge außerhalb des Sitzungssaals (Zeugenzimmer usw.) fallen nicht unter Absatz 3.

40   Die Feststellung eines Vorgangs im Sitzungsprotokoll setzt ein **rechtliches Interesse** an der Protokollierung voraus. Sie kann sowohl Vorgänge betreffen, die normalerweise im Protokoll nicht zu erwähnen sind, weil sie nicht zu den wesentlichen Förmlichkeiten gehören [124] als auch Vorgänge, die als wesentliche Förmlichkeiten ohnehin in das Protokoll aufgenommen werden müssen, bei denen aber darüber hinaus eine ausführlichere Darstellung oder das Festhalten besonderer Einzelheiten aufschlußreich erscheint.

41   Das rechtliche Interesse an der genauen Protokollierung kann **vielerlei Gründe** haben. Sie kann für das **laufende Verfahren** von Bedeutung sein, z. B. weil der Vorgang einen Grund für die Ablehnung eines Richters bilden könnte, weil er die geistige Anwesenheit eines Verfahrensbeteiligten (Schlafen eines Schöffen) oder die Verhandlungsfähigkeit des Angeklagten in Frage stellt, oder weil er für die Beweissicherung (auch für die nächste Tatsacheninstanz, oder wegen Verfahrensrügen), eventuell auch für die Beweiswürdigung besonders ins Gewicht fallen könnte, wie etwa ein besonders aufschlußreiches Ergebnis eines Augenscheins [125] oder ein besonderes Verhalten eines Angeklagten oder Zeugen (Mimik, Gestik) oder Versuche von Angeklagten und Zeugen, miteinander in Verbindung zu treten [126] oder weil er den Verdacht erweckt, das Urteil könne auf außerhalb der Verhandlung liegende Gründe gestützt werden (Übergabe von Akten an einen Laienrichter). Es kann auf einen Vorgang auch aus Gründen ankommen, die **außerhalb**

---

[121] BGHSt **7** 370; **21** 149; BGH NJW **1966** 63; **1967** 61; **1969** 1074; VRS **35** (1968) 264; **38** (1970), 115; bei *Dallinger* MDR **1966** 384; 277; **1973** 557; weit. Nachw. § 337, 82. Vgl. auch nachf. Fußn.

[122] Zum Streitstand vgl. § 337, 86; ferner KK-*Engelhardt* [4] 19; SK-*Schlüchter* 18.

[123] OLG Hamm MDR **1971** 508; OLG Schleswig bei *Ernesti/Jürgensen* SchlHA **1976** 12.

[124] KK-*Engelhardt* [4] 23; *Kleinknecht/Meyer-Goßner* [44] 19; KMR-*Müller* 14; SK-*Schlüchter* 22.

[125] OLG Bremen NJW **1981** 2827 = JR **1982** 253 mit Anm. *Foth*; OLG Hamm GA **1973** 281; KK-*Engelhardt* [4] 23. Von der grundsätzlich weitgespannten Protokollierungsbefugnis ist die Frage zu trennen, ob und in welchen Fällen ein Anspruch der Verfahrensbeteiligten darauf besteht; vgl. Rdn. 49 ff.

[126] *Kleinknecht/Meyer-Goßner* [44] 19; vgl. *Krekeler* AnwBl. **1984** 417 mit weiteren Beispielen.

des Verfahrens liegen, z. B. um ein standeswidriges Verhalten eines Anwalts für eine Anzeige bei der Anwaltskammer oder die Beleidigung eines Zeugen durch den Angeklagten für ein künftiges Strafverfahren oder für zivilrechtliche Ansprüche festzustellen[127]. Die Feststellung des Tatbestandes einer in der Sitzung begangenen Straftat im Protokoll obliegt nach § 183 GVG dem Gericht[128].

2. Nach Absatz 3 kann auch der **Wortlaut einer Aussage** oder einer **Äußerung** **42** festgehalten werden. Unter Aussage wird dabei die Einlassung des Angeklagten oder die Aussage einer Beweisperson verstanden, während Äußerungen alle sonstigen Bemerkungen sind, die von jeder im Sitzungssaal anwesenden Person stammen können[129]. Solche Bekundungen wörtlich festzuhalten ist etwa dann angebracht, wenn es aus Sach- oder Rechtsgründen, eventuell auch nur wegen der gebrauchten Ausdrücke auf den genauen Wortlaut ankommt, so, wenn verschiedene Deutungsmöglichkeiten bestehen[130]. Daß die Aussage ihrem **Inhalt** nach entscheidungserheblich ist, rechtfertigt die Aufnahme ihres Wortlauts für sich allein nicht[131], ebensowenig auch, daß der Verteidiger dies als Erleichterung für die Führung seiner Verteidigung wünscht. Hält er es aus diesem Grunde für notwendig, den Wortlaut von Äußerungen festzuhalten, bleibt es ihm unbenommen, ihn mitzuschreiben oder mitschreiben zu lassen[132].

Das Festhalten des Wortlauts kann **beispielsweise** angezeigt sein, weil das Gericht **43** Wert darauf legt, daß ihm von einer wichtigen Aussage ein Wortlautprotokoll für die Urteilsberatung oder für deren Entscheidungen zur Verfügung steht oder daß der Wortlaut für spätere Instanzen (§ 325; Verfahrensrügen) ersichtlich bleibt. Sie kann aber auch aus **außerhalb des Verfahrens** liegenden Gründen geboten sein, wenn die abgegebene Erklärung für ein anderes Verfahren von Bedeutung sein kann, insbesondere, wenn sich aus ihr Hinweise auf eine andere Straftat ergeben, oder wenn bei Verdacht einer unrichtigen Aussage eine sichere Unterlage für ein künftiges Ermittlungsverfahren geschaffen werden soll[133].

Aussagen und Erklärungen, die in einer **fremden Sprache** abgegeben werden, können **44** nach § 185 Abs. 1 Satz 2 GVG in der fremden Sprache in das Protokoll oder in eine Anlage dazu aufgenommen werden[134], so etwa auch, wenn Zweifel bestehen, wie eine fremdsprachige Erklärung zu verstehen ist[135].

3. Protokollierungsvorgang. Die wörtliche **Niederschrift** ordnet der **Vorsitzende** an. Es **45** liegt insbesondere bei der Fixierung des Wortlauts einer Äußerung in seinem Ermessen, ob er den Wortlaut ins Protokoll diktiert oder ob er den Urkundsbeamten beauftragt, die Aussage mitzuschreiben. An der Verantwortlichkeit beider für die inhaltliche Richtig-

---

[127] Vgl. KK-*Engelhardt*[4] 23; *Kleinknecht/Meyer-Goß-ner*[44] 23; KMR-*Müller* 15; SK-*Schlüchter* 24; *Krekeler* AnwBl. **1984** 417; ferner (auch zu den Differenzierungen nach Protokollierungszweck und Protokollierungsobjekt) *Ulsenheimer* NJW **1980** 2273; *W. Schmid* GA **1962** 361 (noch zur alten Fassung).

[128] Vgl. bei § 183 GVG.

[129] HK-*Julius*[2] 11; KK-*Engelhardt*[4] 22; *Kleinknecht/Meyer-Goßner*[44] 20.

[130] Vgl. OLG Schleswig bei *Ernesti/Jürgensen* SchlHA **1976** 172; *Kleinknecht/Meyer-Goßner*[44] 23; SK-*Schlüchter* 23.

[131] Strittig, nicht zuletzt wegen der Gefahr des Mißbrauchs und einer Überlastung der Abwicklung der Hauptverhandlung durch die Erzwingung von Wortprotokollen; wie hier etwa *Meyer* JR **1980** 219; *Schmid* NJW **1981** 1353; *Sieß* NJW **1982** 1625; *Kleinknecht/Meyer-Goßner*[44] 22; SK-*Schlüchter* 23; für die Gegenmeinung *Krekeler* AnwBl. **1984** 417; *Ulsenheimer* NJW **1980** 2273.

[132] BGHSt **18** 179; *Marxen* NJW **1977** 2109; AK-*Lemke* 19; *Kleinknecht/Meyer-Goßner*[44] 27.

[133] Vgl. Nr. 144 Abs. 2 RiStBV.

[134] Vgl. bei § 185 GVG.

[135] HK-*Julius*[2] 12.

Walter Gollwitzer

keit der Niederschrift (Rdn. 46) ändert sich hierdurch nichts. Die Verhandlungsbeteiligten haben nicht das Recht, selbst den Wortlaut in das Protokoll zu diktieren[136].

46   Die Niederschrift muß **nicht** unbedingt **in der Hauptverhandlung** vorgenommen werden. Insbesondere wenn es sich um die nachträglich angeordnete Protokollierung eines Vorgangs in der Hauptverhandlung oder einer dort gefallenen Äußerung handelt, kann die angeordnete Niederschrift vom Vorsitzenden und Urkundsbeamten auch in einer Sitzungspause gefertigt werden. Unerheblich ist, wer sie abfaßt, sie muß aber hinsichtlich der aufgenommenen Tatsachen von der Übereinstimmung beider Urkundspersonen getragen werden[137]. Ist die Beurkundung für einen außerhalb des Verfahrens liegenden Zweck bestimmt, so darf sie auch in einer Anlage zur Sitzungsniederschrift aufgenommen werden. Die Anlage muß dann aber allen Erfordernissen des Protokolls entsprechen[138].

47   Auf jeden Fall muß die Niederschrift in der Hauptverhandlung **vorgelesen** und von allen Verfahrensbeteiligten **genehmigt** werden. Daß sie von demjenigen, der sie abgegeben hat, unterschrieben wird, ist nicht vorgesehen. Werden **Einwendungen gegen die Richtigkeit** der Niederschrift erhoben, wird also bestritten, daß der protokollierte Vorgang oder die protokollierte Aussage dem tatsächlichen Geschehen und der tatsächlichen Aussage entspricht, so sind die erhobenen Einwendungen im Protokoll festzuhalten, soweit ihnen nicht durch eine Richtigstellung der Niederschrift abgeholfen wird[139]. Erklären sich die Verfahrensbeteiligten dagegen mit der vorgelesenen Beurkundung einverstanden oder erheben sie auf die allgemeine Frage hin keinen Widerspruch, so ist diese „Genehmigung" im Protokoll zu vermerken. Ein bestimmter Wortlaut ist dafür nicht vorgeschrieben. Der Vermerk muß aber sinngemäß ergeben, daß die Niederschrift inhaltlich genehmigt worden ist oder daß keine Einwendungen gegen sie erhoben worden sind[140].

48   **4. Antrag.** Die Protokollierung ist vom **Vorsitzenden von Amts** wegen anzuordnen wenn er nach pflichtgemäßem Ermessen die Voraussetzungen dafür für gegeben hält. Er braucht seine Anordnung nicht zu begründen. Daneben kann **jeder Verhandlungsbeteiligte** die Protokollierung **beantragen**, also neben Angeklagten, Verteidiger und Staatsanwalt auch die Nebenbeteiligten. Dem **Nebenkläger** wird diese Befugnis von der vorherrschenden Meinung versagt, da sie in der abschließenden Aufzählung des § 379 Abs. 1 nicht mit aufgenommen wurde[141]. Nach ebenfalls strittiger Auffassung können auch die beisitzenden **Berufs- und Laienrichter**, die Protokollierung beantragen[142]. **Zeugen** und **Sachverständige** haben diese Befugnis nicht[143]. Der Antragsteller muß den zu

---

[136] OLG Hamm JMBlNW **1970** 251; OLG Köln VRS **70** (1986) 370; HK-*Julius*[2] 14; *Kleinknecht/Meyer-Goßner*[44] 31; KMR-*Müller* 22; SK-*Schlüchter* 29; vgl. § 271, 13 ff.

[137] Vgl. OLG Königsberg DRiZ **1932** Nr. 451; *Sieß* NJW **1982** 1626; KK-*Engelhardt*[4] 28; *Kleinknecht/Meyer-Goßner*[44] 31; KMR-*Müller* 22; SK-*Schlüchter* 29; vgl. § 271, 15.

[138] RGSt **2** 23; KK-*Engelhardt*[4] 29; *Kleinknecht/Meyer-Goßner*[44] 33; SK-*Schlüchter* 30.

[139] AK-*Lemke* 23; KK-*Engelhardt*[4] 30; SK-*Schlüchter* 37; vgl. auch nachf. Fußn.

[140] *Kleinknecht/Meyer-Goßner*[44] 33; KMR-*Müller* 22; SK-*Schlüchter* 37.

[141] HK-*Kurth* § 397, 13; *Kleinknecht/Meyer-Goßner*[44] 26;

SK-*Schlüchter* 26; strittig, vgl. *Beulke* DAR **1988** 118; § 397, 11; anders nach dem früheren Recht; vgl. BGHSt **28** 274.

[142] *Usenheimer* NJW **1982** 2274; AK-*Lemke* 19; HK-*Julius*[2] 13; KK-*Engelhardt*[4] 24; SK-*Schlüchter* 26; verneinend *Kleinknecht/Meyer-Goßner*[44] 26; auch vor dem StPÄG 1964 war dies streitig gewesen; vgl. *Eb. Schmidt* 4; *W. Schmid* GA **1962** 353 ff mit weit. Nachw.

[143] AK-*Lemke* 19; HK-*Julius*[2] 13; *Kleinknecht/Meyer-Goßner*[44] 26; KMR-*Müller* 17; SK-*Schlüchter* 26; **a. A** *Gössel* § 19 A Ib 2; *W. Schmid* GA **1962** 362; *Ulsenheimer* NJW **1980** 2274; unter Hinweis auf das Interesse dieser Personen an der Fixierung ihrer Aussage.

protokollierenden Vorgang konkret bezeichnen und sein rechtliches Interesse an der Protokollierung substantiiert und für das Gericht nachvollziehbar darlegen[144].

Aus dem Antragsrecht folgt, daß die Verhandlungsbeteiligten auch einen **Anspruch** **49** **auf Protokollierung** haben, wenn und soweit es auf den betreffenden Vorgang tatsächlich „ankommt", also ein anzuerkennendes rechtliches Interesse an seiner Fixierung im Protokoll aufgezeigt ist, da insoweit dann die Entscheidung nicht im Ermessen des Vorsitzenden steht[145]. Dabei wird nach dem Zweck der Protokollierung unterschieden[146]. Ein Anspruch wird bejaht, wenn der betreffende Vorgang für den **Nachweis** **eines Verfahrensverstoßes** bedeutsam ist, wobei es sich nicht notwendig um die Feststellung einer wesentlichen Förmlichkeit des Verfahrens zu handeln braucht, auf die sich die Beweiskraft des Protokolls nach § 274 erstreckt (Rdn. 40). Die Bedeutung des Absatzes 3 liegt gerade darin, daß auch andere Vorkommnisse und Äußerungen in der Hauptverhandlung, die nach Absatz 1 nicht in das Protokoll aufgenommen werden müßten, dort beurkundet werden können. Der Nachweis eines Verfahrensverstoßes gegenüber dem Rechtsmittelgericht wird dadurch erleichtert.

Die Verhandlungsbeteiligten können aber auch die Protokollierung beantragen, wenn **50** der Vorgang oder die wörtliche Beurkundung **für ein anderes Verfahren**, insbesondere auch für den Nachweis einer in der Hauptverhandlung begangenen Straftat, etwa einer Falschaussage oder einer Verleumdung, zur Wahrung ihrer rechtlichen Interessen bedeutsam ist. Eine Pflicht des Vorsitzenden, einem solchen Antrag zu entsprechen, dürfte jedoch nur gegeben sein, wenn ein hinreichender Verdacht hinsichtlich der betreffenden Straftat besteht oder das rechtliche Interesse an der Beurkundung glaubhaft dargetan ist, andernfalls kann er den Antrag als unbegründet ablehnen, weil nicht feststeht, daß es auf die Protokollierung ankommt[147].

Strittig ist dagegen, ob vor allem die **wörtliche Protokollierung** von Aussagen auch zu **51** dem Zweck gefordert werden kann, durch ihre Fixierung die **Beweiswürdigung des** **erkennenden Gerichts** selbst zu beeinflussen, etwa, um durch die Festlegung des Wortlauts einer Fehldeutung bei der Urteilsberatung vorzubeugen[148], aber auch, um – je nach der vertretenen Rechtsauffassung – vorsorglich ein Einfallstor für die Verfahrensrügen nach § 244 Abs. 2; § 261 zu haben[149]. Nach vorherrschender Meinung haben die Verhandlungsbeteiligten kein solches Recht[150]. Sie können dies weder unter dem Gesichtspunkt verlangen, daß sie dann einen etwaigen künftigen Verfahrensverstoß mit der Revision besser angreifen können[151], noch sind sie – abgesehen von den beisitzenden

[144] OLG Bremen OLGSt 5; NStZ **1986** 183; *Kleinknecht/Meyer-Goßner*[44] 27; SK-*Schlüchter* 27.

[145] Ob und in welchen Fällen mit dem Antragsrecht eine Pflicht zur Protokollierung korrespondiert, oder ob letztere im Ermessen des Vorsitzenden (bzw. des Gerichts) steht (RGSt **5** 352), ist strittig, wobei der Streit oft mit der Frage verquickt wird, für welchen Zweck es auf die Protokollierung „ankommen" kann. Einen Anspruch auf Protokollierung **bejahen**: OLG Bremen JR **1982** 253 mit Anm. *Foth*; OLG Schleswig bei *Ernesti/Jürgensen* SchlHA **1976** 172; *H. J. Schmid* NJW **1981** 1353; *Krekeler* AnwBl. **1984** 417; *W. Schmid* GA **1962** 353; *Ulsenheimer* NJW **1980** 2274; AK-*Lemke* 20; KK-*Engelhardt*[4] 25; KMR-*Müller* 18; SK-*Schlüchter* 28. **Verneinend:** BGH JR **1966** 305 mit abl. Anm. *Lackner*; OLG Bremen OLGSt 5; *Foth* JR **1982** 253; *Sieß* NJW **1982** 625 (kein Recht auf Fixierung der

Aussage für die gleiche Instanz); *Kleinknecht/Meyer-Goßner*[44] 29.

[146] Vgl. etwa KMR-*Müller* 19; *W. Schmid* GA **1962** 353; *Schmid* NJW **1981** 1353; *Sieß* NJW **1982** 1625; *Ulsenheimer* NJW **1980** 2274.

[147] Vgl. *Lackner* JR **1966** 305; *W. Schmid* GA **1962** 353; AK-*Lemke* 20.

[148] So vor allem *Ulsenheimer* NJW **1980** 2274; dagegen *Foth* JR **1982** 253; *Sieß* NJW **1982** 1652; weit. Nachw. Fußn. 109.

[149] Wieweit diese Möglichkeit überhaupt besteht, ist strittig; vgl. § 337, 83.

[150] Vgl. oben Fußn. 109; ferner BGH VRS 11 (1956) 436; *Lackner* JR **1966** 305.

[151] Vgl. zum Streitstand Rdn. 59. Im übrigen würde wohl auch die retrospektive Verwendbarkeit als Beweismittel für eine Verfahrensrüge nach § 261 noch nicht ex ante bedeuten, daß die Protokollie-

Richtern – zur Beurteilung der Frage befugt, ob dies für das erkennende Gericht als Entscheidungshilfe zweckmäßig ist. Allenfalls die beisitzenden Richter könnten unter dem letzteren Gesichtspunkt dies beantragen und bei einer Meinungsverschiedenheit mit dem Vorsitzenden eine Entscheidung des Gerichts nach Absatz 3 Satz 2 herbeiführen. Für diese ist jedoch das bei der Urteilsberatung noch nicht fertige und meist auch nicht greifbare Protokoll in der Regel ohne Bedeutung [152].

52   **5. Anrufung des Gerichts.** Gegen die **Anordnung der Protokollierung** durch den Vorsitzenden kann das Gericht weder nach Absatz 3 Satz 2 noch nach § 238 Abs. 2 angerufen werden [153]. Lehnt dagegen der Vorsitzende den Protokollierungsantrag eines Verhandlungsbeteiligten ab (die Ablehnung ist zu begründen, § 34), dann kann jeder antragsberechtigte Verhandlungsbeteiligte – also nicht nur derjenige, dessen Antrag abgelehnt wurde [154] – hiergegen nach Absatz 3 Satz 2 die Entscheidung des Gerichts anrufen [155]. Dabei kommt es nicht darauf an, ob die Protokollierung für das laufende Verfahren oder für einen anderen Zweck beantragt wurde [156]. Das Gericht hat dann darüber zu befinden, ob die Voraussetzungen für eine Protokollierung nach Absatz 3 Satz 1 gegeben sind. Es kann die Protokollierung nicht anordnen, wenn Vorsitzender und Urkundsbeamter übereinstimmend dabei bleiben, daß sie den Vorgang dessen Beurkundung beantragt ist, nicht wahrgenommen haben [157]. Hat ihn nur einer wahrgenommen, ist er in das Protokoll aufzunehmen [158], wenn auch mit dem die Beweiskraft mindernden Vermerk, daß der Vorgang nur von einem der beiden Urkundspersonen bezeugt wird. Das angerufene Gericht **entscheidet** über den Antrag nach Absatz 3 Satz 2 durch **Beschluß**, der, wenn er die Protokollierung ablehnt, zu **begründen** ist. Über den Antrag ist alsbald in der Hauptverhandlung und nicht etwa erst nach der Urteilsverkündung zu entscheiden [159].

53   An die **Entscheidung des Gerichts**, daß ein Vorgang oder der Wortlaut einer Aussage zu protokollieren ist, sind der Vorsitzende und der Urkundsbeamte auch in ihrer sonst unabhängigen Funktion als Urkundspersonen (vgl. § 271, 13) **gebunden**. Dies betrifft aber nur den **Gegenstand** des in das Protokoll aufzunehmenden Vermerks. Der Wortlaut, mit dem dies geschieht, ist – sofern er nicht wie bei der wörtlichen Aufnahme einer Aussage durch die Sache vorgegeben ist – vom Vorsitzenden und Protokollführer kraft ihrer Beurkundungspflicht selbst festzulegen [160]. Sie müssen in eigener Verantwortung selbst die Niederschrift fertigen und diese dann, wie auch sonst, vorlesen und genehmigen lassen [161]. Lehnt das Gericht die Protokollierung ab, bindet dies den Vorsitzenden nicht. Er kann trotzdem später die Protokollierung anordnen [162].

---

rung nach Absatz 3 verlangt werden kann, um einer keinesfalls wahrscheinlichen, allenfalls denkbaren künftigen Verfahrensverletzung besser begegnen zu können. Die Lage ist insoweit anders als beim Protokollierungsantrag, der den Nachweis eines bereits vorliegenden Verfahrensverstoßes bezweckt. Vgl. KMR-*Müller* 20.

[152] Vgl. *Foth* JR **1982** 253; *Sieß* NJW **1982** 1627.

[153] *Erker* 122: HK-*Julius*[2] 19; KK-*Engelhardt*[4] 27; SK-*Schlüchter* 33.

[154] AK-*Lemke* 21; KK-*Engelhardt*[4] 26; *Kleinknecht/Meyer-Goßner*[44] 29; KMR-*Müller* 23; SK-*Schlüchter* 33.

[155] Sondervorschrift gegenüber § 238 Abs. 2, *Bohnert* 189; *Erker* 120; *Krekeler* AnwBl. **1984** 417; *Kleinknecht/Meyer-Goßner*[44] 36; SK-*Schlüchter* 36.

[156] *Kleinknecht/Meyer-Goßner*[44] 30.

[157] SK-*Schlüchter* 28, KK-*Engelhardt*[4] 26 hält in diesem Fall bereits die Anrufung des Gerichts für nicht statthaft; es erscheint jedoch zulässig, die Frage, ob die Protokollierung aus diesem Grund zu Recht abgelehnt wurde, durch eine Entscheidung des Gerichts zu klären, auch wenn dieses daran gebunden ist, wenn beide Urkundsbeamte daran festhalten, daß sie den Vorgang nicht wahrgenommen haben.

[158] KK-*Engelhardt*[4] 25; vgl. § 271 18; 49.

[159] *W. Schmid* GA **1962** 363.

[160] *Sieß* NJW **1982** 1627; *Kleinknecht/Meyer-Goßner*[44] 30; SK-*Schlüchter* 34.

[161] Vgl. Rdn. 46.

[162] AK-*Lemke* 22; HK-*Julius*[2] 19; KK-*Engelhardt*[4] 27; *Kleinknecht/Meyer-Goßner*[44] 30; SK-*Schlüchter* 35, **a. A** KMR-*Müller* 23.

6. Im **Sitzungsprotokoll** ist der **Antrag** nach Absatz 3 Satz 1 zu beurkunden[163]. Wird **54**
ihm entsprochen, genügt es, wenn das Protokoll feststellt, daß die **Beurkundung** des Vorgangs oder der Äußerung auf Antrag des betr. Verhandlungsbeteiligten **angeordnet** wurde. Lehnt dagegen der Vorsitzende den Antrag ab, dann ist sein Inhalt im Protokoll festzuhalten, desgleichen die Ablehnung und ihre Begründung[164]. Zu beurkunden ist ferner der Antrag, mit dem das Gericht angerufen wird und die Entscheidung des Gerichts, ferner die Verlesung und Genehmigung der Protokollierung und – unter Angabe von Person und Gegenstand – etwaige Einwendungen, die hierbei erhoben wurden. Die **Beweiskraft** des Protokolls (§ 274) erstreckt sich nicht auf den Inhalt der nach § 273 Abs. 3 aufgenommenen Vorgänge oder Aussagen (strittig, vgl. § 274, 11).

V. Fertigstellung des Protokolls und Urteilszustellung (Absatz 4)

1. Zweck. Absatz 4[165] soll sicherstellen, daß das Urteil nicht vor Fertigstellung des **55**
Protokolls zugestellt wird, um dem Angeklagten und seinem Verteidiger die Möglichkeit zu geben, die durch die Urteilszustellung in Gang gesetzten Fristen, insbesondere die Frist für die Revisionsbegründung, unter Heranziehung des Protokolls voll zu nutzen.

2. Fertiggestellt ist das Sitzungsprotokoll mit der letzten, seinen Inhalt einschließlich **56**
aller Ergänzungen deckenden Unterschrift (§ 271, 14; 19), auch wenn der Vermerk über den Zeitpunkt der Fertigstellung (§ 271 Abs. 1 Satz 2) fehlt[166] oder irrigerweise einen anderen Tag der Fertigstellung angibt. Beweiskraft nach § 274 hat der Vermerk nicht[167]. Die Fertigstellung wird nicht dadurch in Frage gestellt, daß das ordnungsgemäß unterzeichnete Protokoll formelle Mängel oder Lücken aufweist und nachträglich berichtigt werden muß[168]. Wegen der Einzelheiten vgl. § 271, 28 ff; zur Wiederherstellung eines verlorengegangenen Protokolls § 271, 64.

3. § 273 Abs. 4 ist eine **zwingende Verfahrensnorm**; eine Urteilszustellung vor Fertig- **57**
stellung des Protokolls ist unwirksam und nicht geeignet, die von der Urteilszustellung abhängigen Fristen, vor allem die Revisionsbegründungsfrist, in Lauf zu setzen[169]. Dies gilt auch dann, wenn eine noch nicht beidseitig gebillige Protokollergänzung für die eingereichte Revision ohne jede Bedeutung ist[170]. Ob die Fertigstellung eines Protokolls wegen eines schwerwiegenden wesentlichen **Inhaltsmangels** verneint werden kann, weil es die Urteilsformel ersichtlich unvollständig und unter Weglassen wesentlicher Teile (Schuldspruch; Kostenausspruch) wiedergibt, erscheint zweifelhaft[171]. Das Fehlen des

---

[163] KMR-*Müller* 23; der Ansicht, daß Protokollie-
rungsanträge nicht in das Protokoll gehören (OLG
Saarbrücken JBl. Saar **1961** 14), dürfte durch die
Neufassung des Absatzes 3 der Boden entzogen
sein, vgl. auch *W. Schmid* GA **1962** 366; OLG
Bremen NStZ **1986** 183.

[164] Vgl. KMR-*Müller* 19; wonach die Ablehnung eines
Protokollierungsantrags, der einen Verfahrensverstoß betrifft, so zu beurkunden ist, daß das Rechtsmittelgericht die Entscheidung nachprüfen kann.

[165] Eingefügt durch Art. 7 Nr. 15 StPÄG 1964.

[166] BGHSt **23** 115; BayObLGSt **1980** 140 = NJW **1981**
1795; OLG Köln MDR **1972** 260; vgl. § 271, 20; 28;
KK-*Engelhardt*[4] 33.

[167] BGHSt **23** 115.

[168] BGH NStZ **1984** 89; BayObLGSt **1980** 140 = NJW
1981 1795; KK-*Engelhardt*[4] § 271, 8; *Kleinknecht/
Meyer-Goßner*[44] 34; SK-*Schlüchter* 41.

[169] BGHSt **27** 80; BGH NJW **1991** 1702; GA **1992** 319;
bei *Kusch* NStZ **1996** 22; BayObLGSt **1980** 140 =
NJW **1981** 1795; BayObLG StV **1985** 360; OLG
Karlsruhe MDR **1980** 251; *Börtzler* MDR **1972**
185; *Sarstedt/Hamm*[6] 174; KK-*Engelhardt*[4] 33;
Kleinknecht/Meyer-Goßner[44] 34; KMR-*Müller* 24;
SK-*Schlüchter* 40; vgl. § 171, 28 ff. Die Ansicht,
Absatz 4 sei eine Ordnungsvorschrift, dürfte kaum
noch vertreten werden; vgl. dazu LR[23] 57.

[170] BGHSt **37** 287; KK-*Engelhardt*[4] 33.

[171] So aber OLG Stuttgart MDR **1995** 843. Vgl. aber
auch BayObLG NJW **1981** 1795.

Vermerks über den Zeitpunkt der Fertigstellung des Protokolls hindert die Wirksamkeit der Zustellung nicht, wenn eindeutig feststellbar ist, daß das Urteil beim Zustellungsempfänger erst einging, nachdem das Protokoll fertiggestellt war[172].

VI. Rechtsmittel

58   **1. Beschwerde.** Die Anordnung des Vorsitzenden, daß ein Vorgang nach **Absatz 3** in das Protokoll aufgenommen oder nicht aufgenommen wird sowie die Entscheidung des Gerichts hierüber sind durch § 305 Satz 1 der Beschwerde entzogen, soweit die Protokollierung Zwecken des anhängigen Verfahrens dienen soll[173]. Gleiches gilt bei Zurückweisung sonstiger, den laufenden Protokollierungsvorgang betreffender Anregungen[174]. Wurde dagegen die Protokollierung für einen außerhalb des Verfahrens liegenden Zweck beantragt, so ist die Ablehnung der Beschwerde zugänglich[175]. Mit ihr kann jedoch nur geltend gemacht werden, daß die Protokollierung rechtsfehlerhaft verweigert wurde, nicht aber, daß der Vorgang inhaltlich falsch oder wegen tatsächlicher Zweifel nicht in das Protokoll aufgenommen wurde. Dem Beschwerdegericht ist jede Nachprüfung des Protokolls in tatsächlicher Hinsicht versagt. Es kann die für das Protokoll Verantwortlichen auch nicht anweisen, was sie inhaltlich zu protokollieren haben oder daß sie einen Vorgang in das Protokoll aufnehmen, den sie inhaltlich nicht oder anders in Erinnerung haben[176].

2. Revision

59   **a)** Auf einen **Mangel des Protokolls** als solchen kann die Revision nicht gestützt werden[177]. Dies gilt auch, wenn die Ordnungsvorschriften über die Verlesung und Genehmigung einer Niederschrift nach Absatz 3 Satz 3 nicht beachtet worden sind[178] oder wenn ein Vorgang nicht so beurkundet wurde, wie es „auf ihn ankommt". Werden **Anträge auf Beurkundung** eines Vorgangs (Absatz 3) zu Unrecht abgelehnt, so beruht das Urteil in aller Regel nicht auf diesem Verstoß. Dies gilt zunächst für alle Fälle, in denen der Vorgang für Zwecke festgehalten werden soll, die außerhalb des Verfahrens liegen. Dies gilt aber auch, wenn damit der Nachweis eines Verfahrensfehlers für die Revisionsinstanz gesichert werden soll, denn das Urteil beruht allenfalls auf dem Verfahrensfehler selbst, es beruht aber niemals auf der unterbliebenen Protokollierung als solcher[179]. Von der Revision gerügte Verfahrensfehler können im Wege des **Freibeweises** aufgeklärt werden, soweit nicht bei wesentlichen Förmlichkeiten die Beweiskraft des § 274 entgegensteht; diese entfällt auch dann, wenn aus dem Protokoll ersichtlich ist, daß der Antrag auf Protokollierung zu Unrecht abgelehnt wurde[180]. Wird die **Ablehnung der wörtlichen Protokollierung** einer Aussage nur unter dem Gesichtswinkel der Beweis-

---

172   OLG Köln MDR **1972** 260; KK-*Engelhardt*[4] 33.

173   H. M; etwa KK-*Engelhardt*[4] 36.

174   Auf die Abfassung des Protokolls haben die Verfahrensbeteiligten, abgesehen von § 273 Abs. 3, keinerlei Einflußmöglichkeit. Sie können lediglich die Berichtigung des fertiggestellten Protokolls beantragen; vgl. § 271, 46.

175   KK-*Engelhardt*[4] 36; *Kleinknecht/Meyer-Goßner*[44] 35; SK-*Schlüchter* 42. Sofern man einen Anspruch auf Protokollierung zu diesem Zweck bejaht, enthält die Ablehnung auch eine Beschwer, nicht dagegen die Protokollierung.

176   Die Rechtslage ist hier die Gleiche wie bei Anfechtung der Protokollberichtigung, vgl. § 271, 74.

177   Vgl. § 271, 71; § 337, 86.

178   BGH VRS **11** (1956) 436; KMR-*Müller* 27.

179   BGH bei *Kusch* NStZ **1994** 25; AK-*Lemke* 26; HK-*Julius*[2] 21; KK-*Engelhardt*[4] 35; *Kleinknecht/Meyer-Goßner*[44] 37; KMR-*Müller* 26; *Ulsenheimer* NJW **1980** 2277 (bei nicht verfahrensrelevanten Protokollierungen).

180   KK-*Engelhardt*[4] 35 unter Hinweis auf RG JW **1930** 1505; KMR-*Müller* 26.

erschwerung im laufenden Verfahren beanstandet, so scheitert die Revision schon daran, daß nach der vorherrschenden Meinung kein Anspruch auf Protokollierung für diesen Zweck besteht[181]. Nur wer einen solchen Anspruch mit der Mindermeinung bejaht und annimmt, daß schon das Fehlen eines Wortprotokolls Beweiswürdigung und Entscheidung des erkennenden Gerichts beeinflußt haben kann[182], kommt zur Verfahrensrüge nach § 337 in Verb. mit § 273 Abs. 3 und, wenn ein ablehnender Gerichtsbeschluß vorliegt, beim Angeklagten auch nach § 338 Nr. 8[183].

b) Widersprüche zwischen Protokollinhalt und Urteil. Die Revision kann nach vorherrschender Ansicht weder im Rahmen der Sachrüge noch mit der die Protokollwidrigkeit behauptenden Verfahrensrüge darauf gestützt werden, daß im Protokoll die Aussage eines Zeugen oder eine Einlassung des Angeklagten anders wiedergegeben ist als in den Urteilsgründen[184]. Wenn dagegen der Wortlaut der Aussage nach Absatz 3 festgehalten worden ist, ist strittig, ob im Rahmen einer Verfahrensrüge (insbes. § 244 Abs. 2, § 261) beanstandet werden kann, daß die Urteilsgründe den Inhalt einer durch Wortprotokoll festgehaltene Aussage abweichend von diesem wiedergeben, ohne sich mit diesem Widerspruch auseinanderzusetzen[185]. **60**

Bei Widersprüchen zwischen Protokoll und Urteil muß **unterschieden** werden, ob es sich um **Förmlichkeiten der Hauptverhandlung** handelt, die durch die Sitzungsniederschrift, oder um **Erwägungen in der Beratung**, die durch die Urteilsgründe bewiesen werden[186]. Letztere sind grundsätzlich allein dafür maßgebend, was der Zeuge ausgesagt hat; nur in Ausnahmefällen, in denen dies ohne Rekonstruktion der Hauptverhandlung nachgeprüft werden kann, ist dem Revisionsgericht bei einer entsprechenden Verfahrensrüge auch insoweit eine Nachprüfung möglich[187]. Ob dagegen ein bestimmter Zeuge vernommen und beeidigt oder nicht beeidigt worden ist, das zu beurkunden ist Aufgabe der Sitzungsniederschrift. Weichen Angaben des Urteils, das nicht die Aufgabe hat, Vorgänge solcher Art im Widerspruch zum Protokoll verbindlich festzustellen, von den im Protokoll beurkundeten Vorgängen ab, so kann das bei entsprechender Verfahrensrüge zur Aufhebung des Urteils führen, denn Protokoll und Urteil werden insoweit als Einheit behandelt[188]. Ein echter, nicht behebbarer Widerspruch zwischen beiden (also nicht nur ein durch ein Schreib- oder Fassungsversehen bedingter scheinbarer Widerspruch) kann auf die Revision hin das Urteil zu Fall bringen[189]; so kann beispielsweise aus dem Widerspruch unter Umständen gefolgert werden, das Gericht habe etwas zur Urteilsgrundlage gemacht, was nicht Inbegriff der Hauptverhandlung gewesen sei[190]. Ob die **Aufklärungsrüge** auf den Widerspruch zwischen den Urteilsfeststellungen und dem Protokollinhalt gestützt werden kann, ist strittig[191]. **61**

---

[181] Vgl. Rdn. 51; RGSt **32** 239; BGH NJW **1966** 63; auch *Ulsenheimer* NJW **1980** 2277 sieht diese Konsequenz.

[182] Dagegen *Foth* JR **1982** 253; *Sieß* NJW **1982** 1627 (Richter bedürfen hinsichtlich des Inhalts der Hauptverhandlung keines Beweismittlers in Form des Protokolls).

[183] Revisibilität des Verstoßes nehmen an: OLG Bremen JR **1982** 2562 mit Anm. *Foth*; OLG Schleswig SchlHA **1954** 387; *Dünnebier* DJT **1955** Bd. II G 15 Fußn. 120; *Kohlhaas* NJW **1974** 24; *Ulsenheimer* NJW **1980** 2277; AK-*Lemke* 26; HK-*Julius*[2] 26; SK-*Schlüchter* 46.

[184] Vgl. RGRspr. **7** 106; **9** 379; RGSt **58** 59; BGHSt **7** 370; **21** 149; NJW **1966** 63; BGH VRS **38** (1970)

115; OLG Bremen OLGSt **5**; *Sarstedt/Hamm*[6] 291. AK-*Lemke* 27; KK-*Engelhardt*[4] 19; vgl. § 261, 174, § 337, 80 ff.

[185] Zur Streitfrage um die Beweiskraft des Protokolls vgl. § 274, 11; ferner § 337, 82 ff.

[186] *Sarstedt/Hamm*[6] 189, vgl. § 274, 21; § 275, 63 ff; § 337, 71; 80 ff.

[187] Vgl. Rdn. 37; § 244, 354; § 261, 173 ff; § 337, 74 ff; 105.

[188] BGH NJW **1953** 155; vgl. § 337, 73; ferner § 261, 80.

[189] OLG Braunschweig NdsRpfl. **1954** 76; *Hülle* DRiZ **1952** 93.

[190] Vgl. § 261, 172 und § 337, 81 ff.

[191] Vgl. § 244, 45 ff; verneinend KG JR **1968** 195.

Walter Gollwitzer

§ 274

¹Die Beobachtung der für die Hauptverhandlung vorgeschriebenen Förmlichkeiten kann nur durch das Protokoll bewiesen werden. ²Gegen den diese Förmlichkeiten betreffenden Inhalt des Protokolls ist nur der Nachweis der Fälschung zulässig.

Schrifttum vgl. bei § 271.

Übersicht

1   **1. Zweck der formellen Beweiskraft** des Hauptverhandlungsprotokolls ist, im anhängigen Verfahren die Prozeßbeteiligten in den höheren Instanzen vor Beweisschwierigkeiten zu bewahren und dem Rechtsmittelgericht die oft mit einem großen Unsicherheitsfaktor belastete Beweiserhebung über die Verfahrensvorgänge in den Vorinstanzen zu ersparen. Als Ausnahme von dem Gebot, bei der Behauptung von Verfahrensmängel mit den Mitteln des Freibeweises die wahre Sachlage zu erforschen, schränkt die **Beweisregel in Satz 1** in den durch diesen Zweck gezogenen Grenzen **Freibeweis** und **freie Beweiswürdigung** ein[1]. Die Beobachtung der für die Hauptverhandlung vorgeschriebenen Förmlichkeiten wird für die nachfolgenden Instanzen nur durch das Sitzungsprotokoll mit ausschließlicher Beweiskraft bewiesen. Eine darüber hinausreichende Beweisregelung enthält die eng auszulegende[2] Vorschrift nicht. Ihre **analoge Anwendung** auf außerhalb der Hauptverhandlung erstellte richterliche Protokolle ist ausgeschlossen[3].

2   Das Hauptverhandlungsprotokoll ist **keine öffentliche Urkunde**, die öffentlichen Glauben für oder gegen jedermann begründet[4].

3   **2. Voraussetzungen der ausschließlichen Beweiskraft** ist eine Sitzungsniederschrift, die **ordnungsgemäß aufgenommen**[5] worden und deren Inhalt übereinstimmend durch die

---

[1] RGSt **58** 58; 378; **59** 19; OGHSt **1** 279; BGHSt **2** 126; *Werner* DRiZ **1955** 183; AK-*Lemke* 1; HK-*Julius*[2] 1; KK-*Engelhardt*[4] 1; *Kleinknecht/Meyer-Goßner*[44] 2; SK-*Schlüchter* 1; *Eb. Schmidt* 1; kritisch dazu BGHSt **36** 354; 358. *Sarstedt* FS Hirsch 185; *G. Schäfer* FS 50 Jahre BGH, 727; vgl. andererseits *Meurer* FS für Dietrich Oehler 275 (Beweisthema-, Beweismittel- und Beweismittelausschlußregel).

[2] BGHSt **26** 281; vgl. Rdn. 8.

[3] BGHSt **26** 281; AK-*Lemke* 2; HK-*Julius*[2] 1; KK-*Engelhardt*[4] 3; *Kleinknecht/Meyer-Goßner*[44] 4; SK-*Schlüchter* 1; **a. A** RGSt **55** 5; RGRspr. **5** 268.

[4] RGSt **58** 58; 78; **59** 19; OLG Hamm NJW **1977** 592; AK-*Lemke* 1; KK-*Engelhardt*[4] 1; *Kleinknecht/Meyer-Goßner*[44] 7; *Eb. Schmidt* 16; vgl. **a. A** RGSt **46** 112.

[5] BGH GA **1962** 305; NJW **1976** 977.

Unterschriften des Vorsitzenden und des Protokollführers gedeckt ist[6]. Der Sitzungsniederschrift dürfen keine äußeren Fehler wie unklare Durchstreichungen, Ausschabungen und unbeglaubigte Randvermerke anhaften[7]. Sie darf inhaltlich weder eine offensichtliche Lücke noch einen Widerspruch aufweisen[8].

Ein Protokoll, das diese Voraussetzungen nicht erfüllt, hat in dem vom Fehler betrof **4** fenen Teil, bei schwerwiegenden oder nicht eingrenzbaren Mängeln aber insgesamt, **keine Beweiskraft** nach § 274[9]. Dies bedeutet aber nicht, daß dann das Vorbringen eines Beschwerdeführers über den durch das Protokoll nicht bewiesenen Verfahrensvorgang, etwa den vom Beschwerdeführer gestellten Beweisantrag, ohne weiteres als wahr anzunehmen wäre[10] oder daß umgekehrt der Verfahrensverstoß als nicht bewiesen verneint wird; es tritt die **freie Beweiswürdigung** an die Stelle der Regel des Satzes 1[11]. Bei dieser können alle geeigneten Beweismittel herangezogen werden, so vor allem die Urteilsgründe und eingeholte dienstlichen Äußerungen von Richtern, Staatsanwalt und Urkundsbeamten, die Protokollentwürfe und die sonstigen Aufzeichnungen von Verhandlungsteilnehmern sowie auch sonstige Bekundungen von Personen, die in der Hauptverhandlung anwesend waren[12]. Wird nach Heranziehung aller geeigneten Erkenntnisquellen der behauptete Verfahrensverstoß als nicht bewiesen erachtet, scheitert die darauf gestützte Verfahrensrüge[13].

Gleiches gilt, wenn eine der Personen, die das Protokoll unterzeichnet hat, den Inhalt **5** durch einen entsprechenden Vermerk oder in einer dienstlichen Äußerung **nachträglich für unrichtig** erklärt oder in Zweifel stellt[14], so daß seine Richtigkeit nicht mehr von ihr bezeugt wird. Hierzu, sowie zur Frage, ob durch die Bekundung nachträglicher Zweifel an der Richtigkeit des Protokolls eine Verfahrensrüge der Boden entzogen werden kann, vgl. § 271, 40; 42 ff, ferner Rdn. 21.

Die **Beweiskraft** des Protokolls **entfällt** nach vorherrschender Ansicht auch, wenn **6** sich ergibt, daß ein Vorgang nur deshalb nicht in das Protokoll aufgenommen worden ist, weil er von den Urkundspersonen **irrigerweise nicht** als **protokollierungsbedürftige wesentliche Förmlichkeit** des Verfahrens erkannt wurde[15], ferner, wenn das Gericht nach § 273 Abs. 3 Satz 2 die Beurkundung abgelehnt hat, obwohl es sich in Wirklichkeit um eine nach Absatz 1 in die Niederschrift aufzunehmende wesentliche Förmlichkeit gehandelt hat[16].

---

[6] Vgl. § 271, 13 ff.

[7] RGSt **64** 310; vgl. § 271, 4; 5; 15.

[8] Rdn. 23 ff.

[9] BGHSt **16** 308; **17** 222.

[10] So aber RGSt **57** 323; **59** 429; RG JW **1930** 557. Zur Gegenmeinung vgl. die nachf. Fußn.

[11] RGSt **49** 11; **63** 410; RG JW **1931** 2824; BGHSt **4** 364; **17** 220; **31** 39; BGH NJW **1976** 977; **1982** 1057; JR **1961** 508; NStZ **1993** 51; bei *Dallinger* MDR **1952** 659; BayObLG DRiZ **1931** Nr. 612; BayObLGSt **1949/51** 120; **1953** 135 = NJW **1953** 1524; **1960** 125; KG JW **1931** 1635; OLG Brandenburg NStZ **1995** 52; OLG Köln NJW **1952** 758; OLG Oldenburg NdsRpfl. **1954** 34; OLG Saarbrücken VRS **48** (1975) 439; *Alsberg/Nüse/Meyer* 890; *Ditzen* Dreierlei Beweis 60; *G. Schäfer* FS 50 Jahre BGH, 712; KK-*Engelhardt*[4] 12; *Kleinknecht/Meyer-Goßner*[44] 18; KMR-*Müller* 14; SK-*Schlüchter*; *Eb. Schmidt* 1; vgl. vorst. u. nachf. Fußn.; **a.A** KG JR **1971** 167; ferner die Entscheidungen Fußn. 10.

[12] Vgl. die Beispiele bei KK-*Engelhardt*[4] 14.

[13] OLG Saarbrücken VRS **48** (1975) 439; *Alsberg/Nüse/Meyer* 892; HK-*Julius*[2] 10, *Kleinknecht/Meyer-Goßner*[44] 18; SK-*Schlüchter* 21.

[14] RGSt **67** 287; BGHSt **4** 364; BGH NJW **1954** 364; **1969** 281; BGH bei *Dallinger* MDR **1953** 273; BayObLGSt **1973** 200 = VRS **46** (1974) 295; AnwBl. **1978** 154; bei *Rüth* DAR **1984** 245; OLG Hamm VRS **60** (1981) 206; OLG Jena NStZ-RR **1997** 10; OLG Köln NJW **1952** 758; OLG Saarbrücken VRS **48** (1975) 439; *Alsberg/Nüse/Meyer* 890 sowie nachf. Fußn.

[15] RGSt **64** 310; RG JW **1930** 1505; *Alsberg* JW **1930** 3859; AK-*Lemke* 8; KK-*Engelhardt*[4] 12; *Kleinknecht/Meyer-Goßner*[44] 16; **a.A** *G. Schäfer* FS 50 Jahre BGH, 711 (es kann nicht darauf ankommen, was die Urkundsbeamten für protokollpflichtig halten); vgl. auch Rdn. 28; *Eb. Schmidt* 4.

[16] Vgl. § 273, 59.

7   3. Die **Auslegung des Protokolls** wird durch die Beweiskraft nicht eingeengt. Ist der Sinn eines Protokollvermerks zweifelhaft, ist er mißverständlich oder mehrdeutig, so ist eine **freie**, nicht am Wortlaut haftende Auslegung möglich[17]. Das Protokoll ist dabei als eine Einheit anzusehen, auch wenn es aus mehreren Teilprotokollen besteht[18]. Im übrigen gelten dieselben Grundsätze wie auch sonst bei der Auslegung schriftlicher Erklärungen. Das übergeordnete Gericht ist deshalb bei Heranziehung des Protokolls nicht genötigt, dem naheliegendsten Wortsinn zu folgen, sondern kann einen davon abweichenden Sinn als bezeugt feststellen, wenn sich für diesen sichere Anhaltspunkte ergeben[19]. Hierbei sind außerhalb des Protokolls liegende Erkenntnisquellen heranziehbar[20], vor allem die Urteilsgründe, Akteninhalt, dienstliche Äußerungen und auch die Revisionsbegründungsschrift[21]. Der durch die Auslegung festgestellte Sinn eines Protokollvermerks hat die volle Beweiskraft des Protokolls. Läßt sich durch Auslegung kein eindeutiger Sinngehalt ermitteln, bleibt die Aussage eines Protokollvermerks mehrdeutig, so entfällt insoweit die Beweiskraft des Protokolls[22].

4. Umfang der Beweiskraft

8   a) Die ausschließliche Beweiskraft des Protokolls gilt **nur im anhängigen Strafverfahren** und **nur für das übergeordnete Gericht**, das die Gesetzmäßigkeit des bisherigen Verfahren nachprüft[23]. Wird das Protokoll in einem anderen Verfahren zu Beweiszwecken herangezogen, kommt ihm diese Beweiskraft nicht zu. In einem Strafverfahren wegen Meineids hat beispielsweise das Gericht frei nachzuprüfen, ob der Protokollvermerk über die Beeidigung stimmt[24].

9   Die **Verfassungsgerichte** können ohne Bindung an die Beweisregel des § 274 untersuchen, ob verfassungsrechtlich gewährleistete Verfahrensgrundsätze, vor allem das **Recht auf Gehör**, beachtet sind. Um Verfassungsverstöße nach Möglichkeit noch im Rahmen der ordentlichen Rechtsmittel beheben zu können, wird § 274 auch für das Revisionsgericht nicht als bindend angesehen, wenn es darum geht, nachzuprüfen, ob das Recht auf Gehör in Wirklichkeit und nicht nur dem Protokoll nach gewahrt ist[25].

10   b) Die Beweiskraft erfaßt nur die **für die Hauptverhandlung vorgeschriebenen Förmlichkeiten**, das sind alle Vorgänge der Hauptverhandlung, die für deren Rechtsgang von Bedeutung sind, vor allem also die wesentlichen Förmlichkeiten im Sinne des § 273 Abs. 1[26], aber auch die von § 272 geforderten Angaben, soweit sie die Hauptverhand-

---

[17] RG JW **1926** 2761; BGHSt **4** 140; **13** 59; **31** 39; BGH bei *Dallinger* MDR **1952** 660; **1956** 398; OLG Hamm JZ **1957** 227; KG VRS **43** (1972) 199; OLG Schleswig SchlHA **1954** 387; *Alsberg/Nüsel/Meyer* 885; *Mittelbach* JR **1955** 330; KK-*Engelhardt*[4] § 271, 14; *Kleinknecht/Meyer-Goßner*[44] 5; *Eb. Schmidt* Nachtr. I 2; vgl. auch Fußn. 19.

[18] Vgl. § 271, 9 ff.

[19] RG JW **1926** 2761; **1932** 421 mit Anm. *Löwenstein*; JW **1932** 3110; OGHSt **1** 277; BGHSt **13** 59; BGH bei *Dallinger* MDR **1956** 398; JR **1961** 508; OLG Hamburg MDR **1979** 74 mit Anm. *Strate*; OLG Schleswig SchlHA **1954** 387; vgl. auch OLG Düsseldorf JMBlNW **1963** 215 *G. Schäfer* FS 50 Jahre BGH, 715.

[20] RGSt **1** 32; RG JW **1927** 126 mit Anm *Beling*; JW **1931** 2821 mit Anm. *von Scanzoni*; OLG Celle NJW **1947/48** 394; KG VRS **43** (1972) 199.

[21] BGH nach *Alsberg/Nüsel/Meyer* 885; etwa BGH NStZ **1991** 143; BayObLGSt **1994** 89 = NJW **1995** 976; OLG Celle NJW **1947/48** 394; KG VRS **43** (1972) 199; *Kleinknecht/Meyer-Goßner*[44] 5; SK-*Schlüchter* 12; *Eb. Schmidt* 5.

[22] BGHSt **31** 39; *Kleinknecht/Meyer-Goßner*[44] 5; vgl. Rdn. 4.

[23] BGHSt **26** 281; AK-*Lemke* 1; HK-*Julius*[2] 1; KK-*Engelhardt*[4] 1, 2; *Kleinknecht/Meyer-Goßner*[44] 7.

[24] *Sarstedt* FS Hirsch 186; *G. Schäfer* FS 50 Jahre BGH 708.

[25] BGHSt **22** 26 = JZ **1968** 434 mit zust. Anm. *Eb. Schmidt*; BGH NJW **1990** 1741; *Hanack* JZ **1973** 729; *Jagusch* NJW **1959** 267; AK-*Lemke* 2; HK-*Julius*[2] 2; KK-*Engelhardt*[4] 2; SK-*Schlüchter* 9. Zur allgemeinen Problematik vgl. *Meyer* FS Kleinknecht (1985) 275; § 273, 7, 17.

[26] RGSt **1** 85; **53** 177; OLG Bremen NJW **1975** 1793.

lung, ihre Teilnehmer und ihren zeitlichen Verlauf bezeugen und abgrenzen[27]. Es besteht aber kein innerer Grund, darüber hinaus auch alle sonst von § 272 geforderten Angaben als für die Hauptverhandlung vorgeschriebene Förmlichkeiten anzusehen und in die absolute Beweiskraft des § 274 mit einzubeziehen[28]. Dies gilt vor allem für die in das Protokoll nach § 272 aufzunehmenden Einzelheiten über die Personalien sowie für die Bezeichnung der Straftat[29].

Nicht von der absoluten Beweiskraft erfaßt wird der **Inhalt von Aussagen**. Die Tat-   **11**
sache der Vernehmung einschließlich der Bezeichnung ihres Gegenstandes (zur Person, zur Sache usw.) wird zwar als solche mit der Beweiskraft des § 274 bezeugt, nicht aber der Inhalt der Aussage selbst[30] und zwar auch dann nicht, wenn es von Bedeutung ist, was jeweils während eines bestimmten Verhandlungsteils, etwa während des Ausschlusses der Öffentlichkeit[31] oder in Abwesenheit des Angeklagten nach § 247 ausgesagt wurde. Die Beweiskraft des § 274 erfaßt auch nicht die nach **§ 273 Abs. 2** in das Protokoll aufzunehmenden wesentlichen Ergebnisse der Vernehmungen[32]. Gleiches gilt nach allerdings strittiger Auffassung auch für den nach **§ 273 Abs. 3** in das Protokoll aufzunehmenden Wortlaut einer Aussage. Nur der Vorgang der Protokollierung, nicht aber der Inhalt des Protokollierten ist eine „für die Hauptverhandlung vorgeschriebene Förmlichkeit" im Sinne des § 274. Die Meinung, die demgegenüber auch den Wortlaut der protokollierten Äußerung die absolute Beweiskraft des § 274 beimißt[33] beruft sich vor allem auf die hohe Garantie für die richtige Wiedergabe der wörtlich niedergeschriebenen, verlesenen und genehmigten Äußerung. Die **Gegenmeinung**[34] sieht in diesen Umstand allein keinen ausreichenden Grund, der es rechtfertigen könnte, nicht nur über das zur Kennzeichnung des als wesentliche Förmlichkeit zu behandelnden Vorgangs Nötige[35] sondern insgesamt den wörtlich erfaßten Aussageinhalt die ausschließliche Beweiskraft des § 274 zuzuerkennen. Die absolute Beweiskraft des § 274 mag bei der Feststellung von Verfahrensvorgängen verfahrensökonomisch sinnvoll sein[36]. Ihre Ausdehnung auf Aussageninhalte dagegen paßt schlecht in das System der StPO, das insoweit der Freiheit der Beweiswürdigung und der Aufklärungspflicht Vorrang vor formalen Beweisregeln einräumt. Es besteht auch kein sachlicher Grund, in den Ausnahmefällen, in denen dies zum Tragen kommen kann, die später mit der gleichen Sache befaßten Gerichte für verpflichtet zu halten, eine versehentlich unrichtig proto-

---

[27] Ob die Beweiskraft des § 274 alle von § 272 geforderten Angaben umfaßt, ist strittig. RGSt **2** 76; **66** 419 nahmen das unter Hinweis auf die Entstehungsgeschichte an; ebenso wohl *Eb. Schmidt* § 272, 2. Nach *Gössel* § 34 B Ib 2; *Kleinknecht/Meyer-Goßner*[44] 1; KMR-*Müller* 3 fallen unter § 274 nur die Angaben, die zugleich wesentliche Förmlichkeiten im Sinne des § 273 Abs. 1 sind. KK-*Engelhardt*[4] 4 („soweit sie Hergang der Hauptverhandlung betreffen") zieht den Kreis etwas weiter. Für die Angaben über die Anwesenheit der Richter ging BGHSt **16** 308 von dem an sich gegebenen Beweiskraft des Protokolls aus.

[28] HK-*Julius*[2] 5; AK-*Lemke* 3; AK-*Engelhardt*[4] 4; etwas anders abgrenzend *Kleinknecht/Meyer-Goßner*[44] 6 („soweit wesentliche Förmlichkeiten", vgl. vorst. Fußn.); wie SK-*Schlüchter* 5 darlegt, besteht im Ergebnis kein wesentlicher Unterschied in der Beurteilung der Reichweite der Beweiskraft.

[29] Vgl. z.B. zu § 272 Nr. 2 einerseits OLG Schleswig bei *Ernesti/Jürgensen* SchlHA **1973** 188 (zeitweilige

Abwesenheit der Urkundsbeamtin), andererseits OLG Bremen OLGSt 13.

[30] Vgl. § 273, 11; 36.

[31] Vgl. BGH NStZ-RR **1997** 73.

[32] H. M; etwa BGH StV **1997** 455; bei *Dallinger* MDR **1973** 557; **1974** 369; BayObLGSt **1994** 89 = NJW **1995** 976; OLG Hamm NJW **1970** 69; KK-*Engelhardt*[4] § 273, 19; *Kleinknecht/Meyer-Goßner*[44] 10; KMR-*Müller* 2; SK-*Schlüchter* 8; § 273, 18; *Eb. Schmidt* 6; § 273, 12.

[33] *Sarstedt/Hamm*[6] 291; AK-*Lemke* 4; KK-*Engelhart*[4] 5; früher schon RGSt **42** 160, **43** 438; **58** 59; *Löwenstein* JW **1924** 1604.

[34] OLG Hamm NJW **1970** 96; *Dahs* FS-Schmidt-Leichner 30; *Gössel* § 34 B Ib 2; *Husmann* MDR **1977** 895; *Lackner* JR **1966** 306; *Roxin*[25] § 49, 8; KMR-*Müller* 2; *Pfeiffer* 2; SK-*Schlüchter* 8, früher schon *Alsberg* JW **1924** 1727.

[35] HK-*Julius*[2] 6; *Pfeiffer*[3] 2.

[36] Für ihre Abschaffung de lege ferenda *G. Schäfer* FS 50 Jahre BGH, 728.

kollierte Aussage[37] bei ihrer Beweiswürdigung formal als richtig und vollständig zu behandeln, nur weil eine die Beweiskraft aufhebende bewußte Fälschung im Sinne des Satzes 2 zu verneinen und eine Protokollberichtigung nicht zu erreichen ist, obwohl der Aufnahmefehler im Freibeweisverfahren zu korrigieren wäre und möglicherweise sogar unstreitig ist. Der nach § 273 Abs. 3 festgehaltene Wortlaut der Aussage ist auch ohne absolute Beweiskraft für die Revisionsrüge verwendbar, daß eine von ihm abweichende Wiedergabe im Urteil nicht auf dem Inbegriff der Hauptverhandlung beruht[38]. Dafür gelten keine strengeren Anforderungen als wenn für eine gleichartige Rüge die Niederschrift einer außerhalb der Hauptverhandlung aufgenommenen und in ihr verlesenen Aussage herangezogen wird. Soweit nach § 273 Abs. 3 Vorgänge protokolliert wurden, die ohnehin zu den wesentlichen Förmlichkeiten zählen, erstreckt sich die Beweiskraft des § 274 selbstverständlich auch darauf[39].

12   Die Beweiskraft des Protokolls gilt weder für den Inhalt der **Erklärungen** des Angeklagten zur Sache[40], seien es Geständnisse oder Einräumungen oder irgendwelche auf Strafausschließungs- oder Milderungsgründe bezügliche Behauptungen[41] mit Ausnahme der von § 267 Abs. 3 geforderten **förmlichen Anträge**[42], noch für sonstige **Ergebnisse der Vernehmungen**[43], noch für die vom Vorsitzenden hierbei ausgesprochenen Fragen oder Vorhaltungen[44], noch für Feststellungen, die der Vorsitzende aus den Akten oder anderen Schriftstücken, etwa über die ordnungsgemäße Ladung des Angeklagten trifft[45]; auch nicht für die Identität der erschienenen Personen[46].

13   Bei Erklärungen der Prozeßbeteiligten, die **keine förmlichen Anträge** sind, erfaßt sie grundsätzlich nur die Tatsache, daß eine solche Erklärung abgegeben wurde, nicht aber den Inhalt der Erklärung.

14   Das Sitzungsprotokoll ist auch dort, wo die Beweisregel des § 274 nicht Platz greift, als **Beweismittel verwertbar**. Das Gericht hat dann in **freier Beweiswürdigung** – auch unter Rückgriff auf andere Beweismittel – zu entscheiden, ob es die Angaben im Protokoll für erwiesen hält[47].

15   c) Nur die **Vorgänge in der Hauptverhandlung selbst** werden der erhöhten Beweiskraft des Protokolls teilhaftig. Nur sie können in der Regel Gegenstand der gemeinsamen Wahrnehmungen des Vorsitzenden und des Urkundsbeamten sein. Die der **Beratung** und **Abstimmung** gewidmeten Vorgänge nehmen deshalb an der Beweiskraft nicht teil, gleichviel, ob sie sich im Beratungszimmer oder im Verhandlungsraum zugetragen haben[48], ebensowenig die Vorgänge vor Beginn oder nach Beendigung der Hauptverhandlung oder während einer Unterbrechung[49].

---

[37] Trotz Beachtung der Formalien des § 273 Abs. 3 kann der Inhalt einer wörtlich aufgenommenen Aussage im Protokoll unbemerkt falsch (etwa durch das versehentliche Weglassen einer Negation) wieder gegeben worden oder mißverständlich erfaßt worden sein.

[38] Vgl. BGH NStZ-RR **1997** 73; § 273, 36 mit. weit. Nachw.

[39] Vgl. § 273, 40.

[40] *Kleinknecht/Meyer-Goßner*[44] 10.

[41] BGH StV **1981** 56 mit Anm. *Schlothauer*; RGSt **49** 315; **58** 59; vgl. § 267, 70; ferner § 337, 80.

[42] Vgl. § 267, 98; 103; 111; 168.

[43] RGSt **49** 315; **58** 59; BGH MDR **1974** 369; OLG Schleswig bei *Ernesti/Jürgensen* SchlHA **1971** 217; KK-*Engelhardt*[4] 5; *Eb. Schmidt* 6; vgl. § 273, 36.

[44] RGSt **35** 164; **42** 160; **43** 438; BGHSt **22** 28; OLG Koblenz VRS **51** (1976) 36; KK-*Engelhardt*[4] 13; *Eb. Schmidt* 7. Vgl. bei § 249.

[45] RG Recht **1920** Nr. 241; JW **1927** 2049.

[46] RGSt **46** 112.

[47] RGSt **43** 438; *Alsberg* JW **1916** 1205; *Eb. Schmidt* JZ **1968** 435; *Willms* FS Heusinger 393. Vgl. KK-*Engelhardt*[4] 12; *Kleinknecht/Meyer-Goßner*[44] 18.

[48] RGSt **3** 266; **17** 287; **27** 3; RG JW **1911** 510; Recht **1924** 880; OGHSt **3** 121; BGHSt **5** 294; OLG Schleswig bei *Ernesti/Jürgensen* SchlHA **1973** 187; *Kleinknecht/Meyer-Goßner*[44] 9; SK-*Schlüchter* 4; vgl. § 273, 5.

[49] RG JW **1915** 1265; OLG Hamburg NJW **1955** 1201; *Kleinknecht/Meyer-Goßner*[44] 9; KMR-*Müller* 2; SK-*Schlüchter* 4.

Dies gilt auch für die **Erklärungen**, die **vor oder nach Beendigung** der Hauptverhand- **16** lung vor dem erkennenden Gericht über die Anfechtung einer Entscheidung oder über den **Verzicht auf ein Rechtsmittel** abgegeben werden. Ob die Erklärung des Rechtsmittelverzichts trotzdem an der Beweiskraft des § 274 teilnimmt, wenn sie in der Form des § 273 Abs. 3 beurkundet wurde, ist strittig[50]. Wird dagegen **in der Hauptverhandlung** vor dem Rechtsmittelgericht die Beschränkung oder Zurücknahme eines Rechtsmittels erklärt, so handelt es sich um eine wesentliche Förmlichkeit, auf die sich die Beweiskraft erstreckt[51]. Diese erfaßt aber nicht die Frage, ob der Angeklagte den Verzicht vorher mit seinem Verteidiger besprochen hatte[52].

d) Schließlich ist in diesem Zusammenhang noch darauf hinzuweisen, daß § 274 **17** keine Anwendung auf das **Protokoll** findet, das vom Urkundsbeamten gemäß § 45 Abs. 8 DRiG (früher § 51 GVG) über die **Beeidigung der Schöffen** aufgenommen wird[53].

5. Wirkung der ausschließlichen Beweiskraft

a) Positive und negative Beweiskraft. Die Ausdrucksweise des Gesetzes, das von der **18** Beobachtung der Förmlichkeiten spricht, gibt den Sinn des Gesetzes nur unvollkommen wieder. Die Vorschrift bedeutet, daß das übergeordnete Gericht alle **wesentlichen Förmlichkeiten der Hauptverhandlung** ohne Rücksicht auf den tatsächlichen Verhandlungsverlauf als so geschehen annehmen muß, wie sie im Protokoll beurkundet sind, und daß dieses den einzigen Beweis für die Frage bildet, welche Verhandlungsvorgänge und wie diese stattgefunden haben. Es handelt sich um die Vorgänge in der Hauptverhandlung, die für die Rechtsbeständigkeit des Verfahrens von Bedeutung sein können, also z. B. um die Stellung von Anträgen der Prozeßbeteiligten und um den Inhalt und die Begründung der im Lauf der Verhandlung ergangenen Entscheidungen[54].

Ist im Protokoll die Beobachtung einer vorgeschriebenen Förmlichkeit, z. B. die Be- **19** eidigung eines Zeugen, ordnungsgemäß beurkundet, so gilt unter Ausschluß der freien Beweiswürdigung (Rdn. 21) als nachgewiesen, daß der diese Förmlichkeit betreffenden Vorschrift in einer dem Gesetz entsprechenden **Weise** genügt ist[55], etwa, daß eine vorgeschriebene Unterrichtung des Angeklagten nach § 247 Abs. 4 oder eine Rechtsmittelbelehrung richtig und vollständig erteilt wurde[56]. Vermerkt das Protokoll, daß der Angeklagte abgelehnt hat, sich zur Sache zu äußern, so ist davon auszugehen, daß er während der ganzen Hauptverhandlung geschwiegen hat, sofern nicht später vermerkt ist, daß er sich dann doch noch zur Sache äußerte[57]. Vermerkt das Protokoll die Anwesenheit einer Person, so ist, wenn deren Anwesenheit zu den wesentlichen Förmlichkeiten gehört[58], mangels einer späteren Feststellung der Entfernung davon auszugehen, daß diese während der ganzen Hauptverhandlung anwesend war[59]. Die Verhandlungsniederschrift ist der **alleinige Beweis** nicht nur für die Beobachtung der gesetzlichen Vorschriften, sondern ebenso für deren Nichtbeobachtung.

---

[50] Vgl. § 273, 21.

[51] Vgl. § 273, 22.

[52] BGH NStZ **1996** 297.

[53] RGSt **64** 50; RG JW **1928** 2272; BGH bei *Dallinger* DRM **1973** 372.

[54] Ob sich der Begriff mit den wesentlichen Förmlichkeiten im Sinne des § 273 Abs. 1 deckt ist strittig; vgl. Rdn. 21. Zu den von der Beweiskraft erfaßten Förmlichkeiten vgl. § 273, 6 ff.

[55] KK-*Engelhardt*[4] 7; *Kleinknecht/Meyer-Goßner*[44] 13; KMR-*Müller* 4; SK-*Schlüchter* 13; *Eb. Schmidt* 13.

[56] OLG Düsseldorf NStZ **1986** 233 mit Anm. *Wendisch*; OLG Koblenz OLGSt **2**; OLG Köln § 35a, 1; *Kleinknecht/Meyer-Goßner*[44] 13; SK-*Schlüchter* 13; vgl. § 35a, 27.

[57] BGH StV **1996** 531; vgl. § 273, 10.

[58] Dies ist z. B. bei Zeugen und Sachverständigen nicht der Fall, vgl. § 273, 9; § 243, 80.

[59] RGSt **34** 358; vgl. § 273, 9 mit weit. Nachw.

Walter Gollwitzer

20   Das Protokoll hat auch **negative Beweiskraft**. Unter Ausschluß des Rückgriffs auf andere Beweismittel beweist es nicht nur, daß das geschehen ist, was es angibt, sondern umgekehrt auch, daß das unterblieben ist, was im Protokoll nicht bezeugt wird[60]. Dies bedeutet beispielsweise, daß davon auszugehen ist, es habe keine Verhandlung über den Ausschluß der Öffentlichkeit stattgefunden, wenn das Protokoll hiervon nichts enthält[61], daß das Gericht den Ausschluß der Öffentlichkeit entgegen § 174 Abs. 1 Satz 3 GVG nicht begründet hat, wenn der protokollierte Beschluß über den Ausschluß der Öffentlichkeit keine Begründung enthält[62], daß der Anklagesatz nicht verlesen wurde, wenn die Sitzungsniederschrift darüber schweigt[63]; daß ein Dolmetscher nicht vereidigt wurde oder sich auf einen früheren Eid berufen hat, wenn das Protokoll darüber schweigt[64] oder daß ein Zeuge, der vom Zeugnisverweigerungsrecht Gebrauch gemacht hat, auf dieser Stellungnahme verblieben ist, wenn aus dem Protokoll nichts über einen Widerruf der Zeugnisverweigerung hervorgeht; daß ein Zeuge, dessen Vereidigung das Protokoll nicht ersichtlich macht, unbeeidigt vernommen worden ist[65]. Beim Schweigen des Protokolls ist davon auszugehen, daß ein im Protokoll nicht angegebener Antrag nicht gestellt worden[66], ein nicht vermerkter Widerspruch nicht erhoben, ein im Protokoll nicht erwähnter Gerichtsbeschluß nicht ergangen ist[67]; daß der Vorsitzende nicht das letzte Wort erteilt[68] oder daß er den Angeklagten, den das Gericht gemäß § 247 hatte abtreten lassen, nach dem Wiedereintritt nicht dieser Vorschrift entsprechend unterrichtet hat[69]. Ohne entsprechenden Vermerk ist ferner davon auszugehen, daß er ihn nicht alsbald unterrichtet hat, wenn zwischen dem beurkundeten Wiedereintritt und der beurkundeten Unterrichtung andere Verfahrensvorgänge geschildert werden[70]; daß die im Protokoll nicht beurkundete Verlesung eines Schriftstücks[71] oder die Einnahme eines Augenscheins[72] nicht stattgefunden hat, oder daß der aus dem Protokoll nicht ersichtliche Hinweis auf die Veränderung des rechtlichen Gesichtspunkts versäumt worden ist[73].

21   **b) Ausschließlichkeit.** Die Beweiskraft der Verhandlungsniederschrift ist so ausschließlich, daß ihre Angaben, wenn man von dem nach Satz 2 zulässigen Nachweis der Fälschung absieht (Rdn. 28), grundsätzlich durch andere Beweise weder widerlegt noch ergänzt werden können[74]. Eine Beweiserhebung, die auf eine Widerlegung oder Ergänzung des Protokolls abzielt, ist nicht zulässig und auch dem Revisionsgericht verwehrt[75]. **Dienstliche Äußerungen**, die das Protokoll erläutern oder ergänzen sollen, sind dafür nicht verwertbar[76]. Selbst der **Inhalt des Urteils** ist nicht geeignet, das Protokoll zu

---

[60] RGSt **53** 177; **64** 310; BGHSt **22** 280; BGH JR **1961** 508; NStZ **1993** 51; LM Nr. 10; KK-*Engelhardt*[4] 6; *Kleinknecht/Meyer-Goßner*[44] 7; KMR-*Müller* 4; *Eb. Schmidt* 13.

[61] RGSt **57** 26; vgl. bei § 174 GVG.

[62] BGHSt **1** 216; ferner etwa BGH StV **1989** 384 (L); BGH bei *Holtz* MDR **1977** 810 (zur Wiederherstellung der Öffentlichkeit); vgl. bei § 174 GVG.

[63] BGH NStZ **1984** 521; **1986** 375; bei *Miebach/Kusch* NStZ **1991** 230; zu den Einzelheiten vgl. § 243, 63; ferner zur früheren Rechtslage BGHSt **8** 283.

[64] BGH NStZ **1992** 49; vgl. § 273, 10 mit weit. Nachw.

[65] RGSt **43** 438; BGH MDR **1974** 548; vgl. auch BGHSt **4** 140 (zur Berufung auf früher geleisteten Eid); ferner § 59; 19; § 64, 5 f.

[66] RGSt **31** (1966) 163; **53** 176; **63** 409; BGHSt **2** 127; BGH VRS **30** (1966) 194; BGH bei *Dallinger* MDR **1974** 548; **1975** 369; vgl. § 244, 177; ferner *Alsberg/Nüse/Meyer* 883 mit weit. Nachw.

[67] BGHSt **1** 216; OLG Köln NJW **1954** 1820.

[68] OLG Schleswig bei *Ernesti/Jürgensen* SchlHA **1970** 199; § 258, 52 mit weit. Nachw.

[69] RG LZ **9** 846; BGHSt **1** 350; vgl. § 247, 45.

[70] BGHSt **3** 385; vgl. § 247, 41.

[71] Vgl. § 249, 49 ff; 88 ff.

[72] Vgl. etwa OLG Hamm JMBlNW **1978** 276 (Foto); ferner § 244, 337.

[73] Vgl. bei § 265, 74 ff.

[74] RGSt **53** 176; OGHSt **1** 279; BGHSt **2** 125; BGH NJW **1976** 977; NStZ **1993** 51; KG VRS **43** (1972) 199; *Alsberg/Nüse/Meyer* 884; *Kleinknecht/Meyer-Goßner*[44] 3.

[75] RGSt **20** 166; **53** 177; OLG Bremen OLGSt 13; vgl. § 337, 71; KK-*Engelhardt*[4] 7.

[76] BGHSt **8** 283; **13** 59; **22** 280; NJW **1976** 977; NStZ **1983** 375; **1984** 133; **1986** 374; **1993** 94; bei *Miebach/Kusch* **1991** 230; bei *Dallinger* MDR **1974** 548; bei *Holtz* MDR **1977** 810; BayObLGSt **1956** 226 =

widerlegen oder zu ergänzen, soweit dieses den Beweis zu liefern bestimmt ist[77]. Dies gilt auch, wenn Anträge der Prozeßbeteiligten nur im Urteil erwähnt werden[78].

An der Beweiskraft der Verhandlungsniederschrift wird auch dadurch nichts ge- **22** ändert, daß über ihre Unrichtigkeit zwischen der Staatsanwaltschaft und dem Angeklagten **Einverständnis** besteht[79]. Der **Auslegung** des Protokolls steht die Ausschließlichkeit seiner Beweiskraft nicht entgegen[80].

6. Wegfall der Beweiskraft

a) Offensichtliche Lücken. Die negative Beweiskraft des Protokolls greift nach der **23** herrschenden Meinung[81] nicht ein, soweit das Protokoll erkennbar lückenhaft ist. Die bloße Nichterwähnung eines Vorgangs im Protokoll rechtfertigt für sich allein aber nicht die Annahmen einer Lücke[82].

Die Lücke muß als solche **offensichtlich** sein, was insbesondere dann der Fall ist, **24** wenn ein protokollierter Umstand zeigt, daß ein nicht protokollierter geschehen sein muß[83], so, wenn das Protokoll ersichtlich unvollständig ist, weil es nur einen Teil des Verfahrensvorgangs festgehalten hat[84], etwa, wenn es nur vermerkt, daß ein Beweisantrag abgelehnt wurde, ohne jedoch den Inhalt des Beweisantrags anzugeben[85] oder wenn nur festgestellt wird, daß ein Zeuge erschienen ist und belehrt wurde, weitere Angaben über diesen Zeugen im Protokoll aber fehlen[86], oder wenn nur die nochmalige Vernehmung eines Zeugen im Protokoll vermerkt ist[87], oder wenn nur festgestellt wird, „der Zeuge wurde vereidigt" ohne daß erkennbar ist, auf welchen von mehreren Zeugen sich dieser Vermerk bezog[88], oder wenn sich ergibt, daß das Gericht die Öffentlichkeit zeitweilig ausgeschlossen hatte, ohne daß festgehalten ist, zu welcher Zeit und in welcher Form das geschehen ist[89] oder wenn wegen des Wechsels des Protokollführers Unklarheiten darüber entstehen, in welchem Umfang eine bereits im vorangegangenen Proto-

NJW **1957** 34; KG VRS **43** (1972) 199; OLG Schleswig bei *Ernesti/Jürgensen* SchlHA **1970** 199; *Alsberg/Nüse/Meyer* 884; HK-*Julius*[2] 7; *Kleinknecht/Meyer-Goßner*[44] 3; KMR-*Müller* 12; SK-*Schlüchter* 11. Dienstliche Erklärungen der für die Richtigkeit des Protokolls verantwortlichen Personen können jedoch die Beweiskraft des Protokolls aufheben (Rdn. 5; 27; § 271, 49), sie können aber einer bereits erhobenen Verfahrensrüge nicht mehr den Boden entziehen (vgl. Rdn. 27; § 271, 40 ff; 49; 55; 64 ff).

[77] RGSt **31** 163; **35** 61; RG GA **69** (1925) 86; RGRspr. **9** 379; BGHSt **2** 125; BGH NJW **1976** 977, OLG Frankfurt NJW **1953** 198; OLG Hamm NJW **1978** 2406; *Alsberg/Nüse/Meyer* 884; *Mittelbach* JR **1955** 330; *Kleinknecht/Meyer-Goßner*[44] 3; KMR-*Müller* 13; SK-*Schlüchter* 11; *Eb. Schmidt* 17; vgl. § 273, 60.

[78] RGSt **31** 163; **35** 61; RG GA **37** (1889) 445; **69** (1925) 86.

[79] *Alsberg/Nüse/Meyer* 884; HK-*Julius*[2] 2; *Kleinknecht/Meyer-Goßner*[44] 3; SK-*Schlüchter* 11.

[80] Vgl. Rdn. 7.

[81] RGSt **63** 410; KG HESt **3** 57; BGHSt **16** 306; **17** 220; **31** 39; BGH LM Nr. 10; MDR **1952** 659; JR **1961** 508; NJW **1976** 977; **1984** 2172; NStZ **1981** 69 mit Anm. *Liemersdorf*; bei *Dallinger* MDR **1952** 659; **1969** 195; **1974** 548; BayObLGSt **1949/51** 120; **1953** 135 = NJW **1953** 1524; BayObLG bei *Rüth*

DAR **1975** 211; **1982** 254; OLG Braunschweig Nds-Rpfl. **1956** 77; OLG Bremen NJW **1975** 1793; OLG Celle NdsRpfl. **1953** 196; OLG Frankfurt NJW **1953** 198; KG VRS **39** (1976) 434; OLG Karlsruhe Justiz **1980** 155; OLG Koblenz VRS **63** (1982) 130; OLG Köln VRS **62** (1982) 281; OLG Saarbrücken JBl.Saar **1962** 96; VRS **48** (1975) 439; *Alsberg/Nüse/Meyer* 890; K·K-*Engelhardt*[4] 9; 10; HK-*Julius*[2] 7; *Kleinknecht/Meyer-Goßner*[44] 17; KMR-*Müller* 8; SK-*Schlüchter* 17 ff. mit Beispielen. Vgl. Rdn. 3.

[82] BGH NStZ **1982** 517; KMR-*Müller* 9.

[83] BGHSt **17** 220; BGH JR **1961** 508; bei *Dallinger* MDR **1952** 659; **1969** 195; BayObLGSt **1949/51** 120; OLG Bremen OLGSt 13; NJW **1975** 1793; OLG Koblenz VRS **63** (1982) 132; *Alsberg/Nüse/Meyer* 891; *G. Schäfer* FS 50 Jahre BGH, 713; HK-*Julius*[2] 7; K·K-*Engelhardt*[4] 9; *Kleinknecht/Meyer-Goßner*[44] 17; SK-*Schlüchter* 18 mit Beispielen.

[84] Vgl. etwa OLG Köln VRS **62** (1982) 281; OLG Saarbrücken VRS **48** (1975) 439.

[85] BGH bei *Dallinger* MDR **1952** 659; OLG Celle NdsRpfl. **1953** 190; ähnlich RGSt **59** 422 bei Ablehnung als unerheblich.

[86] BGH JR **1961** 508; NJW **1967** 977; OLG Bremen NJW **1975** 1793.

[87] SK-*Schlüchter* 18.

[88] BayObLGSt **1953** 135 = NJW **1953** 1521.

[89] BGHSt **17** 220 = LM 12 mit Anm. *Geier*.

kollteil festgehaltene Beweiserhebung nach dem Wechsel fortgesetzt wurde[90]. Ein zutreffend protokollierter Vorgang, etwa die Anordnung der Vereidigung, rechtfertigt aber nicht, eine offensichtliche Lücke anzunehmen, wenn das Protokoll darüber schweigt, ob ein daran anknüpfender späterer Vorgang, etwa die Ausführung der Vereidigung auch tatsächlich stattfand[91]. Letzteres ist keine zwingende Folge. So besagt die protokollierte Übergabe zweier Bücher zu Beweiszwecken nicht, daß das Gericht sie später dafür auch verwendet hat[92]; die im Protokoll vermerkte Anordnung des Selbstleseverfahrens nach § 249 Abs. 2 kann nicht die nach § 249 Abs. 2 gebotene Feststellung der Kenntnisnahme ersetzen[93].

25   Kann die Lücke nicht bereits durch sinnvolle Auslegung des Protokolls geschlossen werden (Rdn. 7), dann kann das Revisionsgericht im Wege des **Freibeweises** auf alle in Frage kommenden Erkenntnisquellen zurückgreifen und seiner Entscheidung dann den Verfahrensablauf zugrunde legen, den es für erwiesen hält, auch wenn er mit dem Vortrag des Revisionsführers nicht übereinstimmt[94].

26   **b) Widersprüche, sonstige Mängel.** Die Beweiskraft entfällt auch, wenn das Protokoll **widersprüchlich** ist, wenn es also Feststellungen enthält, die sich zwar nicht notwendigerweise logisch, wohl aber bei einer sinnvollen Auslegung des Beurkundeten gegenseitig ausschließen[95], etwa, wenn es unterschiedliche Verfahrensgestaltungen als möglich erscheinen läßt, der tatsächliche Verfahrensgang aber nicht eindeutig zu ersehen ist[96] oder wenn der vom Protokollführer im Protokoll festgehaltene Wortlaut des Antrags von dem als Anlage zum Protokoll genommenen Antrag abweicht[97]. Ob ein offensichtlicher Widerspruch auch vorliegt, wenn das Protokoll für einen von mehreren Sitzungstagen einen anderen Richter als Beisitzer aufführt, ist strittig[98]. Ein Widerspruch wurde angenommen, wenn das Protokoll die Ergänzungsschöffen für einen Sitzungstag als abwesend bezeichnet, während es am nächsten Tag ihre Anwesenheit auch für den vorangegangenen Sitzungstag bekundet[99]. Schon formale Fehler oder Unklarheiten des Protokolls können diese Folge haben, so, wenn das verwendete Formular ersichtlich unvollständig und widersprüchlich ausgefüllt worden ist[100], etwa, wenn es zum Aussageverhalten des Angeklagten zwei einander widersprechende Angaben enthält, wie es vor allem bei einem nicht ordnungsgemäß ausgefüllten Vordruck vorkommt[101].

27   **c)** Eine **Protokollberichtigung** (§ 271, 42 ff) beseitigt die **Beweiskraft des Protokolls** grundsätzlich nicht, sondern ändert nur den Inhalt des Bewiesenen. Kann allerdings die Protokollberichtigung deshalb nicht durchgeführt werden, weil Vorsitzender und Urkundsbeamter hinsichtlich der Richtigkeit des ursprünglichen Protokolls und der Notwendigkeit einer Berichtigung verschiedener Ansicht sind, dann beseitigt die **fehlende Übereinstimmung der Urkundspersonen** die Beweiskraft des Protokolls[102] und eröffnet

---

[90] BGH StV **1999** 274; 639.
[91] BGH bei *Dallinger* MDR **1974** 548; *G. Schäfer* FS 50 Jahre BGH 714; *Kleinknecht/Meyer-Goßner*[44] 17; KMR-*Müller* 9; SK-*Schlüchter* 19.
[92] BGH NStZ **1993** 51.
[93] BGH NStZ **2000** 47; bei *Kusch* NStZ **1993** 30.
[94] BGHSt **17** 220; dazu *Hanack* JZ **1972** 490, BGH NJW **1976** 977; JR **1961** 508; KG VRS **43** (1972) 199; OLG Koblenz VRS **63** (1982) 130; OLG Köln VRS **62** (1982) 281.
[95] BGHSt **16** 306; **17** 222; BGH NStZ **1983** 975; **1992** 49; bei *Kusch* NStZ-RR **2000** 16; 293; *Sarstedt/Hamm*[6] 229; *G. Schäfer* FS 50 Jahre BGH 712.

[96] BGH NStZ **2000** 49.
[97] OLG Brandenburg NStZ **1995** 52.
[98] So BGHSt **16** 306; KK-*Engelhardt*[4] 11; *Kleinknecht/Meyer-Goßner*[44] 17; Bedenken bei *Hanack* JZ **1972** 489; HK-*Julius*[2] 7.
[99] BGH NStE 2; SK-*Schlüchter* 20.
[100] OLG Köln VRS **62** (1982) 281; vgl. Rdn. 3 ff.
[101] Vgl. BGH StV **1999** 189 mit Anm. *Ventzke*; BGH NStZ **2000** 49.
[102] Vgl. Rdn. 5; § 271, 49.

dem Revisionsgericht den Weg zum Freibeweis. Dies ist schon dann der Fall, wenn eine den Protokollinhalt in Frage stellende Erklärung einer der beiden Urkundspersonen vorliegt, etwa eine dienstliche Erklärung, in der zu einer Revisionsrüge Stellung genommen wird[103]. Einer bereits erhobenen Verfahrensrüge kann dadurch aber nicht der Boden entzogen, wohl aber dem Revisionsführer der Weg für eine erfolgreiche Verfahrensrüge eröffnet werden[104].

7. Fälschung der Verhandlungsniederschrift. Eine Fälschung im Sinn des § 274 liegt **28** vor, wenn entweder die Niederschrift als Ganzes von einem Unbefugten hergestellt oder eine an sich echte Niederschrift in unbefugter Weise inhaltlich verändert worden ist, ferner, wenn von den bei der Errichtung Beteiligten **mit Bewußtsein** dem Protokoll, sei es durch eine Niederschrift oder durch eine Weglassung, ein unwahrer Inhalt gegeben wird[105]. Dagegen trifft der Begriff der Fälschung nicht zu, wenn nur aus **Mißverständnis oder Fahrlässigkeit** Vorgänge, die sich zugetragen haben, aus der Verhandlungsniederschrift weggelassen oder Vorgänge als wirklich in sie aufgenommen sind, die sich überhaupt nicht oder in anderer Weise zugetragen haben[106]. Hier kann allenfalls versucht werden, durch einen Antrag auf Protokollberichtigung[107] eine Richtigstellung des beweiskräftigen Protokollvermerks zu erreichen.

Der **Nachweis** der Fälschung ist von dem Verfahrensbeteiligten, der sie behauptet, **29** mit allen dazu geeigneten Beweismitteln zu führen. Dazu muß es genügen, daß dem Gericht die Beweismittel für die durch konkreten Tatsachenvortrag dargelegte Fälschung bezeichnet werden[108]. Das Gericht hat dies dann, wie auch sonst bei verfahrensrechtlich erheblichen Tatsachen im Wege des **Freibeweises** aufzuklären und dann darüber zu befinden[109]. Eine Fälschung ist aber nicht schon dadurch bewiesen, daß beide Protokollpersonen oder eine von ihnen erklärt, nachträglich nicht ausschließen zu können, daß das Protokoll in dem betreffenden Punkte unrichtig sei[110]. Ist der Nachweis der Fälschung erbracht, entfällt die Beweiskraft des Protokolls hinsichtlich der von der Fälschung betroffenen Teile. Die betroffenen Verfahrensvorgänge sind, soweit dies nicht bereits für den Nachweis der Fälschung notwendig war, ebenfalls im Freibeweisverfahren festzustellen. Wenn möglich, ist nachträglich ein Protokoll mit richtiggestelltem Inhalt zu fertigen[111]. Für das Revisionsgericht ist der Nachweis der Fälschung aber nur **von Bedeutung**, wenn es für die Revisionsentscheidung darauf ankommt. Andernfalls braucht es der Behauptung der Fälschung keine Folge zu geben[112].

---

[103] RGSt **57** 396; **67** 287; RG JW **1929** 2740; **1930** 716; **1931** 2506; HRR **1937** Nr. 286; BGHSt **4** 364; GA **1963** 19; **1970** 240; BGH bei *Dallinger* MDR **1953** 273; BayObLGSt **1956** 226; **1960** 125; OLG Köln NJW **1952** 758; OLG Hamm NJW **1954** 156; OLG Schleswig MDR **1960** 521; OLG Saarbrücken OLGSt § 271, 2; OLG Hamburg GA **1967** 121; *Busch* JZ **1964** 747; **a. A** *Beling* JW **1927** 126.

[104] BGH StV **1988** 45; vgl. Rdn. 21; § 271, 55.

[105] OLG Düsseldorf StV **1984** 108; AK-*Lemke* 11; *Kleinknecht/Meyer-Goßner*[44] 19; KMR-*Müller* 15; *Pfeiffer*[3] 4; SK-*Schlüchter* 22. Vgl. *Eb. Schmidt* 11 mit Nachweisen zu einer früher vertretenen engeren Auffassung, die auch bei bewußt unrichtiger Protokollierung durch die Urkundspersonen eine Fälschung verneinte. Nach *G. Schäfer* FS 50 Jahre BGH 711 läßt sich in der Rechtsprechung des BGH keine Entscheidung finden, die eine Fälschung im Sinne von § 274 Satz 2 bejaht hat.

[106] RGSt **5** 44; **7** 388; **8** 143; **19** 344; **20** 166; RG JW **1924** 467 mit Anm. *Hegler*; BGH StV **1997** 455; OLG Düsseldorf StV **1984** 108; NJW **1997** 1718; *Kohlhaas* NJW **1974** 24; AK-*Lemke* 11; *Kleinknecht/Meyer-Goßner*[44] 19; KMR-*Müller* 15; SK-*Schlüchter* 22; *Eb.* Schmidt 12; **a. A** Beling 325 Anm. 1, der die objektive Unrichtigkeit genügen läßt.

[107] Vgl. § 271, 42 ff.

[108] HK-*Julius*[2] 11; *Kleinknecht/Meyer-Goßner*[44] 20; KMR-*Müller* 15; SK-*Schlüchter* 23.

[109] Vgl. *Herdegen* FS-Salger 305; *Kleinknecht/Meyer-Goßner*[44] 20; KMR-*Müller* 15; SK-*Schlüchter* 23.

[110] OLG Düsseldorf NJW **1997** 1718.

[111] Vgl. § 271, 44 ff. Die nachträgliche Richtigstellung der Fälschung kann allerdings ebenso wie auch sonst eine Berichtigung der Revision nicht den Boden entziehen, vgl. § 271, 49; 55; 64.

[112] RGSt **7** 391; AK-*Lemke* 11.

§ 275

(1) [1]Ist das Urteil mit den Gründen nicht bereits vollständig in das Protokoll aufgenommen worden, so ist es unverzüglich zu den Akten zu bringen. [2]Dies muß spätestens fünf Wochen nach der Verkündung geschehen; diese Frist verlängert sich, wenn die Hauptverhandlung länger als drei Tage gedauert hat, um zwei Wochen, und wenn die Hauptverhandlung länger als zehn Tage gedauert hat, für jeden begonnenen Abschnitt von zehn Hauptverhandlungstagen um weitere zwei Wochen. [3]Nach Ablauf der Frist dürfen die Urteilsgründe nicht mehr geändert werden. [4]Die Frist darf nur überschritten werden, wenn und solange das Gericht durch einen im Einzelfall nicht voraussehbaren unabwendbaren Umstand an ihrer Einhaltung gehindert worden ist. [5]Der Zeitpunkt des Eingangs und einer Änderung der Gründe ist von der Geschäftsstelle zu vermerken.

(2) [1]Das Urteil ist von den Richtern, die bei der Entscheidung mitgewirkt haben, zu unterschreiben. [2]Ist ein Richter verhindert, seine Unterschrift beizufügen, so wird dies unter der Angabe des Verhinderungsgrundes von dem Vorsitzenden und bei dessen Verhinderung von dem ältesten beisitzenden Richter unter dem Urteil vermerkt. [3]Der Unterschrift der Schöffen bedarf es nicht.

(3) Die Bezeichnung des Tages der Sitzung sowie die Namen der Richter, der Schöffen, des Beamten der Staatsanwaltschaft, des Verteidigers und des Urkundsbeamten der Geschäftsstelle, die an der Sitzung teilgenommen haben, sind in das Urteil aufzunehmen.

(4) Die Ausfertigungen und Auszüge der Urteile sind von dem Urkundsbeamten der Geschäftsstelle zu unterschreiben und mit dem Gerichtssiegel zu versehen.

Schrifttum. *Arndt* Das Urteil (1952); *Furtner* Das Urteil im Strafprozeß (1970); *Habscheid* Die verspätete Absetzung von Strafurteilen, NJW **1964** 629; 1842; *Hahn* Die Fristversäumung der Urteilsniederschrift als absoluten Revisionsgrund, ZRP **1976** 63; *Hillenkamp* Die Urteilsabsetzungs- und Revisionsbegründungsfrist im deutschen Strafprozeß (1998); *Kohlhaas* Das Ärgernis des § 275 StPO, GA **1974** 142; *Kroschell/Meyer-Goßner* Die Abfassung der Urteile in Strafsachen[26] (1994); *Löffler* Die Berechnung der Urteilsabsetzungsfrist nach § 275 StPO, NStZ **1987** 318; *Meves* Das Urteil im deutschen Strafverfahren, GA **36** (1888) 102 ff; *Peters* Die verspätete Absetzung des Strafurteils im Strafverfahren, FS Weber 374; *Rieß* Die Urteilsabsetzungsfrist (§ 275 I StPO), NStZ **1982** 441; *Rieß* Zur Berechnung der verlängerten Urteilsabsetzungsfrist nach § 275 I 2 StPO – Erwiderung zu Löffler, NStZ **1987** 318; *Sarstedt* Verspätete Absetzung von Strafurteilen, JZ **1965** 238; *Seibert* Verspätete Absetzung von Strafurteilen, MDR **1955** 148. Ferner das Schrifttum zu § 338 Nr. 7 bei § 338.

Entstehungsgeschichte. Die Frist des Absatzes 1 betrug ursprünglich drei Tage. Durch Gesetz vom 11. 3. 1921 wurde sie auf eine Woche verlängert. Da auch diese Frist praktisch oft nicht einhaltbar war und andererseits die Rechtsprechung[1] unvertretbar lange

---

[1] Vgl. BGHSt **21** 4 (16 Monate!) und bei *Herlan* MDR **1954** 656 (1 Jahr); OLG Köln NJW **1969** 520 = JR **1969** 469 mit Anm. *Kleinknecht* (14 Monate) und NJW **1964** 606 (acht Monate); vgl. ferner BGH NJW **1951** 970; GA **1976** 25; OGHSt **2** 328; OLG Celle DAR **1953** 117; OLG Hamm NJW **1974** 466; OLG Koblenz VRS **43** (1972) 423; OLG Schleswig bei *Ernesti/Jürgensen* SchlHA **1970** 200; **1973** 188; OLG Stuttgart NJW **1965** 1504; zur Kritik an dieser Entwicklung vgl. etwa *Hermann* ZStW **85** (1973) 288; *Habscheid* NJW **1964** 630; *Hillenkamp* 17, 26 ff; *Kohlhaas* GA **1974** 142; *Sarstedt* JZ **1965** 238; *Schünemann* NJW **1974** 1882.

Fristüberschreitungen tolerierte, brachte Art. 1 Nr. 80 des 1. StVRG mit dem neugefaßten Absatz 1 eine Neuregelung[2]. Die übrigen Änderungen des § 275 waren weniger einschneidend. Art. 7 Nr. 15 StPÄG hat in Absatz 3 das Wort „Verteidiger" eingefügt, Art. 4 Nr. 7 des Gesetzes vom 26.5.1972 in den Absätzen 2 und 3 die Erwähnung der Geschworenen gestrichen.

Übersicht

---

[2] Gültig für die nach den 1.2.1975 verkündeten Urteile (Art. 9 Abs. 4 1.StVRG), vgl. *Hahn* ZRP **1976** 63; *Rieß* NJW **1975** 87; NStZ **1982** 441; ferner die Kritik von *Peters* Der neue Strafprozeß (1975) 179 und neuerdings von *Hillenkamp* (insbes. 59 ff).

Alphabetische Übersicht

I. Frist für die Urteilsabsetzung

1. Bedeutung. Die Abfassung des Urteils entsprechend dem Beratungsergebnis ist **1**
eine **zur Rechtsprechung gehörende** richterliche Tätigkeit[3], durch die die Grundlage für
das weitere Verfahren und eine wichtige Unterlage für die Strafvollstreckung geschaffen
wird[4]. Die schriftliche Festlegung der Urteilsgründe ist aber bei einem in Anwesenheit
des Angeklagten verkündeten Urteil keine unabdingbare Voraussetzung für den Eintritt
der Rechtskraft und der Vollstreckbarkeit[5]. § 275 ergänzt die Vorschriften über die Fassung der Urteilsformel (§ 260) und der Urteilsgründe (§ 267) durch Regelungen für die
Form der Urteilsurkunde und ihren Ausfertigungen und die Fristen für ihre Fertigstellung. Er gilt nur für Urteile, nicht für Beschlüsse[6].

Die das Urteil tragenden Erwägungen sind **unverzüglich** schriftlich niederzulegen[7]. **2**
Jede nicht durch schwerwiegenden Sachgründe gerechtfertigte **Verzögerung** der Urteilsabsetzung verstößt gegen das **Gebot der Verfahrensbeschleunigung** und gefährdet die
Zuverlässigkeit, mit der die schriftlichen Urteilsgründe das Beratungsergebnis beurkunden[8]. Die Begrenzung der für die schriftliche Urteilsbegründung zur Verfügung stehenden Zeit soll verhüten, daß ein längeres Hinausschieben der Urteilsabfassung die Zuverlässigkeit der Erinnerung des Urteilsfassers und der mitunterzeichnenden Richter
beeinträchtigt und zu einer Darstellung der Sach- und Rechtslage in den Urteilsgründen
führt, bei der nicht mehr gesichert ist, daß sie der das Urteil tragenden Ansicht der
Mehrzahl der Richter bei der Beratung entspricht[9]. Bei kleineren Verfahren, die sich
gleichen, ist damit zu rechnen, daß das Erinnerungsbild des Richters schnell verblaßt[10].
Deshalb schreibt Absatz 1 vor, daß das Urteil unverzüglich, spätestens aber vor Ablauf
bestimmter Fristen zu den Akten gebracht sein muß. Die dafür im Gesetz festgelegten
zeitlichen Grenzen sind nur Höchstfristen, bei deren Überschreitung die Verletzung des
Unverzüglichkeitsgebots zu einem absoluten Revisionsgrund nach § 338 Nr. 7 wird.

2. Urteilsfasser. Die Abfassung des Urteils mit den Gründen gehört (vom normal **3**
besetzten Schöffengericht und der kleinen Strafkammer abgesehen) nicht zur Aufgabe
des Vorsitzenden; vielmehr ist, wie in den höheren Instanzen ein Berichterstatter, so im
ersten Rechtszuge einer der beteiligten Berufsrichter als Urteilsfasser zu ernennen[11]; als
solcher kann indes auch der Vorsitzende selbst tätig sein.

3. Verbringen des Urteils zu den Akten

a) Fertiggestellt ist ein Urteil erst dann, wenn die **Unterschrift aller Berufsrichter** den **4**
vollen Urteilsinhalt deckt[12]; dazu gehört auch, daß Änderungen, die einer von ihnen bei
der Unterschriftsleistung für nötig hält, von allen unterschriftlich gebilligt sein müssen[13].
Vor Anbringung der letzten erforderlichen Unterschrift liegt nur ein Entwurf vor, der
selbst dann nicht Bestandteil der Akten ist, wenn er diesen einliegen sollte. Gleiches gilt,

---

[3]   BGHSt NJW **1964** 2415; BayObLGSt **1967** 51.
[4]   Zur Bedeutung der schriftlichen Urteilsgründe vgl.
      § 267, 1; 8 ff.
[5]   BayObLGSt **1967** 51; *Lintz* JR **1977** 127; vgl. bei
      § 449, 451.
[6]   Rdn. 45; § 33, 13 f.
[7]   SK-*Schlüchter* 7; vgl. Rdn. 9.
[8]   BGH DRiZ **1979** 314.
[9]   BGH StV **1998** 477; BayObLGSt **1976** 97 = NJW
      1976 2273; OLG Koblenz VRS **63** (1982) 376; **65**
      (1983) 152.

[10] OLG Koblenz VRS **65** (1983) 452.
[11] Vgl. bei § 325.
[12] BGHSt **26** 93; 248 = JR **1976** 342 mit Anm. *Meyer*;
      BGHSt **27** 334; BGH bei *Holtz* MDR **1979** 638; bei
      Pfeiffer/Miebach NStZ **1985** 16; KK-*Engelhardt*[4]
      54; *Kleinknecht/Meyer-Goßner*[44]; KMR-*Müller* 19,
      SK-*Schlüchter* 1.
[13] BGH NStZ **1984** 378; StV **1984** 144; BGH bei
      Holtz MDR **1979** 638; **1983** 450.

Walter Gollwitzer

wenn ein Urteil **bewußt unvollständig** zu den Akten gegeben wird; so, wenn die zu den Akten gebrachten Urteilsgründe nur den Schuldspruch betreffen und die Ausführungen zum Rechtsfolgenausspruch aus Zeitgründen bewußt weggelassen wurden [14] oder wenn die Urteilsurkunde nur die Urteilsgründe, nicht aber Rubrum und Tenor enthält [15] oder wenn das Urteil nur vorläufig zu den Akten gegeben wurde, weil die Richter die Begründung nochmals überprüfen und überarbeiten wollten, so daß in Wirklichkeit trotz der Unterschriften noch keine endgültig gebilligte Urteilsfassung vorlag [16].

5　　Nach dem Sinn der Regelung ist aber das Urteil zu den Akten gebracht, wenn ein aus der Sicht der Richter vollständiges Urteil **als endgültig fertig** unterschrieben und zu den Akten genommen worden ist und sich erst später – eventuell auf Grund einer anderen rechtlichen Beurteilung – herausstellt, daß sein Inhalt unvollständig ist, etwa weil nicht alle abgeurteilten Taten erörtert werden oder sonstige Lücken oder Begründungsmängel vorliegen oder weil eine Unterschrift unzureichend ist (Handzeichen) oder fehlt, so, weil versehentlich ein nicht mit der Sache befaßter Richter mitunterschrieben hat [17] oder weil ein Verhinderungsvermerk auf einen Grund gestützt wird, der die Annahme einer Verhinderung nicht rechtfertigt [18]. In solchen Fällen wird man – schon um des Fortgangs des Verfahrens willen – auch ein solches Urteil als zu den Akten gebracht ansehen müssen, vorausgesetzt, daß sein Inhalt von allen beteiligten Richtern als endgültig bezeugt und es als fertiggestellt den Akten einverleibt worden ist. **Nachträglich erkannte Formfehler** ändern daran ebensowenig wie etwa eine materiell-rechtlich unzulängliche oder dem § 267 nicht genügende Begründung.

6　　Die **Fertigstellung** setzt nicht notwendig voraus, daß das gesamte Urteil bereits in **Reinschrift** vorliegt, es genügt, wenn das von den Unterschriften gedeckte Original des Urteils in einer allgemein lesbaren Schrift zu den Akten gebracht ist [19]. Die für die Zustellung erforderliche Reinschrift kann auch später erstellt werden (Nr. 141 Abs. 2 RiStBV). Dagegen reicht es nicht aus, daß der Urteilsfasser seinen Entwurf fertiggestellt hat, erst recht nicht, daß er ihn auf Platte oder Tonband diktiert und zur Fertigung der Reinschrift in die Kanzlei gegeben hat [20]. Es genügt auch nicht, daß alle Richter die Urteilsfassung gebilligt haben, maßgebend für die Fertigstellung ist allein der Zeitpunkt, an dem der letzte von ihnen das schriftliche Urteil **unterschrieben** hat [21].

7　　b) **Zu den Akten gebracht** ist nicht wörtlich zu verstehen. Es genügt, wenn das fertige Urteil nach der letzten erforderlichen Unterschrift bzw. nach Anbringung des Verhinderungsvermerks vom letztunterschreibenden Richter auf den Weg zur Geschäftsstelle gebracht wird [22]. Dies kann auch dadurch geschehen, daß der Richter durch eine ent-

---

[14] Zum Unterschied zwischen einem bewußt unvollständig zu den Akten gegebenen und einem fertigen, aber mangelhaft begründeten Urteil vgl. SK-*Schlüchter* 7; § 338, 116, 117.

[15] BayObLG bei *Rüth* DAR **1983** 253; OLG Köln VRS **64** (1983) 282; NJW **1980** 1405. Vgl. Rdn. 74.

[16] BGH StV **1993** 117.

[17] Nach OLG Düsseldorf MDR **1981** 423 ist das Urteil erst zu den Akten gebracht, wenn die Unterschrift des richtigen Richters nachgeholt worden ist. Zur Nachholung der Unterschrift vgl. Rdn. 37.

[18] Vgl. Rdn. 36 ff; BayObLGSt **1982** 139 = VRS **64** (1983) 209.

[19] OLG Rostock StV **1996** 253; *Kleinknecht/Meyer-Goßner*[44] 3; KMR-*Müller* 18. SK-*Schlüchter* 7; vgl. Nr. 141 Abs. 2 RiStBV.

[20] OLG Hamm JMBlNW **1975** 267; OLG Karlsruhe Justiz **1976** 442; *Rieß* NStZ **1982** 442; ferner vorst. Fußn.

[21] BGH NStZ **1992** 389.

[22] BGHSt **29** 43 mit Hinweis, daß das Gesetz auf den Vorgang, nicht auf das Ergebnis abstellt; *Rieß* NStZ **1982** 443 (funktionelle Betrachtungsweise: entscheidend, ob fristgerecht in den Machtbereich der Geschäftsstelle gelangt); ebenso (auf den Weg zur Geschäftsstelle gebracht) AK-Wassermann 15; KK-*Engelhardt*[4] 40; *Kleinknecht/Meyer-Goßner*[44] 4; SK-*Schlüchter* 9; **a.A** OLG Karlsruhe Justiz **1977** 23 (Unterschrift aller Richter genügt); OLG Zweibrücken VRS **54** (1978) 130 läßt dies offen.

sprechende Ablage (Aktenauslauf) in seinem Dienstzimmer dafür sorgt, daß das Urteil ohne sein weiteres Zutun im Geschäftsgang zur Geschäftsstelle gelangt[23]. Daß er es zu Hause dafür bereit legt, reicht nicht, da damit nicht erreicht werden kann, daß die Akten ohne weiteres Zutun bei der Geschäftsstelle eingehen[24]. Unerheblich ist, ob er das Urteil dabei selbst in die bei ihm befindlichen Akten eingelegt[25] oder ob er es ohne Akten der Geschäftsstelle zugeleitet hat[26], ferner, ob die eigentlichen Akten für die Geschäftsstelle greifbar sind oder ob sie das ihr zugegangene Urteil zunächst nur den Rest- oder Hilfsakten beifügen kann, weil die eigentlichen Akten versandt sind; deshalb rechtfertigt dieser Umstand auch nicht, mit der Unterschrift bis zum Wiedereingang der Akten zuzuwarten[27]. Hat aber der Richter nach seiner Unterschrift noch innerhalb der Frist alles zur Zuleitung an die Geschäftsstelle erforderliche veranlaßt, so ist es unerheblich, wenn das fertige Urteil erst nach Fristablauf bei der Geschäftsstelle eingeht[28].

Ein besonderer **Formalakt**, etwa die förmliche Zuleitung des unterschriebenen **8** Urteils an die Geschäftsstelle, ist für die Aufnahme des Urteils in die Akten nicht erforderlich. Wegen der Verpflichtung der Geschäftsstelle, den Eingang des Urteils zu vermerken (Absatz 1 Satz 5; Rdn. 54), ist es aber zweckmäßig, ihr das Urteil unverzüglich nach Fertigstellung mit einem entsprechend datierten Hinweis zuzuleiten, damit der Vermerk ohne Verzögerung angebracht werden kann und der Nachweis erleichtert wird, daß das fertiggestellte Urteil fristgerecht auf den Weg gebracht worden ist[29]. Daß die Frist gewahrt wurde, kann erforderlichenfalls auch nachträglich durch eine dienstliche Erklärung des Richters nachgewiesen werden[30].

4. Pflicht zur unverzüglichen Urteilsabsetzung. Grundsätzlich ist jedes Urteil **unver- 9 züglich** nach der Verkündung zu den Akten zu bringen (Absatz 1 Satz 1). Die Höchstfristen des Satzes 2 dürfen nur ausgeschöpft werden, wenn zwingende Gründe dies erfordern[31]. Auch innerhalb der jeweiligen Frist hat jede sachlich vermeidbare Verzögerung der Urteilsabsetzung zu unterbleiben[32]. Eine Verletzung dieser Rechtspflicht kann im Rahmen des § 26 Abs. 2 DRiG dienstaufsichtlich beanstandet werden[33]. Der absolute Revisionsgrund des § 338 Nr. 7 greift allerdings nur ein, wenn die gesetzlichen Höchstfristen überschritten sind, dann aber ist selbst eine geringfügige Fristüberschreitung, die nicht durch eine Ausnahme nach Absatz 1 Satz 4 gedeckt ist, ein absoluter Revisionsgrund nach § 338 Nr. 7[34]. § 275 Abs. 1 enthält eine selbständige Festlegung der Fristen für die Absetzung der Strafurteile. Der Beschluß des Gemeinsamen Senats der obersten

23 BGHSt **29** 43; BGH StV. **1985** 135 (L); ferner vorst. Fußn.

24 OLG Köln Rpfleger **1977** 413 mit Anm. *Reiß*; *Rieß* NStZ **1982** 445; KK-*Engelhardt*[4] 40; KMR-*Müller* 20; SK-*Schlüchter* 9.

25 Ohne gleichzeitige Zuleitung an die Geschäftsstelle würde dies nicht ausreichen; vgl. OLG Köln Rpfleger **1977** 413 mit Anm. *Reiß*; *Brunen* StV **1998** 641; *Rieß* NStZ **1982** 443; *Kleinknecht/Meyer-Goßner*[44] 7.

26 Üblicherweise wird das unterschriebene Urteil mit den Akten der Geschäftsstelle zugeleitet (vgl. BGHSt **29** 43), es kann aber keinen Unterschied machen, wenn dies ohne Akten zur Fertigung des vorgeschriebenen Eingangsvermerks geschieht; vgl. *Rieß* NStZ **1982** 443; aber auch nachf. Fußn.

27 BGH StV **1989** 469 (L).

28 BGHSt **29** 43; *Rieß* NStZ **1982** 443; **a.A** *Reiß* Rpfleger **1977** 414. (Eingang bei der Geschäftsstelle).

29 Vgl. BGHSt **29** 43; BGH bei *Miebach* NStZ **1988** 44; KK-*Engelhardt*[4] 4; *Kleinknecht/Meyer-Goßner*[44] 7; SK-*Schlüchter* 10.

30 BGHSt **29** 43; OLG Karlsruhe Justiz **1977** 28; *Kleinknecht/Meyer-Goßner*[44] 7; 18; § 338, 121.

31 Amtl. Begr. BTDrucks. **7** 551 S. 84; BGH NStZ **1992** 398; *Rieß* NJW **1975** 81; ferner auch nachf. Fußn.

32 Vgl. BVerfG bei *Spiegel* DAR **1988** 193; *Hillenkamp* 42f; AK-*Wassermann* 15; KK-*Engelhardt*[4] 39; *Kleinknecht/Meyer-Goßner*[44] 8; SK-*Schlüchter* 13.

33 Vgl. den Widerspruchsbescheid bei DRiZ **1974** 133; *Rieß* NStZ **1982** 442; KK-*Engelhardt*[4] 39; SK-*Schlüchter* 13, kritisch zur Effektivität dieser Beanstandungsmöglichkeit *Hillenkamp* 42 ff.

34 BGH StV **1998** 477; vgl. Rdn. 75; § 338, 121.

Gerichtshöfe des Bundes vom 24. 7. 1993[35], wonach die Urteile innerhalb einer Höchstfrist von fünf Monaten abzusetzen sind, gilt nicht in den Verfahren, in denen die Strafprozeßordnung anzuwenden ist[36].

10　　**5.** Die **Höchstfristen des Absatzes 1 Satz 2** begrenzen nunmehr die Zeitdauer, innerhalb der das Urteil abgesetzt werden kann, ohne den absoluten Revisionsgrund des § 338 Nr. 7 auszulösen. Der Gesetzgeber hat, weil die einzelnen Verfahren zu verschieden sind, keine einheitliche Frist vorgeschrieben, sondern nach der Verhandlungsdauer gestaffelte Höchstfristen. Für jedes Urteil gilt nur eine **einheitliche Frist**; auch wenn gegen einzelne der gemeinsam vom Urteil erfaßten Mitangeklagten an unterschiedlich vielen Tagen verhandelt wurde, etwa, weil einer nach § 231c beurlaubt oder das Verfahren gegen ihn vorübergehend abgetrennt worden war; es ist die Gesamtzahl aller Verhandlungstage maßgebend[37]. Ergeht jedoch nach der Abtrennung gegen einen Angeklagten ein getrenntes Urteil, dann bemißt sich die gesondert zu berechnende Frist nach der bis dahin verstrichenen Verhandlungsdauer[38]. Die auch **in Bagatellfällen geltende Mindestfrist** von fünf Wochen wurde so lange bemessen, um bei den vom Berichterstatter gefertigten Urteilsentwürfen dem Kollegium zu ermöglichen, den Entwurf erst nach seiner Übertragung in Maschinenschrift zu beraten[39].

11　　Bei einer **länger als drei Tage** dauernden Hauptverhandlung berechnet sich die Höchstfrist für die Urteilsabsetzung **abstrakt** nach der Zahl der Tage, an denen tatsächlich verhandelt wurde. Als Teil der Hauptverhandlung zählt auch der Tag der **Urteilsverkündung** mit. Auf die Dauer der Verhandlung an den einzelnen Tagen kommt es nicht an; auch Tage, zählen mit, an denen nach Aufruf der Sache wegen Ausbleibens des Angeklagten oder wegen der ausschließlichen Erörterung eines Verfahrensantrags (etwa Richterablehnung) nicht zur Sache verhandelt wurde oder die sich auf einen einzigen Verfahrensvorgang beschränkten, wie etwa der Einnahme eines auswärtigen Augenscheins. Aus Gründen der Rechtsklarheit knüpft die Regelung **abstrakt** an die Zahl der Verhandlungstage an, an denen die Sache zur Verhandlung aufgerufen wurde. Es kommt nicht darauf an, ob die Sache dann alsbald vertagt werden mußte, auch nicht darauf, ob die Fortsetzung der Verhandlung verfahrensrechtlich zulässig war[40]. Andererseits zählen alle Tage nicht mit, an denen keine Verhandlung stattfand. Dazu rechnen auch alle Tage, an denen das Gericht die Sache **beraten** hat; denn weder die Schluß- noch die Zwischenberatungen sind Teil der Hauptverhandlung[41]. Nach der Zahl der Verhandlungstage berechnet sich die **Staffelung der Höchstfristen**. Diese betragen mindestens fünf Wochen, und erhöhen sich dann mit jedem begonnenen Abschnitt von weiteren 10 Verhandlungstagen um je zwei Wochen. Die Absetzungsfrist beträgt also bei 4 bis 10 Verhandlungstagen 7 Wochen, bei 11 bis 20 Verhandlungstagen 9 Wochen[42], bei 31 bis 30 Verhandlungstagen 11 Wochen usw.[43]. Ist zum Beispiel an mehr als 90 und

---

[35] NJW **1993** 2603.

[36] BGH NStZ **1994** 46; **a. A** *Hillenkamp*, insbes. 3, 55 ff, 74 ff, der u. a wegen des begrenzten Erinnerungsvermögens und zur Wahrung des Beschleunigungsgebotes die Übernahme der Höchstfrist von 5 Monaten auch im Strafprozeß für geboten hält.

[37] BGH bei *Holtz* MDR **1980** 631; *Rieß* NStZ **1982** 442; AK-*Wassermann* 16; KK-*Engelhardt*[4] 44; *Kleinknecht/Meyer-Goßner*[44] 10; SK-*Schlüchter* 15.

[38] *Rieß* NStZ **1982** 442; AK-*Wassermann* 16; *Kleinknecht/Meyer-Goßner*[44] 10; SK-*Schlüchter* 15.

[39] Amtl. Begr. BTDrucks. 7 551, S. 84.

[40] BGH NStZ **1984** 466 (Verhandlung unter Verstoß gegen § 231 Abs. 2); KK-*Engelhardt*[4] 44; *Kleinknecht/Meyer-Goßner*[44] 9; SK-*Schlüchter* 12.

[41] KK-*Engelhardt*[4] 45; *Kleinknecht/Meyer-Goßner*[44] 9; KMR-*Müller* 22; SK-*Schlüchter* 12; vgl. § 268, 12.

[42] BGHR Abs. 1 Satz 2 Fristverlängerung 1; *Rieß* NJW **1987** 318; *Sarstedt/Hamm*[6] 452; SK-*Schlüchter* 12, denn die erste Dekade darf nicht mitgezählt werden; **a. A** *Löffler* NStZ **1987** 318; **1989** 284.

[43] Beispiele zur Fristberechnung etwa BGHSt **35** 259 = NStZ **1988** 512 mit krit. Anm. *Löffler*; BGH NJW **1997** 204; NStZ **1998** 99; bei *Miebach* NStZ

weniger als 100 Tagen verhandelt worden, so stehen für die Begründung insgesamt 25 Wochen zur Verfügung (fünf Wochen nach Halbsatz 1, 20 Wochen nach Halbsatz 2).

Die Verhandlungstage werden durch das **Sitzungsprotokoll** bewiesen, dessen Beweiskraft nach § 274 auch insoweit gilt[44]. **12**

Für die **Berechnung** des Ablaufes der ermittelten Höchstfrist ist § 43 heranziehbar[45]. **13** Eine am Samstag, Sonntag oder einem Feiertag endende Frist läuft also erst am nächstfolgenden Werktag ab. Für den **Fristbeginn** ist der Tag maßgebend, an dem die Urteilsverkündung endet[46]. Wird Wiedereinsetzung nach § 267 Abs. 4 Satz 3 gewährt, beginnt die Urteilsabsetzungsfrist an dem Tag, an dem der Wiedereinsetzungsbeschluß den internen Gerichtsbereich verläßt[47]. Eine **Wiedereinsetzung in den vorigen** Stand gegen die Versäumung der Höchstfrist gibt es nicht. Dies folgt aus Absatz 1 Satz 4 sowie daraus, daß § 44 nicht für die Fristen gilt, die das Gesetz den Richtern setzt[48]. Ein **Irrtum** über die tatsächliche Dauer der Hauptverhandlung oder bei der Berechnung der Frist kann die Fristüberschreitung nicht rechtfertigen[49], auch nicht, daß sich das Gericht bei der Berechnung der Frist auf eine vom Bundesgerichtshof abgelehnte Rechtsmeinung im Schrifttum[50] stützen kann[51].

6. Zulässige Fristüberschreitung

a) Nur in eng begrenzten[52] **Ausnahmefällen** läßt Absatz 1 Satz 4 eine Fristüberschrei- **14** tung zu. Ein nicht vorhersehbarer, unabwendbarer Umstand muß verhindert haben, daß das Urteil fristgerecht zu den Akten gebracht wurde. Die dann für die Urteilsabsetzung zusätzlich zur Verfügung stehende Frist darf aber nicht automatisch nach der Dauer der Verhinderung bemessen werden. Denn die Fristüberschreitung ist nur solange gerechtfertigt, als für sie allein unabwendbare und nicht vorhersehbare Umstände ursächlich waren. Um den absoluten Revisionsgrund des § 338 Nr. 7 zu vermeiden, muß das Urteil nach Wegfall der Verhinderung **unverzüglich**, ohne jede weitere vermeidbare Verzögerung und mit Vorrang vor anderen Dienstgeschäften zu den Akten gebracht werden[53], wobei es im pflichtgemäßen Ermessen des Richters steht, in welcher Reihenfolge er mehrere rückständige Urteile absetzt[54].

b) Ein **unvorhersehbarer und unabwendbarer** Umstand liegt nur vor, wenn das Gericht **15** nach dem zu erwartenden Verlauf der Dinge nicht mit ihm zu rechnen brauchte und deshalb auch nicht gehalten war, durch entsprechende Vorkehrungen dafür zu sorgen, daß das Urteil trotzdem fristgerecht abgesetzt werden konnte, etwa, indem bei einem Ausfall des Urteilsfassers ein anderer Richter die Fertigstellung übernimmt[55]. Nur wenn

---

1990 28; *Sarstedt/Hamm*[6] 453, AK-*Wassermann* 16, KK-*Engelhardt*[4] 44; *Kleinknecht/Meyer-Goßner*[44] 8; SK-*Schlüchter* 12.

[44] SK-*Schlüchter* 12; vgl. § 272, 6.

[45] BGH bei *Holtz* MDR **1980** 815; *Rieß* NStZ **1982** 443; KK-*Engelhardt*[4] 46; *Kleinknecht/Meyer-Goßner*[44] 8; KMR-*Müller* 22; SK-*Schlüchter* 13; *Eb. Schmidt* Nachtr. I 3.

[46] KK-*Engelhardt*[4] 43; *Kleinknecht/Meyer-Goßner*[44] 9; SK-*Schlüchter* 13.

[47] BayObLG VRS **53** (1977) 282; KK-*Engelhardt*[4] 43; SK-*Schlüchter* 13; vgl. § 267, 244 mit weit. Nachw.

[48] *Rieß* NStZ **1982** 442.

[49] BGH NJW **1997** 204; NStZ **1998** 99 mit Anm. *Widmaier*; bei *Pfeiffer/Miebach* NStZ **1985** 207; StV **1984** 143 (L).

[50] *Löffler* NStZ **1987** 314; **1989** 284.

[51] BGH NStZ **1989** 285; bei *Miebach* NStZ **1990** 28; 229.

[52] Zur Tendenz der Rechtsprechung, die Anwendbarkeit der Ausnahmeregelung an strengen Anforderungen scheitern zu lassen, vgl. *Rieß* NStZ **1982** 443.

[53] BGH NStZ **1982** 519; StV **1995** 514; BayObLGSt **1982** 139 = VRS **64** (1983) 130; *Rieß* NJW **1975** 88; AK-*Wassermann* 18 (größtmögliche Beschleunigung), KK-*Engelhardt*[4] 52; *Kleinknecht/Meyer-Goßner*[44] 16; SK-*Schlüchter* 24.

[54] BayObLGSt **1982** 139 = VRS **64** (1983) 30.

[55] BGH NStZ **1982** 80; BGH StV **1999** 562; bei *Kusch* NStZ **1999** 562; vgl. auch BGHSt **26** 249 (Pflicht, für Fertigstellung des bereits diktierten Urteilsentwurfs zu sorgen); *Rieß* NStZ **1982** 444.

dies im konkreten Fall nicht möglich ist, etwa weil die dafür erforderlichen Aufzeichnungen nicht greifbar oder auswertbar sind [56], oder weil dies wegen anderweitiger, nicht aufschiebbarer Verpflichtungen der übrigen Berufsrichter nicht möglich ist, kann auch bei einem **Kollegialgericht** die **Erkrankung des Urteilsfassers** ein unabwendbarer Umstand sein [57], sofern mit ihr nicht zu rechnen, der Ausfall des Richters nicht mit einer gewissen Wahrscheinlichkeit vorhersehbar war [58]. Gleiches gilt, wenn vor der endgültigen Fertigstellung des Urteils eine Beratung der Urteilsfassung durch die Mitglieder des Kollegialgerichts notwendig wird, diese aber wegen der Erkrankung eines Mitglieds nicht durchgeführt werden kann [59]. Verzögert sich dadurch die Urteilsberatung aber auf eine unabsehbar lange Zeit, müssen die anderen Richter auch ohne den erkrankten Berichterstatter dafür sorgen, daß eine dem Beratungsergebnis entsprechende Urteilsfassung erstellt wird [60]. Bei den Gerichten, die mit einem **einzigen Berufsrichter** besetzt sind, ist eine plötzliche Erkrankung in der Regel unvorhersehbar und unabwendbar [61], nicht dagegen der Antritt eines bereits längere Zeit vorher festgelegten Kuraufenthalts oder der bereits längere Zeit bestehende schlechte Gesundheitszustand eines überlasteten Richters [62] oder der Antritt eines geplanten Urlaubs [63].

16   Verzögerungen, die auf der **justizinternen Organisation** beruhen, werden in der Regel nicht als unvorhersehbar und unabwendbar anerkannt, so die Schwierigkeiten wegen der Abordnung eines Richters [64]. **Arbeitsüberlastung** ist grundsätzlich kein Hinderungsgrund; ihr ist möglichst durch organisatorische Maßnahmen abzuhelfen [65], notfalls sind andere richterliche Aufgaben zurückzustellen [66]. Eine unvorhergesehene **dienstliche Belastung** eines Richters mit zusätzlichen Aufgaben rechtfertigt die verzögerte Absetzung des Urteils nur, wenn die vertretungsweise übernommenen richterlichen Aufgaben eilbedürftig waren (z. B. Haftsachen) oder sonst wegen ihrer Bedeutung gegenüber der Urteilsabfassung nicht zurückgestellt werden konnte [67], nicht aber die reguläre Belastung durch andere Verhandlungstermine [68]. Allen aufschiebbaren Arbeiten geht die Pflicht vor, das Urteil rechtzeitig abzusetzen. Dies gilt erst recht, wenn der Richter durch erhebliche Rückstände belastet ist [69]. Eine nicht nur kurzfristig aufgetretene Überlastung der Schreibkanzlei ist ein vorhersehbarer Umstand [70], ebenso sonstige Schwierigkeiten, die

---

[56] AK-*Wassermann* 18; KK-*Engelhardt*[4] 49; *Kleinknecht/Meyer-Goßner*[44] 15; anders, wenn die anderen Richter das bereits entworfene Urteil fertig stellen können *Rieß* NStZ **1982** 444.

[57] BGHSt **26** 249; BayObLGSt **1982** 139; VRS **64** (1983) 130.

[58] BGH NStZ **1982** 80; OLG Koblenz GA **1976** 251; *Rieß* NJW **1975** 81.

[59] BGHSt **26** 249 = JR **1976** 342 mit Anm., *Meyer*; KK-*Engelhardt*[4] 49.

[60] Vgl. BGH StV **1999** 526 (keine Verzögerung auf unabsehbare Zeit); ferner BGH NStZ **1982** 70; AK-*Wassermann* 18.

[61] OLG Hamm MDR **1977** 1039; OLG Koblenz GA **1976** 252; AK-*Wassermann* 18; KK-*Engelhardt*[4] 49; *Kleinknecht/Meyer-Goßner*[44] 13; KMR-*Müller* 25; SK-*Schlüchter* 22; *Rieß* NJW **1975** 81; NStZ **1982** 444.

[62] OLG Hamm MDR **1977** 1039 (Pflicht, auf teilweise Freistellung hinzuwirken).

[63] *Rieß* NStZ **1982** 444.

[64] OLG Hamm VRS **53** (1977) 193; *Kleinknecht/Meyer-Goßner*[44] 14; SK-*Schlüchter* 23.

[65] BGH NStZ **1992** 398; BGH bei *Pelchen* LM StPO 1975 Nr. 5; BayObLGSt **1982** 139 = VRS **64** (1983) 130; OLG Celle NdsRpfl. **1993** 133; OLG Hamm MDR **1977** 1039; OLG Koblenz GA **1976** 251; OLG Stuttgart MDR **1986** 602; KK-*Engelhardt*[4] 50; *Kleinknecht/Meyer-Goßner*[44] 14.

[66] BGH NStZ **1982** 519; vgl. auch Fußn. 59.

[67] OLG Celle NdsRpfl. **1977** 64 (für Krankheitsvertretung).

[68] BGH NStZ **1992** 398.

[69] OLG Koblenz GA **1976** 251; *Rieß* NJW **1975** 81.

[70] BayObLG StV **1986** 145; OLG Bremen StV **1984** 275; OLG Hamm JMBlNW **1975** 267; OLG Karlsruhe Justiz **1976** 442; OLG Koblenz VRS **65** (1983) 451; OLG Köln MDR **1978** 864; OLG Schleswig bei *Ernesti/Jürgensen* SchHA **1978** 188; OLG Zweibrücken VRS **54** (1978) 130: anders bei einem unvorhersehen und daher durch organisatorische Maßnahmen nicht abwendbaren Engpaß *Rieß* NJW **1975** 88.

der **Justizorganisation** zuzurechnen sind, wenn deren Anlaß vorhersehbar oder vermeidbar war[71], wie etwa das zeitweise Nichtfinden der Akten[72] oder ein Versehen der Geschäftsstelle, das zu einer verspäteten Unterzeichnung der korrigierten Fassung des Urteils geführt hat[73] oder die Unerreichbarkeit eines Beisitzers am letzten Tage der Frist[74]. Die Durchführung einer anderen Hauptverhandlung rechtfertigt für sich allein in der Regel die Fristüberschreitung nicht[75], auch nicht die Teilnahme an einem Betriebsausflug des Gerichts[76]. Maßgeblich ist aber immer die Abwägung aller Umstände des Einzelfalls. Die Pflicht, das Urteil unverzüglich abzusetzen, die auch nach Beendigung einer unabwendbaren Fristüberschreitung fortbesteht[77], fällt dabei stets erheblich ins Gewicht, ebenso die Pflicht der Richter, vor allem des Vorsitzenden, alle nach der Sachlage erforderlichen und zumutbaren **Vorkehrungen für die Wahrung der Frist** zu treffen[78], wie etwa Kennzeichnung des Entwurfs als eilbedürftig[79] unter Hinweis auf das Fristende, Berücksichtigung der Möglichkeiten der Schreibkanzlei bei Übernahme von Änderungen in einen neuzuschreibenden Entwurf[80], Überwachung des Fristablaufs[81], Absprachen über die Erreichbarkeit für Unterschrift und eventuell ergänzende Beratung[82]. Geht das **fertiggestellte Urteil verloren**, bevor es zu den Akten gebracht (Rdn 4) ist, beurteilt es sich nach den im konkreten Fall getroffenen Vorkehrungen, ob die dadurch verursachte Fristüberschreitung bei Neufertigung des Urteils unvermeidbar war[83]. Steht dagegen fest, daß die verlorene Urteilsurschrift schon rechtzeitig zu den Akten gebracht worden war, so ist die Frist des § 275 Abs. 1 gewahrt, allenfalls käme die analoge Anwendung des Absatz 1 Satz 4 auf die Rekonstruktion der Urteilsurkunde in Betracht[84].

c) Der Hinderungsgrund, der der rechtzeitigen Urteilsabsetzung entgegenstand, **17** braucht an sich **nicht aktenkundig** gemacht zu werden. Es ist wegen § 338 Nr. 7 aber ratsam, wenn der Vorsitzende die Gründe in den Akten vermerkt, an denen die rechtzeitige Urteilsfertigstellung scheiterte[85]. Dies erleichtert den Verfahrensbeteiligten die Entscheidung, ob sie die Revisionsrüge nach § 338 Nr. 7 mit Aussicht auf Erfolg geltend machen können und dem Revisionsgericht die Nachprüfung dieser Rüge[86]. Es sichert gleichzeitig den später wegen Personalwechsels oder schwindender Erinnerung nur noch schwer zu erbringenden Nachweis, daß der Einhaltung der Frist Gründe von Gewicht entgegenstanden.

---

[71] BGH NJW **1988** 1094; OLG Hamm NJW **1977** 1303; OLG Koblenz MDR **1976** 950 (ganztägige Hauptverhandlung am letzten Tag der Frist).

[72] OLG Celle NJW **1982** 397; *Rieß* NStZ **1982** 444; anders OLG Hamm NJW **1988** 1991 bei plötzlicher Unauffindbarkeit der Akten vor der letzten Unterschrift am Tage vor Fristablauf; SK-*Schlüchter* 22; zum Verlust der Urteilsurkunde vgl. Fußn. 84 und Rdn. 67.

[73] OLG Stuttgart StV **1998** 578.

[74] BGHSt **28** 194; *Rieß* NStZ **1982** 444.

[75] BayObLG VRS **64** (1983) 130 (nach Geschäftsverteilung vorrangige Heranziehung bei Zivilkammer); OLG Koblenz GA **1976** 251.

[76] KK-*Engelhardt*[4] 50; SK-*Schlüchter* 25; vgl. auch BGHSt **31**, 212 (Annahme einer Verhinderung an Unterschrift aber nicht willkürlich).

[77] Etwa nach der Wiedergenesung BGH NStZ **1982** 519; bei *Kusch* NStZ **1996** 22; StV **1999** 526.

[78] Vgl. BGHSt **26** 249; **28** 194; BGH NStZ **1982** 80; OLG Bremen StV **1984** 275; OLG Hamm MDR **1977** 1039; JMBlNW **1977** 213.

[79] OLG Bremen StV **1984** 275.

[80] Vgl. BGH bei *Rieß* NStZ **1982** 444 (nochmaliges Schreiben eines 50seitigen Urteilsentwurfs kurz vor Fristende, obwohl Unterschrift des vorliegenden Entwurfes mit den Korrekturen zur Fristwahrung genügt hätte).

[81] OLG Hamm JMBlNW **1977** 213; *Rieß* NStZ **1982** 444.

[82] Vgl. Fußn. 70; 73.

[83] KK-*Engelhardt*[4] 51.

[84] Zur Problematik vgl. Rdn. 67. Auf den Umstand allein, daß die originale Urteilsurkunde nicht mehr bei den Akten ist, kann das Urteil nicht beruhen, so auch *Rieß* NStZ **1982** 444; **a. A** OLG Stuttgart JR **1977** 126 mit abl. Anm. *Lintz*; vgl. § 338, 116; 118.

[85] Nr. 141 Abs. 3 RiStBV; *Rieß* NStZ **1982** 444; AK-*Wassermann* 19; KK-*Engelhardt*[4] 52; *Kleinknecht/Meyer-Goßner*[44] 17; KMR-*Müller* 27; SK-*Schlüchter* 26.

[86] Vgl. BGH NStZ **1991** 297; sowie vorst. Fußn. und § 338, 122.

18   **7. Rechtsfolgen** hat die **Fristüberschreitung** nur insoweit, als sie einen **absoluten Revisionsgrund** schafft, der der Revision bei entsprechender Verfahrensrüge zum Erfolg verhilft[87]. Im übrigen aber entfällt weder die Pflicht des Gerichts, das Urteil zu den Akten zu bringen[88] noch beeinträchtigt die Fristüberschreitung die Wirksamkeit und Verbindlichkeit der nach Fristablauf fertiggestellten Urteilsgründe für das weitere Verfahren vor dem Revisionsgericht[89] und für die weiteren Verfahrensabschnitte einschließlich Vollstreckungs-, Gnaden- und Wiederaufnahmeverfahren. Eine andere Beurteilung ist auch durch das Änderungsverbot des Absatzes 1 Satz 3 nicht veranlaßt (Rdn. 60).

19   Eine vermeidbare, sachlich nicht gerechtfertigte längere Verzögerung in der Absetzung der Urteilsgründe kann dazu führen, daß der in **Untersuchungshaft** befindliche Angeklagte aus der Haft zu entlassen ist[90].

II. Aufnahme des Urteils mit Gründen in das Protokoll

20   **1. Ermessen des Vorsitzenden.** Ob das Urteil mit den Gründen als besondere Niederschrift (also mit Urteilskopf, Urteilssatz und Gründen)[91] zu den Akten zu bringen oder die Gründe in das Protokoll mit aufzunehmen seien, ist dem nicht anfechtbaren **Ermessen des Vorsitzenden** überlassen[92]. Die Aufnahme der Gründe in das Protokoll empfiehlt sich nur in einfachen Sachen, deren Sachlage ein alsbaldiges Niederschreiben der Gründe gestattet oder aber ihr Diktieren in das Protokoll bei der Urteilsbegründung. Der Umstand, daß die Urteilsgründe in das Protokoll aufgenommen werden, schließt ihre Niederschreibung durch einen der Richter nicht aus.

21   **2.** Nach **Form** und **Inhalt** muß das in das Protokoll aufgenommene Urteil den gleichen Anforderungen entsprechen wie die in einer getrennten Urkunde erstellten Urteile[93]. Lediglich der Urteilskopf mit den von Absatz 3 geforderten Angaben kann entfallen, sofern diese Angaben vollständig bereits im Kopf des Protokolls enthalten sind[94]. Die **Unterschriften** der Berufsrichter müssen das gesamte Urteil, Formel und Gründe, decken; die Unterschriften des Vorsitzenden und des Protokollführers außerdem die Sitzungsniederschrift[95].

22   **3. Unverzügliche Fertigstellung.** § 275 Abs. 1 Satz 1 geht davon aus, daß bei Aufnahme des Urteils in das Protokoll die Pflicht stets erfüllt ist, das Urteil unverzüglich zu den Akten zu bringen[96]. Dies setzt an sich voraus, daß bereits bei der Urteilsverkündung die

---

87   Vgl. Rdn. 75; § 338, 119 ff. Zur Frage, ob die verspätete Absetzung der Urteilsgründe die Wiedereinsetzung bei bereits verstrichener Revisionseinlegungsfrist rechtfertigt, vgl. § 338, 120; *Rieß* NStZ **1982** 446.

88   Diese Dienstpflicht besteht fort, auch wenn der absolute Revisionsgrund des § 338 Nr. 7 dadurch nicht mehr aus der Welt geschafft werden kann (§ 338, 123). Die Urteilsgründe haben eine weit über diese Verfahrensrüge und das Revisionsverfahren hinausragende Bedeutung (vgl. § 267, 6); ferner Rdn. 1.

89   Vgl. § 338, 123.

90   Vgl. OLG Karlsruhe NJW **1969** 1682; OLG München NJW **1970** 156.

91   RGSt **19** 233; BayObLG NStZ-RR **2000** 87; bei

Rüth DAR **1983** 253; OLG Köln VRS **64** (1983) 282; NJW **1980** 1405.

92   KK-*Engelhardt*[4] 2; *Kleinknecht/Meyer-Goßner*[44] 1; SK-*Schlüchter* 4.

93   RGSt **19** 233; h. M.

94   Nr. 141 Abs. 1 RiStBV; vgl. § 272, 16.

95   RGSt **64** 215; HK-*Julius* 2; KK-*Engelhardt*[4] 4; *Kleinknecht/Meyer-Goßner*[44] 1; SK-*Schlüchter* 5; **a. A** KMR-*Müller* 14 (gesonderte Unterschrift des Vorsitzenden entbehrlich, da seine Unterschrift unter dem Protokoll auch Urteil mit abdeckt); auch AK-*Wassermann* 3 hält wohl eine Unterschrift des Vorsitzenden für ausreichend, vgl. § 272, 22.

96   Vgl. KG VRS **82** (1992) 135; KMR-*Müller* 4 (mit Unterschrift des Richters wird protokolliertes Urteil zur Urteilsurschrift).

von allen Berufsrichtern gebilligte Fassung schriftlich abgefaßt vorliegt oder daß die Urteilsgründe bei der Verkündung gleich in das Protokoll diktiert werden, was bei einfachen Sachen vor allem dem Einzelrichter möglich ist. Zumindest aber müssen die Urteilsgründe so bald fertig gestellt sein, daß sie unverzüglich in das Protokoll übernommen werden können, wenn dieses, wie heute üblich, erst nach der Hauptverhandlung hergestellt und unterschrieben wird. Da es erst dann als Teil des Protokolls mit diesem zu den Akten genommen werden kann[97], ergibt sich auch hier die Pflicht, dafür zu sorgen, daß das Protokoll mit dem Urteil unverzüglich fertiggestellt wird. Der Sinn des Absatzes 1 Satz 2 spricht dafür, auch die **Höchstfristen** insoweit (analog) anzuwenden[98]. Verzögert sich die Erstellung des Protokolls, dann ist es unter Umständen angezeigt, die noch nicht vollzogene Anordnung der Aufnahme des Urteils in die Sitzungsniederschrift wieder rückgängig zu machen und das Urteil in getrennter Urkunde fristgerecht zu den Akten zu bringen. Ist das Urteil aber in das fertige Protokoll aufgenommen und von den beteiligten Berufsrichtern und das Protokoll vom Protokollführer und Vorsitzenden unterschrieben worden, dann wird es zur **maßgebenden Urteilsurschrift**. Es ist dann nicht mehr zulässig, es in der Form einer gesonderten Urteilsurkunde zu erstellen[99]. Ob es dann noch geändert werden kann, ist strittig[100], jedoch spricht vieles dafür, eine Änderung des in das Protokoll aufgenommenen Textes bei einer auch die allseitige Billigung erkennbar machenden entsprechender Kennzeichnung der geänderten Stellen in den Grenzen zuzulassen, in denen auch eine zu den Akten gebrachte gesonderte Urteilsurkunde noch geändert werden darf, also nur, solange das Protokoll noch nicht aus dem inneren Dienstbetrieb hinausgegeben wurde und nur vor Ablauf der Fristen des Absatzes 1 Satz 2[101].

III. Die äußere Form des Urteils (Absatz 3)

1. Urteilskopf. Absatz 3 legt die Angaben, die der Urteilskopf (auch „Eingang", „Rubrum" genannt) enthalten muß, nur in den Grundzügen und auch da nur lückenhaft fest. Viele Einzelfragen bleiben offen. Insoweit entscheidet das Gericht unter Berücksichtigung des Zweckes des Urteilskopfes und der bestehenden Übung nach pflichtgemäßem Ermessen[102]. **23**

2. Die einzelnen Angaben des Urteilskopfes

a) Tag der Sitzung. Hat sich die Sitzung einschließlich der Urteilsverkündung auf mehrere Tage erstreckt oder war die Urteilsverkündung ausgesetzt worden, dann werden üblicherweise alle Tage, eventuell auch nur der Zeitraum einer vieltägigen Hauptverhandlung (erster und letzter Verhandlungstag) aufgeführt. Unerläßlich ist es, den **Tag der Urteilsverkündung** anzugeben, da er allein für den Lauf der Fristen entscheidend ist[103]. Maßgebend ist der Tag, an dem die Verkündung beendet wurde; denn erst mit Abschluß der Verkündung ist das Urteil erlassen (von Bedeutung insbesondere, wenn **24**

---

[97] Vgl. § 271, 10 ff.
[98] KMR-*Müller* 5; SK-*Schlüchter* 6; **a. A** (nicht anwendbar) OLG Düsseldorf MDR **1982** 249; KG VRS **82** (1992) 135: *Kleinknecht/Meyer-Goßner*[44] 1.
[99] BayObLG NStZ-RR **2000** 87.
[100] Verneinend OLG Düsseldorf MDR **1982** 249; HK-*Julius*[2] 2; *Kleinknecht/Meyer-Goßner*[44] 1.

[101] SK-*Schlüchter* 6; BayObLG NStZ-RR **2000** 87 läßt dies offen.
[102] Wegen der Einzelheiten vgl. *Kroschel/Meyer-Goßner* 6 ff sowie die nachfolgenden Fußn.
[103] OLG Koblenz Rpfleger **1973** 219; AK-*Wassermann* 4; KK-*Engelhardt*[4] 7; *Kleinknecht/Meyer-Goßner*[44] 25; SK-*Schlüchter* 39; *Eb. Schmidt* 2.

Walter Gollwitzer

die Urteilsverkündung erst nach Mitternacht endet[104]. Eine unrichtige Datierung beeinträchtigt den Bestand des Urteils nicht[105]. Ein hierdurch verursachter Irrtum über den Beginn der Rechtsmittelfristen kann aber die Wiedereinsetzung rechtfertigen.

25   **b) Namen der Richter** einschließlich der Laienrichter. An sich genügt der Familienname, die Angabe des Vornamens ist aber üblich[106]. Sind allerdings mehrere Richter gleichen Namens bei dem Gericht, ist eine weitere Individualisierung (Vorname; kennzeichnender Zusatz) unerläßlich. Die Amtsbezeichnung der Berufsrichter und die Funktion, in der die Richter am Prozeß teilgenommen haben (Vorsitzender, Beisitzender, Schöffe) ist entsprechend der ständigen Übung ebenfalls anzugeben[107]; nicht notwendig ist die Kenntlichmachung, ob es sich um einen abgeordneten Richter oder einen Richter kraft Auftrags handelt[108]. Beim Richter auf Probe wird dies ohnehin aus der Amtsbezeichnung ersichtlich. Ein Ergänzungsrichter ist nur anzuführen, wenn er am Urteil mitgewirkt hat, dann ist nur sein Name anzugeben und nicht der Name des ausgefallenen Richters[109].

26   **c)** Die **Bezeichnung des Gerichts** fordert Absatz 3 nicht ausdrücklich. Es ist aber selbstverständlich, daß der Urteilskopf angeben muß, welches Gericht und welcher bei diesem Gericht gebildete Spruchkörper das Urteil erlassen hat[110]. Die ebenfalls gebotene Angabe des Aktenzeichens genügt für sich allein hierfür nicht.

27   **d) Beamte der Staatsanwaltschaft.** Haben mehrere nebeneinander an der Sitzung teilgenommen, so sind alle mit Namen und Dienstbezeichnung anzugeben. Ein Referendar, dem der anwesende Staatsanwalt die mündlichen Ausführungen überlassen hat, braucht jedoch nicht erwähnt zu werden[111]. Hat der Staatsanwalt während der Sitzung gewechselt, werden zweckmäßigerweise beide Beamte angegeben. Nur den Beamten der Staatsanwaltschaft anzuführen, der bei der Urteilsverkündung anwesend war, entspricht kaum dem Sinn der Vorschrift, die aufzeigen soll, wer am Zustandekommen des Urteils maßgebend mitgewirkt hat und nicht nur, wer bei seiner Verkündung anwesend war[112]. Die Erwähnung der **Nebenkläger** und seines Prozeßbevollmächtigten im Urteilskopf ist zwar nicht vorgeschrieben[113], sie ist jedoch dann angezeigt, wenn der Nebenkläger in der Hauptverhandlung anwesend war oder wenn über sein Rechtsmittel zu entscheiden ist[114].

28   **e) Verteidiger.** Sein Name ist ebenfalls im Urteilskopf anzuführen. Hatte der Angeklagte mehrere Verteidiger, so sind sie alle anzugeben, auch wenn einer von ihnen zeitweilig nicht anwesend war[115]. Es gelten insoweit die gleichen Gesichtspunkte wie für die Vertreter der Staatsanwaltschaft. Unerheblich, und deshalb nicht zu erwähnen ist, ob ein Verteidiger als Pflichtverteidiger bestellt worden ist[116].

---

[104] Vgl. RG JW **1932** 3105 mit zust. Anm. *Oetker*; § 272, 6.

[105] OLG Koblenz VRS **45** (1973) 190; AK-*Wassermann* 4.

[106] KK-*Engelhardt*[4] 8.

[107] AK-*Wassermann* 4; KK-*Engelhardt*[4] 8; SK-*Schlüchter* 40.

[108] Vgl. § 29 DRiG.

[109] KK-*Engelhardt*[4] 9; *Kleinknecht/Meyer-Goßner*[44] 26; SK-*Schlüchter* 40.

[110] KK-*Engelhardt*[4] 14; KMR-*Müller* 7; SK-*Schlüchter*[4].

[111] SK-*Schlüchter* 40; *Eb. Schmidt* 3.

[112] AK-*Wassermann* 4; KK-*Engelhardt*[4] 10; *Kleinknecht/Meyer-Goßner*[44] 26; SK-*Schlüchter* 40.

[113] KMR-*Müller* 7; *Eb. Schmidt* 4.

[114] BGH bei *Kusch* NStZ-RR **1999** 38; AK-*Wassermann* 42; *Kleinknecht/Meyer-Goßner*[44] 26; SK-*Schlüchter* 42; nach KK-*Engelhardt*[4] 18 kann bei der Entscheidung über sein Rechtsmittel auch die Angabe in der Urteilsformel genügen.

[115] OLG Koblenz Rpfleger **1973** 219; KK-*Engelhardt*[4] 11; *Kleinknecht/Meyer-Goßner*[44] 26; SK-*Schlüchter* 40. **a. A**: *Eb. Schmidt* 3; vgl. auch KMR-*Müller* 7 (nur, wenn sie im Zeitpunkt der Urteilsverkündung noch gewählt oder bestellt waren, nicht die vorher ausgeschiedenen).

[116] KK-*Engelhardt*[4] 11; *Kleinknecht/Meyer-Goßner*[44] 26; vgl. auch vorst. Fußn.

Für den **Beistand** (§ 149) fehlt eine solche Regelung. Es besteht daher keine Verpflich- **29** tung, ihn im Urteilskopf zu erwähnen[117].

f) Urkundsbeamte der Geschäftsstelle. Hier genügt es, wenn bei einem Wechsel nur **30** der Urkundsbeamte angegeben wird, der an der Verkündung teilgenommen hat[118]; denn jeder Protokollführer ist nur für den von ihm selbst aufgenommenen Teil des Protokolls verantwortlich, nicht aber für das Zustandekommen des Urteils als solchen. Daraus ergibt sich der Unterschied zu den anderen Personen, Rdn. 27, 28.

g) Angeklagter. Er wird in Absatz 3 nicht erwähnt; daß er anzugeben ist, ist jedoch **31** schon der Sache nach unerläßlich. Urteilskopf und Urteilsformel bilden die Grundlage der Vollstreckung und der Eintragung in das Strafregister. Sie werden außerdem anderen Behörden mitgeteilt, die die Akten nicht zur Verfügung haben. Es ist daher unerläßlich, den Angeklagten im Urteilskopf so genau zu bezeichnen, daß seine Identität jederzeit an Hand der Personalien festgestellt werden kann[119]. Erforderlich sind also Familien- namen (einschließlich des Geburtsnamens) und Vornamen sowie Angaben über Tag und Ort der Geburt –, zweckmäßig sind auch Angaben über Wohnort oder Aufenthaltsort (Ort, Straße, Hausnummer) sowie über die Staatsangehörigkeit[120]. Ob die üblichen Angaben über Beruf oder Familienstand geboten sind, kann zweifelhaft sein[121]. Befindet sich der Angeklagte in Untersuchungshaft oder in anderer Sache in Strafhaft, so ist auch dies im Urteilskopf zweckmäßigerweise anzuführen[122]. Religionszugehörigkeit oder der Hinweis auf Vorstrafen gehören dagegen nicht in den Urteilskopf[123].

Durch die Aufnahme der Personalien in den Urteilskopf wird die **Urteilsformel ent-** **32** **lastet**, sie müssen dann dort nicht wiederholt werden. Umgekehrt kann die Aufnahme aller Personalangaben in der Urteilsformel deren nochmalige Anführung im Urteilskopf entbehrlich machen. Weichen die Personaldaten im Urteilskopf wesentlich von denen der Anklage oder des Bußgeldbescheides ab, muß im Urteil klargestellt werden, daß dieses nicht gegen eine andere Person erlassen wurde[124].

Mehrere Angeklagte sind in der Regel in der **Reihenfolge** der Anklageschrift aufzu- **33** führen. Ergehen in einer früher verbundenen Sache getrennte Urteile, kann es angezeigt sein, die frühere Verbindung dadurch kenntlich zu machen, daß die Angabe des Namens mit aufgenommen wird, der das verbundene Verfahren kennzeichnete und daß erst dann die Namen der Angeklagten genannt werden, gegen die im Urteil entschieden wurde[125].

h) Die Personalien der von der Entscheidung betroffenen **Einziehungsbeteiligten** und **34** ihrer Prozeßbevollmächtigten sind – ebenso wie die der Angeklagten – im erforderlichen Umfang in den Urteilskopf aufzunehmen[126].

---

[117] KK-*Engelhardt*[4] 16; *Kleinknecht/Meyer-Goßner*[44] 26; SK-*Schlüchter* 42; *Eb. Schmidt* 4.

[118] AK-*Wassermann* 4; KK-*Engelhardt*[4] 12; *Klein- knecht/Meyer-Goßner*[44] 26; SK-*Schlüchter* 40; vgl. § 271, 12; § 272, 11.

[119] AK-*Wassermann*; KK-*Engelhardt*[4] 15; KMR-*Mül- ler* 7; SK-*Schlüchter* 41; vgl. Nr. 141 Abs. 1 Satz 1; 110 Abs. 2 RiStBV.

[120] SK-*Schlüchter* 41; a. A KK-*Engelhardt*[4] 15; wegen der Staatsangehörigkeit auch. KK-*Engelhardt*[4] 15. Die Angabe der Staatsangehörigkeit im Urteilskopf ist bei den durchlässiger gewordenen Grenzen nicht nur zur Identifizierung, sondern auch für die spätere Sachbehandlung angezeigt (Repatriierung; Voll- streckung im Ausland; Benachrichtigungspflichten u. a).

[121] Die Angaben werden unter Hinweis auf Nrn. 141 Abs. 1; 110 Abs. 2 RiStVB für erforderlich gehal- ten, so SK-*Schlüchter* 41; a. A; AK-*Wassermann* 5; KK-*Engelhardt*[4] 15.

[122] SK-*Schlüchter* 41; a. A AK-*Wassermann* 5; KK- *Engelhardt*[4] 15.

[123] AK-*Wassermann* 5; KK-*Engelhardt*[4] 15; SK- *Schlüchter* 41.

[124] Vgl. OLG Schleswig SchlHA **1979** 288 (andernfalls ist über Schuldvorwurf gegen den eigentlichen Angeklagten nicht entschieden).

[125] SK-*Schlüchter* 41 („Strafsache gegen A und andere; hier gegen B und C").

[126] AK-*Wassermann* 6; KK-*Engelhardt*[4] 19; *Klein- knecht/Meyer-Goßner*[44] 26; SK-*Schlüchter* 42.

Walter Gollwitzer

35   **i)** Der **Privatkläger** wird in § 275 Abs. 3 nicht angesprochen. Da er das Strafverfahren gegen den Angeklagten betreibt, muß er jedoch in den Urteilskopf aufgenommen werden, ohne Rücksicht darauf, ob er in der Hauptverhandlung anwesend war[127]. Gleiches gilt bei einem **Verletzten**, über dessen zivilrechtliche Ansprüche im **Adhäsionsverfahren** mit entschieden wird[128].

3. Unterschriften der Richter

36   **a)** Ein **vollständiges schriftliches Urteil** liegt so lange nicht vor, als nicht sämtliche beteiligten Berufsrichter seinen Inhalt gebilligt und dies mit ihrer Unterschrift bestätigt haben, wobei ein Verhinderungsvermerk die Unterschrift ersetzen kann. Dieses wesentliche Formerfordernis muß grundsätzlich vor Ablauf der Frist des Absatzes 1 Satz 2 erfüllt sein, denn erst wenn alle Unterschriften das gesamte Urteil abdecken, ist es fertiggestellt und kann zu den Akten gebracht werden[129]. Die Frist zur Begründung der Revision läuft deshalb grundsätzlich erst von der Zustellung eines von allen Unterschriften gedeckten, fertiggestellten Urteils an[130]. Dasselbe gilt, wenn irrtümlich ein nicht Berufener die Verhinderung eines Richters zur Beifügung seiner Unterschrift unter dem Urteil vermerkt hat[131]. Die **vorzeitige Zustellung** eines von einem Teil der Richter noch nicht unterschriebenen Urteils ist rechtlich bedeutungslos; der Angeklagte kann keinen Einwand daraus herleiten, wenn das hernach zugestellte, ordnungsgemäße (fristgerecht zu den Akten gebrachte) Urteil inhaltlich von dem abweicht, das ihm zugestellt worden war, bevor die Unterschriften aller mitwirkender Richter vorlagen[132].

37   Das **Fehlen einer Unterschrift** kann und muß wegen der nicht nur verengt unter dem Aspekt des Revisionsverfahrens zu betrachtenden Bedeutung des Urteils dadurch **geheilt** werden, daß die **Unterschrift nachgeholt** oder – bei Verhinderung – durch einen entsprechenden Vermerk (dazu Rdn. 46) ersetzt wird[133]. Dies gilt auch, wenn ein nicht beteiligter Richter an Stelle eines beteiligten irrtümlich das Urteil unterschrieben hat[134]. Eine solche Nachholung ist Dienstaufgabe der Richter und – zeitlich unbegrenzt – grundsätzlich solange möglich, als der Richter noch die Übereinstimmung der Urteilsgründe mit dem Ergebnis der Beratung bezeugen kann[135]. Sie ist selbst dann noch zulässig, wenn die Urteilsbegründungsfrist abgelaufen oder der Mangel in der Revisionsbegründung gerügt ist. Nach der wohl **vorherrschenden Ansicht**[136] kann dagegen eine Unterschrift nach Ablauf der Fertigstellungsfrist **nicht** mehr **nachgeholt** werden. Anders als bei der sachbezogenen Urteilsbegründung ist es aber nicht ersichtlich, wieso dem Nachholen einer offensichtlich fehlenden oder allen Beteiligten erkennbar fehlerhaften

---

[127] AK-*Wassermann* 6; KK-*Engelhardt*[4] 17; (üblich in der Form der Parteibezeichnung des Zivilprozesses) SK-*Schlüchter* 42.

[128] Vgl. § 406, 2 ff.

[129] BGHSt **26** 247; BGH NStZ-RR **2000** 237; StV **1984** 275; **1989** 5; vgl. Rdn. 38.

[130] RG LZ **10** 153; vgl. RGZ **82** 422; ferner Rdn. 4.

[131] RG GA **38** (1891) 48.

[132] OLG Dresden JW **1930** 2080; anders aber, wenn in dem als fertig zu den Akten gebrachten Urteil eine Unterschrift fehlt, vgl. BGH NJW **2001** 838.

[133] Vgl. RGRspr. **9** 480; RGSt **61** 399; *Peters* FS Weber 383 (zur früheren Rechtslage); so auch herrschende Meinung im Zivilprozeß, vgl. die Erläuterungsbücher zu § 315 ZPO. Zur Gegenmeinung, die zum Teil wohl nur mit Blick auf § 338 Nr. 7 argumentiert, vgl. Fußn. 136.

[134] Vgl. BayObLG bei *Rüth* DAR **1982** 253 (Protokollfehler); OLG Düsseldorf MDR **1981** 423 (absoluter Revisionsgrund greift); ferner Rdn. 5.

[135] Vgl. Fußn. 133; ferner § 338, 123; *Gollwitzer* FS Kleinknecht 167; *Rieß* NStZ **1982** 443.

[136] Vgl. BGHSt **27** 335; **28** 196; BGH NStZ **1982** 476 **1984** 378; **1993** 200, bei *Kusch* NStZ **1995** 220, BGH NStZ-RR **2000** 237; StV **1984** 275; **1995** 454; BGH DRiZ **1973** 186; OLG Düsseldorf MDR **1981** 423, ferner etwa Meyer-Goßner NStZ **1988** 537; *Rieß* NStZ **1982** 443, KK-*Engelhardt*[4] 47; *Kleinknecht/Meyer-Goßner*[44] 6; SK-*Schlüchter* 18: ob allerdings wirklich alle angeführten Entscheidungen in der Sache mehr besagen wollen, als daß die verspätete Nachholung der Unterschrift bei der Rüge nach § 338 Nr. 7 unbeachtlich ist, erscheint fraglich.

Unterschrift allgemein Gründe des Vertrauenschutzes entgegenstehen sollten. Eine andere Frage ist, daß dadurch der **Revisionsgrund** einer nicht fristgerechten Verbringung des Urteils zu den Akten des § 338 Nr. 7 nicht mehr beseitigt werden kann. Diese kommt aber nur bei einer ordnungsgemäß erhobenen Rüge eines Verstoßes gegen Absatz 1 Satz 2, 3 zum Tragen, nicht aber in den sonstigen Fällen, in denen die Urteilsgründe Bedeutung haben. Das Änderungsverbot des Absatzes 1 Satz 3 sichert die Fristsetzung in Satz 2 ab. Es schließt deshalb **nachträgliche sachliche Änderungen**[137] der Urteilsgründe aus. Sein Regelungszweck erfordert aber nicht, daran allgemein auch die Nachholung einer vergessenen oder die Richtigstellung einer sonstwie fehlerhaften Unterschrift scheitern zu lassen[138]. Zur Auswirkung des Mangels auf die von der Urteilszustellung abhängigen Fristen vgl. § 345, 5; 6.

b) Die Unterschrift **aller mitwirkenden Richter**, und zwar nach Absatz 2 Satz 3 nur **38** der **Berufsrichter**[139], ist sowohl für den Urteilssatz wie für die vollständigen Gründe notwendig[140]. Es genügt nicht, wenn hinsichtlich der Gründe auf eine selbst nicht unterschriebene Anlage („Gründe siehe Entwurf") verwiesen wird[141]. Ein eingesprungener Ergänzungsrichter unterschreibt an Stelle des ausgefallenen Richters[142]. Die **Unterschrift** muß zwar nicht leserlich, wohl aber als solche individualisierbar sein. Eine geschlängelte Linie genügt nicht[143], desgleichen nicht ein Handzeichen. Erforderlich ist die handschriftliche Unterschrift mit dem voll ausgeschriebenen Familiennamen[144]. Die Unterschrift der Schöffen ist nicht vorgesehen (Absatz 2 Satz 3); unterschreiben die Schöffen trotzdem die Urteilsgründe, ist dies unschädlich[145].

Die Unterschrift des Urteils ist Ausübung der **rechtsprechenden Gewalt**. Der Unter- **39** schreibende muß daher nach vorherrschender Ansicht auch im Zeitpunkt der Unterschriftsleistung noch Richter sein[146]. Nicht erforderlich ist, daß er noch dem gleichen Spruchkörper angehört[147]; auch die **Versetzung** an ein anderes Gericht dürfte die Zulässigkeit und Wirksamkeit der Unterschrift nicht beseitigen, da sie den mit besonderen Rechtsgarantien geschützten Richterstatus und die damit verbundene Befugnis zur Ausübung der rechtsprechenden Gewalt nicht berührt, sondern nur die Befugnis, für einen bestimmten Spruchkörper zu handeln. Die Pflicht und Befugnis zur Beurkundung des Beratungsergebnisses ist ein die Versetzung überdauernder Ausfluß des früheren

---

137 Nicht aber Berichtigungen des Urteils, die keine sachliche Änderung bedeuten, so *Rieß* NStZ **1982** 443; *Kleinknecht/Meyer-Goßner*[44] 11; § 267, 39; SK-*Schlüchter* 20.

138 Vgl. § 338, 123. Die Gegenmeinung verleiht dem Verbot der Nachholung der Unterschrift eine auch bei der Sachrüge ins Gewicht fallende Bedeutung, die die vom Gesetz gewollte Ausgestaltung als disponible Verfahrensrüge illusorisch macht.

139 BGHSt **26** 92 = LM Nr. 1 mit Anm. *Pelchen*; BGHSt **31** 212; BGH bei *Holtz* MDR **1979** 638; KK-*Engelhardt*[4] 23; *Kleinknecht/Meyer-Goßner*[44] 19; KMR-*Müller* 9; SK-*Schlüchter* 30.

140 So schon RGRspr. **1** 826; vgl. etwa BGH NStZ **1984** 378 (gesamten Text).

141 BayObLGSt **1970** 224 = VRS **40** (1971) 10.

142 *Eb. Schmidt* 11.

143 OLG Düsseldorf NJW **1956** 923; KG NStE 11; OLG Oldenburg NJW **1988** 2812; AK-*Wassermann* 7; KK-*Engelhardt*[4] 25; SK-*Schlüchter* 29; vgl. auch 345, 24.

144 AK-*Wassermann* 7; KK-*Engelhardt*[4] 25; SK-*Schlüchter* 29. Vgl. auch OLG Frankfurt NJW **1989** 3030 (nicht notwendig aber ein voller Doppelname).

145 BGHSt **39**, 281; KK-*Engelhardt*[4] 24; *Kleinknecht/Meyer-Goßner*[44] 19; SK-*Schlüchter* 30.

146 BayObLGSt **1967** 51 = NJW **1967** 1578; ferner *Busch* JZ **1964** 749; AK-*Wassermann* 7; KK-*Engelhardt*[4] 39; *Kleinknecht/Meyer-Goßner*[44] 23; SK-*Schlüchter* 37; a. A *Kohlhaas* GA **1974** 147; *Gollwitzer* FS Kleinknecht (1985) 169. Zur gleichen Streitfrage bei § 315 ZPO vgl. die entsprechenden Erläuterungsbücher (maßgebend für Richtereigenschaft Zeitpunkt der Beschlußfassung, nicht der unselbständige Akt der Unterzeichnung); ferner *Vollkommer* NJW **1968** 1309.

147 BGHSt **27** 334; BayObLGSt **1982** 133 = JR **1983** 261 mit Anm. *Foth*.

Richteramtes; sie kann auch nach dem Ausscheiden aus dem alten Spruchkörper ausgeübt werden[148], denn es wird auch bei einer späteren Teilnahme an der Fassungsberatung und mit der Unterschrift nur eine im alten Richteramt ausgeübte, bereits wirksam gewordene Amtshandlung dokumentiert; dies gilt auch bei einem Richter auf Probe, der inzwischen bei der Staatsanwaltschaft beschäftigt wird[149], während dies bei einer mit dem Ausscheiden aus dem Richteramt verbundenen Ernennung zum Staatsanwalt verneint wird[150].

40　　c) Mit der Unterschrift bezeugen die Berufsrichter, daß das Urteil nach der **Meinung der Mehrheit** mit dem Ergebnis der Beratung übereinstimmt[151]. Meinungsverschiedenheiten über Form und Inhalt der schriftlichen Urteilsfassung müssen die Berufsrichter in einer Beratung klären und durch Abstimmung mehrheitlich entscheiden[152]. Auch der **überstimmte Richter** muß das Urteil unterschreiben, da er mit seiner Unterschrift nur bestätigt, daß das Urteil nach der Meinung der Mehrheit dem Beratungsergebnis entspricht[153]. Vermerkt er dabei eine abweichende eigene Meinung, so ist dies unbeachtlich und beseitigt die Maßgeblichkeit der schriftlichen Urteilsgründe für das weitere Verfahren nicht[154].

41　　Bei dem mit **zwei Berufsrichtern** besetzten, **erweiterten Schöffengericht** und bei der mit zwei Berufsrichtern nach § 76 Abs. 3 GVG besetzten Kleinen Strafkammer kann bei Meinungsverschiedenheiten ein Mehrheitsbeschluß nicht herbeigeführt werden. Es ist strittig, ob in diesem Fall die Stimme des Vorsitzenden den Ausschlag gibt[155] oder ob zur Vermeidung einer unüberwindbaren Position des Vorsitzenden die Schöffen zuzuziehen sind, wobei der Vorsitzende dann nur bei einer Pattsituation nach § 194 Abs. 4 GVG den Ausschlag gäbe[156].

42　　d) **Änderung nach Unterschrift.** Bedarf es der **Unterschrift mehrerer Richter** und ist der Urteilsentwurf zunächst nur von einem Teil der Richter unterschrieben, so dürfen spätere sachliche Änderungen nur mit Zustimmung des oder der Richter vorgenommen werden, deren Unterschrift schon vorliegt[157]. Eine dem Vorsitzenden oder einem Beisitzer **im voraus erteilte Ermächtigung**, an den ausgearbeiteten Gründen so viel zu ändern, als der Ermächtigte für erforderlich oder zweckmäßig erachte, ist rechtlich wirkungslos[158]. Scheidet ein Richter aus dem Gericht aus, bevor der von ihm bereits unterschriebene Urteilsentwurf von den anderen Richtern unterzeichnet ist, so steht dem nicht im Weg, daß die Änderung, die den zurückbleibenden Richtern angebracht

---

[148] BGH NStZ **1982** 476; StV **1993** 113; ferner *Busch* JZ **1964** 749; *Kohlhaas* GA **1974** 148; AK-*Wassermann* 7; KK-*Engelhardt*[4] 34; *Kleinknecht/Meyer-Goßner*[44] 23; SK-*Schlüchter* 37. Zur vergleichbaren Rechtslage nach § 315 ZPO *Vollkommer* NJW **1968** 1310; ferner OLG Stuttgart Rpfleger **1976** 257 mit abl. Anm. *Vollkommer*. Zur Fortdauer der Befugnisse aus dem alten Richteramt vgl. BGH NJW **1967** 2367.

[149] BGH StV **1992** 557.

[150] BGH bei *Kusch* NStZ **1995** 20.

[151] RG JW **1930** 559; BGHSt **26** 93; 247; **31** 312; NStZ **1984** 378; StV **1985** 275; **1889** 5; BGH bei *Holtz* MDR **1979** 638.

[152] RGSt **28** 58; **44** 120; BGHSt **26** 93.

[153] BGHSt **26** 93; AK-*Wassermann* 8; KK-*Engelhardt*[4] 23; *Kleinknecht/Meyer-Goßner*[44] 19; SK-*Schlüchter* 29. Vgl. auch Rdn. 71.

[154] BGHSt **26** 93; KK-*Engelhardt*[4] 26 (anders, wenn Richter beanstandet, daß Urteilsgründe nicht ordnungsgemäß beschlossen).

[155] So *Koeniger* 464; *Sachs* DRiZ **1925** 154; zum Streitstand vgl. *Krofferbert/Knoth* DRiZ **1926** 176; *Knoth* DRiZ **1925** 33; Sachse GA **70** (1926) 161; und *Deisberg/Hohendorf* DRiZ **1984** 261; ferner die Erl. zu § 30 und § 196 GVG.

[156] *Deisberg/Hohendorf* DRiZ **1984** 261; *Kissel* § 196, 7; *Eb. Schmidt* § 29 GVG, 15; § 30 GVG, 30.

[157] RGSt **44** 120; RG Recht **1915** Nr. 2189; BGH bei *Holtz* MDR **1979** 638; **1983** 450.

[158] RG GA **62** (1915/16) 471; BGHSt **27** 334; BGH NStZ **1984** 274; StV **1984** 144; *Rieß* NStZ **1982** 443; KK-*Engelhardt*[4] 27; *Kleinknecht/Meyer-Goßner*[44] 5; KMR-*Müller* 12.

erscheint, vorgenommen und daß die Unterschrift des ausgeschiedenen Richters durch einen Vermerk über seine Verhinderung an der Unterzeichnung des neu gefaßten Urteils ersetzt wird[159]. Für die **Berichtigung von Rechtschreibfehlern** oder eindeutigen Schreibversehen oder grammatischen oder stilistischen Verbesserungen ohne jede sachliche Inhaltsverschiebung bedarf es jedoch keiner nochmaligen Zustimmung der Richter, die bereits unterschrieben haben[160].

Verweigern die Richter, die den Urteilsentwurf schon unterzeichnet haben, die **43** Zustimmung zu einer von den anderen Richtern gewünschten Änderung, so muß in **gemeinsamer Beratung** geklärt werden, welche Gründe seinerzeit für das Urteil maßgebend waren, und dann ein **neuer Beschluß** über die endgültige Fassung der Urteilsgründe herbeigeführt werden[161].

e) Der **Urkundsbeamte** hat nur die Ausfertigung des Urteils, nicht aber die (beson- **44** ders niedergeschriebene) Urschrift zu unterschreiben[162]. Auch wenn das Urteil vollständig in das Protokoll aufgenommen wird, muß es von allen Richtern unterschrieben werden[163].

f) Absatz 2 bezieht sich nur auf Urteile[164]. Auf **Beschlüsse** ist er nicht entsprechend **45** anwendbar[165]. Die Strafprozeßordnung enthält keine Vorschrift, wonach Beschlüsse zu ihrer Wirksamkeit der eigenhändigen Unterschrift aller mitwirkenden Richter bedürften[166].

4. Verhinderung eines Richters

a) Zweck des Verhinderungsvermerks. Anders als bei der Urteilsberatung ist die Mit- **46** wirkung aller Richter des erkennenden Gerichts bei der Beurkundung des Beratungsergebnisses in der schriftlichen Urteilsbegründung nicht vorgesehen. Selbst die Beteiligung aller Berufsrichter ist nicht unerläßlich. Absatz 2 Satz 2 läßt den Ersatz der Unterschrift zu, wenn ein Berufsrichter, der am Urteil mitgewirkt hat, an der alsbaldigen Unterschriftsleistung verhindert ist. Der die Unterschrift ersetzende Vermerk muß die Tatsache der Verhinderung und den Hinderungsgrund aufzeigen. Er bezeugt nur die Verhinderung und nicht etwa, daß der verhinderte Richter die Gründe als mit dem Beratungsergebnis übereinstimmend ansieht[167]. Es liegt also **keine Vertretung** bei der Unterschrift vor.

b) Verhinderung. Verhindert an der Unterschrift ist ein Richter, wenn er seine Unter- **47** schrift **nicht leisten kann**, (tatsächliche Verhinderung) oder aus Rechtsgründen nicht mehr leisten darf (Verhinderung aus Rechtsgründen), nicht aber dann, wenn er sie **nicht leisten will**. Der überstimmte Richter darf seine Unterschrift nicht verweigern. Es gehört zu seiner richterlichen Pflicht, die Übereinstimmung des Urteils mit dem von der Mehr-

---

[159] RG DRiZ **1929** Nr. 904; BGHSt **27** 234; AK-Wassermann 11; KK-*Engelhardt*[4] 27.

[160] BGHSt **27** 334; BGH bei *Holtz* MDR **1979** 638; **1984** 93; *Rieß* NStZ **1982** 443; KK-*Engelhardt*[4] 27; *Kleinknecht/Meyer-Goßner*[44] 5; SK-*Schlüchter* 20; vgl. auch AK-*Wassermann* 11 (nobile officium, den Urteilsfasser auch auf stilistische Änderungen hinzuweisen); ferner KMR-*Müller* 12, der jedoch darauf hinweist, daß bei stilistischen Änderungen die Grenze zur unzulässigen sachlichen Änderung zweifelhaft sein kann.

[161] RGSt **44** 121; vgl. Rdn. 40.

[162] Vgl. Rdn. 69.

[163] Vgl. dazu Rdn. 21.

[164] Er gilt auch für Berufungsurteile. § 332, ob er für Revisionsurteile gilt, ist strittig, vgl. § 356, 3; KK-*Engelhardt*[4] 1.

[165] RGSt **43** 218; vgl. Rdn. 1.

[166] BGH bei *Pfeiffer/Miebach* NStZ **1985** 492; OLG Düsseldorf MDR **1984** 164; OLG Hamm JMBlNW **1978** 70; KG GA **1953** 128; *Kohlhaas* GA **1955** 69; § 33, 13 ff; *Sarstedt* JR **1959** 69.

[167] BGHSt **31** 213; *Pelchen* LM § 275 StPO Nr. 1.

heit gebilligten Beratungsergebnis zu bestätigen[168]. Seine Unterschrift wird auch nicht dadurch unwirksam, wenn er dabei vermerken sollte, daß er mit der Mehrheit nicht übereinstimmt[169]. Verweigert ein Richter trotzdem die Unterschrift, so ist strittig, ob es zur Wahrung der Urteilsabsetzungsfrist angängig ist, Absatz 2 Satz 2 entsprechend anzuwenden[170]. Daß Umstände vorliegen, die die Annahme einer tatsächlichen Verhinderung rechtfertigen würden, schließt die Wirksamkeit einer vom betroffenen Richter trotzdem ermöglichten Unterschrift nicht aus[171].

48 **Die Hinderungsgründe** zählt Absatz 2 Satz 2 nicht näher auf. An sie werden nicht die strengen Anforderungen gestellt, die für die Umstände gelten, die die fristgerechte Absetzung des Urteils nach Absatz 1 Satz 4 verhindert haben. Eine **Verhinderung aus Rechtsgründen** wird von der herrschenden Meinung angenommen, wenn ein Richter das Urteil, an dem er mitgewirkt hat, nicht mehr unterschreiben darf, weil er **aus dem Richteramt ausgeschieden** ist[172], so auch, wenn er nunmehr als Staatsanwalt oder Beamter ein anderes Amt innerhalb der Justiz ausübt, nicht aber, wenn er weiterhin ein Richteramt bei einem anderen Spruchkörper oder einem anderen Gericht ausübt[173]. Die Gründe für eine dauernde oder zeitweilige **tatsächliche Verhinderung** können vielfach sein. Welches Gewicht sie haben, hängt von allen Umständen des Einzelfalles ab. Eine Verhinderung wurde beispielsweise angenommen, wenn ein Richter verstorben oder ernstlich erkrankt ist oder wenn er inzwischen einen längeren Urlaub angetreten hat[174] oder wenn ein nicht am Gerichtssitz wohnhafter Hilfsrichter mitgewirkt hat und vor der Abfassung des Urteils an seinen Wohnort zurückgekehrt ist[175]. **Anderweitige Dienstgeschäfte** können eine tatsächliche (nicht rechtliche) Verhinderung begründen, so, wenn der Richter wegen eines anderweitigen, seine Zeit voll beanspruchenden Dienstgeschäftes oder wegen Dienstleistung an einem anderen Ort zur Durchsicht und Unterschrift der Urteilsgründe in vertretbarer Zeit nicht in der Lage ist[176]. Dies ist nicht der Fall, wenn er nunmehr sein Richteramt in einem Nebengebäude wahrnimmt[177]. Auch die Teilnahme an einen Betriebsausflug dürfte allenfalls bei Vorliegen besonderer Umstände (Ende der Urteilsabsetzungsfrist) als Verhinderungsgrund ausreichen[178]. Eine **kurzfristige Verhinderung**, die die Pflicht des Gerichts zur unverzüglichen Urteilsabsetzung nicht beeinträchtigt, berechtigt nicht zum Ersetzungsvermerk. Andererseits erscheint es mit dem Gebot, das Urteil unverzüglich zu den Akten zu bringen, auch nicht vereinbar, den Verhinderungsfall nur anzunehmen, wenn der verhinderte Richter das Urteil voraussichtlich nicht vor Ablauf der Absetzungsfrist unterzeichnen kann[179]. Die kurzfristige

---

[168] AK-*Wassermann* 8; *Kleinknecht/Meyer-Goßner*[44] 19; SK-*Schlüchter* 29; *Eb. Schmidt* 12; vgl. oben Rdn. 40.

[169] Vgl. BGHSt **26** 92 sowie vorst. Fußn.

[170] BGHSt **26** 93 läßt dies offen; KK-*Engelhardt*[4] 33 bejaht dies; ebenso *Pelchen* LM § 275 StPO 1975, 1; AK-*Wassermann* 10; SK-*Schlüchter* 36 (psychische Verhinderung; der sich weigernde Richter darf nicht die Macht haben, das von der Mehrheit gebilligte Urteil revisibel zu machen); **a. A**: *Kleinknecht/Meyer-Goßner*[44] 22; zweifelnd KMR-*Müller* 11; vgl. auch BGH NJW **1977** 765 zu § 315 ZPO.

[171] Vgl. BGH bei *Holtz* MDR **1994** 1072; BayObLGSt **1967** 51 = NJW **1967** 1578; *Busch* JZ **1964** 749; AK-*Wassermann* 7; *Kleinknecht/Meyer-Goßner*[44] 23; SK-*Schlüchter* 37.

[172] BayObLGSt **1982** 133 = JR **1983** 261 mit Anm. *Foth*; BayObLG VRS **61** (1981) 130; daraus kann sich im Einzelfall aber ein tatsächlicher Hinderungsgrund ergeben.

[173] BGH NStZ-RR **1999** 33; vgl. KK-*Engelhardt*[4] 32.

[174] BGH StV **1998** 477.

[175] RGRspr. **8** 739; RG GA **39** (1881) 318.

[176] BGHSt **31** 213; BGH NStZ-RR **1999** 46; StV **1993** 113; BGHR § 275 Abs. 2 Satz 2 Verhinderung 1; vgl. KMR-*Müller* 7.

[177] OLG Zweibrücken StV **1999** 14.

[178] BGHSt **31** 123 hat die Verhinderung bejaht, ebenso AK-*Wassermann* 9; *Kleinknecht/Meyer-Goßner*[44] 22; SK-*Schlüchter* 35; 25. Zu der davon zu trennenden Frage, daß dies kein unvorhersehbarer unabwendbarer Umstand im Sinne von Absatz 1 Satz 4 ist, vgl. Rdn. 16.

[179] KK-*Engelhardt*[4] stellt hierauf ab; ähnlich OLG Zweibrücken StV **1990** 14; SK-*Schlüchter* 31; vgl. auch *Kohlhaas* GA **1974** 148 (vorhersehbar kurzfristige Erkrankung oder Abwesenheit keine Verhinderung). Vgl. Fußn. 182; 183.

Nichterreichbarkeit eines Richters am letzten Nachmittag der Urteilsabsetzungsfrist genügt allerdings ebensowenig für die Annahme seiner Verhinderung[180] wie – für sich allein – die Zugehörigkeit zu einer anderen Kammer oder einem anderen Gericht[181]. Die Verhinderung braucht **keine dauernde** zu sein. Auch eine Verhinderung von **erkennbar begrenzter Dauer** genügt. Die zur Erfüllung des Beschleunigungsgebots ausdrücklich in Abs. 1 Satz 1 festgelegte Pflicht, das Urteil unverzüglich zu den Akten zu bringen, läßt kein Zuwarten zu, durch das die Fertigstellung des Urteils nicht nur unbeträchtlich verzögert würde[182]. Dies muß für den Zeitpunkt der Unterschriftsreife der Urteilsgründe ex ante beurteilt werden, wobei neben der Pflicht, das Urteil unverzüglich, spätestens aber bis zum Ende der Begründungspflicht zu den Akten zu bringen, auch andere Umstände des Dienstbetriebes und die Eilbedürftigkeit der jeweiligen Sache (Haftsache) mit berücksichtigt werden können. Wo die Grenze zu ziehen ist, hat der für den Vermerk und die unverzügliche Urteilsfertigstellung verantwortliche Richter (Vorsitzende, sein Vertreter) unter Abwägung aller Gesichtspunkte nach pflichtgemäßem Ermessen zu entscheiden, wobei ihm ein gewisser Beurteilungsspielraum zuzubilligen ist[183].

Satz 2 gilt auch, wenn **mehrere Richter** an der Unterschrift verhindert sind; es ist **49** nicht ausgeschlossen (wenngleich nach Möglichkeit zu vermeiden), daß in solchem Fall einer für alle unterschreibt[184]. Ein richterliches Mitglied des Spruchkörpers, der an der Hauptverhandlung nicht mitgewirkt hat, ist dagegen nicht befugt, die Verhinderung festzustellen[185]. Zur Bezeugung des Beratungsergebnisses genügt auch die Unterschrift eines Richters. Vermerkt der Vorsitzende irrtümlich die Verhinderung eines Richters, der an der Verhandlung gar nicht mitgewirkt hat, hat aber der mitwirkende andere Berufsrichter bei der nur mit zwei Berufsrichtern besetzten Kammer das Urteil unterschrieben, so ist dies unschädlich, der Irrtum kann nachträglich durch eine dienstliche Erklärung klargestellt werden[186].

Bei Verhinderung des allein mitwirkenden Berufsrichters kann seine Unterschrift nicht **50** ersetzt werden, auch beim Schöffengericht und bei der kleinen Strafkammer nicht durch den älteren Schöffen. Das Urteil enthält dann im prozeßrechtlichen Sinn keine Entscheidungsgründe; so daß die Rüge nach § 338 Nr. 7 durchgreift[187]. Gleiches gilt, wenn alle beteiligten Berufsrichter aus dem Justizdienst ausgeschieden sind[188].

c) Form des Vermerks. Der Vorsitzende – bei seiner Verhinderung der dienstälteste **51** Richter – soll durch eine Bemerkung unter dem Urteil ersichtlich machen, daß die Unterschrift eines mitwirkenden Richters nicht aus Versehen fehlt, sondern daß dieser Richter an der Vollziehung der Unterschrift verhindert ist. Vorsitzender ist der Richter, der in der betreffenden Hauptverhandlung den Vorsitz führte[189]. Ist der Vermerk in Vertretung des Vorsitzenden nicht vom dienstältesten sondern fälschlich vom jüngeren Beisitzer angebracht worden, ist er gleichwohl wirksam[190].

[180] BGHSt **28** 194; BGH StV **1991** 247.
[181] Vgl. oben Fußn. 172.
[182] BVerfG bei *Spiegel* DAR **1985** 193 (Rückkehr vom Urlaub in 4 Tagen braucht in Haftsache nicht abgewartet werden). Gegen einen zu restriktiven Verhinderungsbegriff KMR-*Müller* 7; *Foth* NJW **1979** 1310; JR **1983** 262; vgl. auch *Rieß* NStZ **1982** 443.
[183] Vgl. BGHSt **31** 212; BGH NStZ-RR **1999** 46: StV **1993** 113; *Kleinknecht/Meyer-Goßner*⁴⁴ 21, enger OLG Zweibrücken StV **1990** 14; SK-*Schlüchter* 31.
[184] RG GA **42** (1894) 31; BGHSt **26** 247; **31** 212; BGH

bei *Pfeiffer* NStZ **1982** 190; K K-*Engelhardt*⁴ 37; *Kleinknecht/Meyer-Goßner*⁴⁴ 20; SK-*Schlüchter* 32.
[185] BGH StV **1993** 459.
[186] BGH NStZ **1999** 152.
[187] BayObLG DRiZ **1931** Nr. 785; K K-*Engelhardt*⁴ 37; SK-*Schlüchter* 32; KMR-*Müller* 16; *Eb. Schmidt* 16; vgl. § 338, 123; **a. A** *Kunowski* GA **37** (1889) 333; vgl. auch BayObLGSt **1967** 51 = NJW **1967** 1578.
[188] BGH bei *Kusch* NStZ **1993** 30.
[189] RG GA **38** (1891) 48.
[190] BGH bei *Holtz* MDR **1980** 456.

Walter Gollwitzer

52   Die **Herkunft des Vermerks** und sein Verfasser müssen eindeutig erkennbar sein. Die Richtigkeit des Vermerks muß durch die Unterschrift des zur Anbringung befugten Richters bestätigt werden. Deshalb ist es ratsam, bei Verhinderung des eigentlich dazu Berechtigten die Befugnis aufzuzeigen. Der Vermerk ist grundsätzlich gesondert zu unterschreiben[191]. Es kann aber auch genügen, wenn ersichtlich ist, daß die Unterschrift des Vorsitzenden unter dem Urteil auch den Vermerk mit abdeckt[192]. Mit dem Vermerk wird als Ersatz für die fehlende Unterschrift die Verhinderung des Richters und ihr Grund aufgezeigt. Die Formel: „Zugleich für den durch Krankheit (Urlaub usw.) an der Unterschrift verhinderten …" findet sich oft, sie wird trotz des fälschlicherweise (vgl. Rdn. 46) auf eine Vertretung bei der Unterschrift hindeutenden Wortlauts nicht beanstandet, sofern eindeutig erkennbar ist, welcher Richter sie mit seiner Unterschrift deckt. Sie sollte nicht verwendet, sondern die Verhinderung und ihr Grund unterschriftlich bestätigt werden[193].

53   Der **Hinderungsgrund** ist im Vermerk nur allgemein nach Art der Verhinderung zu kennzeichnen („verstorben", „Erkrankung"). Konkrete Einzelheiten dazu oder über die Dauer der Verhinderung sind entbehrlich. Es genügt, wenn ein Hinderungsgrund angeführt wird, der abstrakt den rechtlichen Anforderungen genügt, die von der Rechtsprechung gestellt werden[194]. Fehlt die Angabe des Hinderungsgrundes oder ist sie ungenügend, wird der Vermerk dadurch allein nicht wirkungslos[195]. Ob die fehlende Unterschrift zu Recht durch einen Verhinderungsvermerk ersetzt wurde, ist dann aber vom Revisionsgericht im Wege des Freibeweises nachzuprüfen[196].

54   **5. Eingangsvermerk.** Die Geschäftsstelle muß nach Absatz 1 Satz 5 den Zeitpunkt aktenkundig machen, an dem das durch alle Unterschriften gedeckte und damit fertiggestellte Urteil zu den Akten gebracht ist (Rdn. 5ff). Der Vermerk, der auf der Urschrift des Urteils oder aber auch auf einem gesonderten Blatt angebracht sein kann[197], dient zum Nachweis, daß das Urteil fristgerecht (Absatz 1 Satz 2) zu den Akten gelangt ist. Er hat aber nicht die **Beweiskraft** des Protokolls nach § 274; er hindert also nicht den anderweitigen Nachweis, daß das Urteil fristgerecht fertiggestellt und rechtzeitig zu den Akten gebracht ist[198]. Maßgebend ist auch bei einem anderslautenden Vermerk der **tatsächliche Zeitpunkt**, sofern er mittels **Freibeweis** festgestellt werden kann. Ist dies nicht der Fall, gehen die Zweifel an der rechtzeitigen Fertigstellung des Urteils zu Lasten

---

[191] BGH bei *Miebach* NStZ **1990** 229; *Meyer-Goßner* NStZ **1988** 537; AK-*Wassermann* 9; KK-*Engelhardt*[4] 35; *Kleinknecht/Meyer-Goßner*[44] 20; KMR-*Müller* 13; SK-*Schlüchter* 33.

[192] BGH bei *Miebach* NStZ **1990** 229; sowie vorst. Fußn.

[193] KK-*Engelhardt*[4] 35; *Kleinknecht/Meyer-Goßner*[44] 20; SK-*Schlüchter* 33. Ähnlich die herrschende Meinung zu § 315 ZPO; vgl. die Erläuterungsbücher dazu. Bedenken äußern RG Recht **1918** Nr. 655; *Meyn* LZ **1915** 1433.

[194] BGHSt **31** 212; h. M.

[195] BGHSt **28** 194; vgl. OLG Frankfurt MDR **1979** 678 (zu § 315 ZPO: Zustellung wirksam).

[196] BGHSt **28** 194 mit krit. Anm. *Foth* NJW **1979** 1310; BGH NStZ **1991** 297; vgl. Rdn. 73.

[197] *Rieß* NStZ **1982** 443; KK-*Engelhardt*[4] 42; *Kleinknecht/Meyer-Goßner*[44] 18; SK-*Schlüchter* 27. *Lintz* JR **1977** 128 hält auch eine Beurkundung außerhalb der Verfahrensakten für rechtlich zulässig, jedoch für nicht sachgerecht, da der rechtzeitige Eingang aus den Akten, am besten durch einen Vermerk auf der Urschrift ersichtlich sein müsse. Vgl. auch *Pfeiffer*[3] 9 (Hauptverhandlungskalender).

[198] BGHSt **29** 46; BGH bei *Miebach* NStZ **1988** 449; BayObLG bei *Rüth* DAR **1979** 241; OLG Karlsruhe Justiz **1977** 23; KK-*Engelhardt*[4] 74; *Kleinknecht/Meyer-Goßner*[44] 18; KMR-*Müller* 21; SK-*Schlüchter* 28 (Indizfunktion); vgl. auch *Sarstedt/Hamm*[6] 456 (besser wäre auf die Beurkundung durch Geschäftsstelle abzustellen).

des Gerichts. Gleiches gilt, wenn der Vermerk fehlt[199]. Der Eingangsvermerk selbst muß nicht innerhalb der Urteilsabsetzungsfrist gefertigt werden[200].

Der Eingangsvermerk ist **kein Bestandteil des Urteils**, auch wenn er auf dem Original **55** der Urteilsurkunde angebracht sein sollte; er muß deshalb nicht selbst in die Urteilsausfertigungen übernommen werden[201]. Nachträgliche Änderungen der Urteilsgründe sind ebenfalls zu vermerken (vgl. Rdn. 58).

6. Änderung des fertigen Urteils

a) Bindung. Ist das Urteil von **allen** mitwirkenden Richtern unterschrieben, so sind **56** die **Urteilsgründe bindend festgestellt.** Jede nachträgliche Änderung oder Ergänzung durch den Vorsitzenden oder einen anderen Richter allein ist ausgeschlossen. Einseitig hinzugefügte Sätze können als Gründe des Urteils überhaupt nicht gelten[202]. Die **Urteilsgründe** sind **unabänderlich,** sobald sie den inneren Bereich des Gerichts verlassen haben und – unabhängig davon – gemäß Absatz 1 Satz 3 nach Ablauf der für die Urteilsbegründung dem Gericht gesetzten Höchstfristen des Absatz 1 Satz 2.

b) Bei **Einverständnis aller Richter** sind innerhalb der genannten organisatorischen **57** und zeitlichen Grenzen (Rdn. 59 ff) **sachliche Änderungen** möglich. Sie bedürfen zur Gültigkeit der besonderen Unterzeichnung durch sämtliche Richter vor Fristablauf[203]. Eine **Ausnahme** hiervon kann nur in Betracht kommen, wenn es sich um die Berichtigung offensichtlicher, aus dem Urteil selbst zweifelsfrei hervorgehender Schreib- oder sonstiger Fassungsfehler handelt[204]. Bei Änderungen ohne jeden sachlichen Gehalt, wie der Korrektur von Schreib- und Grammatikfehlern ist unstrittig, daß diese auch ohne förmlichen Berichtigungsbeschluß und ohne vorherige Genehmigung durch alle unterzeichnenden Richter ausgebessert werden dürfen[205]. Jedoch werden auch Änderungen und Einschaltungen, die der Vorsitzende bewirkt hat, durch die Unterschriften gedeckt, wenn ein späteres Zufügen nicht feststeht[206].

c) Die **Geschäftsstelle** hat jetzt nach Absatz 1 Satz 5 auch jede nachträgliche Ände- **58** rung des bereits zu den Akten gegebenen Urteils in einem **besonderen Vermerk** festzuhalten, um das Änderungsverbot des Absatzes 1 Satz 3 (Rdn. 60) abzudecken. Der Vermerk wird zweckmäßigerweise unter dem Vermerk angebracht, der den Zeitpunkt festhält, zu dem das fertige Urteil zu den Akten gelangt ist (Rdn. 54).

d) Unabänderlichkeit. Das fertiggestellte und von allen Richtern unterschriebene **59** Urteil kann nicht mehr geändert werden, wenn es den **inneren Bereich des Gerichts verlassen** hat oder wenn die Frist des Absatz 1 Satz 2 abgelaufen ist (Absatz 1 Satz 3). Die erstgenannte Schranke tritt ein, wenn das Urteil zur Post gegeben oder einer anderen Stelle oder gerichtsfremden Person zur Kenntnis gebracht worden ist, etwa, wenn es auf

---

[199] OLG Hamm NJW **1988** 1991; OLG Stuttgart GA **1977** 26; StV **1986** 144; AK-*Wassermann* 15; *Kleinknecht/Meyer-Goßner*[44] § 338, 55; KMR-*Müller* 21; § 338, 121.

[200] KK-*Engelhardt*[4] 41.

[201] BGH bei *Pfeiffer* NStZ **1981** 297; *Rieß* NStZ **1982** 443; KK-*Engelhardt*[4] 41; 63; *Kleinknecht/Meyer-Goßner*[44] 18; SK-*Schlüchter* 27.

[202] RGSt **13** 66; RG GA **46** (1898/99) 218; JW **1901** 500.

[203] RGSt **23** 261; **28** 57; BGHSt **27** 334; BGH StV **1984** 144; AK-*Wassermann* 13; *Kleinknecht/Meyer-Goß-*

ner[44] 5; KMR-*Müller* 28; SK-*Schlüchter* 17; 18; vgl. Rdn. 42; 43 mit weit. Nachw.

[204] BayObLG DRiZ **1929** Nr. 1020; **a. A** KK-*Engelhardt*[4] 56; der auch bei offensichtlichen Fassungsversehen immer einen förmlichen Berichtigungsbeschluß fordert; ähnlich KMR-*Müller* 12; SK-*Schlüchter* 19.

[205] BGH bei *Holtz* MDR **1978** 638; **1984** 93; AK-*Wassermann* 11; KK-*Engelhardt*[4] 56; *Kleinknecht/Meyer-Goßner*[44] 5; SK-*Schlüchter* 20; vgl. auch Rdn. 42.

[206] RG JW **1891** 54.

Walter Gollwitzer

Grund einer Verfügung des Vorsitzenden bei der Staatsanwaltschaft zum Zweck der Zustellung eingegangen ist [207], oder wenn es ohne Gründe der Staatsanwaltschaft mit der Anfrage zugeleitet wurde, ob auf Rechtsmittel verzichtet wird [208], sogar, wenn es ohne richterliche Verfügung von der Geschäftsstelle aus dem internen Gerichtsbereich hinausgegeben wurde, wobei unerheblich ist, daß dann eine Zustellung unwirksam ist [209]. Die Verfügung des Vorsitzenden, mit der die Zustellung angeordnet wird, hat diese Wirkung noch nicht, da sie nur innerdienstlich von Bedeutung ist [210]. Nicht mehr zulässige Änderungen sind grundsätzlich **im weiteren Verfahren unbeachtlich** [211]. Eine wesentliche sachliche Änderung im Zusatz kann allerdings zur Folge haben, daß dann weder die Urteilsgründe in der ursprünglichen Form noch in der geänderten Fassung ordnungsgemäß bezeugt sind [212].

60   Das **Verbot der nachträglichen Änderung** der Urteilsgründe (Absatz 1 Satz 3) soll einer Umgehung der Höchstfristen für die Urteilsabfassung (Absatz 1 Satz 2) vorbeugen [213] und die absolute Revisionsrüge nach § 338 Nr. 7 absichern. Dies spricht dafür, entgegen der herrschenden Meinung [214] die Tragweite dieser Vorschrift in sinnorientierter Auslegung auf den eigentlichen Regelungszweck zu beschränken [215], vor allem aber die Nachholung einer versehentlich vergessenen oder ungenügenden Unterschrift oder den Ersatz eines Verhinderungsvermerkes, die ja keine Änderung der fixierten Urteilsgründe bedeuten, unbegrenzt zuzulassen [216].

61   Das Änderungsverbot tritt erst **nach Ablauf der Frist** des Absatz 1 Satz 2 ein, es hindert also die sachliche Änderung eines bereits zu den Akten gebrachten Urteils nicht, wenn diese Höchstfrist noch nicht verstrichen ist und das Urteil den inneren Bereich des Gerichts noch nicht verlassen hat [217]. Dies erhellt auch daraus, daß die Geschäftsstelle gehalten ist, den Zeitpunkt der Änderung, die ebenfalls mit der letzten sie bestätigenden Unterschrift wirksam wird, ebenso in den Akten festzuhalten wie den Zeitpunkt des Eingangs des Urteils (Absatz 1 Satz 5). Damit die Geschäftsstelle dies vermerken kann, müssen die Billigung der Änderung durch alle beteiligten Berufsrichter und ihr Zeitpunkt aktenkundig sein (Unterschriften unter datierten Änderungsbeschluß, Abzeichnung der Änderung usw.) [218].

---

[207]   BayObLG **1963** 138; **1972** 23 = NJW **1963** 1512; BayObLG NStZ **1991** 342; OLG Köln VRS **63** (1982) 460; OLG Bremen NJW **1956** 435; *Meyer* JR **1976** 515; ferner nachf. Fußn. Die Rechtsprechung hat früher auf die Zustellung an einen Prozeßbeteiligten abgestellt; vgl. RGSt **28** 82; RG Recht **1911** Nr. 3886; **1926** Nr. 1110; RG GA **71** (1927) 92. Zur Unabänderlichkeit der Urteilsformel vgl. § 268, 37 ff.

[208]   OLG Celle VRS **98** (2000) 222.

[209]   BayObLGSt **1981** 84 = NJW **1981** 2589.

[210]   KK-*Engelhardt*[4] 55; SK-*Schlüchter* 17; **a. A** RGSt **54** 21; OLG Köln JR **1976** 514.

[211]   BGHSt **2** 249; **3** 245; BGH NStZ **1993** 200; BayObLGSt **1963** 138 = NJW **1968** 1512; ferner RGSt **24** 118; **28** 81; **51** 376; RG JW **1893** 291. *Rieß* NStZ **1982** 444; AK-*Wassermann* 13; KK-*Engelhardt*[4] 57; *Kleinknecht / Meyer-Goßner*[44] 11; SK-*Schlüchter* 19.

[212]   Vgl. RGSt **44** 120; BGHSt **27** 334; BGH bei *Holtz* MDR **1979** 638.

[213]   Amtl. Begr. BTDrucks. **7** 551, 85

[214]   BGHSt **28** 194; BGH NStZ **1982** 476; bei *Kusch* NStZ **1995** 220; StV **1984** 275; BGH bei *Holtz* MDR **1978** 988; BayOLGSt **1982** 133 = JR **1983**

261 mit Anm. *Foth*; VRS **61** (1981) 130; OLG Düsseldorf MDR **1981** 423; *Meyer-Goßner* NStZ **1988** 442; *Rieß* NStZ **1982** 443; *Kleinknecht / Meyer-Goßner*[44] 6; SK-*Schlüchter* 18.

[215]   Für die Revision ist bei einer Rüge nach § 338 Nr. 7 beachtlich, wenn die Unterschrift erst nach Fristablauf geleistet wurde; bei der Sachrüge kommt es dagegen nur darauf an, ob die Unterschriften fehlen; vgl. Rdn. 75.

[216]   Kopf- und Verhinderungsvermerk fallen ebenfalls nicht in den Schutzbereich des § 338 Nr. 7; vgl. Rdn. 73; 74. Die Nachholung einer fehlenden Unterschrift ist aber auch deshalb keine Änderung des fertigen Urteils, weil dieses ohne sie noch nicht fertiggestellt ist. Etwas anderes kann allenfalls gelten, wenn ein falscher Richter unterschrieben oder ein Verhinderungsvermerk zu Unrecht angebracht und das Urteil als endgültig fertiggestellt zu den Akten genommen worden ist; vgl. Rdn. 5; 37; ferner OLG Düsseldorf MDR **1981** 423; § 338, 123.

[217]   Etwa *Kleinknecht / Meyer-Goßner*[44] 11; vgl. Rdn. 59 und bei § 268.

[218]   KK-*Engelhardt*[4] 55; vgl. Rdn. 54.

e) Die **Urteilsberichtigung**, die keine sachliche Änderung der Urteilsgründe, sondern **62** nur die Richtigstellung eines offensichtlichen Fassungsversehens zum Gegenstand haben darf[219], ist unabhängig von den der Änderung gesetzten Grenzen zulässig. Sie wird vor allem auch nicht durch das auf sachliche Änderungen abzielende Verbot des Absatzes 1 Satz 3 ausgeschlossen, da sie keine sachliche Änderung sondern nur eine Klarstellung der getroffenen Entscheidung zum Ziele haben darf. So kann ein Schreibfehler beim Namen des Verurteilten berichtigt werden[220]. Es kann auch nachgetragen werden, wenn im Urteilskopf der Namen eines zweiten Verteidigers versehentlich nicht angeführt wurde[221]. Eine Berichtigung setzt voraus, daß sie sich zwangslos aus Tatsachen ergibt, die für alle Beteiligten klar zu Tage liegen und jeden Verdacht einer unzulässigen nachträglichen Änderung ausschließen[222]. Unter dieser Voraussetzung wurde es auch für zulässig erachtet, ein Urteil durch die Angaben von Tatzeit und Rechtskraft der bei der Sanktionsbemessung herangezogenen Vorahndungen zu ergänzen[223]. Dagegen liegt keine durch Berichtigung behebbare Unrichtigkeit dar, wenn ein Richter das Urteil vor Ablauf der Begründungsfrist versehentlich nicht unterschrieben hat[224].

7. Widerspruch zwischen Protokoll und Urteil. Weicht die in der Sitzungsniederschrift **63** stehende Urteilsformel von der Formel des besonders niedergeschriebenen Urteils ab, so ist die Niederschrift maßgebend. Denn sie beweist (§ 274) den Wortlaut des verkündeten Urteils[225]. Darauf muß deshalb das alleinige Gewicht gelegt werden, weil der Angeklagte, der die Verkündung gehört hat, seine Entschließung über die etwaige Einlegung eines Rechtsmittels doch nur im Hinblick auf das ihm Verkündete fassen kann und er eine Abweichung der fraglichen Art regelmäßig erst nach Ablauf der Einlegungsfrist in Erfahrung bringt[226].

Bei einem Widerspruch zwischen der **Urteilsformel** und den **Urteilsgründen** ist die **64** Formel maßgebend. Wenn jedoch die (mit dem Protokoll übereinstimmende) Formel und die Gründe des Urteils einen Widerspruch enthalten, so kann darin ein die Aufhebung des Urteils begründender Rechtsfehler liegen[227]. Der Angeklagte ist aber nicht beschwert, wenn die maßgebende Formel die geringere Strafe enthält[228].

8. Verbleib der Urteilsurschrift. Die Urschrift des Urteils ist, wie Absatz 1 zeigt, auf- **65** zubewahren. Sie ist zu den Hauptakten zu nehmen und grundsätzlich dort zu behalten[229]. Die Fassung, in der das Urteil dort einging, muß auch bei späteren Berichtigungen erkennbar bleiben[230]. Dies erleichtert den Prozeßbeteiligten, sich vom Einhalten des Absatzes 1 zu überzeugen[231]. Sie muß nicht mit der Reinschrift des Urteils identisch

---

[219] Dazu § 268, 42 ff.
[220] OLG Düsseldorf MDR **1990** 369 mit der Einschränkung, daß der fragliche Name nicht vom Tatrichter auf Grund einer eigenen Beweiswürdigung festgestellt wurde.
[221] BGH bei *Kusch* NStZ **1995** 221.
[222] BGHSt **2** 248; **3** 245; **7** 75; BGH GA **1969** 119; StV **1985** 401; OLG Düsseldorf MDR **1981** 606; KK-*Engelhardt*[4] § 267, 46; *Kleinknecht/Meyer-Goßner*[44] § 267, 39; SK-*Schlüchter* § 267, 84 mit weit. Nachw.
[223] BayObLG NStZ-RR **1999** 140.
[224] BGH StV **1995** 454.
[225] Vgl. § 273, 27 ff; 60; § 268, 27 ff.
[226] So schon RGRspr. **3** 378; RG JW **1901** 690; **a.A** *Kern* GerS **91** (1923) 145; *Mannheim* NJW **1927** 916.

[227] So schon RGSt **46** 326; RG GA **42** (1894) 37; JW **1901** 690; Recht **1909** Nr. 1435; DRiZ **1927** Nr. 75, vgl. § 267 und nachf. Fußn.
[228] KK-*Engelhardt*[4] 67.
[229] OLG Stuttgart JR **1977** 126 mit Anm. *Lintz*. KK-*Engelhardt*[4] 59; *Kleinknecht/Meyer-Goßner*[44] 27; SK-*Schlüchter* 43; **a.A** *Rieß* NStZ **1982** 444. Urschrift muß nicht notwendig bei den Akten bleiben.
[230] Vgl. BGH StV **1993** 117; Rdn. 55; 58.
[231] Nach Ansicht des OLG Stuttgart JR **1977** 126 handelt es sich insoweit nicht mehr um eine reine Ordnungsvorschrift, wie früher das OLG Celle, MDR **1970** 608, annahm, sondern um eine revisible Verfahrensvorschrift; dagegen *Lintz* JR **1977** 128. Vgl. § 338, 116.

Walter Gollwitzer

sein[232]. Später gefertigte Abschriften des Urteils, in denen die in der Urschrift enthaltene Schreibfehler korrigiert und in der Urschrift handschriftlich vorgenommenen Änderungen oder am Rande angefügte Zusätze oder spätere Änderungen in den Text aufgenommen worden sind, können als Leseexemplare nur zusätzlich zur Urschrift zu den Akten genommen werden, die Urschrift mit all ihren Korrekturen dürfen sie nicht ersetzen[233].

66   **Fehlt die Urschrift** des Urteils in den Akten, steht aber fest, daß sie rechtzeitig zu den Akten gegeben worden war, so begründet dies nicht die Revisionsrüge des § 338 Nr. 7[234]. Diese greift nur durch, wenn die Nichteinhaltung der Frist behauptet und die Einhaltung nicht nachweisbar ist[235]. Für das weitere Verfahren muß allerdings eine mit der Urschrift übereinstimmende Ausfertigung des Urteils verfügbar sein.

67   Gerät eine **Urteilsurkunde** in **Verlust**, so kann sie durch die mitwirkenden Richter wieder so hergestellt werden, daß sie inhaltlich (nicht unbedingt wörtlich) mit dem verlorengegangenen Urteil übereinstimmt. Die von den beteiligten Richtern durch ihre Unterschrift gebilligte wiederhergestellte Fassung ist dann maßgebend[236]. Ist das Urteil noch nicht hinausgegangen, kommt auch eine Neufertigung der Urteilsgründe in Betracht, wobei es vertretbar sein dürfte, den Rechtsgedanken des Absatz 1 Satz 4 analog heranzuziehen[237]. Wird die Urschrift nicht rekonstruiert, kann das weitere Verfahren auch auf Grund einer Abschrift, deren Übereinstimmung mit dem Original verbürgt ist, weiterbetrieben werden. Nur wenn auch dies nicht möglich ist, ist § 338 Nr. 7 entsprechend anwendbar[238]; auch die Sachrüge greift dann durch (Rdn. 71).

68   **9. Ausfertigungen.** Unter Ausfertigungen sind amtliche Abschriften zu verstehen, die im Rechtsverkehr die Urschrift ersetzen sollen und deshalb vom Urkundsbeamten in besonderer Form (Ausfertigungsvermerk, Unterschrift des Urkundsbeamten, Gerichtssiegel) erteilt werden[239]. Sie muß inhaltlich mit der Urschrift übereinstimmen. Eine Urteilsausfertigung, die davon abweichend eine unvollständige Urteilsformel enthält oder die durch Auslassungen oder Wiederholungen halber Sätze usw. den Inhalt der Urschrift nicht sicher erkennen läßt, ist nicht geeignet, die von ihrer Zustellung abhängigen Fristen in Lauf zu setzen[240]. Fehlt eine in der Urschrift vorhandene Unterschrift unter der Ausfertigung, so ist strittig, ob dieser Mangel unerheblich ist[241]. Ist das Urteil ohne

---

[232] KK-*Engelhardt*[4] 58.

[233] BGHR § 275 Abs. 1 Satz 1, Akten 2; KK-*Engelhardt*[4] 59; *Kleinknecht/Meyer-Goßner*[44] 27.

[234] OLG Stuttgart JR **1977** 126; ebenso zum früheren Recht OLG Celle MDR **1970** 608.

[235] Vgl. Rdn. 54.

[236] RG DJZ **1930** 332; GA **63** (1916/17) 443; HRR **1940** Nr. 279; BGH NJW **1980** 1007 fordert wortwörtliche Übereinstimmung; ebenso KMR-*Paulus* § 338, 87. SK-*Schlüchter* 44; vgl. auch AK-*Wassermann* 20; *Kleinknecht/Meyer-Goßner*[44] 27. Nach KK-*Engelhardt*[4] 60 genügt die inhaltliche Übereinstimmung, ebenso § 338, 118. Zu den Einzelheiten *W. Schmidt* FS Lange 785 mit weit. Nachw., ferner VO vom 18. 6. 1942 BGBl. III 315–4.

[237] BGH NJW **1980** 1007 läßt offen, ob der Urteilsverlust einem die Fristüberschreitung rechtfertigenden Umstand gleichzuachten ist, sofern der Urteilsverlust vor Fristablauf eingetreten ist. Darauf kann es aber nicht ankommen. Denn die Frist war gewahrt, ganz gleich, ob das Urteil dann vor oder nach Fristablauf verloren ging (KK-*Engelhardt*[4]

51). Es kommt nur darauf an, ob man unter analoger Heranziehung des Rechtsgedankens des Absatz 1 Satz 4 eine nochmalige Abfassung der mit der ursprünglichen Fassung nicht notwendig identischen Urteilsgründe zulassen will, wofür Gründe der Prozeßwirtschaftlichkeit sprechen, auch wenn der Verlust in der Regel nicht unabwendbar war. Vgl. § 338, 118.

[238] *Lintz* JR **1977** 128; vgl. § 338, 118.

[239] KK-*Engelhardt*[4] 61; KMR-*Müller* 31, SK-*Schlüchter* 45. Eb. Schmidt 19; vgl. § 37, 16.

[240] BGH StV **1981** 170; OLG Düsseldorf MDR **1993** 87 (L); vgl. bei § 316 und 345, 6 mit weit. Nachw.; ferner KG JR **1982** 251 (Zustellung eines Urteils ohne Angabe der mitwirkenden Schöffen unwirksam). Nach BGH NJW **2001** 838 ist entscheidend, ob zugestellte Ausfertigung mit der Urschrift übereinstimmt.

[241] RG JW **1923** 934 nimmt dies an; anders KG JR **1982** 251; OLG Karlsruhe NStE 10; KK-*Engelhardt*[4] 63.

Gründe geblieben, wird nur die Formel zugestellt; es muß dann aber erkennbar gemacht werden, daß dies bereits die Zustellung der maßgebenden Entscheidung ist [242].

Zuständig zur Vornahme der in Absatz 4 vorgesehenen Amtshandlungen ist der **69** Urkundsbeamte des mit der Sache befaßten Gerichts; nicht nur derjenige, der in der Hauptverhandlung tätig gewesen ist. Wenn es sich um Urteile einer auswärtigen Strafkammer handelt, ist dies auch der Urkundsbeamte des Landgerichts neben dem des Amtsgerichts, bei dem die Strafkammer gebildet ist [243]. Die Zustellung der Urteilsausfertigung ist auch wirksam, wenn der Urkundsbeamte die Abschrift nicht handschriftlich, sondern mit seinem Namensfaksimile beglaubigt hat [244]. Sie ist unwirksam, wenn die dort wiedergegebene richterliche Unterschrift nicht der in der Urschrift entspricht [245]. Fehlt in der zugestellten Ausfertigung eine Seite des Urteils, ist die Zustellung des vollständigen Urteils zweckmäßigerweise zu wiederholen; aus diesem Versehen kann aber nicht geschlossen werden, daß die Urschrift des Urteils ohne diese Seite zu den Akten gelangt ist [246].

IV. Rechtsmittel

1. Berufung. Für das Berufungsverfahren ist es unerheblich, ob das Urteil fristgerecht **70** begründet wurde [247]. Es kann selbst dann durchgeführt werden, wenn die Urteilsgründe überhaupt fehlen [248]; eine Berufungsbeschränkung ist dann allerdings nicht möglich.

2. Revision

a) Das **Fehlen der Entscheidungsgründe** kann mit der Verfahrensrüge nach § 338 Nr. 7 **71** geltend gemacht werden. Wenn das existente Urteil mangels Begründung nicht rechtlich nachprüfbar ist, muß auch die Sachrüge zur Aufhebung des Urteils führen [249]. Gleiches gilt, wenn die **Urteilsurkunde abhanden** gekommen und nicht rekonstruierbar ist und auch keine Ausfertigung für das weitere Verfahren zur Verfügung steht [250]. Nach § 338 Nr. 7 kann auch gerügt werden, daß die Entscheidungsgründe fehlen und nur ein Urteilsentwurf vorliegt, weil nicht alle beteiligten Berufsrichter unterschrieben haben [251] und die fehlende Unterschrift nicht wegen einer Verhinderung des betreffenden Richters entbehrlich ist [252], oder wenn der Inhalt der von allen Richtern unterschriebenen Urteilsgründe in einem für die Entscheidung wesentlichen Punkt durch einen nicht von allen Unterschriften gedeckten nachträglichen Zusatz in Frage gestellt wird [253]. Andernfalls ist ein solcher Zusatz unbeachtlich [254].

[242] BayObLGSt **1995** 134; BayObLG VRS **93** (1997) 175.
[243] RGSt **48** 132; KK-*Engelhardt* [4] 62; SK-*Schlüchter* 45.
[244] *Kleinknecht/Meyer-Goßner* [44] 27; SK-*Schlüchter* 45; a. A KK-*Engelhardt* [4] 61.
[245] OLG Karlsruhe NStE 10; *Kleinknecht/Meyer-Goßner* [44] 27.
[246] BGH bei *Kusch* NStZ **1995** 20.
[247] KK-*Engelhardt* [4] 64; SK-*Schlüchter* 47; vgl. Vor § 312.
[248] SK-*Schlüchter* 47; vgl. bei § 316.
[249] § 338, 115 mit weit. Nachw.
[250] Vgl. Rdn. 67; § 338, 116; 118 mit weit. Nachw.
[251] *Sarstedt/Hamm* [6] 457; vgl. Rdn. 36 ff; § 338, 116. Maßgebend ist nur, daß im Zeitpunkt der Entscheidung des Revisionsgerichts (KK-*Engelhardt* [4]

68) die Urteilsgründe nicht durch alle erforderlichen Unterschriften bezeugt werden; so auch, wenn die Richter sich nicht einigen konnten; BGH bei *Dallinger* MDR **1954** 337.
[252] Vgl. Rdn. 46 ff; § 338, 116 mit weit. Nachw.
[253] Vgl. BGHSt **27** 334; VGH StV **1984** 144; BGH bei *Holtz* MDR **1979** 638; **1983** 450; SK-*Schlüchter* 49; ferner Rdn. 40; 42.
[254] BGH bei *Holtz* MDR **1979** 638; KMR-*Paulus* § 338, 86. Vgl. Rdn. 40; § 338, 123. Nach KK-*Engelhardt* [4] 76 kann sich empfehlen, daß das Revisionsgericht, sofern es das Urteil nicht aufhebt, die maßgebliche Fassung feststellt, die das Urteil ohne die unbeachtliche Ergänzung hat.

72   Fehlt **ein in sich geschlossener Teil der Urteilsgründe** vollständig, etwa für eine von mehreren abgeurteilten Taten, so greift die Rüge nach § 338 Nr. 7 (ebenso wie die Sachrüge) nur hinsichtlich dieser Tat (§ 264) durch[255]. Eine bloß **lückenhafte** oder sonst **ungenügende Urteilsbegründung** unterfällt dagegen nicht den § 338 Nr. 7[256]. Ist bewußt ein **unvollständiges Urteil** zur Fristwahrung zu den Akten gegeben worden, wurde etwa nur der Schuldspruch und nicht auch der Rechtsfolgenausspruch begründet, kann das damit verfolgte Ziel, den absoluten Revisionsgrund des § 338 Nr. 7 einzugrenzen, nach herrschender Ansicht nicht erreicht werden, denn es liegt dann kein fristgerecht zu den Akten gebrachtes vollständiges Urteil vor. Der Revisionsgrund des § 338 Nr. 7 erfaßt dann das ganze Urteil[257]; zu einer Nachprüfung der vorhandenen Urteilsgründe im Rahmen der Sachrüge kommt es dann gar nicht[258].

73   Der **Verhinderungsvermerk** selbst ist kein Bestandteil der Urteilsgründe; sein Fehlen allein kann die absolute Verfahrensrüge nach § 338 Nr. 7 nicht begründen. Auch die Rüge nach § 337 greift nicht, denn das Urteil kann auf diesen Fehler nicht beruhen[259]. Fehlt die **Angabe des Verhinderungsgrundes** oder ist sie unschlüssig, so prüft nach der Rechtsprechung das Revisionsgericht im Wege des Freibeweises nach, ob der Richter tatsächlich an der Leistung der Unterschrift verhindert war[260]. Im übrigen begnügt es sich damit, daß der Vermerk rechtlich abstrakt die Verhinderung bezeugt; die tatsächliche Richtigkeit der Angabe wird nicht nachgeprüft, sofern nicht die Revision (unter entsprechendem Tatsachenvortrag) behauptet, die Verhinderung sei nur auf Grund eines Rechtsfehlers oder willkürlich bestätigt worden[261]. Strittig ist, ob die Unvollständigkeit oder Unrichtigkeit eines Verhinderungsvermerks nur auf Grund einer durch entsprechenden Tatsachenvortrag untermauerten Verfahrensrüge nachgeprüft werden kann, oder auch im Rahmen der Sachrüge[262]. Im Rahmen der letzteren ist für eine Nachprüfung allenfalls Raum, wenn offen ist, ob eine fehlende Unterschrift überhaupt durch einen Verhinderungsvermerk ersetzt werden sollte[263] (vgl. Rdn. 71). Mit der Revision kann nicht gerügt werden, daß ein Richter das Urteil mitunterschrieben hat, der an sich aus Rechtsgründen als verhindert hätte behandelt werden müssen, denn darauf, daß seine Unterschrift nicht durch einen Verhinderungsvermerk ersetzt wurde, kann das Urteil nicht beruhen[264].

74   **b) Sonstige Fehler der Urteilsurkunde.** Sind die Angaben nach Absatz 3 **im Urteilskopf** unvollständig oder unrichtig, so begründet dies weder nach § 338 Nr. 7, der allein auf die Gründe abstellt, noch nach § 337 die Revision, da das Urteil auf diesen Fehlern

---

[255] RGSt **3** 149; **43** 298; **44** 29; RG JW **1935** 2981; *Sarstedt/Hamm*[6] 448; KMR-*Paulus* § 338, 85; SK-*Schlüchter* 50; *Eb. Schmidt* Nachtr. I 33; vgl. § 338, 116.

[256] *Kleinknecht/Meyer-Goßner*[44] § 338, 53, SK-*Schlüchter* 50; vgl. Rdn. 5; § 338, 117.

[257] *Rieß* NStZ **1982** 446; *Sarstedt/Hamm*[6] 460; *Kleinknecht/Meyer-Goßner*[44] § 338, 56; SK-*Schlüchter* 53; vgl. § 338, 123.

[258] OLG Celle NdsRpfl. **1993** 133; *Kleinknecht/Meyer-Goßner*[44] § 338, 57.

[259] BGH nach KK-*Engelhardt*[4] 69; SK-*Schlüchter* 48.

[260] BGH NJW **1979** 663 (nur teilweise in BGHSt **28** 194) mit Anm. *Foth* NJW **1979** 1310; BayObLGSt **1982** 133 = JR **1983** 261 mit Anm. *Foth*; BayObLG VRS **61** (1981) 130, KK-*Engelhardt*[4] 71; *Kleinknecht/Meyer-Goßner*[44] § 338, 57; SK-*Schlüchter* 48;

zweifelnd OLG Zweibrücken StV **1990** 14; vgl. auch nachf. Fußn.

[261] BGHSt **31** 231; BGH NJW **1961** 782; StV **1991** 247; **1993** 113; NStZ-RR **1999** 46; *Kleinknecht/Meyer-Goßner*[44] § 338, 57; SK-*Schlüchter* 48; vgl. Rdn. 53; § 338, 123.

[262] BGH NJW **2001** 838; *Kleinknecht/Meyer-Goßner*[44] § 338, 57; *Foth* JR **1983** 262; vgl. aber auch BGHSt **28** 194. BayObLGSt **1982** 133; VRS **61** (1981) 130; OLG Hamm NJW **1988** 1991 lassen die Nachprüfung des Verhinderungsvermerks bereits im Rahmen der Sachrüge zu.

[263] Etwa wenn jeder Hinweis auf Verhinderung fehlt „Für Richter X". BGH NJW **2001** 838 fordert auch insoweit eine substantiierte Verfahrensrüge.

[264] KK-*Engelhardt*[4] 69; SK-*Schlüchter* 48.

nicht beruhen kann[265]. Dies gilt auch, wenn die Zeitangaben unrichtig sind[266] oder der Urteilskopf Angaben enthält, die falsch oder unvollständig oder überflüssig sind[267]. Ein Verstoß gegen § 338 Nr. 7 liegt auch nicht vor, wenn die Urteilsgründe in einer besonderen Urkunde, also ohne Aufnahme in das Protokoll (vgl. Rdn. 21), fristgerecht, aber ohne **Kopf und Tenor** zu den Akten gebracht worden sind; auf den nach § 337 zu behandelnden Verstoß gegen § 275 kann das Urteil in der Regel nicht beruhen[268].

c) Überschreitung der Begründungsfrist. Die Verletzung des Gebots, das Urteil **unver-** **75** **züglich** zu den Akten zu bringen, kann mit der Revision nicht gerügt werden[269]. Dagegen ist es ein **absoluter Revisionsgrund** nach § 338 Nr. 7, wenn das Urteil erst **nach Ablauf der Frist** des Absatz 1 Satz 2 zu den Akten gebracht wurde, wobei schon das Fehlen einer erforderlichen Unterschrift oder des Verhinderungsvermerks die Rüge der Fristüberschreitung nach § 338 Nr. 7 begründen kann[270]. Ob die Frist beachtet wurde, hat das Revisionsgericht gegebenenfalls im Wege des **Freibeweises** zu klären[271]. Gleiches gilt, wenn mit substantiellem Tatsachenvortrag gerügt wird, daß dieser Vorgang unzutreffend datiert sei[272] oder daß kein die Fristüberschreitung rechtfertigender, weil nicht vorhersehbarer und unabwendbarer Umstand vorlag[273], oder wenn beim Verhinderungsvermerk die Angabe des Hinderungsgrundes fehlt[274]. Die Fristüberschreitung ist aber nur bei entsprechender Verfahrensrüge vom Revisionsgericht zu prüfen, im Rahmen der Sachrüge ist sie unbeachtlich[275]; dies gilt auch, wenn eine fehlende Unterschrift eines Richters erst nach Fristablauf nachgeholt worden ist[276]. Die Überschreitung der Urteilsabsetzungsfrist kann auch die **Staatsanwaltschaft** rügen[277].

d) Begründung der Verfahrensrügen. Zur näheren Begründung der Verfahrensrüge, **76** das Urteil sei **ohne Gründe**, ist die Angabe weiterer Tatsachen im Regelfall entbehrlich. Wird geltend gemacht, ein Richter habe zu Unrecht **nicht unterschrieben**, da ein Verhinderungsfall in Wirklichkeit nicht vorgelegen habe, so sind nach § 344 die Tatsachen anzugeben, aus denen sich ergibt, daß keine Verhinderung vorlag[278]. Wird gerügt, das Urteil sei entgegen Absatz 1 Satz 2 nicht rechtzeitig zu den Akten gebracht worden, muß die Revision nach der Rechtsprechung[279] alle für die Fristberechnung erforderlichen Tatsachen anführen; also den Tag an dem das Urteil verkündet wurde und den Tag, an dem

---

[265] RGRspr. **9** 480; KK-*Engelhardt*[4] 66; *Kleinknecht/Meyer-Goßner*[44] 28; KMR-*Paulus* § 338, 90; SK-*Schlüchter* 54; vgl. auch Rdn. 32 und nachf. Fußn.

[266] RG JW **1932** 3105 mit Anm. *Oetker*; OLG Koblenz VRS **45** (1973) 90. Vgl. Rdn. 24.

[267] BGH NJW **2001** 838; NStZ **1989** 584; **1994** 47; BGH bei *Kusch* NStZ **1995** 221; *Kleinknecht/Meyer-Goßner*[44] 28; *Eb. Schmidt* Nachtr. I 2.

[268] BayObLG bei *Rüth* DAR **1981** 253; OLG Köln NJW **1980** 1405; VRS **64** (1983) 282; *Kleinknecht/Meyer-Goßner*[44] 28; § 338, 54.

[269] *Rieß* NStZ **1982** 442; *Kleinknecht/Meyer-Goßner*[44] 28; ferner § 338, 121; **a. A** *Hillenkamp* 92 ff (daß Verletzung des Unverzüglichkeitsgebots kein absoluter Revisionsgrund ist, schließe eine Rüge nach § 337 nicht aus; wenn es das Beratungsergebnis wegen der Verzögerung unzutreffend wiedergibt, scheitere die Revision auch nicht daran, daß es an sich auf der nachfolgende Verzögerung nicht beruhen könne).

[270] Vgl. Rdn. 10 ff; 14 ff, 36 ff; § 338, 121 mit weit. Nachw.

[271] *Sarstedt/Hamm*[6] 456; KK-*Engelhardt*[4] 74; *Kleinknecht/Meyer-Goßner*[44] § 338, 55; vgl. Rdn. 4 ff; § 338, 122.

[272] BGHSt **29** 43; BGHR § 275 Abs. 2 Satz 5 Eingangsvermerk 1; OLG Hamm MDR **1977** 1039; KK-*Engelhardt*[4] 74; *Kleinknecht/Meyer-Goßner*[44] § 338, 55; SK-*Schlüchter* 52.

[273] *Sarstedt/Hamm*[6] 461; § 338, 122; 140.

[274] Vgl. BGH NStZ-RR **2000** 237; aber auch Rdn. 53.

[275] Vgl. Rdn. 18.

[276] Rdn. 5; 37; vgl. § 338, 123.

[277] BGH NStZ **1985** 184 = bei *Pfeiffer/Miebach* NStZ **1985** 207; KK-*Engelhardt*[4] 72; SK-*Schlüchter* 52.

[278] BGHSt **31** 212, *Kleinknecht/Meyer-Goßner*[44] § 338, 57.

[279] Etwa BGHSt **29** 203 = JR **1980** 521 mit abl. Anm. *Peters*; BGH VRS **62** (1982) 53; bei *Holtz* MDR **1980** 456; *Rieß* NStZ **1982** 446; *Sarstedt/Hamm*[6] 461 ferner Rdn. 10 ff und § 338, 140.

Walter Gollwitzer

es zu den Akten gelangte. Bei einer drei Tage überschreitenden Hauptverhandlung[280] gehören dazu auch Angaben zur Dauer der Hauptverhandlung (Zahl der Verhandlungstage), gegebenenfalls auch der Vortrag der Tatsachen, aus denen sich ergibt, daß die angenommenen Voraussetzungen für eine zulässige Fristüberschreitung nicht gegeben waren[281]. Wegen der Einzelheiten vgl. § 338, 140.

77   **3. Rechtsbeschwerde.** Im Bußgeldverfahren kann die Überschreitung der Urteilsabsetzungsfrist mit der Rechtsbeschwerde (§§ 79, 80 OWiG) gerügt werden[282].

---

[280] Vgl. BGHSt **29** 43 (Angabe der Verhandlungstage bedarf es nicht, wenn die Hauptverhandlung nicht länger als 3 Tage gedauert hat, da dann immer die Regelfrist gilt); nach *Sarstedt/Hamm*[6] 461 sollten, um sicher zu gehen, auch dann die Zahl der Verhandlungstage angegeben werden.

[281] Vgl. *Sarstedt/Hamm*[6] 459; 461.
[282] Vgl. etwa BayObLGSt **1976** 97; OLG Koblenz VRS **63** (1982) 376; **65** (1983) 452.

SIEBENTER ABSCHNITT

Verfahren gegen Abwesende

Vorbemerkungen

Schrifttum. *Compes* Entstehung und Entwicklung des geltenden Abwesenheitsverfahrens im Strafprozeß, Diss. Düsseldorf 1937; *Dünnebier* Das Kontumazialverfahren ist abgeschafft, FS Heinitz, 669; *Fuchs* Steuerstrafverfahren gegen Abwesende, ZfZ **1954** 65; *Hilger* § 290 StPO – ein weiterer Weg der Zurückgewinnungshilfe neben § 111 b Abs. 3 StPO? NStZ **1982** 374; *Niethammer* Die Hauptverhandlung ohne den Angeklagten, FS Rosenfeld, 119; *Oppe* Die Strafverfolgung ausländischer Verkehrssünder, NJW **1966** 2237; *Oppe* Das Abwesenheitsverfahren in der Strafprozeßreform, ZRP **1972** 56; *Ortloff* Das Strafverfahren gegen Abwesende und Flüchtlinge, GA **19** (1871) 492, 590; *Rempe* Verfahren gegen Flüchtige und Abwesende, Bericht der amtlichen Strafprozeßkommission 1938, S. 460; *Rieß* Die Durchführung der Hauptverhandlung ohne Angeklagten, JZ **1975** 265. Vgl. auch das bei § 231 angeführte Schrifttum.

1. Entstehungsgeschichte. In der Regierungsvorlage[1] war das Abwesenheitsverfahren **1** nur ein Beweissicherungsverfahren. § 273 lautete: „Gegen einen Abwesenden findet eine Hauptverhandlung ... nicht statt. Ein gegen einen Abwesenden eingeleitetes Verfahren hat nur die Aufgabe ... die Beweise zu sichern." Demzufolge umfaßte der achte Abschnitt zunächst nur Bestimmungen, die sich jetzt in § 276 Abs. 1, §§ 285 bis 295 finden[2]. Als Ausgleich für das Fehlen eines Abwesenheitsverfahrens schlug der Entwurf die Beschlagnahme des inländischen Vermögens, jedoch nicht in amtsgerichtlichen Sachen, zur Erzwingung der Gestellung vor (vgl. jetzt § 290).

Das **eigentliche Abwesenheitsverfahren** (§ 276 Abs. 2, §§ 277 bis 284 StPO **a. F**) ist von **2** der Reichstagskommission eingefügt worden. In erster Lesung war die Vermögensbeschlagnahme gefallen[3]. Die dadurch entstandene Lücke wurde in zweiter Lesung so ausgefüllt, daß bei zu erwartender Geldstrafe oder Einziehung ein Abwesenheitshauptverfahren und zur Deckung der Strafe und Kosten die Beschlagnahme von Vermögensteilen (früher § 283) zugelassen, bei anderen als amtsgerichtlichen Sachen die Vermögensbeschlagnahme als Gestellungsmittel (jetzt § 290) wieder hergestellt wurde[4]. In dieser Form ist der Entwurf Gesetz geworden.

Das System der Erzwingungsbeschlagnahme in großen Strafsachen und der Sicherungsbeschlagnahme verbunden mit Abwesenheitshauptverhandlung in Bagatellsachen **3** wurde durch § 25 Abs. 2 der **„Emminger VO"** gestört, indem die Vermögensbeschlagnahme auch in Sachen für zulässig erklärt wurde, die zur Zuständigkeit des Amtsrichters oder des Schöffengerichts gehören. Zufolge dieser Änderung erhielt der Abschnitt etwa den Inhalt, den er bis 1975 hatte[5]; nur die Haft in § 277 Abs. 2 **a. F**, das staatsanwaltschaftliche Ermessen in § 277 **a. F** und die §§ 282 und 282c entstammen späteren Änderungen.

---

[1] *Hahn* Mat. **1** 36.
[2] Vgl. *Motive* (*Hahn* Mat. **1** 238) und *Dünnebier* FS Heinitz 669; AK-*Achenbach* 1; KMR-*Haizmann* 1; ferner LR[23] 1.
[3] *Hahn* Mat. **1** 950.
[4] *Hahn* Mat. **2** 1442; 1572.
[5] Bek. vom 22. 3. 1924, RGBl. I, 299; 322.

Walter Gollwitzer

4   Durch das Gesetz gegen Verrat der Deutschen Volkswirtschaft vom 12. Juni 1933 (RGBl. I 360) wurde das Abwesenheitsverfahren auf **sämtliche Devisensachen** ausgedehnt. Diese Ausdehnung des Umfangs erforderte eine Erweiterung der Wiederaufnahmegründe. Demzufolge wurde in § 9 Abs. 3 Satz 3 verordnet, bei Ergreifen oder Gestellen habe das Gericht die Erneuerung der Hauptverhandlung mit der Maßgabe zu beschließen, daß das frühere Urteil hinfällig werde.

5   Eine **umfangreiche Änderung** erfuhr der Abschnitt durch Art. 6 des Gesetzes zur Änderung von Vorschriften des Strafverfahrens und des Gerichtsverfassungsgesetzes vom 28. Juni 1935 (RGBl. I 844). Äußerlich wurde dieser Abschnitt mit der Überschrift „Hauptverhandlung gegen Flüchtige" auf die damaligen §§ 276 bis 282 beschränkt; die §§ 283 bis 295 bildeten einen achten Abschnitt mit der Überschrift „Weitere Maßnahmen gegen Flüchtige"; ihr Inhalt blieb im wesentlichen unverändert. Das eigentliche Abwesenheitsverfahren wurde – „symptomatisch für den neuen Geist der Verfahrensnovelle"[6] – bei allen Sachen schlechthin für zulässig erklärt, „wenn das Rechtsempfinden des Volkes die alsbaldige Aburteilung der Tat verlangt". In § 277 Abs. 1 wurde das Antragsrecht der Staatsanwaltschaft festgelegt mit dem Zusatz (§ 278 Satz 2), daß keine Nachprüfung durch das Gericht stattfinde. Weitere Vorschriften wurden neu gefaßt, u. a. wurde die Notwendigkeit der Verteidigung begründet (§ 281 a. F.).

6   Art. 3 Nr. 131 bis 133 **VereinhG** verlieh dem Abwesenheitsverfahren im wesentlichen (ein Teil der späteren Änderungen wurde beibehalten) wieder den Inhalt, den er nach der Emminger-Verordnung hatte. Das Abwesenheitsverfahren wurde jedoch auch zugelassen, wenn die den Gegenstand der Untersuchung bildende Tat mit geringer Freiheitsstrafe bedroht war. Art. 9 Nr. 15 des 1. StRG änderte später den § 277 Abs. 3 a. F.

7   Art. 21 Nrn. 74 bis 78 EGStGB hat dann das eigentliche **Abwesenheitsverfahren abgeschafft** (Aufhebung des § 276 Abs. 2 und der §§ 277 bis 284) und nur noch das **Beweissicherungsverfahrens** und als Mittel zur Sicherung oder Erzwingung der Gestellung die **Vermögensbeschlagnahme** und das **freie Geleit** beibehalten[7].

8   **2. Anwendungsbereich.** Die nach den Änderungen durch Art. 21 Nrn. 74, 75 EGStGB 1974 noch verbliebenen Sonderregelungen des Beweissicherungsverfahrens, der Vermögensbeschlagnahme und des freien Geleits gelten ihrem Sinn nach grundsätzlich **in allen Abschnitten des Strafverfahrens**[8], während des staatsanwaltschaftlichen Ermittlungsverfahrens ebenso wie während der Anhängigkeit des Strafverfahrens in allen gerichtlichen Instanzen. Naturgemäß liegt der Hauptanwendungsbereich der Maßnahmen zur Beweissicherung und Gestellung des Beschuldigten im Ermittlungsverfahren bei der Staatsanwaltschaft und im gerichtlichen Verfahren der ersten Instanz; aber auch in einem späteren Verfahrensabschnitt können gelegentlich solche Maßnahmen notwendig werden. Die Ansicht, das Abwesenheitsverfahren gelte nur für das **Verfahren der ersten Instanz**[9] enthält eine bei einem Beweissicherungsverfahren sachlich

---

[6] *E. Schäfer* DJ **1935** 933.

[7] Dazu *Rieß* JZ **1975** 265. Andere Staaten kennen noch echte Abwesenheitsverfahren. Die Auslieferung eines im Ausland in Abwesenheit Verurteilten kann nach Art. 3 des Zweiten Zusatzprotokolls zum Europ. Auslieferungübereinkommen vom 17. 3. 1978 (BGBl. **1990** II 118; **1991** II 874) abgelehnt werden, wenn in diesem Verfahren nicht die Mindestrechte der Verteidigung gewahrt wurden

oder der ersuchende Staat zusichert, daß der Verur-teilte die Möglichkeit eines seine Verteidigungsrechte gewährleisteten neuen Verfahrens erhält. Zur Rechtslage vgl. *Schomburg/Lagodny*[3] IRG § 73, 70 ff mit Nachw.

[8] KK-*Engelhardt*[4] § 276, 1; *Kleinknecht/Meyer-Goßner*[44] 2; SK-*Schlüchter* 2; *Eb. Schmidt* § 276, 2.

[9] LG Verden NJW **1974** 2194; *Kaiser* NJW **1964** 1555; KMR-*Haizmann* 3.

nicht gebotene Einschränkung. Sie hatte Gewicht für die aufgehobenen Vorschriften über die Durchführung einer Hauptverhandlung gegen Abwesende (§ 276 Abs. 2, §§ 277 bis 284), die in der Berufungsinstanz nach § 332 nicht anwendbar waren[10].

§ 276

Ein Beschuldigter gilt als abwesend, wenn sein Aufenthalt unbekannt ist oder wenn er sich im Ausland aufhält und seine Gestellung vor das zuständige Gericht nicht ausführbar oder nicht angemessen erscheint.

Entstehungsgeschichte. Art. 21 Nr. 74 EGStGB strich mit der Beseitigung des eigentlichen Abwesenheitsverfahrens auch den Absatz 2, der bis dahin in der Fassung des Art. 6 des Gesetzes vom 28. 6. 1935 gegolten hatte. Bezeichnung bis 1924: § 318.

Übersicht

	Rdn.		Rdn.
1. Begriff der Abwesenheit	1	4. Nicht ausführbare Gestellung	6
2. Unbekannter Aufenthalt	4	5. Nicht angemessene Gestellung	8
3. Gestellung, Begriff	5	6. Ausland	13

1. § 276 legt für den Anwendungsbereich des Siebenten Abschnitts den **Begriff der** **1** **Abwesenheit** durch eine **Fiktion** fest. Sind ihre Voraussetzungen gegeben, so gilt der Beschuldigte als abwesend und die Maßnahmen, die der siebente Abschnitt gegen Abwesende vorsieht, sind unter den sonstigen Voraussetzungen auch dann gegen ihn zulässig, wenn er in Wirklichkeit anwesend ist, etwa, wenn er sich unerkannt am Gerichtsort aufhält.

Die StPO verwendet den Begriff **Abwesenheit** im verschiedenen Sinn. Abwesend **2** bedeutet zunächst den Gegensatz von anwesend. Die Begriffe werden einander gegenübergestellt, wenn es, wie bei § 338 Nr. 5 um die Teilnahme an der Hauptverhandlung geht. Die dort bezeichnete Anwesenheit ist die Gegenwart in der Hauptverhandlung (§ 226), die Abwesenheit das Fernsein von ihr, sei es zufolge gerichtlicher Erlaubnis (§ 233 Abs. 1), sei es zufolge eigenmächtigen Ausbleibens (§ 232 Abs. 1) oder Entfernens (§ 231 Abs. 2), sei es endlich wegen selbstverschuldeter Abwesenheit (§ 231a) oder wegen ordnungswidrigen Benehmens (§ 231b Abs. 1). Diese Beschränkung auf die Beziehung zu einer stattfindenden Hauptverhandlung ist dem Begriff im siebenten Abschnitt nicht eigen. Die Begriffe decken sich nicht[1]. Das zeigen nicht nur die Verwendung des Wortes Beschuldigter, das auch den noch nicht angeklagten Beschuldigten mit umfaßt (§ 157), sondern mehr noch §§ 285 ff, die ein Verfahren gegen einen Abwesenden regeln, das keine Hauptverhandlung ist.

Abwesend i. S. des siebenten Abschnitts ist daher grundsätzlich – wegen einer Erweite- **3** rung vgl. Rdn. 8 ff – ein Beschuldigter, der nicht zur Hauptverhandlung gebracht werden

---

[10] RGSt **65** 419; **66** 79.

[1] AK-*Achenbach* 1; KK-*Engelhardt*[4] 2; vgl. auch SK-*Schlüchter* 1; 2.

Walter Gollwitzer

kann, weil sein Aufenthalt unbekannt ist oder weil trotz eines bekannten Aufenthalts im Ausland die Gestellung vor das zuständige Gericht nicht möglich oder nicht angemessen erscheint. Darin liegt zugleich ein Unterschied zu den Fällen der §§ 231 und 232. In diesen kann der Angeklagte zur Hauptverhandlung gebracht (§ 230 Abs. 2) und in ihr gehalten werden (§ 231 Abs. 1 Satz 2), doch kann das Gericht im Falle des Ungehorsams auf seine Gegenwart verzichten und die Hauptverhandlung ohne ihn durchführen (vgl. ferner § 285, 2).

4　　2. **Unbekannter Aufenthalt.** Der Aufenthalt des Beschuldigten ist unbekannt, wenn Gericht und Ermittlungsbehörden ihn nicht kennen, ihn auch nicht mit einem der Bedeutung der Sache angemessenen Aufwand ermitteln können und auch nicht damit zu rechnen ist, daß er ihnen demnächst bekannt wird[2]. Dem unbekannten Aufenthalt steht unter bestimmten Voraussetzungen[3] ein bekannter, aber die Gestellung verhindernder Aufenthalt im Ausland gleich.

5　　3. **Gestellung** ist das Bewirken des Erscheinens durch Ladung[4]. Die Warnung, der Geladene werde im Falle des unentschuldigten Ausbleibens verhaftet oder vorgeführt werden (§ 216 Abs. 1) ist dafür nicht unerläßlich. Eine Ladung ohne die im Ausland nicht mögliche Zwangsandrohung reicht ebenfalls aus, wenn der Beschuldigte ihr freiwillig nachkommt[5]. Zum Gestellen rechnen auch die Maßnahmen zum Erzwingen des Erscheinens (§ 236) durch Haft- (§ 114) oder Vorführungsbefehl (§ 134 Abs. 2, § 230 Abs. 2), wobei gegen im Ausland Aufhältige nur der Haftbefehl in Betracht kommt[6], vor allem auch, wenn die Auslieferung betrieben werden soll[7].

6　　4. **Nicht ausführbar** ist die Gestellung, wenn der Aufenthalt des Beschuldigten unbekannt ist oder zu erwarten ist, daß er bei Ladung weder freiwillig erscheinen wird noch zwangsweise vor Gericht gebracht werden kann, weil ein Einlieferungsverfahren nicht durchführbar ist[8]. Dies gilt sogar, wenn der Beschuldigte im Inland in Haft ist, weil er vom Ausland wegen einer anderen Straftat ausgeliefert wurde, seine Gestellung aber wegen des Grundsatzes der Spezialität der Auslieferung nicht möglich ist[9].

7　　Die **zwangsweise Gestellung** eines Beschuldigten, der sich im Auslande aufhält, hängt davon ab, ob zu erwarten ist, daß der Beschuldigte in absehbarer Zeit von dem ausländischen Staat nach der Bundesrepublik ausgeliefert wird. Ob der Versuch einer zwangsweisen Gestellung erfolgversprechend erscheint, hat das Gericht in Würdigung aller ihm bekannten Umstände zu entscheiden. Die verneinende Entscheidung setzt nicht zwingend voraus, daß vorher vergeblich versucht wurde, im Ausland die Auslieferung zu erreichen[10]. Die Entscheidung über diese sog. Einlieferung obliegt den obersten Justizbehörden und letztlich den Regierungen der Länder und des Bundes[11]. Die Gerichte können entgegen einer solchen Feststellung die Ausführbarkeit der Aus-

---

[2] AK-*Achenbach* 2; KK-*Engelhardt*[4] 3; *Kleinknecht/Meyer-Goßner*[44] 2; SK-*Schlüchter* 4.

[3] Vgl. Rdn. 6, 8.

[4] AK-*Achenbach* 5; KK-*Engelhardt*[4] 5; *Kleinknecht/Meyer-Goßner*[44] 3; KMR-*Haizmann* 5; SK-*Schlüchter* 6 sowie nachf. Fußn.

[5] OLG Frankfurt NJW **1972** 1875; *Oppe* NJW **1966** 2237. Vgl. Nr. 116 RiVASt sowie vorst. Fußn.

[6] Vgl. Nr. 86 ff RiVASt.

[7] Vgl. dazu Nrn. 85 ff RiVASt.

[8] BGHSt **37** 115 = NStZ **1990** 584 mit Anm. *Tem-*

ming; OLG Frankfurt NJW **1972** 1875; *Oppe* NJW **1966** 2237; AK-*Achenbach* 6; KK-*Engelhardt*[4] 6; *Kleinknecht/Meyer-Goßner*[44] 3; SK-*Schlüchter* 7.

[9] KG *Alsb.* E **2** Nr. 98; SK-*Schlüchter* 7.

[10] BGHSt **18** 283, 287?; AK-*Achenbach* 6; KK-*Engelhardt*[4] 7; SK-*Schlüchter* 8; **a. A** *Oppe* NJW **1966** 2238; KMR-*Haizmann* 7; vgl. auch OLG Frankfurt NJW **1975** 1875.

[11] Vgl. § 74 IRG und die Zuständigkeitsvereinbarung vom 1. 7. 1993 BAnz. **1993** 6383; ferner Nr. 88 RiVASt.

lieferung nicht bejahen. Andererseits brauchen sie aber eine solche Feststellung nicht unbedingt einzuholen, um bei einem im Ausland befindlichen Beschuldigten die Voraussetzungen des § 276 anzunehmen, so etwa, wenn sie auf andere Weise bereits sichere Kenntnis von der Nichtauslieferung haben[12]. Mitunter wird die Klärung der Auslieferungsfrage sich auch deshalb erübrigen, weil die Gestellung nach der dafür maßgebenden Ansicht des Gerichts nicht als angemessen erscheint (Rdn. 9).

5. Nicht angemessene Gestellung. Nach der Sondervorschrift des § 276 letzte Alternative gilt als abwesend auch, wer sich im Ausland aufhält, wenn seine Gestellung nicht angemessen erscheint. Der Gesetzgeber trägt damit dem Verhältnismäßigkeitsgrundsatz Rechnung. Er will verhindern, daß eine nur mit unverhältnismäßig großen tatsächlichen oder rechtlichen Schwierigkeiten durchführbare oder unverhältnismäßig aufwendige Gestellung versucht werden muß. Die Maßnahmen, die das Gesetz bei abwesenden Angeklagten zuläßt, sollen auch anwendbar sein, wenn die an sich mögliche Gestellung aus dem Ausland wegen der geringen Bedeutung der Sache oder wegen der hierfür notwendigen Mittel oder wegen sonstiger Gründe als unangemessen unterbleibt. **8**

Unangemessen ist die Gestellung in der Regel, wenn ihre Auswirkungen, ihr Verwaltungsaufwand oder ihre Kosten **außer jedem Verhältnis** zur Bedeutung der Strafverfolgung stehen. So vor allem, wenn die mit der Auslieferung aus dem Auslande für den Beschuldigten verbundenen Nachteile oder die durch den Vollzug der Einlieferung für die deutschen öffentlichen Kassen erwachsenden Kosten unter keinem vernünftigen Gesichtspunkt mit dem öffentlichen Interesse an der Strafverfolgung zu rechtfertigen sind. Die Unangemessenheit kann sich aber auch daraus ergeben, daß der im zwischenstaatlichen Verkehr anfallende Verwaltungsaufwand, insbesondere auch der im fremden Staat zur Klärung der Auslieferungsvoraussetzungen anfallende, die Bedeutung der Sache übersteigt[13]. Bevor die Unangemessenheit einer zwangsweisen Gestellung angenommen wird, muß allerdings in geeigneter Weise geklärt sein, ob der Beschuldigte nicht bereit ist, einer Ladung freiwillig nachzukommen[14]. **9**

Liegen die **Voraussetzungen des § 290** vor, kann nach dem Sinn der Vorschrift mitunter auch die Beschlagnahme des Vermögens unangemessen sein, sofern nicht die Güterabwägung ergibt, daß die Vermögensbeschlagnahme der Bedeutung der Sache entspricht und im Verhältnis zur zwangsweisen Gestellung das schonendere Zwangsmittel ist. Meistens wird allerdings umgekehrt die Gestellung angemessen sein, wenn ein Fall des § 290 vorliegt[15]. **10**

Die **Feststellung**, daß die Gestellung unangemessen sei, trifft das **Gericht**. Freilich muß es sich dabei in Übereinstimmg mit der Staatsanwaltschaft befinden. Denn wenn diese die Gestellung für angemessen und in absehbarer Zeit erreichbar erachtet, wird sie ohnehin die Einlieferung und nicht das Abwesenheitsverfahren betreiben[16]. **11**

6. Ausland i. S. des § 276 Abs. 1 ist funktional zu verstehen; zu ihm rechnet alles, was nicht zum Hoheitsbereich der Bundesrepublik gehört. Dieser umfaßt das Landgebiet und die Eigengewässer (Häfen und die Küsten bespülende Meeresteile) und das Küstenmeer, einen Meeresstreifen, der den Eigengewässern vorgelagert ist[17]. Mit diesem endet **12**

---

[12] Vgl. aber BGHSt **18** 287.
[13] Vgl. Nr. 88 Abs. 1 Buchst. c; Nr. 105 Abs. 1 Buchst. c; RiVASt; ferner AK-*Achenbach* 7; KK-*Engelhardt*[4] 8; *Kleinknecht/Meyer-Goßner*[44] 3; KMR-*Haizmann* 8; SK-*Schlüchter* 9.
[14] KMR-*Haizmann* 8.
[15] SK-*Schlüchter* 10.
[16] SK-*Schlüchter* 9.
[17] Vgl. *Mettgenberg* DJ **1940** 641; SK-*Schlüchter* 5.

Walter Gollwitzer

der deutsche Hoheitsbereich und beginnt die **offene See**. Diese muß i. S. des § 276 mit zum Ausland zählen, weil die Vorschrift auf die Unwirksamkeit der inländischen Gestellungsmittel abstellt, die sich auf der offenen See eher stärker auswirkt als im Bereiche ausländischer Staaten [18].

§§ 277 bis 284

die die Durchführung der Hauptverhandlung gegen Abwesende regelten, sind durch Art. 21 Nr. 75 EGStGB 1974 **entfallen**.

§ 285

(1) [1]**Gegen einen Abwesenden findet keine Hauptverhandlung statt.** [2]**Das gegen einen Abwesenden eingeleitete Verfahren hat die Aufgabe, für den Fall seiner künftigen Gestellung die Beweise zu sichern.**
(2) **Für dieses Verfahren gelten die Vorschriften der §§ 286 bis 294.**

Entstehungsgeschichte. Art. 21 Nr. 76 EGStGB 1974 hat Absatz 1 Satz 1 neu gefaßt. Bezeichnung bis 1924: § 327.

Übersicht

1. Keine Hauptverhandlung gegen Abwesende

1   **a) Allgemeiner Grundsatz.** Absatz 1 Satz 1 legt jetzt durchgängig den **Grundsatz** fest, daß gegen Abwesende (im Sinne des § 276) keine Hauptverhandlung stattfindet. Damit soll ausgeschlossen werden, daß jemand ohne die Möglichkeit, sich zu verteidigen, ja sogar in Unkenntnis des gegen ihn anhängigen Verfahrens und somit ohne rechtliches Gehör und ohne die in seiner Anwesenheit liegende Möglichkeit der Sachaufklärung verurteilt werden kann [1].

---

[18] *Kleinknecht/Meyer-Goßner* [44] 4.

[1] KK-*Engelhardt* [4] 1; KMR-*Haizmann* 1; SK-*Schlüchter* 1. Zu den Bedenken, die schon bei der Schaffung der Strafprozeßordnung gegen ein mit Verurteilung endendes Abwesenheitsverfahren erhoben wurden, vgl. *Dünnebier* FS Heinitz 669; vgl. ferner Vor § 276 Fußn. 2.

b) Ausnahmen. Die **Sondervorschriften**, die es gestatten, gegen einen zur Haupt- **2** verhandlung ordnungsgemäß Angeklagten auch bei seinem Ausbleiben zu verhandeln oder seinen Rechtsbehelf zu verwerfen, werden durch § 285 Absatz 1 Satz 1 nicht eingeschränkt. In diesen Fällen kann es nicht darauf ankommen, weshalb der ordnungsgemäß mit Belehrung geladene Angeklagte unentschuldigt ausgeblieben ist und ob er im Zeitpunkt der Hauptverhandlung nach § 232 unbekannten Aufenthalts oder im Ausland ist[2]. Gleiches gilt, für die Befugnis, die Hauptverhandlung zu Ende zu führen, wenn sich der Angeklagte im Falle des § 231 Abs. 2 nach seiner eigenmächtigen Entfernung aus der Hauptverhandlung sofort in das Ausland abgesetzt hat[3]. Denn Sinn der Regelungen des Siebten Abschnitts kann es – noch dazu nach Abschaffung der besonderen Hauptverhandlung gegen Abwesende – nicht sein, die Durchführbarkeit des Verfahrens gegen eigenmächtig ausgebliebene Angeklagte über die in § 231 Abs. 2, § 232 festgelegten Voraussetzungen hinaus einzuschränken und einen flüchtig gewordenen Angeklagten insoweit besser zu stellen als einen, dessen Aufenthalt im Inland bekannt ist[4]. Das Verfahren nach § 233 ist gegen einen im Ausland wohnenden Angeklagten ebenfalls zulässig[5]. Gleiches gilt für das Verfahren nach § 329[6]. **Im Strafbefehlsverfahren**, das grundsätzlich voraussetzt, daß der Aufenthalt des Beschuldigten bekannt ist[7], schließt § 285 nicht aus, daß ein Strafbefehl einem im Ausland wohnenden Beschuldigten zugestellt wird, sofern dies nach dem einschlägigen internationalen Recht zulässig ist. Soweit § 412 die sofortige Verwerfung des Einspruchs eines unentschuldigt ausgebliebenen und auch nicht vertretenen Angeklagten gestattet, ist er die speziellere Regelung, die dem § 285 Abs. 1 Satz 1 vorgeht[8]. Auch hier ist, ebenso wie bei § 232, dem Recht auf Gehör dadurch genügt, daß dem Angeklagten durch Zustellung von Anklage oder Strafbefehl und wirksame Ladung zum Verhandlungstermin die volle Möglichkeit eröffnet wird, sich vor Gericht gegen die ihm bekannte Anschuldigung zu verteidigen[9].

c) Bedeutung der Abwesenheit. Die Abwesenheit im Sinne der §§ 276 ff ist ein **Hinder-** **3** **nis**, das – abgesehen von den genannten Ausnahmefällen – der Durchführung der Hauptverhandlung und auch bestimmten anderen Verfahrenshandlungen, wie etwa der Eröffnung des Hauptverfahrens, entgegensteht[10]. Ein Verfahrenshindernis in dem Sinn, daß mit Eintritt der Abwesenheit jedes Weiterbetreiben des Verfahrens zu unterbleiben hätte, ist die Abwesenheit ebensowenig wie das bloße Ausbleiben des Angeklagten.

---

[2] AK-*Achenbach* 2; HK-*Julius*[2] 1; KK-*Engelhardt*[4] 3; *Kleinknecht/Meyer-Goßner*[44] 1; *Oppe* ZRP **1972** 57. Anders die früher vorherrschende Meinung BGH NJW **1957** 472; KMR-*Müller* § 276, 2; *Eb. Schmidt* 2; *Oppe* NJW **1966** 2239; ebenso weiterhin KMR-*Haizmann* 9; SK-*Schlüchter* 3; vgl. § 232, 2 mit weit. Nachw.

[3] Vgl. BGHSt **27** 216; AK-*Achenbach* 2; KK-*Engelhardt*[4] 4; *Kleinknecht/Meyer-Goßner*[44] 1; KMR-*Haizmann* 8; SK-*Schlüchter* 2.

[4] Ob sich der Angeklagte im Machtbereich der bundesdeutschen Gerichtsbarkeit aufhält oder für sie erreichbar ist (Auslieferung), kann nur dort eine Rolle spielen, wo seine Anwesenheit erzwungen werden muß, um die Hauptverhandlung gegen ihn durchführen zu können. Kann gegen einen ausbleibenden Angeklagten verhandelt werden, bedarf es keines besonderen Beweissicherungsverfahrens. Vgl. auch § 205, 3; 10 f.

[5] OLG Schleswig SchlHA **1964** 70; *Rieß* JZ **1975** 268; AK-*Achenbach* 2; KK-*Engelhardt*[4] 5; *Kleinknecht/*

Meyer-Goßner[44] 1; KMR-*Haizmann* 10; SK-*Schlüchter* 2; vgl. § 233, 4 mit weit. Nachw.; ferner § 233, 25.

[6] RGSt **65** 417; **66** 76; KG NJW **1969** 475; LG Verden NJW **1974** 2194; AK-*Achenbach* 2; KK-*Engelhardt*[4] 6; *Kleinknecht/Meyer-Goßner*[44] 1; SK-*Schlüchter* 2; ferner KMR-*Haizmann* 11 (da nach seiner Ansicht § 285 in der Berufungsinstanz nicht anwendbar).

[7] Vgl. Vor § 407, 46; 48.

[8] Vgl. *Rieß* JZ **1975** 268; AK-*Achenbach* 2; KK-*Engelhardt*[4] 6; *Kleinknecht/Meyer-Goßner*[44] 1; **a.A** KMR-*Haizmann* 12; SK-*Schlüchter* 3. Zur Problematik vgl. Vor § 407, 46 ff.

[9] Nach SK-*Schlüchter* 3 ist beim abwesenden Angeklagten nicht gewährleistet, daß es vom Angebot des Gehörs in gleicher Weise wie ein anwesender Angeklagter Gebrauch machen kann. KMR-*Haizmann* 9 hat Bedenken, daß das rechtliche Gehör bei unbekanntem Aufenthalt nicht genügend gesichert ist. Zu den unterschiedlichen Fallgestaltungen vgl. Vor § 407, 47; 48 (keine öffentliche Zustellung usw.).

[10] Vgl. § 205, 10.

4   **2. Beweissicherungsverfahren.** Absatz 1 Satz 2 läßt gegen Abwesende im Sinne des § 276 das Beweissicherungsverfahren zu, das nicht, wie die Hauptverhandlung, die Freisprechung oder die Verurteilung und Vollstreckung zum Ziele hat, sondern die Sicherung der Beweise für den Fall einer künftigen Gestellung. Zulässig ist auch das Verfahren über die Anordnung der Vermögensbeschlagnahme (§§ 290 bis 294).

5   Absatz 1 Satz 2 gestattet die **Einleitung** eines **gerichtlichen Verfahrens** für diesen begrenzten Zweck. Die nach Absatz 2 dabei zu beachtenden Sondervorschriften in den §§ 286 bis 294 modifizieren insoweit die allgemein geltenden Verfahrensregeln, sie ändern aber nichts daran, daß die Maßnahmen der Beweissicherung im übrigen den allgemeinen Verfahrensregeln folgen.

3. Die Beweissicherung in den einzelnen Verfahrenslagen

6   **a)** Die gerichtliche Beweissicherung nach Absatz 1 Satz 2 ist **in allen Verfahrensstadien zulässig**, da Satz 1 nur die Hauptverhandlung ausschließt. Sie ist **nicht auf das Hauptverfahren beschränkt**. Hier könnte § 286 Abs. 1 Verwirrung stiften, weil er von dem **Angeklagten** spricht. Indessen handelt es sich um ein Redaktionsversehen. Das VereinhG hat § 286 an den ehem. § 281 angepaßt, dabei versehentlich das Wort „Angeklagter" übernommen und dadurch den Sinn des § 286, damit des ganzen Abschnitts und auch des § 285, verdunkelt. Angeklagter ist an sich der Angeschuldigte, gegen den die Eröffnung des Hauptverfahrens beschlossen worden ist (§ 157). Es kann aber grundsätzlich für das Verfahren nach Satz 2 weder darauf ankommen, ob die Staatsanwaltschaft den Abwesenden anklagt[11], noch, ob das Gericht auf eine gleichwohl erhobene Anklage in den durch §§ 285 bis 289 geregelten Fällen das Hauptverfahren eröffnen kann[12]. In § 286 ist daher, wie in der ursprünglichen Fassung, das Wort „Angeklagter" als „Beschuldigter" zu lesen[13].

7   **b)** Daß die Staatsanwaltschaft gegen einen Abwesenden ein **Ermittlungsverfahren** führen darf, bedarf keiner ausdrücklichen Regelung; es ist nach ihrer Aufgabe selbstverständlich, ergibt sich auch aus § 112 Abs. 1 Nr. 1 in Vbdg. mit § 125 Abs. 1. Die Staatsanwaltschaft kann von Ermittlungen absehen und das Verfahren alsbald in entsprechender Anwendung des § 205 einstellen, wenn keine Beweise zu sichern sind, namentlich die eidliche Vernehmung von Zeugen nicht erforderlich erscheint. § 286 Abs. 2 schreibt zwar vor, Zeugen grundsätzlich zu vereidigen, wendet sich indessen, § 65 ergänzend und ändernd, an den Richter, der einen Zeugen vernommen hat. Er zwingt den Staatsanwalt nicht, sämtliche von der Polizei oder von ihm selbst vernommene Zeugen auch noch richterlich vernehmen und vereidigen zu lassen[14]. Kann der Staatsanwalt annehmen, er werde den Aufenthalt des Beschuldigten in absehbarer Zeit ermitteln können, wird es oft sachgerechter sein, die Vereidigung zurückzustellen, bis der Zeuge auch zu der Einlassung des Beschuldigten Stellung nehmen kann.

8   Sind in den Ermittlungsverfahren gegen den Abwesenden **Beweise zu sichern**, so veranlaßt das die Staatsanwaltschaft entweder selbst, indem sie Gegenstände, die als Beweismittel für die Untersuchung von Bedeutung sein können, sicherstellt (§ 94 Abs. 1), oder sie beantragt die **Beschlagnahme** (§ 98 Abs. 1) oder andere **richterliche Untersuchungshandlungen** (§ 162 Abs. 1) beim Amtsgericht, auf die dann die §§ 286, 287 anwendbar sind[15]. Es kommt vor allem die Vereidigung wichtiger Zeugen in Betracht

---

[11] Vgl. § 290, 7; *Kleinknecht/Meyer-Goßner* [44] 2; ferner Rdn. 7, 8.

[12] Vgl. bei § 205; ferner KK-*Engelhardt* [4] 7.

[13] Vgl. § 286, 2.

[14] KK-*Engelhardt* [4] 8; *Kleinknecht/Meyer-Goßner* [44] 2; SK-*Schlüchter* 7; vgl. § 286 bis 289, 7.

[15] KK-*Engelhardt* [4] 8; *Kleinknecht/Meyer-Goßner* [4] 2; SK-*Schlüchter* 7.

(§ 286 Abs. 2), wenn mit deren Wegfall zu rechnen ist oder Erinnerungstrübungen zu befürchten sind.

Nach **Abschluß** dieser formlosen Beweissicherung stellt die Staatsanwaltschaft das **9** Verfahren bei fortbestehendem Tatverdacht in entsprechender Anwendung von § 205 vorläufig ein[16], sofern sie nicht Anklage erhebt, weil eine Vermögensbeschlagnahme nach § 290 in Betracht kommt.

c) War die **Anklageschrift** im Regelverfahren **eingereicht** worden (§ 170 Abs. 1, § 199 **10** Abs. 2), weil der Beschuldigte bei der Anklageerhebung anwesend war oder weil die Staatsanwaltschaft das irrtümlich angenommen hatte oder weil sie glaubte, der Angeschuldigte werde freiwillig zur Hauptverhandlung aus dem Ausland kommen, und stellt sich nach der Einreichung der Anklageschrift, aber **vor Eröffnung** des Hauptverfahrens die Abwesenheit des Beschuldigten heraus, dann kann die Staatsanwaltschaft die **Anklage zurücknehmen** (§ 156). Dies kann angezeigt sein, wenn die Anklage nicht zustellbar ist, so daß das Ziel, die Eröffnung des Hauptverfahrens (§ 199 Abs. 2 Satz 1), nicht mehr erreicht werden kann. Eine Zurücknahme scheidet aber aus, wenn die Staatsanwaltschaft eine Vermögensbeschlagnahme beantragen will; das Verfahren nach § 294 setzt voraus, daß die Anklage erhoben ist.

Nimmt die Staatsanwaltschaft die **Anklage zurück**, dann hat sie zur Beweissicherung **11** die bei Rdn. 7, 8 aufgezeigten Möglichkeiten. Nimmt sie die Anklage nicht zurück, dann stellt das Gericht – ggf. nach einer Anordnung nach § 290 – das Verfahren nach § 205 Satz 1 vorläufig ein.

Ein erforderliches **Beweissicherungsverfahren** hat das Gericht grundsätzlich vor der **12** Entscheidung über die Einstellung und unter umfassender Sachaufklärung durchzuführen[17], während sonst nach § 205 Satz 2 vom Vorsitzenden die Beweise nur „soweit nötig" zu sichern sind[18].

Das Verfahren nach § 294 greift auch Platz, wenn die Staatsanwaltschaft erst **nach 13 Feststellung der Abwesenheit** Anklage erhebt, um die Voraussetzungen für eine Vermögensbeschlagnahme zu schaffen[19].

d) War gegen den Angeklagten im Regelverfahren das **Hauptverfahren eröffnet 14** worden (§ 203), weil der Angeklagte bei der Eröffnung anwesend war oder weil sich erst nach der Eröffnung des Hauptverfahrens die Abwesenheit des Angeklagten herausstellte, dann ist das Verfahren je nach Verfahrenslage außerhalb oder innerhalb der Hauptverhandlung durch Beschluß vorläufig einzustellen[20]. Eine vorher durchzuführende Beweissicherung obliegt dem Gericht (§ 289).

§ 286

(1) [1]**Für den Angeklagten kann ein Verteidiger auftreten.** [2]**Auch Angehörige des Angeklagten sind, auch ohne Vollmacht, als Vertreter zuzulassen.**
(2) Zeugen sind, soweit nicht Ausnahmen vorgeschrieben oder zugelassen sind, eidlich zu vernehmen.

[16] KK-*Engelhardt*[4] 8; *Kleinknecht/Meyer-Goßner*[44] 2; KMR-*Haizmann* 2; SK-*Schlüchter* 7; vgl. § 290, 7.
[17] Vgl. § 294, 3.
[18] Vgl. § 205, 35.
[19] Vgl. § 290, 6.
[20] KK-*Engelhardt*[4] 10; *Kleinknecht/Meyer-Goßner*[44] 2; KMR-*Haizmann* 4; SK-*Schlüchter* 6.

Walter Gollwitzer

Entstehungsgeschichte. Die Textfassung beruht auf Art. 3 Nr. 133 VereinhG. Bezeichnung bis 1924: § 328.

§ 287

(1) Dem abwesenden Beschuldigten steht ein Anspruch auf Benachrichtigung über den Fortgang des Verfahrens nicht zu.

(2) Der Richter ist jedoch befugt, einem Abwesenden, dessen Aufenthalt bekannt ist, Benachrichtigungen zugehen zu lassen.

Bezeichnung bis 1924: § 329.

§ 288

Der Abwesende, dessen Aufenthalt unbekannt ist, kann in einem oder mehreren öffentlichen Blättern zum Erscheinen vor Gericht oder zur Anzeige seines Aufenthaltsortes aufgefordert werden.

Bezeichnung bis 1924: § 330.

Erläuterungen zu den §§ 286 bis 288

Übersicht

1   **1. Zweck und Anwendungsbereich.** Die §§ 286 bis 289 **ergänzen** die allgemeinen Vorschriften. Diese gelten grundsätzlich auch, wenn wegen der Abwesenheit des Beschuldigten Maßnahmen zur Beweissicherung (§ 285 Abs. 1 Satz 2; Abs. 2) oder zur Erzwingung der Gestellung (§§ 290 ff) durchgeführt werden[1]. Die §§ 286 bis 289 bringen nur einige **Sonderregelungen**, die sich entweder aus der Abwesenheit des Beschuldigten (§ 286 Abs. 1, §§ 287, 288), aus dem Zweck der Beweissicherung (§ 286 Abs. 2) oder aus der Art des Verfahrens (§ 289) ergeben.

---

[1] Vgl. § 285, 4 ff.

2. Wahrnehmung der Interessen des Beschuldigten (§ 286 Abs. 1)

a) Zweck. § 286 Abs. 1 will die Wahrung der Interessen des abwesenden Beschuldigten **2**
erleichtern. Er stellt klar, daß für ihn ein (bevollmächtigter) Verteidiger auftreten kann
und er läßt zu diesem Zweck auch die Angehörigen ohne Vollmacht zu. Die Vorschrift
gilt auch vor Eröffnung des Hauptverfahrens (§ 147 Abs. 2), das Wort Angeklagter ist,
da auf einem Redaktionsversehen beruhend, als Beschuldigter zu lesen[2], zumal kein
sachlicher Grund besteht, das Auftreten des Verteidigers abweichend von der allgemeinen
Regelung (§ 137) auf das Hauptverfahren zu beschränken[3].

b) Verteidigung. Die Abwesenheit begründet, wie § 286 Satz 1 klarstellt („kann") für **3**
sich allein keinen Fall der **notwendigen Verteidigung**[4], jedoch kann, was selbstverständlich ist, ein bevollmächtigter Verteidiger auftreten. Im übrigen gelten die allgemeinen
Vorschriften, auch hinsichtlich des Erfordernisses einer besonderen Vertretungsvollmacht
und der Beschränkung der Zahl der Verteidiger durch § 137 Abs. 1 Satz 2[5]. § 145a ist
anwendbar[6]. Vor allem ist auch zu prüfen, ob die Bestellung eines Verteidigers nach
§ 140 Abs. 2 notwendig ist[7].

c) Angehörige sind, ohne daß ein gerichtliches Ermessen obwaltet, auch ohne Voll- **4**
macht zur Vertretung der Interessen des Beschuldigten durch Beschluß zuzulassen (§ 138
Abs. 2)[8]. Wollen mehrere Angehörige für den Beschuldigten tätig werden, so wird man
das Gericht für befugt halten müssen, ihre Zahl zu beschränken, wenn andernfalls die
geregelte Durchführung des Beweissicherungsverfahrens in Frage gestellt würde.
Angehörigen mit einer Vollmacht des Beschuldigten gebührt dann der Vorzug[9]. Das
Auftreten eines bevollmächtigten Verteidigers beseitigt die Befugnis der Angehörigen
nicht.

Angehörige ist – ebenso wie bei § 98 Abs. 2 und § 114b[10] – im weiten Sinn aus- **5**
zulegen[11]. Auch entfernte Verwandte fallen darunter, nicht nur die in § 11 Abs. 1 Nr. 1
StGB oder die in § 52 aufgezählten Personen; zum Beispiel gehört der Stiefvater dazu[12];
ein Ehegatte, mit dem die Ehe nicht mehr besteht (vgl. § 52 Abs. 1 Nr. 2) dürfte nach
dem Zweck der Regelung dagegen ausscheiden[13].

Vertretung bedeutet hier nicht etwa rechtsgeschäftliche Vertretung, sondern, ent- **6**
sprechend dem Sinn der Vorschrift, die Notbefugnis zur Interessenwahrnehmung durch
Anträge, Anregungen, Hinweise und Ausübung des Fragerechts. Die Angehörigen sollen
– anders als nach § 149 – die gleichen Rechte ausüben dürfen wie ein Verteidiger, auch
wenn sie keine Vollmacht des Beschuldigten haben. Vertretungsbefugnis im Sinne des
§ 234 brauchen sie im Beweissicherungsverfahren nicht[14]. Die Befugnisse der Angehörigen
bestehen nur hinsichtlich der Maßnahmen zur Beweissicherung und Gestellung; im
übrigen bleiben §§ 149, 298 unberührt.

---

[2] Dazu § 285, 6.
[3] *KK-Engelhardt*[4] 1; *Kleinknecht/Meyer-Goßner*[44] 1;
KMR-Haizmann; *SK-Schlüchter* 2.
[4] *AK-Achenbach* 1; *KK-Engelhardt*[4] 2; *Kleinknecht/
Meyer-Goßner*[44] 1; *KMR-Haizmann* 3; *SK-Schlüchter*
3.
[5] *SK-Schlüchter* 3.
[6] *Kleinknecht/Meyer-Goßner*[44] 1;
[7] *KK-Engelhardt*[4] 2; *KMR-Haizmann* 3; *SK-Schlüchter* 3; vgl. auch bei § 205.
[8] *KK-Engelhardt*[4] 4; *Kleinknecht/Meyer-Goßner*[44] 2.
[9] *AK-Achenbach* 2; *SK-Schlüchter* 5.
[10] Vgl. § 114b, 8; ferner bei § 98.

[11] *KK-Engelhardt*[4] 3; *Kleinknecht/Meyer-Goßner*[44] 3;
SK-Schlüchter 4; **a.A** KMR-*Haizmann* 3 (§ 52 ist
zugrunde zu legen).
[12] OLG Colmar *Alsb.* E **2** Nr. 99.
[13] *AK-Achenbach* 2; *KK-Engelhardt*[4] 3; *Kleinknecht/
Meyer-Goßner*[44] 3; *SK-Schlüchter* 4.
[14] *KK-Engelhardt*[4] 5; *Kleinknecht/Meyer-Goßner*[44] 4;
KMR-Haizmann 5; *SK-Schlüchter* 5; *Eb. Schmidt* 2
sieht die Angehörigen als Vertreter an, wie seine
Darlegung des Streitstandes bei § 281, 1 zeigt. Mit
Beseitigung der eigentlichen Abwesenheitsverhandlung hat der Streit an Bedeutung verloren.

Walter Gollwitzer

3. Eidliche Zeugenvernehmung (§ 286 Abs. 2)

7   **a) Beeidigung im Regelfall.** Weil die Aussagen erst später verwendet werden und bei auftauchenden Zweifeln ihre Bestätigung vielleicht nicht mehr erlangt werden kann, ordnet das Gesetz an, daß die Zeugen im Regelfall vereidigt werden, soweit nicht Ausnahmen vorgeschrieben oder zulässig sind. Inhalt der Vorschrift ist, daß die §§ 65 und 66b unanwendbar werden [15], die übrigen Ausnahmevorschriften (§§ 60 bis 62) aber gelten. Das ist auch der Fall bei § 62, weil das Prinzip, wegen Bagatellen keinen Meineid in Kauf zu nehmen, wenn es nicht wegen der ausschlaggebenden Bedeutung der Aussage oder zum Herbeiführen einer wahren Aussage erforderlich ist, keine Ausnahme zufolge der Abwesenheit erheischt [16]. Für die ersetzbaren **Sachverständigen** gilt § 286 Abs. 2 nicht [17].

8   **b)** Sind Zeugen uneidlich vernommen worden, ehe die Abwesenheit des Angeklagten bekannt geworden war, so ist ihre **Vereidigung nachzuholen.** § 286 Abs. 2 wendet sich aber an den Richter. Er zwingt die Staatsanwaltschaft nicht, sämtliche von ihr oder der Polizei vernommene Zeugen richterlich vernehmen oder beeidigen zu lassen [18]. Ob dies zur Sicherung des Beweises notwendig ist, kann sie nach pflichtgemäßem Ermessen entscheiden.

9   Soweit dagegen der **Richter** zur Beweissicherung tätig wird, muß er die Zeugen nach § 286 Abs. 2 beeiden. Dabei ist unerheblich, ob er als ersuchter Richter auf Antrag der Staatsanwaltschaft im Ermittlungsverfahren nur einen einzigen Zeugen vernimmt oder ob er als ersuchter oder beauftragter Richter im Auftrage des Gerichts im Verfahren nach § 294 die Einvernahmen durchführt.

4. Benachrichtigung des Abwesenden (§ 287)

10   **a) Kein Anspruch auf Benachrichtigung.** Der Abwesende braucht, selbst wenn sein Aufenthalt bekannt oder Zustellungsvollmacht hinterlegt ist [19], nicht von Terminen (z. B. vom Termin zur Zeugenvernehmung nach § 168c Abs. 5) benachrichtigt zu werden (§ 287 Abs. 1), auch nicht von der Zulassung eines Angehörigen zu seiner Vertretung (§ 286 Abs. 1 Satz 2); doch kann der Richter es tun (§ 287 Abs. 2), wenn er dies für angemessen hält.

11   **b)** Die **Benachrichtigung des Verteidigers** (z. B. nach § 168c Abs. 5 in Vbdg. mit Absatz 2) wird von § 287 Abs. 1 nicht berührt; für sie gelten, ebenso wie für die Benachrichtigung der nach § 286 Abs. 1 Satz 2 als Vertreter zugelassenen **Angehörigen**, die allgemeinen Regeln [20]. Ein **Zustellungsbevollmächtigter** des Angeklagten braucht dagegen ebensowenig wie dieser benachrichtigt zu werden [21].

5. Öffentliche Aufforderung zum Erscheinen (§ 288)

12   Der Vorsitzende kann nach seinem Ermessen einen Beschuldigten, dessen Aufenthalt unbekannt ist, durch eine **Anzeige in öffentlichen Blättern** zum Erscheinen oder zur Mitteilung seines Aufenthaltsorts auffordern. Öffentliche Blätter sind alle Zeitungen, die

---

[15] AK-*Achenbach* 3; *Kleinknecht/Meyer-Goßner*[44] 5; KMR-*Haizmann* 7; SK-*Schlüchter* 6.

[16] AK-*Achenbach* 3; KK-*Engelhardt*[4] 6; SK-*Schlüchter* 6.

[17] KK-*Engelhardt*[4] 6; *Kleinknecht/Meyer-Goßner*[44] 5; KMR-*Haizmann* 8; SK-*Schlüchter* 8.

[18] KK-*Engelhardt*[4] 6; *Kleinknecht/Meyer-Goßner*[44] 5; KMR-*Haizmann* 7; SK-*Schlüchter* 6.

[19] AK-*Achenbach* 1; KK-*Engelhardt*[4] 1; *Kleinknecht/Meyer-Goßner*[44] 1; KMR-*Haizmann* 2; SK-*Schlüchter* 2.

[20] AK-*Achenbach* 1; KK-*Engelhardt*[4] 2; *Kleinknecht/Meyer-Goßner*[44] 1; KMR-*Haizmann* 3; SK-*Schlüchter* 2.

[21] AK-*Achenbach* 1; KK-*Engelhardt*[4] 2; SK-*Schlüchter* 2; vgl. Rdn. 10.

nicht nur von einem beruflich eng begrenzten Personenkreis gelesen werden[22]. Die Aufforderung durch Fernsehen oder Rundfunk wird durch § 288 ebensowenig ausgeschlossen, wie der Versuch einer Kontaktaufnahme durch andere geeignete Mittel[23]. In der Aufforderung muß die genaue Anschrift des Gerichts angegeben werden, bei dem sich der Beschuldigte melden soll; ferner, wenn das Erscheinen zu einem bestimmten Termin gefordert wird, auch Ort und Zeit des Termins[24], im übrigen kann der Inhalt der Aufforderung nach freiem Ermessen gestaltet werden[25]. Eine Ladung bedeutet diese Aufforderung nicht, sie ist auch keine öffentliche Zustellung im Sinne des § 40 und hat auch sonst keine Rechtsfolgen[26].

§ 289

Stellt sich erst nach Eröffnung des Hauptverfahrens die Abwesenheit des Angeklagten heraus, so erfolgen die noch erforderlichen Beweisaufnahmen durch einen beauftragten oder ersuchten Richter.

Bezeichnung bis 1924: § 331.

1. Gegenstand der Regelung. Vor Eröffnung des Hauptverfahrens richtet sich die **1** Zuständigkeit zur Beweissicherung nach den allgemeinen Regeln. Im Vorverfahren ist es der Entscheidung der Staatsanwaltschaft überlassen, ob sie die erforderlichen Beweise selbst sichern oder dafür den Ermittlungsrichter einschalten will. Dies kann sie auch noch nach Anklageerhebung, sofern nicht das Gericht im **Zwischenverfahren** selbst die erforderlichen Anordnungen trifft[1]. § 289 gilt nur für die Beweissicherung **nach Eröffnung des Hauptverfahrens**, wobei unerheblich ist, ob sich die Abwesenheit des Angeklagten und die Notwendigkeit der Beweissicherung unmittelbar nach der Eröffnung oder erst in einem späteren Verfahrensstadium – etwa nach Aussetzung der Hauptverhandlung – ergibt, sowie, ob das Gericht das Verfahren bereits nach § 205 vorläufig eingestellt hatte.

2. Die zur Beweissicherung erforderlichen **Anordnungen** trifft das **erkennende Gericht**. **2** Es ordnet Beschlagnahmen an und kann durch einen beauftragten oder ersuchten Richter Zeugen vernehmen oder einen kommissarischen Augenschein durchführen lassen.

3. Auf **Beauftragung** des Richters und **Durchführung der Beweiserhebung** sind die **3** §§ 223 bis 225 anwendbar[2]. Eine Benachrichtigung des Angeklagten kann unterbleiben (§ 287 Abs. 1), Verteidiger und Angehörige, die nach § 286 Abs. 1 zugelassen sind, müssen dagegen nach Maßgabe des § 224 vom Termin benachrichtigt und zu diesem

---

[22] KK-*Engelhardt*[4] 2; *Kleinknecht/Meyer-Goßner*[44] 1; KMR-*Haizmann* 2; SK-*Schlüchter* 3.
[23] *Kleinknecht/Meyer-Goßner*[44] 1; KMR-*Haizmann* 2; SK-*Schlüchter* 3.
[24] KK-*Engelhardt*[4] 3.
[25] KMR-*Haizmann* 4.
[26] KK-*Engelhardt*[4] 1; 4; *Kleinknecht/Meyer-Goßner*[44] 2; SK-*Schlüchter* 2.

[1] KK-*Engelhardt*[4] 1; SK-*Schlüchter* 3; nach AK-*Achenbach* 1 ist es im Zwischenverfahren Sache des Gerichts, die Beweise nach § 202 zu sichern, die Staatsanwaltschaft ist nur noch ausnahmsweise in Eilfällen dazu befugt. Vgl. § 285, 7 ff.
[2] KK-*Engelhardt*[4] 2; *Kleinknecht/Meyer-Goßner*[44] 2; SK-*Schlüchter* 3.

Walter Gollwitzer

zugelassen werden[3]. Angehörige sind im gleichen Umfang zuzulassen, wie der Angeklagte, dessen Interesse sie vertreten[4]. Zu benachrichtigen und zuzulassen ist auch die Staatsanwaltschaft.

§ 290

(1) Liegen gegen den Abwesenden, gegen den die öffentliche Klage erhoben ist, Verdachtsgründe vor, die den Erlaß eines Haftbefehls rechtfertigen würden, so kann sein im Geltungsbereich dieses Bundesgesetzes befindliches Vermögen durch Beschluß des Gerichts mit Beschlag belegt werden.

(2) Wegen Straftaten, die nur mit Freiheitsstrafe bis zu sechs Monaten oder mit Geldstrafe bis zu einhundertachtzig Tagessätzen bedroht sind, findet keine Vermögensbeschlagnahme statt.

Schrifttum. *Hilger* § 290 StPO – ein weiterer Weg der „Zurückgewinnungshilfe" neben § 111b III StPO, NStZ **1982** 375.

Entstehungsgeschichte. Durch Art. 3 Nr. 133 VereinhG sind die Worte „im Geltungsbereich dieses Bundesgesetzes" an die Stelle der Wendung „im Deutschen Reich" gesetzt worden. Art. 21 Nr. 77 EGStGB 1974 hat den Absatz 2 angefügt. Bezeichnung bis 1924: § 332.

Übersicht

1 **1. Zweck der Vermögensbeschlagnahme** ist es, die Gestellung des Abwesenden und damit die Durchführbarkeit der Hauptverhandlung zu erzwingen[1]. Nicht zuletzt sollen ihm dadurch die Mittel zum weiteren Fernbleiben entzogen werden[2]. Die Vermögensbeschlagnahme soll weder den Strafanspruch sichern[3], noch ist sie eine Ungehorsamsstrafe. Sie dient auch nicht der Wahrung der Fiskalinteressen des Staates und zumindest

---

[3] AK-*Achenbach* 2; KK-*Engelhardt*[4] 2; KMR-*Haizmann* 3; vgl. auch nachf. Fußn.
[4] *Kleinknecht/Meyer-Goßner*[44] 2; SK-*Schlüchter* 3.

[1] BayObLGSt **7** 249; KK-*Engelhardt*[4] 1; *Kleinknecht/Meyer-Goßner*[44] 1; KMR-*Haizmann* 1; SK-*Schlüchter* 1; vgl. auch *Hilger* NStZ **1982** 375.
[2] RGZ **11** 189; BayObLGZ **33** 374; BayObLGSt **1963** 257 = NJW **1964** 300; KG JW **1937** 412.
[3] KG Recht **1905** 1817.

nicht primär zur Sicherung der Vermögensinteressen des Verletzten[4]. Ob dabei auch die Sicherung der Vermögensinteressen der Tatopfer als legitimer Nebenzweck der Anordnung ins Gewicht fallen können, ist zweifelhaft[5]. Gegen einen nicht abwesenden Beschuldigten läßt § 442 in engeren Grenzen eine Vermögensbeschlagnahme zu (vgl. dort). Ob die Vollstreckungsbehörde zur Erzwingung des Strafantritts nach § 457 Abs. 3 auch die dort nicht besonders angesprochene Vermögensschlagnahme herbeiführen darf, ist zweifelhaft[6]. Die Möglichkeit, die Beschlagnahme von Gegenständen anzuordnen, die dem Verfall oder der Einziehung unterliegen (§ 111b) wird durch § 290 nicht berührt[7].

2. Unzulässigkeit

a) Zweck nicht erreichbar. Für die Vermögensbeschlagnahme ist **kein Raum**, wenn **2** feststeht, daß die Beschlagnahme die Gestellung nicht bewirken kann[8]. Der Deutsche, der in einem Schweizer Sanatorium Aufenthalt genommen und keine Aussicht hat, lebend nach Deutschland zurückzukehren, ist vor der Beschlagnahme seines Vermögens ebenso geschützt wie der Beschuldigte, der durch die rechtlichen oder faktischen Verhältnisse des Aufenthaltslandes an der Ausreise und damit an der Gestellung in der Bundesrepublik nicht nur vorübergehend gehindert ist[9]. Da die Vermögensbeschlagnahme auf den Willen des Abwesenden einwirken und ihn zur Gestellung aus eigenem Antrieb veranlassen soll, schließt der Umstand, daß die Auslieferung des Angeschuldigten nicht verlangt werden kann, die Vermögensbeschlagnahme nicht aus[10]. Gleiches gilt für die Erklärung des Betroffenen, er wolle auf keinen Fall, selbst unter Verlust des Vermögens, in die Bundesrepublik zurückkehren[11]. Selbst wenn sie im Augenblick ernst gemeint sein sollte, kann sich eine solche Einstellung bei länger andauernder Vermögensbeschlagnahme wieder ändern, denn die Vermögensbeschlagnahme ist eine Maßnahme mit aggravierender Langzeitwirkung. Unzulässig wegen Nichterreichbarkeit ihres Zweckes ist die Vermögensbeschlagnahme dann, wenn von Anfang an ersichtlich ist, daß sich der Betroffene unabhängig von seinem eigenen Willen langfristig nicht stellen kann.

Ist das der Beschlagnahme zugängliche **Vermögen** des Angeschuldigten ersichtlich **3** so **gering** und uninteressant, daß bei Berücksichtigung aller Umstände nicht erwartet werden kann, die Beschlagnahme werde in irgend einer Form die Bereitschaft zur Gestellung fördern, dann ist für sie ebenfalls kein Raum[12].

b) Bei Straftaten von geringerem Gewicht, die nur mit Freiheitsstrafe bis zu sechs **4** Monaten oder mit Geldstrafe bis zu 180 Tagessätzen bedroht sind, schließt **Absatz 2** jetzt die Vermögensbeschlagnahme als unverhältnismäßiges Mittel aus. Maßgebend ist die Obergrenze der im jeweiligen Straftatbestand **angedrohten Strafe** und nicht etwa, wie bei §§ 232, 233, die im konkreten Fall zu erwartende Strafe. Bei den meist höheren Obergrenzen der einzelnen Straftatbestände hat Absatz 2 nur eine geringe praktische Bedeutung[13].

---

[4] *Hilger* NStZ **1982** 375; KMR-*Haizmann* 2; wegen des Verhältnisses zu § 111 b Abs. 3 vgl. die dortigen Erläuterungen.

[5] So aber AK-*Achenbach* 1; vgl. auch *Hilger* NStZ **1982** 375; HK-*Julius*[2] 1; *Kleinknecht/Meyer-Goß-ner*[44] 1.

[6] OLG Düsseldorf wistra **1997** 37 nimmt dies an; ebenso KK-*Engelhardt*[4] 4; dagegen KMR-*Haizmann* 2; wegen der Art der nach § 457 Abs. 3 zulässigen Maßnahmen vgl. dort.

[7] KMR-*Haizmann* 3. Vgl. bei § 111 b.

[8] OLG Hamburg HRR **1935** 1572; HK-*Julius*[2] 1; *Kleinknecht/Meyer-Goßner*[44] 1.

[9] AK-*Achenbach* 3; KK-*Engelhardt*[4] 1; KMR-*Haizmann* 7; SK-*Schlüchter* 5.

[10] AK-*Achenbach* 3; KK-*Engelhardt*[4] 2; *Kleinknecht/Meyer-Goßner*[44] 1.

[11] *Kleinknecht/Meyer-Goßner*[44] 1; SK-*Schlüchter* 5.

[12] OLG Hamburg HRR **1935** 1572; *Kleinknecht/Meyer-Goßner*[44] 1; SK-*Schlüchter* 5.

[13] *Rieß* JZ **1975** 266; KMR-*Haizmann* 7.

Walter Gollwitzer

5   **c)** Der **Grundsatz der Verhältnismäßigkeit** gilt auch jenseits der durch Absatz 2 gezogenen Grenze. Die Vermögensbeschlagnahme darf auch bei den nicht unter die Ausnahme des Absatzes 2 fallenden Straftaten nicht angeordnet werden, wenn sie und die von ihr zu erwartenden Auswirkungen außer Verhältnis zu der Strafe und den sonstigen Rechtsfolgen stehen, die der Angeschuldigte konkret wegen der begangenen Tat zu erwarten hat[14].

6   **3. Erhebung der öffentlichen Klage.** Die Vermögensbeschlagnahme ist nur zulässig, wenn gegen den Abwesenden bereits die öffentliche Klage erhoben ist. Die Anklageschrift muß bei Gericht eingereicht, das Hauptverfahren braucht jedoch noch nicht eröffnet zu sein. Auch wenn das Verfahren nach § 205 eingestellt worden ist, bleibt die Vermögensbeschlagnahme zulässig, nicht jedoch, wenn die Staatsanwaltschaft die Anklage wegen der Abwesenheit des Angeschuldigten zurückgenommen hat.

7   Ist die öffentliche Klage noch **nicht erhoben**, muß es – nach Wegfall der Voruntersuchung – als zulässig erachtet werden, daß die Staatsanwaltschaft auch gegen einen abwesenden Beschuldigten die **öffentliche Klage** erhebt, wenn nach den Umständen eine Vermögensbeschlagnahme in Betracht kommt[15].

8   **4. Haftgründe.** Weitere Voraussetzung der Vermögensbeschlagnahme ist, daß Verdachtsgründe vorliegen, die den **Erlaß eines Haftbefehls rechtfertigen** würden. Der Ausdruck ist vor der Änderung des neunten Abschnitts durch das Strafprozeßänderungsgesetz 1964 Bestandteil des Gesetzes geworden; er wurde leider nicht angepaßt. Der restriktive Zweck dieser Einschränkung spricht dafür, sie dahin zu verstehen, daß die „Voraussetzungen der Untersuchungshaft" vorliegen müssen, wozu auch gehört, daß die Untersuchungshaft zu der Bedeutung der Sache und zu der zu erwartenden Strafe oder Maßregel der Besserung und Sicherung nicht außer Verhältnis steht (vgl. § 120 Abs. 1 Satz 1). Unter Verdachtsgründe, die den Erlaß eines Haftbefehls rechtfertigen, wird man daher wohl nicht allein den dringenden Tatverdacht verstehen können[16], sondern alle Gründe, die die Anordnung der Untersuchungshaft rechtfertigen, also dringenden Tatverdacht und einen Haftgrund nach § 112 Abs. 2, § 112a oder der Verdacht einer Straftat nach § 112 Abs. 3[17].

9   Von den **Haftgründen** spielen der der Wiederholungsgefahr bei gewissen Straftaten (§ 112a) und derjenige der Verdunkelungsgefahr (§ 112 Abs. 2 Nr. 3) bei der Vermögensbeschlagnahme eine geringere Rolle. Die Fluchtgefahr (§ 112 Abs. 2 Nr. 2) scheidet als Haftgrund in der Regel aus, weil sie die Anwesenheit des Beschuldigten voraussetzt. Meist wird der Fall des § 112 Abs. 2 Nr. 1 Grundlage der Vermögensbeschlagnahme sein, indem festgestellt wird, daß der Beschuldigte flüchtig ist oder sich verborgen hält. Danach werden bei unbekanntem Inlandsaufenthalt und bei bekanntem und unbekanntem Auslandsaufenthalt bei dringendem Tatverdacht in der Regel die Voraussetzungen für den Erlaß eines Haftbefehls begründet sein[18]. Doch sind Ausnahmen möglich. So scheidet bei zwangsweisem Auslandsaufenthalt Flucht als Haftgrund aus. Wird bei Auslandsaufenthalt ein Wohnsitz in der Bundesrepublik beibehalten, bedarf die Fluchtgefahr besonderer Begründung.

---

[14] KK-*Engelhardt*[4] 6; KMR-*Haizmann* 7.

[15] AK-*Achenbach* 4; KK-*Engelhardt*[4] 3; vgl. § 285, 13. Zum Vorschlag, das Erfordernis der Anklageerhebung durch den dringenden Tatverdacht zu ersetzen, vgl. StV **1982** 602.

[16] So KK-*Engelhardt*[4] 4; *Kleinknecht/Meyer-Goßner*[44] 4; SK-*Schlüchter* 4.

[17] *Hilger* NStZ **1982** 375; KMR-*Haizmann* 6. Zur Gegenansicht vgl. vorst. Fußn.; ferner AK-*Achenbach* 5 (Streit ohne praktische Bedeutung, da in der Regel ein Haftgrund vorliegt); ähnlich auch SK-*Schlüchter* 4.

[18] Vgl. AK-*Achenbach* 5; KK-*Engelhardt*[4] 4; KMR-*Haizmann* 6.

Ein **Haftbefehl** ist keine Voraussetzung der Vermögensbeschlagnahme, doch wird er   **10**
vielfach zugleich mit der Vermögensbeschlagnahme zu erlassen sein, wenn er ihr nicht
vorausgegangen ist. Auf der anderen Seite wird das Gericht nicht deshalb von seiner
Prüfungspflicht entbunden, weil ein Haftbefehl vorliegt [19].

5. Ermessen des Gerichts. Das Gericht kann, wenn es die Voraussetzungen des § 290   **11**
für gegeben erachtet, **von Amts wegen** oder aber **auf Antrag** der Staatsanwaltschaft die
Vermögensbeschlagnahme anordnen. Die Entscheidung, bei der vor allem auch über
den Absatz 2 hinaus der **Grundsatz der Verhältnismäßigkeit** (Gebot der Güterabwägung)
zu beachten ist [20], steht im übrigen in seinem **pflichtgemäßen Ermessen**. Die Anordnung
der Vermögensbeschlagnahme ist in der Regel nur bei Straftaten von Gewicht am Platze;
ihre Auswirkungen dürfen nicht außer Verhältnis zu der im konkreten Fall von Betroffenen
zu erwartenden Strafe stehen [21]. Dem Gericht ist nicht nachzuweisen, daß Vermögen
vorhanden ist; die Zulässigkeit der Beschlagnahme hängt an sich davon nicht ab, da
auch das künftige Vermögen erfaßt wird. Hat der Angeschuldigte jedoch ersichtlich kein
nennenswertes Vermögen in der Bundesrepublik und hat er auch in absehbarer Zeit kein
solches zu erwarten, dann ist für die Anordnung der Beschlagnahme kein Raum, weil sie
dann kein zur Erzwingung der Gestellung taugliches Mittel ist [22].

6. Die Anordnung ergeht durch **Beschluß** (§ 291) des Gerichts, der zu begründen ist   **12**
(§ 34) [23]. In dem Beschluß ist der Angeschuldigte, dessen Vermögen beschlagnahmt wird,
genau zu bezeichnen. Im übrigen genügt die **abstrakte Anordnung** der Vermögensbeschlagnahme; einzelne Vermögensstücke des Angeschuldigten brauchen im Beschluß
nicht angeführt zu werden [24]. Zur Anordnung der Veröffentlichung vgl. § 291.

7. Zuständig ist das mit der Sache durch die Anklage befaßte Gericht. Ist erst in   **13**
einem späteren Verfahrensstadium, nach Eröffnung des Hauptverfahrens, über die Vermögensbeschlagnahme zu entscheiden, so obliegt das dem Gericht, bei dem die Sache
dann anhängig ist, also auch dem Berufungsgericht, das das Verfahren nach § 205 eingestellt hat.

8. Gegenstand der Vermögensbeschlagnahme. Beschlagnahmt wird das Vermögen,   **14**
das sich im Geltungsbereich der Strafprozeßordnung, also in der Bundesrepublik
befindet. Die Beschlagnahme umfaßt insoweit das gesamte gegenwärtige und künftige
Vermögen, belastet mit den Rechten, die Dritte daran erworben haben [25], aber auch
mit dem Anspruch von unterhaltsberechtigten Angehörigen auf Unterhalt aus dem Vermögen [26]. Wegen der Wirkung der Vermögensbeschlagnahme vgl. § 292, 2.

9. Mit der **Beschwerde** (§ 304 Abs. 1, 2) ist sowohl der Beschluß, der die Beschlag-   **15**
nahme anordnet als auch der Beschluß, der einen darauf gerichteten Antrag der Staats-

---

[19] KK-*Engelhardt*[4] 5; *Kleinknecht/Meyer-Goßner*[44] 2;
KMR-*Haizmann* 6; SK-*Schlüchter* 4.

[20] Vgl. Rdn. 2 ff.

[21] AK-*Achenbach* 6; KK-*Engelhardt*[4] 5; *Kleinknecht/
Meyer-Goßner*[44] 3.

[22] Vgl. Rdn. 3; § 292, 4.

[23] AK-*Achenbach* 8; KK-*Engelhardt*[4] 7; *Kleinknecht/
Meyer-Goßner*[44] 4; KMR-*Haizmann* 8; SK-*Schlüchter*
6; Muster eines Beschlusses bei KMR-*Haizmann* 9.

[24] BayObLGSt **7** 248; KK-*Engelhardt*[4] 7; *Kleinknecht/
Meyer-Goßner*[44] 4; KMR-*Haizmann* 8; SK-*Schlüchter* 6.

[25] OLG Colmar *Alsb.* E **2** Nr. 104; AK-*Achenbach* 7;
KK-*Engelhardt*[4] 6; KMR-*Haizmann* 8; SK-*Schlüchter* 8.

[26] Mot. *Hahn* **1** 241.

anwaltschaft ablehnt, von dem anfechtbar, der hierdurch beschwert ist[27]. Dies kann auch ein nach § 286 Abs. 1 zugelassener Angehöriger sein[28]. Im übrigen gelten keine Besonderheiten. Die Beschlagnahmeanordnung kann nach § 309 Abs. 2 auch vom Beschwerdegericht erlassen werden. § 310 Abs. 1 findet keine Anwendung.

16   Die **Gläubiger** des Angeschuldigten können Rechte, die sie hinsichtlich einzelner von der Beschlagnahme betroffener Vermögensgegenstände haben[29], nicht im Strafverfahren geltend machen[30]. Sie haben auch keine Beschwerdebefugnis[31]. Sie können aber die durch die Beschlagnahme entstandene Rechtslage für die Verfolgung ihrer Ansprüche ausnützen[32].

§ 291

Der die Beschlagnahme verhängende Beschluß ist durch den Bundesanzeiger bekanntzumachen und kann nach dem Ermessen des Gerichts auch durch andere Blätter veröffentlicht werden.

Entstehungsgeschichte. Durch Art. 23 Nr. 133 VereinhG sind die Worte „im Bundesanzeiger" an die Stelle der Worte „im deutschen Reichsanzeiger" gesetzt worden. Bezeichnung bis 1924: § 333.

1   1. Die **Bekanntmachung** im Bundesanzeiger ist **Voraussetzung der Wirksamkeit** der Beschlagnahme. Sie in die Wege zu leiten ist Sache des Gerichts (Geschäftsstelle). Die Ansicht, daß darin ein der Staatsanwaltschaft nach § 36 Abs. 2 Satz 1 obliegender Akt der Vollstreckung (im weit verstandenen Sinn) zu sehen ist, wird von der vorherrschenden Meinung verneint[1]. Das Gericht erlangt keine Verfügungsgewalt über das Vermögen. Eine Eintragung der Beschlagnahme im Grundbuch ist unzulässig[2]. Die Bekanntmachung in anderen Blättern dient in erster Linie dem Schutze Dritter; sie kann aber auch für die Durchsetzung der Gestellung Bedeutung haben, weil dadurch bekannt wird, daß niemand mit dem Angeschuldigten Kauf-, Arbeits- und sonstige Verträge wirksam abschließen oder Zahlungen an ihn leisten kann[3].

2   2. Die **Anordnung** der Bekanntmachung im Bundesanzeiger wird zweckmäßigerweise in den Beschlagnahmebeschluß mit aufgenommen[4]; auch eine vom Gericht beabsichtigte Bekanntgabe in anderen Blättern sollte bereits dort verfügt werden. Während aber die gesetzlich festgelegte Veröffentlichung im Bundesanzeiger nachträglich auch noch durch

---

[27] AK-*Achenbach* 9; KK-*Engelhardt*[4] 9; *Kleinknecht/ Meyer-Goßner*[44] 6; SK-*Schlüchter* 9.
[28] KMR-*Haizmann* 1.
[29] Vgl. Rdn. 14.
[30] OLG Colmar *Alsb.* E **2** Nr. 104; SK-*Schlüchter* 9.
[31] KMR-*Haizmann* 11; SK-*Schlüchter* 9.
[32] Vgl. *Hilger* NStZ **1982** 375.

[1] KK-*Engelhardt*[4] 1; *Kleinknecht/Meyer-Goßner*[44] 1; SK-*Schlüchter* 3. Zu dieser allgemeinen Streitfrage vgl. § 36, 18 ff. Für die Wirksamkeit der Beschlagnahme hat es keine Bedeutung, ob die dafür not-

wendige Veröffentlichung im Bundesanzeiger als Vollstreckungshandlung angesehen und ob sie vom Gericht (vgl. § 292, 2), vom Vorsitzenden (vgl. § 36, 27 ff) oder der Staatsanwaltschaft herbeigeführt wurde.
[2] Vgl. § 292, 2.
[3] AK-*Achenbach* 1; vgl. § 292, 2.
[4] AK-*Achenbach* 2; *Kleinknecht/Meyer-Goßner*[44] 1; KMR-*Haizmann* 1; SK-*Schlüchter* 3; nach KK-*Engelhardt*[4] 1 genügt die Anordnung des Vorsitzenden bei der kraft Gesetzes vorgeschriebenen Veröffentlichung im Bundesanzeiger.

eine Verfügung des Vorsitzenden angeordnet werden kann, erfordert die nachträgliche Anordnung der Veröffentlichung in anderen Blättern einen Gerichtsbeschluß[5]. Die Zeitungen, in denen das Gericht die Beschlagnahme zusätzlich bekannt geben will, sind bereits im anordnenden Beschluß genau zu bezeichnen. Es muß sich dabei – anders als bei § 288 – nicht notwendig um allgemein gelesene örtliche oder überörtliche Zeitungen handeln; die Veröffentlichung in Zeitschriften, die von bestimmten Berufsgruppen oder sonst besonders in Frage kommenden Personenkreisen gelesen werden, kann zweckmäßiger sein[6]. Für die Wirksamkeit der Beschlagnahme ist allein die erste Veröffentlichung im Bundesanzeiger (§ 292 Abs. 1) entscheidend[7].

§ 292

(1) Mit dem Zeitpunkt der ersten Bekanntmachung im Bundesanzeiger verliert der Angeschuldigte das Recht, über das in Beschlag genommene Vermögen unter Lebenden zu verfügen.

(2) ¹Der die Beschlagnahme verhängende Beschluß ist der Behörde mitzuteilen, die für die Einleitung einer Pflegschaft über Abwesende zuständig ist. ²Diese Behörde hat eine Pflegschaft einzuleiten.

Entstehungsgeschichte. Durch Art. 3 Nr. 133 VereinhG sind die Worte „Bundesanzeiger" an die Stelle der Worte „im Deutschen Reichsanzeiger" gesetzt worden. Bezeichnung bis 1924: § 334.

1. Zeitpunkt der Wirksamkeit. Die Vermögensbeschlagnahme wird mit Ablauf des Tages wirksam (§ 187 Abs. 1 BGB), an dem die erste Nummer des Bundesanzeigers, die die Bekanntmachung enthält, ausgegeben worden ist[1]. Eine frühere Bekanntmachung in anderen Blättern ist selbst dann wirkungslos, wenn der Abwesende oder ein mit ihm Kontrahierender sie gelesen oder sonst Kenntnis von ihr erhalten hat.   **1**

2. Absolutes Verfügungsverbot. Der die Folge der Beschlagnahme bezeichnende Wortlaut ist ungenau. Der Angeschuldigte verliert nicht das *Recht* an sich, über sein in der Bundesrepublik befindliches Vermögen unter Lebenden zu verfügen; dieses übt der Pfleger für ihn aus. Ihm wird aber die Befugnis entzogen, Vermögensverfügungen selbst vorzunehmen[2]. Daher sind alle Verfügungen, die er gleichwohl selbst vornimmt, nicht nur (wie im Falle des ehem. § 284 Abs. 2) der Staatskasse gegenüber unwirksam, sondern nach § 134 BGB schlechthin nichtig[3]. Das Verfügungsverbot macht das darauf abzielende Rechtsgeschäft als Ganzes unwirksam. Es wirkt für und gegen jedermann, ohne Rücksicht auf die Gutgläubigkeit; es kann und braucht nicht in das Grundbuch   **2**

---

[5] KK-*Engelhardt*[4] 1; *Kleinknecht/Meyer-Goßner*[44] 1; KMR-*Haizmann* 1; SK-*Schlüchter* 4.

[6] KK-*Engelhardt*[4] 2.

[7] KK-*Engelhardt*[4] 3; *Kleinknecht/Meyer-Goßner*[44] 1; vgl. § 292, 1.

[1] KK-*Engelhardt*[4]; *Kleinknecht/Meyer-Goßner*[44] § 291, 1; SK-*Schlüchter* 4; § 191, 3.

[2] KG Recht **1905** 1817, ferner vorst. Fußn.

[3] KG OLGRspr. **12** 203; AK-*Achenbach* 1; KK-*Engelhardt*[4] 1; *Kleinknecht/Meyer-Goßner*[44] 1; KMR-*Haizmann* 1; SK-*Schlüchter* 2; 3; vgl. ferner die Kommentare zu § 135 BGB (auch zur strittigen Klassifizierung dieses gesetzlichen Verbots).

eingetragen zu werden[4]. Verfügungen von Todes wegen (§§ 2064 bis 2302 BGB) fallen nicht unter das Verbot[5]. Desgleichen bleiben die bereits bestehenden Rechte Dritter an den beschlagnahmten Vermögensgegenständen unberührt[6]. Sie können aber nicht im Strafverfahren sondern nur im Wege eines Zivilprozesses gerichtlich geltend gemacht werden. Auch die Zwangsvollstreckung in das beschlagnahmte Vermögen wird dadurch nicht gehindert[7].

3　　**3. Die Abwesenheitspflegschaft (Absatz 2)** hat für den Betrieb des Strafverfahrens keine unmittelbare Bedeutung, auch wenn mittelbar die Wirksamkeit der Vermögensbeschlagnahme dadurch gesichert wird. § 292 Abs. 2 Satz 2 ist eine Ergänzung (Art. 32 Satz 1 EGBGB) des § 1911 BGB, die bewirkt, daß das Fürsorgebedürfnis nicht geprüft werden darf. Die Pflegschaft ist wegen des Sicherungszwecks auch einzuleiten, wenn der Angeschuldigte selbst einen Vertreter mit der Wahrnehmung seiner Vermögensinteressen beauftragt hat[8]. Der gerichtlich bestellte Pfleger wird dadurch aber nicht im Strafverfahren zum gesetzlichen Vertreter des Angeklagten im Sinne des § 298[9].

4　　Der Beschlagnahmebeschluß ist nach Absatz 2 Satz 1 **der für die Einleitung einer Abwesenheitspflegschaft zuständigen Behörde**, also dem **Vormundschaftsgericht** beim Amtsgericht mitzuteilen, damit es seiner Verpflichtung, von Amts wegen eine Abwesenheitspflegschaft einzuleiten, nachkommen kann. Da es sich um keinen Akt der Vollstreckung im Sinne des § 36 Abs. 2 handelt, obliegt die **Mitteilung** dem Vorsitzenden des Gerichts[10]; jedoch kann auch die Staatsanwaltschaft das Vormundschaftsgericht auf die Vermögensbeschlagnahme hinweisen. Für die Verpflichtung des Vormundschaftsgerichts zur Einleitung der Pflegschaft ist es unerheblich, durch wen es von der Vermögensbeschlagnahme in Kenntnis gesetzt wird.

5　　**Aufgabe des Pflegers** ist es, das betroffene inländische Vermögen des Beschuldigten zu ermitteln und sofort sicherzustellen[11]. Hat der Angeschuldigte kein Vermögen, so darf, damit keine öffentlichen Interessen beeinträchtigt werden, von einer Pflegschaft nur abgesehen werden, wenn die Möglichkeit, daß er künftig Vermögen erlangen wird, so gering ist, daß es verständigerweise keinen Zweck hat, schon jetzt Vorkehrungen für den künftigen Anfall zu treffen[12]. **Zuständig für die Anordnung** der Pflegschaft ist das Amtsgericht (§ 35 FGG); die örtliche Zuständigkeit bestimmt sich allein nach den einschlägigen Vorschriften des FGG (insbes. § 9 FGG)[13].

6　　**4. Führung der Güterpflegschaft.** Der Pfleger verwaltet an Stelle des nicht verfügungsbefugten Angeschuldigten dessen Inlandsvermögen. Er ist zur sachgerechten Verwaltung verpflichtet; dazu kann auch die Erfüllung von Verbindlichkeiten des Angeschuldigten gegenüber den durch die Straftat Geschädigten gehören[14]. Soweit Maß-

---

[4] BayObLGZ **12** 31; KG Recht **1905** 1817 KK-*Engelhardt*[4] 1; *Kleinknecht/Meyer-Goßner*[44] 1; h. M, vgl. vorst. Fußn.

[5] AK-*Achenbach* 1; *Kleinknecht/Meyer-Goßner*[44] 1; KMR-*Haizmann* 1; SK-*Schlüchter* 3.

[6] KK-*Engelhardt*[4] 1; *Kleinknecht/Meyer-Goßner*[44] 1; vgl. auch nachf. Fußn.

[7] BayObLGSt **7** 248; OLG Colmar *Alsb.* E **2** Nr. 104; KG *Alsb.* E **2** Nr. 105; OLG München *Alsb.* E **2** Nr. 106; *Hilger* NStZ **1982** 374; AK-*Achenbach* 1; KK-*Engelhardt*[4] 1; SK-*Schlüchter* 3.

[8] BayObLGZ **33** 374; AK-*Achenbach* 3; KK-*Engelhardt*[4] 8; SK-*Schlüchter* 6.

[9] OLG Karlsruhe Justiz **1984** 291.

[10] AK-*Achenbach* 2; *Kleinknecht/Meyer-Goßner*[44] 2; SK-*Schlüchter* 55; **a. A** KK-*Engelhardt*[4] 4 (nach § 36 Abs. 2 Satz 1 durch Staatsanwaltschaft).

[11] BayObLGSt **7** 248; *Kleinknecht/Meyer-Goßner*[44] 2; SK-*Schlüchter* 7.

[12] BayObLGZ **10** 504, KK-*Engelhardt*[4] 7.

[13] KK-*Engelhardt*[4] 9; SK-*Schlüchter* 5 mit weit. Einzelheiten.

[14] *Hilger* NStZ **1982** 375; *Kleinknecht/Meyer-Goßner*[44] 2; KMR-*Haizmann* 2 hält dies für bedenklich.

nahmen des Pflegers nach bürgerlichem Recht eine gerichtliche Genehmigung erfordern, entscheidet darüber das Vormundschaftsgericht[15]. Bei der Führung der Pflegschaft muß der **Zweck der Beschlagnahme**, dem flüchtigen Angeschuldigten die Mittel zum weiteren Fernbleiben zu entziehen und ihn zur Gestellung zu veranlassen sowohl vom Pfleger als auch vom Vormundschaftsgericht berücksichtigt werden[16]. Es dürfen keine Maßnahmen getroffen werden, die dem Zweck der Beschlagnahme zuwiderlaufen. Ob dies der Fall ist, hat das Vormundschaftsgericht selbst zu entscheiden. Eine Genehmigung des Strafgerichts für Maßnahmen des Pflegers, die den Zweck der Beschlagnahme beeinträchtigen könnten, ist nicht vorgesehen[17]. Solche Verfügungen können rechtlich nicht der Teilaufhebung der Beschlagnahme gleichgesetzt werden; außerdem bedarf es keiner Aufspaltung des Rechtszuges; die Kontrolle des Vormundschaftsgerichts genügt insoweit. Die Vorschriften über die Abwesenheitspflegschaft sind nur insoweit anwendbar, als sie diesem Zweck nicht widerstreiten. Andererseits dürfen aber die Interessen des Angeschuldigten nicht über den Zweck der Beschlagnahme hinaus beeinträchtigt werden[18].

5. Beschwerde nach FGG. Trotz des Fürsorgezwecks ist das **Interesse der Strafverfolgungsbehörde** daran anzuerkennen, daß das Vermögen ordnungsgemäß verwaltet wird und auch nicht mittelbar dem Einfluß des Abwesenden unterliegt. Demzufolge steht der Staatsanwaltschaft die **Beschwerde** (§ 57 Abs. 1 Nr. 3 FGG) zu, wenn die Einleitung der Pflegschaft abgelehnt, eine ungeeignete Person zum Pfleger bestellt[19] oder bei der Durchführung der Pflegschaft dem mit der Beschlagnahme verfolgten Zweck (§ 290, 1) nicht Rechnung getragen wird[20]. Gegen die Anordnung der Pflegschaft hat der **Angeschuldigte die Beschwerde**[21]. **7**

6. Beschwerde nach StPO. Die **Anordnung der Bekanntmachung** im Bundesanzeiger ist als gesetzliche Folge der Beschlagnahme für sich allein nicht mit Beschwerde anfechtbar[22]; dies ist nur der die Vermögensbeschlagnahme anordnende Beschluß[23]. Die Anordnung der Bekanntmachung in anderen Blättern dürfte allenfalls bei einem Mißbrauch des weiten Auswahlermessens der Beschwerde zugänglich sein, es müßte dann aber auch eine die normalen Folgen der Bekanntmachung der Beschlagnahme übersteigende Beschwer vorliegen. Der **Pfleger** ist nicht befugt, gegen eine strafprozessuale Maßnahme, die das Vermögen des Angeschuldigten betrifft, wie etwa der Verfall einer Sicherheit, namens des Angeschuldigten Beschwerde nach § 304 einzulegen[24]. **8**

---

[15] BayObLGSt **1963** 257 = NJW **1964** 301; KK-*Engelhardt*[4] 11; SK-*Schlüchter* 8.

[16] OLG Karlsruhe Justiz **1984** 291; ferner die Entscheidung in der nachf. Fußn.; *Hilger* NStZ **1982** 375.

[17] *Hilger* NStZ **1982** 375 (Verfügungen des Pflegers sind keine strafprozessualen Maßnahmen); SK-*Schlüchter* 8; **anders** BayObLGSt **1963** 257; KK-*Engelhardt*[4] 11; *Pfeiffer* 3.

[18] Vgl. BayObLGSt **1963** 257 = NJW **1964** 301; BayObLGZ **12** 34; **33** 374; KG JW **1935** 1882; **1937** 412.

[19] BayObLGZ **10** 559; KG Recht **1911** 811; AK-*Achenbach* 5; KK-*Engelhardt*[4] 10; KMR-*Haizmann* 3; SK-*Schlüchter* 12.

[20] BayObLGZ **33** 374; AK-*Achenbach* 5; SK-*Schlüchter* 12.

[21] AK-*Achenbach* 5; KK-*Engelhardt*[4] 10; KMR-*Haizmann* 3; SK-*Schlüchter* 12.

[22] SK-*Schlüchter* 10.

[23] Vgl. § 290, 15.

[24] OLG Karlsruhe Justiz **1984** 291; SK-*Schlüchter* 11.

§ 293

(1) Die Beschlagnahme ist aufzuheben, wenn ihre Gründe weggefallen sind.
(2) Die Aufhebung der Beschlagnahme ist durch dieselben Blätter bekanntzu-
machen, durch welche die Beschlagnahme selbst veröffentlicht worden war.

Bezeichnung bis 1924: § 335.

1   **1. Aufhebung der Beschlagnahme.** Die Beschlagnahme ist aufzuheben, wenn ihre **Voraussetzungen weggefallen** sind[1]. Ob dies der Fall ist, hat das Gericht auf Antrag und in angemessenen Zeitabständen auch von Amts wegen zu prüfen[2]. Die Voraussetzungen für die Fortdauer der Vermögensbeschlagnahme sind insbesondere entfallen,
– wenn die **Anklage zurückgenommen** wird;
– wenn kein die Anordnung der Untersuchungshaft rechtfertigender **dringender Tatverdacht** mehr besteht;
– wenn sie **unverhältnismäßig** wird, etwa wenn auf Grund der Untersuchung die Bedeutung der Sache und die zu erwartende Strafe oder Maßregel der Besserung und Sicherung nunmehr geringer zu gewichten ist;
– wenn die Eröffnung des Hauptverfahrens abgelehnt (§ 294, 3) oder das Verfahren wegen Eintritts eines Verfahrenshindernisses (Amnestie) oder wegen Feststellens eines übersehenen Verfahrenshindernisses, (fehlender Strafantrag) oder wegen Verjährung eingestellt wird;
– wenn der Abwesende ergriffen wird oder sich stellt, oder wenn er gestorben ist.

2   Die Beschlagnahme kann ferner nach dem **Ermessen des Gerichts aufgehoben** werden, wenn sie nicht mehr sinnvoll oder angemessen ist; sie muß aufgehoben werden, wenn mit der erforderlichen Sicherheit endgültig feststeht, daß sie ungeeignet ist, den Willen des Angeklagten zu beugen[3].

3   **2. Verfahren.** Die Aufhebung ordnet das Gericht nach Anhörung der Staatsanwaltschaft (§ 33 Abs. 2) in einem zu begründenden **Beschluß** an. **Zuständig** ist das Gericht, das die Beschlagnahme verhängt hat bzw. das funktionsmäßig auf Grund des Verfahrensfortgangs an dessen Stelle getreten ist[4]. Ob die Aufhebung bereits mit Erlaß des Beschlusses, also mit dessen Hinausgabe[5], voll wirksam wird[6] oder ob das absolute Verfügungsverbot erst **mit der Bekanntgabe im Bundesanzeiger** erlischt (entsprechende Anwendung des § 292 Abs. l auf den actus contrarius) ist strittig. Für letztere Annahme sprechen die Erfordernisse der Sicherheit des Rechtsverkehrs und die andernfalls eintretenden Schwierigkeiten bei einer erfolgreichen Beschwerde der Staatsanwaltschaft gegen den Aufhebungsbeschluß[7]. Aus Gründen der Rechtssicherheit, eventuell auch im Interesse des betroffenen Angeklagten, wird man das Gericht als befugt ansehen müssen, den Zeitpunkt des Wegfalls des absoluten Verfügungsverbots im Beschluß festzulegen.

---

[1] AK-*Achenbach* 1; KK-*Engelhardt*[4] 1; *Kleinknecht/ Meyer-Goßner*[44] 1; KMR-*Haizmann* 1; SK-*Schlüchter* 2.
[2] KK-*Engelhardt*[4] 1; KMR-*Haizmann* 1; SK-*Schlüchter* 4.
[3] OLG Hamburg HRR **1935** Nr. 1571; KK-*Engelhardt*[4] 1 (Vorsicht bei dieser Annahme); *Kleinknecht/ Meyer-Goßner*[44] 1; SK-*Schlüchter* 2; vgl. § 290, 2.

[4] AK-*Achenbach* 2; SK-*Schlüchter* 3; vgl. § 290, 13.
[5] Vgl. § 33, 9; 11.
[6] KMR-*Haizmann* 4; (Veröffentlichung der Aufhebung hat nur Informationscharakter, deshalb keine entsprechende Anwendung des § 292 Abs. 1). Zur Gegenmeinung vgl. nachf. Fußn.
[7] AK-*Achenbach* 2; *Kleinknecht/ Meyer-Goßner*[44] 2; SK-*Schlüchter* 5.

Die **Bekanntmachung** in den gleichen öffentlichen Blättern, in denen die Beschlag- 4
nahme nachrichtlich bekanntgegeben wurde (§ 291), ist, anders als die erste Bekanntmachung im Bundesanzeiger, keine Wirksamkeitsvoraussetzung der Aufhebung. Sie
kann erforderlichenfalls auch auf zusätzliche Blätter ausgedehnt werden. Sie dient nur
der Unterrichtung. Die Staatsanwaltschaft hat es also nicht in der Hand, wenn sie gegen
die Aufhebung Beschwerde einlegt, die ausgeschlossene Vollzugshemmung (§ 307 Abs. 1)
dadurch zu beseitigen, daß sie eine ihr etwa überlassene Veröffentlichung unterläßt. Sie
wird, wenn sie gegen die Aufhebung Bedenken hat, schon in ihrer Stellungnahme (§ 33
Abs. 2) zu beantragen haben, daß die Vollziehung auszusetzen und die Veröffentlichung
zurückzustellen sei (§ 307 Abs. 2)[8].

Der die Beschlagnahme aufhebende Beschluß ist auch dem **Vormundschaftsgericht** 5
(§ 292 Abs. 2 Satz 1) **mitzuteilen**, damit dieses im Verfahren nach dem FGG die Aufhebung und Abwicklung der Pflegschaft veranlaßt[9]. Automatisch entfällt die Pflegschaft
durch die Aufhebung der Beschlagnahme nicht. Wird der Aufhebungsbeschluß angefochten, ist auch dies dem Vormundschaftsgericht mitzuteilen, damit es die Rechtsmittelentscheidung abwarten kann.

3. Beschwerde. Gegen den Beschluß, der die Aufhebung anordnet, kann die Staats- 6
anwaltschaft, nicht aber der dadurch nicht beschwerte Angeschuldigte, Beschwerde einlegen. Der **Abwesenheitspfleger** hat kein Beschwerderecht[10]. Lehnt das Gericht die Aufhebung entgegen einem Antrag der Staatsanwaltschaft ab, kann letztere auch dagegen
Beschwerde einlegen.

§ 294

**(1) Für das nach Erhebung der öffentlichen Klage eintretende Verfahren gelten
im übrigen die Vorschriften über die Eröffnung des Hauptverfahrens entsprechend.**
**(2) In dem nach Beendigung dieses Verfahrens ergehenden Beschluß (§ 199) ist
zugleich über die Fortdauer oder Aufhebung der Beschlagnahme zu entscheiden.**

Entstehungsgeschichte. Die Textfassung beruht auf Art. 9 VereinhG in Vbdg. mit der
Bekanntmachung in BGBl. 1950 I 631. Art. 1 Nr. 81 des 1. StVRG hat in Absatz 1 die
Worte „über die Voruntersuchung" durch „über die Eröffnung des Hauptverfahrens"
und in Absatz 2 die Verweisung auf § 198 durch die Verweisung auf § 199 ersetzt.
Bezeichnung bis 1924: § 336.

1. Beweissicherungsverfahren. Ist eine Vermögensbeschlagnahme beantragt worden, 1
dann setzt sich das durch die erforderliche (§ 290 Abs. 1) Anklageschrift eingeleitete
gerichtliche Verfahren stets in einem förmlichen, schriftlichen Verfahren fort. Auf dieses
sind die Vorschriften über die **Eröffnung des Hauptverfahrens** entsprechend anzuwenden,
aber nur, soweit sich aus der Abwesenheit des Angeklagten und aus den §§ 285, 287
nichts anderes ergibt[1]. Die in den §§ 201, 204 Abs. 2 vorgesehenen Benachrichtigungen

---

[8] SK-*Schlüchter* 7.
[9] KK-*Engelhardt*[4] 3; *Kleinknecht/Meyer-Goßner*[44] 2;
     SK-*Schlüchter* 9.
[10] SK-*Schlüchter* 10.

[1] AK-*Achenbach* 1; KK-*Engelhardt*[4] 1; KMR-*Haizmann* 1; SK-*Schlüchter* 2.

des Angeklagten sind daher nicht obligatorisch, sie bleiben aber zulässig[2]. Das Gericht kann insbesondere nach § 202 einzelne Beweiserhebungen anordnen. Wegen der Einzelheiten vgl. die Erläuterungen zu § 202; ferner §§ 286 ff.

2   **2. Ziel.** Das Verfahren hat, wie die Verweisung auf die für entsprechend anwendbar erklärten Vorschriften über die Eröffnung des Hauptverfahrens (Absatz 1) zeigt, nicht nur zum Ziele, einzelne, die Schuld des Angeschuldigten bestätigende Beweise zu erheben und ihre Verwertbarkeit in einer späteren Hauptverhandlung zu sichern. Wie die Entstehungsgeschichte (früher waren die Vorschriften über die Voruntersuchung anwendbar) deutlich macht, ist Ziel des Beweissicherungsverfahrens die **umfassende Sachaufklärung**. Alle den Angeklagten be- und entlastenden Umstände müssen erforscht werden, soweit dies ohne Mitwirkung des abwesenden Angeklagten möglich ist[3].

3   **3. Entscheidung des Gerichts.** Sind die Beweise gesichert und ist der Sachverhalt soweit, wie nach den Umständen möglich, aufgeklärt, dann entscheidet das Gericht in der für Entscheidungen außerhalb der Hauptverhandlung maßgebenden Besetzung und ohne Bindung an die Anträge der Staatsanwaltschaft (§ 206), ob die Eröffnung des Hauptverfahrens nach § 204 abzulehnen ist, oder ob, weil der hinreichende Verdacht einer Straftat weiterhin besteht, das Verfahren nach § 205 wegen der Abwesenheit der Angeschuldigten vorläufig eingestellt werden muß (Absatz 2 in Verbindung mit § 199). Es gelten die allgemeinen Vorschriften. Eine Eröffnung des Hauptverfahrens (§ 207) scheidet aus[4].

4   Mit der Entscheidung über den Abschluß der Untersuchung ist zugleich über die Anordnung bzw., wenn diese schon vorher angeordnet war, über die **Fortdauer** oder **Aufhebung der Beschlagnahme** zu entscheiden (Absatz 2). Wird die Eröffnung des Hauptverfahrens abgelehnt, so versteht sich die Aufhebung von selbst. Aber auch im Falle der vorläufigen Einstellung muß die Beschlagnahme aufgehoben werden, wenn sie nach der Art des im Verdacht bleibenden Delikts unzulässig ist (vgl. § 290, 2 ff) oder sich als unangemessen herausstellt. Der Teil des Beschlusses nach § 204 oder § 205, der die Beschlagnahme aufhebt, ist nach § 293 Abs. 2 im Bundesanzeiger und gegebenenfalls auch in den anderen Blättern bekannt zu geben[5].

5   **4. Weitere Prüfung.** Hält das Gericht die Vermögensbeschlagnahme aufrecht, muß es auf Antrag oder in angemessenen Zeitabständen **von Amts wegen** prüfen, ob die Beschlagnahme aufzuheben ist, weil ihre Gründe entfallen sind[6].

---

[2]   AK-*Achenbach* 1; KK-*Engelhardt*[4] 1; KMR-*Haizmann* 2; SK-*Schlüchter* 3.

[3]   *Kleinknecht/Meyer-Goßner*[44] 1; SK-*Schlüchter* 1; 2; *Eb. Schmidt* 4; KMR-*Müller* 1: Beweissicherungsverfahren nur, wenn Beweise für künftiges Hauptverfahren nicht ausreichend gesichert sind oder um die Voraussetzungen der Beschlagnahme zu überprüfen.

[4]   AK-*Achenbach* 1; KK-*Engelhardt*[4] 1; *Kleinknecht/Meyer-Goßner*[44] 2; KMR-*Haizmann* 2; SK-*Schlüchter* 3.

[5]   KK-*Engelhardt*[4] 2; vgl. § 293, 4.

[6]   Vgl. § 293, 1; 2.

§ 295

(1) Das Gericht kann einem abwesenden Beschuldigten sicheres Geleit erteilen; es kann diese Erteilung an Bedingungen knüpfen.

(2) Das sichere Geleit gewährt Befreiung von der Untersuchungshaft, jedoch nur wegen der Straftat, für die es erteilt ist.

(3) Es erlischt, wenn ein auf Freiheitsstrafe lautendes Urteil ergeht oder wenn der Beschuldigte Anstalten zur Flucht trifft oder wenn er die Bedingungen nicht erfüllt, unter denen ihm das sichere Geleit erteilt worden ist.

Entstehungsgeschichte. Art. 21 Nr. 78 EGStGB ersetzte in Absatz 2 die Worte „strafbare Handlung" durch „Straftat". Bezeichnung bis 1924: § 337.

Übersicht

1. Zweck. Das sichere Geleit dient dem Interesse des Staates, der Funktionstüchtigkeit **1** der Rechtspflege. Es soll vor allem einen Weg zur **Durchführung eines Strafverfahrens** eröffnen, das andernfalls wegen der Abwesenheit des Beschuldigten nicht zu Ende gebracht werden könnte. Zweck ist die Ermöglichung eines rechtsstaatlichen Verfahrens, das ebenso in einem Freispruch wie einer Verurteilung enden kann und nicht etwa allein die Sicherung der Bestrafung[1]. Wenn sich der Beschuldigte freiwillig dem Verfahren stellt, obwohl er Gefahr läuft, an dessen Ende bei Verurteilung zu einer Freiheitsstrafe verhaftet zu werden (Absatz 3), soll er wenigstens sicher sein, daß er sich im Verfahren frei von staatlichem Zwang verteidigen kann[2]. Das sichere Geleit kann dem Beschuldigten aber nicht nur für die Teilnahme an seinem eigenen Strafverfahren bewilligt werden, sondern auch für **andere Verfahren**, bei denen seine Anwesenheit als Partei oder Zeuge den Fortgang des Verfahrens fördert oder sonst im staatlichen Interesse liegt[3]. **Seinem Wesen nach** ist es eine bindende **vertragsähnliche Zusicherung** der Verschonung mit der Untersuchungshaft bis zum Urteil[4], die sich wegen der Unveränderlichkeit der Entschei-

---

[1] OLG Düsseldorf NStZ-RR **1999** 245; OLG Hamburg JR **1979** 174 mit Anm. *Gössel*; AK-*Achenbach* 1; KK-*Engelhardt*⁴ 1; *Kleinknecht/Meyer-Goßner*⁴⁴ 1; KMR-*Haizmann* 1; SK-*Schlüchter* 1; enger *Sonntag* DJZ **1928** 725 (Verwirklichung des staatlichen Anspruchs auf Strafe und Sühne).

[2] HK-*Julius*² 1; KMR-*Haizmann* 1.

[3] Vgl. dazu Rdn. 24; zu den Sondervorschriften über das freie Geleit in den Vereinbarungen über den internationalen Rechtshilfeverkehr vgl. Rdn. 31 ff.

[4] AK-*Achenbach* 1; *Kleinknecht/Meyer-Goßner*⁴⁴ 3; KMR-*Haizmann* 3; SK-*Schlüchter* 1; sowie nachf. Fußn.

Walter Gollwitzer

dung von der bloßen Aussetzung des Vollzugs (§ 116) unterscheidet, die jederzeit wieder aufgehoben werden kann[5].

2   Da das sichere Geleit Zwang durch freiwillige Zusammenarbeit ersetzen soll, findet es nicht nur statt, wenn „Untersuchungshaft" (Absatz 2) angeordnet oder zu erwarten ist, sondern auch, wenn **andere freiheitsentziehende Zwangsmaßnahmen** (§ 230 Abs. 2 oder § 236) in Rede stehen[6].

3   **2. Abwesender Beschuldigter.** Der Begriff der **Abwesenheit** ist aus § 276 zu entnehmen. Es kommt nur auf die Abwesenheit in dem Zeitpunkt an, wo das sichere Geleit erteilt wird. Wird später ein inländischer Wohnsitz begründet, dann kann deswegen die Entscheidung nicht geändert werden[7]. Das ist selbstverständlich. Denn das Ziel, das mit der Gewährung freien Geleits verfolgt wird, ist es ja gerade, den Beschuldigten zu veranlassen, seine „Abwesenheit" aufzugeben, sei es für die Zeit der Hauptverhandlung, sei es dauernd.

4   Der Begriff Beschuldigter zeigt an, daß das sichere Geleit **in jedem Abschnitt des Verfahrens** bis zu einem auf Freiheitsstrafe lautenden Urteil zulässig ist. Es kann also namentlich auch während des staatsanwaltschaftlichen Ermittlungsverfahrens gewährt werden, aber auch in den höheren Instanzen, etwa, wenn die Staatsanwaltschaft die Aufhebung eines Freispruchs erstrebt. Ist eine verurteilende Erkenntnis in der Berufungs- oder Revisionsinstanz aufgehoben worden, so ist für die neue Verhandlung wieder freies Geleit möglich.

3. Inhalt

5   **a)** Das sichere Geleit gibt **Befreiung vom Vollzug der Untersuchungshaft** (Absatz 2), sinngemäß aber auch vom Vollzug **anderer freiheitsbeziehender Maßnahmen** wie der Haft nach § 230 Abs. 2, § 236[8]. Dabei ist unerheblich, ob sie bei der Bewilligung des sicheren Geleits bereits angeordnet waren oder ob sie erst danach verhängt werden. Die Gewährung sicheren Geleits ist nicht davon abhängig, daß ein Haftbefehl schon erlassen ist, obwohl das meist der Fall sein wird. Sie enthält die Zusage, daß ein bestehender oder ein künftiger Haftbefehl nicht vollstreckt, nicht jedoch, daß keiner erlassen werde[9]. Ist der Vollzug eines Haftbefehls ausgesetzt (§ 116), ist zwar meist die Zusicherung des Geleits nicht nötig, sie ist aber auch dann zulässig und angebracht, wenn dadurch Befürchtungen ausgeräumt werden[10]. Ist ein Haftbefehl ergangen, wirkt der Beschluß über die Gewährung sicheren Geleits auch der Staatsanwaltschaft gegenüber als eine Suspendierung des Haftbefehls bis zum Erlöschen (Rdn. 18 ff) des Geleits, so daß die Staatsanwaltschaft bis zu diesem Zeitpunkt den Haftbefehl nicht vollstrecken darf.

6   **b)** Das sichere Geleit wird für eine **bestimmte Straftat** erteilt und befreit nur von der Verhaftung für diese. Unter Straftat ist die Tat i. S. des § 264 zu verstehen, also der vom

---

[5] Zum Unterschied in der Zielsetzung vgl. *Gössel* JR **1979** 174; ferner Rdn. 5 und vorst. Fußn.

[6] Vgl. Rdn. 5.

[7] OLG Köln NJW **1954** 1856; AK-*Achenbach* 1; KK-*Engelhardt*[4] 2; *Kleinknecht/Meyer-Goßner*[44] 1; KMR-*Haizmann* 10; SK-*Schlüchter* 4.

[8] AK-*Achenbach* 3; KK-*Engelhardt*[4] 3; *Kleinknecht/Meyer-Goßner*[44] 5; KMR-*Haizmann* 11; SK-*Schlüchter* 4; anders früher KMR-*Müller* 1 (Haftbefehle nach § 230; 236 dürfen vollzogen werden, wenn sie erst nach Erteilung des Geleits erlassen werden;

andernfalls könnte der Angeklagte das Verfahren behindern).

[9] Vgl. KG DJZ **1928** 250; *Gössel* JR **1979** 174; AK-*Achenbach* 3; KK-*Engelhardt*[4] 3; *Kleinknecht/Meyer-Goßner*[44] 5; KMR-*Haizmann* 11; SK-*Schlüchter* 13.

[10] *Kleinknecht/Meyer-Goßner*[44] 5; a. A SK-*Schlüchter* 13 (wegen der bindenden Zusicherung notwendig, da sonst außer Vollzug gesetzter Haftbefehl wieder vollzogen werden kann).

Geleitbrief betroffene geschichtliche Vorgang in seiner Gesamtheit, einschließlich aller damit zusammenhängenden und darauf bezüglichen Vorkommnisse und tatsächlichen Umstände, die nach der Auffassung des Lebens eine natürliche Einheit bilden[11]. Die im Geleitbrief angenommene rechtliche Würdigung ist ohne Bedeutung; sie kann jederzeit geändert werden. Auch in tatsächlicher Beziehung ist nicht jede Änderung ausgeschlossen: ein im Geleitbrief nicht ausdrücklich erwähntes Tun oder Unterlassen des Angeklagten kann Teil der in diesem beschriebenen Tat sein, sofern es bei lebensnaher Betrachtung mit dem zugrundeliegenden geschichtlichen Vorgang eine natürliche Einheit bildet[12]. Wegen der nicht dem sicheren Geleit unterfallenden **anderen Taten** kann der im Ausland geladene Beschuldigte aber Verfolgungsschutz nach den im zwischenstaatlichen Rechtsverkehr geltenden Grundsätzen des freien Geleits (vgl. Rdn. 32) haben.

4. Dauer

a) Ganze Verfahren. Wenn im Geleitbrief nichts anderes bestimmt ist, gilt das sichere **7** Geleit von seiner Erteilung an für das ganze Strafverfahren; es endet nach Absatz 3, wenn ein auf Freiheitsstrafe lautendes Urteil ergeht, gleichviel in welcher Instanz[13].

b) Das Geleit kann **zeitlich befristet** (auch für einen datumsmäßig bestimmten Zeit- **8** raum) oder auf bestimmte, genau zu bezeichnende **Teile des Verfahrens beschränkt** werden, also etwa auf eine richterliche Vernehmung im Vorverfahren[14] oder bis zum Abschluß der Einvernahme des Angeklagten in der Hauptverhandlung[15]. Da bei dieser Beschränkung dem staatlichen Interesse an dem Abschluß des Verfahrens und der Greifbarkeit des Angeklagten, wenn er verurteilt werden sollte, nicht genügt wird, ist von einer solchen Einschränkung in der Regel nur Gebrauch zu machen, wenn durch die damit herbeigeführte Vernehmung das Verfahren gegen Mittäter und Teilnehmer gefördert wird; doch sind ggf. auch andere – etwa besondere öffentliche oder historische – Interessen zu berücksichtigen. Kommt der Aufklärung der Sache in einer öffentlichen Verhandlung mehr Bedeutung zu als der Verurteilung, so ist das Gericht nicht gehindert, das sichere Geleit etwa bis zu einer Woche vor der dem Angeklagten bekanntzugebenden Urteilsverkündung zu gewähren, wenn das auch ein seltener, den Absichten des Gesetzes im allgemeinen nicht entsprechender Ausnahmefall sein wird. Wurde das Geleit nur befristet oder nur für einen begrenzten Verfahrensteil gewährt, ist **Absatz 3 nicht anwendbar**, wenn der Beschuldigte nach Erledigung des Verfahrensteils oder bei Fristablauf das Bundesgebiet wieder verläßt[16]. Wegen des **Widerrufs** des sicheren Geleits s. Rdn. 25 ff.

5. Bedingungen.

Das Gericht kann die Erteilung sicheren Geleits bei seiner Bewilli- **9** gung – nicht aber nachträglich[17] – an Bedingungen knüpfen. Es sollte dabei aber nicht kleinlich sein in der Erwägung, daß der Angeklagte freiwillig das Risiko auf sich nimmt, verhaftet zu werden, wenn er zu Freiheitsstrafe verurteilt wird.

---

[11] *Gössel* JR **1979** 174; AK-*Achenbach* 4; KK-*Engelhardt*[4] 4; *Kleinknecht/Meyer-Goßner*[44] 6; KMR-*Haizmann* 12; SK-*Schlüchter* 15.

[12] BGHSt **13** 321; KK-*Engelhardt*[4] 4; ferner die Nachw. in vorst. Fußn.

[13] Dazu Rdn. 18.

[14] AK-*Achenbach* 6; KMR-*Haizmann* 14; SK-*Schlüchter* 6; *Eb. Schmidt* 1.

[15] Da das sichere Geleit nicht die Anwesenheitspflicht, sondern nur ihre Erzwingbarkeit berührt, wird man das Fernbleiben des Angeklagten nach Ablauf des Geleits als eigenmächtig im Sinne des § 231 Abs. 2 behandeln können.

[16] AK-*Achenbach* 6; KK-*Engelhardt*[4] 6; KMR-*Haizmann* 14; SK-*Schlüchter* 6; vgl. Rdn. 19.

[17] KG DJZ **1906** 489.

10   Der **Inhalt der Bedingungen** muß mit dem Zweck des freien Geleits in einem inneren Zusammenhang stehen. Bedingungen dürfen zu dem Zweck auferlegt werden, eine Flucht zu verhindern und den Antritt einer Freiheitsstrafe (Absatz 3) zu sichern. Sie können sich wegen des Zweckes der durch das Geleit suspendierten Untersuchungshaft auch darauf beziehen, einen Ausgleich für die Befreiung von der Untersuchungshaft zu schaffen, etwa Verdunkelungen entgegen zu wirken. In Betracht kommen vor allem Anordnungen, wie sie auch bei Aussetzung des Vollzugs eines Haftbefehls nach § 116 getroffen werden können, so etwa über Aufenthaltsort und Reiseweg[18]. Wird die Leistung einer angemessenen Sicherheit gefordert, dann sollte, da § 124 nicht gilt, zweckmäßigerweise festgelegt werden, unter welchen Voraussetzungen sie verfällt[19].

11   Dagegen darf mit Bedingungen nicht das Unterlassen von Handlungen erzwungen werden, wegen deren **Untersuchungshaft nicht zulässig** wäre. So darf dem Beschuldigten nicht die Bedingung auferlegt werden, nicht öffentlich aufzutreten oder an Versammlungen teilzunehmen[20]; denn das hat mit der Sicherung des Verfahrens, der das freie Geleit dient, nichts zu tun. **Spezialpräventive Maßnahmen** zur Verhütung künftiger Straftaten können – soweit nicht etwa Folgerungen aus einem Haftgrund nach § 112a gezogen werden – grundsätzlich nicht zu einer Bedingung des sicheren Geleits gemacht werden, zumal dieses ein Einschreiten wegen einer neuen Straftat nicht ausschließt (Absatz 2).

12   Die Bedingungen sind wegen der in Absatz 3 angegebenen Folge ihrer Verletzung im Geleitbrief **genau festzulegen**. Solange der Beschuldigte sie einhält, kann das durch die Zusage gebundene Gericht sie auch bei einer Veränderung der Umstände nachträglich nicht ergänzen oder verschärfen[21].

6. Verfahren

13   **a)** Das sichere Geleit wird durch **Gerichtsbeschluß (Geleitbrief)** erteilt. Der Beschluß bezeichnet die Straftat (Absatz 2), für die das Geleit erteilt wird, unter Hervorhebung ihrer gesetzlichen Merkmale und des anzuwendenden Strafgesetzes sowie das Gericht, vor dem die Prozeßhandlung stattfinden soll, für die das Geleit gewährt wird. Er gibt die genau beschriebenen Bedingungen an, an die die Erteilung des Geleits geknüpft wird[22]. Es ist empfehlenswert, die Absätze 2 und 3 wörtlich in den Beschluß aufzunehmen, soweit sie bei der Art des sicheren Geleits in Betracht kommen (vgl. Rdn. 8). Die Bewilligung des sicheren Geleits ist nicht davon abhängig, daß der Beschuldigte oder die Staatsanwaltschaft dies **förmlich beantragt** haben. Es kann auch **von Amts wegen** erteilt werden. Hat es der Beschuldigte nicht selbst angeregt, ist es jedoch zweckmäßig, ihn oder seinen Verteidiger vorher zu hören, da eine Erteilung nur sinnvoll ist, wenn zu erwarten ist, daß der Beschuldigte davon auch Gebrauch macht. Die Erteilung des sicheren Geleits steht im **freien Ermessen des Gerichts**, das hierbei die Auswirkungen auf das Verfahren, nicht zuletzt auch die Förderung der Sachaufklärung und der beschleunigten Erledigung ebenso berücksichtigen kann wie die Bedeutung für das Verfolgungsinteresse des Staates und für die Verfahrensinteressen anderer Beteiligter[23]. Ein **Rechtsanspruch**

---

[18] AK-*Achenbach* 5; KK-*Engelhardt*[4] 5; *Kleinknecht/ Meyer-Goßner*[44] 3; KMR-*Haizmann* 13; SK-*Schlüchter* 11.

[19] *Sonntag* DJZ **1928** 726; *Kleinknecht/Meyer-Goßner*[44] 3; SK-*Schlüchter* 11.

[20] HK-*Julius*[2] 3; KK-*Engelhardt*[4] 5; *Kleinknecht/Meyer-Goßner*[44] 3; KMR-*Haizmann* 13; SK-*Schlüchter* 11; **a.A** KMR-*Müller* 5 unter Hinweis auf BGH; *Sonntag* DJZ **1928** 726.

[21] KG DJZ **1906** 489; OLG Hamburg DRiZ **1929** 456; h. M, etwa *Kleinknecht/Meyer-Goßner*[44] 3.

[22] KK-*Engelhardt*[4] 8; KMR-*Haizmann* 13; SK-*Schlüchter* 12.

[23] Vgl. BGH NJW **1991** 2501; KK-*Engelhardt*[4] 8; KMR-*Haizmann* 17.

auf Erteilung des sicheren Geleits besteht nicht. Wird einem förmlichen Antrag auf Bewilligung des sicheren Geleits nicht entsprochen, ist er durch Beschluß abzulehnen[24].

b) Zuständig ist für die Erteilung des sicheren Geleits grundsätzlich das **Gericht**, vor **14** dem die **Hauptverhandlung** stattfinden soll. Dies ist für die Zeit nach Erhebung der öffentlichen Klage unstreitig, gilt aber auch schon für das Ermittlungsverfahren, wenn das sichere Geleit über die Anklageerhebung hinaus für das Hauptverfahren bewilligt wird[25].

Wird dagegen das sichere Geleit **nur für eine richterliche Untersuchungshandlung im** **15** **Vorverfahren** erteilt, so ist dazu vor Erhebung der öffentlichen Klage der **Ermittlungs-richter** (§ 162) zuständig[26]. Nach anderer Ansicht[27] ist für die Erteilung des sicheren Geleits im Ermittlungsverfahren der **Haftrichter** zuständig. Mit § 126 Abs. 1 Satz 1 läßt sich das nicht begründen, weil die Gewährung sicheren Geleits keine Entscheidung i. S. dieser Vorschrift ist. Denn die Geleitsgewährung bezieht sich nicht auf die Unter-suchungshaft, die ja gerade nicht vollzogen wird, noch ist sie Aussetzung des Haftvoll-zugs, weil das Gesetz dabei allein den Fall des § 116 im Auge hat. Auch setzt sie einen Haftbefehl nicht voraus (Rdn. 5). Die entsprechende Anwendung des § 126 Abs. 1 Satz 1 scheidet ebenfalls aus. Denn die Entscheidungen über die Untersuchungshaft können stets geänderten Verhältnissen angepaßt werden, dagegen ist die Geleitsgewährung grundsätzlich unabänderlich (Rdn. 25). Eine Entscheidung, die später für das erkennende Gericht verbindlich ist, muß diesem überlassen bleiben[28].

Hat ein **unzuständiges Gericht** entschieden, so ist die Gewährung sicheren Geleits **16** gleichwohl **wirksam** und unabänderlich. Das zuständige Gericht hat auch nicht die Befugnis des Verzichts in der Weise, daß es das Geleit aufkündigen und dem Angeklagten eine Frist zur Entfernung einräumen könnte[29]. Die Staatsanwaltschaft wird durch Rechtsmittel dafür Sorge zu tragen haben, daß kein höheres Gericht durch die Entschei-dung eines unzuständigen niederen Gerichts gebunden wird.

c) Das sichere Geleit gewährt Befreiung von der Untersuchungshaft nur in dem Ver- **17** fahren, in dem es bewilligt wird[30]. Wenn in **mehreren Verfahren** Haftbefehle ergangen oder zu erwarten sind, erfüllt es in der Regel nur dann seinen Zweck, wenn in allen Ver-fahren sicheres Geleit erteilt wird. Es ist daher zweckmäßig, daß sich die Gerichte untereinander ins Benehmen setzen.

7. Erlöschen. Das sichere Geleit erlischt aus den in Absatz 3 angegebenen drei **18** Gründen von selbst. Im Falle des auf **Freiheitsstrafe lautenden Urteils** kommt es nur auf das Ergehen, d. h. die Verkündung an, nicht dagegen auf die Rechtskraft[31]. „**Anstalten** **zur Flucht treffen**" ist hier im gleichen Sinn zu verstehen wie bei § 116[32]. Die Annahme,

[24] SK-*Schlüchter* 8.
[25] RGSt **59** 100; OLG Hamburg JR **1979** 174; AK-*Achenbach* 8; KK-*Engelhardt*[4] 7; *Kleinknecht/Meyer-Goßner*[44] 10; KMR-*Haizmann* 18; SK-*Schlüchter* 9; OLG Oldenburg OLGSt **5** nimmt umgekehrt an, daß der Ermittlungsrichter zuständig ist, er aber kein Geleit für das ganze Verfahren erteilen darf.
[26] HK-*Julius*[2] 3; KK-*Engelhardt*[4] 7; *Kleinknecht/Meyer-Goßner*[44] 10; KMR-*Haizmann* 18; SK-*Schlüchter* 9; zur Gegenmeinung vgl. nachf. Fußn.
[27] OLG Oldenburg OLGSt 5; *Eb. Schmidt* 6.
[28] Dies zeigt § 81 Abs. 1 Satz 2, wo schon die Zweck-mäßigkeit, daß das künftig erkennende Gericht

bestimmt, ob die Untersuchung in einem psychia-trischen Krankenhaus stattfindet und in welchem, zu der Zuständigkeit des Gerichts geführt hat, das für die Eröffnung des Hauptverfahrens zuständig ist. So auch das Schrifttum Fußn. 25; *Gössel* JR **1979** 174.
[29] Vgl. Rdn. 25.
[30] SK-*Schlüchter* 15; vgl. Rdn. 6.
[31] AK-*Achenbach* 10; *Kleinknecht/Meyer-Goßner*[44] 8; KMR-*Haizmann* 15: SK-*Schlüchter* 18; vgl.
[32] *Kleinknecht/Meyer-Goßner*[44] 8; KMR-*Haizmann* 15; SK-*Schlücher* 19; vgl. § 116, 49.

Walter Gollwitzer

daß der Beschuldigte fliehen will, muß sich auf Tatsachen stützen, die bloße Vermutung genügt für den Widerruf nicht[33]. Ist dem Beschuldigten das sichere Geleit nur für einen gegenständlich oder zeitlich begrenzten Verfahrensteil gewährt worden, ist er berechtigt, das Bundesgebiet wieder zu verlassen; in der beabsichtigten Ausreise liegen dann keine Anstalten zur Flucht[34]. Das **Nichterfüllen der Bedingungen** unter denen das sichere Geleit erteilt wurde, führt zum Erlöschen, wenn der Beschuldigte eine Bedingung **schuldhaft** und in einem nicht nur unwesentlichen Ausmaß nicht eingehalten hat. Daß er den Bedingungen gröblich zuwidergehandelt hat, ist, anders als bei § 116 Abs. 4 Nr. 1, nicht erforderlich[35].

19   Ist das sichere Geleit nicht für das ganze Verfahren, sondern für einen **bestimmten Zeitraum** oder nur für einen **bestimmten Verfahrensteil** eines nicht notwendig gegen den Beschuldigten betriebenen Verfahrens gewährt worden, so erlischt es mit Ablauf der im Geleitbrief festgelegten Geltungsdauer (vgl. Rdn. 8) oder bei Verletzung der Bedingungen. Die beiden anderen Erlöschensgründe des Absatzes 3 sind auf diese Fälle nicht anwendbar.

20   Das Gericht braucht das Erlöschen des sicheren Geleits **nicht durch Beschluß** festzustellen[36]. Wenn ein auf Freiheitsstrafe lautendes Urteil ergeht, wird es dies auch nicht tun, weil der Eintritt der Bedingung eindeutig ist. Ebenso wird die Frage, ob der Beschuldigte Anstalten zur Flucht getroffen hat, in der Regel erst im Haftverfahren (§ 115 Abs. 2, 3; § 128 Abs. 1) nachgeprüft werden. Daß das sichere Geleit erloschen ist, weil der Beschuldigte die Bedingungen nicht erfüllt hat, kann dagegen, wenn die Verletzung nicht offensichtlich ist, zweckmäßigerweise durch (deklaratorischen) Gerichtsbeschluß festzustellen sein[37]. Dieser ist erst bei der Verhaftung oder alsbald nach ihr zuzustellen; der Beschuldigte hat im Haftverfahren Gelegenheit, sich zu äußern und Rechtsmittel einzulegen.

21   Ist das sichere Geleit erloschen, dann können das Gericht einen **Haftbefehl** erlassen, die Staatsanwaltschaft einen vorher erlassenen Haftbefehl vollstrecken, die Staatsanwaltschaft und die Polizei den Angeklagten vorläufig festnehmen (§ 127 Abs. 2), wenn die Voraussetzungen eines Haftbefehls vorliegen und Gefahr im Verzug ist.

22   **8. Widerruf.** Hat der Beschuldigte von dem sicheren Geleit Gebrauch gemacht, dann kann das Gericht die Gewährung des Geleits nicht widerrufen, selbst wenn sein Beschluß auf einem tatsächlichen Irrtum beruhte. Es kann auch das Geleit nicht in der Weise „aufkündigen", daß es dem Angeklagten eine Frist einräumt, in der er sich sicher entfernen kann[38]. Die Geleitsgewährung beruht auf gegenseitigem Vertrauen, das nicht einseitig entzogen werden kann.

23   Wohl aber kann die Erteilung des sicheren Geleits widerrufen werden, wenn der Beschuldigte den **Zweck** des Geleits, in seiner Gegenwart zu verhandeln, dadurch **vereitelt**, daß er im Ausland bleibt, Ladungen schuldhaft keine Folge leistet oder sein Erscheinen von Bedingungen abhängig macht, die ihm nicht erfüllt werden können[39].

---

[33] SK-*Schlüchter* 19.

[34] Vgl. Rdn. 8.

[35] *Kleinknecht/Meyer-Goßner*[44] 8; KMR-*Haizmann* 15; SK-*Schlüchter* 19; **a. A** HK-*Julius*[2] 4.

[36] *Sommer* Recht **1912** 287; AK-*Achenbach* 10; KK-*Engelhardt*[4] 10; *Kleinknecht/Meyer-Goßner*[44] 8; KMR-*Haizmann* 15; SK-*Schlüchter* 20.

[37] KK-*Engelhardt*[4] 10; *Kleinknecht/Meyer-Goßner*[44] 8; SK-*Schlüchter* 20.

[38] KK-*Engelhardt*[4] 9; SK-*Schlüchter* 10.

[39] OLG Zweibrücken NJW **1966** 1722; HK-*Julius*[2] 3; KK-*Engelhardt*[4] 9; *Kleinknecht/Meyer-Goßner*[44] 4; SK-*Schlüchter* 17.

9. Sicheres Geleit zu anderen Zwecken. Nach dem Aufbau der Vorschrift, namentlich **24**
der Beziehung des ersten Falles des Absatzes 3 zu den Absätzen 1 und 2, hat der Gesetzgeber[40], das sichere Geleit zu dem Zweck im Auge gehabt, den Angeklagten in einem
gegen ihn selbst betriebenen Strafverfahren **zur Hauptverhandlung** zu bringen. Wortlaut
und Zweck der Regelung schließen aber nicht aus, einem Beschuldigten sicheres Geleit
zu erteilen, wenn er in einem **anderen Verfahren** als Zeuge, Partei oder Beteiligter zu
erscheinen hat[41]. Diese Möglichkeit besteht für alle staatliche Verfahren; auch für die
Vernehmung als Partei in einem Zivilprozeß[42]. Auch zum Zwecke der Anhörung durch
einen parlamentarischen Untersuchungsausschuß kann sicheres Geleit bewilligt werden[43].

Zuständig für die Gewährung des sicheren Geleits in solchen Fällen ist das Gericht, **25**
bei dem das Strafverfahren gegen den Beschuldigten anhängig ist[44], nicht das Gericht,
das sein Erscheinen wünscht. Ein Angeklagter, der einen in anderer Sache verfolgten
abwesenden Beschuldigten als Zeugen benötigt, hat keinen Anspruch darauf, daß
diesem sicheres Geleit erteilt werde[45]. Das sichere Geleit dient nicht seinen Interessen,
sondern dem Aufklärungsinteresse des Staates. Er kann jedoch die Erteilung des
sicheren Geleits (etwa in Verbindung mit einem entsprechenden Beweisantrag) in seinem
eigenen Verfahren (vgl. das Ladungsrecht nach § 220) oder auch unmittelbar bei dem für
die Erteilung zuständigen Gericht **anregen**. Die gleiche Möglichkeit haben die Staatsanwaltschaft, aber auch die Parteien eines Zivilprozesses und auch das andere Gericht
selbst, wenn es in einem bei ihm anhängigen Verfahren die Anwesenheit des Beschuldigten
für förderlich hält. Da es sich um ein nicht näher geregeltes freies Verfahren handelt,
bestehen, abgesehen von einem notfalls darzulegenden Interesse an der Verfahrensförderung, keine formalen Schranken für diese Anregung. Vor Bewilligung des von dritter
Seite angeregten sicheren Geleits muß das zuständige Gericht die Staatsanwaltschaft
und zweckmäßigerweise (vgl. Rdn. 13) auch den Beschuldigten selbst hören. Zu der
unabhängig von § 295 bestehenden Möglichkeit, eventuell im Zusammenhang mit einem
Beweisantrag unmittelbar im Verfahren vor dem anderen Gericht die Ladung eines Zeugen
im Ausland im Wege der internationalen Rechtshilfe zu erreichen und damit für diesen
automatisch das **freie Geleit** nach Art. 12 EuRHÜbk auszulösen, vgl. Rdn. 31 ff.

10. Rechtsmittel. Die Gewährung oder Versagung sicheren Geleits sowie den **26**
Beschluß, mit dem die Feststellung getroffen wird, das sichere Geleit sei erloschen, kann
sowohl der Staatsanwalt als auch der Beschuldigte mit der **Beschwerde** anfechten (§ 304
Abs. 1); bei Gewährung hat der Beschuldigte die Beschwerde nur, soweit er durch Bedingungen beschwert ist[46].

---

[40] Vgl. Motive *Hahn* Mat. **1** 242.

[41] BGHSt **35** 210 = StV **1988** 233 mit Anm. *Lagodny*
= EStZ 1 mit Anm. *Julius*; OLG Köln OLGSt 1;
KK-*Engelhardt*[4] 1; *Kleinknecht-Meyer-Goßner*[44] 1;
SK-*Schlüchter* 3, sowie nachf. Fußn. 32. Ob BGH
NJW **1979** 1788, wonach einem im Strafverfahren
benötigten Zeugen sicheres Geleit nicht gewährt
werden kann, mehr besagen soll, als daß der Strafrichter des anderen Strafverfahrens dazu nicht
zuständig ist, erscheint mir fraglich; es handelt sich
ohnehin nur um ein obiter dictum.

[42] BGH NJW **1991** 2500; AK-*Achenbach* 11; KK-
Engelhardt[4] 1; KMR-*Haizmann* 2; **a. A** *Kleinknecht/
Meyer-Goßner*[44] 1 (nur im Interesse der Durch-
führung von Strafverfahren).

[43] Die Vereinbarungen über freies Geleit im zwischenstaatlichen Rechtshilfeverkehr in Strafsachen
(Rdn. 31 f) sind insoweit nicht anwendbar.

[44] RG GA **73** (1929) 173; BGHSt **35** 216; AK-*Achenbach* 11; *Kleinknecht/Meyer-Goßner*[44] 1; SK-
Schlüchter 3; 9; vgl. Fußn. 32.

[45] RG HRR **1937** 361.

[46] OLG Hamburg JR **1979** 174 mit Anm. *Gössel*;
OLG Köln OLGSt **1**; AK-*Achenbach* 11; HK-
Julius[2] 5; KK-*Engelhardt*[4] 11; *Kleinknecht/Meyer-
Goßner*[44] 11; KMR-*Haizmann* 20; SK-*Schlüchter*
24.

       Walter Gollwitzer

27   Die **weitere Beschwerde** nach § 310 Abs. 1 ist nicht gegeben, weil das sichere Geleit nicht die Verhaftung, sondern die Befreiung von ihr betrifft[47]. Wird der Beschuldigte nach Erlöschen des sicheren Geleits verhaftet, dann gelten die allgemeinen Bestimmungen über Haftbeschwerden, namentlich also § 310 Abs. 1 über die weitere Beschwerde.

28   **Gegenstand der Beschwerde** kann bereits ein Beschluß sein, der (deklaratorisch) feststellt, daß das sichere Geleit erloschen ist (Rdn. 20), im übrigen sind es aber die nach seinem Wegfall angeordneten Zwangsmaßnahmen, vor allem ein Haftbefehl, der nach dem Erlöschen des Geleits vollstreckt wird, gleich ob er vor Erteilung, vor Erlöschen oder nach Erlöschen des sicheren Geleits erlassen wurde. In allen Fällen sind zunächst der dringende Tatverdacht (§ 112 Abs. 1) und die Haftgründe (§ 112 Abs. 2, § 112a) oder die Voraussetzungen des § 112 Abs. 3 und die Frage der Verhältnismäßigkeit (§ 120 Abs. 1 Satz 1 zweiter Halbsatz) zu prüfen. Führt das nicht zur Aufhebung des Haftbefehls, dann sind vor der Frage, ob nach § 116 verfahren werden kann, die Erlöschungsgründe nachzuprüfen. Die letzte Prüfung wäre allein anzustellen, wenn lediglich ein Beschluß über das Erlöschen freien Geleits ergangen wäre, aber kein Haftbefehl vollstreckt würde, doch dürfte ein solcher Fall kaum vorkommen.

29   Mit den Rechtsmitteln und in der Haftprüfung (§ 117) wird die Frage, ob durch eine Verhaftung die Zusage sicheren Geleits verletzt worden ist, abschließend geprüft. Eine **Prozeßvoraussetzung für die Hauptverhandlung** ist die Einhaltung des sicheren Geleits nicht[48].

30   Wird das für **Zwecke eines anderen Verfahrens** begehrte sichere Geleit (Rdn. 24 ff) nicht bewilligt, so sind weder der abwesende Beschuldigte, für den das Geleit begehrt wird, noch ein Verfahrensbeteiligter des anderen Verfahrens, in dem der Beschuldigte etwa als Zeuge benötigt worden wäre, dadurch beschwert, da ein Rechtsanspruch auf sicheres Geleit nicht besteht[49].

31   **11. Freies Geleit im Rahmen des internationalen Rechtshilfeverkehrs.** Die bestehende völkerrechtliche Vereinbarung durch die sich die Bundesrepublik allgemein durch Vertrag oder auch nur für den Einzelfall zur Gewährung des freien Geleits verpflichtet hat, sind innerstaatlich unmittelbar wirksam. Sie gelten unabhängig von der Gewährung des sicheren Geleits nach § 295. Sie schließen aber die Gewährung des sicheren Geleits nach § 295 grundsätzlich nicht aus[50].

32   Nach Art. 12 Abs. 1 EuRHÜbk darf ein **Zeuge** oder **Sachverständiger**, der auf Grund einer ihm in einem Vertragsstaat zugestellten Vorladung erscheint, wegen einer vor seiner Abreise begangenen Straftat im Inland weder verfolgt, noch in Haft gehalten oder sonstigen Beschränkungen seiner persönlichen Freiheit unterworfen werden. Den gleichen Verfolgungsschutz genießt nach Art. 12 Abs. 2 EuRHÜbk ein **Beschuldigter**, der auf Vorladung erscheint, wegen der nicht in die Vorladung aufgenommenen strafbaren Handlungen und Verurteilungen aus der Zeit vor seiner Abreise[51]. Das freie Geleit, das unabhängig von der Staatsangehörigkeit des Vorgeladenen ist, entsteht mit der Zustellung der Ladung, einer besonderen Zusicherung seitens des ersuchenden Staates bedarf es nicht[52]. Es endet erst, wenn der Erschienene von dem Zeitpunkt an, an

---

[47] OLG Frankfurt NJW **1952** 908; OLG Köln NJW **1954** 1856; **1958** 1985; OLG Oldenburg OLGSt 5 ferner die Nachw. in vorst. Fußn.; **a. A** *Eb. Schmidt* 5.

[48] v. *Weber* JZ **1963** 516.

[49] OLG Hamburg JR **1979** 174; OLG Köln OLGSt 1; *Alsberg/Nüse/Meyer* 630; AK-*Achenbach* 12; SK-*Schlüchter* 24; vgl. Rdn. 25.

[50] *Schnigula* DRiZ **1984** 177; AK-*Achenbach* 13; KK-*Engelhardt*[4] 11; KMR-*Haizmann* 8; SK-*Schlüchter* 23.

[51] KK-*Engelhardt*[4] 12; vgl. Rdn. 6; die Regelungen ergänzen sich insoweit.

[52] *Hartwig* StV **1996** 631; KMR-*Haizmann* 7; *Schomburg/Lagodny*[3] Art. 12 EuRHÜbK; wenn der aus Gründen des innerstaatlichen Rechts geforderte

dem er von den Justizbehörden nicht mehr benötigt wird, an 15 aufeinanderfolgenden Tagen ungehindert Gelegenheit zur Ausreise gehabt hat (Art. 12 Abs. 3 EuRHÜbk). Das freie Geleit bezieht sich aber nur auf Straftaten, die vor der Einreise begangen wurden, es schließt eine Verfolgung und Verurteilung wegen eines vor dem ersuchenden Gericht begangenen Straftat (insbes. Eidesdelikt) nicht aus[53]. Die Regelung in Art. 12 EuRHÜbk gilt grundsätzlich für den Rechtshilfeverkehr mit allen Vertragsstaaten des Übereinkommens[54]. Sie wird aber mitunter in Einzelheiten durch bilaterale Zusatzverträge der Bundesrepublik mit einzelnen Vertragsstaaten modifiziert, auch hinsichtlich der 15 Tage Frist. Mehrere dieser Verträge erweitern den Verfolgungsschutz des Art. 12 EuRHÜbk auch auf die in Haft befindlichen Personen, die nach Art. 11 EuRHÜbk überstellt werden können[55]. Dem Art. 12 EuRHÜbk vergleichbare Regelungen über das freie Geleit finden sich auch in anderen Übereinkommen[56].

Soweit der **Verfolgungsschutz des freien Geleites** eingreift, bedarf es in der Regel **33** keiner zusätzlichen Bewilligung des sicheren Geleits nach § 295. Wird es trotzdem erteilt, was zulässig[57] und vor allem dann angezeigt ist, wenn dem Beschuldigten auch in der eigenen Sache, für die er geladen ist, Haftverschonung zugesichert werden soll, dann besteht der Verfolgungsschutz nach den internationalen Rechtshilfeabkommen fort, auch wenn – was vor allem bei Zeugen denkbar ist – der Schutz des sicheren Geleits nach § 295 erloschen ist. Umgekehrt gilt gleiches. Dies gilt unabhängig davon, ob man das freie Geleit für Zeugen und Sachverständige als **allgemein anerkannten Grundsatz des Völkerrechts** (vgl. Art. 25 GG) ansieht[58], der unabhängig von einer Konkretisierung durch zwischenstaatliche Verträge zu beachten ist. Die vorherrschende Meinung verneint dies[59].

Personen, die als Partei oder deren Vertreter oder Berater oder sonst mit Billigung **34** des Gerichts an einem Verfahren vor dem **Europäischen Gerichtshof für Menschenrechte** teilnehmen oder als Zeuge oder Sachverständige dazu geladen worden sind, dürfen wegen Handlungen oder Verurteilungen aus der Zeit vor Beginn ihrer Reise in den Durchgangsstaaten und in dem Staat, in dem die Verhandlung stattfindet, weder verfolgt noch in Haft genommen noch sonstigen Beschränkungen ihrer persönlichen Freiheit unterworfen werden[60]. Gleiches gilt für Personen, die das Ministerkomitee in Erfüllung seiner Aufgaben nach Art. 46 Abs. 2 MRK zum Erscheinen aufgefordert hat oder die ihm eine schriftliche Äußerung übermitteln[61].

Hinweis (vgl. BGHSt **32** 68, 74, § 244, 266 mit weit. Nachw.) unterbleibt, berührt dies die Wirksamkeit des freien Geleits nicht.

[53] *Lagodny* StV **1989** 92; *Linke* EuGRZ **1980** 156; KK-*Engelhardt*[4] 13; SK-*Schlüchter* 22; Das Ministerkomitee des Europarats hat am 23. 9. 1983 den Mitgliedstaaten aber empfohlen, von einer Bestrafung oder Anwendung von Zwangsmitteln bei Aussageverweigerung abzusehen und bei Delikten, die bei der Aussage begangen werden, nach Möglichkeit von Haft abzusehen (Haftverschonung gegen Kaution) und die Bestrafung dem ersuchten Staat zu überlassen (abgedruckt bei *Schomburg/Lagodny*[3], IRG, Vor § 68, 29).

[54] Sie wird auch in Art. 48, 52 Abs. 3 Schengen II, für unmittelbar anwendbar erklärt.

[55] Vgl. die einzelnen Zusatzverträge bei *Schomburg/Lagodny*[3] sowie bei *Grützner/Pötz/Walter*.

[56] So etwa in Art. 7 Abs. 18 VNSuchtstoffÜbk (BGBl

1993 II 1137; **1994** II 496); vgl. *Grützner/Pötz/Walter* Teil II.

[57] *Schnigula* DRiZ **1984** 177.

[58] So KK-*Engelhardt*[4] 12; SK-*Schlüchter* 21; BGH 11. 6. 1985 (1 StR 828/84) läßt dies offen. *Grützner* in *Schlochauer* Wörterbuch des Völkerrechts (1960) **3** 52 spricht von einem „internationalen Grundsatz" vgl. ferner *Linke* EuGRZ **1980** 156; und *Schonburg/Lagodny*[3] IRG Vor § 68, 25 ff.

[59] BGHSt **35** 216 mit Anm. *Lagodny* StV **1989** 92; KMR-*Haizmann* 4. Vgl. *Walter* NJW **1977** 983.

[60] Die Einzelheiten sind in dem Europäischen Übereinkommen über die am Verfahren vor dem Europäischen Gerichtshof für Menschenrechte teilnehmenden Personen vom 5. 3. 1996 (BGBl 2001 II, 359) geregelt; insbes. in Art. 1 Abs. 1, 2; Art. 4 des Übereinkommens.

[61] Art. 1 Abs. 3 des Übereinkommens vom 5. 3. 1996 (vgl. vorst. Fußn.).

Walter Gollwitzer

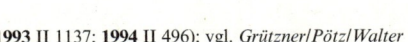